献　给

中华人民共和国
成立七十周年

·中华人民共和国地方志丛书·

保山市志

BAOSHAN SHIZHI

（1978—2005）

中共保山市委党史地方志工作委员会 编纂

方志出版社
Publishing House of Local Records

图书在版编目（CIP）数据

保山市志：1978-2005 / 中共保山市委党史地方志工作委员会编. -- 北京：方志出版社，2019.4
ISBN 978-7-5144-3642-6

Ⅰ.①保… Ⅱ.①中… Ⅲ.①保山—地方志—1978-2005 Ⅳ.①K297.43

中国版本图书馆 CIP 数据核字（2019）第 029250 号

保山市志（1978—2005）

编　　者	中共保山市委党史地方志工作委员会
责任编辑	黄　彦
出 版 人	冀祥德
出 版 者	方志出版社
	地址　北京市朝阳区潘家园东里 9 号（国家方志馆 4 层）
	邮编　100021
	网址　http: //www. fzph.org
发　　行	方志出版社图书经销中心
	电话（010）67110500
经　　销	各地新华书店
设计印刷	云南速盈印刷有限公司
开　　本	787 × 1092mm　1/16
印　　张	彩 7　黑 158.5
字　　数	3667 千
印　　数	0001 ~ 2000 套
版　　次	2019 年 4 月第 1 版第 1 次印刷

ISBN 978-7 - 5144 - 3642- 6　　定价：560.00 元 / 套

如有印装质量问题请与承印厂联系，联系电话：0871-63302934

《保山市志（1978—2005）》编纂委员会

《保山市志（1978—2005）》编纂班子成员

保史组字〔2006〕2号

（2006年2月16日）

主　编　和金星　杨艳萍

副主编　张　涛

保史字〔2014〕8号

（2014年7月11日）

主　　　编　于绍伟

总　　　纂　杨艳萍

执行副主编　杨艳萍

副　主　编　杨艳萍　李明辉　杨明军　汉　彪

编　　　辑　（以姓氏笔画为序）

于绍伟　王自军　王明慧　汉　彪　李明辉　李子齐

李学富　李艳萍　杨艳萍　杨明军　杨佳蕾　杨登昌

杨国梁　陈乔昌　陈树龙　沙必璐　张敬邦　赵金智

顾建中　蒋国安　蒋怀洲

保史字〔2018〕16 号

（2018年12月3日）

主　　　编　于绍伟

总　　　纂　杨艳萍

执行副主编　杨艳萍

副　主　编　杨艳萍　王自军　赵建杰　汉　彪

编　　　辑　（以姓氏笔画为序）

于绍伟　王自军　汉　彪　杨佳蕾　杨艳萍　陈乔昌

陈树龙　赵建杰　郭朝庭

2005—2018年中共保山市委党史地方志工作委员会人员

2018年在职人员

于绍伟　王自军　赵建杰　杨艳萍　汉　彪　陈乔昌
杨佳蕾　陈树龙　耿丽仙　顾建中　杨国梁　李学富
王明慧　张敬邦　董　杰　岳　毅　张珺琪　兰丽军

退休人员

祝　骐　蒋国安　沈　静　杨明军　杨如珍　杨立鑫

调离人员

和金星　李明辉　张　涛　李艳萍　何　政

序　一

盛世修志，存史资政，鉴往昭来，意义深远。时隔近二十年，恰逢全市上下人心振奋，深入学习贯彻习近平新时代中国特色社会主义思想和党的十九大精神之时，正值各行各业众志成城，齐心协力推进保山高质量跨越发展之际，一部全面反映保山改革开放二十八年经济、政治、文化、社会发展状况的“地方百科全书”——《保山市志（1978—2005）》定稿付梓，这是我市推进文化建设取得的一项重要成果，令人倍感欣慰。

保山古称永昌，地处云南省西部，内与大理州、临沧市、怒江州、德宏州毗邻，外与缅甸山水相连。辖区面积19637平方公里，辖隆阳区、腾冲市和施甸、龙陵、昌宁3个县。总人口261.4万人，有世居少数民族12个，华侨、侨眷、归侨50余万人，是全国著名的侨乡。雨量充沛，四季如春，森林覆盖率达65.01%，年均气温在14.9℃～17℃之间，素有“春城中的春城”之美誉。这里历史悠久，可以追溯到8000年前的旧石器时代，“蒲缥人”“姚关人”在这里繁衍生息。保山山川秀丽，明代大旅行家徐霞客西游永昌时，曾赞美道：“山川灵秀，或岳峙嶙峋，或波光映带，皆成天然。”这里资源丰富，已经发现矿产资源56种，探明储量44种，硅储量达5亿多金属吨，铁矿储量2亿多吨，由北向南纵贯全境的怒江和澜沧江水系，蕴藏着1024万千瓦的理论水能。这里区位独特，素有“蜀身毒道”西南咽喉和历代“物资集散地”之称的永昌、腾越古城，历来是中国对外开放的一个重要门户。抗日战争中开通的滇缅、中印（史迪威）公路，也曾为滇西乃至全国抗战立下了千秋功劳。这里人才辈出，有“执忠绝域”的吕凯、王伉，有身历三部尚书人称“永半朝”的王宏祚，有打响云南辛亥革命第一枪的腾越起义领导人张文光，有力主拒入侵滇西日军于怒江以西保证滇西抗战全面胜利的国民党元老李根源，有著名马克思主义哲学家艾思奇，有共产党员的楷模杨善洲等等。

《保山市志（1978—2005）》真实记录了1978至2005年我市为实现经济发展、政治民主、文化繁荣、社会进步、民族团结、边疆稳定而不懈努力的奋斗历程，描绘了保山改革发展的轨迹。这二十八年，是保山开始放眼全球、融入世界的二十八年。二十八年来，始终坚持开放发展，保山经济社会飞速发展，昔日的丝绸古道再放异彩，由开放的末梢变为开放的前沿。这二十八年，是保山产业发展、经济腾飞的二十八年。二十八年来，始终坚持开拓进取，保山农村经济快速发展、工业体系渐渐形成、旅游产业体系逐步建立、城市规模不断扩大，昔日“一农独大”的保山产业结构得到优化调整。这二十八年，是保山持续发展、协调发展的二十八年。二十八年来，始终坚持统筹兼顾，保山经济快速增长、政治建设稳步推进、民主法治不断加强、文化教育事业不断繁荣，昔日贫穷积弱的保山发生了翻天覆地的变化。这二十八年，是保山锐意革新、与时俱进的二十八年。二十八年来，始终坚持改革创新，保山发展活力被不断激发，昔日被体制机制束缚的保山焕发新的生机。这二十八年，是保山后发赶超、跨越发展的二十八年。二十八年来，始终坚持高速发展，保山经济发展突飞猛进、社会发展日新月异、人民生活水平显著提高，昔日落后的保山发展后劲不断增强。

经过保山几代人的锐意革新、团结拼搏、辛勤耕耘，保山经济快速增长，政治建设稳步推进，民主法治不断加强，文化教育事业不断繁荣，为全面建设小康社会奠定了坚实的基础。如今的保山通过发挥区位优势，主动服务国家、省发展战略，积极融入“一带一路”、孟中印缅、中缅经济走廊建设，利用国际国内两种资源、两个市场，以“一线两园”为突破口，全面构建“丝路永昌”开放体系，已成为沿边开放重要节点和商贸中心，更具发展的开放性。通过推行“1+5”一体化发展路径，全力推动要素聚集、资源聚集、力量聚集，坚持产业发展聚集为要的理念，大力实施农业规模化、工业聚集化、旅游品牌化、城市生态化的发展战略，更具发展的聚集性。不断厚植跨越发展的基础和支撑，科学谋划未来30年的发展蓝图，持续用力、久久为功，更具发展的持续性。积极推动思维创新、机制创新、政策创新，巩固拓展“51+49”“10+3”等创新成果，用金融的办法、市场的办法、创新的办法解决发展中的问题，真正形成保山的核心竞争力，更具发展的创新性。采取“主题＋专题”“重点工作专项评价通报”“重大项目督查”等办法措施，巩固发展“五马竞争、千帆竞发”的生动局面，推动各项工作全面提速、提标、提质，更具发展的跨越性。省委陈豪书记调研保山时提出把保山中心城市建设成“山水田园城市”“历史文化名城”“开放创新之城”正当其时，160平方公里的现代化大城市建设已拉开了序幕，我们今后将按照三个定位认真抓好贯彻落实，进一步科学制定城市发展规划，细化功能布局，将保山中心城市建成创业、宜居、生态、园林城市，吸引更多的产业、企业、人才、资金等在保山聚集，持续推动保山高质量跨越发展。

成书之际，有感于怀，谨此为序，以期共勉。

中共保山市委书记　赵德光

2018年8月

序　二

《保山市志（1978—2005）》即将出版发行，这是继21世纪初《保山地区志》问世之后，我市在社会主义新方志纂修上取得的又一项重要成果。

国有史，郡有志。编修地方志是中华民族的一项优良传统，源远流长，延续不断。中国的地方志，萌芽于春秋时期，形成于宋元时期，兴盛于明清时期。在几千年的历史长河中，这些地方志如繁花盛开，绚丽多彩，点缀在神州大地的各个角落，始终伴随着中华民族的兴衰浮沉，不断推动着华夏文明向前发展。保山地处中国西南边陲，不论是汉代以来作为南方丝路的交通要塞，还是明清时期作为中国抵御外敌的藩篱屏障，都有十分重要的战略地位。历代执政者十分重视地方志的编修，为我们留下了一批珍贵的文献资料。

《保山市志（1978—2005）》的编修，是市委、市政府在新的历史时期，高度重视地方志的“存史、资政、育人”功能，为及时总结改革开放经验而开展的一项文化建设工程，是在第一轮社会主义新方志纂修的基础上承前启后、继往开来的一项服务当代、惠及千秋的举措。本轮续修工作按照“一纳入，五到位”的要求，将修志工作纳入了保山市经济社会发展规划和政府工作的任务之中，做到领导到位，机构到位，经费到位，队伍到位，条件到位。参加修志的，既有史志委的专职人员，也有各部门的兼职人员。全体修志工作者甘于平淡，乐于奉献，团结协作，辛勤耕耘。在篇目的拟定上力求横不缺项，事以类从；在资料的征集上力求广征博采，求真存实；在资料的整合上力求科学取舍，提炼深化；在志稿的撰写上力求忌虚崇实，纵不断线。

经众多修志工作者艰辛磨砺，千锤百炼的《保山市志》，是一部保山的“地方百科全书”。翻阅《保山市志》，保山的经济、政治、文化、社会、自然风光、民俗风情、地方特产一览无余；通读《保山市志》，保山改革开放以来的发展脉络清晰可见。通过阅读《保山市志》，我们可以梳理出1978—2005年，保山是如何在改革开放的号角中扬帆起航，披荆斩棘，攻艰克难，实现经济社会快速发展的。

1978—2005年，保山积极推进党政机构改革，精简机构，理清部门职责，实现党政分开，政企分开，不断提高行政效能，逐渐将政府职能转变到市场监管、宏观调控、社会管理、公共服务上来。顺利完成了撤地设市，在发展经济，改善民生，提高管理服务能力方面发挥了重要作用。这一时期，保山积极推进经济体制改革，加快市场体系建设，调整优化产业结构，经济发展成果显著：全市实现生产总值由4.02亿元增加到119.80亿元；人均生产总值由220元增加到4954元；财政收入由0.39亿元增加到12.31亿元；农民人均纯收入由124元增加到1879元；城镇居民人均可支配收入由225元增加到9040元。综合经济实力明显增长，城乡人民生活水平不断提高。这一时期，保山坚持“为人民服务，为社会主义服务”的方向，坚持“百花齐放，百家争鸣”的方针，掀起文化建设高潮，持续推动文化繁荣发展。文化投入不断加大，文化活动形式逐渐多样化，文化遗产得到有效保护，新闻出版业取得长足发展，文化对外交流取得初步成效，人民群众日益增长的文化需要得到满足。这一时期，民主法治建设得到加强，民生保障水平得到提高，各项社会事业健康发展。

1978—2005年，保山在改革开放的道路上迈出了坚实的一步。《保山市志》真实地反映了这一时期全市的自然状况以及经济、政治、文化、社会建设上取得的成就，具有较高的资政价值。我们要充分利用《保山市志》这一“地方百科全书”，认识保山，分析保山，读懂保山。要通过阅读《保山市志》，了解保山的风土人情、发展现状，认清保山的区位优势、资源优势、文化优势，找准保山的交通短板、产业短板、体制机制短板。只有这样，在各项决策中才能做到胸中有数，符合市情，可操作性强。阅读《保山市志》，更要看到保山发展的精神内涵，从中汲取精神力量。纵观历史，保山的每一次快速发展，都与其敞开胸怀、拥抱外界是分不开的：没有哀牢王柳貌归顺汉王朝，就没有汉族文化对这片土地的滋润；没有明代的移民屯田，就没有保山人口的兴旺，生产力的发展和社会的进步；没有中共十一届三中全会后的经济体制改革，就没有保山经济的快速增长；没有今天积极地对外开放、招商引资和投融资机制创新，就没有“六大产业”支柱，“园中园”产业集聚发展模式、密班国际陆路通道连通、缪达境外工业园区“两头在外”等成就。改革开放是贯穿《保山市志》的主线索，而开放、创新是保山改革发展的主旋律。面对新的机遇和挑战，我们要始终弘扬这一主旋律，解放思想，开拓创新，迎难而上，实现经济社会平稳较快发展。

本轮志书出版之际，正值保山追赶跨越的关键时期。诚望《保山市志》“存史、资政、育人”的功能得到更充分发挥，为保山的深化改革、全面发展做出更大的贡献。是为序。

中共保山市委副书记、保山市人民政府市长　杨　军

2018年8月

凡 例

一、《保山市志（1978—2005）》以马列主义、毛泽东思想、邓小平理论和“三个代表”重要思想、科学发展观、习近平新时代中国特色社会主义思想为指导，坚持辩证唯物主义和历史唯物主义的立场、观点和方法，坚持实事求是、存真务实的编纂原则，认真总结并切实汲取首轮修志的经验与教训，严格依照《地方志工作条例》及《地方志质量规定》的各项要求，客观系统地反映记述时限内，本行政区域的自然、政治、经济、文化、社会等各方面的情况，重点反映保山市改革开放和社会主义现代化建设的历程。力求做到学术性和科学性的高度统一，充分发挥志书“存史、资治、教化”作用。

二、本志为保山市的第二部社会主义新方志，记述的行政区域为撤地设市后的保山市；记述的上限为1978年，下限至2005年。为保持事件的完整性以利于读者查询，个别情况突破此限。如对杨善洲事迹的记述等。

三、本志篇目的设置，坚持结合科学分类和现代社会分工（现行管理体制）的原则，横排门类，以事类从。横不缺要项，避免归属不当和缺项、漏项以及不必要的交叉重复。为突出地方特色，对个别事物做适当升格。

四、本志采用“纵写史实”的记述方法，按照事物发展的先后顺序，记清事物发生、发展变化的全过程，做到纵不断主线。有变则记，力戒流水账式、平面式、观点加例证式的记述方式。在记述重大问题时，适当采用集中记述与分散记述相结合的方式和“特载”“专记”等形式加强记述深度。

五、本志严格遵守地方志的基本原则，一是坚持据事直书、功过并书、成败俱录。既客观反映本地的优势、成绩和经验，也客观反映本地的劣势、不足和教训，不溢美，不诿过。二是坚持“述而不作”，寓观点于记述之中。除概述、综述及无题小序外，均不出现议论及修饰性的文字。三是坚持“以事系人”。在记述一项事业时，将与之相关联的、对事业有重大影响和突出贡献的人物的活动自然记入，力戒“见事不见人”。

六、本志人物编，分人物传及英模事迹简介、人物名录、人物表三个部分，收录1978—2005年间对保山有重要的推动或阻碍作用的、有影响的本籍和外籍人物。人物传坚持“生不立传”的原则，排列以卒年为序；“英模事迹简介”主要是为了弥补因“生不立传”所造成的在世人物典型事迹无法入志的缺憾。记述的重点是人物所做出的突出贡献。简明扼要，力戒写成人物的履历表。同时，从严掌握收录标准，宁缺勿滥。人物表中领导名录，收录保山市四套班子副厅及其以上领导（含非领导职务）人员；先进模范收录省部级及其以上表彰人员。

七、本志严格遵守志书体例，在继承采用传统章节体的结构形式的同时，适当融合纲目体。首设概述，统领全书；次设大事记，采用编年体与纪事本末体相结合的方式记述；然后按照自然、政治、经济、文化、社会排序。分门别类，类为一编，编下设综述，次列章节，以条目或分段的形式撰写；最后为附录。

八、本志体裁，有述、记、志、传、图、表、录等，以志为主体，图表分插于各编章中，力求图文并茂。图片的选录与记述内容相配合，注重典型性、科学性和存史价值的统一，遵守国家的有关规定，严格把握选录标准。图片的说明文字简洁规范、要素齐全。照片无广告色彩，除立传人物和所简介的人物外，地方领导人和地方志书编纂人员的标准像不入志书。表格设计合理规范，要素齐全，内容准确，不与正文简单重复。附录的原始文献、补遗考订等资料具有重要存史价值，收录标准统一，力戒过滥。

九、本志名称，均直书其名，不加褒贬。地名或已变化了的行政区划及单位名称，按照“时期与名称相一致”原则记述，如1983年9月以前称“保山县”，1983年9月及其后称“保山市”，2001年8月起称“隆阳区”。个别容易混淆的，加注今名。较长名词在同节、目中首次出现时用全称，后做规范简称。如“第十个五年规划”简称“十五规划”。

十、本志文字执行国家语言文字工作委员会重新颁布的《简化汉字总表》和国家技术监督局《出版物上数字用法的规定》。文体为语体文、记述体。文风严谨、朴实、简洁、流畅。记述详今略古，详独略同。杜绝机械重复，合理采用“互见法”，删繁削冗。

十一、本志执行《中华人民共和国法定计量单位》，为直观起见，个别计量单位仍使用市制，如“亩”。各种统计数据，采用四舍五入法保留小数点后两位数（“国境线”等需精确表达的数字除外）。

十二、本志所使用的资料以档案和法定统计资料为主，辅之以社会调查、口述、音像等资料。严格对资料进行鉴别和筛选，保证资料的可靠性与完整性，力戒将不翔实的资料记入志书中以讹传讹。对重要资料来源注明出处，对具有时代特征和地方特色的词汇括注准确、简明、规范的注释。

十三、本志中“保山撤地设市”时间，以保山撤地设市庆典日2001年8月8日为界，此前称“保山地区”“全区”、此后为“保山市”“全市”。

十四、本志“大案专记”所涉及人名，被判无期徒刑以上，且被剥夺政治权利终身者记实名，其他的不记实名。

保山在中国云南及南亚的位置

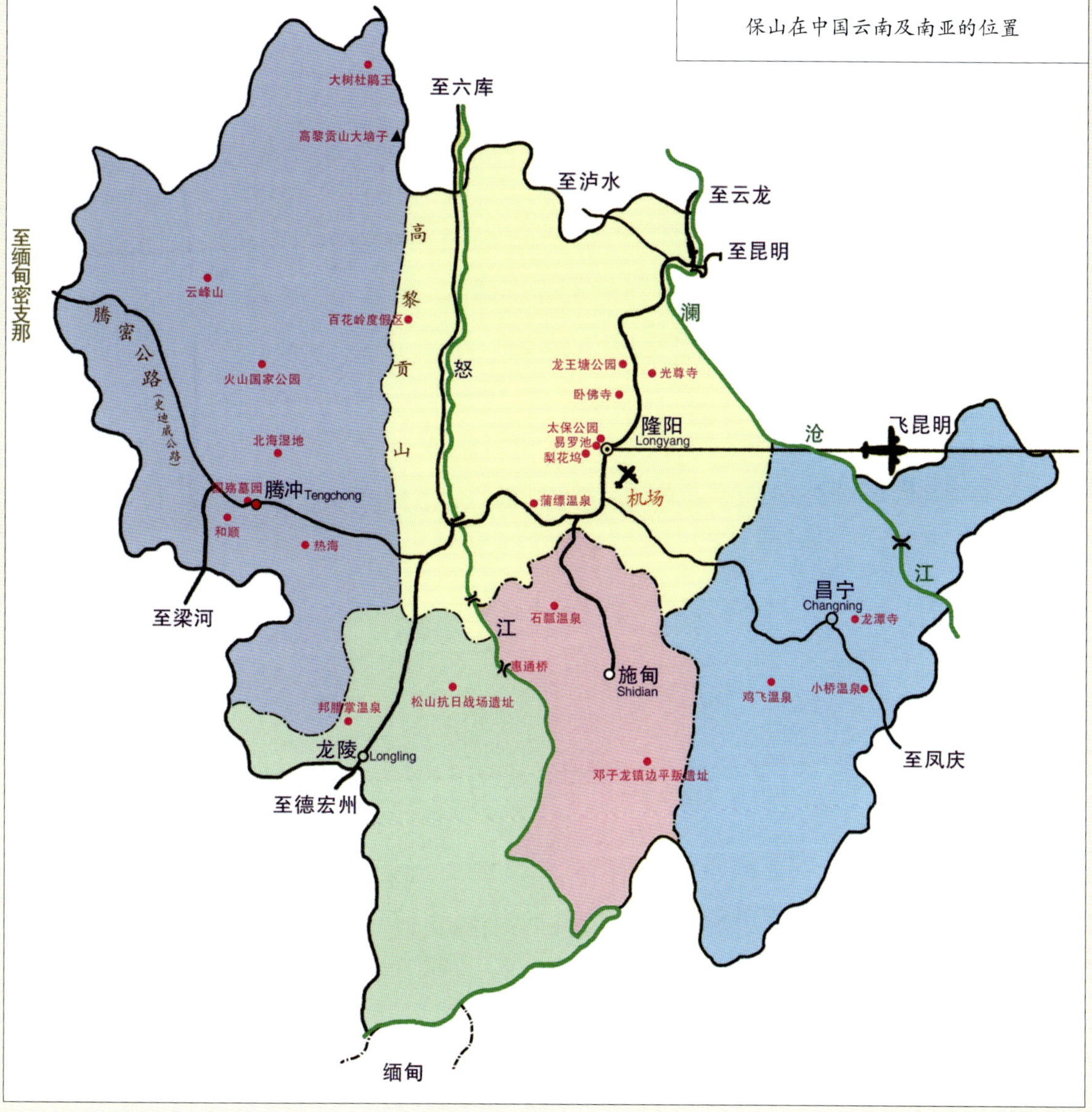

保山行政区划示意图

2004年保山城全景图

自然景观

国家级自然保护区、世界生物圈保护区——高黎贡山

被誉为“东方多瑙河”的亚洲第三长河——澜沧江保山段

世界上最神秘的“东方大峡谷”——怒江大峡谷保山段

美丽富饶的潞江坝

发源于高黎贡山西麓的河流——龙川江

20世纪90年代初的腾冲热海大滚锅

腾冲北海湿地

腾冲火山群

20世纪90年代初期的龙陵邦腊掌温泉

施甸石瓢温泉

腾冲叠水河瀑布

高黎贡山百花岭雨林谷温泉

自然资源

昌宁千年古茶树

腾冲江东银杏王

昌宁漭水镇沿江村茶山河古茶树

保山特有植物——保山茜

国家一级保护野生动物——怒江金丝猴

国家一级保护野生动物——灰叶猴

国家一级保护野生动物——保山白眉长臂猿

国家二级保护野生动物——高黎贡山小熊猫

国家一级保护野生植物——长蕊木兰

国家二级保护野生植物——红花木莲

国家一级保护野生植物——桫椤

国家一级保护野生植物——云南红豆杉

重要会议、活动

1998年6月6日，云南省人民政府保山现场办公会召开

1999年，中共保山地委三级干部会议

1998年11月12日，全区农业农村工作会议在昌宁召开

1999年12月，保山地级领导"三讲"学习现场

2001年7月6日，中国共产党保山市第一次代表大会开幕

2001年7月28日，保山市第一届人民代表大会第一次全体会议召开

2001年7月27日，中国人民政治协商会议保山市第一届委员会第一次全体会议召开

2001年，中共保山市纪律检查委员会第一次全体会议召开

2001年，共青团保山市第一次代表大会召开

2002年4月26日，云南省十八州（市）、县（区）政协第十九次横向联系会议在腾冲召开

2002年6月15日，西南经济区市长联席会第十四次会议在隆阳召开

2005年，市委召开理论学习中心组集中学习会议

重大事件

1992年5月，保山政府代表团应邀首次出访缅甸克钦邦，翻开了保山对外开放新篇章

地委书记罗正富（右三）、行署专员王广兴（右二）接待荷兰大使

保山市委书记黄毅（左三）与缅甸第一特区主席丁英（左二）亲切交谈

1999年11月16日，保山苏帕河茄子山水利水电工程竣工典礼

2001年3月9日，保山民营商贸园区奠基仪式

2001年8月8日，保山撤地设市庆祝大会隆重召开

中共保山市委揭牌

保山市人民政府揭牌

保山市政协揭牌

村委会授牌

2002年，大保高速公路建成通车庆典

2005年4月12日，南航广州—保山首航庆典仪式

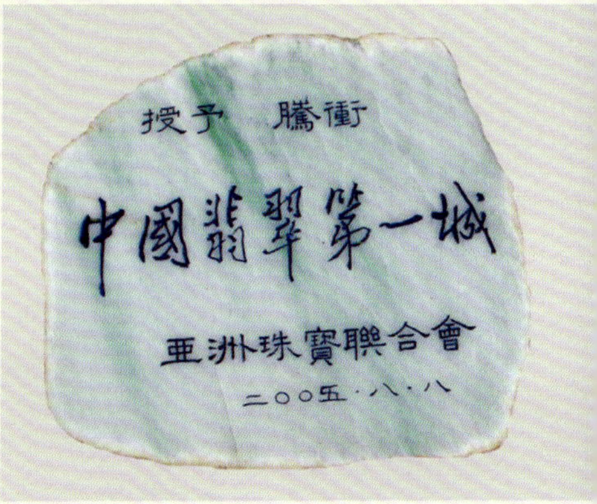

2005年8月，腾冲被亚洲珠宝联合会授予“中国翡翠第一城”称号

2005年11月，腾冲和顺荣膺“中国魅力名镇”

猴桥国家级口岸

目　录

第二编　环境保护

第三编　人　口

第四编　中国共产党

第五编　人民代表大会

第六编　人民政府

第七编　人民政协

第八编　民主党派工商联

第九编　社会团体

第十编 公 安

第十一编　检　察

第十二编　法　院

第十三编 司法行政

第十四编 军 事

CONTENTS

Part One The Organization Structuring of Administrative Institutions and the Natural Environment

Part Two The Environmental Protection

Part Three The Population

Part Four The Communist Party of China (CPC)

Part Five The People's Congress

Part Six The People's Government

Part Seven Chinese People's Political Consultative Conference (CPPCC)

Part Eight The Democratic Parties and Federation of Industry and Commerce

Part Nine　Social Groups

Part Ten The Public Security

Part Eleven The Procuratorial

Part Twelve The Court

Part Thirteen The Judicial Administrative

Part Fourteen Military Science

概　述

高黎贡山

保山，是绵延千里的南方丝绸古道上一颗璀璨的明珠，是中国走向南亚第一市。保山具有独特的区位优势、丰富的资源物产、悠久的开发历史和深厚的文化积淀。多彩的边地文化——万年火山热海、千年古道边关、百年永子传奇，神秘的怒江峡谷和淳朴的民情风俗，吸引了古今中外无数文人骚客，无不令人魂牵梦绕、流连忘返。从战国时期的哀牢王国到东汉的“天下第二大郡”，从唐宋南诏、大理国时期的经济、军事重镇到明清时期的“西南一大都会”，从滇西抗战的钢铁长城到社会主义建设的“滇西粮仓”……这里始终在祖国西南边境地区扮演着重要角色，在文明发展的航程中独领风骚，熠熠生辉。

一

保山，古称永昌。位于云南省西部，北纬24° 08′ ~25° 51′ 、东经98° 05′ ~100° 02′ 。西北、正南与缅甸接壤，国境线长167.7851千米，其中：龙陵19.71千米，腾冲148.0751千米。北与怒江、东北与大理、南与临沧、西南与德宏四州市山水相连、唇齿相依。市府所在地隆阳区海拔1670米，距省会昆明498千米。辖区内国土面积19637平方千米。2005年底，辖隆阳、施甸、腾冲、龙陵、昌宁1区4县，有70个乡镇和两个街道办事处，总人口242.49万人，少数民族人口23.49万人。这里生活着汉、彝、傣、回等37个民族，有世居少数民族12个；有华人、华侨50余万人，分布在32个国家和地区；有归侨、侨眷10余万人，是云南省主要的侨乡，也是全国著名的侨乡。这里气候温和，冬无严寒，夏无酷暑，年平均气温15.9℃，年平均降雨量988.2毫米，森林覆盖率达47%，是“春城中的春城”，也是最适宜人居住的温润之地。

保山，开发历史悠久。至2005年，保山境内共有省级文物保护单位14项，国家级文物保护单位2项。全市已发现地上地下文物点500多处，馆藏文物已近2万件。保山“羊邑古猿”化石，距今约800万年。蒲缥塘子沟出土的古人类化石、动物化石、石骨角牙制品、用火遗迹等，充分表明七八千年前的旧石器时代，保山的先民们就创造了独具区域特征的史前人类文明，是云南省开发较早的地区。在保山的发展过程中，始终伴随着各民族文化的交流融合。从悠远绵长的丝绸古道开始，在商旅开拓的步伐中，经济、文化交流的种子悄然生根发芽，文明的薪火延续不断。到西汉元封二年(公元前109年)，汉武帝将吕不韦的后人迁入保山坝，设立不韦县，为汉族与哀牢各民族的融合打开了方便之门。东汉永平十二年(公元69年)，哀牢内附，东汉王朝在哀牢统治中心设置永昌郡，保山成为东汉王朝行政区之一，成为东汉105郡中的第二大郡。千百年来，保山作为南方丝绸之路上商旅重镇，来自中外的优秀文化在这里汇集、碰撞、交融，迸发出绚丽夺目的光彩，形成了独具特色的永昌文化。而明朝大规模的移民，直接推动了保山人口的增长、生产的发展和社会的进步，促进了民族的融合、民众的富庶，保山逐渐成为滇西边境地区的经济、政治、文化中心。古代的永昌即与古罗马有了商贸往来，各国货物在此集散，已有印度及西亚商人云集，是“金银宝货之地”。鸦片战争前夕，腾冲进出口货值可与广州媲美。保山也是云南省工商业的发祥地之一：首开世界翡翠加工先河（迄今已有600多年历史），中成药、火柴、肥皂、皮革等加工业起步也较早，并闻名省内外。

保山，区位优势独特。地处滇西咽喉，是中国对外开放的重要门户。毗邻两亚（南亚、东南亚）、连接三亚（东亚、南亚、东南亚）的区位，是保山最突出的优势，从怒江以西各边境口岸入境内地都要经过保山。早在2300多年前的先秦时期，闻名于世的我国历史上第一条国际商道“蜀身毒道”——南方古丝绸之路（比北方丝绸之路早两个世纪）即经保山通往南亚、东南亚。历史上的保山，因开放而兴盛繁荣，曾历经千年的繁荣与辉煌。1900年前后，腾冲海关、中国银行腾冲分行等机构设立，充分体现了当时保山对外开放的较高水平。抗战时期相继开通的滇缅公路和中印公路（又称史迪威公路）穿境而过，为当时抗战大后方唯一的国际大通道。现今，保山拥有国家一类口岸1个（腾冲猴桥口岸），云南省人民政府批准指定边境通道4条（龙陵老厂，腾冲自治、滇滩、胆扎），边民互市便道13条，仍是中国通往南亚陆上国际大通道最便捷的交通枢纽，是我国南向互利合作战略的最佳陆上路径选择：从保山市的腾冲县出境经缅甸北部到达印度雷多只需602千米，是中国通往南亚陆上国际大通道交通条件最优、路程最短、辐射人口最多的口岸。利用独特的区位优势，实施猴桥口岸建设、扩大边境贸易等对外开放措施后，保山市的进出口总额快速增长。2005年，全市进出口总额增至9824万美元，为1978年的40倍；国内12个省、市、区和省内21个县的投资商到保山开发投资，引进实施国内合作项目170项，实际到位资金25.5亿元。

保山，资源物产丰富。市内已发现矿产资源56种，已探明矿产储量的有44种，铁矿、铅锌矿、硅藻土、硅灰石等矿藏储量大、品位高、易开采。水电开发前景好，澜沧江、怒江、龙川江穿境而过，水能理论蕴藏量为1023.75万千瓦，可开发利用821.59万千瓦，目前仅开发48万千瓦。全市有170多个地热泉田，为全国第二大热气田区，热能储量250万千瓦。全市农林产品资源丰富，蔗糖、烟草、畜牧、林果、咖啡、茶叶是国家和省的重要生产基地。保山是全国最大的晾晒烟基地，香料烟产量居世界第三位。保山潞江小粒咖啡是世界上最好的咖啡品种之一，咖啡产量占云南省的80%，是云南省和全国优质咖啡主产区。保山南红玛瑙、腾越翡翠、龙陵黄龙玉、腾冲中成药（“腾药”）独具特色。

保山旅游资源富集，历史上曾留下了杨升庵、徐霞客、马可·波罗、徐悲鸿等名人的足迹。境内名胜古迹众多，人文景观和自然景观交相辉映，旅游资源独具特色。明代大旅行家徐霞客曾赞美永昌“山川灵秀……皆成天然”。国家级地质公园——腾冲火山热海是世界少见的火山地热伴生地，是理想的康体疗养、休闲度假之所。高黎贡山国家级自然保护区以“世界动植物南北交汇走廊”“物种基因库”“自然博物馆”的美誉名扬世界，已被联合国教科文组织批准为“世界生物圈保护区”。怒江大峡谷磅礴壮观、闻名于世，潞江坝富业为主的保山经济取得了结构性突破。农业方面，农业内部结构得到优化调整，粮食、油料作物、甘蔗、茶叶、水果、蔬菜、烤烟等主要农产品产量大幅提高。工业方面，全市重工业比重开始上升，形成了以农副食品加工业、木材加工为重点的轻工业和以矿冶业、电力、建材为重点的重工业体系。商贸方面，逐渐形成以非公经济为主体，多种经营方式共同发展的新型商业流通格局和多种所有制成分并存，生产和流通、外贸、边贸、外资企业共同发展的多元化对外贸易新格局。金融方面，全市初步形成银行、证券、保险“三位一体”及人民银行、银监局为主导，政策性金融与商业性金融相分离，集金融服务投资于一体的金融大格局。信息产业方面，移动电话普及，信息咨询、数据交换、电视电话会议、国际互联网络、公众多媒体和用户计算机联网等高科技通信业务不断发展，真正形成“高技术、大容量、多功能”的数字网络，社会各界对现代通信的需求不断得到满足。交通方面，国际大通道建设取得新突破，通关便利化水平不断提高——杭瑞高速穿境而过，保山机场提升改造完成，新航线不断开辟，旅客吞吐量大幅提升；腾冲（驼峰）机场、保龙高速公路紧锣密鼓地加紧建设。至2005年，全市基本形成国、省道为骨架，干支相连，内联相邻地州市，外通缅甸，辐射全市所有乡（镇）、村、厂矿、旅游景点、经济开发区的公路运输服务网络；城市道路总长由27.78千米增至203千米，道路面积由23.81万平方米增至460.96万平方米。

通过28年的改革发展，保山综合实力明显增强。纵向比：全市实现生产总值由4.02亿元增加到119.80亿元；人均生产总值由220元增加到4923元；财政收入由0.39亿元增加到12.31亿元；农业总产值由3.38亿元增加到61.47亿元，农民人均纯收入由124元增加到1879元；城市建成区总面积由7.84平方千米增至44.29平方千米，城镇化水平由4.30%提高至21.8%，城镇居民人均可支配收入由225元增加到9040元，综合经济实力明显增长，城乡人民生活水平不断提高。横向比：主要经济指标完成情况在全省16个州（市）中的排位进入中上水平，人均粮食产量排第一位，甘蔗总产量排第四位，人均猪牛羊肉产量、油料总产量排第五位，农民人均纯收入、粮食总产量、烤烟总产量排第八位，农业增加值、工业增加值、第三产业增加值、总人口、生产总值、地方财政收入、社会消费品零售总额、猪牛羊肉产量排第九位，全社会固定资产投资、建筑业增加值、年末大牲畜存栏数排第十位；地方财政支出、人均生产总值排第十一位；人均地方财政收入、土地面积排第十二位。

通过28年的改革发展，保山社会事业不断进步。教育方面，全市如期完成“普九”义务教育任务，推进“两基”“两全”目标，实施“两免一补”政策。不断加大对教育的投入力度，改善中小学办学条件，优化教育资源配置，促进全市城区、坝区和山区的义务教育的均衡发展；积极探索多种投资方式的办学路子，培育相对集中、优势互补的优质高中群体，提升普通高中学校办学整体水平；合并重组全市大中专学校，整合资源，扩大办学规模，提高办学效益。以上措施的实行，使全市农村义务教育水平有较大提高，高中教育发展瓶颈有所突破，切实扭转了职业教育发展滞后的局面，促进了高等教育和民办教育新的发展。全市各类教育相互衔接，职业教育与其他教育相互沟通，公办教育和民办教育相互促进，普通高中和职业高中共同发展的格局逐渐形成。“科教兴保”成效显著，教育事业协调发展，整体人口素质明显提高。医疗卫生方面，以市和县（区）医疗、疾病预防控制、保健等卫生机构为骨干，辐射全市的医疗预防保健网络基本形成，疾病预防控制和医疗卫生综合水平不断提高，群众看病就医条件有了较大改善，城乡居民健康水平逐渐改善。国债保山市中心血站建设项目建成并投入使用，使全市血液管理实现统一规范。至2005年，全市鼠疫已连续11年、霍乱已连续6年无疫情发生。脊髓灰质炎已连续14年、白喉已连续24年无病例报告。以降低孕产妇和婴儿死亡率为目标的工作成效显著，孕产妇死亡率已降至71.19/10万，婴儿死亡率降至20.64‰，5岁以下儿童死亡率降至24.05‰，以上各项指标，在全省位居中上水平。龙陵县已开展新型农村合作医疗试点工作，隆阳区和腾冲县也被列为全省第二批新型农村合作医疗扩大试点县，使农民的医疗保健得到保障。全市医疗卫生技术平均综合水平位居全省第五六位之间。文化事业方面，保山“羊邑古猿”“蒲缥塘子沟文化”“姚关人”“大花石遗址”等考古发现、发掘与命名，构建了保山史前文化的基本框架，一系列的考古发现，把保山和澜沧江以西6州（市）的人类历史，由几千年上溯到了3万多年。文化投入不断加大，以保山三馆文化中心为代表的一批文化设施先后建成，全市文化硬件设施得到改善，“保山十大文化工程”推动实施，全市文化软实力逐步提升，优秀传统文化得到保护、传承和弘扬。所建成的保山三馆文化广场被评为“全国特色广场”，成为全国最具特色的60个文化广场之一。广播电视方面，建成有线无线相结合、联结千家万户的广播网，全市广播人口覆盖率达到94.6%，基本实现广播电视村村通。腾冲、隆阳两个试点县（区）积极引进昆明官房集团、云南机场集团公司、昆明柏联集团、深圳华隆集团等有实力的大企业参与文化旅游项目建设获得成功，具有很强的示范引领效果。2005年，全市实现文化产业增加值6.07亿元，占全市国内生产总值比重的5.1%，位居全省8个试点州（市）第四位。通过加强海外联谊和文化交流，促进了保山对外交流与合作，为保山实现“云南走向南亚，保山先行一步”的战略构想发挥了引领作用。

三

改革开放的28年，经过几代人励精图治和不断努力，保山的政治建设稳步推进，经济快速增长，民主法治不断加强，社会文化事业繁荣发展，人民生活水平逐渐提高，为全面实现小康社会奠定了良好的基础。相对于改革开放之前，可谓硕果累累、盛况空前。这是保山历届党委、政府以解放思想为先导，以实事求是的态度，深化市情认识，不断修正完善发展思路，用创新破解发展难题的结果；是全市上下始终坚持以经济建设为中心、以加快发展为第一要务，用发展和改革的方法解决前进中的困难和问题，持续推进经济快速发展的结果；是党的政策引领、全市各级干部群众锐意进取、攻坚克难，不断求实创新、努力拼搏争先的结果。

但是，从历史唯物主义的角度不难发现，这期间发展的差距和不平衡也是显而易见的：一是受传统思想观念束缚和创新意识、创新人才不足等因素所限，二十余年的发展，仍然没有从根本上打破“以农为主”“一农独大”的产业结构。总体上看，存在着经济总量小、工业发展滞后、发展水平低、财政收支矛盾突出、发展后劲不足等差距。具体来讲，全市基础设施依然脆弱，工业化水平仍然很低，农业产业化进程缓慢，农民增收仍存在困难，城乡发展仍不平衡，社会事业的发展相对滞后，社会保障还未全面覆盖，而且，全市仍有10%左右的人口尚未脱贫，千人拥有的卫生资源低于全国和全省的水平；交通仍较为落后，至2005年，全市五县（区）只有隆阳区已通高速、保龙高速2004年开工建设，其他3县尚未兴建高速路；铁路建设尚未起步；旅游业除腾冲县外，其他县（区）均处于较低水平。二是教育和医疗卫生等领域的改革不够深入，有待进一步深化，如：卫生方面，机构隶属关系复杂，条块分割问题仍不同程度地存在，属地化全行业管理难以落实，制约了监管措施的落实；卫生资源总量不足，配置不合理，使用效率低等等这些，都是保山发展的短板，亟待逐步统筹解决。

立足当下，保山具有得天独厚的发展潜力。国家加大对南亚、东南亚的开放力度，使保山由开放末梢变为开放前沿，也给保山的发展带来了重要战略机遇；独特的区位、丰富的自然资源和人文资源、国家级口岸及便利的国际大通道等，是保山发展之基；以创新求发展已成为全市上下的共识，更是保山发展的不竭动力；具有不屈不挠、扎实肯干优良品质的广大干部群众，是保山建设的中坚力量。放眼未来，宏伟蓝图已经绘就，“走向南亚，保山先行一步”已被确立为未来发展的战略目标。勤劳智慧的保山各族人民将在党和政府的坚强领导下，团结一心，众志成城，以更加昂扬的斗志、饱满的精神和更加开放包容的姿态，不断深化改革，开拓进取，为再谱“南方丝绸之路”新华章而不懈努力，为实现保山新跨越，建设繁荣富强新保山而奋力前行！

愿保山，永承昔日昌运、更创明日辉煌！

大 事 记

保山撤地设市庆祝大会

（一）

1978年

2月，中共保山地委部署整党整风工作，全面整顿各级领导班子。

3月18日，昌宁县农机厂工人段忠碧出席在北京召开的全国科学大会。

4月，保山地区“揭、批、查”运动结束。

4月，经国务院批准，建立保山师范专科学校。

5月，保山地区妥善安置被越南当局驱赶回国的华侨5000人。

同月，保山地区开始对原“右派”问题进行复查改正。

7月，保山地区财政局和中国人民银行保山地区中心支行分设。

10月，中共保山地委召开社队企业会议，对发展社队企业做安排部署。

10月至次年5月，保山地区遭遇60年未遇的冬、春、夏连旱，连续8个月降雨总量仅178.8毫米，比历年同期减少240毫米。全区2082个水库、坝塘干涸，3069条大小河流断流，3623个饮水井和2120个龙潭、龙洞水枯竭，小春大减产，大春栽种推迟。中稻栽后因无水保苗，被晒死；玉米播后无降雨，苗被晒死，多次翻种；其他杂粮和经济作物损失也很严重。全区有1076个生产队的3.09万户、16.81万人和7.25万头大牲畜饮水困难，339座小水电站中，有51座因无水停止发电，另有26座因缺水开工不足，损失产值1016.8万元。

11月26日至12月1日，中共保山地委召开全区农业生产和农业学大寨先进集体和先进个人代表大会。

12月15日，保山地区撤销革命委员会，恢复成立保山地区行政公署；同日，中共保山地委、保山行署分设，党政职能随之逐步分开。

12月22日，昌宁县柯街华侨农场正式成立。

12月至次年3月底，中国科学院、昆明空军指挥部、云南省科委等单位在保山地区进行“中法航空遥感联合预测实验”。

同月，施甸县新华书店被评为“全国新华书店先进单位”。

同年，根据中央“对知识分子要切实做到政治上一视同仁，工作上放手使用，生活上关心照顾”的方针，全区开始落实知识分子政策。

1979年

1月，柯街华侨农场接收第一批越南归国难侨，507人得到妥善安置。

1—2月，保山县沙坝公社施家庄旋毛虫病暴发流行。1月22日，施家庄集体杀猪3头（其中有2头患旋毛虫病），分给200多名社员食用。1个月内，发现患旋毛虫病144人，其中死亡10人，死亡率为患者的6.91%。通过对死者取心肌病检、进行死因分析和活体组织检查，为国内治疗旋毛虫病积累了宝贵资料，并首次取得旋毛虫病可靠自然疫源资料，填补国内研究的空白。

2—3月，中国人民解放军南疆自卫反击战的前后，保山地区抽调干部、征集兵员参战，组织支前慰问等工作，全力支援南疆自卫反击战。在南疆自卫反击战中，全区有75人为国捐躯，401人光荣负伤，1803人荣立战功。

同月，全区开始进行对地主、富农分子摘帽及为其子女改变成分的工作。

3月1日，中共保山地委作出《关于对保山地区若干历史遗留问题的处理决定》。对“文化大革命”遗留的16个重要问题作出处理决定。

3月13日，中共保山地委、保山军分区发出《关于向董存瑞式的战斗英雄李成文同志学习的决定》。

3月31日，共青团保山地委发出号召，在全区广大青年中开展争当“新长征突击手”活动。

同月，保山地区科学技术协会成立。

同月，保山地区经过认真复查，对在“四清”运动和“文化大革命”中，因受“极左”路线的干扰，被批斗和受到各种处理的97人均给予纠正。对“四清”运动中被定性处理的309人进行复查，其中：纠正243人，维持原结论66人。

同月，保山地区财贸学校建立。

4月，保山地区各县旱情严重，大理军分区高炮部队奉命分赴保山各县实施人工降雨。

5月，农业部等有关部门在昌宁县湾甸公社召开南方12省区水稻机械插秧现场会。

同月，中共云南省委书记安平生莅临保山地区视察工作。

7月，保山地区开始落实起义、投诚人员的政策。

10月5日，中央军事委员会授予在南疆自卫反击战中英勇牺牲的施甸籍战士李成文“董存瑞式的战斗英雄”称号。

11月，中国农业银行保山地区中心支行恢复建立。

12月，全区传达学习中共十一届三中全会精神。

同年，腾冲县界头公社境内发生重大森林火灾，毁林7万余亩。

同年，保山地区及各县所办农业大学撤销。

同年，中国建设银行保山地区中心支行建立。

同年，保山一中被列为全省24所重点中学之一。

同年，教育部、卫生部、国家体委和共青团中央联合授予保山一中“学校体育卫生工作先进集体”称号。

1980年

1月，腾冲县荣获水电部“小水电建设和管理先进单位”称号。

2月，地委和各县委农村工作部恢复。

3月，全区开展“学雷锋、树新风”活动月。

4月，施甸县撤销革命委员会，恢复成立施甸县人民政府。

5月，地处怒江河谷的云南省棉作试验站改名为云南省热带作物研究所。

同月，保山行署劳动人事局成立。

6月，保山地区扶贫领导小组成立。

9月，保山地区撤销保山县、腾冲县、龙陵县、昌宁县革命委员会，恢复各县人民政府。

10月23日，中共中央总书记胡耀邦在中共云南省委第一书记安平生、昆明军区司令员张铚秀等陪同下莅临保山县，视察板桥小集镇建设和商业发展情况。

11月25日，境内澜沧江第二大桥——昌宁县“沧江大桥”竣工通车。

同年，腾冲县宣纸厂生产的“雪花牌”宣纸首次出口日本。

同年，昌宁县大面积改造低产茶园成功，获得云南省人民政府颁发的科技成果三等奖。

同年，全区各地农村开始实行以家庭联产承包制为主的农业生产责任制。

同年，省政府确定腾冲县为“全省粮食基地县”。

同年，昌宁县农科所研究成功的粟穗螟测报防治技术获省政府科技成果二等奖。

同年，保山地区各县恢复因“文化大革命”而中断的人民代表大会制度。

1981年

1月，全区学习贯彻中共中央〔1981〕2号文件，学习邓小平等四位中央政治局常委在中央工作会议上的重要讲话，推进拨乱反正工作、以家庭联产承包责任制为主的农村经济体制改革和国民工业调整工作。

4月20日，全区第一家由国家拨款建设改为银行贷款投资建设的中型企业——昌宁县柯街白糖厂建成投产。

6月，保山端阳花街由传统的群众自发组织变为由县政府出面组织，成为集花展、商贸为一体的交流会。

6月23日，中共保山地委、保山地区行署、保山军分区联合发出《关于调整民兵组织的意见》，指出：“减少民兵数量，提高民兵质量，把民兵制度同预备役制度结合起来。”

7月11日，保山县河图公社魏家大队火药加工厂发生特大爆炸事故。

8月2—9日，全区三级干部会议在保山县召开，会议传达贯彻中国共产党十一届六中全会通过的《关于建国以来党的若干历史问题的决议》。

8月14日，中共云南省委批准成立中共腾冲县猴桥工作委员会（公社级）。

8月26日至9月5日，中共保山地委在腾冲、昌宁、保山三县巡回召开全区多种经营现场会，会议的主题是：若要山区富，多种茶和树。

9月1日，中共云南省委办公厅、省人民政府办公厅联合下发《关于协商解决怒江州2500多群众搬迁保山地区问题的情况报告》。

同月，中共中央政治局委员、书记处书记彭冲莅临保山视察。

11月，中国人民保险公司保山地区中心支公司成立。

11月29日至12月2日，全国妇联副主席罗琼在云南省妇联副主席刀美仙等人的陪同下，视察保山地区基层妇联工作。

12月，中共保山地委政法委成立。

同年，保山全区知识青年上山下乡运动结束。

同年，保山地区民族干部学校建立。

1982年

1月1日，中共保山地委以〔1982〕3号文出台《拟定选拔优秀中青年干部和妥善安排老干部退居二、三线的五年计划》。

1月16—25日，全区认真贯彻中共中央〔1982〕1号文件，即以落实农业生产责任制为主题的《全国农村工作会议纪要》。

1月26日，保山县发生高正林报复纵火、爆炸特大案。

2—3月，全区开展打击经济领域严重犯罪的活动。

3月11日，地区宣布贫下中农协会工作结束，改建地区农会工作委员会。

同月，保山地区各县开展以“五讲四美三热爱”为主要内容的第一个“文明礼貌月”活动。

4月，一株被植物学界公认迄今为止世界上最大的大树杜鹃在腾冲县界头公社大河头寨的高黎贡山林区被发现。其株高26米，基径307厘米，冠幅35平方米，测定树龄为500年以上，是1919年英国人乔治·福来斯首次到高黎贡山发现并取走的直径76厘米的大树杜鹃圆盘标本的4.04倍。

5月，中共保山地委开始落实“边纵”“地下党”人员政策。

同月，腾冲县上营公社响水湾发现一处新石器时代文化遗址。

7月1日，保山地区开始进行全国第三次人口普查，全区共有340494户、1888857人。

9月22日，保山县瓦马公社怒江勐古渡口一条木船因严重超载导致沉没，造成保山地区首例死亡35人的特大沉船事故。

12月26—28日，腾冲县明光公社境内普降百年罕见大雪。

12月31日，中共保山地委决定成立保山地区行政公署地方志编纂委员会（同时又是中共保山地委党史资料征集领导小组，两块牌子一套班子），地方志编纂委员会由16人组成。

同年，全区农村全面实行家庭联产承包责任制。

1983年

1月，中共保山地委批复昌宁县供销社体制改革试点报告，指出："要恢复和加强供销社组织上的群众性，管理上的民主性和经营上的灵活性，使它在组织农村经济生产中发挥更大的作用。"

2月10日，施甸县姚关清平洞《恤忠祠记》碑和恤忠祠（含明代永昌参将邓子龙戍边屯兵遗址），被列为云南省重点文物保护单位。

4月，中共保山地委贯彻落实执行中办发〔1983〕9号文件，进一步复查平反政法系统经手办理的冤、假、错案。

5月，保山地区职工学校建立。

6月，全区开始落实"两山"（自留山、责任山）划包到户工作。

6—7月，全区地、县党政机关机构改革全面展开，同时按"人员精干一点，年纪轻一点，文化高一点"的要求对领导班子进行调整。

7月，中共保山地委纪律检查委员会升格为中共保山地区纪律检查委员会。

同月，省政府批准建立"腾冲茶花基地"。

同月，中共保山地委、保山军分区党委联合在昌宁县召开全区军民共建精神文明现场会。

8月下旬始，全区各县统一行动，开展为期三年的严厉打击严重刑事犯罪活动（简称"严打"）的斗争。

8月29日，保山县辛街、板桥等地发现鼠间鼠疫，系老疫区约30年"死灰复燃"，属生物生态周期性反复。

9月9日，经国务院批准，正式撤销保山县，设立县级保山市。辖地为保山县的行政区域。设市委办事机构7个、群众团体6个和市政府办事机构30个；设市级党政机关行政编制400人。

同月，保山市组织128名防治突击工作队、893名喷药人员、200多名投药员，在鼠疫区全面进行灭蚤、灭鼠；出动2.7万人扫除垃圾3.13万担，填污水塘351个，疏通阴沟2047条，喷洒"六六六"粉堵鼠洞2.43万个；接种预防鼠疫苗5.79万人，不惜一切代价扑灭鼠间鼠疫，控制人间鼠疫的发生。

同月，全区对地主、富农分子摘帽工作结束。

10月，保山地区中小学恢复升国旗制度。

11月16日，中共保山地委召开县（市）委书记会，传达中共中央十二届三中全会及中共云南省委工作会议精神；安排部署整党工作；县级机构改革和政社分设、区乡改革等工作。

12月12日，国务院批准保山市为全国100个农村初级电气化试点县（市）之一。

同月，昌宁茶厂生产的“滇红”茶被对外贸易部授予“品质优良”荣誉证书。

同年，保山地区体制改革委员会建立。

同年，保山市民族手帕厂生产的“永昌牌”民族筒帕获国家“金龙奖”。

同年，保山一中被评为“全国群众体育活动先进集体”。

同年，昌宁县被推荐为全国7省、市茶叶技术推广协作网成员之一。

1984年

2月起，在昌宁试点的基础上，保山地区各县（市）先后将人民公社和生产大队体制改为区、乡体制。

2月7日，中共保山地委、保山行署以保发〔1984〕4号文件，安排部署进一步做好计划生育工作。

同月，保山地区农会工作委员会撤销。

3月，中共保山地委同意保山师范专科学校与保山师范学校分设，在易乐池以西、太保山南侧的山丘上新建保山师专校园。

3月31日，中共保山地委成立保山地区落实知识分子政策检查领导小组，开展检查工作。

同月，保山地区成立核查“三种人”（即：“文化大革命”中跟随林彪、江青造反起家的人、帮派思想严重的人和打砸抢分子）领导小组。

4月16日，在保山市第一届人民代表大会上，兰花被确定为保山市市花。

5月10日，保山地区经济技术协作办公室成立。

7月1日，中共保山地委、保山行署作出改善全区技术干部工作、学习、生活条件有关政策规定。

7月9—12日，中共保山市第一次代表大会召开。

8月15—19日，中共云南省委、省人民政府和云南省军区在昌宁县联合召开全省文明单位建设经验交流现场会。

9月，全区各县（市）人民政府先后发布布告，并组织公安、政法机关依法取缔死灰复燃的“万全堂”“普渡道”和“归根道”（简称“三道”）等反动会道门。

10月1日，著名的马克思主义哲学家艾思奇故居在腾冲正式开放。

11月，全区第一个县级博物馆——保山市博物馆建立。

12月，昌宁县被评为全国12个卫生先进县之一。

同年，施甸县保场区菠萝村制成一条由布、竹、木等材质制作的82节、长180米的“世界第一长龙”，比《吉尼斯世界大全》所记录的新加坡世界第一长龙130米，还长50米。

同年，龙陵县大坝茶厂生产的“滇红”茶荣获对外经济贸易部“优质产品”荣誉证书。

1985年

1月1日，中国工商银行保山地区中心支行正式从人民银行分出。

1月20—25日，云南省滇西片“在知识分子中发展共产党员工作”座谈会在保山市召开。

同月，保山地区中医医院建成。

2月16日，中共中央总书记胡耀邦在中共云南省委书记安平生、云南省省长普朝柱、国家民委副主任伍精华等陪同下，莅临腾冲县视察。

3月21日，中共中央顾问委员会副主任宋任穷，在中共云南省委书记安平生陪同下，莅临保山视察。

3—4月，中缅两国联合组成检查组，对保山地区边境中缅边界南、北段部分被损界桩进行检查。

5月7日，全区开始为期两年的整党工作。

5—6月，云南省林业厅首次在保山、施甸、昌宁三县（市）实施大面积飞播造林。

7月始，全区国家机关、企事业单位职工进行工资改革。

同月，地委决定，《保山报》由中共保山市委机关报改为中共保山地委机关报。

8月19日，中共保山地委、行署隆重纪念抗日战争胜利40周年。

8月21日，零点30分，保山市芒宽区勐古渡地段怒江东岸大平山鹰嘴岩山体先后发生两次高势能崩滑，造成怒江断流约40分钟。致2人失踪，1人重伤；覆盖和冲毁水稻、甘蔗、咖啡田地73.93万平方米；冲毁房屋2间，冲死牛、猪19头；500多棵大攀枝花树被连根冲走，直接经济损失17.4万元。

8月22日，南疆自卫还击作战“两山”英模报告团到保山举行报告会。

9月1日，保山地区第一所“育新学校”在湾甸劳改农场成立。

9月10日，全区各县（市）热烈庆祝第一个教师节。

10月5日，昌宁县长跑运动员杨忠信在北京国际马拉松邀请赛中获得好成绩，达到国家运动健将标准。

11月20—26日，美国地质专家D·E· 怀特对腾冲县火山及地热区进行考察。

12月6日，应云南省省长和志强的邀请对云南省进行访问的泰国王姐干拉雅尼 · 瓦塔娜公主一行11人，从思茅乘专机抵达保山市，在保山午餐后，乘车前往德宏州，12月9日，由德宏州返回保山市。当晚，保山地区行署专员王宁在保山宾馆举行宴会招待泰国客人。

同年，保山市民族手帕厂被评为全国首届少数民族用品生产先进企业。

同年，保山地区各县（市）根据中共中央总书记胡耀邦视察保山时作出的重要指示，开展“增百致富”大讨论活动。

1986年

1月1日起，地直所属的怒江糖厂等22个企业下放保山市。下放后的企业名称、生产方向、经营范围、独立核算等保持不变；下放企业的级别及干部职工的政治、生活待遇不变。

同月，保山地区开始进行第二次全国工业普查。

3月1日，昌宁县计划生育委员会被评为“全国计划生育先进单位”。

3月3日凌晨4时30分至4日中午11时40分，保山、施甸、昌宁三县（市）境内出现百年罕见的大雪天气。地面积雪：保山市区约3.7厘米，昌宁县城约3.3厘米，少数山区积雪约6厘米。小春作物受到不同程度的损坏，部分公路和通信线路中断，大批竹子、树木被压断，三县（市）小春作物受灾严重。

3月7日，中共云南省委任命黄炳生为中共保山地委书记。

3月22—24日，为纪念哲学家艾思奇逝世20周年，中共保山地委在腾冲县召开马克思主义理论讨论会。

5月14—18日，中共中央书记处书记王兆国在中共云南省委秘书长梁林等陪同下先后到腾冲县、保山市视察。

同月，全区遭遇严重的旱灾。

同月，应保山市老年书画协会函请，中共中央总书记胡耀邦为保山市太保公园题写园名。

6月25日，根据中共中央、国务院、中央军委〔1986〕5号文件精神，全区各县（市）人民武装部由军队建制改归地方建制。

7月9日，经国务院批准，原属省级的高黎贡山自然保护区升格为国家级森林和野生动物类型自然保护区。

同月，经农牧渔业部和国家经济委员会批准，昌宁县被确定为全国四个优质茶叶商品基地县之一。

8月5日，《大西南文学》编辑部和施甸县正安皮革工业公司在施甸县联合举办“雪兰文学笔会”。北京《当代》文学杂志社副主编章仲锷、《十月》编辑部副主任张仲仁、湖北省作协党组书记洪洋以及省内著名作家李乔、王松、李钧龙等出席笔会。

8月12日，全区开展对落实知识分子政策工作进行大检查。

8月25日，中共保山地委、地区行署制发《保山地区“七五”人口计划和至2000年人口规划》。

同月，保山地区首届文学艺术界代表大会在保山市隆重召开，保山地区文学艺术界联合会成立。

9月14日，昌宁县达丙区出土云南省首例属战国晚期至西汉早期文物的青铜兵器盒。

9月29日至10月4日，中共保山地委、地区行署召开普及教育工作会议。

10月12日，保山市水寨区暴雨成灾，建于明成化年间的霁虹桥上游400米处燕子窝山体滑坡，200多万立方米砂石堵塞澜沧江，江水断流15分钟后，高于桥面7米的洪峰夹带大量石块、树木，汹涌而下，将霁虹桥18根桥链、桥板、桥亭及其他建筑物全部冲毁，桥墩被削低1米。中国现存最古老的、有着500多年历史的霁虹桥毁于一旦。

11月19—21日，中共保山地委召开全区落实政策工作会议。

同月，保山市科学技术协会被民政部授予“全国扶贫扶优先进集体”称号。

同月，保山市瓦渡区被国家计划生育委员会授予“全国计划生育先进集体”称号。

同月，保山市粮食局被中华全国总工会授予“先进职工之家”称号。

12月13日，中共中央统战部副部长李定（原名杨邦祺，施甸姚关人）偕夫人回乡探访。

12月26日，保山市蒲缥塘子沟发掘出8000年前古人类遗骨化石、石器和无脊椎动物化石等数十件。

同年，龙陵县被列为云南省41个国家级贫困县之一。

1987年

1月23日，保山市龙王塘旧石器遗址发掘出已于1.2万年前灭绝的动物巨獏化石，并出土一批砍砸石器、石砧和手锤兼用的复合工具等。

2月，政协保山地区工作联络组成立，为云南省政协的派出机构。

3月2—8日，水利部副部长杨振怀莅临保山市视察保山北庙水库除险加固工程，并为水库题词。

3月7日，国务院侨务办公室主任姬华、侨办项目助理李德华陪同联合国难民署高级官员霍尔莅临昌宁县柯街华侨农场视察，对由联合国难民署事务处提供15万美元兴建的“柯华职工子弟学校”表示满意。

3月19日，中共中央书记处书记郝建秀、全国妇联副主席张帼英、国家计委轻工局局长凌治泽、国家经委轻工局局长王曾敬，在云南省委秘书长梁林等陪同下到保山视察工作。

同月，保山市西邑区出土1万年前的晚更新世东方剑齿象化石。

同月，联合国秘书长助理兼禁毒基金执行主任迪舍乃罗一行，在公安部刑侦局局长刘文陪同下，莅临保山视察全区禁毒情况。

4月27—28日，全省首次西瓜生产经验交流会在昌宁召开。

同月，经中共保山地委批准，全区五县（市）人民法院院长、人民检察院检察长升格为副县（市）长级。

同月，经地质矿产部水文地质工程地质司、水文地质工程地质研究所等科研单位的专家、高级工程师对腾冲盆地矿泉水进行鉴定，腾冲水质特征指标达到国家级饮用天然矿泉水现行指标标准，属珍贵矿泉水资源。

5月10日，昌宁县达丙区境内发现春秋战国时期的青铜兵器。

6月，云南广播电视大学保山分校建立。

同月，保山地区在五县（市）各区、乡普遍开展建立“三制”（领导干部的任期目标责任制、干部的项目责任制、干部的岗位责任制）活动。

同月，在思茅召开的全省芒果鉴定评价会上，保山市选送的芒果良种“三年芒”在27个芒果品种中荣获第一名。

7月起，县以下行政体制由区、乡建制改为乡、村建制，全区设83个乡（镇）、915个行政村（办事处）。

9月5—9日，滇西六地州党委在保山市联合召开《中共滇西工委、滇西北地委大事记》定稿会。

9月24日，在施甸县姚关乡万仞岗大岩房发掘出一具古人类头盖骨化石。经专家鉴定，该化石为旧石器时代人类化石，并定名为“姚关人”。

同月，由国家民委财经司司长巴图带领的国家7部委（民委、计委、商业部、外交部、公安部、海关总署）边境调查组莅临保山，就边疆建设、扶贫等问题进行调研。

同月，继元谋人文化遗址之后的云南省第二个旧石器时代遗址——保山市蒲缥乡塘子沟文化遗址开始发掘。

10月，瑞士雀巢有限公司咖啡考察团莅临保山市潞江坝考察“小粒咖啡”。

同月，省人民政府将昌宁县列为“珍贵速生丰产用材林基地”县。

11月，腾冲县果品厂生产的“甘草芒果”获得轻工部颁发的“全国轻工业优秀新产品”证书。

12月21—24日，中共云南省委书记普朝柱、省委秘书长梁林等一行莅临昌宁、龙陵两县视察。

1988年

2月，旅缅归侨佛教大师妙明为保山捐赠2尊汉白玉佛像。

3月1日，保山地区新中国成立后第一所私立小学——昌宁县更戛乡富华小学建成开学。

同月，全区五县（市）台湾事务办公室相继成立。

4月20日，腾冲县防疫站医生辜发宝长期研究研制的眼科“角膜移植无损伤缝合固定片”获国家专利，辜发宝成为保山地区第一位国家专利获得者。

同月，腾冲县冬季种植烤烟获得成功，填补了保山地区南亚热带冬季种植烤烟的空白。

5月，全国政协常委、原中国远征军第11集团军总司令宋希濂抵达保山，重访他曾亲自指挥作战的滇西抗日战场故地。

6月8日，昌宁县城关镇出土一面汉唐时期的古铜镜。

6月10日，由旅缅华侨居士傅凤英捐赠的一尊制作精美、长6米、重约9吨、国内最大的玉佛从缅甸运抵保山市佛教圣地卧佛寺安放。

8月13日，保山地区经济社会发展战略研究领导小组成立。

8月14日，保山市河图电影院发生特大爆炸伤亡事件。

10月30日，保山地区烤烟生产领导小组成立。

同月，云南省烟草公司保山分公司成立。

同月，保山市人民检察院经济检察科被最高人民检察院授予“先进集体”称号。

11月6日，澜沧、耿马大地震严重波及全区各县。

同月，保山市实验小学被国家教委授予“德育先进学校”称号。

同月，保山市荣获“云南省十城市爱国卫生达标城市”称号。

同月，《大西南文学》编辑部与《保山文艺》编辑部在保山市联合举办为期4天的首届兰城文学讲习班。

12月底，中共保山地委、地区行署、保山军分区联合召开全区民兵武装委员会扩大会，强调加强国防后备力量建设，开展国防教育，增强国防观念。

同年，保山市被列为全国10个商品粮基地县之一。

同年，保山百货站晋升为云南省商业系统首家国家二级企业。

同年，保山市第三中学（蒲缥中学）被国家体委、国家教委评为“全国体育锻炼达标先进学校”。

同年，龙陵县被国务院侨办、云南省侨办和省侨联认定为云南省重点侨乡之一。

同年，保山籍竞走运动员陈宝文在全国春季竞走比赛中，获青年组万米竞走冠军，2万米竞走第三名。

1989年

1月中旬，中共云南省委书记普朝柱莅临保山视察。

2月24—26日，全区边境贸易工作会议在保山召开，会议提出发展边境贸易的10项措施。

3月下旬，昌宁县达丙镇营盘山出土3500年前的新石器时代较为完整的房屋遗址和大量碳化稻米。

4月19—21日，全区政法工作会议在保山召开。中共云南省委书记普朝柱出席会议，强调要认真解决当前毒品蔓延的问题。

4月25—26日，腾冲县中部和北部16个乡（镇）4953户农户的大小春作物遭受严重冰雹灾害。

同月，腾冲县农机公司被评为1987—1988年度“全国农机系统优质服务先进单位”。

4—5月，保山地区组织“两山”作战和参加耿马、澜沧两县抗震救灾的35105部队的英模代表，在全区作巡回报告。

6月1日，以云南省省长和志强为组长的利用联合国自然资源勘探循环基金开发腾冲地热项目工作领导小组成立。

6月15日，中国银行保山支行成立。

6月26日至7月10日，保山地区聋哑女青年尹萍、和玲参加中国残疾人艺术团首次赴苏联访问演出，先后在莫斯科、列宁格勒和罗斯托夫演出11场。

7月11日，保山地区组织开展农村妇女“双学双比”（学文化、学技术，比成绩、比贡献）活动。

7月13日，保山地区廉政建设领导小组成立。

7月15日，经中共云南省委批准，成立保山地区人大工作委员会，暂设办公室、法制处、财经处三个办事处机构。

9月22日，保山地区第一个标准化室外游泳场在保山工人文化宫南侧建成并投入使用。

9月30日，经中共云南省委批准，成立保山地区政协工作委员会。

同月，中共云南省委、省人民政府命名表彰了保山地区10个省级文明单位、文明村。

同月，保山市老营乡阿家林场荣获林业部颁发的“全国先进乡村林场”证书。

10月，龙陵县被列为世界银行贷款教育发展项目县之一。

11月6—14日，保山地区五县（市）文明城镇观摩经验交流大会在腾冲、龙陵两县召开。

11月27日，在西安召开的1989年度全国优质农产品名茶评比会上，昌宁茶厂生产的“滇红功夫一级”茶被评为全国名茶，荣获“景泰蓝”奖杯。

12月5—11日，中共保山地委召开三级干部会议，传达中央十三届五中全会精神和省委四届六次全会精神，研究讨论全区经济建设、思想战线反对资产阶级自由化和社会治安综合治理等工作。

12月16日，中共云南省委任命黄绍智为中共保山地委书记。

12月下旬，云南省政府赠送给腾冲县的5套3米卫星电视地面接收站设备，分别在打苴、上营、马站、新华、勐连5个贫困乡安装调试开通。

12月30日，国道昆畹公路大（大官市）龙（龙山卡）段改建工程开工。

同月，在商业部召开的全国粮油仓储工作会议上，腾冲县粮食局被评为“全国粮油仓储工作先进单位”。

同年，全区扫“六害”（赌博、拐卖妇女儿童、卖淫嫖娼、制作传播淫秽物品、贩卖吸食毒品、利用封建迷信骗取钱财）工作成绩显著。

同年，保山市芒宽彝族傣族乡、老营乡以及老营乡阿石寨行政村同时被国家民委授予“全国民族团结先进集体”称号。

1990年

1月8日，著名哲学家艾思奇夫人王丹一将艾思奇在北京的一批遗物赠送腾冲县艾思奇纪念馆。

1月15日，昌宁县人民政府被国家计划委员会、农牧渔业部授予“七五”期间第一批优质农产品基地建设“先进单位”称号。

1月17—20日，云南省国防教育、民兵规范化训练工作交流会在保山军分区召开。

3月16日，中共保山地委成立外事工作领导小组，协调有关部门做好外事工作。

同月，国家烟草总公司决定，从1990年起，将保山市列为“全国香料烟质量检查鉴定重点市”，并负责完成全国香料烟引种试验和全省用种供应。

4月，保山市公安局破获新中国成立后全区最大的保险柜被撬系列盗窃案，犯罪嫌疑人徐某某被抓获。

5月1日，设计装机容量4.5万千瓦的全区最大的水电站龙陵苏帕河电站破土动工。

6月23日，在四川省乐山市举行的中国西部地区名茶研讨会上，昌宁茶厂生产的“红碎茶高档2号”被评为20种西部地区名茶之一，荣获“陆羽杯”奖。

同月，保山地区被确定为国务院办公厅信息联络点。

同月，保山市商品瘦肉型猪基地建设通过中央、省、地、市4级验收，被列为全国商品瘦肉型猪基地市。

同月，经省人民政府批准，保山地区第一家台资企业——云南云保竹制品有限公司在腾冲建立。

7月1日，保山地区开始进行第四次全国人口普查，全区有444669户，人口2099477人。

7月9日，经国务院批准，保山市、腾冲县、龙陵县正式被列为对外国人开放县（市）。

7月15日，中国人民解放军预备役保山步兵团在保山市成立，并编入中国人民解放军建制序列。中国人民解放军成都军区副司令员廖锡龙、云南省副省长赵廷光、云南省军区副政委陈联富出席成立大会。

8月8日，保山地（市）委宣传部联合举行对外开放报告大会。

8月16—19日，云南省第三次地震灾区重建家园会议在保山召开。

8月20—21日，云南省人民政府在保山召开滇西南地区农业综合开发实施工作座谈会。云南省副省长保永康出席会议。

同月，地委政法委、地区司法处、地委宣传部、地区工会、地区妇联、团地委联合组织控诉毒品危害报告会，请毒品受害者现身报告，在全区报告11场，听众达6000多人。

同月，昌宁县被列入“云南省澜沧江中游区域综合发展规划县”。

同月，保山地区烟叶复烤厂建成并投产。

9月，保山地区境内第一条高等级公路——昆畹公路保山过境线竣工通车。

10月，保山地区第一部社会主义新方志《昌宁县志》由德宏民族出版社出版，计100万字。

同月，中缅双方动工修复中印公路（史迪威公路）中国腾冲至缅甸密支那段。

12月30日，缅甸密支那、南坎两地方政府代表团应邀到腾冲县访问，双方就已经动工的腾密公路修复工作等事项进行洽谈。

同月，龙陵县基本消灭麻风病，成为保山地区第一个无现症麻风病县。

同年，保山市人民检察院侦检科被最高人民检察院授予“反贪污贿赂先进集体”称号。

同年，水电部副部长侯捷一行视察保山市北庙水库和东河等水利工程。

同年，保山市被世界银行组织列入国际开发协会成员。

同年，保山民族筒帕在北京举办的中国妇女儿童用品博览会上获银奖。

同年，施甸县由旺中学被国家体育运动委员会、国家教育委员会联合授予“全国射击传统学校”称号。

同年，腾冲县被林业部授予“造林绿化先进单位”称号。

同年，龙陵县木城乡境内首次发现“铜石并用时代”的铜斧、铜钺、石斧、石网坠等多件文物，填补了滇西地区人类从新石器时代向铜器时代过渡考古发现的空白。

1991年

1月1—5日，“保山地区民族文艺体育表演比赛大会”在保山城举行。

1月6—7日，云南省省长和志强率省政府有关部门负责人到保山视察“引龙入怒”（引龙江上游水资源，穿越高黎贡山，输送到怒江河谷盆地，用于灌溉与发电）工程筹备情况，并到腾冲县考察边贸工作。

3月13—18日，第一期“社教”工作队分赴全区农村。

4月13—16日，云南省政府基本无文盲县（市）检查验收团对保山市进行检查验收。

4月16日，西南五省六方作家笔会在保山闭会。

4月24—25日，中共中央政治局委员、国务院副总理田纪云率国务院农业开发办公室主任周清泉、国务院特区办公室主任陈顺恒、国家经贸委亚洲司副司长一行在云南省副省长保永康等陪同下到保山视察。保山地、市两级主要领导参加汇报会。其间，田纪云一行视察了保山市小麦样板田和汉庄乡抽水站，考察了滇西南农业综合开发、边境贸易、乡镇企业及保山机场改扩建、引龙入怒工程规划等，并作出重要指示。

5月3日，全国著名作家王蒙莅临保山，游览易罗池、太保公园，并题词留念。

7月1日、22日，保山、施甸、龙陵三县（市）结合部，先后发生5.0级、5.2级地震，其中龙陵县境内财产损失达1000多万元。震灾发生后，中共云南省委、省政府组成慰问组深入灾区，慰问群众，协助当地党委、政府组织抗震救灾，使灾区群众尽快恢复生产，重建家园。

7月3日，中共云南省委副书记刘荣惠到保山市长岭岗地委行署样板林、汉庄乡视察。

同月，保山北庙水库除险加固工程完工，工程通过省、部级验收。

8月7日，中共云南省委常委、组织部部长任克礼到施甸县地震灾区视察，慰问受灾群众。

8月31日，伍体贤教育奖励基金会首次颁奖仪式在腾冲县举行。

9月5日，腾冲籍旅港同胞伍集成捐赠港币115万元支持腾冲发展教育事业，并成立“伍集成教育基金会”。

10月2日，历时一月的“全省首期尼众培训班”在保山市梨花坞结束，来自各地州50多名僧尼系统学习佛教基本知识、党的宗教政策。

10月11—13日，中国民主建国会西南四省（区）第二次会务协作会在保山召开。民建中央、云南省委统战部，云南、四川、贵州、广西、北京、上海、成都、重庆等省市的64名代表出席会议。

10月15日，全国人大常委会禁毒视察组一行29人到保山视察工作。

11月3日，云南省政协民族宗教工作经验交流会在保山市召开。

12月13日，保山地区邮电局举行保山6000门程控电话开通仪式。

1992年

1月9日，中国科学院古人类学家徐庆华对保山市羊邑煤矿出土的上新世纪古猿左下颌骨1件、单颗牙齿1枚评价道：“云南是人类起源地之一，不但起源于滇中禄丰县等地，也起源于滇西保山一带。”

1月18—20日，云南省副省长保永康一行16人，到保山视察滇西南农业综合开发项目的实施情况。

1月25日，财政部副部长、国家农业综合开发领导小组副组长、开发办主任项怀诚，财政部副部长金人庆等一行莅临保山，检查滇西南农业综合开发项目的实施情况。

2月20日至3月1日，腾冲县县长许洪森率经济代表团赴缅甸克钦邦访问，与克钦邦主席觉巴将军签订双方修复史迪威（中印）公路的协议。

3月29日，云南师范大学政教系116名师生到保山市河图、金鸡两乡开展为期4个月的社教工作。

3月31日至4月3日，中共云南省委书记普朝柱一行24人莅临保山视察工作。

4月8—10日，云南省冬季香料烟现场会在保山市召开。经省内外专家实地考察，保山市潞江坝被确定为全省优质香料烟生产基地，省下达种植24万亩的任务，为全省香料烟的80%。

5月29日，《西南通商口岸腾冲》一书出版发行，中共云南省委书记普朝柱为该书题写书名。

8月8—9日，美国熊氏集团董事长熊德龙，对保山进行友好访问，同意与省、地烟草公司合资兴建三星级宾馆。

9月27日，民政部部长崔乃夫到保山视察民政工作。

11月6日，保山地区县乡换届选举工作领导小组召开会议，安排部署县、乡换届工作。

12月15日，保（山）腾（冲）公路动工典礼在腾冲县举行。

12月19日，保山飞机场扩建工程动工典礼举行。

12月21日，保山北庙水库扩建、主坝加高工程开工。

1993年

3月8日，保山行署举行隆重的授衔仪式，为保山地区公安处干警和各县（市）公安局局长、政委等153人授衔。

3月10日，保山地区消费者协会成立。

4月1日，保山市粮油价格全面开放，粮票、大米券、面粉券不再使用。

4月5日，全区经济体制改革工作会议在保山市召开。

4月6日，龙陵苏帕河三江口电站2号机组、1.5万千瓦发电并网试运行成功。

4月9日，中共保山地区纪委、地区监察局合署办公。

4月22—24日，云南省科委、省烟草公司联合在保山市召开全省优质香料烟现场评议会。

5月15日，保山行署专员程政宁一行前往缅甸克钦邦首府密支那参加中国腾冲至缅甸密支那公路通车典礼。缅甸国家领导人、第一秘书长钦纽中将会见程政宁等保山地区官员，双方就建立友好农场，帮助缅方建立卫星电视接收站、设立边贸机构、开通旅游热线等项目达成协议。

5月31日至6月5日，云南省省长和志强一行到保山市、腾冲县、龙陵县和省级重点工程苏帕河电站、保山飞机场、保山烟叶复烤厂和体育运动中心施工场地视察。

6月2日，昌宁县被确定为云南省第一个国家糖料基地县。

同月，云南省人民政府批准保山市为“省级历史文化名城”。

9月22—26日，云南省农田水利基本建设暨滇西南农业综合开发工作会议在保山市召开，云南省副省长黄炳生出席会议并讲话。

11月20日，保山地区、云南大学和民革云南省委，在昆明市举行“第二次世界大战中缅战场国际学术研讨会”新闻发布会。

同月，《保山市志》由云南民族出版社出版，计124万字。

12月5日，保山地区滇西南第一期农业综合开发项目通过国家验收组验收。

12月底，云南省政协主席刘树生率省政协香港委员视察小组一行7人莅临腾冲县视察。

1994年

1月10—16日，保山籍全国人大代表和云南省人大代表到腾冲、龙陵两县视察。

1月19日，云南省高黎贡山自然保护区保山管理处成立。

1月28日，区情教材《可爱的家乡——保山》出版发行。

3月17日，保山永昌宾馆被授予国家旅游一星级宾馆。

4月13日，云南省通信股份有限公司800兆移动电话在保山正式开通。

4月14日，保山飞机场校试飞圆满成功，起降波音737型飞机。

4月28日，由云南省烟草公司、保山地区烟草公司、美国熊氏集团公司合资建设的保山兰都饭店有限公司动工兴建。

6月9—16日，由保山地区、云南大学、民革云南省委联合举办的“第二次世界大战中缅战场国际学术讨论会”在保山召开。国内外专家学者、各级领导、新闻记者184人出席研讨会，收到论文118篇。其间，与会人员实地考察腾冲、龙陵战场遗址遗迹和腾冲国殇墓园，并参加保山一年一度的端阳花市活动。研讨会对滇西抗日战争在中国和世界反法西斯战争中的地位、作用达成共识，达到预期的目的。

8月6日，《保山地区教育志》出版发行。

8月，经国务院批准，保山市被确定为“云南省唯一的国家扶持的商品粮大县(市)”。

9月，中共云南省委任命程政宁为中共保山地委书记。

11月12—16日，云南省副省长牛绍尧率省政府有关部门到保山地区三县一市以及16个企业(项目)进行调研指导。

12月21—28日，财政部副部长兼国有资产管理局局长张佑才，率领国资局扶贫办主任朱平壤等一行4人，对保山地区扶贫工作进行考察。

同年，保山地区和保山市、腾冲县、龙陵县被确定为世界银行贷款综合性妇幼卫生保健项目(简称卫VI项目)单位。

1995年

1月7—8日，全区有偿出让“四荒一低”使用权工作会议在保山市召开。

2月27—31日，全区林业工作会议在保山市召开。会议确定，林业工作要以1997消灭宜林荒山，2000年林业产值超10亿元为奋斗目标。

3月10—14日，云南省人大常委会副主任李树基到昌宁、腾冲、龙陵三县进行执法检查。

3月15—16日，国家科委、计委、经贸委和电力部在北京联合召开“云南腾冲地热开发研讨会”。

3月25日，国道320线大官市至龙山卡段公路改建工程竣工通车。

3月29—30日，水利部副部长张春园一行到龙陵县考察苏帕河水电工程。

同月，《腾冲县志》由中华书局出版，计168万字。

4月18日，中国人民解放军总政歌舞团到保山市慰问驻保部队。

7月7日，“滇西抗日战争纪念碑”在保山市易罗池揭幕。

7月27—28日，保山地区工商联合会、商会第一次会员代表大会在保山市召开。

7月30日，云南省茶树良种基地建设会议在保山市召开。

8月，经过5年建设，龙陵县勐糯铅锌矿正式试车投入生产。

9月，中共云南省委任命孔垂柱为中共保山地委书记。

10月7—10日，云南省农业综合开发会议在保山市召开，云南省副省长黄炳生出席会议并讲话。

11月18—20日，云南省地（州、市）交通局局长联席会第五届会议在腾冲县召开。

11月至次年底，保山地区组织全体党员、干部、群众开展“解放思想、加快发展”大讨论活动。

12月8日，经国家有关部门批准，保山水泥股份有限公司股票在上海证券交易所开盘上市。

12月20日，保山地区第一次律师代表大会在保山市召开。

1996年

1月22—26日，财政部国有资产管理局副局长倪迪一行5人莅临保山，对全区五县(市)扶贫工作进行检查指导。

1月27日，保山市召开北庙水库旅游度假区开发现场会。

1月30日，保山地区“九五”计划咨询论证会在昆明市“南亚风情园”举行。

3月6—20日，中共保山地委书记孔垂柱率地、县(市)党政考察团一行28人，赴广东、福建、海南部分地、县(市)考察学习。

3月16日，财政部副部长、国有资产管理局局长张佑才一行8人，在云南省副省长黄炳生陪同下莅临保山五县(市)视察扶贫开发项目。

3月22日，全区纪念艾思奇逝世30周年活动在腾冲县举行。

5月6—7日，云南省副省长牛绍尧、交通部部长黄镇东等领导先后抵达保山视察。

5月16—19日，全国森林资源和林政管理示范点工作会议在腾冲县召开。

6月16—17日，云南省省长和志强一行莅临保山，深入昌宁造纸厂、保山市天然气勘探一号井、保(山)腾(冲)公路新线及龙陵苏帕河茄子山水利水电工程现场考察、剪彩。

6月17日，国家大(二)型水库——龙陵县苏帕河茄子山水库开工兴建。

6月18—22日，第四届滇西民族艺术节在保山成功举办。云南省省长和志强、副省长黄炳生出席开幕式。参会演员达3000多人，专业演出20多场次。保山地区的《啊！傈僳》大型舞蹈倍受专家称赞。同时，保山经贸活动也大获成功，共达成招商引资项目16个，总成交金额达8亿多元。

7月1日，中国人民银行保山地、市两级机构正式合并办公。

同月，320国道保山过境段改建工程开工。工程总投资7000万元，拓宽保山市过境公路4千米路段。

9月16日，中共云南省委副书记令狐安致电视贺保山地区行署公安局陈新民荣获第七届“中国十大杰出青年”称号。

10月2—9日，应缅甸国家计划经济发展部邀请，中共保山地委书记孔垂柱率团对仰光、密支那、曼德勒进行正式友好访问。

10月10—15日，保山地区运动员李云艳在湖南长沙举行的全国射击锦标赛上，以377环的优异成绩获10米移动靶项目的个人冠军。

11月5日，中国农业发展银行保山地区分行成立。

11月25日，全区首次勘界工作会议在保山市召开，各县（市）、乡（镇）勘界工作全面启动。

12月1日，保山城区民用天然气管道铺设工程破土动工。

12月10日，龙陵县苏帕河水利水电工程茄子山水库大坝截流成功。

12月20日，云南证券有限责任公司保山营业部正式开业。

12月31日，中保人寿保险有限公司保山分公司正式成立。

年底，云南省人民政府决定并启动实施将龙陵、施甸两县部分贫困人员搬至龙陵县勐糯乡的异地开发扶贫项目。

1997年

1月1日，《保山报》改为《保山日报》，由周三刊改为日报。

1月16日，龙陵县勐糯乡被文化部命名为“中国民间艺术之乡”。

2月19—24日，财政部副部长兼国有资产管理局局长张佑才莅临保山，对龙陵、腾冲、施甸、昌宁四县扶贫工作进行检查指导。

3月12日，云南省副省长梁公卿莅临昌宁县柯街乡视察香料烟生产。

3月28—30日，腾冲县举办“三通”（保腾公路改道全线通车、1.5万门程控电话通话、龙江二级电站建成通电）庆典暨经贸交流大会。云南省副省长牛绍尧应邀出席。

4月2—4日，云南省军区司令员姚双龙少将先后到腾冲县、保山市视察民兵预备役工作。

4月12—15日，云南省副省长黄炳生率省政府有关部门领导到保山视察农业综合开发工作。

4月20—22日，云南省人大常委会副主任李树基率队到腾冲县，对边贸口岸动植物检疫执法情况进行检查。

5月6—9日，云南省副省长赵淑敏到保山、腾冲、龙陵三县（市），对卫生工作进行检查指导。

5月15—16日，云南省省长助理张春贤一行莅临保山，对昌宁、保山两个纸厂进行调研。

6月8日，由中共保山地委、地区行署主办的《天地正气，历史丰碑——滇西抗日战争纪实展览》正式开展。

6月26—27日，云南省以工代赈工作会议在保山市召开。云南省副省长牛绍尧出席会议并讲话。

7月1日，保山各族人民隆重庆祝香港回归祖国的怀抱。

8月20日，云南省副省长黄炳生莅临保山调研，确定潞江坝为全省热区开发试验示范区。

10月16日，保山地区行署与云南省旅游局在昆明联合召开论证会，邀请有关部门专家论证腾冲火山国家公园、热海国家公园、怒江旅游度假村等旅游度假项目，与会人员一致认为，保山所论证的几个旅游项目都是独具特色的项目，应加速开发。

同月，《施甸县志》由新华出版社出版，计100万字。

12月20日，国家国有资产管理局副局长倪迪及国家扶贫办主任朱平壤等调研腾冲扶贫工作。

同月，施甸县城至七〇七公路改建工程开工。该工程全长26千米，按平原微丘区二级公路改建，总投资9199万元。

1998年

1月3—5日，保山地区三级干部会议召开。会议着重研究调整和优化经济结构，扩大对外开放和加强党的建设等方面的工作。

1月上旬，施甸、龙陵、昌宁三县的扫盲工作分别通过云南省政府检查组的检查验收。至此，全区五县（市）基本扫除青壮年文盲，成为全省第一个实现基本扫除青壮年文盲的地（州）。

2月24—25日，云南省副省长黄炳生调研保山地区的农业和农村工作。

2月26日，云南省军区群众工作经济交流会在保山召开。副省长李汉柏出席会议并讲话。

3月，《保山地区志》中卷（经济部类）由中华书局出版，计95.7万字。

4月1—2日，云南省地（州、市）纪委书记会议在保山召开。

4月17日，在上海举行的全国射击冠军锦标赛上，保山地区选手李云艳代表云南队以

380环的总成绩夺得女子移动靶20+20个人冠军。

6月6日，云南省人民政府在保山召开现场办公会。

6月14日，保山汽车运输经贸总公司卧铺车在保山市老营乡境内红岩处与东风牌大货车相撞，造成10人死亡、31人受伤（含司机2人）、卧铺车报废的特大交通事故。

7月30日，云南省副省长牛绍尧一行到保山检查省政府保山现场办公会精神落实情况。

7月30日，经保山地区中级人民法院裁定及资产评估组评定，昌宁纸厂债务金额达2.30亿元，正式宣告破产。

8月2—5日，缅甸克钦邦第一特区政府主席丁英一行对保山进行友好访问。

9月29日，云南省副省长程映萱对保山地区烤烟收购问题做专题调研。

10月11—12日，云南省副省长黄炳生专题调研保山地区的异地扶贫开发工作。

12月9日，由云冶集团公司控股、保山地区县乡企业开发公司、龙陵县县乡企业开发公司、云南保山电力股份有限公司、龙陵县勐糯铅锌矿职工持股会等五方参股的云南保山铅锌股份有限公司在龙陵县挂牌。

12月13—18日，由保山选区的九届全国人大代表、云南省九届人大代表18人组成的代表团，对保山地区农业和农村工作进行视察。

12月27日，保山市芒宽乡勐赖渡口从事运输的“勐赖1号”机动船载芒宽乡大门坎、勐林两村村民27人、苞谷4.4吨到敢顶街交公粮，当船行至江面2/3处时，忽起风浪，村民争相冲向船首搬粮，导致船体失衡翻船，船上28人全部落入江中，其中18人被救，10人失踪。

1999年

1月7日，大保高速公路保山境内正线建设征地拆迁工作全面启动。大保高速公路全长166.15千米，其中，永平到保山大官市段长94.96千米。

1月10日，交通部部长黄镇东一行在云南省副省长牛绍尧陪同下，对保山地区公路建设进行全面检查。

1月19日，中共保山地委在保山市政府礼堂召开全区新一轮解放思想、转变观念动员大会。共有1200多人参会。

2月3日，中缅边境缅方一侧林火成多点不连接式从腾冲148千米边境上蔓延烧入中国境内，形成若干火场，严重威胁着中方森林资源及边境地区人民生命财产安全。（3月20日，大火被扑灭。火灾入境林火过火面积14.9平方千米，受害森林面积5.81平方千米，损失林木蓄积20万立方米，灭火耗资980万元。）

2月22日6时30分，保山汽车经贸总公司腾冲客运站发往昆明的夜班卧铺客车，由于驾驶员疲劳过度，操作不当，在永平县境内翻入山谷，造成当场死亡15人、轻重伤25人的特大交通事故。

4月1日，全区国有企业下岗职工基本生活保障和再就业工作会议在保山召开。

4月3—4日，中共云南省委书记令狐安到保山调研，深入昌宁县卡斯乡考察芦荟生产基地。

4月4日，保山市汉庄镇沈家山由于护林员乱扔烟头引发森林大火。（4月9日，大火被扑灭，火场过火面积11.36平方千米，受灾森林面积9.29平方千米，受灾林木蓄积量3.05万立方米，烧死幼树162.4万株，直接经济损失1500多万元，扑灭耗资229万元。）

4月5—7日，全省农村精神文明建设现场经验交流会在保山召开。中共云南省委副书记、省文明委常务副主任王天玺作重要讲话。中共云南省委、省人民政府、省人大、省政协领导及20个省级单位、部门、16个地州、127个县（市、区）的领导出席会议。会议着重总结和推广保山地区开展农村精神文明建设的做法及经验。

6月30日至7月2日，云南省副省长梁公卿到保山调研，强调全面推进教育体制改革。

7月21—23日，全国人大内务司法委员会副主任束怀德一行到保山就公安队伍建设和设立人民陪审员立法问题进行调研。

8月18日，行署专员王广兴会见缅甸克钦邦第一特区政府主席丁英一行，并与丁英出席中国银行保山分行与缅甸林本（集团）责任有限公司经济协作签字仪式。

8月30日，全区农业产业结构调整工作会议在保山召开。

9月29日，保山地、市党政军领导及各界人士、广大群众上万人在地区体育场隆重集会暨举行大型文艺演出，庆祝中华人民共和国成立50周年。

10月14日，中共保山地委决定，《保山日报》从2000年1月1日起，改扩为对开大报。

10月，全长166千米，保山境内长61千米的大保高速公路工程全面开工。工程属省交通厅直管项目，预算总投资50多亿元。

同月，《保山地区志 · 上卷》（政治部类）由中华书局出版，计100万字。

11月3—5日，川滇黔桂四省区五县人大常委会在腾冲县举行人大宣传工作研讨会。保山地区人大工委主任张培光、副主任傅宗明应邀出席会议。

11月6日，苏帕河茄子山水利水电工程举行竣工典礼。该水库属国家大（二）型水库，总库容量为1.75亿立方米，电站设计装机容量16000千瓦。

11月17—19日，全国人大华侨委员会副主任委员朱添华，全国人大常委会委员、华侨委委员谷建芬，全国人大华侨委委员罗益锋一行，在云南省人大常委会委员、外侨工委副主任尹曰庄陪同下莅临保山，就保山地区和腾冲县贯彻执行《中华人民共和国归侨侨眷保护法》进行执法检查。

11月20—21日，财政部副部长张佑才一行4人在云南省财政厅厅长赵钰陪同下，专题调研龙陵县、保山市的扶贫开发工作。

12月12—17日，保山地区的全国人大代表、云南省人大代表22人，分两组对腾冲、施甸两县进行工作视察。

12月16—20日，保山全区各族人民举行丰富多彩的文化体育活动，隆重庆祝澳门回归祖国怀抱。

12月至次年12月，保山地区在地、县(市)两级及地直部门领导班子和领导干部中，开展以“讲学习、讲政治、讲正气”为主要内容的党性党风教育。

2000年

1月1日，保山地区最大的县级图书馆——昌宁县图书馆开馆。该馆馆藏图书8万余册。

1月7日起，由中共保山地委、地区行署主办，地委宣传部承办，地区人寿保险公司协办的“弘扬保山精神巡回报告团”，在全区巡回报告。

1月14日，保山地区信用合作社联合社第一届社员代表大会在保山市召开。

1月16—19日，全国人大常委会委员、中国社会科学院原副院长滕藤一行莅临保山市，对全区生态经济进行调研。

1月22日，腾冲县腾云纸业公司生产的无酸档案纸得到国家档案局的认可，成为档案纸指定生产厂家。

1月24日，全国人大法律委员会主任王维澄、全国人大常委会法制工作委员会副主任卞耀武一行莅临保山，就《中华人民共和国海关法(修订草案)》进行立法调研。

同月，保山地区行署决定以保山市为示范点，在2000年启动并实施农村居民最低生活保障工程，其他四县2001年组织实施。

同月，经云南省人民政府批准，高黎贡山国家级自然保护区成为“云南省科学普及教育基地”。

2月4日，保山地区艺术团首次参加中央电视台春节晚会演出，28名演员共参加10多个歌舞的表演。

2月23—25日，中共保山地委召开三级干部会议。会上，地委有关领导代中共中央精神文明建设指导委员会为腾冲县颁发“全国精神文明建设工作先进县”奖匾。

同月，中国人民抗战纪念馆馆长方军和研究员胡浩到腾冲县曲石乡江苴等地考察二战时期人民抗战和遭受日军蹂躏的史实。

3月1日，保山地区第五次人口普查工作全面启动。

3月9日，云南省人大常委会环境资源保护委员会主任史宗龙、副主任施义一行对大保公路水土保持进行执法调查。

3月10日，中共保山地委统战部召开由地区政协工委、工商联、各民主党派、黄埔同学会、台盟、台联、台商代表参加的《一个中国的原则与台湾问题》白皮书座谈会。

3月13日，腾冲县李根源故居被中共云南省委、省人民政府命名为第三批21个省级爱国主义教育基地之一。

同日，云南省政府参事室主任陈世杰带领经贸、交通、煤炭、环境等有关专家学者一行，就保山地区在西部大开发的战略定位问题进行为期3天的考察论证。

3月16日，中共保山地委、地区行署召开全区金融系统工作汇报会，提出金融工作要围绕西部开发、产业结构调整步伐进行重点扶持。

3月17日，保山地区行署、云南省旅游局，中共腾冲县委、县人民政府在昆明举行“首届中国腾冲火山热海旅游节”新闻发布会。副省长程映萱、省政府秘书长龙忠志等150人出席。

3月28—31日，云南省交通厅组织对保山至腾冲公路二期沥青面工程进行竣工验收，工程质量等级被评为优良。

3月29日，龙陵县被云南省人民政府、省文化厅命名为“文化先进县”。

3月底，中国水稻专家刘汉学将东农9213、东农9316、松94-71三个优良品种赠送给龙陵县象达乡。

3月31日至4月4日，经批准，印度影像摄影公司执行制片图鲁·帕特奈克一行四人，到保山市、腾冲县、龙陵县沿原中印公路沿线拍摄纪录片。

4月8—10日，全国部分省、市退役士兵“供需见面，双向选择”安置现场经验交流会在保山兰都饭店举行。

4月12日，保（山）腾（冲）、施（甸）七（〇七）公路举行通车典礼。云南省交通厅厅长李裕光、副厅长杨九臬，中共保山地委书记孔垂柱、地区行署专员王广兴等省、地领导出席典礼。

4月14日，水利部委托有关部门组成专家骨干水利工程评分小组，对保山市潞江乡西大沟工程项目进行考察评估。

4月20日，由云南省摄影家协会、中共腾冲县委、中共保山市委等单位联合举办的“中华奇观——神秘的火山热海；神奇的高黎贡山摄影艺术展”在云南美术馆开幕。

4月26日，云南省人大常委会副主任张宝三一行对大保高速公路建设中贯彻实施《中华人民共和国水土保持法》情况进行视察。

同月，云南省政协副主席张学文率队到保山调研个体私营经济发展情况。

4月29日至5月3日，由保山地区行署、云南省旅游局主办，中共腾冲县委、县人民政府承办的“首届中国云南腾冲火山热海旅游节”在腾冲县举行。开幕式上，演出大型民族文艺节目《火山之魂》，2名国家跳伞队队员从1500米高空准确跳入小空山底部，创造首次火山口定点跳伞吉尼斯世界纪录。来自海内外嘉宾及腾冲各族群众共3万余人参加开幕式。旅游节期间，到腾冲旅游观光的中外游客近20万人，旅游收入3424.17万元，占全区当年旅游总收入的7.77%；创汇96.15万美元，占全区当年旅游创汇的10.13%。

5月9日，保山市第一所完全高中学校——保山市第八中学奠基仪式在南三环路举行。该校占地88.8亩，总投资3000余万元，可容纳42个高中班，2100多名学生。

5月12—16日，保山地区行署召开异地开发扶贫现场工作会议。

5月24日，总投资9649.8万元，蓄水量1950万立方米的省水利扶贫重点工程龙陵县岔河水库输水主干渠，通过省级单项工程验收，被评为优质工程。

5月30日，保山地区首家外商投资企业工程联合会在腾冲县成立。

同月，《龙陵县志》由中华书局出版，计100万字。至此，保山地区所属五县（市）的第一轮综合地方志书已全部编纂完成。

6月4日，云南省15市（区）人大工作研讨会第23次会议在保山召开。会议就新形势下坚持和完善人民代表大会制度、人大自身建设等问题进行研讨。

6月5日，由云南省摄影家协会、中共保山市委、中共腾冲县委共同主办，保山地、县（市）文联摄影家协会承办的“保山腾冲风光风情摄影艺术展”在保山市开展。

6月8日，保山地区召开“十五”规划编制工作会议。

6月11日，中共云南省委任命罗正富为中共保山地委书记。

6月16—21日，保山地区歌舞团大型舞蹈史诗《啊！傈僳》赴香港演出获得成功。

6月17日，中国人民武装警察部队副政委隋绳武、云南总队政委王少银一行莅临保山检查指导工作。

7月1—2日，中共云南省委副书记孙淦到保山市就城市建设、党建工作、政法队伍建设等问题进行为期2天调研。

7月14日，云南省副省长黄炳生率省政府“为基层服务组”赴保山调研、检查工作。

7月18—22日，以香港农林社会学家熊景明女士为组长、瑞典农作物及加工学家克朗博格先生等人组成的亚洲开发银行考察组到保山市、腾冲县就咖啡和银杏项目利用亚行农业产业化贷款进行为期5天的专项考察。

7月22日，保山地区首次8000米新型人工防雹HIR-74子母焰火箭发射试验在腾冲县成功举行。

7月25—27日，云南省副省长邵琪伟一行莅临保山，就保山地区口岸建设、边境贸易和旅游开发进行调研。

8月6—8日，中共保山地委、地区行署召开村级体制改革暨培训会议。全区五县（市）开始村级体制改革试点工作，由村民民主选举村民委员会领导班子，取代由乡（镇）人民政府的派出机构村公所（办事处），实行村民自治。

8月9日，财政部副部长张佑才一行莅临保山检查指导工作。中共保山地委、地区行署召开汇报会，地委书记罗正富主持，行署专员王广兴向财政部副部长张佑才汇报保山地区经济社会发展情况和扶贫工作情况，地、市有关部门领导参加会议。

同日，中国电信公司保山地区分公司成立，行署副专员杨连为公司揭牌。

8月13日，施甸县姚关乡姚关街尹智慧自制的“多功能”电动浴具和“残疾人用隐形高低鞋”获得国家专利局颁发的实用新型专利证书。

8月14日，腾冲县刘东才及张维明研制的“敬龙牌”胞腹剂（生态产业增产剂）和高压多用喷雾器获第九届中国专利新技术新产品博览会金奖。

8月16日，腾冲县明光乡鸦乌山发生特大交通事故，造成5人死亡、3人失踪，6人重伤。

8月19日，香港观鸟协会与台北野鸟协会一行11人到高黎贡山自然保护区进行实地考察。

8月22日，由中共保山地委、地区行署、中国北京自然博物馆主办的“云南保山‘中华奇观——神秘的火山热海，雄奇的高黎贡山’风光风情摄影艺术展”在北京博物馆开展。中国文联副主席李准出席开幕式。中共保山地委书记罗正富出席开幕式并致词。

8月30日，保山地区行署召开全区农电“两改一同价”工作会议。实行城乡同电网同价。

9月4日，日本、韩国及中国台湾地区合板业洽谈会代表赴腾冲县就招商引资政策及部分招商项目进行考察。

9月6日，荷兰驻华大使伍思德莅临保山市，就中荷合作云南省森林保护与社区发展项目进行考察。

9月9日，世界旅游组织一行9人到腾冲县火山热海进行为期2天考察。

9月10日，保山日报社选送的《千吨菜北上、万头猪南下》《优质粮何时成为盘中餐》分获第14届中国地市报新闻二等奖、三等奖。

9月12日，云南省腾冲县与河北省三河市代表签订友好县（市）协议。

9月20日，保山地区农村经营管理站获财政部、农业部“全国农村集体资产清产核资工作先进单位”称号。

同日，在全国香料烟质量评价及香料烟生产关键技术研究项目工作总结会上，保山香料烟质量排行全国第一、世界第三。

9月27日，昌宁县被劳动保障部、国家计委、农业部、科技部、建设部和国务院发展研究中心确定为85个劳动力开发就业试点之一，系云南省唯一的试点地区。

9月28日，保山地区歌舞团舞蹈诗《啊！傈僳》节目获中国舞蹈第二届“荷花奖”银奖。

10月20日，保山纸厂浆纸联动试生产成功。

10月21—24日，云南省扶贫办专家组对龙陵县勐糯异地开发扶贫一期建设工程进行检查并通过验收。

10月26—27日，保山地区新建企业工会组建工作暨现场经验交流会在腾冲县召开。

10月27日，保山地区行署召开全区农业结构调整暨冬季农业开发会议。

10月28日，新加坡旅游考察团莅临保山进行实地考察。

同日，施甸县“天禧”牌橄榄酒及“地合”牌石榴酒获国际发明专利及新技术新产品博览会金奖。

10月28—30日，新加坡旅游考察团莅临保山，对保山梨花坞，腾冲火山、热海、和顺乡及云峰山等景区进行实地考察。

11月1日，从零时起，保山地区按照国务院的决定进行第五次人口普查。

11月17日，保山地区召开首批学科带头人颁证大会，为14名在卫生、农业、工程等专业学科带头人颁发证书。

11月19日，国家开发办副主任王征一行莅临保山市，就农业综合开发工作进行实地调研。

11月24—26日，中共保山地委书记罗正富，地委副书记费建平，地委委员、保山市委书记杨经建等地、市领导及有关人员一行15人的考察队，从保山市的百花岭沿着具有3000年历史的南方丝绸之路，经海拔3250米处的南斋公房翻越高黎贡山，抵达腾冲县的曲石乡江苴街，进行三天的探险考察。

11月29日，保山地区青少年宫被共青团中央、文化部授予“全国先进青少年宫”称号。

12月6日，保山地区全国导游资格考试在腾冲县开考，全区有160多人参加考试。

12月6—10日，在联合国教科文组织与生物圈计划国际协调理事会执行局会议上，云南省高黎贡山国家级自然保护区被正式批准接纳为联合国教科文组织世界生物圈保护区网络成员。

12月9日，云南省及澳大利亚红十字会在保山举办的全区艾滋病预防青年同伴教育主持人培训班开学。

同日，20集大型电视纪录片《西部的发现》摄制组和《正大综艺》云南篇剧组到腾冲县拍摄。

12月11日，中共保山地委召开专题会议，传达中央经济工作会议精神，部署全区社会经济工作重点。

12月12日，在首届中国民营企业交易会上，保山地区参展团完成签约项目45项，成交金额2.29亿元。

12月23日，云南省第四个国际标准田径场——保一中田径场建成并通过专家验收，被评为省级优良工程。

12月26日，保山地区红十字会备灾减灾中心正式建成并投入使用。

12月30日，国务院下达《国务院关于同意云南省撤销保山地区设立地级保山市的批复》，同意撤销保山地区和县级保山市，设立地级保山市，市人民政府驻新设立的隆阳区；保山市设立隆阳区，以原县级保山市的行政区域为隆阳区的行政区域，区人民政府驻上巷街；保山市辖施甸县、腾冲县、龙陵县、昌宁县和新设立的隆阳区。

同年，保山地区房改工作停止住房实物分配，停止对单位自建住房土地的审批，地级及五县（市）房改办连人带编划入建设局，原承担的职责不变。

2001年

1月1日，历时4天的全区首届龙舟大赛在保山市北庙湖闭幕。

1月4日，腾冲县徐剑茶厂的徐天剑被团中央、农业部、水利部、财政部、国家林业局授予“第五届中国杰出青年农民”称号。

同日，铁道部副部长孙永福一行33人莅临保山就泛亚铁路走向问题进行考察。

同日，省民委主任格桑顿珠一行就保山地区的民族团结目标管理工作进行调研。

1月10日，保山钢铁厂获ISO 9002国际质量体系认证，北京新世纪国际质量认证中心为保钢颁发认证书。

1月11日，全区农业基层组织建设暨党员干部结对扶贫工程工作总结表彰会在保山召开。会议总结表彰全区2000年党员干部结对扶贫及6年农村基层组织建设工作，并对2000年村建先进工作组及优秀工作队员、“三级联创”和党员干部结对扶贫先进单位及个人进行表彰。

同日，为期2天的首届“永昌民族民间歌会”开幕，来自五县（市）的傈僳、布朗、阿昌等9个民族100多名歌手参加歌会。

1月23日，中共云南省委副书记王天玺到腾冲县猴桥镇进行春节慰问。

2月3日，保山地、市宗教界人士、地直单位青年召开座谈会，深入揭批邪教反人类、反社会、反科学的丑恶本质。

2月12日，中国歌舞团一行50多人代表中宣部、文化部等11个部委莅临保山慰问演出。

2月14日，全区统计信息工程竣工验收会在保山市召开，由省、地专家组成的专家验收小组对网络系统工程进行验收。

2月15日，首次由保山地区承办的全省射击赛在保山体育中心射击场馆开赛。

2月24日，为期2天的地委三级干部会结束。会上，地委行署表彰地级文明单位和文明行业。

2月28日，云南省林业科学院专家考察组到龙陵县考察北美红杉区域性引种栽培实验示范的情况。

3月2日，全国“三个代表”重要思想学习教育督查组一行到施甸县检查指导“三个代表”重要思想学习教育活动开展情况。

3月7日，由云南省副省长黄炳生及省计委、财政厅、农业厅、水利厅、扶贫办等单位领导组成的调研组对昌宁县大沙坝异地开发扶贫区经行调研。

3月9日，施甸县“香蕊”牌、腾冲县“清凉山”牌、龙陵县“龙眉”牌、昌宁县“尼诺”牌与“红茶”，5个茶叶品牌获“云南省无公害农产品”认证，并享有“云南省无公害农产品”标志的使用权。

3月12日，为期3个月的滇西航空护林工作全面启动。

3月13日，新加坡自然科学会鸟类组纪朝荣、谢荣项一行4人到高黎贡山保护区百花岭开展观鸟生态旅游。

3月15日，中共保山原地委书记杨善洲荣获国家环境保护总局授予的“环境保护杰出贡献者”称号。

3月20日，以中共保山地委、地区行署牵头，中共保山市委、市人民政府实施的以“树新形象、建新保山”为题的动员大会在保山市召开。

同日，保山地区老科技工作者协会成立。地直及五县（市）离退休科技工作者150多人参加首次会员代表大会。

3月25日，中共保山地委在保山市召开全区村级体制改革工作总结表彰会。来自全区五县（市）、各乡（镇）以及村（办事处）的代表80余人参加会议。会议对全区5个先进县（市）、17个先进乡（镇）、37个先进村、40名先进个人进行表彰奖励。

3月28日，第一个来自美国的25人旅游团莅临腾冲县观光旅游。

3月31日，保山地区2000年度出口货物退税清算工作结束。

4月10日，由瑞典爱瑞克基金会代表茜吾女士一行组成的验收组，对瑞典爱瑞克基金会援建的村卫生室进行检查验收。

同日，施甸县等子、太平乡一带发生5.2级地震；由省政府秘书长宋玉麟带队，省财政厅、建设厅、民政厅、地震局等有关厅局组成的慰问团到施甸县慰问灾区群众。

4月12日，施甸县发生5.9级地震。

4月13日，中共云南省委、省人民政府及省直有关部门在施甸县召开现场办公会议，研究解决抗震救灾中的困难和问题，对进一步做好抗震救灾工作作具体指示。

同日，中共保山地委、地区行署安排部署今后两年内全区的“严打”整治工作。

4月24日，2000年全省报纸副刊好作品评选揭晓，保山地区选送的《飞虎队与抗日乡长的世纪情结》获二等奖，《贫困之旅——一个记者的采访手记》《饶发正的迎妻之旅》获三等奖。

4月25日，保山地、市开展“严打”统一行动，清查盲流人员、吸毒人员699人。

4月27日，中共云南省委、省人民政府正式批复《中共保山地委关于撤销保山地区设立地级保山市总体实施方案的请示》。

4月28日，全区社会治安工作暨整顿市场经济秩序工作会在保山市召开。地区党、政、军领导及五县（市）书记、县长等200多人参加会议。

4月29日，中共保山地委、地区行署表彰108个基层政法队伍、综合治理、“创安”“创无”工作先进集体及86个先进个人，命名30个安全文明社区和13个无毒社区。

5月4日，第二届中国昆明国际旅游节保山分会场开幕。

5月9日，中共保山地委、地区行署召集地级领导班子成员、地直各部委办局及各县（市）主要领导开会，针对全区面临的春耕生产、抗震救灾、撤地设市等工作，进行安排部署。

5月10日，保山市农业生产资料公司、保山保盈金属硅有限公司、保山科源硅电有限责任公司、腾冲县古林木业有限责任公司获得国家进出口经营权。

5月15日，中共云南省委副书记王学仁一行6人莅临保山，就全区农业农村工作及经济社会发展情况进行为期3天的调研。

5月21日，缅甸驻昆总领事吴登佐一行莅临保山，对全区进行为期5天的访问。

5月27日，地级保山市人大代表选举工作会召开。地区人大领导、五县（市）分管组织人事的领导、各县（市）人大常委会领导、军分区代表、地区人大组织成员参加会议。

6月1日，中共隆阳区委一届一次全会召开，隆阳区正式成立，原县级保山市随即撤销。

6月2日，中共云南省委书记令狐安莅临保山调研。令狐安在施甸县视察灾情时强调：借助外援，自力更生，恢复重建。

6月5日，云南省公安边防总队总队长陈伟明少将莅临保山检查边防工作。

6月8日，国务院总理朱镕基3次电话询问施甸县地震灾情。

6月9日，云南省副省长李汉柏莅临保山视察施甸灾情。

6月10日，全省第五次人口普查办公室主任工作会议在保山召开。

同日，云南省政府施甸地震灾区恢复建设现场办公会在施甸县召开，云南省副省长李汉柏率省委办公厅、计委、建设厅、财政厅、水利厅、交通厅等部门负责人出席会议，会议要求抓紧抓好恢复建设工作，力争一年半全面完成任务。

6月12日，隆阳区第一届人民代表大会第一次会议结束。地区行署专员王广兴为隆阳区人大常委会、隆阳区人民政府授印授牌。

6月13日，隆阳区政协召开一届一次常委会议。地区行署专员王广兴、政协工委主任胡应舒等领导为隆阳区政协授印授牌。

6月15日，全省第一条“三改二”示范工程保（山）腾（冲）公路通过省级验收并评为优良工程。

6月20日，国家烟草总局局长倪益瑾在云南省副省长程映萱、省烟草专卖局局长李维林的陪同下，莅临腾冲县检查指导工作。

6月25日，保山地区召开中国共产党建党80周年纪念大会。

6月28日，云（县）保（山）线二级公路改扩建工程全线贯通。

7月6—10日，中国共产党保山市第一次代表大会在隆阳区隆重召开。

7月27日至8月2日，中国人民政治协商会议保山市第一届委员会第一次全体会议在隆阳区隆重召开。

7月28日至8月3日，保山市第一届人民代表大会第一次会议在隆阳区胜利召开。

7月29日，云南省副省长黄炳生莅临保山市，就施甸县灾后重建工作、龙陵县异地扶贫开发情况进行调研。

8月7日，浙江省海宁市与云南省保山市隆阳区合作新建的保山茧丝绸有限公司成立。

8月8日，保山举行盛大集会隆重庆祝撤地设市。

8月9日，云南省副省长牛绍尧率省财政厅、省经贸厅、省计委、省交通厅的领导视察施甸县地震后恢复重建及“三学”教育情况。

同日，云南省政协副主席和占钧等一行视察施甸县大尖山万亩茶园建设工作。

8月23日，保山市举行县、区间行政区域界线签字仪式。

8月29日，全市取消境外人员住宿点限制，凡具工商营业执照合法经营的旅馆均可接待境外人员。

9月12日，保山市隆阳区太保山森林公园、北庙湖旅游度假区正式通过考评组考评，成为国家AA级风景区。

10月4日，“中国云南腾冲第二届火山热海旅游节”在腾冲县隆重开幕。开幕式进行大型文艺《腾越之夜》表演。旅游节期间接待游客7万余人。

10月13日，云南省代省长徐荣凯莅临保山市进行为期3天的调研。

10月19日，在云南少数民族传统体育射弩、陀螺锦标赛上，保山市代表队荣获陀螺赛男子团体亚军、男子个人第一名。

10月23日，腾冲县腾越镇被确定为“全国创建文明城镇示范点”。

11月13日，为期2天的全省个体私营经济园区现场会在保山市隆阳区召开，来自全省16个地（州、市）140多人出席会议。

11月26日，云南省军区司令员王继堂少将一行莅临保山市隆阳区检阅预备役团。

12月7日，腾冲县银杏发展总公司研制的“腾银”牌系列产品获第三届中国国际专利产品金奖。

12月26日，世界华人工商促进会秘书长李农合一行莅临保山市视察。

2002年

1月10日，云南省副省长梁公卿率省计委、省教育厅、省国土资源厅、省财政厅、省政府办公厅等部门领导一行8人莅临保山市隆阳区，专题调研保山师专地质灾害等相关问题。

1月15日，交通部部长黄镇东、云南省交通厅厅长李裕光一行8人莅临保山市，专程视察大（理）保（山）高速公路建设情况。

1月16日，中共云南省委任命黄毅为中共保山市委书记。

2月22日，中共保山市委书记黄毅会见缅甸克钦邦第一特区主席丁英一行。

3月11日，云南省副省长程映萱莅临保山市调研“两烟”生产情况。程映萱指出，要服从市场，抓好质量，打好品牌，稳步发展。

3月24日，美国、挪威两国考古学家到施甸县甸阳、姚关两镇进行有关人类进化遗址的考察。

4月1日，中共保山市委、市人民政府决定：全市粮食流通体制改革与全国全省同步实行“三放开”，即放开粮食收购、放开粮食市场、放开粮食价格。

4月9日，云南省副省长黄炳生率领省水利厅、省农业厅、省财政厅、省计委、省农业开发办等部门领导莅临保山市进行为期5天的调研。

4月12日，西部民族文化工作研讨会在保山市召开。国家民委、文化部、西部十二省、区、市以及湖南、湖北两省民委领导和专家围绕在西部大开发中如何加快民族文化发展，弘扬民族文化，为西部大开发提供精神动力进行研讨交流。

4月24日，《保山市城市总体规划方案》论证会在隆阳区召开，市五大机关领导出席会议。

5月1日，云南省副省长陈勋儒莅临昌宁县调研，对昌宁县城市建设、医疗卫生、计划生育工作提出要求。

5月6日，中国驻缅大使李进军一行在省外办领导陪同下莅临保山市，考察调研边境贸易、边境管理和禁毒合作等情况。

5月17日，在为期6天的云南省第七届残运会中，保山市代表团获金牌5枚、银牌5枚、铜牌2枚。

5月22日，西南六报经营管理经验交流会代表莅临保山市考察。

5月26日，缅甸克钦邦第二特区副专员勒排昆弄率农业考察团一行29人莅临保山市参观考察。

6月11日，为期2个月的保山市第一期中青年干部培训班开学。来自市直各部门、事业单位和五县（区）共82名干部参加培训。

6月15日，西南经济区市长联席会第十四次会议在保山市召开，来自西南各省45个城市的市长以及各界代表300多人参加会议。会议期间举办"保山论坛"，签约项目16项。会议围绕旅游产业与城市经济的发展为主题，交流地方经济的发展经验。

6月17日，日本黛民族舞蹈文化财团一行13人莅临保山市演出。

7月2日，云南省副省长李汉柏一行莅临保山，对全市公安、禁毒、劳教及民政工作进行调研。

7月4日，全省理论工作座谈会在保山市隆阳区召开。中共云南省委宣传部副部长胡正鹏及全省16个地（州、市）委宣传管理工作的领导70余人出席会议。

7月31日，云南省副省长程映萱莅临保山市调研烤烟工作。

8月10日，水利部副部长翟浩辉一行莅临保山市，对全市农村人畜饮水、农业灌溉、城市防洪等工作进行考察。

8月21日，由云南省经贸委承办的10省区"东桑西移"优质蚕茧基地建设研讨会在保山市隆阳区召开。各省区有关领导、专家学者100余人参加会议。

8月26日，在第十六届中国地市报新闻奖评选中，《保山日报》共有4件作品获奖。《挽留青山碧水》（作者祁苑红）、《潞江坝三千吨咖啡无人收购》（作者赵从文）获二等奖；《于林三天三夜困井下，六百人奋力抢救终脱险》（作者赵光候）、《同是母亲河，水质全不同》（作者谷方灿）获三等奖。

8月27日，为期5天的云南省省级各民主党派、工商联领导干部培训会议在腾冲县召开。云南省人大常委会副主任高晓宇、省政协副主席王兆民、省委统战部副部长吴晓礼等领导参加培训会。

9月6日，缅甸克钦邦第二特区官员一行莅临保山市考察访问。

9月13日，保山市召开团结干事思想教育活动总结大会。全市有120个领导班子、661名对象参加教育活动。中共保山市委书记黄毅出席会议并作重要讲话。

9月17日，全市事业单位人事制度改革工作在保山市隆阳区召开，掀开全面推进事业单位人事制度改革的序幕。

9月29日，大（理）保（山）高速公路建成通车。中央国家机关、省及滇西六地州领导400余人参加庆典活动。

同日，中国腾冲第三届火山热海旅游节暨大保高速公路通车典礼“西南丝绸通天涯”文艺晚会在腾冲县举行。

9月30日，腾冲县热海景区举行国家地质公园揭牌仪式。腾冲火山热海正式成为“中国第二批国家地质公园”。

10月2日，云南省副省长邵琪伟、省旅游局局长罗明义调研腾冲县旅游业。

10月5日，中共云南省委副书记、省长徐荣凯视察保山市退耕还林工程。

10月11日，为期3天的云南省16城市政协工作研讨会在保山市隆阳区召开。

10月16日，全国政协副主席周铁农率驻京常委视察团莅临保山市视察边境建设。

10月18日，云南省副省长李汉柏率民政厅、建设厅、教育厅、卫生厅、水利厅、交通厅、财政厅、审计厅、地震局、抗震办等部门领导到施甸县调研。

10月24日，滇西抗战暨赴缅对日作战60周年纪念大会在保山市隆阳区召开，全国政协港澳台侨委员会主任朱信、云南省政协副主席孟继尧、来自中国台湾、香港地区及泰国的代表及市级领导出席会议。

11月10日，森林武警保山市支队成立。

12月1日，全省基层文化工作座谈会在保山市召开，云南省文化厅厅长贺光曙、副厅长赵自庄及全省各地（州、市）文化局长100余人出席会议。

12月17日起，由中央驻滇媒体、昆明有关媒体30余名记者组成的云南新闻采访团到保山市五县（区）进行为期5天的新闻采访。

2003年

1月10日，保山市藕粉厂生产的“黄泥塘”牌藕粉经国家无公害农产品标志委员会审核，被批准为云南省首批使用国家无公害农产品标志的产品。

1月14日，全省中专卫校首届“园丁杯”篮球运动会在保山市隆阳区举行，来自全省16个地（州、市）所属的各中等卫生学校及怒江州民族中专学校组成32个代表队参加比赛。

1月15日，由海关总署、公安部、国家质检总局、总参作战部等部门组成的对外开放验收组对腾冲县猴桥口岸进行检查验收，并正式通过腾冲猴桥口岸国家级验收。

1月23日，云南省水利系统农网“两改一同价”工作现场会在昌宁县召开。来自全省8地州市33个县，省水利厅、省计委、省农行、省电力公司等单位领导到会进行指导。

同月，《保山地区志》下卷出版面世，计130万字，标志着保山地区历时20年的第一轮社会主义新方志的编修画上了圆满句号。

2月7日，云南省第三届（保山）兰花博览会在保山三馆广场举行开幕式。中国兰界专家、保山市党政军主要领导出席开幕式。开幕式当天兰花交易额突破百万元。

2月16日，中共云南省委书记率省委办公厅、省政府发展计划委员会、农业厅、林业厅、交通厅、旅游局的领导深入保山市调研。

2月27日，云南省副省长程映萱到昌宁县卡斯、柯街等乡（镇）视察香料烟种植，并指出保山香料烟生产一定要把目标盯向国际市场，根据市场组织生产，要向质量要效益，严格市场管理，服务地方经济。

3月3日，应缅甸克钦邦和平与发展委员会主席、北部军区司令貌貌绥将军邀请，中共保山市委书记黄毅率保山市代表团一行36人对缅甸克钦邦开始进行为期5天的友好访问。

3月10日，中共云南省委副书记丹增一行莅临保山市调研。调研组对隆阳区和腾冲县旅游资源、历史文化、城市建设、热区作物等进行实地考察，对保山市围绕经济建设中心，进一步解放思想，加大招商引资力度，加快非公有制经济发展，全面建设小康社会的一系列工作作重要指示。

3月12日，全省年度土壤肥料工作会议在保山召开。来自全省16个地州市农业科研、土肥以及省农业厅有关专家、领导160人出席会议。

3月13日，由省财政厅、省民政厅、省教育厅、省建设厅、省地震局等有关部门的领导和专家组成的云南省政府抗震救灾恢复重建验收小组，对保山市“4·10”“4·12”地震恢复重建项目进行了检查验收。

4月2日，云（县）保（山）线昌宁大水平至保山左官屯二级公路顺利通过省交通厅、省公路局组织的竣工验收，质量等级被评为优良。

4月10日，保山师专新校址奠基暨开工典礼举行，市级主要领导出席奠基仪式。

4月12日，来自人民日报社、中央电视台、中央人民广播电台等国家级新闻媒体以及各省（市）、港澳台新闻媒体65名记者莅临保山市进行为期4天的采风活动。

4月25日，国务院“非典”防治督查组到保山检查、指导“非典”防治工作。

4月26日，中共云南省委副书记、省政协主席杨崇汇莅临龙陵县考察特色产业。

4月27日，由云南省卫生厅纪检监察处、基层妇幼卫生处等有关单位领导和专家组成的省政府“非典”督查组莅临腾冲指导非典防治工作。

5月9日，中共保山市委、市人民政府召开专题会议，研究应对“非典”影响，做好当前全市经济工作的措施。

5月17日，中共云南省委常委、省委统战部部长罗正富一行就民族宗教及统一战线工作莅临保山市进行调研。

6月5日，应缅甸克钦邦第一、第二特区的邀请，中共保山市委书记黄毅率团分别对缅甸克钦邦第一、第二特区进行友好访问。

6月16日，中国云南腾冲旅游发展战略暨省级旅游度假区概念规划研讨会在腾冲召开。云南省旅游局局长罗明义，中共保山市委书记黄毅、市长熊清华等省市领导和专家出席会议。

6月20日，缅甸克钦邦第二特区卫生部部长旱孔应邀访问保山市，就中共保山市委书记黄毅访缅时与缅方达成的《合作备忘录》相关事宜进行磋商。

6月26日，全省地方电力工作会议在保山召开。

7月2日，云南省人大常委会副主任王义明一行莅临保山，就《中华人民共和国公益事业捐赠法》地方立法、侨情与侨务工作、如何改善投资环境等内容展开调研。

7月15日，由云南省新闻工作者协会、中共保山市委、保山市人民政府共同组成开展的“中国百名记者保山行”采访活动正式启动。来自中央、各省及香港驻滇共75家新闻单位100名记者参加活动。

7月18日，由德国技术合作公司与云南省合作开发的城市贫困研究项目在保山市启动。

7月28日，保山市重点水电建设项目槟榔江猴桥水电站举行开工仪式。

8月1日，保山市大中专学校改革整合工作动员会在保山召开。会议明确发展目标，部署重组工作。

8月3日，国家水电水利专家组莅临保山市查勘怒江水电水利规划报告保山境内段的情况。

8月21日，由省政协副主席和占钧率领的省政协委员视察组一行莅临保山市，视察《云南省法制宣传教育条例》的贯彻执行情况及实施“四五”普法规划和依法治市工作情况。

8月28日，保山市副市长李新平受市委书记黄毅、市长熊清华委托，率代表团到缅甸与克钦邦第二特区主席杜宰签署《合作备忘录》。

8月30日，全省文博界著名专家、教授和各地州市文化系统领导莅临腾冲参加第六批省级文物保护单位评审会。

9月5日，保山市举行首届澜沧江啤酒狂欢节。

9月9日，缅甸克钦邦第一特区主席丁英率团到保山访问。

9月23日，民政部调研组莅临保山市，对腾冲撤县设市工作进行考察调研。

9月24日，由云南省政府侨务办公室、省委统战部、省归国华侨联合会、中共保山市委、保山市政府主办，腾冲县、隆阳区具体承办的为期4天的第三届世界云南同乡联谊大会在腾冲举行开幕式。中国侨联主席林兆枢、中国侨联顾问黄军军、中共保山市委书记黄毅、保山市市长熊清华等省、市、县的领导，来自缅甸、泰国、澳大利亚、巴西、美国、日本等13个国家和中国香港地区的310名云南同乡以及省内外的特邀代表近800多人出席开幕式。

10月2日，中共云南省委副书记丹增到腾冲进行为期5天的文化产业调研活动。丹增指出，发展文化产业要创特色、创品牌。

10月5日，云南省省长徐荣凯到保山复烤厂生产车间视察。

10月21日，缅甸克钦邦第二特区主要官员莅临保山市考察。中共保山市委书记黄毅、市长熊清华分别会见客人。

10月24日，省委调研督查组一行就农业农村工作、县域经济发展、医疗卫生体制改革等19个专题到保山作深入调研。

11月8日，由全世界50多位华文作家和国内主流媒体记者组成的“四海作家滇西采风团”莅保采风。

11月12日，阿鸠田水电站（苏帕河四级水电站）首部闸坝成功截流。省、市、县部分领导参加庆典仪式。

11月13日，美国湿地生态考察团莅保考察高黎贡山。

11月22日，苏帕河流域乌泥河水电站举行隆重的开工庆典。

11月30日，云南地矿资源股份有限公司保山分公司成立。市委书记黄毅和省人大环境资源委员会副主任陈西为公司揭牌。

12月18日，保山市召开“文艺精品工程”部分作品首发式暨新闻发布会。

12月26日，保山工业园进出口贸易转口加工片区举行开工奠基典礼。市委书记黄毅、市长熊清华、市人大常委会主任张培光出席典礼。

2004年

1月9日，交通部专家组莅临保山市，对保（山）龙（陵）高速公路初步设计进行审查。

3月1日，以中国驻缅甸大使馆文化参赞潘峰为组长的文化考察小组一行4人莅保考察。

3月4日，世行第四期PRCDP预评估工作会在龙陵召开。会议期间，预评团到项目实施的天宁坡头村委会、平达乡黄连河村委会、龙新乡菜子地等进行实地考察。

3月24日，以中共保山市委书记黄毅为团长的保山市友好代表团应邀出访缅甸克钦邦并考察史迪威公路。

3月26日，全国人大常委会原副委员长布赫一行莅临保山市进行为期3天的考察。

4月5日，云南省副省长程映萱及省烟草公司有关领导一行莅临保山市，对烤烟、香料烟的育种、栽培等生产情况进行为期2天的调研。

4月9日，保山市启动“云岭先锋”工程。在启动仪式上，中共保山市委书记黄毅、市长熊清华等领导重温了入党誓词。

4月13日，保山市委、市政府召开保山地区第一轮修志工作总结表彰大会，对20年修志中涌现出的先进集体、先进个人进行了表彰奖励。

4月20日，经司法部和云南省政府批准，投资5000多万元新建的云南省保山监狱（原名昌宁监狱）正式揭牌使用。云南省司法厅副厅长周鹄昌及省监狱管理局，各地州司法、监狱系统的领导参加揭牌仪式。

4月24日，国务委员陈至立、教育部部长周济、国家发改委副主任李盛霖、文化部副部长周和平、教育部部长助理陈小娅一行莅临保山市进行为期2天的调研。

5月19日，高黎贡山保护与可持续发展国际研讨会召开。来自美国中美艺术交流中心75位专家教授及省委办公厅、省林业厅等相关单位的领导出席会议。

5月21日，云南省副省长李汉柏一行莅临保山市，对腾冲县、隆阳区的禁毒、艾滋病及监狱、看守所工作进行视察。

5月24日，云南省副省长程映萱到隆阳区西邑乡、丙麻乡对烤烟生产进行检查。

5月31日，《走遍中国——云南保山》系列专题片在中央电视台国际频道（4套）《走遍中国》栏目中播出。

6月7日，保山市第一次全国经济普查领导小组第一次会议在保山市隆阳区召开。

6月10日，中共云南省委书记率省委办公厅、省委政研室、省公安厅、省卫生厅等部门领导，对保山市的禁毒和艾滋病防治工作进行为期4天的专题调研。

6月21日，首届中国保山南方丝绸古道商贸旅游节暨2004年端阳花市在隆阳区隆重开幕。

7月3日，中共中央政治局常委、全国人大常委会委员长吴邦国在中共云南省委书记、省人民政府省长等领导的陪同下莅临保山市考察。在考察中，吴邦国强调：一要加强环境保护和生态环境建设，减少环境污染，防止水土流失，促进良性循环，实现人与自然的和谐发展；二要将各方面的积极性保护好、引导好、调动好、发挥好。

7月18—20日，保山境内遭受50年不遇的洪涝灾害。

7月21日，中共云南省委、省人民政府工作组到保山视察抗洪救灾工作。

8月19日，《保山市市域城镇体系规划》评议会召开。

9月3日，原中共中央政治局委员、全国人大常委会副委员长田纪云一行莅临保山市进行为期3天的考察。

9月11日，中共保山市委副书记、市长熊清华，市人大常委会主任张培光率团到天津考察访问，并签署《天津市和平区人民政府、云南省保山市人民政府关于建立友好区市加强全方位合作的协议》，并将先期合作的重点确定为教育领域。

9月27日，由保山市政府、省政府新闻办公室、省政协港澳台侨和外事委员会、腾冲县政府共同主办的中缅印战区滇西战役国际学术研讨会在腾冲召开。来自中国、美国、缅甸等国家和中国香港、台湾地区的150多位专家学者及二战老兵代表参加研讨会。

9月28日，第五届腾冲火山热海旅游节暨纪念滇西抗战60周年活动开幕式在腾冲县腾越文化广场隆重举行。

10月19日，保山市隆阳区发生5.0级地震。中共保山市委书记黄毅、市委副书记杨连等领导到一线查看灾情。

同日，中缅腾（冲）密（支那）公路四级弹石路改造工程举行开工典礼。各界人士共200多人参加开工典礼。

10月20日，省民政厅厅长高祖兴一行4人深入保山市隆阳区查看地震灾情。

10月21日，保山市举行“10·19”地震灾情汇报会，向省民政厅、省教育厅、省地震局等单位的领导、专家汇报保山市受灾情况。

10月24日，云南省政府在保山市召开“10·19”地震救灾现场办公会。副省长孔垂柱作重要讲话，省民政厅厅长高祖兴主持会议，中共保山市委书记黄毅作灾情汇报。

同日，首届市运动会在保山体育场开幕。

11月3日，龙陵县举行抗战胜利60周年纪念活动。云南省人大常委会副主任黄炳生，中共保山市委书记黄毅，市委副书记、市长熊清华等省、市领导与两万多群众一起观看大型音乐舞蹈史诗《巍巍松山》。

11月6日，由文化部、财政部2002年开始启动实施的全国文化信息资源共享工程腾冲基层点在腾冲县图书馆正式启动。

11月15日，十届全国人大代表抗灾减灾视察团一行在云南省人大常委会秘书长沈安波的率领下，对保山市“抗灾减灾”情况进行视察。

11月19日，苏帕河流域阿鸠田电站并网发电、乌泥河电站成功截流和朝阳电站正式开工举行庆典。

11月23日，缅甸商务部边贸司司长吴奈温率团对保山市进行考察访问。

11月30日，首届中国云南国际珠宝玉石博览交易会腾冲会场开幕。

12月5日，云南省政府灾区民房恢复建设督察组莅临保山市，就“7·18”特大洪涝泥石流、“10·19”地震等灾区民房恢复建设工作进行督察指导。

12月27日，财政部副部长肖捷一行4人在云南省副省长吴晓青等领导陪同下，对隆阳区、腾冲县灾后重建工作进行为期2天的考察。

2005年

1月8日，中共中央政治局委员、国务院副总理回良玉一行莅保，就保山市“10·19”地震灾区恢复重建工作进行调研。

1月10日，保山市“十一五”规划编制工作会议在保山市隆阳区召开，全市“十一五”规划编制工作正式启动。

1月16日，商务部副部长魏建国率国家“122”工作组莅临保山市就境外毒品替代种植及艾滋病防治工作进行调研。

同日，中央电视台“感动中国 ·2004年度”在京揭晓，保山市公安局副局长、缉毒英雄明正彬榜上有名。

同日，腾密公路境内段腾冲县毛家营至中缅南四号界桩二级油路工程开工建设。

1月24日，荣获第15届“中国十大杰出青年”的保山边防支队副参谋长印春荣载誉归来。

2月1日，云南省政府滇西等地震灾区抗震救灾工作现场办公会议在保山市召开。

2月4日，中共保山市委召开保持共产党员先进性教育活动工作会议，保山市“先教”活动全面展开。

2月16—20日，云南省政协主席、省国企改革领导小组副组长杨崇汇莅临昌宁建星纸业公司、昌宁恒盛糖业有限责任公司调研，要求加大国有企业改革力度，建立现代企业制度。

2月17—18日，云南省实施“兴边富民工程”工作会议在腾冲召开，省委副书记、省长徐荣凯在会上作重要讲话。

2月19—20日，省委副书记、副省长秦光荣，副省长邵琪伟率省直有关部门领导莅临腾冲考察调研旅游产业发展情况和基础设施建设情况。副省长邵琪伟一行并到隆阳区调研。

2月28日，保山市“千百万行动”（千名农科人员进百村入万户帮扶致富奔小康行动）正式启动。

3月1—9日，腾冲火山热海杯2005年全国山地自行车冠军赛第一站赛事在腾冲举行，来自全国部分省市、解放军、香港特别行政区的14支代表队共80名运动员参赛。

3月2日，缅甸商务部副部长昂吞准将一行与中共保山市委书记黄毅一行在缅甸国家级口岸甘拜地举行会谈。双方就腾（冲）密（支那）公路改铺柏油路问题、口岸建设等进行商议。

3月16日，缅甸克钦邦第一、第二特区农业技术培训班在保山中专学校板桥校区举行开学典礼，中共保山市委书记黄毅会见缅方官员并看望学员。

3月31日，保山市政府与南方航空股份有限公司在广州举行广州至保山通航签字仪式暨保山旅游推介会。

4月1—7日，保山市党政代表团赴浙江省进行考察，此行签约6个项目，签约金额4.3亿元。

4月6—8日，云南省副省长程映萱莅临保山市调研，对烤烟生产提出要夯实基础、稳步提质。

4月11—13日，中共云南省委常委、宣传部部长晏友琼莅临保山市，调研宣传思想工作。

4月14—15日，全国人大常委会副委员长、民建中央主席、著名经济学家成思危莅临腾冲，考察禁毒和防治艾滋病工作，强调只有铲除毒品和艾滋病，才能构建和谐社会。

4月25日，水利部副部长索丽生一行莅临保山市调研，实地考察怒江流域开发工作。

4月28日，中国南方航空公司广州——保山首航成功。

4月30日，由中国国家地理杂志社牵头举办的“中国最美的地方”云南地区评选活动投票结束，高黎贡山荣登“云南最美的地方”排名榜榜首。

5月22日，国家农业综合开发办公室常务副主任赵鸣骥一行莅临保山市调研。

5月26日，保山市政府召开抗旱救灾紧急会议，全市迅速掀起全民参与的抗旱救灾高潮。

5月30日，保山市政府公布第一批19项市级文物保护单位，保山市国家级、省级、市级、县（区）级四级文物保护系统正式形成。

6月2日，腾（冲）密（支那）公路工程“四改二”补充协议在缅甸克钦邦首府密支那正式签署。

6月3日，中共云南省委任命熊清华为中共保山市委书记。

6月6日，应中国驻缅甸联邦大使馆的邀请，腾冲县对外关系友好协会代表团一行赴缅甸联邦首都仰光，参加庆祝中缅建交55周年暨“中国文化月”活动。

6月9日，由保山市人民政府、云南大学、国民党革命委员会云南省委、云南省历史学会联合举办，中共腾冲县委宣传部承办的“纪念抗日战争胜利60周年暨孙中山先生逝世80周年学术交流会”在腾冲举行。来自台湾、民革中央、云南大学的专家学者及日本友人共68人参加交流会。

6月10—16日，由云南省旅游局、保山市人民政府主办，中共隆阳区委、区人民政府承办的第二届中国 · 保山南方丝绸古道商贸旅游节暨2005年端阳花市在保山城区举行。

6月14日，昌宁县发生县委书记杨国瞿杀人案。

6月16日，中国水利水电科学研究院副院长、国际大坝委员会副主席、中国大坝委员会副秘书长贾金以及新华社、《瞭望》周刊、人民网等中央媒体记者一行9人莅临保山市考察。

同月，隆阳区被评为“全国老龄工作先进区”。

7月7日，滇缅抗战博物馆在腾冲县和顺镇举行开馆仪式。

同日，中共云南省委副书记丹增，中共云南省委常委、省委统战部部长罗正富到腾冲县荷花乡玉石加工基地调研。

7月10日，求是杂志社原总编、全国人大法律委员会委员王天玺莅临保山市调研。

7月20—23日，中共云南省委书记莅临保山市调研，看望黄映东的家属，以及在“6 · 18”特大贩毒案件中负伤的龙陵县公安局缉毒大队队长李正平、民警张宏林以及全体缉毒干警。

7月30—31日，铁道部原常务副部长王兆成莅临保山市调研，大（理）瑞（丽）铁路建设项目进入可行性研究阶段。

8月11日，保山市召开纪念中国人民抗日战争暨世界反法西斯战争胜利60周年座谈会。

8月15日，由国家邮政局、云南省政府主办的中国人民抗日战争暨世界反法西斯战争胜利60周年纪念邮票首发式在保山“三馆”广场举行。

同日，云南省副省长李新华莅保就施（甸）孟（定）公路建设、施甸摆马德钢希望小学搬迁及隆阳区茧丝绸生产、工业园区建设情况进行调研。

8月21—22日，中纪委副书记刘锡荣莅临腾冲调研。

9月1日，由中国亚洲珠宝联合会冠名的“腾冲 · 中国翡翠第一城”授牌仪式在北京人民大会堂举行。

9月2—3日，全国股份制商业银行行长联席会在腾冲召开。全国12家股份制商业银行的行长汇集腾冲，在“深圳宣言”“苏州共识”等基础上，签订并推进“腾冲行动”。中共保山市委书记熊清华在“地方经济论坛”工作中心进行了演讲。

9月12日，保山市社会主义学校挂牌成立，第一期党外干部培训班开班。

9月13日，由中共保山市委、市人民政府主办，市人民政府新闻办公室建设管理的保山市人民政府新闻网“中国保山”正式开通。

9月27日，云南冶金集团永昌铅锌股份公司年产10万吨硅铁项目开工建设。

10月3—6日，“中国云南腾冲第六届火山热海文化旅游节”在腾冲举行。其间，招商引资达24.48亿元。

同日，著名的马克思主义哲学家、教育家、学者艾思奇先生的铜像在腾冲县艾思奇故居落成揭幕。

10月6日，中共云南省委副书记王学仁对保山市政法工作进行调研。

10月12日，保山昆钢建设日产3000吨新型干法水泥项目合作意向书签字仪式在保举行。厂址选在施甸县水长乡。

10月13日，由云南省文史馆、保山市政府主办，腾冲县委、县政府承办的李根源学术研讨会在腾冲举行。

10月14日，10余名驻滇全国人大代表在省民委主任格桑顿珠的带领下，莅临保山就边境民族地区扶贫工作进行调研。

同日，龙陵县被文化部授予“全国先进文化县”。

10月19日，保山市发生一起特大交通事故，12人死亡，6人受伤。

同日，腾冲县和顺古镇荣登“中国十大魅力名镇”榜首，获“中国魅力名镇展示2005年度大奖”。

11月1日，云南省文化体制改革和文化产业发展试点工作推进会在腾冲召开，中共云南省委常委、宣传部部长、省文化体制改革和文化产业发展小组副组长晏友琼作重要讲话。

11月10—11日，铁道部党组成员、副部长陆东福在云南省副省长李汉柏陪同下，沿大（理）瑞（丽）铁路保山段建设线路进行现场考察。

11月14日，成都军区副司令员范晓光在云南省军区副司令员曾冉的陪同下，莅临隆阳区检查指导征兵工作。

11月15日，来自全国200余家市（州、盟）报社及相关报刊社的250余名总编（社长、主编）和相关业务负责人聚集保山，参加由保山市首次承办的全国地市州盟报及相关报刊社总编（社长）报业发展研讨会暨大型考察采访活动。

11月16日，腾冲槟榔江猴桥水电站1号、2号机组并网发电。

同日，荣获“全国见义勇为英雄”称号的驻保某部战士谭青松载誉归来。

11月18日，司法部、中共云南省委、云南省人民政府在昆明召开表彰大会，追授在抗旱救灾第一线英勇殉职的腾冲县滇滩镇司法所所长黄映东为“全国司法行政系统二级英模”，追记个人一等功。

11月20日，中共中央宣传部公布第三批66个全国爱国主义教育基地，保山市滇西抗战纪念馆（腾冲国殇墓园）榜上有名。

11月21日，以中共保山市委书记熊清华为团长的保山代表团一行对缅甸克钦邦进行为期7天的友好访问。

11月26日，由中共保山市委、保山市人民政府主办，中共隆阳区委、隆阳区人民政府承办，集中展现保山深厚的历史文化、民族文化的大型音乐舞蹈史诗《怒沧飞虹》在保山展演。

12月1日，由施甸县精心打造的大型原生态歌舞《金布朗》开始在保山公演。

12月7日，中共保山市委召开第三批保持共产党员“先进性教育”活动工作会议，总结保山市第二批“先进性教育”活动经验，对第三批“先进性教育”活动进行动员部署。

12月8—11日，首届中国西部（昆明）文化产业博览会在昆明市举行，保山市综合展馆——“魅力之门”荣获最佳设计奖和最佳组织奖。

12月25日，龙陵县创建“平安龙陵”通过省级验收，被评定为“云南省平安县”。

12月30日，《保山市志（1978—2005）》编纂工作会议在保山召开，全市第二轮社会主义新方志编纂工作正式启动。

（二）

保山飞机场改扩建

保山机场始建于民国18年（1929）。最初主要为军用机场，1958年4月开辟为民用机场，开通昆明—保山—昆明航线，是全国最早的地方航线之一。1980年后投资先后改建了原机场跑道、停机坪，修建“北近归航台”和售票厅。

1990年5月，因运营机型（苏联制造的安24小型螺旋桨客机）到达使用年限被淘汰，保山机场也因规模小、技术标准低、无法适应国内使用的其他机型的起降而被迫关闭。

1991年，中共保山地委、保山行署开始筹备保山飞机场改扩建。1991年4月，云南省计委批准保山机场按起降波音737-300型飞机技术标准进行改建。6月，保山行署发出《关于成立保山飞机场改造工程领导小组和工程指挥部的决定》的通知。1992年6月，国家计委批准保山机场改造工程计划。8月，云南省政府、国家民航总局、国家交通投资公司批准《保山民用机场改造工程可行性研究报告》。1993年1月，云南省计委、国家交通投资公司，中国民航西南局批复了初步设计，审定改造工程总概算为6118万元，由国家投资400万元，云南省投资2859万元，保山地区自筹2859万元。同年1月17日，云南省政府批准保山机场工程开工。经招标、投标、议标，由成都空军直属工程局承建机场跑道工程，其他建筑工程则由保山地区建筑公司、汉庄建筑公司、辛街建筑公司、四川省安装公司、云南省民航局通讯导航安装队、保山地区邮电局、保山地区电力公司、保山电器厂等17个施工、安装企业分工承建。

工程于1993年1月开工，1994年4月竣工。经15个月施工建设，机场规模由原1800米沥青跑道改扩建为2400米混凝土跑道，宽45米，厚0.27米，飞行带300米，总面积1931.6亩。改建后的保山机场为国家二级机场，具备盲降系统和先进的通信、导航、助航灯光、气象、机务、安检、运输、消防设备（有消防车2辆）。主体工程和配套设施的质量技术标准，符合双向起降波音737-300型客机的各项要求，飞行等级为4C级，可同时停放两架B737-300型及以下机型的飞机。机场的功能、使用效率和安全保障能力都有了很大提高。1994年6月11日，民航云南局对机场进行试飞成功，同年6月14日，保山机场恢复通航。

保山机场改扩建工程总投资8115万元（超概算1997万元），其中：保山地、县（市）自筹3781万元，国家和省出资4334万元。

复航后的保山机场，往返保山—昆明的客机由起初的每周3～4个航班逐步增加到后来的每周10多个航班。2004年，保山机场共安全保障航班起降696架次，完成旅客吞吐量52626人次，客座率67.1%；完成货、邮吞吐量16.8吨。2005年4月28日，又开通了保山—昆明—广州的定期航班。2005年1月至11月20日，保山机场共安全保障航班起降1078架次，完成旅客吞吐量77022人次，客座率68.6%；完成货、邮吞吐量422.4吨。同时，保山机场还在勘界、航测、遥感、飞播、抗灾及国际交往中发挥着重要的作用。

施甸县地震及预报

1991年地震及预报

1991年7月1日和22日，施甸县太平乡相继发生了5.0级和5.2级地震。考察结果，地震烈度达7度区面积约20平方千米，达6度区面积约200平方千米。地震破坏最大半径36千米，有感最大半径80千米。主要受破坏的是施甸、保山、龙陵三县（市），受伤人员22人，牲畜死亡6头，经济损失1.29亿元。震灾发生后，省委、省政府组成慰问组深入灾区，慰问群众协助当地党委、政府组织抗震救灾，使灾区群众尽快复生产，重建家园。

在这两次地震前，保山行署地震局曾作了较准确的中期、短临预报。1990年10月所提交的《1990年度云南地震区地震趋势研究报告》中明确预报：“滇西（北纬24°～25.5°，东经98°～99°）地区明年5—2月份可能发生5.5级左右中强震。”根据这一判断，行署于1991年2月初召开有各县（市）政府领导以及地震、民政、建设等部门领导参加的地震工作会议，为进一步做好地震预测预防工作，减轻地震灾害作了研究部署。6月14日，行署地震局又根据所掌握的大量资料，进一步提出了“一个月内以龙陵为参改点，半径150公里范围内可能发生4.7级地震”的预报意见，并明确指出龙陵、腾冲以东，保山以西（含施甸）的几个县交界地区是最危险地区。18日上午，行署召开办公会议，听取了地震局的震情汇报，并采纳了地震局的建议，采取了相应的防震、抗震措施，将震情通报了各县（市）政府及有关乡（镇），进一步加强了震情监视和值班。在全区电视网广泛开展了防震、抗震知识的宣传。由于有所准备，当7月1日在施甸、保山、龙陵三县（市）交界地区发生5级地震时，虽然建筑设施遭受了损失，但没有一人死亡，抗震救灾工作得以有条不紊地进行，最大限度地减轻了地震灾害所造成的损失。7月7日，在行署召开的抗震救灾工作会议上，地震局又提出“近期老震区还不能排除再次发生5级左右中强震”的可能。22日果然再次发生了5.2级地震。23日地震局又很快作出了“保山近期不会再发生中强震”的正确判断，对稳定人心和生产起到了积极作用。为表彰对施甸地震的预报成功，行署特给予地震局5000元的奖励，并在地震局申报该项成果的专家鉴定会议上，出示了《“7·1”“7·22”地震预报效益证明书》。9月7日，保山行署地震局“7·1”“7·22”地震预报及社会效能成果通过省鉴定，经专家组确认该项目成果达到国内先进水平。

2001年地震及预报

2001年3月20日，行署地震局向市政府有关领导作了汇报，认为一个月内在施甸附近地区有发生5.0级以上中强地震的危险。并于3月22日向中国地震局填报了“3月27日至4月11日，以北纬25° 00′，东经99° 00′为圆心，半径75千米范围内的保山、施甸一带会发生5.0～5.9级地震”的预报卡。3月26日，还向行署地震局填报了3月27日至5月27日在同一经纬度的保山、施甸一带发生5.0～5.9级地震的预报卡。

2001年4月10日上午10时50分，施甸县太平乡发生4.1级地震，震中为北纬24° 48′，东经99° 01′。当天11时13分、14分在同一地域又先后发生5.2级和4.8级破坏性地震。4月12日18时，施甸县太平乡北纬24° 50′，东经99° 01′再次发生5.9级破坏性地震。到29日，施甸境内共发生1级以上地震1218次。6月8日凌晨2时3分，施甸由旺镇大秧田村北纬24° 49′，东经98° 51′发生5.3级地震，又造成了“4·10”“4·12”叠加地震后的又一次重大损失。据地震局测报统计，由1月1日至12月31日，施甸县共发生≥1.0级地震1967次，其中：1.0～1.9级1477次，2.0～2.9级411次，3.0～3.9级65次，4.0～4.9级9次，5.0～5.9级3次。

4月10日中午，施甸县5.2级地震发生后1小时，保山地委、行署领导即率队赶赴灾区查看灾情，进行慰问。4月12日，5.9级地震发生后，行署立即召开紧急会议，迅速启动《保山地区破坏性地震应急预案》，成立了由专员任指挥长的抗震救灾指挥部，安排部署抗震救灾工作，并要求地、县（市）党政一把手亲临灾区第一线指挥抗震救灾，抢救伤病员。驻保人民解放军、武警官兵、民兵预备役部队、公安干警和机关干部迅速赶赴灾区开展抗震救灾工作。全区卫生系统共组织医疗救护队17个（批）共834人，投入救护车辆358辆次，救治伤员192人，发放各种治疗用药和消毒灵、DDT等消杀药品价值39.1万元。省红十字会给予400张棉被（价值2.8万元）和20个帐篷的支持。

4月13日，施甸叠加地震后，国务院秘书长王忠禹来电慰问受灾群众，要求做好抗震救灾工作。省政府领导率省民政厅、建设厅、地震局等部门领导，迅速赶往地震灾区，代表省委、省政府慰问受灾群众，并在施甸连夜召开抗震救灾现场办公会。要求继续加强震情监测预报，高度重视防震减灾工作，全力抢修“生命线”工程，确保道路、电力、水利、电信等基础设施畅通，切实安排好受灾群众的生产生活，抓紧、抓好震区恢复建设工作，尤其是要以学校、医院等设施的恢复建设为重点确保学校尽快复课，坚持一手抓抗震救灾一手抓当前生产。会后，省政府领导看望受伤人员，慰问抗震救灾中的武警官兵。

地震发生后，省政府组织省民政厅、省财政厅、省计委等14个单位领导组成汇报组，到北京向相关国家部、委、办、局汇报施甸县等灾情。

6月8日，施甸再次发生5.3级地震后，国务院总理朱镕基三次电话向省委、省政府询问灾情。当日省委、省政府派出工作小组赶赴地震灾区，指挥抗震救灾，保山地委、行署及施甸主要领导率领有关部门领导奔赴灾区第一线，组织抗震救灾工作。

6月10日，省政府地震灾区恢复建设现场会在施甸县召开，副省长李汉柏率省政府办公厅、计委、建设、民政、财政、教育、卫生、水利、交通、审计、监察、地震及抗震等部门负责人出席会议。

5月16日至10月14日，先后有省委副书记王学仁、省委书记令狐安、副省长黄炳生、副省长牛绍尧、代省长徐荣凯等领导深入地震重灾区丁家坡、躲安、莽林村、太平中学等地慰问灾区干部群众，检查指导恢复建设工作。

据省、地震专家实地考察、鉴定分析，此次地震有四个特点：震源浅，离地表5千米左右；烈度高，震波放大效应十分突出，烈度普遍7度强；地震破坏多次叠加，导致破坏程度十分严重，损失倍增；震区人口密集，民房、机关、医院、学校等用房地基下沉、墙体开裂、倾斜垮塌、瓦片脱落，道路、桥涵、水库、沟渠、电力、通信、广播电视等生命线工程严重受损，很多地方通信、供电、供水中断，道路交通受阻，医院毁坏，救助困难，校舍损毁，学生停课。地震波及保山市5个县(区)，47个乡(镇)，20多万户，110多万人。成灾人口达33.27万人，有7.31万人需紧急转移安置，因灾死亡3人，受伤235人，其中：重伤34人，轻伤201人。死亡大牲畜271头，损坏粮食1317吨，倒塌房屋2.03万间，损坏房屋5.68万间，全市650所中小学校，251个办学点受灾，11.16万名中小学生因灾停课。据专家考察评估结果，保山市此次地震灾害造成全市直接经济损失达5.05亿元。

经省抗震救灾恢复重指挥部批准，并下发保山市地震灾区恢复重建建设资金9500万元，其中：驻保部队、武警、监狱恢复重建资金500万元，占5.2%；施甸县4800万元，占51%；隆阳区2100万元，占22%；龙陵县1200万元，占12.6%；昌宁县375万元，占4%；腾冲县150万元，占1.5%；市机动375万元。按部门分类：民政民房2822.5万元，占31.36%；教育系统2623.5万元，占10.53%；卫生系统948万元，占12.5%；水利水电系统1100万元，占12.22%；市政基础设施594万元，占6.6%；机关事业单位487万元，占5.4%；其他420万元，占4.7%。

龙陵县腊勐乡发生人间鼠疫

龙陵县是鼠疫疫区。早在清同治八年(1869),龙陵县腊勐、董别等12个村发生人间鼠疫,死亡数百人。此后至民国37年(1948),时有疫情发生。民国37年(1948)龙陵县控制了人间鼠疫后,至1993年的45年间,再没有发生人间鼠疫疫情。

1993年5月初,龙陵县腊勐乡,董别、老寨子出现不明原因的自死鼠,由于死鼠较少,未引起群众足够的重视。腊勐乡老寨子社鼠疫监测点收鼠员王祖能收集村民交来的140只活鼠,饲养在家中卧室外的楼梯脚下。饲养期间已有40余只鼠死去,其余的活鼠于8月12日送交龙陵县卫生防疫站由地、县两级专业技术人员进行检验。15日,龙陵县卫生防疫站从收鼠员王祖能送检的90只活鼠中的1只黄胸鼠血清中检出鼠疫F1抗体,滴度1∶160。因是首份间接血凝阳性的判定,于是派出专人带上血清标本乘专车直接送往大理市云南省鼠疫防治中心。经省里专家8月24日复判确定,血清抗体最终滴度是1∶160,证实该地存在鼠间动物病流行。云南省流行病防治研究所及时派出专业人员李天元、张丽云、吴爱国和王昌炳到达龙陵前往核实,又从黄胸鼠中检出1份1∶160的鼠疫F1抗体和1份1∶5120的鼠疫F1抗原。证实龙陵县腊勐乡发生鼠间鼠疫流行,有4个疫点,分别是老寨子、董别(新寨子)、西边寨、格拉寨,流行面积约1240平方公里。之后,鼠间鼠疫波及人间,先后发生鼠疫病例7例,经判定为腺鼠疫。由于受雇的收鼠员王祖能对鼠疫的危害性缺乏认识,饲养老鼠时没有任何防护措施,致使其大女儿王芹珍和妻子尚桥焕被疫蚤叮咬后相继感染上腺鼠疫。7例鼠疫患者分别是老寨子社2例,董别社3例,西边寨1例,格拉寨社1例。以上7例病例就诊前乡村医生曾给予链霉素肌肉注射和口服磺胺类药2天以上。虽经专业人员多方努力,经淋巴结肿穿刺取材未能分离到鼠疫杆菌,也始终未能从患者检出鼠疫病原菌,但经云南省鼠疫防治中心、保山地区卫生防疫站、龙陵县卫生防疫站的专家根据鼠疫流行病学资料、典型的临床特征及实验室检查结果为诊断依据,最终判定为鼠疫。经就地隔离治疗,均痊愈。7例鼠疫患者呈急性病容,高热(39℃~40℃),寒战,淋巴结红肿剧痛,活动受限呈被动体位。典型腺肿4例,以鼠鼷腺肿为主,其次为腋窝及颈部淋巴结肿大,腺肿最大6.5×9厘米,最小1×1厘米,质地硬与周围组织粘连,触痛异常明显,周围无感染灶。经对患者做鼠疫细菌学及血清学检验,因取材前用过大量的抗生素治疗,未检获鼠疫菌,但从患者血清均检出鼠疫F1抗体,滴度在40~320之间。一个月后,中国预防医学科学院流行病研究所刘云鹏研究员等一行专家亲临患者家中探访,经过深入疫区现场调查,最后支持云南专家们的诊断意见。

发生人间鼠疫病例疫情后,省、地、县领导十分重视,派出鼠疫防治专家和大批医务人员前往防治。8月28日,龙陵县委、县人民政府召开疫情分析会议,成立灭鼠领导小组和鼠疫疫区处理指挥部。

8—10月,全县采取了以下防治措施:第一,全县动员,实施灭鼠、灭蚤措施,控制疫情，防止扩大蔓延。一类地区按灭蚤—灭鼠—灭蚤程序进行，二类地区要求大面积灭鼠，全面开展一次爱国卫生运动，三类地区要求全面开展一次大面积预防性灭鼠和爱国卫生运动。第二，县、乡、村层层建立疫区处理指挥系统，实行领导、专业人员和群众三结合，由主要领导成员领队分片成立工作组织分赴各类地区开展疫区处理工作。第三，以村为单位每5~10户设置一名灭鼠喷洒员，组成消杀队，实行承包责任制，统一进行喷洒和灭鼠投药培训，以保证质量和数量要求；层层发动，大力开展技术培训和宣传教育活动。通过会议、录像、简报等多种形式开展鼠防知识宣传，做好“疫情三报”和灭鼠灭蚤及爱国卫生工作。在各乡自查的基础上，由指挥部采用定点考核和随机抽样考核检查相结合的方法进行现场考核，对现场考核鼠密度及卫生状况不达标者，立即补课，直到达标为准。第四，技术措施上，采取灭鼠、灭蚤、消毒、预防服药、检诊、对鼠疫患者在腊勐乡就地隔离治疗、对防治效果进行严格考核。

1995—2005年，龙陵县进一步加强鼠疫防治工作，全县没有再发生鼠间鼠疫和人间鼠疫疫情。

中缅边境重大森林火灾

1999年2月3日，腾冲中缅边境1号界碑至北7号界碑缅方一侧先后出现6个火点，而1号至南4号界碑100多千米间缅方一侧均有山火，森林火呈多点不连接式从腾冲148千米边境上蔓延烧入中国境内，形成了若干火场，严重威胁着中国森林资源及边境地区人民生命财产安全。中缅边境火场均位于原始森林之中，火点多，边境线长，交通不便，通信不畅，风速快，形成了地表火、地下火、树冠火、飞火交替一体，给扑火工作带来极大困难。保山地委、行署及腾冲县委、县政府及时组织人员进行扑救。成立“保山地区扑救中缅边境森林火灾指挥系统”，设立后方、前方、火场现场3个指挥部。

国务院副总理温家宝先后3次作出重要批示要求云南采取措施，增派灭火力量，尽快控制火势，绝不能让其蔓延到自然保护区。

经过全区党、军、政、警、民和省森林消防官兵奋力扑救，3月20日，境内林火全被扑灭，境外对中方有威胁的火点基本得到控制。这次火灾入境林火过火面积14.9平方千米，受害森林面积5.81平方千米，损失林木蓄积20万立方米。扑救过程中，分别调集出动武警官兵648人，预备役官兵222人，政法干警120人，机关干部和乡村干部1182人，群众7700人，共计出动扑火人员达13.1万人次，出动车辆4000余次，开挖临时防火隔离带70千米，实施人工降雨作业23次，堵截和扑灭境外林火面积25万多亩，灭火耗资980万元，有效地保护了境内4个乡、55个行政村、802个社、14万多人的生命财产安全和2000多平方千米森林资源，把火灾损失降到最低限度，整个扑火过程无人员伤亡。其中，武警保山森林大队及中队共出动125名官兵，共扑灭火头154个；保山森林大队在扑救火灾中荣立集体三等功，2人荣立二等功，11人荣立三等功。

保山“4·4”森林重大火灾

1999年4月4日15时32分，保山城西林区汉庄镇沈家办事处庄河自然村发生森林火灾。当时，正值高温、风大、火险等级处于警戒线，火势迅速向四周蔓延，东西方向蔓延速度较快，南、北向蔓延扩大，形成急进地表火和急进树冠火，不到3小时，整个火场形成一个多火头后又迅速向大宝盖、老牛圈、乱山头、老鼠山林区发展。火势直接威胁着保山复烤厂、梨花坞、黄龙山油库及冷冻厂的安全。火灾发生后，先后调集了35105部队、森警大队、武警内卫、边防、消防支队的官兵、公安干警、地市直机关干部职工和永昌、汉庄、河图、板桥、金鸡、辛街、蒲缥7个乡（镇）的预备役官兵及民工共计7000余人扑火，省武警森林总队调集120名官兵到保山协助扑火。共出动各种车辆2400多台次。4月9日凌晨8时，历时6昼夜，大火终被扑灭。经测算，火场过火总面积11.36平方千米，受灾森林面积9.29平方千米，受害林木蓄积量3.05万立方米，烧死幼树162.4万株，直接经济损失1500多万元，扑灭耗资229万元，扑火过程中无重大伤亡事故发生。

10日，森林大火被扑灭之后，省委办公厅、省政府办公厅、省护林指挥部发来贺电。起火原因是护林员乱扔烟头引发大火，涉案人员后来被判处有期徒刑。

大（理）保（山）高速公路保山段建设

中华人民共和国成立前，大理到保山的交通要道主要为抗战初期修筑的“滇缅公路”。中华人民共和国成立后，改称320国道，虽经多次分段改扩建，但因生产力水平低，投入有限，所以公路面貌始终在四级、三级砂石或柏油路标准上下徘徊。而且一些地段弯急、坡陡、路窄，易出事故或堵车塞车。特别是“八五”以来，省内外交通基础设施发展很快，保山偏处滇西一隅，闭塞落后的“瓶颈”交通状况进一步凸现。被来往人员和外地司机视为畏途，严重影响着沿途的人员、物资对外交流、经济社会发展和旅游等各项资源开发。1998年，经国家批准，云南省正式筹建“大保”高速公路。

“大保”高速公路属“九五”后期中央确定的28个拉动内需、动用国债资金的重要项目，是继“楚大”高速公路之后的又一项公路交通重点工程。该路沿古代“南方丝绸之路”的大致走向。起于大理州平坡，止于保山市隆阳区大官市，全长166千米。工程属云南省交通厅直管项目，经交通部审定，含征地、拆迁在内，概算总投资70.4亿元，全部为国家投资。全线工程由云南省“大保”高速公路建设指挥部筹建，一期工程大理至永平段1998年11月底开工兴建；二期工程永平至保山段1999年5月开工建设，2002年9月竣工。大保高速公路是跨越横断山脉的第一条高速公路，线路主要布设于“V”字形峡谷及山谷中，地形复杂，地质条件差，共有27条断层穿割路线。沿线多属地质松散的“滇西红层”。路基最大挖深35米。由于滑坡原因，最高边坡268米。工程艰巨，施工难度大。全线有特大、大、中、小桥梁418座，隧道24座，桥隧比例占全线里程的24%。

“大保”高速公路保山段，起于隆阳区境内的澜沧江(大桥)，止于大官市，里程58.5千米。从澜沧江东岸起，途经隆阳区的瓦窑、老营、板桥、河图、永昌、汉庄、辛街七个乡(镇)。全段共有桥梁166座(单幅计)，其中特大桥6座、大桥33座、中桥65座、小桥62座；隧道2座，单洞长1497米，涵洞、通道352道。在澜沧江、老营、板桥、保山城(红花村入口)、飞机场、大官市设有互通式立交5处、半互通式立交1处、分离式立交14处。公路等级为山岭区及重丘区高速公路，路面材料为沥青混凝土。路基宽度22.5至26米，路面宽度21.5至26米，其中：澜沧江至沙坝段及汉庄至大官市段路面宽度21.5米，双向4车道，设置中央分隔带；沙坝至汉庄段路面宽为23.5米，双向六车道，设置中央绿化分隔带。高速设计流量：30858辆/24小时，设计荷载汽车-超20级、挂车-120。全线标志、标线、防撞波形护栏等安全设施齐全，道路两侧绿化较好，与自然景观十分协调。

2002年10月1日，“大保”高速公路全线投入使用，保山到昆明的距离，由公路高等级化以前的593千米缩短为498千米。高快客车从保山到昆明仅需6小时余。

保(山)龙(陵)高速公路建设

“保龙”高速公路起于隆阳区大官市，经蒲缥、潞江、百花、镇安，止于龙陵县龙山卡。按设计方案，全长78千米，跨越怒江大峡谷、高山纵谷，全线共建特大桥17座，大、中、小桥115座，隧道15座，正线桥隧总长占全线施工总里程的49.3%，有马家寨隧道(长2830米)、镇保隧道(长2875米)和怒江特大桥(长2208米)等重点控制性工程，建成后将比原三级公路缩短里程18千米。全部工程预算总投资55.44亿元，项目于2004年12月27日经交通部批准开工建设，计划2007年12月完工。2005年，已完成投资13.8亿多元。

保山撤地设市

2000年12月30日，国务院下达《国务院关于同意云南省撤销保山地区设立地级保山市的批复》，同意撤销保山地区和县级保山市，设立地级保山市，市人民政府驻新设立的隆阳区；原保山市改为隆阳区，以原县级保山市的行政区域为隆阳区的行政区域。保山市辖施甸、腾冲、龙陵、昌宁四县和新设立隆阳区。

2001年7月6日至8月3日，根据云南省委、省政府批准的撤地设市总体实施方案，中国共产党保山市第一次代表大会、政协保山市第一届第一次全会、保山市第一届人大第一次会议先后召开，选举产生了中共保山市委、市人大常委会、市政府、市政协、市纪委领导班子和保山市人民检察院检察长、保山市中级人民法院院长。在撤地设市工作中，按照中共云南省委、省政府要求，市委、市政府把撤地设市与市级机关机构改革有机结合起来，按照新的行政建制特点和“转变职能、理顺关系、精兵简政、提高效率”的方针，对党政机构和人员编制进行重新构架和核实。

2001年8月8日，保山举行撤地设市庆典活动。中共保山市委书记罗正富致辞，中共云南省委常委、常务副省长牛绍尧代表中共云南省委、省人大常委会、省人民政府、省人民政协向保山市各级干部和各族人民表示热烈祝贺。中央国家机关、省委、省人大、省政府、省政协、省纪委和省有关部门的领导，省军区、某集团军、武装警察部队的领导，各兄弟地州市的领导，曾在保山工作过的老领导，中央和省级各新闻单位的领导和记者，国外来宾，台湾同胞以及缅甸、泰国的华侨代表，省内外部分重要经济组织和企业集团的领导以及驻保山的中央和省属单位领导等参加了庆典活动。民政部等59个单位、求是杂志社总编辑王天玺等18人向保山撤地设市庆典活动发来贺信、贺电。撤地设市庆典活动由庆祝大会、广场文艺表演、盛大游行、庆典文艺演出和“节日之夜”焰火晚会5部分组成。

保山改革开放

1978—2005年，保山市在各个领域实施了改革开放。

经济领域 在农村，从1980年起，开始对农村经济体制实施改革。实行农村家庭联产承包责任制，全区实行大包干的农业社11250个，占100%，实行大包干的农户335330户，占参包户的99.7%，其他承包形式1015户，占参包户的3%；全市建立“两山”责任制，推行“四荒”有偿出让；实行农村税费改革，至2005年，施甸、腾冲、龙陵、昌宁四县全面免除农业税，隆阳区农业税降到2%。在城市，对企业体制的改革。第一阶段（1978—1980）以扩大企业自主权试点为突破口，主要内容是扩权、减税、让利，给企业一定的自主财产和经营权利。1980年开始在部分地区企业试行多种形式的盈亏包干责任制和记分计工资、计件工资、浮动工资等办法，把生产责任制同经济效益结合起来，并逐渐形成责权利相结合的经济责任制。第二阶段（1981—1982）主要是试运行经济责任制。第三阶段（1983—1986）主要是利改税。1983年6月在各地试点基础上实行税利并存的第一步利改税。1984年9月，税利并存过渡到完全的税代利，从而促进国家财政收入的增长。第四阶段（1987—1991）的主要内容是完善企业的经营机制，实行以“包死基数、确保上交、超收多留、歉收自补”为主要内容的承包制，从而打破了大锅饭，调动了企业和职工的积极性，促进了企业生产的发展。第五阶段（1992年后）以建立现代企业制度为目标的改革。确立建立按照“产权清晰、权责明确、政企分开、管理科学”现代企业制度的国有企业改革方向，使企业真正成为市场主体。1995年12月，保山地区先后确定两批、33户（实际涉及企业56户）现代企业制度试点企业。2002年下旬，全区国有企业改革全面铺开。到2004年年底，纳入全市深化产权制度改革的83户企业，完成改制的81户，占应改制面的97.59%。调整在职职工身份8259人，妥善安置离休人员147人、退休人员1604人，安置抚养、抚恤对象101人。共计支付经济补偿费23765.53万元。至2005年，全市国有企业产权制度改革三年目标基本实现，保山市逐步从计划经济迈入市场经济行列。1978—2005年，保山市还实施了商贸流通体制改革、计划体制改革、财税体制改革、金融体制改革、物价体制改革、投资体制改革等经济体制改革。

政治领域 主要是对管理体制（行政管理体制、国家公务员制度入轨运行等）进行改革和加强基层民主政治建设。从1983年起，保山地区实行党政机构改革，至2004年，全市共进行过4次党政机构改革。力度最大的是1983—1992年的第一次改革，行署在机构改革中，撤销和合并了一批业务相近或工作量不大，重复设置的机构，工作机构由改革前的42个精简至19个。1995年党政机构改革，地委工作部门8个，群团4个，行署工作部门36个，行政性事业局、办、中心11个，另外，设挂靠部门，对外挂牌并行使职能的机构8个。2002年机构改革，充分体现保山撤地建市的特点，理顺市与区、县的事权关系，强化城市规划、市政管理和建设方面的职能。市级党委、政府、人大、政协和群团机关设置工作机构48个，设置部门管理机构4个，2004年政府机构改革，经过调整，保山市政府设置工作部门有30个。在建立和推行国家公务员制度方面，依照《国家公务员暂行条例》，建立了分类管理人事管理制度。全市参加的国家行政机关293个，参加人数7663人，首次过渡的公务员有7647人。同时推行了事业单位人事制度改革，主要是推行职称制度改革和以聘用制为核心的人事制度改革。在加强基层民主政治建设方面，1987—1988年，保山地区由区、乡建制改为乡、村建制，全区各乡（镇）相继召开乡级人民代表大会第一次会议，乡级人民代表大会每届任期三年，历届乡级人大代表和人大主席、副主席均依法选举产生；2004年3月起，乡级人民代表大会每届任期为五年。另外，全区认真贯彻执行《中华人民共和国居委会组织法》和《中华人民共和国村民委员会组织法》，2000年，进行村改委体制改革，实行村民自治，将全区915个行政村（办事处）改为902个村民委员会、13个居民委员会。至2005年，以“民主选举、民主决策、民主管理、民主监督”为主要内容的村（居）民自治制度已日趋完善。

社会领域 全市进行了社会保障制度（养老保险制度、失业保险制度、城镇职工医疗保障制度、工伤保险制度、生育保险制度、城镇居民最低生活保障制度、城镇住房制度等）改革和文化、科技、教育、卫生体制等改革。

保山在全面改革的同时，逐步实行对外开放。通过口岸建设、扩大边境贸易等措施，实施“放宽市场准入、减少审批环节”“放宽进出口经营权”等对外开放政策，落实“税收、土地、金融、信贷、人才、落户”等系列扶持优惠政策，全市对外开放事业不断取得成效。2005年，猴桥口岸进入全省口岸进出口货运量的前五位，“全省走向南亚，保山先行一步”

战略得到上级的重视和支持。腾冲至缅甸密支那和板瓦两条出入境二级公路建设在国家和省的资金、技术等方面支持下，工程进展顺利。2001—2004年，全市对外贸易进出口总额年均增长30.5%。2005年，全市进出口总额9824万美元(进口3822万美元，出口6001万美元)，是1978年的40倍。累计批准外商投资企业74户，项目合同总投资17143.66万美元，合同利用外资6809万美元，实际利用外资3747.4万美元。国内有12个省区市和省内21个县的投资商到保山投资开发，引进实施国内合作项目170项，实际引进到位资金25.5亿元人民币。保山全方位、多层次、宽领域的对外开放格局基本形成。

第一编　建置　自然环境

昌宁漭水阿背寨梯田

综　述

保山市地处横断山脉南延部分、滇西纵谷南端。地势大体呈北高南低，呈阶梯状逐级下降，崇山峻岭、山间盆地、缓坡丘陵、低热河谷相互交错，属低纬度、高海拔山地高原。

境内由东往西依次分布着澜沧江、怒江和龙川江，三江由北向南穿境而过；云岭、怒山、高黎贡山三山夹江耸峙，山高谷深，江河纵横。最高海拔3780.2米（高黎贡山大垴子峰），最低海拔535.0米（怒江万马河口），垂直高差3245.2米。立体气候明显，气温、降水、土壤、植被随海拔高程变化而变化，可谓“一山有四季，十里不同天”。

境内总体上气候温润。冬无严寒，夏无酷暑（除少数低热河谷外），降水丰沛，干湿季分明。年平均气温14.8℃～21.3℃，年平均降水量1463.8～2095.2毫米，天文日照时数4420小时左右，属于四季温差较小的低纬度高原气候。

境内资源丰富。全市森林总覆盖率56.1%，动植物资源丰富，是全国乃至全球生物多样性最为突出的地区之一。有高等野生动物676种，其中国家重点保护的有81种；有高等植物2400多种，其中珍稀保护植物71种；药材、可食用菌类品种繁多，分布广泛；矿产资源有铁、钛、锡、铅、锌、铜、镍、锑、钨、钴、钼、铀、金、汞、煤、硅、硅藻土等50多种，史称“金银宝货之地”，是南红玛瑙和黄龙玉的原产地和加工交易中心，历来是缅甸翡翠的加工和集散地。

境内水源、光热、气候土壤条件良好，有得天独厚的自然条件和精耕细作的农耕传统适合发展农牧业，是云南传统的粮食主产区，素有“滇西粮仓”之称，是省内第二大糖业基地、第三大茶山。广大农村素有家庭养殖畜禽的传统习俗，畜牧业在全市经济社会发展中具有重要地位。

境内山川绮丽，气候舒爽，民族众多，人文淳厚，民族风情绚丽多彩，是旅游度假和休闲疗养的好地方。

市境处于地中海—喜马拉雅山地震带，怒江、澜沧江两个深大断裂带和腾冲—耿马断裂带经过此间，破坏性地震时有发生，加之生态失衡，干旱、洪涝、风雹、生物等各种自然灾害频繁，时有不同程度的损失。

保山历史上一直都是南方丝绸之路中的一个要冲。市政府所在地保山城距云南省会昆明公路里程498千米，是历代郡、府、署治所的所在地。1978年后，保山县级以上建置发生了两次变动：1983年，所辖保山县改设为保山市；2001年，保山地区改设为保山市，原县级保山市改设为隆阳区。至2005年，保山市辖隆阳、施甸、腾冲、龙陵、昌宁1区4县。

第一章　建置　区划

第一节　位置面积

保山市地处中国的西南边疆、云南省西部，跨北纬24° 08′ ~25° 51′ 、东经98° 05′ ~100° 02′ 之间，东及东北与大理白族自治州相连，东南和南部与临沧市接壤，西与德宏傣族景颇族自治州毗连，北与怒江傈僳族自治州为邻，西北和正南与缅甸交界。腾冲、龙陵两县与缅甸交界的国境线长167.7851千米，其中：腾冲县国境线长148.0751千米，龙陵县国境线长19.7100千米。市境东西最大横距198千米，南北最大纵距193千米，辖区总面积19637平方千米，占全省国土总面积的4.98%，其中：坝区占全市总面积的8.21%，山区占全市总面积的91.79%；耕地占全市总面积8.45%。

第二节　建置沿革

中华人民共和国成立后，1949年12月，按照滇桂黔边区党委电示，成立中国共产党保山地区委员会及保山区人民行政专员公署，治所设于保山县城，辖保山、云龙、腾冲、昌宁、龙陵、潞西、镇康、双江8个县，耿马、泸水2个设治局和梁河、盈江、莲山、陇川、瑞丽5个民族行政委员会。1950年3月，划云龙县归大理专区。1952年11月，划双江、耿马、镇康归缅宁（今临沧）专区。1953年7月，划潞西、梁河、盈江、莲山、陇川、瑞丽、畹町另设德宏自治区。1954年4月，划泸水县归怒江自治区。1956年4月，保山专区与德宏自治区合并为德宏傣族景颇族自治州，州府驻芒市。1962年12月，从保山县南部析出5个区设立施甸县。次年8月，复设保山专区，下辖5个县。1967年3月，成立保山专区军事管制委员会。1968年10月，撤销军管会，成立保山专区革命委员会。1969年1月，德宏州军事管制委员会撤销，合并保山专区，保山专区革命委员会辖保山、施甸、腾冲、龙陵、昌宁、潞西、梁河、盈江、陇川、瑞丽和畹町10县1镇。1971年1月，保山专区革委会改称保山地区革委会，同年11月，又与德宏州分设；保山地区革命委员会驻保山城，辖保山、施甸、昌宁、龙陵、腾冲5个县。

1978年12月，撤销保山地区革命委员会，改设保山地区行政公署。1983年9月，保山县撤县建市，保山县改为保山市，全区辖1市4县。

2000年12月30日，国务院批准撤销保山地区设立保山市；2001年7月，撤销保山地区行政公署，选举产生第一届保山市人民政府，原县级保山市改设隆阳区，市人民政府驻隆阳区（保山城），全市辖隆阳区、施甸县、昌宁县、龙陵县、腾冲县1区4县，至2005年，全市辖区不变。

第三节　行政区划

一、县（市、区）行政区划

1978年，保山地区辖保山县、施甸县、腾冲县、龙陵县、昌宁县5个县，97个公社（镇），辖区人口182.84万人。1983年9月，撤销保山县，设立保山市（县级），全区辖1市4县，98个公社（镇）。1990年，全区辖1市4县，83个乡（镇），辖区总面积19637平方千米，总人口212.24万人。1995年，全区辖区面积不变，总人口223.67万人。

2000年12月30日，国务院批准撤销保山地区设立保山市（地级）。2001年，原县级保山市改设为隆阳区，隶属保山市。全市辖隆阳区、施甸县、腾冲县、龙陵县、昌宁县1区4县，82个乡（镇），辖区面积不变，总人口235.93万人。至2005年年末，全市辖1区4县，72个乡（镇、街道办事处），辖区总面积19637平方千米（隆阳区5011平方千米、施甸县2009平方千米、腾冲县5845平方千米、龙陵县2884平方千米、昌宁县3888平方千米），总人口242.49万人。

二、乡（镇）行政区划

1978—2005年，保山市乡（镇）行政区划的变迁经历了人民公社、生产大队建制；区、乡建制；乡、村建制三个时期。

人民公社建制　1978—1983年，为人民公社时期。1978年，全区有97个公社（镇）、1082个大队（居委会）、11205个生产队。至1983年，全区设98个公社（镇）、1092个大队（居委会）、11139个生产队。

区、乡（镇）建制　区、乡建制从1983年7月昌宁县试点开始，至1984年4月，全区各县（市）的公社、大队统一改为区、乡（镇），撤销98个公社（镇）、1092个大队（居委会）、11139个生产队，改为81个区（镇）、914个乡（镇、办事处、居委会）、11013个生产合作社。

乡（镇）、村建制　1987年7月起，区、乡建制改为乡、村建制。至1988年，全区将81个区（镇）划为83个乡（镇）（含民族乡15个）。乡（镇）之下设788个行政村、127个农村办事处、10个城市街道办事处，村公所和办事处作为乡（镇）人民政府的派出机构。村（处）以下设11239个农业生产合作社。1987—1990年，以合作社或自然村为单位建立村民委员会，全区有村民委员会7816个。1990年，全区辖10个镇、73个乡（民族乡15个），13个居民委员会、7816个村民委员会。1991—1994年，全区辖83个乡（镇），915个行政村（办事处），6828个村民委员会，11246个农业生产合作社。1995年，全区辖83个乡（镇），911个行政村（办事处），11250个农业生产合作社。1999年，全区辖83个乡（镇），915个行政村（办事处），11247个农业生产合作社。2000年，全区进行村改委体制改革，实行村民自治，所辖乡（镇）不变，在行政村（农村办事处）辖区内设立村民委员会，以合作社设立村民小组，原来以合作社或自然村设立的村民委员会自然消失，将915个行政村（办事处）改为902个村民委员会、13个居民委员会，下设10758个村民小组。2001—2002年，全市辖82个乡（镇），893个村民委员会、10758个村民小组，24个社区居民委员会（主要由原来的城市街道居民委员会调整而来，部分为农村村民委员会调整而来）。2003年，全市辖82个乡（镇），889个村民委员会、10825个村民小组，31个社区居民委员会。2004年，全市辖82个乡（镇），村委会884个、社区居委会31个。2005年，全市辖72个乡（镇、街道办事处）（乡34个、民族乡10个，镇26个，街道办事处2个），883个村委会（隆阳区298个、施甸县135个、腾冲县213个、龙陵县116个、昌宁县121个），32个社区居委会（隆阳区13个、施甸县2个、腾冲县8个、龙陵县5个、昌宁县4个），10979个村（居）民小组。

第二章　县（区）概况

第一节　隆阳区

一、自然环境

（一）位置面积

隆阳区位于云南省西部，横断山脉南端。地跨北纬24° 46′ ~25° 38′，东经98° 43′ ~99° 26′。东及东北与永平县隔澜沧江相望，东南与昌宁县接壤，南与施甸、龙陵两县相连，西与腾冲县以高黎贡山顶端交界，北与怒江州泸水和大理州云龙两县毗邻。距省会昆明498千米，距中缅边境279千米。境内东西最大横距78千米，南北最大纵距96千米。国土总面积5011平方千米，其中：山区、半山区占总面积的92.4%，坝区占7.6%。市区海拔1670米。

（二）地质地貌

隆阳区境内地形复杂多样，地势西北高、东南低。东西横跨澜沧江—怒山—怒江—高黎贡山，崇山峻岭、山间盆地、缓坡丘陵、低热河谷相互交错，属低纬度、高海拔山地高原。境内最低点为怒江与老白河交界处的芒海渡口，海拔640米；最高点北部道人山巅，海拔3655.9米，相对高差3015.9米。中部山间盆地，以保山坝最大，面积172.96平方千米。

大地构造处在特提斯—喜马拉雅构造线由东西向南北转折部位，又是欧亚大陆与岗瓦纳古陆所夹持的强烈活动地带。褶皱、断裂较多，地质构造复杂，构造形迹分为“歹”字形构造、径向构造、环形构造等体系。主要构造带有怒江南构造带、保山至澜沧江构造带、高黎贡山三台山弧形构造带，构成境内横断山脉及怒江、澜沧江独特的岭谷相间地形。地质上属于“滇西褶断带”的中西部，地层发育齐全，从上寒武系到白垩系均有分布，是一个古生代和少量中生代地层组成的“保山褶皱束”。境内地形切割较深，山川并列，谷盆相间，地貌起伏的水平差异和垂直变化很大。出露地层为砂岩、页岩及灰岩互层，片岩、花岗岩次之。褶皱强烈，岩石破碎，灰岩区岩溶发育。地貌以中山、盆地地貌为主，按成因类型划分则属岩溶地貌为主，北高南低，平均比降为14.5%，自西向东地形则波状起伏。

（三）气候气象

隆阳区属西南季风区，亚热带高原气候类型。每年1—4月高空盛行强劲而干燥的西北风，气候干燥、多风、少雨。5—10月高空盛行西南气流，来自孟加拉湾暖湿气流带来丰沛的季风雨，形成雨季，一年中80%的降水集中于这一时段。10月后，西南季风趋弱，高空盛行平直西风气流，降水陡少，气温逐渐下降，气候变干冷。年平均气温15.9℃。最热月为6月，平均气温21.3℃；最冷月为1月，平均气温8.5℃。年降水量988.2毫米。降水量最多月为8月，降水量172.6毫米；最少月为12月，降水量12.6毫米。最大月降水量376.1毫米，最大日降水量99.2毫米。冬春季节，较易出现干旱，是区内主要的气象灾害之一。夏秋季降水集中，极易出现局部性的大雨、暴雨及强对流天气和影响秋收的强连阴雨天气。

（四）自然资源

矿藏资源　境内有锡、铁、铜、铅锌、汞、钨、钛、金、云母、绿柱石、玛瑙和煤等多种矿产资源。

动植物资源　境内有珍稀植物秃杉、桫椤、翠柏、香柏、楠木、红椿、木莲、红椎、铁杉、冷杉、马蹄荷及观赏花卉植物杜鹃、茶花、兰花等；有珍稀动物扭角羚（羚牛）、白眉长臂猿、菲氏叶猴（灰叶猴）、黑麂（青麂、毛冠麂）、小熊猫、野牛、猕猴、鬣羚（苏门羚、山驴子）、水鹿、孔雀、红腹角雉、白马鸡（雪雉）、白鹇、红嘴相思鸟（相思鸟）、太阳鸟等。

水资源　境内有怒江、澜沧江两大水系，由北向南贯穿全境，21条较大河流最后汇入两江。境内河流分别以东西向流入两江，其中：怒江的径流面积为4154平方千米、占86%；澜沧江的径流面积为672平方千米、占14%。境内大小河流共140多条总长580余千米，多数河流深切，坡度大，属暴涨暴落型山区性河流，行洪标准低，其中：主要河流10条，总长241千米，包括东河、水长河、勐赖河、犁澡河、冲江河、滥枣河、瓦窑河、金厂河、干沟河、渭西河。

境内的蒲缥、登高、金鸡等地有丰富的地热资源。年产水总量57.33亿立方米，江河径流量24.6亿立方米，地下水径流量7.89亿立方米，人均水资源3792立方米，耕地亩均占有水量3677立方米，且水质优良，较少污染。

二、建置　区划

1978年12月，保山县隶属保山地区行政公署。1983年9月，经国务院批准撤县设市，仍属保山地区行政公署。2000年12月，经国务院批准保山地区改为地级保山市，原县级保山市改为隆阳区，隶属保山市。

1978年，保山县辖27个人民公社（镇）革命委员会，403个生产大队（街道居民委员会）。1980年，人民公社（镇）革命委员会改为人民公社（镇）管理委员会。

1984年2月，保山市27个人民公社（镇）管理委员会撤销，改建为18个区、1个区级办事处，下辖15个镇、4个街道居民委员会、290个乡（含民族乡65个），1982个自然村。1988年2月，撤区设乡，保山市设2个镇，18个乡（含民族乡7个）。1996年，河图、汉庄、蒲缥三乡撤乡建镇。1999—2000年，所辖乡（镇）不变，下辖306个行政村、1657个自然村、3314个农业生产合作社。

2000年，村级体制改革后，设立306个村民委员会、2858个村民小组。2001年年末，隆阳区辖5个镇、15个乡（7个民族乡）、306个村民委员会、2912个村民小组。2002年，所辖乡（镇）不变，下辖306个村民委员会、2891个村民小组。

2005年10月，隆阳区撤销3个乡，共辖2个街道办事处，6个镇，10个乡（含民族乡4个）。年末，隆阳区辖永昌、兰城两个街道办事处，板桥、河图、汉庄、蒲缥、瓦窑、潞江6个镇，水寨、瓦渡、丙麻、西邑、辛街、金鸡6个普通乡，瓦马彝族白族乡、瓦房彝族苗族乡、杨柳白族彝族乡、芒宽彝族傣族乡4个民族乡，共18个乡（镇、街道办事处）。下设298个村委会、13个居委会，3066个村（居）民小组。

三、人口民族

1978年，保山县总户数为115155户，总人口643989人。

2005年，隆阳区总户数为22.88万户，总人口85.84万人，人口自然增长率7.01‰，人口密度每平方千米171人，其中：农业人口73.68万人，城镇人口12.16万人；少数民族人口11.54万人。世居少数民族有彝族、白族、傣族、傈僳族、苗族、回族、德昂族、佤族等。傣族、傈僳族多聚居于怒江低热河谷区，回族多居于温和的坝区，其他少数民族多分布在怒江、澜沧江两岸山区。

四、经济

1978年，保山县工农业总产值为11158.44万元，其中：工业总产值占22.80%，农业总产值占77.20%。至2005年，隆阳区城镇化率为24%，生产总值为496490万元，三次产业结构比重为32.5∶27.7∶39.8。

（一）农业

隆阳区辖区内复杂多样的地形地貌形成的热、温、寒立体气候，有利于立体农业的发展。“滇西粮仓”保山坝是水稻、小麦、蚕豆主产区。“天然温室”潞江坝是甘蔗、咖啡、胡椒、杧果、荔枝、龙眼等亚热带经济作物的主产区。

1978年，农业总产值8614.6万元，农业人口平均粮食产量321.5千克；有国营农场2个、林场1个、牧场1个。

2005年，隆阳区有耕地面积640770亩，农业人口人均占有耕地0.87亩，粮食总产量307129吨；森林覆盖率41%。支柱产业为粮油、烟草、甘蔗、林果、畜牧，年内实现农林牧渔业总产值23.56亿元，其中：农业产值13.14亿元，林业产值2.61亿元，牧业产值6.63亿元，渔业产值0.62亿元，农林牧渔服务业产值0.56亿元；农业人口人均农业产出3198.3元；有乡（镇）企业14510个。

（二）工业交通

1978年，保山县有全民和集体工业企业92个，实现工业总产值2544万元，发电量782万千瓦时，县社公路通车里程446千米。

保山制糖工业曾在全省占有重要地位，先后建成日榨甘蔗500～1000吨的白糖厂5座，年产糖5.4万吨，居全省产糖县(市)之首。1990年年末，有中小型电站83座，总装机容量1.94万千瓦，年发电量1亿多千瓦时，是全国100个电气化试点县（市）之一。

2005年，隆阳区有工业企业2087个，工业总产值（当年价）221168万元。全年规模以上工业企业实现利润总额1.7亿元，能源消耗总量11.69万吨标准煤。有机场1个，开通了保山—昆明、保山—昆明—广州两条航线，全年完成旅客吞吐量7.7万人次，货运吞吐量422.4吨。有公路通车里程2506千米，全年完成客运总量775.34万人次，货运总量1183.69万吨。

（三）商业贸易

1978年，保山县社会商品零售总额5618万元，人均87元；外贸商品收购额226.45万元。

2005年，隆阳区全年社会消费品零售总额183671万元，比2004年增长13.2%；城市消费品零售额139162万元，比2004年增长13.72%，其中：批发零售业零售额146258万元，餐饮业零售额19526万元，其他行业零售额17787万元。全年招商引资签约项目26项，协议引资22.4亿元，实际到位资金3.8亿元。

（四）财政金融

1978年，保山县完成财政收入1327万元。

2005年，隆阳区实现财政总收入3.55亿元，其中：一般预算收入2.21亿元；财政支出5.96亿元。金融机构各项存款余额565616万元，其中：企业存款余额135491万元，储蓄存款余额333668万元；各项贷款余额533792万元，其中短期贷款余额292695万元。

五、社会事业

（一）教育

1978年，保山县儿童入学率为95.5%，有小学在校生100620人，初中在校生21423人，高中在校生3891人；有小学教师3284人（含民办教师1901人），普通中学教师1177人（含民办教师286人）。

2005年，隆阳区有中等职业教育学校1所，在校学生1101人；普通中学41所，初中在校生40181人，高中在校生9805人；小学433所、教学点287个，在校学生88046人；学前教育学校23所，在校学生19018人；特殊教育学校1所，在校学生23人。有小学专任教师4409人，初中专任教师2003人，高中专任教师690人。

（二）科技

1979年，保山县农业生产成果获省政府“推广一等奖”。1980年，保山县粮食连续四年增产，获省政府“推广一等奖”。1990年有科研机构8个，科技学（协）会135个，会员4530人，其中乡（镇）级会员3650人。科技专业人员2066人，其中：具有高级职称23人、中级职称292人。

2005年，隆阳区共组织5个乡（镇）20个村2.37万户农户，推广电脑农业专家系统5.7万亩；完成良种推广86.18万亩；推广饲料青贮、氨化技术涉及264个村、21677户；建成肉牛冻精改良点19个，覆盖全区70%的乡（镇）。全区拥有专业技术人员11681人，其中：高级职称292人，中级职称4020人，初级职称7369人。

(三) 文化艺术

1978年，保山县有电影院34个，文化馆1个，文化工作队1个。1990年，辖区内有文化馆、青少年宫、工人文化宫、群众艺术馆、图书馆、博物馆、文工团（歌舞团）等文化艺术团体，还有书画、集邮、摄影、兰花等协会。有电影院22个，座位1.8万个；电影队126个，全年放映1.6万场次。具有地方特色的舞蹈、民间音乐有傣族的孔雀舞、傣戏，彝族的三弦舞，苗族的芦笙舞和汉族的洞经音乐等。2005年，隆阳区组织广场群众调演系列活动15场，“三下乡”演出11场，公益性演出27场。

(四) 卫生

1978年，保山县有卫生机构数65个，病床293张，医务人员600人，实行合作医疗的大队占总数的99.2%。

2005年年末，隆阳区有医疗机构30个，病床877张，卫生技术人员954人；有村卫生室306个，乡村医生944人；拥有价值10万元以上的医疗设备134件，房屋8.43万平方米。年内新创办1家私立医院。参加新型农村合作医疗691781人，“参合率”91.55%。历史上的地方流行病鼠疫、霍乱已绝迹；疟疾发病率下降到万分之五以下。

(五) 体育

1977年后，6次派运动员参加省武术比赛，获金牌12枚、银牌13枚、铜牌33枚。期间，在全省八市体育比赛中，获男排冠军，女排亚军，田径团体总分第一名。保山市培养的优秀体育运动员张希玲等，多次被省体委选送参加全国性体育大赛，获较好成绩。赵体仁、沙宝焕被评为全国先进体育教师和全国体育先进工作者。有露天灯光球场2个，另有武术馆场、棋室、游泳池等。2005年，隆阳区农村成立了300个老年协会、68个老年体育文艺健身表演团队。

六、人民生活

1978年，保山县全部职工全年工资总额542万元，其中：固定职工全年工资总额506万元、人均514元。

2005年，隆阳区城镇居民人均可支配收入9040元，农民人均纯收入2121元；年末拥有固定电话机95588部，移动电话用户达224400户；参加养老保险职工人数29522人、医疗保险职工人数24508人、失业保险职工人数24539人，低保受益8340户、15563人，总计发放低保金1278.7万元。

第二节　施甸县

一、自然环境

（一）位置面积

施甸县位于保山市南部，地跨北纬24° 16′ ~25° 00′ 、东经98° 54′ ~99° 21′ 间。东连昌宁县，南邻临沧市永德县，西与龙陵县隔怒江相望，北与隆阳区毗连。县境东西最大横距45千米，南北最大纵距79千米，辖区总面积2009平方千米。县城居县境中部，海拔1480米，距保山市政府驻地61千米。

（二）地质地貌

施甸县属怒山山脉尾翼深切割山地峡谷区，地势北高南低。境内东北部的大水河头山为全县最高点，海拔2895.4米；东南部边缘的三江口为全县最低点，海拔560米，相对高差2335.4米。全境山地占90.74%，平坝仅占9.26%。

（三）气候气象

施甸县属中亚热带为主体的低纬山地季风气候。年平均气温17.1℃，最高气温32℃，最低气温−3.2℃。无霜期273天，初霜日12月3日，终霜日3月4日。年平均降雨量945.1毫米，年平均降雨日数153.9天，降雨多集中在5—10月，同期降雨量777.8毫米，占全年降雨量的82.3%。年平均相对湿度76%，年日照时数2235.4小时。属西南季风带，风向多为南风和西风，风速一般1.2米／秒（1级），局部山地最大风速达25米／秒（10级）。自然灾害以洪灾为主，其次是风灾、冰雹和霜冻。

（四）自然资源

矿藏资源　境内有铅锌、铁、钼、锑、汞、金、大理石、泥炭等矿产资源。

动植物资源　林木资源主要有云南松、华山松和栎类；经济林木有核桃、油桐、油茶、香果树、板栗、水果等；木本药材有诃子（藏青果）、杜仲、山楂等；珍稀树种有楸木、紫椿、黄楠、银杏、柚木等；珍稀动物有马鹿、水獭、孔雀、犀鸟、绿鸠（绿斑鸠）、白鹇等，多分布在县境南部的崇山峻岭中。

水资源　境内有大小河流69条，均属怒江水系。除过境国际河流怒江外，主要河流有勐波罗河、施甸河、姚关河、太平河等。怒江由北向南穿境西部深谷而过，流程99千米，年过境水量526.06亿立方米，尚未开发利用。勐波罗河上游为枯柯河，从昌宁县湾甸乡老坝窝入境与永康河汇合为勐波罗河，经旧城峡谷至三江口注入怒江，境内流程22千米，径流面积6461平方千米，年径流量25.81亿立方米。施甸河古名银川河，发源于施甸坝南端的鹰窝山，由南向北纵贯施甸坝，至由旺天生桥转向西南至乌木榔山嘴，注入怒江，境内流程54.5千米，径流面积660平方千米，年径流量2.53亿立方米，是施甸坝的主要排灌河流。太平河发源于莽林笔架山，自南向北经隆阳区道街桤木林村注入怒江，境内流程

10千米，径流面积38.8平方千米，年径流量0.15亿立方米。姚关河发源于摆榔乡鸡茨洼的老黑龙社境内，由北向南流至关凤桥转东入昌宁县湾甸乡，经帕旭汇入湾甸河，境内流程29.3千米，径流面积214.4平方千米，年径流量1.13亿立方米。

县内有石瓢、娲女、打黑、葫芦口等温泉。

二、建置　区划

1978年12月，施甸县隶属保山地区行政公署。2000年12月经国务院批准保山地区改为地级保山市，施甸县隶属保山市。

1978—1983年，施甸县设20个公社（镇），下设生产大队在111～163个之间增减。

1984年3月，设城关、旧城、酒房等16个区（镇）；137个乡（镇、办事处），其中民族乡12个。

1987年12月，撤区建乡，将城关镇和大楼子区合并为甸阳镇，全县设甸阳、由旺等15个乡（镇）（2个民族乡），下辖137个行政村（办事处）。1990—2000年，辖2个镇，11个乡，2个民族乡；107个行政村、30个办事处；557个村民委员会；1631个农业生产合作社。2001年，姚关撤乡设镇，全县辖3个镇，10个乡（2个民族乡）；137个村（居）民委员会；1631个村民小组。2002—2004年，所辖乡（镇）不变，下设135个村民委员会、2个街道居民委员会；1627个村民小组。

2005年，等子、太平两乡撤并设立为太平镇，保场、仁和两乡撤并设立仁和镇，全县辖甸阳、由旺、姚关、仁和、太平5个镇，水长、老麦、何元、万兴、酒房、旧城6个乡，摆榔、木老元2个民族乡，共13个乡（镇）；135个村民委员会，2个居民委员会；1627个村民小组。

三、人口民族

1978年，施甸县总户数为42713户，总人口253937人。

2005年，年末总户数80072户，总人口330655人，其中：农业人口占91.69%，少数民族人口占7.6%。人口自然增长率4.01‰，人口密度每平方千米165人。世居少数民族有彝族、布朗族、佤族、回族、傣族、白族等，大多分布在山区、半山区。

四、经济

1978年，施甸县工农业总产值为4752.99万元，其中：工业总产值占21.26%，农业总产值占78.74%。

2005年，全县城镇化率达21%，生产总值为113853万元，三次产业结构比重为44.56∶13.58∶41.86。

（一）农业

1978年，施甸县有耕地面积288690亩，农业总产值3742.4万元，农业人口平均粮食产量327千克；有国营林场1个。

2005年，全县耕地面积33.43万亩，粮食总产量121834吨，农林牧渔业总产值77423万元，农业人口人均农业产出2553.7元，有乡（镇）企业3012个。水果以梨、桃、梅子为大宗经济林，是云南省梅子生产基地县。森林覆盖率44.5%。

（二）工业交通

1978年，施甸县有全民和集体工业企业41个，实现工业总产值1011万元，发电量656万千瓦时，县社公路通车里程279千米。

2005年，全县全部工业企业单位数523个，全部工业总产值（当年价）23332万元。主要工业产品产量：食糖3497.6万千克，酒精165.5万千克，发电量10995万千瓦时，大理石板材2.33万平方米，水泥1.9万吨，农业运输机械981辆。有公路通车里程1341千米，全年完成客运总量127万人次，货运总量126万吨。白酒、红茶、面条、粉丝、豆片（干兰）畅销省内外，红茶和粉丝还出口部分国家和地区。

（三）商业贸易

1978年，施甸县社会商品零售总额2101万元，人均83元；外贸商品收购额38.38万元。

2005年，全县社会消费品零售总额33400.1万元，其中：城市完成15875.6万元，农村完成17524.5万元。居民消费价格总指数104.85（2004年为100，下同），商品零售价格总指数104.97。

（四）财政金融

1978年，施甸县完成财政收入354万元。

2005年，全县财政总收入7180万元，财政总支出28022万元。有金融机构19个，其中：农行1个，建行1个，农发行1个，信用社15个，邮政储蓄1个。年末金融机构存款余额82116万元，贷款余额60612万元。

五、社会事业

（一）教育

1978年，施甸县儿童入学率为97.5%，有小学在校生37694人，初中在校生8571人，高中在校生2683人；有小学教师1351人（民办教师792人），普通中学教师445人（民办教师143人）。1990年，适龄儿童入学率98.9%，普及率99.6%，巩固率94.5%。文盲人口脱盲率55%。

2005年，全县有各级各类学校361所，其中：普通中学21所，小学195所、教学点107个，职业中学1所，教师进修学校1所，幼儿园36所。有各级各类学校在校学生58020人，其中：小学在校生32581人，初中在校生15265人，高中在校生2566人。有教师2779人。学龄儿童入学率98.79%。

（二）科技

1978年，施甸科技人员研制出柴油机惯性增压器，可提高功效10%～20%，节省燃料3%～5%。1978—1990年，有5项科技成果先后获省科技成果和科技小发明奖。

2005年，全县有专业技术人员4013人，其中：高级职称84人，中级职称1415人；工程技术人员245人，卫生技术人员565人，教学专业人员2779人，农业264人，其他160人。有农科站13个，科学技术学会3个，农村专业研究会93个。推广杂交玉米良种14.2万亩，水稻良种率99%。

（三）文化艺术

1978年，施甸县有电影院23个，文化馆1个，文化工作队1个。1980年后，县内先后出现4家业余滇戏民间组织，编演的《秦香莲告状》《香堂乐器小合奏》《等等吧，货郎》等多次参与省级农民文艺调演并获奖。

2005年，有公共图书馆1个，藏书4.74万册；有文物保护机构1个，文物藏品1172件；文化馆1个，乡（镇）文化站13个，组织文艺活动159次；艺术表演团体1个，送戏下乡40场，观众约10万人次；农村电影放映队4个，放映电影818场次；有广播站13个，137个村实现村村通广播，广播覆盖率100%；有电视转播站1个，卫星电视地面接收站155座，电视覆盖率95%，有线电视用户2.1万户。

（四）卫生

1978年，施甸县有卫生机构数29个，病床290张，医务人员306人，实行合作医疗的大队占大队总数的87.5%。

2005年，全县拥有卫生医疗机构29个，卫生机构床位数425张，每万人拥有床位13张。有卫生技术人员500人，每万人拥有卫生技术人员15人。有137个村级卫生所，村级卫生技术人员331人。

（五）体育

1978—1988年，施甸县建篮球场地46块，其中：有灯光球场1块；建排球场4块；建游泳池1个；建田径场10块。1986年，建立县体育广场。

2005年，有青少年业余体校1所，体协2个，标准体育场273个。参加省、市级比赛2次，获个人第一名5人次，个人第二名2人次，个人第三名8人次。有国家等级裁判42人（二级裁判9人，三级裁判33人），等级运动员31人。

六、人民生活

1978年，施甸县全部职工全年工资总额288万元，其中：固定职工全年工资总额239万元、人均513元。

2005年，全县城镇居民人均可支配收入7105元，农民人均纯收入1717元；年末拥有固定电话机21958部，移动电话22068部；参加养老保险职工人数1779人、医疗保险职工人数3737人、失业保险职工人数5684人，发放城镇最低生活保障金3717人、总计387万元。

第三节　腾冲县

一、自然环境

（一）位置面积

腾冲县地处云南西部边陲，位于北纬24° 38′ ～25° 52′ ，东经98° 5′ ～98° 46′ 之间。东以高黎贡山山脊与隆阳区交界，南以龙川江与龙陵县相望，西南与德宏州梁河、盈江两县毗邻，正西和西北与缅甸接壤，国境线长148.0751千米。全境东西最大横距69千米，南北最大纵距137千米，辖区总面积为5845平方千米，其中：坝区约占总面积的16%，山区、半山区约占84%。县城距保山市政府驻地168千米，海拔1640米。

（二）地质地貌

腾冲县地处横断山脉南段偏西部分的峡谷区南延宽谷地段，地势呈北高南低、东高西低、中间山坝相间的地貌，是伊洛瓦底江最东的支流源头所在地。境内南北走向岭谷相间，东部高黎贡山和西北部姊妹山、尖高山形成屏障，向西南急剧降低，呈一长马蹄状盆地。龙川江、大盈江、槟榔江及其支流多沿断裂带发育，依山顺流，将高原火山熔岩台地切割成许多河谷盆地。境内最高点为高黎贡山大垴子，海拔3780.2米；最低点为南部龙川江出口速庆江边，海拔930米，相对高差2850.2米。境内有大小坝子27个，其中万亩以上坝子15个。

腾冲处在印度与欧亚大陆两个板块边缘，地壳运动活跃，地震频繁，有明显的火山锥20多个，主要分布在县境中部，突出的有打鹰山、马鞍山、老兔坡、来凤山和大空山、小空山、黑空山等，腾冲坝子处于年轻的火山群包围之中。

（三）气候气象

腾冲属亚热带季风气候。气温由南向北下降，形成典型的立体气候，具有明显的低纬度山地季风特征。四季不分明，大致分为干湿两季，其中5—10月为雨季，其余月份为干季。年平均气温14.8℃，最冷1月平均气温7.5℃，最热8月平均气温19.8℃，最高气温30.5℃，最低气温−4.2℃。无霜期年平均234天，初霜期在11月中旬，终霜期在次年3月下旬。

境内地形东西两侧高而中部低，呈马蹄形向西开口，孟加拉湾西南季风暖湿气流直逼境内上升成雨，雨量大，湿度大，日照不足。年平均降雨量1469.4毫米，年平均降雨180.4天，属云南省多雨区之一。最高降雨区为高黎贡山西坡大蒿坪，年均降雨量2250.9毫米；最低降雨区为腾冲县城，年均降雨量1468.5毫米。年平均日照数2153小时。年平均相对湿度79%。全年各月盛行西南风，平均风速1.6米 / 秒。

腾冲县灾害性天气主要有水稻冷害、倒春寒、晚霜冻、冰雹、三秋阴雨、洪涝、春旱、大风和局部大雪等。灾害规律大体是北多南少，高海拔地区多，低海拔地区少。

（四）自然资源

矿藏资源　主要矿藏资源有铁、锡、铅、锌、钨、铀、水晶石、硅灰石、硅藻土、高岭土、褐煤、草煤等，其中：含铁品位高达60%的铁矿，蕴藏量约5000万吨；褐煤储量约400万吨。

动植物资源　以栲类、栎类为主的常绿阔叶林，云南松、云南铁杉和苍山冷杉等针叶林构成境内辽阔的森林。总面积392.6万亩，覆盖率达46.1%，居全市各县（区）之首；活立木总蓄积1776.8万立方米。珍稀植物有秃杉、银杏、大树杜鹃、香果树、楠木、红椿、香柏、红花油茶、楸木等，药用植物品种繁多。珍稀动物有扭角羚（羚牛）、白眉长臂猿、

孟加拉虎、小熊猫、白尾梢虹雉、猴面鹰等。珍稀动植物多分布在高黎贡山国家级自然保护区。

水资源 境内有龙川江和大盈江两大河流，均属印度洋伊洛瓦底江水系，呈北南流向。龙川江包括其支流明光河、瑞滇河，发源于高黎贡山的火草地等处。境内总长93.1千米，径流面积3585.2平方千米。大盈江由叠水河、槟榔江、缅箐河、勐连河汇流而成，境内总长42千米，径流面积646.4平方千米。有青海、北海两个天然湖，湖面总面积0.63平方千米。江河径流总量80.96亿立方米。水资源平均地面径流深1412.3毫米，地表水仅占地表径流的5.9%；年均地下径流深409毫米，径流总量23.271亿立方米。出露冷泉502处，年出水量约4.3亿立方米。

境内汽泉、热泉和温泉群多达89处，热能储量约250万千瓦以上，是国内已查明的仅次于西藏羊八井的第二大热气田，其中：硫黄塘大、小滚锅为沸泉，黄瓜箐为汽泉，其他为间歇喷泉和碳酸泉。水热活动十分强烈，构成腾冲特有的地热奇观。

二、建置　区划

1978年12月，腾冲县隶属保山地区行政公署。2000年12月经国务院批准保山地区改为地级保山市，腾冲县隶属保山市。

1978年至1983年10月，腾冲县设1个镇(城关)、20个公社，下辖6个街道居委会、188～242个大队，大队下设生产队。

1984年11月，改公社为区、大队为乡，全县设19个区、1个区级镇(城关)、1个区级乡(和顺)，下辖206个乡(民族乡14个)、7个镇、5个农村办事处、6个街道办事处。1987年12月，实行乡、村体制，将洞山区分设为洞山乡、勐连乡。1988年，固东撤区设镇；全县设2个镇及20个乡(含2个民族乡)，下辖207个行政村、11个农村办事处、6个街道办事处，2730个农业生产合作社。

2000年，古永傈僳族乡撤乡改设猴桥镇，小西、和顺撤乡设镇。全县有224个村民委员会，2730个村民小组。2001年，城关镇更名腾越镇，洞山、瑞滇撤乡设镇。同年12月，撤销洞山镇并入腾越镇。全县设218个村民委员会、6个居民委员会，2730个村民小组。2003年，打苴乡更名北海乡，瑞滇镇政府驻地从腊幸迁址滇滩并更镇名为滇滩镇。全县有213个村民委员会、8个社区居民委员会，2727个村民小组。

2005年，撤小西镇、勐连乡并入腾越镇，撤上营乡并入芒棒乡。全县辖腾越、固东、猴桥、滇滩、和顺5个镇，界头、曲石、明光、马站、北海、中和、荷花(傣族佤族乡)、清水、芒棒、五合、蒲川、新华、团田13个乡；213个村民委员会、8个社区居民委员会；2668个村民小组。

三、人口民族

1978年，腾冲县总户数为82109户，总人口450912人。

2005年，年末总人口62.1万人，其中：非农业人口5.35万人，占总人口的9%；少数民族人口4.36万人，占总人口的7%。世居少数民族有傈僳族、傣族、回族、佤族、白族、阿昌族、景颇族等。人口自然增长率为6.26‰，人口密度为每平方千米106人。

腾冲素有“侨乡”之称。腾籍华侨及华人分布在世界五大洲的22个国家和地区，以缅甸最多。

四、经济

1978年，腾冲县工农业总产值为10242.06万元，其中：工业总产值占29.60%，农业总产值占70.40%。

2005年，全县城镇化率为23.80%；生产总值为303349万元，三次产业结构比重为32.32∶23.28∶44.40。

（一）农业

1978年，腾冲县农业总产值7159.31万元，农业人口平均粮食产量371.5千克；有国营林场1个、牧场2个。

1982—1990年，累计完成贸易粮6.54万吨，油脂8000吨，成为云南省粮油生产主产区之一。曾连续两年被国务院授予“粮食生产先进县”称号。经济作物产值1353万元，其中油菜籽总产8290吨，居全省第二位。

2005年，全县耕地面积573906亩，粮食总产量25.93万吨，农林牧渔业总产值132958万元，农业人口人均农业产出2343.1元，有乡（镇）企业10991个。

（二）工业交通

腾冲是云南轻工业发祥地之一。火柴、中成药、精锡、乌龙茶在国际市场享有盛誉。

1978年，全县有全民和集体工业企业102个，实现工业总产值3083万元，发电量2868万千瓦时，县社公路通车里程370千米。

2005年，全县全部工业企业单位数1910个，全部工业总产值（当年价）102592万元。有公路通车里程2785.78千米，全年完成客运总量201万人次，货运总量680万吨。

（三）商业贸易

1978年，腾冲县社会商品零售总额4338万元，人均96元；外贸商品收购额243.13万元。

1988—1990年连续三年获省政府授予的“出口创汇先进单位”称号。边境贸易为全县经济的一大优势，拥有边贸商行37家，职工500多人，边境贸易总额达6437.91万元。外销产品主要有胶合板、纤维板、中成药、火柴、工艺美术品等。

2005年，全县社会消费品零售总额78256万元。全年边贸进出口总额达59842万元，其中：进口总额29032万元，出口总额30810万元；创汇2319万美元。

（四）财政金融

1978年，腾冲县完成财政收入1008万元。

1985年起，实行财政补贴，全年财政收入1179万元，支出2251万元，不足部分由国家财政补贴。1990年，全县财政收入3411万元，财政支出6075万元，自给率提高到80.2%。

2005年，全县财政总收入30835万元，财政总支出60615万元。年末金融机构各项存款余额354134万元，贷款余额258801万元。

五、社会事业

（一）教育

1978年，腾冲县儿童入学率为95%，有小学在校生61400人，初中在校生16988人，高中在校生4106人；有小学教师2221人（民办教师1155人），普通中学教师930人（民办教师276人）。

2005年，有小学333所、教学点152个，普通中学34所；有小学在校生63939人，初中在校生31195人，高中在校生9849人；有小学专任教师3047人，初中专任教师1762人，高中专任教师607人。旅港腾籍人士伍集成、伍体贤先后捐资115万元和100万元港币，分别成立腾冲教育基金会和奖学基金会。

（二）科技

1978年，腾冲县水电设备厂采用全国水轮机统一设计技术，试制XJ13—W—25/1×7型和HI110—WJ—42型水轮机，产品用于改造古永林场节级河电站和农村整顶、大寨、大村、田心等小电站10座，增加发电量360万千瓦时；由中国科学院主持，完成地质应用、测绘制图、农林植被、水资源、空中实验、自动分类实验软件、统计自动制图方法等33个专题的航空遥感实验。

1990年，腾冲助滤剂厂与昆明煤炭科学研究所合作完成的“腾冲优质硅藻土助滤剂系列产品开发”项目获省“星火计划”一等奖。

2005年，全县有各类专业技术人员8468人，其中：获高级职称的233人，中级职称的2266人。全年实施了“腾冲县北海乡优质草果丰产栽培示范及推广”“腾冲县优质茶叶产业化技术开发示范”“珍稀濒危药用石斛CAP种植示范”“紫茎泽兰的开发利用”“地方名特食品—腾冲饵丝系列产品开发”等科技计划项目。

（三）文化艺术

1978年，腾冲县有电影院43个，图书馆2个，文化馆1个，文化工作队1个。

全县建有各乡（镇）文化站和艾思奇故居、李根源故居、工人文化宫、少年宫等名人故居及文化活动场所。所创作的大型话剧、花灯剧《双星恨》《飞鹰行动》《寻寻觅觅》《佤女漂流记》等作品多次获奖。创作、整理和出版了腾冲民族民间舞蹈集成、民歌集成等；腾冲皮影戏、佤族清戏为地方特色戏种。

2005年，全县广播人口覆盖率达95.9%，电视覆盖率为90.1%，县图书馆被文化部授予“国家二级图书馆”称号。

（四）卫生

1978年，腾冲县有卫生机构数67个，病床558张，医务人员677人，实行合作医疗的大队占大队总数的100%。

2005年，全县有医疗卫生机构345个，病床1218张(县级医院560张、乡镇卫生院466张、私立医院192张)，从业人员2508人；县、乡医疗卫生单位共有业务用房面积62789平方米，万元以上设备526件(50万元以上大型设备10件)。

(五)体育

腾冲县有200米田径运动场17个，篮球场259个，灯光球场2个，旱冰场1个，室外游泳池2个。有国家一、二、三级裁判员82人，二、三级运动员140人，先后向省、市输送运动员53人。1987年10月建成县少年体育学校，开展多个项目训练。

2005年，组织了全国山地自行车第一、二站的比赛；向市少体校输送8名运动苗子，向省体校输送2名运动苗子；县籍运动员杨安跃在全国田径锦标赛上取得两枚金牌，陈自本在全国少年田径锦标赛上取得1金1铜；全民健身运动蓬勃开展，安装3条“全民健身”路径。

六、人民生活

1978年，腾冲县全部职工全年工资总额579万元，其中：固定职工全年工资总额553万元、人均587元。

2005年，全县城镇居民人均可支配收入8584元，农村居民人均纯收入2035元；年末拥有固定电话机45906部，移动电话用户达116056户；参加养老保险职工人数8874人、医疗保险职工人数21386人、失业保险职工人数12587人，参加生育、工伤、农村养老保险人数25314人，新型农村合作医疗参合率达90%。

第四节　龙陵县

一、自然环境

(一)位置面积

龙陵县位于云南省西部，地处龙川江和怒江之间，扼国道杭(州)瑞(丽)公路咽喉。地跨北纬24° 07'～24° 50′，东经98° 25′ ～99° 11′ 。东临怒江与施甸县为邻，东南与临沧市永德、镇康两县毗邻，西南与缅甸隔怒江相望，西与德宏州芒市、梁河县接壤，西北隔龙川江与腾冲县相眺，北接隆阳区，国境线长19.71千米。县境东西最大横距64千米，南北最大纵距78千米。辖区总面积2884平方千米，其中山区面积占97%。县城驻地龙山镇居县境西北部，距保山市政府驻地130千米，西南距德宏州府芒市31千米，海拔1540米。

(二)地质地貌

龙陵县地处滇西横断山脉南段，高黎贡山山脉由北向南伸入境内，形成中部高、东西两侧倾斜的地形。县境山岭纵横，丘陵起伏，山高谷深，山脉、河流相间排列。群山间有2平方千米以上坝子13个。全境最高点为东部大雪山，海拔3001.6米；最低点为西南部万马河口，海拔535米，相对高差2466.6米。县境地处瑞丽—龙陵大断裂带，东侧怒江断裂带，南部畹町—落虎山断裂带，北部有部分新生代火山熔岩堆积，为地震多发地区。

(三)气候气象

龙陵县境属亚热带季风气候，地处高黎贡山南段迎风坡，受印度洋暖湿气流影响，形成西部迎风坡多雨，干湿季分明；东部背风坡雨量适中，干湿季不分明，无寒暑剧变。境内可分北热带、东亚热带、中亚热带、北亚热带、南温带、中温带6种气候，高山峻岭区较寒，峡谷平坝地区温和，低海拔河谷区较热。县城龙山镇年平均气温14.9℃；1月平均气温7.4℃，极端最低气温−4.7℃；7月平均气温19.9℃，极端最高气温31℃。年无霜期237天，初霜期为11月21日，终霜期为3月28日；全年基本无雪。年平均降水量2101.8毫米，有“滇西雨屏”之称。降水集中于6—8月。年日照时数2071小时，相对湿度84%。多南风和西南风，最大风速20米／秒。受地形和降水的影响，西部多出现低温和洪涝灾害，时有冰雹、大风、霜冻。东部时有春旱出现；中、西部地区每年夏末秋初，有1～2次北风寒流和低温阴雨，影响大春早期生长。

（四）自然资源

矿藏资源 主要矿藏有褐煤、铅、锌、锡、铁、铜、钨、铍、铝、银、金、硫、硅、黄龙玉、大理石、绿柱石、高岭土等，其中：镇安镇褐煤储量达1.2亿吨；铅锌矿探明储量245.17万吨；铍矿储量也丰富，并伴生铌、钽等矿。

动植物资源 龙陵县境野生植物达1213种，全县2005年年末森林覆盖率为54.6%，其中：珍稀植物有秃杉、桫椤（树蕨）、香果树、醉香含笑、银杏、云南松、台杉、楸木、椿木、木莲。珍稀原生植物有野生稻；珍贵树种有北热带美登木、宝树，南亚热带的董棕。小黑山自然保护区内，最大的醉香含笑植株胸径245厘米，高36米；小田坝大茶树最大直径1.08米，树幅5.3米，树龄200余年；杜鹃花种类繁多。野生动物有201种，其中：珍禽异兽有孔雀、原鸡（茶花鸡）、犀鸟、白鹇、蜂猴、马鹿、水獭、旱獭等。

水资源 龙陵县境为怒江、龙川江两江环抱，大部分地区属怒江水系，西部小块地区属伊洛瓦底江（龙川江）水系。怒江从勐梅河口入境，过境152千米。境内有苏帕河、公养河、勐梅河等13条支流。苏帕河发源于麻窝铺，自东向西转东注入怒江，全长64千米，最大流量134.6立方米／秒，最小流量3.76立方米／秒。龙川江从打柴河口入境，过境55千米，有香柏河、河冲河等5条支流。香柏河发源于羊山坡，自东向西注入龙川江，全长35千米，全县有大小河流44条，总长度1174.5千米，河网密度0.42千米／平方千米。年径流量26.5亿立方米。

境内温泉众多，据1980年中国地热考查组和北京大学地质系地热组初步调查，具有开发价值的温泉42处，是滇西一级远景规划12个热田区之一。

二、建置　区划

1978年12月，龙陵县隶属保山地区行政公署。2000年12月经国务院批准保山地区改为地级保山市，龙陵县隶属保山市。

1978—1983年，龙陵县设15个公社（镇），下辖120个生产大队。

1984年4月，撤公社改区，全县设10个区和1个区级镇，下辖121个乡（镇、办事处），其中民族乡7个。

1987年12月，撤区建乡，全县设12个乡（镇）（民族乡1个），下辖121个行政村（办事处）。1988年4月，镇安乡改为镇安镇。1990—1999年，辖2个镇，9个乡，木城彝族傈僳族1个民族乡；121个行政村（办事处）；1615个农业生产合作社、8个居民小组。2000年，所辖乡（镇）不变，下辖121个行政村（办事处）；1642个村民小组、8个居民小组。2001年，勐糯撤乡设镇。

2005年，辖龙山、镇安、勐糯3个镇，象达、龙江、腊勐、龙新、碧寨、平达6个乡，木城彝族傈僳族1个民族乡；116个村民委员会、5个社区居民委员会；1637个村民小组。

三、人口民族

1978年，龙陵县总户数为35770户，总人口210547人。

2005年，总人口273269人，其中：非农业人口24263人，占总人口的8.9%；少数民族人口13966人，占总人口的5.1%。世居少数民族有傈僳族、彝族、傣族、阿昌族等。人口自然增长率为6.76‰，人口密度为每平方千米95人。

龙陵是云南省重点侨乡之一，龙陵籍华侨侨居在缅甸、泰国、老挝、新加坡、美国、澳大利亚等国家和地区，主要经营种植、养殖、运输、加工业等，少数行医、教书。

四、经济

1978年，龙陵县工农业总产值为3522.29万元，其中：工业总产值占18.32%，农业总产值占81.68%。

2005年，全县城镇化率为15%，生产总值为119690万元，三次产业结构比重为36.91∶31.90∶31.19。

(一) 农业

龙陵是个农业县，主要粮食作物有：大春作物水稻，玉米、旱稻、荞麦、大豆；小春作物小麦、豌豆、蚕豆、马铃薯等。

1978年，农业总产值2876.97万元，农业人口平均粮食产量319千克；有国营农场1个、牧场1个。

2005年，全县耕地面积390150亩，粮食总产量9.85万吨，农林牧渔业总产值60980万元，农业人口人均农业产出2448.9元，有乡（镇）企业5836个。

(二) 工业交通

1978年，龙陵县有全民和集体工业企业40个，工业总产值645万元，发电量896万千瓦时，县社公路通车里程278千米。1980年后，以糖、茶、铅锌、煤为主体，初步建立了包括冶金、电力、煤炭、机械、化肥、陶瓷、制糖、森工、食品在内的地方工业体系。

2005年，全县全部工业企业单位数1139个，全部工业总产值（当年价）71338万元。有公路通车里程1548.16千米，全年完成客运总量61.7万人次，货运总量79万吨。

(三) 商业贸易

1978年，龙陵县社会商品零售总额1581万元，人均75元；外贸商品收购额85.82万元。外贸出口商品主要有青毛茶、红毛茶、畜产品及绿柱石、钨、锡等矿产品。1990年调供出口总额94.6万元，边境贸易进出口总额1680万元，其中：进口总额380万元，出口总额

1300万元。

2005年，全县社会消费品零售总额28169万元，农业生产资料销售6817万元，大贸出口总额304万美元。

（四）财政金融

1978年，龙陵县完成财政收入200万元。

2005年，全县财政总收入14940万元，财政总支出29114万元。年末金融机构各项存款余额115934万元，贷款余额83415万元。

五、社会事业

（一）教育

1978年，龙陵县儿童入学率为86.83%，有小学在校生30987人，初中在校生6964人，高中在校生1487人；有小学教师1219人（民办教师668人），普通中学教师346人（民办教师22人）。1990年，适龄儿童入学率达98.2%；在校学生巩固率93.4%，毕业率92.8%，普及率97.5%，已达国务院颁布普及初等教育标准。当年，全县扫盲脱盲率30.4%。

2005年，有小学156所、教学点40个，普通中学17所；有小学在校生25425人，初中在校生13018人，高中在校生3298人；有小学专任教师1644人，初中专任教师798人，高中专任教师210人。

（二）科技

1979年，龙陵县有科技人员302人，其中：农业22人、林业9人、气象4人、医疗卫生149人、教育113人、工交5人。1978—1990年，全县有11项科技成果获国家、省奖励，其中：国家级奖励1项，省部级奖励10项。

2005年，全县有各类专业技术人员4250人，其中：高级职称人员111人，中级职称人员1211人；获省级科技进步三等奖1项、市级科技进步三等奖7项。

（三）文化艺术

1978年，龙陵县有电影院20个，文化馆1个，文化工作队1个。1980—1990年，在城乡演出1000余场。每年农历二月初四为民间文娱节，活动内容有山歌、花灯、龙灯、狮灯及傈僳族、彝族的“打歌”“上刀杆”“打陀螺”，傣族的“嘎光”，阿昌族的“蹬窝罗”等。

2005年，全县有图书馆、文物馆各1个，有文化馆（站）11个，有广播站10个。广播覆盖率85.5%，卫星电视收视覆盖率87%。

（四）卫生

1978年，龙陵县有卫生机构数32个，病床265张，医务人员249人，实行合作医疗的大队占大队总数的100%。

2005年，全县有医疗卫生机构136个，其中：县医院1个、中医院1个、疾病预防控制中心1个、妇幼保健院1个、卫生监督所1个、乡（镇）卫生院11个、村卫生室120个；有职工537人（不含村医生）；有病床475张。计划生育工作富有成效，全县出生人口性别比由上年的128.99%下降到110.86%，办理农业人口“独生子女父母光荣证”1122户。

历史上流行的鼠疫、霍乱、天花已经绝迹；疟疾防治成效显著，曾获省疟疾防治考核二等奖。

（五）体育

1978年，龙陵县各中学、中心小学多数建有混凝土篮球场，篮球、乒乓球、羽毛球、游泳、体操等各类体育活动在县内广泛开展。

2005年，全县举办县级运动会6次；举办大型群众性体育活动2次，参加活动2万多人次。民族体育活动有傣族象脚鼓、弹弓，傈僳族的射弩、打歌、“上刀杆、下火海”等。

六、人民生活

1978年，龙陵县全部职工全年工资总额237万元，其中：固定职工全年工资总额216万元、人均515元。

2005年，全县城镇居民人均可支配收入7300元，农民人均纯收入1750元；年末拥有固定电话机14801部，移动电话用户达30400户；参加养老保险职工人数5035人、医疗保险职工人数10184人、失业保险职工人数8245人，实现城市贫困人口应保尽保。

第五节　昌宁县

一、自然环境

（一）位置面积

昌宁县位于云南省西部，地处北纬24° 14′ ~25° 12′ 、东经99° 16′ ~100° 02′ 之间。东北与大理州巍山、漾濞两县相邻，东、南两面分别与临沧市凤庆县和永德县毗连，西靠施甸县，西北与隆阳区接壤，北交大理州永平县。全境东西最大横距78.2千米，南北最大纵距107.3千米，辖区总面积3888平方千米，其中山区面积占总面积的97.1%。县城距保山市政府驻地93千米，海拔1670米。

（二）地质地貌

昌宁县地处澜沧江两岸，属滇西横断山脉和云岭余脉向南延伸部分。地势由西北向东南逐渐倾斜。东北部为无量山脉北端组成县境骨骼，山间平坝点缀，构成县境腹地，形成两山（云岭、怒山）九坝（右甸、湾甸、枯柯、勐统、更戛、漭水、打平、小桥、大田坝）南北纵列，高山坝谷相间的地貌。境内最高点为北部松子山，海拔2875.9米；最低点为西南面湾甸坝尾枯柯河和镇康河汇合处，海拔608米，相对高差2268米。

县境山脉主体分为两大部分：澜沧江以东山脉为云岭向南延伸部分，海拔2000米以上的山峰有白花山、阿依山、大麦地梁子、岔河光山梁子等；澜沧江以西山脉为怒山山脉南延部分，海拔2000米以上的山峰有松子山、老兰山、大鹿山、天堂山、大西山等。

（三）气候气象

昌宁县地处北回归线北侧，属亚热带季风气候，地势高低悬殊，气候垂直变化明显，干湿季节分明，可分为低热、温热、温凉、高寒4个小气候类型。年平均气温15℃，1月平均气温7℃，7月平均气温20℃。年日照时数2282.4小时。无霜期253天，初霜期12月6日，终霜期3月27日。年平均降水量1259毫米。降雨集中在5—10月（7月最为集中），占全年降水量的85%，降雨天数平均为166天。相对湿度81%。秋冬刮西北风，春夏吹东南风，平均风速1.8米／秒，最大风速15米／秒。8月阴雨低温，常使水稻空秕，属危害较大的自然灾害。

（四）自然资源

矿藏资源 昌宁县已探明和发现的矿产资源有褐煤、石灰石、大理石、硅、硫黄、石膏、盐、碱、油叶岩等非金属矿和铁、锡、铜、铅、锑、金、银、汞等金属矿，其中褐煤储量达6500万吨。位于县城东南7千米处的兰家寨煤矿，含煤面积11平方千米，总储量5087万吨，煤层最厚达48米，一般5～25米，约有1/3可露天开采。

动植物资源 县内2005年森林覆盖率为45.2%，有木本植物217种，主要有云南松、华山松、红木、桦木、桤木（水冬瓜）等；名贵树种有秃杉、楠木、红椿、樟木等。草本植物173种，其中：牧草76种，毒、害草17种。珍稀植物有野生稻、玉米草、铁壳麦、甜竹等。生长于更戛乡西桂村境内的野生稻，是研究我国稻谷始源的珍贵实物标本；生长于更戛乡西河、西桂低洼潮湿荒草林内的玉米草，经中国农科院鉴定为玉米近缘植物；生长于漭水乡明德、明华一带的铁壳麦，晚熟、红粒，杆硬、种壳厚而坚实。有食用菌102种，毒菌18种。珍稀动物有孔雀、穿山甲、马鹿、水獭、河麂（獐子）等。

水资源 县境河流众多，分属澜沧江和怒江两大水系，总径流量为19.99亿立方米。境内流程5千米以上的河流共57条，其中：属澜沧江水系的有澜沧江及其支流黑惠江、右甸河等，属怒江水系的有枯柯河、勐统河等。澜沧江穿县境东北而过，流程54千米；黑惠江在境内东北注入澜沧江，流程22千米；右甸河源于松子山，经漭水、田园、温泉3乡（镇）流入凤庆县，流程51千米；枯柯河源于隆阳区，经县内柯街、卡斯、湾甸3乡汇入镇康河，流程77千米；勐统河源于摊笆山，经翁堵、勐统两乡汇入镇康河，流程31千米。全境年地表水量15亿立方米，地下水量6亿立方米。

全县57条大小河流水质好，水能蕴藏量15.6万千瓦。分布在河畔的地热点20余处，水温在30℃～90℃之间，总出水量约0.155立方米／秒，其中多泉眼的鸡飞温泉出水量达0.022立方米／秒。

二、建置　区划

1978年12月，昌宁县隶属保山地区行政公署。2000年12月经国务院批准保山地区改为地级保山市，昌宁县隶属保山市。

1978—1979年，昌宁县设16个公社，下辖87个生产大队（居民委员会）。1980年，所设公社不变，下辖大队（居委会）调整为155个。

1983年7月，昌宁县成为保山地区撤销公社、大队改设区、乡的试点县，设城关、漭水、珠街等14个区（镇），123个乡（村委会、办事处），其中民族乡17个。

1988年2月，撤区改设右甸、达丙等14个乡（镇），其中民族乡3个。下辖123个行政村（办事处）。2001年6—10月，柯街、卡斯、漭水、勐统撤乡设镇。2002—2003年，全县辖6个镇，5个乡，3个民族乡；123个村民委员会；1957个村民小组。

至2005年，全县辖田园（2005年3月由右甸、达丙两镇合并设立）、勐统、卡斯、柯街、漭水5个镇，温泉、更戛、鸡飞、大田坝、翁堵5个乡，耈街、珠街、湾甸3个民族乡；121个村民委员会、4个社区居民委员会；1981个村（居）民小组。

三、人口民族

1978年，昌宁县总户数为44150户，总人口269134人。

2005年，总人口341565人，其中：非农业人口占总人口的9%，少数民族人口占总人口的10.61%。世居少数民族有彝族、傣族、苗族、布朗族、回族、白族、傈僳族、佤族、景颇族等。人口自然增长率为3.76‰，人口密度为每平方千米114人。

四、经济

1978年，昌宁县工农业总产值为5667.28万元，其中：工业总产值占27.66%，农业总产值占72.34%。

按1980年不变价计，1990年，全县工农业总产值为16137万元，其中：工业总产值占36.74%，农业总产值占63.26%。

2005年，全县城镇化率为21.2%，生产总值为155805万元，三次产业结构比重为44.91∶23.76∶31.33。

（一）农业

1978年，昌宁县农业总产值4099.87万元，农业人口平均粮食产量366.5千克；有国营农场4个、牧场1个。1990年，实现农业总收入1.02亿元，占工农业总产值的63.29%；粮食总产10.76万吨，人均拥有粮食351千克。以蔗、茶为主的经济作物种植面积达20万亩。作为全国4个优质茶基地县和云南省茶叶基地县之一，昌宁已有上千年的种茶历史。1978年后，利用全县70%地区宜茶的优势，一面大力垦殖新茶园，一面改造老茶园，至1990年年末，有茶地11万多亩。人均茶地0.36亩，可采摘面积6.5万亩，年产茶2548吨。昌宁县还是云南省蔗糖生产重点县之一，占总面积20%的亚热带地区宜种甘蔗。1990年种蔗达8.9万亩，产蔗40.38万吨。

2005年，全县耕地面积42.3万亩，粮食总产量142340吨，农林牧渔业总产值107678万元，农业人口人均农业产出3465.4元，有乡（镇）企业8966个。

（二）工业交通

1978年，昌宁县有全民和集体工业企业52个，工业总产值1567万元，发电量667万千瓦时，县社公路通车里程514千米。1990年，柯街、卡斯、勐统、湾甸4座白糖厂拥有固定资产6323万元，全县年产糖量居全省第二位。昌宁茶厂生产的滇红茶远销20多个国家和地区。当年，生产精制茶1940.04吨。

2005年，全县全部工业企业单位数1797个，全部工业总产值（当年价）59322万元。主要工业产品产量：原煤27.08万吨、发电量7119万千瓦小时、水泥12.13万吨、红砖

10196万块、食糖55445吨、酒精4682吨、精制茶2771吨、硅8553吨、机制纸及浆板1.56万吨。县内公路通车里程1751千米。有公路通车里程1751千米，全年完成客运总量48万人次，货运总量170万吨。

(三) 商业贸易

1978年，昌宁县社会商品零售总额2483万元，人均92元；外贸商品收购额216.4万元。1990年，外贸出口总额达1185.99万元，主要出口物资有食糖、茶叶、核桃、畜产品、白芸豆、锑等，其中茶叶出口1034.31万元，占出口总额的87.21%。

2005年，全县社会消费品零售总额36847万元，商品零售价格指数102%。

(四) 财政金融

1978年，昌宁县完成财政收入668万元。

2005年，全县财政总收入12359万元，财政总支出32997万元。年末金融机构各项存款余额94775万元，贷款余额100533万元。

五、社会事业

(一) 教育

1978年，昌宁县儿童入学率为82.62%，小学在校生39482人，初中在校生11644人，高中在校生989人；小学教师1416人(民办教师920人)，普通中学教师530人(民办教师181人)。

2005年，小学205所、教学点114个，普通中学19所，职业教育中心1个，幼儿园10所；小学在校生32912人，初中在校生13140人，高中在校生3385人；小学专任教师1627人，初中专任教师748人，高中专任教师248人。

(二) 科技

1980年，昌宁县农科推广项目“水稻机插”获省政府“推广三等奖”奖励。1990年，全县有76个科普小组，124个农民专业技术研究会，会员1022人。14个乡(镇)均建立了科委，每个乡(镇)都有科技示范村，1958个社都设有科技副社长，有科技示范户2000多户。全县成立了12个庄稼医院，年接待咨询群众1万余人次。县科委两次被省科委评为“科技管理先进单位”。国家科委将昌宁县列为全国390个重点联系县之一。

2005年，全县有各类专业技术人员4601人，其中：高级职称人员94人，中级职称人员1310人；开展各类科技培训230多期，4.8万人次受训。

(三) 文化艺术

1978年，昌宁县有电影院23个，文化馆1个，文化工作队1个。1984—1990年，收集整理了《民族舞蹈集成》《民间音乐集成》和傣族长篇叙事诗《金孔雀》等，办有文艺刊物《千年茶乡》。

2005年，有公共图书馆1个，藏书7万余册；有文物管理所1个，管藏文物174件；有卫星电视地面接收站160座，全县电视用户3.7万户，其中有线电视用户3.3万户。

(四) 卫生

1978年，昌宁县有卫生机构数36个，病床427张，医务人员344人，实行合作医疗的大队占大队总数的100%。1990年，全县已控制传染病的暴发流行和甲类传染病的流行；儿童计划免疫和相应预防的疾病控制在国家标准范围内；疟疾发病率连续5年控制在万分之一以内，受到省卫生厅的表彰。地方性甲状腺病的防治已达国家规定的基本控制标准。

2005年，全县有卫生机构50个，病床669张（不含乡村卫生室病床数），卫生技术人员861人（村级卫生技术人员309人），财政对卫生事业的投入7565721元（含中医838356元）。

（五）体育

1978年后，昌宁县各种类型的运动会逐渐增多，活动项目不断丰富。1985年，创办县业余少年体育学校。有篮球场364块，其中：灯光球场12块；排球场20块，田径场8块，游泳池5个，旱冰场2个。

2005年，昌宁县在全市各县（区）体育工作综合评比中获得第二名。

六、人民生活

1978年，昌宁县全部职工全年工资总额276万元，其中：固定职工全年工资总额253万元、人均508元。

2005年，全县城镇居民人均可支配收入8593元，农民人均纯收入1853元；年末拥有固定电话机29168部，移动电话用户达44800户；参加养老保险职工人数12000人、医疗保险职工人数12989人、失业保险职工人数6729人。

第三章　自然环境

第一节　地质地貌

一、地质

保山市全境在古生代至中生代侏罗纪时期，处于喜马拉雅海沟，海岸线平直，海水较深，海域范围变化较小。侏罗纪后，经强烈的地壳运动，才上升变为陆地，后地壳不断抬高，形成海拔较高的山地地形。

（一）地层

保山市境古生代地层发育较完全，中生代、新生代地层也有发育。

古生代地层　保山市境域在古生代时期，地层厚约4500～15000米。寒武系为砂岩、页岩和硅质岩，主要分布在隆阳、施甸、龙陵三县（区）境内；奥陶系为石英砂岩、紫色页岩和泥灰岩，主要分布在隆阳、施甸、昌宁三县（区）境内；志留系为笔石页岩、网纹状灰岩和白云岩，主要分布在隆阳、施甸、昌宁、腾冲四县（区）境内；泥盆系为泥质灰岩和泥灰岩，主要分布在隆阳、施甸二县（区）境内；石炭系下部为砂页岩、燧石条带灰岩和鲕状灰岩，上部为海底喷发玄武岩，各县（区）均有出露；二叠系为砾岩、铁铝质岩，零星分布于境内中部及东部。

中生代地层 中生代时期，保山市境域地层约厚4000米。三叠系为白云岩、石灰岩和泥岩，主要分布在隆阳、施甸二县（区）和腾冲县北部；侏罗系为紫红泥岩、砂岩和夹灰岩，分布于怒江沿岸和昌宁县的耈街、珠街等地；白垩系为杂色砂岩和灰泥岩，仅分布于昌宁县的耈街、珠街；砾岩、黏土岩夹褐煤，分布于各县（区）大小盆地之中；第四系为砾、砂和黏土夹泥炭，分布于盆地、河床和部分山地。

（二）岩石

岩浆岩 在距今2.8亿年～3.3亿年前，境内各大山便有基性、超基性岩浆侵入，各地都发生过大规模海底火山喷发，形成玄武岩。距今900万年至1万年期间，腾冲县境内曾发生4期火山喷发，形成玄武岩、安山岩。酸性岩浆岩在全境分布较多；距今4.5亿年前，今龙陵县平达至勐蚌侵入花岗岩岩体；距今1.9亿年～0.7亿年前，今昌宁县东部、龙陵县蚌渺、腾冲县的滇滩至勐连、猴桥一带侵入花岗岩岩体；距今6500万年至3亿年前，在今昌宁县的柯街、新街，高黎贡山的丹阳寺、蒲满哨、曼告，腾冲县的花水至茉莉山一带，侵入花岗岩岩体。

变质岩 全市境内有高黎贡山变质岩带、澜沧江变质岩带和腾冲西部及南部变质岩带，岩性为板岩、片岩、变粒岩、片麻岩、混合岩等，均由中下寒武纪以前的地层变质而成。

（三）地质构造

按照地质力学分析，保山市地质构造平面上展布像“个”字。西部：由泸水至瑞丽、腾冲至梁河、槟榔江构造带，组成弧形构造区，像“个”字中的撇笔；东部：由澜沧江断裂带组成北西至南东向的“歹”字形构造区，像“个”字的捺笔；中部：以怒江、枯柯河断裂带为主组成经向构造区，像“个”字中的竖笔。3个构造区长的形成，以经向构造区为最早，其次才是“歹”字形构造区的形成。在经向构造区与境内南端晒干河东西向构造的联合作用下，形成弧形构造区。据史料记载，保山市境内发生的70余次5级以上地震，均属上述3个构造区主要断裂带近期活动的表现。

二、地貌

保山市位于横断山脉滇西纵谷南段，地势北高南低，呈阶梯状逐级下降。北部山高谷深，水流湍急；中部和南部缓缓绵延，谷坝相嵌，澜沧江、怒江、龙川江和槟榔江纵贯南北，东西相间。最高点为腾冲县境内高黎贡山大垴子峰，海拔3780.9米，最低点为龙陵县境内与芒市交界处的万马河口，海拔535米，垂直高差3245.9米。由于境内河流多沿断裂带剧烈下切，形成沟壑纵横、山川相间、山高谷深的地貌景观。

在云南省地貌区划中，保山市属横断山系切割山地峡谷区，地貌以山地为主，盆地与宽谷分布较广。北部峰顶海拔多在2500～3600米之间，属高山峡谷。河流急速下切，河谷多呈V形；南段山地、河谷间隔距离较为开阔，山顶海拔一般在1500～2500米之间，中山宽谷与峡谷相间存在，山地坡度比北部平缓。既有保山坝类型的断层湖积坝，又有潞江坝类型的冲积河谷坝，还有腾冲的火山堰塞坝。隆阳区东部、昌宁县及施甸县姚关等地呈岩溶地貌发育，落水洞、漏斗、盲谷和洼地、地下河流分布较普遍。腾冲县马站乡火山群是中国有名的火山地貌，有保存完好40余座火山锥、火山口、火山湖。

全市按地势类型划分，可分为热区、一般坝区、半山半坝区和山区四个层次：热区海拔一般在1400米以下，土地总面积4360平方千米，占全市土地总面积的22.89%；一般坝区海拔在1400～1800米之间，土地总面积4940平方千米，占全市土地总面积的25.95%；半山半坝区土地总面积4040平方千米，占全市土地总面积的21.22%；山区土地总面积5700平方千米，占全市土地总面积的29.94%（此数据为1985年土壤普查数）。

（一）山脉

保山市境域属横断山脉尾梢，滇西纵谷南端。主要山脉属高黎贡山、怒山、云岭三大山系，是著名的“帚”形山地中山山塬区。1695座山峰连绵起伏，巍峨壮观。高黎贡山和怒山两大山系由北进入境内，高程逐渐下降，纵贯全区南北，并基本不再延伸，构成了区内山岳和山系的主体，决定了全境地形、地势和地貌特征。云岭山系余脉经澜沧江以西地段，由市境东端贯穿而过。

高黎贡山山脉　高黎贡山山脉属高黎贡山山系南段。山脉北起于青藏高原的唐古拉山，由西藏进入云南，经滇西北至怒江州后，进入保山市境内，纵贯市境中央，长约215千米，把全境分为两个自然条件不同的均等部分。主山脉分布在怒江与龙川江之间，呈南北向展开分布，东西狭窄，间距仅约15千米，海拔多在3000米以上。主峰在腾冲县界头乡大塘村与怒江州泸水县交界处的大垴子峰，海拔3780.9米。主山脊直径南下，是隆阳区与腾冲县的界山，至保腾公路穿越处一带，海拔降至3000米以下。主要山峰有大风口，海拔3499.3米；白风坡，海拔3622米；雪山顶，海拔3586.5米；高黎贡山，海拔3374.3米；斋公房，海拔3235米。再从小地方进入龙陵县境，至此主山系消失，往南仅属高黎贡山余脉，分布变得宽阔，海拔再降至2000～3000米，展开分布由南北向转为南西向，经镇安镇古城山、达摩山、常海塘、大雪山，转到龙山镇老将卡，经荆竹坪到象达乡境内，为龙陵县与德宏州芒市界山。主要山峰有高粱子，海拔2436米；勐堆大山，海拔2889米；亮山，海拔2721米。从亮山继续往西南方向延伸至芒市的法帕、勐戛，进入缅甸。高黎贡山进入保山市境内后，形成了许多支系和余脉：向西方向延伸的支脉称高梁贡山（又名尖高山、高良弓），为中缅两国界山，经德宏州盈江县进入缅甸。主要山峰有：腾冲县明光乡境内的分水岭山脉，海拔2827米；鸡冠子山，海拔3568米；小寨河头山，海拔3109米；滇滩镇境内的干柴岭，海拔3258米；姊妹山，海拔3527米；猴桥镇境内的狼牙山，海拔3741米；野牛坡，海拔2936米。自姊妹山南的狼牙山进入马站乡称打鹰山，海拔2614米；至腾冲县城一带，分支结束，代替其余脉的为海拔2500米以下的块状山，山顶圆缓，往西南入德宏州梁河、陇川两县境内，进入缅甸，直至大盈江与瑞丽江汇合处止，是大盈江和瑞丽江的分水岭。高黎贡山在腾冲县境内的余脉还有：联族五台山，海拔2678米，是明光河和西沙河的分水岭，滇滩镇和明光乡的界山；花箐山，海拔2644米，是明光河和龙川江的分水岭，明光乡和界头乡的界山。

怒山山脉 怒山山脉由唐古拉山起始，从西藏延伸入云南后称碧罗雪山，又称怒山。怒山山脊主峰一带，海拔高达4000米以上，隔怒江与高黎贡山相望，系怒江与澜沧江的分水岭，纵贯滇西的怒江、保山、临沧和普洱等州市。主脉由云龙县进入境内隆阳区北部的瓦马、瓦房两乡，主峰篱笆坡头，海拔3505米；沿瓦房乡到瓦窑乡境内，主峰大风口，海拔3132米；往南为天井铺梁子，海拔2600米；再往南为保山坝东山至瓦渡、丙麻两乡，主要山峰除大尖山外，还有狮子头山，海拔2687米。然后，进入昌宁县的新街、漭水等，主要山峰松子山，海拔2875米；天堂山，海拔2788米。后分两脉，一脉经昌宁县田园、温泉两乡(镇)进入临沧市和西双版纳州，南延入缅甸境；另一余脉进入昌宁县更戛乡一带。怒山进入保山市境后，众多余脉遍及隆阳区和施甸、昌宁两县的大部分地区。有一余脉从大理州云龙县进入隆阳区瓦窑镇以东地带，主峰道人山，海拔3655.9米，为隆阳区与云龙县界山，直下澜沧江边止；另一余脉从大风口的怒山主脊往东延伸，后西转往南而下，为保山坝西山和施甸四大山、大水河头山（海拔2895.4米）等山脉，直至怒江边止。

云岭 云岭起于西藏唐古拉山，进入云南后称云岭。其余脉南延进入保山市部分，主要分布于境内澜沧江以东地区，即昌宁县的耈街、珠街两乡。云岭余脉南延部分从大理州永平县进入昌宁县境，山系呈北西向南东延伸，主要山峰有耈街栗木大山，海拔2764米；羊街和珠街之间的阿依山，海拔2641米。

(二) 盆地

全市盆地（当地俗称“坝子”）多属断陷盆地，盆地地貌和河谷地貌往往以河流水系为单元伴随出现，如怒江过境有芒宽坝、潞江坝等；怒江支流枯柯河流域有保山坝、枯柯坝、卡斯坝、湾甸坝、旧城坝等；龙川江流域有明光坝、固东坝、芒棒坝、五合坝等。全市大于1平方千米的坝子有99个，总面积1565.09平方千米，是保山市粮食主产区或经济作物区。

隆阳区较大的坝子有保山坝、潞江坝（面积大于100平方千米）。其他面积大于1平方千米的坝子有芒宽坝、蒲缥坝、罗明坝、芒合坝、烫习坝、丙麻坝、羊邑坝、乌马坝、西邑坝、老营坝等。

施甸县较大的坝子有施甸坝、旧城坝、姚关坝、万兴坝、太平坝等。

腾冲县较大的坝子有腾冲坝、界头坝、固东坝、明光坝、瑞滇坝、古永坝、芒棒坝、五合坝等。

龙陵县较大的坝子有勐兴坝、平达坝、龙山坝、镇安坝、象达坝等。

昌宁县较大的坝子有右甸坝、枯柯坝、湾甸坝、勐统坝、漭水坝、更戛坝、小桥坝、大田坝、打平坝等。

第二节　土壤植被

一、土壤

(一) 土壤分布

由于复杂多变的自然地理环境，保山市土地资源类型多样，地域组合千差万别，垂直变化十分突出。从全市境内地质构造层次看，除少量缺失外，绝大部分是出露齐全的，地质构造使岩性组合类型呈多样性，使土壤也形成了多样性。在土壤分布规律上，具有垂直分布、区域分布和水平分布的特点，其垂直分布尤为明显。按土壤类型划分，全市共划分为4个大区、9个副区。4个大的土壤区是：

高山土壤林、牧区　主要包括腾冲县的西北部和东北部，隆阳区西部和北部，龙陵、昌宁两县一部分中山山塬地带。面积2800平方千米，占全市土地总面积的14.7%，一般分布在海拔2200～3700米之间。

中低山丘陵黄壤、红壤粮、林、牧区　主要分布于坝子周围的丘陵区、半山区和山区地带，海拔1400～2400米之间，面积11130.93平方米，占全市土地总面积的58.38%。

山间谷盆地水稻土壤粮、油区　主要包括山间盆地、河谷冲积台地和山间槽子梯地。分布于海拔600～2100米之间，面积1043.5平方千米，占全市土地总面积的5.47%。

低热河谷赤红壤、燥红土、冲积土、经济作物、经济林、牧区　主要包括三江河谷(怒江、澜沧江、龙川江)，海拔530～1300米之间，面积2598.1平方千米，占全市土地总面积的13.63%。

(二) 土壤类型

据1979年6月至1985年10月第二次土壤普查，保山市共有13个土类，29个亚类，69个土属，254个土种。耕地土壤中以水稻土和旱地红壤为主。

亚高山草甸土　分布在腾冲县和隆阳区交界的高黎贡山，隆阳区的道人山、篱笆坡头等。该土类面积为88.2平方千米，占全市土地总面积的0.5%。

暗棕壤　主要分布在腾冲县西北部，海拔3000～3700米之间的高山部位，该类土壤有37.3平方千米，占全市土地总面积的0.21%。

棕壤　分布在隆阳、腾冲、昌宁、龙陵四县(区)境内，该类土壤面积984.67平方千米，占全市土地总面积的5.61%。

黄棕壤　分布在海拔2200～2700米的中山地带，是黄壤和棕壤的过渡性土壤。该类土壤面积1689.07平方千米，占全市土地总面积的9.61%。

黄壤　主要分布在海拔1800～2700米的山区，与红壤交错分布，但同一地区常在红壤之上。该土类是全市主要农业土壤之一，面积3401平方千米，占全市土地总面积的19.35%。

红壤 主要分布在海拔1000～2300米的中山山地与平坝周围，该土类面积6827.67平方千米，占全市土地总面积的38.86%。

赤红壤 主要分布在海拔1000米以下的河谷地带(澜沧江、枯柯河、怒江下段)。该土类面积1127平方米，占全市土地总面积的6.41%。

燥红土 主要分布在海拔1300米以下的燥热河谷地区。隆阳区怒江沿岸、龙陵县勐糯坝、昌宁县湾甸坝经施甸县旧城到三江口的勐波罗河沿岸，面积961.33平方千米，占全市土地总面积的5.47%。

石灰(岩)土 主要分布在石灰岩地区，面积为510.06平方千米，占全市土地总面积的2.9%。

紫色土 主要分布在昌宁县耈街、珠街，隆阳区和施甸县也有零星分布，面积为791.8平方千米，占全市土地总面积的4.51%。

冲积土 主要分布在坝区边缘山谷出口处的冲积扇以及河流沿岸的冲积台地或漫滩上，该土类面积19.6平方千米，占全市土地总面积的0.11%。

火山灰土 主要分布在腾冲县中部的马鞍山、打鹰山、大空山、小空山等第四纪全新统和第三纪上新统的火山锥及熔岩台地，该土类面积90.93平方千米，占全市土地总面积的0.52%。

水稻土 主要分布在坝子以及低洼部位，洪积扇前缘洼地和山脚泉水田。该土类面积为1043.54平方千米，占全市土地总面积的5.94%。

二、植被

保山市境内植被隶属于滇西南高原河谷季风常绿阔叶林和滇西横断山半湿润常绿阔叶林区。历史上植被生长较好，种类繁多，但由于人类长期生产活动的影响，大部分原生植被已经遭到严重破坏，除高黎贡山等人迹罕至的高山、远山仍保存有较好的森林外，其余大面积都是次生性云南松林、荫生林、灌木丛和草地等自然植被类型以及经济林木、经济作物和水旱作物等人工植被类型。

据1979—1985年的土壤普查查实，全市土地面积2856万亩中，耕地355.16万亩，占总面积的12.44%；林木灌丛草地面积1827.1万亩，占总面积的63.97%；荒山荒地416万亩，占总面积的14.57%。在355.16万亩耕地中生长的人工植被，有旱地作物、水田作物、经济林木等。旱地作物主要有玉米、小麦、荞类、红薯、马铃薯、大豆、高粱、青稞、甘蔗、烟草、花生、杂豆、芝麻、绿肥等；水田作物有夏季作物水稻，冬季作物小麦、蚕豆、豌豆、油菜、马铃薯、荞类和绿肥；经济林木主要有茶叶、蚕桑、咖啡、油桐、核桃、香果、红花油茶、板栗、桃、梨、棕榈、银杏、竹类等。在2243.1万亩林木灌丛草地和荒山荒地中生长的自然植被，主要有稀树草地、松栎混交林、常绿阔叶林、半湿性常绿阔叶林、铁杉针阔叶混交林、亚高山箭竹灌丛草地等。

第三节　气候气象

一、光能

(一) 太阳辐射

保山市境内太阳总辐射分布特征为东高西低，北高南低。怒江以东的隆阳区坝区、蒲缥、施甸坝及以北一带为全市高值中心，其值在5800～5850兆焦耳/平方米之间。怒江以西的腾冲县、龙陵县以及昌宁县东南、西南为相对低值区，均小于5400兆焦耳/平方米。季节分布以5月份光辐射最强，居全年之冠，而7月份则因阴雨日多，雨量充沛，为光辐射最低值，干季(11月至翌年4月)光辐射比雨季多，约150～350兆焦耳/平方米。

境内直接辐射较散射辐射多，直接辐射值在54%～56%，其中：高黎贡山东侧为55%～58%，西侧为53%～54%。干季直接辐射高于此比例，雨季则相反，散射辐射多于直接辐射6%～12%。

(二) 光照

保山市境内天文日照时数(又称可能日照时数)为4420小时左右。纬度因素造成南北差异不过1～2小时，而由于地形、遮蔽度及云雨不一，年实际日照时数的分布差异很大。境内分布特征为东多西少，北多南少。隆阳区、施甸县及潞江坝坝区一带为最多，达2250～2350小时/年。次高值区在南部的龙陵县勐糯、施甸县旧城一带的低热河谷，为2200～2250小时/年。东南、西南为寡照区，不足2000小时/年。最少为龙陵县，仅有1983.3小时/年。

日照时数季节变化规律是：冬半年(干季)多于夏半年(雨季)，春季多于秋季。最多月隆阳、腾冲出现在1月，龙陵、施甸、昌宁及低热河谷地区则在3月，最少月全市均出现在7月。

日照百分率(实际日照时数占可能日照时数的百分比)与日照时数的时空分布类似，水平分布最多在隆阳区，全年日照百分率在55%以上，最少在西南部的龙陵及昌宁县的湾甸一带，不足50%。高值区与滇中相近，低值区也达到云南省平均水平，成为市内光能资源可利用程度高的一个特点。

二、气温

保山市位于低纬地带，地处云贵高原西侧，属于四季温差小的低纬高原特征，全市年温差小，日温差大，夏无酷暑(少数低热河谷除外)，冬无严寒。全年平均气温14.8℃～21.3℃，最热月平均气温在19.9℃～26.3℃之间，最冷月平均气温7.3℃～13.7℃，气候温和，四季如春。温带、亚热带、热带作物可以齐生共长。气温年较差小，气候变化平和，作物可周年生长；日温差大，白天温度高，气温日较差在10℃以上，又具有大陆性气候特点，有利于光合作用的进行，晚上温度低，作物呼吸消耗少，有利于干物质的积累，对作物高产优质十分有利。

三、风 雨 雪

保山市年降水在1000～2100毫米之间，雨量充沛，能满足各种作物生长需求。日最大降雨强度均小于全国其他城市，降水性质均匀、强度小，降水能较多地被土壤吸收，利用率高。这集中了海洋性和大陆性气候的优点，而又无海洋性、大陆性气候的缺陷，具有低纬高原的气候特征。

保山市南近海洋，北倚青藏高原，冬干夏雨，存在明显的干季和雨季，具有干湿分明的季风特点。11月至翌年4月为保山市干季，受来自撒哈拉干暖西风影响，晴天多、日照多、湿度小、蒸发大，降水量仅占全年的13%～20%，这与同纬度的地中海一带恰相反，那里时值多雨季节。同时保山市位于云贵高原西部，北方冷空气进入云贵高原，空气抬升，气团变薄变暖，深入侵袭过程中，山峦重叠，层层屏障，冷空气到达的次数少，强度小，因而干季温暖而干燥。5—10月为雨季，受来自热带海洋的、湿层深厚、水汽充沛、持续稳定的西南气流，即印度季风影响，阴雨多、日照少、湿度大、蒸发小、降水集中，占全年的80%～87%，其中以6—8月3个月最多，一般占全年的47%～58%，这一时期，也是全年温度最高时期，形成了雨热同季的特点。与云南东部不同，保山市属西南季风区，干季较东部湿度大，雨量也稍多，而雨季的雨量分配相对东部均匀，这种特点，有利于农业生产。

保山市年干旱指数变化范围在0.2～1.4之间，最大值分布在怒江河谷一带，指数值达1.4，最小值分布在腾冲县槟榔江、龙川江上游、高黎贡山，指数值在0.5以下。

按中科院对全国划分干旱和湿润的标准，保山市湿润区分布是：腾冲县、龙陵县（怒江干流区除外）、隆阳区北部（澜沧江河谷除外）、昌宁县（西部、北部、澜沧江河谷与黑惠江除外）等和高黎贡山一带，此外，施甸、隆阳也有分布。半湿润区（$1.0 \leq r < 1.5$）分布在东河下游、怒江河谷、澜沧江河谷和黑惠江河谷。

保山干湿季分明，干季干旱指数变化范围为1.5～3.0之间，高值区和低值区范围与年干旱指数基本对应。11月至次年5月全市大部分地区处于半干旱或干旱状态，12月至次年1月全市处于干旱状态。

保山市由于地形地貌复杂，海拔高低悬殊，气候垂直差异十分显著，具有垂直变化悬殊的山原特色。从低海拔的河谷地带到高海拔的高山顶部分布着北热带、南亚热带、中亚热带、北亚热带、南温带等5种气候类型，气候资源十分丰富，“一山分四季，十里不同天”，立体气候十分明显。河谷或山脚炎热、干燥，山腰温和湿润，山顶冷凉多雨，高黎贡山东西两侧由于处于西南气流的迎风、背风不同位置，东西南侧气候迥异。迎风波一侧与背风坡一侧，雨量、气温差异明显。不仅各种气候带繁多、山脉两侧类型差异大，就是各种气象要素不同组合形成的气候类型也多种多样，如潮湿冷凉的高山气候、干燥炎热的河谷气候、温暖湿润的坝区气候等，加上地形地势形成的复杂小气候，千变万化，组成了多姿多彩的山地特色，也形成了保山市农业的多样性、共生性特点。

保山市降雪较少，总的分布特点是西部多于东部，较多为龙陵、腾冲一带，次多为昌宁，其他地区相对较少，河谷地区最少，常伴冰雹发生，除6月份未出现外，四季皆有发生，而多集中在3—4月份。降雹时段主要集中在午后，前半夜次之，后半夜及早上极少。

四、气候类型的分布及特点

(一) 北热带

主要分布在怒江河谷（热区）下层海拔在800米以下的龙陵县的木城、勐糯、碧寨，隆阳区的潞江坝，施甸县的旧城，昌宁县的湾甸一带。主要气候特征为：年平均温度21℃～23℃，≥10℃积温7500℃～8500℃，最热月平均气温25.5℃～27.5℃，最冷月平均气温13.0℃～15.5℃，平均最低气温4℃～6℃，极端最高气温39.0℃～42.0℃，极端最低气温0.2℃～3.0℃，年降雨量700～1200毫米。年日照时数1950～2350小时，日照百分率45%～55%。本区热量、光照资源丰富。汛期雨热同步，冬半年温暖，冬春雨水较少。由于其是区内最热区域，一年可三熟。热带经济作物咖啡、胡椒、甘蔗、热带水果、南药、香料均可在这里良好生长，冬季是“天然温室”，反季菜、冬西瓜、冬香料烟均可较好生长。

(二) 南亚热带

主要在怒江河谷、枯柯河流域、龙江流域、澜沧江流域海拔在800～1400米的地区。主要气候特征为：热量充裕，光照充足、雨量适中。年均温度17.5℃～20.0℃，≥10℃积温6000℃～7500℃，最热月均温22.0℃～26.0℃，月均温10.0℃～14.0℃，极端最低气温多年平均值0℃～3℃，年降水量900～1600毫米，年降水变率8%～11%。冬无严寒，夏无酷暑，为境内热区的另一块宝地。热量条件好、雨量调匀，灾害性天气少，适宜种植的作物种类多，生长季节长，同时亦适宜发展甘蔗、茶叶、咖啡、热带水果等热带、亚热带经济作物，大部分地区可一年三熟（早三熟）或两年五熟，气候资源开发潜力大。

(三) 中亚热带

主要包括中海拔1400～1800米的坝区和半山区。主要气候特征为：气候温暖、降水充沛、光照充足。年均温14.5℃～17.5℃，≥10℃积温5000～6000℃，最热月均温19.0℃～24.0℃，最冷月均温8.0℃～12.0℃，极端最低气温多年平均值—3.0℃～0.0℃，年日照时数1950～2300小时，日照百分率45%～55%，年降水量900～2200毫米。区域内气候温和，冬春气温低温偏高、夏季高温不足，年差较小；春季干旱少雨，夏秋多雨。光照充足，尤其是冬春季节，日照多、光能资源丰富。为境内主要粮仓，是粮、烟、油主产地。一年两熟，是有名的“一年耕而三年食”的主要区域。水分条件良好，雨热同季，作物产量高，质量佳，但夏季高温稍嫌不足，在冷夏年份后期易遇低温冷害。山区适于林木生长，是亚热带水果、经济林和用材林发展的基础。

(四) 北亚热带

主要在海拔1800～2200米的山区，包括隆阳区北部的瓦窑、瓦马、瓦房、杨柳，腾冲县西北的明光、滇滩、昌宁县西南等山区。主要气候特征：气候温凉、日照足、雨量充沛。年均温13.0℃～15.0℃，≥10℃积温4500℃～5000℃，最热月均温18.0℃～20.0℃，最冷月均温6.0℃～10.0℃，平均最低气温－5.0℃～－0.3℃，极端最低气温－6.0℃～－3.0℃，年日照时数2100～2300小时，日照百分率45%～50%，年降水量1400～2200毫米。本区光、热、水条件尚好，一年两熟（大春主要一季旱、中熟粳稻），适于林牧业。

（五）南温带

主要在海拔2200～2600米的山区，包括高黎贡山山区，腾冲县明光、滇滩、隆阳区的瓦窑、杨柳、瓦马、瓦房、施甸县老麦、昌宁县西南的高山区。水分条件为湿润类型，故为南温带湿润区。主要气候特点：气候温凉、日照足、降水充沛。年均温12.0℃～14.0℃，≥10℃积温3200℃～4400℃，最热月均温16.0℃～20.0℃，最冷月均温3.0℃～8.0℃，极端最低气温多年平均－8.0℃～－5.0℃。年日照时数1900～2100小时，年降水量1400～2200毫米。本区热量条件一般，日照足，尤其是短波辐射强，水分条件充沛，适于喜凉作物生长。一年仍可两熟或两年三熟。山区主要以林牧业为主。

第四节　水　文

一、水系

（一）伊洛瓦底江水系

伊洛瓦底江发源于西藏境内，自怒江州贡山县进入云南，经马库流入缅甸。其两大支流大盈江和龙川江均发源于腾冲县，其中：大盈江上游又有两条支流，西为槟榔江，东为大盈江。槟榔江发源于腾冲县西北部五台山一带，于猴桥芭蕉林流入盈江县，境内流程59千米，径流面积1070平方千米，年平均径流量19亿立方米。大盈江发源于腾冲县城东北的北海乡花园树一带，经县城、和顺乡、荷花乡流入德宏州梁河县，境内流程42千米，径流面积1034.8平方千米，年平均径流量10.88亿立方米。龙川江发源于腾冲县界头乡境内的高黎贡山北段西侧，称小江。由北向南贯穿界头乡，至曲石乡杨家湾与明光河汇合，流经芒棒、五合、团田和龙陵县龙江等乡后称龙川江，再流入德宏州梁河县。源头海拔2800米，出境处海拔93米，全长216千米。中断江宽20～50米，水深2～5米，流速1～2米；下段江宽70～150米，水深5～10米，流速1.5～5米。水流湍急，多漩涡。境内流程216.4千米，径流面积4215.2平方千米，年平均径流量52亿立方米。

（二）怒江水系

怒江发源于青藏高原的唐古拉山南麓，流经西藏、云南，至怒江州后，经隆阳区瓦马乡—芒宽乡入境，自北向南流经隆阳、施甸、龙陵三县（区），由龙陵县木城乡万马河口流入德宏州芒市后进入缅甸，入缅甸后称萨尔温江。境内流程252千米，江面海拔523～900米，径流面积10511平方千米，年平均径流量58.04亿立方米，年平均流量1656立方米／秒。其发源于境内的较大支流有施甸河、枯柯河、苏帕河、姚关河、勐统河等，较大的过境支流有镇康河。

怒江奔流于高黎贡山和怒山之间，境内惠通桥以上江段河床落差较小，水流缓慢，河谷较为开阔，有上江、潞江等平缓小坝。其余江段危岸耸立，山幽谷深，礁石林立，水势汹涌，流经谷底犹如万马奔腾，故有“水无不怒石，山有欲飞峰”之称。

（三）澜沧江水系

澜沧江发源于青海省唐古拉山东北部，从隆阳区东北部的瓦窑入境，流经隆阳区的水寨、瓦渡、昌宁县的大田坝、漭水后，流入临沧市的凤庆县。境内流程120千米，河流平均坡降1.6‰。初流段长80千米，江宽70～150米，隆阳区和永平县以江为界；继流段长40千米，江宽50～120米。江面海拔1030～1240米，径流面积3164.8平方千米，最大流量11.49亿立方米。较大的过境支流有瓦窑河、永平河、黑惠江等，发源于境内的较大支流有右甸河等。云岭、怒山夹峙大江东西两岸，高山峻岭连绵不断，悬岩绝壁间人烟稀少；河道礁石密布，急流险滩众多，难以开发利用。

除三大水系外，境内还有两个天然湖泊青海和北海，分布于腾冲县的北海乡境内，属大盈江源头。青海面积0.25平方千米，蓄水量约40万立方米；北海面积0.38平方千米，蓄水量较小，趋近于沼泽地。

二、降水　蒸发

（一）降水

保山市属太平洋季风气候和印度洋季风气候交汇区，降水丰沛，干湿季分明，多年平均降水量700～3500毫米，平均降水日数139～148天。各县（区）年平均降水量为：隆阳区988.2毫米、施甸县1093.8毫米、腾冲县2094.1毫米、龙陵县2101.8毫米、昌宁县1259.0毫米，全市年均降水量1463.8～2095.2毫米，折合降水总量292.5亿立方米。降水量空间分布受地形影响明显，变化范围700～3500毫米之间，全市有4个多雨区和2个少雨区。以高黎贡山为界，西侧的腾冲县和龙陵县西北部及西部是多雨区，年降水1400毫米以上；东侧隆阳区、施甸县、昌宁县和龙陵县怒江干流一带为少雨区，年降水1000毫米左右。但多雨区中又有突出的特多雨区，少雨区中也有比周围突出的多雨区和特别少雨区。4个多雨区是：市区中部高黎贡山主山脉和向西北部延伸的支脉尖高山，年雨量一般在3000～3500毫米；龙陵县象达乡、龙山镇与芒市交界地箐口山一带，年雨量一般在2500～3000毫米，少数年份超过3500毫米；隆阳区一碗水梁子—道人山一带，年降水一般在1800～2000毫米；昌宁县漭水乡松子山、天堂山一带，年降水1800毫米左右。4个多雨区范围并不太大，都是在地形明显转折的山脊部分和迎风坡，含有湿润水汽的气体，受山地地形抬升，冷凝形成大量降水。2个少雨区：怒江—勐波罗河河谷少雨区，含潞江坝及沿怒江干流的罗明坝、勐糯坝、勐波罗河下游的旧城坝、湾甸坝等，年降水700～900毫米；澜沧江—黑惠江河谷少雨区，年雨量900毫米以下，少雨区多是在背风坡雨影区，不利于降水的形成。

各部CV值在0.11～0.16之间，大旱大涝极端情况极少出现。实测最大年降水3755.9毫米，最小为道街坝水文站493.1毫米，两者相差7.6倍。同一站点最大与最小比值为

1.49～2.41之间，最大是道街坝站2.41，最小是腾冲县东营站1.49。

（二）蒸发

水面蒸发 保山市各县（区）多年平均蒸发量为：隆阳区1064.8毫米、施甸县1295.5毫米、腾冲县888.1毫米、龙陵县1018.5毫米、昌宁县1029.6毫米，全市平均1022.0毫米，变化范围为600～1300毫米。

陆地蒸发 保山市陆地蒸发量一般为600～800毫米，隆阳区平均690.5毫米，施甸县760.1毫米，腾冲县755.2毫米，龙陵县790.5毫米，昌宁县741.4毫米，全市平均741.7毫米。地区分布高值区在怒江河谷及其沿线，达800毫米，低值区主要分布在槟榔江上游和高黎贡山主山脉北段以及明光河上游，年陆地蒸发量在600毫米左右。

第五节　自然资源

一、土地资源

（一）土地分布

根据土地详查数据显示，保山市山区面积为17501.4平方千米，占全市土地总面积的91.8%。山地高原间分布着众多的山间盆地和河谷地，俗称“坝子”，坝子面积为1565.09平方千米，占全市土地总面积的8.2%。

全市小于8°的土地面积1881平方千米，占总面积的9.87%；8°～15°的土地面积1821.38平方千米，占9.55%；15°～25°的土地面积7289.91平方千米，占38.23%；25°～35°的土地面积5423.74平方千米，占28.45%；大于35°的土地面积2648.64平方千米，占13.9%。全市海拔在535～1500米之间的坝子，面积208.64万亩，占土地总面积的7.3%，这些坝子光、热、水条件较好，地势平坦，是粮食作物、经济作物、经济林木的主产区；海拔在1500～2500米之间的中南部中低山丘陵，面积1861.5万亩，占土地总面积的65.09%；火山熔岩地主要分布在以腾冲县城为中心的中部地区，面积约112.5万亩，占土地总面积的3.93%；高中山宽谷面积约256.05万亩，占土地总面积的8.95%，是主要的粮、油商品生产基地；东南和西南中低山峡谷，主要分布在龙川江、怒江、澜沧江的中下游，面积约418.31万亩，占土地总面积的14.63%。

（二）土地利用

根据土地详查数据显示，2005年年末，保山市土地总面积19066.49平方千米，其中：耕地3284.57平方千米，占总面积的17.23%；园地375.09平方千米，占总面积的1.97%；林地11476.06平方千米，占总面积的60.19%；牧草地397.60平方千米，占总面积的2.09%；其他农用地1121.42平方千米，占总面积的5.88%；居民点及独立工矿建设用地373.95平方千米，占总面积的1.96%；交通建设用地46.04平方千米，占总面积的0.24%；水利设施建设用地29.93平方千米，占总面积的0.16%；未利用土地1961.83平方千米，占总面积的10.29%。2005年年末全市常住人口244.24万人，人均占有土地11.69亩。

二、矿藏资源

保山市地处三江（怒江、澜沧江、金沙江）多金属成矿带中部，成矿地质条件较好，矿产资源较丰富，品种较多。全市已发现50多种矿产，但地质勘察程度低，有23种矿产获得储量（有放射性元素铀、钍，未获储量），已开采的矿产有金、锑、锰、砷、水晶、高岭土、电气石、玛瑙、浮石、大理石；另还发现有钼、钇、镓、锗、铋、冰洲石、云母、滑石、石膏、油页岩等矿产品。隆阳区瓦窑金厂河一带130平方千米范围内探明铅锌矿金属100万吨、铜50万吨、铁1.5亿吨、黄金60吨。

（一）原料非金属矿类

石英岩（硅石）矿 主要分布于龙陵、昌宁两县，含 SiO_2量最高达98%，已探明的保有储量708.2万吨，大部分未做详细地质工作，经初步估算，矿石远景资源储量6000万吨以上。

硅灰石 主要分布于腾冲县，含 $CaSiO_3$ 37.01%～61.61%，已探明的保有储量11831万吨，远景资源储量13000万吨，居全国第一位，主要矿床是腾冲明光硅灰石矿。

硅藻土 主要分布于腾冲、龙陵两县，已探明的保有储量47262.9万吨，远景资源储量6亿吨以上。截至2005年有大型矿床5个，中型矿床1个。主要矿床：腾冲盆地硅藻土矿、双海盆地硅藻土矿、瑞滇盆地硅藻土矿、团田盆地硅藻土矿、芒棒盆地硅藻土矿、界头盆地硅藻土矿、蒲川盆地硅藻土矿。

高岭土 主要分布于腾冲、龙陵两县，已探明的保有储量318万吨。

（二）建筑材料非金属矿类

石灰岩 全市范围内均有分布，其中：水泥用石灰岩已探明的保有储量5072.8万吨。

大理岩 主要分布于施甸和隆阳二县（区），该地区大理岩资源丰富，质量优良易采选。大理岩及近年发现的其他饰面石材品质独特（板底色为灰白色、暗紫色，裂隙充填物为深紫红色，色彩瑰丽奇特，变化无穷；主观色彩不分明，神秘奇幻、各具神韵）、储量大，具备了扩大开发系列产品的原料基础，已探明的保有储量996.3万立方米。

火山石 分布于腾冲县，储量不明，其火山石质地优良、美观独特，易开采加工，已广泛用于地砖及建筑饰面板材，形成腾冲县的一个重要经济产业。

全市还分布有白云岩、花岗岩、页岩、长石、砂板岩、黏土矿等，均可作为建筑材料使用。

（三）能源矿类

煤炭 全市五县（区）均有煤矿分布，以褐煤为主，近期经济的可采储量约10200万吨，已探明的保有储量32923.7万吨。主要矿区有：隆阳羊邑矿区、保山盆地南部矿区、罗寨矿区、蒲缥何家寨矿区，昌宁红星矿区、湾甸矿区，龙陵大坝矿区，腾冲蒲川矿区、勐连矿区，施甸姚关将台至富家寨矿区等。

泥炭 主要分布于腾冲、施甸两县，已探明的保有储量3921.7万吨，有大型矿床1个，中型矿床4个。主要矿床有：腾冲盆地泥炭、腾冲双海盆地泥炭、腾冲古永盆地泥炭、腾冲荷花盆地泥炭，施甸姚关蒜园泥炭。

天然气 保山天然气位于保山盆地永铸街构造，永铸街构造保1井、保2井控制含气面积4.4平方千米，累计探明储量9.66亿立方米，保有储量9.594亿立方米，其中可采储量6.76亿立方米。

（四）黑色及有色金属矿类

铁矿 主要分布于腾冲、龙陵和隆阳三县（区），已探明的保有储量7999.4万吨，有中型矿床1个，小型矿床3个。主要矿床：腾冲滇滩铁矿、铁帽山铁矿，龙陵八〇八铁矿、金星山铁矿，隆阳中和铁矿。

钛矿 已探明的有隆阳区板桥钛铁矿砂矿大型矿床1个，保有储量584.8万矿物吨。

锰矿 主要分布于腾冲和昌宁两县，已探明的保有储量锰金属1万吨，主要矿床有腾冲明光铅锌锰矿。

铜矿 主要分布于隆阳、腾冲和龙陵三县（区），已探明的保有储量铜金属3.3万吨。有小型矿床3个。主要矿床：隆阳沙河厂铜矿、腾冲灰窑铜矿、龙陵杨梅田铜矿。

铅锌矿 主要分布于龙陵、腾冲、隆阳、施甸四县（区），已探明的保有储量铅金属量49.47万吨，锌金属量92.93万吨。截至2005年有中型矿床6个，小型矿床5个。主要矿床：龙陵勐兴铅锌矿，腾冲大洞铅锌矿、瑞滇老厂坪子铜铅锌矿、瑞滇铜厂山铅锌矿，施甸东山铅锌矿、酒房铅锌矿，隆阳核桃坪铅锌矿。

锡矿 主要分布于腾冲、昌宁、龙陵三县，已探明的保有储量锡金属15.42万吨，截至2005年有中型矿12个，小型矿床3个。主要矿床：腾冲县瑞滇上山寨砂锡矿、中和高楼子锡矿、瑞滇古凹山锡矿、瑞滇小龙河分水岭锡矿、固东铁窑山锡矿、明光红岩头（铅锌）锡矿、瑞滇小龙河矿区大松坡锡矿、瑞滇小龙河锡矿、瑞滇弯担山锡矿、荷花老平山锡矿，龙陵县平达锡钨矿，昌宁县薅坝地锡矿。

钨矿 主要分布于腾冲和龙陵两县，已探明的保有储量氧化钨2388金属吨，截至2005年有中型矿床1个，小型矿床2个。主要矿床：龙陵平达锡钨矿、腾冲铁窑山锡钨矿和新歧锡钨矿。

汞矿 主要分布于隆阳和施甸二县（区），资源大部分已采尽。主要矿床：隆阳汶上汞矿、蒲缥金家山汞矿，施甸茅草坡汞矿。

锑矿 尚未探明储量，但已在昌宁县卡斯新谷一带找到矿点，预计可能找到中至小型锑矿；在施甸县也发现前景可观的锑矿点分布。

（五）贵金属及稀有金属

金、银矿 主要分布于隆阳、腾冲、施甸三县（区），已探明的保有银117.8吨。预测隆阳区核桃坪铜铅锌金银多金属矿集区资源储量黄金约60吨。

铍、铌、钽、铷矿 主要分布于龙陵和腾冲两县，已探明的保有储量五氧化二铌1763.8氧化物吨、五氧化二钽1020氧化物吨、氧化铍9500氧化物吨。截至2005年有大型矿床1个，中型矿1个，小型矿床1个。主要矿床：腾冲县新歧铌钽铷矿，龙陵黄连沟铍铌钽矿、大坡铍铌钽矿。

锆、镉矿　已探明的保有储量锆英石166753氧化物吨、镉金属1132.2吨，主要矿床有隆阳区板桥钛铁矿伴生锆矿（达中型）、龙陵县勐兴铅锌矿伴生镉矿。

三、水资源

（一）水资源分布

保山市水资源总量丰富，但分布不均，特别是隆阳区、施甸县因岩溶面积所占比例较大，许多地方地表水缺乏，不但农业用水紧张，连人畜饮水也时常发生困难。

根据20世纪80年代水资源调查评价成果，保山市多年平均降水总量292.5亿立方米，折合降水深1536.4毫米，多年平均水资源量（河川径流量）150.7亿立方米（地下水资源量50.0亿立方米），折合径流深790.4毫米，每平方千米产水量79万立方米，水资源量占全省水资源量2222亿立方米的6.8%，以2005年人口、耕地面积（2005年年末统计面积为236.22万亩）计，全市人均水资源量6214立方米，亩均水资源量6388立方米，比全省人均4993立方米、亩均（指有效灌溉面积的亩均）1806立方米高出很多，在省内属水资源丰沛的地区。

由于受季风气候影响，全市降水量年内分配极不均匀，据实测资料统计，汛期（5—10月）降水量占年降水量约为80%～90%，而枯期（11月至翌年4月）只占10%～20%。最大连续4个月降水量占全年56%～83%，出现时间一般为6—9月。降水量的过分集中容易形成冬春干旱夏秋洪涝，汛期的洪水由于水量过分集中而无法利用，任其流减，易形成洪涝。此外，降水量年际之间也有所不同，最多年降水与最少年降水的比例，约为2.41倍（道街站），年径流量最大值与最小值的比例约为2.58倍（柯街站），且易出现连续丰水年和连续枯水年的情况。降水量的年际变化和年内不均，使水资源的有效利用增加困难，容易形成洪涝和干旱灾害。保山市50年代中期至70年代初，处于连续枯水期，80年代初至2000年年初处于连续丰水期。通常，连丰年过后，又出现干旱年，连旱年过后又会有丰水年。

全市水资源西多东少，山区多坝区少，高山区多河谷区少，迎风坡多背风坡少，这是保山水资源的重要特点。以高黎贡山为界，西侧（腾冲县和龙陵县龙江水系）水资源丰沛，许多地方水量有余，东部（隆阳区、施甸县、昌宁县和龙陵县怒江水系低海拔区）水少，特别是沿怒江干流和勐波罗河，包括潞江坝、罗明坝、勐糯坝、湾甸坝以及施甸坝等地水资源紧缺。

（二）地表水资源

保山市地表水资源丰富，多年平均降水量为1536.4毫米，年总降水量292.5亿立方米，减去陆面蒸发损失，境内自产水资源量150.7亿立方米，其中地下径流量50.0亿立方米，平均每平方千米产水79万立方米，约占全省水资源量的6.8%，人均占有水量6250立方米，每亩耕地占有水量6388立方米（人口、耕地面积均以2004年年底统计值计），为全省人均水资源量的1.19倍，全国人均水资源量的2.75倍，约为世界人均水资源量的84%，亩均水量是全省的2.71倍。

市内降水径流时空分布不均是季风气候区的一大特点，各地每年进入雨季的时间不同，多为5月底，少数年份提前到5月初或延迟至6月底。雨季到来的迟早，对农业、水力发电、自然环境等影响很大，特别是农业。11月至次年4月是保山各地小春作物的播种期和收获期，进入4月是大春播种栽插期，由于整个枯季降水太少，而全年农业用水的30%集中在5月，而5月份降水只占全年降水的8%，河川径流也只占年径流的4%左右，水资源的严重短缺，造成用水高峰期的供需矛盾，对农业生产极为不利。而汛期降水过于集中则是造成洪涝灾害的主要原因，汛期最大1个月降水占全年20%，最大3个月降水占全年50%，暴雨多在6—8月发生，占全年发生频次的60%以上，其中又以6月份居多。由于受地形、地理位置等因素影响，降水的时空分布不均，各地径流差别也很大。以县级行政区分，腾冲县最大，多年平均径流量73.9亿立方米，径流模数平均达到每平方千米130万立方米，施甸县最小，多年平均径流量仅7.38亿立方米，径流模数为37.8万立方米/平方千米。

（三）地下水资源

保山市地下水多年平均径流量为50亿立方米，约为全市总径流量的1/3。地下水的空间分布决定于地层构成和含水层的性质，地区分布不均，类似于地表水的空间分布。全市地下径流深在50～900毫米之间，平均262.3毫米。

20世纪80年代初，水利部门曾在市内开展过一次泉水调查，调查结果表明，各县（区）泉水总量丰富，出露泉点近5000个，其中：流量大于0.1立方米/秒的有62个，总流量达21.465立方米/秒，小于0.1立方米/秒的泉点总流量约17.217立方米/秒，总计38.682立方米/秒，年径流总量约12亿立方米。

（四）地热泉水

保山市地热资源丰富，包括地热温泉和地热异常区两类，出露的地热类型齐全，有温泉、沸泉、喷气泉、喷气孔、碳酸泉、低温巨泉、水热爆炸、泉华、热水沼泽等地热显示。据不完全统计，全市有各种温泉179处，其中：热田、热海10处，喷气泉（80℃以上）34处。

保山市位处欧亚板块与印支板块的接触带，岩浆活动频繁，其地热显示与岩浆侵入，近期火山活动，变质岩带的分布及近期活动性断裂密切相关，其空间展布明显地与区域构造带相吻合。就地热强度而言，以怒江河谷分东西两区。

怒江河谷以西热水异常带：瑞滇—热海过热水异常带，分布于瑞滇至热海，向南西出腾冲至梁河，出露各种温泉、喷气泉49处，是保山各地热异常活动带活动强度之首，热水流量4241.44升/秒，热流量180229千焦耳/秒，占全市热流量的67.64%；龙江高温热水异常带，分布于大塘—界头—五合—龙陵一带，北部呈南北向展布，南部呈南西向伸出区外至芒市、瑞丽，有热泉40处，泉流量105.78升/秒，热流量高达25835千焦耳/秒。大塘、石墙、攀枝花、邦腊掌等热田和曲石低温岩酸泉群等均属此区内；胆扎、黑泥塘至中和中高温热水异常带，分布于腾冲西部胆扎、黑泥塘至中和一带，出露各种温泉20处，泉流量55.6升/秒，热流量10577千焦耳/秒，主要热泉有胆扎、石花洞和黑泥塘；怒江中温热水异常带，温泉分布于怒江沿岸，出露温泉25处，地热活动以道街至新城一带较强，水温一般在45℃左右，泉流量206.51升/秒，热流量20334千焦耳/秒。

怒江河谷以东热水异常带：保山至施甸中低温热水异常带，温泉分布于保山中南部及施甸西部，出露温泉21处，水温一般为30℃以下，热水流量381.45升/秒，热流量19099千焦耳/秒；枯柯河中高温热水异常带，分布于枯柯河两岸一定范围，出露温泉13处，泉流量55.99升/秒，热流量7421千焦耳/秒，其中：昌宁鸡飞为该带地热活动最强烈区，是理想的地热旅游点和浴疗点；澜沧江中温热水异常带，分布于澜沧江两岸一定范围，出露温泉7处，泉流量34.4升/秒，热流量2975千焦耳/秒，其中，地热活动以昌宁小桥一带最为强烈。

（五）水能

保山市境内河流由东到西分属澜沧江、怒江、伊洛瓦底江三大水系，干流流向由北向南。江河沿断裂线发育，主要河流呈扇形排列，支流呈羽状分布，河岸陡峻，水流湍急，水力资源丰富，但水位随季节变化较大。

境内河流众多，以山区性河流为主，水量充沛，地形高变化大，河流坡降陡，可开发利用水资源的河段，水库淹没和工程量较小，技术经济指标优越，是保山市的资源优势之一。据调查和计算统计，市境内水能理论蕴藏量为1023.752万千瓦，其中：怒江550.905万千瓦，澜沧江241.716万千瓦，伊洛瓦底江231.131万千瓦。技术可开发量821.585万千瓦，其中：怒江409.277万千瓦，澜沧江230.767万千瓦，伊洛瓦底江181.541万千瓦。至2005年年底，全市建有水电站111座，装机40.3602万千瓦，年发电量173827万千瓦时，已开发量仅占技术可开发量的4.9%。

四、生物资源

保山市地势相对高差大，立体气候明显，生物资源十分丰富，动植物种类繁多，尤其是高黎贡山国家级自然保护区，有“自然博物馆”“物种基因库”“动物避难所”“药用植物宝库”等美誉。

（一）植物资源

境内已知的高等植物有2400多种，其中：裸子植物18种，被子植物2300多种，分属181科、715属，占全省植物科的69.2%，占全国植物科的60.2%，有8个种为中国特有分布。全市野生植物资源丰富，多处发现水稻、玉米、甘蔗、茶树的野生种。已发现较重要的野生植物资源计902种，根据其不同的用途，可分为野生食用植物、纤维植物、淀粉植物、油料植物、芳香油植物、鞣料植物、染料植物、树脂植物、树胶植物、观赏植物等10大类。此外，全市还有一些特有的具有重要经济价值的植物，如：红花油茶、兰花、滇结香（构皮树）、保山乌头等。

境内由野生培养为庭院栽培的花卉资源也很丰富。全国十大名花和云南八大名花中，属庭院栽培的6种保山市均有栽培。居优势的山茶品种有恨天高、童子面、狮子头、大玛瑙、紫袍、蝶翅、大红菊瓣、松子壳等；保山兰花知名品种有荷之冠、绣荷鼎、永昌梅、状元梅、紫禧荷等；杜鹃有腾冲的大树杜鹃、香杜鹃，隆阳的永昌大白杜鹃等；木兰有白玉兰、紫玉兰、黄缅桂、白缅桂等；还有水仙和倒生竹等。

珍稀保护植物 境内有珍稀重点保护植物71种，隶属40科、54属，其中：国家重点一级保护野生植物有秃杉、桫椤（树蕨）、云南红豆杉、珙桐4种；二级有中国蕨、大树杜鹃、长蕊木兰、十齿花、香果树、滇桐、金铁锁、水青树、董棕、云南山茶、野茶树、云南黄连、栌菊木13种；三级有大果青冈、瑞丽山龙眼、顶果木、领春木、白桂木、香水月季、扇蕨、翠柏、天麻、云南紫薇、长喙厚朴、滇楠、红椿、云南拟单性木兰、西康玉兰、红花木莲、长喙厚朴、皱叶乌头、棕被杜鹃、硫黄杜鹃、千果榄仁、延龄草、云南榧树、华榛、野生稻25种。省一级保护植物有独龙槭、舟柄茶、瑞丽省沽油、腾冲柿4种；省二级保护植物13种；省三级保护植物12种。其中大树杜鹃为保山市高黎贡山所独有，具有树干高大、叶大、花大且鲜艳的特点，树高可达25米，分布在海拔2700～3200米的杂木林中。全市有竹类植物12属40余种，其中贡山竹属是云南新录入的、仅在保山市分布的特有竹类，而箭竹属和玉山竹属的许多种类为横断山脉高山及亚高山地区所特有。在40余种竹类中，约1/3的种类为本地所特有。

药材 保山市不仅兼有寒、温、热带的一些药用植物，而且还保存了中国和世界稀有的一些药用植物，如被誉为“九大仙草”之一的石斛，列为国家一级保护植物的桫椤、二级保护植物贡山厚朴，列为省级保护植物的大花八角、冲天子等。全市有药用植物1077种，其中144种被载入国家药典，包括传统药用植物、民族民间药用植物、引种栽培药用植物和新药源植物4类。海拔1500米以下的低谷地区，药用植物的代表种有砂仁、胡椒、诃子、何首乌、香附子、蔓京子、补骨脂等；海拔1500～2500米的中山区，野生和栽培的药用植物代表种有党参、白术、生地、龙胆草、牡丹等；海拔2500～3000米的中山区，药用植物代表有黄连、贝母、珠子参、羽叶三七、草血竭等；海拔3000米以上的高寒山区，主要分布有大黄、羌活、红景天、重楼等。境内动物药材除取自野生之外，还人工养殖梅花鹿、绿孔雀等。

菌类 保山市境内有大型真菌133种，分属30科、58属，其中食用菌82种，较受青睐的如鸡枞、鸡枞花、香蕈、木耳、竹荪、松茸、松露（块菌、猪拱菌）、干巴菌、白参（shèn）、牛肝菌（俗称“见手青”“遇掐青”“粉菌手”，以粉色的为上）、沉香菌（分真沉香、草沉香）、奶浆菌、羊肝菌、牛肚菌、青头菌、铜绿菌、旱谷菌、鸡油菌、桂花菌、树窝、一窝鸡、荞粑粑菌、芝麻菌、刷把菌（扫把菌、珊瑚菌）、吹打菌（喇叭菌）、核桃菌、梨树菌、牛腮菌、小灰菌、皮条菌（鸡屁眼儿菌）、马屁泡（马勃、马蛋、姜疙瘩）等；药用菌有虫草、灵芝等23种；立木及木材病原腐朽菌22种。

（二）动物资源

保山市地理位置特殊，森林资源丰富，又有被称为“动物避难所”和“南北动物交汇走廊”的高黎贡山国家级自然保护区，为各种野生动物提供了良好的栖息环境，野生动物具有区系复杂、种类繁多、垂直分布、特有和珍稀保护动物多等特点。

境内有高等野生动物676种（属国家重点保护的有81种），其中：兽类150种（占云南省保护兽类种数的1/3，占全国保护兽类种数的1/5），分属9目、29科、80属，以东洋界种最多，极富横断山脉动物区系特色，也有部分广布种和极少数古北界种；鸟类约450种（有记录的347种），分属18目、52科、187属；爬行类48种及亚种；两栖类28种及亚种。属国家一级保护的动物有扭角羚（羚牛）、白眉长臂猿、黑长臂猿、金钱豹、云豹、菲氏叶猴（灰叶猴）、蜂猴、熊猴（大青猴）、黑麂（青麂、毛冠麂）、孟加拉虎、胡兀鹫（胡秃鹫）、黑鹳、金雕、白尾梢虹雉、黑颈长尾雉、绿孔雀、孔雀雉、巨蜥、蟒等19种；属国家二级保护的动物有小熊猫、野牛、野猪、岩羊、猕猴、穿山甲、黑熊、水獭、林麝、河麂（獐子）、毛冠鹿、鼠羚、短尾猴（红面短尾猴、红面猴）、狼、豺、大灵猫、小灵猫、斑林狸（斑灵猫）、丛林猫、金猫、水鹿（黑鹿）、鬣羚（苏门羚、山驴子）、斑羚、巨松鼠、红腹角雉、血雉、白马鸡（雪雉）、原鸡（茶花鸡）、白腹锦鸡、猴面鹰、犀鸟、鹦鹉、绿鸠（绿斑鸠）、白鹇等34种；属国家“三有”保护动物（国家保护的有益的或者有重要经济、科学研究价值的陆生野生动物）有刺猬、黄鼬（黄鼠狼）、中华竹鼠（竹鼠）、竹鸡、红嘴相思鸟（相思鸟）、太阳鸟、鹌鹑、蟾（癞蛤蟆）、青蛙等。

第六节 自然灾害

一、地质灾害

保山市地质灾害几乎每年均有发生，并且随着人为活动的加剧，地质灾害发生有趋频繁之势，其中发生较多、危害较大的地质灾害类型主要是地震和滑坡、泥石流。2001年8月，国土资源部门成立后，全市有统计的地质灾害点有765个。

（一）地震灾害

保山市地处横断山脉南段，属青、藏、滇、缅巨型“歹”字形构造体系中段与经向构造复合部位。全市被怒江大断裂分为东西两区，东区毗连澜沧江大断裂，西区毗邻缅甸恩梅开江及其缅甸弧形构造带。市内断裂构造十分复杂，分布有腾冲火山属横断山折皱的一部分，地震活动频繁。其特点是频度高、强度大、灾害重，空间分布具有成带性，时间分布具有周期性，震源深度具有浅源性。5级以上地震主要集中分布在怒江大断裂的西侧。按地质力学划分属弧形构造区（泸水—龙陵—瑞丽一带属联合弧外弧，龙陵—芒市以东为弧转折区），地震活动尤为强烈。另外，瑞滇—腾冲—梁河一带属联合弧内弧，梁河以东为内弧转折区，地震、温泉活动也甚为强烈。根据全国地震烈度区划，腾冲、龙陵属8度设防区，隆阳区、施甸盆地和昌宁县枯柯河谷属7度设防区，其他区域为6度设防区。地震类型丰富，保山市被南北向的怒江断裂一分为二，成为东西两区。西区5级以上地震类型为双震或群震型。东区的隆阳5级以上地震的类型为主震—群震型，施甸的地震类型为双震型。

1979年8月9日，保山县发生5.3级地震，部分房屋遭不同程度破坏，伤32人、死大牲畜14头。

1987年8月6日，施甸县由旺镇先后发生5.0级、4.5级地震，波及全县。震中裂度为7度，震源深度15千米。造成直接经济损失1350万元。

1988年11月6日，临沧地区的澜沧、耿马两县境内发生7.6级地震，严重波及保山全区，受灾15.29万户，死亡2人，伤70人。造成直接经济损失1.2亿元。

1991年7月1日、22日，施甸、保山、龙陵三县(市)结合部发生5.0级、5.3级两次地震。全区19个乡、167个行政村，4.88万户、25.12万人受灾，284万平方米房屋受损，伤22人，死大牲畜6头。直接经济损失1.29亿元。

1994年1月12日，缅甸密支那发生6.7级地震，波及腾冲、龙陵两县，造成经济损失1.1亿元。

2001年4月10日至6月8日，施甸县连续发生多次破坏性地震（5.0级以上中强度地震3次），造成直接经济损失9.8亿多元。

2004年10月9日，隆阳区发生5.0级地震。地震造成保山市1区、2县、29个乡(镇)受灾，直接经济损失2.17亿元。

2005年3月15日，隆阳区汉庄镇岩箐村发生4.6级地震。波及6个乡(镇)、35个村委会，受灾人口5.47万人，成灾人口4.38万人，紧急转移安置灾民1320人，1.06万户、1.15万间民房不同程度受损。

（二）滑坡　泥石流

保山地处地质构造复合部位，受澜沧江、怒江、龙川江及槟榔江等大断裂的影响，活动断裂分布密集，中强度地震时有发生，区域稳定性差，加上区内地形复杂、地势陡峭（35° 以上陡坡面积占国土总面积的25%）、河流深切、岩层破碎等特殊的地质地貌环境及雨季相对集中的气候条件，易发生滑坡、泥石流等地质灾害。人为的乱砍滥伐、刀耕火种、采石、取土等，加剧了灾害发生的频度和烈度。泥石流多见于暴雨之后——山崩地裂，沙、石、洪水并流，前峰沙石含量达到60%～80%；滑坡多因久旱之后突降暴雨或久雨之后导致疏松的陡坡岩体或土体向下滑动。滑坡和泥石流，多为局部性的灾害，二者往往互为因果，互相作用，交错难分，来势猛，埋没农田，毁坏民房等设施。

1999年8月21日，保山市汉庄镇汉营包子山采石场因连日暴雨坍塌，造成12人死亡、9人重伤。

2000年6—7月，全区因洪涝灾害引发多处泥石流滑坡。8月，龙陵县发生山体滑坡，邦腊掌温泉度假区多处受灾，冲毁桥梁4座，铁栏800米，道路1000多米，挡墙750米，浴池、公厕12格。

2002年，全市共发生滑坡灾害17起，造成2人死亡，5人受伤，涉及600余户，经济损失约1900余万元。

2003年，全市共发生滑坡7次、泥石流4次（详见《水利》编第二章第一节）。

二、气象灾害

保山市地处低纬、高原、横断山脉山区特殊地理位置，又受季风影响，具有复杂的气候条件，加之海拔高低悬殊，地形条件复杂，故而频频出现异常天气和复杂天气，气象灾害种类多，发生频率高，点多面广，破坏性大。经常发生影响较大的气象灾害有旱灾、洪涝、风灾、雪雹灾害、低温冷害等。遇到气候反常年份，各种灾害频频发生，对农业生产造成很大影响，给人们的生产、生活造成很大困难，甚至威胁和吞噬人民生命财产。

(一) 旱灾

保山市的干旱在时间分布上，多集中在干季（11月至翌年4月）。干季雨量不超过年降雨量的20%，其中春旱最重，几乎年年都有发生，中等春旱（连续2个月，雨量偏少40%～80%）平均2～3年发生一次，严重春旱（连续2个月，雨量偏少80%以上）平均8～10年发生一次；秋旱次之，平均18～20年发生一次严重秋旱；夏旱发生较少，严重夏旱历史上只是个别地方偶尔出现；大旱平均12年一遇，小旱约3年一遇。

在空间分布上，高黎贡山东部的隆阳、施甸、昌宁重于西部的腾冲、龙陵，尤以怒江河谷地区最重。以大旱而言，西部的腾冲、龙陵14～17年出现一次，而东部各县9～11年就出现一次。其中最易干旱区主要分布在怒江流域的罗明、潞江坝、碧寨、勐糯、木城一带，还有枯柯河流域的旧城、湾甸、鸡飞、卡斯、柯街、大田坝以及珠街的一部分。以潞江坝为最干旱，其南北稍轻。这一地区年降雨量一般在900毫米以下，干燥度在1.50～3.49之间，平均雨季开始时间在5月底6月初，10年有5～6年发生严重干旱。一般干旱区主要分布在怒江以东的隆阳、施甸两县（区）。此外，龙川江、大盈江的部分河谷地区也属这一类型。以春旱和初夏旱为主，其他季节干旱较少。年降雨量在900～1200毫米，汛期雨量丰沛，冬春雨量较少，干燥度在1.00～1.49之间，平均雨季开始时间在5月25—30日。怒江以西的腾冲、龙陵以及昌宁中海拔以上地区属少干旱地区，年降雨量在1200～2200毫米，汛期雨量充沛，秋雨量也较最易干旱区和一般干旱区为多，干燥度在1.00以下，平均雨季开始时间在5月25日以前。一般年份都不会出现干旱，即使全市大旱年，这一地区受旱也较轻。

1978—2005年，保山市受旱灾累计面积1399.49万亩，损失粮食636.76吨，工农业损失43831.85万元。28年间，有15个年份遭受旱灾，平均每两年中有一年发生旱灾。灾情较为严重的是1979年、1984年、1987年、1989年、1999年、2003年、2005年7个年份（详见《水利》编第二章第一节）。

(二) 洪涝灾害

保山市境内每年5—10月盛行西南海洋季风，降水丰沛，降雨量约占全年的80%，加之植被破坏严重，致使洪水暴涨暴落，局部泥石流和洪涝灾害频繁，破坏性极大，不仅造成农业减产，也毁坏田园，并且进一步造成生态恶化，带来人民生命财产的损失。洪涝灾害尤集中在全年降雨量最多的7—8月份，几乎占全年总数的一半；6月的洪涝灾害占全年的18%～19%；9—10月份占20%～23%；其余时间洪涝发生次数较少，不足15%。洪灾一般发生在山区，涝灾多出现在河谷、盆地中排水不良的低洼处。在地理分布上，由于受地形的抬升作用，形成以高黎贡山为界，西多东少、南多北少的降雨格局。西部的龙陵、腾冲两县是西南暖湿气流的迎风坡，年雨量在1400～2200毫米，大雨日数13～25天，昌宁县东南部及施甸县南部年雨量在1200～1400毫米，大雨日数12～14天，为洪涝灾害发生频次较多地区；昌宁、施甸两县北部及隆阳区洪涝灾害发生频次相对较少。

1978—2005年，全市累计遭受洪灾面积2789.38万亩，因灾死亡340人、4447头大牲畜，倒塌房屋13555间，堤防决口825.25千米，水库垮坝4座，塘坝垮坝56座，损失粮食290541.78吨，直接经济损失189548.64万元。其间有12个年份成灾，灾情较为严重的是1978年、1983年、1985年、1986年、1989年、1993年、1997年、2000年、2002年、2004年10个年份（详见《水利》编第二章第一节）。

(三) 风灾

保山市境内刮的大风一般有两类：一类是西南大风，另一类是汛期热对流发展产生的短时雷雨大风。西南大风主要在干季出现，主要危害建筑物、林木及农作物。而短时雷雨大风，主要在雨季出现，有时破坏力颇大，但影响范围小，主要危害旱地作物、林木、建筑物。在空间分布上，以隆阳区为最多，年平均大风日数在21.2天。怒江以东一般在10～20天，怒江以西的龙陵、腾冲大风日数很少，仅1～2.3天。在时间分布上，大风全年都可出现，最多为春季3—4月份；在一天中出现时段多为午后2时至4时，前半夜次之，后半夜至早上最少。1978—2005年的28年间，有17个年份灾情较重，受灾万亩以上的年份有：

1978年，遭受风灾，腾冲县新华、蒲川、五合等地大风约40分钟，玉米折断3812亩，水稻受灾290亩；昌宁县玉米遭受风灾2.82万亩。

1979年，昌宁县玉米遭受风灾4.12万亩；施甸县太平、等子等地大风暴，吹倒树木，吹坏房屋，95个生产队的3860亩农田受灾。

1981年8月6日，腾冲县瑞滇公社大风暴，百年大树连根拔起，136户民房和15个单位的瓦屋屋面受损，吹断树木17万株，损失木材1.1万立方米，玉米受灾1081亩。同年，昌宁县玉米遭受风灾4.19万亩。

1983年，昌宁县农作物遭受风灾1万余亩。

1984年6月1—2日，腾冲县上营、芒棒、五合等公社遭受风灾，粮食作物受灾1.5万亩，经济作物受灾5000亩；刮倒房屋5间、畜圈36间，损失屋瓦19万块；因风灾死亡大牲畜15头（匹）。

1985年，昌宁县遭受风灾，大春作物受灾面积达3.58万亩，经济作物受灾193亩。

1986年，龙陵暴风雨，农作物受灾8.6万亩，减产粮食172.5万千克，损失甘蔗225吨。

1988年7月11日，昌宁县温泉、翁堵等乡遭受风灾，受灾玉米1.49万亩，其中重灾8153亩。8—9月，全区各县不同程度受风灾，成灾9万多亩，倒塌民房41间。

1989年1月4日，保山市西南、西北各乡受风灾，风速25米/秒，受灾1.29万户，吹倒民房151间、树木2万多棵。10月，昌宁、施甸遭风灾，成灾1.87万亩。

1990年7月下旬，昌宁县鸡飞、温泉等7个乡(镇)、43个行政村(办事处)、554个合作社6856户人口遭受暴风灾害。农作物受灾1.28万亩(玉米0.34万亩)，280亩甘蔗被毁。8月，施甸县酒房、老麦两乡遭暴风袭击，1万多株直径约30厘米的大树被吹倒、吹断，有的被连根拔起；274户民房损坏，其中倒塌16间。

1994年3月17日，昌宁县遭历史罕见的12级特大飓风袭击，持续100分钟。致10个乡、91个村、4.9万户受灾，损失粮食1400万千克。直接经济损失5878万元。

1996年3月23—27日，昌宁县13个乡遭暴风雨袭击，受灾1.43万户，民房倒塌2781间，小春受灾4万余亩。6月14日，全区遭强风灾害，数万亩农田受灾。

2001年，五县(区)遭风雹灾。受灾面积19.36万亩，成灾面积10.50万亩，绝收面积2.37万亩，减产粮食2.41万吨；受灾人口14.78万人，成灾人口10.56万人，因灾死亡3人、伤病438人；民房倒塌14间、损坏7154间，因灾死亡大牲畜28头。直接经济损失4251万元。

2003年，隆阳、腾冲、龙陵、昌宁发生风雹灾。受灾面积1.20万公顷，成灾面积6286公顷，绝收面积1782公顷，减产粮食7787吨；受灾人口15.48万人，成灾人口8.8万人，因灾死亡1人、伤病120人、无家可归25人；民房倒塌315间、损坏2710间，因灾死亡大牲畜108头。直接经济损失2299万元。

(四) 雪雹灾害

保山市各县(区)虽多属亚热带季风气候区，但山高谷深，地形复杂，因而每年春、夏、冬季，雪、雹灾害时有发生，其中又以雹灾为多，且在空间分布上，以高黎贡山形成明显分界，其西的腾冲、龙陵冰雹较多，最多区有3个：高黎贡山、腾冲县西北部及龙陵县中西部，年平均冰雹日数为4～5天；其东的隆阳、施甸、昌宁相对较少。在时间分布上，春季最多，冬季次之，夏季最少。在冰雹灾害发生时一般伴有雷暴和大风天气，可以在短时内给农业生产带来很大损失，甚至造成人民生命财产损失。1978—2005年的28年间，有12个年份灾情较重。

1978年2月，保山县雹灾，水寨、金鸡、瓦渡、丙麻等地受灾严重。3—4月，腾冲全县先后遭受雹灾(清水降雹最重达5克)，致粮食产量大减。

1981年8月9日，腾冲县曲石、界头等地发生冰雹灾害，农作物受灾3170亩，损失粮食产量约15万千克。

1982年4月25—26日，腾冲曲石遭暴雨冰雹灾，受灾1600亩，减产15万千克；10月2日15时，界头公社7个大队普降特大冰雹，4000亩待收黄谷颗粒无收，损失产量约50万千克。

1983年12月26—28日，腾冲县明光公社138个自然村普降大雪，积地46.3厘米，气温降至－8℃，人难行，车难驰，电线压断，林竹倒伏；缅甸入境男孩柯宗和鸦乌大队社员李凯元被冻死，47匹大牲畜和276只山羊因奇寒而死；17户人家的32间草房和7间瓦房被压倒；电杆伏地2421根、折断874根，变压器倒塌3台，损失高低压铝线4080千克，瓷瓶3584个；冻毁油菜6503亩。

1984年8月10日下午4时，腾冲县界头公社永安大队突降冰雹5～15分钟，大如核桃，小如橄榄。农作物受灾4559亩；香果树折断1.42万株，损失香果产量约5.5万千克。

1986年3月3日，保山、施甸、昌宁三县（市）境内普降大雪约5.0～7.7毫米，较高海拔山区积雪厚度超过33厘米，保山市区厚约3.7厘米，昌宁县城厚约3.3厘米。部分通信线路和施甸至姚关公路中断，竹木多被压弯压断，油菜、小麦受灾严重，为全市历史上罕见。仅昌宁县小春作物受灾面积即达10.53万亩，大小牲畜冻死达160多头（只）。

1989年1月4日，保山市西南、西北部下冰雹大似核桃，320国道大官市段公路积雹厚达数厘米，打死1人，大小牲畜死亡289头，小春受灾5万亩、损失产量700万千克，经济损失达8000多万元。3月30日，腾冲县界头遭雷电、冰雹袭击，死亡1人，农作物受灾2.99万亩、损失产量48.1万千克。5月23日，施甸县何元突降暴风雨、冰雹，11个生产合作社369户2145人受灾，406亩耕地受害，冲走、打死大牲畜17头、猪17头、鸡20只，死亡1人，吹倒房屋16间。

1990年3月29日，昌宁县右甸、达丙、漭水、大田坝、耈街等5个乡（镇）、19个行政村遭受罕见的冰雹灾害。受灾农户达8757户，小春粮食作物受灾3.37万亩，损失产量40.2万千克；油菜花被打断3522亩，损失产量3.5万千克；损坏蔬菜180亩，水稻小秧289亩；茶叶受灾1.5万亩，损失鲜叶产量约15万千克。4月25—26日，腾冲县中部和北部2次突降直径约6毫米的冰雹夹暴雨，16个乡（镇）4953户农户大小春作物遭受重大损失，受灾面积3.63万亩，损失产量约59.8万千克。

1993年9月17日，施甸县等子乡遭冰雹突然袭击20多分钟，致8个村8550亩农作物受灾，损失314.3余万元。

1996年3月23—27日，昌宁县13个乡先后遭冰雹袭击，4万多亩小春受灾。6月14日，全区遭冰雹袭击，数万亩农作物受灾。

2002年，五县（区）均发生风雹灾。受灾面积2.73万公顷，成灾面积1.60万公顷，绝收面积2837公顷，因灾减产粮食2.8万吨；受灾人口39.8万人，成灾人口21.39万人，因灾死亡4人、伤病56人；房屋倒塌368间，损坏1.65万间。直接经济损失0.64亿元。

2004年，全市因风雹灾受灾面积2.02万公顷，成灾面积1.29万公顷，绝收面积2922公顷，减产粮食1.86万吨；受灾人口32.28万人，成灾人口22.62万人，因灾死亡3人，伤病26人；房屋倒塌1677间，损坏4462间。直接经济损失1.1亿元。

（五）低温冷害

1978—2005年，保山市屡次发生倒春寒、冷害、霜冻和晚霜冻等低温冷害的灾害。倒春寒和晚霜冻一般发生于每年3—4月或1—2月，冷害一般发生于每年6—9月，对农作物产生严重影响，导致空秕减产甚至绝收。冷害标准因地而异，一般怒江以东的隆阳区以7—8月日平均气温连续3天或3天以上≤19℃，怒江以西的腾冲县≤18.5℃，为一次低温冷害过程。全市的冷害西部多于东部，腾冲、龙陵频次多、程度重，平均2—3年出现一次，怒江以东各县（区）相对较少，程度稍轻，平均3—4年出现一次。1978—2005年的28年间，有11个年份灾情较重，受灾万亩以上的年份有：

1979年10月，全区普遍出现低温，农作物受灾31.92万亩（水稻占2.75万亩），4.4万亩无收，减产1686.7万千克，其中龙陵较重，成灾14.2万亩，减产511万千克。

1984年6—9月，昌宁县大部分地区气温比常年同期低0.2℃～0.9℃，致使全县80%的水稻发生稻瘟病，造成空秕甚至绝收；玉米秆细、包小、粒少，共损失粮食产量608.2万千克，减产5.7%。同年冬，施甸全县霜冻严重，小春作物被冻死、冻坏，部分田块颗粒无收。

1987年，全区霜冻，成灾12万亩。7—9月，昌宁县大部分地区气温比常年低1.1℃～1.6℃，致使当年全县水稻减产380万千克。

1988年，全区霜冻，成灾18万亩。

1989年7月末至8月初，昌宁全县气温比常年低2℃～5.8℃，使水稻空秕率较正常年景高约10%，产量损失较大。全区小春遭霜冻16万亩，损失产量750万千克。

2001年，低温冷冻灾主要发生在施甸、腾冲、龙陵三县。受灾面积14.76万亩，成灾面积12.01万亩，绝收面积0.08万亩，减产粮食9257吨；受灾人口4.64万人，成灾2.99万人；直接经济损失4083万元。

2002年，全市低温冷冻灾受灾面积2773公顷，成灾面积1672公顷，绝收面积102公顷，减产粮食2071吨；受灾人口2.3万人，成灾人口1.4万人；造成直接经济损失278万元。灾情较重的是龙陵县。

2003年，低温冷冻灾主要发生在腾冲、龙陵两县。受灾面积4619公顷，成灾面积2319公顷，绝收面积730公顷，减产粮食4733吨；受灾人口3.78万人，成灾人口2.19万人；直接经济损失473万元。

2004年，全市低温冷冻灾受灾面积7283公顷，成灾面积4312公顷，绝收面积441公顷，减产粮食4705吨；受灾人口33.28万人，成灾人口22.62万人。造成经济损失2840万元。灾情较重的是腾冲县和龙陵县。

2005年，低温雪灾致隆阳区农经作物受灾达8206.67公顷，经济损失约3617万元。同年，低温冷冻灾主要发生在隆阳区、腾冲县，受灾面积6813.2公顷，绝收面积376.3公顷，受灾人口3.78万人，成灾人口11.5万人。直接经济损失952万元。

三、生物灾害

保山市农作物每年约有120万～150万亩遭受各种病虫灾害，损失产量2500万～4000万千克。1979—1981年病虫草害普查统计，全市各种病虫草害有538种，其中：病害95种，虫害301种，草害142种。主要病害有稻瘟病、水稻干尖线虫病、水稻白叶枯病、稻曲病、条纹叶枯病、小麦腥黑穗病、锈病、白粉病、玉米大小斑病、玉米黑穗病、炭疽病、病毒病、马铃薯晚疫病、番茄疫病、甘蔗眼点病等；虫害有螟虫、黏虫、稻飞虱、小春蚜虫、蝗虫、负泥虫、稻螟蛉、叶跳虫、金龟子、蔬菜猿叶虫、菜青虫等，还有各种地下害虫。至2004年年末，又发现毒麦、美洲斑潜蝇(1995年发现)、南美斑潜蝇和豌豆象等13种病虫进入市境危害。在各种病虫害中，暴发频率较高危害性较大的有螟虫、黏虫、小麦锈病、水稻白叶枯病、稻瘟病、稻飞虱、粟穗螟、甘蔗眼点病等8种。尤以水稻螟虫为害最烈，一般损失率在10%左右，严重的达30%以上；其次为小麦腥黑穗病及小麦锈病，最重的为害率达30%左右；再次为稻蝗。全市(区)因病虫草鼠害的发生，1995年损失粮食1.56万吨，占总产的2.0%；2000年损失2.56万吨，占总产的2.8%；2004年损失3.60万吨，占总产的4.1%。仅美洲斑潜蝇，1996—1999四年即致年均损失蚕豆产量1222吨，占28.6%。

森林病虫以松毛虫、松叶蜂、松尺蠖、木蠹象、天牛等危害严重。

20世纪70年代以后逐步蔓延的恶性劣草紫茎泽兰，对森林、草场和山地作物造成相当大的危害，影响畜牧、养蜂等产业和林下经济的发展。

20世纪80年代后，随着农林科技的推广和化学农药的广泛使用，境内的各种生物灾害明显减少。但因一些地方植被减少，良种引进，化肥增施，病虫鼠天敌消减和有的栽培措施失当，加上气候等因素，生物灾害每年在各地仍有不同程度发生，有时甚至是恶性爆发。

(一) 农作物病虫害

1978年，保山、昌宁、龙陵三县先后发生虫灾，成灾11.78万亩。同年，保山县汉庄、板桥、辛街等公社发生大面积水稻叶瘟病，受灾面积达8875亩；施甸县流行稻瘟病，受灾较重的达2.1万亩。

1980年，保山县11850亩小麦发生条锈病。同年，昌宁县发生稻飞虱、叶稻瘟和茎穗稻瘟危害，其中：稻飞虱危害受灾面积3.05万亩，占该县当年水稻总面积的22.60%；叶稻瘟和茎穗稻瘟危害面积达2.53万亩，约占17.33%。

1981年，全区各县先后发生虫灾，受灾面积30万亩，成灾6.55万亩。

1981—1982年，全区暴发小麦条锈病，受灾面积达38万亩，占播种面积的近60%，损失产量约1350万千克，每亩平均减产35.5千克。

1982年，昌宁县大部分稻田发生严重的稻飞虱灾害，右甸、勐统等坝区每亩稻田平均有虫20～40万头。同年7—8月，昌宁县右甸、勐统等坝区发生水稻黏虫灾害，一般田块每亩有黏虫6400～11000条，最严重的田块每亩约3万条，水稻几乎绝收。

1984年，全区稻瘟病大流行(发生叶稻瘟21万亩、穗稻瘟19万亩，约占当年水稻总面积的35.4%)，损失产量约1500万千克，亩均损失37.5千克。同年，保山坝6万余亩水稻发生条纹叶枯病，占保山市水稻总面积的18.2%，损失产量约100万千克，亩均损失16.5千克。

1985年，全区8.7万亩水稻发生干尖线虫病，占当年水稻总面积的7.7%，损失产量约350万千克，亩均减产约40千克。同年，保山市发生水稻条纹叶枯病，受灾面积达7.31万亩；昌宁县大春遭病虫灾5.75万亩，其中：玉米叶斑病2.58万亩，占播种面积的13%；玉米螟2.58万亩，占13.9%。

1980—1985年，全区计1万多亩甘蔗发生眼点病，损失产量约1.83万吨，亩均减产1.8吨。

1989年2—3月，全区病虫害灾害严重，受灾48.66万亩，损失产量500万千克。7月，全区不同程度发生病虫灾36.3万亩，其中：水稻29.31万亩，苞谷5.02万亩，甘蔗1.97万亩。

1990年6—7月，保山、施甸和昌宁右甸等坝区先后发生水稻螟虫灾害，受灾面积分别占两坝总面积的48.0%和8.3%；昌宁县更戛、湾甸等乡发生白叶枯病，受灾面积1000余亩；施甸坝和保山坝河图、龙泉等地发生叶稻瘟，受灾面积分别达栽插面积的19.1%和22.7%。

1998年年初，全区发生小麦锈病10万亩，是较严重的一年。

2001年，全市五县（区）发生不同程度农作物病虫灾害，受灾面积32.03万亩，成灾面积10.66万亩，绝收面积0.90万亩，减产粮食2.82万吨；受灾人口19.11万人，成灾9.17万人；直接经济损失2751万元。

2002年，隆阳、施甸、腾冲、龙陵四县（区）发生病虫害，致农作物受灾面积2.39万公顷，成灾面积1.41万公顷，绝收面积435公顷，粮食减产2.02万吨；受灾人口28.69万人，成灾人口8.4万人；直接经济损失3257万元。

2003年，全市五县（区）病虫害受灾面积4.87万公顷，成灾面积1.72万公顷，绝收面积4082公顷，减产粮食3.54万吨；受灾人口51.23万人，成灾人口22.29万人；直接经济损失4904万元。

2004年，全市五县（区）发生病虫害，农作物受灾面积4.22万公顷，成灾面积2.52万公顷，绝收面积2539公顷，粮食减产2.73万吨；受灾人口65.69万人，成灾人口29.28万人；直接经济损失5777万元。

2005年，病虫害主要发生在隆阳、腾冲和昌宁三县（区），受灾面积8408.8公顷，绝收面积505.1公顷，受灾人口13.8万人，直接经济损失1260万元。

（二）森林病虫害

1978年，昌宁县翁堵和更戛两公社境内发现松毛虫危害。次年4—5月间，更戛、勐统、湾甸、翁堵等公社境内即发生大面积松毛虫危害，危害率达95.2%，虫口密度每株21条，受灾面积达28.74万亩，其中较为严重的21.24万亩，松针被吃光，幼松枯萎。

1980年，原发于保山坝西山片董家山的松叶蜂危害范围扩大到辛街公社大官市冷水箐，河图公社麦场及李家山等林区，面积达4万亩。严重受害林区最多每株有松叶蜂4550只，受灾株率达100%，原先苍翠的林区一片枯黄。

1981年，保山县蒲缥公社的9000亩云南松遭受松毛虫危害，幼松平均每株有虫62.6条，最多达189条。部分受害松林枝干枯萎，形如火烧。

1983年，腾冲县团田公社的云南松林被松毛虫危害，受灾面积6000亩。同年冬天，腾冲县勐连公社的云南松和华山松林区发现松尺蠖危害，后蔓延至芒棒、五合两公社与勐连交界的林区，危害面积达1.5万亩。1985年，保山城西宝盖山发生松尺蠖危害，受害面积约2万亩。

（三）草害

20世纪80年代初普查显示，保山市境内危害农作物和森林的杂草共138种，其中：稻田杂草56种，旱地杂草82种。在对农作物有严重危害的30多种杂草中，水田杂草主要有稗草、牙齿草、野慈姑、荆三棱、荸荠草、三棱草、四叶萍、水马齿、鸭舌草、水白菜等10余种，水稻生长期如不及时除草，可致水稻减产20%～30%；旱地杂草主要有紫茎泽兰、看麦娘、棒头草、野燕麦、野辣蓼、狗尾草、牛膝草、辣子草、香附子、白茅草等，其中尤以紫茎泽兰危害严重，极大地恶化生态环境，危害牲畜。1990年12月保山市组织人员在辛街乡大官市行政村调查发现，全村3736亩森林中，生长紫茎泽兰的面积多达1800亩，有的林区甚至几百亩连片，使夹杂其间的幼树、牧草无法生长；在1310亩旱地中，有1050多亩的地埂上长满紫茎泽兰，甚至村庄前后、道路两旁也都是成片的紫茎泽兰，不仅严重影响农作物的生长和林业的发展，而且对当地大牲畜造成严重危害。同年，全村245匹骡马，因在开花结籽期吸入紫茎泽兰花粉，致39匹发生中毒反应，其中20匹因救治无效死亡。

第二编　环境保护

保山腾冲北海湿地

综　述

1978—2005年，保山市环境保护工作经历了从无到有，从末端治理到全程控制，从单一治理到全面监管，从开始起步到已发展成为人与自然和谐相处的首要工作，环境保护在全市经济社会发展中的地位和作用日趋明显。

1978年，保山地区行政公署环境保护领导小组成立，环境保护事业被正式提上保山地区党委和政府的议事日程。1986—1995年，保山的环境保护队伍建设从小到大，公众环境保护意识从弱到强，“三废”治理、工业污染防治工作巩固发展。1998年3月，保山地区行政公署环境保护局成立，标志着保山环保工作步入规范发展的轨道。2000—2005年，全市城市环境综合整治成效明显，生态环境保护和建设不断加强。在完成2000年工业污染源初步达标排放和2001年积极开展“达标排放”再提高工程的同时，推行排污许可制度。2003年，围绕全市经济社会发展工作重点和“十五”环境保护计划，紧密结合经济结构调整，深化污染防治工作，控制污染排放，加强重点区域环境治理。2005年，结合产业结构调整和经济社会发展工作实际，以污染源限期治理达标排放、中心城市污水集中处理为重点的污染防治工作取得突破性进展，污染物排放总量基本得到控制，环保专项整治行动成效明显，生态环境保护进一步加强。

1978—2005年，保山市环境保护事业逐步走上规范化、制度化、科学化、现代化发展轨道。各相关部门相互配合，齐抓共管，上下联动打击环境违法行为，保障群众的环境权益，维护社会稳定，促进经济社会的快速发展，形成“政府管环保，社会办环保”的良好局面。通过全市环保部门共同努力，污染物排放总量基本得到控制，循环经济、清洁生产逐步推行，环境基础设施建设成效显著，部分区域环境质量有所改善，环保机构逐步健全，环境监管力度不断加大，自然资源得到有效利用，全社会环境意识普遍增强，环保投入不断增加，生态环境保持良好水平，在全市人口增加、经济较快增长、城市（镇）不断扩大的同时，环境状况总体保持稳定。但全市面临的环境形势依然不容乐观，以城市为中心的环境污染仍在加大，并向农村蔓延，垃圾围城（镇）、“白色污染”日益突出。功能区噪声污染虽有减轻，但交通噪声、区域环境噪声有所加重，生态环境局部改善、总体下降的趋势依然严峻。

第一章　机构沿革

第一节　环保行政管理机构

一、市级环保机构

1978年12月，保山地区行政公署环境保护领导小组成立，下设办公室，编制2人，主要协调与环境有关的重大事项，为非常设机构。1983年地级机构改革，地区环境保护办公室与地区人防办公室、交通战备办公室、行署基本建设委员会合并，成立行署城乡建设环境保护局，下设环境保护科，编制4人。

1987年5月，撤销保山地区行政公署环境保护领导小组，成立保山地区行政公署环境保护委员会，下设环境保护办公室在行署城乡建设环境保护局，编制2人。

1992年2月，保山行署环境保护委员会办公室增挂保山地区环境监理所牌子，实行两块牌子，一套班子。1994年12月，撤销保山地区行政公署环境保护委员会，职能与城乡建设环境保护局合并，下设环境保护管理科，编制3人。1998年3月，成立保山地区行政公署环境保护局，为市级一级单位。内设办公室、环境保护科、环境监理所，编制12人。

2001年7月，保山行署环境保护局更名为保山市环境保护局，为市政府组成部门。内设科室不变。2002年5月，市环保局内设科室变更为办公室、综合管理科、自然生态保护科、环境监理所，编制12人。10月，撤销环境监理所，成立保山市环境监察支队，为市环保局下属行使行政职能的事业单位，编制4人。市环保局总编制达到16人。

2004年4月，增编局工勤人员1人。2005年5月，核安全与辐射环境管理职能从卫生、公安系统划归环境保护局。保山市环保局内设科室变更为办公室、污控监督科、自然宣教科、核安全与辐射环境管理科、环境监察支队，编制20人。7月，成立保山市建设项目环境审核受理中心，为市环保局直属正科级事业单位，经费自收自支，独立核算，编制4人。

二、县级环保机构

1978—1979年，各县环境保护工作归口辖区党委、政府管理。

1980—1990年，各县（市）相继成立城乡建设环境保护局，内设环境保护工作机构，负责环境保护管理工作。

1991—2000年，保山市、腾冲县相继成立县级环境保护局。施甸、龙陵、昌宁县环境保护工作机构尚未独立设置。

2001—2005年，县级环境保护工作机构、人员编制得到进一步加强。其间，2001年，地改市成立隆阳区，原保山市环境保护局更名为隆阳区环境保护局。昌宁县、施甸县分别于2002年9月、2003年8月成立县级环境保护局，为隶属建设局的二级局，编制均为7人。

至2005年年底，龙陵县环境保护职能仍然与城建合并在城乡建设环境保护局。五县（区）环保局在编干部职工合计110人。

第二节　环境监测机构

1978—2005年，全市共有环境监测机构2个，其中：市级监测机构1个（保山市环境监测站），县级监测机构1个（腾冲县环境监测站）。

一、保山市环境监测站

1978年11月，保山地区环境监测站成立，编制7人。为财政全额拨款的全民所有制社会公益型科技事业单位，隶属保山地区行政公署环境保护办公室，属国家环境监测三级网站，业务上接受云南省环境监测中心站指导。1988年12月核定编制20人，1989年5月重新核定编制为22人。

2001年6月，成立保山地区环境科学研究所，与保山地区环境监测站实行两块牌子、一套人员的管理体制，主要开展环境影响评价及环境技术咨询服务。7月，保山地区环境监测站更名为保山市环境监测站。

2005年5月，经市编委批准成立保山市清洁生产审核中心，与市环境监测站实行两块牌子、一套人员的管理体制，增加编制2人。年末，保山市环境监测站编制24人，在册职工23人，其中：高级职称5人，中级职称10人，初级职称3人。

二、腾冲县环境监测站

1984年4月，腾冲县环境监测站成立，为全民所有制社会公益科技事业单位，属县城乡建设环境保护局二级单位，国家四级监测网站，编制8人。1999年9月后为腾冲县环境保护局二级单位，属国家环境监测四级网站。业务上接受云南省环境监测中心站、保山市环境监测站指导。2005年，编制5人，实有在职人员4人，其中：中级职称2人，初级职称2人。

第三节　民间环保组织

1978—2005年，保山市民间环保组织共有2个，分别是高黎贡山农民生物多样性保护协会和保山师专蓝宇社。

一、农民环保组织

1995年12月8日，高黎贡山农民生物多样性保护协会在保山地区保山市芒宽乡白花林村正式成立，有会员40人。这是中国第一个农民自我组织、自我管理、自我服务、自我发展的环境保护组织。协会成立以后，在美国麦克阿瑟基金会、联合国大学、全球环境基金（GEF）等国际组织资助下，协会组织了农村实用技术培训、实施农业生物多样性就地保护试验示范项目。通过培训和项目的实施，许多村民由过去的猎人、伐木工，变成了自觉的生物多样性保护者。至2005年年底，会员已发展到150多人。

二、环保公益社团

2004年3月15日，保山师专蓝宇社成立。是一个以保护环境，奉献爱心为目的的公益社团，它以“打开绿色心门，走向清晰世界”为口号，以“你们的微笑便是我们的快乐”为行动指南，积极开展各种环境宣传和奉献爱心的公益活动。为创建美丽的校园环境，唤醒公众自觉保护环境、净化环境、实现可持续发展，建设美丽保山做出积极的贡献。

第二章　环境监测

1987年起，保山地区开始进行环境监测的相关工作。地市环境监测站每年对辖区内的环境监测数据进行汇总和分析，编制环境监测年鉴、年度环境质量报告书，每5年编制五年质量报告书，上报地方政府、行政主管部门及上一级环境监测站，为各级组织和相关人员了解辖区环境质量及其变化提供技术支持和决策参考，其中1990年地区环境监测站第一次编写的《保山地区环境质量报告书（1985—1990）》获保山地区科技进步二等奖。

第一节　水环境监测

一、监测概况

（一）地表河流及湖泊监测

1987年，保山地区环境监测站首次开展地面水监测工作。1988年，执行国家环保局颁布的《环境监测技术规范》，对境内主要河流水系水质进行常规监测。监测共设省控断面9个，保山地区自控断面1个。省控点有怒江干流红旗桥1个监测断面，怒江支流枯柯河的沙坝、柯街、湾甸3个断面，澜沧江干流永保桥1个监测断面，伊洛瓦底江支流大盈江设凉亭桥、和顺桥2个监测断面，龙川江设腾龙桥1个监测断面，槟榔江设猴桥1个监测断面。腾冲县环境监测站负责伊洛瓦底江流域的断面，保山市环境监测站负责其他断面的监测，槟榔江和龙川江的2个断面未开展监测。地区控制断面监测项目与监测频率与省控断面一致。主要监测项日有PH、悬浮物、总硬度、溶解氧、化学耗氧量、生化需氧量、氨氮、亚硝酸盐氮、硝酸盐氮、挥发酚、氰化物、砷、汞、六价铬、铅、镉、总磷、氟化物共18项。监测频率为枯、丰、平三个水期，每个水期2次，全年共6次。

1988年起，每年枯水季节对枯柯河流域的三个省控断面进行一次底泥监测，监测项目有砷、汞、铬、铅、镉、铜6个项目。1989年增加槟榔江和龙川江2条河流2断面。

1991年，水质监测断面增加北庙水库自控点1个，监测项目增加铜、电导率2项，监测项目共达20项。1992年，腾冲县对伊洛瓦底江所属的3个断面监测频率为3期3次。对保山北庙水库和腾冲侍郎坝水库进行2期2次监测。

2001年开始对腾冲青海湖、北海湖进行监测，监测频率为枯、平、丰3个水期，监测项目同地表河流。2002年地表河流新增瓦窑河口监测断面，监测项目比上年减少铜，新增了石油类、氟离子、氯离子、硫酸根离子4个项目。2003年新增阴离子表面活性剂、电导率2个项目，减少了总硬度、非离子铵、亚硝酸盐氮。2004年监测项目减少了悬浮物、硝酸盐氮、硫酸根、氯离子4个项目，新增铜、化学需氧量2个项目。

至2005年，保山市河流监测断面为怒江干流红旗桥断面，支流的沙坝、双桥、柯街、湾甸断面；澜沧江干流永保桥断面，支流瓦窑河口断面；伊洛瓦底江大盈江支流的凉亭桥、和顺桥断面，槟榔江支流的猴桥断面，龙川江支流的腾龙桥断面，其中双桥为自控断面，其余为省控断面。怒江、澜沧江水系监测频率为逢单月监测，每年3期6次；伊洛瓦底江水系监测频率为3期3次。监测项目为水温、PH、溶解氧、溶解氧饱和度、高锰酸盐指数、化学需氧量、生化需氧量、氨氮、挥发酚、氰化物、砷、汞、六价铬、铅、镉、铜、电导率、总磷、氟化物、油类、阴离子表面活性剂共21项。

湖泊监测有青海湖、北海湖。监测频率为枯、平、丰三期3次。监测项目同河流项目。

（二）重点城市饮用水源监测

1990年，保山市开始对中心城区集中式饮用水源地进行监测，设龙泉门和老鼠山两个监测点。监测项目比地表河流增加细菌总数、大肠菌群2个项目，共20项。与地表水同步监测，每年3期6次。1991年监测频率提高至每月1次，监测项目减少了化学需氧量、悬浮物，增加铜、溶解氧、高锰酸盐指数、浊度、总磷、非离子铵。

1992年起，腾冲县环境监测站对腾冲的观音塘饮用水源进行监测。监测频率为每年1次。监测项目减少了非离子铵。

1993年保山饮用水源监测频率提高为每月1次，全年共12次。1994年保山饮用水源新增龙王塘监测点位，腾冲县监测频率增加至每季度1次。1996年监测项目减少了铜、总磷。

2000年监测项目增加了铜和非离子铵。2001年北庙水库纳入饮用水源监测。监测项目减少了非离子铵。2002年饮用水源减少了老鼠山监测点，监测项目增加电导率、氯离子、硫酸根离子。2003年饮用水监测项目减少了总硬度、亚硝酸盐氮，新增铁、锰、总磷、石油类、阴离子表面活性剂。

2005年，保山城区集中式饮用水源地设龙泉门、龙王塘、北庙水库3个监测点，监测频率每月1次；腾冲县集中式饮用水源地设观音塘、下马常2个监测点，监测频率每季度1次。新增化学需氧量、减少粪大肠菌群2个监测项目，全部监测项目28项(水温、PH、浊度、溶解氧、溶氧饱和度、化学需氧量、高锰酸盐指数、生化需氧量、氨氮、硝酸盐氮、挥发酚、氰化物、砷、汞、六价铬、铅、镉、铜、细菌总数、氟化物、电导率、氯离子、硫酸根离子、锰、铁、总磷、石油类、阴离子表面活性剂）。

二、主要河流水质状况

流经保山域内的河流众多，分属澜沧江、怒江和伊洛瓦底江三个水系，水质各不相同，差异较大。

(一) 澜沧江水系

1986年开始对澜沧江水系进行监测。澜沧江干流永保桥断面1998年前水质较好，基本能满足Ⅱ类水域功能的要求；1999—2005年该江段受到一定污染，特别是1999—2000年水质类别达到了Ⅴ类，主要污染物有铅、镉、总磷和砷。瓦窑河口首次监测在2002年，2002—2005年该断面水质在Ⅳ—Ⅴ类间波动，不能完全满足其Ⅳ类水域功能要求，主要污染物为砷。详见下表。

澜沧江水系监测结果评价表

表2-1

河流	监测点	年度	水质类别	水质评价	主要污染物	变化趋势
澜沧江干流	永保桥	1987	Ⅱ	较清洁	—	基本稳定
		1988	Ⅲ	轻污染	—	
		1989	Ⅱ	较清洁	—	
		1990	Ⅱ	较清洁	—	
		1991	Ⅱ	较清洁	—	
		1992	Ⅱ	较清洁	—	
		1993	Ⅱ	较清洁	—	
		1994	Ⅱ	较清洁	—	
		1995	Ⅰ	清洁	—	
		1996	Ⅱ	较清洁	—	
		1997	Ⅱ	较清洁	—	
		1998	Ⅱ	较清洁	—	
		1999	Ⅴ	重污染	铅、镉	
		2000	Ⅴ	重污染	铅、镉	
		2001	Ⅱ	较清洁	—	
		2002	Ⅱ	清洁	—	
		2003	Ⅱ	较清洁	—	
		2004	Ⅲ	轻污染	—	
		2005	Ⅲ	轻污染	—	
澜沧江支流瓦窑河	瓦窑河口	2002	Ⅳ	重污染	砷	稳定
		2003	＞Ⅴ	重污染	砷	
		2004	Ⅳ	重污染	砷	
		2005	Ⅳ	重污染	砷	

(二) 怒江水系

1987—2005年，怒江干流红旗桥江段水质基本稳定在Ⅱ类，偶有Ⅲ类，水质较好，满足其Ⅲ类水域功能要求。其间，怒江支流枯柯河上游沙坝断面水质较好，大部分年份稳定在Ⅱ类，有3年为Ⅳ类，评价为中污染；位于城市下游的双桥断面，由于接纳城市生活污水和生产废水，水质被严重污染，达不到Ⅳ类水域功能要求，主要污染物为挥发酚、化学需氧量、生化需氧量、氨氮等。枯柯河双桥下游柯街断面与双桥断面相比水质有所好转，基本能满足Ⅳ类水质要求；枯柯河湾甸断面由于沿途接纳糖厂的废水，受到明显的污染，主要污染物为氨氮、生化需氧量(BOD5)和挥发酚。详见下表。

怒江水系河流监测结果评价表

表2-2

河流	监测点	年度	水质类别	水质评价	主要污染物	变化趋势
怒江	红旗桥	1987	Ⅱ	较清洁	总磷	稳定
		1988	Ⅲ	轻污染	—	
		1989	Ⅱ	较清洁	—	
		1990	Ⅱ	较清洁	—	
		1991	Ⅱ	较清洁	—	
		1992	Ⅱ	较清洁	—	
		1993	Ⅱ	较清洁	—	
		1994	Ⅱ	较清洁	—	
		1995	Ⅱ	较清洁	—	
		1996	Ⅱ	较清洁	—	
		1997	Ⅱ	较清洁	—	
		1998	Ⅱ	较清洁	—	
		1999	Ⅱ	较清洁	—	
		2000	Ⅱ	较清洁	—	
		2001	Ⅱ	较清洁	—	
		2002	Ⅲ	轻污染	—	
		2003	Ⅱ	较清洁	—	
		2004	Ⅱ	较清洁	—	
		2005	Ⅱ	较清洁	—	
枯柯河	沙坝	1988	Ⅱ	较清洁	—	稳定
		1989	Ⅱ	较清洁	—	
		1990	Ⅱ	较清洁	—	
		1991	Ⅱ	较清洁		
		1992	Ⅱ	较清洁	—	
		1993	Ⅳ	中污染	氟	

续上表

河流	监测点	年度	水质类别	水质评价	主要污染物	变化趋势
枯柯河	沙坝	1994	Ⅱ	较清洁	—	稳定
		1995	Ⅳ	中污染	非离子铵	
		1996	Ⅳ	中污染	生化需氧量	
		1997	Ⅱ	较清洁	—	
		1998	Ⅱ	较清洁	—	
		1999	Ⅱ	较清洁	—	
		2000	Ⅱ	较清洁	—	
		2001	Ⅱ	较清洁	—	
		2002	Ⅰ	清洁	—	
		2003	Ⅱ	较清洁	—	
		2004	Ⅱ	较清洁	—	
		2005	Ⅱ	较清洁	—	
	双桥	1990	＞Ⅴ	重污染	化学需氧量、挥发酚	基本稳定
		1991	Ⅳ	中污染	生化需氧量	
		1992	＞Ⅴ	重污染	挥发酚	
		1993	＞Ⅴ	重污染	挥发酚	
		1994	＞Ⅴ	重污染	挥发酚	
		1995	＞Ⅴ	重污染	挥发酚	
		1996	＞Ⅴ	重污染	化学需氧量、挥发酚	
		1997	Ⅳ	中污染	溶解氧、生化需氧量	
		1998	＞Ⅴ	重污染	化学需氧量、挥发酚、生化需氧量	
		1999	＞Ⅴ	重污染	发酚、生化需氧量	
		2000	Ⅳ	中污染	生化需氧量	
		2001	＞Ⅴ	重污染	氨氮、生化需氧量	
		2002	Ⅲ	轻污染	—	
		2003	＞Ⅴ	重污染	氨氮、总磷	
		2004	＞Ⅴ	重污染	生化需氧量、氨氮	
		2005	＞Ⅴ	重污染	—	
	柯街	1988	Ⅱ	较清洁	—	基本稳定
		1989	Ⅱ	较清洁	—	
		1990	Ⅱ	较清洁	—	
		1991	Ⅳ	中污染	总磷	
		1992	Ⅳ	中污染	非离子铵	
		1993	Ⅲ	轻污染	—	
		1994	Ⅳ	中污染	非离子铵	

续上表

河流	监测点	年度	水质类别	水质评价	主要污染物	变化趋势
枯柯河	柯街	1995	Ⅳ	中污染	非离子铵	基本稳定
		1996	Ⅳ	中污染	非离子铵	
		1997	Ⅳ	中污染	非离子铵	
		1998	Ⅳ	中污染	生化需氧量	
		1999	Ⅲ	轻污染	—	
		2000	Ⅱ	较清洁	—	
		2001	Ⅱ	较清洁	—	
		2002	Ⅰ	清洁	—	
		2003	Ⅲ	轻污染	—	
		2004	Ⅲ	轻污染	—	
		2005	Ⅱ	较清洁	—	
	湾甸	1988	＞Ⅴ	重污染	化学需氧量、生化需氧量	基本稳定
		1989	Ⅱ	较清洁	—	
		1990	Ⅱ	较清洁		
		1991	Ⅳ	中污染	生化需氧量、总磷	
		1992	Ⅳ	中污染	非离子铵	
		1993	Ⅲ	轻污染	—	
		1994	Ⅴ	重污染	生化需氧量	
		1995	＞Ⅴ	重污染	高锰酸盐指数、生化需氧量	
		1996	Ⅳ	中污染	生化需氧量、非离子铵	
		1997	＞Ⅴ	重污染	生化需氧量、非离子铵	
		1998	Ⅱ	较清洁	—	
		1999	＞Ⅴ	重污染	高锰酸盐指数、镉	
		2000	Ⅳ	中污染	生化需氧量、	
		2001	Ⅱ	较清洁	—	
		2002	Ⅳ	中污染	化学需氧量、生化需氧量	
		2003	Ⅴ	重污染	生化需氧量	
		2004	Ⅳ	中污染	生化需氧量、总磷	
		2005	Ⅴ	重污染	生化需氧量	

（三）伊洛瓦底江水系

伊洛瓦底江在保山境内的支流有大盈江、槟榔江和龙川江。1996—2005年，大盈江凉亭桥断面多数年份水质稳定在Ⅱ类，能够满足其Ⅲ类水域功能要求，主要污染物以有机污染为主；1996—2000年，腾冲县城下游的和顺桥断面，由于接纳腾冲县城的生活污水和生产废水，水质严重污染，多数年份为重污染和中污染级，不能完全满足Ⅳ类水质功能要求。主要污染物为高锰酸盐指数，至2003年有好转趋势。槟榔江猴桥断面水质一直较好，1989—2005年，其水质一直稳定在Ⅱ类，能够满足其Ⅲ类水域功能要求。龙川江腾龙桥断面水质尚好，一直稳定在Ⅱ—Ⅲ类，能满足其Ⅲ类水域功能要求。监测结果详见下表。

伊洛瓦底江水系河流水质评价表

表2-3

河流	监测点	年度	水质类别	水质评价	主要污染物	变化趋势
大盈江	凉亭桥	1988	Ⅱ	较清洁	—	基本稳定
		1989	Ⅱ	较清洁	—	
		1990	Ⅱ	较清洁	—	
		1991	Ⅱ	较清洁	—	
		1992	Ⅱ	较清洁	—	
		1993	Ⅱ	较清洁	—	
		1994	Ⅱ	较清洁	—	
		1995	Ⅱ	较清洁	—	
		1996	Ⅱ	较清洁	—	
		2001	Ⅳ	中污染	化学需氧量、总磷、	
		2002	Ⅱ	较清洁	—	
		2003	Ⅱ	较清洁	—	
		2004	Ⅱ	较清洁	—	
		2005	Ⅲ	轻污染	—	
	和顺桥	1988	Ⅴ	重污染	化学需氧量	明显上升
		1989	＞Ⅴ	重污染	化学需氧量	
		1990	＞Ⅴ	重污染	化学需氧量	
		1991	Ⅳ	中污染	高锰酸盐指数	
		1992	Ⅲ	轻污染	—	
		1993	Ⅳ	中污染	生化需氧量	
		1994	Ⅳ	中污染	生化需氧量	
		1995	＞Ⅴ	重污染	生化需氧量	
		1996	Ⅳ	中污染	高锰酸盐指数、生化需氧量	
		1997	Ⅳ	中污染		
		1998	Ⅴ	重污染	高锰酸盐指数、六价铬	
		1999	Ⅳ	中污染	高锰酸盐指数、六价铬	
		2000	Ⅲ	轻污染	—	
		2001	Ⅲ	轻污染	—	
		2002	Ⅳ	中污染	生化需氧量	

续上表

河流	监测点	年度	水质类别	水质评价	主要污染物	变化趋势
大盈江	和顺桥	2003	Ⅱ	较清洁	—	明显上升
		2004	Ⅱ	较清洁	—	
		2005	Ⅲ	轻污染	挥发酚	
槟榔江	猴桥	1989	Ⅱ	较清洁	—	稳定
		1990	Ⅱ	较清洁	—	
		1991	Ⅱ	较清洁	—	
		1992	Ⅱ	较清洁	—	
		1993	Ⅱ	较清洁	—	
		1994	Ⅱ	较清洁	—	
		1995	Ⅱ	较清洁	—	
		1996	Ⅰ	清洁	—	
		1997	Ⅰ	清洁	—	
		1998	Ⅱ	较清洁	—	
		1999	Ⅱ	较清洁	—	
		2000	Ⅲ	轻污染	—	
		2001	Ⅰ	清洁	—	
		2002	Ⅲ	轻污染	—	
		2003	Ⅱ	较清洁	—	
		2004	Ⅱ	较清洁	—	
		2005	Ⅰ	清洁	—	
龙川江	腾龙桥	1989	Ⅱ	较清洁	—	下降
		1990	Ⅱ	较清洁	—	
		1991	Ⅱ	较清洁	—	
		1992	Ⅱ	较清洁	—	
		1993	Ⅱ	较清洁	—	
		1994	Ⅱ	较清洁	—	
		1995	Ⅱ	较清洁	—	
		1996	Ⅳ	中污染	汞	
		1997	Ⅳ	中污染	汞	
		1998	Ⅱ	较清洁	—	
		1999	Ⅱ	较清洁	—	
		2000	Ⅱ	较清洁	—	
		2001	Ⅲ	轻污染		

续上表

河流	监测点	年度	水质类别	水质评价	主要污染物	变化趋势
龙川江	腾龙桥	2002	Ⅱ	较清洁	—	下降
		2003	Ⅲ	轻污染	—	
		2004	Ⅲ	轻污染	—	
		2005	Ⅲ	轻污染	—	

三、水库、湖泊水质

保山北庙水库作为湖、库监测时间为1992—2000年，从8年的监测结果看，北庙水库水质逐年好转，从Ⅳ类上升为Ⅰ类水质。腾冲县侍郎坝水库监测时间为1992—1999年，从监测结果看，侍郎坝水库水质逐年好转，从1992年的Ⅳ类水质至1994年上升为Ⅱ类水质后，一直稳定在Ⅱ类。腾冲县的2个天然湖泊从2000年开始监测，北海湖水质较好，并且基本稳定，多数年份能满足Ⅱ类水域功能要求；青海湖由于自然污染所致，高锰酸盐监测结果一直偏高，水质基本稳定在Ⅲ至Ⅳ类，评价结果详见下表。

水库、湖泊水质评价表

表2-4

监测点	年度	水质类别	水质评价	主要污染物	变化趋势
北庙水库	1992	Ⅳ	中污染	总磷	上升
	1993	Ⅲ	轻污染	—	
	1994	Ⅱ	较清洁	—	
	1995	Ⅱ	较清洁	—	
	1996	Ⅰ	清洁	—	
	1997	Ⅰ	清洁	—	
	1998	Ⅰ	清洁	—	
	1999	Ⅰ	清洁	—	
	2000	Ⅰ	清洁	—	
侍郎坝水库	1992	Ⅳ	中污染	总磷	上升
	1993	Ⅱ	较清洁	—	
	1994	Ⅱ	较清洁	—	
	1995	Ⅱ	较清洁	—	
	1996	Ⅲ	轻污染	—	
	1997	Ⅱ	较清洁	—	

续上表

监测点	年度	水质类别	水质评价	主要污染物	变化趋势
侍郎坝水库	1998	Ⅱ	较清洁	—	上升
	1999	Ⅱ	较清洁	—	
青海湖	2000	Ⅳ	中污染	高锰酸盐指数	基本稳定
	2001	Ⅲ	轻污染	—	
	2002	Ⅳ	中污染	高锰酸盐指数	
	2003	Ⅲ	轻污染	—	
	2004	Ⅳ	中污染	高锰酸盐指数	
	2005	Ⅲ	轻污染	—	
北海湖	2000	Ⅱ	较清洁	—	基本稳定
	2001	Ⅱ	较清洁	—	
	2002	Ⅱ	较清洁	—	
	2003	Ⅱ	较清洁	—	
	2004	Ⅱ	较清洁	—	
	2005	Ⅲ	轻污染	—	

四、保山城区饮用水源水质

保山城区饮用水源2001年前为老鼠山、龙泉门、龙王塘3个，监测结果按《生活饮用水标准》(GB5749-85)评价。老鼠山、龙泉门水源在1994年前存在以细菌数、大肠菌超标的情况。而龙王塘水源从监测结果看，超标的项目以浊度为主，其余项目显得有些偶然。1995—2001年未出现超标。2002年开始，主要水源有龙泉门、龙王塘、北庙水库，监测结果按《地表水环境质量标准》(GB3838-2002)评价。2002—2005年3个饮用水源一直稳定在Ⅰ—Ⅱ类，能满足其Ⅱ类功能要求。其监测评价结果见下表。

1991—2001年保山中心城区饮用水源水质评价表

表2-5

监测点	年度	超标项目	变化趋势
老鼠山	1991	细菌总数、大肠菌群、总磷	基本稳定
	1992	大肠菌群、	
	1993	细菌总数、大肠菌群、	
	1994	细菌总数、大肠菌群、	
	1995	—	

续上表

监测点	年度	超标项目	变化趋势
老鼠山	1996	—	基本稳定
	1997	—	
	1998	—	
	1999	—	
	2000	—	
	2001	—	
龙泉门	1991	细菌总数、粪大肠菌群、总磷	基本稳定
	1992	细菌总数、大肠菌群、	
	1993	细菌总数、大肠菌群、溶解氧、PH	
	1994	细菌总数、大肠菌群、	
	1995	—	
	1996	—	
	1997	—	
	1998	—	
	1999	—	
	2000	—	
	2001	溶解氧	
龙王塘	1994	大肠菌、浑浊度、挥发酚	基本稳定
	1995	高锰酸盐指数	
	1996	浑浊度	
	1997	—	
	1998	—	
	1999	—	
	2000	—	
	2001	溶解氧、镉	
北庙	2001	—	—

2002—2005年保山中心城区饮用水源监测结果统计表

表2-6

监测点	年度	水质类别	水质评价	主要污染物	变化趋势
龙泉门	2002	Ⅰ	清洁	—	基本稳定
	2003	Ⅰ	清洁	—	
	2004	Ⅱ	较清洁	—	
	2005	Ⅱ	较清洁	—	
龙王塘	2002	Ⅰ	清洁	—	基本稳定
	2003	Ⅰ	清洁	—	
	2004	Ⅱ	较清洁	—	
	2005	Ⅱ	较清洁	—	
北庙	2002	Ⅰ	清洁	—	基本稳定
	2003	Ⅰ	清洁	—	
	2004	Ⅱ	较清洁	—	
	2005	Ⅱ	较清洁	—	

第二节　环境空气监测

一、监测概况

保山市开展常规大气监测的区域主要是中心城市和腾冲县城。

1987年，保山开始对中心城区环境空气质量进行监测，环境空气质量监测共设龙泉门、白天鹅旅馆、滇西旅社大气采样点3个；降尘采样点设监测站、水利局、气象路3个采样点。监测项目为二氧化硫、二氧化氮2项。监测频率为每年监测4个季度，每季度第1个月进行监测，连续监测5天，全年共监测20天；1989年调整后取消气象路采样点，至1990年调整取消水利局采样点；设降水采样点2个。

1990年，腾冲县环境监测站开始对县城环境空气质量进行监测。设县环境监测站、县工业交通局、县制药厂3个采样点。监测项目、监测频率与保山中心城市相同。

1992年，环境空气质量监测项目增加总悬浮颗粒物（TSP）的监测。全区五县（市）均进行降尘监测，其中：保山市布点4个，监测12个月；腾冲县布点2个，监测12个月；施甸县布点2个，监测8个月；龙陵县布点2个，监测9个月；昌宁县布点2个，监测3个月。

1993年，保山环境空气监测点位由龙泉门变更为复烤厂招待所，监测项目新增硫酸盐化速率的监测。1994年，保山环境空气监测点位由白天鹅旅馆变更为保山宾馆。1996年，保山降尘采样点变更为2个，1998年变更为1个。1999年，保山环境空气质量监测点位变更为民航宾馆、华泰宾馆、红日酒店。

2002年，经省环境监测中心站认证，保山环境空气质量监测点位调整为市政府二院、红日酒店2个。10月开始对二氧化硫、二氧化氮、可吸入颗粒物3个项目进行空气质量周报监测试运行，监测频率为每周采样3天，连续24小时采样，全年不低于144天。

2003年1月1日起，保山中心城区开始正式上报环境空气质量周报数据，监测项目减去总悬浮颗粒物（TSP），新增可吸入颗粒物（PM10）。降尘、硫酸盐化速率监测点变更为市政府二院、红日酒店2个。2004年，腾冲县环境空气质量监测点位由县工交局变更为通利达酒店。

2005年，全市开展环境空气质量例行监测的区域有保山中心城区和腾冲县城。保山中心城区监测点位设市政府二院和红日酒店2个，监测项目为二氧化硫、二氧化氮、可吸入颗粒物、降尘、硫酸盐化速率。二氧化硫、二氧化氮、可吸入颗粒物监测频率每周监测3天，全年不少于144天；硫酸盐化速率、降尘实行全年采样，每月分析一次。腾冲县城监测点位为监测站、通利达宾馆、县制药厂3个，监测项目为二氧化硫、二氧化氮、降尘。二氧化硫、二氧化氮监测频率为每季度第一个月监测1次，每次连续5天，每天采样4个时段，每个时段1小时；降尘实行全年采样，每月分析一次。

二、城市环境空气质量

根据环境监测的结果，1987—2005年的18年间，保山中心城市环境空气质量总体为两头好、中间段稍差，多数年份保持在较清洁，主要影响因子为总悬浮颗粒物和降尘。1989、1991、2002年为清洁，1994、1995、1999、2000、2001年为轻污染，1992、1996、1997、1998年为中污染，其余年度为较清洁。1988—2005年，腾冲县城环境空气质量呈逐渐下降趋势，1988—1997年多为清洁级，以后多为轻污染，1998年污染指数最高，主要污染物为降尘。详见下表。

保山市城市环境空气质量评价表

表2-7

<table>
<tr><th rowspan="2">年度</th><th colspan="3">保山</th><th colspan="3">腾冲</th></tr>
<tr><th>综合指数</th><th>评价等级</th><th>首要污染物</th><th>综合指数</th><th>评价等级</th><th>主要污染物</th></tr>
<tr><td>1987</td><td>0.54</td><td>较清洁</td><td rowspan="5">降尘</td><td>—</td><td>—</td><td rowspan="9">降尘</td></tr>
<tr><td>1988</td><td>0.58</td><td>较清洁</td><td>0.41</td><td>清洁</td></tr>
<tr><td>1989</td><td>0.47</td><td>清洁</td><td>0.58</td><td>较清洁</td></tr>
<tr><td>1990</td><td>0.62</td><td>较清洁</td><td>0.38</td><td>清洁</td></tr>
<tr><td>1991</td><td>0.49</td><td>清洁</td><td>0.20</td><td>清洁</td></tr>
<tr><td>1992</td><td>1.04</td><td>中污染</td><td>颗粒物、降尘</td><td>0.28</td><td>清洁</td></tr>
<tr><td>1993</td><td>1.12</td><td>中污染</td><td>硫酸盐化速率、降尘</td><td>0.32</td><td>清洁</td></tr>
<tr><td>1994</td><td>0.97</td><td>轻污染</td><td>颗粒物、降尘</td><td>0.59</td><td>较清洁</td></tr>
<tr><td>1995</td><td>0.94</td><td>轻污染</td><td>颗粒物、降尘</td><td>0.49</td><td>清洁</td></tr>
</table>

续上表

年度	保山			腾冲		
	综合指数	评价等级	首要污染物	综合指数	评价等级	主要污染物
1996	1.15	中污染	颗粒物、降尘	0.53	轻污染	降尘
1997	1.11	中污染	颗粒物、降尘、SO_2	0.45	清洁	
1998	1.05	中污染	颗粒物、降尘、SO_2	0.89	轻污染	
1999	0.99	轻污染	颗粒物、降尘	0.89	轻污染	
2000	0.86	轻污染		0.87	轻污染	
2001	0.81	轻污染		0.79	轻污染	
2002	0.69	清洁		0.82	轻污染	
2003	0.63	较清洁	可吸入颗粒物	0.81	轻污染	
2004	0.58	较清洁	可吸入颗粒物、降尘	0.78	轻污染	
2005	0.61	较清洁		0.74	较清洁	

第三节　城区降水监测

1984年，保山中心城区开始降水监测。监测项目有PH、电导率、硫酸根、硝酸根、氯离子、钙离子、铵离子7个项目。监测频率逢雨必测。

1988年，腾冲县环境监测站开始对腾冲县城进行降水监测。监测项目有PH、电导率2项，监测频率逢雨必测。

1992年，全区五县（市）城区都进行了降雨监测。监测项目有PH、电导率、硫酸根、硝酸根、氯离子、钙离子、铵离子、亚硝酸根、镁离子、钾离子共10项。监测频率逢雨必测。1994年起，降水监测只在保山和腾冲两城进行，各布点3个。1996年，保山中心城区降水采样点变更为2个。1998年，保山降水采样点变更为1个，腾冲县城降水采样点变更为2个。2002年，降水监测项目增加了氟离子，监测项目为11项。2003年，保山中心城区降水采样点变更为市政府二院、红日酒店2个。

2005年，全市开展降水例行监测的区域有保山中心城区和腾冲县城。保山中心城区设监测点2个，监测项目有PH、电导率、硫酸根、硝酸根、氯离子、钙离子、铵离子、氟离子、镁离子、钠离子、钾离子11项；腾冲县城设监测点2个，监测项目为PH、电导率2项，监测频率均为逢雨必测。

第四节　城市声环境监测

一、监测概况

1987年起，保山地区环境监测站对保山中心城区进行两年一次的区域环境噪声、三年一次的交通噪声监测。区域环境噪声网格为250米 ×250米，设测点31个；设交通噪声监测点10个。1990年区域环境噪声测点增加至51个。

1991年，增加了功能区噪声监测，设测点7个；保山中心城区区域环境噪声、交通噪声监测频率增加为每年一次，交通噪声监测点增加至21个。腾冲县进行一次区域环境噪声监测，共设测点51个。

1992年，保山中心城区功能区噪声监测频率增加至第二季度、第四季度各一次，全年监测2次。交通噪声监测点调整为13个。1994年，功能区布点16个，交通噪声测点增至40个。1995年，区域环境噪声网格为300米 ×300米，网格数为43个；交通噪声测点调整为20个。2000年区域环境噪声网格为430米 ×430米，网格数为50个；交通噪声监测点调整为27个。2002年区域环境噪声网格为450米 ×450米，网格总数为50个。

2005年，保山市进行噪声监测的区域为保山中心城区。每年监测区域环境噪声1次，交通噪声1次，功能区噪声第二、第四季度各监测1次。区域环境噪声网格为450米 ×450米，网格总数为50个，交通噪声监测点27个，功能区噪声监测点5个。

二、城市声环境质量

（一）城市区域环境噪声

1987年，保山地区中心城市区域环境噪声监测结果50.7分贝，1995年58.2分贝。以后基本趋于稳定。腾冲县城只有1987年、1990年和1995年的监测数据，从3年的监测结果看，腾冲县城在1987年至1995年间，声环境质量有下降趋势。详见下表。

区域环境噪声监测结果统计表

表2-8

<table>
<tr><th rowspan="2">年度</th><th>保山</th><th></th><th colspan="2">腾冲</th></tr>
<tr><th>等效声级值</th><th>变化趋势</th><th>等效声级值</th><th>变化趋势</th></tr>
<tr><td>1987</td><td>50.7</td><td rowspan="9">基本稳定</td><td>48.0</td><td rowspan="3">下降</td></tr>
<tr><td>1990</td><td>53.3</td><td>48.0</td></tr>
<tr><td>1995</td><td>58.2</td><td>55.5</td></tr>
<tr><td>2000</td><td>55.4</td><td>—</td><td rowspan="6">—</td></tr>
<tr><td>2001</td><td>59.2</td><td>—</td></tr>
<tr><td>2002</td><td>58.4</td><td>—</td></tr>
<tr><td>2003</td><td>56.0</td><td>—</td></tr>
<tr><td>2004</td><td>56.0</td><td>—</td></tr>
<tr><td>2005</td><td>57.0</td><td>—</td></tr>
</table>

（二）道路交通噪声

1987—1996年，保山中心城区道路交通噪声呈逐步恶化趋势，1997—2005年又逐步好转，交通噪声年均值在64.5～77.0分贝之间。详见下表。

保山市中心城区交通噪声监测结果统计表

表2–9

年度	等效声级值	变化趋势	年度	等效声级值	变化趋势
1987	66.6	逐渐恶化至逐渐好转	1997	70.9	逐渐恶化至逐渐好转
1989	72.3		1998	68.2	
1990	72.4		1999	69.6	
1991	75.2		2000	64.5	
1992	68.9		2001	69.5	
1993	69.3		2002	70.9	
1994	70.4		2003	68.3	
1995	71.7		2004	69.0	
1996	77.0		2005	69.3	

（三）功能区噪声

保山中心城市功能区噪声分为四类：1类为居民住宅区，2类为混杂区，3类工业集中区，4类为交通道路两侧区域。居民住宅区基本稳定；混杂区噪声呈逐渐恶化后好转最后基本稳定的变化趋势；工业集中区从监测结果看多年来一直不稳定；交通干线两侧区域噪声变化无规律。详见下表。

保山中心城区功能区噪声监测统计表

表2–10

年度	功能区类型	等效声级值	变化趋势	功能区类型	等效声级值	变化趋势
1989	居民住宅区	57.4	基本稳定	工业集中区	58.3	不稳定
1990		61.1			71.4	
1991		—			—	
1992		56.8			76.9	
1993		53.8			66.9	
1994		53.9			72.6	
1995		—			—	
1996		—			—	
1997		—			56.1	
1998		—			49.6	

续上表

年度	功能区类型	等效声级值	变化趋势	功能区类型	等效声级值	变化趋势
1999	居民住宅区	—	基本稳定	工业集中区	66.5	不稳定
2000		—			59.5	
2001		54.8			54.6	
2002		20.4			57.2	
2003		53.5			58.4	
2004		59.8			61.7	
2005		52.1			58.2	
1989	混杂区	58.6	恶化至好转至基本稳定	交通干线两侧	67.9	变化无规律
1990		62.4			63.2	
1991		—			—	
1992		68.4			60.1	
1993		57.4			62.4	
1994		66.0			68.9	
1995		—			—	
1996		58.2			68.4	
1997		59.3			69.6	
1998		49.1			58.9	
1999		54.2			62.6	
2000		52.3			62.1	
2001		53.9			58.2	
2002		49.0			60.0	
2003		52.5			61.1	
2004		55.4			58.4	
2005		53.4			62.1	

第五节　污染源监测

保山市环境监测站和腾冲县环境监测站承担着各项指令性监测任务。对辖区内糖厂、烟叶加工、建材、矿石的选冶、硅冶炼等污染源实施监测任务。监测内容包括企事业单位排放的废水、废气和噪声，根据需要还进行污染物处理设施效果监测，建设项目竣工环境保护验收监测、施工期环境监测、污染纠纷仲裁监测和突发污染事故应急监测以及其他委托性的监测等。

一、工业污染源监测

1985年，全国工业污染源调查工作启动，保山地区对辖区内的工业污染源进行普查，对部分重点污染源进行监测，初步摸清了辖区内工业污染源废水、废气、工业固体废物的排放量及排放规律。《保山地区第一次工业污染源调查技术报告》获保山地区科技进步三等奖。

1989年，在全国乡镇企业工业污染源调查中，保山地区对辖区内的乡镇企业工业污染源进行普查，对部分重点乡（镇）工业污染源进行监测，初步摸清了辖区内乡（镇）工业污染源废水、废气、工业固体废物的排放量及排放规律。

2000年，在全国开展全面达标排放工作中，保山地区环境监测站和腾冲县环境监测站对辖区内的部分污染源进行监测。

2002年，省（市）两级环保主管部门正式推行排污许可证制度，对重点污染企业核发排污许可证，每年对排污许可证进行年检，环境监测部门对纳入省、市两级重点监控的工业企业原则上每年进行一次委托性监测。

至2005年，环境监测站对工业污染源的监测主要对纳入省、市两级核发排污许可证的工业企业进行委托性监测。

二、其他监测

环境监测站除中心城区环境质量监测、工业污染源监测外，还承担市内其他地区的环境质量现状监测、委托性监测、施工期监测等任务。

1978—2002年，保山市环境监测站承担保山市辖区内除腾冲县以外的环境质量现状监测，建设项目竣工环境保护验收监测，其间，由于管理要求及监测能力的原因，监测业务量较小。

2003年9月1日《中华人民共和国环境影响评价法》正式施行。环境管理也逐渐理顺。保山市环境科学研究所（与保山市环境监测站两块牌子一套人员）除承担环境监测评价工作外，同时还承担建设项目环境影响评价现状监测，施工期监测。

至2005年，保山市环境监测站承担建设项目环境影响评价现状监测、施工期监测、突发性环境污染事故监测等监测任务，严把建设项目环境保护技术关，参与全市重点工程的现状、施工期监测工作，及时发现问题及时反馈建设单位，督促建设单位在建设过程中认真落实各项环境保护措施，确保环境保护目标的实现。

第三章 环保管理

第一节 环境功能区划

1998—2005年，保山市开展了环境空气质量功能区划和地表水水环境功能区划两项环境区划工作。1998年，全区对县级保山市开展了环境空气质量功能区划。2002年，保山市开展地表水水环境功能区区划工作，对全市水域进行区划。2005年，保山市开展全市环境空气质量功能区划工作，主要是对隆阳区区划进行复核，对其他四县进行区划。

一、空气质量功能区划

1998年11月，根据《中华人民共和国大气污染防治法》的规定和国家、省环保局有关文件要求，保山地区保山市城建环保委对保山市环境空气质量进行功能区划。编制完成《保山市环境空气质量功能区区划》文本，并通过了行署环保局的审定及省环保局的审核，经保山地区行署批准实施。此次保山市环境空气质量功能区区划一类区面积414.67平方公里(高黎贡山国家级自然保护区390平方公里)，二类区面积4594.75平方公里，三类区面积1.58平方公里。

2005年，保山市环境保护局开展全市环境空气质量功能区划和复审工作。对隆阳区1998年划分的环境空气质量功能区划进行复核，对其他四县进行环境空气质量功能区划分工作。9月底，《保山市环境空气功能区划(2006—2015年)》经市政府批准正式执行，纳入省级区划的隆阳区环境空气功能区划上报省环保局，全市环境空气质量功能区划工作圆满完成。此次全市区划，划分一类区面积3055.28平方公里(分为15个片区)，二类区面积16422.84平方公里，三类区面积68.59平方公里(分为8个片区)，其中：隆阳区一类区面积830.67平方公里(分为2个片区)，二类区面积4154.33平方公里，三类区面积26平方公里(分为2个片区)；施甸县一类区面积6.8平方公里(蒋家寨、三块石水库饮用水源保护区)，二类区面积为1999.61平方公里，三类区面积2.59平方公里(保山市工业园区施甸县七〇七片区)；腾冲县一类区面积1127.61平方公里(分为5个片区)，二类区面积为4697.39平方公里，三类区面积20平方公里(分为2个片区)；龙陵县一类区面积284平方公里(分为5个片区)，二类区面积为2585平方公里，三类区面积15平方公里(分为2个片区)；昌宁县一类区面积806.2平方公里(分为3个片区)，二类区面积为2986.51平方公里，三类区面积5平方公里(漭水工业园区)。

二、地表水水环境功能区划

2002年，根据《中华人民共和国水污染物防治法》的规定和国家、省环保局有关文件要求，保山市环保局对全市范围内三大水系干流(怒江、澜沧江、伊洛瓦底江)，17条一级支流及二级以下支流，14个水库（湖泊）及饮用水源地进行了功能区划。编制完成《保山市地表水水环境功能区划》文本，并通过省环保局的审核，经保山市人民政府批准执行。此次区划，区分为执行Ⅱ类标准的水库（湖泊、饮用水源地）16个，执行Ⅲ类标准的河流（河段）23条、水库2个，执行Ⅳ类标准的河流（河段）6条。

第二节　环境影响评价

1979年《中华人民共和国环境保护法（试行）》实施后，环境影响评价（以下简称“环评”）制度逐渐完善和落实，对控制新污染源产生和逐步解决老污染起到重大作用。

“七五”以前，因环保机构以兼职管理的形式存在，无专职人员对档案进行管理，环保档案遗失严重，其间所建设的国有大中型企业的环境影响评价具体数据无从查询。1986年以后，国家颁布一系列关于建设项目环境管理的法律法规，云南省也根据实际出台了一整套地方法规，使建设项目的环境保护监督管理有法可依。“七五”期间，保山地区共审批33个新、扩、改建项目，建设投资总额27245.97万元，其中环保投资1838.81万元，占总投资的6.7%。在审批的项目中，龙陵勐糯铅锌矿采选冶改扩建工程和昌宁县造纸厂工程编报了环境影响评价报告书，保山地区烟叶复烤厂、昌宁县勐统糖厂、腾冲县硫酸厂技改工程、保山总站轮胎车间地震危房重建等31个项目填报了环境影响评价报告表，其中乡镇企业8个。竣工验收建设项目26项，其中：中型企业4项、小型企业22项（乡镇企业8项）。执行“三同时”的中型企业4项，“三同时”执行率100%；小型企业16项，“三同时”执行率72.7%；乡镇企业有5项，“三同时”执行率62.5%。

1991年，《国务院关于进一步加强环境保护工作的决定》出台，按照《建设项目环境保护管理办法》，保山地区审批“保山民用机场扩建工程”等18个建设项目，验收“保山七〇一厂桉叶油精加工车间”等6个竣工项目。

1992年，全区审批40个建设项目环境影响报告表（书），“环评”执行率为78.4%，其中大中型建设项目的执行率为100%。

1993—1997年，全区累计办理建设项目环境影响评价审批185个，县及县以上企业环境影响评价执行率从1993年的76%上升到96%，乡镇企业环境影响评价执行率从1993年的15%上升到84%。

1998—2002年，全市累计办理建设项目环境影响评价审批手续304个，其中：审批环境影响报告书1个，环境影响报告表44个，登记表259个，项目环评执行率为97%。

2003年，全市共批准立项建设的项目236个，全部办理环境影响评价审批手续，环评执行率为100%。2004年，全市共批准立项建设的项目405个，经环保部门办理环境影响评价审批手续的有322个，“环评”执行率为79.5%。

2005年，全市建成投产的建设项目有485个，执行“环评”的项目312个，其中：编制环境影响报告书12个，环境影响报告表29个，登记表271个。“环评”执行率为64%

（省级100%、市级55%、县级65%），按区域统计结果为：隆阳区74%，施甸县95%，腾冲县22%，龙陵县86.5%，昌宁县82.9%。按行业类别统计结果为：非金属矿物制品业100%，城建及房地产74%，水利水电71%，有色、黑色金属冶炼71%，交通公路58%，其他61%。

第三节 核安全及辐射环境管理

1978—2004年，保山市放射源与辐射环境管理由卫生部门办理许可证工作，公安部门办理登记证工作，环保部门负责环境安全工作。

1998年，全区开展电磁辐射环境污染源调查。结果显示，全区广播电视发射设备总数28台，运行总功率47.267千瓦，其中：中短波广播设备台数8台（占设备总数的29%），总功率43千瓦（占运行总功率的91%）；电视广播设备台数13台（占设备总数的46%），总功率3.066千瓦（占运行总功率的6.5%）；调频广播设备台数7台（占总设备25%），总功率1.21千瓦（占运行总功率3%）。通信、雷达及导航发射设备总台数186台，运行总功率128.035千瓦，其中：短波通信18台，运行总功率1.275千瓦；微波通信29台，运行总功率1.43千瓦；寻呼通讯网台43台，运行总功率4.3千瓦；移动通信47台，运行总功率3.355千瓦；雷达3台，运行总功率115千瓦；专业通信网46台，运行总功率2.675千瓦。工、科、医类电磁辐射装置17台，总功率348.19千瓦，其中：医疗高频设备15台，总功率8.19千瓦（占总功率的2.3%）；工业高频设备2台，总功率340千瓦（占总功率的97.7%）。

2004年2月，市政府办公室印发《保山市放射源、放射性同位素、射线装置专项清查工作实施方案》，成立领导小组。在领导小组统一领导下，环保、公安、卫生三部门联合开展放射源、放射性同位素及射线装置专项清查工作。2004年3月1日，市政府组织召开由环保、卫生、公安、监察等部门相关业务人员共41人参加的保山市放射源、放射性同位素、射线装置专项清查工作会议，会上，对放射源监督管理及清查工作进行培训。会后，联合清查组对辖区内生产、销售、使用、贮存放射源、放射性同位素及射线装置的所有单位、厂矿企业进行了清查。全市涉及放射源、放射性同位素及射线装置的单位共有133家，其中：行政事业单位4家，工业企业单位18家，医疗单位111家。涉及放射源的有17家，在用的共37枚（核素分别是固定氡1枚、241Am1枚、238Pu2枚、137Cs31枚、镭点源2枚），总活度为84.26840062×109Bq，废弃放射源11枚（核素）为241Am 1枚、244Pu 1枚、137Cs 8枚、238Pu 1枚；射线装置163台，总强度为29446.3～29496.3mA，在用147台（X线机141台，CT机6台），闲置16台（X线机16台）；使用医用放射性同位素有3家共17种，核素为125I、32P、131I、137Cs、锶-90、钇-90，年使用总量为2.33148×109Bq。对清查发现的废放射源或闲置放射源（放射性同位素），统一交由省辐射环境监督站规范贮存，共清理上缴废放射源或闲置放射源4家单位（保山市西庄水泥厂、云南富邦科技股份有限公司、云南地矿公司保山分公司、腾旭建材有限公司）11枚（137Cs 8枚、243Am 1枚、

244Pu 1枚、238Pu 1枚）。

同年年底，“保山市核安全与辐射环境管理协调会”召开，参加会议的有环保、公安、卫生部门的主要领导，会议明确保山市环保局为核安全与辐射环境管理主管部门。此后，保山市环保部门开始放射源统一监管工作，办理许可证工作仍由卫生部门负责，登记证工作由公安部门办理。

2005年1月，市环保局接收了市卫生局移交的部分档案资料（放射性同位素及射线装置单位名单）。2005年5月，依据《保山市人民政府办公室关于印发保山市环境保护局职能配置、内设机构和人员编制方案的通知》规定，成立保山市环保局核安全与辐射管理科。工作机构成立后，认真开展核安全与辐射摸底工作和宣传教育工作。

第四节　环保质量考核

一、环保目标责任制考核

1993年起，保山地区开展了落实环境保护目标责任制工作。1994年省政府与保山地区行署签订了第一届政府《环境保护目标责任书》，保山行署将责任书中的各项指标分解到五县（市）、责任单位和部门，并逐级签订责任书。责任书每届时限5年，每年进行年度考核，届满进行层层终期检查考核、总结及表彰。至2005年，市政府签订了3届责任书。

1993—1997年，为第一届环境保护目标责任书时限。保山行署《环境保护目标责任书》主要考核环境质量、环境管理、城市环境综合整治、重点污染源治理、生态保护等五大类33项指标。到届满为止，除环保计划投资、环境影响评价及“三同时”执行率、重点污染源治理、城市污水处理率等项指标外，其他指标都已完成。1998年，通过了省政府检查验收。五县（市）中，昌宁县环保目标指标完成情况最好，责任指标完成率为88%，量化考核评分为89分。

1998—2002年，为第二届环境保护目标责任书时限。保山行署《环境保护目标责任书》主要考核环境质量、环境管理、污染控制、生态保护等四大类15项指标，其中：完成13项，“环保专项资金投入”“排污费足额征收率”2项未完成，自查量化考核评分为95.5分。2003年，通过了省政府检查验收。保山市人民政府在省级环境保护目标责任制届满考核中被省政府评为二等奖。市级考评中，昌宁县人民政府获一等奖，隆阳区人民政府获二等奖。

第三届环境保护目标责任书时限为2003—2007年。保山市政府《环境保护目标责任书》主要考核环境质量、环境管理、污染控制、生态保护等四大类8项指标，到2005年，届期未满。2003年度考核5项，其中：完成4项，“环境噪声达标区覆盖率”1项未完成。2004年度考核6项，其中：完成4项，“环境噪声达标区覆盖率”“环境影响评价执行率”2项未完成。2005年度考核7项，其中：完成4项，“环境噪声达标区覆盖率”“环境影响评价执行率”“六项污染物总量控制情况”3项未完成。

二、城市环境综合整治定量考核

1992年，保山地区保山市首次被纳入云南省城市环境综合整治定量考核范围，开始实施城市环境综合整治定量考核制度。主要考核两大类12项指标，其中：城市环境质量6项，城市污染控制6项。此次保山市考核名次为全省11个参考城市的第六位。主要是城市地面水化学需氧量平均值、民用型煤普及率、城市污水处理率等项指标值与要求目标值差距大。

1993—1997年，通过城市环境综合整治，保山市在烟尘控制、噪声防治、饮用水源保护、工业固体废物综合利用、城市电气化普及、生活垃圾无害化等方面取得一些进展。但是交通噪声、城市污水处理率多年未达标，其主要原因是城市基础设施建设跟不上，城市交通道路狭窄，车流量过大，交通噪声居高不下，城市污水处理厂未建，污水处理率一直为零。其间，保山市建委荣获1994年度城市环境综合整治定量考核工作先进集体二等奖。保山市被评为“八五”期间考核先进城市，受到省政府的表彰。1997年考核指标做了调整：新增环境建设、环境管理2类11项考核指标（氮氧化物年日平均值、烟尘控制区覆盖率、环境噪声达标区覆盖率、工业废水排放达标率、汽车尾气达标率、危险废物处置率、环境保护机构建设、城市环境保护投资指数、“三同时”合格执行率、排污费征收面、污染防治设施运行率），减少民用型煤考核指标，地面水高锰酸盐指数改为地面水水质达标率。由原来考核的2类11项，完善为4类22项。

1993—1997年中心城市环境综合整治定量考核指标值一览表

表2-11

指标值	1993年		1994年		1995年		1996年		1997年	
	目标	实达	目标	实达	目标	实达	目标	实达	目标	实达
大气总悬浮微粒日平均值（毫克/立方米）	—	0.29	0.25	0.27	0.23	1.89	0.21	0.25	0.19	0.26
二氧化硫年日平均值（毫克/立方米）	—	0.05	0.09	0.05	0.08	0.06	0.07	0.06	0.05	0.06
饮用水源水质达标率（%）	—	98	98	97	99	100	100	100	100	100
城市地面水COD平均值（毫克/升）	—	33.6	23.8	7.05	24	13.4	24.3	13	24.5	15.5
区域环境噪声平均值dB(A)	—	53	54	52.1	55	54.7	56	54.7	57	54.7
城市交通干线噪声平均值dB（A）	—	69	68	70.4	67	72.4	67	71.1	66	71.1
民用型煤普及率（%）	—	0.79	0.8	62.2	0.81	70	0.85	80	0.9	82
工业固体废物综合利用率（%）	—	72	75	90.7	78	83.5	80	90.9	83	91
城市污水处理率（%）	—	0	0	0	0	0	0	0	0	0

续上表

指标值	1993年		1994年		1995年		1996年		1997年	
	目标	实达	目标	实达	目标	实达	目标	实达	目标	实达
生活垃圾无害化处理率（%）	—	50	60	30	70	50	80	50	85	50
建成区绿化覆盖率（%）	—	29	30	24.9	31	31.2	32	31.8	35	31.9
城市气化率（%）	—	29	30	80.7	31	79.1	32	81	33	83

1998年，启用“九五”城市环境综合整治定量考核指标体系，考核指标分为环境质量、污染控制、环境建设、环境管理4类22项。

2001年10月，隆阳区投资5210万元兴建污水处理厂，该厂设计日处理污水4万吨，分两期建设，一期设计日处理污水2万吨。同时经省计委并争取到全省唯一的西部大开发中小城市污水处理国债项目。

2001—2005年中心城市环境综合整治定量考核指标值一览表

表2-12

指标值	2001年		2002年		2003年		2004年		2005年	
	目标	实达	目标	实达	目标	实达	目标	实达	目标	实达
可吸入颗粒物浓度（TSP）年均值（毫克/立方米）	＜0.04	0.181	＜0.04	0.225	＜0.04	0.078	＜0.04	0.074	＜0.04	0.084
二氧化硫浓度年均值（毫克/立方米）	＜0.02	0.016	＜0.02	0.013	＜0.02	0.006	＜0.02	0.008	＜0.02	0.014
二氧化氮浓度年均值（毫克/立方米）	＜0.04	0.012	＜0.04	0.013	＜0.04	0.021	＜0.04	0.022	＜0.04	0.020
饮用水源地水质达标率（%）	100	100	100	100	100	100	100	100	100	100
地表水功能区水质达标率（%）	100	100	100	100	100	100	100	72.2	100	72.2
区域环境噪声平均值dB（A）	≤56	59.2	≤56	58.4	≤56	56.0	≤56	56	≤56	55.5
交通干线噪声平均值dB（A）	≤68	69.5	≤68	70.9	≤68	68.3	≤68	69	≤68	69
烟尘控制区覆盖率及清洁能源使用率（%/%）	100	91	100/≥30	94/37.5	100/≥30	95.5/33.33	100/≥30	95.8/41.67	100/≥30	96.07/41.67
汽车尾气达标率（%）	≥80	42.5	≥80	45	≥80	46.5	≥80	46.1	≥80	46.15
工业固体废物处置利用率（%）	≥90	99.28	≥90	99.2	≥90	99.3	≥90	98.9	≥90	96.6
危险废物集中处置率	100	100	100	100	100	100	100	100	100	0

续上表

指标值		2001年		2002年		2003年		2004年		2005年	
		目标	实达	目标	实达	目标	实达	目标	实达	目标	实达
工业企业排放达标率	工业废水排放达标率	100	31.81	100	44.66	100	40.83	100	32.11	100	44.12
	工业烟尘排放达标率	—	—	100	35	100	53.00	100	52.6	100	54.7
	工业二氧化硫排放达标率	—	—	100	75	100	44.00	100	68.08	100	57.18
	工业粉尘排放达标率	—	—	100	9.77	100	22.34	100	15.95	100	27.8
城市生活污水集中处理及回用率（%/%）		60/30	0	60/30	0	60/30	0	60/30	0	60/30	70.06/100
生活垃圾无害化处理率（%）		≥80	50	≥80	100	≥80	100	≥80	100	≥80	100
建成区绿化覆盖率（%）		≥40	35.69	≥40	37.93	≥40	33.29	≥40	33.37	≥40	35
生态建设（暂不考核）		—	—	—	—	—	—	—	—	—	—
自然保护区覆盖率（%）		—	—	≥8	8.01	≥8	8.01	≥8	8.01	≥8	8.01
城市环境保护投资指数（%）		≥2	4.71	≥2	1.23	≥2	2.11	≥2	1.19	≥2	1.14
污染防治设施及污染物排放自动监控率（暂不考核）		—	—	—	—	—	—	—	—	—	—
环境保护机构建设		全部独立	有	全部独立	5/6	全部独立	5/6	全部独立	0	全部独立	0

2002年，启用“十五”城市环境综合整治定量考核指标体系，考核指标21项，分为环境质量、污染控制、环境建设、环境管理4类。为深化城市环境综合整治，改进城市能源结构，推广清洁能源，隆阳区在全省率先推广城市出租车使用天然气。5月，隆阳区实施天然气应用于汽车双燃料的研究示范项目。项目投资1100万元，其中：保山市公交公司投资771.1万元，用车单位和个人投资282.7万元，省环保局、区政府投资46.2万元。在城南新建日供1200立方米压缩天然气汽车加气站一座，架天然气输气管专线一条4公里，改装压缩天然气双燃料车462辆（公交中巴车83辆、出租车346辆、公益车33辆）。同时，市、区两级环保部门开展“北庙湖水质现状及防治对策”“隆阳区摩托车现状调查”等专题调研，为全市饮用水源保护、隆阳区取缔三轮摩托车提供决策依据。

保山中心城市参加全省综合考核情况表

表2-13

年度	考评分	名次	参考城市数	成绩
1992	62.13	6	11	—
1993	75.70	2	11	受省环保委奖励
1994	71.64	3	12	受省环保委奖励
1995	72.47	6	15	乙组城市第3名，受省环保局二等奖励
1996	74.65	5	16	乙组城市第3名，受省环保局奖励
1997	55.96	6	16	乙组城市第4名
1998	66.77	3	14	乙组城市第2名，受省环保局奖励
1999	72.07	5	14	乙组城市第2名，受省环保局奖励
2000	78.06	2	14	全省14个城市的第2名
2001	76.30	4	14	全省14个考核城市的第4名
2002	53.51	4	14	全省14个考核城市的第4名
2003	60.55	4	14	全省14个考核城市的第4名
2004	54.43	8	15	全省15个考核城市的第8名
2005	59.22	5	17	全省8个地级市的第5名

注：2002年度以前纳入县级市考核，2002年度起纳入地级市考核

第四章　污染防治

第一节　污染源专项调查

一、工业污染源调查

1986年，按照国家统一部署和要求，全区顺利完成1985年度工业污染源调查工作。共调查企业90个，占全区企业总数的14.5%；调查企业的工业总产值占全区工业总产值的73.6%。调查结果显示：

参与调查的企业工业用水总量2035.61万吨，其中：新鲜用水量1814.23万吨，占总量的89.1%；重复用水量221.38万吨，占10.9%。工业废水排放量1723.67万吨。废水中主要污染物为悬浮物、化学需氧量、生化需氧量、硫化物、氯化物、挥发酚、氨氮、氰化物、砷、镉、铅、汞、六价铬等。各种污染物排放量总计24579.85吨。废水主要污染行业为食品和造纸业，主要污染区域为昌宁县和保山市，主要的纳污水系为怒江水系，主要污染源

有柯街糖厂、东风糖厂、上江糖厂等14个企业。

工业废气排放量146649.85万标立方米，其中燃料燃烧废气118222.24万标立方米。废气主要污染物是氟、烟尘、铅、二氧化硫、粉尘、一氧化碳、氯气、碳氢化合物、铅等。其中：烟尘排放量4251.75吨，二氧化硫2188.08吨。废气主要污染行业为食品、化工、建材、造纸和纺织业，主要污染区域为保山市和腾冲县，主要污染源有东风糖厂、怒江糖厂、柯街糖厂等18个企业。

工业固体废物排放量22.74万吨。综合利用量1.7961万吨，综合利用率为7.21%。工业固体废物堆存量13.1266万吨。工业固体废物主要排放行业为煤矿和金属矿采选业，主要污染区域为昌宁县和龙陵县。

调查企业中超过90分贝的噪声源有655台（组），其中：动力性噪声源258台（组），占总数的39.4%；机械性声源378台（组），占总数的57.7%。最强声源的等效声级值为122分贝，所有声源基本上没有防治措施。产生噪声污染的主要行业有水泥厂和糖厂。

通过调查，准确掌握了全区的工业污染现状，摸清了各区域、各行业的“三废”排放情况，确定了主要污染源、污染物，基本查清了境内三大水系接纳工业废水的情况。同时掌握了生产过程中各种资源及能源消耗、综合利用水平、污染治理等方面的情况。

二、乡镇企业污染源调查

1989—1991年，全区完成乡（镇）工业污染源调查工作。共调查企业4741个，占乡（镇）工业总数的32.4%；调查企业的工业总产值占乡（镇）工业总产值的94.7%。

调查显示，1989年度调查企业工业用水总量551.03万吨，其中新鲜用水量551.02万吨。工业废水排放量485.92万吨，废水中主要污染物为悬浮物、化学需氧量、砷、镉等，各种污染物排放量总计1.25万吨。废水主要污染行业为有色金属采选业和造纸业，主要污染区域为腾冲县和保山市，主要污染源有保山市沙河选矿厂等12个企业。

工业废气排放量1115.73百万标立方米，其中燃料燃烧废气1011.96百万标立方米。废气主要污染物是氟化物、烟尘、铅、二氧化硫等，其中：烟尘排放量3880吨，二氧化硫500吨。废气主要污染行业为砖瓦、石灰及金属冶炼业，主要污染区域为保山市和腾冲县，主要污染源有保山冶炼厂等24个企业。

工业固体废物产生量19.68万吨，其中：综合利用量0.56万吨，综合利用率仅为2.82%；工业固体废物排放量18.44万吨，占产生量的93.7%。工业固体废物主要排放区域为腾冲县，主要排放行业为金属矿采选业，主要排放源有腾冲县小龙河锡选厂等16个企业。排放量最大的是尾矿，占排放总量的96.7%。

全区乡（镇）工业污染源调查，经省级验收，获云南第一次乡（镇）工业污染源调查第一名；调查办公室被国家环保局、国家统计局、农业部评为先进集体；有5人被评为省级先进个人，2人被评为国家级先进个人。1991年7月，行署环保委、城乡企业局和统计处联合召开全区乡（镇）工业污染源调查总结表彰会，表彰先进县（市）4个，先进个人23名。

第二节　污染物排放状况

一、废水排放

1978—1984年，全区对水污染源未作监测。根据1986年的工业污染源调查显示，1985年度被调查企业排放工业废水1723.7万吨。废水中污染物的排放量为化学耗氧量1.34万吨，生化需氧量5129.4吨，挥发酚4.59吨，悬浮物5810.6吨，氯化物265.1吨，硫化物6.89吨。

1986—1990年，根据环境统计年报，全区国有企业共排放工业废水9478万吨，平均年排放量为1608万～2088万吨。废水中化学耗氧量排放量1.19万～1.61万吨/年，六价铬0.136～1.198吨/年，砷0.028～0.702吨/年，铅0.026～0.114吨/年。平均每万元产值排放废水813吨。

1987—1990年，全区城镇生活污水排放量由312.43万吨增至402.55万吨，其中五县(市)城区医院废水排放量由22万吨增至25万吨。

1990—1995年，全区工业废水排放量由1929万吨增至3459.46万吨，增长79.34%，其中：1991年全区工业废水排放量2128.28万吨，直接排入江河的2017.83万吨；1995年全区工业废水排放量3459.46万吨，直接排入江河的3024.35万吨。1995年废水中化学耗氧量排放量为2.36万吨/年，悬浮物为1.71万吨/年。平均每万元产值排放废水275吨。

1996年，全区工业废水排放量为2337万吨，工业废水处理率为6.78%。外排工业废水中化学需氧量排放量为24984吨，有毒污染物镉、铅、砷排放量分别为0.13、1.81、0.47吨，分别比上年增加10%、89.6%、161.6%。

2000年，全区废水排放总量为4352万吨，比上年增加8.2%，其中：工业废水排放量为2715万吨，比1995年减少21.53%；工业废水处理率为13.05%，比上年增加4.35%。生活污水占废水总量的37.6%，比上年增加8.1%。外排工业废水中化学需氧量排放量为24885吨，比上年减少16.2%；有毒污染物镉、铅、砷排放量分别为0.55、3.45、5.73吨，分别比上年增加10%、89.6%、161.6%。汞、六价铬、氰化物、石油类排放量均为零。

2004年，全市废水排放总量为5152万吨，比上年减少6.1%，其中：工业废水排放量为3182万吨，比上年减少12.3%；生活污水排放量为1970万吨，比上年增加5.9%。工业废水中化学需氧量排放量为17004吨，比上年减少7.6%；氨氮排放量为24.8吨，比上年下降8.1%。全市工业废水治理项目3个，新增废水处理能力534吨/日。

2005年，全市工业废水排放量3418.64万吨，比“九五”末的2000年增25.93%，其中：化学需氧量排放量为27869吨，氨氮排放量为35.09吨。

二、废气排放

1978—1984年，保山地区对大气污染源未作监测。根据1986年的工业污染源调查显示，1985年度全区有工业锅炉62台，总吨位259.4吨，工业窑炉51台，工业烟囱84座，有76个企业排放工业废气，年排放量达14.67亿标准立方米，其中燃料燃烧废气占废气总量的80.6%。工业废气污染物质年排放总量为1.03万吨，其中：燃料燃烧产生的污染物质达7888.9吨，占排放污染物质总量的76.59%；工艺废气污染物质占排放污染物质总量的23.41%。

1986—1990年，根据环境统计年报，全区国有工业排放工业废气83.26亿标准立方米，其中：燃料燃烧废气60.66亿标准立方米，生产工艺废气22.60亿标准立方米。每年废气排放量为12.01亿～19.06亿标准立方米。废气中二氧化硫排放量每年2808～5401吨，烟尘排放量每年4639～8258吨；工业粉尘排放量每年1688～5042吨。平均万元产值排放废气量7.14万标准立方米。

1990年，全区工业废气排放量19.06亿标准立方米，其中：燃料燃烧废气14.73亿标准立方米；生产工艺废气4.33亿标准立方米。工业废气中二氧化硫排放量5401吨，工业烟尘排放量8257吨，工业粉尘排放量4436吨。全区乡镇企业排放废气总量11.16亿标准立方米，其中：燃料燃烧排放废气10.12亿标准立方米，生产工艺排放废气1.04亿标准立方米(废气中含烟尘3880吨，氟108吨，二氧化硫500吨，氮氧化物303吨，一氧化碳1507吨，铅3.15吨，工业粉尘406吨)。全区平均万元产值排放废气13.59万标准立方米。

1995年，全区工业废气排放量367215万标准立方米，比1990年增长92.66%，其中：燃料燃烧废气240100万标准立方米，生产工艺废气127115万标准立方米。工业废气中二氧化硫排放量4987吨，比1990年减7.67%；工业烟尘排放量3249吨，比1990年减60.65%；工业粉尘排放量6205吨，比1990年增39.88%。

1996年，全区工业废气排放总量为308449万标准立方米。工业废气二氧化硫排放量4480吨，烟尘排放量1784吨，工业粉尘排放量3845吨。主要污染行业是建材业和工业硅冶炼业。主要污染区域是昌宁县、保山市和龙陵县。

2000年，全区燃煤量53.67万吨(含生物质燃料)。工业废气排放总量为80.42亿标准立方米，比上年增加18.0%，比1995年增119%，其中：燃料燃烧废气258271万标准立方米，生产工艺废气545929万标准立方米。工业废气处理率为50.1%；比上年下降7.9%。废气二氧化硫排放量4731吨，比上年减少13.6%，比1995年增5.1%；烟尘排放量3619吨，比上年减少19.5%，比1995年增11.4%；工业粉尘排放量6491吨，比上年减少34.8%，比1995年增4.6%。主要污染行业是建材业和工业硅冶炼业。主要污染区域是昌宁县、保山市和龙陵县。

2001年，全市燃煤量36.87万吨(含生物质燃料)。工业废气排放总量为84.71亿标准立方米，比上年增加5.33%。废气中二氧化硫排放量4261吨，比上年减少9.93%；烟尘排放量2973吨，比上年减少17.8%；工业粉尘排放量6703吨，比上年增加3.27%。主要污染行业是非金属矿物制品业和食品加工业。主要污染区域是昌宁县和隆阳区。

2004年，全市燃煤量50.21万吨(含生物质燃料)。工业废气排放总量为92.93亿标准立方米，比上年增加1.9%。废气中二氧化硫排放量3517吨，比上年减少22.4%；烟尘排放量2250吨，比上年增加6.1%；工业粉尘排放量9600吨，比上年增加16.6%。主要污染行业是非金属矿物制品业和食品加工业。主要污染区域是昌宁县和隆阳区。全市废气治理项目5个，新增废气处理能力5.4万标准立方米 / 小时。

2005年，全市工业废气排放量1235119万标准立方米，比2000年增53.6%，其中：燃料燃烧废气407884万标准立方米，生产工艺废气827235万标准立方米。废气中工业二氧化硫排放量8569.28吨，比2000年增81.1%；工业烟尘排放量2172.69吨，比2000年减少40.0%；工业粉尘排放量15846.33吨，比2000年增144.1%。

三、固体废弃物排放

根据1986年的工业污染源调查，1985年度被调查企业工业固体废弃物排放量达22.7万吨，堆放占地约占耕地总面积的0.01%。

1986—1990年，根据环境统计年报，全区国有工业固体废弃物产生量共41.12万吨，年排放量1.24万～5.68万吨。乡（镇）工业固体废弃物年产生量19.8万吨，年排放量18.44万吨。在历年排放的工业固体废弃物中，炉渣、煤粉灰约占50%，冶炼废渣约占2.7%，煤矸石约占5.5%，化工废渣约占2.0%，尾矿约占15.4%，其他废渣约占24.4%。平均万元产值排放固体废弃物1.46吨。

1990年，五县（市）城区清运垃圾总量12万多吨，其中保山市10.80万吨，占总清运量的90%。全区工业固体废物产生量10.46万吨，比1986年增加46.17%；排放量5.68万吨，比1986年减少69.23%。

1995年，全区工业固体废物产生量59.32万吨，比1990年增4.67倍。工业固体废物排放量5.87万吨，比1990年增3.35%，其中排入江河的2.81万吨。

1996年，全区工业固体废物产生量、排放量分别为47.47万吨和3.64万吨，工业固体废物贮存量8.41万吨，工业固体废物综合利用量为35.42万吨。主要污染行业为采矿业和食品制造业。产生量和排放量最多的是腾冲县。

2000年，全区工业固体废物产生量、排放量分别为86.17万吨和5.39万吨，分别比1995年增加45.3%和减少8.2%。历年累计贮存量62.53万吨，贮存占地面积为4.87万平方米。工业固体废物综合利用率为61.8%，比上年减少17.5%。主要污染行业为采矿业和食品制造业。产生量和排放量最多的是腾冲县。

2001年，全市工业固体废物产生量、排放量分别为92.32万吨和6.58万吨。历年累计贮存量89.25万吨，贮存占地面积为6.84万平方米。工业固体废弃物综合利用率为65.02%，比上年增加3.22%。主要污染行业为采矿业和食品加工业。产生量、排放量最多的是腾冲县和昌宁县。

2004年，全市工业固体废弃物产生量为105.18万吨、排放量为2.36万吨。工业固体废弃物综合利用率为66.87%。主要污染行业是采矿业和食品加工业。产生量最多的是隆阳区和腾冲县，排放量最多的是腾冲县和昌宁县。

2005年，全市工业固体废物产生量119.18万吨，比2000年增38.3%。工业固体废物排放量3.59万吨，比2000年减少33.4%。

第三节　污染源治理

从1983年起，保山地区开始征收排污费。所征收的排污费从当年的4万元增至2005年的1247万元。“七五”期间，全区污染源治理投资202.43万元，“八五”期间污染源治理投资721万元，“九五”期间污染源治理投资2139.6万元，“十五”期间污染源治理投资、城市环境基础设施建设投资及执行“三同时”项目环保投资共计49546.32万元。“八五”至“十五”15年间，全市污染治理取得较大进展。

一、水污染源治理

1990年，工业废水处理量4.09万吨，处理率0.21%。1991年全区处理工业废水331.92万吨，处理率15.6%；废水处理回用量75.61万吨，处理回用率为22.8%；废水处理达标量120吨。1995年工业废水处理量263.10万吨，处理率7.6%，比1991年减20.7%，比1990年提高7.39个百分点。

1996年，保山行署决定腾冲县新华工厂和龙陵县造纸厂化学制浆生产线停止生产；腾冲县政府决定腾冲县织染厂染布车间停止生产；昌宁县柯街糖厂投资450万元，采用华南环境科研所华南环境科技开发公司和广州天河高新技术产业开发区再生资源工程公司的浓缩法蒸发浓缩废醪液，用于生产复合肥技术；腾冲县新增县人民医院污水处理站。1997年，昌宁县政府责令关停珠街乡金宝水银冶炼厂和子堂村雄黄矿冶炼厂；施甸县新增县人民医院污水处理站。1998年，昌宁县柯街糖厂酒精废醪液治理通过省级验收；保山造纸厂易地搬迁扩建改造工程完成。1999—2000年，工业污染源达标排放工作中，保山地区多数糖厂采用农灌法对酒精废醪液进行过渡治理。2000年，全区工业废水处理量343.89万吨，处理率12.67%，比1995年提高5.07个百分点；工业废水处理回用量112.99万吨，处理回用率32.9%，废水处理达标排放量79.33万吨，工业废水达标排放率为2.92%。

“十五”期间，隆阳区投资5210万元建设污水处理厂，主要处理隆阳区城市生活污水。该厂采用carrouse氧化沟工艺，远期规模为4万吨/日，近期为2万吨/日，占地29.2亩，于2004年建成并投入调试运行。同时，根据云南省工业污染源全面达标排放要求，保山市列入限期治理的6家糖厂（龙陵县康丰糖业有限公司龙塘分公司、龙陵县康丰糖业有限公司勐糯分公司、施甸县旧城糖厂、恒盛糖业有限公司湾甸糖厂、恒盛糖业有限公司卡斯糖厂、保山市上江糖厂）均采用了同心圆冲灰水技术治理酒精废醪液。另外，全市认真督促落实排污企业污染源治理在线监控系统的安装工作，主要对排放量进行监控，至2005年已完成34家企业的在线监控安装。

2005年，全市废水处理回用量1809.48万吨，处理回用率为31.75%；废水处理达标量1863.47吨，工业废水达标排放率为54.51%，比“九五”末提高51.59个百分点。

二、大气污染源治理

1990年，燃料燃烧废气消烟除尘率34.9%，比1986年增8.8个百分点；生产工艺废气净化处理率57.2%。工业粉尘回收量2718吨，回收率38%，比1986年增13.3个百分点。

1995年，全区工业燃料燃烧废气消烟除尘率95.6%，比1990年增60.7个百分点；生产工艺废气净化处理率72.4%，比1990年增15.2个百分点。工业烟尘去除量9907吨，去除率75.3%，比1990年增40.4个百分点；工业粉尘回收量12644吨，回收率67.1%，比1990年增29.9个百分点。

“九五”期间，全区所有糖厂在安装新锅炉或技改过程中，都同时安装了水膜除尘器，对锅炉产生烟尘进行处理。新建或改扩建水泥厂，在每个排放口均配备了除尘设备。2000年，全区工业燃料燃烧废气消烟除尘率84.6%，比1995年减11个百分点；生产工艺废气净化处理率33.8%，比1995年减38.6个百分点。工业二氧化硫去除量5795.19吨，去除率55.1%；工业烟尘去除量7530.45吨，去除率67.5%，比1995年减7.8个百分点；工业粉尘回收量29830.03吨，回收率82.1%，比1995年增15个百分点。

“十五”期间，应云南省工业污染源全面达标排放要求，保山市列入限期治理的云南省龙陵县龙山硅有限责任公司、保山康发有限责任公司、昌宁县贞元硅有限责任公司、云南永昌铅锌股份有限公司、保山保盈金属硅有限公司分别对各公司产生烟粉尘及其他污染物进行了治理。2005年，全市工业二氧化硫去除量9874.11吨，去除率53.5%，比2000年下降1.6个百分点；工业烟尘去除量22388.25吨，去除率91.2%，比2000年增23.7个百分点；工业粉尘回收量94712.8吨，回收率85.7%，比2000年增3.6个百分点。

三、固体废弃物治理

1990年，全区工业固体废物综合利用量3.09万吨，综合利用率36.3%，比1986年减少12.2个百分点。工业固体废物处置量0.36万吨。

1995年，全区工业固体废物产生量59.32万吨，比1991年增4.26倍。综合利用量39.4万吨，综合利用率66.4%，比1990年增30.1个百分点。工业固体废物处置量0.4万吨。工业固体废物贮存量13.65万吨，累计堆存量61.69万吨。

1997年，保山市马王屯垃圾生态处理示范基地建成，日处理城市垃圾40余吨。2000年，全区工业固体废物产生量86.17万吨，比1995年增45.3%。综合利用量53.21万吨，综合利用率61.8%，比1995年减4.6个百分点。工业固体废物贮存量12.65万吨，累计堆存量63.53万吨。

2002年，隆阳区投资3058.17万元建设垃圾填埋场，主要处理隆阳区城市生活垃圾。该厂位于保山市隆阳区辛街乡长岭岗，占地312亩，日处理垃圾130吨，服务人口8万人。2003年，云南永昌铅锌公司投资400万元进行尾矿坝改造。2003—2005年，腾冲、龙陵和施甸县分别投资3028万元、2600万元和2150万元，先后建成县城垃圾卫生填埋场，日处理能力分别为150吨、80吨和60吨。2005年，保山市医疗废物集中处置中心开始建设，建设规模为日处理医疗废物3吨。

2005年，全市工业固体废物产生量119.18万吨，比2000年增38.3%。综合利用量76.95万吨，综合利用率64.57%，比2000年增2.77个百分点。工业固体废物处置量14.08

万吨，工业固体废物贮存量24.72万吨，工业固体废物排放量比2000年减少33.4个百分点。

第四节　排放总量控制

1997年12月，根据国家环保局《“九五”期间全国主要污染物排放总量控制实施方案》和省政府有关要求，保山行署作出《关于转发〈云南省实施污染物排放总量控制若干意见〉的通知》，将省政府下达保山地区2000年12种污染物排放总量控制指标分解到五县（市）。12种污染物为二氧化硫、烟尘、工业粉尘、石油类、氰化物、六价铬、砷、汞、铅、镉、化学需氧量和工业固体废物。至2000年年末，全区12种主要污染物排放量全部控制在省下达的计划指标限值内，圆满完成“九五”期间主要污染物总量控制任务。

保山地区“九五”主要污染物排放量及总量控制计划完成情况表

表2-14

指标名称	单位	1995年实际	1996年实际	1997年实际	1998年实际	1999年实际	2000年		
							实际	总量控制计划	比计划增减%
二氧化硫	万吨	0.64	0.54	0.73	0.64	0.74	0.6	0.7	-14.3
烟尘	万吨	0.82	0.3	0.6	0.55	0.6	0.48	0.7	-31.4
工业粉尘	万吨	0.72	0.38	0.65	0.56	0.99	0.65	0.9	-27.8
石油类	吨	0.99	0	4.63	5.42	0	0	3.5	-100
氰化物	吨	3.96	3.67	0	0	0	0	11.5	-100
六价铬	吨	0	0	0	0	0	0	0.1	-100
砷	吨	3.08	0.47	0.78	1.54	2.19	5.73	7.2	-20.4
汞	吨	0.003	0	0	0	0	0.003	0.013	-76.9
铅	吨	1.4	1.81	1.28	1.26	1.82	3.45	3.6	-4.2
镉	吨	2.54	0.13	0.71	0.71	0.5	0.55	3.17	-82.6
化学需氧量	万吨	3.23	2.92	2.43	2.75	3.45	2.98	3.4	-12.4
工业固体废物	万吨	16.89	3.64	8.53	12.2	8.7	5.39	45	-88

2003年1月，根据省环保局、省发展计划委员会、省经贸委《关于印发〈云南省“十五”污染物排放总量控制实施意见〉的通知》精神，保山市环保局、市发展改革委、市经贸委联合发文实施保山市“十五”污染物排放总量控制计划，分解下达二氧化硫、烟尘、工业粉尘、化学需氧量、工业固体废物、氨氮6种污染物排放总量控制指标。“十五”期限届满，各年指标完成情况见下表。

保山市"十五"主要污染物排放量及总量控制计划完成情况表

表2-15

指标名称	单位	2001年实际	2002年实际	2003年实际	2004年实际	2005年		
						实际	总量控制计划	比计划增减%
二氧化硫	吨	5204	5820	5280	4493.91	8027.83	5000	61%
烟尘	吨	3052	3314	2903	3114.46	2172.69	4500	-52%
工业粉尘	吨	6703	6241	8234	9600.25	15846.33	7500	111%
化学需氧量	吨	25700	33900	26800	25900	27869.47	23700	18%
工业固体废物	万吨	6.58	3.81	2.8	2.4	3.3	15	-78%
氨氮	吨	23.07	22.3	678	741	35.09	850	-96%

第五节　清洁生产审核

2002年,《中华人民共和国清洁生产促进法》颁布，云南省经济委和省环境保护局联合制定《云南省清洁生产审核实施办法(暂行)》，对强制性审核和自愿性审核进行分类。2004年，由云南清洁生产中心在保山市开始进行第一批4家企业的清洁生产审核工作。2005年7月，保山市清洁生产审核中心成立，保山成为全省8个清洁生产审核机构试点州市之一。为加快全市清洁生产步伐，保山市根据《云南省清洁生产审核实施办法(暂行)》，确定保山市丙麻硅厂、昌宁建星纸业等9家污染严重企业作为第二批强制性审核企业。2005年12月，全市第二批强制性清洁生产审核工作正式启动。年内，配合省清洁生产中心完成了1家污染严重企业清洁生产审核工作。年末全市累计有4家污染严重企业完成清洁生产审核工作，并通过省环保局的审查验收。

第五章　环境监管

第一节　建设项目"三同时"执行

1978年起，保山地区实施建设项目"三同时"环境管理制度并逐步规范。要求保山地区内的所有建设项目的环保设施，要与主体工程同时设计、同时施工、同时投入使用。1979年《中华人民共和国环境保护法(试行)》以法律形式对"三同时"制度作了明确的规定。1993—1997年，全区建成投产应执行"三同时"建设项目65个，实际执行38个，执行率

58.5%。县及县以上企业执行率从60%上升到80.3%，乡镇企业执行率从10%上升到57%。

1998年，全区环境监理人员依法对企事业单位污染设施运转情况、排污申报登记和建设项目“三同时”执行情况进行监督、监察，共计100多次。地区环境监理所对腾冲威霖木业公司、腾冲联谊木业公司、保山澜沧江啤酒厂、施甸水泥厂、保山水泥股份有限公司、保山市永昌粮管所、泛洋木业有限公司等20多个单位进行现场监理。1998—2002年，全市审批建成投产应执行“三同时”的建设项目97个，实际执行76个，“三同时”合格项目数73个，执行率78.4%，合格率96.1%。执行率从60%上升到91%，合格率从57%上升到100%。

2004年，对至2003年年底已建成并投产（或投入试运营）的161个建设项目进行专项清查和现场监察，其中未执行“三同时”的18个项目已按要求进行了整改。

2003—2005年，全市审批建成投产应执行“三同时”建设项目150个，实际执行83个，执行率55.3%；合格项目数80个，合格率96.4%，其中2005年全市建成投产应执行“三同时”的建设项目有121个，实际执行57个，执行率45%（省级验收项目100%、市级100%、县级43%），合格率96.5%（省级验收项目100%、市级100%、县级95.9%）。

2005年，对全市清理出的2003年至2005年3月审批的46个项目进行“三同时”现场监察，其中：正在施工的建设项目23个，建成投产的建设项目10个，未开工的建设项目11个，未实施的建设项目2个。在施工和建成的33个建设项目中，违反环评审批类建设项目1个，违反“三同时”管理的建设项目10个，依据有关法律法规，对11家环境违法单位提出整改意见并责令限期整改。

第二节　污染源适时监管

一、污染源现场监管

2000年，按照全国全省的统一部署，保山地区工业污染源达标排放工作实现主要污染物初步达标排放。2002年10月，撤销保山市环境监理所，成立保山市环境监察支队。为巩固达标排放成果，全市加大对重点污染企业现场监察力度。当年出动监察人员619人次，对全市重点污染源进行现场监察。2003年出动监察人员363人次，对181家企业进行了现场监察。2004年出动环境监察人员1311人次，对全市所有重点排污单位及21个建成和在建的项目进行现场监察，检查企业779家，关停、取缔、限期整治和补办相关环保手续企业74家。2005年，出动监察人员2442人次，现场监察单位301家（重点排污企业22家），限期整治企业11家，依法查处违法排污企业13家。确保全市重点排污单位污染治理设施正常运转和建设项目按规定实施。

二、污染源在线监控

2004年起，全市选用以GSM公共无线移动信息传输管理系统（污染源的现场监控数据能同时向所在地县、市、省、国家环保总局四级环保机构传输，实现四级环境部门在线监控联网)对污染源进行在线监控。2004年对7家省控重点企业安装在线监控并已正常运行。2005年已对27家市控重点企业安装在线监控并已正常运行。到2005年年末，已对34家企业实施在线监控。

第三节　污染事故查处

1992年，保山地区首次开展环境污染事故查处工作，全年全区查处污染事故6起，均属一般事故，其中农作物受害面积40.63万平方米，污染鱼塘0.27万平方米，直接经济损失约4.6万元，事故罚款0.2万元，污染事故赔款总额4.6万元。

1993年，全区查处环境污染事故5起，均属一般事故，其中农作物受害面积1.50万平方米，污染鱼塘0.13万平方米，直接经济损失约4.0万元，污染事故赔款总额1.0万元。

1994年，全区查处环境污染事故4起，均属一般事故，其中污染鱼塘1.0万平方米，直接经济损失约1.6万元，污染事故赔款总额1.6万元。

1995年，全区查处环境污染事故3起，其中：较大污染事故1起，一般污染事故2起，均为水污染事故。污染鱼塘1.7万平方米，直接经济损失约2.4万元，污染事故赔款总额2.4万元。

1997全区查处环境污染事故4起，其中：重大事故1起，一般事故3起；水污染、大气污染事故各2次。污染事故造成农作物受损6.67万平方米，污染鱼塘100平方米，污染饮用水源点1个，直接经济损失5.5万元，污染事故罚款0.5万元，赔款0.5万元。

1998年全区查处环境污染事故及污染纠纷18件，查处污染事故及纠纷共赔款16.75万元，罚款0.5万元。查处生态破坏事件3起，与矿管部门联合取缔2个无证采矿点。

2000年，受理各种环境污染投诉案件30起，办理30起。调处污染事故4起。随着工业企业和经济社会的发展，污染纠纷和环境信访也不断增加。

2001年，受理各种环境污染投诉案件250起，处理245起。2002年受理218起，全部查处。2003年受理247起，全部查处，其中噪声类109起。2004年受理334起，全部查处，其中：噪声污染158起，大气污染94起。办理有关环保提案17件。

2005年，共受理环境污染与生态破坏类群众来信来访430起，其中：水污染33起，大气污染153起，固体废物污染10起，噪声污染232起，生态环境破坏1起，其他污染1起。已处理430起。全年办理有关环保的提案5件。

2000—2005年环境污染事故、污染纠纷投诉及处理情况表

表2-16

年份	受理各种污染投诉案件（起）	办理投诉案件数（起）	污染事故数
2000	30	30	4
2001	250	245	—

续上表

年份	受理各种污染投诉案件（起）	办理投诉案件数（起）	污染事故数
2002	218	218	—
2003	247	247	—
2004	334	334	—
2005	430	430	—

第四节　环境专项监管

一、中、高考期间禁噪

从1998年开始，在全区范围内开展中、高考期间环境噪声污染防治执法监督检查工作。在地县两级环境保护部门设立举报电话，实行二十四小时值班制度，利用新闻媒体播放或刊登《关于中、高考期间禁噪的通告》，联合相关部门人员，实行夜间值班巡查。对距学校100米范围内的建筑施工作业、各种高音喇叭，营业性娱乐场所和其他可能产生噪声污染的场所以及群众反映强烈、影响学生正常学习和休息的噪声污染源进行现场监督、监察。对举报的噪声污染事件及时查处。1998年，在为期一个月的中、高考禁噪期限内，环保部门派出监理人员，及时对群众的举报进行查处，对重点建筑施工工地、营业性文化娱乐场所进行巡查，共查处电话举报案件21个。1999年共查处电话举报案件41个。2000年，全区共巡查各种噪声源250个，给予警告处理86个，责令停产、停工7个，查处电话举报案件30个。

2001年，保山市共巡查中、高考环境噪声源210个，重点查处125个，给予警告处理83个，责令限期整改42个，行政处罚2个；查处投诉举报电话52个，查处率100%。2002年，共出动检查人员155人次，查处违法案件45起。2003年，发放禁噪通告109份，巡查各种噪声源77处，办理噪声污染案件16件，其中：责令限期整改10家，行政处罚2家。2004年，出动检查人员330人次，发放清理整顿通知单223份，受理举报38件，依法查处噪声违法案件50件。2005年，出动检查人员676人次，巡查各种噪声源207个，依法查处噪声违法案件46件，其中：责令限期整改34件，当场处罚12件。

二、环保专项清理整治

2003年，按照上级的总体部署，保山市政府成立以分管副市长为组长，市政府副秘书长、市环保局局长为副组长，市环保、计委、经贸委、监察局、工商局、司法局、安监局等相关部门领导为成员的“环保专项整治行动领导小组”，开展“清理整顿不法排污企业，保障群众健康”环保专项行动。通过排查和清理，在全市关停、淘汰、限期治理污染企业36家，设置永久性警示牌2块。

2004年，出动检查人员627人次，检查垃圾处理厂5家、养殖场32家、矿山390家及全市范围内的钢铁、水泥、电解锌等行业；依法关闭矿山企业15家，责令补办相关手续8家，责令重建尾矿坝6家，责令限期整改40家。

2005年，出动检查人员857人次，检查企业264家，其中：市直管挂牌督办环境问题17起，重点监管企业11家，依法关闭违法企业8家，限期治理5家，警告1家。检查自然保护区4个，其中国家级自然保护区1个。

三、重点污染源限期整治

1978年、1990年国家分别下达第一、二批限期治理项目，云南省也分两批下达48个限期治理项目，保山地区的企业未被列入其中。

1996年，《国务院关于环境保护若干问题的决定》首先提出取缔、关停15种治理无望的污染严重小企业，并要求限期完成关停任务，保山地区行署组织环保、经贸、乡企、监察等部门，对涉及的“十五小”企业进行检查核实，全市共关停“十五小”企业6家（含车间）。

1999年，根据省政府的统一部署，保山行署下发《关于保山地区2000年工业污染源达标排放工作的通知》，成立领导小组，制定实施方案和措施。“九五”期间，保山地区列入《云南省“九五”期间100家重点污染源限期治理项目名录》的有5个，至2000年，5个项目基本完成治理任务。1999—2000年，地、县（市）环保部门将历年积累的环保信贷资金202.6万元用于补助21个企业的达标治理；为4家企业向省争取到37万元贷款贴息补助和300万元世行小额贷款；全区工业企业用于达标治理的资金总计3168.4万元。截至2000年12月，全区重点考核92家企业（省重点考核45家、地区重点考核47家），全部实现了主要污染物达标排放，其中：治理达标57家，自行停、转、迁35家。92个企业用于治理污染的投入累计1846.3万元。在全省总结考评中，保山地区被评为一等奖，受到了省政府的表彰奖励；有14人被省环保局评为“云南省2000年工业污染源达标排放工作先进个人”。

2001年，为进一步巩固2000年达标排放成果，逐步实现全面达标，保山市实施“达标排放再提高工程”，全市筛选出8家重点污染源企业进行限期治理。2003年，省政府公布云南省550家企业作为工业污染源全面达标排放重点考核企业，对考核企业提出“限期治理并在2004年年底以前实现全面达标排放”的要求，其中保山市有21家。由于有的行业治理技术尚待完善，有的企业正在实施改制或技改，有的企业认识不到位，整治行动迟缓，全面达标排放工作进展较为缓慢。到2004年年底，仅有9家企业完成工程治理，7家通过了达标验收。

2005年1月，省环保局下发《关于对44家重点工业企业延期考核全面达标排放工作的通知》，保山市有12家企业列入延期考核达标排放企业，时限延长到2005年12月31日。至2005年年底，全市21家工业污染源全面达标排放，重点考核企业中，有10家企业实现全面达标排放，11家没有实现全面达标排放，保山市环保局严格依照环境保护有关法律法规和省政府办公厅的文件要求，报请市政府，对11家企业的当年排污许可证年检不予通过，坚决实行停产、停业整治。年末未发现新增“十五小”企业。

第五节　排污申报登记

1983年1月起，保山地区根据国务院颁布的《征收排污费暂行办法》规定实行排污收费制度及排污申报登记。在保山市、腾冲县的17个重点污染企业中征收排污费，当年征收8.16万元。到1985年年底，全区实行征收排污费的工矿企业40户，征收排污费总额22.86万元。1990年全区实行征收排污费的工矿企业44户，全年征收排污费达43万元。

1994年，根据国家有关规定，保山市、腾冲县对建筑施工超标噪声开始征收排污费。全区征收排污费的单位227户，全年征收排污费110.2万元。1995年起，全区开展排放固体废物申报登记工作，有116个企业单位进行了申报登记。保山市开展排放水污染物申报登记试点工作，第一批试点登记的有9个重点企业。

1997年，根据国家环保局和云南省环保局的相关要求，为了进一步开展排污申报登记制度，保山地区制定《保山地区排污申报登记工作实施方案》，成立组织机构，明确排污申报登记工作的意义、目的和任务，提出申报登记的原则、范围、内容及要求。至1997年年末，全区污染企业累计申报登记287家。县级和县以上企业排污申报登记占全区企业的100%，发证企业污染负荷占全部申报登记企业污染负荷的98%。当年全区申报登记单位274户，排污费征收单位210家，征收排污费174.7万元。1998年，保山地区排放污染物申报登记工作通过省级验收，并获二等奖。行署环保局对辖区内《污染物排放申报登记表》审查合格的排污单位，发放排污申报登记注册证。

2001年，对工业污染源达标排放考核。省重点45家及保山市重点47家重点污染企业进行全面申报，为排污许可制度工作打下了基础。

2002年，排污许可制度开始实施。5月，市环保局和市工商局联合召开全市排污许可证工作会，安排部署排污许可证工作。研究制定全市排污许可证制度实施方案，确立了纳入首批实施排污许可证管理的35个企业及其所需控制的污染物。8月，对首批发证单位排污许可证申请审批表进行审查并通过省技术组审核。12月，完成首批35个排污许可证发放工作，其中富邦科技股份有限公司等8个排污单位为正式许可证，保山市上江糖厂等26个排污单位为临时许可证，腾冲县大硐矿业有限责任公司停产并注销污染源。

2003年，排污许可证逐步纳入环境保护日常管理工作，对2002年首批发放排污许可证的34家企业进行了总结和建档，组织完成了2003年许可证年检工作，并与工商部门实行年检联动制度。2004年，全市认真贯彻落实《国务院排污费征收使用管理条例》，加大排污申报登记和排污费征收力度，在全市推广应用国家环保总局在全国统一规范制定的各种登记表册和相配套的电脑软件系统。按省、市人民政府要求，将隆阳区范围内的排污费征收工作由隆阳区环保局移交保山市环保局负责，全市当年排污申报登记449家，累计征收排污费231.1万元。同时，稳步推行排污许可证制度，逐步扩大发证范围，已有34家企业实施了许可证管理，其中：持正式证企业9家、临时证企业25家。并逐步在发证企业实施在线监控工程。

2005年，强化对持证企业的日常监督管理，认真组织完成排污许可证年检工作，不断完善对持证企业的环境监管长效机制。年检发证36家，其中：省级发证6家，市级发证27家，县级发证3家；持正式证17家，临时证19家；当年新发证6家，注销3家临时证。全市进行排污申报登记435家，征收排污费301.9万元。

1984—2005年保山市排污费征收情况统计表

表2-17

年度	征收户数（户）	征收金额（万元）
1984	7	14.6
1985	36	18.6
1986	34	20
1987	40	39
1988	44	44
1989	42	55
1990	44	43
1991	47	71
1992	48	80
1993	68	89
1994	227	110.2
1995	247	117
1996	208	172
1997	210	174.7
1998	217	144
1999	221	155
2000	232	155
2001	685	204
2002	327	205
2003	336	208
2004	449	231.1
2005	435	301.9

第六章　生态环境保护

第一节　生态环境状况

1978—2005年，保山市生态环境保护和建设工作逐步得到重视加强，水土流失综合治理工作力度逐渐加大，人为水土流失得到有效控制。但是，局部地区生态环境脆弱的状况仍然存在，主要表现在：重点地区特别是城镇面山、主要交通干线、风景旅游区、重要水源保护区以及澜沧江、怒江流域的森林质量退化、生态防护功能下降的趋势还没有根本扭转；历史上毁林开荒种地、种蔗形成了大量的25度以上陡坡耕地，水土流失严重；随着工业化、城镇化进程加快和人口不断增长，生态建设和环境保护的压力进一步加大。

一、自然生态状况

（一）森林覆盖率

由于历史的原因，各地曾大规模毁林开荒，全区森林遭受极大的破坏。据1974年省林业勘察五大队的清查结果，森林覆盖率仅为28.4%。20世纪80年代，森林覆盖率开始回升。据1987—1988年进行的森林资源清查测算，森林覆盖率提高到29.8%。20世纪80年代全区开始进行大规模植树造林，至1990年，全区累计植树造林654.13万亩，其中：人工造林486万亩，飞播造林168.13万亩。据1994年森林资源二类调查汇总结果显示，全区有林地覆盖率42.5%，加灌木林地总覆盖率为52.9%。20世纪90年代后期，以林业部门为主，重点抓了速生丰产林基地、干果基地、扶贫绿色工程、澜沧江防护林工作、以工代赈林业项目、银行贷款造林等项目建设。“九五”期间，全区完成人工造林144.39万亩。“十五”期间，完成人工造林341.6万亩，飞播造林192.4万亩。2002年，全市启动实施国家退耕还林工程。至2005年，全市完成退耕还林工程任务55.5万亩，其中：完成退耕地还林22.2万亩，完成荒山造林23.3万亩，完成封山育林10万亩。

据2005年公布的全市森林资源连续清查（初查）资料显示，全市林业用地总面积1279294公顷，占全市土地总面积的67.09%，全市森林覆盖率达46.92%，林木绿化率为56.1%。

（二）土壤侵蚀状况

根据1987年云南省土壤侵蚀遥感调查报告，保山地区水土流失面积6792.11平方千米。1999年云南省土壤侵蚀遥感调查显示，全地区水土流失面积6894.53平方千米。主要分布在龙陵象达、平达和怒江、澜沧江及其支流两岸。“九五”期间，全区治理水土流失面积160平方千米，“十五”期间，全市治理水土流失面积229.4平方千米。

2004年，根据保山市土壤侵蚀强度分级面积统计，土地面积19066.5平方千米，微度侵蚀12105.62平方千米，水土流失面积6960.88平方千米（约占土地总面积的36%），其中：轻度流失面积3057.28平方千米，中度流失面积3471.56平方千米，强度流失面积344.09平方千米（分布在隆阳区蒲缥水长河一带和澜沧江沿岸约126.23平方千米，施甸县勐波罗河沿岸约62.29平方千米，昌宁县河西水库周围和县城西部山区约47.28平方千米，龙陵县的帮迈、腊勐一带约40.23平方千米，腾冲县西沙河与龙江上游约6.96平方千米），极强度流失面积86.83平方千米（分布在龙陵县象达坝子周围，腾冲县荷花乡南箐河、喇叭河和黄瓜箐一带），剧烈流失面积1.11平方千米（分布在龙陵县象达河上游和平达河上游红坍山一带）。全市平均土壤侵蚀模1423吨／平方千米·年，年平均侵蚀量2714万吨。

二、绿色创建与生态环境建设

“十五”期间，在加强生态环境保护的同时，积极组织开展生态示范建设及绿色系列创建活动。2000年，原保山地委书记杨善洲被国家环保总局评为“环境保护杰出贡献者”，2001年被中华环境保护基金会评为“首届中华环境奖提名奖”。2001年，保山市环保局、保山市教育局首次联合成立创建绿色学校领导小组，各有一名主管副局长负责抓创建工作，办公室设在市环保局，负责组织协调实施工作。首批表彰命名5所学校为保山市级绿色学校。2002年，第二批表彰命名13所学校为保山市级绿色学校，2所学校被命名为省级绿色学校。2003年，龙陵中学被命名为国家级绿色学校，5所学校被命名为省级绿色学校。2004年，17所学校被命名为市级绿色学校。至2005年年底，全市共创建国家级、省级、市级“绿色学校”43所，其中：国家级1所，省级7所，市级35所。

除开展“绿色学校”创建活动外，保山市还开展了“绿色社区”创建，到2005年年底，共创建省级“绿色社区”3个。2005年，施甸县姚关镇被省政府命名为第一批省级生态乡(镇)，腾冲县和顺镇被国家环保总局命名为“全国环境优美乡（镇）”。

腾冲县开展“全国水土保持生态环境建设示范城市”建设。把城市四周190平方千米面积划为水土保持生态环境建设区，增加城市水土保持设施面积；加大各水系流域内的水土流失治理力度和城市种草力度，搞好造林树种结构调整，从针叶林转向阔叶林、水源林，并制定水源林保护办法，禁止水源林采伐；加大城市污水治理力度，确保工业污水和生活污水的达标排放；加大城市防洪河道治理力度。至2005年，共修建城市防洪河道12.89千米，水系绿化长度10.52千米，水系绿化率为81.6%。城区范围面积188.7平方米，林地面积77.584平方米，森林覆盖率为41.1%，城市公共绿地面积为34.66平方米，水土流失控制率8.6%。

三、环境可持续发展项目

2003年，在省环保局的大力支持下，经市环保局与相关部门共同争取，中英合作云南环境发展与扶贫（YEDP）项目落户昌宁县漭水镇翠华村，成为云南省三个示范点之一。该项目由英国国际发展部与云南省人民政府共同合作，旨在促进云南省环境可持续发展、消除贫困。示范主题是“山地农业与可持续生计”。项目总投资422.56万元，其中：英国国际发展部援助227.36万元，省级扶贫资金配套155.2万元，地方配套40万元。经过近两年的项目建设，按设计完成翠华村农产品展示及交易场所建设3566平方米，翠华村能力建设培训中心主体工程349.8平方米及相关附属工程、培训设备；成功在翠华村全面推广猪食熟喂改生喂技术；开办“强化妇女组织能力建设”培训5期573人次，“经济林木栽培管理”“熟喂改生喂技术培训”等14个专题22期，参训人员1531人次，其中：妇女参与培训1078人次；建设节能灶示范户69户、沼气池示范户7户、畜圈改造示范户46户；完成生态茶园示范种植362.8亩，经济林果种植1327亩，秃杉、华山松造林310亩；利用格宾网保护河堤714米，种植柳树1298株；完成各类人畜饮水及水浇地工程建设20个，安装引水管道16031米；在社区制作23块宣传到户宣传栏，定期宣传项目信息和科学技术信息，在翠华村4所小学290名师生中开展环境教育活动，编制环境教育小册子800册。

四、民间生态环保成效

1995—2005年，保山市先后成立高黎贡山农民生物多样性保护协会和保山师专蓝宇社两个民间环保组织。

1995年高黎贡山农民生物多样性保护协会成立前，许多村民由于经济落后和思想觉悟的局限，做过许多破坏自然资源的事情，包括到自然保护区偷猎、盗伐、放牧、采集等活动，毁林开荒等无计划利用集体林和自留山的资源的行为，使集体林和自留山森林资源呈现直线下降趋势，保护区受到严重威胁。1995年12月，中国第一个农民自我组织、自我管理、自我服务、自我发展的环境保护组织——高黎贡山农民生物多样性保护协会成立后，在美国麦克阿瑟基金会、联合国大学、全球环境基金（GEF）等国际组织资助下，协会组织开展农村实用技术及生物多样性保护知识培训、实施混农林示范种植、集体林经营管理、乡土树种造林等农业生物多样性就地保护试验示范项目，开展乡村旅游、农民专家示范等一系列满足村民的各种需求的活动。村民们通过参加协会组织的各种活动，村民的环境保护意识逐步增强，思想意识不断发生变化；种植经济林和发展养殖业，获得了现金收入；种植乡土植物，满足用材需求；使用沼气和节能灶，减少了薪材消耗。同时，逐步改善当地的道路、交通、教育、通信等各种与村民生产生活密切相关的基础设施。这一切为培养村民保护意识和脱贫致富起到很好的促进作用，许多村民由过去的猎人、伐木工，变成自觉的生物多样性保护者。至2005年年底，高黎贡山农民生物多样性保护协会会员已由成立时的40人发展到150多人。

2004年3月，保护环境公益社团组织保山师专蓝宇社成立后，以“打开绿色心门，走向清晰世界”的口号，以“你们的微笑便是我们的快乐”为行动指南，积极开展各种环境宣传和奉献爱心的公益活动。2005年暑假，蓝宇社积极响应中宣部、团中央的号召，组建由60多名在校生组成的大学生“三下乡”环保宣传服务团，围绕“让绿色永恒、让健康长驻”的主题，在市、区环保部门的大力支持下，深入到农村基层开展以环保知识、环保科技、环境问题投诉等为主的环保宣传活动，历时10天。在隆阳、施甸、腾冲、龙陵4个县（区）的20多个乡（镇），散发环保宣传单6000份，环保宣传画200册，受到当地群众的好评，为唤醒公众自觉保护环境、净化环境和实现可持续发展，建设美丽保山做出了积极贡献。

第二节　自然保护区建设

保山市共有高黎贡山国家级自然保护区、龙陵小黑山省级自然保护区、腾冲北海湿地省级自然保护区、腾冲地热火山县级自然保护区、昌宁澜沧江县级自然保护区5个自然保护区。

一、高黎贡山国家级自然保护区

见《林业》编第八章第一节。

二、龙陵小黑山省级自然保护区

见《林业》编第八章第二节。

三、腾冲北海湿地省级自然保护区

见《林业》编第八章第二节。

四、腾冲地热火山县级自然保护区

2000年3月，腾冲县政府批准建立腾冲地热火山县级自然保护区。保护面积12990公顷，属于地质遗迹——地热火山自然景观型保护区。

保护区内独特的地质地貌孕育了神奇的秀山丽水，有97座火山体，其中火山形态保存完整（有火山口、火山锥）的有25座。火山锥类型多样，是全国保存较好的新生代活火山群火山地貌的典型。170余处大小热泉遍布境内，是全国有名的温泉之乡，壮观的火山热海是世界罕见的火山地热伴生地，更是国内绝无仅有的自然奇观。这些遗迹是自然资源的重要组成部分，更是珍贵的、不可再生的地质自然遗产。保护区建成后，境内的各种自然景观得到有效保护。

五、昌宁澜沧江县级自然保护区

见《林业》编第八章第二节。

第三节　环保宣传教育

1978—1979年，地县（市）环保机构成立后，环保宣传教育工作通过宣传栏、广播、电影、幻灯、电视等渠道在全区范围内广泛开展，宣传教育重点从动植物保护，扩大到大气等整个人类生存环境的保护。

1983年后，各地围绕环保纪念日组织环保宣传周(月)、举办环保知识竞赛、书画笔会、街头咨询等丰富多彩的群众性纪念活动。1989年，《中华人民共和国环境保护法》颁布实施后，地区环保办公室自购600册，下发各县广泛宣传。1993年起，每年的6月5日“世界环境日”前后，地、县(市)各级环保部门都要结合当年宣传“主题”，走上街头，摆摊设点，悬挂标语，发放宣传资料，或与学校、机关、企业等单位联合开展环保“宣教”活动；统一订购《中国环境报》《环境保护通讯》分别送给政府机关和部分企事业单位、学校、乡村宣传环保知识。

1998—2000年，保山地区环境保护宣传工作，重点宣传贯彻环境保护方针、政策和法律法规，创办了《环保工作简讯》，每年在“6·5”世界环境日、“5·22”国际生物多样性日、“4·22”世界地球日和“爱鸟周”等重要节日期间，政府领导发表电视讲话，环保部门上街摆摊设点发放宣传资料、悬挂环保标语、粘贴环保宣传画、制作环保展板以及开展环保征文等活动；广播、电影、电视、报刊等宣传媒体积极配合宣传报道环境保护知识和相关法律法规；教育部门积极探索在全区中小学校课堂开展环境教育课，培养孩子从小树立保护环境、爱护环境的意识；人大、宣传、环保等部门每年组织开展了“中华环保世纪行”活动，广泛传播环境保护知识、政策、信息，引导公众积极参与支持环境保护。

2001—2005年，市环保局强化舆论引导，持续扩大环境宣传教育的影响力。2002年开始，每周定期在媒体发布中心城市空气质量周报。2004年，在保山电视台开办“天天环保”栏目，在《云南广播电视报》（百姓周刊）开办环保专题栏目，同年4月创办“保山市环境保护局网站”，并将《环保工作简讯》改版为《保山环保信息》扩大宣传范围；2005年创办《保山环境》内部刊物，向省内读者介绍保山市环境领域的发展趋势、环保做法、经验，不断扩大环境信息的覆盖面，逐步提高公民环境保护意识。

第三编　人　口

晨　练

综　述

1978年中共十一届三中全会后，国家根据人口增长过快的实际，制定了“限制人口数量，提高人口素质”的人口政策，将计划生育作为国家的一项基本国策。根据国家政策的统一要求，保山开始用法律、政策、技术等强有力措施控制人口过快增长。

1979年起，人口发展得到有效控制。1990年，人口自然增长率降为11.5‰，比历史最高年1973年的32‰下降20.5个千分点。随着计划生育工作的深入开展，广大民众的婚育观念发生了深刻的变化，“晚婚晚育、优生优育”的新的婚姻观念逐步形成，全区人口生产类型逐渐由“高出生、低死亡、高增长”的增长型向“低出生、低死亡、低增长”的稳定型转变。

1991—2000年，保山与全国同步进入第四次人口出生高峰，但回升势头不明显，全区人口增长保持稳定的态势，年平均出生人口保持在3.33至3.82万人之间。

2000—2005年，保山市各级政府和计划生育系统分别签订《人口与计划生育目标管理责任书》，实行双线目标考核制度，人口增长率和自然增长率进一步趋于平稳，平均每年出生3万人左右，全年自然增长率保持在7‰以下。

2005年年末，全市人口出生率为11.99‰，全年出生2.66万人，比1978年下降8.32个千分点；全年自然增长1.43万人，自然增长率从1978年的13.99‰下降为5.93‰，下降8.06个千分点，人口出生稳步进入低生育水平，人口增长处于有效控制态势，为全市人口与经济社会协调发展奠定了良好的基础。

第一章　机构沿革

第一节　行政机构

1978年，保山地区革命委员会设有计划生育领导小组，由地委副书记任组长，成员由13个地直相关部门组成。领导小组办公室设在卫生局，有专职干部4人。

1979年9月，全区各县在下乡知识青年中招收干部，为98个公社配备113名计划生育助理员，充实计划生育干部队伍。11月，保山地区革命委员会计划生育领导小组改称保山地区行政公署计划生育领导小组，成员增至22人，下设办公室，有工作人员6人。

1981年，撤销地区计划生育领导小组，设立保山地区行政公署计划生育办公室，为行署直属一级机构。

1983年9月，地区机构改革，保山地区行政公署计划生育办公室改为保山地区计划生育委员会，设专职干部7人。五县（市）也相继改设计划生育委员会，由一名副县（市）长分管，共有专职干部21人。全区各公社共配备专职干部99人，其他不脱产计划生育工作人员14053人。

1985年，地区及各县（市）有计划生育专职干部44人，乡级计划生育专职干部109人。半脱产的乡（镇）计划生育宣传员全部配齐，11246个农村合作社由妇女社长兼管计划生育工作。

1990年年末，地、县、乡计生委、计生办行政机构共89个，工作人员210人，其中：地区1个7人，县级5个35人，乡（镇）83个168人。全区计划生育行政事业机构发展到96个，专职人员244人。村公所（办事处）配备半脱产的计划生育宣传员848人，11246个村民委员会、居民委员会由妇女组长兼管计划生育工作，地、县、乡、村、社五级计划生育工作网全面建成。

1995年2月地级党政机构改革，保山地区计划生育委员会更名为保山行政公署计划生育委员会，内设办公室、统计法规科和宣传科技科3个职能科室，行政编制为8人，工勤人员事业编制2人，其中：部门领导职数2人，科室领导职数3人。

2001年8月，保山行政公署计划生育委员会更名为保山市计划生育委员会，内设办公室（组织人事科）和统计法规科（宣传科技科、流动人口管理办公室）2个职能科室，行政编制8人，工勤编制1人，共9人。设主任1人，副主任2人，科级领导职数3人。

2005年3月，保山市计划生育委员会更名为保山市人口和计划生育委员会，属保山市人民政府的工作部门。内设办公室、政策法规宣传教育科、发展规划与信息科、流动人口服务管理科和科技药具服务管理科5个职能科室，编制21人。设主任1人，副主任2人，科级领导职数8人。年末，全市各级计划生育行政管理机构83个，市、县（区）、乡（镇）、村（办事处）四级计划生育专兼职工作人员1388人，其中：市级17人，县（区）165人，乡（镇）290人，村委会（办事处）916人。行政管理人员编制249人，市、县、乡三级公务员实有293人，其中：大专及以上文化123人，中专文化62人，高中及以下108人。

第二节　技术服务机构

1984年1月，经保山地区编委批准，建立宣传、技术、药具三站合一的计划生育宣传技术指导站，属地区计生委的二级事业单位，专项编制5人，实有工作人员2人。主要是在地区计生委领导下，开展计划生育宣传教育、干部培训、节育技术服务、优生优育咨询和避孕药具的管理发放等工作。

1987年，全区共有地、县宣传技术指导服务站6个，干部23人，其中：地区2人，保山市7人，施甸县3人，腾冲县4人，龙陵县5人，昌宁县2人。

1988年5月，经地区编委批准，单独建立保山地区计划生育药具管理站，属地区计生委二级事业单位，人员编制5人，配副站长1人，会计、仓库保管员各1人（县级不设）。

1989年3月，全区第一个县级计划生育服务站在腾冲县建成。此后，其他县（市）也相继建立县级计划生育服务站。1990年，全区第一个乡级计划生育服务所在昌宁县更戛乡成立，有工作人员3人。全区陆续建立乡级计生服务所。到2000年年底，全区82个乡（镇）共建有53个乡级计划生育服务所，占64.63%，其中：隆阳区10个，施甸县11个，腾冲县17个，龙陵县3个，昌宁县12个。未建29个乡（镇），占35.37%。

2001年乡（镇）机构改革后，腾冲、龙陵、施甸、昌宁四个县合并撤销了29个服务所，占已建数的54.72%。合并后，全市有26个乡级服务所。隆阳区的10个服务所没有合并，但服务所的人员没有编制。

2002年年末，全市有技术服务机构31个、专业技术人员245人，其中：县级服务站5个，乡级服务所26个；副高级职称2人，中级职称40人，初级职称149人；获得执业医师资格67人，执业助理医师资格49人，工勤及其他人员23人。

2005年3月，撤销市计划生育宣传技术指导站和药具管理站，两站10名工作人员分流到市人口和计划生育委员会各科室。年末，全市有技术服务机构39个，其中：县级服务站5个，乡级服务所34个。人员编制217人，实有200人；有专业技术人员175人（副高级职称2人，中级职称45人，初级职称121人），获得技术执业资格的139人（执业医师65人，执业助理医师45人，执业护士29人），不具备执业资格的36人；有工勤及其他人员25人。

第三节　计划生育协会

1989年11月2日，保山地区计划生育协会成立，共有协会理事47人，常务理事12人，会长1人，副会长4人，副秘书长1人，会长由行署分管副专员担任。随后，五县（市）和部分乡（镇）、村（处）也陆续建立计划生育协会。

1990年，全区有各级计划生育协会629个，其中：地级协会1个，县级协会5个，乡级协会73个，村级协会550个。有会员1.2万人，协会理事2170人，建立“协会之家”3个。

1995年，全区共有计划生育协会1007个，占应建协会数的100%，其中：地级1个，县5个，乡级82个，村级919个。会员之家915个，比上年增加165个，共有会员145850人，比上年增加10180人。共有专兼职协会干部1007人。

2002年，全市共有计划生育协会1006个，其中：市级1个，县5个，乡级82个，村级918个。会员之家917个，会员小组11904个，会员联系户35730个，会员人数达17.59万人。市、县级协会活动经费达12.4万元。

2005年年末，全市有计划生育协会993个，其中：市级1个，县5个，乡级72个，村级915个。会员小组11511个，会员26.16万人。

第二章　人口数量及分布

1978年，保山地区总人口182.84万人，人口密度为每平方千米93人。至2005年年末，保山市总人口达242.49万人，其中：隆阳区85.84万人，施甸县33.07万人，腾冲县62.10万人，龙陵县27.33万人，昌宁县34.16万人。农业人口为216.72万人，非农业人口为25.77万人。全市人口密度上升到每平方千米123人。

第一节　地理分布

1980年，保山地区总户数为32.91万户，总人口185.67万人，其中：坝区13.04万户、70.2万人，分别占总户数的39.62%和总人口的37.81%；山区、半山区和高寒山区人口19.87万户，115.47万人，分别占60.38%和62.19%。全区人口垂直分布最高为海拔2200米以上的高寒山区，最低至海拔535米的低热河谷。

1985年，坝区人口分布比重约为40.49%，比1980年上升0.87个百分点，山区、半山区、高寒山区人口比重相应下降0.87个百分点。

1990年，山区、半山区人口约占55%~60%，人口发展较快；平坝和低热河谷地区人口约占30%~35%，人口增长平稳；高寒山区人口约占5%~15%。人口普查资料表明边远山区、半山区和高寒山区经济文化比较落后，人口增长快，人口分布比重大；而坝区和低热河谷地区经济文化发达，人口素质相应较高，人口基本实现有计划地增长。

此后，2000年人口普查中未进行人口地理分布的统计。

第二节　政区分布

1978年年末，保山地区辖5县，人口182.84万人，占全省人口的5.88%，其中：保山县64.40万人，占全区总人口的35.22%；施甸县25.39万人，占13.89%；腾冲县45.09万人，占24.66%；龙陵县21.05万人，占11.51%；昌宁县26.91万人，占14.72%。

1982年年末，全区总人口为190.60万人，占全省人口的5.82%，其中：保山县66.46万人，占全区总人口的34.86%；施甸县26.28万人，占13.79%；腾冲县47.52万人，占24.93%；龙陵县22.22万人，占11.66%；昌宁县28.11万人，占14.75%。

1984年年末，全区辖4县1市，人口195.48万人，占全省人口的5.80%，其中：保山市68.02万人，占全区总人口的34.80%；施甸县26.96万人，占13.79%；腾冲县48.92万人，占25.03%；龙陵县22.82万人，占11.67%；昌宁县28.76万人，占14.71%。

1987年年末，全区总人口203.24万人，其中：保山市70.75万人，占全区总人口的34.18%；施甸县28.17万人，占13.86%；腾冲县50.94万人，占25.06%；龙陵县23.63万人，占11.63%；昌宁县29.74万人，占14.63%。

1990年年末，全区总人口212.24万人，占全省人口的5.69%，其中：保山市73.96万人，占全区总人口的34.85%；施甸县29.54万人，占13.92%；腾冲县53.37万人，占25.14%；龙陵县24.76万人，占11.67%；昌宁县30.62万人，占14.43%。

1995年年末，全区总人口为223.67万人，其中：保山市78.35万人，占全区总人口的35.03%；施甸县31.07万人，占13.89%；腾冲县56.42万人，占25.22%；龙陵县25.79万人，占11.53%；昌宁县32.04万人，占14.32%。

2000年年末，全区总人口234.46万人，占全省人口的5.70%，其中：保山市82.96万人，占全区总人口的35.38%；施甸县32.34万人，占13.79%；腾冲县59.38万人，占25.33%；龙陵县26.46万人，占11.29%；昌宁县33.33万人，占14.22%。

2005年年末，保山市总人口242.49万人，其中：隆阳区85.84万人，占全市总人口的35.40%；施甸县33.07万人，占13.64%；腾冲县62.10万人，占25.60%；龙陵县27.33万人，占11.27%；昌宁县34.16万人，占14.09%。

第三节　城乡分布

1978年年末，保山地区城镇人口为7.61万人，占总人口的4.16%；乡村人口为175.23万人，占总人口的95.84%。农业人口为173.22万人，占总人口的94.74%；非农业人口为9.62万人，占总人口的5.26%。

1982年年末，全区城镇人口为8.13万人，占总人口的4.27%；乡村人口为182.47万人，占总人口的95.73%。农业人口为179.39万人，占总人口的94.12%；非农业人口为11.21万人，占总人口的5.88%。

1985年年末，全区城镇人口为17.81万人，占总人口的9.00%；乡村人口为180万人，占总人口的91.00%。农业人口为185.96万人，占总人口的94.01%；非农业人口为11.85万人，占总人口的5.99%。

1990年年末，全区城镇人口为38.86万人，占总人口的18.31%；乡村人口为173.38万人，占总人口的81.69%。农业人口为198.03万人，占总人口的93.30%；非农业人口为14.21万人，占总人口的6.70%。

1995年年末，全区城镇人口为42.18万人，占总人口的18.86%；乡村人口为181.49万人，占总人口的81.14%。农业人口为205.13万人，占总人口的91.71%；非农业人口为18.54万人，占总人口的8.29%。

2000年年末，按全国城乡人口划分新口径，不再统计城镇人口。全区农业人口为2113088人，占总人口的90.12%；非农业人口为231557人，占总人口的9.88%。

2005年年末，全市农业人口为2167187人，占总人口的89.37%；非农业人口为257683人，占总人口的10.63%。

1978—2005年，非农业人口的比例在逐渐上升。

1978—2005年保山市人口按户口性质分组表

表3-1　　　　单位：万人

年份	按户口性质分		总人口
	农业	非农业	
1978	173.22	9.62	182.84
1979	174.19	10.07	184.26
1980	174.78	10.91	185.69
1981	176.79	10.81	187.60
1982	179.39	11.21	190.60
1983	181.43	11.50	192.93
1984	183.64	11.84	195.48
1985	185.96	11.85	197.81
1986	187.87	12.51	200.38
1987	190.31	12.93	203.24
1988	193.27	13.38	206.65
1989	195.93	13.88	209.81
1990	198.03	14.21	212.24
1991	199.96	14.87	214.83
1992	201.01	15.62	216.63
1993	201.64	17.48	219.12
1994	203.37	17.97	221.34
1995	205.13	18.54	223.67
1996	206.71	19.30	226.01
1997	207.19	21.13	228.32
1998	208.76	21.68	230.44
1999	209.41	22.62	232.03
2000	211.31	23.16	234.46
2001	212.43	23.50	235.93
2002	213.49	24.06	237.55

续上表　　　　　　　　　　　　　　　　　　　　　　　　　　单位：万人

年份	按户口性质分		总人口
	农业	非农业	
2003	214.31	24.95	239.25
2004	215.73	25.40	241.13
2005	216.72	25.77	242.49

第四节　人口密度

1978年，保山地区平均人口密度为每平方千米93人，其中：保山县128.5人，施甸县126.4人，腾冲县77.1人，龙陵县73人，昌宁县69.2人。

1982年，全区平均人口密度每平方千米97人，其中：保山县132.6人，施甸县130.8人，腾冲县81.3人，龙陵县77人，昌宁县72.3人。

1985年，全区平均人口密度每平方千米100.7人，其中：保山市137.4人，施甸县136.2人，腾冲县84.7人，龙陵县79.9人，昌宁县73.7人。全区分布于城镇和坝区的人口68.2万人，占全区人口的34.48%，人口密度每平方千米424人；分布于高寒山区、山区、半山区的人口129.62万人，占65.53%，人口密度每平方千米72人，人口密度分布高低相差352人。

1990年，按各乡（镇）人民政府所在地的海拔高度统计，全区海拔1400米以下的国土面积约5052平方千米，占总面积的25.73%，人口46.65万人，人口密度每平方千米92人；海拔1400米以上的高寒山区、山区、半山区、坝区面积14585平方千米，占74.27%，人口165.59万人，人口密度每平方千米114人。全区10个行政镇，土地面积约1586平方千米，占8.08%，人口38.64万人，占总人口的18.21%，人口密度每平方千米244人。

1979—1990年，全区平均人口密度由每平方千米94人上升到108人，每平方千米增加14人，其中：保山市增加19人，施甸县20人，腾冲县13人，龙陵县12人，昌宁县9人。11年间，以保山市和施甸两个县人口密度增长较快。至1990年年末，人口密度增长绝对数高于全区108人平均水平的有保山市和施甸县；低于全区平均水平的有腾冲、龙陵、昌宁三县，其中，保山市人口密度绝对数最高，每平方千米为148人；昌宁县最低，为79人，相差69人。

1995年，全区平均人口密度每平方千米114人，其中：保山市156人，施甸县155人，腾冲县97人，龙陵县89人，昌宁县82人。

2000年，全区平均人口密度每平方千米119人，其中：保山市166人，施甸县161人，腾冲县102人，龙陵县92人，昌宁县86人。

2005年，全市平均人口密度上升到每平方千米123人，其中：隆阳区171人，施甸县165人，腾冲县106人，龙陵县95人，昌宁县88人。28年间，每平方千米增加30人，以隆阳区和施甸两个县人口密度增长较快。

第三章　人口结构

1978年，保山地区总人口182.84万人，其中，男性91.20万人，女性91.64万人；汉族人口168.49万人，少数民族14.35万人；社会从业人员73.27万人（职工5.88万人，乡村劳动者67.39万人）。至2005年，保山市总人口增加到242.49万人，占全省的5.45%，其中，男性124.10万人，女性118.39万人；汉族人口增加到219万人，少数民族人口增加到23.49万人；社会从业人员增加到139.65万人（单位从业人员9.68万人，城镇个体私营劳动者3.43万人，乡村从业人员126.54万人）；全市人口平均预期寿命从1981年的63.7岁增加到68.9岁。

第一节　性别构成

1978年年末，保山地区总人口中，男性91.20万人，占49.88%；女性91.64万人，占50.12%；性别比为99.52（女=100，下同）。

1980年年末，全区总人口中，男性92.86万人，占50.01%；女性92.83万人，占49.99%；性别比100.03。

1982年，据第三次人口普查统计，全区总人口中，男性952876人，占50.45%；女性935981人，占49.55%，男性比女性高0.9个百分点，性别比为101.81。全区出生婴儿36063人，其中男性18377人，占50.96%，性别比为103.91，高于同年总人口性别比2.1。

1985年年末，全区总人口中，男性98.94万人，占50.02%；女性98.87万人，占49.98%；性别比100.07。

1990年，据第四次人口普查统计，全区男性人口1066272人，占50.79%；女性人口1033205人，占49.21%；性别比为103.20，比第三次人口普查提高1.39。第三、四次人口普查性别比波动在101～103之间，性别比例基本平衡，其中：保山市男性366727人，女性362223人，性别比为101.24；施甸县男性146029人，女性143980人，性别比为101.42；腾冲县男性270293人，女性259351人，性别比为104.22；龙陵县男性125840人，女性119340人，性别比为105.45；昌宁县男性157383人，女性148311人，性别比为106.12。性别比由高到低依次排列为：昌宁、龙陵、腾冲、施甸、保山。全区出生婴儿65248人，其中男性33913人，占51.98%，高于女性3.96个百分比，性别比为108.23，高于同年总人口性别比5.03。

1995年年末，全区总人口中，男性1141679人，占51.04%；女性1095062人，占48.96%；性别比104.26。出生婴儿性别比112.55。

2000年，据第五次人口普查统计，全区总人口中，男性1209674人，占51.51%；女性1138641人，占48.49%，性别比为106.24，比第四次人口普查提高3.04，性别比略为偏高，其中：保山市男性430076人，女性人416789人，性别比为103.19；施甸县男性159840人，女性154347人，性别比为103.56；腾冲县男性309411人，女性284514人，性别比为108.75；龙陵县男性137445人，女性122652人，性别比为112.06；昌宁县男性172902人，女性160339人，性别比为107.84。性别比由高到低依次排列为：龙陵、腾冲、昌宁、施甸、保山。全区出生婴儿38896人，其中男性20389人，占52.42%，性别比为110.17，高于同年总人口性别比3.93。

2005年年末，保山市总人口中，男性1240944人，占51.18%；女性1183926人，占48.82%；性别比为104.81。全市出生婴儿性别比为110.62，高于同年总人口性别比5.81。其中腾冲、龙陵两县出生婴儿性别比同比已降低，但在全市仍然较高，分别为114.41、112.17。

1978—2005年保山市人口性别构成表

表3-2　　单位：万人

年份	按性别分		性别比
	男	女	女=100
1978	91.20	91.64	99.52
1979	91.93	92.33	99.57
1980	92.86	92.83	100.03
1981	93.82	93.78	100.04
1982	95.78	94.82	101.01
1983	97.18	95.75	101.49
1984	98.51	96.97	101.59
1985	98.94	98.87	100.07
1986	101.06	99.33	101.73
1987	102.77	100.47	102.29
1988	104.55	102.11	102.39
1989	106.40	103.41	102.89
1990	107.82	104.42	103.26
1991	109.27	105.57	103.50
1992	110.27	106.36	103.68

续上表　　　　单位：万人

年份	按性别分		性别比
	男	女	女 =100
1993	111.70	107.46	103.95
1994	112.94	108.40	104.19
1995	114.17	109.51	104.26
1996	115.47	110.55	104.45
1997	116.73	111.59	104.61
1998	117.88	112.56	104.73
1999	118.82	113.21	104.96
2000	120.04	114.43	104.90
2001	120.79	115.14	104.91
2002	121.60	115.95	104.87
2003	122.28	116.98	104.53
2004	123.26	117.87	104.57
2005	124.09	118.39	104.81

第二节　年龄构成

1978年改革开放后，随着卫生条件的改善和人民生活水平的逐步提高，保山地区人口年龄结构发生显著的变化，在28年的不同历史时期中，人口年龄构成的特点不一，变动方向也不同。据人口普查结果表明，20世纪70年代初期开展计划生育工作以后，全区人口出生率和少年儿童系数开始下降，老年人口系数逐年上升，人口年龄结构由年轻型逐步向成年型转化，人口稳定增长。截至2000年，全市少年儿童人口系数继续下降，年龄中位数迅速上移，劳动适龄人口增加，社会抚养比总体下降，但随着全区经济发展和科学文化事业的进步，医疗卫生条件的改善和人民群众生活的提高，保山地区60岁以上老年人口在总人口中的比重持续上升，老年抚养比明显上升，人口年龄构成进入成年型，并接近老年型。

一、人口年龄结构

20世纪70年代实行了计划生育，保山地区人口出生率和自然增长率有所下降，人口增长得到控制。

1982年第三次人口普查结果表明，全区0～14岁人口674886人，占总人口的35.73%；

15～59岁1066570人，占56.47%；60岁以上147427人，占7.80%；70岁以上的长寿老人50950人，占2.7%。总抚养比为70.28%，其中：少儿抚养比为63.27%，老年抚养比为13.81%。全区人口年龄中位数为20.98岁，比全国人口中位年龄22.9岁小1.92岁。全区劳动适龄人口的负担系数为86.23%。全区年龄结构属于年轻型。

1990年第四次人口普查结果：全区0～14岁人口588779人，占总人口的28.04%；15～59岁1325916人，占63.16%；60岁以上184782人，占8.80%；70岁以上的长寿老人71802人，占3.4%。0～14岁人口比1982年下降7.69个百分点，呈不断下降趋势；15～59岁劳动人口比1982年增长6.69个百分点，逐年有所上升；60岁以上老年人口比1982年增加了10个百分点，也在缓慢增加。总抚养比为58.33%，其中：少儿抚养比为44.40%，老年抚养比为13.93%。全区人口年龄中位数为24.3岁，比1982年上移3.32岁。全区劳动适龄人口的负担系数为65.68%，比1982年下降20.55个百分点，全区每百个劳动适龄人口，1990年比1982年少负担21个0～14岁人口和60岁以上老年人口，其年龄结构属于成年型。

2000年第五次人口普查统计：全区0～14岁人口604261人，占总人口的25.73%；15～59岁1499475人，占63.85%；60岁以上244579人，占10.42%；70岁以上的长寿老人10.2万人，占4.71%。总抚养比为56.61%，其中：少儿抚养比为40.30%，老年抚养比为16.31%。全市人口年龄中位数为29.3岁，比1990年上移5岁，比1982年上移8.32岁。全区劳动适龄人口的负担系数为63.85%，比1990年下降1.83个百分点。年龄结构属于成年型，但非常接近老年型。

1978—2005年保山市三次人口普查年龄结构和中位数统计表

表3-3

年龄结构和中位数	国家通用人口年龄类型标准			保山市人口年龄结构		
	年轻型	成年型	老年型	1982年	1990年	2000年
0～14岁少年儿童比例（%）	40以上	30～40	30以下	35.7	28.0	25.7
65岁以上老年人口比例（%）	5以下	5～10	10以上	5.1	5.9	7.2
老少比例（%）	15以下	15～30	30以上	14.2	20.6	28.0
年龄中位数（岁）	20以下	20～30	30以上	20.9	24.3	29.3

二、人口平均预期寿命

1981年，全区人口平均预期寿命63.7岁，其中：男性62.7岁，女性64.6岁。1989年，全区人口平均预期寿命提高到67.5岁，比1981年提高3.8岁。2000年，全区人口平均预期寿命提高到68.49岁，比1989年提高0.99岁，其中：男性为66.61岁，女性为70.49岁。2005年，全市人口平均预期寿命68.92岁，其中：男性66.98岁，女性70.93岁。总体看，女性预期寿命比男性要长。

三、育龄妇女

1978年，保山地区育龄妇女420532人，占总人口的23.00%，其中生育旺盛期妇女137598人，占育龄妇女总数的32.72%。

1982年，育龄妇女451329人，占总人口的23.89%，比1978年增加30797人，上升0.89个百分点，其中生育旺盛期妇女147697人，占育龄妇女总数的32.72%，比1978年增加10099人。

1990年，全区有育龄妇女573024人，占总人数的27.29%，比1982年增加121695人，上升3.4个百分点，其中生育旺盛期妇女210000人，占育龄妇女总数的36.65%，比1982年增加62303人，上升3.93个百分点。

2000年，据计划生育工作报表统计，全区有育龄妇女606825人，占总人数的25.88%，比1982年增加155496人，上升1.99个百分点；比1990年增加33801人，下降1.41个百分点，其中生育旺盛期妇女201772人，占育龄妇女总数的33.25%，比1982年增加54075人，上升0.53个百分点；比1990年减少8228人，下降3.4个百分点。

2005年，保山市育龄妇女628035人，占总人数的25.90%，比2000年增加21210人，上升0.02个百分点，其中生育旺盛期妇女184433万人，占育龄妇女总数的29.37%，比2000年减少17339万人，下降3.89个百分点。

全市15～49岁的育龄妇女人数逐年增加，尤其是1982—1990年间，20～29岁生育旺盛期妇女数增加幅度较大。28年间，由于育龄妇女的增加，造成人口出生率高，人口增长过快。加之20世纪60年代及70年代前后出生的人口大量进入婚育年龄，育龄人群基数大，且年龄结构轻，全市面临的人口形势仍然严峻。

保山市育龄妇女年度变化表

表3-4　　　　单位：人

年度	育龄妇女数（15岁～49岁）	其中
		生育旺盛期妇女女（20岁～29岁）
1978	420532	137598
1982	451329	147697
1990	573024	210000
1995	568110	209042
2000	606825	201772
2005	628035	184433

注：数据来源为人口计生统计报表数

第三节　职业构成

1978年，保山地区社会从业人员732718人，其中：职工58789人，乡村劳动者673929人。1980年社会劳动者796183人，其中：职工66283人，乡村劳动者72.99万人。

1982年，全区15个行业在业人口共967559人，占总人口的51.22%，其中：从事农、林、牧、渔业的人口877641人，占在业人口的90.71%；从事工业的人口（包括矿业、木村采运业、电力、煤气、自来水的生产和供应业、制造业）25878人，占2.68%；从事教育文化艺术业15656人，占1.62%；从事商业饮食业、物资供销及仓储业12985人，占1.34%；国家机关、党政和群众团体9655人，约占1%；其他行业从业人员较少，均在1%以下，交通、金融等社会服务行业所占比例更低。

1985年，全区社会从业人员961018人，其中：职工76116人，城镇个体及私营劳动者3200人，乡村劳动者881702人。

1990年，全区在业人口1259108人，占总人口的59.97%，其中：农、林、牧、渔业1140555人，占在业人口的90.58%；工业29607人，占2.35%；商业、饮食、物资供应及仓储业20429人，占1.62%；国家机关、党政和群众团体14878人，占1.18%；教育、文化艺术和广播事业18806人，占1.49%；交通运输、邮电通讯业13482人，占1.07%；金融保险业2633人，占0.21%；地质普查和勘探业885人，建筑业9325人，房地产管理、公共事业、居民服务和咨询服务业2648人，卫生、体育和社会福利事业5430，科学研究和综合技术服务事业430人，这5类行业增长幅度在20%以下。科学研究和综合技术服务事业在统计上有所减少，实际上有所增加，大多数分布在各个行业中。

1995年，全区社会从业人员1271943人，其中：职工109387人；城镇个体及私营劳动者9300人；乡村劳动者1152300人；城镇其他从业956人。

2000年，全区各行业人口143525人。按职业类别分：国家机关、党群组织、企业、事业单位负责人834人；专业技术人员4624人；办事员和有关人员1731人；商业、服务人员5870人；农林牧渔水利生产人员123726人；生产、运输设备操作人员及有关人员6698人；不便分类的其他从业人员42人。其中以一、二产业人员的比重为大。按行业类别分：农、林、牧、渔业123568人；采掘业320；制造业3809人；电力、煤气及水的生产和供应业282人；建筑业1972人；地质勘察业、水利管理业105人；交通运输、仓储及邮电通信业2067人；批发和零售贸易、餐饮业4666人；金融、保险业346人；房地产业38人；社会服务业944人；卫生、体育和社会福利业965人；教育、文化艺术及广播电影电视业2323人；科学研究和综合技术服务业49人；国家机关、政党机关和社会团体2024人；其他行业47人。

2005年，全市社会从业人员为1396514人，占全市总人口的57.59%。按性质分：单位从业人员96783人；城镇个体私营劳动者34325人，乡村从业人员1265406人。按行业分：

农、林、牧、渔业1065130人；采矿业2671；制造业49290人；电力、燃气及水的生产和供应业2673人；建筑业61344人；交通运输、仓储及邮政业29413人；信息传输、计算机服务和软件业1777人；批发和零售业40580人；住宿和餐饮业13343人；金融业2863人；房地产业3467人；租赁和商务服务业1711人；科学研究、技术服务和地址勘察业1418人；水利、环境和公共设施管理业2216人；居民服务和其他服务业3918人；教育24025人；卫生、社会保障和社会福利业5647人；文化、体育和娱乐业1193人；公共管理和社会组织16782人；其他行业67053人。按三次产业划分：第一产业1065130人；第二产业115978人；第三产业215406人。

随着国家产业政策的贯彻落实和从业人员的就业观念的逐步转变，全市人口就业的产业结构发生明显变化，第一、二产业就业比重下降，第三产业的就业比重明显上升。就业结构日趋合理，第三产业成为保山市吸纳劳动力就业的主渠道，产业从业人员结构从“一、二、三”逐步向“三、二、一”转变，在性别比重上依然是男多女少。

第四节　民族构成

1978年年末，保山地区有汉族1684889人，占总人口的92.15%；少数民族143553人，占7.85%。少数民族中：彝族56178人；白族21985人；壮族46人；傣族28803人；苗族6400人；傈僳族16604人；回族8763人；佤族2463人；纳西族173人；景颇族219人；阿昌族1177人；怒族28人；布朗族10人；普米族6人；拉祜族10人；哈尼族22人；藏族15人；蒙古族1人；德昂族637人；瑶族3人。另有自称为先岛族者10人(应为阿昌族)。

1982年人口普查，全区有汉族1728818人，占总人口的91.53%；少数民族160039人，占8.47%。少数民族中：人口在万人以上的有彝族54623人，占总人口的2.89%；傣族29614人，占1.57%；白族27527人，占1.46%；傈僳族18840人，占1.00%。人口在千人以上的有佤、回、苗及阿昌族，各民族人口都有不同程度的增长；其他少数民族都在千人以内。

1990年第四次人口普查，全区有汉族1906666人，占总人口的90.82%；少数民族192811人，占9.18%。与1982年人口普查数相比，汉族人口增加177848人，占总人口的比例下降0.71个百分点；少数民族人口增加32772人，年平均增长23.56‰，占总人口的比例上升0.71个百分点。全区人口超过300人的世居民族14个，万人以上的少数民族由1982年的4个增加到5个，即：彝族65222人，傣族34594人，白族34168人，傈僳族22824人，回族10932人。万人以下300人以上少数民族有：苗族8378人，布朗族7157人，佤族3570人，阿昌族1955人，满族1043人，景颇族934人，德昂族807人，纳西族379人；人口在300人以下的少数民族有壮族、哈尼族、布依族、怒族、黎族、拉祜族、藏族、土族、普米族、京族、侗族、蒙古族、土家族、瑶族、水族、东乡族、畲族、仡佬族、基诺族、达斡尔族、仫佬族、羌族、高山族等。其他未识别的民族1人，外国人加入中国籍10人。

1990年人口普查时，对全区的19.28万少数民族人口的分布情况进行了调查，其中有12.43万人聚居于保山市的坝湾傣族乡、芒宽傣族傈僳族乡、杨柳白族彝族乡、瓦窑白族彝族乡、瓦马彝族白族乡和瓦房、汶上彝族乡，施甸县的木老元、摆榔布朗族彝族乡，腾冲县的荷花傣族乡、古永傈僳族乡，龙陵县的木城傈僳族彝族乡和昌宁县的湾甸傣族乡及珠街、耈街彝族乡等15个民族乡，约占全区少数民族人口的64.47%。

1995年年末，全区有汉族203.31万人，占总人口的90.90%，少数民族203641人，占9.10%。少数民族中：彝族69179人，白族33759人，傣族37103人，傈僳族25190人，回族12018人，苗族8708人，布朗族7620人，佤族3892人，阿昌族2050人，景颇族1105人，满族1014人，德昂族894人，纳西族395人；人口在300人以下的少数民族有壮族、布依族、怒族、哈尼族、拉祜族、藏族、瑶族、普米族、水族、独龙族、蒙古族、基诺族等。

2000年第五次人口普查，全区有汉族2111836人，占总人口的89.93%；少数民族236479人，占总人口的10.07%。少数民族人口分别为：彝族75877人，白族44089人，傣族39896人，傈僳族31630人，回族12354人，苗族9365人，布朗族7455人，佤族4725人，阿昌族2827人，景颇族2341人，满族1728人，德昂族1053人，纳西族657人，壮族450人，哈尼族450人。人口在300人以下的少数民族有布依族、蒙古族、怒族、藏族、土家族、拉祜族、土族、瑶族、黎族、侗族、朝鲜族、普米族、维吾尔族、京族、达斡尔族、仡佬族、水族、独龙族、畲族、羌族、基诺族、哈萨克族、东乡族、仫佬族、柯尔克孜族、俄罗斯族、高山族、裕固族等。此外还有其他未识别的民族4人，外国人加入中国籍4人。2000年第五次人口普查与1990年第四次人口普查相比，汉族人口增加205170人，增长10.76%，少数民族人口增加43668人，增长22.65%。人口超过300人的世居民族由14个增加到16个，万人以上的少数民族依然有5个。

2005年年末，全市有汉族2189981人，占总人口的90.31%，少数民族234889人，占9.69%。少数民族中：彝族76722人，傣族41779人，白族39860人，傈僳族29173人，回族13090人，苗族9308人，布朗族10393人，佤族4218人，阿昌族3026人，景颇族2318人，满族1431人，德昂族1025人，纳西族1040人。人口在300人以下的少数民族有布依族、壮族、哈尼族、怒族、拉祜族、藏族、瑶族、蒙古族、普米族、水族、独龙族、基诺族等。

1978—2005年，全市汉族人口增加505092人，增长29.98%；少数民族人口增加91336人，增长63.63%。少数民族人口增长幅度比汉族高出33.65个百分点。

第五节 文化构成

1982年，全区具有小学及小学以上文化程度人口共911126人，占总人口的48.24%，其中：大学毕业2080人，大学肄业或在校458人，大学文化程度的人数占总人口的0.13%；高中42384人，占2.24%；初中199308人，占10.55%；小学666896人，占35.31%；文盲、半文盲757671人，占6岁以上人口的55.71%。在12岁以上文盲、半文盲人口624347人中，女性比男性高1.1倍。文盲、半文盲人口按年龄分组：12～24岁占22.75%，25～49岁占48.49%，50岁以上占82.07%，其中60岁以上达97.48%，年龄越大，文盲、半文盲比例越高。

1990年，全区6岁及6岁以上人口1853701人中，小学及小学以上文化程度有1359919人，占总人口的64.77%，比1982年增加448793人，占总人口比重上升16.53个百分点，其中具有大学（含大专）文化程度7073人，占总人口的0.34%，比1982年增加4535人，提高0.21个百分点；高中文化程度（含中专）67885人，占3.23%，比1982年提高0.99个百分点；初中文化程度309018人，占14.72%，比1982年提高4.17个百分点；小学文化程度975943人，占46.49%，提高11.18个百分点。文盲、半文盲493782人，占6岁及以上人口的26.64%。与1982年第三次人口普查相比，每万人中具有大专以上文化程度者由13人上升到34人，增长161.5%，低于全省81的平均数，居全省第十三位；具有高中文化程度者由224人上升到323人，增长44.2%，低于全省410人的平均数，居第十二位；具有初中文化程度者由1055人上升到4651人，增长39.15%，高于全省1380人的平均数，居第六位；具有小学文化程度者由3528人上升到4651人，增长31.83%，高于全省3791人的平均数，居第二位。全区小学以上文化程度的人口占总人口的比例居全省第四位，但大、中专比重处于落后位置。人口文化程度的性别构成状况女性略低于男性，大专文化程度女性比例更小。全区小学以上文化程度的1359919人中，男性778826人，占57.27%；女性581093人，占42.73%，其中大学文化程度的7073人中，女性1769人，占25.01%；中学文化程度的376903人中，女性134791人，占35.76%；小学文化程度的975943人中，女性444533人，占45.55%，文化程度愈高，女性所占比例愈小。

2000年，全区6岁及6岁以上人口2107833人，其中：男性1083264人，女性1024569人。文盲259005人，其中女性180317人，占69.62%；扫盲班39565人，其中女性30310人，占76.61%；小学文化1123825人，其中女性539743人，占48.03%；初中文化543165人，其中女性216443人，占39.85%；高中文化71275人，其中女性27797人，占39.00%；中专文化46287人，其中女性21374人，占46.18%；大学专科文化20143人，其中女性7410人，占36.79%；大学本科文化4503人，其中女性1165人，占25.87%；研究生文化65人，其中女性10人，占15.38%；全市青壮年人口文化程度明显高于老年人口，初中以上文化程度人口比例比第四次人口普查大幅提升。

2005年，保山市常住人口中，文化程度为大学（指大专以上）的3.73万人，占1.53%；高中（含中专）为12.95万人，占5.31%；初中62.55万人，占24.64%；小学111.99万人，占45.91%；小学文化程度以下占22.61%。

第六节　婚姻构成

1981年，保山地区女性初婚人数15227人，晚婚率71.20%。到1990年，女性初婚人数增至19409人，晚婚率为39.54%。已婚育龄妇女由1984年的26.07万人上升到1990年的36.54万人，增长40.16%。早婚率1989年为4.30%，1990年为4.82%。

1990年，全区15岁以上人口（即婚龄人口）1510698人中：男性763976人，女性746722人。未婚人口中：男性238010人，女性182677人；有配偶人口中：男性489104人，女性494423人；丧偶人口中：男性32451人，女性67008人；离婚人口中：男性4411人，女性2614人。全区汉族婚龄人口为1379886人，其中：未婚384625人，占婚龄人口的27.87%；有配偶人口898003人，占65.08%；丧偶人口90936人，占6.59%；离婚人口6322人，占0.46%。少数民族婚龄人口为130813人，少数民族各种婚姻状况的人口占婚龄人口比例与汉族大致相同，分别为未婚36062人，占27.57%，有配偶85524人，占65.38%，丧偶8523人，占6.52%，离婚703人，占0.54%。各种文化程度婚龄人口中，文盲半文盲未婚人口为31840人，占文盲半文盲人口数的7.37%，而已婚（含丧偶、离婚）人口为400035人，占92.63%；其他文化程度人口，如小学、初中、高中、中专、大学专科、大学本科的未婚人口依次为236452人、123146人、19889人、6936人、1992人、432人，分别占该文化程度婚龄人口的33.28%、41.97%、41.81%、34.21%、38%、23.59%。

据人口普查汇总资料，全区15岁以上人口（即婚龄人口）由1982年的1213991人上升到1990年的1510698人，占总人口的比例由64.27%上升到71.96%，提高7.69个百分点，其中，未婚人口由358351人上升到420687人，占婚龄人口的比重由29.52%下降到27.85%，降低1.67个百分点；有配偶人口由756898人上升到983527人，占婚龄人口的比重由62.35%上升到65.10%，提高2.75个百分点；丧偶人口由92209人上升到99459人，占婚龄人口的比重由7.6%下降到6.58%，降低1.02个百分点；离婚人口由6533人上升到7025人，占婚龄人口的比重由0.54%下降到0.47%，降低0.07个百分点。

1995年年末，全区女性初婚18976人，比1994年同期减少2263人，其中，晚婚8883人，减少292人，晚婚率46.81%，上升3.61个百分点；早婚438人，减少39人，早婚率2.31%，上升0.06个百分点。

2000年，全区15岁以上的婚龄人口为1744054人，占总人口的74.27%，其中，未婚人口324283人，占婚龄人口的比重为18.59%；有配偶人口为1299078人，占婚龄人口的74.49%；丧偶人口为108620人，占婚龄人口的6.23%；离婚人口12073人，占婚龄人口的0.69%。全区汉族婚龄人口为1535790人，其中，未婚280430人，占婚龄人口的18.26%；有配偶1148550人，占74.79%；丧偶人口96130人，占6.26%；离婚人口10680人，占0.69%。少数民族各种婚姻状况人口占婚龄人口比例与汉族大致相同，分别为未婚21.66%，有配偶71.74%，丧偶5.94%，离婚0.66%。

2005年年末，全市女性初婚1.23万人，比2004年同期增加339人，其中，晚婚4431人，晚婚率36.16%，上升1.12个百分点；早婚183人，早婚率1.49%，下降0.05个百分点。

28年间，全市通过对《婚姻法》的宣传和提倡晚婚晚育，以及计划生育工作的广泛开展，人们婚育观念逐步转变，实行晚婚晚育的自觉性不断提高，结婚岁数不断后移。

第七节　家庭构成

一、家庭规模

从1961年起，全区户均人口数量均呈持续上升趋势，其间，以1977年户均人口为最多，达5.77人。1987年，全区户均人口5.11人，是全区户均人口达到5人的最后一个年份，此后，户均人口继续缓慢下降。

1982年年末，全区户籍人口总户数346321户，户均人口为5.50人。

1987年人口抽样调查结果，全区户均人口为4.84人，其中：市区户均3.74人，农村户均5.06人。保山市户均4.57人，腾冲县户均4.97人。根据保山市城关三街居委会、瓦房党东乡、潞江禾木乡3个样本资料统计，城镇居民每户3人的家庭占33.5%，每户4人的占25.5%，每户1～2人的占17.6%，每户5人以上的占23.4%；农村家庭每户5人的家庭占24.1%，每户4人的占21.6%，每户6人的占17%，每户3人和每户7人的基本持平，各占10.2%。城镇居民向每户3人之家发展，而农村则向5人之家发展。

1990年，全区户籍人口总户数为444669户，其中家庭户439972户，占总户数的98.94%；集体户4697户，占1.06%。家庭户户均人口4.67人。五县（市）中：家庭户户均人数保山市最低，为4.33人，低于全区0.34人；施甸县最高，为5.06人，高于全区户均0.39人；腾冲、龙陵、昌宁三县分别为4.77人、5.00人、4.80人，也高于全区户均人口。

2000年第五次人口普查资料表明，全区户籍人口总户数为572461户，其中：家庭户559571户，占总户数的97.75%；集体户12890户，占2.25%。家庭户平均每户人数4.08人。隆阳区家庭户平均每户人数3.93人；施甸县家庭户平均每户人数4.21人；腾冲县家庭户平均每户人数4.26人；龙陵县家庭户平均每户人数4.13人；昌宁县家庭户平均每户人数4.01人。

2005年，全市户籍人口总户数为60.67万户，户均人口为4.00人。

1978—2005年保山市年末户籍人口总户数统计表

表3-5　　单位：户、人

年份	总户数	户均人口	年份	总户数	户均人口
1978	320351	5.71	1992	475029	4.56
1979	—	—	1993	485652	4.51

续上表　　　　　　　　　　　　　　　　　　　　　　　　　　　　　　　　单位：户、人

年份	总户数	户均人口	年份	总户数	户均人口
1980	329143	5.64	1994	506067	4.37
1981	340476	5.51	1995	515542	4.34
1982	346321	5.50	1996	521014	4.34
1983	351251	5.49	1997	540901	4.22
1984	360323	5.42	1998	553563	4.16
1985	363926	5.44	1999	560981	4.14
1986	382931	5.23	2000	571197	4.10
1987	397825	5.11	2001	574423	4.11
1988	414683	4.98	2002	582134	4.08
1989	434417	4.83	2003	593523	4.03
1990	454361	4.67	2004	602531	4.00
1991	461966	4.65	2005	606669	4.00

注：此表为保山市统计局公布数据，其中户均人口为自行计算

二、家庭类型

1990年第四次人口普查统计，全区家庭户类别及不同规模的家庭户类别情况：家庭户数439972户，家庭户中一代户（包括单身户、1对夫妇户、一代户与其他亲属和非亲属）25303户，占家庭户的5.75%，其中：1人户有14324户，占3.26%；2人户14088户，占3.20%；3人户706户，占0.16%；4人户以上390户，占0.09%。二代户（包括二代户、二代户与其他亲属和非亲属）273569户，占62.18%，其中：2人户14482户，占3.29%；3人户63727户，占14.48%；4人户102494户，占23.3%；5人户57605户，占13.09%；6人户以上35263户，占8.01%。三代户及三代以上户（包括三代和三代以上户与其他亲属和非亲属）141100户，占32.07%，其中：3人户1750户，占0.4%；4人户13390户，占3.04%；5人户36118户，占8.21%；6人户以上85637户，占19.46%。保山地区的家庭户中，二代户家庭占家庭户总数的一半以上。在一代户家庭中以1人户为多，二代户中4人户所占比重最大，三代及3代以上户，则是6人户以上的占多数。

1990年，保山地区不同规模家庭户所占比重情况为：1人户14324户，占家庭户的3.26%；2人户28570户，占6.49%；3人户66183户，占15.04%；4人户116112户，占26.39%；5人户93802户，占21.32%；6人户57704户，占13.12%；7人户31405户，占7.14%；8人户16284户，占3.70%；9人户8051户，占1.83%；10人及以上户7537户，占1.71%。

2000年，全区家庭户类别及不同规模的家庭户类别情况为：家庭户数559571，家庭

户中一代户(包括单身户、1对夫妇户、一代户与其他亲属和非亲属)51477户，占家庭户的9.20%，其中：1人户24224户，占47.06%；2人户25726户，占49.98%；3人户1010户，占1.96%；4人户以上517户，占1.00%。二代户(包括二代户、二代户与其他亲属和非亲属)311448户，占55.66%，其中：2人户21038户，占6.75%；3人户98955户，占31.77%；4人户161716户，占51.92%；5人户24714户，占7.94%；6人户以上5025户，占1.61%。三代户及三代以上户(包括三代和三代以上户与其他亲属和非亲属)196646户，占33.09%，其中：3人户3225户，占1.64%；4人户31288户，占15.91%；5人户88095户，占44.80%；6人户以上74038户，占37.65%。全区家庭户中，二代户家庭占家庭户总数的一半以上，家庭规模向小型化的趋势发展。在一代户中以2人户为主，二代户中4人户比重最大，三代及三代以上户则以5人户占多数。

据2000年第五次人口普查汇总资料表明，保山地区不同规模家庭户所占比重情况为：1人户24224户，占家庭户的4.33%；2人户46764户，占8.36%；3人户103190户，占18.44%；4人户193295户，占34.54%；5人户112957户，占20.19%；6人户52769户，占9.43%；7人户16729户，占2.99%；8人户5830户，占1.06%；9人户2146户，占0.38%；10人及以上户1667户，占0.29%。

农村剩余劳动力的转移，使广大农村家庭从封闭走向开放。城市家庭变化逐步走向“124”型家庭(即子女1人、父母2人、祖父母和外祖父母4人)结构发展。

第四章　人口变动

第一节　总量变化

1978年是保山地区的第二次人口增长高峰期的最后一年，全区年末总人口182.84万人，人口自然增长率为13.99‰。

1979—1990年，地、县、乡各级建立机构，配备专兼职干部，各级党委、政府加强领导，制定各种有效措施，有力地控制生育多孩，大力提倡一对夫妇只生育一个孩子，使人口有计划地发展，全区人口自然增长率逐年下降，人口年平均增长率控制在12‰左右。由于国家严格要求晚婚晚育，1979—1980年两年的人口出生率降到新中国成立后的最低水平，两年净增人口分别为1.41万人、1.18万人，人口自然增长率分别为7.70‰、6.40‰；1980年总人口为185.69万人，1985年总人口为197.81万人。1979—1985年，全区人口增长13.55万人，平均每年增加2.26万人，年平均增长率控制在11.9‰以内。从1986年开始，由于婚育人群激增，保山地区同全国一样进入第三次人口出生高峰期，但人口回升势头均低于全国和全省的水平。到1990年年末，全区人口总量为212.24万人，人口自然增长率为11.50‰。

1991—2000年，保山地区与全国全省同步进入第四次人口出生高峰期。人口增长保持稳定的态势，年出生人口保持在3.33～3.82万人之间，未突破4万人。1995年年末，总人口223.67万人，在全省排列第九位。2000年年末，全区总人口234.46万人，在全省仍然排列第九位，净增人口2.13万人，人口自然增长率为9.14‰。

“十五”期间，全市各级政府与计划生育系统分别签订《人口与计划生育目标管理责任书》，坚持实行双线目标考核制度，加大人口与计划生育工作的力度，人口出生率和自然增长率趋于平稳，年均出生3万人左右，人口自然增长率保持在7‰以下。2004年年末，净增人口1.66万人，人口自然增长率6.90‰。

2005年年末，全市总人口为242.49万人，在全省继续排列第九位。净增1.43万人，比2003年减少2126人，自然增长率从“九五”末的9.14‰下降为5.93‰，比2003年降低0.54个千分点；年增长1.36万人，比2003年减少3852人，年增长率为5.61‰，比2003年下降1.70个千分点。与“十五”人口计划的253.80万人比，少增长11.31万人，五年增长人数年均保持在1.61万人内，年均增长率为6.75‰，遏制了全市人口增长过快的势头，人口再生产逐步稳定为“低出生、低死亡、低增长”的现代型人口再生产类型。

第二节　出生死亡

一、人口出生

1962—1978年，保山地区进入第二次人口生育高峰期。1974年以后，由于大力推行计划生育，全区出生人口逐渐减少，到1978年，全年出生3.69万人，出生率20.31‰，净增2.54万人。

1979—1985年期间，全区人口出生率逐年下降，其间，全区年均出生3.26万人，年均出生率17.17‰，其中1980年出生2.48万人，净增1.18万人，出生率13.43‰，是出生人口最少，人口出生率最低的一年。

1986年以后，由于受第二次人口生育高峰的影响，保山地区进入第三次人口生育高峰期。1986年出生3.55万人，出生率17.82‰，以后的3年中出生率一直在18‰以上，1990年年末才降至17.83‰。5年内共出生18.75万人，年均净增2.49万人，年均出生率为18.29‰，全区人口仍处于出生高峰。

1978—1990年，人口出生率总体呈下降趋势，并稳定在18.00‰左右。

1991—2000年，全区进入第四次人口出生高峰期，全区控制人口增长的任务仍然十分艰巨。十年间，人口出生率基本保持在14.66‰～17.17‰之间，每年出生人口约在3.33万人～3.82万人之间。1992年出生3.33万人，是出生人口最少的一年；1995年则是出生人口最多的一年，达3.82万人，出生率为17.17‰。2000年年末出生3.79万人，人口出生率为11.67‰。

“十五”期间，全市人口增长得到有效控制，每年出生人口在3.08～3.26万人之间，年平均出生3.11万人，出生率在11.99‰～13.40‰之间，年平均出生率13.04‰。2005年年末出生2.90万人，人口出生率为11.99‰，全市人口再生产处于平稳增长趋势。

二、人口死亡

1978年，死亡人口1.15万人，死亡率6.31‰。1979—1981年人口死亡率均波动在7.00‰～8.00‰之间。

1982—1990年全区人口死亡率下降到5.89‰～6.80‰之间，1988年则降到新中国成立以后的最低水平，仅为5.89‰。1978—1990年，全区累计死亡16.63万人，年平均死亡率为6.58‰。

1990年，全区死亡1.34万人，死亡率为6.33‰。据第四次人口普查统计，1989年7月1日至1990年6月30日的1年间，全区人口死亡率为7.69‰，高于全国1.41个千分点，低于全省0.02个千分点，在全省16个地、州、市中，由低到高排列第八位。

1995年，死亡1.43万人，死亡率为6.44‰。2000年，死亡1.65万人，死亡率为6.25‰。

2005年，全市人口死亡1.47万人，死亡率为6.06‰。

1991—2005年，全市累计死亡21.97万人，年平均死亡率为6.34‰。

1978—2005年保山市人口变化统计表

表3-6　　单位：万人

年份	总人口	出生		死亡		自然增长	
		人数	出生率（‰）	人数	死亡率（‰）	人数	自然增长率（‰）
1978	182.84	3.69	20.31	1.15	6.31	2.54	13.99
1979	184.26	2.86	15.57	1.44	7.86	1.41	7.70
1980	185.69	2.48	13.43	1.30	7.03	1.18	6.40
1981	187.60	3.51	18.82	1.47	7.86	2.05	10.96
1982	190.60	3.58	18.90	1.28	6.80	2.30	12.10
1983	192.93	3.49	18.21	1.26	6.59	2.23	11.63
1984	195.48	3.53	18.19	1.20	6.17	2.35	12.03
1985	197.81	3.36	17.08	1.21	6.16	2.15	10.92
1986	200.38	3.55	17.82	1.21	6.07	2.34	11.75
1987	203.24	3.78	18.73	1.22	6.05	2.56	12.68
1988	206.65	3.80	18.53	1.21	5.89	2.59	12.63
1989	209.81	3.86	18.56	1.34	6.45	2.52	12.11
1990	212.24	3.76	17.83	1.34	6.33	2.42	11.50

续上表

单位：万人

年 份	总人口	出 生		死 亡		自然增长	
		人数	出生率（‰）	人数	死亡率（‰）	人数	自然增长率（‰）
1991	214.83	3.57	16.73	1.30	6.09	2.27	10.64
1992	216.63	3.33	15.43	1.40	6.47	1.93	8.99
1993	219.12	3.45	15.83	1.33	6.11	2.12	9.72
1994	221.34	3.64	16.51	1.35	6.14	2.29	10.37
1995	223.67	3.82	17.17	1.43	6.44	2.39	10.73
1996	226.01	3.66	16.21	1.39	6.16	2.27	10.05
1997	228.32	3.70	16.31	1.42	6.26	2.28	10.05
1998	230.44	3.58	15.61	1.45	6.32	2.13	9.29
1999	232.03	3.39	14.66	1.56	6.73	1.83	7.93
2000	234.46	3.79	11.67	1.65	6.25	2.13	9.14
2001	235.93	3.14	13.37	1.53	6.51	1.61	6.86
2002	237.55	3.17	13.40	1.56	6.58	1.61	6.82
2003	239.25	3.08	12.92	1.54	6.45	1.54	6.47
2004	241.13	3.25	13.50	1.59	6.60	1.66	6.90
2005	242.49	2.90	11.99	1.47	6.06	1.43	5.93

注：此表为保山市统计局公布数据

第三节 迁入迁出

1978年起，保山地区人口户籍迁入、迁出政策逐步放宽。1978年，迁入23468人，迁出26642人。

1981—1985年，迁入129627人，迁出116500人，迁入比迁出多13127人。1986—1990年，迁入134931人，迁出121047人，迁入比迁出多13884人。1991—1995年，迁入114369人，迁出112753人，迁入比迁出多1616人。2001—2005年，迁入89742人，迁出93287人，迁入比迁出少3545人。

从1980年至2005年的25年间，全市累计迁入570264人、年均迁入22810.56人，迁入人数最多的是1988年、为32362人；累计迁出548098人、年均迁出21923.92人，迁出人数最多的是1980年、为28522人；累计迁入人口多于迁出人口22166人；1996年之前，年迁入人口均高于年迁出人口数，但从1997年开始，年迁出人口数则超过了年迁入人口的数量。从人口自然流动状况可以看出，随着经济社会的发展，人们的观念悄然改变，越来越多的保山人为了致富也走出了家门。

1978—2005年保山市人口户籍迁入迁出统计表

表3-7　　　　单位：人

年份	迁入	迁出	年份	迁入	迁出
1978	23468	26642	1992	24499	25117
1979	—	—	1993	30064	27332
1980	30425	28522	1994	19593	19741
1981	29241	26245	1995	19514	18561
1982	30837	25501	1996	21862	21792
1983	22632	21616	1997	20971	21205
1984	22484	20879	1998	20566	21375
1985	24429	22259	1999	19875	21491
1986	23367	21246	2000	18321	18688
1987	26691	24217	2001	16439	17687
1988	32362	26095	2002	17960	18937
1989	24568	21136	2003	18823	19079
1990	27943	28353	2004	20020	20386
1991	20699	22002	2005	16500	17198

注：此表为保山市统计局公布数据

第五章　人口普查结果

第一节　第三次人口普查结果

1982年3—12月，根据国务院统一部署，全区进行第三次人口普查（普查的具体过程，详见《经济管理》编第三章第三节，下同。）以7月1日零时为标准时间，开展人口普查登记。普查内容在1953、1964年两次调查登记的5项基础上，新增了19项，其中按户填报的6项；按人填报的13项。由于组织领导严密，仅用8天时间即全部完成普查登记工作。随后，统一采用手工汇总与电子计算机汇总相结合的办法，对普查登记资料进行整理。手工汇总内容包括总户数、总人口、常住人口的户口登记状况，1981年人口自然变动、各民族人口、各种文化程度人口等5个汇总表。计算机汇总内容包括7大类、41个汇总表。汇总结束后，挑选出257名编码员投入编码，11月20日前完成普查资料的整理、装订、包装、管理和运送工作，25日全部资料送交资料库。经过7个月的工作，共调查了5个县、95个公社、1082个大队、11047个生产队和55个居民大组。全区人口总计340494户、1888857人，其中：男952876人，女935981人，性别比为101.81。汉族1728818人，占总人口的91.53%；少数民族160029人(有10人族别待定)占8.47%。总人口比第二次人口普查增加602477人，增长46.84个百分点。18年间，年均增加33471人，年均递增2.16%，每天净增92人。

第二节　第四次人口普查结果

从1989年9月至1990年12月，保山地区根据国务院统一部署，进行第四次人口普查。普查共分三个工作阶段：1989年9月至1990年6月为调查前的准备阶段，1990年7—11月为普查登记手工汇总和编码阶段，1990年11—12月为电子计算机汇总、资料的整理、分析和工作总结阶段。

以1989年7月1日零时为标准时间，全面开始普查登记工作。普查登记项目比1982年增加两项、为21项，其中按人登记的有15项；按户登记的有6项。入户调查登记工作10天内全部完成。

普查结果：全区五县(市)、73个乡、10个镇、903个行政村、11246个合作社，共444669户，总人口2099447人，其中，男1066272人、占总人口的50.79%，女1033205人、占49.21%，性别比为103.20，比前三次人口普查均略有增高；汉族人口1906666人、占总人口的90.82%，少数民族192807人(有4人族别待定)、占9.18%，分别比一、二、三次人口普查提高1.44、1.32和0.71个百分点；市镇人口977448人，分别比前三次人口普查增加903387人、926217人和892647人；大学文化程度7073人、比“三普”时增加4535人，高中67885人、比“三普”时增加25501人，初中309018人、比“三普”时增加109710人，小学975943人、比“三普”时增加309047人，文盲、半文盲人口493782人、比“三普”时减少263889人，占总人口的23.52%，比“三普”时减少16.59个百分点。

第三节　第五次人口普查结果

1999年4月至2000年11月30日，根据国务院统一部署，保山地区组织近两万名普查工作人员，圆满完成第五次人口普查的工作。

以2000年11月1日零时为标准时间，全面开始普查登记工作。普查登记项目比1990年增加26项、为45项，其中：按人登记的有24项；按户登记的有21项。

普查结果：全区五县(市)共70个乡、13个镇、911个行政村、11247个村民小组，共572461户，总人口2348315人(包括外来人口，不包括外出人口)，同1990年第四次人口普查的总人口相比，十年共增加24.88万人，增长11.85%，年平均增加2.41万人，年平均增长率为1.09%。其中，男1209674人、占总人口的51.51%，女1138641人、占总人口的48.49%，性别比为106.24，比前四次人口普查均略有提高；汉族人口2111836人、占总人口的89.93%，少数民族人口236479人、占总人口的10.07%，分别比一、二、三、四次人口普查提高2.33、2.21、1.60和0.89个百分点；大学（大专以上）文化程度24711人、比“四普”时增加17674人，高中（含中专）117562人、比“四普”时增加49677人，初中543165人、比“四普”时增加234147人，小学1123825人、比“四普”时增加147882人，文盲、半文盲人口298570人、比“四普”时减少195212人，占总人口的12.71%，比“四普”时减少10.81个百分点。

五县（市）的普查实际登记人口分布为：保山市84.68万人，施甸县31.42万人，腾冲县59.39万人，龙陵县26.01万人，昌宁县33.32万人。全区普查实际登记共有家庭户56.01万户，家庭户人口228.32万人，占全区总人口的97.232%，平均每个家庭户的人口为4.08人，比1990年第四次人口普查的4.67人减少0.59人。全区普查实际登记的总人口中，0～14岁的人口为60.58万人，占总人口的25.8%；15～64岁的人口为157.46万人，占总人口的67.05%；65及以上的人口为16.79万人，占总人口的7.15%。同1990年第四次人口普查相比，0～14岁人口的比重下降2.24个百分点，65及以上人口的比重上升1.44个百分点。居住在城镇的人口为23.25万人，占总人口的9.9%；居住在乡村的人口为211.57万人，占总人口的90.1%。

第六章　人口控制

第一节　计划生育宣传教育

一、经常性宣传

1978年，保山地区计划生育宣传教育工作逐步向规范化、制度化、系统化方向发展。1980年，国家提出把计划生育工作的重点转移到“提倡一对夫妇只生一个孩子”上来以后，地区计生委编印了9期《计划生育宣传材料》，刊登马克思主义人口理论、生育政策、避孕节育知识、先进典型等内容，每期印5000～10000份，发至乡、村。同时编印《计划生育手册》《计划生育政策》等宣传资料，购买宣传画2400张，标语牌100套，购买或印制《新婚期卫生常识》《计划生育》等有关业务书籍，发至地、县直机关单位和乡、村，为群众提供学习材料，扩大宣传教育效果。

1981年后，全区计划生育宣传教育主要要求各级干部和群众通过算账对比，学会算通三笔账：一算经济发展与人口发展的比例账，树立人口非控制不可的思想；二算开展计划生育工作以来的贡献账和给国家、集体、个人带来的好处，树立人口是完全计划控制的信念；三算人口发展的趋势账，树立必须有计划地控制人口增长的战略思想。通过对1952—1981年的人口与耕地、人口与粮食、人口与社会总产值发展算账对比，使各级党委政府与人民群众清醒地意识到严格控制人口过快增长的重要性和紧迫性，切实加强计划生育工作，严格控制人口过快增长。之后，地区和各县计生委陆续配备、购置宣传专用车、电视机、声画同步幻灯机、电影放映机、录像机、电视放映机等设备，在每年的农闲季节巡回乡村、边远山区放映《甜蜜的事业》《儿子、孙子和种子》《新婚期卫生常识》《计划生育》《妇女“四期”卫生保健》等反映婚姻、家庭、人口与计划生育等为主题的电影、录像和幻灯片。仅1990年，全区就放映相关题材的电影、录像、幻灯1853场次；派出由6000多人组成的若干工作组，分片巡回举行报告会，宣讲政策，深入乡、村、社、户进行面对面的教育，并用广播电视宣传2100多次。

1990年12月《云南省计划生育条例》颁布以后，全区认真做好实施《条例》的宣传工作，广泛开展人口计生基础知识教育，在人口学校开办新婚培训班、育龄夫妇培训班，进行“五期”教育，在报社、电台开辟固定的宣传栏目，举办生殖健康教育展览，开展婚育新风进万家等活动。宣传形式多样，利用广播、电视、电影、文艺演出、墙报、黑板报、报刊、标语、宣传单、小册子等方法，利用节假日、农村集市、庙会等向社会、干部、群众进行广泛深入的宣传，使农村广大育龄人群知晓率达100%。

1994年，昌宁县被省计生委列为第一批一年实现“三为主”（以宣传教育为主、以避孕节育为主、以经常工作为主）的3个省级试点县之一，保山市、腾冲县被列为保山地区地级试点。1996年，全区各县（市）“三为主”工作全面达标。同时，为认真贯彻落实省委、省政府《关于进一步加紧落实计划生育“三为主”，推广计划生育“三结合”的决定》，全区加大计划生育宣传工作力度，让各级领导干部和广大群众懂得：从可持续发展的战略高度来认识和解决人口问题的重要性、紧迫性，为落实“三为主”，推行“三结合”（计划生育与发展经济相结合、与帮助群众勤劳致富奔小康相结合、与建立文明幸福家庭相结合）提供舆论导向与动力。

2002年9月，《中华人民共和国人口与计划生育法》和《云南省人口与计划生育条例》正式实施。2002—2005年，保山市各级各部门充分利用广播、电视、报纸等新闻媒体营造宣传氛围，利用节假日、乡（镇）集市、“三下乡”等活动，对《中华人民共和国人口与计划生育法》和《云南省人口与计划生育条例》开展全方位的广泛宣传。共出黑板报8348期，出动宣传车456辆次，摆设宣传点804场次，发放宣传磁带1020盒，印发《计划生育知识实用手册》50多万册、宣传资料50多万册，宣传单200多万份，张贴《中华人民共和国人口与计划生育法》和《云南省人口与计划生育条例》20000多张、各种宣标语20多万条、永久性标语5600多，广播宣传13745次。以会代训举办法律、法规培训班629场次，共培训各级领导干部和计划生育专兼职干部123441人次。放映专题片219场次，自编、自演专场文艺节目186场，受教育面达100%。同时，开展农业人口独生子女“奖优免补”政策和艾滋病防治知识的宣传。

2005年，全市共规范更新各种“奖优免补”政策宣传标语13326条，制发《致农村一孩家庭一封信》10万份，制发人口与计划生育知识宣传袋3万份，有9380户农业一孩家庭领取独生子女父母光荣证，累计办证达30368户；发放艾滋病防治知识宣传资料15.4万份，城市居民防治艾滋病宣传知晓率达85%，乡村农民达75%。

二、集中性宣传

(一) 宣传、手术小分队

1977—1979年，地、县、公社共组织2181人参加的计划生育宣传、手术小分队499个，利用每年冬春农闲的2~3个月的时间，巡回深入大队、生产队宣讲计划生育政策，发动群众开展节育手术。1984年元旦、春节期间，根据全省统一部署，地区协调有关部门开展计划生育宣传教育活动，组织小分队进村入户宣传中央〔1984〕7号文件和云南省委〔1984〕52号文件精神，对群众做耐心细致的思想教育工作，提高广大干部群众实行计划生育的自觉性。直到1990年，地县(市)乡(镇)每年组织的计划生育宣传手术小分队，都深入到各乡(镇)、村社巡回帮助基层开展宣传教育，组织节育手术突击活动，成为计划生育宣传技术服务的重要力量。

1997年，根据省委宣传部和省计生委等十部委《关于抓好当前计划生育宣传工作，开展文化、科技、卫生下乡活动的紧急通知》精神，行署要求地、县(市)乡(镇)、村四级都成立“三下乡”工作领导小组。并从各级计生委、服务站(所)抽调责任心强、技术过硬的人员组成“三下乡”工作组，重点深入贫困山区开展宣传服务。2—3月，以宣传避孕节育、优生优育、生殖健康、人口政策、计划生育政策法规和医疗咨询、义诊、避孕药具、技术服务为主的“三下乡”活动全面开展。全区共抽调计生干部和医务人员300多人次，制作展出各种宣传版面、模型58块，标语100多条，发放宣传资料58000多份，放映计划生育科教电影、录像45场，接待咨询3000多人次，义诊和B超检查1000多人次，免费发放药具1000多人份，受教育面达2万多人。

2000年，全区计生干部和医务人员深入乡村开展“三下乡”服务活动共计1600人次，接待咨询1万多人次，义诊和B超检查4000多人次。2002—2005年，保山市各级计生部门“三下乡”等活动中，重点宣传《中华人民共和国人口与计划生育法》和《云南省人口与计划生育条例》，宣传艾滋病防治知识，宣传农业人口独生子女“奖优免补”政策等。

(二) 宣传月活动

1982年以后，根据中共中央、国务院关于在元旦、春节期间开展计划生育宣传月活动的决定，保山地委、行署确定每年1—2月为计划生育宣传活动月。宣传活动由地委、行署直接领导，地直宣传、文化、广播、卫生和团委、妇联、司法等部门配合，抽调人员组成宣传手术队开展工作。1983年1月，宣传月活动开始后，各县分别召开动员大会，党政领导亲自部署，并带领有关部门上街设点，进行街头宣传咨询服务。由各部门抽调经过培训的410名各级宣传骨干，组成宣讲手术小分队84个，巡回于各村寨向群众宣传，通过层层算账对比宣传，进行深入细致的思想教育工作。在宣传月活动中，全区落实5种手术10028例，其中“三术”8238例，占总数的82.15%。

此后，地、县（市）党政机关每年都组织有关部门开展计划生育宣传月活动。

（三）人口日宣传

1987年起，保山地区各级计划生育部门开展了各种纪念日宣传活动。如：1987年7月11日的“世界50亿人口日”纪念宣传活动；1988年7月1日的“亚洲30亿人口日”纪念宣传活动；1989年4月14日的“中国11亿人口日”纪念宣传活动；1997年9月5日“保山市80万人口日”纪念宣传活动；1999年10月11日的“世界60亿人口日”纪念宣传活动；2005年1月6日的“中国13亿人口日”宣传活动等。

（四）《公开信》宣传活动

1980年9月25日，中共中央发表《关于控制我国人口增长问题致全体共产党员、共青团员的公开信》，保山地委、行署和各县委、县政府于1981年春节期间、1981年9月纪念《公开信》发表一周年之际，先后开展宣传活动。至1990年的10年间，每逢《公开信》发表纪念日，全区各地都组织纪念宣传活动，把宣传一对夫妇只生育一个孩子同宣传《婚姻法》相结合，使《公开信》的精神逐步深入人心，全区领取独生子女证和落实节育措施夫妇的比例逐年上升。1990年年末，全区领取独生子女证有14348人，比1979年增加13880人；已婚育龄夫妇落实各种节育措施303822人，比1979年增加148249人。

2000年9月25日，地区和昌宁县人口与计划生育工作领导小组分别召开纪念中共中央《公开信》发表20周年座谈会，保山、腾冲和龙陵三县（市）分管副县（市）长分别发表电视讲话，电视讲话连续播放3天，收视人数达30多万人。各县（市）计生委、服务站（所）出动300名工作人员，上街摆摊设点，发放中央《公开信》、避孕节育、优生优育、生殖保健、新婚知识、计划生育政策法规等各种宣传资料、传单，发放药具3.2万份。举办各种培训班312期，受训4.04万人次；义诊咨询724人次，为独生子女体检1650人次，走访慰问136户独生子女家庭和1000多户模范实行计划生育户。

第二节　计划生育政策

1978—2005年，随着人口与计划生育工作的深入开展，保山市广大群众实行计划生育的自觉性不断增强，晚婚晚育、少生优生，婚育观念已得到逐步转变。

一、晚婚晚育政策

1980年年底，保山行署根据全国五届人大三次会议通过的《中华人民共和国婚姻法》和农村推行的各种形式的生产责任制后出现的新情况作出规定，从1981年1月起，对晚婚晚育的干部职工产假顺延14天，工资照发；农村社员由生产队评给14天工分。之后，地委、行署批转行署计划生育办公室关于给晚婚干部职工20～30天晚婚假（包括原规定的3天婚假）的意见。

1982年，行署《关于计划生育工作中几个具体问题的通知》，将城镇干部、职工和居民的晚婚年龄调整为男满26周岁、女满23周岁。干部职工凡男满26周岁、女满24周岁结婚者（均指初婚）给晚婚假20～30天，工资照发，出勤照记；若男女双方只有一方达到晚婚年龄，只能由达到的一方享受。该规定城镇集体单位可参照执行。农村社员凡男满25周岁、女满23周岁结婚者，由生产队给予适当晚婚假或其他鼓励。

1984年，中共保山地委对原规定作调整和补充：初婚男女双方都已达到晚婚年龄（男25周岁、女23周岁）各给晚婚假20～30天，仅一方达到的只给达到一方享受，对晚婚青年在住房分配上应给予优先照顾；凡女方年满24周岁以上（含24周岁）才生育第一个孩子的，也可享受晚育假。

1986年，保山行署对全区农业人口和非农业人口的晚婚年龄统一调整为男满25周岁、女满23周岁，并继续提倡晚婚晚育。

1991年4月《云南省计划生育条例》实施后，保山地区按照《条例》规定，提倡晚婚晚育，少生优生。男25周岁、女23周岁以上依法登记初婚为晚婚。已婚妇女24周岁以上按计划生育第一个孩子的为晚育。干部和职工晚婚的，在国家规定的婚假外再增加婚假15天；晚育后在产假期间申请领取独生子女父母光荣证的，再增加产假15天。婚假、产假视为出勤。农业人口晚婚晚育的，可以减免当年应当向集体尽义务的工日或者享受其他优惠待遇。

2002年9月起，保山市遵照执行《中华人民共和国人口和计划生育法》《云南省人口与计划生育条例》，但晚婚晚育年龄规定、政策未变动。机关、企业事业单位、社会团体和其他组织的工作人员晚婚的，在国家规定的婚假外增加婚假15天；晚育的给予女方增加产假30天，男方护理假7天；在产假期间办理独生子女父母光荣证的，给予女方增加产假15天。规定的休假视同出勤。至2005年，政策均未作调整。

二、生育规定

（一）生育一孩的规定

保山地委、行署在1979—1980年的人口规划中提出：“一对夫妇生育子女数最好一个”“提倡一对夫妇只生育一个孩子”。

1980年，中共中央《关于控制我国人口增长问题致全体共产党员、共青团员的公开信》发表后，保山行署明确提出，制定人口规划的指导方针是：“普遍提倡一对夫妇只生育一个孩子”“优先安排第一胎”（凡符合晚婚年龄结婚的都应安排生育指标，发给准生证）。

1984年，根据《中共中央批转国家计划生育委员会党组〈关于计划生育工作情况的汇报〉》文件精神，保山地委再次明确规定：在非农业人口中继续坚决贯彻执行党中央、国务院关于“国家干部和职工、城镇居民除特殊情况经批准者外，一对夫妇只生育一个孩子”的规定。在人口稠密的坝区农村，继续提倡一对夫妇只生育一个孩子。

1991年4月，保山地区开始执行《云南省计划生育条例》规定：非农业人口一对夫妻只生育一个孩子，农业人口普遍提倡一对夫妻只生育一个孩子。

2002年9月起，保山市遵照实施《中华人民共和国人口和计划生育法》和《云南省人口与计划生育条例》，提倡一对夫妻生育一个子女，夫妻双方或者一方是非农业人口的，一对夫妻生育一个孩子。

（二）生育二孩的规定

1978年，保山地委在制订人口规划中提出：一对夫妇生育子女数最好一个，最多两个，两胎间隔3年以上。

1980年，保山行署明确指出：要有计划有控制地安排第二胎。在农村要根据人口计划指标的要求，在优先安排第一胎后，有条件的可适当安排第二胎；人口稀少的少数民族地区和分散山区，在两胎间隔4年的前提下，可有计划地安排生育第二胎。

1984—1986年，地委、行署几次行文，对照顾生育第二胎的条件进行调整充实。非农人口有下列特殊情况之一的，要求生育第二个孩子的，在第一个孩子满3周岁后，经县级计生部门批准，可安排生育第二个孩子：经县或县以上医疗单位检查证明，第一个孩子系非遗传性病残；夫妇双方均系独生子女；婚后多年不孕，经有关部门批准抱养一个孩子后自己又怀孕的；再婚夫妇一方只有一个孩子，另一方未生育过的；夫妇双方均系归国华侨，归国时间在6年以内，只有一个孩子的（过去所生子女全部在国外定居，国内无子女，要求生育的也可以允许再生一个）。

在农业人口中，根据“农村普遍提倡一对夫妇只生育一个孩子，某些群众确有实际困难要求生育第二胎的可以有计划地安排”精神，作了相关规定。人口稠密，耕地面积少的坝区除上述非农业人口的5种特殊情况外，有下列实际困难之一，要求生育第二个孩子的，经区公所批准，可有计划地安排：男到独女家落户的；男到有女无儿户家结婚落户的（只限留一女在家）；连续两代以上（含两代）只生育一个孩子的家庭；弟兄几人只有一个有生育能力的；二等以上（含二等）残疾军人和因公致残者；夫妇中一方有非遗传性残疾已基本失去劳动能力的；各县（市）区（乡）根据实际情况决定的其他有实际困难应该照顾的。全区大部分农村，在不影响人口控制指标的前提下，群众有实际困难，要求生育二孩的，可以有计划地安排；少数民族也要实行计划生育；农村少数民族允许一对夫妇生育两个孩子。不论符合任何条件允许安排生育二胎的，两胎间隔必须3—5年。

1991年4月起，保山地区执行《云南省计划生育条例》。非农业人口具有下列情况之一的，由本人申请，经县级计划生育部门审查批准，可以有计划地安排生育第二个孩子：经县级以上计划生育技术鉴定组织鉴定，第一个孩子为非遗传性残疾，不能成长为正常劳动力的；经县级以上计划生育技术鉴定组织鉴定，患不孕症婚后五年以上没有生育，依法收养一个孩子后又怀孕的；夫妻双方都是独生子女的；夫妻双方或者一方是二等甲级以上伤残军人的；夫妻双方都是归国华侨，且回国时间不满6年的。农业人口确有实际困难要求生育第二个孩子的，由本人申请，经县级计划生育部门审查批准，可以有计划地安排。边境县（市）和执行边境政策的县按以下规定执行：非农业人口按上述5种情况规定执行；夫妻双方或者一方是少数民族确有实际困难的，由本人申请，经县级计划生育部门审查批准，可以有计划地安排生育第二个孩子；农业人口有计划地安排生育第二个孩子。生育间隔必须在4年以上。

2002年9月起，保山市执行《云南省人口与计划生育条例》规定。夫妻双方或者一方是非农业人口有下列情形之一的，由夫妻双方申请，经县级计划生育行政部门审查批准，可以生育第二个子女：经县级计划生育行政部门组织医学鉴定，第一个子女为非遗传性或者可以避免的遗传性残疾，适宜再生育的；经县级计划生育技术鉴定患不孕症，依法收养一个子女后又怀孕的；夫妻双方都是独生子女的；夫妻双方都是归国华侨或者港、澳、台同胞，来云南省定居时间不满六年的。农业人口确有实际困难要求生育第二个子女的，由夫妻双方申请，经县级计划生育行政部门审查批准，可以生育第二个子女。生育间隔时间应当在4年以上。

（三）生育三孩的规定

1978年起，地委、行署提出每对夫妇生育子女数最多两个，不安排生育第三胎的要求。1980年，行署根据中共中央《公开信》的要求，两次发文强调坚决杜绝生育第三胎。

1984年，保山地委规定：高寒山区和执行边疆政策的区（乡）的少数民族，经县或地区计生部门批准，可以生育3个孩子，间隔必须控制在3年以上，但不准生育第四个孩子。

1991年4月起，保山地区执行《云南省计划生育条例》规定，边境县（市）和执行边境政策的县，农业人口有计划地安排生育第二个孩子。夫妻双方或者一方是少数民族确有特殊困难的，由本人申请，经县级计划生育部门审查批准，可以有计划地安排再生育一个孩子。

2002年9月起，执行《云南省人口与计划生育条例》，全市少数民族农业人口中，夫妻双方都是居住在边境村委会辖区内的少数民族，或夫妻双方或者一方是独龙族、德昂族、基诺族、阿昌族、怒族、普米族、布朗族的，夫妻双方可以提出申请，经县级计划生育行政部门批准，可以生育第三个孩子。

（四）再婚夫妇生育规定

1986年，保山行署对再婚夫妇的生育问题作出规定。非农业人口的再婚夫妇属下列情况之一要求生育的，经县级计生部门批准，可允许再生育一个孩子：一方原只有一个孩子，或有两个孩子的丧偶者，另一方系初婚或未生育过的；双方再婚前各只有一个孩子，均依法判随前配偶抚养，重新组合的家庭中无子女的；一方原只有两个孩子，都依法判随前配偶抚养，另一方系初婚或未生育过，重新组合的家庭中无子女的；双方再婚前各只有一个孩子，其中一方的孩子判随前配偶抚养，新组合的家庭中只有一个孩子的；一方原只有两个孩子，离婚时判由原夫妇各抚养一个，另一方系初婚或未生育过，重新组合的家庭中只有一个孩子的。

农村再婚夫妇除上述情况外，夫妇双方再婚前共有两个孩子的，均由重新组合家庭抚养，再婚后要求生育的，经县级计生部门批准，可允许再生育一个孩子。

不论城镇农村，凡属再婚夫妇中有一方（或双方）因喜新厌旧或因生女孩而遗弃原配偶者，不在照顾之列。

1991年4月起，保山地区执行《云南省计划生育条例》规定。再婚夫妻，具有下列情况之一的，由本人申请，经县级计划生育部门审查批准，可以有计划地安排再生育一个子女：夫妻一方为初婚，另一方为再婚，且只生育过一个孩子的；或者双方都是再婚，其中一方只生育过一个孩子，另一方未生育过的；农业人口的再婚夫妻，一方为计划内生育过二个孩子的丧偶者，另一方为初婚或者未生育过的。

2002年9月起，保山市执行《云南省人口与计划生育条例》，对再婚夫妇生育政策的规定与1991年的《云南省计划生育条例》规定相同，无变化。

1978—2005年保山市出生孩次结构情况统计表

表3-8　　单位：万人、人

年度	合计	一孩	二孩	多孩
1978	3.69	—	—	—
1979	2.86	9147	8541	10881
1980	2.44	10680	8219	5491
1981	3.51	16113	11313	7709
1982	3.58	17039	10962	7787
1983	3.49	16736	12048	6140
1984	3.53	17484	12472	5387
1985	3.36	16906	12453	4224
1986	3.55	18090	13007	4389
1987	3.78	19365	14534	3900
1988	3.79	19963	14583	3364
1989	3.88	20919	15218	2637
1990	3.76	20208	15634	1772
1991	3.57	20481	14349	902
1992	3.33	19992	12701	595
1993	3.43	20853	13358	96
1994	3.83	22630	15361	313
1995	3.74	21407	15224	721
1996	3.68	21419	15180	244
1997	3.71	21453	15411	203
1998	3.59	20334	15358	169
1999	3.67	23629	13027	26

续上表

单位：万人、人

年度	合计	一孩	二孩	多孩
2000	3.51	19321	15309	463
2001	3.11	16497	14454	186
2002	3.09	15925	14829	183
2003	2.91	15185	13753	187
2004	2.94	15163	14020	174
2005	2.66	14069	12366	147

注：数据来源为计划生育统计资料

三、奖惩政策

（一）独生子女奖励

1979年，保山行署根据各县、公社奖励独生子女的情况，对办理独生子女证及奖励等问题作出统一规定：从办证之月起到年满14周岁止，每月发给独生子女保健费5元（农村社员每月记50分保健工分），并给其父母一次性奖励，奖金数量由各单位视情况决定；在产假期间办理独生子女证的，产假可适当延长；独生子女就医、入托、入学优先，招工、招生在同等条件下优先照顾，城镇住房一律按两个孩子标准分配，农村一律按两个孩子标准分配宅基地、自留地；终身只生一个孩子的职工，从1979年7月9日起办理退休手续的，加发5%的退休金（按100%发退休金的不再加发）；终身无子女的按100%发给。

1980—1986年，保山地委、行署多次对独生子女奖励办法进行修改和补充。其中职工（含集体单位的）在产假期间办证的，产假延长14天，不影响全勤评奖；独生子女保健费由夫妇双方所在单位各发一半；一方是农民或无工作单位的居民，全部由在职一方的所在单位发给；办证后离婚或丧偶的独生子女保健费由抚养子女的一方所在单位发给；双方都无工作单位的城镇居民，有县（市）计划生育委员会发给；双方是农民的可用公益金发给，也可以折抵本户应交的提留或义务工，还可多承包一份责任田；一次性奖金按夫妇双方所在单位规定标准的50%发给。干部职工调动时，凭独生子女证和调出单位介绍，由调入单位按规定继续执行对独生子女的各项优待。

从1991年4月起，保山地区执行《云南省计划生育条例》规定，对只生育一个孩子的夫妻，由双方申请，单位审核，经县级计划生育部门批准发给独生子女父母光荣证，享受以下优待和奖励：（1）从领证之月起到子女满14周岁止，每月发给5～10元的独生子女保健费，并发给一次性奖金，具体金额由县级人民政府规定。保健费和奖金，夫妻双方都是干部、职工的，由双方所在单位各付一半；一方是干部、职工，另一方是城镇居民或者农业人口的，由干部职工所在单位支付；城镇居民由县级计划生育部门会同有关部门解决；农业人口由所在乡（镇）人民政府解决。（2）在入托（园）、就医和农村宅基地等方面给予照顾。(3)农村还可以在扶持和发展生产、安排进乡村集体企业和适当减免义务工等方面给予照顾。(4)享受退休待遇的，退休时加发5%的退休金。享受独生子女待遇后，经批准生育第二个孩子的，从批准之月起退还独生子女父母光荣证，停止享受独生子女的优待和奖励。符合再生育孩子条件的夫妻，自愿终身只要一个孩子的，除执行上述规定外，由县级计划生育部门或者夫妻所在单位再给予适当奖励。

2002年9月后，保山市按《中华人民共和国人口和计划生育法》《云南省人口与计划生育条例》规定，对领取独生子女父母光荣证的，实行下列奖励和优待：(1)从领证之月起到子女满14周岁止，每月领取不低于10元的独生子女保健费，独生子女保健费的发放，夫妻双方都是机关、企业事业单位、社会团体工作人员的，由所在单位各支付一半；一方是机关、企业事业单位、社会团体工作人员，另一方是其他非农业人口或者农业人口的，由机关、企业事业单位、社会团体工作人员所在单位支付。夫妻双方都是其他非农业人口或者农业人口的，由其户口所在地的县、乡财政共同安排解决；(2)在同等条件下给予社会救助，子女入托、入园、入学等方面的优先照顾；(3)享受退休待遇的，退休时加发5%的退休金或者基本养老金；(4)农村独生子女由计划生育技术服务机构给予定期免费的健康检查；(5)对农村独生子女家庭发展经济，给予资金、技术、培训等方面的支持、优惠；对农村独生子女困难家庭，在扶贫贷款、以工代赈、扶贫项目、社会救济以及划分宅基地、介绍就业等方面给予优先照顾。独生子女死亡，其父母不再生育或者收养子女的，第(3)、(5)项规定的待遇不变。享受独生子女待遇后，经批准再生育一个子女的，从批准之日起收回独生子女父母光荣证，并停止享受本条例规定的奖励和优待。符合再生育规定的农业人口的夫妻，自愿终身只生(养)育一个子女并领取独生子女父母光荣证的，除享受规定的5条奖励和优待外，由人民政府给予一次性奖励。

2003年，保山市开展农业人口独生子女“奖优免补”工作，引导广大群众自觉的少生、优生，进一步降低全市的生育水平。适用对象是户口属云南省的两类人群：农业人口独生子女家庭中的父母及其子女；依法生育的子女死亡，现只有一个子女或无子女的农业人口家庭。“奖优免补”工作当年8月从腾冲县试点开始，2004年6月全面展开。

至2005年年末，全市领取独生子女证夫妇55596对，累计领证率为11.29%，其中农业人口独生子女家庭当年领取独生子女证9490户，累计领证30425户(实行“奖优免补”后办证23211户，其中独女户8762户)，累计领证率为32.29%；享受一次性奖励的16053户，其中单方享受的一方在省外的47户，一方在国外的30户；全市农村独生子女享受中考加分316人，享受高考加分69人；共发放一次性奖金、教育奖学金、养老补助金2469.5万元，为全市农民人均纯收入增加10元。2005年人口出生减少到2.90万人，主要是二孩出生幅度的减少，在“十五”期末已经显现出农业人口一孩家庭“奖优免补”工作的效果。

1978—2005年保山市领取独生子女父母光荣证情况统计表

表3-9　　　　单位：对

年份	累计领取独生子女证数	其中　当年领证数	累计领证率（%）
1978	—	—	—
1979	—	—	—
1980	1267	—	0.6
1981	1902	—	0.86
1982	2790	—	1.19
1983	4962	—	2.04
1984	6179	—	2.49
1985	6940	—	2.55
1986	7960	—	2.71
1987	9428	—	3.01
1988	11058	—	3.43
1989	12534	—	3.61
1990	14348	—	3.93
1991	—	1889	—
1992	17738	1789	—
1993	20245	1954	4.90
1994	20501	1630	4.89
1995	21715	1642	5.04
1996	23195	1597	5.19
1997	22176	1624	4.86
1998	22682	1606	4.89
1999	24197	1663	5.10
2000	24608	1705	5.09
2001	27300	2678	5.61
2002	29238	1857	5.96
2003	30758	4368	6.25
2004	45797	16603	9.33
2005	55596	11070	11.29

(二) 节育措施优待

1979年，保山行署规定，计划外生育二胎的，按有关处罚规定执行后，其产后施行结扎手术可按术后休假规定发给工资，记给工分，并给予一定的营养补助费。1981年，行署再次规定，对落实各种（节）育措施的社员应按规定休假，参照干部误工补贴办法，从包产或提留部分中，分别给予一定数量的粮食或现金补贴和营养补助费，也可折抵义务工。

1984年8月，根据有关规定，行署将女职工休假改为：产假75天(产前15天，产后60天)，遇难产或双胞产，增加15天，凭医院决定出具证明给假；第一次怀孕不满7个月流产（包括人工流产）给假30天，异常情况凭医院证明给假；二次以上（含二次）流产给假14天，若系放环失败做人工流产的仍给假30天；人工流产同时放环给假16天；产后做女扎手术，增加14天休假。

1986年，保山行署重申国家对已婚育龄夫妇免费发送避孕药具和节（绝）育手术休假的规定。

1990年4月起，保山地区按《云南省计划生育条例》对接受节育手术的干部和职工，给予休假，在规定假期内视为出勤。城镇居民和农业人口给予适当照顾。

2002年9月起，根据《中华人民共和国人口和计划生育法》和《云南省人口与计划生育条例》要求，保山市机关、企业事业单位、社会团体的工作人员，施行计划生育手术后，依照下列规定休假：放置宫内节育器的，休假7天，产假期间放置的产假顺延；经计划生育行政部门批准摘取宫内节育器的，休假3天；施行输卵管结扎的，休假30天，产假期间结扎的产假顺延；施行输精管结扎的，休假15天；经县级计划生育行政部门批准，施行输卵管复通术的休假30天，施行输精管复通术的休假15天；因避孕措施失败而施行补救手术的，休假40天。规定的休假视同出勤。

(三) 惩罚

2002年9月以前，保山市对违反计划生育规定而生育的惩罚多为行政手段和非正常强制手段干预，罚款并不能按规定执行，只是为了控制人口增长，2002年9月“一法一条例”颁布实施后，开始规定征收社会抚养费。

2002年9月至2005年12月，全市对1352对早育、非婚生育、抢生的育龄夫妇，严格按法律、法规程序进行处罚；对22对计划外生育的夫妇严格按法律、法规程序征收社会抚养费。上述违法生育的1374对夫妇中，有3对夫妇提出行政复议，其中2对夫妇对行政复议决定无异议；另外1对龙陵县的夫妇，对行政复议决定不服，向人民法院提起诉讼。这是全市唯一的一起计划生育行政诉讼案件，人民法院最终判决为撤销案件，由龙陵县计生委重新作出处罚决定。主要原因是计划生育行政部门在作出处罚决定时，引用法律条文不当，属程序不合法。至2005年，全市共有申请人民法院强制执行的处罚案件28起。

2002年9月～2005年12月保山市违法多生育征收社会抚养费统计表

表3-10　　　　单位：人、元

年　度	人　数	应征金额	实征金额	征收率（%）
2002	14	193831	124433	64.19
2003	16	334156	60863	18.2
2004	20	586156	117812	20
2005	21	903750	111452	12.33
合　计	71	2017893	414560	20.54

第三节　技术服务

一、节育技术服务

1978年，全区198个节育小分队深入基层，宣传《中央批转关于国务院计划生育领导小组第一次会议的报告的通知》，有力推动了节育手术的开展，许多育龄妇女积极报名做节育手术，当年共施行各种节育手术45014例。

1979年，计划生育的重点转移到“一对夫妇最好只生一个孩子”上来，在强调避孕方法综合应用的同时，指导群众落实长效节育措施，动员生一个孩子的妇女放环，生两个以上的夫妇一方做结扎。

1982年，全区计划生育工作出现回潮，实行节育手术人数19623例，比1980年减少8732例。为此，1983年，地区医院派出计划生育手术组到保山、龙陵、施甸县协助开展手术，各基层卫生院（所）、农场职工医院直接在农村开展手术，掀起了落实节育措施的高潮，当年共施行“三术”52803例。

1984年，国家对计划生育工作提出“以宣传工作为主，以避孕为主，以经常性工作为主”的方针，随着“三为主”方针的贯彻落实、广大群众生育观念的逐步改变和节育技术质量的不断提高，采取避孕节育措施的人越来越多，节育技术服务已成为计划生育工作中的经常性工作。特别是1989年后各地县级计划生育服务站建成后，节育技术服务成为了计划生育服务站的主要工作，每年正常开展，到2005年，全市已落实各种节育措施46.21万人，综合节育率为86.51%。各种节育措施的落实对控制人口增长起到了保障作用。

二、药具供应服务

1978—1988年，全区药具供应由地区医药公司根据全区育龄夫妇人数及使用情况编制药具计划上报，省计生办与省医药部门每年分两期免费分配，经过地区医药公司转发给地区计划生育办公室，然后按各县已婚育龄妇女使用数量分配给各县逐级下发，主要为各种节育环、口服避孕药、外用避孕药、长效避孕针和各号避孕套共23个品种。1988年，地区药具站成立后，地区医药公司将药具调拨业务移交地区药具站，由药具站统一管理发放。县(市)、乡都有专职人员负责药具领取和发放，形成了市、县、乡、村4级药具服务网络。药具以免费供应为主渠道外，还允许医药市场销售，保证了群众的避孕需要，使用药具避孕人数逐年增长。1990—2000年，全市共免费发放价值760万元的各种药具。2000年后，每年均为群众发放价值80万元的各种药具。至2005年，各种节育环、口服避孕药、外用避孕药、长效避孕针和各号避孕套共有35个品种，全市使用药具避孕13557人，比1978年增加了8541人。

1978—2005年保山市育龄夫妇落实节育措施情况表

表3-11　　　　　　　　　　　　　　　　　　　　单位：人、例

年度	各种避孕措施合计	节育手术	其中				药具	综合节育率率(%)
			男扎	女扎	放环	补救措施		
1978	139549	45014	2336	3795	32720	5362	5016	67.79
1979	155573	38252	2260	5881	21437	8189	3742	75.27
1980	160004	28355	702	3046	14752	7995	4138	75.88
1981	155562	20797	1274	970	8880	7375	4975	70.09
1982	165648	19623	29	1766	13548	9440	5546	70.78
1983	177529	52803	2671	5481	26125	15213	4387	72.85
1984	179034	46382	4714	7061	20372	11239	5169	68.68
1985	206426	43563	1341	3509	19173	14956	6095	75.79
1986	225112	46928	1303	3337	18605	17909	8849	76.53
1987	245379	60176	1388	3479	25935	22568	12959	78.38
1988	267654	63362	884	3441	28086	24050	21258	80.87
1989	283702	62922	889	3383	30641	22148	21021	81.81
1990	303822	74673	1311	4943	37146	24734	21035	83.14
1991	328607	72727	896	4119	37137	23927	24972	85.93
1992	345943	69437	578	3509	36272	22028	25499	86.60
1993	362756	65453	522	3301	36140	17977	23146	87.86
1994	356584	55373	539	3077	34491	9902	14477	86.79
1995	367647	53740	437	2891	34527	7634	15776	85.28
1996	225112	23245	1303	3337	18605	17909	11841	76.53
1997	394178	54589	268	2253	38672	4132	15074	92.49
1998	402092	55267	258	2041	40310	8929	13800	86.65

续上表 单位：人、例

年度	各种避孕措施合计	节育手术	其中				药具	综合节育率率(%)
			男扎	女扎	放环	补救措施		
1999	405862	57583	318	1942	41982	2810	12112	85.49
2000	417388	59283	228	1429	43644	2295	11348	86.40
2001	419509	58694	171	1166	42253	1945	11451	86.26
2002	421828	59550	141	1018	43747	2163	12003	86.02
2003	425693	66304	31	776	46411	2998	12794	86.53
2004	425349	65756	5	712	45385	4280	12507	86.66
2005	426129	64290	11	584	44466	4744	13557	86.51

注：数据来源为人口计生统计报表数

第七章　人口经济

第一节　人均经济收入

一、人均国内生产总值

1978年，全区生产总值为4.02亿元，人均国内生产总值(现价，下同)220元；1980年4.7亿元，人均253元，1990年14.73亿元，人均694元；1995年41.33亿元，人均1857元，居全省第十位。1996年41.33亿元，人均2621元；2000年70.42亿元，人均3020元，居全省第十位。2005年119.8亿元，人均4923元，居全省第十一位。

1978—2005年，全市生产总值由4.02亿元增加到119.8亿元，按可比口径计算，累计增长7.53倍，年均增长8.26%。人均生产总值由220元增加到4954元，累计增长5.3倍。

二、人均粮食产量

1978年，全区人均粮食产量为323千克，1985年为330千克，1990为337千克。

1995年人均粮食产量为350千克，居全省第七位。1996年为390千克，1997年为394千克。1998年为394千克，居全省第五位。1999年为375千克，居全省第七位。2000、2001年分别为393、383千克，两年都居全省第五位。2002年，全市人均粮食产量为372千克，居全省第四位；2003年为351千克，居全省第五位；2004、2005年分别为364、382千克，两年都居全省第一位。

第二节　人均资源占有量

一、土地资源

1980年，全区人均占有耕地为1.40亩。1989年全区土地面积19637平方千米，人均0.009平方千米；耕地面积为234.73万亩，人均1.12亩；1991年耕地面积为237.41万亩，人均1.105亩。1981—1994年间，人均耕地只有1～1.25亩，与1971—1980年间相比，减少0.15～0.25亩。

1995年全区耕地面积为239.54万亩，人均1.07亩；1998年全区耕地面积250.35万亩，人均耕地面积1.09亩；1999年全区耕地面积为249.88万亩，人均耕地面积1.08亩；2005年全市耕地面积236.22万亩，人均耕地面积为1.09亩。全市人均占有耕地面积低于全国和全省水平。

二、森林资源

根据全省1973—1975年第二次森林资源清查，保山地区林业用地总面积190.40万公顷，有林地面积54.11万公顷，森林蓄积量4315.15万立方米，林木总蓄积量为4644万立方米，森林覆盖率为28.42%。

1999年全区森林面积为76.80万公顷，人均4.965亩；活立木总蓄积量为7222万立方米，人均31.13立方米。

2004年全市森林面积为81万公顷，人均5.04亩；全市林业用地总面积1918万亩，人均7.95亩，占全市土地总面积2860万亩的67%。全市森林覆盖率46.92%，林木绿化率56.10%。全市活立木总蓄积11678万立方米，人均48.43立方米。全市活立木年生长量435万立方米。天然林面积为1127万亩，人均4.67亩；蓄积为8895万立方米，人均36.89立方米。人工林面积达585万亩，人均2.43亩；蓄积为2033万立方米，人均8.43立方米。

2005年全市森林面积为1152万亩，人均4.75亩；森林覆盖率为42.44%。

三、水资源

全市水能资源理论蕴藏量为10237.6兆瓦，人均0.0422兆瓦；水能资源可开发量为8215.8兆瓦，人均0.0339兆瓦；全市水资源总量为150.7亿立方米，人均6214.69立方米。1995年，全区全年供水量达到7.41亿立方米，人均331.29立方米。1999年，全区水面面积为21.97万公顷，人均0.0947公顷；水利资源蕴藏量达222.21万千瓦，人均0.958万千瓦。2000年，全年供水量达到7.47亿立方米，人均318.6立方米；2005年，全年供水量达到9.57亿立方米，人均394.66立方米。

第四编　中国共产党

全市党的基层组织建设推进会

综　述

1978—2005年，是保山改革和发展的重要时期。其间，2000年12月30日，国务院同意撤销保山地区和县级保山市，设立地级保山市和隆阳区，以原县级保山市的行政区域为隆阳区的行政区域。2001年7月，中共保山市第一次代表大会、市政协一届一次会议、市第一届一次人代会相继召开，8月8日举行撤地设市庆典，保山撤地设市工作圆满完成。

这一时期，保山市各级中共组织按照中共十一届三中全会重新确立的思想路线，带领全市广大党员、干部和各族人民实现了工作重点的转移，坚持以经济建设为中心，坚持改革开放。中共保山历届地（市）委始终高度重视党的自身建设，从思想、理论、组织、作风等方面全面加强党的建设，各级党组织的领导水平、执政能力不断得到提高，保证了党的政治路线和各项方针政策在保山的贯彻执行，及党在改革和建设中领导核心作用的发挥。

始终把党的建设放在首位。把学习教育摆在重要位置上，按照各个时期中央和省委的要求，制定相应的贯彻学习实施意见，要求各级干部，特别是县以上领导干部加强思想修养，系统学习原著、完整地领会文件精神，在通读、精读文件的基础上，密切联系思想和工作实际，认真学习邓小平建设有中国特色社会主义理论，努力运用这一理论观察、分析和解决改革与建设中的新情况、新问题，不断提高工作的原则性、系统性、预见性和创造性。通过学习，提高了广大党员干部尤其是县处级以上领导干部的理论素养和贯彻执行党的方针政策的自觉性和创造性。坚持不懈地抓好党风廉政建设，按照标本兼治、综合治理的原则，狠抓领导干部廉洁自律、查处大要案、纠正部门和行业不正之风，有效地遏制了腐败现象的滋生蔓延；通过整党、学习党内生活准则、开展党风廉政教育、“三讲”教育、保持共产党员先进性教育、“团结干事”教育活动等等学习教育活动，不断提高各级领导干部的党员意识和廉洁从政意识，进一步解决领导班子和领导干部在思想作风、领导作风及工作作风方面存在的突出问题。坚持不断地抓好党的基层组织建设，扎实有效地开展以党支部为核心的农村村级组织配套建设及机关、企业、事业单位和城市社区的党建工作，充分发挥农村基层党组织的领导核心作用、国有和集体企业党组织的政治核心作用、事业单位基层党组织在经济建设与发展社会事业中的核心和保证作用及机关党组织的协助与监督作用。

紧紧抓住解放思想、实事求是这个精髓，不间断地将解放思想大讨论贯穿于各个历史阶段，组织全市干部群众开展了1979年的“真理标准”问题的讨论，1992年的“认真学习邓小平视察南方重要谈话精神、进一步解放思想”的大讨论，1995年的“解放思想，加快发展”大讨论，2000年的以“改革开放为动力，以调整结构、开拓市场、搞活流通”为主题的解放思想大讨论，2002年的以“市场经济为导向，与时俱进，开拓创新，明确职责，强化服务，转变作风，加快发展”为主题的解放思想大讨论，2003年围绕“全国奔小康、保山怎么办”主题的新一轮解放思想大讨论。使全市广大干部群众始终保持清醒的头脑，在党的路线方针指引下，结合保山的实际开展工作。

通过开展“真理标准”问题的讨论，全面纠正“文化大革命”及其以前的“左”的错误，平反冤假错案，落实党的干部、知识分子和华侨等各项政策，调动了各方面的积极性；通过“揭、批、查”运动，调整整顿了各级领导班子，建立健全了党的各级工作机构；贯彻执行国民经济“调整、改革、整顿、提高”的方针，努力发展社会生产力，促进了保山经济的恢复和发展。在保山地区农村，全面实行农业生产家庭联产承包责任制，完成了农村经济体制的改革，极大地调动了农村广大人民群众的积极性，促进了农业生产的发展；在城市，推行以增强企业活力为核心的城市经济体制改革。在坚持国营经济占主导地位的前提下，城乡各种经济形式、经营方式健康发展，市场繁荣，人民生活日益改善。在机构改革方面，按照中共中央、中共云南省委的部署，保山地区各级党政机关根据“精简、高效”的原则，撤销和合并了一批业务相近或工作量不大、重复设置的机构，同时调整、充实和新设了一些机构。按照干部“四化”方针，调整、配备了地、县（市）和各部门的领导班子。调整后，各级机构有所减少，全区各级领导班子的年龄、文化、专业结构有了很大改善。使一大批政治上比较强、熟悉经济工作、懂得经济管理、有驾驭全局能力的干部特别是优秀青年干部走上各级领导岗位。重视对女干部、非中共党员干部和少数民族干部的培养选拔工作。通过不断深化干部人事制度改革，逐步形成公开、公平、公正的用人机制。与此同时，后备干部队伍的建设和干部退休、离休、任免、交流、培训、选举等一系列制度逐步建立和完善。

坚持发展这根主线，正确处理好改革、发展、稳定的关系。“七五”期间，贯彻中共中央“稳定压倒一切”的方针，全区上下思想统一，团结奋斗，坚持把经济工作放在一切工作的中心地位，完成了“七五”国民经济计划。1990年，全区社会总产值23.32亿元、工农业总产值9.7亿元、国民生产总值14.73亿元，分别比1985年增加1.14倍和增长29%、94%。1990年年底，在认真总结“七五”计划完成情况和经验教训的同时，对保山经济建设的条件、潜力作了客观的估量。经过大量的调查和论证，因地制宜地明确提出了保山国民经济和社会发展的基本思路，即：打好农业这个基础，巩固糖、茶两个优势，加快发展烤烟、林纸、边贸、旅游四项骨干产业，开发建材、矿业、食品加工、畜产品加工四项新兴产业，抓好教育、科技、能源、交通四项基础建设（简称“12444”工程或“12444”发展战略）。按照这个发展思路，如期实现“八五”计划目标。1995年，全区国民生产总值完成41.3亿元，“八五”期间年均增长9.98%，超过原定31亿元的目标；经济结构趋向合理，一、二、三产业比重由1990年的57：18：25调整为1995年的48：22：30。1998年，保山地委将经济发展思路调整为“突破交通，打牢基础，加强农业，培育支柱，‘两极’带动，整体推进，以农促工，科教兴保”。保山地区各项工作取得了辉煌业绩，使“九五”成为保山历史上发展最快的时期之一。“九五”期间，国内生产总值由1995年的41.33亿元增加到

2000年的70.43亿元，年均增长9.3%，提前两年实现翻两番的第二步战略目标；五年累计解决46.5万贫困人口温饱问题。“十五”期间，保山市通过实施《保山市国民经济和社会发展第十个五个计划纲要》，实施振兴工业、城镇化、科教兴保和可持续发展战略，增强综合经济实力，繁荣各项社会事业，坚持依法治国方略，促进两个文明协调发展，实现社会全面进步。实现了全面建设小康社会的良好开局。2005年年末，全市生产总值完成119.8亿元，“十五”期间年均增长9.2%；粮食总产量92.9万吨，创历史新高。五年中，第二产业增加值年均增长16%，高于“十五”计划1个百分点；第三产业增加值年均增长9.9%，高于“十五”计划1.9个百分点。2005年，在传统骨干财源逐年减少直至取消的情况下，保山市财政总收入完成12.3亿元，五年翻了一番；农民人均纯收入1879元，年均增长5.9%。国民经济在平稳发展的基础上呈现加快发展的态势，各项社会事业全面进步，城乡人民生活水平继续提高。

第一章　机构沿革

第一节　中共保山市委员会

一、领导成员

1978年，中共保山地区委员会为上一时期的延续，时任书记为杨善洲，蒲春阳、程效昌、肖伯忠、周天榜、苏国相、蒋明凤为副书记。同年10月，增补杨振华为副书记，12月，撤销保山地区革命委员会，成立保山地区行政公署，实行党政分设，地委领导班子相应调整。1983年7月，省委批准保山地委班子调整方案。新的地委班子由8人组成，其中：杨善洲任书记，黄炳生、王宁任副书记，委员5人。原任书记、副书记、常委职务自行免除，不再办理免职手续。同时，批准原中共保山地委纪委改设为中共保山地区纪委，成为独立的党的纪律检查工作机关。2000年12月，国务院同意撤销保山地区和县级保山市，设立地级保山市和隆阳区，以原县级保山市的行政区域为隆阳区的行政区域。中共保山地区委员会改为中共保山市委员会。2001年7月，中国共产党保山市第一次代表大会选举产生中共保山市第一届委员会。第一届委员会设委员35人，候补委员6人。市委一届一次全会选出市委常委11人，罗正富当选市委书记，王广兴、费建平、杨连、杨明佑当选市委副书记。中共保山市委员会每届任期5年。至2005年10月，中共保山市第一届委员会共召开8次全体会议。第一届委员会任期至2006年9月届满。

二、工作机构

1978年12月，中共保山地委、保山地区行署分设，地委、行署两个办公室相应分设，并先后设立中共保山地委纪律检查组（后改称纪律检查委员会）、农村工作部和政法委员会。1982年12月，成立中共党史资料征集领导小组办公室（与行署地方志办公室合署办公）。1983年，地委纪委升格为中共保山地区纪委，并相继建立地委调研室、老干部管理局和地直机关党委。

1987年，保山地委设工作机构16个：办公室、纪委机关、调研室、组织部、宣传部、统战部、农村工作部、政法委员会、党史资料征集领导小组办公室、老干部管理局、党校、机关党委、保山报社、保山地区人大工作联络组、保山地区政协工作联络组、地区档案馆。1993年，保山地委设有工作机构11个。1994年机构改革后，保山地委工作部门精简至7个：地委办公室（保留保密局牌子）、地委组织部、地委宣传部、地委政研室、地委统战部、地委政法委、地直机关党委。其中地委老干部局转为二级局，归口地委组织部管理；原行署办管理的台湾事务办公室划归地委统战部管理。此外，地委机关成立机关后勤事务服务中心，为地委办领导下的副处级事业单位。此后，除个别机构有调整变化外，地委工作机构基本保持稳定。

2001年7月保山撤地设市后，市委设9个工作机构。2002年，市委设8个工作部门：市纪委机关（与市监察局合署办公）、市委办公室、市委组织部、市委宣传部、市委统战部、市委政法委、市委政研室、市直机关工委、市委史志委（市委管理的事业机构）。市委老干局归市委组织部管理。市委工作机构为正处级，其内设科室为科级。至2005年基本无变化。

第二节　纪检（监察）机构

一、中共保山市纪律检查委员会

1978年12月，恢复设立中共保山地委纪律检查组。1979年12月，恢复中共保山地委纪律检查委员会，设委员3人，纪检干部8人，内设秘书科、案审科、信访科。

1983年7月，在地级党政机构改革中，中共保山地委纪委升格为中国共产党保山地区纪律检查委员会，成为独立的党的纪律检查工作机构，属省纪委的派出机构，在保山地委和省纪委的双重领导下进行工作。内设秘书、信访、检查、案审4个科。并按纪委书记相当于同级党委副书记的要求配备干部。新配备的地区纪委班子由4人组成，书记1人，副书记2人，委员1人。编制22人，实有21人。

1986年，地、县两级配备纪检干部64人。地区纪委领导班子由7人组成，其中书记1人、副书记2人、委员4人。内设办公室、纪律检查科、案件审理科、信访科。次年，增设检查室，其他内设科室均改称室。

1988年12月，内设的科室均改升为副处级室。1990年设委员5人，干部编制18人，实有16人。

1993年4月，地纪委和地区监察局合署办公，实行“一套工作机构、两个机关名称”的体制，同时履行党的纪律检查和行政监察两种职能。内设7个室，机关编制37人，其中纪委20人、监察局17人。

2001年7月，保山撤地设市，地区纪委更名为中共保山市纪律检查委员会、地区监察局更名为保山市监察局。同月，召开中国共产党保山市第一次代表大会，选举产生中共保山市第一届纪律检查委员会，共设委员24人、常委8人、书记1人、副书记3人。中共保山市纪委、市监察局内设7个室，配有纪检监察干部37人，市、县（区）两级共有纪检监察干部147人。

2002年6月，机构改革后，市纪委和市监察局职能配置内设9个室。行政编制33人，行使行政职能的事业编制5人，机关工勤编制6人，共44人。领导职数：市纪委常委9人，书记1人，副书记3人、监察局局长1人（市纪委副书记兼）、副局长2人（市纪委常委1人、非中共党员副局长1人）、秘书长1人，室主任9人。

2005年，中共保山市纪委、市监察局增设干部室（副处级），增加处级领导职数1人，增加行使行政职能的事业编制2人。委、局人员总编制增至48人，其余各职能不变。

二、保山市监察局

1988年1月，保山地区监察局恢复组建并挂牌办公，为保山地区行署负责监察工作的专门机构，受保山地区行署和云南省监察厅的双重领导，依法独立对本级监察对象履行职责的情况进行监察。有人员20人。

1993年4月，地区纪委和地区监察局合署办公，实行“一套工作机构、两个机关名称”的体制，监察局属国家行政机关，实行监察条例规定的领导体制，行使行政监察职能。

2001年7月，保山撤地设市，保山地区监察局更名为保山市监察局。至2005年，仍与市纪委合署办公。

三、派驻纪检组织

1990年以后，成立党委的单位相应建立了纪委，设立党组的单位建立了纪检组。2003年，市直机关实行派驻纪检组（监察室）的制度。2003年，市、县（区）直机关实行派驻纪检组（监察室）的制度。2004年年底，市、县（区）纪检监察机关派驻纪检组（监察室）23个，其中：派驻市直单位17个，派驻县（区）直单位6个。

第三节　各县（区）党委

1978年，五县的中国共产党县委员会皆为前一时期的延续。1980年4—9月，五县均分别召开了各县的党代会（除施甸建县晚为第二次党的代表大会外，其余四县均为第四次党的代表大会），并分别选举产生了各县党的委员会。此后，除保山县外，其他四县于1984年7月、1987年4月、1990年3月、1993年3月、1998年2月、2003年1月，分别召开了6次党的代表大会，选举产生了各县相应届次的县党的委员会。

保山县于1983年9月撤县设市，12月，中共保山县委员会改称中共保山市委员会，中共保山市委工作机构随之改称。1984年7月，保山市第一次党代会选举产生了中共保山市第一届委员会。此后至1998年2月，保山市共召开了5次党代会，每次党代会选举产生相应届次的委员会。2001年7月，保山撤地设市，撤销县级保山市，设立隆阳区，中共保山市第五届委员会过渡为中共隆阳区第一届委员会。2003年1月，隆阳区第二次党代会选举产生中共隆阳区第二届委员会。至2005年，隆阳区委为第二次党代会选举产生中共隆阳区第二届委员会。共有委员29人，候补委员4人；设常委10人，书记1人，副书记4人。施甸县委为施甸县第八次党代会选举产生的中共施甸县第八届委员会。共有委员27人，候补委员4人；设常委11人，书记1人，副书记4人。腾冲县委为腾冲县第十次党代会选举产生的中共腾冲县第十届委员会。共有委员29人，候补委员5人；设常委12人，书记1人，副书记5人。龙陵县委为龙陵县第十次党代会选举产生的中共龙陵县第十届委员会。共有委员22人，候补委员4人；设常委10人，书记1人，副书记4人。昌宁县委为昌宁县第十次党代会选举产生的中共昌宁县第十届委员会。共有委员23人，候补委员4人；设常委12人，书记1人，副书记5人。

第二章　党员及党代会

第一节　党员状况

1978年，保山地区共有中共党员53167人，其中：高中及以上文化程度的有1380人，妇女党员有6436人，少数民族党员有4390人。1980年全区党员54802人，1985年达到60383人。

1986年后，全区各级党组织继续按照“积极慎重”的建党方针，坚持按照党章规定的党员标准，重点在知识分子和工、农、商等第一线的生产骨干中有计划地发展党员，特别注意在中青年知识分子和青年骨干中发展党员，使党员的年龄结构明显改善，文化素质大幅度提高。1987年年末，全区45岁以下的中青年党员和具有高中以上文化程度的党员、少数民族党员和女党员分别占党员总数的47.28%、10.71%、8.33%和11.79%，其中25岁以下的青年党员和具有高中以上文化程度的党员所占比例分别比1980年提高1.43%和7.49%。

1988—1990年，地委组织部按照“坚持标准，改善结构，提高素质”的方针，注意在党政机关、大中专院校、工矿企业中的中青年知识分子和农村优秀青年中发展党员。1990年年末，全区党员发展到65161人，其中：女党员7801人；少数民族党员5510人；45岁以下中青年党员28746人；具有高中以上文化的党员8520人；农村党员47011人；产业工人党员2346人；其他行业党员15804人。1995年全区党员73462人，2000年达到85907人。

2005年年底，全市共有党员95566人，其中：高中以上文化程度的党员8757人；妇女党员16388人。

1978—2005年保山市中共党员择年情况表

表4-1　　　　单位：人

年度	党员总数	女党员数	少数民族党员数	年龄								
				25岁以下	26～35岁	26～45岁	36～45岁	36～55岁	46～60岁	55岁以上	60岁以上	61岁以上
1978	53167	6436	4390	3116	15210	—	—	31005	—	3836	—	—
1979	54001	6496	4434	2216	15270	—	—	32155	—	4360	—	—
1980	54802	6520	4525	1662	—	31607	—	—	19591	—	1942	—
1981	55883	6549	4579	1571	—	31064	—	—	20878	—	2370	—
1982	56351	6601	4628	1241	—	29954	—	—	22254	—	2902	—
1983	56811	6625	4671	979	—	28220	—	—	24044	—	3568	—
1984	58033	6732	4744	1251	—	28111	—	—	24523	—	4148	—
1985	60383	7070	4981	2041	—	27836	—	—	25865	—	4641	—
1986	62175	7236	5160	2402	—	28110	—	—	26092	—	5571	—
1987	64121	7558	5344	2857	—	27462	—	—	27391	—	6411	—
1988	64534	7504	5402	2345	—	28239	—	—	26657	—	7293	—
1989	64573	7660	5372	1816	—	27490	—	—	26944	—	8323	—
1990	65161	7801	5510	1711	—	27035	—	—	26453	—	9962	—
1991	66254	7953	5615	1683	9151	—	18091	—	25920	—	—	11409
1992	68544	8052	5739	1781	9166	—	18106	—	25715	—	—	12776
1993	68633	8345	5848	1838	9221	—	17675	—	25732	—	—	14167
1994	69850	8636	5981	1927	9496	—	17623	—	25328	—	—	15476
1995	73462	9345	6409	2791	11176	—	17195	—	25543	—	—	16757
1996	77358	10206	6839	3637	12919	—	17158	—	25785	—	—	17859
1997	81538	11284	7258	4517	14890	—	17528	—	25625	—	—	18981
1998	82991	11714	7443	4266	15277	—	17335	—	25915	—	—	20198
1999	83943	12150	7561	4538	15459	—	17620	—	25976	—	—	20350
2000	85907	12722	7809	4690	15965	—	17940	—	26408	—	—	20904
2001	87854	13394	7989	4774	16444	—	18278	—	26215	—	—	22143
2002	89661	14171	8249	4884	17197	—	18527	—	26434	—	—	22574

续上表　　　　单位：人

年度	党员总数	女党员数	少数民族党员数	年龄								
				25岁以下	26～35岁	26～45岁	36～45岁	36～55岁	46～60岁	55岁以上	60岁以上	61岁以上
2003	92037	14803	8538	22886	含在25岁以下	—	18721	—	46～59岁26909	—	23521	—
2005	95566	16388	—	—	—	—	—	—	—	—	—	—

第二节　党代会代表

一、出席中国共产党全国代表大会代表

1978—2005年，保山市共有5名党员代表先后出席中国共产党第十二次至第十六次全国代表大会：

1982年9月，出席中国共产党第十二次全国代表大会代表：张天德（河南淅川人，保山地区水利局副局长、工程师）。

1987年10月，出席党的十三大代表：黄炳生（江苏无锡人，中共保山地委书记）。

1992年10月，出席党的十四大代表：黄绍智（云南会泽人，中共保山地委书记、保山地区人大工委主任）。

1997年9月，出席党的十五大代表：孔垂柱（云南宣威人，中共保山地委书记）。

2002年11月，出席党的十六大代表：黄毅(景颇族，云南陇川人，中共保山市委书记)。

二、出席中共云南省代表大会代表

1979—2005年，保山市共有119名党员代表先后出席了中国共产党云南省第三次至第七次代表大会。

1979年8月，出席中国共产党云南省第三次代表大会代表（排名不分先后，共36人）：

杨善洲、郝玉峰、禹扬昌、胡应舒（傈僳族）、郭鸿泰、李瑞国、张自贵、叶云山、谭云、徐和平(女)、王秀珍(女)、敖道旺、宋必信、赧显正(傣族)、姬仕金(女)、左廷德(彝族)、杨美才（白族）、尹自仁、段时中、杨汝南、董朝芳（女）、祁荣（彝族）、杨振华、朗家舜（佤族）、蔡大双（傈僳族）、明景杭（回族）、黄桂珍（女）、万德茂（傣族）、邱发厚、郭凤美（女，彝族）、杨从越、尹家礼、吴应元、杨玉成、万凤书（女，傣族）、郭怀端（彝族）。

1985年7月，出席中国共产党云南省第四次代表大会代表（排名不分先后，共25人）：

杨善洲、黄炳生、庄建勋、宗继贤、禹扬昌、金成富（傣族）、刘汉雄、王新民、赵启凤（女）、卢国华（女，彝族）、车继文、段兴祥、杨琼仙（女）、自学武（彝族）、段时中、李苑华（女）、马寿康（回族）、蔡敬旺（傈僳族）、金焱（女）、汪金耀、李俊成、余秀林(女，傈僳族）、普嘉兴、谢国钧（彝族）、唐翠珍（女）。

1990年7—8月，出席中国共产党云南省第五次代表大会代表(排名不分先后，共19人)：

黄绍智、贺志鹏、蔡国华、施碧娟（女，白族）、胡克仲、江汉勋、谢文堂（彝族）、李枝寿、魏凤云（女）、段兴祥、鲁茂兴、朱家忠、张仁华、杨兴从、麻正云（傈僳族）、石春海（阿昌族）、白金春、字登会（女，彝族）、高治国（代选）。

1995年8月，出席中国共产党云南省第六次代表大会代表（排名不分先后，共20人）：

程政宁、杨明佑、施碧娟（女，白族）、蒙金元（彝族）、朱德祥、杨连、金成富（傣族）、唐玉芳（女）、李志诚、尹成文、马淑媛、刘子扬、罗镇华（白族）、赵俊武、容瑞珊（女）、李重金（白族）、李贵荣、尹爱萍、刘明辉（代选）、黄炳生（代选）。

2001年12月，出席中国共产党云南省第七次代表大会代表（排名不分先后，共19人）：

罗正富（彝族）、王广兴、杨明佑、王桂芳（女）、施碧娟（女，白族）刘一丹（白族）、马国荣（藏族）、朱德祥、万悦（女）、李树云、胡家芳（女，傈僳族）、陈自锋、沈培平、管维生（彝族）、周逞云、杨国瞿、吴会菊（女）、牛绍尧（代选）、黄炳生（代选）。

三、出席市党代会代表

1978—2005年，保山市只召开过一次市党代会。2001年7月6—10日，根据保山撤地设市总体实施方案，经中共云南省委批准，中国共产党保山市第一次代表大会在保山召开。出席会议的代表324人（名单略），其中：各级领导干部代表217人，占67%；各类专业技术人员代表65人，占20.1%；各条战线先进模范人物代表33人，占10.2%；解放军和武警部队代表9人，占2.7%；妇女代表49人，占15.1%；少数民族代表55人，占17%；45岁以下代表200人，占61.7%。

第三节 保山市党代会

1978—2005年，保山市只召开过一次市党代会。2000年12月30日，国务院同意撤销保山地区和县级保山市；设立地级保山市和隆阳区，以原县级保山市的行政区域为隆阳区的行政区域。根据中共云南省委批准的撤地设市总体实施方案，中共保山市第一次代表大会于2001年7月6—10日在隆阳区召开，出席会议的代表324人。大会由主席团主席罗正富致开幕词，省委指导组领导宣读国务院、省委、省政府关于保山地区撤地设市的批复。大会听取并审议了市委《把握历史机遇 创造新的辉煌》的工作报告及市纪委《加强党风廉政建设 促进全市经济社会事业快速健康发展》的工作报告；选举产生了中共保山市第一届委员会和中共保山市第一届纪律检查委员会。大会确定了未来五年工作的指导思想，围绕把保山建成“云南重要特色农业生产加工基地”“中国通向南亚陆路大通道”和“云南精品特色旅游区”三大目标，实施振兴工业、城镇化、科教兴保和可持续发展战略。增强综合经济实力，繁荣各项事业，坚持依法治国方略，促进两个文明协调发展，实现社会全面进步。会议强调要加强和改进党的建设。

选出的中共保山市第一届委员会委员35人（按姓名笔画为序）：丁恒源、马加能（回）、马国荣（藏）、王广兴、王桂芳（女）、王新民、刘一丹（白）、杨连、杨文虎、杨明佑、杨经建(白)、杨建洪、杨国瞿、李子齐、李树云、李新平、沈培平、宋国生、张静(女)、张建民、张培光、陈宁万、陈自锋、罗崇、罗正富(彝)、罗兴志、郎跃军、胡应舒(傈僳)、胡家忠、赵光坤(白)、费建平、姜治洲、徐洪祥、黄立新、管维生(彝);候补委员6人:祁明、赵家华、蔺斯鹰(女)、段生维、孙坤芹(女)、张伯英。

选出的中共保山市第一届纪律检查委员会委员24人(按姓名笔画为序):万国勋、冯仲平、刘淑凤(女)、杨连土、杨明佑、杨明侯、李宏、李自林、李明忠、李贵荣、沈永生(傣)、沈玉泉、张文军、张绍伟(彝)、张绍荣、张朝凤、陈洪、周志华、赵启芳、段学贵、徐祖林、黄治龙、董文荣、董礼书。

第三章　重大决策和活动

第一节　拨乱反正

一、“两案”审理

1979年5月,保山地区绝大多数单位与林彪、江青反革命集团有牵连的帮派骨干和犯有严重政治错误的人和事基本查清。9月,根据中共中央、云南省委的指示精神,清查工作转入“冷处理”,地委揭批江青反革命集团运动办公室撤销,清查出来的帮派骨干和犯有严重政治错误的人的问题以及其他遗留问题,移交新成立的中共保山地委审理林彪、江青反革命集团案件(简称“两案”)领导小组及其办公室逐步审理、定案。1979年地委确定上报省委的清查对象147人。1981年上报137人,比1979年上报数减少10人(潞江国营农场体制变化划出6人,区别为说错话、办错事4人)。“两案”审理结案情况:给予党纪处分22人(开除党籍6人、留党察看5人、撤销党内职务1人、严重警告4人、警告6人);给予政纪处分5人(记大过4人、警告1人);取消党员资格17人;以错误事实作结论,不给或免予处分65人;记录在案1人;属帮派骨干被法办1人;属“双错”26人。按干管权限审批情况为:中共云南省委审批5人,中共保山地委审批43人,各县县委审批62人。1987年,地、县纪委对“文化大革命”期间和粉碎江青反革命集团以后受党纪处分的156名党员进行复查,结案134件,结案率85.9%。在复查中坚持党的实事求是的原则,按照党的有关政策,根据错误事实和证据材料,做到全错全纠,部分错部分纠,不错不纠。复查处理结果:维持原处分89人,减轻原处分13人,撤销原处分31人,恢复党籍32人。

二、平反“文化大革命”冤假错案

1978年11月,保山地委召开大会,公开为“范(新友)、樊(奎)、张(政)、张(志敏)执行云南特务组计划”的政治假案平反。1979年3月,地委在对“一月夺权”“五七”干校、“公检法司学习班”“滇挺展览”“地直机关党代会”“二次土改”“政治边防”“黑样板”“三家村黑干将”“审查云南地下党、‘边纵’问题”“清查‘五一六’”“揪复辟势力”“反击右倾翻案风”等事件所作的处理决定中指出：在诸事件中，地委、地（专）革委及各级所形成的有错误内容的文件、材料、简报、讲话等统统撤销；戴给干部群众的种种帽子，统统摘掉；一切诬蔑不实之词，一律推倒；受到打击迫害者，一律平反，恢复名誉，家属、亲友受株连者，彻底纠正。在政治上彻底平反的同时，地、县各单位、各部门，根据“在政治上彻底平反，经济上适当补偿，工作上合理使用，生活上妥善安置”的原则和职权范围，组织人力，通过逐件、逐人的深入落实，妥善解决了被迫害人员及被牵连家属的工作和生活问题。至1990年年底，全区复查“文化大革命”中所涉及案件2799件，其中：纠正1947件，维持852件。

三、真理标准讨论

1978年5月11日，《光明日报》以特约评论员的名义公开发表《实践是检验真理的唯一标准》之后，引发全国性的关于真理标准问题的大讨论，揭开了思想领域拨乱反正的序幕。6—12月，保山地委在地、县两级机关中开展“实践是检验真理的唯一标准”的讨论。全区学习讨论仅限于县以上领导干部，没有在广大干部群众中深入开展，虽然一定程度上促进了思想解放运动，为后来学习贯彻中共十一届三中全会精神，开展思想领域里的拨乱反正打下了一定基础。但是，此次保山对真理标准问题讨论抓得不力、学得不深，思想跟不上改革形势，延缓了保山地区的改革进程。

四、解决历史遗留问题

1978—1990年，保山地区在处理和平反“文化大革命”冤假错案的同时，对一些历史遗留问题进行了处理解决。

为地主、富农分子摘帽　1979年，根据《中共中央关于地主、富农分子摘帽问题和地富子女成分问题的决定》的精神，给全区的地主分子、富农分子、反革命分子和坏分子（简称“四类分子”）摘去帽子，并将地主、富农子女的成分定为“社员”。

落实右派改正政策　1978年5月起，根据中央《关于全部摘掉右派分子帽子的通知》和中央、省委有关文件要求，保山地区开展了右派摘帽、复查改正工作。地委抽调地委组织部、宣传部、统战部和地区公安处、民政局人员组成“中共保山地委摘右派帽子工作领导小组”及其办公室，各县也成立相应机构，负责此项工作。至1981年1月底，通过摘帽、安置、复查、验收等阶段的工作，全区原划右派分子565人先后摘掉帽子，经复查改正了555人，不予改正的8人，尚在复查的2人；需要安置的481人，已经安置480人（其中全民所有制单位464人，集体所有制单位16人），待安置1人。另外作退职退休处理22人，抚恤44人。对原划中右分子630人、反社会主义分子36人、因右派问题而戴其他帽子受处理的229人，以及受株连的家属和因右派问题而被开除党籍、团籍的，也由有关部门按照党的有关政策，分别不同情况，进行了处理，政治上给予实事求是的作出结论，符合政策的作了妥善安置。1982年地、县委“摘帽办”撤销后，遗留问题交地、县委统战部负责处理。

“反右倾”和“四清”运动案件纠正　1959年以后，德宏州“内四县”（保山、腾冲、龙陵、昌宁）被定为“右倾机会主义分子”或“右倾机会主义错误”的人，在1961年和1962年大部分作了甄别，但在“四清”运动和“文化大革命”中，又被批斗和受到各种处理的共97人。1979年中央发出《关于对被定为右倾机会主义分子的平反、改正问题的通知》后，保山地区经过认真复查，对上述97人全部予以纠正。同时，对“四清”运动中被处理的309人进行复查，其中：纠正243人，维持原结论66人。

落实知识分子政策 保山地区自新中国成立至“文化大革命”期间，因政治运动给知识分子造成的冤假错案涉及877人；“文化大革命”中被查抄财物133户，被挤占房产65户；各种原因造成用非所学588人。1978年后，根据中央对知识分子要切实做到“政治上一视同仁，工作上放手使用，生活上关心照顾”的方针，保山认真落实知识分子政策，并于1982年7月先后成立地、县（市）落实知识分子政策领导小组及其办公室开展工作。共收到各种申诉信件1020件，接待来访人员893人；召开座谈会229次，个别走访863人次；接受知识分子反映问题1702件（条）。至1987年2月底，平反错处知识分子870人，清理人事档案20063人，补发工资的155人，清退被挤占私房的57人142间，清退被抄财物的68人，解决夫妻分居问题的782人（因错处造成分居4人），解决“农转非”的448户1240人（因错处造成38户108人），调整用非所学的54人，纠正错处的5人，安排荣誉职务的247人，吸收入党1868人。

落实地下党和“边纵”历史遗留问题 1982年5月，根据省委组织部《关于云南地下党、“边纵”若干历史问题的复查报告》的精神，保山地委成立落实地下党和“边纵”遗留问题领导小组及其办公室。全面落实地下党和“边纵”遗留问题，至1988年，落实工作结束。全区共有地下党成员474人、“边纵”人员319人，其中本人或亲属有申诉、组织上认为需要复查291人，经过复查，属错处259人、维持原处理结论32人。错处人员中，被错杀13人，错判81人，错关押56人，错开除党籍50人，受其他党纪、政纪处分和修改政治结论59人。在复查纠正的同时，妥善做好善后工作，政治上恢复名誉，一切不实之词一律推倒，尚能工作的安排工作，不能工作的办理离、退休手续，安家费和建房费等待遇与在职的离、退休人员同等对待；被开除党籍的恢复党籍，被错杀的平反昭雪，并给遗属补发安葬费和抚恤费；病故的按有关政策处理；家庭生活确有困难的，酌情给予一次性经济补助。同时，根据省军区政治部、省委组织部、省民政厅关于“边纵”人员补发复员军人证明书的通知精神，保山地区给215名“边纵”人员补发了复员军人证明书，并给中华人民共和国成立前参加革命工作、50年代初期因组织原因失去公职的5人按月补助生活费。

西南服务团成员受错处案件复查 1950年，被分配到保山地区工作的西南服务团成员36人，在历次政治运动中受到各种处理21人。1978年以后，西南服务团大部分成员错处问题已复查改正，还有部分成员的遗留问题一直未解决。1988年2月，根据省委组织部《关于对原西南服务团成员落实政策工作进行检查的通知》，保山地区对受处理的西南服务团成员认真进行复查。经复查，受到处理的21人中，纠正17人、维持原结论4人（3人因“文化大革命”中犯有错误受政纪处分、1人因男女作风问题致人死亡被判刑）。

“双打”“清查”历史遗留问题复查　1985年9月至1989年9月，根据中央及省委的要求，保山地委对打击经济犯罪活动、打击刑事犯罪分子破坏活动的“双打”和“清查”运动中处理的案件进行全面复查。全区共有复查对象1142人。复查后的处理情况：给予党纪处分279人（开除党籍136人、留党察看61人、撤销党内职务8人、严重警告38人、警告36人）；给予行政处分228人（开除公职18人、开除留用察看121人、撤职5人、记大过50人、记过25人、警告9人）；给予“双重”处分62人（开除党籍、开除公职13人，开除党籍、行政开除留用察看39人，留党察看、行政开除留用察看2人，留党察看、行政记大过1人，开除党籍、行政撤职3人，留党察看、撤职1人，党内警告、行政记大过1人，开除党籍、行政记大过2人）；给其他处理处分14人（不恢复党籍1人、党内除名2人、按病故抚恤1人、取消党员资格9人、开除团籍1人）；作结论244人（不给处分169人、免予处分75人）；劳教2人；定性不戴帽3人（开除回家1人、其他处理2人）；依法处理310人（判刑198人、免予刑事处分71人、宣告无罪30人、免予起诉1人，不予逮捕8人，教育释放1人，不追究刑事责任1人）。

在处理解决上述历史遗留问题的同时，保山地委还开展对华侨政策、宗教政策、国民党起义投诚人员政策的落实（详见本编第九章第二节）。

五、20世纪80年代整党

中共十一届三中全会以后，“文化大革命”遗留下来的党内思想、作风、组织三个严重不纯和纪律松弛的问题仍相当严重。按照中央《关于整党的决定》和省委关于整党工作的部署，保山地委于1985年5月至1987年4月分四批进行全区整党工作。第一批为中共保山地委、保山行署机关及其所属部、委、办、局、处机关；第二批为各县（市）委、县（市）政府及其所属部、委、办、局机关，潞江、新城、柯街（华侨）三个农场的场部和地直各部门下属企业、事业单位；第三批为各县（市）委、县（市）政府各部门的下属企业、事业单位，潞江等3个农场下属的生产单位和农村区、乡的试点单位；第四批为农村区、乡。全区参加整党的党委112个，党组96个，党总支163个，党支部2320个。应参加的党员61115人，实际参加59986人。全区予以登记党员59109人，缓期登记463人，不予登记372人；取消预备期42人，给予各种组织处分的党员492人（警告223人、严重警告98人、撤销职务3人、留党察看94人、开除党籍74人）；因其他原因暂时不能讨论登记372人。查处违纪案件118件，已结案95件；清理党员拖欠、挪用公款816人24.9万元，清退646人14.8万元；查处买卖土地、乱占耕地建盖私房60305户（含单位456个），占地21658亩。

第二节　思想教育活动

一、1980年党内政治生活准则教育

1980年3月，中共十一届五中全会通过了《关于党内政治生活的若干准则》（简称《准则》），4月，地委在“三干”会上对学习《准则》作了部署，并下发《关于深入学习贯彻党

的五中全会决议的意见》。各级纪委协助党委配合有关部门，以《准则》为主要内容，普遍轮训全区党员。各级党委领导亲自给党员作学习辅导报告、上党课。据统计，地委委员9人中，上党课6人；各县（市）委常委51人中，上党课46人；公社党委正、副书记259人中，上党课132人。地委纪委每月向各县（市）和地直有关单位收集学习贯彻《准则》的情况，并向地委和省委纪委汇报；同时组成督促检查组对各县（市）和地直单位贯彻执行《准则》情况进行检查，推动工作开展。

二、1980—1993年思想教育活动

1980年8—9月，保山地委根据中央的指示精神，在全区党员干部中开展了大规模的思想教育活动。主要解决“加强各级党委班子建设，选拔培养接班人；发挥支部的战斗堡垒作用和党员的先锋模范作用；建立和健全党的民主集中制，加强党的组织纪律性；端正思想路线，改进工作方法；努力学习专业知识”等问题。

1991年3—6月，地委按照中央和省委的总体部署，在农村普遍进行社会主义思想教育活动。地、市（县）先后成立社教领导小组及其办事机构，从地、县、乡抽调6340名干部组成工作队、经培训后分别进村入户开展工作。11月，地委“三干会”对农村社教工作进行了总结分析，决定从1992年起，用两年时间进行集中教育。重点开展《中共中央关于进一步加强农业和农村工作的决定》的广泛宣传，传达学习十三届七中、八中全会精神，宣传建设有中国特色社会主义理论，落实党在农村的各项方针政策，帮助完善以家庭联产承包为主的责任制和统分结合的双层经营机制，帮助调整产业结构，发展骨干产业以及加强以党支部为核心的组织配套建设等。至1993年10月，全区为期3年的农村社会主义思想教育活动结束。全区83个乡（镇）的902个行政村全部开展了思想教育活动，干部、群众受教育面达94%以上，基本完成了中央提出的用三到五年时间在农村进行社会主义思想的集中教育的任务。此后，社会主义思想教育活动转入经常化的轨道。

三、解放思想大讨论

1992年2月，邓小平视察南方重要谈话发表后，保山地区迅速组织宣传、贯彻《谈话》精神，9月开始，在地、县（市）机关、单位和厂矿企业中开展“认真学习谈话精神进一步解放思想”的大讨论活动。全区12万多干部参加了学习和讨论活动。同时，还在农村开展了“解放思想致富奔小康”的讨论活动，发动和组织广大群众学习《谈话》精神，不断解放思想，积极投身农村改革，树立勤劳致富奔小康的奋斗目标。

1995年10月，中共十四届五中全会和中共云南省第六次代表大会召开后，保山地委作出《关于贯彻“两会”精神，开展“解放思想，加快发展”大讨论的决定》，对全区的大讨论作出部署。决定从1995年11月起到1996年6月，全区集中一定时间组织全体党员、干部、群众开展解放思想大讨论。1996年，解放思想大讨论工作如期完成。12月，地委召开全区“解放思想，加快发展”研讨会，总结前期“解放思想，加快发展”大讨论取得的成效和经验，并对下一步开展解放思想大讨论工作提出了具体要求。

2000年1月，保山地委召开全区新一轮解放思想、更新观念动员大会，提出全区新一

轮解放思想、更新观念大讨论的目标任务。会后全区掀起“以改革开放为动力，以调整结构、开拓市场、搞活流通”为主题的新一轮解放思想大讨论热潮。

2002年，保山市委成立开展解放思想大讨论工作领导小组及办事机构，研究制定实施方案，在全市开展以“市场经济为导向，与时俱进，开拓创新，明确职责，强化服务，转变作风，加快发展”为主题的新一轮解放思想大讨论。通过大讨论，进一步强化创新意识、市场意识、责任意识、服务意识和全局意识。

2003年，保山市委围绕“全国奔小康、保山怎么办”这一主题，继续抓好为期一年的新一轮解放思想大讨论。市、县（区）大讨论办公室组织调研21次，召开各种座谈会650次，查找出具有代表性的问题和障碍两大类52个，并以各种形式向社会公布，征求整改意见，共查找制约工作的问题和障碍20多个，已经解决问题18个，宣传干部撰写开展大讨论的学习体会文章300多篇；《保山日报》、保山电视台开辟“解放思想促发展”“全国奔小康、保山怎么办？”“解放思想、开拓创新”“有话大家说”等专栏，刊播相关文章消息480多篇（条），在《云南日报》刊登16篇（条），市委大讨论办公室下发简报47期，各县（区）各单位下发简报258期；全市600多名县处级干部撰写大讨论论文和心得体会文章900多篇，并组织论文评选，评出一、二、三等奖论文50篇，选编优秀论文90篇，编印形成《中共保山市委新一轮解放思想大讨论论文集》。6月，市委召开全市解放思想大讨论总结表彰大会，表彰先进单位37个、先进个人68名，表彰大讨论宣传工作先进单位7个、宣传工作先进个人17名。

第三节　理论学习教育

一、学习邓小平理论

1993年12月，根据中央和省委的部署，保山地委向全区发出深入学习《邓小平文选》第三卷的通知。地委共举办读书班3期，地直和省属驻保单位职副处级以上领导干部238人到地委党校读书班参加学习。县（市）委、政府、人大政协和纪委领导以及乡科级干部到县（市）委党校读书班参加学习。全区报纸、广播、电视等各种大众传播媒介采用多种形式宣传广大干部职工群众学习《邓小平文选》第三卷的好经验，把学习邓小平理论不断引向深入。

1998年7月，地委举办了两期县处级干部学习邓小平理论和党的十五大精神专题研讨班。地委各部委的主要领导，行署各委办局的党政主要领导，省属驻保单位、各人民团体的主要领导；五县（市）委书记、县（市）长，人大常委会主任、政协主席，分管党务、政法的副书记，常务副县（市）长，分管城建、工业、农业、乡镇企业和个体私营经济的副县（市）长，纪委书记、组织部部长、宣传部部长、办公室主任、法院院长、检察院检察长、公安局长和部分国有、集体、私营企业的厂长（经理）参加了学习研讨。8月，保山地委印发《中共保山地委关于认真学习贯彻中央和省委在全党深入学习邓小平理论通知的意见》，就深入学习邓小平理论提出具体要求，作了全面安排。同月，保山地委召开学习邓小平理论工作会议，传达贯彻全省学习邓小平理论工作会议精神，进一步部署全区深入学习邓小平理论工作。

二、“三讲”教育

1999年2月，根据中央和省委的统一部署，保山地委发出《关于在县级以上领导班子、领导干部中深入开展以“讲学习、讲政治、讲正气”为主要内容的党性党风教育的通知》，对全区“三讲”教育活动作了安排部署。1999年12月至2000年9月，全区有121个县级以上领导班子、589名领导干部参加“三讲”集中教育。“三讲”教育按“思想发动、学习提高”“自我剖析、听取意见”“交流思想、开展批评”“认真整改、巩固成果”四个步骤进行。集中教育结束后，还开展了“回头看”活动。“三讲”教育中，征求到对地级、县（市）级和地直单位领导班子、领导干部的意见建议共7万余条，各级领导班子在“三讲”中坚持边整边改，并在“三讲”回头看活动中对整改方案和整改措施的落实情况进行自查自纠，巩固和扩大了“三讲”教育成果。

三、2002年团结干事思想教育

2002年6—8月，按照省委关于在全省县处级以上领导班子和领导干部中开展团结干事思想教育活动的要求，保山市开展了团结干事思想教育活动。参加教育活动的县处级以上领导班子120个，其中：市级领导班子5个、市直部门领导班子75个、县（区）级领导班子25个、其他班子15个；参加对象661人，其中：厅级36人、处级508人、其他班子成员117人；党员640人、非党干部21人；企业干部32人。通过民主测评和督导组的考评，75个市直部门班子中，团结干事评价为好的38个，较好的33个，较差的4个；县（区）40个班子中，评价为好的28个，较好的12个。腾冲县委、保山市审计局被评为云南省团结干事先进单位，受省纪委、省委组织部表彰奖励。

四、“三个代表”重要思想学习教育

2003年9月，保山市委下发《关于在全市兴起学习贯彻“三个代表”重要思想新高潮的实施意见》。学习教育主要采取以理论中心组学习、举办培训班、专题研讨、组织宣讲团等形式进行。市委理论学习中心组认真组织学习“三个代表”重要思想和中共十六届三中全会精神为主题的专题学习，参加学习的市级领导92人次。各县（区）、市直各单位理论中心组学习136次，参加学习的县处级干部240人次，科级干部1650人次。15名市级、65名县处级和47名乡科级领导干部参加省级以上各类培训；市级及市直部门培训班21期，培训干部2898人次；各县（区）举办培训班101期，培训党员干部1968人次；14000多名党员干部参加“三个代表”重要思想和中共十六大精神有关知识的考试。

五、保持共产党员先进性教育活动

2005年，按照中央和省委的部署和要求，保山市委开展了三批保持共产党员先进性教育（简称“先进性教育”）活动。1—6月，开展第一批先进性教育活动。对象主要是党政机关和部分事业单位。涉及单位75个、基层党委65个、党总支67个、党支部734个、党员11904名，其中：在职党员9185名、离退休党员2604名、流动党员115名；机关党员8665名、事业单位党员2635名、企业党员604名。7—11月，开展第二批先进性教育活动。对象主要是乡（镇）、社区、卫生系统、学校、国有企业单位。涉及单位2024个，党组织1294个，其中：基层党委92个、党总支86个、党支部1116个；党员23701名，其中：在职党员16199名、离退休党员3573名、流动党员504名、学生党员215名、其他党员3210名。两批教育活动结束，各级整顿基层党组织99个，调整和充实基层党组织负责人270人，新建基层党组织152个，为基层党组织解决活动场所382个；培养入党积极分子25414名，发展党员3381名。各级党组织广泛开展主题活动，重点解决群众看病难、看病贵等问题。各级党组织和广大党员走访慰问困难群众24454户，慰问款物折合人民币253.1万元，结成帮扶对子9278个，为群众办实事5848件，落实扶贫资金1041万元。12月，开始进行第三批先进性教育活动。对象主要是农村党组织、党员和市、县（区）纪委、组织部、宣传部、机关党（工）委的党组织和党员，共涉及党组织1042个、党员57977名，分别占全市党组织和党员总数的32.5%和63%，其中：村党支部（总支）884个、农村党员57472名。活动围绕建设社会主义新农村这一主题开展。

第四节　机构改革

1978年12月15日，云南省革命委员会撤销保山地区革命委员会，设立保山地区行政公署，为省革委的派出机关。原合署办公的中共保山地委、保山地区革委会办公室分设。1980年1月，云南省人民政府恢复，保山地区行政公署为省政府的派出机构。4—9月，撤销各县革命委员会，先后恢复施甸、保山、腾冲、龙陵、昌宁五县人民政府。1981年，重新核定保山地、县、公社（镇）级行政编制总额为4498人，机关使用的企事业编制控制数1125人，合计5623人。1983年9月，经国务院批准，撤销保山县，设立保山市。保山地区辖保山市和施甸、腾冲、龙陵、昌宁四县。

1983年5月至1984年12月，保山地区按照“重叠机构一律撤销，业务相近的坚决合并，工作量不大能够合署办公的就合署办公”的原则，进行地、县（市）党政机关机构改革。1983年5月地委召开动员大会，6月成立指导小组，负责全区行政机构改革工作。10月，地委召开全区组织工作和县级党政机构改革工作会议。要求县（市）级机构改革改革按照中共中央提出的“大力简化、紧缩经济管理部门，加强完善经济综合、统计、监督、立法、执法部门”的原则设置机构，从10月初开始，力争两个月完成。会议结束后，地委派出5个工作组，分别指导五县（市）的机构改革工作。12月，省机构改革领导小组同意地委工作机构设置由6个增至8个、行署工作机构设置由21个增至24个。此外，党章规定设置的地区纪委、地直机关党委，以及法院、检察院、工会、团地委、地妇联等单位不受上属机构设置数量限制。1984年1月，保山地区编委按省批准的机构设置数，将610人的人员编制核定到地直各工作部门，并核定各部门内设科室126个。12月，经省机构改革领导小组批准，地委工作机构增至9个，编制人数164人；群众团体5个，编制28人；行署工作部门增至28个，编制520人，地委、行署各工作部门内设科室增至166个，另有对外挂牌、挂靠有关部门的科级机构9个。至此，地级机构改革结束。

1984年12月，省机构改革领导小组正式下达保山地区各县（市）编制3390人，其中：保山市1412人、施甸县453人、腾冲县600人、龙陵县460人、昌宁县465人。五县（市）党政群工作机构由改革前238个减少到221个。各县（市）机构改革结束。

1994年，保山地区作为云南省机构改革的试点，根据地委、行署确定的指导思想，按照建立社会主义市场经济体制的目标，遵循政企职责分开和精简、统一、效能的原则，从实际出发，切实做到转变职能、理顺关系、精兵简政、提高效率，进行党政机构改革。改革后地级党政机构共设36个，比改革前减少21个，其中：地委工作部门7个，减少4个；行署工作部门29个，减少17个；改革后另设归口管理的二级局6个。地级党政行政编制765名（不含地方税务、政法系统编制），比当时实有1059人精简25.4%；核定具有行政职能的事业编制386名，比改革前的412名减少26名。在改革中，地委坚持以十四届四中全会精神为指导，认真执行干部“四化”（革命化、知识化、年轻化、专业化）方针和德才兼备的原则配齐、配强各级领导班子，全区各级领导班子整体素质大幅提高，结构进一步趋向合理。

2001年7月，保山撤地设市。撤销保山地区，设立地级保山市；撤销县级保山市，设立隆阳区。2002年1月，根据《中共中央、国务院关于地方政府机构改革的意见》和云南省委、省政府《关于保山市机构改革方案的批复》，保山市委、市政府制定下发了《关于保山市县区乡镇机构改革的实施意见》。通过市级机构改革，市级党委、人大、政府、政协和群团机关设置工作机构48个，设置部门管理机构4个，机构总数比改革前减少3个；由于保山市机构改革与撤地设市同时进行，比照二类市核定编制，因而总编制没有减少，核定行政编制801个，行使行政职能的事业编制360个，事业机关编制168个，工勤编制134个，总编制比改革前增加102个，增加7.5%。县级党委、人大、政府、政协和群团机关工作机构平均设置37个，部门管理机构平均设置2个，机构总数平均比改革前减少14个；核实行政编制2595名，比改革前减少461名，减少14%。通过市政府机构改革，设市政府工作部门30个，行使行政职能的事业机构5个，议事协调机构3个。

2004年，市委、市政府根据中共十六大和十六届二中全会关于深化行政管理体制和机构改革的精神及《中共云南省委、云南省人民政府关于州市县政府机构改革的意见》，对政府机构进行新一轮改革。改革坚持精简、统一、效能的原则和决策、执行、监督相协调的要求，调整和完善政府机构设置，科学规范政府部门职能，经过改革调整，市政府设置工作部门30个、议事协调机构的办事机构3个、市政府直属机构6个、市政府办公室管理的机构5个。在政府机构改革中，保山市全面理顺党政群机关“三定”方案。在认真调查研究的基础上，制定《保山市人民政府机构改革实施意见》和《关于县区政府机构改革的意见》，结合各部门职能职责的变化逐一审批“三定”方案。党委、群团系统需重新进行“三定”方案的单位有17个，政府系统需重新进行“三定”方案的单位有45个。通过改革，进一步转变了职能，理顺了关系，精简了编制。市级机关人员编制和内设机构与2002年相比，总编制减少52名，内设机构减少2个。五县（区）政府机构设置分别为：隆阳区政府设置工作部门25个，在1998年机构改革的基础上新增了安全生产监督管理局；腾冲县政府设置工作部门24个；昌宁县、龙陵县、施甸县政府设置工作部门各21个，均在1998年机构改革的基础上新增了安全生产监督管理局。

2005年，市县（区）党政机构设置无太大变化。

第五节　领导班子建设

1981年5月，保山地委下发《改进地委常委工作的暂行规定》，明确地委与行署的分工。地委常委会的主要任务有：学习中央、省委的重要指示和重大部署，统一思想认识；根据中央、省委的指示精神，确定全区工作中心，作出相应的工作部署；讨论审定地委各部委提出的各个时期的工作计划；审批地委管理的干部的任免、调动和处分；讨论其他涉及全区性的重大问题。

1984年5月，地委下发《关于印发〈中共保山地委工作制度的几项规定〉的通知》。地委实行集体领导，分工负责的制度；地委全体会议每月召开一次；书记办公会议每周一次；提高委员会议和书记办公会议的质量和效率；坚持双重组织生活。改进工作作风的措施有：大力精简会议；坚决压缩文件；充分发挥职能部门的作用；大力恢复调查研究之风；加强对工作督促检查；以身作则，严格要求自己，坚决按党章办事。

1986年10月，为贯彻落实省委《关于加强全省干部学习马克思主义理论的通知》精神，保山地委恢复了以地委书记黄炳生为组长的理论学习中心组。1987年12月，保山地委在《关于深入学习贯彻党的十三大精神的意见》中，根据政治体制改革和实行党政职责分开的需要，提出要建立和健全党委的工作制度，包括党委常委向全委会报告工作制度、党政之间相互通气制度、党委常委分工制度以及督办制度和信息制度等。1988年2月，为改善地委的领导方式和活动方式，实现党政职能的真正分开，做到党委管党，使地委能够驾驭和总揽全局，发挥执行、保证、决策、推荐、协调作用，保山地委重新制定了工作制度。同时，还明确了地委要从思想、组织、作风上从严治党，抓好党的自身建设；尊重行署职权，保证行署充分发挥其职能，充分发挥职能部门的作用；地委按照各委员的分工，进行考核和检查。

1989年6月，地委下发《贯彻落实党的十三届四中全会精神的工作意见》。7月，根据中共十三届四中全会精神以及省委有关指示，地委成立保山地区廉政建设领导小组，组织领导查处影响极坏、情节恶劣、人民群众非常关心的大案要案；协调各监督部门关系，发挥监督部门在查处违纪违法案件的整体效能，督促有关部门研究制定惩治腐败、加强廉政建设的有关规定和制度。同时，召开廉政建设工作会议，对党政机关廉政建设作出具体规定，包括要求县处级以上单位的领导班子3个季度要过一次以惩治腐败为主要内容的组织生活；建立党纪党风经验交流会制度、违纪案件分级负责查处制度、党员干部建房申报制度、党纪党风义务监督员制度、党纪党风登记卡制度、“两会一公开一监督”制度等。

1990年，为切实加强和改善党群关系和干群关系，地委决定从1月起分期分批组织党政干部下基层帮助工作。5月，为加强党的建设，加强党同人民群众的联系，改善地委的领导方法和活动方式，把地委班子建设成为“团结、民主、求实、奋进”的班子，地委作出《关于自身建设几项制度的规定》。

1991年2月，地委决定建立地县乡领导干部谈话制度：地委书记、副书记负责同地委委员、副专员、县（市）委书记以及人大、政协、纪委主要领导谈话；地委委员负责同分管部门主要领导谈话；专员、副专员负责同县（市）长和分管部门领导谈话；县（市）委书记、副书记负责同县委常委、人大、政府、政协、纪委、人武部主要领导和乡（镇）书记、乡（镇）长谈话。谈话内容：听取下级领导干部对上级领导干部、领导机关工作的批评意见和建议；对下级领导干部提出工作要求，帮助下级领导干部做好工作。领导干部谈话制度的执行情况列入党委民主生活会内容，每次生活会都要进行认真检查并向上级党委作出报告。同年，保山地委研究建立理论中心组学习制度，规定中心组针对各个时期不同的学习重点，每年至少集中学习2次，每次学习做到有学习计划、有重点学习篇目，有中心发言人，有学习记录。1994年2月，地委作出《关于领导干部产业发展岗位目标责任制的决定》，对发展战略规划的各项骨干产业，分别从地委、行署以及人大、政协、纪委班子中确定一位领导，建立产业发展的岗位目标责任制，主管领导为该产业发展的责任人；对近期内必须取得突破性进展的工作重点，分别从五大班子或地直有关部门中确定一位主管领导，按照项目建设的要求建立岗位目标责任制。地委、行署按岗位目标责任制的要求对领导干部及工作班子的工作情况进行全面监督检查，组织专门力量进行年度考核。

1997年，地委组织理论中心学习组深入学习中共中央总书记江泽民在中共中央党校的重要讲话精神。地区五机关的党员领导干部及地直综合部门的主要领导参加了学习。保山地委在领导班子和干部队伍建设中，以《邓小平文选》为主要学习内容。全年共参加省内外举办培训班35期，培训干部780余人，其中：县处级以上领导干部246人、乡科级干部224人、股所级及其他干部310多人。坚持和健全民主集中制，结合学习贯彻《中国共产党地方委员会工作条例（试行）》，解决好领导班子执行民主集中制过程中存在的突出问题；改进领导方法，坚持和完善集体领导和个人分工负责相结合的制度。开好领导班子民主生活会1999年12月，根据中央和省委的部署，地委制定实施了《保山地区各级领导班子和领导干部“三讲”教育实施方案》。在以“讲学习、讲政治、讲正气”为主要内容的党性党风教育中，地委针对干部群众提出的意见、建议，就地委班子思想理论建设、干部队伍建设、党风廉政建设以及经济结构调整、维护社会稳定和转变工作作风等问题制定了10个方面共34条整改措施，并对急需做好的工作实行领导负责制，明确到领导班子成员分头抓好落实；制发《关于报道领导人活动及会议有关问题的通知》，实行地级班子秘书长联席会议及地委机关办公室主任联席会议等制度。

2000年12月，地委中心学习组结合保山区情，深入学习中央、省委《关于制定国民经济和社会发展第十个五年计划的建议》和中央经济工作会议精神，研究讨论保山地区“十五”发展的有关问题。2002年4月，保山市委理论学习中心组进一步学习中共云南省第七次代表会精神，结合保山经济社会的发展问题展开热烈讨论。市委领导分别就城镇建设、个私经济发展、农业产业结构调整进行中心发言。学习期间还观看了中国加入WTO后对农业的影响的专题录像。12月，市委理论学习中心组继续深入学习中共十六大会议精神，市委、人大、政府、政协、纪委在家的领导以及各县(区)委书记和市直有关综合部门主要负责人50多人参加了学习。

2001年7月6—10日，根据保山撤地设市总体实施方案，经省委批准，中国共产党保山市第一次代表大会召开。大会选举产生了中共保山市第一届委员会、中共保山市纪律检查委员会。中共保山市第一届委员会委员35名，平均年龄46.51岁，大专以上学历占88.57%；常委11名，平均年龄47.91岁，大专以上学历占81.82%；市纪委常委8名，平均年龄45.5岁，大专以上学历占87.5%。大会通过了《中国共产党保山市第一次代表大会决议》。同年，市委下发了《中共保山市委关于进一步加强理论学习的意见》，明确提出建立理论学习五项制度：理论学习考试制度、考核制度、领导责任制度、巡视制度、“三个代表”重要思想学习与实践示范点制度。通过市委理论学习中心组的垂范作用，市直及省属驻保单位、各县(区)、各乡(镇)党委理论学习中心组定期学习制度逐步完善，各级领导干部自觉加强理论学习的风气初步形成。

2002年6—8月，按照省委关于在县处级以上领导班子和领导干部中开展团结干事思想教育活动的要求，保山市委开展了班子及成员团结干事教育活动。市委结合群众意见和民主生活会上查找的在思想作风、学风、工作作风、领导作风和生活作风等方面影响团结干事的突出问题，有针对性地制定了10个方面的整改意见共50条整改措施，并把所面临的急需做的10件事件分解到每位常委，责任到人，明确整改时限，取信于民。

2004年6月，市委理论中心组集中学习。主要内容是增强法律意识，推进依法行政，提高执政水平。同年，市委按照《中共保山市委关于加强县处级领导班子思想政治建设工作的意见》，以建设学习型、创新型、团结型、求实型、廉洁型领导班子为目标，切实加强各级领导班子和党员干部的思想理论建设。全市共有54个县处级领导班子和367个科级领导班子开展“五个一”学习活动，有286名县处级领导干部和1758名乡科级领导干部参加活动。市委及市直各部门举办领导干部培训班21期，共培训干部1496人次。各县(区)共举办各种培训班430期，培训党员干部19096人次。此外，全市还有9名地厅级、55名县处级和14名乡科级领导干部参加省级以上各类培训。按照《中共保山市委关于坚持和完善各级党委(党组)民主集中制的若干意见》，狠抓民主集中制建设，进一步完善各级领导班子的议事规则和工作规则，健全科学民主的决策机制。

2005年7月，市委理论中心组集中学习，围绕中共中央《建立健全教育、制度、监督并重的惩治和预防腐败体系实施纲要》的学习贯彻和落实中央、省委改革干部人事制度有关法规性文件的精神展开学习讨论，市委理论学习中心组成员及部分市直单位主要领导共58人参加集中学习。同年，市委积极探索实行常委分工负责制，对11名常委的工作进行调整或重新明确。常委在市委的集体领导下根据分工独立负责所分管的工作，负责所分管工作的调研、决策、实施、监督，并对工作落实情况和成效负责。市委总结近几年自身建设经验，建立完善16项工作、学习制度。同时，市委从各单位抽调人员组成5个调研组，对五县（区）党政班子及其成员，尤其是党政“一把手”在政治建设、思想作风建设、纪律建设和工作绩效等4个方面进行考核。就78名考核对象各自所在的县（区）内开展广泛地征求意见和个别谈话，形成《县区党政“一把手”及班子成员思想作风调研报告》上报省委组织部。

第六节　保山撤地设市

2000年12月，国务院下达《国务院关于同意云南省撤销保山地区设立地级保山市的批复》，同意撤销保山地区和县级保山市，设立地级保山市，原县级保山市改设隆阳区。市委、市人民政府驻隆阳区，下辖施甸、腾冲、龙陵、昌宁四县和隆阳区。

2001年7月6日至8月3日，根据云南省委、省政府批准的撤地设市总体实施方案，中国共产党保山市第一次代表大会、政协保山市一届一次全会、保山市一届人大一次会议先后召开，选举产生了中共保山市委、市人大常委会、市政府、市政协、市纪委领导班子和保山市人民检察院检察长、保山市中级人民法院院长。2001年8月8日，保山举行撤地设市庆典活动（详见《大事记（二）》）。

第七节　经济和社会发展战略的制定

中共十一届三中全会以后，保山地委在改革开放的实践中，联系实际，深入调查研究，在不断总结全区经济社会发展经验的基础上，通过反复科学分析论证，找准了区内“六大基本优势”：沟通内外的地理优势、得天独厚的自然优势，一定规模的基础建设优势、优裕的劳动力优势、云南省主要侨乡和有一支政治素质高的干部队伍。

1988年1月，地委决定成立“保山地区经济社会发展战略咨询小组”，主要是参加地委和行署召开的有关会议，听取有关部门的工作汇报；根据全区经济和社会发展战略的总体设想，制定研究的专题和计划，在区内外有关部门收集资料，综合信息，决定和召集有关人员进行研究和探讨；进行各种必要的实地考察，按照专题开展系统综合的调查研究，提出调查报告或咨询建议，供地委决策参考；接受地委授权或委托的工作任务，就某些急需决定的紧迫问题提供咨询或建议，以避免重大决策的失误。同年8月，为了更好地领导、组织、协调保山地区经济社会发展战略的研究工作，地委成立了保山地区经济社会发展战略研究领导小组。1989年6月，地委、行署决定在1989年花街期间召开保山地区经济发展战略研讨会，邀请省属有关厅（局）领导和全区各县（市）长参加会议。

1990年8月，省第五次党代会提出云南省“八五”经济发展的基本思路以后，保山地委抓住中共中央、国务院批准保山市、腾冲县和龙陵县对外开放，保山市和腾冲县商品粮基地建设实施，国务院批准“云烟翻番”政策的实施及中央、省关于地震灾区重建家园的优惠政策实施等机遇，制订切实可行的发展战略。同年11月，中共保山地委召开三级干部会议，地委书记黄绍智在《统一思想，抓住机遇，为振兴保山经济而努力奋斗》的报告中，提出了保山经济和社会发展的“12444”发展战略，即：坚持一个基础（农业），巩固两个优势（糖、茶），确立四项优势产业（烤烟、林纸、边贸、旅游），开发四项新型产业（建材、矿产品加工、饮食加工和畜产品加工），重视四项基础建设（教育、科技、能源、交通），从而为保山地区20世纪末摆脱贫困、21世纪中叶全面实现小康目标奠定了坚实的战略基础。

1997年，保山地委、行署通过深入调查研究，按照省委关于“以经济效益为中心，打基础，兴科教，调结构，建支柱，促进经济社会协调发展”的思路，在原来“12444”发展战略的基础上，抓住主要矛盾，确定保山地区“九五”期间总体发展思路为：以经济建设为中心，抓好能源、交通、扶贫、城建四项战略重点，培植粮、烟、糖、茶、林、畜六大支柱产业并优先发展烟糖主导产业，开发食品加工业、旅游业、矿业，放手发展非公有制经济，加快经济发展和社会全面进步。1998年，地委、行署结合中共十五大精神的学习贯彻，深入分析了保山地区经济社会发展呈现的特点及基本区情，调整和完善发展思路为：突破交通，打牢基础；加强农业、培育支柱；“两极”带动，整体推进；以农促工，科教兴保。

2001年7月，保山撤地设市。在中共保山市第一次代表大会上，保山市委确定“十五”期间保山市国民经济和社会发展的总体思路为：解放思想，转变观念，开拓创新，发挥优势，突出特色；紧紧抓住西部大开发机遇，加强基础设施建设，改善生态环境，围绕把保山建成“云南重要特色农业生产加工基地”“中国通向南亚陆路大通道”和“云南精品特色旅游区”三大目标，实施振兴工业、城镇化、科教兴保和可持续发展战略；增强综合经济实力，繁荣各项社会事业，坚持依法治国方略，促进两个文明协调发展，实现社会全面进步。

第四章　重要会议（文件）及综合党务

第一节　重要会议

1978—2005年，中共保山市委（地委）单独或与保山市人民政府（行署）联合召开了多次重要会议，作出了多项重大决策。

一、地委重要会议

1978年10月，中共保山地委召开社队企业会议，安排部署发展全区社队企业。

1981年8月2—9日，地委召开全区三级干部会议，传达贯彻十一届六中全会通过的《关于建国以来党的若干历史问题的决议》，对落实农业生产责任制、国营企业的经济责任制做了安排部署。

1982年2月26日至3月3日，地委召开全区县委书记会议，传达学习了中央关于打击经济领域严重犯罪活动的《紧急通知》和省委有关指示精神，部署在全区开展经济领域“严打”的行动。8月20—28日，地委召开县委书记扩大会议，传达云南省完善农业生产责任制会议精神，进一步研究完善农业生产责任制问题。1983年2月20日至3月2日，地委召开三级干部会议，集中学习中央《关于农村工作会议纪要》和省委农村思想政治工作会议精神，总结1982年的工作，交流了29个典型经验，部署1983年的工作。会议决定以“思想更解放一点，改革更大胆一点，工作更扎实一点”为指导思想，把完善农业生产责任制和搞好党员教育作为农村工作的中心任务。全区组织4000多名工作队员，分期分批、逐社逐队做好完善工作。

1987年2月20—28日，地委召开全区三级干部会议。会议研究解决全区经济建设、精神文明建设和改进领导方法问题。听取了相关领导所作的《转变思想、改进作风、开创全区两个文明建设的新局面》《发展商品生产、振兴保山经济》《切实加强对粮食生产的领导，力争粮食恢复到最高年水平》《认真宣传贯彻〈决议〉精神，加速我区社会主义精神文明建设》的报告。参观了德宏州潞西县和保山地区腾冲县的小春、茶叶样板。1988年1月12—14日，地委召开县（市）委书记、县（市）长、两办主任会议，研究省委书记普朝柱视察保山所作的重要指示的贯彻落实问题。会议听取《关于热区开发战略设想的几个问题》的报告，研究和讨论下一步工作。9月5—8日，地委召开工作会议，传达贯彻省委工作会议精神，结合保山的实际，重点讨论研究深化农村改革，按价值规律改进粮食、蔗糖、茶叶的价格政策和流通体制问题，讨论了党风廉政问题，听取了《改革和党政机关的廉洁问题》《认清形势、同心同德、为渡过价格工资改革难关而奋斗》的报告。

1989年12月5—11日，地委召开三级干部会议。会议传达十三届五中全会精神和省委四届六次全会精神，围绕经济建设中心，研究讨论全区的经济建设、思想战线、社会治安等工作。决定要着重抓好以下工作：全党动手，全民动员，大办农业；依靠技术进步，大力加强企业管理；发挥政治优势，确保全区经济建设健康稳定发展。

1990年11月1—6日，地委、行署召开三级干部会议。会议围绕经济建设为中心，研究今冬明春的工作安排和“八·五”发展规划。此次三干会确定了保山地区经济和社会发展基本思路——“12444”发展战略。

1991年8月13—17日，召开全区企业工作会议，贯彻《国务院关于进一步增强国营大中企业活力的通知》和省政府为贯彻这一通知制定的45条政策规定，研究进一步搞活全区重点骨干企业的问题，全区15个企业交流了经验，地委、行署表彰承包经营的先进企业、优秀承包经营者、承包工作的选举单位和个人。11月7—13日，地委、行署召开全区三级干部会议。会议总结1990年三干会之后的工作，五县（市）委、政府及卡斯乡党委、政府介绍了工作经验，讨论了《关于进一步加强和改进知识分子工作的意见》《关于一九九二年烤烟生产的意见》《关于在全区农村继续深入开展社会主义思想教育的意见》《关于进一步加强党风和廉政建设的意见》以及《关于茶叶生产的意见》。

1992年1月19—22日，地委、行署召开全区科学技术大会，对全区科技工作作了部署安排。8月4—6日，地委、行署召开全区经济工作会议，主要议题为继续打牢农业基础，加快发展县办工业和乡镇企业，抓好基本建设，力争边境贸易上新台阶，大力发展第三产业。8月7—8日，地委召开议军会议，贯彻省委议军会议精神。会议对进一步做好全区民兵预备役工作作了研究部署。

1993年7月17—20日，地委、行署召开全区乡镇企业工作会议，主要议题为加快发展乡镇企业。会议作出了《关于大力发展乡镇企业的决定》。8月17—20日，地委、行署召开全区教育工作会议，作出了《关于加快教育改革和发展的决定》，出台了《关于开征农村教育事业费附加暂行规定》和《关于设立教育基金的暂行规定》。

1994年1月18—20日，召开两级干部会议，主要议题是：按照建立社会主义市场经济体制的要求，深化农村改革、加快农村经济发展和推进企业经营机制转换、加快县乡工业发展。五(县)市委书记作交流发言，有17个单位和企业作了大会或书面交流。讨论了《中共保山地委、保山地区行署关于加强农业和农村工作的意见》等4个文件。7月1—2日，地委召开扩大会议。主要研究部署拍卖国有小型企业、发展个体私营经济、拍卖荒山、乡镇企业推行股份合作制工作。7月21—23日，地委、行署召开全区个体私营经济工作会议，会议认为党的十一届三中全会后，全区个体私营经济已从单纯的工商业扩大到工业、商业、建筑、运输、饮食、服务、修理等七大行业，成为全区生产力发展中不可忽视的力量，会议安排了6个单位和7个私营企业主、个体工商户交流了发展个体私营经济的经验，并对30个个体工商户和10家私营企业主进行表彰。10月25—27日，地委召开扩大会议。讨论《中共保山地委关于进一步加强党的建设的决定》。五县(市)委和地委党校等11个单位作了大会或书面经验交流。12月22—24日，地委、行署召开三级干部会议。总结全区1994年改革与建设的成绩，分析存在的困难和问题，研究部署1995年工作。讨论了地委组织部《关于进一步加强乡镇企业党建工作的意见》。保山市老营乡等18个单位在大会或书面交流了经验。1995年8月14—17日，地委、行署召开全区扶贫开发工作会议，贯彻落实全国、全省扶贫开发工作会议精神，总结全区扶贫工作经验。会议提出保山地区“六六扶贫攻坚计划”的目标及重点做好的八项工作。地直有关部门及11个乡村作了大会或书面交流发言。9月19—21日，地委、行署在腾冲召开全区边境经济贸易工作会议，总结近年的边贸工作，分析边贸的形势，研究确定“九五”全区边贸的奋斗目标和主要任务。五县(市)领导和6家企业总结交流了经验，会议对上年度边贸先进单位和部门进行了表彰奖励。12月12—14日，地委、行署召开首次全区电力工作会议，主要议题为研究制定全区“九五”电力发展计划，深化电力企业改革，讨论探索建立现代企业制度，组建保山地区电力开发股份有限公司和各县(市)分公司，行署专员李现武作讲话，表明地委、行署着力解决制约保山经济发展电力“瓶颈”问题的决心和信心，会议提出全区“九五”电力工业发展的指导思想是，按照社会主义市场经济体制的要求，遵循价值规律，在统一电网，统一调度情况下，多层次办电，抓紧开发地热资源，努力建设与省电网连接的地方电网，实现电力自给有余。任务和目标是：计划“九五”期末全区地方电力装机容量达26.6万千瓦，净增16万千瓦，年均净增3.2万千瓦，年发电量达13亿度，年均增1.86亿千瓦时，实现全区五县（市）110千伏连接并与大电网联网运行，乡村100%通电和昌宁、腾冲、龙陵县农村初级电气化县达标验收，全区实现农村电气化。省水电厅、省地方电力局和省体改委的领导应邀到会指导工作。

1996年1月8—11日，地委召开三级干部会议，研究制订“九五”计划和2010年远景规划，安排部署1996年工作。会议提出全市发展思路是：在原来“12444”发展战略的基础上，坚持以经济建设为中心，抓好能源、交通、扶贫和城建四项战略重点，培植粮、烟、糖、茶、林、畜六大支柱产业，并优先发展烟糖主导产业，加大食品加工业、旅游业、矿业开发力度，放手发展非公有制经济，促进经济社会持续、快速、协调发展，并提出今后十项主要工作任务。行署计委等10个部门的领导作了大会发言，五县（市）党委、政府等15个单位作了大会或书面经验交流。8月22—24日，地委、行署召开全区畜牧工作会议，传达全省畜牧工作会议精神，总结成绩，交流经验，进一步研究和制定加快发展畜牧产业的政策和措施，统一认识，加强领导，切实把畜牧业建成保山的一大支柱产业。11月4—5日，地委召开人大工作会议，会议讨论了《地委关于进一步加强人大工作的决定》。11月5—6日，地委召开政协工作会议，会议讨论了《地委关于进一步加强政协工作的意见》。11月28—29日，召开全区山区“五小”水利现场会议，贯彻落实全省农田水利基本建设和省扶贫会议精神，大力兴办山区“五小”工程，扎实解决山区水利灌溉和人畜饮水困难问题，为脱贫致富奠定基础，会议期间参会代表参观了保山市瓦渡乡“五小”水利工程施工现场。12月12—13日，地委召开“解放思想加快发展”研讨会，保山、施甸、腾冲县（市）委、政府及地区建设银行等作大会经验交流，对评选出的“解放思想，加快发展”优秀论文进行了表彰。

1997年1月14—16日，地委召开三级干部会议。会议讨论了《保山地区关于加强社会主义精神文明建设的实施意见》《保山地区关于1997年扶贫开发工作的意见》《保山地区1997年国民经济和社会发展计划安排意见》和《关于“九五”期间加快发展乡镇企业的意见》等4个文件，表彰奖励了保山市实验小学等20个精神文明建设先进单位。会上，行署与各县（市）签订了扶贫责任书，县（市）和有关单位作了典型交流。2月25—26日，地委、行署在龙陵县召开全区城市建设现场会议，会议提出全区“九五”城市发展目标是：到2000年，全区城市面积达到35平方千米以上，即每年增3平方千米以上，城市居民突破27万人。3月10日，地委召开扩大会议，研究部署进一步弘扬“保山精神”，促进全区经济社会事业发展工作。4月25—26日，地委、行署召开全区茶叶工作会议，总结近年茶叶生产取得的成绩，分析了存在的问题，提出了1997年到2000年茶叶产业的奋斗目标：建设优质茶园示范区12万亩，平均亩产60千克以上；发展无性系良种茶园1万亩；建初精合一茶厂60座，每座年茶能力达到10万千克以上；建名茶加工示范点40个，依托龙头企业和10～15个名优品牌，使名优茶占再总产的20%。6月25—26日，地委在昌宁县召开党风廉政建设工作会议，会议通报了对昌宁县部分县处级干部大操大办婚丧的处分决定。

1998年6月6日，省政府首次在保山召开现场办公会，省政府主要领导出席会议。会议全面检查保山地区“九五”计划前两年的执行情况，分析研究当前面临的形势任务和困难，帮助分析区情，理清思路，明确重点，研究解决影响保山经济、社会发展中的重大问题。省政府通过调查研究，建议保山地区“九五”后三年经济社会发展思路为：突破交通，打牢基础；加强农业，培育支柱；“两极”带动，整体推进；以农促工，科教兴保。6月9日，地委、行署召开贯彻落实省政府保山现场办公会议精神动员大会，就如何深入贯彻学习省政府保山现场办公会精神，落实好各项工作任务提出八点要求。7月10—11日，地委、行署召开全区个体私营经济工作会议，总结经验，分析存在问题，研究确定今后5年发展个体私营经济的思路、规划及政策措施。7月20—21日，地委、行署召开地区对外开放工作会议，总结保山地区“九五”头两年对外开放工作的成绩和经验，表彰了对外开放先进单位和个人。保山市、腾冲县分别为范德保等9名首批“荣誉市民”颁授了证书和金钥匙。9月23日地委、行署召开地区推进城市化建设进程动员大会，主要议题动员全社会力量共同参与美化保山，推进城市化建设进程。

1999年6月23—26日，地委、行署召开全区城镇建设现场会，与会人员考察五县（市）城镇建设进展情况，听取五县（市）的工作汇报，会议要求：在城镇建设中要做到“六破六立六个结合”。即：破除城市建设就是建几条街、拓几条路的思想认识，树立抓城市建设就是抓经济建设的观念；破除农业地区不搞城市建设的错误观念，牢固树立城市建设是推动城乡经济发展的“火车头”的观念；破除骄傲自满、自以为是、小进即安等思想障碍，树立一切向前看，实事求是的科学态度；破除畏难情绪，树立昂扬向上的精神状态；破除搞城建是政府的事，与老百姓无关的观念，树立人民城市人民建的观念；破除城镇建设规划设计和功能定位一般化和趋同性，树立城市建设也是文化建设的观念。新区开发与旧城改造相结合；城镇建设与二、三产业发展相结合；城市建设与集镇建设、市场建设相结合；城镇与扶持个体私营经济发展相结合；城镇建设与突出地方特色旅游相结合；城镇建设与基础设施建设相结合。8月30日至9月1日，地委、行署召开全区农业产业结构调整工作会议。会议主要研究和解决保山地区在农业产业结构调整中遇到的新情况和新问题，探索跨世纪产业结构调整的思路。

2000年1月19日，地委召开新一轮解放思想动员会。总结1995年后保山地区开展解放思想大讨论取得的成效和经验，分析面临的形势和制约改革发展的思想障碍，提出全区新一轮解放思想、更新观念大讨论的目标任务。2月22—25日，地委、行署召开全区三级干部会议。地县（市）有关单位进行交流发言，兑现1999年经济指标考核奖、科技进步奖，表彰烤烟生产先进单位及地区文明单位。9月7—8日，地委、行署召开全区民族工作暨民族团结进步表彰大会，对保山军分区等12个先进集体及俸国兴等54名先进个人进行表彰。12月4—5日，地委召开思想政治工作会议。保山新华肥皂厂等15个思想政治工作先进单位和李琦等5名先进个人受到表彰，会议讨论通过了《中共保山地委关于加强和改进思想政治工作实施意见》。

2001年2月23—24日，地委召开三级干部会议，总结“九五”工作，研究制定“十五”计划，下发《保山地区国民经济和社会发展第十个五年计划纲要》。

二、市委、市政府重要会议

2001年7月6—10日，中共保山市第一次代表大会召开。中共云南省委指导组领导宣读国务院、中共云南省委、省人民政府关于保山地区撤地设市的批复。大会选举产生中共保山市第一届委员会、市纪律检查委员会。中共保山市第一届委员会第一次会议选出市委常务委员会委员、书记、副书记。罗正富当选中共保山市委书记，王广兴、费建平、杨连、杨明佑当选为市委副书记。罗正富、王广兴、费建平、杨连、杨明佑、杨文虎、杨经建、陈宁万、王桂芳（女）、李树云、沈培平当选为常委。

2002年2月5—6日，中共保山市委召开一届三次全体（扩大）会议。会议审议通过了《中共保山市委关于加强和改进党的作风建设的意见》。6月15—18日，市委、市政府召开西南经济区市长联席会第十四次会议，主要议题为围绕“旅游产业与城市经济”这一主题，举办“保山论坛”，开展经贸洽谈展销、旅游资源考察等，以增强大西南城市间旅游和经贸合作，推进区域经济的共同发展。西南经济区市长联席会45个成员市领导，中央有关部门、云南省领导和省直有关部门领导，省内部分地州领导，市级领导，五县（区）委、政府主要领导，市直各部门、省属驻保单位主要领导共计400多人参会，会议期间共正式签订项目16项，总投资8亿元，其中，引进资金4.8万元。6月29日，市委召开解放思想大讨论暨团结干事思想教育动员大会。市委决定从7月初到8月底用两个月左右的时间在保山市县级以上领导班子和领导干部中开展团结干事思想教育，利用一年左右的时间开展新一轮解放思想大讨论。7月22—23日，市委、市政府召开全市城镇建设工作会议，讨论修改《中共保山市委、保山市人民政府关于加快城镇建设的意见》及《保山市人民政府关于加快城镇建设用地管理的意见》。9月17日，市委、市政府召开全市事业单位人事制度改革会议，安排部署下一步事业单位人事制度改革工作。

2003年4月20日，市委、市政府召开保山市传染性非典型肺炎（以下简称“非典”）防治工作紧急会议，贯彻落实省“非典”防治工作精神，安排全市“非典”防治工作。4月22日，召开市委常委会，决定采取十条措施贯彻落实全省传染性非典型肺炎防治工作电视电话会议精神。4月30日，召开市委常委会议，听取了传染性非典型肺炎防治工作领导小组的工作汇报，并研究部署下一步防治工作。6月12—13日，市委、市政府召开全省教育工作会议。会议分析了全市教育工作的现状，出台《中共保山市委保山市人民政府关于加快教育改革与发展的决定》《关于贯彻实施〈云南省基础教育振兴行动计划〉的意见》《关于大中专学校改革与发展的意见》《关于加快全市普通高中教育发展的意见》《关于加快社会力量办学的意见》5个文件，并着手实施园丁住宅、助学、教育帮扶、教师培训、排危5项工程。9月22日，市委、市政府召开全市文化体制改革和文化产业发展专题会议，传达全省文化体制改革和文化产业发展会议精神，并对保山文化体制改革、文化产业的发展提出意见和要求。

2004年9月15日，市委在昆明举行纪念滇西抗战胜利60周年系列活动暨2004年系列节庆活动新闻发布会，展示保山丰富的文化旅游资源，让世界更多地了解保山，促进保山经济社会发展。11月29日，召开保山中心城市总体规划评议会议，由上海同济规划院介绍保山中心城市总体规划编制情况，与会人员对规划进行评议。

2005年1月10日，召开常委扩大会议，就全市禁毒和防治艾滋病工作进行专题研究和部署。2月4日，市委召开保持共产党员先进性教育活动工作会议，启动第一批共产党员先进性教育活动，参加学习单位涉及75个县处级以上国家机关、人民团体、事业单位和中央、省属驻保单位。3月11日，市委召开禁毒和防治艾滋病工作会议，研究部署了2005年和今后一段时期内全市禁毒和防治艾滋病工作。8月13—14日，在腾冲召开文化体制改革和文化产业发展推进会。会议传达了全省文化体制改革和文化产业试点州（市）县（区）大理会议精神等，总结两年腾冲试点县的工作经验，研究部署今明两年全市及试点县（区）文化体制改革和文化产业发展工作。10月27—28日，召开市委一届八次全体会议，会议讨论研究并审议《中共保山市委关于制定保山市国民经济和社会发展第十一个五年规划的建议》。12月7日，召开第三批保持共产党员先进性教育活动工作会议，正式启动第三批先进性教育活动，参加学习单位涉及农村和部分党政机关，党组织1042个、党员57977名。

第二节　重要文件

一、党委下发的重要文件

1992—1995年，中共保山地委先后印发了《关于抓住有利时机加快改革开放步伐高速度高效益发展经济的意见》《关于加强新形势下党风廉政建设的意见》《关于进一步加强基层党组织建设的意见》《关于建立领导干部产业发展岗位目标责任制的决定》《关于进一步加强人大工作的决定》《关于进一步加强政协统战工作的意见》《关于进一步加强党的建设的决定》《关于抓紧培养和选拔优秀年轻干部，加强领导班子建设的通知》《关于深入贯彻“两会”精神开展“解放思想，加快发展”大讨论的决定》等文件。

1996—2000年，印发了《中共保山地委批转地纪委政法委等十一个部门〈关于加强和改进执纪执法与监督管理工作促进经济和社会事业持续健康发展的意见〉的通知》《关于加强社会主义精神文明建设的实施意见》《关于贯彻落实江泽民同志“三个代表”重要思想的意见》。

2001—2002年，保山市委印发了《关于加强和改进思想政治工作的意见》《关于在农村开展“三个代表”重要思想学习教育活动的实施意见》《关于进一步加强统一战线工作的意见》《关于加强和改进党的作风建设的意见》《关于在全市深入开展一轮解放思想大讨论活动的通知》《关于在全市县级以上领导班子和领导干部中开展团结干事思想教育活动的通知》《关于进一步做好培养选拔少数民族干部工作的实施意见》《关于进一步做好培养选拔妇女干部工作的实施意见》《关于进一步做好培养选拔党外干部工作的实施意见》《保山市民族地区经济和社会发展“十五”计划纲要》。

2003年印发了《保山市党政领导干部选拔任用工作责任制》《保山市党政领导干部选拔任用工作监督责任制度》《保山市干部监督工作联席会议制度》《保山市县处级领导干部任前公示制度》《关于实行党政领导干部任职试用期制度的规定》《关于在全市兴起学习贯彻“三个代表”重要思想新高潮的实施意见》《关于加强和改进新时期工会、共青团、妇联工作的意见》《关于进一步加强关心下一代工作的意见》。

2004—2005年，印发了《关于加强县处级领导班子思想政治建设工作的意见》《关于建设学习型领导班子的意见（试行）》《关于组织实施“云岭先锋”工程的意见》《关于贯彻落实〈建立健全教育、制度监督并重的惩治和预防腐败体系实施纲要〉的意见》《关于开展以实践“三个代表”重要思想为主要内容的保持共产党员先进性教育活动的实施意见》《关于制定保山市国民经济和社会发展第十一个五年规划的建议》。

二、党委和政府联合下发的重要文件

1992—1995年，地委、行署先后联合印发了《关于改进机关作风、克服“三多”、严禁用公款吃喝送礼的规定》《关于评选表彰保山地区有突出贡献的专业技术人才的暂行规定》《关于认真贯彻〈全民所有制工业企业转换经营机制条例〉的通知》《关于大力发展乡镇企业的决定》《关于抓项目促发展奔小康达目标的决定》《关于改进作风和严禁用公款吃喝送礼的补充规定》《关于加快农业和农村经济发展的决定》《关于加快林业发展的决定》《关于加快个体私营经济发展的意见》《关于加强全区宣传思想工作的决定》《关于印发〈保山地区六六扶贫攻坚计划〉的通知》等文件。

1997—2000年，联合印发了《关于“九五”期间加强乡镇企业发展的意见》《关于印发〈保山地区国家公务员管理若干规定（试行）〉的通知》《关于本世纪末基本解决贫困人口温饱问题的决定》《关于进一步扩大对外开放的意见》《关于全区卫生改革与发展的意见》《关于加快城镇建设的意见》《关于加快全区农业产业结构调整的意见》《关于加快国有企业改革和发展的意见》《关于改革村级体制、实行村民自治的意见》《关于贯彻〈中共云南省委、云南省人民政府关于进一步做好新形势下民族工作的决定〉的实施意见》。

2001—2005年，市委、市政府联合印发了《关于印发〈保山市“十五”农业发展纲要〉的通知》《关于加快我区中高层次人才培养引进的意见》《关于保山市县区乡镇机构改革的实施意见》《关于保山撤地建市后市区事权划分的决定》《关于加快个体私营经济发展的意见》《关于进一步加快城镇建设的意见》《关于加快农业产业化经营的实施意见》《关于深化国有企业改革的若干政策规定》《关于进一步加强宗教工作的意见》《关于加快教育改革与发展的意见》《关于贯彻实施〈云南省基础教育振兴行动计划〉的意见》《关于大中专学校改革与发展的意见》《关于进一步扩大对外开放的意见》《关于加快新时期扶贫开发工作的决定》《关于进一步做好农村富余劳动力转移工作的意见》《关于加快推进新型工业化进程的决定》《关于进一步加强民族工作，加快少数民族和民族地区经济社会发展的意见》《关于进一步深化国有企业改革的实施意见》《关于县区政府机构改革的意见》等文件。

第三节　来信来访

一、工作机构

1978年以前，保山地区在地委、行署和各县县委、县政府办公室内设兼职秘书，负责处理群众来信和接待群众来访。1978年后，地委、行署和各县党委、政府办公室内分别设立信访科（室），配备专职干部，接待和处理群众来信来访。到1990年，各乡（镇）和村（办事处）亦先后建立信访工作领导小组和信访小组，配备兼职工作人员接待来信来访。至此，全区有专职信访干部28人，其中：地区6人、五县（市）22人。地直和县（市）直、乡（镇）、村（处）共有兼职信访干部2874人，基本形成信访工作网络。

1997年7月，地委办公室与行署办公室信访科合设，升格为保山地区信访处（副处级），工作人员由4人增加至6人。

1999年，五县（市）均成立信访工作领导小组，负责协调处理重大信访案件，对乡（镇）进行检查指导。年末，全区83个乡（镇）全部配齐专兼职信访干部，成立信访工作领导小组，各行政村建立村民调解委员会，明确信访工作职责，形成上下连贯、齐抓共管的四级信访网络。2000年，保山地区成立以地委副书记郭志宏为组长的信访工作协调领导小组，年末，全区有专职信访干部15人，兼职信访干部1871人。

2001年，保山撤地设市，保山地区信访处更名为保山市委信访局，由市委副秘书长兼信访局局长。市委、市政府明确全市的信访工作由市委书记、市长亲自抓，分管副书记、秘书长负责抓，从宏观上给予指导。年内，市委调整充实了市委信访工作协调领导小组，五县（区）、乡（镇）均作相应的对信访领导小组成员作了调整充实。明确了分管信访工作领导和信访工作专（兼）职人员。2003年9月，根据保山市委批复和市委办公室、市政府办公室《关于市信访局组建及工作运行的通知》要求，组建了中共保山市委信访局，下设一、二两个科，分别在市委和市政府开展信访工作。同时调整充实了市信访工作领导协调小组成员。五县(区)、乡(镇)信访工作机构得到加强，明确了分管领导，配备了工作人员，改善了办公条件。年末，全市专职信访干部由2002年的32名增加到37名。

2004年，市委办公室、市政府办公室先后印发《关于进一步加强新时期信访工作的通知》《保山市逐级上访和分级受理暂行办法》，进一步理顺了信访机构。县（区）均成立了党委政府信访局，并将信访局设为党委管理的正科级机构，充实信访工作人员，建立健全信访工作机制，全市信访工作稳步推进。

二、信访接处

1978年后，保山地区各级信访机构相继建立，先后制定了《信访工作目标管理责任制度》《信访专报和请示制度》《信访信息制度》《群众逐级上访制度》《地县领导接待群众来访日制度》等制度，使信访工作中的接访、查办、催办、报结、办结、回访和信息反馈率、办结率以及归档等各个环节逐步制度化，为及时、有效地解决各类信访问题创造了条件。在信访接待中，凡涉及党的方针、政策或带有倾向性、普遍性的重大问题、检举等重要信访，各级信访部门均要向当地有关领导专报和请示，并提出处理意见，以提高办案效率和办案准确率。

1980年，全区信访部门共收到来信3698件，接待来访1274人次，共计4972件次，为上年的72.7%。

1985年，全区信访部门共收到来信1078件，其中，重信394件，上级转来406件，领导阅批99件；接待来访893人次，其中，初访236人次，重访308人次，上级交办、领导接访350人次。重要信访立案71件，其中，中央机关批办3件，省委领导批办6件，地委领导批办34件，县(市)领导批办28件；要求报查处结果32件，结案60件。年内，党委信访部门重点抓了重要信访案件的查处、信访信息反馈及对重要信访的立案工作。地委办信访科立案33件。自办和联办的重要信访16件，比上年多9件。腾冲县、昌宁县建立了信访网。据昌宁县6月检查落实，全县14个区(镇)、市直27个局都已建立了信访小组。

1986年，全区信访部门收到人民来信1116件。1988年收到人民来信783件，比上年减少440件，占36%；来访433次，比上年减少836次，占66%。

1990年，保山地区党委信访部门共收群众来信666件，比上年减少46件，其中，初信536件，重信130件，重信比上年下降8.6%；接访213人次，比上年减少208人次，集体上访5批45人次；立案信访67件，办结率89.6%。上级交办24件，办结18件；自立43件，办结42件。全区办理群众给省委书记的上访信15件，办结14件，办结率达97%；地县(市)领导接访750人次，阅批信访件132件，查处35件；向省委办公厅信访处提供信息11条，采用6条，报刊采用4条，陕西《信访》采用1条。年内，地委及龙陵、昌宁县委建立了书记接待日制度，书记、县长亲自过问和处理重大信访案件。

1991—1995年，保山地区党委信访部门共受理来信来访25541件次，其中，集体访127批4670人。立案信访5580件次，结案率96.9%。上级交办123件次，办结率100%。中央、省委、地委领导交办的328件重要来信全部办结，并向信访本人反馈了结果。编报信访信息249期，有70多条信息被省级《信访简报》《云南信访》等采用。

1996—1999年，全区共受理群众信访42399件次，办结42196件次，办结率99.5%；受理群众集体上访1228批16752人。立案信访653件次，办结650件次，办结率99.5%；中央、省委、地委领导交办的群众信访119件，办结率100%。其中协调督办了1件长达40余年的历史遗留信访问题。

2000年全区共受理群众信访1.35万件次，办结1.34万件次，办结率99%；受理群众集体来访821批9730人次，立案信访案件650件，办结650件，办结率100%。中央、省、地领导交办要求报结果的信访案件31件，办结率100%；向省地领导反馈一般信访18件。提供信访信息145条（期），被省内外各类报纸、杂志、简报采用16条（期），被地、县（市）级采用129条（期），形成调研报告18份。同年，地委根据省委、省政府领导的指示精神，在《中共保山地委工作制度》中规范了领导接待群众来信来访制度，规定每月15日为地委委员接待群众来访日。年内，地委领导共接待群众来访15批152人次，阅批群众来信43件，信访处协调督办重大疑难信访案3件、遗留信访案8件、重要信访案21件。当年，信访处通过对地直各单位和县（市）委办信访部门的考核，评出信访工作先进单位14个，由地区统一进行表彰。地委办公室信访处在全省信访工作目标管理考核中，连续8年被评为信访工作先进单位。

2001—2004年，保山市信访局先后制定了《关于群众在党政机关集体上访的处置预案》《关于信访矛盾纠纷预警排查制度》及《关于信访信息事项报告制度》，并从程序和方法上规范上访人的行为。2004年8月，全国、全省集中处理信访突出问题及群体性事件电视电话会议召开后，成立由市委副书记、政法委书记等市级领导及市直有关职能部门领导组成的联席会议工作机构，负责了解掌握、分析研究信访突出问题及群体性事件的起因和动态，有针对性地提出建议和对策，组织协调对跨部门、跨行业的信访问题的处理解决。11月8日，全市集中处理信访突出问题及群体性事件工作会议召开，市委、市政府有关领导，市委集中处理信访突出问题及群体性事件联席会议成员单位负责人，五县（区）党委或政府的分管领导、党办主任、信访局长及中央、省属驻保单位、市直部门的领导共160余人参会。2001—2004年，保山市信访部门累计受理群众信访10.65万件次，办结9.98万件次，办结率94%。接待群众个人访4.46万人次，接待集体访2384批47434人次。立案信访案件1470件，办结率100%。处理中央、省、市领导交办要求报结果的信访案件104件，办结率100%；向省市领导反馈一般信访批示件153件；及时处理大规模到市委越级集体上访20起。提供信访信息1004条，被省内外各类简报、报纸、杂志采用441条，形成调研材料92份。市委、政府领导共接待来访群众135批2497人次，阅批群众来信1259件。

2005年，根据全省集中处理信访突出问题及群体性事件第二阶段的工作部署和要求，市委、市政府先后5次召开信访工作联席会议，研究工作形势，分析存在问题，提出具体措施。全市共梳理出信访突出问题25件，对这些信访突出问题信访件按照职能权限、分解任务、规定交办时间，同时市信访局进行立项督办。对省委联席会议办公室交办的10件重要信访案立项督办。全市82个乡（镇）均成立了社会矛盾纠纷排查调处中心，村委会和社区均设置矛盾纠纷调解员，及时化解矛盾，解决问题。全市共排查出社会不稳定因素75件，并坚持“边排查，边调处”的方式，妥善处理各类矛盾纠纷。根据《信访条例》规定，保山市出台了《办理群众来信工作规则（试行）》《接待群众来访工作规则（试行）》《督查督办工作规则（试行）》。市委办公室、市政府办公室制发了《关于进一步加强和改进信访工作的意见》《保山市信访工作目标管理考核办法》《保山市委、市人民政府信访局应对来访接待场所突发事件预案》等文件。当年，全市信访部门共受理群众信访24847件次，其中：来信3917件、来访20930件次，办结2368件次，办结率95.3%；接待群众个人访11965人次，接待群众集体访594批26309人次。立案信访案件415件，办结率100%；中央、省、市领导批示交办要求报结果的信访案件49件，办结率100%（市信访局受理群众来信623件；接待群众个人访1298人次；接待群众集体访125批2398人次）。

第四节　信息及督查

一、工作机构

信息工作历来由保山地委办公室办理。2001年在地委办公室内设置信息调研科。2002年12月，成立保山市委督查室（领导干部实行高配，为副处级）。

二、信息编报

1998年，保山地委办公室围绕中共十五大、十五届三中全会、省委六届七次全会和地委“三干会”精神以及省、地委各个阶段的重大决策的贯彻落实和重要工作部署积极采编信息。特别是紧紧抓住省委办公厅把竞争机制引入中办信息点的机遇，因工作卓有成效，被列为中办信息点，开创了全区党委系统信息工作的新纪录。全年共编发《保山信息》644期1443条（含保山市和腾冲县直报），其中上报省委办公厅1264条，被采用193条，被省委办公厅评为一等奖。

1999—2000年，保山地区共编发《保山信息》1314期4257条，其中：上报中央办公厅312条，被采用6条；上报省委办公厅3557条（含保山市直报727条、腾冲县直报982条），被采用400条。两年质量综合测评均被省委办公厅评为二等奖。

2001—2004年，保山市委办公室出台了《中共保山市委办公室关于进一步加强和改进党委办公室系统信息工作的通知》，制定了《中共保山市党委系统信息量化考核办法》。党委系统信息工作部门围绕“363”产业发展思路、中央和省重要会议精神、农业和各产业发展情况，贯彻落实“三个代表”重要思想、解放思想大讨论活动等方面的重要情况和问题报送信息。对信息刊物进行改版，把《保山信息》改为《保山信息专报》《保山信息》《保山信息参考》《保山信息通讯》4种版面。4年编发各种信息期刊1241期3579条，其中，上报省委办公厅5146条，被采用962条，质量综合测评分，均超额完成考核任务。

2005年，保山市委办公室信息编报做到“四快”，即发现问题快、采编撰写快、送阅审批快、反馈落实快，充分发挥服务党委决策的作用。年内，向省委办公厅上报信息2796条，被采用504条，《重要信息》采用217条，采用分值1462分，在16个州（市）中排名第八位。其中，市委办被采用分值809分，在16个州（市）委办公室中排名第七位；腾冲县被采用313分，在36个县级信息直报点中排名11位；龙陵县被采用340分，在36个县级信息直报点中排名15位。全市党委信息在省委办公厅的综合考评中得分1134分，超额完成634分（省厅考核基数500分）。市委办采编《保山信息专报》135期173条、《保山信息》56期558条、

《信息参等》3期3条。市委信息工作被省委办公厅评为二等奖。

三、督促检查

1998年，保山地区党委系统的督促检查工作按照“围绕中心、加大力度、突出重点、狠抓落实”的要求，以推进地委的决策落实为工作的出发点和落脚点，坚持把加强农业基础地位、大力调整优化经济结构尤其是农业产业结构，大力加强交通、水电、城建等基础建设，实施好扶贫攻坚、加快国有企业改革步伐，放手发展非公有制经济、提高对外开放水平、加强财税金融工作、加强精神文明建设、民主和法制建设、党风廉政建设、邓小平理论学习和干部队伍建设作为督促检查的着力点，努力推进各项决策和部署的落实，做到中心工作重点督查、热点问题主动督查、难点问题跟踪督查，使督促检查工作取得了实效。全年共列项督查25件次（其中地委决办件22件、领导批示3件），均办结；省委办公厅督查室交办件4件，均办结。共编发各种督查材料90篇，其中：《保山督查专报》30篇、《督促检查情况》55篇、《查办件办理情况》5篇，被省委办公厅督促检查评为该年度专项查办一等奖。对省政府保山现场办公会确定的13个方面的38个项目的实施情况进行了重点督查，推进了项目的落实。

1999年，着力抓好中共十五届三中、四中全会和省委六届七次全会及地委三干会议、省政府保山现场办公会议精神的跟踪督查；紧紧围绕地委的工作思路，对稳定和加强农业、进一步深化各项改革、大力推进经济和产业结构调整、努力开拓城乡市场、扩大内需加大基础设施建设和营造环境扩大对内对外开放、加强党风廉政建设等带全局性的重要工作以及领导关注的重点、群众关心的热点问题进行重点督查。全区立项督查10件（其中地委决办8件，领导批示2件），均办结；省委办公厅交办4件，均办结。编写和上报督促检查材料50篇，经考核被省委办公厅评为督促检查专项查办一等奖。

2000年，重点对改革与发展、党风廉政建设、开展警示教育、加大反腐败力度等带全局性的重要工作以及年内领导关注的重点、群众反映的热点问题进行督查，确保省、地委和县（市）委重大决策和重要工作部署的落实，促进全区各项工作的顺利开展和经济社会的协调发展。全区立项督查9件（其中地委决办7件、领导批示2件），均办结，省委办公厅交办5件、均办结；共采编和上报督查专题材料30篇，经考核被省委督查室评为督促检查专项查办二等奖。

2001年，保山市把重点工作、领导关注、社会和群众反映强烈的热点、难点问题列为重点督查内容，对市委党代会精神、全市思想政治工作会议精神，各级干部深入一线抓重点工作、企业改革、城市形象工程、产业结构调整、农民增收、财政增长等重点工作进行专项督查、联合督查、实地督查、随机督查；对五县（区）“九五”计划完成情况和“十五”期间的工作思路、工作目标、主要工作措施进行专项督查，并将情况汇编成册，以资料形式分报市委领导。全市重大事项立项督查20件，向省委督查室上报督查专报16期。配齐配强督查专职人员，把《督查专报》改为《保山督查专报》《督促检查情况》和《保山市委督查通知》3个刊物。评选表彰了保山市2000年下半年至2001年上半年督查工作先进单位12个。

2002年，围绕省、市委的决策部署，把决策中涉及全局的重点工作，领导关注、社会和群众反映强烈的热点、难点问题列为重点督查内容。分别对五县（区）国企改革、农业产业结构调整、农民增收、财政增长等重点工作开展专项督查。年内，对市委的重大事项立项督查24件，编印《保山督查专报》25期，《督促检查情况》7期，向省委督查室报送《保山督查专报》16期。

2003年，重点抓市委一届四次全会精神贯彻落实情况，重大项目建设及前期工作进展情况，市委领导访问缅甸结束时的决定事项，市委、市政府澜沧江啤酒厂现场办公会决定事项等重大决策的督查；共办理省委督查室、市委领导、市委办公室领导批办的督查件19件；向省委督查室编报《督查专报》27期；配合省委督查室进行综合调研，并对隆阳区山葵产业、龙陵县木薯种植情况分别作了督查调研，撰写了1篇综合汇报材料、2篇调研报告；全年共编发《督查专报》《督促检查情况》118期23.6万字。

2004年，制发《保山市党委系统督促检查工作规定》和《保山市党委系统督促检查工作考核评比办法》，明确了督查工作细则等。全年共办理查办件14件，均办结；组织召开督促检查座谈会8次，编发《督促检查情况》67期，向省委报送《保山督查专报》17期，被综合采用4期，单篇采用2期。为确保参谋的准确性，先后25次深入基层广泛开展调查研究，为市委领导的决策提供科学合理的依据。

2005年，保山市委督查工作集中精力抓好领导关注、群众关心和社会反映强烈的问题，着力解决决策落实难和不落实的问题，同时做到问题不解决不放过、责任不追究不放过、群众不满意不放过，在狠抓落实上取得了实效。全年编发《督促检查情况》78期；到各县（区）召开督促检查座谈会12次；办理查办件7件，办结率100%，做到了事事有回音，件件有落实。市委督查工作被省委办公厅评为二等奖。

第五节　保密工作

一、工作机构

1979年5月，保山地委对地委保密委员会进行调整，其工作机构保密办公室仍设在地区公安局。1981年4月，地委保密委办公室由地区公安处改设于地委办公室。

1989年8月，地委决定成立保山地区国家保密局，撤销党委的保密委员会及其办事机构。随后，五县（市）相继成立国家保密局，地、县（市）国家保密局编制23人，其中：地区、保山市和腾冲、龙陵两县各5名，施甸、昌宁两县各2名。1990年4月，地委决定恢复地委保密委员会，实施对保密工作的监督管理，其日常工作仍由地区国家保密局办理。

1995年年初，保山地区保密局并入地委办公室成为保密科，原保密局除留1人外，局领导和其他人员全部调离，保密工作一度受到影响。5月，地委进一步明确了保密局的编制、职责和工作范围，实行“一个机构，两块牌子”。6月，地委重新调整充实了保密委员会成员，要求各县（市）保密局并入党委办公室后，要保留保密局的牌子，并配齐专职保密干部；要求地直各单位要建立3～5人的保密领导小组，健全各项保密工作制度，分管领导要切实负起责任，做到领导、机构、人员、工作四落实。

2002年，在机构改革中，市、县（区）保密委员会办公室与市、县（区）保密局合署办公，实行两块牌子、一套班子（二级局）。其中市保密局升格为二级局级单位。确立了市、县（区）国家保密局的行政执法主体的地位，隆阳区、腾冲、昌宁、龙陵县及时调整充实了保密局人员，任命县（区）国家保密局局长。

2003年，保山市调整充实了市、县（区）委保密委员会，理顺了保密机构，明确了工作职责，配齐了市、县（区）保密局长。10月，经保山市编委同意，成立保山市涉密文件资料销毁中心，并在市保密局原有编制的基础上增加1名事业编制。截至年底，全市有保密专职人员13人。

二、职能履行

1979年5月，为贯彻党中央、国务院《关于外事活动中加强保密工作的通知》，地委制定了保山地区加强涉外活动保密工作规定。1981年4月，全区进行保密大检查，揭露和查处了一批重大失泄密事件。

1983年8月，地委保密委制定《中共保山地委机关保密工作暂行规定（讨论稿）》，加强对地委机关保密工作的监督和管理。据统计，1980年至1984年6月，全区共丢失文件、材料329份（其中被敌特窃走47份）。一些单位文书处理制度不健全，收发借阅过程中，时有文件、材料下落不明的现象发生；少数搬迁、合并、撤销单位，不按文书处理原则和保密现定办理交接手续。针对检查情况，1984年9月，地委保密委、地委宣传部、地区文化局、地区公安处联合组织在全区放映中央新闻电影片厂反映保密工作的彩色纪录片《同志，你要提高警惕》，对广大干部群众进行反间谍反敌特、保守国家机密，提高革命警惕性的教育。

1985年，全区发生失泄密案10件，已处理6件，其中发生的敌特窃密案2件已侦破，逮捕敌特分子及被利用人员4人。

1987年，全区先后组织3次保密检查。全年查处失泄密案26件，涉案的29人受到党纪或政纪处分，其中历年遗留案12件17人。同时组织放映8场内部保密教育录像片，有1125人次观看，接受到教育。7月，根据省委保密委指示，地委保密委召开地直单位计算机，传真机使用管理座谈会，对其使用管理提出具体要求。在地区文联支持下，地委保密委组织编写保密教育电视剧本《沉沦的青春》，由中央电视台电视剧制作中心拍摄，并在保山举行首映式和开展发行工作。12月，结合《中华人民共和国保密法》的学习宣传，地、县(市)保密委组织放映保密教育片《为了国家利益》13场次，观众5000多人次。

1989年，全区保密部门继续以学习宣传《中华人民共和国保密法》为中心，采取各种形式对干部群众进行保密宣传教育。先后放映保密教育电影51场，观众1.52万人次；放映保密教育录像85场，观众1.24万人次，张贴《中华人民共和国保密法》宣传页600张，发放有关《中华人民共和国保密法》学习材料820册。7月，按照省保密局通知精神，对全区正副地厅级干部17人、正副处级干部692人，进行保密检查，均未发现失泄密行为。9月，地区保密局召开全区首次保密工作会议，总结改革开放10年中全区保密工作的成绩、经验及存在问题，对保密工作走上法制化、制度化、科学化提出具体要求。

1991年，地区保密局把保密要害部门（部位）的保密工作作为重点，严格按照国家保密局规定标准进行管理。地区保密局根据涉外活动不断增多的实际，分别走访与活动有关的单位，开展专题调研，并主动与主办单位联系，研究制定保密方案，同时逐项进行检查落实。年内保密监督检查主要是加强对机要文件交换站的检查监督，完善管理制度；突出对领导干部和保密要害部门的监督检查，全年累计检查13次1131个单位，县处级以上干部158人；依法把好宣传报道、出版发行保密关，全年审查各类稿件3812件，没有发生泄密问题。

1992年，保山地区共收到中央国家机关涉密文件84份。为使定密准确、规范、统一，行署保密局在取得试点经验后，开展了全区的定密工作。在58个应定密单位中，除3个单位因特殊原因外，55个单位按时完成任务。经检查验收，合格54个单位，不合格1个单位。

1993年，根据《保山地区“二五”普法期间继续开展保密法律法规学习宣传教育规划》，全区累计培训骨干7期1266人，提供学习材料和教材16500余本，试卷1.3万余份，提供放映教育录像片405场次，60209人次观看，出黑板报6期，利用有线广播14次。经检查验收，全区累计参加学习考核576个单位4万余人，单位参学参考人数达90%以上，实现了规划提出的要求。年内，全区共进行了4次较大规模的保密检查，及时消除隐患。

1995年，对全区五年来普及《中华人民共和国保密法》情况进行全面考核验收，全区80分以上的单位占95%。5月，对全区30多个合资企业、独资企业执行《对外经济合作提供资料保密暂行规定》的情况进行了检查。8月，针对保山地区在新闻报道中屡出泄密事件和泄密苗头情况，地委保密委及时召开有宣传、广播电视、报社、印刷、史志、经贸、外贸等14个单位领导参加的会议，传达有关新闻报道中的典型泄密案例通报，讨论在新形势下新闻报道中的保密工作，要求各有关部门必须严格执行《新闻出版保密规定》，制定切实可行的规章制度和岗位责任制，进一步明确职责，严格实行信息提供单位、采写、编审、总编分级负责制；对重大新闻和涉外，涉及敏感热点问题的报道，要报有关部门审查和业务主管部门审批，确保新闻报道及时、安全、保密、杜绝泄密隐患。各县（市）保密委深入乡（镇）、口岸，对重点部位进行认真检查评分。地区检查组对地直机关的要害部门、部位进行抽查，确保要害部门部位不出问题。

1997年，结合保山保密宣传教育的实际制定了全区“三五”保密普法宣传教育规划。地委组织部、地委保密委、地委党校联合下发《关于在地县（市）委党校干部培训班中增设保密教育课的通知》。地委保密委制发《保山地区县处级以上领导干部保密规定》，规范了县处级以上领导干部的保密行为、保密任务和保密纪律。同年，地区保密局对全区的保密工作进行了两次全面检查。6—7月，地委保密委汇同腾冲、龙陵保密委对各边境口岸进行了检查，探讨边贸工作中的保密工作，杜绝泄密案件的发生。年内，地委保密委制定《全区保密专兼职干部业务培训计划》，共培训保密专职干部10人，培训兼职保密干部46人；编印《保山保密工作》4期。年底，地委保密委、各县（市）委保密委对地、县（市）直各单位进行了检查。

1998年，结合地委机关搬迁工作，地区保密局对所涉及的13个单位进行了保密检查。4月，根据地委领导指示，地区保密局与地区安全局一起对地委新办公大楼进行了反窃听、反窃密的安全保密技术检查。5月，接省保密局的紧急通知，地委保密委会同公安、安全、工商等6部门组成联合检查组，对全区计算机销售网点及部分单位进行泄密数据光盘的突击检查。8—10月，地区保密局与行署法制局组成保密行政执法检查组，对全区保密行政执法进行了检查。重点对龙陵、腾冲、保山三县（市）进行了抽查。10月，保山地区接受了由省人大、省保密局、省档案局、省法制局组成的检查组的抽查，得到了检查组的好评并通报表扬。11—12月，地委保密委对全区进行了保密大检查，对施甸县工商局、人行，昌宁县公安局、建行和地区教委、经贸委、人行、科委、检察院、高黎贡山自然保护处等10个单位进行了重点抽查。为更好地贯彻执行《中共中央保密委员会关于党政领导干部保密工作责任制的规定》，地委保密委及时下发文件，要求全区各级党委认真传达学习，并明确了保密工作职责。10月，地区保密局汇同腾冲、龙陵两县保密局专门对边境乡（镇）进行了专项检查。年内，地区保密局先后完成了《保山地区检察志》《保山地区金融志》的初审和《保山地区人口志》《保山地区年鉴（1998）》的出版发行保密审查。

2000年，保山地、县（市）、各单位完成“三五”保密普法宣传教育扫尾工作。节假日期间重点检查密件的管理和使用、保密重点部位硬件建设、办公自动化管理是否符合保密规定和要求。加强对全区印刷复印行业的督促检查，重新清理登记定点复印单位，对11个符合要求的定点复印单位上报省保密局批准，重新换发许可证。10月，地委保密委安排布置了全区机构改革的保密工作，要求各单位各部门遵照执行省保密委员会《关于在机构改革中加强保密管理工作的通知》。12月，针对地直机关少数单位文件管理混乱，保密纪律松弛，保密制度不落实的具体情况，地委保密委召开有关单位办公室主任会议，分析研究存在问题，安排部署检查工作，并对问题严重的单位发出整改通知书，限期整改。根据省国家保密局《关于对计算机信息系统和国际互联网系统使用及保密管理情况进行调查统计的通知》，对全区计算机信息系统和国际互联系统的使用及保密管理情况进行调查，全区拨号上网单位265个，个人959个。其余绝大多数单位的计算机是单位内部或系统内部的局网和用于打印文件材料。年内，地区保密局完成《保山—资源宝地》《保山地区交通志》《保山地区年鉴（2000）》共200多万字书稿的保密审查。

2001年6月1日，召开保山地委保密委员会会议。讨论研究《关于保山地区撤地设市和机构改革中进一步加强保密工作的请示》。年内，各县（区）、市直单位进行了保密自检自查工作。在自查的基础上，进行重点抽查，完善各项规章制度，消除各种泄密隐患。7月，保山撤地设市，中共保山地委保密委更名为中共保山市委保密委，保山地区保密局更名为保山市保密局。当月，完成中考高考试卷及招生考试保密工作。9月，市保密局和保山市建设局组成联合检查组，对保山水利电力勘测设计院、保山市隆阳区建委、云南省地质矿产勘察开发局第四地质大队、保山公路总段进行保密测绘资料检查。同月，协助省纪委保密检查组对保山市纪委进行保密工作检查。组织开展对保山市人民检察院涉密计算机网络保密技术检查及保密网络初审工作。10月，完成《保山年鉴(2001)》保密审查工作。

2002年，在各县(区)、市直各单位进行了保密自检自查的基础上，进行重点抽查，及时查缺补漏，完善各项规章制度，消除各种泄密隐患。2月在市直党政机关机构改革中，组成保密检查组，对在机构改革中原行署体改委等7个撤并单位进行全面检查，圆满完成了各种文件资料的清理移交工作。同月，市保密局与市安全局一起，完成对市委主要领导办公室、市委常委会议室的防窃听、防泄密技术安全保密检查；与市公安局共同完成了对市计委等15个重点涉密单位计算机网络及单位领导使用的计算机进行计算机网络安全保密技术检查。5月协助省委办公厅机要交通处对市委办、腾冲县委办绝密文件的管理使用情况和对腾冲县机要文件交换站进行专项检查。10月协助省国家保密局、省委办公厅机要局、省委办公厅机要交通处等部门组成的联合检查组对市委办、市委机要局、腾冲县委办、腾冲县公安局、腾冲县曲石乡等单位的保密工作进行检查。11月联合检查组在市直各单位保密工作自检自查的基础上，对市公安局等7个重点单位进行检查，针对工作中存在的问题，检查组要求有关单位，及时采取措施，限期进行整改。12月组织五县(区)保密局长到龙陵县、隆阳区进行保密检查和调研，抽查了隆阳区委办、区政府办、区委机要科，龙陵县委办、县政府办、县档案局、县委机要科等单位，主要检查各级党委、政府的涉密文件以及各项保密的规章制度建立情况。同时对隆阳区板桥镇、龙陵县河头乡的保密工作进行调研。年内，市保密局与市委机要局先后两次对市民宗局等单位进行检查和工作指导，加强对《密码电报管理使用条例》的宣传力度，进一步规范密码电报管理使用程序；圆满完成国家司法考试保密工作任务，确保了全国司法考试的顺利进行；圆满完成中、高考试卷保密检查任务；圆满完成全省厅级后备干部选拔考试试卷的保密检查及管理工作；对《保山年鉴(2002)》进行了出版发行的保密审查。

2003年，市保密局加大对涉密会场禁止使用移动电话保密技术的防范力度，全年提供保密技术服务20次。3月市、县(区)保密局对档案部门首批向社会开放现行公开查阅的文件、资料3000多份进行保密审查；市保密局与市安全局，完成了对市级领导办公室、市委常委会议室的防窃听、防泄密技术安全保密检查工作。8月市委保密委组成督查组，就"四五"保密普法工作、传达落实全市2003年保密工作会议情况、加强边境保密工作等五个方面的工作对县(区)进行了督促检查；对市委保密委《关于进一步加强国家统一考试保密管理工作的通知》的执行情况和转发省保密委《关于严禁用涉密计算机上国际互联网的通知》执行情况进行督促检查年内，由市国家保密局、市政府网络中心，市公安局、市机要局、市档案局组成检查组，对市委政法委等10个重点单位进行了检查，重点检查了各单位涉密重点部位的硬件建设、保密制度建设。对使用密码电报较多的单位进行了检查和工作指导。对市统计局等重点涉密单位计算机网络及单位领导使用计算机进行网络安全保密技术检查。市、县（区）保密局全程参与了全国高考、全省中考、全国自考、保山市委公开选拔处级领导干部考试、全国司法考试、全市公务员考试等保密管理工作。先后到市卫生执法监督所、大保公司、市住房资金管理中心等单位就保密制度建设、硬件建设、文书管理中的保密工作和计算机安全保密防范等业务工作进行了指导。对市委史志委《保山年鉴（2003）》《保山地区志·下卷》，市工商联《大力发展非公有经济政策汇编》、市交通局《保山地区交通系统工运史》《保山交通》，市委党校《熔炉》；市交警支队《保山交通报》（内部刊）等刊物进行了出版发行前的保密审查。

2004年，保山市保密委组织新进入领导岗位的副厅级以上党员领导干部和各县（区）五大班子领导共33人观看保密资料片《历史的考验》；将《中华人民共和国保密法》纳入全市干部职工法律知识竞赛；在全市范围内组织“通报泄密案情，放映保密资料片”为主题的专项保密宣传教育活动13次，1150人参加；腾冲、龙陵、施甸三县分别举办涉密人员、保密干部业务培训班，经考试合格后有410名参训人员取得涉密岗位上岗证书。全国人大常委会委员长吴邦国到腾冲视察前夕，保山市国家安全保密局对吴邦国在腾冲住所及周边环境进行了保密安全检查。在省国家安全厅的支持下，对市委、市政府、市政协主要领导办公室和市委、市政府主要会议室进行了反窃听、防泄密及办公室周边环境的保密安全技术检查。保山市国家保密局会同市教育局对各县（区）教育局试卷保密室进行了检查验收并颁发了试卷保密室合格证书。高考前夕，协助省保密局检查法规处处长周芳华一行对试卷保密室进行了专项检查。积极配合教育局，抽调保密干部，全程参与高考、成人高考、自学考试等全国性考试试卷的押运，圆满完成全市各类考试的保密检查和管理工作。市委保密委抽调政府网络中心和市公安局等有关单位人员组成检查组，在全市范围内对重点涉密单位的计算机网络安全保密管理进行了专项检查。会同市国土资源局协助省检查组对市交通局、高黎贡山国家级自然保护区保山管理局涉密测绘成果的使用管理进行了检查。加大在涉密会场使用移动电话的保密力度，为市委、市政府、市人大召开各种重要会议提供技术服务25次。对市政府经研中心、市城市社会经济调查队、太平洋财产保险股份有限公司保山中心支公司、市医药有限责任公司、中国银行业保山监管局就保密制度建设、文件交换、文件管理和计算机网络安全保密管理等业务进行了指导。对市委史志委《保山年鉴（2004）》《求实创新》，市老年人体育协会《保山市老年体育20年》，市委政策研究室《保山市对外开放工作手册》等刊物进行了出版发行前的保密审查。对档案局拟提供公开查阅的800余份文件、资料进行了保密审查。

2005年，保山市保密委在市委党校全市副县处级领导干部岗位培训班上举办保密知识讲座。会同市国家安全局联合举办保密技术讲座，并邀请安全部和省安全厅专家作《技术窃密与反窃密》《网络时代的国家信息安全》两个专题讲座，市直各单位、中央、省属驻保单位分管保密工作的领导，单位技术人员及各县（区）保密局局长、机要局局长共160多人听讲。在全市范围内组织以“通报泄密案情、放映保密案例教育片”为主题的专题保密宣传教育活动16次，对市、县（区）乡分管保密工作的领导、涉密人员及新招公务员进行了保密形势教育，共1293人参加活动。保山市国家安全保密局对市委、市政府、市人大、市政协主要领导办公室和市委、市政府主要会议室进行了反窃听、防泄密及办公室周边环境的保密安全技术检查；受省保密局委托，市保密局代表省国家保密局会同省招生办、省公安厅组成联合检查组对市招生办及五县（区）招生办试卷保密室进行检查验收，并代表省保密局颁发了“云南省试卷保密室、答卷保管室验收合格证”；积极配合市教育局，抽调保密干部，全程参与高考、成人高考、自学考试等全国性考试试卷的押运，圆满完成全市各类考试的保密检查和管理工作；在全市党政军机关单位开展了一次保密工作大检查，对92个单位贯彻中共中央保密委员会《关于党政领导干部保密工作责任制的规定》执行情况、涉密人员教育管理情况、保密要害部门部位管理情况、涉密信息传输保密管理情况、重大会议和重大涉密活动保密情况、涉密载体保密管理情况等6个方面进行了检查；对在保山市注册的各类互联网站进行了检查，并重点检查了由党委、政府建立的网站中涉及政治、经济、军事、外交、国家安全等方面内容的栏目；对全市文件资料定点销毁点进行了检查，针对销毁点存在的一些隐患和管理上的薄弱环节，提出了整改意见。对隆阳城区内的27家打字复印店进行了保密检查，共抽查计算机52台，并检查了“复制范围备案证”的办理情况、各单位到复印店制作和复印文件的情况；加大在涉密会场使用移动电话的保密力度，为市委、市政府、市人大召开各种重要会议提供技术服务14次；对中国网通保山分公司、信用联社、太平洋人寿保险公司就保密制度建设、文件交换、文件管理和计算机网络安全保密管理等业务进行了指导；对市委史志委《保山年鉴（2005）》、市委组织部《中共云南省保山市组织史资料》（第二卷）、市民宗局《保山市少数民族志》及高黎贡山自然保护区保山管理局向外方提交的项目资料进行了出版发行前的保密审查；对档案局似提供公开查阅的300余份文件、资料进行了保密审查。年内，由市保密局局长带队，深入龙陵县边境乡木城就如何做好全市边境保密工作进行了调研，听取了木城乡近几年保密工作情况汇报，并分析了边境地区的特殊地理位置及其在新形势下边境保密工作中的地位和作用。

第五章　纪检监察

第一节　党风廉政建设

一、党风廉政宣传教育

（一）党风党纪教育

1979年12月，恢复中共保山地委纪律检查委员会。党风党纪教育工作由纪委、组织部和宣传部共同承担。从1980年起，地委纪委的工作从过去单纯的办案拓展为既办案又抓党风党纪教育。

1980—1986年，地区纪委与地委组织部、地委宣传部和党校密切配合，采取短期轮训、以会代训、“三会一课”等形式，组织全区党员认真学习《党章》《关于党内政治生活的若干准则》及整党文件等，全区共培训党员263466人次，地、县、乡领导上党课203人次，编印《党纪工作情况反映》106期。

1987年7月，中央纪委《关于对党员干部加强党内纪律监督的若干规定》下发后，保山地区纪委认真抓好学习贯彻。

1989年，保山地区地、县（市）纪委和组织、宣传等部门密切配合，组织在党的思想、组织、作风、纪律等方面教育成效比较显著的十个党组织汇报交流经验，通报了龙陵、施甸、保山三县（市）纪委，地区检察院、地区公安交警支队、地区农行等单位在抓党风建设、案件查处和“两公开、一监督”（办事制度公开、办事结果公开、接受群众监督）方面的工作经验，表彰了一批拒收贿赂、秉公执法的优秀共产党员。选择8个犯有贪污受贿、以权谋私、官僚主义渎职行为的案件进行通报，在党员中起到了较好的警示作用。

1990年，保山地区地、县（市）纪委对各级党员领导干部，重点进行党的基础理论、联系群众和清正廉洁教育。对手中握有人、财、物实权的党员干部，着重进行党的宗旨和遵纪守法、廉洁奉公的教育；对违反党纪，受到处分的党员着重进行法制强化教育。在电视台播放电教片《钱惑》《京兆梦》《越轨行动》《晚秋》共21场次，党员干部收看3.5万人次，编发案情通报14期，编写案例分析文章6篇。

1991—1996年，保山地区地、县纪检监察机关认真贯彻预防为主、教育为主的方针，把“抓学习、抓教育，深入开展学理论、学党章、学党纪政纪条规知识活动”作为加大治本力度的一项重要措施来抓。地区纪委编印《党纪条规文件汇编》10618册，举办党纪条规培训班4期，培训骨干210人，全区参加学习的党员57930人，占党员总数的87.4%。举办了反腐倡廉专题报告会、上党课692场次，听讲党员和干部5.56万人次，有条件的地方和单位还播放党员教育片和爱国主义教育影片167场次，收看4.3万人次。有667个单位14638人参加了中共中央纪委举办的党纪政纪知识竞赛，参赛党员11005人，占参赛人数的75.2%。同时结合案件查处，选择典型案例进行教育，全区共发通报24期。

2001年，保山市委举办了县级领导干部培训班，认真学习中共中央总书记江泽民“七一”重要讲话和十五届六中全会《关于加强和改进党的作风建设的决定》。各级党委、政府和纪检监察机关注重抓好日常性的教育工作，利用中心组学习、机关政治理论学习、党组织学习及开展“党风廉政教育月”活动等多种形式，广泛进行学习教育活动。全市订购廉政建设教育材料1820册，电教片108盘；播放电教片92场次，观看人数97万人次。

2002—2004年，全市各级纪检监察机关按照中央和省、市的部署，结合团结干事教育和农村开展“三个代表”重要思想学习教育活动，继续加强对党员领导干部的党性、党风、党纪教育，组织党员领导干部学习廉洁自律的有关规定，利用党风廉政教育月活动，开展李嘉廷、李真违纪违法案件警示教育，并将警示教育列为各级领导班子民主生活会的重要内容。播放《生死抉择》《胡长清案件警示录》《存亡警示录》等反腐倡廉警示教育片，观看人数27万人次。全市订购《江泽民论党风廉政建设和反腐败斗争》《中国共产党党内监督条例》和《中国共产党纪律处分条例》5000多册，党风廉政教育片《立党为公、执政为民先进事迹报告》《沉痛的忏悔——李嘉廷受贿案警示》《王怀忠的两面人生》共300多碟，《镜鉴心语》《代价——领导干部严重违纪违法案件剖析读本》400多册，认真组织党员干部学习。11700名党员干部参加了中央纪委、省纪委举办的反腐倡廉知识竞赛和廉洁从政知识考试。

2005年，保山市各级党组织认真组织党员干部学习《中国共产党党内监督条例》《中国共产党纪律处分条例》和《建立健全教育、制度、监督并重的惩治和预防腐败体系实施纲要》（简称《实施纲要》），开展以学习贯彻《实施纲要》为主题的党风廉政教育月活动，学习贯彻“四大纪律、八项要求”及中央纪委“五条规定”等领导干部廉洁自律的各项规定，积极开展保持共产党员先进性教育活动。在全市范围内开展以昌宁县委原书记杨国瞿为反面典型的警示教育，在广大党员领导干部中筑牢拒腐防变的思想道德防线和党纪国法防线。

（二）党风廉政宣传教育

电视教育 2000年9月，保山地区纪委、地委组织部、地委宣传部和保山电视台联合摄制的警示教育电视专题片《终审判决》，在全省党员教育专题片评比中获得优秀奖，并选送云南电视台《党风廉政》栏目播放。2002年6月和2003年，保山市纪委配合省纪委电教中心拍摄了腾冲县民政局集体私分公款违纪案，隆阳区河图镇太平村干部经济违纪违法案和反映保山市国税局抓党风廉政建设工作成效明显，昌宁县鸡飞乡纪委书记于俊荣执纪执法工作先进事迹电视专题片，在省、市电视台播放后收到了良好的效果。2000—2005年，在每年开展的“党风廉政教育月”活动中，市纪委与保山电视台、保山有线电视台合作，利用《社会经纬》《大家谈》等电视栏目，集中播放了128部党风廉政电视片。2005年，市纪委组织正面典型教育片《为民书记郑培民》等12部、反面警示片《内蒙古第一贪——肖占武》等7部、党风廉政电影拷贝75部送往县（区）、乡（镇）播放，向县处级领导干部推荐廉政文章6篇，向领导干部家属推荐廉政文章2组。

新闻报道 1998年8月，《中国纪检监察报》保山通信联络站成立，担负在保山的征订发行和组稿工作，拓宽了保山地区党风廉政新闻报道的渠道。2003年9月11日、2004年8月2日，《中国纪检监察报》分别刊登介绍昌宁县鸡飞乡纪委书记于俊荣公正执纪执法、为民办实事的先进事迹文章——《铁面柔情》，反映腾冲县纪检监察干部和广大党员干部一起冲锋在前、不畏艰险与洪涝灾害作斗争的先进事例的文章——《为了人民的安危》，用身边的正面典型开展示范教育，产生了良好效果。2002—2003年，保山市纪委、保山市监察局与保山人民广播电台、《保山日报》开办《党风廉政建设》专栏，刊登稿件120篇，播出新闻149条。2004年，全市各级纪检监察机关在报刊发表新闻报道112篇，其中《中国纪检监察报》2篇，《云南日报》12篇，《云南纪检监察》12篇，《保山日报》86篇。同年5月21日，“保山纪检监察网”开通，网站设十大栏目，网页定期更换，内容不断创新。截至2005年年底，已更换25个页面。2005年，全市纪检监察系统共在各级媒体发表文章及新闻447篇(条)，其中国家级17条、省级38条、市级128条(不包括电视、广播新闻)、县级268条。

文艺演出　2001年起，保山市在有条件的腾冲、施甸、昌宁等县组织纪检监察文艺节目演出，以生动活泼的文艺节目形式，进行党风廉政宣传教育。2005年6月，市纪委与市文化局共同组织反腐倡廉歌曲创作，初创33首。其中有反映全省合作社长的模范——普光洪事迹的《共和国最小的官》，具有保山特有民族——布朗族《反腐倡廉民歌》等，从中选出6首参加全省竞赛。同年12月29日，市纪委组织了"保山市庆元旦反腐倡廉歌曲演唱赛"。

(三) 党纪政纪条规教育

1988年5月，《中国共产党纪律检查机关案件检查条例(试行)》颁布实施，地区纪委及时召开了各县(市)纪委书记、副书记会议，对《条例》的学习贯彻问题作了布置和安排。并将《条例》编入《党纪条规文件汇编》，印发10618册到城乡基层党支部和科以上党员领导干部。1991年，学习《条例》成为全区范围党纪条规学习的一个重要内容，共有57930名党员参加了学习，占党员总数的87.1%，在地、县、乡三级党政机关和企事业单位党员中进行了学习测验。

1994年5月，《中国共产党纪律检查机关案件检查工作条例》正式颁布实施。地区纪委下发了《关于认真学习贯彻中央纪委颁布的新〈案件检查工作条例〉的通知》，对学习贯彻条例提出了具体要求。

1995年，各级党委、纪委把党纪条规学习教育活动列入议事日程，全区共举办党纪条规培训班4期，培训骨干210人，全区参加学习的党员57930人，占党员总数的87.4%。

1996年9—10月，在全区范围内进行党纪政纪条规知识竞赛活动，全区共有148个单位、14638人参赛。竞赛活动中，全区有7个先进单位、72名先进个人分别受到中央、省、地纪委的表彰奖励。

1997年5月，国家颁布了《中华人民共和国行政监察法》，地区纪委把近几年中央、省、地出台的党政纪条规和《中华人民共和国行政监察法》编印成手册，印发了1.1万册，供广大党员干部学习使用，并要求副科级以上干部做到人手1册。保山市还将《中华人民共和国行政监察法》纳入"三五"普法的内容，培训普法骨干300多人，近万人参加了普法考试。1998年4月，地区纪委在全区组织开展了《中华人民共和国行政监察法》知识竞赛活动。竞赛活动分6个片区，每个片区均分别成立了由1名纪委副书记任组长，监察局、人事局、司法局各1名副局长任副组长的领导小组，做到上下有机构，层层有人抓。全区有11008人参加竞赛。试卷答题正确率73.2%。全区推荐参加中央纪委、监察部和省纪委、监察厅评奖18名。

2003年6月，保山市纪委采取举办法律法规学习培训班、专题讨论和考试等形式，组织全市党员干部认真学习《中国共产党纪律处分条例(试行)》《中国共产党党员领导干部廉洁从政若干准则(试行)》《云南省领导干部廉洁自律若干规定》。年内，组织党员领导干部参加中央纪委组织开展的廉洁从政知识测试，全市参加测试人员3495人。参加省纪委举办的“反腐倡廉知识竞赛答题”总人数11093人。

2004年，保山市掀起学习贯彻《中国共产党纪律处分条例》和《中国共产党党内监督条例（试行）》两个《条例》的高潮。全市共征订两个《条例》合订本4200册、学习辅导读本23套、辅导报告电教片19套、宣传挂图26套。市纪委与市委党校合办市直机关学习两个《条例》专题讲座班；市委、市纪委领导还分别通过市委、市人大、市政协和市直单位理论中心组、培训班、学习讲座、学习心得体会交流会，对党员干部学习两个《条例》进行专题辅导；市纪委将两个《条例》主要内容编写成35个问答题在《保山日报》陆续刊登。全市在两个《条例》学习中举办专题讲座35场次，参加学习人员4865人次。按照中央纪委命题，在五县（区）和市直及省属12个单位举行党内法规知识竞赛选拔赛、预赛和决赛59场次，10590名干部参与竞赛。经过初赛、复赛、决赛，推荐出保山市代表云南省参加全国党内法规知识竞赛的候选人3名。

2005年1月，保山市委下发了《关于贯彻落实〈建立健全教育、制度、监督并重的惩治和预防腐败体系实施纲要〉的意见》《关于落实保发〔2005〕24号文件精神的分工方案》。在市、县（区）两级电视台播放《实施纲要》辅导报告光盘的同时，组织全市订购《实施纲要》1585本、《学习纲要》343本、《辅导读本》316本、《两个纲要》知识竞答试题集2100本、《实施纲要》宣传图片24套。在市电视台播放《实施纲要》知识问答34天，在市广播电台播放47天，在《保山日报》开办专栏2期，并于7月27日在《保山日报》全文刊登知识竞赛试题。全市共有2.5万名党员、干部参加竞答活动。

（四）警示教育

1997年6月，针对保山地区部分县（市）、乡（镇）领导干部利用婚丧喜庆大操大办、借机敛财的突出问题，保山地委、地区纪委找准问题比较突出的县作为工作的切入点，狠刹这股歪风。召开大会，宣读了地区纪委制定的《关于严禁领导干部利用婚丧喜庆大操大办的暂行规定》，对昌宁县9名县处级干部乔迁新居、婚丧嫁娶大操大办敛财的违纪问题进行了严肃地查处。要求全区党政干部须按干管权限上报《领导干部婚丧喜庆操办申报表》，待审批后方可操办有关事宜。

1998年9月，地纪委召开新闻发布会，通报全区党风廉政建设和反腐败斗争情况。涉及的主要案件：保山地区医药公司原经理等人截留营业收入93万余元滥发奖金案，保山地区水电设计院地勘队弄虚作假虚报民工工资17万余元滥发奖金补贴案，保山市公安局看守所原所长贪污受贿8万余元为犯罪嫌疑人通风报信案，腾冲县明光乡顺龙村村主任索贿、偷税漏税11万余元案，腾冲县中和乡信用社原副主任贪污、挪用公款14万余元案。

2000年8月，中纪委、中组部和中宣部《关于利用胡长清、成克杰等重大典型案件对党员干部进行警示教育的意见》下发后，保山地委、地区纪委专门召开会议进行学习讨论，并提出学习贯彻要求。全区各级各部门组织党员干部认真学习两本书和观看影片、电视专题片，地、县（市）党委、人大、政府、政协、纪委的领导和地直各单位县处级干部及其家属，地、县（市）各部门、企事业单位和学校组织党员、干部、职工和学生6.9万人次观看影片《生死抉择》；结合身边发生的典型案件深化广大党员干部对党纪条规的理解，对昌宁县人民检察院原副检察长杨某某贪污15万余元的案件，除在报刊上进行公开曝光外，地区纪委将其制作成党风廉政教育专题片《终审判决》，作为对党员干部进行党风廉政教育的教材；在电视台播放《胡长清案件警示录》《中国共产党纪律处分条例（试行）》等警示教育电教片。

2003年6月，根据省委精神，保山市委依照《关于在全省党员干部中开展以李嘉廷严重违法违纪案件为反面典型的警示教育活动的通知》，在全市各县（区）和市直各单位广泛开展警示教育活动。各级各部门相继召开动员大会，认真组织学习省、市委印发的《党员领导干部廉洁从政手册》《领导干部从政行为规范》《领导干部廉洁自律文件选编》和《反腐倡廉、激浊扬清——李嘉廷案件警示教育材料》等有关材料；在党员领导干部中组织开展廉洁从政知识测试，500余名县处级以上干部参加。

2005年6月，根据省委、省纪委领导的批示，保山市委、市纪委向全市党员领导干部通报昌宁县委原书记杨某某行凶杀人案案情。针对杨某某案件暴露出的党员领导干部教育监督管理工作中存在的问题和教训，市委、市纪委制定了加强对党员领导干部教育、监督和管理的措施。同年11月，在市纪委、市委组织部、市检察院、保山监狱的共同努力下，筹建保山市预防职务犯罪警示教育基地。

二、领导干部廉洁自律教育

1980年，保山地区各级纪委把学习《关于党内政治生活若干准则》（简称“准则”）作为一件大事来抓。全区共培训党员48620人，占全区党员总数的88.7%。

1983—1991年，地委下发了《关于切实搞好党内监督工作的意见》，地区纪检机关制定《关于支持改革保持党政机关廉洁的意见》《关于进一步加强企业党风廉政建设的工作意见》，地区廉政建设工作领导小组下发《关于开展廉政建设检查的通知》，强调党员领导干部要过好党委（党组）、支部（小组）“双重”组织生活会。其间，1989年7月召开了全区廉政建设工作会议。1990年保山地区廉政建设工作领导小组组成3个检查组，对五县（市）和地直16个单位进行重点检查；对群众反映强烈的党政领导干部收受回扣、红包、好处费问题进行查处，同时清理和查处了党政干部长期拖欠公款、党政干部及其配偶子女经商办企业和乱收费、乱罚款、乱摊派等问题。全区共收回党政干部拖欠公款205万元；对24名县处级领导干部及其配偶子女经商问题作了纠正；清理出行政事业性收费1120项，取消296项，减少收费248万多元；按照中共云南省委“查领导、查腐败”的指示，对全区党政干部在城镇建私房情况进行全面清理，对525名干部的违法违纪问题分别作出处理，其中给予党纪政纪处分18人。

1992年，邓小平视察南方重要谈话下发和十四大召开后，保山地区各级纪检机关，进一步深化纪检工作为党的基本路线服务的指导思想，明确把经济建设搞上去不仅是全党的主要任务，也是纪检机关的主要责任，树立全面履行纪检机关“保护、惩处、监督、教育”四项职能、积极参与和服务于经济工作的思想，探索纪检工作支持保护改革的方法和途径。年内，地、县（市）纪委先后深入到30个经济管理部门、78家企业、53个乡（镇）调查研究，帮助基层解决实际问题。

1995年，地委、行署制定了《地委人员廉洁自律的有关规定》《保山地区行政公署领导成员廉政建设的规定》《行政公署公务员守则》《党政机关工作人员在公务活动中食宿接待标准》，地区纪委制发了《关于全区纪检监察机关工作人员不准接受可能对公正执行公务有影响的宴请和不准参加用公款支付的营业性娱乐活动的规定》《领导干部廉洁自律对照检查规定》等文件，对一年两次专题民主生活会作出具体要求。全区317名县处级以上领导干部参加了民主生活会，民主生活会后，有14名县处级干部退交所接受下属单位的奖金1.6万元，对超标购置的3辆小汽车进行调换处理，用于接待。成立了由地区纪委牵头，组织部、监察局、经贸委等部门组成的国有企业领导干部廉洁自律工作领导小组，下设办公室在监察局。全区169个国有企业的737人参加了专题民主生活会。通过对照检查，1人退交了在经营活动中收取的中介费2000元，1个企业纠正了在非政策亏损、拖欠职工工资购买小汽车的问题；2个企业对违反规定购买的2辆进口豪华小汽车作了调换处理。

1996年，地区纪检监察机关认真抓了县以上党和国家机关党员领导干部的民主生活会，五县（市）、地直107个县处级单位321名县处级干部全部按规定参加了民主生活会。104个国有企业建立了领导干部个人收入申报制度，有281名领导按照规定申报了个人收入，133个国有企业实行了业务招待费向职代会报告制度。对干部住房、集资建房及在城区建私房进行清理，513名县处级领导干部全部进行了自查，对住房超标的干部，所在单位均按清房的有关政策作了纠正处理。清理公款出国（境）旅游，全区出国（境）108人，未发现用公款变相出国（境）旅游的问题。制发了《关于严禁党政机关企事业单位干部职工婚丧喜庆大操大办的暂行规定》，全区干部职工特别是领导干部利用婚丧嫁娶大操大办的不正之风得到了有效地遏制。

1997年，地、县（市）纪委认真组织广大党员、干部学习中央《关于厉行节约、制止奢侈浪费八条规定》。结合保山地区实际，地委、地区纪委先后制发了《关于严禁领导干部利用婚丧喜庆大操大办的暂行规定》《党政机关工作人员公务活动中食宿标准》《关于全区纪检监察机关工作人员不准接受可能对公正执行公务有影响的宴请和不准参加用公款支付的营业性娱乐活动的规定》《关于严禁领导干部在建私房中以权谋私的暂行规定》《关于严禁领导干部参与中介工程的暂行规定》以及《关于严禁用公款出国（境）旅游、安装住宅电话或购买移动电话的规定》。全区有105个单位制定了财务管理制度。同年，全区纪检监察机关重点抓了领导干部民主生活会。全区105个处级单位按照规定召开了民主生活会，占84.67%；351名县处级以上领导干部在民主生活会作了对照检查，占86.9%。314名县处级干部按照规定进行了收入申报。全区174个国有企业按规定召开了民主生活会；140个国有企业建立了领导干部收入申报制度，373名企业领导申报了个人收入，171个企业建立业务招待费向职代会报告制度。

1998年，地区纪检监察机关重点抓了厉行节约制止奢侈浪费行为和“五不准”的落实。

全区压缩会议258个，节约经费152.99万元；取消各类庆典活动28次，节约经费110万元。地、县两级“五套班子”及直属部门的接待费与上年相比，减少149.27万元。年内，对全区党政机关事业单位违反规定购买和乘坐超标小汽车进行清理，建立完善了购车审批制度。制发了《关于地直党政机关事业单位领导干部安装住宅电话及加强话费管理的通知》《关于全区党政机关事业单位购置和使用移动电话的规定》《关于领导干部离任审计暂行规定（试行）》和在全区建设工程领域实行“工程承包合同”“工程廉政合同”双合同机制的意见等规定。7—8月，对全区党政机关事业单位公款购置使用的通信工具进行了认真清理，清理出公款安装住宅电话1099部，其中不符合规定的617部，共收回资金54.95万元。

2000年4月，地委、行署制发《关于加强全区党政机关和事业单位领导干部移动电话及话费管理的规定》。地、县（市）纪委监察局制定和完善了《关于严禁党政干部利用婚丧喜庆大操大办借机敛财的规定》《关于禁止党政领导干部驾驶公车以及公车私用必须交费的规定》和《关于严禁党政机关、事业单位工作人员参与赌博活动的暂行规定》，对违反上述规定的3名领导干部进行了查处。8—9月，对全区党政机关和具有行政管理职能的事业单位干部1999年以后借用小汽车的情况进行了清理检查，有1名副科级领导干部存在借用单位小汽车的问题；未发现其他党政机关干部接受赠送小汽车的情况。年内，全区党政机关16名领导干部报告了个人重大事项，有165名领导干部申报了个人收入，53名国有企业领导干部对照中纪委四次全会提出的五条规定进行了自查自纠。全区五县（市）和地直99个单位共支出公务接待费533.513万元，比上年减少48.158万元。年内，对违反规定操办喜庆事宜的1名处级干部和2名科级干部进行了查处，收缴礼金3600元；对驾驶公车肇事的1名科级干部给予党内严重警告处分，赔偿经济损失21130.22元，罚款4714.00元；对参与赌博的2名党政干部，给予党内警告处分；对在高黎贡山自然保护区乱砍滥伐林木案、保山市芒宽乡渡口“勐来一号”沉船案和汉庄镇红山采石场坍塌案中负有领导责任的17名党员干部实施了党政纪处分，其中：县处级干部1名、科级干部10名、一般党员干部6名。

2001年，全区各级党委、政府及时召开党委（总支）、支部和副科级以上干部会议，认真组织传达学习省纪委、省监察厅关于贯彻落实中共中央纪委、监察部《关于印发〈关于各级领导干部接受和赠送现金、有价证券和支付凭证的处分规定〉的通知》精神，地区纪委、监察局对贯彻执行中央纪委七次全会强调的“六项规定”和省委“五不准”规定的情况进行监督检查。对1997年以后副科级以上领导干部接受和赠送现金、有价证券和支付凭证的问题进行专项清理。通过清查，发现7名领导干部共收受金额25000元，均在清理前全部上缴财政。全区共清理登记副科级以上干部配偶、子女从业和经商办企业人数501人。

2003年，全市38名领导干部报告了个人重大事项；对公款赊账吃喝进行认真清理，进一步建立完善了接待制度；对全市2003年新购小汽车和党员干部出国（境）情况进行督促检查，对违规所购车辆进行处理；对公派出国（境）人员认真审查，年内全市公派出国（境）10批91人；查处违反《云南省公务员八条禁令》案件5件12人，其中：开除党籍3人、撤销党内职务和行政职务1人、行政警告处分2人、批评教育3人；全市各级党组织严格执行《党政领导干部选拔任用工作条例》，建立了领导干部年终述职述廉制度、干部任前廉政谈话制度。督促并参加五县(区)、市直单位党组织开好民主生活会，全市共有68个党委(党组)召开民主生活会，356名副处级以上领导干部按照规定进行了对照检查。5月，对五县(区)党委、政府和市委办等23个领导班子2003年执行党风廉政建设责任制的情况进行了考评。

2004年1月，市纪委召开第三次全会，对2004年党风廉政建设和反腐败工作作了全面部署。对全市党政领导干部在企业兼职问题进行清理，对2名副处级干部在下属企业兼职作了纠正，免去了其兼任的职务。对党政机关事业单位购买配备小汽车进行了清理检查，对违反规定购买的11辆小汽车作了处理。清理检查党政机关及事业单位用公款为干部职工购买商业保险的情况，查出13个单位用公款为干部职工购买商业保险，涉及参保人员1033人，投保资金47.26万元，按规定均作了清退处理。对党政领导干部拖欠公款进行清理，查出全市副科级以上的领导干部有78人拖欠公款，欠款金额134.47万元，2004年年底已全部还清。全市有121名领导干部报告个人重大事项，其中：地厅级干部2人、县处级干部30人、乡科级干部89人。同年7月，市委第61次常委会议、市政府第28次常务会议讨论通过，市委常委和市政府市长、副市长向全市人民郑重作出六项廉政承诺。

2005年，市委认真督促各县(区)和市直各单位组织党员干部学习狠刹空谈、浮夸、吃喝、攀比、粗暴“五股”歪风的文件。在保持共产党员先进性教育活动中，市纪委、监察局要求各部门、各单位将中央纪委的“五条规定”和省委提出的狠刹“五股”歪风作为活动的重要内容，融入学习教育活动的每个阶段，作为专题民主生活会的重要内容进行对照检查。全市共查处党员和干部参与赌博案件8起11人，查处罚没金额4.78万元，其中：给予党纪处分5人，政纪处分5人，免予处分1人。市、县(区)纪检监察机关领导同下级党政主要领导谈话445人次。全市共有1679名领导干部按规定进行了述职述廉，有184名领导干部报告个人重大事项。全市党风廉政建设责任追究9人，其中：给予党内警告处分6人、党内严重警告处分1人、行政警告处分1人。

三、党风廉政制度建设

1980年，保山地委批转地委组织部关于《全区组织工作座谈会纪要》，要求抓紧做好选拔接班人工作及加强领导班子建设。

1981年5月，地委发出《关于改进地委常委工作的暂行规定》，进一步明确了全区党委、政府工作职能。9月，地委发出《关于贯彻省委57号文件通知》，要求在全区范围内坚决刹住请客送礼歪风，并责成地委办公室、纪委、组织部、人事局等部门，抽调干部组成联合检查组，对地直及省属驻保共95个单位进行检查，表扬节约办婚丧，处分请客送礼者，并将检查结果在全区作了通报。

1982年1月，地委批转地委组织部《关于贯彻省委组织部“五年规划”和1982年工作的意见》，提出了到1985年全区各级领导班子建设的总要求。

1983—1989年，地委和地区纪委先后制发《关于切实搞好党内监督工作的意见》《关于对党员、干部多占住房的暂行处理规定》《关于加强基层建设，改进区乡干部作风的决定》《党内民主生活会程序的意见》等文件，制定了《党内民主监督制度》《监督部门联席会议制度》《党风党纪经验交流会制度》《案件查处责任制和分级负责制度》《党员干部建房申报制度》《党纪党风义务监督员制度》《党风党纪登记卡制度》《两公开、一监督制度》等规章制度，从根本上约束每个党员的言论和行动，改善党内民主监督的透明度。

1990年，地委制定《关于自身建设几项制度的规定》《关于认真贯彻中共中央〈关于县以上党和国家机关党员领导干部民主生活会的若干规定〉的通知》，对参加民主生活会的范围及学习内容作了明确规定，并对党员领导干部民主生活会的管理职责作出了明确划分。同年，根据中央《关于县以上党和国家机关党员领导干部民主生活会的若干规定》，地区纪委督促各级党委、党组每半年开1次民主生活会，并对民主生活会提出要求。

1991—1993年，地委先后下发《关于建立领导干部谈话制度的通知》《关于改进机关作风，克服"三多"，严禁用公款吃喝送礼的规定》《关于开展反腐败斗争的实施意见》，建立领导干部谈话制度及分级负责的领导干部谈话责任制，对开展反腐败斗争要严格把握的政策界限以及加强对反腐败斗争的领导作出明确规定。

1995年3月，根据中央纪委五次全会对国有企业领导干部廉洁自律提出的"四条要求""八个不准"要求，地区纪委制发了《关于对国有企业领导干部廉洁自律要求的若干规定》，对国有企业领导干部廉洁自律作出12条规定。9月，地区纪委制发《关于全区纪检监察机关工作人员不准接受可能对公正执行公务有影响的宴请和不准参加用公款支付营业性场所娱乐活动的规定》，不准接受6类可能对公正执行公务有影响的宴请，不准参加4类用公款支付的营业性娱乐活动。

1996—2000年，地区纪委、监察局单独或联合多个部门先后制发了《关于严禁领导干部在建私房中以权谋私的暂行规定》《关于严禁领导干部参与中介工程的暂行规定》《关于领导干部离任审计暂行规定（试行）》《关于严禁党政机关企事业单位干部职工婚丧喜庆大操大办的暂行规定》《移动电话费管理的暂行规定》《关于加强药品医疗器械购销监督管理工作的暂行规定》《关于禁止党政机关领导干部驾驶公车及公车私用必须交费的规定》，地委、行署下发了《关于建立党风廉政建设责任制的通知》，成立了党风廉政建设责任制工作领导小组和工作机构，全面贯彻落实中央关于党风廉政建设的工作任务。地委、行署从1999年起，每年同五县（市）党委、政府签订责任状，地区纪委、地区监察局根据责任状的要求制定考核办法，建立了年度考核制度。

2001—2004年，市委制发《关于认真贯彻落实〈云南省领导干部廉洁自律若干规定〉的通知》，市纪委制发了《关于严格执行原保山地区纪委〈关于禁止党政机关领导干部驾驶公车及公车私用必须交费的规定〉的通知》，市委办公室、市政府办公室制发《关于加强全市党政机关事业单位购买配备和使用小汽车管理规定的通知》。2004年，市委、市政府制发《关于保山市2004年党风廉政建设和反腐败主要任务分工负责抓落实方案》，市委办公室、市政府办公室下发《关于2004年全市执行党风廉政建设责任制考核有关事项的通知》，对2004年全市执行党风廉政建设责任制考核作出规定。市纪委、市委组织部制发《关于进一步规范民主生活会指导程序的通知》，进一步加强对领导班子和党员干部民主生活会的指导，促进领导班子和领导干部思想作风建设，进一步建立和完善民主生活会报告制度。市纪委、监察局制发《保山市县处级领导干部述廉制度（试行）》《中共保山市纪委负责人同县处级领导干部谈话诫勉的暂行办法》，对领导干部述廉和民主测评原则提出了严格要求，对谈话和诫勉作出10条规定。

2005年9月，市纪委、市委组织部、市公安局制发了《关于建立查处党员和干部参与赌博制度的通知》。市委办公室、市政府办公室制发《保山市党风廉政建设责任制考核办法》，对全市党风廉政建设责任制考核办法作出规定。10月，市委制发《中共保山市委关于建立党风廉政巡查制度的通知》，对党风廉政巡查的主要对象、内容、方式、巡查员选聘、巡查结果运用作出规定。11月，市委办公室、市政府办公室制发《关于进一步加强公务用车管理、严禁领导干部驾驶公车的通知》，再次重申了加强公务用车和严禁领导干部驾驶公车的8条规定。

第二节　案件查处及复查

一、案件查处

（一）违纪案件查办

1978年，保山地区各级纪律检查机关共审结违反党纪、政纪案件9件，处分违纪人员9人。

1980年，地委纪委重点检查了妨碍党的路线、方针、政策的贯彻执行和危害“四化”建设突出的案件。全年共审结违反党纪案件167件，处分违纪党员167人。

1985年，地区纪委制发了《关于加强全区纪检信访工作的规划意见》，当年共受理来信来访537件，其中，纪委直接查处286件，占53.2%；结案178件，占62.2%。审结违反党纪案件123件，处分违纪党员123人。

1990年，地委批转地区纪委《关于处分违反党纪的党员批准权限的规定》。地区纪检监察机关制定了信访工作岗位责任制，地区纪委规定了每月15、30日两天为书记接待日，在执纪办案中也建立了责任制。当年地、县（市）纪委共受理来信来访459件，比上年减少147件，下降24%。全区共立案查处党员违纪案件215件、221人，结案206件、213人。审结违反党政纪案件281件（含上年结转数），处分违纪人员276人。

1995年，地区纪检监察机关共受理群众来信来访137件，属纪检业务范围的有38件，属监察业务范围的有99件。年内共审结违反党纪、政纪案件105件，处分违纪人员105人。

2000年，全区地、县（市）纪检监察机关共受理群众来信来访和举报电话869件次。共立案查处违反党纪、政纪案件205件、205人。查处万元以上经济大案59件、59人，要案5件、5人。年内，全区纪检监察机关共审结违反党纪、政纪案件221件，处分违纪人员221人，挽回经济损失774万元。

2004年，全市纪检监察机关共受理信访举报1074件次（含云南省纪委转处的200件）。共立案查处违反党纪、政纪案件89件、89人。查处万元以上经济大案36件、36人，要案8件、8人。年内，全市共审结违反党纪、政纪案件98件，处分103人。挽回经济损失1312.7万元，为76名被举报失实的干部澄清了事实。查处了涉及违纪金额近500万元、涉及违法人员4名的“八·一二”专案。共受理个体工商户和非公有制企业投诉案件10件，为非公有制企业挽回经济损失10余万元。

2005年8月，市纪委制发《保山市纪检监察机关信访举报工作暂行办法》《关于案件公开审理的实施办法（试行）》。全年保山市纪检监察机关共接待受理群众来信来访651件次，共立案查处违反党纪、政纪案件91件112人。共审结违反党纪、政纪案件136件，处分违纪人员133人，挽回经济损失510.04万元。

1978—2005年，保山市受纪检机关处分的党员3483人，占党员总数的0.18%。其中：警告886人，严重警告626人，撤销党内职务78人，留党察看665人，开除1237人。受监察机关政纪处分1370人，其中：警告246人，记过212人，记大过300人，降级28人，降职1人，撤职87人，开除留用138人，开除385人；共复查、复核23件，其中：维持21件，撤销2件。

1978—2005年保山市纪检机关党纪处分情况表

表4-2　　单位：人、%

年度	党员总数	受处分党员数	占党员总数的	处分情况				
				警告	严重警告	撤销党内职务	留党察看	开除
1978	53167	6	0.01	—	—	—	1	5
1979	54001	265	0.49	44	44	8	91	78
1980	54802	167	0.30	44	18	5	45	55
1981	55883	130	0.23	33	21	4	27	45
1982	56351	152	0.27	32	23	5	30	62
1983	56811	179	0.32	38	30	10	27	74
1984	58033	24	0.04	4	2	—	6	12
1985	60383	123	0.20	45	21	5	17	35
1986	62175	153	0.25	52	34	7	18	42
1987	64121	458	0.71	180	114	1	76	87
1988	64534	140	0.22	29	27	2	32	50
1989	64573	157	0.24	30	34	4	31	58
1990	65161	204	0.31	34	28	3	41	98

续上表　　　　　　单位：人、%

年度	党员总数	受处分党员数	占党员总数的	处分情况				
				警告	严重警告	撤销党内职务	留党察看	开除
1991	66254	144	0.22	35	31	—	33	45
1992	67544	136	0.20	58	21	1	18	38
1993	68633	95	0.14	18	12	1	28	36
1994	69850	92	0.13	22	15	1	18	35
1995	73462	54	0.07	16	9	3	6	20
1996	77358	57	0.07	16	8	—	8	25
1997	81538	45	0.05	12	6	1	4	22
1998	82991	56	0.07	13	14	1	11	17
1999	83943	61	0.07	11	5	3	11	31
2000	85907	116	0.14	16	14	4	16	66
2001	87854	98	0.11	20	15	3	13	47
2002	89616	130	0.15	35	31	1	13	50
2003	92037	69	0.07	20	12	2	15	20
2004	93614	78	0.08	9	15	3	12	39
2005	95566	94	0.10	20	22	—	7	45
合计	1986162	3483	0.18	886	626	78	665	1237

1978—2005年择年保山市监察机关政纪处分情况表

表4-3　　　　　　单位：人、件

年度	处　分　情　况									复　查、复　核			
	合计	警告	记过	记大过	降级	降职	撤职	开除留用	开除	合计	维持	改变	撤销
1978	3	—	—	—	—	—	3	—	—	—	—	—	—
1982	72	19	7	17	—	—	1	6	22	—	—	—	—
1983	110	19	19	28	—	—	1	25	18	—	—	—	—
1984	181	29	22	28	—	—	2	21	79	—	—	—	—
1986	102	21	11	15	1	—	5	19	30	—	—	—	—
1988	52	4	10	5	1	—	—	12	20	—	—	—	—
1989	61	—	3	10	—	—	18	14	16	—	—	—	—
1990	72	8	3	20	2	—	8	13	18	—	—	—	—

续上表　　　　单位：人、件

年度	处分情况									复查、复核			
	合计	警告	记过	记大过	降级	降职	撤职	开除留用	开除	合计	维持	改变	撤销
1991	10	2	1	1	2	—	—	2	2	1	1	—	—
1992	35	9	6	5	—	—	2	5	8	3	2	—	1
1993	37	3	11	9	1	—	1	2	10	1	1	—	—
1994	58	16	7	17	1	1	—	2	14	1	1	—	—
1995	51	5	14	13	—	—	4	—	15	3	3	—	—
1996	38	7	4	6	1	—	4	3	13	3	3	—	—
1997	59	9	10	17	4	—	3	8	8	3	3	—	—
1998	37	6	10	9	2	—	4	3	3	3	2	—	1
1999	44	13	9	11	2	—	3	2	4	—	—	—	—
2000	105	13	12	24	7	—	13	1	35	—	—	—	—
2001	72	13	13	23	2	—	4	—	17	—	—	—	—
2002	42	9	10	12	—	—	4	—	7	—	—	—	—
2003	65	21	13	16	1	—	6	—	8	4	4	—	—
2004	25	8	5	8	1	—	—	—	3	1	1	—	—
2005	39	12	12	6	—	—	1	—	8	—	—	—	—
合计	1370	246	212	300	28	1	87	138	358	23	21	—	2

(二) 经济领域中严重犯罪打击

1982—1986年，保山地区各级纪委遵照党中央和国务院的指示精神，派出了大批干部，协同有关部门，整治经济领域中的犯罪活动，查处了一批党员干部参与经济犯罪活动的大案要案。1982年，中共中央、国务院《关于打击经济领域中严重犯罪的决定》等有关文件下发后，保山地委召开了保山地区县委书记会议作了具体部署。此后，保山地区地、县两级先后抽调了414人，组成136个专案调查组，全年共立案查处了各种经济案件642件，涉及699人，依法判刑322人，开除党籍32人。为国家挽回经济损失63.37万元。在斗争的威慑和政策的感召下，全区主动到司法机关和所在单位投案自首、坦白交代各种经济犯罪问题共34人，主动缴回赃款69394元和一批物资。1983年，在中央纪委和省纪委的直接帮助下，保山地、县两级纪委和有关部门组织了联合调查组，集中查处了保山市上江高黎贡山黄楠园被毁案，依法提请批准逮捕3名主犯。与本案有牵连的55名干部和群众也分别作了适当处理。同时还查处了保山潞江糖厂一采购员利用职务之便，从1980—1982年先后贪污公款17710元案，并判处其有期徒刑13年。全年全区共立案查处各种经济案件1305件，涉及1405人，依法判刑1028人，开除党籍70人，为国家和集体挽回经济损失661847元。1984—1986年，全区共立案查处各种经济案件833件，涉案1199人，受党纪、政纪处分和刑事处理的711人，共追缴赃款107.4万元。

三、案件复查

1978—1987年，保山地区纪委配合地委组织部、行署人事处等部门对有关案件进行了复查，对冤假错案予以平反，主要有“两案”审理、平反“文化大革命”冤假错案、落实右派摘帽政策、“反右倾”和“四清”运动案件纠正、落实知识分子政策、落实地下党和“边纵”历史遗留问题复查等（详见本编第三章第一节）。

第三节　纠正不正之风

一、纠正经济领域不正之风

（一）纠正党政干部分房建房歪风

从1983年起，保山地委认真贯彻中央纪委《公开信》精神，对党员干部在分房建房中的不正之风进行了认真检查。地、县（市）纪委通过对全区科以上1453名干部住房进行检查，查出住房超标准295人，住房建筑面积超标准4379.9平方米。78人受到查处，给予开除党籍3人，留党察看1人，罚款和退出资金5715.52元，退出侵占集体土地3580平方米，退出建房面积173平方米。

1986年，地、县（市）纪委抽出专人参加清理干部职工乱占耕地建盖私房工作。全区共清理各种非农业用地单位456个、农户和居民（包括干部职工）5.9万多户，占用耕地面积140万平方米。其中，违章占用耕地建房的有62个单位、25837户，占用耕地面积112.21万平方米，全部作了处理，收回土地59.47万平方米，收回土地补偿费和乱占耕地罚款233万多元。违章占地建房中，县级干部10人，科级干部54人；限期拆迁房屋2人，占地未盖收回土地5人，补交土地补偿费19人，给予罚款33人，并根据其错误情节，分别给予了党纪处分。

1990年11月至1991年7月，全区清查了1983—1990年干部职工在城区建私房的情况，全区干部职工在城区建私房1397户，占地面积155548平方米。违法违纪行为22人中，县处级干部5人、乡科级干部10人、一般干部7人。地委、行署制定了《关于我区党政干部在县（市）以上城镇建私房中的几个问题的处理意见》，下发各县（市）、各部门执行。

1996年，全区对干部住房、集资建房及在城区建私房的情况进行清理。全区属清房范围的513名县处级干部全部进行了自查。在房改购房和集资建房中，超标20平方米以内的44人，超标20平方米以上的1人。对住房超标的干部，所在单位按清房的有关政策分别提出了处理意见。五县（市）1076名乡科级干部全部进行了自查。在房改购房和集资建房的485人中，超标准在20平方米以内的102人，超标20平方米以上的33人，对住房超标的乡科级干部，按干部管理权限分别进行处理。

(二) 职工拖欠公款及无偿占用企业钱 (物) 问题清理

1984年9月，省纪委、省委整党办公室联发《关于坚决纠正干部职工拖欠公款的通知》，保山地区纪委同地委办联发《通报》，强调各级党组织必须把清理催收干部职工拖欠公款的工作作为党风大检查的一项重要内容。经清理，全区74个县级单位中有63个单位的干部职工拖欠公款，占85.1%；涉及5401人，占干部职工总数的11.2%；拖欠金额856560元。其中：县级干部41人，金额4346元；党员99人，金额176455元；千元以上的54人，金额103805元。

1994年，全区1064个国家机关、事业单位和国有企业全部进行了自清自查。经清理，有324个单位存在干部职工拖欠公款问题，占单位总数的30.6%。拖欠公款总额361.25万元。1995年，全区对党政机关及其工作人员利用职权无偿占用企业钱物的问题开展清理纠正工作。全区共有35个党政机关和3名工作人员利用职权占用42家企业的资金191.21万元(个人占用6928元)。经清理，退还占用企业的小汽车1辆、录音机和照相机4台；清理干部职工拖欠公款403.5万元，收回公款371.2万元。

(三) 乱收费、乱罚款、乱摊派问题治理

1993年，各级各单位清理了1282项行政事业性收费项目，停止、取消乱收费95项，停收金额78.3万元；应清退的78项，金额100万元，其中：已上缴财政5万元，决定退还被收费单位和个人64.54万元(已清退57.66万元)，其他处理30.46万元。

1994年，保山地区取消乱收费项目16项，清理乱收费、乱罚款、乱摊派(简称“三乱”)37.5万元，同时加强对行政事业性收费的管理。1995年，全区清理出乱收费86095元，均作严肃处理。全区行政事业性收费应实行“收支两条线”管理的单位137个，已实行114个，占83.2%。

1997年，保山地、县(市)成立领导小组及办公室，对涉及企业负担的各种收费、罚款和摊派进行清理。当年废止涉及向企业收费的各类文件89个，取消涉及企业收费项目52项，其中：行署决定取消28项、县(市)取消24项，查处“三乱”违纪金额54.34万元，减轻企业负担215.24万元。

1998年，行署召开了全区减轻企业负担电话会议，按照谁出台、谁清理的原则，全区共清理出并公布取消各种不合理收费项目83项，其中：地区取消50项、县(市)取消33项，减轻企业负担3000多万元，查处乱收费案件8件，清退乱收费或超标准收费326.86万元。

1999年，取消涉及企业负担收费的项目3项，调减收费标准6项，减轻企业负担2234万元。

(四) 党政机关、党政干部经商办企业问题清理

1985年起，保山地区根据党中央、国务院《关于严禁党政机关、党政干部经商办企业的决定》，积极开展严禁党政机关、党政干部经商办企业的清理整顿工作。当年全区清理出党政机关违反规定经商办企业13户，参与干部22人，党政机关干部经商的12人；党政机关干部家属经商办企业的408户，干部参与家属经商办企业的150人。通过清理，党政

机关办的企业已停办1户，领导干部到企业任职的已脱钩，党政干部在经商中的违法、违纪行为得到查处，参与家属经商的党政机关干部、职工得到了教育。

1993年，对地、县(市)党政机关经商办企业的情况进行清理，党政机关办经济实体127户(地直37户，县市90户)，注册资金6823.83万元(地直1884.48万元，县市4939.35万元)，参与经商的党政机关工作人员360人。按照中办规定，已停办23户(地直7户，县市16户)，脱钩58户(地直20户，县市38户)，缓脱46户(地直10户，县市36户)。参与经商的人员已脱离党政机关到企业3人，脱离经济实体回机关61人，继续在经济实体工作缓脱296人。

1994年，继续抓党政机关与所办经济实体脱钩工作。经过进一步清理核实，全区党政机关经办的经济实体共117户，至年底，已注销28户，脱钩19户，已停止但债权债务还不清的8户，确定保留的22户，由于其他原因未处理的40户。

2001年，保山市对领导干部配偶、子女从业和经商办企业情况进行清理登记。全市应参加清理登记对象有501人，其中：市级领导干部28人、五县(区)县级领导干部178人，市直部委办局处级领导干部295人(含非领导职务33人)，实际清理登记498人，占97.6%。清理结果，有1名市级领导、6名县处级领导干部的子女从事经商办企业，均未违反规定在该领导干部管辖的业务范围内从事与公共利益发生冲突的经商活动。

(五) 党政机关、事业单位干部职工公费培训机动车驾驶技术问题清理

1993年，保山地区对党政机关干部公费学车问题进行了清理，全区有117人使用公款20.75万元培训机动车驾驶技术，根据不同情况作了纠正，并制定了管理规定。

1994年继续清理、纠正党政干部公费学车的问题。在上年清理的基础上，认真贯彻落实地委办、行署办《关于严禁党政机关干部公费学习驾驶机动车的通知》，对非职责需要公费学车的，按通知规定做出处理。全区共有党政机关工作人员学车167人，其中公费85人，占51%；县处级干部7人，乡科级干部39人，一般干部39人。至11月底，已有12人补交了已报销的培训费19180.2元，20人交出了驾驶执照，其中公费8人、自费12人。

(六) 公司清理整顿

1986年1月，根据国务院《关于进一步清理整顿公司的通知》和省委、省政府的部署，保山地区各级纪检监察机关与有关职能部门密切配合，把清理整顿公司工作作为重要任务来抓。至12月底，清理整顿结束。经清理，公司降格58个，撤销50个(其中属皮包公司7个)，共挽回经济损失2799万元，追回贷款2764万元，补缴税款16万元，移送司法机关处理29人。

(七) 党政机关干部公费出国(境)旅游问题清理

1993年，保山地区对1992—1993年全区党政机关干部公费出国(境)情况进行清理。全区两年内经批准出国的有339人，耗资323.1万元，其中财政支出205.2万元、企业支出117.9万元。对违反中央规定的均作了纠正，遏制了公款出国(境)旅游之风。1994年继续纠正公费出国(境)旅游的不正之风，对公费出国(境)活动从严审批，严格把关，并加强监督检查。全年，全区申请出访共14批、104人，其中：批准出访11批78人、制止出访

3批26人，节约经费30.7万元。同时，纠正变相出国旅游1批、18人，退交费用2.7万元。1995年申请公费出访26批52人，批准出访25批51人，节支经费3.6万元。1998年党政机关出国(境)43批61人，与上年同期相比减少67人，均属政府组织的访问、考察和业务往来，未发现变相出国（境）旅游问题。2003年全市公派出国（境）10批91人次。

二、部门和行业不正之风纠正

(一) 减轻农民负担

1994年起，保山地委、行署及全区监察机关把减轻农民负担列为解决“三农”问题的一项重要工作，认真推行“乡统筹、村提留”“农村财务审计”“农民负担卡”制度，对向农民乱收费、乱摊派行为开展督促检查。当年全区取消乱收费项目16项，清理乱收费、乱罚款37.5万元。

1995年，对全区农民负担情况进行调查，未出现农村提留、乡统筹（简称“两费”）负担超过5%的乡（镇）。当年全区农民“两费”负担人均16.52元，占年纯收入的2.97%。为及时掌握情况，抓落实和防止反弹，全区乡村建立了6个农民负担监测网点。全区取消农民负担收费项目62项，减轻农民负担654.6万元，查处0.5万元以上的乱收费案件27件。

1998年，对全区1997—1998年的农民负担问题进行全面检查。全区所辖的乡（镇）及村（处）的“两费”和“两工”均未超过国务院规定的5%和30个的限额，未发生因农民负担过重而引发的恶性案件。

1999年，保山地区农民“两费”负担总额3862万元，人均负担18.93元，占上年农民人均纯收入1153元的1.6%；“两工”1745万个，劳均14.6个；社会负担2267万元，人均11.10元。对3个乡（镇）和146个村（处）涉及776万元的集资项目进行严格审计。审计出不合理社会负担901万元，纠正不合理收费和违反规定收费4项，其中：搭车收费2项，超标收费和违规集资各1项。

2000年7月和12月，地区监察局、农业局、减负办、地委农工部组成检查组，两次对五县（市）减轻农民负担工作情况进行了检查。结果表明：全区认真贯彻执行中央关于农民负担“一定三年不变”的政策。年农民负担“两费”3794万元，比地区下达的“一定三年不变”控制数4000万元减少206万元；“两费”人均负担18.14元，占上年全区农民人均纯收入的1.5%。农民负担预决算制度、农民负担卡制度、农民负担专项审计制度、农民负担统一收费票据制度和涉农集资审批制度得到全面实施。共取消涉农收费项目7项，降低收费4项，减轻农民负担240万元。

2001—2004年，保山市每年两次对农民负担情况进行抽查，农民负担“两费”总额连续两年下降，农民人均“两费”、负担劳务工均控制在规定的比例范围内。通过农村税费改革与取消189项不合理涉农收费项目，降低收费标准5项，减轻农民负担7331.42万元；查处涉农负担案件4件，清退违规收费512.3万元，清付农民工工资3362万元。对有关单位和责任人进行处理，退赔违纪资金16万元。

2005年，保山市全面清理涉农收费，全部取消向农民收取的政府性基金，建立健全减轻农民负担的长效机制，落实各项减负政策，从根本上减轻农民负担。全年取消和降低农业税减轻农民负担2077万元，落实粮食直补1459万元。查处涉及农民负担案(事)件7件，清退各种乱收费94.53万元，清付农民工工资10228.87万元。

(二) 公路“三乱”问题治理

1994年起，保山地区对公路乱收费、乱罚款、乱设卡(简称公路“三乱”)进行集中整治。当年全区取消公路“三乱”项目16项，清理出乱收费37.5万元。行政事业性收费实行“收支两条线”管理的23个单位中，有10个单位实行了“收支两条线”管理，占应实行“收支两条线”管理单位的43%。

1995年，对公路“三乱”问题进行清理，全区公路上设有站(卡)44个，其中：省批林业检查站26个、武警边防检查站6个、县(市)自设9个、大理州在保山境内设的3个。清理后，全区取消了站(卡)4个(含大理设的3个)，共清理出乱收费86095元。

1996—1997年，对公路上设置的各种收费站、检查站进行清理整顿，全区撤销非法设立的站(卡)14个，整顿规范站(卡)18个，查处公路“三乱”案件3件，给予政纪处分2人。全区纪检监察机关配合公安部门对警灯、警车、报警器及非法标志牌进行清理检查，拆除非法标志牌16块，拆除违反规定安装的报警器55套，取消、收回警灯、报警器使用证40本，纠正警车喷漆5辆。

1998年，由行署纠风办牵头，公安、林业、交通、财政等部门抽人组成检查组，对全区境内公路上设置的各种站(卡)进行检查。辖区范围内共设有54个站卡，其中：经云南省人民政府及省级有关部门批准设置的木材稽查站5个、收费站6个、农业特产税查验站3个、武警边防检查站7个。国道、省道上未发现公路“三乱”问题，但县、乡道上仍存在有乱设卡的情况。

1999—2000年，对全区境内公路上设置的各种站卡进行检查，经云南省人民政府批准的站(卡)54个，均未发现乱收费、乱罚款问题。取消了县、乡道路上设置的站(卡)29个，查处公路“三乱”案件罚款1.88万元，有效地遏制了公路“三乱”的反弹。

2001年，保山市在治理公路“三乱”工作中，加强对收费还贷站(点)的监督管理，加大对未经批准设置的农特税查验点和乡村道路收费站(卡)的查处力度。全市取消21个站(卡)，保留50个，确保了辖区公路的畅通。2003—2004年，通过专项治理检查，加强对公路收费还贷的监督管理，撤销不符合规定的站(卡)27个。

2005年，进一步规范公路收费，继续加大从源头上治理的力度，协助云南省纠风办等部门完成对公路基本无“三乱”的验收。

(三) 减轻企业负担

1994年起，保山地区纪检监察机关协同工商部门针对向个体工商户和私营企业乱收费问题开展了清理整顿，当年全区共制止、纠正“盖章”“乡(镇)管理”“绿化”“联防”“优扶”等环节和名目重收、乱收个体工商户和私营企业费用的行为20起。

1995年，全区全面推行对个体工商户实行收费卡制度。全区2.7万户个体工商户中，除边远山区经营规模较小的外，实行收费卡制度的达2.5万户。全区共清理收费项目1282项，取消收费项目49项，减轻企业负担654.6万元；查处乱收费金额100万元，查处乱集资、乱罚款、乱摊派37.5万元。

1997年，省政府电视电话会议后，保山地区对涉及企业负担的各种收费、罚款和摊派问题进行了清理。废止涉及向企业收费的各类文件89个，取消涉及企业的收费项目52项，查处公路“三乱”违纪金额54.34万元，减轻企业负担215.24万元。

1998年，行署召开了全区减轻企业负担电话会议，按照“谁出台、谁清理”的原则，全区共清理出并公布取消不合理的收费项目83项，减轻企业负担3000多万元；查处乱收费案件8件，清退乱收费或超标准收费326.86万元。

2000年，全区先后两次对1997年以来中央、省、地、县（市）取消的179个企业收费项目的执行情况进行监督检查，未发现继续收费现象；年内取消企业收费项目39个，减轻企业负担1800万元。

2001—2002年，全市取消向企业不合理收费项目93项，降低收费标准213项，规范收费项目17项，减轻企业负担888万元。查处涉及企业负担案件21件，涉及金额75万元，其中：没收上缴财政7.8万元，清退67.2万元。

2003年，全市减免收费项目14项，减免收费214.75万元；规范收费项目17项，减轻企业负担100万元。

（四）医药购销中的不正之风纠正

1996年起，保山地区监察机关会同工商、物价及医药管理等部门，对药品回扣违法行为进行专项执法检查。地、县（市）成立专门的领导小组及办公室，由各有关部门抽出人员组成检查组，采取自查和重点抽查的方法对生产、经销药品企业和医疗单位的经营购销活动进行检查。当年全区共有生产、经销药品企业和医疗单位154个，其中：生产企业2个、经销企业17个、医疗单位145个。通过自查和抽查，全区药品生产、购销活动中发生的让利或回扣总金额494.98万元，其中：让利或回扣金额211.58万元，收受让利或回扣金额276.15万元。收受的让利或回扣款，多数用于职工福利及单位的设备购置，未发现贪污、挪用、私分等违法违纪行为。

2000年，地区纪委、监察局制发了《关于加强药品、医疗器械购销监督管理的暂行规定》。根据省政府纠风办《关于纠正医药购销中的不正之风工作实施意见》的要求，由地、县（市）纪检监察机关牵头，从卫生、物价、工商、经贸、审计、医药管理等部门抽调力量，对全区医药购销中的不正之风进行清理整顿。共取缔无证经营户16户，纠正违法广告案件10起；查处非法经营药品案13件、涉及金额11.24万元；销毁假冒伪劣药品186种、折合人民币20.99万元，并处罚款6.47万元；查出违规收费项目26项，涉及金额13.78万元，查处虚高定价药品77种、金额13.32万元；纠正超标准收费项目11个，取消自立收费项目4项，没收非法所得14.84万元；调低96种药品的价格，调低幅度为15%～27%；查出全区县、乡医疗单位1998年、1999年两年医药购销回扣款895.63万元，查出药品采购中的违纪违法案件50件、115人、金额198.94万元，已处理26件48人，追回赃款80多万元，收缴回扣20.85万元，查处24件67人。

2001年，保山市取缔非法药品经营户51户。通过换证淘汰经营企业52户，清理销售伪劣药品总案值38.9万元，降低药价总额33.5万元。查处医药购销中的违纪违法案件63件，金额69万元，给予党纪政纪处分3人。

2002年，保山市着力推进药品集中招标采购工作，全市县(区)以上的医疗单位全部实施药品集中招标采购。全市集中招标采购药品1699种、金额2750万元，平均降价幅度为20%，让利患者562万元。全市共出动执法人员1432人次，对药品、医疗器械和医疗服务价格进行专项检查，共检查生产经营及医疗机构1089个，查处药品、医疗器械违法案件175起，其中警告70件，罚款131487.26元，没收违法所得35711.4元，没收假劣药品价值41554.54元，没收医院制剂价值59072元，清理销毁过期药品价值13.02万元。

2003年，保山市县级以上医疗单位集中招标采购药品品种6545种，采购金额3723.21万元，占采购药品金额的76.36%，让利金额312.1万元。全市专项检查出动执法人员3401人次，查处违反药品管理法的案件368起，没收违法所得4.04万元，没收假劣过期无证经营药品及无注册证医疗器械价值211.87万元；取缔无证经营55起，罚款32.5万元。

2004年，全市20个县以上医疗单位全部实行药品集中招标采购，总金额2200万元，降价幅度15%，让利患者300多万元。2005年，除国家规定实行特殊管理的药品以外，全市5037种药品、630种体外诊断试剂和2049种卫生材料全部通过集中招标采购。集中招标采购药品6047万元，占药品总金额的90.9%；集中招标采购药品让利患者487万元；查处非法行医、假劣药品和医疗器械、违规广告等问题269件，受党纪政纪处分和其他处理15人。

(五)教育和中小学乱收费治理

1995年起，保山地区在全区城镇中小学推行收费卡制度，并对收费情况进行全面跟踪检查。清理出已经明令取消，但仍在收费或超标准收费项目8项，自立名目收费26项，涉及金额723166.60元，清退110275元；废止收费项目14项，降低收费标准8项。1996年查出中小学校违反规定乱收费3.7万元，清退2.56万元。对择校生入学的收费做了相应的规定。择校生比上年减少13人，择校费比上年减少0.428万元。

1998年，根据省教委〔1998〕5号文件精神，在新学年开学时即对中小学收费情况进行了检查。全区择校生705人，比上年减少173人，清理出各种乱收费3件、25项，金额68.39万元。1999年查处中小学乱收费12项，金额10.1万元，全部清退。

2000年，根据省教委、纠风办、计委、财政厅、监察厅《关于开展2000年秋季中小学乱收费专项治理监督检查的通知》精神，保山地区共抽调检查人员35人，组成11个检查组，深入到城镇、郊区、农村的104所中小学进行了重点检查，共查处违纪案件100件，涉及金额300万元。清退中小学乱收费18.2万元，罚款3.75万元。

2001年，全市取消学校各种不合理收费项目17项，取消各种补习班30个，清退不愿投保学生的保险费2646元，减轻中小学生负担60.45万元；查处中小学乱收费案件11件，违纪金额34.65万元。

2002年，保山市纠风办、市监察局、市教育局、市物价局、市工商局等部门先后组成56个检查组，对全市497所小学、89所中学的收费情况进行了专项检查，纠正了33所学校的违规收费行为，涉及金额68万元；清理取消不合理收费4项，减轻学生负担62万元。

2003年，全市通过清查，取消收费项目5项，降低标准3项，查处违规收费113.75万元。通过制止强行征订教辅材料和降低教材价格的行为，减轻学生负担15.2万元；全市实行“一费制”后减轻学生负担535万元。

2004年，全市共清退教育违规收费78.98万元；农村初中和小学全部实行“一费制”，共减轻学生负担500万元。公办高中招收择校生全部实行限分数、限人数、限钱数（简称“三限”）政策。

2005年，全市全面推行义务教育阶段“一费制”收费办法，严格执行公办高中招收择校生“三限”政策和规范高校收费。通过实行“两免一补”政策，减轻学生负担1127.79万元，制止强行征订教辅材料减轻学生负担32.1万元；查处教育乱收费17起，涉及金额55.62万元，向学生家长退还违纪款55.62万元；对相关责任人免职处理2人，批评教育15人。

（六）领导干部收受礼品、礼金，有价证券清理

2000年，按照省纪委、省监察厅《关于认真做好清理清退礼品礼金等工作的通知》要求，保山地区纪检监察机关开展清理清退礼品、礼金工作。全区党政机关有23人上交礼金、礼品折合人民币12960元，16名领导干部报告了个人重大事项，165名领导干部申报了个人收入；有53名国有企业领导干部对照中央纪委四次全会提出的“五条规定”进行了自查自纠。

2001年，保山市纪检监察机关根据中央纪委五次全会部署和中央纪委《关于各级领导干部接受和赠送现金、有价证券和支付凭证的处分规定》的要求，对全市副科级以上领导干部接受现金、有价证券和支付凭证的情况进行了清理检查。全市共有7名领导干部按规定如数上交所收受的现金2.5万元。

三、民主评议行风

1998年起，保山地区开始开展民主评议行风工作。5月7日，行署召开全区民主评议行风电话会议，对全区的民主评议行风工作作了具体的安排部署。转发了《行署监察局、行署纠风办关于1998年开展民主评议行风工作实施细则的通知》，成立了以行署专员任组长，有关部门负责人参加的行风评议领导小组，各县（市）分别召开专题会议并成立了相关的领导机构。地、县（市）共聘请评议员174人。当年，对邮电系统的邮政、电信，公安系统的基层派出所、交警、外管、巡警110，卫生系统的县级以上医疗卫生单位，电力系统的供电站（所）等280个接触群众较广、社会反映较多，具有一定特殊性的窗口服务单位和部门开展了民主评议行风工作。

1999年，对国税、地税、工商3个系统进行民主评议行风工作，召开座谈会251次，走访各界人士2531人次，发放调查问卷1590份，收回1583份，累计收到意见建议38条，综合反馈给被评单位35条。被评单位对存在问题进行了认真整改。

2000年，以质量技术监督系统和建设系统的城市规划、城市监察、城市供水、质量监督、招投标交易中心等2机关5部门46个接触群众较广、社会反映较多，具有一定特殊性的窗口服务单位和部门作为开展民主评议行风的对象。共聘请行风评议员66人，共发放社会问卷调查表9107份，广泛听取社会各界的意见；设置举报箱19个，公布举报电话22部，累计向被评议系统、部门和单位指出存在问题102个，收到意见和建议103条。在开展本年度的行风评议工作的同时，还对1999年评议过的工商、国税、地税3个系统行风整改落实情况进行跟踪检查。

2001年，保山市对教育系统进行行风评议。共聘请行风评议员55人，累计走访乡（镇）77个，中小学212所，召开各种类型的座谈会213次，走访教师1306人、家长826人、学生2145人。通过召开座谈会、走访及问卷调查，累计征求到意见建议489条。通过市、县（区）政府评议员对教育系统面对面的评议，其量化打分结果：市级92.78分、隆阳区97.26分、施甸县94.50分、腾冲县85.89分、龙陵县94.4分、昌宁县97.50分，平均为93.72分。

2002年，对旅游系统开展民主评议行风工作，对教育系统和技术监督局整改情况进行跟踪检查。聘请42名评议员，用近1个月的时间，采取听取汇报、召开座谈会、查阅材料、个别访谈、问卷调查、实地查看等形式，对被评对象和被检查对象的行风情况、行风建设整改情况进行明察暗访。共召开座谈会77次，参会577人，走访各界人士98人，共征求到各种意见建议278条。评议组综合反馈给旅游系统意见建议189条，并分别对旅游系统行风建设情况进行了量化打分。结果为：市级87.81分、隆阳区83分、腾冲县94分、龙陵县90分，昌宁、施甸两县未量化打分。

2003年，对质量技术监督系统开展行风评议，并对2002年评议过的旅游系统的整改情况进行跟踪检查。聘请62位评议员，召开座谈会936次，参会2210人，走访各界人士1402人，征求到各种意见建议133条。评议员对质量技术监督系统行风建设情况进行了量化打分，其结果为：市级98.52分、隆阳区99.79分、施甸县97.9分、腾冲县98.9分、龙陵县98.46分、昌宁县97.7分。

2004年，对卫生、环保、信息产业系统进行行风评议，对2003年评议过的旅游、质量技术监督系统的整改情况进行跟踪检查。着重解决行业作风、职业道德、服务态度、服务质量以及不依法行政、办事效率低等损害群众利益的突出问题。

2005年，保山市以“为人民服务，树立行业新风”为主题，把地方税务、广播电视系统列为全市行风评议的对象，并对2004年评议过的卫生、环保、移动、联通、电信等部门整改情况进行跟踪检查。聘请行风评议员65名。11月，评议组通过听、查、看、访、问等形式先后到隆阳区地税局、4个基层分局及汉庄镇人民政府，召开税务干部座谈会5次，参会人员30人；暗访3次，召开纳税户座谈会10人次，个别走访纳税户5户，暗访群众5人次；查阅了市地税系统开展行风评议等相关资料，到市地税局办税大厅询问部分税务干部和纳税人，并征询了办税客户的意见。同月，9名市级民主评议行风评议员深入到市广电局、市人民检察院、市工商联、永昌镇社区对广电系统的行业作风建设和新闻从业人员的职业道德、新闻质量、广播电视节目舆论导向等方面进行社会调查和了解，并查阅广电局有关制度建设情况、行风评议开展情况。共听取广电系统汇报2次，召开有机关干部、社区群众、非公有制企业主参加的座谈会4次，参会人员85人，走访各界人士个别访谈31次。被评议单位按照评议组指出的问题和提出的整改建议认真进行了整改。

四、“两公开，一监督”制度推行

1989年，由保山地区纪委牵头，从行使国家行政权力、管理国家公共事务的部门和群众最关心的问题入手，对化肥、农膜、农药供应，大中专毕业生的分配，“农转非”“农业信贷”、车辆检审等方面，以公开办事制度、公开办事结果、接受群众监督（简称“两公开、一监督”）为主要内容，开展了试点工作。3月，保山地、市监察局、供销社抽人组成工作组，分别在汉庄、河图两乡进行化肥供应的“两公开，一监督”试点。保山市政府把化肥供应数一次性分到乡（镇），再由乡（镇）落实到村、农户，接受群众监督。经过三个月的试点工作，避免了以权谋私、层层扣减化肥的不正之风，有力地支援了农业生产。同年6月，试点工作在保山地区铺开。

1999年，保山推行厂务公开制度，在14个企业进行了试点。全区各乡（镇）在1998年试点的基础上，普遍推行了村务公开制度。全区有881个村实行了村务公开，占96.8%；建立各种制度1829项，设置固定公开、公布专栏2355个，设立举报箱845个；清理村级财务总金额25620.9万元，清理出各种违纪违规金额128.24万元，收回欠款102.39万元；查处违纪村干部17人，其中：给予开除党籍3人、留党察看1人、撤职13人，为25名村干部澄清了事实，辞退不称职村干部25人。

2000年，按照“全国乡（镇）政务公开经验交流电视电话会议”和省纪委、省监察厅的要求，保山地区五县（市）党委、政府和纪检监察机关成立领导班子和工作机构，制定实施乡（镇）政务公开的方案，抓好乡（镇）政务公开的试点工作。2001年，保山市市、县（区）都建立了推行政务公开制度工作领导小组，设立专门的办公室。五县（区）先后在15个乡（镇）和6个县（区）直部门开展了推行政务公开制度工作试点，并在试点的基础上逐步推进。10月，全市83个乡（镇）全部推行政务公开制度，20个县（区）直部门推行政务公开试点。

2002年，在市、县（区）、乡（镇）人民政府部门全部实施政务公开，增加行政权力运行的透明度，促进了政府机关工作的廉洁、高效运行。

2003年，市、县（区）、乡（镇）人民政府及其所属部门全部实行政务公开。2005年，保山市政务、村务、厂务公开工作进展顺利。市、县（区）、乡（镇）成立了由党委或政府主要领导担任组长的领导小组和相应的工作机构，基本形成了“党委领导、政府主抓、纪检监察机关协调配合、部门各负其责”的良好工作局面。市政府印发了《保山市行政机关政务公开实施办法》，对市、县（区）政务公开做了明确规定。市、县（区）直机关结合贯彻实施《中华人民共和国行政许可法》，全面推行政务公开制度。全市有147个企业单位、

414个事业单位实行厂（校、院）务公开制度；121个企业单位和389个事业单位建立职工代表大会制度；510个单位坚持业务招待费等重大事项向职代会报告制度；486个单位开展职代会民主评议领导人的活动，全市厂（校、院）务公开逐步规范。至2005年年底，全市72个乡（镇、办事处）全部推行政务公开制度，915个村（社区）建立村务公开专栏，实行了村务公开。

第四节　执法监察

一、常态化执法监察

1988年起，保山地区监察局组建后，即不间断地开展常态化的执法监察。当年，抽出人员参加地区清理整顿公司办公室，参与税收、财务、物价、信贷大检查和压缩固定资产投资、控制社会集团购买力等项工作，对治理和整顿工作中发现的几起“官倒”案件，组织力量进行查处。

1989年，在开展“财务、税收、物价和信贷检查、清理整顿公司、清理固定资产投资项目”清查中，地区监察机关与监督部门积极协作，查处违纪案件4400余件，违纪金额6100万元；查处违控购买小汽车21辆，对违控单位罚款5万元，由财政拨给教育部门，用于学校危房改建。在清理工作中，重点查处了涉及监察对象的“官倒”案6件，对违纪者在给予经济处理的同时，给予了行政处分。

1990年，保山地区监察机关与有关部门密切配合，抽调人员参与清理“小金库”及税收、财务、物价大检查；参与对土地管理法规和矿产资源法执行情况的检查，对招工、招干、招生及大、中专毕业生分配工作进行监督检查。3—4月，全区监察机关与供销部门一起，开展了对国务院《关于化肥、农药、农膜实行专营的决定》贯彻执行情况的检查。在全区83个乡（镇）基层供销社自查的基础上，地、县（市）监察局与供销社等部门分别组成检查组，对腾冲、龙陵两县和15个乡（镇）进行了抽查。省监察厅、省供销社工作组深入到保山、腾冲两县（市）的乡（镇）进行检查，总结经验。

1992年，地区监察局先后派出工作组分别到25个边贸公司（商号）和15个边贸主管机关及执法监督部门进行调查研究。同时提出了在发展边贸服务中应坚持的五条原则和正确区分边贸企业经营中违纪与非违纪的七条界限。年内，全区监察机关开展了对劳动人事、水电、审计、财政、农业等部门招工、招干和职称考核评聘等方面执行劳动人事纪律情况的检查。对水电招工中1名招收对象制造假文凭予以取消资格；对教育、劳动人事部门的大中专招生、毕业生分配工作进行检查，将1名冒名顶替中专考试成绩为“优秀”的学生予以取消升学资格；对公安、人事部门的624名“农转非”情况进行监督；开展了税收、财务、物价三大检查和统计法规检查。

1994年，保山地区监察机关协同有关部门开展清理整顿公安、武警车辆号牌、警灯、警报器工作，查清并收缴了不符合核发范围和车辆已出售但未过户的公安汽车号牌6副，查出核发范围不清的2副，查明不符合规定而悬挂有警灯、警报器及灯饰的车辆90辆，已全部拆除。

1995年，全区各级监察机关配合有关部门进行了邮电资费收费标准执行情况、农用物资供应情况、房改政策贯彻落实情况以及大中专招生考试、毕业分配和成人高考等监督检查。

1996年，保山地区监察机关会同组织、人事、宣传等部门开展对干部职工婚丧嫁娶大操大办问题的监督检查，制定了关于严禁干部职工婚丧嫁娶大操大办的规定；配合有关部门开展征兵、招工、招干、“农转非”等热点问题的执法监察；配合计委、人事、组织、土地、工商、教育等部门审批1995年度农转非人员404户1055人；配合组织、人事部门完成全区455名以工代干人员考试录用的审批工作，对地直9个单位招进的20名公务员面试进行现场监督。

1998年，全区监察机关为保障个体工商户和私营企业的合法权益，促进私营经济的快速发展，组织了27人次分别到24个单位、18户个体工商户和私营企业，对党政机关及其工作人员是否有侵犯个体工商户和私营企业合法权益的情况进行调查了解，为省、地召开发展个体私营经济会议提供情况。全区各级监察机关积极配合有关部门，对补充公务员、征兵、升学、职称评定、救灾募捐等工作进行监督。同年，对政府系统贯彻《云南省人民政府勤政廉政“五要五不要”》等文件精神情况进行了检查。

2000年，保山地区监察机关针对“三讲”教育中群众反映强烈的领导干部利用婚丧喜庆大操大办借机敛财、驾驶公车和公车私用、参与赌博等社会热点问题进行执法监察，查处违反规定的3名领导干部。配合有关部门，对国债资金、社保资金和畜牧资金管理使用情况开展执法监察，并继续对粮食流通体制改革的情况进行了监督检查，针对有的县存在的管理不够规范的问题提出了监察建议。

2001年，保山市纪检监察机关积极配合有关部门对征兵、升学、职称评定、资格考试、大中专学生毕业分配等工作进行监督。在保山撤地建市过程中，积极配合有关部门，对政府系统干部的任免参与监督、考察，遏制用人方面的不正之风。施甸“4·10”“4·12”地震灾害发生后，市、县（区）纪检监察机关及时作出了在抗震救灾中加强监督检查的规定，对抗震救灾的各种物资、资金的分配及使用情况进行全程监督。积极配合有关部门开展环保执法、统计执法、安全生产大检查，清理整顿农村合作基金会。参与对公众聚集场所消防安全专项治理和辖区内重特大安全事故的调查处理工作。

2003年，保山市监察机关认真开展了统计执法、大中专毕业生分配、公务员招考、公共娱乐场所消防安全、市政府投资便民服务中心便民措施的落实情况等执法监察工作。同时，做好重特大安全责任事故查处工作，全年对负有安全责任的4名责任人进行了责任追究。

2004年春节前，保山市监察局配合市建设局对拖欠农民工工资问题进行清理检查，督促建设单位和包工头筹借资金支付农民工工资，责成建设单位和包工头制定清欠计划。到

10月底，全市已偿付拖欠工程款6.45万元，拖欠的农民工工资3362.47万元，对未偿付的工程款和农民工工资均签订了还款计划。

2005年，保山市监察机关配合相关部门对拖欠建设工程款及农民工工资问题开展专项检查。全市共清偿政府投资项目拖欠工程款20032.94万元，占全市政府投资项目拖欠工程款总额的75.21%。

二、专项执法监察

《中华人民共和国统计法》执行情况执法监察 1994年，全区1253个基层统计单位全部按规定开展了自查。地、县两级分别对保山、施甸2县（市）和272个单位进行了重点抽查，抽查面达21.7%，共查出统计违法行为案件、问题126件，涉及单位46个，查出的问题都作了妥当处理。1995年，对保山市及其下属5个乡（镇）进行了重点检查。经查，1994年保山市乡镇企业总产值上报为17754万元，实为17634万元，虚报产值120万元；销售总额上报为35170万元，实为34515万元，虚报655万元；收缴税金上报为1118万元，认定实收缴1136万元，瞒报18万元。农村出生人口上报为12599人，实际出生12686人，瞒报87人。

农业生产资料专营情况执法监察 1990年3—4月，保山地区监察机关与地区供销社对全区化肥、农药、农膜专营情况开展执法监察，全区1989年度共发生违反专营政策、投机倒把、贪污等违法违纪案件27起，涉及50人，其中：供销系统职工13人、村干部1人、个体户36人，各县（市）供销部门作了认真的调查处理。属供销系统违法违纪的13人中，开除公职1人、开除留用察看3人、记大过处分2人、党内严重警告处分1人，批评教育6人。村干部和个体户由工商等部门给予罚款和批评教育。1991年对全区农资专营情况进行检查，共查处违反专营政策、投机倒肥、贪污等违法违纪案件41件42人，其中：供销社系统10件17人、农科4件、乡村干部2件2人、个体户22户23人、粮食部门1件。被捕法办1人、开除公职1人、开除留用察看1人、行政记大过1人、警告1人，对其他人员分别给予罚款、没收非法所得和批评教育。

烤烟扶持资金使用情况执法监察 1991年，对全区64个发展烤烟的重点乡（镇）1990年烤烟扶持资金的使用情况进行检查，共查处违法违纪案件4件4人，其中万元以上大案2件，违法违纪金额4万余元；查出专款不专用4项，涉及金额8万余元。1992年，对全区烤烟扶持资金使用情况进行跟踪检查，对上年查出的2件违法违纪案件进行了处理，其中，1人给予党内警告和行政撤职处分，1人给予行政撤职处分。共收回违法违纪金额5545.7元。

救济款（物）发放和使用情况执法监察 1991年，对全区1990年至1991年6月的自然灾害救灾救济款物的发放和使用情况进行检查，共查处贪污挪用案3件6人，违纪金额2380元；查处专款不专用两项，涉及金额2.16万元。2005年，对2003—2004年救灾资金、物资的管理和使用情况进行专项执法监察，部门及乡（镇）自查面达100%，县（区）抽查了46个乡（镇），占全市乡（镇）总数的56%。在自查和抽查中，累计发现和整改存在问题19个。

首期滇西南农业开发项目资金管理使用情况执法监察　对全区4县（市）、18个乡（镇）第一期滇西南农业综合开发项目资金的管理、使用情况进行了检查。结果表明：资金使用管理情况基本情况是好的，基本做到开支合理、投向清楚，未发现贪污、受贿等违法违纪现象。

对《全民所有制工业企业转换经营机制条例》执行情况执法监察　通过调查了解，全区在贯彻落实《条例》中存在政府机构改革滞后、条块之间部分政策有矛盾、政府的宏观管理与企业行使自主经营权之间的矛盾时有发生、办事效率与服务不相符、少数企业领导认识跟不上等一些具体问题。

干部职工拖欠公款情况执法监察　1993年，全区共调查132个单位（机关、事业单位83个，企业49个）15830人。其中，有职工欠款的单位77个，占58.3%；欠款人数567人，占被调查人数的3.58%；拖欠公款99.5万元，拖欠公款万元以上14人。1994年，全区1064个国家机关、事业单位和国有企业，涉及干部职工88088名，全部进行了自清自查。经清理，有324个单位存在干部职工拖欠公款问题，占单位总数的30.6%。拖欠公款1919人，占干部职工总人数的2.2%。拖欠公款总额361.25万元。至1994年11月底，有262个单位的1238人归还了218.34万元。尚未收回的142.9万元，欠款人均制订了还款计划。2004年，全市自查清理单位480个，其中，领导干部拖欠公款的单位25个，占5%；拖欠公款78人，欠款金额134.47万元，已偿还金额44.98万元，未偿还金额89.49万元。领导干部批借公款3人，借款金额23.5万元，已偿还3.17万元，未偿还20.33万元。

减轻农民负担情况执法监察　1993—1996年，3次在全区开展切实减轻农民负担情况执法监察。经查，1992年保山地区农民负担金额6767万元，占上年农民纯收入的8.96%，人均33.83元，除去缴纳国家的税金，全区农民的各项负担金额3251万元，占上年农民所得纯收入4.31%，人均16.26元；1992年全区农民负担“两工”（劳动积累工和义务工）21167万个，劳均19.9个。1993年地、县（市）各部门清理出涉农收费文件项目共84个，经审核宣布取消53个，修改后继续使用31个。1996年全区农民负担总金额3951.86万元，审计查出不合理负担10万元，不合理负担“两工”2万个，查处涉及农民负担的案件8件，违纪金额9.83万元。

农副产品收购情况执法监察　组织调查组深入到甘蔗、茶叶产区和有关的金融、供销、乡村等进行了调查，发现确有一部分单位，由于各种原因，一度出现迟付甘蔗款和茶叶款的情形。经及时组织有关部门现场办公，多渠道筹集资金，基本兑现了“白条”款。

党政机关与所办经济实体脱钩情况执法监察　1993年，全区地、县（市）两级党政机关共办经济实体127户（地直37户、县市90户），参与工作的党政机关工作人员360人。按规定停办23户（地直7户、县市16户），脱钩58户（地直20户、县（市）38户），缓脱46户（地直10户、县（市）36户）；到经济实体工作工作人员，已与党政机关脱钩到企业3人，脱离经济实体回机关61人，继续在经济实体工作缓脱296人。1994年，经过进一步清理核实，保山地区党政机关所办的经济实体117户，至1994年11月底，已注销28户，脱钩19户，已停业但债权债务还不清8户，确定保留22户，由于其他原因还未处理40户。117户实体中，属“三不准机关”（党政领导机关、行政执法机关、司法机关及经济管理部门）经办35户，至11月底，已注销6户、脱钩14户、停业2户、划转2户、待处理11户。

党政机关及工作人员占用企业钱（物）执法监察 通过清理，全区共有35个党政机关和3名工作人员利用职权无偿占用42个企业资金1912128元（含个人占用6928元），已有9个单位归还182000元，3人归还6928元。

走私进口小汽车情况执法监察 截至1994年7月，全区共查出违规购买进口小汽车309辆，其中，按省政府文件规定处理的114辆，共罚款84.235万元。

粮食价格情况执法监察 1995年，对28个粮食企业进行了检查，查出高于规定价格销售粮食案件3起，非法所得2.66万元，已作处理。

烤烟生产情况执法监察 1995年，对五县（市）烤烟生产进行了检查，并对其中10个乡（镇）、3个村（办事处）进行重点抽查。当年全区下达烤烟种植任务35万亩，产量350万千克，实际完成种植面积34.25万亩，产量255.08万千克，分别完成计划的97.9%和72.9%。1998年，对当年度烤烟生产的指导性种植面积计划和指令性产量收购计划执行情况进行检查，五县（市）均未突破地区下达的种植面积和收购计划指标。

村级财务管理情况执法监察 1995年，对保山、腾冲、昌宁、施甸4县（市）、45个乡（镇）、572个行政村（办事处）的村级财务进行了清理。清理总金额为7079.7万元，清理出有违纪问题917人，涉及金额126.3万元。处理违纪案件105件109人，收回312人的各种款项计89.7万元，挽回经济损失589万元。1996年，全区清理整顿859个村（办事处），清理面达95.13%；清理资金总额19395.4万元，清理出违法违纪金额152.5万元；有违法违纪现象的村（办事处）108个，占已清理村总数的12.69%；涉及违纪人员1018人，除经济退赔外，给予相应处理的142人，其中：党纪处分2人、政纪处分24人、移送司法机关追究刑事责任的11人、辞退27人、其他处理78人。收回拖欠公款155.34万元，挽回经济损失687.92万元。

领导干部购置通信工具情况执法监察 1995年，全区共有295个党政机关、事业单位的746名干部公费安装住宅电话746部，支付费用158.11万元。其中不合规定安装279人（部）。通过清理，有139人（部）补交费用17.87万元。1997年，全区党政机关、事业单位购置使用移动电话538部。通过清理，收缴超编移动电话29部，节约开支45万元。1998年，共清理公款购置移动电话1116部，其中：符合规定451部、不符合规定665部。对不符合规定的移动电话全部作了处理，共收回资金56.34万元。通过对不符合规定移动电话的处理，每年节约话费开支239.4万元。全区清理出公款安装住宅电话1099部，其中：符合规定482部、不符合规定617部。

建筑工程项目情况执法监察 1996年，保山地区监察局与建设局、计委、工商局会同有关部门，成立了专门办公室，制定了实施方案，对建筑工程项目开展执法监察。1998年，保山地区监察机关对推行建设工程项目“双合同”（所有实行招标投标的项目在签订《工程施工合同》的同时签订《工程廉政合同》）制度情况进行执法监察，年内签订《工程廉政合同》45份，涉及投资1.45亿元。1999—2001年，全区有50万元以上的334个建设工程项目实行了公开招投标，并签订了“双合同”。对13个重点工程的质量和《廉政合同》的执行情况进行了检查，纠正了存在问题，提出了改进意见。2002—2005年，全市投资在50万元以上的772项工程项目实行了招投标，并签订了《工程廉政合同》，涉及金额262411.83万元。

扶贫资金实施情况执法监察　1997—1998年，对全区35个扶贫攻坚乡（其中省级攻坚乡22个，地级13个）1996、1997年扶贫资金的立项及资金就位和实施情况进行专项检查，未发现各种违纪违法的问题。1999年，采取自查与交叉抽查的方法，对1998年实施的16个扶贫项目、10086.4万元扶贫资金的管理使用情况进行监督检查，查处违纪案件1件1人，涉及资金7.4万元，并根据错误性质及情节，给予了党纪处分。2000年11月，对保山地区被列为云南省第三批畜牧扶贫工程示范项目县1999年以后畜牧扶贫专项资金、畜牧业扶贫贷款的管理使用情况进行了专项执法监察，未发现违法违纪行为。2001年，对2000年扶贫专项资金管理使用情况的执法监察，2000年全市共投入各类扶贫资金16232.8万元，发现4个县扶贫资金存在违纪违规问题并督促进行了整改，挤占、挪用、截留的扶贫资金8825879.87元，除已征得省同意不做归还的920130.17元外，其余7905749.7元全部归还原资金渠道；违规收取的管理费、评估费、公证费、林业规划设计费等993345.8元已全部退还；农行留存扶贫贷款利息保证金2193000元全部归还原贷款项目；未及时安排配套资金的欠拨各种资金14412005.36元，各县积极筹措资金给予配套，欠拨的全部拨付；扶贫贷款转贷户提高扶贫贷款利息问题责成2个乡政府立即纠正。2002年，共检查扶贫项目31项，涉及专项扶贫资金3492.72万元。结果显示，保山市扶贫资金管理已逐步走向规范化、制度化，没有发现违法违纪行为，资金使用效益良好。

环境保护情况执法监察　1998年，做好取缔和关停15种污染严重企业的检查核实工作。全区未增加和核查出新的“15小”企业。已决定关停的6家“15小”企业中，已关闭2家、转产3家、停产1家。

粮食流通体制改革执法监察　1999年，经检查后，报经保山地区行署同意，处理陈化粮5320万千克。对粮油市场进行了整顿，取缔无证经营户111户，查扣粮食223.6万吨，罚款3.6万元，没收粮食25.7万千克。2000年，全区共查处违法收购、贩运粮食案件40起40人，查获粮食227吨，罚款金额2.8万元；查处仓库违法案1件，涉案人员1人，粮食22375千克，折合人民币28740元。2001年，全市共清查204个库、点，452幢仓库，1713个货摊位。经查，统计账面库存粮食15178吨，清查实际数比账面统计数少501吨，误差率0.33%。经省复查组抽查，最大误差未超过3%，最小误差为0.1%，均在允许误差范围之内，基本做到了账账相符、账粮相符。

公安收费情况执法监察　2000年10月，对全区公安收费情况进行专项检查。采取下查一级、重点抽查的办法，共抽查21个公安收费单位，县（市）抽查面达100%。共检查收费项目30项，其中：违规收费项目10项、违纪金额23万元，责成各县(市)公安部门及时作了纠正。

预算外资金管理情况执法监察 1995年保山地区监察机关配合有关部门继续治理乱收费和对行政事业性收费实行“收支两条线”管理，共清理出乱收费金额86095元，均已作处理；清理出“小金库”69个，金额141万元，已开支96.1万元。1996—1998年，清理预算外资金纳入财政专户储存和纳入预算管理项目327个，金额5327.8万元；清理出违纪金额6388.9万元，受党政纪处分8人，对有违纪问题的187个单位作了处理；查处私设“小金库”案件2件99.9万元。1999年全面开展清理银行账户、清理收费项目、审核收费标准的工作，全区初步建立了预算内、外资金统一安排、统筹使用的新机制；全区预算外资金纳入财政专户管理的单位505户，已纳入407户，“收支两条线”纳入专户管理面已达81%。2000年开展“收支两条线”工作专项监察，清理收费项目1496项，撤销地、县(市)出台的收费项目29项；清理各类票据13种，废止各种票据16种；清理行政事业单位银行账户2984个，撤销违规账户813个，撤销收入过渡户296个，撤销其他各类账户1440个；对190个单位586个收费项目实行了“收缴分离”(即委托银行代收)，收入各类收费3643万元，占整个预算外资金财政专户总额7150万元的50.9%。全区从1997年至2000年9月底，共筹集政府统筹金3166万元，为平衡财政预算和解决社会“热点”“重点”问题起到了积极的作用。2001年全市共清理行政事业单位1424个，清理银行账户3319个，经审查，保留账户2341个，建议取消账户978个，行政事业单位银行账户过多过滥及私设“小金库”等问题得到有效遏制。2005年对行政事业单位罚没收入全部实行“收支两条线”、罚没收入由银行代收、乡(镇)财务实行“零户统管”、村级财务实行“村账乡管”进行清查，政府采购制度、公务接待制度、公车使用管理制度等进一步得到落实。

国债资金使用情况执法监察 2000年，对部分国债资金投资的重点行业及重大建设项目进行重点监督检查。全区共实施国债资金项目10项，项目总投资37784.12万元。检查未发现贪污、挪用、挤占国债资金的现象。2001年，分两次对全市国债资金管理使用情况进行重点检查。对存在的问题进行了逐一整改，限期完成，并书面上报整改情况。2002年，对国债资金管理使用情况监督检查。保山市2001—2002年使用国债资金投资项目11项228件工程，总投资74571.5万元，其中国债资金25250.86万元。2003年，对国债资金、“四项社保资金”和扶贫资金使用情况进行了监督检查。全市19680.16万元国债资金、14000万元“四项”社保资金、1566.94万元扶贫项目资金均做到专款专用、专户储存，投向合理，没有发现挤占、挪用、截留、贪污等违法违纪行为。

“四项社保资金”管理使用情况执法监察 2000年，保山地区监察局将国有企业下岗职工基本生活保障资金、失业保险基金、基本养老保险基金和城市居民最低生活保障基金等“四项社保资金”管理使用情况列入年度专项执法监察重点项目之一，通过自查和检查，未发现违法违纪行为。2001年8月，接受了云南省“四项资金”检查组的重点检查。全市共抽调24个部门的56人参加自查和抽查，涉及金额26299.2万元，提出意见和建议24条。

通过检查，没有发现挤占、挪用、截留、贪污“四项资金”的违法违纪问题。2002年，保山市所辖五县（区）及市直有关部门对2001年7月至2002年9月“四项社保资金”的管理使用情况进行了自查自纠。

“油路到县”建设工程项目情况执法监察　2002年5月，对全市范围内涉及三条油路建设工程进行了专项检查，对资金拨付、管理和使用，以及工程质量进行重点检查。

行政审批制度改革情况执法监察　2002年，全市已清理行政审批事项1760项，其中：取消390项，保留1181项，下放142项，简化16项，备案31项。通过规范行政审批，提高了工作效率，减少了可能发生的腐败行为。

《云南省公务员八条禁令》执行情况执法监察　2003年5月，对《云南省公务员八条禁令》执行情况开展专项监察。年内，查处违反《云南省公务员八条禁令》的案件5件12人。其中：开除党籍3人、撤销党内职务和行政职务1人、行政警告处分2人、批评教育3人。

经营性土地使用权招标拍卖挂牌出让情况执法监察　2003年，对经营性土地使用权招标拍卖、挂牌出让工作开展专项检查。2001年4月至2003年11月，全市共出让经营性用地1462宗，面积368公顷，收取价款41320.8万元。2004年，在各县（区）自查基础上，市级组织了重点检查，没有发现在经营性土地使用权出让中规避招标拍卖挂牌出让或仍采取协议出让、假招标、陪标、串标等弄虚作假、徇私舞弊的问题。

征用农民集体所有土地补偿费管理使用情况执法监察　2004年，对全市征用农民集体所有土地补偿费管理使用情况进行了专项检查。全市82个乡（镇）对1999年1月至2004年6月经国务院和省级人民政府批准的征用土地方案中确定的征用农民集体所有土地的土地补偿费、安置补助费、地上附着物和青苗补偿费的管理使用情况进行了自查自纠，自查率为100%。在自查的基础上，市级重点抽查了五县（区）及所辖的9个乡（镇）。

财政专项资金使用情况执法监察　2004年，对2003—2004年上半年的财政专项资金管理使用情况进行全面的专项检查。检查结果表明，保山市财政专项资金管理和使用情况总体是好的，但由于保山市财政困难，资金调度紧张，市、县（区）不同程度地存在着财政专项资金滞留、挤占现象，重争取资金项目、轻管理的现象在各部门、各领域普遍存在，财政专项资金使用和管理现状不容乐观，各县（区）财政都不同程度地存在着财政专项资金滞留、挤占挪用等问题。截至2004年6月底，全市滞留2003年度财政专项资金2744万元，其中：滞留中央、省专项资金2590万元，滞留市级专项资金154万元。根据存在问题，检查组对相关单位提出了整改的措施和建议。

整顿和规范市场经济秩序执法监察　2004年，通过整治，理清了全市汽车市场现状，掌握了汽车市场的基本情况。全市共有汽车销售市场6个，汽车维修户960户，从业人员2676人；汽车配件销售户39户。

重大安全事故责任追究情况执法监察　2003年10月，对保山市2001—2003年特大生产安全事故责任追究落实情况进行专项执法监察。2001年以后，全市发生的46起统计内生产事故和2003年3月7日发生的统计外一次死亡3人重大事故，各级政府都按安全生产有关法律法规规定作了处理。

《中华人民共和国行政许可法》贯彻执行情况执法监察 2005年，对五县（区）及省属驻保的25个单位进行了重点抽查，未发现《中华人民共和国行政许可法》实施以来违法违纪操作的情况。

农村税费改革转移支付资金管理使用情况执法监察 2005年，对各县（区）2004年度农村税费改革转移支付资金的分配使用和监督管理情况进行专项检查。全市农村税费改革转移支付资金7638万元，2004年降低农业税税率及取消除烟叶外的农业特产税转移支付补助6018万元，已全部支付，未发现贪污挪用等违法违纪情况。

第六章 组织建设

第一节 工作机构

1978年，中共保山地委组织部为前一时期的延续。1978年后，地委组织部逐步建立健全了内部机构，先后设立秘书科、组织科、干部科等，并根据当时工作需要，增设教育办公室、落实知识分子政策办公室和干审科等临时机构。

1995年3月，地委组织部内设办公室（同时挂政策研究室牌子）、干部一科、干部二科（同时挂干审科、干教知工办牌子）、组织科和党员电化教育中心5个科室（中心）。1996年11月，干审科单设。

2001年7月，保山撤地设市，地委组织部更名为中共保山市委组织部。在2005年机构改革中，市委组织部内设办公室、研究室（政策法规科）、组织科、干部一科、干部二科（参照管理办公室、下派干部管理办公室）、干部教育科（干部考试测评中心）、干部监督科、党员电化教育中心、信息中心、人才工作科（市人才领导小组办公室、知识分子工作办公室）10个科室（中心）；总编制39名，其中：行政编制24名，行使行政职能的事业编制12名，机关工勤人员编制3名；设部长1名，常务副部长1名，副部长3名（兼任人事局长1名），副处级组织员3名，科级领导职数20名。

第二节 党员队伍建设

“文化大革命”结束后，保山全区有10492个案件要求平反落实。1978年8月末，复查落实9204件，占总数的87.72%。9月，保山地委批转了地委落实政策办公室《关于落实政策中专案审查复查结案材料处理的意见》。至中共十一届三中全会后，地委和各级党委通过“揭、批、查”运动中，清理江青反革命集团在保山的帮派骨干和与之有牵连的人和事，对各级领导班子进行调整整顿。根据党员、干部、群众揭发和组织核查，全区定性处理1142人，其中，开除党籍、开除公职及给予各种党纪、政纪处分582人，其他处理560人。

1979年3月，地委做出《关于对保山地区若干历史遗留问题的处理决定》，对“文化大革命”遗留的一些重要问题做出了决定。同年，地委对全区党员、干部进行分期分批轮训，共培训党员43686人，占全区党员的83.61%。其中：地委党校培训536人，各县委党校培训10695人，公社党委培训38395人。

1983年，保山地区进行了以做一个合格的共产党员为中心内容的党员教育培训工作，共聘请和培训党课教员921人，其中地直机关104人。经过地、县委党校培训党员干部586人，兼职教员中有606人上了党课，共讲课1121次，80%的县(区)党委领导亲自上党课，全区共培训党员41799人，占全区党员总数的73.53%，培训非党干部3361人。1985年5月至1987年4月，根据《中共中央关于整党的决定》，全区分3批3个阶段进行整党。通过对照检查和党员登记，全区予以登记党员59109人，占参加整党人数的98.45%；开除党籍和不予登记414人，占0.69%；留党察看和暂缓登记463人，占0.77%。此外，撤职及以下处分492人，占0.82%。全区受各种党纪处分的党员共1369人，占参加整党党员总数的2.28%。

1986年后，全区各级党组织继续按照“积极慎重”的建党方针，坚持按照党章规定的党员标准，有计划地重点在知识分子和工、农、商等第一线的生产骨干中发展党员，特别注意在中青年知识分子和青年骨干中发展党员，使党员的年龄结构明显改善，文化素质大幅度提高。1987年年末，全区45岁以下的中青年党员、具有高中以上文化程度的党员、少数民族党员和女党员分别占党员总数的47.28%、10.71%、8.33%和11.79%，其中25岁以下的青年党员和具有高中以上文化程度的党员所占比例分别比1980年提高1.43%和7.49%。

1988—1990年，地委组织部按照“坚持标准，改善结构，提高素质”的方针，注意在党政机关、大中专院校、工矿企业中的中青年知识分子和农村优秀青年中发展党员。3年共发展新党员2800多人，提高和改善了全区党员队伍的整体素质及年龄、文化结构。1990年年末，全区党员发展到65161人，其中，女党员7801人，少数民族党员5510人，45岁以下中青年党员28746人，具有高中以上文化的党员8520人；农村党员47011人，产业工人党员2346人，其他行业党员15804人。

1990年，地委提出《关于加强农村党支部建设的意见》，对加强农村党支部建设提出了明确的指示。1991年，地委《关于加强以党支部为核心的村级组织配套建设的意见》指出，加强党支部建设重点是配好“一班人”，选好“一把手”；实施目标管理，健全十项制度(党员目标管理制度、民主评议党员制度、“三会一课”制度、民主生活会制度、创先争优制度、党员联系户制度、党支部按期改选制度、党支部工作检查制度、培训党员制度和党支部任期目标责任制度)。1994年，地委《关于进一步加强基层党组织建设的意见》提出，要充分发挥农村基层党组织的核心领导作用、国有和集体企业党组织的政治核心作用、事业单位基层党组织在经济建设与发展社会事业中的核心和保证作用及机关基层党组织的协助与监督作用；要抓好支部领导班子建设，关键是培养和选配好党支部书记，对软弱涣散的班子要及时进行整顿，重点搞好班子的思想作风建设。同时对抓好党员发展、党员教育、党员管理、充分发挥党员的先锋模范作用、加强乡（镇）党校和业余党校建设等都作了明确要求。

1995年4月，地委下发《关于加强农村基层组织建设若干问题的意见》，提出了农村基层组织建设的各项目标：建设一个好的领导班子，尤其要有一个好的书记；培养锻炼一支好的队伍；选准一条发展经济的好路子；完善一个好的经营体制；健全一套好的管理制度。至2000年，地委及各县（市）委先后分两期派出6批农村基层组织建设工作队，分赴全区各行政村，落实农村基层组织建设“五个好”的目标。

2001年，地委下达《关于在农村开展“三个代表”重要思想学习教育活动的实施意见》，在全区县（区）部门、乡（镇）、村领导班子和基层干部中开展历时2年的“三个代表”重要思想教育活动。2002年，根据市委组织部《关于加强城市社区党的建设工作的意见》，全市5个县（区）的22个社区党组织组建完毕，使党的建设与社区建设同步考虑、同步安排、同步组织实施。2003年，市委批转市委组织部《关于调整和理顺市级机关及部门（单位）党组织关系有关问题的请示》。经调整，保留市级机关和部门党组39个，并明确了市级机关和部门党组、党委成员职数设置。

2004年4月，市委《关于组织实施“云岭先锋”工程的意见》指出：要用5年的时间在全市全面组织实施“云岭先锋”工程，使基层党组织做到领导班子好、队伍素质好、制度建设好、工作业绩好、群众反映好，党员做到带头学习讲政治、带头干事谋发展、带头创新建佳绩、带头服务比奉献、带头自律树形象，即“五好五带头”，切实加强党员队伍建设。

2005年年末，全市共有党委170个，其中：市、县（区）党委6个，乡（镇）党委70个，其他党委94个，党组66个；党的基层组织有总支208个，支部2867个；共有党员95566人，其中，高中以上文化程度的党员有8757人，占9.16%，妇女党员有16388人，占17.15%。

第三节　思想作风建设

1978年2月，保山地委召开常委扩大会议，部署整党整风、整顿领导班子的工作，并于3月开始对地直机关部委办局处级干部进行整风。1984年11月，地委组织开展了党风大检查。

1985年5月至1987年4月，根据党的“十二大”精神和《中共中央关于整党的决定》，全区地、县两级进行第二期整党，参加整党的单位是五县（市）党委、人大、政府、政协、纪委5套班子和县（市）直部委办局及其所属部分二级单位共289个，其中：党委18个，党组66个，党总支46个，党支部296个；参加整党的党员3934人。基本达到了统一思想，整顿作风，加强纪律，增强党性，纯洁组织的目的。

1992年3月，中央印发邓小平视察南方重要谈话后，地委对学习贯彻邓小平视察南方重要谈话作了统一部署，结合学习，组织了全区解放思想的大讨论。

1995年10月，为深入贯彻党的十四届五中全会和省第六次党代会精神，地委作出了《关于深入贯彻“两会”精神开展“解放思想、加快发展”大讨论的决定》。这次大讨论，紧紧围绕加快发展这一主题，清除障碍生产力发展的思想观念，深入讨论地区、县(市)、乡(镇)加快发展的基本思路、工作重点和突破口，以思想大解放推动经济和社会事业大发展。

1999年2月，地委发出《关于在县级以上领导班子、领导干部中深入开展以“讲学习、讲政治、讲正气”为主要内容的党性党风教育的通知》，全区共121个县级以上领导班子、589名领导干部参加了“三讲”集中教育。征求到对地级、县(市)级和地直单位领导班子、领导干部的意见建议共7万余条，各级领导班子在“三讲”中坚持边整边改，并在“三讲”回头看活动中对整改方案和整改措施的落实情况进行自查自看，巩固和扩大“三讲”教育成果。

2000年9月，地委提出《关于贯彻落实江泽民同志“三个代表”重要思想的意见》，对全区各级党组织和广大党员深入学习和努力实践“三个代表”重要思想作了全面部署。通过深入学习贯彻“三个代表”重要思想，全面推进党的思想、组织、作风建设，努力提高党的执政能力和领导水平，加快全区改革开放和社会主义现代化建设。

2002年2月，市委下发《关于加强和改进党的作风建设的意见》，要求领导干部在加强和改进党的作风建设上当楷模，带头身体力行，特别是各级党政“一把手”一定要以身作则，从自己做起。6—8月，市委在县处级以上领导班子和领导干部中开展团结干事思想教育活动，进一步解决了领导班子和领导干部在思想作风、领导作风及工作作风方面存在的突出问题，增强了领导班子的创造力、凝聚力和战斗力。

2003年，市委制发《关于在全市兴起学习贯彻“三个代表”重要思想新高潮的实施意见》，市委理论学习中心组参加学习的市级领导92人次，县(区)、市直各单位理论中心组组织专题学习136次，参加学习的县处级干部240人次。

2004年，市委制发《中共保山市委关于组织实施“云岭先锋”工程的意见》，决定用5年左右时间在全市县直以上机关推进云岭先锋工程，深入开展“立党为公、执政为民”创先争优活动。要求把开展民主评议党员、民主测评机关党员领导干部和社会评议机关作风作为活动的重要措施，并同时要求在坚持和完善已有的“三会一课”、双重组织生活、目标管理的制度的基础上，重点坚持、完善和推行学习制度、民主科学决策制度、党员领导干部联系群众制度、公开承诺制度、首问首办制度和责任追究制度等六项制度。

2005年，市委召开“云岭先锋”工程现场推进会，总结2004年“云岭先锋”工程中开展的“党员先锋岗”“服务承诺制”“首问首办责任制”等有效的活动形式。年内组成5个调研组，对五县(区)党政领导班子及其成员，尤其是党政“一把手”在政治建设、思想作风建设、纪律建设和工作绩效等4个方面进行考核。就78名考核对象各自所在的县(区)内开展广泛地征求意见和个别谈话，形成《县（区）党政“一把手”及领导班子成员思想作风调查报告》上报省委组织部，并形成各县（区）党政领导班子思想作风状况综合调研报告、党政“一把手”个人考察材料。

第四节　干部培养选拔

中共十一届三中全会后，保山地、县两级党委开始按照“任人唯贤”的干部路线和“德才兼备”的干部标准，在充分发挥老干部的骨干作用的同时，大胆培养和提拔使用中青年干部，建立地、县两级后备干部（第三梯队）制度，并采取切实措施进行培养锻炼。1979年5月，遵照中央、省委关于调干支援西藏的指示，全区选拔抽调11名党政干部到西藏昌都地区帮助工作，接受锻炼。1980年9月完成任务后，分批调回，大多提拔到县级以上党政机关和企事业单位担任领导职务。

1983年，在全区地、县党政机关改革中，地委和各县委按照中央干部队伍革命化、年轻化、知识化、专业化的“四化”方针和领导班子要精干的要求，经过群众民主推荐，组织部门慎重考察，地、县党委集体研究决定，报上级党委批准，重新组成地、县党政领导班子和地、县直各部门领导班子。

1990年4月，保山地区五县（市）83个乡（镇）的换届选举工作结束后，一大批德才兼备、年富力强的干部进入了领导班子。新一届领导班子中，县委常委43人，大专以上学历占39.53%，50岁以下的占79%，平均年龄45.3岁；县级人大常委会领导班子成员21人，大专以上学历占42.86%，36～55岁的占76.19%；县级政府领导班子成员31人，大专以上学历占64.52%，36～55岁的占76.19%；法院、检察院“两长”10人，50岁以下8人。

1994年12月，作为全省机构改革工作的试点，保山地区圆满完成机构改革工作任务。改革后，新配县处级党政“一把手”21名，调整面占总数的25%；全区新提拔县处级领导干部199人，其中40岁以下151人，占76%。全区共交流干部196人，其中：地、县（市）交流9人，县（市）、乡交流38人，部门间交流149人。新提拔妇女干部39人，其中县处级8人，增加50%。新提拔非中共党员干部34人，少数民族干部47人。全区各级领导班子整体素质得到提高，结构进一步趋于合理。

1998年2月，全区四县一市领导班子相继届满换届。换届后与换届前相比，五县（市）党委班子成员平均年龄40.8岁，下降3.7岁；政府班子成员平均40.5岁，下降5.4岁；大专以上文化程度109人，增加23.4%；少数民族干部29人，增加13.8%；非中共党员干部18人，增加5.6%。结合县级换届，地委对地直单位领导班子做了相应调整，新提拔县处级干部84人，其中：35岁以下10人，36～40岁33人，41～45岁19人。大专以上文化程度63人，进一步推进了全区领导干部的年轻化、知识化。

2001年7月，保山撤地设市。根据省委、省政府批准的撤地设市总体实施方案，先后召开了保山市首届党代会、人代会、政协会，选举产生了中共保山市委、市人大、市政府、市政协、市纪委领导班子和市人民法院院长、市人民检察院检察长。新当选的市级领导干部32名，其中：妇女干部5人、少数民族干部8人、非中共党员干部5人，平均年龄49.75岁；大专以上文化程度28人。市级领导班子的年龄结构、知识结构及少数民族、妇女干部的比例更趋于合理，既保持了班子的相对稳定，又注入了新生力量，增强了班子的活力。

2003年，保山市各县（区）党委、人大、政府、政协、纪委和法院、检察院领导班子相继任期届满，进行换届。换届后县（区）党委常委54人中，大专以上文化54人，占100%；少数民族4人，占7.14%；妇女7人，占12.96%；平均年龄40岁。同年，在市直42个单位召开了47次民主推荐干部大会，共推荐出县处级干部人选256名。全市共对103个处级职位实行差额考察，对118名县处级领导干部考察对象进行了预告，对89名处级、335名科级和571名科级以下干部进行公示，对46名处级领导干部实行了试用制，按照“公开、平等、竞争、择优”的原则公开选拔10名副处级领导干部，在市直参公管理的11个部门推行科级干部竞争上岗。

2005年，全市选拔一批优秀年轻干部充实市直部门和县（区）领导班子。共任免9批次115名干部。在新提拔的30名实职处级领导干部中，35岁以下4人，36～40岁7人，41～45岁14人，46～50岁4人，51岁以上1人；少数民族3名，妇女6名，党外干部3名；大专学历9名，大学学历20名，在职研究生1名。年末，全市共有县处级领导干部468人，其中：女干部63人，占13.5%；少数民族干部62人，占13.2%；非中共党员干部31人，占6.6%；大专以上学历444人，占94.9%；35岁以下12人，占2.7%；45岁以下271人，占57.9%。平均年龄44.77岁。全市正处级领导干部中有妇女干部15人，少数民族干部22人，非党干部4人。

第五节　干部管理

1978年后，一些因“文化大革命”而中断的机构和制度得到逐步恢复。1980年，保山地区各县恢复了人民代表大会制度。1981年，各县召开县人民代表大会，成立县人民代表大会常务委员会以后，实行由县委提名、县人大常委会任免政府部门领导干部的制度；县委部门的领导干部仍由各县县委批准任命。

1984年，遵照中央和省委关于改革干部管理体制的指示和中央组织部《关于改革干部管理体制若干问题的规定》，地委按照改革干部管理体制要“管少、管好、管活”的原则，决定将原管理的区、科级干部下放到各县（市）及地直各部门管理。各县（市）委书记、县（市）长推荐候选人，仍报省委组织部审查同意后方进行选举和任命；地委组织部正副部长、行署人事局正副局长、监察局正副局长，须分别报省委组织部、省人事厅、省监察厅同意后由地委、行署任免；地级干部则由省委直接管理。

1985年以后，随着各项改革的不断深入，保山地委按照中央提出的干部队伍要“革命化、年轻化、知识化、专业化”的方针，对各级领导班子多次进行较大调整；并遵循中央《关于建立老干部退休制度的决定》和《关于调整不胜任现职领导干部职务几个问题的通知》，妥善安排一批年老体弱的领导干部退居二线，并对一些不胜任现职的领导干部进行了职务调整。

1990年，地委下发《关于认真贯彻中共中央〈关于县以上党和国家机关党员领导干部民主生活会的若干规定〉的通知》，要求县（市）及地直党政机关党的委员会委员、党组成员，地、县（市）纪委常委，地、县（市）人大、政府、政协的党组成员，都必须按中央的规定参加民主生活会，不是党委（党组）成员的副处级以上党员领导干部也要参加党委（党组）的民主生活会。并按照中央“一级抓一级”责任制的要求，对全区党员领导干部民主生活会的管理职责作出明确划分。

1991年2月，地委发出《关于建立领导干部谈话制度的通知》，决定从1991年起建立领导干部谈话制度，并建立分级负责的领导干部谈话责任制。11月，地委《关于进一步加强党风和廉政建设的意见》指出，在当前和今后一个时期，党风和廉政建设要突出经济建设为中心，为经济的发展清障护航。

1993年4月，地委下发《关于加强新形势下党风廉政建设的意见》，10月，地委制定《关于开展反腐败斗争的实施意见》。要求全区各级党委、政府要把反腐败斗争作为全面贯彻党的基本路线，加强党的建设和政权建设的重要工作认真抓好，抓出成效。

1994年，地委、行署制定了《保山地区实施国家公务员制度实施意见》及其实施细则，地直各单位及各县（市）按照实施公务员制度范围的规定认真实施。

1995年，地委发出《关于抓紧培养和选拔优秀年轻干部，加强领导班子建设的通知》，明确培养和选拔优秀年轻干部的目标要求及让优秀年轻干部脱颖而出的措施。要求各级党组织每年都要结合年终工作总结，对培养选拔年轻干部、全面提高现有领导干部素质的工作情况进行一次全面检查，认真总结经验，并向地委写出专题报告。

2002年，制定实施了《保山市党政领导干部交流工作实施办法》，当年全市共交流县处级干部59人，其中：县（区）间交流31人，市直与县（区）间交流28人。五县（区）党政一把手、纪委书记、组织部长、公检法“三长”交流面达100%。7月，中央颁布《干部任用条例》以后，市委先后制定了《中共保山市委关于市、县（区）党委集体讨论干部实行票决制的通知》《关于进一步做好培养选拔少数民族干部工作等六个意见和办法的通知》《关于保山市党政领导干部选拔任用工作责任制（试行）》《关于执行〈地、州（市）党委全委会任用、推荐县（市、区）党政正职投票表决暂行办法〉的通知》等文件，重新修订市管干部任免工作程序、县处级领导干部任前公示制度、党政领导干部任职试用期制度、党政领导干部选拔任用工作责任制、干部选拔任用工作监督责任制、干部选拔任用工作考核办法、实行差额考察制度、考察预告制度等，全面落实干部群众对市管干部选拔任用的知情权、参与权、表达权和监督权，对干部选拔、任用、监督、管理做出了有益的探索。

2003年，市委参照《党政领导干部选拔任用工作条例》《国家公务员暂行规定》的有关规定，制定了《保山市市直党政机关、事业单位科级干部管理办法（暂行）》。在明确科级干部的任职条件和资格的同时，规定科级职位空缺，原则上应采取竞争上岗的方式补充，竞争上岗方案事先应按干部管理权限分别报市委组织部、市人事局审批；在科级干部的任职前，应将单位领导科级干部配备情况和拟任人选的条件和资格按干部管理权限分别报市委组织部、市人事局审核；科级干部的管理实行轮岗制度及辞职、降职和选优汰劣制度等；并重申了选拔任用科级领导干部纪律。

2004年，市委制定了《保山市党政机关竞争上岗工作实施办法》，把竞争上岗的程序和方法分为制定并公布实施方案、报名和资格审查、笔试和面试、民主测评和组织考察、讨论决定和任职六个环节。同时，先后制定了《保山市乡（镇）党委书记、乡（镇）长任免管理办法》《保山市科级党政领导干部破格、越级提拔任用办法》《保山市乡科级非领导职务管理办法》等规定，有效地规范了科级干部的选拔任用和管理。

2005年，市委制定下发《关于中共保山市委管理的干部任免工作程序的意见》等10个意见和实施办法。修改完善领导干部任职试用期制度、任前公示制度。制定出台了宣传、统战、政法部门协助管理干部的三个意见，进一步理顺和明确三部门协助管理干部的体制。年内组织实施2004年度1030名市管干部的考核工作。报经市常务会讨论确定，评定为“优秀”等次的领导干部93人，挂职干部评定为“优秀”等次的7人（不占职数），“称职”等次的领导干部925人，“基本称职”等次的领导干部1人，“不称职”等次的领导干部4人。

第六节　组织史编纂

1978—2005年间，保山市共开展过两轮组织史的编修。第一轮编修工作从1986年8月开始，1992年完成；第二轮编修从2004年开始，2005年完成。各县（区）亦相应开展了此项工作。

1986年8月，由保山地委组织部牵头，地委党史办、地区档案馆参加，成立保山地委组织史资料编纂工作领导小组。9月8—10日，地委组织史资料编纂工作领导小组和地委党史办联合召开全区组织史资料编纂工作会议，安排部署全区地、县两级组织史编纂工作。会后，地、县（市）组织史编纂办公室即抽调人员正式组建并开始工作。

1992年7月，由中共保山地委组织部编，云南民族出版社出版的《中国共产党云南省保山地区组织史资料　云南省保山地区政权系统　军事系统　统战系统　群团系统组织史资料》（1939.03—1987.10）正式出版发行。全书52.3万字，上限自民国28年（1939）春保山境内开始有中共党员活动时起，下限至1987年10月中国共产党第十三次全国代表大会召开时止。收录范围：按照中央组织部关于“本级为主，下延一级”的规定，收录相应的组织机构及其领导人名录。临时机构和虚设机构不收录。2005年9月，由中共保山市委组织部编，德宏民族出版社出版的《中国共产党云南省保山市组织史资料》（1987.10—2003.12，第二卷）正式出版发行。全书94万字，时间上限从1987年10月起，下限至2003

年12月。收录范围与中共云南省组织史续编资料收录范围相对应，即按照中央组织部关于“本级为主，下延一级”的规定，收录相应的组织机构及其领导人名录。临时机构和虚设机构不收录。该资料按党、政、军队、统、群、企事业系统分别编纂，合编为一卷本。卷号以首编资料为第一卷，这本为第二卷。

1990年之后，各县（市、区）编纂的《组织史资料　政权系统　军事系统　统战系统　群团系统组织史资料》，相继出版。

第七章　宣传教育

第一节　工作机构

1978—1982年，保山地委宣传部共有编制15人，设置宣传科、理论科2个科室，其间无正职，由副职主持工作；昌宁县、腾冲县委宣传部内设宣传股、理论股、秘书股3个股室。其他县委宣传部不设股室；全区98个公社中有61个配备了专兼职宣传干事。1983年机构改革，地委宣传部设置宣传科、理论科、文化教育科、办公室等4个科室，编制增至28人，其中：部领导3人（1正2副），科级干部5人，一般干部20人；各县县委宣传部分别设置宣传股、理论股、人事秘书股、文教股等4个科室。

1987年10月，地委讲师团作为事业单位挂靠地委宣传部。

1989年，保山地委研究决定创办的《活水》（季刊），由地委宣传部承办，理论科代办，无岗位编制。

1990年，增设干部科；增设《活水》编辑室，确定事业编制2人。

1995年，进一步调整职能配置，共有行政编制21人，事业编制7人；设置8个科室：办公室、宣传科、理论科、干部科、文明办、文教科、讲师团（事业5人）、《活水》编辑部（事业2人）。

1997年7月，地区精神文明建设指导委员会成立，下设办公室在地委宣传部，称文明办。不独立建制，由地委宣传部代管，性质为行政事业单位，编制数为6人，级别为副处级，内设活动科、调研科2个正科级科室。

1998年，保山地区新闻宣传中心成立，挂靠地委宣传部。性质为事业单位，编制数为10人，级别为副处级，内设办公室、采访部、制作部3个正科级科室。

2001年7月，保山撤地设市，中共保山地委宣传部更名为中共保山市委宣传部。文明办作为保山市委宣传部的一个科室。在随后的机构改革中，内设办公室、宣传科、文明办、理论科、干部科、文化教育科6个科室；有行政编制13人，行使行政职能的事业编制4人，机关工勤人员编制2人；设部长1名，副部长2名，科级领导职数7名。所属事业单位有市委讲师团、《保山宣传手册》(《活水》更名)编辑室的机构和人员编制不变。

2003年5月，为适应对外宣传工作不断发展的需要，经市委、市政府研究决定，成立中共保山市委对外宣传办公室、保山市人民政府新闻办公室，暂不定级别，实行两块牌子一套人员，归口市委宣传部管理，核定具有行政职能事业编制4人，其中：设专职主任一名，工作人员3名。次年，腾冲、龙陵、昌宁县(区)委宣传部先后成立了县委对外宣传办公室、县政府新闻办公室，配备主任一名，工作人员2至3名。

2005年，市委决定，市委宣传部设一名正处级职务的常务副部长，明确市文明办、市文产办、市外宣办为副处级的常设机构，并于4月底任命了常务副部长和市文明办主任。

第二节　干部理论教育培训

1991年起，保山市干部理论教育以各级党校为基地，先后开展了马克思主义哲学和社会主义理论、党史党建理论、农村社会主义思想教育、党的基本理论、基本路线和基本知识、现代科技知识和社会主义市场经济理论、中国特色社会主义理论、邓小平理论、十五大精神、十六大精神和“三个代表”重要思想的专题教育和培训班。

1991—1995年，地委宣传部、组织部、机关党委和党校共同举办培训班5期，培训县处级干部和乡科级干部860多人，举办骨干培训班2期，培训理论骨干260多人。

1996—2005年，市委宣传部联合组织部等部门，先后举办各类理论培训班、研讨班38期，参加学习培训的市级领导280多人次，县处级干部4100多人次；邀请省以上专家举办专题报告会29场次，听取报告会的干部15000多人次，各级干部的理论水平、运用理论指导实践的能力有较大提高。全市广大干部结合学习和工作实际，积极撰写理论文章，仅“十五”期间，各级领导干部和理论工作者在省级以上报刊发表理论学习心得体会文章190多篇，广大党员干部的理论素养有较大提高。2005年，举办处级领导干部理论培训班2期，共465名处级干部参加了学习培训。10月，市委召开常委会议，集中学习十六届五中全会精神，及时下发《中共保山市委办公室关于认真学习贯彻党的十六届五中全会精神的通知》。全市各级党组织按照市委要求，积极组织全体党员干部集中学习会议精神。全市召开学习贯彻会议精神的会议80多场次，举办座谈、讨论等活动18场次，举办基层党员、干部培训班200期，参加培训党员、干部10多万人次，宣讲“三个代表”重要思想和十六届三中、四中全会精神近100场，受众达5万人。

第三节　舆论引导

一、阶段性宣传

1991—1995年，保山地区重点组织开展了形势教育、农村社会主义教育、加强农业和农村工作、科教兴保、学习《邓小平文选》、中国特色社会主义理论、解放思想大讨论等重要宣传活动。

1995—2000年，开展解放思想、加快发展、深入学习贯彻邓小平理论和党的十五大精神、迎接香港回归和澳门回归、迎'99世博会、弘扬保山精神、揭批邪教等宣传活动。

2000—2005年，开展深入学习贯彻十六大精神和"三个代表"重要思想、"两思"教育、改革开放20年成就、新中国成立50周年成就、民族文化建设、"三讲"教育、文化体制改革和文化产业发展、学习《江泽民文选》等一系列重要宣传活动。

二、专题宣传

1991年6—8月，由地委组织部、宣传部牵头，地委党校，文化局等单位参与，地委党史征研室具体承办《先锋队的足迹——献给中国共产党建党七十周年》大型党史图片展览。在保山城展出后至四县巡回展出，全区机关干部、工人、学生、农民及驻保军人共2万多人次观看了展览。

1994年，为纪念滇西抗战胜利暨世界反法西斯战争胜利50周年，举办了"第二次世界大战中缅战场国际学术讨论会"，来自海内外的专家、学者、新闻记者和抗战老兵60多人参加会议，滇西抗战走出历史的尘封，逐步为世人所知。

1998年，举办"辉煌历程——保山地区改革开放20年成就"图片展览。

1999年，市委组织"保山精神"巡回演讲团，在全区巡回报告9场，听众2.8万人，"团结创新、拼搏争先、迎难而上、负重图强"的"保山精神"极大地鼓舞了全区干部群众。同年，举办"保山地区50年成就图片展览"，两次大型图片展览展出期间，有近万名干部群众观看展览。

2004年举办"中缅印战区国际学术讨论会"，来自海内外的专家、学者、新闻记者和抗战老兵100多人出席会议；同时还组建"民族魂"巡回演讲报告团，在五县（区）演讲7场，到昆明演讲2场，广泛宣传了滇西抗战和爱国主义精神，滇西抗战文化为保山对外宣传的亮点之一。

三、解放思想大讨论学习宣传

1992年，邓小平视察南方谈话发表以后，全区迅速组织党政机关、企事业单位开展"认真学习'谈话'精神，进一步解放思想"的大讨论活动，12万多名干部参加了大讨论活动；在农村开展"解放思想致富奔小康"大讨论。通过广泛深入的大讨论活动，有力地推动了学习贯彻邓小平视察南方谈话精神，统一思想，振奋了精神。

1995年，开展"解放思想，发展保山"大讨论活动。1996年，根据省委六次党代会精神，保山地委组织开展了深入持久的"解放思想，加快发展"大讨论。12月，地委召开了"解放思想，加快发展"大讨论研讨会，推出了"团结创新、拼搏争先、迎难而上，负重图强"的保山精神。

2000年，开展"以改革开放为动力，以调整结构、开拓市场、搞活流通"为主题的"解放思想、更新观念"大讨论活动，

2002年，撤地设市后新一届市委、市政府班子针对制约保山发展的五大“障碍”，组织开展了以“市场经济为导向，与时俱进，开拓创新，明确职责，强化服务，转变作风，加快发展”为主题的新一轮解放思想大讨论。

2003年，结合解放思想、更新观念大讨论活动，推出奔小康实干家38名。

四、邓小平理论和“三个代表”重要思想的学习宣传教育

1991—2001年，市委宣传部在新闻媒体广泛开展邓小平理论和“三个代表”重要思想的学习宣传教育，开辟专栏90多个，刊播文章、消息6300多篇（条）；组织收听收看中央宣讲团实况转播、省宣讲团到保山宣讲共100多场次，听（观）众31200多人次；市委十六大精神和“三个代表”重要思想宣讲团赴各县（区）宣讲5场次，1200多人听取报告。在基层建立邓小平理论学习与实践示范点26个，其中有农村基层党支部6个，企业12个，机关6个，学校2个，随着形势发展，示范点更名为“三个代表”重要思想学习与实践示范点，数量增加到48个。

2001—2005年，市委宣传部采取多种方式推进宣传，与交通局和公路段联合在公路沿线及收费站、道班悬挂标语87条（幅），新制作黑板58块，出黑板报406期；开展党的十六大精神和“三个代表”重要思想进村入户活动，召开座谈会、宣讲报告会21300多场次，张贴和悬挂宣传标语52000多条，出黑板报5400多期，向腾冲、龙陵两县少数民族聚居的乡（镇）发放傣语宣传光盘100多张；试点村和重点村农户受教育面达到80%；与保山师专联合，924名大学生利用假期回乡、回社区开展认识家乡，宣传党的十六大精神和“三个代表”重要思想宣传教育活动，10000多人次受到教育，收到大学生提交的论文和调查报告924篇，其中有30篇被评为优秀论文。保山的做法，得到了省委宣传部和中央宣传部的充分肯定。

五、重大突发事件舆论引导

2003、2004年发生非典型性肺炎和高致病性禽流感期间，保山市委宣传部及时制定宣传方案，组织防治非典型性肺炎和防治高致病性禽流感宣传，让广大干部群众充分了解其危害，掌握防治知识，宣传各级党委政府采取的措施以及干部群众为防治疫病所作出的不懈努力，充分发挥了宣传舆论稳定人心、鼓舞士气、振奋精神的重要作用。

2004年“7・18”特大洪涝灾害发生后，迅速启动《保山市重大突发事件宣传报道应急预案》，集中报道灾情和各级党委、政府带领人民群众奋力抗灾的感人事迹，并邀请中央和省级新闻媒体记者到保山进行真实客观的宣传报道，利用互联网强化报道的准确性和快速性，编印了《众志成城战洪魔——保山“7・18”抗洪救灾纪实》一书。同年，“10・19”地震发生后，及时组织力量宣传各级党委、政府抗震救灾的措施和行动，组织专人拍摄了“10・19”地震灾害纪录片和图片集，为争取上级的资金和物资支持提供了第一手资料。

第四节　对市外宣传

一、“上星”“上报”

1992年起，保山地委宣传部把抓好“上星”“上报”作为加强对外宣传工作的重点和突破口，制定了《保山地区新闻报道奖励制度》。

1996年组建了保山地区新闻中心，在原有基础上制定了《保山地区新闻报道奖励制度实施办法》，与各县(市)委宣传部和《保山日报》、保山电视台签订“上星”“上报”目标责任状。

1997年，经多方协调和争取，由中国记协主办、中国记协报纸版面复评分会协办，保山地委、行署承办的第七届中国新闻报纸版面复评会（保山糖业杯）在保山召开，中央宣传部、中国记协、《科技日报》等14家国家级和省级报社领导出席会议，并对保山进行了采访，与会的总编、记者先后发表宣传保山的文章消息200篇（条），刊发保山作者撰写的文章10篇。当年全区在省级以上报刊发表宣传保山的文章608篇（条），在省以上电台、电视台播出宣传保山的新闻消息258条和7个专题。1999年，全区上省级以上一类报刊的文章达到962篇（条），“上星”达到256条。以后每年“上星”均保持在260条以上，上报数逐年增加，扭转了保山对外宣传声音弱小的局面，对外宣传和交流出现了良好势头。同年，地委宣传部开通“保山之窗”网站，与“人民网”合作，建成“网上滇西抗战博物馆”，5年内点击率达到30多万人次。

2005年，邀请中央电视台国际频道到保山拍摄滇西抗战专题片和《天涯共此时——保山专集》，并在中央电视台国际频道上播放。邀请了参加云南省第六届旅游节组委会的40多家国内外新闻媒体到保山采访，其中香港《大公报》从5月23日起连续5天刊登了题为《血凝滇西》的系列报到。

二、重大市外活动

1997年，为纪念七七事变60周年，地委宣传部在保山工人文化宫举办滇西抗战图片展览，并从中精选出实物30件、图片40幅，制作松山沙盘一个，《松山》折页1000份，送往中国人民抗日战争纪念馆展出。江泽民、刘华清、丁关根等党和国家领导人观看了展出。后由中国人民抗日战争纪念馆将展室长期保存，供游人参观。

1999年，地委宣传部在经费十分困难的情况下，拨出专款10万元，委托新华通讯社云南分社成功策划了首届腾冲火山热海旅游节，并按照策划方案开展全方位的宣传，为腾冲火山热海旅游节的健康发展奠定了基础。

2001年，为做好撤地设市宣传，市委宣传部在《人民日报》刊登庆祝撤地设市宣传专栏90次，专版1个，举办了“高黎贡山”（征文）摄影比赛，刊出照片和文章39幅；与中央电视台一套《请您欣赏》专栏合作，拍摄播出保山风光小专题20个；在《中国民航》刊登以高黎贡山为主题的保山生态文化图文资料；在《云南日报》第一版刊登庆祝撤地设市的文章消息32篇条；在云南电视台播出新闻19条，专题8个，制作宣传折页《神秘的高黎贡——

保山》3万份。

2005年，龙陵县以“滇西抗日战争主战场—龙陵·松山”为主题，于6月初参加了在昆明世博园举办的“云南纪念抗日战争和世界反法西斯战争胜利60周年和平之声音乐会”和“中美·云南二战抗日友情回顾展”。举办了“抗日战争胜利60周年暨孙中山逝世80周年学术交流会”。9月正式成立了“国际互联网保山新闻中心”，开通了“中国保山”网站，该网站共9个频道，40个大栏目，12个子栏目，每天点击率达3000多人次。10月，积极组织腾冲县和顺镇参加中央电视台举办的“中国魅力名镇”的参评工作。在省委宣传部的支持帮助下，腾冲县和顺镇以其深厚独特的文化内涵及和谐秀美的生态环境，在众多参评古镇中脱颖而出，进入最后评选，获得了“中国十大魅力名镇”之首荣誉称号，并获得了“中国魅力名镇展示2005年度大奖”。整个参评过程极大地提升了保山、腾冲的美誉度和知名度，吸引了全国观众的注意力。

三、外宣品制作

1997年，地委宣传部创办了《保山乡情》(繁体字)月刊，定期寄送给旅居在50多个国家和地区的海外侨胞。随后，各有关部门和各县(市、区)都组织力量先后编辑推出了《保山旅游文化丛书》《腾越文化丛书》《人类的双面书架》《时间之痕》《生命的避难所》《中国远征军——滇西大战》《见证历史》《浴血怒江》《哀牢文化》《腾冲》《昌宁》《施甸》《龙陵》《隆阳》《高黎贡——保山》等一系列介绍保山的外宣品，为更好地宣传保山创造了条件。

第五节　文化产业发展

2000年，按照保山地委提出的“把握建设民族文化大省的机遇，实施民族文化工程战略”，成立了民族文化区建设领导小组及办公室，各县(市)相继组建工作机构。并拟定了《保山民族文化区建设纲要》《保山民族文化区建设实施方案》，对18个重要课题进行了专题研究。同时，推荐参加云南省建设民族文化大省第二次高级研讨会论文6篇，参加云南省文化产业展览洽谈会项目17个。

2001年，修订了《保山民族文化市建设纲要》《保山民族文化市建设实施方案》，表彰保山民族文化市建设有奖征文36篇，将腾冲县和顺镇、隆阳区芒宽乡推荐上报为文化生态乡。

2002年，市委宣传部组织13人赴欧洲考察文化和城市建设，考察团提交了《突出历史文化的内涵与标识——关于欧洲六国历史文化市政建设的考察报告》。

2003年，在云南省发展文化产业、繁荣民族文化、建设文化大省大会上，腾冲县被列为全省唯一县级试点。7月，市委召开常委会议，传达学习“云南省发展文化产业、繁荣民族文化、建设文化大省大会”会议精神，研究保山贯彻意见。决定成立以市委书记黄毅为组长的保山市文化体制改革和文化产业发展领导小组。随后，市委召开全市文化体制改革和文化产业发展工作会议，出台了《中共保山市委、保山市人民政府关于深化文化体制改革和文化产业发展的意见》，市县(区)相继成立了领导小组和办公室，腾冲县和隆阳区被省里确定为试点县(区)。年内，《腾冲县文化体制改革和文化产业试点工作方案》报省文化体制改革和文化产业发展领导小组批准实施。同年，编印了《保山市文化体制改革和文化产业发展蓝皮书》，聘请文化部国际文化交流中心的乔然教授担任保山市文化产业顾问，并到保山举办了专题讲座，聘请省文化馆胡琴、李晓青等专家对全市文化产业进行分析，市委宣传部和市文联共同举办了"发展保山文化产业研讨会"，市文化体制改革和文化产业发展领导小组组成31人的考察团人对丽江、大理进行专题学习考察。

2004年，保山日报社、市广电局、市文化局及下属单位以体制改革和机制创新为动力，推行科室领导竞争上岗、职工竞聘上岗、薪酬与岗位绩效挂钩，完成了文化事业单位人事制度改革。12月，腾冲试点工作取得初步成效，完成了腾越文化艺术团的改制。

2005年8月，在腾冲县召开全市文化产业推进会。11月，云南省文化体制改革和文化产业发展试点工作推进会在腾冲召开，蔺斯鹰代表保山市与签订了《云南省文化体制改革和文化产业发展工作目标管理责任书》。

第六节　思想政治工作

一、思想政治工作研究会

1995年9月，召开了保山地区企事业职工思想政治工作研究会及保山地区企事业文化建设协会成立大会，正式成立思想政治工作研究会。

1996年，地委宣传部创办了思想政治工作研究会会刊《雄风》杂志(季刊)。

2001年，在龙陵召开撤地设市后第一次全市职工思想政治工作研究会第一次理事大会，选举产生了新一届研究会领导班子。

二、加强和改进思想政治工作

2001年1月，地委召开全区思想政治工作会议，出台了《中共保山地委关于加强和改进思想政治工作的意见》，就提高认识、加强和改进党的思想政治工作、加强领导三个方面明确了切实可靠的办法和措施及经费保障，并要求各级党委逐步建立和完善"领导责任制、各级党委中心组学习、思想政治工作联席会议、舆情信息工作、定期形势报告会、表彰奖励"六项制度，切实加强和改进思想政治工作，巩固马克思主义在意识形态的指导地位。10月，市委宣传部就贯彻会议和《意见》精神组织了思想政治工作专项督查。

第七节　队伍建设

一、宣传干部管理

1990年，根据中央和省委有关文件精神，保山地委宣传部成立了干部科，加强对地直意识形态口干部的管理，1991年以后，五县(市)委宣传部也逐步推行这一办法。

1995年，地委下发《关于执行〈中共保山地委、保山地区行署关于加强宣传思想工作决定〉实施宣传干部管理工作的意见》，接收组织部移交的干部人事档案152人共152卷。当年地委宣传部共考察和提出任免意见的干部有27人，办理干部调动15人。

1997年起，地委宣传部坚持每三年举办一次县（市）和乡（镇）宣传干部培训班。到2005年，共举办县（市）、乡（镇）干部培训班6期，培训宣传干部720人次。

2001年，市委宣传部切实加强和完善内部管理，建立健全激励机制，制定了《工作人员岗位量化考核办法》，完善了与县（区）委宣传部、市直新闻单位签订的《目标责任状》，建立了《内部信息月报和通报制度》。为提高市县（市）宣传干部队伍素质，每年都选送部分干部参加上级举办的各类培训班、挂职锻炼、定期组织外出学习考察等多种方式，"九五"和"十五"期间，共有121人次的市、县（区）宣传干部参加上级举办的学习、培训、挂职锻炼和外出学习考察。

2002年，抓好宣传干部进党委班子工作，在各县（区）党委的重视和支持下，乡（镇）换届选举结束后，宣传干部进党委班子达到80%，使基层宣传工作的组织建设得到加强。

2004年，经市委常委会议通过，下发了《中共保山市委组织部、中共保山市委宣传部关于市委宣传部协助管理意识形态部门干部有关问题的通知》，进一步明确了市委宣传部协助管理干部的职责。

2005年，根据市委组织部和市人事局的要求，结合市委宣传部二级班子职位空缺情况，市委宣传部两次通过竞争上岗，配齐配强了二级班子。

二、政工干部队伍建设

1991年，根据省政工职评领导小组有关文件精神，地委宣传部对全区244个企业的422名政工干部的基本情况进行了全面调查摸底，对不具备规定学历的305名政工干部进行培训、统考，合格率达到99%。同时稳步推进政工干部定员、定编、定岗、定责工作。同年，地委宣传部组建了保山地区企事业职工思想政治工作中级专业职务评审委员会和五县（市）初级专业职务评审委员会，共向省推荐高职（高级政工师）52名，评定中职（政工师）540名，初职（助理政工师、政工员）607名。并建立形成政工干部每年培训1次，每两年组织1次论文评选，每三年进行一次思想政治工作先进单位和先进个人评选表彰的制度，提高了政工干部队伍的整体素质，有力地加强了思想政治工作队伍建设。

1995—2005年，地委宣传部累计组织政工干部培训8期，培训政工干部1650人次。

三、新闻职称评定

1992年，地委宣传部牵头组建了保山地区新闻系列中级职称评审委员会和各县（市）初级职称评审委员会，负责新闻职称评定工作。到2005年，新闻职称委员会共推荐高级职称11名，评定中级职称39名，初级职称118名。

第八节　思想道德建设

一、“五讲四美三热爱”活动

1982年起，保山地区按照党中央“两个文明一起抓”的方针，认真组织每年3月的“全民文明礼貌月”活动。7月，昌宁县委、保山军分区和驻保35108部队党委开始创建军民共建文明村试点。同月，保山地委和保山军分区党委在昌宁县召开军民共建文明村现场经验交流会。随后，昌宁县各公社先后开展军民共建试点活动。

1983年起，在保山广泛开展“五讲四美三热爱”(讲文明、讲礼貌、讲卫生、讲道德、讲秩序；心灵美、语言美、行为美、环境美；热爱祖国、热爱社会主义、热爱党)活动。在活动中，坚持以共产主义思想教育为核心，通过组织各种节日活动、举办精神文明成就展览、请南疆自卫反击战英模巡回报告等，对全区人民群众进行爱国主义和革命传统教育。

1984年8月，省委、省政府和省军区在昌宁县召开全省文明单位建设现场经验交流会，大力推动保山地区精神文明建设的广泛深入开展。1985年，地、县(市)委进一步加强领导，相继成立“五讲四美三热爱”委员会，并决定开展建设文明城市竞赛活动。与此同时，各地坚持不懈地开展城乡移风易俗树新风活动，全区先后建立4451个红白理事会，在城乡广泛倡导“红事”新办，“白事”简办，逐步树立文明新风尚。

1987年3月，根据党中央、国务院关于积极开展全民文明礼貌月活动及省委、省政府的有关指示，地委组织动员全区人民积极投入文明礼貌月活动。在全区开展以“五讲四美三热爱”和治理“脏、乱、差”为中心内容的活动的同时，把优质服务、优良秩序、优美环境、学雷锋与先进人物的“三优一学”活动结合开展，涌现出一大批先进单位和先进个人。其中文明村(镇)256个、先进个人10773人。

1998年，根据中央和省、地要求，地委宣传部与有关部门密切合作，在全区开展整顿社会文化市场和扫除“六害”(吸食私种毒品、拐卖妇女儿童、赌博、卖淫嫖娼、制作贩卖传播淫秽物品、利用封建迷信骗财害人)的宣传教育，集中对各种文化娱乐场所、书店等进行清理整顿。

二、“三德”教育

1991年起，保山地区在干部职工中开展“三德”(职业道德、社会公德和家庭美德)教育。1992年，召开全区职业教育总结表彰大会，表彰先进单位21个，先进个人78名，在全区窗口服务行业掀起加强职业道德教育热潮，提高为人民服务的质量，树立窗口服务行业的崭新形象。到2005年，地委宣传部先后举办培训班6期，培训“三德”教育骨干300余人，先后组织全区5万多名职工进行职业道德考试，合格率达到95%。

三、《公民道德建设实施纲要》的贯彻落实

2001年，全市结合《公民道德建设实施纲要》的学习贯彻，举办各种大型纪念活动，

组织“民族魂”巡回宣讲报告、万人歌咏比赛、大型图片展览、中缅印战区滇西战役国际学术讨论会等大型活动，挖掘整理抗战史料，编辑各种教育书籍、拍摄系列专题片进行广泛教育，同时还举办演讲比赛、专题讲座，在中小学中举行“升国旗唱国歌”等活动，特别是对青少年免费开放各爱国主义教育基地。通过内容丰富、形式多样的各种教育活动，寓教于乐，升华公民的爱国主义情感，激发全市人民的爱国爱乡热情。

2002年，保山市公民道德建设以宣传中央颁布的《公民道德建设实施纲要》为基础，以培养“有理想、有道德、有文化、有纪律”的“四有”公民为目标，以贯彻“爱国守法、明礼诚信、团结友善、敬业奉献”20字公民道德规范和加强“社会公德、职业道德、家庭美德”建设为主要内容，以开展宣传教育和系列活动为载体，做到了五个加强，即加强舆论宣传，营造良好的社会氛围；加强基层宣传，做到家喻户晓，人人皆知；加强重点宣传，使20字公民道德规范深入人心；加强骨干培训，为全面开展公民道德建设创造条件；加强教育引导不断提高公民道德素质。

2005年各级各部门结合《公民道德建设实施纲要》的学习贯彻，进一步贯彻《爱国主义教育实施纲要》，突出爱祖国、爱人民、爱劳动、爱科学、爱社会主义为基本要求的教育内容，持续不断地开展了形式多样的以爱国主义为主题的教育活动。

四、未成年人思想道德建设

2004年7月，省委、省政府下发《中共云南省委、云南省人民政府关于加强和改进未成年人思想道德建设的实施意见》后，保山市委出台《关于贯彻落实〈中共云南省委、云南省人民政府关于加强和改进未成年人思想道德建设的实施意见〉目标任务分工的通知》，各级各部门按通知要求，把开展未成年人思想道德建设系列活动作为重要工作来抓，通过办好博物馆、图书馆、文化馆、青少年宫，免费开放爱国主义教育基地、科普教育基地、法制教育基地等场馆，开展调查研究，召开专题研讨会，探讨新形势下未成年人思想道德建设的特点和规律，以未成年人教育为主题组织好“公民道德宣传日”活动，“争做合格小公民”活动，“未成年人教育活动月”活动，未成年人“告别网吧”集体宣誓活动和科技创新大赛活动等，推进了未成年人思想道德建设。

2005年，市委、市政府把未成年人思想道德建设纳入重要议事日程，按照“主要领导挂帅，分管领导主抓，责任部门牵头，相关部门配合”的要求，市、县（区）成立了领导小组，进行目标责任分工，营造出良好的社会环境和舆论氛围。年内，云南省开展“未成年人思想道德建设电视知识竞赛”，保山市各县（区）组队76个，通过层层选拔，保山市代表队在全省决赛中获得三等奖。年内，各地利用基地结合革命传统节日组织青少年学生参观游览，让学生接受革命传统教育，为学习开辟第二课堂。

五、爱国主义教育基地建设

1994年，国家颁布《爱国主义教育实施纲要》后，保山地区开展了形式多样的以爱国主义为主题的教育活动。全区结合举办各种大型纪念活动，组织巡回宣讲报告、万人歌咏比赛、大型图片展览、挖掘整理抗战史料，编辑各种教育书籍、拍摄系列专题片进行广泛教育，同时还举办演讲比赛、专题讲座，在中小学中举行“升国旗唱国歌”等活动，特别是对青少年免费开放各爱国主义教育基地。通过内容丰富、形式多样的各种教育活动，寓教于乐，升华了市民的爱国主义情感，激发了全市人民的爱国爱乡热情。到2005年，全市建成国家级爱国主义教育基地1个：腾冲国殇墓园(滇西抗战纪念馆)；省级爱国主义教育基地5个：腾冲艾思奇故居、李根源故居、和顺图书馆、龙陵松山抗战遗址、施甸忱忠祠。

第九节　精神文明创建活动

一、文明单位创建

1984年8月，省委、省政府和省军区在昌宁县召开全省文明单位建设现场经验交流会，大力推动了保山地区精神文明建设的广泛深入开展。

1985年，开展建设文明城市竞赛活动，以城市带农村，全面开展建设文明单位(村、镇)和“五好家庭”评比活动。

1988年12月，地委、行署召开保山地区精神文明建设表彰大会，对全区创建精神文明建设活动中涌现出的一批先进集体进行命名表彰。会上，8个文明单位的代表作了大会经验交流，33个单位被授予“精神文明单位”称号，并颁发文明匾、奖金。

20世纪90年代，在精神文明创建活动中，“文明单位”创建是影响最大、持续时间最长的创建活动。“文明单位”分省级、市级、县(区)级三类，均以同级党委、政府名义命名，是精神文明创建活动中规格最高的一种荣誉称号。1990年，全区已评选省级文明单位21个，地级文明单位95个，县级文明单位429个。1995年，经地区精神文明建设活动协调委员会考察审定，并报地委、行署同意，有28个单位被授予“文明单位”称号。

1997年起，省、市级文明单位开始实行届期制滚动式管理，每届三年。按照《保山市文明单位管理办法》进行考核检查，符合条件的继续保持文明单位称号，不符合条件的中止文明单位称号。当年，地委、行署命名的地级文明单位有27个。地区文明办对原有的86个地级文明单位进行了复查，合格和基本合格的有84个，有2个单位因违反计划生育政策，一票否决，被取消地级文明单位称号。

1998年，保山地区又确定了160个精神文明建设示范点。按照《保山地区文明单位管理实施办法》，对原有的1993年以前的64个地级文明单位进行重新申报，对1995年、1997年命名的51个地级文明单位进行复查。年内，地委、行署命名第八批地区级文明单位77个。

2000年，全区被命名全国精神文明建设工作先进县1个、省级文明单位30个、省级文明村8个、“创建文明村镇工作先进单位”5个、精神文明先进个人5名；地级“十星级”文明户1000户、地级文明单位117个、地级文明行业4个。

至2003年年末，保山市已创建全国精神文明建设先进县2个(腾冲县和龙陵县)，创建全国“文明小城镇示范点”1个（腾冲县腾越镇是全国道批10个文明小城镇示范点之一，为全省第一个示范点），创建省级文明单位106个，省级文明村26个，市级文明单位325个，县（区）级文明单位896个，市级文明行业10个。并涌现出一大批精神文明建设先进单位和先进个人。其中，荣获全国创建文明行业先进单位1个（昌宁县电信局）；全省创建文明先进乡（镇）1个（隆阳区永昌镇），先进村1个（腾冲县界头乡大园子村），文明行业先进单位2个、文明单位先进单位2个、先进个人1名、文明公民3名。全市共结成军警民共建对子66对，创建无假货商场1个、无假货街5条、无毒社区43个。

2004年，保山市召开全市精神文明建设工作会议，全面总结回顾近过去5年全市精神文明建设取得的成果和经验，对下一步如何适应构建社会主义和谐社会，努力开创全市精神文明建设工作再上新台阶作出总体安排和部署。同时还命名市级文明行业10个、市级文明单位182个，表彰城镇精神文明创建先进单位15个、先进个人10名、精神文明建设先进工作者10人、创建小康文明村先进单位40个、优秀“十星级文明户”1000户。年内，先后制定《保山市文明单位创建管理办法》《保山市文明行业创建管理办法》《保山市小康文明村创建管理办法》《保山市精神文明建设指导委员会工作条例》等文件，使精神文明建设工作进一步科学化、制度化、规范化。

到2005年，全市已创建全国精神文明建设先进县1个（腾冲县），创建全国文明村工作先进县1个（龙陵县），创建省级文明单位66个，市级文明单位283个，县（区）级文明单位896个，市级文明行业14个，并涌现出一大批精神文明建设先进单位。

二、城镇精神文明创建

保山地区的城镇群众性精神文明创建活动，开始于20世纪80年代初的“五讲四美三热爱”活动。十四届六中全会以后，保山地区城镇精神文明建设活动以“一讲一塑三创三建”为主要载体，“一讲”就是开展“讲文明、树新风”系列活动，重点开展规范文明言行，提高服务质量，整顿交通秩序，整治环境卫生，治理社会治安，倡导文明新风等六项工作；“一塑”就是开展“塑造崭新形象、共铸诚信保山”系列活动，明确提出“人人代表保山形象，个个单位都是保山窗口，户户都是保山缩影”的要求，重点开展了以提高市民素质和城镇文明程度为目标，以创“四优”（优美环境、优良秩序、优质服务、优化管理）为内容的系列活动；“三创”就是创建文明单位、文明行业和文明社区；“三建”就是全面开展军警民共建、创建“无假货街”和创建“无毒社区”。

1988年，各地坚持不懈地开展城乡移风易俗树新风活动，加强了农村红白理事会和树新风理事会的建设，全区先后建立4415个红白理事会，在城乡广泛倡导“红事”新办、“白事”简办，逐步树立文明新风尚。到1991年年底，全区共有红白理事会4415个、树新风理事会903个，全区村社都建立了理事会组织。

1999年11月，保山地区文明委召开保山地区文明行业创建工作会议，对地级首批文明行业创建工作进行动员、安排和部署，按照《云南省文明行业创建活动管理办法》的具体要求，通过行业自报，地区文明办初审，地区文明委审议，经报中共保山地委、地区行署审批，工商银行、气象、国税、地税等5个行业被授予“保山地区第一批文明行业”荣誉称号。

此外，由工会、共青团、妇联等群众团体组织的“双学双比”“青年文明号”“巾帼文明岗”等活动，以及各行业广泛开展的“双文明”“安全文明小区”“文明学校”“文明走廊”“文明运输线”“平安大道”“平安保山、和谐保山”和各种“文明细胞”创建活动，对推动群众性精神文明建设产生了重大影响。

2005年，保山市组织开展以“一讲一塑三创三建”为内容的活动。“一讲”工作重点开展规范文明言行、提高服务质量、整顿交通秩序、整治环境卫生、治理社会治安、倡导文明新风等六项工作；“一塑”工作重点开展以提高市民素质和城镇文明程度为目标，以创“四优”（优美环境、优良秩序、优质服务、优化管理）为内容的系列活动；“三创”工作组织进行了国家级文明村镇、全国创建精神文明先进单位的创建、申报、评选工作。年末，全市共结成军警民共建对子68对，创建无假货商场2个，无假货街4条，无毒小区43个，受到了人民群众的欢迎和好评，在保山市40多万中小学生中无一人吸毒。女子交警、少年小交警、少年军校成为保山市城市中的一道靓丽的风景线。与此同时，全市还广泛开展了送温暖、献爱心、手拉手、希望工程、西部开发助学工程、志愿者、青年文明号、文明风景旅游区建设、文化科技卫生“三下乡”、全民健身等系列活动，成功地举办了保山市“烟草杯”首届体育运动会，寓创建于各种活动中，有力地推动了城镇精神文明建设。进行了国家级文明村镇、全国创建精神文明先进单位的创建、申报、评选工作。在首届评选中，隆阳区板桥镇世科村、腾冲县腾越镇和滇滩镇西营村3个村镇被中央文明委授予全国创建文明村镇先进单位，保山市实验小学、施甸县国家税务局和隆阳区检察院被表彰为全国精神文明创造建工作先进单位。

三、西部开发助学工程和“百县千乡宣传文化工程”

西部开发助学工程和“百县千乡宣传文化工程”是中央文明委根据党的十四届六中全会关于加强欠发达地区和少数民族地区文化事业建设的精神，配合国家西部大开发战略，为尽快改变贫困地区农村基层宣传文化设施严重不足的状况，决定在西部地区组织实施的文化扶贫工程。

“西部开发助学工程”实施后，保山市有23名贫困家庭的子女就读大学的问题得到解决，有16名贫困家庭的子女被送到大理民族中学就读高中。此项工程的实施，促进了全社会对困难学子的共同关注，深受群众拥护，社会反响良好。

1999年后，保山市已争取到县级文化中心建设项目1个（龙陵县），投资150万元，乡（镇）级文化中心建设项目6个（隆阳区河图镇，施甸县水长乡，腾冲县蒲川乡、和顺镇，龙陵县龙山镇，昌宁县达丙镇），总投资141万元。各宣传文化中心成了农村传播党的路线方针政策和开展各种教育活动的主要阵地，成为农村传播科学文化知识的重要课堂，成为丰富基层群众精神文化生活的重要场所，成为农村精神文明创建活动的重要载体。

在抓紧抓好两项工程的同时，保山市还积极组织推进基层文化基础设施建设，努力构建以县城为中心、乡（镇）为骨干、村社为终端的基层宣传文化网络，努力形成包括新闻舆论阵地、社会文化阵地、休闲娱乐阵地在内的覆盖社会各个层面的阵地网络。解决了不少农民群众看书难、看戏难、看电影难的问题，丰富了群众精神文化生活。

四、农村“十星级文明户”创建

1996年11月，保山地区学习和借鉴湖北竹山的经验，在地委宣传部直接挂钩联系的保山市西邑乡真峰村开展评选“十星级”农户和城乡小学生手拉手等活动。

1997年，保山地区在广大农村开展“十星级”文明户的评选活动，将“两个文明”建设目标落实到农户的“五爱”、法纪、致富、计生、科技、文教、新风、义务、团结、卫生十个方面——即“十星”。用星牌来区分每个家庭的优劣，使每个家庭“两个文明”建设的情况一目了然。在评选“十星级”文明户中，以开好“五个会”（支委会、村干部会、党员大会、农民代表会、群众大会），办好四件事（解除疑虑，统一思想，排查问题，掌握情况）为星级考核评比依据。对获得“十星级”的农户，每个村制定一系列的激励措施。当年，全区7万农户挂上了“星级文明牌”，其中：十星户12961户、九星户21821户、八星户30101户。

1998年，保山地区以创建评选“十星级”文明户，组织和鼓励农户争“星”为突破口，紧紧围绕农民迫切要求解决的热点问题，抓卫生，解决一个“脏”字；抓新风，解决一个“愚”字；抓科普，解决一个“穷”字，推动农村精神文明建设。至年底，全区有231560户参加“十星级”文明户评选活动，101万农民成了“追星族”，占全区农业人口的50.5%。其中23万户达到6颗星以上，23106户达到“十星放级”标准。

1999年，全区建立“十星级”文明乡（镇）试点12个，其中：地区文明委建立的试点2个、县（市）文明委建立的试点10个；“十星级”文明村试点26个，其中：地区建立的试点1个、县（市）建立的试点25个。同年4月，云南省农村精神文明建设现场经验交流会议在保山隆重召开，保山地区以“十星级文明户”评选为龙头的农村精神文明建设的做法受到省委和省文明委的高度肯定。

2000年，全区的精神文明建设继续按照“巩固完善、发展提高”的方针，深入开展“十星级”文明户创建活动。下发了《关于做好“十星级”文明户复评工作的通知》。全区参加创建活动农户46.72万户，占全区农户总数的96%；4.55万户农户被评为“十星户”，占参评户的10%。

2005年12月，全市“十星级文明户”评选活动走上了规范化、系统化、制度化、科学化的轨道，形成了“三健全、四统一、五制度”，即：健全农户星卡、村委会登星表和乡（镇）登星册；做到全市统一评选标准，统一星牌式样，统一重评时间，统一挂牌方式；健全了组织领导、动态管理、年度重评、考核奖惩、档案管理等五种制度。全市共计有49.88万户、203万农民参加了评选活动，分别占农户和农民总数的95%和97%。

五、小康文明村创建

1999年12月，龙陵县以“十星级文明户”评选活动为基础，学习和借鉴四川巴中的经验，选择全县的13个自然村，开展文明新村试点工作。

2001年9月，市委、市政府在龙陵县召开了保山市文明村建设现场经验交流会，全面部署文明村创建工作，明确提出分两步走：第一步，从2001年起到2005年，创建文明村2900个，其中2001年启动试点100个；第二步，从2006年起到2010年，使全市1万多个自然村基本建成文明村，实现农村文明、全市文明的目标。通过“六改六建”，即改水、改电、改路、改厨、改厕、改厩和建园(果园、菜园、药园)、建家(家庭庭院建设)、建池(水池、沼气池)、建所、建校、建室，达到“六个提高”，即提高农村的文明程度、农民的思想道德素质、农民的健康水平、农户的生活质量、农村的经济发展水平、农民的民主法制意识。至2001年年底，全市共确定文明村试点102个，其中：隆阳区20个、施甸县18个、腾冲县19个、龙陵县24个、昌宁县21个；涉及农户9870户，做到了全市每个乡（镇）都有1个以上的试点。年内，在试点村共改路178千米，其中弹石路32千米；改水3743户，改电2976户，改厨2723户，改厩2326户，改厕2310户；建园18.03万平方米；建水池和沼气池542个；建家1750户；建卫生所21个；建设和完善村小学26所；建文化室24个。群众累计投工投劳30多万个，户均3.2个；共投资和投工投料折款1870多万元，户均894.63元。

2005年，保山市紧紧围绕全面建设农村小康社会的总体目标，开展“十星级文明户”的复评活动，继续推进小康文明村建设。全市建成试点村214个，实现全市每个乡(镇)都有试点。年末，全市开展“小康文明村”创建的村374个；改水367个村，投资370万元；改电362个村，投资200万元；改路374个村，投资422万元；改厨353个村，农户6.2万户，投资117万元；改厕353个村、农户2.4万户，投资150.6万元；改厩332个村，农户2.1万户，投资164万元；建家312个村，农户3.4万户，投资430万元；建园327个村，农户2.4万户，投资180万元，建池325个村，农户0.83万户，投资308万元；建所113个，建校148个，建室100个。

第八章　政　法

第一节　工作机构

1981年12月，设立中共保山地委政法委员会，核定行政编制3人。1982年年初，从地区公安处调2人到政法委工作。随后，五个县先后成立县委政法委员会。1983年，地委政法委设一名专职副书记，核定编制5人。1985年2月，成立地委社会治安综合治理委员会，下设综合治理委员会办公室，与政法委合署办公。4月，各县(市)先后建立社会治安综合治理委员会及办公室。1988年10月，撤销地委政法委及其办事机构，恢复成立中共保山地委政法领导小组，日常工作交由地委办公室负责。县级县委政法委员会随之变更。

1990年2月，恢复成立政法领导小组办公室。7月，恢复成立县级县委政法委及其办事机构。8月，恢复成立中共保山地区委员会政法委员会及其办事机构。12月，地委综治委恢复。

1991年，地委政法委委员由地区公安处、检察院、中级人民法院、司法处、安全处、武警支队、保山军分区政治部主要领导组成，政法委书记、副书记分别由地委书记、行署专员兼任，配有专职副书记1名。

2001年7月，保山撤地设市，地委政法委更名为中共保山市委员会政法委员会（简称市委政法委）。

2002年，市委政法委与社会治安综合治理委员会办公室合署办公。内设5个处室。

2005年，市委政法委机构设置不变。

第二节　综治维稳

1979年，全国第三次治安工作会议后，保山地、县相继成立整顿社会治安领导小组，对各地治保组织进行整顿，在城乡普遍建立治安保卫委员会，落实人员和责任，使治保工作全面恢复。

1981年7月，地区公安处组织社会治安综合治理工作组，到地区建筑公司、保山市商业局百货公司开展社会治安综合治理试点工作，随后在全区内部单位（机关单位）推广。11月，地委召开政法工作会议，全面分析全区治安形势，由公、检、法联合发出《关于贯彻执行全省公、检、法三长会议精神的安排意见》，建立明确的治安责任制，落实厂矿企业包职工，学校包学生，街道包社会青年，家长包子女的“四包”责任制。至年底，全区有治保会1092个，治保人员7515人；先后培训治保会主任、副主任1244人；举办法制学习班198期，参加学习6608人次。在城镇和农村大力推广乡规民约和安全保卫责任制，全区有98个公社、708个大队、6197个生产队制定乡规民约；504个公社，机关和社队企业制定安全保卫责任制。

1982年，行署发出《关于在内部单位建立健全保卫责任制的通知》，全区392个内部单位有243个制定安全保卫责任制；保卫科（股）由原来的4个增加到32个，并新建企业派出所9个；全区内部单位专职或兼职保卫干部由20余人增加到194人，内部单位治保会达362个，治保人员达1855人。

1985年4月，地委社会治安综合治理委员会召开地直、省属驻保单位及驻军、武警支队主要负责人会议，作出了一手抓“严打”，一手抓综合治理，争取实现社会治安根本好转的部署。8月，保山地、市委综合治理委员会联合召开保山地区社会治安综合治理工作经验交流会，地、市直一、二级单位、驻军等327个单位的400多人参加会议，提出搞好保山城区社会治安综合治理的6项任务，推动全区各县社会治安综合治理工作的深入开展。年底，全区914个乡和街道办事处有887个落实了治安承包责任制，其中886个实行治安承包。各级治安承包人员积极排除安全隐患，维护公共秩序，巡逻堵卡，先后抓获违法犯罪分子285人，协助公安机关破获刑事案件281起，查处治安案件785起，调解民事纠纷4776起，帮教有轻微违法犯罪行为的青少年1443人，促进了全区社会治安的逐步好转。

1987年，社会治安案件有所增多。上半年，治安案件中的殴打伤害、盗窃财物、赌博3类案件即发生671起，占总案件的70.5%。1988—1989年，内部单位的赌博有抬头趋势，青少年犯罪率上升。1990年全区实行“打防并举”的方针，强化治安管理，结合保山端阳花市和保山陆军预备役团的成立，5—6月共出动公安、武警3829人次，保卫干部2037人次，驻军450人次，民兵2587人次进行治安巡逻和安全检查，发现治安隐患753处，整改741处，促进了全区社会治安和社会风气进一步好转。

1995年，全区县直以上内部单位发生刑事案件66起，治安案件34起，比上年分别下降17.5%和37.7%。重大治安灾害事故明显减少，全区无刑事案件，无治安案件和重大治安灾害事故的单位占县直以上单位的80%以上，其中政法、邮电、金融等部门和系统的情况比较好。

1997年，全区以综合治理基层工作为重点，以“创安”(创建平安单位)活动为载体，推进各项综合治理措施的落实，综合治理工作取得新的进展。有30多个重点乡(镇)配备了专抓综治工作的副书记，健全83个乡(镇)综合治理委员会及办公室，解决有人办事的问题；广泛开展创建安全文明社区活动，共创建安全文明社区422个，占全区949个村(办事处)的44.5%。地委政法委与地委组织部联发《关于加强社会治安综合治理基层组织建设的若干意见》，建立健全乡(镇)社会治安综合治理的领导机构和办事机构，将83个乡(镇)原有的综合治理领导机构统一为“乡(镇)社会治安综合治理委员会”；同时配齐、配强乡(镇)社会治安综合治理委员会及其办公室的领导及工作人员。

2000年，全区把“创安”重点放在基础工作薄弱、治安问题多，工作难度大的地方，以促进民主法制建设，建立新型干群关系，化解不安定因素为着力点。在城镇全面展开创建安全文明社区的活动，在乡(镇)创建了文明社区806个，占全区949个村的85%。

2004年，全市按照打、防、控一体化的要求，积极推进社区警务战略，做到治安卡口卡“点”，多警巡逻控“线”，派出所民警管“面”，实现警力下沉和警务工作前移，实现“一区一警”和“一区多警”，切实把基层政法工作转移到人口管理、治安管理、安全防范和服务群众上，积极开展创建无毒社区、安全文明社区(村寨)、法制示范村、“十星级文明户”评比等活动，在巩固创建成果的基础上，以点带面，整体推进，不断扩大覆盖面。创建了1个无毒县，23个无毒先进乡(镇)，450个“无毒社区”，800多个安全文明社区(村寨)，139个法制示范村；健全和完善“防、护、守”相结合的群防群治网络，在城区有偿聘用退伍军人和治安积极分子组成51支共325人的治安巡逻队，由片区民警带队实行24小时不间断巡逻。

2005年，全市以龙陵县和昌宁县为重点，大力开展“平安乡(镇)”“平安单位”等基层创建活动。在创建活动中，一方面严厉打击影响群众安全感的暴力犯罪和多发性侵财型犯罪；另一方面大力加强治安防范工作，着力整合群防群治力量，加强治保、帮教、调解、法律援助、治安联防、乡（镇）社区保安等组织建设，进一步打牢基层综治工作根基。全市杀人案件同比下降4%，抢劫案件同比下降2%，命案破案率达92.10%，实现了“发案少、秩序好、社会稳定、群众满意”的目标。据调查显示，人民群众的公共安全感满意率为99.14%。龙陵县被省委、省政府授予首批“云南省平安县”荣誉称号，保山市的社会治安综合治理工作获全省一等奖。

第三节　各类矛盾纠纷调处

1992年，保山地区调解组织共受理各类民间纠纷15730件，调解成功14101件，成功率90%；防止“民转刑”46件起，把大量的问题和矛盾解决在萌芽状态。年内未发生大的恶性事件。

1994年，保山市妥善解决了“5·28”板桥两社争水斗殴事件和“6·6”汉庄云官与砖瓦厂土地纠纷事件；施甸县化解了“6·22”水长乡胡家山因水利引起的枪击、械斗事件；腾冲县果断平息“鸦乌”事件。

1996—1999年，全区各级调委会受理各类纠纷4万多件，调解成功率达95%。妥善处置了潞江乡与镇安镇因土地山林纠纷引发的群体性械斗等32起群体性事件，充分发挥了“第一道防线”的作用。

2000年，全区共排查出重大矛盾纠纷83件，调解组织共受理各类民间纠纷12001件，调解成功11359件，专项治理100件，揭发犯罪线索26条，移交有关部门98件，防止因民间纠纷自杀104件133人，防止民转刑案件150件4777人，制止群体性械斗124件，防止群体性上访114件2923人次，全区没有发生一起影响全局的大事。

2001—2004年，全区所有乡（镇）建立了社会矛盾调处中心，对全区社会的稳定、经济的发展起到积极作用。全市共排查、调处热点问题和较为突出重大矛盾纠纷408件，防止民转刑纠纷121件，对排查出有可能引发群体性事件的127起矛盾纠纷进行了妥善处置，对发生的25起群体性事件依法进行了处理。

2005年，全市共排查出影响社会政治稳定的矛盾纠纷143件。涉及征地拆迁、拖欠工程款、企业改制、维权和山林土地、水源、矿产等五个类型的纠纷。其中，隆阳区34起，施甸县5起，腾冲县85起，龙陵县5起，昌宁县14起。拖欠离退休职工养老金涉及110人，征地拆迁涉及4425人，资源类纠纷涉及6520人，企业改制涉及643人，“213”人员涉及744人，帮派活动涉及7人，因执法、民间纠纷、对政策不满、集资、投票、腐败和官僚主义、环境污染引发热点问题涉及2006人。各级各部门切实加大矛盾纠纷排查调处力度，妥善处理了保龙高速公路、龙陵宏发铁矿等一批信访突出问题和群体性事件。年内，在全市范围内未发生一起影响全局的重大群体性事件。

第四节 “严打”整治斗争

由于“文化大革命”的影响，加之在改革开放新形势下，各种诱发犯罪的因素导致保山地区区内刑事犯罪案件增多，并明显呈现凶恶化、专门化和技巧化的趋向，社会治安出现了新的复杂局面。1980年，全区刑事立案与1976年相比上升97.8%，其中，盗窃案件上升46.1%，抢劫案件上升1倍，走私贩毒案件上升5.27倍。面对极为严峻的社会治安形势，全区公安、政法干警在当地党委领导下，紧紧依靠各级政府和人民群众，坚持“实事求是，重证据、重调查研究，惩治罪犯”的方针，树立“主动进攻，先发制敌，快速反应，速战速决”的指导思想，稳、准、狠地打击刑事犯罪分子的破坏活动。到1982年，全区刑事案件发案率与1980年相比下降14.1%，但不少流氓团伙仍在继续作案，凶杀、抢劫、强奸、盗窃等犯罪活动不断发生。

1983年8月起，根据中共中央、全国人大常委会和国务院关于在全国范围内开展一场严厉打击严重刑事犯罪活动的斗争，依法“从重从快”严惩严重刑事犯罪分子的方针和云南省委部署，在保山地委的统一领导下，地、县（市）公安机关与各司法部门密切配合，开展了为期3年的严厉打击严重刑事犯罪分子的斗争。至1986年10月，共搜捕打击犯罪分子、特务、间谍等4629人，其中：提请批准逮捕3963人，劳教418人，少年管教46人，转外地处理202人。经人民法院判处各种徒刑的3674人；收缴各种枪支27支，子弹3416发，凶器1867件，炸药293.9千克，雷管20309枚，赃款及赃物折款130.2万元；缴获淫秽书刊、画刊、图片7301件，录音磁带6201盒。共摧毁各种犯罪团伙600个2516人，其中：流氓团伙59个419人，盗窃团伙147个490人，抢劫团伙7个25人，强奸、轮奸、诈骗、杀人、赌博等团伙319个1319人，其他犯罪团伙63个263人。同时还打击了破坏改革、开放、搞活的经济犯罪活动，全区检察机关共查处经济犯罪案件256起，其中万元以上大案38起，为国家和集体挽回经济损失1508万元。

1987—1990年，全区政法工作由“严打”转向专项斗争。1987年，针对全区刑事案件上升，特别是重大案件上升幅度较大，且案件多发生在城镇的特点，政法各部门加强刑事案件尤其是盗窃案件的查处。1988年年底至1989年5月，全区流窜犯作案增多，为此，政法各部门于1989年5月开展了“五月打流”专项斗争，共破获各类刑事案件85起，其中流窜犯作案54起355人；摧毁流窜犯罪团伙11个42人，其中：盗窃团伙5个23人，抢劫团伙4个12人，贩毒团伙2个7人。1989年10月，省委、省政府《关于在全省开展扫除贩毒等“六害”统一行动的通知》下发后，地委政法委组织公安、政法各部门在12月份进行了深入开展扫除“六害”的统一行动，对吸食、私种毒品，拐卖妇女儿童，赌博，卖淫嫖娼，制作、贩卖、传播淫秽物品，利用封建迷信骗财、害人等六大社会公害进行严厉打击。全区出动扫“六害”统一行动39次1928人，破获拐卖妇女团伙3个，赌博团伙19个；抓获拐卖妇女儿童犯13人，赌徒162人，卖淫嫖娼者24人，传播淫秽物品犯1人，贩毒犯6人，利用封建迷信骗财害人犯4人，吸食毒品者33人。地直和五县(市)先后召开公捕公判大会，提请批准逮捕12人，劳教10人，收容教育14人，给予治安和其他处罚183人，及时有效地控制了“六害”蔓延的势头。1990年共立盗窃、抢劫、杀人等刑事案件1576起，其中大案451起。

1991—1995年，全区公安机关共立各类刑事案件6400多起(不含毒品案件)，破获5423起；抓获各类犯罪嫌疑人10652人，摧毁违法犯罪团伙380多个1600余人。公安、武警和当地驻军密切配合，及时侦破了1991年“12·7”特大持枪杀人案。特别是1994年，按省公安厅关于开展严打整治斗争的要求和“吴江会议”精神，全区公安机关集中力量打攻坚战，共破获各类刑事案件1544件，其中重特大案件589起，抓获案犯6934人，摧毁犯罪团伙156个618人。尤其是五县(市)城区、坝区、交通沿线和人口密集的村镇，一批多年的积案被破获。

1997—2000年，全区每年都开展严打整治春季行动、严打整治秋季战役、严打破案战役等严打集中统一行动。全区共破获刑事案件4000多起，其中重特大案1800多起。在严打的同时，整治了一批重点地区，加大“打拐”“扫黄打非”、清理“三无”盲流人员等专项治理力度，始终保持了对刑事犯罪的高压态势，万人刑事发案率远远低于全国、全省和邻近地州的水平。

2002年，全区继续以“打黑除恶”为重点，坚决遏制严重刑事犯罪活动上升势头。全市共破刑事案件1552起，其中破重大案718件，破案率与上年同期相比分别上升17.99%和1.2%。抓获刑事作案成员1408人，抓捕网上在逃人员76人。捣毁犯罪团伙61个243人，为国家、集体和人民群众挽回经济损失2941万元。检察机关共批捕各类案件1159件1119人，审查起诉1215件1177人；人民法院共审理一审刑事案件1229件1988人，审结二审和再审案件84件。全市共统一召开公捕、公判大会14次，判决生效1033件1648人。森林公安机关查处各类案件570件，查处违法人员764人，挽回直接经济损失800多万元。

2004年，全市共破刑事案件1479件，破案率为51.9%；破毒品案件1253件，抓获毒品犯罪嫌疑人1781名，缴获毒品161.1万克；批捕各类案件1221件1917人，审查起诉1784件3003人；审结刑事案件5601件。查处治安案件3949起，查处率为92.2%，查处违法人员7063人，其中查获赌博团伙340个1370人，查处卖淫嫖娼案28起135人，缴获民用枪支112支，收缴炸药11千克，雷管244枚。

2005年，在全市深入开展打击“两抢一盗”专项行动、“追逃”专项行动、“命案侦破”专项行动等。全市共立刑事案件3713起，破案2036起，破案率为54.83%，同比立案数上升7.31%，破案率下降1.70%；共抓获刑事作案成员1325人，同比下降5.36%；共发现受理治安案件5062起，查处4716起，查处率93.16%，查处违法人员8333人；共查破涉毒案件1759起(其中万克大案45起)，抓获涉毒犯罪嫌疑人2445人；查处赌博案件397起，涉案1920人，查处卖淫嫖娼、介绍容留妇女卖淫嫖娼案件46起95人，收缴各类枪支116支，炸药1001千克，雷管2221枚。全市共抓获违法犯罪嫌疑人6626人(含2004年年末未处理的398人），共处理违法犯罪嫌疑人6115人。打击与整治并重，有力地震慑了各种犯罪活动。

第五节　毒品“四禁”

一、禁贩

保山地区与德宏、临沧、怒江3个边境地州毗邻，是中缅边境德宏州进入内地必经的交通咽喉，其中腾冲县的明光、瑞滇、古永3个乡和龙陵县的安定（木城）乡与缅甸接壤。由于历史原因和地理条件，境外贩毒分子始终把保山地区作为毒品偷运入境的有利通道，境内外贩毒分子的贩毒活动持续不断。

1978年之后，境外贩毒集团趁中国改革开放之机，大肆进行贩毒活动，保山境内各县贩毒案件日渐增多。1980年，省委明确把打击贩毒活动作为整顿社会治安的一项重要工作，保山全区禁毒工作有所加强。1982年7月，党中央、国务院发出《关于禁止鸦片烟毒问题的紧急指示》后，保山地区和各县先后成立禁毒领导小组，各地公安机关相继成立缉毒侦察队，负责缉查制贩毒品等犯罪活动，专门打击贩毒分子的贩毒活动。

1981年，保山地区查获了第一起贩卖海洛因的案件（850克）。

1983—1986年，全区政法部门在开展“严打”斗争中，把打击贩毒作为一项重要任务来抓，3年中破获烟毒案889件，拘捕毒犯2495人，经人民法院判决1409人，占3年判处各种罪犯总数的38.35%。缴获鸦片53908.1两，精制毒品海洛因3675.7克，黄皮5900克，烟膏69两，有力地打击了毒犯的贩毒活动。但在巨额利润的诱惑下，境内贩毒活动仍然十分猖獗，呈现贩毒活动向运输的现代化和毒品精制化方向发展；贩毒分子中外省和外国籍的增多，仅1987年1—6月，即分别比上年同期上升135%和142%；且呈初犯上升、低龄青少年贩毒增多等特点。为此，全区公安机关加大打击力度，仅当年上半年，即查获贩毒案件199起，比1986年同期上升56.8%；缴获鸦片14416.4两，海洛因5460克；抓获毒犯215人，比上年同期上升52.4%。

1988—1990年，面对日益严峻的禁毒形势，全区政法各部门进一步加大禁毒打击力度。地委政法委制定了《关于打击小量贩毒的试行规定》，把1～5克的零售毒品纳入打击视线，作为办案指导，堵塞了法律漏洞。全区缴获海洛因345.96千克，黄皮9870克，鸦片9917.8两，吗啡1775克。仅1990年上半年就破获贩毒案113起，抓获毒贩195人，缴获海洛因258472.2克，为上年同期的12倍。

1991—1995年，每年缴获的海洛因在40万～50万克左右，居全省前三位，每年抓获涉嫌毒犯300～400名。1991年，全区共查破走私、贩卖、运输毒品案件282件，其中万克以上的大案20起，缴获海洛因精制毒品445300多克，鸦片255139克，抓获案犯510人，击毙拒捕罪犯2人，收缴毒资107.20万元，缴获各类枪支6支、手榴弹5枚、对讲机2个。收缴乙醚448万克、三氯甲烷80万克、醋酸酐714.6万克。1993年，全区共破获走私贩毒案件182起，万克以上大案16起，小量贩毒案件79起；破获走私、贩运制毒化学配剂1起，缴获枪1支、子弹21发、手榴弹18枚，车3辆等一批物资和人民币。1995年，全区共破获贩毒案192起，抓获犯罪嫌疑人324人，缴获鸦片45千克，海洛因等精制毒品30万余克，缴获毒资546万余元。加强了对小批量零星贩毒活动的打击和禁吸戒毒工作，破获零星贩毒案78起，抓获零星毒犯114人，缴获鸦片658克、海洛因275.3克。

1996年，共破获贩毒案211起，抓获毒犯344人，缴获海洛因等精制毒品44万余克，鸦片近5万克，居全省第一位。1998年，全区共查破贩毒案310起，抓获犯罪嫌疑人442人，缴获海洛因111万克，鸦片2.4万克，冰毒2700千克，易制毒配剂53.4吨。毒品缴获量上升47%，并首次突破100万克大关。

1999年，共查破贩毒案430起，抓获涉嫌毒犯562人，缴获海洛因341.4千克，鸦片7.33千克，易制毒配剂53.4吨，毒品缴获量上升47%。5月9日，施甸公安局破获全省最大的冰毒案，缴获冰毒5万余克，受到公安部表彰。此外，加大对零星贩卖毒品的打击力度，全年查破零星贩毒331起，抓获零星贩毒人员325人，收缴海洛因308克，摧毁地下销售和吸毒贩毒窝点26个。同时严格管制麻醉药品和精神药品，切断吸毒者的毒品来源，巩固戒毒成果。

2000年，通过公开查缉和秘密查缉，全区共查破毒品案件450起，抓获毒品犯罪嫌疑人621人，缴获海洛因30万余克，冰毒12万余克，鸦片6万余克，易制毒配剂2万余千克。共侦破零星贩毒案件267起，抓获涉案人员287名，缴获海洛因300多克，冰毒10克，鸦片645克。

2002年，全市共查破贩毒案件785起，其中万克以上大案32起，缴获毒品1585千克，易制毒配剂13345千克，抓获毒品犯罪嫌疑人1232名。同时查破零星贩毒案件187起。

2004年，全市禁毒工作继续坚持“四禁并举，堵源截流，严格执法，标本兼治”的方针，紧紧抓住影响禁毒工作的毒品来源、毒品危害和新吸毒人员滋生三个关键问题，不断推进境外禁毒除源、境内堵源截流、市内禁吸戒毒三大战场建设，积极开展“天网会战”和“扫毒行动”等专项行动，狠狠打击各类毒品违法犯罪。年内，全市破获各类毒品案件1759起，其中万克以上毒品案件45起，缴获毒品1876千克，易制毒配剂22395千克，抓获犯罪嫌疑人2445名。

2005年，全市紧紧抓住遏制毒品来源、遏制毒品危害、遏制新吸毒人员滋生三个重要环节，认真开展堵源截流歼灭战，禁毒、戒毒攻坚战，禁毒宣传教育阵地战、禁毒除源合作战“四大战役”。全年共破获毒品案件数2865起、抓获毒品犯罪嫌疑人3538名，缴获毒品1740.45千克，缴获易制毒特殊化学物品1897千克，缴获毒品数位居全省第三，创历史新高，沉重打击了毒品犯罪的嚣张气焰，有力地遏制了境外毒品的渗透势头。打击零星贩卖毒品案件538起，捣毁零星贩卖窝点97个，查处吸毒团伙132个。

二、禁种

1982年，保山地区少数农户又开始私种罂粟，全区有214户种烟苗24.6亩。1983年，保山、龙陵等县出现新种罂粟蔓延趋势，仅龙陵县15个公社中就有8个公社的10个大队、

15个生产队的33户社员私种，最多的一户种植1600余株。当地公安机关及时组织人员铲除，并通过对种植者罚款、举办法制教育培训班等，扼制了部分地区私种烟苗蔓延的势头。1983年8月至1986年10月，通过三年“严打”斗争，私种罂粟基本得到控制。

1990—2000年，党委、政府和政法各部门充分依靠群众，通过积极宣传，督促检查，重点地区落实禁种措施，特别是在毒品的播种、扬花、割果期进行深入的调查研究，发现一株，铲除一株，不留后患。共铲除罂粟5万余株。其中：1991年出动警民2073人次，铲除罂粟1857株；1999年铲除罂粟1865株，在区内基本禁绝了私种罂粟，在禁种区域内铲除大麻972亩，改植919亩；2000年铲除罂粟2004株，铲除大麻104亩，改植大麻560多亩。

2001年，各职能部门在全市范围内落实禁种铲毒责任制，全部完成野生大麻替代种植任务，铲除大麻8400亩，使昌宁“无毒”和20个无毒乡（镇）的禁毒成果得到进一步巩固。特别是腾冲和龙陵积极推广1993年以后的境外罂粟替代种植经验，受到了国家、省禁毒委和西促会的充分肯定。2002年，在抓好辖区禁种铲除罂粟工作的同时，继续加强国际合作，积极探索境外毒品原植物替代改植工作，并取得初步成效，受到国家禁毒委和云南省禁毒委的充分肯定。2005年，铲除罂粟3160株。

三、禁吸

“文化大革命”期间，公安工作遭到严重破坏，禁吸工作无人抓，不少烟民戒后复吸。1977年后，地、县公安机关依照国务院有关禁毒的指示精神，通过集中戒断、举办戒烟学习班等加强戒吸工作。1980年，保山县取缔地下烟馆14家，对452名吸毒者集中戒吸；腾冲县公安局专门在制药厂为烟民配制戒烟丸。1982年，全区有吸毒者1946人，当年举办戒烟学习班45期，戒断1156人，占吸毒总人数的59.4%。同年8月，保山地区行署重建禁毒领导小组，下设办公室，领导和协调全区禁毒工作。1983年，地区禁毒领导小组办公室印制了《禁绝鸦片烟毒，保护人民健康》的宣传材料发至全区各生产队。保山市、腾冲县就恢复了戒除鸦片毒瘾的两个戒毒所。1984年，全区有吸毒者1319人，比上年减少471人，吸毒人数较多的保山，施甸两县强戒仅97人。1985年，全区共举办戒烟学习班23期，使1563名吸毒者中的902人戒断，占吸毒者总数的57.71%。

1986年1—6月，吸毒者较多的保山、腾冲戒烟所和龙陵县先后组织960人强制戒吸，已戒断251人。同年，区内首次发现用香烟吸食海洛因4人。之后，所吸毒品由鸦片发展到海洛因。

1989年起，地、县（市）先后投资300多万元，建立了以戒海洛因为主的保山市戒毒所，腾冲、龙陵、施甸、昌宁四县也相继建立了常年戒毒所，加大收容吸毒者力度，至1990年年末，全区在册吸毒人数达1805人，占总人口的万分之8.6，其中：吸食鸦片853人，吸食（注射）海洛因952人；对1000多名吸毒人员进行收容强制戒断，并得到社会公众的普遍支持和拥护。

1991—1995年，按照“谁主管、谁负责”的原则，凡是有吸毒人员的单位、乡（镇）、村（处）都必须采取措施抓禁吸、戒吸工作，全区戒毒所收戒吸毒人员3900余人，依法送吸毒人员劳动教养400余人，因犯罪批捕吸毒人员43人，强制戒毒816人，基本控制了新吸毒人员的滋生。

1997—2003年，全市共收戒吸毒人员9000余人次，其中：强制戒毒7000多人次，劳教戒毒1400多人次。至2003年，全市40万中小学生无一人吸毒。

2004年，积极推进市内禁吸戒毒战场建设和“无毒社区”创建，不断推进禁吸戒毒“外转内”进程，落实外转内“五个环节”，注意加强巩固创建“无毒社区”成果。全市强制收戒吸毒人员2064人次，其中劳教231人。

2005年，对毒品违法犯罪、吸毒人员多的乡（镇）进行了重点整治，有效遏制了毒品的泛滥。改扩建“六所三站”，强化禁吸戒毒工作，加强禁毒执法和毒品预防领域的理论研究，统一了执法思想，切实解决零星贩毒送劳教问题，共收戒吸毒人员3115人，实现满员收戒，毒品消费市场进一步萎缩，有效地遏制了新吸毒人员和艾滋病人员的滋生，减轻了毒品危害，实现了禁毒和防治艾滋病人民战争首战告捷的目标。

四、禁制

20世纪80年代中期以后，易制毒化学物品的出现给保山地区禁毒工作带来新的挑战。为此，保山地区严格管制麻醉药品和精神药品，严格易制毒化学物品的管理。至2005年年底，保山市境内无制造毒品情况发生。

第九章　统一战线

第一节　工作机构

1978年至1979年6月，保山地委统战部未设科室，设领导职数正部长1名，副部长1名。1979年6月至1983年8月由副部长主持工作。

1983年9月至1991年3月，内设秘书科、统战工作科、民族宗教科和对台工作科，人员编制8人，设部长1名，副部长2名。其中，1987年12月撤销内设的民族宗教科和对台工作科，移交保山地区行政公署民族宗教局和对台办管理，内设办公室和联络科两个科室，人员编制和领导职数不变。

1994年12月，机构改革，地委对台工作领导小组办公室、保山地区行政公署台湾事务办公室合并到统战部，在统战部内设台办，行使对台工作领导小组办公室和台湾事务办公室职能。统战部内设办公室、联络科、台办3个科室。

2001年7月撤地设市，地委统战部更名为中共保山市委统一战线工作部。

2002年1月，民主党派（中国国民党革命委员会保山市支部、中国民主同盟保山市总支、中国民主建国会保山市支部、中国农工民主党保山市支部、中国致公党保山市支部、九三学社保山市支社）从隆阳区上划保山市管理，专职干部编制和管理归中共保山市委统战部。

2002年5月，增设党派科，市委统战部内设办公室、联络科、党派科和台办4个科室，行政编制7名，行使行政职能的事业编制2名，机关工勤人员编制2名，民主党派专干编制6名；设部长一名，副部长2名（其中1人兼任台办主任），科级领导职数5名。

2005年6月，市委统战部“三定方案”确认，4个科室不变，行政编制13名（含民主党派专干编制6名），行使行政职能的事业编制5名，机关工勤人员2名；设部长1名，副部长2名（含台办主任1名），科级领导职数5名。12月，统战部配备2名副部长，实行1正2副配置。

第二节　落实政策

1978—1986年，保山地区统一战线处于恢复初期。这一期间，统战部门按照中央和省委的部署，全面贯彻落实党的各项统战政策，平反冤假错案，解决“文化大革命”中和以前的历史遗留问题。

一、“右派”改正安置

1978年5月至1981年1月，保山地委抽调地委组织部、宣传部、统战部和地区公安处、民政局人员组成中共保山地委摘右派帽子工作领导小组及其办公室，各县也成立了相应的机构，负责“右派改正”安置工作，地直单位指定专人负责处理右派问题工作。经过摘帽、安置、复查、验收等阶段的工作，全区原划右派分子565名先后摘掉帽子，经复查改正了555名，不予改正的8人，尚在复查的2人；需要安置的481名，已经安置480名（其中全民所有制单位464名，集体所有制单位16名），待安置1名。另外作退职退休处理22名，抚恤44名。对原划中右分子630名，反社会主义分子36名，因右派问题而戴其他帽子受处理的229名，以及受株连的家属和因右派问题而被开除党籍、团籍的，也由有关部门按照党的有关政策，分别不同情况，进行了处理，政治上给予实事求是的作出结论，符合政策的作了妥善安置。

1982年地、县委“摘帽办”撤销后，遗留问题交地、县委统战部负责处理。至1986年年底，全区原划右派分子569名、反社会主义分子44名、中右分子630名全面得到了复查改正；因右派言论戴其他帽子的301名落实改正了287名；47名被错误处理的党员恢复了党籍；对维持右派结论的8人、留有各种尾巴的251人以及安置不当、工资偏低而符合政策的均已全部得到解决，生活特别困难的给予了补助；受株连的家属、子女作了妥善处理。地委统战部、地委办信访科还对45名“右改”人员联名写信向中央反映经济待遇不落实问题作了联合调查，提出处理意见报地委得以批准执行。

二、原国民党起义、投诚人员政策落实

1979年7月至1987年5月，根据中央关于落实国民党起义、投诚人员政策，地、县成立了地、县委领导为组长，统战部牵头，公安、法院、民政等有关部门组成的落实起义投诚人员政策领导小组及办公室，全面开展落实原国民党起义投诚人员政策工作。经登记核

实，全区有起义投诚人员1385名。通过查证核实，全部给予颁发了起义投诚证书。有个人申诉，查实有政策落实的185人，根据党的“既往不咎”政策，复查、改正给予恢复起义投诚人员名誉的171名；犯有新罪，查证核实维持原处理决定的有14名。根据有关政策规定，落实安排工作39人，退职退休22人，给予一次性补助104人，补助金额21000多元，每月定期补助12人，政治上安排为政协委员16人，人大代表5人，家属子女受株连问题得到解决。

三、原工商业者的区别和落实政策

1979年，保山地区开展区别“三小”（小商、小贩、小手工业者）和落实政策工作。地委成立了区别工作办公室，保山、腾冲两县成立了区别工作领导小组，下设办公室。昌宁、施甸、龙陵三县由统战部负责，地直有区别任务的单位有专人负责区别工作。保山县先行试点后全面展开。经核实查明：1956年公私合营期间，全区共参加公私合营人员756人（主要集中在保山县和腾冲县），共有资金435201元。除已加入合作组织者外，实际纳入区别的745人，其中区别为劳动者的有653人（小商359人，小贩92人、小手工业者100人、小业主19人、其他劳动者83人），资金为234729元。区别不出来未定为工商业者的有92人。在落实政策中，按照中央关于对原工商业者实行“包下来，包到底”的政策处理；对区别为劳动者的“三小”人员认真落实了有关政策，被查封的29户（“文化大革命”3户），物资价值17685元，全部作了退赔；对41户被扣减工资34098.99元全部给予补发；退还“文化大革命”中被占用房屋20间，对精简下放、参加“大闹钢铁铜”等未收回以及死亡人员作了认真落实处理，该收回的收回，该给安置费、抚恤费和生活补助费的均一一给予落实，对曾受各种刑事和行政处分，属错处错判，按政策给予平反和撤判，无固定职业的原公私合营人员，按中央有关文件精神给予落实，享受文件规定的各项待遇。1984年对“三小”区别工作进行全面检查验收，结果基本符合要求。

四、台胞台属政策落实

1982—1985年，地、县各级按照中央有关文件要求，坚持有错必纠原则，认真开展了落实台胞台属政策工作。全区应该落实的有114件，已全部落实清楚。其中台籍同胞陈金火作撤判、恢复公职处理，政治上安排为保山县政协常委，其爱人因受牵连，也对其工作作了适当安排。其余台属按政策认真作了落实，凡冤、假、错案都作了平反纠正。被查抄的财物能原物退还的退还，不能退还的作折价赔偿处理；房屋被占用的予以退还，损坏的给予补偿；判刑的该撤判的撤判；受审查的给予删除不实之词、纠正其错误结论；下放农村的给予收回；子女受株连的得到了妥善处理。

五、少数民族上层、宗教、党外知识分子政策落实

1979年落实政策期间保山地区共有少数民族上层人士5人，其家属子女16人。由于“文化大革命”中21人均被下放到农村、2人被抄家、工资和生活补助被停发。在政策落实中全部予以解决，补发了工资36740元，退还被占用的房产费33000元，从1981年起恢复4人生活补助费。

“文化大革命”中和以前保山地区被占用的寺观、庙宇103处，落实政策期间，落实退还93处，其余因一时无法退还的以后作调整处理或逐步给予落实；历次运动和“文化大革命”中被处理的16名宗教神职人员已全部得到落实解决。

对保山地区统战工作范围内受冲击的188名党外知识分子落实了政策。对在历次政治运动中受各种处理，有政策应予落实的37人（“文化大革命”前18人、“文化大革命”中19人）逐一作了复查，经统战部与有关部门复查落实，全部得到落实改正、恢复了政治名誉，恢复了工作、落实了工资待遇和抚恤补助。家属子女受株连的得到了妥善解决。

此外，统战部开展和协助做好侨务、政协委员、黄埔同学和其他爱国人士的落实政策工作。

第三节　多党合作和政治协商

一、全市民主党派主要情况

1986年12月30日，民主党派在保山地区保山市建立了第一个基层组织——中国民主同盟保山市支部委员会。1987年5月至1997年11月，先后建立了民建、九三学社、民革、致公党、农工党基层组织。2001年7月，保山撤地设市，12月11日，中共保山市委和中共隆阳区委召开民主党派上划保山市管理座谈会。2002年1月1日，民革保山市支部、民盟保山市总支、民建保山市总支、农工党保山市总支、致公党保山市总支、九三学社保山市总支6个民主党派正式由隆阳区上划保山市管理。全市民主党派成员由上划前的328人发展到531人。2005年12月，民盟、民建、九三学社建立市级地方组织。

二、全市政协基本情况

1980年9月至1984年4月，保山地区所辖五县（市）先后恢复了人民政协机构。人民政协组织的恢复建立，使保山市贯彻执行中国共产党领导的多党合作与政治协商有了机构和组织形式，为参加人民政协的各党派、各团体、各民族、各阶层提供了政治平台。1987年2月，经中共保山地委批准，成立保山地区政协工作联络组，初期与地委统战部合署办公，1990年3月设立政协保山地区工作委员会，2001年7月保山撤地设市，同时设立中国人民政治协商会议保山市委员会。

三、多党合作和政治协商制度贯彻

1985年10月，中共保山地委统战部举办了全区统战、政协、侨务等单位参加的统战系统干部培训班，此间，成立了保山地区“统一战线理论研究小组”，创办了《保山统战理论探讨》（试刊）。1990年6月，保山地委制发了《中共保山地委关于贯彻〈中共中央关于坚持和完善中国共产党领导的多党合作和政治协商制度的意见〉的通知》，从提高认识、加强同党派、无党派人士协商和合作等七个方面提出了贯彻意见。各县（市）根据各自的实际，提出了相应措施。中共各级党委始终坚持“长期共存、互相监督、肝胆相照、荣辱与共”的方针，加强与民主党派的协商与合作，重大事项与民主党派直接协商形成共识，支持民主党派搞好自身建设，帮助解决实际问题，畅通参政议政渠道，充分发挥民主党派的优势和作用。各级统战部充分发挥职能作用，提出贯彻方案，主动工作，抓好检查落实，搞好总结分析，提出决策参考意见，当好党委参谋。

1994年，制发了《中共保山地委进一步加强政协、统战工作的意见》，并召开市一级单位领导干部会议作了专门部署。1999年10月，地委统战部对全区贯彻《中共中央关于坚持和完善中国共产党领导的多党合作和政治协商制度的意见》情况进行了总结，接受了省检查组的检查。2001年12月，中共保山市委召开全市统战工作会议暨统一战线先进集体、先进个人表彰会议，形成了《中共保山市委关于进一步加强统一战线工作的意见》。

2005年2月，《中共中央关于进一步加强中国共产党领导的多党合作和政治协商制度建设的意见》下发后，保山市委统战部会同市委宣传部联合发出《关于学习贯彻〈中共中央关于进一步加强中国共产党领导的多党合作和政治协商制度建设的意见〉情况宣传报道工作的通知》，对学习贯彻《意见》作出部署。“九五”“十五”期间，各级政协紧紧抓住经济、社会发展重大问题和群众普遍关心的“热点”“难点”问题共组织2900多人次开展视察、调查，形成专题报告270多份，提出意见、建议1450多条，向党委、政府建言献策；各级政协委员通过提案大会发言等积极开展民主监督、实施参政议政，向全国政协提交提案34件、向省政协提交提案249件、向县（区）政协提交提案3600余件。关于扩建保山机场、建立保山海关等一批提案，得到国家和省有关部门的采纳，并加以实施，中国共产党领导的多党合作和政治协商制度得到有效贯彻。

第四节　党外干部培养

1995年，地、县（市）统战部积极向各级人大、政协、政府部门推荐使用非党干部。年末，全区1510名各级人大代表中，党外代表438名（担任人大领导职务1人）；1193名各级政协委员中，党外委员730名（担任政协领导职务11人）；404名县处级干部中，党外人士39人。

1996年，地委统战部继续加强非党干部的培养、选拔工作。建立后备干部名单地厅级1人，县处级46人；协同政协工委积极向组织部门推荐非党干部18名；与组织等部门举办为期10天的“非党干部培训班”。

1998年乡（镇）换届，地委办转发了《中共保山地委组织部、统战部关于进一步加强培养和选拔党外干部工作的意见》。全区83个乡（镇）有38乡（镇）配备了党外干部任乡（镇）领导，提拔40名党外干部担任乡（镇）领导。年底，全区45436名在职干部中，有党外干部29203人。其中党外实职领导：厅级1人、处级39人、科级161人，分别占同级领导干部的4.54%、8.31%、7.92%。

2000年，地委统战部推荐了1名党外干部任地直部门副局长，推荐1名处级干部为省工商联领导人选。对全区五县（市）任乡科级实职的党外领导干部情况进行调查统计，为建立县处级党外后备干部队伍打下了基础。

2001年7月地改市中，新提拔了4名副厅级党外领导干部，有5名党外干部当选为市级领导(市人大副主任1名、副市长1名、市政协副主席3名)。2003年12月，出台《中共保山市委组织部、中共保山市委统战部关于我市党外干部和民主党派、有关人民团体领导干部管理问题的通知》，理顺了保山市管理党外干部、民主党派、有关人民团体领导干部的管理工作。

2005年4月，有4名党外副处级干部晋升为正处级干部。11月，开办党外干部培训班，70人参加了培训。年末，全市副科以上实职党外领导干部317名(男236名，女81名)，占同级干部总数的11.44%。其中：地厅级5名、县处级32名、乡科级280人(正科87名)，分别占同级别领导干部的15%、7.08%和12.3%。市县(区)两级人大、政府班子中各配备了1名党外干部；两级政协班子中配备的党外干部为腾冲县4名、施甸县2名，其余均为3名；市直有8个单位配备党外领导；乡(镇)政府配备党外领导干部32名；全市检察机关科级实职党外干部8名(正科3名，副科5名)，其中县检察院副检察长1名；法院系统有副处级审判1名、副庭长(副科)1名；市县两级人大、政协中人大代表和政协委员基本达到中央和省委的要求。

第五节　港澳台及海外统战

随着改革开放的不断扩大，保山市的海外统战工作的重点由处理历史遗留问题向广交朋友转变，由主要做“三属”工作向“三胞”及海外华人转变，由注重政治宣传向为经济建设服务转变。

一、“三引进”基本情况

保山的“三引进”工作，从最初的捐赠到建立基金会，从一般的投资办厂到更宽的投资领域。至1987年年底，全区统战、政协、侨务等部门牵线搭桥引进资金324.05万元，办起合资、独资企业12个。全区共接受捐资72.73万元，其中：华侨捐赠71.58万元、台胞捐赠1.15万元(地直4万元、保山市1万元、施甸3.6万元、腾冲60万元、龙陵4.13万元)；华侨杨秀先生捐赠小车3辆，香港伍体贤先生捐房1所(价值约10万元)、艾思奇家捐房1所(价值约11万元)；旅缅侨僧、华侨先后赠送大小玉佛18尊，最大的玉卧佛长达6米、重约10吨。至1991年先后有18个国家和地区的华侨、台港同胞272人捐资1200多万元，捐车5辆、玉佛50多尊、房屋4000多平方米，投资820多万元兴办独资合资企业22个。随着对外开放的扩大，政府制定宽松优惠的投资政策，投资领域更宽，基本上形成了加工、种植、采矿、旅游服务等多门类的“三资企业”队伍。1997年年底，全区共有“三资企业”46户(合资26户、合作4户、独资16户；台资企业13户，投资额3512.9万美元)，注册资本6235.49万美元；共接受捐资7935万元。全区的“三资企业”以腾冲、保山为最多。当年腾冲县17户“三资企业”的工业产值约占全县工业产值的三分之一。2005年年末，全市“三资企业”中，华侨华人港澳同胞投资的华资企业15户，注册资本22974万元，拥有资产47301万元；台资企业共注册22户，注册资本662万美元，实际投资1572.6万美元、人民币320万元；全市共接受海外侨胞和港、澳、台同胞捐资达5198万元人民币，新建教学楼31幢、设立卫生奖励基金会1个，教育奖励基金会9个，共拥有基金900多万元人民币。

二、对港澳台及海外联络交往

通过落实华侨房产、台胞台属等政策，与海外华侨、港台同胞交往逐渐增多，许多海外“三胞”也从最初的观望转到关心关注家乡的建设与发展。工作中，各级各部门尤其是统战、侨务部门，从侨乡优势出发，利用地缘、亲缘关系，加大对外联络交往。第一，打开了关闭40余年腾密公路大门。通过以侨搭桥，以文艺联“姻”，1991年，腾冲县代表团首次出访缅甸密支那；应行署邀请，密支那、南坝两地政府代表团前来参加保山首届文体演赛会。期间，就修复腾密公路、贸易往来、派团互访等问题达成意向性协议。第二，派出经贸代表团、政府代表团等进行考察和互派文艺代表团进行文化交流。第三，利用文化阵地，办好刊物、制作宣传品，扩大宣传，以文会友以文交友增进联谊；弘扬中华文化，招收侨生、外派华文教师，开展华人教育，扩大中华文化的影响。第四，派出技术力量，帮助安装电视差转台和开展农业技术交流搞好经济作物种植。第五，保持经常联系。春节前夕，统战、侨务等部门向海外华侨社团、侨领、港澳台同胞寄去贺卡、贺信，统战、侨务和政协领导带队多次前往缅甸木姐、南坝、密支那等地拜访当地华侨会、侨领；平时注意保持一定方式的联系。2003年7月，市对外友好协会到缅甸、泰国访问了同乡社团。每逢中秋、春节，相关部门便主动走访侨资、台外资企业和“三胞、三属”代表；领导出访、考察进行专门拜访。第六，重大节庆、重大活动邀请海外“三胞”和友人参加。在保山花市、中国昆明艺术节、昆交会、南方丝绸古道商贸旅游节，以及第三届世界云南同乡会等重大活动期间，地委行署、市委、市政府专门举行招待会、新闻发布会，组织参观考察，开展联谊和商贸活动，介绍开发项目和引资内容，鼓励和吸引侨商、外商参与保山的建设和开发。

三、港澳台及海外统战工作座谈会

1998年10月，云南省边境地州海外统战工作座谈会议在腾冲县召开。边境9个地（州）19个县（市）统战部长、台办主任共60多人参加（保山五县市统战部长均参加）。会议对开展海外统战工作作了深入研讨，9个地州县作了发言交流，保山地委统战部和腾冲县在会上作了交流。保山地委副书记董治良到会祝贺并分别介绍了保山区情、县情。会后全体与会人员赴德宏前往缅甸九谷、木姐、南坝进行为期一天的参观考察。

2002年9月，全市海外统战工作座谈会在龙陵县邦纳掌召开。会议传达贯彻全省港澳台海外统战工作座谈会精神，总结全市改革开放以来港澳台海外统战工作的成绩和经验，安排部署全市当前和今后一个时期的港澳台海外统战工作。市、县（区）统战部长、台办主任和市直相关部门参加会议。

第六节　民族宗教事务

1991年，保山地委统战部针对有可能引发的民族矛盾、宗教问题，做好疏导工作。1月，地委统战部与地区和保山市民委等部门组成7人工作组，对保山市辛街乡的宗教活动情况进行了调查，做了妥善处理，并提出加强基层宗教工作管理的4条建议。

1995年，地委统战部依法加强对宗教活动的引导和管理，使宗教与社会主义相适应。对几次出现的宗教活动场地争执问题，协同有关部门协调解决，化解矛盾，避免造成不良后果。

2000年，地委统战部对民族地区的经济发展和社会稳定进行调研；调查云峰山道观与云峰旅游公司发生矛盾的情况，提出解决矛盾的办法；与民族宗教局共同完成保山市天主教的情况调研，形成相关处理意见上报地委；协助相关部门，制止有反共色彩和反动政治宣传的图片、音像制品传入中国。

2005年，保山市委统战部发挥牵头协调作用，定期分析民族宗教工作态势，确保全市民族团结、宗教和谐、社会稳定、边疆安宁。年内，3次到隆阳区佛教、伊斯兰教、基督教活动场所参加活动，了解情况、宣传政策、调研工作，联谊宗教界代表人士和宗教教职人员。协助市民族宗教局建立了市级基督教组织。协调伊斯兰教信徒做好有关零星朝觐工作。

第十章　政策研究

第一节　工作机构

1978年，保山地委调研工作尚未恢复，当时政研室、农村部的工作职能由“农林办公室”“农业学大寨办公室”“地委办公室农村组”等临时性机构代替。

1980年2月，保山地委决定恢复地委农村工作部，下设秘书科、调研科、山区工作队和会计辅导队。各县恢复设立农村工作部。1981年12月，保山行署恢复农林办公室，地委农村工作部与行署农林办公室合署办公，一套班子，两块牌子，受地委、行署双重领导。1983年7月，体制改革中，恢复地委调研室。1984年12月，地委调研室再次被撤销。1983年9月至1985年12月期间，行署农林办公室撤销，同时在行署计经委成立农业科，保留地委农村工作部，归地委领导。1985年12月，保山行署恢复农林办公室，实行与地委农村工作部合并办公，仍然是一套班子，两块牌子。

1991年4月，地委决定恢复成立中共保山地委调查研究室。同年6月更名为中共保山地委政策研究室，内设秘书科、经济科、综合科。

1994年12月，撤销中共保山地委农村工作部，部分工作人员调入地委政策研究室，人员编制由原来的10人增加到12人，内设经济、农村、秘书3个科室。1995年3月，全区五县（市）分别成立了县（市）委政策研究室，全区政研机构网络正式形成。1996年8月，地委决定恢复地委农村工作部，与地委政策研究室实行“两块牌子、一套班子、一套人马”的体制。内设综合科、秘书科、农业科、经济科、调研科5个科。

2001年7月，保山撤地设市，地委政研室更名为中共保山市委政策研究室。之后，市委农村工作部再次撤销，其工作职能归入市委政策研究室。市委政策研究室内设秘书科、综合科、经济科、农村科、社会事业科5个科及市委农村工作领导小组办公室。人员编制18人，其中：机关工勤人员3人；设领导职数主任1名，副主任3名，科级6名。2004年10月，保山市委政策研究室秘书科改为办公室。

第二节　调查研究

1979年1月，地委组织调查组，对保山县大官市大队3种口粮分配办法、大官市第二生产队对作业组试行“五定一奖”生产责任制情况、芒宽公社新民生产队社员几项主要家庭副业的情况、板桥公社赵官大队粮食分配情况、邢家湾大队建立作业组“三包奖惩”责任制的情况等进行调查，为全区农村联系实际开展农业生产责任制试点提供经验。

1980年7月，地委主要领导带领工作组，到龙陵县平达公社街子、河尾两个大队，对偏远耕地实行“三包”到人、到组生产责任制情况进行调查。地委认为江边远地实行“三包”到人、到组的责任制，是符合巩固社会主义集体所有制和各尽所能、按劳分配原则的，对发展生产，改善社员生活均有好处，应作为全区管理远田远地的一条经验来推广。同年9月，地委农工部、农业保山支行对施甸县仁和公社沙沟大队在分配试点中落实按劳分配加照顾、干部岗位责任制奖惩兑现、巩固联产责任制、落实还贷计划等情况进行调研，总结推广其经验。

1981年1月，中共保山地、县委配合省委办公厅政研室调查组，对保山县板桥街的经济情况进行调查，总结了坝区经济发展中的经验，对全区各县坝区经济的发展具有重要的指导意义。

1983年1月，地委组织调查组对施甸县社员兴办的银川综合厂、由旺皮件厂进行调查，总结其联合办厂的经营模式。2月，地委农村工作部调查组对姚关大队在建立联产承包责任制和开展多种经营中，出现一批专业户、重点户的情况进行调查。认为他们是在农村实行大包干责任制中发展起来的新事物。

1984年6月，地、县（市）、区委组织联合调查组，对延长土地承包期涉及的几个问题进行调查，针对部分群众抓一季吃一季的临时思想，以中央“两个长期不变”的政策，解除了农民的思想顾虑。12月，地委调研室、地区工业交通局、地区社企局联合对区矿产资源开发情况进行调研，为发展保山地区矿业提供决策依据。

1985—1986年，地、县（市）委开展对贫困地区的调研，探索其贫困原因及脱贫途径。

1987—1990年，地、县（市）委农工部先后对“干部岗位责任制、劳动力转移、加强村级组织、完善双层经营、茶叶经营体制、农村集体土地承包管理和开发利用”等情况进行较系统的调研，为地、县（市）领导掌握农村改革情况和决策提供服务；并与地直有关部门调查总结了保山市农机服务体系、保山地区供销社与农业部门共同建立“庄稼医院”、昌宁县红茶厂为发展茶叶提供系列化服务、地区农科所实行科技承包、建立健全农经服务站等一批典型经验，为建立健全农村公共设施和财产管理、农业科技服务、农用生产资料的供应、农产品的流通四大社会化服务体系提供了经验。

1991—1994年，地委政研室围绕地委“12444”经济发展思路，注重区内改革开放中的新情况、新问题及重点、难点、热点，开展了蔗糖生产、烤烟生产、茶叶生产、香料烟生产、热区产业结构再调整、农资供应、蚕桑产业政策、科技兴农工作、农民专业技术学会、农村党建、住房制度改革、计划生育、公费医疗制度改革、职业技术教育、商业“四放开”、发展蔬菜、发展边境贸易和发展乡镇企业、发展“三资”企业等方面的调查研究，为地委科学化决策提供参考依据。参与了省委宣传部等意识形态部门组织的社会主义本质与所有制结构调整理论研讨会，有两篇论文入选。

1995—2000年，围绕全区经济发展思路和地委各个时期的中心工作，先后对土地资源利用、农村合作基金会、土地承包合同续签、甘蔗价格、茶叶生产、乡镇企业股份合作、发展畜牧业、供销社改革、对外引资、林产业发展、精神文明建设、县级综合改革、热区开发、烤烟收购、个体私营经济、农民负担、六大支柱产业建设、国有企业改革、调整和优化农业产业结构、农村集镇建设、市场体系建设、发展特色产业、“四荒”出让开发、异地扶贫开发、解放思想大讨论、党员结对帮扶等进行调查研究，为地委决策提供科学依据。

2001年，地委政研室对农村经济结构调整、农村“三学”活动、干部人事制度改革、党风廉政建设、村级体制改革等情况进行调查研究，形成《2001年农业产业结构调整、拓展和提升骨干产业、培植旅游、蔬菜花卉和生物制药等后续产业的规划和主要措施》《保山市党的作风建设情况》《保山村级体制改革实践与思考》等重要调研报告。主动配合省委调研组到保山开展的境外禁毒及对策、个私经济发展等调研工作。先后开展了“加入WTO对保山产业的影响、保山城市经济发展、保山城乡一体化发展、促进保山经济协调发展”等重大课题的研究，注重分析研究基层经济工作中的热点与焦点问题，总结了一些新经验、新做法，为市委科学决策提供良好服务。

2002—2003年，市委政研室先后对经济结构调整、农民增收、农村税费改革、农村土地使用权流转、三次产业发展、对外开放、加快工业经济发展、小康文明村建设、发展县域经济、发展个私经济、党建等市委、市政府关注的重大问题进行调查研究。配合省委政研室、省委农村工作领导小组办公室到保调研，完成《腾冲以新思路、新方式招商引资，促进县域经济持续快速发展》的调研报告；配合云南省社科院南亚所到五县（区）作《保山构筑走向南亚要素集散平台对策专题研究》调研；协调有关部门完成保山市畜牧业、林业及退耕还林、大春粮食收购存在问题等专项调研。同时，围绕服务保山经济社会发展大局，开展重大课题调研。取得《应对入世后的机遇和挑战，保山十四项产业的发展趋势及对策》《缅甸经济形势与保山参与中国东盟自由贸易区建设》等一批重要课题研究报告，为市委、市政府决策提供依据和信息。

2004—2005年，市委政研室先后对农业工作、农村贫困人口现状、发展农村集体经济、贯彻《农村工作守则》、推进新型工业化、工业园区建设、翡翠产业发展、做强建筑建材产业、发展电矿产业、保山小湾移民工作、发展农村新型合作经济组织等情况进行专题调研；配合市直部门完成了《腾冲猴桥口岸发展与规划思路》《腾冲国际生态旅游区规划》的调研；参加全市教育体制改革、文化体制改革、农业科技推广情况、村级集体经济督查等调研，相应形成一批研究报告和重要文稿。由政研室牵头负责，农业、林业、经贸、烟草、生物创新等农口部门参与的《保山市优势农产品区域规划》，于2004年11月通过专家评审。这些研究成果，其中有些直接转化为市委决策，充分发挥了政策研究的职能作用。

第三节　农村工作

1978年，农村工作还处在农业学大寨运动的高潮期，保山地区从地县直机关抽调普及大寨县和进行基本路线教育工作队3457人，深入农村社、队，开展“四清四查”和大搞农田水利基本建设，组建各级农建队（农田基本建设专业队）930个7.3万多人。春节期间的农田建设大会战，3天共有140.6万人参加，分布在2662个工地。年末，全区共建成大寨式田地19.77万亩。

1979年3月，中央公布新《六十条》在农村引起强烈反映，广大干部和群众要求恢复“定额包工”责任制，彻底改变“大概工”“大锅饭”“平均主义分配”的状况。年末，全区共有8821个生产队，搞“五定一奖、分组作业”的1856个队，定额包工的5583个队，合计搞责任制的7439个队，占总队数的84.3%。

1980年1月，地区召开先代会，重点是解决农业生产责任制问题。由于当时没有一套比较完善的专业承包办法，全区大多数生产队搞成了小而全的综合组。从4月开始，施甸县水长公社的平场子生产队、七〇七生产队、摆榔公社摆榔大队的9个生产队，保山县丙麻、西邑公社，龙陵县镇安公社，腾冲县荷花公社和龙江沿岸的部分生产队，实行了联产到户的责任制。1981年，全区生产责任制形式出现“要求联产承包”的形势。为了指导、帮助各社队选择好适合自己情况的责任制形式，地委对中央〔1980〕75号文件集中抓了三次比较大的落实：1月，召开公社党委书记会；6月，召开县书会；8月，召开地委三干会。1982年1月，根据中央批准的《全国农村工作会议纪要》，全区地、县、社三级对农业生产责任制进行总结完善，并抽调三级干部共2432人到生产队帮助建立农业生产责任制。5月，地委农村部、行署农办就目前全区农村工作中的社员负担、非法占地建房、稳定目前责任制形式和乱砍滥伐森林等四个问题向地委、行署汇报反映。6月，地委农村部、行署农林办公室向地委、行署提出了《关于完善包产到户和大包干到户生产责任制的几点意见》。8月，地委召开县委书记扩大会，进一步研究农业生产责任制问题。10月，地委召开地、县、社三级干部会议，总结全区近三年实行农业生产责任制的经验教训，决定在全区进一步推行和完善农业生产责任制。1983年全区全面推行家庭联产承包责任制（保山地区比其他地区推迟两年左右的时间）。1984年，全区统一办理了农业承包合同签订手续，各农业社同承包耕地的农户签订了农业承包合同书。6月，为稳步推进农村改革和发展农村经济，地委组织地、县、区联合调查组围绕发展商品生产，延长土地承包期，发展专业户、重点户和发展乡镇企业等进行深入调查研究。9月，地委农村部组织五县（市）农村部开展最困难乡的调查研究，为以后的扶贫工作打基础和提供依据。10月，地委批转地委农村部《关于继续做好稳定完善农业生产责任制工作的报告》。

1985年，中央继续深化农村经济体制改革，从4月1日起，粮食、油菜籽取消统购改为合同定购。10月地委农村部与行署粮食局就粮油实行合同定购中的若干情况进行调查研究，分析总结全区在粮油实行合同定购中出现的新情况和问题。同年，根据省委的部署，在全区开展了农村“增百致富”活动，各级也同时制定了经济翻番计划。8—9月地委农村部组织县（市）农村部对农村“增百致富”活动进行调研，总结检查计划执行情况。据1985年农村经济（增百致富）情况统计，五县（市）的农村经济总收入和农民所得人均都有增加。1986年4月至6月，地委农村部针对当前农业工作中出现的农用柴油、化肥、食盐等供需紧张问题进行调研，并及时形成反映材料向省委农村部汇报。地委农村部为提供市委进一步了解和掌握当前农村改革中基层组织、党员、干部、群众的思想动态，9—10月，深入保山市板桥镇和施甸县水长进行专题调研，形成《板桥镇基层组织及党员、干部思想动态》和《施甸水长九条沟乡当前干部群众的一些思想动态》两个调查材料。同年，全区开展了扶贫帮困工作，地委农村部及时总结交流了地直单位蹲点扶贫办实事的经验和做法。

1987—1990年，紧紧围绕地委、行署在农村的中心任务和各个时期的具体情况开展工作。1991—1995年，农村工作围绕全区“12444”工程，认真贯彻执行党的十四大精神，加强农业的基础地位，继续稳定和完善家庭联产承包责任制为主要内容的各项政策。

1996—2000年，努力履行好地委赋予的工作职责，积极组织贯彻落实党在农村的各项方针政策和有关农业、农村工作的指示，主动负责对全区农业、农村工作和地直农口部门的主要工作情况进行综合分析，并针对存在问题及时向地委、行署提出工作建议、报告，努力与地直涉农部门研究、协调、解决农业和农村工作中的一些重要问题，切实保护农民的利益，促进农业增产、农民增收、农村稳定。

2001—2005年，围绕全市农业发展、农民增收、农村进步的各项任务，提出抓好各个时期农业农村重点工作的指导意见，分阶段调研分析农业农村经济发展形势，督促检查全市农业农村重点工作，形成《春耕备耕情况及当前农民关心的几个问题》《保山市关于当前农业农村经济形势分析及近期工作建议》等反映农业农村情况的重要文稿。先后完成农业结构调整、特色农业发展、农业科技推广、农业产业化组织建设、农民增收、农民承包耕地变化情况、农业产业化经营发展、乡（镇）行政区划调整、市委小康示范村建设、村务公开、村级体制改革、农村税费改革等专项调研，形成《农民增收：制约因素与对策》《实施特色农业战略，推进农业结构调整》等一批调研报告，总结推广《腾冲县狠抓农业科技措施的落实，确保粮食安全农民增收》《昌宁县落实六条措施确保农业丰收》等一批典型经验；配合省委政研室、省委农村工作领导小组办公室及莅保农业专家到保山调研，形成《市委小康示范村建设考察团赴昆明、玉溪、红河等地考察小康示范村和种草养畜的报告》《北汉庄小康文明示范村建设规划》。督促全市认真贯彻落实党的农村政策和中央、省委农村工作会议精神，做好《中华人民共和国农村土地承包法》、新《中华人民共和国农业法》《云南省农村工作守则》等法规的宣传、落实工作，参与减轻农民负担、扶贫开发、大小春生产检查工作，配合有关部门抓好农村基层组织和精神文明建设工作。

第四节　信息处理

1978年以后，地（市）委政研室（农工部）为历届三干会、党代会、地委扩大会、市委全会和市委、市政府召开的各种会议承担了大量文稿工作，先后完成各种重要会议的主题报告和重要文件的撰写任务，负责起草、修改、整理的文件、文稿上千件。

政研室（农工部）为了做好信息反馈，在1978年编印《农业学大寨简报》的基础上，近30年间编印了《农村工作简报》《政研内参》《保山政研》《保山政研快报》《农村工作简讯》《参阅资料》《政研信息》《政研参考》等刊物，共计549期。据不完全统计，报送的信息资料、文稿被《人民日报社中国经济快讯》、省委办公厅政策研究室《调查研究》、省委政研室《领导参阅》、省委农村工作领导小组、《云南农村经济》、省人民广播电台、《保山信息》《保山信息专报》《保山政务信息》《保山日报》《保山宣传手册》《活水》等国家、省、市级媒体刊用120多件。配合省委政策研究室完成省情资料《1991—2002年的云南》保山篇、《云南百科全书》保山地区条目、《新编云南省情》保山地区篇、《中国农业全书·云南卷》保山地区篇、《中国国有经济大辞典》保山地区篇、《中国民营经济大辞典》保山地区篇以及《新编云南地州市县情·保山篇》的撰写任务。参与了保山地区地方志、保山年鉴有关章节和施甸县李正英合作社社史的编写、研究；编辑出版了《保山市情》《保山市对外开放工作手册》《保山市农业产业结构调整专辑》《保山市优势农产品区域规划》《保山市热区开发研究》等论著和书籍，对保山经济社会的发展，起了一定的作用。

第十一章　老干部管理

第一节　工作机构

1979年9月，保山地委根据中央和省委组织部的要求，决定在地委组织部设立老干部管理科，编制2人。各县在县委组织部设立老干部管理股，编制7人（保山县、腾冲县各2人，昌宁县、龙陵县、施甸县各1人）。1983年9月，成立中共保山地委老干部局，隶属地委领导和管理，机构级别为地直一级局。内设办公室和干部休养所，人员编制5人，设局长1名，科级领导职数1名。保山市和腾冲县在县（市）委组织部设老干部管理科，昌宁、施甸、龙陵三县仍在县委组织部设老干部管理股。

1994年12月，党政机构改革后，地委老干部局降为副处级局，归口地委组织部管理。1996年7月，恢复为地直一级局，人员编制8人，其中：行政编制4人，事业编制4人（含工勤人员2人），实有7人；设局长1名，副局长1名，科级领导职数1名。

2001年7月，保山撤地设市，地委老干局更名为中共保山市委老干部局。2002年，在党政机构改革和“三定”工作中，市委老干部局为市直一级局，归口市委组织部管理，内设办公室、政治待遇科、生活待遇科3个科室；人员编制9人，其中：行政编制5人，行使行政职能事业编制2人，机关工勤人员编制2人；设局长1名，副局长1名，科级领导职数3名。保山市老干部休养所、保山市离退休干部活动中心、保山市老年大学为市委老干局管理的事业单位。

第二节　离退休干部情况

据1985年统计，全区1949年9月30日以前参加革命仍健在的老干部共787人。其中，民国26年（1937）7月6日以前参加革命工作的2人，民国26年（1937）7月7日至民国34年（1945）9月2日参加革命工作的128人，民国34年（1945）9月3日至1949年9月30日参加革命工作的657人；享受地厅级待遇的25人，正副县处级待遇的401人，一般干部361人。至年底已离休380人中，有老红军2人，抗日战争时期老干部85人，解放战争时期老干部293人。

1992年年底以前，保山地区离休干部累计去世108人，其中：地厅级5人，县处级31人，一般干部72人（1992年去世11人）。

1995年，全区共有离休干部596人，其中：享受正副厅级待遇的23人，享受副厅级单项待遇的25人，享受县处级待遇的288人，享受乡科级及以下待遇的260人。1995年年底以前，离休干部累计去世140人（1995年去世12人）。

2000年，全区共有离休干部468人，其中：享受正厅级待遇的2人，副厅级待遇的10人，副厅级单项待遇的19人，县处级待遇的256人，乡科级及以下待遇的181人；地直单位170人，保山市131人，施甸县30人，腾冲县49人，龙陵县47人，昌宁县41人；党政机关214人，事业单位98人，企业156人。同年，全区共有退休干部10300人，其中：党政机关3314人，事业单位5088人，企业1915人；享受正地厅级待遇2人，副地厅级11人，县处级498人，乡科级及以下9806人。

2005年，全市有离退休干部15291人（不含中央直属和云南省直属驻保山单位离退休人员），其中：离休干部366人，退休干部14925人；行政4650人，事业8014人，企业2627人；享正厅级6人，副厅级42人，副厅级单项16人，县处级1402人，乡科级4609人，其他待遇9216人。

第三节　制度建设

一、领导体制

1978年起，保山地、县（市）委加强离休、退休老干部的管理工作。1984年11月，地委批转地委老干部局《关于进一步落实离休干部政策的报告》，明确要求各级党委和政府把老干部工作作为一项政治任务，从组织机构、人员配备、工作指导等方面予以加强。地委组织部成立了老干部管理科，各县委组织部门在干部股设专人负责老干部工作。地、县（市）组织、人事、民政、劳动部门都把离休、退休老干部工作列入议事日程，同心协力，共同做好老干部的管理工作。1986年4月，地委批转《关于进一步加强老干部工作的意见》，要求各县、市建立老干部局，归口县委组织部，除做好离休干部的管理服务工作外，在政治学习、组织活动和发挥作用方面，协同人事部门把原属县委以上党委管理范围内退休干部也管起来；要充实和加强管理人员，经费和办公室也应统筹考虑。

1995年，保山地、县（市）委成立了以书记为组长，副书记、政府领导、组织部长、老干部局长为副组长，党委办、政府办、人事劳动局、财政局等单位领导为成员的老干部工作领导小组。

1997年12月，地委下发《关于进一步加强老干部工作的意见》，各县（市）、各部门、各单位党委（党组）都确定1名领导分管老干部工作。老干部局归口党委组织部后，组织部长亲自抓好老干部工作，地委和各县（市）委老干部工作领导小组定期研究、指导和协调老干部工作，每年至少召开1～2次会议，听取老干部工作情况汇报，研究解决有关问题。

2004年10月，保山市委组织部、市委老干部局、市财政局、市劳动和社会保障局、市机构编制委员会办公室联合下达《关于加强出售和破产、关闭改组改制企业离休干部管理服务工作的意见》。

2005年6月，市委办公室批转《关于进一步加强老干部的意见》，重申进一步加强离休、退休老干部的管理工作。要求充分发挥老干部工作领导小组的作用，各县(区)委、各单位老干部工作领导小组要定期研究、指导和协调老干部工作，每年至少要召开1~2次会议，听取老干部工作情况汇报，研究解决老干部工作中的困难和问题。

二、管理制度

1979年以后，保山地区在老干部管理工作中建立了离休、退休干部参加同级干部重要会议制度、学习制度、保健制度、走访慰问制度。

1991年，举办老干部工作专兼职人员业务培训班6期，参训700多人；采取边检查、边落实、边解决具体问题的方法，把“两个待遇”工作落实到实处，解决了老干部反映比较突出的一些问题。在老干部居住比较集中的地方，成立了离退休干部党总支和离休干部党支部、党小组，保证了离退休干部正常参加组织生活；建立了老干部集中学习、阅文、待遇核实、就医保健、参观、健康休养等许多制度和措施。

1998年，根据省委组织部、老干部局《关于在我省实行老干部目标管理责任制安排意见的通知》要求，在五县(市)和地直10个单位实行了老干部工作目标管理责任制。1999年7月，地委组织部发出《关于把老干部工作列入县市党政领导班子领导干部考核工作内容的通知》，要把老干部工作纳入考核内容。

1997—2005年，市委组织部、老干部局对五县(市)和地区直属相关单位实施老干部工作目标管理，每年派出考核组对全市五县(市、区)及市(地)直属相关单位进行检查考核，从不间断。市委组织部、老干部局对考核结果总分在90分以上的县(区)委老干部局和市直相关单位给予表彰奖励。2005年6月，市委办公室批转了市委组织部、老干部局《关于进一步加强老干部工作的意见》，对已建立的管理制度进行了肯定。在政治待遇方面，建立了阅读文件、组织生活、政治学习、情况通报、走访慰问、参观考察、参加重要会议、领导干部联系老干部等八项制度；在生活待遇方面，建立了离休干部离休金、医疗费、财政支持“三个机制”、老干部常规体检、老干部住院治疗疾病报告探望、帮助困难老干部及遗属解决生活困难等七项制度。省委组织部、老干部局每年派出考核组对保山市(地区)检查考核，每年都被评为优秀，受到表彰。

第四节　老干部待遇落实

一、政治待遇

(一) 政治学习

1982年，保山地区在老干部中建立学习日制度，组织离退休干部学习党中央、省委的重要文件和中央、省委领导的重要讲话。凡是重要的报告和召开党委会议，都通知离退休干部代表参加。

1984年11月，地委批转地委老干部局《关于进一步落实离休干部政策的报告》明确规定：离休干部基本政治待遇不变，应与同级在职干部一样阅读文件，参加一些必要的会议，以便及时了解党的路线、方针、政策和国家大事，继续发挥作用，搞好传、帮、带。

1988年，地直单位、各县（市）定期向老干部传达学习文件，每月15日住城内和郊区的老干部都到县城听中央、省、地、县有关文件的传达，全区有4800多名老干部都能按时到会参加传达学习文件。居住在农村的，由乡组织干事负责组织他们学习。各县、市还为老干部每人订阅一份《半月谈》和《老干部之友》等杂志。凡需要离休干部参加的一些重要会议，基本上做到了在发通知时明确离休干部参加。到1990年，保山地区除各级党委和政府召开重要会议、作重要报告和传达重要文件邀请老干部参加外，地县（市）委老干部局还组织老同志学习72次，5000余人次参加。

1994—1997年，全区各级老干部门始终坚持了每月组织老干部学习、传达文件一次的制度，请地委领导为老干部作了多次形势报告，参加2000余人次；共选送了5位离休干部党支部书记到省委党校参加培训学习；组织7名副地厅级离退休干部参加省委党校举办的邓小平理论读书班学习。

1999年，地委老干局号召老干部积极行动起来声讨邪教的歪理邪说，并要求老干部弄清真相，明辨是非。同时，老干部工作部门调查摸底，对症下药，对参与过修炼邪教“法轮功”的老干部做好思想转化和解脱工作，并引导老干部开展科学、健康的文体活动。当年，在“三讲”教育中，老干部工作部门组织老干部开展“讲学习、讲政治、讲正气”活动。

2001年，“七一”讲话发表后，在老干部学习日认真学习了《讲话》精神。12月，市委老干局举办了有60多人参加的市直机关老干部党支部书记、副书记培训班，认真学习了江泽民“三个代表”重要思想、“七一”讲话和十一届六中全会《关于加强和改进党的作风建设的决定》。市委、政府领导在春节、“七一”、国庆期间先后三次向市直离退休老干部通报经济和社会发展情况。市直单位副厅级以上老干部参加党代会、人代会、政协会以及有关重要会议150余人次。

2003年，举办了老干部读书班，学习了胡锦涛“七一”重要讲话和“三个代表”重要思想。同时为市直单位离休干部和副厅级以上退休干部每人订购了《中国共产党十六次全国代表大会文件汇编》和胡锦涛《在“三个代表”重要思想理论研讨会上的讲话》等两本书，给离休干部订阅《云南老年报》。

2005年，举办了老干部“老有所为”先进事迹报告会，邀请全国老干部“老有所为”先进个人、原保山地委书记杨善洲，为市直和中央、省属驻保单位离退休人员举行先进事迹报告会，参会达700多人。并在市委举办县处级领导干部培训班时邀请市直副厅以上离退休干部参加培训。

（二）走访慰问

保山市、县（区）领导和老干部工作部门坚持在重大节日期间走访慰问老干部的制度。在春节期间召开老干部茶话会、到医院慰问住院的老干部。地委老干部局和各县（市）委老干部局协同有关单位每年坚持做到对已经办理了离休的老干部走访、看望一次，每年春节坚持慰问。

1981年“七一”建党节，中共保山地委领导杨善洲、杨茂春、蒋鸣凤等领导对46名离退休干部进行了走访和看望。

1988年，地委领导两次听取了全区老干部工作的情况汇报，决定对易地安置到省外、省内的离休老干部进行一次慰问。当年，共慰问省内外72名老干部。在敬老节活动中，地委、行署召开80人参加的老干部座谈会。并决定拨款3万元，在地区中医院设病床16张。同年4月，保山行署专员贺志鹏还为离休干部作了关于保山地区经济建设的专题报告，向老干部通报情况。春节，地委、行署主要领导分两个组慰问了住院和住干休所的老干部共52人。

1990年，地、县（市）老干部工作部门先后走访慰问老干部2次，1000余人次。元旦、春节期间，地、县（市）委、政府领导带队，老干、组织、人事等单位组织慰问组，对700多名离休干部进行了走访。同时，还组织了电影晚会、座谈会、报告会和团拜会8场次，参加人员610人次，到医院看望住院老干部1000多人次。走访座谈中，对老干部提出的要求和困难，按政策规定及时给予解决。

1995年，在纪念世界反法西斯战争和抗日战争胜利五十周年活动中，各级党委、政府和组织、老干部门对1945年9月2日前参加革命工作的48位老干部逐人进行了走访看望和慰问，并对生活困难的8位老干部发了补助费，对省外易地安置的21位离休干部进行逐人走访慰问。

1996年，在纪念红军长征胜利60周年之际，地委、行署对老红军邹定江及两户老红军遗属进行了慰问走访。

1997—1999年春节期间，地委领导和老干局领导还到昆明慰问了易地安置各位老干部。

2000年春节，地委、行署领导对城区的63名地厅级离退休干部、16户老红军及地厅级离退休干部遗属、22名住地区干休所的离退休干部及遗属进行了走访慰问，给8户生活较困难的离休干部及离休干部遗属发放了困难补助。并召开了离退休干部春节座谈会。

2001—2004年，市委、政府领导每年春节都走访慰问了驻保山城区的地厅级离退休干部、老红军及地厅级离退休干部遗属和住市干休所的离休干部及遗属400多人次；国庆、中秋节期间，召开离退休干部参加的茶话会、座谈会。市委老干部局走访慰问了病患在床的离退休干部14人次。

2005年春节期间，市委、人大、政府、政协领导以及有关部门领导分成5个慰问小组，先后对驻保山城区的老干部及遗属共123人进行走访慰问。纪念抗日战争胜利60周年期间，市委老干部局对10位抗战老战士进行了走访慰问。

（三）老干部党组织建设

1984年11月，地委批转地委组织部、老干部局、行署劳动人事处《关于进一步落实离休干部政策的报告》，要求离休干部中的党员必须编入党的基层组织，定期过组织生活；为了方便离休干部，可采取下列不同办法解决：凡在本单位安置并归原单位管理的，由原单位党组织将他们编入党小组，定期过党的组织生活；有条件的地方（如离休、退休干部中党员有三人以上的）也可以单独建立离休退休干部党支部或党小组；有的党员住地离原单位较远，可根据情况，就近编入有关单位党组织进行活动；易地安置到保山地区住在居民区或过去已转归街道党组织的，也可编入街道党组织过组织生活。

1995年，在老干部自愿的基础上，按居住地和工作系统建立离退休干部党支部。截至1995年年末，全区已建立离退休干部党总支1个、党支部26个，有离退休干部中共党员192人，其中离休干部党员143人，占全区离休干部党员总数的33%。

1999年，地委组织部、宣传部、老干部局、行署劳动人事处下发《关于进一步加强和改善退（离）休干部思想政治工作的意见》，积极探索新形势下加强和改善老干部思想政治工作的途径和方法。

2000年，全区培训了老干部党支部书记，以增强新形势下老干部党支部的活力。年底，建立老干部党支部43个。2002年，全市建有4个老干部党总支，59个老干部党支部，老干部党员达1200多人。2005年年末，全市建有6个老干部党总支，85个老干部党支部，编入离退休干部党员2070多人。

(四) 参观考察

1983—1984年，保山地区先后有12名离休干部参加省委老干部局组织的考察团，前往重庆、武汉、庐山、南京、上海、杭州，东北和华东地区参观考察。组织20名离休干部到昆明参观考察18天。

1985年11月，组织离休干部前往腾冲、德宏参观考察农业建设项目。

1986—1987年，有3名离休干部到昆明黑龙潭干休所休养；3人参加省委老干部考察团前往东北参观考察工农业建设。

1997年，地直和五县（市）均组织老干部就地就近参观考察工农业生产建设和重点项目建设。3月，由地区苏帕河工程指挥部资助110多名老干部到苏帕河流域对电力开发工程进行参观考察；7月，由地区烟草公司资助19位地厅级离退休领导到五县（市）进行了烤烟生产为主的工农业生产、重点工程、地区复烤厂、保山面粉厂、保山城市建设规划、北庙风景区开发等项目考察。

1998年4月，应原地委书记杨善洲的邀请，地委老干部局组织16名县处级以上离退休干部前往施甸大亮山林场、姚关供销社薄膜厂、施甸县纸箱纸板厂进行参观考察；10月，组织保山地区原边纵七支队老战士57人到曾经工作和战斗过的地方参观考察了大理、永胜、鹤庆、洱源、剑川、通甸、云龙等地的风景名胜、市容市貌、烈士纪念碑、祭奠牺牲先烈。

1999年先后组织近400名离退休干部前往世博园参观。2000年组织地直单位离休干部及工作人员32人前往腾冲县参观考察。腾冲县组织离退休干部23人参观考察了毛黑、腾保公路。

2001—2004年，先后组织离退休干部前往腾冲县、龙陵县、保山市农业科技示范园、大保高速公路和大理参观考察344人次；组织市直、省属驻保单位离休干部和副厅以上退休干部到昌宁县参观考察工农业生产和云县小湾电站；组织副厅级以上离休干部赴香港、澳门、广州、深圳、珠海等地考察学习。腾冲县组织21名离退休老干部到新加坡、马来西亚、泰国及中国香港、澳门地区参观考察。

2005年，组织副厅级以上离退休干部41人到江西革命老区考察学习。同年，组织市直、省属驻保单位离休干部到施甸县参观考察工农业生产和个私经济、城镇建设。

二、生活待遇

20世纪80年代初，保山地区老干部管理工作中的主要问题是解决好老干部住房问题。地委和各级党委按照大分散小集中的原则，采取了建立地区离休干部休养所、就地安置离休干部、回农村居住三种办法。1980年，成立了保山地区干部保健委员会，各县成立了保健领导小组，并确定了享受老干部医疗保健的范围。全区纳入保健范围263人（不含省驻保山地区的单位），其中地直单位的174人，各县89人，对每个享受医疗保健的干部发了就诊证。

1981年，对享受保健的老干部进行全面的身体检查，建立个人保健卡片。落实了省委组织部、财政厅等联发的《关于离休干部政治、生活待遇和几个具体问题的通知》精神，从1980年12月起，离休干部供粮标准和在职干部一样。

1982年，全区共设老干部病床41张，其中地区人民医院24张，各县17张。年内，先后有12名离休、退休干部的子女调到身边。同时解决老红军王天生、王树堂和第二次国内革命战争时期参加革命的张福俊子女就业的问题；对已故老干部王作霖的遗属，按政策规定从保山回原籍山西落户，给予困难补助385元。

1984年11月，地委批转《关于进一步落实离休干部政策的报告》，对有关离休干部的住房、福利、医疗、探亲、差旅费、物资供应等待遇问题作出了明确规定。

1988年，全区优先安排287位离休干部住进了新房。特需费每年补助离休干部每人105元都已落实，交通费、洗理费、书报费等待遇都与在职干部相同。全区共设老干病床108张，其中地区56张，各县（市）52张。同时在地区人民医院门诊设立了离退休干部门诊室。

1990年，地委老干部局配合有关部门，及时办理提高部分离休干部的政治、生活待遇和单项待遇手续。

1993年，全区离休干部的门诊费、住院费实报实销。具体办法是由离休干部所在单位先行支付再凭费用依据向地区公费医疗管理办公室报销；县（市）直单位的费用凭据向县（市）公费医疗管理办公室报销。

1994年，离休干部公用经费标准在原基础上每人每年提高100元，就地休养补助费每人每年提高60元；明确了企事业单位离休干部中专业技术人员交通费补贴标准，每人每月标准为正高职30元、副高职24元、中职17元、初职10元；在工资制度改革中，督促企业按时足额发放离休干部基本离休金和生活补贴；切实解决老干部生活待遇落实中存在的问题。全区共为1600多名离退休干部和保健对象进行了健康体检，其中，地委老干部局组织体检400多人，为老干部上了3次保健知识课，参加300余人次。

至1995年年底，全区共妥善安置离休干部596人。

1997年，中组部和云南省落实离休干部“两费”专题会议后，全区迅速召开会议安排部署，采取措施检查督促。地县财政、企业主管局共拨出专款77万元，解决拖欠的离休干部医药费和3项补贴；4名离休干部的门诊费原实行包干问题得到纠正；1名离休干部原没有享受高龄补贴得到补发；2名离休干部的建房补贴得到兑现。对全区182名企业离休干部的工资按行政级别进行套改；按规定给离休干部遗属确定了补助标准。地委行署下发《关于国有企业改制后离休干部的经费改由同级财政负担的通知》，从1998年1月起，全区地、县（市）直企业的177名离休人员的经费全部由地、县（市）财政负担。

1998—1999年，离休干部的特需费、公用经费由地委老干部局统一掌握发放和使用，并制定了具体管理办法。地委老干部局和卫生局制定了《关于进一步明确地直单位离休干部医疗报销办法的通知》，地委老干部局与财政局、卫生局制发了《完善地直单位离休干部公费医疗费管理规定》，实行“核定基数，节约有奖，超基数实报实销”的办法。组织地直单位离休干部和县处级以上退休干部826人进行了健康体检。

2001年，全市认真落实《关于调整自雇费、高龄补贴、公用经费、交通费和提高部分离休干部待遇的通知》文件精神。出台了《保山市机关、事业、企业单位及省属驻保用人单位离休干部医疗保障实施意见（试行）》，于2002年1月起执行。并按政策规定给全市160名企业离休干部增加了离休金。

2002年，落实《关于调整我省离休干部医疗待遇及生活待遇有关问题的通知》规定，给全市离休干部增加的特需费、给80岁以上离休干部增发的高龄补贴、给离休干部中危重病人住院陪护费。市政府印发《保山市离休干部医疗保障实施意见（试行）》，明确规定离休干部医疗保障实行市级统筹，保山离休干部医疗保障机制正式建立。根据上级文件精神，在所在地解放期间参加革命工作的退休干部，当年7月起，每人每月给予200元生活补助费，获得生活补助的退休干部共计134人。划入退休干部个人账户的医疗费比例在原有基础上提高40%。

2004年2月，市委组织部与相关部门联发文件，给已故离休干部的配偶，符合条件的人员增加了补助标准。6月，保山市劳动和社会保障局下发《关于实施离休干部医疗保障统筹工作有关问题的通知》，从2004年起，离休干部医疗保障统筹实行“统一制度，分级运作，资金按市本级和五县（区）六个统筹区分别筹集、使用和管理，自求平衡，超支自理”，将参加市本级离休干部医疗保障统筹的离休干部医疗费奖励办法调整为：个人全年医疗费开支在4000元以下者，个人实际发生的医疗费与4000元的差额全部奖励给本人，医药费超过4000元者不实行奖励。10月，下发《关于加强出售和破产、关闭改组改制企业离休干部管理服务工作的意见》，规定企业在出售和破产、关闭改组改制中，要采取切实措施，明确责任，确保离休干部各项待遇的落实和管理服务工作不受影响。同年，市委老干部局先后印发《关于建立市直单位老干部住院治疗疾病报告和走访探望制度的通知》《关于调整离退休人员护理费标准的通知》《关于提高已故离休干部无固定收入配偶生活补助标准的通知》《关于调整发放离休干部特需经费中保健补助的通知》。认真贯彻《关于对我省建国初期参加革命工作的部分退休干部在生活上给予适当补贴的意见》，对1949年10月1日至所在县解放期间(隆阳区、施甸县1950年3月12日，龙陵、腾冲、昌宁县1950年3月20日)参加革命工作、脱产享受供给制待遇，且未间断革命时间的退休干部244人，自2004年7月起每人每月给予170元的生活补贴。

2005年，根据省规定和要求，制定《关于进一步明确离退休干部高龄补贴有关规定的通知》，进一步规范高龄补贴发放工作。及时汇报并商同有关部门按时给全市398名离休干部每人每月增加200元生活费。发放老干部就地休养费、特需保健费、地厅级老干部电话费、老干部活动费共计16万多元。12月，市政府印发《关于调整完善城镇职工基本医疗保险有关政策的通知》，对离休干部的床位费进行调整，规定离休干部副厅级以上每床日不超过50元，一般离休干部每床日不超过30元。

第五节　老干部作用发挥

1984年11月，保山地委批转地委老干部局《关于进一步落实离休老干部政策的报告》。要求各单位要根据老干部的精力、专长和志趣，采取多种形式，提供必要条件，因人制宜地安排，使他们在晚年能为党为人民做出应有贡献。

1988年，全区离休干部中有353人在全区各条战线上发挥作用。年内，全区开展了金榜奖、精英奖评选活动。

1996年，全区有2374名离退休干部在各条战线上发挥了作用。其中：参与考察干部、查处案件3人，培养青少年关心下一代43人，撰写回忆录、编写专业史17人，从事种植业及专业技术服务420人，领办创办经济实体11人，重新聘用88人，参加居委会工作158人，参加离退休干部管理服务工作200人，在各种学会、协会等组织中任职87人，其他工作1347人。

2001年，市委、市政府和各县(区)委、政府组织老干部参与各类活动，发挥了重要作用。市委邀请5名老干部参加了市直事业和企业单位“三讲”教育工作，并任组长；各县(区)委邀请了一部分老干部参加了年初开展的“三个代表”重要思想学教活动；市政府邀请两名老干部带领检查组到市直及各县(区)对教育系统进行行风评议；省委老干部局、市委老干部局、省电视台与施甸县委、县政府联合拍摄了反映原保山地委书记杨善洲创办大亮山林场的先进事迹的专题片《满目青山夕阳红》，分别在省电视台及保山市、隆阳区、施甸县电视台播放，对老干部发挥作用起到了正面宣传作用。

2002年，市委邀请14名老干部在“团结干事”思想教育活动中到市直单位和五县(区)担任督导组长，县(区)也抽调一些老干部当任督导组长；市、县(区)有关单位分别采取邀请、返聘、组织引导等形式，吸收了很多离退休干部参加干部考察、撰写志书、商品房建设、工程质量监督、市场管理、城市秩序维护等工作，为全市两个文明建设发挥余热。

2003年，市委在兴起学习“三个代表”重要思想新高潮的工作中邀请了5名老干部参加督查巡视组到五县（区）进行督查巡视；在公开招考县处级干部工作中邀请了3名老干部参与考察。

2004年，保山市成立关心下一代工作委员会，邀请3名地厅级退休干部担任主任和副主任。市委在开展建设新型工业化体系的工作中邀请3名离退休老干部担任巡视指导组组长到县(区)工作。在“云岭先锋”工程建设中邀请8名老干部参加社会评议机关作风的活动。市委老干部局邀请2名副厅级离退休干部参加了老干部政治待遇落实情况专项大检查。当年，保山原地委书记杨善洲被评为全国老干部“老有所为”先进个人并受到中组部表彰。

2005年，积极发挥老干部的政治优势，如在开展共产党员先进性教育活动中邀请老干部讲革命传统，组织老干部参与培养青少年关心下一代工作，参政议政等；发挥老干部专业优势，邀请老干部参与行风评议、考察干部、案件查处、科技法律咨询、发展种养殖业、撰写回忆录、编写专业史等；发挥经验优势，采取邀请、返聘、组织引导等形式，吸收老干部参加居委会、老年服务及各种学会、协会等工作，继续为全市“三个文明”建设作贡献。

第六节　老干部活动组织

一、组织老干部开展活动

1988年，保山地区在老干部中开展了一些文体活动。全年共组织老年人参加的文艺晚会2次，让老干部登台表演节目。地区还组织了4次大的体育运动会，开展了门球、象棋、麻将、扑克、桥牌、围棋等项目的竞赛，参赛的老同志达到69%。举办了230人参加的4期气功培训班、110人参加的2期迪斯科培训班。

1990年，全区在老干部中自上而下采用自办、联办、单位办、协助老年组织办等多种形式开展健身活动。先后举办了《气功内气治疗学》、华亭功法、医疗保健知识、门球等培训班12期，参加人员1000多人次。组织老干部到省老干部活动中心参加保健培训1期、28人，为保健活动培训了骨干。坚持从实际出发、因地因人制宜、小型多样、科学指导、保证安全的原则，积极协同老年组织开展各种运动会和比赛活动，如门球、麻将、慢跑、环城赛走、登山、书画、桥牌等项目比赛。据不完全统计，参加人员2000多人次。

1997年，组织开展了迎香港回归城区老年人运动会、“社保杯”“九九重阳杯”“诗书画展”等文艺体育活动。

1998年，举行了第三届“九九重阳杯”老年人运动会，进行了门球、地掷球、象棋、乒乓球、桥牌等五个项目的文体活动。地直单位及县（市）都组织了形式多样的文体活动。全年共组织老干部参加各项活动2000余人次。

1999年，地直单位老干部倡导和组织了纪念金鸡“四五”武装起义活动，并在金鸡小学举办革命传统教育和诗书画展；组织离退休干部游昆明世博园、圆世纪梦；举办国庆颂、迎澳门回归、庆祝国际老年人年诗书画展和《前进中的保山老干部工作》图片展；举办九九重阳“人寿杯”老年人运动会和第四届“九九重阳杯”老年人运动会；组织老干部进行游园活动和舞会。

1999年，地委组织部、地委宣传部、行署劳动人事处、地委老干部局联合印发《关于进一步加强和改善退（离）休干部思想政治工作的意见》，要求各级各部门要按照文化部《关于加强老年文化工作的意见》，搞好老年文化场所建设，积极开展丰富多彩的老年文化活动，办好各类老年大学、发展老年教育事业。要以强烈的政治责任感，切实把老干部活动中心（室）、老年大学建设摆上议事日程，纳入当地市政建设和精神文明建设总体规划，增加投入，努力把老干部活动场所建设好。要充分发挥老干部活动中心（室）的作用，积极开展丰富多彩的活动。

2000年年末，全区有5个老干部活动中心、地县各部门设有活动室174个，全区有门球场31块、地掷球场21块、羽毛球场5块。同年12月，中共保山地委批复同意建立保山地区老年大学。

2001年9月，保山市委组织部、市委老干部局下发《关于积极动员支持离退休干部参加老年大学学习的通知》；10月，保山市老年大学成立并开学，设保健、书法、拳剑、声乐四个专业，共招生5个班、270多名学员。2002年2月，市委老干部局、市老干部活动中心举办了市直30多位老同志参加的卡拉OK比赛及迎新春文艺表演。10月，在欢庆第十五个敬老节期间，举办了首次全市老干部暨老干部工作者卡拉OK大赛。

2004年，市老年大学学员增加到706人；市老年艺术演唱团编排的傈僳族舞《我们打歌多快活》在杭州举办的第七届中国艺术节群星奖会演中获二等奖。

2005年，市老年大学有学员1128人，昌宁县、龙陵县、腾冲县先后创办了老年大学；市老年艺术演唱团到玉溪参加了全省老干部第十三届“青春常在”艺术节，并在保山端阳花街暨商贸旅游节上进行了多场演出；市老干部诗书画协会在商贸旅游节和纪念抗日战争胜利60周年时举办了两次书画大展；老年戏剧演出团深入部队、学校、农村慰问演出；市老科协经常组织医务科技人员到乡下给群众义诊，给种植大户作技术指导，受到了群众的称赞。全市老干部活动中心在完成基础设施建设的基础上，更新添置了内部配套设施，健全了规章制度。

二、老干部开展活动的组织机构

（一）保山市离退休干部活动中心

1988年12月，地委决定建立保山地区离退休干部活动中心，1991年12月动工，1993年12月竣工。占地面积666.67平方米3.171亩，建筑面积2684平方米，投资260万元。2001年更名为保山市离退休干部活动中心。2003年，新增投270万元（其中省局拨款130万元，市级配套140万元），对离退休干部活动中心进行了扩建改造、装饰绿化等工程建设，新增面积830平方米，装饰改造近1000平方米。经过扩建改造，活动中心成为集报告厅、健身按摩室、棋牌室、乒乓球室、练舞厅、茶室、阅览室、老年大学教室、办公室、老年党校、老干部诗书画协会、老年艺术团、多功能报告厅为一体的综合性大楼。

(二)保山市老年大学

2001年10月，经地委同意，市老年大学成立，校址设在保山市老干活动中心。老年大学校长在离退休干部中选聘，日常工作事务由离退休干部活动中心负责承办。市老年大学首任校长为离休干部张道一，聘用教师9人，学校管理人员3人。当年开设书法、声乐、拳剑、西医保健4个专业，5个班299人次。到2005年，保山市老年大学5年间发展到16个专业，34个班1500人次。

(三)保山市干部休养所

1982年11月，保山地委批准建立保山地区干部休养所，接收安置行政17级、县处级以上离休干部。休养所位于太保山脚，占地2466.7平方米3.7亩，累计总投资58.27万元。设有活动室、阅文室、会议室等，配有彩色电视，订阅各种报刊，购置棋牌等各类文娱用品供老干部活动和娱乐。2001年地区干部休养所更名为保山市干部休养所。休养所自1982年11月开始接收安置离休干部到2005年12月，共计接收安置离休干部18户19人，其中，享受副厅级单项待遇2人、县处级16人、离休干部家属1人，先后病故10人。

(四)保山市老干部诗书画协会

1990年4月，在保山老年书法协会的基础上建立保山市老干部诗书画协会，为全市性、群众性、学术性社会团体。2005年年底，有会员700余人，其中，省老干部书画协会直属会员84人，中国老年书画研究会直属会员36人、创作研究员5人。协会自成立15年间，积极开展诗书画活动，取得了可喜成果。

(五)保山市老年艺术团

保山市老年艺术团成立于1989年，当时称保山地区老年演唱团，至2001年改称为保山市老年艺术团。艺术团成立后，深入到乡村、企业、厂矿、部队、学校演出达600余场，并在三馆、保岫广场、芒市电影院、瑞丽、玉溪等地举办“激情广场”，在多次的参赛中获奖。老年艺术团的成员来自社会各个层面，除个别是专业出身外，其余均系来自各行各业、各个部门的离退休人员。

(六)保山市戏剧演出团

2004年5月保山市戏剧演出团成立，挂靠市委老干部局。该团坚持“百花齐放”，文艺为广大人民群众服务的指导方针，努力弘扬民族优秀戏剧文化，力争精益求精排练出思想性、艺术性、观赏性俱佳的优秀剧目。每年除参加城区节庆联欢演出外，还送戏下乡，先后在保山市区、乡(镇)演出145场。

第七节 老干部信访接处

市委老干部局根据中组部制定的《老干部信访工作暂行规定》，认真做好老干部信访工作。

1991年，保山地区老干部信访中反映“两个待遇”没有落实的问题21人、383人项，已按政策落实364人，受政策限制未及时解决15人项，超出政策55人项。1992年，反映“两个待遇”没落实10人、302人项，已按政策规定落实249人项。

1994—1998年，接待来访者1500余人次，处理信函727多件，主要反映各种补贴和医药费的情况。对反映涉及面广、政策性强的问题，在做好思想工作的同时，及时向上级有关部门反映，请上级综合考虑解决。

2001—2002年，全市老干部管理部门共收到老干部来信33件，接待老干部来访600余人次。2003年，全市共接待受理和协调处理了老干部来信16件，接待老干部来访达250余人次，比上年下降50余人次。信访出现了“三多三少”情况：企业单位来信增多，行政事业单位减少；退休干部增多，离休干部减少；反映其他问题较多，反映生活待遇的减少。

2005年，全市老干部管理部门共受理和协调处理了老干部来信14件，接待老干部来访180余人次，做到事事有落实，件件有回音，来信来访的老干部较为满意。

第十二章　机关党建

第一节　工作机构

1983年11月，成立中共保山地直机关委员会。1984年编制3人，有工作人员2人，不设科室。

1985年1月，地直机关党委召开地直第一次党代表会议，选举地直机关党委会。

1988年12月，改为中共保山地直机关工作委员会。

1990年3月，成立中共保山地直机关党委，撤销原地直机关工委，编制8人，保留机关工委纪律检查委员会。4月，地区编制委员会对地直机关党委内设科室批复，同意设地直机关党委办公室，地直机关纪委办公室两个室，室领导各配备1名。同月，地直机关委员会召开了第三次代表大会，选举地直机关党委会。1995年4月，召开地直机关第四次党员代表大会，选举地直机关党委会。

2001年7月，地直机关委员会改为中共保山市委直属机关工作委员会。

2002年7月，市委办公室印发《中共保山市委直属机关工作委员会职能配置、内设机构和人员编制方案的通知》，明确了内设机构为办公室、组织纪检科、宣教科（机关团工委）。行政编制6名，事业编制2名，工勤人员1名，总编制9人。其中：书记1人，副书记2名（兼机关纪工委书记1名），科级领导职数3名。

2005年6月，市委办公室印发《关于中共保山市委直属机关工作委员会职能配置、内设机构和人员编制方案的通知》，明确了主要职责，内设4个科（室），行政编制6名，事业编制4名，工勤人员2名，总编制12名。其中：书记1人，副书记2人，纪工委书记1人，科级领导职数4人。

第二节　机关党员队伍建设

一、入党积极分子培训

1990年举办第一期要求入党积极分子培训班。此后每年举办一期，每期培训7～8天，至2005年共举办了16期。1991—2005年，共有1953人参加入党积极分子培训，年均参训130人。其中最多的是2005年325人，最少的是1993年61人。

二、发展党员

市直机关工委按照《中国共产党章程》规定，按照“坚持标准，保证质量，改善机构，慎重发展”的方针，认真做好党员发展工作。1984年发展党员90人。1991—2005年，共发展党员541名，年均发展36名，其中最多的是1993年63名，最少的是1991年13名；共办理预备党员转正手续575名，年均转正38名，其中最多的是1998年76名，最少的是1991年16名；有2名被取消预备党员资格，1名延期转正，有3名党员被除名。2005年年末，机关工委所属党组织共有党员2712人，其中：预备党员53人；离退休党员768名；少数民族党员280人；妇女党员527人。

第三节　机关党组织建设

1984年5月，保山地委批转地直机关党委《关于地直机关党委工作职责范围的报告》，明确了地直机关党委的工作职责范围和机关党的组织建设。8月，地直机关党委和地委组织部联合下发了《关于地直单位党费收缴、使用、管理的通知》，这是地直机关党委恢复成立后首次明确党费收缴、使用、保管的具体规定。年内，协助有关单位建立健全机关党组织，建立机关党总支4个、党支部11个。

1985年1月，地直机关党委召开地直第一次党代表会议，代表名额为100人，实际出席会议84人，会议选举中共云南省第四次代表大会代表，选举地直机关党委会。

1986年，地直机关党委的整党工作在1985年12月基本结束后转入正常工作，机关党委认真总结整党中的成绩和经验，分析存在的问题，对整党中的遗留问题进行处理。年内，共处分党员12人，其中：开除党籍2人，留党察看1人，严重警告3人，警告处分6人。同时审批和办理了整党中的党员登记工作。地直参加整党的429名，其中，给予登记427人，暂缓登记1人，不够条件的1人。

1988年3月，地直机关党委制定了《保山地直机关党委会的岗位责任制》。5月，对74个支部书记进行了培训。年内，地委组织部、地直机关党委联合下发文件，对行署科委、科协、地震办党支部违反党费收交、使用、管理规定的情况进行了通报，对三个支部违反党费管理规定、账目混乱、胡支乱花，在党内外造成不良影响给予通报批评并给予纠正。12月，地直机关党委和地委组织部联合表彰了87名先进党员。同月，地直机关党委和地委组织部共同提出了《关于加强和改进地直党政机关党的工作的意见》，将地直机关党委改为中共保山地直机关工作委员会，作为地委的派出机构，列入地委的编制序列、领导地直机关党的工作。

1989年4—7月，地直机关工委在地直所有党组织和党员中进行了民主评议党员工作。共评出合格和基本合格党员3212名（基本合格276名），占参评党员的99.32%；评出基本不合格和不合格党员17名（不合格3名），占参评党员的0.53%。另有5人因问题不清未定格，占参评党员的0.15%。评出15个先进党支部，1个先进党总支，69名优秀党员。年内，共处理党员15人，其中：开除党籍2人，劝退3人，自动退党2人，取消预备党员资格2人。年末，地直机关工委有党组织311个，其中：党委7个、党组35个、总支22个、支部246个。

1990年4月，中共保山地直机关委员会召开了第三次代表大会，选举地直机关党委会。同时，选举出地直机关出席中共云南省第五次代表大会代表。5—7月，开展了民主评议党员工作，参加评议党员1172名（其中预备党员21名），评议结果为：合格党员1126名，基本合格22名，基本不合格3名，不合格1名，推荐出工委表彰的优秀党员41名。9月，召开地直机关党支部工作经验交流会，地直59个单位的71名党委书记和支部书记参加了会议，就如何发挥机关党组织的职能，发挥党支部的作用等问题进行广泛的讨论和交流，总结经验，并对9个党支部进行表彰。

1991—1994年，地直机关党委先后印发了《对机关党支部目标管理试行办法》《加强党支部工作的几个问题》《党委工作规则》。每年都开展了民主评议党员工作，表彰优秀共产党员146人次，及时查处党员违纪案件，开除党籍2人，严重警告2人。凡是连续兼任机关党支部书记或副书记满三届，而且工作卓有成效的，均给予颁发“党务工作者荣誉证书”。2004年9月，地直机关党委在腾冲首次主持召开了县（市）直机关党（工）委联席会议，加强了县（市）直机关党工委的联系，交流了机关党建工作的经验。此次会议决定了每年召开一次全区机关党建工作联系会。

1995年4月，召开了地直机关第四次党员代表大会，到会代表93人，选举地直机关党委会。5—6月，开展了民主评议党员工作，1150名党员参加了评议，评议结果：合格党员1147名，开除党籍1人，犯错误待处2人。表彰了优秀党员95名。6月，地直机关党委制定《关于健全和完善发展党员工作程序的意见》，规范市直机关各级党组织发展党员的基本程序和做法，使发展党员工作制度化。10月，地直机关党委举办了支部书记培训班，参加培训的支部书记、支委共120人（其中保山市参加培训65人）。

1999年，地直机关党委下发了《关于加强党员教育的意见》，组织党员学习《中共中央关于共产党员不准修炼“法轮功”的通知》。12月，地直机关党委召开1999年度党支部工作目标管理考核先进党支部表彰大会，对在1999年度工作中做出突出成绩的10个先进党支部，15名优秀党务工作者进行了表彰。年内，及时查处违反党纪的案件，全年共查处违纪案件7起，处分违纪党员8人（其中处级干部3人）。

2000年，7—9月，地直机关党委按照地委的统一部署，完成了县处级领导干部的“三讲”教育工作。11月，地直机关党委举办了为期3天的党支部书记培训班，地直机关党委所属67个支部的书记参加培训，地直其他党委的107名党支部书记也参加了培训。年内，地直机关党委组织党员学习《中共中央关于党员不准修炼“法轮功”的通知》及“法轮功就是邪教”等批判邪教“法轮功”的文章。

2001年2月，市直机关工委发出《关于在同“法轮功”邪教组织斗争中充分发挥基层党组织和共产党员作用的通知》。市直机关工委所属党员中没有任何人参与练习邪教“法轮功”。4月10日、4月12日，施甸县发生了强烈地震，市直机关工委的广大党员积极踊跃地捐款捐物，向灾区人民献爱心，为灾区群众重建家园贡献一分力量。6月，市直机关工委向各党总支、党支部发出了《关于开展向普光洪同志学习的通知》，号召广大共产党员要以实际行动向普光洪学习。7月，市直机关工委认真开展了“三讲”教育“回头看”活动。当年，市委直属机关工委荣获年度党风廉政建设责任制工作先进集体，受到市委、市政府的表彰。

2002年2月，市直机关工委下发《关于对反映机关党建工作的新闻报道进行奖励的通知》，决定对所属党组织、党务工作者和共产党员中踊跃向中央级、省级、市级党报党刊和工委主办的《机关党建》撰写并发表的、反映机关党建工作的新闻报道以及理论文章给予一定的奖励。全年共发表稿件39篇。5月，在永昌电影院组织了一场党风廉政建设报告会，市直机关1300多名党员参加了报告会，收到了良好的效果。7月起，市直机关工委组织开展了新一轮解放思想大讨论活动，这次大讨论用一年的时间，分为三个阶段进行。8月，机关工委按照市委组织部的要求，首次开展了科级干部公开竞聘上岗活动，对两个科级职位进行了公开竞聘。11月，市委直属机关工委制定了《关于建立党员发展工作公示制度及预审制度的通知》，对有关工作提出了具体要求。

2003年5月，市直机关工委发出《关于在防治“非典”斗争中充分发挥党组织战斗堡垒作用和共产党员先锋模范作用的通知》，要求各级党组织把防止非典型性肺炎的感染传播作为当前的重大任务，从讲政治、讲大局、讲稳定的高度，充分发挥基层党组织在抗击非典型性肺炎斗争中的监督服务和保证作用。9月，原市委所属的农业局、林业局、水电局、交通局、建设局和文化局6个党委及所辖的58个支部归属市直机关工委管理。年末，市直机关工委所属机关党委6个、党总支18个、党支部157个。

2004年5月，市直机关工委制定了《关于实施“云岭先锋”工程，切实推进市直机关党的基层组织建设的意见》，对市直机关党组织实施“云岭先锋”作了全面安排部署。9月，举办了为期3天的党支部书记培训班，工委所属机关党委、党总支和党支部的书记共80多人参加了培训。

2005年，市直机关工委印发了《机关工委六项制度和创建学习型机关实施意见》，制定了《机关工委学习制度》《机关工委民主科学决策制度》《机关工委党员联系群众制度》《机关工委首问首办责任制度》《机关工委公开承诺制度》《机关工委责任追究制度》。7—10月，市直机关工委在所属部分党组织中开展了第二批“保持共产党员先进性教育”活动，涉及14个单位、3个机关党委、3个党总支、30个党支部、504名党员。当年，市直机关工委连续第五年荣获年度执行党风廉政建设责任制先进单位，受到市委、市政府的表彰。年末，市直机关工委所属党组织有机关党委6个、党总支21个、党支部165个，其中：工委直属的党支部47个，老干部党支部21个，企业支部26个，事业单位支部48个；涵盖市直及省属驻保单位共68个部委办局。

第四节　七一活动

1987年6月29日，地直机关党委召开纪念建党66周年座谈会，部分老党员，党组织代表有关部门领导共17人参加了会议。

1991年6月28日，地直机关党委举行了庆祝中国共产党建党70周年党的知识选拔竞赛活动，对在竞赛活动中获得一等奖47名，二等奖127名同志给予了奖励。

1995年7月1日，为庆祝建党74周年，地直机关党委召开了有离退休老党员、领导干部、支部书记、优秀党员代表参加的座谈会，畅谈建党74周年间所取得的光辉业绩；举行新党员宣誓活动；与地委办公室、宣传部、团地委一起组织了地委机关“七一”歌咏大会。

1997年，地直机关党委组织了丰富多彩的“七一”活动：召开“庆七一，迎回归”座谈会；召开表彰大会，对民主评议中评选出的97名优秀共产党员进行表彰；举行有42名新党员参加的入党宣誓。

1999年，地直机关党委组织七一庆祝活动：召开有各界人士参加的座谈会；组织人员参加地委行署组织的万人长跑、三馆开馆仪式和大型文体活动；开展以知识竞赛，游园、演讲和卡拉OK演唱等活动；召开优秀共产党员表彰大会暨举行新党员入党宣誓，并对90名优秀共产党员进行了表彰。

2000年“七一”前夕，地直机关党委对在2000年度民主评议党员中评选出的98名优秀共产党员进行了表彰。

2003年7月2日，市直机关工委在师范学校礼堂举行纪念建党82周年报告会，市直机关1300多名党员听取了报告。

2004年庆“七一”期间，市直机关工委召开了“庆七一，争做‘云岭先锋’”表彰大会，表彰先进党组织27个，优秀党务工作者30名，优秀共产党员107名；走访慰问困难党员50人，从工委留存的党费中每人给予300元慰问金。

2005年庆“七一”期间，机关工委召开了庆祝中国共产党成立84周年大会，开展了党建知识竞赛，对获得组织奖的10个党组织，获得一、二、三等奖的80名个人进行了表彰奖励。

第十三章　党史征研

第一节　工作机构

一、地市级机构

1982年12月，保山地委根据中央的有关通知，成立保山地区地方志编纂委员会，同时是地委党史资料征集领导小组，两块牌子，一套班子，下设办公室，简称保山行署史志办。由地委副书记、行署专员苏国相任领导小组组长，成员16人。保山地区成为全省首家成立修志机构的地州。同年，行署地名办公室划归史志办。1983年10月，地委重新任命党史资料征集领导小组办公室领导成员。12月，地委调整充实党史资料征集领导小组，由地委副书记、行署专员王宁任组长，领导小组成员11人。1987年4月，行署地名办公室划归行署民政处管理。

1995年2月20日，地委史志工作专题办公会议决定，成立中共保山地委史志工作领导小组，统一领导党史、方志、年鉴编辑工作。同年7月，史志办改为中共保山地委党史地方志工作委员会，简称地委史志委，是地委的一个工作部门，属于财政全额拨款的正处级事业单位。对外称中共保山地委党史征集研究室、保山地区行政公署地方志编纂委员会办公室。2001年7月，保山撤地设市，地委史志工作领导小组改称中共保山市委史志工作领导小组，地委史志委更名为中共保山市委党史地方志工作委员会。对外称中共保山市委党史征集研究室、保山市人民政府地方志编纂委员会办公室。

2002年11月，市委批准的《中共保山市委党史地方志工作委员会职能配置内设机构和人员编制方案》明确：保山市委史志委是主管全市中共党史征集和全市地方志编纂工作的机构，行使全市党史资料征编、地方志编纂、督促和指导市直和县（区）史志征集编纂、编辑出版发行《保山年鉴》、全市党史工作重要事项指导和管理、指导县（区）史志工作、旧志和古籍整理、史志业务培训等11项主要职责。设秘书科、党史科、地方志科、年鉴编辑室四个科（室），人员编制15名，其中8名参照公务员制度管理。设处级领导职数2名，科级领导职数5名。

2004年2月，经保山市委批准，市委组织部、市编办、市委史志委联合制定了《保山市市、县（区）两级党史部门统一称谓和机关工作人员参照国家公务员制度管理工作实施方案》，9月，全市史志部门完成了统一机构和人员身份转变工作，19名专业技术人员全部过渡为国家公务员。至2005年年底，市委史志委机构设置和人员编制不变。

二、县（区）级机构

1983年，各县相继成立党史征集领导小组和办公室。1984年3月，保山地区编制委员会发文通知，全区党史、地方志办公室人员编制60人，其中：党史16人（地区4人，保山市3人，腾冲县3人，施甸县、龙陵县、昌宁县各3人），当年实际在编10人（地区和保山市、施甸县、龙陵县各2人，腾冲县和昌宁县各1人）。1990年保山市和龙陵县党史工作机构与地方志工作机构分设，腾冲县、施甸县、昌宁县仍为史志合署办公，全区党史工作机构在编人员仍为10人，其中地区党史征集办公室3人。1995年，保山市、龙陵县党史工作机构与地方志工作机构又合署办公。2001年7月，保山撤地设市，中共保山市委党史地方志工作委员会更名为中共隆阳区委党史地方志工作委员会。

第二节　党史资料征编

一、地市级党史资料征编

（一）民主革命时期的党史资料征集整理

1983—1984年，全区党史资料征集以新民主主义革命时期中共地下党在保山的活动和“边纵”武装斗争的专题为重点，带动其他专题资料的征集。1983年3月下旬，地、县党史办组成5人采访征集组，到昆明进行了为时一个月的采访征集工作，先后采访朱家璧、黄平、王以中等曾在保山工作过的老党员和知情者，获得了第一批“活材料”。5月，地区党史办召开座谈会，邀请李岳嵩、杨锡夔等一批“边纵”老同志参加会议，征集中国人民解放军“边纵”西进部队过保山及“边纵”七支队在保山地区的活动史料。同月，地、县党史办又到德宏州征集采访，先后走访了鲁根、杨永侯等当时在保山工作的老同志。召集原保山旅省同学会访乡团成员座谈，请他们回忆“保山旅省同学访乡团”的有关资料。9月，大理、丽江、保山、德宏、迪庆、怒江滇西6地州党史征集领导小组，邀请原滇西工委、滇西北地委及当年所属县、团级领导和知情人在大理州下关召开党史征集会后，为继续搞清保山地区这一时期党史资料，保山地委邀请匡沛兴等老同志参加，在保山召开党史资料征集座谈会。地区和各县县（市）党史办还多次召开不同专题的小型座谈会，征集有关资料，并向在省外工作的部分老同志发出征集信函，请他们提供有关史料。据统计，1983年全区先后走访老党员和知情者334人次，制作征集录音磁带146盘，整理谈话记录153份；召开专题座谈会28次，参加会议208人次；查阅党史资料档案63卷，民国时期有关报刊600多份；征集有关历史照片56幅。1984年征集整理史料34份，回忆录25份；征集到历史文献10件，查阅有关档案40卷。

很多老同志怀着高度责任感和使命感，抱着对党的历史负责、对后代负责的认真态度，为地、县（市）党史办提供和核实了大量史实。原“边纵”副司令朱家璧为《保山地区党史资料选编》一书提供了《从昆明到延安，从延安回云南》的回忆文章，并写下了“回顾历史，缅怀先烈，发扬传统，教育后代”的题词。中联部离休老干部匡沛兴和在省委对外联络部工作的李耀章提供了《滇西龙陵、腾冲解放斗争大事记》。匡沛兴先后给保山地委党史办来信12次，帮助核实订正许多史实，并动员其弟匡培兴撰写了《我的回忆—从昆明到延安》，提供了一些鲜为人知的史料。施甸县卫生局副局长杨锡夔提供了一幅1957年毛泽东主席在北京接见“边纵”七支队藏族骑兵队队长杨炎侯的珍贵照片。

1987年，中共保山地委、保山行署主办了《滇西工委、滇西北地委党史大事记》定稿会，相关地州的党史工作者和受到邀请的老同志出席会议。之后经过反复修改，由大理、丽江、保山、怒江、迪庆、德宏6地州党史资料征集办公室征集、整理、编纂，并经省征委领导、有关地州党委和原滇西工委、滇西北地委的领导成员审定的《中共滇西工委滇西北地委党史资料选编》(上、下集)，1989年1月由德宏民族出版社出版发行。全书45万字，记述民国36年(1947)11月起至1950年3月，中共滇西工委、滇西北地委的史实。整个征集、整理、编纂过程中，保山地委史志委全程参与。

《保山地区党史资料选编》(第一辑)由地委党史资料征集领导小组办公室于1986年5月编印，收集了从民国14年(1925)李鑫、杨青田入党开始，至1950年3月中国人民解放军四十一师南下干部到达保山，同原地下党的干部及边纵七支队三个团会师为止的历史资料。

(二) 社会主义时期党史资料的征集整理

1986年起，按照“广征、核准、精编”的要求，全区转入社会主义时期的党史大事专题资料的征集整理。

1986—2003年，先后征编出版或完成了《保山地区党史资料选编》《保山地区党史人物》《中共保山地区党史大事记》《改革开放以来保山市委重要文件汇编》《滇西大马帮进藏——保山运粮援藏工作纪实》《滇西大马帮进藏——保山运粮援藏工作纪实》《求实创新——保山国民经济调整、大办样板历史回顾》等。

《保山地区党史资料选编》(第二辑)于1994年5月出版发行。全书共25万字，收集了1949年11月至1956年12月，中国共产党的地方组织及其所领导的人民政权在保山地区的建立、发展壮大的历史资料。

《保山地区党史资料选编》(第三辑)于2003年七一前夕出版发行。全书28.7万字，收集了1957年1月至1966年12月，保山地区“开始全面建设社会主义”时期的历史资料，反映了保山地区在中国共产党的领导下历经的“大跃进”、人民公社化、国民经济调整这一历程，有较好的存史资政作用。

《保山地区党史人物》(第一辑)于1996年11月内部出版发行。全书共18万字，以征集到的大量史料为依据，记述了保山籍和在保山地区长期工作已辞世的30位党史人物的传略。

《中共保山地区党史大事记》(1925.01—1990.12)于1999年9月出版发行。该书上限1925年1月，下限1990年12月，全书18万字，是一本编年体记事的地方简明党史。记述了66年间在中国共产党领导下，保山各族人民进行民主革命和社会主义建设与改革的历程。在重点记述中共保山地委活动的大事、要事的同时，还收录政权、军事、统战、政法、群团组织等方面的重要活动资料，较为全面地反映保山地区在各个历史时期的重要历史事件，反映党领导人民取得的各项成就，也真实地再现各个历史时期“左”的错误造成的损失。具有很高的存史资政价值。

《改革开放以来保山市委重要文件汇编》由市委史志委和档案局合编。2002年，启动征编。2003年完成征编，2004年3月出版发行。该书汇编了改革开放以后中共保山市委的64份重要文件，篇幅约60万字。

《求实创新——保山国民经济调整、大办样板历史回顾》于2004年11月出版发行，是保山市第一本公开出版的地方党史专题资料。翔实记述了20世纪60年代初期，保山人民在党的领导下大办农业样板，获得连年农业大丰收，迅速调整国民经济，成为全国十面样板红旗之一，受到党中央和省委、省政府表彰的这一历史进程。

《滇西大马帮进藏——保山运粮援藏工作纪实》于2005年编辑完成，共20万字，收入50余幅黑白历史照片和近百幅彩色照片。全书记述了1950年秋，为支援解放大军进军西藏，保山专区组织了264名地方干部、1564名民工、4692匹骡马运送20万千克粮食到西藏门工，有力地支援了西藏的解放，为维护了祖国的统一作出了不可磨灭的贡献这一光辉的历史片段。运粮援藏是保山党史上永载史册的一件大事。

（三）党史专题研究

1996年后，根据中央党史研究室、省委党史研究室部署，保山地区的党史工作重点从征编党史资料向党史研究过渡，完成了大量的党史专题研究任务，其中上报省委党史研究室的党史研究专题共有9个：《保山市的剿匪斗争》《保山市的土地改革运动》《保山市的整风反右运动》《保山专区的“三反”“五反”运动》《保山市的“大跃进”运动》《保山市国民经济调整》《保山市的知识青年上山下乡》《保山市“直过区”调研报告》。

此外，按云南省委党史研究室要求，2000年完成《金鸡革命老区》《保山专区土地改革运动及其历史经验》《解放初期保山民族工作的历史启示》《云南英雄大典·保山》4个专题资料撰写任务，计10.2万字。

（四）抗日战争时期人口伤亡和财产损失调研

2005年6月，根据中央党史研究室的部署，云南省开展抗日战争时期人口伤亡和财产损失调研。保山市是滇西抗日战争的重灾区，腾冲、龙陵两县被日军占领长达两年零四个月(1942年5月至1944年9月)，保山、施甸等地被日军飞机疯狂轰炸，之后发生霍乱大流行，给保山人民造成了严重的人口伤亡和财产损失。保山市、县（区）史志部门于2005年11月完成了15万字的保山市及五县（区）的《抗日战争时期人口伤亡和财产损失研究报告》《侵华日军细菌战所致云南人民受害与死亡情况调研报告》《日军慰安妇制度及其在滇西实施的罪行》共8个专题调研报告，汇集成报告集送交省委党史研究室上报中央党史研究室。

二、县（区）党史资料征编

1978—2005年，各县（市、区）共编辑出版党史资料15部，其中，隆阳区出版5部：《隆阳区（保山市）大事记述》（年刊）、《保山市党史资料选编》（第二辑）、《保山金鸡革命老区文集》《讴歌家乡巨大变化》《中共保山市（县级）党史大事记》；施甸县出版 2 部：《施甸县党史资料》（第一辑，1942—1966）、《中共施甸县党史大事记》（1942—2003）；腾冲县出版 3 部：《中国共产党腾冲县党史资料》（第一辑，1926.05—1950.03）、《中共腾冲县党史大事记》（1924—2000）、《在鲜红党旗下》；龙陵县出版 2 部：《中共龙陵县地方党史资料汇编》《龙陵县党史大事记》（两辑）；昌宁县出版 3 部：《中共昌宁县党史大事记》（1949.11—1997.12）、《中共昌宁县党史资料》第一辑（1949.11—1956.12）、《中共昌宁县第九届委员会党史资料（1998—2002）》。

第三节　党史图片展览及知识竞赛

1991年，地委党史征集研究室筹办《先锋队的足迹——献给中国共产党建党七十周年》大型党史图片展览。展览由地委组织部、宣传部牵头，地委党校，文化局等单位参与，地委党史征研室具体承办，1月开始筹备，6月正式在保山城展出。7月23日起，组成巡回展览团，依次到昌宁、施甸、龙陵、腾冲四县展出，8月21日结束。全区机关干部、工人、学生、农民及驻保军人共2万多人次观看了展览。

2002年，在中国共产党建党八十一周年之际，由保山市委史志委牵头，市委组织部、宣传部、史志委、市直机关工委、市政府文化局、广电局6个部门联合举办了“庆七一、迎十六大”党史、党建知识竞赛。保山共有1.21万人参加，有党员、干部、也有群众，上自市委书记、市长，下至农村支部党员；有离退休干部，也有学生，还有解放军战士。由李茜（市人民检察院干部）、蔡雁（市委党校教师）、周海燕（保山师专学生）3人组成保山代表队，赴省参加决赛，荣获三等奖。

第十四章　党校教育

第一节　工作机构

1978年，中共保山地委党校为前一时期的延续。1979年党校与财校分设时有教职工19人，其中专职教师3人。设有秘书科和组教科2个科。1980年增设综合教研室。有教职工20人，其中专职教员3人。

1985年，由两科一室改为三科两室：秘书科、组教科、行政科、马列主义理论教研室和文化教研室。教职工人数增加到43人，其中教师21人。

1988年，开始评定专业技术职务。当年评定专业技术职务的教职工18人：副教授4人，讲师6人，助教5人。并对专业技术人员实行聘任制。年内，开始进行干部中专函授教育，设立了“干部中专函授教育部”。

1990年，党校开始举办“三基本”教育轮训班，成立了短训科，专门负责主体班次的教学管理。组教科仅负责脱产班的教学管理。同年，学校将马克思列宁主义理论教研室分设为哲学、科社、政经、党史党建四个教研室，新成立了管理教研室，全校共设六个教研室。二级机构达15个，是历史上最多的时期。

1992年6月，成立保山地区行政干部学校，与地委党校实行两块牌子，一套班子。年底，教职工人数73人。其中教师31人。年内，撤销哲学、政经、党史党建、管理四个教研室，恢复马克思列宁主义教研室。

1995年5月，成立云南省委党校函授学院保山函授分院，函授部改为“保山函授分院教务处”，简称函授教务处，设置了管理教研室。年底，共设有校机关党委、校团委、办公室、马克思列宁主义理论教研室、管理教研室、文化科技教研室、图书资料室(含学术办)、保山函授分院教务处、组教科、短训科、服务科、保卫科12个二级机构(2委5室4科1处)。共有在编教职工74名，其中有专兼职教学人员31名(高职6人，中职16人，初职9人)。1996年，将短训科和组教科合并成组教科。2001年7月，保山撤地设市，中共保山地委党校、保山地区行政学校分别更名为中共保山市委党校、保山市行政学校。

2003年8月，实行教育资源整合改革，保山市民族干部学校并入保山市委党校，教职工36人全部并入，实行中共保山市委党校、保山市行政学校、保山市民族干部学校三块牌子，一套班子。学校内设党委办公室、图书资料室(含学术办)、理论研究室、科学文化研究室、管理教研室、组教科(含短训)、函授教务处、服务科、行政科、保卫科10个科室。年末，共有在职教职工实为108人，其中：高级讲师16人，讲师40人。由于民干校专业技术职务中有“政工师”系列，由此党校专业技术人员中增加了政工师系列。

2004年9月，二级机构调整为11个。年末，全校教职工98人，其中：专业技术人员61人，参照公务员管理人员13人，工勤人员24人。专业技术人员中，有高级讲师14人。

2005年年末，全校共有教职工90人，其中：专业技术人员56人，参照公务员管理人员12人，工勤人员22人。专业技术人员中有高级讲师9人。

第二节　主体班教育

1978—1983年，以拨乱反正，端正思想路线为重点，贯彻解放思想，实事求是，坚持真理，修正错误的办学方针。这一时期共举办各种主体班24期，培训各类干部2787人(党员2339人，非党员450人)。其中，轮训班17期，轮训干部2214人(党员1899人，非党员315人)；其他班次7期，轮训573人次。

1983—1989年，主体班教育进入正规化办学时期。这期间共开办主体班次22期，培训干部2386人次。分别是：《中国特色社会主义建设》《坚持四项基本原则，反对资产阶级自由化》两书培训班2期，216人；党建骨干培训班5期，694人；组织干部培训班2期，

272人；全区乡（镇）人大常务主席培训班1期72人，全区区（镇）党委书记培训班1期80人，全区区（镇）长培训班1期80人；学习十三大报告培训班7期，731人；社会主义初级阶段理论专题培训班3期，241人。

1990—1995年，主体班教育以“三基本”教育（马克思主义基本理论、党的基本路线、党的基本知识）为主要内容，围绕建设有中国特色社会主义这一主题，贯彻理论联系实际的学风，研究解决现实存在的思想和作风问题。这期间共举办主体班（次）26期，培训轮训干部2248人次。

1996—1997年，主体班教育主要开展以乡（镇）领导干部进修为主要形式的干部短期培训轮训。进修班以党的十四届六中全会作出的《中共中央关于加强社会主义精神文明建设若干重要问题的决议》为重点。通过学习使参训干部达到了省委提出的进一步解放思想，“一讲两转变”的目的。共举办4期，培训轮训干部544人次。

1998—2005年，主体班的班（次）和学制趋于规范化、制度化，形成以县乡领导干部进修班、中青年干部班、围绕党委政府中心工作研究重大现实问题的专题研讨班为主的培训轮训格局。这一期间共举办34期，培训轮训干部4267人次。其间，1998—2000年，举办县处级干部学习十五大精神专题研讨班2期，223人；县处级领导干部学习金融知识研讨班1期，130人；地县纪检监察干部培训班1期，105人；新任乡（镇）主要领导干部培训班和组织员培训班各1期，人数分别为130和87人；国家公务员任职培训班4期，420人；地县团干部培训班1期，78人；乡（镇）会计培训班2期，166人；全区政法系统领导干部培训班1期，29人。2001年，举办全省地厅级干部公开招考考前培训班1期42人，县处级以上领导干部学习“七一讲话”和“三个代表”重要思想培训班1期153人。2002年举办全市第一期中青年干部培训班68人。2003年，举办十六大精神理论骨干培训班1期194人，国家公务员初任培训班2期252人，县处级领导干部十六大精神研讨班2期203人，老干部学习研究班1期106人。2004年，举办县处级以上领导干部深入学习贯彻“三个代表”重要思想培训班2期648人，全市乡（镇）党委书记培训班和全市乡（镇）长培训班各1期174人（含其他干部10人），老干部读书班1期98人。2005年，举办市社会主义学校第1期党外干部培训班66人，全市乡科级少数民族干部培训班1期67人，全市副处级领导干部岗位培训班1期53人，全市老干部读书班1期106人，全市县处级领导加强党的执政能力建设专题培训班2期382人。

第三节　脱产学历班教育

至2005年，市委党校开办的学历班次从学习方式上有脱产班和函授班；从学历层次上有中专、大专和本科；从办学主体上有自办班、联办班和代培班；从专业设置上有党政管理、行政管理、经济管理、政法、法律、会计与审计、计算机、工商管理、财税与金融、文秘等10多个专业。

一、脱产中专班教育

1983年5月，地委批准党校开办中专班。1983—1990年，共开办6个班，有文秘、党政管理、政治理论三个专业，毕业231人。

1983年12月，地委同意党校开办中专专修班。1984—1989年，开办了4班，学制一年。分别为秘书、党政、乡镇企业管理、经济管理四个专业，毕业162人。

1988年3月，省教育厅同意党校试办一年制干部中专专业证书班。1989年1月，地委通知党校开办干部中专专业证书班。开办过1个班，经济管理专业，毕业26人。

1988—1992年，与电大联办商业经济管理（47人）、文秘专业（38人）中专班2个班，学制2年，毕业85人。1988年与市农业广播学校联办农广中专班，全日制乡镇企业管理专业，学制2年，毕业54人。

1991年，地委同意党校开办中专全科班。至1992年，开办为取得中专专业证书的“双下”干部在校脱产学习1年，发给中专文凭，政治管理专业，毕业23人。

1994年年初，地委同意党校招收职高班。开办过1个班，学制2年，广告装潢专业，学员为初高中毕业的社会青年，毕业24人。

2003年原市民干校并入党校时随该校并入的全日制中专班，法律、经济管理、旅游英语专业，学制2年。学员为初高中毕业的社会青年。至2005年毕业4个班，毕业109人。

二、脱产大专班教育

1984年3月，经省委组织部、云南电大批准，地委党校开始招收电大大专班，学制2年。至1997年，开办党政专业（2个班93人）、劳动人事与劳动经济专业（27人）、民用建筑专业（62人）4个班，毕业182人。

1985年开始与省委党校联办电教大专班，学制2年。至1989年，共开办三届党政专业3个班，91人；经济管理专业1个班，59人，毕业150人。

1988年10月，省委同意党校从1988年秋季开始自办大专班。1988—2003年，共开办14届，24个班，学制2年，毕业学员956人。其中，党政管理专业1个班，45人；行政管理专业13个班，500人；经济管理专业10个班，392人（大专十班为合编班，行政管理专业18人，经济管理专业27人）；计算机专业1个班，19人。

1994年与省委党校教务处联办党政专业大专班1个，学制2年，毕业46人。

1986年3月，由地委组织部、宣传部、党校“两部一校”合办，党校主办刊授大专班，开办第一届马克思主义理论（大专）班，学制2年。共举办三届，毕业409人。

第四节　函授学历班教育

一、干部函授中专班教育

经云南省干部教育委员会和云南省教委批准，从1989年春季开始，地委党校在全区各县（市）委党校开办干部函授中专班，学制3年。其中专修班2年和全科班1年。学员参加省教委统一招生考试并统一录取，经过全科班学习，毕业由省教委统一验印并颁发中专毕业证书，国家承认学历，属地委党校的自办函授班。地委党校直属班开办过2个班，其余由函授部组织教学，在五县（市）党校内建立辅导站组织管理。1988—1999年，共开办干部函授中专班三届，毕业1335人（政治管理250人，行政管理235人，经济管理850人）。此后停办。

二、省委党校函授大专（省函大专）班教育

从1994年起开始办班，学员为高中、中专起点的在职干部，考试入学，学制3年。主要专业有行政管理、经济管理、法律。保山地委党校于1995年6月经地委和行署批准成立了云南省委党校函授学院保山分院。至2005年共毕业5460人（行政管理专业1606人，经济管理2045人，法律1531人，会计与审计40人，计算机43人，财税与金融113人，工商管理43人，文秘39人）。2005年年末，在校学员812人。

三、省委党校函授本科班（省函本科）教育

从1997年开始办班，学员为专科学历起点，学制两年半。设行政管理、经济管理和法律三个专业。至2005年，共毕业184人（行政管理专业97人，经济管理87人）。2005年年末，在校学员325人。

四、省委党校五年制函授本科班（省函本科班）教育

2002年开始招收，学员为高中、中专起点，学制5年，专科本科连读。共招收学员174人（行政管理专业100人，经济管理专业43人，法律专业31人）。2005年年末在校学员152人。

五、中央党校函授本科班（中函本科班）教育

从1993年秋季开始办班，学员为专科起点入学，学制两年半，有党政管理、行政管理、经济管理、政法、法律五个专业。至2005年，共毕业2760人（党政管理284人，行政管理768人，经济管理872人，政法207人，法律629人）。2005年年末，在校学员788人。

第五节　科研活动

一、理论研究

1978—2005年，市委党校教职工在各级各类刊物上发表论文、调研报告291篇（国家级18篇、省部级86篇、地市级158篇、县级29篇）；参与编写教材类著作9部（省部级8部、地市级1部）；参与完成省级研究课题2项、市级调研课题4个。

2003年，组织教师完成市委调研课题4个："隆阳区产业结构调整""隆阳区基层党组织建设""隆阳区国有企业改革""少数民族干部培养和反对境外宗教势力渗透问题"。

2004年，完成省委党校研究课题"保山市对外开放战略研究"1项。

2005年，7名教师参与国家行政学院、云南行政学院合作申报的省校省院立项课题"云南州市政府管理创新研究"调研，并完成其子课题"保山市政府管理创新"调研，形成调

研报告。

二、党校校刊

1988—1989年，刊出内部交流资料《资料与信息》6期。2001年，创办内部校刊《信息与参考》，刊出3期。2002年10月，市委党校正式创办校刊《熔炉》，编辑部设在学术办（科研处）。每半年出版1期，全年出刊2期。刊物结合不同时期学习宣传重点进行栏目设置，在组稿上体现党校报刊特色。2002—2005年，出刊7期。

第五编　人民代表大会

保山市第一届人民代表大会第一次会议

综 述

1982年，成立保山地区人大工作联络组。1989年7月撤销联络组，设立云南省人大常委会保山地区工作委员会(简称地区人大工委)，成为法定的省人大常委会派出工作机构，受省人大常委会领导，对省人大常委会负责并报告工作。2001年7月，保山撤地设市，召开保山市第一届人民代表大会第一次会议，设立地区级国家权力机关——市人民代表大会，并从政权体系上明确其与同一时期设立的市人民政府、市中级人民法院、市人民检察院(以下简称“一府两院”)的关系。全市各族人民通过市人民代表大会依法行使当家做主权力的主人翁地位得到确立和保障。

1982—1989年，保山地区人大工作联络组时期。主要完成省人大常委会交办的征询宪法草案和有关法律草案修改意见工作；开展代表视察活动，组织驻区内的全国和省人大代表听取全区经济社会建设情况汇报，为代表出席全国和省人民代表大会会议提供服务；组织驻区内的全国和省人大代表分别传达全国和省人民代表大会会议精神；召开每年一次的全区县级人大常委会主任座谈会，交流人大工作经验；对县级人大及其常委会工作提出建议，协助其举行县级人民代表大会会议；向省人大常委会和中共保山地委报告人大工作。

1989—2001年，云南省人大常委会保山地区工作委员会接受中共保山地委领导，对地区行政公署和中级人民法院、人民检察院分院进行法律监督和工作监督，听取和审议“一署两院”工作报告，听取和讨论其专题汇报；组织视察、调查、检查宪法和法律法规以及上级人大及其常委会决议、决定在本地区的遵守执行情况；组织视察、调查、检查本地区有关经济社会发展重点工作推进落实情况；组织评议地区行政公署有关部门工作情况；督办全国和省人大代表提出的应由本地区解决的建议、批评和意见；接待受理代表和人民群众来信来访；完成省人大常委会交办的有关法律法规草案征求意见和修改工作；审查“一署两院”送审的规范性文件；对地区行政公署拟任免其所属工作部门主要负责人，在任免之前提出意见；对“两院”拟提请省人大常委会任免职务的工作人员名单草案，签署意见；加强人大工作制度建设，推动工作制度化、规范化；指导县、乡两级人大工作；组织开展“环保世纪行”舆论宣传及监督活动；组织地、县、乡三级人大干部学习培训、理论研讨、知识竞赛、外出考察等活动，提升其政治理论素质和履职能力；承办省人大常委会和中共保山地委交办的任务。

2001年7月至2005年，保山市第一届人民代表大会期间。市人民代表大会的常设机关——市人民代表大会常务委员会(简称市人大常委会)，为充分发挥地方国家权力的职能作用，依法履行好人大的各项职责，使常委会的工作制度化、规范化和程序化，依据宪法和有关法律法规，2002年10月，常委会第二次会议审议通过了《保山市人民代表大会常务委员会组成人员守则》《保山市人民代表大会常务委员会议事规则》《保山市人民代表大会常务委员会人事任免规定》《保山市人民代表大会常务委员会关于加强对市人大及其常委会选举任命的国家行政、审判、检察机关工作人员监督的决定》《保山市人民代表大会及其常务委员会关于决议、决定和审议意见的办理办法》《保山市人民代表大会及其常务委员会办理人大代表建议、批评和意见的办法》等六个规范性文件。5年间，市人大常委会贯彻市人民代表大会作出的各项决议，代表全市各族人民在全市范围内依法履行职责。参与全市重点项目建设、重点产业发展等工作；定期召集市人民代表大会会议和举行常委会会议；听取和审议（审查）"一府两院"及有关部门工作报告、专题汇报；讨论决定重大事项；组织执法检查、视察、专题调查或调研活动；完成省人大常委会征询有关法律法规草案修改意见建议的工作；审查市人民政府送审的规范性文件；坚持把党管干部与依法任免有机统一，规范人事任免程序，加强任后监督，组织开展对市人大及其常委会选举任命干部的述职评议和市人民政府组成部门的工作评议；注重受理代表和人民群众来信来访，组织特定问题调查，维护社会稳定；探索落实代表活动经费和代表履职保障工作，支持、规范和保证代表依法执行职务；加强人大工作履职制度建设，推进制度运行规范有序；组织常委会组成人员、人大干部和代表学习培训、理论研讨，促使其提高政治理论素养和依法履职能力；监督和指导县、乡两级人大工作；持续开展"环保世纪行"舆论宣传监督活动；完成省人大常委会和中共保山市委交办的任务。

1978—2005年，市、县（区）两级党委和人大根据选举法规定和中共云南省委、省人大常委会的有关部署，先后推荐上报、由省人民代表大会会议相继选举产生第五届至第十届全国人大代表共12名，先后选举产生省第五届至第十届人大代表共189名。出席全国和省人民代表大会会议的代表依法履职，会议期间直接反映事关保山改革、建设、发展的重大问题和各族人民群众的根本意愿要求，得到国家和省级有关方面重视。经过持续推进，人民代表大会制度不断深入人心，各级人民代表大会和市、县两级人大常委会工作日益规范有序，依法履职实效逐渐增强；代表执行职务得到保障，代表议案、建议、批评和意见得到本级"一府两院"及有关方面重视，办结率和解决率逐步提高，人民依法当家做主的权力地位得到确立、尊重和保障。

第一章　机构沿革

第一节　市级机构

1978—1981年，保山尚未设立地级人大工作机构。

1982年1月，设立保山地区人大工作联络组（以下简称联络组）。联络组是中共保山地委人大工作的专门机构，同时也是省人大常委会的派出机构。7月，中共保山地委任命刘孟金为联络组组长，配备工作人员2人，与地委办公室合署办公。

1983年10月机构改革，联络组改为地委办公室的一个科级机构，机构称谓为地委办公室人大联络组，工作人员1人。1985年1月，联络组从地委办公室分出，恢复称谓保山地区人大工作联络组，为县(处)级单位，定编5人。

1989年1月，省七届人大常委会第四次会议通过《关于设立地区人大工作委员会的决定》，同年7月，中共保山地委决定撤销保山地区人大工作联络组，设立云南省人大常委会保山地区工作委员会(以下简称工委会)，成为法定的省人大常委会派出工作机构。工委会下设办公室、法制处、财政经济处，均为县(处)级工作办事机构，室、处领导职数定为办公室一正二副，其余两处各一正一副；总编制15人。中共保山地委副书记兼主任，设副主任1人，另有委员2人，工作人员5人。1991年4月，中共云南省委文件明确工委会为正地级机构。1992年3月，保山地区机构编制委员会批准工委会增设代表联络处和教科文卫处，均为县(处)级机构，定领导职数各1人。

1996年4月，中共保山地委批准工委会机关改革方案，工委会领导职数设一正三副；内部机构设办公室、法制处、财政经济处、教科文卫处、代表联络处以及秘书科、行政科两个科级机构，设县(处)级领导职数9人(正副秘书长各1人)；总编制28人。1997年12月，设立信访科。

2001年7月26日至8月3日，保山召开地级市第一届人民代表大会第一次会议，并选举产生保山市人民代表大会常务委员会(以下简称常委会)，标志着保山地级国家权力机关设立并开始履职。常委会组成人员名额由省人大常委会确定为33人。保山市第一届人民代表大会第一次会议依法选举产生常委会组成人员29人，其中主任1人、副主任6人、秘书长1人、委员21人(预留委员名额4人)。同时，市第一届人民代表大会第一次会议表决通过设立市人民代表大会财政经济委员会(以下简称财经委)，表决通过财经委组成人员。财经委为市人民代表大会的专门委员会，设主任委员1人，副主任委员1人，委员3人。市第一届人大常委会设6个县(处)级工作办事机构，即办公室、选举联络工作委员会、法制工作委员会、民族华侨外事工作委员会、教育科技文化卫生工作委员会、农业环境资源保护工作委员会。2001年7月起，常委会部分组成人员由于工作变动、调离本行政区域、任职年龄到限等原因，经法定程序办理，不再担任常委会相应职务，经市人民代表大会会议依法进行选举，常委会组成人员及人数在届期内有所变动。至2005年年末，常委会组成人员30人，即主任1人、副主任6人、秘书长1人、委员22人。常委会工作办事机构未变，机关总编制52人。

第二节　县级以下机构

一、县级

1980年之前，保山地区所属各县县人民代表大会被县革命委员会所取代。

1980年，各县选举县级人大代表，相继召开县人民代表大会会议，恢复设立县人民代表大会，并依法首次设立其常设机关——县人大常委会。县级人民代表大会实行按期换届选举，1980—1993年期间每届任期三年，从1993年起每届任期五年。1980—2005年，保山地区各县（市、区）共选举产生七届县级人民代表大会及其常委会。各县级人大常委会工作办事机构初始仅设有1个科级机构——常委会办公室，其后逐步增加。从2003年起均设有“一室六委”共7个科级机构，其称谓及工作业务与市人大专门委员会和常委会工作办事机构相互对应衔接。

二、乡级

1987—1988年，保山地区由区、乡建制改为乡、村建制，全区各乡（镇）相继召开乡级人民代表大会第一次会议，乡级人民代表大会每届任期三年，历届乡级人大代表和人大主席、副主席均依法选举产生。乡级人民代表大会举行会议时，选举主席团，由主席团主持会议，并负责召集下一次的本级人民代表大会会议。1994年起，全区各乡（镇）人民代表大会主席团作为本级人民代表大会的常设机构开展工作。乡级人大主席、副主席在本级人民代表大会闭会期间，依法组织开展本级人大代表的相关工作。2004年后，乡级人民代表大会每届任期改为五年。

第二章　人大代表

第一节　代表选举

一、全国人大代表选举

1978—2005年，保山市县（区）两级党委、人大根据选举法规定和中共云南省委、省人大常委会的有关部署，先后6次完成本行政区出席全国人民代表大会会议代表候选人的推荐上报工作，并经省人民代表大会相关会议选举，报全国人大常委会资格审查确认，相继产生第五届至第十届全国人大代表。

保山地区（市）出席全国人民代表大会代表名录（按姓名笔画排列）：

1978年2月至1983年6月第五届全国人大代表：于　仁　寸时达

1983年6月至1988年3月第六届全国人大代表：余江发（傈僳族）　钏本臻

1988年3月至1993年3月第七届全国人大代表：李荫生

1993年3月至1998年3月第八届全国人大代表：李荫生　程政宁

1998年3月至2003年3月第九届全国人大代表：李现武（白族）　张培光　林韵民（女）

2003年3月至2008年第十届全国人大代表：张培光　熊清华

二、省人大代表选举

1978—2005年，根据选举法规定和省人大常委会的有关部署，保山市、县（区）两级人大先后6次在人代会相关会议上选举本行政区出席云南省第五届至第十届人民代表大会会议代表，并报经省人大常委会资格审查确认，相继产生云南省第五届至第十届人大代表。

保山地区（市）出席云南省人民代表大会代表名录（按姓名笔画排列）：

1977年12月至1983年3月云南省第五届人大代表（40人）：

于　仁　寸时达　马增丽（女，回族）　王友琴　木金民（回族）　毛洪才　左桂香（女，彝族）　叶志成　白玉清　毕习之　刘　宾（女）　刘世杰　刘调芬（女）　苏国相（彝族）　李文进　李登柏　杨茂春（白族）　杨国昌　杨善洲　杨嘉宾　余显忠　张同惠（女）　张迎春　陈安玉（傣族）　邵进芬（女）　尚寅宾　周　富　周秀华（女）　周潞芬（女）　赵万民　胡成香（女，彝族）　段成义　段忠碧　耿梦阳　徐永椿　浦松云　朗　和（傣族）　童有凤（女）　蔡大双（傈僳族）　薛　韬

1983年3月至1988年4月云南省第六届人大代表（31人）：

马从礼（回族）　马锦文　王少岩　王仕超　艾洪忠（白族）　卢建筠（女）　苏国相（彝族）　李自通　杨世联　杨忠芹（女）　杨泽林（白族）　张天放　张国花（女）　余　佐　陈立英（女）　陈学范（女）　罗怀科　金成富（傣族）　周　富　周德芳　赵元良　赵秀发　茶万贵（彝族）　胡子发　施发涛　耿梦阳　曹石美（女，傈僳族）　麻万德（傈僳族）　韩仕鹏　蔡惠芬（女，傈僳族）　黎应福

1988年4月至1993年5月云南省第七届人大代表（27人）：

马锦文　王少岩　王振廷　尹成文　左　义（彝族）　叶玉华（女）　朱家璧　刘建琴（女）　许洪森　苏云本　李为佑　杨树全（女，白族）　杨津昌　何灿先（白族）　陈家修（女）　赵永生　赵志贤　赵秀发　胡绍芳（女，白族）　段时中　施发涛　洪　渊　贺志鹏　耿梦阳　顾家钧　景美芳（女，傣族）　蔡文香（傈僳族）

1993年5月至1998年1月云南省第八届人大代表（28人）：

王少岩　王晋元　卢继雄　兰碧云　刘明铨　许洪森　李　叶（女，白族）　李　骅　李为佑　李现武（白族）　李明周（彝族）　李祖庆　杨　丽（女）　杨　何　杨若水（女）　杨津昌　杨德善　张有政　陈昌黎　陈就和　林培源　钟焕娣（女）　顾美珍（女）　徐廷珍　曹德凤（女，傈僳族）　景美芳（女，傣族）　普晋昭　蔡文香（傈僳族）

1998年1月至2003年1月云南省第九届人大代表（31人）：

丁曼彩（女）　王广兴　牛绍尧　毛治雄　方文凯　方永琴（女，彝族）　尹胜鑫　孔

垂柱　刘一丹（白族）刘天杰　刘家保　李为佑　李现武（白族）李定权　李重金（白族）李祖庆　杨　丽（女）杨文昌（傈僳族）杨经建（白族）杨瑞柳（女，彝族）汪金耀　张　卫　张继红（女）张培光　罗兴志　赵诚伟　耿卫国（回族）俸国兴（傣族）容瑞珊（女）舒　明　樊庆松（注：耿卫国于2000年2月18日被罢免代表职务）

2003年1月至2008年云南省第十届人大代表（32人）：

王开福（傣族）王佐明（回族）王彩春　牛绍尧　尹爱萍（女）冯家聪　许岷山　苏正平　李树清　李贵荣　李缅心（女，藏族）杨　德　杨文昌（傈僳族）杨经建（白族）杨树然　杨德算　杨耀程（彝族）谷正兴　张继红（女）张培光　陈亚忠（女）陈绍坤　陈润芬（女）周朝平　赵品艳（女，白族）钟　磊　段捷庆　郭晓峰　黄　毅（景颇族）梁福祥　董自昌　熊清华

三、市人大代表选举

2001年5月27日，保山市第一届人民代表大会筹备组组织召开地级保山市人大代表选举工作会议，将省人大常委会确定的333名市第一届人大代表名额除预留4名外，其他329个名额分配到隆阳、施甸、腾冲、龙陵、昌宁和中国人民解放军驻保部队等8个选举单位。同年6月1—21日，各选举单位先后召开县（区）人民代表大会会议、军人代表大会、军人大会，共选举产生杨善洲等329名保山市第一届人民代表大会代表，其中，隆阳区选区选举产生112名，施甸县选区选举产生45名，腾冲县选区选举产生75名，龙陵县选区选举产生40名，昌宁县选区选举产生48名，保山军分区及部队选举产生9名。市第一届人大代表具有较广泛的代表性，既有地方各级、各界和各条战线的代表，也有中国人民解放军驻保部队代表。在选出的329名代表中，男性代表237人，占代表总数的72.04%；妇女代表92名，占代表总数的27.96%；非中共党员代表119名，占36.17%；少数民族代表79名，占24.01%；解放军代表9名，占2.74%。从年龄结构看，代表平均年龄40.5岁，其中，30岁以下37名，占代表总数的11.25%；31～35岁48人，占14.59%；36～45岁157名，占47.72%；46～55岁70名，占21.28%；56岁以上17名，占5.17%。从文化结构看，大学以上70人，占21.28%（其中研究生8人，占2.43%）；大专117人，占35.56%；中专58人，占17.63；高中38人，占11.55%；初中39人，占11.85%；小学7人，占2.13%。

市第一届人大代表中，届期内因补选、增选、调离、罢免等原因，代表人员及人数在届期内有所变动。2005年年末，市第一届人大代表实有324名。

保山市第一届人民代表大会代表名录：

李树云　陈河林　罗正富（彝族）杨经建（白族）龙必祥　地的古火（彝族）马国荣（藏族）李治刚　谢正中　王兴成　沙必璐（女，回族）杜绍明　段　庆　朱　飞（女）张继红（女）寸东成　刘建美（女）程少华　杨永宏　徐行礼　李坤兰（女）黄朝启　赵盈泉　田永学　苏润彩　鲁洪军　李学伦　段正桔（女）庄朝义　张秀兰（女，白族）杨　嵩（女）魏庆成　黄亚仙（女）张春光　施晓明（彝族）彭发永　段冬梅（女）刘国春　胡孟黎　李　琦（女）李久鹏　王广兴　陈宁万　常　于　卢继雄　王桂芳（女）

唐玉芳(女) 朱德祥 李树坤 刘 良 赵 炜 沈允聪(女) 胡正先 贺云华 乐国光 徐鸿芹(女) 马 騆(回族) 李 林 吴荣起 李义枫 李朝富 王亚非 李海英(女) 刘玉元 张纯亮 周朝和 张丽华(女) 杨文军 茶素珍(女,白族) 李翠竹(女) 李金华(白族) 何春祥(白族) 罗升席(彝族) 桑庭周(彝族) 鲁朝贵(彝族) 鲁定宏(彝族) 杨春茂(苗族) 张明海 陈学范(女) 秦建明 杨 光 方文凯 杨渐仁 雍少华 祁 明 杨焱平(女,白族) 刘文玲(女) 赵诚伟 郑远凤(女) 杨永华 刘玉芹(女) 董应泉 武光丽(女) 陈德艾 王文满(满族) 杨国琴(女,白族) 杨乔发(彝族) 乔兴兰(女,白族) 罗汪福 李全华(白族) 赵文彬 赵建华 苏绍德 王 涛 赵常兴 线开明(傣族) 胡家芳(女,傈僳族) 线洪福(傣族) 滕发兰(女,傣族) 尹香芳(女,德昂族) 董凤枝 张士军 杨双建 孟春燕(女,傣族) 欧贵兰(女,傈僳族) 王学贵 陈卫国 吴明良 杨明佑 何林军 李春明 杨善洲 陈自锋 李 骅 黄爱群(女) 李成斌 李月忠 王金堂 李从华 赵荣庆(布朗族) 杨自忠(布朗族) 杨怀莲(女) 杨正茂 马丽芹(女,回族) 牟会芹(女) 李宝珍(女) 杨在龙 苏 艳(女) 李光会(女,彝族) 阿占玉(女,布朗族) 杨耀程(彝族) 杨文灿(白族) 马加能(回族) 张 静(女) 何康宁(女,回族) 杨宗伟 王文润 董文荣 蒋启龙 李成忠 王光玉 吴明华 杨学武 徐荣华 杨学华 杨 伟(土家族) 陈建新 陆寿昌 段秀仙(女) 丁鹏钦(女) 杨树兰(女) 桂烈生 王桂珍(女) 董自昌 郭志宏 张培光 蔺斯鹰(女) 丁恒源 左德光 沈培平 罗建国(白族) 刘世伦 段兆锦 陈其助 蔡新云(傈僳族) 柴 俊 何 初 段恒超 麻生强(傈僳族) 岳黎松(佤族) 何世泽 普建辉 杨立品 何正龙 杨怀旺 董宝华 李丽艳(女) 王丽娟(女) 杨 久 杨会华(女,白族) 范祖庆(女) 蔡林香(傈僳族) 梁杏玲(女,佤族) 吴正美(女) 武慧珠(女) 黄之国 吴泽龙 刘贵树 刘硕勋 张文才 李明金 张 勇 胡应舒(傈僳族) 姜治洲 赵光坤(白族) 李新平 左发桑(彝族) 李天保(白族) 汪金耀 马丽娜(女,回族) 王彩春 刘家福 丁 伟 梁琪珍(女) 蔺以佳 王家祥 李天君 尹正辉 赵仁辉 张立新 段生荣 黄爱丽(女) 陈兰新(女,傣族) 陈竹清(女) 李从周 马天雄(回族) 曩兰玉(女,傣族) 孙金润(女,傣族) 余朝蕊(女) 马学刚(回族) 李缅心(女,藏族) 李生跃 李会仙(女) 谢桂芬(女) 陈朝解(女) 岳元彦 李广祝(女) 张聪兰(女,阿昌族) 段志葵 陈久贤 管维生(彝族) 容瑞珊(女) 杨荣刚 张洪安 蒋卫国 王仙芝(女) 黄体贤 余世金 杨坤美(女) 李军学 邓忠平 张春燕(女) 汤正恒 黄华仙(女) 费建平 傅宗明 施碧娟(女,白族) 李侦华 孙家灿 刘 刚 左光虎 伍大江(布依族) 莫千程 王向南(女) 杨有交 蒋德周 杨荣剑 杨明然 杨德柱 李自成(彝族) 杨国强 曹聪林(傈僳族) 李转英(女) 彭晓解(女,傣族) 茶万忠(白族) 石玉昌 莫茂仁 张伯英 郭从果(女) 郑梅艳(女,彝族) 张 雷 杨文虎 包 毅 李章典 曾泽源 詹培志 郎跃军 刘一丹(白族) 杨树然 罗绍兴 黄玉楷 杨贵贤 陈学应 金华良(傣族) 张国亮 李朝华 管亚超(彝族) 辉永贵 王俊英（女）　周国友　金美花（女，傣族）　赵志娟（女，布朗族）　毕晓梅（女）　苏　敏（女）　李中年（女）　谢国钧（彝族）　罗志远　冯仲平　张建明　赵家华　郑家文　李重金（白族）　杨　德　彭自华　李加福　殷正杰（彝族）　谢应礼　茶正东　夏红军（彝族）　鲁忠诚（彝族）　苏光华　吴建华（女）　熊芬成（女，苗族）　赵应双（女，布朗族）　段得红（女，彝族）　杨秀菊（女）　王翠萍（女）　李成英（女）　陈德聪

第二节　代表资格审查

1978—2005年，保山市县（区）两级人大先后选举产生本行政区出席云南省第五届至第十届人民代表大会会议的代表，其代表资格由省人大常委会代表资格审查委员会审查，报经省人大常委会相关会议审议，确认全部有效。

2001年5月，经中共保山地委研究同意成立地级保山市第一届人民代表大会筹备工作领导小组，下设代表资格审查委员会。由罗志远任主任委员，王桂芳任副主任委员，胡广菊等3人为委员。6月，代表资格审查委员会对隆阳区等8个选举单位选举产生的共329名地级保山市第一届人民代表大会代表的代表资格逐一进行审查，并向市第一届人民代表大会筹备工作领导小组提交审查报告。筹备组根据审查报告，审议确认329名代表的代表资格全部有效。代表名单分批次于同年6月18日、25日在《保山日报》予以公告。8月5日，保山市第一届人大常委会第一次会议通过成立市第一届人大常委会代表资格审查委员会，由茶万忠任主任委员，雍少华任副主任委员，冯仲平等3人为委员。常委会代表资格审查委员会依法履行审查代表资格的工作，并向常委会提交审查报告。

2002—2005年，代表资格审查委员会提出的以下代表资格审查报告事项，经常委会会议审议予以确认。

2002年3月，对罗正富（隆阳）、李春明（施甸）、郭志宏（腾冲）、陈宁万（解放军）、地的古火（解放军）等5名代表因工作变动，调离本行政区域，提出其代表资格终止；对有关选举单位补选的黄毅（隆阳）、杨连（腾冲）、曲新勇（解放军）等3名代表，预留名额选举的文德在（施甸）、丁昌吉（龙陵）、杨国瞿（昌宁）、罗国泰（昌宁）等4名代表，提出其代表资格有效。10月，郎跃军（昌宁）因工作变动，调离本行政区域，其代表资格终止。12月，雍少华（隆阳）因提前退休，辞职被接受，其代表资格终止。

2003年3月，对沈培平（腾冲）因工作变动，调离本行政区域，罗升席（隆阳）病故，李光会（施甸）因家庭原因，辞职被接受；方文凯（隆阳）、李骅（施甸）、汪金耀（腾冲）、容瑞珊（龙陵）、李重金（昌宁）因工作变动，辞职被接受，提出上述8名代表的代表资格终止；对有关选举单位补选的李贵荣（隆阳）、耿梅（隆阳）、陈绍坤（施甸）、谷正兴（施甸）、熊清华（腾冲）、胡广菊（腾冲）、张惟建（腾冲）、杨德算（龙陵）、钟磊（龙陵）、苏正平（昌宁）、赵利军（昌宁）等11名代表，提出其代表资格有效。10月，对王桂芳（隆阳）、何康宁（施甸）、姜自洲（腾冲）、杨文虎（昌宁）因工作变动，调离本行政区域，龙必祥（解放军）、伍大江

（解放军）因退休迁出本行政区域，提出上述6名代表的代表资格终止。12月，对有关选举单位补选的李刚（隆阳）、刘福州（施甸）、邹银凯（施甸）、李若昆（腾冲）、黄玉峰（昌宁）、王怀（解放军）6名代表，提出其代表资格有效。

2004年2月，对何林军（施甸）病故，李侦华（龙陵）、曲新勇（解放军）因工作变动，调离本行政区域，提出上述3名代表的代表资格终止；对有关选举单位补选的胡家忠（隆阳）、夏侯建平（施甸）等2名代表，提出其代表资格有效。

2005年2月，对杨经建（隆阳）、费建平（龙陵）、常于（解放军）、桂烈生（解放军）因工作变动，调离本行政区域，提出上述4名代表的代表资格终止。6月，杨国瞿（昌宁）因刑事犯罪，被执行死刑，其代表资格终止。

第三节　代表活动

1982年，设立联络组后，每年全国和省两级人民代表大会举行会议前，联络组组织一次驻保山地区的全国和省人大代表在本行政区域内的视察活动，使代表较全面了解本地区经济社会发展状况和人民群众根本愿望要求，在出席会议时能如实反映地方基层情况。

1989年，设立工委会后，在继续坚持并逐步完善组织全国和省两级人大代表每年出席会议前开展活动的同时，有计划地拟定一些专题，组织代表在本行政区域内进行专项视察、调查、检查，并组织部分代表参加工委会组团赴国外、省外或省内其他地州考察学习。1989—2001年，先后组织代表视察17次、调查41次、检查42次，外出考察学习60余人次。

2001年，设立市第一届人大常委会后，代表活动逐步走上制度化、规范化。根据省人大常委会的委托，市人大常委会坚持组织保山选出的省人大代表在本行政区域内进行一年一次视察活动，同时注重将本级人大代表在市人代会闭会期间的活动与常委会履职活动有机结合起来。其活动采取：编组活动，将市人大代表编成37个小组，确定各组组长，拟定年度活动计划，每年在代表选举单位辖区内活动一次；列席常委会会议，市人大常委会设立至2005年年末共举行的30次常委会会议中，有16次会议先后邀请市人大代表秦建明等66人次列席会议；组织参加视察、检查、调研等活动，市人大常委会设立至2005年年末先后组织视察27次，执法检查和专题调研98项。

第四节　服务保障

为保障代表能够更好地依法履行职务，在联络组、工委会和市第一届人大常委会三个不同历史时期，均根据其当时的工作条件和职能，采取五种方式为代表提供服务。一是为代表学习掌握有关法律和人大工作知识提供服务。采取组织、邀请等方式，让代表参加履职培训、法律知识讲座、考察学习、知识竞赛、专题座谈会等活动。为纪念人民代表大会成立40周年，1994年9月，工委会组织全区人大制度知识电视竞赛活动，并从表现出色的选手中选拔4名队员作为保山地区代表队赴昆参加全省比赛。2003年8月，市人大常委会组织举办为期5天的培训班，部分市人大代表和市、县两级人大干部共90多人参训，专题学习宪法、有关法律及人大工作知识，同时还组织人大工作经验交流。市人大常委会还为每位代表订购赠送《人大代表履职手册》和《中国人大》《云南人大》期刊，按期次送发市第一届人大历次会议文件汇编（公报）和常委会会刊（公报）。二是为代表知情知政提供服务。联络组和工委会组织驻保全国和省人大代表每年出席人民代表大会会议前的视察活动；工委会每年有计划地组织代表参加有关专项视察、检查、调查；市人大常委会组织代表参加活动逐步趋于规范，形成工作制度，还实行常委会组成人员与代表联系的制度。三是为保障代表执行代表职务提供服务。联络组、工委会和市人大常委会都很关注代表出席人民代表大会会议期间和本级人民代表大会闭会期间代表活动的待遇问题，及时向有关方面反映汇报，使代表执行代表职务的必要条件和相关待遇得到保障。市人大常委会于2003年10月出台《保山市人大常委会关于进一步加强人大代表工作的意见》，同时要求各县（区）也要作出相关规定，促使全市各级代表执行代表职务的待遇得以落实。四是为代表出席人民代表大会会议提供服务。工委会和市人大常委会为驻保全国和省人大代表组织准备代表议案建议工作，让代表出席会议有充分的议题准备。省人民代表大会历次会议期间，市人大常委会都坚持派员赴昆做好保山代表团的服务工作。2001年7月至2005年，保山市第一届人民代表大会的历次会议均设立专门为代表服务的秘书组等6个工作机构，及时为代表提供服务，保证代表能够依法有序、圆满顺利出席会议。五是为促进代表议案建议的办理落实提供服务。工委会督促有关方面办理落实代表提出的应由本地区解决的建议事项。市人大常委会对议案建议及时分类并提出重点议案建议和交办要求，使代表议案建议尽快送达承办单位，同时加强协调督办工作，提升办理质量和效率。

第三章　会　议

第一节　工委会会议

保山地区人大工委会从1989年9月举行第一次会议至2001年5月，每3个月至少召开1次，共召开工委会会议64次，会议听取和审议地区行署和“两院”工作报告97项，对地区行署和“两院”拟任免人员提出工委会的意见。工委会举行会议时，除工委会组成人员出席会议外，根据会议议题邀请地区行署及有关部门、“两院”、各县（市）人大常委会和工委会工作办事机构的负责人列席会议。工委会组成人员对听取和审议的议题内容有针对性地提出改进工作的意见建议。会议后，工委会以书面文件送交行署有关部门和“两院”研究办理。

1989—2001年工委会会议审议报告情况表

表5-1

年份	工委会议次数	审议内容
1989年	5	行署《关于“扫黄”工作和整顿社会文化市场情况的报告》《关于全区禁毒戒吸情况的报告》；地区中级人民法院《关于三个民事申诉案件办理情况的报告》《关于1989年法院工作情况报告》；保山检察分院《关于1989年检察工作情况报告》
1990年	10	行署《关于全区经济工作情况的报告》《关于对一申诉案件处理情况的报告》；地区三级干部会议十个文件（草案）；地区中级人民法院《关于两个民事申诉案件办理情况的报告》
1991年	5	行署《关于保山地区政府法制工作情况报告》《保山地区国民经济和社会发展十年规划和第八个五年计划（草案）的报告》《保山地区滇西南农业综合开发实施情况的报告》《关于贯彻执行〈森林法〉情况的报告》《保山地区贯彻落实〈云南省计划生育条例〉的情况报告》《保山地区贯彻禁毒决定和禁毒条例的报告》《保山地区“二五”普法规划实施情况的报告》《保山地区边境贸易工作报告》《保山地区科技工作情况的报告》《保山地区发展烤烟生产情况的报告》
1992年	4	行署《关于1992年财政工作情况报告》《关于保山地区1992年“苞谷搞突破”工作情况报告》《保山地区发展烤烟生产情况的报告》《关于保山地区农村医疗卫生工作情况的报告》《保山地区边境贸易工作报告》《关于保山地区贯彻实施〈义务教育法〉情况的报告》《保山地区工商行政管理工作情况报告》《保山地区农田水利建设基本情况的报告》；地区中级人民法院《保山地区中级人民法院工作报告》；保山检察分院《保山地区检察工作情况报告》
1993年	4	行署《关于保山地区1992年国民经济和社会发展计划执行情况和1993年计划安排意见的报告》《保山地区1992年财政工作情况和1993年财政工作安排意见的报告》《关于贯彻执行〈民事诉讼法〉情况的报告》《关于全区农村文化工作情况的报告》《关于保山地区城乡集体企业发展情况的报告》《关于保山地区蔗糖生产工作情况的报告》《关于保山地区城镇住房制度改革情况的报告》《关于保山地区贯彻执行〈云南省民族乡工作条例〉的情况报告》《关于保山地区茶叶生产工作情况的报告》《关于保山地区环境保护工作情况报告》
1994年	5	行署《关于保山地区1993年国民经济和社会发展计划执行情况和1994年计划安排意见的报告》《关于保山地区1993年财政预算执行情况和1994年预算安排意见的报告》《关于保山地区执行〈云南省职业技术教育条例〉情况的报告》《关于保山地区执行〈全民所有制工业企业转换经营机制条例〉情况的报告》《关于保山地区扶贫开发工作情况的报告》《关于保山地区政府法制工作情况的报告》《关于保山地区贯彻执行〈科学技术进步法〉工作情况的报告》；地区中级人民法院《关于保山地区人民法院执行〈行政诉讼法〉情况的报告》；保山检察分院《关于保山地区检察机关1993年以来开展法律监督情况的报告》

续上表

年份	工委会议次数	审议内容
1995年	7	行署《关于保山地区1994年国民经济和社会发展计划执行情况与1995年计划安排意见的报告》《关于保山地区1994年财政预算执行情况和1995年预算安排意见的报告》《关于保山地区贯彻执行〈义务教育法〉情况的报告》《保山地区六六扶贫攻坚计划（送审稿）》《关于保山地区贯彻执行〈农村医疗卫生条例〉情况的报告》《关于全区1994年以来监察工作情况的报告》；地区中级人民法院《保山地区中级人民法院关于1994年刑事审判工作的报告》；保山检察分院《关于全区1994年以来审判监督工作情况的报告》；行署、中级人民法院和检察分院关于1994年以来对地区人大工委会议和主任会议所提意见、建议办理落实情况的反馈报告
1996年	5	行署《关于保山地区1995年国民经济和社会发展计划执行情况及1996年计划安排意见的报告》《关于保山地区1995年财政预算执行情况和1996年预算安排意见的报告》《关于保山地区国有工商企业深化改革情况的报告》《关于保山地区贯彻执行〈劳动法〉情况的报告》《关于保山地区民族贫困乡扶贫开发工作情况的报告》；地区中级人民法院《关于全区1995年以来经济审判工作情况的报告》；保山检察分院《关于保山地区1995年以来经济检察工作情况的报告》
1997年	4	行署《关于保山地区1996年国民经济与社会发展计划执行情况和1997年计划安排意见的报告》《关于保山地区1996年预算外资金收支管理情况的报告》《关于保山地区1996年以来农业技术推广工作情况的报告》《关于保山地区落实"三五"普法规划情况的报告》；地区中级人民法院《关于保山地区法院1996年以来申诉审判工作的情况报告》；保山检察分院《关于保山地区控告申诉检察工作情况的报告》
1998年	5	行署《关于保山地区1997年国民经济和社会发展计划执行情况与1998年计划的报告》《关于保山地区1997年财政预算执行情况和1998年财政预算安排的报告》《关于保山地区深化国有企业改革情况的报告》《关于保山地区普及九年义务教育工作情况的报告》《关于保山地区贯彻执行〈药品管理法〉及〈云南省药品监督管理条例〉的情况报告》《关于保山地区贯彻实施〈村民委员会组织法（试行）〉情况的报告》
1999年	4	行署《关于保山地区贯彻执行〈计划生育条例〉的情况报告》《关于保山地区1999年国民经济和社会发展计划上半年执行情况的报告》《关于保山地区1999年财政预算上半年执行情况的报告》《关于保山地区烤烟、香料烟生产情况的报告》；地区中级人民法院《保山地区中级人民法院关于执行工作的报告》；保山检察分院《关于1997年以来全区法纪检察工作情况的报告》
2000年	4	行署《关于贯彻执行〈职业教育法〉及〈云南省职业教育条例〉的情况报告》《关于保山地区"三五"普法工作进展情况的报告》《关于保山地区贯彻执行〈云南省法制宣传教育条例〉情况的报告》《关于保山地区2000年国民经济和社会发展计划上半年执行情况的报告》《关于保山地区2000年财政预算上半年执行情况的报告》《关于保山地区国有企业下岗职工基本生活保障和再就业工作情况的报告》《关于保山地区减轻农民负担，确保农民增收的情况报告》；地区中级人民法院《保山地区中级人民法院工作报告》

续上表

年份	工委会议次数	审议内容
2001年	2	行署《关于保山地区人大工委2000年第4次会议“减轻农民负担，确保农民增收情况报告的审议意见”的办理落实情况的报告》《关于1999年以来政府法制工作情况的报告》《关于贯彻落实〈执业医师法〉情况的报告》

第二节　工委会主任会议

地区人大工委会主任会议每月举行1次（根据需要，也采取临时召开），必要时地区行署及所属部门和“两院”领导、工委会有关处室负责人列席会议。1991年6月至2001年5月，共举行会议140次。主任会议负责处理工委会的重要日常工作，除讨论工委会会议议题、研究处理工委会重要日常工作和机关重要事务以外，还审查地区国民经济和社会发展“十五”计划纲要；听取和讨论行署及有关部门贯彻实施法律法规情况汇报，全区物价税制改革、救灾救济、农业综合开发、畜牧业生产、非公经济发展、普法规划执行、广播电视、体育、保山城区中小学幼儿园收费等工作情况汇报，“两院”专项工作情况汇报。主任会议针对存在问题，分别提出意见建议，交行署及其有关部门和“两院”研究办理。

工委会主任会议听取汇报情况表

表5-2

年份	听取汇报内容
1993	行署《关于保山地区实施〈标准化法〉四周年工作总结及今后宣传贯彻〈产品质量法〉工作意见的汇报》《关于保山市城区中小学幼儿园收费情况的汇报》《关于近年来全区物价工作情况的汇报》
1994	行署《关于全区公安工作的情况汇报》《关于保山地区救灾救济工作情况的汇报》《关于全区矿业开发情况的汇报》《关于全区广播电视工作情况的汇报》《关于全区税制改革情况和国家税务局组建以来工作情况汇报》《关于全区地方税务局组建以来工作情况的汇报》《关于全区第二期滇西南农业综合开发工作情况的汇报》；保山检察分院《关于全区检察机关开展反贪污贿赂工作情况的汇报》
1995	行署《关于全区1995年烤烟生产情况的汇报》《关于全区畜牧业生产工作情况的汇报》《关于全区“二五”普法规划执行情况的汇报》《关于全区体育工作情况的汇报》
1996	行署《关于全区非公有制经济发展情况的汇报》《关于贯彻地委〔1996〕11号文件情况的汇报》
1997	行署《关于保山地区执行〈中华人民共和国妇女权益保障法〉情况的汇报》《关于全区工商行政管理系统实施〈行政处罚法〉情况的汇报》

续上表

年份	听取汇报内容
1999	行署《关于保山地区水利电力“九五”计划实施情况及后两年安排意见的汇报》《关于全区贯彻执行〈矿产资源法〉情况的汇报》
2000	行署《关于全区贯彻执行〈森林法〉和〈云南省森林消防条例〉的情况汇报》《关于全区贯彻执行〈中华人民共和国统计法〉情况的汇报》；地区中级人民法院《关于全区法院贯彻执行最高人民法院〈人民法院审判人员违法审判责任制追究办法(试行)〉和〈人民法院审判纪律处分办法(试行)〉的贯彻落实情况汇报》《关于中级人民法院开展违纪违法审判责任追究制工作情况的汇报》

第三节 人民代表大会会议

2001—2005年，保山市第一届人民代表大会共举行6次会议。

2001年7月28日至8月3日，市第一届人民代表大会举行第一次会议。会议应出席代表329名，实到325名。中共云南省委“两会”指导组莅保指导会议。原地区人大工委会、行署老领导，原地直各部门单位和省属驻保各单位、各人民团体负责人共100余人列席会议。会议选举张培光为市人大常委会主任，杨光、傅宗明、施碧娟(女，白族)、茶万忠(白族)、孙家灿、丁恒源为副主任，石玉昌为秘书长，左发桑(彝族)等21人为常委会委员；王广兴为市人民政府市长，杨经建(白族)、黄立新、杨建洪、杨焱平(女，白族)、李新平为副市长；郎跃军为市中级人民法院院长；姜治洲为市人民检察院检察长(会后上报省人大常委会批准任命)；表决通过市第一届人民代表大会财政经济委员会组成人员名单，其中主任委员、副主任委员各1人，委员3人；听取和审查通过《政府工作报告》、审查通过《保山市国民经济和社会发展第十个五年计划纲要》、听取和审查通过《关于保山地区2000年国民经济和社会发展计划执行情况与保山市2001年国民经济和社会发展计划草案的报告》《关于保山地区2000年地方财政预算执行情况和保山市2001年地方财政预算草案的报告》，听取和审查通过市人大常委会、市中级人民法院、市人民检察院工作报告。会议期间收到代表议案52件，主席团会议审议决定全部转作建议、批评和意见，连同会议收到的代表建议、批评和意见113件(含闭会3件)，会后由市人大常委会一并交有关单位研究办理，并由承办单位答复代表。

2002年3月25—29日，市第一届人民代表大会举行第二次会议。会议应出席代表331名，实到325名。会议分别听取和审查通过政府工作报告和计划、财政报告，市人大常委会、市中级人民法院、市人民检察院工作报告。会议期间收到代表议案35件，主席团会议审议决定全部转作建议、批评和意见，连同会议收到的代表建议、批评和意见77件，会后由市人大常委会交有关单位研究办理，并由承办单位答复代表。

2002年11月21—22日，市第一届人民代表大会举行第三次会议。会议应出席代表329名，实到313名。会议选举产生牛绍尧等32人为云南省第十届人民代表大会代表。

2003年3月27—31日，市第一届人民代表大会举行第四次会议。会议应出席代表331名，实到331名。会议分别听取、审查并通过市政府工作报告，计划、财政报告，市人大常委会、法院、检察院工作报告。补选熊清华为市人民政府市长，赵利军为市中级人民法院院长，李若昆为市人民检察院检察长（会后上报省人大常委会批准任命），罗国泰（彝族）等9人为市人大常委会委员。会议期间收到代表议案27件，主席团会议审议决定其中2件列为议案办理，其他25件转作建议、批评和意见，连同会议收到的代表建议、批评和意见94件，会后由市人大常委会交有关单位研究办理，并由承办单位答复代表。

2004年2月23—27日，市第一届人民代表大会举行第五次会议。会议应出席代表329名，实到329名。会议分别听取、审查并通过市政府工作报告，计划、财政报告，市人大常委会、法院、检察院工作报告。补选李树云、胡家忠为市人大常委会副主任，王怀等3人为常委会委员，王鑫、张建明为市人民政府副市长。会议期间收到代表议案13件，主席团会议审议决定全部转作建议、批评和意见，连同会议收到的代表建议、批评和意见111件，会后由市人大常委会交有关单位研究办理，并由承办单位答复代表。

2005年2月21—25日，市第一届人民代表大会举行第六次会议。会议应出席代表325名，实到325名。会议听取、审查并通过市政府工作报告，分别审查并通过计划、财政报告，分别听取、审查并通过市人大常委会、法院、检察院工作报告，补选杨连为市人大常委会主任。会议期间收到代表议案20件，主席团会议审议决定全部转作建议、批评和意见，连同会议收到的代表建议、批评和意见91件（含闭会2件），会后由市人大常委会交有关单位研究办理，并由承办单位答复代表。

第四节　常委会会议

市第一届人大常委会从2001年8月至2005年共举行常委会会议30次。常委会会议每两个月至少举行1次；必要时，也采取临时举行。常委会组成人员出席会议；根据有关法律规定和会议议题，通知“一府两院”及有关部门、其他有关组织、各县（区）人大常委会各1名负责人，市人大及其常委会的工作办事机构负责人列席会议；市人大代表等应邀列席会议。保山市第一届人大常委会选举产生后，围绕中共保山市委中心工作、全市工作大局和事关广大群众切身利益、社会普遍关注的重大问题作出计划安排，每年年末审议通过次年度的工作要点，并根据每次常委会会议议题组织开展会前调查研究，由市人大常委会工作办事机构拟写形成相关专题调研材料，为会议审议、评议等提供参考。会议听取和审议“一府两院”及有关部门单位专项工作报告或专题汇报，对市政府组成部门进行工作评议，对市人大及其常委会选举任命的“一府两院”领导人员进行述职评议，依法任免市级国家机关工作人员。市人大常委会将会议形成的有关决议、决定、审议意见、评议意见等以常委会或常委会办公室文件送交“一府两院”及有关部门单位，要求遵照执行或研究办理。常委会会议邀请市级各新闻媒体记者采访，进行公开宣传报道。

2001—2005年市人大常委会审议（审查）报告情况表

表5-3

年份	审议报告
2001年	市政府《关于在全市公民中开展法制宣传教育和依法治理工作的第四个五年普法规划》《关于2000年保山市本级财政预算执行和其他财政收支的审计工作报告》
2002年	市政府《关于办理保山市第一届人民代表大会第一次会议代表建议、批评和意见情况的报告》《关于保山市实施〈云南省计划生育条例〉情况的报告》《关于保山市贯彻实施〈中华人民共和国道路交通管理条例〉情况的报告》《关于保山市贯彻实施〈中华人民共和国归侨侨眷权益保护法〉情况的报告》《关于保山市供销社1999年以来改革和扭亏工作情况的报告》《关于2001年保山市本级财政预算执行和其他财政收支的审计工作报告》《关于保山市城市建设用地管理及使用情况的报告》《关于保山市2002年上半年国民经济和社会发展计划执行情况的报告》《关于保山市实施国家有关文化市场管理法律法规和〈云南省文化市场管理条例〉情况的报告》《关于保山市发展和推广无公害农产品规划的报告》《关于保山市2002年1—9月地方财政预算执行情况和市级年度调整预算方案的报告》；市人民检察院《关于2001年1月至2002年6月反贪污贿赂工作报告》
2003年	市政府《关于办理保山市第一届人民代表大会第二次会议代表建议、批评和意见情况的报告》《关于保山市开展严打整治斗争工作报告》《关于2002年保山市本级财政预算执行和其他财政收支的审计工作报告》《保山市人民政府关于2003年上半年国民经济和社会发展计划执行情况及下半年工作安排的报告》《关于全市农村卫生改革与发展情况的报告》《关于保山市贯彻实施〈中华人民共和国村民委员会组织法〉和部署村级换届工作情况的报告》《关于保山市2003年1—9月地方财政预算执行情况和市本级年度预算调整方案的报告》《保山市人民政府关于退耕还林（草）工作情况的报告》《保山市人民政府关于办理保山市第一届人民代表大会第四次会议代表建议、批评和意见情况的报告》
2004年	市政府《关于全市贯彻实施〈中华人民共和国食品卫生法〉情况的报告》《关于2003年保山市本级财政预算执行和其他财政收支的审计工作报告》《关于保山市开展法制宣传教育和实施依法治理"四五"规划进展情况的报告》《关于打造全市旅游品牌促进旅游产业发展工作情况的报告》《保山市人民政府关于2004年上半年国民经济和社会发展计划执行情况及下半年主要工作部署情况的报告》《保山市人民政府使用国家开发银行城市基础设施项目贷款还本付息资金列入财政预算的议案说明的报告》《关于保山市第二届村民委员会选举工作情况的报告》《关于保山市2004年1—9月地方财政预算执行情况和市本级年度预算调整方案的报告》《保山市人民政府关于全市易地搬迁扶贫情况的报告》《关于全市农村税费改革试点工作情况的报告》《保山市人民政府关于办理保山市第一届人民代表大会第五次会议代表建议、批评和意见情况的报告》《保山市公安局2003年以来工作情况报告》

续上表

年份	审议报告
2005年	市政府《保山市人民政府贯彻实施〈中华人民共和国环境影响评价法〉情况的报告》《关于〈保山市城市总体规划〉编修情况的报告》《保山市人民政府关于贯彻实施〈中华人民共和计划生育法〉和〈云南省计划生育条例〉情况的报告》《保山市人民政府关于2005年上半年国民经济社会和发展计划执行情况及下半年主要工作部署的报告》《2004年市本级财政审计报告》《关于2004年度保山市市本级财政预算执行和其他财政收支的审计工作报告》《保山市贯彻〈中华人民共和国监狱法〉情况的报告》《保山市人民政府关于办理保山市第一届人民代表大会第六次会议代表建议、批评和意见情况的报告》

第五节　常委会主任会议

2001年7月第一届人大常委会成立后，常委会主任会议每月举行一次，根据需要，也实行临时召开，2001年7月至2005年共举行主任会议67次。主任会议负责处理常委会的重要日常工作，主要包括：拟定市人大常委会会议议程草案，决定常委会会议的时间、日程和列席人员；讨论提请常委会会议审议、表决的各种议案、草案等事项；讨论通过常委会年度工作计划及其工作要点；安排市人大代表的视察和讨论决定常委会的执法检查、调查研究等工作；讨论人民群众对“一府两院”和保山市国家机关工作人员的重要申诉和意见，提出处理意见；听取和讨论“一府两院”及有关部门的专题工作汇报，提出处理意见；领导指导市人大及其常委会工作办事机构的工作；处理常委会授权的事项等。主任会议还研究处理常委会机关的重要事务。根据工作需要，主任会议必要时决定市人大常委会副秘书长、市人大及其常委会工作办事机构负责人或有关人员，“一府两院”及有关部门负责人列席会议，作相关专题汇报，并回答有关事项的询问。

第四章　职权行使

第一节　重大事项决定

2001年7月至2005年，市第一届人大常委会讨论决定事关全市改革发展稳定和群众切身利益、社会普遍关注的重大事项，作出决议11个、决定35个。

2001年，市第一届人大常委会第二次会议审议通过《关于加强对市人民代表大会及其常务委员会选举任命的国家行政审判检察机关工作人员监督的决定》《关于在全市公民中进一步开展法制宣传教育和推进依法治市工作的决议》。

2002年，市第一届人大常委会第九次会议审查通过《关于批准保山市2002年市本级年度财政预算调整方案的决议》。

2003年，市第一届人大常委会第十六次会议审查通过《关于批准保山市2003年市本级年度财政预算调整方案的决议》。

2004年，市第一届人大常委会第二十一次会议审议通过《关于市人大常委会对拟任命国家机关工作人员进行法律考试有关问题的办法补充规定的决定》；第二十二次会议审议通过《关于市人民政府使用国家开发银行城市基础设施项目贷款还本付息资金列入财政预算方案的决议》；第二十三次会议审查通过《关于批准保山市2004年市本级年度财政预算调整方案的决议》。

2005年，市第一届人大常委会第二十五次会议审议通过《关于表彰第一届人民代表大会优秀代表的决定》《关于表彰第一届人民代表大会代表所提优秀议案建议和办理代表建议先进单位的决定》；第二十七次会议审议通过《关于保山市城市总体规划修编的决议》《关于市第一届人民代表大会提前换届的决定》；第二十九次会议审查通过《关于批准保山市2005年市本级年度财政预算调整方案的决议》；第三十次会议审议通过《关于市第二届人民代表大会代表名额分配和选举问题的决定》。

市人大常委会还对召开市人民代表大会会议、接受国家机关有关工作人员辞职等事项，做出决议或决定。

第二节 议案建议办理

1982—2001年，联络组和工委会期间，保山地区没有本级人大代表，所以没有本级人大代表议案，也没有建议、批评和意见（以下简称议案建议）。

2001年7月，保山设立市第一届人民代表大会及其常委会以后，依法办理本级人大代表议案建议。2001年7月至2005年年末，市第一届人民代表大会历次会议和闭会期间代表累计提出议案147件、建议486件，合计633件。经议案审查委员会审查并报经大会会议主席团审议，代表所提147件议案转作建议办理共145件，连同代表所提的486件建议，合计631件建议，由市人民政府有关工作部门累计办理612件，常委会有关工作机构累计办理8件，“两院”等有关单位累计办理11件。其中，当年得以解决的累计176件，占建议总数的27.89%；当年启动实施或列入计划解决的累计283件，占44.85%。全部议案建议均在规定时限内办理完毕，由承办单位书面答复代表，绝大多数代表对办理过程和结果表示满意。其他2件议案（2003年3月第一届人民代表大会第四次会议期间代表提的《关于加快腾冲槟榔江流域水电开发的议案》和《关于潞江坝现代农业示范区建设的议案》）分别交由市人大财政经济委员会和常委会农业环境资源保护工作委员会审议或初审，并经常委会主任会议研究决定由两委员会分别办理。两委员会经办理将情况报市第一届人大常委会第十七次会议通过，并书面报告市第一届人民代表大会第五次会议。提出《关于加快腾冲槟槟榔江流域水电开发的议案》的代表对办理结果表示满意；对《关于潞江坝现代农业示范区建设的议案》的办理，促使有关方面引起对示范区建设必要性的认识，初步拟定示范区地址，提出建设规模内容和投资概算，由市人民政府继续推进。

第三节　监　督

一、听取汇报

从1991年6月起至2001年5月，地区人大工委会先后听取和讨论行署及有关部门关于贯彻《中华人民共和国实施标准化法》《中华人民共和国产品质量法》《中华人民共和国妇女权益保障法》等法律法规情况、全区物价税制改革、农业综合开发、公安、广播电视等工作以及“两院”专项工作汇报共43项，并针对有关问题分别提出整改意见建议，要求行署及有关部门和“两院”研究办理（工委会听取汇报内容详见本编第三章第二节）。

市第一届人大常委会主任会议，对于重要人事任免、政府使用国家开发银行城市基础设施项目贷款还本付息资金列入财政预算、保山市城市总体规划修编等事项，要求“一府两院”及有关部门负责人列席主任会议作专题汇报，回答有关询问，翔实了解相关内容，分别形成主任会议议案，提请市人大常委会会议审议。

二、审议（审查）报告

地区人大工委会从1989年7月设立至2001年5月，先后听取和审议行署、“两院”工作报告共97项，提出意见建议，送交行署和“两院”研究办理（工委会审议报告内容详见本编第三章第一节）。

市第一届人大常委会于2001年7月选举产生至2005年先后听取和审议“一府两院”专项工作报告共56项，其中对32项报告提出审议意见156条；审查批准市本级年度财政预算调整方案4个；听取和审议主任会议提交的2002年以来历次市人代会会议的常委会工作报告审议稿5个；听取和审议市人大财经委和常委会工作办事机构牵头组织有关检查、调查的工作报告6项。除常委会工作报告审议稿以外的其他审议（审查）事项结果，均送交“一府两院”研究办理（常委会审议（审查）报告内容详见本编第三章第四节）。

三、视察

1982年1月至1989年，地区人大工作联络组在每年全国和省人民代表大会会议举行之前，组织驻本地区的全国和省人大代表开展视察活动。1986年春节前后，组成6个代表视察组视察全区各监所和湾甸劳改农场，代表们就视察中发现的问题向当地党委政府提出意见建议，引起有关方面重视。1987年2月，组织部分驻地直单位的省人大代表对腾冲、龙陵县粮食生产及乡镇企业状况进行视察，代表们针对发现的有关问题向两县人民政府分别提出建设性意见。

1989年7月至2001年，地区人大工委会组织代表视察17次。先后对全区贯彻实施《中华人民共和国行政诉讼法》《治安管理处罚条例》《中华人民共和国食品卫生法（试行）》，建设龙陵苏帕河电站、勐糯铅锌矿、昌宁纸厂、保山市明子山水库，云保线昌宁大水平至保山左官屯段和施甸县城至七〇七公路改扩建工程，以及“三农”工作、扶贫开发、部分工业企业生产经营、市场物价、计划和财政预算执行、文化市场、社会治安、创建“无毒社区”和城市建设等情况进行视察，提出意见建议100余条，送交行署研究处理。

2001年7月至2005年，市第一届人大常委会组织驻保全国人大代表、保山选出的省人大代表和驻市直机关部门的市人大代表视察5次，并委托各县（区）人大常委会组织驻当地的市人大代表开展视察活动。市人大常委会于2001年11月组织视察全市完善社会保障工作状况，并实地查看昌宁县的工作；2002年9月、10月，组织视察全市教育工作情况以及隆阳区农业产业结构调整情况；2003年5月，组织视察龙陵苏帕河流域水电开发和综合治理情况，同年，还委托各县（区）人大常委会组织驻当地的市人大代表视察县（区）、乡（镇）政务公开工作情况；2004年10月，组织视察全市抗灾减灾情况和教育体制改革工作；2005年8月，组织视察保山监狱贯彻实施《中华人民共和国监狱法》情况。每次代表视察活动结束都形成视察报告，报告对所视察的有关工作成效给予肯定的同时，对发现的问题提出改进和克服的意见建议，送交市人民政府或有关单位研究办理。

四、检查

1989年7月至2001年，地区人大工委会组织人大代表及有关部门开展检查40余次，对本行政区域贯彻实施《中华人民共和国食品卫生法》《中华人民共和国消费者权益保护法》《中华人民共和国妇女权益保障法》《中华人民共和国农业法》《中华人民共和国教育法》《中华人民共和国防震减灾法》《中华人民共和国土地管理法》《云南省农村医疗卫生条例》《云南省文化市场管理条例》等30余部法律法规情况，以及护林防火、环境保护、城市建设管理、社会治安综合治理、甘蔗烤烟香料烟生产、扶贫开发、“18生物工程”项目实施、“两院”个案处理等工作情况进行检查。配合省人大常委会执法检查组对全区贯彻实施《中华人民共和国归侨侨眷权益保护法》《中华人民共和国台湾同胞投资保护法》等情况进行检查。

2001年7月至2005年，市第一届人大常委会对全市贯彻实施《中华人民共和国审计法》《中华人民共和国公路法》《中华人民共和国森林法》《中华人民共和国村民委员会组织法》《云南省旅游业管理条例》等30余部法律法规情况进行检查，均形成执法检查报告，提出改进工作的意见建议，交市人民政府及有关部门研究办理。

2002年4月，组织检查五县（区）9个乡（镇）贯彻实施《云南省计划生育条例》情况。5月，到五县（区）及归侨侨眷较集中的部分乡（镇）、村组、农场、侨资或归侨侨眷创办的企事业单位，检查《中华人民共和国归侨侨眷权益保护法》贯彻实施情况。8月，检查全市实施国家和省有关文化市场管理法律法规情况，实地检查隆阳区、腾冲县，同时要求施甸、龙陵、昌宁三县组织自查，报送书面材料。

2003年4月，对全市贯彻执行《中华人民共和国村民委员会组织法》情况进行检查，在各县（区）自查基础上抽查隆阳区、腾冲县，分别听取人民政府汇报，深入检查隆阳区水寨、河图、永昌、潞江4个乡（镇、街道）的4个村民委员会和腾冲县猴桥、腾越2个镇的2个村民委员会情况。7月，对全市贯彻实施《中华人民共和国防震减灾法》和《云南省防震减灾条例》情况进行检查。

2004年3月，组织两个检查组分别对全市贯彻实施《中华人民共和国公路法》《云南省道路运输管理条例》和《云南省旅游业管理条例》情况进行检查。4月、5月，组织检查全市贯彻实施《云南省企业职工失业保险条例》情况。7月，对全市贯彻实施《中华人民共和国水法》情况进行检查，检查组听取市人民政府汇报，并深入隆阳区、昌宁县部分采石取砂矿点现场和公路施工地段了解实情。8月，组织检查全市贯彻实施《云南省广播电视管理条例》情况。

常委会还配合省人大常委会执法检查组，对全市贯彻执行《中华人民共和国农业法》《中华人民共和国劳动法》《中华人民共和国安全生产法》《中华人民共和国动物防疫法》《云南省私营企业条例》等10余部法律法规情况进行检查。

五、调查

1989年7月至2001年，地区人大工委会组织人大代表、工委会组成人员进行专题调查40余次。调查组先后深入全区各级各有关部门和单位，对贯彻实施《中华人民共和国义务教育法》《中华人民共和国科技进步法》《中华人民共和国执业医师法》《云南省行政执法监督条例》《云南省计划生育条例》《云南省民族乡工作条例》等10余部法律法规情况，对全区“二五”“三五”普法和政府法制工作情况，地县（市）“两院”审判和检察工作情况，全区烤烟糖业畜牧业生产、乡镇企业、环境保护、农村文化、农业科技推广、城市建设及乡（镇）集镇建设、民族乡扶贫开发、旅游业发展、乡（镇）人大主席团等工作情况进行调查，写出调查报告，提出意见建议120余条，送交行署及有关部门和“两院”研究落实。

2001年7月至2005年，市第一届人大常委会在每次召开常委会会议前，都组织部分常委会组成人员和市人大代表组成调查组进行专题调查研究，写出相应的调查报告并在常委会会议上汇报，为常委会审议、表决相关议题内容提供参考。调查组先后对全市贯彻实施国务院《城市民族工作条例》《云南省乡镇人大主席团工作条例》情况，全市推进民族乡民族宗教工作，个体私营经济，人口较少民族布朗族、阿昌族、德昂族脱贫发展，矿电结合，社会治安综合治理，“四五”普法，出入境检验检疫，艾滋病防治及30余件司法个案等情况进行专题调查，写出调查报告，提交常委会会议审议后，送交“一府两院”及有关部门研究办理。还配合省人大常委会调研组对县乡两级人大、边境民族地区扶贫、侨情侨务等工作情况进行调研。

六、评议

（一）工作评议

1997年4—6月，地区人大工委会对行署交通局1995年以来的工作组织评议活动。工委会党组提出工作评议方案报经中共保山地委同意后实施，成立评议工作领导小组，下设办公室在工委会代表联络处。组织驻本地区的部分省人大代表、工委会组成人员为3个评议调查小组，分赴地直和五县（区）有关单位及省属驻保交通运输行业调查，分别写出调查报告，在此基础上召开工委会评议会议。会议在肯定行署交通局工作成绩的同时指出存在的主要问题，形成5条意见建议要求其办理落实。同年8月，行署交通局向工委会书面报告整改落实情况。

2004年9—12月，市第一届人大常委会对市公安局2003年以来的工作组织评议活动。常委会组织评议调查组先后在五县（区）和市级召开座谈会，邀请市县两级政法委、法院、检察院、公安局、司法局、安全局等单位负责人，部分驻保全国和省人大代表，以及部分市、县、乡三级人大代表共150余人参会；会议由评议调查组负责人作动员讲话，市公安局负责人报告本局工作情况，与会人员发表意见建议，评议调查组在会上发放测评表进行无记名民主测评；会后由调查组写出评议调查报告。常委会第二十四次会议形成《关于市公安局工作的评议意见》文件，在肯定其工作成绩的同时提出9条意见建议，送交市公安局要求整改落实并在两个月内书面向常委会报告。市公安局如期予以办理。

（二）述职评议

2002年，常委会启动述职评议工作。2002—2005年，市第一届人大常委会按照常委会制定通过的关于开展述职评议工作办法，先后对市人民政府3名副市长和12名局长（主任）、市中级人民法院2名副院长、市人民检察院2名副检察长组织开展述职评议。常委会会议评议表决结果，被评议的“一府两院”人员，除市中级人民法院1名副院长履职情况综合评定为基本称职外，其他人员均评定为称职。常委会会议形成关于述职评议意见的文件印发被评议人员，要求其制定整改措施并在两个月内书面向常委会报告。被评议人员均认真遵守执行。

2002年10月28—30日，常委会第九次会议对1名副市长及市旅游局局长、卫生局局长、水利局局长履职工作情况进行评议。

2003年6—12月，常委会先后在四次会议上对1名副市长及市民族宗教事务局局长、农业局局长、经济贸易委员会主任、文化局局长，市中级人民法院1名副院长、市人民检察院1名副检察长进行述职评议。

2004年4—10月，常委会先后在四次会议上对1名副市长及市民政局局长、粮食局局长、体育局局长、交通局局长，市中级人民法院1名副院长进行述职评议。

2005年4—7月，常委会先后在两次会议上对市人民检察院1名副检察长、市建设局局长进行述职评议。

七、规范性文件审查

1989—2001年，地区人大工委会对行署和“两院”报送的《行政管理制度暂行规定》《边境贸易管理规定》《检察机关错案责任追究制度》《深化城镇住房制度改革实施方案》《农业环境保护管理办法》《鼓励职工购买公有住房全部产权的实施意见》《个体私营经济发展计划》《城市建设用地管理若干规定》等50余件规范性文件进行备案审查，并提出意见建议。

2001—2005年，市第一届人大常委会对“一府两院”报送的《关于加快个体私营经济发展的意见》《深化国有企业改革的实施意见》《深化国有企业改革若干规定》《民族地区经济和社会发展“十五”计划纲要》等10余件规范性文件进行备案审查。审查程序逐步规范。常委会部分组成人员参与市人民政府有关规范性文件出台前的讨论会议，由事后监督逐渐走向事前监督。常委会还履行对县（区）人大及其常委会工作进行法律监督职责，对报送的有关规范性文件进行备案审查。

八、信访处理

地区人大工委会成立后，接待和处理人民群众来信来访成为工委会一项经常性工作，尤其1997年12月设立科级信访工作机构后，人大信访工作逐步形成制度性规定，注重与行署和“两院”及有关部门协调联系。1990年至2001年7月，工委会按照“分级负责、归口办理”原则，采取疏导、转办、交办、催办和对重要信访加强督促检查等方式，处理人民群众来信来访2807件。其中：1990—1995年662件，1996—2000年1754件，2001年1—7月391件。

市第一届人大常委会成立后，制定办理人民群众来信来访办法和重要信访办理规则，成立信访工作协调领导小组，实行常委会主任信访接待日制度，设立信访科专人负责处理信访业务工作，逐步形成较完备的人大信访工作机制。2001年7月至2005年，常委会受理人民群众来信来访2346件次，其中，办理上级人大常委会批示件327件，信访办结率达97%，人民群众合法权益得到维护。

第四节　人事任免

2002年，常委会第三次会议审议通过了《保山市人民代表大会常务委员会关于对拟任命的国家机关工作人员进行法律考试有关问题的办法》，坚持对保山市人民政府市长、保山市中级人民法院院长、保山市人民检察院检察长提名和提请任命的国家机关工作人员进行任前法律考试。同年10月，常委会第九次会议接受郎跃军辞去市中级人民法院院长职务；12月，常委会第十次会议接受王广兴辞去市人民政府市长职务，决定任命熊清华为市人民政府副市长，并决定其为代理市长；杨光、傅宗明辞去常委会副主任职务；雍少华辞去常委会委员职务。

2003年2月，常委会第十一次会议接受方文凯、李骅、汪金耀、容瑞珊、李重金、蔺斯鹰辞去常委会委员职务；3月，常委会第十三次会议接受姜自洲辞去市人民检察院检察长职务；9月，常委会第十五次会议接受黄立新辞去市人民政府副市长职务；12月，常委会第十七次会议接受赵光坤辞去常委会委员职务。

2004年2月，常委会第十九次会议接受杨经建辞去市人民政府副市长职务。

2005年2月，常委会第二十五次会议接受张培光辞去保山市人大常委会主任职务；7月，常委会第二十七次会议接受熊清华辞去市人民政府市长职务，决定任命段跃庆为市人民政府副市长，并决定其为代理市长；10月，常委会第二十九次会议接受杨焱平辞去市人民政府副市长职务，耿梅辞去常委会委员职务。

2001—2005年，市第一届人大常委会依法任免市级国家机关工作人员348人次，其中：任免市人大财经委及常委会委室人员24人次，政府组成人员70人次，法院139人次，检察院95人次，接受辞职19人，撤销职务1人。

第五节　法律法规草案修改建议

1982—1989年，地区人大工作联络组承担上级人大常委会交办征求有关法律法规草案修改意见的工作任务，采取召集有关党政机关部门、人民团体、企事业单位以及部分人大代表参会讨论，或者走访调查、书面征求意见等形式，将收集的意见建议汇总整理，及时上报。先后对《宪法（草案）》和《行政诉讼法》以及《云南省乡镇人大主席团工作的若干规定》等10余部法律法规草案提出修改建议。

1989—2001年，地区人大工委会根据省人大常委会安排，采取工委会主任办公会议或由有关处室召开所涉及部门单位负责人参加的座谈会等方式，先后组织征求对《中华人民共和国归侨侨眷权益保护法》《中华人民共和国未成年人保护法》《中华人民共和国地方组织法》《中华人民共和国全国人民代表大会和地方各级人民代表大会选举法》《中华人民共和国全国人民代表大会和地方各级人民代表大会代表法》《中华人民共和国食品卫生法》《中华人民共和国农业技术推广法》《中华人民共和国农业法》《中华人民共和国法官法》《中华人民共和国检察官法》《中华人民共和国产品质量法》《中华人民共和国婚姻法》以及《云南省职业技术教育条例》《云南省计划生育条例》《云南省归侨侨眷权益保护办法》《云南省劳动保护条例》《云南省道路运输管理条例》《云南省防震减灾条例》等140多部法律法规草案的修改意见建议。会后及时汇总整理上报。

2001—2005年，市第一届人大常委会先后组织征求有关部门单位对《证券投资基金法》《清洁生产促进法》《义务教育法》以及《云南省民族乡工作条例》《云南省农村土地承包条例》等10多部法律法规草案的修改意见建议，并及时汇总整理上报。

第六节　立法调研

1989—2001年，地区人大工委会期间，配合省人大常委会赴保调研组先后对省《实施〈村民委员会组织法〉办法》《农产品管理条例》《查处反窃电行为条例》《人大常委会讨论决定重大事项的规定》《行政复议条例》《省人大常委会地区工作委员会组织条例》《地州市县人大如何监督辖区内省属单位的问题》等进行立法调研或法律法规修改调研，提出意见建议。

2001—2005年，市第一届人大常委会配合省人大常委会赴保调研组开展有关立法工作调研，先后参与《中华人民共和国农民专业合作组织法》《中华人民共和国消防法》以及食品卫生管理、林地管理、农村集体财务管理、高黎贡山自然保护区管理、邮政管理、捐赠工作、禁毒工作等10余项专题立法调研活动，提出相关意见建议。

第五章　县乡人大工作指导

第一节　业务指导

1982—1989年，地区人大工作联络组每年年初对县(市)人大工作提出建议，不定期到各县(市)了解人大工作情况，组织召开县(市)人大常委会主任座谈会，并运用《人大工作简讯》刊发人大工作经验信息等，对县(市)人大常委会工作进行业务指导。

1989—2001年，地区人大工委会通过召开各种工作会议和调研等方式，对县、乡两级人大工作进行业务指导。其间，先后召开全区人大工作会议1次，人大法制工作会议3次，人大宣传工作和教科文卫工作会议各2次，全区县(市)人大常委会主任座谈会7次，召开全区人大信访工作、人大财经工作和人大农村经济工作等方面的座谈会，以及工委会领导分赴各县(市)人大常委会召开座谈会，坚持派员分赴各县(市)指导县级人代会会议。2000年4月、7月、8月，分别对全区乡(镇)人大主席团工作情况进行调研。同时，组织各级人大干部参加人大制度理论研讨和举办培训班，学习有关人大工作必备的政治理论、政策法律、人大制度和业务知识。1996—2000年，每年组织1次全区人大系统人大制度理论研讨会议，各县(市)人大常委会和工委会机关选送论文累计121篇，并组织评委会评出等次予以颁奖鼓励。1990年9月、1993年7—8月，先后举办两期全区人大干部培训班，各县(市)人大常委会主任、副主任及委室负责人，乡(镇)人大主席，工委会组成人员和机关干部共参加培训219人次。2001年年初，工委会及机关处室领导分赴各县(市)指导县(市)人大常委会举办的人大代表及乡(镇)人大主席培训会。

2001—2005年，市第一届人大常委会采用邀请县(区)人大常委会领导和有关委室负责人列席常委会会议，邀请参加赴省内外学习考察，参加常委会组织的法制讲座，参与常委会开展的检查、视察、调研，以及举办培训班、座谈会、研讨会等方式，加强对县(区)人大常委会工作的业务指导。2002年6月，举办全市乡(镇)人大主席培训班，全市82个乡(镇)人大主席、县(区)人大常委会选联工委负责人、市人大常委会办公室和选联工委工作人员参加培训学习。2003年8月，举办全市人大常委会主任培训班，各县(区)人大常委会除留1名副主任在家主持工作外，常委会其他领导和各委室主任都集中到市委党校学习，市人大常委会领导和机关科级以上干部参与组织领导或接受培训学习。2005年8月，召开全市人大代表工作座谈会，各县(区)人大常委会1名副主任和选联工委负责人、市人大常委会办公室和选联工委负责人参加会议，各县(区)人大常委会交流近年来开展人大代表工作的主要做法经验，市人大常委会主任杨连、副主任茶万忠出席座谈会，对进一步做好人大代表工作发表指导性意见。2003—2005年，连续3年组织举办全市人大系统人大制度理论和人大工作研讨会，累计收到论文80余篇均在会议上宣读并评选等次，予以发证颁奖，激励全市各级人大干部探讨人大制度理论与人大工作实践的热情。

第二节　换届选举指导

地区人大工作联络组时期，各县（市）在1984—1987年先后两次举行换届选举新一届县级国家机关领导人员的人民代表大会会议；1987—1988年撤区建乡，各乡（镇）举行乡级人民代表大会会议。在县、乡两级人代会会议之前，联络组均组织召开全区人大常委会主任座谈会，组织学习选举代表工作的法律法规，研讨依法选举产生县、乡两级人大代表的工作。同时，请示中共保山地委批准成立全区人大换届选举工作领导（指导）小组，加强对县、乡两级人大代表选举工作和人代会会议的领导或指导。联络组还派员深入各县（市）和部分乡（镇），着重对依法选举代表和召开人代会会议予以指导。

地区人大工委会时期，全区举行县（市）人大换届选举3次，乡（镇）人大换届选举4次。工委会在每次换届选举前，以召开全区人大常委会主任座谈会、专题工作会或培训会等方式，组织学习有关法律法规和上级人大常委会的部署精神，使与会人员明确严格依法换届选举工作的规范要求。同时，经请示中共保山地委批准，先后成立全区1989年9月至1990年4月、1992年11月至1993年3月的县乡换届选举工作领导小组，1995年10月至1996年2月、1998年10月至1999年2月的乡级换届选举工作指导小组，1997年10月至1998年3月的县（市）换届选举工作领导小组，均下设办公室在工委会办公室或代表联络处［从1995年10月成立的全区乡（镇）换届选举工作指导小组开始，在地委组织部增设1个办公室，着重负责人事安排方面的具体业务］，负责依法换届选举的具体业务。工委会会同地区换届选举工作领导（指导）机构适时召开专题工作会议或培训会议，制发文件，作出部署安排，组织舆论宣传。工委会领导和处室负责人深入各县（市）及部分乡（镇）视察、调研和督促检查，并参加县（市）人代会会议予以指导。

2001—2005年，市人大常委会支持中共保山市委组建相应的人大换届选举工作领导（指导）机构，并在常委会有关工作部门设立换届选举办公室，对县（区）、乡（镇）人大换届选举加强调研、检查、指导。2002年，全市乡（镇）人大换届选举期间，常委会成立指导组，先后到各县（区）及36个乡（镇）巡回检查、督促、指导，确保换届选举工作合法依规有序开展。2002年下半年，针对2003年年初全市各县（区）人大将换届选举的实际，常委会组织调研组到各县（区）及10个乡（镇）专题调研，征求基层干部群众意见，形成《保山市关于县级人大换届选举有关问题的调查报告》，提出换届选举工作建议，提请常委会主任会议研究并报常委会会议审议。常委会会议经审议并形成专题文件，提出关于县（区）人大换届选举工作的意见向市委汇报。2002年年底至2003年年初，各县（区）人大启动换届选举工作，常委会按照市委部署要求，把依法选举产生县级人大代表作为工作重点，加强联系，派出领导干部多次到各县（区）指导；各县（区）举行新一届人大一次会议期间，常委会派员参加会议，并予以指导，实现县（区）人大换届选举工作依法圆满完成任务。

第六编　人民政府

向社会公开服务承诺

综 述

1978年12月，保山地区行政公署辖保山、施甸、腾冲、龙陵、昌宁5个县人民政府。1978—2005年，所辖县级政府有两次变化：一次是1983年9月，保山县人民政府改设为保山市人民政府；另一次是2001年7月，保山地区改为保山市，原县级保山市人民政府改设为隆阳区人民政府。至2005年年末，保山市人民政府辖隆阳、施甸、腾冲、龙陵、昌宁4县1区人民政府。

1978—2005年，是保山改革和发展的重要时期，保山市人民政府（行署）带领全市（区）各族人民，认真贯彻改革、开放的方针，以经济建设为中心，较好地完成了从“五五”至“十五”6个“五年规划”的目标，使国民经济有了较快发展：通过实行了家庭联产承包责任制和农业内部产业结构的调整，推广实用科技，全区农业由单一的粮食种植逐步调整为粮、蔗、茶、烟多种经营和农、林、牧、副、渔全面发展的格局；乡镇企业迅速发展，初步形成了粮、烟、糖、畜、茶、林六大支柱产业；完成了一大批骨干工程，水利、电力、交通、通信、城镇等基础设施建设有了较大改善；城镇住房制度改革全面推进；社会保障制度改革取得较大进展，基本建立了养老、失业、城镇职工基本医疗保险和城镇居民最低生活保障线制度；城市基础设施建设、房地产开发不断加快，城镇职工住房实行部分产权出售并进一步向住房商品化过渡；国有企业改革顺利完成，非公有制工商企业渐渐崛起；生态建设和环境保护得到重视，扶贫脱困工作有效推进；文化、教育、卫生、体育事业不断发展；边境贸易迅速发展，转口加工企业不断增多，“三资”企业从无到有，非公有制经济不断发展。至2005年年末，全市主要经济指标完成情况在全省16个州（市）中的排位进入中上水平：人均粮食产量382千克，全省排名第一位；甘蔗总产量1661359吨，排第四位；人均猪牛羊肉产量66千克、油料总产量33388吨，均排第五位；农民人均纯收入1879元、粮食总产量929066吨、烤烟总产量41482吨、全部工业总产值465613万元，均排第八位；生产总值119.80亿元、地方财政收入65291万元、农业增加值42.3亿元、工业增加值20.7亿元、第三产业增加值46.4亿元、社会消费品零售总额360344万元、猪牛羊肉产量159608吨，均排第九位；全社会固定资产投资602329万元、建筑业增加值10.5亿元、年末大牲畜数653139头，均排第十位；地方财政支出226836万元、人均生产总值4954元，均排第十一位；人均地方财政收入268元、土地面积19637平方千米，均排第十二位。

随着国家政治经济体制改革的深入和政府工作重心的转移，保山市（地区）政府自身建设不断加强，通过4次政府机构改革，对工作机构进行精简和调整，撤销和合并一批业务相近或工作量不大、重复设置的机构，又根据形势和任务重组和新设了一些机构，顺利实现了政府职能的转变。

第一章　机构沿革

第一节　市政府（行署）机构

一、领导成员

1978年12月15日，云南省革命委员会撤销保山地区革命委员会，恢复保山地区行政公署，为省革委会的派出机关，辖保山、施甸、腾冲、龙陵、昌宁五县革命委员会。1978年12月，苏国相任保山地区行政公署专员。1980年1月，云南省人民政府恢复，保山地区行政公署为省政府的派出机构；4—9月，撤销各县革命委员会，先后恢复施甸、保山、腾冲、龙陵、昌宁五县人民政府。

1983年6—7月，地、县党政机关改革全面开展。地区行署撤销和合并了一批业务相近或工作量不大、重复设置的机构。1983年9月，经国务院批准，撤销保山县人民政府，设立保山市人民政府（县级市）。保山行署辖保山市及施甸、腾冲、龙陵、昌宁县人民政府。

2000年12月30日，国务院对云南省人民政府《关于撤销保山地区，设立地级保山市的请示》作出批复：同意云南省撤销保山地区设立地级保山市，辖施甸县、腾冲县、龙陵县、昌宁县和新设立的隆阳区。2001年7月27日至8月3日，保山市第一届人民代表大会召开，选举产生保山市第一届人民政府领导班子，王广兴为第一届保山市人民政府市长，杨经建、黄立新、杨建洪、杨焱平（女）、李新平为副市长。8月8日，保山市人民政府正式挂牌。

2003年4月，市政府制定了《保山市人民政府工作规则》，并经市政府一届四次全体会议通过施行。该“规则”规定，市政府由市长、副市长、市长助理、市政府秘书长、各局局长、委办主任等组成。

至2005年年末，保山市管辖区域无变化。

二、工作机构

1978—1987年，保山地区行政公署工作机构先后有：办公室、外事办、农林业办（后为农办）、财办、计委（后分为计委、经委）、文教局（后分为教委、文化局）、民政局（后分为民政处、侨办）、广播事业局（1982年始设立，后为广播电视局）、卫生局、计生办（后为计生委）、体委、科委、工交局、农机局、轻工业局（后为城乡集体企业局）、环保办、建委（后为建委环保委）、审计处（1983年始设立）、统计局（后为处）、体改办（1987年始设）、医药公司（后为医药管理局）、财政局、工商局、计量局、商业局、外贸局、物资局、粮食局、供销社、农机局、林业局、水利局（后为水电局）、公安局（处）、民委、司法局（处）、人事局、劳动局（后合为劳动人事处）、地震办、知青办（1981年撤销）、经协办（1984年撤销）、地方志办（1982年始设）、物委（后为物价局）、安全处（1985年始设）、烟草办（1987年始设）、档案局（1986年始设）等74个。

1990年，行署有工作机构44个：计委、体改委、经协办、科委、财政局、劳动人事处、建委、审计处、物价局、工商局、土地局、民族宗教委员会、民政处、监察局、公安处、安全处、交通局、物资局、商业局、乡镇企业局、农牧局、林业局、水电局、外经局、财办、供销社、文化局、地方志办、地震办、教委、卫生局、计生委、体委、广播电视局、外办、侨办、旅游局、驻昆明办事处、驻德宏办事处、计量局、档案局、保密局、统计处、税务局。

1994年6月，保山地区根据省委、省政府批准的改革方案实施党政机构改革。改革后，保山地区行政公署仍为省政府派出机构，行署工作部门作如下调整：经济委员会、财贸办公室、商业局、经济协作办公室合并组建保山地区行政公署经济贸易委员会（以下简称“某委、办、局”）；文化局、体育运动委员会合并组建文化体育局（对外保留体育运动委员会的牌子）；民政处、侨务办公室合并组建民政侨务局（对外保留侨务办公室的牌子）；民族事务委员会、宗教事务管理局合并组建民族宗教事务局；供销社退出行署部门序列，按供销社章程活动；物资局转为物资总公司，行业管理职能交经贸委负责；旅游局、广播电视局转为事业局，行署授权承担一定行政职能，广播电视局与保山电视台两块牌子一套人员；档案局转为事业局，与档案馆两块牌子一个机构，行署授权承担一定行政职能；行署驻昆明办事处转为事业单位，归口行署办公室管理；劳动人事处更名为人事劳动局，农牧渔业局更名为农牧局，审计处更名为审计局，公安处更名为公安局，安全处更名为安全局，司法处更名为司法局，城乡建设委员会更名为城乡建设环境保护局，统计处更名为统计局；财政局增挂行署国有资产管理局牌子；外事办公室仍挂行署口岸办公室牌子。设立不列入行署机构序列归口委、办管理的机构5个：法制局归口行署办公室管理；物价局归口计划委员会管理；技术监督局归口经济贸易委员会管理；粮食局归口经济贸易委员会管理；边境贸易管理局、对外经济贸易管理局合并，组建对外经济贸易局，归口经贸委管理。物价局保留原级别，其他为副县级。改革后行署设置工作机构29个：行署办公室、计划委员会、经济贸易委员会、经济体制改革委员会、科学技术委员会、教育委员会、财政局、人事劳动局、监察局、公安局、安全局、司法局、民政侨务局、民族宗教事务局、交通局、农牧局、林业局、水利电力局、文化体育局、卫生局、计划生育委员会、审计局、统计局、工商行政管理局、土地管理局、城乡建设环境保护局、地方税务局、乡镇企业管理局、外事办公室。

2002年1月，根据省委、省政府《关于保山市机构改革方案的批复》，保山市委、市政府制定了《关于保山市市县区乡镇机构改革的实施意见》，并下达实施。这次机构改革后，市政府设置工作机构30个，隆阳区、腾冲县政府各设置24个，施甸、龙陵、昌宁县政府各设置20个。调整后，市政府的30个工作部门为：市政府办公室、发展计划委员会、经济贸易委员会、市教育局、市科学技术局、市公安局、市司法局、市民政局、市财政局、市人事局（编办与其合署办公）、市劳动和社会保障局、市建设局、市国土资源局、市农业局、市水利局、市林业局、市交通局、市文化局、市体育局、市卫生局、市计划生育委员会、市环境保护局、市外贸易经济合作局、市民族宗教事务局、市审计局、市统计局、市粮食局、乡镇企业局、市外事与侨务办公室、市旅游局。此外，市政府设置议事协调机构的办事机构3个，即市扶贫开发领导小组办公室、市生物资源开发创新办公室、市人民防空办公室；市委处理邪教"法轮功"问题领导小组办公室及市政府防范和处理邪教问题办公室挂靠市政府办公室；供销合作社可使用事业编制，实行企业化管理。此后，外办、侨办又分设，外贸局撤销，设立商务局、经济合作办及安监局等机构，至2005年年底，共有工作机构33个，议事协调机构的办事机构和行使行政职能的事业机构无变化。

三、非常设机构

1978—2005年，保山市人民政府（保山地区行政公署）均设置有若干非常设机构，基本上都由政府领导任组长，在相关职能加工设立办公室。以下记述的是部分年份的部分非常设机构：

1988年，成立保山地区性病防治领导小组，办公室设在地区卫生局；成立保山地区计划免疫工作协调小组，办公室设在地区卫生局。

1990年，成立保山地区治理整顿医药市场领导小组；成立保山地区艾滋病防治领导小组，公室设在地区卫生局；

1991年，成立保山地区退伍军人、军队离、退休干部安置领导小组，办公室设在地区民政处；成立保山地区人才预测领导小组，办公室设在地区教委；成立保山地区初级卫生保健委员会，办公室设在地区卫生局；充实调整保山地区老龄问题委员会，办公室设在地区劳动人事处；充实调整保山地区劳动鉴定委员会，办公室设在地区劳动人事处；成立保山地区鼠害联防领导小组，办公室设在地区卫生局。

1993年，充实调整保山地区科技进步奖评委会，办公室设在地区科委。

1995年，成立保山地区行政执法大检查领导小组；成立保山地区个体工商户、私营企业"交费卡"领导小组，办公室设在地区工商局；成立保山地区"九五"计划及2010年长远规划编制委员会领导小组，办公室设在地区计委；成立保山地区野生动植物保护管理委员会，办公室设在地区林业局；充实调整保山地区劳动教养管理委员会，办公室设在地区公安局；充实调整保山地区防空委员会；充实调整保山地区环境保护委员会，办公室设在建设环境保护局；保山地区残疾人事业领导小组更名保山行署残疾人工作协调委员会，办公室设在地区残联；充实调整保山地区禁毒领导小组，办公室设在地区公安局。

1996年，成立保山地区实施"18生物资源开发工程"领导小组，办公室设在地区科委。

1997年，成立保山地区防治牲畜口蹄疫指挥部，办公室设在畜牧局；成立保山地区人才与规划工作领导小组，办公室设在人事劳动局。

1998年，成立保山地区民主评议行风工作领导小组，办公室设在行署监察局。

1999年，成立保山地区城镇职工医疗保险制度改革协调小组，办公室设在行署人事劳动局；成立保山卫生学校创建省部级重点中专学校领导小组，办公室设在保山卫生学校。

2001年，充实调整保山市农村能源领导小组，办公室设在行署林业局。

2002年，成立保山市人民政府残疾人工作协调委员会，办公室设在市残联；成立保山市事业单位人事制度改革工作领导小组，办公室设在市人事局；充实调整保山市科技进步奖评审委员会，办公室设在市科技局；成立保山市“食品放心工程”领导小组、保山市献血领导小组、保山市世界银行贷款和英国政府赠款保山市结核病控制协调领导小组，充实调整保山市爱国卫生委员会、保山市艾滋病防治领导小组，办公室均设在市卫生局；成立保山市老龄工作委员会，办公室设在市民政局。

2003年，充实调整保山市假日旅游协调领导小组，办公室设在市旅游局；成立保山卫生学校创建国家级重点中专学校领导小组，办公室设在保山卫生学校；成立保山市新型农村合作医疗协调领导小组、保山市传染性非典型肺炎防治领导小组，办公室设在市卫生局；成立保山市处置突发公共卫生事件领导小组、充实调整保山市传染性非典型肺炎防治领导小组，办公室设在市卫生局。

2005年，成立保山市禁毒和防治艾滋病领导小组，办公室设在市卫生局；充实调整保山市献血领导小组，办公室设在市卫生局。

第二节　各县（区）人民政府

1978年，全区各县革命委员会为前一时期的延续。1980年4—9月，撤销各县革命委员会，先后恢复施甸、保山、腾冲、龙陵和昌宁各县人民政府。1983年9月，经国务院批准，撤销保山县，设立县级保山市，成立保山市人民政府。1984年，各县（市）实行区、乡建制，区公所为县政府的派出机构，基层政权机构为区公所领导下的乡（镇）人民政府。全区设立81个区（镇），914个乡（办事处）。1987年6至1988年2月，区、乡建制改为乡、村建制，乡（镇）人民政府为县（市）政府下辖的基层政权。全区共设83乡（镇），915行政村（办事处）。2001年保山撤地设市，撤销县级保山市，设立隆阳区，成立隆阳区人民政府。全市设施甸、腾冲、龙陵、昌宁4个县人民政府和隆阳区人民政府，下辖82个乡(镇)，893个村民委员会、24个居民委员会。2005年12月，实施部分乡（镇）行政区划调整，调整后全市共辖2个街道办事处，24个镇和46个乡（含12个民族乡）。

第二章　政务纪要

第一节　重要会议

1992年，保山地区行署召开重要会议3次，其中，11月17—19日召开全区转换企业经营机制工作会议，主要议题为把全民所有制工业企业转换经营机制条例落到实处，行署副专员陈昌黎作报告。

1993年，召开重要会议5次，其中，4月5—6日，召开全区经济体制改革工作会议，主要议题为传达全国、全省经济体制改革工作会议精神，研究转换企业经营机制、转变政府职能的政策，部署1993年全区经济体制改革工作。约100人参会。

1994年，召开重要会议10次，其中，1月18—20日，召开两级干部会议，主要议题为按照建立社会主义市场经济体制的要求，部署全年深化农村改革、加快农村经济发展和推进企业经营机制转换、加快县乡工业发展工作。4月13—15日，召开全区第一次政府法制工作会议，安排部署全区政府法制工作，并对与会人员进行专题培训。

1995年，召开重要会议7次，其中，2月27日至3月1日召开全区林业工作会议，主要议题为根据全省林业工作会议精神和地委、行署关于1997年基本消灭宜林荒山的总体要求，安排和部署今后一个时期的林业工作。地、县（市）、乡（镇）党政分管领导等250多人参会。

1996年，召开重要会议13次，其中，3月5—6日召开全区计划生育工作会议，主要议题为分析全区面临的严峻人口形势，提出“九五”计划生育工作的基本思路。参会70多人。3月21—23日召开全区教育工作会议，讨论审定全区教育事业发展“九五”规划。3月23—24日召开全区卫生工作会议，讨论《保山地区卫生事业发展“九五”计划和2010年规划设想》，签订1996年初级卫生保健责任书和卫生工作综合目标责任书。

1997年，召开重要会议19次，其中，7月16—17日召开全区住房制度改革工作会议，研究部署下一步房改工作。7月22—23日召开全区企业职工解困与再就业工作会议，安排下一步企业职工解困与再就业工作。10月27—28日召开全区放开搞活国有企业工作会议，研究部署全区放开搞活国有企业工作。

1998年，召开重要会议26次，其中，3月29—31日召开全区防震减灾工作会议，讨论《保山地区破坏性地震应急预案》。4月29—30日召开全区供销社企业改革工作会议，研究部署全区供销社企业改革工作。6月6日，省政府首次在保山召开现场办公会，全面检查保山地区“九五”计划前两年的执行情况，分析研究所面临的形势、任务和困难，省政府建议保山地区“九五”后三年经济社会发展思路为：突破交通，打牢基础；加强农业，培育支柱；“两极”带动，整体推进；以农促工，科教兴保。6月24日召开全区国有企业下岗职工基本生活保障和再就业工作会议，研究部署全区的工作。8月26日召开全区减轻企业负担开展全面清理工作电话会议，宣布了保山地区行署公布取消的各种收费项目，安排部署全区开展全面清理工作。

1999年，召开重要会议27次，其中，4月6日召开全区城市居民最低生活保障工作会议，安排全区城市居民最低生活保障工作。

2000年，召开重要会议25次，其中，3月1日召开全区第五次人口普查工作会议，行署领导作人口普查工作动员报告，行署与各县（市）签订责任状。4月13—14日召开全区卫生工作会议，贯彻全省卫生工作会议暨降低孕产妇死亡率和消除新生儿破伤风项目启动会议精神，部署当年工作任务。8月30—31日召开全区农网改造工作会议，安排布置全区农村电网改造“两改一同价”工作。

2001年，保山市政府（行署）召开重要会议35次，其中，3月29—30日召开全区体育工作会议。研究讨论“十五”体育计划，成立保山地区体育总会。8月24日召开市政府第一次全体会议，主要议题为抓好新一届市人民政府各项工作，确保全年经济社会发展目标顺利实现。9月7日召开全市抗震救灾恢复建设工作会议，部署抗震救灾工作。9月17日召开全市糖厂破产工作会，研究分析五户糖厂破产工作中存在的困难和问题，确保破产工作规范有序终结。

2002年，召开重要会议38次，其中，1月30—31日召开全市退耕还林工作会议，安排部署全市2002年退耕还林工作，加强生态环境建设。4月29日召开全市食品卫生安全电视电话会议，部署推进市政府“食品放心工程”的全面实施，加强食品卫生管理。11月13—14日召开全市基础教育管理体制改革工作会议，讨论研究确保全市中小学教职工工资统一发放、全市乡（镇）中小学管理体制改革等问题。

2003年，召开重要会议90次，其中，4月7日召开保山市旅游产业发展暨第四届火山热海旅游节新闻推介会。4月16日召开全市传染性非典型肺炎（简称“非典”）防治工作会议，安排部署全市“非典”防治工作。7月16—17日召开全市扶贫开发重点工作会议，安排部署全市扶贫安居温饱（茅草房改造）工程建设、易地开发扶贫等扶贫开发重点工作。9月29日在保山市中心血站召开市级单位无偿献血动员会议。

2004年，召开重要会议60次，其中，2月5日召开全市高致病禽流感防制工作会议，安排部署高致病禽流感防制工作。3月1日召开全市放射源放射性同位素及射线装置专项目清查工作会议，安排部署全市放射源、放射性同位素及射线装置专项清查工作。11月29日召开保山中心城市总体规划评议会议，上海同济规划院介绍保山中心城市总体规划编制情况，并对规划进行评议。

2005年，召开重要会议57次，其中，5月27日召开全市水电农村电气化建设工作会议，研究做好“十一五”水电农村电气化建设规划工作。6月21日召开全市食品安全委员会第一次全体成员会议，主要议题为研究部署实施食品药品放心工程有关工作任务。8月19日召开全市制定完善突发公共事件应急预案工作会议，安排部署全市制定完善突发公共事件应急预案工作。

第二节　重要文件

一、中共保山市委（地委）和保山市人民政府（行署）联合下发的重要文件

见《中共保山地方组织》编第四章第二节。

二、保山市人民政府（行署）下发的重要文件

1991年：《改革征用土地的暂行办法》《关于对国营商业几个政策问题的意见》《关于贯彻省政府〈加快集贸市场建设有关问题的通知〉的意见》。

1992年：《保山地区中缅边境人员出镜入境管理暂行办法》《关于在我区企、事业单位开展专业技术职务经常性评聘工作的通知》《关于保山地区粮食流通体制改革的意见》《保山地区行政公署发展对外经济技术协作的优惠规定》《保山地区边境贸易优惠规定》。

1993年：《关于贯彻落实全民所有制企业转换经营机制条例的意见》《保山地区城镇住房制度改革实施方案》《保山地区中缅边境人员出镜入境管理暂行办法》《保山地区零售商业"国有民营"试行办法》《保山地区行政公署加快乡镇企业发展的若干规定》。

1994年：《关于加强政府法制工作的决定》《保山地区小型国有商业企业股份合作制试行办法》《关于有偿出让"四荒一低"（荒山、荒地、荒水、荒滩、低值林分）使用权的试行办法》《保山行政公署批转行署城乡企业局〈关于乡镇推行股份合作制的意见〉的通知》《保山行政公署批转行署体改委、经委〈关于加速我区国有工业企业转换机制工作的意见〉的通知》。

1995年：《关于印发〈保山地区行政公署公务员守则〉的通知》《关于印发〈保山地区对贫困乡实行重点扶持的若干政策措施〉的通知》《关于印发〈保山地区破坏性地震应急预案〉的通知》《关于印发〈保山地区行政机关制定规范性文件的程序规定〉的通知》。

1996年：《关于印发〈保山地区城镇企业职工养老保险实施办法〉的通知》《关于印发〈确实抓好普及九年义务教育的意见〉的通知》《印发〈关于鼓励发展非公有制经济的若干办法〉的通知》《保山地区国民经济和社会发展"九五"计划和二〇一〇年远景目标》。

1997年：《印发〈保山地区关于进一步扩大开放招商引资的实施办法〉通知》《关于印发〈保山地区技术人员管理实施办法〉的通知》《关于公布第一批取消和重申明令取消向企业不合理收费项目的通知》。

1998年：《保山地区行政公署关于印发保山地区1996—2010年人才资源开发与人才发展规划的通知》《关于印发〈保山地区个体私营经济发展规划〉的通知》。

1999年：《保山地区科学技术进步奖励办法的意见》。

2000年：《关于印发〈保山地区城镇职工基本医疗保险实施方案〉的通知》《关于印发地级国家机关事业单位政府采购制度暂行规定的通知》《关于印发〈保山地区重点扶持30户

私营企业实施办法〉的通知》。

2001年:《保山地区行政公署印发〈保山地区关于进一步改善投资环境扩大开放的实施意见〉的通知》《关于整顿和规范市场经济秩序的实施意见》《保山市人民政府关于印发〈保山市国民经济和社会发展第十五个五年计划纲要〉的通知》。

2002年:《关于整顿和规范集贸市场秩序的实施意见》《保山市结核病防治规划(2002—2010)》《保山市预防与控制艾滋病中长期规划(2001—2010)》《关于进一步深化粮食流通体制改革的实施意见》《关于保山市个体私营经济"十五"发展规划纲要》。

2003年:《保山市农村税费改革试点实施方案》《保山市个体私营经济园区优惠政策》《保山市招商引资奖励办法》《保山市进一步启动消费拉动经济增长的实施方案》《关于加快社会力量办学的意见》《关于加快全市普通高中教育发展的意见》《保山市人民政府工作规则》。

2004年:《保山市全面建设小康社会规划纲要》《保山市新型工业化重点产业发展规划纲要》《保山市重大突发事件应急预案》《关于进一步加强安全生产工作的决定》《保山市献血用血管理办法》。

2005年:《保山市高效率鲜活农产品流通"绿色通道"建设实施意见》《保山市国家行政机关及其公务员首问责任制度》《保山市工业发展连续倍增计划实施意见》《关于进一步加快民办教育发展的意见》《关于全市国民经济和社会发展"十一五"规划编制工作的意见》《关于进一步加强招商引资工作的意见》《关于推进保山农业标准化工作的实施意见》《关于加强金融生态环境建设促进经济金融协调发展的意见》《保山市行政机关政务公开实施办法》。

第三节　五年计(规)划的执行情况

一、"五五"时期(1976—1980)

"五五"计划实施的第一年，适逢"文化大革命"结束。1978年12月，中共十一届三中全会以后，保山地区认真贯彻改革、开放的方针，以经济建设为中心，使国民经济有了较快恢复和发展。由于实行了家庭联产承包责任制，初步调整了农业内部产业结构，推广实用科技，全区农业开始由单一的粮食种植，逐步调整为粮、蔗、茶、烟多种经营和农、林、牧、副、渔各业全面发展的农村经济，乡镇企业迅速发展。

至1980年年末，保山地区户籍总人口185.67万人；国内生产总值增加到46963万元，人均生产总值254元。其中：第一产业28792万元，第二产业8380万元(工业5137万元)，第三产业9791万元；一、二、三产业比例调到61.3∶17.8∶20.8；全区固定资产投资3570万元；财政总收入3804万元(绝对数)，地方财政总支出5110万元(绝对数)；城镇居民人均可支配收入238元，农民人均纯收入202元。

二、"六五"时期(1981—1985)

"六五"时期，是保山地区解放以后经济和社会发展最好的时期。农业在实行家庭联产承包责任制的同时，大力调整产业结构，发展多种经营。全区列入计划的24个主要产品产量，提前和超额完成计划的有发电量、木材、水泥、食糖等13种。其中，在全区工业生产中占有重要地位的制糖工业有了较大发展，食糖产量跃居全省第一位。在工业产值中，私营和个体经济虽未列入计划，但仍进行有目的的培育，使1985年城乡私营和个体工业产值达1859万元，为全区工业总产值的6.96%。

至1985年年末，保山地区户籍总人口197.81万人；国内生产总值增加到76054万元，人均生产总值387元。其中：第一产业45629万元，第二产业13023万元（工业7814万元），第三产业17402万元；一、二、三产业比例调到60.0∶17.1∶22.9；全区固定资产投资12600万元；财政总收入6046万元（绝对数），地方财政总支出11379万元（绝对数）；城镇居民人均可支配收入561元，农民人均纯收入353元。

三、“七五”时期（1986—1990）

在“六五”和“七五”期间（1980—1990）的十年间，保山地区全社会固定资产投资完成10.87亿元，其中全民所有制单位投资完成4.79亿元。全区建成中型机制白糖厂10座，使全区蔗糖生产加工能力达到日处理甘蔗1万吨，年生产食糖能力达12万吨。精制茶叶加工能力达8000吨。完成了施甸三块石水库、腾冲大河水库、腾冲龙江电站增容、地区水泥厂、保山师专、保山烟叶复烤厂、保山市过境公路改道、西洱河至保山11万伏118公里的输变电工程等一大批骨干工程，为经济的发展增添了后劲。龙陵苏帕河电站、昌宁万吨纸厂、龙陵勐糯铅锌矿、保山明子山水库、龙陵八〇八水库、昆畹公路大官市至龙山卡公路的改造等几个在建的重点工程进展较好。1990年，全区粮食生产登上了一个新的台阶，粮食总产71.58万吨。乡镇企业迅速发展，吸收农村劳力10多万人，乡镇企业总收入达到3.7亿元。蔗糖、茶叶产量连续几年一直居全省第二位。“七五”期间，扶贫工作使52万人脱离了贫困，20.5万人初步解决了温饱。文化、体育事业不断发展，电视事业有了迅猛的发展。

至1990年年末，保山地区户籍总人口212.24万人；国内生产总值增加到147318万元，人均生产总值694元。其中：第一产业84477万元，第二产业26635万元（工业15182万元），第三产业36206万元；一、二、三产业比例调到57.3∶18.1∶24.6；全区固定资产投资22000万元；财政总收入13667万元（绝对数），地方财政总支出26847万元（绝对数）；城镇居民人均可支配收入1240元，农民人均纯收入542元。

四、“八五”时期（1991—1995）

“八五”期间，全区非公有制工商企业渐渐崛起；国有企业、乡镇集体企业开始试行股份制、股份合作制和拍卖；城镇职工住房实行部分产权出售并进一步向住房商品化过渡；边境贸易迅速发展；转口加工企业不断增多，“三资”企业从无到有发展到37户，“八五”期间累计利用外资4200万美元。非公有制经济不断发展，工业总产值中，公有和非公有制所占比重由1990年的91∶9变为1995年的68∶32；两烟（烤烟、香料）取得突破性发展；“八五”期间，全区各级财政对农业扶持资金支出合计4.33亿元，其中农业基础建设资金1.25亿元，分别以年均19%和17%的速度增长。围绕滇西南农业综合开发一、二期项目实施和国家以工代赈项目实施，全区改造低产为中产田地44.6万亩，新增高产稳产农田25万亩。全区新开通76个行政村公路，行政村通路率从1990年的80%提高到1995年的90%；新通电82年行政村，行政村通电率从1990年的89.4%提高到1995年的98.23%；农户通电率从1990年的81.7%提高到1995年的94%；保山市和施甸县建成农村水电初级电气化县；全区城镇面积和人口由1990年的17.8平方公里、10.4万人增加到1995年的19.5平方公里、13.3万人。

至1995年年末，保山地区户籍总人口223.67万人；国内生产总值增加到419748万元，人均生产总值1855元。其中：第一产业204278万元，第二产业92021万元（工业71640万元），第三产业123449万元；一、二、三产业比例调到48.7∶21.9∶29.4；全区固定资产投资83900万元；财政总收入40259万元（绝对数），地方财政总支出61208万元（绝对数）；城镇居民人均可支配收入3432元，农民人均纯收入808元。

五、“九五”时期（1996—2000）

“九五”期间，保山地区初步形成了粮、烟、糖、畜、茶、林六大支柱产业，电力、矿业、建筑建材、个私经济和旅游业得到较快发展，对全区经济增长发挥了重要作用；“九五”期间，全区累计完成固定资产投资75亿元，比“八五”净增39亿元，增加1.1倍。全区水利、电力、交通、通信、城镇等基础设施建设有了较大改善。电源电网基本实现了“村村通电”；公路通车里程达9219公里，基本实现了“村村通公路”；邮政通信快速发展，96.3%的乡（镇）开通了程控电话；全区城镇建成区面积扩大到29.53平方千米，城镇化水平提高到18.5%；国有企业改革脱困三年目标基本实现；城镇住房制度改革全面推进；社会保障制度改革取得较大进展，基本建立了养老、失业、城镇职工基本医疗保险和城镇居民最低生活保障线制度；全区外贸进出口总额累计完成1.5亿美元，边境贸易完成6549万美元，共批准外商投资企业19户，实际利用外资774万美元；接待国内外游客823.3万人次，旅游总收入达14.99亿元；腾冲猴桥口岸已被国家批准为国家级口岸；全区非公有制经济快速发展。到2000年年底，个体工商户达29864户、私营企业达468户，从业人员达49912人，注册资本达59086万元，上缴税金10963万元，占全区财政总收入的18.2%，非公有制经济实现增加值16.26亿元，占全区国内生产总值的23.1%，已成为全区新的经济增长点。全区已解决了46.5万贫困人口的基本温饱问题。教育优先发展的地位进一步加强，基础教育发展较快，基本普及了九年义务教育，社会办学开始起步，民办教育取得突破性进展，各类学校在校生人数大幅度增加。初级卫生保健目标基本实现，人民健康水平普遍提高；广播、电视覆盖率分别达到93.2%和91.28%；文教卫科学事业费占财政支出的比例为33.23%；接待海内外旅游192.17万人；1997年12月成立保山地区环境保护局，重视和加强了环境保护工作。

至2000年年末，保山地区户籍总人口234.46万人；国内生产总值增加到724107万元，人均生产总值3019元。其中：第一产业318703万元，第二产业134667万元（工业94765万元），第三产业270737万元；一、二、三产业比例调到44.0∶18.6∶37.4；全区固定资产投资155300万元；财政总收入60127万元（绝对数），财政总支出105448万元（绝对数）。全市城镇居民人均可支配收入5796元，农民人均纯收入1409元。

六、“十五”时期（2001—2005）

“十五”时期，保山市经济先后经历了低速徘徊、恢复性增长和加快发展3个阶段。自“九五”末的2000年至“十五”头两年，经济增长连续3年均在7.6%左右徘徊，2003年开始走出低迷局面，增速达8.2%，2004年达9.4%，2005年加快到13.1%。“十五”期间，全市累计完成固定资产162.36亿元，是“九五”期间的2.17倍，是新中国成立后至“九五”末累计完成固定资产投资总额的1.32倍。这一期间，龙陵岔河、昌宁明山等省级重点中型水库相继建成投入使用；全市公路建设完成投资57.1亿元，公路改扩建工程缩短了部分原有路段的无效里程外，还净增717千米，其中高速公路58.5千米，总里程达9936千米；电力“瓶颈”开始缓解，全市五年新增水电装机21万千瓦，是“九五”末的1.07倍；建成一批社会事业项目，城乡居民住房条件得到较大改善；保山、腾冲工业园区列入省级重点园区并启动实施；“大保”高速公路于2002年10月建成通车，“保龙”高速公路于2004年开工建设。

“十五”时期，市政府连续四年实施“民心工程”，每年为全市人民群众办8～10件实事。全市城市基础设施建设、房地产开发不断加快。至2005年年底，全市城镇建成区面积44.29平方千米，城镇化水平达21.8%；全市由于交通条件改善和旅游基础设施不断加强，带动了以腾冲火山热海、和顺侨乡等一批知名景点景区为支撑的旅游业快速发展，使保山市成为继西双版纳、大理、丽江之后的全省又一个特色旅游热点地区。全市国有企业产权制度改革三年目标基本实现，81户原国有企业完成改革改制，职工得到妥善安置，新一轮改革启动。农村税费改革不断推进，施甸、腾冲、龙陵、昌宁四县全面免除农业税，隆阳区农业税降到2%。经国务院批准，在腾冲猴桥建成了国家一级对外开放口岸及联检大楼等口岸配套设施，同时缅甸政府也批准了在其境内甘拜地建设对应口岸。全市文化产业快速起步。生态建设和环境保护得到重视，全区植树造林、护林防火、水土保持、工业污染源达标排放、小区域生态环境治理和城市环境综合整治取得一定成效。

至2005年年末，保山市户籍总人口242.49万人；国内生产总值增加到1179468万元，人均生产总值4954元。其中：第一产业428531万元，第二产业286290万元（工业205189万元），第三产业464647万元。一、二、三产业比例调到36.3∶24.3∶39.4；全区固定资产投资602300万元；财政总收入123067万元（绝对数），财政总支出226922万元（绝对数）；全市城镇居民人均可支配收入9040元，农民人均纯收入1879元，年均增长5.9%。

保山市（地区）“五五”至“十五”时期末国民经济主要指标完成情况表

表6-1

指　标	单位	五五末 1980年	六五末 1985年	七五末 1990年	八五末 1995年	九五末 2000年	十五末 2005年
1. 户籍总人口	万人	185.67	197.81	212.24	223.67	234.46	242.49
其中：城镇人口	万人	10.91	11.85	14.21	18.54	23.15	25.77
农村人口	万人	174.77	185.96	198.03	205.13	211.31	216.72
人口自然增长率	‰	6.4	10.92	11.5	10.73	9.14	6
2. 国内生产总值	万元	46963	76054	147318	419748	724107	1179468
其中：第一产业	万元	28792	45629	84477	204278	318703	428531
第二产业	万元	8380	13023	26635	92021	134667	286290
工业	万元	5137	7814	15182	71640	94765	205189
第三产业	万元	9791	17402	36206	123449	270737	464647
一、二、三产业比例	%	61.3∶17.8∶20.8	60.0∶17.1∶22.9	57.3∶18.1∶24.6	48.7∶21.9∶29.4	44.0∶18.6∶37.4	36.3∶24.3∶39.4
人均生产总值	元	254	387	694	1855	3019	4954
3. 全区固定资产投资	万元	3570	12600	22000	83900	155300	602300
其中：房地产开发	万元	—	—	—	—	—	70000
4. 财政总收入	万元	3804	6046	13667	40259	60127	123067
地方财政收入	万元	3804	6046	13667	25514	39430	65291
地方财政支出	万元	5110	11379	26847	61208	105448	226922
5. 全市城镇居民人均可支配收入	元	238	561	1240	3432	5796	9040
农民人均纯收入	元	202	353	542	808	1409	1879
6. 全区有高等学校在校学生	万人	—	0.030	0.044	0.126	0.125	0.396
中等专业学校在校学生	万人	—	0.20	0.27	0.28	0.40	0.33
普通中学在校学生	万人	5.95	5.63	6.74	6.70	12.48	14.30
小学在校学生	万人	27.93	29.31	23.19	24.79	24.36	24.29
学龄儿童净入学率	%	92.4	97.1	98	99.3	99.62	94.50
7. 有医疗卫生机构	个	273	316	294	273	197	382
病床	张	2866	3622	4157	3918	4645	4642
人员总计	人	3231	4202	4728	4846	5446	5421
卫生技术人员	人	2696	3548	3986	3977	4496	5031
执业及助理医师	人	497	470	1457	1651	2463	2254

续上表

指　标	单位	五五末 1980年	六五末 1985年	七五末 1990年	八五末 1995年	九五末 2000年	十五末 2005年
8. 文教卫科学事业费占财政支出的比例	%	32.68	36.91	29.76	35.08	33.23	28.99
9. 接待海内外旅游	万人次	—	—	—	44.47	192.11	382.97
其中：海外旅游	万人次	—	—	—	7.32	4.63	5.02
10. 公路通车里程	公里	3461	4294	4905	4958	7624	9936
11. 粮食播种面积	亩	3286100	3130889	3296373	3341895	3416961	3249735
甘蔗播种面积	亩	122300	205622	293395	359707	515802	503213
茶叶面积	亩	—	—	386500	366000	334513	346545
烤烟播种面积	亩	—	14711	55480	339316	295200	319909
12. 主要产品产量	—	—	—	—	—	—	—
粮食	万吨	65.5	65.4	71.6	78.0	91.65	92.91
肉类	万吨	—	3.26	4.22	7.00	12.72	16.96
油料	万吨	0.41	0.72	1.29	1.51	2.62	3.34
甘蔗	万吨	33.63	83.51	104.75	145.70	180.71	166.14
茶叶	万吨	0.34	0.51	0.62	0.80	1.06	1.39
其中：精制茶	万吨	0.16	0.23	0.42	0.43	0.31	0.75
烟叶	万吨	0.01	0.16	0.56	2.72	3.67	5.05
其中：烤烟	万吨	—	0.08	0.43	2.68	2.93	4.15
成品糖	万吨	3.34	7.81	9.45	17.21	19.91	22.13
酒精	千升	1287	2984	3756	10243	15598	17505
发电量	亿千瓦时	1.09	1.56	2.74	4.47	7.47	15.97
水泥	万吨	0.89	1.91	7.25	17.18	39.78	68.00
原煤	万吨	—	19.97	21.21	25.90	21.70	33.9
金属硅	吨	—	—	—	—	18976	31540
电解锌	万吨	—	—	—	1335	8028	26327

第三章　政府法制

第一节　工作机构

1990年5月，保山地区行署决定在行署办公室内设法制科，配备1名专职人员。1994年12月，升格为保山地区行政公署法制局(二级局)，仍归口行署办公室管理。1995年4月，“三定”方案核编10人，其中：行政编制9人、事业编制1人，设局长1名，副局长1名，科长、副科长共3名；内设综合科、法制监督科、行政复议科3个科室。1996年年底实有在职人员7人。2001年7月，保山撤地设市，保山地区行政公署法制局更名为保山市法制局，为市政府办公室管理的副处级行政机构，实有在职人员6人。

2002年机构改革，保山市法制局内设机构不变，总编制9人，局领导职数2名，科级领导职数3名；实有在职人员5人。非领导职务的职数按《国家公务员制度实施方案》的有关规定执行。2004年公务员招考进入1人，调入驾驶员1人。2005年年末，实有在职人员8人。

第二节　履职活动

一、规范性文件备案

1990年，法制机构成立之初，对抽象行政行为的监督主要是进行规范性文件的清理。1993年，清理行署和各县(市)人民政府1992年年底以前制定和发布的现行规范性文件530件，其中：行署的96件，各县的434件；继续有效的192件，应予修改的65件，自然失效和应予废止的273件。

1995年，行署法制局依照《云南省行政机关规范性文件备案规定》的要求，审查保山、腾冲、施甸、昌宁四县(市)人民政府报送行署备案的《保山市人民政府关于禁止燃放和销售烟花爆竹的通告》《保山市城镇国有土地使用权出让和转让暂行办法》等规范性文件10件；审查保山市、施甸县人民政府及行署卫生局等送请协助审查的规范性文件9件。

1996年，行署办公室发出《保山地区行政公署办公室关于进一步加强规范性文件备案工作的通知》，据此，法制局将行署发布的《保山地区行政公署关于鼓励发展非公有制经济的若干办法》《保山地区行政公署关于加快经济林果发展的若干行政措施》等6件规范性文件及时报送省政府备案，并审查保山市、腾冲县报送行署备案的《腾冲县集资建房实施办法》等规范性文件10件。1997年，将行署发布的《保山地区关于进一步扩大开放招商引资的实施办法》《保山地区技术人员管理实施办法》等两件规范性文件报送省政府备案；审查保山市发布的《保山市天然气使用管理试行办法》等规范性文件3件；为行署及行署相关部门事先审查待发布的规范性文件8件。1998年，为行署及行署相关部门事先审查待发布规范性文件13件；审查五县（市）报送备案的规范性文件6件。1999年，审查县（市）人民政府报送行署备案的规范性文件12件；审查行署交办和各部门送来事先审查的规范性文件8件。

2000年，受理县（市）人民政府报送行署备案的规范性文件2件，完成行署交办和协助行署部门事先审查规范性文件4件，办理省政府法制局下发的法规规章草案征求意见稿18件。

2001年，按照省政府相关要求，市法制局事前审查《保山市城镇建设用地管理若干规定》等规范性文件7件；对隆阳区、腾冲县报送的4件规范性文件进行备案审查。2002年，市法制局事前审查《保山市个体私营经济十五发展规范纲要》等规范性文件8件，依法提出修改建议56条；对腾冲县报送市政府备案的4件规范性文件进行备案审查。同年，为适应入世进程的需要，全市共清理出行政审批事项1760项，其中：取消390项，保留1181项，下放142项，简化16项，备案31项。2003年，对《保山市矿产资源规划》等5件规范性文件及相关法律文件进行发布前的审查，29条修改建议被采纳。

2004年，按照《云南省行政机关规范性文件制定和备案办法》的新要求，市法制局审查市政府和市直部门发布前的规范性文件15件，提出修改建议46条。同年，为配合《中华人民共和国行政许可法》的贯彻实施，市法制局组织对保山市自2001年撤地设市以后的规范性文件进行全面清理。共清理市级政府的规范性文件68件，其中：撤销6件、修改1件、保留61件。各县（区）和各部门清理规范性文件和行政许可事项1183项，其中：保留797件、废止74件、修改38件、变更16件、其他258件。符合行政许可法规定的行政许可实施主体210个。并将清理结果登报发文向社会公示。

2005年，市法制局依照省政府相关规定，清理出市政府自2001年撤地设市以后现行有效的规范性文件39件，并将文件目录报省政府法制办公室公告；督促五县（区）人民政府和市直部门清理出现行有效的规范性文件147件，并将目录在《保山日报》和保山新闻网站上公告；各县（区）对辖区内的乡（镇）和部门制定的规范性文件进行全面的清理，废止一批与现行法律、法规、规章相抵触或已没有实际意义的规范性文件，确定和修改一批现行有效的规范性文件并进行公告。全年共办理县（区）和部门登记和备案的规范性文件21件，其中：县（区）的13件，部门的8件。协助政府和部门审阅修改不属于规范性文件的其他文件19件。

二、行政执法检查

1995年，行署法制局第一次组织开展全区综合行政执法大检查。分别深入保山、腾冲、龙陵、昌宁四县（市）和行署有关部门，共完成4个阶段、7个方面、38个项目的检查任务。

1996年7月，参与地区人大工委组织的教育法执法检查组，先后到昌宁、施甸及所属的5个乡（镇），18所小学进行重点检查。

1997年，行署发出《关于贯彻实施〈中华人民共和国行政处罚法〉执法监督检查实施意见的通知》，成立由副专员杨光为组长，行署办、行署公安局、工商局等15个部门为成员的领导小组，将全区14个部门列为重点检查对象，开展了相关检查工作。通过省政府派出的行政执法监督检查小组抽查，保山地区行政执法监督检查工作得到肯定。同时法制局还派出了7人次参加了《中华人民共和国统计法》《中华人民共和国妇女权益保障法》等专项执法检查。

1998年，行署法制局组织了全区行政执法部门开展了以《中华人民共和国行政处罚法》为主要内容的行政执法监督检查。通过抽查，得到省检查组的好评。

2000年3月，参加公安机关组织的全区公安机关执法质量量化考核工作，对五县（市）公安机关执法质量进行了全面考核和量化评分。8月，配合省政府气象执法检查组对腾冲、保山两县（市）的气象执法情况进行抽查。10月，配合行署档案局进行全区档案执法检查。11月，配合省建设厅和行署建设局进行《云南省风景名胜区管理条例》执行情况检查，有效地促进行政机关严格执法，依法管理。

2001年，参加市社保局、市残联组织的《禁止使用童工规定》和《云南省残疾人保障法》执法检查。2002年，对有关行政执法单位不履行职责的不作为违法行为发出行政执法督查书1件，敦促其履行职责，依法处理行政管理相对人请求的事项。2003年，对14个执法部门进行重点督查，督促14个部门及时上报贯彻情况及自查报告。

2005年，重点对五县（区）人民政府和省政府执法检查计划中所列11个部门进行督促检查，督促五县（区）人民政府和11个部门及时上报贯彻情况及自查报告。

三、行政执法主体管理

从1996年起，依照《云南省人民政府关于在全省开展行政执法主体清理工作的通知》要求，保山地区开展对行政执法主体的清理工作。此后，一直不间断地进行着对行政执法主体的清理审查。1998—2005年，保山行署法制局按照省法制办的要求，坚持对全市的行政执法人员进行综合执法岗位培训，行政执法培训和行政执法证件管理工作。同时，应相关单位邀请，为其举办各类法律培训班等。

1996年12月底前，完成对地直33个行政执法机构、400余人行政执法主体资格的审查。1997年，继续在全区开展行政执法主体清理工作，审查33个行政执法部门，其中26个是法定的行政机关，2个是授权组织，5个是受委托组织。

1998年，保山行署法制局按照省法制办的要求，对全市的行政执法人员进行综合执法岗位培训，在培训的基础上，代省政府制定或颁发行政执法证给行政执法人员，对到期的行政执法证办理证件审验手续。年内，共在土地、计生、水电、农业、烟草专卖、民族宗教、建设等部门举办培训班17期，培训各类行政执法人员1120余人次。办理行政执法证2461本，其中：行政执法证正本1221本，副证1211本，行政委托执法证29本。申报法制督查104人。同年，全年共确认公告全区的行政执法主体134个，其中法定行政机关105个；法律法规授权实施行政处罚组织28个；法律法规授权实施行政执法行为组织1个。

1999年，行署法制局在财政、卫生、建设、乡企、林业、电力等部门举办各类培训班

22期，培训1400余人；办理行政执法证1116份，委托执法证188份，证件审验741份。当年，全区清理审查地级行政执法部门和五县（区）人民政府所属行政执法部门227个，其中确认公告具有行政执法权和行政处罚权的单位175个。

2000年，共清理审查地级行政执法部门和五县(市)人民政府所属行政执法单位274个，其中已公告222个。经公告的单位依法取得了行政执法权和行政处罚权。当年，新办或换发执法证件1057人；证件审验3500人签批审验表格7000余份。至年底，为全区213个行政执法单位的3662名行政执法人员办理行政执法证件。全区执法人员基本上做到持证上岗，亮证执法。

2001年，各县（区）行政执法机构具备主体资格178个，具备行政执法的主体资格行政部门248个。年内，新办执法证38人，证件审验3100人；共清理确认市直行政执法机构具备主体资格70个。至此，行政执法主体清理工作基本结束，行政执法主体资格的公告已经形成制度，凡新增或单位撤并分发生主体资格变更，都必须报法制机构进行公告。2002年后，行政执法证的制作由省法制办公室统一制作颁发。同年，市法制局配合水务、渔政、林业、计生、烟草、药品监督、文化、昌宁县政府办等部门举办执法培训班9期，培训执法人员500余人。全年办理证件审验手续493份。新办督察证49人。2003年，配合林业、卫生、计生、国土资源、保密、施甸县政府办等部门举办执法培训班7期，培训执法人员900余人。全年共审查上报符合换证办证条件的行政执法人员资料953份，代省法制办颁发行政执法证件440份，审查新办法制督察证申请表10份，办理法制督察证证件审验手续15份。

2004年，全年共审查符合换证办证条件的行政执法人员的有关资料表格703份，代省法制办颁发行政执法证件302件，办理法制督察证件审验和换证5份。

2005年，办综合行政执法培训3期，800余人。全年共审核上报符合办证条件的行政执法人员资料2033份，其中：新办证资料721份，审验、变更、补办证资料1312份。代省法制办颁发行政执法证940份。

四、行政复议

1990年，保山地区成立复议机构，与法制机构合署办公。至1990年年底，全区有复议机构17个。自此至2005年，不间断地开展对全区的行政复议工作。

1990年，全区受理复议案件74件。复议结果：维持原决定22件，变更或部分变更原决定23件，撤销6件，自动撤回申请2件，退案2件。

1992年，共受理行政复议案件147件，是同期人民法院受理的第一审行政案件的4.7倍；审结146件，是同期人民法院审结第一审行政案件的4.8倍。审结的146件，申请人不服复议决定向人民法院起诉8件，占总结案的5%。通过复议，将行政争议解决在行政机关内部。同年，还调审了全区1991年至1992年6月受理审结的67件行政复议案件卷宗，对办案质量进行了全面的检查和评估。

1995年，行署法制局承办龙陵县腊勐乡腊勐村东边社和车站社不服龙陵县人民政府作出的《对腊勐村东边车站社与沙子坡村里勒社山林所有权使用权处理决定》向行署申请复议一案。年内，及时准确地完成1995年全区发生的行政复议和行政诉讼、国家赔偿案件的统计上报工作。其中行政复议案件75件。复议结果：维持了4件，撤销8件，变更5件，申请人撤回申请10件，其他处理3件；未结案15件。行政诉讼68件，其中复议后应诉42件，未经复议直接应诉26件。一审结案情况是：维持24件，撤销13件，原告撤诉13件，未审结18件。发生国家赔偿案件1件，赔偿金额6500元。

2000年，共收到行政复议申请9件，依法受理5件，上年结转1件，共审结6件，审结率100%。2001年，收到申请复议案件5件，经审查，依法受理3件，其中：维持2件，变更1件。2002年，全年收到复议申请8件，均为山林土地权属纠纷。全年收到仲裁申请3件，经审查，符合受理条件1件，转其他处理2件。2003年，收到复议申请9件，经审查符合受理条件的8件，其中：山林土地权属纠纷7件，不服市政府部门撤销行政许可行为1件。本年度审结7件，结转下年审理1件。审结的7件全部为维持原具体行政行为。全年受理仲裁案1件并已审结。

2004年收到行政复议申请14件（含上年结转3件），经审查符合受理条件的11件，不予受理和作其他处理3件。年内，受理仲裁案件 7 件，涉案金额达人民币1.4亿元。2005年，收到行政复议申请5件，经审查符合受理条件的 5 件，其中：山林土地权属纠纷 4 件，其他1件。本年度审结 4 件，结转下年审理 1 件。全年办理仲裁案件1件。

按照国务院法制局和省政府法制局的要求，市法制局及时准确地完成1995—2005年全市发生的行政复议和行政诉讼、国家赔偿案件的统计上报工作。其中行政复议案件539件，复议结果：维持226件，撤销95件，变更42件，申请人撤回申请65件，其他处理66件。行政诉讼254件，其中：复议后应诉98件，未经复议直接应诉114件。一审结案情况是，维持68件，撤销74件，原告撤诉55件。发生国家赔偿案件1件，赔偿金额6500元。

五、涉法事件处理

2000年，保山地区行署法制局配合省地有关部门，调处保山曙光学校利益补偿争议、保山市芒宽乡大小新寨山林土地争议、保山市坝湾乡和龙陵县镇安镇的山林土地争议、腾冲县与德宏州梁河县山林土地争议、保山市汉庄镇秀林村和黑泥田村因大保公路占地引发的纠纷、腾冲县固东镇顺利办事处两社群众争夺“庙山”的纠纷等。

2001年，保山市法制局先后对保山市水泥厂的上市，泛洋木业公司、保山造纸厂、腾药集团等企业的改制，向政府领导提供法律法规决策依据和可行性建议。解决隆阳、龙陵、腾冲县（区）之间的山林土地权属纠纷，并提供切实可行的处理意见，使问题得到解决。

2002年，完成市委、市政府交办的保山东升综合经营加工厂工人集体上访要求解决法院在拍卖该厂资产中的侵权事项；市文化局、区文化局在行政执法中发生争执、乱收费等问题；保山市自来水公司职工集体上访，要求解决隆阳区政府违反《中华人民共和国公司法》规定，与外地公司签订合同准备出让、租赁公司资产问题；市出租车驾驶员上访要求解决隆阳区政府强令出租车改装压缩天然气车以及有关企业在出租车车身喷漆中搭车收费，要求市政府专门制定政策保护出租车人合法权益问题；施甸县与隆阳区的土地争议，以及参与十六大召开前夕，省委省政府急电指令市委、市政府做好腾冲县与梁河县山林、土地权属，砍伐林木毁坏树苗等三案的调查取证工作。

2003年，完成市政府领导交办的与腾冲县政府、县经贸委相关领导面商如何依法推进腾冲制药厂与浙江康恩贝制药集团合作兼并、改制的相关事宜等事项。2004年，解决处理了市长交办的隆阳区永昌王官、沙滩组500余人到市政府上访问题，上访事由是不满隆阳区政府征地拆迁进行补偿安置问题。

2005年，受市政府领导指派，参加“保山市部分出租车驾驶员信访、出租车更新确定车型问题”“保山市糖业烟酒公司国企改制问题”“文化体制和产业改革”的调研工作。对“苏帕河茄子山水库及电站建设指挥部奖金发放事宜”“疾病预防传染病医院建设群众上访案”等事件的处理，提供了准确的法律依据并提出了切实可行的处理方案，发挥了法制机构为本级政府在处理法律事务方面的参谋、助手和顾问作用。

第四章　经济研究

第一节　工作机构

1995年6月，保山地区行政公署办公室信息科、计委经济研究所、经济信息中心三个单位合并组建保山地区行政公署经济研究中心，为副处级事业单位，归属行署办公室管理。

1997年4月，经济研究中心内设调研科、信息科、综合科3个科；事业编制16人；设处级领导职数3名，科级领导职数4名。2001年8月，保山撤地设市，保山地区行政公署经济研究中心更名为保山市人民政府经济研究中心。同时升格为正处级单位，加挂政府研究室牌子，归口市人民政府办公室管理，其主要职能是承担市人民政府综合性政策研究和决策咨询。2002年，内设办公室、经济研究科、社会发展科3个科室，总编制14人，设处级领导职数3名，科级领导职数5名。2003年10月，市政府经济研究中心独立行使职能，为市政府直属办事机构。2004年增加《保山经济》编辑部科级内设机构。2005年机构编制不变。

第二节　经研活动

一、重要文稿撰写

保山市政府经济研究中心成立以来，一直参与和承担以《政府工作报告》为主的市政府主要领导重要文稿的撰写。承担了市政府主要领导在政府全会、廉政工作会、经济形势分析会等重要会议的讲话稿，向国家、省领导的汇报材料，共完成重要文稿300多篇。

2005年，组织起草完成市政府工作报告、市政府全会、市委工作会、市委一届七次、八次、九次全会、市委理论中心组学习、市旅游发展大会、市教育改革会、市文化产业工作会、季度及半年经济形势分析会等会议领导讲话稿。

二、课题研究

1995—2005年，保山市政府经济研究中心紧紧围绕保山市经济社会发展的热点、重点、难点问题，围绕促进全市经济社会发展和推动全局性工作的目标，高度重视课题研究工作，充分发挥咨询研究职能，当好市委、政府领导的参谋助手和智囊。共计开展了30多个课题研究，研究对象涉及经济社会发展的方方面面，研究成果显著。其中影响较大的研究课题有:《加强市本级财源建设对策研究》《保山市建立和完善激励机制研究》《中国—东盟自由贸易区建立对保山的影响及对策研究》《保山香料烟产业发展研究》等。

2005年，组织开展了《保山市烤烟种植优化布局研究》《北庙水库流域生态环境建设保护研究》《保山市水电开发与生态保护研究》三个重大课题研究。

三、宏观经济分析

2004年8月，根据上级部门和市政府主要领导的要求，由经研中心牵头，建立了市政府宏观经济分析制度，成立了有统计、计委、财政、人行、农业、经贸等六部门领导和业务骨干参加的分析小组，按月对全市经济运行情况进行分析，及时发现问题，提出有针对性措施，供市委、市政府决策参考，得到市领导的高度重视，在社会上产生了较大的反响。

四、专题调研

保山市政府经济研究中心秉承理论联系实际的原则，深入基层调查研究，始终做到“先调查、后发言，先调查、后研究”，针对全市经济社会发展中的热点、难点及领导关注的问题开展专题调研，几年来共深入乡（镇）、企业等基层进行调研数百次，提交调研报告百余篇，内容涉及“三农”问题、企业改革、工业发展、城镇建设、产业发展、高中教育、劳务输出、房地产、“兴边富民”工程、科技、卫生等诸多方面。

2005年，针对全市经济运行中的热点、难点及社会各界关注的问题及时开展专题调研，提交调研报告，供各方面参考。内容涉及腾冲工业园区、保山天津高级中学、大中专学校整合、石材产业、城乡就业、建筑业、经济发展变化与差距分析、面向南亚开放、农村劳务输出、教育改革及市两个精神病医院整合等方面，提交调研文章17篇。

五、刊物出版发行

1987年创办《保山经济》，这是保山市唯一一份有关经济社会发展研究性内部刊物，初期为季刊，2004年扩为双月刊，办刊质量不断提高，影响力日益扩大。当年编发6期，刊载经济论文108篇，组织6个重点产业、行业的专题文章，增强了刊物的时效性、指导性，有力地宣传了全市经济发展中的典型经验。2005年推出6个典型交流专题，发表经济论文129篇。自刊至2005年，本着“服务经济社会发展，服务领导决策”的宗旨，共刊发68期，文章1500余篇，内容涉及农业农村、城建、工业、教育、科技、产业发展和经济结构调整等众多领域。

《经研参考》是中心将经济研究成果和调研报告提交市委、市政府的一份不定期发行的内部经济研究工作简报。至2004年年底，共计编发调研报告等18篇。2005年编发《经研参考》23期。

《经济信息参考》于2005年8月创刊，每周编发1期，主要是收集编发国内外尤其是国家、省的经济政策信息、外地发展经验、经济发展动态、缅甸及南亚的有关情况，为领导掌握情况、科学决策提供参考。

此外，2004年中心根据市委、市政府领导的要求，与市统计局合编了《保山农村小康进程》一书；2005年编辑了《新编保山市情》一书，全书8篇46章，94万字。

第五章　外事及港澳台事务

第一节　工作机构

1978年12月，设立保山地区行政公署外事办公室。1990年年末，除行署外办有干部4人外，所属五县（市）均未建立专门的外事管理机构。

2001年，在保山撤地设市后的机构改革中，组建保山市外事与侨务办公室。2002年3月，外事与侨务办公室分设为保山市人民政府外事办公室及保山市人民政府侨务办公室。2005年，根据市政府机构改革方案，原外办承担的口岸管理职能划归市商务局，6月底完成职能和人员移交工作。

第二节　对外及港澳台事务

一、边界事务

保山地区国界线长167.7851千米，境外与之相邻的是缅甸民族武装克钦邦第一特区和掸邦第一特区，腾冲、龙陵两县的4个乡10个村与缅甸接壤，有12棵界桩和1棵附桩，有自然和人工设置的标志物38个。

1985年3月，根据中缅边界联合检查委员会1984年12月31日在北京签署的会议纪要，双方联合对边界南段3、4号及北段5、6、7号共5棵界桩进行检查。检查组由16人组成，其中中方9人：腾冲县副县长李绍光任组长，腾冲县外办主任杨国光、昆明军区测绘大队徐英周、腾冲县建设局黄之瑜任副组长，腾冲县外事办张兴广，昆明军区孟会民，北京大学外语系学生唐朝坤、贺毅、崔翔为组员。缅方7人：缅甸联邦测绘处长助理吴丹敏任组长，吴佐乃、吴登乃任副组长，吴安貌、吴佐明、吴校荣、吴巴汶为组员。警卫组20人、通讯组6人、后勤组15人，共计57人。

1985年3月7—24日，双方联合检查了南段3号4号和北段5号界桩，经过检查3号界桩损坏严重，经技术人员对界桩及界桩方位物检测后，重新确定界桩中心点，在双方组长技术员指导监督下，由中方技术工人进行整体浇灌，双方认可同意。北段6、7号界桩，也受到不同程度的损坏，因位于通道上已造成桩体晃动，加之长期雨水冲刷，北7号界桩已有一角露出地面，桩体略向北倾斜，经双方确定需进行加固维修处理。南3号界桩第4号方位物测定值与原《边界议定书》记载数据差13° 9′ 超过现差9′，由于该方位物为一山头，因考虑到两次测量不可能在同一点上，其他3个方位物与《边界议定书》记载数据相符，北5号界桩原3个方位物的方位与《边界议定书》的数据超过规定限差，特别是第2号方位物数据差为13° 28′，经双方反复测量验证，认为此次所测数据准确无误，一致同意以此测为准，修改《边界议定书》第三部分第35条中关于北5号界桩方位物的有关方位角数据。北7号界桩因第2号方位物为中国境内1棵松树已毁，双方同意按《边界议定书》规定的距离和方位角，重新在原处用钢筋混凝土浇筑人工方位桩1棵。4月初双方联合检查边界完毕，用中、缅两国文字填写了《中缅联合检查界桩登记表》，由双方组长在登记表上签字后作为史资依据双方保存。

1986年，中方在定期查看界桩时发现1985年中缅联检时新树和修复的南3、4号和北5、6、7号界桩有不同程度的损坏，中方按规定及时进行了处理。

1987年，因缅境内战争频繁，查看界桩、界线和标志物成了外事和边防部门的经常性工作，地区外办、腾冲外办、边境站(所)先后上界检查303人次，对南2、3、4、5、6、7、8、9号界桩标志物均作了详细的检查，对损坏情况及时进行处理。1988年全年上界检查47次320人次。1989—1990年，除继续做好边界检查外，腾冲县外办还开展对界务员的教育培训工作，使界务宣传工作日常化，有效地减少了边境标志物的人为损害和自然毁坏。

1992年全区选聘界务员20人，主要职责是查看界桩、界河及界线情况，调解中方边民和邻国边民之间的纠纷，由省外办颁发聘任书。

1993年地委、行署决定在中缅南4号界桩中方一侧建立友谊碑，地区建筑公司给予了20万元资金赞助，并具体负责工程的承建，在腾冲县委、县政府，古永乡党委政府和县外办的支持配合下，友谊碑于1993年4月25日正式落成。同年11月，第二次中缅边界联合检查工作全面展开，整个联合检查工作分两个阶段。第一阶段为内部调查，目的是掌握界桩、方位物界线走向等现状，为联检工作提供资料依据；第二阶段根据《中华人民共和国和缅甸联邦第二次边界联检委员会第二次会议纪要》精神的要求开展检查工作。11月25日缅方以吴纽温为组长的联检人员从瑞丽口岸入境后到达腾冲，与腾冲联检人员组成第七中缅联检组，11月28日正式上界作业。这次联检完成了南4号界桩的维护，增设了北4号界桩附桩，确定了附桩方位物，对12棵界桩和38个方位物进行了全面的勘察、测量和维修。维修了南3号、北6号界桩，增设方位物6个，在原位重树方位物2个，按照会谈《纪要》的规定，完成了文字、绘图、照片等工作。

1994年1月18—19日，中缅两国第二次边界联合检查委员会中方首席代表许文益和缅方首席代表吞昂上校在腾冲视察中缅边界第七联检小组的工作，中缅双方首席代表充分肯定了第七小组的工作成绩，同时对下一步的工作提出了明确的要求。2月28日，以吴组温为组长的缅方联检小组一行5人，圆满完成了第七联检小组的边界联检任务从瑞丽口岸回国。

1994年3月16—20日，省政府外事办公室主任冯树森一行5人，到龙陵、腾冲进行边境管理、口岸建设、对外开放、经济发展及边贸三资企业的情况进行考察调研。

1998年1月，腾冲、龙陵两县对界务员队伍进行调整，人员由原来的22人调整为18人，调整后平均年龄为33岁，中共党员占100%，初中以上文化程度占95%。2月20日，保山地区外办、腾冲外办前往缅甸板瓦，与缅甸克钦邦第一特区进行会晤，就板瓦垭口4号界桩一侧缅方的违章建筑向缅方提出交涉，要求缅方限期拆除违章建筑。7月2日腾冲外办在中缅边界4号界桩附近南北界线上种植界树800余棵。

从1998年9月1日起，中缅边境出入境通行证统一由公安边防武警办理，外办不再办理边民出入境通行证。

1999年2月，中缅边境发生森林大火，火灾起于缅境蔓延到腾冲境内，外事部门主动的与缅方交涉进行扑火事宜。在缅方的主动邀请下，中方人员出境帮助灭火，3月大火终于被扑灭，缅克钦邦第一特区向中方发来感谢信。

2000年11月，外事部门在边防武警部队的支持下，共同对腾冲段中缅边界进行全面检查，查看北4号、北4号至1号附桩、北5号至7号、南2号、南3号、尖高山1号，北2号至9号。

2002年12月14日，全省中缅边境界桩修复会议在保山召开，云南省6个中缅边境地（州）市外办领导及有关业务干部参加了会议，外交部条法司李治、省外办副主任何明生、邻国处副处长王伟、秘书处副处长王军到会讲话。保山是这次唯一没有界桩修复任务的市。

2003年5月，在中缅边境北7号至北8号界桩锡匠河国界线两侧500米以内先后发现有3家中方公司勘探和采挖矿石，严重地违反了中缅两国政府签订的《边境管理与合作的协定》，此事涉及3个地州和缅方，在省外办的协调下并得到了相关地州的支持，此事得到妥善的处理。

2004年7月，因连降暴雨，中缅边界板瓦垭口中缅北4号至1号附桩东面约150米处中方一侧发生山体滑坡，面积100多平方米，对界线的走向产生了一定程度影响，后经市、县外办的维护，滑坡得到及时的处置。

二、对外及港澳台交往

1988—2005年，保山市因公出国及赴港澳台访问416批1656人次。外宾来访212批1677人次。2005年，全市因公出国及赴港澳台人员55批110人次，其中：地厅级13人、县处级52人、乡科级15人、一般干部30人，出访的主要国家和地区为美国、英国、德国、法国、日本、韩国、南非、巴西、秘鲁、澳大利亚、新西兰、缅甸、中国香港、中国澳门等。来访12批66人次，主要来自缅甸、美国、加拿大、荷兰等国家和中国香港、中国澳门地区。

1988—2005年保山市因公出国及赴港澳台访问和外宾来访统计表

表6-2　　单位：批次、人次

年度	因公出国及赴港澳台访问		外宾来访		年度	因公出国及赴港澳台访问		外宾来访	
	批	人次	批	人次		批	人次	批	人次
1988	—	—	5	27	2000	38	97	14	86
1990	—	—	8	136	2001	51	103	15	46
1992	24	336	18	102	2002	50	88	10	96
1993	20	221	7	98	2003	22	127	24	417
1994	10	220	32	300	2004	30	45	14	57
1995	34	165	20	53	2005	55	110	12	66
1997	49	72	17	106	—	—	—	—	—
1999	33	72	16	87	合计	416	1656	212	1677

1978年以后，保山地区和腾冲、龙陵两县先后恢复外事管理机构，保山地区与东南亚各国的联络与交往不断加强，外事活动日益频繁。

1985年11月30日至12月17日，应云南省省长和志强的邀请，泰国王姐干拉雅尼·瓦塔娜公主一行11人前往德宏访问，从昆明乘机途经保山时，保山地区行署专员王宁、副专员张玉珍、保山市副市长吴继尧等有关负责人到机场迎接。王宁在保山宾馆设午宴款待泰国王姐一行。

1988年7月，缅甸板瓦地区疟疾流行，部分患者不治而死，引起当地居民恐慌。受缅甸当地行政部门的请求，腾冲县派出医疗组，赴板瓦地区开展疟疾普查，积极救治患者，控制了疟疾蔓延，使当地民心得以稳定。

1990年7月，经国务院批准，保山地区保山市和腾冲、龙陵两县正式对外国人开放，为保山地区同世界各国间的经济和文化往来提供了良好的外部条件。

1991年1月，以纽登上校、貌貌乃少校率领的缅甸联邦南坎县政府代表团和以丁瑞少校率领的缅甸克钦邦密支那县代表团一行共19人，由腾冲县县长许洪森陪同，2—3日到保山参观全区首届民族文艺体育展演大会。在保山期间，缅甸代表团游览了卧佛寺、太保公园、参观了地区糖烟酒公司、五交化公司、保山百货站、保山针织厂等。代表团离保赴腾时对龙陵县进行了礼节性顺访。

1992年2月，应缅甸克钦邦的邀请，腾冲县县长许洪森率一行16人的经济代表团访问缅克钦邦密支那，双方签订了共同修复腾密公路的有关协议。与此同时，中方无偿的支援缅方100吨水泥、电站器材及其他建筑材料等。同年4月，应缅政府军58营和克钦新民主军的邀请，腾冲县县长许洪森前往昔董，参加腾密公路甘拜地至昔董段的通车典礼仪式。同年8月，应保山地委、行署的邀请，美国加州熊氏集团董事长熊德龙先生访问保山，地委书记黄绍智等有关领导与熊先生就经济合作有关问题进行了具有成效的会谈。熊先生被保一中聘为名誉校长、被地区人民医院聘为名誉院长，熊先生向保一中赞助人民币20万元教育基金，向保山地区人民医院赞助人民币50万元建设住院部大楼。

1993年4月18—22日，保山地区行署专员程政宁率地区政府代表团一行23人对缅甸克钦邦密支那进行友好访问，缅甸克钦邦治安建设委员会主席、北部军区司令梭伦将军以较高的规格热情欢迎和接待了程政宁一行。腾冲县县长许洪森、昌宁县县长李重金、龙陵县县长杨苍海和保山市副市长张伯英陪同访问。双方签署了四项会谈纪要。4月，应美国加州熊氏集团董事长熊德龙先生的邀请，地区人大工委主任陈就和、地委副书记段兴祥率保山地区经济技术考察团一行12人，前往美国加州进行为期15天的经济技术合作项目考察。5月15日腾密公路通车典礼仪式在缅甸赛洛举行，保山地区行署专员程政宁率各界人士500多人车辆123台出席典礼仪式，缅甸克钦邦治安建设委员会主席、北部军区司令梭伦将军和程政宁共同为通车典礼剪彩。典礼结束后代表团应邀到缅甸密支那旅游观光，17日缅国家领导人第一秘书长钦纽中将在密支那美丽卡宾馆会见程政宁专员一行并合影留念。6月，应熊德龙先生的邀请，行署专员程政宁、地委副书记张培光率保山地区经济技术考察团一行14人前往新加坡考察访问。11月15日应缅方的邀请，行署副专员王广兴率保山地区艺术代表团访问缅甸克钦邦，受到克钦邦政府官员、人民群众、当地华侨华人的热烈欢迎。

1994年4月20—28日，应行署专员程政宁的邀请，以缅甸克钦邦密支那市秘书长丁校为团长的缅克钦邦艺术团一行103人对保山腾冲进行为期8天的访问演出。其间，专员程政宁、副书记张培光、副专员张玉珍、副专员王广兴以及地委行署领导观看了缅克钦邦艺术团的演出并会见了丁校团长及主要演职人员。11月24日至30日，应缅克钦邦治安建设委员会主席北部军区司令梭伦将军的邀请，保山行署副专员张玉珍、地委委员纪委书记蔡国华率保山地区政府代表团一行143人，对缅甸克钦邦进行为期一周的友好访问。其间，参加在密支那举办的全缅学生运动会开幕式，并向本次运动会赠送彩色气球2000个；在密支那慰问演出3场，缅甸国家教育部部长吴板昂、克钦邦主席北部军区司令梭伦将军和2000多名观众观看演出。

1995年11月，老挝、泰国驻昆总领事偕夫人访问保山，地委书记孔垂柱，保山市市长刘明铨分别会见两国总领事。12月，应缅甸克耶邦的邀请，行署副专员杨荣新率保山地区代表团一行68人访问克耶邦。其间，参加在克耶邦举办的全缅第六届学生运动会；应缅甸国家领导人钦纽将军的邀请访问了仰光。在仰光，缅甸教育部长吴板昂、克耶邦主席貌基、克钦邦主席梭伦将军会见了副专员杨荣新，中国驻缅大使陈宝鎏会见了保山代表团一行。

1996年7月，泰国驻昆总领事朴·因图翁率泰国泰斯根工程设计有限公司总裁曾嵩萨克、鸿鹰公司总裁余天定等7人，实地考察保山地区苏帕河电站。泰方决定向苏帕河电站提供1000万美元的贷款，双方签署了会谈纪要。9月，朴·因图翁再次率泰国清莱府雷东发展计划中心负责人乐德乐博士一行6人访问保山，地委书记孔垂柱会见了泰国客人。泰国客人还实地考察腾冲界头乡构树生产基地，双方就构树的生产、加工、销售等进行了会谈并达成意向性合作协议。10月，应缅甸计划经济部部长埃博尔的邀请，保山地委书记孔垂柱率保山地区经济友好代表团访问缅甸，受到缅中央的高度重视和高规格接待。访缅期间，孔垂柱先后与缅计划经济部部长埃博尔、旅游部部长觉巴、建设部部长梭吞、投资委员会前总理府部长貌貌、劳工部部长梭伦和克钦邦主席觉温以及林业部、农业部、商业部、曼德勒省政府的高级官员进行会谈，考察密支那的农业、市场、公路建设和正在建设中的伊洛瓦底江大桥，中国驻缅大使陈宝鎏对此次出访给予高度的评价。

1997年1月4—14日，应缅甸国家计划与经济发展部部长埃博尔的邀请，保山地区人大工委主任陈昌黎率保山地区代表团，对缅甸仰光、曼德勒、密支那进行友好访问，在缅甸国家广播电视中心向18个新闻机构的60多名记者、各界人士举行新闻发布会。3月26—30日，应保山地委书记、地区对外友好协会会长孔垂柱的邀请，缅甸联邦驻昆总领事吴温昂及夫人到保山进行友好访问，并参加腾冲县“三通”庆典，腾冲县委书记刘子杨会见总领事及夫人。5月25—27日，应缅甸掸邦第一特区政府的邀请，行署外办主任蔡汉晖一行5人访问缅掸邦果敢，访问期间双方达成了由缅方提供一幢约250平方米的房屋和X光机、超声波等医疗器材，龙陵县负责派医护人员建立果敢中心医院的协议。6月20日，保山烟草公司与缅甸克钦邦第一特区的合作企业大兴烟草有限公司正式在甘拜地投产，行署外办主任蔡汉晖、大兴烟厂厂长黄连兴与克钦邦第一特区领导人丁英签署《保证大兴合作卷烟厂正常生产程序和工厂安全的协议》。8月2—4日，应保山地区行署专员王广兴的邀请，缅克钦邦第一特区政府主席丁英一行13人对保山进行友好访问，地委书记孔垂柱在兰都饭店会见并宴请丁英一行。9月9—11日，美国埃德加·斯诺基金会主席埃·格锐·戴蒙德一行9人，由中国对外友协研究会副秘书长舒章，云南省对外友协研究会会长潘敬思陪同，戴蒙德一行沿着当年斯诺先生在保山的足迹进行为期3天的考察访问，保山行署专员李现武会见并宴请代表团一行。10月7—9日，以小川明为团长的日本“中国云南龙陵教育文化设施协赞会”一行12人到龙陵访问，向龙陵白塔小学捐资700万日元（合人民币50多万元）。11月10—30日，小川名先生率日本“中国云南第十次友好访问团”一行29人访问保山并参加龙陵县白塔小学主体教学楼工程落成典礼。

1998年10月，龙陵县中医医院与缅甸掸班第一特区政府在果敢联合创办“缅甸掸班第一特区人民医院”，设病床33张。

1999年4月，腾冲县在缅甸密支那举办农机产品展销会，缅甸克钦邦主席、北部军区司令觉温将军出席展销会开幕式。当月“板石公路”举行通车典礼，行署副专员杨荣新率保山地区代表团一行15人参加庆典。缅甸中央委员克钦邦主席、觉温将军在缅甸板瓦会见保山地区代表团主要成员，高度赞扬保山与克钦邦多年来在合作方面取得的成绩。10月以日本藤泽市社会福利会会长照井千乡为团长的友好代表团访问龙陵，达成了由照井干乡先生捐资建盖龙陵黄草坝小学的意向性协议。

2001年4月9日，行署副专员杨连率保山地区代表团一行12人赴缅甸克钦邦第一特区板瓦参加和平十周年庆典。缅甸联邦和平与发展委员会第一秘书长钦纽中将接见了保山地区代表团成员。5月2日，日本友人照井干乡先生向龙陵县捐款500万日元作为龙陵县黄草坝小学的建设资金，龙陵县副县长郭自来向照井干乡递交了捐资荣誉证书。5月21—25日，缅甸联邦驻昆明总领事吴登佐及夫人到保山进行为期5天的友好访问，地委书记罗正富、行署专员王广兴分别会见吴登佐总领事及夫人。8月8日，缅甸克钦邦第一特区主席丁英应邀参加保山撤地设市庆典活动，地委书记罗正富会见丁英主席一行。

2002年2月1—4日，应龙陵县民族民间艺术节组委会的邀请，中国驻缅曼德勒总领事李学林到龙陵参加艺术节活动，保山市委书记黄毅会见总领事一行。5月6—7日，中国驻缅大使李进军到保山考察调研，并与保山市委、人大、市政府、政协等有关领导进行座谈，保山市市长王广兴代表市委、市政府向李大使汇报相关情况。5月26日，缅甸克钦邦第二特区东部区副专员昆弄先生一行29人到保山腾冲参观考察，保山市委书记黄毅、副市长李新平分别会见并宴请代表团全体人员。10月，龙陵县人民医院与缅甸掸班第一特区政府财政部、开发部合作，在果敢开办的果龙药剂公司(生产葡萄糖注射液等7个品种的大输液制剂)正式挂牌，市、县相关人员前往参加仪式；龙陵县中医医院又在缅甸掸班第一特区果敢东城区开办特区人民医院东城分院。

2003年3月，应缅甸克钦邦政府的邀请，保山市委书记黄毅率保山市政府友好代表团访问缅甸克钦邦密支那，与克钦邦主席貌貌绥将军举行会谈，双方合作改造腾密公路得到缅国家和平与发展委员会主席丹瑞大将的支持，在缅方的安排下，代表团一行应邀前往世界最大的玉石产地帕敢参观访问。随团出访的有市政协主席胡应舒、市政府副市长李新平、黄立新。6月，市委书记黄毅率团访问缅甸克钦邦第一、二特区。9月按照保山市人民政府与缅甸克钦邦第一、二特区签署的《合作备忘录》精神，保山市红十字会与克钦邦第一、二特区签订《关于培训医务人员的协议》，按协议规定，9月22日，两特区各派出的34名(共68名)缅籍学员全部按时到校，并举行了开学典礼。11月，保山市市长熊清华率团参加在缅甸仰光举办的“中国云南—缅甸贸易投资暨经济技术合作展洽会”，拜会中国驻缅大使馆、驻曼德勒总领事馆、仰光云南同乡会、曼德勒云南同乡会和腊戍云南同乡会负责人。

2004年3月24—30日，应缅甸驻昆总领事馆和缅甸克钦邦和平发展委员会的邀请，市委书记黄毅、副市长杨灿章率保山市政府代表团一行59人访问缅甸密支那，按缅方的安排代表团一行25人考察了中印公路(史迪威公路)缅北段，并顺利到达缅印边境的班哨山口。10月19日，经中缅双方的共同努力，合作改造腾密公路的开工庆典在缅甸甘拜地举行，云南省人大常委会副主任、省总工会主席江巴吉才，保山市委书记黄毅等领导及省商务厅、省交通厅等省市、省外办、保山人大常委会、市政府、市政协等有关部门的负责人出席；缅北部军区司令、克钦邦和平与发展委员会主席貌貌绥将军、缅甸联邦建设部、缅克钦邦第一、二特区负责人共200多人参加了庆典。10月23—24日，缅商务部商务司司长吴奈温一行6人访问保山，保山市委书记黄毅与吴奈温进行了会谈，保山市市长熊清华陪同吴奈温参观了澜沧江啤酒厂和保山烟叶复烤厂。12月18日，应缅甸木姐边交会组委会的邀请，市委书记黄毅应邀率团参加边交会，在木姐缅甸联邦商务部副部长昂吞准将会见了黄毅书记一行。

2005年3月2日，保山市委书记黄毅应邀到缅甸甘拜地与前来视察口岸工作的缅商务部副部长昂吞准将会晤，双方就口岸建设、公路建设、外贸及旅游合作等方面的问题充分交换了意见。会晤中，黄毅书记还向昂吞准将通报了猴桥口岸已被列为云南省实施“兴边富民”工程重点建设项目、腾密公路四级弹石路改为二级柏油路后的施工建设情况。3月16日，缅甸克钦邦第一、二特区农业技术培训班在保山中专学校板桥区举行开学典礼，市委书记黄毅到校接见缅方官员并看望学员。5月应缅甸国家建设部的邀请，保山市委书记黄毅、副市长李新平率保山市政府代表团出访缅甸克钦邦密支那，双方签署了中缅南四号界桩至密支那瓦晓段柏油路面建设的补充协议，并赴缅甸德乃镇进行农业考察。6月11日，应保山市“南方丝绸古道商贸旅游节暨保山端阳花市”组委会的邀请，缅甸克钦邦第一特区主席丁英、第二特区总司令干双到保山参加端阳花市。6月6日，应中国驻缅甸联邦大使馆的邀请，腾冲县对外关系友好协会代表团一行赴缅甸联邦首都仰光，参加庆祝中缅建交55周年暨“中国文化月”活动。11月应缅甸克钦邦主席翁敏少将的邀请，市委书记熊清华率团访问缅甸克钦邦，全程考察了正在建设中的腾密公路。在密支那，市委书记熊清华与缅克钦邦主席北部军区司令翁敏少将举行会谈并由缅方陪同考察了缅甸帕敢和德乃镇。

四、涉外事件

1985年10—11月，日本动燃团成员田岛成光在腾冲工作期间，未经许可擅自在当地采集蝴蝶标本，并进行野外录像拍摄被中方发现后，外事部门正式向动燃团负责人提出交涉并请转告田岛，腾冲尚属于非开放区，未经中国政府同意不得进行上述活动，11月4日田岛交出采集的蝴蝶标本23只以及采集工具。

1984—1987年，腾冲黑泥塘边民时有发生出境到缅甸境内毁林开荒现象，经有关部门多次教育，问题未能根本解决，主要原因是境外村寨头人允许中国边民出境开荒种地。1988年春，经缅境村寨头人的允许，又有11户腾冲黑泥塘边民出境到缅人口稀少的平坝开荒30多亩，保山地区外办和腾冲县外办发现后及时与缅方官员进行协商处理，并教育中方边民要树立国家观念，严格遵守外事纪律，通过做劝导说服工作11户边民均自行返回。

1991年3月2日，龙陵县龙江乡农民王某某等19人，被缅甸雷基老板许某某、黄某某诱骗出境，受雇为许黄二人砍伐驮运柚木，被缅政府军抓捕后关押在八莫。龙江乡政府及家属请求给予解救，3月13日地区召开边境领导小组会议，决定由地区外办、地区公安处分别向省外办、省公安厅上报有关情况，并由地区公安处牵头，武警、外办参加组成调查组赴腾冲、龙陵调查核实有关情况。通过调查得知，保山地区被缅抓捕关押人员共69人，其中：保山市坝湾乡2人，龙陵县龙江乡19人（女1人），腾冲县五合乡43人、芒棒乡4人、勐连乡1人。地区边境领导小组根据调查情况向省有关部门写出专题调查报告，提出解救意见。后经外事、公安和中国驻缅甸大使馆的多方交涉，9月，部分被抓捕关押人员从德宏陇川拉影口岸被遣送回国。

1994年6月4—8日，以行署外办主任蔡汉晖为团长，省外办、省公安厅及德宏州委有关部门的负责人组成的代表团，赴缅甸密支那就释放被关押的中国农民工问题与缅方进行交涉和磋商。通过交涉，缅方提供了被关押的部分人员名单，并商定6月15日在拉影口岸移交76名被关押的中国公民，并就近期分批释放被关押的中国公民达成共识。从5月15日开始，缅方先后在拉影口岸、南四号界桩分3批释放中方被关押的农民工205人，其中保山地区99人。

1994年7月11日，缅甸克钦独立军在缅境木瓜坝打死龙陵县龙新乡境外务工农民杨某某，另抓捕了杨某某、孙某某。7月13日，龙陵县外办等有关部门到边境与独立军进行交涉，独立军答应赔偿死者家属人民币4000元，放回被抓捕的务工农民，归还了马匹和钱物。

1996年7月23日，缅方边民余三酒后寻衅闹事，造成开枪打死腾冲胆扎村在境外做工的傈僳族农民工6人、打伤7人的严重事件。事件发生后，腾冲县委、县政府及时成立事故领导小组赶赴现场调查了解，做好死伤人员家属和傈僳族群众的工作，避免引起更大的边境涉外事件。并派副县长李定权、董保华为组长的事件调查处理小组，同缅甸新民主军司令丁英进行交涉和谈判，要求缅方赔偿抚恤金、医疗费等，并尽快缉拿凶手。经中方多次严正交涉，缅方于在1997年9月13日付清了应赔偿的16万元抚恤费和医疗费等，但凶手未归案。

1999年9月中旬，缅政府军在石灰卡抓捕保山地区在境外务工的农民工103人，扣留大小车辆16辆。经地县外事部门与缅方的多次交涉，9月底，被抓捕扣押的人员、车辆全部安全返回。

2000年8月，缅政府军在瑞丽雷允口岸，向中国移交非法进入缅境伐木被抓捕关押在缅八莫监狱的人员134人，其中保山地区83人。

2001年8月29日，副市长李新平与缅甸克钦邦第一特区主席丁英就近年缅甸克钦邦特区人员及士兵在其境内打死打伤中方边民和民工等涉外事件举行会谈，双方决定对发生的涉外事件进行联合调查后解决，签署了《会谈纪要》。

2002年5月14日，在缅甸苗江地区发生缅政府军强行扣留中方伐木车辆168辆和人员500多人的涉外事件，引起中央、省委领导的高度重视。事件发生后，保山市委、市政府，腾冲县委、县政府以及市县外办积极主动地与缅方进行交涉，6月底被扣车辆和人员终于安全返回。

2005年9月14日，缅NDA（K）板瓦发生“9·14”兵变，对中国边境地区造成影响。外事部门及时将事件的发展情况向上级有关部门和党政主要领导报告，并进行认真的分析研究，对事件发展作出研断，积极把工作做在前面，争取外交上的主动。在保山市委、市政府和涉外事件应急领导小组的领导下，妥善处理缅边民涌入中国边境以及中国公民在境外生命、财产的安全问题，维护了中国保山边境地区的安宁与稳定。受到了中央领导和省委省政府的赞扬和肯定。

五、外宾及港澳台贵宾考察访问

1981年10月15日，英国地理遥感图电教授库尔（女）到保山考察。

1982年4月5日，联合国难民署驻华代表莫歇（法国人）到保山考察。

1983年11月24日，日本动燃事业团资源部长乔本好一、资源调查官稻积小星、科技情报室室长柴山弘之，在核工业部地质局科技处处长刘锡臣的陪同下，到腾冲进行铅铀矿地质考察。

1985年5月，根据国务院地矿局外事局的安排，法国锡矿专家罗西到腾冲考察锡矿区，并为第四地质大队作了专题学术报告。9月15—25日，西德地质专家彼德·卡尔斯教授等4人，在成都地质学院有关专家的陪同下，到施甸县进行泥盆系剖面考察。11月19—25日，根据北京大学地质系的安排，美国著名地质专家怀特博士及夫人海伦到腾冲进行地热考察，并与驻腾地相关专业人员进行座谈。12月3—6日，美国曼菲公司的皮利斯·戴维斯到腾冲进行硅藻土考察。

1986年7月，美国地震学博士克雷特夫妇到腾冲进行地震考察。同年，意大利专家布朗迪到腾冲考察地热资源后认为腾冲地热资源丰富，比西藏的羊八井壮观，条件也很好。1987年，地、县（市）外事部门协同有关单位，共接待13个国家到保山执行公务、进行科学技术交流、地质考察、洽谈贸易、旅游的外宾和专家共116人。1988年，接待外宾27人，其中：进行友好访问、旅游20人，科学考察7人。1990年接待外宾8起136人。1978—1990年，全区共接待22个国家和地区前来保山访问、旅游和科学考察的外宾共1000多人次。

1991年1月，澳大利亚茶花考察团一行11人到腾冲考察。4月，巴基斯坦3名专家到腾冲“云南地浸实验队”参观考察。5月21日，美国《全国地理》杂志的亚马希塔、奥尼尔对保山地区民情、生态保护、水利资源利用等进行了考察。9月，应中科院地质研究所的邀请，瑞士许靖华教授、伯罗里教授、新西兰布拉特纲博士、土耳其圣戈教授一行4人，在中国专家的陪同下到腾冲进行中国显生宙板块构造考察。11月，日本东京大学地震研究所沟上惠教授等6人到腾冲考察火山地震。

1992年3月，德国科隆大学沃夫纳教授及夫人一行3人，在中科院有关专家的陪同下，到腾冲进行晚古生代冈瓦纳相冰水沉积的地质考察。同3月，应云南省环境保护研究所的邀请，美国电力、林业、锅炉、糖厂、甘蔗种植专家詹森、钱德尔、马兰度、沈忠民一行4人，到保山考察。

1994年9月，应地质科学院邀请，日本地质古生物家浜田澜一先生，对保山羊邑煤矿进行了3天的科学考察。12月，印度、巴基斯坦、尼泊尔、加拿大等国的科学家，到保山参加由中科院举办的“国际山地中心退化山地治理学术讨论会”。

1995年11月，老挝、泰国驻昆明总领事及夫人到保山参观访问。

1996年5月，荷兰、日本、美国、泰国和中国台湾地区18个团组40余名专家学者到高黎贡山自然保护区进行考察。

1997年12月，香港特别行政区教授张浩辉等8人，到高黎贡山进行鸟类方面的考察。

1998年6月，亚洲发展银行官员拉尔夫·威廉·阿尼森先生到保山进行啤酒、大麦、咖啡、银杏等生产和种植考察。

1999年10月，日本福冈县八女市茶叶考察团到龙陵访问。2000年9月，荷兰王国驻中国大使伍思德先生及夫人到保山考察访问。2001年5月，缅甸联邦驻昆明总领事吴登佐及夫人到保山参观访问。同月，日本第六次评论出版家以照井干乡为代表的访华团访问龙陵。

2004年10月，英国国际发展部总司长马肃先生到保山考察中英合作项目。

第六章　侨　务

第一节　工作机构

1979年9月，在保山地区行署民政局内设立侨务科，配备专职干部2人。

1983年9月设立保山地区行署民政侨务处。1983年年底，行署民政局改称为行署民政侨务处，下设侨务科，有专职侨务干部3人。各县(市)也先后成立侨务办公室或民政侨务局，并配备侨务专职干部。1985年12月，地区民政侨务处侨务科对外称保山地区行政公署侨务办公室。

1987年3月，侨务科从民政侨务处折出，成立保山地区行署侨务办公室，所属侨属企业划归侨务办公室管理，配有专职干部8人，为行署正处级单位，与侨联合署办公。1990年年末，地区侨务科有侨务专职干部8人。

1994年12月，中共保山地委决定行署民政处与侨务办公室合并，组建保山地区行政公署民政侨务局，侨联挂靠行署民政侨务局，下设侨务科，至2001年6月，行署民政侨务局设公务员编制4人，实有4人，其中科长1人。

2001年，保山撤地设市后，组建保山市人民政府外事与侨务办公室，原民政侨务局承担的侨务管理职能划入外事与侨务办公室。

2002年3月，单独设立保山市人民政府侨务办公室，与市归国华侨联合会合署办公，实行两块牌子一套班子，成为市人民政府直属一级机构，并设立党组，核编9人(侨联2人)。内设国内科、国外科、秘书科三个科。

第二节　履职活动

一、侨情普查

1980—2005年间，保山市共开展了5次侨情普查，均为在国内进行的调查，没有出国到有关同乡社团和驻外使领馆了解情况。第一次普查为1980年。全区共有侨务对象115088人，其中：华侨49753人，华人8193人，归侨2138人，侨眷52066人，港澳同胞1191人，眷属1747人。他们主要分布在24个国家和地区，其中缅甸56032人，泰国1975人。由于受历次政治运动中极“左”思想的负面影响，被普查对象思想上有所顾虑，因此，此次普查普查的结果与实际情况出入较大。第二次普查为1985年。据各县统计上报，全区有侨务工作对象150830人。其中：华侨61081人，归侨4492人，侨眷83969人，外籍华人、港澳同胞409人，港澳同胞眷属879人；分布在24个国家和地区，其中缅甸、泰国居多。各县(市)侨务对象为：保山市11058人，施甸县3148人，腾冲县71138人，龙陵县56652人，昌宁县8843人。第三次普查为1990年。经各县(市)侨务部门统计核实，全区共有侨务工作对象24383户157671人(不包括台胞、台属14103人)。按身份分：归侨7662人、侨眷70682人、港澳同胞459人、港澳同胞眷属1050人、海外华侨56911人、外籍华人20903人。各县(市)侨务对象为：保山市14190人，施甸县6662人，腾冲县68990人，龙陵县58218人，昌宁县9611人，分布在24个国家和地区，其中以侨居缅甸、泰国的人数最多，约占华侨总数的90%，且居住时间最长。第四次普查为1996年12月。全区有侨务对象283692人，占全区总人口的12.55%，其中：华侨153271人，华人27716人，归侨7758人，侨眷89852人，港澳同胞2188人，眷属2807人。分布在29个国家和地区。他们多数在居住地从事工商、养殖、种植及饮食服务等行业，也有部分从事教育文化、卫生及科研事业。第五次普查为2005年1季度。市、县(区)侨务部门组织对全市“三胞”(海外侨胞、港澳同胞、台湾同胞)重点人士和社团进行了普查登记，普查结果已汇编成册分送有关部门。保山“三胞”重点人物涉及20个国家和地区共76名。

此外，进入21世纪，市县(区)侨务机构多次组团出访缅甸、泰国、马来西亚、印度尼西亚、澳大利亚、新西兰等国，加强与东南亚各国侨团、侨校的联谊交往，沟通和发达国家侨团的联系。从东南亚几国侨团、中国驻外大使馆、领事馆了解到，保山籍在缅甸的华侨、华人有35万人左右，在泰国的有10万多，占保山籍在外侨胞的90%以上，其他国家5万左右，保山籍总的在海外的侨务工作对象达50多万人。在政治上有影响，经济上有地位，学术上有造诣的重点人士有100多人，如美国美孚石油公司化学博士钏本章，美洲中医学院医学博士张峻达，跟随尼克松总统访华的美国电器博士董良时，加拿大医学博士李泽生，英国化学博士寸镇寰，缅甸医学博士许本佩等几十名。还有近百户经济实力雄厚的工商业者，其中泰国华侨李仁杰、杨名帮，缅甸华侨李先瑾、杨秀，加拿大华侨李生华等，均为当地巨富。

二、侨务信访处理

1986—1987年，地区侨务办公室办理来信37件，来访46件。反映的问题主要有三类：一是土地改革时房屋被挤占、侵占；二是财、物在“文化大革命”时期被非法没收；三是政治上、生活上得不到公正对待等。通过调查落实，对来信来访中所反映的问题，根据侨务政策的有关规定，给予落实解决。

1988年，地区侨办接受来信来访67件，其中，省侨办转来15件，重复信访8件，实际接案59件，转各县(区)承办28件，地区侨办、侨联查处25件，涉及工作调动3件，查找亲属2件，解决生活困难1件，转请有关部门办理。当年所接收的来信，主要是涉及落实华侨私房政策。

1989—1990年，地区侨务部门共接收涉侨来信280多件，来访180多件。由于中国实行改革开放，广大的海外侨胞纷纷回乡探亲、访友、观光、旅游。广大的侨务对象，常常以来信、来函和登门反映他们有关遗产保护、子女就学、工作安排、职称评定、户口转移等。全区各级侨务部门对来访者热情接待，耐心听取他们反映问题，给他们讲解有关政策依据，帮助他们解决所反映的实际问题。

1991—1994年，地区侨办共接收来信、来函109件，归侨侨眷和海外侨胞来访408人次，其中海外侨团来访6个、108人。

1995—1999年，保山地区侨办共接收侨务信访来信498件、来访850人次。所反映问题，有要求解决住房、出境探亲、自费留学、回国定居、升学就业、农转非等。地区侨办经过调查和了解，对符合政策能够给予解决的，给予落实解决，对于要求过高或者做不到、无法给予解决的，给予说服或解释。

2000—2002年，全市侨务部门共接待来信来访850件，市侨办直接处理44件，其中，回国探亲访友16件，涉及投资9件，反映工作问题3件，要求照顾2件，反映华侨房产问题8件，回国定居5件，要求落实华侨身份1件。

2003年，全市各级侨务部门共接待来信来访821件，其中：来信68件，来访552人次，来电201人次。主要反映的问题有：历史遗留问题228件，工资福利问题72件，优抚救济80件，调动就业粮户问题30件，经济房地纠纷140件，刑事民事纠纷81件，申请回国定居10件。以上问题通过各级侨务部门和信访干部的努力工作，基本做到件件有落实、事事有回音，不能解决的按法律、政策做好解释说服工作。

2004年，全市各级侨务部门共处理来信来访1008件，其中：来访968人次，来信29件，来电11件。由于柯街华侨农场企业改制面临许多新问题，上访案件和人数较多，各级侨务部门能解决的按政策办理给予解决，不能解决的做好说服解释工作，对个别处理难度大的，侨办领导亲自出面主动向党委政府领导汇报，尽量使问题得到解决，把问题和矛盾化解在基层。

2005年，全市各级侨务部门共接收来信来访578件，其中：来电18件，来访560人次。针对归侨侨眷所反映的问题，侨务部门积极协调有关部门，依据有关政策和法规，分别进行落实和解决。

三、侨务政策落实

由于历次政治运动和极“左”思想的干扰，特别是“文化大革命”运动，具有“海外关系”的侨务对象，遭受了极不公正的对待，造成一批冤、假、错案。中共十一届三中全会以后，党中央按照实事求是、有错必改的原则，对所有的冤、假、错案进行了平反昭雪，使广大的侨务对象的合法权益得到了维护。

冤假错案纠正　1977—1989年，根据中央和云南省委指示，保山地区对归侨、侨眷在历次政治运动中因“海外关系”造成的冤假错案进行平反处理。对918户被改变阶级成分，208户再次戴上地主、富农分子帽子，369名归侨、侨眷受到批斗的错误进行了彻底纠正；对428户被封、抄家，57户侨户、侨汇物资被扣押者进行了清理退赔；对因“海外关系”被拘留36人、被判刑3人、被害死11人，被殴打致残14人，被迫自杀8人，被迫外逃11人的冤、假、错案进行彻底平反。对268名职工和干部的档案进行清理，剔除销毁有不实之词的档案材料560份，188份检查交代材料退还本人，把装入档案的华侨侨汇、照片、文件退还有关人员。1990年，对过去因“海外关系”被列为“特嫌”“内挂”和“内控”的78人，进行彻底平反纠正；对119人因“海外关系”被迫写的交代材料和327人个人档案的不实之词，进行再次清除和销毁。至2004年，全区平反冤假错案及历史积案70件，涉及120多人，清理归侨、侨眷、港、澳同胞眷属档案3987人，落实知识分子政策1369人，其中，被提拔任用乡、科级以上干部530人，评定初、中、高级各类职称816人，批准加入中国共产党67人，清退“文化大革命”中所抄金银首饰189起，涉及对象196人。

华侨私房落实　从1979年起，按照中央指示和有关文件规定，保山地区对1951—1979年间受到不同程度侵占、挤占、变卖、毁坏及租约被非法取消的华侨私房进行落实和退赔。1983年，退赔了“文化大革”时期被侵占、挤占、毁坏的890户华侨私房，占全省总数的96.9%，总面积11.97万平方米，省、地、县共拨出退赔补助费68万元人民币。1984年，根据中央办公厅文件精神，全区开始落实退赔土地改革时期被没收、征收的华侨私房。1985年，省侨办在腾冲县洞山区开展落实华侨私房政策试点工作，并将经验在全省推广。1988—1990年，全区应落实清退华侨私房1604户、50.59万平方米，约占全省总数的一半。已经落实1514户、47.5万平方米，拨款806万元，是云南省落实任务最重、效果较显著的地区。1991—1996年，又落实36户、10305平方米。另外，对过去难以确定身份的18户、6582平方米，按侨房政策予以落实，共补助经费124万元。到2004年年底，全区共落实1617户、52万平方米，共补助经费950万元，其中，省财政厅、省侨办合署下拨保山市侨房款910万元，市财政自筹20万元，华侨私房基本全部落实。2005年，落实侨房政策1户，补助款6.24万元。

南洋华侨机工遗留问题处理　1987年，根据中央指示和省有关部门部署，保山地区安排地、县（市）侨办认真落实抗日战争时期归国参加抗日的南洋华侨机工遗留问题。侨办与有关单位配合，查清全区健在的原南洋华侨机工共有8人，其中年龄最大的84岁，最小的66岁。按照中央政策规定，对8名机工退休、工资、住房、粮户、子女就业等问题进行妥善解决，其中两户特困机工，每户每月发给定期生活困难补助费30元，使他们晚年生活有保障。为颂扬南洋华侨机工的历史功绩，2000年，保山地区与中央电视台摄制了《重走滇缅公路》的历史纪录片。

四、侨务扶贫

1975年6月，根据外交部、财政部的相关规定，保山地区对符合条件的老归侨给予生活补助。1975—1978年，全区共救济981人，补助资金1.63万元。

1991年，对处于全市贫困线以下的207户708人归侨侨眷开展扶贫，选定扶持项目，首批对具有脱贫能力的62户197人签订扶持合同，将省侨办首次下拨保山地区的侨务扶贫资金11万元人民币分拨到各县(市)，对已签订扶贫合同的侨户进行扶持，经过3年的努力，使被扶贫的62户已基本脱贫。

1994年，全区又对145户511人贫困归侨侨眷，用省侨办累计下拨保山侨务扶贫资金17万元人民币，以滚雪球的方式进行扶贫，当年使73户224人基本脱贫，有29户93人，走上致富之路。

1995年，全区侨务扶贫工作，根据地委、行署攻坚计划，重新核定了归侨、侨眷贫困户和扶贫对象，全区有贫困归侨、侨眷达702户2176人。其中，腾冲县289户877人，龙陵县202户616人，保山市112户346人，昌宁县50户157人，施甸县49户180人。由于扶贫对象的增加和扶贫资金的不足，全区侨务部门采取轻重缓急的办法进行扶贫，在原来扶持的基础上，1996年扶持197户613人，1997年97户321人，1998至2004年扶持250户、1258人。经过几年的努力，使427户、1481人脱贫，使77户走上了致富之路。全市民政部门在城镇居民最低生活保障方面，对贫困归侨侨眷都给予照顾。

五、侨资企业

截至1988年年底，全区侨属企业发展到23个，其中，集体企业14个，独资企业1个，总投资300多万元人民币。1990年，保山地区侨属企业增加到26个，注册资金450万元，年上缴国家税收50多万元。1991年，除华侨农场外，全区兴办“三资”企业26个，注册资金450万元，当年上缴利税50多万元。其中纯属侨资企业9个，注册资金362万元。1996年，全区有“三资”企业36户，实际利用外资3186.3万美元，“三资”企业中，大部分是木材加工转出口企业。1998年，全区有侨资侨属企业43户，侨属个体工商户786户。2000年，保山地区共有“三资”企业55户，实际利用外资3639.69万美元。其中：华侨、华人和港、澳同胞投资32户，资金2873.69万美元，侨务部门直接参与引进建立企业5户，资金60万美元。有侨属个体工商户786户。

2005年，保山市共有华侨、华人、港、澳同胞投资的华资企业15户，注册资金22974万元，资产47301万元，营业收入17146万元。侨属个体工商户889户，拥有资金9876万元，解决就业人口18496人。

六、海外联谊

1978—1987年，只有零星的华侨华人回家乡探亲、访友、祭祖，侨务部门通过对他们的服务开展联谊工作。1988—1990年，全区共接待回国探亲、访友、旅游、观光、经贸活动的“三胞”人士980多人次，侨团6个54人。

1991—1992年，共接待海外侨胞1089人。保山地委、行署以云南省第三届民族艺术节为契机，在昆明组织召开出席“艺术节”保山籍海外侨胞、港、澳、台同胞100多人参加的保山专场座谈会，行署专员王广兴向各位介绍保山各方面的发展变化情况，并邀请各位回乡观光。通过这次的友好座谈和交往，结识了一大批侨界新朋友，特别是与美国、加拿大的侨团取得了联系，尔后他们多次往返保山，洽谈保山小粒咖啡和香料烟等业务。1992年6月，在保山端阳花市庆典活动中，邀请缅甸华侨38人到保山参加庆典活动，请他们参观腾冲边境口岸，保山百货站、地区水泥厂、复烤厂、烟草公司等单位。组织召开经贸座谈会，在座谈中侨胞们提出扩大边境贸易，降低玉石进口关税，吸引商人到腾冲做生意等建议。会后，地区侨办写出专题报告，上报有关部门，引起有关部门的重视。

1993年，全区接待回乡海外“三胞”1178人次，重点接待缅甸、泰国、中国香港地区同胞23人，请他们参观了解保山端阳花市，并介绍缅甸侨商与保山地区水泥厂进行水泥代销业务的洽谈。经过协商面谈，达成经销1万吨水泥，销售额达800万元的业务。使保山“太保山”牌水泥基本占领缅北市场。

1994—1997年，全区共接待侨胞3445人次，侨团7个104人，全区侨务部门组织出访9批，18人次，先后出访缅甸的南坎木姐、泰国清迈清莱，越南老街，老挝的勐赛、中国香港地区等。通过出访，与海外31个侨团，148位侨界上层人士取得联系。受省侨办的委托，地区侨办为民国31年（1942）5月4日日军轰炸保山城罹难的保山华侨第一中学侨生造墓立碑，1994年5月4日，地区行署在华侨中学原址易罗池举行“原国立保山华侨中学罹难学生墓碑”揭碑祭奠仪式，来自美国、加拿大、中国香港地区、广东、北京的侨中校友及地市有关部门领导、中小学生参加祭奠仪式。

1998年，全区接待侨胞908人次。地区侨办重点接待了泰国云南同乡会长和缅甸仰光云南同乡会长率领的两个团队，协助他们在保山、腾冲开展农用液体肥料使用的推销推广活动，派专人陪同他们回乡探亲，寻找亲友。同年12月，应缅甸九谷侨团的邀请，地区侨办主任尹曰昌、侨联副主席尹胜国参加了缅甸九谷慈云寺举办的“大雄宝殿落成纪念”庆典活动。在活动中，与侨胞共叙友谊，并向他们赠送由保山地委宣传部、行署侨办共同创办的《保山乡情》刊物1～5期2000余份。

1999—2001年，全区接待海外侨胞900多人次，侨务部门以中国昆明“99”世界园艺博览会举办为契机，重点邀请回国参加庆典活动的百名海外侨胞上层人物中的保山籍侨胞35名，回到保山、腾冲、龙陵、施甸、昌宁参观、访问。地委、行署、人大、政协的主要领导亲自接见及宴请和座谈。

2002年，保山市侨务部门接待海外“三胞”人士319人。其中：回保山参加民国31年

(1942)5月4日日本飞机轰炸保山城罹难的原华侨一中学生悼念活动的中外校友112人；中国抗日远征军回国访问团美国老兵10人；美国《美南报社报业集团》董事长美籍华人李蔚华先生一行3人；泰国云南同乡会原会长张兆兴先生，现会长李人杰先生一行5人；缅甸仰光云南同乡会会长赵忠先生一行7人；缅甸瓦城云南同乡会、木姐华侨会、南坎华侨会、九谷华侨会、洋人街华侨会等100多人。

2003年，全市各级侨务部门共接待来自15个国家和地区的华侨、华人、港、澳同胞1124人，侨团8个100多人。由市侨办牵头，组织有党委、政府领导参加的出访缅甸、泰国12次100多人，其中重要出访有两次。一次是2003年3月上旬，应缅甸克钦邦和平与发展委员会的邀请，市委书记黄毅、市政协主席胡应舒、市政府副市长黄立新、李新平率保山市友好代表团36人，对缅甸克钦邦进行为期5天的友好访问。在出访中，代表团全体成员拜会密支那、云南、广东、福建同乡会和昔马和顺联谊会、仙洞、巴康云南会馆。同他们进行亲切座谈，每到一地，均受到侨胞们热烈欢迎和热情接待；另一次是7月28日至8月10日，应缅甸、泰国云南同乡会侨胞及社团的邀请，由保山市委副书记杨连、市政府副市长李新平率保山友好代表团一行9人，对缅甸、泰国进行14天的访问。9月24—27日，成功地举办第三届世界云南同乡联谊大会。此次联谊大会由省委统战部、省侨办、省侨联、中共保山市委、市政府共同主办，在腾冲县开幕，在隆阳区闭幕。13个国家和地区的310位云南同乡参加大会，国内外18个新闻媒体及中外来宾555人聚集保山。中国侨联主席林兆枢、国务院侨办机关党委副书记韩政堂、云南省委常委、统战部部长罗正富、省侨办主任郭志宏、省侨联主席陈碧云专程前往保山参加会议。

2004年，全市接待海外侨胞400多人，市侨办积极参加由国务院侨办、云南省政府主办，省侨办、省经合办承办，四川、重庆、贵州、广西、成都市政府协办的“第二届东盟华商投资西南项目推介会”，会议期间，市侨办积极与出席会议的侨团、70多位侨商结识交友，向他们推介保山。

2005年1月，邀请澳门缅华互助会会长许国璇一行4人到保山参观考察。3月，接待原中国驻泰国大使晏廷爱及泰国云南同乡会理事长一行8人，接待缅甸腊戍同乡会副会长赵俊雄回乡省亲团一行26人对保山进行经贸考察及省亲活动。4月，应澳门缅华互助会的邀请，市侨办组团，市政府副市长李新平率市招商局、市旅游局、市文化局、市歌舞团参加的保山市友好代表团一行30人，赴澳门进行为期4天的旅游、商贸、文化推介活动。代表团受到澳门特首何厚铧的接见，拜会缅甸驻港总领事关苗戚和澳门特区政府旅游局长安东樑，并与澳门缅华互助会和有关侨团进行广泛的交往和联谊，使出访活动取得圆满成功。

七、华文教育

从1982年开始，保山地区即开展对缅甸的华文教育活动：应缅相关学校的请求，一方面，向其外派华文教师、向其发放华文教材(2000年向缅甸发送各类华文教科书1万多册。至2005年向缅甸华文学校和华文佛经学校免费送小学至初中汉语教材104744册)；另一方面，在中方或缅方学校为其培训华文教师，开办“侨生班”等，接收在缅华侨后裔来华学习。

1982年起，腾冲猴桥小学每年平均招收10多人缅甸边境地区华侨子女到校学习读书，至2005年已招收230余人；1985年，保山地区侨办协同腾冲县侨办，经腾冲县委、县政府批准，在腾冲县和顺益群中学首先开办两个“侨生班”，接收缅甸密支那、八募、洋人街、九谷、瓦城、腊戍、南坎、木姐华侨后裔有一定中文基础的侨生82人，分别编为初中、高中各一个班，在校就读初高中三年；自1990年起，腾冲县瑞滇镇联族村水城小学每年平均招收华侨子女25人到校学习，至2005年已招收370余人。1994年，缅甸克钦邦板瓦学校派6名学生到腾冲二职校学习中文和汽车修理，学习时间为6个月；龙陵县的许多中小学都有缅甸华侨学生零星就读；2005年腾冲县民族中学，招收缅北地区的华侨子女57人，开办一个高中侨生班。进入新世纪，保山市卫生学校、曙光中学等学校都有华侨学生就读。

应缅甸北部地区华侨、华文学校的请求，保山地区侨办和腾冲、龙陵两县侨办积极和教育部门协调，公派保山地区内的教师到缅甸任教。1992年，地区侨办和保山师专协调，公派师专高建兴教师到缅甸棒赛华侨学校任教一年；1997年，腾冲县编委特殊增加给益群中学援教编制4人，向缅甸公费外派教师，至2003年，向缅甸华文学校公费外派教师10批21人，支付外派教师经费37.08万元；2003—2005年，全市向缅甸华文学校公派华文教师26人，民间渠道外派80多人，市侨办完成向外派教师兑付费用60多万元。

2003—2005年，保山市侨办先后在腾冲县教师进修学校、龙陵县教师进修学校和缅甸境内举办缅甸华文教师培训班9期，受训教师达460人，这些教师分别来自缅甸贵概圣光华侨中学、贵概汉会学校、贵概勐稳学校、南坎华侨佛经学校、木姐华侨佛经学校、汉族佛经学校、猛育文化学校、大勐宜勐稳学校、昔董华兴小学、鲁通山华侨学校、荃麻河学校、文莫华侨学校、九谷华文佛经学校、莫汗小学、果敢小学等。

八、侨务捐赠

1981—2005年的24年中，保山市共计接收海外侨胞、港澳同胞无偿捐赠钱物折合人民币约5832万元，设立卫生奖励基金1个，教育奖励基金9个，拥有基金900多万元。

1981—1983年，腾冲县绮罗村12位缅甸华侨先后捐资人民币3000元，资助重修绮罗图书馆。

1984年，旅缅华侨杨秀先生向腾冲县侨办和昆明市侨联捐赠日本丰田面包车各一辆。

1985年，龙陵县旅缅华侨李先瑾先生，将落实华侨私房政策退还给的祖房一幢和3.5万元人民币捐赠给龙陵龙山镇开办幼儿园；旅缅华侨杨秀先生向家乡腾冲4所中学，1所小学捐赠人民币1.2万元，资助学校教育事业。

1986年，腾冲籍旅港同胞伍集成、伍体贤先生，将落实华侨私房政策而退还的祖屋，捐给腾冲县侨办、侨联作公用办公场所。

1988年，全区接受华侨捐赠款物折合人民币20万元，用于公益事业。6月，缅甸华侨寸凤英居士捐赠长6米、重9吨的汉白玉卧佛一尊给保山卧佛寺，使在东南亚有深远影响，缅甸、泰国佛教信徒的朝拜圣地卧佛寺蓬荜生辉。

1989—1990年，全区接收海外侨胞、港澳同胞捐赠款物折合人民币100多万元，支持家乡兴办公益事业。

1991—1995年，全区共接收海外侨胞和港澳同胞捐赠款物911.8万多元，用于公益事业。

1996—1999年，接收侨胞捐赠482万元人民币。其中：按捐赠人的意愿用于文化教育事业310万元，兴办公益事业85万元，其他项目1万元。

2000—2001年，接收侨胞捐赠人民币230.8万元，均用于文化教育事业。

2002年，接收侨胞捐赠人民币395.23万元。捐资较大的有缅甸侨胞李先瑾先生捐赠139.23万元，建盖龙陵中学"瑾凤科技馆"；香港同胞张之龙、伍达观捐赠130万元港币在腾冲县第一职业中学建盖"伍谢瑞芳、张董训道母子图书馆"；泰国侨胞马剑波先生捐10万元，在腾冲县马站乡建盖"侨爱"小学；香港同胞魏汝芳女士捐资10万元，在隆阳区西邑乡赵寨建盖"侨爱"小学；香港同胞吴星达先生捐资20万元，在隆阳区西邑乡党麻村建盖"侨爱"小学。

2003年，接收侨胞捐赠277.48万元人民币。分别用于腾冲县、隆阳区建盖"侨爱"小学和教育奖励基金。

2004年，接收侨胞捐赠人民币418万元。其中，个人捐款10万元以上的有香港同胞张之龙、伍达观、魏汝芳，海外侨胞邵曰华、李仁杰、赵俊雄、杨荣东等，主要用于建盖"侨爱""侨心"小学和卫生事业奖励基金。

2005年，接收侨胞和香港同胞捐赠人民币253万元。其中，由香港魏汝芳女士捐赠31万元建盖腾冲县老年活动中心"芳馨阁"，其余222万元用于教育事业和教育奖励基金。

第七章　台　务

第一节　工作机构

1983年9月，保山地委在地委统战部内设对台工作科。1987年10月，设立保山地区行政公署台湾事务办公室，由统战、安全、侨办等单位抽调工作人员组成，负责台胞回乡探亲、旅游的接待和定居工作。同年12月，撤销地委统战部对台工作科，将有关对台业务移交保山地区行政公署台湾事务办公室。1988年2月，保山地区行政公署台湾事务办公室正式办公并启用印鉴。各县（市）对台办相应挂牌开展工作。1994年12月，机构改革，行署台湾事务办公室并入地委统战部，在地委统战部内设台办，行使地委台湾工作领导小组办公室和地区行政公署台湾事务办公室职责，对外挂保山地区行政公署台湾事务办公室（简称台办）牌子。1995年2月正式移交，同时挂牌办公。2001年，保山撤地设市后，中共保山地委统战部台办更名为中共保山市委统战部台办，行使市委台湾工作领导小组办公室和市政府台湾事务办公室职责，对外挂保山市人民政府台湾事务办公室牌子。

第二节　履职活动

1983年，保山地区台务部门成立后，即按照中央“寄希望于台湾人民”和“一国两制、和平统一”的方针，加强全市的对台宣传和涉台教育，充分发挥职能作用，为融合两岸亲情、促进保山经济社会发展，做好两岸人员往来、考察、定居、学术研讨等工作。1998年5月30日，保山地区台湾同胞联谊会召开第一次会员代表大会，选举产生第一届理事会。冯开贵当选为会长，黄茂盛等10人当选为副会长，时有理事41人。截至2005年12月，保山市共有台胞台属43018人，其中台胞16773人，台属26245人。

一、对台宣传

1982年9月1—20日，保山县举办一期有51人参加的对台宣传业余通讯员班，认真宣传党的对台工作方针、政策。1983年台办向省级媒体供稿23篇，加强对台宣传。1992年后，各级职能部门将密切两岸经济联系与合作作为对台工作的重点，对台宣传的重点由宣传大陆社会主义建设和改革开放所取得的成就及家乡的变化转移到对台经贸和两岸交往和交流上，采取“走出去、请进来、走访”等多种形式，利用各种机会增进交往，扩大影响，并通过各种渠道坚持每年向在台重点人士寄送《保山乡情》。1996年借第四届滇西民族艺术节之机，赠送给返乡探亲的台胞《保山十大优势产业》《边陲重镇——腾冲》《保山》画册等宣传品，宣传保山改革开放的巨大变化。台办根据全市去台人员的情况，建立台胞重点人士情况动态联系制度，宣传党的对台工作方针政策。1998年9月21—22日，省台办副主任马成杰应邀到保山师专、保山师范给师生们做了两场关于台湾问题的专题报告。2004年4月19日，保山市委老干部局举行台湾问题报告会，市政协副主席、市委统战部长陈自锋在会上作题为《从台湾“3・20”公投无效看台海形势》的主题报告。

2005年，组织统一战线干部学习《中华人民共和国反分裂国家法》和中共中央总书记胡锦涛关于新形势下发展两岸关系的讲话精神。在民主党派专题学习、老干部读书班等开展台海形势教育9次。发放涉台宣传资料100份。

二、对台联系交流

1995年，接待原国民党少将蒋少良一行9人；接待在台教育界、侨界、社会活动中颇有影响的担任10个社会群体组织专兼职务的黄通镒父子；接待台商黄通镒、郑博和一行，前往高黎贡山考察种植山葵的相关事宜，使台商在高黎贡山2300米处找到了理想的种植地，将带来的500株山葵种苗分3次进行试种；接待台胞合作环保科技股份有限公司协理张家铭一行到保山进行商务考察；《龙潞乡情》主编赵铣参观考察龙陵县重点工矿企业和旅游景点后，表示将在台湾利用《龙潞乡情》客观、公正地反映家乡的发展变化。

1996年，龙陵县中医院主治医师何开仁应台湾省针灸学会邀请，赴台进行针灸学术交流。

1999年，腾冲县助滤剂厂厂长陈安森应台湾成功大学资源工程研究所邀请，前往台湾参加“海峡两岸非金属矿产资源研讨会”。云南省高黎贡山国家级自然保护区保山管理处处长赵晓东，应台湾牵成永续发展基金会邀请，赴台参加“海峡两岸生物多样性保育研讨会”。

2000年5月，保山地区政协工委邀请台湾农村发展基金会专家到保山考察，对茶叶等项目达成合作协议。9月，应保山地委统战部、台办邀请，日韩及中国台湾地区合板制造输出同业工作代表团一行27人到保山考察。

2002年，市长王广兴、市扶贫办主任杨习超等相关人员随省扶贫办、省台办组织的云南农业经济技术交流团赴台湾地区进行为期10天的考察，王广兴向台湾有关人士赠送《滇西大战》等书籍。市政协副主席、市委统战部长许洪森随云南省文化交流团赴台考察。同年12月21日，中央电视台海外中心对台部《两岸万事通》栏目，电视专题系列片《西部城市采购》摄制组莅保拍摄《西部城市采购——保山上·下》。上集介绍保山的山葵种植，小粒咖啡的种植和加工，施甸石材的储量及开采加工现状等；下集介绍腾冲的旅游开发、交通设施开发和腾冲旅游业的特色以及边境贸易等情况。该节目在2003年4月1日和4月10日播出后在大陆和台湾引起强烈反响，先后有全国各地十多个商家来电询问投资事宜。

2003年，台湾三立电视台拍摄《在中国的故事》，赴隆阳区、腾冲县拍摄德昂族、阿昌族等民族风情。

2004年10月21—24日，由国务院台湾事务办公室、中华全国新闻工作者协会共同组织的海峡两岸记者西南边疆联合采访团一行31人到隆阳、龙陵、腾冲进行了为期3天的采访活动。在此次采访活动中，保山市向记者推介了保山的生态SPA、高黎贡山、滇西抗战、南方丝绸古道四大旅游品牌和保山的边贸情况，保山市台办共向记者发放保山的相关宣传资料760份。

2005年3月15—17日，以总会理事长杨伟进为团长的台湾形象商圈总会赴滇考察团一行54人赴保考察，市对台工作领导小组副组长陈自锋接待了他们，并向考察团成员赠送了《保山市招商指南》。9月14日，北京黄埔军校同学会(总会)副会长林上元率台湾中华黄埔四海同心会会长谢元熙，副会长罗文山、章伯平，执行长王刚军等组成的黄埔军校同学会抗战史迹寻访团一行14人莅保，在隆阳区和腾冲县进行为期三天的滇西抗战史迹寻访考察活动。

三、台胞台属服务

1989年2月起，保山地区首次出现台胞回保山定居的情况，由统战部或台办办理台胞定居的审批事项。1992年，全区有17名台胞经批准回保山原籍定居，区内有8人前去台湾定居；当年，全区去台湾人员约3000人，台胞1万多人，台属1.5万人。市县(区)台办积极努力查询并协助在台死亡老兵的亲属办理遗属继承遗产事宜。1995年，找到11位亡故老兵家人，并按台湾继承法的有关规定将相关手续寄往台湾，委托台湾律师在台办理遗产事宜。2000年8月，台湾居民到祖国大陆定居受理的审批工作从统战部或台办移交到当地公安机关办理，当年，办理台胞定居2人。1987—2005年，共有81人获得省委统战部同意在保山定居。

保山台办本着热情欢迎的态度，做好台胞回祖国大陆探亲的接待工作，接待好每一位台胞，使他们处处感受到祖国大陆的温暖。至1992年年底，全区已接待回乡探亲旅游的台胞1889人次，其中80%以上是保山籍的国民党退役老兵。截至2005年，市、县(区)台办共接待探亲、旅游的台胞5000多人次。此外，台办每年春节和中秋节期间，坚持走访慰问部分台胞台属，把党和政府的温暖送到他们的家中；春节期间坚持向部分较有影响的保山籍台胞及与保山有联系的外籍台胞和台外资企业的台方人士寄送贺卡，表示节日慰问。2004年春节期间，向在台有关人士送贺年卡40份，走访看望慰问在保山的台胞台属10户。2005年春节期间，向在台有关人士送贺年卡100份，走访慰问在保山的台胞台属10户、台外合资企业12户。中秋节开展专题走访看望台属和台资企业活动。截至2005年年底累计寄送贺卡达2000多份。

四、涉台突发事件处理

1998年3月，昌宁县定居台胞茶某某，乘坐其外孙的小客车至勐统糖厂门前发生车祸当即死亡，保山地委统战部、台办、昌宁县委、县政府分管对台工作的领导了解情况后，及时委托县台办前往悼念，协助办理后事，得到家属及社会的好评。

1998年1月，隆阳区定居台胞蒋某某，与陈某某就升阳小区的住房和5万元的借据发生“房屋侵权案”和“经济纠纷案”，保山地区台办根据台胞反映情况组成调查小组对案件进行调查并多方协调促使案件得以解决。

1999年4月，回龙陵县投资建酒店的台胞郭某某遭亲侄子投毒，县台办协助警方侦破投毒案，保障了台胞的生命财产安全。

2001年12月，台胞张某某在腾冲经商时与员工胡某某和刘某某发生劳资纠纷，被二人杀害，保山市台办接到报告后，迅速向市委和省台办汇报，公安部门加派警力侦破了此案。

2002年5月，隆阳区阿里山温泉旅游服务有限公司董事长台商庄某某因突发疾病病逝于客车座位上，市、县(区)台办、公安局妥善保存好死者遗体、遗物，协助其亲属处理善后事宜。

第八章　接待联络

第一节　工作机构

一、市政府接待处

1985年1月，经保山地委、行署研究决定，成立保山地区接待处，行政级别为正科级，对外是保山地区接待处，对内是行署办公室的接待科，归行署办公室领导，行政编制4人，企业编制6人。

1988年3月，成立保山地区旅游局，与保山地区接待处合署办公，实行两块牌子、一套人员的办法，为行署职能部门，归口行署办公室管理，人员编制暂定10人，内设办公室、旅游接待科2科室。

1991年6月，地委决定将行署旅游局、接待处分设。接待处定编4人，仍归口行署办公室管理，同时将保山宾馆划归接待处领导。1994年12月，保山地级机构改革，接待处转为事业单位，机构级别升为副县处级，仍归口行署办公室管理。1997年8月，接待处内设办公室、接待科两个科室，核定事业编制8人，其中，处领导职数2人，科室领导2人。2001年7月，保山撤地设市，保山地区接待处更名为保山市接待处。2002年11月，市人民政府办公室对市接待处主要工作职责作了补充，对内设机构及人员编制未作调整。

2005年12月，经市委同意市接待处升格为正处级机构，设领导职数3名，1正2副。保山市机构编制委员会批准市接待处增加科室1个、增加科级领导职数1名，增加具有行使行政职能的事业编制4名，全处总编制为12名。

二、市政府驻昆明办事处

1988年3月，成立保山地区行政公署驻昆明办事处(简称办事处，下同)，为县处级单位，编制11人，领导职数为1正2副，下设办公室、信息科、联络科、经营科。主要任务是加强与昆明和外地的经济技术协作联系，积极牵线搭桥，引进资金、技术、人才，收集和提供经济、科技、政务等各方信息；开展联络部委、帮助企业、协调项目、传递信息、接待服务等工作；加强同保山在昆明和外地工作的各界人士的联系；负责前往保山地区考察、工作的各地来宾及地区到昆办事过往人员的在昆接待工作。8月，下设经济协作服务部。1991年11月下设保山地区昆明贸易公司。

1994年12月，驻昆明办事处转为事业单位，保留县处级规格，划归保山地区行政公署办公室管理，核定事业编制12人，处级领导2名。1997年，有正式干部10名，机关工人2人。2001年7月，保山撤地设市，更名为保山市人民政府驻昆明办事处，具有行政职能，使用事业编制。2002年10月，下设办公室和信息业务科，核定编制10人，处级领导职数2名。

三、市政府驻北京联络处

1996年11月7日，北京市人民政府同意保山地区行政公署设立北京联络处（简称联络处，下同），为正处级事业单位，人员编制7～9人。2001年7月，保山撤地设市，更名为保山市人民政府北京联络处。主要职责为开展联络部委、帮助企业、协调项目、传递信息、接待服务等工作。1998—1999年两年被北京市经协办评为全国驻京联络处先进单位。

第二节　主要事务

一、重大接待

1976年6月初，国务院副总理吴桂贤莅保视察龙陵、施甸地震灾情。

1979年5月，中共云南省委书记安平生莅保视察。

1980年10月23—24日，中共中央总书记胡耀邦莅保视察。

1981年9月，中共中央政治局委员、书记处书记彭冲莅保视察。

1985年2月16日，中共中央总书记胡耀邦莅保视察。

1986年5月14—17日，中共中央办公厅主任、书记处书记王兆国莅保视察；12月13日，中央统战部副部长李定（正部级、施甸籍人，原名杨邦祺）莅保。

1987年12月21—24日，中共云南省委书记普朝柱莅保视察。

1988年5月，全国政协常委、原中国远征军第11集团军总司令宋希濂将军莅保；6月22日，公安部部长赵苍璧莅保视察。

1989年4月，中共云南省委书记普朝柱莅保视察。

1990年4月28日至5月1日，省政协主席刘树生莅保调研。

1993年12月15—16日，省政协主席刘树生率省政协驻香港委员莅保考察。

1996年6月，省长和志强莅保调研。

1999年5月，交通部部长黄镇东莅保调研。

2001年10月5日，省长徐荣凯莅保调研。

2002年10月16—19日，全国政协副主席周铁农率驻京常委莅保考察；10月24—25日，全国政协港澳台侨委主任朱训莅保考察。

2003年8月，香港名人邵逸夫莅保捐建逸夫楼；9月，中国侨联主席林兆枢莅保；9月，全国政协常委朱训莅保。

2004年3月，全国人大副委员长布赫莅保视察；4月23—24日，国务委员陈至立莅保视察；5月19日，全国人大常委会副委员长许嘉璐莅保视察；7月3—4日，全国人大常委会委员长吴邦国莅保视察；8月6日，全国人大常委会副委员长田纪云莅保视察。

2005年1月8日，国务院副总理回良玉莅保视察，民政部部长李学举、省委、省政府领导陪同；2月17—18日，云南省委副书记、省长徐荣凯莅保召开“兴边富民工程”会议；

2月17—20日，省政协主席杨崇汇莅保调研；2月19—20日，省委副书记、常务副省长秦光荣莅保调研旅游产业发展；4月14—15日，全国人大常委会副委员长、民进中央主席成思危莅保视察禁毒、防艾工作；8月21—22日，中央纪律检查委员会副书记刘锡荣莅保；8月24—25日，国家煤矿安全检查局局长赵铁锤莅保；8月31日至9月3日，国家审计署审计长李金华莅保；11月10—11日，铁道部副部长陆东福莅保。

二、驻昆联络

1989—1993年，办事处代表保山地委、行署领导出席会议43次，礼仪活动15次；完成重要接待任务27起100多人次；接待内部客人12460多人次；代购火车票卧铺票556张，飞机票245多张；接待上海松江县党政代表团，1993年接待熊德龙先生及美国加州华人投资开发集团的客人等。

1994—1997年，代表保山地委、行署春节走访慰问省委、省政府领导、各厅局领导、保山籍或曾在保山工作过的老领导共430人次，中秋节走访慰问420人次，并到省委党校慰问保山地区参加县处级以上干部“三基本”培训班及学员4批450余人；共接待保山地区到昆明出差办事人员35400余人次，为有关单位代支款项及为保山到昆办事单位提供急用款170万元，代购飞机票、车票1237张，完成重要接待10多起；共接待昆交会保山地区代表团4批280余人；配合做好经协、救灾工作，省救灾办直接下达给保山地区救灾资金500余万元；完成办事处综合楼的建设，1991年在昆明市滇池路严家地新村花园路征得3.6亩土地，1995年年底开工建设，1997年6月竣工，大楼建筑面积5600平方米，7层高，总投资1800万元。1997年成立保山行署驻昆办招待所，人员编制50人，属办事处领导，设在办事处综合楼内，为地区五大机关及地直属各部门到昆明出差提供接待服务，在保证对内接待的前提下积极开展对外服务。1997年7月开业。1997年，办事处有轿车4辆，客车1辆。

1998—1999年，为保山地区干部群众代购优惠门票，接待、安排参观800多人次；完成地委、行署邀请的外省市宾客在昆明的接待服务工作；1999年，在昆明举办世博会期间，驻昆明办事处配合保山地区文工团组织文艺专场演出，800余人应邀观看；为保山地区干部群众代购优惠门票、接待、安排参观800多人次。

2000—2005年，每年春节、中秋节期间，均代保山地委、行署走访慰问原保山老领导、省直有关部门保山籍领导及军警，或邀请部分保山籍省直部门领导和在昆明的原保山老领导在驻昆办举行座谈会、茶话会；每年接送地级县（市）领导及有关人员用车千多车次，代购火车票、飞机票数百张。其间，2000年，做好昆交会服务接待工作；2002年，接送参加腾冲“火山热海节”的中央电视台节目主持人张政，著名歌唱演员腾格尔、毛阿敏等；2003年，办理与云敏国际贸易投资股份有限公司进行商谈如何引资到保山等经协工作；2005年，云南省“两会”期间，代保山市委、市政府和相关部门领导会议报到80余人次，收发传真100余份，代领代送材料2200件册，承担了保山市到昆明上访人员劝访工作，劝退上访人员10起；协调中小企业贷款合作协议签字仪式的联络工作；做好保山市党政经贸代表团赴温州考察团在昆明的迎来送往及食宿等后勤工作等。

三、驻京联络

1996年11月设立联络处之后，即开展了相关工作：节日期间，做好对国家各委、部、办、局，北京市崇文区，保山籍在京人员，有关各驻京机构等的慰问工作；平时做好联络服务工作。

1999年，配合地委书记孔垂柱、行署专员王广兴、副专员向军向财政部汇报工作；配合保山地区3名全国人大代表在北京开会之机，加强同财政部和崇文区的联系；为保山地区各糖厂协调贷款500万元。全年为保山地区各企业单位办实事68件；为保山地区办理各类事务366件；共接待保山地区上京人员468人次。

2000年9月，保山在北京自然博物馆举行火山热海—高黎贡山自然风光摄影图片展览，联络处帮助做好筹备、组织、联络、协调工作，使观展人员达到1.5万人。全年共接待保山到北京办事人员480人次，办实事410件。

2002年，共接待保山到北京办事人员580人次，办实事333件；基本促成保龙高速公路（该项目总投资48亿元，争取国家支持30%）项目和改善“史迪威公路”中国段项目；加强与北京市崇文区的联系，已经促成互派干部挂职交流，崇文区已派干部7名到保山任职，保山市已先后派干部34名到崇文区任职；保山市与崇文区正式建立友好城市关系；崇文区的广渠门中学已同保山市第一中学建立了友好学校关系。年内参与保山市城区供水工程项目的招商引资工作，该项目总投资2亿元，其中地方投资1亿元，争取国家开发银行贷款投资1亿元；为保山市企业提供各种信息62则。

2003年，共接待保山到北京办事人员590人次；参与“天津康师傅与腾冲饵丝的合作项目”等招商引资的洽谈；加强与财政部、发改委、国资委、交通部、国家开发银行的联系。交通部拟对腾密公路（史迪威公路）进行立项，国家开发银行拟对保山投资30亿元左右，用于城市建设；配合北京市、云南省和保山市的信访办处理保山市籍人员到北京上访事件6起。

2005年，完成“两会”期间全国人大代表在京的部分联络服务工作；加强部分友好单位和部门的联络和沟通；完成保山到北京领导干部的接待服务工作。年内共接待领导干部200多人次，其中参加接待到北京参加中央电视台魅力名镇评比、颁奖系列活动的领导和人员；为到中央党校等参加学习的领导做好相关服务；陪同领导到国务院、交通部等部门办理相关事务；到各部门、各使馆为保山市出国公干的领导办理相关事务；对保山到北京出差公干的领导做好联络接待服务工作。多次对保山市到北京上访人员进行劝访工作。

第九章　无线电管理

第一节　工作机构

1986年，国务院、中央军委同意将无线电管理机构由军队移交地方政府。保山地区行署成立以行署领导为主任、相关部门领导为成员的保山地区无线电管理委员会，下设的工作机构保山地区无线电管理委员会办公室为正科级科室，隶属行署办公室。1992年，办公室有专职人员4人。1997年，撤销保山地区无线电管理委员会，保山地区无线电管理委员会办公室更名为云南省无线电管理委员会办公室保山地区管理处，为正科级（主要领导高配为副处级），由省无线电管理委员会和行署双重领导，归口行署办公室管理，下设无线电监测站，为全民所有制事业单位，站长按副科级配备，实行自收自支、独立核算、自负盈亏。

2001年，保山撤地设市后，云南省无线电管理委员会办公室保山地区管理处更名为保山市无线电管理委员会办公室。2002年，机构改革"三定"方案中明确：市无线电管理委员会办公室行政编制2人（含在市政府办公室中），下设的市无线电监测站属自收自支事业单位，核定人员3人。

2003年，保山市无线电管理委员会办公室更名为保山市无线电管理处，仍为市政府办公室领导下的科级机构。

至2005年，保山市无线电管理处及人员由市人民政府办公室领导，由历任市人民政府秘书长分管，业务接受省无线电管理委员会办公室领导。主要承担辖区内无线电频率资源、无线电台站及发射设备监督管理，开展技术监测、维护空中电波秩序等。

第二节　管理事务

1992年，新增短波电台16部，超短波设备149部。5—7月，对全区设有短波电台的单位进行清查整顿，共清查21个单位，短波电台149部，参加整顿人员148人。通过整顿，全区短波无线电通信秩序有了好转。

2003年之后，云南省省无委办公室将保山市无线电监测站作为省B级监测站进行配备、建设，建成了建筑面积1615.1平方米的无线电技术监测业务楼，在全省监测网二期建设中保山市的监测、检测设备投资达800余万元。拥有了先进的E44408B频谱仪、HR-5搬移测向系统及HR-8便携测向系统、4032综测仪、8609基站测试仪、屏蔽检测室及移动监测车等监测设备，硬件建设得到了迅速加强。随着监测技术人才、设施的不断加强，全市以固定监测站、移动监测站、自动监测站相结合的智能化监测网络已经形成，为维护空中电波秩序、公众通信安全以至经济建设、国家安全、社会稳定提供了有力的保障。

2005年，保山市无线电管理处强化频率、台站管理，依法把好频率指配关和台站址审批关，积极支持和帮助拟设台单位合法设置使用设备，频率台站管理走上了规范化轨道，管理水平不断提高；抓好监测工作，维护空中电波秩序，年均累计监测1800小时以上，并按照上级部署抓好了“两会”、敏感日等各项重点监测工作，查处各类干扰十余起，有效地维护了空中电波秩序；精心开展了全面的无线电台站核验工作，深入贯彻无线电管理法规，巩固了无线电管理秩序；认真开展了民航通信导航台站电磁环境保护，以及移动通信会议干扰器检查等专项工作，保障了民航飞行安全和公众通信网正常运行；开展了边境无线电频率资源调查与电磁环境测试和无线电台址规划研究工作，深入掌握全市及周边的电磁环境情况；加大行政执法工作力度，查处违法违规行为，通过立案查处少数单位擅自使用无线电设备等案件，收到了较好的执法效果；加强了《中华人民共和国无线电管理条例》和《云南省无线电管理条例》的宣传工作，通过多种形式的宣传活动，依法使用无线电设备的意识逐渐深入人心。年末，全市各类无线电台站主要包括声音广播台、电视台、电视差转台、短波电台、超短波电台、集群通信、扩频通信，GSM、CDMA公众通信及本地无线接入系统基站，以及卫星地球站、微波站等各类台站。涉及行业主要有广播电视、公安、林业、水利、移动、电信、联通、民航、气象、电力、旅游等。

第七编　人民政协

中国人民政治协商会议保山市第一届委员会第一次会议

综　述

1978—1979年，保山地区的政协组织工作处于停顿状态。1980—1984年，保山地区各县相继恢复（成立）政协组织。

1987年2月，设立保山地区政协工作联络组。1989年9月，成立中国人民政治协商会议保山地区工作委员会（以下简称政协工委）。2001年7月，保山撤地设市，成立中国人民政治协商会议保山市委员会（以下简称市政协）。

1989年9月至2001年6月，政协工委作为中国人民政治协商会议云南省委员会的派出机构，共举行工委委员会议39次，按照"协商在决策之前"的原则，每年都对行署工作报告、国民经济和社会发展计划、地方财政决算和预算以及地区中级人民法院、检察分院的工作报告进行协商，提出意见建议；全区各级政协委员积极参政议政，驻保全国政协委员、省政协委员提出提案209件，全区五县（市）政协委员提出提案5284件，为加快保山经济社会发展建言献策；政协工委先后组织各级政协委员围绕全区经济社会发展中的重点、热点、难点问题开展视察、调研、考察139次，形成视察、调研报告136份，供地委、行署决策参考 。

2001—2005年，市政协履行政治协商、民主监督、参政议政职能，通过全委会、常委会、专题协商会议，对政府工作报告、国民经济和社会发展计划报告、地方财政预决算报告、市人民法院和人民检察院的工作报告以及市委、市政府重要文件进行协商，促进决策的科学化、民主化；组织政协委员，对地震恢复重建、侨务、旅游景区环保、文物保护和利用、工业园区建设、艾滋病防治等工作，以及贯彻实施《中华人民共和国妇女权益保护法》《中华人民共和国劳动法》《中华人民共和国工会法》《云南省民族乡工作条例》等法律法规情况进行视察调研，提出对策建议，向市委、市政府报送视察、调研报告；共收到提案材料859件，经审查立案共843件，交由各部门在规定时限内办复。

第一章　机构沿革

第一节　市级机构

1978—1986年，保山地区尚未设立地级政协机构。

1987年2月，设立保山地区政协工作联络组，为县处级机构，与地委统战部合署办公，同时也属地委的一个工作部门。设行政编制2人。

1989年9月，撤销保山地区政协工作联络组，设置中国人民政治协商会议保山地区工作委员会（简称政协工委）。人员编制在原政协工作联络组编制2人的基础上增加到15人，内设一室二处，即办公室、社会经济处、联络处，均为县处级机构。处室领导职数的配备：办公室一正二副，其余两处一正一副。同年11月30日，经政协云南省第六届委员会第八次常委会议审议通过，政协保山地区工委属省政协派出机构，接受云南省政协和中共保山地委的领导，以中共保山地委领导为主。1991年2月23日，中共云南省委批准，明确保山地区政协工委为正厅级行政级别。1993年4月，政协工委增设提案处。1996年4月10日，根据中共保山地委对政协保山地区工委党组《关于保山地区政协工委机关机构改革方案》的批复，政协工委总编制为23人，其中：行政编制18人，事业编制的工勤人员5人。领导职数1正4副，设秘书长、副秘书长各1人。政协工委内设一室三委，原处改称为委员会，即办公室（下设秘书科、行政科）、提案法制委员会、社会经济建设委员会、民族宗教联络委员会。

2001年，保山撤地设市，成立中国人民政治协商会议保山市委员会（简称市政协），市政协机关人员编制39人，其中：行政编制27人，行使行政职能的事业编制4人，工勤编制8人。市政协领导职数为主席1人，副主席7人（其中兼职4人），秘书长1人，副秘书长兼办公室主任1人。内设一室四委，即办公室（下设秘书科、行政科、人事老干科、信访科、小车队）、提案法制委员会、经济环境委员会、科教文卫体委员会、民族宗教华侨联络委员会。专门委员会主任4人，委室副主任5人，科级实职4人。

2005年1月后，市政协工作机构设置为一室六委，即办公室（下设秘书科、行政科、人事老干科、信访科、保卫科、小车队各1个）、提案法制委员会、经济委员会、人口资源环境委员会、教科文卫体委员会、民族宗教华侨联络委员会、文史委员会。

第二节　县（市）级机构

1978—1979年，保山、腾冲两县的政协活动处于停止状态；昌宁、施甸、龙陵三县尚未成立政协组织。

1980年9月，保山、腾冲两县先后恢复政协组织，选举产生政协第二届委员会。

1984年4月，昌宁、施甸、龙陵三县先后成立政协组织，各县选举产生政协第一届委员会。

保山撤县设市后，于1984年4月选举产生政协保山市第一届委员会。

2001年6月，县级保山市撤销，设隆阳区，政协保山市第五届委员会过渡为政协隆阳区第一届委员会。

截至2005年，保山县（市）、隆阳区政协共选举产生9届委员会；腾冲县政协共选举产生9届委员会；昌宁、施甸、龙陵三县政协分别选举产生6届委员会。

第二章　政协会议

第一节　全体委员会议

1989年9月至2001年6月，政协保山地区工委先后有32名工委委员，由14个界别组成，其中：中共党员27人，占84.3%，民主党派和无党派人士5人，占15.6%；汉族26人，占81.2%，少数民族6人，占18.8%；妇女5人，占15.6%。政协工委共召开39次工委会议，工委会议对行署工作报告、国民经济和社会发展计划、地方财政决算和预算以及地区中级人民法院、检察分院工作报告进行协商，提出意见建议；增补工委委员，通过政协工委各专门委员会组成人员；通报视察、调研情况；听取五县（市）召开年度全会情况汇报；研究指导五县（市）政协组织开展工作。

2001年7月至2005年，政协保山市第一届委员会有委员245名，由24个界别组成，其中：中共党员96人，占39.2%，非中共人士149人，占60.8%；少数民族43人，占17.6%；妇女55人，占22.4%；学历为大专以上160人，占65.3%，中专、高中58人，占23.7%，初中以下27人，占11%。平均年龄42.9岁。第一届委员会共召开5次全体委员会议。

2001年7月27日至8月2日，政协保山市第一届委员会第一次会议召开，历时7天，从24个界别中协商产生的245名委员参加会议。会议选举产生了政协保山市第一届委员会主席、副主席、秘书长及常务委员。会议听取审议了常委会工作报告和提案审查情况的报告，审议通过了第一次会议政治决议；列席市第一届一次人代会，听取和协商了《保山市人民政府工作报告》《保山地区2000年国民经济和社会发展计划执行情况及保山市2001年国民经济和社会发展计划草案的报告》《保山地区2000年地方财政预算执行情况及保山市2001年地方财政预算草案的报告》《保山市人民法院工作报告》《保山市人民检察院工作报告》。

2002年3月24—29日，政协保山市第一届委员会第二次会议召开。会议听取审议了常委会工作报告、提案工作情况及其审查情况的报告；审议通过了《政协保山市委员会提案工作暂行规定》及《会议决议》；列席市第一届二次人代会，听取和协商了政府工作报告、国民经济和社会发展计划报告、地方财政预决算报告、市人民法院和人民检察院的工作报告。

2003年3月26—30日，政协保山市第一届委员会第三次会议召开。会议听取和审议了常委会工作报告、提案工作情况及其审查情况的报告；听取了市政府关于办理市政协委员提案情况的通报；选举增补4位市政协常委；列席市第一届三次人代会，听取和协商了政府工作报告、国民经济和社会发展计划报告、地方财政预决算报告、市人民法院和人民检察院的工作报告。

2004年2月22—26日，政协保山市第一届委员会第四次会议召开。会议听取和审议了常委会工作报告、提案工作情况及其审查情况的报告；选举增补1名市政协副主席；列席市第一届四次人代会，听取和协商了政府工作报告、国民经济和社会发展计划报告、地方财政预决算报告、市人民法院和人民检察院的工作报告。

2005年2月20—24日，政协保山市第一届委员会第五次会议召开。会议听取和审议了常委会工作报告、提案工作情况及其审查情况的报告；表彰了先进政协委员、优秀提案和提案承办先进单位及提案先进工作者；列席市第一届四次人代会，听取和协商了政府工作报告、国民经济和社会发展计划报告、地方财政预决算报告、市人民法院和人民检察院的工作报告。

第二节　常务委员会会议

2001年7月至2005年，政协保山市一届委员会常务委员会共召开17次常委会议。

2002年3月8日，召开政协保山市一届三次常委会议，审议政协保山市一届二次全体委员会议的议程和日程草案，大会秘书处组成人员、列席和邀请人员名单。7月12日，召开政协保山市一届四次常委会议，决定对全市文物保护和开发利用、高黎贡山世界生物圈自然保护区的保护与开发利用、企业女职工权益保护情况进行视察和调研；副市长杨经建向会议通报了保山市上半年经济运行情况。11月28日—29日，召开政协保山市一届五次常委会议，通报了文物保护和利用、高黎贡山世界生物圈自然保护区保护和利用、企业女职工权益保护等视察、调研情况；通报了保山市政协推荐的第十届全国政协委员、第九届省政协委员情况。

2003年3月15日，召开政协保山市一届六次常委会议，审议政协保山市一届三次全体委员会议议程、日程，常委会工作报告和提案工作报告草案；审议通过大会秘书处组成人员、列席和邀请人员名单；通过市政协有关人事任免。3月26日，召开政协保山市一届七次常委会议，审议增补政协保山市第一届委员会常务委员候选人建议名单，讨论《选举办法（草案）》，提出大会选举总监票人、监票人建议名单。5月8日，召开政协保山市一届八次常委会议，通报市政协一届三次全体委员会议提案审查情况的报告；通过市政协有关人事任免。7月29日，召开政协保山市一届九次常委会议，听取保山市人民政府关于上半年经济社会发展情况和防治“非典”（传染性非典型肺炎，又称严重急性呼吸综合征，简称SARS）工作情况的通报；审议通过关于颁发委员视察证的决定、关于调整充实专委会委员的意见及关于认真做好宗教工作维护社会稳定的建议案。9月16—17日，召开政协保山市一届十次常委会议，审议通过《政协保山市委员会常务委员会关于兴起学习贯彻“三个代表”重要思想新高潮的决议》；审议通过委员视察的时间及内容。

2004年1月16日，召开政协保山市一届十一次常委会议，审议通过政协保山市一届委员会第四次全体委员会议议程、日程、常委会工作报告、提案工作报告草案；审议通过常委会工作报告和提案工作报告报告人、大会秘书处组成人员、列席和邀请人员名单。2月22日，召开政协保山市一届十二次常委会议，讨论通过杨文灿关于辞去政协保山市第一届委员会副主席职务的请求；审议增补政协保山市第一届委员会副主席候选人名单；讨论通过《选举办法（草案）》，提出大会选举总监票人、监票人名单。7月19日，召开政协保山市一届十三次常委会议，听取并讨论市人民政府《关于上半年全市经济形势和下半年市政府工作要点的情况通报》；听取市政协各专委会关于边境乡（镇）和特有少数民族教育“三免费”、老龄工作、“四五”普法调研情况的报告；通过市政协有关人事任免。10月20—21日，召开政协保山市一届十四次常委会议，审议通过常委会关于视察保山市工业园区的决定；审议通过关于表彰先进市政协委员、优秀提案、提案承办先进单位及提案工作先进个人的决定；听取关于对全市“三资”企业进行走访调研情况的报告；评议市教育局教师队伍建设工作。

2005年1月25日，召开政协保山市一届十五次常委会议，审议通过政协保山市第一届委员会第五次全体委员会议议程、日程、常委会工作报告、提案工作报告草案；审议通过常委会工作报告和提案工作报告报告人、大会秘书处组成人员、列席和邀请人员名单。5月11日，召开政协保山市一届十六次常委会议，学习《中共中央关于进一步加强中国共产党领导的多党合作和政治协商制度建设的意见》；通过人事任免。10月30日，召开政协保山市一届十七次常委会议，审议关于槟榔江流域水电开发的视察报告、关于猴桥镇经济社会发展情况及《云南省民族乡工作条例》贯彻执行情况的调研报告、关于农业科技情况的调研报告、关于保护农民工合法权益的调研报告、关于艾滋病防治情况的调研报告、关于隆阳区石材产业发展情况与资源保护情况的调研报告；通过市政协人事任免。

第三章　职能履行

第一节　政治协商

1989年9月至2001年6月，政协工委共举行工委委员会议39次，按照“协商在决策之前”的原则，每年都对行署工作报告、国民经济和社会发展计划、地方财政决算和预算以及地区中级人民法院、检察分院工作报告进行协商，提出意见建议。对事关全地区政治、经济和人民群众关心的大事和地委行署每年召开的全区三级干部会议的主要报告文件，都事先进行协商论证，提出意见建议。

1990年8月，政协工委组织省、地政协委员及各方面专家学者，就行署提交的《保山地区国民经济社会发展“八五”计划和十年发展规划（草案）》，分组分专题进行调查研究，开展协商论证。通过调研论证，对保山地区的区情、发展速度、科技人才培养、农业基础地位、计划生育和社会事业发展等方面的问题，提出30条意见、建议，得到地委、行署的重视和采纳。同年10月，政协工委对地委、行署将在全区三级干部会议上出台的《关于1991年粮食生产的意见》《关于加速发展烤烟生产的意见》《关于搞好农田水利基本建设的意见》《关于加速边境贸易发展的意见》《关于进一步搞活农村流通的意见》《关于加强农村党支部建设的意见》《关于做好党政干部下基层工作的意见》等10个文件进行协商，从战略目标到具体措施，提出了修改意见和建议。

1991年10月，政协工委组织工委委员和各民主党派负责人，就地委行署准备在全区三级干部会议上制定的五个主要文件进行协商讨论，对加强党风和廉政建设、开展农村社教、知识分子工作及烤烟、茶叶生产提出建议。

1992年1月，政协工委对行署1991年的工作报告，财政预算、决算报告，地区中级人民法院、检察分院的报告进行协商讨论，提出8条意见、建议；同年6月，听取和协商行署关于烤烟生产、苞谷搞突破、边贸工作、农村医疗卫生工作的报告。

1993年7月，政协工委邀请保山市民主党派、工商联负责人及保山师专、保一中、电大保山分校等单位，对地委召开全区教育三级干部会议即将出台的教育经费、民族教育、教育体制改革及教师搞第二职业等政策性问题进行协商论证，并向地委作出专题书面报告。

1994年，对地委、行署《保山地区关于加快林业发展的决定》《关于大力发展果品生产的意见》《关于保山地区1993年国民经济和社会发展计划执行情况和1994年计划安排意见的报告》《关于保山地区1993年财政预算执行情况和1994年预算安排意见的报告》《关于加强农业和农村工作的意见》《关于加快发展烤烟、茶叶、边贸的意见》《关于加强党风廉政建设的意见》《地级机构改革方案》进行协商讨论。

1995年，对《保山地区国民经济和社会发展“九五”计划和2010年长远规划（草案）》进行协商论证，提出了意见和建议，对《保山地区六六扶贫攻坚计划》进行协商。

1996年，对《中共保山地委关于加强社会主义精神文明建设的实施意见（草案）》进行协商，提出了意见和建议。

1997年，对地委、行署召开三级干部会议的主题报告（征求意见稿）进行协商讨论，对地区纪委《关于严禁领导干部利用婚丧嫁娶大操大办借机敛财的规定》《关于严禁领导干部在建私房中以权谋私的规定》《关于严禁领导干部参与中介工程的规定（草案）》等文件进行协商。

1998年，就保山地区国有企业改革，烤烟实行“双控”后的农村产业结构调整，发展个体私营经济的有关政策，县级换届的有关人事安排问题，特别是非中共人士担任各级领导的建议名单等重要事项进行协商，为地委决策提供了依据。

1999—2000年，政协工委先后协商讨论行署专员王广兴在地委“三干”会上作的报告及地委、行署《关于全区农业产业结构调整的意见》《关于严禁领导干部利用婚丧嫁娶大操大办借机敛财的规定》《关于保山地区西部大开发行动计划》等重要决策文件，提出意见和建议；协商讨论《保山地区“十五”计划纲要（草案）》，提出36条修改意见，供地委、行署决策参考。

2001年7月26日至8月2日，政协保山市第一届委员会第一次会议期间，协商讨论了《保山市人民政府工作报告》《保山市人民法院工作报告》《保山市人民检察院工作报告》《保山地区2000年国民经济和社会发展计划执行情况及保山市2001年国民经济和社会发展计划草案的报告》《保山地区2000年地方财政预算执行情况及保山市2001年地方财政预算草案的报告》，提出了意见和建议。

2002年3月24—29日，政协保山市第一届委员会第二次会议期间，协商讨论了《保山市人民政府工作报告》《保山市人民法院工作报告》《保山人民检察院工作报告》及其他报告，提出了意见和建议。

2003年3月26—30日，政协保山市第一届委员会第三次会议期间，协商讨论了《保山市人民政府工作报告》《保山市人民法院工作报告》《保山人民检察院工作报告》及其他报告，提出了意见和建议。

2004年2月22—26日，政协保山市第一届委员会第四次会议期间，协商讨论了《保山市人民政府工作报告》《保山市2003年国民经济和社会发展计划执行情况与2004年国民经济和社会发展计划草案的报告》《保山市2003年地方财政预算执行情况与2004年地方财政预算草案的报告》《保山市人民法院工作报告》《保山市人民检察院工作报告》，提出了意见和建议。

2005年2月20—24日，政协保山市第一届委员会第五次会议期间，协商并讨论了《保山市人民政府工作报告》《保山市2004年国民经济和社会发展计划执行情况与2005年国民经济和社会发展计划草案的报告》《保山市2004年地方财政预算执行情况与2005年地方财政预算草案的报告》《保山市人民法院工作报告》《保山市人民检察院工作报告》，提出了意见和建议。

政协保山市第一届委员会期间，共召开14次专题协商会议，协商讨论了市委市政府《关于加快教育改革与发展的决定》《关于大中专学校改革与发展的意见》《关于进一步扩大对外开放的意见》《关于深化文化体制改革，加快文化产业发展的意见》《保山市市域城镇体系规划》《社会治安综合治理报告》《中共保山市委关于制定国民经济和社会发展“十一五”规划的建议》《保山市国民经济和社会发展第十一个五年规划纲要》等一系列重要文件，提出了意见建议。多数协商意见被采纳，为市委市政府提供决策依据。

第二节　视察调研

1990年1月至2001年6月，政协工委行使民主监督、参政议政职能，组织各级政协委员、社会各界人士，对法律法规的贯彻执行情况、党委、政府决策的实施情况，全区经济社会发展中存在的重点、难点问题，群众反映强烈的“热点”问题，开展视察、调研、考察139次，形成视察、调研报告136份，其中重要视察、调研报告5份（建议案1份），供地委、行署决策参考。

1990年10月，对保山地区重点工程建设项目苏帕河电站进行实地视察，帮助协调解决资金不到位等困难和问题，提出了继续开发苏帕河流域四个梯级电站的建议；针对保山市、腾冲县的城镇待业人员多，就业矛盾突出的问题，开展专题调研，向地委、行署提出建议5条。

1991年8月，协助省政协视察保山市、施甸县地震灾区，及时向省委、省政府报告灾情，得到了重视和支持。同年9月，对保山地区人民医院、中医医院、防疫站进行视察；对建设中的省级重点工程项目昌宁造纸厂进行视察。

1992年10月，对保山市西山片杨柳、瓦房、汶上、瓦马4个民族乡的经济社会发展情况进行视察，就扶贫攻坚提出建议，促成了汶上至瓦窑公路和架通大电网项目的实施。

1993年2月，政协工委组织驻保省政协委员，并邀请保山市、龙陵县、腾冲县政协主席参加，对以上三县（市）的边贸工作进行调查视察；视察龙陵勐糯铅锌矿建设工程。同年3月，追踪视察苏帕河电站建设工程。

1994年，政协工委对全区贯彻落实《全国人大常委会关于禁毒的决定》《云南省禁毒条例》和地区戒毒劳教所的工作情况进行视察，就禁毒经费不足，戒毒劳教所的配套设施、完善劳教的立法规定等方面提出8条工作建议，均得到采纳；对全区殡葬改革工作进行了专题调研和视察，提出了破除封建丧葬陋习、推行火葬、改革土葬、加强殡仪馆建设、加强墓地管理等意见、建议；同年12月，对保山市西山片4个民族乡进行追踪视察，对下一步发展提出7条建议。

1995年，针对全区边贸下滑的实际，政协工委到腾冲、瑞丽等边境口岸调研，向地委、行署报送了《关于召开全区边贸工作研讨会的建议》《腾冲县边贸现状调查及建议》两份调查报告，受到省、地委的高度重视，建议被采纳。

1996年，组织委员视察保山电大分校和保山市殡葬改革实施情况，向地委、行署报送了《关于对保山电大分校的视察报告》《对保山市殡葬改革工作的视察报告》，两个报告都得到地委主要领导的批示。

1997年4月，政协工委配合省政协法制委员会先后到保山、腾冲、龙陵开展农村执法调研，解决了一些多年遗留的农村疑难纠纷，收到良好的社会效果。同年6月，政协工委配合省政协副主席李林阁带领的禁毒视察团，先后到保山、腾冲视察禁毒工作，深入地区戒毒所、武警曼海边防检查站、县（市）缉毒大队、城区派出所和街道办事处，召开座谈会，提出搞好禁毒工作的意见建议。同年11月，组织驻保全国政协委员、省政协委员就保山地区在建重点工程项目茄子山水库、保山市天然气开发利用情况进行视察，形成《对茄子山水库在建工程和保山市天然气开发利用情况的视察报告》，得到地委、行署领导及职能部门的重视采纳。

1998年5月，政协工委配合省政协法制委员会，对全区国有企业改革中执行法律法规情况进行调查，提出5个方面的意见建议，为制定政策提供依据。同年11月，组织驻保全国政协委员、省政协委员、地区政协工委委员及有关专家，对全区林业、旅游业发展情况进行视察，形成两份视察报告，并以工委文件报地委、行署，相关意见和建议得到重视和采纳。

1999年8—10月，政协工委组织驻保全国政协委员、省政协委员、地区政协工委委员及五县（市）政协委员对全区水果生产进行视察和调研，形成《关于加快全区水果发展的建议案》，提出了4条建议，供地委、行署作决策参考。

2000年6—8月，政协工委两次配合省政协调研组，对保山地区民族文化产业发展情况和保山市非公有制企业贷款担保基金运作情况进行专题调研，并争取到扶持保山市民营经济园区建设专项资金80万元。同年11月，组织驻保全国政协委员、省政协委员、地区政协工委委员及有关专家，对苏帕河流域水能资源开发利用现状和龙陵县华裕实业有限责任公司深化改革现状进行视察，形成两份视察报告，提出15条意见建议。

2001年10月，市政协组织驻保全国政协委员、省政协委员、部分市政协委员及市直有关部门领导31人组成视察团，分别对保山师专的办学条件、办学机制及施甸县"4·10""4·12"地震恢复重建工作进行专题调研，并向市委报送专题报告。同年11月中旬，市政协积极配合省政协组织政协委员和有关专家、教授对保山市旅游景区环保工作情况进行视察，市政协全面介绍保山近几年经济社会发展及旅游景区环保工作情况，省政协视察组对保山旅游事业的发展提出意见，帮助解决实际困难。

2002年4月，市政协组织部分省、市政协委员及统战部、宣传部、政研室、侨联等部门负责人，对全市侨务工作进行调研，就如何克服困难，打好"侨牌"促进经济社会发展提出了对策建议，为市委、市政府制定侨务政策、搞好侨务工作提供了有益参考。同年9月，组织驻保全国政协委员、省政协委员、部分市政协委员及文博方面的专家，对全市文物保护和利用情况进行视察，深入研究文物保护面临的严峻形势和突出困难，向市委、市政府作了专题汇报，提出加强文物保护和利用的对策和建议。同年10月，组织部分市政协委员及市直有关部门领导，分别到隆阳区和腾冲县的7家企业，对贯彻实施《中华人民共和国妇女权益保障法》《中华人民共和国劳动法》《中华人民共和国工会法》的情况进行调研，针对存在的突出问题，提出整改意见，及时向政府有关部门提出了加大执法力度，有效保障企业女职工合法权益的建议。同年11月，组织驻保全国政协委员、省政协委员、部分市政协委员及有关专家对高黎贡山世界生物圈自然保护区进行视察，分别听取市林业局、保护区管理局、腾冲县政府、隆阳区政府的情况汇报，深入保护区及周边社区了解情况，到怒江州管理的保护区上段实地考察，全面了解保护区的保护与开发利用现状，针对工作中存在的困难及保护区开发利用，向省林业厅、市委、市政府报送了视察报告，提出了建议。

2003年10月，根据农民群众反映的"看病难"及防治"非典"期间反映出的问题，市政协组织驻保全国、省、市三级政协委员60余人，深入全市五县（区）15个乡（镇）卫生院、15个村级卫生院及部分县（区）疾控中心进行视察，了解农村医疗卫生工作情况，针对存在的主要问题，向市委、市政府提出了对策和建议。各专委会组织委员及有关人员先后对糖业整合、宗教工作、人口与计划生育工作、教育资源整合、文化产业发展等问题进行了专题调研，广泛听取基层干部群众的意见，向市委、市政府报送了专题报告，提出了推进工作的意见和建议，多数建议进入了市委市政府的决策程序。

2004年，针对保山市经济社会发展中存在的突出问题，市政协选择“工业园区建设”“畜牧业发展”“‘三资’企业发展”“边境乡（镇）和特有少数民族中小学教育‘三免费’”“‘四五’普法”“老龄工作”“困难企业职工生活情况”等专题，组织驻保全国政协和省政协委员、市政协委员进行视察和调研，了解工作情况，分析存在的主要问题，提出对策建议，形成专题报告报市委、市政府。

2005年2月17—20日，省政协主席杨崇汇在市委书记黄毅、市政协主席胡应舒、市人大常委会副主任胡家忠、副市长杨建洪的陪同下，深入腾冲县、昌宁县和施甸县调研国企改革和政协工作。6月27日至7月1日，市政协民族宗教华侨联络委和腾冲县政协联合组成调研组，对腾冲县猴桥镇“十五”经济社会发展情况、“十一五”经济社会发展思路及《云南省民族乡工作条例》的贯彻落实情况进行调研，提出工作建议。8月29日至9月5日，市政协组织部分政协委员，对维护农民工合法权益情况进行调研，通过到各县（区）政府、市县（区）有关部门、职业技术学校、企业座谈、走访、了解情况，分析存在的主要问题，提出了意见建议。10月上旬，市政协经济委牵头，市委政研室、市农业局、市畜牧局组成调研组，对全市农业科技工作进行调研，针对农业科技工作中存在的问题，提出了意见建议。10月中旬，市政协人口资源环境委邀请有关部门组成调研组，对隆阳区石材产业发展与环境保护情况进行调研，提出了加快石材产业发展和加强环境保护的6条意见建议。10月12—19日，市政协教科文卫体委组织部分专委会委员及艾滋病防治专业人员组成调研组，对全市艾滋病防治工工作进行调研。调研组听取了市卫生局及隆阳区、腾冲县人民政府关于艾滋病防治工作的情况汇报，深入滇滩口岸、县（区）疾控中心、医院、戒毒所、中英性病艾滋病防治合作项目“健康亭”、学校了解情况，提出了意见建议。10月下旬，市政协组织驻保全国政协委员、部分省政协委员和部分市政协委员组成视察团，同时邀请市政府分管领导、市水利局和市发改委领导以及水电专家参加，视察了槟榔江流域水电开发情况。实地察看了猴桥二级电站建设情况、三岔河水库库区需要搬迁的移民生产生活情况，听取了腾冲县人民政府和云南保山槟榔江水电开发有限公司的情况汇报，了解槟榔江流域水电开发的基本情况和存在的主要问题。视察后向市委、市政府报送了专题视察报告，提出了加快槟榔江流域水电开发的意见建议。

第三节　提案办理

1990—2000年，地区政协工委以专题报告的形式向地委、行署提出建议案19件，驻保全国政协委员、省政协委员提出提案209件，全区五县（市）政协委员提出提案5284件。

各级政协委员提出的《关于加强禁毒工作的建议》《关于保山飞机场改扩建工程的建议》《关于建设苏帕河电力基地的建议》《关于加快边贸发展的建议》《关于加快320国道下关至保山段建设的建议》等提案，从大局出发，紧紧围绕党委中心，配合政府工作重点，为加快保山地区的经济发展、社会稳定发挥了积极作用。

2001年7月市政协成立后，对政协委员、各民主党派、有关人民团体以及市政协各专门委员会提出的提案，由提案审查委员会审查、立案，交由各部门办理。2001年7月至2005年，市政协共收到提案859件，经审查立案共843件，交由各部门在规定时限内办复。

2001年，市政协委员提出提案211件，经审查立案207件，分别交由市直各部门办理，12月20日前均办结。

2002年，市政协委员共提出提案151件，审查立案145件，分别交由市直各部门办理，9月30日全部办结。

2003年，共收到委员提案166件，经审查立案164件，市政协和市政府联合召开了提案交办会，164件提案交由43个单位办理，选择了8件重点提案分别由主席、副主席督办。全部提案在规定的时限内办复，采纳率为89.6%。

2004年，市政协委员、各民主党派、人民团体以及市政协各专门委员会共提出提案156件，其中：党派54件、团体1件、市政协专委会4件、委员联名43件、委员54件。经提案审查委员会审查立案155件，立案率为99.36%，对未立案的1件，转作委员来信交有关单位处理。155件政协提案分别交由市委、市人大、市政府、市政协、市法院的38个部门办理。各单位在规定的时限内办复政协提案，办复率100%，采纳率75.48%。

2005年，共收到提案175件，经审查立案172件，立案率92.28%。市政协和市政府联合召开提案交办会，172件提案分别交由市委、市政府的34个部门办理，各部门在规定的时限内办复政协提案，办复率100%，采纳率81.39%，提案者对提案办理满意或基本满意率99.4%。

2001—2005年，市政协协助驻保全国政协委员和省政协委员准备提案资料，两级政协委员通过提案反映保山实情，建诤言献良策。

2001年，驻保全国政协委员和省政协委员向全国政协及省政协提出提案33件，均立案并由国家和省有关部门作答复。

2002年，市政协协助驻保全国政协委员和省政协委员准备提案资料，两级政协委员向全国政协和省政协提出提案33件。其中，全国政协委员赵家周提出的《关于对云南省保山市退耕还林加大扶持的建议》，被林业部列为“A”类提案，在2001—2010年退耕还林规划中把保山市五县（区）列入了规划范围。

2003年，市政协协助驻保全国政协委员和省政协委员准备提案资料，两级政协委员在全国政协十届一次会议和省政协九届一次会议上，提出《关于尽快开工建设保山至龙陵高速公路的建议》《关于将腾（冲）密（支那）公路国内段列入2003年国际大通道二级公路标准实施的建议》《关于将腾冲制药产业列入全省重点项的建议》《关于对保山师专易地搬迁给予关注和扶持的建议》等提案75件。

2004年，市政协为驻保全国政协和省政协委员征集提案资料，两级政协委员在全国政协十届二次会议和省政协九届二次会议上提出提案61件。

2005年，市政协为驻保全国政协委员和省政协委员征集提案资料，全国政协十届三次会议和省政协九届三次会议期间，驻保全国政协委员提出《关于将腾冲和顺镇列为国家级名镇的建议》等6件提案；驻保省政协委员提出《关于请求省人民政府给予腾冲驼峰机场进场专用公路（飞虎大道）工程资金补助的建议》《关于建设昌宁县“万头肉牛育肥场”的建议》等56件提案。

第四节　文史资料整理

1994年8月，政协工委为《云南政协通志》提供保山政协1950年至1993年3月44年的政协文史资料，分别完成了地区和五县（市）政协第59章至第64章约10万字的志稿，报省政协并一次验收通过。

1999年9月，政协工委编纂出版《保山地区政协志》，上限为1950年，下限为1999年年底。该书记载了保山地区、五县（市）政协和各民主党派、工商联、黄埔同学会的历史和现状。全书共12万字，图片30幅。

2004年，保山市政协文史工作者编辑出版保山文史资料之滇西抗战专辑《溅血岁月》一书。该书是市、县、区政协文史工作者从2003年6月起，走遍全市乡（镇）村寨，采访80多名抗战老兵，200多名沦陷区民众及死难者家属，将收集到的资料整理编辑而成。全书分日军罪行篇、反攻正气篇、民众奉献篇、抗战综合篇四部分，共35万字。集中揭露了日军对滇西各族人民犯下的滔天罪行，再现了中华全民族英勇抗战、顽强抗争的崇高爱国精神。

第五节　联谊交流

一、对外联谊

保山地区与缅甸接壤，是云南省重点侨乡，有华侨、侨眷及港澳台同胞157671人，分布在24个国家和地区（1991年数据），开展对外联谊工作具有独特的优势。政协工委充分利用这一优势，开展了多层次、多渠道的对外联谊工作：第一，做好“三胞”接待工作。做到热情接待，热忱服务，排忧解难。第二，“请进来”。利用传统节日邀请有代表性的“三胞”、侨领回乡共度佳节，参加经贸活动，引进人才、技术、资金，促进社会、经济发展。第三，“走出去”。到缅甸的密支那、木姐、南坎等地进行边贸考察，联谊“三胞”为家乡经济建设作贡献。同时，应国外侨团的邀请，先后到美国、缅甸、泰国、新加坡等国家和中国香港地区参观考察，扩大交往，增进了友谊。

1991年，配合有关部门接待回国探亲访友、讲学、洽谈商务的“三胞”和华侨150多人；协助落实华侨房产政策；协助有关部门对挖盗华侨祖墓的违法犯罪行为进行打击。

1994年，协助地区台办、教委邀请台胞高振东先生到保山讲学；促成香港侨领伍体贤先生和腾冲造纸厂合作，投资扩建造纸生产线；先后接待有影响的民主党派人士、三胞及外籍华人78人。

1996年，经省、地、县政协的共同努力，促成了伍体贤先生与腾冲合资建设2000亩速生丰产银杏园林，注册资金210万元，建立了云南腾云银杏发展有限公司；投资1170万元，扩建腾冲造纸厂。

1997年，全区政协系统采取走出去、请进来，召开会议、发放节日慰问信等多种途径，广交海内外朋友，接待侨胞侨属25名，省内外团队69个、1209人次。

1998年6月，政协工委召开了滇西抗战历史遗留问题中日民间研讨会，邀请日本友人到保山研讨滇西抗战历史遗留问题。全年，地县（市）两级政协共接待港澳台同胞、外籍华人、外国客人172人次，省内外客人1650多人次。

2000年，地县（市）两级政协加强内外联络，截至年底，两级政协共接待海外人士303人次、省内外客人3237人次。

2001年，市政协共接待回乡探亲、观光、旅游和经商办实业的华人、华侨和港澳台同胞，以及省内外客人312批3863人次，协调帮助市内外投资者考察、论证和洽谈咖啡加工、银杏叶开发、山葵开发、珠宝玉器城建设等项目。

2003年4月16—24日，市政协组织人员配合保山卫校前往缅甸掸邦腊戍、曼德勒省及克钦邦密支那市，就招收华人华侨学生到保山卫校就读进行了考察访问，宣传保山卫校对境外招生的意义及实施办法，促进了保山卫校对境外招生的顺利实施。市政协牵头成立了保山海外联谊会，于2003年9月27日召开保山海外联谊会第一届理事会第一次会议，理事会设理事76名，其中，旅居港澳台的同胞和海外侨胞41名，在保山投资的港澳台同胞和海外侨胞18名，保山市委、市人大、市政府、市政协及有关部门负责人17名。12月22—27日，保山海外联谊会慰问组前往缅甸九谷、木姐、南坎、洋人街对华人华侨代表人士进行走访慰问，看望了缅甸“九谷汉文佛经学校”“九谷华文学校”“木姐华侨佛经学校”“木姐华文炳龙学校”“南坎华侨佛经学校”及“洋人街华侨佛经学校”的华文教师，介绍了多年来公派教师援缅助教及保山为缅甸华文学校培训教师的情况，向华文教师及华人华侨代表赠送了礼品和慰问金，促进了华人华侨对保山的了解和关注。

2004年春节前夕，市政协组织保山海外联谊会到缅甸九谷、木姐、南坎、洋人街与华人华侨、华文教师座谈，表示节日慰问。10月，市政协按照“两岸农技交流协议”，邀请台湾“农村发展基金会”知名专家到腾冲讲学。五县（区）农业局分管茶叶生产的领导、茶叶站和茶叶协会的技术人员、腾冲县茶叶生产龙头企业的负责人108人参加学习，初步掌握了加工制作乌龙茶的技术。2004年，市政协还组织部分市政协委员及保山海外联谊会、市外经贸局、侨联、侨办的领导走访港澳台同胞和海外侨胞在保山投资办的企业，向市委、市政府反映企业发展中存在的困难的问题。

二、中秋茶话会

1999年9月22日，政协工委召开各界人士国庆中秋茶话会，各民主党派、工商联、黄埔同学会负责人及归侨侨眷代表参加会议，畅谈新中国成立和人民政协成立50年来党和国家取得的巨大成就及中国共产党的历史功绩。

2000年中秋前夕，政协工委召开中秋座谈会。地委、人大、行署、政协、纪委的领导及62名来自各族各界的代表参加座谈会，行署专员王广兴代表地委、行署向各界人士表示节日祝贺，通报2000年1—7月全区经济社会发展情况。各界人士畅谈全区改革开放和社会发展的大好形势，并提出意见和建议。

2001年9月27日，市政协召开各界人士中秋国庆茶话会。各民主党派、各宗教团体负责人、各族各界代表人士60多人共度中秋佳节。市纪委书记杨明佑向各界人士通报2001年1—8月全市经济社会发展情况。

2004年9月24日，市政协召开各界人士国庆中秋茶话会。邀请各民主党派、工商联、人民团体、宗教团体代表，少数民族代表，海外侨胞、侨属、台胞、台属代表，在保山工作的外籍教师、留学生，与市党政军领导欢度中秋佳节，畅谈新中国成立55周年发生的巨大变化，展望祖国美好的明天。

三、组织演讲比赛

1997年7月1日香港回归祖国，地、县（市）两级政协积极开展迎香港回归演讲比赛和召开各界人士座谈会，全区57名参赛者登台演讲，巡回演讲18场次，听众达12000多人次。在参加省政协组织的演讲比赛中获得组织优秀奖。通过演讲，广泛宣传了“和平统一祖国、一国两制”的方针，得到了社会各族各界的好评。

1999年9月上旬，地、县（市）政协分别举行“庆国庆、迎澳门回归”演讲比赛8场次，50名选手参加角逐，观众达1万多人次。9月8日地区级比赛在师专礼堂举行，评出一、二、三等奖共14名。

四、开展纪念活动

1999年9月16日，保山地区政协工委、保山市（县级）政协在保岫广场举行庆祝新中国成立暨人民政协成立50周年文艺晚会，地、市党政军领导及各界群众2000多人观看文艺演出。9月17日，在保山市政府礼堂召开保山地区庆祝新中国成立暨人民政协成立50周年大会，地、县（市）四大班子领导，地、市直和省属驻保单位领导，保山驻军共600多人参加会议。地委副书记董治良作《肝胆相照、团结合作、再创辉煌、迎接祖国统一的21世纪》的报告。

2002年10月24—25日，市政协与省政协联合承办滇西抗战暨远征军赴缅对日作战60周年纪念活动，来自大陆、中国台湾地区、中国香港地区和美国、泰国、新加坡的部分专家学者、抗日名将后裔、美国“飞虎队”成员、中缅战区老战士及保山各族各界的代表400余人聚集保山，在隆阳区和腾冲县召开了纪念会，组织了凭吊活动，参观了滇西抗日战争的图片展览，瞻仰了滇西抗日战争纪念碑和腾冲国殇墓园。

2004年，保山市政协举行纪念滇西抗战胜利60周年系列庆祝活动：滇西抗战文史资料专辑《溅血岁月》首发式，拉开了保山市纪念滇西抗战胜利60周年系列活动的序幕；参加市委、市政府举行的纪念滇西抗战胜利60周年歌咏比赛；编辑出版《纪念滇西抗战60周年文集》。

2005年8月11日，在保山召开由市政协牵头，市委统战部、市委史志委、市档案局协办的保山市纪念中国人民抗日战争暨反世界反法西斯战争胜利60周年座谈会。市委、市政协领导，各民主党派、工商联、黄埔同学会负责人，抗战文化研究人员，老八路及亲属代表，滇西抗战老兵及华侨机工后裔代表，滇西抗战将领及军政人员的亲属后裔代表，以及市直有关部门的领导参加了会议。市委副书记杨明佑作《勿忘国耻，振兴中华》的讲话。与会代表踊跃发言，控诉日本军国主义的罪行，讴歌中华民族艰苦卓绝的抗日精神。大会呼吁珍惜来之不易的和平，坚决和“台独”分子、日本军国主义作斗争。9月2日，省政协办公厅和保山市政协在昆明举办中国人民抗日战争暨世界反法西斯战争胜利60周年大型油画展，展出了反映滇西抗战题材的大型系列油画《碧血千秋》。《碧血千秋》系列油画共10幅，此次展出4幅:《中国远征军出征国门》《驼峰死亡航线》《浴血松山》《远征军仁安羌义救盟军》。油画以中缅印战区抗战为主线，突出正义之战、人民之战、胜利之战的主题，集真实性、史诗性和艺术性为一体，力求真实、全面、客观地再现抗日战争历史画面，旨在提示国人不忘国耻，为振兴中华而努力奋斗。

第六节　社会服务

一、挂钩扶贫

政协工委在做好本职工作的同时，直接参与改革开放和经济建设的社会实践，按地委统一分工，分挂经济建设项目。工委主任分工抓全区烤烟生产，挂钩腾冲县扶贫工作，三位副主任分别挂林业、甘蔗生产和苏帕河流域水电开发项目，并负责联系保山市瓦房彝族乡、施甸县等子乡、昌宁县漭水乡的扶贫工作。

1991年，政协工委成立了智力支边扶贫工作协调小组，并筹集了10万元作为扶贫开发经费。开展了全区民族散杂居地区的经济和社会发展情况调研，提出了扶贫开发对策和建议，与民委、统战、各民主党派一起到边沿、少数民族地区开办兽医、缝纫、乡村医生、苞谷规范化栽培等实用技术培训班。

1995年，由政协工委牵头，地直6个单位到保山市瓦房乡挂钩扶贫，帮助该乡制定了发展规划，从制约山区经济发展的交通、科技入手，协助乡政府设计开挖乡村公路27千米，为桂花行政村筹措资金架设钢管，解决了学校、村公所及3个合作社的人畜饮水。办苞谷丰产样板，植树造林4000亩，社社通了电，培育和嫁接泡核桃苗1万多株。

1997年3月，筹资4.2万元，为扶贫挂钩点建设200亩水浇地工程，修建容量为12立方米的水浇池27个。政协工委还向省政协争取扶贫项目，协助腾冲县政协在古永傈僳族乡建立了梅子基地2000亩，在龙陵县丛岗村建立花椒基地60亩。

2005年，市政协分别挂钩山葵产业及山葵加工厂、永昌文化园二期、隆阳区东河治理、腾冲制药厂“心脉隆”开发、保山市石漠化治理、市人民医院住院综合楼建设、昌宁县竹子产业、保山市劳务输出等经济社会发展项目。通过化解矛盾、协调项目建设资金，促进项目建设和产业发展。并为隆阳区瓦乡新发展核桃600亩，到龙陵县腊勐乡新和村办优质烟示范样板501.7亩。

二、禁毒防艾宣传

政协工委关注禁毒工作，动员社会各界力量，协助党委政府开展禁毒戒毒工作。除了1989年和1991年，驻保省政协委员分别在政协云南省六届二次、四次会议上提出提案《建议省委省政府立即在全省范围内开展一场禁毒斗争》《请省政府帮助保山解决建设戒毒劳动所经费》外，全区政协组织还在“六二六”国际禁毒日，配合有关部门开展了禁毒宣传一条街活动，展出《吸毒恶果》《云南禁毒史话》等资料、实物。

2005年9月12日—13日，市政协副主席刘明铨带队，市政协科教文卫体委牵头，市司法局、市文化局、市人口和计划生育委员会、市卫生局、龙陵县政协共同组织的农村艾滋病防治知识宣传活动在龙陵县勐糯乡开展。活动期间，组织中小学生、机关干部职工、农民群众2500多人观看了禁毒防艾科普电影专题片；组织干部群众3000多人观看了禁毒防艾图片展；向当地群众和外来流动人员开展了防艾知识专家咨询，发放防艾健康处方20000份，发放安全套8000只。

三、协调配合细菌战调查及“义诊”活动

2003年2月5日，侵华日军细菌战中国受害诉讼团原告团团长王选女士以及中央电视台专题片摄制组一行到保山，调查二战时期侵华日军细菌战伤害情况。王选一行在市政协和滇西抗日战争遗留问题研究会有关人员的陪同下深入隆阳区、腾冲县、龙陵县、施甸县及潞西市进行了调查采访。2月11日，王选一行在市政协举行了抗日战争遗留问题报告会。

2003年11月26—30日，通过市政协联系协调，全国少数民族人口基金会组织的“西南义诊”北京医疗队到保山市开展义诊活动。医疗队由中科院遗传研究所、北京中医研究院、北京安贞医院、北京同仁医院、北京医院、解放军309医院、北京大学第三医院、北京妇产医院以及英国伦敦中萨大学中医药学会的专家组成，医疗队深入到隆阳区和腾冲县的杨柳、潞江、荷花、猴桥4个少数民族聚居乡（镇），为当地的1500多名少数民族群众义诊，赠送了价值5万多元的药品，向贫困患者捐款600元，举行了“大众医学保健科普知识”和“生殖健康医学”讲座，到医疗单位开展会诊及学术交流31人次。

第八编　民主党派工商联

保山市工商业联合会（商会）第一次会员代表大会

综　述

1978年年末，保山地区尚未成立民主党派和工商联。1986年起，先后成立民盟、民建、九三学社、民革、致公党、农工民主党等保山基层组织。1995年，成立工商联。各民主党派成立之初，均为支部、设于各县，后大多升为总支。2002年，由县（区）收归市级统一管理。2005年年末，保山市设立有民盟保山市委、民建保山市委、九三学社保山市委、保山市工商联、民革保山市支部、农工党保山市支部、致公党保山市支部。

第一章　民革保山市支部

第一节　机构沿革

1989年6月，民革开始在保山发展成员组并成立学习小组。

1990年4月5日，中国国民党革命委员会保山市（县级）支部委员会（简称民革保山市支部，下同）成立。办公地点在保山市政协大楼内。成立时有党员15人，设主任委员1人、副主任委员1人。当年底，有民革成员27人，主要来自地、市行政机关、文化教育界和科技界，多数是单位和部门的专业人才和技术骨干。

1993年12月，民革保山市支部召开第二次党员大会，选举产生了民革保山市第二届支部委员会。

2000年7月，召开第三次党员大会，选举产生民革保山市第三届支部委员会。

2002年1月1日，民革保山市（县级）支部上划为地级保山市管理，名称仍然为中国国民党革命委员会保山市支部委员会。

2005年7月，召开第四次党员大会，选举产生民革保山市第四届支部委员会。

截至2005年12月，民革保山市支部下设3个小组。共有党员65人，其中：女党员15人，中高级职称57人，大专以上学历60人。

第二节　自身建设

民革保山市支部成立以后，积极组织领导班子和广大党员参加各类学习培训，学习《中国国民党革命委员会章程》及与中国共产党风雨同舟、浴血奋战的光荣历史和优良传统，学习国际国内时事，了解掌握国情、省情、市情，学习领会中共中央的重要方针政策，积极开展爱国主义、社会主义和集体主义教育。重视宣传工作，办好《保山民革》刊物。开展了以学习与深刻领会邓小平理论和“三个代表”重要思想为核心的政治思想教育系列活动，并组织研讨、撰写心得，开展“台湾知识竞赛”“民革党章知识竞赛”“先进个人”评选及“优秀信息员”评选表彰等活动。

始终把组织建设工作摆在重要位置，重点抓好领导班子建设和组织发展工作。建立和完善领导班子的议事决策规则，明确工作运行程序，确保民主集中制在领导班子内部得到切实落实。坚持集体领导和个人分工负责相结合的制度，充分发挥班子成员的积极性、主观能动性以及班子的整体合力。探索建立领导班子成员考核制度，并将考核情况切实与班子成员能上能下的机制挂钩。重视和加强后备干部队伍的建设，推进后备干部培养和选拔工作规范化、制度化建设，搞好备用结合。要求党员处理好本职工作与党派工作的关系，既要在本职工作中有所建树，又要从政治和全局的高度认识，同时做好民革工作。

在发展成员工作中，坚持政治标准，注重政治素质，建立健全组织发展程序，严把入口关，发展能够贯彻中国特色社会主义理论和“一个中心、两个基本点”的基本路线、与中国共产党真诚合作、恪守民主党派章程的人士加入组织。妥善处理好数量与质量、重点与非重点、发展骨干成员和发展一般成员的关系，保持参政党的进步性与广泛性相统一。特别是民革保山市支部上划市管后，在市委统战部的帮助和支持下，支部召开了专门会议，针对民革组织自身的特殊性，研究确立了组织发展的目标、思路。

民革保山支部按照《中共中央关于进一步加强多党合作和政治协商制度建设的意见》要求，建立健全各项规章制度。先后印发《民革保山市支部关于加强领导班子制度建设的意见》(包括主委、副主委工作职责、会议制度、学习制度和加强领导班子的作风建设等4个方面)、《民革保山市支部关于组织机构设置及委员分工的意见》和《民革保山市支部参政议政宣传奖励制度》等3个制度文件。

第三节　主要活动

一、参政议政

民革保山市支部成立之初，先后就保山市山区经济发展、民办教师的状况及存在问题、发展山区畜牧业生产等问题进行调查、考察、论证，在保山市政协全会上作专题发言，向保山市委、市政府提出意见建议。同时，支部还发挥自身优势，动员民革成员通过各种渠道，向港澳台同胞、海外亲属、朋友、故旧介绍祖国大陆改革开放成就及家乡变化，以便联络感情，促进交流，为完成祖国统一大业作贡献。之后，民革保山市支部紧紧围绕保山地方党委、政府的中心工作和总体部署，积极开展参政议政工作。截至2005年，利用市、区政协全会向大会作专题发言，以党派名义递交集体提案100多件；组成调查组对保山市经济社会工作做专题调研，共形成调研报告20余篇。《关于加强“网吧”等互联网上网服务营业场所管理工作的建议》《关于加快我市职业技术教育的建议》《站在新世纪的高度发展保山高中教育》《加快医疗改革，维护患者权利》《全民健身运动必须有良好的运动场所》《加大政策扶持、促进行业发展的建议》《关于对隆阳区农业生产用地进行科学规划的建议》等提案，被市政协评为优秀提案。

二、社会服务

民革保山支部从实际出发，以社会服务为着眼点，发动党员出谋献策，开展多种形式的联络及社会服务活动。每当发生各种自然灾害之时，支部都组织动员广大民革党员发扬一方有难、八方支援的精神，积极捐款捐物。1996—1997年，支部联系协调省级专家到水寨进行小尾寒羊养殖技术指导。截至2005年，支部先后组织党员专家到农村山区对茶叶和蚕桑种植技术、病虫害防治、科学环保使用农药等进行指导；与隆阳区汉庄乡砖房小学进行对口扶持，并捐赠文具用品110多件；为隆阳区汉庄蒿子小学捐赠部分课桌椅。

三、宣传信息

民革保山支部成立以后，重视做好对外宣传及信息上报工作，坚持办好《保山民革》刊物，以便全方位、多角度地宣传民革保山支部，认真履行参政议政、民主监督职能，为保山改革开放和经济社会发展服务而做出的各项工作业绩。至2005年，《保山民革》共出刊12期。

第二章　民盟保山市委

第一节　机构沿革

1985年，保山市有政协委员联名向民盟云南省委提出“在保山发展盟员并建立基层组织”建议，获民盟云南省委同意后成立“民盟保山支部筹备小组”。

1986年12月20日，中国民主同盟保山支部成立大会在保山召开，建立保山第一个民主党派组织，选举出支部委员6人，选举主任委员1人，副主任委员1人。1987年4月，盟员发展到50人，民盟小组6个。1988年，增补了两名支委，调入专职干部1人。

1989年，盟员总数增到85人，根据民盟云南省委的批复，成立了总支筹备领导小组，并于1990年4月14日召开第一次盟员大会，选举产生了8人组成的总支委员会，设主任委员1人，副主任委员2人，总支下设6个支部和两个民盟小组。

1991年，增补1名副主任委员和1名总支委员。

1993年8月22日，召开总支第二次盟员大会，选举产生了第二届总支委员会，主任委员1人，副主任委员3人，总支委员9人，下设7个支部，盟员96人。

1996年10月26日，召开总支第三次盟员大会，选举产生第三届总支委员会。主任委员1人，副主任委员3人，总支委员9人。

2002年1月，民主党派由隆阳区上划保山市管理，根据中共云南省委文件精神，民盟云南省委同意在保山建立民盟市级地方组织，成立了筹备领导小组。

2005年12月30日，成立中国民主同盟保山市委员会，12月31日，召开中国民主同盟保山市第一次盟员代表大会，选举产生了11位民盟市委委员，主任委员1人，副主任委员2人。至年末，实有人数144人，平均年龄52.4岁。其中，高、中级职称的130人，占盟员总数的90.3%；女盟员59人，占40.9%。民盟保山市委下设师专支部、保一中高中支部、保一中初中支部、文化支部、中学支部、科技支部、医疗卫生支部和曙光学校小组。盟员中担任省人大代表1人，省政协委员、市政协副主席1人，市政协常委2人、委员6人，区人大代表2人，区政协委员8人。

第二节　自身建设

1986年，民盟保山支部成立后，即按照民盟中央和省委的部署，提出各个时期和重要阶段的政治理论学习计划与任务，明确学习目的和具体要求，印发学习辅导材料，举行全盟范围的重要学习交流座谈会议，采取灵活多样的学习形式与方法。1991年，民盟保山总支委员会开展庆祝中国民主同盟成立50周年活动，组织60余位盟员进行了民盟章程、民盟历史和统战知识抢答竞赛。2000年后，保山民盟以“三个代表”重要思想为主线，重点开展深入学习中国共产党十六届三中、四中、五中和六中全会精神，认真贯彻学习《中共中央关于进一步加强多党合作和政治协商制度建设的意见》、胡锦涛关于治国理政的一系列重要讲话精神等主要内容的思想理论学习活动；开展国际国内形势、爱国主义和社会主义等思想教育活动；开展新时期统战方针、政策、理论和《中国民主同盟章程》、民盟历史等内容的知识竞赛活动。为抨击李登辉“两国论”和陈水扁推行“台独”路线、揭批邪教组织，保山民盟组织全体盟员学习座谈，开展思想教育活动，安排和布置各支部和盟员撰写心得和理论文章，有10多篇文章在各级报刊上发表。

民盟保山市委按照中共中央和各民主党派组织发展座谈会议纪要的有关规定，主要在经济社会相对发展的县(市、区)的教育、文化、科技等领域发展新盟员。坚持“三个为主”(以大中城市为主，以高、中级知识分子为主，以从事文化教育工作的知识分子为主)的方针和质量第一、统筹兼顾、有所突破的原则；注重调整人才结构、降低成员平均年龄；重点发展知识层次高、社会影响力大和具有一定代表性的人才，突出了成员素质高、专业知识强和广泛性、代表性等特点。领导班子建设突出新老交替、政治交接这条主线，顺利地实现跨世纪的政治交接及平稳过渡的目标。建立起举贤荐能、能上能下、灵活适用的后备干部培养机制。积极选派盟员参加保山市委(县级)组织部、宣传部、统战部三部联合举办的党外干部培训班3期、中共保山市委统战部和民盟云南省委每年举办的有关培训班。

民盟保山市委始终注重制度建设，按照《中共中央关于进一步加强多党合作和政治协商制度建设的意见》要求，先后印发了《民盟保山市委员会关于加强市级组织领导班子制度建设的意见》（主委、副主委、秘书长工作职责、会议制度、学习制度和加强领导班子的作风建设等4个方面）、《民盟保山市委关于加强基层组织建设的意见》《民盟保山市委员会关于组织机构设置及委员分工的意见》《民盟保山市委关于加强信息工作的意见》等4个文件，不断加强制度建设。

第三节　主要活动

一、参政议政

保山民盟成立后，紧紧围绕中共保山市委、市人民政府的中心工作，结合自身的优势与特点，集中全盟的智慧和力量，积极参政议政，努力为地方经济建设和文化建设服务。多次应邀出席中共保山市委、市政府、市人大、市政协和中共保山市委统战部举行的民主协商会、茶话会、团拜会、情况通报会、民情恳谈会等，参加人大、政协组织的专题调研、考察、视察、慰问等社会活动，参与保山市经济社会发展战略的确定、文化旅游产业发展方略的确立、城市规划建设的协商，以及党风廉政建设、民主行风评议、“云岭先锋”工程和保持党的先进性教育活动等重大问题的协商与讨论，提出了许多建设性意见建议，履行民主监督职能。就中高等教育改革、建设最佳人居环境居住地、城市规划建设管理、粮食生产存在问题、文化产业发展、退耕还林战略、“三农”问题、农业科技推广、新农村建设、积极做好人才储备工作、劳务输出、“走向南亚”战略保山先行一步、水土流失和石漠化等重要课题，组织盟员深入开展调查研究，完成了35篇质量较高的调查报告。其中：《保山市城市管理水平亟待提高》《关于保山市“三农”问题的调研及思考》《城市交通管理》等6篇文章在各种报刊发表；《重科教，加强“普九”后续工作》《保山市环保工作的调查报告》等10多篇材料在市、区有关部门的工作会议上引起重视。2000年以后，保山民盟向市、区政协提交大会发言和交流材料11份、党派集体提案140件。其中：大会发言《改革体制，激活机制，提高效益，促进发展》在市政协一届三次全会上反响十分强烈，引起市委、市政府领导的高度重视，促进了保山高、中等教育资源重组与改革的成功；《关于实施退耕还林发展战略的思考与建议》等12件提案被市、区政协评为优秀提案；《巩固“普九”成果，切实控制初中辍学率》的提案成为原保山市（县级）政协常委会的建议案；《关于严厉打击聚众赌博的建议》成为2003年市政协重点督办的人大建议案；《切实转变政府职能，彻底铲除“小鬼难缠”现象》等16件提案被列为重点提案。

二、社会服务

保山民盟按照民盟中央提出的“突出重点、因地制宜、量力而行、注重实效、持之以恒”的原则，面向社会，创造条件，积极开展社会服务活动，努力把实事做好，把好事做实。

1987年，支部开办高中文、理补习班4班，举办花木栽培技术培训班1期，举行交谊舞培训班和小学生书法、美术、假期作业学习辅导班，累计培训中、小学生和干部职工

829人次。1988年，开办高等教育自学考试语文辅导班1班，端阳花市期间，组织盟员开展医疗卫生咨询服务和农村实用技术咨询服务。1990年，支部开办金桥农业科技咨询服务站，直接面对农村开展农业科技知识咨询，向农民提供良种、化肥、农药、农膜等农用物资服务。

1999年，保山民盟举行“保山高教改革与发展研讨会”，邀集民盟内外知名教育工作者和有关领导共商发展大计，提出师专搬迁升位、提高办学能力和扩大办学规模的发展思路；组织盟员到辛街乡和大官市中学进行“普九”工作考察，为落实好“普九”任务提出具体的意见和建议，并发动全体盟员为大官市中学捐书、捐款，为困难学生解决了实际问题。对隆阳区锦溪路中段和西大沟穿城段的治理、保山城区的环境污染整治、城市和交通管理中的突出矛盾、犬类动物泛滥的控制、隆阳区禁毒工作、社会治安综合治理、农村医疗保险和市老年大学校址问题等10多个社会热点、难点和焦点问题，开展了专题调查研究，以杂文、调查报告、信息、提案等多种形式向党委政府和社会各界呼吁，为广大市民和老百姓做实事，办好事。

三、宣传信息

民盟上划市级管理后，认真贯彻落实民盟中央关于加强宣传工作的精神和民盟云南省委进一步加强信息工作的意见。2003年以后，盟员代表保山民盟组织撰写的各类文章在《云南盟讯》《保山日报》等报刊发表刊登60余篇，保山民盟每年编写宣传报道材料约12篇，以信息的形式编印了《保山民盟》共17期，加大了宣传和信息工作力度，宣传工作连续4年受到民盟云南省委的表彰和奖励。

第三章　民建保山市委

第一节　机构沿革

1986年，民建云南省委委托驻保山的成员着手为民建在保山成立基层组织做筹备，经近1年的筹备，于1987年5月27日成立民建保山市（县级）支部委员会。支部设主任委员1名，副主任委员2名，成立时共有会员20人。办公地点设在保山市（县级）政协办公楼内。

1990年年末，民建保山市支部有会员44人，支部下设商业、工交、文化、侨务、饮食服务、五交化6个学习小组，内设组织、宣传、联络咨询、秘书4个办事机构，处理日常事务。

1992年1月，民建保山市支部召开第二次会员大会，选举产生民建保山市第二届支部委员会，主任委员1名，副主任委员2名，共有会员51人。

1996年10月7日，召开第三次会员大会，选举产生民建保山市第三届支部委员会，主任委员1名，副主任委员2名，共有会员55人。

2000年6月10日，召开第四次会员大会，选举产生民建保山市总支委员会，主任委员1名，副主任委员2名，共有会员63人。

2002年1月1日，民建保山市（县级）总支上划保山市（地级）管理，名称仍然为民建保山市总支部委员会。

2005年12月30日，召开民盟、民建、九三学社保山市委成立大会。12月31日，民建保山市第一次代表大会选举产生民建保山市第一届委员会，主任委员1名，副主任委员3名，市委委员11人。民建保山市委下设工商、财税、经济、旅游文化、直属5个支部，会员共96人，其中：女会员28人、中职53人、副高职3人，大专以上学历48人。

第二节　自身建设

民建保山支部始终把组织建设工作摆在重要位置，重点抓好领导班子建设和组织发展工作。在加强领导干部的自身建设上，着重通过自我教育来提高自身素质；通过建立健全必要的监督机制达到严格组织管理；通过“讲政治、讲学习、讲团结、讲奉献”学习教育，不断提高领导干部的政治素质、政治把握能力、参政议政能力和合作共事能力。把思想建设放在工作的首位，坚持以提高广大会员的理论素养和政治觉悟为出发点，开展以学习和深刻领会邓小平理论和“三个代表”重要思想为核心的政治思想教育的系列活动，以中共历次代表大会，尤其是中共十六大、十六届三、四、五、六中全会和全国统战工作会议精神为主题，在全面理解和掌握邓小平理论实质上下功夫，不断提高会员的政治素质，激发广大会员的政治热情，坚定其政治信念，使会员们始终与中国共产党同心同德，患难与共，保持高度一致。

在组织发展工作中，较好地把握发展会员的基本条件，坚持“三个为主”，即以协商确定范围的对象为主（经济界人士及其专家学者）、以保山市直单位和隆阳区为主、以有一定代表性人士为主的基本精神，正确处理数量与质量的关系，坚持自愿原则，积极慎重地发展非公有制人士加入该组织。2005年，保山民建会员由1987年成立时的20人发展到96人，会员平均年龄52.6岁。

第三节　主要活动

一、参政议政

民建保山支部始终紧紧围绕中共保山市委、市政府的中心工作和总体部署，参政议政。充分发挥职能作用，积极开展工作。利用市区政协全会，连续16年向大会作专题发言，以党派名义递交集体提案140多件。人大代表和政协委员的民建会员，积极撰写提案和建议案，参政议政，96名会员中有市人大代表1人，市政协常委3人、委员4人、区政协副主席1人、常委1人、委员7人，先后担任过市区政协委员的会员共有30多人。《关于治理易罗池的建议》提案，连续获市、区两级政协表彰，《改变传统造林思维，在农村推广使用沼气和液化石油气，促进生态环境保护》《大力发展旅游产业，促进地方经济增长》《建议市政府重视发展非公经济》等提案，被市政协评为优秀提案。

民建会员通过对保山市的经济社会做专题调研，共撰写调研报告20篇，积极向地方党委、政府建言献策。很多意见和建议得到充分肯定和采纳。

二、社会服务

民建保山支部成立后，从实际出发，以社会服务为着眼点，发动会员出谋献策，开展多种形式的联络及社会服务活动。先后组织会员专家到高寒民族山区传授缝纫技术，教授山区少数民族群众谋生技能。举办厨师培训班，为军队和地方培养大批厨师；举办美术培训班，培养军地学员，为丰富活跃军地文化生活起到了积极作用。发扬一方有难，八方支援的精神，在国内数省遭水灾、地震或各种自然灾害之际，动员广大会员捐款捐物。为昆明新雅集团公司向昌宁右文小学捐赠电脑一事作协调工作。支部还加强对外联络工作，促进保山与海外的沟通，1987—1990年，共接待港、澳、台同胞和海外华侨9批11人，促进了保山与海外工商界的联络和交往。

民建保山市委紧紧围绕保山市经济社会发展和社会稳定，发挥职能作用，向市委、市政府提出许多建设性的意见，得到了民建云南省委和中共保山市委、政府的高度评价和充分肯定。分别于1992年4月、1995年12月、2000年12月，三次被民建云南省委表彰为“先进集体”，8名会员被评为优秀会员。2001年4月，民建保山总支被中共云南省委表彰为“云南省统一战线工作先进集体”。

三、宣传工作

民建保山支部成立后，非常重视对外宣传工作，及时将组织活动及工作情况上报民建云南省委和中共保山市、区委统战部。坚持办好《保山民建》刊物，至2005年，共出版62期，先后介绍若干条有价值的农村致富信息和改善企业管理方面的好经验，对增加农民收入、促进农村经济发展和改善企业经营管理起到了有益作用。支部还先后创办《民讯》墙报11期，以沟通民建与各行各业的联系。会员通过学习刊物，加深对民建工作的认知。

第四章　农工民主党保山市支部

第一节　机构沿革

1997年，农工党云南省委到保山发展农工党员，至1998年9月，发展党员12人，具备建立支部的基本条件，经农工党云南省委与中共云南省委统战部和中共保山地、市委统战部协商，同意批准成立农工党保山支部。1998年10月16日，召开“中国农工民主党保山支部成立大会”，选举产生农工党保山市第一届支部委员会，支委4名，主任委员1名，副主任委员1名。办公地点设在保山市(县级)政协办公楼。

保山撤地设市后，2002年1月，农工党保山市(县级)支部上划地级保山市管理。2002年，增补李培基为副主任委员。

2003年7月11日，召开农工党保山市第二次党员大会，选举产生了农工党保山市第二届支部委员会，支委5名，主任委员1名，副主任委员2名。截至2005年，农工党保山市支部已拥有党员62人，其中：女党员33人，占53.2%，平均年龄41.2岁；中高级职称57人，占91.9%；初职5人，占8.1%；从事医学教学和医务工作者54人，占87.1%；其他界别8人，占12.9%。党员中有市政协副主席1人、市人大代表1人，市政协委员2人。

第二节　自身建设

农工党保山市支部领导班子和广大党员，通过学习马克思列宁主义、毛泽东思想、邓小平理论和“三个代表”重要思想，学习新时期统一战线和多党合作理论，学习《中国农工民主党章程》及与中国共产党风雨同舟、浴血奋战的光荣历史和优良传统，学习国际、国内时事，了解掌握国情、省情、市情，学习领会中共中央、国务院的重要方针政策，开展爱国主义、社会主义和集体主义教育。提高广大党员思想政治素质。先后选派9人次参加农工党云南省委组织的机关干部公文写作培训，3人次参加了云南省社会主义学院骨干党员培训，8人次参加了农工党云南省委组织的学习活动，支部还开展中国共产党新时期统战方针、政策、理论和《中国共产党章程》、党史等内容的知识竞赛活动。

注重加强领导班子建设，认真贯彻民主集中制原则，建立民主、高效的领导集体。重视加强后备干部队伍的建设，注意从平时的工作和活动中去发现人才，积极创造条件，进行选拔培养，使他们有学习锻炼的机会。

始终坚持巩固与发展方针，做好组织发展工作。在讲求发展质量的前提下，吸收一批具有较高政治素质和业务水平，具有一定社会代表性的医药卫生界人才加入农工党，使农工党保山市支部成为以医药卫生界为主，具有较高素质和参政议政能力的民主党派。2000年后，发展科技、司法、教育等界别的一批优秀知识分子加入农工党组织，改变了过去界别单一的状况。不仅提高了党员的整体素质、改善了党员的年龄结构和知识结构，也为进一步做好参政议政工作打下了坚实的基础。在组织发展工作中，坚持“发展是为了工作”和“在工作中发展”的原则，妥善处理好发展与巩固、数量与质量、重点与非重点、发展骨干成员和发展一般成员的关系，保持进步性与广泛性相统一的特点，成熟一个发展一个。将业务水平高、综合素质强，在社会上具有一定影响力的人吸收到农工党中来，在吸收发展过程中，严格按照考察了解、讨论研究审批的程序进行。

农工党保山市支部成立后，为有效开展各项活动，加强自身建设，履行参政党职能，按照《中共中央关于进一步加强多党合作和政治协商制度建设的意见》要求，参照农工党云南省委的制度建设办法，结合农工党保山市支部的实际情况，建立健全各项规章制度。先后印发了《农工党保山市支部关于加强领导班子制度建设的意见》(包括主委、副主委工作职责、会议制度、学习制度和加强领导班子的作风建设等4个方面)、《农工党保山市支部关于组织机构设置及委员分工的意见》和《农工党保山市支部参政议政宣传奖励制度》等制度文件。

第三节 主要活动

一、参政议政

农工党保山市支部成立后，根据中共保山市委、市政府的中心工作和总体部署，努力做到从实际出发，围绕经济发展和社会生活中的热点、难点和重点问题开展广泛的调查研究。积极参与视察活动，通过各种渠道和形式，认真做好参政议政和民主监督工作，为中共保山市委和政府献计献策，提出了许多有价值的意见和建议。从支部成立至2005年，共提交集体提案和个人提案40多件，其中：《加大对国家禁止产销的毒鼠药的生产及销售的打击力度的建议》《加强食盐市场秩序整顿，保证群众能吃到合格的加碘食盐的建议》《关注精神病人的艰难处境的建议》《太保山森林公园自然景观的保护和林间植物的更替》《新型农村合作医疗试点工作的建议》等提案，获市、区政协优秀提案。农工党保山市支部还组织党员深入调查研究，撰写调研报告，积极参政议政，对保山市的政治经济及社会发展建言献策，参政议政工作取得显著成绩。

二、社会服务

农工党保山市支部成立后，充分发挥自身优势，多次组织党员开展不同形式的社会服务工作。先后组织医疗队伍到隆阳区、施甸县开展义诊活动，共义诊病人121人次，为85人免费做心电图、B超、化验等检查，为经济较困难的患者支付医药费；组织内科、外科、骨科7位专家到隆阳区举办为期4天的乡、村医生培训班，参训人员127人，通过培训，进一步提高了参训人员的技能。同时组织有关专家、学者，到隆阳区、施甸县开展送医送药慰问抗战老兵活动，通过义诊，给62名抗战老兵发放了价值6700元的药物，并给62名抗战老兵送去每人100元的慰问金，给抗战老兵家属送去120千克苞谷种子。

2003年，保山防控“非典”疫情期间，农工党保山市支部成立由主委任组长，副主委任副组长的“农工党保山市支部抗击‘非典’领导小组”，迅速组织农工党员投入到抗击“非典”斗争中。保山有21名农工党员积极投入到抗击“非典”的第一线，以自己的实际行动，树立了农工党员良好的社会形象，为保山市抗击“非典”斗争做出了贡献。与此同时，组织部分农工党员对保山市的“非典”防治工作进行调研，撰写《从抗击“非典型肺炎”的教训看，有必要在保山市尽快建立一所传染病专科医院的重要性及紧迫性》的提案，为保山市的传染病防治工作提出意见建议。

2003—2005年，农工党保山市支部举办第十五、十六、十七届“国际科学与和平周”活动，组织医疗队伍为广大人民群众进行义诊和义务咨询，并为经济困难的患者支付医药费。

三、宣传信息

农工党保山支部成立后，重视做好对外宣传及信息上报工作，积极将工作信息上报农工党云南省委，先后有14篇信息和简讯被农工党云南省委主办的《农工滇讯》采用刊载。

第五章　致公党保山市总支

第一节　机构沿革

1989年1月25日，致公党云南省委批准腾冲成立支部筹备组，2月10日，举行成立大会。当时有党员5人。1993年4月2日，腾冲成立致公党云南省委直属小组，有党员7人，组长1名，副组长1名。2001年11月29日，腾冲支部成立，有党员10人，委员3人，设主任委员1名。2005年11月24日，腾冲支部换届，有党员13人，委员3人，主委1名，副主委1名。

1989年3月，致公党云南省委在保山发展党员1人。1993年4月，成立保山支部筹备组，组长1名，成员8人。1996年11月15日，致公党保山支部成立大会召开，全体党员（8人）出席。会议选举产生了致公党保山市（县级）第一届支部委员会，支委3人，主委1名，专职副主委1名。

保山撤地设市后，2002年1月，致公党保山市（县级）支部上划地级保山市管理，名称仍为致公党保山市支部委员会。

2002年6月，致公党云南省委批准成立致公党保山市总支委员会筹备组，设组长1名，副组长1名，成员6人。

2002年9月27日，中国致公党保山市总支委员会成立大会召开。会议选举产生了致公党保山市第一届总支委员会。总支委员5人，主委1名，专职副主委1名。总支下设4个支部，共有党员40人，其中：保山一、二、三支部30人，腾冲支部10人。至2005年12月，共有党员58人，其中：男30人，女28人，平均年龄47岁，中级以上职称33人，归侨、侨眷、港澳台眷属41人。曾经担任过和仍在担任各级人大代表、政协委员、人民监督员、特邀监察员、侨联委员、妇女代表的有50余人次。在任省、市、县（区）人大代表、政协委员21人。

第二节　自身建设

致公党保山基层组织建立后，注重思想建设，不断提高党员思想政治素质，为组织的发展提供必要的思想基础。认真贯彻执行《中共中央关于进一步加强中国共产党领导的多党合作和政治协商制度建设的意见》，按照致公党中央《关于建设学习型参政党的若干意见（试行）的实施办法》和致公党云南省委的要求，结合自身实际，通过召开总支（支部）扩大会议、工作会议，参加统战部、政协等有关方面组织的学习、专题辅导以及自学等多种形式，积极开展各种学习教育活动。学习邓小平理论、“三个代表”重要思想、中共十五大、十六大报告，十六届三中、四中全会精神，新时期爱国统一战线方针、政策和理论，政协章程，致公党党史、党章及上级组织的有关会议和文件精神等。通过学习，提高广大党员思想政治共识，更好地履行参政议政职能，为保山经济社会发展建言献策。

根据致公党中央和云南省委“关于民主党派组织发展若干问题座谈会纪要”等3个“纪要”，积极稳妥地开展组织发展工作。为了更好地履行参政议政职能，致公党保山总支（支部）结合自身实际，制定了相关的工作制度，包括《组织制度》《支部（总支）委员会分工负责制度》《日常工作制度》《参政议政工作意见及奖励办法》等。

第三节　主要活动

致公党保山总支（支部）自成立起，结合自身实际，积极开展活动。共组织党员开展学习、联谊、春节慰问、知识竞赛、座谈、考察调研、社会服务等组织活动60多次。

一、参政议政

致公党保山基层组织，通过参加各种会议，开展考察调研，组织政协会专题报告和提案，参加提案面商等多种形式，积极开展参政议政工作，认真履行参政议政职责。

通过应邀参加中共保山市委、市政府、市人大、市政协及有关单位和部门组织召开的座谈会、征求意见会、情况通报会、论证会等会议，以及考察调研和有关活动，积极发表意见建议。

组织总支（支部）成员中的省、市、县（区）人大代表、政协委员，在每年的“两会”期间，积极参加有关会议，听取会议报告，参与会议讨论，提交提案和大会专题材料，认真履行代表和委员职责。

组织致公党党员积极开展考察调研，认真撰写调研报告和提案。1998—2005年，致公党党员共向市、区两级政协会提交集体提案52件（立案提案），大会专题材料12篇，撰写调研报告10篇。其中：关于《加快侨务扶贫步伐，搞好为侨服务工作》等3件提案，被评为优秀提案；《关于松山抗战遗址的保护和开发利用的建议》等5件提案，被列为市政协或市政府重点提案；《关于在保山市建立廉租住房制度，加快保山廉租住房建设步伐的建议》

提案，被市政协列为建议案；关于《建议成立保山市社科联》等多件提案，被采纳实施。

二、社会服务

2000年6月，致公党保山市支部在致公党云南省委的大力支持和积极协调下，争取到美国加州华人社团组织“圣峪中华文化协会健华社”在保山市隆阳区西邑乡和腾冲县中和乡各建立一个乡村图书馆项目，2003年8月11日和8月14日，“西邑乡邹盛椿健华图书馆”和腾冲县“中和乡邹盛椿健华图书馆”项目建设完成，分别在两地举行开馆仪式。两个图书馆各得“健华社”资助资金3万多元。2005年12月，又为两个图书馆配置“清华同方”电脑各2台，图书光盘一套和其他一些配套项目。

2001年4月，施甸县遭受地震灾害后，致公党保山支部及时组织成员捐款捐物，为灾区共捐资970元，衣物78件。

2002年7月，致公党保山市总支在龙陵县龙山镇横山村建立科技扶贫工作联系点。积极争取致公党云南省委资金支持，到扶贫点举办多期培训班，内容包括“柑橘修剪与高产优质管理技术”“新品种板栗嫁接法”“水稻病虫害防治措施”“科学养猪法”“肉牛生产技术”等，培训农民100多人次，无偿提供早熟优质板栗接穗1100条，优质杂交稻种15多千克，编印、发放多个课题及讲义资料数百份，赠送“中央农业广播电视学校养猪技术”VCD教学片1套，并配合教学进行了现场播放。先后争取致公党云南省委支持，拨款2万元，帮助横山村扶贫点的小学校舍改造，修缮学生食堂，解决50名小学生用餐难的问题。

2003年，致公党保山总支争取到海外洪门致公总堂捐赠12万元、致公党云南省委捐资3万元，共15万元，投入腾冲县小西镇油灯村小学的并校、建校工程，建设工程于2004年年初动工，8月，主教学楼竣工落成，11月5日，在新校区举行了新校落成典礼。为纪念美国洪门致公总堂匡贫兴学的义举，当地政府特将该校更名为“致公油灯村希望小学”。

2003年9月，致公党保山总支积极响应致公党云南省委关于向“新长城——特困大学生自强项目”捐款的号召，组织各支部捐款共计1000元，向贫困大学生送去一份温暖。

三、海外联谊

致公党保山总支（支部）充分发挥党派自身特色和保山侨乡优势，发挥广大成员与海外侨胞和港澳台胞有着天然联系的优势，通过亲友、同学、同乡关系，以民间或半民半官等形式，多次配合协助有关方面广泛开展海外联谊活动。通过信函与缅甸、泰国、中国香港地区等华侨同乡会、联谊会、校友会等进行联系，互通信息；走访回乡探亲的“三胞”，宣传祖国改革开放的方针、政策，引导“三胞”回国回乡投资，共同发展；走出去拜访华侨会长、侨校校长和侨胞，增进相互间了解与感情；关心帮助在缅侨胞后代，推进华文教育。

四、宣传工作

致公党保山支部成立后，重视对外宣传工作，及时将工作开展情况上报致公党云南省委，并对外进行宣传。

2005年9月，经总支及有关成员两年多的努力编辑，反映滇西抗战的纪实性图书《江山作证》《浴血怒江》，由云南人民出版社正式出版发行。12日，致公党保山市总支在明和大酒店举行《江山作证》《浴血怒江》首发座谈会，中共保山市委、市政府、市政协及各民主党派领导、致公党保山总支主委、副主委及总支部分成员参加了座谈会。两书均被国家新闻出版总署列为纪念中国抗日战争暨世界反法西斯战争胜利60周年100种重点图书之一，并入展人民大会堂，在全国各中心城市新华书店销售。

第六章　九三学社保山市委

第一节　机构沿革

1987年月12月30日，九三学社保山市支社委员会成立，召开全体社员大会，选举产生九三学社保山市第一届支社委员会，支委3人，设主任委员1名，副主任委员1名。九三学社保山市支社在保山市（县级）政协内办公，专职干部编制1人，实有1人。社员14人，其中：高级职称9人，占64.29%；中级职称5人，占35.71%。

1992年2月11—12日，召开第二次支社全体社员大会，选举产生九三学社保山市第二届支社委员会，支委5人，设主任委员1名，副主任委员2名。支社下设农业、教育、医药卫生3个直属小组。

1996年10月12—13日，召开第三次社员大会，选举产生九三学社保山市第三届支社委员会，支委8人（空缺1名）。主任委员1名，副主任委员4名。支社下设5个直属小组。

保山撤地设市后，2002年1月1日，九三学社保山市（县级）支社上划地级保山市管理，名称不变。

2002年8月，成立九三学社保山市委员会筹备组，筹备小组由8人组成，设组长1名，副组长3名。

2004年4月，支社与筹备组整合，由筹备组负责日常社务工作和筹备建立市级地方组织工作，并对筹备组组成人员进行调整，筹备组由10人组成。

2005年12月30日，九三学社保山市委员会正式成立。31日，召开九三学社保山市第一次代表大会，选举产生九三学社保山市第一届委员会，委员11人，设主任委员1名，副主任委员2名。

第二节　自身建设

九三学社保山支社成立后，结合重大纪念活动，进行爱国主义、社史和社章教育。以庆祝中华人民共和国华诞、迎香港和澳门回归、《中共中央关于坚持和完善中国共产党领导的多党合作和政治协商制度的意见》文件发布十周年、中共十一届三中全会召开二十周年及纪念建社等活动为契机，召开座谈会、纪念会，组织参观学习，对广大社员进行爱国主义和社会主义教育，弘扬九三学社优良传统，增强对中国共产党领导的多党合作制度的认识，激发广大社员立足本职，积极投身社会主义现代化建设的工作热情。

坚持对中青年骨干社员和新社员的培训，把对新社员的思想教育工作列入社务工作的重要内容，选送社员参加九三学社云南省委举办的各种培训和统战部举办的非党干部培训班。举办了两期新社员培训班，共41人参加，主要对新社员进行社章、社史、新时期统一战线理论、方针和政策，以及多党合作理论的学习教育。

九三学社保山支社在组织发展工作中，坚持发展与巩固相结合、发展为了工作和在工作中发展的原则，注重质量、界别、代表性和年轻化，使支社组织稳步健康发展。1998年和2001年，两次对领导班子进行了届中调整，充实了一批热心社务工作、年富力强、政治素质好、有广泛群众基础和代表性的领导骨干，先后增补了8名委员、2名副主委。2005年，社员由成立时的14人，发展到106人，其中：高级职称占44.4%，中级职称占51.9%，其他占3.8%。九三学社保山市委下设保山卫校支社、直属支社、保山中等专业学校支社、离退休支社、保山师专支社、农林支社等6个基层组织，成立了参政议政和科教文卫2个专门工作委员会。

为促进基层组织活动的正常开展，指导支社工作制度化和规范化，九三学社保山市委制定了《九三学社保山市委员会支社工作条例》。为促进九三学社市委工作的优质、规范、高效，适应新形势下社务工作的科学化、规范化、制度化的要求，制定了《会议制度》《社市委工作制度》《组织发展工作制度》《中心学习组学习制度》《主副委联系基层支社制度》《主副委工作职责》《社市委委员工作职责》《办公室工作职责》《组织工作职责》《宣传工作职责》《社会服务工作职责》《专门委员会工作职责》等制度。

2005年，农林支社被九三学社云南省委评为先进支社，郑家文被九三学社中央评为优秀社员，饶学军被九三学社云南省委评为优秀社员。

第三节　主要活动

一、参政议政

九三学社保山支社注重发挥群体优势，以提高认识、强化参政党意识入手，以立足职能、围绕中心、服务大局为准则，以调查研究为基础，以促进保山市经济社会发展为出发点，把参政议政与加强自身建设紧密结合起来，积极探索参政议政途径，不断提高参政议政水平，认真履行参政议政、民主监督的职能。

九三学社保山支社成立后，就全市改革开放、经济建设、社会发展中的宏观战略问题及重点、难点问题，组织社员开展调研活动10余次，完成调查报告14篇。

1989年12月25—26日，在调研基础上，主持召开为期两天的保山地区粮食生产上新台阶研讨会，就保山粮食发展现状、存在问题及发展思路作研讨分析，形成《富民兴保，粮食为本——关于保山粮食生产发展的建议》，受到地、市领导及有关部门的重视和好评，并在《保山经济》上发表，在保山广播电台重复播出。

《保山市无公害农产品生产面临严峻形势和应对措施》《重现永昌古城——隆阳区板桥、金鸡古镇文化历史资源调查》等调查报告，在《保山日报》上刊载，扩大了社会影响。

截至2005年，共提交市、区政协大会交流发言材料19份，以个人名义提出提案和建议84件（份），集体提案86件，其中：《把畜牧产业建成富民兴市的支柱产业》《对保山市城市规划和基础建设的几点思考》等25件提案被市、区政协列为重点提案和优秀提案。提案和大会发言，内容涉及经济建设、环境保护、科技教育、城市建设、精神文明等方面。

二、社会服务

1989年，九三学社保山支社组织医药卫生方面的九三学社社员，协助保山市（县级）政协办了三期乡村医生提高班，共120多人参加。支社与保山市（县级）政协医药卫生组，合办老年保健咨询服务部，受到老年人好评。

1990年8—10月，受九三学社云南省委的委托，在怒江州六库镇，举办为期3个月的全州乡镇企业财务会计培训班，培训了来自怒江州各县的少数民族学员33人，通过考核，全部合格，为少数民族贫困地区培养了一批财会专业人才。

1991年5—12月，组织医药卫生界社员，在保山市（县级）东门卫生院进行临床指导和培训，就药理、五官、中医、外科等方面，对该院医护人员作了重点培训。

1992年3—10月，围绕保山市委（县级）、政府的中心工作，由社主委张临主持，在板桥镇郎义村，举办500亩田烟高产综合栽培示范样板。从育苗、移栽、管理、采收、烘烤等技术环节做出示范，对119户烟农培训7次，人员达650人次。期间，共印发烤烟栽培、烘烤技术资料共240份，放映录像4场。当年，在自然灾害严重的情况下，全村上中等烟叶达到60%以上，总产值达14.3万元。

1993—1994年，针对保山电脑操作人员紧缺状况，组织有专长的社员积极筹办电脑职业高中教育。在保山市（县级）招收两年制“电子电器职高班”和“微型电子计算机职高班”各一班，共70余人，经过两年的基础理论和实际操作学习，均获得保山地区教委签发的职业高中毕业证书，培养了一批初级电脑操作人才，一些优秀生毕业后被地、市党政机关录用。

1995年3—11月，与保山地区扶贫办合作，在保山市（县级）杨柳彝族乡冷水行政村，举办了50亩苞谷高产稳产示范样板，带动了全村1200亩苞谷生产的发展，当年，总产达14.5万千克，比上年增长61.7%，平均单产由122千克，提高到198千克，增长62.29%。

1998年5月，与卧佛寺一私营林场签订了为期3年的技术咨询服务合同，开展果木土肥管理、病虫防治、整枝修剪、造林及果园设计规划、水果、干果存贮、市场信息等咨询服务。

2001年起，连续5年响应九三学社中央和九三学社云南省委的号召，开展“国际科学与和平周”活动（内容包括农业科技咨询服务、医疗保健咨询、义诊、专题讲座等）。期间，以昌宁县柯街镇为社会服务挂钩点，围绕新农村建设和构建乡村和谐社会，开展各项社会服务活动。在第十八届“国际科学与和平周”活动期间，九三学社云南省委和九三学社保山市委聘请了云南省政府生物资源开发创新办公室程达教授、云南大学李杰教授，在该镇分别作了“建设新农村的关键是发展农村经济”和“乡村干部与构建乡村和谐社会”的专题报告，柯街镇各单位干部职工、村支书和村主任共120多人参加。2001年，九三学社保山支社被九三学社中央授予“‘国际科学与和平周’活动特别贡献奖”。

三、宣传信息

九三学社保山支社重视做好宣传和信息工作，截至2005年，共编印《保山九三》50多期，有40多篇稿件被九三学社云南省委社刊《云南九三》采用。

第七章　保山市工商联

第一节　机构沿革

1985年12月，保山、腾冲两县工商联组织恢复。1995年7月，成立保山地区工商联（商会），为具有统一战线性质的工商业界组织的人民团体和民间商会，是保山地委联系民营经济人士的桥梁和纽带，是政府管理民营经济的助手。挂靠地委统战部，机构级别为县处级，人员编制为4人。1995年7月27—28日，召开保山地区工商业联合会、保山地区商会第一届会员代表大会。出席会议的代表共87人，其中：国有企业代表15人，集体企业代表6人，私营企业代表12人，股份制企业代表1人，“三资”企业代表2人，独资企业代表2人，个体工商户代表14人，工商界知名人士35人。代表大会选举名誉会长2名，专职会长1名，专职副会长1名，兼职副会长8名，秘书长1名，常委22名，执行委员30名。

1998年，保山地区五县（市）均恢复成立了工商联组织。

2001年，保山撤地设市后，保山地区工商联（商会）更名为保山市工商业联合会（商会）。根据《中共保山市委办公室关于印发〈保山市工商业联合会保山市商会内设机构和人员编制方案〉的通知》，保山市工商业联合会人员编制8名（其中行政编制为4名，行使行政职能的事业编制3名，工勤编制1名）。领导职数为：会长1人，党组书记1人（由统战部副部长兼任）；副会长2人；科级领导职数2人。机构级别为正处级，内设机构有办公室、会员经济科。经保山市委批准，建立了工商联党组，党组书记由统战部领导兼任，党员副会长、党员秘书长为党组成员。

2001年12月7—8日，召开保山市工商联（商会）第一次会员代表大会，出席大会的会员代表73人，其中：隆阳区16人，施甸县10人，腾冲县15人，龙陵县11人，昌宁县10人，市直机关11人。大会选举产生第一届执行委员23人(其中工商联干部和经济部门代表10人，非公经济人士13人)，会长1名，专职副会长2名，兼职副会长3名，秘书长1名(兼)。执行委员27名。

因人事变动，2004年5月31日，召开保山市工商联一届四次执委(扩大)会，选举产生了新会长。

2005年年底，全市共有5个县(区)工商联、18个行业商会。会员总数达2969个。其中：个人会员2605个，占87%；团体会员139个，占5%；企业会员225个，占8%。在行业商会中，保山市咖啡商会、保山市出租车商会、保山市硅产业商会属市直属行业商会。全市有乡(镇)分会18个，其中：昌宁县14个，腾冲县4个。

第二节　主要活动

保山市工商业联合会(商会)成立后，在各级党委、政府的领导下，始终坚持以邓小平理论、“三个代表”重要思想和党的十六大精神为指导，坚持“团结、教育、引导、帮助”的工作方针，充分发挥工商联(商会)职能作用。重视制度建设，努力推进会员管理科学化、信息化，认真贯彻民主集中制原则，完善各种制度，力求形成民主、团结、和谐的组织氛围，从实际出发，因地制宜，推进行业商会等基层组织建设，积极探索行业商会、工会等行业组织的管理方法。深入开展“爱国、敬业、诚信、守法”教育，引导会员解放思想，与时俱进，不断开拓，积极进取，为推动保山市民营经济的发展和三个文明建设做了大量的工作。

加强学习，提高素质。保山市各级工商联采取召开专题学习会，请专家学者进来传经送宝，组织会员外出学习等多种形式，宣传、学习、贯彻党的方针、政策，引导会员正确认识新世纪全面建设小康社会的战略目标，增强社会主义事业建设者的历史责任感，坚定走中国特色社会主义道路的信念。截至2005年，保山市工商联共举办各种培训班100多场次，培训人员达10000余人。各级工商联还十分重视机关的自身建设，不断加强对机关工作人员的政治素质和业务水平的培养。

参政议政，建言献策。保山市工商联每年都组织会员认真选好主题，深入基层进行调查研究，写出专题报告，报会长会议审定，提供市委、市政府决策参考。各级工商联注重发挥民营经济人士参政议政的积极作用，推荐民营经济人士担任人大代表、政协委员，为民营经济人士提供建言献策平台。截至2005年，共组织会员提交人代会意见和建议57件，政协会提案70件，被列为重要提案13件。为民营经济的发展和许多民生问题提出合理化建议，为党委、政府决策及制定相关政策提供了依据，发挥了民主监督的作用。

排忧解难，服务会员。各级工商联坚持把为会员服务作为“立会之基、兴会之源、强会之本”，努力在“服务”上做文章，多层次、多方位为会员提供优质、高效的服务。充分发挥商会民间性的优势，为会员提供社会、市场、技术、商品等信息，帮助协调各方关系，协助处理企业权益纠纷，组织参加贸易洽谈、展销会等活动，真正做到了为企业排忧解难，维护企业合法权益。截至2005年，共协助企业解决纠纷1159起。

推动光彩事业，回报社会。保山市各级工商联采取多种形式深入开展“双思”（致富思源、富而思进）学习教育活动，进一步激发广大民营经济人士致富不忘进取、致富不忘回报社会的热情，把自身企业的发展与国家的发展结合起来，把个人富裕与全体人民共同富裕结合起来，把遵守市场法律法规与发扬社会主义道德结合起来，积极参与再就业和扶贫工作，积极为光彩事业和社会公益事业做贡献。截至2005年，会员企业累计安置下岗职工63050人，为社会公益事业和光彩事业累计投入资金3000多万元。

中共“十五大”将公有制经济与民营经济共同发展确定为基本经济制度后，保山市民营经济呈现出蓬勃发展的良好态势，作为新的经济增长点和重要经济支柱的地位日益凸显。截至2005年年底，保山市非公有制经济完成增加值38.3亿元，占全市生产总值比重达32%；上缴税金3.16亿元，占全市财政总收入的25.7%；民营企业规模达38038户，从业人员79381人。非公经济实现社会消费品零售额29.05亿元，占全市消费品零售额达80.7%。

第九编　社会团体

保山市关工委"青少年禁毒教育基地"授牌仪式暨"爱心大蓬车"活动

综　述

1978年，保山地区已经成立的人民团体有工会、共青团、妇联等。之后，先后成立了科协、残联、文联、侨联等社会团体。各团体不断完善组织机构，健全运行机制，规范开展活动，有效行使社会管理职能，切实维护了人民群众的利益，在经济、社会建设中发挥了重要作用。

1978—2005年，保山地级工会组织经历了保山地区总工会、云南省总工会保山地区办事处、保山市总工会三个时期。其间，工会组织开展职工文化技术教育、职工读书活动，宣传贯彻《中华人民共和国工会法》《中华人民共和国劳动法》，提高职工的思想、文化素质、法律素养和技术能力；建立健全职工代表大会制度、厂务公开职工民主管理制度，推行平等协商和签订集体合同制度，在乡镇企业、三资企业和私营企业组建工会，保障职工参与民主管理的权利；开展送温暖活动，慰问困难职工；成立市、县（区）两级特困职工帮扶中心，对特困职工实施帮扶，实行党政领导与特困职工结对帮扶，帮助职工解决困难；紧紧围绕企业的改革发展和工会工作的“五突破一加强”，深入持久地开展建设职工之家的活动，不断充实“建家”内容，丰富“建家”内涵；成立工会女职工委员会，为广大女职工排忧解难办实事，维护女职工的合法权益，提高女职工的政治地位和参政能力。2004年开始，成立保山市开展职工医疗互助活动工作领导小组，云南省职工医疗互助中心保山市办事处及市直、五县（区）代办点，倡导“有病人帮我、无病我帮人”的职工医疗互助活动。

1973年4月11日，共青团保山地区第一次代表大会召开，恢复中国共产主义青年团保山地区工作委员会（简称保山团地委），保山与德宏州正式分离为两个独立的团领导机构。从1986年起，保山地区共青团组织开展以农村青少年的教育管理、农村共青团组织的发展、农村青年“科技工程”的拟定实施、农村青年致富带头人的扶持培养为主要内容的“青农”工作；开展以“创先争优”活动和“青年文明号”创建活动为主要内容的城青工作。1994年3月保山地区青年志愿者协会成立后，组织青年志愿者参加社会主义建设，树助人为乐新风，扬扶贫帮困美德。1995年1月保山地区青年联合会成立后，认真组织广大青年开展“创办《保山青联》杂志”“五四青联座谈会”“与保山市有线电视台联合开办‘青年论坛’电视栏目”“‘弘扬保山精神，振兴保山经济’座谈会”“兰都与保山旅游专题座谈会”等形式多样的活动，并于1999年、2002年、2005年先后举办三届保山“十大杰出青年”评选活动。1994年保山地区实施“希望工程”领导小组成立（下设办公室在团地委）后，各县（市）也相继成立了实施“希望工程”领导小组，经过多年的努力，截至2005年年底，全市共争取到各种捐款700余万元，建成“希望小学”57所；筹集到“爱心成就未来”特别助学金30余万元，爱心储蓄达170余万元；救助贫困大、中、小学生7000余名。

1978年，保山地区妇联组织为“保山地区妇女联合会”；1984年改称“云南省妇女联合会保山地区办事处”；2001年，过渡为“保山市妇女联合会”。1978—2005年，妇联组织深入宣传《中华人民共和国婚姻法》，调查《中华人民共和国婚姻法》执行情况，帮助群众解决婚姻家庭问题；配合文教、工会、青年团等有关部门做好扫盲工作，维护广大妇女掌握文化知识的合法权益；成立了法律顾问小组，专设妇联干部具体做维权工作，并聘请律师参加指导工作；举办培训班，组织妇女学习《中华人民共和国婚姻法》《中华人民共和国刑事诉讼法》《中华人民共和国继承法》《中华人民共和国经济合同法》等法律法规；协助公、检、法、司等部门外出调查、积极揭发人贩子的罪行、依法惩办人贩子、解救被拐卖受害的妇女。通过以上工作的开展，切实维护妇女合法权益。妇联组织通过成立了家庭教育研究领导小组、发展托幼组织、举办家庭教育讲座、举办家庭教育培训班，成立了特困生救助会、开展儿童免疫工作宣传等途径，切实维护儿童合法权益；着力实施“女性素质工程”“巾帼科技致富工程”“文明家庭创建工程”“社区服务工程”“绿色工程”“健康工程”等六大工程，提高妇女地位，调动妇女积极性，使“半边天”的作用得到充分发挥。

1982年，成立保山地区盲人、聋哑人协会；1988年，撤销保山地区盲人、聋哑人协会，成立云南省残疾人联合会保山地区办事处；1989年，成立保山地区残疾人工作领导小组。至1990年，全区县（市）残疾人联合会相继成立。地区、各县（市）残联成立后，着力实施残疾人综合服务中心建设、城镇道路和建筑物无障碍设施建设、信息化建设等基础设施建设；开展儿麻矫治术、白内障复明术、聋儿语训、肢残康复训练、智力残疾儿童及家长培训、低视力儿童及家长培训、麻风畸残康复训练等残疾人康复工作；举办残疾人理发、补鞋、缝纫、编织、自行车修理等培训班，并于2002年与关爱学校、隆阳区第二职业中学建立长期协作关系，把残疾人培训与健全人培训有机地结合起来，因地制宜地开展培训。职业教育和技术技能培训同步，残疾人与健全人培训结合；实施“安居工程”等残疾人扶贫；开展残疾人事业行政执法监督检查工作。残疾人的合法权益得到维护，残疾人事业得到发展。

1986年，成立保山地区文联。至2005年，地区文联下设作家协会、民间文艺家协会、美术家协会、书法家协会、摄影家协会、音乐曲艺家协会、戏剧舞蹈家协会。1986—2005年，市文联通过创办刊物，举办展览、组织培训、竞赛、笔会、学术研讨活动等方式，不断发现、培养文艺新人，积极组织文艺工作者深入生活，创作文艺作品，涌现出一批优秀的文艺工作者和大量文艺作品。

1979年，保山地区科学技术协会（简称地区科协）成立，办公室设在地区科委，之后与地区科委几经分合，2001年更名为保山市科学技术协会(简称保山市科协)。保山地区(保山市）科学技术协会成立后，主要着力于开展优秀学术论文评选、学术交流等活动，举行科技工作者茶话会，围绕保山科技进步、经济发展和全面建设小康社会建言献策。举办科普报告、讲座，举办“端阳花市科普一条街”“科普大篷车边疆万里行”“六月科普大行动”等大型科普活动，提高各级领导干部和广大青少年的科技素质。发展农技协（农研会），

1981—2004年，以农户为基础、产业为依托、富民为目的农村专业技术会（农研会）从技术服务逐渐向技术经济实体型发展。以科技辅导员协会为依托，组织青少年参加全国、全省各类青少年科技竞赛活动，因地制宜地组织各种科技活动，1978—2005年，共组织参加各类全国、全省性的科技竞赛50多次，参加人数5万多人，获全国奖40多项，省级奖150多项，市级奖840多项；举办科技夏令营60多次，参加人数7000多人；举办科技作品展览比赛6次，1000多件作品参展，150多件作品获奖，参观人数3万多人次；举办青少年科技辅导员培训班12次，培训辅导员1000多人；举办科普宣传和展览45次，参观人数50000多人次；举办科技培训127期，培训7000多人；举办科普讲座40多次，参加人数65000多人；举办科技知识竞赛15次，2000多人参赛。

1987年，保山地区归国华侨联合会（简称地区侨联）成立，之后与保山行署侨务办公室合署几经分合，2001年过渡为保山市归国华侨联合会。侨联按照《中华人民共和国侨法》规定，积极维护归侨、侨眷的合法权益和海外侨胞的正当权益，处理归侨、侨眷提出的有关子女升学、就业、生活照顾、“农转非”和定居落户等问题。落实侨务政策，截至2004年年底，全市共清退落实华侨私房1617户、52万平方米，支付补助经费950多万元人民币；平反冤假错案及历史遗留老案75起130多人；清理归侨侨眷干部职工档案3987人；落实归侨侨眷知识分子政策1369人次。共为530名“三侨”考生出具了证明，使他们受到了升学加分照顾。按国家有关规定，兑现了120名归侨干部职工享受100%退休金待遇。侨联确保归侨侨眷依法享有的参政议政权利得到落实，先后有60多人受到国家和省市表彰，有326人被选为各级协委员和人大代表，100多人被选拔到各级领导岗位。自1987年3月成立至2005年，全区有326名侨界人士先后被选为各级政协委员和各级人大代表。其中，有220人次（归侨51人次、侨眷169人次）被选为各级政协委员（全国政协委员1人次，省政协委员3人次，其余为市、县区委员）；各级人大代表106人次(归侨22人次、侨眷84人次)，全国人大代表3人次，省人大代表9人次，其余为市、县(区)乡(镇)代表；先后有58位归侨、侨眷参加了民主党派组织。

第一章　工　会

第一节　机构沿革

1978年至1979年7月，保山地区总工会仍为前一时期即首届委员会的延续。

1979年8月，保山地区总工会改为云南省总工会保山地区办事处。年底，辖基层工会623个，有工会会员33377人、工会专职干部64人。1980年，进一步恢复和整顿工会组织，年初，五个县分别召开工代会，产生新的工会领导机构。全区新建工会组织162个，总数达670个；新发展会员1521人，会员总数42059人。1986年，地区工会办事处所辖基层工会又有较大发展，达837个，会员49919人，专职干部139人。1990年年末，地区工会办事处辖基层工会950个，会员58462人。1996年4月，云南省总工会保山地区办事处党组成立，从而加强了党对工会工作的领导。2000年年末，地区工会办事处辖基层工会1040个，有会员68694人、专职工会干部153人。

保山撤地设市后，2001年11月召开保山市工会第一次代表大会。选举产生保山市总工会第一届委员会委员32人、常务委员12人，选举产生主席1人、副主席2人，选举产生第一届经费审查委员会委员5人，协商产生保山市总工会第一届女职工委员会委员14人。2002年，保山市总工会内设办公室、财务部（工会资产管理办公室）、生产法律保障部，总编制11人，处级领导3名，科级领导4名。根据省委文件要求，2004年5月，市人大常委会1名副主任任市总工会主席，原市总工会主席改任副主席。

2005年年末，保山市总工会辖基层工会1128个，有会员76762人，专职工会工作人员91人，兼职工会工作人员3363人。

第二节　职工教育

一、读书活动

1978年，职工教育工作重新得到重视和发展。1979—1980年，保山地区工会办事处在保山城区聘请教师举办数学、物理、英语3个职工业余学习班，共有150余名职工参加学习，并取得结业证书。

1982年1月，全国教育管理委员会、中华全国总工会等五家联合发出《关于切实搞好青壮年职工文化、技术补课工作的联合通知》后，工会组织与有关部门一道建立了职工“双补”（文化、技术补课）教育领导小组，在全区各工矿企事业单位中，组织开展对青壮年职工的“双补”教育。1982—1985年，全区有1万余名职工参加“双补”教育，3314人达到“双补”合格标准，8400人“文化补课”合格。

1984年，各级工会开展“振兴中华职工读书活动”，组织“振兴中华职工读书知识竞赛”活动，共277名职工参赛，20人获一等奖，50人获二等奖，100人获三等奖。1985年，全区各基层工会在广泛组织开展职工读书自学活动的基础上，共建成职工读书自学活动小组166个，参加活动职工达39033人。

1986年，地区工会办事处和五县（市）总工会积极组织职工参加全国总工会举办的“职工法律知识读书竞赛”活动，发放参赛试卷7884份，1人获全国总工会颁发的“一级优秀”大奖，数百名职工取得及格以上成绩。至1986年年底，全区各级工会组织读书小组320个，建立职工读书自学指导委员会100个，有力推动了全区“两个文明”建设的深入开展。

二、学习宣传贯彻《中华人民共和国工会法》《中华人民共和国劳动法》

1992年《中华人民共和国工会法》颁布后，工会层层组织学习宣传贯彻活动，共印发

《中华人民共和国工会法》7683册，举办骨干培训班11期，培训工会干部3387人；组织专题讲座、知识问答6期，参加职工4687人。1993年，与司法部门共同举办以《中华人民共和国工会法》《中华人民共和国公司法》和《全民所有制工业企业转换经营机制条例》为主要内容的知识竞赛，2800多名职工参加。举办《中华人民共和国工会法》学习讲座、讨论会123次，参加职工达4300多人。

1994年7月《中华人民共和国劳动法》颁布后，工会积极开展学习宣传活动，举办学习《中华人民共和国劳动法》培训班2期，参训人员155人。开展《中华人民共和国劳动法》知识竞赛，参赛500多人。1995年，对贯彻实施《中华人民共和国劳动法》的情况进行执法大检查，重点是对国有、集体企业及其他经济成分的企业在劳动用工、工作时间和休息、休假、工资、保险福利、职工培训、安全生产、妇女及未成年工保护等进行检查。共抽查117个单位、13802名职工。

2001年10月，全国人大新的《中华人民共和国工会法》颁布后，市、县（区）总工会开展了学习宣传新《中华人民共和国工会法》的宣传周活动，发放宣传资料4万余份，悬挂标语300多条（幅），利用报纸、电视等媒体和召开座谈会、举办知识竞赛等形式宣传新《中华人民共和国工会法》。邀请省工青妇干校教授作《中华人民共和国工会法》知识专题讲座，市、县（区）工会干部听讲近500人次。

第三节　民主管理

一、职工代表大会制度

1981年，《国营工业企业职工代表大会暂行条例》颁布后，全区815个企事业单位有101个建立职工代表大会或职工大会制度。1982年8月，召开了全区民主管理工作会议。年末，全区331个企业中，有143个开展民主管理工作，其中200人以上的29个企业有26个建立职工代表大会制度；职代会提出的“五项权利”（审议权、监督权、通过权、决定权、选举权），开始在企业中逐步得到落实。1985年，以落实职代会五项职权作为突破口，扎扎实实地抓了企业职代会的调查分析、督促改进和检查验收，深入五县（市）对28户工商企业进行抽查，基本摸清了全区工商企业民主管理现状。企业职代会在行使“五项权利”中，50%的企业落实了对生产经营重大决策的审议权；30%的企业落实了对企业重要规章制度的立法权；20%的企业落实了对领导干部的评议、监督权；15%的企业建立了“厂管会”“领导干部与职工对话会”“厂长、书记接待日”等多种形式的民主管理制度，为职工参政议政、充分行使当家做主的权利拓宽渠道。此外，各级工会还通过组织职工提合理化建议活动，参加企业、单位的民主管理。仅1985年，全区就有2396名职工提出合理化建议2558条，其中被采纳1408条，付诸实施108条。1989年年底，全区已建立工会组织的386个工商企业中，有234个建立了职代会。

从1990年开始，层层开展对职代会职工代表的规范化培训，至1991年年底，共培训

4952人。1992年，已有503个单位建立健全职代会制度，职工代表达7686人，全年培训职工代表2791人。335个单位召开职代会，审议提案1538件，合理建议3544件，被采纳1963件。1993年，已建立职代会制度的单位385个，当年召开职代会的303个。33个单位对行政领导进行了民主选举，123个单位对领导干部进行民主评议，评议奖励119人，免职18人。1997年，地区工会与有关部门密切配合，对全区123个国有企业的439名领导干部进行了民主评议和考核，初步建立了对企业领导干部切实有效的组织考核和群众评议的监督机制。1998年，成立了保山地区职代会民主评议企业领导干部指导小组，加大了职代会民主评议企业领导干部工作的力度。截至12月，评议企业领导881人。

2003年，重点抓好在新建企业建立以职代会制度为基本形式的职工民主管理工作，建立健全新建企业职代会制度，保障非公有制企业职工的民主政治权利和经济利益，市、县（区）总工会选举施甸建材有限责任公司、金马中运有限责任公司、昌宁贞元硅冶炼有限公司、古林木业有限责任公司、龙陵勐冒砖厂、红运服务有限责任公司、永顺酒店、富林木业经营点等17个新建企业为职工民主管理工作示范点，按照要求规范地召开了首届职工代表大会。

2005年，全市有121个企业单位和389个事业单位建立职工代表大会制度。有510个单位坚持业务招待费等重大事项向职代会报告制度，有486个单位坚持职代会民主评议企事业领导人。全市193户非公企业，有93户建立职代会制度，非公企业厂务公开民主管理工作的有效开展，切实保障了职工依法享有对企业生产经营和改革发展的知情权，促进了保山市非公企业的健康发展。

二、厂（校、院）务公开

1979年，地、县（市）工会与纪委、组织部、经贸委、监察局、人事劳动局等单位联合下发《关于在全区实行厂务公开制度的意见》，在地区机电公司、市星达塑编总厂、腾冲县制药股份有限公司等14个企业开展了厂务公开试点工作。年底，全区建立厂务公开制度的企事业单位174个。

2000年，按照省厂务公开领导小组提出的“整体推进、重点突破”的工作要求，地区把16个糖厂作为厂务公开工作的重点，对12个糖厂的厂务公开工作进行了检查考核。龙陵华裕股份有限公司、勐糯糖厂，保山芒合糖厂、上江糖厂，昌宁卡斯糖厂被评为厂务公开工作先进典型。2001年，全市413个企事业单位建立了厂务、校务、院务公开制度，310个单位建立了业务招待费等企事业重大项目向职代会报告制度。2002年，保山市、腾冲县厂务公开领导小组、上江糖厂、昌宁湾甸糖业有限责任公司、龙陵华裕实业公司被授予云南省厂务公开工作先进单位，祁明、谢国钧、张勇、尹明照被授予先进个人称号。年末，建立厂务公开制度的单位增至447个，2003年增至718个。2004年，昌宁、龙陵两县厂务公开协调领导小组办公室被评为全省厂务公开工作先进单位。

2005年，各级工会认真贯彻落实中纪委等五部委《关于做好2005年厂务公开民主管理工作的意见》和《云南省2005年厂务公开民主管理工作的意见》精神，重点抓好厂务公开民主管理的巩固、规范和深化工作。全市561个企事业单位实行了厂务公开制度。有95户非公企业推行了厂务公开制度，切实保障了职工依法享有对企业生产经营和改革发展的知情权，促进了非公企业的健康发展。

三、推行平等协商和签订集体合同制度

1996年，全区各级工会开始以贯彻实施《中华人民共和国劳动法》为契机和突破口，把推行平等协商和签订集体合同作为工会调整劳动关系、维护职工合法权益的重要手段，纳入工会主要工作进行量化考核，成立了领导小组，制定了工作目标及措施，举办骨干培训班8期，共培训骨干468名。截至12月底，全区共签订集体合同208家，名列全省地州市第二名。1997年年底，全区累计签订集体合同267家，1998年新签订集体合同55户。1999年，全区累计签订集体合同339户。2002年，建立了市、县(区)协调劳动关系三方联席会议制度，明确了三方会议的组成和会议制度，确定了三方会议的职责任务、协调内容和工作原则，将集体合同的签订及履行情况纳入劳动执法年审的主要内容之一。年末，全市已签订集体合同728户。同时，在新建企业中推行签订集体合同制度，全市418个新建企业签订了集体合同，覆盖职工23178人，集体合同签订率达25%，其中昌宁县、施甸县新建企业集体合同签订率达100%，维护了新建企业和谐稳定的劳动关系，调动和保护了职工的积极性和创造性。

至2005年，全市已签订集体合同的企业501户，签订劳动合同的职工35922人，职工的合法权益从整体上得到维护。

四、乡镇企业、三资企业和私营企业组建工会

1994年，按照"哪里有职工，哪里就有工会组织"的组建原则，把乡镇企业、"三资"企业和私营企业组建工会提上重要议事日程。当年，全区新建乡(镇)工会10个，私营企业工会1个、乡镇企业工会2个。1996年，新建外商投资企业工会5个，乡镇企业工会74个，私营企业工会5个。1998年，在企业改制工作中，坚持工会工作不断线，敦促企业工会主席进入董事会32人、监事会73人。1999年，新建乡(镇)工会委员会34个。2000年，新建企业组建工会26个(含乡镇工会联合会)。2001年，新建企业已建工会478户，组建率达93%；新发展会员12230人，入会率91%。

2002年，82个乡(镇)和6个街道办事处成立了工会工作委员会或工会联合会，设兼职工会干部183人。年末，全市552个新建企业成立了工会，有会员32486人，职工入会率98%。

第四节　女职工工作

1992年9月29日，保山地区工会女职工委员会成立。女职工委员会由15名委员组成，设主任1人，副主任2人。

1993年，地区工会女工委对全区女职工比较集中的94户国有企业、乡镇企业开展了

《女职工劳动保护规定》执行情况的调查，发现问题及时协商解决，为广大女职工排忧解难办实事。与妇联、共青团联合开展学先进、比奉献、比技能、比发明的“一学三比”活动，表彰巾帼标兵26名，先进集体6个。在全区女职工中开展“五好家庭”“五好个人”评比表彰活动，共评出和表彰“五好家庭”30户，“五好个人”70名。

1994年，全区在女职工中开展“学先进，比奉献”硕果展览活动，利用边角废料创作出一批根雕、编织、刺绣、玉雕等工艺品。全区381个单位，共收集女工手工工艺品500多件，在各县展出的基础上，选送104件到地区展出。

1995年，全区工会女职工作以维护女职工合法权益和全面提高女职工素质为重点，在女职工中掀起“迎95世界妇女大会，学先进，比奉献、比发明、比创造”的比学活动，全区有5名女职工被云南省总工会授予“全省女职工学比活动先进女职工”称号。举办女工干部培训48期、1047人，组织“95世界妇女大会”知识讲座和妇女权益保障法知识竞赛、女职工拔河、登山、健美操比赛等，参赛人数达3300多人次；对《妇女权益保障法》的贯彻执行情况进督促检查，并将检查情况向地区人大工委和省总工会进行汇报。

1996年，全区各级工会女工委员认真组织学习和贯彻实施《中华人民共和国劳动法》《中华人民共和国妇女权益保障法》和《中华人民共和国中国妇女发展纲要》，用法律保护自己，维护女职工的合法权益；动员和组织女职工开展形式多样、内容丰富的“学比”竞赛和“双文明建功立业”活动，引导女职工立足岗位，苦练内功，争创一流，出色完成本职工作。在竞赛活动中，涌现出一批“女能手”“女标兵”“巾帼建功”先进集体和个人；1名被全国总工会授予“全国先进女职工”称号，受到全国总工会的表彰奖励；加强对女工干部的培养，运用多种形式培训、提高女工干部的素质，组织女职工参与企业的民主管理和民主监督，改制企业的董事会和监理会有女职工代表参加，部分女职工还走上了厂长、经理和机关、事业单位的领导岗位。

1997年，全区各级工会开展“双文明建功立业竞赛”活动。有296个基层女工委员会开展竞赛活动，参加竞赛活动的女职工12285人。同时，开展女职工队伍情况调查。保山地区工会对3个县（市）5个企业的188名下岗女职工情况进行调研，形成《目前女职工的下岗、待岗问题及再就业的措施和办法》及《鼓励兼并是减少企业女工下岗的较好形式》的调查报告。举办24期女职工干部培训班，培训女职工干部856名。

1998年，地区工会女职工委员会组织开展对188名下岗女职工进行问卷调查，形成《下岗女职工再就业的调查分析》报告，分别被全国总工会《工会信息》、云南省总工会《云南工运》采用。

1996—2000年，全市在开展“岗位立功”活动中，参加双文明建功立业竞赛活动单位76个，其中女职工参与率达95%；在竞赛活动中，女职工提合理化建议49条，被采纳的有38条，创经效益3万元；在开展“学习成才”活动中，女职工参加各类职业教育人数285人，占受教育人数比例的32%。参加业余学习的女职工人数197人，参加脱产学习的女职工人数88人；在开展“姐妹献心”活动中，为困难女职工捐款13900元，捐物6950件；在开展“创建文明家庭”活动中，参与文明家庭建设活动的户数有3000户，在双文明竞赛活动中受各级表彰的先进女职工有89人，先进女职工集体有57个，文明家庭154户。

2001年，市、县（区）总工会女职工委员会按照“哪里有女职工，哪里就要建立女职工组织”的原则，加大新建企业工会女职工组织组建的力度，做到与新建企业建立工会组织同时安排、同时筹备、同步建立。全市新建企业已建工会组织487个，已建女职工（女工小组）组织487个；在已建会的新建企业中有女职工4580人，已入会的女会员4250人，女职工入会率达93%。11月，在保山市总工会第一届委员会上，协商产生保山市总工会第一届女职工委员会，女职工委员会由14名委员组成，设主任1人，副主任1人。

2002年，保山市总工会女职工委员会被全国总工会授予“三八”女职工先进集体称号。

2003年，全市各级女职工委员会围绕工会重点工作广泛开展“双文明建功立业”竞赛活动，涌现出一批锐意改革、开拓进取、勇于创新和家庭美德建设的先进集体、先进个人和文明家庭户。保山市总工会女职工委员会被全国总工会授予“全国先进女职工集体”称号。

2004年，保山市总工会女职工委员会以开展维护女职工合法权益，以提升女职工素质为主体的“女职工双文明建功立业”活动。全市各级工会女职工组织，共举办56期女职工培训班，参加培训的女职工3600人次，为下岗失业女职工举办心理咨询、微机操作、家政服务的技术、技能培训等再就业培训班9期。为1280人次下岗失业女职工提供职业、信息介绍，并通过女职工组织主动与企业联系，为30名下岗失业女职工提供再就业岗位，为下岗失业女职工拓宽就业门路。

2005年5月，保山市各级女职工委员会组织评比、表彰“五一巾帼十佳文明示范岗”“五一巾帼十佳标兵”“五一巾帼十佳创新能手”“五一巾帼十佳女职工工作者”活动。年末，全市有女会员29182人。

第五节　工会财务经费审查

1979年工会财务工作恢复以后，地区工会财务工作主要是协助省总工会管理各县（市）工会财务工作。1988年云南省总工会在财务管理试点的基础上，对地州工会财务管理体制进行了改革，从1989年起，地区工会办事处正式作为一级经费管理单位，认真贯彻执行《中华人民共和国工会法》《中华人民共和国会计法》及上级工会有关财务工作的要求，紧紧围绕工会工作的中心，狠抓工会经费管理，严格工会经费的收、管、用的制度建设，坚持工会经费的使用面向基层、面向职工群众，较好地体现了工会财务工作“三服务”职能，为工会工作的开展、工运事业的发展提供了经费保障。

1991年，保山地区工会经费收缴工作实行“核定上解、确定定额、超额回收与收缴率挂钩”的奖励办法，并加强县（市）工会的财务互审工作，经费收缴率比上年增长14.9%，创历史最高水平。地区工会、保山市和腾冲县总工会荣获“全省工会财务工作先进集体”称号。

1992年，地区工会办事处参加省总工会和云南电视台联办的“工会财务知识竞赛”活动，获团体第三名和组织奖。保山市总工会李才能被评为“全国工会先进经审工作者”。1994年，在全区部分企业亏损、大部分企业经济效益欠佳、机构变动大的情况下，由于领导重视，各级工会财务干部努力，工会经费收缴比上年增长38.6%。全区有6个单位、8名个人被省总工会授予财务工作先进集体、先进个人称号，地区工会经费审查小组获一等奖。1998年，地区工会财务部门深入五县（市）18个工会工作委员会、51个基层工会，检查督促协调拨交经费工作，超额完成省总核定的上解经费指标，被中华全国总工会授予“全国财务工作先进集体”。

1997—2001年，地区工会办事处（市级工会）连续五年被省总授予财务工作先进集体。2001年，保山市第一次工代会选举产生市总工会第一届经费审查委员会。全市基层工会经审组织组建率达97%。

2002年，市总经审会在年初制定经审会的工作制度和议事规则，对经审会的组织原则、议事规则、经审人员职责和纪律，以及议事范围、会议制度、方案执行、工作任务等作了详细规定，制定《保山市市、县（区）总工会经审会对市、县（区）总工会年度预算执行情况审计监督的暂行办法》，促进经审工作的规范化；对市总2001年经费预决算执行情况和2002年经费预算进行了审计。

2003年，制定《保山市总工会关于加强经费审查监督工作的意见》和《县区经审工作考核办法》，加大对市本级经费收支预决算及执行情况的审计审查力度，促进经审监督工作的规范化。对隆阳区和龙陵县总工会原主席进行了离任审计，审计年限10年，审计金额700多万元。对市电力公司1997年以后的工会经费收支情况进行了审计审查监督，审计金额74万元。2004年，强化对工会经费和资产的监督，当年，全市工会经审工作被评为全省特等奖。

2005年，认真贯彻落实云南省总工会经审会“制度建设年”和“实务审计年”的要求，依法履行经审监督职能，努力提高监督实效，有效地促进了各级工会组织对工会经费的收缴、管理、使用。

第六节　职工劳动竞赛

1979年起，保山地区职工劳动竞赛活动稳步发展。1979—1990年，全区共涌现出省级表彰的先进集体4个，省级劳模12人。1990年，全区有10户糖业企业参加全省大型企业“争先创优”社会主义劳动竞赛，233个企事业单位开展多种形式的生产竞赛，参赛职工8529人，创造增收节支效益累计586.9万元。通过竞赛和评比，评出先进集体926个，先进个人5640人。保山地区怒江糖厂、保山汽车运输总站被云南省社会主义劳动竞赛委员会授予“优胜企业”，昌宁柯街糖厂被云南省社会主义劳动竞赛委员会授予“先进企业”。

1991年，组织16户制糖企业参加“争先创优”竞赛活动，组织64户工商企业开展“上质量、降消耗、促销售、增效益”为主要内容的竞赛活动。参加劳动竞赛的职工达8041人，共实现双增双节效益84万多元。提出各种合理化建议2613件，采纳1709件，实施1306件，实现节约效益564万多元。1991—2000年，全区开展“争先创优”社会主义劳动竞赛活动，创双增双获竞赛效益5495.96万元，采纳实施职工合理化建议，创经济价值900.61万元。评选出先进集体2286个，先进班组670个，先进个人18216人次；受省表彰的先进集体11个，先进个人3人，省劳模20人；全国劳模4人，“五一劳动奖章”获得者3人。

2002年，各级工会按照深入实施职工经济技术创新工程要求，动员和组织广大职工，广泛开展劳动竞赛、合理化建议、技术创新和技术协作等群众性技术创新活动。65个单位举办各类技术培训班，参加培训的职工3577人次。市总工会策划组织澜沧江啤酒集团保山有限公司生产的白瓶精品啤酒研制、上江糖厂的绵白糖生产技术、永昌铅锌公司的0#锌品率提高技术攻关、市农科所保玉七号杂交苞谷选育运用、保山师专蓝桉组培技术和保山市香料烟公司的香料烟加工工艺技术等一批科技含量高，在全国全省处于领先水平的职工技术成果，参加省首届经济技术成果展览。

2003年，全市共有103个企事业单位组织开展职工经济技术创新活动，参加创新活动的职工5168人次；有2638名职工围绕改革与发展向本单位提出合理化建议612件，其中已实施402件，创造(节约)价值211万元；有86个单位举办了各类技术培训班，培训职工3577人次。龙陵县康丰糖业有限责任公司天潭饮料公司科技攻关组、保山锅炉厂新产品开发研制小组被省政府授予“百佳创新型班组”；昌宁县柯街糖业有限责任公司助理工程师吴国蕃、腾冲县腾旭建材有限责任公司助理工程师韦成富被省政府授予“百佳智能型职工”；澜沧江啤酒集团保山有限公司的精品白瓶啤酒研制被省政府授予“百佳职工经济技术创新成果”。保山电力股份有限公司昌宁分公司生技科李莲、云南保山第一中学张彩云被中华全国总工会授予“五一劳动奖章”。

2004年，全市共有96个单位开展职工经济技术创新活动，参加职工6425人次，有2036名职工提出了合理化建议555件，其中实施411件，创造(节约)价值156万元。有83个单位举办技术培训班，培训职工8810人。当年，永昌铅锌股份公司和腾冲古林木业公司被省政府授予“全省职工经济技术创新先进集体”。

2005年，市总工会同市卫生局，在全市卫生系统开展保山市职工经济技术医疗急救技能和医疗护理礼仪技能比赛，保山市急救中心医生王洁琳获急救技术状元。2002—2005年，全市采纳实施职工合理化建议1196件，创造(节约)经济价值421.7万元。在劳动竞赛和技术创新活动中，全市获省级先进集体4个，先进个人4人，省劳模7人，全国劳模1人。

第七节 职工服务

一、帮扶困难职工

1978年起，每年元旦、春节期间，各级工会都深入困难企业开展“进万家门、知万家情、解万家难、暖万家心”的送温暖活动，履行关心职工生活、帮助职工解决困难、全心全意为职工服务的工作职责。

1990年春节，省、地两级工会拨款4550元，慰问困难职工200多名。1995年，慰问亏损企业的困难职工3151户，共支出慰问金7.8万元。1993—2005年，共慰问困难职工31013人次，慰问金361.9万元。

1996年，各县（市）成立以县（市）领导为组长的送温暖工程领导小组，深入困难企业，对职工生活情况摸底调查，建立了特困职工档案，对153名特困职工在生活、就业、子女就学等方面给予优待照顾。全区筹措送温暖基金66.63万元。1997年，地、县（市）工会对原有特困职工档案进行清理调整，重新认定911名特困职工，为其建立档案，并实施动态管理和跟踪服务。地、县（市）建立了送温暖基金组织，至1998年，全区已建立地级送温暖基金组织1个，县级5个，基层17个，累计筹集送温暖基金161.4万元。各级工会还开展了结对帮困活动，全区工会共有35名领导干部与特困职工结成对子。

2002年，全市各级工会积极配合民政部门做好困难职工进入最低生活保障线的摸底调查工作，将符合条件的特困职工纳入低保范围，不断扩大社会救助覆盖面。全市共有4146名特困职工进入低保。2003年，为积极主动地帮助困难职工解决困难，市总工会、隆阳区、腾冲县总工会成立市、县（区）两级特困职工帮扶中心，并建立专门账户和台账。2003—2004年，市帮扶中心对遇到特殊困难的56名职工、下岗人员进行帮扶，支出帮扶资金6.4万元。2004—2005年，为65名下岗及困难职工子女考上大专院校提供“寒窗助学”助学金8.74万元。

二、推行再就业工程

1998年，全区建立下岗职工再就业中心13个、再就业服务站122个。保山市、腾冲县举办下岗职工再就业“明星”报告会两场，请14位下岗职工作演讲，听众达1170人。

2000年，施甸县总工会深入困难企业龙坪糖厂举办再就业培训，帮助职工掌握新的就业本领。同年，各级工会加大对下岗失业人员转变择业观的宣传力度，积极配合有关部门为下岗失业人员拓宽就业渠道，使315名下岗失业人员进入非公有制企业实现再就业。2004年，隆阳区总工会被评为全省工会促进再就业先进集体；隆阳区建设局、腾冲恒益集团被评为全省吸纳再就业先进集体。

2005年，各县（区）总工会按照省总、市总的安排部署，积极会同政府相关部门，对下岗失业人员自主创业情况进行调查摸底，相继培养选拔20名有创业愿望、有经营能力、诚实守信、企业项目可行性较高的人员作为下岗失业人员的“创业带头人”。各级工会坚持面向职工、及时帮助、长期坚持的原则，积极协助相关部门为下岗失业人员举办电脑、美容美发、烹饪、汽车修理等各类培训班，免费培训下岗失业人员。1998—2005年，共举办各类技术培训班80期，培训下岗失业人员3612人次，下岗职工再就业工程稳步推进。

三、职工医疗互助活动

2004年4月，全省职工医疗互助活动工作会议召开后，市委及时成立保山市开展职工医疗互助活动工作领导小组，召开市、县（区）职工医疗互助活动工作会议，成立云南省职工医疗互助中心保山市办事处及市直、隆阳区、腾冲县、龙陵县、昌宁县5个代办点，并对代办员进行相关业务培训。为最大限度地开展好此项工作，各级工会组织与新闻媒体合作，利用报纸、电视加大宣传力度，散发宣传资料10多万份，倡导“有病人帮我、无病我帮人”的团结友爱、互相帮助的社会主义风尚。当年，全市有644个单位、41074名职工参加第一期职工医疗互助活动，汇集上缴互助金295.7万元，补助患病住院职工1944人次，补助金额156.9万元。

2005年，全市共有691个单位，46501名职工参加第二期职工医疗互助活动，汇集上缴互助金256.7万元，补助患病住院职工2693人次，补助金额197.5万元。

第八节　职工之家建设

1978年，全区各级工会紧紧围绕企业的改革发展和工会工作的“五突破一加强”，深入持久地开展建设职工之家的活动，不断充实“建家”内容，丰富“建家”内涵，使“建家”工作常抓不懈，常抓常新。

1991年，全区对原“职工之家”情况进行复查，开展了补建、新建和创建工作。年末，全区验收合格的“职工之家”668个。

1997年，对1984年后命名的省、地、县先进（模范）职工之家进行复查验收，共复查验收省、地、县先进（模范）职工之家384个，其中：全国模范职工之家1个，省模范职工之家7个，地级先进职工之家38个，县级先进职工之家338个，复查验收合格的先进（模范）职工之家364个。

2001年，保山金马中运有限责任公司工会，澜沧江啤酒集团保山有限公司工会等一批新建企业工会组织走进了职工之家建设的行列。

全市各级工会通过创办图书室、俱乐部、工人文化宫等，在元旦、春节、“三八”“五一”、国庆等重大节日，组织职工开展丰富多彩的文体活动，陶冶职工情操，推进精神文明建设。截至2005年，全市有32个文化宫、俱乐部、16个体育场馆，藏书1万册以上的图书馆7个；已建合格职工之家（职工小家）938个，先进职工之家县级258个、市级54个，省级模范职工之家17个，全国模范职工之家2个。

第九节　劳模普查管理

按照省总工会的安排部署，1998年和2002年，工会组织两次开展对全国劳模、省部级劳模和荣获军以上单位授予的英雄、模范的普查核实工作，摸清了劳模底数，建立了劳模档案。1998年普查表明，全区有全国劳模和先进工作者9人，省级劳模和先进工作者185人，部级劳模11人，荣获军以上单位授予称号的英雄、模范81人。2002年普查结果，全市有省部级以上劳动模范和先进工作者200名。其中，全国劳模、先进工作者7名，省（部）级劳模、先进工作者187名，军转人员享受省级劳模待遇的6名。在200名劳模中，已故劳模52名，已调出保山市19名，退休83名。

2005年年底，全市有全国劳模和先进工作者7人，全国“五一劳动奖章”获得者4人，省劳模59人。当年，市总工会为5名生活困难的全国劳模争取到低收入补助金和困难补助金3.19万元，为34名省部级困难劳模争取到困难帮扶金9.24万元，并及时发放到困难劳模手中。

第二章　共青团

第一节　机构沿革

一、共青团保山市工作委员会

1973年4月，共青团保山地区第一次代表大会召开，恢复中国共产主义青年团保山地区工作委员会（简称团地委）。至此，保山与德宏州正式分离为两个独立的团委领导机构。1976年年末，全区5县和地直机关共有团支部1749个，团员51874人。此后，团地委未召开全区团代会，只对领导班子作过几次调整。1986年年末，全区五县（市）及地直机关共有基层团支部2394人，团员66044人。1990年，团地委下辖保山、施甸、腾冲、龙陵、昌宁五县（市）团委，共有基层团支部3047个，团员75780人。

2001年，团地委更名为共青团保山市工作委员会（简称团市委）。下设办公室、青农工作部、城青工作部、青联秘书处、少工委、希望工程办公室、关工委；下辖隆阳、施甸、腾冲、龙陵、昌宁五县（区）团委。同年10月，召开共青团保山市第一次代表大会，选举产生共青团保山市一届委员会委员25名，其中常委9名，蔺斯鹰当选为团市委书记。

2005年，团市委设书记1人、副书记2人，市关工委办公室主任1人，人员编制12人。下设办公室、组织部、学少部3个部（室）。

二、保山市青年联合会

1994年4月，保山地委批准成立保山地区青年联合会。1995年1月，保山地区青年联合会成立大会暨一届一次全委会召开，选举产生保山地区青联一届委员会委员97人，常委13人，青联主席1人，副主席2人，秘书长、副秘书长各1人，设立活动小组6个。至此，保山地区青年联合会正式成立并与团地委合署办公，编制1人，青联秘书长为专职工作人员。当年12月，保山地区青联被省青联吸收为会员团体。1996年4月，召开青联常委扩大会，增补了艾怀森等30人为保山地区青联一届委员会委员。2000年3月，召开保山地区青联二届一次全委会，选举产生新一届青联领导班子。2001年，保山撤地设市，保山地区青年联合会更名为保山市青年联合会。

三、关心下一代工作委员会

2000年2月，经保山地委批准成立保山地区关心下一代工作委员会，办公室设在团地委。2003年9月，保山地区关心下一代工作委员会更名为保山市关心下一代工作委员会(简称保山市关工委)。按照市委下发的《关于进一步加强关心下一代工作的意见》，确定市关工委办公室主任按副处级干部配备，核定专职干部2人，与团市委合署办公。

2004年，成立市关工委思想政治教育、法律咨询、身心健康、科技活动和社会联络5个专门工作小组。至年底，各县(区)、市直有关单位、乡(镇)和部分村社相继成立了关心下一代工作机构。

2005年，命名保山一中、腾冲国殇墓园、保山监狱、保山市禁毒劳教所和保山市博物馆为市关工委的“青少年思想道德建设教育基地”“青少年爱国主义教育基地”“青少年法制教育基地”“青少年禁毒教育基地”和“青少年优秀文化教育基地”。

第二节　学习教育培训

20世纪70年代初，共青团组织恢复后，大多以毛泽东著作和“文化大革命”期间的一些思想路线对团员青年进行教育。1984年2月，在全区团员青年中广泛开展以学习整党文件为主要内容的学习教育活动。全区103个团委、2451个团总支、支部及广大团员青年均参加此项活动。

1986年3月，保山地区第一个业余青年学术研究组织——共青团保山地委青年研究会成立。该研究会的宗旨是：交流信息、活跃思想、切磋学术、砥砺意志，充分发挥保山青年的聪明才智，为保山的经济、文化振兴献计献策。

1987年起，团地委每年举办共青团干部培训班或团员岗位培训班、读书班等，分别对五县(市)、各乡(镇)及城区专职团干部或团员青年进行培训。组织他们学习时事政治，学习共青团的基础知识、活动方式、常规工作，讨论共青团的自身改革，明确共青团的工作职能，交流工作经验。中国共产党每届中央委员会全体会议召开后，各级团组织都及时组织团干部及广大团员学习领会及贯彻落实其主要精神。在1998年10月团地委举办的保山地区团干部理论业务学习培训班上，特邀了云南省青联副主席张亚光、《中国青年报》驻云南记者站站长殷红，作题为《世界经济形势分析》《当代青年热点问题分析》两个专题报告。在2000年10月团地委与地委组织部联合举办的全区青年干部（共青团干部）培训班上，地委副书记费建平、地委组织部副部长王桂芳出席开学典礼并讲话；云南大学副教授、云南省演讲协会副会长苏升乾为团干部作《演讲与共青团工作》的专题演讲。

2001年3月，全市团员青年“三个代表”重要思想学习教育活动试点大会召开。200多名团员青年参加动员大会。团省委指导组组长赵明辉在会上作重要讲话。2002年2月，团市委发出《关于在全市村级“三学”活动中开展农村团员“三学”活动的意见》。经过两个多月团员“学教”活动的开展，各级团组织累计投入资金10万元，组织开展各类活动960多次，做实事2358件，发展农村团员3285名。

2003年12月，市委组织部与团市委联合举办“保山市青年干部（团干部）理论学习培训班”。来自五县（区）的乡（镇）团干部、大中专学校团委书记以及省属驻保单位团组织负责人共计120余人参加了为期8天的培训。培训班特别邀请省演讲协会会长蔡朝东作《创业万岁》专题演讲。2004年10月，举行“云岭青年先锋工程”推进会，与会领导为被命名为保山市首批“云岭青年先锋”示范点的保山市交警支队车管所团支部、保山市青少年宫、保山金马中运有限责任公司团支部、昆瑞公司大保高速公路东门收费站、隆阳区东门社区居民委员会团支部5家单位（团组织）授牌。

2005年，围绕“保持共产党员先进性教育活动”的开展，在全市范围内组织开展“增强团员意识主题教育活动”全市共有4.5万名团员青年参与。

第三节　青农工作

从1986年起，地区共青团组织开展农村青少年的教育管理、农村共青团组织的发展，拟定并实施农村青年“科技工程”，扶持培养农村青年致富带头人的“青农”工作。4月，团地委、地科协、行署农牧局等十部门联发《关于在我区农村青年中广泛开展实用技术培训工作的报告》。6月，团地委在全区推广施甸团县委在民兵训练中开展团工作的经验。此经验受到团省委重视，并在全省范围内加以推广。1987年6月，团地委与地区农牧局联发《关于组织青年科技示范户应用推广农业新技术的意见》。同年，腾冲团县委被团中央授予“全国农村青年实用技术培训工作先进县”称号。

1988年1月，在保山地区撤区建乡的过程中，团地委切实做好“配好乡团干部，开好乡团代会”相关工作，促成区乡体制改革领导小组及时批转了《关于在区乡体改中配好团干部，开好团代会的意见》。至4月底，全区83个乡（镇）全部召开了团代会，配齐专职团干部。6月，“云南省首届优秀青年厂长”称号获得者、施甸县银川综合厂厂长赵永生赴罗马尼亚访问。

1989年12月，团地委对全区农村“青年之家”现状开展调查。结果显示：自1984年起，全区创建农村“青年之家”300多个，对学科学、用科学和丰富农村文化，促进商品经济发展，发挥了积极作用，但由于资金缺乏、管理不善、设备单一，至1989年已减少为272个，且大部分处以“瘫痪”状态。当年，赵永生获“全国优秀青年乡镇企业厂长”称号。1992年，保山市板桥镇董达办事处等12个农村“青年之家”被评为省级“农村青年红旗之家”；腾冲县新华乡中心村张翠萍获省级“新长征突击手”称号，腾冲县造纸厂潘政文被评为省级“青年星火带头人标兵”，阎美秀等27人被评为省级“青年星火带头人”。

1993年7月，在全区开展了以村级团组织为主要对象，为期近3个月的调研活动，并形成了反映基层团组织现状总体情况报告。同时，制定了《共青团关于加强基层团组织建设的若干意见》共27条，进一步规范了农村基层团组织建设方面的相关工作。当年，张永政、吴维鹤2人被评为省级“农村青年星火带头人标兵”，艾发云等13人获“农村青年星火带头人”称号。1994年6月，团地委在施甸县酒房乡摆田村设点，进行烤烟栽培和烘烤技术培训，并将其作为全区青少年科技工作试点和样板。当年，张炳银等14人获“农村青年星火带头人”称号。

1995年，团地委被列为地委村建工作领导小组成员单位，制发了《共青团保山地委关于基层团组织建设若干意见》，并于5月完成《保山地区村级团组织建设汇报材料》上报团省委。在村建工作中，全区有320个村团支部得到全面整顿，发展农村团员4344名，推荐325名优秀团员加入党组织。昌宁县鸡飞乡澡塘村等19个行政村被团中央、团省委列为“服务万村”行动试点，19个村团支部书记被送往省青少年曲靖基地进行为期半个多月的实用技术培训。与省外联合开发的18个项目也基本落实。当年，吴世匀获省级“青年星火带头人标兵”称号。

1996年3月，共青团云南省委农村工作研讨会在保山召开，会期4天。各地（州）团委负责人及分管农村团工作的相关人员共50人参加了会议。8月，地委办转发团地委《关于贯彻中共云南省委办公厅〔1996〕12号文件的意见》的通知，要求全区基层团组织贯彻执行《共青团农村基层组织建设三年规划（1996—1998）》。当月，团中央、团省委“服务万村行动”对保山19个试点村投资11万元。10月，团地委挂钩扶贫点昌宁县大田坝乡新寨村被团中央列为“服务万村行动”首批重点示范村，接受团省委配套资金1.3万元及放像机、彩电、录像带、植物生长剂、书籍等物品。

1997年1月，团地委安排6名贫困乡团委书记到曲靖参加实用技术培训。之后，分别在这6个乡举办实用技术培训班。到年底，水稻旱育稀植、苞谷地膜覆盖、脱毒洋芋等农作物的栽培技术得到了不同程度的推广。4月，昌宁县大田坝乡被列为全省农村小额信贷扶贫25个试点乡（镇）之一，并由省、地、县、乡四级团组织具体负责实施。截至1997年12月10日，共组织39个中心、16个小组、805户农户，发放贷款605700元，资金回收率达100%。省委常委王学仁亲临大田坝乡视察工作，并给予高度评价。

1998—2000年，团地委结合全区农村改革和扶贫攻坚进程，分别为各县（市）团委创办农村青年股份合作体样板基地划拨5000元启动资金。全区管理规范、示范效应较好的农村青年股份合作体有15个。其中，昌宁县卡斯反季蔬菜、保山市蒲缥石榴、施甸县水长板栗、施甸县仁和养鸡、腾冲县打苴菜狗养殖、龙陵县白塔大棚蔬菜6个农村青年股份合作体组织运作较为规范。全区各级团委创办各种推广农业科技示范园8个，其中腾冲县2个；龙陵县1个；保山市1个；昌宁县3个；施甸县1个。

2003年12月，市、区团委联合在隆阳区瓦窑白族彝族乡举行保山市第三届乡村青年文化节活动启动仪式。市直、区直、省属驻保共30多家单位的团员青年分别开展了以提供科技咨询、义务书写春联、义务理发、文艺演出等为内容的活动。共发出宣传材料9000余份、义务书写春联1200幅、义诊400多人次、接受群众咨询1100多人次。启动仪式当天还举行了瓦窑乡“青年文明一条街”创建揭牌仪式。2004年，保山市隆阳区河图镇金竹林田心王村青年中心被团省委确定为第二批省级农村青年中心建设试点。

2005年1月，团市委结合“三下乡”活动内容，在全市开展了保山市第四届“乡村青年文化节”系列活动。在文化节启动仪式上为省级农村青年中心——隆阳区河图镇金竹林田心王村青年中心揭牌。

第四节　城青工作

创先争优活动　1986年，保山团地委组织地直机关团组织开展“创先进团支部　争当优秀团干部”活动。1988年，团地委与行署经委、地工会联合组织全区14个白糖厂开展了历时5个多月的“结能源、降消耗、上质量、增效益”劳动竞赛活动，评出优胜企业5个、优胜车间（班组）8个、优胜个人27人。1989年，昌宁县柯街糖厂团支部获全国工交战线“建工育人”五小杯“双增双节”银杯奖。1993年，田瑞云获“云南省首届杰出青年企业家”暨“云南省第三届优秀青年企业家”称号。1995年，艾发云、贾志伟被评为“云南省第四届优秀青年企业家”。1996年，团地委制发了《共青团保山地委关于加强青少年绿色企业管理有关规定》《关于加快培养“青年岗位能手”及其奖励办法的试行规定》。1999年青年竞赛活动蓬勃开展。地区示范学校获省级“挑战杯”主题竞赛设计奖，保山师专、卫校、腾冲一中等11所大（中）专学校分获地级“理想杯”“形象杯”“科技杯”奖。世博会期间，举办了“迎世博盛会　展青春风采　保山地区首届星级饭店青工技能优质服务竞赛”。2000年，保山兰都饭店团委获“云南省十行业万名青年迎世博优质服务竞赛活动先进集体”称号。同年，团地委将地区水泥厂和龙陵铅锌公司列为全区企业青年创新创效试点单位。2002年，开展保山市青年岗位（创新创效）能手评选表彰活动，评出2001年度保山市青年岗位（创新创效）能手31人。2004年，汤云海获“首届云南省青年创新创效奖”；邵维兴被授予“首届云南省青年创业带头人”称号。

“青年文明号”创建活动　1995年2月，“青年文明号”创建活动启动。5月，命名保山市工商银行等50个单位为保山地区首批“青年文明号”单位。保山市公安局蒲缥派出所获省级“青年文明号”称号。1996年6月，团地委制定了保山地区“青年文明号”管理规定。

10月，命名保山市交警二大队马里街岗亭等19个单位为保山地区第二批“青年文明号”单位。地区邮电局市话营业厅等3个单位获省级“青年文明号”称号。1997年11月，团地委举行“跨世纪青年文明人才命名表彰大会”，对26个地级“青年文明号”和34名地级“青年岗位能手”进行命名表彰。1998年，由团地委、地直机关团工委与行署财政局团总支共同创建的保山地区第一家“青年文明小区”挂牌。2000年，团地委对已命名的省级、地级“青年文明号”进行年度考核，对71个地级“青年文明号”进行检查、审核并命名表彰；同时，命名了2条地级“青年文明号生产线”。2002年，开展市级“青年文明号”评选认定工作，认定2001年度市级“青年文明号”39个，新命名2001年度市级“青年文明号”59个。开展保山市范围内省级“青年文明号”的检查考核和推荐工作，联通公司营业部等6个青年集体获省级“青年文明号”称号。至2005年年底，全市有国家级“青年文明号”3个，分别为武警保山公安边防支队曼海边防检查站（2001年命名）、保山市财政局预算科（2002年命名）、龙陵县交警大队镇安中队（2003年命名）；2001—2005年，全年共创建省级“青年文明号”37个，市级“青年文明号”122个，县（区）级“青年文明号”260个。

第五节　青年志愿者工作

保山市的青年志愿者工作始于20世纪90年代。1990年起，为响应团中央发起的“全国学雷锋活动日”号召，每年3月，团地委都在全区范围内组织开展“学雷锋为民服务一条街”“岗位学雷锋，社会树新风”“热心献社会，真情暖人心”等学雷锋志愿者活动。有的在街上摆摊设点服务群众，有的以社区服务为重点，以进巷入户提供公益劳动和服务为主要形式，自愿参与，服务千家万户。

1994年3月，保山地区青年志愿者协会成立，旨在组织青年志愿者参加社会主义精神文明建设，树助人为乐新风，扬扶贫帮困美德。1996年春节期间，团地委组织团员青年开展以“扶贫帮困情暖人心”为主题，“奉献8小时，分担一份困难”为口号的“帮助困难群众排忧解难‘一助一’志愿者服务行动”。

2000年3月，全区200多个单位团组织、5000多名团员青年开展以政策解答、信息咨询、科技传播、医疗保健、金融通服务为内容的志愿服务活动，近万名群众受益。4月，全国退伍军人安置现场会在保山召开，团地委组织保山师专和保山卫校20名同学为大会做好志愿服务工作。

2001年5月，保山团地委向广大青年团员发出倡议，募捐施甸地震救灾资金；组织16个组、5000多人小红帽青年志愿服务队深入灾区，宣传抗震知识，帮助群众开展生产自救，积极协助灾民搭建防震棚、排危除险、移栽烟苗，做好春耕备耕工作。6月，由团地委、禁毒支队共同组织的全区“禁毒青年志愿者”宣誓大会在三馆广场举行。来自全区各行各业300多名团员青年参加了宣誓大会。2005年，团市委紧紧围绕“平安保山”创建工作的开展，主动联系禁毒委等相关部门，在全市招募禁毒志愿者4000余名，成立了1个禁毒志愿者大队和5个支队，并于5月17日举行了保山市禁毒志愿者行动启动仪式。志愿者行动启动后，团市委聘请专人对志愿者骨干进行专业培训；组织志愿者到戒毒所与戒毒人员谈心，对他们进行帮教；配合公安局、禁毒委利用“6·26”禁毒宣传日及其他重大节庆纪念日、休息日入社区、下乡（镇），在人群较为集中的地段，摆设禁毒宣传图片，向过往行人宣传禁毒防艾知识。当年，共计发放宣传单15000余份。

至2005年年末，在龙陵县服务的“西部计划”国家项目志愿者已达44人。当年，龙陵团县委被授予云南省“青年志愿者工作先进集体”称号。通过争取，施甸和昌宁两县被列为2005年“大学生志愿服务西部计划”云南地方项目试点县。两县按照公开报名、组织选拔、择优录用、集中派遣的原则，从众多报名者中招募了150名大学生志愿者（施甸100名，昌宁50名）奔赴两县27个乡（镇）开展为期两年的教育服务工作，促进保山边远贫困山区教育事业的发展。

第六节　青联工作

1994年保山青联组织成立后，认真组织广大青年开展形式多样的活动。1995年1月，创办《保山青联》杂志。5月，主办“95五四青年文化周”活动，组织召开“五四青联座谈会”。1996年2月，召开由地直单位青联委员参加的“解放思想　发展保山研讨会”。4月，制发《保山地区青年联合会关于“赠书助教”活动实施办法》。5月，选举产生保山地区14名省青联委员并组团赴昆参加云南省青年联合会七届一次全委会。组织参加团省委及青年与社会杂志社主办的首届“青年与社会”热点问题辩论赛。当年，保山市瓦马乡党委书记罗升席出席全国民族地区杰出青年经验交流会。地区青联委员、保山师专丁强当选为中国高等级学报研究会第三届理事会理事。1996年6月，与保山市有线电视台联合开办“青年论坛”电视栏目。11月，率队深入五县（市），走访314个单位开展基层工作调研。1997年6月，举行“弘扬保山精神　振兴保山经济”座谈会。11月，地区青联“赠书助教行动”在保山地区跨世纪青年文明人才命名表彰大会上举行捐赠仪式。由青联委员捐献的53套7000多册价值3万多元的图书被送往保山贫困山区的53所中小学校。1998年7月，召开“兰都与保山旅游”专题座谈会，驻保山的省青联委员和部分地市青联委员共计50余人参加会议。1999年4—5月，举办“青年沙龙”，对“保山国有企业改革与经济形势”和“芦荟的营销策划”两个议题展开讨论。5月，组织地直单位青联委员举行“强烈抗议以美国为首的北约轰炸我驻南使馆的野蛮暴行座谈会”。11月，在保山板桥镇清水办事处沙河厂村创办脱毒洋芋种植示范基地获成功。2000年6月，举行“迎接知识经济挑战决胜2000年”专题片首映式，地直单位青联委员和部分团干部100人参加。之后，安排在每周一、周五进行专门放映。2002年3月，开展有省经研中心主任车志敏、市委书记黄毅等市级领导以及市青联常委参加的徒步翻越高黎贡山活动，对高黎贡山生态旅游资源进行考察，提出了开辟高黎贡山生态旅游带动保山旅游业发展的一些思路和建议。

1995—2004年，成功组织山区“一师一校”青年教师考察团12批562人次赴省内发达州市、优秀企业厂矿、先进学校等地进行为期10天左右的参观考察。每批考察团成员均从位于保山高寒、贫困、民族山区的“一师一校”学校优秀教师中选出。每次考察结束后，青联均聘请这批教师为山区科技致富信息员，定期寄送《青年致富信息报》《边贸信息》《实用技术信息》等能直接为山区人民生产生活、种植养殖提供技术信息帮助的报纸杂志。10年共发出宣传资料信件万余封，建立起一支有1062人组成的，基本覆盖保山边远山区每个角落的山区科技信息员队伍。此项活动的开展得到了各级领导以及社会各界的广泛关注和支持。团中央宣传部领导赴保调研时对此给予高度评价。2000年保山军分区将此活动纳入军分区“百师百校”扶贫活动并给予大力支持。《中国青年报》《解放军报》《战旗报》、云南省委办公厅《重要信息》均对此项工作做了较为详细的报道并给予充分肯定，《云南日报》、云南电视台以及保山所有媒体也多次对此项工作进行深度宣传报道。

1995—2005年，保山先后涌现出一批批优秀杰出青年，获得了各种荣誉称号。1995年，陈新民荣获“云南十大杰出青年”称号。1999年5月，举办“首届保山地区十大杰出青年”评选活动，赵晓东、邓中汉、李佳、何伟、朱稳娣、杨永华、杨国瞿、董文荣、王定军、杜绍明10名青年代表获“首届保山地区十大杰出青年”荣誉称号。1996年，陈新民荣获第七届“中国十大杰出青年”称号。2001年，徐天剑、武光丽获得云南省五四青年奖章；徐天剑荣获“中国十大杰出青年农民”称号。2002年4月，开展第二届“保山市十大杰出青年”评选活动，艾怀森、李加稳、杨国育、徐天剑、武光丽、赵富荣、王冬梅、钟天然、杨忠兴、聂永康10名青年代表获“保山市第二届十大杰出青年”荣誉称号。2004年，张聪兰荣获第四届全国各族青年团结进步奖；王冬梅荣获全国青年志愿者服务金奖。2005年8月，开展“中国移动杯保山市第三届十大杰出青年”评选活动，周自存、李正平、王玉军、张丽、段发伟、李根志、匡云、娄广文、赵兴册、余龙辉10名青年代表当选为“保山市第三届十大杰出青年”。同年，杜绍明、明正彬、王冬梅荣获第六届“云南十大杰出青年”称号；印春荣荣获第十五届“中国十大杰出青年”称号。

第七节　少先队工作

1978年7月，团中央、团省委发出“恢复少先队工作”通知后，全区各中小学相继于当年12月恢复少先队组织。

1985年2月，“中国少年先锋队保山地区工作委员会”(简称地区少工委)成立，各县(市)少工委也相继成立。此后，保山少先队组织不断壮大，许多原未建立少先队组织的山区小学也成立了少先队组织。

2002年10月，中国少年先锋队保山市第一次代表大会召开，共190名辅导员和少先队员代表参会。大会选举产生了保山市第一届少年儿童工作委员会。至此，“中国少年先锋队保山地区工作委员会”正式更名为“中国少年先锋队保山市工作委员会”（简称“保山市少工委”)。

各级少工委组织恢复成立以来，大力加强少先队工作，组织开展了一系列丰富多彩的少先队活动。

“跨世纪雏鹰行动” 1994年，“跨世纪雏鹰行动”在保山市、腾冲县进行试点。1995年10月，地区少工委召开保山地区少先队工作会议。会上通过了《关于在我区少先队组织中实施跨世纪中国少年雏鹰行动》和《保山地区雏鹰行动奖章实施办法》。自此，中国少年跨世纪雏鹰行动在保山拉开帷幕。当年，昌宁县柯街乡柯街完小、施甸县水长中心小学、龙陵县象达小学三校少先队大队被授予“全国红旗大队”(雏鹰大队)称号。1996年，保山实验小学、腾冲城关一小两校少先队大队被授予“全国红旗大队”(雏鹰大队)称号。1997年，保山市实验小学荣获“全国少先队雏鹰大队”荣誉称号；4支“雏鹰小队”受到全国少工委表彰。1998年，保山市示范小学少先队大队、施甸县示范小学少先队第三大队、腾冲县界头乡桥头完小少先队大队、龙陵县龙山镇白塔小学少先队大队、昌宁县达丙镇中心完小少先队大队均被授予“云南省雏鹰大队”称号；陈以霖、叶荣美、赵俊、安俊森、赵璐5名少先队员获“云南省雏鹰奖章”。1998年“六一”儿童节期间，地区少工委为安俊森等50名少先队员颁发了地级“三星雏鹰奖章”。1999年，全省9个“雏鹰行动达标县”中，保山市、腾冲县榜上有名；昌宁县温泉小学、腾冲县蒲川乡中心小学两校少先队大队被授予“云南省雏鹰大队”称号；于溪娟、宋洋、于婉婷3名少先队员被授予“云南省雏鹰奖章”。2000年10月，赵楠等50名少先队员被授予地区级“三星雏鹰”奖章。

“手拉手”活动 1995年1月，保山被全国少工委确定为百城市千万对“手拉手”活动城市之一，地区少工委在保山市、腾冲县开展活动试点工作。5月，地委宣传部、行署教委、地区少工委联合下发《关于下发〈保山地区关于组织参加“全国百城市少年儿童手拉手活动”的实施意见〉的通知》，并成立地区“手拉手”活动领导小组，下设办公室在团委，具体工作由少工委负责实施。1996年1月、6月，地区少工委先后与省少工委、各县(市)少工委签订“手拉手互助活动”目标责任书。6月，地区少工委组织全区城镇小学开展“手拉手看朋友活动”，号召城镇小学生捐物、捐书、捐零花钱给山区贫困小学生并与之结对交朋友。7月，地、市少工委领导及保山城区小学辅导员带领86名小学生到杨柳乡两所小学开展“手拉手”夏令营活动，历时3天，同吃同住。

综合培训 1996年，经地委批准，地区少工委委托云南省青少年培训中心在寒假期间，对全区83个乡(镇)和各县(市)示范小学、城关小学的大队辅导员100人进行了为期20天的综合培训。1999年4月，举办了保山地区第二届少先队辅导员培训班。全区83个乡(镇)和城区中小学120多名辅导员及6所小学4200名鼓号队员参加了培训。培训班开设了“雏鹰行动在农村的深化和普及”“少先队活动的设计与创新”、《中小学素质教育》《鼓号理论及操作方法》等课程。2002年4月，举办保山市第三届少先队总辅导员培训班。来自全市五县(区)各乡(镇)、保山城区小学的120多名辅导员参加了培训。2005年11月，邀请《蜜蜂报》主编唐顺江、“鼓号奶奶”杨兰萍、全国科技辅导员综合部部长李辉河等少先队工作专家到保山市各县（区）对少先队辅导员进行集中培训，并深入部分学校就小记者写作、学校鼓号队演奏技巧、少先队活动金点子、如何带领少先队组织开展科普活动等工作进行指导和培训。

少先队其他活动 1997年，组织开展了保山地区首届“十佳少先队员”评选活动，王董梅等10名少先队员光荣当选。1999年9月，举行了“庆国庆迎回归万名少先队员检阅式”。行署专员王广兴主持仪式，地委书记孔垂柱讲话，并率出席仪式的党、政、军主要领导检阅了来自保山坝区16所中小学校近百个方队的少先队员。2000年8月，地区少工委、地区青少年宫在腾冲县联合举办全区少先队科技夏令营活动。全区40多名优秀少先队员参加了活动。10月，地、市团委，少工委联合组织举行建队节纪念表彰大会，对张木兴等12名辅导员和李瑜等10名少先队员进行表彰。2002年10月，表彰了保山市“十佳少先队员”“百名优秀辅导员”“百名好少年”共计200余人。2003年10月，以“新世纪，我能行”为主题的“保山市少先队建队54周年系列活动”拉开序幕。开幕式上观摩了“做文明小公民”主题队会，表彰了“保山市红旗大队”“保山市百名少先队优秀辅导员”和“保山市十佳少先队员”。当晚，举行了有15支参赛队、600名少先队员参加的保山市少先队鼓号大赛。2004年10月，保山市少先队“建队55周年”纪念表彰大会暨《飘扬的红领巾》首映式在建队节当天举行。会上对全市5家“保山红旗大队”、100名优秀辅导员及99名优秀少先队员进行了表彰。会后，组织部分小学生观看了新中国成立以来首部以少年儿童运动和少先队历史为题材的电影故事片《飘扬的红领巾》。2005年，保山市少先队工作会在腾冲召开。会议对全市各级少先队组织在今后工作中如何抓好青少年的思想道德教育工作提出了新的目标和要求。

表彰奖励 在开展活动过程中，许多集体和个人受到表彰。1993年，腾冲城关中心小学荣获“全国红领巾读书、读报奖章活动”先进集体称号；保山市城关三小杨烨同学荣获“中国好儿童”称号，腾冲县一中李情国同学荣获“中国好少年”称号。1995年6月，保山市坝湾芒彦小学德昂族少先队员李丽美、民族中学阿昌族少先队员张立景赴北京参加了第三次全国少先队代表大会。当年，地区少工委副主任、行署教委副主任尹可华获“中国少年星星火炬奖章”。1996年李赛菊、张凡、朱稳娣3位少先队辅导员获“云南省二级星星火炬奖章”。1997年，保山市实验小学荣获“云南省红领巾示范学校”荣誉称号；李晓梅等7名同学被评为“全国手拉手”好少年。1998年，腾冲第三完小少先队大队被评为“云南省优秀少先队组织”；陈广云、杨鸿伟、盛文武3人获“云南省星星火炬奖章”；施甸县示范小学的邵君同学被表彰为“云南省优秀少先队员”。1999年，龙陵县木城乡中心小学少先队大队被评为“云南省优秀少先队组织”；腾冲团县委尹可然被评为“第二届云南省十佳少先队辅导员”，李成菊、赵金柏2人获 “云南省星星火炬奖章”，陈凌云、字良富2名同学被评为“云南省优秀少先队员”。2005年，张木兴被评为“全国优秀少先队辅导员”，尹可然获“云南省少先队工作终身成就奖”，腾冲县的钟媛同学作为全国唯一的阿昌族代表出席了全国少代会。

第八节　希望工程

1994年5月，保山地区实施"希望工程"领导小组成立，并下设办公室在团地委。之后，各县（市）也相继成立了实施"希望工程"领导小组。2001年，保山地区希望工程办公室更名为保山市"希望工程"办公室。

1994年7月底，保山地区"希望工程"办公室筹资12万元汇往中国青基会，成为全省唯一提前完成省"希望工程"办公室下达自筹资金任务的地（州），从而获得中国青基会下拨的1465名失学儿童救助款及工作经费483456元。10月，由深圳深大电路信息咨询服务公司捐资25万元援建的保山第一所"希望小学"——龙陵深圳168"希望小学"在龙陵县象达乡棠梨村奠基。12月，在全国范围内开展实施的"希望工程明信片"结对救助活动中，保山名列全省首位。当年，保山成为全省荣获"全国实施希望工程"建设奖的唯一地（州）。

1995—1996年，先后两次与地区建行、地区农行联合组织开展了"希望工程爱心储蓄""青少年爱心储蓄"活动，并成立保山地区"希望工程"爱心储蓄活动指导委员会。活动旨在动员与组织社会力量资助贫困失学儿童，改善贫困地区办学条件，为贫困地区教育事业献上一份爱心。1996年10月，保山自筹资金援建的第一所"一村一校"希望小学——保山市辛街乡马鹿塘村烟草"希望小学"奠基。1997年，推荐4名山区教师参加全国青基会举行的"希望工程园丁奖"评选活动，全部获奖；团地委书记钟磊被全国青基会授予"希望工程建设奖"。1998年，张秘恒（腾冲县打苴乡中心小学）、郭兰（龙陵县坪达乡平达村小学）、邓杜兰（施甸县甸阳镇中心小学）、赵昌（昌宁县大田坝乡华严村完小）4名山区农村小学教师荣获中国青基会授予的第六届"希望工程园丁奖"。

2000年，全区筹集绿色"希望工程"资金18.25万元，建立起以保护母亲河为主题的绿色科技示范生态园4个。2002年5月，团市委和市邮政局、市博物馆联合发行"抗日战争滇西大战纪实希望工程"劝募明信片4万套，每套面值20元，每发行一套可获8元捐款，所募集资金全部用于"希望工程"事业。截至当年11月30日，已销售近2万套，获捐款12.33万元，按照初中生900元/名，高中、中等师范生1500元/名的救助标准，全市有75名学生成为该项活动的首批救助对象。

至2005年年底，全市共争取到各种捐款700余万元，建成15万~20万元"希望小学"36所，"一村一校"希望小学21所；救助贫困大、中、小学生7000余名；筹集到"爱心成就未来"特别助学金30余万元，爱心储蓄达170余万元。

第九节　关心下一代工作

2000年，保山地区关工委成立后，发挥组织优势和老干部、老战士、老模范、老教师、老专家的"五老"作用，组织带领全市青少年开展各种有益活动。2004年"六一"期间，成功举办“保山市庆六一少儿卡拉OK大赛”，并选送前五名优秀小歌手赴昆参加省关工委举办的“云南省少儿歌曲卡拉OK电视选拔赛”，小选手孟竹获二等奖，其余参赛的4名小朋友均获三等奖，市关工委等选送单位获优秀组织奖。当年，在全市中、小学生中开展了以“纪念滇西抗战胜利60周年”为主题的演讲比赛和“诗书画作品进校园”等爱国主义教育系列活动。

2005年，组织开展全市未成年人思想道德建设知识竞赛，通过县（区）初赛、市级选拔赛产生的优胜队代表保山参加全省复赛、决赛进入前6名并获省级三等奖；开展有9.1万名中、小学生参加的“法律知识进校园”知识竞赛；组织未成年人科普教育基地的学生赴广州参加省关工委组织的“云岭春蕾，爱我河山”爱国主义教育主题活动；组织少儿歌手赴青岛参加“中华之星”全国青少年艺术大赛，获金奖；举行保山首届“爱我中华”少儿书法大赛，评出优秀作品16幅并送往省美术馆展出；组织1000余名中小学生参加由省关工委组织的“祖国在我心中”征文比赛，其中施甸、龙陵选送的作品获省级二等奖；与团委、妇联联合聘请省著名儿童作家辛勤老师莅保举办未成年人思想道德教育巡回知识讲座。

关工委内引外联，积极争取资金，救助弱势青少年群体。2004年，及时向省关工委上报保山“7·18”洪灾和“10·19”地震灾情，争取到救灾助学款和危房改造款20余万元。2005年，积极开展“寒窗助学行动”。市关工委领导带头为隆阳区潞江傣族乡芒颜村烧伤少年黄晓邦和板桥镇孟官小学骨髓炎患者杨玲丽同学分别捐赠了1000元人民币；年内，通过省、市关工委的积极争取，云南省自主择业集团董事长、省国际人才交流协会会长王世坤捐赠资金20万元，其中10万元用于昌宁县柯街镇扁瓦小学新建教学楼缺口资金，其余资金用于全市中、小学生救助。

为使全市广大青少年在学校、家庭、社会生活中得到全面的思想道德和心理素质教育，关工委采取“建基地，树典型”的办法，积极与有关部门配合，从2004年10月起，先后将保山一中、腾冲国殇墓园、保山监狱、保山市禁毒劳教所和保山市博物馆分别命名为市关工委的“青少年思想道德建设教育基地”“青少年爱国主义教育基地”“青少年法制教育基地”“青少年禁毒教育基地”和“青少年优秀文化教育基地”。据不完全统计，截至2005年年底，各教育基地已接待参观考察学习青少年10余万。

2004年，以“永昌青年”网站为依托，开通“保山市关工委”网页窗口。通过互联网更广泛地体现关工委工作中老同志参与的特点，达到“老少共学、老少共进、老少共建”的目的。及时上报工作信息给“中关工委网站”，成为全省州市级关工委首家在中国关工委网站发布信息的基层关工委，实现了关工委信息资源共享。

2005年，在全市开展未成年人思想道德建设状况问卷调查，并根据调研情况形成《保山市未成年人成长状况的调研报告》上报有关部门；配合省关工委对保山边疆少数民族青少年信教问题进行调研，形成《保山市未成年人信教情况调研报告》，掌握了一些保山青少年世界观、人生观、价值观形成的相关情况；年内，在省关工委主办的《关心下一代与中国西部未来论坛》征文活动中，全市有三篇论文分获二、三等奖。同年，保山市关工委被省关工委授予全省“关心下一代工作先进集体”荣誉称号。陈昌黎（市关工委主任）、傅宗明（市关工委常务副主任）被授予“全国关心下一代先进工作者”荣誉称号。

第十节　青少年宫活动

1984年，保山青少年宫建立，隶属于团地委。占地面积2651.63平方米，建筑面积2049.24平方米，主楼投资354882.14元，人员编制8人。并于2002年投资364319元完成青少年宫修缮及装饰改造工程。2001—2005年，人员编制19人。

保山青少年宫成立后，为青少年的成长成才搭建平台，积极实施青少年素质教育。广泛开展面向青少年的各类技能素质培训，组织广大青少年积极参加各类比赛和活动，为有关单位和院校输送人才。1998年9月，选送参训学员绘画作品参加“迎 ’99世博会云南省儿童画邀请展”，获银奖1个、铜奖2个、优秀奖2个，入选奖2个。11月，与有关部门联合举办“我爱大自然”保山城区中学生一周气象冬令营活动。来自地、市一中，保五中的110名中学生参加了此次活动。1999年1月，与地区科协、高黎贡山自然保护处等单位联合组织开展“保山地区青少年生物环境科学考察”冬令营活动。来自保一中、保五中的33名高中学生参加了活动。当年，由青少年宫和地区科协联合主办“大禹杯”科普知识竞赛活动，有保山城区高中学校和中专学校的120多名学生参加。2000年4月，组织保山青少年参加全省科技创新大赛。保山31件作品分获科幻绘画一等奖6幅、二等奖7幅、三等奖18幅，参加全国比赛获奖6幅。6月，举办保山地区少儿科幻画比赛，保山地区100名小学生参加了比赛。10月，协助有关部门召开青少年科技辅导员协会第三次代表大会。会议表彰了20名优秀科技辅导员和1个科辅协先进集体，并聘请省科技中心3名专家开展了“小发明”和“生物百项”活动知识专题讲解培训。12月，在昆明召开的“云南 / 澳大利亚红十字会艾滋病预防青年同伴教育表彰大会”上，青少年宫被授予“最佳支持奖”。

2001年，组织参加全省生物与环境科学实践活动。上报作品33项，选送8个项目参加省级评审，荣获三等奖3项。组织科技辅导员教师参加“全国第三届教育工作者创造发明科教制作展品”活动，获全国二等奖1项，省级二等奖1项、三等奖8项。组织参加“全国青少年科技辅导员论文评选”活动，有2篇论文获省级三等奖。利用暑假举办青少年科技培训班1期，共计60人参加了培训。

2005年，组织举办青少年英语口语大赛并获云南省第四届青少年英语口语大赛组织奖，受到省教育厅、团省委表彰。当年，和有关部门共同组织的第二十届云南省青少年科技创新大赛成果显著。全市有13所学校，4500多名师生参加了比赛。经初审、复审，评出市级优秀作品240件，择优推荐100多件作品参加全省比赛，其中有40件作品获奖。

1995年、2000年、2004年，保山青少年宫先后三次荣获“全国优秀青少年宫”称号。

第三章　妇　联

第一节　机构沿革

一、市妇联

1978年1月至1984年2月其间，保山地区妇联是1973年7月首次全区妇代会选举产生的“保山地区妇女联合会”的延续。1984年3月，“保山地区妇女联合会”改称“云南省妇女联合会保山地区办事处”。内设办公室、妇儿工委办公室。有行政编制8人。

1986年，全区五县（市）和地直单位共有基层妇代会1735个（其中：农村1575个，城镇39个，机关、学校121个），妇代会委员6330人，有专职妇女干部126人。

2001年8月，保山撤地设市，云南省妇女联合会保山地区办事处过渡为保山市妇女联合会（简称市妇联）。2001年11月19—22日，保山市第一届妇女代表大会召开，参会代表303人，其中正式代表249人，特邀代表54人。大会选举产生了保山市妇联第一届委员会，选举主席1人，副主席2人，常委11人，执委29人。

2003年12月，保山市妇联内设办公室、妇女发展部、妇儿工委办公室。有编制10人，其中行政编制6人，履行行政职能的事业编制3人，工勤编制1人。

2005年，机构改革，保山市妇联设主席1人，副主席2人。科级领导职数3人。内设机构和人员编制分别为：办公室、妇女发展部、妇儿工委办公室。有行政编制6人，行使行政职能的事业编制3人，机关工勤人员编制1人。市妇联领导1994年3月前称主任、副主任，3月后称主席、副主席。

二、县（区）、乡（镇）妇女组织

1979年，5个县都建立了妇女联合会，选举执委175人，其中：常委63人，主任5人，副主任6人。全区98个公社全部健全了妇委会，配备专职妇女干部95人，983个大队中有959个建立了妇委会，8725个生产队中有8410个建立了妇代小组。

1985年，全区4县1市分别召开了妇女代表大会，选举产生了新一届妇联成员159人。其中：保山市37人，腾冲县35人，施甸县29人，昌宁县35人，龙陵县23人。

1990年，全区地、县（市）乡（镇）妇联有专职妇女干部121人。其中：县辖的83个乡（镇）有85人。基层妇代会（包括机关、学校、工矿、农场、农村）有专职或兼职的妇女代表委员5050人。

至2005年年底，全市县（区）乡（镇）妇联有专职妇女干部109人。其中：县（区）所辖乡（镇）有98人。基层妇代会主任912人。县（市、区）妇联领导1994年3月前称主任，3月后称主席，至2005年未变。

第二节　维权活动

一、维护妇女合法权益

1978年，保山地区妇联、保山县妇联共同到保山县瓦窑公社上河湾大队、安乐大队调查《中华人民共和国婚姻法》执行情况。调查到未进行结婚登记就自行结婚、结婚多年不登记、结婚多次的情况。通过协调，使上河湾大队新田生产队女社员杨某某因受丈夫长期虐待暴打，1970年母女4人含冤投河自杀的案件得以了结。

1979年，在深入宣传贯彻《中华人民共和国婚姻法》的同时，各县妇联积极帮助群众解决婚姻家庭问题。腾冲、保山、施甸3县共解决了婚姻家庭问题237件。当时，农村有的社队存在着“男十、女八、姑娘七”的工分报酬不合理现象，严重打击了妇女的生产积极性，助长了“男尊女卑”的思想，致使有的妇女产生“不生一个男孩就不甘心”的思想。妇联组织积极想办法改变这种现状，促进男女同工同酬政策的落实。有的女强劳动力一年的工分超过了一般男强劳动力。

为维护广大妇女掌握文化知识的合法权益，各级妇联组织配合文教、工会、青年团等有关部门做好扫盲工作。1978年以前，保山地区农村妇女文盲占文盲总数的80%以上。1979年，全区办起扫盲班783个，参加人数23048人，其中妇女21896人。腾冲县开办了10个扫盲班试点，县委在试点上及时召开全县的扫盲现场会。有力地推动了全县的扫盲工作。全年共开办了扫盲班309个，妇女参加学习的占75%。腾冲县明光公社雅乌大队坝心生产队妇女李枝艳经过8个多月的学习，从一字不识到学会了500多字。固东公社、光龙大队杨家寨生产队妇女刘安鹰由一字不识，到能记全队社员的工分，多数学员能识别各种票证，识字100多个，有的还能记自己的工分。

1981年，保山、腾冲两县培训宣传骨干516人，运用广播、黑板报专栏，分别召开青年、中年、老年座谈会，结合处理妇女儿童权益被侵害的典型案件广泛深入地开展宣传教育。同时举办了《中华人民共和国婚姻法》讲座。1983年，地妇联再次举办《中华人民共和国婚姻法》讲座，组织地县机关妇女干部100多人听讲，进一步学习掌握《中华人民共和国婚姻法》的基本知识。

1984年，省委把每年2月定为“维护妇女儿童合法权益宣传月”。保山地区由地委政法委员会牵头开展这一活动。其间，地妇联召开了地直单位1300多人的动员大会，并下发了“六个查一查”的通知（即查有无摧残拐卖妇女儿童现象；查有无虐待妇女和不赡养老人的；查有无溺弃女婴的；查有无虐待生女婴母亲的；查有无第三者插足破坏他人婚姻家庭的；查有无包办买卖婚姻的）。活动期间，全区共培训宣传骨干26479名，900人参加的宣传站295个，派宣传车（包括拖拉机）15辆，编印宣传材料1.6万份、图片0.1万张、标语1.8万多条、幻灯片500张，全区约有213万人次受到法制宣传教育。查出有关侵害妇女儿童的事例802件，及时处理了408件、法办了24名犯罪分子。

1985年，全区各级妇联分别成立了法律顾问小组，专设一名妇联干部具体做维权工作，并聘请律师参加指导工作。当年10月，地妇联为普及法律常识，举办了一期有县（市）妇联主任、区（镇）妇女干部共83人参加的培训班，学习《中华人民共和国婚姻法》《中华人民共和国刑事诉讼法》《中华人民共和国继承法》《中华人民共和国经济合同法》、写作知识、妇女工作业务等。腾冲县妇联以洞山区为试点，采取以会代训全县区以上妇女干部，主要学习妇女工作业务和法律基本知识，收到了一定效果。试点工作结束后，各区相继培训了乡（镇）妇女主任、副主任，在21个区（镇）中有17个办了培训班，参加学习的288人。

1990年12月，地、县（市）妇联针对保山地区特点，就妇女外流突出的问题进行专题调查研究，并协助公、检、法、司等部门外出调查11次，先后赴江苏、浙江、安徽、福建、山东、河南、河北、江西、广东、广西等10多个省市开展外调、取证解救工作。积极揭发人贩子的罪行，依法惩办了17名人贩子，解救了28名被拐卖受害的妇女。

1995年9月，根据省妇联要求，推选了保山市供销社职工德昂族妇女李小美作为云南省非政府组织论坛成员，参加了联合国第四次世界妇女大会非政府组织论坛。为迎接联合国第四次世界妇女大会在北京召开，当年5月19日，地妇联发起组织成立了保山地区知识分子联谊会。首届女知识分子联谊会有会员34人，她们均是各单位推荐的获高、中职以上职称的优秀女知识分子。该会是全区唯一的女性知识人才的联络中心。10月10日，为加强全地区女领导干部之间的工作经验交流与联系、增强女性参政意识和议政能力，地区妇联发起组织并成立了保山地区女领导干部联谊会。全区31名县处级以上女领导干部作为首届联谊会会员参加了成立大会。

2001—2004年，市政府出台了《保山妇女发展规划（2001—2010年）》和《保山市儿童发展规划（2001—2010年）》。为促进两个新规划的颁布和实施，市妇儿工委办公室召开了全市妇女儿童工作会议，举办了有82个乡（镇）领导和五县（区）妇儿工委办公室主任参加的实施妇女儿童发展规划培训班，并将规划的各项指标分解给各成员单位，签订任务责任书，要求各单位结合自身工作特点制定具体措施，每年向妇儿工委办公室报告实施情况。并在五县（区）组织开展了妇女儿童发展两个新规划的监测统计工作，完成了保山市两个规划的监测统计分析报告。全市各级妇联采取上街摆摊设点进行咨询，利用广播、电视、专题讲座等多种形式，开展了以《中华人民共和国妇女权益保障法》《中华人民共和国婚姻法》《中华人民共和国计划生育法》《中华人民共和国未成年人保护法》和两个新规划为主要内容的多种形式的培训、知识竞赛和普法宣传，4年内，全市共开展各种宣传活动320余次，印发材料6万多份，分别在全市20个乡（镇）开展了40次“三下乡”活动，发放科技图书5600多册，有2万余人进行咨询，宣传面达80%以上。针对部分妇女没钱打官司以至于无法维护自身合法权益的情况，全市各级妇联结合法律援助宣传，重点对广大妇女进行了如何借助法律援助和司法救助维护妇女儿童合法权益的宣传，以提高广大妇女学法、守法、运用法律武器维护自身合法权益的意识。隆阳区妇联、腾冲县妇联相继建立了法律援助工作站，促进了妇联系统法律援助工作的深入开展。对在信访中需要帮助的弱势妇女儿童，从经济上、法律上给予了援助，4年内共接待处理来信来访5755件次，处理率达90%以上。积极做好推荐女干部的工作，全市各级妇联以撤地设市和乡（镇）换届为契机，大力宣传“男女平等”基本国策，积极向组织部门推荐妇女干部，以提高妇女参政比例，充分发挥女代表、女委员及各界优秀妇女的作用，充分发动社会各方力量参与维权，初步构建了“党委领导，妇儿委主管，妇联牵头，各方协调，共同参与”的社会化维权格局，有效拓宽了维权的空间。保山市的做法作为典型在当年全省妇联维权工作会上进行了交流。各级妇联还与工会女工委、卫生、计生等相关部门联合开展妇科病普查普治工作，有万余名女职工的病痛得到了有效的检查和诊治，为近10万名农村妇女查环、查孕、查病。配合人大开展了对实施《中华人民共和国妇女权益保障法》和云南省实施办法的情况进行执法检查。对农村妇女土地承包、妇女权益保障情况进行了专题调研，并针对存在问题向有关部门提出了意见和建议。向市政协提交的《关于女职工劳动权益的保障和贫困孕产妇救助》的两份提案，引起了政府有关部门的重视。

2005年，各级妇联积极配合法院陪审员制度的建立和工作的开展，市、县（区）有6名妇联干部被市、县（区）法院聘请为人民陪审员，参加法院案件审理11宗。当年，各级妇联共接待群众来信来访958件，1614人次，结案率为96%以上。

二、维护儿童合法权益

1979年，保山地区根据国务院的有关文件精神，由地区妇联协同教育局、卫生局、计委、工会组成了调查组，对全区五个县7岁以下婴幼儿的入托入园情况进行了调查：全区五县7岁以下婴幼儿有289562人，有托儿所112个，入托儿童4472人，保教员415人，托幼工作远远落后于婴幼儿比例。当年，本着因地制宜，有利生产，方便群众，勤俭办托的原则，在原有的87个托儿所，8个幼儿园的基础上，又恢复和发展了一批托幼组织。全区共办幼儿班22个，其中：农村8个，城市14个；办托儿所100个，其中：农村55个，城市45个。

1980年，按照省政府的精神，保山地县相继成立了托幼领导小组，下设办公室。至1980年年底，全区培训了保育员9期、317人，充实了保教队伍。新发展托幼园所225个，幼儿入托入园数从4472人增到11252人，增长1.5倍，占当年婴幼儿33万人的3.3%。

1982年，全区各县先后成立了家庭教育研究领导小组，举办家庭教育讲座广泛宣传家庭教育的重要意义及家庭教育常识。保山社会各界及家长开始重视儿童少年的健康成长教育问题。

1985年，全区共有各类托幼组织401个、入园儿童15295人，保教人员625人。其中：农村幼儿班180个，入学儿童6218人。当年，新建托幼园所（班）16个，入园儿童631人。全区共有私人托儿所2个，全年各县共培训保教员5期，139人。行署机关托儿所组织保教员到昆明参观，地区教育局举办中小学教师普通话培训，把幼师纳入其中。各县利用“六一”节开展生动活泼的活动。昌宁县组织幼儿进行体操表演，腾冲县组织幼儿进行“环境美”比赛。施甸、保山免费为独生子女体检。在全社会都来关怀少年儿童健康成长活动中，施甸县个人和单位为小朋友捐款1180元。全区由财政拨款的儿童活动经费16300元，集资3000元。其中：保山7000元、腾冲3000元、昌宁2500元、施甸2000元，龙陵1800元，地区3000元。保山市板桥区共有29个乡（镇），有21个乡（镇）建立了家庭教育领导小组，接着又成立了“家庭教育辅导小组”79个，269人，选举家庭辅导员80人，开展家庭教育的面达到72.4%。腾冲县妇联举办了有222人参加的家庭教育培训班，编写了《家庭教师材料》，订阅了《家庭教育文摘报》发至基层单位。利用专栏、简报和学校召开家长会的机会，向社会进行宣传教育。召开了“家庭教育经验交流会”，对教育子女有方的138名好家长进行表彰和奖励。

1987年7月，地妇联根据卫生部、全国妇联等六部委的文件精神，全面完成国家提出的儿童接种率达标任务。7月下旬，在龙陵召开了全区各县（市）妇联主任会议，传达了省儿童计划免疫会议精神，安排了全区儿童计划免疫宣传培训工作。会后各县（市）妇联立即行动，分别以不同形式举办了儿童计划免疫宣传骨干培训班，参加培训的人员有乡（镇）妇联主任、村、社妇女组长和乡村医生等，全区共计受训人员1363人。通过宣传培训，“四苗”接种率明显上升。全区卡介苗接种率为93.47%（上升17.45%）；麻疹疫苗为89.71%（上升15.16%）；百白破混合剂为85.1%（上升23.15%）；脊髓灰质炎疫苗为82.24%（上升19.96%）。此项工作，经省卫生部门检查，保山地区龙陵县验收合格，提前两年完成了国家指令性任务。保山地区在省妇联召开的儿童计划免疫工作总结表彰会上荣获一等奖。当年9月，为缓解保山城区儿童入园难的问题，地妇联积极支持和帮助城区的几位退休医生、老干部、老教师筹办了第一家私立幼儿园——曙光幼儿园，入园儿童79名。

2000年10月10日，地、市妇联领导和有关人员到地区人民医院看望被自己的亲生父亲打成重伤住院年仅9岁的小女孩李某某，为她带去了“娘家人”的亲切问候，并就此事通过新闻媒体呼吁全社会都要关心少年儿童的健康成长。

2004年，隆阳区妇联协助社会力量创办了全市首家“亲子园”，在幼儿早期科学教育方面探索了新路子。

2005年，各级妇联以“六一”活动为契机，在全社会大力宣传倡导“儿童优先”“关爱儿童”的社会风尚。市妇联与关工委联合在全市开展了“爱我中华”书法大赛；开展了少先队入队、送温暖、法律法规咨询、文艺演出、少儿书法比赛、“手拉手”等活动。节日期间，各级妇儿工委成员单位切实为儿童办实事、办好事。施甸县新华书店为儿童优惠出售400多种6700多册儿童读物。

当年7—8月，市、县（区）两级妇联与社会劳动保障局、工会、工商等部门，对部分国营、私营企业及个体工商户进行了劳动合同签订及履行情况、参加社会保险情况、女职工劳动保护和禁止使用童工等方面进行了检查，并对企业主、职工进行了有关妇女儿童法律法规的宣传，使企业主及广大职工的法律意识有了较大的提高。当年，全市各级妇联充分利用家长学校和儿童活动阵地，为儿童办好事、办实事。全市举办了融家教知识、党的知识、法律法规为一体的知识竞赛，共收回答题卡近3万份。通过竞赛以赛促学，提高了广大家长的素质；举办了以小学、幼儿园家长学校为依托的家教讲座16场，有1600名家长参加。

第三节　妇女儿童发展活动

一、妇女发展

2002年年底，首次对《保山市妇女发展规划》进行了监测，主要监测项目为妇女与经济、妇女参与决策和管理、妇女与教育、妇女与健康、妇女与法律、妇女与环境。

监测结果显示，妇女与经济方面，保山市女性就业比例保持平稳。2002年全市从业女性达64.55万人，从业女性占从业人员数的47.5%，其中：城镇女性从业人员达4.82万人，占城镇从业人员总数的39.6%。在农村，广大妇女已经成为农业生产主力军。积极推进生育、工伤等五大保险工作的开展，社会保障体系框架基本形成。2001—2002年年底，全市有企业职工43115人参加工伤保险，其中女性7936人；有企业单位职工4.9214万人参加生育保险，其中：女性0.8758万人，城镇企业职工生育保险覆盖率达80%。继续搞好扶贫济困工作，减少贫困妇女数量。两年争取到中央、省、市三级共投入各类扶贫资金2亿元～3亿元，帮助解决近10万贫困群众的温饱和安居问题，使贫困妇女数量逐年减少。

妇女参与决策和管理方面，2001年8月，保山市一届人大女代表93人，占代表总数的28.3%，县（区）人大代表中女代表占22.9%，比上届增1.3个百分点；市一届政协委员中女委员占22%，县（区）政协女委员占19.88%，比上届提高2.11个百分点。2003年3月底，实现了市及五县（区）党委、人大、政府、政协各有1名以上女领导的目标，市、县（区）党委政府领导班子中女干部配备率都为100%。全市82个乡（镇），有15个乡（镇）党政领导班子各配有1名女干部，有56个乡（镇）党政班子配有1名女干部。2004年，五县（区）都做到了党委、人大、政府、政协至少有一名女领导干部。保山市有处级以上女干部65人，其中厅级4人，正处10人，副处51人。各级妇联还以村级换届选举为契机，采取有效措施，积极推进农村妇女参政议政工作，使一大批优秀妇女进入了村“两委”班子，进一步提高了广大农村妇女参与社会事务管理的程度，使妇联成为输送优秀妇女干部的“摇篮”。2005年，选送妇联领导干部43人到省委党校及北京、青岛、上海、广州等发达地区参加高层次理论研讨及妇女业务知识培训，提高了妇联领导干部的工作能力。

妇女与教育方面，保山自2000年五县（市）全部实现“普九”后，各级政府进一步加强对“两基”的巩固提高工作，基础教育水平逐步提高，推动了各项教育的协调发展。2002年，全市小学适龄儿童入学率达99.15%，其中：女童入学率为99%，男女童入学率基本持平，小学辍学率为0.12%，其中：女童辍学率为0.25%，均在1%以下，达到规划2005年的中期目标。初中学生毛入学率达96.63%，其中：女生入学率为96.19%，距2005年的规划中期目标97%以上差0.81个百分点。2002年，高中学生毛入学率为25.20%，其中：女生毛入学率24.67%，比2000年提高了15.15个百分点，比省规划2005年中期目标差13.33个百分点，接近市规划2005年中期目标。

妇女与健康方面，由于全市各级卫生保健部门进一步加强孕产妇保健管理，提高保健服务质量和产科质量，认真组织实施“降消项目”，全市孕产妇死亡率逐年下降，2002年孕产妇死亡率为63.24／10万，比2001年下降12.38个十万分点，比2000年下降22.3个十万分点，比省、市规划2005年中期目标低16.76个十万分点，比2010年终期目标低6.76个十万分点，已提前达标。妇幼保健覆盖面不断扩大。截至2002年年底，孕产妇住院分娩率达59.34%，比2000年上升了3.57个百分点，距规划中期目标60%差0.66个百分点。非住院分娩新法接生率达93.2%，比2000年上升了4.23个百分点；孕产妇保健覆盖率达91.96%，距规划中期目标差3.04个百分点。2010年终期目标低6.76个十万分点，已提前达标。2002年为贫困地区10万多名农村妇女进行查环、查病、查孕，使已婚育龄妇女综合避孕率达86.02%，节育手术并发症发生率为0.14%。每两年，工会、妇联、卫生联合开展女职工妇检工作，逐年提高妇科病普查率。

妇女与法律方面，结合“四五”普法，多形式、多渠道，积极开展有关保护妇女合法权益法律法规的宣传教育，促进全社会依法维护妇女合法权益的法律意识和法制观念，提高妇女运用法律武器保护自身合法权益的能力。加大打击力度，保障妇女合法权益。2001—2002年，公安部门累计破获强奸案件82件，破获拐卖妇女儿童案件2件。2002年，市司法局成立了法律援助中心，市妇联成立了法律援助联络中心，已为100多名妇女提供服务。

妇女与环境方面，2001—2002年，各级筹资，兴建沼气池1.4万口，农村卫生厕所普及率达45.76%，农村自来水人口覆盖率达65.24%，达到省规划2005年中期目标，低于市规划2005年中期目标。男女平等基本国策深入人心，妇女发展的良好社会环境基本形成。

二、儿童发展

1997年，保山市制定了《保山地区儿童发展“九五”规划》，提出了保山地区儿童生存、保护、发展的具体目标和任务，五县（市）也制定了各地儿童发展规划。

为实施《保山地区儿童发展“九五”规划》，全区建立健全相应机构，开展了维护儿童受教育权利，监测评估，掌握规划进展情况。并实施了“希望工程”和“春蕾计划”等。

至2000年，保山市在基本实现《保山市儿童发展“九五”规划》目标的基础上，根据儿童发展状况，制定了《保山市儿童发展规划（2001—2010年）》。

2002年，对儿童发展的有关指标进行了监测。主要监测项目为儿童与健康、儿童与教育、儿童与环境、儿童与法律。监测结果显示，婴儿和5岁以下儿童死亡率稳中有降。2002年婴儿、5岁以下儿童死亡率分别是26.58‰和33.2‰，比2000年分别下降5.83个千分点和4.33个千分点。儿童免疫四苗全程接种率连续三年均在94%以上，免疫接种率以乡为单位保持在90%以上。7岁以下儿童保健管理率为59.68%，比2000年提高了4.67个百分点。

保山自2000年五县（市）全部实现“普九”后，3～6岁学龄儿童入园率：2000年

36.9%，2001年36.9%，2002年34.36%；小学适龄儿童入学率：2000年99.62%，2001年99.06%，2002年99.15%；小学五年巩固率：2000年98.62%，2001年99.88%，2002年99.79%；初中毛入学率：2000年97%，2001年95.45%，2002年96.63%；初中三年巩固率：2000年93.6%，2001年97.11%，2002年98.40%；普通中小学残疾儿童在校数：2000年1286人，2001年960人，2002年1080人。

春蕾计划的实施：1996年10月，保山地区第一个实施"春蕾计划"的女童班在省级民族贫困乡保山市瓦渡乡中心小学举办。"春蕾计划"是救助成千上万边远民族、贫困地区失学、辍学女童重返校园的计划。保山市瓦渡乡开办的这个班招收了四年级已读完的贫困、辍学女童40名。经过两年的努力学习，女童班全体学生在德、智、体、美、劳等方面成绩优异，圆满完成了学业，于1998年6月26日毕业。1997年秋季，云南寄宿制春蕾班面向全省招收初、高中班学生100名，分配给保山地区6个名额，经过五县(市)推荐，保山地区选拔了6名女儿童就学。经过三年的学习，圆满完成了学业，于2000年6月15日，顺利返回家乡。2000年9月，地妇联又选送2名少女儿童前往春蕾班学习。

2001年"六一"节期间，腾冲县妇联协调资金5万元，帮助贫困儿童解决实际困难。施甸县妇联争取到武警资金6万元，协调资金3万元在施甸县水长中心小学开办了"武警春蕾女童班"，使50名贫困女童重返校园。市妇联给"春蕾班"送去了彩电以丰富学生们的课余生活。市妇联还争取到省儿童基金会资金1.1万元，帮助26名优秀贫困女学生完成学业。

2003年，各级妇联实施"春蕾计划"，开展多种形式的送温暖活动。当年共筹资9万元，救助了295名贫困女生就学。

2004年，市妇联向省儿童基金会争取到资金1.85万元，对保山市当年考上大学的14名特困女大学生给予了一次性补助；向省儿童基金会争取到资金1.89万元，救助了44名艾滋病家庭贫困儿童。

另外，1996年，保山地市妇儿委成立了"宏志特困生救助会"。该救助会源自保一中学生张志生、张志梅兄妹在父母双亡家庭极为困难时，得到了妇联的救助。后由张氏兄妹倡议，地市妇儿委牵头成立了"宏志特困生救助会"，以救助更多的品学兼优的特困学生完成学业。到1997年12月，已筹集捐款8.8万元。

三、妇女儿童发展纲要的实施

1995—2000年保山市实施了《妇女儿童发展纲要》，取得的成效为：

妇女儿童的健康状况不断改善。孕产妇保健覆盖率、住院分娩率和新法接生率分别由1995年的57.41%、19.53%、59.7%提高到2000年的92.81%、55.77%、95.02%；孕产妇死亡率和5岁以下儿童死亡率分别从1995年的141.76／10万和47.23‰下降到2000年的83.58／10万和32.78‰。

妇女儿童受教育程度进一步提高。到2000年年底，适龄儿童入学率达99.6%，男女童入学率基本持平，3～6岁幼儿入园率为36.91%，比1996年增加了9.7个百分点；残疾儿童的入学率为70.12%，比1996年增加32.5个百分点；初中毛入学率达97%，比1996年增加32个百分点。女性受教育的层次提高，高校在校女生比重由1995年的32.2%提高到57.8%，提高了25.56个百分点，成人高等教育在校女生比重为60.76%，比1995年提高了9.85个百分点。1995—2000年，农村妇女参加农函大、农广大学习农业科技的人数共3541人。坚持"两基"并举并重，执行"一扫二堵三提高"的扫盲工作方针，动员社会各方力量组织妇女参与扫盲，通过采取多形式、多渠道地扫盲工作，妇女文盲率为5%，达到省级验收标准。

妇女参政议政程度逐步提高。保山市第一届人大女代表、政协女委员分别占代表总数的26.43%、22.4%。县（区）人大女代表和政协女委员比例分别占21.6%和17.77%，比上届分别提高了5.5和5.04个百分点。撤地设市后，市委、人大、政府、政协领导班子中有女领导干部5人，五县（区）党政班子中三县（区）有1名女领导、二县（区）实现了党政班子各有1名女领导的目标。全市82个乡（镇）有49个乡（镇）党政班子配有1名女干部，有3个乡（镇）党政班子各配有1名女干部。905个行政村（办事处）有57个村（办事处）有女村支部书记或村委会主任。全市女干部已达到干部总数的36.3%，比1995年上升了8.2个百分点。

妇女就业人数增加。2000年，全市从业人员中，妇女近62.89万人，占从业人员总数的47%。妇女就业及再就业从传统产业逐步向第三产业转移，与1995年相比，从事第三产业的女性比例由30.65%提高到34.63%，上升4个百分点。其中提高最多的是教育、文化艺术和广播电影电视业、社会服务业，比1995年的37.7%，提高了5.7个百分点，达到43.3%。

农村妇女贫困人口减少，妇女儿童的生存环境进一步得到改善。通过开展扶贫攻坚及社会各界的共同努力，全市贫困人口从1995年年末的63万人，减少到2000年的12万人，妇女贫困人口也随之减少。通过实施改水改厕，农村改水受益率达88.25%，享有卫生厕所的人口覆盖率达69.38%。由于各级政府和全社会的共同努力，男女平等、尊重妇女、爱护儿童的观念日益深入人心，不断营造妇女儿童的保护、生存、发展的氛围。

妇女儿童的合法权益进一步得到维护。一是加大执法检查力度，保山市由人大、司法、法制、妇联等联合在全市范围对《中华人民共和国妇女权益保障法》执法情况进行督促检查，同时加大劳动保障执法力度，在进行劳动执法年审、劳动监察日常巡查、劳动违法案件专查中注重妇女权益的保护。"九五"期间全市在巡查、接案中共处理涉及妇女劳动权益侵害案4起，涉及人员3219人，案件结案率100%。二是积极推进生育保险基金社会统筹，到2000年年底，有461个单位7281.1人参加生育保险统筹，收缴生育保险金259.116万元，支付生育费230万元。三是女职工特殊劳动保护规定基本得到落实。四是做好妇女群众来信来访工作，为妇女群众呼吁，反映她们的心声和要求，帮助解决实际问题，耐心做好思想工作，使妇女群众的来信来访事事有答复，件件有回音。五是严厉打击各种违法犯罪活动。"九五"期间，公安部门破获拐卖妇女儿童案件20件，救护110人。

1997年起，保山市成立了实施妇女儿童发展纲要的监测统计组和专家评估组，按照云南省的统一要求，制定了监测评估方案，市、县两级开展了儿童规划监测评估，市级开展了妇女规划监测评估及终期监测评估，撰写出监测评估报告，为保山市两个规划的实施提供参考数据。

监测结果显示，保山市与外地相比的差距是：由于投入不足，措施不够得力，责任不够落实的情况还存在；妇女参政比例距目标要求还有差距，妇女贫困面和贫困程度还比较大，妇女儿童的发展基础还比较薄弱，妇女整体素质有待进一步提高；妇幼卫生保健水平还不够高；健康教育工作比较滞后；农村供水和环境卫生状况亟待改善；女性就业难和再就业难的情况依然存在；农村特别是贫困地区仍有一定数量女童失学、辍学；拐卖妇女儿童和卖淫嫖娼等社会丑恶现象屡禁不止，损害妇女儿童利益、侵害妇女儿童合法权益的情况时有发生，一些地方和部门领导对妇女儿童工作重视不够，对影响妇女儿童发展的突出问题没有采取切实可行的措施加以解决。

四、妇女儿童发展两个新规划的制定

2001—2010年，为完成国家制定的两个新纲要和保证云南省“新两纲”目标任务的如期实现，进一步提高妇女儿童整体素质，推进妇女儿童事业的全面发展，市妇儿工委根据《云南省妇女发展纲要（2001—2010年）》《云南省儿童发展纲要（2001—2010年）》（以下简称“新两纲”）和《保山市国民经济和社会发展第十个五年计划纲要》要求，结合保山市实际起草了保山市妇女儿童发展两个新规划，通过妇儿工委有关职能部门征求意见修改完善后，市政府以保政发〔2002〕6号文件下发并公布实施，两个新规划提出了保山市十年妇女儿童发展的目标和策略措施。规划的总目标和主要领域的设置与云南省“新两纲”相衔接。妇女发展规划设置了6个领域，34个主要目标，47项策略措施；儿童发展规划设置了4个领域，17项主要目标，42项策略措施。该规划于2002年启动实施。

第四节　六大工程实施

一、女性素质工程

2003年，保山市各级妇联开展了“女性素质工程”工作。“三八”妇女节期间，共开展各种理论宣传教育152期，1.52万人次，仅中国妇女九大的宣传资料就发放了1000多份，开展文艺宣传演出10多场次，受教育人数达10多万人次。

保山市妇联号召全市妇女向“全国妇联系统劳动模范”、全国“三八红旗手”石德莲学习，并在《保山日报》、保山电视台开设专栏，广泛宣传石德莲的先进事迹，让广大妇女学有榜样，看有典型，在全市掀起了“学劳模”的高潮。全年，各级妇联采用多种方式举办各种业务培训班，组织广大妇女学习“两纲”“两法”，学习女性干部素质教育丛书、各种法律知识，对广大妇联进行“四有”“四自”教育。进一步强化妇联干部的岗位培训，安排负责相关业务工作的人员参加了《保山日报》记者培训、到省里学习了电脑知识和网络

管理、档案管理、法律知识培训等，进一步提高了广大干部的业务水平和依法办事的能力，全市有6名妇联干部被劳动保障部门推荐为劳动保障法律监督员。各级妇联还积极输送妇女干部外出参观学习，当年8月底，保山市分管儿童工作的副主席、隆阳区妇联主席以及区妇联“赢在起点亲子园”主任到上海参加了全国早期教育的学习培训，对发展保山市的早期教育起到了很好的促进作用。10月初，市妇联还组织五县（区）妇联主席参加了省妇联举办的全省妇联主席培训班的学习；腾冲县妇联积极选派乡妇联主席及机关妇委会主任到昆明工青妇干校学习“三个代表”重要思想及相关业务知识的培训，先后共组织2次，有16人参加。

二、巾帼科技致富工程

1982年，保山北汉庄大队茶叶专业队的女青年方丽春，参加中国民间青年参观团赴日本参观研习。

龙陵县与中国/联合国儿童基金会合作的1996—2000年“贫困地区社会发展项目”（简称SPPA），被列为全国24个贫困县之一的第一批入选县，该项目是中国政府与联合国儿童基金会合作，以县为基础的提高妇女文化水平及创收活动的一个项目。1996年7月30日正式启动实施，并进入正常运转阶段。1998年3月17—22日，龙陵县顺利通过了联合国儿童基金会中期评审小组对贫困地区妇女发展项目的中期审评。

1997年，保山地区各级妇联结合工作对象绝大部分在农村这一特点，把“扶贫工程”摆在重要位置。全区各级妇联及201个女工委员会与贫困乡村挂钩扶贫，建立扶贫联系点315个，联系困难户713户，联系贫困妇女13800人，从不同渠道为扶贫点协调资金10万多元，妇联自己投入资金4万多元，年内有10056名妇女摆脱了贫困。当年9月，地区妇联用争取到的省妇联循环金20万元，分别在腾冲、龙陵两县开展循环金项目扶贫工作，两县妇联结合当地实际，开展了各具特色的扶贫活动，走出了一条融“输血”和“造血”一体的自我发展道路，实现社会效益、经济效益双丰收。腾冲县妇联利用部分循环金在城关镇观音塘办事处租赁土地5亩，建起了县妇联示范性花卉基地。种植花卉6个品种，1万多株。当年4月鲜花即上市，回收资金6000元。在县妇联示范性基地的带动下，有13个乡(镇)妇联根据当地实际，建起了大棚蔬菜、甘蔗、黄山羊养殖、烤烟种植等13个基地，集示范、生产、培训、宣传、服务、创收功能于一体，充分发挥了辐射周边的扶贫带头示范作用。龙陵县妇联依托家庭阵地，立足当地自然资源优势，以种植、养殖为龙头，大力发展投资少、见效快、经营灵活的庭院经济，将循环金10万元贷给龙山镇大坪子村的52户贫困妇女。

1998年6月24日至7月22日，龙陵、昌宁、施甸、腾冲4县妇儿委办公室分别举办了为期5天的《九十年代中国儿童发展规划纲要》（简称NPA）、《儿童权利公约》社会动员项目骨干培训班。4县63个乡（镇）的妇联、教办、卫生院院长、妇幼保健人员共230余人参加了培训。这次培训旨在贫困地区广泛开展NPA有关知识的普及和社会动员工作，提高贫困地区妇女干部、社区工作者NPA知识的宣传水平和社会动员能力，促进NPA目标如期实现。

1999年，地区妇联组织全区21个省级贫困乡的妇女干部、卫生院长21人，到云南省工青妇干校参加妇女健康教育培训班学习。

2000年，全区各级妇联把地委要求开展扶贫结对工作与系统内部开展的“一联二结三互助”（扶贫联系点、扶贫结对户、扶贫互助户）活动结合起来，组织动员广大女职工、女能人、女科技骨干与贫困妇女结对送温暖。全区妇联系统共建扶贫联系点394个，联系贫困户5046户；共有5824名女职工参加结对扶贫，共结对子4486户，帮助结对户购买化肥、籽种、种苗，发展茶叶加工，种植香料烟、魔芋，饲养仔猪，使10812名妇女脱贫。

2003年，各级妇联先后举办烤烟、核桃、蔬菜、蚕桑、沼气建设、计划生育、卫生保健等各类培训1641期，近10万人次参训，有8万多名妇女掌握了1～2门实用技术，1132名妇女参加了农函大的学习。各级妇联组织实施了“母亲水窖”及“双学双比”沼气池工程，施甸县、昌宁县与县林业局合作建“母亲水窖”100口，建“双学双比”沼气池100口。隆阳区与水利部门合作，在辛街乡马鹿塘村建“母亲水窖”100口。当年，市妇联争取到省妇联扶贫项目循环金30万元，全市实施项目11个，放贷93户。循环金的使用，使实施项目的妇女家庭户均增收693.7元，项目点增收21.02万元。龙陵、腾冲两县滚动实施的“联合国贫困地区儿童规划与发展”项目和“联合国儿童基金会中国政府贫困地区儿童规划与发展”项目，共使用项目资金600多万元，使两个项目实施县的贫困妇女生产生活条件有了进一步改善。龙陵县2003年SPPA项目办在7个项目乡发放小额贷款119万元，有3630名妇女获得贷款。腾冲县妇联在用好用活省妇联5万元小额信贷基金的同时，向上争取到项目小额信贷基金90多万元和贫困女童救助金3万元，帮助200多失学女童重返校园。当年，全市创建省级妇女之家10个，地级妇女之家30个，新发展女科技示范户440户，新发展庭院经济开发户1900户，五县（区）妇联与科协联合开办了农函大的妇女班。

三、文明家庭创建工程

1982年，地、县妇联提出了创建“五好”（热爱祖国、热爱集体、遵纪守法好；努力生产、工作、学习，完成任务好；实行计划生育、教育子女、勤俭持家好；移风易俗，文明礼貌、清洁卫生好；尊老爱幼，家庭民主和睦、邻里团结互助好）家庭的号召，当年评出“五好”家庭5536户，好夫妻、好媳妇、好公婆、好家长等21760人。此后，每年“三八”都要对“五好文明家庭”进行表彰。

1996年后，该活动融入了新的内容。当年在城乡妇女中开展了“家庭文化建设”和“年轻妈妈读书评比活动”，倡导树立健康、文明、平等、和睦、稳定的家庭观，争创“五好家庭”户活动，当年各级妇联共表彰了“五好家庭”118户。

1997年，通过群众评议、基层推荐，全区共评选表彰“五好文明家庭”8001户，其中有48户受地区表彰；4523户受到县（市）表彰；4420户受乡（镇）表彰。地委宣传部、地区精神文明建设办公室和地区妇联还举行了“五好文明家庭”表彰及挂牌仪式。

2000年，全区各级妇联把“五好文明家庭”创建活动纳入年度工作计划，做到年初有安排、中期有检查、年终有总结。当年全区表彰了“五好文明家庭”246户。同年6月26日在“国际禁毒日”宣传活动中，地区妇联与相关部门共同组织了“珍爱生命、拒绝毒品”万人签名仪式，1万余人参加了签名仪式。12月，保山地区“不让黄赌毒进我家”活动全面启动。当年，保山地区“婚育新风进万家”试点活动在腾冲和顺乡、下绮罗启动，为此项活动在全区铺开奠定了基础。

2001年3月8日，对在开展家庭美德建设活动中评选出来的12名“好军嫂”、12名“好警嫂”进了表彰奖励。

2003年，各级妇联以“尊老爱幼，爱心奉献”“妇女、家园、环境”“倡导文明新风，共建美好家园”为主题开展了一系列道德实践活动。各级妇联还积极参与“十星级文明户”评比表彰活动，把文明家庭与文明社区、文明新村评选相结合，使创建活动走向社会，吸引了广大群众的热情参与，全市共创建“五好文明家庭”433户，学习型家庭80户，其中有8户“五好文明家庭”、2个“文明楼栋（道）”、2户“学习型家庭”被评为省级先进；昌宁县妇联、龙陵县妇联被省“五好文明家庭”创建活动领导小组评为“五好文明家庭”创建活动先进集体；腾冲县清水乡禁毒先进户瞿生喜户被全国妇联、国家禁毒委评为先进，受到了表彰，该县省级“五好文明家庭”黄礼顺先进事迹还被录入中国精神文明大典，成为广大家庭学习的榜样。

2005年，“五好文明家庭”创建活动得到了进一步的创新发展，保山市有7户“五好文明家庭”、1个“五好文明家庭先进协调组织”、3户“学习型家庭”、2个“文明楼栋”受省级表彰。

四、社区服务工程

该工程以深化城市妇女“巾帼建功”活动为突破口，以发挥城市妇联组织的优势，调动城市妇女积极参与城市社区建设为目标，以家政服务为切入点，以创建“巾帼文明示范岗”活动为载体，培养一批家政服务行业的“巾帼创业带头人”，在促进家政事业的发展中，为城市妇女儿童的生存和发展创造更有利的社区环境，促进城市妇女工作向前发展。保山市较有特色的是下岗职工再就业工作。

1998年保山市妇联成立了妇女家政职业介绍所，协调社会各有关部门，为下岗女职工再就业创造条件。当年，共举办下岗职工再就业培训6期，160人次。同年8月28日地区妇联“家政服务中心”成立后，从开业到12月底，已接待求职人员486人，其中下岗职工86人，为家庭输送护理人员50人，幼儿接送25户，房屋内外清洗100多处次。

1999年，保山地区“家政服务中心”举办再就业培训，促进下岗女工再就业。举办缝纫、烹调、电器修理、家政服务等培训10期，培训下岗职工500多人次；安排下岗职工79人，社会待业人员1212人。下岗职工被介绍从事餐饮、家政服务、商业服务等行业，每月收入300～700元。

2000年，家政服务中心共接待登记求职人员1753人，安排就业760人，举办两次大型人才交流会，参加交流单位480个，求职的下岗工人和待业青年2839人次，应聘人员400人。

2001—2002年，两年内妇联家政中心共接待登记求职人员11108人，安排就业6339人。其中下岗职工2400余人。

2003年，各级妇联利用“家政中心”在全市广泛开展了“巾帼社区服务”活动，其中：隆阳区妇联培训下岗女工151人次，直接帮助106名妇女实现了再就业，并帮助下岗妇工张淑榕成立了“兰城美发学习班”；昌宁县妇联培训下岗女工110人，帮助269名下岗女工实现了再就业；施甸县妇联建起了心连心家政服务中心；市妇联及腾冲县、施甸县妇联家政服务中心全年共接待求职人员6000多人，介绍成功5586人。

2004年，各级妇联家政服务中心共接待求职人员8625人次，安排6984人就业，其中女性4736人，举办下岗和待业人员培训12期共600人次。

2005年，各级妇联有组织输出劳务人员4208人，前往广州、深圳、昆明等地就业。

五、绿色工程

为实施可持续发展的经济目标，各级妇女组织以开发绿色产品为目标，动员全市妇女积极参与生存环境建设，开展“妇女·环境”等系列活动，在美化家园、种树种草、退耕还林、荒山造林、保护环境中发挥积极作用。各级“双学双比”创建活动领导小组在原来开展的“千万农家女百项新技术”活动的基础上，增添了活动内容，促进了一乡一业、一村一品格局的形成，培养了一批以妇女为主体、适应新世纪农业发展需要的农村妇女科技带头人，2003年涌现出了以妇女为主的科技示范户565户，新发展庭院经济1289户。继续开展了“妇女、环境、家园”等系列活动，在退耕还林、还草，荒山造林、美化家园、保护环境中发挥了积极的作用。腾冲县荷花民团村妇代会主任石德莲积极传播先进文化，帮助贫困妇女脱贫致富，受到了广大群众的肯定，被全国妇联授予“三八红旗手”称号，是全国范围内唯一获得国家人事部、全国妇联授予的“全国妇联系统劳动模范”称号的劳模。全市有2名“三八”绿色工程先进工作者、5名“三八”绿色奖章获得者、1个“三八”绿色优质工程获省级表彰。“双学双比”各成员单位利用国际基金、小额信贷、妇女发展循环金、其他项目资金和各种捐赠款，实施联合国贫困地区社会发展（SPPA）、联合国儿基会中国政府贫困地区儿童规划与发展（LPAC）、“母亲水窖”“母亲沼气”等项目，改善农村妇女生活条件，帮助农村妇女脱贫致富。

六、健康工程

提高妇女儿童健康水平，以实施保山妇女儿童发展两个新规划（2001—2010年）有关指标为目标，依托妇幼卫生医疗保健网络，通过多种渠道，开展以妇女儿童为主要对象，以村镇、社区、学校、家庭为最佳场所，以宣传生命知识、妇幼卫生保健常识为主要内容的健康知识宣传，增强妇女儿童的健康意识和自我保健能力，进一步提高妇女儿童的健康水平，促进妇女儿童发展。

1998年5月26日，由保山地区妇联、地区卫生局、地区医院、地区妇幼保健院等30余人组成医疗队上山下乡，前往省级贫困乡保山市瓦渡中心小学、施甸太平乡李山村完小，义务对230名学生进行视力、口腔、身高、心肺、血压等体质检查，免费发放了价值

500多元的药品。2000年“六一”期间，施甸县妇幼保健院为儿童义诊，保险公司为儿童进行保险业务咨询。昌宁县妇儿委成员单位积极捐资慰问贫困山区和特困下岗职工家庭儿童及孤残儿童，县直单位共捐资8050元，慰问和资助了200多名儿童；14个乡（镇）、村为本乡儿童捐资助学。勐统、耇街、更戛、温泉等乡共组织捐款9000多元，共有3000多名儿童受到资助，为儿童免费体检984人。

2003年，帮助实施项目的妇女修建了50个卫生厕所。2005年市妇联协同相关部门开展了多种形式的以“珍爱每一位母亲和儿童”为主题的“世界卫生日”宣传活动，共发放“优生、优育、优教”、预防艾滋病等各类宣传资料6700份，展出孕期保健、生殖泌尿健康等挂图10幅及宣传版面20块，开出健康处方2000张。

第五节　主题活动

一、“双学双比”活动

1989年，保山地区组织农村妇女参与全国妇联倡导开展的学文化、学技术、比成绩、比贡献的“双学双比”活动。1990年，“双学双比”活动在全区深入开展。各级妇联积极牵头协调有关部门，大力宣传“双学双比”的重要意义，发动妇女参赛。截至1990年年底，全区五县（市）83个乡（镇）和80%以上的村公所均建立了“双学双比”协调领导小组，大多数乡（镇）办起了农民文化技术学校。全区参赛妇女达21万人，占全区农村女劳力数的44.1%，她们在种植、养殖和加工服务等行业中发挥了作用，大批“女能人”脱颖而出。她们靠政策、靠科学、靠勤劳和智慧实现了自身的价值，成为发展农村经济的重要力量。1990年“三八”节，全区有668名“双学双比”女能手分别受到了省、地、县、乡的表彰，有12个“双学双比”协调领导小组受到了省、地的表彰。当年全区各级妇联从实际出发，协调教育、科协、农业、林业等部门先后举办了实用技术培训班2010期，受训妇女达230143人，组织现场经验交流会、观摩会180次，参加妇女达2520人次；建立示范点、联系户100多个；协助教育部门举办各类扫盲班625期，2万多妇女参加了扫盲班学习，近万名妇女脱掉了文盲帽子；有19.2万名妇女掌握了1～2门农村生产实用技术。

香料烟和烤烟是保山地区发展前景好的新型产业，技术性较强，无论是育苗、移栽、管理、调制各个环节都离不开妇女。为深化农村“双学双比”竞赛活动，有创造性地开展“巧女子工程”活动。地区妇联在保山香料烟公司和地区烟草公司的大力支持下，于1996年、1997年举办了香料烟及烤烟种植培训。1996年10月13日，地区妇联、昌宁县妇联与卡斯乡党委政、府联合举办了“卡斯乡香料烟技术骨干培训”，112人参加了培训。10月15日，地区妇联参加昌宁县在柯街乡召开的全县香料烟育亩现场会，并与乡政府一起在柯街村创办了100亩香料烟示范样板培训基地。1996年2月—8月，地区妇联在全区主要烟区乡（镇）、新开发烟区和地区妇联扶贫联系点举办烤烟生产技术培训。全区共举办50期培训，培训人数达5000人，参培人员为各县（市）重点烟区、新开发烟区及地妇联扶贫联系点的妇女。培训内容是烤烟种植在各个环节所需的移栽、病虫害防治、采摘烘烤等技术要领。培训采取课堂教学与现场观摩，现场实际操作相结合的方法。1998年，腾冲县妇联在18个乡的183村，举办烤烟技术培训186期，培训妇女9389人次；龙陵县妇联在9个乡的90个村召开育苗、假植、移栽现场会45次，有1110名妇女参会。

2000年6月，保山地区参与农村"双学双比"竞赛活动的农村妇女有492272人，占农村妇女劳动力的85.2%。举办了各类农业实用技术培训8878期，培训妇女32万多人次。其中有218490名妇女掌握了1～2门实用技术，发展科技示范户31851户，有9427名妇女获得"农民技术员"称号，有53985人获"巧女子"称号。以妇女为主体植树造林面积达19.2万亩，承包荒山104937亩，创办"三八"绿色工程林20个，有218名妇女取得绿色证书。组织动员12.9万妇女参加扫盲学习，举办扫盲培训班2681期，有105855名妇女脱盲。组织了3207名妇女参加农广大、农函大学习各类实用技术知识，开办农函大妇女班7个，有1946人获毕业证书。各级妇联共建立扶贫联系点453个，联系贫困户12500多户，在扶贫点创办基地10个，实施妇女项目11个。用于妇女培训、小额信贷，开展种植、养殖、加工、营销、发展庭院经济等的扶贫资金575万元，使13.2万多妇女脱贫。有1749名女能手受省、地、县各级"双学双比"协调领导小组表彰，其中获全国表彰5名，省表彰47名，地区表彰191名，县级表彰1506名，有4个先进协调组织受省表彰，36个受地区表彰，65个受县表彰。

至2001年年底，在"双学双比"活动中，全市共举办各类实用技术培训班10258期，培训妇女42万多人次，有27.85万名妇女掌握了1～2门实用技术，有9427妇女获"农民技术员"称号，有53985人获"巧女子"称号，涌现出以妇女为主的科技示范户3228户，全市共创办"三八"绿色工程林20个，发展庭院经济3816户。

2005年，各级妇联以"妇女之家"为阵地，狠抓农村妇女实用技术培训。共举办培训班1201期，近10万人次参训。

二、城镇妇女"巾帼建功"活动

1991年，地区妇联与地区工会、地区团委联合下发了《关于在城镇女职工中开展做"四有""四自"女性，为"八五"计划建功立业的通知》，"巾帼建功"活动在保山地区拉开帷幕。次年，有2.4万名城镇女职工参赛，占女职工总数的70.9%。1993年"三八"期间，地区"巾帼建功"活动领导小组表彰奖励了25名"巾帼建功"标兵，6个"巾帼建功"活动先进集体。1994年，各级建立"巾帼建功"活动领导小组185个，参赛女职工占全市女职工总数的81%。表彰了46个"巾帼建功"组织，106名"巾帼建功"标兵。

1995年，保山地区城镇女职工"巾帼建功"活动在广泛宣传发动的基础上有了新突破。全区各级建立"巾帼建功"活动领导小组209个，参赛女职工达36929人，占全区女职工总数的78%。

1999年，通过在各行各业开展竞赛，树行业标兵、创建"巾帼文明示范岗"等系列活动，以加强广大妇女社会公德、职业道德和家庭美德建设。全区参赛女职工达4.3万人，占全区女职工总数的80%以上。至年底，全区共创建“巾帼文明示范岗”108个。全年全区受地区表彰的“巾帼建功”协调组织6个，先进单位10个，标兵50个；县级表彰的“巾帼建功”先进集体30个，标兵160个。

2000年，全区各级妇联把开展“巾帼建功”活动与再就业工作紧密结合。当年，保山地区有下岗职工1362人，女性占50%以上，为协助政府解决好下岗再就业，保山地区妇联家政服务中心积极举办再就业培训。通过培训，使下岗职工树立了信心，转变了观念，学到了一技之长，为再就业打下了良好基础。

2003年，各级妇联在开展活动中注意结合妇女自身工作的需要，学文化、学科学、学技术、学管理，学习各种新知识，掌握专业技能，增强自身的业务本领和竞争能力。昌宁县妇联组织1284名女职工开展了“双文明建功立业”竞赛活动；培训下岗失业女工110人，帮助269名下岗女工实现了再就业。施甸县妇联在县城女职工较集中的行业窗口县示范小学、城建委园林站、土地局地籍科开展“巾帼文明示范岗”创建活动。隆阳区妇联培训下岗女工151人次，帮助106名妇女实现了再就业，帮助下岗女工张淑蓉成立了“兰城美发学习班”。

2004年，各级妇联紧紧围绕国有企业改革，认真做好下岗妇女培训及再就业工作。当年，各级妇联家政服务中心共接待求职人员8625人次，安排6984人就业，其中女性4736人，举办下岗和待业人员培训12期共600人次。市妇联结合保山市发展文化产业的需求，向省妇联争取到资金5万元，用于巾帼社区文化项目建设，并把腾冲“女子洞经乐团”列为省、市妇联的“巾帼文化产业”的项目试点。在省、市妇联的大力支持下，女子洞经乐团不断发展壮大，已参加各种演出28场，成为腾冲文化产业发展的一大亮点。

2005年，各级妇联充分发挥家政中心、家政“婚姻服务部”、职业介绍服务部等中介组织的作用，共接待求职人员4794人，安排3371人。其中：女性2350人。施甸县妇联“心连心”家政服务中心参加了云南省“马帮茶道·瑞贡京城”北京行活动，有力地对外宣传了施甸布朗文化，受到各级领导的赞扬。还以此为契机，积极向云南省青少年发展基金会争取，把何元乡石头寨村完小列为希望小学建设立项项目。

三、“双合格”活动

2004年，在开展“我做合格小公民”道德实践活动中，启动了以“为国教子、以德育人”为主题的“做合格家长、培养合格人才”的“双合格”活动。通过举行各种演讲比赛、知识竞赛、宣传演出，进一步提高了广大青少年的公民意识、道德意识和家庭文明意识。在“美德在农家”活动中，各县（区）建立了相应的示范点，通过开展读书活动、演讲比赛和文艺演出等，促进了家风民风的好转，发挥了示范点的带动作用。

2005年，保山市还组织成立了家庭教育讲师团，并参加了省里组织的培训，为各地进一步开展家庭教育工作奠定了基础。5月中旬，市妇联、市关心下一代工作委员会邀请云南省家庭教育研究会副会长、著名儿童文学作家辛勤老师先后在市县部分中小学举办了9场，有1万多名中小学生及家长参加的以加强和改进未成年人思想道德建设、引导家长树立正确的教子观为主题的专题讲座，受到了广大学生及家长的好评。同时组织9793名家长参加了全省开展的“做合格家长、培养合格人才”家庭教育知识竞赛。通过活动，市小公民道德建设领导小组获州市级优秀组织奖，昌宁县示范小学获县级优秀组织奖。隆阳区妇联被评为云南省“双合格”家庭教育工作先进集体；腾冲县被评为云南省“双合格”家庭教育工作示范县；隆阳区示范小学被评为云南省“双合格”优秀家长学校，同时被评为全国优秀家长学校。

四、慰问活动

1986年，“两山”（老山、者阴山）前线英模报告团到保山巡回演讲后，英雄们的先进事迹和崇高的爱国主义精神，深深地感动了保山地区各级妇女干部、群众，她们纷纷给前线的亲人们写了慰问信4708封，还赠送了大量的鞋垫、锦旗、毛巾、衣服、收音机、口琴、茶叶、花生等各种土特产品和日用品，价值约76817元。

1989年5月，由地妇联牵头，联合地工会、共青团、老龄委向地直、省属驻保单位的干部群众发起“募捐救灾”的倡议，号召广大干部职工为灾区人民伸出援助之手，为灾区的父老兄弟姐妹解决部分困难，得到广大干部群众的响应，纷纷捐款捐粮、捐衣物。5月25日至6月20日，共有103个单位开展了募捐活动，有5980人和集体共捐款28095.13元，捐粮票1581.6千克，捐衣裤10153件（条），捐被套、被面、床单145条，鞋子160双，其他物品246件，共折合人民币5万元。

1991年5月，地区妇联牵头与教委、卫生局在城区18所中小学、幼儿园中开展“为贫困山区小朋友捐赠少儿读物、玩具和衣服”的献爱心活动，共捐儿童读物25777册、玩具1361件、文具2271件、衣物17548件，于“六一”前送到贫困山区儿童手中。同月，地区妇联与团委、教委等20个单位自筹资金3500元慰问了保山市水寨、施甸县摆榔、腾冲县马站、昌宁县更戛、龙陵县河头五个贫困山区学前班、聋哑学校、地区聋儿语训班及三小弱智班的儿童。同年还开展了“我为各族儿童福利事业捐一元钱”活动，共捐款12000元交省儿童基金会。

1992年9月，开展了为“庆龄女子学院”捐一元钱活动。各级妇联响应全国妇联号召，组织开展了“我为‘庆龄女子学院’捐一元钱”活动，捐款人数3543人，捐款12972.68元，为中国妇女教育事业的发展贡献一分力量。

1993年，保山地区灾情严重，地、县（市）妇联分别发起组织了为灾区、贫困地区妇女儿童捐款捐物献爱心活动。昌宁县为儿童捐款1.3万元，为灾区捐款32283元，捐衣物4405件及食品、棉被、石棉瓦等；施甸县捐款6034元，捐物3690件；保山市为儿童捐赠图书2万多册；地区妇联与工会、团委、民政处共同发出倡议，为灾区捐款60428.36元，衣物2556件。

2004年，保山市遭遇了百年不遇的洪灾和5.6级地震后，各级妇联积极投入到抢险、抗震救灾的战斗中。隆阳区、腾冲县妇联与工会、共青团联合发出了关于开展向洪涝灾区献爱心赈灾募捐活动的倡议，收到社会各界捐款966899.5元；市妇联积极向省妇联汇报灾情，争取到2万元的救灾款，市妇联机关干部职工捐款2700元和20箱方便面，并及时将救灾款物送到了灾情最严重的隆阳区、腾冲县的灾民手中。

2005年，各级妇联在"共产党员先进性教育"活动中，深入基层了解民情、体察民意、倾听妇女群众的呼声，实实在在为妇女儿童办好事、办实事，各级妇联为扶贫点捐衣物1500多件，购价值2万余元的物资慰问贫困户。

五、先进表彰

表彰活动是各级妇联的一项经常性的一项工作。表彰内容随着中心工作增加新意。

1978年，粉碎江青反革命集团后，广大妇女拨乱反正，振奋精神，积极参加生产和社会活动，涌现了一批积极分子。当年"三八"节，地区妇联表彰了全区妇女先进集体34个，先进个人1023名。

1979年，按全国妇联、省妇联关于开展"三八红旗手"（集体）竞赛活动的通知精神，结合保山地区实际，在全区妇女中掀起了学英雄、见行动，人人争当"三八红旗手"的活动。当年全区先后表彰了"三八红旗手"9251名，其中：出席全国的11名，全省的45名，地区的71人（地直单位）县的517人，公社的8734人。表彰了"三八"红旗集体780个，其中：出席全国的2个，全省的13个，地区的7个（地直单位）县的102个，公社的678个。

1982年7月，上海市徐汇区长安食品店女营业员陈丽丽，不贪恋大城市，自愿和保山籍的一个一等残废军人结为夫妻到保山安家。保山县委宣传部和县妇联联合发出"开展向陈丽丽学习活动"的通知，号召干部群众向陈丽丽学习，树立互相理解的婚姻家庭观念。

1985年"三八"节期间，地区妇联对在两个文明建设中涌现出来的各种先进人物、先进事迹进行了宣传表彰。全区共评选并表彰了"五好"家庭3826户、双文明户460户、文明单位483个、"三八红旗手"544名、红旗集体106个、好家长166名、先进集体131个、"五好"个人、先进个人8588名、优秀保教工作者84名。

1986年7月，地区妇联在腾冲召开妇女大会，对抢救触电儿童光荣牺牲的腾冲县古永区陇阳社妇女代表小组长王德从进行表彰。追认她为全区"优秀妇女干部""三八红旗手"。并联合地委宣传部发出"向王德从同志学习的通知"号召全区干部、群众学习王德从舍己救人的精神。

1990年"三八"节期间，地妇联代表地区"双学双比"协调领导小组召开了全区"双学双比"表彰大会。表彰了保山地区在经济建设和精神文明建设中做出贡献，发挥"半边天"作用的种植户、养殖户、加工户等。对"双学双比"中涌现出来的先进集体11个，先进女能手22名授予了"三八红旗手"称号。同时还表彰了全区关心重视妇女儿童工作的领导和社会热心人士13名。

2001年"三八"节期间，保山地区"巾帼建功"活动领导小组对全区2000年度开展"巾帼建功"活动好的10个先进集体和10个先进个人进行了表彰。

2002年"三八"节，对"好军嫂""好警嫂"进行了表彰奖励。

2004年，市妇联举行纪念"三八"国际劳动妇女节94周年暨"百名女能手"表彰大会。

当年，全市有3名女能手获全国表彰，有5名获“三八”绿色奖章；1个“三八”绿色优质工程，1个“双学双比”竞赛活动先进集体。

2005年，全市被评为省级“优秀妇女之家”的单位有5个；保山市人民医院被评为“巾帼文明示范岗”；腾冲县女子洞经乐队演出的《国殇》节目获杜鹃奖。李建芬户被评为全国“五好文明家庭户”。

第四章　残　联

第一节　机构沿革

1982年4月，成立保山地区盲人、聋哑人协会于地区民政处。1988年10月，撤销保山地区盲人、聋哑人协会，成立云南省残疾人联合会保山地区办事处，实行财务单列，由行署民政处代管，为副处级群众团体，核定编制10人（含原盲聋哑协会2人），内部机构设办公室和发展、康复两个科。

1989年3月，成立保山地区残疾人工作领导小组，由行署办、民政局、卫生局、财政局等单位组成，行署分管副专员任组长。同时，县、市相应成立残疾人工作领导小组。至1990年，全区县（市）残疾人联合会相继成立，挂靠县（市）民政局，为副科级群众团体，核定编制为保山市、腾冲县各8～10人，施甸县、龙陵县、昌宁县各5～7人（含在编的盲聋哑协会人员）。

1990年11月，召开保山地区残疾人联合会首次代表大会，代表119人，其中残疾人代表占63%。大会选举产生第一届主席委员72人，其中残疾人36人占50%。聘请名誉主席1人，副主席2人，推举执行理事会理事长1人，副理事长1人。同时，县（市）先后召开残联第一次代表大会，举行产生第一届残联领导班子。

1991年，分别在保山市板桥镇和腾冲县进行成立乡级残联试点工作。次年，行署办发文要求乡级残联人员由民政、文教、卫生、财政、工商、税务、妇联等部门兼任，大的乡（镇）11～13人，小的乡（镇）7～11人。3月底，全区83个乡（镇）完成了残联组建工作。12月底在召开全省乡（镇）残联建立表彰大会上，受到了表扬和嘉奖。

1997年1月，地委批准地区残联升格为正处级单位，从民政析出，实行财务单列，人员编制8人，内设办公室、康复科。县、市残联升格为正科级单位。1998年机构改革中，调整充实了残联内设机构，全区残联专职干部职工由17人增至33人。同年，成立了保山地区残疾人“服务总社、劳动就业服务所、康复指导站、用品用具供应服务站”，配备了兼职干部。2000年，全区83个乡（镇）配备残联专干66人。

2001年，撤地设市后，保山地区残疾人联合会过渡为保山市残疾人联合会，保山市残疾人联合会过渡为隆阳区残疾人联合会。同年，成立保山市盲人协会、肢残人协会、聋人协会、智力残疾人亲友会、精神残疾人亲友会。2003年，五县（区）残联届满换届时，成立了“五个残疾人专门协会”，同年10月，核定保山市残疾人劳动服务所人员编制2人，市残联编制共计10人。2004年，成立保山市假肢装配维修站。同年，按省残联的要求，全市加大对社区残疾人协会的组建工作，在30个社区中建立残疾人协会24个。2005年，市政府批准，招聘24名残疾人到协会任专职委员。

1990年至2005年年末，保山（地）市、县（市、区）残联共召开四次代表大会，选举产生四届领导班子。

第二节　残疾人状况

1987年，第一次全国残疾人抽样调查，保山地区被抽调腾冲县小西、龙陵县龙新两个点，调查结果，残疾人占被调查点总人口的8.33%，高于全省比例的6.35%，全国比例的4.9%，测算全区残疾人有16.66万人。

1991年，根据行署办《关于对全区五类残疾人进行一次摸底调查的通知》，8月召开会议安排全区调查工作。组建各县（市）以乡（镇）政府、乡（镇）卫生院、村公所（办事处）干部及卫生员为主要力量的调查队伍，采取集中或走访鉴定的方式，逐个逐项登记。经三个月时间完成调查，全区五类残疾人登记53048人（其中13岁以下聋哑儿童745人），占1990年年末全区总人口2122446人的2.5%。

1997年，为在20世纪末实现基本解决贫困残疾人温饱问题的宏伟目标，中残联布置在全国开展贫困残疾人入户调查工作。调查结果，全区共有残疾贫困户41952户，贫困残疾人46150人，占残疾人总数的36.1%；贫困残疾人户占全区贫困户总数的40.7%。

2000年，根据省残联《关于继续开展残疾儿童少年调查的通知》及《关于开展盲童筛查工作的通知》要求，在全区开展残疾少年儿童调查及盲童筛查工作，全区登记残疾少年儿童3695人，已入学2228人。视力残疾（盲童）372人，已入学227人。

2002年3月11日至5月11日，按市政府要求，在全市进行为期两个月的残疾人摸底调查。各县（区）成立残疾人调查领导小组，由政府分管领导任组长，民政、残联、统计、教育、卫生、医院为成员单位，抽调工作人员，为被调查对象逐一建档建卡。调查结果。全市共有残疾人12.78万人，占总人口234.82万人（2000年第五次人口普查人数）的5.44%。其中：听力、语言残疾3.35万人，占残疾人数的26.2%；视力残疾2.33万人，占残疾人数的18.21%；肢体残疾4.49万人，占残疾人数的35.1%；智力残疾1.37万人，占残疾人数的10.69%；精神残疾7274人，占残疾人数的5.69%；综合残疾5218人，占残疾人数的4.08%。此次普查对掌握残疾人康复、教育、就业、年龄构成、文化程度、性别和婚姻、致残原因等方面具有十分重要的作用，为各级党委政府制定社会发展规划和发展残疾人事业提供了重要的依据。

2003年12月，按照省残联《关于认真开展农村贫困残疾人住房状况调查工作的紧急通知》要求，在五县（区）开展入户调查。调查结果：实际残疾人数127776人，其中农村121250人，城镇6526人。贫困残疾人户数19354户，其中农村18825户，城镇529户。住房困难状况是：无房572户，危房2889户，茅草房546户，杈杈房356户，木楞房793户，住山洞6户。一般农村住房状况：建筑面积89～250平方米，房屋结构为土木、砖木、土坯，房屋造价14500～50000元，计划申报“安居工程”6223户。

2004年8月4日，国务院批准开展第二次全国残疾人抽样调查。计划检查分三个阶段进行：2006年4月1日以前为准备阶段；2006年4月1日至5月底为现场调查阶段；2006年6月至2007年12月为数据处理、资料公布、资料开发和总结表彰阶段。2005年7月，成立保山市（隆阳区）第二次全国残疾人抽样调查领导机构，抽调办公室人员、调查队员，筹备调查工作。隆阳区为全省被抽中的25个样本县之一，永昌、兰城、板桥、瓦窑、芒宽5个乡（镇、办事处）8个调查小区。调查结果：残疾人占总人口的6.69%。高于全省6.46%，全国6.34%。省残联要求，各地残疾人数以全省比例为测算依据，全市有各类残疾人15.7万人。

第三节　基础设施建设

一、残疾人综合服务中心建设

2002年，保山市政府印发《保山市残疾人综合服务设施建设规划》，五县（区）以经济和社会协调发展为主题，为“加强残疾人事业，帮助残疾人康复、就学、就业，创造残疾人平等参与社会生活的条件”，按照国家补助15万元，省补助40万元，市补助30万元，县级无偿划拨土地、自筹不足资金和“四位一体”（办公、就业服务、康复训练、用品用具供应）的标准列项建设残疾人综合服务中心。

保山市（隆阳区）政府2000年投入55万元，在永昌镇和平小区购买550平方米框架结构一幢改建残疾人综合服务中心。

腾冲县政府1999年在腾越镇来凤大道旁无偿划地887平方米，新建残疾人综合服务中心，建筑面积510平方米，总投资105万元，于2001年投入使用。

昌宁县政府2000年在县城武华路东段无偿划地1334平方米，建设县残疾人综合服务中心，2001年国家补助15万元，县自筹20万元，2004年建成南楼440平方米，北楼四层砖混结构970平方米，因35万伏高压线路改道未果而停工，2005年9月重新开工，总投资95.6万元。

龙陵县政府于2001年10月投资43万元，购买位于县城龙山路266号龙陵县建筑公司办公楼及土地（因在中国建设银行龙陵县支行抵押贷款拍卖），占地面积1535平方米，建筑面积1075平方米。2004年立项改扩建，原办公楼1075平方米按综合服务设施要求改造修缮，新建框架结构一幢三层，建筑面积587平方米，2005年4月竣工验收，投入使用。总投资103.62万元，其中国家补助15万元，省补助40万元，市县自筹48.62万元。该中心布局合理，功能齐全，居全市之首。

施甸县残疾人综合服务中心，2002年批准立项建设，国家、省、市、县配套投入资金100万元。该中心占地面积656平方米，建筑面积1069平方米，2003年竣工验收，2004年1月投入使用。

保山市残疾人综合服务中心于2003年6月批准立项建设，占地2200平方米，建筑面积1520平方米，总投资167.2万元。由于市政府无偿划拨土地和国家、省配套补助资金不到位，改变初设方案，购买保山城太保南路152号旧框架结构一幢，占地面积620平方米，建筑面积948平方米，进行改造，总投资170万元，2005年8月投入使用。

二、无障碍建设

城镇道路和建筑物无障碍设施建设，是改善人们居住环境和提高生活质量，体现现代城市文明建设和社会文明进步的标志。根据2002年10月31日建设部、民政部、全国老龄委、中国残联联合召开的“全国无障碍设施建设工作电视电话会议”精神，市人民政府残疾人工作协调委员会召开扩大会议，副市长、残工委主任李新平对抓紧落实这项工作作了重要指示。市建设局、市残联制发《关于下达2002—2003年全市无障碍设施建设任务指标任务的通知》，提出全市新建公共建筑设施无障碍12处，新建盲道1200米，新建缘石坡道60处。五县（区）相关部门根据分解任务，认真进行研究，制定了具体实施方案和项目计划。2003年以后，全市新城建设或旧城改造、公共设施建设，把无障碍设施纳入规划同步实施。至2005年，隆阳区：在正阳北路建设无障碍设施示范一条街，盲道400米，缘石坡道80处；施甸县：在县城建设盲道1000米，缘石坡道300处；腾冲县：在来凤大道建设无障碍设施示范一条街，盲道850米，缘石坡道20处；龙陵县：建成盲道8100米，缘石坡道183处，基本涵盖城区主要街道和公共场所；昌宁县：在县城建成盲道1200米，缘石坡道200处。

三、信息化建设

随着科学技术的快速发展，21世纪人类社会已进入信息化时代。信息在经济、科研、社会生活等各个领域发挥着越来越重要的作用，信息成为促进残疾人事业发展不可缺少的基本工作。1998年，省残联给地区残联配置电脑1台；2002年后，县级残联逐步配置电脑、传真机。随着电子政务的普及推广，2004年年底，全市残联干部均参加各级政府组织的公务员信息化和电子政务培训。2005年，市、县（区）残联实现各科室1台电脑，其中市残联实现人手1台电脑。上了宽带网，安装了中国残疾人事业统计管理系统、白内障复明术数据库管理系统、残疾人就业服务管理系统和建立残疾人人才库。基本实现了办公自动化，信息网络化，提高了工作效率。

第四节　残疾人康复

根据省政府的要求，保山地区1988—1992年，五年三项康复的任务是：儿麻矫治术500例；白内障复明术900例；聋儿语训40例。为保证三项康复任务的完成，1992年1月，召开全区三项康复工作会议，行署专员程政宁到会作了指示，从人力、财力上给以大力支持。实行儿麻患者手术每例补助400元，白内障患者手术单眼80元，双眼160元，地、县（市）各一半的补助办法。将儿麻、白内障任务实行分片包干并分解到乡（镇），乡、村干部积极为残疾人排忧解难，地区残联抽调人员，分别到五县（市），配合县（市）残联、医务人员，到25个乡（镇），54个村公所（办事处），鉴定儿麻、白内障对象470余人。4月份，施甸县人民政府特请云南省儿麻手术专家王德榜教授到施甸县医院指导，10天完成儿麻手术18例；7月份，保山地区医院外二科主任杜连辉到龙陵县帮助指导儿麻手术18例；8月份，地区残联通过组织县（市）残联干部到外地、州参观学习，保山市、腾冲县开展了聋儿家长培训。截至1992年年底，全区共完成白内障手术1013例，占任务数的112.6%，完成儿麻手术544例，占任务数的108.8%，完成聋儿语训40例，占任务数的100%。1993年2月，经行署领导同意，保山地区残联召开了全区三项康复工作表彰大会。对在三项康复工作中做出贡献的集体和个人予以表彰。先进集体腾冲县人民医院等11个，先进个人罗启相等25人。

1993年，根据“八五”任务，省政府再次下达给保山地区白内障复明手术500例，儿麻矫治术300例，聋儿语训50例的任务。全区民政、卫生、残联、教委密切配合，组队下乡对“三康”患者进行手术适应证鉴定，先后对94个乡（镇），304个村公所（办事处），鉴定对象2270余人。1993年9月，施甸县、腾冲县、龙陵县邀请昆明医学院附一院、附二院骨科专家王宏榜、张宝华教授前来指导手术。至1995年，全区共完成白内障复明手术864例，儿麻矫治术266例，聋儿语训63例。将患者手术补助费提升为白内障单眼120元，双眼160元，儿麻600元，各级补助共47万多元。腾冲县成为昆明医学院附二院共建防盲治盲试点县，1994年经省有关部门验收合格，并评为“省防盲治盲先进县”。全区已有4家医院能开展儿麻矫治术，7家医院能开展白内障复明术，聋儿语训工作人员7人接受省级以上专门培训。建立基层康复站5个，弱智培训站1个。全区共服用碘油丸37.4万粒。给低视力患者免费购置了一批助视器，低视力康复47例，培训弱智家长72例，向省残联争取到台湾曹氏基金会捐赠的轮椅143辆。

“九五”期间，残疾人康复工作，领域拓宽，项目增多。1996年，在抓好“三康”的同时，对特殊人群补碘，主要是新婚育龄妇女服药，控制新生智力残疾人，由乡（镇）民政助理员把关，采取先服药后办结婚证的办法，当年共补服碘油丸1.6万人，3.2万粒。对需求假肢和矫形器装配的残疾人进行摸底检查。1997年，配放特殊人群碘油丸14.6万粒。当年起，加大对助听、助视、假肢装配的力度。5年共实施白内障复明术2124例，肢残矫治术175例，矫形器装配20例，假肢装配27例，肢残康复训练133例，聋儿及家长训练72例，智残儿童及家长训练106例，低视力康复6例。

2001年，地、县（市）残联、卫生部门组成鉴定小组，义务诊断，普及防盲治盲知识，筛选康复需求对象，为“十五”残疾人康复提供数据。以“视觉第一中国行动”白内障复明为重点，带动低视力康复、聋儿语训、康复训练与服务、用品用具供应等工作全面开展。

在2002年“视觉第一中国行动”一期总结暨二期启动期间，市、区残工委组成慰问团，对板桥镇、永昌镇、辛街乡等地600名贫困残疾人白内障康复患者进行回访慰问，患者能重新参与社会，反响很好。实施该项民心工程能达到“复明一人，幸福一家，温暖一片”的社会效果，进一步达成共识。市政府副市长、残工委主任李新平要求，要加大康复经费投入，使更多的残疾人得到康复服务。当年各级政府投入康复经费29.5万元，2003年增至39万元。“十五”期间，共实施白内障复明项目4098例，儿麻矫治术37例，矫治器配置33例，肢残康复训练103例，聋儿语训及家长培训138例，智力残疾儿童及家长培训50例，配给助视器80例，配给助听器58例，低视力儿童及家长培训93例，为精神病患者免费配送药品治疗1.17万人次，为特殊人群补碘4.7万人次，麻风畸残康复训练40人次，假肢装配83例。残疾人用品用具供应2081件，得到市、县(区)政府与台湾曹氏基金会提供的“相对应捐赠”轮椅204辆。

第五节　残疾人教育培训就业

一、教育

1991年5月，按全区聋儿语训任务40例的目标开办聋儿语训班，7名聋儿入学。保山地区拨专款2.6万元，11月，云南省残联派3名工程技术员到保山为该班安装电感教室。

1995年，新建保山地区聋哑学校，有残疾学生114名。保山市、腾冲县办起了弱智辅读班，有学生25人。据地区教委统计，全区随班就读的聋生有226人；视力残疾学生有289人，弱智学生有592人。有5名残疾考生被大专院校录取，7名被中专学校录取。

2000年，地、县(市)残联积极配合教育部门，认真贯彻执行《残疾人教育条例》，把残疾儿童纳入普及义务教育管理范畴。残疾儿童少年随班就读学生1939人，地区聋哑学校就读289人，大中专院校录取残疾人4名。2001年，全市残疾少年儿童3695人，有299名盲聋哑儿童进入市聋哑校学习，有2499名残疾儿童随班就读，入学率75.72%。加大对贫困残疾人子女入学有关优惠政策的宣传落实，在校残疾学生得到资助费和减免学杂费用共计21.2万元。2003年，全市加大对残疾少年儿童、贫困残疾人子女入学有关优惠政策的宣传落实，在校残疾学生596名得到资助7.16万元，2000多名残疾学生(含贫困残疾人子女)得到减免学杂费共计11.2万元，根据云残联《关于开展资助贫困残疾人大、中专学生工作的通知》精神，市残联作出了开展资助残疾人大、中专学生工作的实施意见，把考取国民教育大、中专院校的贫困残疾人学生(含残疾人子女)纳入资助对象，给予一次性资助，标准为中专生1000元，大专生2000元，本科及以上3000元。年内全市共资助22人，4.23万元。按市委、市政府两办印发《保山市教育帮抚工程实施方案》要求，市、县两级残联高度重视，对帮扶的施甸县石头寨村、隆阳区平坡村等6个村中心完小认真调查，作出帮扶计划，精心组织落实，年内已投入资金2万多元帮助特困学生解决困难。11月5日，隆阳区在保山兰花宾馆举行“扶残助学春雨行动”启动仪式，蒋承铭等23名视力残疾学生得到由中国残疾人基金会吸收社会募捐提供的每年每人800元、连续五年的助学金。2004年，入学率提高到85%，考取大中专院校28人。市残联与关爱学校办了聋儿语训班，招生15名，专任教师2名，保育员2名，经费由各级残联筹措。全市400多名在校残疾学生得到“春雨行动”“长江新里程计划”“彩票公益金助学”资助11.5万元；2000多名残疾学生（含贫困残疾人子女）得到“两免一补”24万元；对28名考取国民教育大中专院校的学生，给予一次性补助共7.5万元。市残联根据施甸县石头寨村完小饮水困难、危房改造、课桌凳不足问题，给予补助资金9000元。

2005年2月，全市1766名随班就读的残疾学生的学杂费得到减免，金额达20.9万元。当年，51名考上大、中专学校的学生共得到了10.5万元的补助。

二、培训及就业

1992年7月，保山地区残联在保山市板桥镇举办全区残疾人理发培训班，为期1个月，学员30人。结业后，各县（市）残联赠送理发工具，扶持他们走上了自立自强之路。同年，地区残联选送5名残疾人到昆明济世之家培训10个月。全区国营和集体安置残疾人32人（含临时工），乡办企业安置19人，个体新开业安置112人。1994年3月，地区残联在保山市辛街乡举行了为期两个半月的残疾人缝纫培训班，参训21名；选送到昆明济世之家参加职业培训6名，其他培训32名，共59名。全区安排残疾人在福利企业就业45人，个体新开业134人，创历史新高。1995年，全区共举办残疾人理发、补鞋、缝纫、编织、自行车修理等项目的培训班，100多人参训。选送16个残疾人到昆明济世之家学习。1996年，全区残联和各有关部门新安排在福利企业就业的城镇残疾人有9人，鼓励自谋出路开业的城镇残疾人28人。1997年3月，地区残联组织部分县（市）的残联理事长，赴思茅考察推行按比例安排残疾人就业的经验。在保山市和腾冲县先后开展非农业人口残疾人的就业状况调查，全面地掌握了残疾人就业和各单位的人员需求状况。在稳定现有福利企业安置残疾人的基础上，新申报希望服装厂，安置了9名残疾人。地区残联拨出专款，由保山市和腾冲县分别举办一期职业培训班50人，培训结业赠送一套生产工具扶持开业。选送5名残疾人到昆明济世之家接受半年的职业技术培训。1999年1月，保山地区行署办发文《关于认真做好按比例安排残疾人就业工作的通知》，各县（市）相继制定出台按比例安排残疾人就业工作实施办法，对安排残疾人就业达不到1.5%的机关、团体、企事业单位和城乡经济组织征收残疾人就业保障金。至2000年，全区共征收保障金110万元。开展各种职业技能（农村实用技术）培训共3276人，安置残疾人集中和分散就业337人，为农村残疾人发展生产提供了有力的帮助。

2001年，保山市征收保障金178万元，纳入政府性基金管理，每年列入预算用于残疾人就业培训及其他支出。2002年，市级开始征收保障金，当年征收50万元，全市共征收192万元，全部上缴国库。同年7月，市政府分管领导同意，市残疾人就业服务所设立职业技术培训部，与关爱学校、隆阳区第二职业中学建立长期协作关系，把残疾人培训与健全人培训有机地结合起来，因地制宜地开展培训。做到职业教育和技术技能培训同步，残疾人与健全人培训结合。2001—2005年，市、县（区）结合实际，有计划有针对性地组织残疾人参加种植业、养殖业和家庭手工业等多种形式的职业技能培训。共举办足疗按摩、养殖、蚕桑技术、烤烟、大棚蔬菜、中草药、补鞋、缝纫、家电维修等培训396期1.47万人。先后选送昆明培训保健按摩9人，家电维修7人。投入经费400多万元，使他们学到一技之长，成为自食其力的劳动者，有1400多人就业或个体创业，1.3万多人发展农业生产，进入脱贫致富奔小康的行列。在普遍帮扶有一技之长的残疾人发展生产，实现人生价值的基础上，树立一批残疾人自强典型，使之成为广大残疾朋友的榜样。全市共筹措资金28万元，重点扶持170名残疾人从事植树造林、种桑养蚕、烤烟、种茶、养殖、按摩、木材加工等经营活动。其中，市、区残联与林业、农业、畜牧业、扶贫等部门密切配合，树立扶持残疾人自强典型，匹配补助8500元，扶持瓦窑乡何兰晓在承包200亩荒山中种植核桃80亩960株。补助1万元，扶持西邑乡李树光发展年产仔猪1000头，肥猪400头项目。2005年年末，已有50人月收入达800元以上，起到了示范作用。

第六节　残疾人扶贫及社会保障

1992年，保山地区残联开展“献爱心”活动，向社会筹集资金为残疾人办实事、做好事，5月9日，行署副专员朱家忠主持召开了地直100多个单位干部、职工参加的动员大会，号召全区广大干部、群众及社会各界人士积极为残疾人募捐。地委书记黄绍智、行署专员程政宁当场带头捐资，使募捐活动在地直机关、厂矿和企事业单位掀起了热潮。地区残联收到捐款4.7万元。保山市、腾冲县、龙陵县也开展了募捐活动。1996年，国家实行残疾人康复扶贫贷款政策，由中国农业银行负责管理，国家财政贴息一定年限。实行由地区、市县残联向农行申贷，残联又贷给残疾人的“三角债权债务”关系。当年全区争取到130万元。其中：保山市20万元，在西邑乡扶持种植烤烟、养猪；昌宁县20万元、龙陵县和腾冲县共90万元，扶持贫困残疾人户及福利企业。11月，中国残疾人联合会和中国农业发展银行联合组成残疾人康复扶贫调查组，到保山地区进行检查，对全区的康复扶贫工作给予了充分的肯定。1997年，地区残联领导深入乡（镇）调研，了解康复扶贫贷款的使用情况，对工作中存在的问题具体分析，具体解决，及时总结推广先进经验，确保了贷款使用能面向广大残疾人，有效益，不流失。立项申报1998康复扶贫贷款210万元，扶持保山市种植啤酒大麦项目和龙陵县热区种植甘蔗项目。认真做好到期扶贫贷款的归还工作，保山市使用的第一期康复扶贫贷款20万元，已在1997年全部归还，树立了保山地区良好的信誉。1997年全区共扶持残疾人贫困户993户，贫困残疾人1570人，其中已脱贫462户、902人，得到了社会各界和残疾人的好评。1998年，使用康复扶贫贷款180万元，扶持残疾人贫困户1450户，当年脱贫1202户，5084人，占当年扶持数的83%。截至12月底，全区共有2.5万名残疾人贫困人口摆脱贫困，占全区1998年脱贫人口8.4万人的30%。1999年，新争取康复贷款260万元，以小额贷款的方式落实到残疾人贫困户1986人，脱贫占76%。

2000年，制定《保山地区残疾人扶贫攻坚计划》以后，实行领导干部与残疾人结对帮扶，对康复后有劳动能力的残疾人进行扶持，以资金与技术“一帮一、众帮一”、单位包村社、干部党员帮到户的方式，帮助贫困户引导脱贫。对市、县两级残联定点挂钩扶贫的6个村，参与村“两委”制定发展规划，研究产业结构调整，以注入资金和扶智相结合，为定点村办实事办好事。2000年滚动使用康复扶贫贷款490万元，新争取到280万元(龙陵县100万元，保山市120万元，昌宁县60万元)，并且组织好项目开展的前期准备工作。2001—2005年，各年分别滚动使用，分期偿还贷款550万元、450万元、280万元、280万元。扶持3万余人次，脱贫1.9万人次。2004年市残联与扶贫办、农行初审康复扶贫贷款意向项目计划8个，总投资12951万元，自筹10851万元，申请国家残疾人专项扶贫贷款2100万元。但因贷款管理体制改革及原贷款不能按期履行续贷手续，未批复。

2004年，按照云南省扶贫办和省残联的要求，保山市各级政府把残疾人“安居工程”纳入大扶贫盘子，统一安排，同步实施。年内，全市为543户残疾人实施“安居工程”，超额完成省下达计划144户，市级以上投入资金185.12万元，项目由扶贫部门统一实施，各级残联参与。项目验收后，市、县(区)残联每户再各补助200元，购置生活用品。共投入补助经费21.72万元。2005年，省下达残疾人“安居工程”455户，其中彩票公益金45户。各级政府有关部门对贫困残疾人给予倾斜，实际完成636户，投入补助资金214万元。

保山市实行城市最低生活保障制度以后，残联积极配合，调查应保对象和宣传有关政策。2003年将城镇的323名贫困残疾人纳入“低保”。农村无劳动能力和生活自理能力的特困残疾人得到救济、扶助五保供养3565人。在开展农村新型合格医疗试点中，龙陵县残联为1510名特困残疾人交医疗保险费1.51万元。到2005年，全市有1909名城镇残疾人纳入最低生活保障，2394名农村残疾人纳入“五保”供养，2.37万名特困残疾人纳入医疗保险。市残联筹措资金4.5万元，支持扶贫挂钩村施甸县何元乡石头寨村抗旱救灾、修缮村公所及小学校舍，修建村社公路。每年元旦、春节期间，“残疾人重大节日”，各级政府都组织对特困残疾人的慰问。

第七节　法制建设及残疾人维权

1998年，保山地、县(市)人民政府制定了《关于残疾人若干优惠政策规定》，从各种税费征收、农村提留、义务工安排等方面，对残疾人及家庭实施减免。从儿童少年入托入学、供水供电、交通通信、医疗卫生、公益设施使用和各种社会服务方面，对残疾人及其家庭提供照顾和优先、优惠的服务。腾冲县残联还将县政府对残疾人优惠文件翻印，附在残疾人证上发放，使残疾人了解自己应享受的权利。2000年，根据省残疾人工作协调委员会《关于认真全面地开展云南省残疾人事业2000年行政执法监督检查工作的通知》要求，成立保山地区残疾人事业行政执法监督检查工作领导小组，对全区“九五”期间残疾人行政执法工作进行了全面自查，自查得分82.5分。9月17—19日，省政府行政执法监督小组莅保检查，得87分。2001年，地区成立行政执法监督检查组，对《中华人民共和国残疾人保障法》进行监督检查。组长由行署助理巡视员张玉龙担任，成员单位由法制局、民政侨务局、残联组成。各县(市)相继成立检查组。6月1—8日，地区检查组对保山市的板桥、汉庄、瓦窑，腾冲县的小西、固东、瑞滇，龙陵县龙新、龙山等8个乡(镇)进行抽查，抽查结果，各乡(镇)在贯彻落实《中华人民共和国残疾人保障法》中，还存在着宣传落实不到位的问题。2003年，保山市人民政府制定《保山市实施〈云南省残疾人优待规定〉办法》，2004年，按省法制办、省残联《关于认真做好〈云南省残疾人优待规定〉行政执法检查工作的通知》，市政府成立行政执法检查领导小组，副市长李新平出任组长，部署各县(区)自检自查。10月中旬，市政府抽调有关单位人员组成5个检查组进行检查。通过听汇报、召开座谈会、走访残疾人等形式，找出各地在贯彻《云南省残疾人优待规定》中没有落实到位的方面，经意见反馈，上下达成了共识，加强了执法力度，对改善残疾人生存状况将起到极大的推动作用。

1993年起，各级残联干部十分重视残疾人信访工作，做到有信必复，有访必待，有事必办，受到广大残疾人的好评。来信来访从1993年来信41封，来访288人次逐年上升到2005年来信96封，来访1590人次，为残疾人提供法律咨询服务600多人次。各级残联做到反映问题搞清，政策法规讲解全面，协调落实到位。答复率100%，满意率达90%。2003年隆阳区汉庄司法所被司法部、中国残联评为“全国残疾人维权示范岗”称号，2005年保山市残联、腾冲县残联被省残工委评为“云南省残疾人信访工作先进单位”。

第八节　宣传及社会环境

1991年5月19日，第一次“全国助残日”，保山地区民政处、残联、妇联、共青团、工会、卫校、市民政局、司法、宣传、医院、商业、日杂公司、城关镇按摩诊所、城关五小等单位在保山市上巷街布置了助残日一条街，开展助残活动。卫校免费为群众测血压250人次，验血82人次，测身高350人；按摩诊所为群众按摩71人次；市残联向社会募捐人民币344元；市商业局服务公司免费为残疾人摄像30张；一等伤残退伍军人李光修理钟表12只；市司法局为群众法律咨询服务，提供《中华人民共和国残疾人保障法》25册；市电影院免费专场为残疾群众及家属放映日本影片《典子》。地民政处、地残联21名干部、职工陪同地、县(市)党、政领导分别到精神病院、社会福利院、医院、福利厂看望、慰问残疾病患者。

1994年5月，第四次“全国助残日”期间，举行了地区社会福利有奖募捐领导小组向残疾人捐赠仪式。行署专员、残联主席程政宁，行署副专员、地区有奖募捐领导小组组长朱家忠等领导到会讲话，并将价值8000多元的21台“飞人牌”缝纫机送到了参加残疾人缝纫培训班的21名来自各县(市)农村的残疾学员手中。1995年，保山市西邑乡护林员高位截肢残疾人杨庭相被国务院评为“全国劳动模范”称号。

1996年，在云南省残联的支持帮助下，拍摄一部反映保山地区残疾人事业发展历程和残疾人自立自强精神的电视专题片《汉子杨庭相》，地区电视台新闻节目对残疾人工作的宣传报道，引起社会的共鸣和支持。次年，腾冲县肢残人邵应佳，植树造林效果好，被评为“云南省自强模范”；武警保山医院五官科主任罗启相，长期扶残助残，为白内障患者无私奉献，被评为“云南省助残模范”。

2002年，保山市残联与保山日报社协办“道德之光”有奖征文栏目，反映各级党委、政府关心重视残疾人工作，全社会支持残疾人改善生存条件，讴歌残疾人自强自立的精神风貌。同时，广大残疾人工作者积极投稿，联系新闻媒体报道各级领导为残疾人办实事，各种优惠政策逐步得到落实，乡村免除残疾人义务工、免交提留款、免交上公园进公厕票费、免交残疾人儿童学杂费和依法减免各种税费等，使广大残疾人得到了实惠，全年共免金额96.2万元。次年，腾冲县残联被省残工委、省人事厅授予“残疾人之家”称号。

2004年，保山市以“六个一”活动为具体内容开展工作。即召开一次座谈会，开展一次慰问，对特困残疾人生产生活、住房进行一次排查，深入基层开展一次宣传活动，树立一批自强典型，结对党员干部具体为残疾人做一件实事。年内，全市共慰问帮抚残疾人3563户，投入资金43.49万元。其中：保山市昌恒房地产开发公司董事长张恒品向市聋哑学校师生捐赠教学生活用品价值3万多元；腾冲县捐资、捐物折成人民币2.5万元，帮助120户贫困残疾人解决生产生活困难，帮助123名辍学儿童返回校园。

第九节　残疾人文体活动

1991年12月，保山地区残联选派8名残疾人运动员参加在玉溪举行的云南省第三届残运会，昌宁县赵敏荣获田径中跑400米和长跑1500米金牌2枚；腾冲县赵加川获游泳100米、张信胜获田径长跑1500米铜牌各1枚；龙陵县杨凡昌获汽步枪站姿射击银牌1枚。

1993年5月，保山地区组成残疾人文艺代表队参加云南省第二届残疾人文艺会演，舞蹈《竹铃》获表演一等奖和创作奖。霹雳舞《劳动》获表演三等奖。

1997年6月，保山地区残联选送聋哑人运动员范美娇参加在山东举行的全国残疾人田径运动会，荣获1500米和800米两枚银牌。1999年6月，地区残联与地区文化局、广电局、教委共同组织聋哑人文艺节目，参加“云南省聋哑学校、盲聋哑学校、特教学校”的文艺调演，“摆摆合脚来”获三等奖，“傣家情话”获优秀奖和辅导奖，“蕉园晨曲”获二等奖和创作奖。11月，召开云南省第六届残疾人运动会，地区残疾人代表队分别获得4枚金牌、6枚银牌、2枚铜牌的成绩。

2002年5月12—18日，云南省第七届残疾人运动会暨首届云南省特殊奥林匹克运动会在昆明举办，保山市残疾人代表团由田径、游泳、射击、举重4个代表队15名运动员（5名教练员及工作人员）参赛，共夺得5枚金牌、5枚银牌、2枚铜牌的成绩，团体总分67分，居全省18个代表团的第十位。代表团、田径队、射击队、举重队均获得“体育道德风尚奖”。2003年3月，腾冲县残疾人游泳运动员周自存在南京第六届全国残运会上获得4枚金牌；10月，在省教育厅、省文化厅、省广播电视局、省残联共同举办的第四届全省盲、聋、培智学校学生艺术会演中，保山市代表队参赛的节目《心声》获小品类三等奖，《放飞心中的歌》获舞蹈类优秀奖，代表队获组织奖；12月，在香港举办的远南伤残人士运动会上获三项第一。2005年2月，举办保山市第一届残疾人艺术会演，五县（区）共有75名残疾演员演出28个节目，经过评委会评审，分别按五大类评出一等奖1个、二等奖7个、三等奖10个及优秀奖10个。同时评出节目单项创作，辅导一、二、三等奖，优秀奖和参赛单位组织奖。4月，省委宣传部、省文化厅、省教育厅和省残联共同举办云南省第五届残疾人艺术会演，将保山设为本届艺术会演的分赛场，负责保山、德宏、怒江、临沧4个州市的比赛。4月7日，来自4个州市的演职人员和省评委会的艺术专家200多人欢聚保山，154名残疾演员、25个节目参赛。4月8日晚，举行优秀节目专场演出，演员们精彩的表演深深感动了观众。保山市代表队10个节目有7个获奖，其中舞蹈《红腰箍》获一等奖、戏剧小品《残联是我温暖的家》、器乐《驮铃唱晚》、舞蹈《希望》获二等奖；声乐《真诚》《青藏高原》、小品《红绳》获三等奖。同时，有5名聋哑女演员入选省残疾人艺术团集训，代表云南省参加了第六届全国残疾人艺术会演。

2005年5月，保山市组团参加云南省第八届残疾人运动会暨第二届特殊奥林匹克运动会。46名运动员参加9个大项的角逐，共夺得金牌14枚，银牌11枚，铜牌9枚，团体总分256分，名列全省第七名的成绩，团队获体育道德风尚奖，实现了历史性的突破。5月17日，当代表团载誉归来时，市政府专门召开庆功表彰会，对晋喜荣等3名优秀教练员、杨雨花等16名优秀运动会进行了表彰奖励。同时，输送了27名优秀残疾运动员参加省队集训，备战2007年在昆明举办的全国第七届残运会。

第五章　文　联

第一节　机构沿革

1986年8月，召开保山地区首次文学艺术界代表大会，选举产生第一届文联主席、副主席。同时，于11日成立保山地区文联，编制5人，其中专职副主席1人，秘书长1人，编辑3人，设兼职主席1人，兼职副主席4人。内设编辑部一个，下设文学（民间文学）协会、美术书法摄影协会、戏剧音乐舞蹈曲艺协会。

1989年12月，召开保山地区第二届文代会，进行换届选举，选举产生第二届领导班子。保山地区文联编制6人，其中主席1人、秘书长1人，编辑部主任1人，编辑2人，司机1人，另设兼职副主席4人，内设编辑部1个，下设作家协会、民间文艺家协会、美术家协会、书法家协会、摄影家协会、戏剧音乐舞蹈曲艺家协会。

1994年8月，进行换届选举，召开保山地区文学艺术界联合会第三届代表大会，选举产生了第三届领导班子。保山地区文联编制6人，设主席1人，秘书长1人，兼职副主席4人，内设编辑部1个，下设作家协会、民间文艺家协会、美术家协会、书法家协会、摄影家协会、音乐曲艺家协会、戏剧舞蹈家协会。

2001年12月，召开保山撤地设市后的第一次文代会，成立保山市文联，选举产生第一届领导班子。保山市文联编制6人，其中主席1人，副主席兼秘书长1人，编辑部主任1人，编辑2人，司机1人，设兼职副主席6人，内设编辑部1个，下设作家协会、民间文艺家协会、美术家协会、书法家协会、摄影家协会、戏剧舞蹈家协会、音乐曲艺家协会。

2004年9月，保山市文联改为参照公务员管理编制，增设办公室，编辑部改为创联科。

2005年6月，保山市文联编制8人，其中主席1人，副主席2人，办公室主任兼秘书长1人，创联科科长1人，创联科副科长1人，创联科主任科员1人，司机1人，设兼职副主席6人。下设作家协会、民间文艺家协会、美术家协会、书法家协会、摄影家协会、音乐曲艺家协会、戏剧舞蹈家协会。

第二节　职能履行

一、刊物创办

1986年8月，保山地区文联创办综合性文艺刊物《燃烧》。

1993年，《燃烧》更名为《九龙池》，常设栏目有“西南风采”“西陲放歌”“古郡神韵”“校园风情”“文艺论坛”“美影书展”等。《九龙池》每季一期，每年刊登数十位至上百位作者的文学作品，以及数量不等的摄影作品、书法作品、美术作品、音乐作品。

2002年，保山市文联将《九龙池》更名为《保山文化》。

2005年5月，市文联对《保山文化》进行改版，并更改刊名为《高黎贡》。《高黎贡》杂志分A、B两版。A版为双月刊，在原《保山文化》的基础上增设反映当代国内文学创作水准的“名家特稿”栏目、关注社会焦点的“非虚构作品”栏目、“直言不讳”栏目和反映保山历史文化的“文化地图”栏目。B版为文化专题版，具体对有一定文化价值的某一地域作专题介绍，强化对保山的宣传。

二、文献编辑

1989年，保山地区文联编辑的《花街神驰》内部出版，该书收录区内外诗人、作家抒写保山端阳花市的作品上百篇。

1990年，保山地区文联牵头征编的《金盾纪实》出版，全书征集选入保山地区作者撰写的法制文学作品28篇。

1992年，保山地区文联、保山行署民委、施甸县委宣传部合编的《保山地区民间谚语集》内部出版。同年，地区文联和五县（市）文联合编《保山地区书法选萃》，该书汇集了从明代张含、杨升庵、邓子龙到当代书法家的作品计86件。

1996年，保山地区文联编的《南天星云——当代保山地区作家、艺术家风采录》出版。

1997年3月，保山地区文联广泛征集“回归”专稿，推出《九龙池·迎香港回归特刊》。同年，地区文联组织部分骨干作者创作反映本区改革开放成就的短篇报告文学作品，编辑出版报告文学集《大浪搏潮》。

1999年，为庆祝新中国成立50周年，在高黎贡山自然保护处的倡导和支持下，保山地区书法家协会编印了《情系高黎贡山——保山地区书法家协会会员作品集》。

2001年4月，保山地区文联组织本区摄影家赴施甸地震灾区拍摄照片，制作《施甸“4·10”“4·12”地震纪实图片资料汇集》。同年，保山市书法家协会在保山市人民印刷厂支持下编印了《2001新世纪云南省保山市书法家协会会员作品集》。

2003年，保山市文联编辑的《当代名人笔下的保山》出版。

三、主要活动

1986年12月至1987年3月，保山地区美术摄影书法家协会同地区群众艺术馆举办了保山地区首次人体绘画展。

1992年，云南省美协、省书协、省影协、保山地区文联主办了“保山花市全国诗、书、画、影艺术大赛”。

1994年端阳花市期间，保山地区摄影家协会举办了全区摄影作品展；同年10月，地委宣传部、地区文联和文化局在国庆期间举办了全区美术书法作品展览，并从中选出15件美术作品上送省展办公室参评。

1995年8月，保山地区文联以培养艺术人才为目的，充分发挥文艺界人才优势，开办了“保山地区艺苑中心”，并先后举办了“企业文艺骨干培训班”“乡（镇）文秘班”“公文写作培训班”“青少年美术基础培训班”“青少年书法基础培训班”。

1996年6月16—20日，保山地区文联举办“大时代弄潮儿——保山企业精英艺术肖像展”。6月中旬，地区文联在第四届滇西民族艺术节期间举办了“全省美术、摄影、书法友好邀请展”，共展出美术、摄影、书法作品200余件。当年，地区文联支持王华沙举办个人摄影作品展，并扶持农民作家段培东完成其第三部长篇纪实文学的创作。

1997年3月3—8日，保山地区文联在百花岭组织了“高黎贡山文学创作笔会”，与会者16人，创作了近10万字的文学作品和近300张摄影作品。同年，《九龙池》编辑部在“高黎贡山文学创作笔会”成果的基础上，推出了《神奇的高黎贡山特刊》。6月，地区文联组织了“九七香港回归全区诗书画影‘五杯’大赛”（即“雪津杯”摄影大赛、“聚友杯”诗歌大赛、“心缘杯”婚纱人像摄影大赛、“生达杯”美术大赛、“勐糯冶金杯”书法大赛）。并于6月下旬举办“迎香港美影书展”。

1998年3月8—13日，保山地区文联主办了全省文艺期刊主编工作会，并在举办期刊主编工作会的同时，举办了一年一度的滇西笔会，邀请了北京《青年文学》杂志主编黄宾堂等到会进行文学创作讲座。同年10月，地区文联与保山心缘婚纱摄影有限公司联合举办了“1998心缘婚纱展演摄影大赛”。

1999年1月19日，保山地区文联在永昌电影院举办首次永昌古乐演奏会。在广泛征求社会各界意见的基础上，经地委分管领导和地委宣传部批准，地区文联将本区流传于民间的“洞经古乐”统一确定为“永昌古乐”，于9月正式成立保山地区永昌古乐协会。10月，地区文联与保山地区摄影家协会举办“风景这边独好”摄影佳作展。11月，与北庙湖管理处联合举办“迎澳门回归北庙湖文学摄影创作笔会”，出版《九龙池·北庙湖特刊》。12月，保山地区摄影家协会举办“街头摄影展”。12月底，地区文联在保山市工人文化馆举办“保山地区美术、书法、摄影作品50年成果展”。

2000年4月8—28日，昆明国际旅游节期间，保山地区文联同云南省摄影家协会，腾冲县委、县政府在昆明市云南美术馆举办了“中华奇观——神秘的火山热海、雄奇的高黎贡山”摄影艺术展。4—6月，地区文联分别在腾冲、保山举办“中华奇观——保山腾冲火山热海”大型摄影作品展。8月22日至9月5日，地区文联承办的“云南保山——神秘的火山热海、雄奇的高黎贡山”摄影展在北京自然博物馆举办。12月26—27日，地区文联、五县(市)文联与部分企业联合举办了保山地区首届“山花奖”“阳光杯”“明和杯”“坤隆杯”卡拉OK大赛。

2001年6月22日，保山地委机关和地区文联共同举办保山地委机关革命歌曲卡拉OK大赛。6月22日至7月2日，地区文联在保山地区群众艺术馆举办了“人民领袖毛泽东”吕厚明摄影作品展。7月7日，在五县(市)举行了首批全国书画等级考试。11—12月，保山市文联与保山市龙王塘农民公园管理处联合举办“龙王塘笔会”，并在此基础上出版《九龙池·龙王塘专刊》。

2002年5月23—25日，纪念毛主席在延安文艺座谈会上的讲话发表60周年暨保山市文艺精品工程研讨会在腾冲举行，会议确定了保山市文艺界5年内推出的10个重点项目及8个精品选题。9月27日，市文联组织“澜沧江啤酒杯”全市业余歌手大赛。同年，保山市文联主办，市作家协会承办了“永昌文化笔会”，笔会创作收集文章20余万字；首届“保山市当代优秀文学艺术家”评选揭晓，评选出“保山市当代优秀文学艺术家”10名；首届《保山文化》优秀作品奖评选揭晓，6篇文艺作品获奖。

2003年4月10—12日，保山市文联组织本市11名作家、艺术家翻越高黎贡山，通过实地采风，推出《高黎贡山》特刊。5月23—25日，市文联召开全市“文艺精品工程”研讨会，确定精品选题调整充实为13项。6月，保山市摄影家协会与隆阳区文联成功举办首届保山·隆阳《今日民族》摄影艺术展。7月31日，市文联组织召开“发展保山文化产业研讨会”，全市文艺界专家、学者就发展保山文化产业提出意见建议。同年，市文联推出《保山文化·“永昌文化”“腾越”“高黎贡山”“潞江”特刊》，与市委宣传部联合举办“为保山做出特殊贡献的作家艺术家”评选活动，组织第二届《保山文化》优秀作品评选。

2004年8月19—29日，中共保山市委、保山市人民政府主办，保山市文联承办的“纪念邓小平诞辰100周年诗、书、画展”在保山市群众文化艺术馆举行。11月22—26日，首届保山市“崛起杯”文学笔会在腾冲举行。同年，市美术家协会与市文化局共同组织“迎国庆城康杯美术作品展”；市摄影协会先后举办“人与自然”摄影展、“联通杯”迎国庆摄影作品展。

2005年8月，保山市文联与成都市文联联合在成都武侯祠举办“追寻滇西抗战——保山·成都艺术联展”，展览11月14—20日在保山举行，并进行了保山市文联与成都市文联缔结友好文联签字仪式。8月，保山市文联、市摄影家协会联合在市文化馆举办“人文保山”摄影艺术展览。9月，市文联举办第三届“山花奖电力杯”业余歌手大赛。9月28日至10月15日，市文联、市美术家协会在市文化馆举办“纪念抗战胜利60周年美术作品展”，展出作品50余件。9月29日至10月6日，市文联、市书法家协会举办“书法保山”会员作品展。

保山市（保山地区）文联通过创办刊物，举办展览、组织培训、竞赛、笔会、学术研讨活动等方式，不断发现、培养文艺新人，积极组织文艺工作者深入生活，创作文艺作品，促进了保山的文艺繁荣，涌现出一批优秀的文艺工作者和大量文艺作品（文学艺术发展情况详见《文化艺术》编第三章。）

第六章　科　协

第一节　机构沿革

一、市科协

1978年3月全国科学大会以后，保山地区于同年8月召开了全区科学大会，参会科技工作者纷纷要求组织保山地区科技工作者自己的群众团体。1979年3月8日，地委、行署以保山行署〔1979〕署发16号文件同意成立保山地区科学技术协会（简称地区科协）。

1979年3月中旬，正式召开保山地区科协成立大会暨第一届委员会一次全体会议。地区科协第一届委员会委员19人，常委7人，主席职务暂缺，兼职副主席5人，秘书长主持日常工作，后又增补副主席1人。常委会下设办公室，办公室设在地区科委。

1984年，保山地区科协独立建制，与地区科委一套班子、两块牌子合署办公，下辖科普宣传站。核定编制8人，其中行政编制3人、事业编制5人。

1986年3月，保山地区科协召开第二次代表大会，选举产生了第二届科协委员会、常委会。委员45人，常委13人，主席1人，副主席1人。

1991年11月14—15日，保山地区科协召开第三次代表大会，代表122人，特邀代表9人。大会选举产生了第三届科协委员会委员42人、常委会常委16人。选举主席1人，兼职副主席3人。

1993年，保山地区科委、科协合并，内设办公室、科技计划科、科技管理科、科技社团科、科普信息所。1994年，保山地区党政机构改革，保留行署科委，保山地区科协对外挂牌（县处级），内设科协办公室，负责日常工作。

1997年12月，保山地区科委和科协分设。12月23—25日，地区科协召开了第四次代表大会，代表131名，特邀代表17名。选举产生了地区科协第四届委员会、常委会。聘请行署分管副专员为名誉主席，选举主席1人，副主席1人，兼职副主席3人。

2001年，保山撤地设市后，保山地区科学技术协会更名为保山市科学技术协会（简称保山市科协）。市科协办公地点迁至保山市委南楼。11月，保山市科协召开第一次代表大会，出席大会的正式代表160人。大会选举产生了市科协第一届委员会、常委会，选举主席1人，副主席2人。

2002年5月，保山市科协内设办公室、科普部，核定编制9人，其中行政编制4人、事业编制3人、工勤人员编制2人。2004年9月，科协事业编制人员过渡为公务员。2005年，市科协有行政编制9人、工勤人员编制2人。

二、县（区）科协

保山地区科协成立后，全区各县科协相继成立。

1979年3月20日，保山县科协成立。1984年，保山县改市，保山县科协更名为保山市科协。2002年12月，保山市科协更名为隆阳区科协。

1980年8月11日，龙陵县科协成立。1980年9月6日，腾冲县科协成立。1980年9月15日，施甸县科协成立。1980年12月12日，昌宁县科协成立。

五县（市、区）科协从成立开始，均经历了独立建制、合署办公的过程。到2005年年底，除腾冲县科协独立建制外，其余四县（区）科协均与科技局合署办公，实行一套班子、两块牌子。

三、学会（协会、研究会）

1979年4月，中华医学会保山分会率先成立，此后，各类学会相继成立。至1991年年底，地直学会发展到39个：医学会、中医学会、林学会、农学会、护理学会、畜牧兽医学会、水电学会、种子协会、作物学会、甘蔗协会、茶桑学会、热作学会、农机学会、建筑学会、珠算学会、青少年科技辅导员协会、统计学会、农经学会、气象学会、中草药研究会、经济学会、园艺学会、乡企学会、甘蔗糖学会、电子学会、花木盆景协会、青年地质经济学会、康复医学会、药学会、计生协会、科普美影协会、中学英语教学研究会、中小学语文教学研究会、中小学数学教学研究会、民族理论研究会、质量学会、科普美影创作协会、离退休科技工作者协会、青少年科技爱好者协会。县级学会发展到74个。根据国务院《社会团体登记管理条例》规定，地县科协对所属各学会进行了清理整顿。不属于自然科学和交叉学科的学会由其他部门进行管理；一些长期空挂其名无条件开展活动的学会自行解散；在地县科协所属学会中，未发现有从事危害国家利益和非法经营活动的。经地县民政处（局）审核，地区医学会、中医学会、林学会、农学会、护理学会、畜牧兽医学会、水电学会、种子协会、作物学会、甘蔗协会、茶桑学会、热作学会、农机学会、建筑学会、珠算学会、青辅协会、统计学会、农经学会、气象学会、中草药研究会、经济学会、园艺学会、乡企学会、甘蔗糖学会、电子学会、花木盆景协会、青年地质经济学会、康复医学会、药学会、计生协会等30个学会准予登记。县级58个学会准予登记。

1993年以后，健康教育协会、兰花协会，烟草学会、广电学会、茶业协会、老科协相继成立。2000年10—12月，民政部门进行社团清理整顿，合并、注销了部分学会。

到2005年年底，保山市科协所属学会有21个，会员6442人。县(区)级学会62个，会员3731人。形成了一个上下相通、左右相连、学科门类基本齐全、人才荟萃、知识密集、信息灵通、多层次、多学科的科技群众网络体系。

四、农村科普网络的建立和发展

1981年5月，云南省第一个区科普协会——河图科普协会成立。1986年年底，全地区有40个区、镇建立了区(镇)科普协会，300个乡建立了乡科普小组。到1990年年底，全地区83个乡(镇)全部建立了科普协会，910个村建立了536个科普小组。以长期活跃在农村的科技致富能手、科技示范户、土专家、田状元为主，组成了424个农村专业技术研究会(即农技协)。

到2005年年底，全市有乡科普协会77个，村科普小组648个。有各类农技协511个，其中技术交流型443个、技术服务型9个、技术经济实体型15个、股份制实体型1个、拥有会员1.3万人。形成了一个以县(区)科协为枢纽，上挂省、市科协、各学会，下联千家万户的农村科普网络，各级科协依托这个网络，在农村推广普及实用技术，为提高农民素质、振兴农村经济、建设社会主义新农村服务。

第二节　学术活动

一、优秀学术论文评选

为贯彻“百花齐放、百家争鸣”的方针，保山地区科协设立了优秀学术论文奖，制定了《保山地区科学技术协会优秀学术论文评选奖励办法》，于1994年开展了第一届优秀学术论文评选，收到论文120篇，表彰奖励50篇(其中一等奖8篇、二等奖15篇、三等奖27篇)；1999年开展了第二届优秀学术论文评选，收到论文213篇，表彰奖励104篇(其中一等奖10篇、二等奖20篇、三等奖40篇、优秀奖34篇)。

保山撤地设市、市科协召开第一次代表大会后，制定了《保山市科学技术协会优秀学术论文评选奖励办法》。2003年，组织开展了保山市科协第一届优秀学术论文奖评选活动，评出特等奖一篇、一等奖3篇、二等奖4篇、三等奖9篇、优秀奖23篇，并进行了表彰奖励。2005年，开展了保山市科协第二届优秀学术论文奖评选活动，在81篇参评论文中评出一等奖8篇、二等奖16篇、三等奖24篇、优秀奖33篇，并进行了表彰奖励。

在(地)市级评选奖励的基础上，筛选优秀论文参与云南省科协优秀学术论文评选，耿德铭的《怒江中游原始农业述议》、艾怀森的《高黎贡山地区傈僳族狩猎文化与生物多样性保护》、吴述德的《腾冲生态气候旅游特色及生态康疗优势研发》分别获云南省科协第四届、第五届、第七届优秀学术论文二等奖。

二、学术交流

保山各级科协及所属学会充分发挥人才荟萃、知识密集的优势，广泛开展学术交流活动。截至2005年年底，共开展学术交流活动520多次，交流学术论文6660多篇，参与科技人员431100多人次。

围绕社会、经济发展中的一些重大问题开展决策咨询、论证和建言献策活动。1983年4月，组织“保山地区1981—2000年工农业总产值翻两番的初步设想”座谈讨论会，为保山地区工农业总产值翻两番献计献策；地区水电学会组织会员对“引龙入怒”工程、保山市青岗坝水库建库地质条件及北庙水库除险加固地质条件的可靠性等工程项目进行了前期专题研究讨论，写出可行性研究报告，为地、市党政领导的决策提供了科学依据。1991年，地区农学会组织“高产、优质、高效农业学术研讨会”，就如何发展全区“两高一优”农业为地委、行署提供决策建议。1999年8月，地科协组织“保山市产业化发展专题研讨会”，探索符合保山区情的农业产业化发展模式，为地委、行署提供决策参考。2005年，龙陵县科协组织科技工作者围绕全县农业、教育、科技等10个专题组织调研；市老科协就社会教育事业发展问题进行调研；市茶业协会对全市茶叶生产企业进行调研；市统计学会组织开展了企业资金紧缺情况调查等多个专项调查等。

根据学科特点及挂靠单位的业务工作开展学术活动。2003年4月，市气象学会联合德宏州、怒江州气象学会在保山召开“保山、怒江、德宏三州市第二届气象学术年会”，交流探讨气象工作如何在地方经济建设中发挥更大的作用，评选优秀论文18篇；11月15—16日，市科协、市老科协联合举办了“云南省第一届科学技术论坛卫星会议暨保山市老科协2003年学术年会”，200多名老科技工作者围绕“推动科技创新、促进学术繁荣，为全面建设小康社会再作贡献”进行学术研讨和交流；市林学会召开学术会议研讨林业新技术推广、退耕还林、如何将全市林业资源优势转化为经济优势等问题；市广播电视学会召开新闻工作者联谊会，研讨新形势下新闻工作者的责任、新闻发展趋势和新闻为地方经济发展服务等问题；市兰花协会承办“云南省第三届（保山）兰花博览会”和“西部兰城保山第二十三届兰花展销会”。2004年，市医学会举办首届外科专业学术交流会，收到论文166篇，交流发言11篇，举办专题学术讲座4个，86名会员参与；市林学会先后举办“保山市自然资源管理”及“高黎贡山可持续发展”两个国际学术研讨会，接待国内外专家学者70人次，并成功举办了全市澳洲坚果发展研讨会；市药学会先后举办了“糖尿病患者的饮食疗法”“老年病与痰的关系”两个学术交流会。2005年，市老科协召开学术年会，交流评选学术论文57篇，参会人数120人；市医学会召开了第二届会员代表大会暨专题学术讲座会；市护理学会举办了保山市职工技能大赛护士礼仪表演竞赛暨优秀护士表彰会，表彰优胜代表队6个、优秀护士32名；举办“护理记录书写规范”培训暨第三届护理学术论文交流会议，参与人数212人；市药学会开展药学科研交流活动，撰写药学科技论文35篇；市烟草学会开展烟草产业发展理论研讨，撰写和交流学术论文16篇；市广播电视协会开展优秀广播电视节目评选活动，有70件作品获奖，并在此基础上向省级推荐，共有22件作品分获省级一、二、三等奖；市农学会围绕农业产业发展开展学术交流，共交流学术论文23篇；市兰花协会召开兰花产业研讨会，举办保山市第23届迎春兰展，举办兰花一条街宣展活动；市林学会先后邀请世界著名的3名外国林果专家到保山考察并进行学术交流，与中国林科院、省林科院、西南林学院、云南大学等国内科研机构就林木育种、森林资源培育、林产品加工等方面进行了广泛的合作和交流，与世界混农林中心在隆阳区杨柳开展的“小流域植被恢复治理与促进社区综合发展”合作项目实施取得了阶段性成果。

三、科技工作者茶话会

从1998年开始，保山地区科协每年举办科技工作者春节、中秋茶话会（团拜会），围绕保山科技进步、经济发展和全面建设小康社会建言献策。2001年1月16日，组织召开“科技工作者迎接新世纪新春茶话会”，40名科技工作者参加；9月21日，承办市委、市政府召开的“国庆暨中秋科技工作者茶话会”，市五大班子领导出席会议，30多名科技工作者参加座谈，提出很多建设性的意见和建议。2002年春节前夕，市科协承办“保山市科技工作者及专家代表春节茶话会”，市委、市人大、市政府、市政协的领导出席会议，70多名科技工作者向党委、政府提出重视农业环境保护、强化农业技术执法、提前大春节令、发展农产品深加工和二次加工、建设甜柿出口商品基地、逐年增加科普经费、尽快建立专家咨询顾问委员会等建议。2003—2005年春节前夕，组织召开3次科技工作者春节茶话会，共180多名各行业的科技工作者应邀参加了会议，并就保山经济发展、科教兴保、新型工业化、“文化新保山”、建设保山和谐社会、环境资源等问题建言献策。

第三节　科普宣传

一、科普报告、讲座举办

为了提高各级领导干部和广大青少年的科技素质，1997年起，先后举办科普专题报告会25场次，邀请国家级和省级知名专家学者苏君红、陈琳、周嘉兴、高衡等到作了《现代科学技术发展的趋势与挑战》《社会主义市场经济》《科学技术对社会的影响》《知识经济与可持续发展战略》《生态保护与可持续发展问题》《环保知识》《绿色经济强省》《相对论发表100周年的物理学》《基因生物技术》《环境保护的事例和故事》《天文知识》《依靠科技进步促进地方经济发展》《经济全球化和我们面临的对策》等专题报告，聆听报告的干部、职工、师生达6万多人次。举办科普讲座341次，参与人员达96215人次。

二、大型科普活动举办

各级科协利用保山端阳花市、腾冲火山热海旅游节、澜沧江啤酒狂欢节、保山商贸旅游节等重大节庆活动以及各种纪念日举办“人与自然大型科普周”“科普一条街”“六月科普大行动”“科普大篷车万里行”、计划生育宣传等大型科普活动58次，共展出科普展板

8000多块次，发放科普资料370多种195万份（册），放映科普录像500多场次，展出名优新产品400多种，宣传面150万人次。

端阳花市科普一条街　1997年6月，由地科协牵头组织，地市40个学会参加“保山端阳花市科普一条街”，共搭展棚22个，展出科技展板119块，散发科普宣传资料170多种14万多份，播放录像、录音162盒，被《科技日报》总编称赞为“满街鲜花，满街科技”。

科普大篷车边疆万里行　2003年10月，在昌宁建县70周年之际，市科协邀请省科普大篷车到昌宁、施甸两县进行巡回宣展。在昌宁为期7天的宣展活动中，共接待咨询8000余人次，发放“非典”防治、农业科技常识、卫生保健常识等科普资料20多种2万多份，展出科普展板136块，放映科普录像、电影12场次，接待观众3.31万人次，其中青少年7000多人次。10月31日，科普大篷车首次到施甸县宣展，参与此次科普活动人数达3100人次。其中，中、小学生近2000人次；展出展板44块，发放资料3000余份。在保山传统端阳花市期间，保山市科协与隆阳区科协联合组织农、林、水利、旅游、卫生、计生等12个部门开展以“科技在你身边”“学习贯彻《科普法》”“依靠科学、战胜‘非典’”为主题的科普一条街活动，共展出各种展板100多块400多次，各种科技成果20多项，发放各种农村实用技术资料5万余份（册），接受咨询3000多人次。

六月科普大行动　2004年“6•29”全国科普日活动期间，市科协组织六月科普大行动，开展大型科普系列活动：第一，组织开展科普知识征文活动。于4月份组织五县（区）科协干部职工、学（协）会会员和广大科技工作者以及中小学生参加全省《爱护地球、合理开发资源、保护环境》科普知识有奖征文活动，全市共有2500人参加了活动。第二，积极开展科学发展观专项宣传活动。市、县（区）科协积极配合省科协和省直12个学（协）会在“中国保山南方丝绸古道商贸旅游节暨2004年保山端阳花市”期间，深入隆阳区和腾冲县组织开展了以“科学普及—你我共参与”为主题的大型科普系列活动，大力宣传以人为本，全面、协调、可持续发展的科学发展观，共展出科普展板100多块200多次，发放宣传资料4万多份。第三，大力开展服务“三农”科普系列活动。6月22日，在“三馆”文化广场举行“云南省千乡万村环保科普活动”启动仪式，并深入到隆阳区河图镇三个村社开展科普活动，共举办环保科普知识讲座3期300人次，展出科普展板50块150次，发放宣传资料5000多份，接受咨询300多人次；组织有关专家深入市科协“农技协示范点”隆阳区河图镇翟家湾果木协会，开展甜柿种植实用技术培训，有50户150多人参加了培训；组织市科协干部和有关科技人员深入施甸县万兴乡长浪坝村、长浪坝小学开展科技结对扶贫和“大手拉小手”科教帮学以及烤烟实用技术培训等活动，为该村50名小学生捐送了书包等学习用品，捐款3200元救助12名贫困学生，举办由40户烟农参加的烤烟种植实用技术培训。第四，积极开展百姓健康行动。在保山“端阳花市”期间组织市区两级医学会、护理学会、中医药学会的30多名卫生科技工作者在科普一条街开展以“关心健康、了解健康、依靠科学达到健康”为主题的服务活动，先后为广大群众义诊3000多人次，接受健康咨询1500多人次，发放科普资料2万多份；组织市老科协卫生专业委员会的11名卫生老科技工作者深入到施甸县万兴乡开展义诊服务活动，共为该乡50岁以上的86名老党员和20名离退休老干部进行健康体检，同时为当地卫生院的医务人员举办了以“中毒抢救”为主要内容的知识培训。第五，开展青少年科学体检活动。市青少年宫和青科普协会结合建宫20周年纪念活动，组织了形式多样、内容丰富的青少年科技教育活动和科普展览以及课外、野外科学考察活动。由于各项活动和工作深入扎实，保山市科协作为全国科普日宣传活动的先进单位，受到了中国科协的表彰。

全国科普日活动 2005年9月，保山市科协组织县（区）科协、市直有关学会围绕“树立科学发展观，共建和谐社会——科学普及，你我共参与”这一主题，开展“六个一活动”：一是举办领导干部科普报告。邀请中国科普作协会员、云南省科协专家报告团成员高衡到昌宁、施甸、龙陵、腾冲举办了4场题为《依靠科技进步促进地方经济发展》《经济全球化和我们面临的对策》的科普报告，2500多名股所级以上领导干部参加了报告会。二是举办青少年科普讲座。邀请高衡老师到隆阳区、昌宁、施甸、龙陵、腾冲举办了7场题为《相对论发表100周年的物理学》《基因生物技术》《环境保护的事例和故事》《天文知识》等科普知识讲座，7200多名中小学师生参与。三是举办大型科普宣传活动。市、县（区）科协及相关学（协）会联合有关部门，将全国科普日、公民道德宣传日及禁毒防艾宣传活动相结合，在城区、乡村、学校、农场举办大型科普展览和宣传活动。隆阳区在保山一中组织开展了“科普进校园、你我共参与”系列活动，组织中小学生参观科普展板、进行试验演示、开展科技作品展示比赛、科普知识竞赛、优秀小科普论文评选及“崇尚科学、破除迷信，反对伪科学和邪教”签名等丰富多彩的科普寓教于乐活动，1700多名师生参加了活动；深入芒宽、金鸡乡和八鸭塘康复农场开展“实用技术”“禁毒防艾、反对邪教、关爱生命”为主要内容的科普宣传，展出展板180块次，发放科普资料5000多份；组织区老科协到明强社区开展“科普进社区，你我共参与”活动，展出展板100多块，发放科普资料3000多份。腾冲县先后深入猴桥、五合、中和、界头乡（镇）的7个少数民族聚居地开展了15场1700人次的实用技术培训；在腾越文化广场举办了为期3天的大型科普展览，展出科普展板265块，发放科普资料24类9200份（册），接受群众咨询2500人次；组织了“2005年青少年科技夏令营”，350多名中小学师生参加了为期半个月的以“科普考察、科普参观、科普竞赛”为主要内容的夏令营活动。施甸县在城区开展以“健康知识、禁毒防艾、资源保护”为主要内容的科普宣传活动，展出展板57块，发放禁毒防艾、计划生育、科普知识等宣传资料40多种3万份，宣传画册、书籍6500多本（册）；深入万兴、摆榔乡开展以“农村实用技术”为主要内容的科普宣传活动。昌宁县组织13个单位在县城和深入3个乡（镇）开展科普宣传，展出展板65块，发放各类宣传资料11000本（份）。龙陵县先后组织科普志愿者深入白塔、龙山、赧场、河头、尹兆场5个乡（镇）和社区开展了“农村实用技术”“禁毒防艾”为主要内容的科普宣传，共发放各类宣传资料8000多本（份），接待群众咨询2000多人次。市农学会将科普宣传日作为“树形象、打品牌、突作用”的一项重点工作来抓，联合农机学会、畜牧学会、茶叶学会、现代农业示范园深入乡（镇）进行科普宣传，组织农业专家向农民宣传农业法律法规、水稻、苞谷、麦类、茶叶、农机、畜牧等方面知识，展出展板15块，发放实用技术宣传资料4000份。四是在电视台播放科普专题片。市、县（区）科协在市县（区）电视台播放以“崇高科学、反对邪教、禁毒防艾”为主要内容的科普宣传片6部。隆阳区科协在市电视台《天天关注》栏目播出了“艾滋病的传播”“毒品的危害”等相关科普知识；龙陵县科协在电视台播出了为期7天的《农村星火计划》。五是编辑科普宣传专栏。市县（区）科协在城区、乡（镇）主要公共场所和科普示范学校的宣传栏编辑多期以“禁毒、防艾、卫生健康、资源保护”为主要内容的科普宣传专栏。六是市科协在腾冲县召开以“科普以人为本、构建和谐社会”为主题的滇川十七州市科协主席第十五次横向联席会，市委、省科协领导及滇川两省30个州市县的科协领导和来宾共90人参加了会议。

三、开展专题科普宣传活动

组织县（区）科协和有关学会在五县（区）城乡开展生命科学、防治碘缺乏病、揭批邪教“法轮功”、预防“非典”、禁毒防艾、预防“禽流感”、防震减灾等专项科普活动110场次，展出展板2900块（幅），发放各种宣传资料170多种74万份，播放录音150多次，编辑科普宣传栏40多期，接待群众参观、咨询8万人次。防治非典科普宣传：2003年4月，市、县（区）科协及其所属团体积极开展防治非典型肺炎科普宣传，结合科普一条街、科技下乡、科普进社区、科技活动周以及科普富民示范村、科普文明示范社区、科普教育示范学校创建活动，利用展板、广播、电视、科普宣传专栏、发放宣传资料以及专家现场咨询解答等形式，向全市广大人民群众宣传普及“非典”的科学防护知识。在“非典”科普宣传中，各级科协组织及其所属团体共深入到65个乡（镇）开展预防“非典”科普宣传70多场次，展出展板100多块400多次，发放各种宣传资料45万份，播放录音100多场次，接受咨询5万余人次。抗震防灾科普宣传：2004年，在隆阳区发生地震后，市科协于11月13日到隆阳区西邑乡开展抗震防灾及农村实用技术科普知识下乡活动，展出展板60多块，发放农村实用技术图书900多册、抗震救灾科普宣传资料1.5万份、农村实用技术资料2万份，接受群众科技咨询500多人次。禽流感科普宣传：按照省科协“关于积极开展防治禽流感科普知识宣传工作的通知”和市委、市政府“关于加强高致病性禽流感防治工作的通知”要求，市、县（区）科协和有关学（协）会共深入到35个乡（镇）开展科普宣传40场次，展出科普挂图和展板2500块（幅），发放宣传资料、折页15万份，编制科普专栏10块20期，播放录音50多场次，接受群众咨询3万多人次。

第四节 农技协（农研会）发展

1981—2004年，以农户为基础、产业为依托、富民为目的农村专业技术会（农研会）从技术服务逐渐向技术经济实体型发展。1981—1997年，涌现了保山河图镇李家屯蔬菜研究会、潞江坝亚热带经济作物研究会、施甸甸阳镇大竹蓬吨粮研究会、昌宁柯街罗毕寨养鱼研究会等技术服务型研究会，开展技术服务、推广先进技术，带领群众共同致富。到2005年，全市共有各类农技协(农研会)511个，其中技术交流型443个、技术服务型9个、技术经济实体型15个、股份制实体型1个，拥有会员1.3万人。不少农研会正朝着“自我服务、自我积累、自我发展”的方向发展。腾冲、保山、昌宁三县，先后被列为农研会全国百县千会试点县。腾冲“那丁山茶叶研究会”和“荷花乡玉雕研究会”被指定为全国农民专业技术研究会百县千会示范研究会。全市农技协组织不断发展壮大，相继涌现出隆阳区河图镇“蔬菜种植协会”、翟家湾“果木协会”，蒲缥镇“石榴产业协会”，腾冲新华乡“那丁茶业研究会”、荷花乡“玉雕研究会”、小西乡“奶牛养殖协会”、中和乡“食用菌种植协会”，施甸县由旺上寨村“沼猪果农研会”，龙陵县河头乡“生态鸡养殖协会”“石斛种植协会”，昌宁县湾甸乡“果蔬产业发展协会”等一大批特色和实体型农技协。2004年，全省开展“百强农技协”创建活动，隆阳区翟家湾果木种植协会、蒲缥石榴产业发展协会、腾冲小西乡养牛协会、龙陵河头乡石斛种植研究会被列为云南省“百强农村专业技术协会”。

第五节　青少年科技教育

为培养青少年从小“爱科学、学科学、用科学”的意识，提高他们的科技素质，造就一支宏大的科技后备力量，市科协联合相关部门，以科技辅导员协会为依托，组织青少年参加全国、全省各类青少年科技竞赛活动，因地制宜地组织各种科技活动。1978—2005年，共组织参加各类全国、全省性的科技竞赛50多次，参加人数5万多人，获全国奖40多项，省级奖150多项，市级奖840多项；举办科技夏令营60多次，参加人数7000多人；举办科技作品展览比赛6次，1000多件作品参展，150多件作品获奖，参观人数3万多人次；举办青少年科技辅导员培训班12次，培训辅导员1000多人；举办科普宣传和展览45次，参观人数50000多人次；举办科技培训127期，培训7000多人；举办科普讲座40多次，参加人数65000多人；举办科技知识竞赛15次，2000多人参赛。保山市科协、腾冲县科协、永昌二小、腾越中心小学、龙山中心小学多次被评为全国、全省青少年科技教育先进集体，青少年科技辅导员协会、腾冲清水中学等6个单位(学校)被评为“全国小星火杯”先进集体，12人被评为全国优秀科技辅导员和优秀组织工作者，40人被评为省级优秀科技辅导员和组织工作者。为进一步加强全市青少年科普教育工作，市科协与市教育局分别于2000年、2005年联合下发了《关于加强青少年科技教育工作的意见》《关于进一步加强全市青少年科普教育工作的具体实施意见》，对进一步加强青少年科普教育的目标任务、原则要求、具体形式、保证措施作了全面部署和安排，以促进全市青少年科普教育工作的顺利开展。

一、青少年科技创新大赛

保山各级科协积极牵头组织青少年参加各级青少年科技创新大赛。2000年以前，组织参加全国青少年科技作品展览、科技创造发明比赛，腾冲县中心小学的“打鹰山火山模型”和《火山地质研究》小论文分别获二等奖；组织参加全国青少年比赛，腾一中的“小型竹帽太阳灶”获三等奖。2000年，组织800名学生参加第十届青少年科技创新大赛，获省级奖33项，获全国奖6项。2001年，组织2020名学生参加全省第六届青少年生物与环境科学实践活动，获省级奖3项，市级奖24项。2002—2005年，共组织全市中小学、中专学校的15000多名学生参加全国、全省第十七至二十届青少年科技创新大赛，有科学论文、发明作品、科幻绘画、机器人创意设计等共计778项作品获市级奖，并同时筛选部分优秀作品参加全省、全国竞赛，其中有84项作品获省级奖、5项获全国奖。保山市科协、保山师范学校、龙陵龙山中心小学、腾冲腾越中心小学分别获全国、省级优秀组织奖。

2002年，市科协牵头组织参加云南省第十七届“奥秘杯”青少年科技创新大赛，收到全市20所中专、中小学、幼儿园申报的科技作品47件、科幻绘画152幅，评选表彰市级优秀项目31项（其中一等奖4项、二等奖7项、三等奖9项、优秀奖11项），优秀组织奖1个，优秀辅导奖6个，科幻绘画奖45个（其中一等奖5个、二等奖10个、三等奖15个）；参加全省竞赛，有19件作品获奖，其中永昌二小的《隆阳区野生食用菌调查》获论文一等奖、腾冲三完小的《桫椤树的人工栽培》等4篇论文获三等奖；清水中学的《清水塘主要污染源调查实践活动》获优秀实践活动获三等奖；科幻绘画获一等奖3项，二、三等奖各5项。参加全国决赛，有2件作品获奖，其中《隆阳区野生食用菌调查》获论文三等奖，《未来的家园》获科幻绘画一等奖。

2003年，市科协与市教育局、市科技局、市青科辅协联合组织全市中小学生参加第十八届云南省青少年科技创新大赛。共收到保山师范、隆阳区实验小学等九所学校筛选申报的科学论文14篇、发明作品9件、科幻绘画150幅，评出市级获奖论文10篇，发明作品9件，科幻绘画50幅，优秀组织奖一项，优秀辅导教师4名。同时筛选出7篇科学论文、5件科学发明作品、50幅科幻绘画和一项优秀组织奖参加全省竞赛，有12件作品获奖。

2004年，市科协牵头组织全市3400多名中小学生参加第十九届云南省青少年科技创新大赛。共收到由市青少年业余文化艺术学校、保一中、隆阳区实验小学、腾冲清水中学等9所学校筛选上报的青少年发明作品8件、科学论文21篇、科幻绘画274幅、电脑机器人作品1件、科技辅导论文12篇、优秀教师方案设计2件。经市级评审委员会初审、复审和终审，评出市级青少年优秀科技项目29项、优秀科幻绘画95幅、电脑机器人创意设计奖1项、优秀教师4个、科技辅导员论文12篇、优秀组织奖2个，并给予了奖励。在选送参加全省竞赛的作品中，获省级奖13项，其中优秀科技活动方案三等奖2项、优秀组织奖一项、科幻绘画一等奖3项、三等奖5项、爱迪奖2项。

2005年，组织全市中小学生参加云南省第二十届青少年科技创新大赛。共收到由市青少年业余艺术学校、保山中专学校、保山曙光学校、隆阳区实验小学、隆阳区永昌五小、腾冲清水中学、腾冲腾越中心小学、腾越一完小、腾越三完小、龙陵中学、龙陵县龙山中心学校、施甸一中、施甸示范小学共13所学校筛选上报的发明作品13件、科学论文32篇、科幻作文34篇、科幻绘画300幅、科技辅导员论文26篇、优秀教师方案设计3件、优秀组织单位2个、优秀科技实践活动一项，参加市级评选。经市级评审委员会认真评审，评出市级优秀科技项目等级奖26项（其中一等奖4项、二等奖8项、三等奖14项），优秀奖19项；优秀科幻绘画等级奖100个（其中一等奖15个、二等奖35个、三等奖50个），优秀奖50个；优秀教师奖5个；优秀科幻作文等级奖12篇（其中一等奖2篇、二等奖4篇、三等奖6篇），优秀奖8篇；科技辅导员优秀论文等级奖11篇（其中一等奖1篇、二等奖4篇、三等奖6篇），优秀奖15篇；优秀组织单位2个；优秀科技实践活动奖一项。推荐上报参加省竞赛项目28项（其中科学论文20篇、发明作品8件），科幻绘画100幅、科技教师方案设计3件、科技辅导员论文26篇、科幻作文20篇、优秀组织奖1个、科技教师方案设计3篇、优秀组织单位1个、优秀科技实践活动1项，其中有40件作品获省二、三等奖，保山市科协、龙陵县龙山中心学校获优秀组织奖。

二、夏（冬）令营

各级科协和青辅协因地制宜组织开展了丰富多彩的科技活动。一是组织科技夏（冬）令营。二十多年来，市、县科协、青辅协牵头组织了全国地学夏令营云南营保山分营、少数民族地学夏令营、生物夏令营、军体夏令营、林业夏令营、气象一日冬令营、高黎贡山科学考察夏令营、税务、畜牧、摄影夏令营等60多次，参加人数6500多人。这些融科普知识、科学思想、科技技能、科普文艺于一体的科技夏令营深受学生、家长及社会的好评。1997年8月，地区科协、青辅协、腾冲科协在腾冲联合举办“全国青少年地学夏令营云南营腾冲分营”，来自腾冲城区8所学校73名三好生、27名科技辅导员和工作人员参加了夏令营活动。在为期6天的活动中，开展了地学、矿产、生物专题讲座；考察了闻名世界的火山群、瑞滇热泉；参观了著名的滇滩优质铁矿；参观了军营，接受爱国主义教育；采集制作矿石标本400件，植物标本240件。1998年11月，地科协、气象处、青辅协等部门联合举办了“保山城区中学生一日气象冬令营”活动，有4所中学的100名优秀学生参加气象知识讲座和知识竞赛，并为32名优胜者颁发了奖状和奖品。1999年1月中旬，地科协联合有关部门在高黎贡山自然保护区百花岭举办“保山地区青少年生物环境考察冬令营”，保山城区3所中学的40名师生参加活动。在为期1周的考察活动中，营员们考察了温泉瀑布景区、金厂河和黄心树原始森林，并走访了周边社区农户。通过活动使营员们学到丰富的生物与环境科学知识，直观地感受高黎贡山垂直植被景观和丰富的动植物资源，了解了当地农民自觉参与保护区管理的生动景象，体会到“保护高黎贡山就是保护我们自己”的重要意义。2004年，腾冲县科协与团县委、关工委、林业局联合举办了有114名学生参加的“2004年全县青少年科技艺术冬令营”活动。2005年9月，腾冲县组织了青少年科技夏令营，350多名中小学师生参加了为期半个月的以“科普考察、科普参观、科普竞赛”为主要内容的活动。

三、青少年科技辅导员培训

从2000年起开展青少年科技辅导员培训。2000年10月中旬，地区科协、行署教委、地区青少年宫联合举办全区青少年科技辅导员培训班，聘请省青少年科技教育方面的三位专家来保进行“创造教育”“动手做”“生物和环境科学探索活动”讲座，全区科技教育工作者、中小学科技辅导员、师范部分在校生、城区部分小学生共300人次参加了培训。2004年11月下旬，市科协邀请中国科普作家协会会员、云南省天文台高级工程师高衡莅保作题为《青少年科技创新大赛的选题和做题》讲座，市、县（区）科协青少年科技教育工作者、学校科技辅导员50多人参加了培训。与团市委联合邀请中国科技辅导员协会沈晔老师到保作“智力七巧板”培训讲座，五县（区）科技辅导员、部分学校师生72人参加了培训。2005年，组织18名科技辅导员参加全国骨干科技教师培训。

四、科普示范学校

从2002年起，在全市开展科普教育示范学校创建活动。到2005年，已创建省、市级科普教育示范学校6个，其中省级4个（腾冲清水中学、腾冲腾越中心学校、隆阳区永昌二小、龙陵龙山中心学校），市级2个（保山永昌小学、施甸县示范小学）。

五、社区非正规教育

碘缺乏病科普宣传　1994年5—6月，为实施联合国大会71国政府首脑签署的2000年消除碘缺乏病的目标，地区科协在全区范围内开展“生命科学、碘缺乏病”科普宣传，深入昌宁县、腾冲县贫困山区，以发放碘油丸、散发科普资料、张贴科普挂图、义诊、录像、广播等方式向山区学生、农民宣传碘缺乏病的防治知识，深受山区群众欢迎。在20天的宣传活动中，共印发资料5000份，放映科普录像76场，广播宣传87次，电视转播15次，电视讲话6次，制作宣传版面29块，出动宣传车15次，出黑板报128期，张贴标语2500条，宣传面近50万人次。保山地区科协、腾冲县科协分别受到中国科协与联合国儿基会的表彰。1997年“六一”儿童节，保山市科协联合有关部门在保山城区进行“生命科学、碘缺乏病”科普宣传，发放科普资料250多份，宣传面3000人左右。

社区非正规教育合作项目示范县　腾冲县被列为中国科协与联合国儿童基金会社区非正规教育第五（1996—2000年）、六期（2001—2005年）合作项目示范县。根据项目工作要求，县科协在新华、勐连、蒲川、中和四个乡（镇）7个示范点开展了此项活动，对目标人群进行《儿童权利公约》、环境保护、可持续发展、生命科学、碘缺乏病、禁毒、预防艾滋病等宣传，收到良好的效益，受益目标人群达6万人，目标人群的科学素养有了较大提高，生产生活步入了文明、健康、科学的轨道。

六、大手拉小手活动

2000年，地区科协在《关于进一步加强学会工作的意见》中，要求各学会积极参与“大手拉小手、迎接新世纪”为主题的青少年科技传播行动。2004年，市科协在全市中小学校开展了以“大手拉小手、科学道路并肩走”为主题的科普展览和科普夏令营系列活动。当年，市科协组织干部和有关科技人员深入施甸县万兴乡长浪坝村、长浪坝小学开展科技结对扶贫和“大手拉小手”科教帮学以及烤烟实用技术培训等活动，为该村50名小学生捐送了书包等学习用品，捐款3200元救助12名贫困学生；腾冲县科协与团县委、关工委、林业局联合举办了有114名学生参加的“2004年全县青少年科技艺术冬令营”活动。腾冲县坚持开展“大手拉小手”活动，共举办科普讲座69场次，参训人员达13800人次；组织中小学生参观科普展10余次，参观人数达24699人次。2004年，中央电视台“异想天开”栏目摄制组到腾冲开展以青少年科普为主题的《揭秘醉鸟井》摄制，参加的中小学生达300余人。

2005年，“3·23”世界气象日期间，市科协、隆阳区科协、腾冲县科协组织隆阳、腾冲城区3所省市级科普教育示范学校850多名师生到隆阳区、腾冲县气象局开展“走进气象——2005年‘大手拉小手’青少年科技传播行动”，向青少年普及气象科普知识。龙陵县、施甸县科协配合市气象学会在龙陵县、施甸县气象台举办气象科普宣传和科普座谈会，组织1500多名军人、小学生及社会各界参观大气探测、天气预报制作流程等，发放气象科普宣传资料800多份。市科协获云南省“大手拉小手”青少年科技传播行动优秀科普活动奖。

七、其他活动

第一，举办科普知识竞赛、科普征文和科技知识讲座。1999年10月，地区科协牵头在地区青少年宫举办了一次“大禹杯”科普知识竞赛，保山城区6所中学、中专学校的120名学生参加竞赛。通过现场答题、阅卷评比，评出一等奖6名、二等奖12名、三等奖18名、组织奖6个。在现场颁奖仪式上，地科协、团地委、地妇联、行署环保局等单位的领导为获奖单位和个人颁发奖牌、奖状和奖品。2000年10月，地区科协在保山天然气有限公司的支持下举办“天然气杯”科普征文活动，在167篇应征科普作文中，评出一等奖4篇、二等奖44篇、三等奖27篇、鼓励奖97篇，保山市实验小学、永昌二小获优秀组织奖。2005年，邀请省科协专家报告团成员高衡老师到隆阳区、昌宁、施甸、龙陵、腾冲举办了7场题为《相对论发表100周年的物理学》《基因生物技术》《环境保护的事例和故事》《天文知识》等科普知识讲座，7200多名中小学师生参与。第二，组织参加全省科普文艺调演。由市科协牵头组织参加1986年、1990年云南省少儿科普文艺调演，获一等奖1个，二等奖2个，三等奖3个。第三，开展以“小星火计划科技活动”为代表的农村科技示范活动。1996年，市青少年科技辅导员协会以保山市白塔小学和潞江中心小学为主建立114亩实验培训基地，以茶叶、果木、咖啡、烤烟等为课题，选聘校外辅导员定期或不定期地进行辅导，结合实际传授栽培、管理、采摘和加工技术，培养学生的劳动技能，使学生在毕业时掌握1～2门实用技术，受到家长和社会的好评。第四，组织自然现象观测活动。组织隆阳城区部分学校的学生观测“哈雷彗星”“海尔·波普彗星”“流星雨”等自然现象，向学生普及相关知识。第五，2005年全国科普日活动期间市区两级科协在保一中组织中小学生参观科普展板、进行科学演示试验、开展科技作品展示比赛、科普知识竞赛、优秀小科普论文评选及“崇尚科学、破除迷信、反对伪科学和邪教”签名等丰富多彩的科普寓教于乐活动，全校1700多名师生参加了活动。第六，2004年组织保山市曙光学校、隆阳区实验小学等四校33件作品参加由省青科中心、省教育科学研究院举办的“2004年青少年计算机作品主题竞赛”活动。2005年，龙陵县科协在全县248所中小学校中开展（礼貌星、劳动星、仪表星、自爱星、卫生星、爱校星、出勤星、学习星、诚信星、特长星）“十星级”的引星入校活动，全面推进青少年的科技素质教育工作。

第七章　侨　联

第一节　机构沿革

1987年3月25日，保山地区第一次归侨侨眷代表大会在保山召开，3月28日正式成立保山地区归国华侨联合会，核定编制两人，办公室设在行署，与保山行署侨务办公室合署办公，实行两块牌子一套班子。

1995年机构改革，行署民政处、行署侨务办公室合并，组建民政侨务局，侨联为局级单位，挂靠民政侨务局，按《中国侨联章程》行使职责，对外挂保山地区归国华侨联合会牌子，设专职副主席1人。

2001年7月，撤地设市，保山地区归国华侨联合会过渡为保山市归国华侨联合会。挂靠保山市外事与侨务办公室。2002年3月，根据保山市委《关于保山市机构改革有关问题的通知》文件精神，保山市政府侨务办公室从外事与侨务办公室分出单设，与保山市归国华侨联合会合署办公，实行两块牌子一套班子，级别为正处级，核编9人。

2003年3月，在保山市侨联一届二次全委会上进行届中调整，选举市侨联主席1人，专职副主席兼秘书长1人，兼职副主席3人。五县（区）均有侨联组织，并与侨办合署办公，实行两块牌子一套班子，级别为乡科级。

第二节　侨联活动

一、全国侨代会

1978年12月22—28日，保山行署专员苏国相、地区民政局侨务干部赵金智、龙陵县侨眷杨庆培、腾冲县侨眷钟相友，出席第二次全国归国华侨代表大会和全国侨务工作会议。

1984年4月11—16日，保山地区寸待斌、尹曰昌、董桂鹤、伍集成出席第三次全国归国华侨代表大会，尹曰昌和腾冲籍香港同胞伍集成选为全国侨联第三届委员会委员。

1989年12月19—22日，第四次全国归国华侨代表大会在北京召开，保山地区侨联副主席尹曰昌和龙陵县莫瑞仁出席会议。

1994年6月14—18日，第五次全国归侨侨眷代表大会在北京召开，保山地区侨联主席尹曰昌和腾冲县马学刚出席会议，尹曰昌选为全国侨联第五届委员会委员。

1999年7月12—15日，第六次全国归侨侨眷代表大会在北京召开，保山地区侨联主席尹曰昌和腾冲县马学刚出席会议，尹曰昌选为全国侨联第六届委员会委员。

2001年9月29日，中国侨联首届青年委员会在北京召开，保山市侨联副主席汤正义出席会议并选为青年委员。

2004年7月20—23日，第七次全国归侨侨眷代表大会在北京召开，保山市汤正义、马学刚、黄玉楷出席会议，汤正义被选为中国侨联第七届委员会委员。

二、云南省侨代会

1979年11月10—15日，第三次云南省归国华侨代表大会在昆明召开，保山地区有27名归侨、侨眷代表出席，腾冲籍香港同胞伍体贤选为省第三届侨联副主席，伍体贤、王家跃、赵腾龙、那巧雪、马自果5人选为委员、前3人选为常委。保山地区著名归侨王昭明历任一、二、三届省侨联主席。

1984年6月22—26日，第四次云南省归国华侨代表大会在昆明召开，保山地区寸待斌等30名代表出席会议。

1990年1月9—12日，第五次云南省归侨、侨眷代表大会在昆明召开，保山地区尹曰昌等20名代表出席会议。

1994年12月12—16日，第六次云南省归侨、侨眷代表大会在昆明召开，保山地区尹曰昌等22名代表出席会议。尹曰昌、汤正义、赵俊英、马学刚、线东升选为委员。

2000年6月16—18日，第七次云南省归侨侨眷代表会议在昆明召开，保山地区侨联主席尹曰昌等22人出席会议，汤正义当选常委，马学刚、尹曰昌、尹胜国、陈卫霖、郑尚强、番能刚等当选委员。

2005年9月6—8日，第八次云南省归侨侨眷代表大会在昆明召开，与会代表和特邀代表共376人。大会选举产生了省侨联第八届委员会委员98人，常委26人。保山市侨联主席汤正义等人出席会议，汤正义当选常委，刘戟、张永森、杜永芹、刘贵树、郑尚强、黄监等当选委员。

三、地区侨代会

1987年3月25—28日，保山地区第一次归侨侨眷代表大会在保山召开，来自全区工交、农业、财贸、科技、文教、卫生、体育等各条战线的归侨侨眷代表共205人出席了大会。省侨联主席陈碧云亲临会议指导，并代表省侨办、省侨联向大会致辞，中共保山地委书记黄炳生到会做了重要讲话。德宏州侨联、大理州侨联、临沧地区侨联、畹町边检站应邀出席了会议。保山市政府、市政协、市直各单位、各人民团体的负责同志，腾冲、龙陵、昌宁、施甸县统战、侨务部门的同志出席了会议。会议期间，全体代表认真学习讨论了地委书记黄炳生的讲话和《中国侨联章程》，认真听取了地委统战部部长胡应舒关于全国统战工作会议精神的传达报告和民政侨务处副处长寸待斌关于地区侨务工作情况汇报，与会代表对做好侨务工作，发挥侨联作用提出了许多好的建议。经过酝酿和民主协商，选举产生了保山地区侨联第一届委员会，保山地区侨联第一届委员会设委员41人，常委17人，选举胡应舒为地区侨联第一届委员会主席，寸待斌、尹曰昌为专职副主席，董家富、黄天美（女）为兼职副主席，董含盛为秘书长。1991年7月24日，在地区侨联一届三次全委会上进行了届中调整，选举尹曰昌为地区侨联主席，尹胜国为专职副主席，寸待斌、董家富为兼职副主席。

1999年12月8—9日，保山地区第二次归侨侨眷代表大会在保山召开。来自保山市、腾冲县、龙陵县、施甸县、昌宁县及地直单位的归侨侨眷代表共计86人出席了大会。省侨办主任李为佑、省侨联副主席杨允厚、地区五大班子和有关部门领导出席了会议，德宏州、临沧地区、大理州侨联领导应邀出席了会议。会上，杨光副专员代表五大班子向大会表示祝贺，并做了重要讲话。第一届侨联主席尹曰昌作了工作报告。大会选举产生了保山地区侨联第二届委员会和侨联领导机构，尹曰昌为侨联主席，汤正义为专职副主席兼秘书长，董家富、番能刚、黄玉楷为兼职副主席，设委员36名，常委17名。会议还选举了保山地区出席云南省第七次归侨侨眷代表大会代表22人，推荐省侨联委员候选人6名。

2003年3月，市侨联召开一届二次全委会，会议进行届中调整，汤正义当选主席，刘戟当选副主席兼秘书长。

四、组建保山华侨建设公司

根据中共保山地委文件批复，为进一步实行对外开放，搞活经济，充分发挥海外华侨华人与国内归侨侨眷的优势，从而引进人才、资金、技术和设备，扩大国内外经济技术交流，繁荣经济，促进四化建设，成立保山地区侨联下属的华侨建设公司。1985年3月11日，保山华侨建设公司筹备组成立，组长：寸待斌，副组长：杜世甫（保山市科协）、张仁彦（柯街华侨农场），成员：杨泽仁（市粮食局）。筹备组成立后的主要任务是：筹集公司资金，招聘公司人员，拟定公司章程。筹备开办公司下属经济实体。

公司于1985年4月正式营运，在外资和侨资尚未投入以前，筹备组暂向银行贷款20万元作为流动资金，向财政局借垫4万元。作为公司初期活动资金。公司下属实体三个门市部，分别为五金交电门市部，小百货门市部，糖、烟、酒副食门市部。全公司共有人员14人（其中归侨侨眷8人）。公司自1985年4月至1986年年底近两年的营运，获毛利5万元，除付贷款利息和税金外，纯利为2万余元。

1987年由于公司经理易世贤病故等原因，对三个门市部的管理不善，经营混乱，亏本严重而倒闭，仅剩下公司本部少数人员做一些善后处理工作。为使公司重整旗鼓，1988年3月，公司又从原保山二级百货站聘请该站副经理刘世宽来任经理，主要转营木材业务，由于资金不足等原因，几经周折，仍无起色。1990年5月19日根据云南省清理整顿公司领导小组办公室《关于保山地区清理整顿撤、并、留方案的批复》文件，撤销了保山华侨建设公司。

公司撤销后，因善后工作不力，致使5名员工的生计问题得不到及时妥善的处理，造成遗留问题，多次上访，长诉不休。1998年9月4日，中共保山地委副书记费建平主持召开了由行署有关部门负责人参加的专门会议，根据1990年1月5日省人事厅、劳动厅关于转发人事劳动部《关于撤并公司人员安排意见》的通知精神，就解决公司5人的问题进行了认真研究，通过地委领导组织召开的专门会议，使华侨建设公司的遗留问题得到了妥善解决。

第三节　侨益维护

认真宣传贯彻“一法两办法”，切实维护归侨侨眷及海外侨胞的合法权益。1990年9月7日，第七届全国人民代表大会常务委员会第15次会议通过并颁布了《中华人民共和国归侨侨眷权益保护法》，随后又颁布了《中华人民共和国归侨侨眷权益保护实施办法》。1993年9月25日，云南省第八届人民代表大会常务委员会第三次会议通过并发布了《云南省归侨侨眷权益保护实施办法》(上述三个法规简称“一法两办法”)。“一法两办法”颁布后，地、县(市)侨联与有关部门一道，认真组织学习、座谈、宣传，并按照《中华人民共和国归侨侨眷权益保护法》规定，积极维护归侨、侨眷的合法权益和海外侨胞的正当权益，认真处理归侨、侨眷提出的有关子女升学、就业、生活照顾、“农转非”和定居落户等问题。在《中华人民共和国归侨侨眷权益保护法》颁布实施五周年、十周年之际，市侨联都开展了形式多样的宣传活动。2000年9月11日，保山地区行署民政侨务局和保山地区侨联在中秋佳节之际举行了“《中华人民共和国归侨侨眷权益保护法》颁布10周年庆祝活动和中秋佳节座谈会”，地、市两级驻城内的侨联委员、部分归侨侨眷代表、涉侨部门领导和政府、人大、政协领导共50多人出席会议。会议由地区民政侨务局副局长、侨联主席尹曰昌主持，人大工委主任张培光、政协工委副主任许洪森、地区侨联副主席尹胜国讲话。会议总结畅谈了10年来贯彻执行“一法两办法”的情况。会议指出：1996年、1998年、1999年三年中，全国人大、省人大曾三次到保山检查了全区贯彻执行“一法两办法”情况，通过听取各级人民政府、人民法院、人民检察院和人大的工作汇报，专访三资企业，到侨乡与归侨侨眷和各界人士座谈，广泛听取意见，一致认为保山地区对“一法两办法”的贯彻执行是认真扎实的，对侵犯归侨侨眷合法权益的案件认真进行查处，广大归侨侨眷的合法权益得到维护，对执法情况是满意的。地区人大工委主任张培光要求全区各级侨务部门和侨务工作者要树立大侨务的思想，以“侨”为“桥”，打好“侨牌”，进一步调动归侨侨眷及海外亲属的积极性，并对全区侨务工作提出了要求。2000年起，各县(区)先后组织《中华人民共和国归侨侨眷权益保护法》贯彻执行情况检查6次，全国人大、省人大进行《中华人民共和国归侨侨眷权益保护法》检查3次，市人大、市政协组织有关部门对全市侨务工作，侨资企业情况进行调研和执法检查4次。2004年10月在全市组织开展了“《中华人民共和国归侨侨眷权益保护法》宣传月”活动。12月22日，市政府组织召开了全市学习宣传《中华人民共和国归侨侨眷权益保护实施办法》座谈会，分管侨务工作的副市长杨灿章作了重要讲话。在学习宣传“一法两办法”活动中，共印发各种学习宣传材料60800多份，开展普法讲座44次，培训侨务干部538人次。

搞好服务，维护侨益不受侵犯。认真落实侨务政策，至2004年年底，全市共清退落实华侨私房1617户，52万平方米，支付补助经费950多万元人民币；平反冤假错案及历史遗留老案75起130多人；清理归侨侨眷干部职工档案3987人；落实归侨侨眷知识分子政策1369人次。共为530名“三侨”考生出具了证明，使他们受到了升学加分照顾。按国家有关规定，兑现了120名归侨干部职工享受100%退休金待遇。归侨侨眷依法享有的参政议政权利得到落实，先后有60多人受到国家和省市表彰，有326人被选为各级协委员和人大代表，100多人被选拔到各级领导岗位。

第四节　海外联谊

1988—1991年，保山地区侨联副主席寸待斌、秘书长董含盛，利用一年一度春节的机会，先后四次到瑞丽，邀请缅甸木姐、南坎、棒赛、洋人街的侨胞、侨领召开座谈会，向他们介绍祖国改革开放带来的变化和发展，党和政府对侨胞的关怀以及各项侨务政策的落实情况。并邀请他们回乡观光、旅游、洽谈生意。

1991年元旦，保山地委、行署举办了本地区解放40年来第一次大型民族文艺体育表演比赛大会，地区侨联根据地委、行署的指示，邀请了旅缅仰光、木姐、南坎、棒赛、瓦城、东枝、眉苗、腊戍、当阳等地的华侨、华人30多人出席了这次盛会。地委、行署、人大、政协及有关部门的领导亲切接见看望了侨胞，并与他们共同座谈，行署副专员程政宁、陈昌黎向各位侨胞介绍了祖国改革开放的大好形势，与他们畅谈了家乡的变化，彼此增加了共识，增进了友谊。

1992—1998年，全区各级侨联接待海外侨胞1878人次，侨团11个208人，参与和组织出访9批18人次，先后对缅甸的南坎、木姐、棒赛、泰国的清迈、清莱，越南老街、老挝的勐赛、中国香港地区进行了友好出访。与上述地区的31个侨团148位侨界上层人士建立了联系。

1999—2001年，地区侨联热情接待了前来参加“ '99世博会”的35位海外侨胞。并邀请回保山参观、旅游。地委、行署、人大、政协的领导接见和宴请了他们。

2002年，市县侨联、侨办先后接待海外侨胞300多人次。他们分别是：回保山参加民国31年（1942）5月4日在日本飞机轰炸保山城时罹难的原华侨一中学生悼念活动的中外校友112人；中国抗日远征军老兵回国访问团10人；美国《美南报业集团》董事长美籍华人李蔚华先生一行3人；泰国云南同乡会原会长张兆兴、时任会长李人杰一行5人；缅甸仰光云南同乡会会长赵忠先生一行7人；瓦城云南同乡会、木姐华侨会、九谷华侨会、洋人街华侨会100多人。

2003年3月上旬，市侨联主席汤正义参加了由市委书记黄毅为团长，市政协主席胡应舒、市政府副市长黄立新、李新平为副团长，市直有关领导参加的保山市友好代表团对缅甸克钦邦进行了5天的友好访问，拜会了密支那云南、广东、福建和昔马、和顺华侨会。7月28日至8月10日，应缅甸、泰国云南同乡会邀请，由市侨联、侨办组团，市委副书记杨连为团长，市政府副市长李新平为副团长的保山市友好代表团一行9人，对缅甸、泰国进行了为期14天的友好访问。9月在腾冲县和隆阳区成功举办了第三届世界云南同乡联谊大会。

2004年12月7—12日，为开展海外联谊工作，加强与澳大利亚和新西兰侨胞的联谊交流，应两国侨胞和社团的邀请，以省侨联主席陈碧云为团长，保山市委副书记杨连、市侨联主席汤正义为成员的云南省侨联代表团，对澳大利亚和新西兰进行了为期12天的友好访问。

2005年1月12日，应市侨联、侨办邀请，澳门缅华互助会会长许国璇先生一行4人莅保参观考察。通过这次活动，促成了4月份保山市友好代表团对澳门的访问。4月22—25日，应澳门缅华互助会的邀请，市侨联、侨办组团，由市政府副市长李新平为团长，市招商局、市旅游局、市文化局、市歌舞团组成的保山市友好代表团一行30人，赴澳门进行了为期4天的旅游、商贸、文化推介交流活动。澳门特首何厚铧先生接见了代表团。代表团分别拜会了缅甸驻澳门领事吴苗戚和澳门特区旅游局局长安东梁先生，并与澳门缅华互助会和侨团进行了广泛的联谊和交往。6月3—4日，由市侨联侨办和市招商局组织，参加了第三届东盟华商投资西南项目推介会，并成功地举办了保山项目推介专场，来自13个国家和地区的130位华商参加了推介会，一系列的联谊活动收到了推介保山、扩大保山知名度的良好效果，同时加强了保山与海外侨团和华商的联谊和交往。

第五节　参政议政

积极参政议政，为保山经济建设和社会发展建言献策。保山地区侨联自1987年3月成立至2005年，全区有326名侨界人士先后被选为各级政协委员和各级人大代表。其中有220人次（归侨51人次、侨眷169人次）被选为各级政协委员［全国政协委员1人次，省政协委员3人次，其余为市、县（区）委员］；各级人大代表106人次（归侨22人次、侨眷84人次），全国人大代表3人次，省人大代表9人次，其余为市、县（区）乡（镇）代表；先后有58位归侨、侨眷参加了民主党派组织。他们代表全市广大归侨、侨眷和海外侨胞、港澳台同胞反映侨情民意。在保山市政协一届二次全委会上，市政协委员、侨联主席汤正义在会上做了题为《关于进一步加强侨务工作为促进保山经济社会发展做贡献》的专题发言，详细分析了保山独特的侨力资源优势，阐述了做好侨务工作所具有的重大战略意义，并提出了做好侨务工作的10条建议。建议受到市委、市政府的高度重视，之后市委办公室、市政府办公室下发了《关于进一步加强侨务工作的意见》。理顺了全市侨务机构，人员编制得到落实，为保山市侨务工作的开展奠定了坚实的基础。2004年和2005年，市侨联办理人大代表批评意见和建议2件，政协提案1件，在市政协一届四次会议上提出提案2件，为人大代表准备议案1件，代表批评意见建议1件，充分代表全市广大归侨侨眷反映侨情民意，为保山市经济建设和社会发展建言献策。

第六节　侨资吸引

努力做好为侨服务工作，争取侨心，为保山市经济建设和社会发展做贡献。中共十一届三中全会后，保山市认真贯彻执行党的侨务方针、政策、法律和法规，积极维护广大归侨、侨眷的合法权益和华侨、华人的正当权益，凝聚了侨心，较好地调动和发挥了他们在保山改革开放、现代化经济建设中的积极作用。

积极吸引侨力资源，为全市经济建设和社会事业发展服务。在市委、市政府的领导下，通过侨务部门和相关部门积极努力的工作，不断地争取和凝聚了侨心，激发了海外侨胞爱国爱乡的热情，他们有的回乡投资办企业，有的捐资建校办公益事业等等，不断为保山市经济社会发展贡献力量，截至2004年，全市有“三资企业”70户，协议投资15908万美元，合同利用外资7374.79万美元，实际利用外资2614万美元。其中海外侨胞投资占80%。华侨侨人港澳同胞无偿捐赠资金累计达5000多万元人民币，建盖“侨爱小学”和“侨心小学”教学楼31幢，成立教育奖励基金会9个，设立卫生奖励基金会1个，拥有各种奖励基金800多万元人民币。全市的华文教育、侨务扶贫、华侨农场建设等工作都有新的突破。

第十编　公　安

反恐演练

综　述

1978年以后，随着党和国家工作重心的转移，保山地区公安工作的重点也随之转移到了保卫社会主义现代化建设上来，明确提出服从服务于经济建设这个中心的指导思想，公安工作进入一个新的历史发展时期。

20世纪80年代初期，全区公安机关按照上级公安机关和地委行署的工作部署，重点打击赌博、卖淫嫖娼等危害社会治安的犯罪，取缔非法刊物和非法组织，全面加强以经济、文化保卫为重点的内部治安整顿，实行不同形式的安全保卫责任制，重在治本与预防，通过破大案、打流窜、挖团伙、促防范，严厉打击有所抬头的刑事犯罪活动，为改革开放和经济建设保驾护航。1983年8月至1987年1月，贯彻依法从重从快方针，开展严厉打击严重刑事犯罪工作。全区共提请批准逮捕犯罪嫌疑人3963人，摧毁流氓、抢劫、盗窃、贩毒等各类犯罪团伙600个2516人，破获特务、间谍、反革命案件54起，破获各类刑事案件1586起，其中重特大案件463起。在开展“严打”战役的同时，全区公安机关狠抓侦查破案、强化禁毒工作、严密治安管理和控制、加强公安基层基础工作和公安派出所建设，加强群防群治组织，推行承包责任制，开展社会治安综合治理，采取多种措施，稳定社会治安秩序，基本改变了保山地区改革开放初期社会治安的非正常状况，有效遏制了违法犯罪大幅度上升的势头。1987—1990年，全区公安机关继续坚持“严打”方针，针对突出的犯罪活动和治安问题，相继组织开展了“反盗窃、打流氓、禁赌博、促治理”“查赌博、禁娼嫖、反扒窃”、打击流窜犯罪、“扫黄”“除六害”“严打严防”“反盗窃”“打击车匪路霸”等专项打击和专项治理行动，并抓好经常性的侦查破案、禁毒斗争，大力推进社会治安综合治理，建立群防群治网络，帮教违法人员、收戒吸毒人员，保持了全区社会治安的稳定。

20世纪90年代，国家法治建设和公安法治建设进程明显加快，《中华人民共和国人民警察法》和警衔制度开始实施，110报警服务台、治安防控体系、公安信息化、社区警务等应运而生，派出所工作职能调整、侦审合一、交巡警合并“三大改革”顺利推进，督察、经侦、网安等警种陆续组建。全区公安机关坚持把维护国家安全和社会政治稳定放在首位，加强情报信息工作，严密防范和严厉打击境内外敌对势力和敌对分子的渗透破坏活动，维护社会政治稳定。持续不断地组织开展了一系列“严打”统一行动和重点整治专项斗争，严厉打击和严密防范刑事犯罪、毒品犯罪和经济犯罪，大力整治突出的治安问题和治安混乱的地区。1990—1999年，共立刑事案件16774起，破12437起，其中：立重特大案件6433起，破4800起；共破获毒品犯罪案件2466起，抓获犯罪嫌疑人3930名，缴获各类毒品6470.21千克、易制毒化学品103614.52千克、毒资2522.08万元和一批枪支弹药。

同时，整治了一大批治安问题较多、治安秩序混乱的地区、部位和场所，有效地遏制刑事犯罪大幅度上升的势头，保持了全区社会治安局势的基本稳定。

进入21世纪，保山地区(市)公安机关建立经常性的“严打”工作机制，始终保持对刑事犯罪活动的高压态势。深入开展“打黑除恶”、命案侦破、“打击人贩子、解救被拐卖妇女儿童”、打盗抢机动车犯罪、破案追逃、打击“两抢一盗”等一系列专项斗争。2000—2005年，共破刑事案件11955起，其中重特大案件4582起；共破获毒品犯罪案件7586起，抓获犯罪嫌疑人10446名，缴获各类毒品8492.369千克、易制毒化学品31311.21千克、毒资9421.78万元和一批枪支弹药；共立经济犯罪案件277起，涉案金额18211.71万元，破259起，抓获犯罪嫌疑人362名，挽回经济损失2935.84万元。

随着工作重点转移，保山公安机关根据形势发展和任务的需要，进一步健全地、县两级公安政治工作机构，不断加强公安队伍的思想政治建设、纪律作风建设、党风廉政建设和公安法制建设，公安队伍整体素质、执法水平和战斗力不断提升，并涌现出一大批先进典型。1978—2005年，全市公安机关、公安现役部队和森林公安机关涌现出一大批先进模范集体和个人，35人因公牺牲(4人为革命烈士)。施甸、昌宁两县公安局被评为全国优秀公安局，五县(区)公安局被评为全市优秀公安局。基层单位被市厅级及以上机关表彰346个次；144名民警被省部级及以上机关表彰，627名民警被地厅级表彰；经地厅级及以上机关批准，26名民警荣记一等功、167名民警荣记二等功、54名民警荣记三等功。

第一章　机构沿革

第一节　市、县(区)公安机构

1978年12月，保山地区革委会公安局更名为保山地区行政公署公安局(以下简称行署公安局)。1979年12月，根据地区编委机构改革要求，行署公安局内设政治处和秘书、政治保卫、安全保卫、治安、刑侦、技术、预审、劳改、消防、边防、民警11个科和看守所。下辖保山、腾冲、昌宁、施甸、龙陵五县公安局。1980年1月，撤销民警、边防2个科，成立正团级建制的保山地区人民边防武装警察支队。

1981年6月，保山地区行政公署公安局更名为保山地区行政公署公安处。此后，增设刑事侦查技术室、缉私侦察队。1983年1月，保山地区人民边防武警支队改称武警保山地区支队。7月，劳改科移交地区司法处。1984年9月，保山地区公安处消防科、五县(市)公安局消防股以及保山市和腾冲县消防大队建制移交武警保山支队，设武警保山地区支队消防科。1986年6月，武警保山地区支队消防科、五县(市)大队消防股、保山和腾冲消防大队移交地、县(市)公安机构建制领导。同年，保山交通监理所划归公安处，成立公安处交通监理所（后改为交通科）。同时，撤销保山专区公安处看守所。1988—1989年，行政公署公安处先后成立法制政策研究科、机要通讯科、外国人出入境管理科、监察科（与纪检组合署办公）。

1990年5月，交通警察大队改为交通警察支队。1992年7月，成立禁吸禁种科。1994年12月，保山地区行政公署公安处更名为保山地区行政公署公安局。同月，行署公安局交通警察支队升格为副处级。至1995年7月，行署公安局内设17个职能机构。

1996年12月，行署公安局刑事侦查大队改为刑事侦查支队，撤销预审科，预审业务由侦查部门接管。1998年8月，行署公安局缉毒大队改为禁毒侦察支队，对外称保山地区公安局禁毒分局，禁种禁吸科并入禁毒支队；增设警务督察队（副处级）、监所管理科和计算机监察科。

2001年，保山撤地设市后，保山地区行署公安局更名为保山市公安局，内设机构不变，但机构名称相应改变。原县级保山市公安局改称保山市公安局隆阳分局。同时，交警支队升格为正处级单位。

2002年6月，保山市公安局撤销政治保卫、经济文化保卫、治安管理、技术侦察4个科，成立国内安全保卫、经济犯罪侦查、治安管理、行动技术4个支队，为市公安局直属副处级机构。同时，将警务督察队、后勤科、计算机监察科分别更名为警务督察室、装备财务科和计算机管理监察科。至2002年年底，保山市公安局的内设机构情况为：正处级机构1个，正团级现役机构2个，副处级机构7个，直属科处室10个。

2004年5月，市公安局在原办公室的基础上成立警令部（副处级），内设综合科、接处警科2个正科级机构；新成立警卫处（副处级），内设综合科、警卫科2个正科级机构，与治安管理支队合署办公。

2005年8月，市政府办公室印发《关于印发保山市公安局职能配置和人员编制方案的通知》，市公安局领辖1区4县公安工作；核定内设机构18个：警令部、政治部、纪委（监察审计室）、装备财务科、警务督察室、国内安全保卫支队、行动技术支队、经济犯罪侦查支队、治安管理支队、刑事警察支队、禁毒支队、交通警察支队、警卫处、机要通信科、计算机管理监察科、法制科、出入境及外国人管理科、监所管理科。辖正团级公安现役机构2个：保山公安边防支队、保山公安消防支队。至2005年年末，保山市公安局领辖范围和内设机构无变化。

第二节　公安派出机构

一、公安派出所

1979年后，为适应改革开放形势的需要，针对日益严峻的社会治安状况，全区在原部分重点区、镇建立有公安派出所的基础上又相继建立一批公安派出所。到1985年，全区五县（市）81个区镇，除龙陵县天宁区外，80个区镇均建立了公安派出所。1987年年底至

1988年年初，撤区建乡，共设83个乡镇。至1990年，全区83个乡镇均建立派出所。

除乡镇派出所外，1980—1990年，全区还先后建立企业公安派出所数十个，以及分散在全区各地的林业公安派出所20个。

至2005年年末，全市共有固东、界头、曲石、明光（边防）、滇滩（边防）、猴桥（边防）、马站、北海、和顺、中和、清水，芒棒、五合、新华、蒲川、团田、荷花、永昌、兰城、板桥、河图、金鸡、辛街、蒲缥、芒宽、西邑、瓦窑、丙麻、瓦渡、水寨、杨柳、瓦房、瓦马、老营、道街、潞江、汉庄、汶上、龙山、河头、龙新、象达、平达、勐糯、腊勐、镇安、龙江、碧寨、天宁、木城（边防）、湾甸、柯街、卡斯、更戛、耈街、漭水、鸡飞、勐统、翁堵、温泉、珠街、大田坝、甸阳、姚关、万兴、酒房、旧城、摆榔、仁和、由旺、保场、何元、老麦、水长、太平、等子、木老元77个派出所和腾越、右甸2个公安分局。

二、公安特派员

保山专区各县人民政权建立后，即在区人民政府内设公安助理员，业务上受县公安局领导。1952年，公安助理员改称公安特派员。20世纪80年代初期，随着区派出所的建立健全，公安特派员纳入派出所编制，公安特派员制度自然取消。到1985年年底，保山地区五县（市）81个区镇，仅有龙陵县天宁区未设公安派出所，仍设公安特派员1人（1990年取消公安特派员，成立公安派出所）。

第三节　公安现役部队和武警支队

一、保山市公安边防支队

1978年6月，保山地区公安局成立东风桥、红旗桥和保山城关公安检查站和猴桥、自治、滇滩3个边境工作站，腾冲3个边境乡镇派出所改为边防派出所，增设龙陵县安定（木城）边防派出所，负责出入境管理、边防检查和边境地区治安管理工作。12月，保山地区公安局成立边防科。

1980年1月，保山地区公安局以民警科、边防科为基础，成立正团建制的保山地区人民边防武装警察支队，受地区公安局领导和指挥，下设司令部、政治部、后勤部、直属中队，并将五县武警中队、4个边防派出所、3个公安边防检查站、3个边境工作站纳入领导和管理，原公安干警改为现役。同年2月，成立腾冲县人民边防武装警察大队，隶属地区边防武警支队。1982年3月，保山城关公安边防检查站撤销。

1983年5月，保山地区人民边防武装警察支队改称中国人民武装警察部队保山地区支队（以下简称武警保山地区支队），隶属武警部队云南省总队。同年，支队相继成立胆扎边防工作站、老厂边防工作站、古永边防机动中队、龙陵县边防大队、保山机场安全检查站、保山外籍越境人员管理所、轮训队和卫生队等。

1985年5月，武警保山地区支队成立边防分局，下设边防股、调研股、技术股，负责管理指导边防站、所和公安检查站的边防管理工作。7月，原属武警保山地区支队建制的4个边防派出所移交公安机关领导和管理，供给关系和现役制不变。

1986年6月，武警保山地区支队消防科、五县大队消防股、保山和腾冲消防大队移交地、县(市)建制领导。7月，武警保山地区支队及其所属机构移交省公安厅边防局建制领导，同时称保山地区公安处边防局。

1988年9月，4个边防派出所从公安机关移交支队建制。12月，保山地区公安处边防局对外称武警保山地区边防支队。直至1992年，武警保山地区支队和保山地区公安处边防局(武警保山地区边防支队)实行一个机构、一套班子、两块牌子，支队(边防局)领导班子及其工作机构的人员编制、供给关系属省公安厅边防局。武警保山地区支队负责对五县(市)武警中队和3个直属中队的领导管理，五县(市)武警中队和3个直属中队建制领导和供给关系属省武警总队；保山地区公安处边防局负责领导管理所属腾冲和龙陵大队、25个边防站、队、所，其建制领导、人员编制和供给关系属省厅边防局。

1993年1月，武警保山地区支队、武警保山地区边防支队分设，重新归建武警保山地区支队和武警保山地区边防支队。武警保山地区边防支队为正团级建制，下辖腾冲、龙陵2个副团级边防大队、一个正营级机动大队、6个直属队。

1998年11月，根据公安部要求，武警保山地区边防支队对外称保山地区公安边防支队。2001年8月，保山撤地设市，保山地区公安边防支队改称保山市公安边防支队。

2003年9月10日，保山市公安边防支队所属的古永、自治、胆扎、滇滩、老厂边防工作站及其所担负的边境防卫任务移交新成立的中国人民解放军保山军分区独立营和边防某团第1营。

2005年，保山市公安边防支队共有2个边防大队、1个机动大队、1个轮训队、4个公安边防检查站、4个边防派出所、3个案件侦查队、1个卫生队、2个机动分队、1个修理所、1个拘留审查所、1个勤务中队。

二、公安消防支队

1974年12月，成立保山地区公安局消防大队，对内称地区公安局消防科。1978年6月，地区公安消防大队下放腾冲县公安局，与腾冲县公安消防中队合并，消防战士服现役，消防干部列入县公安局行政编制。同年12月，保山、腾冲两县消防中队干部由地方行政编制改为现役。1979年1月，地区公安处消防监督管理职能从治安科划出，恢复设立消防科。1980年，各县相继成立公安局消防股。

1983年1月，根据省公安厅和省武警总队相关要求，保山地区公安局消防科、保山地区所属五县(市)公安局消防股以及保山市和腾冲县消防中队建制移交武警保山支队，设立武警保山地区支队消防科。同年9月，施甸、昌宁、龙陵三县公安局消防股纳入武警保山地区支队序列，消防干警改为现役。1984年11月，五县(市)公安局消防股改为消防科。1986年6月，武警保山地区支队消防科、五县(市)公安局消防股、保山和腾冲消防中队分别移交地、县(市)建制领导，消防干部战士仍服现役。地区公安处成立消防科，对外称武警保山地区消防大队（副团级），干部战士仍服现役。1988年2月，成立昌宁县公安消防中队。1989年10月，成立施甸县公安消防中队。

1993年2月，武警保山地区消防大队升格为武警保山地区消防支队（正团级），支队机关设司令部、政治处、后勤处、防火监督处4部门。消防支队负责对五县（市）公安消防部门进行业务指导，特大和特种火灾消防力量的统一调度、指挥和火灾扑救、消防监督和消防产品生产监督及消防器材装备购置等职能，同时负责组织实施全市消防部队的业务训练、政治教育和行政管理。1994年，保山市，腾冲、施甸、昌宁县公安消防中队与各县(市)公安局消防科合并，成立消防大队（正营级），并更名为公安消防大队。1997年10月，成立武警龙陵县公安消防大队。

1999年1月，武警保山地区消防支队改设保山地区公安消防支队，对内称保山地区公安局消防分局。保山地区五县（市）消防大队不再使用武警部队称谓，对外改称公安消防大队，对内称公安局消防科。2001年，保山撤地设市后，保山地区公安消防支队改称为保山市公安消防支队，对内称保山市公安局消防处；原保山市公安消防大队改为隆阳区公安消防大队。2005年，保山市公安消防支队称谓级别不变，内部仍设司令部、政治处、后勤处和防火监督处4个部门；全市共有4个县消防大队，1个区消防大队，5个中队。

三、武警保山市支队

1975年12月，保山地区五县的解放军县中队移交地区公安局建制领导，改为县武装民警中队。地区公安局成立民警科，负责管理各县武装民警中队。1980年1月，成立保山地区人民边防武装警察支队。

1982年，保山军分区独立营及其所担负的内卫执勤任务移交保山地区人民边防武装警察支队。省军区边防第九团二营所属四、六连及其所担负的边防执勤任务移交保山地区人民边防武装警察支队。1983年5月，保山地区人民边防武装警察支队改编为中国人民武装警察部队保山地区支队（正团级），隶属中国人民武装警察部队云南省总队。

1984年9月，保山地区公安局消防科、五县公安局消防股以及保山市和腾冲县消防大队建制移交武警保山支队，设武警保山地区支队消防科。

1985年5月，武警保山地区支队边防分局成立，下设边防股、调研股、技术股，负责管理指导保山地区边防管理工作。1986年6月，武警保山地区支队消防科、五县大队消防股、保山和腾冲消防大队移交地、县（市）建制领导。7月，武警保山地区支队同时称保山地区公安处边防局。

1988年9月，保山地区公安处边防局对外称武警部队保山地区边防支队。直至1992年，武警保山地区支队和保山地区公安处边防局实行两块牌子、一套班子。武警保山地区支队负责对五县(市)中队和3个直属中队的领导管理，支队领导班子及其工作机构的人员编制、供给关系属省公安厅边防局，五县（市）中队和3个直属中队建制领导和供给关系属省武警总队。保山地区公安处边防局负责领导管理所属腾冲和龙陵大队、25个边防站、队、所，其建制领导、人员编制和供给关系属省厅边防局。

1993年1月，从武警保山地区支队、保山地区公安处边防局两块牌子、一套班子的组织机构中，抽调15名机关干部，重新归建武警保山地区支队机关，定为五类支队(正团级)，隶属武警云南省总队。下设司令部、政治部、后勤处和五县(市)中队。同年2月，成立直属大队(设4个中队)、教导队。至此，武警保山地区支队机关、直属大队、教导队、五县(市)中队的建制领导、人员编制、供给关系全部隶属武警云南省总队。

2001年，保山撤地设市后，武警保山地区支队改设为武警保山市支队，其承担任务及隶属关系不变。

2005年，武警保山市支队机关政治处增编保卫股，组干股增编为组织股和干部股，撤销群众工作干事编制；后勤处增编营房股，军需股改称军需战勤股，军械运输股改称军械运输油料股，运输班增编为运输排，撤销政治协理员编制；组建警通勤务汽车中队，机关公勤保障人员列入该中队编制；撤销修理所、生产基地。

第四节　行业公安机构

一、民航公安机构

1981年之前，保山机场隶属中国人民解放军空军管理，机场安全保卫和安全检查由空军部队负责。1981年，保山航空站改为中国民航西南管理局云南省局保山航站，机场安全保卫、安全检查由民航云南省局保卫科直接管理。1982年1月，中国民航云南省管理局公安分处在保山机场设保山航站派出所。1999年，中国民航云南省管理局公安处保山航站派出所改为中国民航云南省管理局公安局保山机场公安分局。2005年7月，民航云南省管理局公安局及其直属的派出所、公安分局移交云南省公安厅民用机场公安局直接领导和管理，省民航管理局保山机场公安分局更名为云南省公安厅民用机场公安局保山分局，下设机场派出所。

二、森林公安机构

1984年4月，成立保山地区行署公安处林业公安科，设18个林区派出所，受公安、林业部门双重领导。2000年2月，地区公安处林业公安科更名为保山地区森林公安局(仍为科级建制)；五县(市)林业公安科更名森林公安分局。2001年8月，保山撤地设市，保山地区森林公安局改为保山市森林公安局，行政级别、职能范围不变；分局及林区派出所相继更名。2002年5月，市森林公安局由正科级升为副处级，内设办公室、政治处、法制科，刑侦队4个科室。

2005年，全市有林业公安机构32个：市森林公安局1个，县(区)森林公安分局5个，林区派出所26个。

第二章　警力资源及法制建设

第一节　警队建设

一、警衔评授

1992年7月,《中华人民共和国人民警察警衔条例》颁布实施后，保山地、县(市)公安机关成立评授警衔领导小组及其办公室，并于7月下旬至年底，集中全区公安机关全体民警，开展以学习贯彻“三个条例”(《人民警察警衔条例》《人民警察奖惩条例》《人民警察内务条例》)为主要内容的教育整训，重点解决部分干警职级不明、职务偏低的问题。经各级党委、政府批准，解决120名干部的职级待遇(其中定副处级5人、正科级13人、副科104人、科员38人)。县(市)公安局的局长、政委和76名派出所所长、指导员都按文件规定享受同级政府副职待遇，副局长、副政委15人已定为正科级。并于年内编发《首次评定授予人民警察警衔具体标准表》，对其中18个栏目的内容严格审核把关，对素质差、能力低，经常完不成任务的不称职人员进行集中培训，清调不适合担任人民警察职务的人员10人。当年，经公安部和省公安厅批准，全区在编干部职工1101人中，除工勤人员31人，待调离不授衔3人，暂缓授衔68人(“以工代干”29人、警察院校毕业生未转正32人、因判缓刑或免予起诉4人、病休2年以上2人，在编不在岗1人)外，其余999名民警被确定为首批参加授衔人员。

1993年3月8日，保山地委、行署举行人民警察首次授衔仪式，为全区公安机关的人民警察授衔。首批授衔民警999人，其中授予警督警衔313人(一级警督24人，二级警督168人，三级警督121人)，授予警司警衔601人(一级警司113人，二级警司308人，三级警司180人)，授予警员警衔85人(一级警员54人，二级警员31人)。对未参加授衔的离退休干部，公安部授予一级金盾荣誉章5人，二级金盾荣誉章11人，公安厅授予蓝盾荣誉章29人。

1994年，地、县两级公安机关按照评衔标准和审批程序，为民警113人调整了警衔。1995年起，民警的授衔和警衔晋升纳入政工部门日常工作，专人管理，根据《人民警察警衔条例》，每年开展初任民警授衔和警衔晋升的呈报审批，对符合授衔条件和警衔任期届满的民警授衔和晋升警衔。

二、立功创模活动

20世纪80年代，公安机关立功创模活动广泛开展。1984年起，根据公安部《人民警察奖惩条例(试行)》，保山公安机关除了每年评选先进集体个人进行表彰外，对成绩突出集体和个人按《条例》规定的标准、审批权限，予以记一、二、三等功。1985年，经公安部批准，保山市公安局预审科荣立集体三等功。

1992年，施甸县公安局民警陈新民被公安部评为全国“十大杰出民警”，到1999年年底，施甸、昌宁两县公安局被评为全国优秀公安局，五县（区）公安局被评为全省优秀公安局。6名民警被评为全国优秀人民警察。

2003年7月，公安部颁布《公安机关人民警察奖励条令》后，保山市公安局进一步规范先进典型的选树、培养和表彰。

2004年全市公安工作质量在全省考核中获一等奖，1名民警因公牺牲，17名民警因公负伤。龙陵县镇安交警中队被共青团中央和公安部授予全国公安系统“青年文明号”称号，涌现出明正彬、印春荣、张国庆等一批先进模范人物，15个集体和38名民警分别荣记二、三等功，11个集体和129名民警被嘉奖。

2005年，全市公安工作在全省考核中获二等奖，9名民警因公负伤。腾冲县交警大队被评为全国道路交通安全“五进”工作先进集体，15个青年集体被共青团保山市委命名和认定为市级“青年文明号”。市公安局副局长明正彬被授予“全国劳动模范”称号，龙陵县公安局李正平、张宏林分别荣立一等功，保山市公安局民警段如春被评为“全国优秀人民警察”。全市公安机关2个单位荣立集体二等功、30个单位荣立集体三等功，2名民警荣立一等功，3名民警荣立二等功51名民警荣立三等功，53个部门和483名民警受到各级党委政府和公安机关表彰。

三、文化教育

1978年起，保山地区公安机关通过文化补习、学历教育、成人教育等方式提高公安民警文化水平。1989年，地区公安处制订全区公安教育规划，通过函授教育、自学考试和脱产进修，提高民警文化水平。1990—2000年，全区一大批公安民警完成中专（高中）升大专或专升本的学历教育。2000年年末，全区干警具有大专以上学历的占53.9%，中专(高中)学历的占35.5%，初中及其以下学历的占10.6%。2001—2005年，全市公安系统又有一批民警通过函授、自学考试或脱产进修，完成中专（高中）升大专、专科升本科的学历教育，取得大专或本科毕业证。2005年年末，全市公安民警具有大专以上学历的达91.2%，中专(高中）学历的有8.8%。

四、警务培训

1978年起，公安干警的业务培训工作逐步恢复，并列入地区公安局日常工作日程。当年，地区公安局对新招录的57名边防民警进行为期2个月的业务培训。

1982年，选送23人（副局长5人、治安教员1人，派出所所长17人）到云南省公安学校参加为期5个月的培训。同年举办地区公安培训班，对新招收的98名缉毒干警进行为期2个月的业务培训。此外，地区公安处还举办两期培训班，每期15天，轮训秘书内勤、缉毒干警194人，选送到中国人民公安大学业务培训2人。1983年，地区公安处先后通过举办培训班、选送、轮训等方式对971名干警进行业务培训。1985年，地区公安处举办公安业务培训班2期，培训干警160人。1999年6月，保山地区公安局成立人民警察业余学校，制定3年培训计划，对全体民警有计划、有针对性的系统培训，进一步提高民警整体素质。2000年，选送云南省公安专科学校调训48人。开展警衔培训131人，各县岗位培训121人，其他业务培训28人。

2001年起，根据公安部《公安机关人民警察训练条令》的规定，保山市公安机关推行了民警上岗和首任必训、职务和警衔晋升必训、基层和一线民警每年实战必训“三个必训”制度。2004年，市公安局组织两期培训班，对全市公安机关和一线部门的100名领导进行警务实战技能骨干培训。当年6月，开展“大练兵”活动，全市公安机关、森林、民航民警千余人进行全封闭训练，开展体能、岗位技能大练兵，并选拔出32名业务标兵和岗位能手参加全省公安机关大练兵汇报表演，取得基本技能第一名、基本战术第六名的好成绩。按照“初任必训”“逢晋必训”的原则，组织2003年之后进入公安机关工作而未经初任培训的14名民警及年内符合警衔晋升条件的312名民警，参加省公安厅在楚雄人民警察培训学校举办的警衔培训。

2005年，继续深入开展“大练兵”活动，组织18人参加省公安厅警务实战师资提高班的训练；有230名民警参加省、市公安机关警务实战师资培训班培训。市、县（区）公安局以基层和一线实战部门为主，突出对刑警、禁毒、国保、经侦、治安、交警、消防一线实战部门和基层派出所民警的训练。全市公安民警参训率达95%以上。

第二节　警务指挥平台

一、接处警服务台

1996年12月起，保山地区各县（市）陆续成立“122”交通事故报警台。1997—2000年，保山地区五县（市）公安机关针对群众反映报案难、求助难，民警出警速度慢的现状，先后组建110接处警服务台，并相继投入使用。其后，五县（市）公安局相继成立“110”接处警队，认真履行“有警必接、有难必帮、有险必救、有求必应”的承诺，保证出警城区5分钟内到达现场（上下班高峰期除外），城郊5～10钟内到达现场。实行24小时值班制，及时向有关警种和业务部门下达处警指令。同时，收集掌握动态信息，为领导决策做好参谋、助手。

1997年5月，保山市公安局建立“保山市公安局110报警指挥中心”，组建82人（其中治安协管员56人）的巡警大队。

1998年1月，腾冲县公安局开通“110”报警服务台，组建54人（其中治安协管员20人）的110巡逻警察大队。10月，施甸县公安局成立14人（其中民警4人，治安协管员10人）的110巡警中队，隶属于治安大队。当月起，各县（市）实行报警案件回执、回告制度。

2001年1月，昌宁县公安局110报警服务台投入运行，由巡警大队具体负责指挥调度，对外统称昌宁110报警服务中心；龙陵县公安局110接处警职能由龙山分局履行；隆阳区公安分局在城区派出所实行“三警联动”，将110报警服务台划归分局办公室管理，与分局总值班室合并成立保山市公安局隆阳公安分局信息指挥中心。4月25日，正式启动军警联合巡逻机制，在全区实行公安、消防、武警及民兵小分队每天义务巡逻1小时的制度。10月，腾冲县“110”指挥中心建成开通，由县公安局办公室负责管理。

2002年，施甸县公安局将巡警中队处警职能划归甸阳派出所，在县公安局组建110指挥中心（挂靠办公室），有值班人员4人。2003年9月，施甸县公安局成立110指挥中心，与县公安局办公室合署办公。

2004年，为整合警力资源，进一步推进信息共享，提高公安机关快速反应能力和接处警工作水平，保山市公安机关加大“110”指挥系统机制建设力度，把“110”“119”“122”三台合一工作作为重点来抓，不断完善以巡警、交警、消防、刑警、派出所民警为主力的多警联勤机制，逐步构建起以指挥中心为龙头，以巡警、交警、消防为骨干，点线面结合的巡逻防范控制网络。至9月，全市各级公安机关“110”“120”“119”三台合一系统全部建成投入运行，实现正常接处警。人民群众对匪警、火警、交通事故报警，只需拨打“110”即可完成，形成了集中接警、统一指挥、分类处警、高效快捷的接处警体系。

二、接处警

20世纪70年代末至80年代，保山地区各级公安机关的接处警工作以民警轮流值班接警的方式进行。1985年，组建治安巡逻队，初步形成城市治安巡逻网，有效减少报警数量，化解矛盾于初期。通过治安巡逻，共抓获各种违法人员440人，协助查破刑事案件24起、治安案件67起、抓获违法人员94人、调处各种纠纷107件、纠正各类违章行为152起。

20世纪90年代末，为建立健全快速反应机制，先后设立“110”报警指挥中心和巡警大队。1997年，保山市公安局接处警3012起，其中刑事案件283起，占总案件的10.04%；治安案件1171起，占总案件的41.58%，紧急救助242起，为民服务办好事438起，抢险救灾5起，收戒吸毒人员75人。1998—2000年，腾冲县公安局110巡警大队累计出动1200人次，出动警车105次，抢险62起，救护人员16名。

2000年，全区共有巡逻警力88人，全年“110”接处警8786起，接报刑事治安案件193起，处置群体事件35起，抓获违法犯罪人员3146人，收缴枪支4支、管制刀具64把。

2003年10月，110指挥中心接到群众报警称：和顺乡元龙阁月台停车场旁突然发生山体滑坡，有人被埋在土里。接报后，指挥中心立即向和顺乡派出所发出指令，并速报县局领导。随即，腾冲县委、县政府组织军、警、民和医护人员共500余人前往现场，抢救出伤员5人，其中2人伤势严重，送往腾冲县人民医院救治。当年，全市有专业巡警（防暴）队5支，警力90人，协管员41人。全年接警处警103042件，自办刑事、治安案件376起，参与处理群体性事件22起，完成警卫、保卫任务93次，处理各种违章56551起，抢险救火94次，为群众办好事1090件。

2004年3月20日凌晨4时52分，隆阳公安分局110接警室接蒲缥派出所报称：马街加油站发生入室抢劫杀人案，2名犯罪嫌疑人开车逃跑。接报后，指挥中心通过汇报、调度，与大保高速公路收费站、320国道沿线派出所、巡警中队取得联系，组织警力布控、查缉，刑侦大队迅速调查、取证。当日7时，该案告破。当年，全市110指挥中心共接警84572起，处警115289起。

2005年，全市110指挥中心共接警154554起，其中警情类接警25450起，群众救助类接警6851起，无效报警122253起，处警147165起。

第三节　警务科技

一、刑事技术

1977—1978年，保山地区公安局先后选派一批技术人员到沈阳中央民警干校和云南省公安厅接受专业培训。1979年之后，保山地区刑事技术工作得到恢复和开展。1980年，保山专署公安局刑侦科改为刑侦队并设立技术室。1984年，技术室改为侦察技术科。至90年代，法医检验、痕迹检验、理化检验、文件检验、刑事照(录)相、警犬追踪、指纹档案管理等刑事科技，为破获各类重大刑事案件提供技术和设备支持。1996年，刑侦大队改为刑侦支队，下设技术科。1997年，刑警大队和侦察技术科合并成立刑事警察支队。进入21世纪，刑侦设备及鉴定技术的科技含量得到较大幅度提高。2001年，全市公安机关建立指纹远端查询系统，并通过系统自动识别提供破案依据。2002年，按照公安部《刑事技术部门建设标准》《刑事技术部门装备标准》和“两为主”“两并重”原则，进一步加强现场勘察、物证提取、检验鉴定、比对查档、串并案件、各类基础台账、先进仪器使用等能力，加大刑事技术人员业务培训力度，进一步提高基层刑事技术部门战斗力。年内全市立各类刑事案件2869起，有现场勘察条件的案件1341起，察查1313起，勘察率达97.91%。其中重大案件有现场勘察条件的717起，勘察率为100%。提取痕迹物证688起1291件。年内全市共完成各类检验鉴定2195起，出具鉴定书140份，检验报告280份，分析意见510份。其中：法医检验尸体272具，鉴定物证112起，活体检验637人，理化毒物鉴定524起，物证鉴定16起，痕迹手印鉴定442起，脚印鉴定61起，工具痕迹鉴定12起，整体分离痕迹鉴定10起；文检字迹鉴定48起，票据鉴定1起。2002—2004年，共上报省公安厅和输入微机十指纹13974份，现场指纹1634份，利用系统直接破案170起，利用指纹破案404起。2005年，保山市公安机关采集上报指纹7936份，利用指纹系统直接破案83起，带破案件132起。年内，市局配备了价值120万元的DNA个人识别鉴定设备1套。在侦查破案和诉讼过程中，刑事科技的特殊作用得到充分发挥。

二、通信技术

(一) 有线通信

20世纪60—70年代，受技术和经济条件的限制，保山地区公安机关通信装备比较落后，仅邮件和手摇磁石电话机与上下、内外联系沟通，公安派出所与县公安局通信联系主要是借助各区、公社设置的电话机。

1981年，保山地区公安处被列为公安厅首期开通公安专用电话的7个边境地、州公安处(局)之一。同年，地区公安处安装1部60门的磁石式交换机。1982年元月1日零时，地区公安处至省公安厅的专用长途电话线路开通。1984年12月，各县公安机关开通与公安部、省公安厅及全国县以上公安机关的有线通信专线。随后，文字传真、图片传真和电话会议相继开通。至此，公安有线通信三级网正式开通，全区公安系统建立起独立的有线通信网络。

20世纪90年代，随着改革开放的深入发展，公安通信条件得到进一步改善。1992年，地区公安处筹集资金8万美元购置 HARRIS-20数字程控交换机，电话通信实现程控交换。年内，收发传真4297份共11467页，转接电话282258次。1999年，召开电话会议23场次，收发明传电报13051份，密传电报838份。同时，完成内部专线网的搬迁架设任务，新（改）架设内部电话34部，架设电话线2050米，为地区公安处机关使用计算机联网奠定基础。

进入21世纪，市公安局逐步建立起到各县市的有线通信网络。2000年，保山地区公安处筹集资金72万元，完成全区各县局数字程控交换机安装及专网三级网程控自动化改造，实现公安有线通信专网自动化通信。2001年，相继开通二级网 IP 电话和全市公安机关三级网 IP 电话，为全市各县（区）公安局提供4条 IP 电话通道，进一步提高公安专网通信速度。2002年，利用光缆和模拟电路召开电视电话会议52场次。2004年，投资6.5万元完成 HARRIS-20数字程控交换机及不间断电源升级改造。

（二）无线通信

1984年，根据云南省公安厅关于组建公安无线网络的要求，保山地区公安处多方筹措资金，于年内建成150M 超短波无线通信网。建成的无线电移动通信网络与有线通信互为补充，为执行公安保卫任务、处置突发性重大事件、打击暴力犯罪、查缉毒品犯罪、抢险救灾，发挥了较快的信息传递作用，并为政府处置重大事件提供服务。1985年，保山地区公安处为主要业务部门购置无线对讲机，并分配使用。

1990年，地区公安处建成无线电通信基本网。1991年，为组建地区公安处至省公安厅无线通信网，购置无线“健武450”短波电台2套，开通至省公安厅的无线二级网络短波通信。1992年，为所辖县市公安局购置短波电台6套。年末，建成公安“五一”寻呼台。1999年，根据省公安厅《关于建立云南省公安通信网的通知》精神，地区公安处与云南省金路新技术有限公司达成协议，于11月在地区公安处建成 VSAT.PES6000型站1个，并调试成功。

进入21世纪，随着公安无线通信的迅速发展和各种干扰源的增多，公安机关最初使用150M 无线通信网络，已不能适应公安工作的需要。根据省公安厅的统一规划，市公安局开始筹备组建警用350M 无线集群通信系统。2000年，地区公安局投资近50万元（省厅补助40万元）建成350M 集群移动通信系统，11月主机站正式开通运行。2001年，市公安局加强无线通信和县级110指挥中心建设，对305M 警用通信网进行改造完善。同时，按照省公安厅要求，完成五县（区）350M 群移动通信系统基站的选址、卫星定位电测等准备工作。至2002年，完成选址、卫星定位电测工作。2003年，市公安局运用350M 无线通信设备，为领导决策指挥、搞好安全保卫提供方便、快捷的信息服务通道。同时，按照云南省公安厅要求，为110指挥中心建设做好前期准备。2004年1月，腾冲、昌宁、龙陵建立并开通350M集群通信系统，施甸县建成350M集群通信系统常规网。3月，完成市公安局350M集群通信系统由二信道增至三信道升级工作。

（三）机要通信

20世纪80年代以前，公安机要通信主要由政府机要部门代为完成。1989年10月，地区公安处按照部、省公安机关的要求筹建机要机构，配备机要通信设施。年内，全区公安机关共有4名机要人员，公安明、密电报收发由机要人员手动操作完成，绝密级以上电报由地区行署机要局代为转发。

1990年，地区公安局进一步加强公安机要通信工作，购置机要通信设备。制定相应的密码保密工作规章制度，配齐机要通信工作人员。至90年代末，全区公安机关共有机要人员12人，其中地区公安处2人，所辖县市公安局10人，并购置三类传真机，使全区各警种的明、密码机要信息传递进入半自动化操作。同时，投资3.85万元开通地区公安处到省公安厅的二级机要综合通信系统。

进入21世纪，随着公安事业及计算机的普及应用，公安机关机要通信工作日益繁重，公安通信向计算机网络通信发展。2000年，地区公安局购置加密机2台。2001年，市公安局共召开电话会议57场次，收发明传电报21931份，收发密传电报1997份。2003年5月1日起，按照省公安厅统一部署，全省启用办公自动化系统后，通信部门不再接收各业务部门的明传电报，至年末，各县区均成立独立的公安通信机构，并配有专职机要通信人员。年内，在市公安局建立起机要综合系统二级节点，开通所辖县区三级机要综合系统网络，至此全市公安明、密码机要信息传输进入全自动化操作。

（四）图像通信

2002年前，省公安厅和市局一直通过语音电路形式召开电话会议。2002年，省公安厅建设二、三级（至州市县级）视频会议系统，市公安局与之对接，实现多点的电视会议、远程教学、静态和动态图像传输，完成第一次视频会议系统建设。保山市公安局配置PT900视频系统服务1台、3cx流媒体服务器2台用于召开从省厅至市、市至县级的视频会议。

三、金盾工程

2001年，保山市开展“金盾”工程（公安信息化工程）建设。5月，完成保山地区行署公安处信息中心机房设备的安装、测试、试运行及网络设备安装、IP语音连通，以及会议电视的试用工作。6月10日，正式开通云南省公安厅到保山市公安局的二级公安综合信息网络。10月31日，开通保山市公安局到各县（区）公安局、交警支队、交警大队的三级公安综合信息网络，各市、县（区）公安局的12个局域网680多个信息点也逐步开通。年内，保山市公安信息网络上有16台服务器，10余个web网站在运行。2003年，对视频会议系统进行全面升级。同年，对全市接入计算机分配固定IP地址，详细记录每一台计算机的使用单位、操作人员、MAC地址等信息，建成KILL防病毒服务器和一机两用监控服务器。2004年，计算机管理监察科进一步推进保山市公安信息化建设，落实“金盾工程”（一期）建设任务，结合保山市实际情况采取更加安全的上网方式，并将全市97个派出所、看守所、戒毒所等基层单位宽带接入公安网。年内，全市公安机关建立的网站达到34余个，网页12053余个。新开设网络安全页面，电子机台账和日常通告记录等项目。同时，对电视会议系统进行优化维护，新增调音台、大屏幕背投等设备，进一步提高图像、声音质量，增强系统稳定可靠性。2005年，配合省厅完成二、三级网的扩容改造，使省厅到市局传输带宽达到双回路72兆，市局到隆阳分局传输带宽达到100兆，到其他县局的传输带宽达到10兆；共接入82个对所，带宽达到2M（ADSL或光纤），三所上网率达到97.6%。

第四节 执法培训

中共十一届三中全会以后，保山地区公安机关逐步加强对干警进行法律知识教育培训。1979年，随着《中华人民共和国刑法》《中华人民共和国刑事诉讼法》颁布实施，保山公安机关加强“两法”的学习宣传和贯彻执行。当年，地区公安局举办“两法”培训班3期，每期15天，培训干警205人次（其中科局级12人次，股所级88人次，一般干警105人次）。

20世纪80年代初期，加强对新招录的干警进行法律知识培训。1986—1990年，根据公安业务工作需要，结合“一五普法”，以“十法一条例”（宪法、民族区域自治法、刑法、刑事诉讼法、民法通则、民事诉讼法试行、婚姻法、经济合同法、兵役法、治安管理处分条例）为重点，对全体干警进行法制教育培训，增强根据法制意识，养成学法、知法、用法和依法办事的良好习惯。1988年8月行署公安处法制政策研究科成立后，以《中华人民共和国行政诉讼法》公布实施为契机，大力加强公安法制组织建设和执法主体建设。

1991—1995年，以“二五”普法教育为契机，组织全体干警学习公安专业法律、法规，并结合开展法制宣传，提高队伍的整体法律素质，加强队伍自身建设。地区、县（市）公安法制部门积极配合政工部门组织全体干警学习《中华人民共和国宪法》《中华人民共和国刑法》《中华人民共和国刑事诉讼法》等相关法律、法规。其间，各级公安法制部门共辅导讲课140余场次，受教育面达5000余人次，举办各种法制宣传栏和板报69期，有效扩大受教育面。为解决基层法律资料匮乏，切实解决干警学法难，执法不学法、不懂法的问题，地区公安处多方筹措资金为基层干警购置法律资料，加强法律资料柜建设。3年内累计购买和印制下发各种法律、法规书籍等业务资料2万余份（册）。并在部分基层派出所建立法律资料柜，方便基层干警学法用法。地区、县（市）公安法制部门面向公安内部民警和社会群众开展从刑事到民事、行政等全方位的法律咨询服务，并参与研处疑难案件151件。同时，全区采取集中与分散相结合、以会代训等方式方法，举办法制干部培训班9期，有效地提高了公安法制干部队伍的整体法律素质。1996年，地区公安局被评为全省“二五”法制宣传教育工作先进单位。

1996—2000年，结合“三五”普法教育，举办各类法律培训班50期，法制部门辅导讲课66次，受教育面达5300余人次，举办各种法制宣传栏82期。全区公安民警参学、参考率达90%以上。其间，累计购买和印制下发了各种法律、法规书籍和业务资料8200余份(册)，全区各县(市)局建法律资料柜104个。为公安内部民警和社会群众开展从刑事到民事、行政等全方位的法律咨询服务959人次。

2001年起，结合“四五普法”，组织民警学习社会主义民主法治建设理论，深入学习宪法和国家基本法律，加强对新修订法律和公安法规的培训。2003年，全市公安法制部门深入开展对《公安机关办理行政复议案件程序规定》《公安机关办理劳动教养案件规定》《公安机关刑事法律文书格式》(2002版)等规范执法办案活动的法律、法规、规范性文件的学习培训。组织全市公安科、所、队长进行执法轮训，受训民警近210人。年内，全市公安法制部门共参与举办各类法律业务培训班33期，培训民警2058人次。

2004年，组织民警学习刑事法律、法规、规章、司法解释及《公安机关刑事法律文书格式(2002版)》的同时，重点加强对新施行的《宪法修正案》《中华人民共和国行政许可法》《中华人民共和国道路交通安全法》《中华人民共和国居民身份证法》《公安机关办理行政案件程序规定》《公安机关适用继续盘问规定》及新版公安行政法律文书制作与使用的学习、教育、培训力度。全年组织各类培训38次，累计培训民警2602人次。

2005年，结合规范执法行为专项整改活动的开展，举办执法培训班24期，培训民警2148人次。通过开展培训、发放宣传资料、主办宣传专栏、开展对外法律咨询活动、普法考试等方式，健全和完善执法监督机制，加强执法监督力度，提高全局工作人员的法律意识。

第五节　执法制度

1979年，随着《中华人民共和国刑法》《中华人民共和国刑事诉讼法》颁布实施，逐步建立起执法办案、执法监督等制度。1988年地区公安局法制部门成立以后，针对公安执法工作中存在的程序违法、证据不充分、法律文书不全的问题，加强立章建制工作，参与制定公安执法规范性文件，逐步把全区公安工作纳入规范化、制度化轨道。1995—1999年，保山地、县两级公安法制部门共起草规范性文件11件，参与复核各类规范性文件5件，参与修改各类法律、法规6件。

2004年，参与规章、规范性文件的修改、制定工作，组织开展了完善涉案财物的扣押、追缴、管理等课题的调研、论证工作。

2005年，对现行执法制度进行全面的检查、清理。共清理现行执法制度116项，保留82项，废止5项(县级)，修改29项，决定新建21项。为进一步规范全市公安执法工作、提高执法质量和规范刑事法律文书制作，市公安局制定印发了《保山市公安局执法责任制度》《保山市公安局执法公开制度》《保山市公安局执法过错责任追究制度》三项制度和《保山市公安机关凭证刑事法律文书制作规范》。

第六节　执法监督

一、执法检查

1988年12月至1989年1月，开展执法监督工作。20世纪90年代起，建立健全执法监督工作责任制。1992年，全区公安法制部门结合经常性的执法监督，开展9次执法检查。共检查106个科、所、队，审阅各类案件198卷。书面纠正违法2次，口头纠正违法62次。1993年4月，出台《保山地区公安机关内部执法监督检查的暂行办法》，对公安机关内部执法监督检查的性质、任务、目的、基本原则、监督程序、奖惩等问题进行规范。1997年，地、县两级公安法制部门共组织执法检查13次，被检查单位112个，发出书面或口头纠正违法11次，督办案件1件。1999年，全区公安机关法制部门共组织开展执法检查13次，被检查单位48个，发出口头或书面纠正违法通知11次。2000年，保山公安机关加强公安法制工作，健全完善公安法制机构和内部执法监督管理制度，公安法制宣传教育、公安执法监督考核、案件审核审批、法律理论服务和法制调研等工作逐步走向科学化、规范化轨道。2003年，对办理刑事案件内部审核审批的范围、方式、程序、要求等做出明确规定，使“四级审核”把关落到实处，共检查全市公安机关办理的行政处罚案件6837起，行政复议案件5起（维持2起、变更1起、撤销2起）、行政应诉案件1起（二审法院判决维持）、审批劳动教养案件54件，均未出现国家赔偿案件。2005年，全市公安机关共组织开展执法监督检查68次，被监督检查单位353个次；共纠正违法27起，受理行政复议案件5件（县级2件、市级3件），经复议维持4件，终止1件。发生行政诉讼1件（县级），一审判决维持。

二、执法质量考核评议

2001年之前，保山市公安执法质量考核结合年度工作考核进行。2001年10月，公安部发布实施《公安机关执法质量考核评议规定》，执法质量考评走上规范化轨道。保山市公安局成立执法质量考核领导小组，采取平时考查与年度考核评议相结合的方法，按照办理各类案件的基本要求和应达到的标准，每年对五县（区）公安局办理刑事、治安件和行政管理执法情况进行的考核评议。在执法质量考核评议过程中，发现已办结的案件或者执法活动确有错误、不适当的，按照《公安机关内部执法监督工作规定》及时纠正，需要追究有关领导或者直接责任人员执法责任的，依照《公安机关追究领导责任暂行规定》《公安机关人民警察执法过错责任追究规定》予以追究。

2004年11—12月，对施甸、昌宁、龙陵、腾冲、隆阳进行考评，共检查30个基层单位的180本执法基础台账，500件报警案件、300件行政案件；15个侦察办案部门的刑事案件180件；查看10个窗口部门行政许可项目公示情况；抽查40个行政许可档案；对五县(区）局的执法制度及局长每月接待制度执行情况、控申诉案件查处情况都进行全面检查，通过考核评议，施甸、龙陵达到优秀标准，腾冲、昌宁、隆阳达到达标等级。整体执法质量和执法水平明显提高。

三、案件审核

1988年公安法制部门设立以前，保山地区各级公安机关受理的各类案件，对案件的案情审查、案件定性和处理意见，由承办单位（人员）和主管处、局长负责审查审批。设立公安法制部门后，加强和完善对案件的审核把关工作。20世纪90年代起，建立健全案件审核审批工作责任制。1990年4月，劳动教养案件审核把关工作由法制科负责。1991年1月1日起，收容审查由法制科审核把关。1997年1月1日起，治安行政案件（除交通违章、肇事案件外）统一由各县、市公安局法制部门审核把关，全年共受理审核行政（治安）案件734件。1998年，依据《中华人民共和国刑法》《中华人民共和国刑事诉讼法》和《公安机关办理刑事案件程序规定》，按照“四级审核”制度对刑事案件审核把关，办理相关法律手续。共受理审核案件1797件。1999年，法制部门在完成案件审核审批、办理相关法律手续的同时，全力为执法办案部门提供法律服务，重大疑难案件提前介入，参与案件查处。全年共审核各类案件3610件。2000年6月，公安部作出《公安部关于加强公安法制工作建设的决定》，案件审核审批工作逐步走向科学化、规范化轨道。全年共审核各类案件3661起。2001年，审核刑事、行政、治安、劳教、少教等各类案件4819起。2002年，共审核各类案件5318件。2003年，共审核各类案件5778件。2004年3月，启用案件审核情况反馈登记表，记载案件审核中发现的执法问题及纠正违法建议，准确地将有关情况及时反馈给办案民警；实现了治安案件全部归口法制部门审核。年内，共审核各类案件12960起。2005年，全市公安机关全部实现对案件各个环节全程审核把关，特别是刑事拘留、提请批准逮捕、取保候审（收取、没收、退还保证金，解除取保候审）、监视居住（解除监视居住）、移送审查起诉等主要环节。全市公安机关共审核各类案件11539件，退案和建议作其他处理116件。

四、劳动教养审批

1977年，根据中共云南省委的决定，对需送劳动教养的人员，经所在单位的党组织审查同意后，由人事、保卫部门填写劳动教养审批表，报地区公安局审批。

20世纪80年代，劳教案件由省劳教委员会授权地区公安局审批，报省劳教委备案，审批管理工作挂靠在治安科。1990年4月，根据省厅的决定，在地区公安局设劳动教养委员会，审批办公室设在法制科，负责全区劳教案件的审批管理。1995年，受理劳动教养案件206件，少年收容教养2件，法制部门审核后报地区劳教委审批185件（含少教2件，其中强奸1件，盗窃1件），批准决定劳动教养185件。1997年共受理劳动教养案件191人，经县级公安法制部门审核，报劳动教养管理委员会审批173人，批准171人、退案1人、建议作其他处理1人。审批少年收容教养3件5人，审查批准地区禁毒劳动教养管理所呈报的减少劳动教养期限423人，延长劳动教养期限64人。1998年受理劳动教养案件149人，经法制部门审核后报劳动教养审批办125人，经审核批准123人，其中吸毒劳教110人。1999年，采取现场办公方式，加快审批速度、提高准确性，受理劳动教养案件291件（人），经劳动教养审批办审核后批准283人，其中吸毒劳教277人，办理延长劳动教养期限的1人，重新计算劳动教养期限的3人，审批少年收容教养4人。

2000年，全区共受理劳动教养案件261人，批准260人，办理劳动教养所外执行2人，提前解除劳动教养所外执行1人；审批少年收容教养2人。

2001年11月，市劳动教养管理委员会对劳动教养审批和劳动教养所基础设施的建设、审批办交通工具等问题进行了研究。当年，保山市、县（区）公安机关围绕“严打整治”“打黑除恶”“缉枪治爆”“打击经济领域犯罪”等专项斗争，运用劳动教养手段收教吸毒人员。共办理劳动教养案件218人，其中吸毒劳动教养215人。

2002年9月，成立保山市公安局劳动教养审批委员会。审批委员会的办事机构设在市公安局法制科，负责日常事务工作。审批委员会成立后，制定印发了《保山市公安机关办理劳动教养案件规范（试行）》，规范全市劳动教养案件的呈报、审核、审批和执行。全年呈报劳动教养案件381件，经审核，批准劳动教养379人，全部为吸毒成瘾强制戒除毒瘾后又复吸人员，其中受到二次以上强制戒毒的254人。办理解除劳动教养所外执行2人，重新计算劳动教养期限1人，处理劳动教养人来信6件，复查劳动教养申诉案件1件。

2003年，实行劳动教养案件由办案单位呈报、两级法制部门审核、市劳动教养审批委员会审议决定。劳动教养的审核审批做到了程序合法、规范。共受理劳动教养案件118件（人），经审核批准115件（人），均为吸食、注射毒品成瘾强制戒除后又吸食、注射。

2004年，坚持“公开、公正、及时”和“办案与审批分开”的原则，严格按规定审核审批案件，并对每个办案环节都规定严格的时限。同时做好与市禁毒劳教所的协调工作，统一劳教人员投送执行的有关法律手续。全年受理劳动教养案件245件，经审核，退回作其他处理15件，审核批准230件，审批少年收容教养案件1件。

2005年，受理劳动教养案件412件，经审核，退回作其他处理22件，审核批准390件。

五、行政复议、诉讼

1999年10月《中华人民共和国行政复议法》实施后，保山地、县（市）两级公安法制部门，对公民申请行政复议的案件，进行实地调查复议，实行专人办案，集体研究，领导审批的制度，严把事实、证据、定性、两罚、程序五道关，将执法监督、业务指导、法制宣传工作寓于案件复议中。2000年共受理行政复议案件21起，经复议已全部审结。发生行政诉讼案件2起。

2005年，受理行政复议案件5件（县级2件、市级3件）、经复议予以维持4件（县级2件、市级2件），终止1件（市级）；发生行政应诉案件1件（县级），一审判决维持；未发生国家赔偿案件。

第三章　预防惩治违法犯罪

第一节　打击刑事犯罪

一、立案破案

1977—1979年，全区共破刑事案件737起，其中破获重大案件167起，平均破案率达85.6%。20世纪80年代，保山地区的刑事案件呈逐年上升趋势。1980—1989年，加强打击刑事犯罪活动，全区共破刑事案件4770起，平均破案率达84.3%；其中破获重大案件1281起，平均破案率达80.1%。缴获现金人民币1118558元、手表1163只、电视机及录音机106台、银圆及半开17658枚、玉器古玩150件、鸦片27552两、耕牛74头、自行车130部、金银3442两、枪支52支、子弹4560发、凶器1298件、炸药2298千克、雷管31827枚、手榴弹25枚。1990—1999年，全区公安机关先后组织开展“破大案、挖团伙、打流窜、追逃犯”“打击走私盗抢机动车犯罪”“打击涉枪涉爆违法犯罪活动”“清理收缴非法枪支弹药爆炸物品、打击涉枪涉爆犯罪和打击走私盗窃抢劫机动车犯罪”等一系列专项打击行动。累计破获刑事犯罪案件12400余起。有效地遏制刑事犯罪上升势头。进入21世纪后，先后开展“打击人贩子、解救被拐卖妇女儿童”，打盗抢机动车犯罪和“打黑除恶”“破大案，打团伙，追逃犯，抓管理，促防范”和“侦破命案攻坚行动”，打击“两抢”等专项斗争。其中在2004年开展的打击“两抢”专项斗争中，破获两抢案件57起，破获盗窃案件141起，抓获犯罪嫌疑人210人，查获抢劫犯罪团伙3个、盗窃犯罪团伙5个、抓获在逃人员8人。

2005年，全市共立刑事案件4408起，破案2334起，抓获刑事作案嫌疑人1425人，抓获在逃人员128人。

二、严打专项整治

1983年8月至1987年1月，全区开展“严打”斗争，公安机关陆续破获一批刑事案件，使社会治安局势日趋稳定。1990—1999年，全区公安机关先后组织开展“春季严打”“夏季严打”“冬季严打”等“严打”斗争，有效遏制刑事案件发生。2001年4月至2003年3月，开展“打黑除恶”“治爆缉枪、禁毒、打击经济犯罪”“严打抢劫、抢夺、盗窃”“打击盗抢机动车”“破案会战”“集中追捕逃犯”等“严打”整治斗争，破获刑事案件3061起，抓获犯罪嫌疑人3345人，打掉各种违法犯罪团伙156个746人，抓获逃犯295人（其中网上在逃人员158人）。通过“严打”斗争，全市社会治安明显好转，刑事犯罪案件得到有效遏制。

三、重大刑事案例

保山县核桃公社爆炸案　1982年3月26日晚，保山县核桃公社“三干会”期间在公社礼堂放电影，20时50分，礼堂内突然发生爆炸，炸死炸伤184人（死7人、重伤33人、轻伤144人)；约40分钟后距离公社4千米的社办农场又先后3处起火，烧毁房屋18间，烧死耕牛12头，造成直接经济损失3.5万余元。公安部、省公安厅和地、县公安机关随即成立64人的专案队伍。经对核桃公社2千米范围内的113个村寨进行排查，发现秉塞大队老龙寨23岁的高某某有作案嫌疑。4月1日，将高某某传唤至坝湾派出所审查，4月3日在高某某家搜查出炸药、雷管软线、铁丝等工具，并查获写有《要用武力较量》《3月26日9点50分开火》《大房大屋就是他们的坟墓》等日记。4月3日凌晨，高某某逃脱，4月5日，在腾冲县五和公社小地方村被抓获，高某某对在公社电影院内爆炸杀人和在农场社办的犯罪实施供认不讳。

沙坝抢劫杀人案 1982年6月26日23时，保山沙坝公社信用社营业所发生重大抢劫杀人案，犯罪嫌疑人从信用社大门进入营业所，将办公桌的柜锁撬坏，窃得人民币1.7万元，后被值班员张某某发现，罪犯用事先准备的匕首将值班员张某某的左眼刺成重伤后潜逃。此案经专案组久侦未破。次年，在严厉打击刑事犯罪活动中，又重组专案组进行侦破，经过1个多月、涉足6个县的侦查，于1983年12月27日将犯罪嫌疑人尹某、苏某抓获，2人对犯罪事实供认不讳。

保山城系列撬盗保险柜案 1987年8月至1990年2月，保山市城区接连发生29个单位的34个保险柜被撬案件，累计失窃现金4万余元、有价证券11万余元、物资折款27万元。经地市公安机关立案侦查，于1990年4月12日破获此案，抓获犯罪嫌疑人徐某。缴获“六四”式手枪1支，子弹300余发及近20万元的财物。

隆阳区绑架勒索案 2003年4月10日，隆阳区实验小学四年级学生赵某被人绑架后，绑匪向赵某家人敲诈20万人民币。此案为隆阳区自新中国成立以后，首起有预谋的绑架案。市、区刑侦部门成立专案组，于4月12日成功解救赵某，4月14日抓获犯罪嫌疑人贾某、熊某、董某，缴获赃款6万元，破获此案。

保山市1978—2005年刑事案件发破情况统计表

表10-1

年度	全部案件			重大案件		
	发案	破案	破案率%	发案	破案	破案率%
1978	298	244	81.9	49	47	95.9
1979	235	205	87.2	54	52	96.3
1980	451	409	90.7	50	45	90
1981	468	415	88.7	76	66	86.8
1982	387	345	89.2	62	55	88.7
1983	421	362	85.98	89	84	94.4
1984	379	309	81.5	99	91	91.9

续上表

年度	全部案件			重大案件		
	发案	破案	破案率%	发案	破案	破案率%
1985	322	240	74.5	70	53	75.7
1986	498	389	78.1	148	121	81.8
1987	597	474	79.4	191	149	78
1988	865	763	88.2	299	245	81.9
1989	1228	1064	86.6	468	382	81.6
1990	2336	1572	67.3	598	478	80
1991	2642	1960	74.2	686	496	72.3
1992	1319	986	74.8	513	430	83.8
1993	1251	1007	80.5	516	425	82.4
1994	1544	1294	83.8	589	491	83.4
1995	1194	933	78.1	522	416	79.7
1996	1196	952	79.6	515	408	79.2
1997	1130	886	78.4	652	498	76.4
1998	1743	1158	66.4	753	467	62
1999	2419	1686	69.7	1089	691	63.5
2000	2503	1668	66.6	1316	714	54.3
2001	3345	1774	53	1541	738	47.9
2002	2869	1552	54.09	1340	676	50.04
2003	3312	1755	52.98	1657	787	47.49
2004	3898	2303	59.1	2181	878	40.3
2005	4408	2334	52.9	765	500	65

第二节　打击经济犯罪

一、立案破案

1978—1995年，保山地区金融财税案件的侦破工作由公安局刑侦部门查办。1996年4月，公安机关成立经侦机构，负责主管金融财税案件的侦破工作，但由于警力少，缺乏侦办各种经济案件的条件，实际业务仍由刑侦部门查办。1999年起，全区经侦机构开始独立承办各类经济案件。1999—2003年，共立经济犯罪案件260起，其中：挪用资金案件30起，职务侵占案件25起，破坏金融管理秩序84起，金融诈骗案件11起，扰乱市场秩序54起，危害税收征管22起，走私案件5起，生产销售伪劣商品6起，其他案件22起。涉案金额上亿元，破案235起，抓获犯罪嫌疑人388人，缴获假币数十万元，为国家、集体挽回经济损失2000余万元。2003年，与工商、药监、质监、盐务、烟草等行政执法单位协调配合整顿和规范市场经济秩序。共查获非法经营的成品汽油20吨、假洗衣粉179件、假冒建筑防水材料191袋(桶)、假烟184件、走私香烟357件、药品500多吨。共检查医疗医药机构256个，查处违法、违规人员56人，取缔非法行医38起。2005年，受理经济犯罪案件62起，立案48起，破案47起，抓获犯罪嫌疑人59人，涉案金额1582.68万元，挽回经济损失313万元。配合相关部门开展整顿非法经营、制售假冒伪劣商品、保护知识产权专项行动暨打击侵犯商标专用权犯罪、整顿烟草市场、打击虚开用于抵扣税款发票好骗取出口退税涉税违法犯罪、打击传销和变相传销、打击制贩假币等活动，整治重点市场89个，捣毁非法经营及假冒伪劣商品窝点67个，捣毁假烟制造窝点12个，捣毁传销团伙9个，遣返教育传销人员257名。

二、典型案例

腾冲县假币案件　2000年5月1日，市公安局经侦科通过缜密侦查，在腾冲县城破获一起贩卖假币案，缴获假币105450元，抓获犯罪嫌疑人两人。该案是当年全市缴获假币数量最大的一起，受到省厅的通报表彰。

腾冲县罗某诈骗案　2003年8月，腾冲县文昌经贸有限公司报案：文昌经贸有限公司因在境外修建江桥一座，遂与中国对外南方建设工程公司签订修桥合同，工程投资638万元，2003年4月该桥在即将竣工时发生垮塌事件，给文昌公司造成400余万元的直接经济损失，要求公安机关查处。市局经侦支队受理立案后，派出侦查员前往重庆调查取证、抓捕犯罪嫌疑人，在重庆警方的大力协助下，8月31日在重庆九龙坡区一酒店内将犯罪嫌疑人罗某抓获。并在其住所查获伪造的营业执照、税务登记证、组织机构代码证、企业法定代表人证明书、安全许可证，南方公司钢印1枚，各种私刻的印章17枚。犯罪嫌疑人罗某对伪造证件、私刻公章进行诈骗活动的事实供认不讳。为文昌公司挽回部分损失。

隆阳区林某某诈骗案　2000年7月9日，保山市(县级)公安局经侦大队接保山水泥股份有限公司报称：原该公司资金计划部副经理林某某于2000年2月8日以公司购买设备为名，从中国银行保山分行骗取银行承兑汇票300万元后，于4月辞职离开公司后下落不明。经侦大队接报后，迅速开展侦查，在上级公安机关的指挥、协调下，于7月9日将刚从外地潜回的犯罪嫌疑人林某某抓获。经审讯，林交代了其犯罪事实和经过：他本人以保山水泥股份有限公司购买设备急需资金300万元为名，持伪造的合同及董事长签名等资料，向中国银行保山分行申请承兑汇票300万元，获得批准后，于2月下旬将资金贴现并将资金以投资为名转入昆明“耀华汽配公司”名下，以供自己使用。案件破获后，经侦部门从昆明“耀华汽配公司”追回赃款206万元，并缴获林某某用于炒股的资金38万元，以及电脑、手机等赃物，为公司挽回了经济损失。

隆阳区特大融资、集资案 2000年9月，保山糖业集团公司报案：该公司因在昆明建盖糖业大厦，在急需资金的情况下，杨某某、何某某、陈某三人以引资为名，先后骗取公司资金人民币822.1万元。2001年1月，市公安局经侦机构立案侦查，并成立专案组，专案组先后到昆明、上海、广东、海南等地调查取证，抓捕犯罪嫌疑人。在深圳、海口等地将犯罪嫌疑人杨某某、何某某抓获归案。并查明：1997年10月，在保山糖业集团急需资金的情况下，杨某某、何某某、陈某（在逃）以引资代办、投资为名，伪造中国银行海南分行出具的1亿美元的担保函和1.4亿美元的存款证明，虚构用海南海口高丰炼油厂项目引资的事实提供存款800万元的虚假担保，在根本无能力引进资金的情况下，先后与保山糖业集团公司签订了无法履行的《引资代办协议书》《还款担保协议书》，以引资前期费用为名骗取保山糖业集团公司资金人民币822.1万元。犯罪嫌疑人杨某某、何某某对犯罪事实供认不讳，被移送起诉，但被骗资金已无法追回，糖业集团公司遭受巨大损失。

第三节　预防打击毒品违法犯罪

一、禁种铲毒

20世纪70年代后期，由于毗邻“金三角”地区，境外鸦片向保山的渗透与日俱增，走私入境的鸦片批量越来越大，并向内地县蔓延。20世纪80年代，少数外国边民进入云南边境偷种罂粟，边沿一些少数民族地区和内地偏僻山区重新出现零星种植罂粟。各级人民政府和公安机关采取了严厉查禁措施，于每年种、收季节，组织力量、深入检查，一旦发现违法偷种，除坚决予以铲除外，并视情节，依法予以惩处。20世纪90年代，非法种植罂粟的违法案件上升。全市公安机关加大禁种力度，按照“谁主管，谁负责”的原则，全面落实禁种铲毒措施。同时还加强市场管理，严防麻籽上市交易，巩固禁种成果。1982—2004年，全市（区）查处非法种植罂粟案件335起185人，铲除罂粟154亩零33890株，铲除大麻1247亩（1998年后）。

2005年，全市查处非法种植罂粟案件4起4人，铲除罂粟3160株。

二、禁吸戒毒

20世纪80年代后，吸毒人员明显增多。公安机关对复吸鸦片的老“烟民”和新滋生的吸毒人员，依照国务院有关禁毒的指示，举办“学习班”，组织“烟民”集中戒毒。

1989年4月，保山市建立全区第一个强制戒毒所。同年，保山市强制戒毒所从羊邑大庄搬迁至永昌镇象山路地区军供站内。当年，抓获和强制戒毒人员108人。20世纪90年代，建立吸毒人员调查登记制度，以强制戒毒为主体，采取多种办法帮助吸毒人员戒除毒瘾。对吸毒成瘾者，一律送到戒毒所强制戒毒；对强制戒毒后又吸毒者，一律送劳动教养所强制戒毒。1997年，保山市强制戒毒所迁入磨坊沟看守所，占地23.8亩，设有戒毒人员住房21格，容量为180人。2000年，强制戒毒68人。2000年4月，腾冲县在原禁毒所旁征地30亩，投资540万元，扩建强制戒毒所。2001年9月，隆阳区在西邑乡八鸭塘建成“隆阳区强制戒毒劳动康复农场”。2002年，在和顺乡工业园区无偿划拨石山50亩，建设火山石加工厂，作为戒毒劳动康复基地。当年，全市共强制收戒吸毒人员1720人次，报送劳教吸毒人员379人。2004年11月，正式动工建造腾冲县强制戒毒所。

1982—2004年，四个层次收戒吸毒人员22978人次，其中劳教戒毒2478人，强制戒毒16541人次，集中办班戒毒1871人次，监督限期戒毒2088人次，一批吸毒人员戒除毒瘾。

2005年，强制收戒吸毒人员3115人。

三、禁贩缉毒

20世纪70年代末期后，随着国际毒潮不断泛滥，境外毒品假道境内流入国际市场，引发境内的毒品违法犯罪活动死灰复燃，走私贩卖毒品案件不断增多，吸毒人数持续上升，危害日益严重。保山公安机关和公安边防部队（武警部队）从毒品向境内渗透之时起，就把打击走私贩卖毒品犯罪作为一项特殊重要的任务，持之以恒地同毒品违法犯罪作斗争。1975—1979年，全区公安机关在几次整顿社会治安中，把走私贩毒分子作为重点打击对象，依法惩处一批毒品犯罪分子，一定程度遏制了大宗鸦片走私入境势头。1980年，全区查破的走私贩卖鸦片案件由原来的1年10余起上升到近百起。1981年11月，保山县公安局在保山饭店查获2名缅甸籍入境人员，当场缴获海洛因850克。此案为云南公安机关查破的首例走私精制毒品案。此后，查破毒品案件、缴获毒品尤其精制毒品海洛因逐年增加。1982年，公安机关缉毒专业队伍成立后，坚决贯彻国家禁毒工作的方针，不断深化堵源截流工作，严密三道防线的查缉，严厉打击毒品犯罪，禁毒工作取得了举世瞩目的成就。

至1990年，全区查破毒品案件215起，缴获毒品542.04千克，其中海洛因430.96千克、鸦片69.02千克、吗啡42.06克。1982—2004年23年间，全市（地区）共破获各类毒品案件9161起，抓获毒品违法犯罪嫌疑人13174名，缴获鸦片、海洛因、冰毒、吗啡、黄皮等毒品20049千克，缴获易制毒特殊化学物品165006千克，缴获毒资10146多万元以及一大批武器、交通工具和其他赃物。

2005年，共破获各类毒品案件2865起，抓获违法犯罪嫌疑人3538人，缴获各类毒品1740.45千克，易制毒化学品1897千克，其中捣毁零星贩毒窝点97个，吸毒团伙132个；积极推进境外禁毒除源，年内先后12次与缅甸克钦邦第一特区、掸邦第一特区开展会谈会晤和联合扫毒活动。

四、禁制除毒

20世纪90年代，境内易制毒化学品走私出境日益突出，保山地区公安机关开展双向查缉，严防易制毒化学品走私出境。1997年1月，公安机关依法对麻黄碱等28种易制毒特殊化学物品的生产、经营、使用、运输实行办证管理。1998年7月，保山地区禁毒领导小组、保山地区公安局发出《关于办理易制毒特殊化学物品许可证的通知》，要求全区生产、经营、使用单位和个人于9月30日前申办许可证。同年，云南省人民法院、检察院、公安厅联合下发《关于办理易制毒品犯罪案件若干问题的暂行规定》，对打击走私贩卖易制毒物品案件办理作出具体规定。年内施甸禁毒大队在龙陵勐兴查获丙酮5000千克，抓获违法人员3人；5月12日，龙陵禁毒大队查获段某某等4人贩卖易制毒特殊化学物品团伙，缴获醋酸酐1200千克、硫酸444千克。5月30日，公安边防曼海桥站查获氯化铵46吨。

1999年保山地区行署公安局制发《保山地区易制毒化学物品管理工作考核暂行办法》，开始对各县、市公安局禁毒大队管理易制毒化学物品工作进行考核。

2000年，保山边防支队连破3起贩运制毒配剂案，缴获制毒配剂14.83吨。

2001年7月，公安禁毒部门原办理易制毒化学物品的生产、经营、使用许可证职能移交经贸委、药监局办理，公安机关仅办理运输许可证。截至7月20日，全区纳入易制毒特殊化学物品管理的单位和个人共计111家，其中生产3家，经营16家，使用92家。同年，禁毒支队在保山军分区破获一起易制毒化学物品走私案，缴获麻黄素690千克，抓获犯罪嫌疑人3人。

2004年，根据省里的部署，保山市禁毒委办公室、经济委员会、食品药品监督管理局对保山市范围内生产、经营、使用易制毒特殊化学物品的单位和个人进行检查。对未办证的8家予以取缔，同时取缔已办证但不符合使用条件的4家，查处非法经营易制毒特殊化学物品6家，分别予以处罚。年内共缴获丙酮7.2吨、麻黄碱片978万片(计重1560.6千克)、氯化铵11吨。2005年，全市缴获易制毒化学品1050千克。1991—2005年，全区共缴获各类易制毒特殊化学物品185212.23千克。

五、“无毒社区”创建

1999年，国家禁毒委员会印发《全国开展创建“无毒社区”工作方案》。2000年2月，全省掀起创建“无毒社区”(无吸毒、无贩毒、无种毒、无制毒)活动的高潮，保山地区禁毒领导小组随之发出《关于保山地区开展创建“无毒社区”工作实施意见》，并出台保山地区创建“无毒社区”目标管理责任书，全面展开创建“无毒社区”社会活动。2005年，开展禁毒宣传教育活动，发放禁毒宣传材料60多万份，举办各种演出、讲座、展览等活动209场次、广告牌31块、文宣587篇；积极扫毒。通过开展创建“无毒社区”活动，全区境内未发现私种罂粟情况。

1982—2005年保山市禁吸戒毒工作情况择年统计表

表10-2

年度	实有吸毒人数(人)	其中			戒毒情况				备注
		吸食鸦片(人)	吸、注海洛因(人)	其他毒品(人)	劳教戒毒(人)	强制戒毒(人次)	集中戒毒(人)	限期戒毒(人)	
1982	1838	1838	—	—	—	237	816	—	—
1983	1844	1844	—	—	—	65	221	—	—
1984	172	1472	—	—	—	—	—	—	—
1985	1458	1458	—	—	—	223	549	—	—

续上表

年度	实有吸毒人数（人）	其中			戒毒情况				备注
		吸食鸦片（人）	吸、注海洛因（人）	其他毒品（人）	劳教戒毒（人）	强制戒毒（人次）	集中戒毒（人）	限期戒毒（人）	
1986	1250	1250	—	—	—	329	—	—	—
1987	—	—	7	—	—	112	—	—	—
1988	—	—	352	—	8	92	—	—	—
1989	—	—	625	—	—	506	—	—	—
1990	1215	344	871	—	88	554	—	—	—
1991	826	351	475	—	130	370	130	—	—
1992	1179	337	842	—	36	306	—	117	—
1993	1051	209	842	—	58	493	—	89	—
1994	972	403	569	—	120	704	—	45	—
1995	1116	433	683	—	171	727	61	290	—
1996	1232	395	837	—	162	710	58	304	—
1997	1203	168	1035	—	153	846	—	—	—
1998	1409	410	999	—	110	927	—	173	强戒6个月
1999	1452	319	1133	—	273	1241	36	147	—
2000	1715	380	1335	—	254	1396	—	165	—
2001	2529	479	2050	—	189	1343	—	222	—
2002	2155	99	2056	—	379	1720	—	207	强戒1年
2003	2325	107	2218	—	116	1576	—	183	—
2004	3496	477	3019	—	231	2064	—	146	—
2005	3581	783	2294	504	408	408	642	402	—

第四节　惩治治安违法犯罪

一、查处治安案件

1980年，公安部确定《中华人民共和国治安管理处罚条例》在城乡普遍适用，取消对执行范围的限制性规定。1987年1月1日起，保山地区执行新通过的《中华人民共和国治安管理处罚条例》。1980—2005年，保山市共受理治安案件8万多起，查处7.4万起，处罚12万多人。

1980—2005年保山市治安案件择年统计表

表10-3

年度	受理（起）	查处（起）	处罚（人）	其中		
				拘留	罚款	警告
1980	1282	1240	1025	775	226	45
1981	—	1946	1908	1167	620	111
1982	—	2369	2461	1247	1052	162
1983	—	1745	2326	1218	975	133
1985	1027	926	2369	1296	994	79
1986	1737	1540	—	—	—	—
1987	1923	1728	3626	1384	1953	304
1988	2070	1947	4470	1549	2650	271
1989	2502	2367	—	—	—	—
1990	2879	2527	—	—	—	—
1991	2926	2668	5258	1330	3400	528
1992	3431	2966	5553	—	—	—
1993	3694	3455	6786	—	—	—
1994	3922	3786	6934	1381	4859	694
1995	3220	3125	6337	1396	—	—
1996	2860	2772	5836	—	—	—
1997	3821	3242	7139	—	—	—
1998	3251	3142	6669	1170	4814	262
1999	3875	3690	7033	1245	5093	252
2000	6855	6679	10111	1231	7741	311
2001	5173	4688	8752	1531	6166	304
2002	5774	5124	8842	1273	6430	184
2003	5228	4688	8962	897	7204	160
2005	5881	5474	3175	—	—	—

二、查办刑事案件

1997年新的《中华人民共和国刑法》实施后，根据公安部规定，治安部门将95种刑事案件列入管辖。

2003年，全市共立刑事案件3126起，破1772起，其中治安部门、派出所直接破案513起，参与破案2715起。

2004年，全年共接报刑事、治安案件1062起，自办刑事、治安案件42起。

2005年，全年共接报刑事、治安案件1708起，自办刑事、治安案件386起。

第五节　拘留、审查

一、逮捕拘留

1979年，《中华人民共和国刑法》《中华人民共和国刑事诉讼法》颁布实施后，预审工作步入法制化轨道，公安机关逮捕案犯须经检察院批准。年内，拘留人犯95人，转逮捕58人，逮捕人犯188人（直捕）。

1983—1987年“严打”期间，全区共拘留1371人（转逮捕1296人、转劳教1人、释放71人、转外地处理3人），逮捕3953人（拘留转逮捕1296人）。1992年，全区公安机关共刑事拘留685人，拘留转逮捕625人，直捕529人。

1998年起，保山地区公安机关贯彻实施新《中华人民共和国刑法》《中华人民共和国刑事诉讼法》规定，实行侦查预审一体化，拘、捕人犯的预审工作职能转由侦查部门承担。

1980—2005年保山地区公安机关拘、捕案犯择年统计表

表10-4　　单位：人

年度	拘　留	逮　捕			转外地办理
		总逮捕人数	拘留转逮捕	直接逮捕	
1980	215	314	223	81	—
1981	413	526	365	161	12
1982	456	664	438	226	—
1983	673	1464	—	—	—
1984	282	1478	275	1203	—
1985	282	617	268	349	—
1986	466	691	436	255	—
1987	530	710	488	222	—
1988	—	571	436	135	—
1989	664	—	—	—	—
1990	—	—	—	—	—
1991	—	—	—	—	—
1992	685	1154	625	529	—

续上表　　　　　　　　　　　　　　　　　　　　　　　　　　　　　　　单位：人

年度	拘　留	逮　捕			转外地办理
		总逮捕人数	拘留转逮捕	直接逮捕	
1993	452	443	355	88	—
1994	1007	998	851	147	—
1995	953	783	520	263	—
1996	995	815	731	84	—
1997	797	656	420	236	—
1998	938	741	583	158	—
1999	896	798	621	177	—
2000	424	392	213	179	—
2001	1412	1391	1250	141	—
2002	1408	1402	1398	4	—
2003	1303	1024	1017	7	—
2004	1325	1576	1251	325	—
2005	1491	1499	1251	248	—

二、预审

21世纪80年代末至90年代初，保山地区预审工作依据《中华人民共和国刑法》和《中华人民共和国刑事诉讼法》审理案件，以抓住审理团伙案件和有深挖价值的重大案件为重点。1980年，受理各类案件325件405人。1981年，全区预审工作围绕社会治安整顿，抓紧大要案件的审理，受理各类案件394件571人。1983年8月至1987年1月，全区预审工作围绕“严打”展开，把依法拘留逮捕的“七个方面”严重刑事犯罪分子作为预审工作重点。“严打”斗争中，全区预审部门共受理各类政治、刑事案件2940件4028人。通过预审纠正错拘留11人、错捕9人。至1997年12月，撤销预审科。1998年1月起，刑事案件的预审改由侦查办案部门承担。

三、收容审查

1980年，保山根据国务院发布《关于将强制劳动和收容审查两项措施统一于劳动教养的通知》，对收容审查工作做出规定。在法制部门设立之前，收容审查工作一直由预审部门负责审核把关。1983年，对执法工作中收容审查范围偏宽、收审超时限、以收代侦、以收代拘、以收代罚、执行治安行政处罚偏严、裁决就高不就低、行政拘留偏宽、不注意保障被处罚人的申诉权、举办限制人身自由的“法制学习班”、刑事拘留超时限、刑讯逼供等问题进行检查和整改。1984年公安部《收容审查工作制度》公布后，收审工作的管理教育逐步走上正规化。1990年，地区公安局严格控制使用收审手段，使收容审查确实服务于公安工作。1991年1月1日起，收容审查由法制科审核把关，健全完善收容审查把关制度。据此，法制部门会同预审、刑侦、禁毒、治安、收容所等部门对全区收容审查工作进行清理整顿。同年，制定《关于收容审查案件审核、审批及复议等有关问题的通知》，从收容审查对象、条件、时限及审批权限、复议与应诉、相关要求等方面进行规范。1992年7月《云南省收容审查审批、监督工作暂行规定》颁布实施，保山地区公安机关法制部门加强对收容审查工作的内部执法监督和对收容审查案件的审核把关，建立收审催办制度及有关的执法检查，“收容面宽、超范围、超时限”收容等问题基本得到遏制。年内，受理收容审查案件682人，批准561人，占82.3%，查处596人，占83%；超期羁押的比上一年度下降67.6%。1995年，地区公安机关下发《关于严格依法收容审查有关问题的具体意见》，对收审范围、对象、审批程序、审查期限、审查处理等问题进行规范。1996年，地区公安机关对收容审查措施进行严格控制，年内，收审的292人全部审结，查清处理361人（含上年结转），其中转捕221人，刑拘6人，劳动教养7人，转外地3人，打击处理65.7%。1997年1月1日，取消收容审查工作，地区及各县（市）收审所（站）撤销，收容审查工作至此结束。

保山地区收容审查处理情况择年统计表

表10-5　　　　单位：人

年度	收审总数	转捕	劳教	转外地处理	解除	其他	备注
1990	920	409	—	—	467	93	
1991	659	320	—	—	199	58	
1992	561	343	—	—	228	25	
1993	542	277	7	6	200	2	1990年以前的收审人数为预审部门统计
1994	673	433	—	—	—	—	
1995	462	264	—	—	—	—	
1996	292	221	7	3	—	—	

四、积案清理

1977年，地、县公安机关和人民法院共同组织力量，组成以公安、法院为主的联合清案班子，对“文化大革命”期间的积案进行清理，审结了一批逮捕犯、拘留犯。

1979年，根据上级公安机关的部署，组织开展复查清理积案，2月底，保山地区共有在押拘留犯154名，共清查处理104名，其中报捕12名，教育释放88名，无罪释放3名，交回原单位处理1名。3—9月，全区共新收押拘留犯56名，清查处理43名，其中报捕29名，教育释放16名，转外地处理11名。纠正了以拘代侦、以拘代捕、以拘代罚和长期羁押的错误做法。清理审结已逮捕未决犯241名，其中起诉221名，教育释放20名。

1980年，《中华人民共和国刑法》和《中华人民共和国刑事诉讼法》实施后，公安机关预审办案按照法律规定的程序和时限办理，不需再因案犯大批积压而集中进行清案工作。

五、案件复查

1979年，根据中共云南省委、省公安厅的部署，保山地区公、检、法三机关抽调工作人员组成“复查清案办公室”，对1966年5月至1976年10月逮捕拘留后不起诉和拘捕后由公安机关处理的1495人进行全面复查。其中政治犯433人，全部纠正239人、占55.2%，部分纠正65人、占15.2%，维持原处理129人、占29.6%；刑事犯1065人，全部纠正102人、占9.57%，部分纠正28人、占2.63%，维持原处理932人、占87.6%。同时对“文化大革命”前后的140件申诉案件本着实事求是、有错必纠的原则，认真进行复查，甄别情况，作出相应处理。

1980—1988年，按照中央、省委和省公安厅、地委的指示，全面复查涉及国民党起义投诚人员和中共云南地下党、“边纵”人员的案件，继而对“文化大革命”运动前后，经由公安部门处理的案件进行全面复查。抽调干警，组成专门工作班子，实行“四定”（定人员、定任务、定时间、定质量）组织开展案件复查和落实政策工作。截至1987年10月底，全区全面完成上述范围内案件复查工作。部分案件由于查不到原处理依据或主要证明人，或当事人已经死亡、无法判明案情而未作结论，均留待后来的正常工作中继续办理。至1988年年底，全区公安机关共列出应当复查的案件2386件，进行全面复查，其中：属地下党、“边纵”人员32件；“文化大革命”前的案件357起；“文化大革命”期间的案件1479起；“文化大革命”后的案件492起，通过复查据情分别进行全部改正、部分纠正或维持原处理。

第四章　公安行政管理

第一节　户政管理

一、常住户口管理

1980年7月起，保山地区实行统一户口准迁证制度。1981年，启用新户口簿和户口登记簿。1983年，开展户口整顿和人口普查，坚持“新生婴儿随母落户，超计划生育和非婚生婴儿应及时登记，自流人口在农村地区定居的应予准予登记落户”的原则，消灭无户口人员问题。

1986年2月，保山地区开始制发中华人民共和国居民身份证。

1991年，建立由村文书兼户口协管员的制度，及时统计上报四项变动，基本建立家有户口簿，行政村有户口登记底册，派出所有常住人口登记表、县（市）公安局有身份证底卡的一套户口管理制度。1995年1月起，启用新户口迁移证。1996年，开展“两换”工作（常住人口登记表和户口簿）以及在农村安装门牌工作。至年底，地区公安局印发常表

266万张下发五县（市）。至1997年年底，全区更换常住人口登记表1770493份，换户口簿425212本，共有11个乡镇完成安装门牌工作。1998年，对全区540901户2283221人的常住人口登记表和户口簿进行更换，安装门牌128860户。3月，保山地区公安局制定下发《关于新生婴儿落户有关问题的通知》，明确规定从1997年6月10日起（含6月10日）出生的婴儿可以随母或随父登记落户。4月，开展城镇户籍管理制度改革工作，至年底，全市办理小城镇落户手续321人。同年，《保山地区公安局关于贯彻全区对外开放个体私营经济工作会议精神的意见》规定，外地来保山或本区农村进入城镇从事个体工商业和私营企业，连续2年向国家纳税1万元的允许1人在当地城镇办理农转非（落户名额可按纳税比例递增）。对参股、合伙或购买国有企业的，每5万元固定资产投入，允许1人在当地城镇落户。个体工商户和私营企业到五县市城区购买商品房的，每购买20平方米，允许1人落户。1990年11月，第四次全国人口普查结束，全区五县（市）计83个乡镇共444669户2099447人。其中男1066272人，女性1033205人。比第三次人口普查时增加210620人。截至1999年年底，全区更换常住人口登记表2311223份，换发居民户口簿555552本，全部完成“两换”工作任务，促进户籍业务档案和户籍联系核对制度建设。2000年，全市共57.12万户、2344629人。2005年，全市共606669户、2424870人。

二、暂住（流动）人口管理

1984年，全区登记管理流动人口10721人。1985年，规定对城市、集镇暂住人口的登记、办证及暂住人口管理制度，坚持凭区、乡以上证明办理旅店住宿和暂住登记手续，做到人来登记、人走注销的制度。年内，全区发证登记管理流动人员8135人。1986年，对流动人口实行暂住证登记、寄住证管理制度，共办证677人。1996年，全区治安部门加强暂住人口管理工作，各派出所建立登记发证制度，收费管理制度，档案函调制度以及查验制度。年内，登记暂住人口20045人。2003年，全市暂住人口总数为39643人，办理暂住证39636人。2005年，全市有暂住人口51294人。

三、户口迁移管理

1985年，适当放宽“农转非”规定，优先解决“黑人黑户”“口袋户”等无户口人员，年内共农转非343户729人。1990年，全区农转非工作由原各县（市）部门自行审批转为由联合办公会议审批。年内，审批农转非1173人。1993年，为稳定保山地区的专业技术干部队伍，批准相当部分的工程师、助理工程师、农艺师、兽医师、中小学教师在农村的家属可由农业人口转为非农业人口，迁入其所在单位地落户。1994年，对个体商户、私营企业办理农转非、落户手续作简化规定，放宽农转非落户条件。1995年，批准553户1052人由农业户口转为非农业人口。1996年，对到保投资办实业的人员农转非条件放宽，年内，因投资、购房和企业主、个体户交纳税收办理农转非141人。1997年，全地区农业人口转非农业人口18574人。1999年，改革小城镇户籍管理制度，并规定由公安机关行使“农转非”审批权，年内，共审批办理“农转非”人员6000余人。2001年，进一步放宽政策，简化审批手续。实现“有合法稳定收、有固定住所及合法身份证明”即可办理“农转非”的目标。

年内共审批办理“农转非”人员1442人、小城镇户口3107人。2005年，共办理户口迁移手续33877人，其中迁入16441人，迁出17436人。

四、居民身份证管理

1985年4月，保山地区率先在腾冲、龙陵、昌宁3县开展颁发居民身份证试点工作，在地区及3县分别成立颁发居民身份证办公室，行署公安处先后3次召开五县（市）颁发居民身份证工作会议，部署全区发证工作。当年保山地区4县1市共有81个区、镇，915个乡镇、街道办事处，总人口为2003842人纳入颁发身份证范围，其中年满16周岁人数为1355918人，占总人口的67.7%，按规定缓发和不发证95414人，应发证人数1260504人，占总人口的62.9%，经核实户口并填写“常住人口登记表”1307713份，组织群众照相1164002人，填身份证底卡287214份，送云南省技术制证1139630份。

1986年起，对全区符合申领“居民身份证”条件的公民全部颁发“居民身份证”。全区发证工作分两批进行，第一批腾冲、龙陵、昌宁3个县于1986年完成；保山、施甸2个县（市）于1987年完成。截至1987年年底，全区共发证1086410人，占应发证人数的80.12%。此后，转入正常办证。1995年，开始开展办理“快证”工作，时间为1个月，每证收费40元。年内全区应制发居民身份证34704人，实际送省制证111522人，完成任务达321%，年内制发“快证”123人，“临时身份证”5061人。

1997年是10年期居民身份证到期高峰之年，按照公安部《关于认真做好居民身份证编号纠错工作的通知》要求，地区公安局集中清理居民身份证重号、错号并进行纠正，并以保山市为试点，把居民身份证编号纠错工作和“两换”工作结合进行。至年底，全区共换证23.17万人，占应换证人数的55.6%。1998年，完成对居民身份证编号核对纠错工作，全区共清理有问题居民身份证编号2524份，其中1人多号846份、重号743份、错号672份、漏号88份、错证156份、跳号172份，同时清理并作废证3846份，对重号、错号、漏号进行登记造册和纠正工作。

1999年，采取“分步实施，逐步过渡”的办法，开展居民身份号码编制及居民身份证制发工作。12月1日起，保山市利用已建立的人口信息管理系统，采用计算机打印18位号码居民身份证底卡；未建成人口信息管理系统的腾冲、施甸、昌宁、龙陵县，继续由人工填写15位号码居民身份证底卡。年内全区共颁发居民身份证58326人。

2000年8月，全区全面实现计算机打印18位号码居民身份证制发。年内全区共办理“居民身份证”68482份、“临时身份证”7063份。

2001年，根据公安部、省公安厅有关要求，市公安局制定印发《关于认真做好公民身份号码编制工作的通知》，两次派出专人到各县、区、派出所指导、帮助、督促工作。当年全市共完成公民身份号码编输工作1584990人，占全市总人口的67.6%，回填写“常表”1212442人、“户口簿”574754人，共颁发居民身份证49484人。2002年，完成军人居民身份号码编制工作，共填写“军人居民身份号码编制登记表”2928份、补编号码1838人、升位1006人、返回登记表2838份。

2004年，根据公安部、省公安厅的部署，市公安局制发《换发第二代居民身份证工作方案》，升级改造户证管理软件和硬件设施。年内全市共办理居民身份证47426证，其中快证10900证，办理临时身份证3791证，并上门送居民身份证22189人次。2005年全市共采集扫描照片1315137张，其中16岁以上成年人口照片1306725张，采集率达到70.49%，清理重、错、漏公民身份号码256254人次，纠正特征数据285373人次，为换发第二代居民身份证打好基础。

五、户籍制度改革

1976年，按照公安部《关于正确处理户口迁移的规定》，严格控制城镇人口的盲目增长，要求不合理的迁入城镇要坚决劝止，并对要求迁移人进行说服教育。1977年，公安部发布《关于处理户口迁移的规定》，保山地区清理并安置处理一部分闲散人员，控制城镇人口增长。1978年，全区城镇（非农业）户口增长控制数为144人，已转165人，同年根据国务院和云南省委有关文件精神，保山地区开展户口清查工作。全区清查出无粮无户人口855人，其中动员返回农村23人。

20世纪80年代，保山地区“农转非”工作主要是解决夫妻两地分居和科技干部家属入户问题。1985年，适当放宽“农转非”政策规定，不再受千分之二指标限制，在“农转非”中优先解决多年来长期落不了户口的“黑人黑户”“口袋户”等无户口人员。全年全区共办理“农转非”343户779人，其中“黑人黑户”124户313人，干部职工两地分居109户248人，其他110户218人。

1990年，实行由计委、粮食、公安、劳动人事、土地管理、落实政策办公室和监察、人大参加的联合办公会议制度，全区农转非由原执行的各县、市部门自行审批转由联合办公会议审批，同时对全区1989年和1990年6月底前农转非情况进行逐人清理，并在清理基础上，由公安、劳动人事、落实政策、土地征用及其他共5个方面按照云南省下达全区农转非指标，提出本部门“农转非”人员名单上报地区主管部门，地级主管部门在控制指标内确定“农转非”人员名单，并将名单提交联合办公会集体讨论审批。年内，共召开6次联合办公会，审批“农转非”1173人。

1992—1993年，保山市、腾冲县提出加快改革进度，推进城市人口发展进程，刺激个体私营经济发展措施，解决一些长期积压和遗留下来“农转非”问题，先后实行农业人口交一定城市建设配套费后可以转为城镇非农业人口的变通政策，以促进城镇建设和经济发展。

1993年，保山地区公安处、粮食局、人事局联合发出《关于解决部门专业技术干部的农村家属迁往城镇，由国家供应粮食问题的补充意见》，批准相当部分工程师、助理工程师、农艺师、兽医师、中小学教师在农村的家属转为非农业户口，迁入其单位所在地落户。

1994年，核定全区农转非计划指标5500人，1993年指标转结余1760人，全年指标7260人。当年，地区公安局下发《关于贯彻中共保山地委、保山地区行署〈关于加快个体私营经济发展的意见〉有关问题的通知》，对个体商户、私营企业主办理“农转非”、落户手续实行简化手续，放宽“农转非”落户条件，至年底，保山市共有1.1万多农业人口转为非农业人口，永昌镇非农业人口达到56581人；腾冲县有4100农业人口转为非农业人口，腾冲县城关镇非农业人口达到28459人。非农业人口3年间增加8191人（永昌镇3532人，腾冲城关镇4659人），“农转非”收费从1992年2000元/人至1994年10000元/人不等。

1996年，地区公安局下发《关于贫困乡“农转非”条件适当放宽的通知》，对到保山投资办实业人员“农转非”条件放宽，并将这一部分人员“农转非”审批权下放到县（市）一级，不再报地区审批，同时在办理手续、时限方面予以放宽、简化手续。年内因投资、购房和企业主、个体户交纳税收办理“农转非”141人。

1998年3月，保山地区公安局制定印发《关于新生婴儿落户有关问题的通知》，规定从1997年6月10日起（含6月10日）出生的婴儿可以随母或随父登记落户。4月，保山市小城镇户籍管理制度改革领导小组制发《保山市小城镇户籍管理制度改革实施方案》，在辖区内开始推行小城镇户籍管理制度改革。至年底，办理小城镇落户手续321人。同时放宽进城务工、经商人员在城镇落户条件，外地到保山或本区农村进入城镇从事个体工商业和私营企业生产经营者，连续两年向国家纳税1万元，允许1人在当地城镇办理“农转非”（落户名额可按纳税比例递增）；对参股、合伙或购买国有企业的，每5万元固定资产投入，允许1人在当地城镇落户；个体工商户和私营企业在五县（市）城区购买商品房，每购买20平方米，允许1人落户。

1999年，按照地委、行署“膨胀城镇人口，加快城镇建设”的发展思路，全区进一步放宽“农转非”政策，简化审批手续，促进“农转非”城镇建设的发展。年内，共审批办理“农转非”人员6000余人。同年，根据云南省政府进一步推进小城镇户籍管理制度改革决定，将小城镇户籍管理制度改革实施范围扩大到五县（市）政府所在地和国务院批准的建制镇建成区，同时取消“农转非”联合办公会议制度，实行由公安机关归口审批，统一行使“农转非”审批权，明确公安机关内部派出所、县（市）公安局、地区公安局在“农转非”工作中职责分工和审批权限，理顺公安机关内部业务关系，明确“农转非”具体政策界限。

2001年，进一步放宽“农转非”限制，简化审批手续，实行“有合法稳定收入、有固定住所及合法身份证明”即可办理“农转非”。全年全市共审批办理“农转非”人员1442人，审批办理小城镇户口3107人。

2002—2005年，个人提出申请，符合“有合法稳定收入、有固定住所及合法身份证明”等条件，均可办理“农转非”。2004年办理小城镇落户316人。同时办理到西部地区工作应届大学毕业生户口迁回原籍26人、户口迁往工作地区405人，到西部地区投资、兴办实业人员及西部开发建设所需要各类人才将户口迁回原迁出地329人，新出生婴儿随父落户1818人、随母落户7919人。

第二节 经济文化保卫

一、公安保卫组织

保卫科（股） 1974年，保山地、县公安机关建制恢复后，机关、团体、企业单位保卫机构逐步得到恢复和发展，建立治保会的单位全部挂牌。到1980年年底，有保卫科33个，专职保卫干部88人，兼职保卫干部37人。20世纪80年代，保山地、县（市）公安机关进一步加强内部单位保卫组织建设，到1989年年底，全区共有保卫科62个，保卫股22个，专职保卫干部217人，未设保卫科（股）的单位，配备专兼职保卫干部432人。1995—1997年，根据省公安厅《关于撤销我省部分企事业单位公安机构恢复保卫组织的通知》，全区撤销27个企事业单位的公安机构，恢复保卫组织。至1997年12月，全区共有内部单位保卫科、股153个（经保102个，文保51个），保卫干部704人（经保468人，文保236人）。

企事业单位公安科 1991—1992年，经省公安厅批准，先后成立保山地区邮电局公安科、中国人民银行保山分行公安科、中国工商银行保山分行公安科、中国建设银行保山分行公安科、中国农业银行保山分行公安科。1995年8月，邮电、金融系统5个公安科撤销，改设保卫科。

企事业单位公安派出所 1978年，全区仅有一个企事业单位派出所，即1975年1月，成立的潞江农场派出所。1979年3月，经省公安厅、省侨务办公室批准成立柯街华侨农场派出所。1979年12月，经省公安厅、省农垦总局批准成立潞江农场派出所改为保山县公安局潞江农场派出所。根据国务院批转公安部《全国经济文化保卫工作纪要》的指示精神，1981年12月，恢复成立保山总站派出所（1982年1月更名滇西汽车运输公司派出所、1993年3月更名为保山汽车运输经贸总公司派出所）。1982年1月成立保山民用航空站派出所、5月成立北庙水库派出所、6月成立新城农场派出所。1983年先后成立保山水泥厂派出所、高黎贡山自然保护区派出所、保山民用航空保山站派出所。1984年，省公安厅规范了建立企事业公安机构的审批。1985—1993年，经省公安厅批准，保山地区先后成立了16个企事业公安派出所。至1993年年末，保山地区共设26个林区派出所和25个企事业单位公安派出所。这些企事业单位派出所为所在县（市）公安局派出机构，业务上归所在县（市）公安局领导，人事供给关系属所在单位。1995年6月以后，根据省公安厅《关于撤销我省部分企事业单位公安机构恢复保卫组织的通知》，全区除林业、民航公安机构外保留外，25个企事业单位的派出所撤销，恢复保卫组织。

经济民警队 1983年3月，保山市首支经济民警队——保山石油站经济民警小队成立，此后，保山公安机关陆续在较大的国营厂矿企业中组建经济民警队，负责要害单位、重要目标的守卫，防破坏、盗窃、火灾、爆炸等治安灾害事故，配合所在单位保卫科（股）共同维护单位内部安全。至1998年12月，经省公安厅批准，全区共建经济民警队34个，警员编制674人（实有478人）。经济民警队业务归所在县市公安局领导，人事供给关系属所在单位。1996年，随着《中华人民共和国人民警察法》的颁布实施，经济民警不再作为人民警察的一个警种。2002年11月国务院在取消第一批行政审批项目的决定中，取消了经济民警队伍的组建、撤销等审批项目，经济民警作为一个警种已不复存在，已成立的经济民警队逐步撤销改制为经济护卫队。

二、内部单位安全保卫

1974年1月，保山地区公安局恢复建制后，设内部安全保卫科，负责机关、团体、企事业单位内部安全保卫工作。1979年，全区公安机关贯彻执行确保重点、分级管理的原则，集中做好市党政机关、要害部位和重点单位的保卫，将县以上党政首脑机关、大中专院校、广播电台、邮电通信、机场、电力、金融单位、重要工矿企业、重要物资仓库等对国家安危和国计民生具有重大作用和影响的部门和单位列为重点、要害单位保卫。

20世纪80年代，贯彻新时期经济文化保卫工作"预防为主，确保重点，打击敌人，保障安全"的方针，在重点、要害单位实施"人防物防与技防"相结合安全保卫措施，整顿内部单位治安秩序，推行内部社会治安综合治理。1982年，地区公安处组织了2次全区性的以"四防"为重点的安全保卫工作大检查，发现、整改了一批安全隐患，促进了内部单位治安管理、安全防范措施的落实，内部单位发案大幅度下降。当年，贯彻落实行署《关于在内部单位建立健全安全保卫责任制的通知》，在内部单位普遍建立安全保卫责任制。全区392个内部单位中，有243个单位建立了安全保卫责任制，保卫科（股）由原来的4个增加到32个，保卫干部由原来的20余人增加到194人，治保会达362个，治保人员1855人。至1986年，全区列管的内部单位中，实行安全保卫责任制的687个单位，推行治安保卫工作承包责任制的60个单位。

1990年起，贯彻"谁主管谁负责"和"属地管理"的原则，督促有关部门认真落实各项安全保卫责任制和人防、物防与技防，建立和完善安全防范和监督管理机制。并在列管单位中开展"创建安全文明单位"活动，持续整治内部治安秩序，依法惩治内部违法犯罪，整顿内部单位治安和推行内部治安综合治理。从1992年开始，内部单位分别与所在县（市）政府或综治委签订治安保卫责任书，当年签订1000余份。1994年，贯彻《保山地区实行社会治安综合治理领导责任制的若干规定》，当年600多个单位与县（市）签订了治安保卫责任书。从1995年开始，各内部单位与所在县（市）的党委、政府签订内部治安综合治理责任书。1996年，455个内部单位分别与各县（市）党委、政府签订了内部社会治安综合治理责任书，当年，地区把综合治理工作纳入国民经济和社会发展10项指标进行考核。1997—1999年，地、县（市）两级列入经济文化保卫的机关、团体、企事业单位按照属地管理的原则，分别与所在县（市）党委、政府签订社会治安综合治理责任书。

1990—1994年，地、县（市）公安机关采取抓不安全单位的重点整治、抓内部单位现金管理和监督检查与公安内保部门加强依法管理相结合的方法，依法监督内部单位的安全。20世纪90年代中期，金融系统的安全保卫工作提到更加重要的位置。全区公安机关经济文化保卫部门定期召开金融系统各专业银行领导和保卫科长会议，研究部署金融单位安全保卫工作，督促各个金融单位落实“三防一保”（防抢劫、防诈骗、防盗窃，保安全）的安全保卫责任制和人防、物防、技防、犬防措施，确保金融单位和国家资金的安全。1995年在34个重点部位安装先进报警设备43套。1996年，地、县（市）公安机关召开内部单位安全保卫工作会议9次，12次组织对533个重点单位、要害部门（部位）的安全大检查，其中对全区金融系统的79个（营业部、营业所、分理处、储蓄所、办事处、信用社）单位进行检查，查出安全隐患92处，整改84处，限期整改8处。在金融财贸等166个重点单位设报警点18个，安装技术防范报警装置360套。1997—1998年，对金融系统552个营业网点、84个金库、23辆运钞车进行检查，发现安全隐患236处，整改214处，限期整改22处。

1999年1月，地区公安处、各县（市）公安局内保科撤销，经济文化保卫工作，分别由政保科、治安科负责。1999年，按照“查防并举、标本兼治、重在预防”的方针，结合元旦、春节及世博会安全保卫工作，积极开展内部单位安全大检查，整改隐患，堵塞漏洞，确保安全。年内两次召开了金融部门保卫科长联席会，督促各项安全管理制度的落实。切掌握企事业单位职工动态，加强情报信息的收集整理，排查出因企业破产可能引发群体性事件的隐患6条。

进入21世纪，保山的经济文化保卫工作仍坚持“谁主管谁负责”和“属地管理的原则”，以保卫党政首脑机关、大中专学校、金融单位、通信电力、交通运输、供水供气、重点建设工程、科研要害单位的安全为重点，进一步落实内部安全保卫责任制和人防、物防和技防措施，大力整治企事业单位、学校内保及其周边治安秩序，预防和打击各种违法犯罪，预防各种治安灾害事故，确保了内部单位治安的稳定。2000年，针对8月1日中国农业银行罗明分理处发生的抢劫案件，共与地区人行组织召开3次金融系统安全保卫工作联席会，研究安排金融安全保卫工作，2次组织对9个金融部门，380个基层营业网点的运钞车辆，押运情况及安全设施，值班制度，处突预案进行了全面检查，发现整改隐患46处，提出整改意见20条。2001年，3次对市级五套班子办公地及住宅区开展安全检查；2次召开金融部门保卫科长及分管领导联席会，安排部署金融保卫工作。

2002年，全面贯彻中央、省、地有关加强学校安全保卫工作的精神，把整治校园周边治安秩序，维护学校正常的教学秩序当做一件大事来抓。在4—5月的集中整治中，破刑事案件5起7人，查处治安案件35起71人；共检查各类学校720所，师生食堂450个，仓库201个，饮水池420个，消防水池140个，查出各类安全隐患132出，发出整改通知书27份；清理整治校园内摊点620个，依法取缔学校周边200米以内开设的电子游戏室21个，录像放映室11个，搬迁歌舞厅4家。同时，督促、指导学校建立了护校队等内部治保组织，建立和完善了门卫检验、登记及校园巡逻等安全防范制度。

2003年，召开4次金融部门保卫科长及分管领导联席会，部署安全大检查，对全市31个单位244个金融营业网点，57辆运钞车进行抽查，查出隐患14起，现场整改1起，限期整改13起。年内，对机关、团体和企事业单位的各类保卫组织和保卫部门的清理整顿，对符合条件建立保安组织的一律按照规定建立保安组织进行规范性管理；对不达到条件组建保安组织的单位仍然保留原单位保卫科（股、部）；对没有安全保卫组织的单位进行督促、指导和帮助，尽可能地建立起保安组织。共清理保安服务公司2家、人员102人，内部保安组织122个、人员589人，保安培训机构2个、人员13人，收缴2000式保安标志2件，清理辞退保安人员5人。年内，组织开展整治校园周边治安秩序专项行动，重点抽查全市的935所中小学，发现安全隐患31处，并责令涉及学校限期落实整改，检查组结合排查出的隐患，督促、指导学校建立健全护校队等内部治保组织，建立和完善了门卫检验、登记及校园巡逻等安全防范制度。

2005年，组织开展中小学幼儿园及少年儿童安全管理专项整治行动，共检查中小学、幼儿园864所，发现安全隐患397起，整改328起；新增交通信号灯2组、设警示牌1组，新增交通设施57个、划设标线700米、清除校园周边违章建筑57处，取缔非法网吧6家，取缔非法小卖部78家，取缔非法歌舞厅2家，取缔非法游戏厅3家，取缔非法录像厅13家，收缴影碟1660碟、收缴图书1836本、收缴电视机、影碟机各一台，收缴电脑16套，取缔非法流动饮食摊点240个，新增治安岗亭、报警点149处。查破伤害中小学少年儿童案件22起，其中治安案件8起，处理违法犯罪嫌疑人13人，侦破刑事案件14起，处理违法犯罪嫌疑人17人。当年，以防盗、抢、防火、防爆、防治安灾害事故为主要内容，对内部单位，重点部门、银行、医院、学校、涉民爆炸剧毒物品、油库保龙高速公路建设标段，供水单位以及风景旅游区（点）进行全面安全大检查，对30个金融单位250个网点50辆运钞车进行抽查，查处隐患138起，立即整改89起，限期整改49起。

2000—2005年，列入经济文化保卫的机关、团体、企事业单位按照属地管理的原则，分别与所在县（市）党委、政府签订社会治安综合治理责任书。

第三节　群众治安保卫

一、治安联防

1978年，恢复、整顿治安保卫委员会，全区共有97个公社869个大队、8个街道居民委员会，有治保会877个。并在地区直属、县级直属机关、厂矿、企事业单位建立治保会203个。1980—1981年，对治保会、治保会主任及治保人员进行培训。1982年，全区共有城乡治保会1093个。1986年6月，保山市城关镇三街组建13人的治安联防队，参与协助社会治安管理。至1988年，全区有治保会1258个，成员5224人；治保小组1650个，4818人。开展“四防”安全检查1919次，排除隐患2642起，帮教违法人员1469人，抓获违法犯罪人员314名，提供案件线索破刑事案件128起，协助查处治安案件570起，调解纠纷6180起。1991年，推行治安保卫责任人制度。全区有治保会1457个、6121人；治安联防队98个，798人；治安承包队567个、1603人。年内，群防群治组织共提供破案线索671条，抓获违法犯罪人员758人，调解纠纷4616起，在治安防范工作中发挥积极作用。1993年，全区共有治保会1378个、6755人，提供破案线索128起，协助查处治安案件700起，制止违法行为971起，调解纠纷2800余起。同年，对治安联防队伍进行整顿，建立工作、学习、纪律、考核、奖惩制度，保证联防队的文明执勤、依法办事，同时经考核评定，对8个优秀治安联防队进行表彰奖励，推动联防工作的健康发展。1995年，全区共充实治安联防队员、治保人员200余人，培训4844人，嘉奖先进个人15人。开展安全检查2193次，排除隐患2317起，提供线索破刑事案件174起，抓获违法人员892人，调解纠纷3607起。至1999年，全区共有治保会1382个、治安联防队124个，调解纠纷5926起，开展“四防”安全检查6174次，排除整改隐患1921起，协助查处治安案件921起，抓获违法犯罪人员1311人，制止犯罪行为651起。2000年，对联防队进行集中教育和整顿，纠正执法行为，加强管理。年内，有联防队118个。同年，全区有治安保卫组织1519个，治保会1401个。调解民事纠纷2888起，开展“四防”安全检查2698次，排除整改隐患1322起，协助查处治安案件672起，抓获违法人员466人，制止犯罪行为286起，制止违反治安管理行为438起。2002年，治保会等群众性治安防范组织涌现出4个先进集体、9名先进个人受到云南省公安厅的表彰奖励。2005年，治安部门按照“警力有限、民力无穷”的观念，结合实际情况，全力打造警民联防防控体系。各县（区）公安机关辖区派出所均成立联防队，联防队成立后全部纳入治安防控组织体系，统一管理，统一指挥，统一培训。年末，全市共有治保调解会972个、2191人；护厂护校队124个、1184人；纠纷信息员1032人；治安联防队124个、692人。

二、保安服务公司管理

1988年，保山市城区试办保安服务公司，经过严格审查、训练、招用保安人员25名，为个体、集体、国营的商业、财贸、金融、物资等待业提供保安服务。1989年，对保安组织及保安人员实行统一培训、统一装备、规范管理。2001年，建立隆阳区保安服务公司和保安培训中心，并开办保安培训班一期，培训保安人员37人。2003年，清理非法保安组织，规范保安服务市场。全市共清理保安服务公司2家、人员102人，内部保安组织122个，人员589人；保安培训机构2个，人员13人；收缴“2000式”保安标志2件，清理辞退保安人员5人。2005年，全市有保安公司2家：保山市保安公司和腾冲县保安服务公司。保山市保安公司有保安员548人，有保安证452人，未持保安证上岗人员96人。腾冲县保安服务公司有管理人员10名，派驻民警1人，保安员309名。

三、治安承包责任制建设

1982年，在农村大力推广乡规民约，实行自我教育、自我管理、自我约束。全区6197个生产队，有65%的制定村规民约；708个大队，有65%的制订村规民约；97个公社制订了村规民约；社直机关建立安全责任制的有504个。1984年，全面推行治安承包责任制，对维护社会治安，落实乡规民约，解决纠纷，帮教违法青少年等有明显实效。至1985年年底，已落实治安承包责任制的乡镇和街道办事处877个，共有承包队员4906人，在治安承包的乡镇，以开展四防为主开展工作，进行安全检查1937次，排除隐患2175

起，抓获各类违法犯罪人员285人，协助公安机关破刑事案件281起，查处治安案件758起，占全区查处治安案件总数的73.8%，调查民间纠纷4776起，有效改善社会治安秩序。1986年，全区实行治安承包的城镇、农村及单位已达1183个，有承包人员4448人、治保人员2952人。年内，开展"四防"安全检查2636次，排除安全隐患2509起，对1152名违法青少年纳入帮教，巡逻抓获违法犯罪人员326名，协助破获案件130起、治安案件524起，调解各种纠纷5125起。1987年，有保山市、腾冲县、施甸县3个县（市）427个乡、镇、办事处和404个内部单位继续实行治安承包制度，共有治安承包人员3178人，开展"四防"安全检查1602次，排除安全隐患928起，帮教违法青少年658人，抓获违法犯罪人员197名，协助破刑事案件48起，治安案件320起，调解民间纠纷3505起。1988年，全区有111个单位、村（镇）实行治安承包制，有承包人员2705人（治保人员为1583人）。20世纪90年代以后，联合各种安全创建活动，全市治安部门继续加强群防群治队伍建设，以促进社会治安整体防控能力的提高。1991年，推行治安保卫责任人制度，全区有治安承包队567个、1603人。1992年起，由派出所同辖区各乡、镇单位签订《治安承包责任书》。2005年，全市共有治安联防组织435个，全年协助排查矛盾纠纷143起，协助查处治安案件5474起。

四、创建安全文明单位

1994年，地区公安局在全区范围内部署开展"创建安全村寨、安全小区"活动。1995年，建成昌宁县柯街派出所、保山市蒲缥派出所、腾冲县团田派出所等一批"创安"派出所。1996年，通过"创安"工作，全区创建安全小区、安全文明村寨157个。1997年，全年共建"创安"工作点422个。1998年，全区创建安全文明社区760个，其中保山市蒲缥镇的杨三寨、金鸡乡的东方村，昌宁县达丙镇的九甲办事处，施甸县水长乡的大长小村，龙陵县龙山镇的菜园新村，腾冲县的固东、和顺等为安全文明村寨的先进典型。1999年，全区"创安"村寨、社区达750个。2000年，全区开展创建安全文明村寨、社区活动的村民委员会有858个。2001年，全市有19个"创安"先进集体受到表彰，蒲缥杨三寨等30个单位被命名为"安全文明社区（村寨）"。2005年，全市以龙陵县和昌宁县为重点，大力开展"平安乡（镇）""平安单位"等基层创建活动。各级各部门成立了创建"平安保山"工作机构，制定相关措施方案，初步形成了专群结合，城乡兼顾，点线面相结合，人防、物防、技防相结合的治安防控网络。根据保山市2005年公众安全感调查显示，人民群众的安全感满意率为99.14%。2005年，腾冲秀峰社区被省公安厅、省安全生产监督管理局评为2004年度省级"交通安全文明社区"；龙陵县被省委、省政府授予首批"云南省平安县"荣誉称号。

第四节　重点目标警卫、保卫

1980—2005年，保山市各级公安机关完成中央领导人、云南省领导人视察、调研及外宾来访等警卫任务及重大活动保卫工作。其中包括：1980年，完成中共中央总书记胡耀邦视察保山警卫任务。1988—1990年，完成缅共中央主席德钦巴登顶先后3次到保山的警卫任务。1991年6月15—20日，保山市组织新中国成立后规模最大的端阳花市，地、市公安机关圆满完成巡逻和安全保卫工作。1994年4月14日，保山机场扩建竣工后进行校试飞行，地、市公安局和武警支队投入200余人开展安全警卫工作。1999年，完成中共云南省委书记令狐安一行4人保山视察警卫任务。2002年，完成荷兰驻中国大使伍思德到高黎贡山参观考察警卫任务。2003年，完成香港知名人士邵逸夫到保山市参观警卫任务。2005年，投入警力15000余人次，出动警卫车辆140辆次，完成市、县（区）“两会”及第二届中国南方丝绸古道商贸旅游节暨2005年端阳花市等活动的安全警卫保卫任务。

第五节 特种管理

一、公共娱乐场所管理

1978年起，保山公安机关对城镇影院、剧院、茶馆等公共娱乐场所实行登记、核发许可证、开展安全检查、派员维护秩序等方式进行管理。对农村电影放映场所和群众性文体活动，基层公安机关依靠治保组织维护现场治安秩序。

20世纪80年代，保山公安机关逐步强化娱乐场所登记发证、安全检查、安全保卫等工作，对治安秩序混乱的场所进行专项治理，查处违法犯罪行为。1984年，健全公共娱乐场所安全责任制，把台球室纳入公共娱乐场所管理，对营业性电视录像放映实行审批管理和审片制度，对营业性舞会和私人开办的舞厅一律取缔。1985年，对全区135个营业性录像放映点进行清理整顿，经批准办理营业证的有75个，经审查准予恢复放映51个、吊销执照4个。1991年，并建立健全安全责任制度，加强经常性的安全检查，对全区738个公共娱乐场所进行清理整治，吊销营业执照3家，责令停业整顿6家，限期整顿16家，处罚款9家、警告15家。对符合规定的，核发“治安许可证”，1993年，制发娱乐场所治安管理的规定，采取打击、查禁、治理与防范相结合的措施加强、规范公共娱乐场所管理。1994年，开展“扫黄打非”统一行动，对全区78家娱乐服务场所进行清理整顿，查封9家酒吧、卡拉OK厅，取消“三陪”服务项目，取缔6个娱乐服务场所。并与590家娱乐场所、534家个体店铺、31家电子游戏室续签治安承包责任书，进一步落实各项安全管理措施。1996—1997年，根据省厅部署，开展以取缔有奖电子游戏机为重点的电子游戏机娱乐场所清理整顿工作。1999年，开展查禁打击“黄赌毒”集中统一行动，清查公共娱乐行业场所1398家次。

2000年，同文化、工商等部门联合开展严厉打击卖淫、嫖娼、吸毒、贩毒等社会丑恶现象专项行动和“电子游戏经营场所专项治理”行动，对全区歌舞厅、桑拿按摩、电子游戏、录像放映、发廊等1854家进行清理整治，取缔无证经营14家、吊销证照的3家、限期整改37家、罚款处理10家、其他处理11家。经清理整顿后，全区文化娱乐服务场所由原来1017家减少到941家。2001年，根据公安部、监察部、文化部、国家工商行政管理总局《关于下发〈整顿和规范歌舞娱乐服务场所秩序专项行动方案〉的通知》，组织开展专项行动，清查歌舞娱乐场所1413家，依法查处46家、其中取缔13家、吊销证照2家、责令停业整顿4家、限期整改19家、其他处理8家。2002年11月，国务院取消公安部门对开设娱乐场所治安审核的行政许可后，保山公安机关改审批许可制为登记备案制，强化日常监督检查，严肃查处各类违法违规经营活动，严厉打击发生在娱乐服务场所的违法犯罪行为。2004年，组织开展整治娱乐服务场所专项行动，清查歌舞厅453家次、茶室228家次、桌球室72家次、旅店663家次、网吧403家次、出租房屋6729家、洗浴按摩服务场所13家。提请工商部门取缔黑网吧2家，取缔违法经营酒吧7家，要求1家位于学校附近的网吧限期搬离，对娱乐场所从业人员及歌舞厅部分涉毒人员进行尿液检测108份。

二、特种行业管理

1979年7月，开始对特种行业进行工商企业登记并加强管理。1980年，针对特种行业查处违法犯罪，仅保山边城饭店统计共破各种案件7起。1981年，各县在整顿治安中，对特种行业进行调查、整顿，澄清特种行业的底数，重新修订特种行业的治安管理规章制度，在特种行业中的治安联络人员，向公安机关提供各线索42条，扭送违法人员12人，协助抓获违法人员18人，破案13起。1982年年底，全区有特种行业292个，其中旅店业109个、印刷刊刻业10个、修理业137个、废品收购点20个。修订特种行业管理的各项规章制度和从业人员岗位责任制，年内，提供案件线索6条，破案6起。1983年，全区对印铸刻字业、旅馆业、修理业、废旧货收购业四个暂行办法规定的特种行业普遍进行登记、审核、发证。登记特种行业641个，其中修理业320个、旅店业119个、旧货业171个、印刷刊刻业31个。至年底，发许可证499个。1984年，全区共有特种行业683个。1985年，重新规定特种行业范围，修理业、印铸业和收购一般生活用废旧物品的不再作为特种行业管理。1991年，特种行业提供违法线索205条，抓获违法犯罪人员478名，缴获赃款赃物价值66821元，共对496家旅店、738个公共娱乐场所进行清理整顿，吊销营业执照3家、停业整顿6家、限期整顿16家、罚款9家、警告15家。1998年，对汽车修理业进行清查并纳入治安管理，全区共有汽车修理业467家，旧车拆解业5家。2001年，治安部门管理特种行业的许可证逐步取消，管理方式以日常检查和监督管理为主。2005年，全市有宾馆1098家，废旧金属收购站点181家，典当行6家，拍卖行4家，旧货流通企业67家，刻字业制11家，印刷业219家，机动车修理业722家。

三、危险物品管理

(一) 枪支弹药管理

20世纪80年代，保山地区各级公安机关采取各种新措施，加强对枪支弹药的管理，收缴非法枪支弹药。1981年，对自卫枪支、保卫枪支进行清理登记，重新换发枪证，全区共有各类枪支1260支，收缴各种枪支9支、子弹370发、手榴弹3枚。1985年，进行枪支建卡工作，收缴非法枪支17支、子弹81发。1986年，对全区所有持枪单位(含库存枪弹)进行清查、登记，对2212支短枪的枪弹痕迹进行了技术检验工作。1987年9月，保山地区对除军用(军队、武警、民兵)枪支外的任何非军事系统配置佩戴的枪支实行定编管理。

1988年，基本完成定编管理，收缴各种枪支1924支，其中非法枪支53支、超配枪支9支、子弹3114发。全区非军事系统枪支全部输入电子计算机管理。1988年3月1日起，规定保山地直、省属驻保各单位的枪支统一由保山市公安局管理，原公安处直接管理的枪支移交有关县（市）公安局审核，换发新的持枪证，湾甸农场的枪由昌宁县公安局管理。1989年，清理整顿非军事系统使用的军用枪支，共收回军用枪支9支、非法持有枪支84支、猎枪112支、各类枪弹2403发。对27166支各类枪支核发持枪证。收缴旧枪支1824支。对2090支自卫枪支进行枪弹、痕迹检验，建立“枪支管理登记卡”，并将枪支情况全部输入计算机。

1991年，开展“清查、取缔非法制贩枪支窝点”专项斗争，共捣毁制贩枪支窝点135个，收缴制贩枪电钻15台、老虎钳14把、长火枪4支、木枪壳312个、半成品枪管35节、钢管128节、火枪配件1000余件；对非法制枪人员提请批准逮捕3人，治安处罚4人，教育处理16人。收缴军用枪支7支、子弹642发。1992年，全区共清理登记气枪、火药枪、猎枪35457支，核发枪证30651证，取缔非法制枪窝点14个，抓获14人，缴获成品枪149支、半成品枪142支、材料267件。收缴军用枪支26支、民用枪支300支、子弹658发。1993年，非军事系统用枪统一由公安处、局管理。对非军事系统的3566支军用枪支全部检查、输入微机，保证枪、卡、人三统一；对3万余支民用枪支进行年检年审工作。1994年，全区将318支机关事业单位保卫组织的枪支集中到公安机关统一保管，全区内部保卫组织中保留公用枪支110支。年内，查获制枪窝点2个，收缴枪支44支、制枪工具1套、配件20余件、子弹1000余发。1996年9—10月，开展收缴非法枪支弹药打击涉枪犯罪专项斗争，收回枪支30余支、枪弹1540发。1997年，对550名持枪人员进行培训。年内收回公务用枪437支，收缴民用枪支138支。1998年，全区公安机关加大收缴民用枪支、超配公务用枪的工作力度，全年共收回超配公务用枪1014支，收缴民用枪支19242支。年内，组织培训持枪人员2434人。1999年，共收缴民用枪支4356支，共销毁民用枪支23699支。

2001年，开展“治爆缉枪”专项行动，共收缴各种非法枪支2316支、子弹115838发；捣毁非法制枪窝点6个，缴获成品枪支17支、制枪工具6套、枪管90根。销毁民用枪支4820支。2002年，共收缴各种非法枪支303支、各种子弹8566发。2003年，全市共查处涉枪案件49起，查处违法犯罪人员123人，治安拘留8人，治安罚款113人，收缴各种非法枪支200余支、子弹1195发。2005年，贯彻执行《中华人民共和国枪支管理法》等法律法规，依法管理枪支弹药，定期组织开展安全检查，确保枪支弹药管理使用的安全。

（二）管制刀具管理

2000年起，保山公安机关加强了对管制刀具的管理。4月21日，腾冲县公安局在原东营部队射击场集中销毁1批管制刀具，共500余件。有效维护社会治安，确保腾冲火山热海旅游节安全。2002年，保山市公安机关治安部门没收管制刀具146把。2005年，加大检查力度，将车站、学校、公共娱乐场所、工艺品店铺、集贸市场、建筑施工工地等区域列入收缴的重点部位。

（三）剧毒放射性物品管理

1979年4月，对放射源进行检查，保障从事放射性同位素工作人员和广大居民的健康。1990年后，依照省人民政府发布《云南省严格管制四种特殊化学物品的规定》，对醋酸酐、乙醚、三氯化烷、氯化氢四种特殊化学物品列入专门管理。2000年3月，全市各级公安机关启用云南省剧毒物品准购证、云南省剧毒物品准运证、云南省剧毒物品使用许可证审批表和购买民爆剧毒物品记录卡。2001年，全市清理整顿鼠药市场，查处取缔无证照经营213起，没收各剧毒性鼠药3948瓶1974.14千克、化学原料5千克、空剂盒1005个、空剂瓶10020个，清理鼠药销售摊点1324个。对各单位使用的剧毒物品种类、现存数量、使用范围和来源进行清理登记，对剧毒物品的使用、储存、运输、保管等各个环节的安全防范措施、工作责任制的落实情况进行督促检查。全市检查使用剧毒物品的单位34家，清理各类剧毒物品12850克。2003年，全市开展打击涉及毒鼠强等非法剧毒化学品违法犯罪活动统行动，对全市涉及存放、使用剧毒物品的单位、集市街道进行清理，共收缴“毒鼠强”830瓶及散装“毒鼠强”17.17千克、“磷化铝”23筒（包）、“三步倒”21包及散装100克、“闻到死”60克、“一闻死”610克、磷化锌杀鼠剂1600克、“一扫光”等剧毒鼠药12675克、包装袋1万个。封存“磷化锌”3603袋、剧毒化学品“氟乙酸胺”纯品1千克、液体3192瓶及一批“毒鼠强”商标、空瓶和包装机械等。市公安局治安支队与环保部门配合销毁多年收缴的毒鼠强等剧毒杀鼠剂992.3千克（184件）。2005年，公安机关会同安监、工商、环保等相关部门，严格按照《危险化学品安全管理条例》和《农药管理条例》的规定，对辖区内非法生产、销售、储存、运输、携带或者使用剧毒化学品、放射源场所的情况进行彻底清查。对非法生产、销售、储存、运输、携带或者使用毒鼠强及剧毒杀鼠剂的，以及在城镇、农村集贸市场摆摊设点或走村串巷兜售上述物品的，进行查处、取缔。

四、互联网信息监控

20世纪90年代初，公安机关增加计算机管理监察（后称“公共信息网络安全监察”，以下简称“网监”）职能，保山公安机关随即开展网监工作。1999年，加强对互联网上网服务营业场所经营行为和信息安全的规范，网吧正式纳入管理规程。2000年12月底，计算机科加强对英特国际互联网接入用户的备案工作，共收集个人用户1098户、单位用户323户。2002年，编辑《互联网信息》共10期。2001—2004年，多次开展网吧清理整顿专项行动。并制定《保山地区网吧安全管理制度》等相关规定。2003年，保山市所有网吧进行“过滤王”监控软件升级，并在计算机科安装监控中心。并实行网吧上网人员持卡登记上机制度。2004年9月，各区县公安局计算机管理机构成立。9—10月，参加省公安厅公共信息网络安全监察处组织的全省网络监察民警网监业务技能竞赛，取得大练兵全省总成绩排名第四名的优异成绩。参加的计算机犯罪案件现场勘察和监控信息报送两个项目分别取得全省第一名和第三名的可喜成绩。2005年，组织开展“点对点”网络和视频聊天专项整治，对200多家网站、网页全面巡查30余次，办理涉网行政案件3起、刑事案件3起，涉案金额2400元；捣毁“六合彩”信息诈骗窝点一个；检查网吧129个，现场整改隐患37处，查处违规经营网吧61家。

第六节　监所管理

一、看守所管理

20世纪80年代，看守所的制度建设逐步全面恢复。80年代末至90年代初，看守工作贯彻执行《看守所条例》和“预防为主，安全第一”的方针，开展看守所文明管理活动。1997年，根据公安部《看守所等级评定办法》，开展看守所创等级活动。全区5个看守所全部为达标看守所，其中，腾冲县、昌宁县看守所被评为二级所，保山市、施甸县、龙陵县3个看守所被评为三级所。1998年2月，保山市、腾冲县、昌宁县看守所被评定为二级看守所；保山市看守所、施甸县看守所晋升为二级所；龙陵县、施甸县看守所被评定为三级看守所。2000年，龙陵县看守所晋升为二级所。2002年，腾冲县看守所晋升为二级所；保山市、龙陵县看守所，因民警违纪被降为三级所。2003年，根据新《看守所等级评定办法》的必备条件和考核性标准。腾冲县看守所被评定为二级所；施甸县、昌宁县看守所被评定为三级所。2004年，腾冲县看守所保持二级所；施甸县、昌宁县看守所保持三级所；龙陵县看守所重新评定为三级所。2005年2月，保山市监管工作被评为2004年度所辖监管场所安全无事故单位，隆阳、施甸、腾冲、昌宁看守所被评为连续4年以上安全无事故所。12月，完成全市看守所监控、电教设备安装调试工作。

二、治安拘留所管理

1987年9月，行政拘留所统一更名为治安拘留所。1990年1月，治安拘留所重新更名为行政拘留所。1992年，公安部《治安拘留所管理办法》和云南省公安厅《治安拘留所管理办法》《治安拘留所规则》，规定治安拘留所对被治安拘留人员从4个方面进行管理。1999年7月1日起，保山地区各县（市）看守所、公安机关治安拘留所划归监所管理科统一管理。2005年11月，保山市公安局组织开展对五县（区）监管场所整顿检查验收及等级评定工作，隆阳公安分局治安拘留所继续保持达标所。

第七节　道路交通管理

一、城市交通

交通秩序　1978年，设城区交通队，在固定岗亭或流动检查的方式维护交通秩序。1980年开始，每年5月开展“安全月”和10月开展“质量月”活动检查交通秩序。1987年之后，城乡道路交通秩序管理统一由公安交通管理部门承担，采取固定岗位执勤与流动巡逻等方式维护城市交通秩序。1989年，开始每年春运交通安全检查。90年代，城市交通秩序管理以“疏堵保通和畅通”为主要目的，重点管理违章占道、车辆乱停乱放等。2001年4月至2003年4月，陆续开展遏制军警车辆违章行为，打击盗抢机动车违法犯罪、涉车犯罪和公路沿线的车匪路霸，查处无牌无证车辆，整治客运三轮摩托车等一系列排查整治行动，有效改善交通秩序。2004年2月，腾冲县和隆阳区被评定为二等和三等管理水平城市，城市“文明畅通工程”成效明显。12月，全市共创建“平安大道”6条。2005年，开展“双超”整治、“治理无牌无证和假牌假证”“打击盗抢机动车专项行动”“道路运输危险化学品安全专项整治”及“预防特大交通事故百日竞赛活动”，成效明显。对历史遗留的1个道路交通事故多发点段、3个公路安全隐患点段进行了整治，对125辆“红牌”车进行了价格认定，并按法律程序完善了相关手续。

城市交通设施建设 1979年9月，开始用周期自动控制指挥仪替换原来由人工控制启闭的交通信号灯，并统一使用红绿黄3种灯光信号。80年代以后，交通标线施划逐渐增多，信号灯、交通标志、交通防护设施逐步完善。90年代境内各种交通设施逐渐开始规范设置并日趋完善。1998年5月，保山市以4个女子岗亭为第一批“示范岗亭”。进入21世纪，全市交通设施建设发展迅速。2000年10月，改造、安装交通指挥信号灯20套、岗亭21个，岗台10个。2003年，保山市增设灯控路口4个。至2004年，隆阳区、腾冲县、昌宁县3个县（区）完成部分交通信号控制系统设置，腾冲县完成交通指挥中心建设。2005年年底，隆阳区完成指挥中心建设。

二、车辆和驾驶员管理

（一）机动车管理

21世纪80年代之前，保山地区车辆监理分站对全地区内机动车实施管理，随着国家相关政策法规发展和变化，机动车管理形式和内容经过几次较大调整。1987年8月1日，保山地区车辆管理工作划归公安部门，由地区公安处监理所监理股负责管理机动车注册登记、安全检验、制发机动车辆号牌、变更登记、更正和撤销、注销登记等业务。1988年，设置保山地区公安处监理所车辆管理所。1992年8月，保山地区公安处监理所车辆管理所改称保山地区公安处交通警察支队车辆管理所。同年，开始对腾冲边境地区外国机动车等特种车辆和驾驶员办理相关手续。1994年9月开始启用、换发“九二”式机动车号牌和行驶证，于1996年6月结束。2001年8月，保山地区公安处交通警察支队车辆管理所改称保山市公安局交通警察支队车辆管理所。2003年，将“五小”车辆类业务委托给有条件的交警中队、执勤点办理。至2005年，保山市机动车保有量174004辆，其中汽车拥有量为4.35万辆。

（二）驾驶员管理

21世纪80年代之前，由保山地区车辆监管分站，对境内机动车驾驶员实施立档登记、考核、增驾、审验转籍等方面的管理。1987年8月1日起，驾驶员审验由公安部门负责。1989年，开始使用“正式、实习、学习、临时”四种机动车驾驶证。同年，启用、换发新驾驶证。1990年，全区共办理各类驾驶证4500余本，审验各类机动车驾驶员20995人，占应审数91.3%。1996年9月，取消实习驾驶证，规定初次领取驾驶证第一年为实习期。1998年，办理学习驾驶证10928本，其中：办理大小型机动车驾驶证2039本，摩托车驾驶证4764本，其他机动车驾驶证3325本，遗失补证1500人次。同年，查处吊扣驾驶证994本，吊销驾驶证49人，注销驾驶证18人。2000年，开展驾驶员档案管理工作，共查阅驾驶员档案9.6万余份，清理出1997年(含)以后未参加审验机动车驾驶员9506人。2001年8月，由保山市公安局交通警察支队车辆管理所负责对全市机动车驾驶员实施管理。2003年，增加邮寄驾驶证、行驶证等服务项目。2004年5月起，根据新《中华人民共和国道路交通安全法》和公安部《机动车驾驶证申领和使用规定》，对驾驶证管理进行调整。至2005年，全市拥有机动车驾驶员207894人，其中汽车驾驶员91259人。

(三) 驾驶员资格培训

20世纪70年代，由车辆监管站，负责驾驶员培训考核。1987年，由公安交通管理部门负责驾驶员考核。1986年5月，保山驾驶培训站成立，培训工作由保山地区汽车运输公司承担。1987年，成立保山地区机动车驾驶员培训中心，取消单独跟车学习驾驶，实行集体培训。1990年，全区共新训大货车驾驶员258人，小汽车驾驶员44人；复训汽车驾驶员96人、各类拖拉机驾驶员1470人，各类摩托车驾驶员720人。1992年，成立保山地区机动车驾驶员培训中心直属培训站(第一培训站)。1994年，改“保山地区机动车驾驶员培训中心直属培训站、第一培训站、第二培训站”，分别为“保山地区汽车驾驶员第一、第二、第三培训站”。在腾冲成立第四培训站。1997年起，规定申领学习驾驶证必须到车管所作驾驶适应性检测体检，并进行交通法规与相关知识的学习教育，考试合格参加培训。1998年，全区考核4173人次，合格率为98%。2002年，“红外线桩考仪”和“无终止无纸化微机考试系统”相继建成投入使用。2003年，保山市车管所开展培训上门、考试下乡服务。2005年3月，启动保山市机动车驾驶员考试(训练)中心建设。

三、交通事故查处

20世纪50—80年代，交通事故肇事原因主要是：超速行驶、违章操作、酒后驾车、强超抢会、机械故障、下坡空挡滑行等。1985年以前，由监理所(站)负责交通事故调查。1987年1月起，规定对交通事故及肇事责任人进行查处。1988年3月后，依据《中华人民共和国道路交通管理条例》《交通管理处罚程序规定》及《交通管理处罚程序补充规定》处理交通事故。9月，交通事故处理工作由交通警察大队负责。1990年3月，交通警察大队改为交警支队，相继在国道320线成立交警中队和执勤点等负责处理交通事故。1992年《道路交通事故处理程序规定》发布实施，交通事故处理走向法制化、规范化。1994年，组织事故处理人员证书考核培训工作，至2003年年底，全市共有持证事故处理员169名。

1996年，成立保山地区公安局道路交通事故伤残评定委员会和“122”报警台。1998年，全区交通事故处理工作在全省评为三等奖，属案件质量较高地州。2000年，交通事故考核实行改革，只对重特大事故四项指标数(事故起数、死亡人数、受伤人数、直接经济损失)进行考核。2002年10月，建立“122”和“120”联动机制，在国道、省道创建“急救绿色通道”，并在全区形成交通事故处理的“支队、大队、中队”三级管理网络。2003年，保山市交警支队出台《关于完善保山市公安交警大、中队规范化建设的通知》，加强和完善事故处理工作。

1999年5月和2003年9月，两次对“道路交通事故信息管理系统”进行升级改版。支队、大队建立交通事故定期分析制度，对辖区交通事故进行定量定性分析，增强事故预防工作针对性和有效性。2004年5月1日，《中华人民共和国道路交通安全法》实施，使交通事故处理工作进一步走向法制化。同年，部分县（区）“122”报警台与“110”“119”报警台实行“三台合一”，并制订相应出警制度。2005年5月起，实行交通事故现场快速处理，交通事故认定作为处理交通事故的证据，取消责任重新认定。严格按规定程序调查每一起交通事故原因，准确认定每一起交通事故。2005年，全市发生交通事故272次，死亡161人，受伤378人，直接经济损失238.64万元。

1978—2005年保山市交通事故统计表

表10-6

年度	事故次数	死亡人数	受伤人数	直接经济损失（万元）	年度	事故次数	死亡人数	受伤人数	直接经济损失（万元）
1978	175	37	162	13.66	1992	343	97	210	164.16
1979	148	33	104	12.84	1993	295	96	144	136.99
1980	186	34	172	11.82	1994	270	88	128	166.46
1981	209	31	155	16.15	1995	273	91	143	187.08
1982	191	40	168	15.37	1996	254	112	120	212.92
1983	241	47	181	22.27	1997	242	107	90	124.90
1984	289	60	248	25.76	1998	250	82	110	142.57
1985	301	79	296	34.21	1999	282	106	138	168.79
1986	337	79	349	48.78	2000	731	131	372	348.70
1987	358	72	339	41.58	2001	939	144	433	474.21
1988	430	73	349	70.38	2002	950	160	506	583.85
1989	428	78	324	92.59	2003	965	158	405	692.62
1990	377	70	264	123.29	2004	261	141	295	181.82
1991	402	83	251	109.49	2005	272	161	378	238.64

第八节　消防监督管理

一、消防安全宣传

20世纪80年代，地、县公安消防部门利用报刊、传单、幻灯片、展览等形式开展消防安全宣传。1985年春季，地区公安处消防科，举办全区巡回消防展览，在城乡放映幻灯片115场，印发宣传材料7000多份，通过广播、报纸宣传消防稿件27份。90年代以后，不断加大广播、电视对于消防安全知识的宣传力度。1998年，在全区广泛宣传《中华人民共和国消防法》；利用保山地区电视台、《保山日报》宣传《中华人民共和国消防法》；组织8128人参加《中华人民共和国消防法》有奖知识竞赛；地区消防支队、团地委、中保人寿保险公司联合举办"说消防安全、话人寿保险"演讲比赛。在当年的宣传活动中，地县(市)消防部门出动车辆21辆次、人员110人，设置宣传站14个、咨询点50处，悬挂标语130幅，张贴布告300份，发放消防法宣传资料2万份，接受咨询3000余人次。全区50余万人受到教育。此后，在每年的"119消防日"，先后以组织青少年消防知识竞赛、设置消防法律法规知识咨询点、张贴各类宣传资料、举办消防培训班、在各中小学开设消防安全教育课等形式，对消防知识进行集中宣传。

二、消防安全检查

1978年，地、县公安机关发动全区工厂、企事业单位和职工群众，对防火制度、防火措施等是否健全落实，火险隐患是否整改进行检查；逐步恢复防火重点单位和要害部位的管理，对消防重点单位和要害部位，重点开展消防安全检查。1979年开始，全区公安机关配合商业部门对全市商业部门的仓库、商店、工厂等进行全面安全大检查，消除较大火灾隐患300多处。80年代，消防安全检查进一步制度化、规范化。公安消防、治安、内保等部门相互配合，依托派出所、治保会，每年冬、春两季和"四大节日"期间的消防安全检查形成制度。1980年，全区列管的消防重点单位和重点部位建立、健全三级防火责任制。对所列管的消防重点单位，实行地、县公安消防部门与派出所分级管理。1981年，全区开展消防重点单位"达标"活动。对重点部位的干部、职工进行"三懂两会"安全培训。并于1985年，对消防重点单位的达标情况进行检查验收。1986年，消防安全纳入治安承包责任制的重要内容。年内，全区对消防重点队伍开展消防安全大检查4次。1990年，全区公安消防部门组织安全大检查4次，发现并排除火灾隐患1136件，拆除违反消防规定建房22幢。1996年，地、县(市)公安消防部门组织开展37次防火安全大检查，检查公共娱乐场所179个、企业单位228个、集贸边贸市场14个、宾馆饭店21个，查出火险隐患540条，整改521条，发出整改意见书84份。1997年1月，地、县(市)公安消防部门开展安全检查70次，检查大小单位790家。2003年1—4月，全市共组织开展"百日消防安全"大检查4次，检查各类场所230家，发现火灾隐患173条，责令当场整改103条，限期整改70条。2005年，开展消防监督检查384次，对259个单位或场所进行了检查。

三、消防重点单位管理

1977—1978年，地、县公安机关会同有关部门在消防重点单位推行防火安全责任制度，并对消防重点单位防火责任制度、义务消防队、防火制度措施等是否健全落实，火险隐患是否整改进行检查，严防重大火灾事故的发生。

1978年以后，全区公安消防部门全面恢复防火重点单位和要害部位的管理，组织力量调查研究，分类排队，根据"四大""六个方面"(重要的厂矿企业、基建工地、交通枢纽，粮、棉、百货等物资集中的仓库、堆栈，生产、贮存化工、石油等易燃易爆物品的单位，首脑机关、外宾住地、重要的科研事业单位，历史文物建筑、图书馆、档案馆等单位，易燃建筑密集区，经常聚集大量人员的重要场所）的列管原则，和“一清一档五落实”（达到火险隐患清楚，建立防火档案，组织、人员、制度、教育、检查落实）的要求，开展火灾预管理。并逐步建立健全三级防火责任制（由主管部门确定单位防火责任人，单位确定车间、班组防火责任人，岗位建立岗位防火责任制），落实各级防火责任人。地、县、公社各级领导人负责的防火责任制度开始形成。

1981年9月，国务院批转公安部全国消防重点保卫工作现场会议的报告，提出重点单位消防安全“十项标准”。20世纪80年代，根据“十项标准”要求，地、县公安消防部门推进各级各单位防火安全责任制的落实，按重要程度、生产性质和火险危险性大小，调整确定全区消防重点保卫单位，实行严格、科学、依法管理，改进消防重点管理方法，开展“达标”活动。对重点部位的干部、职工进行以“三懂两会”（懂岗位火灾危险性、预防火灾措施、灭火方法，会报警、会使用灭火器）为主要内容的消防安全培训。

1985年，地、县公安消防部门会同治安、内保部门，按照“十项标准”深入检查、落实重点消防单位的消防安全责任制、专兼职消防队伍、重点保卫“三定”（定人、定点、定措施）、消防知识宣传培训、消防设备器材等措施。并将消防安全纳入企业生产经营承包责任制之中，层层签订消防安全责任书，促进消防工作的落实。

2001年，坚持“预防为主、防消结合”的工作方针，深入开展消防安全教育，持续开展消防安全专项治理，进一步健全完善机关、企事业单位消防监督管理机制，层层签订责任书，落实消防安全责任，开展消防安全大检查，督促整改火险隐患。

2003年，按照“两化”建设消防部队正规化和消防执法规范化要求，进一步加强消防执法规范建设，认真开展重点单位消防安全检查工作，加快城市消防基础建设步伐，改善农村消防安全环境，依法查处火灾事故，实现了全年无重特大火灾事故发生的目标。

2004年，各消防安全重点单位严格按照《中华人民共和国消防法》和公安部61号令等法律法规的要求，以消防安全为重点，切实履行消防安全职责，确保单位的消防安全，各重点单位在消防部门的指导帮助下，单位内部建立健全消防安全管理制度，落实各项防火措施，完善内部消防基础设施建设，有效控制火灾发生。

2005年，按照《云南省消防安全重点单位信息系统建设方案》的通知精神，全面启动保山市消防安全重点单位信息系统建设工作，完成全市消防安全重点单位的数据录入工作，为规范重点单位管理，改进重点单位消防监督模式，建立多警种联合作战参考平台打下了坚实的基础。

四、建筑防火审核

1988年5月，国家计委、公安部《中华人民共和国国家标准建筑设计防火规范》颁布实施。地、县（市）公安消防部门根据新的建筑设计防火规范进行监督检查和审核。同年10月，根据公安部《关于防止基建工地和装修工程发生火灾事故的通知》，全区公安消防部门对基建工地和装修工程实施消防监督，防火监督员深入工地随机检查，把防火工作贯穿于工程建设始终。1989年8月，地区公安消防部门对高层建筑设计防火审核实行分级审核、分级管理措施，对高层建筑设计防火审核一般由地区公安局消防科（消防大队）把好防火设计、施工、验收关。

1992年4月，省政府《云南省建筑消防监督管理办法》实施后，保山地区建筑防火审核工作逐步走向规范。1994年，全区公安消防部门共审核各类工程项目135个，提出修改防火设计意见312条，对32个未办理建筑设计防火审核的项目作出暂停施工处罚。

1997年1月，地区公安局会同地区监察局、地区建委组成消防执法检查组，对所属五县（市）落实消防安全责任制、城市公共消防设施、建筑消防设施等进行检查。对消防安全责任制不落实，城市公共消防设施和建筑消防设施数量不符合要求、配置安装不规范等问题，提出整改意见。年内全市消防部队共审核工程121个，总面积212241.66平方米，其中重点工程5个、一般工程117个。1998—2002年，共审核工程项目709项，办理单项施工安装许可证123份。2003年，公安机关停止办理施工安装许可证。至2005年，累计审核工程项目634项，开展施工检查554次，验收108项。

五、火灾扑救

1979年，地区、县公安局成立消防科、股，增编公安消防干警，添置消防器材，灭火能力进一步提高。1983年3月29日，保山国营农场，电线短路引起火灾，公安干警、武警、驻军、机关干部职工、群众1000多人自觉参加扑救，奋战两小时将大火扑灭，挽回损失数十万元。1988年，随着保山地区五县（市）公安消防队的相继建立，其专业消防力量日益壮大，各自县(市)基本具备对城区及附近居民点突发火灾的扑救能力。90年代以后，消防装备及能力进一步提升。1997—2004年，全市共扑救火灾1132次，出动消防车1717辆，出动官兵10122人。2005年，保山消防部队共接警出动166次，出动官兵1416人次，出动各种消防车辆230台次，抢救2人，抢救财产价值1367万元。

第九节　边防出入境管理

一、边防检查

见《军事》编第二章第三节。

二、公民出境管理

1978年6月，中方边民出境由所在派出所批准，经指定的通道由边境工作站验证后放行，入境后经边境工作站检查，回派出所注销。1984年以前，未设立边境贸易区，出境人员多数是边境一线中方边民出境务工、探亲访友。1985年，设边贸区后，出境通商贸易、打工就业等人员逐步增多。腾冲县公安局为加强管理，制作边民出境通行证，出境人员办证后凭证件出入境。1986年，规定中国边民出境，由村、乡出具证明，到户口所在地派出所办理出境手续，领取边民出境证，经边境口岸检查登记扣留边民出境证放行，返回时领回边民出境证交派出所注销。1992年8月，云南省人民政府发布《云南省中缅边境地区中方人员出入境管理暂行规定》，保山公安外管部门和腾冲、龙陵两个边境县部分被授权办证的派出所即开始为出境人员办理中华人民共和国云南省中缅边境地区出入境通行证。出境人员在保山办证后，可从保山和云南省其他地州的中缅边境指定口岸和通道经边防检查站查验后出境。1992—1998年，共办证44095人。1998年9月，中缅边境地区出入境通行证办证工作交由公安边防部门办理。1991—2004年，保山地区共接收处理缅政府遣返人员932人，其中经审查发现负案在逃犯15人；保山非法出境人员中被缅政府军开枪打死和关押期间染病死亡者达17人。1995年，严把办证、验证关，严防非法出境务工，并深入边境口岸对聚集在口岸的非法出境人员和马帮进行劝返工作。1998年9月，中缅边境地区出入境通行证办证工作交由公安边防部门办理。2004年5月1日，启用新版中华人民共和国入出境通行证，办证对象为从保山市边境口岸出境到缅甸边境从事边境贸易和务工的非边境县常住居民。10月12日，市公安局将办证服务前移至腾冲，方便出境人员办证，年内办证6836人。边境县腾冲、龙陵的常住居民从本县边境口岸、通道出境仍由边防部门签发边境地区出入境通行证。2005年1月，省厅八处下发《关于暂停为我赴缅劳务人员办理〈中华人民共和国入出境通行证〉的紧急通知》，保山市严格按照通知要求执行，只为修筑腾密公路和从事政府替代种植以及边贸公司有组织地到境外开展边贸（非伐木、淘金）人员办理中华人民共和国入出境通行证5584本。2005年，受理审批公民出国（出境）申请7649人次，公安检查站查验出入边境管理区人员382.25万人次，交通运输工具134.27万辆次。

保山市公安局境外人员管理及公民因私出国或赴港澳台地区择年统计表

表10-7　　单位：人

年度	来保人员				边境出入境		公民因私出国或赴港澳台审批			
	外国人	华侨	港澳居民	台湾居民	中方人员出境	缅方人员入境	受理审批数	出国	赴港澳	赴台湾
1989	138	1855	472	359	3838	6826	43	12	26	5
1990	656	2204	707	964	20340	17270	64	19	43	2
1991	1456	1969	519	864	36758	23018	59	12	33	14
1992	1159	1689	711	893	63085	39567	241	202	29	10
1993	1431	1037	869	494	138840	39308	201	163	25	13
1994	1805	1666	3446	1797	99488	54463	129	84	27	18
1995	1616	49	4568	1493	123160	56476	156	90	37	29
1996	1803	37	4111	799	136071	58112	454	394	20	40
1997	1009	9314	8366	794	103392	63642	456	393	19	44
1998	1555	6050	4801	894	39863	35691	542	472	20	50

续上表 单位：人

年度	来保人员				边境出入境		公民因私出国或赴港澳台审批			
	外国人	华侨	港澳居民	台湾居民	中方人员出境	缅方人员入境	受理审批数	出国	赴港澳	赴台湾
1999	1699	10891	2188	780	74232	35973	843	772	18	53
2000	1831	18463	1005	555	79562	20503	626	564	14	48
2001	3927	15064	368	563	172490	31427	666	419	209	38
2002	2377	9565	199	365	116304	18942	1109	642	432	35
2003	1238	7607	174	499	147889	69428	991	459	502	30
2004	1185	189	144	651	153817	36232	1334	682	623	29
2005	1063	—	127	537	209086	63719	2065	1960	1082	23

三、入境人员管理

1978年6月，保山地区将腾冲县公安局3个边境派出所改为边防派出所，成立3个边境工作站，缅甸边民入境经边境工作站检查后到派出所登记，由派出所负责管理。1986年，规定缅甸入境边民当天返回者，由边防检查站签发入境卡，需在境内留宿者发给境外边民贸易区通行证，进入贸易区后先到所在地派出所登记，按指定投宿点和指定范围活动，如投宿亲友的必须向派出所申报，同意后方能投宿。1989年1月，保山地区公安处外管科成立。保山市、腾冲县、龙陵县公安局对临时来保外国人的管理，根据《中华人民共和国外国人入境出境管理法》，指定涉外宾馆，通过临时住宿登记申报掌握其基本情况。年内，全区共确定8个涉外旅馆，依法管理来保外国人138人次。

1990年7月9日，保山市，腾冲、龙陵县同时对外国人开放。1994年，将外管工作落实到基层派出所，加强临时来保外国人的管理。90年代中后期，在饮食业、宾馆、洗头、按摩等行业先后出现招聘外国人打工的情况。1999年，保山地区公安局外管科、地区人事劳动局、地区劳动就业服务局组成联合工作组，分别深入到全区各县（市）对境外缅甸边民打工就业情况进行全面清理检查，共清查聘用缅甸边民的涉外单位43家，打工就业的缅甸边民112人，督促和责令打工人员办齐境外边民临时居留证、外国人就业证和健康证明，对未持任何有效证件以及患有传染病的7名缅甸边民，依法遣送出境。同年，围绕昆明世界园艺博览会安全保卫工作，保山公安处实行境外旅客接待许可证制度。与此同时，制作中英文对照的境外人员住宿许可单位铜牌颁发给各涉外旅馆，并对56家涉外旅馆进行外管业务培训，严格执行许可制度。

2000年8月，淘汰木制胶皮签证章办理外国人签证延期的方式，启用计算机联网管理办证的外国人贴纸签证。2001年7月，全区取消对境外人员集中定点住宿的管理模式，实行凡有营业执照的旅馆都可以接待境外人员。2004年12月，保山市对持护照入境的常住外国人，按照上级公安机关的统一部署要求，将以前用手工办理外国人居留证或外国人临时居留证改变为用计算机办理外国人居留许可，贴在外国人护照签证页上与护照合并使用。至2004年年底，保山市共有涉外单位47个，有常住境外人员206人。2005年，共管理了39个国家和地区临时入境人员1727人次，为境外人员办理各种出入境证件、签证3337人次。

四、涉外案件

2000年2月1日，朝鲜人崇南册、崇帝册2人非法入境，地、市公安局外管科将2人移交武警吉林省图们边防大队带回遣送出境。2005年查处缅甸边民违反出入境管理167人。

第十节　民航安保

见《交通运输》编第五章第二节。

第十一节　林业综合执法管理

见《林业》编第四章第四节、第五章第六节。

第十一编　检　察

重温入党誓词

综 述

1978年，云南省人民检察院保山地区分院及所属五县人民检察院相继恢复重建。

1979—2005年，保山地区各级检察院机关依法开展审查批捕和审查起诉工作。并在“反扒窃”“捣黑窝”“抓综治”等专项斗争中，加强审查批捕工作，扩大批捕、起诉范围，依法严惩刑事犯罪分子。在严打整治斗争中，认真落实检察环节上的严打措施和定人、定案、定时间、包质量的“三定一包”办案制度；加强督办，引导侦查取证，依法快捕快诉；加大批捕和起诉毒品犯罪的力度。通过依法从重从快打击严重刑事犯罪，严厉打击严重危害社会治安的刑事犯罪，切实维护了社会稳定和人民的生命财产安全。

全区各级检察机关恢复重建后，严厉打击经济犯罪，立案查处贪污、贿赂、“侵权”渎职案件，侦破了一批有影响的大要案，及时为国家挽回了经济损失；通过建立检察长接待日、公布举报电话、挂设举报箱等方式，受理应由检察机关直接受理查办的控告、检举和自首，1979—2005年，共办理群众控告申诉案件2782件；开展监所检察工作，对各监管改造场所的违法情况提出纠正意见，至2005年，全市检察机关共提出纠正意见1342件次，办理监管人员职务犯罪1件1人，做到了既防止打击不力，又注重保障人权。

1979年，全区各级检察机关重建后，逐步开展法纪检察工作。此后，法纪检察业务机构逐步健全完善，办案力量不断增强。通过查处刑讯逼供、诬告陷害、非法拘禁、非法搜查、报复陷害、侵犯通讯等“侵权”、渎职犯罪案件，服务保山经济、政治建设。1994—2005年，全市检察机关法纪检察部门共受理各种案件369件465人，立案70件89人，起诉15件21人，不诉5件7人，免诉7件10人，作其他处理43件51人。

1992年，保山地区检察机关开始开展民事审判和行政诉讼监督工作，受理申诉、检举、告诉的民事、行政案件。并逐步理顺关系、疏通渠道、完善工作制度。检察机关勤勉履职，积极办案，维护法律的公正严明。至2005年，共对确有错误的判决、裁定提出抗诉10件，提请抗诉51件，向法院提出检察建议34件，同时对裁判正确的认真做好息诉工作。

全区各级检察机关恢复重建后，开展了侦查监督工作，对公安安全机关、检察院自侦部门的侦查活动是否合法进行监督，重点纠正打击不力和防止冤假错案；开展审判监督工作，对公安机关和人民检察院侦查终结移送起诉和免予起诉(不起诉)的案件进行审查，决定是否提起公诉或免予起诉(不起诉)，并对决定起诉的案件出席法庭支持公诉，对人民法院的审判活动和判决、裁定是否合法进行监督；开展执行监督，对刑事案件判决、裁定的执行和监狱、看守所、劳动改造机关、劳动教养机关的活动是否合法实行监督。

1979—2005年，保山地区各级检察机关刑事技术工作不断发展，通过受理刑事技术鉴定，为办案提供证据，提供侦查方向。1984—2005年，全区技术部门受理各类技术鉴定案

469件，通过复验检验，为办案提供证据133件，提供侦查方向31件，同意原结论109件，改变原结论24件。

第一章 机构沿革

第一节 保山市人民检察院

1978年12月，云南省人民检察院保山地区分院重建。1979年1月正式挂牌办公，接受省人民检察院和保山地委双重领导，单位级别为正处级，设检察长1人、副检察长1人。内设机构为五科一室，分别为批捕科、起诉科、法纪检察科、经济检察科、监所检察科、办公室(包括人事、信访、调研)，人员编制29人。

1986年，经云南省委批准，检察长为副专员级(副厅级)，经保山地委批准，副检察长为正处级，副检察长增加1人，并设党组副书记1人，由一名副检察长兼任，党组成员4人。1984年1月，将批捕、起诉合并设刑事检察科，增设政工科。11月，分院内设机构科改为处，并增设控申处、调研室、技术室、办公室，内设机构8个，批准设副处级检察员6名。

1988年，将侦查处分设为法纪处、经济检察处，撤销刑事检察处，分设为侦查监督处和审判监督处；将经济检察处、执行监督处、调研室分别更名为经济案件侦查处、监所监督处、法律政策研究室，增设职务犯罪举报中心(在控申处)，增设后为11个处室，人员编制58人。

1990年7月，分院配三名副检察长，院领导为一正三副。1990年4月，分院派驻税务局检察室正式成立，内设机构设立经济检察处，1991年11月，全区检察机关经济案件侦查处更名为反贪污贿赂工作局，4月设立纪检组、监察处。

1993年，经保山地委批准，政治处主任和纪检组长为副处级。内设机构经济检察处改称反贪局，8月1日增设民事行政监督处，增设后，内设机构为14个处室局，人员编制65人，实有人数61人。

1994年，人员编制增加到76人，设派驻保山地区禁毒劳教所检察室。1995年，设烟草检察室(派驻)、错案追究办公室(在控申处)，增编3人，为79人。

1996年，根据省委组织部、省人民检察院相关规定，保山地委批准保山检察分院纪检组长、政治处主任、反贪局长为正处级。同年，将审判监督处更名为起诉处。1997年，政治处内设组织人事科、宣传教育培训科(科级)，反贪局内设综合科、侦查一科、侦查二科(科级)，增设警务处。内设机构为13个，撤销烟草、税务派驻检察室，人员编制79人。分院内设科级领导职位34个(其中正科级检察员含非领导职位14个，副科级含非领导职务22个），科员21个，办事员1个。院领导一正三副，检察员中设副处级检察员14名。

2001年8月，保山撤地建市，云南省人民检察院保山分院更名为保山市人民检察院，行政上仍实行受省检察院和市委双重领导，院领导为一正三副。

2002年，市院政法专项编制由原79人精简为71人，院领导职数仍为一正三副，政治处、纪检组、反贪局正职仍按同级院副职配备；内设机构仍为13个。

2003年，起诉处更名为公诉处。其余不变。

2005年5月，渎职犯罪检察处更名为反渎职侵权局，内设机构在原来基础上新增设人民监督员办公室、毒品案件公诉处、行政装备处。增设后的内设机构为16个：办公室、政治部、反贪局、侦查监督处、公诉处、民事行政检察处、监所检察处、反渎职侵权局、控告申诉检察处、刑事技术检察处、职务犯罪预防处、法律政策研究室、监察处（纪检组）、人民监督员办公室、毒品案件公诉处、行政财务装备管理局。人员编制87人（政法专项编制79人、工勤人员编制2人、司法警察事业编制6人）。

第二节　保山市检察院检察委员会

1979年，云南省人民检察院保山地区分院设立检察委员会。主要职责是研究讨论重大疑难案件，讨论决定重大案件和其他重大问题等。检察委员会由检察长主持，检察长不在时，由受委托的一名副检察长主持。检察委员会委员由检察长、副检察长（法定检察委员）和从办案经验丰富的资深检察官中选任，检察委员会委员须经同级人大常委会任命。2001年8月，保山撤地设市，云南省人民检察院保山分院检察委员会更名为保山市人民检察院检察委员会。2005年保山市检察院检察委员会由检察长，副检察长，反贪局长，公诉处、侦查监督处主要负责人共8人组成。

第三节　县（区）人民检察院

1978年8月，中共保山地委首先批准施甸、昌宁恢复重建县级人民检察院。年末至次年初，保山地区所属五县县级人民检察院全部完成恢复重建。此后，各县相继建立县检察委员会。

保山县改市后，1984年2月，保山县人民检察院改名为保山市人民检察院。2001年7月保山撤地建市后，县级保山市改设为隆阳区，原保山市人民检察院更名为隆阳区人民检察院。

1984年年底，根据省检察院和省司法厅联合发出的《关于在两劳动场(所)建立驻场(所)检察组的通知》，昌宁县检察院在云南省第15劳改支队（即昌宁县湾甸劳改农场）派设驻场检察组（后更名为检察室）。2004年5月，昌宁监狱迁往保山，驻昌宁监狱检察室撤销。

2005年10月10日，云南省检察院大要案指挥中心腾冲猴桥边境协查站挂牌成立。

至2005年年末，保山市所属五县（区）人民检察院机构不变，人员编制最多的隆阳区为76人，其余各县均在30～40人之间。

第二章　检察权行使

第一节　刑事检察

1979年，审查批捕主要依据1979年《逮捕拘留条例》规定，审查起诉主要根据保山地区公、检、法三机关联合制定的《关于批捕、起诉、移送、受理案件范围的决定》，实行个人阅卷、集体讨论、检察长审核、报党委批准的程序制度。

1980年，《中华人民共和国刑法》《中华人民共和国刑事诉讼法》正式公布实施，审查批捕、审查起诉工作按照《中华人民共和国刑法》规定犯罪构成要件和《中华人民共和国刑事诉讼法》规定的逮捕、起诉条件，以及审查逮捕和审查起诉程序进行，逮捕、起诉人犯不再报党委批准。

1981年至1983年7月，根据中央批转的《京、津、沪、穗、汉五大城市治安座谈会纪要》的精神，贯彻依法"从重从快"打击犯罪的方针，以整顿社会治安为中心，对杀人、放火、抢劫、强奸、爆炸及其他严重破坏社会秩序等重大刑事犯罪分子依法从重从快打击，有效控制了社会治安混乱的局面。

1983年8月至1986年12月，根据中央《关于严厉打击刑事犯罪的决定》，开始了严厉打击严重刑事犯罪分子的三大战役，重点打击七类重大刑事犯罪，全区检察机关坚持贯彻中央的决定，认真落实检察环节上的严打措施，定人、定案、定时间，包质量的"三定一包"办案制度，保证了严打的顺利进行。在三年零五个月的"严打"斗争中，共批捕4413人，提起公诉4234人。

1987—1991年，根据上级检察院和各级党委的统一部署，先后开展了"反扒窃""禁毒害""捣黑窝""抓综治"等专项斗争。为了加强审查批捕工作，1987年6月，按照上级检察院"侦、诉分开"的指示，撤销刑事检察处（科），成立侦查监督处（科）和审制监督处（科）。批捕、起诉的范围从受理公安安全机关提请批捕、移送起诉的案件，扩大到受理检察机关自侦部门提请批捕、移送起诉的案件。

1992—1993年，审查批捕、审查起诉以邓小平视察南方重要谈话及有中国特色社会主义理论为指导，继续深入贯彻依法从重从快打击严重刑事犯罪的方针，同时根据党的十四大精神和反腐倡廉的有关规定，按照上级院的部署，从严惩治经济犯罪，坚持"一要坚决，二要慎重，务必搞准"的原则，严格区分罪与非罪、此罪与彼罪的界限，严防错漏和严把案件质量关。

1994—1998年，全区检察机关按照“严格执法，狠抓办案”的工作方针，把维护社会稳定作为重大政治任务，严厉打击严重危害社会治安的刑事犯罪，与有关部门配合，开展多种形式的集中打击和重点整治，先后开展“严打”集中统一行动和“扫黄”“打非”除恶等专项斗争，依法严惩了一大批严重刑事犯罪分子。1997年，全国人大分别对《中华人民共和国刑法》《中华人民共和国刑事诉讼法》做了修改，检察机关按照修订后的两法规定办理批捕起诉案件。

1999—2000年，贯彻中央提出的“稳定压倒一切”的方针，重点打击危害社会治安和人民生命财产安全严重刑事犯罪、特别是杀人、抢劫、强奸、爆炸等暴力犯罪，流窜犯罪、团伙犯罪，同时根据保山毒品犯罪日益严峻的形势，加大批捕起诉毒品犯罪的力度，共批捕毒品案件231件454人，分别占批捕总数的17.8%和21.8%。起诉199件409人，分别占起诉总数的17.7%和18.7%。

2001—2005年，全市检察机关继续开展严打整治斗争，把爆炸、杀人、强奸、抢劫等严重暴力犯罪，偷盗、抢夺等严重影响群众安全感的多发性犯罪和毒品犯罪作为打击的重点，对重大案件实行领导挂牌督办，定人员，定时间，适时介入，引导侦查取证，依法快捕快诉，有力地打击了犯罪分子的嚣张气焰。5年共批准逮捕各类刑事犯罪嫌疑人9847人，提起公诉10337人。

第二节　反贪污贿赂、渎职侵权检察

1979—1981年，保山地区检察机关恢复重建后，根据法律规定和上级检察院的指示，地、县两级院成立经济检察机构，查处严重违法乱纪案件、经济犯罪案件和接待人民群众来信来访。1980年，随着经济犯罪案件的增多，成立经济检察科（股）和法纪检察科（股）。机构完善，力量增大，查处案件增多，三年共查处各类经济法纪案件114件。

1982—1986年，根据中央提出《坚决打击经济领域中的严重犯罪活动的紧急通知》及全国人大常委会《关于严惩严重破坏经济犯罪的决定》，各级检察机关严厉打击经济犯罪和“侵权”渎职犯罪，查办案件效果明显，共立案查处各类经济、侵权，渎职犯罪案件401件。

1987—1989年，根据上级检察院的要求，法纪、经济两个检察处改为法纪案件、经济案件侦查处，实行侦诉分开，专司职务犯罪案件侦查工作，全区检察机关把查处贪污、贿赂、侵权渎职犯罪作为重点，共立案查处贪污贿赂、侵权渎职犯罪案件360件，为国家和集体挽回经济损失354.5万元。特别是1989年，最高人民法院、最高人民检察院公布《关于贪污、贿赂等犯罪分子必须在期限内自首坦白的通告》，地委、行署在地市直机关科以上干部传达《通告》后，形成严打声威，检察机关迎来了打击经济犯罪的新高潮，有49名经济犯罪分子向检察机关自首，检举揭发240件重大犯罪线索，全年查办贪污、贿赂案件186件，是全区检察机关重建至此查处职务犯罪案件最多的一年。其间，共有18名干警立功受奖，54名干警受到表彰，保山市院经济检察处受到最高人民检察院的表彰。1989年1

月，分院向行署税务局派驻税务检察室，专门受理偷、漏、抗税案件，以及税务人员贪污、贿赂犯罪案件。

1990—1993年，这时期反贪污贿赂工作以稳定政治、发展经济、安定社会为指导思想，按照上级检察院的部署，分院制定《关于深入持久地开展反贪污贿赂斗争的办案措施》，号召全区检察干警再接再厉、坚持严打声威、再掀斗争新高潮，突出重点，集中力量查处党政机关、司法部门、行政执法、经济管理部门工作人员的经济犯罪案件。同时针对发案单位暴露出来的问题，积极开展预防犯罪的综合治理工作，共查处贪污、贿赂、“侵权”渎职案件425件。

1994—1998年，全区检察机关把查办贪污、贿赂、渎职犯罪案件放在首要位置，不断加大工作力度，提高工作水平，及时研究和掌握贪污、贿赂、渎职犯罪的动向。1997年，修订后的《中华人民共和国刑法》《中华人民共和国刑事诉讼法》颁布实施，自侦案件的范围减少，侦查活动受到更加严格的限制，查办职务犯罪面临新的挑战。全体干警一方面努力钻研法律知识，苦练基本功；另一方面主动出击、广辟案源，不仅立案数逐年上升，还侦破了一批有影响的大要案。如保山地区运政管理处财务科长赵某某挪用公款230万元案，原地区复烤厂会计李某某伙同马某挪用公款267.2万元案，原地区勘测设计院院长方某某（副处级）贪污公款3.3万元案等。

1999—2000年，全区检察机关根据中央关于深入开展反贪污贿赂斗争的要求，共立案查处贪污、贿赂、渎职犯罪案件171件，其中大案49件，100万元以上的有3件。如原地区财政局文教行政科科长杨某某贪污公款124万元案，原保山市木材公司副经理朱某某等人私分国有资产100多万元案等。

2001—2005年，共立案查处贪污、贿赂、渎职犯罪案件331件、373人，为国家和集体挽回经济损失3000余万元。其特点：第一，大案增多。有95件，108人，其中百万元以上大案13件。昌宁县烟草公司原供销科长王某某贪污300余万元案。第二，处级干部犯罪时有发生，年均查处2件以上，如龙陵县原副县长张某某挪用公款30余万元案，保山电大原校长吴某某（正处）受贿23.5万元案。第三，金融领域职务犯罪突出，如龙陵县建设银行前后三任行长等6人贪污受贿案。第四，国有企业改革和经营活动中的侵吞、挪用国有资产的犯罪严重，共立案查处127件，144人。第五，农村基层站所工作人员职务犯罪案件增多，共立案查办102人，如隆阳区河图镇廖官村委会原主任聂某某等7人贪污27万元案。第六，犯罪后潜逃增多，共追捕抓获在逃职务犯罪嫌疑人18人，追回赃款308万余元。

第三节　监所检察

1983年前，监所检察基本与“文化大革命”前相似，主要是对看守所、劳动改造机关进行定期、不定期的检察。1984年，昌宁县人民检察院在云南省第15劳改支队（即昌宁县湾甸劳改农场）派设驻场检察组（后更名为检察室）进行经常性的检察。1985年后，全区检察机关对市、县看守所派专职检察员或助理检察员开展检察工作，1995年地区检察分院向地区禁毒劳动教养所派驻检察室。

至2005年，全市检察机关共对各监管改造场所的违法情况提出纠正意见1342件次，其中2001—2005年共审查减刑案件4577件，假释238件，保外就医51件，发现减刑、假释、保外就医不当88件，均建议作出了纠正。办理监管人员职务犯罪1件1人。既防止打击不力，又注重保障人权。如李某某因贩毒被判处死刑，在复核期间揭发同伙重大犯罪线索，并经公安机关查证属实，检察机关认为有重大立功表现，在两次执行前，及时向法院反映情况，省高级法院改判李某某死刑缓期两年执行。

第四节　民事行政检察

全市民事审判和行政诉讼监督，开始于1992年。各级人民检察院边组建机构，边摸索开展民事行政监督工作。为让广大人民群众看到申诉有门，懂得怎样才能申诉，检察机关通过报刊、广播电视等媒体向社会做好广泛宣传。凡当事人或其他公民、有关组织认为人民法院一审、二审、再审已经发生法律效力的民事(经济)、行政判决、裁定有错误而申诉或检举、告诉的案件的民事、行政案件，除人民法院已裁定再审的、解除婚姻关系的、依照有关规定不应受理的以外，各级人民检察院均予受理。逐步理顺关系、疏通渠道、完善必要的工作制度，建立起受案登记、专人审查、结案处理、移送案件、备案审查、出庭抗诉、计划、总结等一些工作业务制度。在工作中，检察机关勤勉履职，积极办案，维护法律的公正严明。热情接待信访，积极细致地做好法律咨询服务，对其申诉无论是否有理，均做到既热情耐心地听取其申诉理由，又与来访者共同学习法律政策，做好思想疏导工作，使他们有气进门，消气离去。如在办理申诉人刘某某(精神病患者)的申诉案中，其父亲多次向有关部门申诉均无效果，经检察机关多方努力、秉公办案，为其挽回了经济损失，受到申诉人父亲的好评；又如1994年8月18日，申诉人张某某到检察机关申诉其“尚不知道判决，却收到了保山市法院的执行通知书，请求检察机关为其做主”。经审查，申诉人是收到执行通知书时终审判决书还未送达。此申诉案，属保山市人民法院违反法定程序，经口头提出纠正，法院作裁定终止执行。再如杨某某、李某申诉案，经审查，口头提出纠正意见后，法院不予采纳。根据判决认定事实中存在的主要问题，向中级人民法院发出了《检察纠正建议书》后，法院作了纠正。如腾冲国新商号诉旅缅归侨胡某某欠款案，一审法院判胡某某败诉，胡某某不服向人大申诉，人大交检察机关抗诉后，二审法院撤销一审判决，驳回国新商号的诉讼请求，维护了诉讼当事人的合法权益。

至2005年共对确有错误的判决、裁定提出抗诉10件，提请抗诉51件，向法院提出检察建议34件。同时对裁判正确的认真做好息诉工作。

第五节　控告、申诉检察

1979年1月，全区检察机关重建后，在法纪检察部门设兼职人员处理群众来信来访工作，1982年，划归办公室或秘书科，1984年，又归法纪检察部门。同年12月，分院成立控告申诉检察处，五县（市）院成立控告申诉检察科。1988年11月，全区检察机关在控告申诉处（科）设立“犯罪案件举报中心（站）”，实行一套班子，两块牌子。

各级检察院机关建立检察长接待日制度，各院正副检察长除平时亲自接待处理信访外，规定并向社会公布每月15日为检察长接待日。向社会公布举报电话（保山分院罪案举报中心设在保山市二府街13号，举报电话2122447），挂设举报箱，受理贪污、贿赂、挪用公款、偷税抗税等经济犯罪案件及侵犯公民民主权利、渎职犯罪等应由检察机关直接受理查办案件的控告、检举和自首。召开新闻发布会，发表电视讲话，宣讲举报犯罪的程序、方法和保护举报人合法权益的措施，规劝、敦促犯罪分子认清形势、主动投案自首。检察机关受理举报、自首，坚持法律面前人人平等的原则，坚决秉公执法，凡自首坦白悔罪的将给予从宽处理。对举报行为提供法律保护，对举报人的姓名和举报内容严格保密，对举报人进行阻挠、打击报复者依法处理。对举报有功人员，根据案件大小，提供证据材料可靠程度给予适当物质奖励。做好来信来访工作将信访中发现的重大社会动态及时向党委报告，起好党委的参谋作用；积极帮助调解人民内部的突出纠纷，避免矛盾激化，减少恶性案件发生；积极办理山林、土地等纠纷，为经济建设服务。

1979—2005年，共办理群众控告申诉案件2772件。

第六节　刑事技术检察

1979—1984年，龙陵县人民检察院在全区首先设置了刑事技术室，分院和保山、昌宁、施甸3县院配备了法医检察员，主要配合办案开展一些刑事照相、法制宣传和参与公安现场勘验工作。1985年1月，全区各院建立刑事技术室，配备技术人员7人，其中法医检验员5人，文、痕检验和刑事照相人员2人。1986—1987年，先后选送9名刑事技术骨干到西南政法学院、广州中山医学院培训。同时分院刑事技术室也组织了现场勘验观摩和刑事照相培训。全区逐步开展起现场勘验、尸体检验和刑事照相等工作。1988年，刑事技术工作有较快发展，除施甸县院尚未建立技术室外，分院和其他县（市）检察院将技术室统改成处、科，共有刑事技术人员9人，其中有法医检验员5人，文检兼照录像1人，刑事照相3人；购置了摄像机、照相机、放大机、勘察照明器、对比投影仪、勘察箱、法医解剖箱，日产奥林巴士显微镜、小型收录机、电热煮沸消毒等检验设备；积极办理技术检验案。当年全区受理法医检验案75件，其中尸表检验案27件、尸体解剖检验案7件；进行现场、物证、书证、人犯、法庭审理、法制宣传等照相135套，制作照片1868张，现场录像4部，制作法制宣传录像片2部，录制新闻报道片4部，到市中心街道和农村放映法制宣传教育片9部，受教育者达12000余人次；提供刑事技术咨询20余项，参与公安、法院进行技术性疑难案件讨论鉴定12次。如龙陵县委组织部长杨某某贪污党费文字检验案，该犯掌握上千张党费上缴单据。为确定其有无贪污犯罪事实，对每张单据进行笔迹检验。检验结果表明杨犯亲笔书写单据共34张，共贪污党费2829.79元。此鉴定为起诉、判处杨犯贪污罪行起了决定性作用。1989—1990年，全区各院刑事技术处（科）业务机构全面建立健全起来，人员增加到11人。有法医检验7人，文检兼照录像4人。1991—1993年，建立起保山地区检察机关技术鉴定服务中心，拓宽了技术服务渠道。

1984—2005年，全区技术部门受理各类技术鉴定案469件，其中法医检（勘）验案340件，文痕迹检（勘）验案77件，物证照录像423件，自侦现场勘验37件，参与公安机关勘（复）验现场133件。通过复验检验，为办案提供证据133件，提供侦查方向31件，同意原结论109件，改变原结论24件，出具鉴定书、检验报告、分析意见书469份。

第七节　法纪检察

1979年，保山地区检察机关重建后，逐步开展法纪检察工作。1988年实行侦、诉分开，完善检察机关内部法律监督制度，法纪检察部门成为渎职侵权等犯罪案件的侦查职能机构。

1980—1981年，法纪检察业务机构逐步健全完善，办案力量由16人增加到21人。其间共受理各种严重违法乱纪案64起，立案侦查40件，逮捕人犯16人。其中刑讯逼供案13件，诬告陷害案5件，非法拘禁案6件，非法搜查4件，非法侵入他人住宅案5件，其他案7件。向法院提起公诉7件10人，免予起诉4件7人，撤案转有关部门作党政纪处理29件32人。起诉案件均作了有罪判决。

1982—1986年，是全区“严打”斗争的高潮时期，大部分法纪检察干部被抽调参与严厉打击严重刑事犯罪和经济犯罪的中心工作，只留少数干部查处法纪案件。5年间共受理“侵权”、渎职犯罪案件线索135件，决定立案49件。其中刑讯逼供案2件，诬告陷害案3件，非法拘禁案20件，非法搜查、报复陷害、侵犯通信自由案各1件，玩忽职守案5件，重大责任事故案7件，重婚案3件，其他违法乱纪案6件。逮捕人犯36人。侦查终结44件，提起公诉32件49人，法院均作了有罪判决；免予起诉8件11人，撤案转有关部门作党政纪处理4件6人。从起诉、免诉人员身份看，国家机关工作人员23人，基层自治组织工作人员11人，其他人员26人，中共党员11人。

1987—1991年，全区检察机关共受理各类违法乱纪案件280件419人，经审查或初查，决定立案侦查80件129人，其中非法拘禁22件45人，诬告陷害3件3人，非法搜查或非法侵入他人住宅4件5人，刑讯逼供、报复陷害、侵犯通信自由、泄露国家机密、徇私枉法各1件共7人，玩忽职守17件24人，重大责任事故13件20人，重婚5件9人，其他11件16人。

重特大案件占立案总数8.75%和13.18%，逮捕人犯54人。侦查终结79件126人，决定移送审查起诉50件79人，决定移送审查免予起诉17件28人，撤案处理12件19人，未结案1件3人。对未立案或撤案处理的217件318人分别移交有关部门作党政处理。

1994—2005年，全市检察机关法纪检察部门共受理各种案件369件465人，立案70件89人，起诉15件21人，不诉5件7人，免诉7件10人，作其他处理43件51人。2005年5月法纪案件检察处更名为反渎职侵权局。

全市检察机关各类业务数据统计表

表11-1

年度	职务犯罪案件（件）	批捕案件		起诉案件		刑罚执行纠正违法（次）	民事行政案件		控告申诉案件（件）
		件	人	件	人		抗诉	提请抗诉	
1979	13	—	128	159	177	—	—	—	33
1980	31	—	311	224	278	3	—	—	78
1981	55	—	531	366	543	17	—	—	115
1982	80	—	649	439	687	31	—	—	52
1983	83	—	1944	963	1496	36	—	—	120
1984	59	—	1086	991	1483	43	—	—	122
1985	50	—	687	414	575	21	—	—	140
1986	66	—	690	448	619	37	—	—	111
1987	69	—	724	475	672	25	—	—	102
1988	85	—	776	47	670	58	—	—	54
1989	192	—	1130	681	1047	67	—	—	46
1990	106	—	992	684	1151	52	—	—	50
1991	109	—	1215	688	1101	30	—	—	31
1992	86	—	1154	722	1186	36	—	—	37
1993	72	—	1071	664	1096	115	—	—	23
1994	86	776	1264	743	1174	428	—	—	232
1995	105	696	1084	701	1162	206	—	—	189
1996	69	623	1018	637	1019	54	—	—	77
1997	81	609	879	597	899	20	—	—	74
1998	69	619	903	629	963	—	2	7	120
1999	84	704	1068	718	1105	—	—	3	113
2000	87	733	1097	722	1169	1	2	9	117
2001	87	1035	1639	967	1563	—	1	12	180

续上表

年度	职务犯罪案件（件）	批捕案件		起诉案件		刑罚执行纠正违法（次）	民事行政案件		控告申诉案件（件）
		件	人	件	人		抗诉	提请抗诉	
2002	70	1119	1797	1177	1934	—	2	3	98
2003	50	1242	2050	1227	2015	—	1	2	132
2004	57	1498	2362	1635	2661	1	1	8	141
2005	56	1249	1940	1514	2364	62	1	7	185
合计	2057	10903	30189	19232	30809	1343	10	51	2772

第三章　监督权行使

第一节　侦查监督

1978年，各级检察机关恢复重建后，即开展了侦查监督工作，主要对公安安全机关、检察院自侦部门的侦查活动是否合法进行监督，重点纠正打击不力和防止冤假错案。在审查中，检察院认为有必要时，直接对某些证据进行核实。在查清上述问题的基础上，如果被告人已构成犯罪，按照国家法律、应逮捕的，即予批准逮捕，并制作《批准逮捕决定书》，送公安机关执行；对尚未构成犯罪、犯罪情节轻微，或犯罪情节虽然较重，但因被告人已投案自首、坦白立功，依法律可以从宽免予追究刑事责任的，则不予批准逮捕；对于主要犯罪事实尚未查清或尚不能证实的案件，应退回公安机关补充侦查，并制作《退回补充侦查意见书》，连同全部材料退回公安机关。待公安机关补充侦查后，再将补侦的结果连同原有侦查材料移送检察机关重新审查。

1997年《中华人民共和国刑事诉讼法》修改后，两级检察机关加强了立案监督工作，注重解决有案不立、有罪不纠、以罚代刑的问题。

1979—2005年，全市检察机关通过侦查监督，共决定追捕漏犯323人，决定追诉179人，决定不批准逮捕1748人，决定不起诉554人，监督公安机关立案133件，对违法侦查活动提出纠正建议937次。如市院在审查刘某某走私毒品一案中，发现侦查机关未移送同案犯段某某，经追诉后法院以走私毒品罪判处段某某有期徒刑15年。

第二节　审判监督

1979年起，全区各级检察机关即开展审判监督工作。主要是对公安机关和人民检察院侦查终结移送起诉和免予起诉(不起诉)的案件进行审查，决定是否提起公诉或免予起诉(不起诉)，并对决定起诉的案件出席法庭支持公诉，对人民法院的审判活动和判决、裁定是否合法进行监督。对犯罪事实不清或证据不够确凿可靠的，具体提出补充侦查的意见，连同卷宗退回公安机关。对决定免予起诉或不起诉的，如果被告人在押，立即予以释放，并发给释放证明书。

1979—2005年，全市检察机关通过审判监督共对审判活动中的违法情况提出纠正意见90次，对人民法院确有错误的刑事判决、裁定依法提出抗诉173件。如原保山市烟草公司荣昌商号经理尹某某挪用公款，一审法院判其无罪，检察机关依法提出抗诉后，省高级人民法院以挪用公款罪改判尹某某有期徒刑15年。

第三节　执行监督

1980年即开展对刑事案件判决、裁定的执行和监狱、看守所、劳动改造机关、劳动教养机关的活动是否合法实行监督工作。第一，对刑罚变更执行的监督，防止和纠正不当减刑、假释、暂予监外执行；加强对刑罚交付执行的监督，防止和纠正不依法交付执行等问题。第二，对社区矫正的监督，防止和纠正社区服刑罪犯脱管漏管等问题。第三，对特赦活动的监督，确保“不错放一个，不漏赦一个”。第四，对羁押必要性的审查，减少不必要羁押。第五，对羁押期限的监督，集中清理纠正久押不决案件。第六，对指定居所监视居住执行活动的监督，维护被监视居住人合法权益；加强安全防范检察，维护监管场所秩序安全稳定；推动纠正和预防冤假错案，切实保障在押人员合法权益。当年纠正违法行政执行3次。此后每年都纠正违法刑罚执行案件十多件至数十件不等。1993年增至115件，最多的1994年为428件。1998—2004年间，违法刑罚执行案件纠正降至最低，有两个年份为1件，其他年份为0件。2005年，上升至62件。

第四章　大案专记

第一节　杨如林贪污、巨额财产来源不明案

杨如林系保山地区行署财政局文教行政科原科长，因涉嫌贪污公款罪、巨额财产来源不明罪于2000年6月17日被刑事拘留，同月28日被检察机关逮捕。

经审理查明，1996年9月17日至1999年12月16日，杨如林在担任保山地区行署财政局文教行政科长期间，采用虚列支出，假冒他人之名领取公款的手段贪污公款达1282400元。具体犯罪事实如下：(一)1996年9月17日，保山地区行署财政局和教委联合发文一份，杨如林以“杨荣金”之名冒领拨辛街干沟小学8万元款进行贪污。1998年4月8日，杨如林变造保山行署财文字〔1998〕第9号文件内容，将公款拨入教委转拨辛街干沟小学162800元后冒领进行贪污。1999年8月6日，杨如林变造保署财文字〔1999〕第24号文件内容，将公款拨入保山行署教委转拨辛街干沟小学139700元，以“徐正发”之名冒领进行贪污。1999年12月16日，杨如林变造保署财字〔1999〕第115号文件内容，将公款拨入教委转拨辛街干沟小学38900元，以“徐向发”之名冒领进行贪污。被告人杨如林四次贪污拨教委公款38.86万元。(二)1996年10月24日，杨如林变造保署财文〔1996〕第178号文件拨行署卫生局安排三项补贴费转拨施甸县卫生局设备9万元。同年12月17日，杨如林以施甸县人民医院之名冒领进行贪污。(三)1998年12月2日，地财政局保署财文〔1998〕第168号文件拨行署民委民族机动金，转拨辛街干沟小学29万元。同月4日杨如林以“徐顺发”之名冒领进行贪污。1999年8月9日，杨如林变造保署财文〔1999〕第47号文件内容，拨民族宗教局民族教育经费转拨辛街干沟小学校舍欠款补助11.6万元。杨如林于同年11月17日以“徐正旺”之名冒领进行贪污。杨如林二次贪污拨民宗局公款40.6万元。(四)1998年4月8日、11月17日，杨如林两次变造保署财文〔1998〕第9号、161号文件，拨行署接待处款19.29万元。1999年6月1日、12月16日，杨如林又两次变造保署财文〔1999〕第24号、116号文件拨行署接待处款31.51万元。上述四次拨款50.8万元。杨如林用要来的发票和无发票九次向行署接待处领款39.78万元进行贪污。

杨如林自1978年12月参加工作至2000年6月，工资及过节费、福利费收入总计89969.81元。其妻子李某某自1977年10月参加工作至2000年6月，工资总收入总计90491.35元。1986年至2000年6月，杨如林全家三人消费支出108510元。经查明杨如林家庭全部财产价值2164465.57元。减去贪污部分及利息1311345.19元、其胞妹杨如林建房款17万元及合法财产71951.16元。尚有611169.22元杨如林及其家庭成员不能说明其合法来源。

杨如林于1995年12月13日将地财政局保署财文字据950301号“关于安排新增人员及调整工资经费的通知”文件变造为“关于安排教育专项经费的通知”文件拨款7万元。1995年12月18日，将保署财文字〔1995〕328号明传电报“关于请求下达旅游发展基金的函”变造为“支出预算指标通知”拨款14万元。1996年4月15日，将保署财文字〔1996〕第31号“关于下达1996年经费预算包干指标的通知”文件变造为同标题，内容不同的文件拨款13万元。1996年4月12日，将保署财文字〔148〕号“关于安排行政事业单位离退休人员晋升职务、级别工资经费的通知”文件变造为标题相同，内容不同的文件拨款14万元。1996年12月24日，将保署财文字〔1996〕号178号“关于安排三项补贴经费的通知”文件变造为标题相同，内容不同的文件拨款8万元。1997年6月2日，将地财政局与地区民政侨务局联发的保署财文字〔1997〕29号、保署民侨〔1997〕38号“关于拨给特大自然灾害救济补助款的通知”文件变造为“关于安排专项经费的通知”文件拨款16.69万元。1997年10月29日，将保署财文字〔1997〕第183号“关于安排新增人员、零星调资及特殊补贴经费的通知”文件变造为“关于安排一次性专项补助经费的通知”文件拨款6.8万元。1998年11月13日，将保署财文字〔1998〕161号“关于安排增人员及零星调资经费的通知”文件变造为“关于安排新增人员及零星调资经费的通知”文件拨款3.5万元。杨如林变造的8份文件共拨款82.99万元。致使国家专项资金未得到合理使用。杨如林身为国家机关工作人员，利用职务之便，采用虚列支出，假报冒领的手段侵吞公款128.24万元；多次变造国家机关公文，致使国家财产82.99万元未得到合理使用；所有的财产超过合法收入611169.22元不能说明其来源。其行为已构成贪污罪、变造国家机关公文罪、巨额财产来源不明罪。

2001年1月15日，经保山地区中级人民法院以被告人杨如林犯贪污罪、判处无期徒刑，剥夺政治权利终身，并处没收个人全部财产；犯变造国家机关公文罪，判处有期徒刑六年；犯巨额财产来源不明罪，判处有期徒刑三年，合并决定执行无期徒刑，剥夺政治权利终身，并处没收个人全部财产。

第二节　吴某某受贿案

吴某某，男，原云南省广播电视大学保山分校校长，因涉嫌受贿罪于2004年3月17日被刑事拘留，同月26日被检察机关逮捕。

经审理查明：2001年8月张某某得知云南省电大保山分校要建盖教学大楼，便多次找到被告人吴某某，要求建盖该大楼，并答应给吴某某3%的好处费。2001年10月20日，张某某以保山鹏程建筑有限责任公司的名义中标后，在隆阳区河图建筑公司第二施工队项目经理段某某（构成行贿罪，被判处有期徒刑一年，缓刑二年）答应给其24万元人民币及代其送给吴某某20万元时，又将该工程转包给段某某。段某某接到工程后，从2001年10月至2004年，时任保山电大分校校长及其基建领导小组成员的吴某某，多次收受段某某送给的人民币，共计22.4万元，其间还收受了市勘察设计院杨某某、保山市蓝网公司李某某、保山陵峰工程监理有限公司范某某和张某某送给的人民币1.1万元。

2004年9月12日，经隆阳区人民法院审理，吴某某在云南省电大保山分校建设综合楼工程期间，身为该校校长、基建领导小组成员，收受他人贿赂人民币23.5万元，构成受贿罪，被判处有期徒刑六年。吴某某不服一审判决提出上诉，保山市中级人民法院于2004年11月5日审理，驳回上诉维持原判。

第三节　钟某受贿案

钟某，男，原龙陵县委副书记、县长，因涉嫌受贿罪，于2006年5月7日被刑事拘留，同月30日被检察机关逮捕。

经审理查明，2004年1月至2006年2月，钟某在任中共龙陵县委副书记、县人民政府县长期间，利用职务之便，为他人谋取利益，多次非法收受他人人民币达100.5万元。具体犯罪事实如下：（一）钟某在任职期间，多次以公务接待为由，安排政府办公室、接待办公室，到腾冲县杨某某的如意珠宝店选购了80余万元的珠宝玉器。为此，在钟某宿舍，杨某某于2004年、2005年春节前，两次送给钟某人民币5000元、2000元，以感谢钟某的关照。2005年10月20日，钟某到腾冲找到杨某某，以需要资金为由，向其提供了户名为蔡某的账号。次日，杨某某将30万元人民币回扣汇到该账号。（二）2003年11月，云南全库商品调剂网络公司董事长俞某某到龙陵注册成立了龙陵县宏发铁矿开发有限责任公司。在该公司成立和经营过程中，钟某多次利用职务上的便利，帮助该公司协调处理因环境污染、青苗补偿、用工等问题与当地群众发生的纠纷。为此，在龙陵全顺酒店，俞某某于2004年1月、3月间，两次送给钟某人民币5万元、10万元，以感谢钟某对其关心和帮助。2005年3月，钟某与杨某某等人合伙购买腾冲宏粮酒店，因资金不足，俞某某借给钟某250万元。后钟某归还了200万元。在还款期间，为继续得到钟某的关心和帮助，俞某某将还没归还的50万元送给了钟某。（三）龙陵县鑫兴硅厂厂长赵某某在投资建厂及经营过程中，为感谢钟某对其建厂时的帮助，以及请钟某出面协调其用电问题，于2005年春节及中秋节，分别在钟某宿舍、龙陵县鑫兴硅厂，赵某某两次送给钟某人民币各1万元。（四）龙陵县鸿成林化有限公司王某某为请钟某出面，协调该公司进入国有林采集松脂事宜，于2006年2月间，到钟某家送给钟某人民币1万元。

鉴于以上犯罪事实，保山市中级人民法院于2007年1月9日以受贿罪判处钟某有期徒刑10年，赃款人民币100.5万元依法追缴。判决后，检察机关又发现钟某还利用职务之便，通过政府协调，决定由云南恒川投资开发有限公司开发经营龙陵县龙川江腊寨水电站，收受该公司法定代表人丁某某感谢费人民币21万元的犯罪事实，予以追诉，2007年4月6日，保山市中级人民法院再次审理判处钟某有期徒刑五年，合并决定执行有期徒刑12年，赃款人民币21万元依法追缴。

第四节　舒相辉等三人故意杀人、抢劫案

被告人舒相辉，男，云南省腾冲县人，农民。

被告人刘兴政，男，云南省腾冲县人，农民。

被告人张某，男，云南省昌宁县人，非农户。

上列三被告人因涉嫌故意杀人、抢劫于2004年10月6日被腾冲县公安局刑事拘留，同月12日经腾冲县人民检察院批准逮捕。

2004年9月，被告人舒相辉与黄某某因生意上和生活中的事产生矛盾，遂产生杀死黄某某的念头。同月28日，舒相辉找到被告人刘兴政、张某，叫二人把黄某某杀死，并许诺事成后给二人3万元人民币的报酬。同年10月1、2日三人到腾冲县滇滩镇滇滩街子准备好铁锤、胶把钳、铁丝等作案工具，在滇滩街子两次准备对黄某某下手，因有人在场未得逞。同月4日，舒相辉指使刘兴政、张某到腾冲县宏粮歌舞厅202KTV包房内，将事先准备好的三唑仑放入易拉罐啤酒中后，打电话约黄某某到202KTV包房玩，黄同其女友普某一起到歌舞厅后，刘、张二人将装有三唑仑的易拉罐啤酒给黄某某喝下致其昏迷后，由舒相辉驾驶云M0379号红牌三菱车到宏粮歌舞厅将刘兴政、张某、黄某某、普某接出，伺机对二人下手。次日凌晨2时许，舒相辉将车开到腾冲县腾越镇观音塘环西路时，以车坏为由叫刘兴政、张某、普某推车，三人下车后，刘兴政、张某用事先准备好的铁锤朝普某头部猛击数下，致普某当场死亡，并抢劫了普某的挎包，三人将包内财物瓜分。之后，三人将黄某某拉到腾冲县来凤山森警中队后面的路边，刘兴政、张某将黄扶下车后用石头、铁锤击打黄某某的头部，三人以为黄死亡后逃离现场。同月5日，公安机关分别在在腾冲县腾越镇气象路怡园茶室、广来公寓、满邑社区华园一小区将被告人张某、舒相辉、刘兴政抓获。经法医检验：死者普某系颅脑损伤死亡；黄某某的损伤为重伤。

该案经腾冲县公安局侦查终结，2004年12月10日以被告人舒相辉、刘兴政、张某涉嫌故意杀人罪、抢劫罪移送腾冲县人民检察院审查起诉，该院审查后，根据《中华人民共和国刑事诉讼法》第二十条（二）项之规定，2005年1月4日报送保山市人民检察院审查提起公诉。保山市人民检察院以被告人舒相辉、刘兴政、张某涉嫌故意杀人罪、抢劫罪向保山市中级人民法院提起公诉。

保山市中级人民法院一审判决：

以被告人舒相辉犯故意杀人罪，判处死刑，剥夺政治权利终身；犯抢劫罪，判处有期徒刑7年，并处罚金2万元。决定执行死刑，剥夺政治权利终身。赔偿附带民事诉讼原告被害人普某亲属普某某、李某某经济损失2万元；赔偿附带民事诉讼原告人黄某某经济损失2万元。

以被告人刘兴政犯故意杀人罪，判处死刑，剥夺政治权利终身；犯抢劫罪判处有期徒刑7年，并处罚金2万元。决定执行死刑，剥夺政治权利终身，并处罚金2万元。赔偿附带民事诉讼原告人普某某、李某某经济损失2万元；赔偿附带民事诉讼原告人黄某某经济损失2万元。

以被告人张某犯故意杀人罪，判处有期徒刑15年；犯抢劫罪判处有期徒刑5年，并处罚金2万元。决定执行有期徒刑18年，并处罚金2万元。赔偿附带民事诉讼原告人普某某、李某某经济损失5000元；赔偿附带民事诉讼原告人黄某某经济损失5000元。

三被告人上诉后，云南省高级人民法院以〔2005〕云高刑终字第1083号刑事裁定书驳回上诉，维持原判，并核准被告人舒相辉、刘兴政死刑。罪犯舒相辉、刘兴政于2005年11月22日被执行死刑。

第五节　黄崇东等九人贩卖毒品案

被告人黄崇东，男，台湾省高雄市人，个体经商户。

被告人关洪贵，男，云南省潞西市人，个体经商户。

被告人陈学军，男，贵州省岑巩县人，农民。

被告人黄正彬，男，四川省珙县人，非农户。

被告人卢尚才，男，广东省惠来县人，个体经商户。

被告人韩某某，男，贵州省岑巩县人，农民。

被告人黄某某，男，广东省深圳市人，个体经商户。

被告人王某某，男，贵州省凯里市人，非农户。

被告人汪某某，男，湖南省衡阳市人，个体经商户。

上列九被告人因涉嫌贩卖毒品分别于2003年11月20日、22日、23日、27日、28日和同年12月3日被保山市公安局刑事拘留，同年12月25日经保山市检察院批准逮捕。

2003年10—11月，被告人关洪贵、黄正彬、陈学军、王某某、韩某某、汪某某分别在昆明、贵阳、东莞市共谋贩毒，并商定关洪贵组织毒品后，运至昆明贩卖给黄正彬、陈学军、王某某、韩某某，上述四人又将毒品运至广东省东莞市贩卖给汪某某。2003年11月18日，关洪贵在瑞丽同一叫“阿排”（在逃）的毒贩买得毒品后，于同月20日驾云AC1178号桑塔纳轿车携毒品返回昆明，途经曼海桥公安边防检查站时，执勤人员从其驾驶的云AC1178号桑塔纳轿车车胎内查获海洛因4条16块，计重5694克。同月22日公安机关在昆明新南客运站将前来接毒品的黄正彬抓获。此后，公安机关在昆明市西山小区春怡里1栋1单元203房内将等候接毒品的韩某某抓获；在昆明市红河宾馆将陈学军抓获；在贵州警方的协助下，在贵阳市“锦星宾馆”大厅将王某某抓获。11月27日公安机关在广东省东莞市“东莞华侨大酒店”将前来接5694克海洛因的汪某某抓获，并从汪某某在深圳市西丽宝珠花园蕴玉阁11B房内查出海洛因270克，全案共缴获海洛因5964克；11月28日，公安机关在深圳市宝安大道将前来联系毒品交易的被告人黄某某抓获；当日，公安机关在深圳市宝安体育中心将送毒品的被告人卢尚才抓获，并从其所驾粤F00006号凌志车后备箱内查获甲基苯丙胺两袋，计重26千克。公安机关根据卢尚才供述，于11月29日在深圳市宝安区碧海花园43区6幢302房卢尚才住宅的衣柜内搜出未出售的冰毒12袋，计重97千克，及制毒工具一套。

2003年9月，被告人卢尚才、汪某某、黄某某、黄崇东分别在广东省深圳市共谋贩毒，并商定由卢尚才、黄某某组织毒品后，贩卖给汪某某，又由汪某某贩卖给黄崇东。2003年10月，卢尚才和黄某某将8包甲基苯丙胺，共计64千克，在深圳市宝安体育馆旁的公路边以每千克3.8万元，贩卖给汪某某，汪又以每千克4万元的价格贩卖给黄崇东。

2003年11月17日，被告人卢尚才、黄某某驾粤F00006号车到深圳市宝安体育馆旁的公路边，将15袋甲基苯丙胺，共计104千克，以395万元人民币的价格贩卖给汪某某，汪某某于11月27日被抓获后，主动供述了其将同卢尚才、黄某某购买的104多千克甲基苯丙胺藏在深圳市西丽宝珠花园蕴玉阁11B房地下停车场的粤B9700号“中华”车上，经公安机关搜查，从粤B9700号“中华”车上查出甲基苯丙胺15袋，计重102.9千克，汪还协助公安机关在深圳市宝安区新村14号抓获准备接102.9千克甲基苯丙胺的黄崇东。

全案共现行查获甲基苯丙胺225.9千克，加上卢尚才、黄某某、汪某某、黄崇东已出售的64千克，共计甲基苯丙胺289.9千克。

该案经保山市公安局边防支队侦查终结，2004年2月25日以被告人黄崇东、关洪贵、黄正彬、陈学军、卢尚才、黄某某、王某某、韩某某、汪某某涉嫌贩卖毒品罪，移送保山市人民检察院审查公诉。保山市人民检察院以被告人黄崇东、关洪贵、黄正彬、陈学军、卢尚才、黄某某、王某某、韩某某、汪某某涉嫌贩卖毒品罪向保山市中级人民法院提起公诉。保山市中级人民法院一审判决以被告人黄崇东犯贩卖毒品罪，判处死刑，剥夺政治权利终身，并处没收个人全部财产；以被告人关洪贵、陈学军、黄正彬犯贩卖毒品罪，判处死刑，缓期二年执行，剥夺政治权利终身，并处没收个人全部财产；以被告人卢尚才犯贩卖毒品罪，判处无期徒刑，剥夺政治权利终身，并处没收个人全部财产；以被告人韩某某犯贩卖毒品罪，判处有期徒刑十五年，并处没收个人全部财产；以被告人黄某某犯贩卖毒品罪，判处有期徒刑十二年，并处罚金15万元；以被告人王某某犯贩卖毒品罪，判处有期徒刑十年，并处罚金10万元；以被告人汪某某犯贩卖毒品罪，判处有期徒刑十年，并处罚金40万元。

被告人黄崇东、关洪贵、黄正彬、陈学军、韩某某、王某某不服一审判决，依法上诉。云南省高级人民法院以〔2004〕云高刑终字第1444号刑事裁定书驳回上诉，维持原判，并核准以贩卖毒品罪判处被告人黄崇东死刑。罪犯黄崇东于2004年12月3日被执行死刑。

第六节　杨国瞿故意杀人案

杨国瞿，男，云南省保山市隆阳区河图镇人，被捕前任中共昌宁县委书记。

杨国瞿在任中共昌宁县委书记期间，与昌宁县某中学女教师许某某(被害人)保持不正当两性关系，并于2004年1月生育一女。后两人关系逐渐恶化，2005年6月14日21时许，许某某到昌宁县委家属楼二单元三楼一号杨国瞿住处与杨发生争吵。争吵过程中，许咬伤杨国瞿左臂(经鉴定为轻微伤)，并将茶水泼在杨身上，杨国瞿遂产生杀人恶念。杨国瞿用房内的一个木雕猛击许的头面部数下，将许砸死(经法医鉴定，许某某系被钝器打击头面部致颅脑损伤死亡)。杨国瞿杀人后害怕罪行败露，便将尸体肢解，进行毁尸灭迹。

2005年6月16日晚，杨国瞿在他人陪同下到保山市公安局投案。同日，杨国瞿被刑事拘留；6月18日被逮捕；7月6日由保山市人民检察院以杨国瞿犯故意杀人罪向保山市中级人民法院提起公诉；同月17日保山市中级人民法院以故意杀人罪判处杨国瞿死刑，剥夺政治权利终身；杨国瞿不服，于同月22日向云南省高级人民法院提出上诉；同月29日云南省高级人民法院裁定驳回上诉，维持原判。经云南省高级人民法院发出执行死刑命令，2005年8月1日，杨国瞿被执行死刑。

第十二编　法　院

保山中院开庭审理案件

综 述

1978年中共十一届三中全会后，保山地区两级人民法院的内设机构逐渐完备，审判队伍逐渐得到充实。随着国家改革开放和法治建设的推进，保山两级人民法院不断完善内部监督机制，建立了与时代任务相适应的审判管理体制，全面实行了立审分立、审监分立、审执分立，组织建设和业务建设进一步加强。审判工作为改革开放、维护社会秩序和发展经济保驾护航的作用得到充分发挥。

1978年开始，保山地、县两级法院根据“实事求是、有错必纠”的方针，纠正和改判了大批“文化大革命”期间的冤假错案；依靠党和政府的政策及最高人民法院的司法解释开展刑事案件的审判。1980年以后，地、县两级法院以《中华人民共和国刑法》《中华人民共和国刑事诉讼法》为法律依据，开展刑事案件的审判，推动刑事审判工作进入新的阶段。并根据全国人大常委会的各项决定，扎实开展“严打”活动的审判和经济犯罪的审判。针对保山毒品犯罪突出、禁毒斗争形势严峻的特点，坚持不懈开展毒品斗争，将大力打击毒品犯罪作为审判重点。

1979年以后，保山地、县两级法院逐步完善了审判民事案件的程序制度，严格依法办案，保山民事审判工作开始迈入新的阶段。1982年，既有实体法，又有程序法的民事法律司法体系初步形成以后，地、县两级法院不断抓好民事法律的施行，努力提高办案质量，完善民事诉讼制度，使民事审判工作由主要依靠政策，逐步真正走上主要依靠法律，依法办案的新时代。1991年《中华人民共和国民事诉讼法》正式颁布后，保山两级法院着重抓好民事案件的起诉、受理及公开审理、当事人举证、质证等规范化工作，努力解决群众告状难和法官判案难的问题。1993年开始，全区两级法院先后成立了经济纠纷调解中心，对部分案件进行简便审理、快速执行，依法妥善处理人民群众间的民事纠纷，及时化解人民内部矛盾。2000年“大民事审判格局”的改革思路提出以后，保山两级法院以公开审判、庭审方式改革和裁判文书改革为重点，实行“审务大公开”，抓好以庭审为中心的改革，使当事人的诉讼权利得到充分尊重。

全区地、县两级法院依据民事法律，并结合保山经济、社会发展状况开展民商事审判：严格执行国家宏观调控的有关法律和政策，妥善处理国有企业破产、重组等案件；在审理合同纠纷案件中，以《中华人民共和国合同法》为依据，注意保护双方平等当事人的合法权益，制裁违约及不正当竞争的行为，维护市场交易秩序；以《中华人民共和国婚姻法》为依据，加强对妇女、儿童合法权益的保护；充分发挥民商事审判职能作用，依法调节民商事关系，规范、引导市场交易和经营行为，制裁非法交易和违规行为，及时化解民间社会矛盾，增进人民内部团结，有效地维护社会稳定和经济秩序；妥善处理因山林、土地、房屋拆迁等引发的群体性讼争；依法处理涉及国有企业改制等案件，有效防止国有资产流失；加强对涉农案件的审理，打击和制裁各种坑农、害农的行为，依法保护农民的合法权益；加大对涉及非公经济案件的审判，依法促进和保障非公有制经济的健康发展。

1988年，保山地、县两级法院先后成立行政审判庭，区内行政审判处于初建和起步阶段。1989年《中华人民共和国行政诉讼法》颁布实施，两级法院逐步打开行政审判工作局面。1996年以后，两级法院审理的行政案件涉及土地、林业、拆迁、烟草专卖、民政、卫生等类型。通过审理行政案件，及时化解人民群众与行政机关之间的冲突和矛盾，督促行政机关改进工作。1996年中级人民法院成立了“赔偿委员会”，到2005年共受理国家赔偿案件13件。

1985年两级法院成立执行机构后，积极推进执行工作：不断探索民商事案件执行的新途径，加大执行力度，化解“执行难”矛盾，1985—2005年，共受理民商事执行案件20266件；保山中院通过多种途径，采取多种办法，加强刑事执行工作；1994—2005年，全区两级法院经历了“与行政部门成立执行室”“按《中华人民共和国行政诉讼法》规定立案、执行、审查”两个阶段，推进非诉行政案件的执行工作。

第一章　机构沿革

第一节　中级人民法院

一、云南省保山地区中级人民法院

1978年后，原被调离法院的工作人员先后调回法院工作。随后又从国家机关、企事业单位、军队转业干部中调入部分人员，充实法院干部队伍。内设机构逐渐完备，先后成立了刑事审判庭、民事审判庭、复查办公室、人事科、办公室等。1979年年末，中级人民法院干部25人，院领导为一正二副。

1985年，首次机构改革，确定中级人民法院人员编制为61人，院领导一正二副，庭、室领导13人，审判员15人，助理审判员2人，书记员6人，法医2人，法警8人。内设刑事审判庭、民事审判庭、复查办公室、人事科、办公室等，各基层法院也内设刑事审判庭、民事审判庭、经济审判庭、办公室、政工科、信访接待室等庭（室）。

1986年，经省委批准，中级人民法院院长升格为副厅级，副院长升格为正处级。中级人民法院内设机构为刑事审判一庭、刑事审判二庭、民事审判庭、经济审判庭、执行庭、办公室、信访室、政工科、法医室等，并在办公室内设立法警班。

1987年，按照最高法院和省法院的要求，中院内部设立了全国法院干部业余法律大学保山分部，对全区的在职法院干部进行法律专科学历教育。12月，中级人民法院行政审判庭正式成立；原信访室和刑事审判二庭合并，改设告诉申诉审判庭；政工科更名为政治处。1988年4月，经保山地区纪委批准成立中院纪检组；1989年设立监察室，与纪检组合署办公。至此，政工、纪检、监察机构已全部健全。

1990年，保山地区中级人民法院办公场所由二府街迁到正阳北路新址。

1993年4月，设立业大法律咨询服务部；10月，原法警班改设为司法警察大队；11月，业大法律咨询服务部撤销；12月，经行署编委批复，同意中院正式成立全国法院干部法律业余大学保山分部和调研室；政治处主任、纪检组长为副处级。同年，两级人民法院先后设立经济调解中心和法律咨询服务部等内设机构。

1994年8月，编制委员会批复设立保山地区中级人民法院法官培训中心，承担短期培训任务和接待事宜。同年，法院分别同交通运政、交通征稽、税务等行政部门共同成立执行室，解决行政处罚的执行问题。

1995年1月，保山地区中级人民法院办公地址从正阳北路迁到人民路。

1996年12月，中级人民法院完成机构改革，设院长1人、副院长3人，内设刑事审判一庭、刑事审判二庭、民事审判一庭、民事审判二庭、经济审判一庭、经济审判二庭、行政审判庭、告诉申诉审判庭、执行庭、司法警察大队、国家赔偿委员会办公室、研究室、政治处（下设组织人事科、警务科）、纪检监察室、法医室、法官培训中心、办公室（下设行政科、计财科、文秘档案科）、业大保山分部等18个部门，干警编制95人。同年，政治处主任、纪检组长升格为正处级。

1997年10月，司法警察大队改设为法警支队。1999年，将保山中级人民法院民一庭、民二庭合并为民事审判庭，执行庭改为执行局，增设立案庭。至2000年年底，中级人民法院干部编制97人，事业编制7人。

二、保山市中级人民法院

2001年8月，保山撤地设市，保山地区中级人民法院改设为保山市中级人民法院，内设机构不变。辖隆阳区法院、腾冲县法院、龙陵县法院、施甸县法院、昌宁县法院。

2002年，经批复，保山市中级人民法院的行政编制缩编为87人，其中院长1人，副院长3人，纪检组长1人；机关工勤编制3人；内设机构15个。

2005年6月，成立人民陪审员管理办公室，负责人民陪审员选任、考察、培训、使用和管理。年末，市中院共有行政编制95人，其中：院长1人，副院长3人，纪检组长1人；机关工勤编制28人（含合同制工勤编制20人）。内设机构16个：立案庭、刑事审判一庭、刑事审判二庭（含少年犯审判庭）、民事审判一庭（涉军案件审判庭）、民事审判二庭、行政审判庭（国家赔偿委员会办公室）、审判监督庭、执行局（下设执行一科、执行二科和综合科）和政治部（下设组织人事处、宣传教育处、法官管理处）、办公室、监察室、研究室、司法行政处、司法技术处、司法警察支队及人民陪审员管理办公室。

第二节　基层人民法院

保山地区中级人民法院1974年恢复时，辖保山县法院、施甸县法院、腾冲县法院、龙陵县法院、昌宁县法等五个基层法院，后一直未变，仅是保山县法院1984年变更为保山市法院，2001年变更为隆阳区法院。

五个基层法院的机构设置基本与中级人民法院对应，恢复之初，审判机构有刑事审判庭、民事审判庭，1981年后，设立经济审判庭；1987年后，设立行政审判庭、告诉申诉审判庭、执行庭。综合服务保障机构有政工科、办公室、监察室、信访室、法警队等。

2001年机构改革后，各基层法院的内设审判机构为：立案庭、刑事审判庭、民事审判一庭，民事审判二庭，行政审判庭，审判监督庭，执行局。综合保障机构有政治处、办公室、监察室、法警大队等。隆阳区法院和腾冲县法院设有研究室。

1979年，基层法院干部有151人。到1985年，基层法院干部人数达254人。至2001年12月，五个基层法院干部编制人数增至401人。至2005年年末，基层法院的行政编制缩减为351人。

第三节　派出人民法庭

1978年，全区5个基层法院在辖区内相对集中的乡（镇）共设有13个派出人民法庭，其中：保山县法院设道街、大庄、沙坝和芒宽4个派出法庭；施甸县法院设由旺、姚关2个派出法庭；腾冲县法院设永安、固东、芒棒、中和、蒲川5个派出法庭；昌宁县法院设耉街、勐统2个派出法庭。

1980年，保山县法院增设板桥、辛街、蒲缥3个法庭。

1982年，保山县法院又在河图、城郊、汉庄、芒宽、丙麻、潞江、汶上、杨柳、老营、城关新设10个人民法庭，后陆续被撤销合并；龙陵县法院设立平达人民法庭、镇安人民法庭；施甸县法院增设太平、旧城2个派出人民法庭。

1985年，基层法院的派出法庭达到31个，其中：保山市13个，施甸县4个，腾冲县7个，龙陵县2个，昌宁县5个。

1988年，龙陵县法院增设龙新人民法庭。

2001年，机构改革调整法庭设置，成立中心法庭，派出法庭逐步缩减。至2005年，全市共有派出人民法庭22个，其中：隆阳区4个（板桥、辛街、蒲缥、潞江），施甸县4个（旧城、姚关、由旺、太平），腾冲县7个（界头、曲石、固东、古永、中和、芒棒、蒲川），龙陵县4个（镇安、龙新、勐糯、象达），昌宁县3个（耉街、勐统、卡斯）。

第二章　审判活动

第一节　刑事审判

1978年开始，地县两级法院按照上级的要求全面复查审理了“文化大革命”期间的“反革命”案件，以及有申诉的各类历史案件和刑事案件，根据“实事求是、有错必纠”的方针，纠正和改判了大批冤假错案。当年审结各类刑事案件473件。

1980年，全区受理刑事一审案件288件，审结280件，判决发生法律效力249件299人，其中判决无期以上徒刑6人，五年以上有期徒刑39人。受理刑事二审案件106件。

20世纪80年代初，全国经济领域曾一度出现严重经济犯罪，破坏了社会主义经济秩序，阻碍了改革开放的深入推进，1982年1月，中央发出打击严重经济犯罪的紧急通知，3月，全国人大常委会《关于严惩严重破坏经济的罪犯的决定》对刑事条文的有关规定作了补充和修改，地、县两级法院把打击犯罪的重点指向走私、套汇、投机倒把牟取暴利，盗窃公共财物，索贿、受贿等经济犯罪。到1983年年底，地、县两级法院共审结经济犯罪案件676件，其中投机倒把6件，盗窃203件，伪造倒卖票证3件，贪污27件，诈骗33件，抢劫12件，行贿1件，受贿2件，贩卖毒品389件，审结的严重经济犯罪占刑事案件总数的68.1%。

1983年，由于出现刑事犯罪活动猖獗、严重危及人民安居乐业、严重影响经济建设，破坏了安定团结的局面，根据全国人大常委会《关于严惩严重危害社会治安的犯罪的决定》，地、县两级法院进行了“严打”活动。第一年收刑事一审案件1078件，审结1049件，结案率为97.3%；判决发生法律效力863件1257人，其中判决无期徒刑以上42人，判处五年以上有期徒刑475人；收刑事二审案件200件，审结188件。1984年，受理刑事一审案件1162件，审结1411件，判决发生法律效力1053件1606人，审结二审案件223件；1985年，受理刑事一审案件550件，审结509件，判决发生法律效力438件557人，审结刑事二审案件153件；1986年，共受理刑事一审案件638件，审结612件，判决发生法律效力504件674人，其中判处无期徒刑以上22人，判处五年以上有期徒刑196人，审结二审案件197件，结案率为100%。

1987年，全年收刑事一审案件596件824人，审结581件800人，结案率为97.5%；判决发生法律效力489件665人，其中判处无期以上徒刑32人，五年以上有期徒刑174人。受理二审案件163件，审结155件，结案率为95%。

1988年，根据全国人大常委会通过的《关于惩治贪污贿赂罪的补充规定》和最高人民法院、最高人民检察院《关于贪污、受贿、投机倒把等犯罪分子必须在限期内自首坦白的通告》，保山中院及各基层法院用召集政法系统、党政各部委办局、新闻单位的领导干部学习宣传和深入监狱、看守所、收容所对在押人犯和被收审人员宣讲等方式进行宣传，通过宣传，有49名经济犯罪分子向有关机关投案自首，检举揭发240条重大犯罪线索，一批在押人犯和被收审人员交代了自己的罪行，并检举揭发了他人的犯罪行为。法院按照《通告》规定，对有投案自首、积极检举揭发、有立功和悔罪表现的犯罪分子，依法作出了从轻从宽处理。当年全市接收刑事一审案件577件844人，审结571件837人，结案率为98.9%，判决发生法律效力457件624人；审结刑事二审案件106件。

1990年，全区共受理刑事一审案件741件1155人，审结706件1103人，判决发生法律效力627件957人。其中审结毒品案件112件199人。中院收刑事一审案件189件316人，审结181件302人，其中审结毒品案件24件45人；审结刑事二审案件174件。

1995年，全区受理刑事一审案件770件1298人，审结755件1271人，判决发生法律效力637件1032人，其中判处五年以上有期徒刑395人。审结毒品案件68件151人。中院审结刑事一审案件119件240人，其中审结毒品案件50件129人，审结二审刑事案件123件。

1996年修订的《中华人民共和国刑事诉讼法》颁布后，审判方式从纠问式向辩论式改革。检察机关不再向法院移送卷宗材料，仅提供主要证据目录，证据开庭时在法庭上出示。

根据中共中央《关于地方各级人民法院机构改革的意见》，为了保护未成年人的合法权益，预防和减少青少年犯罪，中级人民法院和部分基层法院先后设立了少年刑事审判法庭，在审理该类案件中，坚持“寓教于审，惩教结合”，对违法犯罪的未成年人进行教育、感化和挽救。当年受理刑事一审案件737件1203人，审结720件1176人，判决发生法律效力620件1036人，其中判处五年以上有期徒刑425人；审结毒品案件79件133人。中院审结刑事一审案件140件217人，其中审结毒品案件74件117人，审结刑事二审案件76件。

1997年7月，全国人大修订了《中华人民共和国刑法》。结合新刑法的颁布实施，保山在严厉打击各种刑事犯罪的同时，加大了对刑事犯罪财产刑适用力度。全年审结刑事一审案件676件1028件，判决发生法律效力604件924人，其中判处五年以上有期徒刑397人；审结毒品犯罪案件97件205人。中院审结刑事一审案件154件296人，其中审结毒品案件81件186人，审结刑事二审案件69件。

1998—2000年，受理刑事一审案件2368件3684人，审结2344件3642人，判决发生法律效力2026件3054人，其中判处五年以上有期徒刑1154人；审结毒品案件220件424人。中院审结刑事一审案件419件812人，审结二审刑事案件250件。

2001年，审结刑事一审案件1060件1674人，判决发生法律效力915件1375人，其中判处五年以上有期徒刑487人；审结毒品案件218件405人。中院审结刑事一审案件227件430人，其中审结毒品案件171件344人，审结刑事二审案件121件。2002年，审结刑事一审案件1228件1987人，判决发生法律效力1033件1648人，其中判处五年以上有期徒刑806人；审结毒品案件433件800人。中院审结刑事一审案件481件881人，其中审结毒品案件382件738人，审结刑事二审案件82件。2003年，审结刑事一审案件1371件2251人，判决发生法律效力1201件2075人，其中判处五年以上有期徒刑1166人；审结毒品案件536件1000人。中院审结刑事一审案件553件1071人，其中审结毒品案件479件925人，审结刑事二审案件78件。2004年，审结刑事一审案件1623件2671人，判决发生法律效力1494件2389人，其中判处五年以上有期徒刑1494人；审结毒品案件829件1449人。中院审结刑事一审案件842件1511人，其中审结毒品案件766件1382人，审结二审案件66件。2005年，审结刑事一审案件1736件2689人，判决发生法律效力1620件2466人，其中判处五年以上有期徒刑1464人；审结毒品案件894件1348人。中院审结刑事一审案件877件1406人，其中审结毒品案件800件1238人，审结二审案件88件。

第二节　民商事审判

改革开放后，农村的联产承包责任制、城镇的个私经济得到迅速发展，法律政策对人员流动、商品流通放宽放活，起诉到人民法院的民事案件大幅度上升。依照最高人民法院1979年制定的“人民法院审判民事案件程序制度的规定”，两级法院逐步完善了审判民事案件的程序制度，严格依法办案，保山民事审判工作开始迈入新的阶段，1978—1979年，全区法院审结民事案件1246件，其中中院结案218件。

1980年修订后的《中华人民共和国婚姻法》、1981年《中华人民共和国经济合同法》、1982年《中华人民共和国民事诉讼法（试行）》等几部法律的颁布实施，初步形成了既有实体法，又有程序法的民事法律司法体系，随着民事法律的贯彻实施，人民法院收案与审案也发生较大变化，最高人民法院制定了相应的司法解释，地县两级法院认真组织学习和进行培训，不断抓好民事法律的施行，如按民诉法规定期限，在七天内作出是否立案受理的决定，依照法定程序进行公开审判等。在实践中不断总结推广经验，努力提高办案质量，完善民事诉讼制度，使民事审判工作由主要依靠政策，逐步真正走上主要依靠法律，依法办案的新时代。1980—1985年，全区审结民事案件6569件，年均超过千件以上，民事审判步入规范、发展阶段。

1985年《中华人民共和国继承法》、1986年《中华人民共和国民法通则》等几部基本民事法律的颁布实施，使群众的法制观念日益增强，过去由行政手段解决的一些问题，转为采用诉讼形式解决，民商事案件不断增多。三年共受理民事案件4889件，审结4652件；受理经济案件437件，审结404件。

1989—1990年，全市共受理民事案件4388件，审结4300件；受理经济纠纷案件421件，审结379件。受理民事二审案件426件，审结397年；受理经济二审案件31件。

1991年《中华人民共和国民事诉讼法》正式颁布后，保山两级法院着重抓好民事案件的起诉、受理及公开审理、当事人举证、质证等规范化工作，努力解决群众告状难和法官判案难的问题。自1993年开始，全区两级法院先后对民事审判方式进行了改革，成立了经济纠纷调解中心，对部分案件进行简便审理、快速执行，达到“短、平、快”的效果，快速解决因经济纠纷而形成的债权债务。在审判案件中，坚持“化解为主，保护为重”，依法妥善处理人民群众间的民事纠纷，及时化解人民内部矛盾，促进团结、稳定。特别是在婚姻家庭纠纷、债务、人身损害赔偿及相邻权纠纷大幅度上升的情况下，全区民事审判法官身负重托，克服重重困难，忠实于事实，忠实于法律，在查明事实，分清责任的前提下，充分运用调解手段平息纠纷，防止“民转刑”案件的发生。1991—1993年，全区共受理民事案件5868件，审结5852件；全区共受理经济案件789件，审结784件。受理二审民事案件640件，审结639件；受理二审经济案件73件。为保山地区的经济发展和社会稳定起到了重要促进作用。

1994年以后，随着改革的深入，国民经济出现了波动，地县两级法院严格执行国家宏观调控的有关法律和政策，既注意防止国有资产流失，促进国有资产优化重组，又注意维护债权人的合法权益；既注意保障信贷资金安全，保护金融机构的合法权益，又依法制裁高利放贷、违规拆借、虚假抵押、重复担保等违法行为。妥善处理了国有企业破产、重组等案件。1994—1998年，受理民事一审案件15538件，审结15449件；受理经济案件3440件，审结3421件。受理民事二审案件980件，审结978件；受理经济二审案件181件，审结181件。

1999年《中华人民共和国合同法》颁布后，在审理合同纠纷案件中，注意保护双方平等当事人的合法权益，制裁违约及不正当竞争的行为，维护市场交易秩序。全年受理民事一审案件3751件，审结3692件；受理经济一审案件1210件，审结1184件；受理民事二审案件209件，受理二审经济案件53件。

2000年，最高人民法院在全国民事审判工作会议上提出建立大民事审判格局的改革思路，把民事审判工作全面提上新的发展阶段。两级法院在改革方面仍以公开审判、庭审方式改革和裁判文书改革为重点，实行“审务大公开”，抓好以庭审为中心的改革，使当事人的诉讼权利得到充分尊重，努力提高二审开庭率和当庭宣判率，积极推行审判长和独任审判员的选任工作。全年受理民事一审案件4126件，审结4013件；受理经济一审案件881件，审结849件；受理二审民事案件213件，审结211件；受理二审经济案件35件。

2001年，修改后的《中华人民共和国婚姻法》实施，着重加强对妇女、儿童合法权益的保护，妥善处理离婚、赡养以及家庭财产分割案件，制裁家庭暴力行为，保护妇女、儿童等人和婚姻关系中无过错的合法权益。全年受理民事一审案件3889件，审结3802件；受理经济一审案件585件，审结564件；受理民事二审案件210件；受理经济二审案件33件。中院受理民商事一审案件61件。

2002年，全市法院通过充分发挥民商事审判职能作用，依法调节民商事关系，规范、引导市场交易和经营行为，制裁非法交易和违规行为，及时化解民间社会矛盾，增进人民内部团结，有效地维护了社会稳定和经济秩序。全年受理民商事一审案件4219件，审结4158件；受理民商事二审案件258件，审结256件。其中中院受理民商事一审案件97件。

2003年，受理民商事一审案件4135件，审结4101件；受理民商事二审案件265件，审结263件。其中中院受理民商事一审案件80件，审结78件。

2004年，加强对婚姻家庭、债权债务、人身损害赔偿案件的审理，妥善处理因山林、土地、房屋拆迁等引发的群体性讼争。依法处理涉及国有企业改制等案件，有效防止国有资产流失。加强对涉农案件的审理，打击和制裁各种坑农、害农的行为，依法保护农民的合法权益。在民事审判活动中，注重用调解方式处理，调解结案率占61.8%。全年受理民商事一审案件3431件，审结3400件；受理民商事二审案件206件，审结204件。中院受理民商事一审案45件。

2005年，加大对涉及非公经济案件的审判，依法促进和保障非公有制经济的健康发展；及时妥善审理涉及拖欠职工、农民工工资而引发的纠纷案件。受理民商事一审案件3574件，审结3549件；受理民商事二审案件235件，审结233件。中院受理民商事一审案件50件。

第三节　行政审判

1988年，两级法院先后成立行政审判庭。行政审判在区内尚处于初建和起步阶段，且人员少、程序法不完备。在行政审判涉及法规多、案件种类多、行政部门多的复杂情况下，全区行政审判法官本着把好收案关、把好事实关以及加强请示汇报和与有关单位联系的工作态度，逐渐认识、掌握探索行政审判工作的规律。全年受理行政审判案件13件，审结11件，其中，判决维持行政机关处理决定6件，占54.55%；撤销行政机关处罚决定4件，占36.36%；部分变更1件，占9.09%。

1989年《中华人民共和国行政诉讼法》颁布实施，两级法院根据法律规定和上级法院的要求，边学习、边办案、边总结、边探索、逐步打开工作局面，行政审判工作取得了较好的成绩，1990—1995年，全区各级人民法院共受理一审行政案件147件，相当于行政诉讼法实施前受理行政案件35件的4.2倍，受理的二审案件52件，相当于行政诉讼法实施前受理二审案件8件的4.5倍。

1996年以后，两级法院审理的行政案件涉及土地、林业、拆迁、烟草专卖、民政、卫生等类型，在审理中，始终坚持了行政合法性审查的原则，这样既依法保护了行政管理机关的合法权益，监督和促进行政机关依法行政，又注意支持了合法的行政行为，维护行政机关的权威。通过审理公民、法人不服行政机关具体行政行为提起的诉讼案件，及时化解人民群众与行政机关之间的冲突和矛盾，及时发现行政机关在执法程序上和执法行为中存在的问题，并采取提出司法建议等方法，督促行政机关改进工作。在审理中始终抓住对被诉的具体行政行为进行合法性审查这个核心，坚持被告负举证责任的原则，以切实维护公民、法人的合法权益。如中院审理的施甸县某某皮革工业公司诉施甸县某镇人民政府违法行政侵犯法律规定的经营自主权一案。审理中法院认为某某皮革工业公司虽因产权权属内部发生纠纷，但某镇人民政府对该公司实施责令停产停业等一系具体行政行为不但属违法、越权，而且给乡镇企业的正常发展制造了障碍和阻力。因此，中院依法在法定时限内作出了撤销某镇人民政府一系列违法具体行政行为的判决，依法保护了乡镇企业的合法权益。1996—2000年，受理行政一审案件190件；受理行政二审案件26件。2001—2005年，受理行政一审案件134件，受理行政二审案件48件。

1996年中级人民法院按照1994年颁布的《中华人民共和国国家赔偿法》的规定，成立了“赔偿委员会”，受理公民、法人认为司法机关和行政执法机关违法行使职权造成损害提起的赔偿争议案件。到2005年共受理国家赔偿案件13件。

第三章　案件执行

第一节　民商事案件执行

民商事案件的判决、裁定由第一审人民法院执行。1985年，两级法院先后成立了执行机构。1985—1990年，受理执行案件3930件，执行3701件。执行工作坚持“依法执行与维护稳定相结合”，不断加大执行力度，缓解“执行难”矛盾，维护司法权威。为了解决相当一段时期以来社会关注的“生效法律文书执行难”的热点、难点问题，组织了全区范围全面清理，摸底排队，按先易后难的办法，研究执行方案，进行不同规模专项执行活动，全力解决“执行难”问题，使执行工作有创新、有发展，有新的成果。1991—1998年，受理执行案件5563件。

1999年，中共中央发出关于转发《最高人民法院关于解决人民法院“执行难”问题的报告》的通知，两级法院立即行动起来，积极向当地党委、人大汇报，组织力量加强执行，一批多年积压的大案、难案得以执行。在高度重视执行工作的同时，积极探索执行难的新途径，推行执行过程、执行方式、执行听证、执行结果全程公开制度，采取委托执行、交叉执行、提级执行、协调执行等行之有效的方法，不断加强执行流程监督管理，制定了《遵守执行期限的有关规定》《执行中重大事项实行合议庭讨论决定》《关于执行标的款物收支兑付管理的规定》等制度，以规范执行工作程序，缩短执行期限，提高案件执结率，为执行工作走上良性循环的轨道打下了坚实的基础。1999—2005年，受理执行案件10773件。2005年共收执行案件1786件，比1995年上升了201%。

第二节　刑事判决裁定执行

刑事判决、裁定的执行分为四部分。第一，判处死刑、立即执行的，由中级人民法院组织执行。2003年以前，由于中级人民法院司法警察编制少，需要邀请公安、武警协助执行，2003年中级人民法院增加20名合同制司法警察编制，基本由中级法院自行执行。第二，判处死刑缓期两年执行、判处无期徒刑、有期徒刑、拘役、管制的，交由监狱或者公安机关执行；法院主要是对有关机关提请减刑、假释的罪犯案件进行审理。1991年以后，根据办理减刑、假释案件的管辖权限，前往监狱就地办案，适时采取听证方法审理减刑、假释案件，并通过对减刑、假释罪犯的回访考察，支持、配合刑罚执行机关做好罪犯的改造工作，1989—1999年，共受理减刑案件7754件、假释案件1259件；2000—2005年，共受理减刑案件6317件，假释案件247件。第三，对罪犯判处罚金刑、没收财产刑的执行，通过查封、查询、拍卖、变卖、做罪犯家属工作等多种方法。据不完全统计，保山中院自1990—2005年，共上缴财政3500多万元执行资金。第四，刑事附带民事的执行，因为罪犯的犯罪行为给被害人造成财产损失的，法院在判处刑罚时一并判处赔偿损失，如果罪犯不履行的，法院强制执行。1990—2005年，保山中院共执行刑事附带民事案件561件，为被害人挽回1200多万元。

第三节　非诉行政案件执行

行政机关作出的具体行政行为生效后，行政相对人不履行的，可以申请法院执行。这是行政诉讼法赋予行政机关和人民法院的一项职权。为了提高行政行为履行的及时性，1994年以后全区两级法院先后分别同地县交通运政、交通征稽、税务、计生、烟草等行政部门共同成立执行室，解决行政处罚的执行工作，办理了大量的行政非诉执行案件。后随着执法规范化的建设，到2000年前后，将所有执行室撤销，转为按《中华人民共和国行政诉讼法》的规定，由立案庭立案，行政庭审查，执行局执行。2002年，市中院受理执行非诉行政执行案件数为13件，基层法院受理执行非诉行政执行案件数为164件；2003年，市中院受理执行非诉行政执行案件数为2件，基层法院受理执行非诉行政执行案件数为105件；2004年，市中院受理执行非诉行政执行案件数为2件，基层法院受理执行非诉行政执行案件数为107件；2005年，市中院未受理案件，基层法院受理执行非诉行政执行案件数为131件。

第四章　立案及审判监督

第一节　立案信访

1987年以前，立案工作由各审判庭自行审查立案，1987年12月，将信访室和刑事审判二庭合并，改设为告诉申诉审判庭，职责是案件受理和申诉审查。但中院的告诉申诉审判庭主要工作仍然是接受信访、申诉和复查，立案工作仍然由各审判庭审查受理。直到1999年经批准设立立案庭后，全部案件才归属立案庭统一审查受理。1999年，全区法院共立案受理9905件，其中中院立案受理1873件；2000年，全区法院共立案受理9545件，其中中院立案受理2223件；2001年，全市法院共立案受理8527件，其中中院立案受理1918件；2002年，全市法院共立案受理8613件，其中中院立案受理2247件；2003年，全市法院共立案受理9158件，其中中院立案受理2628件；2004年，全市法院共立案受理8533件，其中中院立案受理2607件；2005年，全市法院共立案受理8629件，其中中院立案受理2566件。

立案庭担负着来信来访、法律咨询解答等工作。通过对诉讼当事人信访申诉审查，做好服判息诉工作。依法为当事人排忧解难，对确有错误的案件建议再审。1991—2005年，全市共处理人民来信46076件，来访60456人。

第二节　审判监督

“文化大革命”结束后，人民法院对在“文化大革命”期间办理的刑事案件，组织人员办理了一批申诉复查案件，全区两级法院共复查“文化大革命”中的案件2799件，其中纠正1947件，占复查总数的69.6%，维持852件，占30.4%。1983—1985年，全区落实政策工作基本结束后，各级人民法院一面审理正常的申诉案件，一面继续检查落实政策性案件的扫尾工作，进行再查再议，先后审理了解放以后各个时期的申诉案件297件325人，其中中级人民法院185件205人。有效地发挥了审判监督职能，最大限度地避免了审判工作的失误。

20世纪80年代末至90年代，大批的申诉复查工作基本结束，告诉申诉庭撤改为审判监督庭，主要是对再审案件进行审判及从事减刑、假释工作。1980—1989年，共受理各类申诉案件4179件，审结4125件；1990—1999年，共审结各类再审案件1519件；2000—2005年，审结各类再审案件154件。

第十三编　司法行政

司法宣传

综　述

保山市自1980年司法局成立后，逐步建立健全相关的办事机构、增加人员配置、提高队伍素质，认真履行好司法行政的各项职能职责，使保山市的律师、公证、法律援助、司法鉴定、社区矫正、国家司法考试等事业从无到有，人民调解、监所管理工作水平不断进步。其间，在全市广泛开展各类法律法规宣传活动，编印宣传材料、办宣传专栏、聘请法制宣传员、上法制课，使广大市民对《中华人民共和国宪法》《中华人民共和国刑法》《中华人民共和国婚姻法》等法律有了不同程度的了解。按照中宣部、司法部的统一部署，从1986年开始，开展五年一期的全民普法活动，向全市广大群众开展法律知识的普及和法制教育，至2005年年末，全市共开展了4个“五年普法教育”活动。通过20余年的普法宣传教育活动和法制建设工作的开展，促进了全市各族人民法律素质的提高和法制观念的增强，提高了广大人民群众遵守法律的自觉性和广大干部群众依法办事的意识和能力。

第一章　机构沿革

第一节　市司法局

1979年11月，保山地委组建保山地区司法局，1980年12月，保山地区司法局正式挂牌成立，下设秘书科、干部科、法院管理科、宣传教育科4个科，司法局为主管全区司法行政工作的职能部门。同年，地区公证处、地区法律顾问处及各县司法局分别成立。

1983年7月，保山地区公安处按建制将劳改科移交地区司法局；同年10月，行政机构改革，地区司法局改称保山地区司法处，下设秘书、宣教调解、公证律师、劳改4个科。1985年，地区法律顾问处改为律师事务所。同年，保山地区开始在农村乡(镇)、城市街道，组建法律服务所，与司法所实行两块牌子一套班子。1991年，根据司法部要求，保山全区所有乡(镇)均建立司法所，有专职司法助理员95人。

1994年12月，行政机构改革，保山行署司法处更名为保山行署司法局，下设办公室、法制宣传科、公证律师科、基层工作管理科、监狱管理科5个科。同年，全区83个乡(镇)都设有法律服务所，为基层群众提供便捷、高效的法律服务。

2001年8月，因保山撤地设市，保山行署司法局更名为保山市司法局，下设办公室、宣教科(保山市法制宣传教育与依法治理领导小组办公室)、仲裁法规科、国家司法考试办公室、公证律师工作科（公证处）、基层工作科、法律援助中心、政治处（人事警务处、劳教管理科）、纪委办9个职能科室、处，编制31人。2005年8月，保山市司法鉴定工作管理委员会办公室成立，为保山市司法局内设的正科级职能科室。

2005年，全市共有注册法律工作者173人。

第二节　监所机构

一、保山监狱

保山监狱的前身为1952年9月建成的云南省湾甸劳改农场，属云南省劳改局下属的监狱，主要收押保山、德宏、怒江3地州的罪犯。1978年，云南省湾甸农场由省劳改局和地方双重管理，生产和开支由省劳改局管理，组织、人事由中共保山地委、行署负责，具体由保山地区公安处管理。

1983年7月，湾甸劳改农场由保山地区公安处移交保山地区司法处管理。1991年年初，省劳改局对全省劳改队的编号顺序进行调整，原劳动改造管教队统一改为劳改支队，改为云南省第十五劳改支队。1995年，更名为云南省昌宁监狱。1996年1月，撤销中队建制，建立大队级管理体制。大队为正科级单位，共设大队级单位十二个，即一至九大队、水泥厂、农科站及入监队。1998年4月，监狱设置的大队和不隶属于大队的中队，改为监区，共设12个监区；大队下设的中队改为分监区。1999年，昌宁监狱向云南省监狱管理局提出昌宁监狱由昌宁县湾甸乡向保山市区转移的申请获得批准。2000年12月，保山市划出原保山大修厂220亩土地有偿转让给监狱。2004年4月，昌宁监狱正式更名保山监狱，场部及8个监区迁入隆阳区新狱址。

2005年年末，保山监狱有下属监区和企业（二级单位）：一至八监区、水泥厂、保山东泰石材厂、保山佳凤美洲大蠊养殖场。农场有工人212人，其中：高级工54人，中级工100人，初级工58人。

二、保山市禁毒劳教所

1992年12月22日，保山地区禁毒劳教所成立，由保山地区司法局主管，属处级单位，所址在保山市区汉庄镇杨家桥。劳教所内设办公室、政工科、纪委、后勤科、生产经营科、生活卫生科（含医务部门）、管理科和教育科，下辖4个大队。1999年，加挂“新岸学校”牌子。2001年，保山撤地设市，保山地区禁毒劳动教养管理所更名为保山市禁毒劳动教养管理所。2004年，所址迁至大沙河。

第二章　法制教育及依法治理

第一节　法律知识普及

改革开放后，保山地区逐步加强对全区民众的法律宣传和普法教育。从1986年起，全国统一规划，开展每五年一期的普法活动。至2005年，共开展了4期五年普法教育活动。

1981年，保山全区开始宣传《中华人民共和国刑法》《中华人民共和国婚姻法》《治安管理处罚条例》，当年，上法制课133场，听众达13.9万人次；办专栏8个，共出27期；编印宣传材料38期，6980份。1982年，各级司法机关以《中华人民共和国刑法》《中华人民共和国刑事诉讼法》《中华人民共和国森林法（试行）》和全国五届人大《关于严惩严重破坏经济的罪犯的决定》为主要宣传内容，配合聘请的77名法制宣传员，先后为机关、厂矿等单位职工上法制课469场，听众13.59万人次；办专栏150期，编印宣传材料37期，3.02万份；举办违法人员法制教育班19期，对198名违法人员进行帮教。1983年，以《中华人民共和国宪法》《中华人民共和国森林法（试行）》为宣传内容。8月，配合全国严厉打击严重刑事犯罪的行动，聘请法制宣传员288人，开展法制宣传活动，全年，在城乡上法制课2121场，听众达86.4万多人次；办专栏1255期，办黑板报、墙报322期；编印宣传材料5.67万多份；组织8次宣传日活动，出动宣传车61台次，展出典型案例7套88幅，举办宪法宣讲骨干训练班11期，共533人。

“一五”普法　1986—1990年，按全国统一规划，全区实施第一个五年普法教育，全面普及“十二法一条例”，即：《中华人民共和国宪法》《中华人民共和国刑法》《中华人民共和国刑事诉讼法》《中华人民共和国民事诉讼法》《中华人民共和国婚姻法》《中华人民共和国继承法》《中华人民共和国经济合同法》《中华人民共和国兵役法》《中华人民共和国民族区域自治法》《中华人民共和国森林法》《中华人民共和国环境保护法》《治安管理处罚条例》。同时，组织学习和宣传《中华人民共和国集会游行示威法》《中华人民共和国保密法》《全国人大常委会关于加强法制教育维护安定团结的决定》。在各工商企业事业单位和经济管理部门组织学习以全民所有制工业企业法为主的“十法一条例”。组织各级党政机关、群众团体、事业单位的干部职工和城乡个体工商户学习16个有关治理整顿方面的法律法规，并在全地区农村广泛宣传学习国务院关于化肥、农药、农膜实行专营的决定，国务院关于加强粮食管理、稳定粮食市场的决定等40余个法律、法规、条例及决定。

“二五”普法　1991—1995年，保山地区开展第二个五年普法教育。分别组建了地、县（市）、乡三级普法领导小组及其办事机构，以禁毒宣传为重点，编印普法辅导材料，编写“禁毒”宣传提纲、制作刊出以宣传禁毒为主要内容的宣传栏，组织吸毒人员在全区巡回作现身说法报告会，利用广播、电视、宣传车、宣传栏，大幅标语、播放禁毒录像等多种形式开展禁毒宣传。举办普法骨干培训班，培训普法骨干；征订“二五”普法书籍，分发到普法对象手中，在有关报刊发表各类法制宣传文章，到街头设点进行法律咨询，组织全区干部职工参加普法考试。其间1994年，举办“社会主义市场经济法规培训班”25期，培训企业法定代表人、营销人员1522人，刊出各类法制宣传栏472期，深入中小学上法制课123次，编印发放宣传资料130期，共117300份，开展法律咨询50余次，刊出宣传图片785幅，播出法制宣传录音录像309场次，报刊发表法制案例文章30篇。1995年，开展“二五”普法检查验收工作，全区83个乡（镇）和地县（市）、省属共387个单位部门验收合格。

“三五”普法　1996—2000年，全区开展第三个五年普法教育。普法的重点是宣传《中华人民共和国保密法》《中华人民共和国环境保护法》《中华人民共和国档案法》《中华人民共和国行政诉讼法》《中华人民共和国水法》《中华人民共和国土地管理法》《中华人民共和国森林法》《中华人民共和国劳动法》《中华人民共和国宪法》《中华人民共和国合同法》《中华人民共和国统计法》《中华人民共和国税法》《中华人民共和国教育法》《信访条例》《中华人民共和国村民委员会组织法》《中华人民共和国未成年人保护法》《中华人民共和国预防未成年人犯罪法》等60多个法律、法规、条例。对“二五”普法进行了总结和检查验收，评选出“二五”普法先进集体281个，其中，受省级表彰的8个，地级表彰的50个，县（市）表彰的223个；评选出普法先进个人551名，其中，受全国表彰的1名，受省级表彰的23名，受地区表彰的50名，受县（市）表彰的477名。通过召开全区法制宣传教育工作会议，编写发放宣传材料，播放法制录音录像，举办专业法律知识培训班，订购普法教材，组织统一普法考试等形式开展普法教育工作。重点抓好对各级领导干部和党政机关的法制教育。并于2000年组成7个检查验收组，对五县（市）和20个地直、省属驻保单位进行检查验收，抽查面分别达100%和18.7%。“三五”普法期间，保山地区共有131万公民参加普法学习，占普法对象的82%。

“四五”普法　2001—2005年，保山市开展第四个五年普法教育。下发了《关于在全市公民中开展法制宣传教育和依法治理工作的第四个五年规划》。“四五”普法的主题是：“增强宪法观念，推进依法治国”。“四五”期间，围绕“两个转变、两个提高”，邀请云南大学法学院法律专家举办“依法行政”专题讲座。开展“争做遵纪守法小公民”征文评选活动和“法在我心中”读书教育活动，在《保山日报》组织开展法律知识竞赛活动和以“法律常识进校园”为主题的青少年法律知识竞赛活动，多次组织普法考试，考试内容涉及《中华人民共和国宪法》《公务员依法行政知识》《WTO法律知识》《中华人民共和国税收收征管理法》《中华人民共和国工会法》《中华人民共和国人口与计划生育法》，利用“12・4”法制宣传日，成功举办了“法治之光”抽奖文艺晚会。2005年，共创建民主法治示范村140个，创建国家级民主法治示范村1个，省级民主法治示范村4个。编辑出版《保山市2005年度“四五”普法法律法规汇编》一书，发行1.6万余册。

第二节 依法治理

1978年后，随着社会主义法制的不断推进，保山地区开始依照宪法和相关法律规定，通过各种途径和形式开展依法治理工作。

1993年，全区58%的乡（镇）实行全面建章立制，各项工作开始纳入法制化管理轨道。全区首批确定为开展依法治村的乡（镇）有18个，行政村办事处304个。至1994年，全区90%以上的乡（镇）村（处）开展了依法行政、依法治理工作。

1997年，在农村推行“依法建制，以制治村，民主管理”经验，大力开展依法治厂，依法管理企业活动，举办了两期全区普法骨干培训班，培训普法骨干150余人。

1999年8月20日，中共保山地委、保山地区行署召开依法治理领导小组成员单位会议，通过了《保山地区普法与依法治理领导小组议事规则》《保山地区普法与依法治理办公室工作职责》《依法治县（市）工作指导标准》《行业依法治理工作指导标准》。

2001年，在全市889个村委会（办事处）开展依法治理、村务公开工作，绝大多数的村委会（办事处）实现了村务公开，建立“两公开一监督”的管理制度。

2003年，创建法治示范村139个。2004年，开展争创“民主法治示范村”和“法律进社区”活动，共创建法治示范村139个，国家级试点1个（隆阳区板桥世科村），省级试点4个村（腾冲县滇滩镇西营村、龙陵县龙新乡勐冒村、昌宁县右甸镇勐廷村、施甸县仁和乡勒平村）。

第三节 法学教育

1985年，保山地区司法行政部门开始开展不同形式（电大、自学考试、函授和脱产学习）、不同层次（中专、大学专科、大学本科）的法学教育，规模不断扩大，层次和质量不断提高，为保山地区和周边地州培养输送了大批法律专业人才，促进了保山地区民主法制建设，促进了依法治理和经济文化建设。

一、电大法学教育

1985年年初，保山行署司法处与云南省电大联合开办第一个脱产大专学历教育法律专科班，学制2年，学员33人，定向培养，毕业后分配到各级工作。

1999年，为响应国家实施依法治国的方针，保山地区申请并获准在保山地区司法局设立电大工作站。开始试办电大法律中专。1999年、2000年和2001年，分别与地区（市）工业学校、隆阳区委党校联合办学，招收初中毕业生47人、49人、45人组成教学班，3年届满学生全部按期毕业。同时还进行在职干部中专业余教育，招收干部中专班99级和2000级两届学生，共招收学生45人，经过两年业余学习，学生均毕业。

2000年，招收中央电大和中国政法大学合办的试点本科学生，挂靠在保山电大分校。2000—2005年，分别录取学员32名、68名、102名、43名，均按期毕业，获得中国政法大学和中央电大合发的法学本科毕业证书。

2001年，保山市司法局电大工作站获准云南省电大专科段人才培养模式改革试点。2001—2005年招收免试入学的开放教育试点法律专科学生572人。同时在昌宁县、龙陵县设教学点，2001年、2002年入学的昌宁、龙陵学生编班就近学习，委托县司法局管理。2004年8月，根据省教育厅通知撤销云南开放教育试点，并入中央电大开放教育试点。市司法局电大工作站按照中央电大和省电大通知要求，及时组织全体开放专科试点学生参加并入中央电大开放教育试点的综合测试（考试），全体学生顺利转入中央电大开放教育试点继续学习。之后，毕业生所领取的毕业证书均为中央电大颁发的法学专科毕业证书。

2001年，在抓好专科开放式教育的同时，保山市司法局电大工作站获准招收初中毕业5年制法律专业专科（高职）教育的试点。由省教育厅招办直接从初中毕业参加中考成绩合格的报名学生中录取118人，市司法局电大工作站分两个教学班进行教学。该试点工作由市司法局与隆阳区委党校合办，学制5年，前3年为中专层次教育，后2年为大专层次（高职）教育。

二、函授与自学考试

1986年，保山成立西南政法大学保山函授站，首次招收政法系统及高中毕业生参加全国成人高考。当年，录取西南政法学院函授学生31人，组班进行法律专科学历教育。1987年，再次招收西政函授学生29人，组班进行学历教育，该班学生于1990年毕业。

1989年，与云南大学合办法律（函授）中专班，解决保山地区政法系统年龄偏大、学历偏低（特别是乡镇司法助理员的中专学历）等问题。共招收保山、德宏、怒江3地州学员50人，全部毕业。

1988年下半年，设立中华全国律师函授中心保山辅导分站，招收学员72人，以后逐年增多，1991年增至100多人。辅导站每学期除利用函授通讯、复习资料、音像资料进行分散辅导外，每学期考前一个月均进行面授辅导7～12天。

1997年，保山行署（市）司法局开始与保山师专（政史系）联合开办自学考试法律大专班（全日制），招收高中毕业学生101人，分为两个教学班，由师专派出班主任，市司法局宣教科派出专人驻师专参与管理。1998年，与保山师专联合招收100人的两个律师专业自考大专班。1999年，与保山师专联合招收一个30人的法律专业自考大专班。

除外，从1995年起，律师、公证员每年进行一次职业道德教育和业务知识培训。2001年，全市司法行政干警（含乡镇司法助理员）进行素质教育培训，全系统共有202人参加培训和考试，有效提高了干警队伍的整体素质。到2005年年底，全市司法行政系统累计有1254人次参加各级司法行政机关和各类学校的法律知识和司法行政业务知识培训学习，有258人次参加会计、档案、电子政务、警衔晋升等业务培训。

1997—2005年律函辅导站函授注册学员统计一览表

表13-1　　单位：人

时　间	注册学员总数（人）			
	总　数	其　中		
		法律本科	法律专科	律师专科
1997年	223	135	37	51
1998年	347	129	155	63
1999年	471	108	248	167
2000年	533	15	189	186
2001年	507	159	228	120
2002年	532	279	161	92
2003年	545	288	175	82
2004年	415	225	137	53
2005年	433	254	115	25
累　计	4006	1592	1445	839

第四节　司法考试

1986年，国家开始实行律师资格考试制度。当年，保山地区有9人参加考试，全部及格。之后，每年均举行一次全国律师资格考试。全区律师资格考试由地区司法局的公证律师科负责。

2001年，国家根据相关法律规定，对初任法官、初任检察官和取得律师资格者，实行统一的司法考试制度。2002年3月30日至31日，司法部举办首次国家司法考试。保山市司法局于2002年正式设立国家司法考试办公室。负责辖区范围内的国家司法考试的组织实施、建立参考人员文档、获得司法考试合格证人员的备案等工作。至2005年，全市共有730人参加国家司法考试，有47人取得合格证书。

2002—2005年保山市司法考试情况统计表

表13-2　　单位：人

年份	参考人数	合格人数			
		合计	A证	B证	C证
2002年	348	9	2	5	2
2003年	127	8	2	1	5

续上表　　　　单位：人

年份	参考人数	合格人数			
		合计	A证	B证	C证
2004年	106	11	2	2	7
2005年	149	19	7	—	12
合　计	730	47	13	8	26

第三章　司法职能履行

第一节　律　师

1980年，腾冲县成立法律顾问处。1981年，保山地区法律顾问处及昌宁县、龙陵县法律顾问处成立。1982年、1984年，施甸、保山两县先后成立法律顾问处。1985年后，法律顾问处机构名称一律变更为律师事务所。

1985年9月，保山地区召开全区律师工作会议，提高各级律师的辩护水平。1986年，改革律师管理体制，地区律师事务所实行“单独核算，自负盈亏，自收自支，结余留用”的管理办法。县(市)律师事务所(法律顾问处)实行岗位责任制。同时，首次组织律师参加全国律师资格统考，参考的9人全部上录取线。1987年，进一步改革律师经费管理体制，除地区律师事务所实行“自收自支”外，各县(市)律师事务所实行“全额管理，差额补助”的管理办法。

1990年12月，保山地区永昌律师事务所经云南省司法厅批准成立，成为全省5家“合作制”律师事务所改革试点之一，永昌律师事务所有律师5人。1991年，全区有律师事务所7个，其中，合作制1个，国办自收自支所4个，全额管理、差额补助所2个。拥有初、中、高级专职律师26人，形成了国办所与合作制所并存的多渠道多功能服务格局的体制。同年，开展律师法律服务“质量效益年活动”，先后出台《律师事务所管理办法》《专职律师考核奖惩办法》《永昌律师事务所章程》，使律师管理工作进一步制度化、规范化。1992年开始，允许自收自支律师事务所自定编制，自行招聘律师，在合作制律师事务所中，推行效益浮动工资制。2002年，成立3家合伙制律师事务所，当年，全市律师事务所发展到15个，其中合作制律师事务所5个，合伙制律师事务所3个，其余的7个为国资、国办所。7个国资、国办所中，实行自收自支4个、财政全额拨款1个、财政差额拨款1个。

2004年4月，保山市律师协会成立。选举产生保山市第一届律师协会理事19名、常务理事7名、会长1名和副会长3名。

随着经济社会的发展和人们的法制意识、法律素质的不断提高，律师法律服务面不断扩大。律师事务所办理案件数从1981年的每年100多件增加到2005年的1500多件。

保山市1981—2005年律师业务工作开展情况统计表

表13-3　　　　单位：个、家、件

时间	律师事务所数	执业律师数	当任法律顾问数	办理刑事辩护案件数	民事经济案件代理数	行政诉讼代理
1981—1985年	6	12	41	579	148	—
1986—1988年	7	22	116	610	794	—
1989—1990年	7	27	110	790	900	—
1991—1992年	8	25	115	1262	746	42
1993—1994年	11	47	214	796	1064	38
1995—1996年	11	48	217	894	1799	43
1997—1999年	12	44	108	1078	1717	62
2000年	12	53	125	445	670	26
2001年	12	52	105	439	748	15
2002年	15	56	129	441	120	8
2003年	18	61	103	454	734	36
2004年	18	62	84	580	713	8
2005年	18	60	79	830	695	37
合计	—	—	1546	9198	10848	315

第二节　公　证

1980年12月，腾冲县率先成立公证处。之后至1984年4月，施甸、昌宁、保山、龙陵四县公证处及保山地区公证处相继成立。地县（市）各级公正机关根据当事人的申请，依法证明法律行为、有法律意义的文书和事实的真实性、合法性，以保护公共财产及公民身份财产的权利和合法利益。主要开展经济合同、收养子女、遗嘱以及财产继承、分家析产、赠予、转让等国内公证，共计有12项业务。1986年，全区公证机关开展“二上门”“二把关”活动（即查实证据上门、回访上门；严把公证的事实真实关和公证合同履约关），共办理公证464件。1987年，全区公证工作在加强业务公证的同时，进一步加强公证队伍建设，健全领导班子，按编制配足人员。1988年，全区开始办理涉台公证。1989年，公证工作一方面创造条件摸索实行“自收自支”的经验，另一方面，通过办证宣传公证工作的地位、作用和法律效力，全年办证数有所增加，办证质量和效力大大提高。1993年，云南省司法厅批准保山地区公证处开始兼办涉外公证业务。2000年开始，对证据保全、现场监督和合同三类公证，在全区推行要素式公证文书格式，提高公证文书质量。2003年，云南司法厅批准隆阳区公证处受理涉外公证业务。2004年，全市各公证处重点为当地重点工程建设提供公证法律服务，其中有保山师专新校区建设工程、市电力公司三个变电站建设项目、腾冲至缅甸密支那四级弹石路7个路段建设工程等招标公证。2005年12月，保山市公证处行政体制改制为自收自支的事业体制，核定事业编制5人。

1980—2005年，保山市各公证处公证业务从开始的年办证100多件发展到1600多件，公证工作充分发挥了预防纠纷、减少诉讼、宣传法律的职能作用。

1981—2005年保山市公证工作业务开展情况统计表

表13-4　　　　单位：个、件

年度	公证处数	公证员数	办理公证数				
			小计	民事公证	经济公证	涉台公证	涉外公证
1981—1985	5	10	596	296	300	—	—
1986—1988	6	12	1672	820	850	2	—
1989—1990	6	10	1358	470	873	15	—
1991—1992	6	11	2065	1162	869	34	—
1993—1994	6	10	4450	3073	1199	175	3
1995—1996	6	10	4764	3371	910	188	295
1997—1999	6	12	5283	3074	1861	161	187
2000	6	12	1931	859	948	49	75
2001	6	11	1795	862	873	36	24
2002	6	11	1791	919	779	58	35
2003	6	11	1845	694	1087	30	34
2004	6	10	1679	690	838	44	107
2005	6	12	1663	940	670	28	25
合计	—	—	30892	17230	12057	820	785

第三节　人民调解

1981年保山地区地、县司法局（科）成立后，即在区（镇）配备司法助理员，管理人民调解委员会工作：指导检查民间调解工作，参与调解疑难纠纷，接受、处理有关人民调解工作的来信、来访；结合实际需要，进行有关政策、法律、法令和道德风尚的宣传教育；调查研究辖区内发生纠纷的原因、特点和规律，提出防止纠纷的办法；了解并向上级报告群众对现行法律、法令和司法工作的意见和要求。1982—1983年，全区调解委员会由1111个减至1075个，调解员则由7352人增至7609人。1984年，区、乡行政体制改革，全区914个乡（镇），有910个建立调解委员会。

1985—1986年，全区司法行政机关下属调解委员会普遍实行承包责任制和岗位责任制，大大加强了区司法助理员和调解人员的事业心和责任感，调解成功达86.89%，在社会治安综合治理中发挥了第一道防线作用。1988—1990年，全区人民调解工作重点放在防止民间纠纷激化，特别是群众聚众闹事上。调解工作基本实现组织、制度、工作、报酬4落实，各种纠纷调解率达95%，成功率达90%，对化解内部矛盾，稳定城乡治安起到积极作用。

1991年年底，全区共有专职司法助理员95名。同年，开始在全区厂矿、企事业单位建立调解委员会，在农村发展纠纷信息员，全年共建立厂矿、企事业单位调解委员会51人，聘请农村纠纷信息员174个。1992—1993年，全区调解组织以防止民间纠纷激化为重点，狠抓季节性纠纷的预防和调处工作，1993年11月，腾冲县中营村调解委员会在司法部召开的第三次全国人民调解工作会议被评为“全国模范人民调解委员会”，受到表彰。

1996年，全区调解组织以“大服务”为目标，加大调解力度，调处成功率达99.1%。1997年，全区已建有931个农村调解委员会，46个厂矿企业调委会。此后数年，调解组织受理各类民间纠纷及调解成功的件数均逐年增加，成功率均保持在95%左右。较好地制止了群众性械斗，防止了民间纠纷引起自杀、民间纠纷转化为刑事案件及群体性上访事件的发生。

2005年，全市共有司法助理员113人，共有调解委员会999个，调解员6044人，其中村居委会914个，乡（镇）街道调委会78个，企事业单位调委会7个。全市调解民间纠纷共10028件，成功9519件，成功率为95%，防止民间纠纷引起自杀46件74人，防止民间纠纷转化为刑事案件78件600人。2005年10月，在全省召开的人民调解工作会议上，隆阳区板桥镇小永调解委员会被表彰为集体二等功，腾冲县明光乡人民调解委员会主任张文奇被表彰为个人二等功。昌宁县张珍珠、范建全和隆阳区的罗在先、祁聪明、何玉祥被表彰为优秀调解员。

在1991—2005年的14年间，全市乡（镇）司法所共协助参与调解疑难、复杂民间纠纷近6000件，宣讲法律10900多场次，受教育600多万人次，为基层政府提出司法建议500条，防止群体性上访700余件，制止群体性械斗近600次，涌现了一大批先进司法所、先进司法助理员：2002年、2003年，先后有隆阳区永昌和蒲缥司法所，施甸县太平和仁和司法所，腾冲县猴桥、界头司法所，龙陵县龙山和龙江司法所，昌宁县大田坝司法所被云南省司法厅表彰为“百佳”司法所；隆阳区杨柳司法所长赵树平等11人被省司法厅表彰为“百佳”司法助理员。2005年8月19日，司法部追授腾冲县司法局滇滩镇司法所所长黄映东为二级英模，9月1日，司法部又追授黄映东为全国模范司法所长。

第四节　司法鉴定

2005年8月，保山市司法鉴定工作管理委员会办公室成立，即开展相关工作。9月18日，市司法局与市卫生局联合下发《关于推荐司法鉴定机构和司法鉴定人的通知》。同时，开始对自愿提出申请的机构和个人进行全面的初审和录入工作，在规定的时间内，按时完成了保山市首批司法鉴定机构和司法鉴定人的初审、录入工作，全市共有8家机构和51人获司法鉴定资格认证。8家机构分别是：保山市人民医院司法鉴定所、保山精神病医院司法鉴定所、腾冲县人民医院司法鉴定所、昌宁县人民医院司法鉴定所、保山中信司法鉴定所、腾冲志信司法鉴定所、保山市第二人民医院司法鉴定所、保山安利医院司法鉴定所。

2005年11月，完成第二批司法鉴定机构登录公告工作，共有2家机构和22人通过初审，分别是：保山市第二人民医院司法鉴定所、保山安利医院司法鉴定所，通过初审，上报云南省司法厅审核，并在2005年11月30日的《云南法制报》第五、六版上进行了公告登录。

2005年12月19日，昌宁县人民医院因业务需要和其他原因，提出取消从事司法鉴定业务的申请，经保山市司法局研究，同意取消昌宁县司法鉴定机构和司法鉴定人的申请，后上报并经云南省司法厅同意，予以取消。

第五节　基层法律服务

1985年，保山地区开始在农村乡（镇）、城市街道组建法律服务所，与司法所实行两块牌子一套班子。至1994年，全区83个乡（镇）全部设立法律服务所。各乡（镇）法律服务所按照司法部《关于乡镇法律服务所的暂行规定》《乡镇法律服务业务工作细则》的规定，不断拓宽服务领域，主动出击，热情服务，为基层群众担任法律顾问，办理各类法律事务，尽力为单位和个人避免和挽回经济损失。

1999年，保山地区及五县（市）司法局全部开通“148”法律服务专线电话。2001年3月保山市司法局法律援助中心及各县（区）法律援助中心相继成立，当年即办理法律援助案件205件。此后，所办理的法律援助案件数逐年增加。2002年10月1日，全市“148”法律服务专用电话全部改为短号码“12348”。2003年起，开始在团委、妇联、残联、监狱等单位及乡（镇）司法所建立法律援助工作站，当年办理法律援助案件数增至832件。至2005年年底，全区共建立法律援助工作站101个，当年办理法律援助案件数为1025件。

1990—2005年保山市法律服务所业务开展情况表

表13-5 单位：家、件、万元

年度	担任法律顾问	办理各类法律事务（调解纠纷、代理诉讼和非诉讼事务、协办公证、办理见证、代写法律事务文书、解答法律咨询等）	为单位和个人避免和挽回经济损失
1990	—	5006	—
1991	120	10990	107.09
1992	134	11010	55.81
1993	109	11259	74.26
1994	83	11126	233.8
1995	216	5462	209.73
1996	51	17000	294
1997	48	7669	160.2
1998	30	3052	145.98
1999	73	5354	126.1
2000	125	32260	412.5
2001	130	3106	199.5
2002	150	12353	203.2
2003	173	17713	553.38
2004	170	16502	578.11
2005	177	18313	543.47
合计	1789	188175	3897.13

1999—2004年“12348”法律服务专线业务开展情况表

表13-6 单位：人次、件、万元

年度	接受电话咨询	接待来访								挽回经济损失	处置突发事件
		合计	其中								
			上门服务	律师事务所承办	公证处承办	法律服务所承办	提供法律援助	解决纠纷	移送有关部门		
1999	585	783	16	38	7	17	28	17	28	65.8	4
2000	875	2423	185	91	65	232	—	505	74	313.2	12
2001	624	1793	208	90	—	—	—	463	93	199.6	5
2002	415	429	11	12	13	28	9	16	—	—	4
2003	533	1351	57	—	—	—	157	313	136	64.7	4
2004	731	1359	229	—	—	—	187	361	114	216.9	3

第四章　监所管理

第一节　保山监狱

1978—2005年，由保山市司法局负责协管、指导、监督保山监狱执行刑罚和改造罪犯工作。重点是根据《中华人民共和国刑法》《中华人民共和国刑事诉讼法》《中华人民共和国监狱法》等法律的规定，指导、监督保山监狱认真贯彻执行“惩罚和改造相结合，以改造人为宗旨”的工作方针，依法管理和教育罪犯，组织罪犯劳动改造和接受技能培训，通过确保场所安全稳定、提高罪犯改造质量，为保山市社会安全稳定大局服务。

一、罪犯管理

1978—2005年，保山监狱严格按照《中华人民共和国刑法》《中华人民共和国刑事诉讼法》《中华人民共和国监狱法》等法律的规定，对指定管辖区域和指定刑期的相关罪犯依法进行收押和管理。在管理中，严格执行收监收押制度、分押分管分教制度、看守汇报制度、申诉控告及案件复查制度、减刑假释制度、警民联防制度、武器警具禁闭使用制度、狱内侦查制度、考核奖惩制度、医疗卫生制度、保外就医和监外执行制度等制度，圆满完成了各个时期的相关收押管理任务和外调押送任务。至2005年，累计依法依规得到减刑14986人次，立功受到表彰92人次，评为劳动积极分子2878人次，表扬1191人次，2946人次得到奖金139804.4元；假释1294人，提前释放734人，加刑186人，纠正冤假错案反释放和无罪释放88人；行政处分212人次，警告56人次，记过130人次，重新犯罪93人；批准保外就医982人，监外执行303人；完成外调押送3328人。

二、教育改造

1978—2005年，保山监狱严格按照相关法律的规定，对罪犯在执行刑罚过程中，以转变罪犯思想、矫正罪犯恶习为目的，以政治、法制、文化、道德、劳动和技术教育为主要内容，对罪犯进行有组织、有计划地进行教育改造，使他们中的绝大多数改造成新人，较好践行了“改造人”的宗旨。

（一）入监教育

主要是使罪犯学习和了解监狱的性质、任务和工作方针，明白权利和义务，遵规守纪，矫正恶习，消除紧张心理，稳定改造情绪，促使罪犯认罪服法，安心接受改造。1990年后，增加了《罪犯改造行为规范》和道德教育等内容。1998年起时间不少于三个月，一般是半天学习、训练，半天劳动，以逐步适应改造环境。同时，还进行队列和行为规范的训练，养成令行禁止的纪律作风。

(二) 出监教育

出监教育主要提高教育改造质量，巩固改造成果，使服刑期满的罪犯能够顺利回归社会，成为守法公民，最大限度地减少和预防重新犯罪，维护社会长治久安。1984年12月恢复了出监队。1996年9月始，制定《出监教育工作规定》：各大队把刑满前三月内的罪犯集中进行教育，每个罪犯接受教育不得少于五次（每次一小时）。2005年又制定《云南省保山监狱罪犯出监教育实施办法》，每月开办一期出监教育学习班，为期一个月，教学不少于60个课时。

(三) 大课教育

大课教育始于1953年，主要是解决罪犯的共性问题。凡属全体罪犯需要教育的内容，采用集体大课方式进行教育。起初规定每10天上一次大课。1958年后，大课教育的时间，根据教育的内容确定。

(四) 个别教育

为落实"以提高改造质量为中心"要求，落实责任警察对顽固（危险）犯的包管、包教、包转化，做到有的放矢、因人施教。1974年1月，学习省一监六车间"四知道"（即：一知道姓名、籍贯、出身；二知道主要情况和刑期；三知道家庭情况和主要社会关系；四知道改造表现）经验。1975年4月，省劳改局在湾甸农场召开全省劳改劳教系统教育改造工作现场会，对开展"四知道"工作予以充分肯定。1980年起，每年对"四知道"进行考核，评选出先进标兵。

1980年后，要求做到"六必谈"即：新犯入监或分到中队必谈；罪犯思想情绪异常时必谈；罪犯在受到奖励、惩罚，或违规受到批评时必谈；罪犯变换劳动岗位时必谈；罪犯家庭有变故或特殊困难时必谈；罪犯在受到司法机关提审后必谈。

1995年制定了"九必谈"，即：新入监和新调入的罪犯必谈；罪犯思想情绪、言行举止发生异常时必谈；罪犯受到奖、罚时必谈；顽危犯、三类型罪犯必谈；重大节日和罪犯违规时必谈；罪犯被调换工种或收监时必谈；罪犯被打击或受到报复时必谈；罪犯家庭有变故或通信不畅通时必谈；罪犯抗改时必谈。通过对罪犯的个别谈话教育，使不少人解决了思想问题，端正了改造态度，顽危犯转化率达70%以上。

(五) 社会教育

监狱在依靠自己的警察对罪犯进行专门教育的同时，还借助社会力量，对罪犯进行的以形势、政策、前途为主要内容的社会教育，主要形式是签订帮教协议，邀请各级领导、社会知名人士、英雄模范人物作报告等。

社会帮教 邀请各级党政领导、社会知名人士视察看望、专题讲座，并签订社会帮教协议书。其中：2000年、2004年两次邀请著名农民作家段培东到监狱为罪犯作报告三场，帮助罪犯正视自己的错误，正确对待改造，积极面对人生，树立正确的人生观和价值观。

亲情帮教 又称亲属规劝。自建狱后，就十分重视罪犯亲属对罪犯的规劝。每年在春节、中秋等传统节日，借罪犯家属到监探视、通信，向罪犯亲属宣传党的监狱工作方针、政策，介绍罪犯的改造表现和思想情况，要求家属积极配合监狱做好罪犯的思想转化工作，并与罪犯家属签订帮教协议书，覆盖面从43%到76%。2000年后，为监区配置了亲情电话室，批准部分改造表现良好的罪犯照亲情相，与家属通亲情电话，对极少数罪犯特许离监探亲。

（六）心理矫治

心理矫治工作始于1996年，主要是运用心理科学知识、技能和方法，通过心理测量、心理咨询和心理治疗等措施，调节罪犯情绪，矫正其不正当的认知方式，消除其不良心理，完善其人格（个性）。同年6月，在各大队开展心理测试，测试的罪犯不少于30人。同时，并逐步普及心理测量，建立罪犯心理档案。1996年后，心理健康教育办板报96期，墙报96期，大课40次，广播30次，电视36次，报纸刊登24篇，心理健康教育展板2块，进行EPQ、16PF测试试卷207人。2002年8月，成立昌宁监狱心理矫治研究室，监区设心理辅导站。同年建立罪犯心理档案125份。2004年8月，成立保山监狱罪犯心理矫治室，监区成立监区罪犯心理咨询室，并邀请社会知名心理咨询师进监为罪犯开展咨询服务和心理健康教育，有1746名罪犯参与活动。同年开展心理咨询183人次，咨询问题总数183个。2005年10月，邀请保山市心理咨询专家到监狱作心理矫治工作培训。

（七）育新学校教育

在监狱中举办改造人、造就人的特殊学校是中国教育改造罪犯的一个创举。根据司法部关于办特殊学校要求，经保山地区教育局批准，1985年9月1日成立保山地区育新学校，各关押点成立分校。2003年年底，育新学校从湾甸迁到保山新监狱。

教学制度 学校坚持“以思想教育为核心，以文化教育为基础，以技术教育为重点”的办学方针。教学内容：以思想教育、文化教育和技术教育作为主要教学内容。教学对象：思想教育，所有罪犯参加；文化教育，50岁以下，初中以下学历，除了身体残疾的都要编入初中、高小、扫盲班学习；技术教育，由具有一定文化基础的罪犯参加，主要是根据生产情况和罪犯所从事的工种来决定技术课的内容，学制一年。学员学完课程，经考试，所获得的文化课毕业证、技术等级证书，国家予以承认。1986年6月，按照司法部对刑满发给释放证、文化知识毕业证和技术等级合格证等“三证”的规定。1986年、1987年连续两年被省劳改局授予“办特殊学校先进单位”称号。2004年起，“三课”教育课堂教学总课时不得低于500课时，其中，政治思想教育课时200课时以上，文化、技术教育课时各150课时。

思想教育 主要是以法制教育、形势政策教育和纪律教育为重点。第一，法制教育。有计划组织学习各个时期党和国家重要的法律、法规、条例等。1978年5—8月，重点开展第三部《中华人民共和国宪法》学习；1980年4—11月，重点开展《中华人民共和国刑法》和《中华人民共和国刑事诉讼法》学习；1981年7月，重点开展《关于处理逃跑或者重新犯罪的劳改和劳教人员的决定》学习；1985年至1987年9月，按省劳改局统一部署，系统的组织法律常识教育，主要有《中华人民共和国宪法》《中华人民共和国刑法》《中华人民共和国刑事诉讼法》《中华人民共和国民法通则》《中华人民共和国经济合同法》《中华人民共和国婚姻法》《中华人民共和国继承法》《治安管理处罚条例》全国人大常委会三个《决定》以及《劳动改造条例》《管教工作细则》《犯人守则》《监规纪律》等；1986年，专门把《中华人民共和国刑事诉讼法》纳入课堂化教育，参加考试及格率达94%；1987年10月，进行法律常识考试，高小以上学段及格率94%，初小文盲段及格率93%；1993年组织罪犯学习中共十四大和全国人大八届一次大会精神，结合"二五"普法教育，进行《中华人民共和国宪法》《中华人民共和国刑法》《中华人民共和国刑事诉讼法》《中华人民共和国婚姻法》《全国人大关于禁毒决定》《云南省禁毒条例》等法律、条例普法教育考试，及格率达到99.8%；1997年，在年内专门组织罪犯学习全国人大修改后的《中华人民共和国刑法》《中华人民共和国刑事诉讼法》；2004年，举行罪犯普法知识竞赛活动，同时，组织普法教育考试，及格率达100%。第二，形势政策教育。主要是教育罪犯认清国内外形势的发展趋势，正确理解党和国家的政策，增强改造信心，重新做人，争取光明前途。20世纪80年代，在罪犯中开展明确新时期总任务、党的工作重点转移到经济建设上重大意义教育。90年代，结合党的十四大、十五大文件学习，认识社会主义市场经济基本知识，加速改造自己，适应新的发展要求。1995年，在纪念世界反法西斯战争胜利和中国抗日战争胜利五十周年时开展爱国主义教育。1997年香港回归祖国、1999年澳门回归祖国、云南昆明世博会、批判邪教"法轮功"等重大活动时组织学习。第三，纪律教育。罪犯投入监狱服刑后，首先就要进行认罪服法和监规纪律教育。1982年公安部下发《监狱劳改队管教工作细则》《犯人守则》后，专门集中教育学习。1983年后，对罪犯实行日百分考核办法后，把监规纪律作为一项重要内容，对罪犯进行考核。1990年司法部下发《罪犯行为规范》，对罪犯除执行监规纪律外，对言行举止要求按行为规范执行。1996年年底，制定《罪犯礼貌规范》，对罪犯的言行举止作了明确规定及要求。2001年5月—10月，根据省监狱管理局关于开展"严打"斗争，整顿监规纪律。此外，对罪犯进行世界观、人生观的思想品德教育是监狱教育改造罪犯的一个重要内容。

文化教育 主要是对罪犯进行文化知识教育，通过文化熏陶，提高文化素质和科学知识。设有扫盲班、初小班、初中班，按国家统发教科书进行课堂化、系统化的文化教学，收到了很好的效果。1987—2005年，扫盲3281人，脱盲2489人，脱盲率为75.86%。小学入学10485人，毕业5645人，毕业率为54%。初中入学173人，毕业129人，毕业率为75%。在2003年以后，脱盲率、小学毕业率、初中毕业率均达100%。

技术教育 主要是对罪犯进行劳动、技术教育，使罪犯养成习惯，学习生产技能，为释放后就业创造条件。根据罪犯所从事的生产项目，本着干哪行学哪行，做什么学什么的原则，重点学习农业种养技术知识、建筑、煤炭、砖瓦、电力、制糖、机械修理、农具制造、茶叶加工、毛衣编织、竹框编织等，还有医疗卫生、畜牧兽医技术培训。许多罪犯通过技术培训和实际操作，学到了一门或几门专业基本技术，不仅在监狱的生产中发挥了作用，也为回到社会自食其力打下了基础。1987—2005年，技术教育17772人，获证11150人，获证率达63%。转移到保山后，获证率达100%。

第二节　禁毒劳动教养

1992年保山地区禁毒劳动教养管理所成立后，即收容强制戒毒人员。1999年，根据“以政治教育为中心，辅之以文化教育和技术教育”的原则，开设扫盲班、文化补习提高班和岗位培训班等班级，有计划、有目的地对劳教人员实施正规化的课堂教育。

至2005年年底，全所收容教育的吸毒劳教人员所内戒断率达100%。在开展所内教育矫治工作的同时，全所积极开展预防毒品宣传教育工作，以“珍爱生命，远离毒品”为主题，为城区多所中小学开展别开生面的入学教育或禁毒宣传教育，累计受教育人数已达5000多人次，为维护整个保山地方的社会稳定起到了应有的积极作用。从成立至2005年，保山市禁毒劳动教养管理所先后获得了众多荣誉称号，多次被表彰为“禁毒先进集体”“文明单位”。其中1999年度，分别被云南省委、省政府和中共保山地委政法委授予“人民满意的政法单位”荣誉称号。

第十四编　军　事

军事训练

综　述

保山地处边陲，既与缅甸接壤，又与南亚、东南亚国家邻近；既是中国与缅甸、印度等周边国家友好往来的国际通道，又是国家抵御外敌入侵的边防前哨。军事历史悠久，战略地位重要，是历代兵家必争之地。

1979年2月，南疆保卫战中驻保35105部队和35109部队奉命参战；保山军分区抽调人员补充到35105部队、炮兵某部和蒙自军分区参战；陆军第64医院奉命组建野战医疗所参战。

20世纪80年代，坚决贯彻中央军委关于国防和军队建设指导思想的战略性转变，军队建设进入现代化、正规化建设的新时期。1980年1月，组建保山人民边防武装警察支队后，保山边防开始实行以武装警察部队为主的边防管理体制。1984年的中越边境老山、者阴山地区拔点作战，驻保35111部队和35109部队再次参战；保山军分区抽调24个建制班补充到滇南作战部队；陆军第64医院再组野战医疗所二次参战。次年3月归建。1980—1984年，驻保各部队通过整党和“四项基本原则”学习，提高军队党组织功能，增强抵制资产阶级自由化的自觉性，凝聚力、战斗力不断增强。1985年，中共中央、中央军委作出裁军100万的重大决策，驻保军警各部队坚决贯彻落实，先后撤销0292部队、35109部队、35111部队，64和71医院合编后划归成都军区，次年人武部改归地方建制。保山军分区提出“部队减少了，训练时间、训练内容不能减少”，把部队教育与训练提高到战略地位加以改革，突出单兵训练和合成协同作战训练，有效提高现代条件下的作战能力和突发事件处置能力。1987年，35105部队回驻。1988年，恢复军衔制，驻保军警以饱满的激情始终在政治上、思想上、行动上与党中央保持高度一致，保持驻保部队高度稳定。

20世纪90年代，改革开放深入发展，军队建设的环境条件发生重大变化。驻保军警积极探索新形势下的治军特点和规律，加强部队素质建设，走具有中国特色的精兵之路。10年间，随着陆军预备役部队的组建和改制、县（市）人武部归建、国防动员委员会成立，国防和后备力量建设加强。民兵建设按照减少数量、合理布局、突出重点、分类建设的原则，逐年调整改革。在参战支前、参建参治、处突维稳、抢险救灾、扶贫帮困等重大活动中作出重要贡献。

进入21世纪，驻保军警充分做好军事斗争准备，加强部队信息化、正规化建设。在政治建设上，注重政治思想教育，注重党委班子和干部队伍建设；在军事斗争准备上，积极适应中国特色军事变革要求，加强信息化建设，充分做好防备连锁反应背景下的军事斗争准备；在后勤装备建设上，走军地兼容，社会化保障路子，大力开展后勤正规化建设与管理和装备建设；在国防动员建设上，完善国防动员体系，规范国防动员，组织开展达标建设，探索新形势下征兵工作的措施和办法，深化城市民兵调整改革，抓好应急队伍建设，充分发挥民兵的重要作用。新组建的边防部队进驻后，实行“军管线、警管点、民管片”军警民联防的边防管理体制。

驻保军警立足艰苦环境，以边疆为家，以事业为重，以守土为荣，为保山人民政权的建立和巩固、经济社会的发展和创新、边防前线的稳定和安宁做卓越贡献，涌现出许多可歌可泣的动人事迹和英模人物。他们中有朱家璧、查玉升、郑刚、赵青、刘斌等优秀指挥员；有被国防部授予荣誉称号的“政治边防模范连”和“边防红色堡垒三连”；有被中央军委授予“董存瑞式的战斗英雄”李成文和被国防部命名为“老山十五勇士”的张庆龙、段春和等；有被评为“中国十大杰出青年”“全国十大边防卫士”和“全国第二届我最喜爱的十大人民警察”的缉毒英雄印春荣。

在南疆自卫还击作战中，全区共有75名优秀儿女为国捐躯；401人光荣负伤；1805人荣立战功（大军区以上授予称号的14人，一等功15人，二等功109人，三等功1667人）；3人被中央军委授予荣誉称号。时任保山军分区司令员的刘斌，大儿子刘光（昆明军区侦察连副连长）在战场上牺牲后，又把小儿子刘明送上战场，1983年刘明牺牲后，作为退休干部的刘斌又建议组织将在内地部队医院当医生的女婿陈明勇调到边防前线工作。刘斌的女儿在前线参加战斗，老伴在后方支前，均立功受奖。1985年中共云南省委又授予他“优秀共产党员”称号，满门英烈，为南疆自卫还击作战的胜利做出了贡献。

第一章　军事机构与驻军

第一节　领导机关

一、云南省保山军分区

1974年4月，保山军分区分编为保山、德宏两个军分区。分编后，保山军分区编3部、21个科、10个直属分队，辖5个县人武部、35514部队、独立第4营、陆军第64、第71医院、35011部队、云建3师第15团和昆字105部队、某部研究室、某大队第1队、某部第1支队、昆字326部队等驻保单位。归昆明军区建制领导。1983年3月，编3部、18科和6个直属单位。1986年9月，精简整编，撤销机关各科及直属单位，编司令部、政治部、后勤部和警通排。1990年12月，成立保山警备司令部，由保山军分区兼。1997年7月，机关扩编为3部、7科，次年缩编为6个科。2003年8月，77337部队调归保山军分区建制。9月10日零时，武警保山市边防支队将中缅边境保山段防务移交保山军分区。2003年4月和2005年年末，两次调整编制。

二、县（区）人武部

1974年4月，保山军分区分编为保山、德宏两个军分区后，保山军分区辖保山、腾冲、龙陵、施甸、昌宁5个县人武部。1983年9月，保山县人武部改称保山市人武部。

1986年7月，各县（市）人武部划归地方，按副县级单位列编。1996年4月，五县（市）人民武装部收归军队建制，番号为“中国人民解放军××县（市）人民武装部”，编为正团职，隶属保山军分区建制。2001年8月，保山市人武部改称保山市隆阳区人民武装部。

2005年年底，保山军分区辖隆阳、腾冲、龙陵、施甸、昌宁5个正团级人民武装部，全市设72个乡（镇）武装部和工矿企业5个武装部。

第二节　驻　军

1978—2005年间，先后有多支部队在保山驻防，为保山军分区直属或由保山军分区代管的部队分别有：云南省军区边防某团、保山军分区独立团、77337部队、保山军分区教导队、昆明军区独立第1训练大队、成都军区某总站某部、87096部队84分队、昆明军区研究室、陆军第64医院、陆军第71医院、昆明军区后勤部混合仓库、昆明军区后勤部综合库、成都军区昆明特运处保山站等，其中成都军区昆明特运处保山站为1984年10月建成，77337部队为2003年7月组建，87096部队84分队2005年由外地移防保山，其余部队1978年均已驻保山。

35111部队和35109部队分别驻防保山和昌宁县，均于1985年9月撤销；空军雷达某营进驻过保山县，1986年3月调离；95445部队54分队1971年5月进驻龙陵县；77332部队第61分队2003年8月进驻保山，执行中缅边境防卫任务；35105部队1986年8月进驻保山，2000年，改代号为77273部队；95445部队57分队1971年3月组建，驻腾冲县；1990年4月，组建保山预备役56989部队，1999年7月，整编为云南陆军预备役步兵师第1团。

至2005年，仍驻防保山及其所属县（区）的为77337部队、87096部队84分队、77332部队、77273部队、95445部队、云南陆军预备役步兵师第1团。其他部队或撤销，或调离，或合并，或移交其他军分区。

第三节　武　警

一、武警保山市支队

1980年1月，成立保山地区人民边防武装警察支队。1983年5月，组建中国人民武装警察部队云南省总队保山地区支队，隶属中国人民武装警察部队云南省总队。1985年5月，成立武警保山地区支队边防局。1986年4月，原武警序列的边防部队划归省公安厅边防局统一管理。同年6月底，武警保山地区支队辖35个连级以上建制单位。7月，武警保山地区支队同时称保山地区公安边防局。1988年9月，保山地区公安边防局对外称中国人民武装警察部队保山地区边防支队，同时将木城、瑞滇、明光、古永4个边防派出所从公安机关移交边防支队建制。直到1992年12月，武警保山地区支队和保山地区公安边防局，实行一个机构、两块牌子。1993年1月，重新组建武警保山地区支队，将各县中队和直属中队划归武警保山地区支队，隶属于武警云南省总队。2001年8月，改称武警保山市支队，所属保山市中队改称隆阳区中队。

二、保山市公安边防支队

1993年1月，新组建武警保山地区支队后，武警保山地区边防支队专门执行边防防卫任务。1998年11月，对外称保山地区公安边防支队。2001年8月，更名保山市公安边防支队。

三、保山市公安消防支队

1979年1月，设保山地区公安处消防科。1983年9月，保山地区公安局将局消防科和五县（市）局消防股及保山、腾冲消防中队移交武警部队建制。同年，组建中国人民武装警察部队保山地区消防支队。编正团职，与保山地区公安消防支队实行两块牌子，一套班子。1986年6月，将所属消防科、县(市)消防股和保山市、腾冲县消防中队移交地、县(市)公安机关建制。1992年1月，整编为副团职支队。1993年2月，扩编为正团职支队。1999年1月，对外改称保山地区公安消防支队，对内称保山地区公安局消防分局。团以上单位冠以“中国人民武装警察部队”字样。2001年8月，更名为保山市公安消防支队。

四、武警保山市森林支队

1993年12月，组建中国人民武装警察部队云南省森林警察支队保山地区大队。1997年12月，组建腾冲中队。1999年2月，改称武警云南省森林总队保山地区大队。2001年8月，改称保山市大队。2002年11月，成立武警云南省森林总队保山市支队，编正团职。同月，新组建昌宁、龙陵、隆阳3个中队。辖5个中队，主要担负保山、临沧、怒江、德宏4个州市的森林防护任务。

五、武警云南省总队保山医院

1984年7月，中国人民武装警察部队云南省总队第2医院撤销，组建保山、思茅医院。保山医院，编为正团级单位，编制床位150张，番号为“中国人民武装警察部队云南省总队保山医院”，1989年1月起，正式由耿马迁驻保山市北关街。1992年12月，整编为副团级建制，编8个科室。1994年7月，执行正营级建制。2001年，编11个科室，设床位180张。担负保山、德宏、临沧、怒江、大理、丽江、迪庆7个州（市）武警支队的卫勤保障任务。2005年，有床位170张，专业技术人员130多人。

六、猴桥边防检查站

2000年4月，腾冲猴桥口岸被批准为国家级一类口岸。2002年1月，成立中华人民共和国猴桥边防检查站，编正团职，直属云南省公安边防总队。2003年1月，国家海关总署、总参谋部、国家计划委员会、公安部边防局等单位组成验收组进行了国家级验收，确认为国家级一类口岸。

第二章　边　防

第一节　边防体制

一、领导体制

1972年1月，保山地区和边境县成立边防工作领导小组，实行党委领导下的边防领导体制。1980年2月，保山地区和边境县成立联防指挥部。

1987年11月，建立健全武装委员会和边境联防指挥部统一领导下的边防领导体制。1988年10月，将地区武装委员会人防领导小组、军民联防指挥部等机构的工作职责归入中共保山地委人民武装委员会，统一领导保山边防工作，由地区党政主要领导和驻军领导机关主官任主任、副主任，由保山军分区、武警保山地区支队参谋长分别任武委会办公室主任、副主任。完善腾冲、两个边境县，4个边沿乡，23个边沿村的军警民联防指挥部或边境管理领导小组，形成地、县、乡、村四级边防领导体制。进一步坚持党政军警联席会议制度，做到地区每年、县每半年、乡每季、村每月一次边防联席会议；进一步坚持请示报告制度、武警带训边防民兵制度、警民联防演练制度。

1992年9月，成立保山地区边防委员会，由地委副书记张培光任主任；地委委员、行署副专员陈就和、保山军分区司令员赵泽贤任副主任；委员有相关部门的主要领导共29人。下设办公室于保山军分区司令部。1993年2月，将边防委员会和边境管理领导小组合并，称边防委员会，办公室设在边防支队，将武委会组织警民联防的职责调整给边防委员会，调整部分领导成员和职责。

1996年12月，保山地区第一次边防工作会议，成立地、县、乡三级边境联防工作指挥机构，地区和腾冲、龙陵县设指挥部，腾冲县的古永、瑞滇、明光和龙陵县的木城、勐兴5个乡（镇）设边境联防指挥小组和边境联防中队。地区边防指挥部指挥长赵有生，副指挥长杨光、张治安、倪启文。同时调整充实地区边防委员会，由21人组成。办公室设在边防支队边防股。2000年2月，地区边防委员会成员增至26人。2002年12月，成立保山市新一届边防委员会，由25人组成。腾冲、龙陵设立边防委员会和办公室，办公室设在县武警边防大队。2003年9月8日，保山军分区、保山市公安边防支队举行中缅边境腾冲、龙陵段防务管理移交签字仪式。次年2月，调整边防体制，实行党委领导下的中国人民解放军为主体的领导和管理体制，将市边防委员会办公室从保山市公安边防支队调整到保山军分区司令部；将腾冲、龙陵县边防委员会办公室从公安边防大队调整到县人武部。同时调整充实保山市边防委员会的组成人员。

二、管理体制

1983年以前，除第14军41师、第54军134师驻边境县各团外，由保山军分区所属各边防部队执行中缅边境保山段防卫任务。驻腾冲边防部队于1983年5月裁撤后，防务归武警部队。2003年9月10日，保山公安边防支队将中缅边境自治边防工作站、古永边防工作站、胆扎边防工作站、滇滩边防工作站和老厂边防工作站的边境防卫任务移交给77337部队和77332部队61分队。

1982年7月，保山军分区将独立营随同执勤任务移交保山地区人民边防武装警察支队建制；12月，又将35514部队第2营第4连、第6连及营部移交，成立中国人民武装警察部队保山地区支队。1983年1月，组建武警胆扎工作站、古永边防机动中队、老厂边防工作站，编为省级口岸、连级建制；之后，又组建龙陵县边防大队。1985年5月，成立武警保山地区支队边防局，负责指导边防业务。1993年1月，武警保山地区边防支队分编一部组建内卫支队，由武警保山地区边防支队执行边境防务。2003年防务移交时，辖2个边防大队、5个边防工作站、4个边防派出所等一线边防管理机构。

除边防部队和武装警察部队管理体制外，地方设有外事等边防管理部门，共同实施边防管理。

第二节　边界事务

一、界桩设置

1962年2月22日生效的《中缅边界议定书》规定：中缅双方在两国边界上竖立的界桩，从尖高山起向南和向北依次编号。腾冲境内的尖高山为南北两段的共同起点，向北为1～47号，向南为2～244号。每号可设1～3棵。确定界桩单立、同号双立或同号三立的原则，即：陆地界线上的界桩只竖1棵；陆地界线遇河，可在界河两岸竖同号双立各1棵；在界河汇合处的每个河岸上各竖1棵同号三立。界桩露出地面部分的高度分别为1.71米、1.41米和1.06米。在重要通道和人烟稠密的地点，竖大型界桩；在重要通道附近和人烟比较稠密的地点，竖中型界桩；在高山峻岭和人烟稀少的偏僻地点，竖小型界桩。界桩统一用混凝土制成。界桩对着中国境内的一面刻有中文“中国”字样，对着缅甸境内的一面刻有缅文“缅甸”字样，在国名下部刻有界桩树立的年份。界桩两侧分别刻有阿拉伯数字和缅文字码的界桩号码。《中缅边界议定书》记明在腾冲县边境的界桩，从尖高山1号起，向北9棵为1～9号，向南3棵为2～4号。

1号界桩，中型、单立，位于尖高山山顶，海拔3202米。

南2号，小型，单立，位于猴桥镇玉泉香山口，海拔2777米，距南1号桩直线距离2.74千米。

南3号，小型，单立，位于猴桥镇茨桐地山（敏标基特山）山口，海拔2581米，距南2号桩直线距离13.12千米。

南4号，小型，单立，位于猴桥镇黑泥塘山（米来基特山）山口，海拔2189米，距3号桩直线距离3.13千米，距南5号界桩20.22千米，属腾冲和盈江各半。

南5～244号，属德宏、临沧、思茅和西双版纳。《中缅边界议定书》规定，中缅边界龙陵段无界桩，西与潞西县接于南105～106号之间，东与镇康县接于南106号界桩。105～106号相距34.93千米，其中属潞西市15.22千米，属龙陵县19.71千米。南105号，小型，同号三立，分别为南105（1）号、南105（2）号、南105（3）号，位于怒江和曼辛河汇合处。南106号，小型，同号双立，分别为南106（1）和南106（2）号，位于桤木水井山顶西北，石灰窑山顶东北的地界沟西岸。《中缅边界议定书》规定，龙陵段以怒江（不通航河流）中心线为界。界线走向从万马河与怒江汇合处溯怒江向东偏北至怒江与地界沟汇合处。

北2号，中型，单立，位于猴桥镇长地方山（奥克彭山）山口以西，由向北转为向东的转折点以南77米的山头上，海拔3169米，距1号桩直线距离9.01千米。

北3号，小型，单立，位于滇滩镇的水城山（马赤伊车特山）丫口，在山口以东19米处，海拔2477米，距北2号桩直线距离18.95千米。

北4号，中型，单立，位于滇滩镇板瓦山丫口东面山头上，海拔2477米，距北3号桩直线距离3.66千米。北4号附1号，中型，单立，位于滇滩镇板瓦山丫口新路以东20米平坝处，双方于1993年11月增设，海拔2472米，距北4号桩直线距离111.1米。

北5号，小型，单立，位于明光乡派赖山（耶昌隆山）山口中心，海拔2771米，距北4号桩直线距离10.65千米。

北6号，小型，单立，位于明光乡姊妹山（大沙明山）山顶，海拔3158米，距北5号桩直线距离8.99千米。

北7号，小型，单立，位于明光乡茨竹山（拉桂山）山口中心，海拔2677米，距北6号桩直线距离7.78里。

北8号，小型，单立，位于明光乡龙大河头山山顶，海拔3121米，距北7号桩直线距离13.17千米。

北9号，中型，单立，位于明光乡分水岭山口中心，海拔2647米，距北8号桩直线距离3.73千米。

北10～47号，属怒江州和西藏自治区。

尖高山1号界桩

南2号界桩

南3号界桩

南4号界桩

北2号界桩

北3号界桩

北4号界桩

北4附1号界桩

北5号界桩

北6号界桩

北7号界桩

北8号界桩

北9号界桩

二、中缅联合检查

1984年12月31日，中缅边界联合检查委员会签署的《中缅边界联合检查委员会第一次会议纪要》，双方同意1985年上半年联检尖高山以北的5～7号和尖高山以南1～183号中的59棵，共62棵界桩，在南段45～155号界桩之间增设35棵附桩。此次联检共设6个联检组，全部从中方上界。腾冲为第1组，中方组长腾冲县副县长李绍光，副组长腾冲县外办主任杨国光、昆明军区测绘大队中队长徐英周；缅方组长国家测量局测绘处处长助理吴丹敏，副组长测绘处科长吴佐乃。由保山地区武警支队副参谋长李志美带队，组建联检警卫分队，队长熊顺成，副队长刘华贵，指导员范忠明。中缅双方联检人员于1985年3月3日在腾冲县会合，3月4日举行全体会议，3月5日上界作业。4月6日，第1组工作全部结束，完成了南3、4号及北5、6、7号5棵界桩的重竖和修复；完成了对5个界桩点、15个界桩方位点检测工作。龙陵县在联合检查前，组织以县长李永兴为组长的边界调查小组，对龙陵段进行内部调查。

1992年年底，省外办召开会议部署云南省第二次中缅边界联合检查后，保山地区成立以专员程政宁为组长的联检领导小组，腾冲、龙陵两县成立以外办主任为组长的联检小组。保山地区第二次联检分为两个阶段。第一阶段为中方内部调查。主要是掌握界桩、界桩方位物、界线走向等方面的现状。腾冲县联检组于1993年3月1日上界，开展野外作业，历时1个月，完成国界线、界桩和界桩方位物的查勘、记录、拍照，完成文字、图片等资料整理工作；龙陵县进行了全线查看。武警保山边防支队派出兵力参与内查。第二阶段为中缅双方联合检查。根据《中华人民共和国和缅甸联邦第二次边界联合检查委员会第二次会议纪要》，1993年11月25日，缅方以吴纽温为组长的联检组人员从瑞丽口岸入境到达腾冲，与腾冲县联检人员组成第7联检组。11月26—27日，双方会晤，对联检程序、实施计划达成协议。11月28日，上界作业。遵照“热情友好、平等协商、合作共事、增进友谊”的方针，顺利完成第二次中缅边界联合检查任务：完成南4号界桩的维护；增设北4号界桩附桩，确定该附桩的方位物等；对148.71千米国界线和12棵界桩、38个方位物进行全线勘察、测量和维修，维修南3号、北6号界桩，新增设方位物6个，在原位重树方位物2个，另选方位物6个，勘察骑线建筑物两处。并按规定完成各项文字、绘图、照片工作。龙陵县完成19.71千米国界线的检查。武警保山边防支队，派出兵力参加联合检查。1994年1月18—19日，中缅两国第二次边界联合检查委员会中方首席代表许文益和缅方首席代表吞昂上校到腾冲视察第7联检小组工作，对该小组的工作给予充分肯定，并对下一步工作作重要指示。2月28日，以吴纽温为组长的缅方联检小组一行5人，在完成任务后，从瑞丽口岸回国。3月1—6日，云南省联检办公室在西双版纳召开总结会。4月25—27日，联合检查办公室在昆明召开“云南省中缅边界第二次联合检查先进工作者表彰大会”。保山地区有6人被评为先进工作者，8人受到通报表扬。中缅两国的第二次边界联检，检查全线界桩、附桩和方位物，增设66棵附桩，并对全线进行重新测量和制图，重新明确中缅边界长度为2210.273千米，其中腾冲尖高山1号界桩以北的北段长755.052千米，以南的南段长1455.221千米。竖立界桩290号、477棵。其中云南段长2011.9千米，有界桩287号、474棵。

三、标志物检查

边界调查 1980年，成立保山地区中缅边界调查领导小组，行署专员苏国相任组长，分区副司令员郭云岭、行署公安处处长郝玉峰任副组长，下设办公室。腾冲、龙陵两县抽组两个调查组，对国界线走向、界桩、方位物、骑线两侧各10米内的永久性建筑物，边界两侧各5千米的主要地物变迁、地名等情况进行全面调查。腾冲段，3月25日开始，5月1日结束。从南野牛坡山顶400米处与盈江县相接点起，至北平河大结坝头山和泸水县相接点，进行调查。此段国界线以分水岭为界，界线走向清楚，与《中缅边界议定书》相符，全部界桩都在，位置无变动，绝大部分方位物完整。龙陵段，1980年3月27日开始，4月18日结束。以怒江的中心线为国界，界线清楚，与《中缅边界议定书》相符。界桩严重损坏3棵：南3、4号，北5号；一般损坏4棵：北2、4、6、7号。界桩方位物受损的有南4号、北3、7号各一处。骑线上缅方在南3号、北4号界桩附近盖有草房；南3号界桩左侧筑有工事。1984年，成立保山地区中缅边界调查办公室，行署副专员贺志鹏任主任，外办主任钏相德、分区副参谋长苗成年、武警支队副参谋长李志美任副主任。腾冲、龙陵两县成立边界调查小组，昆明军区测绘大队派2人参加，对中缅边界保山段进行全面调查。腾冲段从4月29日开始，5月27日结束；龙陵段5月7日开始，5月21日结束。经实地调查测定，界线走向清楚，与《中缅边界议定书》和1980年调查的结果相符。界桩损坏严重3棵：南3、4号、北5号；一般损坏5棵：1号、北2、4、6、7号。界桩方位物有南3、4号、北3、7号各一处受损。与《中缅边界议定书》不符的有3个方位物。另有17个方位物（1号、北2号、3号、南2号各3个、北4号4个、南3号1个）的位置，《中缅边界议定书》上不明确，这次确定具体位置：在中方9个，在缅方4个，在界线上4个。1983年年底，缅方修了一条林区公路，延伸到北4号界桩以东的界线边沿，距中方公路25米处。

巡逻查界 1981—1982年，巡逻查界23次。1983—1985年上线巡逻360人次。1986年起，查界桩、界线和巡界已成为边防部队和外管部门经常性的任务。1987—1988年，先后派出623人次上线查界，对北2～9号界桩作详细检查，对损坏的界线和界桩作了处理。1989—1990年，除经常性的检查外，腾冲县对界务员进行界务知识培训，有效减少界桩和界线标志物人为或自然的损坏。1997年，武警保山边防支队各一线站派出官兵与怒江、临沧、德宏3个边防支队会哨8次。1998年武警保山支队与友邻单位会哨2次，针对界务问题开展双边会晤1次，举办边境管理、界务管理、法规宣传69期。2000年11月，地方和武警部队对腾冲段的国界线进行全面检查。经实地查看，尖高山北4～7号、北4号附1号、南2～3号界桩已有不同程度损坏。1993—2000年，上线巡逻查界629组（次）。2001年，武警保山公安边防支队制定了《中缅边境保山段整治工作方案》，妥善处理中缅边境一线骑线建筑物和中方非法出境架设通信设施等事件。2002年12月14日，云南省中缅界桩修复会议在保山召开。2001—2002年，保山公安边防支队实施界线巡逻833次。2003年77337部队接防后，明确了界务员的管理培训与隶属关系：界务员由乡（镇）人武部提名推荐，县外办审批和管理，业务关系隶属边防连长（界务组长）。妥善处理中方2001—2003年，在北7～8号界桩界线两侧500米内探矿、采矿问题。因涉及怒江、保山、德宏和缅方，经3次深入调查上报，主动与友邻地州联系，最终得到妥善解决。2004年2月，保山军分区首长率分区机关、腾冲县人武部和77337部队长，用10天时间“走边关”，对界碑、界线、标志物和界务管理等进行调研和勘察，勘察了北2～4号、北4号附1号、北6～8号和南4号界桩，界线、界桩、标志物管理良好。4月20—26日，省军区通过保山境内的两条巡逻航线对中缅边境界务进行直升机巡逻。“7・18”特大洪涝，导致北4号附1号界桩东侧150米处中方一侧发生山体滑坡，对界线走向产生一定影响，77337部队和边防武警及时进行了处置。该部从接防到2005年，上线巡逻420余次，保证了界线、界桩和标志物的安全。

四、会谈会晤

1982—2003年，武警支队接防后，与缅甸军警会谈会晤96次，处置涉外事务27起。2004—2005年，根据《中华人民共和国国防部和缅甸联邦国防部关于建立边防会谈会晤联系和处理边境事务的谅解备忘录》，保山军分区作为保山地区边界代表机构，在腾冲设置会谈会晤站，在猴桥、自治设置会晤点。实现会谈会晤规范化、制度化。其间共进行8次。尤其是2005年，经过7次会谈会晤，解决了一些历史遗留问题，进一步加深了解，增进友谊，促进了双方的交流与合作。

五、帮助缅甸抢险救灾

1999年1月下旬，腾冲县至怒江州泸水县、福贡县的缅方一侧多处连续发生森林火灾。2月3—11日，有6个火点先后成多点不连接式从腾冲边境蔓入。11日，6号界桩以北、7号界桩以南的火点突破第一道防火线，形成若干火场，严重威胁着境内森林资源和人民生命财产安全。5—13日，国务院副总理温家宝3次批示，要求“坚决将山火拒之国门之外”。经过16个昼夜奋战，于2月18日，入境林火被扑灭，有效保护了境内4个乡14万多人的生命财产和2000多平方千米森林资源安全。这次森林火灾，入境过火面积17.33平方千米，受害森林面积5.81平方千米，损失林木蓄积量20.03万立方米。出动军警、预备役部队、民兵应急分队和地方干部群众共13.17万人次、车辆4620辆次，实施人工降雨38次，耗资近千万元。云南省森警总队、思茅、保山、西双版纳大队共315人奉命出境扑救，其中保山森警大队125人，经过67天奋战，共灭火头154个，扑灭林火面积166平方千米。保山森警大队在出境扑火作战中，集体荣立二等功、2人荣立二等功、11人荣立三等功。

第三节　边防管理

一、人民防线建设

1978年以前，在地方党委统一领导下，保山在中缅边境建立起巩固的边防对敌斗争人民防线。边境联防武装共配合部队作战556次，单独作战621次，共歼敌4416名，缴获枪支1642支，在保卫边防中发挥了重要作用。

1978年以后，中缅边境军警民联防实现“军警民联防共守，共同加强边境管控，确保国界安全，维护边防稳定”的目标。1988年，将军民联防指挥部职能并入中共保山地区人民武装委员会，进一步完善两个边境县、4个边沿乡、10个边沿村的军警民联防指挥部和领导指挥小组。保山军分区在边沿县、乡、村组织边防民兵应急分队18个，配合武警部队巡逻执勤，维护边境秩序。武警支队在边境乡成立以武警部队为骨干的警民联防指挥部4个，指挥小组9个。1989年，保山军分区在猴桥组织军警民“联合逮捕犯罪团伙实兵实弹战术演习”。1988—1992年，武警边防工作站帮助地方训练边防民兵和按方案演习2次。边防民兵配合武警、公安执勤7487人次，协助破案437起，抓获犯罪分子476人，捕获外逃犯6人，缴获武器274件，缴获赃款、赃物总价53.7万元。1996年11月12日，保山地区边防支队出台《关于组建边境联防队的实施方案》，设立保山地区地、县、乡三级联防指挥机构。2002年，保山市第二次边防会议提出，军警民和各边防管理部门，要做到“情况互通、情报共享、行为互动、形成合力”，共同构筑军警民为一体的边防人民防线。

2004年，保山军分区“走边关”活动后，针对边境社情民情，实行分级承包的联防机制，基本形成市、县、乡（镇）和党政军警民齐抓共管、共建、共防、共治边防，边防部队与边防站、所合作管理边防的联防机制的格局。当年，联防队员参与巡逻、设伏、堵卡130起，协助查处治安案件52起141人，查获非法越境人员10起52人。

二、基础设施建设

20世纪80年代，按照统一规划、分期建设、突出重点、因地制宜、注重实效的原则，境内设施军民共建共用共享，跨境设施中缅双方共建共用。基本任务是边防巡逻路、铁栅栏、铁丝网、标志牌和边境管理辅助、监控设施建设等。

20世纪90年代，保山地委、行署确立腾冲县实施“修通一条路（腾密公路）、开辟一条边贸街、划出一个经济开发区、建设一批旅游景点、建设一个县城口岸”的“五个一”边贸发展基础设施建设的思路。

2000年以后，根据“打通南亚大通道，保山先行一步”的总体部署，边防基础设施的主要任务是打通腾密公路、改造保龙、保腾公路，启动腾冲机场和大瑞铁路等硬件设施。口岸升级和77337部队入驻后，除营房建设外，加速口岸、巡逻道、标志性设施和电子监控等高科技设施建设。1997—2002年，国家边防委员会先后投入保山边防基础设施460余万元。保山边境地区的党委政府和边境管理各部门不断加大投入，改善边境地区的政区建设和基础设施建设，加快发展广电、文化、教育、卫生等各项事业。2002年年底，边境乡（镇）实现通邮、通电、通水、通公路、通电话5个村村通。腾冲、龙陵两县广播电视覆盖率分别达到86%和85%。2004年8月，全国边海防基础设施会议后，保山军分区加大基础设施建设投入，当年，累计投入1212.22万元。2004年3月，保山市制定“开放兴边计划”：用3年时间，组织实施一批设计完善、功能相对齐全的基层政权基础设施建设项目，按乡（镇）1200平方米、村委会500平方米的统一标准解决办公用房建筑面积，对8个乡（镇）

和149个村委会的办公用房分两批新建，到2005年9月完成。其经费来源：乡（镇）按省补50%，市补10%，县、乡各承担20%；村委会由省政府每个村补40万元。

中缅友谊碑　1993年，保山党政军警按照周恩来总理生前所说“中缅友好这座壮丽宏伟的大厦，将放射出更加灿烂的光彩，永远照耀在广阔的亚洲大地上”和中共中央总书记胡耀邦第二次视察（1985年2月）时题书“中缅‘胞波’情谊万古长青”及改革开放的需要，由地区建设银行、地区建筑公司赞助，并由地区建筑公司施工，在中缅边界南4号界桩中方一侧建立“友谊碑”。1993年4月25日“友谊碑”落成。

三、口岸建设

（一）猴桥国家级口岸建设

1999年开始，加大猴桥口岸建设和升级申报。2000年4月7日，国务院批准腾冲猴桥口岸为国家级口岸。9月，正式启动猴桥口岸的各项基础设施建设，总投资1000多万元，占地总面积7.42亩，房屋建筑面积755平方米。2001年年底，完成边检楼、检查站、口岸标志建筑、生活区及道路、草坪、光亮等工程。2002年1月，正式成立中华人民共和国猴桥边防检查站，直属云南省公安边防总队，年内，通过省级验收。2003年1月15日，国家海关总署、总参谋部、国家计划委员会、公安部边防局等单位组成验收组，对猴桥口岸进行验收。2005年8月，市、县口岸办在对瑞丽、河口、天宝3个一类口岸调研之后，制定了猴桥口岸的建设和发展规划，着力将猴桥口岸建设成为中国通向东南亚、南亚的重要边境口岸和全面开展经济贸易合作的重要集散平台。

（二）省级通道建设

1994年3月16—20日，省外办主任冯树森一行5人对龙陵县、腾冲县边境管理、开放和口岸建设问题进行考察。2002年12月，保山市边防委员会第二次全委扩大会议，要求各边防管理部门在努力建设好猴桥国家级口岸的同时，进一步建设好滇滩、自治、胆扎、老厂和等养等地方通道。到2003年，防务交接时，在中缅边境设有老厂、自治、古永、胆扎、滇滩5个边防工作站和木城、明光、猴桥、滇滩4个边防派出所。2005年年末，有5个口岸，其中国家级口岸1个，省级通道4个，有便道13条，临时通道3条。

四、防卫执勤

1980年，保山地区人民边防武装警察支队成立后，由各派出所、边防工作站统一承担边境防卫执勤任务，对出入口岸的边民进行登记检查和管理。1983年，在边境管理区新组建2个边防检查站，1个机动中队。1985年3月，根据《云南省关于边境贸易暂行规定》，改变原来边民互市只允许在国境线前沿20千米范围内的限制，将边境贸易区扩大到中缅边境的县。4月，根据保山地区行署公安处《关于对外国人、华侨管理几个具体问题的通知》，加强出入境人员的管理。1986年，保山边境通道增加，边民出入境频繁，边防执勤部队加强口岸值班和出入境管理。1989年，保山公安边防支队先后制定边境巡逻、口岸执勤、查车验证、处罚审批、罚没款（物）管理等多项制度，实行“归口管理，凭证出入”，使边境管理规范有序。20多年间，共派出执勤官兵4530组、2.18万人次；巡逻查界2040

组、1.16万人次；设伏堵卡2460组、1.06万人次，查获偷渡案件4起、33人；堵获非法越境320次、1830人；遣返境外非法入境72次、300余人。

2003年9月，保山军分区接防后，进一步明确 “军管线、警管点、所管片、民管面”的分工和责任。到2005年年末，基本形成市、县、乡（镇）、村（处）四级齐抓共管、共建、共防、共治边防的格局。

五、边防检查

1982年3月，边防支队在腾冲召开边防检查会议，重点加强边境口岸管理，严格出入境登记和检查验证，实行岗位责任制和干部带班检查。1985年，取消边境通行证，撤销边防检查站。次年11月，重新恢复。1980—1986年，累计检查出入境人员17.34万人，其中缅方12.92万人，中方4.42万人；检查车辆1.06万辆。公安检查站累计检查客车35.42万辆，货车76.7万辆，乘客和行人751.17万人，嫌疑人员1.5万人。

20世纪90年代，简化边境签证验证手续。1995年，广泛开展边防执勤规范化和口岸达标活动。实行“支队包面，大队包片，边防站堵线，二线公安检查站卡点，边防派出所控制社会面”的包干责任制。边防检查改8小时工作制为24小时工作制，使出入口岸的车辆、人员查控率达100%和95%。1998年，武警保山公安边防支队提出继续坚持“点、线、面”查缉网络，加强一、二道防线的查控力度，由边防部门归口办理出入境通行证。1999年签证3.7万份。

2001年，武警保山市公安边防支队制定《中缅边境保山段整治工作方案》，按照3类地段实行分类管理。次年，重新修订保山市公安边防支队《执法办案管理规定》和《执法办案监督规定》。

2003年，保山军分区重点整治滇滩、自治两段边境，封堵非法通道，规范口岸执勤，严厉打击非法越境活动，制止非法赴缅采矿、伐木、淘金和参赌等活动，配合公安机关开展“利剑行动”，查办边境地区赌博问题，协助缅甸第一特区政府关闭停业阳光酒店赌场。2004年，在滇滩边防工作站进行规范化执勤试点和专项教育整顿。实行支队、大队、站三级监管体制，加大了边防执勤力度和复杂地段监控。年内有3个单位被总队评为“边防执勤先进单位”。1991—2005年，全市一线边防检查站查验出入境人员199.59万人次、出入境车辆70.72万辆次；二线公安检查站查验过境人员3638.98万人次、过境车辆1037.13万辆次。

六、边境治安管理

1980年，保山边防支队抽调人员到明光、瑞滇、安定开展边境管理区填、发证工作，经过45天，完成3个公社5.11万人的户口普查登记，填发边境居民证3.52万份。同时，将22条边境通道缩为8条。1984年，结合农村体制改革，调整充实治保会，4个边境区共设治保会39个，治保委员210人。1983—2005年，边境地区发生刑事案件1100多起，保山边防支队协助查破600余起；发生治安案件1460多起，协助查处1440起。

七、打击走私贩毒

保山市直接面对缅甸、“金三角”“金新月”等世界上生产鸦片最多的3个国家和地区，禁毒任务十分繁重。

改革开放以后，保山境内贩毒案件和吸毒者不断增多，非法入境的毒品不断增加。1982年8月，重建禁毒领导小组，保山军分区、驻军和武警部队参加。1989年，保山边防部队和武警建立“三禁”专门组织，配合公安机关严厉打击贩毒活动，要求各部队做好宣传教育、严格检查坚决打击走私贩毒活动、坚决铲除种植的罂粟、对吸毒人员造册登记，分批分期戒毒。武警保山边防支队统计，1980—1986年，查获贩毒案件483起，抓获贩毒人员656人，缴获大烟1235.38千克、海洛因285克。

20世纪90年代，驻保军警深入宣传禁毒知识，开展“三禁”活动。先后出动军警和民兵2073人，铲除罂粟1857株，查破贩毒案件282件，抓获案犯510人。1995年，武警保山边防支队党委提出：以“三年为期，把枪支、毒品堵在境外”的目标，展开一线堵、二线查、发动隐蔽力量打，变被动固守为主动出击，做到“点、线、面”三结合，走活公开缉查与秘密侦察两盘棋，打好边境“两缉”的持久战。全年全支队查获海洛因219.6千克、鸦片30.6千克，占全区查获总数的72%。1998年，全区军警加大侦破和双向查缉力度、深化禁毒预防教育、持之以恒禁吸，加大打击零星贩卖力度，切断吸食者的毒源。1991—2000年，保山军分区系统协助查破贩毒案件159起，投入兵力1452人，抓获毒犯283人，缴获海洛因207.28千克、鸦片59.5千克、毒资131.7万元。

“十五”期间，驻保军警继续坚持禁毒方针，进一步完善点、线、面结合的查缉网络，严守口子、拉网布控，把禁毒斗争和毒品“三禁”纳入单位考核的内容和干部晋升标准。2003年，配合地方政府开展“铁拳行动”和“打击‘金三角’毒品入境和跨区域贩毒活动”等专项行动，继续创建边防“无毒社区”，全年全市查破毒品案件1055起，其中万克以上大案44起，缴获毒品1952.78千克，制毒配剂2710千克，抓获犯罪嫌疑人1674人，收容吸毒人员1576人。2004年，针对边境地区“黄赌毒私特”问题日趋严重、各种违法犯罪活动日渐猖獗等新情况和新问题，保山军分区、武警保山边防支队，不断推进境外禁毒除源、边境堵源截流、防区内禁吸戒毒三大战场，积极支持公安部门开展“天网会战”和“扫毒行动”，狠狠打击各类毒品犯罪活动。全年全市破获各类毒品案件1759起，其中万克以上45起，缴获毒品1876.06千克，易制毒剂22.39吨，抓获犯罪嫌疑人2445人，缴获手枪7支、手榴弹4枚，子弹42发。全市创建无毒县1个，无毒乡（镇）23个，无毒社区450个，无毒文明村寨800多个，法制示范村139个。2005年全市共破获毒品案件2865起，其中万克以上43起。抓获毒犯3528人，缴获毒品1740.45千克、制毒化学品1897千克，缴获毒品数居全省第三。

至2005年年底，全市涌现出众多先进模范人物和先进集体。如：施甸县旧城乡民兵杨子华，缉获海洛因40.7千克、毒资万余元，被市委、市政府和保山军分区记二等功；保山市边防支队副参谋长印春荣，1998—2004年率领官兵侦破贩毒案件824起，其中万克以上34起，抓获毒犯1300多人，缴获毒品2214千克、毒资1450多万元、运毒车辆131辆，荣立一等功1次、二等功2次、三等功5次，先后被评为“中国十大杰出青年”、第二届全国“十大边防卫士”、全国第二届“我最喜爱的十大人民警察”等。又如：武警保山边防支队，1980年以后破获贩毒案件2000多起，抓获毒犯4000余人，缴获海洛因5300千克、鸦片12.5千克、冰毒400多千克；缉枪1210支、枪弹3630发、炮弹14发、手榴弹43枚；查获大批淫秽物品和野生动物。2004年被云南省委、省政府记集体一等功。

第三章 民 兵

第一节 领导体制

2005年，由保山军分区、5个县（区）人武部和77个乡（镇）人武部构成全市三级军事领导机关，以主要精力抓国防后备力量和民兵队伍建设。

一、地方党委领导

地方党委书记兼任政治委员（第一书记）制度 1978年，恢复党委书记兼政治委员的制度，重新任命地方党委书记兼任军分区、各县人武部第一政委。1986年以后，地、县委书记兼任县人武部党委第一书记，不再兼任第一政委。地、县委书记变动时，按照批准权限及时报请上级党委予以任命。

军分区、人武部主要领导参与地方党委制度 保山军分区和所属各级人武部建立后，军分区、县、乡人武部的主要领导分别被吸收到地（市）、县（区）、乡（镇）党委班子，将民兵工作融入地方工作之中，有机地结合进行。“文化大革命”时期，尤其是“军事管制”时期，军事领导机关执掌地方党、政、机关和企事业单位的一切权利，由“兼职”扩大为“执掌”。1978年，恢复军分区和各县人武部的政治委员到地方党委兼职的制度。

党委议军制度 1978年，恢复地方党委议军制度。20世纪80年代开始把军事工作列入地方党委议事日程，主要是管方向、听汇报、解难题和组织地方各部门配合完成武装工作任务。1986—1996年，县人武部移交地方期间，议军会议制度不断。2000年以后，党委议军会议主要解决加强以信息化为主导的各项建设，建立健全党管武装的运行机制，对信息化建设特事特办，深化民兵工作调整改革，保证基础设施建设达标等。

述职考核制度 1978年以后，采取个人专题述职、群众评议、广泛听取意见、领导讲评的办法，对武委会领导进行考评。2003年起，中共保山市委、市政府，保山军分区联合发文提出：兼任军事机关党委第一书记的地方党政领导，每年要向上级党委军事部门报告党管武装职责实施情况，进行述职和考核，并向同级地方党委作出书面报告。2004年6月28日，中共保山市委书记保山军分区党委第一书记熊清华向云南省国动委第四次会议递交了书面述职报告，报告保山设市后党管武装情况：按照关心部队建设、关心子弟兵成长、关心烈军属和尊重地方党委政府、尊重人民群众、尊重武警公安的“三关心”“三尊重”和

“急事急办、特事特办”的原则，三年间，市国防动员委员会和市武委会先后为驻保军警和预备役部队解决了20多个实际问题，投入数百万资金。

二、人民武装委员会

1979年8月，保山地委决定，恢复地委和各县委人民武装委员会机构，五县人民武装委员会于同年10月底前相继恢复。主任、副主任由地方党政领导和军事领导机关的主官担任。办公室设在保山军分区和县武装部。主要职能是贯彻民兵建设的各项方针、政策和指示，贯彻兵员动员、征集和退役安置的方针政策等。1988年10月，将人防领导小组、军民联防指挥部等武装工作组织机构的工作职责统一归人民武装委员会，纠正了机构重叠、职责混乱的现象。1997年3月10日，保山地区地、县国防动员委员会成立后，武装委员会仍然保留。按照党管武装的原则和精简机构的要求，实行一套机构两块牌子。其间，各级武委会组成人员随党政军领导的变动而进行调整或替补。2003年10月，保山市委决定对市人民武装委员会成员进行调整，并要求各县（区）根据机构和人员变动及时调整武委会成员。

第二节 民兵组织

一、民兵条件

根据1978年、1990年《民兵工作条例》和1984年、1998年《中华人民共和国兵役法》规定，保山地区将18～35岁符合服兵役条件的男性公民（除应征服现役外），均编入民兵组织服预备役（民兵干部的年龄适当放宽）。28岁以下退出现役的士兵和经过军事训练的人员，编为基干民兵；其余18～35岁符合服兵役条件的男性公民编为普通民兵。战时遇有特殊情况，根据国务院中央军委命令，征召36～45岁男性公民作为预征对象，随时准备服兵役。1981年以前，只要没有严重疾病的适龄青壮年均可参加民兵组织。1981年后，民兵身体条件按照《应征青年体检评选条件》执行。有严重生理缺陷或者严重残疾不适合服兵役的人，免服兵役，不符合兵员征集条件的不得加入民兵组织。

政治条件方面，按《中华人民共和国兵役法》规定执行，依照法律被剥夺政治权利的人，不得服兵役。1993年10月以后，按预征对象执行。1999年以后，将本人和家属有无参加“法轮功”邪教组织作为重要条件进行审查，以确保民兵和预征对象的纯洁性。

二、编组整顿

1982年5月，民兵组织调整后，缩小组建范围，简化组织层次，压缩民兵年龄，减少民兵数量。撤销机关、学校的民兵组织，取消县编师、公社编团的组织机构，把普通、基干、武装三种编组改为普通和基干两种。1986年7月，大量压缩基干民兵数量。保山地委、行署、保山军分区发出《关于加强当前和今后一个时期民兵预备役工作的指示》《1986—1995年基干民兵发展规划》。在整组中，严格把好年龄、身体、现实表现、军事素质关，做到组织落实，数量减少。

1997年，保山军分区突出抓好边防和城市民兵应急分队整组。通过对五县（市）的28个乡（镇）、企事业单位的检查，对腾冲县明光、瑞滇乡、龙陵县木城乡3个边防民兵应急分队和保山市城市民兵通信保障排等15个单位的抽查点验，到点率最低85.3%，最高100%。次年，全区民兵工作改革试点在昌宁县进行，其经验被两级军区转发。1999年，全面完成民兵整组工作。

2003年4月，保山军分区印发《保山民兵整组工作实施细则》。7月，保山市委、市政府、保山军分区发出《保山市城市民兵工作改革实施方案》，对城市民兵改革作出规定。10月15日，成立保山市城市民兵工作改革领导小组，由市委副书记、市长熊清华任组长，领导小组下设办公室于保山军分区，由杨东锜兼办公室主任。

第三节　民兵活动

一、军事训练

1973年以后，根据总参谋部的两个纲要，全面恢复民兵军事训练每年训练15～20天，训练人数一般在3万人左右。1979年9月，保山县人武部调集河图、城郊、汉庄、辛街、大庄、丙麻、瓦渡7个公社的步兵连和地炮、高机、通信等7个专业技术分队1173人，进行"汉庄黑石山地区打空降综合技术演习"，达到预期目的。

1983年，训练时间从20天改为30天。1986年7月，中共保山地委、行署、保山军分区发出《关于加强当前和今后一个时期民兵、预备役工作的指示》，1987年起，实训人数进一步减少，突出训练重点，提高训练质量，减轻群众负担。1991年，根据《民兵军事训练大纲》调整训练时间和训练任务。于3月30日全部结束，历时78天，应训2000人，实训2073人，其中连排长205人，步兵分队958人，专业技术分队910人。经分区和人武部联合考核和省军区抽查考核，成绩优良，训练合格率99.8%。1997年，全区基干民兵训练2月12日开训，历时153天。2001年后，把"反偷袭、反渗透、反恐怖"的战法和支边作战、防暴技能列为训练内容，有效增强实战能力。2003年，全市实训合格率98.7%。

1988年，保山军分区先后投资68.8万元用于基地建设，初步建成一次完成年训任务集教学、训练、生活三配套基地3个。1990年8月4日，经成都军区批准，将保山市马王屯空闲房地产调给保山军分区作为国防教育中心和军分区、预备役部队及民兵军事训练基地。从1992年1月1日起，马王屯基地由保山军分区统一规划建设、统一安排使用、统一组织管理。到2003年年底，全市有300人以下训练基地3个，集中训练地3个，单次最多接训796人。

二、参加维护社会治安

（一）打击罪犯

1982年3月26日晚，爆炸、纵火犯高正林乘保山县核桃公社放电影时，施行爆炸，炸死7人，炸伤177人后，又纵火烧毁农场仓库和厂房。抓获后又趁机逃跑。公社武装部长和4名民警奉命追捕。潞江区石梯乡德昂族基干民兵、退伍军人王尹才主动参加追捕。翻越高黎贡山时，4名民警因高山反应行速减慢，王尹才主动请战，奉命先行。当天下午6时，赶到腾冲县五合公社赵家寨，在当地民兵配合下擒获罪犯，连夜押回。王尹才荣立三等功，当年10月，出席了云南省军区和昆明军区先进代表会，被省军区树为先进个人标兵。

(二) 边境巡逻执勤和打击走私贩毒

保山地区1980—1986年，民兵配合武警部队抓获贩毒人员656人，缴获鸦片1235.38千克，海洛因285克。1988—1996年，配合武警和公安部门执勤4946人次，协助破案240起，捕获外逃犯6人、走私犯19人，缴获凶器129件、赃物、赃款27.5万元。1991—2000年，投入预备役部队和民兵1452人，抓获毒犯283人，缴获鸦片59.5千克、海洛因207.28千克、毒资131.7万元。2001年，民兵参与“四禁”1055人，协助破案74起，抓获毒犯31人，收缴毒资12万元。2002年，保山军分区组织11个民兵应急分队和各乡（镇）治安分队参加义务巡逻，参与缉毒37起，抓获毒犯47人，缴获海洛因40.8千克。施甸县旧城乡民兵杨子华一人查获海洛因40.68千克、毒资1万余元，被市委、市政府和军分区授予二等功。2004年，全市民兵治安分队协助维护社会治安3636人次，破案299起，抓获犯罪分子449人，缴获凶器612件，赃款102.1万元。

(三) 守护重点目标

1978年以后，对原有的守护目标进行调整，将大批常年性守护点移交所在单位不脱产民兵守护。腾冲县人武部统计，1967—1984年，执勤2551次，守护重点目标990处，出动民兵3.27万人次，保障了边境和人民生命财产的安全。1989年以后，保山机场和重要桥梁交由武警部队守护，民兵承担厂矿、仓库、水库等重要目标守护。2004年2月，全市需要防护的市级重要经济目标25个，其中一类重要防护目标12个，二类重要防护目标5个，三类重要防护目标8个。

三、参加经济建设

(一) 兴修水利

1958年“大跃进”开始，保山军分区和各县人武部发动民兵参加水利建设。1958—1985年，全区兴修小（二）型蓄水工程182件，投工1375.41万个；小（一）型蓄水工程44件，投工1929.12万个；中型蓄水工程7件，投工5272.79万个；兴修大型引水工程22件，投工1214.39万个。这些水利工程，累计投工9791.71万个，其中绝大多数是以民兵为主体修建的，有的是以所在单位组织参加建设，有的是由县级人武部组织成建制投入建设。

(二) 修筑公路

1979年，昌宁县人武部组织16个民兵连，经过两年奋战，修通了县城到翁堵、耈街到珠街、卡斯到鸡飞3条山区公路，共130千米。1985—1986年，昌宁、龙陵县人武部组织民兵2.56万个工日，开挖公路15条，共295千米。1989—1992年，五县（市）人武部和预备役部队，组织连以上建制单位297个，新修蔗区、烟区公路1196千米。

1991年，施甸县委决定打通由旺到红旗桥38.2公路的由红公路，其中联合至红旗桥28.6公路，任务十分艰巨，县人武部主动请战，抽调12个民兵连、33个排，共2034人，组成施工团，于11月中旬开赴工地。经过210天奋战，开挖石方87万立方米，土方3万多立方米，圆满完成任务。为施甸县节省开支500多万元。受县委、县政府和行署赞扬。同年，地委决定重修南4号界碑至密支那的腾密公路。腾冲县人武部请求承包，组织4个民兵连，奋战85天，完成72千米。投工13.7万个、投入机械设备79台，完成土石方63万立方米，建桥10座、涵洞85个。民兵收入244.5万元，为“民兵之家”筹活动费8万元。

1994年，保山军分区得知国家投资5.22亿元改扩蚂黑线后，政委李才道亲自参加竞标。中标后，于3月25日，成立保山地区保腾公路民兵工程团。保山军分区副参谋长谷学冉为团长、兼工程总指挥，政治部副主任方继贵任政委，司、政、后抽人，组成了以城市民兵机械力量为主体、公路沿线民兵为主要劳力的工程团，设6个工程机构和6个连，总编800人。承包K19+00—K23+823标段，共5.823千米的三级公路建设任务。12月10日，举行开工典礼，地委书记、武委会主任程政宁等党政军领导参加。奋战3年多，圆满完成任务。验收后，被评为优质工程。

1995—1997年，全区组织排以上建制单位，投工37.7万个，新修公路198千米。1998年施甸县人武部组织民兵完成七〇七到施甸二级公路2.6千米的承建任务。

（三）以劳养武和参加其他工程建设

1978年2月，保山县委组建“民兵会战工程指挥部”和1100人的民兵工程团，由保山坝和丙麻、西邑、瓦渡共11个公社各抽组100人的民兵连。成建制投入丙麻电厂兴建和12千米进厂公路建设。经3年苦战，完成了除厂房建盖和机组安装以外的全部工程。保证了装机容量5000千瓦的丙麻电厂按时投产。保山军分区和各县人武部采取以乡（镇）为主，形成县、乡人武部与乡（镇）企业联营，与村社联营，与民兵承包联营等多种方式的以劳养武活动。开展以种植、养殖为主的以劳养武项目。1985—1987年，参建项目26项，投入民兵4.82万人。1989—1992年，民兵预备役部队有297个连级以上建制单位参建158个项目，投入兵力4.3万人，共149.15万个劳动日，完成急难险重任务22项，兴办以劳养武项目70个。参建工程经费9841万元，民兵收入894.9万元。仅保山、腾冲、施甸提取民兵建设经费25万多元。1989、1992年，保山市人武部组织城关镇通信连10名民兵投入飞播造林，经40天连续作战，出色完成了67万亩飞播造林的通信保障任务。1995年2月，地区总结表彰了9个先进单位和195名先进个人。年底，全区组成排以上建制单位94个，承包工程21项，投工37.2万个，承包费1395万元，“参建”民兵每天收入10元以上。1996—1997年，新办经济实体38个，创产值474万元，增加税收200多万元，提取以劳养武费40万元。1999年6月，国家实施西部开发战略后，当年，参加建制6676人。2005年，市级领导挂钩的“443”（续建40项、新建40项、前期工程30项）重大工程项目110项，大批民兵或成建制参建或分散参加，发挥了民兵在经济建设中的主力军作用。

（四）抗灾抢险

抗震救灾 1976年5月，龙陵强烈地震后，保山军分区先后组织民兵4270人参加重灾区抢险救灾。龙陵县人武部，先后组织5000多名基干民兵投入救灾。其中荣立二等功1

人、三等功32人，受嘉奖44人。施甸县人武部组织民兵，按公社成建制投入抗震救灾第一线。腾冲县人武部组织278名民兵突击队，奋战30天，抢修腾龙公路15千米。受到省政府、省军区的表彰。1988年11月6日，澜沧、耿马地震后，保山军分区司令员赵泽贤主动请战。共抽调官兵和民兵9187人，组成180个工作组，投入第一线，抢修水利设施、公路桥涵、通信和输电线路。2001年，施甸县连续发生叠加地震后，保山军分区及时调遣兵力抢险，共投入民兵1.97万人次，抢救转移伤员、群众428人，拆除抢修危房2053间，搭防震棚9.3万平方米，抢收农作物200亩，排除险情1946处。2004年10月，隆阳区发生5.0级地震后，区人武部立即启动抢险救灾应急预案。命令灾情严重的8个乡（镇）武装部各组成50人的民兵应急分队投入第一线抢险救灾。

抗洪抢险　1989—1995年，全区组织抗洪抢险分队300多个，投入民兵11.18万人，参加抗洪抢险1953次，抢救转移群众3290人，挽回损失378.2万元。1996年6月18日，腾冲县干东坝山洪暴发，县人武部组织民兵1120名，经10天奋战，抢救落水群众56人、粮食150余千克，修复水沟4条，筑坝200米。2004年，“7・18”特大洪涝灾害发生后，保山军分区、各县人武部组织民兵应急分队投入抗洪抢险。先后出动兵力1.39万人，抢救转移灾民9841人，保护财产1500多万元，抢修公路40千米。2005年，保山发生25年来最严重的干旱，保山军分区及时成立抗旱领导机构，组织2万多官兵和民兵参加抗旱抢种。按照民兵营、连、排、班的建制灵活组织抗旱防涝突击分队10个、抢险分队5个，共550人。

火灾抢险　1988—1990年，保山军分区组织民兵8251人，参加扑火452次，保护森林12.05万亩。1993年，全区组成以民兵为骨干的森林义务消防队207个，参加民兵7016人。1994—2000年，民兵参加扑火778次，出动兵力9.70万人次。其中预备役部队成建制出动152次，保护森林面积14.17万亩。1989—2005年，成建制参加355次，保护森林35.3万亩。全区比较典型的扑火战例有3次。参加中缅边境森林火灾抢险：1999年1月下旬以后，中缅边境腾冲县至怒江州泸水县、福贡县缅方一侧多处、连续发生森林火灾。保山军分区组织部队和民兵成建制投入扑火战斗，全区累计投入13.1万人次（含地方干部群众）。耗资980万元。高黎贡山自然保护区森林火灾抢险：1999年2月15日，保山市芒宽乡石桌子保护区发生森林大火，芒宽乡组织以民兵为主体的突击队1190多人奋力扑堵。2月23日，距原火场1.5千米处又发生大火。保山军分区组织70人的民兵应急分队堵截。并商请77273部队、武警内卫支队和腾冲森警部队，共派出491人增援。先后出动民兵、民工和部队1.25万人次，车辆1970辆次，保护了森林资源。参加扑灭保山城西“4・4”森林大火：1999年4月4日，保山市城西汉庄镇沈家办事处发生森林大火。保山军分区及时组织永昌、汉庄、河图、板桥、金鸡、辛街、蒲缥7个乡（镇）的预备役部队官兵成建制参加扑火，历时6个昼夜，累计投入4.8万人次，耗资229万元。参加扑火的官兵和民兵受到保山地委、行署的表彰。

第四章　兵　役

第一节　兵役机构

一、征兵机构

1978年《中华人民共和国兵役法》修订后，征集委员会改称征兵工作领导小组，下设办公室。20世纪90年代后，每年保山行署、保山军分区均发出成立征兵机构的通知，到2005年，领导小组组长由政府分管副市长担任，副组长由分区司令员、政委（或副司令员）和政府秘书长担任，成员由司政后主要领导和地方党委宣传、政府办、公安、卫生、民政、教育、财政、人事劳动和社会保障、监察、工青妇等部门的主要领导组成。征兵办公室设在保山军分区，由副司令或参谋长兼主任，下设秘书组、政工组、体检组、保障组，由地方宣传、教育、公安、卫生、民政、监察各抽1人和分区司、政、后有关人员参加办公。县（区）、乡（镇）成立相应机构。

二、退役安置机构

离退休干部复员退伍军人安置机构　1981年10月，保山地区行署和保山军分区成立保山地区行政公署军队退休干部和退伍安置领导小组（简称“两退”安置领导小组），由分管民政的行署副专员任组长，保山军分区、保山行署民政、劳动、公安、粮食、财政等部门的领导参加，下设办公室于地区民政局。各县建立相应机构。2001年，改为保山市军队离退休干部复员退伍军人安置领导小组，2005年，领导小组组长为副市长李治刚，市政府办公室、市民政局、市人事局主要领导为副组长，7个相关单位领导为成员。下设办公室于市民政局。1979年以前，复退军人接收安置由民政局配专人管理。1979年9月起，先后在地区民政局（处）设优抚科、优抚安置科、优抚科、安置科。1981年7月，按安置军队退休干部人数的2%配备管理干部，但最多不得超过5人。编制在3人以上的设管理所。1983年9月，在保山地区民政侨务处设立军队离退休干部管理所。1991年12月，设立保山地区行署民政处军队离退休干部接收安置办公室。1997年年底，全区有干休所（点）6个，配备管理人员33人。2002年6月，在市民政局设立安置科（市军队离退休干部、复员退伍军人安置领导小组办公室）。

转业干部安置工作机构　20世纪80年代，保山地区和各县相继建立军队转业干部安置工作领导小组。转业干部安置由行署人事部门主管。1993年1月，经地委、行署同意，由军地双方共同组成军队转业干部培训领导小组，地委委员、行署副专员陈就和任组长，保山军分区政治部主任郑相豪和保山地区边防支队政委赵加兴分别任副组长。1995年11月，在行署人事局内设军队转业干部安置科，对外称军队转业干部安置办公室，以后未变动。

1994—2000年，军队转业干部安置工作领导小组由地委副书记、行署专员任组长。撤地设市后，由市委副书记、市长任组长，办公室设在人事局。

新老兵接待站　1977年以前，在公路交通沿线设立临时接待站。1977年10月，设立保山地区军供食宿站，设床位150张，日接待能力500人。之后，实行常设站与临时站相结合的接待。1994年，搬迁至建设路。2001年改称"保山市军供站"。1989年11月，按民政部、总后勤部军用饮食供应站的《管理办法》，随着320国道、大保高速公路、保腾公路、云保公路等改道扩修，对临时站建设作了调整，根据需要按新干线设立。

第二节　兵员征集

1978年以后，保山地区执行国务院《关于兵役制问题的决定》，实行义务兵与志愿兵相结合的兵役制度。1984年10月1日起，实行义务兵役制为主体的义务兵与志愿兵相结合，民兵与预备役相结合的兵役制度。

1979年1月，全区从党政军各个部门抽调干部深入基层，开展宣传教育，动员青年临战报名参军。1984年以后，保山地区按新的《中华人民共和国兵役法》和《征兵工作条例》编写《演讲提纲》《征兵问答》等宣传资料，充分利用报纸、广播、电影等多种形式，倡导"牺牲我一个，幸福十亿人"的崇高品质和牺牲精神，开展好征兵宣传教育。从1987年起，中共保山地委、行署、保山军分区把每年的十月份定为《中华人民共和国兵役法》宣传月，通过宣传，全区出现了高中生应征多，青年职工应征多，专业户、重点户、万元户应征多，领导干部送子应征多等参军热。2001年10月，保山市依托媒体，广泛开展宣传教育，群众受教育面达92%，适龄青年受教育面达96%，报名率达96.1%。2005年10月，全市针对新的特点，多渠道、多形式、多侧面开展宣传，使征兵工作家喻户晓、人人皆知。

为确保兵员征集质量，年龄和政治条件方面，执行兵役法的相关规定；文化程度方面，1980年后，保山行署、保山军分区决定：征集农业户口青年中，保山市和腾冲县高中毕业文化程度不得少于征集任务的30%；施甸、昌宁两县不得少于25%；龙陵县不少于20%。征集乡（镇）非农业户口青年中，初中毕业文化程度不得超过15%。身体条件方面，执行相关规定，1985年对准备批准入伍的应征公民，进行肝功能化验和乙型肝炎表面抗原检查。1986年8月以后，对肝功能和乙型肝炎表面抗原检查标准做了严格规定。1990年，保山地区增加了艾滋病检疫内容。1991年，保山地区加强对应征青年病史和家庭病史的调查，实行分片包干、责任到人，对有癫痫病史、家庭吸毒史、淫乱史的青年，不得批准入伍。2000年冬征时，保山地区对视力条件有所放宽，右眼由上年的4.9下调为4.8；左眼由4.8下调为4.6。2001年10月，保山市在乡（镇）设立正式初检站，实行按标准、封闭式初检，把住了初检、体检、复查关，保证了新兵体检质量。2004年，保山市征兵办公室规定：村社送乡（镇），按任务数的1∶5；乡（镇）送县（区），按任务数的1∶3。进一步落实"谁体检、谁签字、谁负责"的体检责任制。同时，做好定兵、交兵、退兵的各个环节的工作，严把关，确保将政治思想好、身体好、文化程度高的人员送交部队。

第三节　军人优抚和退役

一、军人优抚

（一）优待抚恤

保山地区执行国家优待抚恤相关规定，1979年4月，将牺牲、病故抚恤改为烈士、因公牺牲、病故三种抚恤。1980年调整提高一次性抚恤。1984年4月，调整提高烈士抚恤标准后，大大缩小了等级之间的差别，每级相差100元。干部级别改为21级以下、19～20级、15～18级、14级以上4个等级，师职和14级以上抚恤2400元，与班长、战士、民兵民工的抚恤费相差400元。对大军区以上授予英雄模范称号的烈士，增发应领抚恤费的三分之一，荣立二等功以上的烈士，增发四分之一。当年征集的农村新兵全部将优待金存入银行，人均166.21元。从此，形成了独具保山特色的“征兵、优待、安置一条龙”的经验。1981—1984年，年平均有农村义务兵战士家属受优待，户均折币118.4元。1985年1月起，对烈士的一次性抚恤改按烈士生前40个月的标准工资发给，无工资或低于23级正排级的，按23级正排级标准工资计发。使抚恤费随烈士生前的标准工资浮动。1985年以后，全部实行现金优待，且标准不断提高、从农村扩大到城市、将“三结合”发展为“三定”、以县统一标准、统一提留、统一兑现。1986年7月起，因公牺牲改按生前20个月标准工资计发；病故按生前10个月标准工资计发。被国务院、中央军委授予称号的增发应领抚恤费的35%；被军区（方面军）授予称号的增发15%；三等功增发10%。1985—2003年，义务兵战士家属年平均每户优待312.97元。2003年年末，全市优待义务兵战士家属3758户，户均555.08元。同年，将实行50多年的群众提留优待改为财政转移支付优待。逐步建立起优待抚恤与社会经济相同步的增长机制。2004年10月1日起，按《军人抚恤优待条例》规定执行。现役军人死亡，根据其死亡的性质和死亡时的月工资标准，由县级人民政府民政部门发给其遗属一次性抚恤金，标准是：烈士80个月工资；因公牺牲40个月工资；病故20个月工资。月工资或者津贴低于排职少尉军官工资标准的，按照排职少尉军官工资标准发给其遗属一次性抚恤金。获得荣誉称号或立功的，按应领抚恤金的相应比例增发一次性抚恤金：获得中央军事委员会授予荣誉称号的增发35%；获得军队军区单位授予荣誉称号的，增发30%；立一等功的，增发25%；立二等功的，增发15%；立三等功的增发5%。2004—2005年，义务兵战士家属户均优待690.11元。

（二）伤残抚恤

保山地区执行国家伤残抚恤相关规定，1978年1月起，将在乡三等残废补助改为长期抚恤。同时，调整在乡残废金标准。1984年7月起，提高所有残废人员的残废抚恤金标准。1988年1月起，对伤残抚恤作了较大幅度调整，同时将各种政策性的补贴统一计入残废金标准中。1990年以后，进行了6次全面调整，军人和复员、退伍、转业在一年以内由原部队政治机关根据残废程度和功能障碍大小评定残废等级。离队一年以上因伤口复发和其他伤残者需要评残的由地县民政部门审查，报省级民政部门批准。1988年8月1日以后，退出现役的军人评残，由原部队处理。调级和换证、补证，仍在部队的由部队办理，人民警察由所在地民政部门同公安机关办理。2004年，新的《军人抚恤优待条例》，废止了四等六级的伤残等级，实行一至十级制。现役军人的评残由部队评定：退出现役的军人和移交政府安置的军队离退休干部的残疾由省级民政部门认定和评定。评残后，发给中华人民共和国残疾军人证。

二、补兵和退役

士兵补充　1979—1992年间，驻保军警各部队根据部队建设和作战需要，按照相关规定做好补充兵员的工作。1979—1984年，南疆保卫战期间，根据参战需要，每年补充1～3次；1985—1989年，每年春冬两季征兵时补充；1990年以后，每年10月征兵时补充。各部队始终按照“补兵保质量”的要求，在地方政府的支持下圆满完成年度征集运输计划。

士兵退役　1976—1998年，退役到保山的志愿兵和复员干部417人，义务兵2.44万人。其中安排就业4062人，占16.53%（武警保山支队1979—1991年，年均退役172人）。对复员退伍回乡的军人，首先由原籍县级人武部进行预备役登记，然后交由县级民政部门按照“从哪里来，回哪里去”的方针进行安置。1999年以后，地方政府和保山驻军提出“供需见面，双向选择，保底安置”办法，得到国家和云南省的肯定。2000年4月8—11日，民政部、总参谋部和成都军区在保山召开全国部分省市退役士兵“供需见面，双向选择”云南现场经验交流会议，总参谋部军务部和动员部、总政治部组织部、海军军务部、军事科学院军务处、北京军区军务部、成都军区军务部、山西省军区军务动员处、云南省军区和14集团军军务处及地方相关部门的领导参加会议，现场观摩了保山市“供需见面、双向选择”的做法。会后，保山地、县（市）政府制定《退役士兵安置办法》，对转移安置金、自谋职业补偿金和立功奖励等作出具体规定。1998—2005年，在全军退役到保山的义务兵和士官中，选择自谋职业的占应就业人数的40%，地方政府支付一次性“自谋职业”补偿金1420.99万元，待安置期间生活补助费19.84万元。回乡军地两用人才，年开发使用率都在50%以上。

干部退役　根据军队和地方建设需要，每年均有现役军队干部通过复员、转业、自主择业、离休、退休等形式退出现役，交由保山地市的县级人民政府安置，参加地方社会主义建设和休养。保山军分区和武警各支队建立了常设机构，专司干部退役安置和管理。1976—1980年，全军转业到保山地区的干部中，70%以上属驻保山部队。20世纪80年代“由转业干部的原籍或入伍的省、自治区、直辖市负责分配”。1981年以后，为响应部队精简整编，驻保军警各部队每年有大批干部转业。20世纪90年代，除1992年部队整编外，其余时间转业相对较少。1994—2000年，转业干部原则上安置在党政机关事业单位，凡安到企业单位的必须征得本人同意。从2001年1月起，对团职或军龄满20年以上的营职干部，凡选择自主择业的，发给自主择业补助费：军龄15周年以内的，军龄每满1年发给1个月的本人原工资；从第16周年起，军龄每满1年发给1.5个月的本人原工资。2005年，为响应中央军委裁军20万的号召，将自主择业的军龄放宽为18年。广大转业干部安置后，在各自的岗位上为地方社会经济建设和国防建设作出了重要贡献，涌现出大批先进模范人物。1975—1989年，受到全国表彰4人，省级29人，地区73人，县级107人。

此外，还有部分军队离退休干部。1980年以前零星退休24人。1981年以后，每年均有干部离退休，分批移交地方，到1998年年底共交5批。2005年年末，民政部门管理的军队离退休干部中，离休占24%，退休占76%。

第四节　预备役登记管理

1979年2—4月，保山地区根据总参谋部《关于恢复复员转业退伍战士登记统计工作的通知》，全面开展1955年以来，复员、转业、退伍军人登记、统计。1955—1978年，全区有复员、转业、退伍军人30722人，预备役登记19904人，占65%，其中30岁以下7705人，31～40岁6809人，41岁以上5390人。1981年，正式恢复退伍军人预备役登记统计工作，驻保部队在义务兵退伍时，按照全军统一规定，在《退伍军人登记表》和退伍军人证明书上，填写清楚退伍军人专业名称和专业号码，由团或相当于团的机关，根据退伍军人的年龄和身体状况，在《退伍军人登记表》中填写“服预备役”或“免服预备役”字样。退伍军人回到地方后，持退伍军人证明书及时到当地县（市）人民武装部办理退伍军人预备役登记手续。县（市）人武部对退伍军人进行预备役登记，填写退伍军人预备役登记卡片，并在退伍军人证明书上盖“服预备役”或“免服预备役”专用章。县（市）人武部每年进行分类统计上报。1984年，实行民兵和预备役相结合的制度，把基干民兵列为一类预备役，普通民兵列为二类预备役。凡每年12月31日以前，年满18岁的男性公民，均应在当年9月30日以前，进行兵役登记，经登记和审查合格的称应征公民。1986年，保山地委、行署、保山军分区制定《关于加强当前和今后一个时期民兵预备役工作的指示》，从思想和行动上实现了新时期国防建设指导思想的战略转变，为战时动员打下基础。1987年8月，在民兵整组中，进行兵役登记人数占适龄青年的81%，其中高中毕业生占17.7%。复退军人进行服预备役登记的占当年接收总数的91%。

1990年，保山军分区按照“先官后兵”和“把预役登记与确定预征对象有机结合起来”的要求，清除不合格对象，注销超龄民兵。1997年4月，保山军分区到昌宁县进行兵役登记试点，7月结束。通过登记，确定“应服兵役”“免服兵役”“不得服兵役”和“缓征”4类人员。并优先把退伍军人和优秀基干民兵调整充实到预备役部队中，调整比例控制在25%以上。2001年施甸县仁和乡武装部被云南省军区表彰为“民兵预备役建设先进单位”。2003年4月，保山军分区结合民兵整组进行兵役登记，落实预征对象。2004年12月，有服役能力的适龄公民占适龄公民的80.69%，占总人口2.04%。

2005年，按照党管武装的原则，采取“双向管理”和“军地共管”的办法做好民兵预备役建设。经考核，全市、县（市）、乡（镇）人武部建设和98%的“青年民兵之家”建设都达到了规定标准。民兵预备役建设受到市委、市政府，保山军分区和当地群众的赞扬，得到上级的肯定。先后涌现出优秀士兵80余名，受到上级表彰的营以上单位30余个次。

第五节　学生军训

从1985年开始，保山地区实施学生军事训练。由经过多年的试点和探索，总结出一条“党委、政府领导，教育、军事部门主管，学校实施，军、地联动，社会和学生家长支持”的路子。担任学生军训任务的部队主要是保山军分区、县级人武部、武警保山支队、武警保山公安边防支队、77273部队、预备役部队和其他驻保部队。

1998年，根据《中华人民共和国兵役法》的规定，保山军分区和保山地区教育局提出分类施教、施训办法：保山师专、保山电大军事课的课程目标是“以国防教育为主线，通过军事课教学，使大学生掌握基本军事理论与军事技能，达到增强国防观念和国家安全意识，强化爱国主义、集体主义观念，加强组织纪律性，促进大学生综合素质的提高，为中国人民解放军训练后备兵员和培养预备役军官打下坚实的基础”；军事理论教学和军事技能训练要列入教学计划，学习、训练成绩记入学生档案；军事理论教学时数为36小时；军事技能训练时间为2～3周，实际训练时间不得少于14天。高级中学军事训练的课程目标与大学相同，课程内容包括集中训练和知识讲座两部分，时间为7～14天。学生军训成绩记入本人学籍档案，作为报考高一级学校的重要依据。2001年《中华人民共和国国防教育法》规定，所有普通高等学校和高级中学都要按新的军训教学大纲开展学生军事训练。

2002年6月，成立保山市学生军训工作办公室。2005年，保山军分区和县（区）人武部先后派出军官，帮助15所学校训练大学生和高中生。此外，一些初级中学和城区高年级小学也以开办少年军校的形式开展军训。

保山市所属学校学生军训工作经费，由市、县（区）政府根据学生军训工作的实际予以安排。普通高等学校、高级中学要将学生军训工作经费纳入学校经费预算予以保障。各级学生军训工作机构的办公经费，由本级财政保障。学生军训实弹射击用弹，按学生军训大纲规定标准：大学生每人15发；高中生每人5发，由云南省军区按计划从民兵训练弹药中拨给。

第五章　部队建设

第一节　军事训练

1978年8月，保山军分区召开全区岗位练兵典型汇报会，以典型为榜样，开展比武竞赛；10月，抽组代表队参加昆明军区“先进典型汇报会”，获建制班团体总分第一名，尖子班团体总分第三名。会后，各部队开展了连与连、排与排、班与班、个人与个人之间的投弹、武器分解、苦练一百枪等比学赶帮超的练兵热潮。

1979—1984年，主要围绕南疆自卫反击战进行训练。

1985—1995年，为调整改革训练。驻保各部从实战需要出发，严格要求，严格训练。1995年，各部队深入开展条令条例、边防政策的学习和训练，完成了队列、轻武器射击、参谋业务等复训，突出了高技术条件下局部战争兵员动员的理论学习和演练。

1996年开始，为科技大练兵。突出高科技条件下快速动员训练。1997年，把高科技知识、军事理论同新《司令部条例》学习结合起来，摆正军事训练的中心位置，严格依法治训、按纲施训，确保训练内容、人员、时间、效果“四到位”。

1999年，落实“科技强军”战略，各单位成立了科技兴训领导小组，突出军事高技术知识学习、计算机操作，掀起科技大练兵热潮。

2000年以后，继续深入开展科技大练兵，坚持以毛泽东、邓小平和江泽民军队建设的一系列论述为指导，以军委新时期军事战略方针为统揽，以军事斗争准备为主线，以提高团以上机关指挥效能为先导，以新“三打、三防”战法、训法为突破口，扎实有效训练。

第二节　思想政治建设

政治理论教育　1978年以后，要求各级干部系统地学习马克思列宁主义和毛泽东思想，学习《实践论》《人的正确思想是从哪里来的》等著作。划清辩证唯物主义和唯心主义的界限，“完整准确地理解毛泽东思想”。在参加全党真理标准问题的大讨论中，弄清“两个凡是”的危害，明确坚持实事求是的重要性，坚定改革创新和全心全意为人民服务、为改革开放服务、为现代化建设服务的全新理念。1983年后，适时组织学习邓小平《建设有中国特色社会主义》和邓小平视察南方重要谈话等，以加深对坚持四项基本原则、反对资产阶级自由化、改革开放、搞活经济、建设有中国特色社会主义等论述的理解。驻保军警深入开展适应战略性转变和正确对待精减整编教育，保山军分区和县(市)人武部进一步理清了从单纯抓整组、训练、征兵三大件转移到率兵致富、为经济建设作贡献的思路，树立大局观念，自觉服从于、服务于国家经济建设。2000年2月以后，学习实践“三个代表”重要思想，提高军人素质，推进部队和国防后备力量建设，推动机械化和信息化建设双重历史任务的完成，做好军事斗争准备。2004年，学习贯彻科学发展观，把邓小平理论、“三个代表”重要思想和科学发展观紧密结合起来，一手抓军事斗争准备中的信息化建设、边防基础设施等建设，一手抓科技练兵活动，使发展和发挥作用两不误。2005年，把“三个代表”重要思想等知识编成《政治教育ABC》，把身边的典型制作成《永恒的赞歌》《闪光的足迹》《迟到的悔恨》等8部教学录像片发到基层，采取实话实说、主题演讲，“认识问题大家摆”等多种方式让官兵走上讲台，交叉授课，取得显著效果。2005年11月，77273部队士官谭青松，当选“全国见义勇为英雄”，并出席在北京召开的第九次全国“见义勇为”先进分子表彰大会，受到中央首长的亲切接见。同月，腾冲森林警中队二级士官李波被武警森林指挥部授予“指挥部优秀士官”。同年，保山公安边防支队曼海公安检查站被授予“全国优秀公安基层单位”，滇滩边防派出所被公安部边防局授予“基层标兵单位”，余龙辉被公安部授予“优秀士兵”一等功臣和“保山市十大杰出青年”。

党组织建设 保山军分区党委第八届从1980年10月起，由地委书记杨善洲兼第一政委、第一书记，政委郭宏道任书记，副书记由司令员刘斌、赵泽贤担任。常委10人、委员25人，代表151人。第九届从1985年1月起，先后由六任地委书记和两任市委书记兼任第一政委和第一书记。设常委7人、委员18人，出席代表159人。第十届从2003年10月开始，设常委7人，书记、副书记3人，纪律检查委员会4人，委员19人，代表53人。2005年年底，驻保军警有正师级党委1个，团级党委12个，副团级党委5个，营级党委29个。武警、边防、消防在营级党委下设50个基层党支部。

干部级别军衔 1978年仍实行国家机关行政干部级别，军队干部和国家行政干部一样分23个等级。师职为10～14级，团职为13～17级，营职为16～19级，连职为18～21级，排职为21～23级。1980年4月，实行职务工资与级别工资相结合的结构工资制度，职务与级别三七开。1985年7月，工资制度进一步改革，实行职务、级别、军龄结构工资制，其结构约为60%、35%、5%。1988年10月，恢复军衔制。35105部队10月1日，统一着新式服装，佩戴军衔、领花进行了检阅。次年1月，武警保山支队和公安边防局干警授衔。2月1日，统一着“八七”式警服和警衔。1996年，县人武部归部队建制后，按规定授衔。

宣传文化活动 1979年，根据南疆保卫战需要，在部队中广泛开展革命英雄主义和英雄典型的宣传。突出了“董存瑞式的战斗英雄李成文”的宣传。20世纪90年代后，及时宣传驻保军警贯彻执行党的路线、方针、政策情况和参建参治、扶贫帮困、双拥共建中涌现的先进典型事迹。其间，保山军分区突出党委“一班人”廉政勤政的宣传，其事迹和经验，1995年，被中央军委纪委第二期《党纪工作通讯》转载；1996年，被成都军区《战旗报》以“共产党人的人生追求——记保山军分区党委‘一班人’”为题报道；1997年8月，被编著为《走向文明》一书，向全国公开发行，受到军内外读者的好评。这一时期，提倡官兵在职学习，积极参加电大、函授、成人自学考试等形式，提升学历层次。1997年，掀起学习高科技知识热潮。以提高学历层次为主要目的的自考、电大、函授学习积极性不断提高。各单位先后与昆明陆军学院联合开设继续教育函授站，大批军警和民兵预备役人员通过2—3年的学习取得大专、本科层次的学历。2001年以后，突出部队现代化、正规化建设成果宣传。2001年4月，中央电视台《世纪初年走边关》南路摄制组到保山，采访宣传保山边防建设。2004年8月，中央电视台《走进云南边防》系列采访报道组摄制的《侨乡里的预备役》《边关如此多娇》两集新闻纪录片，并收入《走进云南边防》一书，在军内出版发行。1990—2004年，保山军分区有2291篇宣传稿件被省军级以上报刊电台采用，其中国家级240篇，省军级1903篇，其他148篇。保山消防支队被省以上媒体采用10篇。

军地两用人才培养 20世纪80年，驻保军警大力培养“军地两用”人才。团以上单位成立军地两用人才领导小组及办公室，保山行署和保山军分区成立保山地区开发使用军地两用人才办公室，并要求县（市）成立相应机构，区（镇）设立推荐站，乡设联络员；拨出专款，对战士进行种植养殖、蘑菇栽培、饭店烹饪等培训，对合格者颁发“两用人才证书”。1983—1989年，全区开发使用农村“军地两用”人才1348人，开发使用率为71%。1994—1999年，年均开发使用75人。2000年以后，年均开发使用率达50%以上。

第三节　行政管理

20世纪80年代，围绕正规化建设开展学条令、用条令、抓落实活动。1983—1985年，各部队从机关日常管理抓起，制定机关和基层正规化建设细则。在省军区组织保山与临沧两个军分区交叉检查验收的基础上，接受了总部检查组的检查。1986年，建立战备秩序、训练秩序、工作秩序、生活秩序，推动军纪军风的根本好转。1987年，保山军分区以总结张帮兴、余安才凶杀案教训为契机，充分利用反面典型进行正面教育，开展了3次作风纪律整顿。1988年，各部队结合改革开放的新形势，围绕党员干部如何过好“权力、金钱、色情”关，开展以反腐败现象为主要内容的思想、作风、纪律整顿，以提高党员干部拒腐防变能力。1994年，开展整顿军容、院容、车容，治理管理松懈、作风松散、纪律松弛为主要内容的作风纪律整顿，从根本上杜绝着装不统一、军容不严整，车容状况差，营院管理不规范等现象。1996年，各部队开展作风纪律教育整顿，在干部中，解决端正对战士的根本态度，依法带兵，以情带兵，严禁打骂体罚战士等问题；在战士中，解决遵守、维护、执行条令条例和规章制度不自觉，思想松、作风散、管理不够严等问题。1999年9月，驻保部队开展了以整军容、严军纪、抓安全为主要内容的专项教育整顿。1997—2003年，中央军委两次修改三大条令，先后颁布若干条例等。各部队对新老条令进行对照学习，针对《队列条令》新动作，组织示范班先行学习，再分批进行集训。

2001—2005年，各部队采取自上而下、分层次、分阶段逐步展开依法从严治军，每年利用一定的时间，开展以依法从严治军的教育整顿。同时，开展正规化建设和管理的专项整治行动，狠刹“擅离部队、对外交往过滥、打麻将赌博、酗酒滋事、参与地方民事纠纷和非法活动、涉足地方不健康场所”等歪风，净化周边环境、提高正规化管理水平、树立依法从严治军意识。

第四节　后勤管理

被装供应　1985年5月，将1965年取消军衔制后实行的64式军服，改为草绿色85式军服，取消红领章、红五角星帽徽，恢复以“八一”军徽为主体的圆形帽徽，干部、战士戴大檐帽，佩戴缀钉有军种符号的肩章和领章，团以上干部发毛料服装。1988年恢复军衔制，8月1日，全区换着87式军服。分礼服、常服、作训服、工作服四类，共26个大小品种，式样有较大改进。1994年夏季，部队配发迷彩服、迷彩鞋，还统一配发了带肩绊的新式衬衣，取代了白衬衣，冬季配发了冬季作训服，干部统一配发马裤呢冬常服，志愿兵配发凡呢丁夏服。2001年5月1日，部队统一换着99制式衬衣，为淡绿色涤棉混纺布料，分为长袖和短袖两种。同时干部战士发贝雷帽。各部队被装根据人员实力、发放标准和单位库存编报预算，逐级请领发放，师、团按战备要求储存一定被装。90年代后期，驻保各部队按总后勤部　“军队被装管理系统”，开始实行计算机系统化管理，实现了科学化、系统化、规范化。

粮油供应　1979年，对部队伙食标准进行调整，将昆明军区原划分的四个伙食平价地区调整为三个平价类区，保山地区调整为一类地区，日标准为：粮代金0.23元；菜柴金一类灶为0.34元，二类灶为0.43元，三类灶为0.52元。1986年，采用凭军用粮票和军用粮油供应证向地方粮食部门领购粮食。1992年，粮食价格放开后，国家对军粮供应仍实行平价供应，并继续使用票证购粮制。1997年2月，使用中华人民共和国国内贸易部1997年版军用粮票，分大米票、面粉票两种，面额为25千克、50千克、250千克、500千克4种。2000年后，部队给养供应仍采取上级下拨与自我调节相结合的办法，全区各伙食单位全部达到四菜一汤标准。

生产经营管理　1983年开始，各部队逐步修建养鱼、烧酒等生产设施，开展各类经营活动。各部队试行联产计酬，打破“吃大锅饭”的经营方式，调动生产积极性，利润逐年增加。1985年，创建商店、旅社、食堂、停车场、小卖部等。1988年，云南省军区下达保山军分区生产收益15万元指标，年底实际完成32万元。1995年，各部队生产经营开始收缩规模转换机制，经营重点转向空闲房地产的开发利用。保山军分区采取贷款、集资等方法，改建临街铺面1200多平方米，调整空闲营房540平方米，开展技术设备对外有偿服务，年创利润85万元。1998年7月，全面落实党中央关于军队、武警部队和政法机关一律不再从事生产经营活动的重大决策，各部队根据云南省军区《生产经营撤并收留实施方案》，对生产经营情况进行清理，撤销所有经营实体，办理注销手续，收回资金和人员，达到“资产清、债权债务清、手续清”的要求。2000年，全区生产蔬菜3600余千克，养猪56头，出栏32头，生产收益3万余元。仅保山、施甸、昌宁人武部有农副业生产基地300

余亩，主要种植甘蔗等热区经济作物，收入21.8万元。2000—2005年，保山军分区共开发临街铺面1.92万平方米，平均每年创收60余万元。边防支队建队后，为队、所搭建蔬菜大棚46个、0.79万平方米，挖砌鱼塘11个、0.87万平方米。

医疗卫生保障 20世纪70年代，昆明军区重新划分医院收治范围。陆军第64医院负责收治保山军分区、35111部队和35109部队、35514部队和35516部队、保山兵站、独立第4营、云南生产建设兵团第3师机关、直属队和第11、13、14、15团的现役军人；福贡、碧江、泸水、保山、昌宁、龙陵、潞西、瑞丽县和畹町镇人武部及该地区其他部队人员。陆军第71医院负责收治35513部队和35515部队、云南生产建设兵团的现役军人，陇川、盈江、梁河、腾冲县人武部及该地区其他部队的人员。到1985年，全区门诊军内人员36.7万人次，收治4.64万人次。两个医院派出医疗队40余批，深入边防连队、哨卡为6万多名干部战士预防、救治和体检。20世纪80年代，官兵实行公费医疗制度，在部队医疗机构就医全免费。退出现役发放一定的医疗补助费。以各自卫生医疗机构为主，不能医治的伤病员，按隶属关系上送，或转院到体系医院治疗。1986年和1994年陆军第71医院和第64医院先后撤销。驻保山各部队立足自身医疗机构，开展伤病员救治。驻保各部队的体系医院为大理陆军第60医院和成都军区昆明总医院。武警保山医院担负保山、德宏、临沧、大理、怒江、丽江、迪庆7个州，市武警各支队的卫勤保障。1996年1月，实行门诊费限额指标管理使用办法。1997年6月，普遍实行“军人免费医疗、随军家属包干医疗、军队职工公费医疗”制度。1998年7月，部队按军人伤亡保险制度，实行军人伤亡保险赔付。1988—1999年，保山军分区医疗所救治14.24万人次，其中军队4.60余万人次，地方9.64万人次。2000年1月，实行退役医疗保险制度，师职以下现役军官、局级和专业技术四级以下文职干部和士官，每人每月按照本人工资收入1%的数额缴纳退役医疗保险费。国家按照军人缴纳的退役医疗保险费的同等数额，给予退役医疗补助。2001年8月，实行“总额控制、定额管理，据情补偿、持证（指‘军人公费医疗证’）就医”的医疗管理制度。2004年3月，实行“分类保障、合理医疗、统定结合、持卡就医”的办法，初步建立起以军人免费医疗、随军家属优惠医疗，军队职工保险医疗相结合的新型军队医疗保障制度。

营房建设管理 1977年，昆明军区下达保山军分区机关新建干部宿舍楼4000平方米，拨款40万元。1979年1月，完成第一期工程，新建3120平方米，开支经费30.13万元。1983年3月，完成第二期工程，新建家属院1815平方米，支出19.84万元。之后又完成了汽车连、机关食堂、电影发行站等直属单位用房3500平方米，每平方米造价均在150元以内。1983年7月，保山军分区制订35514部队营建设施和生产生活设施全面建设规划。1985年4月底，基本竣工，新建营房746平方米，占82.9%；改建6616平方米，占92.8%；维修510平方米，占100%，共投入96.50万元，其中昆明军区下达15万元。1983—1985年，昆明军区下达58.81万元，解决了保山军分区机关和两个医院的仓库、厕所、车棚改造和污水处理等。20世纪90年代，开展住房制度改革和军队集资建房规划，启动新一轮营房建设。1995年春节动工建住房30套，3700多平方米，1996年上半年竣工。经费分摊比例：

单位和个人各承担50%，个人承担部分，按造价计算，职务高、军龄长的3万多元，职务低、军龄短的4万～5万元。1996年，投资33万元，新建军分区卫生所门诊楼。投资10万元，改建小招待所和小灶食堂。2000年8月，经省军区批准，组织招投标后，开工新建保山军分区机关办公楼，总造价305万元，于2001年7月竣工。2001年，保山军分区和房地产开发商签订军队房地产联营合同，以土地和旧房建材等折价416万元作为投资，占投资总额的44.7%，开发商投资515万元，占投资总额的55.3%。建成3层综合商务用房96间（底层铺面32间），建筑面积6109平方米，于年底完工。同时，投资60多万元完成新营门的改扩建；投资200多万元，新建10套767.2平方米的师职干部周转房。2003—2005年，重点进行77337部队的营房建设。2003年7—8月，投资110万元，完成临时房建设。2004年年初，正式下达永久性营房建设任务。第一期实建面积5903.19平方米；第二期改扩建1250平方米，新建2020.43平方米。当年8月开工。2005年7月，两级军区召开“四团两营”营建初验观摩现场会，进行复验，评定为优良。永久性营建工程结算造价1335.35万元，两级军区核定1148.55万元，核减率14%。年底，分区后勤部长杨昆新被成都军区评为“军区营房工程暨中缅边防工程建设先进个人”，司令员王怀被表彰为中缅边防工程建设先进个人。森警支队1993年12月后新建营区7个、占地44.62亩，新建1.25万平方米，改造旧房0.26万平方米。各部队在搞好营房建设的同时，抓好营房营具的管理。1983年1月，保山军分区进行营房大检查，对17.64万平方米营房进行测绘建档。同年，保山军分区服从城市建设规划，退出地产1989平方米，拆除部分设施。1990年，保山军分区完成8.15万平方米营房和213.8万平方米土地申报，领营房产权证13个4.63万平方米，军用土地核定13宗18.4万平方米。1991年，各单位建立军地联合房地产清查小组，清查营产。保山军分区历时5个月，查清营房占地232.19万平方米，建筑12.2万平方米。2000—2005年，团以上机关建立和完善房产、地籍、工程档案资料，实行住房分配货币化、保障社会化、管理物业化的保障模式。2005年，驻保军警各部队的房地产全部办理了国有土地使用权证和房屋使用权证。森警支队投资28万元，对营区进行绿化美化。军分区机关投资169万元，对营院进行绿化整治工程。

第五节 拥政爱民

一、支援地方建设

参与地方扶贫 1995年起，驻保部队根据《保山地区“六六”扶贫攻坚计划》，参与保山地区实现扶贫攻坚战略目标。当年，保山军分区与老营乡阿石寨村建立挂钩扶贫对子，出资建起八一小学教学楼，筹资架设水管，推广杂交苞谷良种。各县（区）人武部、武警各支队均选择各自的帮扶对象，从政策、资金、技术等方面进行多层次、多渠道的扶持，做到不脱贫不脱钩。同时要求党员、领导干部与贫困户结对子、攀穷亲。保山军分区通过两年的扶贫攻坚，使老营乡阿石寨村212户脱贫，脱贫率68%，与1994年相比，人均粮食增到375千克，增长67%；人均收入增到475元，增长60.4%。省军区司令员姚双龙少将等领导多次实地考察，充分肯定了保山驻军的扶贫功绩。保山军分区多次被评为扶贫先进单位。1997年，保山军分区系统扶贫点发展到33个，开展扶贫项目9个，当年投入资金24.03万元，投入兵力583人，车辆109辆，累计脱贫3006户。2002年，驻保军警的挂钩扶贫点已有540个，当年投入扶贫资金32万元。2003年后，为地方政府实施“三通、三改、三建、一发展”为主要内容的扶贫安居工程和文明村建设作出了新的贡献。

参加地方重点工程　1976—1980年，保山县人武部组织现役干部和民兵建设丙麻电厂。1983年，第41师第122团，组成木工队，参加保山市粮仓修建，一个星期突击建成两座能容6千克的粮仓。保山军分区出资2万元，为郎义村修建抽水站；出资12万元修小北门街的柏油路面；与35514部队一起为腾冲县黑泥塘修建小水电站。20世纪90年代，驻保各部队参加经济建设的重点工程18项，地方公益事业建设142项，累计投工6346人次，出动车辆1469台次，投入经费37.08万元；先后参加澜沧江啤酒厂保山分厂筹建、湾甸至施甸公路扩建和320国道龙陵段建设等，投工968个。保山预备役部队抽调700余人组成工程团，投入保腾公路改建。2001年，77273部队投入“滇藏线”通信光缆施工任务，投入兵力1500余人，历时33天，完成了冲江河至中甸城段77.5千米的光缆施工任务，被评为优质工程。涌现出第3连连长刘国强为代表的“吊江涯十三勇士”，中央电视台作了宣传报道。

二、抢险救灾

1983年1月，保山地委大院失火，保山军分区机关和直属单位、35111部队、326部队全力扑救，保住了公私财物。1988年11月，澜沧、耿马地震，施甸、昌宁、龙陵受到严重波及。驻保军警投入大量兵力、物力和车辆，深入第一线抗震救灾。成都军区捐赠汽油80吨，军用棉被1500床、棉衣3000套、棉大衣2400件。1988—1990年，军分区系统参加抗洪抢险31次，投入兵力1.39万人，抢救群众2865人，保护国家财产113.2万元；参加护林防火452次，投入兵力（含民兵）8251人，保护森林12.05万亩。1993—1995年，武警支队出警抢险救灾22次，出动官兵894人。1998年6—8月，保山地区发生洪涝灾害，驻保军警先后327次参加抢险救灾，投入兵力（含民兵）1.32万人、车辆734台次，抢救转移灾民485人、财产价值2051万元，向灾区捐款27.23万元、衣物5978件（套）。

1999年1月下旬，中缅边境缅方一侧多处连续发生森林火灾，直接威胁腾冲明光国有林场、古永胆扎林场、瑞滇林场。省、地、县三级分别设立了中缅边境森林火灾扑救前方和后方指挥部，驻保军警、民兵预备役部队、地方干部群众共13万余人投入灭火战斗（详见本编第二章第二节）。1999年4月4日，保山城西山发生森林大火，保山军分区组织以35105部队、武警各支队和民兵预备役部队为主体的灭火部队，每日有8000余军警民投入灭火战斗，扑灭过火面积11.36平方千米，确保了26.7平方千米山林和保山复烤厂、梨花坞、太保公园等10多个重点目标的安全。4月10日上午9时，灭火部队凯旋，万余军民冒雨夹道欢迎。地委行署专门召开表彰会，灭火部队官兵有73人立功，214人受奖，12个单位受表彰。1—4月，武警支队扑救森林火灾9次，出动兵力827人、车57辆开挖防火隔离带44.95万平方米，扑灭森林火灾58平方千米，受到总队高度赞扬，被地委、行署誉为“特别能吃苦，特别能战斗”的部队。

2001年4月7日，保山市马沟草一带发生森林火灾，35105部队军事主官地的古火带领480名官兵，出动车辆16台，20分钟赶到现场，奋战4小时，圆满完成了扑火任务，挽回经济损失400余万元。保山地委授予部队“人民卫士、英雄无悔”锦旗。4—6月，施甸县太平乡、由旺镇先后发生4.1～5.9级5次叠加地震。驻保军警和民兵预备役部队先后出动兵力1.9万多人次、车辆670台次抢险救灾和灾后重建。仅35105部队出动1400人次，车辆45台，行军70多千米，至太平乡、道街乡执行救灾任务。搭建教育帐篷145间、1.76万平方米，修整围墙145米，挖排水沟8778米，修复公路2920米，拆除危房22间、危墙210米，搬运救灾物资12.5吨，转移伤病员27人，帮助看病42人次。保证灾区11所小学按时开课，使340户1200余人恢复正常生产生活，挽回直接经济损失120万元。2002年1月、2月，隆阳区九岭岗、梨花坞两次发生森林发生火灾，35105部队出动兵力902人、大车24台、指挥车8台、救护车1台，赶赴火场，与森警支队和地方群众联合奋战4个小时，开挖防火隔离带1500余米，扑灭过火面积1400余亩。3月10日，保山高黎贡山张明山一带发生森林火灾，12日，35105部队出动兵力403人，车辆20台，125瓦电台车1台，开挖宽20米的防火隔离带2.94千米，激战3天，扑灭过火面积1.33万平千米，清理着火点260余个，在森警支队和民兵的共同努力下圆满完成任务。并帮助坝湾乡清挖引水沟2.8千米，修筑宽8米的简易公路210米，于15日下午安全归建。2003年1—4月和10—12月，全区干旱，驻保军警，出动官兵5000余人次、车辆100台次参与抗旱保苗夺丰收。腾冲和顺元龙阁山体滑坡，腾冲边防大队派出官兵奋战8小时，救出3人4车。

2004年“7·18”特大洪涝灾。驻保军警和预备役部队、全力投入抢险救灾。保山军分区系统、77273部队、预备役部队、武警支队、边防支队共投入兵力1.5万人次、车辆1410台次，抢救转移灾民1.15万人，转移和保护财产1500多万元，抢修公路40千米，治病1150人，为灾民捐款14.19万元、衣服500余套、粮食1000千克。救灾官兵英勇顽强、连续作战的作风，受到党中央、国务院盈江灾情汇报会和以民政部副部长姜力为组长的国务院抗灾工作组的充分肯定。会后中央领导曾庆红、回良玉等深入灾区看望了抢险救灾的武警官兵和民兵预备役部队。2004年10月19日，隆阳区汉庄镇发生5级地震，20个乡(镇)均受强烈冲击。武警保山支队，出动官兵130人，车辆10辆，奋战7昼夜，搬运物资1389件，清理受灾房屋165户，平整场地1.9万平方米，挖土石方790立方米，搭建临时帐篷484顶、防震棚350间，共1.94万平方米，转移灾民1810人，抢收稻谷9亩。派出医疗小组走访检查灾民195户，治病710人，免药费3450元。2004年，保山森林支队在保山、怒江、临沧、德宏4州市998万公顷森林防护区内出动灭火作战10次，动用兵力444人，灭火面积672亩，24小时灭火率达100%。特别是堵截中缅边境境外火和增援大理三道河火场战斗中行动迅速，圆满完成任务，受到总队表彰。

2005年春夏，保山市遭遇百年不遇的旱灾。灾情发生后，驻保军警迅速成立抗旱领导机构。保山军分区建立抗旱、防涝突击分队10个，抢险分队5个共550人，组织现役官兵和民兵预备役人员2万人参加抗旱抢种。武警保山支队多年来，抢险救灾100多次，出动官兵0.5万余人、车800余辆，抢救转移被困灾民2000多人，抢救物资500多吨，捐款80多万元。1997年后，武警消防支队出警灭火1486次，出动官兵1.28万人次、车0.22万辆，挽回经济损失400多万元，参与社会抢险救灾208次。

三、处置突发性事件

2003年4—8月，驻保军警全力以赴协助地方全面开展抗击非典型肺炎（SARS）疫情，成立非典型肺炎防治工作领导小组和应急指挥组，组织人员在腾冲猴桥、滇滩、自治3条主要出入境通道设立检疫站，建立观察室，昼夜值班和巡查，对入境人员、车辆、货物严格检疫，做到早发现，早报告，早隔离，早诊断，早治疗。至8月上旬，全区未发生此种病例，"非典"防治取得重大胜利。8月14日，保山市委、市政府召开全市"非典"防治工作暨总结表彰会，对驻军和武警部队在"非典"防治中的奉献给予了充分肯定。保山军分区王建忠、77273部队刘崇玉、武警保山医院赵尚萍，被市委、市政府授予防治"非典"先进工作者。

2001—2004年，驻保军警做好防范和处理"法轮功"邪教组织和对社会有危害气功组织的工作，把"崇尚科学、反对邪教"作为"民兵之家"和军民共建宣传教育的重点，加大打击力度，多次协助驻地采取专项打击行动。预备役部队2002—2005年，分别成立"处突维稳""应急抢险救灾"等领导小组和相应的技术保障分队，成建制地参加综治行动23次、抢险行动12次，出动兵力0.48万人、车130辆。保山市消防支队2004—2005年，参加处置突发事件15次，抢救遇难者5人。

四、军民共建

1981年起，驻保军警根据党中央和总政相关要求，积极与驻地乡村、街道、厂矿、学校、商店、车站等单位挂钩开展军民共建社会主义精神文明活动。1983年，保山军分区与保山市实验小学结成共建对子。1984年8月15—19日，中共云南省委、省人民政府和省军区在昌宁县召开全省文明村（文明单位）建设经验交流会，中共昌宁县委和昌宁县人民武装部被授予全省"建设社会主义精神文明先进单位"。至1987年8月，各部队有精神文明共建点26个，自建点57个，建成精神文明村28个、文明单位8个，创办青年民兵之家130个、民兵文化夜校16个，组织学雷锋小组1223个、9899人，做好事1761件，帮助培训致富骨干12期、1594人。1996年，保山军分区和县（市）人武部分别与6个行政村建立共建点，均被评为"精神文明先进单位"。1998年，全区共有军警民共建点226个，共建对子358对，有153个共建对子被评为县以上先进单位，占42.74%。1999年，结成军警民共建对子164对，保山地委、行署命名"保山地区地级文明单位"117个。1985—1999年，全区被评为省级文明单位110个，地级文明单位303个，其中驻军单位分别为5个和23个。

2004年，77273部队按照中央军委的相关要求，先后与10所大、中、小学结成帮学对子，为学生上课12场次，听课1.5万多人次。2005年，武警边防支队参加公益性劳动200余次，出动官兵5000余人、车800余辆，植树10万余株，资助失学儿童70余名，捐资12.78万元。共建军警民对子102对，建设脱贫项目20余个，帮助军训200余次，出境做好事5万余件，拾金不昧10万余元。森警支队2003—2005年，参加防卫执勤和警卫41次、处突1次，出动官兵1310人、车50辆，配合公安抓获犯罪嫌疑人15人；参加地方公益事业活动3400余人。2005年，隆阳区和龙陵县再次被中共云南省委、省政府、省军区授予“双拥模范城（县）”。

第六章　国防动员

第一节　组织领导

1990年11月，保山地委成立保山地区国防教育领导小组领导小组，下设国防教育办公室于地委宣传部。1997年3月，成立保山地区国防动员委员会（简称国动委）。主要职责是组织实施保山地区国防动员工作，协调保山地区国防动员工作中军事与经济、军队与政府、人力与物力之间的关系，以增强国防动员实力和平战转换能力等。国动委由15个成员单位组成。下设4个办公室。县（市）设立相应机构。地、县国防动员委员会成立后，地委人民武装委员会仍然保留，实行一个机构两块牌子。

至2005年，国防动员委员会有成员单位23个，下设人民武装动员、经济动员、交通战备、信息动员、保山市政府人民防空、综合办公室，国防教育领导小组和办公室。

2001—2005年，市国动委共召开过5次工作会、2次议军会。

第二节　国防教育

1986年1月，保山地委、行署、保山军分区决定，由地委宣传部等单位牵头，请昆明军区政治部宣传部文化处副处长蔡朝东，到保山地直和各县（市）进行以“理解万岁”为主题的对越自卫还击作战英模报告。1987年征兵开始，施甸县人武部率先把征兵期定为《中华人民共和国兵役法》宣传活动月和国防教育月。之后，全区逐步推广。三年间，地、县（市）共组织开展国防知识竞赛活动15次，参赛12.5万人，有3124人获奖，有近40万人受到国防知识教育。1989年1—4月，由保山地委宣传部、保山军分区政治部、行署教委牵头，出国防知识竞赛题100题，在《保山日报》刊发2万份，收回3400份，参与答题竞赛10万余人。1992年，征订国防教育教材5407册，编印乡土教材7000册，发至基层。当年9月，保山地区召开专武干部国防知识和军事教学法竞赛大会，71个乡（镇）的89名专武干部参赛。

1990年年底，保山地区国防教育领导小组建立后，采取各种措施抓好国防教育。1992年，国防教育进课堂，全区18所党校和大中小学开设国防教育课，有99个班4949名学生接受了国防知识教育，有1439名大中专学生接受了半个月以上军训。保山师专杨蕾在云南省高校国防教育电视演讲比赛中获第一名。

2001年《中华人民共和国国防教育法》颁布后，依法将每年9月的第三个星期六定为“全民国防教育日”，并以“四五普法”为载体，组织开展好第一个教育日。全市将国防教育纳入国民经济和社会发展的“十五”规划。各大中小学利用清明节、建军节和国防日对学生进行国防教育，并在语文、思想品德等课程中渗透国防教育内容，灌输爱国主义思想，增强集体主义观念和自尊、自信、自强精神。腾冲、龙陵利用滇西抗日战场的教育基地，进行爱国主义教育，龙陵县中、职中和镇安中学，每年7月组织上千学生，徒步松山，开展4天的国防教育，锻炼学生走、打、吃、住等独立生活的能力。2000—2002年、县级以上开展国防教育活动36次，参加人25.4万人；在校接受教育的党政军干部1162人；参加“军事日”活动的国动委和武委会干部2255人，其中县团级以上539人，乡科级和营以下1716人。2003年全市有23个国防教育基地，在全市82个乡（镇）和一些大型企业均设有青年民兵之家。2004年以后，在初级中学进行以防核武器、化学武器、生物武器为内容的人民防空知识教育。到2004年年底，受到刊授、函授教育的党政军干部和民兵干部1.6万人。同年，在纪念滇西抗战胜利60周年活动期间，组织“奔小康、爱中华”国防教育知识竞赛，发出试卷3.5万份，收回3.25万份。

2005年1月，云南省人民政府命名首批21个国防教育基地，腾冲县国殇墓园名列其中，并于9月第五个“全民国防教育日”正式挂牌。同年，保山第一中学首批被成都军区政治部干部部、云南省教育厅和云南省军区政治部批准为国防生源基地。

第三节　实力动员

20世纪70年代末至80年代，在对越自卫还击作战中，为赢得战争的胜利，全区军民从人力、物力、财力等各方面进行了大规模的国防动员；90年代，对国防动员结构和体制进行战略性调整，国防教育全面普及，民兵工作全面改革，人民防空事业得到加强，经济动员逐步完善，交通战备动员和边防基础设施有了突破性进展。2000—2005年，按照“快速”“打赢”的要求，国防动员体系进一步完善，国防动员在维护边防和社会稳定、抢险救灾、支援经济建设和推动社会发展中发挥了重大作用。

一、人民武装动员

兵员动员　1997年以前，保山地区的兵员动员是在地委武装委员会领导下，实行省军区和地方党委双重领导体制，具体由保山军分区、县级人武装和各级兵役机关承办。除对越自卫还击作战实行战时动员外，其他时间实行兵员征集和民兵整组结合进行。1997年以后，根据局部战争快速动员的特点和需要，全面贯彻执行“统一领导，依法动员，服从全局，突出重点，快速高效，隐蔽安全”的方针，坚持“科学、系统、高效、可行”的原则，实行快速动员和集结点验。1998年，保山军分区在昌宁县进行调整改革试点，基干民兵减少40%，党团员比例提高15%，初中以上文化提高13%，18～25岁年龄占72%。整组后，建立城市民兵应急分队和边防民兵应急分队。2003年，坚持以军事斗争准备为龙头，全面贯彻平战结合方针，突出城市民兵调整改革，优化民兵组织建设，并在隆阳区进行城市民兵调整改革试点，增强科技含量，提高综合防御能力。2005年，为进一步落实兵役登记制度，切实摸清武装动员潜力，保山市国动委和保山军分区在施甸县进行兵役登记工作试点，把兵役登记和民兵整组有机结合起来。

预备役官兵动员　20世纪80年代初，恢复退伍军人服预备役登记后，全区将退伍军人分为“服预备役”“免服预备役”进行登记。1990年，保山预备役部队组建后，预备役部队动员步入了规范化轨道，在接到战时动员令后，可以按规定时间、规定地点、快速成建制收拢集结，齐装满员转为现役部队。预备役军官首先从经过预备役登记的预备役军官、士兵和人民武装干部中选配。20世纪90年代末，新的兵役法颁布后，退役士兵服预备役的年龄为18～35岁，18～28岁列为第一类，29岁以上列为第二类。2001年，对全市服预备役的退役军人进行专项查询，其素质大幅度提高。

二、国民经济动员

动员机制　保山市国民经济动员，遵循寓军于民，军民兼容、平战结合等原则，将国防建设寓于经济建设之中，积极做好辖区内人力、物力、财力为战争服务的准备工作，增强国民经济平战转换能力。2001年以后，将市直国民经济动员部门按行业性质划分，成立动员指挥组和工业、农业、科技、气象、交通运输、油料、财政金融、物资（粮食副食医药建材等）流通、仓储设施、医疗救护、卫生防疫、工程道路抢修抢救、邮电通信等各种专业动员组和经济动员联络员制度，快速协调军地衔接方式、经济动员方式，送达和补偿途径等。

项目管理　保山市国民经济动员潜力项目的建设和管理，根据“寓军于民”“军民两用”和“民转军”的原则，大部分项目如交通通信、燃油储存、城乡供水等，均由行业主管部门及所属机关、企事业单位实行归口管理。战时按国民经济动员法律法规和有关政策，视需要进行动员、改造或调整、转向，发挥战时功能，为军事斗争服务。

潜力调查　1998年和2001年，按照专业指标体系，对全区的国民经济综合实力、基础设施建设和发展、重要产品生产与库存、医疗卫生机构的规模和装备、医疗器械的生产和开发、信息通信技术及网络保障能力等两次进行调查，基本上掌握了国民经济动员的能力和基础。2003年7月，市国动委安排部署全市国防动员潜力调查。全面摸清和掌握全市国防动员潜力的数量质量状况，逐步形成完善的国防动员潜力调查工作机制。调查内容分为行政区基本情况、人民武装动员、国民经济动员、交通战备动员、人民防空动员、国防教育等6个部分。具体内容有主要经济情况、国民经济动员机构概况，电厂、水厂、水库、建筑工程施工单位、物资储备、粮油储备、燃油储存能力和金融机构基本情况，医院、卫生防疫单位、采供血单位、医疗救护单位、食品检验单位情况，大中专院校、科研机构、设计院（所）、地质勘察（测绘）单位、气象水文单位基本情况等。全面完成调查任务后，调查成果按规范文本上报，分别储入国家、省、市三级国防动员潜力数据库。2005年，在2003年大规模调查的基础上，全市又对2004年工业、农业、畜牧业、肉食品加工能力，电力、煤炭、水泥生产能力，燃油储存和加注能力，科技和医疗卫生机构，通信设施、大中型水库状况等国民经济动员潜力进行专项调查。

三、人民防空动员

动员预案 主要包括保山市城区防空袭方案和保山市城区人口疏散保障方案。1984年，对原订方案作修订。2001年，撤地设市后，随着城市建设规模和建设水平的不断提升，市级和五县（区）城区城市防空、防御能力和整体功能不断加强，根据“十五”规划制定了城区防空袭基本方案，其内容包括基本情况、敌情判断、任务和决心、组织指挥、城市人口疏散、重点目标防护、消除空袭后果等各项保障原则和要求。预案和相关组织每5年修订、整组1次。城区人口疏散保障方案的基本内容为疏散的基本原则、组织指挥和方法、疏散的时机、对象和比例、疏散的地域划分、疏散人口的交通运输、保障措施等。

防空演练 1979年9月和1982年9月，保山县分别在汉庄小堡子和北庙水库进行打空降技术综合演练及反空袭战斗演习。施甸、腾冲、龙陵、昌宁4县先后组织民兵进行不同形式的防空演练、演习。1996年10月，《中华人民共和国人民防空法》颁布实施后，依法建立年度防空警报试鸣日制度。为使保山军民牢记“五四”被炸血的教训，保山地委、行署和保山军分区将每年5月4日定为防空警报试鸣日。1998年6月24日，根据《保山地区1998-2000年国防动员规划》，进一步规范防空警报制度、试鸣程序等，试鸣程序包括预警警报：响36秒、停36秒，重复二次；紧急空袭警报：响6秒、停6秒，连续3分钟；解除空袭警报：一长声持续鸣3分钟。三个程序可在半小时内进行完毕。2003年，保山市加强防空警报网建设，安装固定电动警报和车载移动警报。10月15日，五县（区）同时同步试鸣，成功率达100%，音响覆盖率达90%以上。经云南省人防办验收合格，交付管理使用。2004年10月，保山市委、市人民政府、保山军分区决定，进一步调整完善和增加以电动、电声警报为主，与广播、电视等发放防空警报信号设施相结合的防空警报系统，依法落实“九一八”防空警报试鸣制度。2005年起，坚持每年9月18日进行防空警报试鸣制度。

人防工程 保山城区人防工程多为二十世纪七八十年代所建设，工程量少质差，人员掩蔽率低。2002年后，经保山市国动委审批新建了一批规范的防空地下室和普通地下室。并对原有人防工程进行维护和管理，总体防护能力有所增强。2004年10月，保山市委、市人民政府和保山军分区决定，各县（区）、各单位要从增强城市总体防护功能出发，将人防工程建设纳入城市建设的总体规划，合理布局，配套完善。在城市规划区内新建、改建、扩建的民用建筑和工业区、工业园区、保税区、居住小区和重要经济目标区内的民用建筑，必须按照国家规定，依法同步修建防空的地下室。对人防工程建设由市、县（区）

人防部门主管，负责审批、监督、检查、验收。

四、交通战备动员

动员机制　保山市交通战备动员以云南省应急汽车运输大队第9队为主体，其他成员单位协助完成。动员内容为交通运输动员、交通车辆动员、交通维修保障。全市所有车辆和维修单位均在动员之列，一旦国动委下达动员集结命令，必须无条件服从调遣。公路桥梁保修以昆瑞公司保山管理处和高速公路为主，分路段落实保通；保山公路管理总段以直接管理的国道、省道、县道主干线为主，分路线落实保通；县（区）交通局及其所属地方公路养护段以各自管辖的地方公路为主，分路线落实保通；市地方海事局以各渡口、码头为主，按渡口落实保通；保山公路管理总段和县（区）交通局各组建一支应急抢修队伍，按三级保障和严重、中等、轻微三种破坏程度制定抢修方案，以应对战时调用。

动员预案　至2005年年末，保山市制定有《保山市交通战备动员方案》和《交通运输保障计划》。紧紧围绕保山是滇西的交通枢纽和中心城市的战略地位，积极应对未来城市防空袭斗争，保证战时防空、平时防灾减灾，最大限度地排除战争因素对交通的干扰和破坏。明确提出了东西、南北各主干线的保障重点。

专业队伍动员和演练　2003年7—9月，保山市委、市政府、保山军分区结合城市民兵工作改革试点，在市直和隆阳区组建专业技术分队和对口专业分队。保山交通运输集团公司以退伍军人中的技术人员为主体组建了“运输保障连”和“车辆维修分队”。2005年年底，保山市直和隆阳区的专业技术队伍构成：由保山市交通局、保山汽车运输经贸总公司、保山市公交公司、金马中运公司、三菱汽车维修中心5个单位组建运输分队；由隆阳区交通局、保山公路管理总段两个单位组建交通专业分队；由罗明糖厂、上江糖厂、保山永吉食品厂、兰都饭店、潞江糖厂、东风糖厂、保山民航站、航空护林站、保山百货公司、明和宾馆组建油料物资专业分队。动员预案和专业队伍编成后，由交通战备动员办公室根据需要和安排组织演练。

献　给

中华人民共和国
成立七十周年

1999年昌宁造纸厂

保山客运站

勐糯糖厂一角

20世纪80年代昌宁水泥厂

20世纪80年代昌宁车站

保岫广场

1982年，施甸县摆榔乡在保山率先实行家庭联产承包责任制

土地经营权确权颁证仪式

实地丈量林地

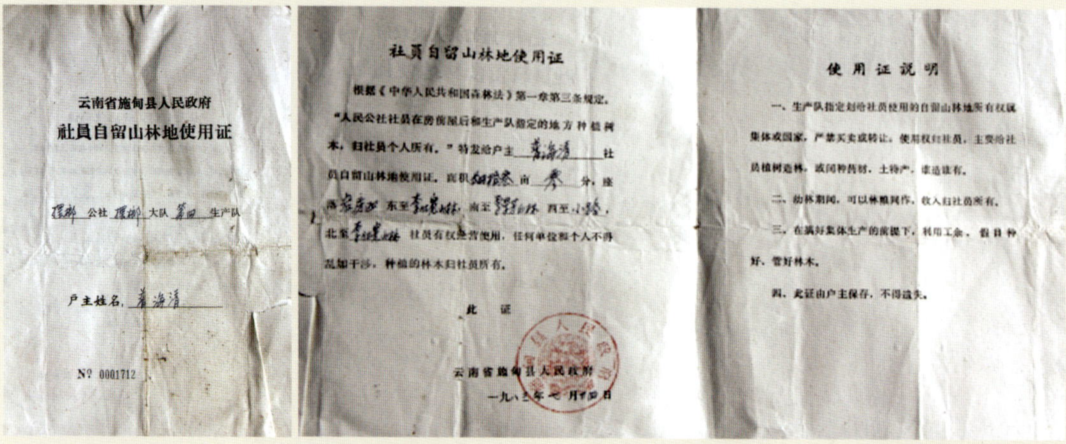
云南省施甸县人民政府

社员自留山林地使用证

摆榔 公社 摆榔 大队 第四 生产队

户主姓名：蒋海清

№ 0001712

社员自留山林地使用证

根据《中华人民共和国森林法》第一章第三条规定，

“人民公社社员在房前屋后和生产队指定的地方种植树木，归社员个人所有。”特发给户主 蒋海清 社员自留山林地使用证，面积 [illegible] 亩 [illegible] 分，座落 [illegible] 东至 [illegible] 南至 [illegible] 西至 小路，北至 [illegible] 社员有权经营使用，任何单位和个人不得乱加干涉，种植的林木归社员所有。

此 证

云南省施甸县人民政府

一九八三年七月十四日

使用证说明

一、生产队指定划给社员使用的自留山林地所有权属集体或国家，严禁买卖或转让，使用权归社员，主要给社员植树造林，或间种药材，土特产，谁造谁有。

二、幼林期间，可以林粮间作，收入归社员所有。

三、在搞好集体生产的前提下，利用工余，假日种好、管好林木。

四、此证由户主保存，不得遗失。

社员自留山林地使用证

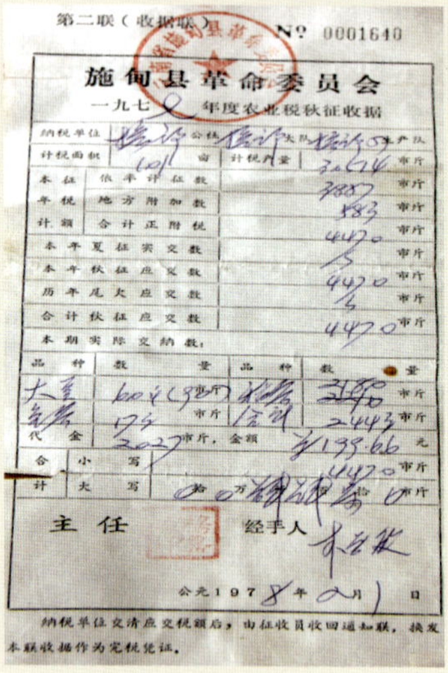
第二联（收据联） № 0001640

施甸县革命委员会

一九七八年度农业税秋征收据

纳税单位	[illegible] 公社 [illegible] 大队 [illegible] 生产队		
计税面积	101 亩	计税产量	30614 市斤
本征年税计额	依率计征数		3887 市斤
	地方附加数		583 市斤
	合计正附税		4470 市斤
本年夏征实交数			/ 市斤
本年秋征应交数			4470 市斤
历年尾欠应交数			/ 市斤
合计秋征应交数			4470 市斤

本期实际交纳数：

品种	数量	品种	数量
大麦	[illegible] 市斤	[illegible]	[illegible] 市斤
[illegible]	[illegible] 市斤	合计	2443 市斤
代金	2027 市斤，金额		¥199.66 元
合计 小写			4470 市斤
合计 大写	0 拾 0 万 [illegible] 仟 [illegible] 佰 [illegible] 拾 0 市斤		

主任　　经手人

公元197 8 年 2 月 1 日

纳税单位交清应交税额后，由征收员收回通知联，换发本联收据作为完税凭证。

农业税收据

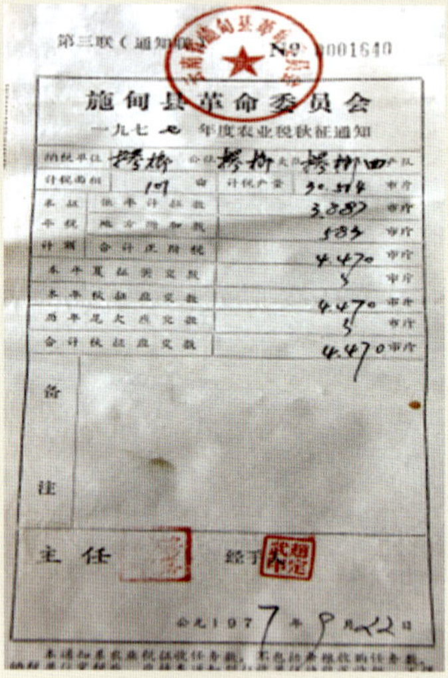
第三联（通知联） № 0001640

施甸县革命委员会

一九七七年度农业税秋征通知

纳税单位	[illegible] 公社 [illegible] 大队 [illegible] 生产队		
计税面积	101 亩	计税产量	30514 市斤
本征年税计额	依率计征数		3887 市斤
	地方附加数		583 市斤
	合计正附税		4470 市斤
本年夏征实交数			/ 市斤
本年秋征应交数			4470 市斤
历年尾欠应交数			/ 市斤
合计秋征应交数			4470 市斤

备注

主任　　经手人

公元197 7 年 9 月 22 日

农业税通知

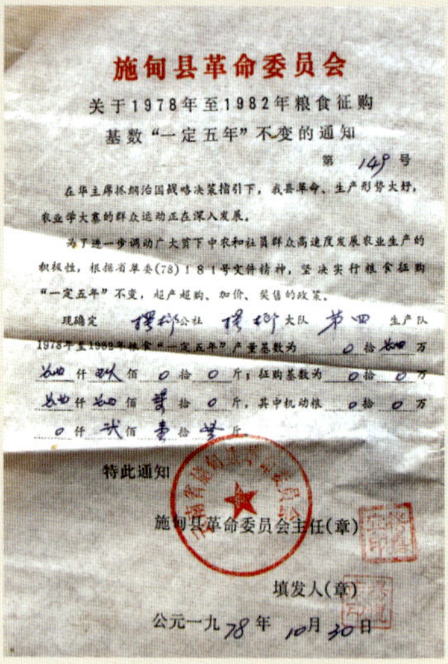
施甸县革命委员会

关于1978年至1982年粮食征购基数“一定五年”不变的通知

第 149 号

在华主席抓纲治国战略决策指引下，我县革命、生产形势大好，农业学大寨的群众运动正在深入发展。

为了进一步调动广大贫下中农和社员群众高速度发展农业生产的积极性，根据省革委(78)181号文件精神，坚决实行粮食征购“一定五年”不变，超产超购、加价、奖售的政策。

现确定 摆榔 公社 摆榔 大队 第四 生产队 1978年至1982年粮食“一定五年”产量基数为 0 拾 [illegible] 万 [illegible] 仟 [illegible] 佰 0 拾 0 斤；征购基数为 0 拾 0 万 [illegible] 仟 [illegible] 佰 [illegible] 拾 0 斤，其中机动粮 0 拾 0 万 0 仟 贰 佰 壹 拾 [illegible] 斤。

特此通知

施甸县革命委员会主任(章)

填发人(章)

公元一九78年10月30日

粮食征购通知

1978年根治保山东河誓师大会

基础设施

澜沧江大桥(昌宁桥)

保龙高速怒江大桥

大保高速公路（瓦窑段）

改扩建后的保山机场

龙陵茄子山水库

保山北庙水库

昌宁明山水库

20世纪80年代腾冲大河水库

施甸三块石水库全景

保山奥新体育场

保山城南盛市夜景

腾冲文化广场

隆阳西邑烤烟生产基地

香料烟调制

外商在香料烟公司订货

分级加工后的香料烟

云潞咖啡上昆交会

2004年潞江坝咖啡规模连片种植

保山小粒咖啡

清凉山茶叶基地——蒲川乡清河有机茶园

台湾专家考察腾冲清水茶园

清凉山茶包装车间

昌宁核桃林

隆阳区核桃树王

蔬菜种植基地

畜牧业发展

大蚕地面育

收茧

丝绸生产

隆阳水寨海棠洼松茸

隆阳透心绿蚕豆

隆阳蒲缥甜大蒜

隆阳火瓢牛肉

施甸萝卜丝鲊肉

施甸骨头鲊

施甸水豆豉

施甸火腿

腾冲大救驾

腾冲稀豆粉

腾冲土锅子

腾冲松花糕

龙陵石斛

龙陵黄山羊汤锅

昌宁胡蜂

昌宁野生菌及产品

骨干企业

保山蔗糖龙头企业——康丰糖业公司

澜沧江啤酒厂

保山烟叶复烤厂

苏帕河水电开发有限公司（集控中心大厅）

1996年投资4500万元建成的全国第一座年加工量2.5万吨香料烟厂

目 录

第十五编 经济综观

第十六编　经济管理

第十七编　财　税

第十八编 农 业

第十九编　畜牧业

第二十编 渔 业

第二十一编　林　业

第二十二编 水 利

第二十三编　工　业

第二十四编　商　贸

第二十五编 供销合作

第二十六编　粮　油

第二十七编　交通运输

第二十八编 信息产业

第二十九编 金 融

第三十编 口岸 海关 出入境检验检疫

第三十一编　旅　游

第三十二编 城乡建设

CONTENTS

Part Fifteen The Comprehensive Economy Survey

Part Sixteen Economic Management

Part Seventeen　The Finance and Taxation

Part Eighteen Agriculture

Part Nineteen Animal Husbandry

Part Twenty　Fishery

Part Twenty-one　Forestry

Part Twenty-two Water Conservancy

Part Twenty-three Industry

Part Twenty-four Commerce and Trade

Part Twenty-five Supply and Marketing Cooperative

Part Twenty-six Grain and Oil

Part Twenty-seven The Transportation

Part Twenty-eight The Information Industry

Part Twenty-nine Finance

Part Thirty Port of Entry and Exit, Customs, Entry-exit Inspection and Quarantine

Part Thirty-one Tourism

Part Thirty-two　Urban and Rural Construction

第十五编　经济综观

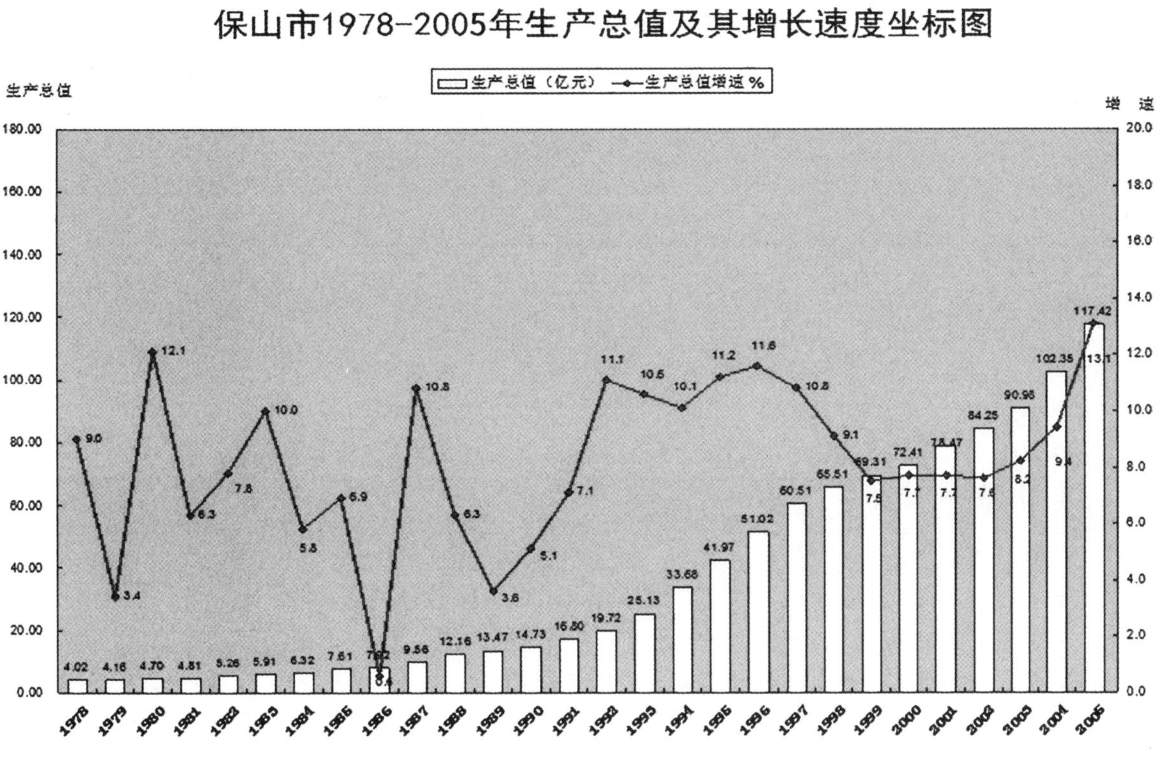

保山市1978—2005年生产总值及其增长速度坐标图

综　述

1978—2005年，保山市积极推进经济体制改革，加快市场体系建设，优化调整产业结构，经济发展成果显著，城乡人民生活水平不断提高。

1980年，农村部分生产队开始试行家庭联产承包责任制，到1984年，保山地区以家庭联产承包责任制为主，统分结合的双层经营体制全面建立，激发了广大农村家庭的生产积极性，农村经济发展状况迅速改善，逐步走向繁荣发展的道路。2005年保山市耕地面积236.22万亩，农作物播种面积达487.5万亩，粮食产量92.91万吨（比1978年增长57%），甘蔗166万吨（比1978年增长6.98倍），烤烟产量4.15万吨，香料烟0.52万吨，农业总产值由1978年的3.38亿元增加到61.47亿元（当年价），增长17.19倍。

1981年，保山的全民所有制工业企业开始试行工业经济责任制。1985—1995年，416户国营、集体工业企业实行了第一、二轮和第二轮延期租赁承包责任制。1997年起，对国营集体企业分批进行产权制度改革。至2005年，完成第一轮产权制度改革的国有企业81户。同年，将20户国有企业列入新一轮产权制度改革，年内完成改革7户。2005年年底，全市共有全民所有制工业企业9家（比1978年减少105家），集体工业企业34家，（比1978年减少202家）。同时，非公有制经济得到发展壮大，全市个体工商户、私营企业和三资企业3.81万户，从业人员7.93万人。工业经济总量大幅度增加。2005年，全市完成工业总产值46.04亿元，比1978年增长17.3倍（按可比价计算），年均递增11.37%；完成工业增加值20.7亿元，占全市生产总值的17.2%。

在工业经济、农业农村经济稳步发展的同时，全市加快产业结构调整，大力发展第三产业和新兴产业，商业贸易、交通运输、邮电通信、旅游等迅速发展。2005年，全市第三产业增加值由1978年0.86亿元增加到46.4亿元，年均增长11%；三次产业在国民经济中的比重由1978年64∶15∶21优化调整为35.3∶26∶38.7。

1978—2005年，全市各种重大基础性建设项目有序推进，全社会固定资产投资稳步增长，城市化进程快速推进，城市化水平迅速提高。1978年完成投资2737万元，2005年完成投资602329万元。1978年城市建成区面积7.84平方千米，城镇居民人口7.34万人，城市化水平为4.3%。到2005年，城市建成区面积44.29平方千米，城镇居民人口52.83万人，城市化水平达到21.63%。

通过不断地改革与发展，全市综合经济实力明显增强，人民生活水平不断提高。1978—2005年，全市实现生产总值由4.02亿元增至119.80亿元，年均增长8.26%（按可比价计算）；人均生产总值由220元增至4954元，年均增长7%；财政收入由0.39亿元增至12.31亿元，年均增长13.64%；农民人均纯收入由124元增至1879元，年均增长10.06%；

城镇居民人均可支配收入由225元增加到9040元，年均增长14.66%。

第一章　经济体制改革

第一节　农村经济体制改革

一、农村生产经营体制改革

1979年年底，保山地区农村各生产队对作业组普遍实行"五定一奖赔"（定面积、定产量指标、定成本、定分工、定交生产队统一分配数，超产奖励、减产赔偿）、分组作业的责任制。1980年部分生产队开始试行联产承包到户责任制。1983年年末，全区11241个生产队中，有11227个实行联产承包责任制。1984年，全区有214.8万亩耕地承包到户，占耕地总面积的90.82%，并为实行承包到户的农户填发土地使用证和承包合同，以家庭联产承包责任制为主、统分结合的双层经营体制全面确立。1994—1996年，全区五县（市）83个乡（镇）903个村（处）11249个农业生产合作社与464777户农民签订延长30年不变的农业承包合同，承包耕地面积220.69万亩、山林280.06万亩，签发面100%。至2005年，以家庭联产承包责任制为主的生产经营体制保持总体不变。

二、农村经济管理体制改革

1983—1984年，全区农村人民公社体制改为区乡体制，将原有的98个公社、1092个大队、11139个生产队，改建为81个区（镇）、914个乡（办事处、居委会）、11013个生产合作社，农村经济管理体制和组织结构发生了变化。1987—1988年，农村区乡体制又改为乡村体制，全区改为83个乡（镇）、915个行政村（办事处）、11239个农业生产合作社。2000年，改革村级体制，实行村民自治制度，将915个村公所（办事处）改为902个村民委员会、13个居民委员会，11247个农业生产合作社改为10758个村民小组。村公所(办事处)改革为村委会后，依法管理属于本村村民集体所有的土地和其他财产，其所属的集体土地和财产、资产、自然资源等所有权不变；原村、社集体企业、集体经济组织的所有权、债权、债务不变，一并移交给新成立的村委会或村民小组。至2005年，通过乡（镇）机构改革，全市乡（镇）数由83个减为72个，村委会减为883个，社区居委会变为32个，村（居）民小组10979个。

三、农村收入分配制度改革

1978—1980年，部分生产队试行"小包干"分配形式。并允许农民在参加集体劳动后，积极开展副业和多种经营，发展家庭经济，增加收入，提高生活水平。1980—1984年，各地逐步实行家庭联产承包责任制。以家庭为单位，以责任田（地）为基础组织农业生产，并承担有关农业税费。各户的农作物和现金收入，按政策完粮完税后，可以自主支配。随着改革开放的不断深化，部分农民还积极从事交通运输、工程建设、商贸流通、餐饮服务等非农产业的劳务或经营，使自己的劳务技术、经营管理能力、资金资本，通过城乡市场，进入全社会分配领域，成为合法有效的分配要素，获得了较高的收益。1978—2005年，全市农民人均纯收入由124元增加到1879元，年均增长10.6%，扣除物价因素，实际年均增长5%。

四、农村税费改革

改革开放前，保山地区农业税以生产队为核算单位计征（公粮）。1978年的正附税原粮为3300万千克。1979年，全区实行农业税起征点办法，腾冲、龙陵等边远一线地区在起征点以上的生产队，农业税征收仍按自愿缴纳的原则执行。1980年起，实行起征点“一定4年不变”。1982年，实行基数在队，任务到户，按户缴纳结算。1983年后，农业税全部改由各承包户缴纳结算。

1985年，改粮食统购为合同定购，保山仍按省政府规定，坚持以征收粮食实物为主。全区完成农业正税及附加合计2667.5万千克，农业人口人均负担14.35千克，农业税占粮食总产量的4.08%。除农业税外，全区还按不同时期政策，对烟叶、茶叶、牲畜屠宰等征收一定比例的农业特产税和牲畜屠宰税。同时各级各地政府机构还向农户收取一定数量的各种统筹提留款等。2003年起，取消向农民收取的一切政府性基金和“三项提留、五项统筹”。2005年，对施甸、腾冲、龙陵、昌宁四县取消农业税和除烟叶外的农业特产税，隆阳区农业税率降至2%。

第二节　工业经济体制改革

1978—2005年，保山市实行工业经济体制改革，至2005年年底，全市共有全民所有制工业企业9户，比1978年减少105户；集体工业企业34户，比1978年减少202户；股份合作企业26户，有限责任公司81户，外商及港澳台投资企业14户，其他企业57户。

一、企业经营管理制度改革

1979年7月，根据国务院《关于扩大国营工业企业经营管理自主权的若干规定》，全区对国营企业实行利润留成，使企业有部分计划、销售、资金使用、中层干部任免等自主权。1981年，在全民所有制工业企业中试行工业经济责任制。1983年起，按照“政企分设、专业归口、城乡通开、条块结合”的原则，实现产、供、销一条龙，科研、生产、流通一体化。1985年，实行多种形式的承包经营责任制。1987—1995年，全区447户国营、集体工业企业中，有416户实行了第一、二轮和第二轮延期租赁承包经营责任制。

1997年以后，采取多种形式对193户国有企业改革，加快放开搞活小型企业步伐。中共十六大以后，全市除烟草、电力行业仍保持国有体制，进行内部改革外，其余企业分批进行产权制度改革。

二、国有企业产权制度改革

2002年，保山市出台《保山市深化国有企业改革的实施意见》和《保山市深化国有企业改革的若干政策规定》，国有企业以产权制度改革为目标，走市场化发展道路，国有资本有序退出，不断规范和发展产权交易制度。至2005年，全市纳入第一轮产权制度改革的83户国有企业中，完成改革改制的81户，其中：改为公司制企业的21户，占25.9%；依法破产、关闭、歇业、撤销、解散、出售的60户，占74.1%。共退出国有资产（评估值）2.65亿元。

2005年起，开始第二轮深化国有企业产权制度改革，列入改革改制的国有企业20户，年内完成改革改制7户（改为有限责任公司2户，整体出让4户，实施依法破产1户），共退出国有资产（评估值）0.77亿元。

三、发展壮大非公经济

1978年起，全区非公有制经济逐渐放开并发展壮大。至1980年，全区个体工商户有270户，从业人员306人，注册资本31.54万元，年营业额50万元。1992年，地委行署制定“二十八条”促进个体私营经济发展的优惠政策，各县（市）相应出台具体优惠政策及实施办法。2000年，出台《保山地区重点扶持30户私营企业实施办法》，同时，在保山市、腾冲县开始启动建设省级私营经济发展实验区，为当地非公有制经济加快发展提供更好的平台。2001年起，全市积极引导非公企业参与全市国有企业改革。

2005年，全市个体工商户、私营企业和“三资”企业达3.81万户（“三资”企业96户），从业人员7.93万人，吸纳近万名下岗失业人员再就业。非公有制经济完成增加值38.3亿元，占全市生产总值的比重达32%；上缴税金3.16亿元，占全市财政总收入的25.7%；个私工业企业实现工业产值22.64亿元，占全市工业总产值的49.2%；非公经济实现社会消费品零售总额29.05亿元，占全市社会消费品零售总额的80.6%。

第三节　商贸流通体制改革

1978—1984年，保山地区进行商贸流通体制改革，放开部分农副产品市场和对国合商业企业进行扩权让利，发展非公有制商业企业，调整和改革部分农副产品、日用工业品和生产资料流通体制和价格体系。1985—1991年，继续推进商业管理体制、企业内部体制、批发体制等方面的改革，实施生产资料价格双轨制。1992—2005年，保山市形成以非公经济为主体，多种经营方式共同发展的新型商业流通格局。2005年，全市完成社会消费品零售总额36.03亿元，其中：国有及国有控股商业完成17.6%，集体及股份合作商业完成1.8%，个体、私营和“三资”企业等完成80.6%。

一、国合商业改革

改革开放后，保山地区逐步对国营、供销合作商业实行经济体制改革。1988年，全区国营商业系统共有大中型企业46户，实行承包经营和租赁经营的有43户，占93.5%；小型企业162户，全部实行改、租经营。1990年年底，全区商业系统第一轮承包合同到期。

1991年，全区商业系统企业实行第二轮承包经营。1992年起，供销社实行“四放开”和推行“社有自营”经营承包责任制。1996年，保山地区选择8户商业企业进行现代企业制度改革的试点工作。1997—2000年，全区纳入国有商贸流通企业改革范畴的有59户。按照《中华人民共和国公司法》《公司章程》和建立现代企业制度的要求，完成改革改制的58户，占98.3%。1998—2005年，全市供销社进行产权制度改革，企业实行改组改制，完成企业关、停、并、转47个，完成股份合作制改造11个，民营化改造10个，保留以资产经营为主的基层社38个，建立各种新型农村合作经济组织107个，改革面达85%以上。2002—2005年，纳入深化产权制度改革的市属国有商贸企业17户，完成改革改制16户，占94.11%。同时，完成深化股权结构改革的股份合作制企业1户。

二、对外贸易

1978—1984年，保山地区外贸企业的业务以收购、调供商品为主，调供的商品包括出口商品和边销茶两部分。1988年起，地、县（市）外贸企业由分级报账的省外贸公司统一核算制向独立核算、自负盈亏的体制转变。1992年，全面推行对外贸易承包责任制，地县（市）外贸企业走上自负盈亏、自主经营、自我发展、自我约束的道路。1996年，全区外贸系统实行由商品承包责任制转变为资产经营责任制。在全面调查核实企业经营情况的基础上，地区外经贸局分批向省政府申报边贸经营权企业，共有125户企业获得边贸经营权。2003—2005年，根据《保山市深化国有企业改革的实施意见》，完成对保山市对外经济贸易公司和保山市进出口公司深化改革工作。2005年，全市外贸进出口总额9824万美元（出口6001万美元，进口3823万美元），保山对外贸易事业初步形成多种所有制成分、生产和流通、外贸、边贸、外资企业共同发展的多元化新格局。

三、住宿和餐饮服务业改革

1980年起，保山地区对县城国营住宿和饮食服务业进行改革。将44个国营饮食服务门市部划为小型企业，实行独立核算。企业内部普遍实行经营承包责任制，农村基层供销社兼营的饮食服务业，也大多实行经营承包。到1985年年末，全区共有旅馆（店）163家，从业人员466人，年营业额240万元，每天可接待旅客2万多人；共有饮食服务企业3031户，从业人员7264人。1995年，全区餐饮服务业有24个独立核算单位，营业网点2982个，从业人员4939人，完成社会消费品零售总额9003万元。2005年，保山市住宿和餐饮服务行业共有从业人员13343人，其中农村从业人员7582人，完成社会消费品零售总额51686万元。

四、粮食流通体制改革

1981年，保山地区农民在完成国家征购任务后，自产粮食有余可自由上市。1985年，取消农民“余粮”统购制度，实行合同订购，合同以外的粮食可自由上市。1990年开始，对上市粮食实行保护价收购，产生的政策性亏损由财政对国家粮食部门进行补贴。1993年4月起，全区先后放开粮食购销价格和粮食经营市场。1996年起，全区执行政企分开、经营与储备分开、中央与地方职责分开、新账与老账分开、定购粮价和市场粮价并轨的粮食政策。

2002年4月起，保山市取消合同订购，放开粮食订购、粮食市场和粮食价格。2003—

2004年，推进粮食购销主体多元化改革，各县（区）保留1户国有或国有控股的粮油购销企业，其余企业实行股份制民营化改制，全市国有粮食购销企业及其从业人员由改制前的45户1386人减少到2004年的9户268人。2005年，市县（区）两级主体多元化且运转良好的粮食市场体系形成，并建立和完善了粮食供应应急机制。

第四节　宏观调控领域改革

一、计划体制改革

1978年，保山地区年度计划中属计划管理的产品有近500种。1980年起，逐步在区内试行指导性计划，并将41种（类）三类农副产品改为市场调节。1985年起，在全区实行指令性计划、指导性计划和市场调节相结合的国民经济管理体制。到1990年年底，全区纳入年度计划内管理的各种物资已放开400多种，占全部计划物资的80%；计划内管理的物资只有98种。1995年后，生产资料中仅有化肥（尿素）、燃料油等少数几种物资实行价格“双轨制”；区内经济社会发展指标中，仅烤烟、人口（控制）、土地（农用地转为建设用地）等仍实行指令性计划。“十五”后，农业人口转为非农业人口不再列入全区国民经济和社会发展年度计划。在国民经济和社会发展年度计划的各项指标（60余个）中，除关键产业烤烟、香料烟等及人口（控制）、土地（农用地转为建设用地）等少数指标仍属指令性计划外，其余均属指导性，或预测性计划。

二、财税体制改革

1978—1994年，保山地区实行财政包干体制。1978年，财政沿用“收支挂钩，总额分成，一年一定”体制。收大于支的按比例上缴，支大于收的由省定额补助。保山按民族地区对待，超额部分全部留用。1980—1984年，实行“划分收支，分级包干”的体制，以1979年收支为基数，除划归中央的收支外，一律实行包干，收大于支的按比例上缴，支大于收的由省定额补助。1985—1987年实行“划分税种，核定收支，分级包干”的包干体制。1988—1994年，收入上解地区实行“收入递增包干”的体制。1994年，试行“分税制财政体制”，1997年起全面推行。全区加大地方财政培植力度，形成粮食、烟草、蔗糖、茶叶、畜牧、林果六大支柱产业，兴办一批交通、建筑建材、食品加工、风景旅游、矿产开采等乡镇企业，财政收入呈现快速、稳定增长的态势。2005年，保山市财政收入12.3亿元（地方财政收入6.5亿元），支出24.8亿元。

“九五”末、“十五”期间，全市财政系统先后启动实施部门预算、零基预算、综合预算、国库集中收付、所得税分享、政府采购、专项转移支付、民族地区转移支付、过渡时期转移支付制度及国有资产、会计基础工作管理等各项重大改革。

三、物价体制改革

1978—1991年，保山地区物价改革，经历了从国家统一定价，到计划内生产的“平价”物资、计划外或超计划生产的议价（市场价）物资两种价格并行的“双轨制”。1992年，放开大批国家管理的商品价格和第三产业劳务价格，地区物价局放开6类15种。各县（市）除保留甘蔗等个别产品统一定价外，其余的全部放开，以市场调节为主的新的价格机制框架基本确立。

1994年，对石油成品油、化肥等重要生产资料实行计划内外价格“并轨”；对已经由市场形成价格的重要生产生活资料加强管理和指导。1997年起，除关系国计民生的重要商品、特殊商品、专卖商品等仍由国家、省、地、县级或相关行业确定零售价、零售指导价或最高（低）限价外，绝大部分商品和服务实现价格市场化。2002年后，保山市县级以上医院对95%以上的临床用药进行公开招标，进一步降低药价，随后招标单位扩大到乡（镇）卫生院。2004年起，对金属硅生产企业供电实行政府指导价格，价格管理模式改为竞价供电模式。2005年，微调隆阳区压缩天然气价格。同时，全市积极推进水价改革，调整隆阳区城市供排水价格，调整腾冲县城市供水价格，顺利组织昌宁县城市供水价格调整听证会。出台《加强城市供水管网范围内自备水源价格管理意见》，对城市供水开征污水处理费和水资源费。

四、金融保险体制改革

20世纪80年代初，国家融资渠道由以财政为主转变为以银行为主，国家专业银行与中央银行分离，形成中央银行和国有专业银行的“两级银行”体系。保险公司恢复，成立中国人民保险公司保山分公司。1983年，地区人民银行对各专业银行行使领导、监督、稽核、协调的职能，全区以人民银行为领导，专业银行为主体，多种金融机构并存的金融体系初具规模。

1993年12月起，全区以治理整顿金融秩序为主题，加快金融体制改革的步伐。1996年，完成农业银行与农村信用社的账务划转工作，农村信用社与农业银行脱离行政隶属关系；完成辖区内农业发展银行与农业银行分设，实现全区农业政策性银行的服务功能独立；完成人保公司寿险与财险的分设，引进太平洋保险业务，逐步完善保山地区保险市场。2003年保山市银监局成立后，形成“一行三局”的分业监管格局。各国有商业银行相继完成股份制改造，由国有商业银行向股份制商业银行转化；农村信用社改革进展顺利；众多保险公司进入保山市场；证券业有所发展。信贷业务方面，拓宽贷款范围，增加贷款对象。至2005年年末，全市各种金融机构发展到214个，各项存款余额121.26亿元，各项贷款余额103.72亿元。

五、投资体制改革

1979年起，保山地区对经营性基建项目试行由银行贷款投资、企业用税后利润还贷的“拨改贷”政策。1988年起，改革城镇住房制度，国家对机关事业单位职工住房投资逐步减少，2001年后不再进行投资。1993年起，先后引进加拿大、世界银行等专项贷款和省内外电力、房地产开发等实体直接投资发展工农业生产、基础设施、社会发展及商贸流通项目。1994年起，参加各种招商引资活动，拓展各类项目的投资来源。2005年，保山市针对项目的资金构成等不同情况，将单一的投资审批制度分别改革为审批制、核准制和备案制。至2005年年末，全市年完成全社会固定资产投资由1978年的0.27亿元增加到60.23亿元，年均递增21.3%；全社会固定资产投资总额占生产总值的比重（投资率）由1978年的6.7%上升到2005年的50.2%（含保龙高速公路），每年财政支出中的基本建设支出占总支出的比重则由1978年的32.6%下降到2005年的3.3%，财政支出中基本建设支出占国有单位投资的比重也由1978年的64%下降到2005年的2.4%；城市建成区面积由1978年的7.84平方千米增加到2005年的44.29平方千米，城镇居民由1978年的7.34万人增加到2005年的52.83万人，城市化水平由1978年的4.3%增加到2005年的21.63%。

第二章　市场体系建设

第一节　资本市场

1990—1996年，保山地区发起或募集成立保山水泥、电力、五交化等4家比较规范的股份有限公司，股本金2.97亿元。保山水泥股份公司的股票于1995年12月在上海证券交易所挂牌上市，开云南省州市级股份制企业股票上市交易的先河，标志着保山的股份制改革进入了一个新时期。1996年2月，经中国人民银行云南省分行批准，在保山地区设立云南省证券公司保山营业部，为股民提供了新的投资渠道和场所。开设股东账户8471户，股民存入保证金余额1.01亿元。保山逐步形成了一支股票证券投资队伍，长期投资股票证券的人员曾达上万人。至2000年，股市交易量创7.2亿元纪录。

2002年，昆明国泰君安证券交易营业部也在保山建设银行大楼开设服务点。2004年4月，太平洋证券正式托管云南省证券公司所属保山营业部后，在保山工商银行大楼开设主服务机构，在腾冲开设固定服务场所，在施甸、龙陵、昌宁开设以网上交易为主的移动柜台服务，为保山投资者提供了参加全国性股票、债券、基金、权证等交易的合法场所和规范服务。2005年年底，保山市在太平洋证券从事投资交易的开户客户0.6万户，保证金余额0.17亿元，年交易量6亿元。

第二节　人才和劳动力市场

一、人才市场

1978—1999年，保山地区大中专毕业生就业，实行统包分配。省内外、区内外毕业后回保山地区的大中专毕业生，只要服从分配，均能按有关政策分配，就业率达100%。2000年起，根据国家有关政策，全区终止大中专毕业生就业统一分配，开始实行用人单位公开招聘、毕业生及各类人才自主择业的“双向选择”就业机制。当年，全区毕业报到的大中专毕业生2366人，就业1904人，就业率80.5%。

2002—2005年，保山市除腾冲县外，先后建成人才市场并投入运行。其间，全市共举办各种招聘活动31次，接待招聘单位694个次，应聘人员8930人次，达成意向协议的应聘就业人数4466人次，占应聘人次的50%。

二、劳动力市场

1993年，保山地区五个县级城市先后以民办方式建立职业介绍所。1999年，全区进行过规范登记的合法职业介绍所发展到9家，共办理求职登记9.26万人次，介绍就业6.28万人次。2003年，保山市劳动力市场正式建成，并成为全国162个“三化”建设试点劳动力市场之一。各县（区）也先后建成劳动力市场。2005年，市县（区）劳动力市场共发布招用工信息980条，提供就业岗位累计2.16万人次（含市外），共举办较大规模劳务交流会8场次，进场人数2.8万多人次，共完成求职登记2.3万人次（含农村），职业介绍成功1.75万人次（含农村），保管下岗失业职工档案1.65万份。保山市劳动力市场、龙陵县劳动力市场还为381人进行劳务派遣和劳动保障事务代理。年底，全市共有公共职业介绍机构6个，民办职业介绍机构28个。

第三节　技术服务市场

1986年3月，保山地区科委开设技术市场门市，先后引进西德长毛兔、澳大利亚良种狄高鸭在保山市丙麻乡和保山汽车运输总站益青公司等地繁殖发展；引入植物生长调节剂“云大—120”试用；引入防止烤烟病毒传播的高效药品“植病灵”；在保山市辛街、施甸县姚关等乡（镇）开展高效节能螺旋式烤烟炉试验示范；积极组织企事业单位参加省科技交易会，对外宣传保山的“保玉”系列品种及制种技术、组培法工厂化蓝桉快速繁殖技术、魔玉精粉生产、“聚友”系列专用面粉、“神飞”小粒速溶咖啡、草果系列调味香料、晾晒烟开发、勐糯铅锌矿开发产品和技术等成果；开展腾冲地热开发、铁矿开发、保山热区综合开发、高黎贡山自然保护区森林旅游资源开发、高纯硅生产技术、褐煤脱水成型生产及综合利用开发、保山麦芽厂项目建设等难题招标和合资合作项目洽谈。

1994年后，全区相继发展“保山滇西南玉米科技开发服务部”“腾冲县民族科技服务推广所”“保山阳田有限责任公司”“保山生物资源发展中心”等120余户民族科技企业及乡（镇）农业科技开发服务部。

2003年，腾冲县科学技术局成立昆明正原专利代理有限公司腾冲专利代办处，积极开展专利技术咨询服务及专利申请办理等事务。全市工商、新闻出版等部门积极推动商标、版权的市场化转移，有效促进全市知识产权市场发展。同时，通过加大对保山聚贤经济开发科技咨询公司科技中介机构的扶持力度，支持其组建保山市老年科协经济专业委员会，建设技术服务平台，发挥各类专家作用，扩大服务领域，拓展发展空间。

第四节　文化市场

改革开放初，保山地区文化市场中仅有为数不多的地、县城市国营电影发行、放映单位及其城乡流动放映队，地县级文艺演出团队，国营新华书店及国有或集体性质的几家印刷厂、摄影点等。“六五”“七五”期间是保山电影市场最繁荣的时期，看电影成为群众性文化消费的主流。1985年，全地区的城乡电影放映单位达到473个。

“八五”起，各种交谊自娱场所，营业型歌舞厅，固定和流动的专业表演团体，图书、影视、音像制品销售和出租及放映服务，互联网络服务，棋牌室，青少年文体游乐经营点等在城乡市场纷纷兴起。“九五”起，各级政府积极筹措资金，加快文化事业基础设施建设，分步在农村建设和完善乡（镇）文化站，市县（区）均分别新建或改扩建了图书馆、新华书店等文化基础设施。随着电视事业的发展，电影发行放映市场逐渐萎缩。文化市场由电影为主导的单一型逐步演变为多门类共同发展的复合型。至1999年，全区已有各种文化经营单位723个，从业人员3000多人。2005年，保山市共有文化传媒出版产业经营单位2126个(不含报社、邮政系统)，从业人员5488人，经营收入1.6亿元，上缴税金744.23万元。

第五节　消费品市场

1980年，保山地区城乡集市由“文化大革命”期间的115个恢复到132个。1985年增加到162个，1990年达184个。

“八五”起，全区根据市场经济发展需要，先后新建和改扩建一批日用工业品、生猪、水果、建材、交通工具、翡翠贸易等辐射市内外、省内外的批发零售贸易市场，逐步形成综合市场与专业市场相结合，连接全区和周边地州（市）的市场网络。“九五”期间，地县有关部门充分发挥多种所有制经济投资市场建设的积极性，加大招商引资和集资融资力度，拓展资金渠道，进一步加快市场建设。1999年，全区各类商品市场已有243个。“十五”期间，保山金马中运汽车城、保山城南蔬菜批发市场、保山泰龙建材商场、保山新华商场、保山永昌商贸园、施甸由旺生猪交易市场、腾越翡翠城、腾冲粮油批发市场等批发零售贸易企业，已发展成为市内外和滇西地区较有影响的商品集散地。此外，保山百大、保山天顺超市、红叶超市等具有一定规模的购物中心发展到10多家，全市综合性、全方位的营销局面已经形成。2005年，保山市共有城乡集市和各类商品市场309个。

第六节　现代物流市场

1978年，保山地区的公路通车里程仅有2500多千米，数量有限的客货运输车辆主要集中在保山总站、各县汽车运输队和邮电、林业、粮食、工交等系统的车队及一些较大的国有、集体企业中。全年仅完成客运量67万人次，客运周转量0.99亿人千米；货运量36万吨，货运周转量1.09亿吨千米。1979年后，除保山总站及其分设在各县的旅客运输主渠道外，各县汽车队在开办货物运输的同时，也开办旅客运输业务，客运班车逐步向边远地区发展。全区个体、联户经营货运的逐年增多。保山机场于“八五”期间扩建，由起降苏式安-2小型客机改飞“波音”中型客机。“九五”起，保山机场除保山—昆明航线天天有航班外，2004年增开保山—广州航线的定期或不定期航班。“十五”期间，保山到大理高速公路通车，保山到昌宁、施甸到七〇七、高黎贡山蚂蟥箐到腾冲、腾冲到梁河修通二级柏油公路，全市32个乡(镇)修通油路，39个乡(镇)修通弹石路，公路建设实现“村村通”。保山交通运输企业成功改制，组建保山交通运输集团公司和高快公司，客货运输实现集团化经营，并不断发展壮大。

2005年，保山市公路通车里程达9936千米，为1978年的3.95倍；客运站发展到19个(客运等级站8个)，客运业户16户、客运车辆5385辆；货运业户4698户、货运车辆1.3万多辆。全年完成旅客运输量875万人次，为1978年的13.1倍；客运周转量9亿人千米，为1978年的9.1倍。完成货运量1206万吨，为1978年的33.5倍；货运周转量18.52亿吨千米，为1978年的17倍。

第七节　产权交易市场

1982—1987年，保山地区司法系统按国家和省要求，先后在地级和五县(市)成立公证和律师业务机构。1997年后，保山先后成立“鑫丰”等多家产权、物权拍卖公司，为全区的产权交易市场化进程营造较好的法制环境和市场环境。

一、土地使用权出让、转让

1979年2月，负责全区土地管理工作的保山地区行署民政局在《关于国家建设征用土地报批程序的通知》中对征用土地手续报批等相关问题做出具体规定。1986年，全区清查非农业用地，土地管理工作逐步进入依法管理轨道。1987—1989年，全区地、县(市)和乡(镇)先后成立土地管理局和土地管理所，形成土地三级管理网络。

1991年，行署发布《关于改革建设征用土地的暂行办法》，规定全区范围内国有土地的征收、规划、开发等事项统一由土地管理部门管理。1995年，全区土地管理部门完成区内土地自发交易的清理整顿工作，并加强规范化管理。当年起，除国家机关、社会公益事业、基础设施等项目建设用地可以划拨供地外，对金融、商业、商品房、旅游、娱乐和经营性6种用地全部实行有偿出让供地，不再搞行政划拨。1996年，保山在全省率先实施“两小”拍卖，对小宗用地、小集镇开发用地实行拍卖出让。

2001年10月，保山市按国土资源部颁发的建设用地划拨《目录》，进一步明确划拨用地的适用范围，符合《目录》要求的建设用地项目，才能按照划拨用地政策对待。2002年开始，经营性建设用地产权交易开始市场化操作，政府按建设规划统一征地后，实行招标拍卖，挂牌出让。2003年，全市建设用地招标拍卖，挂牌出让（俗称“招、拍、挂”）的面积达96公顷，占有偿供地面积的70%。2004年，全市有关部门狠抓经营性用地供地管理工作，全市以“招、拍、挂”出让方式供地共653宗95公顷，占有偿供地面积的100%。公开、公平、公正的土地交易市场基本建成。2005年共出让供地49.8公顷。

二、房屋产权交易

住房制度改革前，保山地区公有住房不进行产权交易。私房交易活动多为交易双方自发进行，缺乏管理措施和规范程序。1988年起，随着住房制度改革不断深入，房屋产权交易逐步与市场接轨。“十五”期间，全市实行住房分配货币化。在全面摸底测算后，实行住房补贴。在继续加强住房公积金和职工建房贷款管理等工作的同时，坚持住房市场化的基本方向，加快住房投资结构和住房供应结构调整。2000年起，全面开放五县（区）住房交易二级市场。规范房地产交易行为，提高服务质量，保证居民通过出售现有住房“以旧换新、以小换大、以次换好”的需要。取消已购住房上市前的申请、审批程序，降低土地权益和其他费用的收取标准，推动住房交易，住房交易全面实现市场化。

第三章　经济结构

第一节　所有制结构

1978—2005年，保山市通过不断推进经济体制改革，实行以公有制为主体，多种所有制经济共同发展的经济制度，调整和完善所有制结构，进行公有制实现形式多样化的改革与创新，全市工农业、商业经济的所有制格局和所有制实现形式发生重大变化。

一、农业经济所有制结构

1978年，保山地区农村经济成分均为人民公社体制下的公社、生产大队、生产队“三级所有、队为基础”的集体所有制经济。1984年，全区取消人民公社，恢复区、乡建制。全地区81个区（镇）904个乡（办事处）11210个合作社实行家庭联产承包责任制，将土地（包括耕地、山林、果园、草场、水面等）这一主要生产资料保持集体所有制性质不变的前提下承包给农户，农民获得对承包土地的相应权利（经营使用权、经营决策权、受益权和有条件的让渡权等）；将原来集体占有和统一使用的农业生产工具、耕畜等折价到户，由集体所有转为农户所有；对集体统一经营的乡村集体企业（社队企业）实行承包制。随后，历经区（镇）改设乡（镇），乡（办事处）改设村（办事处）等数轮乡（镇）、村体制改革和基层机构调整、撤并。1994—1996年，全区464777户农户签订了延长30年不变的农业承包合同，继续实行家庭联产承包责任制。2000年起，实行村民自治制度，将村公所、办事处改为村民委员会，生产合作社改为村民小组。村公所、办事处改革为村委会后，其所属的集体土地（包括耕地、山林、果园、草场、水面等）和集体财产、资产、自然资源等所有权不变；原村、社集体企业、集体经济组织的所有权、债权、债务不变。

二、工业经济所有制结构

1978年，全区有全民所有制工业企业114户、集体所有制工业企业236户，完成工业总产值分别占全区工业总产值的75.1%和24.9%。

1990年，全区有全民所有制工业企业127户、集体工业企业1695户、城乡个体私营和其他经济类型工业企业13650户，完成工业总产值分别占全区的工业总产值59.3%、24.7%、16%。1992年以后，全区大力发展社会主义市场经济，努力推进企业产权制度改革，公有制企业逐步减少，其他经济类型工业企业不断增加。2005年，全市有全民所有制工业企业9户、集体工业企业34户、股份合作工业企业26户、有限责任公司81个、股份有限公司5个、个体私营企业7230户、外商及港澳台投资企业14户、其他企业57户，完成工业总产值分别占全市的2.02%、0.95%、2.43%、25.58%、15.29%、49.17%、3.37%和1.19%。

三、商业经济所有制结构

1978—1990年，保山地区全社会商品零售总额比重中，国营商业由44.02%下降为42.03%，供销商业由53.32%下降为35.56%，其他集体商业由2.6%上升到5.09%，个体商业由0.06%上升为17.33%。1990年后，商业流通领域大力发展多种所有制经济。1999年，全区全社会消费品零售总额中，国有及国有控股商业占24.4%，集体及股份合作制商业占8.8%，个体私营经济商业占47%，其他所有制商业占19.8%。2005年，保山市全社会消费品零售总额中，国有及国有控股商业经济占17.6%，集体及股份合作商业经济占1.8%，个私和其他商业经济占80.6%。

第二节　产业结构

一、国民经济结构

1978年，保山地区三次产业在国民经济中的比例为64.15∶15.29∶20.56。1980年调整为61.31∶17.84∶20.85，1985年为60∶17.12∶22.88，1990年为57.34∶18.08∶24.58，2000年为42.4∶18.6∶39。第一产业比例逐步下降，第二产业比例呈螺旋式上升，第三产业持续增长。从2002年起，第三产业比例开始超过第一产业，三次产业在国民经济中的比例排序也由一、三、二型改变为三、一、二型。2005年，保山市三次产业在国民经济中的比例为35.3∶26∶38.7。

二、工农业比例关系

保山地区工农业总产值中，农、轻、重比例，1978年为74.22∶19.62∶6.16，1980年为71.75∶22.46∶5.79，1990年为66.22∶24.42∶9.36，2000年为64.75∶21.06∶14.19。农业总产值比例总体下降，工业总产值持续上升；轻工业产值在工农业总产值中的比例先升后降，重工业产值在工农业总产值中的比例持续上升。2005年，保山市农、轻、重比例为57.18∶18.57∶24.26。

三、农林牧渔业结构

1978年，保山地区农、林、牧、副、渔业产值占农林牧渔业总产值的比例分别为65.04%、3.54%、18.32%、13.04%和0.06%，1985年为63%、5.58%、22.46%、8.66%和0.3%，1990年为63.51%、5.54%、21.8%、8.52%和0.63%。"九五"以后，随着其他各业加快发展，农业（种植业）比重逐步下降。至2005年，保山市农、林、牧、渔业产值占农林牧渔业总产值的比例分别为53.32%、13.65%、28.45%和2.4%。

四、工业结构

1978年，保山地区产值超过百万元的产业有冶金、电力、煤炭、化工、机械、建材、森工、食品、纺织、缝纫、皮革、造纸、印刷等13个产业，轻重工业产值之比约为3∶1。1990年，产值超过百万元的产业增至24个，轻重工业产值之比调整为2.4∶1。"十五"末，随着电力、金属冶炼等产业加快发展，全市重工业产值迅速超过轻工业。2005年，保山市产值超过500万元的产业有15大类（产值5亿元以上的有食品加工业，有色金属冶炼及压延加工业，电力、热力生产和供应业3大类；产值1亿元以上的有有色金属矿采选业，饮料制造业，烟草制品业，木材加工及竹、藤、棕、草制品业，非金属矿物制品业，黑色金属冶炼及压延加工业6大类；产值5000万元以上的有造纸及纸制品业，医药制造业2大类；产值1000万元以上的有化学原料及化学制品制造业，自来水的生产和供应业2大类；产值500万元以上的有印刷、记录媒介的复制业，专用设备制造业2大类），轻重工业产值之比为0.72∶1。

五、重点支柱产业

改革开放后，蔗糖业逐步壮大为保山地区的支柱产业。1978年、1985年、1990年，制糖业工业产值分别占全区工业总产值的20.12%、32.8%、26.6%。后因市场影响，蔗糖产业波动较大，加上电力、建筑建材等产业迅速崛起，蔗糖产业的支柱作用有所减弱，但仍属全市财政收入的重要渠道。1995年、2000年、2005年，蔗糖产业税利分别占全市地方财政收入的48.6%、14.5%、4.6%。

1986年，保山开始恢复烤烟种植，经过十多年扶持发展，烤烟产业逐步上升为全区的又一支柱产业。1997年、2000年、2005年，烤烟产业税利达保山市地方财政收入的38.8%、17.6%、30.7%。烤烟、蔗糖两项产业不仅在财政收入中发挥着支柱作用，还在促进全市农民增收，城乡就业，推动工农业经济发展等方面发挥着重要作用。

第三节　投资结构

1978年，保山地区完成社会固定资产投资总额0.27亿元。此后，年投资总额不断增加。分时段看：1978—1980年合计投资1.05亿元，1981—1985年合计3.56亿元，1986—

1990年合计7.67亿元，1991—1995年合计36.06亿元，1996—2000年合计75.13亿元，2001—2005年合计148.54亿元（不含大保、保龙高速公路投资，下同）。1978—2005年，保山市全社会固定资产投资总额累计达285.83亿元，扣除大保、保龙高速公路投资13.83亿元，全市实际投资完成272亿元。

分所有制看：累计272亿元（不含大保、保龙高速公路）投资中，国有单位投资136亿元，占50%（国有经济投资占全社会固定资产投资的比重1978—1980年高达82.3%，"十五"时期占46.75%）；非国有经济投资136亿元，占累计总投资的50%（1978—1980年仅占17.7%，"十五"时期占53.25%）。

从资金投向看：1978年、1990年、1999年、2005年，农、林、牧、渔业，工业、建筑业等生产性建设投资占全市全社会固定资产投资总额（不含保龙路）的比重分别为50.2%、55.7%、55.1%、32.74%；商业流通、运输邮电业和公共服务管理业、社会事业等非生产性建设投资占全市当年全社会固定资产投资总额的比重分别为49.8%、44.3%、44.9%、67.26%。2000—2005年，全社会住宅投资累计34.34亿元，占19.3%。

分县（区）看：1985年、1990年、1999年、2005年，各县（区）完成固定资产投资所占全市当年全社会固定资产投资总额的比例：隆阳区分别占62.8%、44.7%、38.2%、37.2%（不含大保、保龙路），施甸县分别占5.3%、8.3%、8.9%、6.8%，腾冲县分别占6.5%、14.3%、28.1%、27%，龙陵县分别占4.4%、7.9%、12.4%、14.7%（不含保龙路），昌宁县分别占21%、24.8%、12.3%、14.4%。

第四章　劳动效率

第一节　劳动力构成

一、年龄、性别结构

1978年，保山地区全社会从业人员73.27万人。1982年，全区15～59岁的劳动人口共106.67万人，在业人口共96.76万人（15～24岁33.01万人，25～34岁26.62万人，35～54岁31万人，55岁及其以上6.15万人），占总人口的51.22%。其中女性44.37万人，占在业人口的45.86%；15～34岁的青少年占在业人口的五分之三以上。

1990年，全区15～59岁的劳动人口共132.59万人，在业人口125.91万人（15～24岁41.47万人，25～34岁34万人，35～44岁23.79万人，45～54岁15.66万人，55岁以上5.95万人），占总人口的59.97%。其中女性61.96万人，占在业人口的49.21%。在业人口年轻化的趋势减缓。

2000年，全区15～59岁的劳动人口150.99万人（15～24岁28.7万人，25～34岁45.23

万人，35～44岁33.14万人，45～54岁21.84万人，55～59岁0.63万人，60岁以上0.82万人)，占总人口的64.3%。其中15～54岁的女性68.17万人，占劳动人口的45.15%。

2005年，保山市15～59岁劳动人口162.7万人，占总人口的67.1%，其中15～54岁的女性占45%。因企业改革改制，职工提前退休、分流安置等原因，全市在业人口139.65万人，占总人口的57.6%，比2000年下降3.52个百分点。

二、行业结构

1982—2005年，随着国家产业政策的贯彻落实和从业人员就业观念的转变，保山市从业人员的行业结构发生了明显变化。第一、二产业就业比重下降，第三产业的就业比重明显上升。第三产业成为保山市吸纳劳动力就业的主渠道。第一产业从业人员由90.71%下降到76.3%；第二产业从业人员从3.49%上升到8.28%，其中：工业从业人员从2.67%上升到3.88%，建筑业从业人员从0.82%上升到4.4%；第三产业从业人员从6%上升到15.42%。随着固定资产投资快速增长和建筑业的迅速发展，“九五”末，全社会建筑业从业人数逐步超过了工业从业人数。

三、文化素质

1982年，保山地区在业人员中，大学文化程度(含肄业)2226人，占0.23%；高中(含中专)3.26万人，占3.37%；初中15.62万人，占16.14%；小学36.01万人，占37.22%；文盲、半文盲41.64万人，占43.04%。大学文化者，有41.28%从事教育、文艺事业，占该行业人员总数的5.87%；文盲、半文盲者中，有98.47%从事农、牧、林、渔业，占该行业人员的46.72%。1990年，全区各行业在业人员中，大学本科文化程度1686人，大学专科4144人，中专1.6万人，高中3.56万人，初中24.49万人，小学由66.58万人，文盲、半文盲30万人。2005年，保山市常住人口中，文化程度为大学(指大专以上)的3.73万人，占1.53%；高中(含中专)为12.95万人，占5.31%；初中62.55万人，占24.64%；小学111.99万人，占45.91%；小学文化程度以下占22.61%。

四、技术素质

1978年，保山地区的科技人员中，确定过技术职称的不超过10人。1980年起，对科技人员进行职称套改，至1982年6月底，全区有各类专业技术人员3万人。1987年起，首次在行政事业单位和企业单位开展专业技术职务评聘，确认了16个系列的专业技术职务。1990年年底，在全区3.59万名专业技术人员中，有2.58万人评聘了各类专业技术职务，占当年在业总人口的2.05%，其中：高职246人，中职3057人。

2005年，保山市有专业技术人员3.45万人，占在业人口的2.47%。按级别分：高职1083人，占3.14%；中职1.05万人，占30.56%。按专业分：工程技术3376人，占9.79%；农业技术1656人，占4.8%；卫生技术4642人，占13.46%；教学2.21万人，占64.05%；经济724人，占2.1%；会计1247人，占3.62%；图书档案文博264人，占0.77%；艺术102人，新闻出版99人，统计85人，体育39人，律师公证、播音各15人，科研9人，工艺美术1人。

第二节　劳动生产率

一、农业劳动生产率

1978年，保山地区有农业劳动力66.4万人，完成农业总产值3.38亿元（当年价，下同），农业劳动生产率509元/人。1990年，全区有农林牧渔业从业人员114.06万人，完成农业总产值12.13亿元，农业劳动生产率1063元/人。2000年，全区有农林牧渔业从业人员105.2万人，完成农业总产值45.02亿元，农业劳动生产率为4279元/人。2005年，保山市有农林牧渔业从业人员106.51万人，完成农业总产值61.47万元，农业劳动生产率5771元/人。1978—2005年，全市农业全员劳动生产率扣除物价因素后，实际提高2.15倍，年均提高4.34%。

二、工业劳动生产率

1978年，保山地区工业从业人员2.5万人，完成工业总产值1.17亿元（现价，下同），工业劳动生产率4696元/人。1990年，按照新的统计口径，全区工业从业人员2.96万人，完成工业总产值6.19亿元，工业全员劳动生产率2.09万元/人。2000年，全区工业从业人员5.14万人，完成工业总产值24.51亿元，工业劳动生产率达4.77万元/人。2005年，保山市工业从业人员5.46万人，完成工业总产值46.56亿元，工业劳动生产率达8.53万元/人，为当年农业劳动生产率的14.8倍。1978—2005年，全市工业全员劳动生产率扣除物价因素后，实际提高7.39倍，年均提高8.2%。

三、建筑业劳动生产率

2000年前无系统资料。2000、2005年，保山市全社会建筑业从业人员为5.67万人、6.13万人，年完成建筑业总产值分别为8.03亿元、12.83亿元，累计增长59.6%，年均增长9.8%，全员劳动生产率为1.42万元/人、2.09万元/人，累计增长47.2%，年均提高8%。

第五章　国民经济主要指标

第一节　生产总值

1978—1980年，保山地区生产总值由4.02亿元（当年价，下同）增加到4.7亿元，三年累计增长16%，年均增长7.7%（按可比口径计算，下同）。1980—1990年，全区生产总值由4.7亿元增加到14.73亿元，累计增长84.2%，年均增长6.2%。1996—2000年，全区生产总值由41.33亿元增加到70.42亿元，累计增长56.2%，年均增长9.3%。“九五”期间经济总量比1980年翻两番的目标于1998年提前实现，初步确立社会主义市场经济体制。

2005年，保山市生产总值完成119.8亿元，占全省的3.45%，全省排名第九位；人均生产总值4954元，全省排名第11位。1978—2005年，全市生产总值由4.02亿元增加到119.8亿元，年均增长8.26%，其中：第一产业年实现增加值由2.58亿元增加到42.27亿元，年均增长5.4%；第二产业年实现增加值由0.61亿元增加到31.14亿元，年均增长10.5%；第三产业年实现增加值由0.83亿元增加到46.4亿元，年均增长11%。人均生产总值由220元增加到4954元，年均增长7%。

第二节　财政收支

"八五"至"十五"期间，保山市财政在经济发展中充分发挥杠杆作用，配合市委、市政府的各项产业政策，巩固和加强粮食产业的基础地位，培植壮大"两烟"、糖、茶、林、畜、建筑建材业和个私经济等，确立增收骨干财源。1978—2005年，全市年财政收入从0.39亿元增加到12.31亿元，年均增长13.64%；年财政支出由0.56亿元增加到24.75亿元，年均增长15.06%。

第三节　社会消费品零售总额

1978年保山地区社会消费品零售总额1.47亿元，1985年4.34亿元，1990年6.34亿元，1995年12.36亿元，居全省第十位；1999年为18.91亿元，比上年(绝对数)增9.01个百分点，居全省第十位；2000年20.71亿元，此后至2005年连续6年居全省第九位。2005年，保山市社会消费品零售总额36.03亿元。

第四节　人民生活

一、在岗职工工资

1978年，保山地区单位(不含私营单位，下同)在职职工年平均工资521元，1990年1871元，1995年4334元。"十五"期间，保山市单位在岗职工年平均工资由2000年的7962元增加到2005年的13015元，年均增长10.32%，扣除物价因素，实际年均增长9.3%，比同期国民经济发展年平均速度(9.2%)高0.1个百分点，其中：隆阳区由人均7996元增加到13174元，施甸县由7746元增加到12186元，腾冲县由7627元增加到12485元，龙陵县由8764元增加到15226元，昌宁县由7983元增加到12151元。

28年间，全市单位在岗职工年平均工资年均增长12.66%，扣除物价因素，年均增长6.3%，比国民经济年均增长速度低1.96个百分点。

二、城镇居民人均可支配收入

1978年，保山地区城镇居民年人均可支配收入225元，1990年1204.20元，2000年

5796元。2005年，保山市城镇居民人均可支配收入为9040元，低于全省人均9266元的226元。28年间，全市城镇居民年人均可支配收入年均增长14.66%，扣除物价因素，实际年均增长8.27%，与国民经济年均增长速度基本相当。

三、农民人均纯收入

1978—2005年，保山市农民人均纯收入由124元增加到1879元，累计增长15.15倍，年均增长10.6%，扣除物价因素，实际年均增长5%，比国民经济年均增长速度低3.26个百分点。1985—1995年居全省第十位；从1998起连续5年居全省第七位；从2003年起连续3年居全省第八位。分县（区）看：1985—2005年，隆阳区从353元增至2121元；施甸县从307元增至1717元；腾冲县从425元增至2035元；龙陵县从413元增至1750元；昌宁县从316元增至1853元。

四、居民消费支出

1978年，保山地区居民生活消费价格指数100.17%（以上年为100，下同），农民人均消费支出111元，城镇居民人均消费支出227元。1985年103.7%，1989年121.58%，五年累计增长80%，年均增长12.47%；1990年100.20%，1994年123.13%，五年累计增长71%，年均增长11.33%；1995年116.42%，2000年96.79%，五年累计增长28.8%，年均增长5.1%。2001年，保山市居民生活消费价格指数为100.7%，2005年99.5%，五年累计增长4.7%，年均增长0.94%。2005年，农民人均消费支出3180.4元，城镇居民人均消费支出7121元。

1978—2005年，全市农村居民消费价格累计上涨3.06倍，年均上涨5.3%；城镇居民消费价格累计上涨3.71倍，年均上涨5.9%。

五、居民存款

1978年，保山地区城乡居民人均储蓄存款10.34元，1980年8.6元，1985年36.17元，1990年154.7元，1995年647.9元，2000年1910.7元。2005年，保山市城乡居民人均储蓄存款为3223元，其中：隆阳区人均3887元，施甸县人均1805元，腾冲县人均4010元，龙陵县人均2694元，昌宁县人均1886元。28年间，全市城乡居民人均储蓄存款累计增长312倍，年均增长23.7%。

第十六编　经济管理

强化市场监管

综 述

1978年以前，保山地区计划管理以指令性计划为主。1980年起，在区内逐步试行指导性计划。1985年起，全区实行指令性计划、指导性计划和市场调节相结合的国民经济管理体制，至1990年，全部计划管理物资的80%已放开。1992年中共十四大以后，保山在计划中逐步体现由市场配置绝大部分资源的配置方式，到1995年，仅有少数几种实行价格“双轨制”的生产资料的平价部分仍实行指令性计划。“十五”计划后，全区仅有烤烟、香料烟、人口、土地等少数国民经济和社会发展指标仍属于指令性计划，其余均为指导性、约束性或监测性计划。指导性计划的实行，给了全区企业更多的生产和经营自主权，促使其走上自主经营、自负盈亏、自我约束、自我发展的道路。

1979年，恢复成立保山地区行署工商行政管理局，开展市场监督管理工作，为市场经济的健康发展保驾护航。通过建立市场登记档案和统计制度、查处经济违法违章案件、创建文明市场、诚信市场等措施，加强集贸市场监管。严厉查处走私贩私、投机倒把行为、制售假冒伪劣商品违法行为、不正当竞争行为和非法传销行为，维护市场经营秩序。1993—2005年，全市共查处假冒伪劣商品案件1348起，不正当竞争案件39起。先后于1997年设立消费者投诉监督站，2001年开通“12315”投诉电话；从1994年开始每年开展纪念“3·15”国际消费者权益日活动；经常性开展维护消费者权益好单位评选活动。消费者的合法权益得到有效保护。扎实开展整顿和规范食品安全、非法采供血液和单采血浆、农资市场、建材市场、汽车交易市场、酒类市场以及“毒鼠强”、保护知识产权、车辆超限超载等专项整治活动，对囤积居奇、哄抬物价、扰乱经济秩序的违法犯罪行为进行严厉打击，保障了市场经济的健康发展。

1984年2月，保山地区行政公署审计处正式成立。保山各级审计机关成立后，作为独立于被审计对象的专职审计机构，以财政财务收支为监督检查对象、审核检查账目为手段，严格履行审计工作程序，依法对政府机关、国有企事业单位和基本建设项目（单位）等，实施审计监督。1984—2005年，全市共审计项目（单位）3160个，查出违规金额48354万元，收缴财政5067万元。

1978—2005年，在推进市场经济体制建设的过程中，保山市物价管理、土地资源管理、矿产资源管理、质量技术监督、安全生产监督、食品药品监督等部门逐步恢复或建立，内设机构不断健全，运行机制不断完善，为保山市场经济的发展营造了良好的环境，提供了有力的保障。

第一章　计划管理

第一节　机构沿革

1978年10月，保山地区革命委员会计划委员会改称保山地区行署计划委员会，下设秘书、劳动工资、计划、基建、生产和政工6个科，有干部35人。

1981年8月，劳动工资、基建、生产等职能剥离，行署计委设秘书科、计划科、经济研究室，有干部11人。

1983年9月，计委、经委、财办、农办、物（价）委、标准计量局、职教办、企业整顿办等机构合并，成立保山地区行署计划经济委员会，下设办公室、综合计划科、工交科、农业科、财贸金融科、基建科、标准计量科、物价科、经济技术咨询科、教育科、经济研究所，有干部职工61人。

1986年8月，撤销行署计划经济委员会，恢复计划委员会。1990年，行署计委下设办公室、综合计划科、固定资产投资科，直属事业单位有经济研究所、国土整治办公室、农业区划办公室，并代管经济信息中心、重点建设工程办公室，共有干部35人。1994年12月机构改革，保留行署计划委员会。1995年7月，行署计委内设办公室、综合科、投资科、重点建设科4个科室和国土区划办公室、以工代赈办公室2个行使行政职能的事业单位，共有干部职工25人。

2002年1月机构改革，保山市计划委员会更名为保山市发展计划委员会，撤销行署物价局，其职能并入市发展计划委员会。市发展计划委员会内设12个职能科室（单位），共有干部职工39人。改革后，新划入的职能：价格、收费监督管理和服务协调；政府出资基本建设项目的初步设计审查、指导和协调，监督检查重大建设项目的招标投标；全市重点项目的稽查；全市西部大开发战略、发展规划、重大项目前期工作研究及实施中的组织协调；全市粮食宏观调控、管理市内政府性粮食储备和流通。划出的职能：国土规划、国土整治与土地利用总体规划的有关职能交市国土资源局，农业区划职能交市农业局，产业政策的制定和实施职能交市经贸委。转变的职能：减少计划指标，使计划指标的设立与省发展计划委员会基本适应；将竞争性的商品和服务价格改为主要由市场决定；对非政府性投资的基本建设项目，简化审批程序，逐步由审批制改为登记备案制。加强的职能：加强对全市国民经济和社会发展战略、生产力布局、总量平衡和结构调整等宏观调控目标和政策的研究；加强全市全社会固定资产投资管理，指导和协调全市基本建设管理，对全市重点建设项目实施全过程管理，推进投融资体制改革；加强重大建设项目的前期工作，建立重大建设项目储备库；加强全市价格、收费行为的规范管理。

2005年6月机构改革，市发展计划委员会更名为市发展和改革委员会，并加挂市能源局牌子，划入原属市经贸委的经济体制改革职能（不含国企改革），成为承担综合研究经济和社会发展、指导总体经济体制改革的市政府工作部门。内设14个职能科室：办公室、综合科（国民经济动员办公室）、经济体制综合改革科、固定资产投资科（重点建设科）、农村经济发展科、产业发展科、社会发展科、能源科、项目前期工作办公室、地区经济科、价格管理科（成本调查队）、收费管理科、价格监督检查科（价格举报中心）、价格认证中心，共有干部职工38人。

第二节 管理体制

1978年年底以前，保山地区计划管理以指令性计划为主，全区属计划管理的产品有近500种，其中生产资料近百种，消费资料400多种。

1980年起，全区根据企业生产和市场形势变化，按照“计划经济为主，市场调节为辅”的原则，逐步在区内试行指导性计划，并将41种（类）农副产品和部分工业品改为由市场调节。

1985年起，全区贯彻《中共中央关于经济体制改革的决定》，在全区实行指令性计划、指导性计划和市场调节相结合的国民经济管理体制。至1990年年底，全区纳入计划内管理的各种物资已放开400多种，占全部计划物资的80%；计划内管理的物资只有98种。基本建设的管理权限也得到适当放宽。

1992年中共十四大后，随着市场经济体制的确立和完善，在计划中逐步体现由市场配置绝大部分资源的资源配置方式。1995年后，生产资料中仅有少数几种如化肥（尿素）、燃料油实行价格“双轨制”（中国经济由计划经济向市场经济转型过程中的一种特殊制度安排：对同值的标的物实行两种不同的定价机制，一种是计划的垄断性定价，另一种是市场定价）的物资，其中的平价部分仍属指令性计划；区内经济社会发展指标中，仅烤烟、人口（控制）、土地（农用地转为建设用地）等仍实行指令性计划，其余指标均属指导性计划。“十五”计划后，农业人口转为非农业人口由公安系统直接办理，不再列入全市国民经济和社会发展计划；在国民经济和社会发展计划的60余个指标中，除关键产业烤烟、香料烟等，以及关乎可持续发展的人口（控制）、土地（农用地转为建设用地）等少数指标仍属指令性计划外，其余均为指导性、约束性或预测性计划。

第三节 计划编制

保山市计划管理部门制定的国民经济和社会发展计划分为长期计划、中期计划和年度计划3种。市级计划一般根据省下达的指标，结合实际制定，并下达各县（区）和各部门执行。各县（区）、各部门根据省、市计划指标要求，制定本级的中长期计划和年度计划，逐级下达执行。

一、年度计划编制

1978—2005年，全市根据各个时期计划体制需要、国家和省的各项宏观调控政策要求，紧密结合市情和以五年计划为主的中长期计划、规划目标，共编制保山市国民经济和社会发展综合年度计划28个。每年的综合年度计划均由计划部门牵头编制，于当年的计划会议上形成“草案”，其中：1978—2000年的年度计划“草案”，报行署审定后作为正式计划下发执行；2001—2005年的年度计划“草案”，由市政府报市人大批准后作为正式计划下发执行。

主要的年度计划文本，经长期改革精简，逐步固定为《保山市国民经济和社会发展计划》《保山市（地区）全社会固定资产投资计划》《保山市重点项目建设计划》《保山市重点前期项目计划》《保山市重点科技项目计划》。

二、中长期计划编制

1977年后，地区计委根据全区经济和社会发展实际，着手对“文化大革命”中制订的国民经济和社会发展“五五”“六五”计划进行实事求是的修订。新的“五五”“六五”计划，围绕1980年实现农业机械化这一目标，按照农、轻、重次序，统筹兼顾，适当安排，规划了1976—1985年全区经济和社会发展的规模和速度。内容包括“五五”“六五”期间主要经济技术指标、农田基本建设、农业机械化、主要农业机械设备拥有量、购买农业机械资金、基本建设重点项目、职工人数、劳动生产率等18项。“六五”计划在执行过程中，又先后增加了计划生育、以工代赈、产业政策计划等，使计划内容更趋完善。

1986年，行署计委在总结“六五”计划执行情况的基础上，制订《保山地区国民经济和社会发展“七五”计划（草案）》，以此为指导，制定农业、能源、交通建设、以糖茶为主的食品工业、矿业开发、科学教育事业、基建投资、商品流通、经济体制改革、改善人民生活、社会主义精神文明建设等十个方面的具体指标和任务。要求“七五”期间，在不断提高经济效益的前提下，至1990年实现工农业总产值（按1980年不变价计算）10.5亿元，比“六五”期末的1985年增长39.4%，年均增长7.9%；农业总产值6.3亿元，年均增长5.3%；粮食总产7.75亿千克，年均增长3.5%；工业总产值4.2亿元，年均增长9.5%；社会商品零售额6.8亿元，年均增长7.9%；财政收入1.1亿元，年均增长9.6%；财政支出1.7亿元，年均增长8.9%。

1990—1991年，行署计委牵头编制完成《保山地区国民经济和社会发展十年规划和第八个五年计划》，由地委、行署审定后实施。“八五”计划确定全区五年和十年国民经济和社会发展的指导思想是：以经济建设为中心，坚持四项基本原则和改革开放；坚持不懈地抓好农业；加强能源、交通、通信基础设施建设；以市场为导向，以资源为依托，效益为中心，大力发展优势产业和骨干产业，优化产业结构，加快工业发展；搞活流通，发展边贸和转口加工；依法保护资源，改善生态环境；抓好计划生育，控制人口增长；教育科技领先，发展社会事业，促使全区经济以略高于全省平均发展速度持续、稳定、协调发展。发展思路是：以农业为基础，巩固糖、茶优势，确立“两烟”、林纸、矿业、边贸骨干产业，开发旅游、建材、饮食和畜产品加工业，加强教育、科技、能源、交通基础建设（简称“12444”工程）。

1995年至1996年上半年，由行署计委组织编制完成《保山地区国民经济和社会发展“九五”计划和二〇一〇年远景目标》，以地委、行署审定后印制实施。“九五”计划确定了五年及至2010年全区国民经济和社会发展的指导思想，共列30项106个经济社会发展指标，包括：国内生产总值年均增长11%左右，到2000年达70亿元（按1995年不变价计算），人均国内生产总值3000元。工农业总产值年均增长12%左右，2000年达55亿元，其中：农业年均增长8%，总产值达25亿元；工业年均增长17%，总产值达30亿元。地方财政收入年均增长9%，支出年均增长8%，2000年分别达4亿元和9亿元。银行各项存款余额年均增长21%，贷款余额年均增长19%，2000年分别达80亿和72亿元。社会消费品零售总额年均增长19%，2000年达30亿元；外贸进出口总额年均增长20%，2000年达0.2亿美元；边贸进出口总额年均增长17%，2000年达12亿美元；利用外资5年累计1.2亿美元，比“八五”时期增2.8倍。商品零售物价指数涨幅年均控制在10%左右。固定资产投资率达26%左右，按1995年价格计算，5年累计全社会固定资产投资约达75亿元。人民生活目标中，城镇居民人均可支配收入达5000元，年均增长8%；农民人均纯收入达1300元，年均增长10%。

“九五”计划还结合区情提出要使五县（市）城镇的人口和面积以机械膨胀为主要增长方式超常规扩大，把保山、腾冲两地城区发展摆在更为突出的位置上，发挥“两极”带动作用；把蔗糖、“两烟”（烤烟、香料烟）建成全区的支柱产业。

2000年下半年，计委组织编制完成《保山市国民经济和社会发展第十个五年计划纲要》，确定了“十五”期间全市国民经济和社会发展的总体思路。《纲要》在加快发展和培育群体支柱产业、形成支撑经济的主导力量方面提出：巩固发展粮食、烟草和蔗糖三大支柱产业，提升拓展畜牧、林果、茶叶、电力、矿产和建筑建材六大骨干产业，着力培植旅游、蔬菜花卉和生物制药三大后续产业。

2005年12月，市发展和改革委员会组织编制完成《保山市国民经济和社会发展第十一个五年总体规划纲要（征求意见稿）》。

第二章　价格管理

第一节　机构沿革

1980年9月，地区在行署计划委员会增设物价科，定编3～5人。1981年，行署计委物价科撤销，成立保山地区物价委员会。1983年9月机构改革，地区物价委员会并入计划经济委员会，计经委内设物价科，对外仍称物价委员会，有物价管理干部6人。1984年10月，成立地区物价检查所，隶属行署计划经济委员会。1986年8月，成立行署物价局，下设办公室、价格科、综合科3个科室。2002年1月，物价局并入市发展计划委员会。至2005年年末，市发展和改革委员会设有价格监督检查所、价格科、收费科、价格认证中心。

第二节　物价监督检查

1977年，保山地区革命委员会财办组织全区物价大检查、大整顿，对利用价格进行贪污盗窃、投机倒把、损公肥私等违法违纪行为给予严厉打击。1982年下半年后，不少地方出现乱涨生产资料价格和乱摊派费用两股歪风。次年7月，根据国务院、中央纪委《关于坚决制止乱涨生产资料价格和向建设单位乱摊派费用的紧急通知》，地县成立“刹两风办公室”，抽调相关部门的47名工作人员，组成15个工作组，深入区内重点工程进行清查。对42个单位和企业开展重点检查，共查出乱涨生产资料价格单位13个，其中：保山县6个、腾冲县5个，分别应上缴财政金额7814元、1.74万元，施甸县、昌宁县各1个，多收价款1831元。对查出问题的单位均作了相应处理。

1984年10月，地区和五县（市）成立物价检查所后，根据中央《对违反物价纪律实行经济制裁的暂行规定（修订）》《中华人民共和国价格管理条例》和《价格违法行为行政处罚规定》等法规，经常组织全区物价大检查，查处和制止乱涨价、变相涨价和乱收费等不法行为。物价检查所干部深入市场，及时监督价格执行情况，惩治短斤少两、短尺少寸、以次充好等违价行为，打击欺行霸市、哄抬物价的不法行为。

每年元旦、国庆节和春节期间，重点检查“菜篮子”“米袋子”等关系民生商品的价格。同时，对群众反映强烈的教育、卫生、公安、环保行政事业性收费的混乱现象进行检查。逐步实现物价检查工作的制度化、常态化。

1984—1990年，全区初步清理各种收费1128项，金额达2340万元；取消不合理收费297项，金额250万元；降低收费标准79项，金额14万元，并实行全市统一的收费许可制度；共查处5313起违价行为和案件，经济制裁总金额达214万元，其中：上缴财政198万元，退还消费者16万元。仅1988年，保山市就检查门市部、摊点3786个，其中：国营750个、集体586个、个体2450户，查处各种擅自提价、变相涨价、乱涨价的违价行为284起，收缴罚没款8267元；检查度量衡器877次，没收失准秤85把（台）。其间，对区内发生的9起价格行政复议案件进行了详细调查核实和复议审理，维护原处罚决定6起，变更2起，撤销1起。

1991—1995年，全区物价监督检查以人民生活必需品、农业生产资料和治理乱收费为重点，同时，开展对医药行业、交通行业、教育行业、邮电行业和农村电价的专项检查，严格实行明码标价制度，制止价格欺诈、哄抬行为。共查处违纪违价案件3620件，实行经济制裁总额156.82万元，其中上缴财政91.83万元。从查处结果看，行政事业单位乱收费比较突出，违价行为最多，占总违价案件的82%，占重大案件的100%。

1996—2000年，全区物价监督检查以“清费、治乱、减负”为中心，针对群众反映强烈的热点问题，加大价格监督检查力度，扩大检查覆盖面。共查处各类价格违法行为和案件1938件，实行经济制裁总金额310.9万元，上缴财政182.76万元。其间，1999年，对律师事务所、保山师范高等专科学校等收费案件进行查处。受理施甸县工商局申请复议案件1件，违法金额12万元，经行署物价局调查核实，复议处理7万元。

2001年4月29日起，保山市开通“12358”全国统一价格举报电话。在全市持续开展商品和服务实行明码标价和“五个一示范”活动，配合质量技术部门搞好“购物放心一条街”“价格、质量信得过”单位的评选。开展药品、医疗服务、农网电价、农村中小学收费价格专项检查，查处医疗服务价格中自立收费项目、自订收费标准、提高收费标准、收取已取消的费用、扩大收费项目和药品价格推迟调价时间、扩大进销差率，多提药品折扣率等价格违法案件。采取下查一级、联合检查、分片检查、重点抽查等方式，在全市范围内先后组织开展了工商、土地、城建、环保、交通、医疗、药品、教育、农机、路桥、客运、再就业、农民进城务工、成品油等收费和价格检查工作。对居民生活必需消费品和农药、化肥、种子等农业生产资料价格变动情况重点加强监测。在全市全面普及涉农价格、收费公示工作，全市明码标价普及率90%以上。2001年、2003年，在创建“全国规范化物价检查所”活动中，腾冲县、隆阳区物价检查所先后被国家发展计划委（发改委）命名为“全国规范化物价检查所”。2001—2005年，全市共受理各类价格举报案件320起，共查处各类价格违法案件867件，实行经济制裁总金额806.25万元，上缴财政483.84万元。

第三节　规范行政事业性收费

1989年，行署决定，成立地区行政事业性收费清理整顿工作领导小组，办公室设在行署物价局，履行规范管理行政事业性收费职能，实行收费许可办证等制度。1994年，按《云南省行政事业性收费许可证管理规定》，全面清理执收单位的收费，合计审核540户、1386证、6096项，涉及资金0.44亿元。

1995年，对明令取消的收费项目，在收费许可证中予以注销；对全区有行政事业性收费的单位实行年审换证；实行和推广“私营企业和个体工商户交费卡”制度；部分县制定中小学《交费手册》制度；从严管理新开业的宾馆、旅店和各种培训班的收费。

1996年，制定《保山地区游览参观景点门票价格管理目录》和管理办法。至1997年，全区共审验2035个证，发放收费许可证1943个；清理审验行政事业性收费10281项、2.77亿元。

1999年，共审验核发行政事业性收费许可证1561个，审验收费项目4559项，涉及金额1.69亿元，占全区预算外收入的94%，占财政收入的42%。

2000—2001年，公布取消教育基金、城市出租车经营权有偿使用费、摩托车准字牌费、腾冲边民互市管理费、临时用地管理费、义务兵家属优待金；纠正腾冲县收取的“口岸建设费”；对地区批准执行的公安部门“自行车分合式牌照费”，教育部门“计算机上机费”“公物押金”，环卫部门“常驻户口卫生费”等收费项目全部取消。取消“职业高中实验实习费”“学前班杂费”等中小学乱收费项目，取消固定电话初装费和移动电话入网费；取消“发动机清洗费”“卫生防疫费”“培训站（校）年度审验费”等收费项目。

2002年，重点抽查隆阳区及市直有关部门“三乱”整治情况。并纠正个别县擅自向茶叶加工企业收取的0.2元／千克管理费问题，退还所收的费用；根据省发改委取消41项乱收费的通知等，清理相关收费项目51项；对照取消或降低涉及保山市的相关项目收费；对全市的涉农价格和收费全面实行公示制度。

2003年，全市清理取消收费项目81项，减负742.3万元；通过对全市21家医疗单位3000多个品种招标药品价格的审定，降低药价金额总计744.5万元。按国家和省公布的收费目录的规定，规范建设部门涉及土木工程、线路管道工程、装修工程等建筑企业的标准。取消涉及林业、交通、人事、消防、安全等部门部分收费项目。

2004年，按照省发改委、财政厅等有关部门要求，取消涉及保山市的“林业保护建设费”并注销收费许可证；取消汽车客运站微机售票附加费；清理并取缔旧机动车交易中不合法及不合理的行政事业性收费；撤销大官市—龙山卡公路蒲缥收费站，对保留的大保高速公路和凤庆习谦—保山左官以及龙山卡—双坡垭口、施甸—七〇七、保山—腾冲二级公路收费站严格按收费许可证管理，并实行公示制度。全市如数退还2002—2004年违规向农民收取的188.71万元勘测定界费，并通报批评相关单位，处理主要责任人。

2005年，公布取消公安、交通、林业、旅游、人事、民政、文化、教育、计生等18个部门不符合国家规定的收费项目，同时降低“税务登记证”等收费标准，减轻群众负担100多万元；年度审验行政事业性收费许可证1553个，涉及收费项目5005项、金额1.2亿元，取消不符合规定收费项目178项，涉及金额645.3万元，注销收费许可证21个；注销高黎贡山保山保护局的收费许可证。

第三章　统　计

第一节　机构沿革

1978至1979年9月，保山地区统计工作职能先后由“地革委计统组”、地区计划委员会统计科负责。

1979年10月，成立保山地区行署统计局。

1983年机构改革中，行署统计局改为统计处，下设综合、业务、农业3个科，后又将综合科分设为办公室和电子计算机站。至1990年年末，行署统计处人员编制27人，实有26人。

1995年，行署统计处改称行署统计局，增设法规科。

2001年，保山撤地设市，行署统计局改为市统计局。下设8个职能科室，即办公室、综合科、业务科、农业科、人口与社会科技科、法规科、信息中心、普查中心。编制27人（行政编制18人，行使行政职能的事业编制6人，工勤人员编制3人），有处级领导职数3人（1正2副）、科级领导职数9人。

1985—1988年，省统计局先后在施甸、昌宁两县和保山市分别成立农村和城市社会经济调查队。2003年11月，原县级市城市社会经济调查队升格为地级市调查队，并成立保山市企业调查队，两支调查队为副处级单位，直属于国家统计局。

第二节 统计报表制度

1977年后，“文化大革命”期间中断的统计报表制度逐步恢复。1981年，保山地区转发国家统计局“关于加强统计报表管理”的相关规定，逐步恢复完善统计报表管理体制。

1991年，全区继续推进和完善农村统计信息网络建设；结合区情研制农村基层“一套表”并进行试点；在全区范围内建立固定资产投资开工、竣工报告制度，劳动工资联合审核制度；全区全面开展市场物价抽样调查和农村经济抽样调查工作，成为全省唯一的所属县（市）都开展抽样调查的地州。

自1984年年报起，全省实行固定资产投资统计超级汇总，地、县（市）统计部门负责收集，省统计局负责报表审核、数据处理。1992年，在实行固定资产投资划块统计的基础上，首次实行以地区进行数据超级汇总。同年，实施新国民经济核算体系，改进工业经济考核体系，开始执行社会发展报表制度。

1993年，成立保山地区统计制度方法改革工作协调小组，进行以统计调查内容为重点的统计改革。在清理和精简原有各专业统计报表制度及统计指标体系的基础上，认真贯彻执行国家统计局制定的新的国家统计报表制度，即农业、工业企业、批发贸易业、交通运输业、建筑企业、服务企业、机关行政事业单位和固定资产投资单位等共8套基层表和有关综合表。在省统计局综合评比中，保山地区“统计制度方法改革”及“数据处理”双双被评为优秀成果受到表彰。

1994年5月，对全区1253个基层单位进行统计执法检查。1995年，在保山、腾冲两县（市）组织完成以贸易统计为突破口的小型企业抽样调查的调查方法改革试点工作，并获得成功。

1997年，实行统计方法体系改革。将抽样调查技术应用于城市住户调查、市场物价调查、农村住户调查、小型贸易调查、人口变动调查、“18”生物资源快速调查、小康监测、贫困监测等统计调查。

1998年，全区实施个体私营经济统计报表制度。按照省统计局安排，完成国有工业企业改制情况调查和500万元以上固定资产在建项目快速调查；完成省企调查队抽中的81家批发零售贸易业、餐饮业企业的抽样调查，进行保山地区1997年人口变动情况和城市劳动力抽样调查工作，继续对工业生产指数进行试编。同时，完成全区小康进程的测算、上报和分析工作及贫困监测的扩点工作。

1999年，行署统计局出台《关于各县市公布和使用生产总值等主要指标的规定》，对县（市）统计部门上报的生产总值、工业总产值、农业总产值、粮食总产量、农民人均纯收入、社会消费品零售总额、固定资产投资额等国民经济主要指标进行严格的审定，强化统计数据质量审核和评估制度。地区出台《关于建立保山地区统计报表质量通报制度的通知》《保山地区统计工作考核评比办法》，在全区实施统计报表质量通报制度，从制度上加强统计工作的管理。每季末定期召开会，对国民经济运行的基本走势进行客观地分析和科学评估，对存在的问题提出措施建议。

2001年，乡、村两级建立数据评估制度，确保“源头”数据质量。年内，“保山市统计局信息网”与国家统计局、省统计局构建骨干网，对《云南省统计管理条例》以及省监察厅、省统计局《关于国家机关工作人员违反统计法律法规行政处分暂行规定》进行广泛的宣传。

2002—2005年，市统计局先后组织实施R&D（即“研究与试验性发展”）资源清查、农户存粮调查、城镇劳动力调查、个体私营经济抽样调查、妇女儿童监测和贫困监测等专项调查，配合粮食部门完成粮食清仓查库调查，开展文化产业统计试点、劳动统计改革试点、新农业发展速度和新工业发展速度测算。在五县（区）开展了工业生产指数试算等专项调查，对五县（区）的经济增长速度，测算数据来源，农业总产值、工业总产值、农民人均纯收入、固定资产投资、社会消费品零售总额、出生人口等数据进行重点抽查。在对120个单位上报的统计数据进行的检查中，对有问题的17个单位进行了批评教育。组织了全市1%人口抽样调查工作。

第三节　各项普查

一、全国工业普查

中华人民共和国成立后，为摸清国力，1950年、1986年、1995年先后3次开展全国工业普查。

（一）第二次全国工业普查

保山地区于1984年10月，成立以副专员姜云发为组长的13个部门领导参加的工业普查领导小组，下设工业普查办公室。1985年完成工业普查的各项准备工作，1986年1月进入全面正式普查登记阶段，1986年12月进行工业普查的总结评比工作，根据普查结果，结合全区实际情况，汇编了《保山地区第二次全国工业普查资料》，圆满完成整个普查工作。

（二）第三次全国工业普查

1995年，行署组建保山地区第三次工业普查领导小组及其办公室，副专员杨荣新任组长，行署统计局、经贸委和计委等部门负责人为副组长，其他有关单位负责人为成员。1996年1月1日为正式普查登记时间。1997年完成工业普查的资料开发、总结等后期工作。

二、第一次全国农业普查

1997年开展第一次全国农业普查，自1994年开始准备至1999年结束，历时6年。行署于1995年12月组建保山地区农业普查领导小组办公室，由副专员朱家忠任组长，行署办公室、地委宣传部、行署计委、行署财政局、行署农牧局、行署统计局等部门负责人为副组长，其他有关部门负责人为成员。各县（市）也分别成立农业普查领导小组及办公室。经过全区16000多名农业普查工作者的努力，顺利完成此次农业普查，形成《云南省保山地区第一次农业普查资料汇编》。此次普查摸清了农业和农村生产经营单位的数量和结构；农村从业人员数量素质和行业、地域分布；主要农业机构和设备的数据和结构；耕地的数量、质量和结构；乡村社区环境和基础设施状况；建制镇的规模和社会经济状况。地区农业普查办公室被评为全国农业普查国家级先进集体。

三、全国人口普查

中华人民共和国成立后，于1953年、1964年、1982年、1990年、2000年先后5次开展了全国人口普查。

（一）第三次全国人口普查

1982年3—12月，全区进行第三次人口普查。为保证普查的顺利进行，于1981年1月至1982年6月开始清理户口，共办理迁出14366人，迁入15564人，集体户划分出家庭户共8978户、30814人。

1982年3月，地区和五县相继组建人口普查领导小组及办公室。4月，社（镇）、队（居委会）也先后成立领导小组和普查小组，建立由4726人组成的指挥系统和办事机构。4月中旬，地、县两级在保山县的城郊公社东门大队和城关镇三街二大组进行试点。其他各县也先后于5—6月进行试点，共调查2648户、12435人。参加试点工作的1726人成为各级人口普查的业务骨干。在试点的基础上，根据全区山多坝少、居住分散、文化落后、民族杂居等特点，共选调普查员和普查指导员9419人，经过培训考试后颁发任命书。按照国家统一部署，6月初，开展“人口普查宣传月”活动，6月25日普查员统一进村，召开会议，编造户主底册，逐户登门访问，仍采用按常住人口登记的原则，以7月1日零时为标准时间，开展人口普查登记。普查内容在1953年、1964年两次调查登记的5项基础上，新增19项，其中：按户填报的6项，包括户别、本户住地编号、本户人数、本户1981年出生人数、死亡人数、有常住户口已外出一年以上的人数；按人填报的13项，包括姓名、与户主关系、性别、民族、年龄、常住人口的户口登记状况、文化程度、行业、职业、不在业人口状况、婚姻状况、生育子女总数和存活子女总数、1981年生育状况等。

由于组织领导严密，仅用8天时间即全部完成普查登记工作。随后，统一采用手工汇总与电子计算机汇总相结合的办法，对普查登记资料进行整理。手工汇总内容包括总户数、总人口、常住人口的户口登记状况，1981年人口自然变动、各民族人口、各种文化程度人口等5个汇总表。计算机汇总内容包括7大类、41个汇总表，为制定和执行本地区经济和社会发展战略与规划提供了可靠的人口资料。汇总结束后，挑选出257名编码员投入编码，11月20日前完成普查资料的整理、装订、包装、管理和运送工作，25日全部资料送交资料库。经过7个月的工作，共调查5个县、95个公社、1082个大队、11047个生产队和55个居民大组。全区人口总计340494户、1888857人，其中：男952876人，女935981人，性别比为101.81；汉族1728818人，占总人口的91.53%；少数民族160029人（有10人族别待定）占8.47%。总人口比第二次人口普查增加602477人，增长46.84个百分点。18年间，年均增加33471人，年均递增2.16%，每天净增92人。

（二）第四次全国人口普查

从1989年9月开始，根据国务院统一部署，保山地区进行第四次人口普查。普查共分三个工作阶段：

1989年9月至1990年6月为调查前的准备阶段。1989年9月15日，成立保山地区人口普查领导小组，下设办公室，分行政秘书、普查业务、户口整顿、宣传、数据处理5个组。同时，五县（市）先后成立人口普查领导小组。全区6个领导小组共有成员123人，地、县（市）、乡（镇、农场）三级人口普查办公室93个，工作人员1079人，村（办事处、居委会）一级有工作人员3065人。全区共划923个普查区，6645个调查小组。1990年1月，地区人普办在保山市永昌镇一街开展户口整顿试点，摸索经验方法，培训业务骨干5022人。2月，全区户口整顿工作全面展开。3月，地、县两级共24人参加全省普查业务骨干培训。4月底，地区培训154人。培训业务骨干结束后，地区人普办在保山永昌镇北关办事处进行普查试点。4月30日，普查员开始调查摸底。经过入户登记、自查、互查、议查、手工汇总、编码、全面质量检查，于5月3日试点工作结束。5—6月完成县级培训，在6月中、下旬开始乡级培训。县、乡培训考试合格人员，由县（市）人民政府发给普查员或普查指导员证书。全区共选调普查员7220名、普查指导员1424名、质量检查员464名。6月24日前，全区所有普查员全部进入调查小区，进行宣传发动、全面扫描、认真访查、掌握底数，防止重登和漏登，保证普查登记的顺利进行。为搞好第四次人口普查的社会动员，全区共建立93个宣传组，组织出动1311人，在“春节游园”“犁耙会”、劳动节、青年节、“端阳花街”等传统节日期间，利用电影、幻灯、标语、传单、宣传栏、黑板报、报纸、广播、文艺演出等多种形式进行宣传动员，印发各种宣传资料、表册等56种。

1990年7—11月为普查登记手工汇总和编码阶段。以当年7月1日零时为标准时间，采用入户查点、询问、当场登记的方式，全面开始普查登记工作。普查登记项目比1982年增加两项，共有21项，其中：按人登记的有15项：姓名、与户主关系、性别、年龄、民族、户口状况和性质、1989年7月1日常住地状况、迁来本地的原因、文化程度、在业人口的行业及职业、不在业人口状况、婚姻状况、妇女生育存活子女数、1989年1月1日以来的生育状况等；按户登记的有6项：户别、编号、人数、出生人数、死亡人数、户籍人口中离开县（市）以外一年以上的人数等。入户调查登记工作10天内全部完成。从7月11日开始，进行自查、互查和议查，消灭原生性差错，提高普查登记质量。从7月16日至9月中旬，根据国务院人口普查领导小组《关于认真做好出生、死亡人口专项复查补漏工作的紧急通知》和省人普办的要求，全区出动1万多人进行复查补漏，共查出1989年及1990年上半年出生漏报人口138人，漏登死亡人口713人，全部按规定作了补登。8月初，由省人普办主持，地区人普办配合，对龙陵县3个调查小区实施事后质量抽查，差错率为3‰，达到国家要求。登记验收工作结束后，从行政村（办事处、居委会）到地区逐级进行手工汇总。1990年10月15日开始，地区人普办分4次公布全区人口普查手工汇总的主要数据。之后，由普查员在乡（镇）集中进行非专项编码，五县（市）人普办又抽调153名编码人员进行专项编码工作。

1990年11—12月为电子计算机汇总、资料的整理、分析和工作总结阶段。11月，普查表移交地区人普办，转入数据处理。主要由行署统计处计算站抽调的23名业务技术骨干承担。按10%抽样的规定，全区共抽调91个普查区、615个调查小区、占总人口9.49%，共199240人的普查资料进行抽查。普查资料录入完毕、汇总编辑审核报省后，于1990年12月收集、整理、编印了“四普”手工汇总资料。手工汇总的质量验收，全区抽查397712人，人口差错率和分性别人口的差错率两个指标均为零，受到省人普办的表扬，有34人荣获国家级先进工作者称号，5个乡（镇）人民政府获省级先进集体。普查结果：全区五县（市）、73个乡、10个镇、903个行政村、11246个村民小组，共444669户，总人口2099447人，其中：男1066272人、占总人口的50.79%；女1033205人、占49.21%，性别比为103.20，比前三次人口普查均略有增高；汉族人口1906666人、占总人口的90.82%，少数民族192807人（有4人族别待定）、占9.18%，分别比一、二、三次人口普查提高1.44、1.32和0.71个百分点；市镇人口977448人，分别比前三次人口普查增加903387人、926217人和892647人；大学文化程度7073人、比“三普”时增加4535人，高中67885人、比“三普”时增加25501人，初中309018人、比“三普”时增加109710人，小学975943人、比“三普”时增加309047人，文盲、半文盲人口493782人、比“三普”时减少263889人，占总人口的23.52%，比“三普”时减少16.59个百分点。

（三）第五次全国人口普查

1999年4月起，保山地区进行第五次人口普查。地委、行署成立保山地区第五次人口普查工作领导小组，下设办公室。五县（市）相继成立人口普查领导小组。全区地、县（市）、乡三级共有人口普查领导小组成员1138人，办公室工作人员784人，村级普查员4655人。全区共抽调普查员、普查指导员1万多人。全区共划分927个普查区，8064个调查小组。年内，地、县（市）、乡三级纳入预算的人口普查经费681.56万元，落实到位457.9万元，省补助80.55万元，总计到位经费538.45万元。

2000年6月底，完成五县（市）84个乡级普查区域（含大保公路虚拟镇）927个普查区和8064个调查小区的区域地图绘制。在人口普查过程中，利用电视报道、电台广播、刊登报纸、电影、宣传车、大小型标语等24种宣传工具进行宣传。地、县（市）、乡三级人口普查工作者直接参与宣传人员达16561人次。7月17日至9月10日，全区户口整顿工作全面开展。经过户口整顿，查清漏报、漏登户口和不按规定注销常住户口以及户口待定人员，外出人口底数。10月，总结在腾冲县城关镇满邑办事处的7个调查小区、500户、2000多人中进行的人口普查综合试点经验。

以2000年11月1日零时为标准时间，开始第五次人口普查现场登记。普查登记项目比1990年增加26项，共有45项，其中按人登记的有24项：姓名、与户主关系、性别、年龄、民族、户口状况、户口性质、是否识字、受教育程度、学业何时及何地来本乡（镇）居住、迁出类型、迁移原因、五年前长驻地、是否有工作、工作时间、行业、职业、未工作者状况、未工作者主要生活来源、婚姻状况、初婚年月、生育子女数、1999年11月至2000年10月生育状况；按户登记的有21项：户编号、户别、人数、本户外出不满半年人数、本户外出满半年人数、离开户口登记地不满半年人数、1999年11月至2000年10月出生人数和死亡人数、本户住房间数、住房用途、本户住房是否有其他合住户、住房建成时间、住房层数、住房外墙墙体材料、住房内有无厨房、主要炊事燃料、是否饮用自来水、住房内有无厕所、住房来源、构建住房费用、月租房费用。普查过程中，地、县（市）、乡普查办公室实行24小时值班制度，各级领导深入调查小区现场督促指导，确保出生人数、死亡人数、总人口数即“三个总量”指标数据质量。11月15日完成全区人口普查现场登记工作，11月30日完成全区人口普查查缺补漏工作，普查登记结果，符合保山地区社会经济发展状况和人口增长规律的实际。

普查结果：全区五县（市）共70个乡、13个镇、911个行政村、11247个村民小组，共572461户，总人口2348315人（包括外来人口，不包括外出人口），同1990年第四次人口普查的总人口相比，十年共增加24.88万人，增长11.85%，年平均增加2.41万人，年平均增长率为1.09%，其中：男1209674人、占总人口的51.51%，女1138641人、占总人口的48.49%，性别比为106.24，比前四次人口普查均略有提高；汉族人口2111836人、占总人口的89.93%，少数民族人口236479人、占总人口的10.07%，分别比一、二、三、四次人口普查提高2.33、2.21、1.60和0.89个百分点；大学（大专以上）文化程度24711人、比“四普”时增加17674人，高中（含中专）117562人、比“四普”时增加49677人，初中543165人、比“四普”时增加234147人，小学1123825人、比“四普”时增加147882人，文盲、半文盲人口298570人、比“四普”时减少195212人，占总人口的12.71%，比“四普”时减少10.81个百分点。

五县（市）的普查实际登记人口分布为：保山市84.68万人，施甸县31.42万人，腾冲县59.39万人，龙陵县26.01万人，昌宁县33.32万人。全区普查实际登记共有家庭户56.01万户，家庭户人口228.32万人，占全区总人口的97.232%，平均每个家庭户的人口为4.08人，比1990年第四次人口普查的4.67人减少0.59人。全区普查实际登记的总人口中，0～14岁的人口为60.58万人，占总人口的25.8%；15～64岁的人口为157.46万人，占总人口的67.05%；65及以上的人口为16.79万人，占总人口的7.15%。同1990年第四次人口普查相比，0～14岁人口的比重下降2.24个百分点，65及以上人口的比重上升1.44个百分点。居住在城镇的人口为23.25万人，占总人口的9.9%；居住在乡村的人口为211.57万人，占总人口的90.1%。

四、全国基本单位普查

（一）第一次全国基本单位普查

1996年至1998年3月，保山地区遵照国务院的统一部署，进行第一次全国基本单位普查。行署成立由专员李现武任组长，行署统计局及相关部门为成员的保山地区基本单位普查领导小组及办公室。各县（市）相应成立普查领导小组及办公室。全区共抽调3000多名普查人员，圆满完成基本单位普查的各项工作。通过普查，全面查清了保山地区各类基本单位的数量、行业分布、经济结构、规模结构和地区分布等情况，编辑出版了《云南省保山地区1996年基本单位普查资料汇编》。地区基本单位普查领导小组办公室被评为国家级先进集体。

（二）第二次全国基本单位普查

根据国务院以2001年12月31日为标准时点在全国进行第二次基本单位普查的决定，保山市政府成立领导小组并下设办公室，对全市的基本单位普查工作进行全面部署和相关工作准备。2002年，全市高质量地完成基本单位普查正式普查登记、事后质量抽查、审核、数据处理、数据质量评估、汇总上报、基本单位名录的建立和普查资料的开发应用。市级编印出版《保山市第二次基本单位普查资料》，撰写了一批基本单位普查分析报告。保山市、施甸县、腾冲县、龙陵县、昌宁县第二次基本单位普查办公室被评为国家级先进集体。

五、第一次全国经济普查

第一次全国经济普查工作，以2004年12月31日为标准时点。保山市按照《国务院关于开展第一次全国经济普查的通知》要求，严格贯彻执行《全国经济普查条例》，按照统一、精简、高效的原则，通过全市近5000名普查工作人员的共同努力，高质量地完成普查工作。

第四节　专项调查

一、全国1%人口抽样调查

为全面了解人口有关情况，保山根据全国统一部署，1987年、1995年、2005年先后3次开展全国1%人口抽样调查。

（一）第一次全国1%人口抽样调查

根据国务院1987年进行第一次全国1%人口抽样调查决定，保山地区成立相应的领导小组及办公室。此次全国1%人口抽样调查工作为第四次全国人口普查搞准统计数据积累经验，调查结果受第四次人口普查的检验，经过精心组织，抽样调查工作圆满结束，得到国家和省的表彰。

(二) 第二次全国1%人口抽样调查

根据国务院以1995年10月1日零时为标准时点，在全国进行1%人口抽样调查工作决定，保山地区的保山市、腾冲县和昌宁县所属的15个乡(镇)、78个行政村(办事处)的80个调查小区为此次全国1%人口抽样调查的样本。行署于1995年4月14日成立保山地区1%人口抽样调查联席会议及其办公室，由副专员杨光任联席会议召集人，行署统计局、公安局和计生委的负责人为协助召集人，地直有关部门负责人为联席会议成员。在此次1%人口抽样调查工作中，地区、昌宁县、腾冲县分别受到国家和省的表彰。

(三) 第三次全国1%人口抽样调查

以2005年11月1日零时为标准时点，保山市开展第三次全国1%人口抽样调查工作。这次抽样调查摸清了2000年至此的人口数量、构成及居住等方面的变化情况，为研究未来人口状况的发展趋势、制定经济社会发展规划和有关政策提供了客观准确的依据。

二、物价指数调查

中共十一届三中全会以后，随着流通体制的改革，1984年国家统计局对物价统计制度作了相应改革。1987年起实现用微机编制物价指数。2003—2005年，市统计局城市社会经济调查队积极与国家城调总队加强联系与协调，并及时、准确地向市委、市政府提供全市物价指数及价格资料。

三、农村住户和城市居民经济情况抽样调查

1985年开始，每年抽选一定数量的农村住户进行经济情况调查，为政府制定农村经济政策提供重要的参考数据，至2001年调查户增至590户。1987年开始，每年抽选一定数量的城市居民进行家庭收支情况及购买力的经常性调查，至2001年调查户增至150户。

四、农村科技调查

根据国家和省有关部门的要求，1993年由行署牵头，行署统计处和农牧局、水利电力局、林业局等部门联合，对全区所有农、林、水、牧企业事业单位的人、财、物及科技活动情况进行首次全面系统的调查，圆满完成国家和省下达的调查任务。

五、保山市农村小康课题研究

1996年，结合保山实际，组织小康课题组开展保山市农村小康课题研究，制定出“保山小康量化标准”16项，经过反复论证，最终确定为保山市农村奔小康量化标准。同时，为全面准确掌握全市农村小康现状，对全市农村进行小康进程摸底调查，2004年12月编辑出版《保山农村小康进程》。

六、其他专项调查

1982—1984年，根据国务院和国家有关部门、省政府和省有关部门以及市政府的统一部署，行署统计局配合地、县(市)有关部门，开展土壤普查、水资源普查等国情调查。1997年，开展小型工业企业、小型批发零售贸易业、餐饮业定期抽样调查，村及村以下工业企业抽样调查。1998年，在全省率先开展抽样调查和全面调查相结合的个体私营经济调查。2001创造性地开展“363”产业(即保山市“十五”计划《纲要》提出的“巩固发展粮食、

烟草和蔗糖三大支柱产业，提升拓展畜牧、林果、茶叶、电力、矿产和建筑建材六大骨干产业，着力培植旅游、蔬菜花卉和生物制药三大后续产业”）调查。

2003年，开展企业景气问卷调查；开展计划外投资项目、各类新办企业和农村劳务输出调查。2004年开展文化产业统计试点工作。

第四章　审　计

第一节　机构沿革

1983年7月，地委宣布行署工作机构将新增审计处，领导班子配1正1副，并于10月任命了处长、副处长。1984年2月9日，保山地区行政公署审计处正式成立，定编18人，内设秘书、财政金融审计、企业审计、行政事业审计4个科。全区定编63人，年底，全区配备审计干部44人，其中：地区9人，保山9人、施甸5人、腾冲8人、龙陵6人、昌宁7人。1985年11月，省审计局、编委、劳动人事厅、财政厅联合通知，增加保山审计编制。全区定编增至83人。当年，聘请特约审计员48人，其中地区14人。年底，全区有94个部门（单位）建立内审机构（地区9个），配备专、兼职审计人员99人（地区9人）。

1988年6月，省审计局、编委、劳动人事厅、财政厅联合通知，再次给保山审计系统增编20人。全区定编增至103人（地区30人、保山25人、施甸10人、腾冲15人、龙陵11人、昌宁12人）。年底，全区配备审计干部84人，其中：具有会计师、助理会计师职称的10人。

1989年，组建农村审计机构，同农村经营管理站实行“一套班子两块牌子”，同时在地、县（市）农牧局内设农村审计科、股。1990年，全区83个乡（镇）均建立农村审计室，配备审计干部222人，经过培训，报经省农业厅批准确认农村审计员189人。

1990年，建立保山地区和施甸县审计事务所，延聘具有会计师、助理会计师职称的离退休干部8人。腾冲、昌宁、保山、龙陵四县（市）也先后建立审计事务所。审计事务所为社会审计组织，面向社会提供审查、查证、鉴定、验证、咨询等服务。

1995年，行政机构改革后，行署审计处改称行署审计局，定编25人。行署审计局秘书科改为办公室，新增政策法规综合科。年底，全区配备审计干部86人，其中：具有会计师（审计师）、助师职称的20人。

2000年，按照国家政策要求，审计事务所进行改制，正式独立成为社会中介组织。

2001年，随着撤地设市，行署审计局改称市审计局。核准编制31人，政策法规综合科改为法制科，新设经济责任审计、固定资产投资审计2个科。

2005年，审计署要求各级审计机关加速“金审工程”建设，加快推行计算机辅助审计和计算机信息网络管理。核准编制33人，新设计算机信息中心、农业与资源环保审计科、社会保障审计科3个科室。全市定编130人(市局33人，隆阳30人、施甸14人、腾冲21人、龙陵16人、昌宁16人)。年底，市局法制科加挂保山市内部审计指导中心牌子；全市配备审计干部114人，其中具有会计师(审计师)、助师职称的43人。

第二节　政府审计

保山各级审计机关成立后，作为独立于被审计对象的专职审计机构，以财政财务收支为监督检查对象、审核检查账目为手段，严格履行审计工作程序，依法对政府机关、国有企事业单位和基本建设项目(单位)等，实施审计监督。1984—2005年，全市审计3160个项目(单位)，查出违规金额48354万元，收缴财政5067万元。

1984—2005年保山市审计情况统计表

表16-1　　金额单位：万元

年度	审计单位(个)	查出违规行为金额	指明应纠正金额	收缴财政金额	应减少财政拨款、补贴	应归还原渠道资金	已缴财政金额	移送案件(件)	百万元以上违规单位(个)	提交审计工作报告、信息(篇)
1984年	28	398	698	99	—	—	86	—	—	—
1985年	42	709	750	121	—	—	48	—	1	1
1986年	101	1509	58	136	—	—	147	2	2	—
1987年	92	906	599	274	—	32	234	—	2	3
1988年	93	574	405	138	—	13	134	—	—	6
1989年	112	474	345	119	4	—	99	—	—	11
1990年	135	626	445	176	4	1	151	—	—	7
1991年	147	1759	1584	166	6	3	175	1	—	13
1992年	121	730	692	27	—	11	22	—	1	20
1993年	117	490	316	60	6	108	42	—	1	45
1994年	142	1008	884	105	—	19	88	1	—	25
1995年	309	1295	929	197	—	65	164	—	1	17
1996年	149	1229	813	194	1	222	181	—	—	32
1997年	173	2049	1681	267	—	101	275	—	3	16
1998年	148	414	6203	73	25	213	73	1	—	55
1999年	148	898	9354	115	—	343	97	2	—	34
2000年	130	999	13138	223	—	204	153	3	2	22
2001年	155	633	16230	183	—	451	170	—	1	54
2002年	180	2662	7649	365	—	145	326	—	—	18

续上表　　金额单位：万元

年度	审计单位（个）	查出违规行为金额	指明应纠正金额	收缴财政金额	应减少财政拨款、补贴	应归还原渠道资金	已缴财政金额	移送案件（件）	百万元以上违规单位（个）	提交审计工作报告、信息（篇）
2003年	215	4806	17651	537	10	619	466	1	—	25
2004年	210	10624	28812	592	23	2559	477	1	—	39
2005年	213	13562	15266	900	—	3459	513	1	—	54
合计	3160	48354	124502	5067	79	8568	4121	13	14	497

一、财政审计

1984—2005年，保山市的财政审计经历了“上（级）审下（级）”和“上审下”与“审本级”相结合的两个发展阶段。

（一）县（市）财政决算审计

1985年，保山地区行署审计处派出审计组就地审计腾冲县1984年财政决算的真实性、合法性和效益情况。重点审计财政、税务部门，抽查17个部门和单位的其他财政收支情况。共查出违规金额142万元，收缴财政25万元。此后，实行一年审计一个县（市），5年全覆盖，至1989年完成第一轮五县（市）的财政决算审计。累计查出违规金额402万元，收缴财政120万元。1991—1995年，完成财政决算第二轮审计。累计查出违规金额287万元，比上轮下降29%；收缴财政10万元，比上轮下降83%。

1996年开始，实行“一年审两县、三年轮一遍”。1999年完成一轮县（市）财政决算审计，累计查出违规金额28万元，应收缴财政17万元，减少财政拨款或补贴25万元，应归还原渠道资金7万元，指明应纠正2011万元。2000—2002年完成一轮，累计查出违规金额15万元，应收缴财政8万元，指明应纠正金额13102万元。2003—2005年完成一轮，累计查出违规金额5306万元，应收缴财政9万元，应归还原渠道资金2301万元，指明应纠正23366万元。

（二）乡（镇）级财政审计

1987年，保山地区已全面建立乡（镇）财政。为促进乡（镇）级财政的健康发展，1988年4月，地区对昌宁县乡（镇）财政的状况作了专题审计调查。12月，举办全区为期10天的财政审计培训班，专题研讨乡（镇）财政审计。1989年，把乡（镇）财政审计纳入审计计划，在全区范围内先行试审，要求每个县（市）审计1个（实审中昌宁县增加了1个）乡（镇）的财政和税务。当年10月，全区完成对板桥、界头、温泉、鸡飞、由旺、勐糯等6个乡(镇)的财税共12个单位的审计工作后，及时召开乡（镇）财政审计专业会，总结交流、研讨部署财政审计工作。要求县（市）按照“上审下”的规定，把乡（镇）财政审计，纳入年度审计计划，持续开展，年年必审。

1989—1995年县（市）审计乡（镇）财政情况统计表

表16-2　　　　金额单位：万元

项目	合计	保山	施甸	腾冲	龙陵	昌宁
审计单位	46	13	7	8	9	9
查出违规金额	236	136	73	10	3	14
指明应纠正金额纠正金额	206	120	68	10	—	8
应收缴财政金额	23	14	6	—	3	—

（三）本级财政预算执行情况审计

1995年1月1日，《中华人民共和国审计法》开始实施。财政审计由单一的“上审下”转变为“审本级”和“上审下”相结合的审计监督，并实行“向本级人民政府和上一级审计机关提出审计结果报告”和受本级人民政府委托“向本级人大常委会作审计工作报告”的审计工作制度（以下简称“两个报告”）。

1996年，保山地区组织实施对本级财政预算执行情况审计。全区完成本级财政预算执行情况审计12项，预算执行涉及的部门、单位审计15项。查出违规金额148万元，归还原渠道资金54万元，收缴财政24万元。保山市、腾冲县、龙陵县审计局提交了“两个报告”。

1997年，从预算单位银行开户情况入审，摸清家底，延伸一级，着力弄清预算收支资金和预算外资金的管理、使用情况和财政专项资金的拨付、使用、效益情况。全区审计财政、地税和其他预算执行单位33个，查出违规金额207万元，归还原渠道资金21万元，收缴财政35万元，查实各种银行账户198个，取消多开账户28个。自当年起，五县（市）审计局均提交“两个报告”，行署审计局均向行署、省审计厅提交审计结果报告。此后，每年都将审计财政预算执行情况和决算有机结合、同步实施。从账户入审，下审一级，深化财政资金的分配、管理、使用、效益情况的审计。

2000年，全区共审计财政、地税和其他预算执行单位68个，查出违规金额144万元，指明应纠正金额12743万元，应减少财政拨款或补贴25万元，归还原渠道资金11万元，收缴财政118万元。

2001年，保山撤地设市后，强化对市本级预算执行情况的经常性审计，逐步形成以财政预算执行审计为主线，涵盖其他财政财务收支审计，拓宽财政审计领域。当年，全市审计财政、地税和其他预算执行单位23个，查出违规金额17万元，指明应纠正金额5316万元，收缴财政17万元。此后，市、县（区）审计局每年都向市本级提交“两个报告”。

2002年，把预算执行审计和农业、养老保险等专项资金审计以及经济责任审计有机结合，全市审计财政、地税和其他预算执行单位32个，查出违规金额512万元，指明应纠正金额2435万元，收缴财政217万元。对市、县（区）审计局提交的“两个报告”中所提的6条审计建议意见，市人大专门发文要求市政府认真落实，并将情况书面报告人大常委会。

同时，人大常委会要求审计机关要把当年人大要评议的政府部门、单位的领导干部纳入审计计划，实行任期经济责任审计，限时向人大常委会提交审计报告。

2003年，以预算执行审计为主线，结合人大常委会赋予的“政府部门领导干部的评议审计”和扶贫、防治“非典”等专项资金审计。全市审计财政、地税和其他预算执行单位28个，查出违规金额1333万元，指明应纠正金额3427万元，归还原渠道资金61万元，收缴财政108万元。市人大常委会对“报告”给予肯定，副主任丁恒源和人大财经委领导亲临市审计局调研审计财政预算执行情况。

2004年，财政预算执行审计以支出结构调整，政府采购，细化预算及国库集中收付等为突破点，扩大审计范围。全市审计财政、地税和其他预算执行单位34个，查出违规金额4704万元，指明应纠正金额20588万元，应减少财政拨款或补贴23万元，归还原渠道资金1781万元，收缴财政417万元。

2005年，围绕财税体制改革，全市共完成财政、地税和其他预算执行单位审计和审计调查项目25个，查出违规金额6608万元，指明应纠正金额11507万元，归还原渠道资金2837万元，收缴财政256万元。

(四) 委托审计

2000年12月，受国家审计署委托，省审计厅副厅长杨宁生亲临保山指导，全区首次对除龙陵县以外的四县(市)国家税务系统2000年度的税收会计核算，税收政策执行及其征管、代征代扣手续费的提取使用，机关财务收支等进行审计。全区审计税务征管单位19个，延伸审计企业22个。查明征税、欠税少计1193万元(含1999年度415万元)。按权责发生制原则划分，历年待征税金反映不实1832万元，违规多征增值税77万元。企业违规办理缓税601万元。违规提取代征代扣手续费79万元，地级向所属县(市)国税局集中代征代扣手续费23万元。上级划留的代征代扣手续费合并国税系统经费使用，弥补税务经费185万元。国税机关财会核算中应入未入财务账74万元。施甸县国税局用收取的发票工本费及证照资料费，发给职工办证补贴4万元。腾冲县国税局未将原腾瑞娱乐城的固定资产入账形成账外资产等。

(五) 参与“三大检查”

1984年，国务院发出开展“三大检查”(税收、财务、物价大检查)的通知。1986年，保山地、县(市)成立“三大检查”领导小组及其办公室。审计部门是成员单位，派出专人参加“三大检查”的调研、巡视、指导和审查账目等实际工作。

二、金融审计

按照《中华人民共和国审计法》规定，保山行政辖区内的金融机构审计，由上级审计机关授权下级审计机关进行并提交审计结果报告。

(一) 农业银行审计

1985年5月，省审计局组织审计全省农业银行系统1984年度财务收支决算。金融审计在全区开始起步。当年，审计农行保山地区中心支行和保山市支行及其板桥营业所。1986

年，施甸、昌宁、龙陵等县续审完成农行系统的财务决算审计。审计表明，全区农行系统1984年的财务收支计划执行情况较好，没有发生较大的差错和违规行为。

1997年，省审计厅安排审计农行保山地区中心支行（以下简称“地区农行”，含营业部）1996年度的资产、负债、损益情况。审计调查农业银行系统职工工资内外收入情况。经审计，地区农行1996年实现收入1251万元，支出1742万元，累计亏损577万元，比省行下达的亏损控制指标600万元减亏23万元，业务管理费支出239万元，比计划控制指标300万元节减61万元。农行保山地区中心支行营业部，1996年资产余额5754万元，负债余额5390万元，实现收入692万元，支出527万元，利润165万元。业务管理费支出26万元，控制在计划指标以内。结果表明：地区农行及其营业部1996年度资产、负债、损益和农行系统职工工资内外收入情况基本真实、合规；各项费用均按规定提取使用；财务收支未发现违规行为。审计查出管理不规范、指明纠正资金75万元。

（二）工商银行审计

1987年，省审计局组织审计全省工商银行系统1985年、1986年两个年度的财务收支决算的真实、合法、合规性。全区审计6个行，查出违规行为金额37万元，指明应纠正金额17万元，应归还原渠道资金4万元，收缴财政16万元。

1999年，国家审计署统一组织，省审计厅授权审计保山全区工商银行系统1998年度资产、负债、损益及信贷资产的真实、合规性。经审计确认1998年度资产总额为90693万元，比原表列数减少22万元；负债总额为89904万元，比原表列数增0.31万元；所有者权益为789万元，比原表列数减少22万元；利润总额789万元，比原表列数减少22万元。全区工行应付福利费红字41万元。信贷资产：全区1998年年末贷款总额62651万元，清分后属正常贷款15391万元，占总贷款额的25%；关注贷款12984万元，占总贷额的21%；次级贷款20340万元，占总贷额的32%；可疑贷款7804万元，占总贷额的12%；损失贷款6133万元，占总贷额的10%。审计查出违规金额60万元，损失资金34万元，应收缴财政8万元。

（三）建设银行审计

1991年，省审计局组织审计全省建设银行系统1990年度财务收支决算的真实、合法、合规性。全区审计6个行，审计总金额1162万元，查出违规金额6万元，应收缴财政5万元。1994年，审计建行系统1993年度财务收支决算的真实、合法、合规性。全区审计6个行，审计总金额4928万元，查出违规金额42万元，应收缴财政0.2万元，指明应纠正金额41万元。

1999年，审计署统一组织，省审计厅授权审计保山全区建设银行系统1998年度资产、负债、损益及信贷资产的真实、合法、合规性。经审计，1998年资产总额129795万元，负债总额127754万元，所有者权益2041万元。1998年年末完成各项存款余额95510万元，各项贷款余额92018万元。全年实现营业收入11362万元，营业支出9801万元，实现利润总额774万元。信贷资产方面，建行保山地区分行1998年年末贷款总额9730万元，清分后属正常贷款11581万元，占贷款总额的12%；关注贷款79951万元，占总贷款额的82%；次级贷款727万元，占总贷款额的1%；可疑贷款4990万元，占总贷款额的5%；损失贷款52万元，占总贷款额的0.5%。审计查出违规金额41万元，办经济实体损失资金35万元，应收缴财政14万元。

（四）中国银行审计

1992年，省审计局安排审计保山中行1991年至1992年6月末的人民币贷款和财务收支情况。经审计，1992年6月末，人民币贷款44户，余额3519万元，贷款控制在省下达总规模3534万元以内。审计总金额950万元，38笔；查出合同、借据、利率有问题贷款余额200万元，14笔。财务收支纳入省分行，全省统一核算。审计总金额272万元，查出违规金额3万元。一并提出建议，作了审计处理。

（五）人民银行审计

1993年8月，省审计局授权行署审计处审计中国人民银行保山地区分行1993年1—7月份再贷款余额和专业银行再贷款余额不相符合的情况。经专项审计地区分行和抽查腾冲、昌宁县人行，审计信贷资金总额1750.8万元，结果表明：地人行与工行、农行、中行、建行的再贷款余额不相符合3850万元的原因，系财会核算中账表、科目反映错位所致。

（六）中国农业发展银行审计

2002年，国家审计署统一组织，省审计厅授权审计中国农发行保山市分行2001年度资产、负债、损益和信贷资产质量情况。经审计，2001年年末资产总额17683万元，负债总额17544万元，所有者权益139万元。2001年实现各项收入2357万元，各项支出2435万元，年末亏损78万元。2001年年末贷款余额17037万元，粮油库存值为12572万元，库贷比为74%。信贷资产方面，2001年年末各项贷款余额17037万元，清分后属正常贷款13659万元，占贷款总额的80%；不良贷款（全是呆滞贷款）3377万元，占总贷额的20%。按贷款分类，抽查核实了贷款额10002万元，其中：核实正常贷款7833万元，呆滞贷款2169万元。

审计查出管理不规范金额222万元，作了纠正处理。

（七）保险公司审计

1991年，省审计局安排审计保险公司保山地区中心支公司和保山市、腾冲县两个支公司1990年度财务收支决算的真实、合法、合规性。审计总金额476万元，查出违规金额2万元，应收缴财政0.3万元，对管理不规范金额作了纠正。

1996年，省审计局部署审计全区人保系统（含地公司及其营业部和昌宁、腾冲、龙陵、施甸四县支公司）1995年度资产、负债、损益情况。

1996年，保山地区人保公司分设“中保财产保险”和“中保人寿保险”两个分公司。其财产、物资按当年3月末账面数和实有资产数核实具体划转：

中保财产保险和中保人寿保险资产及负债划转表

表16-3　　　　金额单位：万元

项目	地区			腾冲			昌宁		
	合计	划转产险	划转寿险	合计	划转产险	划转寿险	合计	划转产险	划转寿险
非寿险总资产	1009	880	129	464	312	152	234	77	157
非寿险总负债	913	908	5	422	352	70	101	77	240
财外总资产	221	85	14	300	205	95	44	42	2
寿险业务总资产	428	—	428	—	—	—	—	—	—
寿险总负债	261	838	260	—	—	—	—	—	—

审计认为，表列财产、物资划转真实有效。未发现违规行为和资产流失、损失问题。财务收支中查出违规金额4万元，作纠正处理。

财险公司审计　1998年，审计全区中保财产保险公司（保山分公司1个中支公司及其营业部，4个县支公司）1997年度资产、负债、损益情况。经审计，1997年年末总资产1904万元，总负债1904万元；实现保险收入3331万元，营业支出4112万元，年末全区亏损416万元。对查出不规范的3万元违规资金作了处理。

寿险公司审计　2001年，审计中国人寿保险保山分公司1999—2000年度资产、负债、损益情况。经审计，资产总额：1999年为1255万元，2000年为1758万元。负债总额：1999年为1544万元，2000年为1703万元。利润总额：1999年亏损289万元，2000年盈利55万元。查出违规金额49万元，应收缴财政11万元。2003年，审计人保险公司保山分公司2002年度资产、负债、损益情况。审计了保山中支和3个县支公司，延伸审计3个营业点。2002年年末，保山分公司资产总额为6456万元，负债总额为9874万元，所有者权益（属累计亏损数）3418万元；完成总保费收入6442万元，全年保险业务支出2503万元，当年利润4856万元。查出违规金额67万元，应收缴财政7万元，管理不规范纠正处理45万元。

三、外资审计

1988—2005年，保山市运用外资共11个大项，总投资22355万元（含外资11743万元、国内配套资金10612万元）。国家审计署、省审计厅（局）授权，委托项目受益的地、县（市）审计机关对外资项目执行部门、单位的财务收支真实、合法、效益性进行审计监督，要求项目执行期内，每年必审。“对内”严格执行审计监督，提交审计报告，为“对外公证”采用。至2005年，全市累计审计126个（次）项目（单位）。累计审计总金额达2.5亿余元（含年度间、项目间交叉的重复数）。查出处理违规金额320万元。

（一）世行第三笔“农村信贷”项目

项目总投资6275万元（含外资2913万元、国内配套资金3362万元），分布在全区五县（市）的48个乡（镇）。主要用于扶持发展新茶园，改造低产茶地，开创优质品牌茶；发展种植小粒咖啡和速生丰产林木以及与其相关配套的其他项目。1988—1992年，累计审计总金额8996万元（含交叉、重复数），抽查分项目金额5922万元。

（二）世行林贷“国家造林”项目

项目总投资2664万元（含外资1604万元、国内配套资金1060万元），分布在保山市（县级）、昌宁县，营造速生丰产的蓝桉、思茅松、杉木等17.2万亩。1990—1994年，累计完成造林19.8万亩，超额15%，完成投资2230万元。

（三）世行贷款“国家造林一期新增”项目

项目总投资1887万元（含外资1132万元、国内配套资金755万元），分布在保山地、市林业局和腾冲、施甸、龙陵、昌宁四县，营造速生丰产用材林，杉木、云松、其他阔叶树等7488.56公顷。1996—1998年完成。

（四）世行贷款“农村供水与环境卫生”项目

项目总投资1728万元（含外资859万元、国内配套资金869万元），主要用于保山市农村供水工程、环境卫生、健康教育、人员培训、机构建设等方面。1993—1998年完成。

（五）世行贷款“贫困县教育”项目

项目总投资1370万元（含外资453万元、国内配套资金917万元），分布在龙陵县，用于义务教育改善中、小学办学条件，增加教育基金等。1993—1999年完成。

（六）世行贷款“第四个贫困地区基础教育发展”项目

项目总投资3277.87万元（含外资1498.09万元、国内配套资金1779.78万元），分布在市本级的保山师范学校和腾冲、施甸两县，用于修建校舍，增添教学设备，改善办学条件，提高教育水平。1996—2002年完成。

（七）世行贷款“综合性妇幼卫生”项目

项目总投资1538万元（含外资1002.8万元，国内配套资金535.2万元），分布在保山、腾冲、龙陵三县、市（区），用于改善妇幼保健机构的妇幼卫生服务条件，提高服务能力，降低孕产妇和儿童的死亡率和发病率，提高妇女儿童保健水平。1995—2002年完成。

（八）世行贷款“疾病预防”项目

项目总投资494.02万元（含外资307.25万元、国内配套资金186.77万元），分布在全区地、县（市）的卫生单位。用于改善和提高疾病预防、控制的设施、药品、器械、培训等，降低发病率，提高防控能力。1996—2001年完成。

（九）世行贷款和英国赠款“中国结核病控制”项目

项目总投资271.55万元（含贷款79.32万元、日本赠药物折款57.65万元、国内配套资金134.58万元），分布全市五县（区），用于改善结核病服务的可及性和服务质量，培训医护人员、督导员等。2002—2010年完成。2005年，累计完成总投资127.68万元，为总投资的47%。

（十）英国国际发展部赠款“云南环境发展与扶贫”项目

项目总投资436.56万元（含英国赠款227.36万元、国内配套资金209.2万元），分布在昌宁县漭水镇翠华村。探索和示范山地农业可持续发展模式，改善偏远山区农户分享技术和政策信息的途径，减少社区生态环境脆弱性。2004年至2006年3月完成。

（十一）世行和英国国际发展部贷款“西部地区基础教育发展”项目

项目总投资2413.12万元（含外资1680.75万元、国内配套资金804.37万元），分布在隆阳区杨柳、瓦房、瓦渡、蒲缥4个乡（镇）和昌宁县达丙、漭水、更戛3个乡（镇）。用于7个乡（镇）的20所中小学校教学楼的搬迁、新建，教学设备增置，教师培训等。2004—2023年完成。2005年，累计完成投资490.52万元，占总投资的20.33%。

四、企业（经贸）审计

1984—2005年，保山市共审计企业821个项目（单位），查出违规行为金额17837万元，其中：百万元以上违规单位10个，应收缴财政金额2027万元。

（一）试点审计

1984年年初，保山地区各级审计机关相继建立。3月，地区组织试点审计组，对地区建筑公司1983年度的财务收支、劳动工资和工程预、决算进行审计。审计总金额1030万元，查出违规金额194.07万元，应纠正账目差错金额547.68万元，应收缴财政13万元。审计报告上报省审计局，也通报全省各地州（市）。当年，全区审计完成28项。

（二）行业（系统）审计

1985—1989年，保山行业（系统）审计，侧重于对财务收支的真实性、合法合规性、效益开展审计。

1985年1月，全区审计局长会议决定，全区联动，对全区经济支柱产业的制糖企业1984年度各项经济技术指标普遍下降、经济效益下滑的情况进行审计。共派出7个审计组对9个白糖厂和2个红糖厂1984年度的财务收支、产品成本和经济效益就地审计。查出违规金额192万元，应收缴财政36万元。

1986年，审计地、县（市）物资局（公司）和下属独立核算的11个单位1985年度的财务收支情况。通过自查、复查和审计，查出违规金额807.58万元（含用银行贷款参与企业集资700万元），应收缴财政22.5万元。

1987年，审计了三个行业：第一，审计地、县（市）6个医药公司1985年、1986年的财务收支情况。查出各种违规金额159.5万元，其中：百万元以上违规单位1个，应收缴财政77.8万元。第二，审计地、县（市）（不含昌宁县）5个土产公司1986年度的财务收支情况。审计总金额2156万元，查出违规金额35.64万元，损失浪费金额3.2万元，应归还原渠道资金5万元，应收缴财政3.05万元。第三，审计地区和施甸、腾冲、龙陵三县共4个糖业烟酒公司1986年度财务收支情况。审计总金额2972.2万元，查出违规金额18.3万元，应收缴财政9.6万元。

1988年，审计地区糖业烟酒公司1987年度财务收支情况。该公司全年商品销售总额7679.5万元，利润总额126.95万元。查出损失浪费金额119.2万元，查出违规金额43.5万元，其中当年利润计算不实18.96万元。

1989年，审计地区电力公司1984—1988年度的财务收支及专项工程支出情况。审计总金额4000万元，查出违规金额9.75万元，移交司法机关处理。

（三）承包经营责任审计

1990年，保山地区已有416户国营、集体企业第一轮承包经营先后到期。按照“先审计后兑现，先审计后离任，先审计后承包”的原则，行署审计处于当年12月，专题研究部署企业承包经营责任审计，印发审计工作意见及其参考模式。次年，组织全区审计机关、主管部门内部审计人员、社会审计组织完成对国营企业300户的审计。1992年后，企业承包经营责任审计成为一项经常性审计制度，发挥国家审计、内审、社审的整体合力，分级分层次逐年实施审计。

1994年，全区组织完成对130户第二轮承包企业经营期终结的审计（国家审计58户、内审30户、社审42户）。审计机关审计的58户中，有资产保值的25户，增值的26户，损失的7户，盈亏不实的24户，审计总金额12.63亿元，查出违规行为金额648万元，应收缴财政64万元，促进提高经济效益32万元、查出损失浪费503万元。提出审计意见建议34条。

全区从1987年推行企业承包经营责任制，至1994年，地、县（市）审计机关累计完成对314户次的企业承包经营责任审计，其中：有205户完成承包合同，56户未完成合同，38户终止承包合同。查出盈亏不实100户，不实金额183万元。查出违规金额2351万元，应收缴财政268万元，查出损失浪费591万元。

（四）转换企业经营机制改革审计

1995年，保山地区试行建立现代企业制度，审计局作了专项审计调查。2001年年末，全市150余户企业，均已改为股份有限和有限责任制、股份合作制。随着企业的改制，企业审计逐步由审计财务收支情况深化为审计企业资产、负债、损益的真实、合法、合规性。

1996年1月，审计行署粮食局1995年度财务收支和各项专项补贴拨付的情况。1995年度，财政拨入政策性补贴100万元；拨入专项补贴1207.15万元，支付1260.25万元，年末累计滚存结余340.21万元。年末固定资产增长率141%，资产负债率92%，速动比率106%。经审计确认，资产总额3418.6万元，负债总额3135万元，所有者权益总额283.6万元。国有资产流失2.56万元，负债不实15.06万元，查出违规金额17.61万元。

1997年，审计全区医药公司（行业）1996年度的财务收支和经营情况。1996年年末，全行业资产总额6489万元，负债总额4239万元，净资产2253万元。完成商品销售收入9808万元，销售成本7978万元，实现利润243万元。审计查明，全行业在经营药品中，支付回扣56万元，占利润额的23%，盈利下降，偿债能力低。查出违规金额21.2万元，应收缴财政7.6万元。同年，全区电力系统筹组保山电力股份有限公司。行署审计局组织全区审计机关和审计事务所，采取交叉审计方式，对地、县（市）电力公司和瓦窑发电厂、丙麻发电厂、户南河电站等9户电力企业的资产、负债、损益进行审计。经审计，地区电力公司，1996年年末，总资产13317.5万元，总负债10124.6万元，净资产（所有者权益）3192.9万元；实现销售收入4961.5万元，产品销售成本2998.4万元，实现利润额711万元，纳税594.9万元；国有资产保、增值率113.06%，净资产收益率19.07%，总资产收益率

4.29%，成本费用利润率16.59%，资产负债率76.02%。审计查出违规金额30.32万元，应收缴财政10.01万元。

1998年5月，全区抽调97名审计骨干成员，组成5个审计组，对97户粮食企业进行县(市)间交叉清理审计。经清审核实，全区粮食系统1998年5月末，资产总额53707.18万元，负债总额51351.03万元，所有者权益2356.15万元。查清到1992年3月，未消化的老挂账余额915.03万元；至1998年5月，还未消化老挂账余额15.52万元。1992年4月至1998年5月，全系统上报新增财务挂账8712万元，经审计核实为8298.71万元，核减413.29万元。查出违规金额396.82万元，按程序作了审计处理。

2000年，审计地区县乡企业开发公司1993年至2000年6月末终结的财务收支和资产经营情况。该公司从1992年12月成立，至2000年6月末终结。账面资产总额4253.63万元，负债总额353.97万元，所有者权益3899.66万元，累计完成利润312.67万元，缴纳各项税金86.23万元。查出违规金额76.63万元，责令由企业在终结中纠正。

同年，审计保山百货有限责任公司1999年度资产、负债、损益情况，并延伸审计保山百货二级批发站。经审计，保山百货有限责任公司1999年年末资产总额2451万元，负债总额2267万元，所有者权益184万元；当年实现利润1万元，累计亏损62万元，资产负债率为80.7%。百货二级批发站1999年年末资产总额1539万元，负债总额502万元，所有者权益1037万元；当年度亏损25万元，累计亏损118万元；资产负债率为32.6%。审计确认两单位：资产总额3990万元，核减虚增额7万元；负债总额2769万元；所有者权益1221万元，核减虚增额54万元；累计亏损180万元。查出违规金额57.88万元，责令企业纠正。

同年，审计保山地区怒江糖厂。该厂1996年10月改制挂牌，1997年1月运行。1999年年末，资产总额9737.28万元，负债总额5566.20万元，所有者权益4171.08万元。经审计，资产总额9748.07万元(核增79.43万元，核减68.65万元)增减后核增10.78万元；负债总额5138.99万元，核减额427.21万元；所有者权益4609.07万元，核增额437.99万元。1999年度，实际亏损额757.9万元。查出违规金额437.99万元，应收缴财政3.41万元，责成由企业纠正434.58万元。

2001年，审计云南电信系统2000年度资产、负债、损益。经审计，云南省电信公司保山市分公司2000年年末资产总额54269.25万元，负债总额25000.36万元，所有者权益29268.89万元。实际亏损3278.11万元，资产负债率为46%。查出违规金额1020.68万元，应收缴财政5.98万元，责成纠正1014.7万元。

(五)国有企业产权制度改革审计

2001年，转换企业经营机制改革。至2004年，全市完成产权改制的国企81户，占应改制面的97.6%。各级审计部门配合企业改制，深化企业审计力度，更加注重企业资产、负债、损益的真实性、合法合规性，保障国有资产的保值增值，避免国有资产流失。

2001年2月，对保山地区博南开发总公司1993年至2001年2月末资产、负债、损益进行送达审计。该公司是隶属地委办的国有企业。1993年年初成立，至2001年2月末，资产总额312.02万元，负债总额201.67万元，所有者权益110.35万元，累计亏损0.95万元。经审计，查出违规金额1341.68万元，责成公司作清理纠正。

2003年2月，对市物资再生利用有限责任公司2000—2002年度资产、负债、损益进行审计。该公司是隶属保山市经贸委的二级独立核算单位。经审计，2002年年末资产总额423.12万元，负债总额351.5万元，所有者权益71.62万元，未分配利润10.67万元。查出违规金额84.28万元，责成公司自行纠正。

2003年4月，对保山市粮油贸易公司2002年度资产、负债、损益进行审计。该公司系隶属市粮食局的独立核算、自负盈亏单位。经审计，2002年年末资产总额208.13万元，负债总额276.91万元，所有者权益-85.26万元。当年亏损18.76万元，历年亏损164.18万元。审计中没有发现较大的违规违法问题。但公司财务报表反映的亏损之外还存在大量的潜亏问题，形成现有状况不能如实反映企业的潜亏问题。

2003年5月，对保山市对外经济贸易公司2001—2002年度资产、负债、损益进行审计。该公司系隶属保山市对外贸易经济合作局的二级独立核算单位。经审计，2002年年末资产总额1998.64万元，负债总额2029.99万元，所有者权益-31.34万元。当年亏损59.81万元，累计盈亏353.79万元。查出违规金额745.72万元，责成由公司自行纠正。

2003年11月，对保山宾馆2001年至2003年10月末资产、负债、损益情况进行送达审计。该宾馆是隶属保山市接待处的自收自支、实行企业化管理的事业单位。该单位2003年10月末，账面资产总额513.73万元，负债及所有者权益总额513.73万元，3年亏损合计78.01万元。历年累计亏损230.47万元。审计查出违规金额418.18万元，责成单位作纠正。

同月，对永昌宾馆2001年至2003年10月末资产、负债、损益进行送达审计。该宾馆是隶属市旅游局的二级独立核算单位，实行事业单位企业化管理。该单位2003年10月末账面资产总额1015.70万元，负债总额585.69万元，所有者权益430.01万元。2003年10月末亏损65.31万元，历年累计亏损251.35万元。经审计认定：资产总额807.88万元，负债总额633.13万元，所有者权益174.75万元。查出损益不实257.74万元，实际累计亏损应为509.09万元。责令单位自行纠正：象山路职工宿舍区、综合大楼价值不清、不实，需查证入账；盈亏核算不实和其他违规事项，需如实清查入账纠正。

2004年7月，对永联新型燃气公司2000年1月末的资产进行清查审计。该公司系隶属原保山地区工商业联合会的独立核算企业。1996年4月成立，主管石油液化气、灶具及配件，投资50万元，因经营管理不善，被迫停业。经审计清查，2000年1月末，账面资产价值为114万元，现有资产价值3.61万元，大量资产流失无存。

至2005年，全市审计机关累计完成328户企业的改制审计，查出违规金额12556万元，应收缴财政1035万元。累计查出资产不实金额3553万元，负债不实金额6687万元，损益不实金额10895万元。审计澄清了企业家底，防止国有资产流失，保障了国有资产的保值增值。

五、经济责任审计

1988年，保山地区开始对实行厂长(经理)负责制企业的厂长(经理)进行经济责任审计。

当年，审计3户、3人。审计总金额1848万元，其中：查出违规金额53.1万元，收缴财政45.4万元。没有发现个人经济问题。审计评议被参考利用：1人平调，1人连任。此后，随着经济体制改革的深化，经济责任审计融汇到“企业承包经营经济责任审计”之中统筹实施。1998年，审计领导干部任期经济责任12项，其中：企业9项，行政事业单位3项；涉及县处级干部3人，乡科级干部9人，查出违规金额859万元。

1999年，省纪委、省委组织部、省监察厅、省人事厅、省审计厅联发《关于对领导干部离任审计的意见（试行）》。当年，全区完成领导离任审计15项，其中：涉及县处级干部1人，乡科级干部14人。查出违规金额2107万元，收缴财政40万元。2000年，完成经济责任审计6项，其中：党政机关2项，企业4项。查出违规金额166万元，责令纠正金额352万元。

2001年，撤地设市后，市、县（区）分别成立经济责任审计工作领导小组，并建立联席会议制度，定期交流、通报审计情况，研讨解决审计中的困难和问题，推进审计工作。2001—2002年，全市完成经济责任审计100项，其中：党政机关81项，企业19项。涉及县处级干部11人、乡科级干部69人，其他干部22人。查出违规金额2152万元，责令纠正金额7499万元；提交审计报告被参考利用，经济责任人平调18人、晋升2人、免职11人、降职4人。

2003年，市本级召开经济责任联席会议，研讨通过《保山市领导干部任期经济责任审计工作领导小组工作制度（试行）》《保山市领导干部任期经济责任审计工作联席会议制度》和《保山市领导干部任期经济责任审计工作领导小组成员单位职责分工及协调配合制度（试行）》3个制度，使经济责任审计步入经常化、制度化、规范化的轨道。2003—2004年，全市完成经济责任审计76项，其中：党政机关73项、企业3项。涉及经济责任77人，查出违规金额989万元，责令纠正金额6134万元，提交审计报告被参考利用，经济责任人平调26人、晋升12人、免职16人、降职1人、撤职1人。

2005年，首次以市委、市政府名义召开全市经济责任审计工作会议，专题研讨领导干部任期经济责任审计工作。同时，首次开展了对腾冲县县长任期经济责任审计。全市全年完成经济责任审计63项（党政机关56项、企业7项），涉及经济责任63人，查出违规金额2327万元，其中：主管责任2230万元，直接责任97万元。查出管理不规范资金2278万元，查出损失浪费金额17万元，查出个人经济问题60万元。提交审计评议被参考利用，经济责任人平调15人、免职10人、降职3人、撤职1人，移送司法机关处理1人。

六、行政事业和社会保障审计

1984年，保山地区开始行政事业单位审计工作，至2005年年末，共审计937项（单位），查出违规金额9997万元，应收缴财政1323万元，追（归）还原渠道资金1433万元。

（一）定期审计

1987年起，保山地、县（市）审计机关按照审计署要求，在全区范围对行政事业单位分别以“月审、季审、半年审、一年审”的方式，逐步代替一年一度的财务大检查，定期实施财务收支情况的真实、合法、合规和效益性的审计监督。

1987—1993年保山地区行政事业单位定期审计情况统计表

表16-4　　　　金额单位：万元

年度	审计单位（个）	审计总金额	查出违规行为金额	指明应纠正金额	应收缴财政金额	应归还原渠道资金	已缴财政金额
1987年	13	587	11	11	—	—	—
1988年	25	837	13	13	0.5	—	0.5
1989年	27	1623	43	41	2	—	—
1990年	27	1620	25	21	4	—	—
1991年	13	993	126	—	—	2	—
1992年	13	5235	69	—	—	7	—
1993年	13	—	27	25	2	—	2
全区合计	131	10895	314	111	8.5	9	2.5
其中：地直	48	2273	74	31	2	—	—
保山	27	2042	70	48	4	—	2
施甸	18	1075	126	10	0.5	2	0.5
腾冲	13	3962	24	9	—	7	—
龙陵	12	733	14	12	2	—	—
昌宁	13	810	6	1	—	—	—

（二）系统（行业）审计

医院系统　1991年，根据省审计局的要求，对全区地、县（市）（不含龙陵县，下同）医院1990年度财务收支情况进行审计。审计总金额1674万元，查出违规金额34万元，决定收缴财政1.2万元，责令纠正金额32.8万元。

工商行政管理　1991年，对工商行政管理系统1990年预算外资金、罚没收入等款费的管理使用情况的真实、合法、合理性进行审计。共审计地、县（市）工商行政管理局及抽查部分工商行政管理所等14个单位，查出违规资金14.33万元。审计后依法依规处理和指明纠正。

公路交通管理　1996年，对地区交通运政管理处1995年度车辆购置附加费的征收、管理、使用情况进行审计。1995年共征收车辆购置附加费（含利息收入）1081.23万元，该年应上缴1081.23万元，已上缴1075.35万元，待上缴5.88万元；免征车辆购置附加费16辆，免征16.32万元。1998年，审计保山公路管理总段收费站1997年度财务收支及车辆通行费征收情况。经审计，该站1997年年末固定资产总额17.82万元，各项专用基金总额92.2万元。征收完成车辆通行费1069.41万元，超计划7%，其中：1994年10—12月征收的132.8

万元，省征费办通知纳入1997年的征费内一并上缴。1997年，省公路局应拨养路工程费和事业费共460万元，实拨230万元，欠拨230万元，年末累计欠拨242.7万元，用该站应付工程款项垫支。其财务核算实行收支两条线管理，车辆收费能严格遵章办事，财务收支情况如实，基本合规合法。责成自行纠正金额2.11万元。

公安交通警察系统　1998年，对全区公安交警系统1996年、1997年各项收费、罚没收入及经费收支情况进行审计。1996—1997年，全区交管业务收入2979.81万元，其中上缴省总队2029.25万元，交当地财政专户903.76万元。全区罚没收入463.46万元（含上年结余53.79万元），其中上缴各级财政406.48万元，1997年年末结余56.98万元。两年合计，经费收入3192.15万元，经费支出2440.19万元，1997年年末累计滚存结余751.96万元。2003年，对市公安交警支队2002年度财务收支情况进行审计，并审计抽查了所属隆阳区、腾冲县交警大队。2002年度，全市交管业务收入2163.42万元，当年全额缴省财政。全市罚没收入668.96万元，全年已交当地财政535.28万元（含上年结转68.4万元），未交转下年65.28万元。2002年度，全市公安交警系统财务经费总收入2176.32万元（含市交警支队收入771.45万元），总支出2161.27万元（含支队支出1149.97万元），年末结余15.05万元（全市统一平衡支队负数为378.52万元）。2002年度，隆阳区交警大队年末固定资产1106.1万元，各项交管业务收入178.17万元，当年全额上交市支队；罚没收入146.84万元（含上年结余14.19万元），已交当地财政132.32万元，未交14.52万元；各项经费总收入724.65万元，总支出597.7万元，结余126.95万元。腾冲县交警大队，2002年年末固定资产1130万元，各项交管业务收入577.64万元，已全额上交市支队；罚没收入319.02万元（含上年结余68.4万元），已缴当地财政268.55万元，未缴50.47万元；各项经费总收入350.95万元，总支出320.6万元，结余30.35万元。查出管理不规范金额68.31万元，责成纠正。

检察院系统　1999年，对地、县（市）6个检察院1997年度、1998年度的财务收支情况进行审计。全区两年累计取得经费收入1925.69万元（含上年结余143.8万元和预算外资金319.2万元），支出1799.32万元，累计结余126.37万元。罚没收入101万元，全额上交财政。审计查出违规金额263.77万元，补缴财政6.77万元，资产补记入账257万元。

市森林公安局　2002年，对市森林公安局1998年3月至2001年年末所经管的罚没收入，地板条、服装费等内部账务收支情况进行审计。该局1998年3月至2000年年末，累计罚没收入224.79万元，累计交财政197.85万元，结存26.94万元。地板条推销利润和特报费等总收入40.16万元，支出40.14万元，结余0.02万元。代省级有关单位收取石斛押金23.34万元，经该单位同意退回瑞丽金星公司押金11.53万元，支付信息费6.47万元，上交财政5.34万元。服装费1999—2001年收入22.55万元，支出4.5万元，结存18.05万元。孔雀羽毛案查获羽毛104件，208只，变价款26万元，已全额上缴财政。经审计未发现截留、挤占等违规行为。

全市公安机关　1991年，对公安机关1990年预算外资金和罚没收入情况进行审计。审计了地、县（市）公安机关，并抽查了29个公安派出所，查出违规金额27.22万元，依法依规进行处理并指明纠正。2003年，对市、县（区）公安局2002年度的财政、财务收支情况进行就地或送达审计。同时，延伸审计了各局下属的禁毒、技侦、巡警、法制等相关的科室和队所。各县（区）审计机关还抽审了14个公安派出所。2002年度，全市公安机关预算拨款总收入5942.53万元，实际支出总额7077.97万元，账面支出6333.99万元，当年账面收支相抵超支391.46万元（市级结余73.58万元，县区级超支465.04万元），还有挂账支出743.99万元。当年，应缴财政预算收入2586.02万元，已缴财政2475.99万元，未缴110.03万元；应缴财政预算外专户资金189.34万元，已交入专户97.19万元，未缴92.15万元。2002年年末，全市公安机关固定资产账面原值6587.05万元，当年应列未列固定资产165.87万元。

云南电大保山分校　2004年，对云南广播电视大学保山分校2001—2003年度的财务收支情况进行送达审计。2003年年末，云南电大保山分校资产总额1148.68万元，负债总额129.85万元，净资产总额1018.83万元。2001—2003年累计取得收入1176.06万元（含上年结余5.4万元），累计支出1152.07万元。年末滚存结余23.99万元。3年累计收取并缴入财政预算外资金专户各项行政事业性收费1379.43万元。审计查出违规金额154.01万元，应缴财政专户11.05万元，清退并归还原渠道资金78.38万元，责令自行纠正金额64.58万元。

（三）行政机构改革审计

1995年，全区实施行政机构改革，地委、行署决定：由地、县（市）审计部门牵头，监察、财政部门配合，组成财产、财务清理审计组，对行政机构改革中，财会独立核算的撤、并、转单位的资产、财务收支进行清理审计。当年，全区审计完成130户，查出违规金额90万元，其中收缴财政13万元。纠正处理了撤、并、转单位的预算内、预算外资金和财产、物资等核算不实、资产不符、管理不清等方面的问题，经审计确认，出示了审计结果报告和财产物资清单，保证了机构改革的顺利进行。

（四）抗灾救灾专项资金审计

抗震救灾应急资金　1988年“11·6”澜沧、耿马地震波及全区受灾，施甸是重灾县。国家先后下拨救灾款、物，要求审计机关跟踪、连续审计，确保专款（物）用好。1988—1989年国家拨给抗震救灾应急资金390万元，物资5车、48吨，分配到283个单位的农村乡（镇）。全区审计机关要求接受应急救灾资金、物资的单位普遍自查申报的同时，重点抽查、审计84户，审计总金额204万元，从审计情况看，救灾款物解决了灾民吃、穿、用等方面的应急要求。

抗震救灾重建家园资金　1989年至1992年6月，国家先后批准保山地区“恢复重建家园”项目378个，建筑面积417107平方米，总投资17847.4万元。连续4年，全区完成审计414项（含续审重复数61项）。审计总额13678万元，查出并纠正违规金额56.3万元，减少损失3万元，达到抗震恢复重建的要求。2001年，施甸县发生两次地震，波及全市五县（区）。省批准全市地震灾区“抗震救灾恢复建设项目”39456个，计划建筑面积260.09万平方米，总投资9000万元，分布在教育、卫生、民政民房等7个系统。至2002年11月，全市已完成恢复建设项目39331个，竣工面积240.52万平方米，完成投资8511.15万元。未完工程134项，面积1.79万平方米，未完成投资488.85万元。全市审计机关对涉及使用抗灾资金的7个系统、39331个项目进行就地审计。审计救灾资金8822.54万元（含捐赠183.85万元和自筹部分），占到位资金8039.85万元的109.7%。并就民政民房系统的39164户灾民中，入户调查3895户，调查率为10%。审计认为，该项资金做到严格执行法规，严肃监管，专款专用，确保用于灾民生活救济和灾区恢复建设，确保了灾区群众的正常生产生活，人民安居乐业，救灾效果显著。

民政救灾资金　2001年，对1999—2000年度民政救灾资金的管理使用情况进行审计，同时，抽查乡（镇）16个。审计核实，1999—2000年度实际拨入各种救灾资金1866.14元，其中：各级财政预算资金1806.9万元，上级民政部门拨入捐款与实物折款38.6万元，县（区）民政部门接收捐款20.64万元。两年实际支出1692.77万元。2000年年末结余173.37万元，累计结余240.84万元。全市接收上海捐赠旧衣服7577袋，大米760吨。至2000年年末已分发各乡（镇）旧衣物6747袋，大米759.95吨。抽审证实，上述捐赠物资均能及时发到灾民手中。查出违规资金254.99万元，纠正并归还原资金渠道。

（五）各项事业专项资金审计

普通教育预算内经费和预算外集资办学资金　1996年，对全区1995年财政预算普通教育经费和集资情况进行审计。经审计，1995年各级财政拨给教育主管部门的普通教育经费（含教育事业费、基建投资、专项资金和城市教育附加）共计15918万元，教育主管部门预算外集资办学资金收入3704万元。各级财政足额拨款，各级教育主管部门对普教经费和集资的分配，拨付及时，集资遵循法规，使用无截留、挤占、挪用。2001年，对2000年度普教经费财务收支情况进行审计。全市审计财政部门6个，教育主管部门6个。抽审中学6所，小学5所。经审计，2000年度，普教经费实际收入28602.76万元，支出26336.8万元，年末结余2265.96万元。被抽审11所中、小学校净资产5286.65万元，2000年度收入2951.42万元，支出2848.21万元，结转基建和专款525.4万元，拨补附属单位10.7万元，本年结余103.21万元。审计结果：查出违规金额147.65万元，决定收缴财政10.86万元，归还被挤占挪用资金10.24万元，补列资产2.65万元，责令限期纠正123.9万元。拖欠教师工资总额42.3万元，责成限期拨出资金发还给教师。

计划生育专项资金　1997年，对1995、1996两年计划生育经费的收取、管理和使用情况进行审计并审计调查了1992年的计划生育经费使用情况。经审计，计划生育经费来源于财政拨款、收费、罚款和其他零星收入等方面。在全区83个乡（镇）普遍自查的基础上，重点抽查或审计了42个乡（镇）和11个行政村，达到50%以上的覆盖面。核实收入：1992年709.02万元，1995年1021.99万元，1996年1125.44万元，3年共收入2856.45万元。审计结果：查出违规金额43.7万元，应纠正归还。3年累计收费欠交1329.6万元，应制定措施，强化促收。

第四届滇西民族艺术节专项经费　1996年，对举办第四届滇西民族艺术节（1995年

9月至1996年9月）的各项经费收支情况进行审计。审计认定：艺术节各项经费总收入494.24万元（各级拨款331.31万元，各种集资146.25万元，其他各项收入16.69万元），总支出477.93万元（拨付体育场西看台基建款223万元，各项活动费用245.17万元，应付、暂付工程保修费等9.76万元），收支结余16.31万元。财会核算、账务处理合规。

防治"非典"专项资金 2003年8月，审计防治"非典"专项资金和社会捐赠款物的接收、安排、拨付、使用情况。突发"非典"期间，保山共接收防治"非典"专项资金和社会捐赠款物（折币）共计103.67万元，其中：省、市财政拨补59万元，卫生部门拨入设备物资折币19.94万元，市卫生局垫支5.27万元。社会捐赠款物：市民政局收到11.77万元，市红十字会收到7.69万元。至2003年7月底，共支用款物94.21万元，结余9.46万元。

住房资金 1998年，对住房资金1993—1997年的归集、管理和使用情况进行专项审计。共审计住房资金的管理部门6个，延伸审计重点单位60个。1993—1997年，全区住房资金收入33457.74万元，支出25533.91万元，结余7923.83万元；住房资金运营业务收入1727.92万元，业务支出1442.19万元，业务收支净结余285.73万元。住房资金的归集、管理和使用基本符合国务院、省政府的相关规定。查出违规借款、贷款110万元，责成纠正。2002年，对五县（区）及市本级1993年至2002年10月末住房公积金归集、使用、管理情况进行审计。并对工商银行、建设银行、农业银行系统受托办理的公积金存、贷款业务及增值收益分配情况作了抽审。1993年至2002年10月末，全市应缴存住房公积金职工84700人，实际缴存50400人，个人按职工工资总额的5%交存；全市住房公积金归集19545.67万元，提取住房公积金4485.29万元，公积金交存余额为15060.38万元；住房公积金贷款15214.93万元，共收回贷款8538.01万元，贷款余额6676.92万元，全市逾期贷款256户，贷款余额1582.11万元。2002年10月末，全市其他住房资金归集73522.54万元，共提取其他住房资金68751.92万元；其他住房资金累计归集余额4770.63万元，发放贷款10825.63万元，共收回贷款10132.73万元，贷款余额692.9万元，逾期贷款639.9万元；2002年共取得住房公积金和其他住房资金运营收入3790.69万元，发生运营支出3095.43万元，累计实现增值收益695.26万元，全市住房资金管理中心公积金和其他住房资金收益实际结余450.02万元。经审计，查出违规借款、贷款1622.42万元，其他违规金额209.14万元，分别作出审计处理。

（六）社会保障资金审计

根据国家审计署、省审计局关于对养老保险基金和失业保险基金（简称"两项基金"）进行专项审计的要求，行署审计处于1992年7月召开全区审计专业会议，专题研究、安排开展"两项基金"的经常性审计工作。此后，随着社会保障机制逐步完善，资金项目的增多，社保资金审计已成为一个重点。保山地区1987年以县（市）为单位，统筹"两项基金"，至1989年，实行以地区为单位的社会统筹，实现县与县之间更大范围的调剂，均衡收支。

养老保险基金 1992年，审计地区社会保险事业管理局（简称"社保局"）1990—1991年的养老保险基金的财务收支。两年基本来源706.1万元，支用341.6万元，其中上年结存

318.9万元。经审计，养老保险基金的管理、核算、使用符合相关法规。1996年，对全区社保局1995年养老保险基金的财务收支情况进行审计。1995年全区征收4173.3万元，支出3545万元，滚存累计结余3058.8万元；全区提取管理费214.7万元，支出301.2万元，管理费累计超支431.5万元。审计认为，财会核算财务清晰，管理制度、程序严密，未发现违法违规行为。1998年，审计地区社保局1996—1997年度养老保险基金财务收支情况。两年基金收入2649.87万元，基金支出1392.21万元，两年结余1257.66万元，累计滚存结余2844.75万元；提取管理、服务费377.25万元，管理、服务费支出365.5万元，两年结余11.75万元，累计滚存结余251.21万元。经审计，基金的征集、提取、使用符合相关法规，财会核算明晰规范。1999年，审计全区1998年度企业职工基本养老保险基金的财务收支情况。1998年企业职工基本养老保险基金实行全省统筹，全区征收6558.8万元，总支出6760.59万元，当年支大于收201.79万元，累计滚存结余4681.55万元；全区提取管理费174.27万元，支出316.81万元，当年支大于收142.54万元，累计滚存结余85.61万元。审计认为，基金征管、发放、统筹和其安全保值、增值的举措合规合法。查出借用基金737.5万元和部分企业欠缴基金的事项，均作了纠正处理。2002年，审计社保部门2001年度企业职工养老保险基金筹集、管理和使用情况，并延伸审计税务部门代征和财政部门专户管理社保基金的情况，同时，对部分国有和集体企业2001年缴费基数的真实、准确作审计调查。2001年全市参保职工41224人，实际缴费32869人，实发保费6507.26万元；筹集基金收入9098.85万元，支出7271.79万元，结余1827.06万元，累计滚存结余6483.07万元；市级调剂金收入268.08万元，支出316.5万元，当年支大于收48.42万元，累计滚存结余1614.9万元。审计确认，社保基金的筹集、管理、使用符合相关法规，保障了养老基金的安全、按时、足额运营。审计调查国有企业18户，2001年实际参保4041人，实缴基数总额为2484.12万元；审计核实应缴基数总额为5179.7万元，企业少报、漏报缴费基数2695.58万元。调查集体企业5户，2001年实际参保214人，实缴基数总额104.53万元，审计核实应缴基数总额为104.42万元，企业漏报缴费基数0.12万元。审计调查建议应对效益较好的企业强化筹集基金的缴纳力度。

失（待）业保险基金　1992年，审计地区劳动就业服务局（简称“就业局”）1990—1991年的失（待）业保险基金的财务收支情况。两年征集基金51.2万元，运用10.8万元，滚存结余40.4万元。1996年，全区审计地、县（市）就业局1995年的财务收支情况。1995年全区征集失业保险基金158万元，支出61万元，累计滚存结余225.4万元；全年提取管理服务费10.1万元，支出2.6万元，累计滚存结余17.5万元。1998年，审计地区就业局1996—1997年度失业保险基金财务收支情况。两年基金收入183.93万元，支出103.73万元，结余80.2万元，累计滚存结余153.71万元；提取管理费服务费36.49万元，管理服务费支出14.06万元，两年结余22.43万元，累计滚存结余76.38万元。2003年，全市审计2002年度失业保险基金和国企下岗职工基本生活保障资金的征集、管理、使用情况，并延伸抽查部分失业参保单位的情况。2002年全市失业保险参保单位1456户，参保52029人，领取失业保险金2725人；征集收入1175.82万元，支出605.98万元，当年结余569.84万元，累计滚结余2246.92万元。抽查失业保险参保单位19户，2002年社保部门核定19个单位应缴失业保险费基数总额为1032.72万元，应缴保费额30.98万元。2002年全市领取国企下岗职工基本生活保障费的职工有67人，当年征集保费收入72.95万元，支出38.58万元，结余34.37万元，累计滚存结余857.62万元。上述两项社保基金征管、使用情况真实、合规、合法，社会效益较好。

城镇职工医保基金 2004年，对市本级、隆阳区、腾冲县2003年度城镇职工基本医疗保险基金的征收、管理和使用情况进行审计。审计医保管理机构3个，抽查参保单位10个，作审计调查的定点医院3户、定点药店2户，抽查地税部门1户，财政部门3户。2003年年末全市参保人员63747人，参保覆盖率65%；全市应征缴保险基金5672万元，实际收缴4196万元，收缴率为75%，欠缴1476万元；当年支出4122万元，当期赤字94万元，累计滚存结余1171万元。2003年全市其他医疗保险基金，统筹合计收入1212.4万元，合计支出1184.29万元，当期结余28.11万元，累计结余161.31万元。全市医疗保险基金，实行收支两条线划拨，做到专款专用。

城市低保资金 2005年，审计全市2004年度城市居民最低生活保障资金的管理使用情况。全市审计参与分配管理的县（区）财政和民政部门10个，抽查13个乡（镇）、10个社区及街道办事处，低保对象81户、204人。全市1999年7月执行城市低保制度起，至2004年年末，累计领取社保资金200549户，349898人，人均月补63.4元。当年12月领取社保资金17190户，29757人，人均月补73.07元。2004年社保资金收入2751.7万元，发放低保支出2237.13万元，当年结余514.57万元，累计滚存结余1655.99万元。审计总金额3893.12万元，查出违规金额268.48万元，归还原渠道资金5.18万元，管理不规范金额263.30万元，责令纠正。

七、农业与资源环保资金审计

投入农业方面的资金，数额大，渠道多。国家审计署要求各级审计机关从1990年起，要把审计农业资金作为一项重要任务。

1991年11月，行署审计处下发《关于对农业资金审计的意见》。1992年，组织全区审计机关，开展对滇西南农业综合开发资金、小型农田水利资金、发展粮食生产专项资金、育林基金等项目审计。年内完成16项，审计总金额9922万元，查出违规金额33万元，责令纠正金额26万元，应归还原渠道资金4万元，应收缴财政3万元。此后，农业资金审计成为一项制度，分级分层次，逐年实施审计。

（一）“以工代赈”专项资金

按照省审计厅的部署，地、县（市）审计机关采用自查、调查，抽查或审计相结合的方式，对1991—1993年省安排给保山地区的“以工代赈”专项资金3770万元的分配、投向、管理、使用、效益等进行审计。全区98个项目单位和42个相关的部门，自查做到100%，重点抽查或审计39个项目单位，审计总金额1337万元，占投资总额的28%。审计未发现违法违规行为。

（二）发展农业专项资金

根据省审计厅安排，全区审计机关对1993年、1994年两年投入农业资金的分配、管理和使用的部门、单位11个，分别进行审计和审计调查。1993年投入70587万元，1994年投入86575万元，两年共投入157162万元，其中：财政预算直接投入20514万元，以工代赈资金4496万元，农业贷款129475万元，农业发展基金2677万元。资金的分配、管理和使用基本合法合规。

（三）水利建设专项资金

1998年，省审计厅统一组织对1996—1997年水利建设专项资金的财务收支情况实施审计。全区审计机关在审计各级财政、计划、水利、农发行等部门的同时，还对扶贫、农业综合开发、以工代赈等部门投入水利建设的专项资金进行了延伸审计。1996—1997年，各级投入的水利建设专项资金14736.02万元（含财政预算资金8051.06万元，扶贫、综合开发、以工代赈等部门投入6334.96万元，国家水利部投入节水灌溉贷款350万元）和水利供水费1307.05万元，两项共计16043.07万元。审计总金额15515.6万元，查出违规金额21.25万元，作了纠正。审计认为，两年全区累计动工修建各种水利工程12767件，新增和改善灌溉面积33.26万亩，解决了6.99万人和3万头大牲畜的饮水困难等，收效明显，财会管理、核算规范，资金分配、使用合规。

（四）滇西南农业综合开发资金

1996年，对第二期农业综合开发资金进行期终审计。全区列入云南1993—1995年第二期滇西南农业综合开发的有17个乡（镇）、207个行政村，计划总投资6974万元（中央和地方财政投入3784万元，农行贷款2198万元，群众自筹492万元，其他500万元）。用于改造中低产农田、发展畜牧、水产养殖、新增农机具、营林等方面。经审计，期终完成投资7992万元，超计划14.6%，各类开发项目基本达到预期目标，资金管理严格，使用到位，未发现违纪违规行为。

1999年，对第三期滇西南农业综合开发资金筹集、管理和使用情况进行审计。全区列入1996—1998年第三期滇西南开发的有27个乡（镇），计划总投资101518万元（财政投入5765万元，专项贷款3000万元，单位和群众自筹1753万元）。用于土地项目7036万元，多种经营和龙头企业项目3482万元，新建农副产品加工项目，提高粮食、油料、糖料、肉类生产加工能力，新增和改善灌溉面积7.6万亩。经审计，投入资金10119.7万元，为计划总投资的96.2%；三年实际支出10059万元，为计划总投资的95.6%，为实际到位资金的99.4%。资金投向合理，管理制度健全，财会核算规范，使用基本合法合规，收效明显。

全市列入1999—2001年第四期滇西南农业综合开发项目资金总规模（不含水利骨干项目，下同）13543.6万元，其中：四级财政资金8572.6万元（含有偿资金2808.4万元），群众以劳、物自筹资金2621万元，农业银行贷款2350万元。至2002年5月底，资金全额拨付到各个农业综合开发项目单位，用于土地治理、改造中低产农田、营造水土保持林、推广农科技、多种经营等项目。经审计，资金的分配、管理、使用符合相关规章，财会核算规范，制度程序严格。

全市列入2002—2004年第五期西南农业综合开发项目计划总投资18749.87万元，其中：四级财政资金9892.72万元（含有偿资金2477.47万元），自筹资金4019.84万元，银行贷款4837.31万元。分项目投资：土地治理8932.1万元，多种经营9670.77万元，自然灾害损毁工程修复147万元。至2005年3月，实际到位资金15184.87万元，未到位资金3565万元。至2004年年末，实际完成13180.41万元。财政有偿资金至2004年年末，累计借入9631.57万元，已归还上级借款4484.32万元，年末借款余额5147.25万元。累计放款10631.5万元，累计回收到期资金5124.45万元和转入待处理资金454.25万元，年末放款余额5052.8万元。经审计，项目实现预期目标，未发现违法违规事项。

（五）保山农贸服务中心建设项目

保山农贸服务中心是国家立项第二期滇西南农业综合开发项目，总投资2307.77万元，其中：国家和省开发办投资400万元，地、市财政投入500万元，农行贷款720万元，社会集资687.77万元。1993年4月动工，1996年竣工，实际完成投资3540.3万元。审计认为，该项目属“边立项、边设计、边施工、边完善”的工程，建筑面积修改增加概算投资率达51%，建材价格上涨，工时费增加，利率上调利息增加等原因，超概算53%，超投资1232.53万元。

（六）扶贫开发专项资金

1997年，对1994—1996年各项扶贫专项资金的分配、管理、使用情况进行审计。1994年保山被列入国家“八七”和云南省“七七”扶贫攻坚计划的国家贫困县4个（施甸、龙陵、腾冲、昌宁）。全区国定贫困乡17个，省定贫困乡4个，地、县（市）定贫困乡14个，共35个扶贫攻坚乡。1994—1996年，总投资16510.25万元，其中：各级财政投资11606.35万元（含支援经济不发达地区支出4709.9万元，以工代赈资金6896.45万元），银行专贷4560万元，财政贴息343.9万元。投入农田、水利建设，解决部分贫困地区人畜牧饮水困难，乡村公路建设，改善提高教育、文化基础建设等方面。3年实际完成15580.9万元，占总投资的94%。全区使用、管理扶贫资金的部门、单位有164个，在普遍自查的基础上，审计机关重点抽查和审计，审计总金额12263.2万元，占实际完成额的78%。审计认为，扶贫工作分级分层次管理，举措落实到位，财政、银行和相关项目主管部门，基本能按预算和有关规定安排、管理、使用专款，取得较好的综合效益。

1999年，对1997年至1999年6月的扶贫资金使用、管理情况进行审计。全区国定贫困县4个和扶贫攻坚县1个，三年计划总投入42685.84万元，其中：“支援不发达地区资金”计划投入17358.97万元，实际到位16928.53万元；“以工代赈资金”计划投入6078.87万元，实际到位5175.09万元；银行贷款15948万元，实际投放12795.7万元（到期应收贷款2207万元，逾期未收回贷款1136.28万元）；省定扶贫攻坚乡22个，计划投入和实际到位财政拨款3300万元。3年全区实际投入150个单位，资金38199.32万元，占计划总投资的89.5%。

审计总金额29724.23万元，占实际到位资金77.8%；查出违规金额76.67万元，责令纠正。

2003年，对施甸、腾冲、昌宁县2000—2002年度扶贫专项资金进行就地审计。三年三县计划总投入25846.98万元，其中：国家和省财政扶贫资金计划投入14049.98万元，扶贫贷款省农行下达计划11797万元（含扶贫贴息贷款8457万元，累计放贷6920万元，累计收回贷款287.5万元。小额信贷资金3340万元，累计放贷3340万元，累计收回贷款2815万元）。实际拨（贷）到项目单位的资金共22648.36万元，其中：财政拨付12388.36万元，农行贷款10260万元。审计总金额22648.36万元。查出违规金额1281.27万元，应归还原渠道资金118.81万元，并分别对各县作了审计处理。

（七）财政支农专项资金

2004年2月，对五县（区）2003年度财政支农专项资金的投入、拨付及管理使用进行审计。共审计各县财政、发改、扶贫等35个综合经济部门和主管部门，抽查了25个乡(镇)，占乡（镇）总数的37%。2003年五县（区）共到位资金21071.55万元，其中：上级专项资金9932.64万元，县级资金11138.91万元。实际拨付到位资金18253.62万元。当年实际拨支资金14651.34万元。

2005年，对五县（区）2004年度财政支农专项资金的分配、拨付、管理、使用情况进行审计。共审计财政、发改、农水、教育等53个综合经济部门和主管部门，抽查31个乡（镇），占乡（镇）总数的37%。2004年全市到位资金16194.65万元，其中：上级财政资金11119.4万元，当年市财政安排1393万元，预算和专户上年结余转入3682.25万元。实际拨付到位：市级财政资金15759.65万元；五县（区）实际到位资金21966.81万元，其中：上级财政资金14775.32万元，当年县（区）财政安排2085.18万元，预算和专户上年结余转入5106.31万元；五县（区）农、林、水等部门直接向上级主管部门争取到资金376.5万元。当年，实际拨支资金14854.92万元。

八、基本建设（固定资产）投资审计

（一）基本建设投资计划项目审计

1984—2005年，保山市审计基本建设投资计划项目173个，累计审计投资总金额23.13亿元，查出违规金额1192万元，责令纠正金额7087万元，收缴财政163万元。

停缓建项目跟踪审计　1989年，根据国家计委、审计署要求，保山地区各级审计机关对全区停、缓建的14个项目进行跟踪审计。分布在保山6个、腾冲5个、施甸3个，计划总投资1216万元。经跟踪审计，全区均照上级要求停建和缓建，没有涉及审计处理等方面的问题。

苏帕河三江口水电站竣工决算审计　1990年，电站“三通一平”（水通、电通、路通和场地平整）工程开工即进入审计，连续5年跟踪审计。该项目批准概算投资9638.7万元。1994年竣工决算，实际完成投资额8307.9万元，比概算投资节余1330.8万元，节余率为13.8%。审计认为该项目实属一项“质量高、速度快、投资省、效益好”的建设项目。

保山飞机场改建工程竣工决算审计　该工程批准概算6128.4万元，实际完成投资

8115.4万元。因原概算漏项，建材价格上涨，建安工程定额调增，部分工程设计变更等因素，实际投资超概算1987万元。

昌宁纸厂重点项目竣工决算审计 昌宁纸厂于1988年批准建设。经两次追加概算，批准总投资11688万元，实际完成投资15035.74万元。建设期间“三材”价格成倍增长，银行利率变动，利息增付。资金缺口拨付不到位，延误建设工期，土建设计一再变更和增项，增加了投资额等缘由，实际投资超概算3347.74万元。

保山地区防疫站“6268工程”/艾滋病防治业务楼建设项目决算审计 根据省政府“关于建设全省边境防疫网和艾滋病预防体系的决定”，行署计委批准：列入1998年基本建设投资计划，概算投资153.8万元，其中：省拨90万元，地区配套40万元，系统自筹23.8万元。1999年2月开工，年底竣工，实际完成建筑面积1426平方米，形成固定资产185.02万元，由于增加了附属工程和地基超深掘1.25米等因素，致超概算31.22万元。

隆阳区生活垃圾处理工程竣工决算审计 2001年10月批准开工建设“隆阳区生活垃圾处理工程”，设计概算投资3058.17万元，其中：国债资金拨款1490万元，国债划贷资金拨款400万元，银行贷款295万元。2004年竣工，实际完成投资3010.35万元。审计查出违规并核减工程款14.34万元，责令调账纠正处理金额30.07万元。

保山城市天然气工程竣工决算审计 保山城市天然气工程建设，于2001年10月批准概算总投资6861.8万元。工程建设分三期实施完成。一期工程于2002年4月竣工验收，实际完成投资1335.3万元。2003年6月，审计查出管理不规范违规金额5.53万元，责令作纠正。二期工程批准投资控制在2561万元以内。于2002年5月开工，至2005年4月竣工，结算完成投资2387.24万元，实际交付使用资产为2351.85万元。经审计确认完成投资2336.68万元。查出管理不规范金额50.56万元，责令核减工程款。余下的2965.5万元作为三期工程投资另行启动。

北庙水库与河西水库水情自动测控系统竣工决算审计 隆阳区北庙水库和昌宁县河西水库水情自动测控系统建设项目于2001年5月，被国家防汛抗旱总指挥部列入第四批水库应急调度试点建设项目。2002年，省防汛抗旱总指挥部批准设计概算投资210.21万元。3月动工，7月建成，完成投资227.62万元。经审计，因为完善监控网络设备，项目的土建工程超概算17.41万元。

保山市中心血站业务楼建设项目竣工决算审计 该项目是国家计委、卫生部立项的西部开发建设项目，2001年4月，省批准立项。批准设计概算300万元，建设业务楼及辅助用房，总面积1949.93平方米。同年8月动工，2003年4月竣工投入使用。实际拨入基建投资364万元，其中：国债资金300万元，市财政拨入土地款64万元。竣工结算实际完成投资407.25万元。建设中因基础超深及增加工程较多，工程决算超计划投资43.25万元。经审计，核定实际完成投资404.62万元，超计划投资40.62万元，核减工程款2.63万元，责成自行纠正。

苏帕河茄子山水库渗漏处理工程及技改项目竣工决算审计 茄子山水库于1999年9月

下闸蓄水，2001年12月突然发现下游坝脚渗漏。处理工程估算投资980万元，中标合同金额为945.83万元。向银行贷款1000万元。经审计，实际完成投资840.29万元，与结算投资827.31万元相比，少结算银行贷款利息12.98万元未计入工程投资。茄子山电站的监控、微机综合自动化等技改工程中标合同金额为473.28万元，动用茄子山水库项目结余资金。经审计，实际完成投资475.54万元，超合同14.03万元。应该减变价收入11.77万元，节约安装费0.40万元。设备、配件及材料超支14.43万元。

保山疫苗厂W灭活疫苗GMP车间建设项目竣工决算审计　该项目属农业部动植物保护工程，国债投资建设。2000年9月批准立项，批准建设项目设计年生产规模为6000万毫升，土建面积2332平方米，概算总投资2449万元。2001年8月动工，至2003年12月，资金共到位2346.35万元，其中：国债资金800万元，省预算内资金800万元，银行贷款500万元，疫苗厂自筹资金246.35万元。竣工结算完成总投资2878.04万元，交付使用固定资产为2867.73万元，超概算429.04万元。审计查出多计、重计工程量和未做项目多结工程款24.74万元，应予核减工程款；漏计、错计工程项目少结工程款9.17万元，应予核增工程款。增减后“核减”工程款净额为15.03万元，责成作纠正，并收缴财政2.1万元。

保山一中教学楼、综合教学楼建设项目竣工决算审计　2002年8月，省批准保山一中扩招高中建设教学楼、综合教学楼总面积7073平方米，概算投资788.26万元，于2002年12月动工，2003年8月竣工。实际到位基建资金905万元，其中：国债资金300万元、市财政拨入125万元，自筹资金330万元，银行贷款150万元。实际完成投资900.23万元。因地形、局部增设架空层一层，增加建筑面积350平方米，又增加了附属工程投资。工程决算超计划投资111.97万元。经审计核定，实际完成投资为897.85万元，核减多结工程款2.39万元。超计划投资实为109.59万元。查出违规借出资金200万元，责成自行纠正。收缴未代扣代交各种税金4.71万元。

保山市关爱学校女生宿舍楼项目决算审计　2002年10月，市发展和改革委员会批准市关爱学校在自有土地上建盖女生宿舍楼一幢，面积1212.9平方米，总投资78.8万元，2003年8月动工，2004年8月竣工。结算完成总投资99.10万元，交付使用固定资产为99.10万元。经审计，核减投资净额0.2万元，确认完成投资总额为98.9万元。因建筑面积增加为1337平方米，比原计划面积多建124.1平方米，致超概算20.1万元。对管理不规范、核算不准确的事项责令纠正。

市无线电管理处技术监测业务楼建设项目竣工决算审计　2003年6月，市发改委批准，新建市无线电技术监测业务楼一幢，面积1501平方米，总投资200万元。2004年4月，同意增建电梯、铁塔、小塔等附属工程，年度投资145万元。于2003年9月开工，2004年6月竣工。实际到位资金283万元，其中：省“无委”拨入278万元，自筹5万元。竣工结算共完成投资244.93万元。经审计，核减工程款1.46万元。确认实际完成投资243.47万元。

云南电大保山分校教学综合楼、学生宿舍楼及附属工程建设项目竣工决算审计　2001年7月，市发改委批准立项，总投资788.2万元，建筑面积5464.89平方米。同年11月开工，

2004年8月竣工。共到位资金1164.37万元，其中：省电大122.51万元，市教育局190万元，银行贷款370万元，分校自筹资金376.86万元，职工借款105万元。竣工结算完成总投资额为1242.67万元。交付使用固定资产为1242.67万元。经审计：因主体工程之外增加附属工程，如道路、球场等未纳入项目计划总投资，致超概算407.47万元。核减多计、错套子目多结算工程款47万元。审计确认实际完成投资总额为1195.67万元。

保山市老干部活动中心改扩建工程项目竣工决算审计　2004年3月，市发改委批准立项，改扩建面积1251平方米，估算投资141.76万元。2003年8月开工，2004年10月竣工。实际到位资金150万元（省老干部局拨补100万元，市级财政、老干部局拨补50万元）。竣工结算工程款为210.44万元。经审计，核减工程款0.25万元，实际完成投资为210.19万元。投资缺口60.19万元。

（二）自筹基本建设资金来源事前审计

保山地、县（市）审计机关1988年起，对自筹基本建设资金来源进行事前审计，严肃财经法规，促使资金来源正当，按计划正常运转，有效地控制固定资产投资规模。

保山地区1988—2000年自筹基建资金来源事前审计情况表

表16-5

年度	合计		地直		保山		施甸		腾冲		龙陵		昌宁	
	项目	核准投资	项目	核准投资	项目	核准投资	项目	核准投资	项目	核准投资	项目	核准投资	项目	核准投资
1988年	81	1531	4	96	32	648	3	60	22	399	—	—	20	328
1989年	103	2547	10	531	52	1335	3	11	24	431	6	—	8	239
1990年	162	12862	25	9566	31	841	18	264	48	1447	12	216	28	528
1991年	236	67094	13	732	56	56438	46	2546	55	2139	36	4012	30	1137
1992年	231	14409	37	4932	65	3701	41	1293	29	2255	35	1462	24	766
1993年	183	20189	24	3570	71	7013	23	1436	38	5432	17	1980	10	758
1994年	181	22527	24	4489	87	10507	16	643	32	3451	13	1980	9	1457
1995年	146	—	14	—	59	—	41	—	25	—	7	—	—	—
1996年	123	—	26	—	50	—	24	—	17	—	6	—	—	—
1997年	104	—	17	—	46	—	16	—	5	—	4	—	16	—
1998年	153	—	37	—	28	—	33	—	17	—	4	—	34	—
1999年	129	—	15	—	28	—	15	—	27	—	12	—	32	—
2000年	136	—	17	—	26	—	—	—	40	—	20	—	33	—
合计	1968	141159	263	23916	631	80483	279	6253	379	15554	172	9740	244	5213

第三节　审计调查

1985年5月，保山地区行署指示，要审计查明第一季度全区财政收入减收9%的情由。行署审计处派员以咨询核实查证，开创保山“审计调查”的先例。调查结果表明，主要是该收的一些所得税没有及时收缴入库所致，如若组织按期入库，不是减收而是增收9%。接着，对昌宁县邑林抽水站、龙陵县糖业生产、保山市新菜地开发等项目的资金运转开展了审计调查。

1988年一季度，根据国务院的通知精神，全区选择45个工商企业（占大中型企业的75%），调查1986—1987年的被“乱摊派”的情况，查明有15个企业不同程度地被摊派，摊派金额28.8万元。审计部门向有关县（市）政府如实报告。

1991年，审计调查保山市所辖20个乡（镇）1989年、1990年两年筹集的人民教育基金的财务收支情况。1989年保山市应筹集教育基金248万元，实集53万元，占应集数的21%；1990年，应筹集250万元，实集27.5万元，为应集数的11%。两年共支出62.9万元，至1990年年末结存17.6万元。同年6月，对全区1990年教育费附加的财务收支情况作审计调查。1990年应征收教育附加费122万元，实征101.16万元，占应征数的82.9%；实际支出78.59万元，其中：用于学校的新建、扩建、排危、征地搬迁和设备购置等共支用77.94万元，占实支总数的99%；当年结余22.57万元。同月，对全区地、县（市）共175个行政部门1990年度行政经费财务收支情况作审计调查。调查结果，1990年年末，经费结余单位66个，结余额252万元；经费收支持平的单位28个；经费支出超预算拨款的单位81个，超预算金额192.8万元。挤占、挪用其他资金弥补行政经费不足的情况较为突出：1990年年末，挤占、挪用事业费、专项资金和其他预算外资金弥补行政费不足、超支的单位84个，占被调查单位的48%，挪占资金176.6万元。同年7月，对全区粮食系统1988—1990年粮食包干和财务挂账执行情况进行专项审计调查。调查结果：1990年年末，全系统拥有资产4773万元（粮食商业3351万元，粮食工业1422万元），财务挂账3486.3万元，已解决1028万元，以挂账尚待解决2458.3万元。

1993年3月，对1988—1992年烤烟生产扶持费收取及使用的情况进行审计调查。五年累计收入扶持费17635.07万元，其中：烟叶调省外收取185.33万元，调省内收取12026.16万元。五年累计支出扶持费17680.99万元。期末累计收支账面结余为-35.93万元。经审计调查，1988—1992年全区烤烟生产扶持费没有出现大的违规行为。同年5月，对人民银行系统1992—1993年一季度再贷款业务进行审计调查。经审计调查，1992年年末，全区银行各项存款余额123756万元，各项贷款余额131327万元。地区人民银行（简称“地区人行”）还协助专业银行向省分行争取调剂贷款规模1500万元，支持地区经济的持续、稳定、协调发展。1992年省行下达保山地区再贷款规模41587万元，使用再贷款的规模各县（市）支行为19200万元，地区人行为22090万元。1993年3月末，省行下达保山地区再贷款规模40587万元，实际再贷款的余额为40587万元，使用再贷款的规模各县（市）支行为17670万元，地区人行为22917万元。地区金融市场1992年年末拆借资金余额为5186万元，1993年3月末拆借资金余额为10996万元。审计表明，地区人行再贷款业务贯彻执行了“控制总量，调整结构”的信贷政策和全年亮底、按期监测、适时调节的管理办法，做到灵活机动，及时应对，再贷业务严格按程序办理，财务管理作到账账、账据相符，投向资金保证了全区生产、流通的正常运行。

1994年，对地直、保山市和腾冲县所属的48户工交企业执行财政部颁布的企业会计准则和企业财务通则（简称“两则”）和工业企业会计制度与流通企业会计制度（下简称“两制”）后对利润影响情况进行审计调查。经调查，48户企业中，由盈利转亏损的2户，由亏损转盈利的2户，盈利不同程度减少的34户（减少1472.9万元），盈利不同程度增加的10户（增加1263.3万元）。48户企业中，国有资产基本保值或略有增值的23户，国有资产流失而减值的25户，流失金额1019万元（占1993年年末国有资产额的3%），其中：流动资产流失136.9万元，固定资产流失882.1万元。

1996年，针对农资供应紧俏的状况，行署审计局对地直农资系统化肥的购、销、存情况进行专项审计调查。地区农资公司1995年年末资产为1500.5万元，销售4774.2万元，实现利润2.8万元，销售化肥24769吨。购、销、存全面上升，价格上涨，资金短缺，周转困难，影响购销业务扩大。

1997年，针对卫生医疗单位在药品经营中盛行收受“回扣”的不良情况，行署审计局组织专项审计调查，对地区医药公司、人民医院、中医院、精神病医院（小梨园）、妇幼保健院等6个单位的审计调查结果，未发现违法违规行为。

1998年2月，对地、县（市）粮食局（不含龙陵局）1997年度财务收支进行审计。同时对50户粮食企业1992—1997年盈亏情况作审计调查。1997年年末，全区粮食行业资产总额88258万元，审计资产总额为84590万元。固定资产原值16954万元，审计固定资产原值为14905万元。1997年，全区销售粮油46707吨，销售收入30744万元，全区亏损总额2295万元，其中：政策性亏损2091万元，经营性亏损204万元。1992年4月至1997年年末，全区粮食行业累计亏损挂账3916万元。经审计亏损总额为3538万元，其中：政策性亏损2537万元，经营性亏损1001万元。审计查出违规金额133.3万元，收缴32万元，其余责令自行纠正。同年5月，对所辖财政部门安排拨补粮油政策性补贴的情况进行审计调查。1992年至1998年5月末，全区地、县（市）共6个财政部门，累计应安排政策性补贴2165.60万元，实际安排2188.7万元。1992年至1998年5月末，全区财政部门拨补粮油政策性补贴来源总额12081.37万元，至1998年5月末，累计拨付给粮食部门补贴10601.14万元，累计应结转补贴1480.23万元，实结转补贴1590.43万元（含粮基存款利息收入110.20万元）。同年10月，对所属1997年度的国有亏损企业和接受财政补贴企业的情况进行审计调查。1997年年末，全区经贸、交通、外贸、林业、水电、建委等6个部门（系统）主管的国有企业共有140户，其中亏损企业83户，亏损面为59.3%，1997年亏损金额10330.83

万元，累计亏损金额21631.38万元。亏损企业中50万元以上亏损额的50户，占亏损户的60.24%。1997年亏损额9906.2万元，累计亏损额19172.5万元，占亏损户累计亏损额的87%，盈利企业57户，占140户的41%，实现利润额5727万元。全区国有企业中，接受财政补贴的共有3户（保山糖烟酒总公司，腾冲和龙陵县食品公司），1997年财政应补贴14万元，实际接受补贴14万元，均属冷库保温补贴。审计调查基本澄清了企业的盈亏及盈亏的主客观成因。

2001年，对1998—2000年国家贫困地区义务教育工程专项资金的就位、拨付、管理及使用展开专项审计调查。保山市的施甸、腾冲、龙陵、昌宁4个国定贫困县的总体规划实施71个项目，总投资4157.3万元，其中：中央、省级财政拨补3317万元，市县（乡）财政配套资金832.8万元，其他筹资7.5万元。计划新建、改扩建学校校舍56337平方米，购置课桌椅18288单人套，购置教学仪器设备94套，购置图书148407册，培训校长、教师1368人次。1998—2000年，实际就位资金4865.08万元。至2001年3月，71个项目全部完成，实际完成投资4588.50万元，占计划的110.37%，占到位资金的94.31%，基本达到“国家贫困地区义务教育工程”项目实施的目标。

2002年3月，对市、县（区）财政部门2001年度国债资金及其配套资金的拨付和在建项目的资金管理、使用情况作专项审计调查，并抽查了部分在建项目执行单位。2001年全市国债资金建设项目共7项，总投资40425.51万元。2001年年末到位资金12122.4万元（城建环保3200万元、农林水利4549万元，公检法司160万元，农网改建1216.4万元，教育国债697万元，旅游专项2000万元，卫生项目300万元）。2001年，省拨给保山市财政的国债及配套资金12122.4万元中，拨付市级农网改造1216.4万元，拨付县级财政部门7594万元。年末，卫生、旅游、人畜饮水和教育等项目结转资金3312万元。拨付县级建设项目的资金共计2210.61万元，年末结余资金5383.39万元。全市共计结转项目资金8695.39万元，占到位资金的71.73%。审计调查对部分资金被挪用借出、垫付等违规行为，责成纠正、追还。同年，对2001年度“政府采购”的执行情况进行审计调查。市、县（区）政府采购中心于2000年先后成立。2001年全市共开展政府采购74批次，其中：组织集中采购18批次，737万元。经审批由单位自行采购56批次，1720万元。通过公开招标，询价和邀请招标等方式，采购了车辆、计算机等，采购总金额2457万元。全市抽查采购项目32项目，金额245.06万元，其中：集中采购26项，分散采购6项，有应入而未入集中采购2项，80万元。经审计调查，未发现违法违规行为；一年多的政府采购工作共节约资金24万元，节约率为8.4%。同年，对“利用省财政扶持个私经济发展专项资金”进行审计调查。1998年至2001年6月末，全市财政部门向省财政厅担保转借个私经济发展专项贷款640万元，财政贴息30万元。贷款单位有11个（隆阳区5个，贷款340万元；腾冲县4个，贷款250万元；施甸县2个，贷款80万元），到期已还贷100万元，占用费19.6万元。审计调查个私企业9户，资金610万元，覆盖率为82%。贷款的审批、担保、合同签订手续完备，合规合法。个私经济发展专项贷款使资金总额增加33%，营业收入提高115%，实现利润增长30%，上缴税收增长158%，从业人员由1544人增加到1792人，增长16%，取得明显的经济和社会效益。调查发现，有少量资金被挤占挪用，应予纠正归还；个别项目存在发展慢、效益差、拖欠还贷、逾期占用资金的状况。

2003年，对政府外债管理体制的情况作专项审计调查。至2002年年底，全市由财政部门转贷世界银行贷款项目共7个，投向发展农业、林业、教育、卫生、环保等方面，协议贷款总额6309701.4美元，实用6193649.77美元，累计已偿还到期本金1263070.71美元，余额4930579.06美元。利用外债实施项目，弥补了保山财力的不足，获得预期的效果。

2005年2月，对全市地方税务系统2004年度财务收支情况和资金、负债情况的专项审计调查。2004年年末，市、县（区）地方税务局及其所属分支机构共有84个，实有人员854人。全市地税机关经费，年初账面结余256.79万元，当年收入5227.07万元，支出5477.54万元，年末滚存结余6.32万元。审计核实：年初结余269.79万元，当年实际收入5244.5万元，支出5490.54万元，年末结余23.75万元。固定资产年初余额8648.69万元，当年增加1123.16万元，减少326.91万元，年末余额9444.94万元。年底，市局和腾冲局机关尚有固定资产87.66万元，未纳入固定资产账目管理；未履行政府采购手续，违规采购固定资产25.72万元。同年5月，对2004年项目前期工作经费（简称“前期费”）的拨付、管理、使用情况进行专项审计调查。2004年全市财政预算安排“前期费”703万元，作为农、林、水利、交通、教育等11个系统（部门）筹划项目前期的咨询、评估、论证等方面的费用。当年拨付到位713万元，支出757.42万元，超支44.42万元。经审计核实，实际支出724.66万元，超支11.66万元。调查发现，前期费的管理核算和使用，尚待规范，有的把前期费视为“机动钱”弥补单位经费不足。同年6月，市、县（区）审计机关分别对同级财政部门和公安部门2000—2004年度禁毒专项资金的筹集、分配、拨付及管理使用情况进行专项审计调查。2000—2004年，全市各级财政预算累计安排“禁毒专项资金”8502.28万元，财政实际拨付8042.59万元。至2004年年末，累计滞留财政资金790.89万元。2000—2004年，市、县（区）公安局累计收到禁毒专项资金8336.88万元，其中：财政拨入7974.62万元；累计支出4355.56万元；2004年年末，应结余资金3981.32万元，实际结余819.31万元，其差额3162.01万元被用于弥补基本建设支出及其他公安业务和行政经费支出。审计表明，鉴于市、县（区）财政困难，财力紧缺，安排的资金只能基本保障公安机关维持正常运转的必须费用，无力安排较多的专项资金，满足专项业务的经费支用。

至2005年年底，全市审计调查165项，完成审计工作综合报告117篇，其中：被采用的84项，占调查项目的51%。

第四节　内部审计

一、部门（单位）内部审计

1983年10月，根据国务院要求，保山地区行署及时安排在全区下属单位较多的主管部门和财务收支数额较大的企业、事业单位和政府部门内建立90个内审机构或配备审计人员。1984年年末，全区建立内审机构16个，配置专兼职内审人员17人。1985年年末，行署审计处举办第一期全区内审人员培训班，44人参加培训，占已配人数的44.4%。至1985年年末，全区建起内审机构94个，配备专、兼职的审计人员99名。

1986年1月起，全企业按规定上报的月、季、年度财务决算报表，向银行提出的贷款申请，向税务机关提出的纳税申报表，须经“内审”审核签章后，才能上报、申请和申报。1986年年底，经行署批准召开全区内审工作经验交流会。五县（市）审计局局长、内审工作经验先进单位、国营企业行政领导和应建内审机构主管部门领导102人参加会议，17人（单位）在会上作了交流发言。

1994年，全区设有内审机构52个，专、兼职审计人员92人，审签本单位财务决算68个，完成审计项目175个，查出并纠正违规行为金额982万元，查出损失浪费67万元，促进提高经济效益162万元，移送监察、司法部门处理4人。

1999—2011年，分别召开第1～3次保山、德宏、怒江3地州内审工作暨理论研讨会，共计约200多人参加会议。

2002年，全市有内审机构77个，专、兼职审计人员216人。全年完成财务收支、经济责任、基本建设审计项目17个，促进增收节支2万元，查出并纠正违规行为金额11万元，审签本单位财务决算19个。2003年，全市建有内审机构88个，专、兼职审计人员192人。

2004年11月，市审计局举办全市内审资格证考前辅导班。参加辅导班学习的有部门（单位）的专、兼职内审人员和农村各乡（镇）农经站的财务、审计人员共189人，系统地学习了《内部审计理论与实务》《内部审计计算机应用技术》等内容。经考试合格，报请省内审协会颁发内审资格证，做到持证上岗。至2005年年末，全市颁发内部审计资格证492人（含农经审计员约310人）。

二、农村审计

1989年，保山地区建立农村审计机构，和农村经营管理站合署办公，在地、县（市）农牧业局设农村审计科，在乡（镇）设农村审计室。年末，全区配备农村审计工作人员222人。至2005年，保山市农村审计机构累计完成25028个单位（项目）的审计，审计总金额26.92亿元，查出违规单位1951个，违规金额1944.61万元，挽回经济损失381.22万元，发现经济案件线索212件，移送纪检司法机关处理348人。

第五节　社会（中介）审计

1989年12月，保山地区根据省审计局加快建立社会审计组织，开展社会审计工作的要求，批准建立保山地区审计事务所，配备干部1人，聘请离退休并具有专业职称的4人，于1990年1月正式对外开业。当年，接受委托完成财务收支、离任、承包、验资年检等审计事项222个。1990—1992年，施甸、腾冲、昌宁、保山和龙陵先后成立县（市）审计事务所。全区建立起了政府审计、部门（单位）内部审计和社会审计相结合的审计体系，各自在不同的领域，依法独立地开展审计工作。

1990—1997年保山地区审计事务所审计情况统计表

表16-6

年度	从业人员			具有职称者	部门、单位委托审计项目（个）										
	合计数	聘请	其他		合计	财务收支	承包离任	基建预决算	国企审计查证	经济案件鉴定	验资年检	资产评估	咨询建账清债	常年顾问培训	其他
1990年	8	7	1	5	240	53	3	—	—	3	170	—	1	—	10
1991年	14	13	1	6	101	26	17	—	—	—	53	—	—	2	3
1992年	22	18	4	9	239	13	27	—	—	1	172	—	12	3	11
1993年	24	18	6	8	378	15	52	6	—	—	263	1	12	—	29
1994年	23	16	7	13	416	25	42	10	—	1	310	4	14	2	8
1995年	22	14	8	11	453	19	16	39	10	2	325	6	24	1	11
1996年	24	15	9	11	526	33	8	26	15	3	400	15	20	1	5
1997年	19	13	6	10	253	32	7	14	1	6	155	22	3	1	12
合计	1997年年末各所从业人员数				2606	216	172	95	26	16	1848	48	86	10	89
其中：地区	6	2	4	4	783	94	55	23	—	11	544	16	12	5	23
保山	3	3	—	3	587	27	3	7	—	4	518	22	6	—	—
施甸	4	4	—	—	282	24	52	—	6	—	163	1	4	—	32
腾冲	1	1	—	—	190	43	1	47	1	—	65	—	7	—	26
龙陵	3	1	2	1	510	22	40	14	18	—	355	2	51	—	8
昌宁	2	2	—	2	254	6	21	4	1	1	203	7	6	5	—

1998年，按财政部和省注册会计师协会要求，保山地区地、县（市）审计事务所进行清理整顿，规范执业行为，1999年完成“脱钩改制”。1999年，保山、腾冲两县（市）的审计事务所先后被注销、停业。

2000年3月，保山地区审计事务所脱钩改制为保山中信会计师事务所，为有限责任法人单位，出资人以其出资额为限承担责任，事务所以其全部资产对债务承担责任。享有原保山地区审计事务所的全部执业资格。

施甸、昌宁、龙陵三县审计事务所脱钩改制为施甸昌隆会计师事务所，并在昌宁县、龙陵县设立分所。改制后的施甸昌隆会计师事务所享有原施甸、昌宁、龙陵县审计事务所的全部执业资格。施甸昌隆会计师事务所为有限责任法人单位，出资人以其出资额为限承担责任，事务所以其全部资产对其债务承担责任。

2005年年末，全市有保山中信会计师事务所、施甸昌隆会计师事务所、保山永顺联合会计师事务所和云南东陆会计师事务所保山分所四个社会中介审计组织。

第五章　工商行政管理

第一节　机构沿革

1979年11月，恢复成立保山地区行署工商行政管理局，内设秘书、市管、工商3个科，有工商行政管理干部8人。

1984年，体制改革后，增设经济合同管理科、个体经济管理科两个科，有工商行政管理干部17人。1986年9月，成立地区劳动者协会。1990年，增设人事教育科。1993年4月，增设商标广告科，编制3人，人员由内部调整。同年，成立地区消费者协会。次年12月成立地区广告协会。1995年7月，增设法制科。

1996年，中央机构编制委员会核定全国基层工商所人员转为行政编制，全区基层工商所人员正式列入公务员序列。1998年8月，增设保护消费者权益科，与地区保护消费者委员会实行一套班子、两块牌子，履行双重工作职责。

1999年，省以下工商行政管理机关实行垂直管理体制改革。年底，全区工商行政管理系统机构、编制、人员、经费等上划工作顺利完成，新的工商行政管理体制形成。

2001年，保山撤地设市，保山地区工商行政管理局改称保山市工商行政管理局。2002年，实行机构改革，全市工商系统内设机构由改革前的56个减至39个，基层工商所由59个减至47个，人员编制由582人减至501人。撤销市局内设机构保护消费者权益科，其职能、人员并入公平交易科。机构改革后，市工商局内设企业个体私营经济监督管理、办公室、人事教育、计财、法制、公平交易、市场监督管理、商标广告监督管理、纪检监察9个科室，有公务员42人，工勤人员3人。

2005年年末，市工商行政管理局下辖5个县（区）工商局，47个基层工商所（分局），在职干部职工473人。市工商局内设机构、在职公务员和工勤人员数与2002年相同。

第二节　市场管理

一、恢复集市贸易

1980年，保山地区132个集贸市场全部恢复开放；取消全区统一的星期日和五日或十日为一个街期的规定，恢复传统的交叉街期；允许个体户长途贩运农副产品；扶持和发展个体私营经济。

1980年后，全区除棉花、贵重药材、木材外，凡属允许上市的商品，准许国营商业、供销合作社和其他合作商业及农民个体多渠道经营；农民从事农副产品贩运，可以个人经营，也可以合伙经营，可以批发零售。贩运的运输方式，1983年主要靠人挑、马驮、自行车载运；1984年后大部分改为机动车船贩运，运输不受行政区域的限制。凡进行长途贩运农副产品的运输户，必须经县（市）工商行政管理机关登记批准，凭证运输。

随着农副产品贩运政策的开放，全区个体持证运输户由1983年的272户、从业人员409人发展到1985年的505户、从业人员1041人，1990年的759户、从业人员1052人，自有资金117万元，年营业额305万元。2005年，全市集市贸易成交额已由1979年的3236万元上升到388810万元。

二、市场建设

1978年，保山地区仅有132个集贸市场，且基本是以路为市，沿街摆摊，条件落后，远远满足不了城乡人民生产生活需要。

1980—1983年，集贸市场逐步放开，各级工商行政管理机关根据资金能力，结合市场实际，逐步在市场设置固定的售肉案板或钢架、木架；制作简易活动货桌，购置大红油纸伞等供工商企业和个体户摆摊设点使用。截至1983年，全区各级工商部门为市场购置公平秤100台。

1984—1990年，以城镇为重点，各级工商行政管理局牵头，建设农贸市场。其间，全区共投入资金150万元，建成县（市）一级农贸市场4个，占地面积15456平方米，使用面积8641平方米，建永久性棚顶货棚630余格。在22个重点农村集市，建成永久性棚顶货棚400余格，占地面积7665平方米，整修交易场地75400平方米。保山城区下水河农贸市场投资总额23.5万元，占地面积10857平方米，建筑面积2950平方米，货棚270格。货棚采用钢屋架，绿色钢化玻璃瓦屋顶，镀锌铁皮围墙。内设售货台（房）、公平秤、宣传栏；水、电、路三通；设有市管人员办公室。1984年6月正式投入使用，时为保山地区第一个大型永久性钢屋架棚顶市场。

至1999年年底，全区共投入市场建设资金6905万元，建设市（商）场177个，其中：新建大型顶棚市场2个，大型露天商场2个，工业商品专业市场4个，水泥和弹石铺筑地面交易场地18个，总占地面积97.5万平方米。全区共有各类市场243个，其中：生产资料市场4个，专业市场4个，消费市场235个。至此，由工商系统为主建设市场的工作正式结束。

1995年开始，逐步实行办、管脱钩。至1999年3月底，全区各级工商行政管理部门自办或联办的保山新华商场、昌宁兴鸿商场、施甸红盾商场、龙陵农资商场、腾冲大牲畜交易市场，实现了机构、职责、财物、人员四分离，从而改变了工商行政管理机关既当裁判又当运动员的状况。2000年后，市场建设全部由地方各级政府承担。至2005年年底，全市共有集贸市场309个，其中：专业市场17个（生产要素市场2个，生产资料市场3个，工业品市场5个，大牲畜市场7个），市级市场7个，县（区）级市场20个，乡（镇）级市场85个，村级市场180个。

三、市场监管

(一) 市场登记

1994—1996年，保山地区进行市场清理登记发证工作，并建立市场登记档案和统计制度。至1996年年底，全区共登记发证的市场225个，其中：地级市场7个，县(市)级市场20个，乡(镇)级市场85个，村级市场96个，专业市场17个(生产要素市场2个、生产市场3个、工业品市场5个、大牲畜市场7个)。1997年后市场登记工作停止。

(二) 市场整治

1978—1990年，保山地区着重加强治理市场“脏、乱、差”，划行归市；打击走私贩私、倒买倒卖、投机倒把行为。对全区参与经商的25名国家机关干部，按规定作了妥善处理。

1991—1999年，在县(市)城区主要市场、大型商场设立市场监督站20个、消费者投诉台15个，以维护市场经营秩序，保障消费者合法权益。1995年，全区共检查经营单位1178户，计查获伪劣商品160余个种类。

2000年起，以整顿和规范市场经济秩序作为重点，加大市场监管执法力度。2001—2002年，全市共查处各类经济违法违章案件896件，总案值511.7万元；打击制售假冒伪劣商品违法行为，销毁违法物品总值141.7万元。2003年，共查处无照经营1387户，取缔993户，补办营业执照1232户，立案查处无照经营案件705件；查处倒卖陈化粮违法案件11件，案值1155余万元，没收陈化粮23万千克。2004年，全年查办各类经济违法违章案件1195起，罚没金额216万元。2005年，全市共查处各类经济违法违章案件2005件，总案值624.68万元。

(三) 创建文明市场

1986年起，保山地区集贸市场开展创建文明集市活动。保山市下水河农贸市场，第一批参加云南省创建文明市场的活动。

至1998年，全区共有288个市场先后被评为文明集贸市场，其中：有保山市新华综合商场等6个市场被评为全国文明市场，有17个市场被评为云南省文明市场，有96个市场被评为保山地区文明市场，有169个市场被评为县(市)文明市场。

2000年以后，将创建文明市场提升为创建“诚信市场”。至2005年年底，施甸县百货大楼、隆阳区天顺超市、龙陵县家乐购物广场、腾冲县珠宝城、昌宁县兴鸿商场被市工商行政管理局评为“诚信市场”，并授予牌匾。

四、合同管理

1982年后，保山地区各级工商行政管理部门，依法开展合同监管，切实维护交易秩序。1991年，昌宁县外贸公司与自称湖北省通城县漂垅花茶厂业务员的吴信忠、李延年签订了一份3万千克绿茶购销合同，金额227634元，工商部门在鉴证过程中，审查出吴、李二人持用的营业执照为复印件，视为无效，当即终止合同的签订，使昌宁县外贸公司避免了经济损失。此外，全区工商部门还为企业追回“三角债”款61.8万元，接待合同咨询250人次，帮助企业设立兼职合同管理人员90人，举办《中华人民共和国合同法》等培训班，共培训企业1958户（占应培训企业户数的84%），个体工商户14641户（占应培训户的59%）。

1986年起，开展“守合同、重信用”的评比活动。至2005年年底，全市共评出482户“重合同、守信用”先进企业，其中：保山市建筑工程总公司、保山市第二建筑工程总公司、隆阳区下村建筑公司，被国家工商行政管理总局公示为第二批全国“重合同、守信用”企业。被云南省人民政府公示为“重合同、守信用”的企业有36户。

至2005年年底，全市工商部门共鉴证各类经济合同21288份，金额855307万元；共检查经济合同266084份，金额378502万元；受理经济合同案件75起，金额1048万元；动产抵押登记739份，金额733698万元，登记涉及设备622份，金额20974万元，债权金额69402元，担保主债权94109万元，借贷金额257494万元；现场监督拍卖52起，金额19783万元，监督经济履行合同3932份，金额166742万元，协助企业挽回经济损失2174万元。

第三节　登记注册管理

一、内资企业

（一）普查登记

1979年，保山地区对印刷企业、建筑队、单位或部门开设的酿酒企业、军人服务社，特种行业等分别进行了登记发照。

1980年4—6月，对全区工业企业进行普查登记。全区共有工业企业714户（独立核算企业536户），资金总额1.48亿元，工业总产值1.27亿元。盈利企业597户，占总数的84%，盈利金额0.14亿元；亏损企业117户，占总数的16%，亏损额281万元。在714户工业企业中，按经济性质划分：全民所有制工业企业75户，注册资金1.09亿元，职工人数12723人，盈利企业52户，利润总额783万元，工业总产值0.78亿元；县以上集体企业41户（资金总额794万元，职工人数3703人，工业总产值0.13亿元，其中盈利企业38户，利润总额113万元），城镇街道集体所有制企业35户（资金总额507万元，职工人数2418人，工业总产值771万元，其中盈利企业34户，利润48万元），农村社队集体所有制企业479户（资金总额0.16亿元，职工8015人，工业总产值0.11亿元，其中盈利企业400户，利润196万元）；部队办企业11户，资金总额20万元，盈利企业9户，利润0.13亿元，工业总产值11万元，职工69人；非公办工业企业73户，资金总额0.11亿元，盈利企业64户，利润2.5万元，工业总产值0.17亿元，职工2160人。

按行业分：冶金工业11户，电力工业80户，煤炭工业10户，化学工业12户，机械工业116户，建筑工业31户，森林工业36户，食品工业310户，纺织、缝纫、皮革工业51户，造纸工业33户，其他工业24户。

按结构分：重工业296户，占工业总数的41.4%，总产值0.39亿元，占工业总产值的30.9%，盈利企业232户（利润464万元），亏损企业62户（亏损金额296万元）；轻工业418户，占58.6%，总产值0.87亿元，盈利企业377户（利润额886万元），亏损企业41户（亏损金额16万元）。

1981年7—10月，对商业、饮食业、服务业、交通运输业进行全面登记整顿。全区共清查登记商业企业393户，分支机构2638户，从业人员12270人，注册资金2.14亿元；饮食业40户，分支机构197户，注册资金350万元，从业人员1376人；服务业72户，分支机构298户，注册资金257万元，从业人员1017人；交通运输业94户，注册资金0.34亿元，从业人员5679人。登记整顿后，由工商行政管理机关核（换）发营业执照410户，其中：商业304户、饮食业36户、服务业44户、交通运输业26户。

对189户不具备企业条件的工商企业，发临时营业执照，并限期完善经营条件。

1982年8月，国务院发布了《工商企业登记管理条例》，企业登记管理工作由此步入法制化、规范化的轨道，全市（区）每年定期进行一次检查，并形成制度。

（二）清理整顿公司

1984年后，保山地区也出现了一些党政机关和党政干部经商办企业的热潮。根据上级党委、政府关于清理整顿公司的批示，全区先后进行了两次清理整顿公司工作。

第一次是1985年8月至1986年年底，在纠正党政机关、党政干部经商办企业的基础上，重点解决“皮包公司”和严重违法公司的问题。第二次是1988年10月，重点解决政企不分问题，砍掉流通领域中过多过滥的从事商业、物资供销的公司。

两次清理，全区共列入清理整顿的公司509户。通过清理整顿，保留328户，降格83户，撤销66户，吊销营业执照11户，合并6户，责令限期改正7户，待处理8户。对保留的公司依法重新登记、换发营业执照。

1988—1991年，查出全区共有参与经商的党政干部25人（离休7人，在职18人），其中：2人被免除行政职务，1人受撤职处分，22人到各类公司任职，并按照有关规定，全部办理了脱钩手续。全区立案查处各类公司违法违纪案件126起，金额253.25万元，罚没金额114.81万元，其中：违法违纪公司（含边贸商号）47户，涉案人员21人，其中刑事处罚10人，行政处分11人。协助20户撤、并公司清理债权债务金额241.6万元，安置人员512名，为受害企业挽回经济损失100.7万元（货款80.2万元，贷款20.5万元）。

（三）企业法人登记

1990年，保山地区全面推行企业法人制度，对工商企业进行重新登记，换发全国统一执照。至年底，共换发企业执照4913户，从业人员86322人，注册资金10.52亿元；持有企业法人营业执照1446户，持有营业执照营业性企业（含分支机构）3467户；新开业的工商企业300户，注销工商企业1063户。

1993年，根据企业转换机制的要求，支持企业按照“四自”（自主经营、自负盈亏、自我发展、自我约束）原则平等进入市场参与竞争。全区经过注册登记的工商企业6183户，注册资金16.2亿元，其中：企业法人1486户，营业性企业4697户；核准新办法人企业394户，营业性企业788户；注销法人企业94户，营业性企业217户。

1994年，全区认真贯彻执行《中华人民共和国公司法》，共注册登记工商企业6625户，注册资金18.08亿元，其中：法人企业1616户，营业性企业5009户；核准新办法人企业226户，营业性企业437户。

2000年，各县(市)工商局窗口岗位实行一条龙服务。年底，登记在册的各类工商企业5383户，注册资金31.78亿元，其中：国有企业1724户(含各分支机构)，注册资金13.19亿元；集体企业2727户，注册资金9.59亿元；股份合作制企业372户，注册资金2.44亿元；有限责任公司560户，注册资金6.56亿元。

2003年，保山市工商系统推行“首办负责制”等制度。严格前置审批，严把市场准入关，依法规范登记行为。全市共登记注册企业4115户，注册资金41.8亿元，其中：国有企业1271户，注册资金12.77亿元；集体企业1501户，注册资金6.2亿元；股份合作制企业399户，注册资金2.39亿元；有限公司398户，注册资金20.44亿元。

2005年年底，全市共注册登记企业2538户，注册资金32.86亿元。共登记企业集团4家(云南康丰糖业集团、云南保山恒益集团、保山泰龙实业集团、云南保山交通运输集团)，注册资金62477万元。登记农民专业合作社4户。

(四) 年检验照

2000年，保山地区年检验照，应检5380户，实检4524户，参检率98%。

2002年，根据国家工商总局《关于进一步开展取缔无照经营的通知》，保山市共出动车辆264辆次，出动人员618人次，检查市场主体19145户，清理无照经营607户，其中：取缔5户，限期办照602户。

2004年，全市取缔无照经营个体户390户；检查出不亮照经营个体户546户；清理一照多摊的个体户120户；查处违反注册登记的企业147户，罚没金额101050元；查处违法违章个体工商户189户，罚没金额63775元。

2005年8—9月，在辖区内开展拉网式的清理检查，全市五县(区)工商局共出动车辆436台次，出动人员1765人次，共检查经营户13366户；取缔无照经营户361户；查处无照经营案件123件，罚没金额27830元，其中立案查处33户，罚没金额20850元。检查中查出不亮照户数257户，进行了警告。

(五) 服务企业改革

1998年，保山地区国有企业改制改革开始。地、县(市)工商行政管理机关做好相关登记管理工作。当年，列入国有企业改革194户，完成改制企业144户，并重新注册登记。

1999—2001年，保山市工商行政管理机关为企业改革提供有效服务，相继帮助组建了龙塘糖业集团和保山交通集团有限公司等一批企业。至2001年，到保山市投资办厂的三资企业71户，其中新注册6户，注册资本1471万美元。

2002—2005年，全市继续深化国有企业改革。至2005年年底，全市完成国有企业改革175户，工商行政管理机关批复成立175户。

保山市（地区）内资企业注册登记情况表（1980—2005年）

表16-7

年度	企业数（户）	注册资金（亿元）	营业性（户）	新开业（户）	注销（户）
1980	714	1.49	—	—	—
1985	2191	3.54	—	—	—
1990	4913	10.52	3467	300	1063
1991	4755	9.56	3763	161	1208
1992	5312	12.59	4126	—	—
1993	6183	16.20	4697	1182	311
1994	6625	18.08	5009	226	—
1995	6662	21.65	5008	—	—
1996	6728	24.29	5020	563	597
1997	6844	29.38	5088	—	—
1998	6054	35.71	—	417	1109
1999	5252	31.02	—	—	—
2000	5383	31.78	4026	—	753
2001	4943	33.98	—	—	440
2002	4566	35.39	—	—	620
2003	4115	41.80	—	271	941
2004	3041	30.68	—	221	1248
2005	2538	32.85	1770	34	40

二、外资企业

1990年7月13日，保山地区首家外商投资企业——云南保山竹制品有限公司在腾冲县城关镇满邑村正式成立。公司法定代表人王春钦，注册资金10万元，主要经营生产和销售竹制品。

1992年，云南腾晶硅藻土有限公司在腾冲县团田乡桥头街成立，公司法定代表人莫希时，注册资金889.5万元；云南保山鑫丰制革有限公司在保山市板桥镇青莲办事处成立，公司法定代表人董国儒，注册资金51.7万元，主要经营皮革、甘油加工及产品销售。

1993年，全区已有外商投资企业21户，注册资金3800万元。主要经营翡翠、玉石、珠宝、胶合板、木制品等的加工和销售，开办餐馆、舞厅、酒吧、饮食服务业及休闲娱乐。

1997年，保山有来自美国、日本、新加坡、泰国、缅甸、韩国等国家和中国香港、澳门、台湾等地区的外商投资企业50户，注册资金6008.37万美元，其中：投资额较大的有保山兰都饭店有限公司，注册资金5546万元，实际投资1.11亿元；昌宁县贞元冶炼硅有限公司，注册资金1920万元，实际完成投资2240万元。其间办理注销登记2户（云南华德珠宝有限公司、云南昌台尼诺茶有限公司）。

2000年，全区有外商投资企业42户，办理注销登记13户，实际办理注册登记29户，注册资金2673.14万元。

2005年年底，保山市外商投资企业达88户，注册资金9522.78万美元。

三、私营企业

1983年起，保山地区私营企业恢复和发展。

1987年，全区共有私营企业16户，注册资金281万元，营业额232万元，向国家缴纳税金10万元，雇工267人，人均工资50～90元。在16户私营企业中，腾冲县14户，保山市（县级）、龙陵县各1户；农村的11户，城镇的5户；从事锡矿砂采掘5户，食品加工5户，木材制品2户，焊制金属门窗1户，养殖业3户。

1989年，经工商行政管理机关登记发照的私营工商企业107户，其中：独资企业38户，合伙企业69户，自有资金418万元，年营业额（含总产值）605万元，从业人员805人。

1997年，全区有私营企业251户，注册资金5078万元，投资人员479人，雇工3356人。在251户私营企业中，私营公司94户，个人独资企业118户，合伙企业39户。

2003年，保山市有私营企业789户，注册资金65626.76万元，投资人员1974人，雇工9598人，其中：私营公司416户，个人独资企业351户，合伙企业22户。

2005年，全市有私营企业1280户，注册资金235459万元，投资人员3414人，雇工17702人，其中：私营公司875户，个人独资企业369户，合伙企业36户。

保山市（地区）私营企业登记情况表（1987—2005年）

表16-8

年度	总户数	投资人数	雇工人数	注册资金（万元）	公司（户）	独资（户）	合伙（户）	新开业（户）	注吊销（户）
1987	16	—	267	281	—	—	—	—	—
1988	98	—	662	252	—	18	80	—	—
1989	107	—	805	418	—	38	69	—	—
1990	45	79	621	317	—	27	18	—	—
1991	40	71	534	340	—	21	20	—	—
1992	39	72	570	695	2	23	14	—	—
1993	76	145	1086	1634	3	53	20	—	—
1994	119	237	1540	2535	17	78	24	8	—
1995	156	313	2103	3575	25	97	34	—	—
1996	202	424	3350	7087	67	102	3	—	—
1997	251	479	3835	9714	94	118	39	—	—
1998	320	—	5140	13561	—	—	—	—	—

续上表

年度	总户数	投资人数	雇工人数	注册资金（万元）	公司（户）	独资（户）	合伙（户）	新开业（户）	注吊销（户）
1999	434	—	7181	21321	—	—	—	110	—
2000	443	—	6686	18177	—	—	—	244	8
2001	552	—	8684	32900	—	—	—	103	54
2002	620	1398	8649	47895	293	307	20	373	37
2003	742	1974	9618	65626	416	351	22	494	134
2004	1630	3057	14964	188620	842	389	30	473	219
2005	1280	3414	17702	235459	875	369	36	524	220

四、个体工商户

1980年，保山地区个体工商户仅有250户，自有资金32万元，从业人员310人，多分布在保山城和腾冲城内。

1983年，工商部门积极扶持和鼓励个体私营工商业的发展。年末，全区注册登记的个体工商户5487户，注册资金820万元，从业人员6906人。行业结构从过去单纯的小商小贩发展到工业、手工业、运输业、房屋修缮业、商业（包括贩运）、饮食业、服装业、修理业等门类齐全、行业配套的布局。

1986年，对新发展的个体工商户办理营业执照给予相应优惠。年底，全区注册登记的个体工商户19405户，从业人员37862人，注册资金4495万元，营业额12808万元，商品零售额48629万元。

1989年，全区注册登记个体工商户21795户，从业人员2918人，注册资金5948万元，营业额13309万元，商品零售额68941万元（占全区社会商品零售额的20%），上缴税金1360元。

1998年，放宽个体工商户的准入条件、简化相关登记手续。同时，鼓励广大个体户和私营企业主积极参与国有企业改制，以多种形式联合，兼并、租赁、承包、购买国有小型企业。年末，全区注册登记个体工商户35943户，从业人员58291人，注册资金30551万元。

2000年，严格按照《城乡个体工商户管理暂行条例》等，开展个体工商户换照工作。全区应换照个体工商户37837户，实换照27300户，注销6963户，流失3574户。年底，全区共有注册登记个体工商户31257户，上缴税金10708万元。

至2005年，保山市共有注册登记个体工商户36707户，从业人员55761人，注册资金77244.8万元。当年办理设立登记6130户，从业人员11944人，注册资金24612万元。当年上缴税金2.93亿元。

第四节　商标广告管理

一、商标管理

（一）商标注册

1979年10月，腾冲县藤器、胶帽厂生产的“玉竹”牌藤制品和“玉泉”牌油漆，经国家工商局商标局核准注册，成为保山地区实行改革开放后第一批注册商标。至1990年年底，全区注册商标已有52个，其中：保山市20个，腾冲县22个，施甸县5个，龙陵县4个，昌宁县1个。

2000年，保山市工商行政管理局下发了《关于加强保山市农产品地理标志保护与商标注册的方案》。2001—2005年，指导帮助农民及个体工商户申报涉及农副产品商标198个，推荐保山“小粒咖啡”、保山“透心绿豆”、腾冲“饵丝”等农产品地理标志证明商标申报注册。帮助企业及自然人办理商标注册121件，变更46件，续展24件，转让8件，注销12件。协助腾冲县旅游局及有关企业向云南省商标事务所申报28件，涉及“火山”“热海”“高黎贡山”等商标。至2005年年底，共推荐上报了56户企业参加云南省著名商标评选认定，其中：保山永吉食品有限公司“聚友”商标、昌宁县耈酒酿业有限公司“耈”商标、腾冲东方红制药厂的“东方”商标、腾冲高黎贡山生态茶叶有限公司的“高黎贡山”商标、腾冲县赢兴商贸有限公司的“云腾”商标、腾冲果品厂的“太极桥”商标、腾冲县承信经贸有限公司的“诚信居美”商标、腾冲制药厂的“腾药”商标、龙陵县康丰糖业有限公司的“龙珠”商标、腾冲县清凉山茶厂有限公司的“清凉山”商标等10件商标被认定为云南省著名商标。

至2005年年底，全市经国家工商局核准注册商标353件；其中：隆阳区81件，腾冲县160件，龙陵县52件，昌宁县35件，施甸县25件。

（二）商标专用权保护

1994年，对保山市人民印刷厂、保山红旗印刷厂、保山市辛街防伪商标印刷厂等7户商标印刷企业进行检查，督促建立健全承接印制、保管、发货、登记等制度。防止侵权假冒商标进入市场。

2000年，在打击印制销售假商标、假发票、假证件违法活动专项整治中，对全区198户印刷企业及电脑打字复印店进行了整顿。查处假冒商标案件6起，销毁收缴假冒商标标志3.1万件、印刷品广告611万份。

2001年，保山市开展商标专营专卖店清理整治工作。共清理专营专卖店185户、办理认证手续73户、拆除85户、修改商标图形文字36户。2002—2005年，全市共出动执法人员5768人次，车辆2358辆次，检查商品交易市场5729个次，检查经营户9976户次，重点检查药品、保健食品、房地产、化妆品、医疗、农副产品、农药、化肥等方面的商标侵权行为。共查处商标侵权案件196件，其中：国内侵权案件170件，国外商标26件，没收商标侵权标志22880件，没收销毁侵权商品88945件，罚没金额36万元。

至2005年年底，全市专营专卖店获得合法认证的共67户。全市开展商标印刷企业验证、换证工作，当年共为30户企业换发了新证。同时，为企业培训了商标印制业务员，经过严格考核，有43人获得了上岗证书。

二、广告监管

1980年，广告业在保山地区城乡兴起，最初只是店牌、招牌、文字、图片和橱窗等。1992年，全区有保山日报社广告公司、保山电视台广告部、保山骏发印物广告公司、保山飞图广告公司等广告经营主体12户，从业人员60人，经营额101.2万元。次年，出现了布标、印刷品、灯箱、霓虹灯、电子显示屏等户外广告。其间，工商行政管理部门通过核发广告经营许可证等，依法对广告活动及其经营主体做好监管；围绕“反误导、打虚假”，开展广告市场秩序的整治活动。

2001年，全市检查药品经营户556户、医疗单位146户，电视台6户，广播电台1户，报社1户。共检查各类广告5564条，查处各类广告违法案件246件；对457户未经登记擅自发布广告的业主和广告发布者，责令办理了广告登记手续，清除各类乱粘乱贴违法小广告82469条，收缴各类违法散发的印刷品广告55.6万份，强制拆除保山城区环城东路，九龙路，客运站门口由方舟、麦迪森、白宇、立发广告公司发布的医疗广告牌108块。

依据《户外广告登记管理规定》，保山市县（区）工商行政管理局每年均在辖区内开展10平方米以上户外广告、店堂广告清理登记工作。仅2001年，全市共登记户外广告2357件，登记店堂广告997件，印刷品广告2362件，清除含有不良文化的广告牌15块。

2001—2005年，全市共办理药品广告备案538户，医疗单位529户，房地产广告25户；建议修改药品广告内容374条，医疗广告内容416条；责令停发药品广告内容213条，房地产广告内容13条。

2005年年底，全市广告经营单位发展到74户，从业人员1840人，其中：专营性广告公司22户。兼营广告企业8户，电视台6户，广播电台1户，报社4户，杂志社1户，其他广告经营单位32户。注册资金2786万元，广告经营额1468万元。当年，在广告市场检查中，检查商品交易市场886个，检查经营户14575个，共检查各类广告91029条，查出各类广告违法案件5件，罚没金额37.45万元。至年底，举办广告人才培训班共19期，广告审查员培训班12期，参加省工商局广告技术岗位资格培训班8期。

第五节　经济检查

1978—2005年，保山市各级工商行政管理机关共查处各类经济违法违章案件60271起，案值6016.2万元，罚没金额2788.5万元。

一、走私贩私、投机倒把行为查处

1978年，保山各级工商行政管理部门履行打击走私的职责，与公安等部门密切配合，不定期开展打击走私贩私的联合行动和专项斗争，重点清理整顿私货市场，取缔私货交易行为，查处走私贩私案件，遏制走私贩私行为。1978—2005年，保山市共查处走私贩私案件13343起，其中以国营滇西玉石收购站走私贩私案例较为典型：1979年至1981年3月，共走私进口玉石40大块，走私出口价值7000余元物品及大量现金，涉案12万多元。经腾冲县人民政府批准，没收其走私物品等并处以罚款，当事人受到相应处分。

二、假冒伪劣商品查处

1993年开始，保山地区工商部门重点打击制售假冒伪劣商品违法行为，维护市场公平竞争秩序，保护消费者合法权益。至2005年年底，保山市共查处假冒伪劣商品案件1348起，案值2061.66万元，罚没金额425.83万元。捣毁制假售假窝点66个。在“打假保安全居住”专项检查中，共检查涉及各种建筑装饰材料和成品商店190户，查获经销不合格商品21户，价值1.8万元，责令改正20户，处罚1户。

三、不正当竞争行为查处

1993年起，保山地区各级工商行政管理机关全力推动《中华人民共和国反不正当竞争法》的实施，对电力、自来水、邮电、保险、烟草等垄断行业进行监督检查。先后对隆阳区、施甸县烟草部门利用行政职权，以限制核发烟草专卖零售许可证为手段，与各烟草经营户签订烟草销售合同，规定销售数量、进货渠道的行为；道路养征部门在收取养路费时，强行收取塑封费的行为；昌宁县金润供水有限责任公司强制用水户购买其提供的附带商品和不必要商品及滥收费用的行为；昌宁利隆房地产开发有限责任公司限定住户购买安装其指定经营者的太阳能的行为进行查处。

至2005年，保山市共查处不正当竞争案件39起，案值157.7万元，罚没金额23.7万元。

四、非法传销活动查处

自2000年起，保山地区各级工商行政管理机关与公安、税务等部门组成联合调查组，对非法传销进行调查和打击。至2005年年底，保山市共出动执法人员500人次，车辆100台次，对城郊接合部、出租房屋、外来人口集中的商（市）场，旅社等地进行检查。共检查化妆品、保健品经营户及各类连锁经营店800余户次，商（市）场30个次，出租房屋150户次，深入街道办事处30个，走访群众300余人。查处非法传销和变相传销案件13件，涉及传销人员771人，案值43万元，取缔窝点5个，其中“深圳文斌贸易组织”“美国互联网基金”非法传销案较为典型。

第六节　消费者权益保护

一、消费维权

1997年10月10日，保山地区“消委会”常务理事会决定在保山水泥股份有限公司、保山糖烟酒食品总公司等10家企业中设立消费者投诉监督站，工作人员50人，开展保护消费者权益工作。

2001年3月15日零时，保山市县（区）工商行政管理局开通“12315”消费者投诉举报服务电话，此前设立的消费者投诉监督站随之撤销。同时成立保山市工商行政管理局

“12315”指挥中心。随后，依托“12315”电话，建立健全市县(区)工商行政管理局和工商所三级投诉举报服务网络。截至2005年年底，全市工商行政管理系统共接听消费者咨询电话(来访)153170个次，受理消费者投诉举报案件854件，其中：调解822件，建议消费者通过法律途径解决8件，移交相关职能部门立案查处24件，结案率达100%。

二、打假维权

从1998年起，保山先后在全区范围内开展“百城万店无假货”“百家企业打假维权”和创建“打假维权、消费者满意街”活动。

2004年，保山市端阳花市期间，邀请云南商品检测中心，对隆阳区部分商(市)场、超市、食品加工企业及蔬菜、水果、粮食等领域内的食品开展快速抽检。共抽检44个样品，不合格率为25%，并将抽检结果在保山电视台、《保山日报》进行公告。

2005年，全市工商系统共出动执法人员21952人次，检查食品经营户7808户次、查处无照经营29户，查获大批的假冒伪劣饮料、儿童食品、营养保健食品等及其他过期变质食品。共受理食品类申(投)诉28件，为消费者挽回经济损失1.4万元。立案查处制售假冒伪劣食品案件12件。

三、国际消费者权益日活动

1994年开始，每年3月15日，在辖区范围内组织开展纪念“3·15”国际消费者权益日活动。利用广播、电视、报刊等媒体和举办专场文艺晚会进行宣传，在城乡主要街道，主要集贸市场设立宣传咨询服务点，现场受理和解答消费者投诉咨询，发放宣传材料；举办假冒伪劣商品展览，并当众销毁查获的假冒伪劣商品。活动使保护消费者合法权益得到社会各界所关注、重视和支持。1994—2005年，保山市共受理消费者申(投)诉1100件，为消费者挽回经济损失600万元。

四、评优活动

1993年保山消费者协会成立后，经常性地开展维护消费者权益好单位评选活动，至2005年年底，先后表彰了保山日报社、保山电视台、保山有线电视台、保山红旗印刷厂、云南省烟草公司保山分公司等23个单位和6个基层分会(站)。保山地区消费者权益委员会被省保护消费者权益委员会评为云南省保护消费者权益先进集体。从1995年起，开展“消费者信得过单位”评选活动，至2005年年底，保山市先后有云南省石油总公司保山分公司、云南省燃气公司保山公司、保山水泥股份有限公司、保山地区太阳能设备厂等36个单位被评为“消费者信得过单位”。1997年，腾冲的云腾牌“快餐饵丝”、昌宁的尼诺牌“一级精制绿茶”和老仙牌“核桃露”、保山的同心牌“保山透心绿豆”等荣获“第四届云南省消费者喜爱商品”称号。

第七节　整顿和规范市场经济秩序

2001年，保山市认真贯彻国务院《并于开展整顿和规范市场经济秩序的决定》，成立整顿和规范市场经济秩序领导小组，出台《关于整顿和规范市场经济秩序的实施意见》，明确提出“十五”期间全市整顿和规范市场经济秩序的基本原则、主要任务、工作目标、工作重点和职责分工。全市出动2.94万人次、5113车次，查出各类问题商品货值7250万元，罚款310万元，立案查处2144件，结案2088件，案值2277万元，移送司法机关15起16人，取缔窝点场所278个。

2002年后，加大打击以食品、药品、医疗器械、农资等严重危害人民群众利益的制假售假行为的力度；加强集贸市场和加油站的整顿和规范；把清费治乱减负工作列为市政府实施的“十大民心工程”之一。在防治“非典”工作中，稳定市场秩序，对囤积居奇、哄抬物价、扰乱社会秩序的违法犯罪行为进行严厉打击，扎实开展以整顿和规范食品安全、非法采供血液和单采血浆、农资市场、建材市场、汽车交易市场、酒类市场以及“毒鼠强”、保护知识产权、车辆超限超载、社会诚信宣传教育活动、打破地区封锁，促进全国统一市场的形成等专项整治。每年出动数万车次和数万人次对各级各类市场进行检查，查封问题商品，取缔各类制假窝点，进行相应处罚。至2004年，全市共出动21.9万人次、3.96万车次，检出各类有问题商品货值19237.1万元，罚款826.7万元，立案查处7154件，结案6441件，案值12424.4万元，移送司法机关6件13人，取缔各类窝点场所356个，其中：“清费、治乱、减负”整顿取消收费项目73项，降低收费标准22项，规范收费项目17项，减轻负担787.5万元（减轻企业负担106万元，减轻农民负担621.5元，减轻学生负担60万元）。

2005年，各职能部门根据安排，积极开展食品药品、知识产权保护、商业欺诈、非法采供血浆和单采血浆、农资市场、建筑建材市场、土地市场、汽车交易市场、文化市场、车辆超限超载、税收征管、土地市场、安全生产、社会诚信宣传教育活动等为主要内容的专项治理整顿工作。全年各级各部门共出动专项检查人员81888人次，车辆6314车次，查处各类有问题商品一批，价值6453.2万元，罚款1012.66万元，立案查处影响市场经济秩序健康发展各类案件2068件，结案2014件，案值4800.92万元，取缔各类非法制假窝点306个，使全市城乡市场经济秩序有明显好转。结合保山实际，编制了《保山市整顿和规范市场经济秩序三年总体规划（2005～2007）》，将整顿与规范市场经济秩序作为一项重要的长期工作来抓，逐步实现市场经济秩序规范化、法制化。

第六章　国土资源管理

第一节　机构沿革

1987年4月，行署土地管理局成立。地委下达地、县（市）土地管理局行政编制暂定37人，事业编制由各县（市）人民政府自行确定。各县（市）也相继成立土地管理局。在此之前，全区土地管理工作，地区一级先后由革委会计统组和行署民政局、计委、城建局和计经委等负责；各县（市）一级分别由城建、房产土地管理局、民政科或县计经委负责。

1989年5月，地委、行署给全区83个乡(镇)土地管理所核定199名编制(行政编制109人，事业编制90人)，每个所2～4人。至1990年年底，全区83个乡（镇）土地管理所全部成立，905个行政村（办事处）也各确定了1名兼职土地管理人员，四级土地管理网络基本形成。全区共有土地管理专职干部306人。同年，行署土地管理局增设法规监察科，人员编制20人，设处级领导职数3人（1正2副）。

2001年8月，撤销行署土地管理局，组建保山市国土资源局，主要职能除原地政管理职能外，划入了原行署经贸委履行的矿政管理职能、原行署计委履行的地质灾害防治和区划职能、原行署建设局履行的测绘行政管理职能。

第二节　土地资源管理

一、土地详查

20世纪80年代末，为适应经济社会发展的需要，根据国务院、全国农业区划委员会关于开展土地资源调查、土地利用现状调查及云南省土地管理局的实施意见等，在省土地管理局和省土地利用现状调查技术指导组的指导下，施甸县于1988年2月在保山地区率先开展土地利用现状调查工作（简称“详查”），其他县（市）也随即开展，历时7年，1995年完成地区级汇总。这次详查，全区共筹措资金216.86万元，除专业技术队伍外，全区有1000多人参加此项工作。通过调查，全区共签订权属界线协议书1945份，填写争议缘由书68份，解决土地纠纷983起，同时全面查清全区的土地利用现状、分布和类型。在此基础上，根据国家土地分类办法，按土地利用现状划分为8个一级类、40个二级类和8个三级类将全区土地详查成果进行汇总，共得到《土地利用分类面积表》等13项数据成果和《土地利用现状图》等5项图件成果，撰写《保山地区土地资源》《保山地区土地利用现状调查报告》等文字成果。经汇总，全区土地总面积为28599745.7亩（19066.49平方千米）。在详查的基础上，坚持每年开展变更调查，为国民经济发展和依法保护耕地提供土地利用现状数据资料，反映土地利用的变化情况。

2005年经变更调查后的全市各地类面积如下：

土地统计表一

表 16-9　　单位：亩

行政单位	合计	农用地												
		小计	耕地											
			小计	灌溉水田			望天田	水浇地	旱地					菜地
				小计	平田	梯田			小计	平旱地	坡地	梯地	轮歇地	
		1	11	111	1111	1112	112	113	114	1141	1142	1143	1144	115
保山市	28599745.7	24982107	4926855.4	1617824.2	451310.2	1166514	139774.7	7161.1	3145078.1	27903.4	2182219	422455.9	512499.8	17017.3
隆阳区	2932418.9	2436587	609161.7	142316.9	58647.3	83669.6	21644.4	2100.5	440497.3	3699.5	404379.8	18444.7	13973.3	1317.3
施甸县	2932418.9	2436587	609161.7	142316.9	58647.3	83669.6	21644.4	2100.5	440497.3	3699.5	404379.8	18444.7	13973.3	2602.6
腾冲县	8530121.3	7344759	1208422.8	573795.1	160095	413700.1	72326.2	1782.6	552589.9	7629.9	258595.1	33183.2	253181.7	7929
龙陵县	4193691.4	4053831	694505	235341	16309.9	219031.1	5576.4	1661.7	448024.8	917.9	238878.6	124073	84155.3	3901.1
昌宁县	5660249.4	5324441	1093172.7	230131.7	69789.3	160342.4	31063.9	64.1	830645.7	5550.3	594065.2	114619.8	116410.4	1267.3

土地统计表二

表 16-10　　　　单位：亩

行政单位	农用地											
	园地											
	小计	果园		桑园		茶园		橡胶园		其他园地		
		小计	可调整	小计	可调整	小计	可调整	小计	可调整	小计	可调整	花卉用地
	12	121	121K	122	122K	123	123K	124	124K	125	125K	1251
保山市	562639.1	71050.8	15160.1	18751	10244.9	411822.9	725.8	8647.6	0	52366.8	342.0	0
隆阳区	152497.4	39577.2	14561.1	16941.7	9200.5	54186.4	16.2	8647.6	0	33144.5	279.6	0
施甸县	54080.2	4524.9	599	1809.3	1044.4	44354.9	0	0	0	3391.1	62.5	0
腾冲县	86684.4	5346.6	0	0	0	79347.3	0	0	0	1990.5	0	0
龙陵县	133790	15191.2	0	0	0	106822.1	228.3	0	0	11776.7	0	0
昌宁县	135587.1	6410.9	0	0	0	127112.2	481.3	0	0	2064	0	0

土地统计表三

表 16-11　　单位：亩

行政单位	农用地														
	林地										牧草地				
	小计	有林地		灌木林地	疏林地	未成林造林地		迹地	苗圃		小计	天然草地	改良草地	人工草地	
		小计	可调整			小计	可调整		小计	可调整				小计	可调整
	13	131	131K	132	133	134	134K	135	136	136K	14	141	142	143	143K
保山市	17214082.7	13297187.1	16174.9	2506883.3	385618.6	1000122.3	36244	23952.1	319.3	0	596402.9	595698.4	120.3	584.2	0
隆阳区	3877996.1	3103993.9	791.3	275401.2	95250.4	381482.3	20188.7	21564	304.3	0	70402.8	70327.2	45.1	30.5	0
施甸县	1390925.4	933465.5	31.5	237279.3	74116.2	143918	688.6	2146.4	0	0	179485.8	179485.8	0	0	0
腾冲县	5544870	3948674.8	0	1252628.9	39286.1	304265.2	0	0	15	0	28602.9	28577.4	25.5	0	0
龙陵县	2613950.6	2034685.3	4278	320569.2	141212.6	117483.5	607.2	0	0	0	315411.2	315361.5	49.7	0	0
昌宁县	3786340.6	3276367.6	11074.1	421004.7	35753.3	52973.3	14759.5	241.7	0	0	2500.2	1946.5	0	553.7	0

土地统计表四

表 16-12　　　　单位：亩

行政单位	农用地									
	小计	畜禽饲养地	设施农用地	农村道路	坑塘水面	养殖水面		农田水利用地	田坎	晒谷场等用地
						小计	可调整			
	15	151	152	153	154	155	155K	156	157	158
保山市	1682126.9	57.7	0	164634.1	12169	2614	0	54082.3	1448569.8	0
隆阳区	399998.2	6.5	0	36595.1	2634.6	2187.0	0	9456.4	349118.5	0
施甸县	202933.9	9	0	21187.9	3904.8	30.5	0	18918.5	158883.2	0
腾冲县	476179.4	42.2	0	45402.5	2171.9	396.4	0	16391.5	411774.9	0
龙陵县	296175	0	0	24444.4	1315.1	0	0	4691.2	265724.3	0
昌宁县	306840.4	0	0	37004.2	2142.6	0	0	4624.7	263068.9	0

土地统计表五

表 16-13　　　　单位：亩

行政单位	建设用地															
	居民及独立工矿用地							交通用地						水利设施用地		
	小计	城市	建制镇	农村居民点	独立工矿用地	盐田	特殊用地	小计	铁路用地	公路用地	民用机场	港口码头	管道运输用地	小计	水库水面	水工建筑用地
	20	201	202	203	204	205	206	26	261	262	263	264	265	27	271	272
保山市	560931.2	17136.2	30114.5	454527.3	37908.8	0	21244.4	69065.3	0	66515	2489.6	0	60.7	44895.2	41201.3	3693.9
隆阳区	185836.8	17136.21	5119.5	146115.4	14612.2	0	2853.5	22036	0	19485.7	2489.6	0	60.7	16231.6	15025.9	1205.7
施甸县	81450.1	0	4102	66252.1	2454.6	0	8641.4	10180.5	0	10180.5	0	0	0	7087	5988.1	1098.9
腾冲县	165619.7	0	13719.1	129225.9	13792.4	0	8882.3	14185.1	0	14185.1	0	0	0	3532.6	3272.9	259.7
龙陵县	54763	0	3917	46679.9	3592.8	0	573.3	11897.3	0	11897.3	0	0	0	13428.9	12574.7	854.2
昌宁县	73261.6	0	3256.9	66254	3456.8	0	293.9	10766.4	0	10766.4	0	0	0	4615.1	4339.7	275.4

土地统计表六

表 16－14　　　　单位：亩

行政单位	未利用地														
	小计	未利用土地								其他土地					
		小计	荒草地	盐碱地	沼泽地	沙地	裸土地	裸石砾岩地	其他未利用土地	小计	河流水面	湖泊水面	苇地	滩涂	冰川及永久积雪
名称	3	30	311	312	313	314	315	316	317	32	321	322	323	324	325
保山市	2942747	2597244.7	2259597.9	0	155.2	1834.2	105516.9	230134.4	6.1	345502.3	238427.7	976.2	8.7	106089.7	0
隆阳区	1236672.6	1153192.5	972547.4	0	0	872.4	81931.4	97841.3	0	83480.1	61743.4	962.1	0	20774.6	0
施甸县	397114.3	371574.5	242721.3	0	0	543	5771.5	122538.7	0	25539.8	17569.7	0	0	7970.1	0
腾冲县	1002024.4	873770.1	864920.4	0	155.2	404.4	1852	6432	6.1	128254.3	80205.5	14.1	0	48034.7	0
龙陵县	59770.4	15165.5	9412	0	0	0	5622.6	130.9	0	44604.9	32659.8	0	8.7	11936.4	0
昌宁县	247165.3	183542.1	169996.8	0	0	14.4	10339.4	3191.5	0	63623.2	46249.3	0	0	17373.9	0

二、地籍管理

(一)土地登记

至2005年年底,保山市累计颁发国有土地使用权证29470本、集体土地使用权证374577本。各县(区)及市本级均建立土地登记资料公开查询制度,为社会提供全面的土地产权信息,保障土地交易安全,防止国有资产流失。2005年,全市有3家土地登记代理机构,有13人参加了土地登记代理人职业资格考试,推进地籍产业化进程。结合土地登记发证工作,建立土地权属纠纷调处机制,每年调查处理土地权属纠纷400起左右。

(二)调查统计

1990—2005年,保山市完成隆阳区永昌街道办事处、兰城街道办事处、板桥镇、蒲缥镇,施甸县甸阳镇、姚关镇,腾冲县腾越镇、猴桥镇、固东镇,龙陵县龙山镇、镇安镇,昌宁县田园镇共12个镇(街道办事处)的城镇地籍调查工作。在初始城镇地籍调查基本完成的基础上,各县(区)结合土地变更登记,及时开展变更调查,掌握城镇土地利用和权属状况,为集约和节约用地提供较全面的数据资料。随着国家西部大开发战略的实施,保山市于2001年开展了耕地后备资源调查和坡耕地调查。调查结果显示:全市不宜耕的土地共有718420.8亩,主要包括坡度在15°~25°的坡地380063.9亩,25°以上的坡地338356.9亩。详细情况见表:

保山市坡耕地统计表

表16-15

县名	合计面积	15°~25°				>25°			
		坡地			梯田	小计	坡地	梯田	
		小计	宜耕	不宜耕				宜耕	不宜耕
保山市	2439686.1	1933169.4	1035300.9	380063.9	517804.6	506516.7	338356.9	148286	19873.8
隆阳区	478480.3	349142.6	208095.8	84292.1	56754.7	129337.7	98233.3	19680.9	11423.5
施甸县	326459	230675.5	190029.7	5009.1	35636.7	95783.5	84555.4	6693.9	4534.2
腾冲县	415545.7	218298.3	48615.8	125568.8	44113.7	197247.4	92702.1	104346.8	198.5
龙陵县	402436.1	346172.9	133034.6	59037.7	154100.6	56263.2	38464	14081.6	3717.6
昌宁县	816765	788880.1	455525	106156.2	227198.9	27884.9	24402.1	3482.8	—

(三)农村土地分等定级及地价

1979—1989年,全国开展第二次土壤普查,保山地区结合土壤普查进行以合理利用土地资源为目的的土地评级工作。根据土壤的环境条件(如气候、地形等)、土壤利用现状及生产水平和生产潜力、土壤性状和肥力水平,影响土壤生产力的主要障碍因素等条件,将全区各类土地分为8个等级。一至三级为常年农耕田；四级为轮歇地和园地；五、六级为林牧用地；七级为间隙放牧地；八级为非生产性用地。由于农村土地不能买卖，至1999年，农村仍无地价可言。

城镇土地分等定级及地价　1990年5月，国务院发布《中华人民共和国城镇国有土地使用权出让和转让暂行条例》，城镇土地可以出让和转让。地价评估和确定成为土地出让和转让中重要的问题。按照国家规定，地价体系为基准地价、标定地价和出让底价。基准地价以地段或区域确定，标定地价和出让底价按宗地确定。评定地价首先进行土地分等定级。1992年，保山地区土地管理局开展保山城区土地定级与基准地价测算工作之后，其他县也相继开展了第一轮城镇土地定级与基准地价测算工作，于1997年全部完成。2002年，五县（区）根据建立基准地价定期更新制度的要求，又开展基准地价更新工作，第二轮更新工作全面完成。

三、土地利用规划

1997—1998年编制完成《保山地区土地利用总体规划》：以1996年为基期年，2010年为目标年，分为地区、县（市）、乡（镇）三级，采取自上而下逐级下达控制指标，再自下而上汇总的方法编制。地区级规划从宏观上确定范围、分解下达各行各业各项控制指标，县级规划落实范围、面积，乡级规划具体落实范围、地块、面积。规划分为土地利用现状及其存在的主要问题，土地资源潜力分析，土地利用基本方针和目标，土地利用结构调整，土地利用规划分区，实施规划的措施和专题研究7个部分。规划期间，省政府下达保山地区补充耕地10810公顷（整理复垦新增耕地810公顷，土地开发新增10000公顷），减少耕地12743.3公顷（建设占用3333.3公顷，退耕9410公顷），净减少耕地1933.3公顷。1996年全区耕地面积342739.1公顷，2010年耕地面积340805.8公顷。1996年全区人口226.02万人，规划期间增长33.88万人，2010年人口259.9万人。1996年城镇人口19.31万人，用地规模15.82平方千米；2010年城镇人口43万人，用地规模43平方千米。规划期间城镇人口增长23.69万人，用地面积增长27.18平方千米。

基本农田保护区规划作为土地利用总体规划的专项规划，基期年为1994年，目标年为2010年。根据土地利用现状的适宜性、社会经济条件以及基期年前3年单位面积的产出情况，综合评价划定基本农田保护区。单产大于500千克为一级基本农田，面积71856.1公顷；单产在300～500千克之间为二级基本农田，面积112762.9公顷。基本农田保护区总面积为184619公顷，基期年保护率为53.9%，规划末期保护率为54.2%。2001年2月，省以1996年保山地区耕地面积34.27万公顷为基数，下达全市基本农田保护指标面积为28.2万公顷，保护率为82.3%；2010年耕地面积33.23万公顷，保护率为84.9%。

开发三项内容。规划以2000年为基期，期限为2001—2010年。规划期内确定重点工程42个，重点项目56个，计划投资79233万元，补充耕地12462.2公顷。自2000年起，保山市国土资源系统每年都积极组织申报实施土地开发复垦整理项目，直接经济收益约25728.9万元。全市编制项目建议书和可行性研究报告上报项目39个，经批准实施31个，项目总规模7644.4公顷，国家和省下达预算总投资17230.85万元。至2005年年底，全市共上报地方投资占补项目并经省国土资源厅验收确认22个，新增耕地共计2457.2公顷，折抵建设占用耕地指标入库面积1639.1公顷，折合免上缴耕地开垦费约8498.05万元。

四、建设用地管理

1978年以前，国家对建设用地管理极严格，1978年保山地区仅批准昌宁县商业局新建石油仓库征用田地46亩。1979年以后，由于土地管理法制不健全，土地主管部门多变，审批制度不严，不按国家有关建设用地审批程序征用土地情况逐渐增多。1979年全区国家机关、企事业单位所用地为158.6亩，1980年达1473.1亩。而农村社员建住宅则由公社审批，占用情况更为严重，全区耕地急剧减少。

据1986年开展非农业用地大清查统计，1981—1985年全区耕地减少10.3万亩，占1985年全区耕地总面积的4.4%。耕地减少的主要原因有：1982—1985年4年间，国家建设征用土地5446亩；乡（镇）建设（包括乡镇公益设施建设和乡镇企业用地）占用耕地4263亩，社员建住宅占用耕地4312亩；退耕还林还牧占用耕地49075亩；违法占用耕地3644.5亩；河流改造和兴修水利等占用耕地36259.5亩。

1987—1992年，全区审批国家建设征用土地439件，征用耕地4542.5亩；乡（镇）村集体建设占用152件，占用耕地561.6亩；农村居民建住宅占用耕地4850.1亩。

1993—2004年，共办理农地转用和征收集体土地4920.57公顷（73808.55亩），其中：耕地为3151.58公顷（47273.7亩）。在所批准的项目用地中，大保高速公路建设用地476.77公顷；保龙高速公路建设用地389.15公顷；保山师范高等专科学校异地搬迁新建用地20.54公顷；隆阳区790.32公顷，施甸县308.60公顷，腾冲县1466.24公顷，龙陵县1078.29公顷，昌宁县390.66公顷。

2005年共办理农地转用和征收集体土地321.47公顷，其中：耕地119.8公顷。

第三节　矿产资源管理

一、管理体制

1986年以前，保山地区未设立专门的矿产资源开发管理机构，矿产资源开发管理一直隶属地、县（市）工业生产管理部门管理。1986年8月，地、县（市）工业交通局撤销，恢复地、县（市）经济委员会，矿产资源隶属经委管理。1990年行署经委设置矿业建材科管理矿产资源，各县（市）设立相应机构进行管理。

1991年，行署成立矿产资源管理委员会，由分管工业的副专员任矿管会主任，相关部门为成员单位，下设矿产资源管理委员会办公室在乡镇企业管理局，1995年划归行署经济贸易委员会，内设矿产资源管理科，处理日常矿政管理业务。

2001年8月，保山市国土资源局成立，矿产资源行政管理职能从市经济委员会划归国土资源局，矿山企业生产职能行业管理仍由经委履行。

二、矿产资源补偿费征收

1992年开始，根据《中华人民共和国矿产资源法》和省下达的征收任务，地区矿办开始对各县（市）分解下达征收上交任务，超额完成上交基数按比例给予适当奖励，当年下达征收上交任务10.2万元，以后逐年有所增加。2004年完成上交57万元，2005年完成59万元。

三、矿业权管理

1986年根据《中华人民共和国矿产资源法》及相关法律法规规定，保山地区域范围内探矿权全部由省政府地矿行政主管部门授予，市、县（区）人民政府地矿行政主管部门仅有监督和检查之职责。而在采矿权授予上，地区内的多数矿种属零星分散矿产资源，采矿许可证的发放多数由县级政府授予。2003年，根据国家治理整顿矿业权市场秩序的规定，开采34种重要矿产资源发证权全部收归省人民政府地矿行政主管部门，市、县（区）仅有授予开采乙类矿产资源的权力。

保山市、县（区）对乙类矿产资源开采的管理方法：第一，纳入管理，但不发证；第二，既纳入管理又颁发采矿许可证。2002年，矿政管理职能划归市国土资源局后，对乙类矿产资源管理进行了统一，经过3年多的规范管理之后，至2005年，乙类矿产开采基本纳入统一发证管理轨道。

为体现矿产资源的国家所有，矿产资源授予逐渐从无偿授予向有偿授予转变。2003年4月，根据省国土资源厅授权，腾冲县首次拍卖团田乡帕允铅锌矿的探矿权，获取出让金280万元。2004年，拍卖腾冲县马站乡葫芦口金矿探矿权，获取出让金80万元。在乙类矿产资源授予上，逐步采取招标拍卖挂牌出让采矿权。至2004年，新设乙类矿产资源采矿权基本实现以招、拍、挂形式授予。

四、矿产资源开发

（一）煤矿采冶

保山市的煤炭资源以褐煤为主，已探明的保有储量为32923.7万吨，近期经济的可采储量为10200万吨，是滇西主要褐煤产区之一。1981年后，除地方国营煤矿外，有少数社队开始集体开采小煤矿，如：昌宁县卡斯的和睦煤矿、泺勺煤矿和勐统的新庆煤矿，保山的龙潭煤矿、清水煤矿，腾冲县的勐连群采点。1984年，羊邑煤矿开始在干沟井田开采煤矿。1985年，昌宁县红星煤矿、保山羊邑煤矿、龙陵县大坝煤矿3个国营煤矿共有职工454人，合计固定资产原值382.1万元，工业总产值201.8万元，年生产能力11万吨。1990年3月，在民主德国专家施佩尔博士和工程师海因里希的指导帮助下，红星和大坝煤矿褐煤脱水成型试验成功，当时在国内尚属首次。1990年年末，全区乡以上采煤企业共有7个（全民所有制企业4个），生产原煤21.2万吨。1992年，全区有煤炭工业企业10户，其中：国营煤炭企业4户，乡（镇）煤炭企业5户，农垦系统煤炭企业1户，全年生产原煤30.9万吨。1996年，全区有煤炭企业21户（国营3户、乡镇企业18户），生产原煤33.1万吨，完成工业产值1424.89万元。2000年，全区煤炭生产关井压产，调整结构，全区共有煤矿企业22户，从业人员803人，生产原煤21.7万吨（乡镇煤矿13万吨、国营煤矿8.7万吨），完成工业产值976.5万元。随着国企改革的深入，全市国营煤矿企业均改制为股份制，同时加大了对小煤炭企业的治理整顿。2004年，全市关闭安全生产存在隐患、资源浪费严重的小煤矿企业15家；保留的25家煤炭企业，得到省级认证验收。

（二）铁矿采冶

保山市铁矿储量丰富，分布广，品位高，低硫磷，是国内少有的优质铁矿，初步探明储量在2亿吨以上。1976年，昌宁县岔河铁厂迁至达丙高桥，由省计委拨给10万元技术改造经费，建造日产钢铁6吨的电热炉1座，1979年年初建成投产，因矿石运距远，吨铁成本高，致使该厂连年亏损，1980年被迫停产。至此，保山地区的铁矿采冶仅有腾冲滇滩铁厂。1999年，腾冲县私营企业恒益矿产品有限责任公司斥资900万元兼并国有滇滩铁矿，滇滩铁矿实现一区一矿、统一规划、统一开采、采选一体化。

（三）铅锌矿采冶

保山市探明铅金属储量29.2万吨，锌金属储量48.4万吨。腾冲县铅矿主要有甲角山、银水洞、大洞场等地，距县城约60千米。全市有腾冲县大洞铅厂和龙陵勐兴铅厂、保山市瓦窑核桃坪铅锌矿。至1990年，勐兴铅矿已形成日处理50吨原矿采选及冶炼能力；大洞铅厂逐步发展成采选、冶炼和发电、运输设备配套的小型联合企业。1996年12月，勐糯铅锌矿扩建工程通过省级验收，正式移交生产。2000年，被云南省冶金集团公司兼并的勐糯铅锌矿投资近2000万元，将原电锌生产能力0.5万吨 / 年扩建为1.2万吨 / 年。同年，开采历史近10年、投资1.5亿元的保山市瓦窑核桃坪铅锌矿由于采选技术和管理水平较低，经多方协调，西北矿冶公司、广西柳砂集团同该矿达成初步协议，实行并购。2002年11月，瓦窑核桃坪铅锌矿破产，被保山市中级人民法院拍卖，祥云飞龙公司以2800万元收购核桃坪铅锌矿。

（四）锡矿采冶

1978年9月，昌宁县在新街（大田坝）公社湾冈大队竹麻林办锡矿，试用土炉冶炼，炼出精锡10千克。1979年，改由县、社联营办锡矿，当年生产精锡11吨。1982年年底，改为地方国营昌宁锡矿，1985年选场生产能力达日处理原矿50吨。1985年以后，在腾冲瑞滇、中和、荷花等地也找到了锡矿，由当地人用土法开采，手工选矿。2004年，昌宁锡矿拍卖改制。

（五）铜矿采冶

1958年“大跃进”期间，保山县沙河铜厂组织上万人进行采冶；昌宁县新建耈街阿路辣槽箐铜厂和更戛八道河铜厂，腾冲县建灰窑铜厂，组织大批人马开采冶炼铜矿。1962年，除沙河铜厂外，其他铜厂先后停办，至1973年沙河铜厂仅有15名工人，年产铜1吨多，1974年停止开采，至此，全区冶铜业全部停业。20世纪80年代，以乡镇企业和个体私营为主的铜矿开采再次兴起。随着地质工作的深入，探明铜矿储量也逐渐增多。

（六）金银及其他矿采冶

20世纪50年代初期，保山地区停止区内所有的金银矿开采冶炼。1986年以后，区内金银开采再次兴起，但地质程度低，储量不明，开采规模不大。金矿开采主要在潞江坝和腾冲、施甸，银矿多与铅锌矿伴生，已探明保有金储量943克、银117.8吨。随着国家西部大开发战略的实施，云南地矿资源股份公司在隆阳区金厂河一带发现了金矿，预测估算资源储量黄金约60吨。1990年，全区已探明的金属矿有镍、钴、钙、铜、钼、镉、铍、锆、铌、钽、铀等金属及稀有金属和贵金属，多因地质程度低，储量不详而未大规模开采，其中：龙陵县、腾冲县的铊、钼矿已在开采，因受市场调节，处于时开时停状态，尚未成规模。钨矿开采多集中在龙陵、腾冲两县，全市已探明的保有储量为氧化钨2388金属吨，有中型矿床1个，小型矿床2个，主要是龙陵县平达锡钨矿，腾冲县铁窑山锡钨矿和中和锡钨矿，因国家控制钨矿的开采，市内尚未大规模开采。汞矿资源主要分布于隆阳区和施甸县，主要矿床有隆阳区汶上汞矿、蒲缥金家山汞矿，施甸县茅草坡汞矿。

（七）天然气开采

保山天然气探明储量为9.66亿立方米，保有储量为9.59亿立方米，其中可采储量为6.76亿立方米。1997年，保山天然气公司投资500万元，采用先进输送设备，经过1年不间断施工，为保山钢铁厂、保山城区居民生活直接管道输送天然气，达到5万立方米/日的能力。

第四节　国土资源执法监察

一、非农业建设用地清查

1984年6月至1985年12月，据地县（市）两级清查，1983年至1985年上半年，全区非农业占用耕地达11378.43亩，其中：保山市4537.23亩，昌宁县1436.95亩，施甸县280.96亩，腾冲县619.29亩，龙陵县4504亩。且全区各县（市）非农业建设占用耕地呈急剧上升趋势。详情情况见下表。

1983年至1985年上半年各县（市）非农业占用耕地情况表

表16-16　　单位：亩

单　位	1983年	1984年	1985年上半年	合　计
全　区	3083.57	4067.82	4227.04	11378.43
保山市	1646.56	1554.26	1336.41	4537.23
施甸县	40.16	77.98	162.82	208.96
腾冲县	224.00	254.76	140.53	619.29
龙陵县	1087.00	1989.00	1428.00	4504.00
昌宁县	85.85	191.82	1159.28	1436.95

1986年4月起，全区按照中央有关文件精神，开展较大规模的非农业用地清查工作。

至1988年年底，除保山市有两户未处理外，清查中立案的26040件、25837户个人、62个违章单位，共7149亩土地已处理完毕，共处罚款13935户、款额113.91万元；补交土地补偿费9251户、款额99.97万元。1989年，对清查非农业用地漏清户和处理后长期未兑现的541户，进行处理兑现。

1997年6月，根据省政府办公厅的要求，行署办公室发出《关于全面开展非农业建设用地清查工作的通知》。清查范围是1991年1月1日至1997年4月15日的各类建设、各类开发区、房地产开发公司、乡镇企业、个体经营企业的城乡干部、职工居民住宅的用地情况。清查重点为房地产开发公司、城乡接合部、公路沿线的非农业建设用地、乡镇企业用地：查用地手续是否合法，建设用地面积有无超占，土地利用是否充分，有无荒芜闲置浪费，有无擅自买卖、出租、转让土地和改变用途的行为。经过4个多月的努力，全区共清理非农业建设用地64023宗，面积2019.22公顷，其中：耕地1064.44公顷；清理国家建设用地1864宗779.38公顷（耕地536.15公顷）；集体建设用地1368宗142.94公顷（耕地55.55公顷）；个人建房用地60791宗976.89公顷（耕地472.75公顷）。此次清查中，共查出违法占地11896宗194.63公顷，其中：未批就占1864宗78.32公顷，少批多占10032宗116.31公顷。在清查处理中，共收缴各种税费、土地补偿费、出让金等共724.37万元。此外，还处理了擅自出租或出让用地557宗19.23公顷。

二、土地市场治理整顿

2004年，根据《国务院办公厅关于深入开展土地市场治理整顿严格土地管理的紧急通知》和《云南省深入开展土地市场治理整顿工作实施方案》的安排，全市开展了历时4个月的土地市场治理整顿。

（一）对工业园区用地清理

保山市通过清理，保留两个经省政府批准的工业园区：一个是保山市个体私营经济实验区，该园区由《云南省人民政府关于保山市个体私营经济实验区有关问题的批复》批准设立，选址与保山撤地设市后的隆阳区城市建设规划相重叠和交叉，市政府没有明确园区建设的具体范围，也未成立相应的园区管理机构，仍由保山市和隆阳区的土地利用总体规划和城市建设规划组织实施，由隆阳区国土资源局代表政府按城市规划区内分批次办理征用手续，并按具体建设项目用地的有关规定供地；另一个是腾冲县个体私营经济实验区，该园区1999年由《云南省人民政府关于设立腾冲个体私营经济实验区的批复》设立，位于腾冲县中和乡与和顺镇的交界处，占地类型原为火山熔岩堆积成不规则的小山坡（俗称石头山），规划占地7.3平方千米，从开始建设到2004年，已累计投入资金3400余万元，其中征地拆迁安置1100万元、道路基础设施投入2300万元，已供地1100亩，没有出现违法违纪行为。

（二）经营性用地出让监察

根据国务院2001年《关于加强国有土地资产管理的通知》和国土资源部2002年《招标拍卖挂牌出让国有土地使用权规定》，国土资源部和监察部联合对经营性用地进行专项监察。经清理，2001年至2002年8月，保山市经营性土地使用权招标出让共756宗974.6亩，收取土地出让价款10636万元，每亩10.91万元；2002年8月至2003年，全市经营性土地使用权招拍挂出让共554宗1191亩，收取土地价款15858.6万元，每亩13.31万元；2004年1—9月招拍挂出让共235宗264.9亩，收取土地价款4882万元，每亩18.42万元。

三、基本农田保护检查

2004年，根据国务院和省政府的相关要求，保山市国土资源管理部门会同农业部门，对辖区范围内的基本农田保护情况进行检查。通过检查，全市2003年年底基本农田保护面积为27.9万公顷，总耕地面积33.8万公顷，保护率为82.6%。1999—2003年，基本农田减少6484.7公顷，其中：经批准基本农田调整为建设用地51.2公顷，自然灾害损毁1305.3公顷，生态退耕3870.7公顷，农业结构调整1257.4公顷；补划基本农田3307.281公顷。全市基本农田划定块数7859块，建立保护标志牌96处（块），县（区）、乡（镇）、村组三级已逐级签订基本农田保护责任书。

四、矿业权市场秩序治理整顿

1986年起，贯彻实施《中华人民共和国矿产资源法》及相关法律法规，保山逐渐加强矿产资源开发管理，但开发秩序仍然很混乱，资源和环境均遭到不同程度的破坏，其间，虽按上级业务部门要求对矿产资源开发秩序进行过治理和整顿，但矿产资源开发秩序时好时坏，一直未能从根本上得到治理。

2002年，矿产资源管理职能入国土资源管理部门后，根据上级政府要求，国土资源管理部门对矿产资源开发秩序多次进行专项执法监察，并逐步将矿产资源执法监察常态化，矿产资源开发中的违法行为逐渐得到遏制。2005年后，保山市国土资源局会同安监、环保、公安等部门，扎实开展了矿业权市场秩序的治理整顿，确保全市矿业权市场秩序根本好转。

第七章　质量技术监督

第一节　机构沿革

1978年7月，根据省革命委员会关于“各地、州、市、县革命委员会应建立标准化计量机构”的要求，保山地区革命委员会决定成立地区标准计量局，由地区科委、计委分口管理，负责管理全区的标准化和计量工作，编制12人；12月，行署标准计量局成立（副处级），负责对全区的标准化、计量、质量工作实施监督管理。

1981年7月，行署批复从昌宁、施甸、腾冲和龙陵四县的农机厂或拖修厂抽出部分职工，组建衡器检修站。1982年1月，行署标准计量局决定成立保山地区第一批产品质量检测站。保山在全省率先成立了地区白砂糖检测站、地区茶叶检测站、地区机械产品质量检测站三个产品质量检测站。

1983年，地级机关机构改革。7月，行署标准计量局并入行署计划经济委员会，对内称行署计经委标准计量科，对外称保山地区标准计量所。

1987年12月，恢复行署标准计量局。

1988年，行署标准计量局设办公室、标准化质量管理科、计量管理科3个科室。

1991年4月，行署标准计量局改设为行署技术监督局，为行署的直属局。局、所分开，建立地区计量测试所，为行署标准计量局下属事业单位（副科级），同时增挂地区产品质量检验所的牌子，实行两块牌子、一套人马，核定事业编制6人。各县（市）标准计量局也同时改设为县（市）技术监督局，原规格级别不变，由县（市）政府直接领导。

1999年10月，按照国务院要求，行署技术监督局移交省质量技术监督局实行垂直管理，升格为正处级，同时更名为云南省保山地区质量技术监督局。12月，行署决定，人事劳动部门的锅炉、压力容器、电梯、压力管道、起重机、防爆电器等特种设备的安全监管职能、所属机构及编制、人员，划归云南省保山地区质量技术监督局。

2000年4月，根据国家局和省局对技术检测机构改革的要求，结合保山实际，保山地区质量技术监督局将地区计量测试所、地区产品质量检验所、地区锅炉压力容器检验所、地区劳动安全卫生检测检验站合并，组建保山地区质量技术监督技术检测中心，质监职能进一步扩大。

2001年8月，云南省保山地区质量技术监督局更名为云南省保山市质量技术监督局，内设4科1室：办公室、计划财务科、标准化计量科、监督科、特种设备安全监察科；下辖5个县（区）局、市检测中心，共6个单位。2004年年底，国家明确质监部门负责食品生产加工环节的监管，原由卫生部门承担的生产加工环节的食品卫生监管职责划归质监部门。

2005年，依据相关法律、法规及规章梳理并向社会公布，市质监部门行政许可职权10项、行政监督职权28项、行政处罚职权237项、行政强制职权3项、其他行政职权8项。

第二节　计　量

1978—2005年，保山市各级政府通过建立健全计量管理机构和技术机构，加强计量管理，统一计量制度，建立计量标准，开展量值传递，进行检定测试，保证保山与全省、全国、全世界计量单位的统一和测量结果的准确一致，维护地方社会经济秩序。

一、国际单位制度推行

1978年，按照云南省革命委员会《云南省计量管理实施办法（试行）》规定，保山地区的计量制度采用米制，逐步推行国际单位，保留的市制逐步改革。旧制、杂制一律废除。边疆少数民族地区，也逐步对原有的旧制、杂制进行改革。英制，除因特殊需要经省标准计量局批准外，一律不准使用。

1982年，根据省审计局的统一部署，在全区广泛深入地宣传贯彻《中华人民共和国计量单位名称与符号方案（试行）》，推行国际单位制，使得保山的计量单位制与国际单位制逐步统一。同时保留了市制中长度单位的里、丈、尺、寸、分，质量单位的担、斤、两、钱、分，面积单位的亩、分、厘。

二、计量认证

1987年12月起，保山地区执行省标准计量局《云南省产品质量检验机构计量认证管理办法》。

1991年，保山地区水泥产品质量监督检验站的2个检测项目通过省标准计量局的认证。1993年3月，地区产品质量检验所食品检验室和建材（砖瓦）检验室通过省技术监督局的计量认证考核验收，取得向社会提供公正数据的法定资格。

2001年，按照国家质量技术监督局发布的《中小企业计量检测保证规范》考核评审了怒江糖业有限责任公司等6个企业，并颁发了计量合格证书。2005年，保山市组织了对食品检验检测机构计量认证的专项监督检查。

三、量值传递

保山市的量值传递严格按照国家量值传递法规进行。一般的传递程序是：国家标准→副基准→工作标准→一等标准→二等标准→三等标准→四等标准→五等标准……工作器具。

通过科学的量值传递系统，将国家基准、标准的量值，逐级传递到科研、生产、流通等各个领域中使用的每件计量器具，以保证保山与全省、全国的量值准确、一致、统一，从而促进保山的工业生产和科学管理，进而保证产品质量。

四、计量检定

保山地区计量测试所成立后，即开始检定全区的计量器具。1987年6月，根据省标准计量局发布《云南省第一批实行强制检定的工作计量器具明细目录》的规定，市综合技术检测中心共检定各种强制检定计量器具23578台（件），并实现再用计量器具周检率100%。2000年4月，保山地区计量测试所并入保山市综合技术检测中心。截至2005年，保山共检定各种计量器具68597台（件）。

五、定级升级

1984年11月起，国家计量局颁布的《工业企业计量工作定级、升级办法（试行）》执行，保山地区据此认真组织开展工业企业计量定级升级工作。1986年，地区农业机械厂取得“三级计量合格企业”。1987年，地区水泥厂、保山锅炉厂、腾冲县氯酸钾厂、保山汽车运输总站、地区汽车修理厂等5家企业取得“三级计量合格企业”。1988—1989年，保山汽车运输总站取得“二级计量合格企业”；全区有25家企业取得“三级计量合格企业”，其中：地区企业4个，保山市5个，腾冲县6个，龙陵县4个，昌宁县6个。1990年，保山地区怒江糖厂取得“二级计量合格企业”；全区12家企业取得“三级计量合格企业”，其中：地区企业2个，保山市5个，腾冲县2个，龙陵县1个，昌宁县2个。1991年，昌宁县茶厂取得“二级计量合格企业”；保山地区新华肥皂厂等14家企业取得“三级计量合格企业”，其中：地区5个，保山市3个，腾冲县4个，龙陵、施甸县各1个。

六、计量合格确认

按照国家质量技术监督局2000年5月发布的《中小企业计量检测保证规范》和2001年4月《定量包装商品生产企业计量保证能力评价规范》要求，保山市计量职能部门引导和帮助27家中小企业、农产品生产企业、民营企业通过了计量合格确认；引导企业建立计量保证体系，积极开展计量保证能力评价工作，共有3家企业、36种规格的产品获“C”标志合格确认，为企业在提高产品质量、节能降耗、改善管理等方面起到积极作用。

七、计量监督检查

1978—2005年，保山市大力整顿和规范市场计量秩序，深入开展集贸市场和加油站计量专项整治，组织重点市场计量监督检查，实现在用计量器具周检率达100%的目标；全市共开展市场定量包装商品检查500批次，合格450批次，批次合格率90%。

第三节　标准化

一、监督管理

1978年行署标准计量局成立后，即着手对保山标准化工作的管理。1989年《中华人民共和国标准化法》颁布实施后，保山地区按照省标准计量局《关于清理整顿云南省现行标准工作安排》《云南省企业标准化水平考核试行办法》的规定，开展标准化清理整顿工作，清理1989年4月1日前省、地州市标准计量局所发布的地方企业标准。全区共清理整顿15个地方企业标准，全部转化为企业标准，由企业管理。对企业标准化水平逐家进行考核，依法鼓励企业积极采用国际标准，保山标准化工作逐步由过去的微观管理转变为组织协调的宏观管理，从行政管理转入法制管理轨道。截至2005年，保山受理备案的企业产品标准达370多项。

二、国际标准采用

保山市在采用国际标准中（以下简称“采标”），密切结合保山实际，尤其是企业的实际情况，合理确定采用程度，标准之间做到协调统一，相互配套，门类齐全，循序渐进。对于国家及行业标准中高于国际标准的质量指标和要求，除确实不合理的外，一般都不降低。首先采用国际标准中基础标准、方法标准、原材料标准、零部件元器件标准，当遇到国际标准中推荐几种方案，或只规定产品的主要性能指标的情况，根据实际，选取国际通用方案；在技术引进和设备进口中采标，必须符合国家《技术引进和设备进口标准化审查管理办法（试行）》（1984年12月15日发布）；如国际标准不能满足要求，或者尚无国际标准，严照上述原则，积极采用国外先进标准。截至2005年，全市共有22户企业的29个产品获产品采用国际标准认可。

三、无标生产消灭

1999年6月起，执行省政府办公厅下发《关于云南省全面开展县以下工业企业消灭无标准生产工作的通知》要求。2001年，隆阳区被省质量技术监督局列为云南省消灭无标生产试点县（区）。通过多方努力，隆阳区105户工业企业产品标准覆盖率从64%上升至100%，隆阳区被省质量技术监督局评为“云南省消灭无标生产先进单位”。2002年，保山市消灭无标生产工作在隆阳区试点的基础上全面推开，全市的355家工业企业产品标准覆盖率从65%上升至100%，圆满完成消灭无标生产任务。

四、农业标准化

“十五”期间，保山市共建立昌宁县甘蔗农业标准化种植、龙陵县黄山羊标准化养殖、隆阳区透心绿豆、隆阳区烤烟种植、昌宁县烤烟种植、腾冲县油菜、腾冲县饵丝等8个全国农业标准化示范区，取得良好的经济和社会效益，初步发挥了示范区的辐射带动作用。组织制定云南省养殖业方面的首个综合性地方标准——《龙陵黄山羊养殖综合标准》，填补了云南农业标准化工作在养殖领域的空白。

2004年6月，昌宁县甘蔗种植通过国家级验收，成为全国第三批农业标准化示范项目，2005年8月获得保山市科技进步三等奖。2005年10月，在国家标准委召开的全国农业标准化示范区总结暨表彰大会上，市质量技术监督局被评为“全国农业标准化示范区组织推广先进单位”，成为全国31个获此殊荣的单位之一，同时也是云南唯一一家获得该项荣誉称号的单位。

第四节　质量技术监管

一、监督管理

1978—1993年，每年9月保山地区工交企业的“质量月”活动期间，全区标准计量部门全力以赴，深入工交企业普遍检查执行标准和产品质量情况，以促进企业推行全面质量管理，进而提高产品质量和经济效益。利用“质量月”开展产品质量知识宣传、开展产品质量专项整治行动、向群众介绍真假产品鉴别方法、受理群众咨询、投诉、举报。1991年6月12—18日，保山地区举办假冒伪劣商品展览，有6万余群众参观。至2005年，保山市质监系统共计发放各种宣传材料5万余份，受理群众咨询投诉600多起，为群众挽回经济损失1500余万元。

二、质量档案（数据库）管理

2003年，根据省政府办公厅《关于在全省开展工业企业质量状况普查建立质量档案工作的通知》要求，保山市开展工业企业质量档案普查建档工作。建立完善3大经济行业、25个经济类别、355家工业企业的质量档案和市、县（区）两级质量档案信息数据库，并实施对工业企业质量档案数据的更新和动态管理，基本摸清和掌握全市工业企业的质量状况和发展水平，为政府决策提供科学依据。截至2005年，全市共有3家企业获得云南省名牌产品称号，1家企业获得国家免检产品称号。

四、工业产品生产许可

1986年1月，保山农机厂的东风-12拖拉机取得全国工业产品生产许可证，这是保山地区第一家获得生产许可证的企业，也是云南省第一批取得工业产品生产许可证的企业及其产品。截至2005年，保山市共有42家企业的45个产品取得全国工业产品生产许可证。

五、食品市场准入

保山市质监系统大力帮扶、积极推进食品质量安全市场准入工作，截至2005年，全市有58家企业的60个产品取得生产许可证，获得食品市场准入资格，其中：大米17家、小麦粉6家、食用植物油7家、食醋1家、酱油1家、瓶装饮用水2家、白砂糖9家、白酒17家。

六、技术检测

自2000年4月组建质量技术监督技术检测中心后，保山市通过认证的检验检测项目达197项。共检定（校准）各类计量器具68597台（件）、检验各类产品质量5883批次、监督检验特种设备3214台（件）、检验压力管道85000米。

第五节　行政执法

一、打假执法

1978—2005年，保山市质监部门针对政府关心、社会关注的热点难点问题，针对时令特点，突出重点区域、重点市场、重点商品大力实施打假治劣“12365”工程，组织对建材、汽车农机零配件、农资、食品等产（商）品，开展60多次专项打假行动，彻底取缔“地条钢”生产线，“黑心棉”、假酒、假酱油、假饮料等区域性制假活动得到有效控制。至2005年，共立案2042起，捣毁制假售假、假冒伪劣商品窝点245个，查处假冒伪劣商品总标值8250万元，销毁假冒伪劣商品货值280多万元，受理投诉案件450余起，为消费者挽回损失580多万元，总体上避免了假劣农资坑农害农和劣质建材对工程质量造成的隐患。

二、监督检查

1978—2005年，保山市扩大流通领域商品质量监督检查的种类和数量，特别是对涉及人体健康及人身和财产安全的产品每年都安排质量监督检查，有效促进全市主要工业产品质量的提高。至2005年，全市共抽检各类生产企业1250家次，产品2870批次，合格2043批次，批次合格率为71%；共抽检全市各类商业企业2580家次，检查商品4890批次，合格3340批次，批次合格率为68%。

第六节　特种设备安全监察

2000年4月，原隶属于劳动人事部门的特种设备安全监察工作职能划归质量技术监督部门，保山地区质监局设立特种设备安全监察科，机构编制3人，负责全区的特种设备安全监督管理工作。2000—2005年，保山市质监系统共组织开展全市性的特种设备安全大检查30余次，出动安全监察人员4000余人次，检查锅炉、压力容器、电梯、起重机械、场(厂)内专用机动车辆等设备13000多台次，完成了特种设备的专项普查整治工作，初步建立了特种设备数据库，培训考核特种设备作业人员2500多人，消除事故隐患5000多条，保障了全市没有发生较大以上特种设备事故。

一、“锅容管特”普查整治

2001年9月至2002年9月，保山市政府成立“锅容管特”普查整顿领导小组，组织完成了锅炉、压力容器、电梯、起重机械、场(厂)车等特种设备的普查整治工作，摸清了全市特种设备的数量、分布和安全状况。截至2002年9月，全市共普查418个单位1570台特种设备，其中：锅炉317台、压力容器933台、电梯93台、起重机171台、场(厂)车34辆、游乐设施21台、客运索道1条，普查率99%，符合使用登记1288台，发证率97%。通过普查整治，督促特种设备定期检查821台，发出特种设备安全监察指令书568份，消除事故隐患1354处，报废存在重大安全隐患的设备42台，取缔187户企事业单位、个体在用的“土锅炉”205台，隐患整改率达98%，2002年10月初，普查整治工作通过省质监局考核验收。

二、气瓶普查整治

2003年，保山市开展气瓶普查整治，实施气瓶产权转移或托管至气瓶充装单位，明确了充装单位对气瓶的安全负责，只允许充装自由产权气瓶；对12家气体充装站进行专项治理，100%取得气瓶充装资格，各充装站建立完善了气瓶台账及档案。经普查，全市共有各类气瓶40029只，其中：液化石油气瓶33651只、氧气瓶5436只、二氧化碳气瓶221只、车用气瓶721只；检验液化石油气钢瓶4293只，报废79只，定检率95%；检验永久气体钢瓶1085只，报废79只，定检率98%。强化了气瓶的安全管理。

三、压力管道普查整治

2004—2005年，保山市开展为期一年的压力管道专项普查整治，查清压力管道的数量、分布、基本安全状况。全市共有压力管道545条，总长度105.74千米，分布在84家使用单位，其中：隆阳区在用28户、307条，总长90.89千米；施甸县在用5户、19条，总长1.60千米；腾冲县在用35户、96条，总长5.90千米；龙陵县在用7户、36条，总长2.37千米；昌宁县在用9户、87条，总长4.97千米。从管道类型来分，全市工业管道共有372条43.94千米，公用管道共有173条61.8千米。对液化气管道、天然气管道、压力≥2.5兆帕的锅炉主汽管道等重点管道安装时进行监检，合格才投入使用，确保压力管道安全。

四、气瓶安全检测站

2005年5月，根据保山市政府办公室对《保山市质量技术监督局关于保山市隆阳区天然气瓶定期检验问题的报告》的批复要求，经多方协调，服务企业，建立保山康浩钢瓶检测站，有效解决了保山气瓶检验检测难题，填补保山无气瓶检测站的历史空白，为保山的气瓶安全监管提供有力的技术支撑。

第八章　安全生产监督管理

第一节　机构沿革

1978年，保山地区革委会计划委员会下发《关于解决安全干部指标的通知》，明确在计委劳动科内配备专职人员从事安全管理工作，其中地区计委2人，保山、腾冲两县在计委配备2人，其他3县在计委配备1人。同年9月，地区和各县分别成立安全生产委员会，配备专职人员。同时，各企业主管部门也指定相关科室负责安全管理工作，企业设立治安保卫委员会，落实安全管理工作。

1980年9月，经行署批准，劳动安全工作由新成立的劳动局负责，在劳动局内设立劳动保护科，人员由计委劳动科划入。1981年5月和1982年11月，分别成立隶属地区劳动局的地区锅炉检验所和地区锅炉检修队，负责对全区范围内锅炉、压力容器等设备的质量、安全及其他相关情况进行监督管理，解决重大安全技术问题，对企业管理人员和操作工人进行教育、培训、考核发证等。1983年，全区新增劳动安全监察人员编制：地区劳动人事处由2人增至6人，保山市由1人增至5人，腾冲县和昌宁县各增1人。地区在劳动人事处设立了劳动安全监察科，对使用蒸气锅炉的企事业单位，一切矿山企业和其他企业实施劳动安全监察制度。

2003年5月，市委批准成立保山市安全生产监督管理局，为市政府主管全市安全生产的工作部门，正处级，归口市经贸委；核定领导职数3人（1正2副），行政编制13人、工勤人员编制2人。同年，成立市安全生产宣传教育中心，为市安监局下属财政全额拨款的科级事业单位，核定事业编制3人（科级领导职数1人，工勤人员编制2人）。

2004年6月，市安全生产监督管理局从市经贸委分出，独立行使安全生产综合监管职能。各县（区）也相继完成安监机构独立分设工作，隆阳区和腾冲县还率先在乡（镇）设立了安监站。8月，市政府成立市安全生产委员会，并首次明确市安委会及其办公室的职责任务。同时，相继建立保山市三级煤矿安全培训中心和保山市安全评价中心。

2005年，市安监局设办公室、安全监管一科、安全监管二科、法制宣传教育科、科技信息科5个科室和1个正科级培训教育中心，核定处级领导职数3人（1正2副）。

第二节　监督管理

1979年，保山地区行署安全生产委员会组织开展历时25天的安全生产大检查，全区

273个单位中271个进行自检自查后，行署组成检查组，重点抽查58个单位，共查出事故隐患127条，提出现场整改要求。

1981—1985年，全区先后培训司炉工5期，每期1个月。经过考试，共为1240人颁发合格证，占司炉工总数的55%。对考试不合格，未获合格证或未经培训的，不准继续从事司炉工作。

1983年2月，行署劳动局、公安处、经委和地区工会办事处联合召开全区安全生产经验交流会议，各县和地直有关单位、企业分管领导及安全管理人员100多人参加会议。经委、公安处和工会办事处领导作工作报告，19个单位和部分先进个人代表向大会介绍安全生产经验。同年5月，全区开展职业病鉴定情况调查。调查结果，全区接触尘肺人数为1592人，送诊669人，分别占企业职工总人数的23%和10%，其中：0-Ⅰ期为83人，Ⅰ期为11人，Ⅱ期为8人，Ⅲ期为14人，分别占企业总人数的1.2%、0.16%、0.12%和0.2%。

1986年，全区举办县（市）级安全管理干部培训班，有24名安全管理干部参加学习。经技术理论考试和安全监察员资格审核，有12名安全管理干部被任命为第一批县（市）级劳动安全监察员，颁发了监察员证书。同年，全区对15个机制白糖厂、2个红糖厂和部分矿山进行安全大检查，共查出8个方面的事故隐患，责成企业限期整改。对难以及时整改的重大事故隐患，行署劳动人事处向行署作专题报告，采取了相应的监控措施。同时，行署劳动人事处还组织对1986年度职工伤亡事故作监督检查。检查结果，全区国营企业职工伤亡事故下降20%，乡镇企业下降7%，个体矿山企业下降18%。同年，组织对保山锅炉厂生产的Ⅰ、Ⅱ类压力容器的检查验收工作，并举办全区第六期锅炉工培训班，培训86人，经考试合格率达87%，发给操作证75人。

1988年4月，由行署加强企业管理办公室、经委和劳动人事处联合制定出台《关于企业升级中考评问题的暂行规定》。在深化承包经营责任制过程中，对企业升级与安全考评工作提出安全指标要求，规定企业在升级考核和申报期间，凡死亡率或死亡、重伤事故及经济损失超标者，一律不得升级。1988—1989年，行署劳动人事处积极会同地直有关部门和五县（市）劳动人事局，深入区内130多个矿山企业、群众采矿点及集体建筑企业进行现场安全监察，宣传安全生产法律法规，查处安全生产事故，开展安全生产技术培训。检查中发出安全监察意见通知书14份，封停不具备安全生产条件的矿井37个。

1990年9月，行署安全生产委员会下发《安全控制指标和考核、奖惩规定》。劳动安全监察部门以矿山安全检查为重点，配合有关单位组成检查组，对矿山整顿情况进行全面检查，依法取缔无证采矿点419个，涉及无证采矿人员2062人，新组建集体采矿点39个，并对年度内发生的伤亡事故及时进行查处。针对司炉工人技术素质低的状况，举办司炉工技术培训班1期，培训司炉工72人，并与昆明市锅检所联办锅炉压力容器焊工培训班1期，培训焊工23人；指导保山市和腾冲县举办起重机械安全技术培训班4期。全年完成在用压力容器检验493台，登记439台，发证396台，注册43台，报废11台；锅检93台，监验锅炉9台；并帮助外地州检验锅炉23台次，容器181台。

1991—1992年，行署先后下发《保山地区企业安全生产领导责任制暂行规定》《保山地区安全目标管理考核奖惩办法（试行）》，全区认真贯彻落实，逐级分解下达生产性死亡、重伤人数的控制指标；定期开展安全大检查，及时发现和处理事故隐患；继续加强安全生产法律法规的宣传教育和培训工作力度，全区安全生产形势稳定，各类事故起数、死亡人数和重伤人数均大大低于省下达的控制指标。

1993年是全国安全生产事故的第三次高峰期。全区及时调整和充实各级安全生产委员会，传达、贯彻安全生产法规、规定及上级领导的指示精神，层层分解下达安全生产控制指标、兑现奖惩、修改完善奖惩办法；认真组织开展以“遵章守纪、杜绝三违”为主题的安全宣传活动。全年共组织检查5次，检查、考核企业100余户，共发现隐患200余处，帮助企业制订整改措施300条，督促企业认真落实整改。全年各类事故“三项指标”基本控制在省下达的控制指标以内。

1994年7月，行署批准出台《保山地区劳动安全监察暂行规定》。1994—1997年，全区各类事故死亡人数稳中有降，其中：1997年工矿商贸企业事故死亡人数下降到1985年后的最低水平。

1999年2—5月，两次对全区85个生产企业、旅游景点进行安全生产大检查，查出安全事故隐患143条，下达整改通知，责令相关企业限期整改。5月“安全生产周”期间，组织开展“电力杯”安全生产知识竞赛。通过报刊、电视媒体，全区受教育50多万人次。

2000年，地区劳动安全监察机构职能划转后，安全生产管理转变为由安委会协调和依靠行业管理。年内，地区安委会组织清理整顿区内4户烟花爆竹厂，其中对证照不齐、隐患较多、管理混乱的金鸡乡滇湘烟花爆竹厂，提请政府予以取缔。2000—2001年，保山市先后组织检查组205个，807人次，出动车辆211车次，深入到143个厂矿企业，检查砂石场439处，建筑施工工地186处，危险化学品生产、经营单位142个，变电站所96个，人员密集场所2261处。查出隐患3559条，现场填发停业整顿通知书55份，限期整改通知书840份，跟踪督促整改率达83%。

2002年，全市在完善安全生产责任制的同时，认真开展煤矿、非煤矿山和危险化学品安全专项整治。在煤矿安全专项整治过程中，遏制非法开采、私挖滥采，取缔炸封不具备安全生产条件的小煤矿，共炸封和关停小煤矿井47口；全市共投入整改资金650万元；加强培训，使全市拟保留的27对矿井基本做到持证上岗；完善煤矿图纸资料。在非煤矿山安全专项整治过程中，成立专项整治机构，组织开展摸底调查。全市实有非煤矿山1000余户，关停276户，列入整顿范围724户；组织举办5期矿长安全生产培训班，培训287名矿长和安全员，改善非煤矿山点多面广、安全条件差、人员素质低、管理不规范的现状。2003年，市政府第一次和省政府签订安全生产责任状，并在年度考评中被省政府考评组定为安全生产工作良好地区之一，受到省政府表彰。

2004年是全国实行安全生产控制指标的第一年，市政府发布《保山市安全生产综合监督管理办法》《保山市人民政府关于进一步加强安全生产工作的决定》。全市各级各部门以安全生产控制指标为中心，层层签订安全生产责任状，建立和完善安全生产责任制体系。

2005年，全市各级政府狠抓安全生产责任制落实，市政府与五县（区）政府、市直公安、安监部门签订责任状的同时，把签订范围扩大到市直交通、国土、建设、旅游、质监、教育等11个负有安全监管职能的行业部门。全市加大安全生产的宣传教育力度，发放安全生产知识宣传品10多万册（份），组织宣传20多次，培训矿长、负责人、特种作业人员近3000人，在全市初步形成了关爱生命、关注安全的社会氛围。全年共组织综合检查2次，专项检查20次，专项整治行动56次；查出安全隐患123处，督促整改123处。全年市级发放安全生产许可证46份，上报省级发证22份，对没有按规定办理安全生产许可证的，各级安全生产监督管理局及时提请同级政府予以关闭和取缔。年内，受省安委会委托，保山市积极应对和妥善处置了隆阳区“十・一九”特大交通事故，调查形成《保山市隆阳区“十・一九”特大交通事故调查报告》，上报省人民政府。

1978—2005年各年度职工伤亡情况比照表

表16-17

年度	事故起数	死亡人数	重伤人数	直接经济损失（万元）
1978	41	28	19	2.05
1979	28	26	17	3.14
1980	7	7	2	3.51
1981	55	32	15	2.66
1982	67	47	19	2.86
1983	40	44	8	3.50
1984	43	49	3	4.00
1985	43	56	4	3.60
1986	44	53	10	4.46
1987	37	45	2	4.31
1988	38	33	3	3.72
1989	24	41	7	8.68
1990	26	24	2	5.00
1991	21	20	6	9.77
1992	20	16	5	8.57
1993	36	29	22	90.00
1994	26	22	13	28.12

续上表

年度	事故起数	死亡人数	重伤人数	直接经济损失（万元）
1995	20	21	5	25.00
1996	24	22	7	27.40
1997	15	15	3	30.00
1998	13	13	11	31.00
1999	21	28	7	不详
2000	13	9	4	不详
2001	19	20	3	120.00
2002	14	12	5	96.00
2003	17	17	10	168.00
2004	17	24	3	234.00
2005	14	14	3	148.60

1980—2005年工矿商贸生产经营单位重特大事故比照表

表16-18

序号	时间	事故及发生地点	死亡（人）	重伤（人）	直接经济损失（万元）
1	1980.8.12	腾冲县城关镇化工厂火药车间发生爆炸事故	3	0	1.00
2	1982.2.7	施甸县金刚元糖厂发生钢板船翻沉事故	5	0	无记载
3	1982.9.22	保山县瓦马公社勐古大队勐古渡口发生沉船事故	35	0	无记载
4	1985.4. 2	龙陵县龙新区黄草坝个体云母矿坍塌	7	0	无记载
5	1985.9.25	腾冲县瑞滇区大松坡个体锡矿发生坍塌事故	3	0	无记载
6	1986.8.22	保山市板桥区董达乡个体采石场发生坍塌事故	4	3	无记载
7	1987.12.6～16	昌宁县林业局西桂林区公路施工中因放炮发生事故	3	0	无记载
8	1989.1.13	施甸县甸阳镇石古坡采石场发生坍塌事故	3	2	无记载
9	1989.3.15	腾冲县花炮公司发生爆炸事故	10	5	10.01
10	1989.5.13	腾冲县林业局苏江林场槟榔江林区公路石桥发生垮塌事故	8	1	49000
11	1994.4.26	保山市金鸡乡滇湘烟花爆竹厂发生爆炸并引起火灾	4	8	5.72
12	1995.10.24	保山市河图建筑公司昌宁农资公司仓库工地发生坍塌事故	3	0	无记载
13	1997.8.9	水电十四局龙陵茄子山水库工地第一采石场发生坍塌事故	3	1	无记载

续上表

序号	时间	事故及发生地点	死亡（人）	重伤（人）	直接经济损失（万元）
14	1998.2.4	龙陵县勐糯镇个体修车户在焊补油罐车罐体时发生爆炸事故	3	0	无记载
15	1998.10.27	保山市芒宽乡勐赖渡口发生沉船事故	10	0	无记载
16	1998.11.23	保山市汉庄建筑公司龙陵县新城区施工工地发生龙门架倒塌事故	5	0	无记载
17	1999.8.21	保山市汉庄镇汉营办事处包子山红山采石场发生坍塌事故	12	4	34.00
18	2001.2.29	保山市老营乡大蒿采石场发生坍塌事故	3	1	无记载
19	2001.12.31	龙陵县龙山镇杨梅山秧草洼采石场发生坍塌事故	3	0	无记载
20	2003.3.8	施甸县由旺镇老象山砂石场发生坍塌事故	3	2	无记载
21	2004.8.29	云南永昌铅锌股份有限公司860坑发生运输巷道跑车事故	5	0	92.46

第九章　食品药品监督管理

第一节　机构沿革

2001年11月，保山市药品监督管理局成立，为云南省药品监督管理局垂直管理机构，正处级建制，负责对辖区内药品（包括中药材、中药饮片、中成药、化学原料药及其制剂、抗生素、生化药品、生物制品、诊断药品、放射性药品、麻醉药品、毒性药品、精神药品、医疗器械、卫生材料、医药包装材料等）的开发研究、生产、流通、使用进行行政和技术监管。保山市药品监督管理局下设腾冲分局、龙陵分局、昌宁分局、施甸药品监督办公室4个派出机构和市药品监督办公室、市药品检验所2个直属机构。隆阳区的药品监管工作由市直管。

2005年3月，按照省食品药品监督管理局《云南省州市县食品药品监督管理系统机构改革方案》，在保山市药品监督管理局基础上，组建保山市食品药品监督管理局，属云南省食品药品监督管理局的垂直管理机构，除继续履行对药品、医疗器械的监管职能外，还负责食品、保健品、化妆品的安全管理的综合监督、组织协调和依法组织对重大事故的查处。至年末，保山市食品药品监督管理局内设办公室和人事教育、政策法规、食品安全协调与监察、药品安全监管与注册、药品市场监督、医疗器械监督等7个职能科室和纪检监察室，下设隆阳区、施甸县、腾冲县、龙陵县、昌宁县食品药品监督管理局5个行政机构和市食品药品检验所。

第二节　食品药品（医疗器械）监管

保山市药品监督管理局成立后，实行抽样与检验分离的制度对药品质量进行监管。2002—2005年共抽验药品1068批次（不合格187批次），通过抽验，为药品监督执法提供有力的技术支持，有效打击了制售假劣药品的违法犯罪行为。

2003—2005年，共出动执法人员11371人次，检查药品生产经营企业和医疗机构9799个次，查处药品、医疗器械违法案件1441起（立案查处653起、当场处罚788起），没收假劣药品、医疗器械案值39.02万元，没收无证经营药品、医疗器械案值30.94万元，没收违法采购药品案值29.86万元，监督销毁假劣药品、医疗器械案值214.30万元。

2005年，对全市使用麻醉药品的医疗机构的申请购用计划进行审批，建立特殊药品（麻醉药品、精神药品和易制毒化学药品）的动态监管机制，加强对特殊药品经营使用单位的监管，严防特殊药品流入非法渠道；成立市药物滥用与不良反应监测中心，并向省药品不良反应监测中心上报了第一例药品不良反应；狠抓药品、医疗器械安全信用体系建设，制定《保山市药品、医疗器械安全信用分类管理实施办法（试行）》，在全市药品、医疗器械生产、经营和使用单位中，实施信用分类监管、不良行为记录制度和公示制度，建立药品、医疗器械生产经营企业诚信档案1230个。同年，严格按照药品、医疗器械广告审查的有关规定，对在保山视屏、广播、报刊及其他媒介上刊播的药品、医疗器械广告认真进行审核备案；建立广告监测机制，指定专人对在保山发布的药品、医疗器械广告进行监测，按月上报监测情况；与工商行政管理部门成立联络办公室，加强对广告的监督检查，提请工商部门查处违法医药广告24起。

一、药品生产企业监管

保山市药监局成立后，保山开办鑫利制氧有限责任公司医用氧气生产企业，结束了保山长期使用工业用氧的历史。认真落实市委、市政府着力培植“腾药”的战略，指导云南省腾冲制药厂、腾冲县东方红制药有限责任公司进行GMP（药品生产质量管理规范）改造，云南省腾冲制药厂于2003年12月通过GMP认证现场检查，腾冲县东方红制药有限责任公司于2004年6月通过GMP认证现场检查。同时，每年组织对云南省腾冲制药厂、腾冲县东方红制药有限责任公司的监督检查不少于4次，开展非法委托生产、批准文号清理、包装说明书等专项整治，开展GMP认证跟踪检查。

二、药品经营企业监管

保山市在对药品经营企业监管过程中，第一，大力发展医药经济，满足和方便人民群众的用药需求，至2005年，药品批发企业增加至18个，药品零售企业增加至821个；第二，开展GSP（药品经营质量管理规范）认证工作，成立GSP认证工作领导小组和GSP认证工作站，积极督促指导企业实施GSP改造，保山市龙马药业有限公司在滇西片首家通过认证，至年末，全市有18个批发企业、706个药品零售企业通过GSP认证；第三，加强GSP跟踪检查为重点，加大对药品经营企业的监督检查力度，监督检查的覆盖面达到100%，着力解决药品经营中挂靠经营、超方式经营、超范围经营问题。

三、医疗机构药品监管

2002—2005年，保山市加强医疗机构药品的监管，开展医院制剂专项整治行动，严厉打击医疗机构使用其他医院制剂的行为，查获医疗机构制剂价值12.5万元；在强化日常监管的同时，积极探索长效监管机制，督促、指导医疗机构严格执行《中华人民共和国药品管理法》《医疗器械监督管理条例》等药品、医疗器械管理法律法规，制定《保山市医疗机构药品质量管理办法》，规范医疗机构药品、医疗器械采购、验收、贮存、使用等行为。

四、农村药品“两网”建设

2001—2005年，保山市通过开展农村药品“两网”（监督网络和供应网络）建设，创新农村药品监管模式，净化农村药品市场，提高药品质量，平抑农村药品价格，开拓药品市场，促进医药经济发展。全市药品批发企业销售额从1.0亿元上升到2.5亿元，农村药品价格下降25%～30%，有效减轻了农民群众的负担。

（一）农村药品监督网络建设

2003—2005年，全市聘请公安机关经侦大队、治安大队领导和各乡（镇）派出所干警、乡（镇）政府领导177人担任药品监督员，聘请1051名村委会领导为药品协管员，实现农村药品监督网络全覆盖。

2005年，在全市范围内实行药品经营企业和医疗机构药房统一悬挂药品、医疗器械质量监督牌的新举措，监督牌上标明药品经营企业和医疗机构常见的8类违法违规行为，公布投诉途径和监督电话。隆阳区在乡村设置非处方药柜的同时，一并将非处方药柜负责人聘请为药品协管员。全市走“群防群治”的社会化监督路子，构建以药监部门为主，药品监督员、药品协管员为辅的市、县、乡、村四级药品监督网络，确保人民群众用药安全有效。

（二）农村药品供应网络建设

市药监局成立之时，全市仅有药品批发企业7个、零售药店130个，药品供应形式单一，价格偏高，群众用药极不方便。2002年年初，市药监局把农村药品供应网络建设纳入药监工作规划，在药监部门的引导和协调下，让市场配置资源，调动各方面的积极性，在法律规范下建立农村药品供应网络。2002年，福林堂、一心堂、宏恩堂、东骏大药房等省内知名企业纷纷进入保山市场；龙马药业、民心药业、健君药业（腾冲）、天天药业、广源堂等民营批发企业相继成立，打破医药市场原国有企业一统天下的格局，药品供应向多元化方向发展。运用政策引导药品零售企业由中心城市向周边地区和农村发展，零售药店发展到824个，非处方药销售柜发展到494个，龙陵县在实施全国农村新型合作医疗试点的基础上，配合卫生部门将10个乡（镇）120个卫生室所需药品实现由卫生院统一采购配送，100%的乡（镇）实现药品连锁配送进县到乡，82%的行政村实现药品连锁配送到乡进村。

开展药品配送试点工作，积极支持保山市龙马药业有限公司开展农村药品供应网络建设试点工作，支持腾冲县健君药业有限责任公司进行农村配送试点，共设立药品配送中转库6个。发展OTC（非处方药）销售点。为切实解决部分边远、贫困农村地区缺医少药问题，对于没有药品零售企业的行政村或自然村，经县药监局批准，允许药品批发企业和零售连锁企业在该乡（镇）开设的门店到该行政村或自然村设立药品销售点，并在批准经营的药品范围内销售非处方药品。

2005年，市药监局进一步明确农村药品供应网络建设中的政策问题，总结并推广农村药品供应网络建设中的五种模式（直配式、增设式、中转配送式、代购式和医院药房托管式）。这一创新的工作，从根本上解决了农民“买药难”的历史问题，云南省副省长程映萱对此作出批示：“保山市食品药品监督管理局坚持把‘眼睛盯在农村、心思放在农村、功夫下在农村、重点落在农村’的药品监督管理工作，体现了服务农村、农民是我们监督管理的重点目标，对方便农村群众用药、搭建农村药品配送网络建设的平台起到了示范作用。望省食品药品监督管理局在全省有条件的地方，积极推广这种服务农村、服务基层的模式。”据此，省食品药品监督管理局作出《关于认真贯彻落实程映萱副省长重要批示精神的通知》，要求全省各州市食品药品监督管理局认真领会批示精神，结合各地实际抓好贯彻落实。

五、医疗器械监管

2002—2005年，保山市加强对医疗器械经营企业的监管，严格按照医疗器械经营企业认可标准开办医疗器械经营企业，积极办理医疗器械经营企业许可证，对不需要办证的Ⅱ类医疗器械实行备案制；对相关单位加强法规培训宣传、实行登记备案制度和索证索票制度，重点对辖区内销售、推广使用避孕套的经营企业、宾馆饭店、商场超市、性保健用品商店进行专项检查，消除隐患，促进“禁毒防艾五项工程”有效实施。

六、药品（医疗器械）市场秩序规范

针对药品市场存在假劣药品屡禁不止、无证非法经营、出租证照、挂靠经营、超范围、超方式经营、向非法渠道采购药品及医院制剂流入市场的问题，2002年，保山市开展小儿吊瓶、一次性使用无菌医疗器械、药品质量监督、医院制剂、医疗机构药剂及整治药品流通秩序6次专项检查工作；2003年开展过期药品、橡胶避孕套、邮售假劣药品等专项检查及联合打假专项行动；2004年开展打击制售假劣藏药、非法收购药品、医疗器械专项整治、无证医疗器械、植入人体医疗器械等专项整治工作；2005年深入开展了打击制售假劣药品、非法收购药品、医疗器械、保护药品知识产权、麻醉药品、妊娠药品、水半夏、疫苗流通、一次性无菌器械用后毁型消毒、标签和包装标志、打击邮售假劣药品等专项整治活动。

在2003年“非典”期间，全市共组成15个市场巡查组，加强对辖区药品市场的监督检查及对机关、学校、企事业单位服用预防“非典”的中药材来源、质量进行现场检查，共出动执法人员868人次，检查药品生产单位3个、医疗器械生产单位1个，检查药品经营

单位311个、医疗器械经营单位60个，检查医疗机构372个、医院制剂室6个，检查服用预防“非典”中药汤剂机关、学校、企事业单位24个，查处违法案件147起(立案查处57起，当场处罚90起)，结案137起，罚款6.2万元，查获无产品注册证口罩4600个，销毁过期药品和未标明有效期药品标值27.5万元。

七、药品、医疗器械从业人员培训

2002年，保山市对生产经营企业、乡(镇)以上医疗机构及个体诊所药品、医疗器械从业人员2256人进行《中华人民共和国药品管理法》培训。同年，对药品生产经营企业从业人员进行GMP、GSP和岗位培训，通过培训，全市1181人取得上岗资格。与劳动部门一起，开展职业技能鉴定工作，全市有300人通过职业技能鉴定。

2004—2005年，在药品生产经营企业中开展药学专业技术职务评定工作，通过培训和考试，全市有680人取得主管药师资格、793人取得药师资格、186人取得药士资格。对零售药店负责人进行GSP认证培训，有763人参训。

八、食品安全综合监管

2005年4月，保山市食品安全委员会及其办公室成立后，履行起“组织协调、综合监管、依法组织对重大食品安全事故查处”的职责。一方面全面推行食品安全工作目标责任制和问责制，市、县(区)、乡(镇)、村层层签订食品安全工作目标责任书；另一方面，加强日常监管，组织开展联合执法大检查，保障了重大节假日和节庆活动期间的食品安全，组织相关部门深入开展各项专项整治，牵头组织综合执法。2005年，及时协调处理了“月饼霉坏变质举报案”等5起群众投诉举报案件和多起食品安全突发事件，尤其是对9月27日施甸县由旺镇和仁和镇保场发生的一起60人食物中毒事件，市、县两级食品安全委员会办公室积极协调组织，迅速对发病情况、事件原因等进行了调查处理。

第三节　食品药品检验

保山市的食品药品检验工作始于1973年8月地区药品检验所成立之时。至2005年年末，市食品药品检验所内设办公室、业务科、化学室、中药室、生测室、食品检测室6个科室，担负着全市食品药品生产、经营、使用单位食品药品质量的检验和地产药材的标本收集、鉴定、整理等工作。有在职职工23人(专业技术人员19人，占83%，其中：主任药师1人，副主任药师3人，主管药师6人，药师及其他9人)。拥有安捷伦高效液相色谱仪等大型精密检验仪器设备100余件，价值约140万元；拥有100级净化工作实验间3间和省实验动物管理委员会认证的动物实验室，能开展对中药材、中药饮片、中成药、化学原料药及制剂、抗生素、生化药品、麻醉药品的常规检验工作。

1978—2005年，随着全所检验人员的专业技术素质的提高，检验设备的逐步完善，完成的药检任务逐年增多，工作范围也逐步扩大。1982—1992年，完成的药检任务从42件增至595件；1992—2001年，从595件增至1001件；2002年共完成249批，其中抽检150

批，送检99批；2003年共完成485批，其中抽检375批，送检110批；2004年共完成541批，其中抽检500批，送检41批；2005年共完成1216批，其中抽检411批，送检805批。收集腊叶标本609种，药材标本579种（含地产药材218种）。鉴定并上台腊叶标本190种，为鉴定中药材的真伪发挥了积极的作用。1978—2005年，全所有20篇论文在国家级杂志上发表。2002年，被大理学院确定为外教实习基地之一，为滇西片培养药学专业技术人才提供了一个优良的实践教学环境。

第十章　招商引资及经济合作

第一节　机构沿革

2003年8月，组建保山市经济合作办公室（简称“经合办”）和市投资便民服务中心。在此之前，保山经济技术合作工作的职能，主要由行署经济技术协作办公室、地区经济贸易委员会（简称“经贸委”）经协科、地区对外贸易经济合作局外资外经科等部门履行。11月，将市经贸委经协科、市对外贸易经济合作局外资外经科与市政府外资工作委员会办公室的职能划归市经济合作办公室，新增综合协调、服务、管理市投资便民服务中心，同时，建立市政府投资网站。市经合办为市政府直属正处级单位，负责招商引资和组织实施全市对国内外开放工作，并作为市外资工作委员会的工作机构，内设综合科、招商科、政策法规与信息科和督办科4个职能科室，编制16人，处级领导职数3人（1正2副），科级领导职数6人。

2004年年底，经市委批准，市经合办加挂市招商局牌子，实行两块牌子一套人员的管理体制。市投资便民服务中心挂靠市经合办（招商局），同时成立市投资便民服务中心管理委员会，下设办公室在市经合办，管委会主任由分管副市长兼任，办公室主任和副主任分别由市经合办主任、副主任兼任。

2005年年末，市经合办、招商局内设办公室、招商科（企业服务科）、政策法规与信息科和督办科、市投资便民服务中心管委会办公室5个科室，编制17人，处级领导职数3人（1正2副），科室领导职数7人。

2001—2004年，五县（区）先后组建招商局或经合办。市、县（区）招商部门除牵头组织和协调有关部门开展招商引资、区域经济合作外，通过便民服务的方式对外来投资企业开展后续服务，在引进外资的同时，着力改善投资环境。

第二节　招商举措

20世纪80年代至90年代中期，保山地区主要与国内的上海、浙江等省市开展滇沪、滇浙对口帮扶合作。经济技术合作工作主要是参加有关展洽活动、参观考察、外派人员培训等。合作领域以种植业、养殖业、轻纺、矿产等行业为主，结合国有、集体企业的改革、技术改造，引进一批投资合作项目。

1998年，地委、行署制定《关于进一步扩大对外开放的意见》，着力营造对外开放的环境，吸引缅甸等国家和中国香港、台湾地区的投资商到保山投资发展。20世纪90年代后，全区放宽市场准入，扩大对内对外开放。保山、腾冲抓住机遇，发挥资源、区位优势，在建立保山、腾冲工业园区的同时，积极走出去、请进来，大力鼓励外来投资商投资置业，引进了一大批项目，其他各县根据资源和经济发展情况大力开展引资工作，形成了以保山、腾冲两县（区）为重点，施甸、龙陵、昌宁三县逐步扩大引资、引技的对外开放、招商引资格局。

2003年，市委、市政府制定出台《关于进一步扩大对外开放的意见》《保山市招商引资奖励办法》《保山市个体私营经济园区优惠政策》等一系列政策措施，实施外来投资“五不限”、确定重点开放领域、不限合作方式、减少审批环节、降低设立成本、放宽进出口经营权、实行税收优惠等一系列政策措施鼓励外来投资进入。

2005年9月，市政府制定出台《关于进一步加强招商引资工作的意见》，明确各县（区）政府、市直各部门招商引资的职责，理顺招商部门的管理体制，促进招商引资和经济合作工作的制度化、规范化。全市以隆阳区、腾冲县为牵引点，经济技术合作方式由简单的资源开发利用向综合利用、提高发展后劲转变；国内投资来源地由原来的以上海、浙江为主，向沿海经济发达地区、泛珠三角区域、长三角等区域企业投资多元化转变；投资领域由原来的以农业开发为主，向以二、三产业项目为主转变；招商方式由原来的会议、考察等松散型方式，向节会平台招商、资源招商、领导招商、以商招商、以侨招商、网络招商、小分队招商、资源重点招商等密集型、多元化方式转变。

2003—2005年，由市委、市政府领导带队赴沿海经济发达地区，香港、澳门等地推介招商，市、县（区）招商部门和有关部门以小分队的形式外出招商推介。有浙江、江苏、天津、广西、北京等12个省区市的投资商2600多人次到保实地考察投资项目、洽谈合作事宜。招商部门牵头组织全市各县（区）、有关部门参加昆交会、珠洽会、西南经济区市长联席会、青岛国际农产品交易会，认真筹办腾冲火山热海文化旅游节、保山端阳花市等的招商活动，利用节会平台广交朋友，获取相关投资信息，大力宣传推介保山，对接洽谈投资项目，北京、浙江、广东、广西、上海、天津、江苏等省市区企业大量到保山考察投资项目。2005年4月，保山市党政代表团首次赴浙江考察招商，共签约投资协议6个，协议总投资达4.3亿元。同年，昆交会共签约投资项目23项，总投资15.36亿元，创保山招商引资、经济合作史上的最佳成绩。2004—2005年，昆交会、珠洽会期间全市共签约投资合作项目34个，协议总投资33.6亿元。

第三节　对外经济技术合作

保山地区对外经济技术合作始于20世纪80年代末期，基本以民间经技术合作为主。1991—1999年，主要开展交通、通信、工农业科技、境外毒品替代种植等合作项目。1999年，外经贸部把100万美元以下的边境经济技术合作项目审核权下放后，保山地区的边境小额贸易企业享有对外经济技术合作经营权、可开展与毗邻国家边境地区的边境外经业务。自此，全区的边境经济技术合作被纳入规范化管理的轨道。2000—2005年，经批准实施的项目有27个，合同总金额2646.72万美元，带出物资金额2506.08万美元，实际完成带出物资金额1233.65万美元。合作领域主要为境外基础设施建设（公路、桥梁、水电站、加油站、酒店、广播电视、矿产资源开发）（见附表）。

一、基础设施建设和边境对外承包工程项目

1991年6月至1993年4月，保山地区腾冲县与缅甸克钦邦第一特区政府经过友好协商后，以物资偿还的合作方式修复腾冲到密支那公路（属等外林区），并于1993年5月16日中缅双方在塞罗举行通车典礼。至此，以南四号界桩至缅甸曼门85千米的公路全线贯通，中断47年的腾冲至密支那公路全线通车。

1993年，保山地区行署与缅甸克钦邦治安建设委员会会谈，应克钦邦政府的要求，地区广播电视局和腾冲县广播电视局组织工程技术人员在缅方投资的基础上，帮助缅甸克钦邦和实皆省建成八座卫星电视地面接收站。

2003年3月至2004年4月，保山市委、市政府，腾冲县委、县政府先后10次出访缅甸克钦邦第一特区、第二特区就修建腾冲至密支那公路达成初步共识，具体由克钦邦政府向缅甸中央政府上报，根据达成的协议，腾冲县政府于2004年3月和缅甸建设部下属人民建筑公司签订修建腾密公路的合同，并于2004年5月13日经缅甸国会通过。2005年改为四级弹石路。拟修建的腾密公路全长97千米，按二级油路标准修建，总投资5.8亿元，公路从缅甸南四号界桩至缅甸瓦晓。该工程于2004年10月开工建设，至2005年年末，已完成带出物资金额740.3万美元。

二、农业科技和境外毒品替代种植项目

1992年，腾冲县政府在全省率先同缅甸克钦邦第一特区政府合作开展毒品替代种植。腾冲县籽种公司成立了腾农商号，到缅甸甘拜地设立农业技术推广站，向当地群众宣传禁种罂粟，推广农作物栽培技术。

1993年至1997年5月，腾冲县先后无偿赠送缅甸克钦邦第一特区政府杂交水稻种子3500千克、小麦良种500千克、杂交苞谷种4500千克、油菜种500千克、蚕豆种500千克、

有偿低价供应洋芋种50吨、衫树苗120000株和化肥、农业机械等。腾冲县农业技术人员对提供有效的农业技术指导和服务在甘拜地、八莫、昔董和俄穷等地种植杂交苞谷样板400亩，单产300千克以上，种植洋芋样板5000亩，平均单产达5000千克。经过多方努力，促使克钦邦第一特区政府于1993年8月作出了在辖区内禁种、禁食毒品的决定，在双方的共同努力下，1995年在克钦邦第一特区政府范围内已基本实现禁种罂粟，成为中缅边境禁毒最早、效果最好的地区。

1997年腾冲县政府出资15万元，无偿为缅方培训20名农业技术员。同年，腾冲县按双方的协议派出三名农业技术专家到密支那，帮助推广杂交水稻种植技术，种植杂交水稻示范样板1000亩，并与缅方联合开发了水稻新组合实验示范样板，产量是当地品种的2倍以上，得到缅方高度评价。

1998年，腾冲县向缅方赠送大米20吨，支持其禁毒工作。腾冲县在帮助邻国禁种毒品、推广优良农业品种种植和先进的农业技术的经验，于1998年联合国禁毒委员会在西双版纳召开的会议上交流经验。

1999年5月，龙陵县农业开发服务公司与缅甸曼德勒盛茂贸易公司合作，投资100万美元，在缅甸瓦城眉苗地区开展替代种植咖啡项目，共种植咖啡4000亩，于2002年5月实施结束。

2002年，省商务厅批准保山林奔实业有限公司在缅甸克钦邦第一特区实施投资1.8亿元种植50万亩泡核桃的项目。2003—2004年，已种植10.778万亩共75万株，投入资金3458万元。

2004年12月，经省商务厅批准，保山市农业局中缅农业合作指导小组与缅甸克钦邦第一特区、第二特区政府签订合同，在2005—2007年度推广种植苞谷10万亩、马铃薯4.1万亩、水稻5万亩。并委托腾冲森鑫木业有限公司在辖区内种植农作物示范面积9000亩，其中：苞谷3000亩，马铃薯3000亩，水稻3000亩。

三、工矿企业合作项目

1992年保山水泥厂在缅甸掸邦第一特区果敢县投资45.56万美元建设粉末站，后因缅甸掸邦第一特区内乱，该工程遭到战争破坏而终止。

2003—2005年，在各级政府、海关、边防、外经贸企业的共同努力下，先后有恒益集团、国康公司、盛达公司、子云公司与缅甸克钦邦第一特区政府签订了贡明达矿区矿产品开采协议，项目实施进度较快，其中：恒益集团在自治兴建总投资3000万元的铁矿精选厂已完成投资1700多万元；天宝公司投资1500万元的铅锌矿已于2005年8月建成投产，子云公司投资1000多万元的贡明达锡选厂已建成投产。

四、民间经合项目

至2005年，全市有4户边贸企业与缅甸开展制药、通讯和医院建设项目，总计带出物资金额28.81万美元。

保山市对缅边境外经项目执行情况表（2000—2005年）

表16-19 单位：万美元

年度	企业名称	项目名称	合同金额	带出物资金额	带出物资完成情况
2000	通成商号	板瓦阳关酒店建设	30.38	13.13	13.13
	文昌经贸有限公司	板瓦大酒店建设	89	75	75
	隆阳区外贸公司	木姐旅游度假区	96.5	81.5	81.5
	隆阳区外贸公司	瓦城土地综合开发	43	35.5	35.5
2001	太保山水泥边贸公司	果敢水泥厂建设	96.38	45.57	6
	通成商号	板瓦水电站和人行桥建设	41.3	25.21	25.21
	群益商号	板瓦河加油站建设	8.5	8.4	8.4
	康泰贸易有限公司	甘拜地加油站建设	15	12	12
2002	文昌经贸有限公司	缅甸石灰卡恩梅开江大桥建设	85.37	35.6	15
	科工贸发有限公司	缅甸外恩漠－许娥河公路段改造	86.79	98.49	18.6
2003	文昌经贸有限公司	若糯至龙盘公路工程	99.51	98.8	67.03
	大同商号	德巴河电站建设	99.88	98.8	—
	通成商号	石灰卡恩梅开江大桥建设	54.41	48.12	48.12
	科工贸发公司	注明：属2002年接转项目	—	—	71.86
2004	腾密路有限公司	腾密公路建设（南四好界桩－缅甸瓦晓）	687.3	642.9	246.3
	通成商号	甘拜地大酒店建设	61	33	—
2005	国康贸易有限公司	板瓦市镇建设一期工程	98	80	56.84
	国康贸易有限公司	板瓦市镇建设二期工程	90	76	28.43
	兴华贸易有限公司	克钦邦特区盛大选矿厂承包	98	85.58	—
	腾密路有限公司	腾密公路建设	—	642.9	494
	金鑫有限公司	桫椤至三岔河公路建设	98	10	—
	盛景有限公司	大锡匠至岗昆公路和桥梁建设	88	8.9	—
	晟鼎有限公司	早吴章村集镇建设	88	10.8	—
	联族贸易有限公司	恩梅开江至迈里卡江公路建设	99.8	17.35	—
	供销科工贸发有限公司	大田坝钼矿厂建设	98.6	97.05	—
	子云工贸有限公司	贡明达锡选厂建设	98	28.74	—
	恒益矿产品有限公司	大旱坝选矿厂建设	98	67.75	—
	文昌经贸有限公司	石灰卡公路建设	98	29	29
合计	27	注：腾密路另有66.77万美元是委托其他企业帮助出的，通成接转27.17万美元	2646.72	2506.08	1233.65

第四节　引资成效

1991年，台湾商人谢松机投资10万美元，在保山市板桥镇独资成立保山松泽木业有限公司，首开保山地区实际利用港澳台资的先河。至1992年年末，全区累计批准项目3户，实际利用外资及港澳台资10万美元。投资领域涉及竹木、硅藻土和皮革制造等。

1993—1996年，全区新增39户外商投资企业，共计引进外资及港澳台资2383.77万美元。1997—1998年，新增8户外商投资企业，实际利用外资及港澳台资316.3万美元。至1998年年底，全区有“三资”企业55户，注册资本6731.19美元，其中：合资企业32户，合作企业5户，独资企业18户。投资主体主要来自港、澳、台同胞和泰国、缅甸、日本、韩国、新加坡和美国。投资的项目主要是边贸木材加工、矿产品开发、珠宝玉器、茶叶加工、旅游资源开发以及边境贸易等，产品出口东南亚、日本和美国等地。至“八五”末的1995年，全区引进区外到位资金18676万元。1999—2000年，新增5户“三资”企业，实际利用外资及港澳台资158.9万美元。“九五”期间，全区共实施国内合作项目59项，累计引进区外到位资金6.8亿元，项目实现产值95172万元，上缴税金21702万元。

2001年，全市引进国内省外资金0.37亿元。2001—2005年，新增“三资”企业19户，实际利用外资及港澳台资861.43万美元。“十五”期间，全市共实施招商引资国内合作项目170项，实际引进市外到位资金25.56亿元；完成合同利用外资及港澳台资3340万美元，实际利用外资及港澳台资861.43万美元。这一时期，外商直接投资最显著的特点是投资领域拓宽，投资方式有新的突破。2004年，全市新签约项目30项，协议总投资289768万元，实际到位资金11416万元，签约实施项目涉及有色金属和非有色金属采选、农副产品加工、纺织业、化学原料及化学制造、医药制造、塑料制品、电力、城建、娱乐、住宿等11个行业，其中：北京、浙江、广东、江苏四省（市）在保山投资的实际到位资金12999万元，占全市引进省外实际到位资金的52%。当年，全市实施国内合作项目54项，市外实际到位资金92816万元。在所实施的项目中，投资上亿元的有18项，占总实施项目的33%；电力、生物制药、矿产、旅游、房地产业等有11项，占61%，实际到位资金4.02亿元，占实际到位资金总额的32%。实施省外合作项目31项，到位资金20558万元。2005年，全市引进市外实际到位资金12亿元，比上年增长20%，占全市全社会固定资产投资的20%，高出全省平均水平4个百分点，其中：省外实际到位资金3.27亿元，比上年增长59%；合同利用外资及港澳台资109.85万美元，实际利用外资及港澳台资126.7万美元。实际利用外资及港澳台资和省外到位资金超额完成省政府下达的考核任务。当年，全年新签约项目33项，实施的有23项，占70%，到位资金3.76亿元，比上年增长21%。新签约的投资项目，70%以上集中于矿产、旅游、生物科技、房地产等产业，协议总投资超过25亿元。

在全市实施的省外合作项目中，2004年隆阳、腾冲两县（区）共实施项目24项，省外到位资金1.51亿元，分别占全市的77%和73%；2005年隆阳、腾冲两县（区）实际引进市外到位资金达7.35亿元，占全市市外到位资金总额的61%，其中：隆阳区占27.5%，腾冲县占33.5%。上亿元的国内合作项目、外资项目主要分布在腾冲县和隆阳区。

至2005年年底，国内有12个省区市和省内21个县的投资商到保山投资开发，有中国港、台地区及缅甸、泰国、新加坡、日本等国家的企业在保投资种植、养殖、木材加工、矿产等行业，国内外投资涉及保山市第一、二、三产业的各方面，投资规模逐步扩大，第二产业的投资项目均在1000万元以上，上亿元的大项目逐年增多。

第五节　外来投资企业后续服务

2003年8月保山市投资便民服务中心成立后，保山市开始由市经合办牵头，负责协调市、区相关审批、管理部门，系统、规范化地开展对外来投资企业的后续服务工作。

2004年，全面开展相关工作，市、区投资便民服务中心坚持“一门受理，统筹协调，规范审批，限时办结”的原则，市直部门有9个单位，区直部门有14个单位共48人进驻中心设办公窗口19个，市直部门办理审批、核准事项170项，区直部门162项。全年接受和办理各种事项5647件，办结率为98%，为公司、企业办理营业执照161户，办理了2户外来投资企业的营业执照，统筹协调审批、服务事项35件。在开展服务的同时，根据有些事项不能在中心办理，有些只需要备案的实际情况，由市政府组织，市经合办牵头，按照《中华人民共和国行政许可法》的规定，对有关部门进入中心办理的审批事项进行清理、审核和规范。2004年12月22日，市政府发布第2号公告，将第一批共186项审批目录自公告之日起，纳入市投资便民服务中心集中办理。当年，市、县（区）招商部门与经贸、国土、工商等部门互相配合为隆阳、施甸、昌宁三县（区）26家外来投资企业协调解决注册、用地、基建等问题；按省政府办公厅的要求，会同国土部门妥善解决了广东东莞东成矿业投资有限公司与保山昌宁监狱石材厂杨柳苍山大理石开采权的纠纷，帮助阳光医院解决办证开业的有关问题；陪同浙江、天津、广东、香港、昆明等地客商136人次到腾冲、施甸、龙陵等地考察水电、石材、农副产品加工、旅游等产业和项目的情况，接待1236人次的客商就资源和项目的开发与建设、投资环境、保山人文历史、经济社会发展、产业布局规划、投资优惠政策等咨询服务。

2005年，全市共办理审批服务事项8702件，比上年增长57%，其中为外来投资企业办理证照36件。当年，市经合办、隆阳区招商局、腾冲县招商局会同有关部门深入板桥永飞彩印厂、天津彩瓦厂、猴桥巨鑫硅冶炼厂、阳光医院等16家企业调研，帮助企业协调解决选址、用电、证照办理、财产纠纷等问题，促进了外来投资项目的顺利实施。

第十七编　财　税

农村税费改革

综　述

1978—1979年，保山地区实行“定收定支，收支挂钩，总额分成，一年一定”的财政管理体制。1980年，开始实行“划分收支，分级包干”的“分灶吃饭”财政体制。1985年，全区实行“划分税种，核定收支，分级包干，一定五年”的财政体制。1988年，开始实行“收入递增包干、总额分成、总额分成加增长分成、上解递增包干、定额上解、定额补助”等6种形式的财政包干。1994年起，实行分税制财政体制改革，改变了财政分级包干的形式。

1990—1997年，保山地区“收支两条线”管理仅限于行政事业性收费收入和罚没收入全额上缴国库或预算外资金财政专户，执收执罚单位支出由国库或预算外资金财政专户核拨。1998年，保山地区开始对“收支两条线”管理工作做出明确规定。1999年，保山确定地级第一批实行委托银行代收费的单位及收费项目。2000年1月起，对地级41个单位的99个收费项目实施“收缴分离”。2002年1月起，市公安、法院、工商、环保、计划生育等5个行政执法部门的预算外收费收入全部上缴国库，纳入预算管理。2003年起，一律取消各部门的支出安排与其组织的收入挂钩的管理办法，实行收支脱钩管理。

2000年，保山地区各级财政逐步实施“零基预算”管理办法。2003年起，保山市级开展部门预算改革，为“零基预算”的全面实施创造了条件。2005年，部门预算改革市级单位达30多个。

2004年11月起，在市法院、林业局、民政局、科技局等4个市本级部门及其下属11个单位开始启动国库集中收付制度改革。至2005年年末，全市试点部门由2004年的9个增加到49个，部门所属基层单位由38个增加到126个。

随着部门预算制度、国库集中收付制度、政府采购制度改革的不断推进，全市各级财政部门进一步加强财政票据管理、银行账户管理以及预算内外资金综合预算管理，“收支两条线”管理工作得到进一步完善和加强。

1983年1月，地区财政局税政科划出，成立保山地区行政公署税务局。1983年，保山地区实行“利税并存”的第一步利改税。1984年10月1日起，对国营企业实行第二步利改税改革。1994年6月，实行分税制财政管理体制，保山地区税务局分设为保山地区国家税务局和保山地区地方税务局，并进行了新中国成立后规模最大的工商税制调整改革。实行以增值税为主体，消费税、营业税并行，内、外资企业统一的流转税制；将原先对国营、集体、私营企业分别征收的多种所得税统一为企业所得税；将原先对外国人征收的个人所得税、对中国人征收的个人调节税和个体工商业所得税统一为个人所得税；对资源税、特别目的税、财产税、行为税作大幅度的调整，扩大资源税的征收范围，开征土地增值税，取消盐税、奖金税、集市交易税等七个税种。同时，对税收管理体制进行全面改革，建立纳税申报制度和严格的税务稽查制度，推行税务代理制度，推进税收征管计算机化的进程。逐步确立适应社会主义市场经济需要的税收基本规范。

1987年，全区81个乡（镇）都先后建立乡级财政，实行不同的财政包干体制。2004年，以隆阳区作为试点，开始“乡财县管乡用”试点工作。2005年8月，全市进行乡财县管改革。1978年以后，保山地区农业农村税费制度经过了多次调整和完善。2003—2005年，全市实施以“四取消、两调整、一改革、一建立”主要内容的农村税费改革。2005年起，腾冲、昌宁、龙陵、施甸县全面停征农业税，隆阳区对10个山区乡给予免征农业税、对坝区10个乡（镇）农业税税率下调为2%。

1978—2005年，保山市累计完成财政预算内、外总收入129.25亿元（预算内财政总收入95.83亿元，预算外非税收入33.42亿元）；累计完成财政预算内、外总支出203.58亿元（预算内财政总支出176.00亿元，预算外非税支出27.58亿元）。2005年，保山市财政预算内、外总收入由1978年的0.59亿元增加到14.27亿元，增加13.68亿元；财政预算内、外总支出由1978年的0.59亿元增加到26.46亿元，增加25.87亿元。

1978年，全区财政支出中用于基本建设、挖潜改造、支援农业等生产性支出所占的比重达48.6%，文教、科学、卫生支出所占比重为23.1%，行政管理费支出占11.2%，其他支出占17.1%。1979年起，保山地区根据党中央提出“调整、改革、整顿、提高”的八字方针，调整支出结构，压缩生产建设性支出，增加人民物质、文化方面的开支，调整农业税收负担，提高主要农副产品的收购价格，并多次调增职工工资和增加教育投资。2005年，全市财政预算内用于科教文体广电的支出占一般预算支出的26.9%，基本建设、挖潜改造和支援农业等生产性支出比重为19.9%，行政、政法和事业费支出比重为28.25%，社会保障支出比重为22%。

第一章 机构沿革

第一节 财政机构

1978年7月，保山地区财政金融局撤销，分别成立保山地区财政局和中国人民银行保山地区中心支行。财政局下设政工、税政、企业财务、农业财务、基建财务、预算和行政7个科，有干部33人，其中：大专3人，中专5人。

1979年11月，基建财务科从地区财政局划出，成立组建保山地区建设银行。财政局有干部28人。1980年11月，增设财政监察科，配备监察员1人。1983年1月，将税政科划出，成立保山地区行署税务局。财政局内裁撤监察科、行政科，增设行政事业财务科，政工科改为人事秘书科，定编30人，实有24人。

1985年，地区财政局辖施甸、腾冲、龙陵、昌宁、保山4县1市财政局、72个财政所。全区有财政职工503人，其中地局27人。1987年6月，地区财政局增设综合科；1988年8月，增设基金科；1989年7月，增设会计科；1990年3月增设农税科，9月设置国债服务部。至1990年年底，保山地区财政局共设有预算、人事秘书、行政事业、企业财务、农业财务、基金、农税、综合、会计9个科和1个国债服务部，有职工44人。

1995年10月，保山行政公署国有资产管理局成立，为副处级机构，是综合管理全区国有资产的职能部门，内设企业科、行政事业资源科、资产评估科3个科。局机关行政编制7人，行使行政职能的事业编制4人，工勤人员编制2人。局领导职数：局长由行署财政局1位副局长兼任，配正科级专职副局长1人，科室领导3人。

2001年，保山地区财政局更名为保山市财政局。2002年，局机关总编制74人（行政编制38人，行使行政职能的事业编制30人，工勤编制6人），处级领导职数4人，科级领导职数28人，内设科室19个。

2005年，保山市财政局设立纪检监察室，按副处级配备。同年，保山市国有资产监督管理委员会挂牌成立。年末，局机关总编制80人，其中：行政编制38人，行使行政职能的事业编制36人，工勤编制6人。设处级领导职数5人（局长1人，副局长3人，纪检组长1人），科级领导职数31人。内设办公室，人事教育、综合、政策法规、预算、国库、行政政法等21个科室。有干部职工65人，其中：公务员59人，工勤人员6人。有局领导4人（局长1人，副局长3人），科长21人，副科长10人。

第二节　税务机构

一、国税、地税分设前机构设置

1978年年末，保山地区财政局内设有税政科，执掌全区税务。1983年1月，将地区财政局税政科划出，成立保山地区行政公署税务局，内设办公室、税政一科、税政二科、计划会计科、征管科5个科室，下辖保山、施甸、腾冲、龙陵、昌宁5个县级税务局及69个税务所。1987年8月，保山地区税务局设立监察科，1988年2月改设监察审计科。1989年7月，设立保山地区检察院驻保山地区税务局检察室，各县（市）税务局相应设置税务检察室。1992年7月，设立出口退税管理科；同年12月，税政一科、二科分别更名为流转税、所得税管理科，出口退税管理科更名为进出口税管理科。1993年3月，增设涉外税务管理科；同年5月，监察科、审计科合并为监察审计科，政工科更名为人事科；教育科更名为宣传教育科。至1993年年底，保山地区税务局内设机构有：人事、监察审计、计划财务、征收管理、流转税管理等8科及办公室、税务稽查分局、保山地区检察院驻保山地区税务局税务检察室。下辖5个县（市）税务局及9个税务分局、59个税务所，有干部职工560人。

1994年6月，保山地区税务局分设为保山地区国家税务局和保山地区地方税务局。

二、国家税务局

1994年6月，根据国家和省政府的有关文件要求，保山地区税务局分设为保山地区国家税务局和保山地区地方税务局两个正处级机构。

1994年7月1日，保山地区国家税务局正式成立，内设人事教育、流转税管理、所得税管理、涉外税收管理、征收管理、计划财务、监察审计7个科和办公室，保山地区人民检察院驻保山地区国家税务局税务检察室。下辖5个县（市）国税局及9个税务分局、59个税务所。年末，全区共有干部职工549人。

2000年，云南省国税系统机构改革后，保山地区国税局内设机构为7个科室，直属机构3个（稽查局、进出口税收管理分局、征收分局），事业单位2个（计算机信息中心、机关服务中心）。

2001年，保山地区国家税务局更名为保山市国家税务局。同年，云南省国税局在州市级以下税务局进行机构改革，并核定人员编制。保山市市、县（区）局机关内设机构由34个减为32个，基层单位由37减为25个，原有的9个税务所全部撤销；全系统实有人员由544人减为479人，清退征管岗位上的全部助征人员；市、县（区）两级机关实有人员由212人减为175人，实现了机构、机关、人员三精简。2004年1月，保山市国税局调整基层国税机构，将原来的25个税收管理分局，精简为16个；到12月，全市国税分局精简为11个。

2005年1月，实行车辆购置税改革，保山市国税系统共接收车辆购置税划转人员10人。至年底，市国税局内设7个科室（办公室，监察室和人事教育、计划统计、进出口税收管理、政策法规、征收管理、流转税管理、所得税管理科）；1个直属机构（稽查局）；2个事业单位（信息中心、机关服务中心）。辖隆阳、施甸、腾冲、龙陵、昌宁5个县（区）国税局；下设11个基层分局。全市国税系统有在职干部职工505人，离退休干部224人（离休干部9人）。

三、地方税务局

1994年，保山地区全面实施分税制财政管理体制改革。6月，保山地区税务局分设为保山地区国家税务局和保山地区地方税务局两个正处级机构。7月26日，保山地区行署地方税务局正式成立，内设5科1室1分局，即：人事教育、所得税管理、地方税管理、征收管理（同时挂税务稽查队牌子）、计划会计等5科，办公室，直属税务分局（副处级）。年末，全区共有干部职工404人。1995年3月，经省地方税务局党组批准，确定保山地区地方税务局“三定”方案。保山地区地方税务局实行云南省地方税务局和保山地区行政公署双重领导，以省地方税务局为主的管理体制。内设7个科室；2个直属机构：直属征收分局（正科级）和稽查局；1个直属事业单位：后勤服务中心。1998年3月，“农四税”成建制由同级财政部门划转地税部门征收，局机关增设农税管理科。2001年，保山地区地方税务局更名为保山市地方税务局。

2005年，保山市地方税务局内设税政、政策法规、规费管理、征收管理、计划统计、人事教育科及办公室、监察室、直属征收分局、稽查局、信息中心和后勤服务中心。全市下辖隆阳、施甸、腾冲、龙陵、昌宁5个县（区）地方税务局，25个基层征收分局，4个稽查局。全系统有在职干部职工605人，退休退养人员92人。

第二章　财税体制改革

第一节　财政管理体制改革

一、财政包干体制

1978—1979年，保山地区实行“定收定支，收支挂钩，总额分成，一年一定”的财政管理体制。按照中央和省的规定，将车船使用牌照税、城市房地产税、屠宰税、牲畜交易税、集市交易税划为县级财政固定收入，地区不再参与分成。同时，比照民族自治州，除提高预备费、民族机动金的分配比例外，1979年起超收收入全部留地区，省不再分成。

1980年，开始实行“划分收支，分级包干”的“分灶吃饭”财政体制。1983年7月，全区对有盈利的国营企业实行第一步利改税，初步确定国家与企业之间的分配关系。1984年10月，全区进行利改税的第二步改革，同时对行政、事业单位实行预算包干办法，对集体经济和个体经济纳税问题作相应改进，扩大地方和单位的财权，促使预算外资金迅速增长。

1985年，根据国务院和省政府的规定，全区实行“划分税种，核定收支，分级包干，一定五年”的财政体制。1986年，在上年财政管理体制基础上，对各县（市）收支预算的追加或减少，一律不调整收支基数，作为地区对各县（市）增减补助款处理。1987年，进行乡（镇）财政管理体制改革，全区81个乡（镇）先后建立乡级财政，实行不同的财政包干体制。1988年，为了配合国有企业普遍推行的承包经营责任制，开始实行6种形式的财政包干，包括“收入递增包干、总额分成、总额分成加增长分成、上解递增包干、定额上解、定额补助”。

1990年，仍继续执行“划分税种，核定收支，分级包干”的财税体制。1991年，保山地区进行财政体制小调整，地区对四县（保山市仍按超基数上解20%）以1990年收入为基数，从1991年起，实行腾冲超基数上解15%，昌宁、龙陵、施甸超基数上解10%的政策。1994年起，实行分税制财政体制改革，改变了财政分级包干的形式。

二、分税制财政体制

1994年起，保山地区实行分税制财政管理体制改革（详见本章第三节“分税制改革”）。

三、乡（镇）财政管理

1979年，保山地区根据省财政厅制发的《关于建立农村人民公社财政试点的通知》精神，在腾冲县古永公社开展试点，但最终仍没有把公社一级财政建立起来。

1986年11月，根据中央、省委关于建立区、乡财政的指示精神，保山行署颁发《保山地区区（镇）财政管理试行办法》。1987年撤区建乡后，全区83个乡（镇）都先后建立乡（镇）一级财政，实行不同的财政包干体制。乡（镇）财政的预算收入包括本乡（镇）范围内的工商税收、农牧业税和其他收入；预算支出包括本乡（镇）范围内的各类事业费、行政支出、其他支出、支援农村生产支出等。以上收支哪些划到乡（镇），由各县（市）根据实际情况确定。乡（镇）财政管理体制，有“划分收支范围，核定收支基数，定额上缴或定额补助，分级包干，一定几年”“定收定支，收支挂钩，总额分成，一年一定”和“统收统支，收入上缴，支出下拨，收支不挂钩，超收另定分成，一年一定”三种形式。在一个县（市）范围内，一般只实行一种形式，最多不超过两种。

1990年，各县（市）原定的乡（镇）财政管理形式仍继续执行，只对包干基数作适当调整。2004年，以隆阳区作为试点，开始“乡财县管乡用”试点工作。

2005年8月，根据省财政厅《乡镇财政管理方式改革试点指导意见》的要求，全市进行乡财县管改革。按一级政府一级预算的规定，乡（镇）仍作为一级政府预算，乡（镇）政府在县级财政主管部门的指导下，编制本级预算、决算草案和本级的预算调整方案，组织本级预算的执行。9月，隆阳区在河图镇、芒宽乡、瓦渡乡正式启动“乡财县管乡用”改革试点。随后，其他四县也相继推行“乡财县管乡用”的乡（镇）财政管理方式。

第二节　工商税制改革

一、第一步利改税

1982年起，保山地区税务局在部分国营企业中开始进行“以税代利”的税制改革试点。1983年，根据国务院《关于国营企业利改税试行办法》和财政部《关于国营企业所得税暂行规定》精神，保山地区对有盈利的国营企业实行“利税并存”的第一步利改税，将国营企业向国家上缴利润改为缴纳所得税，改革和完善国家与国营企业之间的分配关系。利改税后，全区按以下税率征税：县以上民贸企业，属于大中型企业的，按55%的税率，三年内给予减征5%的照顾；建筑安装企业，比照工交企业的标准划分大中、小型企业，大中型企业的按55%的税率，三年内给予减征5%的照顾；各级新华书店，按55%的税率，三年内给予减征15%的照顾；出版企业不分大中、小型，均按55%的税率，三年内给予减征5%；其他县及县以上电影公司，比照商业企业标准划分，属大中型企业的按55%的税率，三年内给予减征5%的照顾；各级烟草公司所属卷烟批发商业、烟叶复烤企业，一律按55%的税率征收所得税。

二、第二步利改税

1984年10月1日起，保山地区执行国务院《国营企业所得税暂行条例（草案）》和《国营企业第二步利改税试行办法》的有关规定，对国营企业实行第二步利改税改革：将当时的工商税按照纳税对象细划为四种；改进“利改税”所设置的所得税和调节税，增加资源税、城市维护建设税、房产税、土地使用税和车船使用税(后四种税保留税种，暂缓开征)。调节税税率由财税部门和企业主管部门核定，基本一户一率，按户核定。

从1984年第四季度起，按照新的税收条例(草案)，缴纳产品税、增值税、营业税和资源税。保山地区同时执行云南省的补充规定：小型商业零售企业只按利润一个指标划分。全区除新华书店一律按大中型企业征税外，对其他国营企业划分标准作了适当放宽，基本上按小型企业征收企业税。当年，全区所征收的全部税种为：产品税、增值税、营业税、工商统一税、盐税、集市交易税、牲畜交易税、国营企业所得税、国营企业调节税、工商所得税、中外合资经营企业所得税、外国企业所得税、个人所得税、资源税、烧油特别税、建筑税、国营企业奖金税、城市房地产税、车船使用牌照税、契税、屠宰税(以上为工商税收)、农业税、牧业税、关税。

三、新税制的调整完善

1994年起，为全面实行分税制财政管理体制，保山地区和全国、全省一道进行了新中国成立后规模最大的工商税制调整改革。第一，实行比较规范的以增值税为主体，消费税、营业税并行，内、外资企业统一的流转税制。在生产领域和批发零售商业普遍征收增值税，对少量消费品征收消费税，对不实行增值税的劳务和销售不动产征收营业税。原来征收产品税的农、林、牧、水产品，改为征收农业特产税和屠宰税。第二，将过去对国营企业、集体企业和私营企业分别征收的多种所得税合并为统一的企业所得税。第三，将过去对外国人征收的个人所得税、对中国人征收的个人调节税和个体工商业所得税合并为统一的个人所得税。第四，对资源税、特别目的税、财产税、行为税作大幅度的调整，如扩大资源税的征收范围，开征土地增值税，取消盐税、奖金税、集市交易税等七个税种，新设立遗产税和证券交易税(但一直没有立法开征)。

在工商税制改革的同时，税收管理体制也进行全面改革：建立纳税申报制度和严格的税务稽查制度，推行税务代理制度，推进税收征管计算机化的进程；组建中央和地方两税务机构。逐步确立适应社会主义市场经济需要的税收基本规范。

四、出口退税机制改革

2003年国务院颁布《关于改革现行出口退税机制的决定》，要求加大中央财政对出口退税的支持力度，建立中央和地方共同负担出口退税的新机制，并决定累计欠退税由中央财政负担。从2004年起，保山市按照“新账不欠，老账要还，完善机制，共同负担，推进改革，促进发展”的原则，改革出口退税机制：调整出口产品结构，适当降低出口退税率，推进外贸体制改革。当年，省财政下达保山市出口退税免抵未调库归还收入227万元，下达保山市出口退税基数返还资金744万元，上述资金通过年终结算办理。

2005年，省财政下达保山市出口退税免抵未调库归还收入206万元，通过年终结算办理。

第三节 分税制改革

1994年，保山地区实行分税制财政体制改革。根据“存量不动、增量调整、逐步提高中央宏观调控能力，建立合理的财政分配机制”的原则要求，在划分事权的基础上，划分中央与地方的财政支出范围；根据事权与财权相结合的原则，按税种划分中央与地方的收入，中央与地方共享收入。分设中央和地方两套税务机构，组建保山地区国家税务局和保山地区地方税务局；建立中央对地方的税收分享和返还制度，将各项税收划为中央税、地方税和中央与地方共享税三大类。

1996年2月，保山地区在总结分税制改革实践的基础上，根据国务院批转的税收征管范围调整方案，对国家税务局和地方税务局税收征管范围进行调整和具体的划分。为加强税收征管，降低税收征收成本，避免工作交叉，方便纳税，经国家税务局、地方税务局协商一致，其各自负责征收的税种可以相互委托代征，相互委托代征不收取代征手续费。此外，依据国家有关通知，对企业所得税、个人所得税的征收管理范围作了明确规定。

第四节 农村税费改革

1978—2005年，保山市农业农村税费制度经过了多次调整和完善，其中影响变化最大的是2003—2005年的三次调整与改革。2003年，全市实施以“四取消、两调整、一改革、一建立”主要内容的农村税费改革，即：取消乡统筹费；取消专门面向农民征收的行政事业性收费和政府性基金、集资；取消屠宰税；从2003年起，三年内逐步取消统一规定的农村劳动积累工、义务工制度；调整农业税政策和调整农业特产税政策；改革村提留征收和使用办法；建立村内筹资投劳“一事一议”制度。2004年起，取消除烟叶外的农业特产税。2005年起，腾冲、昌宁、龙陵、施甸县全面停征农业税，隆阳区对10个山区乡给予免征农业税、对坝区10个乡（镇）农业税税率下调为2%。

一、农税改革

农业税改革 改革开放前，保山地区农业税以生产队为核算单位计征（公粮）。1979年，全区实行农业税起征点办法，腾冲、龙陵等边远一线地区在起征点以上的生产队，农业税征收仍按自愿缴纳的原则执行。1980年起，实行起征点“一定4年不变”。1982年，实行基数在队，任务到户，按户缴纳结算。1983年，实行家庭联产承包责任制后，农业税的征收改为“基数在社、任务到户、结算到户、减免到户”的办法。1985年，改粮食统购为合同定购，中央要求原征收粮食为主的农业税改为按“倒三七”比例价折征代金，保山地区仍按省府规定，坚持以征收粮食实物为主。到1998年，保山地区农业税实际平均税率为6.98%。1993年，国家又规定，农业税以征实为主，保山地区执行全省平均税率12.5%。2003年，根据《保山市农村税费改革试点工作方案》要求，以农民第二轮承包用于农业生产的土地为基础确定农业税计税土地面积，以1994—1998年连续5年农作物的实际平均亩产量为依据确定农业税计税常年产量，以标准品稻谷计算确定农业税计税价格，全市综合平衡，各县（区）农业税税率统一确定为6%；以农业税保持粮食计税本位，农业税及附加实行征收实物和折征代金两种方式并存；各县（区）改革后的农业税计税土地、常年产量、价格、税率和税额及附加落实到农户，并张榜公布，由群众认可；农业税减免政策按农业税征收管理办法执行。全市农业税附加统一按正税的20%征收，农业特产税附加统一按正税的10%征收。农业税附加和在生产环节征收的农业特产税附加属村集体资金，由农业税征收机构负责与正税一并征收后，附加划转乡（镇）财政专户管理，实行乡管村用，专户储存，专款专用。2004年3月，全市新的农业税核定到户为3473万元，计税土地199.62万亩，计税常年产量53267.12万千克，单产266.85千克/亩，减负总额4880.19万元，减负率58.42%。2005年1月17日，省政府印发《云南省人民政府关于对国家和省市扶贫开发重点县及边疆县实行免征农业税试点的通知》，自此，腾冲、昌宁、龙陵、施甸四县全面停征农业税，隆阳区对10个山区乡给予免征农业税、对坝区10个乡（镇）农业税税率下调为2%。

农业特产税改革 1994年，保山地区根据《国务院关于对农业特产收入征收农业税的规定》和《云南省农业特产税实施办法》的要求，取消产品税，统一征收农业特产税。保山的农业特产税收入主要来源于烤烟、香料烟、甘蔗、茶叶、原木、原竹。2004年，根据《财政部、国家税务总局关于取消除烟叶外的农业特产税有关问题的通知》规定，保山市从2004年1月1日起取消除烟叶外的农业特产税，烟叶农业特产税由收购单位按实际收购金额计算缴纳，税率为20%，同时随正税征收10%的地方附加。

耕地占用税改革 1989年8月，保山地区执行省政府规定：从当年1月1日起，全部耕地占用税收入分成比例由原来的“五五”分成调整为30%上缴中央，70%留县（区）财政。1994年11月2日起，保山地区执行《云南省人民政府关于调整菜地耕地占用税税额的通知》规定：在云南省城市市区、郊区占用菜地从事非农业建设的单位和个人，凡属于法定免征耕地占用税范围以外的，按云南省最高规定税额每平方米12元征收；在城市行政区划范围以外的其他地区占用菜地从事非农业建设的单位和个人，凡属于法定免征耕地占用税范围以外的，按云南省耕地占用税的高限税额征收。

契税改革 1981年，财政部下发《关于改进和加强契税征收管理工作的通知》，保山地区恢复契税征收。1994年开始实行的新税制财政体制改革，将契税划归地方税种。地税部门从1998年开始接管契税征收任务。当年，根据《中华人民共和国契税暂行条例》和《云南省契税实施办法》的规定，保山地区契税的征税范围包括国有土地使用权出让，国有土地使用权转让（包括出售、赠予、交换），房屋买卖，房屋赠予，房屋交换。新的契税采用3%~5%的幅度比例税率，考虑到房地产业的发展情况，保山和全省一样执行3%的低税率政策。主要优惠政策有：承受荒山、荒沟、荒丘、荒滩土地使用权，并用于农、林、牧、渔业生产的，免征契税；城镇职工按规定第一次购买公有住房的免征契税；土地、房屋被县级以上人民政府征用、占用后，重新承受土地房屋权属，用于和原被征用、占用土地房屋相同用途，其成交价格或评估价格相当于补偿费的部分免征契税，其成交价格或评估价格超过补偿费的部分仍征收契税；国家机关、事业单位、社会团体、军事单位承受土地、房屋用于办公、教学、医疗、科研、军事设施的，免征契税；自1999年8月1日起，对个人购买自用普通住宅暂减半征收契税。

二、农费改革

除农税外，在各个时期，保山地区各级政府机构还根据相关的政策规定，向农户收取一定数量的各种统筹费、提留款等。

2003年7月，省政府转发国务院《关于进行农村税费改革试点工作的通知》并制发《云南省农村税费改革试点方案》。根据省政府统一部署，保山市委成立农村税费改革领导小组及其办公室，同年8月，出台《保山市农村税费改革试点工作方案》。2003年起，全市取消“三项提留、五项统筹”收费；取消专门面向农民征收的行政事业性收费和政府性基金、集资；取消屠宰税；三年内逐步取消统一规定的农村劳动积累工、义务工制度。村干部报酬、“五保户”供养费、村级办公经费，除原由集体经营收入开支的仍继续保留外，由农民上缴村提留开支的部分，改革后通过征收农业税附加和农业特产税附加的方式解决。村内开展农田水利基本建设、修路架桥、植树造林等集体生产和公益事业，所需劳务和资金实行“一事一议”，按照“群众受益、民主决定、量力而行、上限控制、上级监督”的原则，筹资以村为单位每年人均最高不超过15元，投劳每年每个劳动力承担劳务的数量不得超过10个标准工日，不得强行以资代劳。实行“一事一议”的筹资投劳，须经乡（镇）农经管理机构审核，报乡（镇）政府和县农民负担监督管理办公室备案后，由村民委员会组织实施。

第五节　财政收支管理体制改革

一、“收支两条线”改革

1990年，中共中央、国务院颁布《关于坚决制止乱收费、乱罚款和各种摊派的决定》，1996年，国务院下发《关于加强预算外资金管理的决定》，省政府下发《云南省预算外资金管理条例》，明确规定对预算外资金要上缴财政专户，实行收支两条线管理。1990—1997年，保山地区实施“收支两条线”管理的具体内容一直没有明确的规定，“收支两条线”仅限于行政事业性收费收入和罚没收入全额上缴国库或预算外资金财政专户，执收执罚单位支出由国库或预算外资金财政专户核拨。

1998年，根据中央办公厅、国务院办公厅《关于加强公安、检察院、法院和工商行政管理部门行政性收费和罚没收入收支两条线管理工作的规定》要求，保山地区对“收支两条线”管理工作做出明确规定：严格行政性收费的立项审批工作；加强票据管理，严格执行罚款决定与罚款收缴分离的规定；行政性收费和罚没收入按规定及时、足额分别上缴国库或预算外资金财政专户；各级公、检、法、工商部门的业务支出，由财政部门根据各单位业务支出范围、办案经费开支范围和有关装备项目及标准，按照预算内外资金结合使用的原则，统一核定；公、检、法、工商部门的全部财务收支活动都必须由单位财务部门统一归口管理，在银行设立统一账户。

1999年，根据中央办公厅、国务院办公厅《关于1999年落实行政事业性收费和罚没收入“收支两条线”规定工作的意见》和《云南省预算外资金征收使用管理暂行规定》，保山印发《保山地区预算外资金征收使用管理实施细则》，公布地级第一批实行委托银行代收费的单位及收费项目，并委托保山地区建设银行、保山地区工商银行所属17个网点代收。2000年1月起，对地级41个单位的99个收费项目实施“收缴分离”。“收支两条线”管理的内容从最初的收支管理，逐步扩展到项目审批、标准核定、票据管理、征收体制、账户设置等方面。同年，地区财政局制发《保山地区地级行政事业单位银行账户管理办法》，规范行政事业单位的银行账户管理。

2002年1月起，根据《财政部关于深化收支两条线改革进一步加强财政管理的意见》，市公安、法院、工商、环保、计划生育等5个行政执法部门的预算外收费收入全部上缴国库，纳入预算管理，各级财政部门妥善安排相关支出，保证必需的执法办案经费，确保改革顺利进行。除上述5个部门以外，其他各部门的预算外收入继续实行财政专户管理，推行“单位开票、银行代理、财政统管”的征管体制。2003年起，一律取消各部门的支出安排与其组织的收入挂钩的管理办法，实行收支脱钩管理。同时，市财政局制发《保山市市级行政性收费、基金纳入预算管理实施暂行办法》，规定政府性基金、附加由执收单位在取得收入三日内用《云南省财政收入缴款书》直接缴入市级国库，纳入财政预算管理的行政性收费，原则上都要实行“收支两条线”，采取“委托银行代收”的方式。

2004—2005年，随着部门预算制度、国库集中收付制度、政府采购制度改革的不断推进，全市各级财政部门进一步加强财政票据管理、银行账户管理以及预算内外资金综合预算管理，“收支两条线”管理工作得到进一步完善和加强。

二、预算制度改革

部门预算制度改革 2000年全国实施中央部门预算编制改革。2002年保山市政府印发《关于〈市财政局关于在市本级开展编制部门预算试点工作的请示〉的批复》，确定市中级人民法院、市林业局、卫生局、科技局作为市直2003年部门预算改革试点部门。2003年8月，增加市交通局、公安局、发展计划委员会等12个部门为改革试点。12月，市财政局制发《关于编制2003年市本级部门预算的通知》，就编制部门预算作出具体的安排，并制发《2003年市本级部门预算表》和《2003年市本级部门预算表格填报说明》。2004年，全市预算改革的试点单位增加市经贸委、检察院、教育局等14个部门。至此，市直有30个部门施行部门预算改革试点，占应实行部门预算单位的38.5%，县(区)有50个。2005年，全市部门预算改革市级试点30多个，隆阳区全面铺开部门预算试点工作，腾冲县试点9个部门。各试点部门从基层预算单位开始，层层编制涵盖各项收支活动的财政计划，逐级上报、审核、汇总，最后经财政部门审核后由同级人大依法批准。

“零基预算”编制改革　2000年，为改变预算管理粗放，预算资金安排使用绩效难以评价的状况，根据上级的要求和全区财力，保山地区各级财政逐步实施“零基预算”管理办法（将预算支出划分为基本预算支出和项目支出预算两部分；对两项开支，以“零”为基数全面核定和分配各项财政开支；对基本预算支出实行分类定额管理，并优先予以保证；对项目支出实行一年一定的办法，并根据财力在预算控制内逐项拨付）。年底，五县（市）83个乡（镇）中，有2个县（市）34个乡（镇）财政实施“零户统管”和“财务报账制”管理模式。其余三县也在2001年年底全部组织实施。2003年起，保山市级开展的部门预算改革，为“零基预算”的全面实施创造了条件。2005年，部门预算改革市级单位达30多个。

三、国库集中收付制度改革

2001年，按照国务院《财政国库管理制度改革方案》，保山市开始实行国库管理制度改革：改变账户设置，统一建立国库单一账户体系；改变收付方式，建立收支直达的资金运行方式；改变监管方式，实行财政国库动态监控。

2004年9月，保山市财政国库管理制度改革协调领导小组成立，同时，市政府出台《保山市财政国库管理制度改革试点方案》。自2004年11月起，市本级在市法院、林业局、民政局、科技局等4个部门及其下属11个单位开始启动国库集中收付制度改革。12月，龙陵县在县纪委、检察院、卫生局、林业局、文体局等5个部门及下属27个单位实施国库改革试点。2005年6月，腾冲县正式启动国库改革，其他县（区）也在做好改革前期准备工作。至2005年年末，全市试点部门由2004年的9个增加到49个，部门所属基层单位由38个增加到126个。

四、“专款切块到县”改革

2005年，全省“专款切块到县”改革试点范围扩大为16个县，保山市隆阳区被列为试点县之一，省、市财政核定隆阳区“专款切块到县”基数1153万元，其中：省级832万元、市级321万元。

五、财政社会保障改革

社保财务管理改革　2000年起，保山地区实施财政社会保障改革，完善行政事业单位离退休人员经费管理办法，实行归口管理，预算单列。当年，全区实现养老金的社会化发放，发放率100%。2002年，对财政全额供养的离退休人员工资纳入财政统一发放，确保每月1号准时足额领取离退休金。管理好各种专项补助资金，确保专款专用。及时拨付抗灾救灾资金，确保灾民生活和恢复重建工作顺利开展。2003年，全市建立应急机制，当年防治“非典”、下岗职工基本生活费、就业再就业资金、城市居民最低生活保障补助经费、企业军队转业干部在职人员和退休人员相关待遇及时得到落实。2005年，出台《保山市财政局社保财务管理考核评比办法》《保山市劳务输出特困人员借款周转管理使用办法》等相关规定，健全和完善社会保障财务管理制度，当年全市社会保障支出达87909万元。

社保基金管理改革　1998年10月，保山地区企业基本养老保险、失业保险基金的征收交由地方税务局征收。11月起，地区社保局管理的养老保险基金余额全部缴存财政专户管理，全区养老保险（含企业、机关事业养老保险）、失业保险纳入财政专户管理。1999年规范核算纳入财政专户管理的社会保障基（资）金，逐步将社会保障基金纳入财政专户管理。同年，工伤险、工伤女工生育保险纳入财政专户管理。2000年全市城镇居民最低生活保障资金、再就业资金等全部纳入财政专户。对基金（资金）实行“收支两条线”管理，账户不提现，不转账，消除资金安全隐患。2001年9月，市政府下发《关于改革机关事业单位养老保险制度的通知》，规定1995年已按保署办发68号文参加了养老保险的地直机关事业单位和职工，从2001年10月起，不再缴纳养老保险费。全额和差额拨款的机关、事业单位的在编退休人员，其个人待遇标准继续执行国家和省的按工资和工龄等计发。已缴纳的保险费，连同利息由社保局一次性清算后退还职工和单位，单位缴纳的1%的养老保险全部转为对企业养老保险的补助，划入财政专户管理。之后，全市进一步完善社会保障基金财政专户管理，将全部社会保障基金纳入财政专户。2004年7月起，全市城镇职工基本医疗保险、工伤保险、生育保险全部交地方税务局征收。“五险”统征后，财政部门与相关部门严格执行社会保险基金管理制度，强化社会保险基金收支管理，将基金全部纳入财政专户，实行收支两条线管理。同时，加强基金征缴、支付、预算、决算等各个环节的管理和监督。当年，保山市对市直社保口8个行政事业单位进行财务检查，完成对龙陵县新型合作医疗财务的检查，加强社保财务监管，确保资金安全透明。2005年，全市完成“五险”统征20800万元。

社保体系建设 1999年7月，全区建立城市居民最低生活保障制度。至2002年，全市低保人员3.65万人，占城市居民人口的21%，为全省最高水平。2003年，全市享受低保28882人，比上年减少7585人。2004年10月起，低保对象标准从156元增至166元，人均提高10元。全市享受低保29771人，共拨付低保资金2759.2万元（省财政2561.7万元，市县财政197.5万元）。建立基本医疗制度，实行大病保险、离休医疗保障，解决公费医疗遗留问题，加强公共卫生体系建设和新型农村合作医疗。2005年，全市启动新型合作医疗试点工作和贫困农民家庭实行医疗救助的制度。

六、财政医疗保障制度改革

公费医疗制度改革 1978年1月，保山地区按省政府规定，地直机关单位平均每人每年公费医疗经费预算为18元，8月提高到30元。当年全区享受公费医疗19734人，支出费用564万元。1985年继续实行“双包干”办法，以60%～70%的公费医疗资金作为门诊经费，下拨到各单位包干使用，节余留用，超支不补。1989年9月起，按照行署《关于进一步改进公费医疗管理的实施办法》规定执行，公费医疗仍实行40%为住院费，由地区公费医疗管理办公室统一管理，每季度与单位结算一次；60%为门诊费，拨至单位管理，核算到人（不发到个人）。门诊费标准每人每月基数4元，按工龄每年增加0.2元，年底结算。超支部分按工龄长短由个人按10%～30%不等的比例负担，结余部分以70%奖给个人（当年住院累计30天或住院费在200元以上不得享受）。住院费统一由公费医疗管理办公室管理，核算到单位；超支部分由国家、单位和个人共同负担，其中：单位负担10%；自费部分根据工龄长短按5%～20%不等的比例负担。1993年为抑制公费医疗过快增长，行署对公费医疗报销范围作修订：除“五类人”发生的医疗费可以全部报销，其余人员按工龄长短支付一定的费用，工龄越长自负比例越低。2000年全区公费医疗支出2541万元。1978—2000年，全市公费医疗累计支出18134万元。2001年1月起，实行城镇职工基本医疗保险，公费医疗制度终结。

城镇职工基本医疗保险　2001年1月《保山市城镇职工基本医疗保险实施方案》实施，同时启动大病保险。基本医疗保险基金分市级和五县（区）6块筹集、使用和管理，自求平衡。先从全额拨款的行政事业单位开始，逐步向差额、自收自支单位和企业推开。2002年，全市离休干部和二等乙级以上革命伤残军人纳入医保。基本医疗保险费由用人单位和职工共同负担，单位缴纳医疗保险的费率为本单位职工工资总额的6%～8%，职工个人缴纳的费率为本人工资收入的2%，退休人员不缴纳基本医疗保险费。基本医疗保险基金实行社会统筹和个人账户相结合，个人缴纳部分全部划入个人账户，单位缴纳的保费一部分用于统筹基金，另一部分按不同年龄段划入个人账户。年底参保人员6.3万人，比上年增1.37万人。至2005年年末，全市参加医疗保险的各类单位为1861户，参保职工8.2万人（在职6.1万人，退休2.1万人），当年共收缴基本医疗保险基金0.58亿元，支付基本医疗保险费0.54亿元。

补充医疗保险　离休干部医疗统筹：2002年，保山市政府出台《保山市离休干部医疗保障实施意见》，规定离休干部患病门诊、住院治疗所发生的医药费实行审核结算报销，凡在政策规定范围内的实报实销；同时实行节约奖励办法，对其医药费建立台账管理，年终进行结算，对节约者实行奖励，人均按1万元标准筹集，当年筹集资金408万元，支出327万元；2004年人均按1.1万元标准筹集，2005年人均按1.2万元标准筹集。城镇个体工商户医疗保险：2003年按保山市劳动和社会保障局《关于城镇个体工商户和灵活就业人员参加基本医疗保险有关问题的通知》实施，保山市内从事个体经营或以非全日制、临时性和弹性工作等灵活形式就业人员可参加基本医疗保险。公务员医疗补助：2004年1月起，按市政府《保山市市级国家公务员医疗补助的实施意见》执行，公务员医疗补助，按在职工作人员工资总额和退休人员退休金总额4%的比例逐月提取，主要用于基本医疗保险统筹基金最高支付限额以上，符合基本医疗保险用药、诊疗范围和医疗服务设施的医疗费补助；原享受公费医疗待遇的市级事业单位工作人员、退休人员，参照公务员医疗补助的实施意见，实行医疗补助，补助资金仍按原资金来源渠道筹措；国家公务员医疗补助经费纳入财政专户管理，单独建账，专款专用；离休干部、老红军仍保持原医疗保障待遇不变；到2005年五县（区）均已实施公务员医疗补助。城乡居民医疗保障：2003年开始，保山市先后建成425个村卫生室，103.2万农村居民直接受益，30万城市居民纳入社区卫生管理；2003年8月，保山市在龙陵县实行新型农村合作医疗试点，中央和地方各级财政按人均20元进行补助，农民个人缴费10元，参合的农民可以按一定的比例报销住院费用，市、县财政按要求配足资金，并根据工作需要按时拨付；2005年，隆阳区、腾冲县也启动此项工作；2003—2005年，市、县共安排资金209.95万元，争取中央、省补助资金1116.84万元，至2005年年末，3个试点县（区）参合率91.25%，新农合对参合农民减免医疗费121148人次，补偿资金4917717.71元（门诊减免112524人次，减免补偿费用891002.62元；住院8624人次，减免补偿费用4026715.09元）。

第三章　财政收入

第一节　财政收入概况

保山市财政收入主要包括企业收入、农业税与工商各税收入、专项收入和上级补助收入等。1978年，保山地区完成财政预算内、外总收入5952万元，其中：预算内财政收入3868万元，预算外非税收入2084万元。改革开放以后，全区经济结构调整成效明显，财政收入快速增长。2005年，保山市完成财政预算内、外总收入142706万元，其中：预算内财政收入123077万元（上划两税收入35098万元，上划所得税收入18023万元，基金收入4665万元，一般预算收入65291万元），预算外非税收入19629万元。1978—2005年，全市累计完成财政预算内、外总收入129.25亿元，其中：预算内财政总收入95.83亿元（财政一般预算收入63.68亿元，上划工商各税完成27.15亿元，基金收入完成5亿元），预算外非税收入33.42亿元。

1978—2005年保山市财政总收入分类统计表

表17-1　　单位：万元

年份	预算内财政总收入	其中			预算外非税收入	合计
		财政一般预算收入	上划增值税、消费税、所得税收入	基金收入		
1978	3868	3868	—	—	2084	5952
1979	3830	3830	—	—	2435	6265
1980	3804	3804	—	—	2752	6556
1981	4474	4474	—	—	2890	7364
1982	4759	4759	—	—	3146	7905
1983	5269	5269	—	—	3739	9008
1984	4511	4511	—	—	4527	9038
1985	6046	6046	—	—	4950	10996
1986	6477	6477	—	—	5598	12075

续上表　　　　　　　　　　　　　　　　　　　　　　单位：万元

年份	预算内财政总收入	其中			预算外非税收入	合计
		财政一般预算收入	上划增值税、消费税、所得税收入	基金收入		
1987	7957	7957	—	—	7458	15415
1988	10382	10382	—	—	10577	20959
1989	12756	12756	—	—	12250	25006
1990	13667	13667	—	—	11246	24913
1991	15921	15921	—	—	15100	31021
1992	16114	16114	—	—	16929	33043
1993	23190	23190	—	—	7113	30303
1994	31723	19246	7767	4710	9479	41202
1995	40259	25514	9300	5445	10452	50711
1996	50501	35162	11200	4139	20593	71094
1997	61009	44866	13641	2502	20652	81661
1998	58915	40515	15583	2817	17650	76565
1999	56767	38848	15749	2170	20098	76865
2000	60127	39430	17465	3232	21472	81599
2001	68018	42414	21882	3722	24170	92188
2002	81974	42877	33985	5112	19456	101430
2003	86434	47688	33674	5072	19334	105768
2004	96464	51884	38145	6435	18400	114864
2005	123077	65291	53121	4665	19629	142706
合计	958293	636760	271512	50021	334179	1292472

注：基金收入于1997年纳入决算报表，1994—1996年的基金收入为过渡性调整数

第二节　地方税收收入

保山市的地方税收入主要来源于农业税（农业税、农业特产税、耕地占用税和契税）和工商各税（增值税、营业税、地方企业所得税、个人所得税、资源税、城市维护建设税、房产税、印花税、城镇土地使用税、土地增值税、车船使用税、屠宰税、固定资产投资方向调节税、城市房地产税等）。

第三节　上划各税收入

1994年，保山地区开始上划中央“两税”（增值税和消费税），当年收入12477万元，比省下达考核任务数增收2021万元。1995年，全区上划中央“两税”收入14863万元，比上年增2386万元，增19.12%。1996年，全区上划中央“两税”收入15338万元，比上年增475万元，增3%。1997年，全区上划中央“两税”收入15396万元，比上年增58万元，增0.4%。1998年，全区上划中央“两税”收入15583万元，比上年增187万元，增1.2%。1999年，全区上划中央“两税”收入15749万元，比上年增长1.1%。

2000年，保山地区上划中央“两税”收入1.75亿元，比上年增收1716万元，增长10.9%。2001年，全市上划中央“两税”收入2.19亿元，比上年增长25%。上划中央、省所得税（80%部分）6300万元，按所得税分享改革后同口径相比，同比减1321万元，减17.3%。2003年，保山市上划中央“两税”收入完成2.67亿元，比上年减收978万元，下降3.5%。上划中央、省所得税（84%部分，下同）6967万元，比上年增收667万元，增长10.6%。2004年，保山市上划中央增值税和消费税收入完成26262万元，比上年减收443万元，下降1.7%；上划中央、省所得税11881万元，比上年增收4914万元，增长70.5%。

2005年，保山市上划中央增值税和消费税收入完成35098万元，比上年增长22%；上划中央、省所得税18023万元，比上年增长28.1%。

第四节　基金收入

1997年，保山地区根据财政部《政府性基金预算管理办法》的规定，将纳入财政预算管理的基金实行收支两条线，收入全额上缴国库，先收后支，专款专用，结余结转下年使用。纳入预算后，基金收入主要包括工业交通部门、商贸部门、文教部门、农业部门、其他部门的基金收入和社会保障基金收入、地方财政税费附加收入、基金预算调拨收入等。当年，全区基金预算收入795万元，2000年3232万元。2001年，全市基金收入3722万元，2002年5112万元，2003年5072万元，2004年6435万元，2005年4665万元。

第五节　债券收入

一、公债收入

1987年起，国家向个人发行债券，保山地区当年向个人出售国家重点建设债券212.88万元。1988年，保山地区推销国家建设债券497万元。同年，保山地区推销财政债券642万元，其中：单位购买370万元，个人购买272万元。1989，保山地区完成特种国债150.8万元。1990年，保山地区完成特种国债128.9万元。

2000年，撤销全区国债服务部，原国债服务部的资产由行署财政局清理收回，人员根据其身份由地区财政局在所属事业单位妥善分流安置。1990—2000年，保山地区共发行国债9589万元，兑付本息1.52亿元，转让2701万元。

二、国库券收入

从1981年起，国务院决定发行中华人民共和国国库券，按规定还本付息。当年，保山地区分配任务122万元，实际完成128.7万元，占任务的105.42%。1982年，保山地区分配任务257万元，实际完成282.4万元，超额9.88%。1983年，保山地区完成257.2万元，超额1%。1985年，保山地区完成417.7万元，超额2.88%。1986年，保山地区推销国库券416万元，其中：单位认购91万元，个人认购325万元。1987年，保山地区完成425万元。1988年，国库券发行对象扩大到私营企业，保山地区完成565.1万元。1989年，国库券发行对象改为公民个人和个体工商业户，当年全区售出国库券372.3万元。

1990年9月，保山地区地、县（市）两级财政部门先后成立国债服务部，设置国债兑付点106个，实行国债发行、兑付和转让一体化服务。当年，保山地区售出国库券560万元。

1991年，保山地区设置国债兑付点123个，兑付到期国库券本息744万元，其中：财政系统兑付占总数的45%。当年完成国库券和特种国债推销564.2万元。1992年，全区采用“承购包销”的办法，购买国库券达2400万元；财政部门国债服务机构国库券转让交易完成4500多万元。1993年，完成国库券推销发行1700万元；兑付各年到期债券本息600万元。1994年，完成国库券推销1040万元，兑付国库券1253万元。此外，共成交转让国库券2800万元，实现利润41万元。1995年，完成国库券推销460万元；兑付国库券本息3054万元。1996年，完成国库券推销2415万元；兑付国库券本息3598万元。1997年，完成国库券推销1472万元；兑付国库券本息910万元。2000年，撤销国债服务部。

第六节　专项收入

一、排污费

1982年12月，保山地区财政局、地区环境保护办公室制发《关于征收排污费的通知》，从1983年1月起，向地直新华工厂、造纸厂、针织厂，保山县丝绸厂、皮革厂，腾冲县造纸厂、织染厂、三五一〇一化工厂等企业征收排污费。当年征收排污费4万元。

1984年起，扩大排污费的征收范围，当年共征收排污费14.3万元，1985年征收14.2万元。1986年3月，行署批转地区财政局《关于对地区人民医院、中医院暂免征收排污费的报告》，决定免征1986年的排污费；要求两院尽快采取治理措施，降低污染物的排放。1983—1990年，全区共征收排污费215.2万元，占同期财政收入的0.36%。1991—2000年，全区共征收排污费1214.5万元。2001—2005年，保山市共征收排污费1247万元。

二、教育费附加

1989年11月，根据国务院和云南省政府关于征收教育附加费的有关规定，保山地委下发《关于教育附加开征时间和征收范围的通知》，对缴纳教育附加的范围、具体费率和免征对象、缴纳办法等作出明确规定。地方征收的教育费附加，主要留归当地安排使用，省不提取、不调剂，地区根据情况，提取一定数额（最高不超过20%），在所属县（市）之间进行调剂。1990年，保山地区始有教育费附加收入，当年征收45万元，占财政收入的0.33%。1990—2000年，全区共征收教育费附加4924.9万元。2001—2005年，保山市共征收教育费附加6561万元。

三、水资源费

从2004年7月起，按照省政府办公厅“对在滇电力企业全面征收水资源费”的要求，保山市向境内电力企业全面征收水资源费。水资源费按市20%、县30%的比例实行分级缴库管理。由水行政主管部门委托地方税务机关征收，征管经费由省财政厅纳入部门预算按规定给予核拨。

2004年保山市征收水资源费收入112万元。2005年保山市征收水资源费收入303万元。

第七节　中央和省财政补助收入

一、税收返还

中央和省对保山市的税收返还制度始于1994年实施的分税制改革，2002年实施所得税收入分享改革后增加了所得税基数返还。1994—2001年，中央和省对保山市的税收返还全部是增值税和消费税税收返还；2002—2005年，在增值税和消费税税收返还的基础上增加了所得税基数返还。

根据《国务院关于实行分税制财政管理体制的决定》，1994年起，中央对地方上划中央的增值税和消费税实行税收返还制度。1994年以后，中央对地方税收返还额在1993年基数上逐年递增，递增率按上划中央增值税和消费税的平均增长率的1∶0.3系数确定，即上划中央增值税和消费税每增长1%，中央财政对地方的税收返还额在上年基础上增长0.3%，若本年上划中央增值税和消费税收入达不到上年完成数，则相应扣减税收返还数额。1994—2005年，中央对保山市的增值税和消费税税收返还共计148437万元。

根据《国务院关于印发所得税收入分享改革方案的通知》，2002年起，中央对地方实行所得税分享改革。2002年以后，中央对地方实行所得税基础返还，以2001年为基期，按改革方案确定的分享范围和比例计算，地方分享的所得税收入，如果小于地方实际所得税收入，差额部分由中央作为基数返还地方。2002—2005年，中央对保山的所得税定额返还共计22456万元。

1994—2005年中央、省对保山税收返还情况表

表17-2 单位：万元

年度	合计	增值税和消费税税收返还	所得税基数返还
1994	10165	10165	—
1995	11329	11329	—
1996	11444	11444	—
1997	11467	11467	—
1998	11513	11513	—
1999	11549	11549	—
2000	11927	11927	—
2001	12831	12831	—
2002	18860	13852	5008
2003	18909	13705	5204
2004	19761	13639	6122
2005	21138	15016	6122

二、体制补助

1994年，云南省对保山地区的体制补助为11363万元，其中地级2644万元。1995—1996年，省对保山地区的体制补助为11757万元，其中地级2644万元。

从1997年起，将上级定额补贴（包括三项补贴和1996年公务员晋级工资、地方税务局经费下划）抵扣截至1995年各县（市）上解地区收入确定各县（市）的上级定额补助。2月，行署财政局下发《关于1997年至2000年地对县（市）财政体制定额补助的通知》，将行署对各县（市）的体制补助数额通知各县（市）。2000年以后市对县（区）历次体制调整时未再对体制补助进行调整。

三、一般性转移支付

分税制改革后，中央和云南省转移支付主要由一般性转移支付和专项转移支付（即通常所说的“专款”）构成。1999年省财政厅下达保山市调整行政事业单位职工工资转移支付3072万元，全部为调资转移支付补助，标志着省财政对保山地区转移支付制度的建立。2000年省财政厅下达保山转移支付补助8245万元。2001—2005年，各年下达数分别为20866万元、25740万元、36779万元、58146万元、66021万元。

四、专项转移支付（专项拨款）

1994—2005年，中央财政和省财政安排了一些专项转移支付项目，主要是为实现特定的宏观政策及事业发展战略目标，以及对委托地方政府代理的一些事务或中央地方共同承担事务进行补偿而设立的补助资金，需按规定用途使用。保山的专项转移支付重点用于教育、医疗卫生、社会保障、支农等公共服务领域。

1994—2005年中央、省对保山市专项转移支付补助情况表

表17-3　　单位：万元

年度	保山	本级	隆阳	施甸	腾冲	昌宁	龙陵
1994	8032	2140	2099	806	1662	1064	1230
1995	8365	1619	2328	1043	1763	1184	1676
1996	21409	3775	4640	2879	4330	2880	4050
1997	17269	2624	3444	2570	3650	2767	3789
1998	15566	2909	3349	2116	3244	2754	2671
1999	19209	3689	3654	3306	4029	3406	3044
2000	19975	1766	4162	2707	4970	3018	3352
2001	42310	7515	10578	8013	6281	5562	4361
2002	32284	3422	7599	5278	8687	3640	3658
2003	31272	4509	7128	4468	6965	4425	3777
2004	33800	1671	10706	4676	7811	4362	4574
2005	44605	1589	13310	6072	10555	6557	6522

五、结算补助

1995年，保山地区首次获得结算补助收入25万元，1996—1997年共265万元。最高的年份是1998年，为4830万元（烤烟限产补助4496万元，1998年增资补助300万元，华侨农场事业费补助19万元，矿产资源补偿上交返还11万元，石油公司上划补助4万元）。1999—2002年共补助175万元。2003年，保山市结算补助收入436万元，主要是石油公司上划补助4万元，矿产资源补偿费返还15万元，财政部驻云南省财政监察专员办事处（以下简称“专员办”）经费13万元，保山卷烟车间停产税返补助324万元，省内航线返程营业税结算返还36万元，外贸行政人员下划经费补助44万元。2004年为575万元，主要是石油公司上划补助4万元，“专员办”下划经费13万元，外贸行政人员下划经费补助22万元，矿产资源补偿费返还19万元，保山卷烟车间停产税返补助481万元，省内航线返程营业税结算返还36万元。2005年为2235万元，主要是石油公司上划补助4万元，“专员办”下划经费13万元，外贸行政人员下划经费补助22万元，矿产资源补偿费返还17万元，保山卷烟车间停产税返补助499万元，省内航线返程营业税结算返还25万元，高黎贡山自然保护区下划补助179万元，烤烟农特税年初计划内部分返还644万元，专款切块到县基数补助832万元。

第八节　其他收入

一、事业收入

1986—1990年，保山地区事业收入（包括中央和地方各部门所属事业单位应上缴国家的各种事业收入，含技术转让收入）共计368.2万元，其中，1990年收入55.9万元，占当年其他收入总额的7.48%（1990年后无此项收入科目）。

二、公产收入与国有资产经营收益

1978—1987年，保山地区公产收入（包括国有山林、芦苇等公产的产品收入，政府部门主管的田地、公房和其他公产的租赁收入，公产变价收入）共计30.3万元。2000年7月，组建保山地区国有资产经营有限责任公司，负责国有资本的价值形态上对企业形成的产权（股权）进行经营管理，保证国有资本的保值增值，并收取所属国有资本经营收益和产权（股权）出售、转让收入，当年全区国有资产经营收益3万元。2003年，保山市国有资产经营收益107万元。2005年，全市国有资产经营收益1113万元，比上年增长5.55倍。

三、规费收入

1978—1990年，全区的规费收入（按照国家政策规定，各级公安、司法、民政、工商行政管理等部门所发的各种证照、簿册，向有关单位和个人收取的工本费和手续费、商标注册费、企业登记费、公证费等）共计95.9万元（此后因非税收入范围发生变化，不再有此统计口径科目）。

四、罚没收入

1985年以前，保山地区的罚没收入全部并入"其他罚没收入"中。1986—1990年分列后，有工商罚没收入384万元，海关罚没收入27.2万元，政法罚没收入547.6万元，物价罚没收入150.8万元，其他罚没收入438.2万元，追回赃款赃物变价收入33.7万元，合计1581.5万元，年均316.3万元。1991—2000年，全区罚没收入11853.3万元；2001—2005年，保山市罚没收入共10157万元。

第四章　财政支出

第一节　财政支出概况

保山市财政支出的项目包括经济建设费、文教科学卫生事业费、抚恤和社会福利救济费、行政管理费、其他支出等项。

1978年，保山地区财政总支出5889.2万元，其中：财政预算总支出5613.2万元，预算外专户（非税）支出276万元。改革开放以后，全区随着工农业生产的发展和经济建设规模的扩大，各方面的财政支出直线上升。2005年，保山市财政总支出达到264631万元，其中：财政预算总支出247542万元，预算外专户（非税）支出17089万元。1978—2005年，全市累计完成财政总支出203.58亿元，其中：预算内财政总支出176.00亿元，预算外专户(非税）支出27.58亿元。

1978—2005年保山市财政支出统计表

表17-4　　单位：万元

年份	预算内财政总支出	其中						预算外专户（非税）支出	合计
		市级	隆阳区	施甸县	腾冲县	龙陵县	昌宁县		
1978	5613	943	1513	1017	887	694	559	276	5889
1979	4530	817	1083	557	957	560	556	267	4797
1980	5110	885	1267	587	1140	645	586	378	5488
1981	5100	755	1193	502	1117	845	688	237	5337
1982	5959	1065	1461	697	1316	660	760	562	6521
1983	7306	1250	1659	917	1691	858	931	527	7833
1984	9592	1495	2351	1025	2037	1132	1552	410	10002
1985	11379	2079	2710	1186	2251	1330	1823	473	11852
1986	13790	1837	3075	1432	3724	1904	1818	5329	19119
1987	14966	2303	3579	1658	3283	2035	2108	6397	21363
1988	19179	2437	4796	2408	4293	2405	2840	8383	27562
1989	23282	3194	6318	3082	4958	2886	2844	10602	33884
1990	26847	3711	6818	3083	6075	3278	3882	11454	38301
1991	32795	3925	7838	4702	7951	3906	4473	14010	46805
1992	35626	5558	8292	4804	8156	4263	4553	14792	50418
1993	44632	5980	10716	5438	10899	5440	6159	6802	51434
1994	52044	7625	13574	6079	11519	6172	7075	8025	60069
1995	61208	10681	15525	7472	12176	7042	8312	8717	69925
1996	83211	12744	19934	11897	17231	9886	11519	18091	101302
1997	95526	14403	22949	13780	19633	11600	13161	20522	116048
1998	97746	14351	23957	13832	21348	11442	12816	17325	115071
1999	99756	14600	24254	13135	22968	12019	12780	18125	117881

续上表　　　　单位：万元

年份	预算内财政总支出	其中						预算外专户（非税）支出	合计
		市级	隆阳区	施甸县	腾冲县	龙陵县	昌宁县		
2000	106298	15812	26291	13297	25322	12540	13036	18741	125039
2001	136804	19355	33284	19595	31369	15833	17368	20888	157692
2002	154420	27284	36735	17786	37655	16342	18618	15141	169561
2003	162067	25956	38352	18296	41146	18250	20067	16357	178424
2004	197664	26318	52316	22328	48583	23891	24228	15759	213423
2005	247628	34230	62650	28022	60615	29114	32997	17089	264717
合 计	1760078	261593	434490	218614	410300	206972	228109	275679	3795835

第二节　基本建设支出

一、财政预算基本建设支出

1976—1980年的“五五”期间，保山地区基本建设投资持续上升，基本建设支出4123.4万元，占经济建设支出的35.2%；“六五”期间基本建设支出2390.5万元，占经济建设支出的18.5%；“七五”期间支出4118.7万元，占经济建设支出的14.8%。

1991—1995年的“八五”时期，全区基本建设投资支出8675.7万元，是“七五”时期的2倍多。1991年基本建设支出1010.7万元，占当年财政支出的3.08%。1992年保山飞机场改造，基本建设支出1986万元，占当年财政支出的5.57%。1995年，全区基本建设支出2793万元，占当年财政支出的4.56%。

1996—2000年的“九五”时期，全区基本建设投资支出28700.4万元，是“八五”时期的3.3倍多。1996年基本建设支出1523万元，占当年财政支出的1.8%；1997年基本建设支出1828万元，占当年财政支出的1.9%；1998年开始，基本建设支出包括省以上专款，当年全区预算内基建拨款5292万元，比上年增83%；1999年全区预算内基本建设实际支出7640万元，比上年增44.4%；2000年省、地两级基本建设预算内共投资12417.4万元，比上年增62.5%。

2001—2005年的“十五”时期，保山市基本建设投资支出120749.46万元，是“九五”时期的4.2倍多。2001年中央、省、市基本建设预算内共投资19417.9万元，比上年增36.1%；2002年中央、省、市基本建设预算内共投资18212.5万元，比上年减少6.2%；2003年中央、省、市三级基本建设预算内共投资23400万元（含预算内财政拨款7568万元），比上年增28.32%；2004年中央、省、市三级基本建设预算内共投资38503.73万元，比上年增64.5%；2005年中央、省、市三级基本建设预算内共投资21215.33万元，比上年减24.9%。

二、国债项目建设资金支出

1998年起，中央实施积极的财政政策，用于加大基础设施建设等方面的投资。当年，省补助保山地区国债项目建设资金390万元，用于龙陵县天然林保护10万元，昌宁县明山水库建设380万元。

1998—2000年，全区共使用国债资金8059.9万元，其中：1998年省下达国债资金3000万元；1999年下达国债专项资金1853万元，天然林保护资金171.5万元，合计2024.5万元；2000年省下达国债资金3035.4万元。

2001年云南省补助保山市国债项目建设资金12142.4万元；2002年省补助保山市国债项目建设资金11431万元，重点投向农业、林业、旅游、环保教育、政法等基础产业和公共支出；2003年省补助保山市国债项目建设资金12422万元，国债转贷资金800万元；2004年省补助保山市国债项目建设资金9444万元；2005年省补助保山市国债项目建设资金6778万元，主要用于贫困农民异地扶贫搬迁、水库除险加固、解决农民人畜饮水、以工代赈、城市环保，交通、教育、政法、卫生、旅游基础设施建设，新建污水处理厂、垃圾处理厂等生态保护工程。

第三节　教科文体广电支出

1978年，保山市教科文体广电支出944万元，2005年为61096万元，是1978年的64倍。1978—2005年，全市教科文体广电支出总计456896万元。占财政一般预算支出的比例由23.1%增至26.9%。

一、教育事业费支出

1978—1979年，保山地区共支出教育事业费1728万元，占同期财政总支出的17%。1980年全区教育事业费支出首次突破千万元大关，达1114万元，占当年财政总支出的21.8%。

“六五”期间，全区教育支出9630万元，占同期财政支出总额的24.59%，年均递增19.96%。“七五”期间，全区教育支出20842万元，平均每年支出4168.4万元，约以年均15%的速度逐年递增。“八五”期间，全区共投入教育资金50167万元，年均递增22.2%，是财政支出递增幅度最高的类项目。

“九五”期间，全区按照“优先、集中、扶贫教育、鼓励创收”的原则安排教育经费，加大对教育的投入，教育支出109471万元。1996年全区教育支出19058万元，占财政总支出的23%，比上年增29.4%；1998年全区教育支出21922万元，占财政一般预算支出的23%，比上年增11%；2000年，全区教育支出24911万元，占财政总支出的23.4%，比上年增4.3%。

“十五”期间，保山市教育支出稳定增长，共支出204936万元，年均增长14.3%。教育支出占财政支出的比重始终保持在23%～25%之间，占GDP的比重在4.1%～4.9%之间。2001年全市教育支出30931万元，占财政总支出的22.6%；2002年全市教育支出35154万元，占财政总支出的22.8%；2003年全市教育支出38185万元，比上年增8.6%；2004年全市教育支出47857万元，占一般预算支出的25%；2005年全市教育支出52718万元，占一般预算支出的23.2%。

二、科技三项费用

1983年保山地级财政首次安排科技“三项费用”（包括新产品试制费、中间试验费和重要科学研究补助费)13万元，由科技部门管理和使用，以后逐年增长。1992年增至20万元，1998年增至40万元。2000年加大科技“三项费用”投入力度，同时将原列入其他款项的技术推广费、技术创新费、技术开发费、科研设施设备购置费等调整列入科技“三项费用”。当年科技“三项费用”支出75万元。2001年保山市科技“三项费用”支出258万元；2002年增至345万元；2003年，科技“三项费用”支出415万元；2004年增至771万元，2005年为1379万元。

三、科学事业费支出

保山市科学支出主要用于新产品（新技术）的研究、试验、开发补助，良种良法及农经作物推广，提高公众的科技素质，加强公众对科技的认识等。2005年前，保山市无独立的社会科学机构，科学支出主要由自然科学支出、科学技术普及支出两大部分组成，分别由市县（区）科技局、科学技术协会及4个独立科研机构（市农科所、林科所、甘科所、农机研究所）管理和使用，其中：1986年以前含档案馆经费，4个独立科研机构的基本支出随其主管部门列入农林水气等部门的事业费类相关款项。

1978—1982年，保山地区年均科学支出在10万元以下。1983年科学支出20万元。1984年科学支出26万元。1985年科学支出20万元。

“七五”期间，全区科学支出316万元。1990年科学支出首次突破100万元。“八五”期间，全区科学支出739万元。1992年和1993年支出相同，为133万元；1994年科学支出166万元，占当年财政支出的0.32%；1995年科学支出202万元。

“九五”期间，全区科学支出1446万元。1996年支出224万元。1997年开始利用每年的端阳花市开展“科普一条街”活动、“人与自然”大型科普活动等。当年地级安排科普专项经费10万元、科技进步奖励资金24万元。1998年支出270万元；1999年支出289万元，当年地级再次安排科技进步奖励资金20万元，以后每两年安排20万元；2000年支出363万元。

“十五”期间，保山市科学支出2109万元。2002年，市级财政安排资金100万元建立科技发展资金，用于支持科技部门、科研单位、企业进行技术开发、技术研究、创新和服务；2003年，市委办、政府办出台《关于县区党政一把手科技进步目标责任制考核的实施办法》规定，本级财政科普经费投入情况为：腾冲县、隆阳区人均科普经费≥0.3元，昌宁、龙陵、施甸三县人均科普经费≥0.2元，当年全市科普经费支出123万元；2004年全市科学支出436万元，其中科普经费支出与上年一致。2005年全市科学支出489万元，其中市级科普专项经费为75万元。

四、文化事业费支出

1978年保山地区文化事业支出43万元，1979年36万元，1980年为37万元。

"六五"期间，全区文化支出429万元，年均增长25.68%；"七五"期间为565万元；"八五"期间达1330万元。"九五"期间，全区文化支出3160万元。1996年支出577万元，1997年为505万元，1998年为578万元。1999年保山地区图书馆、群艺馆、博物馆投入使用，当年全区文化支出达935万元。2000年文化支出565万元。

"十五"期间，保山市文化支出5194万元。2003年保山市委、市政府《关于深化文化体制改革加快文化产业发展的意见》明确提出切实加大政府对公益性文化事业的投入，自2004年起每年有计划的改（扩）建或重建10个文化站，每个站由市财政补助3万元。市财政一次安排16万元专项资金，用于民族民间文化的普查与保护。设立"保山市文化艺术政府奖"，市财政每两年安排30万元。从2004年起，市财政每年安排10万元，作为政府对"市级精品出版物编写、出版补助"。2005年全市文化支出达1360万元。

五、体育事业费支出

1978年保山地区体育事业费支出20万元。1985年体育事业费支出61万元。1990年体育事业费支出71万元。"八五"期间，大力建设体育基础设施和发展体育事业，全区体育事业费支出616万元，其中1995年支出204万元。"九五"期间，全区体育事业支出689万元。"十五"期间，市体育局筹措资金建设全民健身指导中心，购买体质评价和开具运动处方软件。2003年市财政对少体校学生伙食补助标准进行调整，从每生每年610元提高到每生每年810元。2004年起，市财政每年安排10万元，用于扶持建设全民健身工程。2005年市财政将10万元体育后备人才专项资金和10万元扶持全民健身工程资金列入年初预算，当年体育事业费支出达332万元。

六、广播电视事业费支出

1978年，保山地区广播电视事业费支出23万元，1980年26万元。"六五"期间，全区广播电视事业费支出265万元；"七五"期间为638万元；"八五"期间为1335万元。"九五"期间，全区广播电视事业费支出2603万元，其中：1997年为624万元，2000年为469万元。2001年投资1200万元，建成光缆线路545皮长千米，实现保山电视台节目光缆传送，保山电视台节目覆盖全市。2002年市财政安排广播电视"村村通"工程补助资金15万元。2003年安排广播电视"村村通"工程补助12万元，同时安排"乡乡通"工程补助13万元。2004年安排广播电视"村村通"工程补助6万元，"乡乡通"工程补助6万元。2005年投入新建广播电视"村村通"和"乡乡通"工程资金40万元，全年全市广播电视事业费支出745万元。

七、其他支出

文物保护支出 1981年起，保山地区成立文物事业机构，支出文物事业费1万元。

1985年支出文物事业费14.7万元。1990年保山地区文物事业费支出11.7万元。1990年后，文物保护工作支出不断增长。1999年保山地区博物馆建成后，财政对其投入也逐年加大。2004年起设立市级文物保护专项经费，每年由市级财政安排10万元用于市级文保单位的保护、抢救、维修。

档案管理支出 1980年保山地区档案馆经费支出2万元。"六五"期间保山地区档案事业费支出71.7万元，"七五"期间为106.4万元。1991年8月地区档案馆馆藏民国档案托裱复制完成，耗资12万元。1999年地区档案馆投资30万元，改造一楼库房，安装密集架30列、120组。2000年投资6万元，安装地区档案馆档案库房和查阅室防盗监控报警设备一套并投入使用。2001年保山市档案事业费支出145万元。2002年保山市投资建立市档案馆爱国主义教育基地，档案事业费支出182万元。2003年安排档案抢救费及查阅中心经费8万元。2004年市财政安排市档案馆专项经费10万元到南京抢救抗战档案，并在后两年继续安排。2005年保山市档案事业费支出222万元。

第四节 社会保障支出

1978年，保山地区社会保障支出707万元，占地方财政一般预算支出的12.6%。1990年，全区社会保障支出3971万元，占一般预算支出的14.8%。2000年，全区社会保障支出22631万元，占一般预算支出的21.5%。2005年，保山市社会保障支出49862万元，占一般预算支出的21.98%。

1978—2005年，全市累计完成社会保障支出329729万元，占地方财政一般预算支出的19.16%，其中：行政事业单位离退休支出118549万元，占社会保障总支出的35.95%；医疗卫生支出113270万元，占社会保障支出的34.35%；抚恤和社会福利救济费73507万元，占社会保障支出的22.30%；社会保障补助支出24403万元，占社会保障支出的7.40%。

1978—2005年保山市地方财政预算内社会保障支出统计表

表17-5　　单位：万元

年份	行政事业单位离退休支出	医疗卫生支出	抚恤和社会福利救济费	社会保障补助支出	合计	占地方财政一般预算支出（%）
1978	—	419	253	35	707	12.60
1979	—	388	178	10	576	12.72
1980	—	478	207	31	716	14.01
1981	—	525	214	1	740	14.51
1982	—	663	231	16	910	15.27
1983	—	753	255	34	1042	14.26

续上表　　　　单位：万元

年份	行政事业单位离退休支出	医疗卫生支出	抚恤和社会福利救济费	社会保障补助支出	合计	占地方财政一般预算支出（%）
1984	—	985	318	47	1350	14.07
1985	—	1110	499	34	1643	14.44
1986	—	1197	523	45	1765	12.80
1987	—	1356	611	44	2011	13.44
1988	—	1445	987	52	2484	12.95
1989	—	1713	1781	43	3537	15.19
1990	—	1891	2026	54	3971	14.79
1991	—	2278	2866	50	5194	15.84
1992	—	2667	1657	60	4384	12.31
1993	—	3311	1278	69	4658	10.44
1994	—	4913	2041	—	6954	13.36
1995	—	5478	1973	—	7451	12.17
1996	—	5776	2158	—	7934	9.53
1997	6656	6211	2402	312	15581	16.55
1998	7529	6526	2417	799	17271	17.67
1999	8919	6494	3377	1347	20137	20.19
2000	10066	7127	3556	1882	22631	21.46
2001	12219	8126	8652	3110	32107	23.81
2002	14543	8981	7759	4553	35836	23.62
2003	16258	9761	6365	2751	35135	22.16
2004	20441	10609	8415	3677	43142	22.56
2005	21918	12089	10508	5347	49862	21.98
合计	118549	113270	73507	24403	329729	19.16

第五节　“三农”支出

1978年，保山地区“三农”支出（包括农业支出、林业水利和气象支出、支援不发达地区即扶贫支出、农业综合开发支出等）为984万元，占地方财政一般预算支出的17.53%。1995年以前，农业综合开发支出款项包含在“农业支出”中，1995年起农业综合开发支出项目单列；2002年起“支援不发达地区（扶贫）支出”分为国库支出和扶贫专户支出（2002—2005年国库支出数分别为1029万元、750万元、1242万元、932万元，专户支出数分别为5831万元、5291万元、6339万元、7672万元）。2005年，保山市“三农”支出为36020万元，占地方财政一般预算支出的15.88%。

1978—2005年，全市累计完成“三农”支出320490万元，占地方财政一般预算支出的18.62%，其中：农业支出127264万元，林业水利和气象支出107337万元，支援不发达地区（扶贫）支出66451万元，农业综合开发支出19438万元。

1978—2005年保山市财政预算内“三农”支出统计表

表17-6　　单位：万元

年份	农业支出	林业、水利和气象支出	支援不发达地区（扶贫）支出	农业综合开发支出	合计	占一般预算支出（%）
1978	606	378	—	—	984	17.53
1979	1013	482	—	—	1495	33.00
1980	812	510	—	—	1322	25.87
1981	570	476	—	—	1046	20.51
1982	557	543	—	—	1100	18.46
1983	912	794	—	—	1706	23.35
1984	1108	869	—	—	1977	20.61
1985	911	927	—	—	1838	16.15
1986	1184	1025	—	—	2209	16.02
1987	1479	1162	—	—	2641	17.65
1988	1820	1285	—	—	3105	16.19
1989	2771	1506	—	—	4277	18.37
1990	3388	1769	267	—	5424	20.20
1991	3928	2032	147	—	6107	18.62
1992	4918	2312	197	—	7427	20.85
1993	6268	2890	249	—	9407	21.08
1994	5396	4387	266	—	10049	19.31
1995	4940	4379	322	685	10326	16.87
1996	10069	5797	2974	1971	20811	25.01
1997	8957	6187	7518	883	23545	25.00
1998	8102	6572	6063	941	21678	22.34
1999	5843	6847	6509	1322	20521	20.68

续上表 单位：万元

年份	农业支出	林业、水利和气象支出	支援不发达地区（扶贫）支出	农业综合开发支出	合计	占一般预算支出（%）
2000	5481	7650	6304	767	20202	19.16
2001	5513	8651	6279	2004	22447	16.65
2002	6305	9692	6860	2403	25260	16.65
2003	9504	8031	6041	2230	25806	16.28
2004	11932	8858	7851	3119	31760	16.61
2005	12977	11326	8604	3113	36020	15.88
合计	127264	107337	66451	19438	320490	18.62

第六节　行政、政法和部门事业费支出

1978年，保山地区行政、政法和部门事业费支出659万元，占地方财政一般预算支出的11.74%。1978—1980年，行政管理费支出包括行政支出、党派团体补助支出、公安安全支出、司法检察支出、离退休人员费用等。随后公检法支出划出单列，1996年起国防支出单列，1996年起武装警察部队支出单列，1999年起外交外事支出单列。2005年，保山市行政、政法和部门事业费支出达64070万元，占地方财政一般预算支出的28.25%。

1978—2005年，全市累计完成行政、政法和部门事业费支出444974万元，占地方财政一般预算支出的25.88%，其中：行政管理费支出247577万元，外交外事支出360万元，工业交通等部门事业费22458万元，流通部门事业费4295万元。

第七节　上解支出

一、专项上解

1995年，保山地区专项上解云南省财政771万元。“九五”期间，全区专项上解省财政9804万元，其中：1996年上解2435万元，1997年上解2797万元，1998年上解1893万元，1999年上解2203万元，2000年上解476万元。“十五”期间，保山市专项上解省财政5951万元，比“九五”期间下降39.3%，其中：2001年上解310万元，2002年上解1224万元，2003年上解977万元，2004年上解1150万元，2005年上解2290万元。

二、上划部门经费上解

1999年，云南省财政厅下发《关于工商行政管理系统预算内基数上划的通知》，核定

保山地区工商行政管理系统预算内上划基数为839.9万元，从当年1月起统一上划省级财政。2000年全区上划部门经费上解省财政2656万元。“十五”期间，保山市上划部门经费上解省财政17626万元，其中：2001年上解2892万元，2002年上解2994万元，2003年上解4011万元，2004年上解3815万元，2005年上解3914万元。

三、其他上解

1995年保山地区其他上解省财政490万元，全部为税务经费上解。1999年上解省财政388万元，全部为省财政代扣世界银行贷款。2000年上解省财政1988万元，主要是拖欠中央国债转贷资金利息扣款1000万元，财政周转金逾期扣款988万元。2001年保山市其他上解省财政154万元，全部为拖欠国际金融组织贷款扣款。2002年上解省财政341万元，全部为拖欠国际金融组织贷款扣款。2003年上解省财政890万元，主要是省级收入混库扣款120万元，拖欠国际金融组织贷款扣款677万元，拖欠中央金融风险处置专项借款利息扣款5万元，中央社保扣款38万元，金融周转金及专项资金扣款50万元。2005年上解省财政150万元，主要是城建、边建周转金和边民有偿扶持资金扣款。

第八节　基金预算支出

1997年政府性基金纳入预算后，基金支出决算科目设工业交通、商业、文教、农业、其他等部门基金支出和地方财政税费附加支出等6类。当年保山地区基金预算支出1354万元。1998年全区基金预算支出723万元，1999年支出523万元，2000年支出850万元，其中：县(市)级完成支出9.05亿元，地级完成1.58亿元。

2001年保山市基金预算支出1984万元，其中：县(区)级1787万元，市级197万元。2002年支出2694万元，其中：县(区)级1879万元，市级815万元。2003年支出3536万元，其中：县(区)级2457万元，市级1079万元。2004年支出6434万元，其中：县(区)级5147万元，市级1287万元。2005年基金预算支出20706万元，其中：县(区)级18624万元，市级2082万元。

第九节　预算外资金支出

2004年以前，按照财政部决算报表的统一口径，预算外资金支出不仅包括从财政专户核拨的资金支出，还包括核准企业主管部门及行政事业单位留用或自行留用的未缴入财政专户的预算外资金支出。2004—2005年的预算外资金支出仅指从财政专户核拨的资金支出，同时要求单位取得的预算外资金收入必须全额缴入财政专户，不得坐收坐支。1978—2005年，保山地区各项预算外资金支出共计268928万元，为财政一般预算支出的15.6%。

一、行政事业费预算外资金

1986年根据国务院《关于加强预算外资金管理的通知》要求，保山地区行政事业单位的预算外资金全部实行收支计划管理。随着行政事业单位预算外资金收入和行政事业单位经费需求的增长，行政事业费支出成为预算外资金各支出项目中增长最快的一项。1978—2005年，保山市用预算外资金安排行政事业费支出147028万元，占同期预算外资金总支出的54.7%。2005年，保山市预算外资金用于行政事业费支出15631万元，是1978年的211倍，占当年预算外资金支出的91.5%。

二、基本建设预算外资金

1984年保山地区开始用预算外资金安排基本建设支出，当年支出54万元。随着预算外资金的增长和基本建设投资规模的增大，保山市用于基本建设的预算外资金也不断增加。1984—2005年，保山市用预算外资金安排基本建设支出29310万元，占同期预算外资金总支出的10.9%。

三、城市维护预算外资金

1978—2004年，保山市将预算外资金收入用于城镇公用事业和公共设施维护及保养等方面的支出6643万元，占同期预算外资金总支出的2.5%。2005年按财政部决算报表的统一口径，删除城市维护支出，相关内容按资金用途分别在行政事业费支出和基本建设支出中反映。

四、乡（镇）统筹、自筹资金

1996年，用于乡（镇）政府开支的乡自筹和乡统筹资金纳入预算外资金管理范围，收入上缴财政专户，实行收支两条线管理，乡（镇）统筹、自筹资金支出开始作为预算外资金支出的一部分在预算外资金决算中反映。2003年按照《保山市农村税费改革试点实施方案》要求，取消乡统筹、农村教育集资等专门面向农民征收的行政事业性收费和政府性基金、集资，原来由乡（镇）统筹资金收入开支的各项支出由县乡财政预算安排。1996—2005年，保山市共实现预算外管理的乡（镇）自筹统筹资金支出10339万元，占同期预算外资金总支出的3.8%。

五、其他预算外资金

1993年以前，其他预算外资金支出主要指用国营企业和主管部门集中的专项收入安排的各项非基本建设支出。1993年国营企业和主管部门集中的专项收入不再作为预算外资金管理后，保山地区其他预算外资金支出大幅减少。1996—2005年，保山市共实现其他预算外资金支出75608万元，占同期预算外资金总支出的28.1%。

第十节　其他支出

一、防震事业支出

1978年保山地区始配备地震事业编制人员4人，此后逐年增多。1989年地区地震事业费支出19.1万元，1990年为29.1万元，比上年增长52.36%，其中业务费增长1.1倍。2000年行署地震局向上级争取到专项仪器购置经费，购置一套数字化前兆观测仪。2004年安排保山市地震局10万元专项经费，用于原为省管的市地震台修复改建。2005年继续安排修复改建配套资金35万元。

二、党政群干部训练支出

1982年全区党政群干部训练事业费从“行政支出”划出，归并文教科学事业费类，下设“党校事业费”款，当年支出21.5万元。1985年款级科目“党校事业费”改为“党政群干部训练事业费”，下设“党校事业费”“政府机关干部训练事业费”两个项级科目，当年支出55万元。1986年增设“党派团体干部训练事业费”项，支出64万元。1990年支出96.5万元，其中党校支出达71.1万元。2000年保山地委决定：从2001年起，地级财政分5年安排150万元专项资金，用于改善地、县(市)委党校的办学条件，其中：安排地委党校50万元，其余100万元由地委党校同行署财政局提出计划，逐年补助到县委党校。据此，市财政分别于2001年安排施甸县委党校30万元，2002年安排昌宁、龙陵县委党校各20万元，2003年安排腾冲县委党校和隆阳区委党校各15万元，2004年安排市委党校50万元，用于改善地、县(市)委党校的办学条件。2005年保山市党政群干部训练事业费达807万元。

三、计划生育支出

1978年起，计划生育经费逐渐从卫生部门分出，由计划生育部门独立核算。1979年预算科目为“计划生育事业费”，当年全区计划生育支出37.3万元，比1978年增2.1万元，增长5.97%。1982年保山地区计划生育事业费支出48万元，比上年增长23.1%。1983年计划生育事业费支出为87.5万元，1985年为133.9万元。1990年全区计划生育事业费支出263.7万元，比上年增长17.3%。1992年行署财政兑现本年人口与计划生育目标管理责任书和计划生育竞赛活动奖金11万元。1993年开始，财政每年将“人口与计划生育目标管理责任制奖”11万元列入年初预算。1997年起，将计划生育宣传员补贴11万元列入财政预算。2002年保山市计划生育事业费支出突破千元，为1215万元。2003年全市计划生育事业费支出1422万元。腾冲县被列为全省农村独生子女家庭“奖优免补”试点县，当年市财政安排配套资金10万元。2004年全市支出计划生育事业费为2533万元，比上年增长78%，其中用于农业人口独生子女家庭“奖、优、免、补”支出1170万元。2005年全市计划生育事业费支出2528万元，其中用于“奖、优、免、补”的支出434.9万元。

四、自然灾害救济费

1978年，保山地区自然灾害救济事业费支出129.2万元，1985年208.7万元，1986年259.2万元。

1988年11月6日，澜沧县发生7.6级、7.2级强烈地震，保山地区受到严重波及，从1988—1999年，预算拨款2305.99万元。1992年自然灾害救济事业费支出915万元，比1991年下降58.04%。

2001年，施甸“4·10”“4·12”“6·10”地震，保山市恢复建设项目单项工程18561个，总投资9000万元，到验收之日，尚未到位水利资金600万元，其中：中央资金500万元，云南省建委补助100万元。2002年分别下达市国土资源局和昌宁县省级地质灾害治理专项经费3.5万元和28万元。

2004年保山市发生冬春旱灾、"4·13"风雹灾、"5·17"洪灾、"7·18"特大洪涝、泥石流、滑坡以及保山市隆阳"10·19"地震等灾害，当年省、市补助恢复建设专项经费1086万元。

2001—2005年，全市完成民房恢复重建58287户、36379间，投入资金7665.9万元。

第五章　财政管理

第一节　预决算管理

一、预算管理

预算编制　1976年保山地区分配给各县的指标，除各项专款外，可以在收支项目之间进行调剂。为了给各县适当增加机动财力，地区下达各县的收入预算均低于省分配的考核指标。1980年起地区按照云南省的规定，一直坚持自下而上和自上而下相结合的方法，编制和核定财政收支预算。云南省对保山地区的预算，基本上是按地区上报的预算收支安排，加上省追加的专款核定的。中央向保山地区的借款，由省在分配年度预算时统一预留，地区预算时不再预留中央借款。1985年起省对地区不再分配收支指标，只下达收入考核任务，地区对各县(市)亦照此办理。地区根据各县(市)上报的收支预算及地本级的收支安排，汇编年度预算，报省核定。地区也将财政预算收入和压缩支出任务分配到各县(市)共同完成。1994年根据《中华人民共和国预算法》规定，保山地区开始编制预算草案。预算草案的编制工作按照量入为出、收支平衡、不列赤字的原则，参考上一年执行情况和本年度收支预测进行。1997年保山地区各行政单位按照财政部《行政单位预算管理的若干规定》，编制年度预算。收入预算包括财政拨款收入，由财政专户拨付的预算外资金收入和财政部门核定由单位留用的预算外资金收入和其他收入；支出预算包括经常性支出、专项支出和自筹基本建设支出。同时，全区各事业单位执行《事业单位财务规则》，实行"核定收支、定额或定项补助、超支不补、结余留用"的预算管理办法，不再实行全额、差额、自收自支三种预算管理方式。事业单位预算收入包括：财政补助收入、上级补助收入、事业收入、经营收入、附属单位上缴收入、其他收入；支出包括：事业支出、经营支出、附属单位补助支出、上缴上级支出。2005年8月，根据省财政厅《乡镇财政管理方式改革试点指导意见》规定，全市以乡(镇)为独立核算主体，实行"预算共编、账户统设、集中收付、采购统办、票据统管"的管理方式。乡(镇)政府根据县级财政部门的指导意见，编制本级预算草案并按程序由县级财政纳入部门预算统一报批。

预算执行　1981年按照省政府的要求，保山地区在预算执行中，坚持收支平衡，机动财力用于发展经济及补充当年预算不足，不能用于盲目建设、重复建设及增加人员、提高开支标准。1985年起地区对各县（市）预算执行具体为：在收入方面，收大于支的，实行“基数内定额上缴”，增长部分按比例分成，短收自求平衡；支大于收的，实行“定额补助”，补助数额不递增，超过基数增长的收入，全部留用。在支出方面，除专项经费有专项管理的办法外，一般行政、事业经费，都实行预算包干指标，由各级财政或部门、单位自行掌握，结余留用，超支不补。收支包干基数确定后，在执行过程中，除按省规定调整收支基数，上解分成比例和补助数额，或作为专款处理好，其余一切收支增减因素，不作调整。该规定一直执行到1990年，只是对收支基数作了一些调整。1995年行署财政局为加强预算执行情况分析工作，决定对各县（市）预算执行情况分析进行全面量化考核评比，并拟定了考核评比标准和方法。2004年7月，保山市财政局发出《关于确保全市人员工资发放的通知》，要求县（市）财政部门要严格执行中央关于工资发放的纪律，地方各级财政首先要安排好工资性支出，决不允许发生新的拖欠，凡是拖欠工资的县乡，不能上新的建设项目，更不准盖办公楼、买汽车、领导干部不准出国。努力增收节支，压缩一般性支出，确保人员工资、机构运转经费和维护社会稳定的支出，实现全年财政收支平衡。

部门预算管理　2003年，保山市制定“分步实施，逐步到位，市级带动县（区）”的部门预算改革方案，明确推进改革的规划，确定部门预算“先上年结余，再预算外，后预算内”的资金安排原则，建立零基预算和定员定额的管理机制。部门预算的编制按照建立公共财政基本框架的要求，以零为起点，以项目为依据编制。在满足工资性支出和机构运转基本需要，保证社会保障支出的前提下，按照零基预算办法规定的项目排序原则，分轻重缓急，视财力情况统筹安排项目预算。

二、决算管理

1979年保山地区支出结余结转项目增为15项。县办工业利润留成以地区为单位进行结算。调整职工的工资，由省按预算指标统一提取，列入决算。1980年保山行署将商办工业企业的企业利润留成由原来的20%提高为40%，并相应调减商业收入指标。各级支出结转项目增为17项。省对地区的决算编报，除集中会审外，实行考核计分、评比奖励，地区对各县（市）的决算编审工作也参照办理。1981年的决算编报，按财政体制的规定进行结算。1983年行署财政局规定：各县（市）的增长部分，除40%上解中央，30%上解省外，其余30%全部留给县（市）。1985年行署财政局对决算编审工作做了补充规定：各县（市）财政超收分成收入，扣除化肥补贴的实际退库数、酒产品税增长上解数、农业税价格调整增收上解数和排污费后，除保山市上解地区20%外，其余各县全部留用。酒税以上年实际入库数为基数，超过部分按30%留县，70%解省和中央。农业税改按“倒三七”比例征收后，增收部分50%上解省转解中央，其余50%留县（市）。各县（市）1985年财政总决算、预算外资金的决算和审查工作，实行考核、记分、评比、奖励办法。

1991年行署财政局规定：支出预算的追加追减一律不调整基数，作为地区对各县增减补助款处理，烟草公司上划利润返还，上解县减少上解，补助县作增加补助款处理。同时，行署财政局分别制定县（市）财政总决算和乡（镇）财政总决算考核评比办法，开展决算考核评比竞赛活动。1997—2002年，对县（区）实行"分税制"财政管理体制。年终决算时保留的结算事项为：各县（区）征收的耕地占用税、城镇土地使用税上解30%；烤烟农特税比上年增收部分上解省30%，烤烟农特税每担上交5元（省级3元，市级2元），优质烟征收的农特税按30%上解省，贫困县按上交数50%上缴。

三、金库管理

1978年6月，按照财政部1977年修订的《中央金库条例施行细则》，保山地级单位的预算收入，改由缴款单位直接向保山支库缴纳，由缴款单位开出支票，不再由地区财政局代填缴款书。升级粮食亏损和中央粮油加价亏损，改为直接上划省分库，不再通过中心支库划转。1985年7月，行署财政局贯彻执行国家金库条例规定，地、县（市）财政分别设立金库，负责办理各级预算收入的收纳、划分、留解和预算支出的拨付，上一级国库组织管理和检查下一级国库的工作，协作财政、税务机关督促有关经济单位及时向国家单位缴纳应缴款项；国库不得擅自变更各级财政之间存款余额。

1990年起，按财政部和中国人民银行联合颁发的《中华人民共和国国家金库条例实施细则》规定执行，按照国家统一领导，分级管理的财政体制设立国家金库机构，原则上一级财政设立一级国库。各县（市）分行设分库，中国人民银行地区支行设中心支库，县（市）支行设支库。国库以支库为基层库，各级预算收入款项，以缴入支库为正式入库。2004年9月，保山市政府印发《保山市财政国库管理制度改革试点方案》，决定2004年在市直部分单位和腾冲县、龙陵县启动改革试点，力争在"十五"期间建立起全市现代财政国库管理制度。

四、社会集团购买力管理

1978年根据国家制发的《社会集团购买力管理办法》规定，保山地区开始实行对社会集团购买力的管理。当年全区实际执行数为506万元，占控制指标数的112.2%。1980年专控商品由10种增加为15种，全区控制指标数为248万元，实际执行数为232万元。

1981年4月将原来买卖双方共同控制限额改为以花钱单位领导负责、财务把关的管理办法，取消凭购货证定点供应和专用发票的办法。1982年根据省控办《关于专项控制商品审批权限的通知》，部分专控商品授权行署和县政府审批。1983年9月起停止对专项控制商品的审批。1984年起专项控制商品恢复审批。1985年恢复集团购买力辅助账和季度执行报告制度，当年控制指标为825万元，实际执行为949万元。1986年7月行署要求各县（市）坚决压缩社会集团购买力，严格控制专项控制商品的购置，并且一律停止购买录像机、放像机、录音机、照相机、电视机、电冰箱的审批。

1990年下达指标2373万元，其中专控指标187万元，比上年增长26.22%。1992年下达指标3823万元，其中：专控指标1261万元（含小汽车购买指标1016万元），实际执行数为3400万元，压缩支出423万元。1993年专控商品由29种减为8种。1994—1996年没有下达控购指标。1997年省政府下发《关于加强控制社会集团购买力工作的通知》，地区恢复"控办"机构，负责"控购"工作。1998年省控办下发《关于各地州市负责审批专控小汽车的通知》，4月起专控小汽车除驻昆明地区的中央、省级及其下属单位由省控办审批外，其余由地区控办负责审批。6月省控办要求清理移动电话，严格控制公款购买移动电话。当年下达保山专控指标2000万元。1999年云南省试行政府采购制度，省控办下发《关于实行政府采购制度中控购管理工作有关问题的通知》，规定省级国家机关、事业单位用公款购置的专控商品均纳入政府采购范围。2000年保山推行政府采购制度，将专控商品纳入政府采购范围。随着政府采购制度的逐步推行和完善以及国家实行积极的财政政策，国家不再对社会集团购买力进行控制管理。

第二节　财务管理

一、企业财务管理

固定资产管理　1978年前，国家对固定资产更新改造基金的管理，主要采取两种办法：一种是折旧基金集中上交；一种是将折旧基金的一部分留给企业（或主管部门），用于固定资产的更新改造，一部分集中上交。1978—1979年，逐渐放宽企业的留用比例，部分地直企业上缴地区财政20% 基本折旧基金，从1979年起不再上缴。1987年7月起，国营工业企业均按照《国营企业固定资产折旧试行条例》规定的折旧方法和分类折旧年限表，实行分类折旧。1992年5月，执行财政部《关于提高国营企业固定资产单位价值标准的通知》，国营企业原固定资产单位价值确定为200元、500元和800元的，分别提高到1000元、1500元和2000元。1994年保山执行财政部《关于工交企业制定内部财务管理办法的指导意见》，要求企业根据分行业的财务制度规定合理选择折旧方法，在国家规定的折旧区间内，具体确定各类固定资产的折旧年限。2001年1月起，股份有限公司开始实行新的《企业会计制度》。企业根据具体情况，制定本企业的固定资产目录、分类方法、每类或每项固定资产的折旧年限、折旧方法，作为固定资产核算的依据。

流动资金管理　1980年10月起，保山国营工交企业的流动资金由银行统一供应、统一管理。1981年起地直工交企业按照省财政厅规定，按月向财政部门缴纳流动资金总额2.1‰的流动资金占用费。每月25日前由企业填写交款书送交银行。1983年2月起地直国营企业按照实现利润缴纳所得税，不再缴纳流动资金占用费。同年7月起全区执行国务院相关规定，国营企业的流动资金全部划归银行统一管理。1985年4月根据国务院的通知精神，核销企业的资金损失，核销范围仅限于中国工商银行管理的国营工业、物资、供销、交通运输系统的企业。1993年6月起保山地区实行新的财务制度，企业可以按当年销售收入的1% 以内的比例在管理费用中提取补充流动资金，转作国家资本金，承包企业可以执行到1995年，税利分流试点企业可以执行到试点期满。

成本管理　1978年前，全区大部分国营工业企业对产品成本未进行定期的综合分析，仅由企业财务报表按期进行综合反映。1979年全区恢复企业、事业、机关拨交工会的经费，按职工工资总额提取2% 的工会经费，逐月向工会拨交，在企业管理费中列支。其中基层工会留60%，县级工会留20%，省工会留15%，其余5%上缴全国总工会。1980年3月起实行利润留成的国营工业企业，按工资总额11%提取的职工福利基金，以及按标准工资10%～12%从成本中开支的职工奖金，改由利润留成资金中开支，不再计入成本或费用；未实行利润留成的企业，仍在成本中列支。1981年起企业职工教育经费在工资总额1%的范围内掌握开支，直接列入生产成本或流通费用。1982年4月起职工教育经费改为按工资总额1.5%的范围内掌握开支，列入生产成本。8月起凡超标排放污染环境物质的企事业单位，按规定交纳的排污费在生产成本中开支。1984年3月起至1990年，全区执行国务院《国营企业成本管理条例》所规定的工业企业成本开支范围，要求企业正确编制成本，费用计划，并按计划控制和管理成本。1993年7月起实施《企业财务通则》和《工业企业财务制度》，职工福利费按照企业全部职工工资的14%提取。1998年4月起企业建立产品（商品）、原材料、设备等资产购销活动的内部成本控制制度。2001年1月起，股份有限公司实行新的《企业会计制度》，成本计入所生产的产品、提供劳务的成本。

利润管理 1979年7月，保山执行省政府规定，县办国营工交企业的盈利，实行缴县级预算33%，其余67%留给县作预算外收入。1980年行署下发《关于非扩权试点企业利润留成、减亏分成试行办法的通知》和《关于核定基数利润留成比例的通知》，确定各企业基数利润和增长利润留成的比例。1982年行署制发《关于地直工交企业1982年经济责任制的通知》，对国营工交企业实行"全额利润留成""上缴利润包干、超收留用""亏损补贴包干、减亏留用、超亏不补""自负盈亏、亏损不补、盈利留用"4种形式的利润留成和盈亏包干办法。1983年6月起地区国营企业试行利改税办法，凡盈利的国营大中型企业，按实现利润缴纳55%的所得税。税后利润，一部分按照国家核定的留利水平留给企业，一部分上缴财政。1987年起执行国务院《全民所有制工业企业承包经营责任制暂行条例》，进一步规范承包经营责任制的内容和形式。当年保山有63.1%的国营企业实行不同形式的承包经营责任制。至1988年，全区73户全民所有制工业企业中，实行承包经营责任制的68户；66户商业企业中，实行承包的47户；10户物资企业全部实行承包。承包期限一般为3年，期满后再签订承包合同。1990年起实行第二轮承包，承包期原则上为3年。政府与企业签订承包合同以后，实行收支两条线，企业按税法规定照章纳税，企业超额完成目标任务的实行超目标分成。利润的分配顺序为：分给联营单位利润；归还借款利润（简称"税前还贷"）；单项留利；上缴所得税和调节税；企业留用利润（简称"企业留利"）；形成五项专用基金。1993年7月起实施《企业财务通则》和《工业企业财务制度》。企业的利润按照国家规定做相应的调整后，依法缴纳所得税。2001年1月起全市股份有限公司实行新的《企业会计制度》。企业的营业外收入和营业外支出进行分别核算，并在利润表中分列项目进行反映，按具体收入和支出设置明细项目，进行明细核算。

二、行政事业财务管理

保山市对行政、事业单位的财务管理工作主要分为全额预算单位管理和差额预算单位管理两块。

全额预算单位　1979年4月，保山行署下发《关于地直行政、事业单位经费管理的规定》，当年起事业单位试行“定收定支，以收抵支，结余留用，超支自理”的办法；行政单位试行“总额包干，节余留用，超支自理”的办法。各县亦照此试行。1980年起，行政、事业单位全面推行“预算包干”办法。1985年5月，全区行政事业单位继续实行“预算包干”的管理办法，要求行政开支扣除基本工资和福利费后，节减10%，由各级财政统筹安排。1987年4月，根据《地直单位经费管理的若干规定》，全区各级党政机关和社会团体，一般不再增设新的机构，不得随意扩大编制和增加人员。8月，行署财政局转发财政部《关于节约事业费开支的几项规定》要求：各事业单位要本着少花钱、多办事的原则，在财政部门核定的年度预算范围内，妥善安排各项开支，包干使用，结余留用，超支不补。1992年起执行财政部《社会文教事业全额预算管理单位财务管理暂行办法》规定，事业单位财务管理实行统一领导，归口管理的制度。对全额预算单位实行预算包干、结余留用、超支不补的预算管理办法。1996年起事业单位执行财政部颁布的《事业单位财务规则》。1998年起执行财政部《行政单位财务规则》规定，全区行政单位按照预算管理级次报领、核拨经费并按批准的预算组织实施。财政部门对行政单位实行“收支统一管理，定额、定项拨款，超支不补，结余留用”的预算管理办法，各项收入和支出全部纳入单位统一管理，统筹使用。

差额预算单位　1980年保山地区行政事业单位经费实行预算包干办法，规定对有固定收入、实行差额预算管理的事业单位实行“定收定支、以收抵支、定额补助、结余归己、超支自理”的办法。实行这一办法的单位有县人民医院和20个公社的卫生院。1981年6月全区县以上医疗单位都实行了经济管理办法，根据各单位的任务和特点，实行“五定”，即：定任务、定床位、定人员编制、定技术业务指标、定经费补助，加强财务管理，建立健全经济核算及其他各项管理制度。1986年2月执行财政部的相关规定，对有经济收入的全额预算管理事业单位，实行核定收入、定额补助、增收节支留用、减收超支不补的管理办法。1987年8月提出一切有条件的事业单位，都要挖掘潜力，扩大有偿服务项目，合理组织收入，提高事业经费的自给水平。1989年12月起实行差额预算管理的事业单位，其业务收入和其他收入全部用于抵顶事业费拨款和业务支出的，免征所得税。1992年起执行财政部规定，对差额预算管理单位实行“核定收支、差额（定额或定项）补助、增收节支留用、减收超支不补”的管理办法。2004年1月起对部分事业单位实行差额拨款。卫生系统除疾控中心、妇幼保健院及各乡（镇）卫生院防保人员外，其余的卫生事业单位均为差额拨款单位。

第三节　国有资产管理

1995年10月，保山地区行政公署国有资产管理局成立，负责全区国有资产综合管理工作。2001年市国有资产管理局撤销，企业国有资产管理职责并入财政部门内设的企业科，行政事业单位国有资产管理职责相应并入行政政法科、农业科、科教文卫科和社保科。2005年保山市国有资产管理委员会成立后，内设的国有资产监管办和企业科合署办公，负责国有资产管理。

一、国有资产总量

1995年年末保山地区有国有资产的单位数1617户（国有企业387户，乡级以上行政事业单位1230户），国有资产总量22.05亿元。1996年全区国有资产总量比上年增2.3亿元（企业增0.1亿元，单位增2.2亿元）。1997年有国有资产的单位数1588户（国有企业339户，乡级以上行政事业单位1249户），国有资产总量28.7亿元（企业14.3亿元，单位14.4亿元）。1998年全区国有资产总量23亿元（企业8亿元，单位15亿元）。1999年全区国有资产总量23.7亿元（企业7.1亿元，单位16.6亿元）。2001年，保山市有国有资产的企业和单位数1556户（国有企业227户，乡级以上行政事业单位1329户），国有资产总量23.7亿元（企业7.1亿元，行政事业单位16.6亿元）。

二、企业国有资产管理

保山地区国有资产管理局对企业国有资产管理，主要是履行出资人职责，制定企业国有资产基础管理和国有资本金基础管理的规章制度、管理办法；组织实施企业国有资产可能性的界定、登记和转让；拟定国有企业经营者、管理层收入分配政策，监缴国有资产收益，并提出国有资产预算编制草案；参与国有企业的租赁、拍卖、兼并、破产管理和组建企业集团、实行股份制等改革工作；负责国有企业资产评估项目的核准或备案等。至2005年年末，国有资产管理机构共参与国有企业改革151户（改为股份有限公司和有限责任公司25户，改为股份合作制82户，实施兼并、破产、出售、关闭、解散44户）；参与深化产权制度改革的企业83户，完成改制81户（改为公司制企业21户，破产、关闭、歇业、撤销、解散、出售60户），退出国有资产（评估值）2.65亿元；累计监督收缴国有资本投资收益1746万元，国有股份出让收入2995.4万元。

三、行政事业单位国有资产管理

1996年，行署国有资产管理局转发了《云南省行政事业单位国有资产产权登记实施办法》，并按照省国资局的要求，在全区地、县两级行政事业单位、社会团体首次开展行政事业单位国有资产产权登记工作，登记的资产总额93656万元，负债总额18205万元，国有资产总额75451万元，其中：固定资产58390万元，经营性资产997万元。登记的实物量为：土地占用面积1564万平方米，房屋建筑物134万平方米，车辆1150辆，专用仪器设备8678台。同年1月，转发国家和省《行政事业单位国有资产处置管理办法》，对保山地区行政事业单位处置国有资产的程序、方式及审批等做出了具体规定。6月，省国有资产管理局和省水利水电厅下发了《水利国有资产监督管理暂行办法》，水利国有资产监督管理工作自此成为后几年行政事业单位国有资产管理的重点工作。

1997年，保山地区行署转发《云南省行政事业单位非经营性国有资产转经营性国有资产管理暂行办法的通知》，当年7月开始，对地直行政事业单位非经营性资产转经营性资产实行审批管理。

1998年，成立保山地区大中型水利工程各级国有投资清查领导小组，在全区范围内开展大中型水工程国有投资产权界定工作。当年，保山市明子山水库、大海坝、小海坝、水库、腾冲县大河水库、施甸县三块石水库、龙陵县八〇八水库、昌宁县河西水库国有投资产权界定工作结束。同年，完成了1997年度国有资产统计和产权登记工作，对1249户行政事业性单位占用的国有资产进行了产权登记年度检查。到年底，全区共有68户行政事业单位申请将2067万元的非经营性资产转为经营性资产，其中164万元用于内部经营，734万元用于出租、出借，1169万元用于对外投资。

1999年，全区行政事业单位国有资产总量154193万元，其中：固定基金136941万元，各项流动资产17252万元。对全区1250户行政事业单位占用资产情况进行了年度检查登记。全区行政事业单位共申报处置账面原值722万元的固定资产，地直本年度共有18个单位申报处置174万元(账面原值)的资产。

2000年，最后一次进行行政事业国有资产产权登记年度检查，保山地区行政事业单位产权年检1220户、设立登记61户，占用资产204756万元，其中：负债34609万元、国有资产170147万元、经营性资产1904万元，土地23829796平方米，房屋、建筑物3822707平方米，汽车1769辆，专用仪器设备14955台(件)。

第四节　会计管理

1993年7月起，保山地区实施《企业会计准则》《企业财务通则》(简称“两则”)以及分行业的企业财务会计制度，改变按所有制、按行业及企业经营方式制定财务和会计制度的做法，规范统一企业财务会计制度，财政部门不再直接管理企业财务，而通过加强政策引导和以财政法规来间接管理和规范经济秩序，实现企业行为市场化、国家与企业分配关系规范化和法制化。

一、会计从业资格证书管理

1990年保山地区依照财政部会计证管理试行办法，对全区会计从业人员进行会计证管理。1991年进行会计工作达标升级验收，全区达标单位265户，会计工作三级单位达到18个。当年6月起，对在岗会计人员实行会计证培训发证制度。全区共培训694人，颁发会计证3887个，临时会计证409个。1992年新颁会计证478个，累计发放会计证4365个，会计达标升级单位500户。1994年发放会计证累计为5249人，通过会计证年检3500人。1995年有持会计证人员6030人。1998年根据省财政厅《关于换发会计证的通知》要求，对历年所发的会计证进行清理换证，共换发新证6176个。2000年全区审核换发会计证，至6月底，全区换发新证7920个。同年底，全区有143个单位通过会计基础工作规范化验收。2003年保山市进行会计从业资格证年检，共检7516人。同时，全面推行农村合作经济组织新会计制度，县乡两级共培训村会计员1807人。至2005年，全市持有会计从业资格证人员达8000多人。

二、会计人员继续教育

1980年保山地区有会计核算单位1155个，会计人员2500多人，具有大专以上学历的占0.8%，中专学历的占7.8%，受过专业培训的占16%，未受过任何专业培训的占75%。1987年7月起采取分散、就地、分期、分批的培训办法，开展岗位培训，分设地级、腾冲县两个培训点，培训以地区财校的师资为主。当年共举办5期中专程度的岗位培训，地级办培训班3期，腾冲点办班2期。1991年全区会计核算单位2994个，会计人员5600多人，其中：全民所有制和县以上集体单位的会计人员4300多人，具备大专以上学历的近3%，中专学历的14%，有2453人取得专业技术职称（高级会计师2人，会计师127人，助理会计师881人，会计员1443人）。1993年地、县（市）财政部门全面开展培训工作，共办培训班30期，受训人员2100余人。1994年开展新税制会计业务培训130多人。1995年全区有会计人员7060人（不含中央省属驻保单位），其中：大专以上学历增至120人，占2.1%；中专830人，占11.8%。“八五”期间，全区先后举办各种形式的业务知识更新培训班30余期6000余人次。1999年全区共举办会计基础培训班60期4741人次；举办会计证培训班1期41人，考试合格率为82.93%。2001年市、县（区）共举办《企业会计制度》和会计准则培训班16期1579人。2003年共举办金融企业会计制度培训班17期1922人次。2004年贯彻实施《云南省会计条例》。2005年各级财政部门先后举办《村集体经济组织会计制度》《民间非营利组织会计制度》《小企业会计制度》、初级电算化会计等培训班38期3435人次。

三、会计专业技术资格管理

1987年4月底，保山地区首次开展事业单位会计职称改革工作。1992年财政部和人事部共同举办首次会计专业资格考试，保山地区报考2498人，其中：会计员746人，助理会计师1304人，会计师430人。1995年会计专业技术资格实行国家考试制度。全区组织会计资格考试94场次，报考4850人，统考合格741人，合格率为15.28%。行署财政局与云南省财贸学院合办会计函授大专班，报考400余人，经国家统一考试，正式录取100人，预科2人，共计102人。1996年全区参加会计专业技术资格考试280人，考试合格13人。1998年全区会计专业技术资格考试共报考979人，实考403人，经考试合格54人。共报考注册会计师135科次，经考试合格4科次，及格率为3%。1999年全区会计专业资格考试应试355人，国考合格38人。2000年全区建立会计人员基本情况信息库。共有会计核算单位506个，会计人员1653人，其中：有335名会计员和助理会计师，会计师22人，注册会计师5人。全区共有355人参加会计专业技术资格考试，合格38人；会计师考试报名98人。2001年全国会计专业技术资格考试，全市初级职称合格99人，中级职称全科合格9人。2003年全市报考全国会计专业技术资格的有2687人，实考1132人，报考全国注册会计师164人。2004年保山市报考会计从业资格考试382人。2005年全市有会计核算单位989个，会计人员2064人，其中：具有会计专业技术职称718人（初级职称666人，中级职称52人）；会计师52人（注册会计师15人）。累计举办财会函授教育14期836人，毕业606人，在读214人；累计参加报考资格考试3086人，合格204人。

四、会计电算化

1996年行署财政局制发《保山地区考核验收计算机替代手工记账暂行管理办法》和《保山地区会计管理考核评比办法》，启动会计电算化工作，年内考核验收合格的企业27户（地直4户、保山市9户、施甸县2户、腾冲县6户、龙陵县、昌宁县各3户），颁发会计电算化考核验收合格证27个。办电算化培训班7期，参加培训155人。1998年举办会计电算化培训班4期，共核发会计电算化合格证70个，有2个单位通过“甩手工账”验收(“甩手工账”与“脱离手工账”“电算化”三者意思一样，但在实行电算化初期，为了确保安全，继续做手工账，直到电算化业务成熟了才甩掉手工账）。1999年举办会计电算化培训班8期116人，核发会计电算化合格证116个，有5个单位通过脱离手工账验收，至此，保山地区有27个单位通过脱离手工账验收。2000年举办会计电算化初级培训班13期，办理会计电算化初级培训合格证210个，有220多个单位使用财务软件，有38个单位脱离手工账，实现会计电算化。2003年共验收27个单位的会计电算化工作，并对原已验收合格的部分单位进行复查。2003—2005年，完成对全市财务人员会计电算化初级知识培训，共举办培训班58期，取得会计电算化合格证1954人。

五、注册会计师管理

“八五”以前，保山地区无注册会计师。“八五”期间，开始建立和发展注册会计师队伍。1994年，保山地区组织注册会计师考核考试和会计资格甲、乙两种考试，推荐上报考核注册会计师42人，考核认定资格17人，参加全国注册会计师统考29人。至1994年年底，全区具备注册会计师资格32人。1995年有国家批准设立的会计师事务所3家，国家认可的注册会计师18人。2002年，保山市注册会计师考试报考共计411科次，合格28科次。

第五节　政府采购管理

2000年，保山地区实施政府采购制度改革。11月保山行署政府采购中心成立，属财政全额拨款的正科级事业单位，挂靠行署财政局，核定事业编制5人，其中领导职数2人。12月《保山地区地级国家机关事业单位政府采购制度暂行规定》正式实施。2001年保山市成立政府采购机构6家，已批准编制人数14人，实有13人。当年保山市采取“大额由政府采购中心组织集中采购，小额单位自行组织采购，采购中心监督指导”的工作原则开展政府采购业务。当年全市各级政府采购机构共开展业务74项，采购金额2769.54万元，组织集中采购18批次，采购金额1852.64万元，资金节约率8.3%。

2002年，实现441批次政府采购，采购金额5162.89万元，与单位采购预算相比，节约资金199.52万元，节约率6.02%，其中：通过公开招标、邀请招标、询价采购、竞争性谈判等形式集中采购118批次，采购金额3117.37万元；批复单位自行分散采购323批次，采购金额2045.52万元。2003年全市实现政府采购515批次，实际采购金额6278万元，节约资金292万元，节约率4.4%，其中：集中采购金额3441万元，批复单位自行分散采购金额2837万元。2004年全市实现政府采购767批次，实际采购金额10435.61万元，节约资金542.46万元，节约率4.94%，其中：集中采购527批次，采购金额6534.56万元；批复单位自行分散采购240批次，采购金额3901.05万元。

2005年，全市开展政府采购976批次，采购金额13187.33万元，节约资金823.56万元，节约率5.88%；市本级首次对50万元以内的工程实行政府采购；龙陵县、腾冲县率先将预算单位公务车辆定点保险纳入政府采购管理，两县涉及投保车辆700辆，每年可节约资金140多万元；市级拟定市级预算单位机动车辆统一保险、定点维修实行政府采购管理办法报市政府。

第六节　农业综合开发管理

一、农业综合开发项目

1990—2005年，保山市农业综合开发项目累计投入64122.77万元，其中：中央财政资金18755.5万元，省级财政配套10594.4万元，地（市）级配套1684.85万元，县（市、区）级配套5378.72万元，群众和单位自筹13062.59万元，专项贷款14646.71万元。

1990年7月省农业综合开发领导小组批准保山、施甸、腾冲、昌宁四县（市）的18个乡（镇）为国家立项的农业综合开发区，保山第一期农业综合开发项目正式启动。项目投入4831.3万元，其中：中央财政资金1428.5万元，省级财政配套717.6万元，地级配套147万元，市县配套742.3万元，项目区群众自筹201.5万元，农行专项贷款1594.4万元。1993年8月通过国家验收，并被国家农业综合开发领导小组评为先进单位。

1993年6月保山被列为云南省第二期滇西南农业开发区，涉及全区4县1市的17个乡（镇），累计投入资金8052万元，其中：中央财政资金1893万元，省级财政配套939万元，地级配套189.3万元，市县配套892.7万元，群众自筹715万元，农行贷款1765万元，其他资金1658万元。1996年4月通过国家验收，地区及保山市、腾冲县、昌宁县被省政府评为项目建设先进单位。

1996年第三期农业综合开发项目启动，累计投入10518万元，其中：中央财政资金2640万元，省级财政配套1526万元，地级配套337万元，市县配套1262万元，群众自筹1753万元，专项贷款3000万元。1999年8月通过省政府验收，保山地区被省政府评为项目建设先进单位。

1999年第四期农业综合开发项目启动，投入资金15523.35万元，其中：中央财政资金4765万元，省级财政配套3100万元，市级配套570.9万元，县（区）配套1673.7万元，群众和单位自筹3063.75万元，银行贷款2350万元。2002年6月通过省政府验收，市级获省鼓励奖，腾冲县和隆阳区获省一等奖。

2002年第五期农业综合开发项目启动，投入资金19363.12万元，其中：中央财政资金5889万元，省级财政配套3347.8万元，市级配套332.65万元，县级配套808.02万元，群众和单位自筹4148.34万元，银行贷款4837.31万元。2005年7月通过省级验收。

2005年，农业综合开发项目共投资5835万元，其中：中央财政资金2140万元，省级财政配套964万元，市级配套108万元，银行贷款1100万元，群众和单位自筹1523万元。

二、农业综合开发管理

保山市对农业综合开发项目管理工作，首先是执行农业综合开发“专款专用、专账核算、专人管理”的“三专”管理制度，在严格执行农业综合财政资金县级报账的基础上，制定《保山市农业综合开发资金报账制度实施办法》，进一步规范全市县级报账工作，市级把财政配套资金统一纳入预算管理，做好资金决算工作。其次，注重加强以“选准项目”为核心的事前监管，做好项目可行性研究和论证，发动农民群众、切实建立产业化经营项目中企业与农民的利益联结机制、初步设计的编制等前期准备工作；建立并完善项目评审责任制，严格评审标准，严把项目的立项关；全面推行项目法人制、工程招投标制、工程监理制、资金和项目公示制等，加强项目建后管护工作；规范项目计划批复和初步设计的审定，维护计划执行的严肃性；强化产业化经营和省级科技推广示范项目的管理，切实增加项目区农民群众收入，提高农业综合开发科技含量；完善项目档案管理工作，特别是“三图”的绘制与存档；切实加强统计工作。

第七节　非税收入管理

2004年前，全市非税收入为单位预算外资金收入。当年非税收入为财政预算外资金专户收入数（即全国决算口径中的小口径）。根据2004年8月《财政部关于加强政府非税收入管理的通知》规定，非税收入主要包括行政事业性收费、政府性基金、国有资源有偿使用收入、国有资产有偿使用收入、国有资本经营收益、彩票公益金、罚没收入、主管部门集中收入、政府名义接受的捐赠收入、政府财政资金产生的利息收入等。2004年，全市非税收入为34921万元。2005年起，保山市级非税收入分配（统筹）制度按罚没收入、收费收入、政府性基金、专项收入、经营服务性收入5种统筹办法规范管理，当年全市非税收入37471万元。

第六章　财政监督

第一节　“三大检查”

1985—1997年，保山地区按照国务院的部署，每年均在全区组织开展年度税收、财务、物价检查（简称“三大检查”）。1985年地县两级成立“三大检查”领导小组和办公室。

领导小组组长由政府分管领导担任，财政、国税、地税、物价局及审计、监察、工商、公安、检察、法院等部门的领导为成员，办公室人员从财政、税务、审计、物价等部门抽调。1988年12月，保山地区编制委员会制发《关于核定地、县(市)税收、财务、物价大检查办公室人员编制的通知》，保山行署和各县(市)均成立“三大检查”办公室，挂靠在行署和各县(市)的财办(财委)，作为政府的常设机构，使用事业编制。

1993年7月起，行署“三大检查”办公室改为挂靠到行署财政局。1995年政府机构改革时，“三大检查”办公室成为各财政局的内设机构，对外挂政府“税收财务物价大检查办公室”牌子。

1985—1997年，保山地区的“三大检查”累计查出违纪金额11287万元，收缴入库8811万元。累计清缴欠税19455万元。累计重点检查总户数92317户，年均抽查率为45%。累计抽查出违纪44380户次，抽查违纪面为48%。共查处大要案417件，其中万元以上大要案311件，给予经济处罚的单位数达2514户次，给予经济处罚的个人达3362人，移交监察部门行政处分24人，移交纪检部门受党纪处分17人，移交司法部门处理42人。至1998年，国务院决定在全国范围内取消年度“三大检查”，全区不再开展此项检查工作。

第二节 “三乱”治理

1990—1994年，根据《中共中央国务院关于坚决制止乱收费、乱罚款和各种摊派的决定》要求，保山地区连续“五年两度”对乱收费、乱集资、乱摊派(简称“三乱”)进行专项治理，由“三大检查”领导小组办公室承担此项工作。清理整顿乱收费工作，由物价、财政部门负责；清理整顿各种摊派的工作，由计委和纪委负责；清理整顿乱罚款的工作，由财政部门负责。以上各项涉及农民负担的，与农业主管部门共同研究。

1991年重点对乱罚款进行清理检查。经对公安、工商、教育、卫生、交通、林业、国土等21个部门和单位进行自查和抽查，共查出罚款项目64个，金额1818.3万元，其中：属省出台的47项，金额842.5万元；属地区及以下出台的17项，金额975.8万元。经审查，取消自立罚款文件5个，项目44项。1993年把治理乱收费作为工作重点，共清理收费单位816个，清理收费项目1282项。查出5000元以上乱收费案件27起；乱收费项目78项，金额达100万元，其中清退给收费对象64.5万元。取消自立项目95项，取消项目年收费78.4万元。1994年对地、县(市)出台的收费项目进行审核处理。取消行政事业性收费111项，取消项目年收费341.4万元。取消涉及农民负担的收费、基金、达标升级项目63项，年减轻农民负担699万元，农民人均减轻负担3.47元。配合物价等部门纠正收费标准98项，重新核准收费项目46项。1995年以后，全区治理“三乱”由突击性检查转为日常的监督检查。为了便于开展工作，上下对接，保山地区治理“三乱”办公室由政府转设到监察部门，机构和工作全部并入设在监察部门的“纠风办”。

第三节　“小金库”清查

1989年根据国务院《关于清理检查“小金库”的通知》要求，保山地区共清查出“小金库”94个，金额68万元，上缴财政15万元。1990年根据国务院办公厅关于进一步清理检查“小金库”的要求，再次组织开展清查“小金库”工作，共清查出“小金库”158个，金额92万元，上缴财政16万元。1995年重点清查国有企业（包括各类公司）、集体企业、联营企业、企业集团、事业和行政单位、社会团体及各种协会、学会1993年后私设“小金库”各项资金的收、支数额，以及1992年年底“小金库”资金滚存余额。共组织2277家单位和企业进行自查，在自查基础上对251户单位和企业进行重点抽查，共清查出“小金库”69个（自查出61个，抽查出8个），违纪面为3%，金额141万元，其中：1992年滚存余额3.5万元，1993年至1995年5月截留、隐匿收入137.5万元。支出合计96.1万元，其中：用于基建性支出23.7万元，福利支出12.7万元，奖金、补贴、津贴及实物支出16.7万元，其他支出43万元。期末滚存余额44.9万元。清查后应缴财政61.2万元，已缴61.2万元（含待扣财政拨款数）。1996—2005年，未开展此项工作。

第四节　预算外资金清查

根据国务院、省政府关于清查预算外资金的有关要求，保山地区从1996年5月1日开始至1998年9月10日止，开展了清查预算外资金工作。清查工作由财政、计划（物价）、审计、人民银行和监察等部门共同组织实施，重点检查：隐瞒财政收入，将预算内资金转到预算外；不按规定将行政事业性收费和罚没收入纳入预算管理；不按规定将预算外资金缴存财政专户；擅自设立基金、行政事业性收费项目或随意扩大基金征收范围，自行提高收费标准，违反规定进行集资；挪用、滥支预算外资金；需要重点清理检查的其他问题。具体情况为：

1996年5月，清查全区1995年1月至1996年4月的预算外资金（主要是行政事业性收费、各项基金、各项附加和其他资金）。共清查出1995年年初滚存余额12121万元；其间征收项目573项，收取金额18707万元（不含医疗部门的收费收入）。已缴财政专户327个项目、4319万元，专储率为48%；应缴未缴财政专户4720万元；财政专户拨回金额3636万元；其间支用金额19725万元；1995年年底累计结余11103万元。清查出单位预算外收入账户275个，支出账户229个，其他账户702个。清查后缴财政纳入预算管理46万元，缴存财政专户710万元。受党纪政纪处分8人。

1997年，全区在各级国家机关和事业单位自检自查的基础上，对156户进行重点检查，重点抽查率为21%（公安、工商、民政三部门重点检查率为100%）。共查出有违纪问题单位61户，抽查违纪面为39%。擅自设立收费项目10项，收取资金8万元；应缴未缴财政预算136万元，应缴未缴财政专户1858万元；查出违规支用资金253万元，小金库资金3万元。抽查后缴财政预算管理49万元，缴存财政专户656万元。

1998年，共对364户单位进行重点检查，查出有违纪问题单位126户，查出隐瞒漏报预算外资金8.8万元，不使用规定票据收费29项35.1万元，擅自立项收费8项15万元，应缴未缴财政预算316.7万元，应缴未缴财政专户2878.9万元，违规支用514.8万元，“小金库”资金29.6万元。抽查后收缴财政预算136.5万元，纳入财政专户167.3万元。

第五节　专项清理

一、行政审批事项清理

2001年，省政府统一部署开展行政审批事项清理工作。按照“部门上下对接”的原则，11月经保山市财政局研究并报市政府和省财政厅批准，取消行政审批事项20项：1. 社会集团购买力的事项；2. 市级企业出售国有住房方案；3. 对会计师事务所从事国有中型企业年度会计报表的审计资格；4. 保山市资产评估项目负责人资格；5. 市直六个行业养老保险经办机构管理费提取；6. 失业保险经办机构管理费提取比例；7. 市级机关事业单位养老保险基金预算；8. 市级机关事业单位失业保险基金预算；9. 市级事业单位全额、差额、自收自支预算管理形式；10. 会计师事务所从事外商投资企业有关业务资格证书；11. 财政以奖代补考核；12. 市级行政事业单位决算批复；13. 会计证培训、考试资格审查及证书核发；14. 预备会计证考试及证书核发；15. 计算机代替手工记账及使用许可证；16. 对各地住房补贴支付办法；17. 商品化会计核算软件评审及合格证书核发；18. 行业通用会计核算软件评审及合格证书核发；19. 对会计师事务所从事国有大型企业年度会计报表的审计资格；20. 全市公费医疗开支用药报销范围。

保留行政审批事项19项：1. 国有资产评估的立项与确认；2. 国有企业资产无偿转让；3. 市级财政周转金的债权处置；4. 外债项目中涉及的政府性借款、担保或者财政配套资金；5. 市财政预算内管理的党政机关、行政事业单位和人民团体的非贸易、非经营性购汇限额。6. 市级企业和单位清产核资结果的确认；7. 市级行政事业单位政府采购计划、立项；8. 市级政府采购招标代理机构、采购供应商资格(质)认定；9. 市级国有资产产权登记、产权界定、资产处置；10. 保山市行政事业性收费、政府性基金收入、罚没收入的票据使用、印制和核销；11. 市级财政性资金投资的建设项目工程预算、结算和竣工财务决算；12. 地方金融机构的费用率核定、坏账核销；13. 行政事业性收费项目立项及标准；14. 彩票发行和销售方案；15. 市级行政事业单位住房公积金缴纳比例；16. 会计人员从业资格及会计培训单位资格；17. 会计师事务所、资产评估机构设立、终止；18. 市以下融资、担保机构设立；19. 市级行政事业单位银行账户设立、撤、并。

保留核准事项2项：1. 世界银行、外国政府贷款项目采购；2. 市级社会保险基金购买特种债券。

二、银行账户清理

2001年，按照国务院办公厅《关于清理整顿行政事业单位银行账户的意见》文件的通知要求，保山市清理行政事业单位1424个，清理银行账户3319个，经审查建议保留账户2341个，建议取消账户978个，其中：市直各行政事业单位134个（一级单位48个，二级单位86个），共清理账户731个，保留457个，取消274个；五县（区）单位1290个，清理账户2588个，保留1884个，取消704个。对市直单位的市林业局及其下属全额拨款事业单位、市就业局、市民政局、市师范学校等20个市直单位的81个银行账户进行抽查，保留68个，取消13个。

三、卫生经费清查

2003年9—11月，全市财政部门对1996—2003年的卫生经费进行清查。8年间，全市卫生经费（含卫生专款配套资金，不含卫生部门离退休经费）支出共5.9亿元，从1996年的5776万元增加到2003年的9761万元，增加3985万元，增长69%，年均递增7.8%。卫生经费支出占全市财政一般预算支出的比重在5.9%～7.9%之间。

四、商业保险清查

2004年，根据云南省财政厅、监察厅《转发财政部　监察部〈关于党政机关及事业单位用公款为个人购买商业保险若干问题的规定〉的通知》要求，全市自查清理党政机关和事业单位761个。清查结果：全市违反规定用公款为个人购买商业保险单位13个，参保人员1033人，已缴保费总额47.26万元，应清退资金39.95万元。

2005年，清退商业保险。全市自查清理党政机关和事业单位761个。截至2005年5月底，全市共查出用公款为个人购买商业保险资金总额51.92万元，应清退资金42.68万元，已清退资金42.71万元（龙陵多清退0.03万元利息）。同时，清查出漏报户数4户，涉及人数345人，漏报应清退金额2.73万元。

五、拖欠公款清查

2004年，根据省财政厅、监察厅关于对党政领导干部拖欠公款进行清理的通知，全市自查清理单位480个。清查结果：全市党政领导干部拖欠公款74人、990365元，已偿还38人、564237元，未偿还36人、426128元；领导干部批借公款3人、23.5万元，已偿还31740元，未偿还203260元。2005年继续清查拖欠公款，年末全市党政领导干部拖欠公款74人、990365元，已全部偿还。

第六节　财政监督检查

一、内部监督

2000年，保山行署财政局制发《关于统一账户印章和加强财政拨款监督的决定》和《关于加强机关印章和拨款印章使用管理的规定》，规范全市财政资金分配、拨付程序。清理银行账户，对拨款印鉴和拨款户头进行统一管理，建立专项资金分配和财政资金拨付的监控机制。

2001年，市财政局组织各县(区)财政监督干部，对市局基建、农财、社保3个科和各县(区)基建、农财两个科2000年度业务进行内部审计监督，重点检查各业务科室财政资金的下达审批和拨付是否有章可循、会计账务记录是否规范、专项资金是否及时足额拨付到位、资金开支是否符合规定用途等方面。在全市开展《中华人民共和国会计法》执法大检查，有1881个会计核算单位自查，重点检查33个核算单位。实施首次财政内部审计检查，就市、县(区)基建、农业、社会保障三个方面2000年度有关财政法规和财政政策的贯彻执行情况、财政资金的下达审批和拨付情况、会计账务记录的规范情况、专项资金及时足额拨付情况、资金拨付去向符合规定用途等情况进行交叉检查。

2002年，保山市财政局制发《关于进一步规范发文和拨款程序的通知》，全市各级财政部门从规范账户、印章管理入手，规范发文和拨款审批程序，实行《发文签批单》《预算经费用款计划表》《专户资金拨付审批表》“三个审批表”制度和《专款分配情况登记表》《大额拨款登记表》“两个登记表”制度，实施财政账户监控制度和财政内部监督检查制度，建立和完善财政资金分配和拨付的内部制约机制，此后，全市各级财政部门每年都按照财政部的规定认真组织开展内部监督检查工作。

2003年，保山市财政局统一组织开展财政系统内部监督检查，重点是对乡(镇)财政所开展检查，要求各县(区)检查面不低于30%，市局重点检查各县(区)局机关财务室、农业综合开发办公室，并抽查2个财政所。

二、会计监督

2001年，全市实行县级以上财政部门负责本行政区域的会计监督检查，并依法对违法会计行为实施行政处罚。2002年对10个单位的会计信息质量进行抽查，其中：医疗卫生单位6个，房地产开发企业2个，地方金融企业2个。通过检查，利润不实的有5个，涉及金额136.5万元；忽视资产管理，造成资产不实的有3个，涉及金额307.4万元。2003年开展会计质量检查，抽查12个单位，其中：行政单位3个，事业单位6个，企业3个。共查出违纪金额36.43万元，其中：少计固定资产32.2万元，未缴税款2.84万元，未按规定上缴财政统筹资金0.13万元，超标准发放取暖费1.26万元。检查中还发现部分单位会计基础工作薄弱、核算不规范、账簿设置不全、原始凭证不合规、账务处理不规范、忽视资产管理造成资产不实、不及时缴纳税金和上缴统筹资金等问题，均进行了处理和纠正。2004年对市级33个行政事业单位组织开展财务检查，并要求各县(区)财政局根据实际情况，对所属预算单位自行组织开展财务检查。7—8月，对保山中信会计师事务所及延伸企业进行就地检查，未发现重大违纪违规问题。2005年对市级28个行政事业单位组织开展财务检查。各县(区)财政局对123个单位进行财务检查，存在问题的单位43个，均及时进行了纠正和处理。

三、专项检查

2003年，按照“分口把关，加强监督”的要求，市财政局各业务科室结合自身的工作特点开展专项检查，会同涉外金融科对使用世行贷款项目的施甸县、腾冲县进行检查；会同经建科对腾冲、施甸县国债异地扶贫资金进行检查。2004年7—8月，对2003年至2004年6月的财政专项资金管理使用情况进行专项检查。在全面自查的基础上，对11个市直单位、五县（区）的11个乡（镇）、53个县直单位进行了重点检查。2005年7—10月，由市财政局监督检查科牵头，农业科、行政政法科、经建科、企业科等分口负责，对市级2004年度财政安排的专项资金进行全面清理检查。共检查15个市级预算单位，涉及财政专项资金2889.3万元。

第七节　政府债务清查

根据财政部和省财政厅的要求，保山市财政部门于2001—2005年对市、县（区）、乡（镇）三级政府债务进行清查。

2001年，保山市政府债务余额135644万元，占当年全市GDP的17.9%，其中：外债余额10839万元，内债余额124805万元。政府债务余额中政府直接承借67869万元，占全市债务总额的50%；政府提供担保67775万元，占全市债务总额的50%。2001年年末逾期政府债务69480万元，占全市政府债务总额的51%，其中：逾期外债2853万元，内债66627万元。2002年及以后应偿还政府债务总额48009万元，占全市债务总额的35%，其中：应偿还外债总额7986万元，应偿还内债总额40023万元。市、县、乡三级政府债务年末余额分别为1735万元、86436万元、47473万元，分别占全市政府债务总额的1.3%、63.7%、35%。

2002年政府债务总额183609万元，占当年全市GDP的22.6%，其中：外债余额9483万元，内债余额174126万元。政府债务余额中：政府直接承借122272万元，占全市债务总额的66.6%；政府提供担保61337万元，占全市债务总额的33.4%。年末全市逾期政府债务117693万元，占全市政府债务总额的64.1%，其中：逾期外债3785万元，内债113908万元。2003年及以后应偿还政府债务总额65916万元，占全市债务总额的35.9%，其中：应偿还政府外债总额5698万元，应偿还内债总额60218万元。市、县、乡三级政府债务年末余额分别为4839万元、126239万元、52531万元，分别占全市政府债务总额的2.6%、68.8%、28.6%。

2003年，保山市政府债务总额256137万元，占当年全市GDP的29.3%，其中：外债余额8889万元，内债余额247248万元。政府债务余额中：政府直接承借169725万元，占全市债务总额的66.3%；政府提供担保86412万元，占全市债务总额的33.7%。年末全市逾期政府债务171794万元，占全市政府债务总额的67.2%，其中：逾期外债2629万元，内债169165万元。2004年及以后应偿还政府债务总额84343万元，占全市债务总额的32.9%，其中：应偿还政府外债总额6260万元，应偿还政府内债总额78083万元。市、县、乡三级政府债务年末余额分别为4839万元、195517万元、55981万元，分别占全市政府债务总额的1.9%、76.3%、21.8%。

2004年，保山市政府债务总额262386万元，占当年全市GDP的26.8%，其中：外债余额8305万元，内债余额254081万元。政府债务余额中：政府直接承借171982万元，占全市债务总额的65.5%；政府提供担保90404万元，占全市债务总额的34.5%。2004年年末全市逾期政府债务179128万元，占全市政府债务总额的68.3%。市、县、乡三级政府债务年末余额分别为4861万元、192105万元、65600万元，分别占全市政府债务总额的1.8%、73.2%、25%。

2005年，保山市政府债务总额290108万元，占当年全市GDP的24.2%，其中：外债9449万元，占GDP的0.79%；内债280659万元，占GDP的23.34%。全市政府债务余额中：政府直接债务284296万元，占全市债务总额的98%；政府担保债务5812万元，占全市债务总额的2%。2005年年末全市逾期政府债务135790万元，占全市政府债务总额的46.81%。市、县、乡三级政府债务年末余额分别为35105万元、194278万元、60725万元，分别占全市政府债务总额的12%、67%、21%。

第八节　统一着装的清理整顿

2004年3月，保山市开始对全市的统一着装情况进行清理整顿。经核实，全市有34个部门有统一着装：

第一，经国务院批准着装部门12个，整顿前实际着装2996人，其中：植保检疫部门34人、渔政管理部门56人、森防部门16人、卫生监督部门205人、旅游部门公安派出所4人，畜牧部门口岸畜检120人。支出着装经费594.37万元，人均1982元。不符合着装规定399人，整顿后实际着装2597人，扩大着装范围的单位7个，自费比例不足的单位7个。收回制式服装453件（套），收回制式标志385件，补缴自费比例不足金额5.16万元。

第二，未经国务院批准着装部门20个，整顿前实际着装2879人，其中：环保部门55人、司法部门174人、交通部门201人、农机监理部门126人、兽医卫生监督部门156人、农业环境检测站5人、水利部门58人、水务部门108人、林业部门761人、劳动和社会保障部门26人、民政部门5人、计生系统127人、建设部门183人、国土资源部门336人、经贸系统15人、乡（镇）单位452人、计委（物价检查系统）59人、军供站4人、旅游部门24人。支出着装经费391.87万元，人均1361元。整顿后，2879名违规着装人员已于2004年9月15日前全部“脱装”，收回制式服装8270件（套），收回制式标志4865件，收回服装折价款2.7万元。

第三，仿制服装部门2个，着装27人，支出着装经费4.8万元，整顿后已于9月15日前全部“脱装”，收缴服装118件（套）。

第七章　国家税务

第一节　税种设置

一、增值税

从1983年起，保山地区按照财政部《增值税暂行办法》规定，开始试行征收增值税。1988年以后，对增值税的征收进行调整补充。至1989年年底，保山地区除烟类、酒类、橡胶制品类、成品油、化工类、热力、电力、气体类和其他类别的少数工业品仍征收产品税外，其余工业产品都先后改征增值税。同时，对定期定率征收做出两点补充：对年销售收入额虽超过200万元，但财务制度不健全的企业，也实行定期定率计算征收；增列73种产品按《中华人民共和国增值税暂行条例》确定的征收率计算征收增值税。

1983—1993年，保山地区所实行的增值税税收优惠政策主要有鼓励性减免，照顾或扶持的减免，农村税收的减免，贫困地区、边疆民族地区的减免四类。1994年1月起，全区征收的增值税按《中华人民共和国增值税暂行条例》规定执行。

1998年，保山地区国税局按照国家规定权限，明确将个人销售增值税起征点调整为月销售货物2000元以下、月销售应税劳务800元以下、按次纳税的每次(日)销售额80元以下，不征增值税。2003年5月1日起，销售货物的由原规定月销售额2000元提高到5000元；销售应税劳务的由原规定月销售额800元提高到3000元；按次纳税的由原每次(日)80元提高到每次(日)200元。2004年1月起，对销售水产品、畜牧产品、蔬菜、果品、粮食等农产品的个体工商户，以及销售上述农产品为主的个体工商户，起征点一律确定为月销售额5000元，按次纳税的起征点一律定为每次(日)销售额200元。

1994年税制改革实施后，增值税成为保山最主要的税种之一，择年税收收入占全区国税收入总额比重为：1994年87.39%，1995年占82.31%、1996年占83.14%、1997年占82.02%、1998年占84.81%、1999年占84.66%、2000年占84.08%、2001年占75.37%、2002年占71.49%、2003年占72.79%、2004年占74.68%、2005年占70.47%。在全市税收收入中占有举足轻重的地位。

二、消费税

1994年1月《中华人民共和国消费税暂行条例》正式施行，保山地区开始对在境内从事生产、委托加工和进口应税消费品的单位和个人就其销售额和销售数量征收消费税。消费税在生产环节征收，按比例税率与定额税率结合，实行多档次差别税率，共设置有11个税目，并在其中3个税目之下设置了13个子目，共列举了25个征税项目。2001年5月11日，酒类产品实行从量定额和从价定率相结合计算应纳税额；2001年6月1日起，卷烟消费税计税办法由从价定率计算应纳税额调整为实行从量定额和从价定率相结合计算应纳税额的复合计税办法。

消费税的减免审批权，归属中央政府，地方无权对消费税进行减免。

三、营业税

1984年，工商税制改革，将营业税从工商税中分离出来，设置为一个独立的税种。1984年10月起，保山地区执行《中华人民共和国营业税条例（草案）》，开始在流转环节征收营业税。营业税改革后，在基本保持原工商税税负的基础上，确定的基本税率为3%，按商品销售额和非商品营业额为计税依据；以企业单位和个人所在地为纳税地点。营业税起征点有3个档次：经营商品零售业务的起征点为月销售收入额400元；经营其他业务的为月营业收入额200元；从事临时经营的为每次收入额30元。

1983—1993年，保山地区对营业税减免的特殊照顾措施有：基层供销社经营商品批发、调拨的销售收入，免征批发营业税；工商企业生产、销售的铁、竹、木小农具，从1985年起免征营业税三年；国营商业、供销社销售的耕畜、力畜、种畜免征营业税；国营食品公司经营的肉类和供销社销售的各种鲜肉，免征营业税；对煤球厂、商业部门销售的煤球、蜂窝煤、引火柴免征营业税；个体艺匠走街串巷、下乡服务上门的收入均免征营业税；对新办的城乡集体企业，从成立之日起，免征营业税两年（从1990年1月1日起改为1年）。1994年改革后，国务院收回减免权，除对一些公益性较强、收入水平较低，需要国家扶持的经营活动保留统一的减免政策外，对企业和个人一律不再给予个别减免税照顾。

1994年1月起，保山地区营业税征收范围由原来的14个税目简并为9个税目，即交通运输业、建筑业、金融保险业、邮电通信业、文化体育业、娱乐业、服务业、转让无形资产、销售不动产。税率设置为两档，金融保险业、服务业、转让无形资产、销售不动产税率为5%，交通运输业、建筑业、邮电通信业、文化体育业税率为3%。娱乐业的税率1994年1月1日至2001年4月30日期间为：农村、乡（镇）开展的娱乐业5%，其余一律按10%的税率计算征收；2001年5月1日以后，除台球、保龄球从2004年7月1日起按5%征收外，其余一律执行20%的税率。1994年1月1日起，金融保险业营业税按5%税率计征，由地方税务局负责征收。1997年1月1日起，国务院规定金融保险业营业税税率提高至8%，提高的3%部分，由国家税务局负责征收。2003年起，金融保险业营业税统一由地方税务局负责征收。

四、车辆购置税

从1985年5月1日起，在全地区范围内征收车辆购置附加费。凡购买或自行组装和使用的车辆（不包括人力车、兽力车和自行车），在购买时或投入使用之前必须缴纳车辆购置附加费，车辆的购买者和使用者（包括国家机关和军队）为车辆购置附加费的义务缴费人，征收管理工作由交通部门负责。

2000年，通过“费改税”方式，进行车辆税费改革。2001年1月1日起，新开征车辆购置税，取代原车辆购置附加费。

车辆购置税以纳税人购买自用的应税车辆的计税价格为计税依据，包括纳税人购买应税车辆时支付给销售者的全部价款和价外费用（但不包括增值税款），按照10%的税率计算纳税。对纳税人进口自用的应税车辆，其计税价格为关税完税价格+关税+消费税。纳税人自产、受赠、获奖和以其他方式取得并自用的应税车辆的计税价格，由主管税务局按照国家税务总局核定发布的最低计税价格核定。

2005年1月1日，保山市车辆购置税征收工作开始向国税部门移交，同年10月，完成划转与交接，征管业务全部纳入国税局。同年，车辆购置税实行一次征收制度，购置已征收车辆购置税的车辆，不再征收车辆购置税。

五、企业所得税

1994年分税制改革，国营企业所得税、集体企业所得税和私营企业所得税合并为企业所得税。按企业的隶属关系（中央或地方），分别由国税系统和地税系统征收。2002年起，所得税实行分享体制改革后，新办企业的企业所得税由国税机关负责征收。

税制改革后，严格规范企业所得税的减免，取消省以下所得税的政策制定权，保山市国税局在有限的政策空间内，对新办企业、高新技术等实行了以下税收优惠政策：

对新办第三产业企业，按产业政策给予定期减免企业所得税。在贫困地区、民族地区、边疆地区、新办企业，减免所得税3年。下岗职工自谋职业新办民营企业的，免征所得税2年。对高新技术企业新办的免征所得税2年；对企业技术改造国产设备投资的40%，从新增所得税中抵免。企业事业单位进行技术转让以及技术咨询、技术服务、技术培训所得，年净收入在30万元以下的，暂免征收所得税。民营经济参与国有、集体企业改制的，3年内减免企业所得税；对劳动就业服务企业安置待业人员、下岗再就业人员超过60%的，免征所得税3年；当年新安置待业人员30%以上的，减半征收所得税2年；下岗职工从事社区居民服务业免税3年，以及安置残疾人员而办的福利企业，免征所得税。企业遇有风、火、水、震等自然灾害的，可减免所得税1年。实施西部大开发战略，符合国家鼓励类产业的企业，减按15%税率征收企业所得税，从2002年7月1日起执行。保山市内企业到境外投资经营，中方分得的税后利润，五年内免征企业所得税。同时，鼓励市外企业到保山市投资，对符合条件的企业，自来保山市境内生产经营之日起，免征企业所得税两年。从2000年起，对个人独资企业和合伙企业以及独资、合伙性质的私营企业改征个人所得税。2003年4月18日以后成立的符合新办企业条件的非公有制企业，凡所从事的经营业务不属于税收不予减免税项目外，自企业生产经营之日起，免征企业所得税3年；凡同时符合注册资本金中省外投资比例在50%以上和投资额在500万元以上的新办企业，自生产经营之日起，前3年免征企业所得税，后2年减半征收企业所得税。以上两个条件中只符合一个条件的新办非公企业，自生产经营之日起，免征企业所得税2年。

此外，对一些相关政策进行调整补充：工资税前扣除政策调整；技术开发费税前扣除政策调整；企业基本养老、基本医疗、补充养老（企业年金）、补充医疗保险税前扣除政策调整；广告费支出税前扣除政策调整；捐赠收入税收政策调整。

六、中外合资经营企业所得税

保山地区自1986年起，正式征收中外合资经营企业所得税，到1991年6月30日《中外合资经营企业所得税法》执行时停止征收。其间，按税法规定批准减、免征中外合资经营企业所得税3368万元。

1986年，按照相关规定，保山地区对在保山境内的中外合资经营企业的生产经营所得和其他所得征收中外合资经营企业所得税。征税对象是纳税人从事工业、采掘业、交通运输、农林牧业、旅游业、饮食服务业等行业的生产、经营所得；股息、红利、利息所得和转让财产以及提供专利权、专有技术、商标权、版权等项所得；外国合营者汇出国外的从合营企业分得的利润。中外合资经营企业所得税税率为30%，另按应纳所得税税额附征10%的地方所得税，合计税收负担率为33%。对合营企业的外国合营者将从企业分得的利润汇出国外时，按汇出额征收10%的所得税。

七、外国企业所得税

保山的外国企业开办较晚，1986年才开始征收外国企业所得税，到1991年6月30日《外国企业所得税法》执行期止。征收对象为在境内取得生产、经营所得和其他所得的外国企业。外国企业所得税以纳税人每一纳税年度的收入总额减除成本、费用以及损失后的余额为应纳税所得额。实行20%～40%的5级超额累进税率，即：全年所得额不超过25万元的，税率20%；超过25万～50万元的部分，税率25%；超过50万～75万元的部分，税率30%；超过75万～100万元的部分，税率35%；超过100万元的部分，税率40%。纳税人在缴纳所得税的同时，另按应纳税所得额缴纳10%的地方所得税，两项合计，最高负担率不超过50%。外国公司、企业和其他经济组织在中国境内未设机构，而有来源于中国的股息、利息、租金、特许权使用费和其他所得，按20%的税率计算征收所得税。税款由支付单位在每次支付的款项中扣缴。

八、涉外企业所得税

1991年《中华人民共和国外商投资企业和外国企业所得税法》颁布实施后，保山地区税务局按全国统一规定，停止分别征收的中外合资经营企业所得税和外国企业所得税，从当年7月1日起，征收外商投资企业和外国企业所得税（简称"涉外企业所得税"），即按照国家规定，向在保山市境内的外商投资企业和外国企业的生产、经营所得和其他所得征收税费。1994年税务机构分设后，外商投资企业和外国企业所得税由国税部门负责征收。

九、储蓄存款利息所得个人所得税

1999年，保山地区税务局开征利息税。对个人取得的教育储蓄存款利息所得以及其他专项储蓄存款或者储蓄性专项基金存款的利息所得，免征个人所得税。1994年税务机构分设后，由国税系统负责征收储蓄存款利息所得个人所得税。

2005年，对全日制高中、大中专、大学本科、硕士和博士研究生在储蓄机构开立教育储蓄专户，其所取得的利息免征个人所得税。

十、出口货物退（免）税

出口货物退（免）税制度的实施　1985年4月起，根据财政部《关于对进出口产品征、退产品税或增值税报告的通知》，对出口产品实行退税政策，实行“征多少退多少，未征不退”的原则。1985年实行由出口企业所在地的县（市）、地和省三级税务机关分工负责的管理形式，审查、核定、办理退税工作。对报关离境的产品，凡属于产品税、增值税、特别消费税的应税产品和应税的盐，除国家明确规定不予退还者外，均予以退还或免征税款。1987年对出口退税企业，增加退还已纳的营业税。1991年出口退税工作收归云南省税务局直接办理。1992年国家税务总局对出口退税的预算级次作出明确规定，凡属工业企业和地方外贸企业经营的出口产品退税由地方预算收入退付；对联营的外贸企业出口的产品，依照协议合同的规定，由参加联营的各方按隶属关系，分别由地方和中央预算收入退税。1993年1月起对出口的卷烟，实行生产环节免征产品税。对外贸企业为出口而从工业企业直接收购的国产彩电，在工业企业销售环节免征特别消费税，出口时不办理退税。1994年税制改革，建立以新的增值税、消费税为基础的出口货物退（免）税制度。新的出口货物退（免）税制度规定，在国际贸易业务中，对报关出口的货物退还或免征其在国内各生产和流通环节缴纳的增值税、消费税。增值税出口货物退（免）规定为“先征后退”“免、抵、退”税及免税采购三种方式。1995年对整个出口货物退（免）税申报、审核、审批过程逐步实现电算化管理。1998年地区国税局进出口税收管理分局成立。为加强出口退税管理，经云南省国税局批准自1998年1月起，德宏、红河、保山等8个地州国家税务局有直接退（免）税审批权。2003年10月国务院改革现行出口退税机制，提出“新账不欠，老账要还，完善机制，共同负担，推动改革，促进发展”的基本思路。建立中央、地方共同负担的出口退税新机制，对出口退税率进行调整，平均下调约3个百分点。2004年新的出口退税机制正式启动运行，保山市退还增值税的预算级次改由中央和地方财政共同负担，超基数部分，中央与地方按比例负担。全年共办理出口货物退(免)税5992.28万元，为上年的2.13倍，其中完成2003年出口退税清算工作审核和办理上年度结转货物退（免）税2992.28万元。同时，实现首笔边贸企业人民币结算出口货物的退税120万元，占本年出口退税的6%。当年审核办理出口货物退（免）税4800万元人民币。2005年重新调整出口退税财政负担比例，调整为中央负担92.5%，地方负担7.5%。

人民币结算退税试点　2004年1月起，在云南省试点实施以人民币结算边境小额贸易退税制度。规定边境小额贸易出口货物以人民币银行转账方式结算退还应退税款的70%，以现金结算方式退应退税款的30%。10月8日，国务院同意将边贸企业出口货物以人民币银行转账方式结算的退税比例上调到应退税额的100%，自2004年10月起执行。到2004年年底，保山市办理以人民币结算的边境小额贸易出口货物退税3000万元，2005年办理退税4800万元。

第二节　税收收入

1994年保山地区国税、地税分设，当年全区完成国税收入16501万元。随后，国税收入逐年提高。2000年全区完成国税收入26575万元。2005年保山市完成国税收入66641万元。1994—2005年，全市累计完成国税收入377369万元，其中：两税（国内增值税、消费税）收入318450元，进口增值税（海关代征）9864万元，企业所得税25145万元，利息所得税9667万元，车辆购置税8047万元，营业税5970万元，其他收入226万元。

1994—2005年保山市国税收入统计表

表17-7　　单位：万元

年份	税收合计	两税（国内增值税、消费税）	其中			进口增值税（海关代征）	企业所得税	利息所得税	车辆购置税	营业税	其他收入
			国内增值税	其中免抵调增增值税	国内消费税						
1994	16501	16047	14279	—	1768	162	225	—	—	10	57
1995	20636	18962	16868	—	2094	119	1424	—	—	23	108
1996	20872	19608	17118	—	2490	282	961	—	—	—	21
1997	23037	20150	18617	—	1533	338	1660	—	—	849	40
1998	22424	20455	18748	—	1707	317	294	—	—	1358	—
1999	22545	20646	18587	—	2059	589	136	5	—	1169	—
2000	26575	23223	21519	—	1704	984	256	967	—	1145	—
2001	33213	28607	25765	—	2842	1034	1003	1673	—	896	—
2002	39436	35104	29006	—	6098	1134	1066	1698	—	434	—
2003	38406	34085	28783	1000	5302	1357	1218	1660	—	86	—
2004	47083	34930	34032	900	898	1511	5513	1777	3352	—	—
2005	66641	46633	45500	1460	1133	2037	11389	1887	4695	—	—
合计	377369	318450	288822	3360	29628	9864	25145	9667	8047	5970	226

第三节　税务管理

一、税务登记

1982年9月，保山地区税务局在全区范围内对所有企业、事业单位和个人经济开展税务登记工作。1986年起执行《中华人民共和国税收征收管理暂行条例》。1987年开展纳税鉴定和换发税务登记证清查工作。1998年7月起全面实行《税务登记管理办法》，统一规范征管账、表、册、卡、单的使用，建立健全纳税资料及台账，完善同征管流程相配套的各项工作制度。

二、税收征管

1986年起，保山地区税务局进行税收征管模式试点改革，征、管、查相对分离，相互制约，相互促进，税收征管部门和征收机构的职能和职责也随之变化。

1996年，保山地区县（市）国税局按管理服务、征收监控和税务稽查3个系列分别设置分局。县（市）城区原则上只设立一个分局，全区在税源比较集中的农村撤销税务所，按照经济区划集中设立9个分局，分局内按管理服务和征收监控两个系列设立内部机构。在未设分局的乡（镇）或农村集贸市场，设立59个税务所或定期征收点，亦可委托有关部门代征。地、县（市）局设立稽查分局，统一负责辖区内的税务稽查工作。县（市）局内部设立政策法规科、股，承担税收政策法制系列的职责任务。

从2001年后，保山国税系统开始新一轮的税收征管改革，建立“以申报纳税和优化服务为基础，以计算机网络为依托，集中征收，重点稽查，强化管理”的征管模式。

三、纳税申报

1988年，保山地区各级税务机关深化税收征管改革，把税务人员上门收税改变为纳税人自行到税务机关申报纳税。1994年以前，税务部门主要以促产增收为纳税人服务，1994年以后，税务部门按照法定职责为纳税人依法纳税提供各种便利服务。2000年，保山地区各级国税机关开始为纳税人提供上门申报、简易申报、银行网点申报、电话申报、银行储蓄扣税、办税厅实时扣税、邮寄申报等多元化申报方式。2001年，保山市国税局按照《中华人民共和国税收征收管理法》，将纳税服务作为税务机关的法定职责，纳税服务工作从行政管理工作规范上升为法律规范。2002年11月起执行《云南省国家税务局纳税申报管理暂行办法》对纳税申报的对象、范围、内容、期限、地点、审核、考核、延期申报的管理、停业纳税人的申报、各税种申报的管理、重点税源的申报管理、税控装置申报管理、多元化申报管理、法律责任追究等事项的规定。2004年保山市国税局制定《保山市国家税务局纳税服务规范》和《保山市国家税务局“12366”纳税服务热线应用实施方案》。2005年12月，保山市国税局正式开通门户网站，为纳税人及时提供国税系统的最新动态、相关税收政策、税务公告、对纳税大户表彰、文明办税八公开、全市四县一区涉税举报电话等服务。不断完善纳税服务，促进全市的纳税申报工作。

四、票证管理

（一）普通发票管理

1983年以前，云南没有制定统一的发票管理法规，保山地区税务机关主要根据本地的实际情况和对税收控管的要求，因地制宜地进行日常管理。

1984年4月起执行《云南省统一发货票管理暂行办法》，开始对发票实施规范管理。1986年8月起执行财政部《全国发票管理暂行办法》。1987年5月，保山地区国税局统一和改进发票种类、式样，确定印刷定点厂，规范发票印制、发售、使用、缴销、保管、违章处理等一系列制度。1992年9月4日《中华人民共和国税收征收管理办法》颁布实施，发票由省、自治区、直辖市人民政府税务主管部门指定的企业印制。1993年1月保山地区全面启用新版发票的。1994年分税制改革后，保山地区由国税机关负责管理的发票包括增值税专用发票和普通发票，仍实行由省、州（市）、县三级国税机关征管部门负责管理制度。1995年5月起，云南省国税局对烟叶收购发票实行了统一印制管理。1996年11月起，按照“统一用纸、统一防伪、统一印制、统一价格”的四统一管理机制，由云南国税印刷厂集中印制新版普通发票。1997年1月起，按照云南省国税局的要求，保山地区国税局在全地区统一更换使用新版普通发票，同时停止使用旧版普通发票。2004年1月起，在全市范围内更换使用具有统一防伪措施的新版普通发票。

（二）增值税专用发票管理

1993年12月，国家税务总局就增值税专用发票管理的具体操作规程、使用范围、领购条件、开具范围、开具要求、开具时限、发票结构、抵扣要求、取得要求等做出规定，保山照此执行。1996年1月取消百万元版、千万元版（简称大面额版）专用发票，按规定凡一次开具销售额达到百万元以上的，均纳入防伪税控系统，开具电脑版专用发票。1999年起保山地区国税局的增值税专用发票由原来的征收管理部门划归流转税部门管理。2000年1月起保山地区国税局将纳入防伪税控系统管理的企业一律开具电脑版专用发票，手写10万元版专用发票停止使用。6月执行云南省国税局规定，对商业企业零售的烟、酒、食品、服装、鞋帽、化妆品等消费品不得开具专用发票。2001年7日起保山市统一停止开具手工版增值税专用发票，所有增值税一般纳税人一律使用防伪税控开票系统开具专用发票，保山市增值税计算机交叉稽核系统开始同步运行。2003年增值税一般纳税人全部通过增值税防伪税控系统开具电脑版增值税专用发票。除税务机关为小规模纳税人代开的手写版专用发票外，其余手写版专用发票从当年7月起停止开具使用。2005年1月起税务机关一律通过防伪税控系统为纳税人代开专用发票，手写版专用发票和非防伪税控系统专用发票停止使用。

（三）账簿、凭证管理

1997年6月，保山地区国税局按照国家税务总局的相关通知要求，对个体工商户设置复式账和简易账的建账管理作了明确而具体的规定。1997年10月云南省国税局、云南省地税局转发国家税务总局下发《个体工商户建账管理暂行办法》和《个体工商户定期定额管理暂行办法》，明确了个体私营业户涉及的有关账簿、凭证、表证单书由省国税局、省地税局设计制作。2002年9月起，保山市各级国税机关按照《国家税务总局关于大力开展个体工商户建账和强化查账征收工作的通知》要求，全面做好个体工商户建账和查账征收工作。

五、税务检查

1987年，经省政府批准，保山地区税务系统在交通要道设置税务检查站2个，开展查处偷漏税工作。1992年10月根据国务院、省政府要求，检查站全部撤销。

1989—1997年，保山检察机关和税务系统成立有6个税务检察室，依法直接追缴税款550.51万元。

1985—1996年，保山地区税务系统每年开展一次税收大检查。1994年税制改革后，保山地区国税局从1994年9月至1997年2月开展了3次税收大检查，共计查补入库税款和罚款10898.74万元。

1998年，保山地区国税局稽查局首次组织开展对全市电力、烟草、石油、石化4个行业当年的税收情况和对农机经营公司、盐业公司的专项检查，依法查补入库税款和罚款943.73万元。次年，组织开展对医院、医药公司、中国银行、中国建设银行的税收专项检查，与征管部门配合开展对发票的专项检查，以及对证券公司、会计师事务所纳税情况的专项检查，依法查补入库税款和罚款802.6万元。2000年对银行业、通信有限公司、民航系统、实行查账征收的酒类生产企业、各级卫生防疫站、各级药品检验管理所、增值税一般纳税人申报抵扣进项税专用发票及储蓄存款利息所得个人所得税进行专项检查，查补入库税款和罚款688万元。2001年对银行业、保险公司、外资金融机构、外资咨询机构等行业涉及国税征管的所有税种以及电力企业、通信产品经营企业、橡胶企业、农村信用社等行业进行专项检查，查补入库税款和罚款707.9万元。

2002年以查处税务违法案件为突破口，防范和严厉打击骗取出口退税及虚开增值税专用发票行为，同时，认真开展税收专项检查和交叉稽查工作。对全市烟草、石油、石化、证券、房地产、证券公司、福利企业、资源综合利用企业增值税及增值税优惠政策执行情况、白酒及啤酒类企业消费税、部分进出口企业及涉外企业进行税收专项检查，查补入库税款和罚款730.6万元。2003年开展整顿重点行业税收秩序，严厉查处做假账偷逃税款违法行为，打击制售假发票和利用普通发票偷税违法犯罪，查办虚开增值税专用发票案件，巩固集贸市场和加油站整顿成果等工作。开展以生产企业出口货物“免、抵、退”税，化妆品、护肤护发品行业消费税，电信、移动、建设银行系统企业所得税，涉外预提所得税，建筑安装企业、旅行社（旅游公司）企业所得税，建筑安装业普通发票等为重点的税收专项检查。2004年开展汽车市场专项整治、实行“一窗式”管理之前增值税缴纳情况、医药生产及购销企业、货物运输业及房地产行业五个方面的税收专项检查工作。对部分企业涉嫌利用“四种票”涉税违法情况及高等教育出版社图书发行代理行业进行检查。2005年对水泥生产企业、出口货物“免、抵、退”生产企业和以农副产品为主要原料的生产加工企业、烟草、电力、部分“预征—结算”企业、新办一般纳税人商贸企业进行专项检查。

1993—2005年，保山地区（市）国税稽查机构依法查补入库各类税款共计7931万元。

第四节　国税信息化建设

20世纪80年代末期，保山地区税务局仅有一台计算机，使用的税务软件是GCRS报表管理系统，用于处理税收计统业务报表。1990年4月，国家税务局召开全国税务系统第一次计算机应用工作会议，提出“同步进行征管改革和会计改革，要将征管改革、会计改革和开发应用计算机有机结合起来”的工作要求。1992年，保山地区所有县（市）级税务局实现计会统软件（KTPC）的应用。

1994年启动“金税工程”。保山地区国税局成立信息中心，专门负责税务信息化工作，之后各县（市）也相继成立信息中心机构，培养和引进大批专业人才；随着1997年YNNT-NTCM云南征管软件开发成功及在全省的逐步推广应用，保山地区国税系统税务管理进一步向信息化规范化方向迈进，同时税务管理的征管、公文、稽查、计会、税政等各个领域开始逐步使用计算机，计算机类设备的配备已初具规模。2001年2月，保山市国税系统全面建成联通国家税务总局、省局、县（区）级和县以下税务分局的计算机广域网络；同时全市各县（区）国税局基本完成公文处理系统（ODPS）的推广应用工作。

2002年随着“金税工程”二期建设的推进，保山市国税系统上线运行了云南省国税局开发的YNNT-NTCM2.0征管软件以及国家税务总局开发的CTAIS软件系统。2003年，在全市范围内把所有增值税一般纳税人纳入网络版防伪税控系统管理，同时开始大规模的“金税工程”二期拓展，在近一年的时间内将“四小票”纳入软件管理，推广一窗式、一户式管理。2004年防伪税控监控台系统、失控发票快速反应机制、成品油以进控销系统开始启用。至2005年年底，全市国税系统有9056户纳税人纳入征管信息系统管理，实现征管数据省级集中处理，同时强化对数据的分析和应用，税收征管质量和管理服务水平得到有效提升。

第八章　地方税务

第一节　税种设置

1994年组建之初，全区地税部门负责征管营业税、资源税、地方企业所得税、个人所得税、城镇土地使用税、固定资产投资方向调节税、土地增值税、城市维护建设税、房产税、车船使用税、屠宰税、印花税、城市房地产税、教育费附加、文化事业建设费和旅游宣传促销费；1998年4月起，农业税收由财政部门划归地税部门征管，同月起代征基本养老保险费，同年8月起负责征管企业职工养老保险费；2004年7月起，社会保险费以及水资源费由地税部门统一征收；2005年7月起，地方教育附加由地税部门统一征收，8月起残疾人就业保障金也由地税部门统一征收。

一、营业税

1994年1月起，执行《中华人民共和国营业税暂行条例》《中华人民共和国营业税暂行条例实施细则》，保山地区对在中国境内提供交通运输业、建筑业、金融保险业、邮电通信业、文化体育业、娱乐业、服务业和转让无形资产、销售不动产的单位和个人，就其取得的营业额开征营业税。营业税实行比例税率，税率主要分为3%和5%两档，娱乐业适用5%～20%的弹性税率。1994年，保山地区征收营业税3007.8万元，占工商各税收入的31.5%。

2001年5月起娱乐业统一按20%的税率执行，但从2004年7月起对台球、保龄球减按5%的税率征收营业税。2003年5月起，将营业税按期和按次纳税的起征点分别调整为1200元和100元。2005年全市征收营业税收入20277万元，占工商各税收入的51.6%。

二、资源税

1994—2005年，保山市所征收资源税的对象主要有天然气、煤炭、其他非金属矿原矿、黑色金属矿原矿、有色金属矿原矿。全市累计征收资源税5238.6万元，占同期工商税总收入的2.1%，其中：1994年收入70.8万元，占地方工商税收入的0.74%；2005年收入814万元，占地方工商税收入的2.1%。

三、企业所得税

1994年1月起，执行《中华人民共和国企业所得税暂行条例》，将集体企业所得税和私营企业所得税合并为统一的企业所得税。企业所得税的法定税率为33%。按照《企业所得税若干政策问题的规定》，对年应纳税所得额在3万元（含3万元）以下的企业，暂减按18%的税率征收企业所得税；对年应纳税所得额超过3万元至10万元（含10万元）的企业，暂减按27%的税率征收企业所得税。2001年起，按照国务院办公厅下发《关于西部大开发若干政策措施的实施意见》的规定，对设在保山市的国家鼓励类的内资企业和外商投资企业，减按15%的税率征收企业所得税。新的企业所得税实施后，保山市的企业所得税收入主要来源于电力工业、制糖工业、建筑业、矿业及商业、服务业。1994—2005年，累计征收37328.6万元，占同期工商税收的16.9%，其中：1994年征收4196.2万元，2005年征收2347万元。

四、个人所得税

1994年1月起，保山地区依照《中华人民共和国个人所得税法》规定，对外国人、中国公民及个体工商业户统一征收个人所得税，取消原来的个人收入调节税、个体工商业户所得税。范围包括工资薪金所得、个体工商户的生产经营所得、企事业单位的承包承租经营所得、劳务报酬所得、稿酬所得、特许权使用费所得、利息股息红利所得、财产租赁所得、财产转让所得、偶然所得、其他所得等。

1994—2005年，保山市累计征收个人所得税33971.7万元，占同期工商税收的15.4%，其中：1994年征收86.1万元，2005年征收7704万元。

五、土地增值税

1995年起保山地区根据《中华人民共和国土地增值税暂行条例》和省政府关于征收土地增值税的相关规定，开展土地增值税征收管理工作。1995—2005年，保山市累计征收土地增值税1450.5万元，其中：1995年征收4.9万元，2005年征收386万元。

六、印花税

1988年8月，国务院发布《中华人民共和国印花税暂行条例》，云南省依照规定自同年10月起恢复征收印花税。1994—2005年，保山市累计征收印花税2773.3万元，其中：1994年征收57.7万元，2005年征收563万元。

七、房产税

保山地区于1994年起开征房产税。以城市、县城、建制镇和工矿区的房屋产权所有人为纳税人，依据房产的余值或房产的租金收入计税，即依照房产原值一次减除30%后的余值按1.2%税率征收；依照房产租金收入计算缴纳的，税率为12%。1994—2005年，全市累计征收房产税11786.2万元，其中：1994年征收367.1万元，2005年征收1570万元。

八、城镇土地使用税

1994年起，保山地区以城市（包括城区和郊区）、县城、建制镇、工矿区范围内实际占用的土地为征税对象，开征城镇土地使用税。由拥有土地使用权的单位和个人缴纳，以实际占用土地（按平方米计算）总面积为计税依据，并依照大、中、小城市和县城、建制镇、工矿区四个档次，分别规定每平方米土地的年应纳税额。1994—2005年，累计征收城镇土地使用税4965.1万元，其中：1994年征收127.4万元，2005年征收515万元。

九、车船使用税

1994年起，车船使用税由地方税务局征收。车船使用税实行从量计税的方法，根据车船的种类、性能、构造和使用情况不同，分别选择“辆、净吨位、载重吨位”三种单位的计税标准。1999年1月，依照《云南省人民政府关于印发调整机动车车船使用税税额和征收非机动车车船使用税规定的通知》，保山批准调高机动车车船使用税税额和开征非机动车车船使用税。1994—2005年，累计征收车船使用税3227.8万元，其中：1994年征收46.5万元，2005年征收520万元。

十、城市维护建设税

根据财政部1993年12月《关于城建税征收问题的通知》规定，1994年1月起，保山地区开征城市维护建设税。以纳税人实际缴纳的增值税、消费税、营业税的税额为计税依据，分别与增值税、消费税、营业税同时缴纳，其纳税地点与增值税、消费税、营业税的规定一致。1994—2005年，累计征收城市维护建设税18437.9万元，其中：1994年征收539万元，2005年征收2850万元。

十一、固定资产投资方向调节税

固定资产投资方向调节税的前身为建筑税。根据财政部、国家税务总局、国家发展计划委员会下发《关于暂停征收固定资产投资方向调节税的通知》规定，保山对2000年1月起新发生的投资额，暂停征收固定资产投资方向调节税，对以前年度的投资额在2003年年底前结算投资方向调节税。1994年征收673万元，2000—2003年结算补缴以前年度税款990万元。

十二、屠宰税

1994年5月起，保山地区执行省政府《云南省屠宰税征收办法》征收屠宰税，实行定额征收，每头（只、匹）定额为：猪、牛5元，羊1元，马、驴、骡3元。自1999年6月起，省政府将征收定额修改为每头（只、匹）定额为：猪、牛、马、驴、骡10元，羊3元。2003年11月18日起，省政府废止《云南省屠宰税征收办法》，保山市从2003年8月起全面停止征收屠宰税。1994—2003年，保山市累计征收屠宰税3312.2万元，年平均收入331.22万元。

十三、农业税收

农业税 《中华人民共和国农业税条例》执行至2005年年底。2005年1月起，依照《云南省人民政府关于对国家和省市扶贫开发重点县及边疆县实行免征农业税试点的通知》，保山市的腾冲、昌宁、龙陵、施甸四县农业税全面停征，隆阳区对10个山区乡给予免征农业税、对坝区10个乡（镇）农业税税率下调为2%。保山市地税部门从1998年开始接管农业税征收任务至2005年年底，累计征收农业税25715.6万元，其中：1998年征收5066.6万元，2005年征收749.8万元（正税652万元）。

农业特产税 保山市的农业特产税收入主要来源于烤烟、香料烟、甘蔗、茶叶、原木原竹。1994年4月，云南省政府依照国务院相关规定，下发《云南省农业特产税实施办法》，取消产品税，将农林牧水产品与农林特产农业税进行归并，统一征收农业特产税。1998年地税部门接管农业特产税征收任务，当年收入13976.5万元，2005年农业特产税收入10854.8万元，8年累计收入农业特产税84464.3万元，占同期农业税收总收入的69%。

耕地占用税 1994年11月《云南省人民政府关于调整菜地耕地占用税税额的通知》规定，在全省城市市区、郊区占用菜地从事非农业建设的单位和个人，凡属于法定免征耕地占用税范围以外的，按云南省最高规定税额每平方米12元征收；在城市行政区划范围以外的其他地区占用菜地从事非农业建设的单位和个人，凡属于法定免征耕地占用税范围以外的，按云南省耕地占用税的高限税额征收。保山市地税部门从1998年开始接管耕地占用税征收任务至2005年年底，累计征收耕地占用税5873.9万元，其中：1998年征收1526.9万元，2005年征收524万元。

契税 保山市地税部门从1998年开始接管契税征收任务。对土地、房屋权属发生转移时，按当事人双方所签订合同（契约）的成交价格，按3%的低税率，向土地使用权、房屋所有权承受者征收契税。至2005年年底，累计征收契税4625万元，其中：1998年征收114万元，2005年征收1469万元。

十四、费类及其他

社会保险费 按照《云南省劳动厅、云南省地方税务局关于云南省企业职工基本养老保险费征收工作移交时间的通知》规定，从1998年8月，保山各级地税部门接收企业职工基本养老保险费的征收工作。2001年1月起，由地税机关负责征收原行业统筹单位的基本养老保险费。2001年起隆阳区医疗保险费改由地税部门统一代征；2002年起昌宁县的工伤保险费和生育保险费改由地税部门统一代征。2004年7月起，全市基本养老保险费、医疗保险费、失业保险费、工伤保险费和生育保险费由地方税务机关统一负责征收。2004年3月隆阳区率先开展养老、医疗、失业、工伤、生育保险费由地税部门统一征收，全市从2004年7月起顺利实现“五费统征”，至2005年，保山市地税部门累计征收基本养老保险费58307万元，失业保险费2431万元，医疗保险费14617万元，工伤保险费464万元，生育保险费330万元。

旅游宣传促销费 1997年6月起，按照《云南省旅游宣传促销费征收管理暂行规定》，保山开征旅游宣传促销费。至2005年，保山市累计征收旅游宣传促销费106.2万元，其中：1997年征收9.6万元，2005年征收16万元。

文化事业建设费 1997年1月按照国务院《关于进一步完善文化经济政策的若干规定》，保山开征文化事业建设费。1997—2005年，全市累计征收文化事业建设费281.9万元，其中：1997年征收10.9万元，2005年征收49万元。

水资源费 2004年7月起，依照云南省政府办公厅《关于对在滇电力企业全面征收水资源费办法的通知》，对在滇的电力企业全面征收水资源费。由同级地税机关负责征收。保山市水资源费的预算级次按市级20%、县（区）30%的比例就地缴入国库。保山市水资源费收入随发电量的增加而增加，2004年7—12月入库225万元，2005年入库606万元。

教育费附加 按照《国务院关于教育费附加征收问题的紧急通知》，自1994年1月起教育费附加以各单位和个人实际缴纳的增值税、消费税、营业税的税额为计税依据，附加率为3%，分别与增值税、消费税、营业税同时缴纳。1994—2005年，保山市累计征收教育费附加10192.7万元，其中：1994年征收83.8万元，2005年征收1726万元。

地方教育附加 2005年7月起，保山市依照省政府《关于印发云南省地方教育附加征收管理办法的通知》征收地方教育附加。向凡在保山域内缴纳增值税、消费税、营业税（以下简称“三税”）的单位（外商投资企业和外国企业除外）和个人，除按国家规定征收教育费附加外，还按实际缴纳“三税”税额的1%缴纳地方教育附加。地方教育附加由各级地方税务机关在征收教育费附加的同时征收，并全部纳入省级基金预算管理，专项用于全省基础教育事业发展。当年共征收地方教育附加55万元。

残疾人就业保障金 1995年7月21日，《云南省实施〈中华人民共和国残疾人保障法〉办法》公布施行。保山地区按照要求，各机关、团体、企业事业单位和城乡集体经济组织，凡未达到“吸收残疾人就业、残疾人在职职工的比例不得低于本单位在职职工总数的1.5%”要求的，均按照年度差额人数和上年度所在县（市）职工年平均工资计算缴纳用残疾人就业保障金。2005年起，按照《保山市人民政府办公室关于印发保山市残疾人就业保障金由地方税务机关统一代征的实施意见的通知》，全市残疾人就业保障金委托地方税务机关征收。各级税务机关按照各级残疾人联合会所提供残疾人就业保障金征收范围和核定征收基数统一征管。当年保山市地税机关征收入库残疾人就业保障金259万元。

第二节 税费收入

1994年，保山地区国、地税分设，当年全区完成地方税费收入9537.4万元。1995年完成地方税费收入12736.3万元，2000年完成39809万元，2005年完成66641万元。1994—2005年，全市累计完成地方税费收入455032.3万元。

保山市1994—2005年分年度税费收入情况表

表17-8　　　　单位：万元

项目	1994年	1995年	1996年	1997年	1998年	1999年	2000年	2001年	2002年	2003年	2004年	2005年
合计	9537.4	12736.3	12492	14222.9	38413.7	39384	39809	44220	50702	53554	63763	76198
营业税	3007.8	3890.6	5488	7132.2	7601	10385	9915	9246	9895	12105	14886	20277
资源税	70.8	173.8	270.4	285.6	455	378	330	391	710	563	797	814
城市维护建设税	539	784.4	918.8	1015.7	1029	1101	1184	1619	2697	2265	2435	2850
投资方向调节税	673	526	682	794.5	904.7	982	371	262	32	325	—	—
个人所得税	86.1	163.3	340.2	562.7	1063.4	1756	2624	3504	4621	5177	7704	7704
印花税	57.7	56.2	70.8	67.7	163.9	167	196	225	336	308	562	563
屠宰税	174.1	168.9	223.6	235.7	238.9	308	499	512	509	443	—	—
土地增值税	—	4.9	2.4	5.1	17.1	143	111	31	44	149	557	386
城镇土地使用税	127.4	155.8	172.8	163.5	342.6	492	557	576	647	642	574	515
房产税	367.1	459.2	538	677.2	782.7	816	981	1235	1363	1486	1511	1570
车船使用税	46.5	57	64.8	67.2	68.3	293	316	343	416	460	576	520
企业所得税	4196.2	6181.5	3150.3	2567.4	2394.2	2012	2865	5155	2242	1929	2289	2347
教育费附加	83.8	107.2	556.9	624.6	741.2	683	836	956	1290	1189	1399	1726
税款滞补罚收入	7.9	7.5	13	12.9	—	—	7	4	15	24	10	42
农业税	—	—	—	—	5066.6	3906	2921	2744	3409	2648	2924	652
农业特产税	—	—	—	—	13976.5	9431	9925	9061	11803	11847	7566	9868
耕地占用税	—	—	—	—	1526.9	1012	564	433	332	760	722	524
契税	—	—	—	—	114.1	183	343	294	444	729	1049	1469
农业税收附加	—	—	—	—	—	—	—	—	1518	1666	1339	1117
文化事业建设费	—	—	—	10.9	28	31	32	30	38	28	35	49
旅游宣传促销费	—	—	—	—	9.6	9	7	12	14	14	15	16

续上表 单位：万元

项目	1994年	1995年	1996年	1997年	1998年	1999年	2000年	2001年	2002年	2003年	2004年	2005年
养老保险费	—	—	—	—	1890	5296	5225	6570	7201	7397	11237	13491
医疗保险费	—	—	—	—	—	—	—	1017	1108	1561	4239	6692
生育保险费	—	—	—	—	—	—	—	—	6	7	128	195
工伤保险费	—	—	—	—	—	—	—	—	12	12	163	277
失业保险费	—	—	—	—	—	—	—	—	—	—	816	1615
水资源费	—	—	—	—	—	—	—	—	—	—	225	606
残疾人就业保障金	—	—	—	—	—	—	—	—	—	—	—	259
地方教育附加	—	—	—	—	—	—	—	—	—	—	—	55

注：1996—2005年，腾冲县地税局还代征境外道路维修费7324万元

第三节　税务管理

一、税源管理

1994年8—9月，保山地区地税局开展地方税源普查，澄清征管户数。当年全区共有地方税收征管户数13337户，其中：国有企业816户、集体企业1104户、私营企业26户、事业单位2011户、其他单位65户、个体工商户9315户。

1996年，对缴纳地方税收的纳税人全面核发税务登记证，全区核发税务登记证11467套。1999年三季度，全面开展税务登记证换发工作，全区换发一般税务登记证14687套、注册税务登记证101套、外商投资企业税务登记证23套。

市、县（区）局分别对年缴纳税款50万元、20万元以上的纳税人，以及金融保险、交通运输、邮电通讯、房地产、建筑安装、饮食服务6个行业进行重点监控管理，对收入指标实行分块单项考核，既考核总体收入和省级收入，又考核市县级的工商税和农业税收收入，实现税款应收尽收和均衡入库。

二、税务检查

1994年9月，成立地方税收大检查领导小组96个，设置82个办公室，全面开展地方税收大检查，共有1479户企业、10116户个体纳税户自查补税178.62万元；地税部门组织142个检查小组，对319户国有企业、381户集体企业、28户事业单位、5824户个体户、40户其他单位进行重点检查，查补地方税收412.65万元。1995—1998年，开展地方税收大检查，纳税人自查补税244.1万元，税务机关重点检查28744户，查出违纪户15464户，查补税款、滞纳金及罚款1775.24万元；清理入库欠税1332.64万元；清理出漏征漏管户795户，补征税款22.3万元。

1995—2005年的每年1—5月份，连续11年在全市范围内开展企业所得税汇算清缴，累计投入地税人员1960人次，先后对6751户次企业进行企业所得税汇算清缴，查补企业所得税4007万元、其他地方各税4372.9万元。1996年和1997年7—9月，对613户制糖、电力、商贸等企业开展企业所得税半年查核，查补企业所得税88.4万元、其他地方各税381.2万元。

1995—1997年，先后清理收费项目2231项，并对3271户营业税纳税人、6396户个体私营税收纳税户、1995户房屋出租户进行专项检查，查补税款737.5万元。1998年，重点抽查农业税收纳税人17576户，查出有问题9080户，查补税款599.1万元。1999—2005年，对23435户印花税纳税户以及房屋租赁税收、交通运输税收、农业税尾欠和土地使用税进行专项检查，查补税款4788.5万元。1999—2005年，连续7年开展固定资产投资项目涉税专项检查，累计检查涉税固定资产投资项目7760项，查补税款、罚款及滞纳金4356.1万元。

1995—2003年的每年一季度，把清理催收屠宰税列为工作重点，组织地税人员、乡村干部和代征人员联合深入村寨清收屠宰税，累计查补屠宰税353.5万元。

1996—2005年，全市地税稽查部门以查假票、假账、假申报为主要内容，实施由收入型转向执法型稽查，累计稽查案件2653件，查补税款、滞纳金及罚款7169.9万元。

1997年开始，每年的第三季度，全面开展高收入行业和高收入者的个人所得税专项检查，累计检查151980人次，查补个人所得税、滞纳金及罚款1621.7万元，个人所得税收入从1994年的86.1万元增加到2005年的7704万元，增长88.6倍，成为仅次于营业税的地方工商主体税种。

三、发票管理

1997年1月起结合新版发票的使用，保山地区地税局对2815户发票用户的120217份发票进行检查，处理违章户49户、发票715份，罚款6150元。1998年对32户交通运输户的2530860份票据进行检查，收缴销毁交通运输票据24850份。1999年对1235户发票用户进行检查，发现有问题189户22913份，处理181户，罚款3.5万元，补税19.6万元。2001年对2096户发票用户进行检查，发现有问题189户5772份，罚款8.1万元，补税53.5万元。2005年对3970户发票用户进行检查，发现有问题45户2095份，处理27户，罚款1.5万元，补税0.94万元。

2003年6月起保山市地税局首先在隆阳区饮食行业开展有奖发票试点，9月起在全市饮食行业全面推行，当期征收饮食业税收444万元，同比增长6%。2003年11月后，加大货物运输业发票管理力度，规范货运发票的开具和使用，规范操作程序和数据传输，全市认定货物运输业自开票纳税人1户、代开票纳税人1237户、代开票税务机关85个。

四、征管改革

1996年，根据国务院办公厅相关文件，对国税、地税两部门的征管业务范围进行调整，地税部门全面接收原国税部门征收的地方税业务，并按照国税系统不征地方税，地税系统不征中央税的原则，理顺两个部门的税收征管业务关系。经地局党组研究，确立分三步进行的征管改革思路，立足“整体规划，分步实施，重点突破，视财力情况逐步到位”的原则，投入150万元，购置40套计算机及网络设备，率先在税收征管户数多，收入任务重的9个分局、11个税务所中设立办税服务厅（室），实行纳税人到征收厅（室）申报缴税，计算机开票核算，在县以下建立“广域网”，在县以上建立“局域网”，全区的税款征收缴库、发票管理、会计数据的传输开始联网运行。税收征管完成由税务人员上门收税到纳税人自觉申报纳税、一人统管的管户制向分类管理的管事制的转变。

五、税务监察

1995年3月，根据云南省地税局《关于印发保山地区地方税务局职能配置、机构设置和人员编制方案的通知》规定，地区地税局成立监察室与人教科合署办公。同时，五县（市）地税局在人教科设立兼职监察干部6名，基层分局设立兼职监察员65名。1996年全系统向社会各界聘请特邀监察员101人。1997年保山市、腾冲县地税局分别成立监察室，其他三县各配备1名专职监察干部。1998年9月，地区地税局监察室人员充实到2人，人教、监察分开办公，同年全系统向社会公布举报电话9部、制作举报箱46个，施甸、龙陵、昌宁三县地税局成立监察室，统一制定《保山地区地方税务局兼职监察员工作暂行规定》。1999年地、县（市）地税局监察室专职监察干部配备至10名，兼职监察干部69名，特邀监察员157名。2001年5月，经云南省地税局征得省纪委、监察厅同意，在各地、州、市、县（区）地税局设置纪检组；同年11月，市地税局向五县（区）地税局派驻纪检组，异地选配纪检组长。2002年5月，云南省地税局党组驻保山市地税局纪律检查组正式设立，按同级副职配备专职纪检组长、党组成员1名，纪检组与监察室合署办公。2003年制订下发《关于对违纪违规及相关人员实行过错责任追究暂行办法》，重点对税收政策、征收管理、财经纪律、税收票证管理及票款入库报解、保密工作、治安安全、人事管理及党风廉政建设等7个方面的执行情况和问题，实行经济责任与行政责任双重过错责任追究。当年对24人进行责任追究，其中：免职4人、经济处罚18人、取消评选优秀先进资格2人。

第十八编　农　业

滇西粮仓——保山坝

综　述

保山市有得天独厚的自然气候条件，广大农村有精耕细作的农耕传统，是云南传统的粮作、糖、茶、咖啡、蔬菜等农副产品主要生产基地之一，农业在全市经济社会发展中历来具有重要地位。

1978—2005年，随着改革开放的不断深入，以农村家庭联产承包责任制为主、统分结合的双层经营体制全面建立和各项惠农政策的落实，农民的生产积极性不断提高，农业劳动生产力不断解放，农业科技成果的推广应用，保山农业和农村经济得到了长足的发展：

种养殖业结构得到优化调整。1978年，农作物总播种面积为363.47万亩，其中：粮豆面积328.64万亩，经济作物面积34.83万亩；粮经作物比例为90.4∶9.6。2005年，总播种面积增加至487.5万亩，其中：粮豆作物面积325万亩，调减3.64万亩；经济作物面积162.5万亩，扩大127.67万亩；粮经作物比例66.7∶33.3，经济作物比例比1978年提高23.7个百分点。内部结构进一步优化。

农业科技支撑能力显著增强。1978年，地、县两级仅有农业科研推广机构6个，科技人员总数不到200人。2005年，全市市、县（区）、乡（镇）三级独立的农业科研推广机构增至289个，在职职工1882人，分别是1978年的48倍和9倍；农业科技对农业生产的贡献率达到52%，提高了37个百分点。

新良种新技术应用硕果累累。主要农作物良种推广实现多次更新换代，杂交玉米和优质啤饲大麦育种工作在云南省处于领先水平。2005年，全市水稻、杂交玉米、双低（低芥酸、低硫苷）油菜、甘蔗良种、无性系优质茶等主要农作物良种覆盖率分别达到92%、85%、95%、86%和31%；主要农作物栽培技术由传统栽培方式向规范化、数据指标化、精确定量化转变；肥料推广由单一肥向科学配方肥转变；植保方面，实现了测报、预报、指导、预防、综防的有机结合。2005年与1978年相比，水稻单产由313千克提高到469千克，玉米单产由178千克提高到306.7千克，油菜单产由21.9千克提高到116.2千克，甘蔗单产由2159.5千克提高到3302千克，茶叶单产由11.6千克提高到40.2千克。28年间，市级农业科研推广单位共获得市（厅）级以上农业科技推广（进步）奖183项，其中：农业部奖14项，省政府奖32项，省农业厅奖63项，保山市政府将74项。

主要农产品产量大幅度增加。2005年，粮食产量由1978年的59.13万吨增加至92.91万吨，增加33.78万吨；油料作物产量由0.21万吨增加至3.34万吨，增加3.13万吨；水产品产量由0.018万吨增加至1.69万吨，增长93倍；甘蔗产量由20.87万吨增加至166.14万吨，增长7倍；茶叶产量由0.3万吨增加至1.39万吨，增长3.6倍；水果、蔬菜等农产品，从农户在自留地和房前屋后零星种植自食，发展到2005年产量分别达6.02万吨、32.45万吨，部分产品远销昆明、成都、拉萨等地。蔗糖、蔬菜、茶叶、咖啡等特色农产品大量销往国际国内市场，为农业结构调整农民增收起到了极大的促进作用。

农村经济快速协调发展，人民生活水平显著提高。1978年保山农村经济总收入为33794万元，2005年达到656654万元，净增622860万元，年均递增11.6%。1978年以前，农村经济以种植、养殖业为主。改革开放后，实施多种经营、全面发展的指导方针，农村三元经济结构得到快速、协调发展。2005年，全市农村经济一、二、三产业收入分别为415440万元、144501万元、96709万元，比例为63.3∶22.0∶14.7。2005年与1978年相比，全市农民人均纯收入由124元提高到1879元，全市人均占有粮食（含种子、饲料）由323千克提高到383千克，人均占有油料产量由1.2千克提高到13.8千克，人均占有水产品量由0.1千克提高到7千克。农产品生产和消费，逐步由高产向高产优质转变，吃饱向吃好安全转变。主粮中的稻米、玉米、麦类三分之二以上达到优质化，油菜籽生产基本实现“双低”化，主要农产品生产正向标准化、无公害方向迈进。全市已有27个企业、45个农产品获得国家绿色食品发展中心“三品”认证，认定基地面积38.27万亩，产品产量2.02万吨。

农业和农村经济健康持续的发展，为全市经济、社会科学发展奠定了坚实基础。

第一章 机构沿革

第一节 行政机构

1978年12月，保山地区农业局革命委员会撤销，成立保山地区农业局，同时撤销生产科，增设科教、粮作、经作3个科。1981年增设畜牧科。1983年10月，保山地区社队企业局归并农业局，成立行署农牧业局。1984年1月，社队企业管理职能从农业局析出，恢复地区社队企业局建制。1995年，保山地区经委管理的农机化业务及所属事业单位、行署农办管理的茶叶产业行政管理业务划归农牧业局，并加挂保山地区茶叶产业办公室牌子。

1996年4月，地区畜牧局成立，农牧局改设为地区农业局。2001年9月，畜牧局并入农业局，成立保山市农牧业局。2002年12月，市水利局管理的水产业务及所属事业单位划归农牧业局，市农牧局更名为保山市农牧渔业局。2004年7月，畜牧业管理职能从农牧渔业局划出后，恢复设立保山市农业局。

至2005年，保山市农业局核定总编制35人，在职职工30人。内设办公室、组织人事、科教法规、计划财务审计、种植业管理、农业机械化管理、水产、市场与经济信息、农村劳动力管理9个科室。核定处级领导职数5人（局长1人、副局长3人、纪检组长1人），科级领导职数12人。

第二节　科研推广机构

一、保山市农业科学研究所

1964年，在保山专署农林科农技组的基础上组建成立保山地区农业科学研究所。实有职工46人。20世纪70年代起，开展以水稻、小麦、玉米为主的良种选育、土肥、植保等科研推广工作。20世纪90年代起，全所在职职工保持在56至60人之间，内设七组、四室、三点、一基地，形成了稳定的科研、推广、咨询服务体系。1999年地区良种场撤销后，人员、土地和资产全部划归保山地区农科所。2002年，农业技术综合服务中心及其人员归入农科所，对外挂保山市农业科学研究所、保山市农业技术综合推广中心两块牌子，主要职能职责不变。至2005年，编制数62人，实有56人。内设水稻、玉米、麦类、油菜豆类、蔬菜、马铃薯魔芋、植保7个研究推广室和1个综合办公室。1978—2005年，先后获市（厅）级以上科技成果奖89项，其中省部级科技成果奖24项：农业部丰收一等奖1项、二等奖5项、三等奖1项，省政府科技进步二等奖2项、三等奖15项。

二、保山市甘蔗科学研究所

1978年12月，保山地区甘蔗科学研究所成立，属财政全额拨款正科级事业单位，人员编制20人，隶属保山地区农业局，所址在隆阳区潞江镇芒旦行政村，有科研生产用地50亩。负责甘蔗新品种的选育（以引为主）及试验、示范、推广；甘蔗吨糖田高产栽培技术、旱地高产栽培技术、间套种技术及其他甘蔗新技术的试验示范推广。至2005年，先后从省内外引进甘蔗新良种和新材料650多个，从中筛选出100多个品种供大面积推广应用，1997年被列为“九五”第一批国家级糖料基地甘蔗良种繁育基地。先后获得农业部科技成果一等奖1项、省政府科技成果二等奖2项、市（厅）级科技成果奖6项。2005年年末，全所有在职人员18人。

三、保山市土壤肥料工作站

1981年，保山地区土壤肥料工作站成立，隶属保山地区农业局，属财政全额拨款的正科级事业单位。负责实施土壤普查、土壤改良培肥技术研究、科学施肥技术研究和推广、肥料的登记管理及监督检测、中低产田地改造和基本农田保护等工作。1988年，并入保山地区农业技术综合服务中心。2002年，从中心分出设立保山市土壤肥料工作站，实有职工11人。至2005年，共有13项成果获市（厅）级以上表彰。年末，基本情况无变化。

四、保山市植保植检站

1981年8月，成立保山地区植保植检站，属地区农业局下属的财政全额拨款正科级事业单位，负责农业植物病虫监测和防治、农业植物检疫、农药监督管理。1988年，并入农业技术综合服务中心。2002年从中心分出，设立保山市植保植检站，加挂保山市农药监督管理所牌子，核定编制11名。2005年有职工10人。其间共有17项科技成果获得市（厅）级以上表彰奖励。

五、保山市水产工作站

保山地区水产工作站，成立于1975年9月，位于九龙路春晓巷6号。属财政全额拨款正科级事业单位，隶属保山地区水利局，负责渔业资源保护与利用，渔政管理，渔业新品种、新技术的引进、试验、示范、推广，对外渔业技术合作与交流。2002年12月，划归保山市农业局管理，编制23人，实有职工16人。挂保山市渔政管理站和保山市水产技术推广站两块牌子。至2005年，共获得市（厅）级以上科技成果奖10项。年末，基本情况无变化。

六、保山市农业机械化技术推广站

保山市农业机械化技术推广站前身为保山地区农业机械研究所，于1978年2月成立。属财政全额拨款的正科级事业单位。先后隶属保山地区农机局、保山行署工交局、保山行署经贸委、保山市农业局。负责指导、协调全市农机科研，农机化新技术、新机具的引进、试验、示范、推广和技术培训等工作。1997年挂保山地区农业机械研究所和保山地区农业机械化技术推广站两块牌子，核定编制29人。至2005年年末，实有职工20人，共有25项成果获得市（厅）级以上表彰。

七、保山市茶树良种场

1986年，成立保山地区茶树良种场，属事业定额补贴单位，场址在板桥镇西河村。主要开展茶树新良种的引进繁育和推广，茶叶生产、加工、销售等。基地共有土地272.6亩，其中：10亩为征用，建有办公、生活、加工用房；262.6亩茶叶基地土地为向西河村租用。至2005年年底基本情况无变化。

八、保山市农业环境保护监测站

1987年，成立保山地区农村能源建设农业环境保护监测站，隶属于保山地区农业局，属财政全额拨款的正科级事业单位。1988年与保山地区农业技术综合服务中心合署办公。2002年析出，成立保山市农业环境保护监测站，编制14人，实有14人。2004年10月，加挂保山市农产品质量安全中心牌子。至2005年，所主持实施的《无公害茶叶生产技术示范推广》《保山市34.9万亩农产品基地环境质量检测评价》分别获云南省农业厅农业科技推广二等、三等奖；《保山市53万亩农田环境监测评价及应用》获保山市政府科技进步三等奖。年末，基本情况无变化。

九、保山市农业技术综合服务中心

1988年，将地区土肥站、植保站、茶桑站、农环站等4站合并成立保山地区农业技术综合服务中心，实行一套人员五块牌子。2002年，4站分离，中心牌子和相关业务工作全部划归保山市农业科学研究所。

十、保山市经济作物技术推广工作站

2002年10月，由市茶叶蚕桑工作站（1981年成立）和市果树蔬菜工作站（1990年成立）合并成立保山市经济作物技术推广工作站。隶属于保山市农业局，为财政全额拨款的正科级事业单位，核定编制19人。负责经济作物新品种、新技术的引进、试验、示范、推广，制定生产技术规范、生产综合标准，开展实用技术培训。至2005年年末，有职工18人，共13项成果获得市、厅级以上科技成果奖。

十一、保山市良种繁殖场

1953年由保山县农场转为地区农场，1963年更名为保山地区良种繁殖场，场址在板桥镇乌龙村，有耕地88亩，果园4亩，茶地2亩，属事业差额拨款单位，主要从事粮食作物良种繁育。1999年，撤销良种繁殖场，其土地、财产及全部人员划归保山地区农业科学研究所。

第三节　管理机构

一、保山市种子管理站

1978年12月，成立保山地区种子公司，为保山地区农业局下属的财政全额拨款的集行政、技术、经营三位一体的正科级事业单位。1989年12月加挂保山地区种子管理站牌子。种业改革后，实行政企分离，撤销种子公司，更名为保山市种子管理站，同时加挂保山市种子质量检测中心牌子；核定编制17人，实有职工15人；负责全市品种审定、种质资源保护、品种管理、质量管理、证件管理、市场监管、良种推广、种子储备、纠纷处理、信息统计和种子业务服务。1978—2005年间共获得了市、厅级以上科技成果奖17项。

二、保山市农村经营管理站

保山市农村经营管理站前身农村会计辅导队成立于1956年1月，为财政全额拨款的正科级事业单位，站址位于太保南路102号。1984年前，曾先后归属过原保山地区财政局和地委农村工作部管理，之后划归市农业局管理。负责农村土地承包合同、农民负担监督、农村集体财务和资产管理，农业产业化经营、农民专业合作社经济组织、农业社会化服务体系建设指导，农村经济业务培训、调查、统计、监测、审计等工作。1984—2005年，共有8项管理成果获得省农业厅的表彰奖励。2005年年末，有职工10人。

三、保山市农业机械安全监理所

前身为1979年成立的保山地区农业机械安全监理站，为正科级全额拨款的事业单位，隶属保山行署农业机械管理局。1984年机构改革后，隶属保山行署工交局，更名为保山地区农业机械安全监理所；1986年改隶保山行署经委；1995年划归农业局管理。负责农业机械及驾驶操作人员的安全监管，农业机械安全的技术检验、注册登记、牌证核发，农机事故统计分析、农机重特大事故的处理和责任认定，农机安全检查，农业机械监理规费的收缴监管等。2005年，有职工8人。

第四节　农业教育机构

一、保山农业学校

保山农业学校前身为保山地区农校，始建于1965年7月，1970年3月撤销；1975年12月恢复，为国家统一招生的中等专业学校。校址几经变迁，1976年搬至保山县板桥镇乌龙村保山地区良种场场址办学，占地22亩。1978年3月后，先后设立农学、畜牧兽医、林学、园艺、农机5个教学专业，还分期分批开办过基层干部培训班；1995年，西南林学院保山函授辅导站在该校设立；1998年，学校申报获得国家公务员专业技术人员计算机培训站资质；2002年，云南农业大学保山函授站在该校挂牌成立；1996年，新招五个专业、新生200人，在校生总人数达700人，为历史新高。随后逐年下滑，至2003年，仅招一个专业（含代龙陵县培养职高生）。2003年8月，保山市市直教育教学资源整合，撤销该校，将学校资产、教学职能、70余名教职工并入保山中等专业学校。保山农业学校自恢复办学至撤销，共为保山、怒江等州市培养农业科技人员和基层干部3000多人。

二、保山市农业广播电视学校

1981年，由保山地区科委组建保山地区农业广播电视学校，属于农业成人中等专业技术学校。1984年划归地区农业局管理。1985年正式成立中央农业广播电视学校地级保山分校，由行署分管农业的副专员兼任校长，在农业局设立地区农广校教导处，作为农业局的二级单位。1987年更名为农业广播电视学校。2003年8月教育体制改革，合并到保山中专学校。通过远程教学手段，采用脱产、函授、自学灵活多样的办学形式，为保山基层干部、农村知识青年进行系统的农业技术理论和专业知识的教育和培训。自办学起至2003年，累计毕业大专生、中专生5000余人，开展“绿证工程”和农民技术培训60000余人，职业技能鉴定培训3000余人。2003年有注册在校生1000余人。

三、保山市农机职业技术学校

其前身为1974年成立的保山地区农机培训站，地址在保山县辛街乡三条沟，1994年迁至保山城北关。由行署教育局和经委双重领导，1995年后划归行署农业局管理，为财政全额拨款中等农机化成人学校，教师享受中学教师待遇。以培训农机驾驶及修理技术人员为主，先后招收农机修理、机电、农业机械等专业的全日制中专班，1996—1999年对职高生实行“双证书”（毕业证、职业资格证书）制度，1999年与云南农业大学联合开办农业机械专业函授专科班。2003年，保山市教育体制改革，学校撤销，资产、教学职能、教职工19人一并划归保山中等专业学校。该校自建校至撤销，共培养、培训农业机械管理、修理、驾驶（含小汽车）及各种技能人员1.18万余人。

第二章　土地耕作

第一节　土壤类别

根据土壤普查结果显示，保山市有2635.9万亩土地、355.16万亩耕地。全市土壤类别按照土类、亚类、土属、土种四级分类制，可分为亚高山草甸土、暗棕壤、棕壤、水稻土等13个土类、28个亚类、69个土属、254个土种。以土类计，分别有：

亚高山草甸土 面积13.23万亩，占全市土地总面积(下同)0.5%，分布在海拔3000米以上的区域，分为亚高山灌丛草甸土亚类，山地灰黑色土土属。

暗棕壤 面积5.65万亩，占0.21%，分布在海拔3000米以上的区域，分为暗棕壤亚类，花岗岩暗棕壤土属。

棕壤 面积147.73万亩，占5.61%，分布在海拔2600～3200米区域，分为棕壤亚类，花岗岩棕壤、安山岩棕壤、砂页岩棕壤土属。

黄棕壤 面积253.36万亩，占9.61%，其中耕地面积6.08万亩，占355.16万亩耕地面积(下同)的1.71%，分布在海拔2200～2700米的中山区域，分为黄棕壤、粗骨性黄棕壤两个亚类，砂页岩黄棕壤、花岗岩黄棕壤、石灰岩黄棕壤、砾岩黄棕壤、片岩黄棕壤、安山岩黄棕壤、砂页岩粗骨性黄棕壤7个土属。

黄壤 面积510.15万亩，占19.35%，其中耕地面积45.18万亩，占12.72%，分布在海拔1800～2700米的山区，分为黄壤、粗骨性黄壤两个亚类，玄武岩黄壤、花岗岩黄壤、石灰岩黄壤、砂页岩黄壤、片岩黄壤、安山岩黄壤、砂页岩粗骨性黄壤、片岩粗骨性黄壤8个土属。

红壤 面积1024.15万亩，占38.86%，其中耕地面积98.79万亩，占27.82%，分布在海拔1000～2300米的中山山地和平坝周围，分为石灰岩红壤、砂页岩红壤、石灰岩黄红壤、砂页岩黄红壤、花岗岩棕红壤等19个土属。

赤红壤 面积169.05万亩，占6.41%，其中耕地面积13.18万亩，占3.71%，分布在海拔1000米以下的河谷地带，分为赤红壤、黄色赤红壤、粗骨性赤红壤3个亚类，砂页岩赤红壤、石灰岩赤红壤、片岩赤红壤、砂页岩黄色赤红壤等6个土属。

燥红土 面积144.2万亩，占5.47%，其中耕地面积10.38万亩，占2.92%，分布在怒江沿岸和勐菠萝河沿岸海拔1300米以下的燥热河谷地带，分为燥红土、石灰性燥红土2个亚类，冲积性燥红和红褐色土2个土属。

石灰岩土 面积76.51万亩，占2.9%，其中耕地面积6.76万亩，占1.9%，分布在石灰岩地区的幼年土壤，分为黑色石灰岩土、红色石灰岩土、黄色石灰岩土3个亚类，黑泡土、红泡土、棕泡土、黄泡土4个土属。

紫色土 面积118.77万亩，占4.51%，其中耕地面积13.84万亩，占3.9%，分布在紫色岩地区，集中分布在昌宁县珠街乡和耈街乡，隆阳区、施甸县和龙陵县也有零星分布，分为酸性紫色土、中性紫色土2个亚类，紫泥土、紫砂土和暗紫泥土3个土属。

冲积土 面积2.94万亩，占0.11%，其中耕地面积2.19万亩，占0.62%，分布在河流沿岸的冲积台地或河漫滩上，分为灰色冲积土和黄色冲积土2个亚类，扇象冲积土、河阶冲积土、河滩冲积土3个土属。

火山灰土 面积13.64万亩，占0.52%，其中耕地面积2.24万亩，占0.63%，集中分布在腾冲县中部火山熔岩地区，分为火山灰土1个亚类，火山灰土1个土属。

水稻土　面积156.53万亩，占5.94%，占耕地面积44.07%，分布在五县（区）海拔2100米以下地区，分为淹育型水稻土、潴育型水稻土、潜育型水稻土3个亚类，红壤性水稻土、紫色性水稻土、冲积性水稻土、湖积性水稻土等10个土属。

第二节　耕地面积

1978—2005年，保山耕地面积总体稳定，略有增加。但随着人口的增加，人均占有耕地面积明显减少，人口与资源的矛盾进一步显现。

一、耕地资源与利用

1978年，保山地区耕地资源面积为228.33万亩，其中：常用耕地面积205.57万亩，临时性耕地面积22.76万亩。常耕地中，水田面积103.6万亩，旱地面积102万亩。2005年，全市耕地资源236.22万亩，比1978年增加7.98万亩，其中：常耕地225.58万亩，比1978年增加20.01万亩；临时性用地10.64万亩，比1978年减少12.12万亩。常耕地中，水田面积103.65万亩，保持稳定；旱地面积121.92万亩，比1978年增加19.92万亩。1999—2004年，全市因各种建设占用共减少耕地14.43万亩。

二、人口与耕地

1978年，保山地区户籍人口182.84万人，人均占有耕地资源量1.25亩，人均利用耕地面积1.12亩。到2005年，全市总人口增至242.49万人，人均占有耕地资源量降至0.97亩，减少0.28亩，减22.4%；人均可使用耕地面积仅为0.93亩，减少0.19亩，减17%。人均资源量、可使用量均明显减少，人口与耕地资源的矛盾十分突出。

第三节　农田建设

1978年，保山地区耕地总面积中，年均生产粮食400千克以下的中低产田地186万亩，占81.5%。中低产田地改造成为农田建设工作的重点。其间，通过采取工程措施（农田水利、道路、土地平整建设），客土改良措施（黏土掺砂土、砂土掺泥土、瘦土掺肥土、薄地加土层），生物培肥防护措施（种植绿肥、防护林植造）等综合建设，山、水、田、林、路综合治理，不断改善农田生产条件，提高综合生产能力。

20世纪80年代，主要结合商品粮基地、以工代赈、以粮代赈等项目开展高稳产农田建设，到1990年，全区共建成年亩产量在400千克以上农田地面积52.22万亩，占总耕地面积的22.1%。全区粮食平均单产217千克，比1978年提高36.5千克。

20世纪90年代，地区、县农业部门专门组建农田建设办公室，制定规划和方案，再次掀起农田建设高潮，到2000年，累计建设面积171.6万亩。共完成基本农田配套工程1.61万件，其中：沟渠8902条1.82万千米；小库塘2286个，蓄水196.87万立方米；田间机耕道路5432条1.35万千米；客土改良瘦薄田地9.39万亩；田地园林化植树19.1万株，营造农田防护林9.4万亩；累计种植绿肥30多万亩次，年均3万亩左右。全区粮食平均单产提高到268千克，比1990年增加51千克。随着农业生产条件的不断改善，农田地农作物复种指数由1990年的162.6%提高到2000年的197.8%。

进入21世纪后，保山市农田建设转入依托涉农部门（农业、水利、农开办、烟草、发改、国土）项目重点建设阶段，实行集中连片规划，高标准、高质量建设，为保山现代农业建设打牢基础。

第三章　农作物生产

第一节　粮食作物生产

保山是云南省的重点粮食产区之一，农业生产以“精耕细作”闻名，素有“滇西粮仓”美誉。在“八五”和“九五”期间，隆阳区、腾冲县、施甸县先后被列为国家商品粮基地县，隆阳区还被列为全国500个粮棉大县之一。1978—2005年，是保山市粮食生产稳定快速发展的时期。年粮食播种面积由328.63万亩减为324.97万亩；粮食总产量由59.13万吨增加到92.91万吨，增加33.78万吨，年均递增1.7%；全年粮食平均单产由179.9千克提高到285.9千克，提高106千克，年均递增1.73%；农民人均生产粮食由341千克提高到429千克（居全省第一位），提高88千克。市内粮食生产分为夏粮（传统称小春）、秋粮（传统称大春），夏粮以麦类、豆类、薯类为主，秋粮以稻谷、玉米为主。

主要年份保山市粮食生产情况统计表

表18-1　　单位：万亩、千克、万吨

年度	全年粮豆			夏收粮豆			秋收粮豆			农业人口人均产粮
	面积	单产	总产	面积	单产	总产	面积	单产	总产	
1978	328.63	179.9	59.13	107.86	71.7	7.74	220.77	232.8	51.39	341
1980	318.61	205.6	65.51	107.41	112.1	12.04	211.2	253.2	53.47	375
1985	313.1	208.8	65.37	104.8	79.1	8.29	208.3	274	57.07	353
1990	339.64	217.2	71.58	122.66	120.5	14.77	206.98	274.5	56.81	370
1995	334.2	233.3	77.97	134.77	129.9	17.52	199.43	313.1	62.45	377
2000	341.7	268.2	91.65	136.1	161.8	22.03	205.6	338.6	69.62	434
2005	324.97	285.9	92.91	119.58	162.2	19.40	205.39	357.9	73.51	429

一、稻谷

稻谷是保山的第一大粮食作物，也是保山居民消费的主要口粮。境内所种植的稻谷按类别分为水稻和陆稻，按类型分为籼稻和粳稻，水稻按植期又分为早、中、晚稻。

1978年，全区陆稻种植面积2.5万亩。陆稻传统上以新垦烧荒种植为主，20世纪80年代，由于粮食相对偏紧，在常用旱地上推广种植陆稻，面积迅速扩大，到1984年陆稻总面积达7.97万亩，为历史最高年。随后逐年下降，至2005年，仅在局部区域还有零星分布。

水稻是保山稳定粮食生产大局的重点作物。由于种植业结构的调整，各类稻作区的水稻栽种面积都有不同程度的调减。低海拔籼稻区：此区域由于热量条件好，一年可种早、晚两季稻，20世纪70年代末80年代初，早、晚稻面积各达4万余亩；90年代初，杂交籼稻大面积示范推广，为利用其再生萌发优势，全市又大力示范推广再生稻，90年代中期年推广面积达5万多亩；随后，此区域大力发展香料烟，由于茬口节令上的矛盾，早、晚稻面积大幅减少，到2005年，全市早、晚稻面积仅各为1.6万亩左右，再生稻已不再蓄留。中海拔平原粳稻区：此类区域共调出稻田10万亩左右用于发展烤烟。高海拔高原粳稻区：此区域因光、温条件相对较差，常年水稻产量低而不稳，随着杂交玉米优良品种的普及推广，从20世纪90年代中后期开始，积极开展水改旱种植杂交玉米的耕作制度改革，至2005年，全市已完成3万亩低产稻田耕作制度改革。

1978—2005年，全市稻谷种植面积有所调减，但新良种、新技术的应用推广，稻谷单产、总产仍然大幅度的提高。播种面积由110.66万亩减为89.91万亩，减少20.75万亩，占全年粮食总播面积的比例由33.7%降为27.7%，下降6个百分点；平均单产由313.1千克提高到469.3千克，年均提高5.8千克；总产量由34.65万吨增加到42.2万吨，增长21.8%，占全年粮食总产量的比例由58.6%降为54.4%，下降4.2个百分点，但仍然在全市粮食生产中占有举足轻重的地位。

二、玉米

玉米是保山的第二大粮食作物，是山区群众的主要口粮之一，也是发展畜牧业的第一大饲料来源。从种植节令上分为冬玉米和夏玉米。

冬玉米的推广始于20世纪90年代，随着杂交玉米的普及推广，为利用其生育期相对较短的特点，并充分发挥保山低热河谷地区（海拔1200米以下）冬春光热条件较好的优势形成的一项栽培制度，一般于上年11月左右播种，次年5月左右收获。20世纪90年代中后期，全区推广面积达7万余亩，后由于此区域大力发展香料烟，种植面积逐步下滑，至2005年，全市种植冬玉米3.6万亩。

夏玉米是保山的传统栽培制度，一般4—5月播种，9—10月收获。随着耕作制度的改革和水改旱种植杂交玉米及规范化条栽、育苗定向移栽、地膜覆盖栽培等适用新技术的推广，实现了全市夏玉米播种面积、单产、总产全面增加。

1978—2005年，全市玉米播种面积由76.92万亩扩大到92.32万亩，扩大15.4万亩，首次超过稻谷面积2.41万亩，占全年粮食播种面积的比例由23.4%提高到28.4%，提高了4

个百分点；平均单产由178千克提高到306.7千克，提高128.7千克，年均提高4.8千克；总产量由13.69万吨增加到28.31万吨，增产14.62万吨，增长106.8%，占全年粮食总产量的比例由23.2%提高到30.5%，提高7.3个百分点。

三、麦类

麦类是保山的第三大粮食作物，是保山主要的粮饲兼用作物。麦类分为小麦和大麦，保山传统上以小麦种植为主，大麦只为零星种植。20世纪90年代以后，随着优质啤饲大麦良种的选育推广，优质大麦快速发展，小麦种植面积大幅度减少。

小麦 是保山市传统上的夏粮骨干作物。1978年，全区小麦种植面积为66.01万亩，占小春总播种面积的61.2%；小麦总产量为4.86万吨，占小春粮豆产量的62.8%，但单产很低，仅为73.6千克。随后的27年间，保山小麦生产有起有落，最终呈下滑趋势，1980年种植面积达第一次高峰，为71.92万亩。后因保山当时的主推品种大面积暴发条锈病，产量损失严重，种植效益较差，种植面积连续7年下滑，至1987年降为51.47万亩。20世纪80年代后期，保山新一代小麦抗病新品种的更替推广。1996年，省政府批复保山建设20万亩优质小麦基地项目。至1998年，全区小麦种植面积增至80.88万亩，比1987年增加29.41万亩。此后，随着保山优质啤饲大麦示范推广取得较好的综合效益，全市开展规模化发展优质啤饲大麦，逐步调减小麦种植面积，至2005年，全市小麦种植面积由1978年的66.01万亩降至36.99万亩，占小春总播面积的比例由61.2%降为20.8%；总产由4.86万吨增加到6.73万吨，增长38.5%，占小春粮豆产量的比例由62.8%降为34.7%；平均单产由73.6千克提高到182千克，增长147.3%。

大麦 由于大麦的产量低，口感较差，保山历史上多为零星种植，部分间作于豆类作物中，没有形成骨干作物。至1978年全区种植面积仅4万亩左右。20世纪80年代末90年代初，科研推广部门从国内外引进大量的大麦新品种材料进行选育种，经过多年的试验、示范，成功选育出一批适宜于保山推广的优质啤饲大麦新品种，在生产上表现出了比小麦抗病性好、产量高、作饲料品质好、生育期短，可有效解决大小春两季节令矛盾等优点。全区加快推广步伐，实施规模化种植。1996年，省政府批复保山建设20万亩优质啤饲大麦基地项目。保山优质啤饲大麦快速发展，对全省起到很好的辐射带动作用，省政府将其列为全省“十五”农业重点推广措施之一，保山农科所被确定为全省大麦育种协作攻关课题的牵头单位。至2005年，全市大麦推广面积达30.77万亩，实现总产6.21万吨，平均单产201.7千克，比当年全市小麦平均单产高19.7千克，高出10.8%。

四、豆类

保山豆类品种较多，有蚕豆、豌豆、大豆、豇豆、绿豆、饭豆、无筋豆、四季豆等，种植上以蚕豆、豌豆为主。至2005年，全市各种豆类面积由1978年的15.28万亩扩大到43.53万亩，增加28.24万亩；总产量由1978年的1.64万吨增加到2.67万吨，增加1.03万吨。

蚕豆 为粮、菜兼用作物。稻田、旱地均有种植，20世纪90年代保山暴发斑潜蝇危害后，以旱地种植为主，约占70%。种植节令为冬种夏收，90年代后开始发展青蚕豆，作为蔬菜鲜食，节令提早为秋种春收，2005年青蚕豆种植面积增至3.8万亩。绿心蚕豆为保山地方品种，因加工后特别酥脆香甜，深受消费者青睐，“透心绿蚕豆”已成为航空专用食品，2005年种植面积4.8万亩，产量约0.6万吨。随着青蚕豆、绿蚕豆的发展，面积由1978年的12万亩扩大到2005年的15.3万亩，总产(以干豆计)由1.23万吨增加到1.52万吨。平均单产由于以旱地种植为主后，则由104.5千克降为99.5千克。

豌豆　保山豌豆多种植于旱地，单产较低，一般只有70千克左右，20世纪90年代后期，随着高产优质大麦向旱地推广，豌豆种植面积逐步减少，至2005年，全市面积14.5万亩，比最高的1985年减少6.2万亩，其中青豌豆面积达6.5万亩。

其他豆类　均为零星种植或在旱地其他作物间进行套种。进入21世纪后，在低热河谷地区冬季农业开发中发展起来的无筋豆、四季豆，成为农民增收的一大亮点，一般头年10月播种，翌年2月收获鲜豆上市，一般亩产值在6000元左右，高的可达万元，2005年全市面积已发展到1万多亩。

五、薯类

保山薯类种类较多、种植较广，有红薯、马铃薯、芋头、芭蕉芋、魔芋、木薯等，主要作为蔬菜或饲料使用，除马铃薯、红薯大面积种植外，其他均为零星种植。至2005年，全市各种薯类面积由1978年的8.4万亩扩大到24.2万亩，增加15.8万亩；总产量由1978年的1.13万吨增加到4.5万吨，增加3.37万吨；平均单产由1978年的134.5千克提高到183.7千克，增加49.2千克。

马铃薯　俗称洋芋，从种植节令分为秋马铃薯(春天上市)、冬马铃薯(夏天上市)、春马铃薯(夏末秋初上市)；从种植地块分稻田马铃薯、旱地马铃薯。产品均作为蔬菜食用，保山最具优势的为冬马铃薯，产品大量销往国内多个城市。为加快马铃薯产业发展，全市加大新品种引育繁殖力度，建立万亩良繁基地，大力示范推广中甸红、会－4、合作88等高产、抗病、优质良种，加快全市马铃薯产业的发展。2005年与1978年相比，种植面积由5.5万亩扩大到15.1万亩，增加9.6万亩；总产(折原粮，均按同等口径4折1比较)由0.49万吨增加到2.69万吨，增长5.1倍；平均单产由88.5千克增加到178.2千克，增长101%。

红薯　俗称山药，种植区域较广，凡温暖地区均有种植，种植面积也较大，但多在旱地作物中间套种，独立净种的很少，产品既为食用，也作饲料。

木薯　进入21世纪后，木薯由康丰糖业公司引种开发种植，并改造建设了木薯加工酒精设施，但木薯种植发展较慢，每年仅种0.5万亩左右，多数种植在境外的缅甸，至2005年，市内仅龙陵县种植0.2万亩左右。

六、其他

保山其他粮食作物种类还很多，主要有荞、高粱、粟米、红米等，但多为零星种植或间(套)种在旱地其他作物中，有一定面积净种的仅为苦荞，种植区域主要分布在高寒冷凉地区，以腾冲县明光乡最为集中，全市种植总面积约2.5万亩，平均单产在200千克左右，折原粮后仅100千克左右。

第二节　经济作物生产

一、甘蔗

甘蔗是保山热区的骨干经济作物。20世纪90年代以前，保山蔗糖产业一直位居全省前列，保山还是全国三大优势糖料产区之一，即：滇西南优势蔗区。昌宁县、保山市、龙陵县先后被列为国家糖料基地县，区甘科所被列为第一批国家级甘蔗良种繁育基地给予扶持建设。1978—2005年，保山市狠抓蔗区基础设施建设，甘蔗新品种选育及示范推广，甘蔗综合配套技术普及应用和吨糖田、高优蔗园建设，全市甘蔗生产得到稳定、快速发展。至2005年，全市甘蔗面积由1978年的9.69万亩扩大到50.32万亩，增加40.63万亩，增长4.2倍；甘蔗总产量由20.88万吨增加到166.14万吨，增加145.26万吨，增长7倍；甘蔗平均单产由2155千克提高到3302千克，增加1147千克，增长53.2%。甘蔗成为保山种植面积最大的经济作物和热区农民最主要的经济来源。

二、茶叶

茶叶是保山市种植历史较为悠久的经济作物，又是保山市山区、半山区农民的主要经济来源。市内现存树龄百年以上的古茶树群有多处分布；全市72个乡（镇）均有茶叶种植，涉茶人口80多万人，是保山覆盖地域最广、人口最多的一项经济作物，其中重点茶区有25个乡（镇）。保山还是云南省的重点茶区和普洱茶原产地之一，20世纪80年代，昌宁、腾冲、龙陵三县就被列为全国首批优质茶基地县和国家出口红茶基地县。茶树品种以云南大叶种为主，21世纪后开始引入高山乌龙茶、龙井茶等小叶品种试种开发。20世纪90年代以前以扩大面积为主，以速生丰产园建设为重点；90年代后以改造、提升并重，按照规模、良种化、规范化要求，大力推广无性系优质良种。21世纪后以提质增效为重点，狠抓高优茶园建设。2001年，腾冲、龙陵、昌宁、隆阳四县（区）分别被列为全省无公害茶示范县。1978—2005年，全市茶园面积由26.3万亩发展到34.64万亩，增加8.34万亩；茶叶总产量由3044吨增加到1.39万吨，增加10836吨；茶叶单产由11.6千克提高到40.2千克，增加28.6千克。

三、油料

保山油料作物资源十分丰富，草本油料有油菜、花生、向日葵、芝麻、红花、小葵籽、油莎豆等作物，但90%以上为油菜，其次为花生，其他均为零星种植。

油菜为小春作物，即冬种夏收。种植品种历史上以芥菜型为主，20世纪70年代从湖北引入白菜型，即浠水白油菜；80年代开始引育示范甘蓝型油菜新品种，并在腾冲建立油菜良种繁育基地，甘蓝型油菜品种不断扩大，已占到总面积的95%以上。随着国内油菜品种选育的不断进步和居民对食用油质量安全的新要求，油菜品种又逐步由高芥酸型向“双低”（低芥酸、低硫苷）优质油菜品种转换，基本实现了“双低”油菜良种化。进入21世纪，保山开始引育示范产量更高、质量更优的杂交油菜新品种，杂交油菜良种种植比例已达20%

以上，并不断快速发展。油菜种植区域较广，80%以上的乡（镇）均有种植，种植面积和总产量名列全省第二位，尤以腾冲县种植面积最大，占全市60%以上，为全省第二大油料生产县。到2005年，油菜栽培技术由传统的直播向育苗移栽转换，全市育苗移栽面积占总面积的40%以上；耕作由犁耙栽培向免耕、半免耕转换，推广面积占总面积的20%以上。

1978—2005年，全市油料播种面积由9.21万亩（油菜7.82万亩）扩大到28.58万亩（油菜27.46万亩，占总面积的96.1%），增加19.37万亩（油菜增加19.64万亩）；总产量由213.4万千克（油菜168.2万千克）增加到3339万千克（油菜3192万千克，占总产量的95.6%），增加3125.6万千克（油菜增加3023.8万千克）；平均单产由21.2千克提高到116.8千克，（油菜由21.5千克提高到116.3千克），增加95.6千克。

四、蚕桑

保山地处“南方丝绸之路”要冲，所产“永昌丝”曾名扬中外，种桑养蚕已有2000多年的历史。1969年种桑面积达1.6万亩，到1978年降为0.5万亩，产茧14.91万千克，亩桑产茧仅29.8千克。随后，由于保山丝绸厂关闭，蚕茧价格低迷，生产继续下滑，至2000年，桑园面积降至0.11万亩，产茧降至2.61万千克。2001年，引入浙江海宁丝绸集团公司在保山建设蚕桑基地，同时建立蚕种厂和丝绸加工厂，保山蚕桑产业快速恢复发展。保山市委、市人民政府规划全市发展蚕桑面积30万亩，将蚕桑作为重点培植产业之一。海宁集团公司通过整合改制，组建保山利根丝绸公司，并建成全省最大的蚕丝加工厂，利根公司成为保山境内唯一的国家级农业产业化龙头企业。隆阳区和昌宁县被列为全省蚕桑核心基地县，施甸被列为全省重点蚕茧基地县。至2005年，全市桑园面积发展到5.41万亩，是1978年的10.8倍；产茧量达84.81万千克，为1978年的5.7倍。

五、蔬菜

蔬菜是保山传统的种植作物，种植历史悠久，种类较多，品种丰富。以菜类分：有叶菜类、瓜果类、块根块茎类、茄果类、蒜类、豆类、菌类；以种植地类分：有陆地蔬菜、水生蔬菜（莲藕、慈姑、水芋）；以种植季节分：有夏秋传统正季菜、冬春反季菜；以栽培方式分：有露地栽培、地膜覆盖和塑料大棚设施保护栽培；从生态环境分：有人工栽培、野生蔬菜（松茸、鸡纵、野苤菜等）。

改革开放后，随着蔬菜生产经营方式的转变，农业科技的快速进步，人民生活水平提高对蔬菜的需求增加，蔬菜生产快速发展：第一，生产方式由各家各户在自留地和城郊统一划地种植向基地化、规模化、集约化种植方向转变。第二，科技进步对蔬菜发展发挥重大作用。保山农校、市农科所选育了“保丰”“岫椒”等新良种；地膜和塑料大棚栽培从无到有，已分别达3万亩、1.3万亩；热区冬春反季菜、温暖地区“青蚕豆”“青豌豆”开发成效显著，全市冬早蔬菜种植面积已达15.05万亩，其中“两青”10.26万亩，热区冬春反季菜一般亩产值达5000元左右，高的可达万元。第三，无公害、标准化技术广泛应用，市经作站制定的《保山大棚辣椒综合标准技术》《保山“两青”综合标准技术》经省质量技术监督局审定在全省首家发布，并在生产上广泛应用。第四，蔬菜龙头企业、专业合作社应运而生，隆阳区登高、黄泥塘藕粉，昌宁县佳肴，施甸县承德等蔬菜生产经营组织成为蔬菜产业的领跑者。第五，人工食用菌栽培从无到有，云南大山合公司落户施甸开发食用菌。第六，外销蔬菜不断拓展，现保山生产的冬春反季菜80%的产品外销，已销往东北、华北、西北、华东、华中、华南、西南等全国多个大中城市，部分产品还出口到了国外。

2005年与1978年相比，全市蔬菜种植面积由5.65万亩扩大到29.71万亩，增加24.06万亩；总产量由1.6万吨增加到32.45万吨，增加30.85万吨。

六、水果

保山水果种类十分丰富。从区域上可分为热带水果和温带水果；从生产期上可分为多年生水果和一年生水果。热带果种主要有：荔枝、龙眼、杧果、香蕉、芭蕉、柑橘、青枣等；温带水果主要有：梨、桃、葡萄、柿子、苹果等。1976年引进次郎甜柿品种试种成功后，成为全国最大的甜柿生产基地。2005年，面积近4万亩，产品不仅销往国内多个大中城市，还出口越南、泰国等周边国家。

2005年与1978年相比，全市水果种植面积由1.11万亩扩大到11.08万亩，增加9.97万亩；水果产量由4.22万千克增加到6023.6万千克，增长了1426倍。

七、咖啡

咖啡是保山市的一项特色优势作物，主要种植区域为潞江河谷的隆阳区和龙陵县干热河谷地区，产品在国内外市场上深受青睐。1952年开始引种小粒咖啡“铁毕卡”，后因抗性退化，病害较重，后引进“卡蒂莫”品种。由于受国际市场价格波动影响，出现了多次起伏。20世纪80年代初恢复发展，至1984年，面积0.72万亩，比70年代末扩大0.3万亩；1985—1987年又萎缩，面积降至0.4万亩；90年代中期咖啡价格暴涨，种植面积快速增加，2000年增至7.63万亩；至2005年降至5.96万亩。保山小粒咖啡生产起伏不定，核心是保山缺乏实力强、品牌有影响竞争力、精深加工设备技术先进的龙头企业牵引带动，市内90%的产品为初级原料外销，也有几家加工企业，但小、弱，起不到引领发展的作用。

进入21世纪后，保山制定《保山小粒咖啡综合标准》指导产业发展，以云大120、大红坡农场、新寨咖啡园为代表的咖啡标准化基地已初步形成。2005年与1978年相比，面积由0.55万亩扩大到5.96万亩，增加5.41万亩；咖啡豆产量由63.6万千克增加到648.5万千克，增加584.9万千克，增长9.2倍。

八、烟草

烤烟 1985年引进红花大金元、G–28种子在腾冲县、保山市、施甸县试种，1986年扩大试种范围获得成功，1988—2005年由种植2.36万亩增至12.95万亩，占全市烤烟种植面积分别为6.85%～42.14%。1986年，从大理州调入云烟二号，1987—1990年种植24121亩。根据省政府《关于淘汰“云烟二号”烤烟品种，取消“云烟二号”生产扶持费的紧急通知》，1991年以后不再种植云烟二号。1987年，由云南省烟草公司提供K326、云烟二号、云烟四号、红花大金元等8个品种进行对比试验，其中K326亩产量、亩产值均居第二位。1988年引进示范种植35.8亩，1990—2005年扩大到1.6万亩至31.42万亩，占全市烤烟种植面积的24.79%～59.67%。1996年参加全国品种区域试验，供试品种9个，其中K326为对照品种。试验表明，云烟85的产量、产值和上中等烟叶比例都名列首位，与对照品种K326比较，平均亩产量高11.6千克，亩产值高102.51元，上中等烟叶比例高6.4%。1998年引进示范种植501.1亩，1999—2005年种植7.72万亩至14.81万亩，占烤烟种植面积的32.17%～61.3%，成为保山烤烟的主要栽培品种。2000—2001年引进K346、云烟87、K394等7个品种进行田间对比试验，云烟87产量、产值、上等烟比例略低于云烟85，高于K326。2002年种植1.8万余亩。2003—2005年种植3.45万亩至6.22万亩，占烤烟种植面积的15.04%～19.46%。2003年起，根据卷烟工业对原料的需求，保山市只种植K326、云烟85、云烟87、红花大金元、K346等品种，并按良种特性，逐步实行品种区域化种植，原则一个乡（镇）种植一个品种，由市烟草公司统一供种，以村为单位集中统一育苗。

香料烟　1989年开始引种试验。1989年引进萨姆逊品种。1990年引进卡特里尼、柯玛蒂尼、克撒锡巴斯马、巴斯玛（保加利亚巴斯玛）4个品种。1991年引进土耳其巴斯玛、希腊巴斯玛科库卢·依兹密尔卡拉巴格拉、萨瑞巴格拉等5个品种。通过观察比较试验、良种区试及大面积生产示范，邀请国内外专家现场评议和评吸鉴定，进行内在化学品质分析、生理生化测试及工业验证，1993年选育成功，2002年1月通过云南省烟草品种审评委员会审定，克撒锡巴斯玛和柯玛蒂尼巴斯玛成为保山香料烟区的主栽品种，截至2004年，全市累计种植面积36万多亩。

九、其他

保山其他经济作物种类较多。胡椒、砂仁、橡胶在潞江坝区域有少量种植。山葵种植，20世纪90年代末引入，进入新世纪后组建了专业的龙头企业牵头发展，并在隆阳区板桥建设加工厂，产品以出口日本为主，最多时发展到0.7万亩，后保持在0.4万亩左右，种植区域主要在隆阳区和腾冲县海拔2000米以上的冷凉山区。大麻和亚麻，进入21世纪后，在市内的隆阳区、腾冲、龙陵县分别种植和加工过，亚麻种植面积最多时达1.5万亩，2005年仅在腾冲县界头镇还有2000亩左右面积；大麻年种植面积最多时达0.5万亩，2005年基本无种植。中药材种植的种类较多，但多未形成规模化生产，相对有一定规模的为红花，主要种植在隆阳区的西山片区和昌宁县的珠街乡，为冬种夏收，年种植面积2万亩左右。

第四章　科研与推广

第一节　良种选育推广

1978年后，保山各级农业部门，对良种的选育推广，采取引进与选育相结合的办法，先后引进农作物优良品种160多个，其中：水稻70个，玉米35个，小麦24个，蚕豆8个，油菜11个，其他20多个。通过省、市审定品种53个，其中：水稻23个，小麦7个，大麦5个，玉米10个，蚕豆2个，油菜6个。经过试验示范，适应性强、增产显著的优良品种逐步推广成为当家品种，为农业增产增收起到了科技引领作用。

水稻　籼稻：20世纪70年代，低热坝区以常规籼稻为主，中海拔坝区、山区半山区以粳稻为主。1977年开展杂交籼稻试验，1978年南优、汕优、V优2号等多点试验示范成功，1979年杂交籼稻开始推广，到1989年杂交籼稻种植面积达16.6万亩。随后，以汕优、D优、协优、冈优、滇瑞、Ⅱ优、辐优、金优、德农、抗优等系列组合的多个优良品种成功引进示范推广，并实现多次更新换代，到2005年，全市杂交籼稻推广面积达20.5万亩，基本覆盖低热籼稻区。粳稻：1972年，保山地区农科所用京引120×国庆20号杂交，系统选育出京国系常规粳稻水稻品种。1978年开始示范推广。地区农科所先后育成出京国5223、京国621、京国332、岫4-10、岫5-15、岫42-33、岫5-12、岫82-10、岫87-15、岫粳5号、岫粳11号等系列品种；昌宁县农科所育成昌糯5号、昌糯6号、予110、昌粳8号的昌粳系列品种。20世纪70—80年代，京国92一度成为保山地区中海拔粳稻区种植的当家品种。1983年，京国92通过云南省审定，成为保山第一个自主选育通过省审的水稻品种。20世纪80年代后期，京国92品种退化抗性下降，先后引进和选育合系、滇系（云粳）、岫系（市内自育）、楚粳、昌粳（昌宁县选育）等几大系列的多个品种，作为常规粳稻的主推品种。1995年起，开始粳型杂交水稻的推广，先后引入粳杂187、鄂粳杂1号、70优4号、70优9号、鄂粳杂2号、滇杂31、滇杂32等。至2005年，全市水稻良种推广总面积83.8万亩，占当年水稻面积的93.2%，其中：常规粳稻良种推广46.9万亩，粳杂良种推广面积16.4万亩。

玉米　1980年杂交玉米单交种丹玉6号、73单交、京杂6号等试验示范成功，并在面上推广。20世纪80年代，引进形成以莫A、莫三、丹玉13、丹玉15、中单2号、掖单2号等为主推的系列品种；90年代，引进辽轮531、连玉3号、会单4号、掖单13号、扎单201、8053、李三顶、中回顶、辽回顶、晴三等为主推的系列品种；1994年后，随着保玉7号为代表的保玉系列玉米品种的推广，全区玉米品种结构较简单化，保玉7号成为核心品种，一度占全区玉米面积的60%以上，形成保玉7号、会单4号为主，莫A、掖单3638、8053、保玉8号、滇丰4号、雅玉2号为搭配的格局；2002年后，随着玉米灰斑病在全市暴发流行，先后引入较抗灰斑病的海禾1号、北玉2号，低热区引进了三北6号、三北1号、三北2号。到2005年，全市杂交玉米推广面积78万亩，占当年玉米面积的84.5%。

麦类　小麦：20世纪70年代后期，保山地区农科所引进选育的小麦良种繁13、2114、980等7个品种通过云南省审定，其中繁13、2114、980成为80年代的主推品种。同期还先后引进436、0483、0103、0230、精选9号、17-2883、76-4。20世纪90年代后，选育引进春麦18、84347、84346、692-7、S系列、绵阳系列以及90-31、628、436-18、德麦4号、751、8124、90-3、96-19、凤麦24、春436-18等品种。到2005年，全市小麦良种推广面积26.1万亩，占当年小麦面积的70.5%。大麦：1988年，保山地区农科所启动啤饲大麦良种选育示范推广工作，取得显著成效，有效解决了中海拔区域大春栽种节令的矛盾，提高了冬闲田地复种指数，为后作的水稻、玉米、烤烟等作物栽插提早一个节令。先后选育出科利培、V06、V013、V24、86-40、保大麦6号、保大麦8号等优质啤饲大麦新良种，V06、V024等5个品种先后通过云南省审定，形成保大麦系列品种，其中保大麦8号成为全省的主推品种。2005年，全市30.8万亩大麦基本实现优质啤饲大麦良种化。

油菜　1982年以前，全区种植的油菜品种以云油系列、浠水白等品种为主，占油菜面积的60%～70%，搭配种植255、067等品种。20世纪80年代开始引进优质高产的低芥酸品种81008、84001、中双1号、H86166、8840894等品种示范推广，80118、84001等6个品种通过审定。90年代后，全面引育示范“双低”（低芥酸、低硫苷）优质油菜品种，并在腾冲建立良繁基地。主推品种为：花油3号、花油4号、云油13号、H165、166、H090等。2005年，全市27.5万亩油菜，基本实现“双低”油菜良种化，同时开始引进杂交油菜良种示范推广。

甘蔗　20世纪80年代，引进的选蔗3号成为全区推广面积最大的品种；90年代，引进粤糖77/177、桂糖10号、粤糖10号等品种，成为主推品种。进入21世纪，引进推广新台糖10号、22号、25号，粤糖86/368等高产、高糖、多抗新品种。到2005年，全市甘蔗新良种推广面积39.6万亩，占当年甘蔗面积的77.3%。

咖啡　20世纪60年代种植面积曾达4万余亩，品种是铁毕卡、波邦。生产上一般采取按铁毕卡约83.6%、波邦16.4%的比例混合群体，尽管品质上乘，但由于对锈病高度敏感和天牛危害，种植面积逐渐下降，经过云南省热带经济作物研究所多年试验，选出抗锈性、丰产性状突出，株型紧凑、矮生、对环境适应性强的卡蒂莫，1995年开始推广，为保山市咖啡的主要栽培品种。

桑树　进入21世纪后，随着国家东桑西移战略，保山市桑树种植恢复发展，先后引入农桑14、农桑8、福桑、杂交桑等品种，其中以农桑14面积最大，约占90%。

茶叶　保山市茶树种植面积最大的品种是云抗10号，约40万亩。2005年开始引入青心乌龙茶品种，发展乌龙茶产业。

果树　1976年，保山从山东果树研究所引进了甜柿新品种茨郎甜柿，经过多年的引种驯化，性状优良、稳定，到2005年，全市甜柿99%是该品种，已成为保山市具地方特色的新型水果品种。20世纪90年代，由地区农业局经作站牵头，先后引进丰水梨、雪花梨，2002年后，又引进了早白密、美人酥、满天红、云红梨等品种。

蚕豆　保山地区农科所从省农科院引进材料，采用系统选育，经过连续分离选育成的753-6-3和513分别于1999年、2003年通过云南省审定。针对保山独有的地方品种资源透心绿蚕豆品种，进行提纯复壮，从中已选出综合性状较好的株系参加试验，2005年种植面积达4.5万亩。

辣椒　20世纪90年代中期，保山农校、保山地区农科所利用本地大辣椒种质与外地种质杂交，选育出保丰系列、岫椒系列大辣椒杂交种。

苦瓜　昌宁县柯街袁正华选育的苦瓜品种，以肉白厚、个大畅销云南，冬季种植，种子供不应求。

第二节　农作物栽培技术

1978—2005年，是保山市农业实用技术变革和快速普及应用的时期。耕作栽培制度的变革和新技术的应用，起到了支撑农业快速发展的核心作用。

一、耕作栽培制度变革

提高农作物复种指数　按保山地区常用耕地面积和当年农作物总播种面积计算，1978年，全区耕地面积228.33万亩，当年农作物总播种面积为363.47万亩，复种指数为159.2%。20世纪90年代开始，加大冬季农业的开发力度。2005年，保山市耕地225.58万亩，总播面积487.5万亩，复指达216.1%，提高了56.9个百分点。

水稻田改革旱作种植杂交玉米　针对保山市海拔1800米以上和常年缺水迟栽的稻作区种植水稻产量低而不稳的实际，从20世纪末期开始，通过多年的试验，成功探索出水改旱种植杂交玉米的成功之路。改种玉米后，一般亩产可达600千克左右，比种植水稻每亩增产350千克，增1.4倍，至2005年全市改种面积3万亩。此措施也随之成为云南省重大增粮措施之一。

推广规范化间套种栽培模式　20世纪90年代开始，全区广泛开展大小春作物多样性栽培，烤烟套种玉米和大豆，玉米→蔬菜→马铃薯间套种等增产增收实用新技术的试验示范，并总结出一整套规范化栽培措施，不断扩大应用。至2005年，全市小春生物多样性栽培面积24.8万亩，大春规范化套种50.8万亩，烤烟套种2.8万亩。

二、新技术应用

水稻　育秧方式：20世纪80年代改传统水育秧为半湿润育秧，90年代又改为湿润育秧，进入21世纪大力推广肥床旱育扣种稀播壮秧，至2005年，全市旱育秧秧床面积5.14万亩，大田种植面积71.41万亩。栽培技术：20世纪80年代大力推广“三带九行”“四带八行”规范化条栽。水浆管理：推广浅水栽秧、寸水活棵，苗足撤水晒田、满水孕穗、灌浆后干湿管理。化肥施用：推广前促、中控、后补的科学方法。2000年后开始示范推广精确定量节本增效栽培技术，全市80%的水稻实现了规范化条栽，其中精量栽培技术应用面积已达20多万亩。

玉米　随着杂交玉米品种的推广，要求种植密度加大，从20世纪80年代开始，全市大力示范推广规范化条栽，90年代后示范推广育苗定向移栽、地膜覆盖栽培等增产增效实用新技术。至2005年，全市规范化条栽比例已达100%，其中：育苗定向栽培推广12.9万亩，地膜栽培推广13.2万亩。

麦类　麦类作物栽培方式传统上以犁耙后撒播为主，部分土质松散田块采用人工点播，20世纪80年代开始，大力示范推广分墒理沟、规范化条播技术，水田麦类已基本上实现了条播化。进入21世纪，针对耕牛减少，犁耙费工、费时、成本高的实际，在以保山坝为代表的区域推广了板墒免耕麦种植技术。

油菜　传统上以点播为主，随着油菜品种类型的变化，从20世纪80年代后期开始，积极示范推广育苗移栽技术，全市育苗移栽比例已达40%左右；进入21世纪，积极示范免耕板墒油菜栽种技术。

甘蔗　为解决旱地蔗抗旱问题，全面推广普及环山带状等高深沟板土栽培技术，对当年新植蔗覆盖地膜，改革植蔗节令，示范推广秋冬植蔗等措施，全市秋冬蔗种植比例达40%左右。围绕水田、水浇地蔗如何提高单产，从2002年开始，全市大力实施吨糖田（一亩田蔗产糖一吨）和高优蔗园建设，将甘蔗良田、良种、良法综合措施配套应用，至2005年，全市已累计建成吨糖田13.3万亩。

第三节　施肥技术

一、施肥技术变革

20世纪60年代以前，保山地区化肥推广仅以氮肥为主；70—80年代，以"控氮增磷钾"的施肥原则，研究及推广配方施肥技术和优化施肥技术；90年代，按照"控氮稳磷增钾"的施肥原则，研究推广微机优化施肥技术和平衡施肥技术。进入21世纪，按照"补钾补微"的施肥原则，全面实施测土配方施肥技术推广和高效施肥技术推广。

二、化肥用量变化

保山市施肥技术变革与全国化肥工业的发展是同步的，与化肥用量变化相吻合。1980年，全区化肥施用总量（纯量，下同）15393吨，其中：氮肥9263吨，磷肥5956吨，钾肥174吨，氮磷钾施用比例1∶0.64∶0.02；1990年化肥施用总量40032吨，是1980年的2.6倍，其中：氮肥25698吨，磷肥9793吨，钾肥1457吨，复合（混）肥3074吨，氮磷钾施用比例1∶0.41∶0.08；2000年化肥施用总量70966吨，是1980年的4.6倍，其中：氮肥41029吨，磷肥12087吨，钾肥9020吨，复合（混）肥8830吨，氮磷钾施用比例1∶0.35∶0.24；2005年全市化肥施用总量113253吨，较2000年增长59.6%，是1980年的7.4倍，其中：氮肥62872吨，磷肥13975吨，钾肥16405吨，复合（混）肥20046吨，氮磷钾施用比例1∶0.31∶0.28。

第四节　植物保护

一、主要病虫草害种类

保山由于气候、物种的多样性，加之地处边境，病虫草害较多。据1980—1982年病虫草普查统计，全区各种病虫草有538种，其中：病害95种、虫害301种、杂草142种。病害中：粮食、油菜、豆类有53种，甘蔗6种，果树、蔬菜26种，茶树10种。虫害中：粮豆油65种，茶、桑、果32种，菜、药材、杂粮和仓储虫害等约200余种。杂草中：水田杂草51种，旱地杂草91种。粮食作物主要病害有：稻瘟病、稻白叶枯病、水稻细菌性条斑病、稻纹枯病、稻曲病、稻恶苗病，玉米灰斑病、玉米大小斑病、玉米锈病，麦类条锈病、麦类叶锈病、麦类白粉病，马铃薯晚疫病等；主要虫害有：稻飞虱、稻螟虫、稻负泥虫、玉米螟、玉米粟穗螟等。经济作物主要病害有：各类作物霜霉病、白粉病、锈病、炭疽病、菌核病、白锈病、茄科作物的病毒病、青枯病、十字花科作物根肿病等；主要虫害有：各种螨类、蝽类、夜蛾、潜叶蛾、卷叶蛾、蓟马、粉虱、木虱、天牛。还有在各类粮经作物上均为害严重的蚜虫、飞蝉、黏虫、斑潜蝇、旱地作物地下害虫蛴螬、地老虎等。另有外来危险性病虫14种，危险性杂草3种。

二、重大病虫害发生及危害

小麦条锈病 1981—1982年，为保山地区在新中国成立后的第二次小麦条锈病大流行，两年合计发病面积60.25万亩，占同期小麦总面积的49.7%，累计损失小麦产量20540吨，平均每亩损失34.1千克。1998年再次流行，发生面积34.17万亩，占当年小麦总面积的43%，损失小麦产量14473.7吨，平均每亩损42.4千克。

水稻稻瘟病 保山是云南省稻瘟病的常发区和重发区。1978年后，稻瘟病中等发生14年，偏重至大发生13年，其中有三次为大流行，第一次：1984年，发病面积44.46万亩，占水稻种植面积113万亩的39.35%，平均每亩损失产量39.5千克，总产减44635吨；第二次：1993年，发病面积27.53万亩，占水稻种植面积99.8万亩的27.6%，平均每亩损失产量35千克，总产减34926.8吨；第三次：1999—2000年，发病面积分别为43.82和50.01万亩，分别占当年水稻种植面积的46.4%和52.72%，通过防治后仍比上年每亩减产26.8千克和25.7千克，总产分别减25311.4吨和24377.7吨。

水稻条纹叶枯病 1984—1989年，保山坝条纹叶枯病流行，其中在1986年、1987年暴发成灾，发病面积均在10万余亩，发病田块损失产量1～2成，重者达5～6成，个别田块绝产无收，两年共造成稻谷损失4430多吨。经过省、区、市农业部门的通力合作，采取药剂防治传毒媒介昆虫灰飞虱的“治虫防病”策略、推广抗病品种等综合防治措施，1989年发病面积下降到4万亩，至2005年发生面积已下降为0.8万亩。

美洲斑潜蝇 1995年首次发生危害，1996年暴发成灾，全区发生面积16.11万亩，为害作物10科35种，豆类、瓜类、十字花科叶菜类以及烟草、花卉等作物受灾严重，保山坝、施甸坝等地蚕豆产量损失严重。1997—2002年，发生面积不断扩大，2002年，全市发生面积达35.91万亩，造成产量损失4268.9吨。施以黄板诱虫、药剂防治等措施后，危害程度逐步下降，并基本得到控制。

十字花科根肿病 1997年首次在保山市河图镇红花办事处2.9亩大白菜上零星发生该病，后迅速蔓延，至2000年累计发生3723亩。2001年传入腾冲，在青、白菜上小面积发生，2003年小春季首次在腾冲县油菜基地发生，分布于荷花、中和、和顺、猴桥、马站、北海、腾越等乡（镇），至2005年，隆阳、腾冲、龙陵、昌宁均有发生，发生面积扩大为10万亩左右，一般发生田块损失5%～10%左右，严重田块损失70%以上。

玉米灰斑病　2002年在龙陵县龙新乡绕廊村、雪山村等地首次发现，2003年在全市暴发流行，发病面积40.087万亩，占当年玉米种植面积的55%，造成玉米产量损失3.81万吨，平均每亩损失47.74千克，平均损失率达17%。海拔1800米以上是主要发病区域，所有种植品种均不同程度发病，其中18.4万亩的老品种损失率达30%～62%，绝收1.85万亩。2004年后通过更换抗病品种、推广保健栽培措施和药剂防治，病害发生面积和造成的损失逐渐降低，2005年发生面积降至25.56万亩，产量损失降为2654吨。

三、病虫测报与防治

(一) 测报研究

至2005年，市级和隆阳、腾冲设独立的植保机构，施甸、龙陵、昌宁依托县农科所开展植保工作，全市市、县两级设有植保专职测报人员16名，乡级共有兼职测报人员71名。常年设市、县两级病虫监测点46个，每年发布病虫预报30多期，为指导大面积防治提供科学依据，其中：1980—1982年，抽调全区植保技术骨干，组织完成全区范围内农作物有害生物及主要农作物病虫草害普查工作，并绘制有害生物区域分布图，依据病虫分布图及田间监测资料指导全区的病、虫、草害防治工作；1986年起，先后组织对水稻、玉米、麦类、油菜、蔬菜、亚麻等作物的有害生物危害调查及外来有害生物的普查工作，对主要农作物有害生物进行田间发生情况监测，并发布预报；2001年后，开展农作物病虫害的电视预报工作，于病虫防治的关键时期通过电视台及时进行预报及防治指导。2004年，保山市植保站被列为全国农作物病虫害监测网主要成员单位，并立项建成全国农业有害生物预警与控制区域站保山市站，承担着国家重大有害生物监测与预警工作。保山地区植保机构成立以来，长期与省级有关部门和科研院校协作开展了水稻黏虫、螟虫、飞虱、稻瘿蚊、稻条纹叶枯病、稻纵卷叶螟、斑潜蝇、烟蚜、麦蚜、水稻纹枯病、稻瘟病、麦类锈病、白粉病、玉米大小斑病、灰斑病、十字花科根肿病等重大病虫害的发生流行规律研究、源头勘察和综合治理技术研究并取得成果，为病虫测报提供了更为丰富的理论依据和方法途径。

(二) 综合防治

通过技术推广、样板示范、物化补助等带动方式，实施对小麦条锈病、玉米大小斑病、灰斑病、稻飞虱、稻瘟病、稻螟虫、马铃薯晚疫病、农田鼠害等重大病虫草鼠的综合治理，综合防治的覆盖面不断扩大，农作物病虫害综合防治面积从1978年的137.99万亩扩大到2005年的473.22万亩。2005年，小麦条锈病综合防治覆盖面积为小麦总播面积的87%，玉米叶斑病综合防治面积为玉米总播面积的73.6%。“十五”期间，隆阳区和腾冲县分别被列为农业部的小麦锈病防治示范县和水稻稻瘟病无害化防治示范县。全市先后共有17项植保技术研究与防治推广的科技成果受到市（厅）级以上表彰奖励。

第五章　农村经营管理

第一节　土地承包合同管理

20世纪80年代初，保山地区与全国一样，在农村首次推行“家庭联产承包责任制”。实行以家庭联产承包责任制为主、统分结合的双层经营体制，农业经营形式随之转为一家一户模式。将土地等按人口或劳动力比例根据责、权、利相结合的原则承包给农户经营，各承包户向国家缴纳农业税，交售合同定购产品（定购粮）以及向集体经济组织上交公积金、公益金等公共提留，其余产品全部归农民自己所有。1984年，第一次规范地办理以土地承包为主要内容的农业承包合同签证手续，全区81个公社、914个大队、11250个生产队、336345户参加土地承包，其中：实行大包干的生产队11250个，占100%；实行大包干的农户335339户，占99.7%；其他承包形式1006户，占0.3%。当时的承包期定为3—5年，后又宣布延长到2000年。土地承包到户后，极大地调动了农民的生产积极性，使保山地区的农业生产和农村经济得到快速发展。

根据中共中央、国务院《关于当前农业和农村经济发展的若干政策措施》规定，按照“在原定的耕地承包期到期之后，再延长30年不变”的精神（即延期至2030年），1994—1996年，全区开展农业承包合同续签换证（二轮承包）工作，涉及83个乡（镇），903个村，11249个农业合作社，464777户农户，共发包农村耕地承包面积220.69万亩，山林280.06万亩，签发面达100%。

1996年5月，《云南省农业承包合同条例》颁布实施，保山地区按照此规定，进一步明确了承包合同双方的权利和义务，以稳定和完善农业承包经营责任制，保护合同当事人的合法权益，促进农村经济发展。

2003年3月，《中华人民共和国农村土地承包法》颁布实施，保山市依照其相关规定，依法做好经营权证补换发工作。

第二节　农民负担监督管理

1991年12月，国务院发布《农民承担费用和劳务管理条例》，保山地区按《条例》规定实行了农民承担的三项村提留（公积金、公益金和管理费）和五项乡统筹（乡村两级办学、计划生育、优抚、民兵训练、修建乡村道路），此“三提五统”之和不超过农民人均纯收入的5%，每个劳动力每年承担5～10个义务工、10～20个劳动积累工。

1996年全区农村土地第二轮家庭承包合同签证后，建立“五项制度”（农民负担定项限额预算和决算制度、农民负担卡制度、集资审批制度、农民负担统一收费票据制度、农民负担审计制度）和“三项措施”，地区、县（市）、乡建立农民负担管理机构、充实了管理人员，建立农民负担监测点，开展减轻农民负担执行检查。依此每年进行监督、审计、检查，使农民负担在规定限额内运行。

2003年，农村税费改革在全国推开，保山市按规定取消村级向农民收取的“三提五统”，降低农业税，全市减轻农民负担4924万元。到2005年年底，全面取消了全市的农业税，农民负担得到了切实减轻。

2004年，按照保山市委、市政府的要求，全市有19个乡（镇）、38个村委会在限额标准内，按照“一事一议”程序，筹资75.2万元，全部用于村内公益事业建设。全市902个村（办事处）100%地开展了农民负担审计，审计总金额3810万元。为全市51.34万农户发放《农民负担监督手册》，设置省、市、县（区）三级减轻农民负担办公室的举报电话。全市实行“一张票据收费”的管理办法，加强对专款的管理和使用。全面推行涉农税收、价格和收费公示制，当年，有82个乡（镇），2258个单位，建立公示栏2439个，公示率达100%。报刊订阅控制在限额内的村831个、占92.1%；超过限额的71个、占7.9%；实行中小学“一费制”的学校1949所，占99.5%；查处涉农负担案件9起，处分人员9人，取消、减免涉农收费14项，合计减免168.63万元。

2005年，根据贯彻原有农民负担管理中的新问题和新经验，建立起长效机制。当年，全市通过农村税费改革减轻农民负担5196.38万元，其中取消农业税2723.43万元；全市取消不合理收费项目8项，减轻农民负担101万元。全市72个乡（镇）实行涉农收费公示制，占乡（镇）总数的100%；842个村实行报刊订阅限额制，占总村数的92.6%。

第三节　农村财务管理

1978年以后，保山农村财务管理根据行政体制和农业生产组织变化，分三个不同时期的管理办法进行：

1978—1983年，全区96个人民公社（政社合一），1092个大队、11139个生产队，公社、大队、生产队都配置会计，实行“一社一会计”制度，社、队资产资金均由社、队自管，县、公社、大队层层监督检查。

1984年，撤销公社，建立区（镇）、乡、农业社后，实行“联社会计”制度，将“一社一会计”变为“多社一会计”，乡级财务统一由文书负责记账，并明确一名副乡长兼任出纳工作；同时，建立乡级农经服务站，搞好会计服务工作，由县（市）农经站负责业务辅导，区经管员具体负责组织实施。乡文书每月要向区公所填报一次财务报表，由区公所会计和区经管员共同审核，发现问题，及时解决。

1988年，撤销区，建立健全乡（镇）、行政村（村民委员会）后，逐步建立完善和改革村级会计代理制，根据实际情况，村民小组和农业社不设会计，实行村代管制度。1998年，保山地区农业局根据上级文件精神，自1月1日起，在全区实施新会计制度，将多年实行的收付记账法改为借贷记账法。

2005年全市72个乡（镇）、883个村委会、10331个村民小组中，已成立村民理财小组并开展活动的村民委员会676个，村民小组5825个，其中：村组账和资金都委托乡（镇）管的39个乡，472个村；村组账委托乡（镇）管6个乡、88个村；村账和资金委托乡（镇）、小组账和资金委托村管的2个乡、45个村；村账委托乡管，小组账委托村管1个乡（镇）、12个村。账和资金由村自行管理的284个村。

第四节　农村合作基金

1994年10月，保山地区农牧业局下发《关于建立保山地区农村合作基金联合会的通知》，全区迅速开展社员入股和信贷工作。1994年12月，根据行署办公室《转发行署农牧局建立和发展我区农村合作基金会意见的通知》，保山地区农村合作基金联合会挂牌办公。1995年年末，全区共建立了农村合作基金会49个，其中：县（市）基金会5个，乡（镇）基金会44个，共筹集可融资金1476.5万元，累计投放2379万元。基金会资金投放以短期小额为主，以种植业、养殖业、农副产品加工业等农村产业为投放重点。

1999年年底，全区建基金会114个，其中：地区级1个、县（市）5个，乡、村两级108个，共筹集可融资金总额16788万元，其中：农户入股资金12480万元，其他单位资金4308万元；累计投放资金总额18739万元，其中：农户借贷12387万元，联合企业借贷517万元，村办企业借贷1539万元，乡（镇）办企业借贷1443万元，农业服务组织借贷444万元，其他2409万元。累计收回资金6028万元，未到期未收回资金6028万元，逾期未收回款4155万元，沉淀资金680万元。

2000年年初，根据中央、省、市有关文件精神，农村合作基金会清理整顿，同年8月，全区同一时间统一兑付农户及单位入股资金。全区共兑付股金12167.07万元，兑付率为98%，未兑付股金251.71万元，占2%；共回收贷款9308万元，占65%，有5012万元贷款未收回。未兑付股金和未回收的贷款，由市、县（区）、乡（镇）清偿领导小组及其办公室负责清收偿还，至2005年年末，全市贷款清偿回收金额3408万元，占应回收贷款的68%，尚有1604万元未清偿回收。

第五节　农村合作经济组织

1978年，实行人民公社政社合一制度，实行公社、生产大队、生产队“三级所有，队为基础”，行政管理和农业生产合一。当年，全区有人民公社97个、生产大队1082个、生产队11205个。

1983—1984年，公社改制，取消人民公社，建立区（镇）、乡、社。1984年，全区建立81个区（镇）、914个乡（办事处），建立11013个农业生产合作社。

1987—1988年，撤区建乡（镇），全区有83个乡（镇）、915个行政村（办事处）、11239个农业生产合作社。

2000年，进行村级体制改革。全区915个行政村（办事处）改为902个村民委员会、13个居委会，10758个村民小组。村公所（办事处）改为村委会后，其所属的集体土地和财产、资产、自然资源等所有权不变；原村、社集体企业、集体经济组织的所有权、债权、债务不变，一并移交给村委会或村民小组。

2005年，农村税费改革后，随着机构撤并，全市有72个乡（镇）、883个村委会、32个居委会、10979个村（居）民小组。年内，对村改时902个村的集体经济状况调查显示：902个村中，有集体积累的村354个，占39.2%；有村级企业218个，占24%。当年有收益的村404个，占44.8%；当年无收益的村498个，占55.2%。

第六章　农业环境保护监测

第一节　农业资源保护

1996年，保山地区农业局主持编制《保山地区农业环境保护管理办法》；2000年，主持编制《保山地区2000—2010年基本农田保护区环境质量监测规划》。

一、设立相应机构

1980年，在地区农牧局内设立保山地区沼气办公室，人员从相关部门抽调。1983年，地区沼气办公室改为节能办公室，设在地区科委，仍由地区农牧局监管。1987年年底，成立保山地区农村能源建设农业环境保护监测站，1993年，沼气办划归地区林业局。

2003年，成立保山市农业野生植物保护领导小组和保山市农业转基因生物安全管理领导小组，下设办公室在保山市农业环境保护监测站。

二、开展情况调查

2003年，由保山市农业野生植物保护领导小组主持开展野生玉米（玉米草）调查。

2005年，保山市农业局主持对野生金荞麦、野生稻、野生大豆资源进行调查，并组织腾冲、龙陵县向农业部上报野生金荞麦和野生稻原生境保护项目。调查结果表明：

野生金荞麦，在全市均有分布，分布于海拔890～2000米区域，集中分布于海拔1400～1800米区域，点多，不集中。

野生稻，在龙陵县勐糯镇分布点2个，原生境海拔650米；昌宁县更戛乡分布点1个，原生境海拔1400米，3个点均为疣粒野生稻。分布趋势，从70年代末调查时分布的8个点

1000多亩，至2005年仅存3个点600亩，受开垦甘蔗地的威胁，濒临灭绝。

野生玉米(玉米草)：分布在昌宁县更嘎乡西桂村白泥塘，面积50亩，海拔1450米(2003年3月21日，保山市农环站曾采集植株移植保山板桥示范园，经保山学院植物学专家鉴定为繭草)。

野生大豆：调查记载20世纪70年代发现后，至2005年未发现。

古茶树：在潞江乡德昂族寨旧址发现有古茶树1000多棵，树龄2500年以上，在龙陵县龙新乡雪山村发现有古树茶10多棵。

同年，组织全市开展外来入侵生物分布调查，五县(区)均有分布：紫茎泽兰面积1150万亩，占全市总土地面积的39.15%；水花生(空心莲子草)面积24万亩；在隆阳区首次发现水白菜，分布面积2亩。

三、生态农业建设

1989年，地区能环站进驻保山市金鸡乡黄毛村，实施猪—沼—鱼生态模式的生态农业示范。1998年，对全区的生态建设情况进行调查。2000年，在保山市道街乡登高自然村实施生态村建设。

2003—2005年，实施保山市农田环境质量动态监测及综合治理技术研究，利用硝酸盐叶片浓度指标指导施肥，减少化肥、农药施用，清洁田园，促进保山低热区蔬菜无害化生产的发展。

四、能源资源利用

1983年，保山地区农机研究所发明“仿锅形马蹄系列灶”，当年，全区有沼气127口，80年代末，保山地区推广省柴节煤灶90993户。1990年，在昌宁县建沼气池12口。同年，保山地区有改灶专业队2个，其中：地级有1个，队员4人；施甸县有1个，队员30人。2003年以后，随着国家实施西部大开发战略，农村沼气建设步伐进一步加快，至2005年年底，全市累计建成农村户用沼气池69933口，其中农业部门建设20650口。

第二节　农业环境监测

1992年，保山地区农村能源建设农业环境保护监测站配合相关部门完成保山城市污水调查。1996年，配合保山市农业局，对瓦窑污染区和河图镇污染区的稻谷土壤进行采样，送省站检测化验。1997年，配合环保部门实施农业环保管理和农业环境质量调查，开展农业污水灌溉区基本情况调查。

2000年，对保山市的瓦窑、汉庄、河图、坝湾、永昌，腾冲县的洞山、小西、打苴、和顺、中和、固东、瑞滇，施甸县的由旺、甸阳、姚关，龙陵县的龙山、龙新、镇安，昌宁的柯街、右甸、达丙、温泉等22个乡(镇)，特别是对工矿企业严重污染农业环境的乡(镇)进行重点调查。结果表明农业环境污染逐步扩大。环境监测评价农产品生产基地面积有50.92万亩，占全市336万亩农田的15.2%。工矿企业污染区域监测面积0.26万亩，是受污染面积的10%。开始建立监测网络点，将监测布点纳入全省监控点，把保山市的汉庄镇团山村定为商品基地监控点。

2002年，设立农业部农业环境质量监控点44个，并建立农田质量动态监控档案。2003年，被云南省农环站确定为农业部农业环境质量监督检验测试中心（昆明）保山工作站。同年参与实施了“保山市畜禽污染现状调查”工作。

第三节　农产品安全监管

2000年，保山地区首次建立农产品质量认证制度，由地区农环站负责，组织农产品生产企业申报云南省首批无公害农产品认证，当年，获得认证企业6家，产品6个，基地面积6.73万亩，认证产品全部是茶叶。同年，首次在保山城区南苑商场、明强街农贸市场、杏花商场和保山市农业科技示范园对部分蔬菜进行有机磷农药残留抽样检测，并建立了每月十日前进行例行监测的制度。2000—2001年共检测蔬菜804个，合格率为64.7%；2002年检测蔬菜779个，合格率为75.0%；2003年检测蔬菜829个，合格率为90.2%；2004年检测蔬菜908个，合格率为92.9%；2005年检测蔬菜1181个，合格率为90.1%。

2002年4月，保山市农业环境保护监测站组织编写了《保山市无公害农产品生产技术规程》，内容包括无公害农产品从生产基地环境标准到生产加工技术全程无害化，产品包括粮油、蔬菜、咖啡、甘蔗、水果等作物和肉、奶、蛋、畜产品以及鱼类水产品等，基本覆盖全市主要农产品。

2003年，市农环站首次受理绿色食品、有机食品的认证工作。2005年年末，全市共有无公害农产品认证企业22家，产品34个，面积34.47万亩，产量19376吨；绿色食品认证企业4家，产品6个，面积3.4万亩，产量741.7吨；有机食品认证企业1家，产品5个，面积0.4万亩，产量71.7吨。

第七章　农业机械

第一节　农机科研与推广

一、农机科研

保山地区农业机械研究所自1978年成立后，根据农业农村经济发展需要，采用单位自主研制，与企业、科研院所（校）合作等形式，广泛开展农机科研工作，完成纵向下达和横向委托的农机科研推广、技术咨询服务项目100多项，并有多项科技成果受到省、地（市）政府部门表彰奖励，其中：一等奖2项、二等奖7项、三等奖9项、鼓励奖7项。

1978—1995年，主要研究太阳能、节能新技术、新产品的开发利用。其中研制的FMZ系列保山仿锅型钢制马蹄灶推广4万余个，1983年获全省民用省柴省煤炉灶评比“一等奖”；MTR-65型双筒闷晒式太阳能热水器在全省推广8000余套，获1985—1988年度保山地区和省农机局科技进步“二等奖”；12FL-73型手扶拖拉机防滑装置推广300余套（其中出口泰国30套）、东风-12型喷灌机推广500余台、5TY-70型稻麦脱扬机推广2500余台、2F-4型化肥深施器推广300余台、BJT系列薄壁聚光太阳灶推广30余台、bAN-1型桉油加工设备等项目获省、地政府科技进步三等奖等奖项。1996年后，开始农机推广。

二、农机推广

1996年以后，由于受研究条件限制，保山农机化工作重心转向农机推广。2005年与1978年相比，全市农机总动力由13024万瓦特增加到83492万瓦特，增长5.4倍；推广大中型拖拉机由745台增至13237台，增长16.8倍；推广小型拖拉机由2623台增至7638台，增长1.9倍；推广配套农机具由977部增至7359部，增长6.5倍；推广小型耕整地机械297台，玉米制钵机296台，联合收割机55台，排灌动力2458台，机动植保机械58台，机动脱粒机4851台，农副产品加工动力机械2.33万台，农副产品加工作业机械2.65万台。先后引进推广新疆2号、洋马ce-1型稻麦联合收割机10台；引进水稻简易工厂化育苗抛秧技术试验及推广面积3200亩；引进水稻软盘育秧机械插秧技术试验1.36亩获得成功，实现了零的突破；引进推广设施农业——钢架塑料大棚72331平方米，微喷灌技术25989平方米，日光温室2573平方米；引进天拖724大拖拉机进行犁耕试验；引进试验推广微型耕整地机械182台（套）；组织联合收割机跨区机收水稻、大麦、小麦面积24.9万亩，推广玉米制钵机育苗移栽面积14万亩，推广机械深施化肥面积55万亩。

第二节　农机安全监理

1979年，保山地区地、县级相继成立农业机械安全监理站，理顺全区农业机械安全监理职能。1989年起，对上路行驶的拖拉机及驾驶员，由公安机关委托农机安全监理部门行驶安全技术检验、驾驶员考核、核发全国统一的道路行驶牌证。

2004年5月《中华人民共和国道路交通安全法》实施，进一步明确了农机安全监理部门的执法主体地位，保山市农机安全监理工作由此步入法制化、规范化和制度化轨道。在做好对全市20009台拖拉机，10128人驾驶员的检验、审验、新增拖拉机的挂牌、注册登记和驾驶员考试工作的同时，创建了五个“农机安全示范村”，未发生农机事故，拖拉机挂牌率、检审验率均达100%。龙陵县和腾冲县农机安全监理站先后被授予部级“文明监理、优质服务”示范窗口单位；市农机安全监理所和隆阳、昌宁、施甸县农机安全监理站被授予省级“文明监理、优质服务”示范窗口单位。市农机安全监理所、龙陵县农机安全监理站分别被授予市级文明单位；腾冲县、隆阳区农机安全监理站分别被授予县（区）级文明单位。市农机安全监理所被农业部授予“清理整治黑车非驾”先进单位。24人次先后荣获省“百名优秀监理员”“十佳所站长”和“先进工作者”。

2005年，全市办理拖拉机落户2711台，过户371台，转籍177台，报废1513台，挂牌拖拉机17475台，挂牌率96.5%；检验拖拉机15810台，占应检数的90.5%；考核拖拉机驾驶员并发证1477人(大中型1324人，小型51人，增驾102人)；换发拖拉机驾驶证3810本，遗失补办87本，损毁换证11本，注销驾驶证3本；发生农机事故9起，重伤13人，死亡2人，千台农机事故率、重伤率、死亡率分别为0.5、0.7和0.1，农机“三率”均在控制指标范围内，农机安全监理工作成效明显。

第三节　农机经济

一、农机管理机构和农机服务组织

1978—2005年，保山市农机管理机构隶属关系几经变动，机构体系和队伍基本稳定，市、县(区)分别设有农机化管理科(股)、农机技术推广站、农机安全监理所(站)、农机化培训学校，乡(镇)设有农机管理服务站(后归并农业技术服务中心)。2005年年底，全市共有农机管理服务机构99个，从业人员458人。从层级分：市级3个，从业人员30人；县(区)20个，从业人员164人；乡(镇)级76个，从业人员264人。从职能分：农机管理科(股)6个，从业人员15人；农机推广机构6个，从业人员65人；农机安全监理机构6个，从业人员50人；农机培训学校5个，从业人员64人；乡(镇)农机管理机构76个，从业人员264人。

2005年年底，全市共有农机作业服务组织38742户，从业人员43224人，其中：乡(镇)级40户119人，村级12户28人，农机户38636户43023人(农机专业户1893户2320人)，其他农机作业服务组织54户54人。农机维修网点752户从业人员1525人，农机供应网点64户从业人员97人，农机供油站点40个从业人员129人。乡村农机从业人员44503人，其中拖拉机驾驶员25645人。

二、农机装备和农机作业水平

(一) 农机装备水平

1978年年底，全区拥有各种农业机械18562台，其中：大中小型拖拉机3266台(配套机具3350部)，农用载重车43台，农田基本建设机械152台，机动喷雾(粉)器110台，经济作物机械517台，农业运输机械2822台，农副产品加工动力机械6239台(加工作业机械6049台)，机动脱粒机3722台，扬场机225台，播种机3台，机动水稻播种机47台，手动水稻插秧机1843台，小型收割机18台。

2005年年底，全市拥有各种农业机械66385台，其中：大中小型拖拉机20875台，农用运输机械3194台，联合收割机55台，排灌机械2458台，小型耕整地机械297台，水稻插秧机3台，制钵机296台，植保机械95台，机动脱粒机4851台，机动割晒机168台，农副产品加工动力机械23341台，畜牧业机械10553台，林业机械5台，渔业机械52台，农田基本建设机械142台。

（二）农机作业水平

1978年，全区有农机农田作业面积70.5万亩，其中：机耕面积21.63万亩，机耙面积46.94万亩，机插秧面积1.93万亩。

2005年年底，全市完成农机作业面积151.14万亩，其中：机耕面积105.11万亩，机播面积0.93万亩，机收面积5.2万亩，机电灌溉面积28.05万亩，机械植保面积11.85万亩。其他农机作业水平：完成机修梯田821亩，免耕播种860亩，机械铺膜410亩，机械化肥深施36.71万亩，机械化秸秆还田19950亩，机械脱粒粮食31.12万吨，机械开沟1.44万亩，机械加工农副产品140.44万吨，农机运输20358万吨千米，跨区机收2500亩。

三、农机化经营效益

1978年，全区农机经营总收入347.08万元，经营成本支出314.88万元，经营利润32.2万元。在总收入中，农机作业收入270.13万元，占77.83%；农机修造收入44.81万元，占12.91%；其他经营收入32.14万元，占9.26%。

2005年，全市农机化经营总收入32212.01万元，其中农机户经营总收入31739.74万元，占98.5%。在总收入中，农机作业收入27646.16万元，占85.8%；农机维修收入1485.66万元，占4.6%；其他农机经营收入3080.19万元，占9.6%。扣除农机生产经营成本费用，农机经营净收益12772.02万元，占总收入的39.6%。按乡村农机从业人员44503人计算，人均总收入7238元，人均净收益2870元。

第八章　农村劳动力

第一节　农村劳动力资源

保山是个农业大市，近90%的人口为农业人口，随着人口总量的不断增加，农业生产条件的不断改善，人均占有耕地和劳均负担耕地面积也不断减少。因此，农村剩余劳动力相对较为丰富。

人口与劳力　1978年，全区有农业人口173.22万人，占总人口的95%；2005年，农业人口216.72万人，增加43.5万人，占总人口的89.4%，下降5.6个百分点。1978年，全市有农村劳动力103.07万人，占农业人口的59.5%；2005年有123.92万人，增加20.85万人，占农业人口的57.2%，下降了2.3个百分点，说明农村老龄人口比例提高。

人口与耕地　1978年，全区有耕地面积228.33万亩，农业人口人均耕地1.32亩，农村劳动力人均负担耕地2.2亩。至2005年，全市有耕地面积236.22万亩，增加7.89万亩；农业人口人均耕地1.09亩，减少0.23亩；农村劳动力人均负担耕地1.91亩，减少0.29亩。

年龄与文化　在2005年农村劳动力总人口中，按年龄划分结构为：16～20岁的有32.71万人，占26.4%；21～30岁的有34.82万人，占28.1%；30岁以上的有56.39万人，占45.5%。按文化程度划分为：小学文化程度的有40.89万人，占33%；初中文化程度的有66.79万人，占53.9%；高中及以上文化程度的有8.68万人，占7%；文盲半文盲的有7.56万人，占6.1%。

第二节　农村劳动力转移

1978年后，尤其是农村土地承包到户后，保山农民外出务工人数不断增加，每年外出务工10万人左右，占当年农村劳动力总数的9.7%，其中：9.5万人次左右为打零散工，0.5万人次左右为建筑工。2004年12月，市政府批复成立保山市农村劳动力资源开发促进会，下设办公室在市农业局；2005年5月，市农业局成立“农村劳动力转移科”；2005年11月，市民政局登记注册保山市农村劳动力资源开发促进会。2005年，市农业局组织开展了农村劳动力转移意向调查，全市共有72.4万人愿意外出务工，占当年劳动力总数的58.4%，其中：愿到国内省外的有6.03万人，占8.3%；愿到市外省内的有11.89万人，占16.4%；愿到县外市内的有14.76万人，占20.4%；只愿在县（区）内就近转移就业的有39.72万人，占54.9%。至2005年，全市外出务工人数达到25.82万次，占当年农村劳动力总数的20.8%，其中：男性17.88万人次，女性7.94万人次。外出区域分别为：国内省外的有2.46万人，占9.53%；市外省内的有5.83万人，占22.6%；县外市内的有4.78万人，占18.55%；县（区）内的有9.35万人，占36.2%；到境外的有3.4万人，占13.17%。转移到省外就业的2.46万人，主要为各级政府部门组织的有序输出或帮带输出，其中90%已经实现稳定就业；在省内、境外打工的23.36万人，大多数为自发输出，一部分为建筑企业的工头、老板帮带输出。这部分人多为季节性转移，劳动强度大、风险高、稳定性差。外出务工人员的文化程度为：高中以上2.43万人，占9.4%；初中16.68万人，占64.6%；小学6.69万人，占25.9%；文盲200人，不到1%。

第九章　农村经济

第一节　农村经济总收入

中共十一届三中全会以后，保山各级党委、政府十分重视农业、农村和农民问题，根据人民生活需要和国内外市场需求，不断调整农业产业和农村经济结构，促进了农业、林业、畜牧业、渔业、工业、建筑业、运输业、商饮业、服务业和其他产业全面发展，增强农村经济实力，增加农民收入，改善农民生活，使广大农民生活得到逐渐改善。

1978年，全区农村经济总收入18451万元，1980年21568万元。

1990年，农村经济总收入103824万元，其中：乡镇企业收入11844万元，占总收入的11.4%；村组经营收入213万元，占0.2%；农民家庭经营收入91285万元，占87.9%；其他收入482万元，占0.5%。

2000年，农村经济总收入477236万元，其中：乡镇企业收入58960万元，占总收入的12.3%；村组经营收入4083万元，占0.9%；农民家庭经营收入408997万元，占85.7%；其他收入5196万元，占1.1%。

2005年农村经济总收入656650万元，比1978年增加638199万元，年均增长14.1%。其中：乡镇企业收入56813万元，占总收入的8.7%；村组经营收入4517万元，占0.7%；农民家庭经营收入558572万元，占85%；其他收入36748万元，占5.6%。

第二节　农村经济结构

1985年，全区农村经济总收入58031万元，其中：第一产业收入42466万元(农业32197万元，林业2397万元，畜牧业7740万元，渔业132万元)，第二产业收入11462万元，第三产业收入4103万元。第一、二、三产业结构比为73.2∶19.8∶7.0。

1990年，全区农村经济总收入103824万元，其中：第一产业收入77762万元(农业57186万元，林业4992万元，畜牧业15355万元，渔业229万元)，第二产业收入21571万元，第三产业收入4491万元。第一、二、三产业结构比为74.9∶20.8∶4.3。

1995年，全区农村经济总收入264487万元，其中：第一产业收入185904万元(农业134720万元，林业9453万元，畜牧业39522万元，渔业1200万元)，第二产业收入64144万元，第三产业收入14439万元。第一、二、三产业结构比为70.3∶24.2∶5.5。

2000年，全区农村经济总收入477236万元，其中：第一产业收入302690万元，(农业206588万元，林业18664万元，畜牧业75538万元，1900万元)，第二产业收入137550万元，第三产业收入36996万元。第一、二、三产业结构比为63.4∶28.8∶7.8。

2005年，全市农村经济总收入656650万元，其中：第一产业415440万元(农业267734万元，林业26173万元，畜牧业118537万元，渔业3000万元)，第二产业收入144501万元，第三产业收入96709万元。

2005年，第一、二、三产业结构比为：63.3∶22.0∶14.7，与1985年相比，第一产业下降9.9个百分点，第二业产上升2.2个百分点，第三产业上升7.7个百分点；与1990年相比，第一产业下降11.6个百分点，第二产业上升1.2个百分点，第三产业上升10.4个百分点；与1995年的相比，第一产业下降7个百分点，第二产业下降2.2个百分点，第三产业上升9.2个百分点；与2000年相比，第一产业下降0.1个百分点，第二产业下降4.8个百分点，第三产业上升6.9个百分点。

第十章 省属科研单位及国营农场

第一节 热带经济作物研究所

云南省农业科学院热带亚热带经济作物研究所（以下简称“热经所”），于1951年4月成立，时称云南省农业试验场保山分场。后几经变更，1981年更名为云南省农业科学院热带亚热带经济作物研究所；1996年1月与云南省农业科学院热区经济作物资源圃合并，实行统一领导，定名为热经所，所部设在元谋，潞江坝热经所变为一个二级机构，称为云南省农科院热经所保山实验站；2004年按院、所管理体制调整，恢复独立研究所建制，仍定名为云南省农科院热经所。

2005年年底，全所共有在职职工93人，其中：专业技术人员41人，从事生产、经营开发人员38人，行政管理人员14人，共设置科研管理科、热作科技开发中心、财务科和党政综合办公室等4个科室。所内建有热带农业科技示范园、热带作物种质资源圃、专家楼等相应配套齐全的科研设施，成为云南省“立足滇西，服务全省，面向东南亚”的热带作物科研、科技示范、科技培训、热带观光农业为一体的综合示范基地。

1978—2005年，共完成科研开发项目70余项，取得省（部）级科技成果11项，地（厅）级科技成果22项，发表科研论文250多篇。在云南省13个地州市的热区开展热带农业科技推广工作，累计面积达200万亩以上，产生社会经济效益达100多亿元。28年间，所取得的科研成果：第一，深化云南小粒咖啡密植高产栽培技术研究。针对云南省咖啡产区传统栽培技术存在的问题，提出咖啡栽培规范化技术措施，采取咖啡园群落生态（乔—灌）复合生物多样性栽培的创新模式，解决了咖啡栽培的荫蔽度和群落生态等问题，使生产成本降低3～5个百分点，投入产出比提高5个百分点以上，农民亩增收200元左右，减少成本支出50元左右，产值提高4～6个百分点，延长咖啡园经济收益期5—10年。该技术措施在全省示范推广覆盖面积达咖啡种植面积的80%以上，技术服务工作遍及保山、大理、临沧、德宏、丽江、玉溪、昆明、思茅、西双版纳等地州，构建了云南小粒咖啡标准化种植体系，促进了云南小粒咖啡可持续发展，1996年获云南省科技进步三等奖。第二，深化杧果高产综合栽培技术研究。共征集国内外杧果品种资源56份，从中筛选出三年芒、吕宋、马切苏、秋芒等4个早、中、晚熟配套品种，延长杧果供应期达三个月，总结提出相关高产综合栽培技术，在全省4个地州示范推广5833.8亩，平均亩产达637.25千克，最高亩产达2858.65千克，创造了国内杧果高产新纪录，经专家鉴定，其技术处于国内领先水平，1994年获省科技进步三等奖。第三，深化热带亚热带果树种质资源征集、评价与利用研究。以引进国内外热带水果，如蛋黄果、毛叶枣、人心果、阳桃、金星果、莲雾、蛇皮果、榴梿、山竹、黄皮、油梨等名特优热带果树种质资源为重点，同时加强杧果、荔枝、龙眼大宗水果优良品种的选育工作。通过试验观察，共收集保存国内外热带水果种质资源256份，拥有150亩良种繁殖圃，年可生产种苗50万株，在云南省热区示范推广10万余亩，为热带水果产业的持续发展起到了积极的推动作用。

第二节　疫苗厂

1958年11月，农业部在保山建立疫苗厂，生产口蹄疫疫苗，时有职工16人，厂名为云南省德宏州口蹄疫疫苗厂，隶属于云南省德宏州管理。1962年改为保山疫苗厂。1978年12月，经云南省革命委员会批准，收归省畜牧局直属管理，更名为云南省保山疫苗厂，编制为50人。是祖国西南地区唯一专业从事口蹄疫疫苗科研、试验、生产、毒型鉴定和种毒保存的全额拨款事业单位。生产经费由农业部按照每年实际生产供应的疫苗量给予补助，不足部分由省地方财政下拨。

1978—1980年，与广东省农科院畜牧兽医研究所共同试验推广使用“O”型鼠化二系250代弱毒疫苗。1981—1983年，同中国农科院兰州畜牧兽医研究所一道完成“O”型OP4细胞组织培养弱毒甘油苗的试制工作，并成功进行OP4细胞和亚洲I型兔化组织苗单苗气雾免疫和联苗气雾免疫。根据各地州的免疫需要，不断扩大生产，使OP4细胞苗和亚洲I型兔化组织苗形成规模化生产。从1958—1983年的25年间，先后研制生产牛羊口蹄疫O型结晶紫甘油苗、氢氧化铝甲醛灭活苗、兔化弱毒湿苗、鼠化兔体反应弱毒苗和口蹄疫亚洲I型结晶紫甘油、兔化弱毒湿苗、氢氧化铝兔化弱毒苗等7种类型的注射疫苗。1984—2005年主要生产“O”型OP4细胞组织培养弱毒气雾苗和亚洲兔化组织弱毒气雾苗。

1996年开始，保山疫苗厂开始从事口蹄疫细胞培养灭活疫苗的研制。成功研制和生产口蹄疫O型灭活疫苗、口蹄疫亚洲I型灭活疫苗，口蹄疫Asia-I型、O型双价灭活疫苗等品种。其中Asia-I型灭活疫苗获农业部颁发的新兽药证书。

2001—2003年11月，保山疫苗厂争取中央和省大力支持，筹资2830多万元，完成灭活疫苗GMP生产车间技术改造，建成2332平方米生产产房及相关配套设备设施，并于2005年7月通过农业部GMP验证，成为云南省第一个通过兽药GMP验证的兽用生物制品厂家。

2004年，由中牧实业股份有限公司发起，保山疫苗厂、中国农业大学、北京乐道兴创业投资有限公司、中国兽医药品监察所中海公司等5家单位共同组建乾元浩生物股份有限公司，在保山疫苗厂的厂房、设施及人员的基础上成立乾元浩保山生物药厂，后归属中牧实业股份有限公司管理，更名为中牧实业股份有限公司保山生物药厂。

2005年12月，保山疫苗厂购置了保山工业园区板桥片区的建设用地共58.9亩，用于疫苗检验和研发、生产厂房、相关配套设施建设。

保山疫苗厂建厂后，承担着牲畜口蹄疫疫苗的科研、试验、生产和口蹄疫毒型鉴定的科研生产任务，所生产的疫苗广泛于滇西30多个县（市）的牛羊免疫，对控制和扑灭口蹄疫起到了不可代替作用。特别是1984—2005年，用两型联苗进行牛、羊群体气雾免疫获得成功，疫苗在使用中安全有效，省时、省力、方便、适用，深受基层兽医人员和农户的欢迎，提高了牛羊的免疫密度，沿澜沧江以西的边境和交通沿线建立了2000多公里的坚强免疫带，有力地控制了牛羊口蹄疫的发生和流行。

第三节　潞江农场

1955年3月，组建云南潞江军垦农场，归属云南省军区、省农业厅领导，保山专区农业局代管。1957年更名为云南省潞江农场，隶属云南省农垦局。1978年，农场拥有已垦土地面积8809.5亩，其中：耕地5000亩，橡胶地3809.5亩。农场总户数1397户，总人口4067人，其中半劳力2319人。设有政治处、生产办公室、人民武装部、保卫科、劳资科、后勤科、财务科、技术科等机构。

1978年，生产经营管理实行有计划的管理体制，确立"巩固胡椒，保留橡胶，发展咖啡"的经营方针。实行场、队二级管理、二级核算。农产品收获后，统一交给农场加工、销售。职工工资按计划发放，部分列入生产成本。给予每户家庭分配0.2亩的自留地，允许职工从事家庭副业的生产经营。实行计划生育后，凡是领取了独生子女证的家庭，再次分配0.1亩的自留地。1979年，实行职工生产岗位联产计酬制，按工作性质设置生产岗位，保留职工20%的工资，年终进行生产岗位检查，合格的补发保留工资，成效突出的给予奖励，不达标的扣发保留工资。1980—1983年，实行"联产计酬"责任制，农场提供生产所需的一切生产资料，收获产品统一加工上交农场入库，由生产队负责发放人员工资和进行生产核算。1984—1993年，实行职工家庭土地承包经营责任制，兴办家庭农场，取消职工工资制度，取消生产队队级核算，耕畜及农具折价到户。产品统一加工，统一上缴农场，由农场销售核算后，扣除承包费用，余额兑付给家庭农场。农场承担职工的养老保险及其他保险费用。1994年，改革统一加工、实物缴费方式，家庭农场实行农产品自行加工、自行处理销售，农场参照市场价格，按核定的缴费面积、作物类别、土地类别、固定资产类别收取土地承包费，不再承担职工养老保险缴费责任。2003年，改革养老保险统筹制度，参加到全省养老保险统筹行列，由社会保险经办机构统筹缴费和发放退休人员工资。

1978年以后，粮、油及其他经济类农作物和橡胶被快速发展的咖啡、胡椒所取代，粮、油类播种面积和橡胶面积逐年萎缩。1987年，橡胶面积1950亩，干胶产量76.7吨，产值46.60万元（以上均按1987年不变价计算）；全年农业种植业生产总值434.73万元，比1977年增长了15.75倍，其中：咖啡产值增长78.4倍，胡椒产值增长55.12倍。1988年以后，继续深化经济体制改革，扩大咖啡种植规模，促进产业化的发展。原粮、油及经济作物和橡胶地进一步被咖啡取代，直至完全消失，2005年，种植咖啡6666亩，产量533吨；龙眼及其他热作经济类水果1757.85亩，产量1428吨，全年农业种植业生产总值按现行价计算1073万元，比1977年增长38.88倍。到2005年，机构设有政工、纪检、机关党支部、档案室、医保、社保、农场办公室、财会、信息统计、计划、扶贫、劳资、工会、女工委、计生办、土管所、安全办、团委、人民调解委、老龄委、人民武装部、保卫科等。全场有1654户，3447人，其中：在岗职工1198人，离退休人员820人，家属1429人。

第四节　柯街华侨农场

1978年5月，为安置被越南当局驱赶回国的难侨，云南省委决定将隶属省公安厅的新光劳改农场改建为柯街华侨农场。总面积14.7平方千米，耕地面积5318亩。5月，保山地委决定成立由25名干部组成的保山地区柯街华侨农场筹备领导小组。6月，筹备组进入农场开展工作。集中人力、财力、物资新建和改建盖安置归国难侨的住房。12月，柯街华侨农场正式成立，隶属省侨办主管。1988年1月移交昌宁县人民政府属地管理，农场的性质和正处级行政级别保持不变。

1979年1月起开始接纳安置归国难侨，至10月15日，共接待安置4批、480户、2459人，占1979年年底全场总人口的87%（第一批由马关县口岸接待站接来507人归国难侨进场，第二批原安置到西双版纳农垦农场的1133人转场过来，第三批从广西东兴江岸接待站接来683人，第四批由河口县口岸接待站接来136人）。

为安定归侨人心和发展生产、改善生活的需要，农场先后建立健全中国共产党柯街华侨农场委员会和工会、共青团、妇联、侨联等组织；建立相应的管理机构和生产经营单位19个。到2005年，场部设有办公室、财务科、生产科、人事科和计划生育办公室，辖两个农业管理区，9个农业生产队，场内有小学、医院各一所。

农场建立后，为调动归侨职工的生产积极性，制定了“力争粮、油、菜自给，以发展甘蔗为主，开展多种经营”的生产方针和多种形式的生产经营责任制。

农业生产方面，1980年1月实行定任务、定成本、定盈亏和增盈减亏奖的“三定一奖”生产责任制；1982年1月，农场推行联产计酬责任制；1984年，推行职工联产承包责任制，兴办家庭农场，工资脱钩，耕畜及农具折价到户，实行“自我积累、自费经营、自主经营、歉收自负、超收归己、上交包干”的管理办法；1995年1月，实行“自主经营、自费经营、定额上交、超收归己、自负盈亏”的管理办法。1997年11月，农场进一步完善农业联产承包责任制，将职工联产承包改为家庭联产承包。土地承包到户，农工（含农工改制的场员）承包4亩、家属2亩，土地承包时间暂定30年；鱼塘、果园及机动地以招标式承包，承包时间确定3—5年，承包期间增人不增地，减人不减地。

工副业生产方面，1980年1月，实行“三定一奖、财务包干”生产经营责任制。1983年实行联产计发工资责任制。1986年，实行“单独核算、自主经营、照章纳税、承包上交、自负盈亏”的管理办法。到2005年，按照国有企业改革的要求，逐步完成了糖厂、砖瓦厂、贸易服务中心、加工厂、商业供销公司等下属企业的改制，改制后的企业资产转为民营，职工身份置换为场员进行安置。

1980—2005年，全场共生产粮食8870吨，平均年产341吨；生产甘蔗55.47万吨，平均年产2.1万吨。到2005年，全场实现总产值1433.87万元，比1980年增长10倍；农场人均纯收入由1980年的230.83元增加到2005年的2300元，增长10倍。

第十九编　畜牧业

隆阳区西邑生猪养殖基地

综　述

保山市具有发展畜牧业的区位优势和自然资源优势，广大农村素有家庭养殖畜禽的传统习俗。至2005年，畜牧业已成为发展农村经济、农民实现脱贫致富的骨干产业。畜牧业在全市经济社会发展中的地位和作用日益明显。

1978—2005年，全市畜牧业发展经历了三个发展时期：1978—1985年，是畜牧业得以迅速恢复和发展的时期。随着农村家庭联产承包责任制的建立和完善，畜禽养殖由集体和家庭饲养的形式实现了以农户家庭饲养为主的转变，畜产品由计划供应到市场敞开供应的转变。1985年实现畜牧业产值9291万元，占农业总产值的19.12%，肉类总产量32574吨，人均肉奶蛋占有量为17.65千克。1986—1995年，是以人民群众对畜产品的基本需求为目的，实现畜产品自给的时期。农户家庭养殖巩固和发展，畜禽品种改良技术、科学养殖技术和饲料开发利用技术逐步推广普及到农户。养殖专业户、重点户的出现，推动了畜牧业的快速发展。1995年，实现畜牧业产值36500万元，占农业总产值的21.72%，肉类总产量6990吨，人均肉奶蛋占有量为32.66千克。1996—2005年，是生猪生产，加快草食牲畜发展，走以加工带养殖连市场的路子，进行产业结构调整，大力扶持畜牧龙头企业着力推广和普及畜牧新技术，提升畜牧业生产水平的时期。全市涌现出28户有较强带动能力的加工、养殖龙头企业，727户养猪大户，1707户养牛重点户和2086户养羊专业户，20个养殖示范村和10个初具规模的养殖小区，年均向区外销售肉猪65万头，仔猪100多万头，肉牛3.8万头，肉羊6万头，家禽130万只。2005年，全市畜牧业产值达174878万元，占农业总产值的28.45%。肉类总产量169625吨，禽蛋产量6637吨，奶产量2791吨。人均肉奶蛋占有量为73.84千克。

28年中，全市各级政府根据不同时期经济社会发展的特点，制定畜牧产业发展政策，优化产业结构调整，鼓励农民发展养殖业，扶持以生产、加工、销售一体化的私营畜牧龙头企业。1985—2005年，国家和地方各级财政加大对畜牧业基础建设项目的支持，投资11458万元，实施20个重点建设项目，改善畜牧产业发展的基础条件。建立和完善市、县畜牧行政管理机构，加强市、县、乡科技推广服务队伍的建设。从禽蓄品种改良技术、科学饲养技术、动物疫病防治技术等方面进行科技推广和服务，使农民科学养殖技术和水平上了一个新台阶。

全市畜牧业由传统畜牧业向现代畜牧业的转变，为全市社会经济发展，满足人民群众日益增长的物质生活需求，加快新农村建设步伐作出了重要贡献。但全市畜牧业基础比较薄弱，抗风险能力较弱，畜牧产业化发展进程缓慢的问题依然存在。

第一章　机构沿革

第一节　畜牧行政管理机构

一、市级畜牧行政管理机构

1978年12月，保山地区农业局革命委员会撤销，成立保山地区农业局，畜牧业归口农业局管理。1981年保山地区行政公署农业局增设畜牧科。

1996年4月，保山地区行政公署畜牧局成立，为行署直属一级机构，人员编制10人，内设办公室、畜牧科、计财科，租用保山军分区招待所房屋办公。

2001年9月，保山地区行政公署畜牧局撤销，并入农业局，成立保山市农牧局，下设畜牧产业科。

2004年7月，成立保山市畜牧局，为市政府直属一级机构，人员编制10人，内设办公室、畜牧科和兽医法规科。2005年，保山市畜牧局1室2科共有干部职工9人。

二、县级畜牧行政管理机构

1978—1996年，各县（市）畜牧归口县农业局管理。其间，1983年9月保山县农业局更名为保山市农牧渔业局。1985年2月，成立保山市畜禽食品联营公司，畜牧和食品部门归属市畜禽食品联营公司管理。1996年9—12月，各县（市）相继成立县级畜牧局，为县级政府畜牧主管部门。

2001年6月至2002年9月，各县（区）畜牧局相继撤销并入县（区）农业局。

2004年4—12月，各县（区）相继成立县级畜牧局，为县级政府畜牧主管部门。2005年年底，五县（区）畜牧局在编干部职工合计58人。

第二节　畜牧事业机构

一、市级畜牧兽医事业机构

保山地区畜牧兽医工作站成立于1964年，为财政全额拨款的科级事业单位。1978年，全站有编制30人，实有职工26人。1992年2月，增挂保山地区兽医卫生监督检验所牌子。2001年，保山地区畜牧兽医工作站改名为保山市畜牧兽医工作站和保山市兽医卫生监督检验所。2003年2月，加挂保山市畜禽产品安全监督检测中心牌子。2004年10月，加挂保山市饲料兽药监察所的牌子，下设兽药检验室、饲料分析室、精密仪器室、中药室、无菌室、试剂室和样品室。拥有检测仪器设备共60台（套），总价值130万元。有经过资质培训持证上岗的检化验人员6人，具备饲料产品28个参数、兽药产品65个参数的检测能力。

2005年年末，保山市畜牧兽医工作站编制40人，在册职工30人，其中：副高级职称4人，中级职称11人。

二、县级及其以下畜牧兽医事业机构

1978—2005年，保山市共有地方财政全额拨款的县级畜牧兽医事业机构5个：隆阳区畜牧兽医工作站、施甸县畜牧兽医中心、腾冲县畜牧技术推广中心、龙陵县畜牧技术推广中心、昌宁县畜牧兽医工作站。1978—1996年隶属于县（市）农业局；1997—2001年隶属于县(市)畜牧局；2002—2003年隶属于县(区)农业局；2004—2005年隶属于县(区)畜牧局。2005年年末，五县（区）畜牧兽医事业机构在册职工240人。

1978年，保山地区共有公社畜牧兽医站96个，在职人员289人，每个公社平均2～3人；共有大队赤脚兽医449人。1983年年底至1984年上半年，撤销公社建制设区，公社畜牧兽医站更名为区畜牧兽医站，更名后共设区畜牧兽医站83个；大队赤脚兽医改为乡兽医。1987年下半年至1988年年初，撤区设乡（镇），区畜牧兽医站更名为乡（镇）畜牧兽医站，更名后共设乡（镇）畜牧兽医站83个；乡兽医改为村兽医。1992年，乡（镇）畜牧兽医站的性质由集体所有制单位定为国家在基层的事业单位，全区核定人员编制465人，其中：保山市125人，施甸县76人，腾冲县113人，龙陵县67人，昌宁县84人。2002年，乡（镇）畜牧兽医站与农科站合并，成立乡（镇）农业技术推广服务中心。2004年，乡（镇）畜牧兽医站又从农科站分离出来，成为独立事业法人单位。同年，保山市委、市人民政府决定每村设1名兽医防检员，每人每月补助50～100元，列入乡（镇）财政预算。2005年，全市共有乡（镇、办事处）畜牧兽医站76个，在册职工373人。

第三节　畜牧企业单位

一、市级企业单位

1978—2005年，保山市共有市级畜牧企业单位4个：保山市良种猪场、保山市种鸡场、保山市肉牛加工厂、保山大昌饲料厂。其中保山市种鸡场和保山大昌饲料厂因经营不善、资不抵债于2005年破产拍卖而注销，39名在职职工及8名退休职工均按企业改制政策进行安置，并解除劳动合同。2005年年末，市良种猪场和市肉牛加工厂共有在册职工29人。

二、县级企业单位

1978—2005年，保山市有9个财政定亏补助、企业管理、财务独立核算的县（区）级种畜禽场：保山县良种繁殖猪场，腾冲县良种猪场、芹菜塘畜牧场、勐连种马站、腾冲县种禽场、高黎贡山雪鸡开发公司，龙陵县畜牧场，昌宁县种猪场、英韬畜牧场。1987年8月，昌宁县英韬畜牧场撤销。1991年，腾冲县勐连种马站撤销。1996年，腾冲县种禽场与县良种猪场合并。2003年3月，腾冲县高黎贡山雪鸡开发公司停业。2005年年末，全市有县（区）级种畜禽场5个。

第二章　饲料资源

第一节　自然草场资源调查

1980年9月至1987年12月，保山地区畜牧兽医站组织全区五县（市）畜牧专业技术人员，按照《中国南方草场资源普查方法导论及技术规程》《云南省草场资源调查技术规程（草案）》的规定，完成保山地区草场资源普查工作并编写《保山地区自然草场资源调查报告》，绘制1∶200000草场资源类型图、草场资源等级图、草场资源潜力图等。1988年1月18—20日，由云南省畜牧局、保山地区农业区划办公室组织有关专家召开成果评审会，一致通过普查成果评审。

普查结果显示，保山全区牧地毛面积1178.23万亩，占总面积的27.3%；有效面积782.5万亩（保山市189.1万亩，施甸县93万亩，腾冲县172.9万亩，龙陵县130.7万亩，昌宁县196.8万亩），占毛面积的66.41%。全区自然草场资源分布广而零星，大面积成片草场不多，草场利用不平衡，草场生产能力弱，草质中等，改良利用潜力大。按天然草场类型划分原则，全区草场有6个类、76个型，其中：山地灌丛类草场64.32万亩，占有效牧地面积的8.22%；山地草丛类草场103.94万亩，占13.28%；疏林草丛类草场171.37万亩，占21.9%；宜牧林地类草场352.69万亩，占45.07%；撂荒地类草场60.21万亩，占7.69%；农隙地类草场29.92万亩，占3.84%。按草场面积大小分，全区共有草场8069块，其中：小于300亩的共有4646块，面积238.26万亩，占总面积的20.22%；301～1000亩1369块，面积132.5万亩，占总面积11.25%；1001～10000亩的有1930块，面积447.85万亩，占总面积38.01%；10001～50000亩122块，面积213.1万亩，占总面积18.09%；50001～100000亩1块，面积58875亩，占总面积0.5%；大于10万亩1块，面积10.53万亩，占总面积0.89%。全区草场平均亩产鲜草651千克，理论载畜量33.16万黄牛单位，实际载畜60.1万黄牛单位，超载26.92万黄牛单位。

此次普查，共收集自然草场植物样本并鉴定2388种，分属98目、232科、1008属，其中：牧草2054种，分属91目、183科、905属（主要饲用牧草509种，占牧草总数的24.78%；禾本科198种、占9.64%，豆科153种、占7.45%，菊科158种、占7.69%）；有毒害草60多种，危害较为严重的是紫茎泽兰、蕨类和西南萎陵菜等。紫茎泽兰主要分布在海拔1000～2500米的区域，西南萎陵菜主要分布在海拔1200～2700米的区域，蕨类在海拔800～2800米的区域均有分布。

保山地区草场资源丰富，且由于水热条件好，自然条件优越，牧草茂盛，基本可依靠自然草场饲养家畜。全区草场资源的利用，受自然、历史条件等限制，仍属一种原始自然型利用，主要是四季放牧，任意放牧面积257.81万亩，刈割草场19.70万亩，放牧刈割兼用504.96万亩。草场利用方式落后，利用权限不固定，只用不管，草场退化严重；农林牧用地没有科学合理规划和布局，相互争地，互相制约；畜群结构不合理，商品经济意识淡薄，造成对草场资源的浪费；杂害草侵入、优良牧草被排挤，造成草质下降，产量降低。

第二节　牧草有害生物调查

1992年10月至1993年10月，根据农业部的要求及省畜牧局《牧草有害生物病、虫、鼠、害草调查技术规则》，保山地区畜牧兽医站组织腾冲、龙陵、昌宁、施甸四县开展人工牧草草场有害生物调查工作。采用“一线线路，夏冬两季同一定点”的调查方法，在四县26个乡、57个行政村范围内选定样地133个、样方365个，代表调查面积15.54万亩，占全区草场有效面积782.5万亩的1.97%。通过调查，基本查清了保山地区以人工草地为主的有害生物分布、数量及优势种群。全区有害生物的分布与海拔、植被、气候等因素紧密相关。海拔500～1000米的区域，病害少、虫害多，杂害草以紫茎泽兰为优势群落；海拔1000～2000米的区域，病、虫、鼠、杂害草分布广、危害大、密度高，杂草以紫茎泽兰、蕨类为优势群落；海拔2000～2500米的区域，病害减少，虫害次之，杂害草较多，有毒植物多，杂害草以蕨类、西南萎陵菜为优势群落；海拔2500米以上区域，病、虫害少见，鼠害也少，杂害草以西南萎陵菜为优势群落。调查中全区共发现牧草病害41种，危害较大的主要有白粉病、黑斑病、锈病、细菌性叶斑病、炭疽病、褐条斑病、花叶病、根腐病、轮纺斑病、叶茎瘟等；主要害虫63种，分属21个科，对草场危害最大的是蝗科和金龟类；鼠害21种；杂害草60种，分属30个科，危害最严重的是紫茎泽兰（其分布广，危害面积大、密度高，生存力特强），其次是蕨类、西南萎陵菜等。

第三节　天然草原改良及人工草场建设

一、草场改良及建设概况

1983—2005年，保山市通过以工代赈、种草养畜、牛羊商品基地建设、牛羊综示区建设、紫茎泽兰综合控制技术的研究与应用等项目的实施，实行山地草场改良和人工种草相结合，带动全市人工草场建设工作。1983年，腾冲县在明光公社自治大队大竹坝开展人工围栏，建设人工草场2000亩，随后全区种植面积逐步扩大。1983—1990年，全区累计种植人工牧草12214亩。1991—2005年，全市累计种植人工牧草15.7万亩，保留面积13.4万亩，改良草场17万亩，人工围栏5.49万亩。山地人工种草以非洲狗尾草、白三叶、鸭茅、多年生黑麦草等品种为主。2001—2005年，由国家立项在龙陵、腾冲和昌宁县实施种草养羊项目、天然草原恢复和改良项目建设。建成人工草（料）场8.61万亩，改良恢复草地3.36

万亩。项目总投资2072万元，其中：财政投资1942万元，项目区自筹130万元。

二、龙陵县人工种草养羊项目

2001年11月，国家计委批准龙陵县种草养羊项目立项。总投资1050万元，其中：中央预算内资金900万元，省级50万元，地县配套100万元。建成人工草场30541亩，饲养黄山羊2.6万只。新建象达乡黄山羊技术指导站582.21平方米、碧寨乡黄山羊技术指导站403.72平方米，扩建象达乡黄山羊交易市场2197平方。项目区草场采用全垦除杂，黑麦草、红三叶、白三叶、东非狗尾草、非洲狗尾草混合播种，牧草生长良好。2003年11月，由国家、省、市发改委和市农业局组织验收，草场建设质量评为良、养羊质量评为优。项目区年出栏种羊5000只，商品羊4400只，新增产值504万元。

三、腾冲县天然草原恢复和建设

2002—2005年，腾冲县实施国家西部开发“腾冲县天然草原恢复和建设”项目。分别在小西镇、中和乡和新华乡实施。完成总投资480万元，其中：中央320万元，省级60万元，市（县）60万元，群众自筹40万元。建成人工放牧草地3万亩（为混播放牧草场，组合牧草品种：非洲狗尾草、白三叶、鸭茅、黑麦草等），种植芭蕉芋1万亩；草地围栏36千米，架设输水管道3千米、蓄水池254立方米，输电线路2.2千米，修筑草地公路3千米，草地监测点1个、监测业务用房529平方米，培训5800人；建成肉牛养殖示范村1个，扶持肉牛饲养大户16户，其中：饲养规模在500头以上1户，200头以上5户，50头以上10户。年出栏肉牛合计3300头，产值达660万元，分别比项目建设前提高11和39个百分点。2005年，项目经省发改委和省农业厅验收合格。

四、昌宁县天然草原恢复和建设

2003年，昌宁县被列为省级天然草原恢复建设项目县。2004年5月起，在湾甸、翁堵、大田坝、漭水、达丙、更戛6个乡（镇）组织实施，到2005年年底全面完成建设项目。建成人工草场15540亩，改良草场33620亩，草地围栏40.52千米，架设管道19.5千米，建蓄水池388立方米，建设牧道3.84千米，架设输电线路1.35千米，建设棚舍4056.7平方米，草山生态监测业务用房1幢、252.53平方米，草原生态水土流失监测小区1个。总投资542.72万元，其中：中央预算内专项资金400万元，省级配套资金50万元，自筹92.72万元。培训1万余人次，推广种草养畜，促进了项目区畜牧业，尤其是草食畜产业的可持续发展，农户增收明显。

第四节　优质牧草种植推广

1978年，龙陵县引进狗尾草在龙山、龙新等高寒山与苦荞籽混合播种，种植2000亩，1980年种植2500亩，亩产鲜草1568.07千克。1983年，腾冲县引进多年生黑麦草、扁穗雀麦、紫花苜蓿、红三叶、白三叶、百脉根等6个类别52个品种（禾本科28个品种，豆科24个品种），分别在明光公社自治大队大竹坝等地进行牧草引种适应性观察和栽培试验，其中

13个品种表现好，可在当地推广。

1985—1994年，在各县（市）大力示范推广种植人工牧草。1985年，保山市引入黑麦草及红、白三叶草混播种植，效果良好。1987—1991年，昌宁县引进非洲狗尾草、鸭茅、高羊茅、红三叶、白三叶、一年生多花黑麦草、多年生黑麦草和串叶松香草等种植4590亩。1993年，施甸县引进黑麦草、红三叶、白三叶、鸭茅、扁茅试种，试种面积1500亩；1994年推广种植1.6万亩，亩产牧草2400千克。

2001年，龙陵县陆续引进红三叶、白三叶、东非狼尾草、非洲狗尾草，进行大面积试种。同时，引进“热研四号王草”进行种籽扩繁，每年可刈割4～6次，亩产鲜草1.8万千克，根据生长期的不同，刈割后可饲喂猪、羊、牛、马等家畜，之后推广到全县10个乡（镇）。2002年，保山市畜牧兽医站引进一年生四倍体多花黑麦草和鲁梅克斯两个牧草品种，组织五县（区）开展种植试验，全市种植特高多花黑麦草1600亩，并获得成功。当年，施甸县引进皇竹草试种，面积5亩，试种后在沿江流域进行推广。同年，腾冲县引入牧草品种41个，其中：苜蓿类37个，黑麦草、非洲狗尾草、非洲狼尾草和白三叶各一个，试验种植结果表明有10个品种适宜当地种植。2003年，云南省农业厅下达保山市农田种草2.5万亩，实际完成农田种植多花黑麦草32448亩。通过定点测产及对各县上报资料分析，多花黑麦草亩产9～15吨，平均亩产鲜草13.87吨。同年，隆阳区开始推广种植皇竹草。2004年，省下达全市农田种草任务6.2万亩，实际完成种植6.8万亩，推广种植的品种有特高、帕萨拉、钻石T、沃土、邦得、安格斯、杰威等。2002—2004年，全市累计推广农田种植多花黑麦草10.16万亩。

2005年，云南农业大学在龙陵县的黄山羊核心种羊场进行沙打旺、银合欢、百脉根、多花木兰、胡枝子、黑籽雀稗、墨西哥玉米、美国饲用甜高粱、苇状羊茅及高丹草等共70个牧草品种栽培试验。当年，龙陵县推广种植“热研四号王草”2500亩；全市皇竹草推广种植面积5000余亩；全市完成农田种草任务9.2万亩。

第五节　高产饲料种植推广

保山地区从1958年开始，先后引进芭蕉芋、菊苣、牛皮菜、饲料瓜、紫花苜蓿、草木樨、象脚芭蕉等外地高产饲料品种。保山县1976年引进聚合草（紫草）试种，1979年推广200亩成功。1979—1985年，先后引进和推广的高产饲料作物有聚合草、串叶松香草、光叶紫花苕（饲料、绿肥兼用）、象草、苏丹草、细绿萍和啤饲大麦等品种。

1988年，全区种植马铃薯8.7万亩，块根总产1.07万吨，约20%（2140吨）用于饲料；种植红薯7.83万亩，产薯块1.06万吨，总产的40%（4240吨）用于饲料，产茎叶青绿饲料7.3万吨，全部用于饲料；种植芭蕉芋0.84万亩，总产茎块5.11万吨，约90%（4.6万吨）用作饲料，产茎叶青饲料4.5万吨，约30%（1.35万吨）用作饲料；种植光叶紫花苕2.92万亩，总产鲜草量7.88万吨，约70%用作绿肥、30%（2.4万吨）幼嫩部分用于饲料。

从90年代开始，在全区各县农村大面积推广种植芭蕉芋。腾冲县1992—1994年推广种植3.52万亩，平均单产3.5吨，总产量12.32万吨；1996年种植70153亩，单产3.80吨，总产量26.66万吨；2000年种植面积已超过10万亩。至2005年，全市推广种植面积达14万亩，其中：隆阳区1.1万亩，施甸县0.3万亩，腾冲县10万亩，龙陵县1.05万亩，昌宁县1.55万亩。

1998年，引进鲁梅克斯在施甸县试种12亩；1999年在昌宁县试验种植，2002年推广种植500亩；2000年保山市试种成功，2002年由保山市畜牧兽医站组织200亩的种籽进行示范种植。因该草适口性差，干物质含量低、移栽成活率低而被淘汰。

此外，2002年秋季，腾冲县开展的优质饲料品种筛选试验示范项目，共引进35个品种，其中：青贮玉米11个，高粱稗子类8个，多花黑麦草6个，紫花苜蓿6个，饲料大麦、串叶松香草、百脉根和菊苣各1个。试验结果，在青贮玉米品种中，华农1号最高单产为1.05万千克；在高粱稗子品种中，M-81E单产最高达7800千克。饲料玉米在腾冲、隆阳、昌宁等县（区）得到进一步推广应用，2005年推广面积达到2000亩。

第六节　青贮氨化饲料推广

一、青贮饲料推广

1984年，腾冲县畜牧部门在西山坝养殖场，以塑料袋及水泥池为容器，采用芭蕉芋茎叶切碎青贮50吨获得成功。次年，在芭蕉芋种植面积较大的中和、清水和城关等乡（镇）农村推广制作青贮饲料170吨。

1987年，全区在五县（市）开展青贮饲料试点工作。腾冲县在中部和南部乡（镇）扩大推广青贮饲料，全县青贮总量为1700吨；龙陵县畜牧兽医站制作铡刀14把，分发到12个乡（镇）兽医站及县畜牧场，在全县范围内掀起制作青贮饲料的高潮；昌宁县在柯街、卡斯等8个乡（镇）26个村（处）60个合作社的112户农户及农场和机关单位伙食团，推广制作青贮饲料251.9吨。1989年，行署农牧局将青贮作为年度科技推广任务指标下达到各县（市），其中下达保山市150吨的青贮任务，实际推广青贮饲料150.25吨。1990年，青贮饲料推广到13个乡（镇）71个村（处）129个合作社315户农户。全区共制作青贮饲料784.27吨。

1992年以后，由于农户体验到青贮饲料喂牲畜的好处，全区青贮饲料量逐年递增。2005年，全市已在72个乡（镇）865个村16万户农户推广青贮饲料，拥有青贮氨化永久窑97437立方米，推广青贮饲料41.31万吨，特别是在一些肉牛规模养殖场、养殖专业户、奶牛饲养户，充分利用当地农作物秸秆、蔗叶蔗梢制作青贮饲料饲养肉牛，取得较好的经济效益。

保山市青贮饲料推广情况表

表 19-1　　　　单位：吨

项　目	1990年	1995年	2000年	2005年
隆阳区	101.2	8008	50309	91417
施甸县	20.34	11596	50030	80123
腾冲县	551	25675.3	68220	92179
龙陵县	50.43	2950	24707.6	55864
昌宁县	61.3	10560	56840	93600
合　计	784.27	58789.3	250106.6	413183

二、氨化饲料推广

1991年，保山地区兽医站和昌宁县畜牧兽医站技术人员在达丙乡光阴山脚用稻草制作氨化饲料，开展养牛试验，当年制作氨化饲料60吨。1994年，开始在五县（市）推广氨化饲料，首先在保山市、腾冲县、昌宁县开展秸秆氨化，保山市首次在20个乡（镇）范围内试验推广氨化饲料152.38吨；腾冲县畜牧中心在科学养牛示范区的上云乡大水塘村和芒棒乡的马家村，联户成片开展以稻草、甘蔗梢为原料的氨化技术试验示范，加工贮量314吨；昌宁县畜牧兽医站组织技术人员到卡斯乡开展调查的基础上，连片推广蔗叶、梢和稻草氨化饲料。

1996年4月，保山地区被列为全省重点推广青贮、氨化饲料的地州之一。省级安排专项资金，对建造永久性青贮氨化池（窖）给予每立方米15~20元的补助，各县（市）纷纷举办青贮氨化示范。2005年，全市已在72个乡（镇）开展氨化技术推广，拥有青贮氨化永久窖97437立方米，推广氨化饲料16.01万吨。

保山市氨化饲料推广情况表

表 19-2　　　　单位：吨

项　目	1994年	1995年	2000年	2005年
隆阳区	152.38	2072	15305	30724
施甸县	100	3418	15236	30074
腾冲县	314	2541	28958	42999
龙陵县	4	2550	10252.8	10076
昌宁县	70	1268	32500	46200
合　计	640.38	11849	102251.8	160073

第七节　配（混）合饲料

一、配合饲料资源调查

1989年4—7月，按照《云南省畜牧局饲料资源调研项目》等相关规定，保山地区农牧局组织人员，对保山地区1986—1988年配合饲料资源状况进行普查，收集整理普查资料。1989年8月1—3日，保山地区的配合饲料资源状况普查工作通过云南省畜牧局的验收。

保山地区1988年饲料资源现状表

表19-3　　单位：万亩、千克、吨

作物名称	种植面积	单产	总产
一、粗饲料产量（秸秆）	—	—	6853671.1
天然草场	782.46	651.5	5097726.9
麦	63.03	300	139081
蚕豆	14.18	300	42545
豌豆	23	300	69000
大豆	3.61	300	10344
稻谷	165.92	400	663699.6
玉米	77.55	300	232647
草籽	15	—	2000
荞	3.4	200	16300
油菜	14.68	400	58708.4
花生	1.13	500	5668.5
杂粮	11.34	300	34031.7
蔗	25.08	2500	620000
二、青绿饲料产量	—	—	287908.8
蔬菜外叶	11.30	1000	113043
青饲料	1.05	2000	20968
马铃薯	8.71	123	10701
红薯	7.83	135.7	10632
芭蕉芋	0.84	6000	51117.3
苕子	2.29	3000	78803.5

续上表　　单位：万亩、千克、吨

作物名称	种植面积	单产	总产
人工牧草	0.27	1000	2653
三、植物蛋白饲料	—	—	31280.8
大豆	3.61	109	3599
蚕豆	14.18	54	7586
豌豆	23	40	9200
花生	1.13	94	1066.8
油菜	14.68	56	8219
三叶豆	—	—	100
铁核桃	0.66	—	1510
四、能量饲料	—	—	774922
稻谷	135.92	322	534278
玉米	77.55	190	145965
小麦	63.03	133	83906
荞	8.4	39	2520
杂粮	11.34	67	7753
草籽	1	—	500

2004年11—12月，根据省农业厅《关于开展饲料业发展情况专题调研的通知》要求，市饲料工作办公室对全市饲料业发展情况进行了专题调研。经调查，全市当年玉米、小麦、豆类、薯类、油菜产量分别为23、10.8、3.44、2.88、2.86万吨，其中用作饲料的分别为10、3.5、1.3、2.6、1.8万吨，分别占各产量的43.48%、32.41%、37.79%、90.28%和62.94%。

二、配（混）合饲料生产及推广应用

1980年5月，保山县畜牧兽医站、长岭岗种猪场和城关粮管所各派出1人前往四川省参观学习配合饲料的生产应用及畜禽养殖。回来后，即进行配合饲料的试验生产，取得了良好的效果。

1981年，保山地区成立配合饲料推广办公室，把配合饲料推广工作任务下达到保山、腾冲、施甸、龙陵四县。各县成立相应的配合饲料推广小组，组织实施各县的配合饲料推广工作。1982年，各县先后在当地建起饲料生产加工厂或加工车间。

到1988年，保山地区建立以粮食部门为主，国营、集体、个人共同参与的配合饲料生产厂、点、网络共31个，其生产设备的年单班生产能力为5.4万吨，当年全区共生产配（混）合饲料16237吨。90年代，保山相继建立了保山市大昌、吉昌、顺达、永凯永坤、利农、安邦、天赐牧业、水晶、辛街陶孔饲料厂(点),施甸宏旺、金塔饲料厂(点),腾冲腾科、腾冲县浓缩饲料厂、界头荣昌富康饲料厂(点),昌宁县畜牧中心饲料厂等一批饲料生产企业。1992年饲料粮价放开以后,仅保山市饲料公司当年生产及销售配合饲料就达28196.5吨,较上年增18319.1吨。由于市场竞争激烈,养殖户对饲料质量和养殖效益的重视程度提高,当地多数饲料加工厂(点)逐步被淘汰。

2001年,成立保山市饲料管理工作办公室,隆阳、腾冲、施甸县成立相应的管理机构,加大对饲料生产、销售、使用各环节的质量监管力度。2002年,全市有饲料生产企业12家,在职职工238人,生产销售饲料1.36万吨,实现饲料工业总产值2862.6万元。

2005年,全市仅有饲料生产企业7家(隆阳区的永凯饲料公司、永坤饲料公司、顺达饲料有限公司、安邦饲料厂、利农饲料厂,腾冲县饲料公司、浓缩饲料厂),在职职工161人,生产销售饲料14295吨,实现产值4414万元。同年,进入全市饲料市场的饲料品牌有来自省内外的正大、大地、黄龙山、神农、希望、华港、华昌、农大、380、金钱、利德、瑞丰、千禧、昆明领袖、阳大等60多个品牌;配合饲料、浓缩饲料、饲料添加剂在全市的销售量分别达13万吨、4万吨、0.2万吨。同年,龙陵县在云南农业大学的支持下,开发使用牛羊补充料,年内使用牛羊补充料5吨。

第三章 畜禽养殖

1978开始,保山地区农村全面实行家庭联产承包责任制,激发了农民养殖的积极性。20世纪90年代,畜牧业生产进入快速发展时期,牲畜饲养专业户、重点户、大户蓬勃发展。进入21世纪,又出现了畜禽标准化养殖示范村、养殖小区等新的畜禽养殖模式。

第一节 生猪养殖

1978年,保山地区生猪存栏98.8万头,出栏肉猪30.58万头,出栏率31.2%;猪肉产量1.68万吨。1980—1982年,全区农村生猪饲养以农户家庭饲养为主,品种以保山大耳猪为主,同时养殖部分经杂交改良的脂肉兼用型杂交猪,饲养管理比较粗放。1982年农村开始出现规模饲养和经营商品猪的养殖重点户和专业户。1991年年末,经畜牧兽医业务单位调查鉴定,全区登记在册的种猪饲养户915户、饲养957头。1996年,全地区配种站点(户)共674个,有良种父母代种猪524头(公470头,母54头),当年改良配种18.26万头窝。随着科学养猪技术的推广普及,瘦肉型杂交猪养殖、圈舍改造、猪人工授精技术、配合饲料喂猪、疫病预防等实用技术进入农户。同时,专业养殖大户快速增长,私营规模化养殖场、养殖企业巩固发展。2004年,全市生猪规模养殖户出栏肥猪101~200头的有84户,

201头以上的有30户。能繁母猪饲养21～50头的有37户，50头以上的有11户。

2005年，全市共有生猪养殖示范村121个，出栏肥猪100头以上规模养殖场(户)390家，标准化生猪规模养殖小区1个；全市共有猪人工授精站（点）205个，拥有可利用的良种公猪1522头，当年杂交改良配种23.43万窝；全市生猪存栏206.33万头，比1978年增长1.1倍；出栏肉猪177.4万头，出栏率86.8%，分别比1978年增长4.8倍和提高55.6个百分点；猪肉产量14.25万吨，比1978年增长7.48倍。全市外销肉猪达70万头，仔猪达100多万头。

1978—2005年保山市生猪生产情况择年统计表

表19-4　　　　单位：万头、万吨

年　度	生猪存栏	出栏肉猪	出栏率（%）	猪肉产量
1978	98.8	30.58	31.2	1.68
1980	111.86	35.74	33.68	1.85
1985	128.8	45.23	35.12	3.05
1990	157.56	53.89	34.2	3.79
1995	178.65	84.9	47.52	6.17
2000	190.97	136.56	71.99	10.93
2005	206.33	177.39	86.8	14.25

第二节　牛养殖

一、水、黄牛饲养

1983年，大牲畜折价分配到农户家庭饲养（此前为社队集体所有），以役用为主要目的养牛业迅速发展。1985年，全区牛存栏52.75万头，比1978年增长49.5%。1985—1995年，由于农业机械增加，逐步替代部分役畜的作用，饲养量略有下降。20世纪50—90年代，保山地区曾先后零星引进种公牛、荷斯坦、南阳黄牛、墨里灰、嘎拉黄牛、柯斯特罗姆、西门塔尔、广南黄牛、婆罗门及印度摩拉水牛等品种对本地黄牛、水牛进行杂交改良，改良效果不明显。1996年起，牛的饲养从役畜逐步向肉用、乳用和乳、肉、役兼用方向快速发展。当年，开始实施肉牛冷冻精液人工授精改良技术推广，引进西门塔尔、安格斯、短角、摩拉、尼里拉菲、荷斯坦冷冻精液，在全区大范围推广牛冷冻精液人工授精技术。1998年，肉牛出栏5头以上的有1481户，出栏肉牛16710头；20头以上的有141户，出栏肉牛4784头；50头以上的有35户，出栏肉牛2334头；出栏100头以上的有5户，出栏肉牛577头。2000年，全区有冻改站（点）37个，全年配种5149头，其中：黄牛856头、水牛4028头。2005年，保山市五县（区）牛冻改站（点）达78个，配种20243头，其中：黄牛

8760头、水牛10860头。但与全市18.11万头的能繁母牛数相比，改良配种面仅占11.18%。

至2005年年末，全市共存栏肉牛50头以上大户120户、养殖示范村5个、养殖小区5个。1980—2005年的26年间，肉牛存栏增长18%、出栏肉牛头数增长11.93倍，出栏率提高17.88个百分点，增长11.1倍，牛肉产量增长29.5倍。

二、奶牛饲养

1978—1988年，保山地、县食品部门设立奶牛场饲养奶牛，挤鲜牛奶供应城镇居民消费。奶牛1980年存栏79头，1985年存栏110头。

1990年，保山市板桥镇乌龙办事处自筹资金建成小型奶粉厂一座，日加工鲜奶1吨，由于设备落后，产品质量达不到要求而停产。此后几年，由于缺乏加工龙头企业带动，保山地区奶牛饲养量一度出现萎缩。

1998年6月，保山市永昌牛奶有限公司成立，饲养奶牛30余头并加工牛奶；李志强奶牛养殖大户饲养奶牛40余头。1999年，汇通奶牛场引进奶牛饲养并加工牛奶供应市场。2001年，腾冲县群众选育和繁殖槟榔江水牛（江河型），调教摩本杂水牛挤奶获得成功。开启了保山市水牛奶的开发研究工作。2003年12月，腾冲县艾爱摩拉牛乳业有限责任公司成立，2004年在中和乡下村建立槟榔江水牛良种繁殖场。

2005年，全市奶牛存栏1983头，年产鲜奶2791吨；有乳制品加工企业4家，20头以上奶牛养殖大户（场）10余户，奶牛养殖示范村5个，奶牛养殖小区4个，冻改配种623头。

三、牦牛养殖

1983年，腾冲县林业局胆扎林场从中甸县引进24头中甸牦牛，放养于古永胆扎林场照壁塘林区。牦牛终年野外放牧，无厩舍不补饲，自由交配繁育，1990年牦牛群发展到120头。1995年因开枪射杀老残牦牛，对牛群造成惊吓，加之境内林区大部分被采伐，牦牛群全部逃往缅甸深山林区。2004年和2005年该林场再次由香格里拉县购进中甸牦牛26头，胆扎民族村农民杨儒凡两次购进中甸牦牛54头放养于胆扎林区，该地共养有牦牛80头。

保山市牛养殖情况择年统计表

表19-5　　单位：万头、吨

年度	牛存栏	黄牛存栏	水牛存栏	奶牛存栏	出栏肉牛	出栏率（%）	牛肉产量
1978	45.27	32.67	12.6	—	—	—	—
1980	46.32	33.06	13.25	0.01	0.82	1.77	440
1985	52.76	36.36	16.39	0.01	0.87	1.65	573
1990	51.24	32.69	18.51	0.04	1.92	3.75	1297
1995	49.88	29.67	20.2	0.01	3.31	6.63	3202
2000	52.85	30.38	22.36	0.11	6.68	12.61	8020
2005	54.66	31.48	22.98	0.2	10.61	19.65	13432

第三节　马属动物养殖

1978—1982年，马属动物为社队集体所有集体饲养。1983—1985年，大牲畜折价分配到农户家庭饲养，发展较快。1985年，全区存栏马49930匹、骡54437匹、驴2933头。

随着农村交通条件的改善，马属动物的役用特性逐步被现代交通工具所取代，马属动物饲养基本集中到交通不便的边远山区，加之80年代后期开始流行马气喘病、马传染性贫血、马流行性感冒等疾病，使马大量发病死亡，马匹存栏锐减，骡存栏也随之逐步下降，而驴由于其抗病能力较强，驴肉产品的市场需求量逐步增大，作为肉用畜饲养数量随之逐年增加。1990年，全区有马匹改良站7个，综合改良站11个，以后逐年减少，至2005年已全部撤销。农户个体经营的配种户以繁殖骡和驴改良为主。

2005年，全市马属动物总存栏106534匹（头），其中：马存栏19417匹，骡存栏70755匹，驴存栏16362头。

保山市马属动物存栏情况择年统计表

表19-6　　　　单位：匹、头

年度	总存栏	马	骡	驴
1978	86663	47576	36158	2929
1985	107300	49930	54437	2933
2000	118960	25115	80929	12916
2005	106534	19417	70755	16362

第四节　羊养殖

一、山羊

保山的本地山羊属云岭山羊，历来以自群繁育为主。在人工选择和自然选择的共同作用下，逐步形成了龙陵黄山羊地方优良品种。1980年，龙陵县黄山羊被列为云南省地方优良品种。随着龙陵黄山羊品种的选育纯化和肉用生产性能的提高，各县（区）均引进龙陵黄山羊以改良本地云岭山羊，但是由于云岭山羊毛色多为黑色，杂交后代毛色较杂而受到市场的排挤，改良工作难以推广。1982年后，羊下放到农户饲养，受劳动力资源、市场价格等因素的影响，山羊存栏数量急剧下降，到1993年，山羊存栏下降到历史最低水平，仅有13.42万只，与1980年的26.71万只相比，存栏下降一半。

1993年后，国家、省、地高度重视牛羊等草食牲畜的发展，实施牛羊商品基地、地方山羊良种选育与开发利用、黄山羊保种基地、种草养羊、牛羊综示区等项目建设，山羊数量得到恢复性增长。为解决商品羊毛色杂和充分利用杂种优势生产优质山羊产品的问题，2002年，隆阳区开始有计划地引进奴比亚种公羊对本地山羊进行改良，杂交效果明显；龙陵县在龙陵核心种羊场及乌木山扩繁基地开展了黄山羊胚胎移植，共移植25枚胚胎，获得成功。2004年7月，赵荣飞在隆阳区瓦窑乡龙舞村的弯帕河兴建金牧养殖有限责任公司，引进奴比亚种公羊42只，母羊95只，专门从事奴比亚纯种黑山羊的纯繁试验示范，向其他乡（镇）的养羊户推广出售奴比亚种公羊，对本地山羊进行杂交改良。2005年，全市山羊存栏34.92万只，其中能繁育母羊15.81万只；出栏15.95万只，出栏率49.18%；羊肉产量3434.18吨。存栏、出栏数和肉产量均达历史最高水平。

保山市山羊存栏情况择年统计表

表19-7　　单位：万只

年度	全市合计	隆阳	施甸	腾冲	龙陵	昌宁
1978	24.19	6.22	1.31	4.73	3.64	8.29
1985	17.51	5.39	1.75	2.06	2.72	5.58
2000	26.75	7.74	2.12	4.11	4.10	8.67
2005	34.92	11.11	2.46	4.79	5.95	10.60

二、绵羊

保山市绵羊品种多属藏系短毛型山地粗毛羊（云南白绵羊），主要在海拔2000米以上的高寒山区饲养。当地优越的自然环境和气候，加之勤劳的居民长期饲养和选育，形成了“腾冲绵羊”这个优良的藏系山谷型肉毛兼用型地方良种。1980年以前曾引入细毛型种公羊如美利奴、寻甸绵羊、兰布里耶、湖羊、高加索、新疆细毛羊以及半细毛型的考力代罗姆尼等种公羊进行杂交改良。但由于当地年降雨量多，放牧草场多为灌木林地，加之受一年剪三次毛的传统习惯影响，羊毛质量达不到工业加工的标准要求；绵羊肉受群众消费习惯影响市场销量较小等，致使改良工作停滞。1996年，施甸从昆明官渡区引进山东小尾寒羊70只，保山地区兽医站从山东引进80只，到2003年均基本自行消亡。至此，保山市绵羊改良工作停止。

2005年，全市绵羊存栏仅有2.13万只(其中能繁母羊8782只)，比1980年减少近6万只，绵羊出栏9343只，肉产量224.1吨。存、出栏数呈继续下降趋势。

保山市绵羊存栏情况择年统计表

表19-8　　单位：只

年度	全市合计	隆阳	施甸	腾冲	龙陵	昌宁
1978	79419	18392	4846	35312	13916	6953
1985	46392	10302	3071	17701	9012	6306
2000	25209	4343	5121	9225	2097	4423
2005	21318	4000	3520	9690	1198	2910

第五节　禽类养殖

一、鸡

养鸡是保山人民的传统家庭养殖项目，以饲养本地土种鸡为主，自繁自养。每户农户通常养鸡十多只，多的养数十只。雏公鸡长至三四个月时进行阉割。1982年，开始大量引进外来鸡品种进行推广和饲养，先后引进来航、北京白、星布洛、白洛克、罗斯、艾维菌、AA鸡、罗曼、狄高等20多个品种，兴建种鸡场，为当地群众提供鸡苗。1997年，省畜禽品种资源补充调查，将腾冲雪鸡列为珍贵遗传品种资源。20世纪90年代后，规模养鸡场大量涌现。1998年，全区有年产蛋5吨以上10吨以内蛋鸡饲养户5户，10吨以上5户；有年饲养销售肉鸡3000只以上5000只以下18户，5000只以上1万只以下10户，1万只以上6户。2005年，有年饲养蛋鸡5000只以上养殖场（户）7户，年出栏肉鸡2000只以上养殖场（户）达到70多户。

“十五”期间，保山市积极推广生态养鸡，隆阳区在水寨乡的太元、棕元、海棠、水沟和摆菜5个村积极推广生态养鸡，2005年利用生态养殖方式饲养土杂鸡和乌骨鸡1.3万只；龙陵县在河头乡开展土鸡生态饲养，开发“草把鸡蛋”，2005年加工113吨，产值达450万元；腾冲县在界头、曲石、明光等乡（镇）开展腾冲雪鸡生态养殖推广，为市场提供优质肉鸡。

2005年，全市鸡存栏379.72万只，出栏442.9万只，鸡肉产量8897.17吨，禽蛋产量6637.1吨，肉、蛋产量分别是1985年的7.44倍和3倍。

二、鸭

保山鸭品种主要属于云南麻鸭，分布在坝区和低热河谷区水利条件好、有沟渠的村社，以零星饲养为主。20世纪80年代后引进品种主要有广东鸭、北京鸭、福建番鸭、狄高鸭、樱桃谷鸭等；90年代后，为满足烤鸭市场的需要，有大户引进北京鸭进行规模养殖，一般饲养30～35天出栏，体重可达1.5～2千克左右，宰杀后做成烤鸭出售。2005年，全市鸭存栏21.2万只，出栏25.2万只，肉产量达548吨。

三、鹅

保山饲养的鹅品种主要为云南鹅，分白鹅和灰鹅两种，引进的品种有狮头鹅，主要分布在低热河谷区及坝区水草茂盛的乡村，其中又以回族和傣族聚居的村落饲养较多。一般户养10多只，多者二三十只，以肉用为主。2000年后，部分饲养户扩大养殖规模，到市场出售或加工成腊鹅销售。由于人们消费观念的改变，对禽肉，特别是草食家禽鹅肉的需求猛增，带动了回族群众养鹅事业的快速发展。2004年腾越镇、固东镇和芒棒乡等回族聚居地鹅养殖户1000多户，年饲养、出栏、腌制腊鹅3万多只。至2005年，全市鹅存栏7.43万只，出栏10.44万只，肉产量达310吨。

四、其他禽类养殖

（一）肉鸽养殖

腾冲县洞山乡黄坡村李友钦，1995年引进美国王鸽进行饲养成功。2005年11月，该户成立鸽缘有限责任公司，厂址迁往北海乡大石板，占地20亩，注册资金30万元，存栏种鸽8000对，年产肉鸽2万多只，产品主要销往昆明。

（二）番鸭和火鸡养殖

20世纪80年代，腾冲县引进番鸭和火鸡饲养推广。2005年，番鸭主要分布在芒棒、五合、团田、蒲川、新华、荷花、中和等乡（镇）农村，农户以分散饲养为主，饲养量3万多只。火鸡主要分布在界头、曲石、固东、明光、滇滩等乡（镇）农村，饲养量2万多只。

（三）鹌鹑、鹧鸪、七彩山鸡和珍珠鸡养殖

20世纪80年代初，保山、施甸、腾冲、龙陵县农户由外地引进鹌鹑、鹧鸪、七彩山鸡进行饲养。以农户分散饲养为主，规模较小。

1982—1984年，腾冲县个私企业西山坝养殖场由北京昌平县引进龙城系蛋鹌鹑2000多只，繁育鹌鹑曾发展到2万多只。1996—1999年，县良种猪场和雪鸡公司先后引进七彩山鸡6000多只，珍珠鸡2000多只繁殖饲养供商品食用。2002年，施甸县仁和镇土官村何梓明创建鹧鸪养殖场，至2005年养殖规模达9000只，实现销售收入53万元，纯利近9万元，产品主要销往保山餐馆和酒店。

（四）绿孔雀等飞禽养殖

1999年，施甸县城郊基社职工陈嘉立在由旺食品站建立生态园，饲养绿孔雀、野鸡、斑鸠等飞禽。2000年龙陵县绿舟生态养殖公司引入绿孔雀饲养，2003年年末绿孔雀存栏1.5万只，2005年年末存栏绿孔雀1500只。

第六节　地方特色畜禽品种养殖

一、保山猪

保山猪又名保山大耳猪，俗称“八卦头”“瓢把嘴”，属脂肉型猪品种。该品种已载入《云南省家畜禽品种志》。保山猪分为大骨猪、细骨猪和二浪子猪（介于大骨猪和细骨猪之

间）三种类型，外貌特征有所差异。保山猪体质粗糙疏松，背腰平直，少数稍凹，猪体窄长，背腰直间有微凹，胸窄肋扁略下垂，十字部宽，臀部欠丰满；头较大，额宽，额面多皱纹形如“八卦”，耳大下垂，嘴筒粗长，少数微凹且向上翘；四肢高且粗壮有力，腿及肷部多皱褶，飞节较弯曲，多数卧系；毛色有黑色和棕色两种，以黑色为多，占95%，尾长15～30厘米，皮粗厚，背毛稀疏粗长，肋骨14对，乳头平均6对。

保山猪主产于保山市五县（区），德宏州的梁河、瑞丽、盈江、潞西等县有少量分布，是云南省西南地区影响较大、地方猪品种保存较完备的地方猪种。耐粗饲，适应性强。保山猪曾一度在滇西南地区成为当家品种，但20世纪70年代开始引进外来品种对本地猪实施改良，使保山猪出现血缘混杂现象，随着杂交改良面的扩大，纯种保山猪数量急剧下降。据1980年统计，保山猪约90万头，占全市猪总存栏数的80.4%，其中能繁母猪8万头。由于保山猪生长速度慢，受经济利益影响，保山猪饲养比例和饲养总数在急剧下降，细骨型已近绝种。1999年开始，由保山市种猪场与云南农大动科院、云南省家畜家禽改良站合作对保山猪进行保种选育提纯和杂交利用研究，并实施了保山地区猪母本核心群场建设项目和保山猪品种资源保种场建设项目，2005年已有9个家系，存栏纯种保山猪187头，其中：能繁母猪116头，后备母猪60头，种公猪11头。

二、龙陵黄山羊

龙陵黄山羊又叫龙陵山羊，属典型的肉用型地方山羊品种。1980年，被列为云南省地方优良山羊品种，已载入《中国山羊》和《云南省家畜禽品种志》。主产于龙陵县，与龙陵接壤的德宏州潞西市的部分地区及腾冲县的蒲川乡亦有少量分布，因原产于多雨的龙陵县，全身被毛黄褐色或褐色而得名。具有体型大而紧凑、肉质细嫩、膻味小等特点，特别适宜肉用，龙陵黄山羊已被云南省政府确定为重点推广和杂交利用的肉用山羊品种。

1980年年底，龙陵黄山羊存栏529只（能繁母羊211只）。1983年起，先后在勐蚌、乌木山、天宁坡头、杨梅山广林坡、龙新黑山组织原种繁殖点，开展该品种选育工作。1991年龙陵县被列为黄山羊良种基地建设县，1994年被列为云南省“八五”“九五”科技攻关重点项目县。由云南农业大学、云南省畜牧兽医研究所、云南省肉牛和牧草研究中心共同协作，开展龙陵黄山羊品种的系统选育工作。1998年，省计委、省畜牧局列项实施龙陵黄山羊供种基地续建项目，建成高起点、高标准核心种羊场、扩繁场。2001年，国家计委列项实施人工种草养羊开发项目，建成乌木山、勐蚌黄山羊扩繁基地。20余年间，黄山羊存栏总数逐年增加，黄山羊在羊群中的比例逐年增大。2005年年末，龙陵县山羊存栏总数58360只，其中黄山羊存栏数达52615只（能繁母羊26308只），占总数的90.16%。

三、腾冲雪鸡

腾冲雪鸡（当地又称界头乌骨鸡），因部分群体羽毛雪白而得名。为1997年9月对当地畜禽品种资源补充调查时所发现。主产于腾冲县高黎贡山西麓小江流域的界头、曲石等乡（镇）。其特征是：皮肤、肌肉、内脏、骨骼含有黑色素，体表的冠、肉髯、喙、爪均为乌黑色。在自然交配后代群体中，70%左右羽毛是麻花羽毛，黄羽毛和雪白羽毛各占15%

左右。在人工选择下，白羽公 × 白羽母的后代97%以上是纯白羽。该品种在当地呈半野生状态的饲养方式。农家养鸡数十只无专门圈舍和围栏，白天自由流放于荒野、田坝、灌丛、树下及竹林内，夜晚栖息于牛舍、猪圈上方栏杆上或房前屋后树桩、灌木中，以觅食天然饵料为主，人工补饲谷粒为辅，这种养育方式，长期形成该品种适应性强，抗病能力强，肉香味鲜，具有滋补身体的药膳功能。1998年，腾冲县立项实施“雪鸡产业化开发项目”，并成立“雪鸡公司”，进行产业化开发运作。同时，对雪鸡种质特征和选育开展科研工作，并取得一定进展，但因体制、市场和管理多种因素，2003年3月停产停业。2005年，雪鸡自然存栏约10万只。

四、腾冲槟榔江水牛

槟榔江水牛在腾冲县饲养使役已有500多年的历史，清《乾隆腾越州志》记载：“嘉靖末年，家温保者，养洋牛赡牛种，力耕耨……”（注：洋牛是水牛的一种，毛周身通黑，也称嘎拉牛，即槟榔江水牛）。该品种多生息于该县中、南部和西南部三江（即大盈江、槟榔江和龙川江）流域潮湿的中亚热带季风气候地带的耕作农区。

经云南农业大学动物遗传研究所进行细胞遗传学鉴定，槟榔江水牛是全国首次发现的河流型水牛地方类群，是宝贵的遗传资源基因库。2004年8月，由云南省巴富乐水牛研究所与腾冲农民养殖户组建成立腾冲县槟榔江水牛良种繁育有限责任公司，场址设在中和乡大村，投资200万元，厩舍场房建筑面积4800平方米，良繁公司已选育212头组成核心群（种公牛17头），不断地进行提纯，扩繁和培育。2005年年末，全县有槟榔江水牛1500余头。

五、腾冲明光小耳猪

主产区集中于高黎贡山西侧海拔1800～2000米的腾冲县北部明光、滇滩、猴桥等乡（镇）的边沿山区村寨。1980年全省畜禽品种资源调查时，该品种存栏约3万头。2004年调查，该品种仅在明光乡自治村、滇滩镇联族村，猴桥镇的胆扎、长塘、黑泥塘等村寨存栏，总量不足5000头。

该品种特点耐粗饲，抗逆性强，在冷凉地区半放牧、半舍饲条件下，生长发育正常且带膘长；体型小，早熟易肥，肉质好，瘦肉率高，皮薄肉嫩，味道鲜美。15千克以上即可随时宰食，育肥猪50千克以上即达到出栏。成年公猪体重40.2千克，母猪49.8千克。明光小耳猪符合现代人的消费特点，是“香猪”“烤乳猪”“全席猪”的好原料，也是现代社会流行的“宠物猪”“观赏猪”和科学研究小型试验猪的绝好材料。但由于该品种纯繁保种措施不到位，纯种数量趋减。

第七节　其他养殖

一、家兔

保山地区家兔养殖历史较久，群众所饲养的多为本地品种白兔。1978年后，曾先后引进长毛兔、大耳兔、安哥拉、青紫兰、獭兔等品种，发展家庭养兔。1986年，地区畜牧兽医站与地区外贸公司联合举办养兔技术培训班，并在保山市城郊扶持农户家庭养兔，使长毛兔养殖发展较快。但由于受全国兔毛积压、毛价下滑和兔病严重等影响，家兔饲养量锐减。1991年，兔的饲养量又逐渐增加，品种多属本地肉兔。1997年，陕西籍人丁世孝引进日本大耳白种兔2000多组(四只一组、1公3母)卖给达丙、右甸、漭水、大田坝等乡(镇)的农户饲养，并于1999年成立昌宁县中亚兔业有限公司。向农户回收四五月龄的肉兔销往昆明等地。曾掀起昌宁县养兔热潮，后因管理不善，该公司于2005年破产倒闭。2002年8月，龙陵县汇丰畜牧开发公司先后引进美国和德国纯种肉兔两个品种共300只，在县畜牧场纯繁供种，在龙新乡菜子地村、龙山镇云山村和腊勐乡腊勐村推广养殖；隆阳区养殖户引进肉兔、獭兔品种在板桥镇北汉庄办起种兔场，为周边农户提供商品兔饲养；腾冲县引进兔肉加工厂，发展农户养殖肉兔和獭兔。2004年，腾冲县中和乡东坪村由山东省日照市引进布列塔尼亚肉兔祖代10组共40只，2005年发展到50组200多只，开始向其他农户供种兔。2005年，全市兔存栏8562只，出栏7664只，兔肉产量18吨。

二、家猫、家犬

20世纪90年代末，群众逐步重视生物灭鼠，家猫发展较快，大部分为地方土种灰猫、花猫，城镇也有少量宠物波斯猫饲养。家犬在城乡饲养十分普遍，农村以养中型地方土种犬看家护院，城镇及部分农户多养小型宠物犬观赏把玩，也有少数人养大型狼犬自繁自养，繁殖出售，无规模化的犬类纯繁养殖场或专业户。2005年年末，全市家猫饲养量约20万只，家犬约30万只。

三、鹿

腾冲县医药公司1956年在和顺乡下庄建起人工养鹿场。1979年养鹿场饲养鹿271头，其中：水鹿85头，梅花鹿186头。1980年养鹿场先后暴发炭疽病和锥虫病，死亡124头。以后逐步向县内和外地出售活鹿，淘汰老残鹿。1985年出售到昆明安宁县60头，1998年企业改制，所余80头全部出售给大理州教育局和潞西县风平镇，养鹿场撤销。隆阳区有私人引进马鹿建场养殖，开发鹿茸、鹿血酒等产品，并在城区开设鹿肉食馆有2家。

四、熊

1984年，驻芒棒乡的省地质队饲养黑熊和马来熊20多头，人工取胆汁出售。1992年熊群随该单位迁往昆明。1990年个体户陈本才饲养黑熊和马来熊10多头，取胆汁出售。

五、蜜蜂

保山市农村素有采集野生蜂饲养的习惯。由于蜜源植物种类繁多，且多为野生植物，蜜蜂采集花蜜不受季节作物局限，养蜂条件十分优越。人工饲养的蜜蜂有两种：一种是中华蜜蜂(简称中蜂)，另一蜂种是1985年前后引进的意大利蜂和喀尔巴纤蜂，统称西蜂，其个体较大，群势强，产蜜量高，全为活框人工饲养，一年四季追花寻蜜。另外保山还有两种野生蜜蜂资源，一种是黑色大蜜蜂，当地群众称为岩蜂，在高山悬崖上营巢繁育，多世代蜂巢连片营造生活在一起，很少分群，主要分布于亚高山、中山岩壁上；另一种是黄色小蜜蜂，当地群众称为“挂蜂”，把巢营造在树枝上，主要分布在中部、西部和西南部的低山温暖气候带的疏林和灌木林中。全市以饲养中蜂为主，山区有5%左右的农户有养蜂的习惯。

1992年，腾冲县实施养蜂综示区项目建设，投资140万元建成腾冲山桂花蜜经营开发部，建蜂蜜加工厂一座。在农户中推广活框养蜂技术，并引进浙江平湖浆蜂王15只改良西蜂群，以后每隔两三年引进高产种王10多只，更新老王，创强势蜂群，夺高产蜜。到2000年全县有蜜蜂1.75万群，其中：中蜂1.4万群（土法饲养0.6万群，活框新法0.8万群），西蜂有0.35万群，蜜总产量120吨。2005年该县有蜂群1.9万群，蜂蜜产量153吨。产品30%左右为保健食品消费，70%左右作县制药工业原料。

2005年，全市约有蜂农3万户，蜂群6.9万群，蜂蜜产量364吨，其中：隆阳区57吨，施甸县23吨，腾冲县153吨，龙陵县23吨，昌宁县108吨。

第四章　动物疫病防治及检疫监测

第一节　动物疫病防治基础建设

一、乡（镇）畜牧兽医站建设

1978年起，多方争取投资进行乡（镇）畜牧兽医站的建设和改造，不断改善其基本条件。至2005年，全市已新建乡（镇）站64个，改造完善7个。但仍有6个站无房，6个站居住在危房之中。

二、冷链体系建设

（一）市级冷链体系建设

2003年，农业部立项，由保山市畜牧兽医站实施，建设保山市级动物防疫冷链体系。项目总投资80万元，2005年年底完成。

（二）县级冷链体系建设

2002年，昌宁县被列为云南省第二批动物防疫冷链体系建设项目县，建设年限2002—2005年，完成项目总投资60.22万元。2003年，投资80万元（国家投资60万元，省配套20万元），建设隆阳区动物疫病防疫冷链体系，并进一步加强和完善了区、乡、村级动物防疫网络体系建设。同年，施甸县实施省级立项的动物防疫冷链体系建设项目，投资80万元。其他各县也配置了冷链相应设备，逐步加强和改善了区、乡、村级动物防疫设施建设，形成三级防疫网络体系，有效控制动物疫病的发生和蔓延，降低疫病死亡率。

三、动物疫病监测化验室建设

（一）市级动物疫病监测化验室建设

1998—1999年，省级投资35万元用于购买实验室仪器设备及实验室改扩建；1999—

2000年，由省投资购买仪器设备的剩余资金、保山地区畜牧兽医工作站自筹资金、地区财政资金共计60多万元完成化验室新建600多平方米的土建工程。2000年年底实施完成。

（二）县级边境动物疫病监测站建设

2001年，腾冲县被列入云南省建设的19个边境动物疫情监测站之一，投资145万元，其中：中央104.5万元、省40.5万元，建成县边境动物疫情监测站及中心化验室210平方米，改建完善猴桥、滇滩、自治3个边境检疫站，修缮热水塘、腾龙桥、龙文桥4个交通检疫站。2005年2月通过了省、地畜牧部门验收。

2003年，龙陵县动物疫病监测化验室建设被列入云南省建设的19个边境动物疫情监测站之一，项目总投资60万元。购仪器设备63台（套），改造化验室193.9平方米。2004年完成项目建设，通过相关部门验收。

第二节　动物疫病调查

一、畜禽疫病普查

1979—1989年，根据省级主管部门的统一部署要求，保山地区开展动物疫病普查、动物疫病血清学调查和动物疫病定点调查，基本摸清全地区动物常发病的病种、流行现状及危害程度，为开展动物疫病预防和治疗奠定了基础。

（一）动物疫病普查

1979年，由保山地区畜牧兽医站主持、各县畜牧兽医站具体负责，共组织地、县、社、队技术人员773人、防疫人员4000人、社队干部2447人进行畜禽疫病的普查工作。在五个县97个公社、879个大队、7200个生产队，对1977—1979年畜禽疫病进行统一时间、方法和要求的普查，并形成《保山地区畜禽疫病普查报告》。普查表明，全区有各种动物传染病40种、寄生虫病32种、普通病及中毒代谢病22种、疑难病4种，共计98种，其中：普遍存在的有55种，流行面大危害比较严重的有口蹄疫、猪瘟、猪肺疫、猪气喘病、仔猪白痢、猪大头病、牛出血性败血症（以下简称“牛出败”）、马传染性贫血（以下简称“马传贫”）、马锥虫病、气肿疽、牛羊疥癣、牛羊肝片吸虫病、鸡新城疫、禽霍乱、炭疽、马气喘病16种疫病。

（二）疫病血清学普查

1988—1989年，开展畜禽疫病血清学调查。应用琼脂扩散法、凝集试验、补体结合反应、酶联免疫吸附试验、血凝试验5种检测方法，对38种疫病进行血清学检测样品10166份，又查出一些以前无记载的疫病，共检测出血清学阳性15种疫病。

保山地区1988—1989年畜禽血清学调查结果

表19-9　　单位：份

疫病名称	检测方法	检测份数	阳性份数	阳性率（%）
牛蓝舌病	琼脂扩散法	300	10	3.33
牛肺疫	补体结合反应	300	20	6.66
牛副结核	补体结合反应	300	2	0.66
牛弓形体病	间接血凝	200	51	25.6
猪弓形体病	间接血凝	300	160	53.3
羊弓形体病	间接血凝	100	31	31.0
马弓形体病	间接血凝	296	13	4.4
羊蓝舌病	琼脂扩散法	294	57	19.38
羊衣原体病	补体结合反应	194	2	1.03
牛血吸虫病	间接血凝	200	16	8.0
鸡腺病毒病	琼脂扩散法	300	42	14.0
鸡脑脊髓炎	琼脂扩散法	200	2	1.0
鸡传染性鼻炎	琼脂扩散法	300	7	2.3
鸡病毒性关节炎	琼脂扩散法	100	49	49.0
鸡法氏囊病	琼脂扩散法	100	27	27.0

（三）畜禽疫病定点调查

1987—1989年开展畜禽疫病定点调查，在施甸、腾冲、昌宁三个县各选3个乡900户，共9乡、2700户作畜禽疫病分户定点调查，三年的统计结果为：2700户调查户累计生猪存栏52161头，发病率14.46%，发病死亡率7.5%，其中传染病发病率14.02%，传染病死亡率6.37%；1988年在全区抽查5县、17乡3290户，生猪存栏16092头，发病死亡率6.5%，其中传染病死亡率4.7%；同期1989年在全区抽查5县15乡1582户，生猪存栏7393头，发病死亡率5.92%，其中传染病死亡率3.25%，定点调查和抽查结果生猪病死率都较高，传染病以猪瘟死亡最多。

2700户调查户累计养鸡99387只，发病15543只、死亡15383只，发病率15.55%、死亡率15.47%（鸡新城疫发病死亡最严重，占死亡数的72.65%；其次是禽霍乱，占死亡数的20.94%）；累计养牛9508头，发病536头、死亡173头，发病率5.64%、死亡率1.82%（发病死亡以牛肝片吸虫病最为严重，占死亡数的50.37%；其次是“牛出败”，占死亡数的13.3%）；累计养马1464匹，发病118匹、死亡90匹，发病率8.06%、死亡率6.04%（发病死亡以喘气病最为严重，占死亡数的53.33%；其次是马锥虫病，占死亡数的6.67%）。

二、寄生虫病区系调查

1984—1985年，保山地区畜牧兽医站庞揆文、赵菊芝主持开展畜禽寄生虫病区系调查。调查结果，全区有各种寄生虫4纲45科77属142种，其中：线虫74种、吸虫36种、绦虫20种、棘头虫1种，另外还有一些蜘蛛昆虫和原虫。此次寄生虫病区系调查中，将采集的样本制作成较全面的寄生虫标本，建立了保山地区畜牧兽医站寄生虫标本室。2000年3月，保山地区兽医站搬迁，寄生虫标本随之搬迁，但未单独设置标本室。2002年，保山市畜牧兽医站对原寄生虫室的标本进行鉴定整理。寄生虫制片（压片、涂片）670片，其中：鉴定出并加标签14个科、27个属、51个种共402片，尚未鉴定218片（绦虫类163片，锥虫类5片），无鉴定价值丢弃50片。虫体标本590瓶，其中：鉴定出并加标签35个科、63个属、99个种共308瓶，尚未鉴定82瓶，无鉴定价值丢弃200瓶。

三、羊病调查

1996—1997年，地区畜牧兽医站组织开展羊病调查。采取深入羊群进行现场询问式的调查，其中1997年完成对保山、施甸、腾冲、龙陵四县（市）的8个乡（镇）的山羊疫病调查工作，共调查羊群13群，存栏山羊1630只。通过调查了解羊病的发病情况、临床症状等，初步诊断的羊病有胸膜肺炎、传染性口疮、腐蹄病、疥癣、传染性结膜炎、羔羊痢疾、山羊链球菌病。受条件的限制，未采病料样本进行实验室检测。

第三节　畜禽常见病及寄生虫病防治

一、畜禽常见病防治

保山地区畜牧兽医站1976年起在沙河设立兽医门诊，安排5～6人驻点开展诊疗服务和基层兽医培训工作。当时，各县畜牧兽医站都设有兽医门诊，安排技术人员专门开展诊疗服务，大量接诊生产队集体的牛、马和农户的部分中小家畜。1978—1983年，每年接诊牲畜约7000头匹，累计培训基层兽医人员300余人。农村家庭联产责任制实行后，坝区大牲畜饲养数量减少，地、县畜牧兽医站兽医门诊的接诊数大幅度下降，主要由乡、村兽医为农户治疗牲畜疾病。

1991—2005年，地、县兽医站兽医门诊逐步转行为兽药经营和技术咨询服务部，畜禽常见病防治逐步转由乡、村兽医及个体兽医从业人员就地进行。畜禽常见病诊治，主要是采取临床检查，凭经验或药物诊断的方式，对猪、牛、马、骡常见的普通感冒病、呼吸道疾病、消化道疾病、寄生虫病及中毒性疾病等进行药物治疗。

二、寄生虫病防治

（一）寄生虫病感染情况

主要人畜共染的寄生虫病　1978—1985年，全区除腾冲县未发生外，其余四县共发生因吃生猪肉人感染旋毛虫19次，发病988人，死亡14人。1987—1989年，昌宁县湾甸、勐统各发生1起吃生猪肉感染旋毛虫，发病281人，抢救及时未造成死亡。1983—1985年，地、县屠宰检疫生猪100350头，检出猪囊虫1873头，占1.86%，个别地方甚至高达7%，人吃未熟透的“米心猪”肉感染猪囊虫的情况很常见。

牛羊肝片吸虫病 1979年疫病普查，保山、腾冲、龙陵、昌宁四县1977—1979年三年牛羊肝片吸虫病平均感染率为27.97%。保山地区畜牧兽医站于1978年4月至1980年11月在保山县城郊公社和芒宽公社采牛羊粪样进行镜检，结果肝片吸虫的自然感染率在70%以上。

（二）畜禽驱虫

保山地区畜牧兽医站从1979年开始推广使用硝氯酚（拜尔9015）治疗牛羊肝片吸虫病，水牛每千克体重4～5毫克效果较好；1981年又开始推广应用丙硫苯咪唑（抗蠕敏），对肝片吸虫、线虫等蠕虫都有显著驱除效果。1980年1月，保山县畜牧兽医站开始在全县大面积推广应用硝氯酚防治牛羊肝片吸虫病，至1982年，驱虫26522头（只），1983年又开展用硝氯酚、硫双二氯酚（别丁）防治牛羊肝片吸虫病，至1984年驱虫45822头（只），有效控制了牛羊肝片吸虫病的发生和蔓延。其他各县也相继开展了牛羊肝片吸虫病的防治工作。

从1987年起，由保山地区畜牧兽医站主持开展有计划的畜禽大面积驱虫。要求每个县每种家畜驱虫数量必须达到存栏数的1/3以上，药物统一选择高效、低毒、广普驱虫药——丙硫苯咪唑（抗蠕敏），并由地县兽医站对驱虫效果进行检测评价。1988年，全区共完成驱虫40.16万头（只）。1989年，全区共完成驱虫78.68万头（只），其中：保山19.05万头（只）、施甸16.46万头（只）、腾冲16.13万头（只）、龙陵15.05万头（只）、昌宁11.99万头（只）。此后，畜禽定期驱虫成为养殖户的一种自觉行动，畜禽寄生虫病感染率也明显下降。

第四节　动物传染病防治

一、畜禽疫病预防

（一）春秋两季防疫

每年1—2月和7—8月春秋两季，对畜禽进行疫病免疫预防接种；平时对新补栏和新生畜禽进行补针。1978年起，重点开展猪瘟、猪肺疫、“牛出败”、气肿疽、炭疽、鸡新城疫免疫。主要在疫病常发地区、交通沿线及集镇周围对畜禽进行预防注射。猪使用猪瘟兔化弱毒冻干苗、猪肺疫弱毒鸡胚口服苗、仔猪副伤寒菌苗，牛使用“牛出败”、气肿疽、炭疽菌苗、牛口蹄疫兔化弱毒疫苗，禽使用新城疫苗、鸡痘苗、禽霍乱苗。1981年开始使用猪瘟、猪肺疫二联和猪瘟、猪肺疫、猪丹毒三联冻干苗。1982年开始实行口蹄疫气雾免疫，1984年开始使用仔猪副伤寒弱毒苗。1985年起，重点开展牛羊口蹄疫气雾免疫和猪瘟、猪肺疫、“牛出败”、气肿疽、炭疽、鸡新城疫免疫。1985年后试用“亚洲Ⅰ型”及“O型”联苗进行气雾免疫。1986年开始使用过“牛出败”、气肿疽干粉苗。1999年起，重点开展猪牛羊口蹄疫注射和牛羊气雾免疫，以及猪瘟、猪肺疫、“牛出败”、气肿疽、炭疽、鸡新城疫免疫；开始使用“O型”灭活疫苗进行猪及少部分牛羊口蹄疫免疫。2004年起，重点开展猪牛羊口蹄疫注射和牛羊气雾免疫，家禽高致病性禽流感、猪瘟、猪肺疫、“牛出败”、气肿疽、炭疽、鸡新城疫免疫；开始使用高致病性禽流感疫苗进行家禽免疫。当年调供疫苗12.5万毫升，在全市重点地区进行禽流感免疫21.2万羽。2005年秋季防疫后期停止牛羊气雾免疫，全部使用“亚Ⅰ”“O型”双价灭活疫苗进行牛羊免疫注射。免疫使用的各种疫菌苗，以年度由县、市逐级向省兽医防疫总站计划订购，按计划自上而下，逐级供应。

保山市不同时期免疫病种及春秋两防免疫数一览表

表19-10　　单位：万头次、万羽、万头（只）

年份	猪瘟	猪肺疫	猪副伤寒	鸡新城疫	禽出败	牛出败	气肿疽	炭疽	禽流感	猪口蹄疫	牛羊口蹄疫注射	牛羊口蹄疫气雾
1978	118.2	127.2	—	26.3	—	10.9	10.9	0.6	—	—	—	—
1985	146.2	148.2	—	47.1	—	1.1	1.1	0.2	—	—	—	6.2
1990	223.5	153.9	—	79.8	8.2	3.8	3.2	0.3	—	—	—	8.9
1995	277.6	99.3	2.61	112.9	19.5	6.6	2.0	0.3	—	—	—	10.7
2000	328.6	50.97	1.72	266.3	73.9	5.8	1.5	0.03	—	—	—	15.9
2001	331.2	104.8	1.82	196.0	27.6	4.8	1.8	0.04	—	66.3	6.5	40.5
2002	343.0	15.8	1.94	257.3	36.8	5.2	1.7	—	—	127.7	62.8	77.8
2003	348.6	43.46	4.63	158.7	18.6	12.4	2.2	0.3	—	136.9	6.5	70.5
2004	304.1	20.3	—	159.2	18.3	2.6	2.9	0.4	21.2	339.0	2.5	112.2
2005	356.5	58.8	3.02	205.9	56.2	9.2	2.4	2.8	142.5	320.3	0.6	136.4

（二）计划免疫推广

1985—1987年，在云南省兽医防疫总站的主持下，保山地区畜牧兽医站赵锭、柳丽华主持开展“猪瘟疫苗一次集中注射、定期（或适时）补针的免疫程序”研究推广。截至1989年年底，全区有32个乡（镇）、202个村推广应用，推广免疫程序的生猪75万头，占存栏数的49.08%。1989年11月，经省组织交叉检查，抽查保山、龙陵、昌宁三县（市）的9个乡（镇）17个村986户，猪瘟免疫密度82.16%，生猪疫病死亡率4.02%，较1988年下降2.8个百分点。猪瘟免疫程序推广使生猪发病死亡率显著下降。

20世纪80年代中后期，结合规模养殖动物疫病防治的实际需要，畜牧部门及时在养殖专业户、重点户和规模养殖场中推广计划免疫，指导制定切合其实际的免疫程序，按照免疫程序进行免疫。后来在部分坝区农户也结合综示区和商品基地建设推广计划免疫。保山地区种鸡场1986—1991年在地区兽医站派驻技术人员的具体操作下，按照种鸡场防疫需要制定免疫程序，认真搞好防疫工作，使种鸡场取得了显著的经济效益和社会效益。随着饲养防病技术的普及和提高，各级种畜禽场、规模养殖场、专业养殖大户都制订自己的免疫程序，实行计划免疫。

二、重大动物疫病防治

(一) 口蹄疫防治

口蹄疫为国家一类动物疫病。保山市由于受缅甸动物口蹄疫疫情长年不断的影响，长期受到威胁，处于云南省防控动物口蹄疫的重要战略位置。保山市发生的口蹄疫为“O型”和“亚洲Ⅰ型”。

1978—1989年，全区有10年发生口蹄疫，以县为单位累计发生疫情36次，其中：保山8次、施甸7次、腾冲10次、龙陵9次、昌宁2次，涉及乡(镇)178个次。累计发病牲畜84842头(只)，其中：牛72698头、猪6490头、羊5654只；累计发病死亡2960头(只)，其中：牛1509头、猪625头、羊826只。

1990—2000年，以县为单位累计发生口蹄疫疫情11次，其中：保山1次、腾冲5次、龙陵4次、昌宁1次。发病33个乡(镇)、87个村，累计发病牲畜7389头(只)，死亡牲畜318头(只)。

2001—2005年，以县为单位累计发生口蹄疫疫情15次，其中：隆阳2次、施甸2次、腾冲3次、龙陵5次、昌宁3次。发病43乡(镇)、131个村，累计发病牲畜2721头(只)，累计扑杀病畜及同群畜2653头(只)。

保山市对动物口蹄疫的防治大体可分为两个阶段。1978—1998年，采取建设“三道防线”，实行“内防外堵”防止牲畜口蹄疫。以腾冲、龙陵与缅甸接壤的边境主要道口设交通检疫站为第一道防线，以腾冲、龙陵坝区和全区主要交通沿线村寨建立免疫带为第二道防线，以怒江、澜沧江桥头检疫站为第三道防线对牲畜口蹄疫进行防堵，阻止牲畜口蹄疫向内地传播。采取“O型”“亚洲Ⅰ型”弱毒苗单苗或联苗对边境一线、交通沿线、老疫区的牛羊进行气雾免疫，建立免疫带，每年春秋两季防疫免疫牛羊10万~15万头(只)(1990年8.89万头，1995年10.66万头，1998年15.92万头)。按照“早、快、严、小”的原则，采取封锁、隔离、消毒、对症治疗等行政技术措施扑灭牲畜口蹄疫疫情。

2001年按照强制免疫、强制检疫、强制封锁、强制扑杀、强制消毒“五强制”，强化疫情报告、强化防疫监管“两强化”预防控制动物疫情。并按农业部要求，对猪、牛、羊统一使用灭活疫苗进行100%的免疫，构建免疫保护屏障，对病畜及同群畜实行强制扑杀(国家按一定标准给予补助)。

(二) 禽流感防治

2004年1—3月，在周边国家和地区及国内部分省区，省内昆明地区发生高致病性禽流感疫情的严峻形势下，保山市按照国家关于处置重大动物疫情的要求，市政府成立高致病性禽流感防治指挥部，统一部署禽流感防控工作。并与五县(区)政府签订了2004年动物防疫责任书，制定出台了《保山市重大动物疫病应急预案》。自2004年1月起，由各县(区)农牧局按属地管理的原则，负责对地州际间交通干道、边境口岸、机场、车站和县际间设置高致病性禽流感检疫消毒卡43个，24小时有人值班，切实加强对过往车辆、货物的查验和消毒。至3月12日解除封锁，全市共出动防堵消毒工作人员2万人次，检查过境车辆91149辆次，消毒车辆79577辆次，采取退回原地或就地销毁处理禽类产品1275千克。保山市畜牧兽医站及时购进禽流感监测抗原，对养鸡场、养鸡大户鸡群进行了365份血清监测，对病禽进行血清检测163份，消除了群众的恐慌。及时向省兽医总站订购禽流感疫苗，先后购进12.5万毫升，由各县组织对交通沿线、城市郊区、养鸡场和养鸡大户的禽类进行免疫21.2万羽，建立免疫带。组织检查人员督查禽类市场2150场次，检查禽类经营摊点30564次，消耗消毒药品53.5吨，消毒场地面积累计110.5万平方米。据统计，农牧部门举办培训班5期，培训人员4800人次，编印下发防治禽流感资料25000份；卫生部门召开会议6次，培训62期，宣传培训6222人次，印发宣传资料7218份；工商部门加强了市场监督检查，与经营者签订责任书628份。农牧部门充分发挥职能作用，增加充实人员，24小时值班，储备消毒用大碱20吨，消毒用氯制剂、碘制剂120件，消毒器械125台，防护服250套，以及及时购进监测抗原1000份，免疫用禽流感疫苗12.5万毫升；卫生部门加强了人禽流感防治工作。预诊各类发热病人1000多例，储备了消毒、预防药品6吨；工商部门出动执法人员1418人次，检查市场278个，经营禽类工商户1297户，养鸡场8个，禽类宰杀户28户，饮食业198户，封存、原地退回从省外和昆明购进禽蛋859件；公安边防支队协助检查出入境车辆4117车次，消毒车辆1520车次，查获违规运输禽类195只；出入境检疫局和海关先后查获入境人员携带的鸡6只、鹦鹉1只，检查车辆8430辆，对出入境人员体温检查9494人。由于全市上下全面动员，各级各部门密切配合，严防死守，确保了疫情没有传入保山。至2005年年末，保山市未发生过高致病性禽流感疫情。

（三）马传染性贫血防治

“马传贫”为国家二类动物疫病。民国31年（1942）日本侵华期间将该病带入腾冲县。1973年中和乡大坝村的两群马放牧到盈江县盏西感染该病，再次将病毒带入腾冲县。该马群1975—1980年先后发病死亡89匹，死亡率为全群的82.4%，致死率100%。1979年明光乡麻栗村马群发生该病死亡马25匹，瑞滇乡老缅山马群发病死亡77匹，死亡率为96.3%。

1979—1981年，全区开展了“马传贫”检疫净化工作。在全区五县97个公社用“琼脂扩散法”检疫马属动物66740匹，占存栏数的80%，查出在五县63个公社有“马传贫”阳性马骡355匹，净化扑杀215匹、自然死亡32匹。1981年复检，施甸、昌宁已无阳性。1987年，在施甸、腾冲、龙陵、昌宁四县检疫马属动物4115匹，仅腾冲检出1匹，阳性率0.057%。1988和1989年，施甸、腾冲、昌宁三县分别采血100份、96份、100份，送省兽医防疫总站用“琼脂扩散法”和“酶标法”检测，结果全部为阴性。之后，主要对腾冲、龙陵两个边境县的边境乡（镇）马属动物作定期监测，发现阳性马作扑杀净化处理。2001—2005年，保山市畜牧兽医站化验室检测送检血样656批，龙陵县检测马血样品220批，全部为阴性。腾冲县2003—2005年检测从缅甸驮役回腾冲为主的马匹，共检测689匹，检出阳性骡29匹，阳性率4.21%，在省兽医防疫总站的支持下，对清水、五合两乡的阳性骡25匹，全部作扑杀深埋净化处理。

（四）马流行性感冒防治

马流行性感冒（以下简称马流感）为国家三类动物疫病。

1978—2005年，有记载的马流感疫情暴发是1994年9—12月，保山、施甸、腾冲、龙陵、昌宁五县（市）发生马流感，致使57乡（镇）马属动物发病48784匹，病死36匹，死亡率0.07%，经省兽医总站实验室检测为马流感病毒甲2型。

（五）炭疽防治

炭疽为国家二类动物疫病。1978—2005年的28年间，保山市有11个年份发生过炭疽疫情，涉及保山、腾冲、昌宁三县，共19县次、27乡（镇）次，累计发病牲畜450头（只），死亡301头（只），死亡率达66.89%，引起人感染6次共42人，因抢救及时，以上各起疫情未造成人员死亡。发病情况：保山县1978年至1981年7月发生3次，人感染1次6人；腾冲县1979—1989年发生8次，没有人感染记载；昌宁县1978年至2004年7月发生8次，引起人感染5次36人。对炭疽的防疫，全市各县（区）采取在历史上发生过疫情的地方，对牛羊进行炭疽芽孢苗预防注射，对病死或死因不明的动物肉尸不准食用并严格销毁等措施防止人畜感染炭疽病。

保山市历次炭疽病发病情况表

表19-11　　　　单位：头、匹、只、人

县名	时间	地点	发病牲畜数	牲畜死亡数	人感染数
保山	1978	芒宽、新安、大官市	黄牛18	18	0
保山	1979.8	板桥乌龙、汉庄	水牛3	3	0
保山	1981.7	金鸡育德	水牛2	2	6
腾冲	1979.8—10	马站、曲石、固东、古永、荷花、和顺、打苴、小西、勐连9公社11村20社	黄牛14、马37、猪5、犬4	牛10、马29、猪5、犬4	0
腾冲	1980	勐连公社寸家寨	马6、骡10	16	0
腾冲	1980	和顺养鹿场	鹿124	124	0
腾冲	1981	云华	黄牛4	3	0
腾冲	1985.2	芒棒马场村	6	5	0
腾冲	1987.7	蒲川依彩村	水牛11	7	0
腾冲	1987.7	马站朝云	猪5	5	0
腾冲	1989	勐连	马1	1	0
昌宁	1978.6	珠街子堂、金宝	牛6、羊1	牛6、羊1	7
昌宁	1984	珠街银宝	毛驴1	1	
昌宁	1985.7	柯街瓦地等5个社	牛47、猪103	牛19、猪13	18
昌宁	1986	柯街鱼塘村	牛1	1	6

续上表　　　　单位：头、匹、只、人

县名	时间	地点	发病牲畜数	牲畜死亡数	人感染数
昌宁	1989.2	珠街子堂	黄牛13	—	—
	1997.7	珠街羊街村	黄牛15、马4	黄牛15、马4	1
	2003.2	卡斯大水平村	牛1	1	4
	2004.7	更戛小街子	猪8	8	—

（六）其他疫病防治

进入21世纪后，随着种畜禽的引进和商品畜禽的流动，一些过去没有的动物疫病相继传入。市级动物疫病监测化验室2001—2005年共开展疫病监测15个动物疫病，检出9个疫病有阳性；开展疫病诊断检测6个疫病，阳性率达38.9%～100%。腾冲县2003—2005年共检测10个病种，检出5个疫病有阳性。龙陵县2005年共检测11个病种，检出5个疫病有阳性。根据市畜牧兽医站中心化验室及腾冲、龙陵边境疫情监测站的监测结果显示：第一，奶牛“两病”（奶牛结核病、奶牛布氏杆菌病）对人体健康构成一定威胁，奶牛结核病历年监测平均阳性率8.1%，奶牛布氏杆菌病阳性率0.14%。第二，猪的新病种检出阳性率较高。猪伪狂犬病阳性率26.9%、猪圆环病毒病阳性率30.8%、猪细小病毒病阳性率38.89%、猪传染性胸膜肺炎阳性率41.67%，这些疫病常呈多重感染，药物治疗效果不佳，对养猪业的危害较大。第三，羊痘2005年4月传到隆阳区，零星发病7个乡，有病羊1181只，扑杀290只，用羊痘疫苗进行紧急免疫接种山羊2500只，羊痘对养羊业的危害较大。第四，老的动物疫病又有所抬头，龙陵县检测猪瘟阳性率1.63%、腾冲县检测鸡新城疫阳性率14.03%、腾冲县检测“马传贫”阳性率4.21%（阳性马匹已扑杀净化处理）。

第五节　动物检疫

一、产地检疫

2002年12月，保山市政府制定下发《保山市畜禽产地检疫实施方案》，要求在全市范围内全面推行畜禽产地检疫工作，保障畜产品安全和人民群众的身体健康。次年1月，腾冲县率先全面推行畜禽产地检疫。随后其他四县（区）相继启动产地检疫工作。2003年12月，全市82个乡（镇）全部开展生猪产地检疫，村级开展面达94%，全年共发产地检疫证10340本，产地检疫动物1241090头（只、羽），其中：猪1044360头，牛104430头，羊5.59万只，禽类3.64万羽，佩戴免疫耳标动物268.1万头（只）。

2005年，全市乡（镇）级开展生猪产地检疫面保持100%，村级开展面达98%，当年共发产地检疫证5万份，产地检疫动物59.34万头（只、羽），其中：猪41.48万头，牛3.15万头，羊3.81万只，禽类10.9万羽，佩戴免疫耳标动物163.08万头（只）。

保山市2003年、2005年动物产地检疫情况表

表19-12　　　　单位：个、万头（只）

年度	项目	开展面						规模化养殖场			交易动物数量	检疫数	检出病畜数
		县（区）		乡（镇）		村		场数	开展数	比例%			
		开展数	比例%	开展数	比例%	开展数	比例%						
2003	猪	5	100	82	100	850	94.23	1056	1053	99.7	112.5	104.4	—
	牛	5	100	68	83	649	71.95	803	452	67.4	11.42	10.44	—
	羊	5	100	67	81	554	61.14	821	124	15.1	6.106	5.59	—
	禽类	—	—	—	—	—	—	15	15	100	4.85	3.64	—
2005	猪	5	100	77	100	890	98.1	3300	3228	97.8	41.48	41.48	0.03
	牛	5	100	73	94.8	809	89.2	1083	762	70.4	3.149	3.149	—
	羊	5	100	65	84.4	709	78.2	2112	1447	68.5	3.81	3.81	—
	禽类	3	60	—	—	—	—	91	72	79.1	10.9	10.9	—

二、市场检疫

1982年，保山地区78个牲畜市场中有60个市场开展检疫，检疫猪62731头。1983年，全地区83个牲畜市场中有67个市场开展检疫，检疫猪21.85万头，其他大小牲畜5381头（只），市场防疫注射猪二联苗2.53万头。

1987年，《家畜家禽防疫条例》《云南省家畜家禽防疫条例实施细则》相继颁布实施，市场检疫工作逐渐恢复。1989年，全区共有65个牲畜市场开展检疫。2002年开展产地检疫后，市场检疫逐步转变为以市场监督管理为主，市场检疫主要是查证验证，进行补检补免。至2005年，全市共有72个牲畜交易市场开展检疫，共检疫牲畜655813头（只），检出病畜212头（只）。

1990—2005年畜禽检疫情况择年统计表

表19-13　　　　单位：个、万头（只）

年度	活畜检疫			运输检疫			
	开展市场数	检疫数	检出病畜数	运输检疫站数	检疫数	检出病畜数	检出不合格动物产品数
1990	34	9.66	0.02	3	19.74	0.30	—
1995	39	21.37	0.03	3	19.98	0.04	—
2000	46	54.59	0.02	4	39.22	0.07	—
2005	72	65.58	0.02	4	44.26	0.07	—

三、交通检疫

1979年，设立云南惠通桥交通检疫站和云南东风大桥交通检疫站，1998年将两站更名为云南省保山红旗桥公路动物防疫监督检查站和云南省保山东风大桥公路动物防疫监督检查站，新批准设立云南省龙镇大桥交通检疫站；1990年省政府批准设立腾冲猴桥边境检疫站；1995年9月省政府批准设立云南省怒江大桥交通检疫站，1998年更名为云南省保山曼海大桥公路动物检疫站。1989年以前，活畜出县境动物运输检疫委托乡（镇）畜牧兽医站进行，1989年下半年以后，出县境动物运输检疫权收归各县站。凡外调出县境的活畜，均由县级以上兽医业务部门检疫并开具运输检疫证、出县境动物检疫合格证、运载工具消毒证。

保山市公路动物防疫监督检疫站检疫情况择年统计表

表19-14　　　　单位：头、只、羽、吨、车次

年度	项目	红旗桥		龙镇大桥		隆阳区两桥	
		检疫数	消毒车次	检疫数	消毒车次	检疫数	消毒车次
2002年	猪	136073	4549	2635	61	189977	—
	腌肉	—	—	—	—	427.2	—
	骨蹄角	—	—	—	—	—	—
	骡、马	—	—	—	—	1794	—
	牛	370	10	1624	84	5854	—
	羊	37	2	—	—	1828	—
	鸡	—	—	—	—	11836	—
2005年	猪	219681	5169	2377	55	131767	—
	腌肉	—	—	—	—	625.39	—
	骨蹄角	22.4	—	—	—	—	—
	骡、马	37	6	—	—	1153	—
	牛	639	57	159	9	6415	—
	羊	796	8	—	—	852	—
	鸡	29	1	—	—	2420	—

2005年，省政府下发文件，将上述五个公路检查站分别更名为：云南省施甸红旗桥公路动物防疫临时监督检查站、云南省保山东风大桥公路动物防疫临时监督检查站、云南省怒江大桥公路动物防疫临时监督检疫站、云南省龙镇大桥公路动物防疫临时监督检疫站、云南省猴桥动物防疫临时监督检疫站，继续履行公路动物防疫监督检疫职责。

四、定点屠宰检疫

1996年4月，保山市畜牧兽医站根据国务院办公厅的相关要求，开始在保山城区的两个屠宰厂实行生猪定点屠宰、集中检疫。保山地区行署也于1996年4月26—27日召开会议，安排布置全区生猪定点屠宰工作。会后，腾冲、龙陵两县于5月开始开展定点屠宰工作，昌宁、施甸两县分别于1997年5月、1999年开始开展定点屠宰工作。1996年12月，全地区共设有生猪定点屠宰场（点）21个，其中：县级以上6个，乡级15个；由畜牧兽医业务部门负责检疫20个，自检1个。

至2005年年末，全市共设有生猪定点屠宰场（点）74个，其中：县级以上8个，乡级66个；由畜牧兽医业务部门负责检疫73个，自检1个。当年定点屠宰检疫生猪425233头，对检出的病畜全部按要求作无害化处理。

1995—2005年生猪定点屠宰场建立及检疫情况择年统计表

表19-15　　单位：个、万头（只）

年份	定点屠宰场数		实行“到点检疫”的场数	屠宰检疫数	检出病畜数
	猪屠宰场	动物卫生监督部门检疫数			
1996	21	20	57	9.91	—
2000	49	48	75	25.01	0.23
2005	74	73	103	42.52	0.29

五、市场肉食品检疫

1984年，随着显微镜等设备在县级、乡级兽医部门的逐步配备和普及使用，施甸县和昌宁县兽医部门开始在一些较大的乡（镇），依托感官检查及淋巴结解剖技术、显微镜镜检技术开展市场肉食品检疫工作。1985年《家畜家禽防疫条例》颁布实施后，各县（市）畜禽市场检疫及肉食品检疫工作重新恢复并逐步加强。到1989年，全区共有64个城乡集市开展肉食品检验，占集市数的55.65%，病害肉检出率提高。1996年后，五县（市）先后实施生猪定点屠宰检疫，至2005年，全市74个生猪定点屠宰场（点）以外的103个市场仍由乡（镇）畜牧兽医站检疫人员到点实施猪肉市场检疫。1996—2005年，全市尚未实施牛、羊定点屠宰检疫和禽类的定点屠宰检疫，在集市上市销售的牛羊肉仍采用市场检疫；禽类市场以活禽销售为主，未开展屠宰检疫工作。

1990—2005年肉品检疫情况择年统计表

表19-16　　单位：个、万头（只）

年份	肉品检疫		
	开展肉品检疫市场数	检疫数	检出病畜数
1990	76	16.07	0.32
1995	106	18.12	0.36
2000	109	44.40	0.38
2005	131	60.99	0.3

第六节　动物疫病监测

一、重大疫病监测

1998—1999年，省级投资35万元建设实验室和购置仪器设备，在保山市畜牧兽医站内建立动物疫病监测实验室，并设血清学室、细菌室、精密仪器室、无菌室。拥有检测仪器设备共40台（套），总价值40万元，可进行动物疫病常规血清学、细菌学监测化验。并开展禽流感、口蹄疫、布鲁氏杆菌病、猪瘟、猪圆环病毒病、奶牛结核病、鸡新城疫等疫病的监测工作，主要负责隆阳、施甸、昌宁三县（区）动物疫病监测。1988—1989年，保山地区开展动物疫病普查，开展血清学检测38个疫病，检测送检样品10166份，检测出血清学阳性牛蓝舌病等15种疫病。之后，动物疫病监测工作曾经一度中断。

1997—2000年，保山地区畜牧兽医站利用原有设备开展了几个疫病的监测工作。共检测口蹄疫、布氏杆菌病、猪伪狂犬病3个病种957份，其中：用“琼脂扩散试验”检测羊口蹄疫160份，全部为阴性；用“凝集试验”检测猪布氏杆菌病238份、山羊布氏杆菌病321份，全部为阴性；用“凝集试验”检测猪伪狂犬病238份，阳性13份，阳性率5.46%。

2001—2005年，市畜牧兽医站根据省兽医防疫总站下达的动物疫病监测年度任务，固定专业技术人员，组织开展动物疫病监测。市级兽医实验室5年共检测19个病种18256份，其中：开展疫病监测15个疫病、12937份，出现阳性的有9个疫病，而且阳性率较高，又以猪鸡疫病阳性率较高；结合临床诊断，采病料送实验室有针对性地进行检测，共诊断检测6个疫病、92份，阳性率达38.9%～100%；开展免疫效果监测7个疫病、5227份，免疫合格率仅25.85%～68.84%，免疫密度、质量都不高，监测结果显示必须加强免疫注射工作，规范技术，提高免疫质量。

保山市畜牧兽医站2001—2005年动物疫病监测结果

表19-17　　单位：份

疫病名称	检测方法	检测份数	阳性份数	阳性率（%）
禽流感	血凝抑制试验	1623	0	0
禽流感	琼脂扩散试验	3841	199	5.18
猪口蹄疫	酶联免疫吸附试验	91	0	0
猪瘟	酶联免疫吸附试验	121	3	2.48
奶牛结核病	变态反应	1099	89	8.1
猪布病	凝集试验	1111	1	0.1
奶牛布病	凝集试验	727	1	0.14
水黄牛布病	凝集试验	759	0	0
山羊布病	凝集试验	892	0	0
猪伪狂犬病	凝集试验	1011	272	26.9
猪伪狂犬病	酶联免疫吸附试验	304	21	6.91
猪圆环病毒	酶联免疫吸附试验	237	73	30.8
山羊蓝舌病	琼脂扩散试验	148	43	29.05
马传贫	琼脂扩散试验	656	0	0
马鼻疽	变态反应	77	0	0
鸡法氏囊病	琼脂扩散试验	120	95	79.17
鸡白痢伤寒	凝集试验	120	25	20.83

保山市畜牧兽医站2001—2005年动物疫病诊断检测

表19-18　　单位：份

疫病名称	检测方法	检测份数	阳性份数	阳性率（%）
猪细小病毒	凝集试验	18	7	38.89
猪传染性胸膜肺炎	间接血凝试验	12	5	41.67
牛伪狂犬病	凝集试验	2	1	50.0
猪附红细胞体病	镜检	42	38	90.48
牛附红细胞体病	镜检	17	11	64.71
牛炭疽病	镜检	1	1	100

保山市畜牧兽医站2001—2005年动物免疫效果监测

表19-19　　单位：份

疫病名称	检测方法	检测份数	合格份数	免疫合格率（%）
禽流感	血凝抑制试验	2346	1268	54.05
猪口蹄疫	间接血凝试验	597	411	68.84
牛口蹄疫	间接血凝试验	647	388	59.97
羊口蹄疫	间接血凝试验	348	151	43.39
猪瘟	间接血凝试验	786	232	29.52
鸡新城疫	血凝抑制试验	356	219	61.52
鸡产蛋下降综合征	血凝抑制试验	147	38	25.85

腾冲、龙陵边境监测站监测阳性病及阳性率

表19-20　　单位：头次

监测站名称	监测时间	疫病名称	检测份数	阳性份数	阳性率（%）
腾冲县边境动物疫情监测站	2003—2005	鸡新城疫	221	31	14.03
		猪伪狂犬病	242	104	42.98
		猪圆环病毒病	24	15	62.5
		奶牛结核病	318	47	14.78
		马传贫	689	28	4.06
龙陵县边境动物疫情监测站	2005	猪瘟	184	3	1.63
		猪伪狂犬病	242	59	24.38
		猪圆环病毒病	99	5	5.05
		猪传染性胸膜肺炎	80	38	47.5
		奶牛结核病	7	1	14.29

二、奶牛“两病”监测净化

2001年起，为预防和控制奶牛结核病和布氏杆菌病（简称“两病”），保山市重点开展奶牛“两病”的监测净化工作。2001—2005年，保山市畜牧兽医站中心化验室累计检测奶牛结核1099头次，检出阳性牛89头次，阳性率8.1%；检测奶牛布氏杆菌病727头次，检出阳性牛1头，阳性率0.14%，其中：在隆阳区通过连续3年监测，截至2005年11月，共在11个乡（镇）的1119头奶牛中检测出奶牛结核病阳性牛22头、奶牛布氏杆菌病阳性牛1头。隆阳区畜牧局积极争取区政府出台文件、区财政安排专项资金，对检出的奶牛“两病”阳性牛进行扑杀净化，全部扑杀深埋处理。根据《中华人民共和国动物防疫法》的相关规定，采取按市场价80%的比例补偿给奶牛饲养户，对检测结核病为阴性健康的奶牛，按乡（镇）登记编号挂戴绿色耳牌，确保消费者吃上“放心奶”，使奶牛“两病”监测净化工作取得突破性进展；腾冲县2003—2005年检测奶牛结核病318头次，检出阳性47头次，阳性率14.78%；龙陵县2005年对全县仅有的7头奶牛进行结核病检测，检出阳性1头，阳性率14.29%。两县均对检出的阳性牛采取了淘汰处理措施。

第五章　畜牧经济产业化发展

1996年3月，保山地区行署下发《保山地区行政公署关于加快畜牧业发展的意见》，提出加快畜牧业发展的30条具体措施。2004年3月，保山市委、市政府下发《关于加快畜牧产业发展的决定》，提出加快畜牧业发展实施七大工程，落实八项政策措施。从2004年起，市级财政每年安排100万元畜牧业专项资金，用于优质畜禽生产基地示范村建设、畜牧龙头企业扶持、畜禽品种改良体系建设、动物防疫体系建设、重大动物疫病防治、饲草饲料开发、畜牧科技推广及技术培训等。通过培植和扶持优势龙头企业，加快畜牧商品基地建设，依靠科技进步和扶贫开发，采取“公司＋农户”“公司＋基地＋农户”“公司＋合作社＋农户＋技术体系＋市场”等多种生产经营模式，有效促进全市畜牧业快速发展。

第一节　畜牧经济概况

1978年，保山地区畜牧业生产仍实行计划生产，年末存栏大牲畜538751头（役畜206797头；牛452756头，马47692匹，驴2923头，骡35380匹），完成计划的98%；羊存栏321331只（山羊241904只，绵羊79427只），完成计划的89%；出栏肉猪303935头（出售给国家156209头，自宰自食149726头），猪肉产量1.68万吨，生猪存栏988335头（集体62287头，社员910940头），完成计划的96.9%。畜牧业产值收入432万元，占农业产值收入的3.05%。

1983—1985年，集体所有的大牲畜折价下放到户饲养，激发了农民养殖的积极性，畜牧业发展较快。1983年年末，全区存栏大牲畜57.88万头（牛48.4万头，马4.68万匹，驴0.26万头，骡4.54万匹），羊存栏24.29万只（山羊19.22万只，绵羊5.07万只），猪存栏130.33万头，出栏肉猪41.62万头；实现畜牧业产值7813万元（1980年不变价），占农业总产值的16.88%。1985年，存栏大牲畜63.49万头（牛52.77万头，马4.99万匹，驴0.29万头，骡5.44万匹），出栏肉牛0.87万头；羊存栏22.3万只（山羊17.6万只，绵羊4.64万只），出栏肉羊3万只；生猪存栏128.8万头，出栏肉猪45.23万头；家禽存栏204万只，兔存栏0.95万只。肉类总产32574吨（猪肉30470吨、牛肉573吨、羊肉334吨、禽肉1195吨、兔肉2吨），禽蛋产量2211吨，牛奶产量115吨，人均肉奶蛋占有量为17.65千克；实现畜牧业产值9291万元（1980年不变价），占农业总产值的19.12%。

20世纪90年代起，国家加大畜牧业的扶持力度，全区畜牧业生产飞速发展，畜牧业经济步入了产业化发展轨道。1990年年末，存栏大牲畜62.7万头（牛51.2万头，马4.2万匹，驴0.6万头，骡6.7万匹），羊存栏20.15万只，生猪存栏157.56万头，出栏肉猪53.89万头；肉类总产42248吨（猪肉37920吨、牛肉1297吨、羊肉523吨、禽肉2508吨），禽蛋产量2290吨，牛奶产量308吨；实现畜牧业产值25328万元（现价），占农业总产值的20.14%。

1995年，全区存栏大牲畜62.13万头（牛49.89万头，马3.1万匹，驴0.94万头，骡8.2万匹），出栏肉牛3.3万头；羊存栏19.02万只，出栏肉羊3.95万只；生猪存栏178.65万头，出栏肉猪84.9万头；家禽出栏221.37万只。肉类总产70200吨（猪肉61714吨、牛肉3202吨、羊肉780吨、禽肉4294吨、其他肉类210吨），禽蛋产量2760吨，奶产量126吨，全区人均肉奶蛋占有量为32.66千克。当年实现畜牧业产值36546万元（1990年不变价），占农业总产值的21.75%；按1995年现价计算，实现畜牧业增加值41796万元（占农业增加值的20.97%），实现畜牧业总产值64996万元（占农业总产值的22.05%）。

2000年，全区存栏大牲畜64.67万头（牛52.77万头、马2.51万匹、驴1.29万头、骡8.1万匹），出栏6.99万头（肉牛6.68万头、马0.09万匹，驴0.08万头，骡0.14万匹）；羊存栏28.96万只，出栏肉羊10.71万只；生猪存栏190.97万头，出栏肉猪136.56万头；家禽出栏346.97万只；兔存栏1.79万只，出栏1.76万只。肉类总产127230吨（猪肉109326吨、牛肉8020吨、羊肉2331吨、禽肉7350吨、其他肉类203吨），禽蛋产量4279吨，奶类产量1126吨，全区人均肉奶蛋占有量为56.57千克。按1990年不变价计算，当年实现畜牧业产值63245万元，占农林牧渔业总产值的25.87%；按2000年现价计算，实现畜牧业增加值69820万元（占农林牧渔业增加值的23.76%），实现畜牧业总产值116318万元（占农林牧渔业总产值的25.84%）。

至2005年，全市共有较强带动能力的加工、养殖龙头企业28户，养猪大户727户，养牛重点户1707户和养羊专业户2086户，20个养殖示范村和10个养殖小区。年均向市外销售肉猪65万头，仔猪100多万头，肉牛3.78万头，肉羊6万只，家禽130万只。当年，全市出栏大牲畜107322头（牛106053头、驴688头、骡426匹、马155匹）、猪1773946头、羊168859只（山羊159516只、绵羊9343只）、家禽4785199只、兔7664只，年末存栏大牲畜653139头（牛546605头、驴16362头、骡70755匹、马19417匹）、猪2063312头、羊370592只（山羊349274只、绵羊21318只）、家禽4083438只、兔8562只；肉类总产169625吨（猪肉142513吨、牛肉13436吨、羊肉3658吨、禽肉9755吨、其他肉类263吨），禽蛋产量6637吨，奶产量2791吨，全市人均肉奶蛋占有量为73.84千克。全市畜牧业产值达174878万元（现价），比2000年增长34.33%，年均递增6.1%，占农林牧渔业总产值的28.45%；人均畜牧业收入1593元，比上年增长19.3%，占人均家庭经济收入的43.02%。

第二节　畜牧产业发展规划

一、保山地区畜牧业区划

1985—1986年，保山行署农业局完成《保山地区畜牧业区划》的编写，并于1986年通过省、地农业区划办的验收。该区划在分析保山地区畜牧业资源及经济社会条件的基础上，根据畜牧业发展的方向，将全区划分为五大畜牧经济发展区域，即：东北部中山黄牛山羊猪区；中部低山肥猪禽奶牛区；中南部低热河谷水牛猪黄牛区；西南部中低山猪水牛山羊区；西北部亚高山绵羊猪马区。并提出全区畜牧业发展方向、发展途径和战略措施。

二、保山市优势畜产品区域发展规划

2003年9月，出台了《保山市优势畜产品区域发展规划》。该规划根据保山市自然资源和社会发展的要求，提出五大优势畜产品区域发展布局，即：优质肉猪和仔猪生产区（以隆阳区、施甸县为主，带动辐射全市共31个乡镇）；优质肉牛生产区（以腾冲县、昌宁县为主，带动辐射全市58个乡镇）；优质肉羊生产区(以龙陵县为主，带动辐射全市39个乡镇)；水牛奶开发区（以腾冲县为主，带动全市22个乡镇）；特色畜产品生产区（以雪鸡、山地乌骨鸡、优质蜜等特色生态养殖为主）。

此外，保山市畜牧局还于2005年9月完成了《保山市热区畜牧业发展规划》，2005年12月编制了《保山市"十一五"畜牧产业发展规划》。

第三节　畜牧商品基地建设

1987—2005年，保山市由国家、省、市、县投资建设猪、牛、羊、禽、奶水牛商品基地项目6个，总投资4440万元，其中：财政资金投入2776万元，各项目自筹和贷款1664万元。

一、商品猪基地建设

（一）保山市商品猪基地建设

1987年7月，县级保山市被农业部列为第一批全国商品瘦肉型猪基地县之一，由中央、省、地、市四级投资建设。项目建设年限为1987—1990年，总投资105万元，为良种繁育体系、饲料推广和畜牧兽医综合技术服务体系的基础设施建设。1990年12月通过农业部验收。1994年又列入全省第二轮商品猪基地县继续投资建设项目——全省的母猪"三高"技术推广示范县（市）。1991—1998年累计投资378.63万元，1994—1998年五年间累计开展"母猪"三高技术示范户24240户，示范母猪38186头。

（二）施甸县商品猪基地建设

1997年，由省畜牧局批准施甸县商品猪基地建设，总投资335万元，其中：省级120万元、地区100万元、自筹115万元。1998—2000年推广"养猪八改"技术。2000年全县

实现养猪产值7941万元（1990年不变价），比项目实施前增2655万元，增长50.23%，出栏肉猪年均递增27.4%，出栏率提高18.8个百分点，生猪生产水平显著提高。

（三）昌宁县优质仔猪示范场建设

2001年，昌宁县优质仔猪示范场建设项目列入省级基建计划，建设年限2001—2003年，总投资158万元，其中：省级补助70万元，银行贷款20万元，自筹68万元。2005年年末，存栏约克、长白、杜洛克纯种种猪149头，年可培育优质LY和纯种种猪近2000头，商品仔猪2000多头。

二、商品肉牛基地建设

（一）腾冲县商品肉牛基地建设

1993年，腾冲县被列为云南27个商品牛羊基地县之一。项目建设年限为1994—1997年，共计到位资金747.65万元。1998年3月，通过省计委、省畜牧局验收并获省畜牧局科技推广一等奖。2000—2005年，该基地又被列入省农业厅（畜牧局）专项计划续建项目，项目总投资167.5万元。通过项目实施，该县肉牛出栏由1999年的26900头增加到2005年的43366头，增长61.2%；出栏率由18.5%提高到29.8%，提高11.3个百分点；牛肉产量由3312吨增加到6565吨，增长98.2%；肉牛个体产肉量由123千克提高到151千克，提高22.8%。

（二）昌宁县商品肉牛基地建设

1993年，由省级列项，建设昌宁县商品牛基地。建设年限1993—1997年，总投资612.04万元，其中：省级补助140万元，地县配套140万元，自筹332.04万元。建成县级技术综合服务站1个，乡级综合服务站7个，种牛及育肥牛场1个，引进和县内调剂种牛417头，举办技术培训152期6840人次。

三、龙陵县黄山羊良种基地建设

1992年，龙陵县被列为黄山羊良种基地县，总投资175万元，建设黄山羊技术指导站6个，建筑面积2206平方米；组建黄山羊核心群42群、种羊1260只，繁殖群247群、有种羊4940只。1996—1998年实施黄山羊供种基地续建项目，总投资222万元，建植人工草地4303亩，建成龙陵黄山羊核心种羊场和乌木山种羊扩繁区，存栏种羊3729只。2003年，实施龙陵黄山羊高效繁育技术与示范项目，总投资60万元，对黄山羊羊肉进行理化性质的研究及黄山羊胚胎移植。2005年，实施第四批全国农业标准化示范项目龙陵黄山羊养殖标准示范区，制定龙陵黄山羊的养殖标准。当年建设象达勐蚌村、碧寨梨树坪村黄山羊养殖示范村，投资30万元，种草4144亩，高床羊舍改造60户，养羊1800只。

四、腾冲雪鸡产业化开发建设

1997年，品种资源补充调查时发现腾冲雪鸡物种资源，经多方争取，被列入云南省第四期农业综合开发多种经营类项目。项目建设年限为1999—2003年。总投资1050万元，其中：专项贷款700万元，财政有偿资金50万元，企业自筹300万元。1999年至2003年2月公司累计实现销售收入464万元，总亏损227.4万元。2003年3月公司停业。

五、保山市种猪场建设

1997年，省计委、省畜牧局批准保山地区猪母本核心群场建设项目建设，总投资310万元，完成猪舍等建筑面积6020.34平方米，购置安装猪笼等设备100套。2001—2005年，实施云南省科技厅立项扶持的保山猪优良母系选育及杂交优势利用项目，共投入科研经费108万元，完成保山猪基础群组建，0～3世代的纯繁选育，开展“杜保”“约保”“长保”“约杜保”及“约长保”等不同杂交组合的研究与推广应用。2005年实施由农业部立项的保山猪品种资源保种场建设项目，项目计划总投资274.19万元。

2005年年末，实有固定资产239.8万元。种猪存栏268头，其中：能繁母猪136头，后备种猪132头。当年供种806头，产品主要销往保山五县（区）、德宏州、怒江州、大理市、玉溪市等8个州（市）23个县，实现产值33.75万元，创利880.23元。

六、腾冲奶水牛基地建设

2003年，省农业厅下达腾冲奶水牛基地建设项目。2003—2004年在腾越、界头两乡实施。总投资25万元，扶持农户108户，饲养奶水牛520头，产奶母牛221头，年总产奶360吨（4000元/吨）。

第四节　畜牧扶贫和农业综合开发建设

一、畜牧以工代赈工程建设

1984—2005年保山市先后实施畜牧以工代赈建设工程，项目包括：腾冲县种草养畜、饲料青贮、秸秆氨化，昌宁县小型饲料厂建设，龙陵县小型饲料厂建设，施甸县种草养畜项目等。项目完成总投资823.06万元，其中1991—1998年完成348.04万元（国家投资187.33万元，省级投资40万元，市级投资17.30万元，县级投资32.91万元，项目区自筹资金70.50万元）。

二、畜牧扶贫示范工程

1997—2002年，保山市连续实施云南省畜牧扶贫示范工程。项目总投资2391万元，其中：省级投资714.2万元，市（县）投资410.8万元，项目区自筹766万元，贷款500万元。主要用于项目区示范户科学养猪、养牛的种畜购置补助、圈舍改造、饲料种植、猪人工授精点及肉牛冻改站点建设、牲畜交易市场建设、乡（镇）畜牧兽医站建设。

三、农业综合开发畜牧业项目建设

1990—1995年，腾冲县农牧局组织实施了滇西南农业综合开发腾冲片区第1～2期畜牧项目建设。第一期：1990—1992年，在界头、曲石、马站、固东4乡（镇），县畜牧中心和风味食品厂实施。项目实际完成97.10万元，其中：农业发展资金29.10万元（无偿18.92万元、有偿10.18万元），贷款66万元，群众集资2万元。第二期：1993—1995年，在小西、打苴、洞山、城关4乡（镇）实施。项目支出财政专项资金17万元。

1996—2005年，龙陵县在木城、平达、勐糯、象达、龙山乡（镇）实施农业综合开发畜牧业建设项目，总投资395万元，其中：国家投资283万元，自筹112万元。完成人工种草1万亩，牛羊养殖示范户200户。

1998—2005年，施甸县在等子、木老元、仁和、由旺和甸阳乡（镇）实施农业综合开发畜牧业建设项目，总投资104万元，其中：省级投资48万元，市（县）投资11万元，自筹45万元。完成养猪示范村建设2个，扶持养牛户33户、养猪户200户。

第五节　畜牧龙头企业

1988—2005年，保山市生产规模大、带动农民增收能力强的畜牧龙头企业有28户，其中：隆阳区境内9户，施甸县4户，腾冲县7户，龙陵县4户，昌宁县4户。

一、隆阳区

（一）隆阳区永坤实业有限责任公司

创建于1988年，至2005年，已发展成为集饲料加工、养殖为一体的综合性经济实体，拥有总资产2344.5万元，年产值达2573万元。公司租赁土地98亩，其中：饲养场地32亩，青饲料基地66亩。下设年产1万吨饲料厂一个，年产3万头猪场一个；有员工138人，其中专业技术人员15人。有优良种公猪25头，优良纯种母猪200头，每年繁殖LY良种猪2000多头；有LY繁殖母猪1500多头，每年产DLY仔猪3万多头，育肥猪1.7万多头。所产仔猪、肥猪远销广东、西藏、广西、江西以及缅甸的腊戌、木姐、果敢和省内昆明、德宏、怒江、版纳等地。2000年被列为云南省重点扶持100户私营企业之一，2003年被列为省级龙头企业并通过省级无公害产品认证，2004年通过农业部无公害产品认证。2005年7月，公司被市、区扶贫办列为隆阳区西山片科技养猪扶贫培训基地，培训西山片瓦房乡、杨柳乡、汶上乡农户30批1600多人。2005年10月起，在保山城区开了9个“老奶肉铺”连锁店，将公司的无公害猪肉推向市场。

（二）保山市汇通乳业有限责任公司

1998年7月成立，租赁土地20亩，建成年产2000吨规模的液态奶生产线一条。到2004年固定资产已达586万元，年产值1000万元，上缴税收30万元，带动农户2000户，负债846万元。“汇通”牌消毒牛奶有10多个品种，逐步在保山市的隆阳、腾冲、昌宁、施甸、龙陵和怒江州的六库等县城占有一定市场。

（三）保山曙光养殖场

2003年10月创建，向隆阳区板桥镇郎义村租赁集体保留地13.2亩，租期20年。鸡场2004年年初动工建设，共投入项目建设资金553.4万元，当年5月投入使用，至2005年5月，出栏肉鸡340吨，销售鸡蛋1300余吨，实现销售收入1191万元，企业实现利润89.8万元。肉鸡存栏3.5万余羽，蛋鸡存栏5万羽。拥有员工36人。

（四）云南保龙食品有限公司

2003年招商引资进入保山，注册资金2600万元。是以牛羊屠宰加工经营为主的企业，2003年、2004年被列为省财政重点扶持的农业产业化经营龙头企业。2003—2005年以“保隆”牌牛羊分割肉、冻品肉、冷却肉和小包装切片肉等产品销往外地。

（五）隆阳区金牧养殖有限责任公司

2004年7月创建，总投资96万元。公司主要从事非洲奴比亚纯种黑山羊的繁殖、生产、销售。同时试验、示范、推广本地黑山羊的养殖、杂交改良及育肥羊的生产。拥有草山草坡1580亩，种植人工牧草762亩，建有标准化羊舍740平方米，建有消毒室、兽医防疫诊疗室、羔羊保温间、产羔室、育肥舍、化粪池及药浴池、青贮池等设施设备。2005年，有员工8人。年末存栏奴比亚纯种羊137只，其中：公羊42只，母羊95只；公司分散给农户饲养的本地黑山羊466只。

（六）隆阳区龙树养殖有限责任公司

2004年11月成立，注册资金500万元，有员工18人。公司占地1200亩，投资235万元，建筑面积3600平方米（牛舍2600平方米，草料仓库600平方米）；建成人工草地300亩，架设供水管道1.2千米。具有年饲养基础母牛300头，经短期育肥出栏肉牛500头的生产规模。从2004年年底至2005年5月共育肥出栏肉牛1664头，实现销售收入513.58万元。2005年年末，存栏黄牛839头，其中：短期育肥牛252头，能繁母牛587头。

（七）保山绿源畜牧有限责任公司

2005年，公司总投资200多万元，建成有一定规模的现代化种猪场，占地面积19亩（圈舍、办公用地12亩，青饲料种植用地7亩），总建筑面积5716平方米。有员工16人，其中专业技术人员4人。年末存栏种母猪384头，种公猪267头。全年出栏肥猪280头。

（八）保山肉牛加工厂

1992年3月，省畜牧局批准建设保山地区肉牛加工厂，完成投资272万元，其中：国家农业投资公司投资50万元，省级投资130万元，地区财政周转金投资80万元，资金缺口12万元。建设规模为年屠宰肉牛5000头，加工牛肉产品500吨。共征地6.85亩，完成建筑面积2057.76平方米。至2005年年末，累计收购肉牛7350头，山羊9200只，马、骡5720匹，肥猪1100头，乳猪14万头。累计加工销售冷冻肉2495吨，收购鲜牛肉25.6吨，蔬菜、水果保鲜经营200吨，实现产值2729万元。但由于生产经营过程中经验不足、管理不当，累计亏损118.27万元。

（九）保山大昌饲料厂

1999年，省畜牧局批准建设，2001年建成投产。实际完成投资800万元，其中：省畜牧局投资150万元，企业贷款650万元。全厂占地5332平方米，建筑面积2890平方米，引进江苏牧羊集团1.5万吨饲料生产线一条，成为当时全省饲料行业中设备较先进的饲料厂之一。开发了“昌南牌”猪、鸡、鱼系列饲料，产品除供应市内需要外，主要销往德宏州、怒江州等地。至2005年，企业因亏损改制结束而注销。

二、施甸县

（一）绿森牧业科技有限公司

于2003年收购施甸县生猪统一供精站扩建而成。为股份制民营企业，是一家年出栏优质肉猪1万头的大型猪场。2004年被列为保山市市级农业产业化经营重点龙头企业。

（二）宜林生猪开发有限责任公司

2004年8月23日成立，为私营的大型猪场。占地17亩，固定资产183.85万元，年销售收入161万元。同年该公司被列为市级农业产业化经营重点龙头企业。

（三）康汇食品有限公司

成立于2002年5月，为肉食品加工的私营企业。拥有固定资产310万元。年加工火腿及猪肉制品400吨，年销售收入600万元。2004年，该公司被列为保山市农业产业化经营重点龙头企业。

三、腾冲县

（一）山桂花蜜开发经营部

1993年成立，为国有经济实体，隶属腾冲县畜牧技术推广中心，注册资金3万元。主营蜂产品开发、加工、销售，兼营养蜂科技咨询服务，蜂药、蜂具等。2002年注册“腾桂”商标。投入资金140万元，建成年加工原料蜜250吨的加工厂1座，总建筑面积566平方米，引进宁波未艾机械厂生产的WAF01-200型蜂蜜加工机械1套，建立山桂花蜜源植物保护区1万亩，扶持发展中蜂活框饲养3000群，西蜂2000群。2005年1月，“腾桂”牌蜂产品获国家农业部绿色农产品认证。

（二）艾爱乳业有限责任公司

2003年12月筹建，并注册了“艾爱”牌商标，是以乳制品加工和水奶牛养殖为一体的私营企业，企业资产总额1008万元。建有年处理1万吨鲜奶的生产线一条，在云南农业大学食品学院技术支撑下，联合研发、加工的产品主要有保鲜奶、搅拌型酸奶、乳酪、乳饼等。“艾爱”乳业公司与水奶牛合作社实行“定价、定时、定点”收购奶农的合格鲜奶。在水奶牛产业开发中，按照“公司＋合作社＋农户＋技术体系＋市场”的运作模式，实行产、加、销一体化经营。

（三）明光牧业发展有限公司

2004年成立，注册资金360万元。拥有大牛场和李家寨两个肉牛生产基地。在大牛场投资800多万元，在李家寨投资400多万元，共建植人工草场6000多亩，购买繁殖母牛等，大牛场基地存栏牛300多头，李家寨基地存栏牛300多头。

（四）汇丰生态食品加工厂

2004年1月建成，投资202万元。占地10.1亩，厂房面积1100平方米，建腊鹅生产线一条。主要从事肉鹅养殖及加工，采用“加工厂＋基地＋农户”的模式运行。2004年创立腾冲“清真腊鹅”品牌，销售腊鹅4.8万只，销售收入达528万元。

（五）巴福乐槟榔江水牛良种繁育有限责任公司

2004年8月由云南省巴富乐水牛研究所和腾冲县民营资本组建，投资200万元，是集科研、育种和水牛奶开发于一体的私营企业。牛舍建筑面积4800平方米，饲料生产地50亩；饲养槟榔江水牛212头（种公牛17头）。

（六）腾越鸽缘有限责任公司

2005年9月成立。其前身是洞山黄坡养鸽专业户。公司投资150万元。占地20亩，养殖场房1.1万平方米，饲养种鸽8200套，年实现产值80多万元。产品已远销昆明、德宏等地。

（七）县食品公司

成立于1956年，为腾冲县唯一从事生猪屠宰加工、独立核算的集体股份制企业。至2005年，公司拥有员工50人，占地18亩，固定资产1000万元；建有县级定点屠宰场1个，乡级屠宰场12个，年屠宰加工生猪7万余头，上缴各种税费300余万元。

四、龙陵县

（一）龙江永根酒厂

1992年成立，属个体私营企业，主要以生产加工白酒和养殖仔猪、肥猪为主。实行订单农业模式，把自己的部分卫生厩提供给一部分农户使用，并提供仔猪、饲料和养殖技术，增值部分与农户按6.5∶3.5的比例分成；或把养猪场繁殖的仔猪分散给周边农户，并提供部分饲料，增值部分与农户按6∶4分成。挂钩养猪的农户达150户，年户均增收3200元。2005年年末有员工55人，年生产“老品种牌”白酒320吨、出栏肥猪1200头、加工“老品种牌”干鱼15吨，实现产值135万元，企业资产总额为600万元，资产负债率19.2%。

（二）黄山羊核心种羊场

1998年成立，2002年建成勐蚌、乌木山种羊繁育基地，租赁草地2.5万亩，建设人工草地1.04万亩，存栏种羊3200只，年生产销售种羊2000只，以“保本二八分成”方式，扶持带动养羊户437户，户均增收3500元。

（三）河头原生食品加工厂

2002年成立，次年注册“草把”商标。有固定资产250万元，员工10人。年销售盒装鲜鸡蛋113吨、销售收入156万元。加工厂与农户签订收购协议，并向农户提供部分养殖资金及技术扶持，2005年年末已带动农户2068户发展养鸡业，户均增收2200元。

（四）大树种养场

2002年成立，有固定资产120万元，主要养殖高峰黄牛。按照“公司＋基地＋农户”的模式运作。将繁殖的优良种母牛分散给农户饲养，提供养殖技术，增值部分与农户保本分成。2005年年末存栏牛330头，出栏160头；带动农户80户，户均增收2800元。

五、昌宁县

（一）恒园种猪有限责任公司

2000年，县畜牧局投资100多万元对县办种猪场进行改建，2004年于仕升投资100多万元进行扩建，建立昌宁县恒圆种猪有限责任公司。2005年年底，饲养优质大约克公猪8头，母猪176头；杜洛克公猪2头，母猪22头；长白公猪2头，母猪3头；LY二元杂良种母猪320头。

（二）沿江生态养殖场

2000年建成，注册资金78万元，总投资182万元。是集肉羊养殖、良种繁育推广、运销于一体的畜牧养殖龙头企业。2004年，出栏肉羊3840只，并从昌宁、临沧等地收购山羊1.12万只，累计向广东外销山羊15040只，销售收入达376万元，实现利润27.1万元，带动农户增收49.35万元。2005年年末，有肉羊育肥集转场及养殖基地各1个，占地面积10亩，建有羊厩2640平方米，职工住宿及办公用房150平方米，并租赁草山2000余亩，种植多年生黑麦草320亩。

（三）贞元畜牧有限公司

2004年，由陈逸林、张英租用华侨农场糖厂养牛，投资200余万元进行改建。建青贮池4452立方米，建标准化牛厩6000平方米，可饲养牛1000头。2005年出栏肉牛356头，存栏本地黄牛146头、西本杂肉牛150头、奶牛7头、本地水牛23头、摩拉水牛6头、短角牛13头。

（四）双牛乳业有限责任公司乳制品加工厂

2005年6月建成投产，总投资320万元。设计生产能力日处理鲜奶60吨，生产的主要产品有大禄山牌全脂甜奶粉和淡奶粉。主要销往广东、广西、昆明、福建、缅甸、新加坡等地。

第六节　市场开发及运销大户

一、牲畜专业交易市场

2005年，全市有牲畜交易市场175个，经过多年的开发建设，形成了6个较大的牲畜专业交易市场，辐射周边的大理、怒江、德宏、临沧等州（市）。

（一）隆阳区辛街牲畜交易市场

占地12.5亩，1994年由辛街村委会筹资60万元兴建，1995年投入使用。逢周三、周日街天交易，每街天上市生猪400余头，羊50多只，大牲畜200多头。

（二）隆阳区蒲缥牲畜交易市场

位于320国道旁，属公共用地，面积近10亩。街天交易量：猪800多头，水、黄牛400多头，无骡马、羊的交易。

（三）隆阳区板桥牲畜交易市场

占地20.8亩，由板桥镇唐家村委会的金建华投资50万元，于2004年2月开工建设，7月投入使用。该市场划片经营，逢周一、五街天交易，每街天上市生猪600余头，羊400多只，水黄牛500多头，骡马300多匹。

（四）腾冲县芒棒、蒲川、新华乡（镇）牲畜交易市场

腾冲县乡（镇）牲畜交易市场比较规范的有芒棒牲畜交易市场、蒲川牲畜交易市场、新华牲畜交易市场。三个市场共投资130万元，占地15亩，由项目资金和私人联合投资，每街天交易量大牲畜800余头，生猪1200余头，家禽上万只。是腾冲南部乡（镇）牲畜流向德宏的重要交易市场。

（五）龙陵县镇安牲畜交易市场

位于320国道旁，占地面积2.8亩。1998年4月动工修建，1999年1月交付使用，总投资28.5万元。可容纳活畜1000多头，年交易畜禽25.5万头（只）次，年交易额3175万余元。是龙陵县境内最大的活畜交易市场，辐射到周边县（区）。

（六）龙陵县象达乡牲畜交易市场

2001年6月投资建设，2002年年底竣工投入使用。占地2400平方米，总投资40万元，属县境内功能较为完善的交易市场。场内分猪、牛、羊交易区，可容纳活畜1500余头，年交易畜禽10.9万头（只）次，年交易额2075万余元，辐射到周边地区。

二、畜产品运销大户

2005年年末，全市约有1356户畜产品运销、牲畜贩运大户，其中：隆阳区霍红学，龙陵县赵家祥、赵国茂，施甸县段绍田、杨庆改的经营规模较大。

隆阳区辛街乡霍红学，置有三台东风140大货车，专门从事收购和贩运肥猪，将肥猪销往德宏、怒江、思茅、景洪、临沧、大理等地。2005年贩运肥猪8.5万头，年经济纯收入10万多元。

施甸县仁和镇五楼村段绍田，从事生猪贩运。采取集转营销为主的运营方式，将肥猪销往江西、广东、山东等大中城市。2004年10月至2005年12月，外销肥猪397车11.92万头，实现销售额1.132亿元。同村杨庆改，主要贩运仔猪。采取集转营销为主的运营方式，将仔猪销往德宏、江西、广东等地。2002年4月被云南省人民政府授予劳动模范称号。2004年3月至2005年12月，外销仔猪11.5万头，实现销售额1.38亿元。

龙陵县赵家祥，以贩运、屠宰生猪为业主，在县城有屠宰生产车间700平方米，冷冻车间60立方米，年屠宰销售生猪0.3万头，实现利润30万元。赵国茂，从县境外贩运牲畜，在象达乡自建牲畜隔离观察圈120平方米，年交易量0.28万头。

第六章　畜牧监管及科技成果

第一节　畜牧检验检测

至2005年，保山市已具备兽药产品65个参数、饲料产品28个参数的检测能力。

一、兽药饲料检验检测

（一）兽药质量检验

2005年以前，保山市历次兽药质量抽检，均为抽样送云南省兽药监察所检验。1991—2003年，共抽样送检兽药113批，平均合格率86.15%，平均每年抽检还不足10批，抽检力度较小。2004年，省级下达保山市抽检兽药80批，由于化验室正在建设中，市级安排五县（区）抽样80批，由保山市畜牧兽医站送省兽药监察所检验，共检验74批，合格49批，合格率66.2%。从2005年起，保山市饲料兽药监察所开始检验兽药，当年完成兽药抽样100批、检验100批，合格79批，合格率79.0%，其中：化学药品74批、中药10批、抗生素16批，合格率分别为75.68%、80.0%、93.75%。

（二）饲料质量检验检测

2004年以前，保山市历次饲料质量抽检，均为抽样送省饲料监察所检验。1999年，由保山地区畜牧兽医站配合省饲料监察所开展饲料产品申报免税质量抽检工作，按时完成对全区12个饲料生产企业的抽样，共抽样51个送省检测，检验结果作为饲料生产企业申请免税的依据。2002年，保山市畜牧兽医站对全市9个饲料生产企业抽样23批送检，合格17批，合格率73.9%；对市内6个经营户经销的外地饲料产品抽样送检12批，合格4批，合格率33.3%。从2004年起，保山市饲料兽药监察所开始检测饲料产品，2004—2005年保山市饲料兽药监察所共抽检饲料产品49批，合格率：2004年64.7%、2005年65.6%。

二、畜产品安全检测

从2002年起，保山市对养殖场饲料使用环节进行违禁药物抽样送检工作。2002—2004年，保山市畜牧兽医站累计完成在市内养殖场32个次，抽取库房饲料样品35个、肥猪尿样18个、水槽饮水样品1个送省饲料监察所进行违禁药物检测，无违禁药物检出。2005年，结合“保山市兽药残留检测站建设”项目的实施，保山市畜牧兽医站从养殖环节抽取猪、鸡、鱼库房饲料30批，送省饲料监察所进行违禁药物检测，结果无违禁药物检出；抽取牛饲料5批，送省所进行“牛羊源”成分检测，全部为阴性；在隆阳、腾冲几个生猪定点屠宰厂抽取猪尿样品393份，由保山市饲料兽药监察所进行盐酸克伦特罗（又称“瘦肉精”）快速检测，结果全部为阴性。

第二节　畜牧行政执法

一、行政许可证管理

1988年，保山、龙陵两县（市）共核发兽药经营许可证27个。1989年，保山市、腾冲县、龙陵县核发兽药经营许可证33个。至1997年年末，全地区共核发兽医卫生合格证1534个，审验及换证1408个次。1998年《中华人民共和国动物防疫法》颁布实施后，原兽医卫生合格证更名为动物防疫合格证。1998—2005年，全市共核发动物防疫合格证2496个，审验及换证3424个次；共核发兽药经营许可证643个，审验及换证789个次。

1999—2004年，全市共办理饲料和饲料添加剂经营许可证1564本。2004年，全市共办理种畜禽生产经营许可证353个，其中：省级办理3个，市级办理7个，县级办理343个。2005年《中华人民共和国行政许可法》颁布后，取消了饲料经营行政许可审批。

二、行政执法监督检查

从20世纪90年代起，保山地区定期与不定期地开展了饲料、兽药质量和畜产品的安全检查工作。

1995年，对保山城区、坝区的主要肉类市场进行了三次大检查，先后出动人员37人次，查出病害肉类13起，分别按有关规定进行处理。对无证启运进入保山市境内的79头牛、12匹马、2416头生猪、1000只鸡苗进行观察处理，对无兽医卫生合格证经营肉类38人限期办证。

2000年起，每年在元旦、“3·15”保护消费者权益日、春节、“五一”、中秋、“十一”等重大节日期间，组织执法人员对隆阳区城区屠宰厂、肉类交易市场及部分乡（镇）肉类集市的生产卫生条件、动物疫病检疫情况进行大检查，对所查出不合格畜产品等进行处理，对相关责任人给予相应处罚。同时，对全市的兽药市场进行清理、净化和整顿，严肃查处销售不合格兽药的经营户。

2005年，全市共监督检查动物及动物产品市场133个次，动物屠宰场点22个次，经营户247户，加工厂10个，商场1个，学校食堂22个，餐馆、宾馆、旅游景区饮食服务业20个，出动执法人员725人次，出动车辆173辆次。查处违法案件31起，查处病害猪13头，腐败变质猪肉70千克，全部作无害化处理；病死骡子3匹，全部作销毁处理；查处无证调运皮张222张，外调补检补免生猪288头，涉及违法人员59人次，罚款处理28人次，批评教育29人次，对卫生条件不达标的经营户限期进行整改2户；清理整顿25个乡（镇）的兽药市场29个次，审验证照191个。清理出不合格兽药针剂82个品种，粉剂44个品种，添加剂类128个品种，鱼粉425千克，没收微量元素79.5千克、骨粉10千克，货价合计14422元，涉及违法人员33人次，共计罚款1620元，处理无证经营户25户、非法行医12人次，查出的不合格产品全部按《兽药管理条例》严格处理。

三、重大违法案件行政处罚情况

（一）行政警告

2005年，龙陵县象达乡、勐糯镇张某某等19人到边境购入口蹄疫病牛，引起象达乡、勐糯镇、平达乡、天宁乡、龙新乡的牲畜发生口蹄疫，根据动物防疫法的有关条款，县畜牧局对张某某等19人给予书面行政警告。

（二）行政罚款

1998年9月，保山市畜牧局依法对利用化工产品，自配微量元素饲料添加剂进行销售的板桥镇兽药饲料经营户罗某某，给予没收其自配添加剂、罚款800元的行政处罚。

1998年，龙陵县兽医卫生监督检验所对无合法手续，私自从县境外购入带毒牲畜，引发牲畜口蹄疫病的牲畜贩运者共10人，给予行政罚款17320元。

2003年，龙陵县农业局对无合法检疫手续，私自从县境外购入带毒牛，引发象达等乡（镇）牲畜发生口蹄疫的贩运户10人，给予行政罚款6600元的处罚。

2004年10月，隆阳区畜牧局、区兽医卫生监督检验所，查处汉庄镇汪官营村14组村民张某某，仿造检疫证章并经营假冒检疫猪肉一案。没收涉案物品，罚款10600元，并依法给予警告。

（三）没收非法财物

2004年10月，龙陵县农业局查获重庆个体老板牛某某，无合法检疫手续，从芒市运往重庆的260件（约6吨）已腐败变质的牛内脏，依法没收并做深埋无害化处理，销毁费用700元由牛某某承担。

（四）行政拘留

1986年，龙陵县镇安大坝村王某某购入口蹄疫带毒牛一头，引发当地牲畜发生口蹄疫，由于本人态度恶劣，公安机关对王某某给予行政拘留15天的行政处罚。

2005年8月，龙陵县平达乡肉食品经营户刘某某，因不执行畜禽产地检疫的有关规定，态度恶劣，公安机关对刘某某给予行政拘留15天的行政处罚。

违反兽医卫生法规案件择年统计表

表19-21　　单位：起

年份	案件总数	处理件数	案件类型					
			拒绝强制免疫	谩骂、殴打执法人员	拒绝、逃避检疫	伪造检疫证章	不凭证运输	其他
1998	47	38	—	14	10	2	—	12
2000	117	117	—	14	83	1	—	19
2005	27	27	1	—	17	—	4	5

第三节　畜牧科技（推广）成果

1978—2005年，保山市及所属县（区）畜牧系统获地厅及以上机关奖励科技（推广）成果128项，其中：市直单位获奖58项。市直单位获奖中：获农业部（农牧渔业部）奖励1项；获省人民政府奖励5项；获云南省农业厅（畜牧局）奖励34项；获保山市（地）委、人民政府（行政公署）奖励18项。

保山市科技（推广）成果获奖统计表（不完全统计）

表19-22

年度	获奖项目	授奖机关及等级	获奖单位及主要完成人
1978	紫乌原汁在兽医临床应用剂量测定	保山地区科学大会科技成果二等奖	保山地区畜牧兽医站紫乌研究小组 沈大芳　李润泉　姬可南　柳丽华 段体福　赵菊芝　杨世瑛
	1978年度畜牧兽医科研工作成绩显著	保山地区行政公署1978年度科研工作先进奖	保山地区畜牧兽医站

续上表

年度	获奖项目	授奖机关及等级	获奖单位及主要完成人
1980	"681"土霉素、花生油土霉素对猪喘气病的疗效试验	省政府1976—1979年农牧科技推广二等奖	保山地区、腾冲县畜牧兽医站姬可南 段体福 赵菊芝
	国产硝氯酚(9015)治疗水牛肝片吸虫病的疗效观察和毒性试验	省科委1979年科技成果三等奖	保山地区畜牧兽医站沈大芳 柳丽华 段体福 赵菊芝 鲁会兰
1981	聚合草的应用和推广	省政府科技推广三等奖	赵 锭
	1979—1981年马传贫检疫和疫点净化	省政府1981年科技推广三等奖	保山地区畜牧兽医站 沈大芳 段体福 赵菊芝 柳丽华 夏元林 杨世纲 杨恩年
1982	口蹄疫亚洲I型兔化疫苗推广	省政府1982年度科技进步三等奖	庞撲文 赵菊芝 杨世纲 赵玉书 高有明 赵 锭 杨建邦
	兽医防疫成效显著	省畜牧局 保山行署年度工作奖	保山地区畜牧兽医站
1983	1981—1983年间接血凝技术在家畜锥虫病检疫中的应用	保山行署1979—1983年科技推广三等奖	赵菊芝 柳丽华 赵 锭 庞撲文 杨世纲 杨建邦 万国顺 赵玉书
1984	龙陵黄山羊品种资源普查	保山行署1982年度技改二等奖	保山地区畜牧兽医站 赵 锭等
1986	丙硫苯咪唑对家畜蠕虫驱虫效果	保山行署1979—1984年科 技推广四等奖	赵 锭 赵菊芝 柳丽华 杨世纲 杨建邦 庞撲文
	锥虫病间接血凝抗原的制作和应用	保山行署1979—1984年科技成果奖	保山地区畜牧兽医站赵菊芝等
	龙陵黄山羊—新品种资源	保山行署1984年度科研三等奖	保山地区畜牧兽医站
	保山地区畜牧业区划	云南省人民政府农业区划委员会三等奖	肖景阳 杨金华 饶体勤
1988	采取行政、技术、经济措施防治牲畜五号病见成效	省畜牧局 畜牧科技推广先进集体三等奖	保山地区及五县(市)防治牲畜五号病指挥部
	不同日龄仔猪猪瘟免疫效果	省畜牧局 畜牧科技推广先进集体三等奖	保山地区、保山市、昌宁县畜牧兽医站、省兽医防疫总站
	推广猪人工授精技术，提高优良种公猪利用率	省畜牧局 畜牧科技推广先进集体三等奖	保山地区畜牧兽医站李福 夏元林 杨世瑛 郭怀堂 吴国政
	良种鸡推广	省畜牧局 畜牧科技推广先进集体三等奖	保山地区种鸡场 李润泉 段培刚 姬可南 丁自柏 柳丽华 段飞龙 张占金
1989	猪瘟免疫程序研究	省政府1988年度科技进步三等奖	赵锭 柳丽华 段体福 杨世纲
	开展大面积家畜寄生虫驱虫效果显著	省畜牧局1988年度畜牧合理化建议和技改三等奖保山行署1985—1988年度科技进步鼓励奖	腾冲县畜牧兽医站 杨年泰 谭家旺 杨恩波 保山地区畜牧兽医站 赵菊芝 杨世纲
1990	三道防线建设	省防五指、省畜牧局1987—1989年度防治牲畜五号病二等奖	地区防五指挥部杨锦明 李云生 李润泉 佘新明 段飞龙
	保山地区种鸡场的设计	保山行署19851988年度科技进步鼓励奖	保山地区畜牧兽医站 李润泉保山地区农机研究所

续上表

年度	获奖项目	授奖机关及等级	获奖单位及主要完成人
1990	新发现伊氏锥虫鹿株的报告（1981年）	保山行署1985—1988年度科技进步三等奖	腾冲县、保山地区畜牧兽医站王世尧　杨年泰　庞揆文　赵菊芝
	推广猪人工授精一年初见成效	保山行署1985—1988年度科技进步鼓励奖	李　福　吴国政　彭小庆
	保山地区畜禽寄生虫区系调查报告	保山行署1985—1988年度科技进步二等奖	保山地区、保山市、昌宁县、龙陵县兽医站
	发展科学养鸡	保山行署1985—1988年度科技进步三等奖	保山地区种鸡场　李润泉　段培刚　丁自柏
	以综合防治为主的畜禽增产技术推广	农业部全国农牧渔业丰收奖二等奖	保山地区畜牧兽医站（第8完成单位）赵　锭（第12完成人）　张　卫
1991	1990年度畜“丰产奖”先进集体	省畜牧局三等奖	保山地区、保山市、施甸县兽医站
	完成1990年度畜禽疫病防治任务	省畜牧局荣誉奖	保山地区畜牧兽医站
	1986—1990年度畜禽疫病普查	省畜牧局 先进集体二等奖	保山地区畜牧兽医站　赵　锭 王乔顺　周开艳　柳丽华　李润泉 段体福　段飞龙
	先进集体	省畜牧局1990年度畜牧业丰产奖三等奖	保山地区畜牧兽医站　李云生 肖景阳　杨建邦　赵　锭　段飞龙 段培刚　余新明　丁自柏
1992	先进集体	省畜牧局1991年度畜牧业丰产奖三等奖	保山地区畜牧兽医站
	保山地区自然草场资源调查	保山行署1989—1990年度科等奖	保山地区畜牧兽医站　李润泉 姬可南　饶体勤　蒋兆康
	保山地区配合饲料资源调查	保山行署1989—1990年度科技三等奖	保山地区及五县（市）畜牧兽医站
	酵母蛋白育肥猪饲养试验	保山行署1989—1990年度科技三等奖	保山地区畜牧兽医站　保山地区科技情报所　李润泉　郭怀堂
	保山地区畜禽疫病志	保山行署1989—1990年度科技三等奖	保山地区、施甸县、昌宁县畜牧兽医站　赵锭等
	完成1991年防治工作，生猪死亡率控制在省下达指标内	省畜牧局防疫荣誉奖	保山地区畜牧兽医站
	1992年度畜禽疫病死亡率达到控制标准	省畜牧局防疫荣誉奖	保山地区畜牧兽医站

续上表

年度	获奖项目	授奖机关及等级	获奖单位及主要完成人
1993	先进集体	省畜牧局1992年度畜牧业丰产奖三等奖	保山地区畜牧兽医站
	生长育肥猪浓缩饲料配方筛选试验	保山行署1991—1992年度科技进步三等奖	保山地区畜牧兽医站　赵学文　濮永华　周开艳　夏元林　杨世瑛
	饲料青贮技术推广	保山行署科技进步三等奖	保山地区畜牧兽医站　饶体勤　段培刚　高有明
	保山地区农业综合畜牧业开发规划	保山行署科技进步三等奖	保山地区畜牧兽医站　赵　锭　段飞龙
1994	开展畜牧业科技配套技术推广促进畜牧业经济大发展	省畜牧局科技进步二等奖	保山地区畜牧兽医站
1995	保山地区牧草有害生物调查	省畜牧局云南牧草有害生物调查二等奖	保山地区、保山市、施甸、腾冲、龙陵、昌宁县畜牧兽医站　饶体勤　苏仁乔　舒尚德　杨家恒　孙定留　张文元　朱元昌　赵　君
	先进集体	省畜牧局科技推广二等奖	保山地区畜牧兽医站
1996	马传贫检疫及疫点净化	省畜牧局1995年度科技兴牧二等奖	保山地区、保山市、施甸、腾冲、龙陵、昌宁县畜牧兽医站　赵　锭　柳丽华　赵家祚　孟跃云　杨志忠　杨家恒　左明周
	1996年度兽医防检卫生监督	省畜牧局先进单位	保山地区兽医卫生监督所　腾冲县畜牧局　固东镇畜牧兽医站　杨兴东　陈　文　杨家龙　佘新明　高学明　左胜和　杨安保　赵家祚
1997	兽药经营	省畜牧局先进单位	保山地区畜牧兽医科技咨询服务部
1998	抓防检促流通，保障畜牧产发展	省畜牧局1997年度畜牧业科技推广三等奖	保山地区畜牧兽医站　肖景阳　苏云雁　佘新明　钱杏培　龚兴建
	依法管牧，促进畜牧业健康发展	省畜牧局科技推广二等奖	保山地区畜牧兽医站　濮永华
1999	依法治疫，促进畜牧业健康发展	省畜牧局1997—1998年度科技推广三等奖	保山地区畜牧兽医站　肖景阳　苏云雁　龚兴建　钱杏培　佘新明
	采取综合防疫措施防制动物五号病成效显著	省畜牧局1998年度科技推广二等奖	保山地区防五指挥部、保山地区兽医站　张开位　李云生　段培刚　庞仕龙　濮永华　肖景阳　佘新明
2000	保山大耳猪选育初见成效	省农业厅科技推广二等奖	保山地区良种猪场　张开位　段培刚　字攀安　欧茶海　连林生　阿金谭　马金和　杨荣昆　濮永华　庞仕龙
	保山地区肉牛冻精改良成效显著	省农业厅2000年度农业科技推广一等奖	保山地区、保山市、腾冲、昌宁县畜牧兽医站　赵学文　祝应良　苏仁乔　尹玉安　邓家铭　李胡成　段其品　王文庶　赵　君　许卫良　王庆昌　张有华　张华全　何兴有　李佳宝
2004	保山市优势畜牧产品区划发展规划	保山市政府科技三等奖	徐洪祥　段培刚　肖景阳　庞仕龙　濮永华

续上表

年度	获奖项目	授奖机关及等级	获奖单位及主要完成人
2005	10万亩多花黑麦草农田种植示范推广	省农业厅2004年度农业科技推广一等奖	保山市、隆阳区、施甸县畜牧兽医站，腾冲、龙陵、昌宁县畜牧中心 濮永华　肖景阳　庞仕龙　祝应良 周开艳　苏仁乔　王丕发　杨兴旺 杨焕芳　艾有林　欧积能　李宏伟 熊光明　沈雪鹰　唐泽勋　杨兴东 白文英　郭兴勇
	保山市饲料兽药监测平台建设	省农业厅2005年度农业科技推广二等奖	保山市畜牧兽医站　周开艳　肖景阳 濮永华　段志华　祝应良　杨爱梅 段　丽　郭丽华　龚兴建
	3万亩农田种草技术示范推广	保山市政府科学技术二等奖	保山市畜牧兽医站　腾冲县畜牧中心 濮永华　肖景阳　艾有林　祝应良 沈雪鹰　苏仁乔　王丕发

第二十编　渔　业

虹鳟鱼规模化养殖

综 述

保山市鱼类资源丰富，有优越的渔业条件。境内渔业生产历史悠久，据史料记载，池塘养鱼自明清时期开始，而稻田养鱼的历史已有1700多年。1973年4月，施甸鱼种站首次“家鱼”人工繁殖苗成功，为保山地区渔业翻开新的一页。1978年以后，在改革开放的大好形势下，全区渔业机构逐步健全，家庭养鱼户不断增加，养殖新品种、新技术不断引进推广，管理不断完善，渔业发展较快。20世纪80年代开始，财政部门安排试验示范经费，开展稻田养鱼（新品种、新技术养殖）试验后在全区推广取得较好的效果。20世纪90年代，在五县（市）选出20个乡（镇）开展商品鱼池塘综合示范，加大渔业新品种、新技术推广力度和渔业开发力度，实现渔业快速健康发展。2005年年末，全市渔业总产值25789万元，人均106元。

第一章 机构沿革

保山市自1965年建保山县鱼种站开始有渔业机构，至2005年，已有市、县（区）级渔业事业机构25个，共有职工71人，其中：科技人员34人（高职1人，中职16人，初职17人），技工33人，其他人员4人。其他渔业生产机构9个。另外，建有乡级水产技术推广机构9个，职工27人。

第一节 管理推广机构

一、市级技术推广机构

1982年4月，保山地区革命委员会水利局鱼种站更名为保山地区水产工作站，1983年，迁址于保山县城关镇东门乡东门村一社（环城东路22号）。1987年12月，加挂渔政管理站和水产技术推广站两块牌子，实行三块牌子，一套班子。核定编制为22人，为科级事业单位，隶属保山地区水利电力局。主要负责全区渔业行政、计划管理；渔业法律法规的宣传、贯彻和执行；渔业技术推广、普及；渔业技术培训、咨询；三级试验；渔需物资供应。2001年，地区水产工作站更名为保山市水产工作站。2002年12月，渔业管理职能划归保山市农业局。2005年，保山市水产工作站实有职工16人，其中：专业技术人员7人（副高1人、中职5人、初职1人），工人9人（高级工4人、中级工3人、初级工2人）。

二、各县（区）技术推广机构

五县（区）水产工作站除隆阳区成立的较早外，基本上于1982—1987年间成立，均隶属于县（区）水电局。至2005年年末，隆阳区水产工作站有职工10人，施甸县水产工作站有职工3人，腾冲县水产工作站有职工11人，龙陵县水产工作站有职工5人，昌宁县水产工作站有职工10人。

第二节　生产机构

一、全民、集体鱼种站（场）

2005年，全市共有全民、集体渔业生产机构15个，其中：隆阳辖区4个，即保山市鱼种站，北庙水库渔场，大海坝水库渔场，保山市水产良种基地；施甸辖区2个，即施甸县鱼种站，三块石水库鱼种场；腾冲辖区1个，即腾冲县鱼种站；龙陵辖区2个，即龙陵县鱼种站（勐糯鱼种站），龙陵水产站试验基地；昌宁辖区6个，即昌宁县鱼种站，昌宁柯街华侨农场鱼苗站，昌宁柯街农场鱼苗站，昌宁湾甸农场鱼种站，河西水库鱼种场，昌宁县水电局流水养鱼试验基地。

二、私营渔场

1982年起，保山陆续出现私营渔场。至2005年年底，共发放渔业生产许可证225本。年末，全市有保山水晶渔业有限公司，寸连有养鱼场，大海子养鱼联合体，钱永林渔场，玉泉园水产开发有限公司，张广忠渔、猪、果、菜综合种养场，邦国正渔场等8个具有一定规模的私营渔场。

第二章　渔业资源

第一节　渔业水域资源

一、江河

保山市境内河流由东到西分属澜沧江、怒江、伊洛瓦底江三大水系，流向由北至南。主要较大河流19条，总长1358.36千米，水面19.37万亩，占渔业总水面的84%。与“三江”和湖泊相连接的河、沟、溪、渠纵横交错，有的河道建闸拦水灌溉水位较为稳定，水面较宽，水深适中，水流平稳，水质良好，交通方便，可开展定置网箱和流水养鱼。在4条河流上所建的18道闸又提供可养鱼水面737亩，其中：隆阳区东河闸2座，平均河面宽10～20米，水渠深1.50～3.00米，水面176亩；施甸县的施甸大河和姚关河有水闸12座，平均河宽6～10米，水深1～3米，水面381亩；腾冲县叠水河有水闸4座，河宽15～20米，水渠1.50～3.00米，水面180亩。

然而，境内澜沧江，怒江和伊络瓦底江上游河段，海拔高、水温低、有季节性雪水流入，水质清瘦，且滩多流急，河床凸凹不平，由于河谷深切，泥石流严重，开发难度较大。少数支流，河床平缓，河面宽，水深适度，水质好，交通方便，利于开发。截至2005年，除水电站形成的库区外，尚未开发养殖。

二、水库

2005年，保山市已建成投入使用的水库271座，总库容4.64亿立方米，拥有水面4.32万亩，多为河谷型，蓄排水季节性强，水库水位变幅大，海拔1400～2400米，其中：大型水库1座（茄子山水库），中型水库10座，可养鱼水面8000余亩；小（一）型水库50座，可养鱼水面近9000亩；小（二）型水库211座，可养鱼水面近3000亩。

三、池坝塘

1985年以后，保山地区兴起开挖池塘养鱼，池坝塘水面逐年增加，至2005年，保山市有可养殖池坝塘17256亩。

四、地热泉

全市共有地热泉（群）220处，出流量1.40立方米/每秒，年产温热水5000万立方米，其中：腾冲县101处，昌宁县49处，施甸县28处，隆阳区22处，龙陵县20处。水温多为30℃以上、水总流量为768公升/每秒，年产温热水5000万立方米。至2005年，仅腾冲县的界头和隆阳区的蒲缥两地共20处开发养鱼。

五、稻田

截至2005年，保山市可养鱼稻田45.8万亩。已养鱼234263亩，占51.15%，总产鱼6505吨，平均亩产27.77千克。

六、湖泊

2005年，保山市湖泊仅有腾冲县打苴乡的青海、北海，固东镇的大、小龙潭和龙陵县勐糯镇大、小海，有600亩水面可供养鱼。

第二节　饵料、肥料资源

一、肥料及天然饵料

有机肥　保山市2005年年末农业人口216.7万人，以年人均生产各种有机肥100千克计，总量216.7万吨；2005年渔业人口16901人，每年生产各种有机肥约1690吨。

天然饵料　主要有浮游植物、浮游动物、底栖动物、水生维管束植物四类，多分布于沟、河、水库、稻田、池坝塘。旱地里可渔用的熟草、铁线草和田间的硬草等旱草资源也十分丰富。水库中，浮游植物含量在每升1～1.6毫克之间，以裸藻、黄藻、绿藻多见；浮游动物的含量在每升1.2～1.9毫克之间，以轮虫类、枝角类、桡足类多见。

底栖动物多见于河、沟、田、塘、库中，以螺、黄蚬、摇蚊幼虫等多见；水生维管束植物俗称水草，集中分布于小型水库、坝塘中，以轮叶黑藻、小次藻、马来眼子菜、菹草、芜萍、绿萍多见，为鱼类提供食饵和产卵及栖息条件。保山市有水生维管束植物55种，隶属30科，34个属，其中：挺水植物25种（亚种，含湿生植物6种），漂浮植物10种，沉水植物7种；有浮游植物13种。

二、人工饲料

植物性饲料　2005年，全市粮食94.9万吨，鱼饲粮以1%计用量为9490吨。2005年，全市水产品养殖产量16423吨，其中：以70%投喂饲料计，为11496.10吨；按饵料系数2.0计，年消耗饲料22992.2吨。

此外，还有丰富的农作物的根、茎、叶、壳、渣，如芭蕉芋等可以加工鱼饲料。

动物性饲料　有骨粉、动物下脚料等。2005年，全市建有2座骨粉厂，年产量800多吨。另外还有动物下脚料和部分蚕蛹，杂鱼、肉粉，血粉等用于渔业。

配合饲料　2005年，全市有永凯、永坤、吉昌、顺达、水晶五个厂家，每年生产和进口供应鱼饲料1.3万吨左右，分鲤鱼料、草鱼料、罗非鱼料3个系列。外来销售品牌饲料门市8家，年销售7000多吨。自主品牌及销售注册品牌1个，为保山水晶渔业有限公司生产的“水晶”牌鱼饲料，销售的鱼饲料成鱼料为70%，中鱼料为20%，幼鱼料为10%。主要品牌为“通威”“正大”“希望”“华昌”“广红”等。另外，工业副产品滤泥年产20000多吨，糖蜜年产45000吨等可以加工鱼饲料。

第三节　鱼类资源

一、鱼类区系及地理分布

保山市鱼类分布于澜沧江水系，怒江水系，伊洛瓦底江水系中，因水系不同，鱼类各成独立体系。

据1985年渔业资料显示，保山地区共分布有鱼类6目16科68属（亚属）152种（亚种）。分别是：鲤形目4科58属（亚属）113种（亚种），占74.%；鲶形目4科24种；鲈形目5科12种（亚种）；鳟形目、鲱形目、合鳃目分别各1科1属1种。分布于澜沧江水系73种（亚种），怒江水系61种，伊洛瓦底江水系60种（亚种）。有经济鱼类37种，主要是鲤鱼类、鲫鱼类、草鱼、鲢、鳙、黄鳝、泥鳅、裂腹鱼、四须鲃、鳢、罗非鱼等。有特种土著鱼类30属（亚属），其中：澜沧江水系21属，占云南特有属70%；怒江水系12属；伊洛与底江水系8属。引进种包括养殖良种20余个，带入的野杂鱼品种6个。

二、土著鱼类

2001年1月，经中科院昆明动物研究所审定，保山市分布有土著鱼类5目12科47属90种，其中：伊洛瓦底江水系4目8科30属48种，怒江水系5目10科39属41种，澜沧江水系5目8科32属39种。

保山市土著鱼类分布表

表20-1

目科种	伊洛瓦底江	怒江	澜沧江
鳗鲡目	—	—	—
鳗鲡科	—	—	—
云纹鳗鲡	+	+	—
鲤形目	—	—	—
鲤科	—	—	—
鲃亚科	—	—	—
异鲴	—	+	—
滇西低线鱲	+	—	—
斑尾低线鱲	—	+	+
波条鲃	+	+	—
缺须鲃	+	—	—
半线鲃	+	+	—
红蚌鲃（疑问种）	+	—	—
马口鱼	—	—	+
长嘴鱲	—	+	+
鲃亚科	—	—	—
墨脱四须鲃	+	—	—
云南四须鲃	—	—	+
太平四须鲃	+	—	—
后鳍四须鲃	—	+	—
保山四须鲃	—	+	—
后背鲈鲤	—	+	+
大鳞结鱼	—	+	+
黄鳍结鱼	+	—	—
桥街结鱼	+	—	—
中国结鱼	—	—	+
少鳞白甲鱼	—	—	+
野鲮亚科	—	—	—

续上表

目科种	伊洛瓦底江	怒江	澜沧江
彩花缨鱼	+	—	—
角鱼	—	+	
西藏墨头鱼	+	—	—
东方墨头鱼	+	+	—
墨头鱼	—	—	+
桥街墨头鱼	+	—	—
云南野鲮	+	—	+
缺须盆唇鱼	—	+	—
墨脱华鲮	+	—	—
朱氏华鲮	—	—	+
鮈亚科	—	—	—
花䱻	—	—	+
裂腹鱼亚科	—	—	—
全裸重唇鱼	+	—	—
灰裂腹鱼	+	—	+
保山裂腹鱼	—	+	—
墨脱裂腹鱼	+	—	—
怒江裂腹鱼	—	+	—
圆颌裂腹鱼	+	—	—
软刺裂腹鱼	+	—	—
南方裂腹鱼	+	—	—
光唇裂腹鱼	—	—	+
少鳞裂腹鱼	+	—	—
鲤亚科	—	—	—
鲫	+	+	+
鳅鮀亚科	—	—	—
元江长须鳅鮀	—	—	+
鳅科	—	—	—
条鳅亚科	—	—	—

续上表

目科种	伊洛瓦底江	怒江	澜沧江
长鳍原条鳅	+	—	—
多纹条鳅	+	—	—
盈江条鳅	+	—	—
厚唇新条鳅	—	+	—
拟鳗副鳅	—	—	+
横纹南鳅	—	+	+
宽纹南鳅	—	—	+
长南鳅	—	+	—
泰国南鳅	—	+	+
密纹南鳅	+	+	—
沙鳅亚科	—	—	—
伊洛瓦底沙鳅	+	—	—
突吻沙鳅	+	+	—
中华沙鳅	—	—	+
花鳅亚科	—	—	—
鳞头鳅	+	+	+
泥鳅	+	+	+
平鳍鳅科	—	—	—
腹吸鳅亚科	—	—	—
横斑原缨口鳅	—	—	+
平鳍鳅亚科	—	—	—
云南原爬鳅	—	—	+
张氏爬鳅	—	—	+
长体爬鳅	—	—	+
怒江爬鳅	—	—	—
鲇形目	—	+	—
锡伯鲇科	—		—
长臀刀鲇	—	+	—
胡子鲇科	—	—	—

续上表

目科种	伊洛瓦底江	怒江	澜沧江
胡鲇	+	+	+
鮡科	—	—	—
巨魾	—	+	+
藏鳗	+	—	—
长丝黑鮡	—	+	
凿齿鮡	+	—	—
穴形纹胸鮡	+	+	—
亮背纹胸鮡	—	+	—
老挝纹胸鮡	—	—	+
长尾纹胸鮡	+	—	—
龙江纹胸鮡	+	—	—
大斑纹胸鮡	—	—	+
细斑纹胸鮡	+	—	—
三线纹胸鮡	+	+	—
扎那纹胸鮡	—	+	+
细尾异齿鳗	+	+	+
短鳍鮡	+	+	—
扁头鮡	+	+	+
黄斑褶鮡	+	+	+
短体拟鳗	—	+	—
鲁拟鳗	+	—	—
鳉形目	—	—	—
青鳉科	—	—	—
中华青鳉	—	—	+
合腮鱼目	—	—	—
合腮鱼科	—	—	—
黄鳝	+	+	+
鲈形目	—	—	—
南鲈科	—	—	—

续上表

目科种	伊洛瓦底江	怒江	澜沧江
无线棕鲈	+	—	—
鲿科	—	—	—
宽额鳢	+	+	+
刺鳅科	—	—	—
大刺鳅	+	+	+
共5目12科47属90种	4目8科30属48种	5目10科30属41种	5目8科32属39种

注："+"表示有分布，其中保山市特有鱼类有：雅罗鱼亚科的担尼鱼属、裂腹鱼亚科的裂腹鱼属、鲃亚科四须鲃属、长臀鲃属（光唇鱼属）、结鱼属、低线鱲属、鳅科的条鳅属、合鳃科的黄鳝等

三、引进鱼类

1960—1985年，先后从广东、江川、昆明引进莫桑比克罗非鱼、青、草、鲢、鳙、元江红尾鲤鱼、华南鲤、尼罗罗非鱼、日本白鲫、福寿鱼、鲮鱼、奥利亚罗非鱼、滇池高背鲫。20世纪90年代引进的有银鱼、建鲤、丰鲤、镜鲤、湘云鲫、彭泽鲫、虹鳟、淡水白鲳、月鳢等。至2005年，保山市引进养殖鱼类有草、鲢、鳙、建鲤等17种，分布在隆阳、施甸、腾冲、龙陵、昌宁五县（区）。

此外，保山境内的其他水生动物资源还有四类，即：中华圆田螺、中国圆田螺、大瓶螺、河蚌等淡水贝类，青虾、草蟹等甲壳类，大鲵、虎纹蛙、黑斑蛙、贡山齿突蟾、红瘰疣螈、牛蛙等两栖类水生动物及中华鳖等爬行类。

第三章　渔业生产

第一节　苗种生产

一、品种引进

1978—1990年，保山地区先后引进尼罗罗非鱼、异育银鲫、埃及胡子鲶、滇池高背鲫、太湖新银鱼等近20个品种；1991年后引进了建鲤、虹鳟、斑点叉尾鮰、罗氏沼虾等近20个品种。经过自然淘汰，至2005年，尚有建鲤、草鱼、鲢鱼、鳙鱼、尼罗罗非鱼、埃及胡子鲶、虹鳟等21个品种运用于养殖生产，分品种养殖产量为：鲤鱼8284吨、草鱼3553吨、鲫鱼1845吨、罗非鱼979吨、鲢鱼913吨、鳙鱼703吨、银鱼66吨、黄鳝19吨、虹鳟鱼7吨、观赏鱼4吨、青鱼1吨、虾类4吨。

1975—2005年保山市渔业引种情况统计表

表20-2

鱼名（水产品）	引入时间	引种地	引入地点	引种单位（人）	评价	分布现状	备注
青虾	1975 2005	江苏 湖北	保山北庙 明子山水库 昌宁县柯街农场	市水产站	能自繁，尚未形成养殖产量	中型水库，数量不多	—
团头鲂（武昌鱼）	1975 1976 2005	江苏 武汉	全区中型水库保山市水产示范园	市水产站	能自繁，尚未形成养殖产量	中型水库，少见	—
尼罗罗非鱼	1979	省水产研究所	保山蒲缥	市水产站	生长快、杂食性	低热河谷地区，数量多	首次
日本白鲫	1982	昆明	保山昌宁	市水产站 昌宁水产站	食性广、生长快	已难见	首次
鲮鱼	1983	广东	保山腾冲	市水产站 腾冲水产站	可食部分占57%	保山、腾冲中型水库，数量极少	首次
红鲤又称荷包鲤	1983	元江	保山鱼种站	保山鱼种站	食性广、生长快、外形美观	未推广	
福寿鱼	1983	广东	腾冲	腾冲水产站	杂食性、肉质好、生长快、受欢迎	低热河谷地区、数量少	首次
异育银鲫	1984.5	昆明	保山	市水产站	肉味鲜美营养价值高经济鱼类	全市，生产量较大	首次
埃及胡子鲶	1984.4	广西	保山	市水产站	生长快、体大肉嫩味美	全市，生产量较大	首次
滇池高背鲫	1985 2005	昆明江川	保山大、小海水库 昌宁柯街农场	市水产站	生长快、孤雌生殖	全市，生产量不大	—
奥利亚罗非鱼	1985 1999	昆明	昌宁柯街 施甸由旺	昌宁鱼种站 市水产站	杂食性、自繁自育	低热河谷地区，已不多见	—
红尼罗罗非鱼	1987	广东	保山	市水产站	—	未推广	首次
大口鲶	1986	广西	保山东门	市水产站	—	未推广	首次
褐首鲶	1986	广西	保山东门	市水产站	—	未推广	首次
尼罗鲕鲷	1986	广西	保山	市水产站	—	未推广	—
淡水白鲳	1987	昆明	保山	市水产站	生长快、不耐低温	低热河谷地区，数量少	首次
丰鲤	1988.5	广西19万尾	施甸鱼种站	市水产站	—	未推广	首次

续上表

鱼名（水产品）	引入时间	引种地	引入地点	引种单位（人）	评价	分布现状	备注
牛蛙	1989	楚雄	保山	市水产站	肉嫩味美、蛋白质丰富	全　市，数量少	首次
太湖新银鱼	1990.4	昆明	保山大海坝、小海坝、水库	市水产站 隆阳水产站	小型经济类鱼、适宜水库移植增殖	全区中型水库，数量多	首次
三鲮	1990.5	昆明	保山五里亭	隆阳水产站	—	未推广	首次
野鲮	1990.5	昆明	五里亭芒宽罗明	市水产站隆阳水产站	—	未推广	首次
池沼公鱼	1991.2	昆明	北庙、河西、蒋家寨水库	市水产站 北庙水库	—	中型水库，已不多见	首次
罗氏沼虾	1991.7 1996.6 2005.7	台湾 元江	罗明鱼种站　昌宁柯街农场	隆阳水产站 市水产站	海水繁殖，苗种不能自给	已开始低热河谷地区养殖	—
建鲤	1993.3	武定30万尾	保山　昌宁	市水产站	生长快、个体大、经济鱼类	全市，数量多	首次
虹鳟	1997.10 2002.10	丽江	北庙水库 大河水库	市水产站 熊光银	鱼肉鲜嫩、蛋白质高、	生产量不大	
湘云鲫	1999.4	湖南乌仔5万尾	施甸	市水产站 施甸水产站	—	未推广	首次
彭泽鲫	1999.4	江西省九江市彭泽县引乌仔50万	全区	市水产站	—	未推广	
奥尼罗非鱼	1999.5	海南夏花8万尾	保山	市水产站	雄性率高，生长快	低热河谷地区、有一定产量	首次
河蟹（中华绒螯蟹）	1999.5	温州1.2万只扣蟹	保山、施甸、昌宁	市水产站	—	未推广	
美国大口胭脂鱼	1999.6	昆明宜良0.2万尾	腾冲	腾冲水产站	—	未推广	首次
镜鲤	1999.6	四川夏花10万尾	施甸	市水产站 施甸水产站	长势不如建鲤	有一定产量	首次
月鳢	1999.6 1999.7	广西三次引进夏花2万尾	保山五里亭	市水产站	—	未推广	首次
中华鳖	1999.6	福建福州幼鳖10万只	保山蒲缥	杨虎龙	饲料难以自给，饲养技术尚未完全掌握，苗种不能自给	隆阳区，生产量小	首次

续上表

鱼名(水产品)	引入时间	引种地	引入地点	引种单位(人)	评价	分布现状	备注
云斑鮰	1999.9	—	保山河图董官	王国富	未推广	很少见	首次
鳗鲡	2000.6	1235千克	保山罗明	—	—	未推广	首次
斑点叉尾鮰	2002	—	昌宁湾甸	曾吉祥	苗种不能自给	生产量小	首次
黄颡鱼	2005.12	—	昌宁柯街农场	市水产站	—	未推广	首次
丁鲑	2005.12	—	昌宁柯街农场	市水产站	—	未推广	首次
杂交鲟	2002.11	北京水花苗1万尾	保山龙滢公司	李晓江	苗种不能自给	生产量不大	首次

二、苗种繁育

历史上，保山地区的鱼苗鱼种，主要从江河、沟溪等水域中捕捞或依靠水体中的鱼类自然繁殖。20世纪70年代起，全区各县先后建起鱼种站，开展人工繁殖鱼种鱼苗。1978年，昌宁县鱼种站在柯街农场人工繁殖苗种成功，共繁殖草、鲢、鳙、鲤鱼水花鱼苗700万尾、生产夏花100万尾。当年，保山县实施东河改造工程，搬迁扩建鱼种站，水面86亩(鱼种塘36亩，成鱼塘50亩)，当年生产鱼苗120万尾。1979年，腾冲县鱼种站在界头石墙村澡塘河建石墙鱼种站，利用温流水进行苗种生产。1980年，龙陵八〇八水库鱼种站成功繁殖草鱼200万尾。1983年，全区鱼苗产量1430万尾。1984年，保山市水产站在杨柳乡罗明征地32.36亩建罗明鱼种站，净水面24亩，产卵池1个，孵化槽4个。当年，全区国营鱼种场(站)、水库鱼种场(站)、农场渔场、社队、家庭渔场共有养殖面积520亩，全年生产繁殖鱼苗4150万尾，鱼种1463.16万尾。

1986年，全区已建成国营鱼种场(站)6个，水库附设渔场4个，国营农场1个、社队家庭渔场3个，鱼苗鱼种池合计289.5亩，共繁殖水花鱼苗3299万尾，生产夏花及大规格鱼种1540.61万尾。1987年，保山地区水产站进行胡子鲶人工繁殖成功，生产培育2.5～3.0厘米鲶苗17万尾。

1988年3月，保山市罗明鱼种站成功繁殖草鱼20万尾、鲢鱼100万尾。同年，昌宁县柯街农场渔场增建产卵池一个，孵化环道3个，配备草亲鱼35组，鲢、鳙亲鱼10组。次年生产草鱼水花700万尾，鲢、鳙鱼水花40万尾，繁殖家鱼1000万尾，全县繁殖5000万尾。同年，全区胡子鲶鱼苗繁殖点发展为4个，当年繁育和购进2.5～3.0厘米鲶苗110万尾以上。

20世纪90年代中期，涌现了一批专业户，开始专门培育大规格鱼种及二龄“斤两”鱼种。1993年，腾冲石墙鱼种站利用地热水人工繁殖水花鱼苗180万尾，其中：草鱼120万尾，鲢鱼60万尾。至1999年，全区共有7个鱼苗繁殖基地，年水花产量已达19140万尾，鱼种产量达到1796吨。

2005年，保山市鱼苗产量23738万尾、鱼种产量1628吨。

第二节　池坝塘养鱼

新中国成立之前，保山地区有历代兴建的小塘坝200多个。1979年全区共有池坝塘2451个，面积7320亩。

1980—1982年，腾冲县瑞滇公社，有30个生产队开挖鱼塘58个，面积147.9亩；70多户社员利用自留地开挖小鱼塘90多个、35亩。保山地区水产站在保山县蒲缥公社塘子沟利用温泉水进行莫桑比克罗非鱼养殖试验。其间自然繁殖四批。共计收鱼20260尾，总重748.6千克，净增重700.1千克，折合亩产1497.2千克，产值1197.76元；实际盈利639.36元，投入产出比1∶2.14。

1984年8—11月，腾冲县水产站在石墙温泉养鱼基地开展温流水养鱼试验，亩净产7401.3千克，饵料系数3.1，创产值1668.72元，盈利589.70元。同年，保山地区水产站在保山市芒宽乡鬼街坡水库开展流水养鱼试验2.5亩，收获鲜鱼2700千克，亩产1080千克。1985年投放尾重25～250千克的鱼种1200千克，收获鲜鱼3100千克，亩产1240千克。

1985年，全区池坝塘养鱼面积扩大到9006.6亩，总产鱼323.7吨，占全区鱼总量496吨的62.60%，平均亩产56千克。同年，保山地区水产站在保山市城关办事处东门乡承包鱼塘中进行池塘养鱼高产试验，平均亩产559.25千克。

1989—1990年，保山市水产站在龙泉镇东门办事处连续两年开展百亩池塘连片精养高产的试验示范工作。传授鲢、鳙、草、鲤、鲫、胡子鲶等混养等池塘养鱼技术。试验指标为连片面积300亩，单产250千克。1989年，完成试验面积302亩，总产鱼87.74吨，平均亩产鱼290.55千克。面积和单产分别超计划0.67%和16.22%，其中典型示范户10户，面积50亩，产鱼22.5吨，亩产达450千克。1990年，完成试验面积450亩，总产鱼168.53吨，平均亩产374.50千克，面积和单产分别超计划50%和49.8%。

1991—1993年，省农业厅水产处下达千亩商品鱼池塘综示技术示范项目指标，选择保山地区五县（市）靠近城郊相对集中连片，交通方便，经济发达的保山市永昌、汉庄、河图，施甸的甸阳、由旺，龙陵县的龙山、勐糯，腾冲县的城关、界头和昌宁县的城关、柯街等近20个乡（镇），主要放养品种有草鱼、鲤鱼、鲢鱼、鳙鱼、鲫鱼、罗非鱼、胡子鲶等。大规格投放，多品种合理混养、密养。试验结果：1991年，全区实际完成池塘综示面积1487.90亩，共产鲜鱼482.714吨，平均亩产324.80千克，平均亩产值3244.26元；试验区获纯利265.494万元，平均每亩获纯利1784.35元。1992年，完成池塘综示面积1959.5亩，共产鲜鱼719.69吨，平均亩产367.82千克；试验区共创产值719.69万元，平均亩产值3678.2元；获纯利363.48万元，亩纯利1854.99元。1993年，完成池塘综示面积3277.5亩，共产鲜鱼1330.34吨，平均亩产405.9千克，创产值1401.43万元，平均亩产值4275.90元；获纯利798.82万元，平均亩纯利2437.30元。

1994年起，全区全面推广池塘精养高产技术。省农业厅渔业处安排下达昌宁县200亩商品鱼基地建设项目。当年，全区池坝塘养鱼10701亩，产量1807吨，平均亩产169千克，其产量占总养殖产量的74%。1995年，省农业厅渔业处安排下达保山地区1070亩商品鱼基地建设项目，全区建设高标准、规范化商品鱼池1370亩。全区池塘养鱼11530亩，总产鲜鱼2156.11吨，单产187千克。全区1992—1995年列项建设高标准、规范化商品鱼池1370亩，其中：保山市400亩，施甸县300亩，龙陵县300亩，昌宁县300亩，保山地区良种场70亩，平均亩产鱼350千克以上。

1996年，全区列项建设1300亩，池坝塘养鱼12895亩，产鱼2634吨，占养殖总产量4799吨的55%，平均亩产204千克，其中保山市池塘精养面积为5027.60亩，产鱼1373.17吨，平均亩产273.13千克。

1997年，保山地区水产站帮助指导个体户熊光银从丽江地区清溪水库引入1550尾虹鳟鱼苗，在保山市板桥镇后庄开展流水养殖。

1999年，省农业厅渔业处安排下达商品鱼基地建设项目面积1070亩。全区池塘养鱼面积达14215亩，总产鲜鱼3899吨，亩产274.29千克。2000年全区池坝塘养鱼14846亩，产量3899吨。至2005年，全市池坝塘养鱼17256亩，产量7688吨。

第三节　大水面养殖

一、水库养殖

1978年，保山地区水库可养鱼水面2.27万亩，已养1.81万亩，投放苗种192.90万尾，成鱼总产量75.50吨，平均亩产4.15千克。

1981年，为促进水库养殖渔业的发展，提高大规格鱼种投放率，地级财政下达水库多种经营补助17万元（含3万元周转金），其中：保山县北庙水库续建大规格鱼池周转金3万元，大海坝水库建鱼池10亩、防逃设备和购木船5万元，龙陵八〇八水库建鱼池5亩、防逃设备和购木船4万元，昌宁河西水库建鱼池6亩、防逃设备和购木船等5万元。当年，全区主要水库养殖水面8470亩，投放鱼种418.95万尾，成鱼产量120吨。

1984年，全区先后从10件县管水库的渔业人员中选派24名到省内外水产院校进行培训。地区水产站先后派技术人员到各县水库作技术指导。1989年，地、市水产站联合在保山市龙泉镇王官水库开展高产养鱼试验，平均亩产95.18千克，总产值4.76万元，纯利2.71万元，投入产出比为1∶2.32。1990年，全区有水库233座，可养鱼水面2.6万亩，已养鱼1.66万亩，产鱼127吨。

1991年开始，选择交通方便，面积在300亩以上，长年有一定死库容，库型好、引水区植被覆盖率高，水体中浮游生物丰富，鱼类结构组成简单的水库，移植投放了银鱼和池沼公鱼受精卵或平游苗。1991—1992年，首次试验移植银鱼受精卵1200万粒投放到保山北庙水库、大海坝、小海坝和龙陵八〇八水库，腾冲的大河水库以及昌宁的河西水库。1994—1995年，又移植银鱼平游苗120万尾作补充投放。1991—1995年，全区共引进银鱼、池沼公鱼受精卵、平游苗1600万尾（粒），投放19座水库，其中：八〇八、三块石、大海坝、小海坝、蒋家寨、北庙、大河等7座中型水库形成种群。1995年，全区水库养殖面积完成21575亩，产鱼279吨。

1996年，昌宁县水产站从红河州引进银鱼卵180万粒投放河西水库；次年，昌宁县水产站组织带回地区水产站在大河水库繁殖的银鱼卵180万粒投放到该县水库。1998年，保山地区水产站监测25座水库移植银鱼情况，经捕捞监测，除昌宁河西、施甸鱼洞水库1331亩未成功外，其他水库都形成种群或产量，其中全区作为示范的水库面积完成5697亩，为全区推广面积的42.80%，共产银鱼58吨。

1999年，全区水库养鱼面积22192亩，产量928吨，平均亩产42千克（含网箱养鱼）。至2005年，全市水库养鱼28980亩，产量2220吨。

二、网箱养鱼

1981年，保山地区水产站首先在北庙水库开展网箱（立体）养鱼试验，面积0.03亩。随后又在保山蒲缥刘家海子、芒宽鬼街坡水库，昌宁河西水库，施甸渔洞水库，龙陵八〇八水库开展试验。1989年，保山地区水产站再次在保山市龙泉镇王官水库开展网箱养鱼试验取得折合亩产3.50万千克的初步成果。

1994年，地区水产站争取滇西南农业综合开发项目资金（贷款）14万元，与四川省三台县水产站、三台县个体养鱼户周盛清联合，列项进行网箱养鱼试验开发。主要放养建鲤，自制配合饲料，各方参与饲养管理。由于管理不善，饲料原料（鱼粉）掺假，饵料系数为8，严重亏损。1997年，保山水晶渔业有限公司（私营）熊光银，在保山市明子山水库700亩的水面上设置网箱85只，占水面3.20亩，平均每只网箱产鱼4吨多，单只网箱最高产量达8.50吨，折合亩产226吨。

1999年，全市水库网箱养鱼面积5.30亩，产量185吨，其中：保山市4亩，100吨；施甸1亩，65吨；腾冲0.30亩，20吨。2001年，全市水库箱养鱼面积达8亩，产量512吨。此后，为防止水源污染，网箱养鱼逐年减少。至2005年，全市水库网箱养鱼2.4亩，产量295吨。

1981—2005年保山市网箱养鱼情况表

表20-3　　　　单位：吨、亩

年度	1981	1987	1988	1990	1995	1996	1997	1998	1999	2005
面积	0.03	0.30	0.50	0.08	2.20	4.30	2.80	5.20	5.30	2.4
产量	—	0.4	0.10	1.45	27	23	43	314	185	295

三、湖泊养鱼

保山地区湖泊水面1644亩。1985年前，只有季节性的零星捕捞。1987年后湖泊养鱼面积600亩，产鱼2吨，平均单产3.30千克。

1999年，全区湖泊养殖面积仍为600亩，产鱼6吨，平均单产10千克。2005年，全市湖泊养殖面积600亩，产鱼10吨。

第四节　稻田养鱼

保山地区稻田养鱼历史悠久。但至20世纪80年代初，仍是粗放粗养，缺乏技术，管理差，周期长，受自然支配大，单产低，效益不高。改革开放后，在全区范围内推广了一系列稻田养鱼的新技术，稻田养鱼的面积从1980年的2030亩，提高到2005年的234265亩，总产量从1981年的3.70吨提高到2005年的6506吨，平均亩产从几千克提高到27.8千克。

一、稻田综合种养新技术引进

1982年，保山地区水产站在群众基础较好，交通方便，水利条件优越的保山县城关镇东门乡开展稻田养鱼试验。共选择了保水性较好的4.2亩壤土或沙壤土田块，实行鲤鱼、鲫鱼、草鱼、尼罗罗非鱼等多品种混养，投放大规格鱼种，加强投饵施肥。产鲜鱼122.85千克，平均亩产29.25千克，养鱼稻田水稻亩产增长19.57%，亩收入增加56.75%。1983年，稻田养鱼试验面积增到8.08亩。

二、百亩连片稻田养鱼攻关试验

1984年，保山地、市水电局牵头联合地、市科委、地市水产站、市农科所、城关办事处东门乡等8个单位共同协作，开展百亩连片稻田养鱼攻关试验。完成试验面积111.72亩，共产鲜鱼2094.75千克，平均亩产鱼18.75千克，最高亩产51.35千克；平均亩产稻谷477千克，比不养鱼稻田稻谷增产6.5%，养鱼稻田比不养鱼稻田每亩纯收入增加66.26%。通过鉴定验收，获保山地区科技进步三等奖。

三、千亩连片稻田养鱼示范

1985年，保山地区水产站配合省渔业技术推广站，在保山市城关办事处东门乡开展千亩连片稻田养鱼示范。完成试验面积1194亩，共产鲜鱼18208.5千克，平均亩产15.25千克，最高亩产51.3千克；面积超指标19.4%，单产超指标19.7%。平均亩产稻谷522千克，比不养鱼田稻谷增产25.6%。亩收入增加280.84元，稻田养鱼户平均增收105.85元。全区辐射推广面积3.48万亩，共产鲜鱼135.7吨，平均亩产3.90千克，增收稻谷148.5万千克。该项目获1986年云南省农牧渔业厅科技成果推广三等奖。当年，全区稻田养鱼33746亩，产量94.86吨。

1987年，由省水产处下达，省水产技术推广站和保山地、市水产站在保山市城关镇8个乡共同开展千亩连片渔业综合试验示范面积2779.60亩。产鱼48.64吨，平均亩产17.5千克；全区推广面积3.47万亩，涉及13928户农户，共放鱼苗鱼种252.03万尾，产量117.41吨，单产3.34千克。

四、沟垄、沟溜式稻田养鱼示范

1987年6月初至1989年10月底，保山地区水产站和地区农科所在腾冲县固东镇开展沟垄、沟溜式稻田养鱼试验，三年累计完成393.1亩，总产鱼7.46吨、亩产18.98千克，总产稻146.39吨、亩产372.4千克，亩产值达537.40元，比不养鱼稻田每亩多收205.40元。1990年，组织开展3万亩沟垄、沟溜式稻田养鱼示范，其中：腾冲1.6万亩，保山市1万亩，龙陵0.4万亩；推广稻田养鱼44777亩，生产成鱼365吨。

1991—1993年，组织实施省农牧渔业厅水产处下达保山地区稻田养鱼综示项目指标。采取“拉线起垄”“溜式沟”“塘田结合式”等多种方式进行综合试验获得成功。

五、“千斤稻、百斤鱼”技术示范

1994年，组织开展“千斤稻百斤鱼”技术示范活动，当年示范1500亩，推广56118亩，鱼产量473吨。平均亩产8千克。

1995年，在全区组织实施云南省农业厅水产处下达保山地区9000亩“千斤稻百斤鱼”稻鱼工程技术推广。总产鲜鱼502吨，超指标11.56%，平均亩产52.1千克，超指标4.2%；总产稻谷5262.5吨，亩产545.97千克，超指标9.2%，稻谷增产幅度为7%。每亩稻田比对照田多产鱼35.1千克，多收水稻338.3吨，总产值1655.1万元，亩产值1717.22元；投入产出比1∶7，由于项目的辐射作用，当年全区共落实稻田养鱼105529.4亩，产鱼1537吨，产稻5.80万吨，创产值1.36亿元，平均亩产值1288.87元。此外试验田每亩减少杂草220千克以上，不仅减少薅秧工钱还可直接增鲜鱼重5.54千克，亩均增加收入96元。据农业部门测定，试验田三代三化瞑虫口密度、叶蝉虫口密度、飞虱虫口密度等，均比不养鱼田大幅减少。该项目获1996年省农业厅农业科技推广二等奖。

至1996年，全区累计完成“千斤稻、百斤鱼”面积18176.76亩，创稻鱼产值3588.8万元，平均亩创产值1974.39元。比对照田两年新增产值1704.8万元，平均亩增产值937.90元。两年累计项目新增纯收入1217万元，平均亩增纯收入669.54元，农民年平均得益率为260%。

1996年，组织实施了省农业厅渔业处下达的“保山地区十三万亩稻田养鱼技术示范推广”项目。实际完成项目面积133840亩，总产鱼2342.2吨，平均单产17.5千克；总产稻73866.3吨，平均亩产稻551.9千克；稻鱼总产值18520.84万元，亩产值1383.8元，亩获利1165.31元，实验田比对照田亩增收189.92元，其中：一万亩“千斤稻、百斤鱼”高产项目完成面积11241.3亩，产鱼632.89吨，亩产值2004.57元。实验田比对照田亩增加纯收入189.92元。该项目获1997年省星火计划三等奖。

六、“稻田养殖新技术”丰收计划

1997—1998年组织实施农业部下达的2万亩鲜鱼单产50千克的“稻田养殖新技术”丰收计划。

1998年，全区组织实施省农业厅渔业处下达的20万亩“稻田养鱼技术推广项目”。全区实际完成推广面积191488亩，占计划有效面积20.5万亩的93.4%，其中示范面积18722亩，占计划有效面积的93.6%。总产鲜鱼3734吨，占计划数的97.1%，稻谷总产量100531.2吨。鲜鱼单产19.5千克/亩，超过计划单产18千克/亩的8.3%，稻谷单产525千克。该项目同时获得云南省农业厅农业科技推广三等奖、农业部全国农牧渔业丰收奖二等奖。

2004年，全市推广稻田养229698亩，鱼产量6128吨，单产27千克。

2005年，全市稻田养鱼234265亩，产鱼6506吨，单产27.8千克。

第五节　养殖鱼类重大病例

保山境内养殖鱼类疾病时有发生。1978—2005年，发生的较大鱼类疫病情况如下：

一、小瓜虫病

1978年7月15日，保山地区鱼种水产站池鱼成群或独游于水面，身体发黑消瘦，体表、鳃上出现针尖大小的白点或脓包，以背鳍和尾柄最多，肉眼明显可见。草、鲢、鳙鱼苗80%被感染。通过诊断检查，病原体主要为多子小瓜虫，同时还发现鱼体寄生有少量的车轮虫、指环虫及九江头槽绦虫等。确定为小瓜虫病。根据当时的条件，每亩鱼池，水深1米，用辣椒粉0.25千克，生姜0.1千克，水煮后带汁泼洒。7月25日观察，效果不明显。改用2PPm敌百虫全池泼洒后，第二天捞鱼观察，鳃指环虫全部被杀死。但对其他寄生虫杀灭效果不好。

1987年8月，保山北庙水库渔场流水养鱼池再次发生小瓜虫病。池鱼几乎全部感染。因无特效药物，造成池鱼大批死亡。

二、烂鳃病

1982年起，保山市鱼种站养殖鱼种常发生烂鳃病，尤其夏、秋两季最为流行。1987年7—8月，六号、七号、八号三口草鱼种塘发生严重的烂鳃病，造成1.5～2.5寸草鱼种死亡8万尾左右，直接经济损失0.5万元。

三、泛池

1982年，昌宁县鱼种站草鱼亲鱼培育池，水质恶化、缺氧，引起泛池，死亡草鱼亲鱼350千克，造成经济损失1.2万元。

1995年8月，昌宁县柯街糖厂鱼种站，4号亲鱼塘由于三八大沟上游坍塌导致断水，加之天气闷热，造成泛池，死亡草鱼亲鱼30组，直接经济损失达2万多元。

1999年10—11月，连日阴雨，明子山水库水中溶氧量急剧下降，导致网箱中鱼严重缺氧，保山水晶渔业有限公司网箱养鱼场前后共死鱼达250多吨，直接经济损失达200多万元。同时，施甸响水凹水库，因水体缺氧造成网箱养鱼死鱼2吨多，直接经济损失2万多元。

四、白头白嘴病

1984年，昌宁县鱼种站第七号鱼池，暴发白头白嘴病，造成草鱼夏花（7～8朝）20多万尾死亡，直接经济损失0.3万元。

1996年6月，施甸县鱼种站五口鱼池发生严重的白头白嘴病，经抢救无效，40多万尾夏花鱼种全部死亡，直接经济损失1.5万元。

第六节 渔业捕捞

保山市渔业自然捕捞历史悠久。传统捕捞方式有：石击、刀砍、箭射、火药枪打、鱼叉、杆钓、懒钩、板罾、倒须笼、粪箕、竹栅、竹漏、篾花篮、罩笼、竹筛、撒网、抄网、鱼床捕鱼；或枯水季节用石灰、巴豆、茶枯、核桃叶、金钢钻、苦楝树皮、红藤等毒鱼；或用炸药雷管、石灰、玻璃罐、硝石混合物炸鱼；或利用鱼鹰（水老鸦）捕捞等，其中鱼床捕捞效果好。黄鳝、花筒鱼等多为徒手捕捉。江河捕捞于每年4—10月江水涨潮，鱼类洄游，种群数量随之增多，江河两岸的村民，不分昼夜地在浅水和鱼类产卵场所等候。有的还将石头围成简易产卵场诱惑鱼类自由进入。民间传言："枯水季节捕捞黄皮鱼，清明节捕捞虎头鱼、墨头鱼。"据记载捕捞有逝盖鱼、黄皮鱼、虎头鱼、青鱼等，捕获的最大个体为100公斤。1963年开始用网捕鱼，1970年，开始使用单层刺网、双层刺网、三层刺网、拉网、拖网成品网渔具。1975年，推广"赶、拦、刺、张"联合渔法捕捞。

1983年，全市自然捕捞产量为34.25吨。自1986年起，随着"以养殖为主，养殖、捕捞、加工并举"的渔业发展方针的执行，捕捞由一种主要的渔业生产方式逐步演变成渔业养殖生产的辅助手段，自然捕捞产量比重总体呈下降趋势。1990年，全市自然捕捞产量为116吨，占全市水产品总产量的8.7%。

1995年，全区自然捕捞产量为146吨，占全区水产品总产量的4.1%。1999年，全区共有规模化网具187张总长1.02万米，水产自然捕捞量236吨。2000年，全市自然捕捞产量为349吨，占全市水产品总产量的3.7%。

2005年，自然捕捞产量486吨，占水产品总产量2.9%。年末，全市有钓鱼协会4个，有精制钓鱼竿4000余根，毛竹钓鱼竿5万多根，年垂钓捕鱼50吨。

2005年保山市分县（市）渔业统计表

表20-4 单位：亩、吨

名称	总产量	总面积	其中												捕捞产量	新挖鱼池面积
			池坝塘		其中专用塘		湖泊		水库		稻田		网箱			
			面积	产量	面积	产量	面积	产量	面积	产量	面积	产量	面积	产量		
全市	16909	47036	17256	7688	14504	6647	600	10	29180	2220	234263	6505	2.5	298	486	106
隆阳	5980	19400	5400	3320	4900	2844	—	—	14000	1480	43126	1100	1.0	195	80	—
施甸	2352	6100	2500	1000	1900	827	—	—	3600	260	39000	1042	0.8	45	50	50

续上表　　　　　　　　　　　　　　　　　　单位：亩、吨

名称	总产量	总面积	其中												捕捞产量	新挖鱼池面积
			池坝塘		其中专用塘		湖泊		水库		稻田		网箱			
			面积	产量	面积	产量	面积	产量	面积	产量	面积	产量	面积	产量		
腾冲	3857	10750	4550	1766	3350	1440	600	10	5600	160	57500	1737	0.1	3	184	50
龙陵	2220	6136	2406	602	2304	580	—	—	3730	160	52557	1366	—	—	92	6
昌宁	2500	4650	2400	1000	2050	956	—	—	2250	160	42080	1260	0.6	55	80	—

第四章　渔业管理

第一节　渔业规划

一、渔业区域规划

1986年3月，在基本摸清渔业资源家底的基础上，保山地区水电局水产站完成了对全区的渔业区域规划。并于10月通过评审验收。规划将保山地区分成三个渔业区域，即东部中山盆地库、塘、田养殖区；中部怒江河谷塘、河养、捕区；西部盆地、丘陵塘田、温泉养殖区。规划对每个渔业区域的渔业生产条件和现状、存在问题、发展途径和措施等作了详尽的分析和阐述，明确了全区渔业分类发展的方向。

二、渔业开发规划

1992年，保山地区水电局水产站与保山地区行署农业区划办公室，根据保山地区水产资源利用状况，开发潜力，社会需求和开发的可行性，联合拟定了《保山地区渔业开发规划》。10月，该渔业开发规划通过了省、地、市有关部门领导和专家的评审。

《保山地区渔业开发规划》分为：开发目标和生产预测，规划布局，实现规划的措施对策三个部分。第一部分进行了全区人口发展趋势分析及水产品产量预测；第二部分对渔业生产布局、主要渔业项目进行了规划布局，提出要搞好银鱼和池沼公鱼的移植、网箱养鱼、罗氏沼虾和甲鱼的引进、鱼饲料加工厂、苗种繁育基地、养殖苗种繁育基地、商品鱼生产基地，永久性养鱼稻田及教育培训基地建设项目；第三部分提出了实现规划的政策措施及技术措施。规划在渔业区划的基础上，认真总结渔业生产的经验教训，进一步查清渔业资源和社会经济条件，对保山渔业开发潜力进行了认真分析，提出基本符合保山实际的开发思路，对有关部门制定渔业生产计划、指导生产、研究决策提供了科学依据。

三、优势水产品区域规划

为充分发挥保山渔业资源优势，开展优势水产品产区建设，加速渔业发展，2004年

保山市农业局根据《保山市优势农产品区域规划编制方案》，编制了《保山市优势水产品区域规划》，将保山市场划分出以隆阳区、腾冲县、龙陵县的中海拔地区为主产区的优质鲤、鲫及草鱼、团头鲂产区；以隆阳区、龙陵县、腾冲县的高海拔地区为主产区的鲢、鳙及银鱼产区；以隆阳区、昌宁县的低海拔地区为主产区的罗非鱼产区；以施甸县为黄鳝主产区；以隆阳区、腾冲县为其地方土著经济鱼类和特种水产品主产区的特色、特种水产品产区。规划自2004年起，通过政策引导和项目带动，用12年时间进行优势水产品产区建设。

保山市优势水产品区域规划表

表20-5

产区名称	涉及县(区)	所在乡（镇）	主要生产水域
优质鲤、鲫及草鱼、团头鲂产区	隆阳	板桥、河图、汉庄、辛街、金鸡、西邑、永昌、瓦窑、水寨、瓦渡、老营、瓦房、丙麻	小(二)型水库、池坝塘、稻田
	施甸	万兴、姚关、太平、何元、等子、酒房	
	腾冲	小西、中和、固东、马站、打苴、曲石、芒棒、五合、新华、明光、界头、荷花、清水、和顺、上营、勐连、新华、蒲川、团田、腾越	
	龙陵	龙江、龙山、河头、镇安、龙新、象达、平达、腊勐、木城、天宁、碧寨	
	昌宁	右甸、达丙、温泉、勐统、更戛、鸡飞、翁堵、大田坝、漭水、耇街、珠街	
鲢、鳙及银鱼产区	隆阳	板桥、杨柳、道街、瓦房、汉庄、水寨、辛街、蒲缥、西邑、丙麻、瓦渡	大型水库、中型水库、小(一)型水库
	施甸	姚关、甸阳、仁和、由旺、太平、老麦、何元、酒房、水长	
	腾冲	马站、腾越、小西、上营、曲石、清水	
鲢、鳙及银鱼产区	龙陵	龙新、镇安、平达、龙江、龙山、河头	大型水库、中型水库、小(一)型水库
	昌宁	右甸、勐统、更戛、卡斯、鸡飞、翁堵、大田坝、漭水、湾甸	
罗非鱼产区	隆阳	芒宽、潞江、道街、蒲缥、杨柳、(罗明)	池坝塘、小(二)型水库、稻田
	施甸	旧城、何元	
	腾冲	界头、瑞滇、清水、固东	
	龙陵	勐糯、龙江、象达、平达	
	昌宁	柯街、卡斯、湾甸、鸡飞	
特色、特种水产品产区	隆阳	永昌、河图、板桥、汉庄、蒲缥、潞江、道街、丙麻、西邑	池坝塘、江河
	施甸	水长、由旺、甸阳、仁和、保场、旧城、姚关	
	腾冲	小西、和顺、芒棒、五合、荷花、腾越、马站、猴桥	
	龙陵	勐糯、龙江	
	昌宁	柯街	

第二节　滇西南开发渔业项目

1990年9月至1996年2月，共安排保山地区滇西南农业综合开发渔业项目6个，第一期4个项目，第二期2个项目。第一期为：保山市水产良种基地项目、施甸县响水凹水库鱼种站鱼池建设项目、昌宁县池塘养鱼项目、稻田养鱼腾冲县石墙渔场建设项目。实施后评分等级，第一、三、四项为“优”，第二项为“合格”。第二期项目为昌宁县高密度流水养鱼项目和腾冲县上绮罗商品鱼基地项目。项目实施后取得了一定的效益，两个项目均通过了验收。两期共完成总投资159.01万元，占计划的95.4%，其中：农发金73.58万元，占计划的95.1%；专项贷款79.53万元，占计划的97.8%；群众集资5.90万元，占计划的73.8%。

滇西南农业综合开发一期水产投资与效益表

表20-6　　单位：万元

项目	实际完成数	投资合计	农发金		贷款金额	自筹金额	效益
			有偿	无偿			
合计	106.178	102.5	17.98	29.6	54.33	4.068	—
保山	53.668	53.5	8	15.5	30	0.168	500亩高产鱼池改造、1000亩稻田养鱼新技术推广
施甸	22.35	14	4.59	6.76	11	—	鱼苗繁殖场建设
腾冲	13.82	12	2.39	4.43	5	2	石墙渔场鱼池改造
昌宁	16.34	23	3	2.91	8.53	1.9	柯街苗种繁育基地建设

滇西南农业综合开发二期水产投资与效益表

表20-7　　单位：万元

项目	实际完成数	投资合计	农发金		贷款金额	自筹金额	效益
			有偿	无偿			
合计	53	54	15	11	25	2	—
腾冲	36	36	10	9	15	2	鱼种站整修鱼池6亩，上绮罗商品鱼基地整修鱼池41.5亩，推广稻田养鱼8000亩，提供鱼种200万尾
昌宁	17	18	5	2	10	—	鱼种站鱼池改造

第三节　渔业投资

历史上，保山地区的渔业生产大多是以捕捞天然江河鱼类为主，养殖仅限于一些条件好的临江村寨，利用稻田养鲫鱼。新中国成立后，随着国家对水利的投入增加，大修水库坝塘，为养殖渔业创造了条件。

1982年地区及各县水产站相继成立，随着家庭联产承包责任制的进一步落实及农业产业结构调整，全区渔业生产快速发展。20世纪80年代的稻田养鱼综合示范及大面积推广，20世纪90年代的商品鱼基地建设及集约化养殖新技术的采用，大面积移植银鱼的成功，对渔业产量的增加创造了条件，国家对水产业的投入也随之逐渐增长。

一、渔业投资收益概况

1980年，保山地区渔业总投资1.5万元，渔业总产量115.9吨，渔业总产值14.11万元。1981—1985年，全区渔业总投资117万元，渔业总产量1532.29吨，渔业总产值186.48万元；1986—1990年，全区渔业总投资187.78万元，渔业总产量4700.65吨，渔业总产值914.55万元；1991—1999年，全区渔业总投资1292.46万元，渔业总产量37300吨，渔业总产值13428万元；2000—2005年全市渔业总投资575.8万元，渔业总产量78476吨，渔业总产值67659万元（当年价）。

1980—2005年，全市渔业累计投资2174.64万元，渔业总产值累计为14543.14万元。（总产值1980—1989年按1980年不变价1217元/吨计算，1990—1999年按1990年不变价3600元/吨计算）。

二、渔业基本建设投资

1980年，省水产部门补助保山地区1.5万元用于渔业基本建设。

1981—1985年，全区渔业基本建设投资76.72万元（省级投资9.83万元），其中：1983年省、地级财政累计投资9.7万元开展技术培训、网箱养鱼试验、发展稻田养鱼、流水养鱼试验和渔业区划；1984年省、地累两级计投资13.52万元，用于建设保山地区水产技术培训中心，开展职工教育、扶持发展渔业生产；1985年，保山市列项补助城关东门乡粮食25吨，棉花0.50吨，棉布6875米，开挖100亩高产（亩产50千克鱼）稻田养鱼排水沟。

1986—1990年，全区渔业基本建设投资102.6万元，其中：1986年全区投资1.5万元补助配备渔业饲料加工设施；1987年省地两级累计投资19万元，用于开展水库综合经营，腾冲界头石墙鱼种站鱼池改造，引种，技术培训，征用饲料加工场地，中、小型自然水面开发利用，鱼池配套设施建设等；1989年地委农村工作部划拨十吨尿素用于发展稻田养鱼，地区粮食局拨给13.5万千克饲料粮用于发展苗种生产，地区科委、农牧局和腾冲县农业局、科委、科协支持配合水产部门在腾冲固东乡、洞山乡发展稻田养鱼；1990年省地相关部门投资1.50万元，地区粮食局划拨200吨饲料补助粮，用于地区水产站开展水产技术培训和网箱养鱼，鱼苗鱼种培育和试验示范。

1991—1995年，全区渔业基本建设投资288.09万元，其中：1991年省水产部门投资4.1万元，建设重点渔区，推广池塘精养技术，推广稻田养鱼技术；1992年省水产部门投资2.90万元补助推广池塘精养2000亩、稻田养鱼2000亩，保山地区水产站贷款15万元开展网箱养鱼；1993年省财政安排下达水产专项补助费（含滇西南农业综合开发第一期渔业项目国家投资）111.20万元（保山43.50万元，昌宁33万元，施甸22.70万元）；1994年省水产部门投资17万元，建设养鱼新区即推广池塘养鱼技术、新建鱼池、苗种繁育；1995年省水产部门投资22.20万元，补助新挖鱼池600亩、改造鱼池100亩，同时推广稻田养鱼技术。

1996—1999年，全区渔业基本建设投资144.3万元，其中：1996年省水产部门投资32.60万元，在保山地区推广池塘精养高产综合配套技术和鱼池建设，推广稻田养鱼技术；1997年省水产部门投资23.60万元，补助保山地区新挖鱼池100亩、改造鱼池100亩，同时推广稻田养鱼技术；1998年省投资66.68万元，补助施甸新建鱼池800亩、全区推广池塘精养高产技术1.20万亩、昌宁名特优水产养殖和全区推广稻田养鱼技术；1999年省水产部门投资43万元，补助龙陵建县级水产站，全区推广稻田养鱼技术、推广池塘精养高产技术及推广名优水产品养殖技术。至1999年年底，全区水产养殖开发面积37017亩（水库养鱼22192亩，池坝塘养鱼14215亩，湖泊养鱼600亩），其中成鱼养殖面积186670亩。全区水产品总产量7772吨，其中：养殖产量7536吨，自然捕捞产量236吨。

2000—2005年，全市投资187.8万元用于渔业基本建设，其中2005年省预算内投资60万元，由保山市水产站承办，在昌宁县柯街农场改造鱼池100亩、孵化池300平方米、排水渠2000米，购置相关设备等，实施保山市名优水产良种繁育基地建设项目，建成年产团头鲂等名优水产良种苗种5000万尾以上的繁育基地。

1980—2005年，全市渔业基本建设累计投资798万元，其中：中央补助40万元，省级补助339.26万元。

第四节　渔政管理

一、渔业建章立制

1973年，保山地区农业局、保山地区革委会多种经营办公室《关于抓好水产工作的意见》规定：“严禁在水库、坝塘、江河及湖泊等地炸鱼、毒鱼，违犯者，视具体情节，给予严肃处罚。”

1981年1月，腾冲县瑞滇人民公社制定《关于保护水产资源，保障渔业生产发展的规定》，严禁在沟渠、河道、库塘等一切水域中违法毒鱼、炸鱼、盗窃鱼类等。违者视其情节罚款，后果严重的要追究刑事责任。对保护水资源，打击盗窃、破坏活动有功者给予奖励。

1984年1月，腾冲县人民政府发布《关于保护渔业资源严禁炸鱼、毒鱼》的布告，要求全县人民做好渔业资源保护工作，严禁在江河、水库及所有水面炸鱼、毒鱼。不论在任何地方，凡出现炸鱼、毒鱼的都要按《治安管理处罚条例》等相关法律法规作严肃处理。

1985年，腾冲县明光乡人民政府发出关于重申《腾冲县人民政府关于保护渔业资源，严禁炸鱼、毒鱼的布告》的通知。

1986年，腾冲县古永乡第三届人民代表大会第一次会议做出《关于保护生态环境禁止滥捕、滥炸江鱼》的决议。

1995年5月，昌宁县渔政管理站、右甸镇人民政府、城坡办事处共同制定了《稻田养鱼公约》。

1996年，行署水利电力局发出《关于转发〈农业部、公安部关于严禁炸鱼、毒鱼及非法电捕作业的通知〉的通知》；腾冲县水利电力局、公安局，昌宁县水利电力局、农业局、公安局亦联合转发。同年6月，昌宁县渔政管理站、右甸镇人民政府共同制定了《稻田养鱼公约及处罚办法》。

1999年11月，龙陵县人民政府发布《龙陵县人民政府关于渔业管理的通知》。

2002年，保山市计委批复确定了全市渔业资源增殖保护费征收标准。

2003年编制完成了《保山市澜沧江怒江、伊洛瓦底江境内水域渔业资源保护暂行规定》和《保山市渔业资源增殖保护费征收暂行规定》渔业地方规章，由主管局提交市政府发布。

二、渔业案件查处

（一）一般渔业案件

1986年，保山地、市渔政部门查处板桥镇孟官养鱼专业户何某的鱼池被张某无理掘池埂一条，致使池鱼全部冲走，造成较大经济损失案件。

1989年8月，昌宁县水电局查处昌宁县右文办事处孙家寨孙某等9人购买五氯酚钠10千克，到右甸河右文段毒鱼，造成右甸大河水质严重污染的案件。

1989年，腾冲县水电局查处腾冲县公安局看守所干部赵某等7人带漂白粉600千克到曲石江向阳桥段毒鱼，致使20千米江内水域受到污染的案件，以及赵某等10人购买漂白粉700千克到固东、曲石大沟头处江中毒鱼，致使20千米江段水域受到严重污染的案件。对违法人进行了相应处罚。同年6月，查处腾冲县曲石乡江南村戴某等5人带漂白粉200千克到龙江曲石电站尾水沟处江段毒鱼，致使10公里的水域受到污染案件。

1990年，昌宁县渔政管理部门查处昌宁县漭水乡翠华树关鱼坝社农民熊某多次到河西水库偷捕鱼案件。同年8月，查处昌宁县城关镇新城办事处白坟社鲁某到河西水库连放三炮炸鱼的案件。

1995年，查处了渔业违法人员在保山市瓦渡乡洗庆河水库泄洪口炸鱼，造成主坝被炸垮，直接经济损失25万元的案件。两名主犯被判刑。同年，在公安部门的配合下，龙陵县渔政站对4名在养鱼稻田中盗窃鱼的违法人员处以2200元罚款。

1996年，保山地市渔政管理站、河图镇派出所及司法所配合，查处了保山市河图乡宋家屯农民王某毁坏养鱼户余某鱼塘进水沟致使余某无法引水进鱼池，造成池鱼全部缺氧死亡。直接经济损失1.46万元的案件。作出由王某赔偿损失7300元、修复引水沟的处理决定。同年9月，查处龙陵县赵某等4名随从人员借在八〇八水库捕捞银鱼之机，盗运银鱼案件。赵某被拘留15天，胁从人员拘留7人，罚款1000元，依法并追回全部赃物，责令赔偿损失6493元。10月，龙陵县查处违法人员到杨梅坡水库炸鱼的案件。公安部门依法处以主谋每人拘留15天，各罚款100元，没收非法物品，胁从人员10人，每人拘留7天的处罚。

1998年，龙陵县渔政站对平达乡3名在养鱼稻田中窃鱼违法人员分别作出赔偿损失150元的处理决定。

1999年，查处了保山市城南李某养猪场排出的废水流入养鱼户王某的鱼池中，造成池鱼死亡的案件。市渔政站作出由李某赔偿王某损失2640元的处理决定。

2002年，针对保山境内澜沧江、怒江、伊洛瓦底江三大水系的渔业资源管理现状问题，市级渔业部门组织了一次全市范围的大规模保护鱼类资源专项整治活动，进一步加大打击非法销售电鱼器和非法电捕鱼违法行为。全市依法查处渔业违法案件49起，其中：非法电捕鱼案31起，毒鱼案1起，非法销售电鱼机7起，偷鱼案6起，养殖纠纷3起，其他1起；没收非法触鱼器22台，触鱼配件48件，罚款1850元。

2003年全市共开展保护江河鱼类资源、打击查处渔业违法案件的行政执法活动28次，依法查处渔业违法案件12起，没收非法触鱼器37台，捣毁电鱼器窝点一个，警告15人次。

2004年全市共开展保护江河鱼类资源、检查渔业安全生产安全行政执法活动24次，检查渔船4条，依法查处渔业违法案件12起，其中：非法电捕鱼案件8起，偷鱼案2起，毒鱼案2起；处理1起，移交司法机关1起；没收电触鱼器15台，没收挂网2张，罚款700元。

2005年开展了实施养殖证制度、渔业养殖和安全生产大检查及水生动物疫病防控工作。全市共发放养殖证270本，关联面积30213.1亩，共开展行政执法活动28次，依法查处渔业违法案件63起，其中：查处电捕鱼案件63起，偷鱼1起，其他1起；查获电捕鱼器具70台（套），罚款250元。

（二）重大渔业案件

保山市鱼种站哄抢案　1985年6月25日，保山市河图区三家村等村村民因人煽动，千余人哄抢保山市鱼种站14个鱼塘的成鱼后，26日再次将所剩鱼苗一抢而空，共抢走成鱼1200多千克，苗种333万尾，造成经济损失13.20万元。接报后，市水电局、河图区委及时组织鱼种站职工和河图公安派出所干警进行劝阻。经过全面调查核实后，及时向群众说明了政府在此区域内统征了18.67公顷土地，鱼种站使用8.59公顷，其余让三家村耕种的事实真相。大多数群众意识到事件的严重性，主动协助工作组弄清有关情况。政法部门根据法律对哄抢事件进行了严肃处理。首犯2人判刑三年，从犯行政拘留15天。

保山市大海子水库抢鱼案　1998年6月16日，保山市大海子水库为农田灌溉排水后，鱼塘承包人屠某某等人进行内堤下南、北两个鱼塘的捕鱼清塘。下午四时，堤坝上围观群众达千余人之众。捕起50多千克鱼后，承包人见堤岸上围观的人越来越多，赶紧给汉庄派出所和110打电话，派出所和110的干警很快赶到现场维持秩序。下午六点左右，水库周围已聚集了近3000名群众。围观者与1名工人发生冲突，人群中有人当即上前与这名工人扭打，扩大冲突。接着开始有人径自下塘捞鱼。随后，堤岸上的人群便如潮水般涌入鱼塘。民警有多人被石头或泥块击中。为了避免出现严重的后果，承包人只得将清塘工人全部撤出。此时，不足十亩的鱼塘几乎被人填满，这种景象一直持续到了凌晨1点左右。事件发生后的第二天早晨，市委、市政府领导赶到现场，当即指示：迅速查处此非法哄抢案件，保护承包人的合法权益。汉庄镇党委、政府与派出所及有关部门召开专题会议，成立专案组，严肃查处了此案。

澜沧江啤酒厂废水污染案 保山澜沧江啤酒厂生产污水未经处理直接排出，最后注入东河。其水入河口下游300米处为保山市鱼种生产用水泵站。1999年1月，保山市鱼种站成鱼死亡3125千克，直接经济损失达28125元。同年4月3—15日，鱼苗死亡620万尾，直接经济损失达18.60万元，增值经济损失24.80万元，两项合计损失43.40万元。经保山地区环境监测站对澜沧江啤酒厂向东河排放的工业废污水进行水样分析，保山市渔政管理站对鱼种站死鱼进行鉴定，得出结论：两次死鱼事故，均系由澜沧江啤酒厂排放的污水中CODCR值过高所致。保山市鱼种站多次向市政府、市水电局、市环保局、市渔政管理站汇报反映情况。经过多次协商、调解，依据《中华人民共和国水污染防治法》和《中华人民共和国渔业法》的相关规定，保山市环境保护局于1999年7月7日作出处理决定：由澜沧江啤酒厂出资，将原市鱼种站抽水泵站搬迁至污水排放点以上（该项工程投资合计7.82万元，在此之前已完成）；赔偿保山市鱼种站损失费6.58万元（鱼苗损失费2.94万元，鱼苗增长补偿3.64万元）。

第二十一编　林　业

集体林权制度改革

综　述

保山山多林茂，林区面积广阔，植物区系复杂，树种繁多，遍布珍禽异兽。境内已知的高等植物有2400多种、高等动物676种，尤其是辖区内的高黎贡山国家级自然保护区和小黑山省级自然保护区，其丰富的生物多样性在国际国内享有很高的声誉，被誉为“物种基因库”。

由于历史原因和诸多因素的影响，林业的发展曲折而缓慢。改革开放后，各级党委政府，逐步把林业作为促进经济社会可持续发展、构建人与自然和谐发展、推进社会主义新农村建设，实现林农增收致富的一项重要产业来抓，全市普遍推行林业生产责任制，积极引导和扶持农户经营好“两山”（责任山、自留山），兴办林场，逐步形成基地建林场，林场管基地的新格局。逐步改变依靠集体造林的传统模式，广泛开展城乡义务植树，大力开展工程造林，加速商品用材林基地建设。通过林业“三定”（稳定山权、林权，划定自留山，确定林业生产责任制），逐步放宽林业政策，明确和调整了国家、集体、个人三者的权力、责任和义务关系，调动了广大群众发展林业的积极性。

20世纪90年代中期以后，保山林业发展发生了根本性变化。一方面，造林结构从单纯的主要发展用材林向用材林和经济林建设并举转变，造林树种由单一向多元化发展；另一方面，提出“产业建设生态化，生态建设产业化”的林业建设发展思路，林业的经济效益、生态效益和社会效益得到了协调统一。全市林业发展和生物多样性保护逐步走上正轨。通过建立自然保护区，确保了市内大部分森林的生态安全和生物多样性。

从1985年起，在保山、施甸、龙陵、昌宁四县（市）先后进行6次飞播造林，有效面积达21万多公顷，加速了造林绿化进程，造林质量明显提高，造林成活率普遍达到85%以上。此后，全市实施了世行贷款造林、退耕还林、商品林基地、干果基地、防护林工程、农村小型公益林、低产林改造、封山育林等林业重点工程和生态建设工程，1991—2005年，完成工程造林319.37万亩，年均完成工程造林21.3万亩。全市森林覆盖率由20世纪70年代的28.4%上升到2005年年底的47%。1978—2005年，全市获奖的林业科技成果共82项，其中：获国家级奖3项，省级奖15项。

第一章　机构沿革

第一节　行政管理机构

1978年1月，保山地区林业局革命委员会设秘书、政工、计财、造林、林管、经济林木、森工7个科。1978年8月，造林科改称为营林科，经济林木科撤销，组建保山地区林科所。截至1979年年底，全区有林业职工725人。

1980年8月，撤销地区林业局革命委员会，改为保山地区林业局，设正、副局长。

1982年7月，经行署批准成立保山地区林业局种苗站，配备职工5人。

1983年12月机构改革，地区林业局实行党政分开，设专职党总支(后改为党组)书记，局内设办公室、政工、计财、林政4个行政科室和林业站、林产工业站、森防站、营林队、林科所5个事业单位。

1986年起，原设于地县林业局的地县(市)护林防火指挥部办公室(简称护林办)，由非常设机构改为常设机构，并按下达编制配备专职人员。保山地区护林防火指挥部办公室编制7人，实配备6人，受行政公署直接领导，业务委托地区林业局管理，主管全区护林防火工作。1986年种苗站撤并，划归营林站。

1987年起，保山地区绿化委员会办公室(简称绿化委)亦改为常设机构。

1992年8月起，地区林业局党政领导不再分设，由局长兼党委书记。地区护林指挥部始设专职副指挥长(副处级)。同年，重新设立保山地区林木种苗站挂靠营林站。继1983年实行政事分开之后，经过调整充实，事业单位由5个增至8个，新增节柴改灶工作站、经济林木站、自然保护区管理站。

1995年地区编委对地区林业局的职能配置、内设机构和人员编制进行调整充实，机关行政编制下达20人，工勤人员3人，行使行政职能的事业编制13人(护林防火办8人，林业公安5人)，局领导职数4人，科室领导职数7人，事业单位增至9个。

2001年9月，保山行署林业局更名为保山市林业局。2002年5月机构改革后，保山市林业局行政科室精简至6个，设办公室、组织人事科、计划财务科、资源林政科、防火办、野生动植物保护办。事业单位减少至5个，设高黎贡山管理局、森林资源管理总站、林业技术推广总站、森林病虫害防治检疫站、农村能源站。森林公安局单列。机关行政编制18人，行使行政职能的事业编制为11人，工勤人员4人，设局长1人，副局长2人，总工程师1人，森林防火专职副指挥长1人，科级领导职数11人。2003年，经市政府同意增设重点工程稽查办为副科级事业单位，编制3人。同年，增设保山市林木种苗质量监督检验站于保山市森林资源管理总站内，实行对外两块牌子、一套班子的管理体制。

2005年6月市编委再次调整编制，下达市林业局机关行政编制18人，行使行政职能的事业编制为13人，工勤人员4人，共35人，设局长1人，副局长2人，纪检组长1人，总工程师1人，森林防火专职副指挥长1人，科级领导职数12人，增设政策法规科为行政科室。年末，全市共有各级林业机构186个，职工2049人，其中：公务员417人，工程专业技术人员1049人（高级工程师11人，工程师186人，助理工程师及以下852人），其他人员583人（林业企业至2005年已全部改制或破产清算，未做人员统计）。

第二节　事业机构

一、保山市森林资源管理总站

1980年成立保山地区营林勘察设计队，1983年成立地区林业工作站，1987年改称营林工作站。2002年保山地区营林勘察设计队、保山地区营林工作站合并组建保山市森林资源管理总站。2005年年末，共有事业编制27人，实有人员26人，其中：高级工程师2人，工程师12人，助理工程师及以下7人，管理及工勤人员5人。

二、保山市农村能源管理站

1989年12月，成立保山地区节柴改灶工作站，属地区林业局二级事业单位，业务上受省林业厅农村能源工作站指导。1996年，更名为保山地区农村能源工作站。2001年，随着保山撤地设市，更名为保山市农村能源工作站。2005年更名为保山市农村能源管理站，有职工7人，其中：工程师4人，管理人员和工勤人员3人。

三、保山市退耕还林办公室

保山市退耕还林办公室，于2002年1月成立，2003年5月市委批准内调编制，3人为退耕办工作人员，办公室设在森林资源管理站，至2005年未发生变化。

四、森林公安机构

见《公安编》第一章第四节。

五、森林防火办公室

1986年，地区林业局护林防火指挥部办公室（简称护林办），由非常设机构改为常设机构，编制7人。至2005年，有市、县（区）森林防火指挥部办公室6个，专职人员39人，其中：市7人，县（区）32人。

六、保山市森林病虫害防治检疫站

1983年12月，保山地区森林病虫害防治检疫站成立，1985年并入营林站，1987年又从营林站分出，恢复原建制，属地区林业局二级单位，业务上受云南省林业厅森林病虫害防治检疫站指导。至2005年，保山市森林病虫害防治检疫站有职工7人，其中：副高级工程师1人，工程师4人，助理工程师1人，工勤人员1人。

七、野生动植物保护办公室

2002年5月，市林业局成立了野生动植物保护管理办公室，编制4人。隆阳区林业局、昌宁县林业局和腾冲县林业局先后成立县级保护办，龙陵和施甸县保护管理工作职责设在林政科由专人进行管理。到2005年年末，市林业局保护办有管理人员2人，县级保护办有管理人员19人。

八、云南高黎贡山国家级自然保护区保山管理局

高黎贡山国家级自然保护区保山管理局原为森林保护站，1987年改为保山地区自然保护区管理工作站。1994年1月，经省批准，成立云南省高黎贡山国家级自然保护区保山管理处（副处级）。2000年，更名为高黎贡山国家级自然保护区保山管理局（副处级），属市林业局二级事业单位。2005年年末，管理局有编制21人，实有职工18人，其中：高级工程师4人，工程师8人，助理工程师及以下3人，工勤人员3人。

九、保山地区林产工业站

1983年12月，保山地区林产工业站成立，属地区林业局二级事业单位。2002年机构改革时撤销。

十、木材检查站

改革开放前，保山地区各县（市）就在主要林区和交通要道口设置有木材检查站。据1981年统计，全区共有木材检查站27个，职工56人（含合同、临时工42人）。1985年集体林区木材退出统购后，曾一度撤减。2004年经省政府批准，保山市的木材检查站调减为18个。至2005年，全市共建有木材检查站16个，职工52人。

十一、保山市林业技术推广总站

1978年8月成立保山地区林业科学研究所，1990年6月，保山地区果树站与紫胶工作站合并设立保山地区经济林木站。2002年4月，地区经济林木站和林业科学研究所合并组建保山市林业技术推广总站。2005年年末，共有编制24人，实有人员23人，其中：工程师13人，助理工程师及以下5人，管理及工勤人员5人。

第三节　地直林业企业

一、保山地区木材公司

1978年后，调整木材管理体制，原属地区木材公司的腾冲、龙陵、昌宁、施甸四县木材站下放到县管理。保山县亦于1979年3月恢复木材站，4月，地区木材公司改建为木材林化联合公司，将原属局的汽车队、七〇一厂划归公司领导。1985年，又恢复地区木材公司，仍隶属地区林业局领导。1986年1月起，地区木材公司下放保山市，隶属市林业局。1987年9月收归地区，为地区林业局经营木材的直属企业，除经营木材外，兼营木材加工、家具生产、装潢、商店、旅社等项目。1993年年末有职工48人，其中：干部21人，工人27人。1998年4月，保山地区木材公司改制为私营企业。

二、保山地区七〇一厂（紫胶加工厂）

1970年1月，经地区革命委员会批准，成立保山地区七〇一厂，厂址位于保山县板桥

镇郎义村龙王塘，隶属地区林业局。主要承担全区紫胶加工，以生产胶片、颗粒胶为主，兼产紫胶漆和色素。1986年1月，下放保山市，隶属市林业局领导。1999年，因资不抵债，破产关闭。

三、保山地区林业汽车队

1970年10月，成立保山地区林业汽车队，有职工24人，地址在保山县环城北路。主要承担全区木材运输，亦兼运部分林木种苗和社会物资。1979年4月，汽车队划归地区木材林化联合公司领导，改称保山地区木材公司车队。1985年年底，拥有运输车辆已由建队初期的5辆增至13辆，职工增至40人。1986年1月起，下放保山市，隶属市林业局领导。

四、保山地区腾冲木材加工厂

1971年10月，新建保山地区腾冲木材加工厂，隶属地区林业局领导。厂址在腾冲县西山坝，征地83亩，新招职工130人，有技术干部、管理人员20人。厂里拥有比较先进的加工机构设备，年可加工生产锯材3万立方米。1980年7月，下放腾冲县，改称腾冲县林业局木材加工厂。

五、泛洋木业有限公司

1993年12月，泛洋木业有限公司成立，是保山地区与香港合资的林产品企业，以生产经营复合地板为主的木材加工企业。由于管理及市场等因素，于2004年9月清算关闭。

六、保山地区林业劳动服务公司

保山地区林业劳动服务公司于1993年8月成立，是保山地区行署林业局兴办的服务性经济实体，实行独立核算自主经营。1997年按行政机关不准办经济实体的政策规定撤销。

七、保山森林食品有限公司

1993年7月，成立保山森林食品有限公司，为保山行署直属企业和经济实体。主要生产和经营香蕉、保山绿豆等果蔬片，新开发花生乳、云南松花粉蜜、鲜柠檬汁等森林饮料和食品。于2001年9月清算关闭。

第二章　森林资源

保山市境内地形复杂，高山峡谷交错，相对高差大。不同的海拔和气候条件，温度、湿度的差异，形成了丰富多样的森林植被类型。森林植被垂直分布明显。市内植被属滇西南高原河谷季风常绿阔叶林和滇西横断山半湿润常绿阔叶林。历史上植被生态较好，种类繁多。但由于开发较早，大量人类活动的影响，致使森林植被破坏严重。至2005年，保山的自然植被主要有河谷季雨林、干热河谷灌木草丛、暖性针叶林、温性针叶林、亚热带常绿阔叶林、落叶阔叶林等6种类型。

第一节　森林分布

一、林区划分

保山市地处横断山脉滇西纵谷南端，高黎贡山和怒山山脉绵延全境，受西南低纬山地亚热带季风气候影响，在国内、省内林区区划上保山森林属于西南林区。由于区位、立地条件、经营目的和气候因素等不同，市内各地林区有着不同的功能和特点。按森林经营的目的划分，林区可分为生态公益林和商品林。生态区位比较重要的防护林和特种用途林纳入公益林管理；用材林、经济林和薪炭林按照商品林经营管理。公益林区主要分布于高黎贡山自然保护区、小黑山自然保护区以及怒江、澜沧江两岸。由于历史、光热水土等原因，用材林区主要分布于怒江以西的腾冲县、龙陵县，树种以秃杉和杉木为主。怒江以东的隆阳区、昌宁县和施甸县主要分布以核桃、板栗为主的经济林区，少量用材林区树种则以华山松、思茅松为主。

二、森林类型

河谷季雨林　主要分布于怒江和澜沧江两岸的湾甸、勐统、漭水、耇街和芒宽等乡（镇）。这些地方基本都具有气候干热的特点，但在部分地下水位较高的河漫滩或与河谷相接的沟箐也常常保存有植被茂密的季雨林。主要组成树种有攀枝花、榕树、红椿、诃子、粗糠柴、合欢、火烧花、顶果木、刺桐等。这类森林林相一般不整齐，林内有大量的次生植物，可以采伐利用的林木较少，木质藤本和树干附生物很丰富，常见的有攀枝钩藤、倪藤、王冠蕨、槲蕨等。

干热河谷灌木草丛　主要分布于澜沧江流域海拔1070～1350米的瓦窑、水寨、瓦渡、珠街等乡（镇）和怒江流域海拔600～1000米的湾甸、勐统、瓦马、汶上、芒宽、坝湾、镇安、太平、腊勐、勐糯等干热河谷乡（镇）。在这些地区，土壤多为干燥贫瘠的红壤，植被存在硬叶、多毛、细叶、皮厚和落叶等习性，乔木树种常常灌木化，林木间距大，盖度低，其间有大量的飞机草、旱茅、扭黄茅、芸香草等草本植物。河谷附近常见的树种有白花羊蹄甲、坡柳、清香木、余甘子、虾子花、岗柃、诃子等。这部分林地上稀疏的林木采伐利用价值低，林分一旦遭到破坏很难恢复，其主要功能是水土保持。

暖性针叶林　是保山市最为普遍的针叶林类型，一般分布在海拔1000～3000米的区域。组成暖性针叶林的树种主要有：云南松、华山松、思茅松、杉木、秃杉、滇油杉和翠柏等。

温性针叶林　分布于高黎贡山及其周边海拔2500米以上的部分高海拔地区。组成树种主要有云南铁杉、苍山冷杉、油麦吊云杉、云南红豆杉和垂枝香柏等。

常绿阔叶林　是保山普遍存在的森林类型，属亚热带湿润地区的地带性森林，分布于海拔800～3000米的区域。组成树种主要有：壳斗科的栲属、石栎属、青冈属，山茶科的木荷属，樟科的樟属、山胡椒属，杜鹃花科的杜鹃属，以及木兰科的一些代表种。最为常见的树种有：高山拷、红木荷、滇青冈、光叶石栎、云南樟、香叶树、缅甸木莲、杜鹃等，这些树种一般不独立成林，多为若干树种混生。林下常见重楼、鳞毛蕨、沿阶草、扁穗莎草、冷水花、野姜、楼梯草等草本植物。

落叶阔叶林　保山市落叶阔叶林零星分散，一般林分面积较小，但分布极广，几乎所有的乡（镇）或多或少都存在一定面积的落叶阔叶林，其中：一部分是当地重要的经济林或用材林。形成落叶阔叶林主要有两种途径：一种是常绿阔叶林遭破坏后自然演替成落叶阔叶林，另一种是通过人工造林形成落叶阔叶林。组成树种主要有：核桃、西南桦、旱冬瓜、栓皮栎、麻栎、板栗、桃、梨、梅、甜柿、石榴、滇楸、杨树和槭树等。

第二节　森林蓄积及特点

改革开放后，保山地区通过开展林业“三定”（稳定山权、林权，划定自留山，确定林业生产责任制）和划定“两山”（责任山、自留山）工作，调动了广大群众造林、护林的积极性，森林面积、蓄积和森林覆盖率全面回升。

一、面积及蓄积

保山市作为多山的地区，广阔的山地面积和独特的气候，十分有利于林业的发展。但经历了“大跃进”“文化大革命”后，全区森林覆盖率由解放初期的50%左右降到了1974年的28%。1978年以后，保山在国家政策性扶持下，大规模的开展荒山绿化、封山育林、退耕还林、义务植树，不仅实现了森林覆盖率逐年提高、活立木年生长量和蓄积总量实现了持续净增长、森林生态系统得到恢复。20世纪80年代，全区有林地面积585100公顷，活立木蓄积9297万立方米，森林覆盖率29.8%；90年代全区的有林地面积810026公顷，活立木蓄积7222万立方米，森林覆盖率42.5%。2004年，进行全市森林资源连续清查（初查）。2005年公布的数据显示，全市林业用地总面积1279294公顷，占全市土地总面积的67.09%，其中：有林地面积847519公顷，疏林地面积47025公顷，灌木林地面积212681公顷，未成林地面积34200公顷，无立木林地面积24581公顷，宜林地面积113288公顷，非林地面积627356公顷。全市森林覆盖率46.92%，林木绿化率56.10%。全市活立木总蓄积量11678.2万立方米，其中：乔木林蓄积量10728.6万立方米，疏林地蓄积量199万立方米，散生木蓄积量497.4万立方米，四旁树蓄积量253.2万立方米；国有5362.9万立方米，集体4384.9万立方米，个体1925.8万立方米，其他类别4.6万立方米。全市活立木年生长量435.88万立方米，其中：生态公益林年生长量119.87万立方米，商品林年生长量316.01万立方米。

二、资源特点

保山市的森林具有森林资源丰富，生物种类繁多；资源分布不均，树种结构不合理；林龄结构不合理；人工林多，林地生产力低下等特点。

保山市已知的高等植物有2400余种，其中：裸子植物18种，被子植物2300多种，分属于181科，715属，有8个种属为中国特有分布。国家级、省级重点保护植物45种；兽类150种，属国家重点保护的珍稀兽类33种；鸟类450种，其中国家级保护种38种；鱼类47种（亚种）；昆虫844种。

保山市森林资源分布不平衡：位于西部的腾冲县和东南部的昌宁县，其森林活立木蓄积约占全市的70%，森林覆盖率较高，而位于中部的隆阳区和南部的施甸县、龙陵县，森林活立木蓄积较少，森林覆盖率低。

从森林树种组成看，20世纪80年代开始大量的人工造林采用秃杉、杉木、云南松和华山松等针叶树种，造成各地森林针叶树种比例较高，阔叶树种较少，树种结构不合理，森林病虫害防治和防火压力加剧。

保山市自然条件优越，各种林木生长较快。20世纪80年代以后，全市大力开展植树造林，重视森林后备资源的培育，扩大了中幼林面积。同时，随着人口的增加，生产力的不断发展，森林消耗量不断增大，除极少数受保护的天然林分外，成熟林、过熟林几乎砍伐殆尽。20世纪90年代中后期，由于可采资源不断减少以及林产品加工工艺不断改进，木材采伐已逐步趋向中幼林。

保山市的森林多为人工林，除高黎贡山等少数天然林区外，绝大多数林分均有人工培植或采伐改造的痕迹。虽然人为的干预较为普遍，但保山市的林地生产力并不是很高。一方面过度樵采，严重破坏了林地保水、保肥功能和良好的生态系统；另一方面森林经营水平还十分粗放，只有经济林和少数林区出现集约经营的雏形，用材林多为自然生长型，经济投入有限，造林后缺乏后期的抚育管理。

第三节　森林特产

保山市境内森林特产资源丰富，种类繁多，除木本油料、木本粮食、干果、水果等经济林大宗产品外，还有紫胶、栲胶、松脂、棕片、笋干等大量林副产品，以及各种动植物药材、动物皮毛、食用菌类和丰富的香料、野杂果等山林特产。

一、经济林果

保山市经济林果资源分布区域广，种类较多，资源极为丰富。主要干果有核桃、板栗、银杏、华山松籽、澳洲坚果等，水果有甜柿、杨梅、石榴、梨、桃、番木瓜、树菠萝、滇橄榄、杧果、荔枝、龙眼、柑橘、枇杷、李、梅、杏等数十种品种。2005年，全市经济林果面积约170万亩，占林地总面积的13%。主要经济林干水果产量达6.47万吨。经济林果以核桃、银杏、板栗、甜柿为主，其中：核桃面积约127万亩，产量1.5万吨，产值达3亿元，主要集中分布在昌宁县、隆阳区，其他县沿怒江峡谷区域内均有分布；银杏面积约8万亩，产量39吨，产值达11万元，主要分布在腾冲县；板栗面积约1.33万亩，产量126吨，产值达676万元，以隆阳区、施甸县、昌宁县为主，其他县也有少量分布；甜柿面积约3.4万亩，产量90吨，产值达36万元，产地主要集中在隆阳区、施甸县。

二、山林特产

(一) 药材类

动物药材　主要有虎骨、豹骨、熊胆、熊掌、鹿茸、麝香、鹿胎、牛黄、鹰爪、黑猴脑、穿山甲等10余种。1978年后，由于国家、省出台有关保护野生动物、特别是珍稀濒危动物的条例和法规后，通过各级的大力宣传和打击收缴，凡属国家保护的珍稀野生动物及其药材、皮毛，已明令禁止猎取、收购和上市交易。为满足制药需要，腾冲等县相继兴办养鹿场，人工饲养马鹿、黑熊等动物。

植物药材　主要有罗芙木、玉京、红花、地榆、茯苓、天麻、黄连、党参、玄参、沙参、远志、黄麻、杜仲、黄芩、枸杞、土黄芪、麻黄、柴胡、川芎、香附子、当归、细辛、半夏、麦冬、天冬、何首乌、紫苏、千张纸、木香、厚朴、蔓荆子、五味子、柯子、桔梗、苦参、金银花、乌头、天南星、牛膝、白芷、石斛、木通、龙胆草、防风、重楼、益母草、淫羊藿、仙草、灵芝、细黄草、葛根、百合、山楂、乌梅、木瓜、夏枯草、车前子、丁香、黄柏、陈皮、杏仁、桃仁、荆芥、银杏、雷凡、前胡、栀子、抗菊、山豆根、桑白皮、槐角、泽泻、五加皮、山楂子、菟丝子等。

(二) 食用菌类

全市有食用菌有82种。常见的有鸡纵（多种）、干巴菌、鸡油菌、牛肝菌（多种）、香菇、红菌（多种）、银耳、块菌、松茸、木耳（分黄、白、黑3种）、沉香菌、青头菌、粗皮侧耳（树窝）、竹荪、松菌、芝麻菌、瓜花菌、白参菌、刷把菌（俗名）、苦荞菌（荞粑粑菌）、茅草菌、核桃菌、胭脂菌、白秃勃勃菌（马屁泡、马勃）等。

(三) 香料、栲胶植物

香料植物　主要有山苍子、樟树、龙脑香、四方蒿、香椿、冬青、枫茅、香茅、香蒿、地檀香、滇白珠、甫香果、香叶树、红果树、柠檬桉、山胡椒、大叶桂、野花椒、藿香、野山姜、香叶天竺葵、薄荷、香山株、阴香等。

栲胶植物　主要有旱冬瓜（桤木树）、栎类（麻栎、槲栎、栓皮栎等）、红根、杨梅、蜜心果、野牡丹、盐肤木、野漆树、合欢、金合欢、酸角（又名罗望子）、余甘子、木荷、野樱桃、胡桃、山石榴、蕨、多木花、恩勾子、决明、菜豆树等。

第四节　珍稀植物和古树名木

2000年11月至2001年1月，根据国家林业局和云南省林业厅安排，保山地区林业局组织完成了全区的重点保护野生植物的调查工作。保山植物区系由热带、温带、世界广布和中国特有部分组成，已知的高等植物约2400种，仅高黎贡山及其近域就有种子植物1690种，分属166科639属。保山分布有国家一级保护植物（含珍贵树种）云南红豆杉、银杏、秃杉、海南粗榧、长蕊木兰、大树杜鹃等6种。国家二级保护植物（含珍贵树种）有桫椤、翠柏、疣粒野生稻、红椿、滇桐、水青树、云南山茶花、千果榄仁、云南黄连、龙眼等20多种。

一、国家级珍稀植物

云南红豆杉 国家一级保护植物。全市分布面积23171公顷，17997株，蓄积6983立方米，其中：腾冲分布22955公顷，15760株，蓄积4861立方米；隆阳区分布215公顷，2236株，蓄积2122立方米；龙陵县仅发现1株，树高6米，胸径12厘米。

银杏 国家一级保护植物、国家一级保护珍贵树种。分布面积约8万亩，主要集中在腾冲县，其他县（区）亦有少量分布。

秃杉 国家二级保护植物、国家一级保护珍贵树种。经调查仅腾冲县有野生秃杉4株，活立木蓄积20立方米，主要分布在大塘和小西乡大罗绮坪。腾冲、龙陵有大面积人工种植秃杉林。

海南粗榧 国家一级保护珍贵树种。分布于昌宁大田坝乡湾岗、新华、新城等地海拔1700～2000米的粗榧林中，面积为20公顷，2400株，蓄积151.12立方米。

大树杜鹃 国家一级保护珍贵树种。主要分布于高黎贡山自然保护区西坡的腾冲界头大塘村北约16千米处，海拔2300～2500米的常绿阔叶林中，分布面积110公顷，1358株。

桫椤 国家二级保护植物。分布于龙陵县龙山镇一碗水、腾冲县新华、荷花、上云、昌宁大田坝、清河、隆阳区坝湾、百花岭等地。分布面积388公顷，约18750株。

长蕊木兰 国家一级保护植物、二级保护珍贵树种。分布于高黎贡山西坡大蒿坪、小地方、平田和东坡坝湾黄草山。分布面积1193.5公顷，11937株，活立木蓄积1854立方米。

疣粒野生稻 国家二级保护植物。集中分布在龙陵县，面积147公顷，188.16万丛；昌宁县有0.067公顷，2200丛。

红椿 国家二级保护植物、二级保护珍贵树种。红椿资源较为丰富，广泛分布于五县（区）。分布面积3846公顷，97823株，活立木蓄积67319立方米。

长喙厚朴 国家二级保护植物、二级保护珍贵树种。主要分布于高黎贡山西坡曲石、界头、猴桥、自治等海拔1780～3000米的常阔林中，分布面积90公顷，约864株，活立木蓄积781立方米，其他县（区）未发现分布。

二、省级珍稀植物

分布于保山市的省级珍贵树种有：翠柏、云南红豆杉、千果榄仁、滇润楠。

保山市分布的省级珍稀植物有：

一级：秃杉

二级：长蕊木兰、云南山茶花、野茶树、海南粗榧、篦子三尖杉、云南黄连、疣粒野生稻、大树杜鹃、银杏、水青树、云南梧桐、滇桐、十齿花、栌菊木

三级：瑞丽山龙眼、云南七叶树、长喙厚朴、景东翅子树、红椿、皱叶乌头、白菊木、桃儿七、香水月季、云南榧树、扇蕨、顶果木、领春木、西康玉兰、棕背杜鹃、延龄草

三、古树名木

1996年，云南省人民政府所分布的云南省古树名木名录中，保山地区共有古树名木89株，其中：保山市7株，施甸县8株，腾冲县54株，龙陵县7株，昌宁县13株。

1996年保山地区古树名木分布状况表（共89株）

表21-1　　　　单位：米、厘米、年

县（区）	序号	树种名	树高	胸径（基径）	树龄	所在地点
保山市（7株）	1	云南松	20	131	120	西邑乡铺门前兰家寨
	2	高山榕	28	907	700	坝湾乡丙闷村
	3	高山榕	32	—	600	芒宽乡芒龙村
	4	高山榕	25	173	150	芒宽乡勐古渡口
	5	高山榕	—	223	250	保山第二中学
	6	高山榕	39	720	600	芒宽乡小红光村
	7	黄连木	23	171	500	板桥镇金鸡村将台寺
施甸县（8株）	1	华山松	22	105	320	水长乡永保村平头山
	2	麻栎	19	201	300	太平乡戈家山头
	3	高山榕	13	159	340	由旺镇土主庙
	4	黄葛树	13	162	310	甸阳镇大竹棚村称官司
	5	菩提树	19	467	400	旧城乡旮旯坝
	6	红椿	18	172	300	水长乡平场子村
	7	柿	12	67	120	甸阳镇上岗邑村
	8	云南桂花	8	48	150	甸阳镇县林业局苗圃
腾冲县（54株）	1	银杏	22	298	600	界头乡白果村
	2	银杏	22	156	600	界头乡白果村
	3	银杏	22	276	600	界头乡白果村
	4	银杏	23	99	300	古永乡下街村
	5	云南松	28	86	170	古永乡吴家冲后山
	6	云南铁杉	30	232	500	古永乡胆扎林场
	7	秃杉	21	271	1100	小西乡大罗绮坪观音寺
	8	秃杉	21	129	500	和顺乡魁阁
	9	秃杉	19	93	500	和顺乡魁阁
	10	翠柏	35	250	500	曲石乡红木村蛮米
	11	千香柏	15	99	200	马站乡云华村新大门
	12	千香柏	9	98	200	马站乡云华村新大门
	13	侧柏	24	158	500	勐连乡寸家寨村
	14	垂枝香柏	20	127	900	古永乡胆扎村熊家寨
	15	云南红豆杉	38	190	600	马站乡云华村沟坡头
	16	云南红豆杉	30	125	500	小西乡大罗绮坪观音寺
	17	云南樟	27	140	250	和顺乡水碓村元龙阁

续上表 单位：米、厘米、年

县（区）	序号	树种名	树高	胸径（基径）	树龄	所在地点
腾冲县（54株）	18	云南樟	24	147	300	洞山乡上绮罗村
	19	云南樟	21	162	300	洞山乡上绮罗村
	20	云南樟	21	164	300	洞山乡上绮罗村
	21	云南樟	34	153	200	城关镇满邑下村
	22	云南樟	17	146	500	小西乡大罗绮坪云山村
	23	香叶树	18	99	130	洞山乡上绮罗村
	24	香叶树	18	85	130	洞山乡上绮罗村
	25	长梗润楠	14	128	500	小西乡大罗绮坪云山村
	26	长梗润楠	18	127	500	小西乡大罗绮坪云山村
	27	长梗润楠	18	111	500	小西乡大罗绮坪云山村
	28	紫薇	7	67	150	洞山乡洞真寺
	29	紫薇	7	65	150	洞山乡洞真寺
	30	云南山茶	15	75	270	马站乡云华村红木树
	31	云南山茶	6	49	200	马站乡云华村红木树
	32	云南山茶	13	48	200	瑞滇乡早坡忠孝寺
	33	云南山茶	5	28	200	和顺乡李家巷
	34	茶一种	9	107	600	蒲川乡坝外村小寨
	35	红木荷	21	119	600	马站乡云华村红木树
	36	云南木荷	36	198	600	曲石乡四街村酒店中寨
	37	山樱桃	22	83	200	中和乡高田村欢喜坡脚
	38	梅	4	79	100	洞山乡中绮罗村
	39	细叶黄杨	3.4	32	150	城关镇元吉村甘家院
	40	云南柳	22	146	250	打苴乡大营村
	41	西南桦	24	175	350	新华乡龙井村四角田
	42	麻栎	32	145	200	曲石乡四街村大坟坡
	43	樱果朴	34	166	250	和顺乡水碓村小坡头
	44	滇朴	34	154	250	和顺乡水碓村元龙阁
	45	高山榕	37	271	350	荷花乡雨伞村庙坡
	46	高山榕	35	271	300	洞山乡玉壁村
	47	高山榕	32	422	500	上营乡橄榄寨
	48	垂叶榕	43	343	500	蒲川乡坝外村大寨
	49	黄葛树	22	250	250	新华乡龙井村四角田
	50	细果冬青	27	204	450	打苴乡小东山村

续上表　　　　　　　　　　　　　　　　　　　　　　单位：米、厘米、年

县（区）	序号	树种名	树高	胸径（基径）	树龄	所在地点
腾冲县（54株）	51	南酸枣	35	233	600	五合乡大丙弄村
	52	大树杜鹃	27	307	630	界头乡大塘村
	53	流苏树	12	86	500	马站乡小空山董氏祖墓
	54	桂花	6	70	400	洞山乡洞真寺
龙陵县（7株）	1	翠柏	32	261	500	镇安镇崇善寺
	2	绒叶含笑	44	261	420	龙新乡黑山村林场后山
	3	茶一种	8	50	200	镇安镇小田坝大坪子
	4	高山榕	34	276	420	勐糯乡田坡村
	5	黄葛树	34	290	420	勐糯乡田坡村
	6	菩提树	36	339	420	勐糯乡大寨宗堂
	7	菩提树	32	299	410	勐糯乡西寨村
昌宁县（13株）	1	云南松	15	86	110	右甸乡右文村孙家寨
	2	秃杉	30	100	170	漭水乡明华村柳树洼
	3	云南樟	40	137	300	鸡飞乡朵兰寨
	4	滇楠	30	90	120	漭水乡老厂野猪山
	5	滇楠	35	116	120	漭水乡老厂野猪山
	6	云南山茶	10	62	140	漭水乡老厂野猪山小学
	7	茶一种	10	54	150	达丙乡新华村石佛山
	8	茶一种	13	58	150	达丙乡新华村石佛山
	9	高山榕	20	490	300	勐统乡勐统村
	10	高山榕	25	575	300	勐统乡勐统村
	11	高山榕	24	154	150	勐统乡酒药寨
	12	红椿	40	155	200	柯街乡仙岳村
	13	杧果	30	148	300	卡斯乡邑林村水库

第三章　植树造林

第一节　采种育苗

一、采种

1978年起，为适应造林用种量日益增长的需要，保山地区广泛发动群众采集种子交售。对林木种子采收采取了一些优惠扶持措施，除拨给种苗补助费外，鼓励个体承包采

种，积极发展采种专业户和重点户。由林业部门与采种户签订合同，预付定金，最后按实际交售量结算。1984年，全区林木种子采收量高达62.22万千克，创历史最高水平。1978—2005年，保山市共采收各种林木种子516.13万千克，年均采种量18.43万千克，累计上调量65.17万千克。

但由于没有固定的种源基地和采种母树林，加之采种技术指导和管理工作跟不上，采种活动存在着不分种优种劣，见种就采的现象，使得种子质量得不到保障。在采收的云南松种子中，时有不能成材的地盘松种，并混杂有不成熟或母树带病虫害的种子；在采集加工过程中，曾发现过蒸煮松球速成取籽的恶劣做法。为此，全区林业主管部门成立相应管理机构，建设中心苗圃，配备专业队伍，加强采种质量管理。1980年后，保山地区在开展种源普查的基础上，着手进行采种基地和母树林的建设工作。之后，成立林木种苗质量监督检验站，严格执行"一签两证"制度，规范种子生产、经营秩序，完善种子生产经营管理档案。

1985年后，贯彻执行省林业厅统一制定的等级标准，实行按质论价分等级收购，不断提高种子质量，其中隆阳区从1978年至2005年共上调云南松种50多万千克，经测试，其净度为80.1%～97%，平均发芽率为72%～88%。2005年，保山市林木种苗管理机构有干部职工64人，其中：具有大专以上文化的工作人员38人，通过国家、省级有关技术培训获得林木种苗执法证的执法人员有21人，获得林木种子检验员证的检验人员有23人。

二、良种基地

1980年9月，按省林业厅要求，开展全区种源普查工作。由省、地、县抽派26人组成种源普查工作队，采取普遍踏查与重点调查、目测与实测相结合的方法，历时3个月，在5个县、49个公社、122个大队和3个国营林场的范围内，共踏查森林面积44354公顷，并在候选林内设标准样地290块，面积9.15公顷。通过普查，初选出主要用材林和经济林采种基地母树林47片，面积6115.12公顷，其中：采种基地41片，面积5596.93公顷，母树林6片，面积518.13公顷；采集土壤样品105份，种子样品43份。

1983—1993年，在种源普查的基础上，全区开展了林木良种基地的建设。共建成林木良种基地5个，其中：1983年部、省、地、县联营在保山市和腾冲县规划建立云南松母树林基地2个，面积639.34公顷；1986年由地区与昌宁县共同建成昌宁秃杉种子园，面积20公顷，为全区也是全国仅有的珍稀树种秃杉种子园；1988年起，在保山市长岭岗建成桉树母树林基地一个，面积27.2公顷，同时在施甸县七〇七建成桉树种子园一块，面积6.67公顷。

2000年后，地区林业局在已建良种基地的基础上，新建与续建了一批林木良种基地。如：保山市国营林场良种基地，建设规模4953亩，每年可生产各类种子820千克；昌宁县种子生产基地，建设规模630亩，每年可生产各类种子4952千克，秃杉穗条2万条；腾冲县古永林场云南松母树林基地，每年可生产云南松种子1000千克。

三、引种选种

保山市引种较早的树种有菩提树、铁刀木、菠萝蜜、无花果、印度橡胶、法国梧桐、油橄榄、西藏柏木、咖啡等，引种时间在数百年，乃至千年以上。主要引种活动有：

1976年，从山东引进日本甜柿，不仅在保山地区得到广泛推广，而且还扩大栽培到省内其他11个州市。

1984年，由中国林科院与云南省林业厅共同主持，保山地区林业局林科所参与了蓝桉、直干桉、赤桉、亮果桉等48个树种、124年种源的对比试验。通过试验观察和分析比较，筛选出蓝桉L.T.SW，亮果桉12041、13281、14455、14450、14449，直干桉12132、12125，赤桉13554、13662，双肋桉11742，谷桉15092、15091等优良种源。

1985年，由保山地区林业局组织完成水蜜桃的引种栽培和推广，并获得地区级科技进步三等奖。

1990年，由保山地区林业局组织实施“板栗早实丰产栽培技术研究”等项目，实施效果良好。

2005年，启动实施湿地松引种试验。同年，保山市林木种苗管理站还申请实施了史密斯桉母树林营建项目。

第二节　人工造林

一、常规造林

1980年，保山地区逐步改进传统的造林方法，采用畜力全面整地造林。普遍推广植苗造林，袋苗上山，整地植苗造林面积逐年扩大。1981年，保山地区整地植苗造林占造林总面积的30%，1983年扩大到50%，工程造林达100%。

1982年“两山”（自留山、责任山）到户后，保山地区逐渐形成国家、集体、个人、企业共同造林的社会氛围。1984年4月，全区有以育苗造林为主的林业“两户”（专业户、重点户）“一体”（经济联合体）1312户，其中：林业“两户”1219户，经济联合体26个、108户，林业专业村3个、240户。在经营管护方面，大力推行个体承包、专业队造林、联营、建立股份合作制林场等多种营造林形式，由承包者向农户、集体承包耕地或荒山进行造林，集中管护，双方签订协议，约定农户享有国家政策补助的粮食部分，种苗和现金由承包者个人享受，造林有收益时进行分成，一般承包者3成，农户7成，全区大户承包300多户。退耕还林工程采取农户自己退耕，村社集体组织管护的办法。国家的各种补助兑现到农户，林地统一管护，直到成材。至2005年，保山市的国社合作林场已由1988年的8个扩大到11个，经营面积由1988年的11.26万亩增加到96.01万亩，其中：国有面积11.26万亩，集体面积84.75万亩。1990—2005年，国家逐步放活了商品林经营使用权，农民、干部、企业参与造林，完成社会造林73.95万亩，占造林总任务的50%以上。

二、飞播造林

1985—1998年，保山地区共实施飞播造林6次，累计作业面积217545公顷，有效面积143960公顷，飞行作业819架次，用种量713371千克。

1985年5—6月，保山地区首次开展飞播造林。共设13个播区，计划面积33333.3公顷，实际完成35540.07公顷，其中：有效面积27832.4公顷。涉及3个县，15个区，71个乡，312个合作社的宜林荒山。此次飞播造林飞行作业184架次，合计用种121275千克，其中：云南松88625千克，思茅松32057千克，桤木575千克。根据成效调查，13个播区每平方米有苗1～6株，均达质量要求。

1987年5月，开展第二次飞播造林。共设15个播区，飞行作业210架次，完成面积40037.6公顷(有效面积30642公顷)，用种132055千克。主要树种为云南松、思茅松，并混播少量车桑子。

1989年5月，实施第三次飞播造林。涉及保山、施甸、龙陵3个县(市)共9个播区，飞行作业105架次，计划面积34212.4公顷(宜播面积26442.7公顷)，实际完成36511.46公顷(有效面积28228.53公顷)，为计划面积的106.7%，用种量118865千克。主要树种为云南松和思茅松，并配有少量车桑子，落种良好率达到85%以上。

1991年5月，实施第四次飞播造林。涉及保山、施甸、龙陵3个县(市)的37个播种区。实施飞行作业168架次，完成面积52526.7公顷(有效面积39398.80公顷)，用种量177486千克，主要树种为云南松、思茅松、华山松、车桑子。据观测统计，33个新播区，有20个播区落种质量为优，12个播区落种质量为良，1个播区落种质量差；落种优良率达97%。

1994年5月，实施第五次飞播造林。涉及保山、龙陵、施甸三县(市)，设播区25个，飞行作业97架次，用种量104616千克，完成面积275925.7公顷(有效面积21116.93公顷)。

1998年5—7月，实施第六次飞播造林。涉及保山、龙陵、腾冲三县(市)，设播区11个，共完成飞播作业55架次，作业总面积20529.2公顷(有效面积15363.13公顷)，接种观察样方896个，使用云南松、车桑子等种子60吨。

经1998年对全区历年飞播造林进行检查核实，前5次飞播造林的99个播区中，有82个播区平均每亩有幼树348株，其中蒲缥西山和姚关播区达610株/亩，幼林长势喜人。成效最好的是保山市阿石寨，施甸县姚关、狮子山三个播区，成效面积的比例均在91%以上。

三、工程造林

1978年，保山地区首次组织实施以基地林、丰产林为主的工程造林。为提高工程质量，从1985年起，腾冲、昌宁、龙陵、保山等县(市)先后采取了一系列优惠措施，鼓励集中连片造林和集中连片管护。1977—1986年，全区累计投入资金10110万元，完成工程造林近69万亩，保存面积为49.4万亩，保存率71.6%。

“八五”期间，保山地区在继续推进滇西南农业综合开发、世行贷款等项目造林的同时，积极争取国家、省林业厅资金扶持，实施了速生丰产林、以工代赈、绿色扶贫、干果基地、澜沧江防护林工程等国家和省列项目，累计完成工程造林148.5公顷，占人工造林的65.7%，基本实现了1993年提出的“4年消灭荒山，7年绿化保山大地”的奋斗目标。据1994年森林资源二类调查结果显示，全区林业用地面积1717万亩，其中：有林地面积1215万亩；疏林地面积68万亩；灌木林地面积298万亩；未成林地面积108万亩；无林地面积27万亩；苗圃地面积750亩。全区森林覆盖率为42.5%，加灌木林地总覆盖率为52.9%。全区活立木蓄积量7222万立方米，森林年生长量369.4万立方米，生长率5.1%。

1991—2005年，保山市组织实施退耕还林、商品林基地、干果基地、防护林工程、农村小型公益林、低产林改造、封山育林等工程，完成工程造林319.37万亩，年均完成21.3万亩。2005年公布的森林资源连续清查结果显示，全市有林地面积达1274.5万亩，森林覆盖率达46.92%，林木绿化率为56.1%，较"九五"期间增加近4.5个百分点；活立木总蓄积量为11678万立方米，比"九五"期间增加4456万立方米，增长61.7%。

第三节　城乡植树

一、义务植树

1982年2月，云南省政府规定每年6月为全省"植树月"。3月，保山地区成立绿化委员会，此后即常态化地组织开展植树造林工作。

1978—2005年，保山市累计有2402.8万人次参与全民义务植树活动，完成义务植树15201.24万株，折合面积152万亩，其中：城镇居民完成义务植树3496万株，占总数的23%；农村居民完成义务植树11705.4万株，占总数的77%。建设义务植树基地、青年纪念林、三八林等150个，面积近4万亩，义务植树完成率、尽责率分别达到100%、95%。

保山市1978—2005年义务植树情况统计表

表21-2　　　　单位：万株

年度	植树株数	年度	植树株数	年度	植树株数	年度	植树株数
1978	509.75	1985	432.04	1992	519.91	1999	645.3
1979	324.44	1986	420.22	1993	682.78	2000	640
1980	411.65	1987	422.02	1994	620	2001	767.9
1981	290.55	1988	409.9	1995	660.7	2002	540
1982	264.78	1989	676.66	1996	714.3	2003	543
1983	375.41	1990	587.75	1997	675.9	2004	551.5
1984	489.52	1991	773.43	1998	698.33	2005	553.5
合　计							15201.24

二、绿色通道建设

1998年，全国绿化委员会、林业部、交通部、铁道部联合下发《关于在全国范围内大力开展绿色通道工程建设的通知》，保山地区即组织开展以公路、江河沿线、湖库区绿化为核心的绿色通道建设工作。在实施过程中，坚持生态优先的原则，将造林布局集中安排在交通沿线、江河两岸、湖库区。

保山境内分布有腾冲县（青海、北海）、龙陵县（大海、小海）四个小型天然湖，湖区总面积173公顷；建成水库263座，总库容50630万立方米，承担着全市农业灌溉用水和人民群众生产生活用水的供给。通过绿色通道建设工程的实施，全区湖库区第一层面山总面积为201403公顷，可绿化面积58696公顷、已绿化面积44473公顷，绿化率为76%。

2004年，启动实施中央森林生态效益补偿以后，全市怒江、澜沧江流域共纳入补偿面积28.9万亩，通过一系列的措施，保腾线、云保线及市内主要交通干道，五县（区）城市所在地的面山，生态环境相对较差的湖泊库区、江河流域、风景区周围生态环境脆弱地区生态环境得到改善，水土流失、滑坡泥石流等自然灾害明显减少，逐步构建以重点林业生态工程为骨架，以城镇、村屯绿化为依托，以公路、铁路、江河沿线绿化为网络的国土绿化大格局。

三、城镇绿化

保山市通过实施一系列林业生态建设工程和林业产业建设工程，不仅实现了大地增绿、农民增收的目标，而且也带动了全市城乡绿化美化一体化建设，形成了“点、线、面、片”相结合、布局合理的城镇绿化系统。

至2005年年底，全市城市绿地总面积2286.5公顷，覆盖面积2434.33公顷，绿化覆盖率为39%、绿地率为37%，其中：公共绿地357.24公顷，覆盖面积428.69公顷；单位附属绿地81.1公顷，覆盖面积91.56公顷；居住区绿地91.94公顷，覆盖面积99.81公顷；生产绿地24.6公顷，覆盖面积28.98公顷；防护绿地1333.3公顷，覆盖面积1333.3公顷；风景绿地246.2公顷，覆盖面积246.2公顷；道路绿地152.12公顷，覆盖面积205.79公顷。城市建成区面积6175.5公顷，人均享有公共绿地11平方米（中心区人均享有公共绿地5.8平方米）。建制镇人均公共绿地14平方米，绿化覆盖率为68%，村屯绿化覆盖率为61%，城市郊区全为山区，森林覆盖率为75.22%。

第四节　经济林木

1978年后，保山地区加快发展经济林木，把发展核桃、紫胶和热带水果列入全区经济发展的重点项目之一。1990年起，布局以昌宁核桃、隆阳和施甸甜柿、龙陵甜龙竹、腾冲银杏为重点的经济林木发展规划。1998年起，调整优化林种树种的结构，经济林木面积和产量呈逐年上升态势。经济林木当年新发展面积由1991年的3195亩提高到2005年的7.96万亩。

保山市经济林木资源丰富，木本粮食、油料树种有核桃、香果、油茶、油桐、板栗、柿等；紫胶寄主以牛肋巴、秧青、马榔树为主，兼有三叶豆、炮火绳、黑黄檀、桤木、酸香（象鼻藤）等，温带果树以梨、桃为主，兼有李、梅、杏、枇杷、石榴等；亚热带水果主要有柑橘、杧果、荔枝、番木瓜、树菠萝、香蕉等；另有山楂、杨梅、滇橄榄、柯子等丰富的野杂果资源。

一、核桃

保山市是云南省的核桃主产区之一，栽培历史悠久，产品品质上佳，明末徐霞客在《游记》中就有关于昌宁核桃的记载。核桃在保山民间约有2000多年的栽培历史，境内不乏数百年的古核桃树。昌宁县是国家林业局命名的首批“中国名特优经济林核桃之乡”。保山核桃的主要栽培品种有亮皮、细香、大麻茶等7个品种，其中大泡核桃和细香核桃为国家级良种，全市沿澜沧江、怒江流域为大泡核桃、细香核桃的主产区。2005年全市核桃栽培面积140万亩，产量879.62万千克，产值近3亿元，不少农户靠核桃脱贫致富，其中不乏年收入达数万元乃至10万元以上的种植户。核桃还是保山调整林产业结构，发展地方特色林产业的主导树种之一。

二、香果

香果主产于腾冲、龙陵两县的12个乡（镇），集中分布在腾冲县的五合、界头、芒棒、中和、上营、蒲川和龙陵县的龙山、勐冒、象达等。面积约4500多公顷，年产量约210万千克，产油450～500吨，最高年（1986年）产量达331.44万千克。历史上，香果靠天然下种繁殖，以冬至雀为媒介传播种子。香果是优质木本油料，主要用于制皂，是保山工农肥皂的主要原料。20世纪80年代起，开始人工采种繁育，“四旁”种植。20世纪90年代后，受市场影响，香果种植面积萎缩，产量大幅下降，到2005年年底，全市香果面积仅余700多公顷，产量21.4万千克，产值33万元。

三、紫胶

保山市紫胶寄主资源丰富，放养紫胶历史悠久，是云南省紫胶重点产区之一。范晔的《后汉书》中有保山出紫胶的记录，徐霞客的《滇游日记》也将其在永昌所见乡民放养紫胶的情景记入。紫胶又名紫梗、虫胶，是一种具有广泛用途的昆虫分泌物。保山境内紫胶主产于龙陵、昌宁两县，隆阳区、施甸县、腾冲县也有分布，适生范围主要沿澜沧江、怒江、龙川江、大盈江流域河谷呈带状分布，尤以怒江流域中南部的龙陵、昌宁、施甸三县为最多，质量也最好。1980年以前，紫胶生产效益较好，产品远销省内外，1990年后，由于紫胶价格起伏较大，产品滞销，紫胶生产逐渐萎缩。2005年，全市可供利用的寄主树有159万多株，主要寄主树种有牛筋木、秧青、炮火绳、黑黄檀、桤木、马榔树、酸香等10余种。野生寄主资源以龙陵、施甸两县为最多，约占全市总数的90%。

四、红花油茶

腾冲红花油茶是全国油茶的优良物种之一，亦是特有的木本油料和木本花卉，具有较高的食用和观赏价值。红花油茶花色品种繁多，是云南名贵山茶花的原生种，其茶油营养丰富，是优良的食用保健植物油。主要分布于腾冲县的云华、双龙和沙坝国有林场区域，海拔1700～1900米的半山区。2005年，全市栽培面积2万亩，产量6.5万千克，产值32万元。最高年（1987年）产量达13.78万千克。

五、板栗

保山市板栗种类较多，分布较广。最早于1980年从湖北、山东、广西、北京、南京等地引进羊毛栗、早大栗、红光栗、金丰栗等57个优良品种和类型，其主要栽培早熟品种有：早大栗、宋家早，于8月上旬成熟；中早熟品种有红光栗、莱西油栗、九家种、羊毛栗，于8月中下旬至9月上旬成熟；中晚熟品种有老品种实生树，9月中下旬以后成熟；晚熟品种有鸦乌山栗，10月以后成熟。1984年以后，由于加速了板栗引种和速生丰产栽培试验研究，板栗商品林基地建设得到较快发展，其早、中、晚熟品种在各县（区）均有分布。2005年，全市板栗种植面积1.33万亩，总产量75.54万千克。

六、柿

本地柿 主要分布于施甸、龙陵、隆阳等县（区）海拔1300～1800米的坝区和半山区，多为“四旁”种植，呈零星和小块状分布。品种以涩柿居多，其中：以施甸浸柿、龙陵邦比大水柿、隆阳大面糊柿和牛心柿等质量为优，全市约有结果树133.3公顷，2005年产鲜果3794吨，产值741万元。

甜柿 1976年从山东引入，主要品种为富友、次郎、伊豆等，经试种后以次郎表现最优，具有生长快、结果早、品质佳、树上自然脱涩、价值高等特点，并有很高的营养价值和保健功能。从20世纪90年代开始大面积推广，以施甸坝区、保山坝区和蒲漂坝区种植最为集中。2005年，全市种植面积3.4万亩，产量90吨。

七、油桐

主要分布于隆阳区的西邑、丙麻，昌宁县的柯街、鸡飞，腾冲县的五合、芒棒和施甸县的酒房等地，多为小块状分布。面积4000多公顷，平均年产桐籽27万多千克，产量最高为1982年，达35.12万千克。1990年后，由于部分油桐林地改种桉树及甘蔗、烤烟等作物，产量有所下降。2005年，全市油桐产量185吨，产值7.5万元。

八、桉树

桉树最早于1920年引进保山，20世纪60年代又引入桉树品种10余个，全市各县（区）均有分布，最初仅用于行道、风景树栽种，由于其速生、适应性广、叶干利用等特点，进入20世纪80年代后开始大面积栽种，栽培品种有蓝桉、大叶桉、赤桉、史密斯桉等，其中主栽品种为蓝桉和直杆蓝桉，用途主要为桉叶炼制桉叶油，树干做建筑顶撑木、坑木和烧柴等，全市蓝桉栽培约13.55万亩，其他桉树品种栽培约1000亩。

第五节　森林更新

一、迹地更新

迹地一般是由采伐、森林火灾、毁灭性病虫害引起，有林地变为迹地后，不进行更新，可能逐渐变为荒山。为保证森林面积不减少，维持木材生产产量和良好的生态环境，保山市注重进行迹地更新工作，尤其对采伐迹地更新造林进行严格的检查和控制。1978—

2005年，保山市共实施迹地更新造林28623.06公顷，其中国营林场更新面积为17670.07公顷。历年迹地更新情况见下表：

保山市1978—2005年森林更新造林统计表

表21-3 单位：公顷

年度	更新面积	其中：国营	年度	更新面积	其中：国营
1978	753.33	560.00	1992	680.00	100.00
1979	3133.33	3006.67	1993	802.00	464.67
1980	3973.33	1800.00	1994	87.33	69.87
1981	886.67	466.67	1995	540.00	432.00
1982	693.33	333.33	1996	319.73	255.79
1983	1393.33	1000.00	1997	330.00	264.00
1984	1180.00	453.34	1998	420.00	336.00
1985	760.00	346.67	1999	1780.00	1424.00
1986	1332.67	392.00	2000	1618.00	1294.40
1987	666.67	453.33	2001	—	—
1988	780.00	666.67	2002	—	—
1989	1880.00	1146.67	2003	—	—
1990	2700.00	953.33	2004	1046.67	837.33
1991	866.67	613.33	2005	—	—
合 计				28623.06	17670.07

二、抚育间伐

抚育间伐主要针对人工林。保山市大量的人工林是20世纪80年代林业“三定”以后才产生的，因此，抚育间伐活动盛行于20世纪90年代以后，此前抚育间伐非常有限，且统计资料不完善。

20世纪90年代以后各地对一些密度较大的人工用材林实施了中幼林抚育间伐，但基本都属于林木所有者的自发行为，不纳入国家或省列林业工程项目。隆阳区、施甸县和龙陵县主要对华山松进行抚育，地点集中于大海坝、小海坝周边，老营、亮山、大亮山等。腾冲县和昌宁县抚育间伐主要是一些林场对秃杉和杉木进行抚育，地点如：沙坝林场、明光林场、天堂林场和西山林场等。1990—2005年，全市累计抚育间伐面积401991亩。

三、封山育林

20世纪90年代以前，保山部分地方采用封山育林这一营林方法进行育林，但一般规模不大，不常用，属于一般封山。20世纪80年代末90年代初，随着基地林、丰产林项目任务的减少，其他营林项目（包括工程封山）逐步开始实施，1990—2005年，全市共实施封山育林（工程）2365576亩。

四、低产林改造

保山市在改革开放以前，林业的重点在于对林分的采伐利用和管理，进入20世纪80年代开始在荒山、荒地上实施基地造林和丰产林建设，低产、低质林分改造一直不是林业重点，没有受到关注。进入20世纪90年代，随着荒山、荒地不断减少，逐步引入低产林改造机制，将未适地适树、失管或灾害性等原因致使林分无法成材，林地生产力低下，失去价值的，按适地适树原则更换树种、重新造林。1990—2005年，全市有统计数据的低产林改造面积36704亩，多集中于腾冲县。

第四章　森林保护

第一节　森林防火

一、队伍建设

1978年后，保山地区各级护林防火机构和组织得到迅速恢复，依法治林、依法治火得到加强。1984年全区相继组建森林公安执法机构和队伍。1987年5月经国家林业局西南航空护林总站批准，成立保山分站，担负滇西四州市森林防火监测、航空灭火等航空护林任务。1992年地、县（市）护林防火指挥部设置专职副指挥长，加强森林防火协调与指挥。1993年12月，中国人民武装警察部队云南省森林警察支队保山大队正式成立，下设腾冲中队。2002年10月，保山森警大队升格为保山森警支队，下设隆阳、腾冲、龙陵、昌宁四个中队和一个直属中队。1997年，地、县（市）护林指挥部更名为森林防火指挥部及办公室。至2005年，建有市、县（区）森林防火指挥部及办公室6个，指挥部成员149人，其中：市29人，县（区）120人；森林防火指挥部办公室专职人员39人，其中：市7人，县（区）32人；82个乡（镇）均建有森林防火指挥所；14个国有林场、11个国社合作林场、2个国家级高黎贡山自然保护管理所、1个省级龙陵小黑山自然保护区管理所均设有森林防火办公室，配备1～2人负责森林防火日常事务工作；设有森林防火检查站161个，409人；专职护林员1440人，兼职护林员1556人；组建季节性半专业森林消防队69支，1707人，义务森林消防队722支，23019人。

二、设施建设

1978年起，国家逐年加大森林防火建设资金投入。1999年，腾冲中缅边境入境林火造成重大森林火灾后，国家投资99万元在中缅边境一线薄弱地段建设瞭望台3座及防火公路8千米、防火生土隔离带40千米、生物防火阻隔林带26千米，加强对境外林火的监测和阻隔。2002年，省、市投资90万元对全市通信设备实施改造。2003年，隆阳区被列为国家森林重点火险综合治理县（区）。2005年腾冲、龙陵、昌宁三县被列为国家森林重点火险综合治理县。

2005年，全市建瞭望台31座，防火线610.32千米，生物防火林带123千米，防火公路1425.9千米；防火物资储备库6个，森林消防专业队营房3幢；永久性防火警示牌120块；无线电中继台站18个，无线短波电台22部，车载台、基地台、手持对讲机393台（支），计算机29台，防火专用电话线39千米；森林消防车39辆，摩托车10辆，扑火机具2978台（把、套）。至2005年年末，国家、省、市、县（区）共投入森林防火基础设施设备建设资金达2016万元，全市初步建成了林火预测预报系统、林火监测系统、信息指挥系统、扑救系统。

三、预防扑救

保山市预防和扑救森林火灾的综合能力逐年提高，森林火灾得到逐步控制和减少。1978—2005年，全市共发生森林火灾2380次，受害森林面积41636.93公顷；扑救森林火灾造成45人伤亡，其中死亡8人；出动扑火人工268883工日。1992年3—6月，保山地区首次开展“百日无森林火灾竞赛活动”，昌宁县由于采取严格的防范措施，全年仅发生荒火2起，火警1起，受害森林面积为0.07公顷，森林受害率仅为0.07‰，被评为1992年度“百日无森林火灾竞赛活动”优胜单位，受到省、地森林防火指挥部表彰奖励。1993年，施甸县被国家林业局、人事部授予“全国1990—1992年三年无森林火灾先进单位”称号。1996年全区首次实现全年无森林火灾。“十五”期间共发生森林火灾178次，受害森林面积362.66公顷，与“七五”期间相比，森林火灾次数、受害森林面积分别下降47.18%和90.59%；森林火灾次数、受害面积、受害率均在省政府下达年度控制指标以内，步入了全省森林防火先进行列。

四、重大森林火灾

腾冲县中缅边境“2·3”重大森林火灾　1999年2月，腾冲中缅边境附近缅方边民放火烧山烧地，酿成特大森林火灾。2月3日16时第一个境外火点从北6号界桩进入明光林场国有林区境内，严重危及边境沿线5个国有林场和高黎贡山国家级自然保护区的森林资源。腾冲县委、县政府及时启动扑救森林火灾预案，组织军民日夜奋战，经过近2个月的奋力扑救，入境林火于3月20日全部扑灭。境内过火面积25879亩，过火林木30多万立方米，受害森林面积11648亩，烧毁林木20.03万立方米；开挖临时防火隔离带70千米，实施人工降雨作业23次，发射降雨弹2319发，支出扑火经费980万元。堵截和扑灭境外林火面积25万多亩，整个扑火过程中未发生人员伤亡事故。分别调集出动森警官兵333人，武警内卫部队官兵206人，武警边防官兵109人，预备役官兵222人，政法干警120人，县内党政机关干部650人，乡村干部532人，群众7700人，参加扑救总人数达13.1万人次，出动车辆400余辆，有效保护了边境一线森林资源和4个乡55个村802个社14万多人的生命财产安全。

保山城区西山“4·4”重大森林火灾 1999年4月4日15时32分，保山市城区西山麦子杆林区（北纬25°14′16″，东经99°05′23″）突发森林火灾。形成一个多火头，地表火和树冠火相互交替、扑救难度较大的火场，东面直接威胁保山地区烟叶复烤厂，东南直接威胁王官仓库、梨花坞佛教圣地，东北直接威胁黄龙山油库和冷冻厂的安全。保山迅速成立扑火总指挥部，由地委、行署主要领导担任指挥长，亲临一线指挥，组织扑救。先后调集驻保77273部队、武警保山支队、武警保山边防支队、武警保山消防支队、公安干警、地、市直属机关干部职工和永昌、兰城、汉庄、河图、板桥、金鸡、辛街、蒲缥乡（镇、办事处）7000多人，省森林防火指挥部调派省森林总队120名官兵协助扑火。经6昼夜的奋力扑救，4月9日8时将林火全部扑灭。此次火灾面积1136.2公顷，受害森林面积929公顷，烧死幼树162.4万株，烧毁林木3.05万立方米。出动车辆2400台次，直升机6架次，直接扑火经费229万元。在扑救火灾过程中，无人员伤亡事故发生。火灾发生后，地、市两级公安局及森林公安部门成立专案组，于4月8日将此案侦破，抓获犯罪嫌疑人付某某（男，50岁，保山市汉庄镇沈家办事处庄河村二社人），此次火灾是肇事者在林区吸烟不慎引起。经保山市人民法院一审判处其有期徒刑6年。

第二节 森林病虫害防治检疫

一、森林病虫害普查防治

由于“大跃进”和“文化大革命”期间乱砍滥伐，保山境内天然林面积急剧减少。人工林面积虽有所增加，但纯林多，针叶林多，森林中有益生物制约有害生物的潜能下降。生态环境的迅速恶化，导致病虫害增加，20世纪60年代逐渐频繁，危害程度加重。1979年，全区森林病虫害发生面积达到峰值，为2.78万公顷，发生率为5.1%。1979年3月，在省林业厅的指导和协助下，保山地区首次在全区开展森林病虫害普查工作，先后踏查了有代表性的林区78片，面积4.99万公顷，共涉及81个公社范围。通过普查，共采集病害标本164号，117种，269份；虫害标本7292号，生活史标本12套，38份。

此后，通过广大森防人员的不懈努力，森林防治率不断提高：1978—1987年平均防治率约为8.2%，1988—1995年为69.6%，1996—2005年为94.2%。森林病虫害防治效果不断显现：1978—1987年，年平均发生面积为1.5万公顷；1988—1995年为0.77万公顷；1996—2005年为0.4万公顷。

二、森林病虫害预测预报

保山森林病虫害监测工作始于1979年，当时部分森林经营单位先后设置兼职森防人员或明确由本单位护林员巡察森林时对本单位的森林病虫害进行观察，发现异常情况报告单位，认定为病虫害时即行防治，无力防治时，上报县（市）林业局。1987年开始，在乡（镇）林业站设立森防员。1989年，地、县森防站的逐步建立健全，并在国营林场和国社合作林场设立森防员。至1991年年底，全区有森防、检疫专职业务技术人员20人，基层森防员

108人，形成了一支森林病虫害监测的骨干力量，对森林病虫害开展全方位的监测。2000年起，全市森林病虫害的测报内容增加了对一些危险性病虫害、主要病虫害的重点监测预报和防范，其中：对已经发生的危害严重的病虫害种类（如松毛虫、华山松木蠹象、樟蚕）定点跟踪监测；对尚未发生但有可能发生的病虫害种类（如松材线虫病、美国白蛾、松墨天牛）重点防范，做定点预防性监测。至2005年年末，全市共设监测点275个，监测人员2083人。

三、植物检疫

1985年5月，成立保山地区森林病虫害防治检疫站，保山开始开展森林病虫害防治和森林植物检疫工作。施甸、昌宁、龙陵等县亦于同年相继建站。腾冲县、保山市于1989年建站。1991年，云南省森防站为摸清全省森林植物检疫对象的情况，部署各地（州、市）森防站开展首次森林植物检疫对象的专题调查。1992年4月，专题调查结果显示，境内无全国森林植物检疫对象分布，仅有云南省补充检疫对象中的3种（华山松木蠹象、松纵坑切梢小蠹、栗瘿蜂）有所分布。1999年，开展第二次森林植物检疫对象专题调查，未发现全国森林病虫害检疫对象的分布，仅有4种云南省补充检疫对象分布：华山松木蠹象、松纵坑切梢小蠹、栗瘿蜂和法桐角蜡蚧。至2005年，每年种苗产地检疫率均在90%以上；种苗和商品木材以及果品、花卉、药材的调运检疫率95%以上。

四、森林病虫害防治研究成果

保山地区森林病虫害防治的科学技术研究，始于1979年，经过几年的努力，逐步提高了病虫害防治的技术水平。

1984年，地区林科所开展“小斑链蚧防治试验”课题研究，课题承担人赵菊琴。经过两年的试验研究，摸清了小斑链蚧的生活习性和危害特征，掌握了有效防治的措施和方法。该课题获“云南省科技进步三等奖”。

1987年，地区森防站参加云南省“紫茎泽兰防除的研究”科研课题，由陈玉霞、何新华完成了保山协作区的工作。该课题获“中国科学院1989年度科学技术进步二等奖”。

1989年，地区森防站参加云南省“林业化学除草技术”研究项目协作，由陈玉霞、何新华承担协作任务，在全区各县（市）森防站的配合下，对全区以紫茎泽兰为主的害草进行第二次系统调查，将调运来的除草剂按剂型、浓度、施药方法的不同进行多种试验，完成了协作任务，对林业生产起到了推动作用。该课题1993年获“中国科学研究院科技进步二等奖”。

1992—1994年，地区森防站参加云南省“紫茎泽兰综合控制技术推广”项目，负责保山地区的推广工作。推广组负责人陈玉霞。综合控制技术主要有以营造速生丰产林为主的替代措施，以化学除草剂为主的灭除措施和以释放泽兰实蝇为主的控制等三项措施。省课题组认为，保山协作组对经济效益的计算方法规范、科学、准确，工作扎实，列各协作区之首。该课题获“中华人民共和国林业部1995年度科技进步二等奖”。

2002年11月，保山市森防站向保山市科技局申报“松针小卷蛾生物学特性观察及综合防治试验示范”研究课题，获得批准。课题组负责人张家胜。2003年通过对施甸亮山林场0.13万公顷被害华山松林的有效防治，控制了松针卷蛾的大面积扩散危害，挽回经济损失86万元。

第三节　农村节能改造

一、节柴改灶

保山的改灶节柴工作始于20世纪70年代后期，是在推广以煤代柴的基础上逐步开展起来的。

1979年，施甸县率先在县城和城郊试验推广节柴灶。县政府成立改灶烧煤办公室，由一位副县长主管，林业、工交、商业等部门领导参与领导此项工作。到1981年7月，县城机关单位集体食堂和部分居民已改灶烧煤，城郊仅仁和、保场两个大队改灶360户，占总户数的28.8%。到1989年，全县已改灶35422户，占总户数的63.8%，每年可节约薪材5万多立方米，节约买柴费用30多万元。

1989年7月，保山地委、行署《关于实行各级领导干部保护发展森林资源任期目标责任制的决定》，要求各县（市）严格控制森林资源的过量消耗，采取积极措施推广节柴改灶，决定在地县（市）林业局增设节柴改灶工作站，把节柴改灶纳入领导任期目标考核内容。

1992年，全区共完成改灶83350个（户），为省下达改灶8万户计划的104.2%，受到省林业厅的表彰。1993年，全区累计完成改灶294478户，占全区总农户数的69.7%。1994年完成改灶111340户，为省下达计划的407.8%。“九五”完成节柴改灶74467户，推广太阳能利用面积26397平方米。“十五”完成改灶17848户。

至2005年年底，全市累计节柴改灶保有数为51.39万户，其中：商品灶7.44万户，煤炉0.91万户。按每户灶可节约1吨柴计算，每年保山市可节约51.39万吨柴，按每吨300元计，可实现经济效益15417万元。按每亩中幼林地薪柴产量4吨计（皆伐），相当于每年保护了128475亩的森林。

二、以沼代柴

在保山的森林资源消耗结构中，烧材消耗比例一直较大，森林资源的低价值消耗，是制约保山林业发展的主要问题。1976年，到潞江乡新寨村入赘的一外省人依据自己对家乡所使用的沼气池的记忆，用砖垒砌了保山第一口沼气池。1992年以前，保山的沼气建设归农业部门管理，1992年4月成立农村能源领导小组后，划归林业部门的节柴改灶站管理。1994年年底，由农业和林业部门首次在板桥镇汉庄村合办沼气池建设现场会，拉开了保山沼气建设的序幕。“八五”期末累计完成曲流布料沼气池808口。1995年10月，在全省农村能源重点建设项目工作会上，保山市被列为云南省沼气重点建设七县（市）之一。1996年后，施甸、昌宁、腾冲三县也积极向省里申报了沼气重点县项目。截至2005年年底，全市沼气池保有量51703口，按每户沼气用户可节约柴2.5吨计，全市每年可新增节约薪柴119325吨，按每亩中幼林地产新柴4吨计，相当于每年29856.25亩的森林资源得到保护；按每吨薪柴300元计，可实现经济效益348.98万元，综合利用每户可增收100元计，全市可增收477.3万元。

第四节　林业执法

自1984年起，保山地区各级林业机关即对各类林业违法行为进行查处。2000年4月，云南省高级人民法院、云南省人民检察院、云南省公安厅、云南省林业厅联合下发《关于对云南省森林刑事、治安、和林业行政案件执法中有关问题的通知》，明确了县（市）分局以上各级森林公安机关是受理森林和野生动植物刑事、治安和林业行政执法的专门机关，对上述案件具体行使调查、立案、侦察、采取强制措施、提请批准逮捕、移送审查起诉以及进行治安、林业行政处罚等职权。据此，保山市各级森林公安机关，逐步规范林业执法行为，依法对林业违法案件进行有效的查处。

至2005年年底，全市共立案查处各类案件1.5万件（刑事案件432件、治安案件1121件、林政案件13452件），提请批准逮捕382人，劳教66人，林政处罚22615人，收缴木材21580立方米，收缴野生动物7174只（头），收缴野生动物制品11060.77千克，野生动物皮1333张。

重大案件选介：

段某等27人盗伐林木团伙案　1987年7月，根据群众举报，保山市瓦房乡二道桥村发生团伙盗伐林木案。经查，以该村原村长、共产党员段某及社员曾某、周某、唐某为首的27人盗伐团伙，于1987年6月下旬至7月初，共合伙盗伐集体林木716.12立方米，其中：段某盗伐122.41立方米，周某盗伐87.59立方米，曾某盗伐88.31立方米，唐某盗伐24.47立方米。根据《中华人民共和国刑法》有关规定，段某被判刑12年，曾某、周某各判10年，唐某被判5年。其他参与者分别给予治安处罚和林政处罚。

保山城西王家山火灾案　1995年2月3日，保山市汉庄乡沈家行政村庄科自然村主任夏某和该村一社社长李某、二社社长付某、五社社长夏某及护林员夏某、赵某一行人到保山城西离城约五千米的黄龙山脉王家山巡山认界，途经小地名华罗山休息时，夏某某、李某、付某某三人用火柴点燃香烟，吸烟不慎引起火灾，烧毁森林621亩，烧死云南松中龄树木15786棵，云南松幼树124104株，直接损失达21718.9元，在扑救火灾中，保山城区出动军、警、民2730人次，动用车辆148台次，投入扑火经费88886.41元，直接、间接损失达11.56万元，经保山地区林业公安两天两夜奋战，迅速将夏某、李某、付某抓捕归案。

村支书滥伐集体林木案　1997年12月，施甸县由旺镇大南村一社52名群众联名状告“大南村村支书杨某，以解决群众烧柴为名，乱砍滥伐集体林木300多亩，砍下的木材作为商品材出售后，私吞木材出售款，群众提意见还被殴打”。经地县两级森林公安查实，杨某在1993—1996年当任大南村一社社长的4年中，以"解决群众烧柴"为名，到林业站办理过砍柴指标12.5立方米，对大南村一社集体林进行5次大量采伐，共砍伐林木533.11立方米，所采伐的林木作为商品材出售后，赢利11.93万元，其中：杨某个人私吞28470.90元，其行为已经构成犯罪。1988年11月4日施甸县检察院批准对杨某实行逮捕。云南电视台接到大南村的群众举报后，派出"今日话题"栏目组到现场采访，制作了《是清官还是败家子》的专题节目在云南电视台公开曝光，作者杨鞭采写的《正义与邪恶的较量》以调查报告文体在《中国绿色时报》进行公开报道，加大了森林法宣传力度。

保山城西"4·4"特大森林火灾案 （见《林业》编第四章第一节）

酒房乡毁林造林2000亩特大案 施甸县酒房乡属于全省306个贫困乡之一，为发展农村经济找出路，1999年2月，酒房乡党委政府提出了《发展万亩核桃项目的可行性计划》，并争取到财政部下达给地区的贫困山区农业扶持资金50万元，于1999年10月开始召集酒房乡直属干部职工14人参加"大户承包"，未到林业主管部门申办林木采伐许可证的情况下，在小寨、酒房、石寨、坪子地等四个行政村范围内对天然水源林进行砍伐。经地区专家组实地测算，共砍伐西南桦、木莲、云南松、栎树等天然林2049.75亩，蓄积14859.85立方米，损失价值222.89万元。2000年9月，经过28天的艰苦努力，查明造成此次事件重大后果的酒房乡乡长苏某、副乡长李某、乡秘书李某、乡干部段某、乡驾驶员李某、乡兽医站站长杨某、水土管理站站长钱某、乡财政所所长蒋某等8案14人的行为已构成犯罪，根据《中华人民共和国刑法》第345条，依法进行处罚。

"9·23"走私珍贵动物制品案 犯罪嫌疑人腾冲县固东镇顺利村刘家寨村民小组刘某，腾冲县固东镇陈某二人于2004年8月底，以牟利为目的，几次预谋从缅甸走私象牙到中国出售。同年9月在交易时，被现场抓获，当场查获象牙2只，重3.1千克；象牙牙床1付，重1.65千克。经鉴定，为亚洲象象牙，牙床骨，来自1只亚洲象；经计算，制品价值人民币50万元。

非法猎捕杀害珍贵、濒危野生动物案 2002年2月8日，勐糯派出所在勐糯金坑电站岔路口，查获施甸县甸阳镇张家办事处山邑社村民尹某携带两只"大老鹰"（活体）及"老鹰"脚爪和肉等，经鉴定，属于国家二级保护野生动物高山兀鹫。据犯罪嫌疑人交代，2001年3月其到怒江州从傈僳族手中以60元人民币非法购买高山兀鹫2只回家驯养，同年10月到盈江县中缅边境附近以驯养的高山兀鹫作诱子，捕杀高山兀鹫，共猎获21只高山兀鹫，并将兀鹫羽毛从腾冲邮寄给湖北省洪湖市人袁某从中牟利。2002年该嫌疑人被龙陵县人民法院判处有期徒刑10年。

王某非法运输、贩卖野生动物制品案 2001年10月11日，广西玉林市玉林镇籍人王某向瑞丽贺帕定纳以7410元购得龟板114千克，购买后请闫某（另案处理）将龟板分别装在7个放有山楂、姜黄的编织袋内，同日乘中巴车由瑞丽押过木康检查站至龙陵黄草坝，将货物放在黄草坝邵家饭店。王某即于14日与驾驶员陈某驾驶着装有姜黄、枳壳等的货车至黄草坝邵家饭店把伪装好的7袋龟板装上货车，途经320国道线保山市过境线人民路时被保山分局民警查获。其行为触犯《中华人民共和国刑法》，王某被依法判处有期徒刑11年。

第五章　林政管理

第一节　林地林权管理

1982年1月，根据中共中央、国务院《关于保护森林发展林业若干问题的决定》和省委、省政府《关于开展林业“三定”工作的通知》要求，保山地区成立林业“三定”（稳定山权、林权，划定自留山，确定林业生产责任制）领导小组，下设办公室，领导全区林业“三定”工作。同年2月，部署林业“三定”工作。此后，全区组织2846人的工作队伍，分3批在全区开展林业“三定”工作，并结合调处1万多起山林纠纷，理顺自1962年山林定权后的新出现的山林权属不稳，界限不清，责任不明的混乱状况。

1983年6月，根据云南省委有关划定自留山，落实责任山的政策规定和通知要求，全区组织85个工作队（组），共3230人，分赴各县开展划定“两山”工作。随着自留山、责任山划定到户，全区普遍推行的林业生产责任制形式有：1. 分户造林，统一管理，专人护林；2. 联户承包，包造包管，收益分成；3. 国社联营办林场造林，国家投资，社户出自留山，收益分成；4. 乡或村社办林场，统一经营管理，造林护林责任到人；5. 国家职工停薪留职和退休干部承包荒山造林；6. 专业承包管护，联合护林；7. 各户自造自管，家庭经营“两山”。全区出现了国家、集体、个人共同发展林业的新局面。

1984年9月，保山地区取消集体林区木材统购，并相继开放木材自由市场。1989年1月起，在全区实行县（市）长、乡（镇）长保护发展森林资源任期目标责任制，其中限额采伐管理是责任目标和考核内容之一。1990—1992年，全区开展国有林核发林权证工作，共核实国有林210块，面积3657878亩，实际发证206块，面积3637878亩，发证面积占99.45%。1992年9月，召开全区深化林业改革会议，首次签订以造林绿化、森林防火、节柴改灶、限额采伐、林政管理等为主要内容的《造林绿化责任状》。1994年8月，行署成立“四荒”拍卖领导小组（下设办公室在地区林业局），领导全区“四荒”拍卖工作。

1996年，林业部颁布实施《林木、林地权属争议处理办法》。1998—1999年开展的清查行动中，共清查出1994年以来毁林开垦5410起，面积4273.293公顷。截至2005年共审核审批征占用林地119件，面积4548.6公顷，依法收取森林植被恢复费3136万元。2000年，根据林业部《林木和林地权属登记管理办法》之规定，保山逐步加强森林、林木和林地的所有权、使用权登记管理。2003—2005年开展了退耕还林核权发证工作，发证44346本，发证面积196417亩，涉及农户44417户。

第二节　林木采伐管理

1983年3月，保山对木材生产计划、采伐批准权限、销售供应渠道及运输管理等作出具体的规定。1984年7月，根据省计委、省经委、省林业厅、省统计局联合发出的《关于执行全省木材生产计划“一本帐”的通知》要求，全区普遍实行木材生产“一本账”制度，各种木材生产均统一纳入国家计划，控制全区年度森林采伐总量，不准无计划和超计划采伐，实行统一计划，一律凭证采伐。

1985年，《中华人民共和国森林法》施行以后，在全区实行林木采伐许可制度。1987年林业部发布《森林采伐更新管理办法》，2002年《云南省森林条例》颁布实施，保山地区进一步加强林木采伐管理工作。规定除农民采伐房前屋后、自留地、非基本农田的承包耕地上种植的和基本农田上原有的个人所有的零星林木以外，采伐林木的应当申办采伐许可证，纳入森林采伐限额管理。2003年，保山市林业局下发《关于进一步规范森林限额采伐和木材流通管理的有关问题》的通知，对保山市森林限额采伐的采伐指标、采伐审批、采伐监督管理的有关问题进一步明确、规范。

1988年起，在全区实行森林采伐限额制度。1988—1990年，全区共完成木材生产总量55.72万立方米，均未超过省下达的同期采伐限额计划指标。根据国务院关于“允许节约的商品材限额、农民自用材和烧材限额的一半，结转到下年度的商品材限额中使用”的有关规定精神，2004年9月，云南省林业厅确定腾冲县为“开展将沼气建设节约烧材指标部分转换为商品材”的试点县，并下拨腾冲县节约烧材转换为商品材试点专项指标1万立方米，每口沼气池每年可节约薪材2.2立方米，有效地保护了森林资源。

第三节　木材流通管理

1981年，保山地区木材运输开始实行统一管理，各县在主要林区和交通要道口设立木材检查站。凡运输木材（包括原木、锯材、木制半成品）出县的，必须按木材调运计划，持地、县林业主管部门核发的运输许可证，随运材车辆同行，接受木材检查站检查。1982年起，木材运输证改用全省统一制发的“统配木材运输证”和“非统配木材运输证”。1986年1月起，使用云南省林业厅统一印制的“云南省木材运输许可证”。对于无证运输以及树种、材种、规格、数量与运输证不符的，各级木材检查站有权检查、扣留直至没收。

地、县林业局核发的木材运输许可证的木材总量，不得超过当年国家下达的非统配木材计划；国家统一调拨的木材，仍实行省林业厅统配材调拨证。随着市场经济体制的建立和发展，大量林产品进入流通领域，木材运输量逐年增大。1991年后，全区每年仅运输出省内外的木材，已由1980年以前的2万立方米左右增至15万立方米以上（含边境贸易进口材）。

2002年6月，根据国家林业局的通知要求，保山市下发了《关于加强木炭管理的紧急通知》，五县（区）都认真开展了清理整顿工作，并要求对木炭运输实行凭证运输制度。2003年以后，全区按照《保山市林业局关于进一步规范森林限额采伐和木材流通管理有关问题的通知》要求，进一步规范了木材运输管理。同年，“云南省木材运输许可证”改为空白票证，运输材种、数量等由林业主管部门按申请人的申报填写，一车一证。2004年又恢复为定额票证。对于无证运输和超计划运输，以及树种、材种、规格、数量与运输许可证不符的，各级林业部门按《中华人民共和国森林法》和《中华人民共和国行政处罚法》处理。

2005年8月，省林业厅检查组会同市、县（区）林业局对保山市的木材检查站进行检查，针对查找出的公示牌不规范、不合理，使用的执法文书及其填写不规范，委托书不醒目，检查台账不全面、项目不完备等共13个方面的问题，保山市林业局及时发出《关于对木材检查站有关问题进行整改的紧急通知》，要求各县（区）必须在8月底前完成整改工作。通过全面细致的整改，保山市木材检查站的各项管理制度更加健全、规范，逐步走上了标准化的轨道。同时，五县（区）林政稽查队（办），在各县（区）范围内进行流动稽查，有效地打击违法运输木材的行为。

第四节 林地管理

1978年后，保山地区林业主管部门将林地管理作为林政管理的一项重要内容进行专项管理。为制止随意侵占、破坏林地行为，扭转林地不断损失的局面，地区林业局根据1992年《国务院办公厅转发林业部等部门关于进一步加强林地保护管理工作请示的通知》和云南省林业厅《关于印发林业部〈关于征用、占用林地审核程序有关问题的通知〉和〈关于全国林地被侵占情况的通报〉的通知》要求，严格征用、占用林地的审批管理，切实加强对林地的保护管理工作。1995年，根据省林业厅的要求，全区对1992年后的征占用林地情况进行清查。1992—1995年，保山地区共征占用林地2871.15亩，其中：保山市108亩、施甸县515.5亩、腾冲县2224.7亩、龙陵县22.95亩。查处非法征占用林地和毁林开荒案件101起。

1995年起，林业部决定实行使用林地许可制度。2002年，国家林业局印发《使用林地可行性报告编写规范》，统一征占用林地可行性报告的编写标准。保山市林业局结合实际于2004年制发了《关于进一步规范征占用林地管理的通知》，对保山市征占用林地管理工作的有关问题进行规范。

2004年4月，按照国家林业局的统一部署，保山市林业局对2000年1月29日《森林法实施条例》实施后的征占用林地情况进行清理整顿。同年6月，按照有关文件的精神，暂停各类建设项目将林地转为非农建设用地的审核审批，时间为半年，切实加强了林地保护管理，控制林地非法流失。

保山市征占用林地情况统计表

表21-4　　　　单位：件、公顷、万元

年度	审批件数	审批面积	森林植被恢复费
2001年以前	13	3794.4	56.12
2001	4	22.69	19.85
2002	27	154.32	170.34
2003	16	52.92	282.95
2004	25	175.05	980.42
2005	34	349.25	1626.37

第五节　森林资源清查

1974年，全国性第二次森林资源清查（又称“四五”资源清查）结果表明：保山地区土地总面积190.405万公顷，林业用地面积143.123万公顷，其中：有林地面积54.112万公顷，森林覆盖率28.4%；活立木总蓄积2146.94万立方米。

1980年11月，成立保山地区营林勘察设计队，除承担全区飞播造林规划设计，播区管理及造林质量检查验收工作外，还负责全区森林资源管理。

从1987年起，云南省开展省级森林资源连续清查工作，在保山地区调查固定样地394块。据省1990年公布的首次森林资源复查数据：全区土地面积196.37万公顷，林业用地面积114.6万公顷，其中：有林地面积58.5万公顷，森林覆盖率29.8%；活立木总蓄积9279.5万立方米。与1974年的清查数相比，面积有所增大，森林覆盖率略有提高，活立木总蓄积量有较大增加。

1992年，由地区及各县（市）筹措资金，分批开展二类森林资源清查工作。此次清查工作按照林业部有关森林资源清查的规程要求进行，由省林业调查规划院派出专业森林调查队负责实施。以乡（镇）、林场为统计单位，按行政村（办事处）为单位区划林班（林场内具有永久性经营管理的土地区划单位），采用角规典型选样调查，固定样地（标准地）进行总体控制，并应用五万分之一地图调绘的方法实施野外作业，经内业计算汇总，最终得出清查结果，其精确度可达85%。至1993年年底，腾冲、昌宁、龙陵三县结束外业调查，保山、施甸两县（市）于翌年开展并完成各辖区内的森林资源清查工作。同年，经林业部批准，腾冲县被列为全国6个林政管理试点和示范县之一。

2001年，保山市林业局下属林业勘察设计队、营林站、种苗站、绿化委员会办公室合并为保山市森林资源管理总站，加强森林资源监测、建立森林资源档案和编制森林经营方案，森林资源管理工作有效开展。

2004年，由保山市林业局组织五县（区）林业工程技术人员开展第一次市级森林资源连续清查工作。全市总计抽调158名工程技术人员，组成26调查组，设1784个样地。2005年，全部调查资料经过质量检查合格后，公布结果：全市土地总面积为1906650平方千米，其中：林业用地面积1279294平方千米，占土地总面积的67.1%；非林业用地面积627356平方千米，占总面积的32.9%；森林覆盖率46.92%，林木绿化率56.10%。活立木总蓄积116782400立方米，其中：乔木林蓄积量107369400立方米，占91.94%。与1994年全市森林资源二类调查数据相比，林地面积有所增大，森林覆盖率明显提高，活立木总蓄积量明显提高。

第六节　林政案件查处

1985—1990年，保山地区共查处森林案件4088起，其中：林政案件3452起，林政处罚6617人。

2000年8月，地区林业局下发《关于开展保护森林资源三号行动的通知》及实施方案，认真开展保护森林资源三号行动（继可可西里一号行动、南方二号行动之后，以督办、查处典型案件和新闻曝光相结合的保护森林资源三号行动），至同年12月，共受理各类森林案件1220起，查处1220起，查处率100%，其中：刑事案件16起，提请批准逮捕9人，取保候审13人，刑事拘留1人；治安案件15起，处罚92人；林政案件1189起，处罚1192人次。共没收木材816立方米，补种树木6866株，为国家挽回经济损失约87万元。2001年，省林业厅组成的督办组对保山市的破坏森林资源案件进行查处督办。“九五”期间，保山地区各级共清查毁林开垦案件5410起，64100亩。调处山林纠纷88宗，面积48351亩。

2004年2月，国家林业局组织对全国森林资源行政案件发生及查处情况进行调研。保山市林业局组织五县（区）按要求进行自检自查。经自查，1999—2003年，全市共受理森林资源行政案件9223起，查处9213起，查处率99.9%，挽回经济损失440.24万元，处罚人数10412人次。发生的案件按性质分类：盗伐林木732起，滥伐林木1488起，毁坏苗木282起，非法占用林地8起，违法运输木材5670起，非法收购经营加工木材495起，其他案件527起。

2005年4—6月，全市共查处各类林业案件909起，其中：行政案件897起，刑事案件12起，处理各类违纪违法人员981人次；收缴木材2054立方米，木炭32.2吨，木材制品358件，国家重点保护野生植物树蕨6株，野生动物75只，清理违法征占用林地101.8亩，清理整顿炭窑33个，挽回经济损失147.69万元。

第六章　林业生产经营

第一节　木材生产经营管理

1994年，保山行署发布《保山地区行政公署关于加强木材运输、经营、加工及工副业薪材管理的通告》，对木材经营、加工管理，木材购销合同签证管理，木材运输管理，违反许可证制度的处理，边贸材管理，工副业薪材管理等方面作出明确规定。

一、木材生产计划管理

1983年以前，全区除上调的统配材和地方用材外，大量的农民自用材及薪材均未纳入国家木材生产计划，过量采伐较为突出。1984年后，根据省政府的有关要求，相继在全区实行木材生产计划"一本账"、林木采伐许可证和森林采伐限额等制度，从而使占全区森林总消耗量80%以上的农民自用材和薪材纳入计划管理，森林采伐量得到控制。

"九五"起，全区除采伐商品材和农民自用材需要办理采伐许可证外，要求采伐烧材也办理采伐许可证，坚持凭证采伐，严格控制采伐总量。"九五"期间，省政府下达保山地区年森林采伐限额总量289.66万立方米，其中：商品材85.28万立方米，农民自用材72.25万立方米，培植业用材3.59万立方米，烧材128.54万立方米，毛竹320.2万根。

"十五"期间，国家批准的年森林采伐限额，年限额总量为237.7万立方米，按消耗结构分为：商品材蓄积量40.6万立方米、出材量24.9万立方米；农民自用材52.8万立方米；烧材144.3万立方米；竹类323.8万根。省林业厅每年均下达商品材采伐计划，农民自用材、烧材和竹子按限额执行。

二、伐区作业管理

从1980年开始，保山地区按照《国有林采伐规程》对国有林采伐实行科学管理，综合利用，主伐利用坚持执行先做伐区规划，生产工艺设计，再经过审批的制度，并依据1987年林业部发布的《森林采伐更新管理办法》，加强伐区作业的质量管理。

在采伐管理中，全区严格执行伐区设计、拨交、检查、验收和更新等制度。凡采伐数量10立方米或面积10亩以上的，都严格按照有关技术规程进行伐区规划设计，并按照"责任明确，管理规范"的原则，建立健全责任制。同时，认真开展伐区检查、验收和切实加强更新监督管理，按照"谁发证谁监督"的原则，建立健全伐中检查、伐后验收的责任制。对重点采伐单位，采取重点监控措施，乡（镇）林业工作站人员实行分片包干，责任到人，使采伐监督检查落到实处。

三、木材经营（加工）管理

1985年，集体林区退出统购。保山在相继开放木材市场后，又于1989年兴办了一批经营木材的商行和商号，开始经营边境贸易进口木材。全区逐步形成国内材与边贸材同步经营，国家、集体、个体跨行业多头经营木材，相互竞争的经营体制。

进入20世纪80年代以后，全区木制家具生产有较大发展。随着人民生活水平的提高和改善，全区兴办了大批经销家具的企业。四川、浙江等省的工匠和经销商也大量进入区内办厂开店经营。1993年年末，全区经批准从事木材经营、加工的企业有362户，其中：经营、加工边贸材280户，经营、加工国内材的82户，经营加工能力达20余万立方米。据行署乡镇企业局统计，全区从事森制品加工的集体、个体、乡镇企业83户，年产各类家具（标准件）8.1万件，产值达500多万元。

在管理上，保山地区林业局按审批权限，审核发放木材经营（加工）许可证，并每年进行检审换证。2003年开始，木材经营（加工）许可证检审换证改为每两年1次。2005年，全市共有经营（加工）企业1154个（木材经营企业275个，木材加工企业879个）。

第二节　经济林产品生产及加工

一、主要产品

保山市经济林产品生产及加工历史悠久，主要以生产加工利用核桃、银杏、板栗、柿、梅子、梨、茶叶、蚕桑、竹等为主。1978年后，全区经济林产品生产及加工逐渐恢复和发展。1990年后，随着经济林种植面积在每年造林面积比例的增加，经济林产品生产及加工规模扩展较快，其中：保山市成立森力神食品加工厂，生产以核桃乳、松花粉等林产品为主的各类森林食品；腾冲县加工梅子、梨等大宗果脯产品并畅销省内外；昌宁、龙陵加工的核桃油、核桃奶、核桃仁、竹笋等产品也占有市场一席之地。

2000—2005年，随着保山市经济林种植结构的调整力度加大，全市经济林产品生产及加工的规模得到较大扩展，形成以核桃系列产品为主、板栗、甜柿、油茶、石榴等产品为辅的产品格局，其中：昌宁县境内经济林产品生产加工业主要加工核桃仁、核桃油，境内注册有核桃加工企业19家，未注册核桃加工企业和个体户80多家；年加工泡核桃6500吨，铁核桃1500吨；昌宁县金马村，全村种植核桃面积4818亩，产量250吨，产值440万元，人均核桃收入1792元。隆阳区经济林产品主要有核桃、咖啡、甜柿、茶叶、蚕桑五大产业。龙陵县共有核桃加工企业2个，主要加工铁核桃油和铁核桃仁。

二、主要企业

昌宁县胜江林产品开发公司　2001年5月注册的核桃加工企业，注册资金100万元，有固定资产1270万元，核桃基地2666亩，年加工能力3000吨。该公司于2005年与台湾格林雅筑旅宿有限公司合作，开发生产核桃精制油、核桃壳高压板、核桃生物杀虫剂等产品。其“胜江红”和“格林”系列主要产品远销韩国、朝鲜等国家和中国台湾地区。

昌宁郁泰茶果有限责任公司　建于1995年7月，注册资金300万元，以加工核桃、茶等林产品为主，企业资产总额超1000万元。主要产品有“美族王”牌核桃果、核桃仁等，

2001年获“国家进出口企业”证、“国际精品批发中心体系”市场准入证。2005年加工、销售核桃果仁1000吨，创产值2300万元。

隆阳区武陵春核桃加工厂 位于水寨乡人民政府旁，2004年建厂，2005年投入生产，年加工能力300吨，主要生产核桃仁、核桃油等初级产品。

第三节　林纸产业

保山市造纸业历史悠久，腾冲宣纸在省内外负有盛名。1978年后，建有较大规模纸厂企业2户（保山造纸厂和昌宁造纸厂），20世纪80年代和90年代初期发挥了较好的效益。

1991—1996年，保山地区利用世界银行国家贷款项目，实施桉树造纸林项目建设工程，建设桉树速生丰产林6000公顷，投入资金1855万元，设计主伐利用年限6—7年。因纸厂建成后未投入正式生产，项目执行到期后，造纸林资源转为工业原料林坑木、支杆等消耗完毕。2005年仍有12万亩桉树原料林在继续种植之中。

昌宁造纸厂始建于1989年，以蓝桉、思茅松、竹材为原料，年产纸品一万吨。因亏损于2000年由港商收购改建为建星纸业有限公司后，对造纸的生产工艺和设备进行改造，到2005年，纸制品生产能力达3万吨，主要产品为铜版纸、高级静电复印纸。实际生产2万吨，年消耗各种木材、竹材8万立方米。

第四节　林下非木质产业

一、资源种类

保山的林下非木质产业资源主要包括野生食用菌、森林香料、森林蔬菜等。

野生食用菌类：主要有松茸，块菌（松露）、鸡纵、香菇、木耳（分黄、白、黑3种）、鸡油菌、猴头菌、地白生（干巴菌）、银耳、沉香菌、青头菌、粗皮侧耳（树窝）、金顶侧耳（黄树窝）、美味侧耳（灰树窝）、竹荪、芝麻菌、瓜花菌、白参菌、核桃菌、胭脂菌、白秃勃勃菌（马屁泡、马勃）、灵芝（灵芝菌）、美味牛肝菌（白牛肝菌）、裂褶菌（白生）、荷叶离褶菌（一窝羊）、灰离褶菌（一窝鸡）、绣球菌、血红牛肝菌（见手青）、小美牛肝菌（黄见手青）、西藏乳牛肝菌（荞巴菌）、橙黄疣柄牛肝菌（荞巴巴菌）、松乳菇（黄奶浆菌）、变绿红菇（青头菌）、鳞盖红菇（大红菌）、瑚菌（扫把菌）、树花等82余种。

森林香料类：主要有草果、山苍子、樟树、龙脑香、四方蒿、香椿、冬青、枫茅、香茅、香蒿、地檀香、滇白珠、甫香果、香叶树、红果树、柠檬桉、山胡椒、大叶桂、野花椒、藿香、野山姜、香叶天竺葵、薄荷、香山株、阴香等。

森林蔬菜类：主要有蕨菜、刺五加、野竹笋、魔芋、葛根、树花、棕包花、野芫菜、楤木头（刺老包）等。

二、加工企业

全市从事非木质产品的加工企业始建于1998年，投资规模100万元以上的主要有昌宁县恒昌野生食用菌加工厂和盛和美食楼等；龙陵县林源石斛资源开发有限公司和龙陵县云河石斛开发有限责任公司等。加工的主要产品为野生食用菌、蜂蛹、石斛、草果等。

非木质林产品加工主要企业基本情况表

表21-5　　　　　　　　　　　　　　　　　　　　　　　　单位：万元、立方（吨）

企业名称	地址	建厂时间	企业投资规模	加工类型	产品品牌	实际加工能力	年产值
昌宁县恒昌野生食用菌加工厂	昌宁	1998年	500	野生食用菌、蜂产品	永顺	60	400
盛和美食楼	昌宁	2000年	300	野生食用菌、蜂产品	盛和	20	100
龙陵县林源石斛资源开发有限公司	龙陵	2003年	100	石斛加工	—	2	30
龙陵县云河石斛开发有限责任公司	龙陵	2004年	100	石斛加工	—	10	400

第五节　林产化工

保山林产化工业的发展始于1958年“大跃进”期间。先后试制出松香、松节油、松针烤胶、年枣烤胶、活性炭、纸浆、樟脑、木僵子油、代汽油、芳香油等18种化工产品，产品大多符合标准。1995年后，紫胶价格下跌，松香价格上涨，外地客商纷纷涌入保山采收松脂，兴办松脂加工厂，桉叶油生产也开始发展，成为新的产业亮点。至2005年，全市共生产松香323吨，松节油60吨，精制桉叶油100吨，林产化工产值达439万元。

一、紫胶加工生产

保山市紫胶寄主资源丰富，放养历史悠久，是全省主产区之一，资源和原胶产量居全省第三位。为充分利用这一优势，1970年1月，建立了保山地区紫胶加工厂（七〇一厂），年生产能力300吨。到1985年，共生产颗粒胶493.2吨，虫胶片879.3吨，虫胶漆79.5吨，色素203千克，销往全国10余个省、市和自治区。1986年1月该厂下放保山市林业局属管。1988年后，紫胶价格下跌，产品滞销，该厂一度经营困难，开展多种经营自救，1990年后逐步走出困境，1992年后，紫胶价格回升，恢复正常生产。由于紫胶市场竞争激烈，加之企业经营管理不善，到1999年，七〇一紫胶加工厂资不抵债，破产关闭。

二、松脂加工生产

1973年，保山地区在昌宁县新厂、龙陵县大坝建立松香厂，年产松香100吨，松节油

25吨，部分产品上调销往省内外。1982年下半年，由于松香滞销，产品积压，昌宁县于1983年将松香加工厂与县林业局新厂采育点合并，改建为国营江边林场；龙陵县也将松香加工厂改建为县林业局种苗站。

2003年，主要加工松脂类产品的腾冲县桂腾林花厂成立，该厂采用蒸汽分流生产工艺，年生产能力为松香3000吨，松节油0.45吨。2004年，隆阳区保山华诚实业有限责任公司成立，投资规模为966万元，主要加工松脂类产品。该公司采用间歇蒸汽法生产工艺，年生产能力为松香801吨、松节油45.6吨。同年，昌宁县盛欣林产品开发有限公司成立，主要加工松脂类产品。该项公司亦采用间歇蒸汽法生产工艺，年生产能力为松香108吨，松节油16.2吨。

2005年，全市共有采脂类的松林535万亩，蓄积2268万立方米，其中：云南松463万亩，蓄积1958万立方米；思茅松72万亩，蓄积310万立方米；年生产松香能力3909吨、松节油62吨；共采集松脂5143吨，农户每采收1吨松脂可获得5000～6000元的经济收入，林农年直接经济总收入达2500多万元。当年松香产量323吨，松节油60吨，松香产业加工销售收入7733.63万元，实现税收1464万元。当年从采脂到加工销售全市松香产业的总产值达1.02亿元。

三、桉叶油生产

保山市桉叶油生产始于1990年，基本为散户加工。由于保山优越的地理条件，桉叶油生产不仅产量高，而且质量好，桉叶素的含量一般都达到65%，辛街乡的部分桉树林地的含量超过70%。桉叶油深受商家的欢迎，多年来供不应求。保山桉叶油生产均为个体经营方式，主要集中于隆阳、施甸、昌宁、龙陵四县（区），到2005年尚无较集中的大中型加工厂，各地均采用土法蒸馏，生产较为粗放。根据林业调查统计，2000—2005年，保山市桉叶油产量总计2326.5吨，平均年产465.3吨，约占全省总产量的30%。全市有炼桉叶油的设备（炼油锅）1169套，其中：隆阳区772套，施甸县99套，昌宁县292套，龙陵县6套。按年均产油465.3吨计，每套设备平均加工桉叶油398千克。

第六节　动植物驯养繁殖

一、野生动物驯养繁殖

2002年5月，市林业局野生动植物保护管理办公室成立后，清理整顿和规范野生动物驯养，换发证照。对无证养殖、超范围经营等企业或个人依法进行处罚和规范，重新上报办证；对无证经营扰乱市场秩序的，给予严厉打击和取缔。2002年年底，全市有野生动物养殖企业2户，2005年增至10户：云南灵长类实验动物有限公司保山养殖场（位于隆阳区北庙水库，建于1982年，属于省科委下的科研机构——云南灵长类实验动物有限公司下的4个分场之一），隆阳区太保公园动物园（位于保山城区西部太保山公园内，属于隆阳区建设局太保公园管理处），龙陵县绿舟生态开发有限公司（位于龙陵县城西山坡，建于2000

年7月），隆阳区北庙野生动物驯养场（位于北庙水库路口，建于2001年1月），龙陵红运有限责任公司（位于龙陵县勐糯镇红运公司内），保山市高黎贡山鹿业开发有限公司（位于隆阳区西邑乡象山村，建于2003年），隆阳区顺源养殖场（位于隆阳区蒲缥镇红糖厂内，建于2004年4月），腾冲草墩屋野生动物养殖场（位于腾冲县腾越镇下绮罗石场坑，建于2004年4月），腾冲县黎顺园（位于腾冲县腾越镇叠水河，建于2004年4月），永昌虫园（于隆阳区芒宽乡芒龙村，建于2004年4月）。当年末，全市野生动物人工养殖规模较大的是梅花鹿（300多头）和野猪（500多头）。

二、野生动物经营利用

2005年，全市共有经批准的野生动物经营单位22户，其中：同时进行养殖和经营的有8户（6户开有餐馆）；餐馆经营的有9户，野生动物产品来源为市内各养殖场；其他5户在隆阳区上水河花鸟市场从事八哥、画眉、红嘴相思鸟、红梅花雀等观赏鸟类的经营。全市野生动物养殖、经营利用年产值约1000万元。

三、野生植物人工培育

全市野生植物人工培育从20世纪80年代就已经开始，主要品种是红豆杉的人工种植和茶花、石斛各个品种的人工培育。红豆杉和茶花的种植多是林业部门下属的技术部门开展种研性种植，没有营利目的，而石斛的人工培育群众自发种植的比较多。至2005年，形成公司化、集约化和规模化的各种种植户有：腾冲县林业局茶花基地（位于腾冲县来凤公园内，建于1982年），腾冲县林业局瑞滇林场红豆杉种植基地，龙陵县黄连河生物资源开发有限公司（1998年成立，位于龙陵县龙山镇龙山路），龙陵县云龙种养场（2009年成立，位于龙山镇云山村），腾冲县晨光林业有限责任公司（2003年成立，位于腾冲县腾越镇），龙陵县河头林源石斛开发有限公司（2003年成立，位于龙山镇河头村），龙陵县云河石斛开发有限公司（2004年成立，位于龙山镇河头村），创新石斛开发加工厂（位于龙陵县龙山镇核桃坪村），昌宁城德石斛基地（2005年成立，位于昌宁县田园镇）。2005年，全市的石斛人工培育主要品种为紫皮石斛（齿瓣石斛），另有一部分经济价值较高但产量较少的铁皮石斛。主要产品是鲜条和少量的初级产品——枫斗。每年鲜条产量约300吨，调出近200吨，产值3000多万元，主要销往江浙一带进行进一步深加工。

第七节　林业生产收益

1978—2005年，保山市林业生产实现了健康持续的发展，取得了较好的社会效益、生态效益和经济效益。

一、生产发展概况

“六五”计划期间，保山共完成营造林52.57万公顷（人工造林9.72万公顷，封山育林42.85万公顷，义务植树1914万株）。“七五”计划期间，完成营造林69.43万公顷（人工造林11.18万公顷，封山育林58.25万公顷，义务植树2509万株），比“六五”期间增长

32.07%。“八五”计划期间，完成营造林43.8万公顷(人工造林13.67万公顷，封山育林30.13万公顷，义务植树3416万株)，比“七五”期间减少36.91%。“九五”计划期间，完成营造林51.55万公顷(人工造林8.93万公顷，封山育林42.62万公顷，义务植树3124万株)，比“八五”期间增长17.69%。“十五”计划期间，完成营造林67.12万公顷(人工造林5.54万公顷，封山育林61.58万公顷，义务植树3267万株)，比“九五”期间增长39.23%。

1978—2005年，全市森林资源实现持续增长。据2004年森林资源清查结果显示，全市森林覆盖率46.92%，加灌木林的总覆盖率达58%，林木绿化率56.10%；活立木总蓄积量1.16亿立方米；年森林生长量435.88万立方米，年消耗总量327万立方米。与1994年森林资源二类调查相比，有林地覆盖率提高4.42个百分点，活立木蓄积量增加4456万立方米，年森林生长量增加66.48万立方米。

二、固定资产投资

1981—2005年，累计完成固定资产投资总额49435万元，其中：营林固定资产投资31707万元；森工固定资产投资17729万元。共完成营造林4267.05万亩，其中：人工造林735.86万亩，封山育林3531.45万亩，义务植树14230万株。

“十五”期间，全市共争取到国家和省对保山市林业建设的无偿资金投入达30860万元，比新中国成立起到2000年投入的总和还多。这些资金主要用于以退耕还林为主的营造林、林产业发展和林业基础设施建设等，有力地推动了保山林业“两大体系”建设。

1978—2005年保山市全部林业生产情况表

表21-6　　　　单位：公顷、万株、立方米、吨

年度	造林面积	封山育林面积	迹地更新面积	低产低效林改造面积	四旁植树	抚育面积	抚育改造出材量	林木种子采集量	苗木产量	育苗面积	母树林面积	种子园面积
1978	9720	7500	753	—	509	1800	300	55	—	129	—	—
1979	17653	11000	3133	—	324	2000	400	110	—	57	—	—
1980	13060	15333	301	40	287	1919	300	70	—	69	—	—
1981	12773	10000	887	—	291	2100	500	68	—	60	—	—
1982	8000	105000	2000	—	364	1340	—	98	—	56	190	—
1983	9967	116233	1393	—	337	6293	200	210	—	48	307	87
1984	22960	96867	1180	—	490	6847	7500	124	—	77	2333	600
1985	43533	100400	760	—	432	6713	5100	135	—	120	2333	353
1986	9767	105913	1333	93	420	6953	2700	184	—	43	2633	353
1987	40987	144580	867	247	422	6927	10100	75	—	45	1733	353
1988	10853	154333	780	47	410	7007	8200	111	—	70	1733	353
1989	38427	168933	1880	353	677	7253	9400	36	—	65	1468	353

续上表　　　　单位：公顷、万株、立方米、吨

年度	造林面积	封山育林面积	迹地更新面积	低产低效林改造面积	四旁植树	抚育面积	抚育改造出材量	林木种子采集量	苗木产量	育苗面积	母树林面积	种子园面积
1990	11793	8713	2700	353	580	11140	6500	29	—	77	2028	733
1991	47700	191993	867	387	773	7253	11100	81	—	73	2030	733
1992	14957	14987	680	40	520	11027	1200	82	—	72	2030	730
1993	15590	13760	1200	30	683	9730	2000	79	—	88	2030	730
1994	43480	35390	380	1300	789	9460	7700	111	—	89	2030	730
1995	14890	45200	600	40	651	4490	18900	104	—	99	2030	730
1996	16410	52600	650	140	560	8980	10018	103	—	81	2030	730
1997	15880	59570	330	4370	605	5970	7800	110	—	76	2030	730
1998	30760	89050	810	1210	698	6610	15000	158	—	80	2030	730
1999	15550	102130	1780	30	645	2040	4500	167	5335	80	2030	730
2000	10728	122839	1618	—	616	10194	12000	103	5512	103	2030	730
2001	15804	132166	794	—	768	10922	4100	146	3696	108	2030	732
2002	12553	132200	2249	4	779	946	2327	61	7241	127	2030	732
2003	15010	137021	1351	27	540	1038	6518	158	6562	119	653	320
2004	5334	107340	1847	—	547	4873	12980	42	4900	95	676	320
2005	6667	107114	3853	213	633	533	8547	107	4338	89	678	320

三、林业产业总产值

1978年后，保山林业产业的发展由小到大，由缺到全，到2005年已形成涉及国民经济第一产业、第二产业、第三产业的多个门类、多种产品的复合产业群体。林业总产值从1978年的368万元增加到2005年的14.57亿元，增长近395倍。

“十五”期末，全市木材生产加工、经济林产品、林浆纸一体化三大林产业得到快速发展，林下产业、林产化工、野生动物驯养繁殖利用、森林生态旅游等四个新的林业经济增长点正在形成。全市有木材加工企业872户，林纸加工企业1户，松香加工企业2户，野生动物驯养繁殖和经营利用22户，有力地推动了林业经济的快速发展。

1978—2005年保山市林业产业总产值表

表21-7　　　　　　　　　　　　　　　　　　　　　　　　　　单位：万元

年　度	总　计	其中		
		第一产业	第二产业	第三产业
1978	368	191	177	—
1979	601	463	138	—
1980	539	450	89	—
1981	528	389	139	—
1982	605	404	201	—
1983	340	260	80	—
1984	699	498	201	—
1985	1040	730	310	—
1986	882	577	273	33
1987	1219	646	532	41
1988	9200	4473	4583	145
1989	7312	3871	3327	114
1990	15465	12773	2576	116
1991	15119	12219	2828	72
1992	17623	13273	4236	114
1993	26854	20440	6316	102
1994	42641	35116	7468	57
1995	44688	34480	9361	847
1996	53749	30309	22451	989
1997	55912	28356	27239	317
1998	69561	45171	23992	398
1999	85992	62125	22957	910
2000	88888	61469	26298	1121
2001	92230	61394	29265	1571
2002	94998	66352	26805	1841
2003	109788	87444	20723	1621
2004	124798	91832	31386	1580
2005	145739	102341	40987	2411

注：1.数据来源于市林业局历年林业基本统计报表；2.1978—1987年度林业产业总产值指标由于统计口径不同，没有可比度

第八节　专项资金

一、育林基金

保山地区育林基金由林业行政主管部门统一征收并管理，财政实行监督并专户储存，按照先收后支，量入为出和专款专用的原则安排使用。1980年以前，采伐国有林的育林基金征收标准为每立方米征收10元，集体林育林基金的征收，按收购或直接采伐木材、竹材数量，每立方米木材（每百根竹材）征收7元。1981年7月20日起，采伐国有林每立方米征收15元；采伐集体林每立方米木材（每百根竹材）征收12元。同时，育林基金的上缴和留成比例，国有和集体均为五五分成，各占50%。1984年起，育林基金分成比例改为省、地、县林业部门按二、二、六分成。

1981—2005年，保山市累计征收育林基金11462万元，累计上缴育林基金2172万元，留成和返回育林基金9290万元。累计支出育林基金9426万元，其中：营林生产建设支出3768万元，占总支出的39.97%；营林管理费支出839万元，占8.90%；森林保护支出1953万元，占20.72%；森林资源清查支出96万元，占1.02%；营林基建项目支出1331万元，占14.12%；其他支出1439万元，占15.27%。

二、森林植被恢复费

2003年1月起，根据财政部、国家林业局《森林植被恢复费征收使用管理暂行办法》的规定，保山市开始征收森林植被恢复费，并全部上缴省林业厅后归入国库，纳入省财政预算管理，其中：20%集中用于范围内异地造林、恢复植被和森林资源管护等，80%通过省财政厅、省林业厅返还被占用、征用林地所在地，市财政按资金使用计划进行使用。

2003—2005年，省返还和省集中20%的资金下达保山森林植被恢复费累计为3746万元，其中：2003年返还保山市森林植被恢复费164万元；2004年返还保山市森林植被恢复费1524万元，省集中20%的资金下达专款525万元；2005年返还保山市森林植被恢复费797万元，省集中20%的资金下达专款736万元。累计支出1703万元，其中：森林植被恢复支出167万元，其他造林支出212万元，森林保护支出154万元，调查规划设计支出32万元，林政管理执法支出24万元，其他支出1114万元。

三、森林植物检疫费

根据林业部、国家物价局和财政部修订的《国内森林植物检疫收费办法》和省林业厅印发的《关于森林植物检疫费提留和使用事宜的通知》要求，保山从1991年1月起开始征收森林植物检疫费，主要用于发展森林植物检疫事业。1991—2002年收取的森林植物检疫费属预算外收入，2003年以后，纳入各级预算管理。提留比例为：省林业厅20%，市林业主管部门20%，县（区）林业主管部门60%。

1991—2005年，全市森林植物检疫费累计收入477万元，其中：上缴省95万元，市级提留95万元，县（区）级留成287万元。

四、退耕还林补助金

保山市退耕还林工程始于2002年。至2005年，全市共完成省林业厅下达的退耕还林任务55.5万亩，其中：完成退耕地还林22.2万亩，荒山造林23.3万亩，封山育林10万亩。任务完成率均达100%。涉及56481户农户约24万农民，户均退耕3.9亩。共兑现中央和省财政补助资金19184万元，其中：种苗补助2775万元，现金补助1262万元，粮食补助资金13251万元，调运费1893万元。仅2005年全市就获得国家和省退耕还林资金补助6292万元，户均增收1114元。

五、生态效益补偿资金

2004年，经国家批准，保山市正式启动实施中央森林生态效益补偿项目。首批实施的补偿面积为148.88万亩，其中：江河两岸防护林19.76万亩，自然保护区114.9万亩，水土流失严重地区14.22万亩。项目涉及4个县（区）的15个乡（镇）36个村民委员会、4个国有林场、3个国社合作林场、1个国家级自然保护区的2个保护区管理所（隆阳区管理所、腾冲县管理所）和1个省级自然保护区（龙陵县小黑山自然保护区生态区位为江河两岸和水土流失严重地区）。上述林地的所有者和经营者每年可获得中央财政生态补偿资金669.96万元。

第七章　林业科技

第一节　科技队伍

1978年8月，成立保山地区林科所。1979年年末，全区共有大、中专学历的林业科技人员96人，其中：大专34人，中专62人，占全市固定职工总数的17.5%。1980年开始，保山首次在科技人员中开展技术职称的评定工作，同年12月，经省林业厅技术职称评定委员会和保山行署分别审核批准，张镇等10名工程技术人员首批晋升为林业工程师。从1988年起，在工程技术人员中实行了与职称相对应的聘任制，按不同的科技职称定岗定责。每年由政工科组织考核，视履职实绩决定续聘或解聘，对其中成绩优异的科技人员给予奖励，并作为晋升的依据。到1993年，全区科技人员队伍已发展到563人。至2005年，全市林业科技队伍发展到1049人，其中：高级工程师11人，工程师（含经济师）186人，助理工程师及技术员852人。

第二节　成果与推广

一、科技成果

1978年保山地区林科所成立后，全区逐步建立起以科研机构为主，各有关业务主管和生产单位配合，科研与生产相结合的林业科研推广体制。1980年后，根据国家科委、林业部和云南省先后制发的有关科技成果管理的办法及规定，加强科技计划和成果管理。1978—2005年，全市获奖的林业科技成果共82项，其中：获国家级奖3项，省级奖15项，地市级奖64项。如云南松胶合板材、纸浆材种源选择研究成果获林业部科技进步二等奖；率先在全省进行桉树引种栽培试验，并在种源试验、直干蓝桉良种选择、育种及丰产栽培技术等方面取得重要突破，成果先后获云南省科技进步三等奖、星火二等奖、科技兴林一等奖；在甜柿、板栗、枇杷、澳洲坚果、葡萄、杨梅等数十个高效林果的引种栽培试验中，取得较好成效。

二、科技推广

保山林业科技推广工作始于民国9年（1920）桉树、女贞等树种的引种栽培试验。20世纪60年代引进果树优良品种30余种，引进等速生优质林果油料树种（品种）70余个，并试种成功。但1978年以前，由于科技人员少，机构不健全，尚未形成科技推广体系。

1978年，成立地区林学会，并在全区各个乡（镇）建立林业站，林业科技队伍不断壮大，初步形成上下结合的林业科技推广体系。

1978—1990年，以云南松、华山松、秃杉、桉树等造林栽培技术为主的部分科技成果在一定范围推广应用，其中：获云南省科技进步二等奖的核桃“铁改泡”技术带动区域内推广面积2万公顷，通过推广核桃“一刀半腹接”和“舌状芽接”的嫁接新技术，改变了传统“破头接”和“搭口接”的传统方法，使“铁改泡”技术得到普遍推广应用，核桃产量得到迅速提高。

1990—1997年，全区继续推广以西南桦、秃杉、杉木、银杏、桉树等树种丰产栽培技术支持全市造林绿化工作。获省科技进步一等奖的紫胶生产技术的研究与推广在保山、思茅等地推广2.5万公顷，获省科技进步三等奖的桉树速生丰产造林阶段技术研究推广种植5000公顷。

1997—2005年，全市大力调整林种树种结构，加快林产业发展步伐，改变过去造林以“三松两杉”为主的树种格局，加大以核桃、甜柿、石榴、澳洲坚果、银杏、甜龙竹、石斛等特色经济林种植力度，先后引进杂交早实核桃云新系列、杨梅、石榴、葡萄、蜜枣、枇杷、油桃等大批经济林木品种进行栽培试验等，其中：核桃、银杏、板栗、石榴、石斛等特色经济林产品已成为全市林业经济新的增长点。“十五”起，先后推广省内外科技成果、先进实用技术40多项，产生经济效益累计超过20亿元，建成一批优质用材林基地和一批高效经济林果基地。如：推广核桃育苗及丰产栽培技术，带动面上发展核桃面积近100万亩；推广直干蓝桉良种及丰产栽培技术示范成果，使全市规模种植面积达13万多亩，年均产生效益近千万元等。

第八章　自然保护区建设

第一节　高黎贡山保护区

一、基本概况

1981年11月，云南省政府批准高黎贡山为全省规划建立的22个重点自然保护区之一。主要保护对象为亚热带常绿阔叶林、高山针叶林及珍贵野生动物。1983年4月，省政府批准建立高黎贡山自然保护区。1986年7月，国务院批准高黎贡山为国家级自然保护区。1988年8月，省林业厅下发《关于统一国家级自然保护区名称工作的通知》，保护区名称统一为：云南高黎贡山国家级自然保护区。

高黎贡山是怒江和伊洛瓦底江的分水岭，山势雄奇险峻。这条近代强烈隆起的以变质岩为主体的断层山脉，北起青藏高原，南达中印半岛的缅甸境内，西通印度和缅甸，东隔云贵高原与华中、华南相连，从北到南，绵绵600余千米，中国境内504千米，平均宽50千米，跨越五个纬度。高黎贡山山脉地势南北走向，北高南低，主峰为云南省贡山县境内的嘎娃嘎普峰，海拔5128米，最低点在云南省盈江县的中缅界河交汇处，海拔仅210米。在高黎贡山主山脉山体的中上部是高黎贡山国家级自然保护区，地处保山、怒江两州市，总面积40.52万公顷，是云南省最大的自然保护区，其中：保山段总面积81443公顷，核心区39903公顷，实验区41540公顷。保山境内最高峰大脑子峰海拔3780米，最低海拔900米。高黎贡山拥有世界上记录到的海拔最高、纬度最偏北的百花岭洗澡河热带雨林，有世界上最大的杜鹃树种，500多年树龄的大树杜鹃，“世界杜鹃花王”的树冠占地500平方米，“绿色寿星”千年秃杉，“植物活化石”桫椤林，从青藏高原到中印半岛以及本地种属的动植物都可以见到。

高黎贡山被称为“世界自然博物馆”和“世界物种基因库”。

1992年，高黎贡山自然保护区被WWF（世界自然基金会）确定为中国具有国际重要意义的A级保护区；1999年12月高黎贡山国家级自然保护区被批准成为“云南省科学普及教育基地”；2000年被联合国教科文组织批准接纳为“世界生物圈保护区”，被云南省作协协会列为“文学创作基地”；2003年作为三江并流的重要组成部分被列入为“世界自然遗产保护名录”；2005年4月由中国国家地理杂志社牵头，联合全国媒体举办的“中国最美的地方”云南地区评选投票，高黎贡山国家级自然保护区以12345票，排名第一，荣登“云南最美的地方”。

二、主要资源

植物资源　高黎贡山山脉跨越五个纬度带，是地球上迄今唯一保存有大片由湿润热带森林到温带森林过渡的地区，是世界上极其珍贵、极其稀有的生物多样性十分突出的地区，植物资源十分丰富。保护区内生长着有记载的高等植物256科1196属4897种及变种，其中：蕨类植物46科110属593种及变种；种子植物有210科，1086属，4303种和变种（裸子植物7科17属33种及变种，被子植物203科1069属4270种及变种），占中国种子植物总数的17%，其中：杜鹃花科、兰科和竹亚科是高黎贡山种类丰富、独具特色的植物类群。保护区内的杜鹃花科已知分布有195种，占云南杜鹃花科植物种数（277种）的70.4%，其中有43种为这一地区特有种。兰科植物265种，占云南兰科植物种数（764种）的34.7%。竹类46种，占云南竹类种数（200种）的23%。高黎贡山植物的另一特点是特有种和保护种较多，共有特有种子植物1929个，其中：1116个属中国特有种、379个属云南特有种、434个属高黎贡山特有种。在近5000种植物中，云南红豆杉、长蕊木兰、红桦树（千张纸）、树蕨、南亚含笑，大树杜鹃、长喙厚朴等80多种属国家级和省级重点保护野生植物。

动物资源 高黎贡山被誉为“哺乳动物祖先分化”的发源地。野生动物资源十分丰富，保护区内生活着有记载的各种野生动物2389种，拥有白眉长臂猿这种世界濒危的灵长类动物。有与大熊猫和滇金丝猴享有同样声誉的羚牛，是高黎贡山的古原生动物。高黎贡山地区的鸟类（含低海拔）有500多种，超过中国鸟类的1/3，云南省鸟类的1/2，是中国、也是亚洲鸟类最丰富的地方。有脊椎动物699种，其中：兽类154种，占云南省55.4%；两栖动物21种，占云南省16.7%；爬行类动物56种，占云南省35.9%；鱼类49种占云南省9.2%。有记录的两栖类28种、爬行类48种。专家 Bradley Shaffer 估计仅蛙类可能就有40～50种，蛇类80种左右。在无脊椎动物中仅就节肢动物门的昆虫纲作了少量的研究，共记录有昆虫1690种。有扭角羚、蜂猴、绿孔雀、孟加拉虎、白尾梢虹雉、懒猴、黑叶猴、灰叶猴、熊猴、红面猴、黑麝、云豹、金猫、灵猫等。熊猴、豚尾猴、菲氏叶猴、蜂猴、白眉长臂猿、马来熊、云豹、金钱豹、羚牛、林麝、黑鹳、金雕、白尾梢虹雉、黑颈长尾雉、小熊猫、虎纹蛙、红瘰疣螈、格彩臂金龟、三尾褐凤蝶等87种是国家一、二级重点保护动物或省级重点保护动物。

生态旅游资源 瀑布、叠水：保护区有几十条河流分别流入怒江和伊洛瓦底江，这些河流由于落差大（大多数超过2000米），形成上百个瀑布、叠水景观，较大的有百花岭阴阳谷三级瀑、美人瀑、高脚岩瀑布群、大坝河口瀑布、滴水河双瀑布等。地热温泉：高黎贡山地热资源也很丰富，在高黎贡山腹地，分布着大大小小90多座形似铁锅的新生代火山，有许多温泉，如百花岭澡塘河阴阳谷温泉、金场河温泉、摆洛塘变色温泉（高山温泉）等。名刹古寺：高黎贡山在当地是一座神山，有许多名刹古寺，如南北斋公房，天台寺、宝华寺、丹阳寺、古城寺、诸佛寺、弥勒寺、观音寺等。古道古堡：在高黎贡山保存有公元前4世纪著名的南方丝绸之路，这条古道从成都出发经昆明、大理、保山，翻越高黎贡山，过腾冲到达缅甸、印度、阿富汗。丝绸古道路宽1.5～2米，路面全部用石块砌成（它比北方丝绸之路要早200多年的历史），沿路风光秀丽，历史古迹众多，旅游价值极高。从百花岭开始，顺着山路蜿蜒而上，便是南方丝绸之路高黎贡山段。高黎贡山是中国西南边防战略屏障，保护区内保存有烽火台及战坑、碉堡等各种古今战争遗迹等等。

水力资源 高黎贡山是怒江和伊洛瓦底江的分水岭，保护区内有80多条河流分别流入这两条江，且落差大，水力资源较丰富，保护区保山段东西坡都建有水电站。同时保障着山下数万公顷农田的浇灌和人畜饮用水。

矿产资源 已知的有金、铁、铜、铅、锌、锑、锡、硅矿等。

野生食用植物及药用植物资源 保护区内野生食用植物很丰富，当地各民族传统采集利用的食用植物约有200种，被用于代替蔬菜、水果、粮食及食用油等。高黎贡山药物资源已知的黄芪、三七、天麻、党参、重楼、黄连、泽泻等有药用价值的野生药材1000多种。

三、管护活动

自保护区管理机构建立后，不断探索和创新，逐步形成集资源管护，社区发展，日常巡护，科研监测，国际、国内项目合作于一体的多种有效的管理模式。

（一）国际、国内合作项目

在国际、国内项目合作方面，实施了三个大的项目：

高黎贡山森林资源管理与生物多样性保护 1995年起，该项目由美国麦克阿瑟基金会资助实施，由中科院昆明植物研究所主持，高黎贡山国家级自然保护区保山管理处、云南省林科院、中科院昆明动物所等单位参加。项目包括专题研究、试验示范、培训和项目活动四方面的内容，实施时间3年，资助资金16万美元。采用参与性资源管理方法，把保护区和周围农村纳入一个整体来考虑，使保护区建设和促进周围农村经济发展结合起来。项目完成《高黎贡山高等植物名录》专著初稿，共记载高等植物183科、3137种（蕨类植物40科314种，种子植物143科2823种）。项目的实施，提高了当地农民保护自然的意识和对保护区管理的积极参与意识。1995年12月，经地区科协批准，管理处在保山市芒宽乡百花岭行政村建立中国第一个农民生物多样性保护协会——高黎贡山农民生物多样性保护协会。协会成员由当地村社干部、教师、学生、护林员、农民等组成，理事长、副理事长分别由百花岭村支部书记、村长担任。1999年9月，在高黎贡山西麓腾冲县上营乡大田坡村公所挂牌成立第一个高黎贡山自然保护区村级社区共管委员会。同时，在高黎贡山周边社区、学校组织开展多期高黎贡山生物多样性保护知识讲座及培训，讲授《生物多样性知识简介》《实用嫁接技术》《经济果木的栽培技术》《速生丰产林营造技术》、实用养殖技术、蔬菜种植技术和旅游服务知识等专题及保护区相关法律方面的知识；在高黎贡山自然保护区百花岭科考接待中心举办保山地区青少年生物环境科学考察冬令营保护自然热爱科学等活动；举办高黎贡山自然保护区信息管理系统培训。

FCCD项目 1999—2004年，实施了“中荷合作——云南省森林保护和社区发展项目”。FCCD是中国与荷兰共同合作的云南省“森林保护与社区发展”项目：Forest（森林）Conservation（保护）and Community（社区）Development（发展）的简称。该项目于1998年1月15日在北京正式签署，主要在保山地区腾冲、保山、龙陵三县（市）高黎贡山国家级自然保护区和小黑山省级自然保护区周边自然村实施《社区环境行动计划》(CEAP)，涉及中荷合作(FCCD)项目的社区总数达46个自然村(隆阳区14村、腾冲县14村、龙陵县18村)，主体实施活动项目有节能项目、造林项目、封山育林、经济林、农村科技培训、公众意识教育、农作物种植、养殖项目、基础设施建设等9项。

GEF项目　世界银行全球环境基金(Global Environment Facility)资助的中国自然保护区管理项目，简称GEF项目。于1995年启动，首先在云南、江西、福建、陕西和湖北省的5个自然保护区实施。在项目中期评估中，提出1999—2000年在云南实施"GEF项目云南自然保护区社区环境教育"，选定西双版纳、高黎贡山、哀牢山三个国家级自然保护区的3个示范点，开展以保护森林资源为主要目的的环境教育。腾冲县上营乡大田坡行政村是三个示范点之一，项目于1999年3月启动。主要活动有：结对扶贫帮困行动;"绿卡行动"(封山育林);"小手推动大脊背"(绿色校园行动)；成立社区共管委员会。

(二) 科学考察和科学研究

在科学考察和科学研究方面，开展了8次较大的活动：

1997年9—11月，历时三个月，完成保山地区首次陆生野生动物资源普查。通过调查，形成保山地区陆生野生动物资源调查报告1份，填制云南省陆生野生动物调查表100份、保山地区野生动物资源样带调查统计表1份、保山地区野生动物资源调查100条样带类型长度统计表、保山地区野生动物资源样带调查景观分布统计表、保山地区野生动物饲养单位统计表，绘制了保山地区野生动物分布图。

1999年5月，保山管理处参与美国鸟类学家BLAND　JAMES和中国科学院昆明动物所研究员杨晓君2位专家深入保护区内大脑子(高黎贡山南部的主峰)，对该区域内分布的白尾梢虹雉进行为期15天的跟踪考察与研究。跟踪研究发现，保护区大脑子、二脑子是白尾梢虹雉分布的最南界限，也是白尾梢虹雉种群密度最大的地区之一。

1997—2000年，由云南省自然科学基金资助，开展"高黎贡山自然保护区蚁科昆虫生物多样性研究"。该课题由西南林学院资源学院院长徐正会教授主持，调查了6亚科50属164种蚂蚁的垂直生态位，鉴定出保护区蚁科昆虫8亚科50属166种，其中：发现新属1属(高黎贡蚁属)，1个中国新记录属(窄结蚁属)，发现5新种(黄色猛蚁、片马猛蚁、坝湾猛蚁、双齿猛蚁、平背高黎贡蚁)，11个中国新记录种，以及40个待定种。

2002年6月17—28日，美国芝加哥费尔德博物馆、西南林学院、高黎贡山自然保护区保山管理局三方联合，由美国芝加哥费尔德博物馆环境部负责人DebraMoskvits女士、生态专家Robin Foster博士、植物专家Jun Wen博士、真菌专家Mueller Gregory先生、两栖爬行类专家Bradley Shaffer、鸟类专家Douglas Stotz先生，西南林学院易绍良、覃家理等，昆明动物所权锐昌，保山保护区管理局李正波等21人，组成中美合作高黎贡山生态资源考察团，分为植被、植物、真菌、鸟类、兽类和两爬6个专题组。植物组发现，在百花岭分布有5个科，10个属的新纪录等；真菌组收集到200多种大型真菌(新发现180种)；鸟类组共观察到171种鸟类(新发现23种)；兽类组观察到42种兽类痕迹，发现小熊猫的活动范围变小，白眉长臂猿、水鹿等动物数量增加。

2003年8月19日至9月12日，由美国加利福尼亚科学院博士布鲁斯、周丽华，中国科学院昆明植物研究所研究员李恒、副研究员刀志灵、工程师刘怡涛、博士李嵘，高黎贡山国家级自然保护区保山管理局科技人员共同组成的联合考察队，共计采集植物标本2012号。通过初步分析研究，采集收到近50种植物新种。

2003年10月11日至11月1日，由美国加利福尼亚科学院Mona、Thomas Briggs、美国加州大学伯克利分校Dan Dorris、英国爱丁堡植物园David Long、中国科学院昆明植物研究所副研究员刀志灵等组成的联合考察队，完成对高黎贡山保山段的首次昆虫与苔藓资源考察。共采集昆虫标本近7000号（份），蜘蛛标本约3000号（份），苔藓标本约1500份，采集步甲标本3160份，约含21属82种，其中有5～8个新种。

2005年5月22日至6月6日，中、美、英生物多样性联合考察组，先后到赧亢、整顶、大蒿坪、坝湾、百花岭等地，采集高等植物标本1889号15000份，苔藓800余号，昆虫4000余号（份），蜘蛛2000余号（份）。

2005年8月16—17日，保山市林业局高级工程师曹嘉相等人到高黎贡山国家级自然保护区专题开展松茸现状情况调查。监测发现在海拔2200～2500米之间的栎类、云南松、铁杉、冷杉混交林地的上坡位有松茸出现。

（三）管护成效

通过25年不懈地努力，高黎贡山自然保护区的保护与管理工作取得了显著成效：

至2005年，保护区的生态资源得到明显修复和增加，植被极大的改善，森林覆盖率由1981年前的82.1%增加到93.8%；主要保护对象羚牛由6群200头增加到8群300多头。白眉长臂猿由1996年监测记录到的1群2只增加到4群8只。黑熊、猴子、野猪、云豹、豹猫、白腹锦鸡及各种鸟类等野生动物数量也明显增加。

在高黎贡山东坡百花岭相继建盖四幢不同档次的接待用房，总面积达900余平方米，整修完善接待站的庭院环境和辅助设施，建成能同时接待60余人的保护区科考接待站。以百花岭科考接待站为后勤保障依托，建成百花岭旅游度假村，百花岭生态旅游区，百花岭—江苴生态旅游景点。在高黎贡山南段建成集保护、体验、教育、休闲、科研为一体的自然保护地，中国大陆地区的第一个自然公园——高黎贡山自然公园。通过开展生态旅游，辐射带动周边村社的农家乐、农家旅馆等产业的发展。

建立野外科研监测体系。在高黎贡山建成10块植物固定监测样地，16条动物监测样线和8个补充调查样园，开辟野外监测样线71524米。开展楠木、香柏、木莲等珍稀树种的育苗研究，山葵的引种试验，羚牛、白尾梢虹雉、小熊猫等珍稀动物的生境调查和监测等科技项目。为高黎贡山保护区开展野生动植物科研监测筑牢坚实的基础。建立野生动植物标本库及展厅。至2005年年底，收集制作保存动植物标本近2万份，在管理局内布置一个约200平方米的野生动物展厅，展出高黎贡山的野生动物标本1000多份，并利用沙盘生动展示高黎贡山雄奇的地理地貌和野生动物分布情况。标本室长期对外开放，每年接待中小学、大中专学校学生1000余人次，社会各界人士数百人次，成为保山坝区学校的重要生物教学实习基地。

至2005年，云南大学、云南师范大学、西南林学院、保山师专、保山农校等学校先后将高黎贡山自然保护区定为教学实习基地。有近千名师生到高黎贡山开展生物学实习，高黎贡山自然保护区成为云南重要的教学实习基地。

高黎贡山自然保护区自建立后，保护区工作人员及中外科学家、作家、记者在《中国绿色时报》《云南日报》《云南林业》《大自然》《野生动物》《保山日报》等各级报纸杂志发表各类文章数千篇，著书数十本，拍摄高黎贡山相关专辑数十集。中央电视台、云南电视台、保山电视台及中央、云南、保山广播电台播报上千次。其间，2002年8月末至10月初的星期日中午12∶30～13∶00，中央人民广播电台连续8次播出报道关于高黎贡山国家级自然保护区的自然奇观、研究成果、工作亮点等方面的所见所闻。

高黎贡山自然保护区保山管理处（局）先后荣获国家环保总局、国家林业局、农业部、国土资源部授予的“全国自然保护区管理先进集体”荣誉称号；荣获全国政协人口资源环境委员会、全国绿化委员会、国家林业局、国家广播电影电视总局、中华全国新闻工作者协会和中国绿化基金会联合颁发的“关注森林组织奖”；国家林业局授予的“全国自然保护区先进集体”荣誉称号等。

第二节　其他自然保护区

保山市辖区内属林业部门管理的自然保护区除高黎贡山国家级自然保护区外，还有小黑山省级自然保护区、腾冲北海湿地省级自然保护区、昌宁县澜沧江县级自然保护区。

一、小黑山自然保护区

1995年10月，省政府批准建立小黑山省级自然保护区。1996年成立保护区管理所，为龙陵县林业局管理的全额拨款的二级事业单位。2002年核定保护区管理所编制为21人，设所长1人、副所长2人，下设6个保护站，共有21人。

小黑山自然保护区地处龙陵县境内高黎贡山南延部分，由一碗水、小黑山、大雪山和江中山4块不相连的片区组成。保护区总面积6293.4公顷，属森林生态系统和野生动物型保护区，保护区共有蕨类以上植物205科895属2492种（含变种），其中：有种子植物171科814属、2268种，蕨类植物34科81属224种。被子植物166科808属2259种。保护区内有国家重点保护野生植物16种，省级保护野生植物19种。保护区内有哺乳类动物131种，属国家一级保护的有8种、二级保护的有19种、云南特有种3种；有鸟类259种，属国家一级保护的有3种、二级保护的有30种；有两栖爬行类动物51种，属国家一级保护的2种、二级保护1种、省级保护的有2种、有益的4种；有昆虫类474种。保护区主要保护对象是：保护中山湿性常绿阔叶林为主的森林生态系统，保护以白眉长臂猿、绿孔雀、灰叶猴为代表的珍稀濒危野生动物，保护以疣粒野生稻、长蕊木兰、云南红豆杉、桫椤为代表的国家重点保护野生植物。

二、腾冲北海湿地自然保护区

2000年，腾冲县政府批准建立县级腾冲北海湿地保护区。2005年，被省政府批准为省级自然保护区。保护区位于腾冲县北海乡，面积1628.94公顷，其中：核心区350公顷，缓冲区446.51公顷，实验区832.43公顷。北海湿地是中国西南地区目前发现的唯一一个由火山喷发形成的湿地（同时形成了堰塞湖、火山口及独特的“浮毯型”沼泽草甸：俗称“草排”），对研究地壳运动和湖泊演化有特殊意义。北海湿地作为堰塞湖，水陆交错过渡特点明显，水陆生境边缘性质突出，有着独特的湿地生物资源。北海湿地是睡莲（茈碧花）原生种在茈碧湖外的扩展分布，在北海湿地分布有大量国家一级保护植物野生“莼菜”“浮毯”沼泽上的鳞片沼泽蕨等许多特有种，对研究湿地物种及其生态演替、云南湖泊区系历史及其与外界湖泊的联系等具有重要意义。北海湿地主要保护对象为：莼菜、黑鹳等国家一、二级重点保护野生动植物和“浮毯”型沼泽及其高原火山堰塞湖湿地生态系统，全国较为典型和独特，以及云南省唯一有“浮毯”型沼泽植被景观的天然湿地。

三、昌宁澜沧江自然保护区

1997年，昌宁县政府批准建立昌宁县澜沧江县级自然保护区，并以江边、天堂两个林场为基础成立了两个管理站、两个林区派出所，江边管理站编制42人（实有24人），天堂管理站编制65人（实有30人），两个管理站由昌宁县林业局直接管理的全额拨款的事业单位，并同时挂林场的牌子。

保护区面积初为30379.6公顷，其中：核心区12477.2公顷，缓冲区9566.7公顷，实验区8335.7公顷。2003年县政府将其调整为24377公顷，其中：核心区6134.5公顷，缓冲区12371公顷，实验区2387公顷。保护区内有植物197科，806属，1920种，其中：国家保护植物21种。有野生动物60科，181种（含亚种），国家一级重点保护的有2种、二级重点保护的有46种。澜沧江从保护区中间穿过，高山峡谷，立体气候明显，形成了不同特点的7个天然植被类型，是一个复杂多样而稳定的森林生态系统。该保护区是一个森林生态和野生动植物型自然保护区，主要保护对象为：热带常绿阔叶林和高山苔藓矮林为主的森林生态系统，保护以秃杉、长蕊木兰、水青树、十齿花、野生稻等为代表的多种野生植物，保护以熊猴、猕猴、黑熊、水鹿等为代表的多种野生动物。

第二十二编　水　利

治理东河的一角

综　述

保山市地形地貌复杂，江河密布，山区性河流众多，水利、水能资源丰富，但分布不均衡。以高黎贡山为界，西部降水多、泉流多，是富水区；东部降水较少，泉流较少，水源较缺乏。

1978—2005年，是保山市水利发展较快的时期，大体可以分为两个发展阶段：

第一阶段，1978—1990年，保山地区按国家的水利方针，结合地情，因地制宜地提出并落实“蓄水为主，小型为主，群众自办为主，挖潜配套为主”的水利建设方针思路。先后出台水费征收标准和管理责任制实施办法，发动群众投入劳动积累工持续开展冬季农田水利基本建设，兴建了一大批水利工程，其中：新建中型水库2座，总库容5475万立方米；小（一）型水库16座，总库容2989万立方米；小（二）型水库42座，总库容1136万立方米。累计新增库容9600万立方米，新增固定机电排灌站154处，总装机容量3800千瓦。

第二阶段，1991—2005年，按照“依法治水、依法管水”的要求，贯彻落实“大、中、小结合，以蓄为主，蓄、引、提并举”的方针，先后兴建了一批水利工程。新建中型水库3座，库容4308万立方米；扩建隆阳区明子山水库、北庙水库、和施甸县鱼洞水库3座，新增库容3844万立方米，总库容8152万立方米；新建、扩建小（一）型水库10座，总库容2197.8万立方米；新建小（二）型水库14座，总库容582.9万立方米；针对病险水库现状，先后对一批中小型病险水库进行除险加固。经大坝安全鉴定全市有101座小（二）型以上水库存在安全问题，其中：中型3座，小（一）型19座，小（二）型79座。2000年投资3258.64万元完成大河水库除险加固；2003年，投资2649.12万元，完成施甸三块石水库的除险加固；先后完成余家寨等7座5（一）型水库的除险加固任务；兴建集中式供水工程，新建、改扩建坝湾、七〇七、古永、勐糯、柯街等26处供水工程，设计供水能力14543吨，供水人口14.3万人，总投资1891.37万元。

至2005年，全市已累计投入水利建设资金14.08亿元，群众投入劳动积累工6.62亿个，建成各类水利工程1.1万余件；中型水库10座，总库容23501万立方米；小（一）型水库50座，总库容10957万立方米，小（二）型水库211座，总库容5500万立方米；小塘坝2122座，总容量1545万立方米；兴修自流引水沟渠10054条，固定机电排灌站233处，装机331台，总容量11900千瓦；河道水闸53座，河道堤防总长368.31千米，防洪保护人口9.53万人，保护耕地44.08万亩，除涝面积41.09万亩，治理水土流失面积1191.79万平方米，有效灌溉面积累计达153万亩，水利化程度达到65%，累计解决114.68万人的饮水困难。这些水利设施的建成，对全市粮食安全、农业产业结构调整、扶贫攻坚、农业综合开发，抗御自然灾害等发挥着重要作用。

但是，由于水利基础设施抗御自然灾害的能力还比较薄弱，开发利用程度不高，洪涝、干旱、滑坡、泥石流等自然灾害几乎从未间断。据不完全统计，1978—2005年，全市仅受洪涝灾害的耕地面积累计达4189万亩，损失粮食647229吨，因灾死亡340人，死亡大牲畜4447头，倒塌房屋13555间，堤防决口825千米，冲毁桥涵1433座，冲毁小水电站72处，小(二)型水库垮坝4座，小塘坝垮坝56座，直接经济损失233380万元。

第一章　机构沿革

第一节　水利系统机构

保山市水利局的前身为保山专区水利工作队。1975年6月，撤销专区水利工作队，成立保山地区革委会水利局。

1978年，全区水利系统共有职工187人。1979年6月，保山地区革命委员会水利局更名为保山行政公署水利局，次年更名为保山地区行政公署水利局，下属各站队也随之更名。1981年2月，地区水利局成立保山地区水利学会。同年，小水电划归地区水利局，局机关增设电力科。

1982年，原地区工交局电力科建制、编制、人员(7人)、资料、办公用具等一并移交水利局，原工交直属企业瓦窑发电厂、五九八厂、供电所一并划归地区水利局。行署水利局更名为保山地区行政公署水利电力局。同时，各县小水电业务统一划归水利部门。同年，成立地区电力公司(二级单位)，隶属于行署水电局，企业性质，定编20人。地区水电局所属农田水利队和勘测设计队合并，组建勘测设计施工队。年底，地区水电局内设政工、秘书、业务、电力科，下属单位有勘测设计施工队、机械施工队、鱼种水产工作站、水文分站、电力公司(供电所、营业所、调度所)、五九八厂、瓦窑发电厂，共有职工456人。

1984年3月，地区电力公司改名为保山地区供电公司。4月，地区九五八厂合并供电公司，共有职工173人，隶属于保山行署水电局。

1985年1月起，地区水电局下属的水文分站划归省水文总站。年底全系统共有干部职工1885人，其中：工程师24人，助理工程师98人，技术员89人。

1986年，将地区水电局直属的瓦窑发电厂、地区供电公司下放保山市管理。

1988年，将下放给保山市管理的地区供电公司收回地区管理，并更名为保山地区电力公司，定为中型企业。保山水利电力勘测设计队更名为保山地区水利电力勘测设计院，保山地区鱼种水产站更名为保山地区水产工作站，同时挂有保山地区渔政管理站和保山地区水产技术推广站两块牌子。

1990年，成立保山地区水利电力职工培训中心，为水电局下属事业单位(科级)，核定事业编制5人，人员经费实行自收自支。同年，先后建立苏帕河电站工程指挥部和引龙入怒工程（引长江上游水资源进入怒江河谷盆地，用于灌溉和发电）前期工作指挥部；地区水电工程施工队更名为保山地区水电工程施工大队。

1992年，将保山行署防汛抗旱指挥部办公室从工程管理站划出，列为行署水电局下属科级事业机构，行使行署防汛指挥部办事机构职能，人员配备5人。调整后工程管理站编制为15人。年底，全局内设科室8个，下属单位5个，仍代管水文分站。全系统有干部职工2331人，其中专业技术人员508人。

1995年，地区水电局设7个科室，编制32人，下属4个科级事业单位，所管辖的地区电力公司、地区苏帕河电厂企业隶属关系不变。年底，全系统共有干部职工2741人，其中，高级职称3人，中级职称81人，初级职称475人。

2000年，地区水电局设办公室、人事劳动、规划基建、电力科、农村水利科、防洪办公室、计财科，局机关共有在职人员28人，全系统共有在岗干部职工3032人，其中，专业技术干部733人，工人2299人。

2001年，地区水利电力局改为保山市水利局。2002年12月，保山市水利局下属单位保山市水产工作站划归市农业局，地下水行政管理、城市防洪、供水、地下水资源管理职能划入市水利局。年末，市水利局共设8个科室，全系统共有在职人员3151人，其中，专业技术干部833人，工人1934人。

2005年，保山市水利局设办公室、组织人事科、规划基建科、水政水资源科、计划财务科、水土保持科、农村水利管理科、电力科和防汛抗旱办公室。年末，局机关有在职人员30人，全系统在职人员2769人，其中，专业技术干部941人，工人1675人。

第二节　防汛抗旱指挥机构

1978年，保山地区成立保山地区行政公署防汛抗旱指挥部，下设办公室于地区水利电力局。各县（区）人民政府均成立防汛抗旱指挥部，乡（镇）人民政府设立防汛抗旱领导小组，其指挥长由同级行政领导担任。

2001年7月，更名为保山市防汛抗旱指挥部。历届指挥长由分管水利的副专员或副市长兼任，成员为计委（发展与改革委员会）、水利、财政、公安、民政、交通、建设、农业、气象、物资、邮电通信、电力、武警、驻保部队等有关部门组成。主管全市防汛抗旱工作，对全市江河、水利工程防洪安全进行监督管理，编制全市江河及水库工程防汛调度运行方案，制定安全度汛方案，防御洪水、抗洪抢险；组织、协调、指导全市抗御洪旱灾害及抢险；指导实施水情自动化调度，对有关法律、法规的执行监督，收集掌握和分析雨情、水情、灾情和险情，并及时向上级和同级政府报告。

第三节　地（市）局直属机构

一、保山地区水文分站

1978年，保山地区水文分站共有职工38人，其中专业技术人员14人。1984年水文分站共有职工38人，其中离退休人员3人。

1985年1月，保山水文分站上划省水文总站，全区水文系统7个测站，职工40人（技术干部17人、工程师2人、助理工程师8人、技术员7人）。保山行署水利水电局只代管保山水文分站党团、工会事宜。

二、保山市水利电力勘测设计院

保山市水利电力勘测设计院前身为地区农田水利勘测设计队，成立于1975年9月，是地区水利局下属的差额拨款的事业单位。1978年年底，共有职工43人，其中：技术干部20人，工程师4人。1982年，将农田水利队并入勘测设计队，更名为保山地区水利电力勘测设计院，内设机构为一站二队七室。主要承担全区水利水电工程的勘测、设计、地质勘察、土工化验、材料试验、施工技术指导及面上的水利工作。是国家颁证的设计单位，具有水利电力勘测设计资格。

1985年，全院共有在职人员84人，其中技术人员59人。1995年，全院共有在职人员78人，其中专业技术人员51人。

2005年9月，撤销保山市水利电力勘测设计院，改制成立民营企业性质的保山万润水利电力勘测设计有限公司。

三、保山市水电工程施工大队

保山市水电工程施工大队前身保山地区水利机械施工队，于1975年9月成立。1978年，有职工34人，其中干部2人。1985年，全队有在职人员42人（技术人员12人，技师2人）。

1990年更名为保山地区水利工程施工大队，属差额拨款的事业单位，下设4个组。主要承担保山地区中小型水利水电工程加固、配套、扩建、闸门改造、隧洞回填灌浆、坝基帷幕灌浆、中小型水库主副坝加高培厚、除险加固及部分指令性工作。1995年，共有在职人员39人（专业技术人员9人）。2001年改为保山市水电工程施工大队。2005年年末，全队有在职人员23人，其中：干部9人，工人14人。

四、保山市水产工作站

保山市水产工作站前身为地区鱼种水产工作站。成立于1975年9月，属全民所有制的事业单位。负责全区渔业行政管理、渔业执法、渔业技术指导、咨询及鱼病防治工作、渔业试验、示范、技术推广、技术培训、渔业科技、执法、养殖业、捕捞业的管理执法、渔业资源保护、珍贵濒危水生野生动物保护法、渔业水域环境保护法等。1978年，共有职工14人，其中技术干部3人。1984年3月，更名为保山地区水产工作站，并设技术推广站、渔政管理站，实行三块牌子，一套班子。

1985年4月，由北庙水库董达库湾搬迁至保山市永昌镇东门乡环城东路22号办公，年底，有职工13人，其中专业人员4人。1995年，全站有职工20人，其中专业技术人员10人。

2002年12月，全站人、财、物统一划归保山市农业局管理。

五、保山市水利电力职工培训中心

1990年成立，为行署水电局科级事业单位，核定事业编制5人，领导职数1人，人员经费实行自收自支，建设资金主要由全区水电系统集资，土地占用地区水产站院内2.42亩。1992—1995年共举办培训班6期，大专班1期。培训中心在完成行署水电局计划培训任务的前提下，开展对外接待业务。2005年年末，有正式职工3人，其余人员根据工作需要和接待任务，临时聘请，随进随出。

六、保山电力（股份）公司

保山电力股份有限公司前身为保山地区供电所。于1980年1月由保山地区瓦窑发电厂分出供电车间成立。设政工、行政、财供、生技4个股，有职工103人，隶属保山地区工交局。

1982年，工交局直属电力企业瓦窑发电厂、供电所、五九八厂一并划归行署水利局管理；工交局电力科建制（编制7人）、设备等一并移交水利局，保山地区电力公司正式成立，属二级机构。1984年3月，更名为保山地区供电公司。公司共有职工173人，隶属行署水电局。

1986年1月，行署将供电公司下放给保山市（县级）水电局领导。

1988年，供电公司收归地区，更名为保山地区电力公司。定为中型企业，隶属行署水电局。负责全区电力的日常调度，电力生产及发、供用电业务。

1996年9月，由保山地区电力公司、五县（市）电力公司、瓦窑发电厂、丙麻发电厂、户南河电站及社会法人、自然人共同发起，经省政府批准，以分立式改制成立保山地区电力股份有限公司。公司内设电力调度处、生产计划处、用电管理处、人事劳动处、财务处和办公室。生产单位为：三江口电厂，五县（市）分公司。共有在职员工1818人，离退休人员202人。公司由行署水利局代表政府进行监管、指导，是以地县（市）国有电力资产为纽带组建的地方国有电力企业，主要以保山市境内的水电开发和发、输、配、售电为主要经营业务。

2001年，保山地区电力股份有限公司改称保山市电力股份有限公司，共有员工2095人，其中在岗正式职工1789人（专业技术人员263人）。

2003年，保山市电力整体式改制，将全市国有电力存续企业保山市电力公司、隆阳区电力公司、隆阳区瓦窑电厂、丙麻电厂、户南河电站和昌宁、施甸、龙陵、腾冲四县电力公司与保山电力股份有限公司合并，优化资源配置，提高电力企业整体市场竞争力。

2005年年末，公司拥有资产总额13.34亿元。拥有发电站23座，总容量13.36万千瓦；110千伏变电站9座，容量35万千伏安；35千伏变电站51座，容量24.77万千伏安；110千伏输电线路499.35千米；35千伏输电线路1318.47千米；10千伏配电线路8317.23千米。

年发、购电量14.5亿千瓦时，销售电量12.4亿千瓦时。

第二章　防汛抗旱

由于地理环境和气候变化的影响，保山市境内洪旱灾害频繁发生。1978—2005年，全市遭受洪旱灾害耕地面积累计达4188.87万亩，其中：重灾面积1549.91万亩，粮食损失647228.78吨，因灾死亡340人，死亡大牲畜4447头，倒塌房屋13555间，堤防决口825.25千米，冲毁桥涵1433座，冲毁小水电站72处，小（二）型水库垮坝4座，塘坝垮坝56座，直接经济损失233380.49万元。

新中国成立后，特别是中共十一届三中全会后，各级党委、政府认真抓好治理河道，疏通洪水，大力兴修水利的工作。到2005年，全市共建成小（二）型以上水库271座，总库容达39958万立方米，可调蓄洪水9989万立方米。认真贯彻落实“安全第一，常备不懈，以防为主，全力抢险”的防汛抗旱工作方针，成立防汛抗旱指挥机构和防汛调度中心，落实抗洪抢险队伍，有关部门密切配合，通力合作、齐抓共管。贯彻落实《中华人民共和国水法》《中华人民共和国防洪法》《中华人民共和国水土保持法》《河道管理条例》等法律法规，建立健全各项规章制度，制定各项防汛抗旱抢险救灾措施和防汛调度运行计划，加强通信网络建设，依靠科技进步，健全完善防汛抗旱自动化监测预报系统，制定防汛抗旱预案，注重气象水文预测预报工作，科学地预测、防御，把洪旱灾害造成的损失减轻到最低程度。

第一节　洪旱灾害

一、洪灾

1978—2005年，保山市累计遭受洪灾面积2789.38万亩，因灾死亡340人、4447头大牲畜，倒塌房屋13555间，堤防决口825.25千米，水库垮坝4座，塘坝垮坝56座，损失粮食290541.78吨，直接经济损失189548.64万元，其中灾情较为严重有9个年份：

1978年，全区受灾面积19.96万亩，其中：轻灾16.36万亩，重灾3.3万亩，绝收0.3万亩。因灾死亡大牲畜14头，倒塌房屋24间，堤防决口7千米，塘坝垮坝14座，冲毁桥涵19座，损失粮食148.44吨，直接经济损失14.58万元。

1983年6—10月，全区先后普降大雨和暴雨，多处发生洪灾。全区受灾面积37.2万亩，其中：轻灾23万亩，重灾13万亩，绝收1.2万亩。因灾死亡12人、大牲畜14头，房屋倒塌137间，堤防决口12千米，冲毁桥涵30座，损失粮食276.10吨，直接经济损失68.20万元。

1985年5—6月，全区普降大雨，5月19日至6月20日的33天中降雨达31天，全区各县雨量比上年同期多2～3倍。7月以后，仍不断出现大雨和单点暴雨，致使江河洪水猛涨，主要河流均先后多次超过危险水位和历史最高水位，出现特大洪峰。全区受灾面积39.58万亩，其中：轻灾28.68万亩，重灾10.4万亩，绝收0.5万亩。因灾死亡28人、242头牲畜，倒塌房屋2018间，堤防决口3581处（共193.25千米），水库、坝塘出现险情22座，小（二）型水库垮坝1座，冲毁塘坝7座，冲坏渠道4990条，受损小水电站46座，冲毁桥涵486座，损失粮食11607.8吨，直接经济损失5828.74万元。

1986年10月上旬，全区各地普遍降雨，持续时间长，降雨量比上年同期猛增，其中：保山227.3毫米，比上年同期增187.9毫米；施甸190毫米，比上年同期增159.6毫米；腾冲289毫米，比上年同期增227.1毫米；龙陵245毫米，比上年同期增205.1毫米；昌宁227毫米，比上年同期增197.6毫米。全区受灾面积达53.69万亩，其中，轻灾42.76万亩，重灾7.93万亩，绝收3万亩。造成29人、197头大牲畜死亡，倒塌房屋926间，堤防决口101处（共24.67千米），塘坝垮坝8座，冲毁渡槽10座，冲毁桥涵222座，损失粮食679.5吨，直接经济损失2385.19万元。

1989年10月，全区大部分地方暴雨成灾，降水量大大超过历年同期值，其中，保山为346.7毫米，施甸154毫米，腾冲440毫米，龙陵280毫米，昌宁202毫米。全区受灾面积达32.42万亩，其中，轻灾26.86万亩，重灾3.56万亩，绝收2万亩。因灾死亡23人、大牲畜514头，倒塌房屋2743间，堤防决口36.78千米，冲毁塘坝2座、渡槽28座、闸门43座、小水电站12座、桥涵177座，损失粮食4159.32吨，造成直接经济损失3473.1万元。

1993年，全区遭受严重洪涝灾害，保山市、昌宁县特别突出，全区受灾面积达505万亩，其中，轻灾246.04万亩，重灾233.86万亩，绝收25.1万亩。因灾死亡15人、大牲畜75头，房屋倒塌23间，堤防决口5.1千米，冲毁桥涵10座，损失粮食58465吨，直接经济损失35693.92万元。

1997年，全区受灾面积441.59万亩，其中，轻灾309.23万亩，重灾119.36万亩，绝收13万亩。因灾死亡8人、60头大牲畜，房屋倒塌25间，河堤决口3.1千米，冲毁桥涵12座。2000年，全区受洪灾面积65.64万亩，其中，轻灾47.5万亩，重灾12.14万亩，绝收6万亩。因灾死亡31人、大牲畜219头，倒塌房屋19间，河堤决口6.59千米，冲毁桥涵12座。

2002年，全市受洪灾面积45.55万亩，其中，轻灾19.61万亩，重灾21.22万亩，绝收4.72万亩。因灾死亡10人、大牲畜1921头，倒塌房屋2926间，河堤决口40千米，冲毁桥涵8座，损失粮食21343吨，直接经济损失16920万元。其中，7月10—16日，施甸遭特大暴风雨袭击，全县10个乡（镇）5.14万人受灾，民房倒塌280间、受损9600间，大牲畜死伤20余头；农作物受灾34.79平方千米，绝收4.20平方千米；水利设施坍塌118处，水闸损坏3座，直接经济损失774万元。

2004年，全市遭受罕见的洪涝灾害，受灾面积89.4万亩，其中，轻灾31.49万亩，重灾48.66万亩，绝收9.26万亩。因灾死亡23人、大牲畜252头，房屋倒塌917间，河堤决口67.47千米，冲毁桥涵31座，损失粮食41648吨，直接经济损失67132万元。

二、重大滑坡、泥石流灾害

（一）隆阳区滑坡、泥石流灾害

瓦马乡勐古大坪山滑坡　1985年8月21日，瓦马乡勐古大坪山因暴雨、大雨发生山体大滑坡，造成怒江水被堵断流30分钟，死亡2人，怒江州715亩水稻，391亩经济作物绝收，直接经济损失175万元。

水寨乡大石房滑坡　1986年10月12日，水寨乡大石房因暴雨导致山体滑坡，造成澜沧江水被堵截流8分钟。1992年9月15日再次滑坡截流，省级重点文物霁虹桥被冲毁。

汶上乡禾木树村泥石流灾害　1990年8月7日，汶上乡禾木树村因暴雨导致黏性泥石流灾害，因灾死亡11人，伤6人，直接经济损失45万元。

（二）施甸县姚关河三级电站泥石流灾害

1997年8月16—17日，县城北部降特大暴雨，时间短，强度大，洪水来势凶猛，降雨量达58毫米，造成泥石流灾害，致使姚关河三级电站受灾，电站发电水轮机组被泥石流淤埋1.3米，厂区被泥石流沙、石埋深达3米，堆积体泥砂砾石量达一万多立方米。两台发电机组（装机6400千瓦）、电器设备、职工宿舍私人财物及电站公共财产损失严重。

1999年7月25日，姚关河三级电站，因暴雨引发山洪，发生泥石流灾害，泥、沙、石方量达2000多立方米，冲至主厂房和生活区，导致电站停发电52小时，经济损失15.12万元。

（三）腾冲县瑞滇乡山寨河泥石流灾害

1988年7月24日和10月17日，腾冲县瑞滇乡山寨河两次因暴雨发生泥石流灾害，造成8人死亡，5人受伤，353.5亩农田严重受灾。

（四）龙陵县滑坡、泥石流灾害

香柏河一级电站泥石流灾害　1989年10月16日，由于连降大雨，香柏河一级电站距前池260米处渠段上部山体再次滑坡，使引水渠决堤，以2.5立方米/秒流量的进水和前池回流水交汇在一起，飞流直下，泥沙、石头、树木搅混成一股势不可挡的泥石流沿着长约250米的山洼陡然急泻，直冲电站机房，泥石流推倒机房北侧北墙，涌入机房，致使全部设备被泥沙埋没，继而突破机房西侧和南侧门窗向香柏河倾泻，一些石头和树桩飞过房屋顶部，屋檐被打毁，正在机房值班的两名电站职工不幸被泥石流埋压在泥沙中，以身殉职。造成电站直接经济损失124.5万元。

龙山镇泥石流灾害　1986年7月20日，龙山镇大坪子杨梅山村因连续下大雨暴雨引发泥石流灾害，泥沙石堆积体达300多万立方米，造成5人死亡，8人受伤，埋死猪50头、牛5头，冲毁桥6座，农田3900亩，直接经济损失365万元。

象达乡泥石流灾害　1988年7月21日，因大雨暴雨，龙陵县象达乡云坡、象达行政村发生泥石流灾害，堆积体达540多万立方米，冲毁农田5500亩，森林350亩，象达乡驻地14个机关单位、35户居民被淹受灾，直接经济损失达1350多万元。

红勐公路养庆河泥石流灾害　1992年8月31日，因大雨暴雨引起红勐公路养庆河泥石流灾害，冲毁道班房1幢、桥1座，公路1.3千米，造成5人死亡，1人受伤，直接经济损失25万元。

（五）昌宁县滑坡、泥石流灾害

鸡飞乡英韬村滑坡灾害 2000年8月23日，由于长时间持续降大雨，引起鸡飞乡英韬村蚂蝗箐、二母赖等社大面积的山体滑坡，造成58户农户的经济林木和耕地被毁，其中：15户因耕地滑陷导致粮食颗粒无收，9户36人被迫搬迁。交通、水利基础设施毁坏严重，直接经济损失107.32万元。

鸡飞乡八甲村滑坡灾害 2001年9月10日，受单点暴雨的影响，鸡飞乡八甲村旧寨村民小组发生大面积山体滑坡，面积达1平方千米，毁坏耕地400亩，房屋受损59幢，10千伏高压线路受损700多米，直接经济损失204万元。

更戛乡西桂村滑坡灾害 2002年8月19日上午10时至20日下午7时，更戛乡西桂村以村镇为中心方圆3平方千米的范围发生大面积山体滑坡，滑坡体多处下陷，裂缝纵横交错，下陷最大高度12米，最大裂缝1.5米，致使7个村级所属单位，4个社88户421人及26家工商户受灾，毁坏倒塌房屋224幢，烤烟受重灾250亩、稻田28亩、苞谷150亩、泡核桃153株，直接经济损失达1631万元。

三、旱灾

1978—2005年，保山市受旱灾累计面积1399.49万亩，成灾面积636.76万亩，损失粮食636.76吨，工农业损失43831.85万元，城乡饮水困难人数193.48万人，投入抗旱劳力435.99万人次，投入抗旱资金10568.01万元（中央607万元，地方9961.01万元）。

28年间，有15个年份遭受旱灾，平均每两年中有一年发生旱灾，其中灾情较为严重的年份有：

1979年，全区遭受严重干旱，从1978年10月至1979年5月底，全区降雨量平均178.8毫米，比上年同期减少195.4毫米，比历年同期平均雨量减少240毫米。截至6月5日，全区只栽插中稻45万亩，占应栽面积的45%，全区受旱面积达94.97万亩，成灾面积19.82万亩，损失粮食62790吨。

1987年，全区受旱面积38.73万亩，成灾面积13.48万亩。保山、腾冲、昌宁县出现春夏连旱，5月份干旱最为严重，保山降雨1.2毫米、腾冲8.9毫米、昌宁3.7毫米，是1951年以后5月份降雨最少的一年。

1989年，全区干旱面积35.57万亩，成灾4.68万亩。保山市出现冬春连旱，受干旱面积8.89万亩，成灾1.17万亩，秋季粮作物总产比上年减产774吨。龙陵县12个乡（镇）受旱面积13.41万亩，造成2.59万人、0.86万头牲畜饮水困难。

1999年，全区干旱严重，受干旱面积达161.22万亩，成灾143.37万亩，损失粮食35840吨，造成15.3万人的饮水困难。

2003年，全市受旱面积108.34万亩，成灾37.86万亩，损失粮食11800吨，造成16.84万人的饮水困难，其中施甸、腾冲、龙陵三县的旱情较严重。

2005年，保山市遭遇到1951年来最为严重的旱灾。2005年4月至6月上旬，全市降雨量为28.5～143.9毫米，与历年同期相比偏少122.4～217.2毫米，偏少60.1%～81.7%，降雨量是历史同期（30年平均值）的特少年份，也是1979年后降雨最少的一年，属特大干旱年份。截至6月16日，全市有82个乡（镇）受灾，受旱面积达177.9万亩，成灾面积79.09万亩，因干旱造成48.89万人、23.57万头大牲畜饮水困难。昌宁县珠街乡子堂村人畜饮水，用人背、马帮和拖拉机到黑惠江搬运，翁堵乡阳旺村人畜饮水到6.8千米外的地方人背马驮运水，隆阳区辛街乡兴山村天天靠消防车、洒水车运水供给，施甸县太平乡蒋家村到8千米以外的地方人背马驮运水，抗旱运水时间长达50多天。

第二节　防汛救灾

一、防汛抢险预案及山洪防治规划编制

从2004年起，根据上级防汛抗旱指挥部门的要求，保山市五县（区）防汛抗旱指挥部办公室均结合各县（区）和部门的实际，组织人员分别编制完成县级城市防洪抢险预案，并由保山市防汛指挥部上报云南省防汛抗旱指挥部办公室审定。2004年，保山市与各县（区）防汛抗旱办公室按照上级的有关安排部署，抽调精干人员，完成了《保山市山洪灾害防治规划成果》的编制。该成果根据山洪形成的主要原因——暴雨、地形地貌及社会人为因素和山洪暴发的特点，结合保山山区的实际，研究制定防治山洪规划和分期实施的有效防治措施，为各级政府对山洪灾害防治宏观决策提供了科学依据。以最大限度地减少灾害损失，保障人民生命财产安全，促进社会经济健康发展。

二、兴库调水

保山市按照中央“兴修水利、防治水患”的方针，在河道和坝区上游，修建一大批骨干蓄水工程，在解决抗旱灌溉的同时，兼顾防洪调水。至2005年，全市共建成小（二）型以上水库271座，总库容39958万立方米。已建成的骨干蓄水工程，设计多为蓄清水为主，空库度汛，蓄洪工程通过汛限水位和控制蓄水等方式调度运行，可调蓄洪水9989万立方米，控制局部地区的洪水，削减一部分洪峰，减轻下游负担。

为提高北庙、河西两座水库的防洪调度科学管理水平，实时采集雨情水情信息，及时准确作出洪水预报，迅速提出调度方案，为防汛指挥部指挥决策提供科学依据。2001年5月，两水库被国家防汛抗旱总指挥部列为第四批水库应急调度试点建设项目。2002年2月，省防汛抗旱指挥部办公室批复《保山市关于北庙水库、河西水库水情自动测报系统初步设计的报告》，同意建设保山北庙、河西水库水情自动测报系统。2002年3月，工程开工建设，2002年5月底竣工。建成1个中心站、2个分中心站、2个水库分中心，2个中继站，2个卫星地面站和14个遥测站（5个雨量站、5个水位雨量站、4个水位站），完成总投资237.95万元，其中：国家防汛抗旱总指挥部安排资金120万元，省防汛办公室安排配套资金50万元，自筹资金67.95万元。水库的安全度汛能力及防洪效益得到了保障和提高。

在汛期，北庙、河西水库等重要水库均制定并严格执行调度运行计划，限制水位，分期蓄水，做好分洪准备，以发挥其防洪效益。如：1985年8月下旬的一场暴雨后，北庙水库下游的东河沿岸洪水暴涨，冲淹农田，情况危急。关键时刻，根据北庙水库蓄水情况和下游负担，有关部门果断采取进10立方米/秒、出1立方米/秒洪水流量的有效措施，蓄滞洪水，保证了下游安全。

三、河道治理

保山市江河众多，时常发生不同程度的洪涝灾害。全市各级党委、政府对境内河道进行全面规划，分期分段整治。至2005年，全市共整治修建河道堤防达368.31千米，保护人口9.53万人，保护耕地44.805万亩，除涝面积31.46万亩。主要河道治理工程如下：

（一）隆阳区保山坝东河板桥段治理工程

东河板桥段治理工程于2005年3月开工，6月完工。衬砌河堤挡墙1730米，修建跌水2道、防冲底坝2道、洗衣台2个、交通便桥2道；开挖、回填土方32042.85立方米（河床清淤回填2425.67立方米），支砌石方5557.7立方米、砂浆抹面642.32平方米、混凝土浇筑178.49立方米、钢筋制安0.42吨，梅花桩10684棵，完成投资130.13万元。有效消除了该流域的洪涝隐患，改善了板桥集镇的生态环境。

（二）隆阳区城北防洪河治理工程

城北防洪河属隆阳区城市防洪“北截、中排、南泄”规划方案的“北截”河道。主要功能是，雨洪期间截断城北片及西大沟的部分水流进入老城区，缓解老城区的水患问题和保护下游人口、农田的安全度汛。

河道规划全长5.23千米，以320国道过境线为界分成东西两段，过境线以西长2.43千米，过境线以东长2.8千米。1999年10月至2000年4月，河道由水利部门完成了大保公路至东河段（1940米）的土方开挖、交叉工程及河堤险段支砌工程，完成投资74.79万元；2002年至2004年6月，城建部门完成西干渠至大保公路段（3290米）的三面支砌；2005年2—6月，隆阳区水务局对城北防洪河“7·18”洪灾水毁项目进行修复。完成二面支砌河道长790.5米，支砌挡墙长167米，建闸门2道，建人行便桥4道，涵洞15个，埋设PVC150管100米，完成投资45.0万元。

河道建成后，保护城北新区防洪面积3平方千米，保护城区人口2万余人，公路30千米，消除该流域河图镇沈官、廖官、官田、打渔4个村委会、1919户、7827人和3129亩大棚蔬菜及粮田的水患。

（三）隆阳区龙王庙河治理工程

为解决隆阳区河图镇东海尾河流域地段汛期排洪不畅，决定对东海尾河进行上排下疏，新开挖一条龙王庙河，作为上排工程。

一期工程于1996年11月开工，1997年6月竣工；二期工程于1998年11月动工，1999年3月竣工。两期工程总投资175.45万元。新开挖河道2644米，支砌河道及渠道3507米；修路、压路3960米，修建桥涵22座，人行便桥4道；建251立方米沉砂池1个，处理软基

165米，打河桩888棵，支砌滚水坝2座，渡槽2座，闸门2道，渡管158米，钢筋制安1.86吨。开挖回填土方33322.43立方米，支砌石方15985.91立方米，浇筑混凝土80.46立方米，砂浆抹面2866.4平方米。工程的建成，根治水患，防洪保护河图镇5720亩农田、人口4.14万人，保护耕地1.7万亩。

（四）隆阳区黄沙河治理工程

为根治水患，保山市决定治理东河的两大支流黄沙河、唐家河。采取两河并一河，防洪标准按20年一遇设计，过水流量为：黄沙河至唐家河段18立方米/秒，唐家河以下至东河27立方米/秒。

一期工程于1992年10月动工，1994年6月竣工；二期工程于1995年11月动工，1996年4月竣工。两期工程总投资238.32万元。支砌河道2676米，沟渠3条1239米，建洗衣台7个，溢流坝、跌水12件，渡槽4件，闸门2道，钢筋制安14.74吨，打河桩14170棵，处理软地基150平方米；开挖修建公路1600米，建桥涵17座，交通便桥7道；开挖回填土方67887.51立方米（义务工开挖回填38716.7立方米），支砌石方21150.86立方米，浇混凝土349.02立方米，砂浆抹面1394平方米。

（五）腾冲县固东大河湾河道治理工程

固东镇大河湾河距县城40千米，属龙川江支流明光河。河道流经地区地势平坦，坡降缓，河道弯曲呈“S”形，排水不畅，沿河两岸表层为沙壤土，无永久性护堤工程，遏洪水后土堤倒塌严重，冲淹农田，直接威胁附近爱国村完小及河头办事处农户1994人的生命财产安全。

需治理河段长5.2千米，第一期工程对大河湾下段（石月亮段）进行截弯改直。于2000年2月动工，6月竣工。第二期工程对大河湾中段（石月亮改河段至爱国大桥段）进行治理。于2000年12月动工，2001年4月竣工。两期工程总投资304.01万元。开挖河道1356.41米，支砌河堤2788.58米，支砌渠道247.2米；完成护堤齿墙两道（长192米），钢筋串石4869.01立方米，架设钢管330米，支砌涵洞5个58.4米；开挖回填土石方11.91万立方米，支砌石方0.59万立方米，浇筑砼747.92立方米。保护农田面积1800亩，排涝面积2000亩，新增农田面积206.7亩，改善灌溉面积860亩，防洪保护村庄1个，保护人口近2000人。

第三期工程对大河湾上段截弯改直，该工程被国土资源部批准为2004年固东镇土地复垦项目。工程计划2006年建成，共开挖河道485米，支砌河堤2114米，总投资650万元。

（六）龙陵县龙山东河治理工程

龙山东河，原为农田灌溉与排涝河道，后成为城市防洪河道。该河集雨面积37.2平方千米，最大洪峰流量80立方米/秒。历史上多以疏淤清障、放石笼、做树梢坝等方式对该河道进行临时治理。

1953—1974年，曾投资15.8万元，投入劳力20多万个，“截弯改直”河道4815米，加固河堤1500米。1976—1979年，国家投资16.7万元，投工22万个，双边支砌河堤3200米。1995年1—5月，该河被列为龙陵县滇西南农业开发以工代赈项目进行治理。投资26.1万元，对龙阳桥以下90米进行截弯改直，对河堤浆石支砌，恢复农田20亩。2002年10月至2003年3月，投入防洪资金30万元翻修整治河段长200米。2005年2—11月，先后投入资金150万元，修复治理水毁的龙山东河龙阳桥上下河段长1.4千米，新修河道长0.6千米，并对三眼桥以下400米河段进行治理。共开挖回填土石方4.07万立方米，支砌石方0.78万立方米，浇混凝土50立方米，绿化面积500平方米。

经过多年治理，龙山东河防洪标准达到20年一遇，保护沿岸农田1800亩，新增农田60多亩，有效保护了龙陵县新城区和320国道。

（七）昌宁县右甸河治理工程

右甸河发源于昌宁县新炉山区，自北向南横贯整个右甸坝区，是昌宁县城及坝区主要排水通道。境内全长60千米，径流面积522.6平方千米，多年平均实测径流量0.84亿立方米，上游建水力发电站2座，装机800千瓦，建中型水库（河西水库）1座，水库下游建有大小水电站3座，装机2650千瓦。在右甸坝区内有19条山区小河汇入右甸河，主河道于1953年截弯改直后，由于没有进行过整体规划治理，河堤为土堤，每年汛期，洪水暴涨暴跌，使右甸河河堤毁坏，给沿河两岸农田及村庄带来严重威胁。经1980年截弯改直后，右甸河右甸坝区段全长11.0千米，沿河灌溉面积3.76万亩。2001—2005年，先后投入资金430万元，治理右甸河城区段2.1千米，河道防洪标准达到20年一遇，基本能满足城市防洪要求。

四、腾冲县城防洪工程

（一）大沙河综合治理工程

腾冲大沙河穿城而过，腾冲坝段（大盈江）历史上“九曲十湾”，河道狭窄，河床淤塞，排洪不畅，两岸洪涝灾害严重，直接威胁着腾冲县城的安全。70年代后期曾多次对河道进行“截弯改直”的治理。为彻底整治大沙河穿城段水患，腾冲县水利电力勘测队对该河进行了全面的勘测治理规划，并采取分段实施治理方案：源头植树种草，防止水土流失，保护水资源环境；上段修筑河堤、治理水污染、保护良田；中段建设堤防、美化环境、服务市民；下段疏通河道、保障行洪。规划按20年一遇洪水设计，洪峰流量为128立方米/秒，按50年一遇洪水标准校核，洪峰最大流量为181立方米/秒。总投资2100万元。

由于第一期工程资金延迟到位，第一、二期工程同步实施。于2000年2月开工，4月20日竣工。治理河段长2707米，河面宽26米。开挖回填土石方7.4万立方米，浆砌块石1.33万立方米，铺筑预制板和机解石板3.51万平方米，绿化河堤护坡2.83万平方米。总投资491.9万元，其中：省补资金200万元，县水利部门自筹69.5万元，县配套资金92.4万元。

2001年5月，腾冲县水务局成立，城市防洪职能由城建局移交给水务局。水务局结合《腾冲县城市建设规划》，提出重点对城区地段长5千米，宽26米的河道治理规划设计。在省水利厅的直接指导下，该工程由单一的城市河道防洪治理建设变为集城市市政建设、城市文化建设、城市生态环境建设为一体的系统工程建设。

第三期工程于2004年1月开工，4月20日竣工。治理河段长793米，开挖回填土石方2.27万立方米，支砌石方0.43万立方米，铺筑砼预制板4970平方米，支砌河缘机解石1586米。工程投资160万元，其中省补75万元。

至2005年年底，已完成河道长4000米，河面宽26米的河堤主体工程建设。配套工程建成2.4万平方米文化活动休闲广场1个，河堤游道8000米，河岸绿化3.6万平方米，河堤路灯300多盏。两岸3100亩易涝地已变为城市建设黄金地，平均每亩土地比开发前升值16万元（仅此一项，就为腾冲县的城市建设提供建设资金5000万元），防洪保护农田面积5000亩，防洪保护城市面积4.6平方千米，保护人口2.5万人。改善了县城生态环境，丰富了城市文化内涵，提升了腾冲的城市建设水平和城市形象。

（二）漂白河治理工程

漂白河为腾冲大沙河的一条支流，位于腾冲县城边观音塘坝子。80年代初，该河上游建成县城的主要供水水厂。但是由于长期水土流失，河内泥沙淤积和生长有大量的水生植物，以及下游不合理的占用河道开发建设，周边民众任意倾倒垃圾、污染物，致使河道雨洪期洪水宣泄受阻，污水倒灌水厂，严重影响饮水水质和供水安全，引起社会各界的强烈反响。自2001年，腾冲县将城市供水和防洪职能划归水务局管理后，通过多渠道筹资，采取有效的工程措施治理漂白河，从根本上解决了城市供水近8万多人口的饮水安全问题，使治理后的漂白河成为集治污、保护水源和园林景观为一体的多功能景点。

五、重大抗洪救灾事件

（一）1985年施甸县抗洪救灾

1985年5—6月，施甸县降雨量361.5毫米，比上年同期多242.2毫米。6月7日，施甸县大河出现最大洪峰流量达174立方米/秒，施甸大河东西支流共27条被洪水漫堤，大小河堤坍塌257处，长3503米，洪水滔滔，坝区一片汪洋，造成施甸坝6个乡农田被淹，受围困的村寨15个、1129户6694人，全县受淹面积88900亩。灾情发生后，县领导奔赴现场，并派出汽车29辆，动员300余人到施甸大河抢修决堤险段12处，长272米，用麻袋1700条，河桩600株，笪笆70对。施甸、姚关、太平3个坝区共组织5000多人投入抗洪救灾。7日晚，保山军分区参谋长带领部队一个班和橡皮船到小河家村帮助被洪水围困群众撤离。县委、县政府抽调人力、成立防洪救灾办公室，分别以水电局、民政局、计委为主，组成洪情监测组、救济组和物资供应组，由县领导带队奔赴保场、由旺、仁和、下楼、太平等地抢险救灾，发动群众，加固河堤299处，长1900米，修复沟渠223段，长5225米。

（二）1993年保山瓦窑电站抗洪抢险

1993年8月21日起，保山市瓦窑乡连日降雨，29日又突降暴雨，致使瓦窑河水猛涨，河水上涨到百年一遇的最大流量306.2立方米/秒。由于河床窄，水流急，电站取水口拦污栅又被砂石、树木及杂物堵塞，导致洪水翻过挡墙，淹没工作平台，直逼值班房，值班人员撤离至沉沙池，电站被迫停止发电。18时40分洪水拥进渠道大桥（锁虹桥，后已倒塌），造成支墩断裂，公路严重塌方，车辆人员受阻。河岸挡墙被冲垮，机房北侧的仓库、围墙、厕所、消防池被冲毁。汽油库、变压器、透平油仓库被冲毁。23时50分，洪水进入主机房，四台发电机组的机坑、电缆沟、电缆、互感器被淹，厂内通信、供水中断，直接经济损失334.9万元。

洪灾发生时，电站广大党员、干部、职工及家属，在李怀玉的带领下，冒着生命危险与洪水搏斗15个多小时，他们打桩填土，砍树堵缺，抢救物资，直到8月30日8点30分，终于保住了四台发电机组，共抢救出各种油料6125千克，油桶135个及一批备品备件，最大限度地减少灾害损失。

在抗洪中，瓦窑电站按照市政府的要求，电站广大干部职工，连夜加班抢修受损设备，克服重重困难，奋战48小时，迎来了第一台发电机组恢复正常运行发电，到9月6日四台发电机组全部恢复正常生产，比市政府要求1个月的恢复时间提前24天完成。

（三）2004年特大抗洪救灾

2004年7月18日起，保山市境内遭遇50年不遇的特大洪水，发生严重的洪涝、泥石流、山体滑坡等灾害。特别是隆阳区潞江坝、腾冲县龙江一带灾情十分严重。全市共有39个乡（镇），82万人受灾，农作物受灾面积89.4万亩，其中：成灾48.66万亩，绝收9.26万亩。因灾死亡23人，死亡大牲畜252头，房屋倒塌917间，河堤决口67.47千米，冲毁桥涵31座，损失粮食41648吨，直接经济损失67132万元。

灾情发生后，党中央、国务院和省委、省政府高度重视，分别派出民政部副部长姜力，副省长孔垂柱、省民政厅厅长高祖兴一行于7月21日赶赴灾区指导工作。中共中央政治局常委、国家副主席曾庆红，中共中央政治局委员、国务院副总理回良玉在德宏抗洪抢险救灾的现场专门听取保山的灾情汇报，并作出重要指示，勉励灾区人民搞好抗洪救灾，恢复生产，重建家园。

在抗洪前线，广大人民解放军、武警官兵和各级干部群众与洪水奋力拼搏，全市水利、防汛系统广大干部职工发扬连续作战的精神，昼夜坚守岗位，密切跟踪分析天气、雨情、水情、工情的变化，及时准确地提供防汛抢险信息。利用互联网向省防汛指挥部及有关部门发送保山抗洪抢险信息。努力完成了市政府提出的“在设计标准内不垮一库一坝”的防汛责任目标。

在抗洪救灾的后方，人们捐款捐物，为灾区人民献爱心。全市共收到捐款366.878万元，被子1849床，粮食1.2万千克，衣物81406件，药品353件，食品1391件（包括市外捐赠款物）。

全市共投入防汛抢险人力36.61万人次（各级干部3.02万人次，群众33.59万人次）。投入防汛抢险资金1610.3万元（中央特大防汛费550万元，市级投入76万元，县级投入80万元，乡镇投入381.5万元，群众自筹522.8万元）。投入防汛抢险汽油106吨、柴油64吨、钢材14吨、木材3508.4立方米，投入抽水机具370台、机动车953辆、非机动车1290辆。挽回粮食4412.9吨，挽回财产损失4912万元。

第三节　防旱抗灾

一、防旱抗旱预案编制

依据新《中华人民共和国水法》的相关规定，保山市防汛抗旱指挥部办公室组织有关技术人员于2003年着手《保山市防旱抗旱预案》的编制。

编制工作以调查研究为基础，结合保山市五县（区）干旱特征、分布状况、水资源现状、降雨情况、供水需水量分析等实际。《保山市防旱抗旱预案》体现了“提高水资源利用率，有计划地实施防旱抗旱，减少旱灾造成的损失”的指导思想和“先生活、后生产；先节水，后调水；先地表，后地下”的“三先三后”的调度原则，对特别干旱地区实施增建水源工程，增加供水能力；一般干旱区加强节水措施，提高输水工程利用率；兼顾丰水区，增建蓄水和调水工程。努力做到科学合理，便于操作，为各级党委、政府和防汛抗旱指挥机构对保山市防旱抗旱、抗旱救灾，指挥调度、宏观决策提供科学依据。

二、抗旱服务组织试点建立

农村推行联产承包责任制后，针对耕地分散，作业分散的特点，为有效抗御干旱，省内外许多地方陆续开展了抗旱服务试点工作。施甸县被列为国家级试点县，昌宁县列为省级试点。

（一）施甸县抗旱服务队

1996年，施甸县抗旱服务队正式成立，属施甸县水电局二级单位，性质为事业性服务实体。从事抗旱服务，兼职人员11人，办公室设在县水利电力局。

在开展试点服务期间，帮助老麦乡老麦村新建抽水站2座，修理抽水机1台，解决了1100亩烤烟地浇水问题；帮助杨柳村、黄家寨村修理抽水设施2站2台，解决2000亩稻田，1300亩烤烟水浇地的灌溉；帮助甸阳镇甸头、蒋家寨办事处安装临时抽水站4站5台，解决2000亩烤烟的移栽；帮助甸阳镇张家村、水长乡九条沟勘测、设计、实施人畜饮水工程2件，解决0.5万人、0.15万头大牲畜的饮水困难。1999—2000年间，派人参加太平引水隧洞（全长2503米）工程的施工管理，确保了工程施工质量。试点期间积极出租抗旱机具，4年共循环出租各种抗旱机具125台次。同时，大力推广“FA—旱地龙”，利用有线电视和服务队人员深入村寨农户田间地头进行宣传，讲解、指导喷施浸种等使用方法，分别在15个乡（镇）农科站、水管站建立了“FA—旱地龙”服务网络，共推广使用“FA—旱地龙”2500千克。试点中共解决0.991万人、0.909万头大牲畜的饮水困难问题，实现利润2.7万元。

（二）昌宁县抗旱减灾服务队

1998年3月，昌宁县成立抗旱减灾服务队，属事业性服务实体，定编专兼职人员9人。同时筹集资金（财产）51.6万元，其中：省拨20万元，县财政投入10万元，县水电局划拨财产21.6万元。先后购置抽水设备25台，潜水设备1套、汽油发电机2台，购钢管、塑管15吨。为明山水库配套渠建设组织购供水泥1800吨。

1998年入春后，抗旱服务队先后到翁堵乡、达丙、右甸镇、珠街乡、湾甸等几个老旱区进行“FA—旱地龙”实验示范，通过对烤烟、苞谷、蔬菜等农经作物的试验使用结果较好，得到了群众的好评。在实施“FA—旱地龙”推广中，抗旱服务队编写成群众易懂的文字材料，利用端阳物资交流的机会，印发宣传材料2500余份，同时将1500份材料分发到14个乡（镇）。

1998年冬至1999年春，昌宁县出现严重的冬春、夏初连旱，服务队积极投入抗旱减灾第一线，帮助漭水乡烤烟样板示范基地安装抽水泵站3台，架设1.5千米水管，将水库水引到40多米高的样板地上，解决烤烟用水110亩；帮助翁堵乡明山村架设管道2.5千米，修水池2个，解决该村100多亩的烤烟移栽用水。在卡斯乡龙洞村，帮助修复抽水机1台，投入抽水设备3个，解决940亩甘蔗和120亩稻田栽秧用水，帮助客邑村架设水管3千米，修水池2个，解决该村两社123人、45头大牲畜的饮水困难。

三、人工增雨

保山市地形、地理位置和气候差异较大，即便是大旱年景，仍有部分地方具有人工增雨的作业条件。1978年10月至1979年6月5日，全区持续干旱，云南省革委会和省军区抽调大理军分区6门“三七高炮”，于1979年4月25日至6月24日在保山、施甸、昌宁三县开展人工增雨。选定保山县大官市等作业点9处，作业42次，发射降雨弹1006发，降小雨12次，中雨10次，大雨8次，使保山、昌宁两县13万亩农作物旱情得到缓解。1989年年初，全区发生冬春夏连续干旱，6月11—30日，分别在保山市西山林场、大官市茶场、施甸县仁和乡浑水塘开展人工降雨。用三管火箭发射架8具，发射炮弹659枚，累计作业41次，产生降水21次，催化效率51.2%，降小雨15次，中雨5次，大雨1次，雨量较多的有保山城（6月27日）53.7毫米，老营（6月14日）12.0毫米，银川（6月27日）14.0毫米，施甸鱼洞41.6毫米。在特大干旱的2005年，布设实施人工增雨作业点22个，实施人工增雨作业15次，打降雨弹381枚。人工增雨的实施，有效缓解了旱情。

四、重大抗旱救灾事件

（一）1979年抗旱救灾

1979年，全区遭受60年不遇的严重干旱。1978年10月至1979年5月底，全区降雨量178.8毫米，比上年同期减少195.4毫米，比历年同期平均雨量减少240毫米。造成2082个水库、坝塘干涸，3069条大小河流断流，3623个饮水井和2120个龙潭、龙洞枯竭。截至6月5日，全区栽水稻45万亩，占应栽面积的45%；有25.59万亩玉米种后不出苗或出苗后晒死；全区受旱面积达94.97万亩，成灾面积19.87万亩；有1076个生产队、30940户168万人，7.3万头大牲畜饮水极为困难。保山地、县两级先后从地、县直机关抽调1761人到一线参加抗旱救灾，保山驻军投入大量人力物力支援地方抗旱救灾，在保山、施甸、昌宁开展高炮人工降雨。省地财政先后下拨抗旱经费77万元，地、县水利部门下拨价值40万元的抗旱物资，投入各种机电提灌设备850台。经过全区干部群众的艰苦奋斗，把灾害损失降到最低。

（二）2005年抗旱救灾

2005年，保山市发生自1951年以后最为严重的旱灾。截至6月16日，全市共投入抗旱救灾人力101.38万人，投入抗旱资金4667.5万元，其中：中央607万元，地方4060.5万元。布设实施人工增雨作业点22个，投入抗旱机井55眼，抽水泵站323站（处），机动抗旱设备5407台（套），装机容量9.49万千瓦，投入机动运水车13457辆次，抗旱用电332.1万千瓦时，用油335吨，抗旱浇灌面积35.3万亩，临时解决了23.93万人和14.13万头大牲畜的饮水困难问题。抗旱期间，数千名党员、干部艰苦奋战，不少人带病坚守抗旱前线，其中腾冲县滇滩镇司法所所长、共产党员黄映东，因连日参加抗旱工作，过度疲劳诱发脑溢血，献出宝贵的生命。被腾冲县委授予“优秀共产党员”荣誉称号。

第三章　蓄水工程建设

1978—2005年，保山市加大水利建设投入，发动群众投工投劳，兴建和扩建一大批水利工程，其中：新建和扩建中型水库8座，小（一）型水库27座，小（二）型水库56座。并结合市情，探索“巩固坝区，加强山区，发展热区，主攻旱地水浇，增强抗旱能力”的治水思路，水利建设由坝区拓展到山区，兴修一批“五小”工程，解决部分干旱地区的农田灌溉和人畜饮水困难问题。至2005年年底，全市共有中型水库10座，总库容23501万立方米；小（一）型水库50座，总库容10957万立方米；小（二）型水库211座，总库容5500万立方米；小塘坝2122座，总容量1545万立方米；小水窖29213口，总容量71.37万立方；小水池13475个，小水井101口。

第一节　中型水库

1978—2005年，保山市新建施甸县三块石、腾冲县大河、龙陵县岔河、昌宁县明山和大城5座中型水库，扩建了隆阳区明子山、北庙水库和施甸县鱼洞水库，使全市中型水库达到10座，总库容23501万立方米，其中新、扩建的8座水库总库容19620万立方米，新增库容13634万立方米，新增和改善灌溉面积40.11万亩，完成投资43611.7万元。

一、隆阳区明子山水库（扩建）

明子山水库始建于1952年，灌区为怒江东岸低热河谷地带，是隆阳区经济作物、蔗糖生产基地和热区开发的重点。水库经两次扩建，于1973年建成小（一）型水库。第三次扩建工程，被列为云南省44件重点水利基建项目之一，扩建为中型水库。工程项目由保山市水利电力勘测设计院勘测设计。工期：1990年3月至1993年4月。实际完成投资768.90万元（省补461.00万元，地区投资92.40万元，市投资215.5万元），其中，永久工程投资764.2万元，其他固定资产投资4.7万元。

完成主坝加高7.7米，坝高增至26.5米，总库容1211万立方米，新增库容689万立方米；将原一、二号副坝连为一体，建成新副坝，坝轴线总长362.02米；输水隧洞165米，最大流量4立方米/秒；溢洪道235米，最大泄洪量7.8立方米/秒；引水渠长5.46千米，设计流量1.5立方米/秒；灌溉渠南干渠长16.2千米，北干渠长4.67千米，流量均为1.5立方米/秒；建水库管理所办公楼及住房709平方米，进库公路6.56千米，输电线路2.5千米，通信线路2.5千米；开挖回填土石方41.23万立方米，支砌石方6.57万立方米，浇筑混凝土380.02立方米，安装闸门一套，钢筋制作安装8.5吨。

通过验收评定，主坝扩建、输水隧洞、溢洪道及主坝坝后软基振冲加固处理工程被评定为优良项目工程；副坝扩建、渠道、进库公路、水库管理所办公楼等工程被评定为合格工程。工程完建后，新增灌溉面积1.67万亩，有效灌溉面积达2.4万亩，有效缓解了灌区的严重缺水问题。

二、隆阳区北庙水库（扩建）

水库扩建配套工程为中型水库高坝范围，属3等工程，主要建筑物按3级设计。洪水标准为50年一遇设计，千年一遇校核，抗震防烈度7度。

工程由保山地区水利水电勘测设计院勘测设计。1992年1月开工，1995年6月竣工。总投资2580.63万元，其中：水利部以工代赈款200万元，省补助976万元，地区补助421.2万元，保山市自筹986.43万元。扩建配套工程形成固定资产2502.19万元，形成率为99%。赔偿库区淹没土地和渠道占用土地851亩，其中历史遗留的库区淹没土地526亩。施工中青苗赔偿382亩，搬迁农户29户，拆除房屋102间、1075平方米，迁移长途通信线路0.76杆千米，共赔偿经费305万元，做到迁建工作一次性妥善解决。

完成主坝加高8米，坝高增至73米，坝顶长262米，宽8米，坝型为均质土坝，总库容7350万立方米，新增库容2450万立方米；改非常溢洪道为副坝，坝型为均质土坝，坝高10.6米，防浪墙高1米；新建西庄河引水渠，渠长6.2千米，设计流量1立方米/秒，渡槽2座238米，隧洞2个225米，取水枢纽2座，启闭房2间38平方米，安装闸门3道；改建中和闸，将西、中干渠进水闸及河道泄洪闸合为一体，安装2.5×2.5米平面钢闸门和10吨螺杆启闭机各一套，安装5×3米平面钢闸门2套（采用8吨手、电两用卷扬机启闭），设计泄洪量60立方米/秒，闸室为两层框架结构，建筑面积192平方米；扩修西干渠27.4千米，中干渠20.5千米，东干渠30.2千米，改造老营引水渠0.5千米；建各类渠系建筑及交叉建筑物348件，住宅和管理用房5256.44平方米，改造了水库泄洪洞工作闸门及启闭机，建水库纪念碑一座；开挖回填土石方53.06万立方米，支砌石方14.64万立方米，浇筑混凝土1.07万立方米，安装金属构件73.99吨。

1995年9月，由保山地区水电局主持对施工的8项单位工程进行了验收签证，整体工程优良率为75%。工程完建后，新增灌溉面积4万亩，有效及实际灌溉面积为16万亩，水利用率由52%提高到80%。除保证农田灌溉用水外，水库电站年发电量新增300万千瓦时。

三、施甸县三块石水库

水库位于施甸县城南14.8公里处，拦截怒江水系姚关河上游而建。由保山地区水利勘测设计队设计，经省水利厅批准建设。计划灌溉面积5.61万亩，以旧城蔗区为主。1977年10月动工，1985年12月完工。总投资764万元（属国家投资），支付粮食171.32万千克，总投工527.64万个。

完成主要工程设施14项。主副坝均为均质土坝。主坝高41米，坝顶宽4米，坝顶长196米；副坝高11米，坝顶宽4米，坝轴长114米。总库容2315.79万立方米，兴利库容2235.79万立方米；输水隧洞总长360.1米（洞身176米），为钢筋混凝土压力圆洞，内径1.7米；开挖回填土石方259.17万立方米，支砌石方15.57万立方米，浇混凝土2464.2立方米。

水库建成后，仅1985年就蓄水563万立方米，输水1297万立方米，灌溉农田1.59万亩，缓解了姚关河二级电站枯季发电水量不足的矛盾，使施甸坝5100亩农田的提水灌溉有了电源保障。同时，输入蒋家寨水库约100万立方米，使姚关坝区3000亩稻田得以适时栽插。

四、施甸县鱼洞水库（扩建）

水库始建于1957年，后经1965年、1971年、1974年三次续扩建，库容为573万立方米，坝高24.9米，灌溉耕地面积0.9万亩。

鱼洞水库第四次扩建工程于2002年3月开工，计划2006年3月竣工。扩建配套工程为中型工程，洪水标准为50年一遇设计，千年一遇校核，抗震防烈度8度。由保山地区行署水利电力勘测设计院勘测设计。鱼洞水库升级为中型水库后，拦河坝坝高增至32.9米，坝顶高程1536.3米，正常蓄水位1533.9米，相应库容增至1077万立方米；灌溉总面积2.29万亩，其中：新增1.39万亩，改善0.9万亩。

工程计划投资5567万元。至2005年11月底，筹措建设资金3452万元，其中：省级下达投资3238万元，市级配套资金214万元。

至2005年12月，鱼洞水库扩建配套工程完成主要工程项目为：坝基整体防渗帷幕灌浆总长414米，各种灌浆孔315个，总进尺8877.97米；输水隧洞高洞改建35.5米，建二层砖混启闭房65.6平方米，更改进水闸门为铸铁平板斜拉闸，安装LG20吨螺杆式启闭机一台；输水隧洞低洞改建完成竖井加高2.55米，建启闭机房171平方米，隧洞出口延长48米，更换工作闸、检修闸为钢板平板闸，启闭机分别为QPQ—40吨、QPG—40吨卷扬机；改建溢洪道318米，引水隧洞1580.6米，主干渠33.59千米（东干渠17.95千米，西干渠15.64千米），完成渠首建筑物一座（包括溢流坝、冲砂闸、进水闸），枢纽拦渣坝一座。完成主要工程量总计86.47万立方米，其中：土方开挖20.44万立方米，石方开挖5.11万立方米，填筑土方53.73万立方米，支砌石方6.60万立方米，混凝土浇筑0.59万立方米。

五、腾冲县大河水库

腾冲大河水库位于马站乡三联村大河寨，距腾冲县城36公里，属伊洛瓦底江水系龙川江（瑞丽江）支流大河上游。水库1977年11月正式动工，1982年被列入云南省“六五”重点水利项目，主体工程于1982年3月完工，1983年2月续建，1991年5月竣工，同年12

月通过验收交付使用。工程总投资1798万元。

水库建成蓄水后，在监测中发现下游坝脚随着水位的升高，有集中渗漏、管涌、砂沸现象，倒滤体以上坝面有大面积渗水、沼泽化现象并有逐年加剧之势。1990年和1994年先后两次对坝体进行灌浆处理，但因对病害认识不足和受资金制约，处理不彻底，收效甚微，蓄水运行中病害逐渐加剧。至1997年，下游坝坡局部出现沼泽化、漏斗状塌坑，倒滤体出现管涌、砂沸等渗透破坏现象，危及大坝安全。经保山地区水利局组织专家组对大河水库大坝进行安全鉴定，结论为三类坝。

水库坝高54米，总库容3135万平方米，有效库容2862万平方米，防洪库容171万平方米，死库容102万平方米，左岸泄洪兼输水隧洞全长418.8米，最大泄洪流量35.57立方米/秒，右岸输水隧洞全长358.7米，最大输水流量18.6立方米/秒。灌溉面积6.16万亩，保护农田2.0万亩，人口4.6万人，是一座以农业灌溉为主、兼有防洪、发电、水产养殖、人畜饮水等综合功能的中型水库。由于水库病害，水库蓄水长期控制在2000万立方米以下，实际灌溉面积3.5万亩，仅占设计灌溉面积的56.8%。

2000年3月至2002年4月，对大坝进行除险加固处理后，水库蓄水量大幅度增加，供水效率和坝后电站年发电量显著提高，安全隐患基本消除。

六、龙陵县岔河水库

水库位于平达乡安乐村，怒江一级支流绿根河上游，距县城103千米。设计洪水标准50年一遇，校核标准千年一遇，抗震防烈度8度。总库容1950万立方米，设计灌溉面积5.95万亩。由保山地区水利电力勘测设计院和龙陵县水电局设计。于1995年12月开工，2000年3月竣工。批准工程总投资9469.8万元，实际到位资金9465.8万元，其中：省级预算拨款（基建款）7120万元，省计委安排国债资金200万元，市财政配套530.6万元，龙陵县自筹1615.20万元（含以劳折资400万元）。

水库主坝为风化料坝，坝高68.5米，防浪墙高0.8米；输水泄洪隧洞长275米，有压段和无压段交接处设竖井，井深61.5米，内装检修闸、工作闸各一道，井顶为启闭机室，装80吨、40吨卷扬式启闭机各一套，最大泄水流量83.7立方米/秒；溢洪道264.6米，最大泄洪流量75.6立方米/秒。

水库2000年9月下闸蓄水，经运行观测，主要枢纽建筑物未发现异常。2004年10月最高库容达到1483.8万立方米。新增灌溉面积5800亩，改善面积1.2万亩，粮食增产90多万千克。解决勐糯糖厂、铅锌公司513万立方米的工业用水，保障平达、勐糯、木城乌木寨的甘蔗、烤烟、香料烟、咖啡等经济作物的生产用水。管理处每年收入水费30余万元。

七、昌宁县明山水库

水库位于翁堵乡明山河中上游，距县城34千米。坝高52米，总库容1273万立方米，为中型水库。由保山地区勘测设计院勘测设计，1993年省计委批准兴建。工期：1996年12月至2000年6月。总投资6409.64万元（中央补助680万元，省级补助4284万元，市财政补助320万元，县财政投入1125.64万元）。

完成的主要工程建设：大坝基础防渗帷幕灌浆，拦河坝回填压实，导流输水泄洪隧洞工程，溢洪道工程，引水隧洞工程，主干渠工程、南干渠工程、北干渠工程，移民安置及其他永久工程。完成开挖回填土石方141.44万立方米，支砌石方9.52万立方米，浇筑混凝土1.65万立方米，坝基帷幕灌浆5955.8米，金属结构及设备安装272.86吨。经过一年多的试运行，整体工程于2002年1月通过省级竣工终验，评定为合格工程。灌溉面积达2.4万亩。

八、昌宁县大城水库

水库位于昌宁县境内勐统河一级支流坝塘山河上游，距县城87千米。是云南省“十五”期间50件“润滇水利工程”之一。由云南省水利水电勘测设计研究院设计。设计主坝高45.3米，总库容1085万立方米，为中型水库。于2003年5月开工，计划2006年7月竣工。至2005年5月，累计完成投资6099.39万元，实际到位资金4542.37万元。

2005年年末，已完成：主坝工程（混凝土面板堆石坝，坝顶溢流），坝高45.3米；副坝工程（均质黏土坝），坝高15.3米；溢洪道（开敞式无闸坝面溢流，为宽顶堰），总长62.26米，堰宽4米，校核泄洪流量24.8立方米 / 秒；1# 导流输水隧洞，全长269.8米，最大泄流量11.9立方米 / 秒；2# 输水隧洞，全长424.5米，最大流量1.2立方米 / 秒；主干渠（由取水口工程、隧洞工程、明渠及小型建筑物组成），总长25.95千米，设计流量1.05立方米 / 秒；副坝输水渠，全长2.8千米，设计流量1.05立方米 / 秒。

工程建成后，将为大沙坝低热河谷开发农业生产灌溉用水提供保障，灌溉面积达4.36万亩，其中，新增1.51万亩，改善2.85万亩。

第二节　小（一）型水库

至2005年年底，保山市共有小(一)型水库50座，总库容10957万立方米。1978—2005年，新建和扩建的小（一）型水库27座，总库容5413.7万立方米，新增和改善灌溉面积99678亩，总投资8279万元，其中，隆阳区3座、施甸县5座、腾冲县3座、龙陵县3座、昌宁县13座。选介以下8座：

一、隆阳区小干岩水库

水库位于蒲缥镇双河村，属怒江水系蒲缥河。洪水标准按50年一遇设计，500年一遇校核。1978年10月动工，1980年9月竣工，总投资89.2万元。建成均质土坝1座，坝高23.6米，总库容198.9万立方米，兴利库容154万立方米，调洪库容36.89万立方米；浆砌石拱涵输水洞1座，最大输水流量3.3立方米 / 秒；明渠式溢洪道1座，最大泄流量26立方米 / 秒。灌溉面积0.3万亩。

二、隆阳区水磨房水库

水库位于水寨乡水磨房村，属澜沧江水系干沟河。洪水标准按50年一遇设计，500年一遇校核。于1977年8月动工，1983年4月竣工，总投资166万元。建成黏土心墙坝1座，坝高28米，总库容135万立方米，兴利库容100万立方米；钢筋混凝土拱涵输水洞1座，最大输水流量2.0立方米/秒；明渠式溢洪道1座，最大泄流量4立方米/秒。灌溉面积0.15万亩。

三、腾冲县素脑河水库

水库位于县城东南黄坡村素脑河上游，距县城21千米。于1958年、1975年两次酝酿修建，至1996年8月获得批准。防洪标准按30年一遇设计，500年一遇洪水校核。1997年4月动工，1999年4月竣工。总投资712.4万元。水库坝高32米，总库容142.5万立方米；输水隧洞255.8米，溢洪道129米，进库公路7.4千米，水库管理所占地面积447平方米，建筑面积227平方米；输变电线路全长3428米，电压等级10千伏。水库竣工后，运行状况良好。受益区有黄坡、洞山、沙坝、玉壁、尚家寨5个村委会，64个村民小组、14434人。新增灌溉面积600亩，改善灌溉面积6000亩。

四、龙陵县小河水库

水库位于平达乡小河村，怒江一级支流曼允河上游，距县城112千米。灌溉面积2.6万亩（主要灌区为勐糯镇），蓄水不足部分，主要由岔河水库通过绿勐大沟调节。洪水标准为50年一遇，校核洪水标准为1000年一遇，抗震防烈度8度。1999年8月开工，2002年3月竣工。总投资3288万元（省以工代赈补助2500万元，市级配套106万元，县级筹资444万元）。

拦河坝为均质土坝，坝高39米，防浪墙高0.8米，总库容960万立方米；输水泄洪隧洞279.3米，竖井前为有压段，井顶为启闭机室，装40吨卷扬式启闭机各一台，最大泄洪流量8.97立方米/秒；溢洪道226.0米，最大泄洪流量9立方米/秒。于2002年9月验收，工程质量优良。水库运行到2005年，最高蓄水量达852万立方米，枢纽工程未发现异常。

五、昌宁县水平水库（扩建）

水库位于卡斯镇兰山村。始建于1958年9月，坝高12.4米，库容3.6万立方米。1975年第一次扩建后坝高22米，库容80万立方米。第二次扩建，于1990年被列入第一期滇西南农业综合开发项目。主要是对水库进行扩建加坝和灌浆防渗处理。于1990年7月开工，1993年7月完工，完成投资232.43万元。扩建后坝高30米，总库容178万立方米；输水隧洞160米，设计过流量11.1立方米/秒；溢洪道300米，设计泄洪流量11.15立方米/秒。

2001年，因受施甸“4·12”地震影响，水库再次出现险情。9月，云南省抗震救灾恢复重建指挥部、省财政厅、民政厅同意将水库除险加固工程列入震后恢复重建项目，下达资金50万元。2001年10月至2002年8月，县水利局对大坝进行帷幕灌浆处理。完成孔数30个，总进尺1091.8米，共灌入水泥、黏土696.22吨。恢复蓄水178万立方米，有养鱼水面180亩，灌溉农田4500亩。由卡斯镇政府统一管理。

六、昌宁县大波罗箐水库

水库位于大田坝乡湾岗村，距县城16千米。于1994年12月动工，1999年6月竣工。总投资618.8万元，其中：以工代赈项目资金480万元，县电力公司投资60万元，其余部分由县自筹解决。水库坝高36.9米，总库容120万立方米，灌溉面积2500亩；输水涵洞

178.5米，设计过水流量5.0立方米/秒；溢洪道183.5米，设计泄洪流量13.8立方米/秒。水库效益以灌溉为主，兼顾橄榄河梯级电站调节用水，工程验收后交县电力公司管理。

七、昌宁县蚂蝗洼水库（扩建）

水库位于勐统镇酒药村。原属于小（二）型水库，始建于1988年10月，坝高30米，库容86.8万立方米，有效灌溉面积1460亩。1999年1月动工扩建，1999年4月完工。完成投资209.74万元，其中：国家以工代赈资金134.3万元，县财政配套35.9万元，群众投工投劳折资35.84万元。完成主坝加高6米，延伸涵管30米，安装紫铜片伸缩缝一道，支砌倒滤体顶部长51.5米、宽1米、高6米，铺设混合反滤料厚1米，完成下游草坪护坡6268平方米，完成引水沟防渗衬砌段长1000米，排水沟4条、长450米。扩建后水库坝高36米，总库容132.4万立方米；输水涵洞为钢筋砼圆管，长93.5米，设计过流量4.2立方米/秒；溢洪道50米，设计泄洪流量1.5立方米/秒；有效灌溉面积增至4100亩。工程竣工后交勐统镇政府统一管理。2002年农村小型水利工程管理体制改革中，镇政府将水库承包给个人管护使用。

八、昌宁县老街子水库

水库位于更戛乡更戛村老街子松山河下游。于1998年12月动工，2000年5月完工。总投资617.8万元，其中：以工代赈补助487.8万元，地、县自筹130万元。水库坝高25米，库容135.6万立方米；输水隧洞120米，设计过流量13立方米/秒；溢洪道132.4米，设计泄洪流量13立方米/秒。灌溉面积5050亩，其中：新增3950亩，改善1100亩。工程通过市级验收后，交由更戛乡人民政府统一管理。

保山市1978—2005年建设的小（一）型水库主要特征值登记表

表22-1

水库名称	坝高（米）	总库容（万立方米）	灌溉面积（亩）	总投资（万元）	竣工日期
隆阳小干岩水库	23.6	198.9	3000	89.2	1980.9
隆阳大浪坝水库	21	140	2100	117	1981.6
隆阳水磨房水库	28	135	1500	166	1982.12
施甸银川水库	42	307	6540	60	1979.2
施甸小石桥水库	21	144	920	16	1981.6
施甸泉头水库	22	103	1074	25	1982.12
施甸上寨水库	25	375	2200	158	1989.4
施甸石房水库	23	239	1000	34	1992.4
腾冲团结水库	25	165	471	106	1979.4
腾冲甘露寺水库	40	500	6343	852	1981.5
腾冲素脑河水库	32	142.5	6600	712.4	1999.4

续上表

水库名称	坝高（米）	总库容（万立方米）	灌溉面积（亩）	总投资（万元）	竣工日期
龙陵杨梅坡水库	30	110	2660	17	1979.4
龙陵二结河水库	30	250	4000	27	1981.2
龙陵小河水库	39	960	26000	3288	2002.3
昌宁米河水库	18	110	420	24	1979.12
昌宁大水平水库	27	120	4000	66	1980.12
昌宁共裕水库	32	180	800	22	1981.3
昌宁亮洞水库	29	120	4700	47	1983.12
昌宁珠山水库	28	110	2400	40	1989.2
昌宁劝桥水库	19	120	1500	55	1989.12
昌宁翁堵水库	31	105	1000	68	1992.3
昌宁新寨水库	30	110	300	40	1992.12
昌宁水平水库	30	178	4500	465	1993.4
昌宁麻地河水库	30	103.3	4000	253.1	1995.12
昌宁大波罗箐水库	36.9	120	2500	618.8	1997.6
昌宁蚂蝗洼水库	36	132.4	4100	294.7	1999.4
昌宁老街子水库	25	135.6	5050	617.8	2000.5
合　计	—	5413.7	99678	8279	—

第三节　小（二）型水库

至2005年年底，保山市共有小（二）型水库211座，总库容5500万立方米。1978—2005年，共建设小（二）型水库56座，总投资2063.5万元，总库容1718.9万立方米，灌溉面积43552亩，其中：隆阳区6件，施甸县18件，腾冲县6件，龙陵县2件，昌宁县24件。

保山市1978—2005年建设的小（二）型水库主要特征值登记表

表22-2

水库名称	坝高（米）	总库容（万平方米）	灌溉面积（亩）	总投资（万元）	竣工日期
隆阳小岩子水库	15	10	200	15	1979.3
隆阳大山田水库	9	30	2000	42	1983.4
隆阳陈家田水库	18	12	400	20	1983.5

续上表

水库名称	坝高（米）	总库容（万平方米）	灌溉面积（亩）	总投资（万元）	竣工日期
隆阳王官水库	30	60	500	77	1983.10
隆阳余家箐水库	20	20	400	39	1984.12
隆阳大荞地水库	17	11	300	15	1992.2
施甸长汪塘水库	16	15	250	21	1978.2
施甸秧草塘水库	8	10	200	8	1978.3
施甸白云水库	28	15	2650	42	1978.3
施甸蝗蟮沟水库	15	14	150	2	1979.3
施甸栗子元水库	14	32	600	20	1979.3
施甸姜寨水库	8	18	200	17	1979.12
施甸石窝铺水库	10	11	200	1	1980.3
施甸大龙洞水库	12	15	300	9	1981.6
施甸柳沟水库	30	92	1075	18	1981.6
施甸干塘子水库	8	20	400	26	1981.11
施甸杨家田水库	13	16	100	16	1981.12
施甸石门坎水库	15	65	580	18	1982.12
施甸七〇七水库	14	32	200	20	1983.12
施甸大中水库	18	21	260	12	1985.2
施甸大塘子水库	11	20	348	8	1985.12
施甸尖山水库	6	12	160	12	1986.2
施甸小箐水库	14	35	786	2	1986.10
施甸阿河箐水库	20	30	1070	8	1986.10
腾冲山心沟水库	17	80	888	25	1978.5
腾冲户打田水库	10	14	125	11	1978.8
腾冲长箐水库	28	40	1380	20	1979.3
腾冲水沟头水库	11	11	500	10	1979.11
腾冲二坝塘水库	17	25	1100	130	1999.7
腾冲栗华山水库	28	71.2	4150	351.8	2002.12
龙陵木鱼坡水库	20	30	220	11	1979.2
龙陵清水河水库	20	35	300	25	1992.2
昌宁浪麻山水库	15	15	300	12	1978.4

续上表

水库名称	坝高（米）	总库容（万平方米）	灌溉面积（亩）	总投资（万元）	竣工日期
昌宁勐令水库	15	30	250	6	1978.12
昌宁岩房田水库	13	30	500	5	1978.12
昌宁红鱼田水库	16	10	300	4	1978.12
昌宁新街水库	16	17	200	4	1978.12
昌宁达令田水库	20	78	300	15	1979.12
昌宁新街脚水库	15	22	500	14	1981.4
昌宁马鹿塘水库	17	11	210	4	1981.12
昌宁清根河水库	25	43	500	12	1982.3
昌宁老板田水库	14	16	200	13	1984.2
昌宁电杆沟水库	20	20	1000	15	1984.12
昌宁马家地水库	15	10	250	10	1989.3
昌宁李子树水库	16	12	300	10	1989.4
昌宁炉房河水库	25	42	1400	70	1989.12
昌宁蚂蝗洼水库	30	87	100	55	1991.3
昌宁鱼塘水库	16	22	1500	42	1992.3
昌宁田头水库	20	80	2500	80	1992.4
昌宁大田坝水库	20	15	500	40	1992.4
昌宁绿荫塘水库	24	24	1000	12	1992.4
昌宁秧田洼水库	22	27.7	500	99.7	1992.11
昌宁水平水库	32	87	7000	210	1993.4
昌宁方家寨水库	18	30	400	31	1994.5
昌宁红花林水库	20	30	500	68	1999.4
昌宁塘子窑水库	28	38	1350	180	2004.7
合　计	—	1718.9	43552	2063.5	—

第四节　坝塘以下（“五小”）工程

为解决水利建设发展不平衡，贫困山区水利化程度低，群众人畜饮水困难等问题，保山市有计划地兴建了一批标准高、投资少、见效快的小水井、小水窖、小水池、小坝塘4

类小型蓄水工程，与小水（沟）渠工程合称“五小”工程。

1996年，地区水利局出台“五小”工程的建设标准和建设资金补助标准，贯彻民办公助原则，鼓励兴建“五小”工程。工程建设标准以单项工程的蓄（引）水量来界定。小水井：蓄水1～10立方米；小水池：蓄水10～100立方米；小塘坝：蓄水100立方米至10万立方米；小水窖：储水5～30立方米；小水渠：引水流量在0.3立方米/秒以下。凡列入兴建的“五小”工程，原则上要有长流水，水源充足，水量保证；无长流水源的地方，降雨量和径流区能满足蓄水引水要求，并采取工程防渗措施保水。勘测设计资料方面，要求蓄水1万立方米以上和引水渠道灌溉面积200亩以上的工程，需附一书一图一表，设计规范、标准较高、设施配套、效益较好，审批手续完备，确保建一件、成一件、发挥效益一件。用于人畜饮水的水井、水池、水窖及引水工程，要求水质通过卫生防疫部门的化验后达到国家规定的饮用卫生标准，有安全防护措施。在工程建设上，采取“户办和联户兴办”，谁建谁管谁用，以户管为基础。小水池、小塘坝资金补助标准：容量在0.1万立方米以下的，每立方米水补助5～6元；容量0.1万～0.5万立方米，每立方米水补助3～4元；容量0.5万～1万立方米，每立方米水补助1～2元；容量在1万立方米以上的，每立方米水补助0.5元。小水窖：每立方米补助25元～40元。小水井：每立方米水补助3元。小水渠：以灌溉面积确定补助费（水田每亩控制在100元以内，水浇地每亩控制在50元以内）。

至2005年年底，全市建成小水窖29213口，总容量71.37万立方米；小坝塘2122座，总容量1545万立方米；小水池13475个，小水井101口，小水（沟）渠9894条。灌溉面积81.12万亩，解决饮水困难18.67万人。

保山市2005年“五小”水利工程统计表

表22-3

项　目	小水窖				小水井	小水池			小水（沟）渠		小水塘（坝）			
	数量（口）	总容量（万立方米）	灌溉面积（万亩）	解决人饮（万人）	数量（件）	数量（个）	灌溉面积（万亩）	解决人饮（万人）	数量（条）	灌溉面积（万亩）	数量（座）	总容量（万立方米）	灌溉面积（万亩）	解决人饮（万人）
隆阳区	5241	9.85	1.83	0.43	—	2325	0.2	2.88	1259	14	272	507	1.76	—
施甸县	13719	36.94	4.59	0.21	2	9354	1.53	0.21	207	3.45	143	499	2.27	1.15
腾冲县	50	0.09	0.025	0.12	—	10	0.52	0.36	2062	28.67	210	285	1.05	—
龙陵县	278	0.67	—	0.14	37	748	—	1.59	1176	8.47	144	100	0.16	—
昌宁县	9925	23.82	3.77	0.23	62	1038	—	11.4	5190	6.02	1353	154	2.79	—
合　计	29213	71.37	10.215	1.12	101	13475	2.25	16.40	9894	60.61	2122	1545	8.03	1.15

第四章　引水提灌工程

到2005年年底，保山市共有自流引水沟渠10054条，其中：引水流量在0.3立方米/秒以下的小水（沟）渠9894条，引水流量在0.3～1.0立方米/秒的渠道134条，引水流量大于1.0立方米/秒渠道26条。共有河道水闸53座，固定机电排灌站233处，装机331台，总容量11900千瓦。

第一节　1立方米/秒以上渠道

2005年年底，全市共有引水流量在1.0立方米/秒以上的渠道26条，其中1978—2005年修建1立方米/秒7条。

一、隆阳区中沟

位于隆阳区东河闸至化美村，所在河流为东河。渠道全长7.7千米，设计引水流量2.5立方米/秒，矩形断面2米×1.8米，灌溉河图镇打渔、河图、化美村农田面积1.34万亩。于1980年6月动工，1981年4月竣工。完成土石方开挖4.79万立方米，支砌石方1.36万立方米，浇筑砼0.03万立方米，总投资45万元。

二、隆阳区老营村西沟

位于瓦窑乡老营村，所在河流为东河。渠道全长6千米，设计引水流量1.2立方米/秒，矩形断面1.5米×1.4米，灌区为瓦窑乡老营村，灌溉面积0.15万亩。于1982年3月动工，1983年4月竣工。完成土石方开挖32.9万立方米，支砌石方4.2万立方米，浇筑混凝土0.8万立方米，总投资95万元。

三、隆阳区旱甘箐大沟

位于杨柳乡旱甘箐，属怒江水系，引大海坝水库及山洼泉水，隆阳区勘测队设计。渠道全长13.6千米，设计引水流量1.0立方米/秒，矩形断面1.0米×1.2米，灌溉农田面积0.4万亩。于1984年4月动工，1986年12月竣工。完成土石方开挖4.1万立方米，支砌石方0.13万立方米，总投资26.5万元。

四、隆阳区朝阳沟

位于汉庄镇青岗坝至彭海，所在河流为大沙河。渠道全长23.2千米，设计引水流量1.0立方米/秒，矩形断面1.0米×1.2米，灌溉面积330亩。于1976年10月动工，1988年12月竣工。开挖土石方11.2万立方米，支砌石方3.5万立方米，浇筑混凝土60立方米，总投资23.2万元。

五、腾冲县大河水库南干渠延长段

大河水库南干渠延长段位于马站乡兴龙村大寨子至曲石乡公平村，沿公平坝子南部山坡由西向东沿山修建，属于山腹线型为主的傍山渠。渠道全长7.38千米，坡降1/500。设计分两个流量段，上段流量2.5立方米/秒，下段流量2.0立方米/秒。灌溉面积1.09万亩。是一条以输水灌溉为主，兼有排洪、排涝等综合利用功能的干渠。

2002年6月，省水利厅和省计委同意新建南干渠延长段7.38千米，概算总投资575.2万元。2003年年初，在工程即将实施前，县委、县政府根据实际，将原设计方案作了优化调整，决定将南干渠延长段建设和老渠道整修同时进行，工程于当年12月竣工。新建南干渠延长段6808米，支渠495米，共7303米；加固整修老渠道19千米。开挖土石方18583.4立方米，支砌石方11477.8立方米，砂浆抹面57877.1平方米，浇筑混凝土386.6立方米，修建输水隧洞1座205米，安装金属结构设备31台（套），完成投资446.7万元。

六、龙陵县勐糯倒虹吸引水工程

勐糯倒虹吸引水工程是勐糯异地开发扶贫项目西水东调的主要输水工程之一。工期为1997年8月至1999年3月。工程规模：钢管道长4124.39米，内径0.8米，设计过水流量1.6立方米/秒；完成开挖回填土石方7.33万立方米，支砌石方1.67万立方米，浇混凝土5002立方米，钢材制作安装1414.3吨。完成投资2075.2万元。1999年8月，通过省扶贫办主持单项验收，工程质量评定为优良。工程建成后，有效解决了勐糯东山片区灌溉用水，保障了异地开发安置的顺利进行。

七、龙陵县安定大沟（木城大沟）续建配套工程

安定大沟位于木城乡，取水点位于怒江一级支流公养河上游的勐堆河尖山脚老虎嘴，于1978年建成，总长41.3千米，为未衬砌土渠。灌区为木城乡木城、花椒、老满坡三个村。大沟续建配套工程属木城易地开发扶贫项目，于2002年11月开工，2004年4月竣工。修建渠道总长41.3千米（干渠18.75千米，花椒支渠15.2千米，木城支渠7.35千米）。共建成取水坝三座，均为浆砌石重力坝；渠道三面防渗衬砌加固35.99千米，陡坡8件，总长5.185千米；倒虹吸1件，结构为钢管，长125米；桥涵4座，泄洪糟14件，挡土墙28件，翻拱312米。开挖土石方12.06万立方米，浆砌石方6.07万立方米，浇混凝土977.99立方米，砂浆抹面6.39万平方米，钢材制作安装42.87吨，安装闸门4套。完成投资1150万元，其中：省级1100万元，县级自筹50万元。工程建成后，改善灌溉面积15643亩，受益人口3337人，年增产值478万元，同时解决了三个村1850人的人畜饮水困难。

第二节　0.3～1立方米/秒渠道

2005年年底，全市共有引水流量0.3～1.0立方米/秒的渠道134条，其中1978—2005年新建的有34条。

一、隆阳区

隆阳区独立引水渠道的建设资金来源包括保山坝十万亩吨粮田建设，小型农田水利资金、以工代赈、滇西南农业综合开发、易地扶贫移民搬迁、水利骨干工程等项目渠道，由

主管单位负责立项和组织实施。1978—2005年，新建引水流量0.3～1立方米/秒的独立引水渠道27条，全长114.8千米，总引水流量12.48立方米/秒。渠道取水形式为拦河坝、滚水坝、实用堰等，三面衬砌段较长，建设总投资1488.72万元，灌溉面积7.748万亩。

二、施甸县

1978—2005年，施甸县建设引水流量0.3～1立方米/秒的独立引水渠道3条，均在太平镇。灌渠全长28.23千米（新建18.81千米，复修、扩建9.42千米），总引水流量1.1立方米/秒，灌溉面积1.6万亩。工程总投资514.98万元，建设资金来源均为以工代赈款。

三、龙陵县

1978—2005年，龙陵县建设引水流量0.3～1立方米/秒的独立引水渠道2条，全长30.39千米（新建20.4千米），总流量0.9立方米/秒。实际完成总投资734.93万元，工程资金为木城易地开发扶贫项目和农业综合开发项目资金。解决2000亩水田、6000亩水浇地的灌溉用水，改善灌溉面积5600亩。

四、昌宁县

1978—2005年，昌宁县新建引水流量0.3～1立方米/秒的独立引水渠道2条，全长31.3千米，总流量1.5立方米/秒。完成总投资718.15万元，建设资金来源均为易地开发扶贫项目资金和以工代赈款。灌溉总面积21110亩。

第三节　提水工程

进入20世纪60年代后，保山在干旱缺水地区采用机械电力提水的工程措施，逐步替代了水车等历史上沿用的简单提水工具。截至2005年，全市共建成机电排灌站447处，装机容量14.22万千瓦，灌溉面积6.84千公顷，折合10.2万亩。装机100千瓦以上的抽水站均分布于隆阳区。

一、小沙河抽水站

站址位于隆阳区东河与小沙河交汇口小沙河上游400米处。1989年10月，云南省农牧渔业厅、云南省计划委员会批准立项建设。规模为一站两级，总装机容量149千瓦，净扬程15.6米，输水渠道1960米，设计提水流量0.5立方米/秒。1989年12月动工，1990年7月竣工。总投资84.72万元。抽取东河水灌溉辛街乡邹里、辛街、陶孔村农田面积5000亩，其中：新增灌溉面积150亩，改善灌溉面积4850亩。

二、小堡子抽水站

站址位于保山坝东河清华闸上游约4千米处的东岸。由云南省水利水电科学研究所进行勘测设计，1990年12月保山地区农业综合开发领导小组批准实施。规模为一站四级，总装机容量525千瓦，净扬程87.63米，输水干渠3696.27米，架设钢管649.34米，一级站提水流量0.654立方米/秒。工程于1990年12月动工，1991年5月竣工。总投资133.85万元，其中群众自筹13万元。抽取东河水灌溉汉庄镇方官、小堡子两个办事处农田面积5637亩，其中：新增灌溉面积4471亩，改善灌溉面积1166亩。

三、长岭岗抽水站

站址位于隆阳区辛街乡东河顺流右岸，距保山城区15千米。由云南省水利水电科学研究所承担初步设计，1990年8月保山地区农业综合开发领导小组批准建设。规模为一站四级，装机容量675千瓦，总扬程78.6米，最大提水流量1立方米/秒。工程于1990年11月动工，1991年11月底竣工。总投资259.86万元，其中群众自筹7万元。抽取东河水灌溉辛街乡盛家、陶孔、大栗树、阿今村农田面积13225亩，其中：新增灌溉面积9090亩，改善灌溉面积4135亩。

四、王海抽水站

站址位于隆阳区西邑乡王海村。1989年12月由保山市水利电力勘测设计队完成初步设计。工程规模为一站二级，总装机容量242千瓦，净扬程143米，一级站设计提流量4.67立方米/秒。工期1991年3—6月。完成投资24.01万元，其中，财政补助14万元，贷款5万元，群众自筹50140.98元。抽取东河水灌溉王海村农田面积2314亩，其中：新增灌溉面积400亩，改善灌溉面积1914亩。

五、胡家抽水站

站址位于隆阳区辛街乡东河顺流左岸，距保山城区8千米。由云南省水利水电科学研究所和隆阳区水利电力勘测设计队共同承担设计，保山地区农业综合开发领导小组批准实施。规模为一站三级、总装机容量260千瓦，净扬程66.143米，架设压力钢管639.5米，引水渠长446.1米，输水渠长10705米，最大提水流量0.63立方米/秒。工程于1994年9月动工，1995年12月竣工，总投资405.07万元。抽取东河水灌溉辛街乡胡家、大栗树、杜家村农田面积8400亩，其中：新增灌溉面积3609亩，改善灌溉面积4791亩。

保山市2005年各县（区）提水工程（机电排灌站）统计表

表22-4　　单位：处、万千瓦、千公顷

县（区）	机电排灌站装机容量	灌溉面积	固定机		电动机	
			处数	装机容量	处数	装机容量
隆阳区	9.31	4.82	153.00	8.61	143.00	8.41
施甸县	3.18	0.66	48.00	1.88	40.00	1.72
腾冲县	1.02	1.01	21.00	0.75	20.00	0.72
龙陵县	0.05	0.04	—	—	—	—
昌宁县	0.66	0.31	11.00	0.66	11.00	0.66
合　计	14.22	6.84	233.00	11.90	214.00	11.51

第四节　堰闸工程

2005年年底，保山市共有河道水闸53座。1978—2005年，全市建成过水流量100立方米/秒以上中型水闸有2件，均在隆阳区，其他县没有中型水闸。

一、杜家闸

杜家闸位于隆阳区河图镇杜家庄，属怒江一级支流东河。采用吊葫芦手动平面滚轮钢闸门，四墩三孔，孔口宽5.0米，高2.4米，设计最大泄流量为109.5立方米/秒，闸底高程1650.19米。工程于1979年11月动工，1980年4月竣工。总投资46万元，其中：省补助35万元，自筹11万元。拦河闸建成后，在枯水季节拦截东河水，抬高水位，满足河图中沟取水，中沟灌区涉及9个村，31个村民小组，设计灌溉面积1.3万亩，实际灌溉面积8000亩；在雨季满足防洪要求，保护耕地0.5万亩，保护人口0.4万人。至2005年年末，闸门设备完好，运行正常。

二、青华闸

青华闸位于隆阳区辛街乡青华村，属怒江一级支流东河。采用露顶式平面钢闸门，共设5孔，孔口尺寸为5.0×3.2米，底板高程为1636.47米，限制水位高程为1639.97米。启闭机为QPQ—2X8T卷扬式启闭机，吊点中心距为2.8米，启闭速度为2.15米/分；闸室、闸墩为钢筋混凝土结构；水闸最大过水流量为364.2立方米/秒。

工程于1980年10月动工，1981年7月竣工。1996年5月改建。总投资53.75万元，其中：省补助35.85万元，自筹17.9万元。拦河闸在枯水季节关闸蓄积东河水，提高东河水位2.8米，河道回水长5.6千米，蓄水27.4万立方米，满足沿河两岸13个村、3.05万人、4.32万亩田地的抽水灌溉。两岸共建抽水站13站，抽水流量为4.91立方米/秒。至2005年年底，闸门设备完好，运行正常。

第五节　节水灌溉示范工程

一、隆阳区八鸭塘节水灌溉工程

2001年3月，保山地区计委同意将保山市辛家山节水示范工程调整为保山市八鸭塘节水增效灌溉示范工程。下达节水工程资金计划为200.83万元，其中：中央补助资金100万元，省级配套60万元，地（市）自筹40.83万元。工期2001年3—6月，实际完成投资198.30万元。建成引水主管道一条，全长3453.6米；安装微喷灌首部枢纽2套，工作房2间，干管2条，支管13条，毛管647条，管网全长28856米；安装喷灌首部枢纽5套，闸阀井5个，干管5条，支管32条，管网全长4406米；场内施工道路1.56千米，工程标志碑1座。建成后新增高标准节水灌溉面积854亩，年增产值154.81万元（水利经济效益61.92万元）。工程多为埋设形式，在年节约用水4.42万立方米的同时，年节约用地8.85亩、省工1.8万个。

工程的实施，使灌区渠系水利用系数提高0.3以上、达到0.9。

二、施甸县姚关将台山节水灌溉工程

2003年，省水利厅批复施甸县姚关镇将台山节水增效示范项目实施方案。工程于2004年5月开工，2005年1月竣工。完成投资101.32万元，其中：国债资金100万元，投劳折资1.32万元。整修引水渠道4.52千米，支砌供水池1个（蓄水量500立方米），浇水池24个（蓄水量20立方米/个），架设钢管4362米，修建机耕路2300米。微喷灌区管道工程铺设钢管1032米，PE管埋设21200米，架设10千伏输电线路0.6千米；建盖砖混泵房面积29.4平方米；配置IS100-80-160水泵一台，增压过滤系统二套；修建机耕路800米（群众投劳开挖493米）。建成微喷灌面积150亩，浇灌面积850亩。与传统灌溉相比，喷灌每亩节水317立方米，浇灌每亩节水119立方米，综合平均每年节水量14.87万立方米，年水利经济效益20.58万元，工程经济效益费比为1.13。

三、腾冲县清水大坡节水灌溉工程

2000年，省计委、水利厅下达腾冲县第二批中央财政预算内专项资金灌区续建配套及节水增效示范项目资金240万元。工程于2001年7月动工，2002年3月竣工。完成投资238.29万元，其中：中央补助资金120万元，省级配套50万元，地方自筹68.29万元。建成取水池2个，架设引水主管道2条，全长10.77千米；喷灌工程建主干渠1条，支管48条，管网全长9070.8米，喷灌面积200亩；调节池工程建1500立方米调节水池1个，200立方米调节池2个；浇灌工程建设3立方米蓄水池13个，完成浇灌面积2168亩，干管6条，支管75条，管网全长21367米。建成后新增节水灌溉面积2368亩，示范区经济效益大幅度提高。

四、昌宁县湾甸节水灌溉工程

2002年，省计委同意建设湾甸节水灌溉项目。工程于2002年8月动工，2003年3月完工。总投资200万元，其中，中央财政预算内专项资金（国债）100万元，省级配套50万元，自筹50万元。完成输水灌溉渠道防渗衬砌7.8千米，机耕路780米，架设钢管3.5千米，安装砂石过滤器2套，排气阀4个，压力表4只，ф150毫米闸阀2个，万立方米级水表1个，安装埋设PVC主管、支管4.053千米，PE毛管56.57千米，微喷头10630个，支砌闸阀井13个，安装闸阀25个，修建进水池、沉砂池各1个。建成后灌溉面积1810亩，微灌面积220亩（其中滴灌20亩，微喷灌200亩），合计2030亩。经运行测算，微灌区年效益达75.82万元，渠道防渗区的年效益达13.03万元，节水示范区年经济效益达88.85万元。

第五章　农村人畜饮水工程

第一节　农村人畜饮水状况

一、农村人畜饮水工程建设情况

保山市农村人畜饮水工程建设经历了一个从无到有、从少到多，工程标准从简易到高规格的发展过程。到2005年，全市共解决137.46万人和46.5万头大牲畜饮水困难问题。

1979年以前，保山地区农村人畜饮水工程的发展贯彻“蓄、小、群”的水利建设方针，兼顾解决一些特困地区的饮水问题，因地制宜，建成一批投资少见效快的饮水工程。这个阶段建成的饮水工程，大都工程简易，主要靠塘坝、水池蓄水，水沟引水、竹木枧槽渡水、人工挖井等工程设施解决人畜饮水。期间共解决饮水困难人口16.39万人、大牲畜8.32万头。1980—2000年，全区的农村人畜饮水工程建设标准提高，工程数量逐渐增多，共解决饮水困难人口98.29万人、大牲畜38.18万头。

1980—1990年，所建工程以小型为主、蓄水为主、群众自办为主，辅以钢管引水，并在一些地方推广了混凝土应力管、塑料管、铸铁管引水，兴建水窖，分户管理，形式多样。共解决饮水困难人口35.27万人、大牲畜14.94万头。投入资金1267.98万元，其中：国家补助780.81万元，群众自筹487.17万元。

1991—1998年，所建饮水工程标准逐步提高，水源可靠，水量保证，水质相对较好。主要采用镀锌钢管，开始推广使用无毒塑料管材。共解决饮水困难人口27.22万人，大牲畜12.94万头。

1999—2000年，主要利用国债资金补助、地方配套、农民自筹的方式解决人畜饮水困难，工程建设标准较高。共解决饮水困难人口35.8万人，大牲畜10.30万头。

2001年起，利用国债资金解决人畜饮水，市政府将其列入为群众办的十件实事之一。2001—2005年，全市共建成集中供水工程475件、修建小水池1278座、大口井18眼、单户工程8处、小水窖367口。工程总投资6671.99万元，其中：国债资金3558.6万元，省补助1494万元，市配套143万元，群众自筹1344.62万元，群众投劳折资131.77万元。解决了22.78万人的饮水困难问题。

二、农村饮水状况调查

（一）集中式供水情况

保山市农村集中式供水工程采用供水到户和设置集中供水点两种供水方式。供水到户工程实行一户一表制，工程建设标准相对较高，供水量大；集中式供水点主要针对一些经济条件相对落后、无力配套入户工程的山区群众设置，每村设置2～3个供水点供村民取用。

2005年年底，保山市共有农村集中式供水工程1367处（自流引水1330处，提水工程37处，有净化设施的供水工程112处），其中：供水规模大于1000立方米／天的5处，供水规模在200～1000立方米／天的53处，供水规模在20～200立方米／天的1309处。农村集中式供水受益人口114.48万人。按供水方式分：供水到户工程受益人口106.61万人，集中供水点工程受益人口7.87万人，自来水普及率49%；按水源分：饮用地表水人口63.67万人，饮用地下水人口50.81万人。

（二）分散式饮水情况

全市农村有利用分散式供水设施饮水人口39.14万人，其中：利用水井（主要为手压井）人口10.32万人，利用引泉人口27.99万人（占71.5%），利用集雨工程人口0.83万人。采用无供水设施分散式饮水的人口64.04万人。这部分人主要取用江河水、坑塘水、溪水、沟水和山泉水。

（三）农村饮水安全状况

按《农村饮用水安全卫生评价指标体系》，保山市属于云南南部以外地区，水量以35升／人·天、取水方便程度以人力取水往返时间20分钟、水源保证率以90%、水质以《农村实施〈生活饮用水卫生标准〉准则》三级指标为标准。2004年年底，全市农村总人口217.66万人，其中：有饮水不安全人口68.17万人，占31.3%；饮水安全和基本安全人口149.49万人，饮水安全普及程度为56.7%。全市饮水不安全人口中，水质不达标人口41.53万人，占饮水不安全人口的69.9%；由于水量、取水方便程度、水源保证率不达标导致饮水不安全问题的人口26.64万人，占饮水不安全人口的39.1%。

集中式供水工程受益人口、分散式工程受益人口和无供水设施人口中，均存在一定数量的饮水不安全人口。

据167份抽样调查和对无净化设施的83处集中式供水工程进行抽验，有34处符合《农村实施〈生活饮用水卫生标准〉准则》三级标准，合格率为40.9%。水质不达标的49件工程多数是兴建于2000年以前，重点是氟、砷、浑浊度、色度、细菌学指标、氨氮、耗氧量等方面超标。主要是由于水源受到污染，部分是由天然因素造成。

分散式供水工程由于分布广、人员散，水源规模较小等特点，水质状况复杂，饮水不安全因素也复杂化。通过对水体感官性状较差的39件分散式供水工程进行水样检验，不合格件数为31件。主要在色度、浑浊度、肉眼可见物、铁、锰等方面超标。从直观上看，水井水质稳定，受雨季影响小，但在局部范围内水质状况较差，水体颜色较深，浑浊度较高，含泥量大；引泉水在枯水季节时水体清澈透底，感官性状较好，但受雨季影响大，雨季水体浑浊、含有大量泥沙、水中有肉眼可见物；集雨工程主要是小水窖、小水塘等，水窖水水质相对较好，水塘水雨季较浑浊。

无供水设施的水源同样规模小、分布散，饮水水质复杂多样。通过对直观水质较差的45个水源点进行水样抽验，有41个水源点水质不达标。不同程度地存在色度、浑浊度、细菌学指标、铁、锰、氟等超标问题。从直观看，溪水和山泉水在枯水季节一般无色、清澈、无杂质，但通过抽验，大部分存在细菌学指标超标和部分存在铁、锰超标问题，到丰水季节水体浑浊、色度深、有肉眼可见物；江河水、坑塘水、沟水，直观上浑浊，部分含有细小生物，水质较差，雨季水体较浑浊、色度较深、有大量悬浮物。

三、解决农村饮水安全问题事例

全市各级各有关部门结合实际，采取有效措施解决饮水安全问题。对人口相对集中，原水源水质不达标或用水得不到保障，能找到水量、水质和保证率均符合要求的水源点的地方，采用另选水源的工程方式，建立集中供水工程，从根本上解决水质、水量不达标问题；对人口相对集中，原饮用水水质不达标，附近又无法找到替代水源点的地方，采用水质处理方式改善饮用水水质；对于人口居住分散，寻找新的水源点又较远时，采用一户建设一口集雨水窖的方式来解决饮水不安全问题。同时加强对农村人畜饮水工程的建设管理和运行管理，保护水源，确保饮水不安全问题的彻底解决。其中典型的如：

(一) 隆阳区瓦窑乡供水工程

瓦窑集镇供水工程于1995年建设投入使用。在此之前，该集镇共有政府工作部门、企事业单位、学校、群众近3000人，日常生活靠仅有几口水井提供，水质较差，出水量严重不足，冬春季用水极其紧张。由于水中细菌学指标及总硬度超标，造成慢性病发病率较高，结石、肝炎、胃肠道感染等疾病经常发生，威胁着人民群众的身体健康，影响正常生产生活。1995年建成日供水规模400立方米的集镇供水工程，让群众喝上洁净的自来水。完成总投资82万元，其中，国家补助70万元，当地自筹12万元，人均投资256元。

(二) 昌宁县七甲村三社人畜饮水工程

昌宁县达丙镇七甲村三社驻地人口密集，水源少，每年三四月份，大部分农户饮水除靠小沟渠取水和打井解决外，要到离住地1000米远的栗柴河取水，饮水十分困难。2002年，昌宁县抓住国债资金解决山区人畜饮水困难的机遇，将七甲村三社列为项目区上报，并得以批准实施。工程于2002年4月开工，6月竣工。总投资20.3万元，其中，中央、省补助19.7万元，群众自筹0.6万元。共新架管道7.8千米，新建50立方米调节池1个，10立方米分水池3个，5立方米分水池7个，解决597人的饮水困难。

2005年保山市农村供水状况调查统计表

表22-5

县（区）	乡（镇）（个）	村委会（个）	村民小组（个）	农村总人口（人）	集中式供水人口（人）				分散式供水人口（人）			
					按供水方式分		按水源分		有设施			无设施
					供水到户	集中供水点	地表水	地下水	井	引泉	集雨	
隆阳区	18	301	2646	744483	511914	23406	99481	435839	63170	53476	3178	89339
施甸县	12	137	1648	311361	141690	33568	111125	64133	22639	27303	953	85208
腾冲县	19	221	2731	563399	247964	3005	250969	—	2052	—	—	310378
龙陵县	10	120	1634	247526	114197	1702	115899	—	2952	41085	2553	85037
昌宁县	13	125	1978	309847	50330	16992	59163	8159	12388	158060	1669	70408
合　计	72	904	10637	2176616	1066095	78673	636364	508131	103201	279924	8353	640370

2005年保山市集中式供水规模情况表

表22-6

县（区）	小计					供水规模 1000立方米/天以上			供水规模 200~1000立方米/天			供水规模 20~200立方米/天		
	总处数（处）	其中		总规模（立方米/天）	受益人口（万人）	处数（处）	总规模（立方米/天）	受益人口（万人）	处数（处）	总规模（立方米/天）	受益人口（万人）	处数（处）	总规模（立方米/天）	受益人口（万人）
		乡（镇）及跨乡（镇）	村级											
隆阳区	553	31	552	65167	63.46	1	40000	9.09	24	6369	11.98	528	18798	42.39
施甸县	213	14	199	10303	19.33	1	1500	1.02	15	1045	2.42	197	7759	15.89
腾冲县	286	15	271	20863	30.37	1	6500	5.48	9	2460	4.06	276	11903	20.82
龙陵县	204	5	199	17416	11.59	1	10000	0.31	4	1690	1.57	199	5726	9.71
昌宁县	111	20	91	6349	9.78	1	1265	1.7	1	280	0.47	109	4804	7.60
合　计	1367	85	1312	120098	134.53	5	59265	17.6	53	11844	20.5	1309	48989	96.41

2004年保山市农村饮水安全状况汇总表

表22-7　　　　单位：人

县（区）	农村总人口	饮水安全和基本安全人口	饮水不安全人口合计	饮水水质不达标人口	其中											水量不达标人口	用水方便程序不达标人口	水源保证率不达标人口
					氟超标（F）			砷超标（As）	苦咸水（溶解性总固体）			未经处理的IV类及超IV类地表水	细菌学指标超标，未经处理地表水	污染严重，未经处理的地下水	血吸虫疫区			
					小计	>2毫克/升	1.2～2毫克/升	>0.05毫克/升	小计	>2克/升	1.5～2克/升							
隆阳区	744483	560372	184111	137419	1970	1970	—	970	484	484	—	23433	61467	47670	—	35351	4834	6507
施甸县	311361	199249	112112	79669	—	—	—	—	10536	7032	3504	30017	33315	610	—	14847	7190	10406
腾冲县	563399	360033	203366	142848	6474	4550	1924	7964	10567	10567	—	87708	27666	571	—	3650	37895	18973
龙陵县	247526	173383	74143	37065	—	—	—	—	—	—	—	3687	33378	—	—	9954	12664	14460
昌宁县	309847	201902	107945	18300	—	—	—	—	—	—	—	1803	14503	—	—	23900	39077	26668
合　计	2176616	1494939	681677	415301	8444	6520	1924	8934	21587	18083	3504	146648	170329	48851	—	87702	101660	77014

第二节　农村集镇供水工程选介

一、隆阳区集镇供水工程

（一）西邑乡集镇供水工程

工程始建于1984年，设计供水人口2000人，经20多年运行，管道漏水严重，加之集镇规模不断扩大，人口增加，工程供水能力已不能满足集镇发展需要。2004年，西邑决定对西邑集镇供水扩建工程进行招商引资，按照“谁投资、谁管理、谁受益”的原则。最终由赵朝启投资扩建集镇供水工程，成立西邑自来水公司，负责新集镇、老集镇、康复农场及周边村寨供水工程建设及管理。

供水工程水源为油榨房水库下游1000米处龙洞泉水，实测最枯流量为0.008立方米/秒，经检测，水质符合卫生饮用水标准。扩建工程架设供水管网18.84千米，建成调节池2个，容量为625立方米和150立方米，完成投资230万元。设计供水人口13510人，日供水量1075.35立方米，年用水量28.79万立方米。工程投入运行后，有效解决了西邑集镇的供水矛盾，并探索出一条民营企业参与投资建设和经营管理乡（镇）供水工程的发展道路。

（二）潞江镇集镇供水工程

1994年，坝湾集镇供水工程被保山行署列入小型农田水利和水土保持补助费项目进行扩建维修，下达工程总投资120万元，其中，省补助资金60万元，群众自筹60万元。于1994年7月动工，10月竣工。完成拦河滚水坝一道，全长5米；防洪挡墙一道，全长11米；引水渠80米；铺设镀锌钢管2.058千米；蓄水容积300立方米主调节水池一个；蓄水容积80立方米小调节水池2个。解决集镇区992户、7485人和2880头大牲畜的饮用水问题。管理单位为潞江镇水管站。水费征收标准：农户0.3元/立方米，机关单位及个体户0.5元/立方米，食馆为1.00元/立方米，学校0.2元/立方米。至2005年，供水正常。

二、施甸县集镇供水工程

（一）姚关镇集镇供水工程

1995年，工程被省水利水电厅列入省以工代赈工程项目。于1996年1月动工，12月完工。完成投资206.74万元，其中：国家以工代赈资金56.3万元，省级财政10.4万元，省级部门10.5万元，地级财政4.1万元，县财政16.7万元，乡直单位筹资3.0万元，村社及农户自筹30.74万元。建成钢管主管道6316米，建主供水池2个，容积分别为392立方米和498立方米；建成分供水调节池7个，容积分别为50立方米3个，80立方米5个；铺设支管道5221.72米。

工程运行投产后，供水人口11297人，大牲畜400头。

（二）由旺镇集镇供水工程

1991年，工程被列为灾后“重建家园”项目。由于资金不足，经多方努力，工程被列入以工代赈工程项目。于1993年12月开工，1995年11月建成供水。总投资107.79万元，其中，重建家园项目30.0万元，国家以工代赈13.1万元。建成钢管主管道全长5320米；建供水调节池四个，容积分别为304立方米、129立方米、115立方米、86立方米；建成供水支管16条，总长8500米。供水总人口25561人，大牲畜9800头。

（三）保场集镇供水工程

2001年，工程被列入国债资金建设项目。于2002年4月动工，2003年8月建成供水。实际投资306.46万元，其中：国债资金159.46万元，省补资金53.36万元，以工代赈资金5.0万元，扶贫资金33.0万元，农户自筹55.64万元。

工程设计供水年限15年，规划供水总人口24825人，大牲畜231头，日供水量1805.6立方米。水源取定为两个，分设两个供水区，建成大龙井水厂和小花龙水厂。两个水厂间有一管道连接，可相互补充水源。大龙井水厂建主供水池调节池1个，容积920立方米，附设沉淀池一个，净容量60立方米，日处理能力为1600立方米；设投药池、溶药池各一件，容积分别为18立方米、8立方米；管网主管道全长2876米，支管114.59千米。小花龙井水厂建主供水调节池1个，容积475立方米，附设沉淀池一个，容量56立方米；设投药池、溶药池各一件，容积分别为16立方米、8立方米；管网结构为钢管，主管道全长4303米，支管90.38千米。

2005年，保场乡撤销后，划归仁和镇水管站管理。

三、腾冲县集镇供水工程

（一）中和乡集镇供水工程

工程属樊家营、新街、东坪三个村委会于1992年后相继建成，但由于输水主管架设布局不尽合理，管径过小，输水量不能满足受益村社的人畜饮水要求。2002年，利用2001第一期第三批中央预算内西部专项资金人畜饮水项目款进行总管改造。

改造工程于2002年5月动工，7月竣工。工程投资48.1万元，其中：国家补助36.2万元，群众自筹2.9万元，群众以劳代资9.1万元。架设管道6922米，建成20立方米进水压力池一个，400立方米调节池一个，200立方米蓄水池两个，120立方米蓄水池四个。工程受益区包括乡政府、乡直各单位、中和中学、新街、东坪、樊家营三个村民委员会及两个农贸集市（新街和毛家营）12285人，大小牲畜12339头。

（二）固东镇集镇供水工程

工程共分四期建设，总计投入资金276万元，其中：中央及省补70万元，当地政府与群众自筹192万元，贷款14万元。第一期工程工期1997年4—7月；第二期工程1997年9月动工，1998年1月竣工；第三期工程（辐射村寨的管网建设）于1998年2月动工，1998年6月竣工；第四期工程（配套集镇建设的管网改造与部分延伸工程）于2000年1月动工，计划2006年4月完工。

工程建成后，有输水主管3千米，供水主管11千米，6立方米进水池2个，450立方米调节池1个，650立方米进水池2个，450立方米调节池1个，650立方米调节池1个，日供水规模为600立方米。2005年年底，有用水户1026户。

（三）马站乡集镇供水工程

工程被列为2003年国债资金解决农村人畜饮水困难项目工程。于2004年3月动工，10月竣工。工程总投资30.51万元，其中，国债资金0.86万元，省补5.65万元，群众自筹24万元。建成取水坝1座，250立方米调节池1个，架设输水主管4738米。共解决2500人、762头大牲畜的饮水问题。

（四）曲石乡公平村人畜饮水工程

工程于1999年7月至2000年11月进行勘测、规划、设计。总投资421.34万元，其中，上级补助300万元，群众自筹121.34万元。一期工程于2000年12月动工，2002年6月完工；二期工程于2003年6月开工，9月完工。共架设钢管输水主管17.36千米，供水管20.18千米；建25立方压力取水池1个，600立方米调节池1个，160立方米调节池1个。共解决7838人、4063头大牲畜的饮水困难。

四、龙陵县龙江乡赧等集镇供水工程

龙江乡赧等供水工程，于1991年被列入以工代赈项目新建。总投资15.12万元，其中，中央资金2.97万元，省级投资1.4万元，市级投资0.4万元，群众自筹10.35万元。水源为杨梅坡水库蓄水，由于建设资金紧缺和未进行长远规划，工程规模远远不能解决人畜饮用水需求。

2001年，被列入国债人畜饮水工程项目。工程于2001年10月开工，2002年6月完工。实际完成投资94.6万元，其中：中央投资27.25万元，省级投资9.08万元，市级投资0.5万元，受益群众自筹及投劳折资24.6万元，其他渠道筹资33.17万元。

工程修复取水坝1座，容量3万立方米。建调节水池1个，容量600立方米。架设管长共26.2千米，其中，架设主管长5.2千米，支管长6.8千米，入户管长14.2千米。取水水源点为赧等村打蛇洼，水质符合国家饮用水标准，年产水总量45万立方米，日供水能力120～860立方米。

工程建成后，供赧等、弄岗两个村和集镇、乡直机关饮用水，供水总人口4600人，大牲畜1500头。并成立了赧等供水站，由龙江乡水管站管理。

五、昌宁县柯街镇集镇供水工程

柯街集镇供水工程，1992年被省、地、县列为“八五”期集镇供水实施计划之一，1994年被列为国家第七批“以工代赈”项目。完成投资123.31万元，其中：以工代赈资金40万元，省水电厅配套7万元，地区财政配套2.8万元，县财政配套10.2万元，群众自筹63.31万元。一期工程于1992年10月开工，1993年6月完工；二期工程于1995年1月动工，12月竣工。共铺设钢管主管5200米，支管道38051米，修建水池6个，蓄水860立方米，解决2个村6社4450人、6210头大牲畜饮水困难。工程建成后，交镇水利站管理。2005年，一次性有偿转让给私人承包管理使用。

第六章 城市供水工程

第一节 隆阳区城区供水工程

保山城镇居民历史上以饮用井水或自流的沟、河水为主。1978年，保山县拨款62.5万元，架设易罗池至城区的自来水管道，使供水面达县城居民的60%。次年，保山县自来水公司成立，对城市供水实行全面规划，建成以易罗池为主的供水网络。1983年，保山市自来水公司新辟老鼠山供水水源，架设从磨房沟引水的管道。1984年，新建易罗池加压泵站和高位水塔500立方米两座，使城市发展后的高层楼房供水得到解决。1990年11月，投资680万元，于1992年建成第二自来水厂。二水厂取龙王塘溶洞水，1994年进行续建，达到日供水能力2万立方米，进一步改善市（区）旱季供水紧张的状况。1998年，由于城市建设的迅速发展，供水严重不足，省长保山现场办公会确定建设第三自来水厂。三水厂取北庙水库水，一期工程投资概算5254.11万元，由云大科技股份公司融资建设，日供水能力3万立方米，于2002年建成投产。

2003年8月保山市自来水公司与保山城市供水项目公司合并，成立保山市永昌水业有限公司，云大科技股份公司控股。至2005年，保山城区供水工程累计投资8000多万元。公司有自来水厂3座，在岗员工59人，资产总额8404.46万元，贷款3010万元，年售水量900万立方米。

2005年年底，供水管网覆盖区面积25平方千米，城市供水人口20万人（含部分农村用水人口），主要供水水源地有易罗池（枯流量0.33立方米/秒）、龙王塘（枯流量0.34立方米/秒）、北庙水库和老鼠山（枯流量0.05立方米/秒）水源，除北庙水库为Ⅱ类水质外，其余水源水质均为Ⅰ类，经净水厂澄清、过滤、消毒杀菌处理后均达到国家生活饮用水卫生标准。DN80以上供水管网长度145千米。2005年7月以前平均综合水价为0.89元/立方米，2005年7月起平均综合水价1.37元/立方米。

第二节 施甸县城区供水工程

1980年，施甸县成立自来水管理所，1990年成立自来水公司，隶属县城建局。1995年起，实行事业单位企业化管理。2005年有职工25人，设经理1人，副经理2人，内设办公室、财务室、营业组、管线组、水厂组、仁和管理组，公司隶属施甸县水务局。

施甸县城区供水工程建设总投资828万元，已建成供水管网12750米，供水管网覆盖区面积2.71平方千米，供水人口2.2万人。供水水源为蒋家寨水库（流量0.54立方米/秒）、小坝、小黑龙、虎头岩双龙共4个水源点。水质优良（小坝水源可直接饮用，其余3个水源引入水厂处理后饮用）。

水费标准按生活用水1.20元 / 立方米、营业用水（含建筑用水）2.00元 / 立方米、医院病人用水1.00元 / 立方米收取。

第三节　腾冲县城市供水工程

1983年，腾冲县城市供水工程兴建。1984年成立自来水公司，为企业化管理的事业单位，自负盈亏，收入来源主要是水费。2003年，在原自来水公司的基础上成立腾冲县城乡供水总公司，并将界头、马站、瑞滇、中和水管站和郎蒲、公平两个供水点纳入总公司统一管理。2004年4月，公司实行“厂网分开”，明确了产销关系。2005年有职工82人，设有水厂2个，还有游泳池、矿泉水厂等。公司固定资产原值521万元（不含在建工程2650万元），固定资产净值148万元，供水面积16.2平方千米。

第一水厂（观音塘水厂）始建于1983年，占地面积7.5亩，1985年年初正式供水。设计供水能力8000吨 / 日，水源为腾越镇观音塘龙洞泉水，实测枯流量（泉群合计）0.47立方米 / 秒，属玄武岩孔洞裂隙水，水源补给区为草河以西至马鞍山，打鹰山一带，流域面积20平方千米。流域属火熔岩台地和火山穹丘地形，水源水质优良，未经任何处理，由泵站加班后直接供城区管网。后经多次挖潜改造，供水规模不断扩大，1989年增加到8000吨 / 日，但仍不能满足用水需求。1990年，公司委托成都军区工程科研设计所对整个城区给水系统作了较为完善的统一规划和设计，增加了（液氯）消毒设施设计，并对城区管网进行了合理分区和统一规划，水厂高峰供水量可达到15000吨 / 日，正常供水量维持在12000吨 / 日的规模。由于自然生态环境的人为破坏，森林植被覆盖降低，观音塘水源水位逐年下降，泉水自然流出量由原来的0.47立方米 / 秒减少到0.1立方米 / 秒，无法保证供水，只有靠强制抽取方式来保证供水量。

1997—1998年，选定二水厂的水源地为腾冲县腾越镇上马常村。水源为自然出露泉群，与观音塘水源属同一含水层，皆为玄武岩孔洞裂隙水，涌水量为0.42立方米 / 秒。二水厂一期工程于1999年1月竣工，完成日供水量1.8万立方米的近期供水规模建设。二期工程日供水量3.0万立方米的远期供水工程，因资金制约等原因还未建设实施。一、二水厂均于2003年“非典”期间安装了英国产加氯消毒设备，开始对城区供水进行加氯消毒处理，使供水水质达到国家饮用水卫生标准。建设总投资1462万元，其中：省建设厅下拨300万元，银行贷款950万元，供水公司自筹212万元。

2005年，城区有来凤山2000立方米调节池、城南新村2000立方米调节池和腾固路北端1250立方米高位调节池共3座，调蓄率43.75%。DN100以上管道共14.31千米，管道严重老化，漏失严重，根据测算，水量漏损率达30%。县城内用水人口7.5万人，年供水量786.18万吨，日平均供水量为2.2万立方米 / 秒，高峰时达到2.5万立方米 / 秒，用水大户为县人民医院、制药厂、宾馆、火山热海旅游开发公司、石头山工业园区等。水价为：居民生活用水1.3元/立方米，生产用水1.6元/立方米，营业用水2.0元/立方米，特殊行业用水3.0元/立方米，市政用水0.8元/立方米。

第四节　龙陵县城区供水工程

1985年，龙陵县建成三台月牙坡水厂（一水厂）后即成立县自来水公司，隶属龙陵县建设局，为事业单位企业化管理。2002年7月，划归龙陵县水务局管辖。2004年12月，实施产权制度改制，并更名为龙陵县兴源水业有限公司，采取股份制运作。

2005年，公司有在职职工17人，拥有水厂2座，县城区供水量87.4万立方米，供水管网覆盖区面积3.2平方千米，供水人口2.5万人。供水水源：杨梅山泉水日产水1600立方米、铁厂河泉水日产水7600立方米，三台月牙坡泉水日产水1200立方米，水质均为Ⅰ类，分设一水厂（三台月牙坡水厂）和二水厂（勐淋坡水厂）联合供水。建成供水管道45.5千米。水厂建设及配套工程投资1247万元。到2005年年底，金融贷款525万元，自筹资金100万元，当年新增固定资产20万元，年末固定资产总值为829万元。综合水价为1.50元/立方米，其中：居民生活及公共事业为1.20元/立方米，工矿企业及商饮服务业为1.80元/立方米。

第五节　昌宁县城区供水工程

1976年，昌宁县成立水管所，属财政全额拨款事业单位，隶属县建设局。水源为城西黑龙潭山溪水，日供水能力1600立方米。1978年12月新建右甸河水厂（后称第一水厂），日供水能力3000立方米，取右甸河水经净水工艺处理后供县城居民饮用，饮用水人数达3500户1.4万人。2000年1月动工兴建第二自来水厂，设计日供水能力6000立方米，取水点为河西水库。同年5月一期工程建成通水，日供水5000立方米。

2002年，县自来水厂划归县水利局统一管理。2005年4月，县自来水厂通过内部承债式转让，一次转换成民营股份制企业，成立金润供水有限责任公司。公司供水总设计能力达9000立方米/日，输配水管网覆盖面积近10平方千米，供水管道长1.69千米，工程建设总投资739.35万元，占地面积为20804.68平方米，其中：老水厂（第一水厂）3578.4平方米，游泳池9785.88平方米；第二自来水厂7440.4平方米。自来水用户6015户。年总供水量达180万吨，其中：生活用水90万吨，经营性用水9万吨，工业及建筑业用水3万吨，市政公益、绿化、消防用水28万吨，水厂自用水15万吨，水损35万吨。自来水有效利用率为89.04%。水价为：居民1.6元/立方米，工商经营2.9元/立方米，特殊行业5.0元/立方米，市政用水0.5元/立方米。

第七章　水土保持

保山市山高坡陡，地处地中海—喜马拉雅地震带，怒江、澜沧江大断裂和泸水—瑞丽断裂通过境内，是全省著名的中强度地震活动区，地震频繁，岩石破碎。全市降雨时空分布不均，其特点为雨量集中，大雨、暴雨突发性强，冲刷剧烈；森林被乱砍滥伐，毁林开荒，陡坡开荒，地表覆盖减少，失去保护力。这些自然和人为的因素，使得生态环境不断恶化，以水蚀为主的水土流失日益严重，导致气候失调，水源枯竭，河渠阻塞，土壤肥力下降，洪旱灾害频繁，威胁人民群众的生命财产安全。

第一节　水土流失状况

一、水土流失现状

根据《云南省2004年土壤侵蚀现状遥感调查报告》显示，保山市水土流失面积6960.88平方千米，占土地总面积19637平方千米的35.45%，其中：轻度流失面积3057.28平方千米，占水土流失面积的43.92%；中度流失面积3471.56平方千米，占49.87%；强度流失面积344.09平方千米，占4.94%(分布在隆阳区蒲缥水长河一带和澜沧江沿岸约126.23平方千米，施甸县勐波罗河沿岸约62.29平方千米，昌宁县河西水库周围和县城西部山区约47.28平方千米，龙陵县的帮迈、腊勐一带约40.23平方千米，腾冲县西沙河与龙江上游约6.96平方千米)；极强度流失面积86.83平方千米，占1.25%（分布在龙陵县象达坝子周围，腾冲县荷花乡南箐河、喇叭河和黄瓜箐一带)；剧烈流失面积1.11平方千米，占0.02%（分布在龙陵县象达河上游和平达河上游红坍山一带)。全市平均土壤侵蚀模数1423吨/平方千米·年，年平均侵蚀量2714万吨。

保山市2004年水土流失状况统计表

表22-8　　　　单位：平方千米

项　目	流失面积	其　中				
		轻度流失面积	中度流失面积	强度流失面积	极强度流失面积	剧烈流失面积
隆阳区	1939.85	435.59	1392.77	111.49	—	—
施甸县	899.27	330.35	415.32	117.84	35.76	—
腾冲县	1767.30	1210.43	549.91	6.96	—	—
龙陵县	1003.76	497.89	381.31	76.48	46.97	1.11

续上表　　　　　　　　　　　　　　　　　　　　　　　　　　　　单位：平方千米

项　目	流失面积	其　中				
		轻度流失面积	中度流失面积	强度流失面积	极强度流失面积	剧烈流失面积
昌宁县	1350.70	583.02	732.26	31.32	4.1	—
合　计	6960.88	3057.28	3471.57	344.09	86.83	1.11

二、水土流失造成的危害

（一）破坏土地资源，致使土壤肥力下降

因受地形和地貌影响，全市耕地面积中，坡度在6度以上耕地约占全市耕地总面积的73%，其中25度以上的占11%左右，陡坡耕地占有相当比重。严重的水土流失，使土层较薄的地方，疏松肥沃的表层土流失殆尽，最后裸露成为光板地。据农业后备资源调查评价，全市中低产田地占耕地总面积的四分之三。

（二）淤积阻塞蓄排水工程

全市各类蓄水工程，淤积现象严重。据测算，北庙水库每年泥沙淤积量在10万立方米以上。部分小（一）型水库死库容已淤平，被迫提高死水位，如隆阳区的沙沟桥水库等。小（二）型水库及塘坝，因淤积严重，蓄水量减少，少数已淤平报废。

隆阳区东河、西庄河、黑沙河、三太子河、孟官河，施甸县的施甸河、姚关河，腾冲县的大盈江，昌宁县的右甸河，龙陵县的平安河都是淤积严重的河流。有些河流因含沙量大，冠名为沙河，如保山坝的黄沙河、黑沙河、大沙河等。

全市灌溉渠道大多数为盘山渠道，在水土流失严重的地段，渠道极易淤积阻塞，引起滑坡坍塌。1983年，施甸旧城二号大沟因降大雨引起坍塌32处，坍方4.4万立方米；1985年滑坡465处，坍方4.6万立方米，死亡1人，伤3人。水土流失加快了基础设施的老化损毁，工程效益逐年降低。1978—2005年，全市因洪灾受灾面积406万亩，成灾面积158万亩，直接经济损失10.50亿元。

（三）山地灾害频繁

保山市滑坡、泥石流极为频繁，所造成的损失和对社会经济的影响巨大。《保山市水旱灾害研究》将全市泥石流强度分区划分为强度发育区和中强度发育区，面积分别为3223平方千米和112平方千米。主要滑坡灾害22处，泥石流37处，威胁到3062户、15673人的安全。1989年10月16日，龙陵县香柏河一级电站因连降大雨引起滑坡造成引水渠决堤，泥石流掩埋电站，至死亡2人，直接经济损失124.5万元。

（四）生态恶化，加剧区域贫困

在水土流失严重地区，由于乱砍滥伐，植被破坏，生态严重恶化，直接影响了农业生产发展和农民生活水平的提高。全市的贫困乡村几乎都分布在水土流失地区，水土流失是贫困地区难以脱贫的重要原因。如隆阳区西山片的杨柳、瓦房和瓦马等乡，植被破坏，生

态严重恶化，摆脱贫困十分艰难。

第二节　水土流失成因

一、自然因素

保山市地貌结构中以山地为主，地形切割深，相对高差大，坡长且陡。全市大于25度的土地面积占土地总面积的41.1%；大于35度的土地面积占土地总面积的13.48%。为土壤侵蚀提供了潜在的地形条件。

降雨具有季节性强、分布集中、单点性暴雨频繁和湿热交替强烈的特点。在地形陡峻，土质疏松，缺少植被的条件下，极易产生面蚀和沟蚀。

土壤成土母质有碳酸盐类、碎屑岩类、岩浆岩类和变质岩类岩石等。除砂页岩半风化发育的自然土和耕作土壤，砂泥比例适中，质地较好外，其他构成土壤的母质，一般结构松散，易风化，为土壤侵蚀提供了潜在物质基础。

保山市是全省著名的中强度地震活动区，地震破坏岩层结构，导致岩层缝隙增多，结构松散，水的下渗力增大，大雨、暴雨、连续性降雨均易诱发滑坡和泥石流。如2001年4月10日，施甸县太平乡相继发生5.2级、5.9级和5.3级地震，破坏区范围涉及全市28个乡（镇），289个村委会，总面积3414平方千米。受灾最为严重的施甸县躲安至隆阳区秉塞一带，面积约75平方千米。

二、人为因素

人口增长致土地利用过快、农业广种薄收、基础设施建设中忽视水土保护是造成水土流失的主要人为因素。

随着全市人口的急剧增加，人们对粮食、燃料、矿产等的需求量不断上升，导致无序毁林开荒、毁林取薪、毁林采矿等现象的发生，给生态环境带来严重的破坏，治理难度增大。

全市的旱地中，坡度在25度以上的陡坡耕地占13.88%，轮歇地也占有相当比重。有些较落后的地区仍沿袭着刀耕火种的古老方式。由于坡耕地水土流失严重，保水、保土、保肥性差，单位面积产出极低，造成越低产、越扩大坡耕地面积的恶性循环。

全市范围内大量的县级公路、县乡公路和乡村公路在施工过程中，由于项目建设单位水土保持意识淡薄和资金不足，普遍没有按照法律法规要求编报水土保持方案，基本没有将水土保持防治措施列入公路建设范围，建设及运行期间造成的水土流失面广量大，危害严重。水利水电工程建设期间，往往需要大量开挖、填筑土石方，且建设地点多处在极易发生水土流失的山区、半山区，由于大面积破坏原地貌和地表植被，造成较严重的水土流失。保山市矿产资源丰富，种类多，储量大，分布广，在开发利用过程中忽视水土保持的重要性，随意弃土弃渣，造成破坏植被、掩埋农田、淤积河道及水利工程、污染水源，水土流失危害严重。另外，随着经济的发展及各种基本建设的增加，对砂、石料、砖瓦的需求量增大，不规范的采石、采砂、取土场日益增多，且无任何水土保持措施，造成的水土流失也十分严重。

第三节 水土流失综合治理

1978—2005年，保山市水土流失治理工作从单一的工程措施，发展到以小流域为单元的工程措施、植物措施和农耕措施相结合的综合治理；从水利行业治理，发展到多部门、多行业的社会治理。成立保山市水土保持生态环境监测分站，积极开展开发建设项目的水土流失监测工作。同时，各级主管部门认真贯彻落实《中华人民共和国水土保持法》，加大水土保持联合监督执法力度，加大水土流失治理力度。

截至2005年，全市累计治理水土流失面积1191.79平方千米（坡改梯77.21平方千米，水土保持林842.51平方千米，经济林124.51平方千米，种草27.82平方千米，封禁治理284.44平方千米，其他195.30平方千米），修建截、排水沟60.1千米，塘坝池等小型蓄水保土工程224座，完成土石方量2316万立方米，累计完成投资11404.9万元（中央投资4601万元，地方自筹2900.5万元，群众自筹3903.4万元，群众投劳856.5万个），其中：1978—2005年完成水土流失治理面积682.9平方千米（水利部门实施的国家重点治理工程110.8平方千米，社会力量和其他行业572.1平方千米），总投资8346.5万元（水利部门投资1372万元，社会力量和其他行业投资6974.5万元）。1999—2005年完成中央国债小流域水土保持综合治理工程10件，治理面积102.68平方千米，完成投资1076.84万元（中央国债资金717万元，省补助资金62万元，群众投劳折资297.84万元）。

一、隆阳区综合治理

隆阳区水土流失综合治理重点是水磨房水库库区治理和三太子河、阿家寨河与丙麻凹河小流域综合治理。1999—2003年，隆阳区被列入云南省首批省级水土保持重点治理县，治理期为5年，共完成小流域水土保持综合治理工程4件，累计完成水土流失治理面积28.5平方千米（42779亩），其中：坡改梯2791亩，水保林22440亩，经果林1452亩，封禁治理6007亩，保土耕作10089亩。完成小型水利水保工程25件，完成土石方量13.05万立方米，累计投工11.9万个。完成总投资385.88万元（省级补助245万元，群众投劳折资140.88万元）。

（一）水磨房水库库区治理

水库库区山地面积1384亩，其中：成材林70亩、幼林444亩、杂木210亩、荒山613亩。1984年起，水寨区公所将水土保持工作承包给农民杨有宽等12人，负责枢纽工程及渠道的整修加固和护林绿化工作。由于有专人承包管护，山林得到维护和更新。

（二）河图镇三太子河小流域治理

隆阳区河图镇三太子河小流域治理工程，于2002年6月开工，2003年5月竣工。项目投资91.19万元，其中：省级补助60万元，乡（镇）自筹1.55万元，群众投工投劳折资

29.64万元。完成坡改梯480亩，种植水保林4756亩，种植经果林559亩，并配套管网水池浇灌；保土耕作2548亩，封禁治理1591亩，落实专人管护；新建拦沙坝1座，谷坊12道，铺设管径D15毫米PE塑料管引水管线5501米，建蓄水容积15立方米水池2个，完成水土流失治理面积6.62平方千米，占省下达计划的110%。

（三）老营阿家寨河小流域治理

中央国债隆阳区阿家寨河小流域水土保持综合治理工程，于2003年12月开工，2004年11月竣工。总投资125.12万元，其中，国债资金100万元，群众投劳折资25.12万元。完成水土流失治理面积11.94平方千米（17910亩），其中，坡改梯1212亩，水保林4727亩，经果林176亩，封禁治理9768亩，保土耕作2021亩。完成小型水保工程12处，引、配水管道12.57千米，机耕道路和田间便道3.85千米。完成土石方量20.52万立方米，累计投工2.8万个。

（四）丙麻凹河小流域治理

中央国债水土保持项目隆阳区丙麻凹河小流域综合治理工程，于2005年2月动工，4月竣工。总投资85.44万元，其中：国债资金70万元，群众自筹和投劳折资15.44万元。实际完成小流域治理面积9.98平方千米，其中，坡改梯760亩，水保林4205亩，经果林148亩，封禁治理7443亩，保土耕作2419亩。按计划完成维修加固塘坝1座，谷坊9座，拦沙坝2座，蓄水池10口。完成土石方量18.1万立方米，累计投工1.01万个。

二、施甸县综合治理

（一）响水凹河小流域治理

2000年，施甸县响水凹河小流域水土保持治理，被列入第三批中央财政预算内水利专项资金水土保持项目。于2001年4月开工，2002年3月竣工。完成投资147.23万元，其中，国债资金72万元，省配套投资18万元，群众投工投劳折资57.23万元。完成小塘坝1座，拦沙坝3座，谷坊13座，排水沟2.98千米，水平截水沟4.02千米。完成治理面积10.61平方千米，其中，水保林4857.7亩，经济林1618.3亩，种草663.9亩，封禁治理6604.2亩。

（二）白龙河小流域治理

2002年，施甸县白龙河小流域被列入中央财政预算内专项资金水土保持项目。于2003年2月开工，10月竣工。完成投资84万元，其中，国债资金52万元，省级配套资金3万元，群众投工投劳折资29万元。完成拦沙坝3座，谷坊7座，排水沟长12千米，治理面积为8.16平方千米，其中：水保林3817亩，经济林1051.1亩，封禁治理3243亩。

三、腾冲县综合治理

腾冲县水土流失综合治理，除城市防洪河道治理中大沙河（大盈江）流域综合治理和水土保持生态环境示范城市建设中马常河、饮马水河、同车河、白桥河流域综合治理外，还进行了草河小流域综合治理。

2000年，草河小流域被列入中央财政预算内专项资金水土保持项目和小流域水土保持保持综合治理国债项目。于2000年3月开工，2001年6月竣工。总投资164.56万元，其中，国家补助144万元(中央财政预算内专项资金72万元，省级配套21万元，地县配套51万元)，其余不足的22.24万元由当地受益村社农户集资和投工投劳解决。完成加固水保排水河堤405米，采用预制U形砼槽及块石支砌流域内排灌沟渠1300米，灌溉面积830亩；建拦沙坝1座，坡改梯650亩，保土耕作1500亩，种植水保林3935亩，经果林7390亩，封禁治理面积5618亩，实际完成治理面积8.73平方千米。

四、龙陵县综合治理

(一) 平达河综合治理

由于森林乱砍滥伐，1980年后洪水泛滥严重。1984年冬，龙陵县政府拨出专款，省地扶持配合，派出技术人员进行规划设计和指导施工，平达乡出劳力，开展综合治理。采用上堵、下疏、中坚固的措施，经过连续三个冬季的治理，共开挖土方3.1万立方米，支砌石方11.14万立方米，修筑拦沙坝15座，河堤3.2千米，最大过水量25立方米/秒，灌溉沿河两岸农田6000亩。群众投工4.328万个，国家投入和群众自筹资金共34.29万元。各级政府狠抓上游绿化和植被保护的措施，退耕还林300亩，植树2400亩，有效改善当地的水土资源环境。

(二) 象达河综合治理

1985年遭受特大洪涝灾害后，龙陵县人民政府将此列为“七五”期间重点治理项目之一。上游建拦沙坝、挡墙防止水土流失，植树造林增强地表保护力；中间加固河堤，拆除阻水建筑，增大泄洪能力；下游降低河底高程，增大行水流速，防止水流阻滞。至1987年，建成拦沙坝2座，拦土墙1座，支砌河堤1148米，下游464米河段全部挖深1.5米。支砌石方0.3万立方米，开挖土石方2.18万立方米，清除泥沙7.48万立方米，群众投工20.32万个。完成投资20.84万元，其中：小农水资金12.5万元，粮、棉、布补助折价7.34万元，区乡自筹1万元。保护农田1300亩。

(三) 勐外坝河小流域治理

勐外坝河小流域属龙陵县龙江乡，涉及勐外坝、蕨叶坝、新寨三个村，共有居民1097户，4658人，其中，农业人口4625人，劳动力2511人。人口密度120人/平方千米。2000年发生的“8·15”特大洪水，引发泥石流，造成域内水土流失面积12.03平方千米，占流域面积的31.3%，水土流失约5.27万吨/年。2001年12月，开始对该流域进行综合治理，工程于2002年9月竣工。完成投资102万元。共建小型水利水保工程谷坊10座、拦沙坝5座，灌溉排水沟2千米、水平截水沟1.4千米。治理面积12平方千米，其中：坡改梯1000亩，水保林5070亩，经果林3280亩，种草630亩，封禁治理5250亩，保土耕作2770亩。

五、昌宁县综合治理

(一) 五甲河小流域治理

2000年，昌宁县五甲河小流域被列入第二批中央财政预算内专项资金水土保持项目。工程于2001年4月动工，2002年2月底竣工。完成投资108万元，其中，国家投资72万元，省配套16万元，地县配套20万元。建设塘堰3座，谷坊22座，拦沙坝6座，蓄水池窖16口，灌排沟4.92千米，水平截水沟3.69千米，沉砂池14个。完成坡改梯2800亩，水保林3613亩，经济果木林2154亩，种草308亩，封禁治理7773亩，保土耕作1352亩，治理水土流失面积12平方千米。

（二）耈街河小流域治理

2003年9月，昌宁县耈街河小流域被列入第二批江河治理项目中央财政预算内专项资金（国债）投资项目。于2003年11月动工，2004年11月底竣工。总投资79万元，其中，国家投资55万元，省级配套12万元，县乡级配套12万元。建设谷坊6座，拦沙坝2座，蓄水池窖20口，灌排沟0.5千米。完成坡改梯753亩，水保林3523亩，经济果林601亩，封禁治理6289亩，保土耕作834亩，治理水土流失面积8平方千米。

第四节 腾冲水土保持生态环境示范城市建设

腾冲县城四周群山环抱，周边分布有马常河、饮马水河、同车河、白桥河、漂白河等诸多河流，大盈江（大沙河）自东北向西南穿城而过。

为争取被列入“全国水土保持生态环境建设示范城市”，腾冲县成立由副县长任组长，县政府办、水务局、发展和改革局、建设局等相关单位组成的领导小组。编制城市水土保持规划，出台《腾冲县水土保持实施办法》和《腾冲县开发建设项目水土保持方案编报审批有关规定》等规范性文件。围绕“保水、养水、节水、用水、治水、活水”的原则，结合城市建设总体规划，制定科学合理的城市水土保持生态环境建设规划。坚持城市发展和水土保持规划相结合的思路，保证城市建设、绿化和防洪工程建设相互协调发展。

腾冲县城的建设围绕来凤山脚、沿大盈江和饮马水河两岸发展，依山傍水，呈向南开口的马蹄形。把城市四周高山峻岭190平方千米面积划为水土保持区，增加城市水土保持设施面积；加大各水系流域内的水土流失治理力度和城市种草力度，搞好造林树种结构调整，从针叶林转向阔叶林、水源林，并制定水源林保护办法，禁止水源林采伐；编制科学合理的生活用水、农业用水、工业用水调度计划，合理利用水资源，加大城市污水治理力度，确保工业污水和生活污水的达标排放，坚持治污与防洪相结合的原则，加大城市防洪河道治理力度。

为使水土保持法律、法规深入人心，成立腾冲县水土保持监督执法领导小组，建立水土保持监督执法队伍，加强对城市周边开山取石、取土和挖沙的有效监管。2004—2005年，应编报开发建设项目水土保持方案49个，实编报45个，编报率为92%；应征收水土保持设施补偿费19.5万元，实征收18.01万元，征收率为98%；应查处水土保持违法案件20件，实查处18件，查处率为90%。人为造成的水土流失得到有效遏制。

至2005年，共修建城市防洪河道12.89千米，水系绿化长度10.52千米，水系绿化率为81.6%。城区多年平均降水量1480毫米，年径流深800毫米，综合径流系数达到0.54。城区范围国土面积188.7平方千米，林地面积77.58平方千米，森林覆盖率为41.1%，城市公共绿地面积为34.66平方米。城市总面积12.14平方千米，水土流失面积1.04平方千米，水土流失控制率为8.6%。

第八章　水利管理

第一节　管理体制改革

一、水库管理体制改革

根据国务院《水利工程管理体制改革实施意见》等相关文件规定，2003年3月起，保山市开始对五县（区）所属水库的12个工程管理单位2002年、2003年的财务收支进行经费测算(其结果有11个亏损单位)。在摸清家底的基础上，2004年4月，根据市政府批准的《保山市水利工程管理体制改革工作的实施方案》，腾冲县大河水库管理处、甘露寺水库管理所、昌宁县明山水库管理所被划定为纯公益事业单位。其余的隆阳区北庙、明子山、大海坝、小海坝、水库，施甸县施甸灌区、三块石、鱼洞水库，龙陵县八〇八水库“三库一线”管理处，昌宁县河西水库等9个水管单位被划定为准公益性事业单位。重新批准核定12个工程管理单位编制共327人，设置岗位278个（确定为公益性人员127人，非公益性人员151人）。从2005年起，县（区）财政每年拨入公益性人员的工资及公用经费共197.69万元。12个单位，除隆阳区北庙水库管理处定为区直一级单位外，其余的11个单位均定为县（区）水务局直管的二级单位。其他小（一）型水库，按原有管理模式由县（区）水行政主管部门委托乡（镇）管理；小（二）型水库、渠道、泵站、小塘坝等小型水利工程，按照“谁建设、谁受益、谁管理”原则，由乡（镇）、村负责管理；属农户所有的由农户自主管理。各管理单位均建有工程维修养护队，推行管养分离，确保工程运行安全和发挥效益。

2005年，乡（镇）机构改革后，各乡（镇）均单独设立全额拨款的水库管理事业单位，其中：属乡（镇）直管的有62个，双重管理的有10个，共配备人员共291人。年底，全市共有水库工程管理处（所）190个，专职和兼职管理人员901人。

二、水务改革

2001年5月，保山市水务改革试点工作在腾冲县进行，取得经验后即在全市推广。2002—2003年五县（区）先后成立水务局，市水利局机构改革中，增设水务管理科室及人员编制。基本实现涉水事务统一管理。

五县（区）水务局根据职能的调整，逐步接管自来水公司，并结合各县实际，组建城乡供水公司或供水股份有限公司。积极创造条件，逐步实现城乡供水一体化管理。全市城乡日供水能力达16.3万立方米，总资产达1.8亿元，城乡供水能力进一步提高，供水企业得到良性发展。

根据水利产业政策，保山积极引进外来资金参与水利水电建设。如龙陵县苏帕河流域梯级电站，吸引省投资公司以56%控股、云南保山电力股份有限公司和保山市国有资产管理有限责任公司参股进行开发建设，完成投资9亿元。同时，合理开发利用与保护水资源。如腾冲县漂泊河整治工程，从单一的城市防洪河道整治向多功能的文化、观光、旅游复合功能转变，达到治理与开发并举。

三、产权制度改革

1999—2002年，保山市在水利工程产权制度改革方面，积极试行“六种新模式”：对受益范围为一家一户的水窖等小、微型农村水利工程，实行自建、自管、自用的“三自”模式。

对老化失修、经营不善、管理粗放的集体兴办的水利工程，推进“集退民进”模式，对其所有权实行一次性拍卖，使集体工程向民营水利过渡，盘活水利资产。使水利工程逐步走上自我更新、良性循环的轨道。

对集体拥有的小型水利工程，推行所有权与经营权分离的“两权分离”模式，村组集体保留所有权，通过委托管理或公开竞价、租赁、承包等灵活多样的方式搞活经营。

对投资较大，单户无力建设的水利、水保、供水工程，按照“入股自愿、独立核算、按股分红、民主管理”的原则，推行户与户联合、村组与农户联合、村组与村组联合、企业与村组或农户联合等方式入股经营的“股份合作”模式。

对国家管不到、集体管不好、农民管不了的集体小型水利工程，向社会公开招聘能人，推行“法人当家，合同管理，职员自聘、自负盈亏”的“招聘能人”模式。探索出一条“以水养水”，自我发展的新路子。

对受益范围为联户、自然村或跨自然村的农村小型水利工程，成立用水合作组织，推行“合作组织”模式。

第二节　工程管理

一、水库大坝注册登记

根据国务院《水库大坝安全管理条例》等相关规定，保山地区于1995年年底完成水库大坝注册登记共246件，其中：中型水库有北庙、大海坝、小海坝、明子山、三块石、大河、八〇八、河西水库8座，总库容20278万立方米，有效灌溉面积27.64万亩，达不到二类水库标准或虽达到标准、但工程质量差的有腾冲县大河水库；小（一）型水库45座（保山市12座，施甸县10座，腾冲县5座，龙陵县8座，昌宁县10座），总库容9070万立方米，有效灌溉面积17.86万亩，达不到二类水库标准或虽达标准、工程质量差的有43座（保山市12座，施甸县10座，腾冲县5座，龙陵县8座，昌宁县8座）；小（二）型水库193座（保山市52座，施甸县38座，腾冲县36座，龙陵县20座，昌宁县47座），总库容4801万立方米，有效灌溉面积13.15万亩，达不到二类水库标准或虽达标准、工程质量差有的160座（其中保山市46座，施甸县35座，腾冲县32座，龙陵县18座，昌宁县29座）。

二、县管水利工程土地确权划界

保山地区1994年共有县管水利工程15件，其中：水库14座（北庙、大海坝、小海坝、明子山、三块石、鱼洞、蒋家寨、响水凹、幸福、大河、甘露寺、塘子坝、八〇八、河西），独立引水渠道1条（三八大沟）。根据云南省水利水电厅《关于抓紧完成水利工程土地划界确权申报工作的通知》要求，于1994—1996年上半年先后对县管的15件水利工程进行土地确权划界工作。统计15件县管工程实际占有山林土地面积38.97平方公里，已向土地部门申报土地面积35.19平方公里，有争议的3.79平方公里土地面积未作申报，共办理土地手续19.12平方公里，占申报数的54.3%。

三、水库大坝安全鉴定

1995年3月水利部《水库大坝安全鉴定办法》出台后，保山地区水利局按照相关规定，组织勘测设计单位技术人员编制大坝安全鉴定资料，成立专家组，进行技术审查，积极开展水库大坝安全鉴定工作。到2005年年底，全市已完成了15座水库大坝安全鉴定工作，其中：中型水库5座，小（一）型水库10座。中型水库为腾冲县大河水库、施甸县三块石水库、隆阳区明子山水库、龙陵县八〇八水库和隆阳区小海坝水库。其中大河水库、三块石水库、明子山水库3座水库列入了中央一批除险加固专项规划，已相继组织实施，完成除险加固任务。八〇八水库列入中央二批除险加固专项规划，正在组织实施。小（一）型水库为隆阳区梨树岭岗水库、大坝水库、拦河坝水库，施甸县银川水库、上寨水库，腾冲县塘子坝水库、侍郎坝水库，龙陵县坪子寨水库，昌宁县麻地河水库、共裕水库，其中，梨树岭岗水库、大坝水库、拦河坝水库、塘子坝水库、侍郎坝水库、坪子寨水库和麻地河水库7座水库已列入中央第二批除险加固专项规划。

四、水利水电工程质量监督

保山市水利水电工程质量监督工作始于90年代初。2005年6月，成立保山市水利水电工程质量监督站。为保山市水利局下属的科级事业单位，受政府委托对水利水电工程质量进行监督管理。质量监督方式以抽查为主，大型水利工程建立相应的质量监督项目站，中、小型水利工程根据需要建立质量监督项目站或进行巡回监督。在工程竣工验收时向验收委员会提出工程质量等级的建议。

1998—2005年，保山市水利水电工程质量监督站直接监督的工程有龙陵岔河水库、昌宁县明山水库、施甸鱼洞水库、施甸三块石水库、隆阳区明子山水库、腾冲县大河水库、昌宁县大城水库、龙陵县小河水库等8件中型水库及保山市内建设的一大批小型水利水电工程。

五、水利水电工程质量检测

保山市水利水电工程质量检测站前身为保山地区水利电力勘测设计院试验室，成立于1959年7月。1992年，成立保山地区水利水电工程质量检测站，2004年11月取得云南省计量局颁发的计量认证资格。其职能是承担中小型水利水电工程的建材试验和质量检测。

至2005年，质量检测站先后承担并完成了隆阳区北庙水库、大海坝水库、明子山水库；施甸县三块石水库、鱼洞水库；腾冲县大河水库、甘露寺水库；龙陵县八〇八水库、岔河水库、小河水库、二结合水库；昌宁县明山水库、大城水库，以及龙江三级电站、三江口电站扩建工程、保腾公路、保施公路和保山部分其他工程的土工试验、质量检测工作。

第三节　病险水库除险加固

一、中型水库

(一) 隆阳区北庙水库除险加固

北庙水库始建于1958年。1962年投入运行后，各枢纽建筑都存在不同程度的病害，尤以大坝漏水特别严重，危及水库安全。从1966年起，先后进行数次除险加固处理，但水库病害仍未根除。1980年被列为全国43座重点病险水库之一。

除险加固一期工程于1984年6月动工，1986年12月结束；二期工程于1989年7月开工，1990年12月竣工。共完成大坝帷幕灌浆钻孔351个，总进尺20118.02米；建输水隧洞钢板洞身内衬217.72米，深58.53米竖井一座，检修工作室132.4平方米，平板钢闸门及启闭机各2套；泄洪隧洞及输水隧洞回填灌浆3416.5平方米，建大坝上游护坡39212.5平方米，大坝反滤体18949平方米，背坡上坝阶梯222米，坝脚挡墙120米，排水沙管460.3米，排水沟482米，渗流排水涵135米；建两洞出口泄水道894米，引水渠4.15千米，渠系建筑8件，交叉建筑21件，房屋2247.14平方米，测流堰一座，拦沙坝2座，观测标点55个，观测堰2处，修建抢险公路5.1公里；并进行河道治理等。开挖回填土石方22.49万立方米，支砌石方9.41万立方米，砼1248.4立方米，金属结构74吨，灌注水泥1781.46吨。

在此基础上，于1992年12月至1994年2月完成水库扩建配套工程，总库容由原来的4900万立方米增至7350万立方米。水库主坝扩建后在高水位运行期间，又出现主坝右侧山体结合处渗流逸出问题。防渗处理工程于1997年7月开工，1998年1月竣工。完成大坝帷幕补强灌浆孔66个，总进尺3456.28米；泄洪隧洞固结灌浆孔248个，总进尺517.76米；输水隧洞阻水环灌浆孔16个，总进尺20.32米；开挖支砌切槽及排水槽总长141米。开挖回填土石方957.4立方米，砌石177立方米，灌注水泥703.8吨。

水库三次除险加固处理工程总投资1303.59万元（中央投资300万元，省补350.5万元，地级自筹235.09万元，贷款418万元）。经几次重点除险加固后，水库工程病害基本消除，具备安全运行条件。

(二) 施甸县三块石水库除险加固

三块石水库位于施甸县城以南15公里。于1985年12月竣工蓄水，1997年出现输水隧洞漏水险情，2001年4月10日、12日和6月8日施甸连续发生5.2、5.9和5.3级地震，险情加剧。主坝坝面出现大量裂缝和右肩输水隧洞出口左侧漏水点，严重威胁水库工程及下游安全。2002年1月，被水利部定为病险水库。

水库除险加固工程由保山市水利水电勘测设计院负责设计，2003年3月获省级主管部门批准。于2003年5月开工，2004年12月竣工。完成混凝土防渗墙工程，坝基、坝肩帷幕灌浆工程，主坝加固工程，隧洞回填和固结灌浆工程，副坝整治工程，非常溢洪道工程，水文水情测报及大坝安全监测系统工程，其他永久工程。完成总工程量10.43万立方米（开挖回填土石方7.13万立方米，浆砌石方2.89万立方米，砼0.41万立方米），消耗水泥6909吨。完成投资2328万元，其中：中央补助资金1770万元，地方各级配套资金558万元（省财政配套资金440万元，市财政配套资金88万元，保山市水利局拨入资金30万元）。除险加固工程实施后，水库病险情况得到解决。

（三）腾冲县大河水库除险加固

大河水库1982年3月完工蓄水运行，在监测中发现渗漏等病害。因对病害认识不足和受资金制约，虽经1990年和1994年两次对坝体进行灌浆处理，但收效甚微，蓄水运行中病害逐渐加剧。据1989—1997年观测记录，坝脚出浑水共70余次，渗漏量最大27.08升/秒，下游坝坡大面积渗水。至1997年，下游坝坡局部出现沼泽化、漏斗状塌坑，倒滤体出现管涌、砂沸等渗透破坏现象，危及大坝安全，水库难于发挥应有的效益。1998年，保山地区水利局对大坝进行安全鉴定，结论为三类坝，须除险加固。

除险加固方案由保山市水利电力勘测设计院设计。主体工程于2000年3月开工，2002年4月完工。工程到位资金共3170万元，其中：国债资金2300万元，中央水利建设基金100万元，省水利建设基金400万元，市级配套160万元，县自筹210万元。至2005年年末，除险加固工程和南干渠配套工程累计完成投资3155.06万元，占概算总投资的96.8%。主要完成大坝混凝土防渗墙、坝基帷幕灌浆、大坝上下游坝坡加固整治与坝顶恢复改造、两洞灌浆、进口检修闸门改造、出口泄水陡槽改（完）建等。省水利厅建管处授权委托保山市水利局主持工程验收。经验收鉴定，水库除险加固项目单位工程合格率100%，优良率66.7%，其中大坝砼防渗墙和大坝帷幕灌浆两个主要单位工程质量等级达到优良。

水库除险加固处理后，安全隐患基本消除。水库蓄水量大幅度增加，下游农田的灌溉、坝后电站年发电量、下游4.6万人口和2.0万亩农田的安全均得以保障。同时，通过综合治理，大坝外观及周边环境改善，取得良好的生态效益。

（四）隆阳区明子山水库除险加固工程

明子山水库位于保山市隆阳区道街乡登高村明子山寨。1952年动工修建，经两次扩建，于1973年建成小（一）型水库，至1993年4月扩建为中型水库。由于其复杂的建设经历及多次叠加地震的破坏，逐步暴露出病险情况，并呈恶化趋势，危及大坝的安全。2001年8月，被省水利厅确认为三类坝，须进行除险加固。

工程于2003年9月动工，2006年3月完工。完成了主坝砼防渗墙、主坝帷幕灌浆、副坝帷幕灌浆、主坝上游坝坡振冲加固、主坝上下游坝坡加固及坝面整治、副坝上下游坝坡加固及坝面整治、输水隧洞竖井及洞身回填灌浆工程、防洪抢险公路工程、水土保持工程、管理房屋建设、水情自动测报建设、大坝安全监测设施建设、南北干渠加固、扩修施工道路、工程整理及环境美化等项目工程。开挖回填土石方14.01万立方米，支砌石方7.11万立方米，砂石铺筑1.65万立方米，浇筑砼1.23万立方米，防渗灌浆造孔进尺21002米，振冲、灌浆进尺27501米，回填灌浆660平方米，钢筋制安93.24吨，草皮护坡18760平方米，植树2802棵，安装1.4×1.4米工作闸、检修闸及拦污栅各一套，隧洞出口分水闸两套。批准概算投资3597.63万元（国债2320万元，省市区自筹1277.63万元），实际完成投资3207.64万元。

此外，由于库址地质原因及几次扩建施工取土筑坝等原因诱发了水库溶洞漏水。经1965年、1975年、1993年三次堵塞处理，均不彻底。1996年5—11月，进行溶洞封堵防渗工程建设，完成投资108.77万元。除险加固和防渗工程完成后，水库蓄水量大幅增加，在灌溉、养殖、防洪等方面发挥了显著效益。

二、小（一）型水库

（一）施甸县响水凹水库除险加固

响水凹水库的除险加固工程，由保山地区水利水电勘测设计院设计。前后共经历三次较大规模的施工：第一次为以工代赈项目，于1994年6月开工，1997年2月竣工。第二次为震灾恢复建设，2002年5月开工，2002年7月竣工。第三次为内滑坡处理，2005年6月开工，2006年7月竣工。共完成的建设项目：进水口闸门改建，大坝培厚，生产管理用房，大坝护坡、倒滤体支砌、网格固土及纵横排水沟、溢洪道抹面减糙；完成上游坝坡整治及抛石固脚，内坝坡砼预制块护坡，支砌坝顶防浪墙，反滤盖重处理，溢洪道翻建，大坝坝体裂缝处理和内滑坡处理。累计完成投资210万元，其中：1993—1997年以工代赈项目投资170万元（代赈券91.3万元，省财政配套14万元，省水电厅配套14万元，地区配套9.1万元，县财政配套36.6万元，施甸灌区管理所自筹5万元），2002年震灾恢复建设投资30万元。工程实施后，水库病险基本排除。

（二）龙陵县二结河水库除险加固

1999年7月，对二结河水库进行除险加固及扩建。扩建后坝高40米，库容104万立方米。主要建设项目：大坝防渗帷幕灌浆，输水隧洞回填灌浆；增设开敞式溢洪道一座，长183米，设计泄洪流量16.9秒立方米；回填加高大坝10米，新建竖井一座，钢筋砼结构，安装0.8×0.8平板钢闸门一道，卷扬机一台；整修进库公路（沙石路面）7.83公里，新建管理房133平方米，架设10千伏输电线一条，长1.3公里；建饮水管道一条，长2.18公里；以及弃渣场挡土墙支砌等。总投资673万元，其中：省补扶贫款550万元，市补助20万元，县级自筹103万元。

除险加固完成后，水库安全隐患排除。增加库容54万立方米，年调节水量500多万立方米。解决了勐糯镇集市和农村6600人，大牲畜2500多头的饮水困难和铅锌公司150万立方米的工业用水（未扩建水库以前抽地下水用），以及海头、田坡两村的农作物灌溉用水。

（三）龙陵县油竹河水库除险加固

1976年受地震影响，油竹河水库坝体产生横向裂缝7条，纵向裂缝1条。1992年2月，保山地区以工代赈领导小组办公室批复水库除险加固工程立项。

工程于1998年动工，当年完成。总投资43万元，其中，保山地区以工代赈资金补助40万元，乡村自筹3万元。主要建设项目：大坝帷幕、回填、固结灌浆，隧洞回填灌浆，进库公路整修，机电设备及机电线路增设等。除险加固后，水库病害基本消除，灌区1800亩稻田得以有效灌溉。

（四）昌宁麻地河水库除险加固

麻地河水库属滇西南农业综合开发投资兴建的蓄水工程。1995年工程竣工后，由于受地质、滑坡影响和大坝填筑土料等多种原因，水库运行中出现病害。被鉴定为三类坝，须除险加固。2004年，被列入第三批病险水库除险加固国债专项资金投资计划。总投资443.1万元，其中：国债资金290万元，地方配套153.1万元。主要是对坝体、坝基进行帷幕灌浆，灌浆进尺2700米，改建输水隧洞，加固延伸溢洪道，上游坝坡抛石压脚处理，整治坝顶及下游坝坡，水保治理等项目。

于2005年4月开工，计划2006年6月完工。至2005年5月，完成投资310.92万元，占计划的70%。完成开挖填筑土石方75073立方米，支砌石方5566.1立方米，混凝土889.28立方米，钢筋制安42.07吨。

第四节　水利经济管理

一、清产核资

1994年5月至1995年3月，保山地区全面完成水利水电系统内清产核资工作。全系统在清产核资之列的单位共98户，其中：水库49户，引水灌溉类24户，机电排灌类4户，闸坝类5户，电力企业9户，其他企业7户。资产总额清查后核实数为25562万元，固定资产清查前账面数为27332万元，清产后核实数为34320万元，增幅25.6%；固定资产净值清查前账面数为18097万元，清查后核实数21483万元，增幅为18.7%；负债总额清查后的核实数为5816万元；所有者权益清查值19746万元（国有权益19634万元）。土地占有面积清查前的账面值为3703.92万平方米，清查后的核实数为5365.86万平方米，增额为1661.94万平方米，增幅44.9%；已领取土地证的有2417.24万平方米，占清查核实数的45%。

全区98个清查单位的固定资产原值为34320万元，重估后为63183万元，净增额为28863万元，增幅为84.1%；固定资产净值重估前为21483万元；重估后为35935万元，净增额为14452万元，增幅为67.3%。

分类工程的固定资产价值重估情况分别是：水库类原值20089万元，重估后为39832万元，增19743万元，增幅98.3%；净值原11470万元，重估21065万元，增9595万元，增幅83.6%。引水灌溉类原值2762万元，重估6129万元，增3367万元，增幅121.9%；净值原1342万元，重估2813万元，增1471万元，增幅109.6%。闸坝类原值36万元，重估64万元，增28万元，增幅77.8%；净值原24万元，重估42万元，增18万元，增幅75%。机电排灌类原值660万元，重估775万元，增115万元，增幅17.4%；净值原572万元，重估673万元，增101万元，增幅17.5%。水电站类原值10562万元，重估16034万元，增5472万元，增幅51.8%；净值原7917万元，重估11090万元，增3173万元，增幅40%。

资产核实总额为43407万元，其中，流动资产3434万元，长期资产71万元，固定资产39836万元，递延资产66万元。流动负债3422万元，长期负债2394万元。所有者权益37591万元。国有资产价值总额37467万元，国家资产本金18326万元，占实收资本18477万元的99.2%。

二、产权界定

(一) 中型水库产权界定

保山地区北庙、八〇八、三块石、大河、河西、大海坝、小海坝、明子山8座中型水库7个管理所，通过多年的除险加固，扩建配套，已成为以灌溉为主，兼以防汛、供水、发电、水产养殖等综合经营的水利工程单位，经审核查证并报经省批复8座水库界定国有投资额为20087万元，其中：中央投资2122万元，占10.56%；省级投资5948万元，占29.61%；地区级投资1548万元，占7.71%；县级投资10468.7万元，占52.12%。

(二) 小 (一) 型水库等工程的产权界定

全区小(一)型水库及其他水利水电工程共进行产权界定282件，其中：小(一)型水库45件，0.3立方米/秒渠道164件，100千瓦泵站13件，集镇饮水工程451件，500千瓦以上乡(镇)电站14座，闸门1座。共计界定各级投资27723.04万元，其中：中央投资2001.28万元，占7.25%；省级投资3627.98万元，占13.09%；地区级投资1137.51万元，占4.1%；县级投资9923.55万元，占35.8%；群众投资折资11022.72万元，占39.76%。

分类界定情况：小(一)型水库各级国有投资9504.32万元，其中：中央级投资884.37万元，占9.3%；省级投资1783.58万元，占18.77%；地区级投资480.99万元，占5.06%；县级投资2970.08万元，占31.25万元；群众投劳折资3385.3万元，占35.62%。0.3立方米/秒以上渠道各级国有投资7402.76万元，其中：中央投资316.05万元，占4.27%；省级投资745.74万元，占10.07%；地区级投资381.87万元，占5.16%；县级投资2021.25万元，占27.3%；群众以劳折资3937.85万元，占53.19%。500千瓦以上乡(镇)电站各级国有投资3677.07万元，其中：省级投资395万元，占10.74%；地区级投资32.6万元，占0.9%；县级投资1665.55万元，占45.3%；群众以劳折资1583.92万元，占43.08%。集镇人饮工程投资4903.32万元，其中：中央级投资506.77万元，占10.36%；省级投资442.97万元，占9.03%；地区级投资137.87万元，占2.81%；县级投资2157.06万元，占43.99%；群众以劳折资1657.65万元，占33.81%。100千瓦泵站各级投资2125.62万元，其中：中央级投资303.09万元，占14.26%；省级投资260.69万元，占12.26%；地区级投资93.18万元，占4.38%；县级投资1028.66万元，占48.39%；群众以劳折资440万元，占20.7%。闸门国有投资110万元，其中：地区级投资11万元，占10%；县级投资81万元，占73.6%；群众投劳折资18万元，占16.4%。

三、供水水价改革及水费征收

1992年7月，保山地区行署，要求各县认真贯彻执行省政府《云南省水利工程收费标准和管理办法》，五县（市）根据省、地要求，结合自己的实际陆续出台了水费征收标准和管理办法。

保山市水费征收标准：北庙水库东西大沟及南部大海子、拦沙坝以下灌溉面积，每亩年收稻谷12千克，明子山水库灌区每亩征收现金12元，其他地方每亩年征收稻谷8千克；引水和提灌面积每亩年征收稻谷7千克，苞谷每亩征收5千克，经济作物征收现金10元。

施甸县水费征收标准：稻田用水每亩年收稻谷10～12千克，甘蔗每亩年收3元，其他经济作物每亩收水费8元，发电用水每立方米收取0.03元。

腾冲县水费征收标准：稻谷每亩征收水费5～10千克，苞谷每亩年征收3～6千克，经济作物每亩不低于5元，提灌按成本核算收费；乡镇企业用水按每立方米0.02～0.04元征收；利用农田水利工程引水发电用水水费，结合灌溉或其他用水的，按水电售价的10～12%或电网平均电价的8%计收水费。

龙陵县水费征收标准：稻田每亩年征收稻谷10千克，苞谷每亩年征收苞谷5千克，甘蔗、烤烟每亩征收10元，工业用水按每立方米0.08元征收，生活用水每立方米不低于0.1元计收水费。

昌宁县水费征收标准：农业用水每亩年收水费10～20千克，抽水站供水以亩按成本收费，集镇生产生活用水每立方米0.2～0.3元，工业用水每立方米按0.04～0.06元计征收水费。

1994年，全区按出台政策应收取水费735.14万元，实收580.85万元，收费率达80%。

2004年，根据国务院办公厅发出的《关于推进水价改革促进节约用水保护水资源的通知》要求，保山市将隆阳区北庙水库、腾冲大河水库和龙陵八〇八水库确定为试点，探索水利工程供水价格改革办法。

第五节　水政水资源管理

一、水资源管理队伍建设

为依法实施水政监察，保山市水利局内设有水政水资源科，五县（区）水利（水务）局设置水资源科（股）。1995年，五县（市）相继成立水政监察大队，随后不断地对监察员进行相关业务培训，努力提高管理队伍的素质。2005年，全市有水政监察员190人，其中：专职16人，兼职174人。

二、水行政执法及重要水事纠纷调处

2003年，保山市开展水利行政审批制度改革工作。市水利局共清理出水利系统的行政许可事项12项，对涉水行政许可项目向社会进行公示。积极创建行政许可监督检查、受

理、送达、公示、听证、过错追究等制度建设。

2002—2005年，全市发生水事案件166件，查处166件，立案查处率达100%，其中，河道案件43件，水工程案件24件，水资源案件16件，水土保持案件63件，其他案件20件。重要水事纠纷查处的典型案例有：

（一）梁河县平山乡勐蚌村三合街自然村违法取水案

2004年元月初，梁河县平山乡勐蚌村三合街自然村，未向取水口所属县级以上地方人民政府水行政主管部门提出取水许可申请，擅自在腾冲县新华乡境内山箐山心林区取水。由于取水口属腾冲县新华乡小蒲窝河源头，而小蒲窝河又是新华乡人畜饮水和农业灌溉用水的主要水源。此事引起新华乡受益区群众的强烈抗议。

腾冲县水政监察大队接到报告，及时深入实地调查落实。一方面疏导、说服腾冲县境内群众，防止事态恶化；另一方面及时形成调查报告报腾冲县人民政府。并根据《中华人民共和国水法》等相关规定，向三合街村小组发出《责令停止违法行为通知书》。之后，三合街村民小组却仍未终止违法行为和依法办理取水许可手续，而是坚持施工形成完工通水的事实。

腾冲县水务局于2004年6月16日依照《中华人民共和国水法》的相关规定，对三合街村民小组作出行政处罚决定：第一，责令其停止违法行为；第二，限期在60日之内自行拆除擅自修建的取水工程。

（二）腾冲县刘某某、李某合伙违法抽沙案

2003年11月至2004年4月，刘某某、李某两人合伙在腾冲县中和乡缅箐河拦河闸至保定桥段未经许可违法抽沙，致使该河段河堤倒塌、损坏80多米。

腾冲县水政监察大队接到报告后，及时赴现场进行勘察笔录和询问笔录，并对当事人进行了水法规的宣传教育，使当事人认识到自己的行为违法。根据违法人行为事实和所造成的损害程度，腾冲县水务局于2004年4月20日发出《责令停止违法行为通知书》，没收违法抽沙设备一套，限期抛石压河堤脚，填平河床，打桩处理好已损坏的河堤。违法行为人接受处罚，投资8000多元加固处理损毁的河堤。

（三）腾冲县闫某某等三人违法占用、损坏河堤案

2004年5月25日，腾冲县水务局水政监察大队接到举报：当事人闫某某、郭某某、张某某三人无视国家水法规，擅自损坏、占用中和乡路空河河堤，导致中和大村良田河砂进田、无法耕种8.1亩。腾冲县水政大队当即赶往现场查处，对当事人进行水法规宣传和相应的水行政处罚。当事人对违法行为接受处罚，按要求恢复损坏的河堤和农田。

三、水资源管理与保护

（一）取水许可制度

1993年8月1日，国务院发布《取水许可实施办法》后，保山地区水利局对所涉及的取水许可申请内容作出了具体规定。经审查合格后发给取水许可证。

1998年11月，根据水利部《取水许可监督管理办法》，云南省发布的《云南省取水许可规定》。保山地区（市）水行政主管部门加强审批和发（换）取水许可证，按照取水许可程序和规定时限，先后办理取水许可证1611套，审批取水量78.87亿立方米，其中审批水电站取水64亿立方米。

（二）水资源论证制度

2002年5月起，保山市水利局依照水利部、发展计划委员会所发布的《建设项目水资源论证管理办法》，具体规定保山市建设项目水资源论证报告书所应包含的内容，并组织有关专家对所涉及的建设项目水资源论证报告书进行审查，提出审查意见，作为审批取水许可（预）申请的技术依据。

2003—2005年，保山市水利局共审查论证项目25件。

（三）水资源有偿使用制度

根据1997年3月省政府发布的《云南省水资源费征收管理暂行办法》，保山地区水利局严格执行省政府规定的征收标准和上缴留用比例：保山地区直接征收的水资源费，上缴省40%，自留60%；县（市）征收的水资源费，上缴省20%，上缴地区20%，自留60%。2003年，全市征收水资源费120万元。

2004年7月起，全市电力水资源费全部委托地方税务机关负责征收，按照省50%、市20%、县（区）30%的比例缴纳入库。各县（区）水行政主管部门征收和提留的水资源费，也分别全额上缴同级财政，纳入地方预算外资金管理，作为水资源管理专项资金，专款专用，跨年度结转使用。2004年全市征收水资源费343万元，2005年征收632万元。

保山市2004年水资源费征收标准一览表

表22-9

取水类别	江河	湖泊	地下水
工业取水（分/立方米）	3.0	4.0	5.0
生活取水（分/立方米）	1.5	2.0	3.0
水力发电取水（分/千瓦小时）	0.3	0.5	1.0
其中2004年7月1日执行（分/千瓦小时）	中型0.7 小型0.4	中型1.1 小型0.7	中型1.1 小型0.7
火力发电取水（分/立方米）	1.0	1.5	2.0
其他取水（分/立方米）	2.5	4.0	5.0

（四）水资源保护规划编制与管理

按照水利部和云南省水利厅要求，保山市水利局积极开展水资源保护和管理工作。

2000年起，保山地区水利局每年编制《保山市水资源公报》，反映全市来水量、用水量、水质、水资源利用等情况，为国民经济发展和合理开发利用水资源提供指导。

2002年10月，完成《保山市水资源保护规划》《保山市水功能区划》《保山市集中式供水水源地保护规划》，报市政府批准实施。同年11月，根据国家计委、水利部《关于开展全国水资源综合规划编制工作的通知》，保山市水利局着手编制《保山市水资源综合规划》。针对保山市水资源空间分布不均、分散式的局部短缺现象比较严重，水环境问题日益突出的现状，通过对水资源现状进行调查评价和分析研究，摸清水资源时空分布规律和水环境现状。2004年4月初步完成节水方案、供水方案、需水预测方案，于7月下旬召开全市规划编制人员研讨会议，对有关技术参数进行修订。2005年起，按照《工作大纲》《技术细则》要求，结合保山实际，继续完成规划编制的资料分析计算工作。最终形成成果资料，为规划报告的编制提供技术支撑。在完成水资源调查评价的地下水资源状况、水资源保护部分的工作任务后，经系统整编资料后刊印成书。

2005年起，全市开展县级城市供水水源地保护工作，对全市饮用水安全问题进行认真调查，从水量、水质、污染现状、成因等方面综合分析，提出整治实施方案。编制完成《保山市县级以上城市饮用水安全调查评价》《保山市城市饮用水水源地安全保障规划》和《保山市农村人饮安全规划》。

（五）水质监测

全市开展水质监测工作的站点有：柯街、道街坝、旧城、北庙、腾龙桥、太极村等6个监测点，分别监测枯柯河、怒江、龙川江、大盈江等江河水质变化。水化室开展的化验项目有PH值、溶解氧、钙、镁、钾、钠、氯离子、硫酸根、重碳酸根、离子总量、矿化度、总硬度、总碱度、氨氮、六价铬、酚、砷化物、汞、亚硝酸盐、氮、磷、铁等23个。

1982年后，水质化验增加亚铁、化学耗氧量、水温、电导率、悬浮物、氧化还原电位、五日化需氧量、游离二氧化碳、侵蚀性二氧化碳、铜等。

2001年起，每月定期对保山市重要城镇主要供水水源地水质进行监测，并通过《保山日报》向社会发布公告，为水资源管理和保护及时提供基础数据。

第六节　水利科技

一、水文科技

（一）保山市水文遥测系统

2003年9月，保山市在水利部、省水利厅的财力和技术支持下，按《国家防汛指挥部系统工程项目建议书》的技术标准，建成以保山水文分局为中心站，道街坝、木城、旧城、东营、腾龙桥等水文站为遥测站的水情遥测报汛系统，实现各遥测站的雨情、水情信息能在5分钟内自动采齐，并在15分钟内完成向上级自动传输、信息处理和数据入库等工作。该系统建成运行后，随时掌握各遥测站水文动态，为防汛抢险救灾提供可靠依据。

（二）水文测站基面高程测量

从1998年10月起，依照省水利水电厅《关于开展全省水文测站基面测量工作的通知》，由省水文水资源局统一组织实施，历时两年，完成保山市7个国家基本水文站、1个流域出境断面(怒江干流)"1985国家高程基准"的高程野外测量、内外业计算、成果会审、项目技术总结、成果评审鉴定、公布及刊印等工作。实现水文系统测站基面与国家标准基面的统一，改变以往各水文站分别使用测站假设高程基面，不利于水文资料使用的局面，建成与国家水准网下连的水文站三等水文网点。

二、科技成果

(一)施甸太平引龙入蚌工程

太平引龙入蚌工程属跨流域引水工程，项目由施甸县水电局承担规划设计任务，兴建了田头至理脉河引水隧洞、理脉箐水库、兴华灌溉渠、东蚌灌溉渠。

第一，太平引龙入蚌工程，是指采用跨流域的引水方案，将太平河水源从东部调入西部，灌溉怒江右岸三个村委会土地，充分利用太平河水源，合理开发怒江东岸坡土地，使水土资源得到合理配置及可持续利用。

第二，在引水隧洞工程的测量中，摒弃以往旧式高精度布网形式。采用光电测距导线网的布网形式，控制网布设成三维导线网，平差计算中，将网分成平面控制网和高程控制网两部分平差计算。

第三，太平引水隧洞长2503.2米，属全省最长的小断面隧洞工程。在隧洞工程施工中，采用多级式排水、混合式通风、移动式供风等布置方式，克服地层破碎、地下水位高、出水量大、地震影响等种种复杂的水文地质困难，完成了工程施工，在小隧洞施工中具有技术创新的示范意义。

第四，引龙入蚌工程，集中连片规划、设计，采用引、蓄、灌相结合的工程措施，解决太平西部东蚌、柳树水、兴华三个村委会1.66万亩农田灌溉用水及2400人、1050头大牲畜的饮水困难，社会效益及经济效益显著。项目经申报评审，荣获2004年保山市科技进步三等奖。

(二)北庙水库、河西水库水情自动测报防洪调度系统

2001年5月，国家防汛抗旱总指挥部将保山市北庙、河西水库水情自动测报系统列为第四批水库应急调度试点建设项目。2002年3—5月建成试运行，11月通过省级验收并投入使用。

整个水情自动测报防洪调度系统由保山市防汛办中心站，隆阳区防汛办、昌宁县防汛办两个分中心站，北庙水库、河西水库两个分站及14个遥测站组成。系统与全国测报网、全省水情测报系统可进行远程互联，具有与前置机的通信功能，系统水雨情数据查询和维护功能，水、雨情实时自动监测功能，提供数据报表和数据直方图、过程线和暴雨等值线图等功能。

系统建成使用后，市、县(区)防汛能适时掌握北庙、河西水库及径流区的水情、雨情，为防洪调度决策提供及时、准确的水情信息，为防洪调度赢得宝贵时间；且由于系统方便、快捷的自动化功能，使两座水库管理水平得到了提高，可形成较为完备的水、雨情数据库。同时，作为保山市第一批水情自动测报系统试点项目，为保山市水库防洪调度自

动化建设道路打下坚实的基础。在实际应用中，随着系统不断完善、扩展，其在防洪调度方面的强大优势正在显现。

（三）参加“780工程”航空遥感水资源专题组试验研究

1978年，以中国科学院牵头，70个单位808名多学科科技人员参加协作，在保山地区腾冲县及附近地区（包括龙陵、施甸、保山、梁河、盈江等县部分公社）7300平方千米进行“780工程”——航空遥感试验。该次试验基本查清试验区内所涉及的土地、地质、水利、气象、森林、植被等自然资源和农业现状。其间，云南省水文总站、保山地区水利局、保山水文分站以及腾冲、保山等县水利局派出科技人员，参与“780工程”水资源遥感专题组的工作。水资源遥感专题组对试验区内河流、湖泊、水库及泉水通过遥感进行水资源分区；对径流机制进行论证探讨；对保山县青岗坝水库坝基地质结构及长岭岗地下水资源开发作出及时而科学的结论，减少了施工前的钻探勘测工作，节省大量时间、人力、物力和财力；应用遥感资料，对山区中、小型水利工程规划作了有益的探讨。汇编刊印了12篇总结资料，刊名为《水资源应用》。由中国科学院、云南省人民政府、中国人民解放军昆明军区共同主持开展的《腾冲区域航空遥感应用技术》项目，经评审荣获1985年中国科学院重大科技成果一等奖和国家级科学技术进步二等奖。

（四）水库大坝防渗新技术——混凝土防渗墙推广应用

在保山的水利历史上，长期采用传统的帷幕灌浆、黏土心墙、黏土铺盖等措施对病害水库防渗处理，虽然效果较好，但防渗效果持续时间短。

1999年，腾冲县大河水库除险加固工程大坝防渗设计，首次借鉴省内外水库大坝防渗处理的成功经验—混凝土防渗墙。2002年，施甸县三块石水库除险加固工程设计中，再次采用混凝土防渗墙作为大坝防渗处理的手段。混凝土防渗墙建成后，两水库的拦河坝渗漏问题得到彻底解决，工程按照设计工况运行，充分发挥了蓄水灌溉效益。

（五）保山地区水旱灾害规律研究

1995—1997年，根据省水利水电厅《关于开展水旱灾害规律及对策研究的通知》，保山地区水利电力局组织有关人员完成《保山地区水旱灾害研究》。该成果全面、系统地收集整理保山地区古今水旱灾害史料，资料翔实可靠。通过对水文、气象历史资料的综合分析研究，基本摸清保山地区水旱灾害规律及所形成的自然和社会因素，总结历年水利建设的经验教训，对现有防灾抗灾措施与效果进行评价，对未来灾害趋势进行预测、评估、展望，提出防御措施；具有一定科学性和实用性，为保山地区工农业生产发展布局和防洪抗旱宏观决策提供了依据。被评为1998年保山地区科技成果二等奖。

（六）保山市水资源保护规划

2000年7月，根据省水利厅《关于在全省开展水资源保护规划编制工作的通知》，保山地区水利局启动《保山市水资源保护规划》编制工作。2002年11月，获市级评审通过，2003年4月由市政府批准实施。该规划是保山市第一部关于水资源保护方面的重要成果。荣获保山市2003—2004年科学技术三等奖。

第二十三编　工　业

保山槟榔江水电站

综　述

1978—2005年，保山工业沿着改革发展的方向，逐步迈上健康发展的轨道。其间，在全市工业企业中先后进行了企业扩权试点、企业利润留成改革试点、企业利润包干、利税改革，实行多种形式的承包经营责任制和以产权制度改革为核心的深化国有企业改革等一系列的改革，进一步增强了企业的活力，促进了工业生产的全面发展，取得了令人瞩目的成就：

第一，传统支柱产业不断巩固加强。1978年有3座机制白糖厂，年生产白糖1.68万吨，酒精719吨，白酒180吨，上缴税利600多万元。鼎盛时的90年代有糖厂16座，其中：日处理甘蔗能力500～800吨的中型糖厂14座，日处理甘蔗能力在1000吨以上的大型白糖厂1座。全市制糖工业日处理甘蔗能力达18550吨。“十五”期间，制糖业向集团化方向发展，改制为保升龙、康丰、恒盛、腾龙等4个糖业集团公司13条生产线，生产能力为日处理甘蔗18980吨。提高了企业竞争力和抗风险能力。

第二，发展了新的支柱产业。1989年建成投产占地28万平方米、建筑面积2万平方米、年复烤能力为2.5万吨的烟叶复烤厂一座。1996年投资4500万元建成全国第一座年加工量2.5万吨香料烟加工厂。在发展烤烟生产中，全市有21万多农户，106万农村人口从中受益，年人受益均达531.9元。成为继蔗糖业之后又一骨干产业。

第三，工业投入力度增大，能源瓶颈制约基本解除。仅1992—1998年，保山地区工业企业实施技术改造项目就有580项，累计完成投资21.53亿元；“十五”期间，全部工业投入33.77亿元，占全社会固定资产投资的6.9%，其中更新技术改造投资总额11.18亿元。经过多年的建设，至2005年年末，全市有水电站111座，总装机38.76万千瓦，发电量154460万千瓦时，全市五县（区），83个乡（镇）都通了电，并通过了农村水电初级电气化县达标验收；涌现了“太保山”牌水泥、“聚友”牌面粉、“澜沧江”啤酒、“浪花”牌白砂糖、“梨花”牌饵丝、“金龙”牌面条、“腾药”等名特产品。

第四，工业结构不断优化，经济效益明显好转。20世纪90年代后，通过强化能源基础产业、发展“两烟”、蔗糖、林纸、建材、皮革等优势产业、培育以食品加工为重点的生物资源开发产业、林果业和畜牧业，带动第三产业发展，促进社会范围内的产业结构调整和重组，三产业结构由“七五”末（1990）的57.34∶18.01∶24.58，调整为“九五”末（1995）的42.4∶18.6∶39。“十五”期间，形成了以农副食品加工业、木材加工为重点的轻工业和以矿冶业、电力、建材为重点的重工业体系。在16个行业中，现价产值超过亿元的有6个骨干行业，其产值占全部工业总产值的90%。2005年，工业经济效益综合指数为146.7，比上年增长29.1个百分点；工业增加值达20.6亿元，占全市生产总值的17.2%。对生产总值增长的贡献率从2001年的20.59%提高到25%；对财政收入增长的贡献率从2002年的26.5%提高41.69%。“十五”期间，规模以上工业企业增加值年均递增18.4%，2005年增速位居全省第四位。

第五，工业规模经济初步显现。通过大力引进外来工业企业及企业自身发展和资产重组，保山工业规模初步显现。2005年年底产值上亿元的企业11户，占全部工业企业总户数的1%，实现工业增加值占全部工业企业增加值的34.69%；500万元以上的工业企业72户，增加值11.9亿元，占全部工业企业增加值的57.78%。

第一章　机构沿革

第一节　经济委员会

1978年，设有保山地区工业交通局和保山地区轻工业局。1981年8月，撤销地、县工业交通局和地、县轻工业局，成立保山地、县经济委员会。1983年9月，地、县（市）计划委员会、经济委员会、财办、农办、物价委员会、标准计量局、物资局、职教办等机构合并，成立地、县（市）计划经济委员会。同年，恢复地、县（市）工业交通局。1986年8月，撤销地、县（市）工业交通局，恢复地、县（市）经济委员会。1988年11月，行署经委交通科析出，成立行署交通局，归口经济委员会。各县（市）也调整设立相应的科室机构。1990年，保山行署经济委员会机构编制34人，下设办公室等6个科。1990年以后，各县（市、区）工业管理机构，随着地（市）工业管理机构的调整变化，也在相应调整变化。

1994年12月，保山地区行政机构改革，行署经济委员会、商业局、物资局、财贸管理办公室、糖业管理办公室、矿业管理办公室、经济技术协作办公室撤并，组建保山地区行署经济贸易委员会，它既是行署管理全区国民经济和协调经济运行的综合部门，又是行署主管全区工业生产和商贸流通企业的职能部门，直管企业14个，代管企业4个，归口管理行署技术监督局、地区医药公司、保山工业学校、地区散装水泥办公室。1998年，行署经济贸易委员会机构编制65人，下设行政办公室等13个科室。

2001年，保山地区行署经济贸易委员会改称保山市经济贸易委员会。同时，保山地区经济体制改革委员会并入，增设企业改革科。2003年2月，经协科析出，成立保山市经济合作办公室。2004年6月，市经贸委和市乡镇企业局整合，组成市经济贸易委员会，加挂保山市乡镇企业局牌子，增设乡镇企业管理科、中小企业管理科。2005年7月，商贸职能划归市商务局，撤销市经济贸易委员会，成立保山市经济委员会，除恢复原有职能外还担负有纪检监察室、保山市电力执法办公室、保山市非公有制经济领导小组办公室、保山市治乱减负办公室、保山市资源综合利用办公室、保山市盐务管理办公室、保山市散装水泥办公室等工作。2005年年底，市经济委员会内设办公室等13个科室，编制50人。

第二节　城乡企业局

乡镇企业管理机构的前身为1963年8月组建的手工业管理局。1978年为轻工业局。1981年8月，撤销地、县轻工业局，恢复地、县手工业管理局。全民所有的轻化工企业划归地、县经济委员会管理。同年12月，地、县手工业管理局改称社队企业局。1983年9月至12月，地、县(市)社队企业局先后并入农牧局，原社队企业局手工业管理科并入地、县(市)工业交通局。1984年1月，恢复社队企业局。同年10月，手工业管理科由交通局划出，与社队企业局合并，成立城乡集体企业管理局。1990年，地区城乡集体企业管理局有干部32人，内设7个职能科室。1991年5月，地区行署对全区乡镇企业乡级管理机构和人员进行定编、定员、定性，落实了乡镇企业乡级管理机构和人员。

1995年7月，行署城乡集体企业管理局更名为行署乡镇企业管理局，设办公室等6个职能科室，核定行政编制22人、工勤人员编制3人。

2002年5月，保山行署乡镇企业管理局更名为保山市乡镇企业局，设办公室等6个职能科室，核定总编制21人。2004年6月，市经贸委和市乡镇企业局的机构整合工作，组成市经济贸易委员会，加挂保山市乡镇企业局牌子，经贸委增设乡镇企业科。

第三节　非公经济管理机构

1998年9月，保山地区成立以行署专员为组长，行署分管副专员为副组长，地委办、行署办、政研室、公安局、计委、经贸委、财政局、土地局、工商局、统计局、乡企局、地税局、外经贸局、人事劳动局、监察局、人民银行、国税局、工商联等18个部门负责人为成员的个体私营经济指导协调领导小组，下设办公室于行署经贸委个私经济管理科，由经贸委主任兼任办公室主任。

1999年1月1日，地区发展个体私营经济指导协调领导小组办公室(简称个私办)正式挂牌工作。2003年6月，将原保山市个体私营经济领导小组更名为保山市加快发展非公有制经济领导小组，下设办公室于市经贸委。2005年在《保山市经济委员会职能配置内设机构和人员编制方案》中，经市政府批准，原经贸委个私经济管理科改为中小企业科，加挂非公有制经济领导小组办公室(简称非公办)牌子。

第四节　烟草管理机构

一、保山地区行政公署烤烟生产办公室

1986年5月8日，保山地区行政公署成立烤烟生产领导小组，下设保山地区行政公署

烤烟办公室，属临时性机构。办公室设在地区供销社。1988年10月因成立云南省烟草公司保山分公司而撤销。

1988年11月，恢复成立保山地区行政公署烤烟生产领导小组办公室。1992年6月列入常设机构，为正处级单位，归口保山地区行政公署农业生产办公室，核定编制10人内设3个科。1996年10月，保山行署烟办撤销，职能划入云南省烟草保山地区公司。

二、保山市烟草专卖局（公司）

1988年10月1日成立保山地区烟草专卖局、云南省烟草公司保山分公司，为正处级单位，实行两块牌子、一套班子。隶属于云南省烟草专卖局（公司），受云南省烟草专卖局（公司）和保山地区行政公署双重领导。下设5个科，人员编制30人。1989年3月至7月，五县(市)相继成立烟草专卖局、烟草公司，实行两块牌子、一套班子，属独立核算，自负盈亏的乡科级企业。受当地县（市）委、人民政府和保山地区烟草专卖局（分公司）双重领导。在乡（镇）依据烤烟生产规模设立烟草工作站。

1992年10月，云南省烟草公司保山分公司更名为云南省烟草保山地区公司。同年11月，保山地区烟草专卖局、云南省烟草保山地区公司、保山烟叶复烤厂合并为一个法人单位，实行三块牌子、一套班子。保山地区烟草专卖局（公司）与复烤厂的对应科室合并，内设行政办公室等15个部门，年末有正式职工199人。

2001年10月，保山地区烟草专卖局、云南省烟草保山地区公司分别更名为保山市烟草专卖局、云南省烟草保山市公司，简称保山市烟草专卖局（公司）。县级保山市烟草专卖局（公司）更名为隆阳区烟草专卖局（公司）。

2004年，经国家烟草专卖局批复，撤销保山烟叶复烤厂，成立云南保山烟叶复烤有限责任公司，具有独立法人资格。保山市烟草专卖局（公司）正式职工减至231人，其中：有内退职工80人。

2005年年底，保山市烟草专卖局（公司）下设14科室，有在职职工230人；五县（区）专卖局（公司）在编正式职工511人。

第二章　工业经济结构

第一节　工业经济概况

1978年后，保山地区逐步贯彻“改革、开放、搞活”的方针，逐步调整工业经济结构。到1985年，全区有工业企业621个，其中全民所有制企业118个，全民与集体联营3个（独立核算），集体所有制企业500个（内含独立核算企业168个）。全部工业总产值（不包括村办、城乡个体和个体联营工业产值）2.4亿多元，其中全民所有制1.89亿元，集体所有制

5366万元，联营170万元。

1990年，全区共有乡及乡以上工业企业376个，从业24340人。其中，全民所有制工业企业127个，从业14064人；集体所有制工业企业244个，从业9351人；全民与集体合营工业5个，从业925人。初步形成以制糖为主，包括制茶、电力、采冶、食品、机械、烟草、纺织、化工、医药、建筑建材等30多个门类，产品达60多种的工业生产格局。工业总产值突破4亿元（1980年不变价）。

1991—1995年的“八五”期间，通过发展“两烟”、蔗糖、食品加工、木材加工、建材、水电等产业，全区的工业基础不断巩固，结构不断完善。累计完成工业总产值58.25亿元（1990年不变价），年均增长率为12.56%，比“七五”期间年均高出3.86个百分点。

1996—2000年的“九五”期间，全市工业总产值平均增长7.4%。工业总产值中，非公有与公有比重调整到50∶50。2000年，全市完成工业总产值24.5亿元，比上年增长6.7%，完成工业增加值7.6亿元。工业经济效益明显好转。

“十五”时期，保山市工业呈现出从以轻工业占较大比重向重工业占较大比重趋势发展的特点。从2001年全市重工业比重开始上升。2000年规模以上企业中轻工业户数35户，至2005年年底有31户，总产值年递增率为10.3%，增加值年递增率为13.5%。重工业户数由2000年21户增加到41户，工业总产值年递增率为29.5%，增加值年递增率为28%。形成了以农副食品加工业、木材加工为重点的轻工业和以矿冶业、电力、建材为重点的重工业体系。在16个行业中，现价产值超过亿元的有6个骨干行业：即以糖业为主的农副食品加工业；以铅锌、金属矿为主的矿业工业；电力工业；以水泥、石材为主的建材业；以啤酒、茶叶为主的饮料制造业；烟草加工业。以上6个行业的产值占全部工业总产值的90%。2005年，全市工业总产值达46.04亿元。

1978—2005年保山市工业总产值和指数表

表23-1　　　　单位：万元

年度	总产值合计	轻工业		重工业		总产值指数（以上年为100）		
		产值	比重%	产值	比重%	合计	轻工业	重工业
1978	23644	17993	76.10	5651	23.90	109.60	112.70	108.60
1979	—	—	—	—	—	—	—	—
1980	26501	21068	79.50	5433	20.50	—	—	—
1981	29795	24730	83.00	5065	17.00	112.43	117.38	93.23
1982	34343	28402	82.70	5941	17.30	115.26	114.85	117.30
1983	39766	33284	83.70	6482	16.30	115.79	117.19	109.11
1984	45280	37039	81.80	8241	18.20	113.87	111.28	127.14
1985	49585	36331	73.30	13234	26.70	109.48	98.09	160.59
1986	57240	43502	76.00	13738	24.00	115.48	119.74	103.81

续上表

单位：万元

年度	总产值合计	轻工业		重工业		总产值指数（以上年为100）		
		产值	比重%	产值	比重%	合计	轻工业	重工业
1987	65282	48700	74.60	16582	25.40	114.05	111.95	120.70
1988	74336	56272	75.70	18064	24.30	113.87	115.55	108.94
1989	74263	53321	71.80	20942	28.20	99.90	94.76	115.93
1990	75942	54920	72.32	21022	27.68	102.26	103.00	100.38
1991	89933	66728	74.20	23025	25.80	118.42	121.50	109.53
1992	111160	83265	74.90	27895	25.10	123.60	124.78	120.21
1993	120746	87090	72.13	33656	27.87	108.62	104.59	120.65
1994	122422	86121	70.35	36321	29.65	101.39	98.88	107.92
1995	138242	97518	68.37	43724	31.63	112.92	109.75	120.38
1996	159116	92616	58.21	66500	41.79	115.10	97.99	152.09
1997	186426	107185	57.49	79241	42.51	117.16	115.73	119.16
1998	204517	121945	59.63	82572	40.37	109.70	113.77	104.20
1999	225154	139215	61.83	85939	38.17	110.09	114.16	104.08
2000	245105	146440	59.75	98665	40.25	106.97	104.52	114.64
2001	271002	185787	68.56	85215	31.44	106.54	103.21	111.58
2002	272964	181986	66.67	90978	33.33	110.56	114.28	103.48
2003	284689	174534	61.31	110155	38.69	111.25	112.49	109.19
2004	421103	189581	45.02	231516	54.98	112.00	106.50	119.70
2005	460372	199602	43.36	260770	56.64	122.60	—	—

注：资料来源于保山市人民政府办公室、保山市统计局《保山辉煌历程·改革开放三十年》

1978—2005年保山市工业主要产品产量表（一）

表23-2

年度	原煤（万吨）	发电量（万千瓦小时）	其中：水电（万千瓦小时）	食糖（吨）	精制茶（吨）	水泥（吨）	木材（万立方米）	复烤烟叶（吨）	人造板（立方米）	自来水生产量（万吨）
1978	12.58	8077	—	23767	1155	6851	5.60	—	—	—
1979	15.03	8603	—	30100	—	9100	5.32	—	—	—
1980	14.28	10862	—	33414	1575	8875	6.19	—	—	—
1981	15.12	10221	—	42761	1765	9369	4.97	—	—	—
1982	17.01	11717	—	51735	1941	7038	5.08	—	—	—
1983	16.02	12938	—	70363	2167	13253	3.22	—	—	—
1984	20.73	13479	—	75047	2184	15579	5.53	—	—	—

续上表

年度	原煤（万吨）	发电量（万千瓦小时）	其中：水电（万千瓦小时）	食糖（吨）	精制茶（吨）	水泥（吨）	木材（万立方米）	复烤烟叶（吨）	人造板（立方米）	自来水生产量（万吨）
1985	19.97	15575	14463	78080	2257	19073	20.60	—	1340	—
1986	19.33	17089	—	100412	2736	49900	22.16	—	—	—
1987	21.22	18517	—	109301	2992	73824	21.83	—	—	—
1988	22.64	21146	—	112190	3215	76886	21.56	—	—	—
1989	22.87	25659	—	95637	3779	75801	16.90	—	—	—
1990	21.21	27434	25395	94500	4204	72500	17.26	2465	7590	665
1991	24.22	30295	—	130783	3410	134361	14.72	—	—	—
1992	30.87	31146	—	177248	4270	146093	15.84	—	—	—
1993	28.75	37796	—	171491	3472	162000	24.41	—	—	—
1994	19.40	40139	—	166579	3185	198000	54.30	—	—	—
1995	25.90	44749	41312	172085	4276	171800	41.94	—	10229	1271
1996	33.07	49857	—	134475	4543	268100	57.66	—	—	—
1997	30.87	51694	—	172986	4864	325300	57.38	21818	—	—
1998	27.79	59295	55648	181107	3317	399200	54.92	—	35285	1327
1999	24.99	63906	59169	217889	1439	396400	57.45	—	27596	1298
2000	21.70	74702	70540	199139	3078	397800	68.56	—	23359	1227
2001	16.27	73291	68805	204629	3485	416400	56.97	—	14520	1329
2002	20.80	77816	72420	249671	2591	448900	65.25	8849	11516	1512
2003	19.65	76398	70552	278831	4800	521500	75.04	7827	12572	1590
2004	23.27	90057	85077	224373	6347	521000	80.81	18993	16923	1690
2005	33.94	159703	154460	221327	7473	680000	26.31	19271	9364	1713

1978—2005年保山市工业主要产品产量表（二）

表23-3

年度	肥皂（吨）	酒精（吨）	硫酸（吨）	中成药（吨）	机制纸及纸板（吨）	塑料制品（吨）	成品钢材（吨）	钢（吨）	锌（吨）	砖（万块）	瓦（万片）
1978	1445	742	870	349	2383	—	—	—	—	—	—
1980	1581	1287	750	553	2560	—	—	—	—	—	—
1985	1867	2984	736	552	2969	—	—	595	—	5876	3674
1986	2157	3888	681	690	3420	—	—	—	—	—	—
1987	2507	4832	783	629	4255	—	—	—	—	—	—

续上表

年度	肥皂（吨）	酒精（吨）	硫酸（吨）	中成药（吨）	机制纸及纸板（吨）	塑料制品（吨）	成品钢材（吨）	钢（吨）	锌（吨）	砖（万块）	瓦（万片）
1988	3926	4789	714	724	5245	—	—	—	—	—	—
1990	1882	3756	3825	515	5720	1134	—	3264	—	14824	13296
1995	1083	10243	9771	729	8979	2916	8111	3505	1335	35181	22983
1998	1267	12108	16948	952	8137	1594	7015	6122	6652	30889	11998
1999	1030	17512	16953	964	7651	1134	3513	4180	7245	50885	18290
2000	1186	15598	21055	1058	6570	1152	5325	5400	8028	26561	5392
2001	1164	16909	19609	1212	5940	1114	6900	8000	8632	33761	5424
2002	1253	21750	22960	1080	10258	1018	8105	9259	9068	39347	8447
2003	785	21336	21962	1093	13210	967	17771	19430	10153	37038	7747
2004	932	20934	20162	1542	17736	459	33520	35100	13007	35526	8049
2005	1058	17505	43533	1467	17307	1414	41981	44550	26327	40146	8441

1978—2000年择年保山市全社会各种经济类型工业总产值表（一）

表23-4　　　　单位：个、万元

指标名称	1978年		1980年		1985年		1990年		1995年		2000年	
	企业单位数	工业总产值	企业单位数	工业总产值	企业单位数	工业总产值	企业单位数	工业总产值	企业单位数	工业总产值	企业单位数	工业总产值
总计	350	23644	—	26501	621	49565	15362	75942	16847	138242	5326	245105
在总计中：	—	—	—	—	—	—	—	—	—	—	—	—
国有工业	114	—	—	—	118	—	127	—	—	—	16	23912
集体工业	236	—	—	—	500	—	1695	—	—	—	133	25796
股份合作企业	—	—	—	—	—	—	—	—	—	—	60	35264
联营企业	—	—	—	—	—	—	—	—	—	—	2	935
有限责任公司	—	—	—	—	—	—	—	—	—	—	12	38048
股份有限公司	—	—	—	—	—	—	—	—	—	—	3	30389
股份制工业	—	—	—	—	—	—	—	—	—	—	—	—
私营企业	—	—	—	—	—	—	—	—	—	—	243	17681
个体经营	—	—	—	—	—	—	13331	—	—	—	4831	52514
其他企业	—	—	—	—	—	—	—	—	—	—	6	3733
外商及港台商投资工业	—	—	—	—	—	—	—	—	—	—	12	12535

续上表

单位：个、万元

指标名称	1978年		1980年		1985年		1990年		1995年		2000年	
	企业单位数	工业总产值	企业单位数	工业总产值	企业单位数	工业总产值	企业单位数	工业总产值	企业单位数	工业总产值	企业单位数	工业总产值
其他经济类型工业	—	—	—	—	—	—	—	—	—	—	—	—
农村工业	—	—	—	—	—	—	—	—	—	—	3349	75277
轻工业	220	—	—	—	320	—	12046	—	—	—	3735	146440
重工业	130	—	—	—	301	—	3316	—	—	—	1591	98665

注：市直工业已列入隆阳区中（下同）

2001—2005年保山市全社会各种经济类型工业总产值表（二）

表23-5

单位：个、万元

指标名称		2001年		2002年		2003年		2004年		2005年	
		企业单位数	工业总产值	企业单位数	工业总产值	企业单位数	工业总产值	企业单位数	工业总产值	企业单位数	工业总产值
总计		6200	271002	5765	272964	6240	284689	—	421103	7456	460372
在总计中	国有工业	28	35429	28	26647	13	17621	—	4159	9	9309
	集体工业	133	19248	80	16788	43	12878	—	8536	34	4351
	股份合作企业	61	29333	57	27206	37	17592	—	19429	26	11179
	有限责任公司	—	—	—	—	—	—	—	84199	81	117757
	股份有限公司	—	—	—	—	—	—	—	50574	5	70369
	股份制工业	18	97334	18	93092	19	101360	—	—	—	—
	个体私营企业	—	—	—	—	—	—	—	234183	7230	226371
	其他企业	—	—	—	—	—	—	—	210	57	15513
	外商及港台商投资工业	10	5620	12	10133	13	11548	—	19813	14	15523
	其他经济类型工业	5950	84038	5570	99098	6079	123690	—	—	—	—
	农村工业	2570	45161	2407	48861	2326	58229	—	128164	4060	172431
	轻工业	4401	185787	3956	181986	4181	174534	—	189587	4526	199602
	重工业	1799	85215	1809	90978	2023	110155	—	231516	2930	260770

1978—2005年保山市各县(区)全社会各种经济类型工业总产值表

表23-6　　　　单位：个、万元

年度	总计		隆阳		施甸		腾冲		龙陵		昌宁	
	企业单位数	工业总产值	企业单位数	工业总产值	企业单位数	工业总产值	企业单位数	工业总产值	企业单位数	工业总产值	企业单位数	工业总产值
1978	350	11966	115	5660	41	1011	102	3083	40	645	52	1567
1980	401	13383	126	6695	40	842	120	3119	48	751	67	1973
1985	621	24347	206	11227	57	1660	231	5375	64	2290	63	3795
1990	376	40544	90	17422	46	3459	130	10347	49	3386	61	5930
1995	16847	137341	8090	51638	1426	10901	3222	35145	1433	14355	2676	25302
2000	5326	245105	1853	111971	436	12924	1254	57313	733	32145	1050	30751
2001	6200	271002	1905	117305	492	17948	1837	58117	745	38988	1221	38645
2002	5765	272964	1657	122724	499	16288	1728	60899	370	36738	1151	36315
2003	6204	284689	1794	135291	525	16959	1655	63233	877	36286	1353	32920
2004	—	356460	—	164523	—	14704	—	74297	—	57377	—	45558
2005	7456	460372	2087	221168	523	10977	1910	102592	1139	71991	1797	53645

2005年保山市全部国有及500万元以上非国有工业企业主要经济指标表

表23-7　　　　单位：个、万元

指标名称		企业个数	工业总产值(当年价)	工业增加值(当年价)	产品销售收入主营业务收入	利润总额	利税总额	亏损企业
全市总计		72	324246	119028	306471	25231	54751	29
国有经济		9	9309	2380	8672	454	970	5
集体企业		1	655	-228	816	-644	-516	1
股份合作企业		2	7126	3414	6491	1202	1935	—
有限责任公司		20	100796	36212	90861	7650	16694	6
股份有限制企业		7	74551	34969	69466	4784	13313	4
私营企业		28	120627	38332	115709	11907	21850	11
外商投资企业		4	6767	1972	7431	113	426	2
在总计中	国有控股企业	17	103912	47476	103752	9830	22227	7
	农村企业	22	62170	18480	58838	4428	9153	11
	营业企业	72	324246	119028	306471	25231	54751	29
	轻工业	31	135692	47528	123898	9505	21039	13
	重工业	41	188554	71500	182573	15726	33712	16
	中型企业	17	213401	84186	202782	1773	38833	4
	小型企业	55	110845	34842	103689	7498	15918	25

第二节 民营（非公）企业

民国时期，多数手工业生产作坊为个体私营。中华人民共和国成立后，实行农业、手工业合作化和对私营工商业进行社会主义改造，对一批私营企业实行公私合营。“文化大革命”期间，民（私）营经济严重萎缩。1978年后，全市民营经济由有限发展到鼓励发展。1998年7月，保山地区召开第一次个体私营经济工作会议，总结近10年来发展民营经济的经验，表彰奖励先进个体工商户30户，私营企业10户，制定下发《关于贯彻落实省委、省政府〈关于大力发展个体私营经济的决定〉的实施意见》。会后即成立了发展个体私营经济指导协调领导小组及其办公室。至1998年年底，全区个体工商户已达35943户，从业人员58291人，注册资金30551万元；产值19723万元，销售收入或营业额97717万元，商品零售额49195万元。私营企业324户，从业人员5608人，注册资金13526万元。个体工商户和私营企业全年纳税6003万元，占财政收入的10%。从业人员占全区社会总人口的2.4%；有“三资”企业55户，注册资本6731.19美元，其中：合资企业32户，合作企业5户，独资企业18户。投资主体主要来自中国港、澳、台地区和泰国、缅甸、日本、韩国、新加坡、美国。投资的项目主要是边贸木材加工、矿产品开发、珠宝玉器、茶叶加工、旅游资源开发以及边境贸易等，产品出口东南亚、日本和美国等地。年内，开展了对个体工商户的验照和私营企业的年度检审工作，清理无照经营的个体运输户3560户，将个体行医120户纳入登记管理。

2005年，全市金融系统从非公经济特点出发，改进信贷管理方式。通过金融部门、企业、政府三方的共同努力，促成银企加强合作，增加为非公经济贷款投放力度。全市共设立担保机构4个（昌宁县非公有制企业贷款担保基金会、龙陵县非公贷款担保有限责任公司、腾冲县非公中小企业贷款担保基金会、保山市隆阳区中小企业信用担保中心），累计为326户企业提供担保款707笔、总额19881万元。至年底，非公经济从金融机构获得贷款累计达24.12亿元，占投放贷款的24.91%，比上年同期增长17.5%。到2005年，全市民营经济完成增加值38.3亿元，占全市生产总值比重达32%，上缴税金3.16亿元，占全市财政总收入的25.7%；民营工业企业实现现价工业产值13亿元，占全市全部工业总产值的28%；个体工商户达36707户，私营企业达1280户，合计从业人员79318人，注册资本39亿元，比2000年的5.9亿元增33.1亿元，注册资本金在500万元至1000万元的民营企业42户，1000万元至1亿元的民营企业有27户，全市涌现出一批具有相当规模和竞争实力的民营企业。

第三节 集体（乡镇）企业

保山市集体企业的前身是各县最初所组建的缝纫、造纸、五金、铁器、竹器、木器、藤器、玉器、镀镜、金银首饰、五金钟表、衡器加工等集体生产合作社。在贯彻国民经济调整时期，兴办了一批集体所有制工业企业并恢复了“大跃进”中变为全民所有制的部分工业企业的集体所有制性质。此后，随着茶叶、甘蔗等种植业的发展和农业机械化的新要求，新建了一批机械加工茶叶初制所、小红糖厂、农机修造厂（站）、砖瓦厂、小水力发电站等社队企业。1978年全区拥有社队企业2056户，从业人员34000人，实现收入2266万元，拥有固定资产原值2582万元。其中：农业企业966户，从业人员13893人，实现收入218万元；工业企业706户，从业人员8394人，实现收入762万元；交通运输企业42户，从业人员201人，实现收入27万元；建筑企业79户，从业人员8347人，实现收入687万元；其他企业263户，从业人员3170人，实现收入467万元。主要工业产品为：初制茶、生铁、木材加工成品、烧制砖、烧制瓦、农具、手工纸、采选矿产品等。1979年社队企业建立统计报表制度，全区当年有社队企业户数2477户，从业人员41407人，当年实现营业收入3654万元。

1984年，按照中共中央和国务院的要求，把社队企业正式改为乡镇企业。至1985年年底，全区集体所有制企业500户（内含独立核算企业168户）；拥有乡镇企业20105个，比1979年净增17628个，年递增41.76%，其中：保山市9510个、施甸县2067个、腾冲县3253个、龙陵县2434个、昌宁县2841个。当年实现乡镇企业总收入17275.76万元，比1979年净增13621.76万元，年均递增29.55%；乡镇企业总收入占农业总收入的30%；有从业人员72630人，比1979年净增31223人，年均递增9.8%，占1985年全区农村全年劳动力的8.23%。有农业企业639个，占3.17%；工业企业6118个，占30.43%；建筑企业919个，占4.5%；交通运输企业6206个，占30.86%；其他企业6223个，占30.95%。1985年全区县以下的区、乡两级有工业企业433个，实现当年现价工业产值1589.96万元，工业企业所涉及的行业也进一步拓宽，有金属矿采选、轻工业、农产品加工业等产业成为乡镇企业工业的主导产业。

1990年7月，按照乡（镇）集体所有制企业条例，农村个体私营经济纳入乡镇企业统计范畴，乡镇企业的发展形成了乡办、村办、社办、联户办、个体私营办五轮驱动全面发展的新局面。至1990年年底，全区拥有各类乡镇企业38775个，拥有固定资产原值10474万元，其中：农业企业785个，工业企业14817个，建筑企业1497个，交通运输企业12130个，商饮服务及其他企业9546个；有从业人员109289人；实现乡镇企业总收入37970万元；实现总产值（现价）33275万元，其中：实现工业总产值12341万元，实缴国家税金637万元，支付劳动者报酬3778万元。当年完成总产值在100万元（现价）以上的乡村及直属骨干企业有16个（保山市9个、施甸县5个、腾冲县2个），其中13个是建筑施工企业。有3个工业企业实现出口，出品交货值300万元，其中：直接出口103万元，间接出口197万元。

到1995年年底，全区已拥有各类乡镇企业62539个，从业人员184122人，拥有固定资产原值76927万元。企业总计中，有农业企业662个，工业企业16181个，建筑企业2336个，交通运输、商饮服务和其他企业43360个；有个体私营企业59829个，占95.56%。全区乡镇企业完成营业收入186687万元。营业收入或总产值5000万元以上的乡（镇）有31

个（保山市11个、腾冲县11个、施甸县4个、龙陵县5个）；营业收入或总产值3000万元以上的村（办事处）有9个；有乡、村、直属骨干企业67个，规模以上的工业企业9户；工业企业中以农产品为原料的加工企业339个；有出口加工企业4个，完成出口商品交货值1393万元。1998年，首先在原保山市钢铁厂（后称康发有限公司）开展股份合作制改制试点。2000年农业部对全国乡镇企业统计进行了重大调整，按规定统计的范围缩小。至2000年年底，全区有乡镇企业29710个，其中：农业企业111个，工业企业5166个，建筑企业87个，交通运输、商饮服务及其他企业24346个；有从业人员109329人；当年实现乡镇企业增加值61800万元，总产值281179万元，其中：工业总产值96434万元，工业增加值18044万元；实现营业收入360724万元，利润总额10471万元，实交税金11913万元；提供劳动者报酬40201万元；拥有固定资产原值135696万元。营业收入5000万元以上的乡（镇）有13个，营业收入5000万元以上的村（办事处）12个，纳入统计的乡村骨干企业有59个，出口产品企业1个，当年完成出口交货值702万元。

2001年11月，保山市遵照云南省人民政府相关要求，开展了乡（镇）集体企业产权制度改革工作。至2002年4月完成15户企业的试点，全面铺开了全市乡（镇）集体企业的改制工作。当年就完成产权制度改革企业149户，累计完成223户，占纳入全市乡（镇）集体企业改革318户的80.2%，完成市政府确定的目标任务。到2004年年底全市完成乡（镇）集体企业改制户数301户，占纳入改制企业的94.65%，另有17户属特殊情况没有进行改制。涉及改革改制企业总资产58780万元，职工19824人，改制变现金额7128万元。通过产权制度改革，使全市乡镇企业所有制结构发生了巨大变化，个私经济和混合所有制经济成为全市乡镇企业的主要所有制形式。

至2005年年底，全市有乡镇企业43902个，有从业人员136187人，实现乡镇企业增加值14.3亿元，其中：工业增加值6.07亿元，完成乡镇企业营业收入69亿元。完成乡镇企业总产值58.8亿元，其中：完成工业总产值26.8亿元，提供劳动者报酬6.08亿元，上缴税金2.77亿元，占当年地方财政收入的42.4%。拥有固定资产原值48.6亿元。2005年年底，营业收入5亿元以上的乡（镇）有4个，营业收入1亿元以上的村（办事处）有9个，营业收入5000万元以上的企业17个，规模以上的工业企业51个，出口企业有22个，完成出口交货值3.1亿元。

第四节　全民所有制企业

1978年，保山地区建有怒江、东风、湾甸3个机制白糖厂，保山新华工厂、针织厂，地区电器修造厂，地区化工厂，地区701厂等国有企业。到1985年，先后新建7个机制白糖厂、5个精制茶厂和昌宁锡厂、龙陵化肥厂、腾冲灰窑水泥厂、昌宁水泥厂、龙陵水泥厂、地区水泥厂等，全市有工业企业621户，其中：全民所有制企业118户，全民与集体联营3户（独立核算）；全部工业总产值24347万元，其中全民所有制18811万元。

1986—1990年，在大力发展制糖、制茶工业的同时，建立和发展矿冶、造纸、边贸加工等骨干产业，并对部分经营不善的小型企业进行关、停、并、转。1990年，全市共有乡及乡以上工业企业376户，从业24340人，其中：全民所有制工业企业127户，从业14064人。初步形成以制糖为主，包括制茶、电力、采冶、食品、机械、烟草、纺织、化工、医药、建筑建材等30多个门类，产品达60多种的工业生产格局。工业总产值突破4亿元，达4.02亿元(1980年不变价)，其中：制糖、制茶、电力、纺织、机械、建材、造纸、缝纫、食品加工等工业企业，产值均在1000多万元至数千万元之间，其他工业产值5200多万元，占13.17%。在含省属企业在内的全市工业总产值中，全民工业产值2.06亿元，占工业总产值的50.91%；人均创产值13439元。当年，全民所有制独立核算工业企业每百元固定资产原值实现利润20.37元。年内，全区272户独立核算工业企业中，有61户亏损，亏损面达22.43%。亏损总额达512万元。全年共上缴国家利税2359万元，占当年全市财政收入的17.26%。

在全民所有制工业的发展过程中，改革从未间断。1979年，按照国务院《关于扩大国营工业企业经营管理自主权的若干规定》，进行了企业利润留成改革试点。1981年，试行经济责任制，对工业企业试行利润包干。1983年、1984年分两步进行利税改革。随后，进行以完善企业经营机制为重点的深化企业改革，实行多种形式的承包经营责任制，进一步增强企业的活力，使全区工业生产有了较大发展。此后，在国营、集体工业企业内部推行厂长(经理)负责制。1991年，开展“质量、品种、效益年”活动，同时启动企业第二轮经营承包工作。1992—1994年，企业扭亏增盈工作取得明显效果，转换企业经营机制的工作顺利开展，全区选择怒江糖厂、荷花糖厂、柯街糖厂、腾冲果品厂、保山变压器厂作为建立现代企业制度的试点企业，国营企业名称改为国有企业。1995年，全区完成工业总产值13.7亿元，比1990年增长3.4倍，其中：国有工业完成产值6.21亿元，其他经济类型完成产值8968万元。1996—1999年，全区继续抓好深化企业改革和扭亏增盈工作。

2001—2004年，全市加强工业改组改造和结构优化升级工作力度，强化工业立市思路，推进新型工业化建设，使企业改革和企业管理取得了新进展。2001年，全市工业总产值26.63亿元，同比增长6.54%，其中：加工制造业的产值达18.63亿元，占总产值的69.96%。2002年，市委、市政府下发《关于深化国有企业改革的实施意见》，全市掀起深化国有企业改革改制高潮。2003年，全市深化国有企业改革工作取得了突破性进展，列入省考核目标的83户国有及国有控股企业，完成改革改制71户，占考核目标的85.5%。其中：继续实行国有控股的1户(电力)，组建成有限责任公司19户，依法破产1户，关闭、歇业、解散38户，整体出售或由非国有企业兼并12户。当年退出国有资产2.74亿元，调整国有职工身份7350人，安置离退休人员2147人，共支付经济补偿金2.38亿元。2004年，全市工业总产值35.64亿元，同比增长12%，其中：轻工业增长6.5%，重工业增长19.7%，重工业的增速首次超过轻工业。

2005年，保山市人民政府下发《保山市新型工业化重点产业发展规划纲要2005-2010

年实施意见》和《保山市工业发展连续倍增计划实施意见》，当年实现工业总产值46.6亿元，同比增长22.6%，实现工业增加值20.6亿元，增长22.3%，增幅排在全省第四位。工业增长对全市生产总值的贡献率从2001年的20.59%提高到2005年的41.98%，对财政增长的贡献率从2002年的26.5%提高到2005年的41.69%。68户规模以上工业企业实现增加值、销售收入和利税等主要指标增幅达两成以上。其中：制糖企业6户，产值5.17亿元，增加值1.53亿元，税利总额1.38亿元；农副食品加工企业12户，产值5.85亿元，增加值1.56亿元，税利总额1.36亿元；医药制造企业2户，产值0.65亿元，增加值0.39亿元，税利0.17亿元；水泥制造企业4户，产值1.2亿元，增加值0.52亿元，税利0.17亿元。由于工业快速发展的拉动，全市三次产业结构由2000年的42.4∶18.6∶6.39调整为2005年的35.3∶26∶38.7，二产比重提高了7.4个百分点。同时，年内又有5户国有企业完成改革改制任务，3户股份合作制企业实施了产权深化改革。

第五节　股份有限公司

保山市股份有限公司名称最早出现于民国36年（1947）组建的腾冲龙光电力股份有限公司、腾冲火柴股份有限公司，中华人民共和国成立后两户企业更名为光明电厂和火柴厂。直到20世纪80年代，保山又开始对工业企业试行股份制改革改造。1983年12月，龙陵县勐冒联营砖瓦厂由156户农户入股18.9万元筹集建设资金，于1984年建成投产，当年实现产值21.2万元。1985年10月建成投产的原保山地区水泥厂，于1988年率先在全省实行股份制探索，将原保山地区水泥厂组建为永昌水泥股份有限公司，向社会募集资金，先后发行面值1000元的公众股1.80万股，集中社会闲散资金发展生产。1990年9月第二条生产线建成投产，生产能力达12万吨/年；1992年10月将其股票拆细为每股面值1元，企业更名为云南省保山水泥股份有限公司；1993年《中华人民共和国公司法》颁布，国家体改委确认该企业为继续进行规范化试点的股份制企业。政府、企业积极作为，争取上市，将原保山水泥股份有限公司全部经营性资产剥离出来组建改制成保山水泥股份有限公司，将非经营性资产剥离出来重新组建新的国有企业——保山建材集团实业有限公司；1995年12月，保山水泥股份有限公司以6800万股的总股份在上海证券交易所成功上市，后公司名称先后改为云南富邦科技实业股份有限公司、云南博闻科技实业股份有限公司，简称为博闻科技，股票代码为600883，公司注册地为云南省保山市隆阳区汉庄镇小堡子。博闻科技是保山市迄今唯一的上市公司。

1996年6月，云县乡镇企业供销公司（云南澜沧江啤酒企业集团）、云南保山水泥股份有限公司达成共同建设保山澜沧江啤酒厂意向协议，组织形式为股份合作制，企业名称定为：云南省澜沧江啤酒集团保山股份有限公司，注册资本为3000万元人民币，其中：云南澜沧江啤酒企业集团有限公司认资1800万元，保山水泥股份有限公司认资1200万元，制定了《云南省澜沧江啤酒企业集团保山股份有限责任公司章程》，设立了董事会和监事会。

1998年4月，公司建成投产，其生产能力为年产啤酒5万吨，生产装备和微机自控系统引进德、英、意大利等国外及国内先进设备和技术，在国内同行业中处领先地位，是二十世纪末国内最为先进的啤酒生产线之一，也是云南啤酒行业具有较大规模的生产企业之一。2000年以后，保山水泥股份有限公司因故转让股份，退出股权，云南澜沧江啤酒集团保山股份有限公司改称为云南澜沧江啤酒集团保山有限公司。

1998年6月，云南省人民政府在保山召开现场办公会，提出了“支持由云南冶金集团总公司对龙陵县勐糯铅锌矿实施兼并或控股”的明确意见，由云南冶金集团兼并改制后的云南保山铅锌股份有限公司于当年12月8日正式挂牌成立。2000年，云南保山铅锌股份有限公司抓住国家“债转股”政策的机遇，联合中国长城资产管理公司、中国华融资产管理公司等6家单位共同发起组建云南永昌铅锌股份有限公司，债务转为股金金额为9573万元人民币。到2001年，公司进行了技改扩建，利用原有基础，增加部分厂房设备，使电锌规模增加到1.2万吨/年、选矿400吨/日、粗铅5000吨/年、硫酸1万吨/年的生产能力。2003年年初，公司投资3000多万元资金实施电锌改扩建项目，建成国内首家“高铁硫化锌精矿加压浸出技术产业化”生产线，该项目获得“国家科技进步二等奖”和“云南省科技进步一等奖”，大大提高了企业电锌生产能力。

2003年，由保山市、隆阳区、施甸县、腾冲县、龙陵县、昌宁县6个电力国有资产经营有限责任公司及云南省地方电力实业开发公司、中国水利投资集团公司、云南保山科源硅电有限责任公司共9家股东组成国有控股企业——云南保山电力股份有限公司，注册股本总额为26803.3万元人民币。公司法人治理结构健全，董事会、监事会、经营班子各司其职。公司下设永昌、施甸、腾冲、龙陵、昌宁5个分公司和三江口电厂1个直属发电厂。

除上述企业外，保山市还先后引进云南永昌硅业股份有限公司、中牧实业股份有限公司、云南云天化股份有限公司、安徽海螺水泥股份有限公司等大企业入驻隆阳、龙陵、腾冲等地创业发展。

第六节　有限责任公司

1993年4月，腾冲造纸厂接受港资注入进行扩建改造，企业更名为腾云纸业有限责任公司。此后，1994—2000年，保山地区先后有30多户工业企业新建和改建为有限责任公司。按行业划分统计，煤炭企业2户：昌宁红星煤矿有限责任公司、保山煤炭工业有限责任公司；金属非金属矿采选冶企业8户：腾冲恒丰飞龙有限责任公司、腾冲恒益矿产品经贸有限责任公司、腾冲明光矿业有限责任公司、昌宁贞元冶炼硅有限责任公司、龙陵县硅冶炼联营有限责任公司、龙陵龙山硅有限责任公司、保山丙麻硅业有限责任公司、保山康发钢铁有限责任公司；食品药品加工企业8户：腾冲县清凉山茶业有限责任公司、龙陵康丰糖业有限责任公司、龙陵县龙眉茶叶开发有限责任公司、保山同心食品有限责任公司、腾冲县果品实业有限责任公司、龙陵县天潭饮料有限责任公司、昌宁县耈酒酿造有限责任公司、腾冲东方红制药有限责任公司；制造业10户：保山新华肥皂有限责任公司、腾冲县白象火柴实业有限责任公司、保山星达塑料制品有限责任公司、保山百思特医疗器械有限责任公司、保山农机修造有限责任公司、腾冲水电设备有限责任公司、保山变压器有限责任公司、保山锅炉制造有限责任公司、腾冲腾云纸业有限责任公司、云南昌宁建星纸业有限责任公司等。2001年以后，全市加大企业改革改制的力度，怒江、东风、上江、罗明、芒合、旧城、龙坪、由旺、龙江、荷花、龙塘、勐糯、柯街、卡斯、湾甸、勐统等16户白（食）糖加工企业普遍推行公司制改革，改建为有限责任公司。2002年，市委、市政府下发《关于深化国有企业改革的实施意见》。2003年，全市完成国有及国有控股企业改制改革任务的71户中，组建为有限责任公司19户。2004年，又有2户国有企业改建为有限责任公司，全市累计有21户有限责任公司，当年实现销售收入14.58亿元，比改制前增长20.47%，实现利润2893.9万元，扭亏增盈9369.9万元。据统计，与全面改制前的2001年相比，全市工业企业亏损面由原来的89%下降到17.2%，消除亏损企业54户，大大增强了企业活力。

2005年，保山市完成工业现价总产值46.6亿元，比上年增长22.6%，实现工业增加值20.6亿元，增长22.0%，工业在全市生产总值的比重为17.24%。从经济类型看，国有工业产值7981万元，比上年增长6.1%；股份合作工业产值1.81亿元，下降6.0%；股份制（有限责任公司）工业产值29.07亿元，增长30.5%。

第三章　工业布局

第一节　产业布局

1978年，保山地区共有22个机制红糖厂，其中：保山县6个，施甸县8个，昌宁县3个，龙陵县4个，腾冲县1个；3座白糖厂（在保山县潞江坝建立的怒江白糖厂、东风白糖厂，在昌宁县湾甸坝建立的湾甸白糖厂）。新建了一批机械加工茶叶初制所，新建了昌宁县茶厂、龙陵县茶厂、昌宁湾甸农场茶厂、腾冲县茶厂4座精制茶厂。同时，保山的其他工业行业也有所发展，先后建立了腾冲叠水河电站、保山瓦窑发电厂、龙陵香柏河电站、施甸河尾电站等水力发电站。建立了保山地区针织厂、保山地区砖瓦厂、地区电器修造厂、地区化工厂、地区701厂、保山锅炉厂、保山县拖拉机修理厂、腾冲县灰窑水泥厂、保山县西庄水泥厂、昌宁县水泥厂、保山县羊邑煤矿、昌宁县红星煤矿、龙陵县大坝煤厂等工矿企业。

到1985年，保山地区先后新建机制白糖厂7个、精制茶厂5个、锡厂、化肥厂和水泥厂各1个，还有一批小水电站和茶叶初制所；原有的工业企业普遍进行了技术革新和技术改造，提高了机械化、自动化水平。1986—1990年，全区充分利用改革开放的机遇和区内资源优势，在大力发展制糖、制茶工业的同时，建立和发展矿冶、造纸、边贸加工等骨干产业，并对部分经营不善的小型企业进行关、停、并、转。在国营、集体工业企业内部推行厂长(经理)负责制，大力发展乡镇企业，允许和鼓励开办私营企业。

1990年年末，保山地区共有白糖厂14座，其中日处理甘蔗能力在1000吨以上的大型白糖厂有怒江糖厂1座，日处理甘蔗能力在500～800吨的中型糖厂有保山东风、上江、罗明、芒合糖厂，施甸旧城、由旺糖厂，腾冲荷花、龙江糖厂，龙陵勐糯、龙塘糖厂，昌宁湾甸、卡斯、柯街糖厂等13座。先后撤销、合并、停产了一批机制红糖厂，到1990年年末，全区有机制红糖厂6座，即保山市蒲缥红糖厂、施甸县龙坪红糖厂、芒伞红糖厂、金刚园红糖厂、龙陵县碧寨红糖厂、昌宁县勐统红糖厂，日处理甘蔗能力共550吨。有茶叶初制所455个，有昌宁县茶厂、龙陵县茶厂、腾冲县茶厂、保山市茶厂、湾甸农场茶厂、保山市沙坝茶厂、施甸县茶厂、保山市小永茶厂8个精制茶厂，年精制茶加工能力约5000吨。主要茶叶产品有精制红茶、精制绿茶、青毛茶、红毛茶等，优质产品有滇红工夫茶、红碎茶、尼诺绿茶、清凉山磨锅茶、里畿茶、龙泉茶等10多个品种。建成小水电站226座，装机287台，总容量6.84万千瓦。其中，保山市78座、94台，总容量2.12万千瓦；施甸县24座、30台，总容量1.70万千瓦；腾冲县72座、93台，总容量2.15万千瓦；龙陵县22座、33台，总容量0.84万千瓦；昌宁县30座、37台，总容量0.66万千瓦。五县(市)已形成4个供电网络，其中保山、施甸两县(市)为35千伏供电联网，腾冲县为35千伏供电网，龙陵、昌宁两县分别为10千伏供电网。新建烟叶复烤厂1座，有乡以上采煤企业7个，乡以上冶金企业11个，建筑施工企业61家，水泥生产企业10个，水泥制品企业1个，水泥预制构件制造企业2个，机械制造企业15个(包括1个电器机械制造企业)，化工企业12个，造纸及纸制品企业10个，印刷企业8个，纺织企业5个及一批药品、食品、木器、竹器、藤器、玉雕、金银首饰加工等企业。初步形成以制糖为主，包括制茶、电力、采冶、食品、机械、烟草、纺织、化工、医药、建筑建材等30多个门类，产品达60多种的工业生产格局。

1990—1999年，工业企业改革进一步深化，保山的传统工业受到极大的冲击和挑战，一批规模偏小、经济效益差、长期亏损、产业结构不合理、没有发展前途的企业，通过破产、兼并被淘汰，部分闲散资产被盘活。通过企业兼并和强强联合，组建了一大批大型企业集团，发挥了规模效益，进一步优化了产业结构，提高了企业的竞争实力。“九五”末全市实现工业产值24.51亿元，已形成了以食品加工、机械、化工、森工、煤炭、建材、造纸、电力、纺织、冶金、医药、烟草等产业，建成不同层次的国家和省级农业商品粮基地、甘蔗基地、优质茶叶基地、烤烟、香料烟基地、畜产品加工基地。

2001—2005年，全市加强了工业改组改造和结构优化升级工作力度，强化工业立市思路，推进新型工业化建设，使企业改革和企业管理取得了新进展。其中2004年，全市工业总产值35.64亿元，同比增长12%，其中轻工业增长6.5%，重工业增长19.7%，重工业的增速首次超过轻工业。

2005年年底，全市红糖生产企业仅有昌宁红庆糖业有限公司1户，生产能力为日处理甘蔗300吨；白糖生产企业有隆阳区保升龙、龙陵县康丰、昌宁县恒盛、腾冲县腾龙4个糖业公司13条生产线，生产能力为18980吨 / 日，通过糖业整合，全市糖业产业集中度开始形成，规模效益明显提高。同时，一批新的个私茶叶加工经营企业开始出现，全市共有精制茶加工企业26个，生产精制茶7473吨，其中腾冲清凉山茶有限公司为全市最大的茶叶加工销售企业。随着咖啡种植业的不断发展，保山也出现了咖啡加工企业，到2005年，全市有咖啡初加工企业12户，深加工企业7户，集中分布在隆阳区怒江流域的潞江坝一带。除食糖、茶、咖啡外，粮油食品加工、糖果糕点生产、果脯果品加工、酒和无酒精饮料生产、咸菜加工等规模和产量产值不断扩大。有矿产企业612户，其中主要以褐煤开采、铅锌矿采选、锡矿采选、铁矿采选、硅矿采冶为主。新成立了云南澜沧江啤酒保山有限公司、保山永吉食品有限公司、保山茧丝绸有限公司、云南博闻科技实业股份有限公司、云南昌宁建星纸业有限公司、保山康发钢铁有限责任公司、腾冲县承信经贸有限公司、古林木业有限责任公司、林瑞木制品有限责任公司、云南永昌铅锌股份有限公司、腾冲县明光矿业有限责任公司、昌宁贞元冶炼硅有限公司、龙陵龙山硅有限责任公司、保山飞龙有色金属有限公司等一批产权关系清晰、政企职责分开、法人制度健全、管理科学规范、经营机制灵活的现代企业。

第二节　工业园区

2005年年底，全市入园企业达43户，完成投资4.85亿元；入园企业按规划分类入驻，各县的工业企业布点也向工业片区集中，逐步形成工业板块。

一、保山工业园区

2000年9月18日，云南省人民政府同意将保山市个体私营经济实验区列为省级个体私营经济实验区（以下简称实验区）。实验区按文化、商贸、工业片分片开发。2003年年初，隆阳区人民政府报请省经委同意，将实验区中文化、商贸开发片纳入城市总体开发与管理，而将工业片单独剥离成立保山工业园区开发。2003年11月，保山工业园区被云南省委、省政府正式列入“云南省推进新型工业化发展规划纲要”中的30个重点工业园区之一。2004年成立保山工业园区管理委员会。

保山工业园区根据隆阳区县域经济规划定位，按照“一园多片”发展格局进行规划建设，重点围绕五个结合四大功能三大产业展开，即：与实施新型工业化发展战略相结合、与实施城镇化战略相结合、与培育新经济增长点相结合、与进一步对外开放和招商引资相结合、与调整区域经济结构和生产力布局相结合；调整产业结构的功能，拓展城市和提升城市化水平的功能，带动区域经济发展的功能，推动保山经济、环境可持续发展的功能；重点打造滇西区域农副产品加工中心，特色电矿产业生产地，面向南亚—东南亚进出口转加工前沿后方基地。

2003年之后，保山工业园先后投资250余万元委托云南省政府发展研究中心、云南省德赛西部开发研究院完成了《保山工业园区建设思路和规划研究》，委托云南省城乡规划设计研究院、国家测绘局第五地形测量队完成《保山工业园总体规划》，委托保山市地震局完成《保山工业园区地质灾害评价报告》，委托昆明理工大学完成《保山工业园区环境影响评价大纲》，2005年9月修编完成保山工业园区规划和可行性研究报告。总体规划为“一园三片”，面积28平方千米，其中：板桥轻工科技工业片区，面积4.5平方千米；老营电矿采选工业片区，面积1.0平方千米；大小堡子（冶金、建材、机电、化工）综合工业片区，面积22.5平方千米。开发建设总体计划分四期用17年（2004—2020年）的时间完成园区的整体基础设施建设。

2005年，保山工业园区共有工业企业10户，其中：签约引进企业8户，原有企业2户；已建成投产企业4户。全年园区内所有企业共完成工业总产值18614万元，工业增加值6325万元，固定资产投资3653万元，实现销售收入13196万元，税收685万元，利润761万元，新增就业人数1182人。

二、腾冲工业园区

腾冲工业园区位于腾冲县西南方向，距县城5千米处。于1999年由省政府批准设立，2001年8月开始规划建设，总体规划面积7.57平方千米。首期开发2.68平方千米。园区腾冲工业园区依托现有林产品加工、石材产品加工、矿产品加工等主导产业基础和丰富的自然、旅游、文化等资源条件，发挥比较优势和后发优势，围绕重点产品、重大项目和龙头企业，推进结构调整，加快产业对接，以工业生产为龙头，配套发展，布局商业、仓储、服务、行政、交通、居住、教育等设施，建设一站式服务中心、居住区、商业区、林产品加工区、石材产品加工区、包括食品、轻纺、农机、家电、旅游产品等在内的转口贸易加工区，力求形成功能相对完善的复合型园区。

至2005年，腾冲工业园区共投资6000多万元，完成了首期2.68平方千米土地开发建设，园区内实现了供水、排水、供电、道路、通信、有线电视（部分）基础设施“六通”。累计引进企业33户，引进计划投资9.08亿元，完成投资2.4亿元，实现工业产值5.71亿元，完成销售收入5.1亿元，实现税收5086万元，为下岗工人和城乡富余劳动力提供2600余个就业岗位。当年完成投资5263万元，实现工业产值3.02亿元，占全县工业总产值的29.46%，实现税收2298万元。

2005年腾冲工业园区被列为第一批省级重点工业园区。

第四章　电力工业

第一节　电源建设

一、水电

保山市地处澜沧江、怒江之间的河谷台地和伊洛瓦底江上游阶地上，受三大水系影响，境内河谷落差大，河流众多，雨量丰沛，水能资源丰富。据水力资源普查成果显示，水能理论蕴藏量为1023.75万千瓦，可开发利用821.6万千瓦，扣除怒江、澜沧江干流545.6万千瓦，技术可开发容量为276万千瓦。保山市水电开发建设经历了三个发展阶段。20世纪70年代至80年代中期，以解决人民群众照明用电和农副产品加工用电为目的的开发阶段，如：瓦窑电站、丙麻电站、香柏河电站、叠水河电站、曲石电站、九甲电站、户南河电站、三八沟电站、姚关河一、二级电站。20世纪80年代末期至90年代中期，以满足保山工业发展对电力的需求为目的的开发建设阶段，如：三江口电厂、姚关河三级电站。20世纪90年代末期至2005年期间，以建设电力支柱产业和满足“工业立市”战略为目的的水电开发建设阶段，如：苏帕河流域开发、槟榔江流域开发、龙江二级电站、勐梅河一级、二级电站、橄榄河电站、姚关河四、五级电站。

1978年，保山地区共有小水电站263座，总装机容量36201千瓦，年发电量8077万千瓦时。1985年，保山地区水电发电量为14463万千瓦时，1990年到达25395万千瓦时，1995年为41312万千瓦时，2000年为70540万千瓦时。

2005年，保山市有水电发电站111座，装机196台，总装机容量400752千瓦，比1978年增加364551千瓦，增长10.07倍。2005年全市完成水电发电量154460万千瓦时，占全市总发电量的96.72%。

2005年，随着槟榔江流域水电建设项目的全面启动，保山市槟榔江流域、龙川江流域、公养河流域、各县（区）小水电开发建设步伐加快，保山市水电开发建设进入一个新的发展时期。

（一）香柏河一级电站

香柏河位于龙陵县西北部，为龙川江左岸一级支流。1979年3月，香柏河一级电站由龙陵县水工队勘测设计，电站装机容量2×800千瓦。1979年4月开工兴建，1980年12月完工，并与二级电站并网发电，实际完成投资135万元。

（二）勐梅河一级电站

勐梅河位于龙陵县东北部，为怒江右岸一级支流。由省水利水电勘测设计研究院勘测设计，电站装机容量2×9000千瓦。1997年1月电站主体工程开工兴建，1998年8月1号机组建成试运行发电，同年11月2号机组建成投入运行发电。电站设计概算7275.58万元，实际完成投资6393.07万元。

（三）勐梅河二级电站

勐梅河二级电站位于勐梅河中上游左岸。由省水利水电勘测设计研究院勘测设计，电站装机容量2×8000千瓦，2003年7月主体工程正式开工兴建，2004年10月一号机组建成发电，11月二号机组建成投入运行，电站批准概算9308万元，实际完成投资8340.73万元。电站建成投产至2005年年底，完成发电量7000多万千瓦时，创产值1400万元。该电站是龙陵县第一座“无人值班，少人值守”的微机综合自动化控制的发电站。

（四）苏帕河流域梯级开发

苏帕河位于龙陵县境内，为怒江右岸一级支流，全长71.2千米，流域面积667平方千米，年均产水量8.93亿立方米，河道总落差1700米，水能蕴藏量达31万千瓦。规划设计分一库五级进行开发建设，苏帕河流域梯级水电开发始于1988年，截至2005年年底，除在建中的苏帕河二级（朝阳）电站，装机4万千瓦和苏帕河五级电站增容3.2万千瓦以外，整个苏帕河流域梯级已开发电源181000千瓦，占苏帕河流域水能蕴藏量310000千瓦的58.4%，占全市已建水电站总装机403602千瓦的44.85%。各梯级电站均已实现了微机保护、计算机监控现代技术，“无人值班、少人值守”的科学管理水平。

整个流域除苏帕河五级（三江口）电站属保山电力股份有限公司外，其余一库四级装机达19.1万千瓦均属云南保山苏帕河水电开发有限公司开发、经营和所有，由云南省开发投资有限公司控股。深化投资体系改革，引进资金联合开发建设，为保山槟榔江流域等水电资源开发提供了一条成功的开发经验。

苏帕河五级（三江口）电站 为苏帕河流域梯级开发五级中的最末一级，亦是苏帕河梯级开发的第一个电站。由水电部昆明水电勘测设计院勘测设计，设计装机容量2×15000千瓦，年发电量2.24亿千瓦时。1988年4月地区组建工程建设指挥部，1990年5月主体工程全面铺开。配套建设的输出工程，辛街110千伏变电站，容量1×35000千伏安，辛街变电站至苏帕河五级电站100千伏高压输电线路（长74.5千米），辛街变电站至杏花变电站110千伏线路（长14千米），于1992年年底建成。苏帕河电站两台机组分别于1993年4月6日和17日建成并网试运行发电，电站累计完成投资6300万元。

苏帕河茄子山水库及坝后一级电站 苏帕河茄子山水库是苏帕河流域梯级电站开发的调节龙头水库，坝高106.1米，总库容1.25亿立方米，属于大（Ⅱ）型水库，具有多年调节性能。水库正常蓄水位高程1815米，死水位1775米。茄子山水库工程于1992年进行勘测设计，1996年6月17日开工建设，1996年12月10日截流，1999年9月9日正式下闸蓄水，10月21—23日通过蓄水验收。坝后配套电站（苏帕河一级）装机容量2×8000千瓦。工程累计完成投资30203.3万元，其中：茄子山水库工程20517万元，坝后一级电站工程4867.2万元，苏帕河二、三、四级前期费4280.7万元，生活区538.4万元。

苏帕河四级（阿鸠田）电站 位于苏帕河中下游段。1992年由昆明水电勘测设计院勘测设计，四级电站装机3×35000千瓦。2002年7月28日开工兴建，2005年4月3日建成运行发电，总计投资47606万元。多年平均发电量5.95亿千瓦时。是苏帕河梯级开发经济效益最好，综合效益最优，装机容量最大的水电站。

苏帕河三级（乌泥河）电站 装机容量2×15000千瓦，多年平均发电量1.6亿千瓦时。电站于2003年11月22日开工兴建，2005年5月27日建成试运行发电，累计完成投资10983万元。

苏帕河二级(朝阳)电站 设计装机容量2×20000千瓦，多年平均发电量1.59亿千瓦时，审定概算投资2.93亿元。2004年11月19日该电站主体工程正式开工兴建，2005年年底仍在建。

（五）腾冲曲石电站

曲石电站位于龙川江干流明光河左岸。电站由腾冲县水利局、工交局抽调技术人员进行勘测设计，电站装机容量4×1600千瓦，于1978年1月开工兴建，1981年2月28日第一台机组试运行，1982年1月安装第二台机组与叠水河电站联网运行发电，1983年安装第三台机组，1984年2月第四台机组建成发电，累计完成投资739.56万元。

（六）龙江二级电站

龙江二级电站位于腾冲县打苴乡龙川江西岸。由曲靖地区水电设计院设计，龙江二级电站装机2×10000千瓦，年发电量1.54亿千瓦时。1992年12月开工，1997年3月建成发电，工程总投资10575.12万元。

（七）龙江三级电站扩建

龙江三级电站于1976年10月，由0425部队101化工厂与腾冲县合作兴建，装机2×500千瓦。1986年6月腾冲县电力公司对电站引水渠道进行改造扩建，新增1250千瓦立式机组一台，1987年10月竣工发电。2002年12月保山电力股份有限公司科源硅电公司再次对龙江三级电站进行改造扩建。扩建设计由保山市水利水电勘测设计院完成，淘汰原2×500千瓦机组，新增装机5000千瓦发电机组一台，扩建工程于2002年12月进行，2004年3月竣工发电，累计完成投资3580万元。扩建后电站装机2台，装机容量6250千瓦。

（八）界头周家坡电站

周家坡电站位于腾冲县界头乡周家坡村，是腾冲县乡（镇）自建自营的最大电站。由四川省峨眉市水利电力设计研究院完成勘测设计，装机容量2×1600千瓦，年发电量2240万千瓦时。电站于1993年10月动工，1997年2月建成发电，总投资2599.92万元。

（九）槟榔江二级猴桥电站

槟榔江位于腾冲县西部高山峡谷间，由大岔江、胆扎河、轮马河三支流汇集而成，县内河长59千米，流域面积1076.2平方千米。槟榔江流域梯级开发规划和二级猴桥电站设计，均由昆明水利水电勘测设计研究院完成，规划槟榔江流域按“一库五级”，总装机容量35.8万千瓦的开发方案。2003年5月由保山电力股份有限公司牵头，组建了槟榔江水电开发公司。2005年2月，昆明水利水电勘测设计研究院经多次考察和反复论证，又修正制定了“二库四级”的开发规划方案，2005年12月，省发改委批复同意槟榔江流域开发由原规划的“一库五级”总装机容量35.8万千瓦的方案调整为“二库四级”，总装机容量60.3万千瓦的开发方案。

槟榔江二级猴桥电站为槟榔江流域梯级开发中的首个开发的水电站。电站于2003年7月28日开工兴建，总装机容量3×16000千瓦，2005年9月23日一号机组顺利并网发电，10月11日二号机组建成正式发电，12月26日三号机组建成试运行发电，实现了一年三台机组投入运行发电的突破。电站累计完成工程投资25700万元，到2005年年底累计发电上网电量2700万千瓦时。

（十）腾冲江源生态电站

江源生态电站位于腾冲县曲石乡江南村，是县小水电代燃料试点工程的主要项目，电站装机容量3×1600千瓦（其中：代燃料装机容量2000千瓦），由腾冲县水务局水利水电勘测队勘测设计，年发电量3120万千瓦时。电站于2002年12月动工兴建，2004年3月建成并网发电，总计投资2459.47万元。

（十一）姚关河三级电站

姚关河三级电站位于施甸县姚关镇河尾村姚关河左岸，由原河尾二级电站改建而成。由县水利局组织技术人员勘测设计，装机容量2×3200千瓦，设计年发电量4870万千瓦时，电站于1986年10月5日动工兴建，1988年3月29日建成并入电网运行，完成建设总投资543.1万元。

（十二）姚关河四级电站

姚关河四级电站的勘测设计由施甸县水利局勘测设计队完成。装机1×2500千瓦，设计年发电量1861千瓦时，电站于1992年10月3日开工兴建，1994年6月建成发电，累计完成投资931万元。

（十三）姚关河五级电站

姚关河五级电站为姚关河梯级开发的最后一级电站，由云南高原电力有限公司采用总承包建设模式承建，装机容量2×6500千瓦，设计年平均发电量7478万千瓦时。于2003年11月1日开工建设，2005年4月4日建成发电，总计完成投资7200万元。

（十四）橄榄河一级电站

位于昌宁县柯街镇立斯达村境内，由云南省地方电力开发公司勘测设计，装机容量2×2000千瓦，设计年平均发电量2043万千瓦时。1992年2月开工兴建，同年12月31日竣工并网发电，累计完成投资1311.77万元。

（十五）橄榄河二级电站

由保山地区水利电力勘测设计院勘测设计，电站装机容量2×1600千瓦，设计年发电量1787.5万千瓦时。电站于1995年6月15日开工兴建，1997年1月20日建成发电，累计完成投资2100万元。

（十六）丙麻电站

位于隆阳区东部丙麻乡境内。由昆明勘测设计院地电处勘测设计，装机容量2×2500千瓦，设计年发电量3765万千瓦时。1976年1月动工，1980年1月建成并网发电，总投资623万元。

1995年4月保山市经委同意扩建丙麻电站3号机组，1995年11月至1998年6月丙麻电站进行了增容，新增3号机组，装机容量1×3200千瓦，年增加发电量2400万千瓦时，投资860万元。扩建后，丙麻电站总装机3台、容量达8200千瓦。

1986年丙麻电站荣获水利部“全国优秀小水电站”光荣称号。

二、火电

1985年，保山地区糖厂拥有自备火力发电设备，火力发电量1112万千瓦时。1990年，全区糖厂火力发电量2039万千瓦时。1995年，全区糖厂火力发电量3437万千瓦时。2000年，全区糖厂火力发电量4162万千瓦时。

2005年，保山市17个糖厂火力发电装机19台，总容量22750千瓦，年发电量5240万千瓦时。这些电站均由糖业企业自主经营管理，为季节性发电。

第二节　供配电网络建设

1978年保山地区仅有35千伏变电站3座，总容量8200千伏安，35千伏线路4条，总长98千米。至2005年年末，全市建成220千伏变电站2座，变电容量510000千伏安；110千伏变电站8座，总容量287000千伏安；35千伏变电站64座（含用户变电站），总容量318700千伏安；配电变压器6776台，总容量731039千伏安；建成220千伏输电线路2条，长314.5千米；建成110千伏高压输电线路16条，长452.70千米（含省网1条44千米）；35千伏线路64条，长1323千米；10千伏线路8020千米，低压线路15029千米。全市用电量达141066万千瓦时，五县（区）均已实现水电农村电气化建设达标，县、乡、村通电率均为100%，户通电率达98.65%。

1978—2005年，保山电网建设发展经历了五个发展阶段：

第一，独立电网运行阶段。1980年以前，由于地方工业基础薄弱，电源电网建设缓慢，用电水平低，保山五县均为自发自供的独立电网。1980年全区形成4个供电网络，即：保山、施甸电网（简称保山电网，1980年两县以35千伏联网）、腾冲35千伏电网、龙陵10千伏电网和昌宁10千伏电网。期间，由于电力物资紧缺和建设资金不足，腾冲、施甸电网曾一度使用“两线一地”的供电方式，各县都存在使用木质电杆的状况。

第二，35千伏电网形成的阶段。1980年后，各县35千伏电网建设步伐加快，保山、腾冲35千伏电网得到发展和壮大；1988年昌宁第一座35千伏宝丰变电站建成后并入保山电网；1990年省网保山杏花变电站建成，保山电网以35千伏并入省网，1993年正式并网；1993年三江口电厂建成后，龙陵35千伏电网于1994年并入保山电网；1994年腾冲35千伏电网并入保山电网。至此，保山地方电力形成完整的35千伏网络，实现了统一调度。

第三，110千伏电网形成的阶段。进入20世纪90年代，110千伏电网建设起步。1993年保山辛街110千伏变电站建成，保山电网跨入110千伏电压等级。1993年三江口电厂联网；1997年实现保山电网和省网110千伏联网；1997年腾冲110千伏电网并入保山电网；1999年昌宁110千伏电网并入保山电网。至此，保山110千伏电网形成。

第四，110千伏骨干电网形成的阶段。1996年，保山电力股份公司成立，110千伏电网建设加快，至2005年，保山市相继新建和改造了保山杏花、保山辛街、昌宁宝丰、昌宁达丙、腾冲来凤山、腾冲石头山、龙陵大坪子、龙陵勐糯8座110千伏变电站，新建110千伏线路244.69千米。至此，保山110千伏骨干电网形成。

第五，220千伏电网形成的阶段。2005年，云南省电网公司在保山建成保山、朝阳2座220千伏变电站及2条线路，保山辛街变电站并入保山变电站、龙陵大坪子变电站并入朝阳变电站，苏帕河二、三、四级电站汇入朝阳变电站，至此，保山220千伏电网初步形成。

一、骨干输变电工程

20世纪80年代末，全区基本形成了4个供电网络，通过农村水电初级电气化建设、农村电网建设与改造工程、“十五”水电农村电气化工程建设等机遇，逐步形成了以220千伏电网与省网连接，以110千伏为骨干网络、35千伏为供电网络的五县(区)联网运行的独立完整的地方电网。截至2004年年底，全市拥有高压线路9480千米；110千伏变电站3座，容量为12.6万千伏安；35千伏变电站56座，容量为29.7万千伏安；观电变压器5288台、容量为4.6万千伏安。

(一) 220千伏输变电工程

云南电网公司于2003年12月开工建设保山220千伏输变电工程，2005年7月建成投产。工程内容包括24万千伏安的保山辛街变电站和朝阳变电站，以及180千米的保山至大理输电线路，87千米的朝阳至辛街输电线路。工程的建成投产，对保证保山市水电富裕电力和后续水电能源的正常送出，起到桥梁和纽带作用，对满足保山市的用电负荷需求和电力高水平发展都起着十分重要的作用。

(二) 110千伏输变电工程

2005年，保山市有110千伏变电站8座：

保山辛街变电站 位于隆阳区辛街乡班头坡，1992年12月建成投运，2005年以前担负着整个保山电网的输配电任务，是保山电网的中心枢纽变电站。一期工程装设1台31500千伏安主变压器，1999年改造扩容为2台31500千伏安主变压器，2004年实施增容、综合自动化改造，实施至220千伏“保山变”双回联络线工程，增5个110千伏间隔，将1号主变更换为50000千伏安。截至2005年年底，装有1台31500千伏安和1台50000千伏安主变压器，总容量为81500千伏安；110千伏进出线6回，35千伏进出线9回，10千伏进出线5回。

保山杏花变电站　位于保山市城北杏花村，1989年建成投入运行，装有1台15000千伏安主变压器；110千伏进出线2回，35千伏进出线1回，10千伏进出线2回。2005年12月保山市接管该变电站，并对变电站进行全面技术改造。

腾冲来凤山变电站　位于来凤山象鼻岭，是腾冲重要的电网枢纽工程之一。1995年11月开工建设，于1999年4月竣工投运，一期容量25000千伏安。2003年扩容量至31500千伏安。

石头山变电站　位于腾冲石头山工业园区，是腾冲重要的电网枢纽工程之一。2004年7月动工建设，2005年7月投入运行，变压器容量1×40000千伏安。

龙陵大坪子变电站　位于县城东北大坪子村，是龙陵重要的电网枢纽工程之一。工程设计规模主变2×40000千伏安，110千伏进出线8回，一期建成2回；35千伏进出线10回，一期建成6回；10千伏出线10回，一期建成5回。工程于2004年11月开工，2005年7月竣工，投运主变容量31500千伏安，2005年9月扩容改造，11月结束，主变更换为63000千伏安。

龙陵勐糯变电站　位于勐糯永昌铅锌公司生活区旁，是龙陵重要的电网枢纽工程之一。2005年7月开工，12月建成，工程设计容量2×25000千伏安，一期建成1×31500千伏安，110千伏进出线5回，建成3回；35千伏进出线6回，建成3回；10千伏出线6回，建成4回。

昌宁宝丰变电站　位于昌宁县田园镇，是昌宁重要的电网枢纽工程之一。1992年12月在原宝丰35千伏变电站基础上扩建110千伏变电站。变电站设计容量为2×16000千伏安，110千伏出线2回，35千伏出线6回，10千伏回路为10回，1994年9月投入昌宁电网运行。

昌宁达丙变电站　位于昌宁县城东郊的上达丙高坝子，是昌宁重要的电网枢纽工程之一。工程于2004年5月动工，2005年7月完工并入县电网运行。设计变电站容量为2×40000千伏安，110千伏出线6回，35千伏出线8回，10千伏出线10回。一期完成安装40000千伏安主变一台，110千伏出线间隔1回；达丙110千伏至宝丰110千伏变电站，35千伏出线4回，10千伏出线间隔10回，投运4回。

保山市2005年年底110千伏变电站一览表（不包括用户变电站容量）

表23-8

站名	所在地	业主单位	投产年度	变压器（台/千伏安）	进出线回路数		
					110（千伏）	35（千伏）	10（千伏）
辛街变电站	隆阳区	保山电力股份公司	1993	2/81500	6	9	5
杏花变电站	隆阳区	保山电力股份公司	1988	1/15000	1	2	2
来凤山变电站	腾冲	保山电力股份公司	1997	1/31500	4	6	14
石头山变电站	腾冲	保山电力股份公司	2005	1/40000	8	10	—
大坪子变电站	龙陵	保山电力股份公司	2005	1/31500	3	5	10

续上表

站名	所在地	业主单位	投产年度	变压器（台/千伏安）	进出线回路数		
					110（千伏）	35（千伏）	10（千伏）
勐糯变电站	龙陵	保山电力股份公司	2005	1/31500	5	6	10
宝丰变电站	昌宁	保山电力股份公司	1994	1/16000	2	6	7
达丙变电站	昌宁	保山电力股份公司	2005	1/40000	1	4	5
合计	—	—	—	98/287000	—	—	—

保山市2005年年底110千伏线路一览表（不包括用户线路）

表23-9

业主单位	起点—终点	线径型号	线路长度（千米）
保山电力股份公司	辛街—三江口电厂	LGJ—150	74.57
保山电力股份公司	辛街—杏花	LGJ—150	14.71
保山电力股份公司	辛街—腾冲来凤山变电站	LGJ—185	76.6
保山电力股份公司	辛街—昌宁	LGJ—150	53.82
保山电力股份公司	来凤山—龙江二级	LGJ—120	24.8
保山电力股份公司	昌宁宝丰变电站—达丙变电站	LGJ—185	8.01
保山电力股份公司	腾冲来凤山变电站—石头山变电站	LGJ—240	6.22
保山电力股份公司	石头山变电站—古永变电站	LGJ—240	38.91
保山电力股份公司	朝阳变电站—大坪子双回线	LGJ—240	2×23.75
保山电力股份公司	辛街变电站—保山变电站双回线	LGJ—240	2×0.81
保山电力股份公司	猴桥电站至古永变电站双回线路	LGJ-240	2×10.96
电力股份公司和公养河电站	公养河电站至勐糯变电站	LGJ-240	40.02
保山供电局	保山变电站至杏花至永平保山段	LGJ-240	44
合计	16	—	452.70

二、35千伏及以下输变电工程

2004年年底，保山市拥有35千伏变电站56座，拥有变压器96台，总容量为29.7万千伏安，35千伏线路1253千米；10千伏线路7946千米，拥有配电变压器有5288台，容量为46280千伏安，低压线路13723千米。

（一）35千伏变电站

2005年，保山市共有35千伏变电站45座，资产均为保山电力股份公司所属，总容量220000千伏安。其中：隆阳区（永昌分公司）99800千伏安，施甸分公司21500千伏安，腾冲分公司55200千伏安，龙陵分公司29600千伏安，昌宁分公司13900千伏安。

保山市2005年年底35千伏变电站一览表（不包括用户变电站）

表23-10

变电站名称	建设年度	总容量（千伏安）	进出线回路数	
			35（千伏）	10（千伏）
保山市	—	220000	—	—
隆阳区（永昌分公司）	—	99800	—	—
白马庙变电站	1971	16000	3	8
羊邑变电站	1973	4000	—	—
沙坝变电站	1979	10000	—	—
潞江变电站	1981	4000	—	—
蒲缥变电站	1983	5000	—	—
小堡子变电站	1984	6000	—	—
芒宽变电站	1992	3000	—	—
芒合变电站	1992	2000	—	—
瓦窑变电站	1994	4500	—	—
东门变电站	1995	20000	2	10
老营变电站	1998	16000	3	6
敢顶变电站	2000	1000	—	—
汶上变电站	2002	2000	—	—
新城变电站	2005	6300	—	—
施甸分公司	—	21500	—	—
仁和变电站	1981	4000	2	6
旧城变电站	1987	2000	—	—
七〇七变电站	1992	6500	—	—
姚关变电站	1995	5000	—	—
甸阳变电站	1999	4000	2	6
腾冲分公司	—	55200	—	—
西山坝变电站	1982	16300	—	—
马站变电站	1984	2000	—	—
固东变电站	1987	4000	—	—
界头变电站	—	4000	—	—

续上表

变电站名称	建设年度	总容量（千伏安）	进出线回路数	
			35（千伏）	10（千伏）
芒棒变电站	1998	3600	—	—
蒲川变电站	1999	3150	—	—
滇滩变电站	2000	8000	—	—
古永变电站	2003	4000	—	—
明光辛街变电站	2003	1000	—	—
明光自治变电站	2003	5150	—	—
猴桥变电站	2003	2000	—	—
勐连变电站	2004	2000	—	—
龙陵分公司	—	29600	—	—
镇安变电站	1987	9000	3	3
猛糯变电站	1989	4000	—	—
松树坡变电站	1994	5000	5	9
象达变电站	1998	2000	—	—
河头变电站	1999	1600	—	—
平达变电站	2001	2000	—	—
勐柳变电站	2005	2000	—	—
正平变电站	2005	4000	—	—
昌宁分公司	—	13900	—	—
柯街变电站	1979	1800	2	4
勐统变电站	1992	1600	—	—
卡斯变电站	1995	4000	—	—
湾甸变电站	2002	2500	1	6
耈街变电站	2002	2000	—	—
更戛变电站	2005	2000	—	—

注：此表所列35千伏变电站资产均为保山电力股份公司所属，全市共45座

（二）35千伏线路

2005年，保山市共有35千伏线路1323.17千米（部分用户线路未完全统计），其中：隆阳区424.89千米，施甸分公司196.22千米，腾冲分公司328.67千米，龙陵分公司224.39千米，昌宁分公司149千米。

保山市2005年年底35千伏线路一览表（部分用户线路未完全统计）

表23-11

线路起止	架设年度	导线型号	长度（千米）
保山市	—	—	1323.17
隆阳区	—	—	424.89
辛街变电站至老营变电站双回线路	—	LGJ-150	77.35
辛街变电站至小堡子变电站线路	—	LGJ-150	9.00
沙坝变电站至老营变电站线路	—	LGJ-150	8.00
瓦窑电站至老营变电站线路	—	LGJ-95	17
芒宽变电站至汶上开关站线路	—	LGJ-95	11.13
敢顶变T接芒合变至芒宽变线	—	LGJ-95	0.26
白马庙变电站T接辛沙线线路	—	LGJ-95	0.05
小堡子变电站至金鸡变电站线路	—	LGJ-95	11.37
潞江变电站至新城变电站线路	—	LGJ-95	11.41
勐梅河二级电站至新城变电站线路	—	LGJ-150	13.12
瓦窑电站至核桃坪变电站线路	—	LGJ-95	15.00
杨柳变电站T接潞芒线线路	—	LGJ-70	15.30
沙坝变电站至白马庙变电站线路	—	LGJ-150	22.00
丙麻电站至柯街变电站线路	1978	LGJ-95	16.00
辛街变电站至杏花变电站线路	—	LGJ-150	15.00
羊邑变电站至丙麻电站线路	1980	LGJ-95	20
辛街变电站至羊邑变电站线路	—	LGJ-95	11
白马庙变电站至辛街变电站线路	—	LGJ-95	12
辛街变电站至潞江变电站线路	1982	LGJ-95	36.75
潞江变至芒合变电站线路	—	LGJ-95	33
芒合变至芒宽变电站线路	—	LGJ-95	23.1
白马庙变电站至杏花双回线路	1988	LGJ-95	12.59
辛街变电站至白马庙变电站至东门双回线路	1995	LGJ-95	34.46
施甸县	—	—	196.22
旧城变电站至勐糯铅矿变电站线路	—	LGJ-95	24.50
姚关三级站至四级站	—	LGJ-95	1.37
七〇七变电站至七〇七硅厂线路	—	LGJ-95	1.4

续上表

线路起止	架设年度	导线型号	长度（千米）
辛街变电站至七零七变电站线路	2001	LGJ-120	12.92
姚关河五级电站至仁和变电站	2004	LGJ-185	33.31
姚关三级站至旧城变电站线路	—	LGJ-70	17.4
七〇七变电站至太平变电站线路	—	LGJ-95	14.52
仁和变电站至羊邑变电站线路	—	LGJ-95	26.8
姚关三级站至甸阳变电站线路	—	LGJ-95	24.3
阳变电站至仁和就电站线路	—	LGJ-95	4
甸阳 Π 接线线路	—	LGJ-95	1.57
姚关二级站 T 接线线路	—	LGJ-70	1.24
姚关变电站 T 接线线路	—	LGJ-70	2.5
仁和变电站至七〇七变电站线路	—	LGJ-95	20.14
姚关三级电站至湾甸水泥厂线路	—	LGJ-70	10.25
腾冲县	—	—	328.67
来凤变电站至西山坝线路	—	LGJ-120	7.80
来凤变电站至蒲川线路	—	LGJ-120	40.80
古永变电站至猴桥电站	2003	LGJ-240	10.96
马站变 T 接西曲线路	—	LGJ-95	0.03
固东变电站至滇滩变线路	2000	LGJ-95	20.96
固东变电站至古永变线路	—	LGJ-95	21.14
固东变电站至明光线路	—	LGJ-95	18.98
明光辛街变电站至自治变线路	—	LGJ-95	26.97
荷花变 T 接来梁线路	—	LGJ-70	0.60
芒棒变电站至龙江三级站线路	—	LGJ-95	18.00
龙江三级至西山坝变电站	1988	LGJ-95	20
勐连变 T 接来蒲线路	—	LGJ-70	0.53
曲石电站至界头变线路	—	LGJ-95	20.40
周家坡电站至界头变线路	—	LGJ-95	18.00
江源电站至固东电站	—	LGJ-95	13.26
曲石电站至西山坝变电站	1980	LGJ-95	28.6
猴桥至四级	2005	LGJ-120	18.64
硫酸厂 T 接马西线路	—	LGJ-95	1.5

续上表

线路起止	架设年度	导线型号	长度（千米）
叠水河电站至西山坝变电站	—	LGJ-95	3.00
来凤山变电站至荷花糖厂变电站	—	LGJ-70	18.70
马站至固东变电站	—	LGJ-70	19.8
龙陵县	—	—	224.39
香柏河至松树坡至镇安变电站	1987	LGJ-95	24.55
勐梅河一级电站至二级站	—	LGJ-185	5.08
正平变电站 T 接线	—	LGJ-95	4.33
正平变电站至勐柳变电站	—	LGJ-70	10.20
勐梅河一级电站至镇安变电站	1996	LGJ-185	6.70
黄草坝硅厂 T 接松镇线	—	LGJ-185	0.35
茄子山电站至松树坡变电站	—	LGJ-150	17.40
镇安变电站至三江口电厂	1991	LGJ-95	37
茄子山电站至象达变电站	—	LGJ-95	13.50
帕掌河电站至象达变电站	—	LGJ-70	5.44
茄子山电站 T 接三镇线	—	LGJ-95	6.00
松树坡变电站至河头变电站	—	LGJ-70	20.00
香柏河电站至蒲川变电站	—	LGJ-120	9.93
苏帕河三江口电站至平达变电站	—	LGJ-70	13.08
勐梅河二级电站至大坪子变电站	2004	LGJ-185	25.83
铅矿变电站至旧城变电站	—	LGJ-95	22.00
勐糯变电站至铅锌矿变电站	—	LGJ-95	3.00
昌宁县	—	—	149
昌宁纸厂变电站至耈街变电站	—	LGJ-95	23.90
宝丰变电站至昌宁硅厂变电站	—	LGJ-95	6.00
更戛变电站至勐统变电站	—	LGJ-95	14.10
达丙变电站至盛吉硅厂变电站	—	LGJ-185	4.50
橄榄河一级电站至宝丰变电站	1990	LGJ-95	16
橄榄河一级电站至橄榄河二级电站	—	LGJ-95	2.5
柯街变电站至卡斯变电站	—	LGJ-95	6.8
湾甸变电站至水泥厂	—	LGJ-95	3.4
达丙变电站至纸厂	—	LGJ-95	6

续上表

线路起止	架设年度	导线型号	长度（千米）
宝丰变电站至勐统变电站	—	LGJ–95	36
柯街变电站至宝丰变电站	1987	LGJ–95	29.8

第三节　电网改造工程

一、农村电网改造工程

1998年党中央、国务院为促进农村经济发展，加快推进农村现代化进程，分期安排国家政策性城乡电网建设与改造工程。保山市一期农网建设与改造工程于2001年1月正式启动，2002年3月底全部完成工程建设改造任务，2002年7月，通过省级验收，被评价为优质工程。对已完成农网改造的村社，农户生活照明电价执行过渡电价，单价每千瓦时电量为0.54～0.60元，未实施农网改造的地区采取最高限价，最高电价控制在0.8元/千瓦时以下。保山市二期农网建设与改造工程于2002年4月开工，2003年2月完工。

全市五县（区）一、二期农网建设与改道工程累计完成投资27246.26万元（一期完成投资12366万元，二期完成投资14880.26万元），新建35千伏变电站4座，容量12000千伏安，改造35千伏变电站2座，容量10500千伏安，新架设35千伏输电线路10条，长142.13千米，改造35千伏线路2条，长28.68千米，新架和改造10千伏线路1678.45千米，安装配电变压器2137台，容量175390千伏安，新建和改造400伏线路4225.1千米，完成一户一表改造254958户（一期完成105596户，二期完成149362户）。撤销34个乡（镇）电管站，相应成立供电所和供电营业收费点，实现了由县（区）电力分公司直接管理的供电所，全市83个乡（镇）的供用电已有80个乡（镇）纳入保山电力股份有限公司的各电力分公司，按“三公开”（电价、电费、电量）、“四到户”（抄表、收费、服务、销售）、“五统一”（电价、发票、抄表、核算、考核）制度进行规范化管理。由电力公司直接抄表到户，减少供电中间环节，供用电质量得到提高，使广大农户用上安全可靠的电能，同时降低了电价，农网改造后的电价比改造前的电价每千瓦时降低了0.23元，农村电价逐步向城镇电价同步过渡。实施农网改造，改变了农村供电网络安装架设不规范、电网结构不合理、设施陈旧老化、安全性能差、私拉乱接突出、隐患多、质量差、线损高的现象，同时整顿了农电管理体制混乱、“人情电、关系电、权力电”以及乱收费、乱摊派，偷漏电严重等突出问题。

二、县城电网建设与改造工程

2003年，保山市县城电网建设与改造工程可行性研究批复工程总投资17893万元。2005年年初设批复调整为20530万元。规划新建龙陵、腾冲110千伏变电站，容量107000千伏安及配套的110千伏线路88千米，新建和改造隆阳区、施甸县35千伏变电站，容量

80000千伏安及配套的35千伏线路821千米，10千伏及以下线路874千米，完成一户一表改造52150户。

县城电网建设与改造工程由云南水利电力有限公司作为项目法人负责资金筹措和组织实施，并在各县组建项目经理部具体承担建设改造任务，统一管理、操作。在完成县城电网改造规划设计及上级批复的基础上，保山市五县（区）城网改造35千伏及以上工程于2004年6月正式启动实施。经过一年半的努力，城网改造工程进展顺利，到2005年年底，新建改造的昌宁达丙、腾冲石头山、龙陵大坪子三座110千伏变电站主体工程建设均完成，并投入试运行，架设110千伏线路78千米，新建35千伏线路34千米，改造10千伏及低压线路49.78千米，更换配电变压器18台，容量5620千伏安，10千伏及以下配电工程和一户一表工程已全面启动实施，累计完成投资13457万元。

三、农村初级电气化建设

1983年，保山地区保山市列为全国首批100个农村初级电气化试点县之一，基准年为1983年，达标年为1992年。1992年年底，全市乡（镇）通电率为100%，行政村（办事处）通电率为96%，户通电率为95.2%，人均年用电量206千瓦时，户均年生活用电量262千瓦时，“以电代柴”家庭普及率为25.3%，综合网损率为10.6%，发供电主要设备完好达95%以上，建设指标达标，1994年9月通过省级验收。

1994年施甸县被列为全国第二批水电农村初级电气化建设的替补县，基准年为1989年，达标年为1995年。1995年年底，全县乡（镇）通电率为100%，行政村（办事处）通电率为98.5　%，户通电率为95.8%，人均年用电量203千瓦时，户均年生活用电226千瓦时，综合网损率为9.8%，发供电主要设备完好率达99.7%，建设指标达标，1995年9月通过省级验收。

1996年，腾冲县、龙陵县、昌宁县被列入全国第三批农村水电初级电气化建设县，基准年为1993年，达标年为1998年。1998年年底，腾冲县各乡（镇），行政村（办事处）通电率为100%，户通电率为97%，全县人均年用电量达253千瓦时，户均年生活用电量达459千瓦时，以电代柴家庭普及率为29.9%，综合网损率为10.5%，发供电主要设备完好率为98.2%。龙陵县各乡（镇）、行政村（办事处）通电率为100%，户通电率为96%，人均年用电量410千瓦时，综合网损率为9.5%，户均年生活用电285千瓦时，“以电代柴”家庭普及率为12%，发供电主要设备完好率达99.68%。昌宁县各乡（镇）、行政村（办事处）通电率均为100%，户通电率为98.6%，人均年用电量206千瓦时，户均年生活用电量231千瓦时，综合网损率为9.7%，发供电主要设备完好率为97.5%。1998年12月，三县工程建设指标达标并通过省级验收。

2001年，隆阳区、施甸县、腾冲县、龙陵县、昌宁县均被列为“十五”水电农村电气化建设县（区）。其中：隆阳区和施甸县基准年为1999年，达标年为2005年；腾冲县、龙陵县和昌宁县基准年为1999年，达标年为2004年；项目总投资5570.9万元。新建改造电站3座，总装机2560千瓦；新建改造35千伏变电站7座，容量1.96万千伏安；新建改造35

千瓦线路118.89千米，新建改造10千伏线路319.66千米；新增更换配电变压器108台，新建改造400/220伏线路174.11千米，完成一户一表改造1555户。2005年4月，昌宁县“十五”水电农村电气化建设率先通过省级达标验收；11月，隆阳、施甸、龙陵、腾冲四县（区）“十五”水电农村电气化建设通过省级达标验收。

四、电力扶贫“村村通电”工程

1997—2000年，保山地区按照省政府部署实施了电力扶贫“村村通电”工程，到2000年年底，电力扶贫工程项目均已按计划完成或超额完成，完成总投资3352.35万元，其中：省拨款2546万元（包括物资抵价），地方自筹806.33万元，完成投资占省下达计划投资3056.8万元的116.2%。建成昌宁弯弓桥二级水电站一座，装机2×500千瓦；新建35千伏变电站6座，容量12100千伏安；新建35千伏线路3条，长83.25千米；新架10千伏线路335.34千米，安装配电变压器141台。解决、改善了47个行政村、5万多户、23万人的用电困难问题。

五、小水电代燃料试点工程

2003年国家发改委、水利部把腾冲列为全国首批26个小水电代燃料生态保护试点县之一。腾冲县向省水利厅申报了2064户，9992人的小水电代燃料试点项目，选择在高黎贡山自然保护区周边的界头、曲石两乡进行试点。2004年3月建成了江源生态电站，装机容量3×1600千瓦，其中代燃料装机2000千瓦，投入资金1171万元，其中中央预算内专项资金补助570万元。架设35千伏输电线路13.26千米，新架和改造10千伏线路12.6千米，0.4千伏及以下配电线路69千米，新增配电变压器17台，容量1705千伏安，完成一户一表改造2064户，共计投资284万元，其中，电气化县建设资金165万元，由乡、村自筹解决119万元。2004年12月通过县级验收，2005年8月通过省发改委和省水利厅组织的验收。

小水电代燃料试点工程的实施，取得了明显的试点效益。生态效益：每年可减少砍伐薪炭林柴3249.6立方米，保持天然林面积22622亩，保护退耕还林面积4060亩，减少水土流失面积583亩，可吸收和减少排放二氧化碳3873.8吨，减少排放一氯化碳119.8吨、烟尘17.4吨。社会效益：解决人畜饮水困难1746户，改善乡村公路13.5千米。经济效益：工程实施后，每年可解放被砍柴束缚的劳动力1961人，节省砍柴工日58830个，减少燃料费支出30.96万元，增加农民收入74.13万元。

第四节　电力安全生产管理

一、安全管理

1978—1996年，保山地区有9户国有电力企业，电力企业采用设立安全保卫科（股、组）或安监科（股、组），成立安全生产工作领导小组或指定安全专责人员等多元安全管理体制，企业法人为第一安全责任人，负责电力安全生产日常管理工作。1996年9月，云南保山电力股份有限公司成立，安全生产由分散管理转变为统一管理，1997—2004年，股份公司在生产计划处设立安全科，各分公司指定安全专责，厂站(班组)指定安全员，总经理负总责，分管副总抓落实，各分公司经理、直属电厂厂长为第一责任人，负责安全生产管理。2004年后，随着国家安全生产管理体制的不断完善，保山电力股份有限公司安全生产管理进一步得到加强，2005年，成立安全生产管理委员会，设立安监处，各分公司设立安全科，厂站(班组)指定安全员，制定和完善安全生产管理、考核、奖惩制度和办法，指定公司，各处室、各分公司、各直属电厂安全生产第一责任人，对内层层签订责任书，落实安全生产责任，整改安全隐患；对外采取会议、图片展览、录音录像、广播电影、安全用电知识宣传档、安全生产活动月等多种形式进行安全用电宣传教育和培训，对私拉乱接、窃电和“三线”搭挂行为进行整治，配合公检法系统严厉打击破坏和偷盗电力设施犯罪。其中，保山苏帕河水电开发有限公司和保山槟榔江水电开发有限公司自成立之日起就设有专门的安全生产管理机构，负责流域水电工程建设和生产运营的安全管理工作。

二、事故和灾害

龙陵香柏河电厂一级站“10·16”泥石流灾害　1989年10月16日，香柏河电厂一级站遭滑坡泥石流灾害，造成发电机组、各种电气设备、变压器及主、副厂房严重破坏，直接经济损失计124.5万元。值班人员董有生、赵德明遇难殉职。

瓦窑发电厂“8·29”洪灾　1993年8月29日，瓦窑遭遇百年不遇的特大暴雨，瓦窑河水上涨到了历史最高位，流量达390立方米/秒，下午5时30分，洪水水位上升到了590.5立方米/秒，无情的袭击沿河两岸的农田和各种建筑物。电厂进水大坝上下的水工建筑物被冲毁，锁虹桥、生产公路、沉沙池脚护墙、进厂大桥上下八字护墙、消力池、主机房脚被掏空了25%，透瓶油库、设备配件及生活、生产引水管，沿河下游的10千伏输电线路均不同程度被破坏。按现值计算，这场洪灾给瓦窑电厂造成经济损失为334.89万元，占全部资产1200万元的27.9%。

保山地区电力公司35千伏东门变电站“3·28”电网事故　1996年3月28日19时10分，保山地区电力公司东门变电站因李某某驾驶汽车撞击象山路10千伏线路拉线造成短路，由于电弧接地过电压损坏变电站直流系统，继电保护无法动作，事故蔓延，导致东门变电站至象山路1.2千米10千伏双回线多处烧断，待辛街变电站、瓦窑电站35千伏供电线路跳闸后事故终结，后经抢修恢复供电。事故造成东门变电站停电，重要用户停电2小时，大片用电停电22小时，少量用户停电70小时，直接经济损失21.15万元。

永昌110千伏辛街变电站“8·7”电网事故　1997年8月7日15时48分，因保山水泥厂生料车间2号配电室10千伏开关柜隔离开关B相接触不良产生电弧接地，值班人员操作时引发10千伏系统过电压，使35千伏小堡子变电站B424开关柜绝缘损坏，10千伏设备损坏，由于该站直流缺陷和主变机械故障，未能及时切除故障，事故扩大。由于辛水线和主变保护装置拒动，辛水线过载下坠搭在10千伏线路上，事故扩大为电网事故，导致35千伏串入10千伏系统。事故造成保山坝区大面积停电，小堡子变电站10千伏一次设备损坏，主变压器损坏，全站停电121小时；造成35千伏辛水线导线烧损，10千伏一次设备损坏，停止供电124小时；造成直接经济损失100万元，停电损失70万元。

施甸姚关河三级电站“8·16”泥石流灾害 1997年8月16日18时30分，施甸姚关河三级电站因突降特大暴雨引发泥石流，电站厂房及生活区被石流淹埋，造成2台2×3200千瓦的发电机等设备损坏，停发电达100天，直接经济损失470多万元，停发电损失375万元。

保山市坝湾乡琨崩河电站“9·29”山体滑坡灾害 1997年9月29日11时45分，因连续降雨山体滑坡，致使渠道堵塞水淹厂房，造成直接经济损失240万元，间接经济损失100万元。1998年6月恢复发电。

第五节 电力企业

一、保山市国有电力企业

（一）云南保山电力股份有限公司

1978年，保山县供电任务由保山地区瓦窑电厂供电车间承担。1980年1月，保山地区瓦窑电厂供电车间从电厂分出，成立保山地区供电所，隶属于保山地区工交局。1982年3月，成立保山地区电力公司，隶属于保山地区水利电力局。1984年3月，改名为保山地区供电公司，4月，保山地区五九八厂撤销合并地区供电公司，隶属于保山地区水电局。1986年1月，保山地区供电公司下放给保山市管理，隶属于保山市水电局。1988年8月，保山地区供电公司收归地区管理，更名为保山地区电力公司，隶属于保山地区水电局。

1996年9月，按照公司法由原保山地区五县（市）国有电力企业和云南省地方电力实业开发公司、中国水利投资集团公司、云南保山科源硅电有限公司等共9家股东组成云南保山电力股份有限公司，股本总额近2.7亿元。公司下设永昌、施甸、腾冲、龙陵、昌宁5个分公司和三江口、等壳2个直属发电厂。

2003年1月，将原9户国有电力存续企业全部撤销，实行整体式改制，以市县（区）国有电力资产为纽带，组建成为地方国有电力企业，负责承担完成全市水电开发建设和电力的发、输、配售等任务。由市级和各县（区）重新明确出资人单位名称，隆阳区的原4户国有电力企业合并为一个出资人单位。公司共有股东9户。至此，原保山地区电力公司、施甸县电力公司、腾冲县电力公司、龙陵县电力公司、昌宁县电力公司注销。

2004年年底，公司固定资产11.22亿元，发电装机总容量13.23万千瓦，年发电量8亿多千瓦时，销售电量9.83亿千瓦时。

2005年年底，云南保山电力股份有限公司有在职员工1609人，其中：各类专业技术人员567人。属于公司资产的发电站有23处，装机49台，总容量12.36万千瓦；110千伏变电站8座，容量31.85万千伏安；35千伏变电站45座，容量19.51万千伏安；110千伏输电线路499.35千米，35千伏线路1318.47米，10千伏配电线路8317.23千米。

（二）施甸县电力公司

1978年，施甸县发电厂、县供电所隶属于县水电局。1981年11月，县供电所并入施甸县发电厂，成立县发电厂。1984年4月，成立施甸县电力公司，隶属于县水电局。1996年9月，施甸电力公司参与发起组建云南保山电力股份有限公司，施甸县电力公司成为保山电力股份有限公司的直属分公司。2003年1月，云南保山电力股份有限公司整体式改制后，施甸县电力公司注销。

（三）腾冲县电力公司

1978—1981年，腾冲县供电由叠水河电站和曲石电站承担，隶属于腾冲县工交局。1981年12月，成立腾冲县电力公司，隶属于腾冲县水电局。1996年9月，腾冲县电力公司参与发起组建云南保山电力股份有限公司，腾冲县电力公司成为保山电力股份有限公司的直属分公司。2003年1月，云南保山电力股份有限公司整体式改制后，腾冲县电力公司注销。

（四）龙陵县电力公司

1978—1982年，龙陵县电力主要以香柏河电厂为主要电源发电、供电，隶属于龙陵县工交局。1983年10月，香柏河电厂发电和供电分开，成立龙陵县供电公司，隶属于县工交局。1984年5月，香柏河电厂、县供电公司移交县水电局主管。1989年10月，成立勐糯供电公司，隶属于县水电局。1993年6月，龙陵供电公司、香柏河电厂、勐糯供电公司合并成立龙陵县电力公司，隶属于县水电局。1996年9月，龙陵县电力公司参与发起组建云南保山电力股份有限公司，龙陵县电力公司成为保山电力股份有限公司的直属分公司。2003年1月，云南保山电力股份有限公司整体式改制后，龙陵县电力公司注销。

（五）昌宁县电力公司

1979年5月，河东、新城、河西、九甲电站合并成立昌宁电厂，隶属于县工交局。1982年8月，三八沟电站并入昌宁电厂，隶属于县水电局。1984年11月，昌宁电厂更名为昌宁县电力公司，隶属于县水电局。1989年6月，昌宁电力公司办理法人资格登记。1990年12月，兼并昌宁县五金厂。1996年9月，昌宁县电力公司参与发起组建云南保山电力股份有限公司，昌宁县电力公司成为保山电力股份有限公司的直属分公司。2003年1月，云南保山电力股份有限公司整体式改制后，昌宁县电力公司注销。

（六）保山市电力公司

1991年1月，成立保山市电力管理站。1993年改名为保山市电力公司，隶属于保山市水电局。1996年9月，保山市电力公司参与发起组建云南保山电力股份有限公司，并改设为永昌分公司。2003年1月，云南保山电力股份有限公司整体式改制后，保山市电力公司注销。

（七）保山地区瓦窑发电厂

1978年，瓦窑发电厂隶属于保山地区工交局。1982年3月，隶属于保山地区水电局。1986年3月，下划当时保山市并隶属于保山市水电局。1996年9月，瓦窑发电厂参与发起组建云南保山电力股份有限公司，并入永昌分公司。2003年1月，云南保山电力股份有限公司整体式改制后，瓦窑发电厂注销。

（八）保山市丙麻电厂

1980年1月，保山县丙麻发电厂建成，隶属于保山县水电局。1984年更名为保山市丙麻发电厂，隶属于保山市水电局。1996年9月，丙麻发电厂参与发起组建云南保山电力股份有限公司，并入永昌分公司。2003年1月，云南保山电力股份有限公司整体式改制后，丙麻发电厂注销。

（九）户南河电站

1978年，户南河电站隶属于保山县工交局。1983年1月，户南河电站隶属于保山县水电局。1996年9月，户南河电站参与发起组建云南保山电力股份有限公司，并入永昌分公司。2003年1月，云南保山电力股份有限公司整体式改制后，户南河电站注销。

二、云南保山苏帕河水电开发有限公司

1996年6月，保山地区行政公署以保山地区苏帕河电站工程指挥部为基础，由保山地区县乡企业开发公司、云南省开发投资有限公司和保山地区电力公司共同发起组建成立保山苏帕河水电开发有限公司，公司注册资本1.22亿元，股东出资股比为50.8：24.6：24.6。

1999年11月，茄子山水库（库容1.25亿立方米）及坝后电站（装机2×8000千瓦）竣工投产。

2002年5月，通过资产重组，云南省开发投资有限公司、云南保山电力股份有限公司、保山市国有资产经营有限公司按照56：30：14的股比进行资产重组，重组后公司名称由保山苏帕河水电开发有限公司变更为云南保山苏帕河水电开发有限公司，注册资本2亿元。

2004年10月，云南省开发投资有限公司将所持有的苏帕河公司56%股份划转由云南地方电力投资有限公司持有，公司成立第三届股东会、董事会、监事会。

2004年10月至2005年3月，阿鸠田电站（装机3×35000千瓦）三台机组相继建成投产；5月，乌泥河电站（装机2×15000千瓦）建成发电；朝阳电站（装机2×20000千瓦）在建设中。

三、云南保山槟榔江水电开发有限公司

2003年5月，云南保山电力股份有限公司独资注册成立云南保山槟榔江水电开发有限责任公司，注册资金2900万元。

2004年1月，经资产重组，由云南保山电力股份有限公司持股51%、云南机械设备进出口有限公司持股29%、国家电力公司昆明勘测设计研究院持股20%，注册成立云南保山槟榔江水电开发有限公司，首期注册资金10000万元。公司属国有股份制企业，由云南保山电力股份有限公司控股。槟榔江流域按“二库四级”规划进行水电开发，即三岔河水库和苏家河口水库，一级三岔河电站、二级猴桥电站、三级苏家河口电站、四级松山河口电站。槟榔江流域梯级电站开发完成后，流域总装机容量达60万千瓦。

2005年12月，二级猴桥电站（装机3×16000千瓦）建成发电，其他水库和电站在建设和规划中。

四、云南电网公司保山分公司

2005年4月完成工商注册登记，6月18日正式挂牌成立。主要负责保山市220千伏及以上电网的规划、建设及电网经营管理，供电方式主要为趸售。

第五章　矿采选冶

保山地处怒江、澜沧江、金沙江多金属成矿带中南部，矿产资源较为丰富，全市已发现56种矿产，有44种获得资源储量信息。其中：天然气、地热、钛铁矿、五氧化二铌、五氧化二钽、硅灰石、硅石、硅藻土、锆英石九种储量居全省第一位，硅灰石储量居全国第一位，未探明储量但已经开采的矿有金、锑、锰、砷、水晶、高岭土、电气石、玛瑙、浮石、大理石，另外还发现钼、钇、镓、锗、铋、水洲石、云母、滑石、油页岩等矿产。全市主要矿产潜在价值总计在4000亿元以上。

2004年年底，全市共有冶金企业320户，从业人员6500多人，产铁矿60万吨，钢3.5万吨，钢材3.4万吨，大锡301吨，电锌1.3万吨，粗铅0.53万吨，金属硅2.5万吨，铜原矿2.5万吨，实现产值7亿多元。

第一节　采　煤

保山煤炭资源以褐煤为主，探明储量329236.82矿石千吨，是滇西主要褐煤产区之一。境内褐煤成煤年代短，埋藏浅，绝大部分可露天开采。因其含水分、灰分高，发热量仅1600～3500大卡/千克，除民用和部分锅炉用燃料的补充外，工业上可应用程度不高，不宜长途运输，但化学活性好，有益成分多，有的煤田还伴有共生矿床，褐煤经脱水后热量可达4000～7000大卡/千克，因而成为市内综合开发的优势资源之一。

1971—1981年，全区原煤产量累计达119.29万吨，煤炭工业累计产值1271.96万元，占同期全市累计工业总产值的1.16%。1976年以后，昌宁红星煤矿在云南省煤炭局帮助下，首次进行矿山技术改造，开始了以机械为主的煤矿开采。与此同时，其他国营煤矿也先后增添了一批机械电器设备，大大减轻了煤矿工人的劳动强度，提高了生产率。

1981年，除保山羊邑、昌宁红星、龙陵大坝等国营煤矿外，有的社队先后开始集体开采小煤矿，如昌宁卡斯和睦煤矿、罗勺煤矿和勐统的新庆煤矿，隆阳的龙潭煤矿、清水煤矿，腾冲勐连群采点等。1984年，羊邑煤矿开始在干沟井田开采褐煤。1985年，红星煤矿、羊邑煤矿、大坝煤矿3个国营煤矿共有职工454人，固定资产原值382.1万元，工业总产值20.18万元，年生产能力11万吨。

1990年3月，在民主德国专家施佩尔博士和海因里希工程师的指导帮助下，昌宁红星、龙陵大坝两煤矿褐煤脱水成型实验成功，这在国内尚属首次。当年全区共有乡以上采煤企业7个，生产原煤21.21万吨，完成工业总产值280万元，实现产品销售收入192万元，利税16.7万元。

1995年，全区生产销售原煤25万吨，国有煤矿实现工业产值623万元，上缴税金60万元，实现利润49万元。1998年，保山煤炭公司、昌宁红星煤矿、龙陵大坝煤矿先后改制成为股份合作制企业。2000年，全区共有煤炭企业22户，从业人员803人，生产原煤21.7万吨，完成工业产值976.5万吨，实现销售收入1519万元，利税总额303.8万元。

2001年，全市煤矿停厂整顿，全面开展了安全检查工作，实行煤炭生产许可证和开采证制度，两证不全的予以关闭，全市共关闭乡（镇）小煤窑17个。至2005年，全市投入煤矿项目资金每年均达200万元以上，改善了煤矿的生产条件，提高了生产能力。

2005年，全市共有煤炭企业25户，从业人员980人，生产原煤45万吨，完成工业产值4620万元，实现销售收入5600万元，利税总额1200万元。

第二节　有色金属矿采冶

保山市有色金属矿资源丰富，采冶历史悠久。1978年之后，通过对冶金工业内部产业结构的调整和设备的更新改造，全市采选工业获得较快发展，逐步发展成为半机械化、机械化的社会生产。至2005年，隆阳区已发现黄金、铅、锌、铜、铁等矿种，其中：金矿为中型以上矿床规模，铅、锌、铜、铁为大型矿床规模；施甸县有酒房、四大山铅锌矿等；腾冲县发现铀、铁、锡、钨、铜、铅、锌、金、银、钼、铋、铷、铌、钽、铍、铯、锂、镉等矿种，且以铅、锌、锡、铜、钨矿最为丰富；龙陵县主要有铅、锌、银、锡、钨、铜、铍、铌、钽等金属矿种；昌宁县主要有锡、金、铅、铜等矿种。

2005年年末，全市铅、锌、锡、铜等采选已达规模以上，共有采选矿企业56个（铅锌矿采选企业23户、锡矿采选企业22户，其他有色金属矿采选企业11户），从事有色金属矿采选的员工达2000多人。

一、锡矿采选

保山市的锡矿采冶始于20世纪70年代中后期。1976、1977年间，云南省地质局803大队在昌宁县柯街橄榄河下游发现锡矿砂，遂逆河而上，在大田坝湾冈竹麻林一带找到矿源。1978年9月，昌宁县决定在竹麻林“土法上马，小打小闹”办锡矿，由县工交系统抽调4人到云龙县锡矿学习，10月返回后试用土炉冶炼，炼出精锡10公斤。当年，生产精锡11吨，工业总产值近15万元，实现利润6万多元。次年改由县、社联营办锡矿，停止土炉冶炼，精锡砂委托昆明冶炼厂加工。1981年实现机选，次年竹麻林锡矿改为地方国营昌宁锡矿，精锡砂改送个旧锡矿代加工。1984年锡矿进行技术改造，生产能力由日处理原矿15吨提高到50吨。1985年仍改交昆明冶炼厂代加工。1979—1985年，昌宁锡矿固定资产投资总额138.5万元，累计实现利税77.6万元。1998年昌宁锡矿改制为股份合作制企业。

2003年9月，锡矿实行“承债式转让”方式深化改革，资产内部竞价转让，收回股权，转为民有民营企业。2005年，产锡精矿300余吨，销售收入1400多万元，纳税120多万元。

腾冲锡矿带主要分布在滇滩、中和以西地区，累计探明锡金属量1.4亿多吨。腾冲锡矿开采始于20世纪80年代初期。1985年以前，主要是以手工淘砂选矿为主进行选矿，年产量不过100吨。1985年开始，腾冲宏兴公司瑞滇大松坡选厂、中和大弯子选厂等20多户企业投资建设锡选厂，日处理原矿30吨左右。1985—1995年，全县锡矿生产进入高峰期，年均生产锡矿达450个金属吨左右。1995年以后，这些选厂经过改造日处理锡原矿能力都达50吨以上，但由于矿源不足，品位下降，多数选厂只是产产停停，部分选厂甚至已停产。2004年以后，日处理原矿总能力达1850多吨，有20户进行开采，21户企业进行选矿，产锡400多吨，产值1800多万元，纳税139万元。

二、铅锌矿采选

铅锌矿主产于隆阳区和腾冲、龙陵、施甸三县，全市铅金属矿储量494697吨，锌金属矿储量929300吨。隆阳区矿区主要在瓦窑乡的金厂河、椅子山等地，腾冲县矿区主要在甲角山、银水河、大硐场等地，龙陵县矿区主要在勐糯、龙山、碧寨等地，施甸县矿区主要在酒房乡、四大山、老麦一带。

1957年筹建腾冲大硐铅厂。1958年龙陵县在勐糯大寨建勐兴铅厂。至1985年，腾冲大铜铅厂生产粗铅247吨，总产值52万元，实现利税9万元；龙陵勐兴铅锌厂生产铅锌原矿4813吨，铅精矿1100吨，产粗铅261吨，总产值48.2万元，实现利税8.7万元。1990年，腾冲大硐矿区生产粗铅276吨，锌精矿1634吨，实现产值113万元，利税180万元。同年11月，龙陵勐糯铅锌矿扩建，由中国有色冶金设计研究院设计，总投资4068万元，一期工程建设规模为日采选150吨，新建年采6万吨的矿山，新建年处理原矿6万吨的浮选厂，改粗铅冶炼达到年产3000吨，二期工程为建设年生产能力5000吨电锌厂及相配套的7200吨硫酸车间和16400吨的普钙肥车间，两期工程均于1996年竣工验收。1998年12月，勐糯铅锌矿被云南冶金集团兼并，更名为云南保山铅锌股份有限公司。

1991年，恒丰矿业公司参与开发腾冲铅锌矿，拥有滇滩矿区、明光甲谷山矿区、团田帕允矿区探矿权，建成滇滩芒杆河选厂和年产1.5万吨电锌、2万吨硫酸的电解锌厂。1992年3月，保山市兴建保山市金属矿采选厂，到2000年，共开采铅锌原矿42.07万吨，生产锌精矿7145吨、铅精矿449吨，实现总产值2144万元。2000年10月，私营企业主李明金出资722万元整体收购大硐厂组建明光矿业有限责任公司，建成日处理300吨铅锌矿生产线一条。2004年，保山市珑阳矿业有限公司在金厂河椅子山收购保山世佳有色金属公司日处理300吨铅锌矿选厂和广西有色金属公司5个探矿权，投资3800万元进行技改扩建，建成较大规模的采选企业。

2005年，全市有规模较大的铅锌采选企业7户，全年采选铅精矿含铅量12567吨，采选锌精矿含锌量31092吨。其中，主要铅锌采选企业的效益情况分别是：云南永昌铅锌股份有限公司采矿12.44万吨，选矿处理量13.13万吨，生产粗铅5103吨、电锌1.38万吨、硫酸1.38万吨，实现工业总产值20317万元，上缴税金3188万元，实现利润2053万元；腾冲明光矿业有限公司生产铅锌精矿5786吨，实现产值4504万元，税金421万元；腾冲恒丰矿业公司生产锌精矿3900吨，实现产值6355万元，上缴税金578万元；施甸闽矿公司生产铅锌原矿3200吨，实现产值986万元；保山飞龙有限责任公司生产锌精矿8323吨、铅精矿1510吨，实现产值6580万元，实现税利1040万元；保山珑阳公司生产铅锌精矿438吨，实现产值300万元。

三、铜矿采选

1984年，昌宁一乡镇企业到大田坝文仓村开采铜矿，年产精矿5吨多，1993年停止开采。

1992年6月，昌宁县耈街乡镇企业在鸡街子建铜选厂，经浅层取样化验，每吨含金3克、银286克、铜13.3%，金银铜都达到独立成矿的工业品位，2000年6月停止选采。

2001年8月，保山沙河金宝铜厂建生产规模为3万吨的铜原矿石选厂，实际年均开采铜原矿0.6万吨、加工铜精矿120吨，产值300万元左右。2005年9月，该矿引进外地客户投资3000万元进行扩建，新建日处理铜原矿1000吨选厂一座。

2005年，保山市珑阳天宝矿业有限公司开始在金厂河铜铁矿段建日处理1000吨铜矿石选厂一座，年产铜金属3000吨，产值6600万元。

四、铌钽采选

保山市铌钽矿采选地主要在龙陵县和腾冲县境内。1997年3月，龙陵振华矿业采选厂在龙新乡黄家寨采选。铌钽矿原矿品位约为千分之五至万分之十之间，精矿品位约45%至15%。1998—2001年共采选铌钽精矿4.6吨，实现产值760万元，上缴税金30万元。2001—2002年间，还有企业在龙新黄连沟、治坡、象达棠梨坪、大坡、镇安高寨等地建过铌钽采选厂，均因市场价格下跌等影响，选厂先后停止采选。2005年，腾冲中和大乘矿业公司投资400万元，建设年处理原矿15万吨的采选生产线一条，预计2006年建成投产。

五、金银及其他矿采选

保山独特的地质构造，形成了丰富的矿藏资源，至今已发现铀、钨、金、银、钼、铋、镍、钴、钙、镉、铌、钽、铍、铯、锂、锆、锰等金属及稀有金属和贵金属，多因储量不详，尚未大规模开采。2005年，保山市珑阳矿业有限公司作出规划，拟在金厂河黄家地建设年产万两黄金的矿厂，预计年产值3000万元；2005年10月，黄家地金矿转由正耀矿业公司投资开采。

第三节　黑色金属矿采选

保山市黑色金属矿主要有铁、锰两个矿种。铁矿探明储量1.2亿吨，其中：隆阳区在板桥瓦窑金厂河探明2500万吨，腾冲县在滇滩、黄家山一带探明6857.57万吨，龙陵县在镇安、龙新探明1209万吨。锰矿主要在腾冲、昌宁县境内发现，但储量不明，暂不具开采条件。

20世纪70年代末，保山铁矿采选企业主要有腾冲滇滩铁厂1户，开采铁矿后，用木炭冶炼，生产产品为生铁、铁锅，产量最多时产生铁2000多吨，铁锅2万多口。1990年全区生铁产量为1639吨，另生产铁矿石成品矿3659吨，硫铁矿4678吨。1992年，滇滩铁厂投资30万元组建富华商号，1993年商号首次向昆钢销售铁矿石2.28万吨。1994年，铁厂在大平地扩建3号矿区；1995年，产生铁1000吨，出售铁矿8万吨；1996年，产生铁200吨，销售铁矿石22万吨。1998年，滇滩铁厂改制改名为富华实业股份公司。同时，建成年产10万吨铁矿石生产线一条，企业以采选销售铁矿石为主。2000年，腾冲恒益矿产品经贸有限责任公司出资457万元，兼并富华实业股份有限公司。

1999年，保山市新兴矿业开发有限公司提高开采和加工能力，达到年采铁原矿3.5万吨，生产铁精矿3万吨规模。2003年，龙陵县引进宏发铁矿开发有限公司对镇安八〇八、龙新金星山铁矿进行开采，吸纳当地农村劳动力170余人，采选铁精矿14万吨。2004年，腾冲恒益矿产品公司建成无极山年产50万吨铁矿生产线一条、哨坡年产20万吨铁矿石生产线一条、明光选厂30万吨铁矿石生产线一条，年生产能力达100万吨。2004年8月，腾冲鸿源公司在明光建年产50万吨铁矿石生产线。2004年，有规模以上铁矿采选企业6个，年采铁矿石100多万吨，实现工业总产值15000多万元。2005年，腾冲瑞土公司在明光建年产50万吨、曲石铁帽山年产75万吨铁矿石生产线各一条。同年，保山珑阳矿业公司在瓦窑金厂河矿段建日处理3000吨铁矿石选厂，年产铁精矿30万吨。

2005年，全市铁矿石采选90万吨，销售60万吨，实现工业产值1.1亿元，工业增加值3500万元，销售收入1.1亿元，税金1800万元，铁矿产品主要销往昆钢、德钢两大钢铁公司。

第四节　非金属矿采冶

保山市境内出露岩石类型齐全，地质构造复杂，成矿作用明显，非金属矿储量丰富，开发潜力巨大。至2005年，已对石英石、硅灰石、硅藻土、高岭土等矿种进行开发利用。

一、石英石等开采

石英石　又称硅石，化学名称二氧化硅。昌宁县在大田坝乡境内探明储量1300万吨，1994年投入开采，2005年有矿山开采企业6户。腾冲县在新华乡茶叶林探明二氧化硅储量15万吨矿石，矿区面积约200平方千米，1996年投入开采。龙陵县在龙新、象达、平达等地发现矿产地12处，探明储量600多万吨，1994年投入开采，至2004年，有矿山开采企业6户。隆阳区在潞江麻山等地探明硅石储量29万吨。

硅灰石　主要分布在腾冲明光乡鸦乌山，探明储量11831万吨。2001年7月，云南超微新型材料公司建年产5万吨硅灰石超细粉体材料生产线一条，但由于该产品属试验产品，加上科技含量低，难以适应市场需要，建成试生产后即停厂。

高岭土 龙陵县有矿产地4处，探明储量82万吨，曾建陶瓷厂开发利用，已停厂。腾冲县在清水乡探明储量260万吨，1994年6月建成年生产能力3万吨高岭土矿选厂一座，建成后未进行正常生产。

二、硅矿采冶

1994年2月，龙陵县矿业公司、龙陵县电力公司、勐冒砖厂三家企业投资965万元新建龙陵县硅冶炼联营厂，建成2500千伏安金属硅冶炼炉2台，设计生产能力为年产2100吨金属硅。同年6月，保山市矿产品公司、瓦窑电站等在瓦窑乡建成年产4500吨金属硅厂一座。1996年3月，年产4500吨金属硅的保山丙麻硅厂建成投产，矿石多数在昌宁县大田坝狮子塘山矿区采运。1997年，龙陵县龙山硅有限公司建冶炼炉3台，年生产能力达7000吨金属硅。1997年5月，腾冲县建成年产1000吨金属硅生产线一条。1998年，缅甸商人陈逸林到昌宁县观音山投资2000万元，建昌宁贞元冶炼硅有限公司，次年生产冶炼硅2300吨。2000年，保山地区生产金属硅16778吨，利润347万元，税金631万元。

至2005年，保山市先后建成的硅冶炼企业有龙陵龙山硅有限公司、保山乾鑫硅业有限公司、昌宁盛洁硅冶炼厂、施甸星晨硅业经贸公司、保山科源硅电有限公司、龙陵县兴鑫硅冶炼厂、龙陵县顺康硅冶炼厂、腾冲巨鑫工业硅有限公司、腾冲中明硅业公司、保山保盈硅业公司等15个，冶炼炉31台（其中：7台炉子在建未投入生产，全部建成后年生产能力可达119600吨金属硅），实际生产能力7.9万吨；有14个矿点提供硅矿石，从业人员1360人。当年生产金属硅31540吨，实现工业产值27662万元，创税1309万元。

三、硅藻土开采

保山硅藻土采选主要在腾冲县。腾冲硅藻土矿，点多面广，以滇滩、腾越、界头、团田为主，矿石储量47497万吨。20世纪90年代初至2000年，城关、二轻、芒棒、团田相继建厂开发，1996年产量达6557吨，最大的企业城关助滤剂厂年采硅藻土量达1.2万吨。2000年以后，由于市场及硅藻土矿品位下降等原因，生产企业相继停厂，仅有团田硅藻土厂还开工生产，2005年生产硅藻土4006吨。

第五节 天然气

经滇黔桂石油勘探局探明，保山坝子的汉庄镇地下蕴藏有丰富的天然气资源。该气属低硫、低磷、杂质少、品质优良的天然气，气体压力较大。初步探明近期储量近10亿立方米。1996年8月，由云南省高原租赁实业有限公司、滇黔桂石油勘探局云南天然气有限公司、保山银联租赁有限公司联合筹建保山天然气有限公司。1996年8月，保山天然气有限公司成立。11月30日开始铺设首期天然气输气管道，提供保山城区民用天然气利用，同时积极筹备工业生产用气及进一步充分利用天然气资源发展保山化学工业。至2005年年底，完成保山城市民用天然气项目一期、二期工程建设，累计完成投资2841.3万元，建成城市配气站一座，铺设城区天然气供气管网125千米，供气能力2万立方米/日；有用户8660户，日供天然气8000立方米；累计销售收入3888.5万元，创税268.3万元。

第六节　主要采冶企业

一、云南永昌铅锌股份有限公司

前身是始建于1958年1月的龙陵县勐兴铅厂。1986年11月更名为勐糯铅锌矿，当年有职工258人，生产粗铅119吨，全矿固定资产原值181万元，净值141万元。1990年4月，勐糯铅锌矿改扩建工程指挥部正式挂牌办公，工程分两期进行，历时6年投资1.4亿元的勐糯铅锌矿改扩建工程于1996年12月通过竣工验收，并投产运行。1998年6月，中共云南省委、省人民政府在保山召开现场办公会，作出了"支持由云南冶金集团总公司对龙陵县勐糯铅锌矿实施兼并或控股"的决定。同年12月8日，兼并改制后的云南保山铅锌股份有限公司正式挂牌成立。2000年12月由中国长城资产管理公司、中国华融资产管理公司等6家单位共同发起组建云南永昌铅锌股份有限公司（实际转股金额9573万元），新公司于12月18日挂牌成立。

2005年，公司职工总数1247人，资产总额41276万元，采矿12.44万吨、选矿处理量13.13万吨、生产粗铅5103吨、电锌1.38万吨、硫酸1.38万吨，全年创造工业总产值20317万元，实现销售收入20036万元，上缴税金3188万元，实现利润2053万元。

二、保山市珑阳矿业有限责任公司

公司于2005年10月21日在保山市工商行政管理局登记注册，注册资本6000万元人民币，有员工167人，主要经营范围为矿业权经营（采矿权、探矿权）、矿产资源勘察、开采、选冶、矿产品经营、矿产资源技术咨询服务等。珑阳矿业公司与云南省地矿资源股份有限公司保山分公司为"两块牌子，一个班子"。2005年，进行钻探1.5万米、坑探6000米、槽探3万立方米、选矿试验样5件以及相应的地形地质、水文工程地质、物化探测量等工作，完成新增资源量铁矿石5000万吨、铅锌20万吨、铜5万吨、金5吨的目标，为规模型铅锌铁铜金采选、冶生产线建设提供资源依据。

三、保山丙麻硅业有限责任公司

公司位于保山市隆阳区丙麻乡，始建于1996年，2003年由集体性质改制为有限责任公司。1999年获国家进出口企业资格证，企业资产总额1888万元，其中固定资产1241万元。2005年，生产金属硅2238吨，实现产值1502万元，上缴税金90万元。公司自建成投产至2005年，共生产金属硅14655吨，累计现价产值10122万元，上缴税金630.5万元。

四、保山飞龙有色金属有限公司

公司总部在大理州祥云县，是一家集聚采、选、冶为一体的铅锌生产企业。2002年12月以2500万元收购隆阳区原核桃坪铅锌矿山。2003年6月获得矿山采矿许可证，当年投入生产。2005年，拥有资产总额3781万元，有员工895人，开采铅锌原矿石8.7万吨，加工生产锌精矿8323吨，铅精矿1510吨，实现工业总产值6580万元，销售收入6581.1万元，上缴税金830万元，实现利润210万元。

五、保山丙麻硅业有限责任公司

始建于1996年3月。2003年由集体性质改制为有限责任公司，企业资产总额1962万元，年生产能力可达3000吨金属硅。

六、保山宝源煤炭工业有限责任公司

矿址在隆阳区西邑乡境内，公司办公地址在保岫东路63号。公司始建于1955年，称保山羊邑煤矿，1994年更名为保山煤炭工业公司，于1998年改制为股份合作制企业，名称为保山宝源煤炭工业有限责任公司，公司下设清水沟煤矿、干沟煤矿。

2004年，公司拥有固定资产445.8万元，总资产884万元，有在职职工58人，离退休人员93人。全年完成产量38474.55吨，实现工业总产值256.7万元。

七、保山能海天然气有限公司

公司成立于1996年10月，1997年4月正式注册，属云南高原有限公司投资的股份制企业。注册资金270万元，经营范围：天然气供应、燃气具、炊事用具销售及售后维修服务。主要承担保山市城市天然气项目工程建设及其经营销售工作。至2005年年底，有职工54人。完成保山城市民用天然气项目一期、二期工程建设，其中：二期工程得到国债投资支持1446万元，累计完成投资2841.3万元，建成城市配气站一座、铺设城区天然气供气管网125千米，供气能力2万立方米/日。开发各类天然气用户8660户，日供天然气8000立方米，累计实现销售收入3888.5万元，缴纳税金268.3万元，实现利润636.4万元。

八、云南施甸星晨硅业经贸有限责任公司

始建于1996年，属于股份合作制企业。2003年有职工150人，年生产能力可达4600吨。

九、恒益矿产品经贸有限责任公司

矿址位于腾冲县瑞滇乡境内。前身为1953年组建的国有企业滇滩铁厂，是全区创办最早的采、选、冶综合配套的冶金企业。公司于1998年12月改制为股份合作制企业富华实业股份公司。2000年12月，原私营企业腾冲县恒益综合经营部出资457.52万元兼并富华实业股份公司，重新组建腾冲县恒益矿产品经贸有限责任公司。2001年，建成年采选35万吨铁矿生产线，当年总资产2845.3万元，负债2312.4万元，销售铁矿石30万吨，工业总产值2123.2万元，产品销售收入1816.2万元，利润总额218万元，销售税金合计429.6万元，职工人数110人。2005年，公司占地面积2.91万平方米，资产总额23664.1万元。当年生产铁矿47.41万吨，实现销售收入10522.5万元，工业产值现值8892.9万元，税金2359.4万元，利润总额1903万元。

十、腾冲县恒丰飞龙矿业有限责任公司

前身为腾冲县恒丰矿业有限责任公司。2001年11月11日由虞祖贤等4人出资，在滇滩镇西营村芦杆河成立，属铅锌矿冶炼企业。公司下辖飞龙电锌厂、芦杆河选厂及矿山部，所生产的“飞龙牌”电锌产品主要销往上海、广东、浙江及出口韩国、越南、荷兰等地区与国家。公司原有滇滩镇长槽、铜厂山、明光乡甲谷山3座铅锌矿，经县人民政府对

全县矿山进行资源整合后，拥有荷花粗糖岭老银铜锌矿、界头清水河大石房铅锌矿及团田帕允铅锌矿的探矿权，3个矿山已开启平坑7个，坑道进迟5000多米，地表工程800多立方米，采样2000件，样品分析500个，3个矿山均已见矿。其中，所属飞龙电锌厂于2004年12月建成投产。2005年拥有资产71710万元，有员工600人，生产电解锌12499吨，实现产值12765万元，上缴税金605.1万元，实现利润696.7万元。

十一、腾冲县明光矿业有限责任公司

前身为大硐铅锌矿，始建于1958年，主要从事粗铅采选冶炼和锌矿采选。1998年改为国有控股的有限责任公司。2000年10月，由明光乡个体户李明金出资690万元兼并，组建腾冲县明光矿业有限责任公司。

2004年，日处理2000吨生产规模的铁矿选厂建成投产。12月，公司出资1411万元兼并县水电设备实业公司(原县水电设备厂)。2005年，公司资产总额10683.9万元，当年生产铅锌精矿5787吨，产品销售收入4160万元，完成工业产值4212万元，税金421万元，利润1662.4万元。

十二、龙陵县硅冶炼联营厂

1994年建厂，位于龙陵县龙新乡黄草坝，是龙陵县开发利用当地资源，实施“硅电结合，以硅养电，以电促硅”建设的第一个金属硅生产企业。公司是股份制企业，由原龙陵县电力公司、龙陵县矿业公司、勐冒砖瓦厂投资设立。2004年3月，由保山电力股份公司承贷式收购，当年有员工158人，生产硅3094吨，完成工业产值2755万元，实现销售收入2384万元，实现税金70万元，实现利润12万元。2005年12月停产。

十三、龙陵龙山硅有限公司

公司位于龙陵县龙山镇下碗厂，创建于1996年10月，属云南康丰糖业集团公司全资子公司。2005年，有固定资产1949万元，员工200余人，年生产能力1万吨，年产值8000多万元，有自营进出口经营权。

十四、龙陵县大坝煤矿

位于龙陵县镇安大坝。始建于1964年，1985年有职工62人，生产原煤9538吨，实现工业产值19万元。1990年，实现工业总产值31万元，利税4.3万元。1998年改制为股份合作制企业。2004年10月，通过竞价拍卖转成私营企业。2005年，有资产总值305万元，其中：固定资产190万元，具有年生产能力3万吨的矿井一个，有水电站2座。主要经营原煤开采、销售和水力发电，水力发电自用一部分外，其余并入保山电力公司龙陵分公司电网送电。

十五、龙陵县镇安煤矿

煤矿矿区位于龙陵县镇安镇北。始建于1974年，企业性质属镇办乡镇集体企业，矿区面积0.1457平方千米，核定年生产能力6万吨，开采方式为露天机械开采，2005年有职工16人，拥有固定资产185万元。

十六、昌宁锡矿

矿区位于大田坝乡湾岗村竹麻林村。1978年10月，以手工淘砂选矿方式采选锡矿。

1981年实现机选，当年实现利润8.9万元。1985年全矿有职工77人，固定资产119万元，产精锡41吨，实现产值47.2万元，利润16.3万元。1998年，昌宁锡矿改制为股份合作制企业。2003年9月，锡矿实行“承债式转让”方式转为民营企业。2004年产锡精矿318吨，销售收入1399万元。2005年产锡精矿290吨，销售收入1450万元，纳税120万元。

十七、昌宁贞元冶炼硅有限公司

公司是昌宁县人民政府在1998年昆交会上签约引进的外商缅籍华人独资企业。2000年主要销往日本、加拿大等国。2005年，硅冶炼产量8553吨，产值6927万元。公司自投产以来共生产金属硅15000吨，总产值达1.2亿元，上缴税款近千万元。产品出口创汇750万美元。

十八、昌宁红星煤矿有限责任公司

煤矿位于昌宁县田园镇九甲村，是昌宁县最大的褐煤开采企业。探明褐煤储量5282万吨，其中：露天煤矿达30%，煤层厚度一般为5～25米。1956年6月，建立地方国营七甲煤厂，生产能力为1万吨/年。1984—1988年进行扩建改造，总投资1100万元，1988年6月扩建改造结束，生产能力达到15万吨/年。1998年6月，红星煤矿改组改制为股份合作制企业。2005年，有在职股东113人，退休职工44人，注册资本360万元，固定资产净值960万元。全年生产褐煤6.1万吨，产红砖850万块，产提质煤8000吨，实现工业产值570万元，实现利润36万元。

十九、昌宁崩龙田煤矿

矿区位于昌宁湾甸乡。褐煤储量1400万吨，始建于1958年，由云南省保山监狱湾甸农场管理开采，生产能力为2000～4000吨/年。煤矿经1986年、1995年和2002年三次扩建，生产能力从2万吨/年扩大到9万吨/年。2005年生产褐煤6.6万吨，实现工业产值850万元，实现利润150万元。

二十、昌宁湾甸平田煤矿

煤矿个体露天开采始于1972年，后归湾甸红糖厂开采。1976年湾甸白糖厂建成归该厂开采，1986年湾甸傣族乡农民开始地下开采，1992年后由乡政府统一管理，属集体企业。2002年通过整合矿区保留一对矿井。2005年通过技改建成保山市境内第一对立井，年生产能力3万吨，有职工120人。

二十一、其他企业

昌宁县盛吉硅业有限责任公司，位于漭水镇共同裕村大田洼子，2004年1月注册成立，年生产能力可达1.2万吨；龙陵县宏发铁矿开发有限公司，生产地址在龙陵县镇安镇八〇八村，2003年11月成立，注册资本509万元，主要经营铁矿的开采和销售；龙陵兴鑫硅冶炼厂，生产地址在龙陵县镇安镇八〇八村，始建于2004年3月，注册资本509万元，主要经营铁矿的开采和销售；龙陵县顺康硅冶炼有限责任公司，2005年招商引资入驻龙陵工业园区的企业；腾冲县恒鑫矿业有限责任公司，成立于2005年5月，是一家以矿产品收购、销售为主的企业；腾冲县子云有工贸有限责任公司，成立于2003年3月，是一家以有色金属、黑色金属采选为主的进出口股份制有限责任公司，对铁、锡、钨、铅、锌、铜、硫等多种金属同时进行分选。

第六章　制造业

第一节　制糖业

一、制糖沿革

保山是云南省蔗糖主产区之一，主要产品有白糖、红糖，副产品有酒精、白酒。保山的蔗糖生产经历了从土法生产到机制生产，从以生产红糖为主到以生产白糖为主，从以零星的糖厂生产为主到以现代糖业集团公司生产为主的发展过程。1978年，保山地区有蔗糖生产企业（糖厂）25个（白糖生产企业3个，红糖厂22个），日处理甘蔗能力2500余吨（白糖企业1500吨／日，红糖企业1000吨／日），全年生产食糖2.38万吨，实现工业总产值2407.9万元，占全部工业产值的20.11%。1985年，全区生产食糖7.81万吨，蔗糖产量位居全省第一位。1990年，全区有蔗糖生产企业（糖厂）20个（白糖生产企业14个，红糖厂6个），日处理甘蔗能力5656吨（白糖企业5106吨／日，红糖企业550吨／日），当年全区生产食糖9.45万吨，实现工业总产值10809万元，占全部工业产值的26.88%。

1991—2005年，保山地（市）委、行署（政府）出台了一系列关于促进蔗糖业发展的有关政策，鼓励农户种蔗，支持糖厂技改发展，加快改革步伐，进行蔗糖产业结构调整，实行糖业并购整合，对劣势制糖企业兼并重组，做大做强糖业龙头企业。1991年，全区共有糖厂22个（白糖厂16个，红糖厂6个），日处理甘蔗能力1.18万吨（白糖企业1.135万吨／日，红糖企业450吨／日），全年生产食糖13.08万吨，糖蜜白酒1593吨，实现工业产值35685万元，上缴税利4537.6万元，占同期财政收入的26.7%。1995年，全区生产食糖17.21万吨，实现工业产值4.66亿元，税利2.71亿元。2001—2003年，全市食糖产量分别为20.46万吨、24.97万吨、27.88万吨。2003年10月，龙陵康丰公司出资1286万元承债式并购施甸旧城糖业公司，同时整体收购由旺蔗区资源。2003年12月，昌宁原卡斯糖业有限责任公司与湾甸糖业有限责任公司合二为一，联合重组为云南省昌宁恒盛糖业有限责任公司。2004年康丰公司收购龙坪糖厂，至此，原旧城糖业公司、龙坪糖厂与龙塘分公司、勐糯分公司一起整合为康丰糖业集团。2004年2月，隆阳区怒江糖厂与上江糖厂合并组建云南省保升龙糖业有限责任公司，同年9月，隆阳区芒合糖厂租赁给保升龙公司经营。2004年9月，昌宁县柯街糖厂实施破产关闭，由恒盛公司承债式购入原企业改制为民有民营股份制企业。2003／2004年榨季，3个糖业公司共产糖16.4万多吨，约占全市食糖产量的74%。2005年年初，保升龙公司收购芒合糖厂和租赁福隆糖业公司。至此，保升龙公司拥有4条蔗糖生产线，生产能力为日榨甘蔗6300吨。10月，康丰公司收购了昌宁县勐统糖厂，组建昌宁康丰糖业有限责任公司。

2005年年末，全市白糖企业有保升龙、康丰、恒盛、腾龙等4个糖业集团公司13条生产线，日处理甘蔗能力18980吨；红糖生产企业仅有昌宁红庆糖业有限公司1户，日处理甘蔗能力300吨。当年全市生产食糖22.13万吨，生产酒精1.65万吨，实现工业产值7.07亿元，实现利税1.34亿元。

二、红糖生产

保山红糖从土法生产到机制生产，20世纪70年代有较大发展。

1977—1979年，昌宁县湾甸白糖厂、施甸县旧城白糖厂、保山县上江白糖厂先后建成，上甸、下甸、旧城、班别、敢顶、芒合等11座红糖厂被撤销或停厂。1980年，全市仍有机制红糖厂14座，日处理甘蔗能力670吨，年产红糖6282吨。1990年年末，全区有机制红糖厂6座，即：保山市蒲缥红糖厂、施甸县龙坪红糖厂、芒伞红糖厂、金刚元红糖厂、龙陵县碧寨红糖厂、昌宁县勐统红糖厂，日处理甘蔗能力550吨，当年固定资产原值总计646万元，有职工263人，生产红糖275吨。1990—1995年，由于白糖生产的不断发展，蒲缥、龙坪、芒伞、金刚元、碧寨、勐统等6座红糖厂先后撤并或关闭。1996年，昌宁县西桂林场投资500万元在蚂蚁田坝建成西桂红糖厂，当年生产红糖150吨，1997年以后因市场和原料问题而停止生产，2003年西桂红糖厂改制整体出售，企业名称改为红庆糖业有限责任公司，2004年生产红糖209吨。2005年，全市红糖生产企业仅有昌宁红庆糖业有限公司1户，生产能力为日处理甘蔗300吨，当年产值50万元，利税12万元。

三、白糖生产

1957年6月，保山地区第一座机制白糖厂——怒江糖厂在潞江坝建成投产。1966年东风糖厂建成投产，1977年昌宁县湾甸糖厂建成投产。1977—1978年榨季，3座白糖厂共生产白糖1.68万吨，酒精719吨，白酒180吨，上缴税利600多万元。

1978年以后，全区蔗糖生产有了新的发展。1979年，保山县上江糖厂和施甸县旧城糖厂相继建成投产，日处理甘蔗能力各为500吨。1980—1981年，昌宁县柯街糖厂、龙陵县勐糯糖厂建成投产，日处理甘蔗能力分别为500吨、350吨，东风糖厂经扩建后生产能力达600吨。1983年，保山市罗明糖厂、腾冲县荷花糖厂建成投产，日处理甘蔗能力各为500吨。1984—1985年，新建日处理甘蔗能力500吨的龙陵县龙塘糖厂，扩建昌宁县柯街糖厂和龙陵县勐糯糖厂。1985年年末，全区建成机制白糖厂10座，日处理能力达5600吨；固定资产总额达9891.73万元；企业占地面积111.97万平方米，房屋建筑面积22.38万平方米；有职工3472人，其中：技术人员60人，管理服务人员1076人。1986年，昌宁县卡斯糖厂建成投产，生产能力为日处理甘蔗800吨。1987—1990年，又兴建了施甸县由旺、龙坪，腾冲县龙江，保山市芒合和昌宁县柯街华侨农场等糖厂。1991年1月，投资2227万元，建设规模为750吨/日的昌宁县勐统糖厂试车投产。至此，全区共有白糖厂16座，其中：日处理甘蔗能力500～800吨的中型糖厂14座，日处理甘蔗能力在1000吨以上的大型白糖厂有怒江糖厂1座。1991—1992年榨季有从业人员5100人，收榨甘蔗161万吨，生产白糖17.22万吨，酒精9144吨，实现工业产值47193万元。

1991—1995年，各糖厂大力推进技术进步，加快更新改造步伐。东风、湾甸、怒江等6个糖厂将低压锅炉改造为次中压锅炉；多数糖厂采用微机进行甘蔗收购结算；有12个糖厂进行扩建改造，总投资达6802万元，新增生产能力2550吨/日，其中：昌宁县卡斯糖厂由800吨/日扩为1800吨/日，柯街糖厂由750吨/日扩为1000吨/日。同时，各糖厂在党委、政府的领导下，合理调整蔗糖政策措施，兼顾国家、企业、蔗农三者利益，主要内容包括：甘蔗收购价格、返还乡村财政费用、甘蔗预购定金、糖酒返销、种植补助、蔗肥挂钩、蔗糖发展基金、甘蔗生产责任制等。1995年，全区白糖生产能力为日处理甘蔗1.48万吨，从业职工6382人，糖厂固定资产原值4.96亿元，生产白糖17.18万吨，实现工业产值4.66亿元，实现税利2.71亿元，蔗农收入21000万元。

2000年，全区有16个白糖厂进行榨季生产，日处理甘蔗能力1.79万吨，其中：日处理甘蔗3000吨及1800吨规模的糖厂各1个，1000吨左右规模的糖厂9个，1000吨以下规模的糖厂5个。1999—2000年榨季生产白糖19.9万吨，实现工业产值5.5亿元，实现税金8352万元。2000年下半年开始，蔗糖产业进行结构调整，加快改革步伐。2003年，为做大做强糖业企业，保山开始糖业并购整合。当年10月，龙陵康丰公司并购施甸旧城糖业公司；12月，昌宁原卡斯糖业有限责任公司与湾甸糖业有限责任公司合并重组为云南省昌宁恒盛糖业有限责任公司，2004年9月购入昌宁县柯街糖厂。2004年，收购龙坪糖厂，与龙塘分公司、勐糯分公司一起组成了康丰糖业有限公司；同年，隆阳区怒江糖厂与上江糖厂合并组建云南省保升龙糖业有限责任公司。2003—2004年榨季，3个糖业集团公司共产糖16.47万吨，占全市食糖产量的73.53%；共上缴税金4763万元，占全市食糖税金总额的85.27%。

2005年，市内有保升龙、康丰、恒盛、腾龙等4个糖业集团公司13条生产线，生产能力为日处理甘蔗18980吨。2004—2005年榨季，共收榨甘蔗面积48.69万亩，入榨甘蔗176.1万吨，生产食糖22.12万吨，生产酒精1.65万吨，实现工业产值7.07亿元，增加值1.41亿元，利税13397.25万元，兑付蔗农甘蔗款27879.74万元。

1977—2005年择年保山市白糖生产情况统计表

表23-12

年份	企业数	入榨甘蔗（万吨）	生产白糖（万吨）	生产酒精（吨）	实现工业产值（万元）	实现税利（万元）	上缴税金（万元）
1977	3	14.8	1.68	719	4627	—	600
1980	5	26.4	2.7	1498	7436	—	940
1985	10	79.8	8.86	2184	21700	—	1700
1990	15	149	17.1	9100	47100	28400	4338

续上表

年份	企业数	入榨甘蔗（万吨）	生产白糖（万吨）	生产酒精（吨）	实现工业产值（万元）	实现税利（万元）	上缴税金（万元）
1995	16	141.01	17.18	10220	46600	27100	8600
1996	16	115.88	13.42	9254	36900	6467	4705
1997	17	146.9	17.24	10600	46333	8816	5712
1998	17	152	18.09	12300	50000	6820	6071
1999	17	182	21.75	17200	53200	6898	6009
2000	16	169	19.9	15700	55000	10455	8352
2001	16	167	20.4	16900	50000	20000	9978
2002	16	215	24.95	21800	69000	16000	8000
2003	16	222	23.56	21400	76200	6154	8017
2004	12	183.75	22.35	19800	61300	11009	5586
2005	13	176.1	22.12	16500	70700	13397	6742

注：2005年企业数13为13条生产线

四、主要制糖企业

（一）怒江糖厂

位于保山市坝湾乡境内。1956年，经中央地方工业部和云南省人委批准，国家拨款470.30万元，由省工业厅牵头筹建保山怒江糖厂。1957年12月怒江糖厂正式投产，是当时区内最大、建立最早的财政预算内全民所有制大型制糖企业，隶属保山行署经委。主要产品有白砂糖、白酒和酒精。

1978年，自筹资金95万元，通过技术改造，使生产能力达到日处理甘蔗500吨。

1985年，对压、清、煮车间进行扩建，多数岗位安装了现代化自动控制仪器，以改善劳动条件，扩大生产规模。当年榨季共压榨甘蔗11.3万吨，平均日榨甘蔗960.09吨，蔗糖总回收率87.83%，产糖率13.06%，产白砂糖1.47万吨，利润总额334.59万元，创建厂以来最高水平。

1990年，年末生产能力仍为日处理甘蔗1000吨，年产糖1.27万吨，发酵酒精1453吨。年末固定资产原值1681万元。有职工396人。年内产机制白糖1.13万吨，产糖率为12.85%，优一级品率达99.60%；产酒精352吨，白酒572吨，复合肥103吨，高黎香酒4吨，产品销售收入2152万元，实现工业总产值3183万元，利税695万元。当年，该厂生产的浪花牌一级白砂糖获轻工部优质产品称号。

2004年2月，隆阳区怒江糖厂与上江糖厂按“合二为一”方案合并组建云南省保升龙糖业有限责任公司。

(二) 湾甸糖厂

厂址位于昌宁县湾甸乡境内。属昌宁县经委主管的财政预算内全民所有制中型企业。1977年建成投产，日榨甘蔗500吨。1985年，全厂固定资产原值795.2万元，其中工业设备原值263.5万元。有职工616人。

1990年，全厂有职工572人，年末固定资产原值1175万元，产白糖6499吨，产糖率为11.36%，优一级品率为100%；产酒精300吨，白酒192吨。实现产品销售收入1228万元，工业总产值1833万元，利税335万元。2003年12月，昌宁卡斯糖业有限责任公司与湾甸糖业有限责任公司合二为一，联合重组为云南省昌宁恒盛糖业有限责任公司。

(三) 上江糖厂

厂址位于保山市芒宽乡境内。属保山市糖业联营公司主管的财政预算内全民所有制中型企业。1979年建成投产，生产能力为日榨甘蔗500吨。1985年，固定资产原值746.4万元，有职工300人。当年，生产白糖6493吨，白酒444吨，酒精169吨，实现工业总值758.1万元。

1990年，全厂拥有固定资产原值1029万元，年末有职工290人，产白糖5429吨，其中优一级品率达95.23%，产糖率11.63%；生产酒精293吨，白酒42吨。实现产品销售收入1047万元，工业总产值1518万元，利税202万元。

2004年2月，隆阳区怒江糖厂与上江糖厂按“合二为一”方案合并组建云南省保升龙糖业有限责任公司。

(四) 旧城糖厂

厂址位于施甸县旧城乡境内，属施甸县经委主管的财政预算内全民所有制中型企业。1979年建成投产，日榨甘蔗500吨。1985年，固定资产原值748.5万元，有职工268人，当年共生产白糖5486吨，白酒767吨，实现工业产值654.4万元。

1990年，全厂有职工242人，拥有固定资产原值972万元，年末生产能力仍为日处理甘蔗500吨。产白糖5921吨，其中优一级品率为99.66%，产糖率为12.6%；产酒精123吨，白酒303吨。实现工业总产值1658万元，产品销售收入1091万元，利税333万元。2003年10月，被龙陵康丰糖业有限责任公司并购。

(五) 柯街糖厂

厂址位于昌宁县柯街乡境内，是全区第一座由国家拨款改银行贷款建设的制糖企业，属昌宁县经委主管的财政预算内全民所有制中型企业。1981年建成投产，日榨甘蔗500吨，经多次扩建，1984年日榨甘蔗能力700吨。1985年，固定资产净值1060.4万元，有职工341人，当年，生产白糖1.13万吨，白酒539吨，酒精338吨。

1990年，全厂固定资产原值1240万元，日榨甘蔗能力700吨。产白糖7091吨，其中优一级品率为98.35%，产糖率为11.99%；产酒精193吨，白酒435吨。实现工业总产值2038万元，产品销售收入1446万元，利税总额222万元。2004年9月，昌宁县柯街糖厂实施破产关闭，由昌宁恒盛糖业有限责任公司承债式购入柯街糖厂。

（六）勐糯糖厂

厂址位于龙陵县勐糯乡境内。属龙陵县经委主管的财政预算内全民所有制中型企业。1982年建成投产，生产能力为日榨甘蔗500吨。1985年年末，固定资产净值800万元，有职工245人，当年，生产白糖5073吨，白酒7吨，酒精400吨，工业总产值575万元。

1990年，全厂固定资产原值1634万元，有职工295人，日处理甘蔗能力经扩建后达800吨。产白糖8510吨，其中优一级品率为98.85%，产糖率为12.26%；产酒精491吨，白酒10吨。实现工业总产值2360万元，产品销售收入1583万元，利税443万元。

2004年，与原旧城糖业公司、龙坪糖厂与龙塘分公司、勐糯分公司一起组成龙陵康丰糖业有限责任公司。

（七）龙塘糖厂

厂址位于龙陵县镇安镇境内。属龙陵县经委主管的财政预算内全民所有制中型企业。1985年建成投产，生产能力为日榨甘蔗500吨，当年实现利税81.2万元，有职工245人，生产白糖2979吨，白酒1吨，酒精8吨，火力发电90万度，工业总产值329.3万元。

1990年，全厂拥有固定资产原值1048万元，日处理甘蔗能力仍为500吨。有职工298人，其中工程技术人员6人。产白糖4470吨，其中优一级品率为99.56%，产糖率为12.46%；产酒精212吨，白酒92吨。实现工业总产值1255万元，产品销售收入855万元，利税205万元。制糖工人实物劳动生产率为41.78吨/人。

2003年糖厂改制为民营有限责任公司，改称龙陵康丰公司。

（八）卡斯糖厂

厂址位于昌宁县卡斯乡境内。属昌宁县经委主管的财政预算内全民所有制中型企业。1984年11月破土动工，1986年2月投产，设计能力为日处理甘蔗800吨，日产酒精1万公升的亚硫酸法机制白糖厂，总投资1687万元，投产时共有职工264人，当年生产90天，共产白糖7643吨，产品合格率为95.87%；实现利润53万元，上缴利税52万元，偿还贷款283万元。

1990年，全厂共有职工325人，固定资产原值达1863.4万元，当年生产白糖1.05万吨，仅次于怒江糖厂产量，位居全区第二，其中优一级品率为99.67%，产糖率为12.01%；产白酒32吨，酒精415吨。实现工业总产值2858万元，产品销售收入1924万元，利税540万元。2003年12月，昌宁卡斯糖业有限责任公司与湾甸糖业有限责任公司合二为一，联合重组为云南省昌宁恒盛糖业有限责任公司。

（九）龙陵康丰糖业有限责任公司

公司成立于2001年。2003年改制为民营有限责任公司，同年10月，公司出资1286万元承债式并购旧城糖业公司，出资180万元整体收购由旺蔗区资源。2004年，在与龙坪糖厂债权人签订租赁龙坪糖厂的协议基础上，出资2600万元收购龙坪糖厂。至此，康丰公司整合施甸糖业工作基本完成，原龙塘、旧城糖业公司、龙坪糖厂与龙塘分公司、勐糯分公司一起组成了康丰糖业集团。2005年10月，康丰公司出资5090万元收购昌宁县勐统糖厂，组建昌宁康丰糖业有限责任公司。通过并购整合，公司总资产达5.1亿元，拥有8个生产厂，生产能力为日处理甘蔗8000吨。

（十）昌宁恒盛糖业有限责任公司

2003年12月30日，昌宁原卡斯糖业有限责任公司与湾甸糖业有限责任公司合二为一，联合重组为云南省昌宁恒盛糖业有限责任公司。2004年9月，昌宁县柯街糖厂实施破产关闭，由恒盛公司承债式购入原企业改制为民营股份制企业。恒盛公司实际拥有卡斯、湾甸、柯街3个生产厂，生产能力达日榨甘蔗5000吨，日产酒精5万公升，日产复混肥1万吨，年产有机吧1.5万吨。

（十一）保升龙糖业有限责任公司

2004年2月，隆阳区怒江糖厂与上江糖厂按“合二为一”方案合并组建云南省保升龙糖业有限责任公司，同年9月，保升龙糖业公司对隆阳区芒合糖厂实施整合，芒合糖厂租赁给保升龙糖业公司经营。2005年年初，龙糖业公司收购芒合糖厂和租赁福隆糖业公司。8月，保升出资3314万元购并隆阳区福隆糖业公司，至此，完成了隆阳区糖业的整合。公司拥有4个生产厂，生产能力达日榨甘蔗6300吨。

（十二）腾冲龙腾糖业有限公司

前身为龙江糖厂，创建于1986年11月，1988年3月正式投产，生产能力为日榨甘蔗500吨。后经几次改造扩建，生产能力达日榨甘蔗700吨。1998年改制组建云南腾冲龙江糖业公司。2001年9月因破产整体出售给个体私企，2002年组建为民营企业保山市腾冲龙江糖业有限公司，有职工168人。2005年，生产能力达日榨甘蔗860吨，全年入榨甘蔗3.79万吨，产糖3815吨，酒精338吨，产值988万元，创税59万元。

第二节　制茶业

一、制茶沿革

1973—1978年，保山地区先后组建龙陵县茶厂、湾甸农场茶厂、腾冲县茶厂、保山县沙坝茶厂等红茶精制厂和一批茶叶初制所。至1985年，全区拥有成套机械加工设备的茶叶初制所343个，其中：昌宁县113个，腾冲县109个，龙陵县93个，保山市21个，施甸县7个；有精制茶厂8个，其中：属全民所有制5个，集体所有制3个。

1986—1990年，全区用于茶叶生产的总投资达1438万元，其中：用于茶厂技改投资277.6万元。1990年年末，共有茶叶初制所455个，精制茶厂8个，产茶6216.3吨，其中：精制茶4204吨，产值2849万元，利润总额369.61万元；主要茶叶产品有精制红茶、精制绿茶、青毛茶、红毛茶等，优质产品有滇红工夫茶、红碎茶、尼诺绿茶、清凉山磨锅茶、龙泉茶等10多个品种。1991—2000年，茶叶市场逐渐放开经营，国营茶厂出现原料收购、出口受阻等困难，有的连年亏损，一批茶叶初制所因适应不了放开经营的形势而倒闭。与此同时，经过企业的兼并、重组，出现了一批新的个私茶叶加工经营企业，制茶业出现新的生机。2000年，全市有茶叶精制加工企业15个，共生产精制茶叶3078吨，实现工业产值4604万元。

2001年，腾冲县清凉山茶叶总公司、腾冲县茶叶公司、潞西县茶叶公司等5户企业在新华乡投资建茶叶精制加工厂，昌宁县茉莉花茶问世，龙陵县扩大“龙眉”茶生产规模。2002年，昌宁尼诺茶叶有限公司的“初精合一制茶新技术推广及尼诺茶系列产品开发”、腾冲清凉山茶有限责任公司的“清凉山小包装精制茶开发”两个项目被列入省生物资源开发创新产业导向目录，“尼诺”“清凉山”茶入选全省“八大名优茶”实施主体。2003年，“清凉山”“高黎贡山”“尼诺”等一批知名品牌的市场占有率明显提高，全市精制茶生产规模达4800吨。

2004年，全市销售收入100万元以上的制茶企业有6户，从业人员1000多人，生产精制茶叶6000吨，完成工业产值6858万元，完成销售收入5128万元，上缴税金155万元，实现利润217万元。年内，仅腾冲清凉山茶有限公司精制茶销售收入首次突破500万达1161万元，实现工业产值2912万元，成为全市最大的茶叶加工销售企业。

2005年，全市共有26个精制茶加工企业，共生产精制茶7473吨，销售收入21671万元，实现工业产值38546万元，上缴税金1384万元。

二、红茶

1978年以前，保山地区精制加工红茶的企业主要有昌宁、龙陵、腾冲三县茶厂和昌宁湾甸农场茶厂。1979至1985年，又先后建成保山沙坝茶厂、施甸茶厂、保山茶厂和小永茶厂。到1985年年末，全区共有红茶初制所566个，精制茶厂8个，职工770多人，年生产红茶5070多吨。

精制红茶统属“滇红”，分为工夫茶和红碎茶两大品种。20世纪90年代，由于市场环境等原因，红茶产销数量逐年减少，制茶企业连年出现亏损。1995年，全区除昌宁茶厂盈利15万元外，其他国有制茶企业都出现亏损，制茶企业纷纷进行深化改革或转向经营。1999年，腾冲县茶叶公司改制为股份制企业，龙陵县茶厂由私人租赁经营。2000年全区生产红茶368吨。2005年以后，先后引进了龙润茶业、昌宁红等大企业入驻，红茶生产得到长足发展，但产品产量未单独统计，统归精制茶项。

三、绿茶

保山市绿茶生产始于明代，初以鲜叶晒干即成，以后逐步采用锅炒、日晒和炒后手工揉搓形成技术，提高了茶叶质量。1952年农业合作化后，绿茶初制由一家一户加工逐步发展为集体茶叶初制所和国营茶厂加工，产量和效率明显提高。1978年以后，绿茶生产有新的突破。各茶所、茶厂普遍购置茶叶加工新机械，不断学习和引进外地先进技术，加工新产品，创立新品牌。昌宁县“滇绿”“尼诺绿茶”“雪兰绿茶”，施甸县“里儿茶”“万兴茶”，腾冲县“清凉山磨锅茶”“高黎贡山茶”“腾翠茶”，龙陵县“小礼山茶”“龙眉茶”等绿茶精品，深受顾客青睐，有广阔的市场。同时，各绿茶生产企业还根据顾客的需求，生产高、中、低各档次绿茶，以保障当地和省内外客户的需要。

绿茶制作方法，分初制与复制两种。初制，将鲜叶经热锅杀青、揉捻、晒干而成毛茶，茶名按采茶季节一般划分为春茶、夏茶、秋茶，秋茶又称“谷花茶”。复制又称精制，一般有毛茶筛分和蒸揉两道工序。由于受国内外市场价格波动的影响，绿茶产量起伏较大。1978年，全区产青毛茶1400多吨，到2005年全市产量达6500多吨。

四、普洱茶

保山市普洱茶生产，1982年以前只进行零星加工，不成规模。1983年11月，昌宁茶厂生产普洱茶15吨，1987年达50吨。20世纪90年代，普洱茶生产没有更大发展。随着市场需求量的增加，腾冲清凉山茶有限公司、高黎贡山茶业有限公司、昌宁兴顺达茶厂等企业批量生产普洱茶，全市普洱茶产量2004年680吨，2005年958吨。2005年3月，深圳永年经贸有限公司入驻施甸县由旺镇，投资兴建年生产能力为2000吨的普洱茶生产线。2005年8月，昌宁县龙润茶业有限公司投资兴建年产3000吨的普洱茶生产线，普洱茶生产进入快速发展时期。

五、主要制茶企业

(一) 腾冲县清凉山茶厂有限责任公司

前身为腾冲县清凉山茶厂，地址位于蒲川乡，创建于1992年，当年有资产2.2万元，产量仅1.8吨。1999年与腾冲徐剑茶厂共同组建成腾冲县清凉山茶有限责任公司。2000年被省农业厅首批认证为无公害农产品。2003年公司改制为云南省腾冲清凉山茶厂有限责任公司，属私营企业，注册资金190万元，拥有精制总厂2个、初精合一分厂18个、联营原料茶所49个，年生产加工能力2500吨。公司以清凉山（磨锅）绿茶为主导产品，其系列产品64个，省级名茶2个、省优质茶4个。2004年根据市场需求，进行普洱茶、紧压茶系列产品开发。2005年年末，公司拥有资产总额3760万元，其中：固定资产1880万元，员工500人，生产精制茶1475吨，工业总产值达2802万元。

(二) 腾冲县高黎贡山生态茶业有限责任公司

前身为腾冲县高黎贡山生态茶厂，创建于1998年，资产总额268万元，产量为260吨，当年实现工业总产值312万元。2003年5月变更为腾冲县高黎贡山生态茶业有限责任公司，属私营企业，地址位于五合乡，注册资金50万元，拥有精制总厂1个、初精合一茶所16个、联营原料茶所26个，年生产加工能力1200吨。公司的产品有绿茶、普洱茶和红茶，产品被国家绿色食品发展中心认证为绿色食品。2005年年末，公司拥有资产总额2120万元，员工182人，生产精制茶1268吨，工业产值达2650万元。

(三) 施甸县万兴茶叶有限责任公司

前身为万兴茶叶总厂，创建于1988年，隶属于县供销社，性质为集体企业。厂址在万兴乡打水缸坪子。2004年8月改制为有限责任公司。公司主要产品以“万兴碧毫”系列烤青精制礼品茶和一、二、三级400克袋装及散装茶为主。2005年生产茶叶102吨，创产值135万元，实现利润19万元。

(四) 昌宁县龙润茶业有限公司

前身为昌宁县茶厂，于1958年建成投产，属昌宁县茶叶公司主管的财政预算内国营中型企业。1990年，拥有固定资产原值604万元，净值368万元，年生产能力达2650吨，全年产精制红茶1783吨，绿茶89吨，实现工业总产值868万元，产品销售收入1924万元，上缴利税231万元，有职工294人。主要产品有滇红工夫茶、滇红自然碎片末茶、云南沱茶、普洱茶、紧压砖茶等20多个品种。1991年以后，企业资不抵债，生产经营举步维艰。针对企业情况，昌宁县财政筹集了1042.99万元资金，安置465名职工，对企业实施破产关闭。2005年8月，云南龙润集团以516万元人民币购买昌宁茶厂，并成立昌宁县龙润茶业有限公司，在原昌宁县茶厂的基础上投资2000万元，建设年产3000吨的普洱茶生产线。

（五）昌宁县尼诺茶叶有限责任公司

原属昌宁县温泉供销社自办茶厂，2000年从供销社脱离出来改为尼诺茶叶公司，经过2004年供销体制改革，转变为私营企业。拥有资产600多万元，有基地1000亩，有辐射周围茶农原料基地4000多亩，有茶叶初制所2个，茶叶精制加工厂3个，年生产规模1500吨，生产产品为绿茶、红茶、普洱茶。尼诺茶因产于中国四大优质茶基地——昌宁县尼诺山而得名。首批通过“无公害农产品”认证和“QS”认证，有绿茶、红茶、普洱茶、磨锅茶、碧螺春等30多个规模品种。自1988年问世以来，1990年获“金钟奖”，1992年被评为西部地区名优茶“陆羽杯”奖，1995年获中国昆明科技成果暨新技术新产品展览交易会金奖，2002年第二届春茶交易会上获金奖。产品畅销省内各州市，远销北京、上海、山东、贵州、甘肃、四川、湖南等地。2005年生产精制茶460吨，实现工业产值830万元。

（六）昌宁县树根地茶厂

茶厂创建于2002年12月，注册资金75万元，固定资产210万元，有固定职工50人，季节性工人120人。厂址在昌宁县温泉乡温泉街子，企业拥有4个茶所、1个精制厂，有优质生态茶园300亩，茶叶收购辐射温泉乡、勐统镇、凤庆等茶区，辐射茶地面积12000亩，茶农1500户。2005年年末加工销售精制茶450吨，实现产值780万元，支付茶农鲜叶款450万元，支付职工工资50多万元。

（七）龙陵县龙眉茶业公司

龙眉茶始创于20世纪90年代初，2000年4月正式组建龙眉茶业开发有限责任公司。公司拥有茶叶加工总厂1个，地处龙陵县城五板桥320国道旁，年设计生产能力为1500吨。拥有象达加工分厂1个，有粗制茶生产线一条。2000年经云南省环境环保检测站检测鉴定为“无公害农产品”。2003年3月，公司经过整体转让优化组合，彻底改制为股份制企业。2004年实有总资产580万元。2005年，生产茶叶400吨，实现产值600万元，利税60万元。

（八）龙陵县振兴茶厂

建厂于1996年，属私营企业。2005年年末，拥有固定资产1500万元，流动资金250万元，技术人员及制茶员工126人，生产规模达到1500余吨，销售各类茶叶1200余吨，年销售额1000余万元，上缴各种税金86万多元。振兴茶厂该企业还采用自建、租赁、联营、承包等方式经营茶叶初制所21个，经营区域涉及7个乡（镇），农户35000户。生产的主要产品有精制“顺国”牌袋装绿茶、精制绿茶、初制烘青茶、红条茶、红碎茶、普洱茶等品种。

2004—2005年省财政厅、农业厅将该企业列为农业产业化经营扶持企业。

（九）龙陵县镇安小田坝绿茶厂

1973年建厂，属集体企业。2003年，小田坝村以48万元价款将茶厂转让给范玉龙，企业转为私营企业。主要产品有精制“摩山”系列产品——“摩山银环”“摩山曲毫”“摩山绿茶”“摩山磨锅茶”等。2005年年末拥有固定资产380万元，流动资金80万元，技术人员及制茶员工26人，年生产规模达200余吨，年销售收入260多万元。茶叶生产涉及两个乡（镇）、9个村、3000多户农户。企业采用自己建厂、自己发展原料基地的办法，拥有3个茶叶初制所，新植“云抗10号”高产茶园2000余亩。

（十）施甸县生物工程有限公司

2000年建成投产。主要产品有“将军绿”精制茶和杜仲茶、晒青散茶。到2005年生产茶叶100吨，实现产值110万元，利税30万元。

（十一）云南台茶茶业有限公司

2005年成立，位于腾冲县明光乡自治村。公司采用“公司+农户”经营模式，专业种植、加工及销售高山乌龙茶。所生产的“极边”牌高山乌龙茶是用台湾原种青心（软枝）乌龙品种，按有机产品生产模式进行种植管理，并通过台湾先进制茶工艺精制而成。茶园集中分布于明光、马站、五合3个乡。

（十二）保山地区农业局茶树良种场

茶树良种场成立于1987年，位于保山市隆阳区板桥镇西河村。主要从事茶树良种繁育、推广，高产茶园技术示范，名优茶加工技术研究。有基地870亩，种植品种主要以“云南大叶种”“佛香3号”“云抗10号”“乌龙茶”为主。

（十三）施甸县永年茶叶有限公司

2005年3月由深圳永年经贸公司出资200万元购买原由旺糖厂闲置房地产重组茶叶生产企业。2005年生产普洱茶218吨，产值245万元，销售收入340万元，利税50万元。

第三节　建材业

一、建材业沿革

建材工业是保山市国民经济支柱产业之一。市境内的建材资源较为丰富，石灰石、花岗岩、大理石、黏土、石膏在五县（区）均有分布，腾冲的火山石以其独特的魅力在建材市场中受到好评。全市的建材业从小到大，工业产值逐年递增。

1978年改革开放以后，建材工业加速发展。到1995年，全区共有8户水泥生产企业，其他建材产业有石材50户，机制砖43户，高岭土企业2户，硅藻土企业3户。

2004年，全市生产水泥55.3万吨，石材53万平方米，砖35526万块，瓦8371万片，石料265万立方米，砂石950万吨，实现产值3.5亿元，收入3.75亿元，利税8000万元。

2005年，全市建材业完成工业总产值5.22亿元，占工业比重的11.2%，其中：粗钢完成44550吨，钢材41981吨，水泥68万吨，砖40146万块，大理石板材311558平方米。人造板完成9364立方米，实木地板完成112000平方米，实木门完成174093扇。全市8户水泥生产企业均通过了ISO 9000质量管理体系认证。2005年年底，由昆钢建材集团投资的年产120万吨新型干法水泥生产线在施甸七〇七工业片区开工建设。石材行业从粗放型逐步进入集约型，产品深受国内外市场青睐。新型墙材、散装水泥已逐步占据建筑市场。资源节约、循环经济、清洁生产在建材企业中正在形成。

二、主要建材企业

（一）云南博闻科技实业股份有限公司

保山地区水泥厂厂址位于保山市汉庄区小堡子乡岔路口。是“六五”期间云南省重点工程项目之一。1983年7月动工兴建，实际总投资1881.63万元，设计规模为年产硅酸盐水泥4万吨。1985年6月完成主体工程，12月26日直径2.5×50米回转窑生产线投入试生产。年末，生产石灰石1.10万吨，产生料1.04万吨，熟料5449吨，水泥6188吨。

1988年率先在云南省实行股份制探索，将原保山地区水泥厂组建为永昌水泥股份有限公司，向社会募集资金，先后发行面值1000元的公众股1.80万股。1990年，扩建直径2.5×40米切线型立筒预热器转窑生产线。年末，全厂共有职工719人，其中各类专业技术人员和工人技师100余人，固定资产原值2067.1万元，净值1664.7万元。具有生产硅酸盐类六大水泥产品各种标号水泥的能力。当年，共生产水泥4.31万吨，水泥熟料3.52万吨，余热发电197.32万千瓦时。实现工业总产值603万元，产品销售收入1016万元，实现利税381万元。产品质量连续4年保持水泥标号合格率100%，水泥富裕强度合格率100%。

1990年被列入《云南省出口商品质量保证生产企业名录》。同年，开始通过边贸向缅甸出口水泥，并在缅甸市场中赢得了信誉。

1992年10月，将其股票拆细为每股面值1元，企业更名为云南省保山水泥股份有限公司。1995年12月，保山水泥股份有限公司从6800万股的总股份在上海证券交易所成功上市，后来公司名称改为云南富邦科技实业股份有限公司。公司总资产6800万元，其中保山建材实业集团公司持国有股4000万元，占股权比例58.82%，成为公司第一大股东。1997年11月经保山行署决定，建材集团公司将法人股3000万股转售，云南保山水泥股份有限公司更名为云南富邦科技实业股份有限公司。2000年4月，所生产的“太保山牌水泥”获云南省名牌产品。2004年6月，富邦科技公司又更名为云南博闻科技实业股份有限公司，简称博闻科技。博闻科技是保山市唯一一家上市公司。

（二）龙陵水泥厂

原属国有企业，创建于1988年，企业注册资金6519万元。2000年技改，设计生产能力为11.7万吨。2004年总资产5030万元，职工163人。

（三）保山西庄建材实业有限责任公司

公司创建于1973年，到2005年历经30多年的发展，水泥生产规模从建厂时的年产3000吨发展成为20万吨。公司资产总额1908万元，在岗职工58人。

（四）保山康发钢铁有限责任公司

1985年3月10日创建，厂址位于隆阳城区大沙河。2003年改制为私营股份合作制企业。产品主要有元钢、螺纹钢、扁钢、工业用氧、医用氧、气氮、液氮、铸造工业配件等，产品在滇西片的市场占有率逐年提高。2005年，公司有职工430人，全年产钢4万吨，销售收入1.6亿元，实现税利600万元。

（五）腾冲县承信经贸有限公司

公司为私营企业，创建于1992年。2003年扩建。拥有实木门、集成材、家具材、单板、古典门窗5条生产线。具备年产木制品3万立方米的生产能力。是一家集装饰材料、家具材料、古典门窗、现代木门开发生产、装饰设计、装修服务为一体的龙头企业。公司所生产的“承信·美居”牌系列产品除在国内沿海大城市畅销外，还出口美国、日本、韩国、马来西亚等国和中国香港、台湾地区。2004年，资产总额达781.6万元，从业人员292人，创产值4010万元。2005年，创产值4946万元，出口创汇140万美元，实现利润206万元。

（六）腾冲古林木业有限责任公司

创建于2000年9月，是一家集私营、社会团体和国有三种经济成分为一体，由私营控股，专业从事林木产品加工营销的股份合作制企业。拥有年产10万扇实木门生产线，产品主要销往韩国、美国、英国、加拿大和日本等国家，并占领了韩国60%的份额。2004年有员工580人，年加工原木2万～3万立方米。

（七）腾冲林瑞木制品有限责任公司

2000年8月创建，2004年竣工投产。主要产品有：高档实木套装门、实木复合地板、楼梯扶手、工艺窗料、日本装饰墙板、建筑集成材、精品家具等。产品主要销往美国、加拿大、日本、韩国等国家和中国台湾地区。年创工业产值1亿多元，销售收入7800多万元。

（八）腾冲奕标水泥有限公司

公司是2004年由民营楚雄奕标水泥有限公司绝对控股、由部分自然人参股，收购原国有腾旭建材有限公司资产，注册成立的水泥生产销售企业。公司年水泥生产能力12万吨，有职工110人。

三、水泥

1972年，腾冲县建成保山地区第一个水泥厂，当年生产水泥118吨。1973年，保山西庄水泥厂建成投产。1977年，昌宁县水泥厂建成投产。1978年，保山地区水泥产量0.69万吨。1973—1982年，保山地区水泥产量累计达172.12万吨，其中最高年份（1981年）产量为9360吨。1983年7月，动工兴建保山地区水泥厂，1986年建成投产。1986年年底全市水泥产量7.38万吨，是1985年产量1.91万吨的3.9倍。1990年，全市共有全民所有水泥生产企业4户，即保山地区水泥厂、昌宁县水泥厂、腾冲县水泥厂、保山市水泥厂；有乡（镇）水泥制品企业6户，水泥制品企业1个，水泥预制构件制造企业2户；从事水泥及制品生产人员1211人；全年生产水泥7.25万吨，实现工业产值496万元。

1991—1995年，施甸水泥厂、羊邑水泥厂、湾甸水泥厂先后建成投产。1996年，龙陵县年产熟料5.4万吨、水泥7.2万吨的生产线投入运行。这期间，各水泥厂进行技改扩建，淘汰落后工艺，生产能力不断提高。1997年，保山地区共有保山水泥股份有限公司、保山西庄水泥厂、施甸水泥厂、腾冲水泥厂、龙陵水泥厂、昌宁映山水泥厂、昌宁湾甸水泥厂、保山羊邑水泥厂等8个水泥厂，水泥产量29.11万吨。2000年保山地区水泥产量39.78万吨。2005年保山市水泥产量68万吨。

四、钢材

保山市钢材生产始于20世纪70年代，发展于90年代。1976年，昌宁岔河铁厂建设年产2000吨钢铁生产线，1979年年初建成投产。投产后因矿石运距远、吨铁成本高而连年亏损，1980年停厂。1985年，保山市汉庄镇投资兴建保山钢铁厂，主要产品有圆钢、螺纹钢、扁钢等，当年生产钢材800吨，销售收入32万元，实现利润2.8万元。1990年，保山地区生产成品钢材1400吨，1995年8111吨，2000年5325吨。2001年，保山市生产钢材6900吨，2002年8105吨，2003年17771吨，2004年达33520吨。2005年，全市生产钢材41981吨，销售收入1.6亿元。

五、砖瓦

1978—1985年，保山地区平均年产红砖100万块。1990年，全区共有砖瓦制造企业56个，其中国营砖瓦厂2个，即：保山地区砖瓦厂和昌宁县砖瓦厂，乡（镇）村办砖瓦厂54个；从事砖瓦生产人员461人；全年生产红砖1.48亿块，瓦13296万片，实现工业总产值340万元。

1995年，全区建设了近30条回转窑生产线，淘汰了过去的地沟窑。年内全区生产机制砖3.52亿块、瓦22963万片。2000年，全区生产红砖2.66亿块、瓦5392万片。2005年生产砖4.01亿块、瓦8441万片。

1991—2005年，保山市有轮窑机制红砖企业52个，其中：隆阳区27个，施甸县有5个，腾冲县有11个，龙陵县有3个，昌宁县有6个。全市制砖企业年均生产机制砖3.2亿块，年创工业产值5200万元。

六、大理石

保山大理石资源较为丰富，探明储量为2078.04万立方米，五县（区）均有分布。

1985年以前，大理石主要是零星开采，不具规模。1986年9月，昌宁县农机厂在漭水翠华村投资兴建联营石材厂，到1990年，共生产大理石板材6556平方米，工艺品2144件，采毛石1287立方米，实现工业产值38.33万元。1990年11月，该石材厂因经营亏损而停产关闭。

1991年以后，保山地区组织规模开采加工大理石。

2000年3月，施甸县私营业主赵应文投资420万元建文业石材有限公司，年生产2万平方米石材，主要产品有桂黄黄、米白、国画石、金丝黄、万代红、鸡血石、墨金砂、紫珍珠、五彩石及石雕工艺品等。到2005年，隆阳区共开发矿山9个，有东泰石材、泰龙石材、茂盛石材等8户企业，生产能力达年加工石材120万平方米。2005年，全市有大理石板材生产企业上百户，规模以上生产企业8户（隆阳区东泰石材、繁民石材、茂盛石材公司，腾冲中元石材、云腾石材、腾鑫石材、英豪石材和施甸文业石材公司），全年生产大理石板材31.16万平方米。其中：隆阳区生产石材12万平方米，实现产值900万元，主要产品是米黄色大理石板材；施甸文业石材有限公司生产石材2.33万平方米，实现工业产值127万元，利税25万元。

七、火山石

保山市火山石主要分布在腾冲县北部和中部，火山岩流的覆盖面积约1000平方千米，探明储量约2000亿立方米。火山石的开发历史悠久，先民早有开采，主要用于建房、筑路、砌桥、垒墙等，千百年来，一直沿袭着手工开采加工方式，生产率较低，到了20世纪90年代中期，兴起了机械化加工热潮，机械加工代替了手工开采加工，使生产能力得到了较大提高。随着城市化建设的发展和各项基础设施建设加快，腾冲火山石产业得到迅速发展，形成了具有一定规模的劳动密集型产业。

2003年以前未作过详细统计，经2004年年末普查，腾冲有大小火山石材加工企业546户，其中：规模以上加工企业有中元石材有限公司、云腾石材开发有限公司和腾鑫石材厂等3户。火山石材产品主要分为三类：第一类是压檐石、花桩、栏杆、挂板、牌坊、石桌、花板、草坪灯、花盆、石狮子等工艺产品；第二类是地砖、装饰砖等；第三类是以碎石、毛石、石块为主的建设基础用石料。

2005年，全市生产火山石板材79.12万平方米、碎石片石225439立方米，实现工业产值4214万元，利税486万元。

八、木制品

1979年，保山地区有木材专业加工企业9户，购进各型带锯32台。1984年3月，腾冲木材加工厂胶合板车间建成投产，产品畅销。1985年，全区有乡（镇）木材加工企业23户，职工408人，主要生产木家具等，产量4.86万件，产值164.8万元。

1986—1989年，腾冲县新建木制品加工企业84户，生产品种主要有胶合板、宝丽板、木地板、木制家具等。1990年，仅腾冲县木材厂就生产胶合板6225立方米，实现产值1820万元，实现利税460万元。1995年，保山地区共生产胶合板0.48万立方米，宝丽板1.34万立方米，实现工业产值9361万元。1996年，台商投资企业腾冲威霖木业公司、联谊木业和合资企业保山泛洋木业公司建成，新增产品为复合木地板、实木门等。1997年，外商投资企业春木木业、永成木业在腾冲落户。2000年，古林木业公司、林瑞木制品公司在腾冲创建。年末，保山地区全区有木材加工企业489户（腾冲县468户，保山市8户，昌宁县5户），全年生产人造板2.3万立方米，实现工业产值2.65亿元。2001年以后，木制品生产继续保持快速发展势头。

2005年，保山市规模以上木材制品企业有隆阳区兴茂木业、正兴建材公司腾冲县承信经贸公司、古林木业、林瑞木制品公司、玄木木业、威霖木业、莱客盛木业、腾森工贸公司等10余户，全年人造板0.94万立方米、木地板11.2万平方米、实木门17.41万扇，完成工业产值16081万元，实现增加值5983万元，上缴税金1100万元，实现利润409万元。

第四节　机械制造业

一、机械制造沿革

保山市机械制造业从无到有，发展较快，至1975年，保山地区共有机械制造企业10个，主要产品有：手扶拖拉机、小拖斗、发电设备、制糖设备、电力变压器、工业锅炉、场上作业机械、农副产品加工机械、小型选矿设备及配件等。机械工业总产值达1218.3万元，占全部工业总产值的13.18%。1985年，10个机械制造企业共有职工1911人，其中：技术人员69人，拥有主要生产设备617台；当年主要产品产量为：小型拖拉机1071台，变压器12425千伏安，工业锅炉19蒸吨，农用拖斗1524台，脚踏打谷机1187台，汽车配件36.68万元，拖拉机配件15.48万元；实现工业产值1975万元，占全区工业总产值的7.4%。

1986年以后，机械制造业总产值在全部工业总产值中的比重呈下降的趋势。

1990年，全区共有机械制造企业15个，其中：属全民所有制企业的有保山地区农业机械厂、保山农业机械修造厂、施甸县农业机械厂、昌宁县农业机械厂、保山锅炉厂、保山变压器厂、腾冲水电设备厂等7家。当年产品产量为：小型拖拉机517台，工业锅炉16.9蒸吨，变压器14925千伏安，农用拖斗1027台，碾米机125台，机动脱粒机458台，半机械化脱粒机4113台，食品机械40台8.6吨等，实现工业产值1676万元，占全区工业总产值的2.21%。

1995年，全区有全民、城镇集体机械工业20户，职工人数1870人，完成工业总产值3502.4万元。1996年1月，昌宁县农机厂因连年亏损被昌宁县卡斯糖厂兼并，成为糖厂机电修造塑料编织分厂。1998年，保山地区农机厂、保山农机修造厂、保山锅炉厂、施甸县农机修造厂、保山变压器厂、腾冲水电设备公司先后改制为股份合作制企业。

2000年，全市有股份合作制企业6个、城镇集体机械企业10个，年末职工总人数1095人，全年完成工业产值1.99亿元。全行业亏损企业9户，亏损额210.1万元。

2001年年末，保山市机械工业完成总产值2203万元，比2000年减少88.9%，全市机械工业进入逐步萎缩、全行业亏损状态。2002—2005年，机械制造业累计完成工业总产值5639.4万元，上缴税金212.6万元。

二、主要机械制造企业

（一）保山地区农业机械厂

厂址位于保山城龙泉路。原为1952年4月建立的保山县铁工厂，属财政预算内国营小型企业，是具有铸锻、表面处理、热处理、机械加工和装配能力的整机制造企业。

从1969—1983年，共生产8152台手扶式拖拉机和一批旋耕机、农用拖斗、柴油机等机械产品。由于管理体制、价格等诸方面的原因，企业经济效益一直很差，完全靠财政补贴投资生产。1984年，通过对企业进行全面整顿，挖掘内部潜力，扩大生产经营门路，企业首次扭亏为盈，实现利润1.54万元。1985年，完成工业总产值378.98万元，当年亏损包干10万元，实现利润21万元，比上年增长13倍。

1990年，生产的东风12BYK型方向拖拉机试制成功，开始批量生产，受到用户好评，出口到缅甸，成为畅销产品。同时承揽了一批轻工、建材、水电、糖机等项目的改造安装工程。工厂固定资产原值482万元，净值318.5万元。当年，主要机械产品产量为：小型拖拉机517台，农用拖斗127台等。年末有职工407人，实现工业总产值524万元，产品销售收入531.5万元，利润7.8万元。1999年投资65万元，将部分厂房改造为综合农贸市场。2005年11月投资6.5万元，购置了3台唐山松下二氧化碳气体保护焊接设备。

（二）保山变压器有限公司

位于保山隆阳区龙泉路。前身为保山县火力发电厂，始建于1958年。1975年7月，电器修造车间从瓦窑河电厂分出，成立保山电器修造厂，直属地区农业机械管理局。1979年8月，保山地区无线电厂并入电器修造厂。1983年12月改名保山变压器厂。

1985年，有职工123人，产品有：S、Si、STi、ST3电力变压器和低损耗电力变压器等，年末，固定资产投资共92.4万元。

1990年，全厂有职工131人，固定资产原值131万元，净值98万元，实际生产电力变压器120台（1.49万千瓦），低压配电板268面，实现工业总产值138万元，产品销售收入245万元，利税17.2万元。

公司是云南省机械行业定点生产各种配电变压器的专业企业，以容量10～6300千伏安、电压等级0.4～35千伏的电力变压器为主导产品，具有高低压开关柜、配电柜相配套的电力设备制造能力。2005年，销售收入714万元，完成工业产值794万元，实现税利4.3万元。

（三）保山锅炉厂

厂址位于保山市龙泉镇杏花办事处白纸坊村西面。1970年在原县普钙厂基础上筹建，1971年1月建成投产，定名保山地区通用机械厂，隶地区农业机械管理局。1981年，改称云南省保山锅炉厂，隶属行署计划经济委员会。

1984年获得机械工业部、劳动人事部联合组织的锅炉制造生产许可证，成为劳动人事部首批颁布203家定点厂家之一，认证等级为“D1级锅炉制造许可证”，使锅炉生产制造上了一个新台阶。1990年通过了国家两部委锅炉生产制造许可证换证的检查验收，锅炉制造许可证升格为“D级锅炉生产许可证”，全厂有职工253人。2000年3月取得由国家质量技术监督局颁发的“B级锅炉生产许可证书”，企业升为B级锅炉制造专业厂家。2005年开发制造了SHS/5-2、45/400-G型甘蔗渣锅炉，开创云南省省独立生产15吨24.5千克以上大型锅炉的先河，填补了云南省不能生产大型锅炉的空白。当年完成工业产值322.6万元。

（四）施甸县遥力农机厂

前身为施甸县农业机械厂，始建于1966年。属县财政预算内国营小型企业，由施甸县工交局主管。主要产品有脱粒机和农用手扶式拖拉机挂车及铸、锻、机加工零部件制造等。至1985年，固定资产投资累计70.3万元，有职工118人，生产拖拉机拖斗1027台，产值118万元，利润13万元。2000年，生产拖拉机拖斗286台，产值157万元，利润3万元。

1989年实行股份合作制改革，更名为施甸县遥力农机厂。

2005年生产TCI-1吨农用拖拉机拖斗979台，产值295万元，利润负40万元。

第五节　制药业

保山市制药工业始自清咸丰年间，最早加工中成药品的有腾冲县的“寿世堂”“博润堂”，主要产品是九龙化风丹、黑虎镇惊丸和截疟追瘴丸。民国年间，中医药在市内比较兴盛，城乡药堂药店达数百家。至1972年，全区有国营腾冲制药厂、腾冲东方红制药厂、保山专署卫生科制药室、保山县药材加工厂、保山地区药材公司药厂、昌宁县药材公司药材加工厂、施甸县商业局药材加工厂等专业制药业。至1985年，作为保山骨干制药企业的国营腾冲制药厂和腾冲东方红制药厂，已能生产膏、丹、丸、散、酊水、糖浆、片、粉、栓剂、冲剂等类型的中成药百余种。两家药厂工业总产值698万元，职工453人。至1990年，其他制药企业因经营不善，相继停业，全区制药工业仅有腾冲县制药厂和腾冲东方红制药厂两家仍在发展之中，当年生产中成药515吨，实现工业产值702万元。主要产品有人参再造丸、六神丸、藿香正气水、归脾养心丸、猴枣散、曼陀罗药水、十全丸、抗热牛黄丸、珍珍抱龙丸、大活络丸、参茸三七酒、十滴水等百余种。

1991—2000年，两个企业加强内部管理，从新产品开发入手，加大技术设备投入，调整产品结构，规模经济效益较快增长。腾冲制药厂先后投资400多万元，对厂房、设备进行了全面改造；腾冲东方红制药厂用了3年多时间获得了肠胃宁片的批量生产批文，调整了产品结构。1995年，两户制药企业生产中成药856.5吨，完成工业产值2220万元，实现利税291万元。1998年10月，保山百思特医疗器械有限公司建成年产5000万支输液器项目，当年生产输液器210多万支，注射器125万支。2000年，全区生产中成药1058吨，注射器340万多支，输液器303万多支，完成工业产值4028万元，实现利税766万元。

2001年，腾冲制药厂投资20万元购进小蜜丸技术设备，生产出六味地黄丸、补中益气丸、知柏地黄丸、明目地黄丸、乌鸡白凤丸等6个品种小蜜丸剂，投放市场即获得良好经济效益。2002—2003年，为建立药品质量保证体系，完善药品管理，确保药品质量，腾冲制药厂投资3690万元，腾冲东方红制药厂投资4013万元分别完成GMP改造。

2003年4月，昌宁德康生物科技有限责任公司在昌宁县城落户，并成功开发出三七总苷、三七叶苷、灯盏花素、蜕皮激素等10余个产品，并实现批量生产销售。2004年年末，保山主要的两户制药企业腾冲制药厂和腾冲东方红制药厂共拥有总资产11095万元，从业人员376人，完成工业总产值6700万元，实现销售收入6119万元，实现利润882万无，上缴税金1070万元。同年，保山百思特医疗器械公司因资产负债高达175%，于6月关闭解散。

2005年，全市药品生产企业共生产中成药1569吨，完成工业产值6495万元，实现利润1218万元，上缴税金1198万元。

云南腾药制药股份有限公司　原名腾冲县制药厂，厂址在腾冲县城关二街。1951年11月由腾冲县卫生工作者协会会员集资组建的医药供应社。1978年，腾冲制药厂被化工部确定为全国八家重点改造的中成药厂之一。几经变更，1985年，药厂该厂已成为保山地区唯一的全民所有制中型制药企业，有职工297人。1990年，该厂药厂已发展成为有六神丸、藿香正气水等8个剂型103个品种的全国重点中成药厂家之一，产品销往全国各地及缅甸、泰国等东南亚国家和地区。1997年12月，腾冲县制药厂改制为股份合作制企业，改名为云南腾药制药股份有限公司。2001年，生产出六味地黄丸、补中益气丸、知柏地黄丸、明目地黄丸、乌鸡白凤丸等6个品种小蜜丸剂，投放市场获得好的经济效益。2002年，企业进行GMP改造，2003年公司“腾药”牌商标获云南省著名商标称号。2005年，公司资产总额6449.6万元，生产中成药1277吨，实现工业总产值5315万元，销售收入5164万元，税金1048万元，利润总额921万元，职工254人。1985—2005年，公司累计生产中成药15200.47吨，实现工业总产值49400.21万元，销售收入49189.08万元，税金6704.72万元，利润总额7413.24万元。

腾冲东方红制药有限责任公司　1958年6月，由民间老医生蔡天恒等7人，响应党的号召，走合作化道路建立腾冲县城关镇东方红制药厂。1981年整顿药厂，直至1982年12月31日，省工商局才颁发了营业执照，核准登记，准予开业，当年职工人数增至221人。并在左所街新建砖混、钢筋混凝土、砖木结构厂房4幢。1985年，药厂共有职工156人，固定资产原值153.9万元。1990年，全厂固定资产近180万元。主要生产中成药蜜丸、水丸、片剂、酊剂、糖浆、药酒等剂型共70多个品种，年生产能力为340多吨。1986—1992年，是药厂继1981年整顿药厂后实现大发展时期，7年间累计生产量1224.30（吨）工业总产值1889.2万元；销售收入2727.80万元，平均增长6.88%；上缴税金223.43万元，平均增长28.44%；利润总额87.5万元，平均增长14.27%。1998年3月，肠胃宁片研发工作获云南省科学技术进步三等奖。1998年11月，东方红制药厂由原来的集体所有制企业改制为股份合作制企业。2002年2月，肠胃宁片获得国家保护品种证书。2003年，投资4013万元，另择新址建盖了完全符合GMP要求的现代化厂房，同时购进了全新的符合GMP要求的成套制药设备和检测仪器，于2004年12月9日投入生产。公司有员工121人。2005年，主要生产丸剂片剂、配剂、酒剂、糖浆剂、颗粒剂等7个剂型86个品种，完成产值1180万元，销售收入1176万元，上缴税金150万元。

第六节　造纸印刷业

一、造纸业

1978年，保山地区造纸业共生产纸品2388吨，实现产值428.1万元。1985年，生产纸品5245吨，实现产值783万元。1988年，腾冲宣纸厂生产的“雪花牌”宣纸产量突破150吨，产品以纸质细软柔韧、吸水性强、颜色纯白清亮、入色经久不变而深受用户欢迎。1989年，经省政府批准，动工兴建昌宁纸厂，设计生产能力为年产机制纸1万吨。

1990年，保山地区共有造纸及纸制品企业10家，其中：国营造纸企业有保山地区造纸厂和腾冲县造纸厂2家，集体企业有腾冲宣纸厂、龙陵黄草坝造纸厂、龙江造纸厂、镇安造纸厂等8家。当年，合计生产纸品5720吨，实现工业产值1151万元。

1993年4月，腾冲造纸厂接受香港商人伍体贤投资，合股投资2100万元进行纸厂扩建改造，企业更名为腾云纸业有限公司，建设计划为年产3000吨白板、白卡纸。1994年6月，建设工期达5年的昌宁纸厂建成投产，试生产牛皮纸、包装纸、书写纸、双面胶版纸等纸品。1995年3月，施甸县纸箱纸板厂建成投产，当年生产纸品81吨。1996年10月，保山造纸厂因城区污染问题难以解决，在老营乡异地搬迁项目开工。1997年10月，腾冲宣纸厂停厂。1998年6月，昌宁纸厂因连年亏损，负债额高达2亿多元，依法进入破产程序。1998年10月，腾云纸业有限公司扩建改造项目竣工投产，形成了年产万吨浆纸规模。2000年，保山地区有国有、集体造纸及纸制品企业7户，其中：乡村企业3户，城镇集体企业1户；年末职工总数1052人，生产机制纸浆5339吨，机制纸及纸板6570吨，完成工业产值1219万元。

2000年10月，保山造纸厂搬迁项目建设完成并试生产成功，原城区造纸厂停产关闭，保山造纸厂试生产成功后，因原料、资金、管理等问题突出，企业投产后不久即停止生产。2001年2月，昌宁纸厂破产重组成功，以800万元人民币整体出售给香港建星集团公司，组建昌宁建星纸业有限公司，当年生产胶版、复印、书写纸994吨。

2004年4月，合资企业腾云纸业有限公司终止。

2005年，保山市有造纸及纸制品企业15户，其中：规模以上企业有昌宁建星纸业有限公司和施甸县纸箱纸板厂2户；全部企业生产机制纸和纸板17037吨；2户规模以上企业生产机制纸和纸箱纸板16138吨，实现工业产值7657万元，上缴税金123万元。

保山地区造纸厂 厂址在保山市区龙泉路。1958年建成投产，隶属行署工交局，为财政预算内国营机制纸及纸板制造小型企业，主要产品有机制纸和纸板。1984年增加饮料酒生产。投产至1985年的20多年间，纸厂一直为云南省唯一造纸生产厂家。1985年年末，全厂固定资产投资额246.8万元，完成利税376.4万元，有职工224人，当年，生产硫酸盐(碱法)纸浆1829吨；机制纸1542吨，其中书写用纸1372吨，包装用纸170吨，白酒9吨，葡萄酒94吨，果露酒320吨，碳酸饮料38吨，其他非酒精饮料7吨。实现工业总产值311.6万元。1990年，该厂有职工328人，固定资产原值331万元，净值237万元，全年产纸浆2393吨，机制纸2389吨，果酒543吨，无酒精饮料185吨，实现工业总产值1019万元。为消除城区污染和扩大规模，1991年保山造纸厂投资1.57亿元，异移地扩建年产1万吨文化用纸技改工程，选址在离保山城区29千米的老营乡，1996年开工建设，2000年10月纸厂全线连动试生产成功，原城区企业停产关闭。保山造纸厂试生产成功后不久，因原料、资金、管理等问题突出，于2001年4月停止生产。

昌宁建星纸业有限公司　1989年12月，云南省人民政府批准昌宁县兴建年产3万吨的昌宁造纸厂，并要求走好“林纸结合”的发展道路。总投资1亿多元，企业选址距县城15千米的漭水乡共裕村，有职工500多人，设计产能为3万吨/年。1994年6月建成投产，所生产的纸品一度畅销。后因原料、市场等问题，企业连年亏损，1998年7月依法宣告破产。2001年2月，昌宁造纸厂以800万元人民币整体出售给香港建星集团公司，组建为昌宁建星纸业有限公司。2003年10月，新建一条年产5000吨蔗渣浆板生产线。到2005年，纸制品生产能力达3万吨，主要产品为铜版纸、高级静电复印纸。当年实际生产纸制品2万吨。

二、印刷业

1978年，全区有印刷企业7家，其中：国营企业4家(保山红旗印刷厂、龙陵县印刷厂、施甸县印刷厂和保山报社印刷厂)，集体企业3家(保山印刷厂、腾冲县印刷厂和昌宁县印刷厂)。全区印刷工业产值为162万元。

1987年，腾冲县印刷厂从氯酸钾厂分离出来成为独立实体，当年完成工业产值126万元，实现利税8万元。1990年，保山地区8户印刷企业完成工业产值756万元，实现利税103万元。1991—2005年，各印刷企业先后购置了微机照排、激光扫描、彩印、胶印等先进设备，淘汰了旧有设备，提高了生产效率。1993年全区印刷企业产值1428万元，1995年达1604万元。然而，由于受印刷市场的影响，大量个体私营打印店的兴起，各印刷企业从1996年起先后出现亏损。2000年全区印刷企业产值1248万元，到2003年，除保山报社印刷厂外，其他7个印刷厂先后改制为民营印刷企业。2005年全市印刷企业产值为680万元。

保山人民印刷厂　于1961年3月成立，是一家集设计、制作、印刷、包装、装订、印后加工于一体的现代化专业印刷企业，坐落于同仁街28号。2005年，拥有四色彩印机、电脑排版系统等设备。

保山红旗印刷有限责任公司　公司在保山市区正阳南路。公司原是1958年4月由印刷合作社过渡为地方国营保山县红旗印刷厂，属保山市工业局主管的国营小型印刷企业。至1985年有职工138人，生产印刷品6759万印，实现工业总产值134.1万元。1990年，全厂有职工165人，固定资产原值179.3万元，净值121.2万元，实际印量6764.58万印，实现工业总产值232万元，实现产品销售收入286万元，利税36万元。2000年企业改制为股份制企业，更名为保山红旗印刷有限责任公司。

保山报社印刷厂　保山报社印刷厂1954年建厂，原名团结报社印刷厂。1972年恢复德宏州，《新保山报》编辑部及印刷厂的人员和设备再次分开，三分之一的人员和设备留在保山，继续出版《新保山报》。1981年《新保山报》改名《保山报》，报社印刷厂除印刷《保山报》外，还承担各种书刊、账簿、表册、画册、图片、商标装潢彩印等。1985年完成工业总产值60万元，上缴税金3万元。1990年，全厂有职工62人，生产能力为机印量3000万印，实现工业总产值103万元。2000年产量118万册，产值274万元，税金25万元，利润2万元。2005年产量176万册，产值304万元，税金24万元，利润1万元。

第七节　制革制鞋业

1978年，保山地区除保山、腾冲建有新华工厂外，各县均创办有制革制鞋生产合作社。全区共有国营和集体制革制鞋企业6户，创产值165万元。当时保山、腾冲新华工厂已实现半机械化和机械化生产。

1979年，昌宁县城关制鞋社因产品滞销，转产水泥制品，不再从事制革制鞋生产。1980年，龙陵县城关皮革与针织社合并，成立龙陵县综合加工厂，扩大了生产经营范围。与此同时，出现了施甸县正安皮革工业公司等一批私营或联营制革制鞋企业。1984年，保山新华工厂分为新华制革皮鞋厂、新华布鞋厂、新华肥皂厂3个企业，实行专业化生产。1985年，全区制革制鞋国营企业有保山新华制革皮鞋厂、保山新华布鞋厂、腾冲新华工厂3家，年产皮鞋18.42万双，布鞋52万双；城镇集体企业有保山城关皮革厂和腾冲县皮革厂2家，有职工190人，年产皮鞋11.07万双，布鞋6.42万双，皮革1.2万张，实现工业产值135万元，利税13.2万元。

1986年，施甸正安皮革工业公司购进模压制箱设备，使产品品种增多，产品质量显著提高。1988年，保山新华制革皮鞋厂与保山城关制革厂、保山新华布鞋厂、保山塑料厂分别实行横向联合，成立保山新华皮革总厂和保山新华制鞋总厂，成为区内制革制鞋骨干企业。1990年，全区共有国营和城镇集体皮革、毛皮及其制品企业5家，年产皮革4.48万张，皮鞋272万双，实现工业总产值649万元。

1991年，保山新华皮革总厂和保山新华制鞋总厂从缅甸购进牛、羊皮6.2万张，向缅甸等国出口布鞋13万双，成为全区骨干转口加工企业。1993年，国有、城镇集体制革制鞋4户企业中有3户亏损；与此同时，个体私营制鞋企业的规模不断扩大，“花玲”“西部”“猎犬”等皮鞋厂产品质量、花色款式受到消费者欢迎，销量看涨。1995年，全区制革制鞋企业共生产轻革14560平方米，重革0.39吨，生产男皮鞋14.28万双、女皮鞋3.84万双、童皮鞋1.3万双、旅游鞋0.24万双、皮革服装313件、皮箱39834只。1996年，国有、城镇集体制革制鞋企业深化改革中实行内部经济责任承包制，划小核算单位，实现分片搞活。2000年，全区4户国有、集体制革制鞋企业先后停厂或转厂。2001—2005年，全市个体私营企业年均生产皮鞋29万双，布鞋5万双。

保山新华制革皮鞋厂　前身为1950年人民解放军驻保山部队建立、1952年移交地方管理的全区第一个国营企业新华工厂。1985年，保山新华制革皮鞋厂从保山新华工厂分出，有职工351人，年生产皮鞋13.7万双，鞣制皮革2.9万折合张，皮胶15吨，实现工业总产值265.3万元。1988年，新华制革皮鞋厂与保山市皮革厂实行横向联合，成立保山新华皮革总厂。至1990年，保山新华皮革总厂共有职489人，拥有固定资产原值478万元，净值341.7万元，当年生产皮革3.39万张，皮鞋17.71万双，布鞋0.71双，皮胶12.46吨，轻革9.81万平方米，重革2451吨，实现工业总产值965万元。生产的黄牛修面革，曾被评为全省一类品。1995年以后，产品逐年滞销。2000年，企业停产。

保山新华布鞋厂 1985年，保山新华布鞋厂从保山新华工厂分出，占地面积2951平方米；房屋建筑面积3309平方米，其中生产用房2133平方米，非生产用房1176平方米；固定资产原值50.4万元，其中工业设备原值13.7万元。主要设备有：电阻加热炉3台，红外线加热设备1台，48千瓦内燃发电机组1台，塑料加工专用设备3台，黏合机1台，包缝机2台，中速平缝机24台。有职工121人，其中工人104人，管理人员13人。当年生产男布鞋28.31万双，女布鞋12.92万双，童布鞋5.05万双，塑料制品122吨。实现工业总产值159.5万元。1988年，新华布鞋厂同保山市塑料厂实行横向联合，成立新华制鞋总厂。至1990年全厂共有职工248人，其中工人180人；拥有固定资产原值216万元，净值184.43万元。年生产能力为：布鞋173.16万双，塑料制品936吨，皮鞋9万双。当年实际生产布鞋80.76万双，皮鞋4.67万双，塑料制品363吨（不包括复制），羊皮革衣108件。实现工业总产值654万元，产品销售收入405万元，利税26万元。1991年，保山新华皮革总厂和保山新华制鞋总厂从缅甸购进牛、羊皮6.2万张，向缅甸等国出口布鞋13万双，成为全市骨干转口加工企业。1993年起，由于原材料涨价、市场放开、竞争激烈，加之管理上的原因，产品逐年滞销，至2000年，该企业停产。

第八节 化 工

1978年以前，保山地区内化工产品主要有花炮、肥皂、火柴、烧碱、盐酸、漂白粉、虫胶、合成氨、氨水、普通过磷酸钙等。20世纪80年代之后，增加氯矸、氯酸钾、硫酸、翻新轮胎等化工产品的生产。到1990年年末，全区共有化学工业企业12个，实现工业产值1027万元。1991—1995年，腾冲县化工厂等6户企业或被兼并或亏损停厂，到1995年，共有全民、城镇集体化工企业6户，职工总数663人，完成工业产值1301万元，销售收入2475万元，亏损25.6万元；全年共生产烧碱832吨、漂白粉2086吨、盐酸254吨、硫酸6742吨、普钙3441吨、氯酸钾499吨、烤胶86吨、氧气46吨、混配肥6304吨、翻新轮胎2003吨。

1996—2000年，全区国有、集体企业先后全面改制为股份合作制企业，纳入统计的化工企业有5户。2000年年末，职工总人数为429人，完成工业产值1170.4万元，销售收入1682.2万元，上缴税金35.8万元。主要产品产量：硫酸2.11万吨、普钙3783吨、混配肥1662吨、氯酸钾950吨、氧气10吨。

2001—2005年，各化工企业继续深化改革，由股份合作制改制为民营企业，全面实现了市场化经营。2005年年末，全部化工企业完成产值3560万元，上缴税金180万元，主要产品有硫酸、普钙、混配肥、洗涤用品、塑料制品、花炮等8种。

一、化肥

1975年，保山地区第一座化肥厂保山县羊邑氮肥厂建成投产，当年生产合成氨82吨，亏损11.8万元，到1980年累计亏损336万元，企业停厂撤销。1978年，龙陵县在黄草坝建成县化肥厂，主要产品有农用氨水、合成氨、氧气等。1980年生产合成氨300吨、农用氨水250吨，完成工业产值22.5万元。1988年12月，腾冲县投资99万元，将硫酸厂改扩建为年产1万吨硫酸、2.5万吨普通过磷酸钙的县化肥厂。1979—1990年，全区化肥择年产量为：1979年生产化肥1281吨、合成氨416吨；1980年生产化肥2200吨、合成氨468吨；1985年生产化肥950吨、合成氨189吨；1990年生产化肥1496吨，合成氨232吨。

1991年11月，保山地区保山市农资公司投资300万元的保山复合肥厂建成，主要生产“大沙河牌”复合肥，年产量为10000吨。1995年，龙陵县康丰公司建成勐糯复合肥有限公司，生产“路路发”牌复混肥，年生产能力为10000吨。至此，全区拥有化肥企业4个，年生产能力为6.5万吨。1995年年末，生产普钙3441吨、复混肥6304吨；2000年生产普钙3783吨、复混肥1662吨、氧气10吨；2005年生产普钙20718吨、复混肥12888吨，实现工业产值2415万元，利税317.2万元。

二、洗涤用品

1978年以前，保山市洗涤用品生产企业有保山地区新华工厂和腾冲县星光腾胶厂两家，主要产品是肥皂，年产量为2600箱左右。1980年，腾冲县星光腾胶厂因原料受限，停止肥皂生产。1984年，在经济体制改革中，保山地区新华工厂分出肥皂车间，成立保山新华肥皂厂，属国营肥皂及皂粉制造小型企业，主要产品有肥皂、精甘油。

1996年12月，保山新华肥皂厂改制为股份合作制企业。2002年12月企业深化产权制度改革，改制为民营企业，更名为保山新华肥皂有限责任公司，仍为滇西唯一生产洗涤用品的专业厂家。

2005年，保山市肥皂产品产量1058吨，合成洗衣粉83吨，合成洗涤剂187吨。

保山新华肥皂有限责任公司 1984年，在经济体制改革中，保山地区新华工厂分出肥皂车间，成立保山新华肥皂厂，属国营肥皂及皂粉制造小型企业，占地面积0.77万平方米；房屋建筑面积0.60万平方米，其中生产用房0.44万平方米，非生产用房0.16万平方米；动力机械总能力541千瓦；固定资产原值87.1万元，其中工业设备原值37万元。主要设备有：2蒸吨锅炉1台，金属切削机床2台，载重汽车5辆，制皂设备11台，甘油回收机械8台。有职工101人，其中工人74人，工程技术人员1人，管理人员17人。1985年，生产肥皂1726吨，精甘油92吨，完成工业总产值241.5万元。到1990年，工厂有职工119人，固定资产原值271万元，动力机械总能力230.35千瓦。当年生产肥皂1882吨、精甘油50吨、洗发精6吨、护发素1吨、洗洁净1吨，实现工业产值603万元，产品销售收入407万元，利税4万元。全年能源消耗总量974吨标准煤。1996年12月，保山新华肥皂厂改制为股份合作制企业。2002年12月，改制为民营企业，更名为保山新华肥皂有限责任公司，仍为滇西唯一生产洗涤用品的专业厂家。公司生产的主要产品有：工农牌肥皂、皂粉、圣洁牌无磷洗衣粉等六类39个品种。2000年，生产肥皂1113吨、洗洁精81吨、洗衣粉640吨、甘油50吨，实现工业产值626万元，税金83万元。2005年，生产肥皂1006吨、洗衣粉83吨、洗洁精94吨、甘油45吨，实现工业产值580万元，税金59万元。

三、花炮

1976年5月，施甸仁和花炮厂建成，到1980年关闭，共产花炮10.2万封。1982年，腾冲县五金厂合并707厂，下设五金、花炮、制药3个车间，花炮生产人员由43人增至80人。1985年3月，腾冲县707厂与五金厂分设，707厂更名为腾冲县花炮公司，年末有职工59人，固定资产18.3万元，生产花炮7.64万封，实现工业产值6万元。1987年4月，施甸甸阳镇花炮厂建成投厂。1990年，腾冲县花炮公司、施甸县甸阳花炮厂生产花炮爆竹140万件，实现工业产值84万元，利润1.3万元。

1994年4月，保山市金鸡乡投资36万元建成滇湘烟花爆竹厂，试生产后发生安全事故即停办，经济损失22万元。1996年1月，腾冲花炮公司亦因安全生产事故不断发生而停业关闭。1996年，自然人王根毕、何元树合伙投资170万元在腾冲县荷花乡建成花炮厂，工厂建成投产后，市场看好，产品产量、质量、利润逐年增加，产品主要销往腾冲、梁河、盈江等地。2001年，施甸县甸阳花炮厂因不符合安全生产条件被依法关闭。2005年，腾冲县荷花花炮厂生产花炮23000箱，完成产值220万元，实现利润35万元。

四、火柴

1978年，保山地区火柴生产企业仅有创建于1921年的腾冲火柴厂一户，当年生产火柴4.52万件，产值61.02万元。1978年以后，通过技术改造和工艺配套，基本实现了机械化生产。1985年，生产火柴73413件，完成产值149.22万元，实现利润32.3万元。1990年，全厂有职工225人，固定资产原值302万元，火柴产量15.69万件，完成工业产值638万元，利税196万元。1998年企业改制为股份合作制企业，企业名称改为腾冲县白象火柴实业公司。从2000年起，由于气体打火机的普及，火柴市场销售萎缩，企业连年亏损。2005年，火柴产量9万件，完成工业产值392.20万元。截至2005年12月，累计亏损287.3万元，负债736万元。

五、虫胶

20世纪60年代初，保山虫胶产量最高年份达845.5吨。后因各种原因，停止虫胶生产。1970年1月，地区林业局在保山县郎义村龙王塘建成701厂，加工虫胶片为主，附产品有虫胶漆、色素，设计年生产能力300吨。从建厂到1985年生产颗粒胶493.2吨，虫胶片879.3吨，虫胶漆79.5吨，色素0.2吨，完成工业产值155.54万元。1986—1999年生产产品2917吨，完成工业产值2486万元。因企业连续亏损，于1999年8月停产，2001年该企业以56万元价款整体拍卖。

六、硫酸

1973年7月，腾冲县在小西侍郎坝建成县硫酸厂，设计年生产硫酸1000吨，生产流程为小（土）接流法，当年生产硫酸350吨。1976年，对工艺流程和设备进行改造，使质量稳定产量提高。1978年，保山地区生产硫酸870吨。1985年，全区生产硫酸736吨。1988年12月，腾冲县将硫酸厂改扩建为化肥厂，设计年生产硫酸10000吨。

1990年以后，随着铅锌采冶工业的发展，勐糯铅锌矿、腾冲飞龙电锌厂等企业都建有硫酸车间，硫酸产量逐年增长。1990—2005年，保山市硫酸产量择年为：1990年0.38万吨，1995年9.77万吨，2000年2.11万吨，2005年4.35万吨。

七、烧碱

1978年，保山地区有烧碱企业2户，产烧碱418吨、盐酸104吨、漂白粉968吨。

1980年，保山地区化工厂和腾冲县化工厂全年生产烧碱465吨、盐酸87吨、漂白粉1155吨。1985年，生产烧碱603吨、盐酸244吨、漂白粉1434吨。1990年，两户企业共有职工155人，固定资产原值380.9万元，年末生产烧碱1650吨、盐酸274吨、漂白粉2400吨，完成工业产值175.74万元，上缴税金26.7万元。

1991年1月，保山市瓦窑化工厂建成投产，年设计生产能力为烧碱400吨、漂白粉1500吨。1995年，全区3户企业共生产烧碱382吨、盐酸254吨、漂白粉2086吨。1996—2000年，以上3户企业因资金、市场等问题，先后停厂关闭或转产，烧碱生产终止。

八、塑料制品

保山市塑料制品业是从20世纪70年代开始逐步兴起的，最早生产塑料制品的企业是创办于1977年的保山县保山塑料厂，主要产品是棕、白两色鞋底。1980年以后，先后建起了保山星达塑料编织有限公司、昌宁编织袋厂、汉庄塑料制品厂、龙陵县化肥厂编织袋车间、腾冲县化肥厂编织袋车间、保兴塑料制品有限公司等5个企业、2个塑编车间。主要产品有：塑料编织袋、塑料包装袋、塑料薄膜、塑料鞋底、塑料发泡拖鞋、塑料管材、烤烟育秧盘、果蔬保鲜箱（盒）、保温板等40多个品种。

1978—2005年，共生产各种塑料制品45.96万吨，创工业产值8406.8万元，其中：保山星达塑料制品有限公司1984—2005年共生产塑料编织袋16100万条、塑料薄膜4200吨，累计产值达2598.39万元；汉庄塑料制品厂1993—2005年共生产聚乙烯塑料管材216吨、烤烟漂浮育苗盘54万块，实现工业产值417.1万元；昌宁塑料编织袋厂1995—2005年共生产塑编产品1105吨，实现产值1379万元；保兴塑料制品有限公司2003—2005年共生产烤烟育苗盘、果蔬保鲜箱（盒）120吨，实现产值381.5万元。

第七章　加工业

第一节　烟草加工

一、烤烟

（一）烤烟收购

1978—1988年，烤烟烟叶收购归口供销社管理。

1989年起，全部烤烟烟叶归口由烟草公司收购。当年全区设8个收购站，28个收购点，收购烟叶3252.35吨。

1987—1989年，执行国家烤烟标准十五级制收购。全省烤烟收购价格分为两个价格区，保山为二价区。

1997年，全区统一实行国家烤烟四十级标准收购，当年收购烟叶48294.06吨。1998年，国家烟草专卖局实行“控制面积，控制收购量”的“双控”政策，保山地委、行署制订《保山地区烤烟生产收购合同管理办法》，实行按合同种植，按合同收购。同时出台《全区烤烟收购管理办法》，首次实行县（市）烟草公司交复烤厂烟叶二次验级有效制度。当年收购烟叶25008.92吨。

1999年，国家计委、国家烟草专卖局决定对烤烟收购价格实行分区定价，全国划分5个区，保山属于三价区。同年，全区烤烟收购推行半封闭式、封闭式密码验级制度。

2000年，实行国家烤烟四十二级标准收购。当年全区收购烟叶26099.39吨。

2002年，保山市烟草专卖局（公司）全面推行烤烟收购预约预检制度。实行入户预检，约时定点，分时段、按部位、密码验级的收购方式。

2005年，保山由三价区调为二价区，执行二价区收购价格。当年收购烟叶41484.32吨。

1986—2005年烤烟收购数量统计表

表23-13　　　　　　　　　　　　　　　　　　　　　　　　单位：吨

年　度	隆阳区	施甸县	腾冲县	龙陵县	昌宁县	合计
1986	30.67	7.23	23.01	—	—	60.91
1987	291.59	215.30	217.11	—	48.16	772.16
1988	1275.00	1126.37	438.03	—	266.30	3105.70
1989	1203.30	1121.20	577.05	—	350.80	3252.35
1990	1250.00	1000.00	750.00	—	547.33	3547.33
1991	4626.55	4027.75	2557.00	118.30	1795.55	13125.15
1992	1025.90	10837.25	7201.70	1280.80	5062.90	25408.55
1993	4977.30	8419.75	5852.35	1452.65	4062.40	24764.45
1994	4262.60	9041.26	4645.70	875.69	4066.35	22891.60
1995	6901.72	9045.01	4275.68	730.51	4547.85	25500.77
1996	8401.35	9526.71	7775.00	1213.00	6202.57	33118.63
1997	12941.48	13065.82	10177.30	4086.50	8022.96	48294.06
1998	5953.32	6748.38	5824.85	570.50	5911.87	25008.92
1999	6048.75	6021.68	5215.40	667.35	5577.02	23530.20
2000	6435.96	6509.07	6323.60	657.83	6172.93	26099.39
2001	5662.66	6607.50	6392.80	731.51	6244.01	25638.48

续上表 单位：吨

年　度	隆阳区	施甸县	腾冲县	龙陵县	昌宁县	合计
2002	6202.17	6640.65	6993.50	732.48	6403.01	26971.81
2003	6199.50	6589.98	6499.46	794.95	6400.00	26483.89
2004	7200.00	8100.00	8000.00	800.00	7400.00	31500.00
2005	10351.00	8962.27	10707.50	1700.00	9763.46	41484.32

（二）烤烟加工

烤烟初烤　1978—1985年，烤烟烘烤采用高温高湿常规烘烤方法。1986—2003年，全市累计烘烤烟叶357574吨，主要使用简易烘烤法烘烤。2004—2005年，推广使用三段式烘烤技术，两年累计烘烤烟叶72984吨。

烤烟复烤　1985—1989年，初烤烟叶调往昆明、玉溪等地烟厂或复烤厂复烤。1989年8月保山烟叶复烤厂建成投产。1990年，复烤烟叶2465吨。1989—2002年采用挂杆复烤工艺。2002年12月，根据国家烟草专卖局关于2004年以前要淘汰挂杆复烤生产线的要求，保山烟叶复烤厂挂杆复烤生产线停产。2003年9月建成打叶复烤生产线，开始采用打叶复烤生产工艺，当年复烤烟叶7827吨。2004年复烤烟叶18993吨，2005年达19271吨。

（三）烤烟管理

烤烟生产计划管理　每年由地区按照国家计划统一下达各县（市）烟叶生产和收购计划；各县（市）按照地区下达烟叶生产和收购计划逐级分解到乡到村到户，并由县（市）政府和烟草系统分别逐级签订生产责任状。各级不得层层加码和超计划生产；烟草公司基层烟叶工作站每年与烟农签订烟叶种植收购合同，严格按照合同收购烟叶，杜绝超种超收。

烤烟收购管理　烟叶统一由云南省烟草专卖局批准的有烟叶经营权的烟草公司和受委托的单位凭烟叶收购许可证按合同收购，其他单位及个人不得以任何理由及方式收购烟叶。各级烟草公司和受委托单位只准收购本县（区）辖区内自产烟叶，严格按照国家规定的等级标准和价格进行收购。严禁卷烟厂、复烤厂等生产企业收购非烟草部门、烟贩子的烤烟；严禁烟草部门为无烟叶许可证的单位和个人提供公章、介绍信、合同、工作证、账号、委托书等有关手续及有效证件；严禁机关、团体、企事业单位及个人为个体烟贩提供收购烟叶的场所、仓库、运输工具。各县（区）烟草部门必须按合同签订的收购数量予以全等级收购，对超合同、无合同交售的烟叶一律不得收购；任何单位和个人不得强迫收购部门超收；严禁将烟叶交售给无烟叶收购许可证的单位和个人；各县（区）要严格履行边界协议，做好烤烟收购期间辖区内的路查、路检工作。烟叶收购人员要严格执行烤烟收购等级标准及价格政策，不收“关系烟”“人情烟”，做到佩证上岗、秉公办事。

烤烟调拨管理　各县（市）收购烟叶统一上调保山烟叶复烤厂，再由保山烟叶复烤厂统一上调各烟厂。不得擅自改变调拨计划和调拨流向，不得将烟叶调至非调拨单位。严禁烤烟自由上市和私下交易，严禁将烤烟卖给系统外的单位和个人，杜绝烤烟流入计划外烟厂及生产假冒卷烟黑窝点。烤烟省内调拨实行保山境内运输准运证及换单制度。省际调拨，按照国家烟草专卖有关业务部门鉴章的购销合同原件签发准运证。

烤烟运输管理　省内调拨烤烟，凭保山地区（市）烟草公司或委托单位开具并经专卖管理部门鉴章的调拨单运输，调拨单随车同行，一车一证。省际调运烤烟，保山地区（市）烟草专卖局根据国家烟草专卖局有关业务部门鉴章的购销合同原件签发准运证；运输中，购销合同与准运证同行。各县（区）公司、烟叶收购站点、保山烟叶复烤厂承运烟叶的单位，必须是经国家工商、交通、运输管理机关注册登记，具有法人资格的国营或集体单位。个体运输车辆必须驾驶证、行车证、营运证齐全，有担保单位或担保人，并经烟草专卖法律法规教育培训合格，方能进行运输。承运的车辆，必须符合防盗、防潮、防火、车辆保险等安全要求，达不到标准，一律不准承运烟叶。严禁承运烟叶的车辆夹带私烟、调包、掺杂使假和非法运输烟草专卖品。一经查出，严肃追究当事人的相关责任。

(四) 烤烟销售

1978—1987年，烤烟烟叶销售归口供销社管理。

1984—1987年，调出烟叶执行全省按地区划分的调拨供应价。五县（市）收购的烟叶直接调拨各烟厂。

1990年，省内调拨烟叶按调拨价执行，取消供应价，不再实行超基数分成上调烟叶给予奖励的规定。烟叶生产扶持费每50千克上等烟40元，中等烟35元，复烤烟按扶持费标准加收10%，作为专项资金扶持烟叶发展。

1993年，国家决定放开烤烟调拨价格，省内初烤烟调拨价格以国务院办公厅规定的全省一个收购价格为基础，加上直接费用、间接费用和云南省统一的调拨加价率9.6%制定；调省外烤烟实行接货制浮动调拨价，在国家规定的调拨基准价格基础上每50千克上等烟加收180元，中等烟加收80元。同时废止扶持烟叶生产专项基金的规定。全省烤烟调拨统一由省烟叶公司管理，向省外销售烤烟，须经省烟叶公司同意，并办理专卖准运证和合同备案手续。

1996年烟叶调拨价格，按照国家烟草专卖局（国烟计〔1996〕第32号）文件规定的调拨基准价格执行，各地根据实际，在15%的幅度内浮动。

2000年实行42个等级烤烟调拨。调拨价格按（云烟财〔2000〕第85号）和（云烟财〔2000〕第399号）文件规定执行，中上等烟按三价区调拨价格上浮15%执行，下低等烟上浮2%。

2001年7月烤烟调拨价格按（云烟财〔2000〕第381号）文规定，中上等烟按三价区调拨价格上浮15%执行，下低等初烤烟按省烟草专卖局文件规定的价格执行，下低等复烤烟按三价区调拨价格上浮5%执行。

2003年，烤烟调拨价格执行国家规定的三价区价格，实行不超过上浮15%的浮动加价，并按初烤烟、复烤烟和片烟分别计价、结算。片烟加工费用按国家规定标准每吨成品片烟2100元，顺加分选整理、回潮、包装、保管等费用按实际发生额测算计入片烟调拨结算价。

1993—2005年保山市烤烟销售情况表

表23-14

年份	初烟销售量（吨）			机烟销售量（吨）			片烟销售量（吨）			合计
	省内	省外	小计	省内	省外	小计	省内	省外	小计	
1993	2131.10	—	2131.00	5094.00	—	5094.00	—	—	—	7225.00
1994	636.80	106.40	743.20	6262.20	2628.10	8890.30	—	—	—	9633.60
1995	18.10	389.90	408.10	10878.80	5219.00	16097.80	—	—	—	16506.00
1996	3024.76	—	3024.76	13345.40	1940.00	15285.40	—	—	—	18310.16
1997	20923.10	163.55	21086.65	10314.80	1642.50	11957.30	—	—	—	33043.95
1998	21283.61	1905.96	23189.57	2547.75	5152.25	27700.00	—	—	—	30889.57
1999	15164.17	2071.60	17235.77	6038.75	4687.40	10726.60	—	—	—	27961.92
2000	19684.01	2286.36	21970.38	4066.55	3012.30	7078.85	—	—	—	29049.23
2001	5182.13	750.00	5932.13	4834.65	4302.75	9137.40	—	—	—	15069.53
2002	7797.44	8106.47	15903.91	5830.45	7660.85	13491.30	—	—	—	29395.21
2003	8649.50	12732.25	21381.75	1177.65	5885.45	7063.10	—	—	—	28444.85
2004	8250.51	1628.64	8979.34	116.45	2372.95	2489.40	1966.81	13249.28	304321.86	27584.84
2005	7312.15	1045.20	8357.35	—	—	—	4374.12	13504.23	357566.97	26235.70

注：2002年以前机烟销售量中含原边贸烟生产车间用烟叶

二、香料烟

（一）香料烟收购

1989年开始进行引种试验。1993年选种成功并进入推广应用。

1996年根据国内外客商配方加工要求，参照国外九级制收购等级标准制定云南省香料烟九级制地方收购标准。1998年以后，保山地区均按九级制标准收购。

2000年国家烟草专卖局对云南省香料烟九级制地方收购标准进行修订完善，颁布了新的香料烟国家九级制分级标准 GB5991.1-2000。2000年以后执行该标准收购香料烟。

烟农出售烟叶按品质规定检验、定级。品质检验按 GB5991.1-2000第5章的规定逐项检验，对照标准样品以感官鉴定为主。水分检验采用感官检验和水分仪检验法。碎片、砂土检验采用感官检验法和室内重量检验法。收购方式采用半封闭式，直接到各乡、村组织分级收购。

1994—2005年保山市香料烟种植收购统计表

表23-15

年度	面积（亩）	亩产量（千克）	收购量（万千克）	单价（元）	亩产（元）	收购总值（万元）	税利（万元）	1～3级（%）
1994	2413.5	64.7	15.64	8.29	536.10	129.39	30.97	39.4
1995	5788.5	64.0	36.96	12.64	808.70	468.12	91.72	88.0
1996	24736.5	61.3	152.43	13.32	817.10	2021.20	598.60	78.0
1997	30100.5	87.3	262.79	12.65	1104.60	3324.81	1583.00	85.9
1998	62598.0	88.7	553.63	10.06	892.00	5584.04	2924.00	70.5
1999	40100.0	75.3	302.00	9.67	728.40	2920.70	588.11	42.9
2000	38600.0	77.7	300.00	9.23	717.30	2768.61	2071.19	62.7
2001	25800.0	99.3	283.00	10.38	1031.10	2938.72	436.57	80.2
2002	42000.0	110.4	463.50	9.87	1089.50	4575.80	506.25	73.4
2003	30000.0	90.5	271.50	9.33	844.50	2533.40	1259.01	76.4
2004	40800.0	87.0	355.00	8.03	698.50	2850.00	1328.54	31.2
2005	53300.0	87.0	495.00	10.93	1015.30	5411.54	1411.56	43.1

注：1998年以后实行九级制收购，中上等烟用AB级比例衡量

（二）香料烟加工

烟农调制　1978—1988年，没有香料烟种植。1989年借鉴云南永胜、巧家、宾川以及浙江新昌经验，采摘后先堆捂变黄，再穿串，拿到室外晒干。1990—1993年，采摘后穿叶直接上架露天晒制。1994年起，大力推广大棚调制技术。每亩大田建盖标准调制棚30平方米，每米分别按下、中、上部穿烟叶200～250千克、300～350千克、400～450千克。主要调制技术包括穿叶上架，凋萎变黄，晒制定色，干筋及堆醇化等环节。1994—2005年，全市共调制香料烟3491.45万千克。

分级加工　香料烟分级加工，主要包括配料验级、蒸气回潮、抽线分级、加温加湿、空吸风分、选叶、低温复烤、预压打包、称重打包、自然醇化、压包整形等工序。1994年与希腊米哈里迪斯公司签订合同，引进香料烟分级加工主机部分设备，辅助设备由云南省昆明船泊公司设计制造。1996年10月，建成年加工能力5000吨的香料烟分级加工厂，占地面积68万平方米，注册资本金5800万元，库容量2400吨。1997年投资203万元，进行真空回潮机技改。2000年共分级加工香料烟2903吨。2002年5月新建仓储面积5250平方米，当年加工香料烟3109吨。2004年7月建成香料烟轻度干燥生产线，9月开始实行GAP优质农业生产管理，当年加工香料烟3661吨。2005年共分级加工香料烟4582吨。

（三）香料烟管理

国内调拨香料烟。由香料烟公司填制烟草专卖品准运证申办单及调拨通知单，保山市烟草专卖局核发国内销售准运证。

出口外销香料烟。保山—昆明段，经保山市烟草专卖局同意，由保山香料烟公司填制准运证；昆明至客户目的地，由云南省烟草进出口公司代办准运证。

（四）香料烟销售

1994年之前，保山地区没有香料烟销售。

1995—1997年，为市场营销培育期。保山香料烟外销客户有菲莫、英美两家烟草公司；内销客户有红塔集团、芜湖卷烟厂、湛江卷烟厂、楚雄卷烟厂、云南省烟草工业研究所5家企业。

1998—2002年，为市场营销成长期。阿塔迪斯公司、印度尼西亚三宝麟公司首次购买保山香料烟，广州全国烟叶交易会成交12家客户，交易量超过50万千克。

2003—2005年，为市场营销成熟期。保山香料烟公司销售以国际市场为主，国内市场为辅，香料烟出口创汇首次突破千万美元。

1995—2005年保山香料烟销售情况表

表23-16

年度	销售量（吨）	销售额（万元）	出口量（吨）	创汇（万美元）
1995	169.70	334.43	—	—
1996	236.00	413.59	78.32	14.73
1997	1086.79	2853.09	798.75	280.81
1998	2531.10	7388.07	1808.70	644.35
1999	2886.71	7481.39	1068.88	315.54
2000	3779.14	10791.85	1759.29	504.82
2001	3491.68	8164.66	2702.46	707.41
2002	2889.82	7596.85	2157.02	667.25
2003	3558.42	10434.03	3124.59	1092.32
2004	4350.35	12104.59	3783.21	1291.03
2005	4585.25	12101.37	4154.92	1324.03
合计	29564.96	79663.92	21436.14	6842.29

三、烟草企业

（一）云南保山烟叶复烤有限责任公司

1988年4月9日，筹建保山烟叶复烤厂，为城镇大集体企业。1989年4月上划云南省烟草公司，由保山烟草分公司经营管理，为全民所有制企业。

1992年11月，经云南省烟草公司批准，保山地区烟草专卖局、云南省烟草保山地区公司、保山烟叶复烤厂合并为一个法人单位，实行三块牌子、一套班子。

2003年，经国家烟草专卖局同意，保山市烟草公司与昆明卷烟厂合股（保山市烟草公司70%，昆明卷烟厂30%）成立云南保山烟叶复烤有限责任公司，撤销云南保山烟叶复烤厂，具有独立法人资格。公司内设综合管理部等8个职能部门，有职工200余人。建有一条生产能力为12000千克 / 小时的意大利 COMAS 打叶复烤生产线。

（二）中缅合作大兴烟草有限公司

1993年12月，在保山烟叶复烤厂建成保山边贸烟车间，年生产能力20万箱。为独立核算，自负盈亏的地方企业。

1997—1998年，根据国家烟草专卖局《关于保山边贸烟车间搬迁缅甸问题的批复》，保山边贸烟车间搬迁至缅甸甘拜地，与缅方合资成立中缅合作大兴烟草有限公司，允许生产销售3万箱低档香烟。

2003年6月，根据国家烟草专卖局整顿治理卷烟生产流通秩序要求，中缅合作大兴烟草有限公司关停。原有500多名职工转入保山烟叶复烤厂270余人，转岗、内退、辞职、自谋职业安置230人。

（三）云南烟草保山香料烟有限责任公司

1994年9月28日，云南省烟草专卖局批准成立云南烟草保山香料烟有限责任公司。由中国烟草进出口总公司、中国烟草云南进出口公司、云南烟草保山市公司共同组建，属云南省烟草专卖局（公司）直接领导下的专门生产、收购、加工和储运、销售云南香料烟烟叶的全民所有制企业。

1994年12月，云南烟草保山香料烟有限责任公司正式挂牌成立，注册资金1000万元（其中：中国烟草进出口总公司5%，中国烟草云南进出口公司75%，云南烟草保山市公司20%）。1996年，已建成中国第一座现代化的香料烟加工厂，年加工能力达5000吨。1999年9月成立香料烟科研所。

至2004年，已建成亚洲第一条香料烟轻度干燥生产线。成为全球第五家、中国唯一拥有香料烟低温复烤工艺能力的加工企业，具备了加工其他晾晒烟的能力。之后，经扩能改造，已建成全国最大的香料烟生产和出口基地，保持香料烟出口量全国第一，和菲莫、英美、日本烟草、法国专卖、美国大陆等世界知名烟草商达成长期供货协议，产品直接进入卷烟配方。

截至2005年年底，公司内设办公室等6个部门，有在岗职工801人（含公司管理人员，长期聘用的基层骨干、农业技术人员，加工季节女工），注册资金5800万元。

第二节　食品生产加工

一、食品加工沿革

食品加工业是保山市的基础工业，特别是传统农产品加工历史悠久，已形成独具特色的加工工艺和品牌。食品中除糖、茶之外，其他食品如饵丝、面条、咖啡、茶叶、山葵、酒、果脯、绿豆、野生食用菌、咸菜等传统食品在省内外都有一定知名度，生产规模和产量、产值不断扩大。此外，隆阳区绿蚕豆加工、莲藕加工、山葵加工，昌宁县核桃加工等均已达一定规模。2005年，同心和开心两户企业加工绿蚕豆1302吨，销售收入944万元；黄泥塘藕粉和董氏藕粉两户企业加工藕粉1017吨，销售收入1740万元；保山山葵实业开发公司生产茎、叶、粉等山葵产品161吨，销售收入580万元；昌宁胜江林产品开发公司加工精炼核桃油120吨，实现工业产值3120万元，上缴税金54万元。

保山市(地区)择年食品工业总产值为：1978年5586.6万元，1985年1.39亿元，1990年1.48亿元，1995年1.71亿元，2000年2.65亿元。到2004年年底，全市有食品加工企业和加工厂3000多户，从业人员12000多人，实现现价工业总产值4.6亿元，占全市工业总产值的12%，工业增加值上亿元，上缴税金3000万元。其中：销售收入500万元以上的企业12户，从业人员1250人，实现现价工业总产值2.7亿元，上缴税金2325万元，农民人均年可增加收入300元。2005年全市食品工业总产值3.47亿元。

二、主要加工食品

(一) 饵丝

1978年以前，饵丝制作主要由集体企业承担。1983年以后，原由生产队、大队经营的饵丝加工又改为个体生产经营，其中：尤以腾冲县各乡村社制作较多，质量较好，产品有干饵丝、鲜饵丝、饵块等，鲜饵丝年产量约250万千克。保山、龙陵、昌宁、施甸各县也有少量鲜饵丝制作加工厂家。饵丝加工逐步由手工制作发展为半机械化、机械化生产。1987年，腾冲县建立饵丝厂，日产鲜饵丝4吨。保山地区粮食部门和饮食部门也开始制作干饵丝，年产量约4000吨。1990年以后，腾冲云腾饵丝、合丰饵丝等厂家先后扩大生产规模，还开发了快餐饵丝等品种，使饵丝市场销量大增，年均产销量约2万吨，除满足当地需要外，还销往昆明等地。腾冲饵丝以独特的口感和质量优势，成为知名食品，深受市内外消费者青睐。

(二) 面条

保山地区保山市民间有面条制作传统技术，尤其是板桥、下村、汉庄、辛街等乡(镇)，生产面条的历史久远，质量上乘，远近闻名。“金龙牌”“麒麟牌”面条十分畅销。1990年，全市有碱水面、鸡蛋面、便装金丝面、盒装高级金丝面、儿童营养面、苦荞面、绿豆营养面、孩儿面等20多个面条品种。保山金龙面条公司年产量达2500吨，生产的金龙面条系列产品，具有质地柔韧、色泽金黄、味美可口的特点，不仅销往省内各州、市、县，每年还出口缅甸100多吨。

1994年7月，保山面粉厂与新加坡百吉工业有限公司兴办中外合资保山永吉食品有限公司，总投资6600多万元，从瑞士引进制粉设备和工艺技术，年处理小麦4万多吨，年处理稻谷2万吨，生产“聚友”牌系列面粉、面条和专用面粉，年生产面粉3.1万吨，面条1万吨，使保山面粉、面条的市场占有份额逐年增加。

2005年，保山市面粉、面条加工企业生产面粉5.58万吨，面条1.28万吨。

（三）咸菜

保山咸菜生产主要以民间腌制为主。每年深冬，居家各户开始腌制各种咸菜，以备来年食用。生产规模小，产量有限，以自食为主，很少作为商品出售。1978年以后，一批咸菜专业户、专业合作社迅速成长，生产的酱油、甜大蒜、八宝菜、黎明醋、水豆果儿、骨头鲊、干腌菜、腊腌菜、油鸡纵等产品在当地市场上十分畅销。各县（市）都建有食品厂、酱菜社等集体企业，总数达26个，生产咸菜品种有50多个。1985年，全区酱油产量达2356吨。1990年，保山咸菜生产主要企业保山酱园厂生产的咸菜品种有15个，当年生产酱油2360吨，咸菜365吨，实现产值128万元。1991年以后，咸菜生产主要转为民营，一批私营企业和个体户从事咸菜生产经营，规模较大的企业有保山酱园厂、施甸山里香食品公司、施甸吉祥食品公司、腾冲晓红食品厂、昌宁酱油厂等。

（四）糖果糕点

1976年，保山为民糖果厂、保山永昌糕饼厂、腾冲食品厂等集体糖果企业生产糖果1411吨，创产值259万元。1978年以后，个体私营糕点糖果生产纷纷在各地恢复，仅保山县就有芝兰轩、桂香楼、寿康园和蛮大师糕饼店等50多家糕饼糖果生产专业户，年产糕点糖果400多吨。1983年，腾冲县拖拉机修理厂转产食品，更名为腾冲县果品厂，专门从事果脯、蜜饯生产，当年产话梅、酸木瓜、甘草芒果、果汁应子、开胃山楂等果脯40多吨。1984年，龙陵天然食品总厂生产酸甜木瓜、诃子果脯、蜜橄榄、青梅酒等果脯、果酒400多吨。1985年，全区糕饼糖果企业生产糖果2553吨、糕点1753吨。1990年，全区25个糕点糖果企业共生产糖果1556吨、糕点1952吨，创工业产值1173万元。1995年生产糕点2685吨，糖果1438吨，饼干93吨，果脯蜜饯523吨，单晶冰糖2180吨。2002年生产果脯蜜饯523吨，糕点3849吨。腾冲“太极桥”“四馨坊”果脯成为在省内外有一定知名度的品牌，产品已进入省外市场并达中国港、澳地区和日、韩等国家。

（五）饮料

保山饮料业以酿酒为主，多分布在农村。20世纪70年代末，保山地区造纸厂建立果酒饮料车间，开始生产汽水、果汁饮料等，后来又增加了葡萄香槟酒、木瓜酒、红葡萄酒、白葡萄酒、原汁小香槟饮料等品种生产。1990年，全区共有各种饮料制造企业13个，生产无酒精饮料751吨，饮料酒6322吨，实现工业产值469万元。1998年4月，生产能力为年产7万吨系列啤酒的保山澜沧江啤酒厂建成投产，保山饮料产业实现了突破性发展。澜沧江啤酒、腾粮酒、膏酒、龙陵天潭矿泉水等饮料深受市内外消费者欢迎。2002年，全市生产白酒5965吨，啤酒3.49万吨；2005年生产白酒7204吨，啤酒4.53万吨，软饮料1.72万吨。

（六）咖啡

保山潞江咖啡是世界上最好的咖啡品种之一。20世纪60年代初，在英国伦敦的咖啡品尝会上，专家们评价“潞江小粒咖啡品质优良，香气醇和，味道很好，可与世界优良咖啡相媲美”。1983年农村实行联产承包责任制后，咖啡种植业得到较快发展。1992年，潞江小粒咖啡在中国首届农业博览会上获得农产品金奖。1993年，在比利时布鲁塞尔举行的世界咖啡评比大会上，潞江咖啡获得“尤里卡金奖”殊荣。潞江小粒咖啡属高香型、品质优良、香气浓郁、滋味醇和的品种，在国际国内都占有一定市场。除销往昆明、南宁、成都、重庆、武汉、北京、上海等大城市外，还远销中国香港、台湾地区和日本、美国、俄罗斯、英国、法国等国家。

云南联兴热带作物开发公司从巴西引进全套实验设备社生产设备，在保山怒江热经所承租土地50余亩，投资922万元人民币，于2003年2月投产生产，主导产品——咖啡米直销日本、美国、欧洲等国家和地区，已出口创汇420美元。

2004年，保山市咖啡种植地点，主要在隆阳区潞江、芒宽；种植企业，主要有国营潞江农场、国营新城农场、保山市隆阳区鑫宝咖啡公司、保山市大红坡亚热带经济作物开发有限公司、云南省120咖啡有限公司、保山市吕氏热经开发有限公司、保山市驼峰咖啡有限公司、保山市新田咖啡有限公司、保山市潞江水果农场、保山市融融咖啡有限公司、保山市福满园咖啡有限公司等10多家，种植面积共31550亩，年产鲜果15775吨。生产咖啡3386万吨，实现工业总产值4344万元；咖啡初加工企业，主要有保山市大红坡亚热带经济作物开发有限公司、保山市潞江咖啡有限公司、保山市联兴咖啡有限公司、保山市邱公馆食品有限公司、保山市馨德咖啡有限公司、保山市新田咖啡有限公司、保山市娇阳咖啡有限公司、保山市吕氏热经开发有限公司、保山市驼峰咖啡有限公司、保山市潞江水果农场加工厂等10多家，加工能力42100吨；咖啡深加工企业，有保山云潞咖啡有限公司、保山市驼峰咖啡有限公司、云南120咖啡有限公司、保山市鑫宝咖啡有限公司、保山天力咖啡厂、保山市娇阳咖啡有限公司、保山市新寨咖啡有限公司等7家，年加工量115吨，产品有速溶粉、咖啡粉两种。

到2005年，全市有专业种植企业13户，咖啡初加工企业12户，深加工企业7户，集中分布在隆阳区怒江流域的潞江坝一带。当年咖啡种植面积达53960亩（隆阳区53260亩，龙陵县500亩，昌宁县湾甸农场200亩），产量达658万千克，产值达4486万元。

二、主要食品加工企业

（一）保山同心食品有限公司

创建于1996年10月，位于隆阳区兰城街道办事处南郊大沙河。2001年工业产值352万元，产量385吨；2004年，投资1137万元，异地建设年产3000吨“透心绿”蚕豆深加工生产线和种植基地5000亩，年加工能力达1500吨。当年产值294万元，产量294吨。2005

年，产值527万元，产量546吨，实现销售收入527万元，公司资产总额641万元。

（二）保山黄泥塘藕业科技开发有限公司

位于河图镇官田办事处。创办于1996年9月，原为保山黄泥塘藕粉厂，有职工67人，固定资产580万元。2002年通过云南省首批国家级无公害农产品认证。2005年投资145万元，完成企业自控莲藕基地718亩；投资12万元，签订最低保护价收购并赊销藕种、肥料等，带动3800户藕农从事近4000亩莲藕种植。当年产量160吨，产值480万元，销售收入870万元，上缴税金7.5万元，并通过绿色食品A级认证。

（三）腾冲县合丰食品有限责任公司

腾冲县合丰食品有限责任公司创建于2001年10月，由职工集资入股，租用茶业公司厂房，专门从事饵丝生产。公司有职工53人，产品商标注册为“合丰”。

产品销往德宏、保山、大理、昆明、楚雄、玉溪等地，全国已有18个省25个商家代理销售，部分销往缅甸和越南。

2002年，实现产值98万元，销售收入78万元，实现利润8万元；2003年产品商标又注册为“会丰”。2005年实现产值229万元，实现销售收入202万元，实现利润7万元，带动农户4400户，户均增收450元，带动产业从业人员8500人。

（四）腾冲县赢兴商贸有限责任公司云腾饵丝厂

公司创建于1950年，是生产腾冲饵丝的专业厂家，属城镇集体企业。生产的干饵丝、快餐饵丝、鲜饵丝，口感好、品种齐全，曾获“第三届中国特产文化特色产品金奖”。2003年12月改制，被腾冲县赢兴商贸有限责任公司整体收购，转为赢兴商贸有限责任公司的分支机构。“云腾”商标2005年被评为“云南省著名商标”。2005年产量530吨（干饵丝450吨，鲜饵丝180吨），产值585万元，销售收入608.5万元，利税100万元，上缴税金55万元。

（五）腾冲县元兴果品实业公司

果品公司前身为腾冲县果品厂，是1983年由县拖拉机修配厂转厂改建的一个国有工业企业。1996年6月改制为股份合作制企业即腾冲县果品实业公司，有在职职工98人，生产果脯能力为800吨/年，产品注册为“太极桥”商标。主要产品有话梅、酸木瓜、果汁应子、甜酸角、酸角糕等。2005年“太极桥”商标被评为“云南省著名商标”。2001—2005年累计生产果脯1472吨，实现工业总产值1787.4万元，销售收入1580.7万元，上缴税金176.2万元，5年盈亏相抵累计亏损27.9万元。

（六）腾冲县四馨坊食品有限责任公司

腾冲县四馨坊食品有限责任公司位于腾越镇洞山村钏家湾25号，2003年8月由4位自然人共同投资创建，公司资产总额948万元，有员工128人，主要来源于原国有企业下岗职工及腾越镇富余人员，产品商标注册为“四馨坊”。产品主要有酸角糖、木瓜软糖、冰爽酸角、木瓜条、话梅、三七蜜枣、黄梅等。2004年实现产值200万元，实现销售收入200万元；2005年实现产值500万元，实现销售收入510万元，上缴税金40万元。

（七）腾冲县晓红食品厂

晓红食品厂位于腾越镇保腾路边。创建于2003年11月，是一个蔬菜深加工企业。企业有职工40人，季节性临时工60人，以生产腊腌菜为主，配套加工清酸汤、豆豉饼等系列地方风味食品，是居家生活，外出旅游的理想产品。2004年，实现产值163万元，销售收入160万元，实现利润17.8万元；2005年，实现产值586万元，销售收入562万元，实现利润56.8万元。

（八）施甸县康汇食品有限责任公司

公司成立于2002年5月，属私营企业，厂址在姚关镇山邑村，有员工46人。主要生产加工火腿、香肠、豆腐肠、排骨鲊、萝卜丝鲊肉、油烧肉等“野鸭湖”牌系列食品。2005年生产加工肉食品320吨，产值352万元，销售收入400万元，利税36万元。

（九）龙陵县天潭饮料有限责任公司

公司位于龙陵县县城320国道旁。隶属保山康丰糖业集团公司，1996年由原华裕公司（龙陵县龙塘糖厂）投资170万元建成，属股份制企业。主要生产销售天潭牌桶装、瓶装矿泉水。产品畅销保山、德宏、临沧、六库4州（市）10多个县（区）200多个乡（镇），有50多个销售网点，瓶装矿泉水还销往缅甸北部的部分地区。固定资产595万元，设计年生产能力4万吨（矿泉水），企业有员工110人。水源地位于国家一级自然保护区桫椤树群内，距生产厂区7千米，水资源品质得天独厚，含有对人体健康有益的偏硅酸、锌、溴等微量元素和成分，并且有低钠、低矿化度特征，是不可多得的偏硅酸型矿泉水。

1997—2005年连续9年水源水质年检合格。2002年，被中国质量技术监督协会、食品专业委员会确认为“中国健康饮品可信品牌”。2005年，产销量1.7万多吨，固定资产595万元。

（十）昌宁县耈酒酿造有限公司

耈酒酿造有限公司前身是创建于1957年的昌宁耈街国营酒厂。1965年，国营酒厂划归耈街供销社经营，属集体企业。1991年推出了50°玉米标贴的瓶装酒。1993年申报“耈”字牌商标。1998年，耈酒占有了昌宁市场，并向周边地区推进。2000年3月，酒厂从供销社分离出来，由34名股东出资，组建昌宁县耈酒酿造有限责任公司，注册资金119.6万元，职工158人，年产4000吨低度酒。“耈”酒在保山酒行业中是唯一获得“云南省著名商标”的品牌。2005年，生产耈酒1300吨，完成工业产值426万元，利税86万元。

（十一）腾冲县赢兴商贸有限责任公司云腾饵丝厂

公司创建于1950元，是生产腾冲饵丝的专业厂家，属城镇集体企业。2003年12月改制，成为赢兴商贸有限责任公司的分支机构。2005年产量530吨，产值585万元，上缴税金55万元。

（十二）云南澜沧江酒业集团保山有限公司

公司坐落于保山市北三环路旁。是1996年经云南省人民政府立项为“生物资源开发创新工程”重点项目的一个跨地区发展的外来落户企业。原名为云南澜沧江啤酒集团保山有限公司，属云南澜沧江酒业集团下属的独资企业。1996年6月，云南澜沧江啤酒企业集团、云南保山水泥股份有限公司达成股份合作制协议，企业名称定为：云南省澜沧江啤酒集团保山股份有限公司，注册资本为3000万元人民币。1998年4月，公司建成投产，总投资1.86亿元人民币。2000年以后，保山水泥股份有限公司因故退出股权，云南澜沧江啤酒集团保山股份有限公司改称为云南澜沧江啤酒集团保山有限公司，后更名为云南澜沧江酒业集团保山有限公司。2003年公司研发的白瓶啤酒荣获“云南名牌产品”称号。2004年9月，公司以贴牌生产红葡萄酒系列产品的成功上市，填补了澜沧江品牌无红酒产品的空白。2004年，企业总资产2.47亿元，年生产能力为澜沧江系列啤酒7万吨、红葡萄酒3000吨、澜沧江纯净水15万吨。主要产品有澜沧江640毫升精装12°啤酒、银装11°啤酒、普装10°啤酒、纯麦啤酒、澜沧江干红葡萄酒、黑珍珠干红葡萄酒、怡红葡萄酒及“澜沧江清泉”纯净饮用水和澜沧江“透心绿”蚕豆、话梅、核桃制品、腾冲腌腊六珍等绿色生物食品共20多个品种。2005年11月，公司剩余的52%股权被云南省澜沧江啤酒集团公司收购，成为云南澜沧江啤酒企业（集团）有限公司的全资子公司。

（十三）施甸县山里香绿色食品有限责任

公司是由施甸县万亨咸菜加工厂与通海宏斌绿色食品有限责任公司合资兴建，位于施七交通干道旁。2004年3月开始动工建设，10月进行了试生产。2005年正式投入生产，产品主要有泡红辣椒、泡小米辣等，当年产量180吨，产值72万元。2005年，扩大了规模设计，总投资2290万元。

第三节　纺织业

1978年，保山地区城镇集体棉织企业共生产棉布31.82万米，工业总产值45.68万元。

1990年，全区共有纺织企业5个，其中：国营企业，有保山地区针织厂、保山市丝绸厂、腾冲县民族织染厂等3个；城镇集体企业，有保山民族手帕厂和保山棉织厂2个。全部企业择年工业产值为：1981年624.09万元，1985年683万元，1990年1465万元。

1991—2000年，由于企业包袱沉重，原材料价格上涨和经济结构调整，纺织市场从1991年起逐渐走向萧条，产品积压，销路不畅，纺织企业或停厂或改制转产。1998年10月，保山市丝绸厂建成年产5000万支输液器项目生产线，企业名称改为保山百思特医疗器械有限公司。1998年12月，保山针织厂进行股份合作制改革，分流职工163人；2001年6月，隆阳区与浙江海宁联合创办保山茧丝绸公司，总投资3600万元，于2002年在板桥工业片区建成投产，当年产干茧8吨；2004年3月，保山茧丝绸公司建成规模为10组的自动缫丝生产线。公司实行“公司＋基地＋农户”的运作模式，集蚕种制造、蚕桑生产、蚕茧收购、茧丝绸加工销售为一体，一举成为保山最大的纺织企业。

1991—2005年，保山市纺织企业择年产品产量为：1991年生产毛巾227.4万条、床单12.9万条、袜子109.9万双、白厂丝（生丝）9吨、绸缎26万米；1995年生产毛巾154.9万条、床单7.28万条、袜子69.34万双、白厂丝8吨、绸缎21万米；2000年生产毛巾8.64万条、床单0.12万条、袜子4.05万双；2005年生产干茧332吨、白厂丝170吨。

保山地区针织厂 厂址在保山市内小北门街。1958年3月，保山县城关团结针织毛巾合作社等合并创办。由行署工交局主管，主要产品有毛巾、床单、袜子等。从1977年起，连续3年工业总产值以年平均递增14%的幅度持续增长。至1979年，工业总产值达210万元，积累资金50万元。1982—1983年，经过企业全面整顿，由单纯生产型向生产经营型转变。至1985年，固定资产投资总额309.6万元，工业总产值达273万元。1981—1985年，13种产品被评为云南省纺织系统优良产品。1990年，地区针织厂共有职工513人，拥有固定资产原值418.8万元，实现产品销售收入641.5万元，工业总产值755万元，利税102万元。从1991年起，产品积压，销路不畅。1998年12月，保山针织厂进行股份合作制改革，分流职工163人。2000年6月，针织厂将办公大楼腾出开办旅社，还将部分厂房车间和院场改建为商场，即小北门商场。2005年3月，保山针织厂以550万元价款整体出售给自然人创办曙光小学。

保山市丝绸厂 厂址位于保山市区南关街。于1956的7月建成投产，定名保山县蚕丝厂，隶属保山市丝绸纺织品公司，是财政预算内国营小型丝绸印染联合企业。主要产品有白厂丝、丝织品、色线等。1975年，改名保山县丝绸厂。至1985年，固定资产投资81.4万元，有职工206人，全年生产丝13吨，染色丝织品15万米，实现工业总产值102.3万元。1990年，全厂有职工245人，固定资产原值276万元，净值227.9万元。生产的主要产品有白厂丝7.2吨，丝织品27.68万米；副产品有丝棉被、丝绸服装、羽纱、围巾等。全年实现工业总产值352.27万元，产品销售收入333.3万元，利润总额34万元。1991年起，保山的纺织市场逐步走向萧条。1998年10月，保山丝绸厂实现转产，建成年产5000万支输液器项目生产线，企业名称更改为保山百思特医疗器械有限公司。

保山利根丝绸有限责任公司 公司成立于2001年6月，隆阳区与浙江海宁联合创办保山茧丝绸公司，总投资3600万元，2002年在板桥工业片区建成投产，当年产干茧8吨。公司集蚕种繁育、蚕桑生产、蚕茧收购、茧丝绸加工、销售为一体，实行“公司+基地+农户”的农业产业化经营模式。2004年2月实行改制为民营股份企业，改称保山利根丝绸有限责任公司，注册资本500万元，有职工310人，成为保山最大的纺织企业。

第四节 缝纫业

1978年以后，保山地区城乡个体缝纫户增多，缝纫企业的产品销量下降。1979年，保山地区生产服装36.54万件，1981年减至25.5万件。

1982年，昌宁和龙陵两县缝纫生产合作社因产品滞销先后停业，职工作一次性退休安置。1985年，城镇集体缝纫企业有保山服装厂、腾冲县服装厂、施甸县服装厂、龙陵县服装厂等4个，共有职工364人，固定资产总值73.1万元，工业总产值219万元，实现利税6.7

万元。此时，已有大量的服装加工专业户、个体户。1988年，施甸银川综合厂与上海博美服装厂联营生产“博美”系列服装，发展成为全国闻名的服装企业。1990年，全区13个预算内集体企业，从业人员1000余人，当年生产服装125.28万件，实现工业产值1308万元。

1991年以后，保山地区地方缝纫企业的市场竞争力逐渐减退，产品滞销，服装加工企业或解散或转产。

1991—2000年，全区预算内缝纫企业择年生产服装产量是：1991年86.4万件，1995年10.6万件，2000年0.06万件。到2001年全区缝纫企业生产服装仅有几百件。

第五节　其他加工业

一、日用品加工

木器　1978年前，保山建有数十个木器加工生产企业。1980年后，全区木家具生产企业部分被淘汰。至1985年，全区城镇集体木器企业有保山市木器厂、保山市农具厂、腾冲县木器厂、腾冲县胶合板厂4家。1990年，全区共有乡以上木器制造企业9家，实现工业总产值近270万元。主要生产加工办公桌、文件柜、各式凳椅、沙发椅、塑料贴面家具、组合柜、铁木合制农具等。2005年，保山市规模以上木材制品企业10余户，全年完成人造板0.94万立方米、木地板11.2万平方米、木制家具35.9万件、实木门17.41万扇，完成工业产值16081万元。

竹器　区内竹编加工业兴起较早，主要竹编产品有笪笆、竹箩、粪箕、筛子、簸箕、竹扁担、斗笠、竹叶帽、竹农具等。竹编制品以保山、腾冲两县为多。1978年后，各地出现了一些乡（镇）集体竹制品企业和农民个体户。1990年，全区共有乡以上木材加工及竹、藤、棕制品加工企业10家，实现工业总产值634万元。主要竹制品有箩、筐、篮、囤、笪笆、围垫、粪箕、簸箕、筛子、竹笠等。腾冲小竹笠一直盛产不衰，年均产量20多万顶，最高年曾达60多万顶。同年12月，由外商投资10万美元兴建的云保竹制品有限公司在腾冲县正式投产，生产能力为年产200吨香脚，产品全部供出口，成为全区首家外商独资企业。

藤器　藤编是市内传统手工业之一。全区藤制品生产以腾冲县为主，且产品做工精细、美观、档次较高。腾冲从事藤编已有千余年历史，多为单家独户自行编织，编艺精巧，主要产品有藤椅、藤轿、藤桌、藤提篮、藤茶几等。腾冲和顺乡藤编社曾于1967年创造了生产藤编制品4.44万件的历史最高水平。此后，一些四川、江浙等地工匠利用从腾冲进口的藤篾，在保山、昌宁、施甸等县设编织小厂，生产各式藤椅及其他藤制品。至1990年年末，除个体藤编户外，全区乡（镇）以上藤编企业仅有腾冲县藤器胶帽厂1家，从业人员60多人，年产藤制品3000余件。

瓷器　保山的瓷器生产主要在龙陵县。1977年，龙陵县瓷器厂建成全省同行业第一条16米电热隧道窑一座，极大地提高了生产效率和产品的产量、质量。1998年7月，龙陵县瓷器厂改制成立股份制企业龙陵县美瑞瓷器厂，2004年因资不抵债而停产。

二、工艺品加工

玉雕 1973年，在原玉雕生产合作社基础上，成立腾冲县工艺美术厂，并先后成立了9个街道和社办的玉器加工厂。主要产品有玉镯、簪花、玉扇坠、八宝、团鹤、柳叶、烟嘴、眼前佛等。1978年以后，该厂的玉雕产品又有创新，先后制作出象樽、飞鸟戏花篮、孔雀戏牡丹、白玉象、傣族姑娘春播等玉雕作品，其中的精品曾被选送北京参加全国工艺美术品展览。1979年生产7.6万多件。所产的大花件、小花件、花杂件、耳环、鸡心、圆胆、金鱼、小佛等18种产品，远销东南亚和中国港澳地区。至1985年年末，全厂共有超声波打孔机、磨玉机等玉雕工艺设备，年产玉器万余件。此外，腾冲县城关各街道工厂和许多个体艺人也生产加工各种玉器在市场上出售。1990年，全区共有乡以上玉器加工为主的工艺美术品加工企业4家，创产值234万元；有乡村直属工艺美术品加工企业1家，创产值10万元。还有一大批个体玉石加工户(厂)，仅腾冲县城乡个体玉石加工户即达260多户，专门从事翡翠玉石加工的集体小厂达20多个，从业500～600人。1995年以后，玉雕市场逐步扩大，特别是龙陵县的黄龙玉产业的兴起，促进了玉雕加工和销售市场的高速发展。

金银首饰 保山地区各民族都曾有专营金银首饰传统手工艺品的匠人，保山、腾冲所制首饰以品种多、产量大、工艺精细而闻名。传统制作工艺有炼化、敲丝、敲片、抽丝、镊子编花、钻花、焊接、刨光、镀金、镶嵌等工序。主要金制品有圆形、菱形、椭圆形、包心金戒指、扭丝金手镯、镶嵌宝石或玉石的金手镯、金耳环、金项链、鸡心等；银制品有银项链、大小银泡、大耳筒、银刀把、银刀壳、钻花手镯、六方花手镯、狮子帽花、龙凤帽花、小佛帽花、银纽扣、银戒指等。产品除销全区外，还销往德宏等边疆地区，深受各族群众的喜爱。其中，腾冲县工艺美术厂到1990年，已生产出造型美观、古朴、适用的神话人物、动物花鸟、吉祥饰物3大类共40多个品种80多种样式的工艺美术制品4000多件。该厂生产的扭丝和圆杆钻花手镯等曾获“云南省优质产品”称号，深受各族人民喜爱。1995年以后，金银器加工逐渐转入民间由小作坊生产，民间所需多以外购精美金银加工饰品为主。

三、衡器生产

20世纪80年代初，区内有腾冲县城关衡器生产合作社、保山县城关五金生产合作社、腾冲县振兴衡器厂和光明衡器厂等企业生产木杆秤。1984年后，腾冲县两个衡器制造厂改产千克木杆秤。产品除销市内和临沧、大理、丽江、昆明、西藏等地。至1985年，全区城镇集体衡器厂有3家，即腾冲县振兴衡器厂、腾冲县光明衡器厂和保山市五金制品厂，年产木杆秤1.23万支。至1990年，各厂家仅有少量生产。此后，随着市场使用量的减少，木杆秤逐渐被淘汰。

第八章　名特产品选介

第一节　工艺品

翡翠玉雕　腾越是我国翡翠玉雕的发祥地之一。自明清以后，这里雕琢的翡翠工艺品就享誉海内外。其玉雕颜色有红、绿、黄、黑、表蓝、紫等，而其中的翡翠就有翠绿、豆绿、艳水绿、秧草绿、玻璃绿、黄阳水绿、鹦哥绿、葱心绿、瓜皮绿、蛤蟆绿、匀水绿、浅水绿、江水绿等数十种。腾冲翡翠玉雕，除玉镯、耳片、戒面、钗、坠子等首饰和灯笼、金鱼、花件等小件装饰品外，大型玉雕工艺品有狮、虎、象樽、龟樽、金鸡朝阳、鹦鹉戏花篮、黛玉葬花、孔雀戏牡丹、傣女春播、天女散花、龙凤呈祥等，具有较高的工艺水平和收藏价值。产品除销国内各地外，还成批出口，远销中国香港、台湾地区和日本、新加坡及欧美等国家。

永子　初产于唐、宋，到明代已名闻朝野。《大明一统志》载："永昌之棋甲天下。其制法，以玛瑙石合紫英石研为粉，加以铅硝，投以药料，合而锻之，用长铁铗蘸其汁，滴以成棋。有鸦色者最坚；次碧绿者，稍脆；又有蜡色、杂色及黑白皆有花者，其下也。"清刘邑《南中杂说》也称："滇南皆作棋子，而以永昌为第一。"谢肇淛《滇略》中誉永子"晶莹细腻甲天下"。至民国，战乱不已，加之生产成本高，永子生产随之停止。1984年，云南围棋厂仿"永子"制作方法制成"云子"。1988年7月，保山市围棋厂重新开发这一传统产品，恢复永子生产。2003年10月，隆阳区成立永昌文化传媒中心负责永子生产。

第二节　食品饮料

保产白砂糖　蔗糖是保山市的一大特产。境内怒江河谷地区盛产甘蔗，其含糖分居全区之首，当地各糖厂所产一级白砂糖纯度高达99.8%，颗粒均匀整齐，色泽洁白精纯，溶液清澈透明，滋味醇甜清香，具有独特天然风味，各项技术指标符合国颁标准。产品畅销省内外，远销缅甸、新加坡及东欧部分国家和地区。

保产单晶冰糖　保山地区单晶冰糖厂和振兴糖果厂生产的单晶冰糖，采用优质白砂糖精制而成。其质地晶莹透明纯正，盛夏严冬不潮不化，素有"糖中之王"的美称。且食用携带方便，装潢精美雅致，是旅游食用和馈赠亲朋的佳品。1988年，在全国冰糖行业产品评比会上曾荣获国家"银晶奖"。产品行销全国各地和缅甸、泰国、日本、新加坡等国家和地区。

腾冲饵丝　腾冲饵丝已有300多年的生产历史，其中以胡家湾产的饵丝尤为著名。选用当地的大白谷、小白谷米为原料制作，年产量1500多吨。腾冲饵丝的特点是雪白、鲜嫩、细腻、可口、方便食用。干饵丝销省内，民国时期曾出口东南亚各国。

保山金龙面条　保山市金龙面条公司生产的金龙面条系列产品，继承了永昌面条的传统精湛工艺，具有原料醇真、质地光滑、柔润耐煮、味道鲜美的特色，被列为保山市优秀产品和省地优秀食品。目前金龙面条系列产品有“高级金丝面”“金丝鸡蛋面”“便装儿童营养面”“金龙苦荞营养面”等，年销量300万公斤，产品销往省内外及缅甸、泰国等地。

昌宁油鸡枞　油鸡枞系昌宁特产。鸡枞为菌类珍品，昌宁县的温凉山区均有出产，农历七、八月为盛产期。其制作方法是先将鲜鸡枞洗净晾干，揉拌适量的盐、草果、辣椒、胡椒、茴香籽等佐料，用适度的菜油或核桃油煮炸即成。油鸡枞色泽脆黄、光亮，气味清香，且富含人体需要的多种维生素和微量元素，深受广大群众喜爱，是宴请和馈赠亲朋的珍品。产品畅销省内外，远销美国、日本、新加坡等国。因鸡枞系纯天然野生菌类，尚无人工栽培技术，故数量局限，年产量仅3～4吨。

施甸雕梅　施甸雕梅属传统食品，久负盛名。其原料选用蒋家寨等地所产的脆嫩、无渣、核小的红花大盐梅，经人工精心雕琢，取核，用石灰水浸泡除去酸涩味，再用优质蜂蜜浸泡，装罐封口即成。其特点是：酸甜适中，清脆可口，有止渴生津，清嗓润肺，健脾开胃，增进食欲，营养滋补等药用价值。年产2000～3000罐，产品销全市并远销昆明、缅甸等地。

龙陵诃子果脯　诃子又名藏青果，主产于怒江河谷，以龙陵县居多，每年约产诃子果150多吨。诃子可入药，用以治疗咽喉肿痛、久咳、久泻、久痢等病症。80年代中期，龙陵县果品厂利用当地野生资源诃子，加工制成诃子果脯，为全国首创产品，曾荣获云南省新产品奖。诃子果脯甘鲜爽脆，回味无穷，能止渴生津，驱咳止泻，是居家旅行和家庭常备的保健食品。

保山甜大蒜　甜大蒜是保山市的传统食品，已有150多年的历史，尤以蒲缥甜大蒜为佳。民国时期，不仅销滇西一带，还远销缅甸、泰国、菲律宾等东南亚国家。蒲缥甜大蒜选用当地栗壳蒜，加入红糖、麸醋等腌制而成。其特点是：保持大蒜完整体形，去壳后内质呈金黄色，吃来清脆爽口，酸甜咸味适度，久储而不变质，兼有健胃、止咳、消炎、止痢等功能。解放后，保山县商业部门专门聘请蒲缥王家后代设厂加工甜大蒜，每年加工约5吨，用小罐封装，5年内不会变质。1983年，保山甜大蒜被云南省经济委员会评为优质产品。

施甸骨头鲊　施甸骨头鲊用新鲜猪排骨剁匀，拌入食盐、辣椒粉及各种香料后罐装密封，放置阴凉干燥处一两月后即可食用。其色泽鲜艳红润，香味纯正浓郁，辣味充足，油而不腻，爽口开胃，增进食欲。

保山透心绿豆　保山透心绿豆是蚕豆的一个变种，因其富含花青素、叶绿素等生物碱而呈现出“白皮绿心”的特点，保山当地人也叫它透心绿豆。保山透心绿豆富含叶绿素、钾、铁等多种矿物质，对人体有较高的营养价值。经过加工炒熟后，豆壳金黄、豆心翠绿，疏松香脆，越嚼越香，可谓豆中佳品，是当地最有名的特色旅游食品。保山人种植透心绿豆并加工成泡炒豆的历史已相当久远。以往泡炒豆均为农家自种、自炒、自销，经营规模不大，20世纪90年代后，开发出了“森力神”“同心”等品牌的透心绿豆深加工系列产品。

昌宁核桃　昌宁核桃产于云南省昌宁县，主栽品种为细香核桃和大泡核桃。昌宁核桃壳面刻纹较深、种壳颜色呈自然浅黄褐色，果形匀称饱满，核桃仁色泽好，呈浅黄白色，口感松脆细糯，香气十足，口味浓香。另外，昌宁核桃在栽培方面还表现出抗逆性强、产量高，结果大小年不明显等优良特性。根据保山市林科所检测，昌宁核桃的粗纤维和灰分含量低，粗纤维含量为1.437%，灰分含量为1.88%，以上指标均优于其他地区同类产品。昌宁核桃单宁含量低，营养丰富，富含多种人体必需的不饱和脂肪酸和氨基酸。此外，昌宁核桃仁中还含有丰富的维生素和矿物质元素。

施甸火腿　施甸火腿的腌制时间从每年霜降开始到立春结束，主要集中于冬至到小寒期间。其腌制方法是将新鲜的猪后腿切割成琵琶形洗净，加入食盐、米酒等调料反复搓揉，使调料渗入肉中，重压10天后晾干而成。腌制成熟的火腿可炒、蒸、煮食，也可切块烧烤至焦黄，以排出肉表腊味，再洗净煮熟，切片食用。肉质滋嫩，油而不腻，香味浓郁，咸香回甜，是席上佳肴，馈赠珍品，畅销省内外和缅甸。

施甸五香豆酱　五香豆酱产于施甸县由旺镇，它选取优质黄豆，经煮熟发酵，加入各种香料拌匀压实，切成长方块晾晒精制而成。食用时切片油煎香气扑鼻，也可当作调料与白菜或莴笋尖炒食。麻辣爽口，开胃健脾。

施甸水豆豉　施甸水豆豉以大豆（黄豆或黑豆）蒸煮发酵后加入食盐、姜丝、辣椒粉，花椒粉、草果粉、茴香籽等香辣料腌渍而成。色泽鲜红润泽，气味清香，久储而不变质，爽口开胃，增进食欲，成为区域内居家常备和馈赠亲朋的佳肴。

昌宁菜花腌菜拌蜂仔　菜花腌菜是昌宁县的传统腌制食品，酸香宜人，风味独特。菜花腌菜拌蜂仔，是昌宁的一道传统美食。将白嫩鲜活的蜂蛹用开水烫洗，除去杂质后加入芫荽、辣椒油、花椒油等佐料，拌入菜花腌菜即可食用。也可用油将蜂仔炸至金黄再加入佐料及菜花腌菜拌匀食用。蜂仔肥嫩鲜美，菜花腌菜酸甜清香，是当地传统特色食品。

施甸豆片　施甸豆片又名干兰片，它是以豌豆为原料，经磨粉、细筛、调浆、搅拌、煮熟、制片、晒干、包装等工序精制而成。薄而透明，色嫩黄，能长久储存而不变质，可油炸、烧汤、热炒等，香脆可口，营养丰富，是桌上美味和赠友佳品。

下村豆粉　用地方老品种豌豆磨面煮浆，放入长方形木盒中凉冻而成。下村豆粉呈金黄色，软而糯，食用时，将豆粉切成比面条略粗的长条状放入碗里，然后放入食盐、酱油、米醋、花椒油、碎花生、油辣椒、芝麻、芫荽、蒜泥等佐料拌匀即可食用。下村豆粉酸辣清香，滑爽适口、开胃增食，深受群众喜爱。

河图大烧　大烧，又称“烤猪”，素为保山盛筵上的一道大菜，尤以隆阳区河图镇人所烤最负盛名。将适龄壮猪宰杀除毛清腔后缝上破口，通体涂上以芝麻油、蜂蜜、酱油及多种香料调制的混合调料，再将其整个架在栗炭火上边翻边烤，边烤边涂调料，直到熟透为止。大烧外酥内嫩，皮色金黄油亮，香脆酥润，肉质鲜嫩细腻，甜而含香。其色、其香、其味非寻常烹调方式所能媲美。

鸡㙡 鸡㙡是野生食用菌中的珍品之一。保山各县均有出产，尤以昌宁为最。鸡㙡肉厚肥硕，质细丝白，味道鲜甜香脆。含人体所必需的氨基酸、蛋白质、脂肪，还含有各种维生素和钙、磷、核黄酸等物质。鸡㙡的吃法很多，可以单料为菜、也可与蔬菜、鱼肉及各种山珍海味搭配，无论炒、炸、煎、拌、烩、烤、焖，清蒸或做汤，其滋味都很鲜美，为菌中之冠。

土锅子 土锅子是腾冲独具民族特色的风味小吃。在鸡和鲜排骨熬成的骨汤里，依次放入芋头、酥肉、笋片、青菜、黄皮、泡皮等配菜，一层层均匀地铺开，最后放入蛋卷，配上葱花，用文火慢煮而成。土锅子是用腾冲城郊满邑村一种陶土烧制而成，能够吸收锅中汤汁和原料的香味，因而菜味鲜甜醇和，极富营养。

稀豆粉 将豌豆粉调成浆过滤后煮成稀粥炖好备用，在烫好的米线上盖以稀豆粉，拌上芝麻、生姜、油辣椒、花椒油、蒜泥、青蒜叶、味精、酱油等调料，食之滑糯香辣，鲜美可口。

和顺头脑 和顺头脑是用糯米糍粑切成小指长短的薄片，晾干后用滚油炸熟，置于碗中，再煎上二三个荷包鸡蛋，添入适量的炸熟的鸡肉丝、豆腐丝、火腿丝、蛋片丝，然后将煮沸的红糖甜白酒水倒入碗内，即成具有广味特点的、咸甜相宜的、有色有味的“头脑”。在腾冲和顺，每逢农历正月初二，女婿去丈母娘家拜年时，丈母娘都要特别做一碗头脑给女婿吃，寓意在新的一年里女婿聪明智慧，有头有脑。

龙陵黄山羊 龙陵黄山羊属典型的肉用型山羊品种，1987年被列入《云南省家畜禽品种志》。主产于龙陵县，与龙陵县接壤的德宏州潞西市的部分地区及腾冲县的蒲川乡亦有少量分布。龙陵黄山羊躯体红褐色，后枕窝至尾根的背线为黑色，体格大，生长快，易育肥，屠宰率高。肉质细嫩，膻味小，板皮面积大，质地细实坚密。成年公羊体重达50余千克，周岁公羊可达40千克。

潞江杧果 在潞江坝已有400余年的栽培史，潞江“三年杧果”色黄光滑、果大肉厚、核小味香、甜嫩可口，含多种维生素，营养丰富，是加工杧果原汁、果酱、果脯的上乘原料。1987年在全省杧果鉴评会议上，潞江坝的“三年杧果”以外观优美、色泽油润、香气芬芳、风味独特，又具有丰产、抗逆性强等特性，被评为良种之冠。

滇红茶 保山地区所产的滇红茶主要有红碎茶、滇红工夫茶两种，是区内主要出口茶。滇红工夫茶又称滇红条茶，芽叶肥壮，汤色红艳，滋味浓烈，香气馥郁，经久耐泡，有兴奋、减肥、解疲、消食去郁、解渴利尿、明目解毒和降低血压的特殊功效，多年来行销亚非欧美的20多个国家和地区。滇红碎茶又称滇红分级茶，其外形均匀，色泽乌润，汤色红亮，深受国内外客商欢迎。

尼诺绿茶 昌宁县温泉供销社茶厂采用该乡尼诺村大叶种茶鲜叶为原料精制而成的尼

诺绿茶，外形条索紧卷，毫锋显露，色绿油润，汤色清亮，香味浓郁。是止渴生津，调整血压，敌烟解酒，强力健体之佳品，为云南名茶之一。

清凉山磨锅茶　腾冲清凉山磨锅茶，产于腾冲县团田乡，是传统制茶工艺和现代科技相结合研制而成的绿茶精品，具有云南大叶种茶的品质特点。其外形紧结，锋苗好，色泽绿滑，冲泡后香气馥郁，滋味醇浓，能止渴、生津、提神解倦，助消化、解烟酒，深为茗家所喜爱。

里畿茶　产于施甸县姚关乡大尖山后的里畿，故以此为茶名。里畿茶色泽碧绿，外形紧密，白毫多，汤色清澈，滋味醇和，爽口清心，生津回味，是集色、香、味为一体的茶中上品，明清时曾作为贡品进京。20世纪80年代以后，由施甸县茶厂进行系列开发，批量生产。

潞江小粒咖啡　保山潞江小粒咖啡是世界上最好的咖啡品种之一。1984年5月，在北京举行的全国旅游产品展销会上，被中外专家评价为："品质优良，香味醇和，味道很好，可与世界优良品种媲美。"保山市咖啡产量占全省的80%，已成为云南省和全国优质咖啡主产区，所产咖啡豆、咖啡粉深受中外客商欢迎，主要供外贸出口。

碧毫茶叶　万兴碧毫由施甸县打水岗坪子茶厂生产。外形紧卷优美，银毫显露，香气清雅，汤色翠绿清澈。在光绪年间就曾作为贡品送往朝廷，1994年5月，被云南省农业厅鉴定为"云南名茶"，1996年6月被第四届滇西民族艺术节作为指定商品。1997年6月荣获马来西亚国际金奖，在市场上有较高声誉。

第三节　中成药

藿香正气水　以藿香、白芷、大腹皮、苍术、桔梗、紫苏叶、茯苓、陈皮、厚朴、甘草等中草药配制而成，为棕黑色澄清液体。具有解表和中功能，用于外感风寒、内伤饮食、憎恶壮热、头痛胸闷、吐泻腹胀等症，疗效显著。腾冲县制药厂出品。该产品1970年投产，年产50万盒，1981年曾获"云南省优质产品"称号，销往全国各地，深受用户欢迎。

曼陀罗药水　腾冲东方红制药厂生产。以曼陀罗、草乌、辣椒、樟脑等配制而成，具有解痉镇痛功能，用于胃肠绞痛、呕吐泄泻、风寒湿痹、跌打损伤等症。1958年投产，年产量高达37.94吨（6324万瓶）。产品畅销国内10余个省市自治区，并远销印度、缅甸等东南亚国家。

六神丸　腾冲县制药厂生产。以黄牛、珍珠、冰片、百草霜、麝香、蟾酥、雄黄等配制而成，为黑褐色小粒丸。味苦麻，微凉，具有清热解毒功能。用于治疗咽喉肿痛、乳蛾、疮疖、痈疽等症。1960年投产，年产量5.64万盒。产品畅销全国各地。

人参再造丸　腾冲县制药厂出品。以人参、当归、天麻、麝香、穿山甲等57味药配制而成，为黑褐色蜜丸。味苦麻，具有祛风、散寒、通络、除痰功能。用于治疗中风瘫瘓、口眼歪斜，半身不遂、四肢麻木、筋骨疼痛、痰涎壅盛等症。1960年投产，当年产量993盒。产品畅销全国各地。

珍珠镇惊丸 原名珍珠抱龙丸，腾冲东方红制药厂生产。以珍珠、琥珀、麝香、胆南星、檀香、牛黄、甘草、枳壳、朱砂、人参、僵蚕、茯苓、竹黄、薄荷等配制而成，为棕红色蜜丸。味微甜、苦，具有镇惊、祛风、化痰功能。用于治疗中风痰厥、惊风、癫狂惊痫、小儿急热、四肢抽搐、喘咳痰盛等症。1970年投产，年产3万盒。产品销往省内外。

第四节　日用品

腾冲宣纸 腾冲宣纸主要原料为当地产柳构（瑞香皮）、高杆白谷稻草、麻竹等，制成的宣纸白净、细腻、柔韧，是书写、绘画、制版的高级用纸，用于书写备忘录、契约，可保存百年不变颜色。产品行销全国，并出口日本等国家和地区。

腾冲藤器 腾冲藤器有1000多年生产历史，产品主要有藤杖、藤椅、藤茶几、藤帽等。主要原料为藤条，品种有鸡广藤、水广藤、刮皮藤、黄藤、红藤等5种。鸡广藤为藤中上品，其质地光滑，色泽清亮，柔软细腻，韧性强。腾冲藤器制作精细，工艺独特，式样美观，经久耐用，全县年产量约1.8万件，产品销省内外。

腾冲篾帽 腾冲篾帽是腾冲县小西、打苴乡农户的传统手工产品，有大稀帽、二稀帽、小斗笠3种，是广大农民较为喜爱的遮阳避雨用具。尤其是用荆竹精编的小斗笠，用料考究，做工精细，上画红梅、绿竹、松柏等各种花卉，小巧美观，更为广大群众喜爱。产品不仅销全区城乡，还远销德宏等边疆民族地区及缅甸。

腾冲土陶火锅 产于城关镇满邑下村张家巷，已有200多年的历史。土陶火锅选用黏性较好的胶泥，掺以适量细沙制成雏形，然后用木制平锤和鹅卵石内垫外拍，使成厚薄均匀的火锅形，晾干后投入窑内烧红，出窑后涂上紫胶晾干，即成既光滑又不浸水的火锅。产品有大号、二号、三号、四号4种。其特点是：美观价廉，热力均匀持久。最高年产量21000多口，除销当地外，还远销梁河、盈江和缅甸等地。

腾冲楸木甑 腾冲楸木甑以曲石、双龙两地为多，用当地特产楸木改板制作而成。楸木甑质地细密，含水分低，纹路鲜艳，经久耐用，不易腐烂，越擦越白；用于蒸饭，能保持米饭的香甜。产品除销当地外，还销往德宏、临沧、昆明等地。

保山沙登甑 属传统手工产品。主要以杉松改成薄板后用竹篾扎制而成。其特点是：上气快，省燃料；贮食通风透气，不易变馊；轻便美观，经久耐用。产品远销大理、昆明及缅甸等地。

工农肥皂 工农肥皂原名为“梨花”，后改为“工农”，为始建于1950年的云南保山新华肥皂厂所生产。原料为植物油料香果。工农肥皂具有泡沫多、去垢力强、易洗易漂、安全适用等特点。1997年被评为保山地区十大著名商标，并经国家抽检，评选为“全国轻工优秀产品”。除销往周边地区外，还通过边贸市场远销缅甸及印度等国。

龙陵黄龙玉　黄龙玉是2004年在龙陵县被发现的一种新玉种，由于产在龙陵，又以黄色为主色，故得名黄龙玉。黄龙玉主色调为黄、红两色，兼有羊脂白、青白、黑、灰、绿等色，有“黄如金、红如血、白如冰、乌如墨”之称。

南红玛瑙　南红玛瑙，是一种古老的稀世赤玉，因其产自中国南疆而得名，其最典型的代表就是隆阳区杨柳乡的南红玛瑙。明崇祯十二年(1639)，明代大旅行家徐霞客到隆阳，专门到南红玛瑙主产区杨柳乡实地考察，并在其游记中这样描述：“色月白有红，皆不甚大，仅如拳，此其蔓也。随之深入，间得结瓜之处，大如升，圆如球，此玛瑙之上品，不可猝遇。”随着近年隆阳区杨柳乡高品质南红玛瑙矿的发现，全国各地的奇石玩家和珠宝商贾云集隆阳，找石、品石、买石、炒石蔚然成风，隆阳南红玛瑙在北京、上海、四川、广东等发达地区的玉石市场持续热销，广受推崇。

第二十四编　商　贸

1982年保山端阳花市主大街上巷街

综 述

1978—1984年，保山地区商贸系统开始逐步扩大企业经营自主权：1979年3月，开始试行利润基数留成加增长分成经济责任制，在生产计划、经营管理、留成资金使用、资金分配等方面，给企业一定的自主权。1981年，保山地区国营、集体工商企业逐步建立和试行以岗位责任制为中心的内部经济责任制，普遍恢复奖励制度。1984年，保山地区从国营商业、饮食服务业中划出79.7%的小型企业，实行“国家所有，集体经营，照章纳税，自负盈亏”的经营方式，扩大企业自主权，推行多种形式经营责任制。

1985—1991年，保山地区对购销体制进行重大变革，取消对农副产品的统派购制度，实行合同定购制度，减少国家的计划商品，兴办农产品和工业品批发市场，实行多种经济成分、多种经营形式、多种流通渠道、多层次并存的商品流通体制。按照所有权和经营权分离的原则，全面推行承包经营和租赁经营制。

1992年，全区国合商业进行经营、价格、用工、分配放开的“四放开”改革，1993年，保山地区商业系统在全面推行“四放开”的基础上，对小型企业推行租赁承包和“国有民营”的改革。1994年，进一步扩大对小型零售、饮服、食品企业的“国有民营”改革面和改革力度，同时，围绕经济结构和组织结构的调整，积极开展小型国有企业的拍卖转让。1996年，在全区国有商贸流通企业、商办粮办工业企业中普遍推行资产经营责任制。

在对国有商业企业进行租赁承包和“国有民营”、兼并、联合、拍卖、转让等改革的同时，全区开始在国有商业企业系统推行股份制企业改革：

1993年7月，保山地区将云南省保山五交化采购供应站列为股份制规范化改革试点企业，首开全省地（州）级流通行业股份制改革的先例。之后，保山地区制定相关办法，在试点单位逐步推行股份制企业改革。1997—1998年，以股份合作制为主要形式的商贸企业改革步伐加快，全区国有商贸企业完成改革改制任务52户，改革后的企业按照《中华人民共和国公司法》《公司章程》和建立现代企业制度的要求，完善法人治理结构，充分履行股东会、董事会、监事会和经理层的各项职责，建立适应社会主义市场经济体制要求的科学决策机制，营运机制、激励机制、约束机制。2002年，保山着力于企业体制创新、转换机制，深化产权制度改革，建立现代企业制度，把国有企业改革改制为“自主营、自负盈亏、自我约束、自我发展”的市场主体。至2005年，适应市场经济体制要求的企业运行机制逐步得以确立。

通过扩大企业经营自主权，推行承包经营和租赁经营制，转换国有商贸企业经营机制，进行产权制度改革、建立现代企业制度等一系列措施，保山商贸流通市场体系建设力度不断加大，商贸物流业活力强劲，国内商业贸易快速发展。2005年，全年实现社会消费品零售总额36.04亿元，是1978年25倍。通过不断深化改革，国有商贸企业逐步退出市场，非公经济飞速发展。2005年，全市非公经济总户数38800户，从业人员超过7.5万人，全年非公经济完成社会消费品零售总额29.05亿元，占全市社会消费品零售总额的81%，非公经济成分已经成为商贸流通行业的主体。

1978—1984年，全区外贸企业的业务以收购、调供商品为主，随着“改革、开放、搞活”方针的贯彻执行，全区外贸出口有了较大发展。1988年起，保山地区的地、县（市）外贸企业由分级报账的省外贸公司统一核算制向独立核算、自负盈亏的体制转变，推行企业经营经理责任制，实行“双向”承包责任制，建立内部经营管理责任制和岗位责任制。1991年，保山地区对外贸管理体制进行重大改革，外贸企业实行“自主经营，自负盈亏”的新体制。1992年，全区对外经贸系统开始由单纯的收购货源、调供出口向内外销结合的全方位方向发展，由等、靠省级专业进出口公司向代理经营和自主经营转变，由单一的商业流通向贸农工相结合、大贸边贸内贸并肩发展的全方位经营战略转变。1996年，全区外贸系统由商品承包责任制转变为资产经营责任制。2003—2005年，在保山市对外经济贸易公司和保山市进出口公司进行了以产权制度改革为核心的深化改革工作。

1978—2005年，保山地区对外贸易进出口规模不断扩大，对经济增长的拉动作用明显增强，边境贸易强劲发展，对外贸易整体发展水平不断提高。2005年，全市进出口总额9824万美元，是1978年的40倍，全市累计备案登记在册的外经贸企业有241户，年内开展进出口业务的外经贸企业71户。

第一章　机构沿革

第一节　商业系统

一、行政管理机构

1977年，保山专区商业局改称为保山地区行政公署商业局。1983年10月，在地级机构改革中，将地区商业局、外贸局、粮食局、供销社4个单位合并，组成保山地区商业局。原粮食局、外贸局的业务分别由新建的粮食公司、外贸公司承担；原属商业局、供销社的专业公司则维持原状，归地区商业局领导。

1984年10月，原合并的地区商业局、外贸局、粮食局、供销社等4个单位重新分设。

1990年，保山地区商业系统共有行政机构6个，其中：地属机构1个，县（市）属机构5个。

1994年12月，地级党政机构改革，由原来的行署经济委员会、财贸办公室、商业局、经济协作办公室等4家单位组建成立保山地区行政公署经济贸易委员会。内设计划统计科、企业生产管理科、商业科、财贸科、经协科、企业科等13个科室。行政编制为53人，事业编制3人，工勤人员编制6人，合计62人。

2001年8月，保山行署经济贸易委员会更名为保山市经济贸易委员会。

2005年6月，撤销保山市对外贸易经济合作局，组建成立保山市商务局。保山市经济贸易委员会市场流通科国内贸易管理职能、外事办公室口岸科管理职能承建制划归保山市商务局。保山市商务局（加挂市人民政府口岸办公室牌子）为保山市人民政府的组成部门，内设办公室、人事教育科、规划财务科、对外贸易科、市场流通科、贸易发展科、外资外经科、口岸管理科等8个科室，行政编制19名，事业编制1名，工勤编制3名，合计23名。负责主管全市对外开放、内外贸易、口岸管理、国际经济、合作与交流、直接利用外国投资审批、管理等职能。

二、所属企业

1984年10月，省糖业烟酒蔬菜公司在保山建立食糖仓库，调往外地的食糖全部通过该库储存转运。当年，撤销地区百货分公司，其人员分别调其他分公司和站。1985年1月，保山五交化二级批发站下放保山市，与市五交化公司合并，组成保山市五交化贸易中心，属县（市）一级单位。

1986年后，商业体制进一步理顺，省属保山百货批发站和保山市五交化公司保山批发站划归地区商业局领导。五交化站更名为云南省保山五交化采购供应站；地区贸易公司和县（市）贸易公司分别更名为糖业烟酒公司；省石油公司保山批发站和县（市）石油公司分别更名为云南省石油公司保山分公司和县（市）公司，并成建制从商业系统划出，其中：分公司财政缴拨归省，县（市）公司财政缴拨直接对当地财政，机构人员统计归商业局；保山市糖业烟酒公司划归市糖业局领导；保山市纺织品公司与市百货公司合并；龙陵县饮食服务公司与县糖业烟酒公司合并；施甸县饮食服务公司成建制划归县汽车运输公司；新组建腾冲大兴商行、保山市永昌商号、龙陵县龙陵商号、保山百货站永誉商号和瑞丽永昌大酒家等6个边贸企业。1990年，保山地区商业系统地县（市）直商业企业（含批发站、公司及相当于公司的厂）45户，其中：地直5户、县（市）直40户，划分为163个独立核算单位。

1994年12月，地级党政机构改革，由原来的行署经济委员会、财贸办公室、商业局、经济协作办公室等4家单位组建成立保山地区行政公署经济贸易委员会。经贸委直属和代管的商业企业有：保山百货批发站、省糖烟蔬菜公司保山经营部、省石油公司保山分公司、保山地区五交化站、地区糖酒公司、地区食品公司、地区饮食服务公司、物资总公司、金属材料公司、化轻建材公司、机电设备公司、物资边贸公司、物资再生公司、省盐业公司保山分公司等。

1997—1998年，保山地区商贸企业加快推进以股份合作制为主要形式的商贸企业改革。至1998年年末，全区纳入改革范畴的58户国有商贸企业，已完成改革改制52户。同年，地县（市）6户石油公司上划归口管理。1998年年末，全区商业系统有独立核算单位46个，1999年41个，2000年38个，2001年37个。2002—2005年，纳入深化产权制度改革市属国有商贸企业17户，完成改革改制16户。同时，完成深化股权结构改革的股份合作制企业1户。

第二节　外贸系统

一、外贸管理机构

1983年10月，地区外贸局改为外贸公司，归地区商业局领导。1984年，各县（市）外贸局改为外贸公司，共有职工149人，其中：保山市31人，腾冲县31人，昌宁县35人，龙陵县26人，施甸县26人。同年10月，恢复地区对外贸易局，有职工78人。地县（市）外贸机构的党政人事归当地党委、政府管理，业务工作以上一级外贸部门管理为主；劳动工资1983年以前由当地政府管理，1984年起由上级外贸部门管理。

1990年，全区共有外贸机构8个，其中：外贸企业7个（五县市各1个，地直2个），有职工223人。1991年，全区7个外贸企业年末职工人数217人，拥有固定资产624.35万元。

1995年，行署边贸局从行署财办析出和行署外贸局合并，成立保山地区行政公署对外经济贸易局（同时挂行署边境贸易局牌字），归口行署经济贸易委员会管理。1995年6月，确定行署对外经济贸易局为县处级机构，明确外经贸局的工作职能和13项主要职责。内设办公室和人事教育、财务统计、外资外经、外贸边贸等4个科，局机关行政编制19名，工勤人员事业编制3名，其中：部门领导职数3名，科室领导职数7名。在县级机构改革中，五县（市）外经贸管理体制进行相应的调整。腾冲县在原边贸局的基础上增加外经贸职能，设立县政府对外经济贸易局，编制12人。其他县（市）边贸办先后划入县（市）经贸委或商贸委，设立兼管科室，配备兼职人员，其中：保山市在商贸委内专设边贸办公室。

2005年6月，撤销保山市对外贸易经济合作局，将市经贸委员会市场流通科国内贸易管理职能、外事办公室口岸管理职能划出组建成立保山市商务局（加挂市人民政府口岸办公室牌子）。对外开放、对外贸易、口岸管理、国际经济、合作与交流、直接利用外国投资审批管理等职能归口商务局管理。

二、外商投资审批机构

1992年下放外商投资审批权后，保山地区随即成立地区外商投资审批办公室，该办公室与地区外经贸局综合科（1995年后改为外资外经科）合署办公。当年，行署出台《保山地区进一步扩大开放的优惠政策》，第一次以地方政府的形式明确吸引外资的优惠政策，1995年行政机构改革时，进一步明确利用外资的职能部门，即：招商前期工作由计委负责，项目的审批到投产前由外经贸负责，投产后交由经贸委管理。同时，进一步修订出台关于内引外联的优惠政策，第一次明确对中介机构引进外资的奖励政策。1997年，为适应改革开放的新形势，决定成立保山地区外资工作领导小组，组长由分管副专员担任，计委、外经贸、经贸委领导担任副组长，成员单位由涉外相关部门组成，下设办公室，由市外经贸局副局长兼任办公室主任，明确相应的议事规则。2003年8月，市经合办（招商局）成立，外商投资审批办公室的部分职能职责划归经合办。

第二章　商贸体制

第一节　商业体制改革

1978—2005年，保山市商业系统的体制改革，总体经历了扩大企业经营自主权、推行承包经营和租赁经营、转换企业经营机制、深化产权制度改革和推行现代企业制度等几个发展阶段与形式。

一、扩大企业经营自主权

1978—1984年，为保山地区商业体制改革的起步阶段，改革主要是逐步扩大企业经营自主权。其间，根据全国五届人大《政府工作报告》精神和国务院《关于实行奖励和计件工资制度的通知》，保山地区部分商业企业开始试行奖励制度。1979年3月，根据财政部关于“从1979年1月1日起试行企业利润留成制度”的精神和同年7月国务院《关于扩大国营工业企业经营管理自主权的若干规定》，保山地区按照国营工商企业不同的产品结构，不同的经营管理方式和水平，由地、县财政、劳动、计委、商业等相关部门核定企业的利润留成比例，制定企业利润留成实施办法，初步调整工农业产品的购销政策，调整国家与企业的利益关系，实行放权让利，试行利润基数留成加增长分成经济责任制，在生产计划、经营管理、留成资金使用、资金分配等方面，给企业一定的自主权。如：保山县在保山饭店试点，实行超利润“三七分成”经济责任制；企业内部实行“划小核算，利润包干，固定工资加提成工资”的经济责任制。

1980年，根据国务院《关于扩大企业自主权试点工作情况和今后意见的报告》，保山行署批准计委提出的《关于进一步搞好扩大工业企业自主权工作的意见》，1981年在全区国营工业企业中实行。保山地区国营、集体工商企业逐步建立和试行以岗位责任制为中心的内部经济责任制，普遍恢复奖励制度。主要形式有计件工资、计时工资加奖励、固定工资加提成工资等。1983年7月，按照国务院批转财政部《关于国营企业利改税试行办法》，经行署批准，在部分商业企业实行第一步利改税试点。1984年，依照省政府《关于国营小型工商企业扩大经营管理自主权问题的通知》的划分标准，保山地区从国营商业、饮食服务业中划出79.7%的小型企业，在所有制性质不变的前提下，按照集体企业的管理方法，实行“国家所有，集体经营，照章纳税，自负盈亏”，改变经营方式、扩大企业自主权，推行多种形式经营责任制。同时，开始进行第二步利改税工作。

二、承包和租赁经营制

1985—1991年，保山地区商业体制改革全面推行承包经营和租赁经营制。主要是对购销体制进行重大变革，取消对农副产品的统派购制度，实行合同定购制度，减少国家的计划商品，兴办农产品和工业品批发市场。在“调整、改革、整顿、提高”和“对外开放、对内搞活经济”的方针指引下，进行全面改革，实行多种经济成分、多种经营形式、多种流通渠道、多层次并存的商品流通体制。按照所有权和经营权分离的原则，全面推行承包经营和租赁经营制。

1985年2月，地区行署批转行署工交局《关于1985年商业经济体制改革意见的报告》。全区商业系统按照合理的经济流向，本着批发业务大的将专业划细，批零分开；批发业务小的实行综合经营、批零合一的原则，将原有的25个批发企业调整为32个。腾冲、施甸两县实行专业划细，批零分开，分别建立零售公司和批发公司；保山、昌宁、龙陵三县（市）实行综合经营，批零合一，保留原来的专业公司，新建综合批发公司。调整后的批发企业，实行开放式经营，扩大工业品下乡，发展横向经济联系，开展市场竞争，扩大购销，进一步增强活力。

1988年，全区国营商业系统共有大中型企业46户，实行承包经营和租赁经营的有43户，占93.5%，全区有小型企业162户，全部实行改、租经营，其中：国家所有、集体经营、照章纳税、自负盈亏的75个，占小型企业总数的46.3%；实行租赁经营的87户，占53.7%。同时建立经理（厂长）负责制、目标责任制和审计制、经理风险金和全员抵押金制度，在部分企业中还试行工资总额同经济效益挂钩和优化劳动组合，充分发挥企业经营和职工的劳动积极性。在经营管理上也相应地作一些改革，减少流通环节，加速商品流转，减少指令性计划商品，采取自由选购、逐步取消统购统销、派购包销、限量供应等办法。同时，开展企业升级活动，取得良好的效果，总体实现购销两旺，效益增加，市场繁荣。当年，全区纯购进总值为29198万元，商品销售总额78505万元，税利总额2063万元，分别比1978年增长5倍、2.9倍和2.4倍。

1990年，全区商业系统第一轮承包合同到期。年末，全区商贸系统有国营商业独立核算单位163个，职工4032人。

从1991年1月起，保山地区商业系统企业实行为期3年的第二轮承包经营。至4月底，95户企业分别与主管部门签订承包经营合同。第二轮承包工作，在总结评估第一轮承包经验教训的基础上，变部分企业由经理（厂长）个人承包为全面实行企业集团承包；按照一企一策的原则，分别合理确定承包基数。并把企业发展后劲、经营管理、社会效益、安全生产、职工素质提高、集体福利和精神文明建设等工作，以及相应的奖惩考核指标，贯穿在承包指标体系中。到1991年年末，全区商贸系统有国营商业独立核算单位141个，职工3909人。

三、企业经营机制转换

1992年起，保山地区的商业体制改革重点是转换企业经营机制，深化产权制度改革，推行现代企业制度，加强对国有资产的管理与监督。当年，为贯彻落实《企业转换经营机制条例》精神，使企业真正成为自主经营、自负盈亏、自我约束、自求发展的社会主义新型企业，行署组织“四放开”（经营、价格、用工、分配放开）改革考察团于3月8—24日赴重庆实地考察学习。之后，成立保山地区“四放开”改革领导小组，办公室设在行署财办，指导全区国合商业“四放开”改革工作，并在保山市进行试点，摸索改革经验，组织面上推广，地区派工作组参与保山市试点工作。首批试点在市百货公司、糖烟酒公司、外贸公司、日杂公司和辛街供销社等5个企业进行。7月29—31日，行署召开全区国合商业企业“四放开”改革工作会议，总结保山市“四放开”改革的试点经验，部署全区国合商业企业进行“四放开”改革工作。会后，各县（市）认真贯彻保山行署〔1992〕36号文件精神，以“四放开”为突破口，全面贯彻落实《企业转换经营机制条例》精神。至年底，全区有69户（保山市28户，腾冲县28户，昌宁县3户，龙陵县4户，施甸县3户，地直3户）企业实行“四放开”改革，占全区238户国合商业企业总数的29%。

1993年，商业系统“四放开”改革由点到面有步骤地推开。地区商业局组成专门工作组，参与地直商业企业的“四放开”改革。五县（市）商业局也分别抽调精干力量，深入企业指导工作，确保“四放开”改革的顺利推行。年末，全区107个独立核算企业中，已实行“四放开”改革的企业有100个，占全部独立核算企业的93.5%，其中：地直企业、施甸县、昌宁县、龙陵县已全面推行“四放开”，腾冲县推行面达90.9%，保山市达77.8%。

四、产权制度改革

1993年，保山地区商业系统在全面推行“四放开”的基础上，认真贯彻国务院《全民所有制工业转换经营机制条例》以及商业部、云南省政府的《实施办法》，对小型企业推行租赁承包和“国有民营”的改革办法。先后分别在14户零售、食品、餐饮服务企业的70个门店、144个柜组试行国有房产、设备出租，抽资承包为实质内容的国有民营改革。保山地区商业局和保山市百货大楼试行国有民营改革的经验，分别在全省商业国有民营改革座谈会上作专题交流，并在《云南商业研究》转载。同时，保山地区商业系统对经营不景气，长期亏损，甚至资不抵债的昌宁县饮食服务公司、龙陵县食品厂等7户企业先后实行系统内或跨系统兼并，彻底解决这些企业长期亏损的老大难问题，从组织结构上为企业转换经营机制创造了条件。当年，全区国有商业系统实现利润365.9万元，比上年增长134.4%，完成扭亏增盈目标的121.9%，上缴税利1220万元。

1994年，在总结试点经验的基础上，进一步完善办法，扩大小型零售、饮服、食品企业的“国有民营”改革面和改革力度。共有16户企业的74个门店，164个柜组推行“国有民营”改革，抽回国家流动资金306.4万元。同时，围绕经济结构和组织结构的调整，积极开展小型国有企业的拍卖转让。先后将保山市百货公司西路商店和昌宁食品公司饲养场公开拍卖给了私营业主。有偿转让龙陵县平达食品站、腾冲县永安食品站和腾冲县饮食服务公司二旅社停车场的部分资产，共收回资金87.5万元。保山市饮食服务公司对濒临倒闭的保山市云山服务部实行跨所有制兼并，使云山服务部的42名职工得到妥善安置，挽回18万元固定资产和1万元银行贷款。年末，全区国有商业系统共有41户企业（不含石油企业），71个独立核算单位，405个机构网点，职工4128人，全部资产总额26239万元。全年缴纳税金785万元，实现利润193万元，处理历史潜亏378万元，处理损失101万元。

1995年，昌宁县百货公司零售商店和百货大楼的“国有民营”改革正式投入运行，保山五交化股份有限公司和原已进行过“国有民营”改革的9户企业的改革成果得到巩固。当年末，全区实行第二轮承包经营顺延的22户商贸企业承包期届满。1996年，昌宁县五交化公司零售商店实行“国有民营”改革。

随着社会主义市场经济体制的建立，承包经营已不适应“明晰产权、统一税制”的要求，国家确定从1996年起，原则上不再推行承包经营责任制，而是根据《国有企业资产监督管理条例》，推行以国有资产保值增值为主要内容的资产经营责任制。1996年，保山地区制定了全省第一个国有商贸流通企业实行资产经营责任制的实施办法《保山地区国有商贸企业资产经营责任制实施意见》，并在全区国有商贸流通企业、商办粮办工业企业中普遍推行。全区国有商贸企业实行资产经营责任制，以考核国有资产保值增值为主要内容，考核指标由国有资产保值增值率、总资产收益率、净资产收益率、成本费用利润率、应收账款回收率、存货周转率、固定资产折旧率组成，并设置安全生产和非正常经济损失两项辅考指标。当年末，全区45户国有商业和商办工业企业中，有32户企业实行了资产经营责任制，多数企业运行情况良好。同时，坚持一企一策，分类指导，不断推进多种形式的改革。保山五交化采购供应站与昆明西南商业大厦股份有限公司联合经营保山华泰商城，进行异地合作连锁经营的尝试，年末华泰商城完成商品销售834万元，比上年同期增长17%。保山地区糖业烟酒公司和食品公司合并，组建保山糖烟酒食品总公司。

全区在对国有商业企业进行租赁承包和“国有民营”、兼并、联合、拍卖、转让等改革的同时，还开始在国有商业企业系统推行股份制企业改革。

五、现代企业制度建立

1993—2005年，商贸系统股份制企业改革主要是国有商业企业及商业系统管理之外的国有贸易企业的改革。

1993年7月，保山地区行署商业局和体改委将云南省保山五交化采购供应站列为股份制规范化改革试点企业，首开全省地州级流通行业股份制改革的先例。改革后，公司股东总额为1200万元，其中：国家股占67.3%，法人股占25.1%，职工股占7.6%。按照《中华人民共和国公司法》和国家有关规定，企业按照建立现代企业制度试点的要求，规范企业的组织和行为，支持企业以市场为导向，调整经营结构，强化人、财、物管理，实行“三层次”分级管理和“两聘用”制度，优化劳动组合，推行层层承包经营责任制和职工工资总额同完成承包利润挂钩，奖优罚劣。1994年该公司完成商品销售5506万元，实现利润108万元，经济效益居全区商业企业的榜首。

1994年，为探索适合小型国有商业企业推行现代企业制度的有效办法，地区商业局经过大量调查研究，制定《保山地区小型国有商业企业股份合作制试行办法》，经行署批准下发，为全区小型国有商业企业建立“产权明晰，权责明确，政企分开，管理科学”的现代企业制度，提供一个较为规范，操作性较强的实施方案。

1995年，地区出台《国有小型流通企业股份合作制改革试点实施意见》。按照“先出售、后改制、内部职工持股”的办法，兼顾国家、集体利益和职工承受能力，着眼于制度创新和建立新的运行机制，明确动作规范和若干配套政策。保山百货站被行署确定为全区现代企业制度试点单位，腾冲县和龙陵县也分别确定3户商贸企业为股份合作制试点企业。主要做法是：在资产评估中，对企业有据可查的呆账、死账、三年以上的应收款，以及企业主管部门会同财政部门确认的有问题商品和财产损失等，在产权界定中给予核销；对企业承包以来用税后留利形成的新增净资产，除去国家减免让税部分形成的外，剩余部分经同级国有资产管理部门批准，划出一部分建立在职职工持股基金，所得红利，用于发展职工福利事业、弥补离退休人员费用不足和进行二次分配；职工宿舍等非经营性资产，从净资产中剥离出来；企业改制时，将原国有企业应付工资结余，按规定分配到职工个人，与职工个人出资和买断工龄的职工生活安置费，组成职工个人股；原企业历年结余的应付福利费，作为职工共有股股金，股权归企业全体职工共同所有，共享权益。改制企业出售国有资产的收入，用于终止国有企业的职工身份。第一，原企业离退休职工的医药费按当地离退休人员平均或按年人均1500元标准，从退休之日起到后18年（扣除已支付年份）一次计提；第二，已离退休人员的养老保险费、抚恤费、生活补助费等，按国家政策规定标准计提；第三，对终止企业的职工计提生活安置补助费，买断工龄。上述各项安置费均从净资产中一次扣除，净资产出现负数的企业，用出售职工住房和出让部分土地使用权的收入冲抵。

1996年，按照建立现代企业制度的目标要求和“抓大放小”的方针，选择8户商业企业进行现代企业制度改革的试点工作。7月，保山百货批发站采取分立式改制为保山百货有限责任公司。改制后的公司由原保山百货批发站的9个经营部门和企业职工持股会、站劳动服务公司共同发起组成，公司股本总额为306.7万元，其中：国有法人股201.3万元、职工持股会入股100.4万元、站劳动服务公司入股5万元。形成多元化的投资主体，初步建立起比较规范的法人管理机构和内部经营机制。8—12月，腾冲县糖业烟酒公司和保山饭店，先后挂牌投入新机制的营运。试点企业按新建立的机制投入运行后，保山百货有限责任公司、保山饭店年末实现利润均居区内同行业之首，腾冲县糖业烟酒公司实现利润比上年增长1.6倍。

1997—1998年，根据地委行署《关于进一步加快全区国有企业改革，放开搞活国有企业的指导意见》精神，在总结改制试点经验的基础上，进一步解放思想，更新观念，加快以股份合作制为主要形式的商贸企业改革步伐。至1998年年末，全区纳入改革范畴的58户国有商贸企业，完成改革改制任务52户，改革改制面达89.7%，其中：改制为股份有限公司1户，改制为有限责任公司5户，改组为股份合作制企业33户，改革为其他形式13户（减员增效4户、带资解体3户、租赁3户、国有民营2户、合并1户）；分行业的情况是：完成改革任务的国有商业企业36户，物资企业11户，医药企业5户，改革改制面分别达90%、91.7%、83.3%。改革后的企业按照《中华人民共和国公司法》《公司章程》和建立现代企业制度的要求，完善法人治理结构，充分履行股东会、董事会、监事会和经理层的各项职责，建立适应社会主义市场经济体制要求的科学决策机制，营运机制、激励机制、约束机制。

至2000年，全区纳入改革范畴的59个国有商贸流通企业，完成改革改制58个，占98.3%，其中：改制为股份有限公司1个，责任公司5个，改组为股份合作制企业34个，改革为其他形式18个；按行业分：国有商业企业40个，物资企业12个，医药企业6个，改革面分别为97.6%、100%、100%。

2002年，根据保山市委政府《关于进一步深化国有企业改革的实施意见》和《深化国有企业改革的若干政策规定》要求，保山市商贸系统深化国有企业改革工作，按照省、市深化国企改革领导小组提出的“三个基本”目标，通过实施“四个一批”的改革思路，着力企业体制创新、转换机制，建立现代企业制度，把国有企业改革改制为“自主营、自负盈亏、自我约束、自我发展”的市场主体。至2005年，纳入深化产权制度改革市属国有商贸企业17户，完成改革改制16户（关闭、歇业、撤销、解散8户），占94.11%，共支付改革成本2154.4万元，安置职工561人，安置退休人员291人，解决职工社保接续等问题。同时，完成深化股权结构改革的股份合作制企业1户。通过改革，适应市场经济体制要求的企业运行机制逐步得以确立。

第二节 外贸体制改革

1978—2005年，保山市的外贸体制改革，大致经历了三个阶段。

一、承包经营责任制

1978—1984年，全区外贸企业的业务以收购、调供商品为主，调供的商品包括出口商品和边销茶两部分。随着“改革、开放、搞活”方针的贯彻执行，全区外贸出口有了较大发展，出口商品收购、调供总额连年上升。到1985年，收购总值达2352.23万元。1988年起，保山地区的地、县（市）外贸企业由分级报账的省外贸公司统一核算制向独立核算、自负盈亏的体制转变。主要推行企业经营经理责任制，实行“双向”承包责任制，消除企业吃“大锅饭”的弊端。加强企业的内部管理，建立内部经营管理责任制和岗位责任制，调动职工的积极性。截至1990年年底，全区外贸企业，拥有固定资产总值近千万元。地、县（市）外贸公司都在不同程度上改造原有设施和扩建仓库。全年全区外贸商品收购总额达4040万元，调供出口商品达5271万元，分别比1985年增长71.75%和1.56倍。

二、企业经营机制转换

1991年，保山地区对外贸管理体制进行重大改革，外贸企业实行“自主经营，自负盈亏”的新体制。根据国务院、省政府相关文件精神，为深化企业改革，理顺地县外贸体制，经行署研究决定，从1月起，各县（市）对外贸易公司下放所在县（市）政府领导，负责出口货源的收购调供，扶持当地出口商品的发展，以及各种对外经贸工作的协调管理，同省级外贸企业继续保持业务关系。行署对外经济贸易局，按照省政府文件规定的职责范围行使职能，并协调省地县（市）外贸之间的业务经营关系。地直外贸企业，为行署外贸局的直属企业。各县（市）外贸企业的劳动工资、招工、职工离退休等工作，划交各县（市）劳动人事部门管理。地县（市）外贸企业财务与当地财政挂钩，纳入当地财政预（决）算监督和管理。10月，行署外贸局专门召开由各县（市）财办、外贸企业负责人及行署财办、劳动人事处、体改委、财政局等有关部门参加的外贸体制改革会议，进行具体研究部署。当年底，各外贸企业正式纳入地方政府的领导管理体制。

1992年，根据国务院《全民所有制工业企业转换经营机制条例》的要求，全区对外经贸系统，开始由单纯的收购货源、调供出口向内外销结合的全方位方向发展，由等靠省级专业进出口公司向代理经营和自主经营转变，由单一的商业流通向贸农工相结合，大贸边贸内贸并肩发展的全方位经营战略转变，全面推行对外贸易承包责任制，使地县（市）外贸企业走上自负盈亏、自主经营、自我发展、自我约束的道路。4月，成立云南省进出口公司保山分公司，成为全区第一家省级公司进出口权延伸的企业。7月，保山市茶叶咖啡公司正式归属对外经贸系统管理，一切调供出口、贷款额度、利率、劳动工资、奖金，出口商品扶持基金的提取等，一律按外贸企业的有关政策规定执行。同年，昌宁县外贸公司由于经营不善，管理混乱，亏损严重，由县政府决定将其并入县供销社土产公司，有关外贸业务均由土产公司经营管理。1993年，全区对外经贸企业共计8家，其中：县（市）5家、地直3家。

三、企业自营进出口

1994年，保山地区贯彻落实国务院《关于进一步深化对外贸易体制改革的决定》等文件精神。保山市对外贸易公司密切联系外贸行业和企业的特点，系统地进行配套、规范、科学的综合改革，使公司在市场竞争中站稳脚跟。地区对外贸易公司调整领导班子后，根据市场经济要求和企业现状，坚持以改革为动力，积极探索和试行国有民营的发展路子，尽力调动职工的积极性和创造性，使多年停滞不前的老企业重新获得生机和活力，走上稳步发展的轨道。腾冲县对外贸易公司以提高经济效益为目标，实行外贸、内贸、边贸并驾齐驱的经营路子，快速发展。当年，公司实现税利396.5万元，人均12.7万元，在全区对外经贸行业中遥遥领先。

同年1月，经国家对外贸易经济合作部批准，保山地区对外经济贸易公司获得大贸进出口经营权，成为全区第一家直接对外的专业外贸企业。公司自营和代理本地区除国家组织统一联合经营商品以外商品的出口业务和三类商品的进口业务；承办中外合资经营、合作生产业务；开展“三来一补”（来料加工、来样加工、来件装配和补偿贸易）业务。公司于5月份挂牌开业，从打基础入手，以缅甸市场为启动，广泛联系内外客商，积极组织适销对路商品出口。

1995年11月3日，全区召开企业申报进出口经营权情况通报会，确定全区首批申报企业户数。

1996年，全区外贸系统实行由商品承包责任制转变为资产经营责任制，按照所承担的权利，由企业法人代表向财政、税务和企业主管部门签订资产经营管理责任书，保证国有资产保值增值。同时，外经贸部正式赋予保山市、腾冲县、龙陵县对外贸易公司和保山钢铁厂外经贸进出口经营权。这些企业获权后，一方面抓紧办理海关、工商、税务、外汇等手续，一方面调整内部经营机构，改善经营条件，加快人员培训步伐，探寻市场，联系客户，组织商品。当年，腾冲县公司创汇24.5万美元，保山市公司创汇43.75万美元。同年，在全面调查核实企业经营情况的基础上，地区外经贸局分批向省政府申报边贸经营权企业，全区共有125户企业获得边贸经营权，其中：腾冲84户、保山15户、龙陵10户、地直11户、施甸3户、昌宁2户。

1997年，成立由行署计委、经贸委、外经贸局等10多个部门组成的外资工作领导小组，修订完善《保山地区关于进一步扩大开放招商引资的实施办法》，着力改善投资环境。1997—1998年，按照"实事求是、一企一策、积极慎重、合力破题、善始善终"的原则，组织实施对地级外贸企业的全面改革和对县级外贸企业改革的帮助指导工作。在提高职工思想认识的基础上，慎重选择改制形式，拟订改制方案和公司章程，进行资产评估、产权界定、职工安置、股权设置等股份制改制的各项工作。民主选举产生企业董事会、监事会。

2003年，市委、市政府制定出台《关于进一步扩大对外开放的意见》，制定出口创汇奖励政策，鼓励企业扩大出口，每年由财政按每出口1美元奖励0.02元人民币；对出口地方产品的，按每出口1美元奖励0.04元人民币。奖励资金由市级承担20%，企业所在县(区)承担80%。2003—2005年，根据《保山市深化国有企业改革的实施意见》精神，在市企改办等相关部门的支持帮助下，按照有关政策规定实施对保山市对外经济贸易公司和保山市进出口公司以产权制度改革为核心的深化改革工作。2005年，全市累计备案登记在册的外经贸企业有241户（一般贸易企业69户、边贸企业98户、外资企业74户）。年内开展进出口业务的外经贸企业71户，比上年增加6户；有21户企业进行了对外贸易经营者备案登记，其中：有边贸经营权备案企业11户，一般贸易经营权企业7户，外资企业2户。

第三节　所有制结构

1986年，全区共有地、县（市）直商业企业（含批发站、公司及相当于公司的厂，不含医药、物资系统）37户，划分为173个独立核算单位，共有商业职工3993人。

1990年，全区共有地、县（市）直商业企业（含批发站、公司及相当于公司的厂，不含医药、物资系统）45户（地直5户、县市直40户，划分为163个独立核算单位），共有商业职工4032人（固定工3313人，合同工382人，临时工164人，计划外用工173人；按行业分属商业2844人，饮食业365人，服务修理业334人，商办工业439人，其他附属独立核算单位50人）；物资系统共有职工319人（地直151人，各县市168人）。1986—1990年，保山地区商业系统机构网点由36个增加到402个，地县（市）属商业企业（站、公司）由37

户增加到45户，其中：保山百货批发站、保山五交化采购供应站、保山地区糖业烟酒公司、昌宁县糖业烟酒公司、龙陵县糖业烟酒公司、施甸县由旺百货五交化批发站被保山行署确定为保山地区重点骨干企业。

保山地区商业系统1986—1990年经营机构、网点、人员情况表

表24-1　　单位：个、人

年度	机构网点数	其中：独立核算	职工总数	管理机构	人员	工业品批发机构	人员	农副产品采购批发	人员	零售网点	人员	饮食服务网点	人员	其他营业网点	人员	仓储运输机构	人员	加工生产机构	人员	其他附属独立核算单位	人员
1986	346	173	3993	37	725	33	598	34	289	105	1012	92	729	26	96	5	62	14	482	—	—
1987	414	197	3996	41	724	41	733	52	302	164	1036	93	671	3	14	7	103	13	413	—	—
1988	414	182	3976	40	790	51	755	54	329	173	1012	74	579	3	17	5	68	12	381	2	45
1989	390	169	3807	40	878	40	580	52	256	165	982	71	540	1	5	4	56	15	455	2	55
1990	402	163	4032	45	916	39	502	48	249	185	1161	65	646	—	—	6	74	13	464	1	20

1991年，全区商贸系统有国营商业独立核算单位141个，职工3909人，固定资产6835万元，自有流动资金1593万元；物资企业经营网点22个，职工341人，固定资产867.4万元，自有流动资金256万元；医药系统“三证”齐全的企业150个（国有批发企业10个，集体所有制批发企业2个，零售企业92个），职工378人，固定资产598.7万元。

1992年，保山地区商业局系统采取企业自筹、银行贷款等办法，新增营业网点17个，增加营业面积8000多平方米，使国有商业的网点布局和购物环境有所改善。1993年，为了适应发展需要，培育发展商品市场，全区国有商业把商业网点建设作为一项重要工作来抓。全区投入100多万元资金，用于新网点的建设和老网点的改造装饰。

1995年，全区商业系统有独立核算的单位62个，在职职工3696人，离退休职工1451人。物资系统企业12个，经营网点37个，职工由1991年的341人增加到465人，增长36.6%；固定资产由867.4万元增至1665万元，增长91.95%；流动资金由256万元增加到4471.1万元，增长16.47倍。医药商业企业73个，固定资产1861.7万元，自有流动资金568.9万元。

1998年，全区商业系统有独立核算的单位46个，职工2577人，资产总额30329万元（商业企业27495万元，商办工业企业713万元，饮食服务业1581万元，储运企业548万元，股份制企业16387万元），负债总额24375万元（商业企业22404万元，商办工业企业713万元，饮食服务业968万元，储运企业290万元，股份制企业13321万元），所有者权益合计5954万元（商业企业5091万元，商办工业企业－8万元，饮食服务业613万元，储运企业

258万元，股份制企业3066万元）。国有物资企业12个，职工407人，资产总额6282万元，负债总额5772万元，净资产510万元。

2000年，全区商业系统有独立核算的单位38个，比上年减少3个。职工2090人，其中下岗职工244人。资产总额2.7亿元，负债总额2.36亿元，所有者权益合计3469万元（商业企业2206万元，商办工业企业205万元，民贸企业231万元，饮食服务业569万元，储运企业258万元，股份制企业1839万元）。物资企业12户，职工387人，资产总额5683万元，负债总额5670万元，所有者权益合计5670万元。医药系统有企业6户，职工481人，资产总额9585万元，负债总额7657万元，所有者权益合计1928万元。

随着改革的不断深入，全市公有经济成分逐步从市场退出。到2005年，全市非公经济总户数达到38800户，从业人员超过75000人。全年非公经济完成社会消费品零售总额达29.05亿元，占全市社会消费品零售总额的81%（个体私营经济在传统商业领域，所实现的社会零售总额达10.24亿元，占该领域总量的80%），非公经济成分已成为商贸流通行业的主体。

第四节　商业布局

一、集市贸易

1978年以后，随着农村经济体制改革和经济政策的调整，保山地区集市贸易迅速恢复和发展。1980年，集市恢复到132个，达到解放初期的水平。

1985年，全区集市162个，其中：上市人数在万人以上的大型集市19个；万人以下、5000人以上的中型集市31个；5000人以下的小型集市112个。当年，全区集市上市交易品种较多的是保山城区集市，达2000～3000个品种；最少的龙陵县山区邦迈街，仅10～16个品种。据全区137个主要集市统计，每街上市总人数为46.69万人～88.25万人。月成交总额575.22万元～975.4万元，每街95.87万元～162.59万元。全年集市贸易总成交额首次突破1亿元大关，达13264万元，为当年社会商品零售总额的27.06%。年成交牲畜和主要农副产品数量是：牛9819头，马3002匹，鲜牛肉735吨，鲜猪肉6095吨，活鸡1240吨，鲜鱼285吨，大米4815吨，苞谷3320吨，草烟525吨，蔬菜4989吨，木柴295吨。

1990年，全区集贸市场184个，比1985年增加22个，其中：赶集人数万人以上的22个，5000人以上的31个，1000人以上的54个，1000人以下的77个。集市贸易成交额33783万元，为1985年的2倍多，占社会商品零售总额的44.71%。全年共成交食用植物油234吨，猪肉11784吨，牛肉1681吨，羊肉242吨，鲜蛋1761吨，鸡、鸭、鹅肉1687吨，水产品710吨，蔬菜78807吨，干鲜果13984吨，牛17144头，马2197匹，骡2905匹，仔猪2665头，均比1985年大幅度增长。

1998年全区新增商品市场17个，规范各类商品市场251个。1999年，全区建成各类商品市场225个，其中：城市124个，农村131个。2001年建成各类商品市场274个，其中：

消费品综合市场238个，农副产品24个，工业消费品9个，生产资料3个；城市市场20个，农村254个。

2005年，保山市注册登记的市场267个（城市市场41个，农村市场226个），其中：隆阳区68个（城市市场19个，农村市场49个），施甸31个（全部为农村市场），腾冲77个（城市市场22个，农村市场55个），龙陵44个（全部为农村市场），昌宁47个（全部为农村市场）；消费品综合市场232个，农副产品市场20个，工业消费品市场10个，生产资料市场2个，其他消费品市场3个。

二、传统端阳花街

保山地区所属各县，历史上都有民间自发于每年端阳节期间赶花街的传统习惯，并且一直延续至今，其中尤以保山端阳花街为盛，历史也较为悠久。

保山端阳花街，沿袭历史传统，设于保山城区上、下巷街和马里街等街巷。解放后，每年端阳节，四乡群众即涌至城区街头进行花卉、药材交易；商业部门利用花街扩大营业。“文化大革命”期间，花街逐年冷落。1978年后，逐步恢复并由群众自发组织到由县（市）政府组织，街期也由1天增加到3～4天。1985年和1986年，花、药交易盛况空前，并发展成为工农业产品交易的物资交流盛会。1985年端阳盛会会期4天，上市盆花2万余盆，社会商品总成交额约200万元，其中仅花卉、药材成交额即达9万多元。全国10个省市的2000多位客商应邀莅保观花赏物、洽谈贸易，上市总人数达36万人。1986年保山端阳盛会会期3天，上市盆花4万余盆，加上其他花卉、果苗，共计92万盆（株），花卉展室、摊点220多个，花卉、盆景品种达350余种，参加展销的有城区机关、部队，国营、集体企业及个体户，仅花卉总成交额即达3.5万元。社会商品成交额为558万余元，其中：商业、供销、物资部门销售495万元，工业部门（包括商办工业）的地方产品销售24.61万元，饮食服务行业营业额5.9万元，集市贸易成交额32.6万元。保山百货站和保山五交化采购供应站节日期间召开的商品供应会，分别实现商品成交额4775万元和1250万元。参加交易的单位有工业、乡镇企业、商业、饮食服务行业等8个系统的50多个企业，1600多经营摊、点。有四川、福建等省及省内昆明、玉溪、楚雄、德宏等地州58个单位的227名客人参加。

1986年后，昌宁、腾冲等县也相继在县城恢复端阳花街，并动员县城各机关、单位、学校踊跃参加，使花街规模年胜一年，成为当地一年一度的花卉、药材和省内外客商商品交流的盛会。

1990年5月27—29日，保山花街期间，宾客云集，应邀前来的有全国21个省市、120多个地州县（市）、540多个单位的1357名客人，也有缅甸、泰国和中国港澳台地区的同胞、侨胞及客商，总人数达20多万人次。共设有275个花卉盆景展室和摊点，上市花木350余种、14万盆株，成交额8.71万元；121个中草药交易摊点，成交额达70万元。地方工艺品、土特产品和各种工业品的展销摊点、门店、货棚、展室等共393处，展销商品近1.5万个规格品种。社会商品成交额达9182.29万元，分别为1985年、1986年的46倍、16.46倍。

1991年，传统端阳花市于6月13—18日在保山举行，地委、行署提出“花市搭台，经贸唱戏，广交朋友，促进开放，弘扬传统，振兴保山”的思路，全区五县(市)均组团到保山参加经贸洽谈和商品展销。为加强行业的内部协作，地区财办还邀请四川省凉山州，临近的大理州财办、德宏州县边贸局、省内海关的领导，到保山观花和指导经贸洽谈，协调疏通行业间的关系，为企业经营交往牵线搭桥。共邀请省内外客户494个，1248人到保山进行经贸协作和订货洽谈。花市期间，商品成交总额达4809万元，其中：现货成交1860万元，比上年花市增加270万元，增长19.9%；期货总值2948万元。

1993年花市，地市各商业企业认真组织适销对路商品，投放市场商品品种达3万多个，金额6000多万元；共邀请到保山参加订货、供货、洽谈业务的单位294个，来宾851人，洽谈总成交额2682万元，比上年增21.7%，其中：保山百货站成交520万元，增长0.7%；五交化站成交385万元，增长38%，糖业烟酒公司成交81万元。

1994年的端阳花市期间，举办保山地区改革开放十五年成就展，展馆开馆9天，共有12964人次观展。商品成交额872.55万元，其中：现货成交21.34万元，期货851.21万元。参加节日市场展销的商品达48008个品种，总价值达14912.52万元，共组织搭建商品货棚167个。地市批发企业还召开各类订货会、供货会、补货会12场，共邀请客商627个单位，来宾1170人。商品成交总额达4482.57万元，比上年花市增长66.5%，其中：现货成交金额达2763.82万元，比上年增长88.9%，期货成交595.5万元，市场零售实现1123.24万元，分别比上年有不同程度的增长。

1996年端阳花街期间，举办第四届滇西民族艺术节经贸活动。全区参加展销的企业178户，参展人员358人，参展商品品种1109个，总量100余吨。为提高参加展销的商品的知名度，地直和各县(市)精心制作了展板173块，加大了宣传力度。为方便群众购买和促进商品物资交易，经贸组精心设置“四条街”和一个展销中心，即：商品物资展销一条街、咨询服务一条街、非公有制经济商贸一条街、中草药、花卉一条街和商贸物资展销中心，四条街共搭建货棚184个。艺术节经贸活动累计交易总额52924.66万元，其中：现货17144.36万元，期货35780.30万元，项目签约16项，金额31583万元，累计达874507.66万元。

从1996年到2005年的九年间，保山端阳花市延续不断，为活跃地方经济搭建了一个良好的平台。

三、专业市场

1993年，保山金马中运机动车交易市场建成投入使用，经过十年努力，其发展成为滇西汽车销售规模较大，服务体系较完善的机动车交易市场。1998年，按照《九五期间云南省商品市场建设规划》的要求，地级重点是培育一批具有当地特色的专业批发市场，县(市)级的任务是继续完善现有市场，培育、扩建和新建一批农贸市场。当年新增商品市场17个，其中：新建的保山百货站西路百货商场、保山地区北关机动车交易市场和金马中运汽车市场属于专业批发市场。年内规范各类商品市场251个，逐步完善全区商品市场建设和管理。

2000年9月，保山百大超市开业。2000年12月，建成滇西规模最大的建材商场——泰龙建材商场。2002年，保山旧机动车交易中心建成投入使用，设有6个窗口。2003年12月，天顺大型综合超市开业。

2005年2月，集烟酒、副食、摩托车配、商贸、建材、服装鞋帽、家用电器、粮油批发为一体的大型综合商场——永昌商贸园一期工程（西南片区）竣工开业。

四、重点专业市场选介

泰龙建材商场 位于保山市隆阳区永昌镇永昌路北段，商场占地面积98.86亩，总建筑面积6.1万平方米(一期78幢计2.5万平方米，于2000年12月投入使用，二期122幢计3.6万平方米，2002—2005年逐步投入使用)，整个商场投资7600万元。商场是按照市、区两级政府的要求，综合借鉴省内外建材市场的优点，结合当地实际，由保山市恒厦房地产经营公司自行设计开发投资兴建，是滇西规模最大的建材商场。商场主要经营范围：建筑金属材料、水泥及水泥制品、玻璃、建筑装饰装潢材料、建筑陶瓷、卫生洁具、五金制品、灯饰灯具、建筑机械、机电等多种产品。

保山百大超市 位于隆阳区永昌镇正阳南路中段最繁华的商业中心，于2000年9月开业。超市营业面积5500余平方米，有员工350人。经营范围包括食品、副食品、药品、日用百货及厨房用品、鞋帽、服装、金银首饰和珠宝、家用电器、音像制品、文化体育用品及器材、五金制品、通信产品等。经营品种超过6万种，是一个具有优良服务氛围的综合百货商场。2005年，在创建“诚信市场”活动中被隆阳区工商行政管理局授予“诚信市场”称号。

永昌商贸园 位于大保高速公路西侧，南靠新华路，西接永昌路，北临新闻路，保岫东路贯穿园区中部，将园区一分为二。由保山市伟业房地产开发有限公司投资建设，占地总面积888亩，规划总建筑面积39.27万平方米，园区规划格局分5个功能片区（烟酒副食批发区，摩托、电器市场，建材批发区，精品服装批发区，粮油食品批发区），是集烟酒、副食、摩托车配、商贸、建材、服装鞋帽、家用电器、粮油批发为一体的大型综合商场。一期工程（西南片区）总投资1.4亿元，建筑面积7.4万平方米，于2004年5月竣工，2005年2月开业。

保山天顺超市 位于隆阳区永昌镇新闻路，经营面积约8000平方米，有员工288人。超市经营范围包括生鲜（海鲜）产品、熟食品、副食品、家用杂品、家用电器以及精品百货等，经营品种1万多种，是一个满足城乡人民群众购物需求的大型综合超市。超市2003年12月开业后来，以“天天顺心，天天满意”的服务理念和以“诚实守信、勤奋努力、勇于进取、追求卓越”的企业宗旨，促进保山商业物流和非公经济的发展。

保山金马中运机动车交易市场 位于隆阳区永昌镇永昌路北段，创建于1993年，占地面积100多亩。经过十多年的励精图治，已发展成为滇西汽车销售规模较大，服务体系较完善的机动车交易市场。金马中运自创立起，形成多媒体“一条龙”创新服务机制。实施以汽车销售为主，提供配件供应，售后服务，车辆改装、维修、租赁、运输信息、代办落户手续、保险业务、车辆挂靠管理、汽车消费贷款等配套服务。先后被上级部门授予“民营经济园区示范点”“先进私营企业”“消费者信得过单位”“重合同守信誉单位”等多种荣誉称号，被保山市农行授信为“AA+”级企业。

保山旧机动车交易中心 位于隆阳区永昌镇建设路164号，经营占地面积1万余平方米，2002年，新落成的交易办公大楼建筑面积1500多平方米。其主要功能和服务项目有：旧机动车检测、鉴定评估；旧机动车交易（代办转籍过户手续）；旧机动车收购、销售、寄售、代购、代销及提供信息服务和咨询；旧机动车的保管、挂牌及美容维修；旧机动车的新旧配件供应。交易中心办证大厅宽敞明亮，厅内设有6个窗口，从公安刑侦检验、工商验证、鉴定估价、信息服务、服务收费及代办手续的全过程实现一条龙服务。同时，具备全省计算机信息网络化共享和服务功能。该中心自开业后，本着“公开、公平、公正”和“诚信合法、平等互惠”的原则，发扬“开拓、进取、创新、奉献”的精神，不断加强内部管理，完善和强化服务功能。

第三章 国内贸易

第一节 商品购进

1978年，实行改革开放后，保山地区统购统销和统一收购的部分农副产品逐步放开，当年，全区农副产品采购总额5901万元。1980年，大部分农副产品退出统购、派购范围，统购、派购品种减少到40余种。当年，全区国内纯购进为13567万元，比1975年增长60.14%。1985年，中共中央、国务院《关于进一步活跃农村经济的十项政策》颁布后，保山实行了30多年的农副产品统购派购政策结束，除粮食实行合同定购外，其他品种全部放开，实行市场调节。当年，全区国内纯购进为28499万元，比1980年增长1.10倍。

1986—1990年，各级商业部门坚持以稳定市场为中心，启动和开拓市场，较好地完成各项任务。市场消费需求从只求量足逐步向商品质量、价值、花色、名牌、款式、营养、效能等多方面需求发展。

保山地区商业系统1986—1990年商品购存统计表

表24-2 单位：万元

年度	总购进	其中：农副产品采购	年末库存
1986	19317	1895	5286
1987	28375	2469	10486
1988	30911	3540	10253
1989	29586	3626	10383
1990	30876	2881	12036

保山地区商业系统1986—1990年14类主要商品购进情况表

表24-3 单位：万元

年度	五金类	交电类	化工类	肉食禽蛋类	水产品类	糖业糕点类	烟类	酒类	鲜菜类	干菜调味品类	纺织品类	针织品类	百货类	文化类
1986	99	631	64	1742	28	10199	4	571	14	320	2318	1490	1807	249
1987	144	750	69	2397	6	11049	9	636	27	462	3138	1872	2977	402
1988	121	1406	210	2761	88	9085	12	667	9	198	2738	2410	3824	509
1989	159	1328	140	3198	3	1239.3	33	661	11	32	1894	2081	3465	428
1990	115	1084	98	2834	3	13816	21	508	0	344	3176	1975	4419	623

1990年，全区农副产品采购总额38607万元，物资系统企业购进总额为7900万元。

1991年，全区国合商业纯购进完成总值48724万元，占年计划的113.49%，比1990年增长25.35%。物资企业完成购进总额10917万元，比1990年增长38.2%。医药企业商品购进总额7570.5万元，比1990年增长39.01%。

1995年，全区农副产品采购总额35928万元。国内商品纯购进总值完成34116万元，比1994年度下降5.1%。全区物资企业完成购进总额12990万元，比1994年减少27.78%。全区医药企业商品购进总额7876万元，比1994年增长3.2%。

2000年，全区农副产品采购总额12.46亿元。

2001年，保山市商贸流通企业商品销售总额10.54亿元，其中：商业企业1.19亿元，物资3418万元，医药9.01亿元。供销社系统商品购进总额2.57亿元，其中农副产品购进1406.8万元。2003年，全市农副产品采购总额14.81亿元，供销社系统商品购进总额29861.9万元。2004年，全市供销社系统商品购进总额36616万元，其中农副产品购进总额1265.8万元。

2005年，保山供销社系统商品购进总额42890.4万元，同比增长17.1%。

第二节 商品销售

1978年，保山地区社会消费品零售总额完成14693万元，农业生产资料销售总额3030万元。1980年，国内纯销售为21396万元，比1975年增长49.30%。1985年为41528万元，比1980年增长94.09%。

1986—1990年，国营商业经受住了1988年的抢购风潮和1989年下半年市场疲软的考验。市场消费需求从只求量足逐步向商品质量、价值、花色、名牌、款式、营养、效能等多方面需求发展。商品销售中，日常必需消费商品稳步增长，服装类商品下降，彩色电视机、家用洗衣机、电冰箱等大件耐用消费品保持旺销势头。

保山地区商业系统1986—1990年商品销售统计表

表24-4　　单位：万元

年度	总销售	纯销售	其中：零售
1986	20130	13523	7051
1987	27562	16865	9191
1988	36596	22340	11398
1989	34916	21604	11755
1990	58609	19239	11756

1978—1990年几种主要商品销售情况：

副食品　1978年，销售肥猪69506头，食糖6390吨，菜牛4085头，菜羊6905只，家禽10.13万只，鲜蛋1300担，茶叶4626担，卷烟8903箱，酒3437吨。1980年，销售肥猪131961头，食糖7372吨，菜牛2426头，菜羊3899只，家禽4.12万只，鲜蛋2517担，茶叶4126担，卷烟11214箱，酒3966吨。1985年，销售菜牛625头，菜羊1097只，鲜蛋484担，水产405.2吨，卷烟28651箱，酒8153吨，茶叶2.4万担。1990年，销售肥猪6万头，食糖1.13万吨，菜牛418头，鲜蛋3600公斤，水产品209吨，卷烟49992箱，酒4564吨，茶叶34.3吨。

百货、针织品　1978年，销售棉布1071.87万米，化纤布48.68万米，汗衫背心52.05万件，棉毛衫裤16.65万件，卫生衫裤3.93万件，胶鞋43.88万双，肥皂383.94万箱，洗衣粉350吨，机制薄纸425吨，手表74.38万只。1980年，销售棉布1077.96万米，化纤布114.6万米，汗衫背心70.06万件，棉毛衫裤21.03万件，卫生衫裤2.77万件，胶鞋55.87万双，肥皂3.95万箱，洗衣粉496吨，机制薄纸379吨，手表1.2万只。1985年，销售棉花混纺布2844.2万米，化纤布627.9万米，呢绒布55.6万米，汗衫背心648.66万件，棉毛衫裤412.65万件，卫生衫裤94.01万件，各种服装71.67万件，皮鞋103.1万双，胶鞋1012.3万双，火柴3.17万件，肥皂8.04万箱，洗衣粉1068吨，手表6.1万只。1990年，销售棉布612.9万米，棉花混纺布227.82万米，化纤布23.05万米，呢绒布1.34万米，汗衫背心9.65万件，棉毛衫裤42.99万件，卫生衫裤9.37万件，各种服装66.79万件，皮鞋8.86万双，胶鞋143.98万双，肥皂9.63万箱，洗衣粉1179吨，手表244只，机制薄纸463吨，毛线1.28万公斤。

五交化商品　1978年，销售缝纫机3870台。1980年，销售缝纫机4719台，电视机318台，自行车3833辆。1985年，销售缝纫机1.47万台，自行车2.22万辆，收音机1.05万台，电视机4423台，录音机5126台，电风扇1207台，洗衣机2503台，电冰箱266台。1990年，销售缝纫机1.45万台，自行车2.54万辆，收音机1663台，电视机1.35万台（彩电4697台），录音机7953台，电风扇2196台，洗衣机3609台，电冰箱694台。

保山地区商业系统1986—1990年14类主要商品销售情况表

表24-5　　　　单位：万元

年度	五金类	交电类	化工类	肉食禽蛋类	水产品类	糖业糕点类	烟类	酒类	鲜菜类	干菜调味品类	纺织品类	针织品类	百货类	文化类
1986	706	2220	458	2130	69	2090	3515	732	17	390	1975	1390	2760	463
1987	956	2938	579	2849	107	2291	4014	909	29	556	3392	2282	5158	788
1988	1138	5220	799	2970	116	3120	2948	951	10	198	4599	3312	7493	1227
1989	1171	4310	739	3333	26	3447	1700	1009	9	393	4616	2863	7504	1261
1990	1039	2840	749	2958	47	2317	681	605	0	448	2968	2312	6675	1302

1990年，全区社会消费品零售总额完成63393万元，农业生产资料销售总额12164万元。全区物资系统企业销售总额8723万元，实现利润216万元，利税总额281万元。

1991年，全区国内纯销售完成总值47712万元，占年计划的96.1%，比上年增长13.31%。社会商品零售总额完成84568万元，增长11.93%。全区国有商业实现利润512万元，上缴利税1419万元。医药企业销售总额完成8193.9万元，比上年增长32.08%；实现利税453万元，比上年增长54.61%。

1995年，全区社会消费品零售总额完成123583.5万元，农业生产资料销售总额25656万元。完成商品销售收入35256万元。全区商业企业盈亏相抵后亏损总额为778万元（保山市亏损108.4万元，腾冲县亏损35.7万元，龙陵县亏损112万元，昌宁县亏损219.8万元，施甸县亏损218.8万元）。全区62户独立核算商业企业中，亏损30户，亏损面为48.39%。全区物资企业完成销售总额13809万元，比1994年增长3.97%。盈亏相抵后亏损298.1万元，其中：地直5户企业亏损306.6万元。全区医药企业商品销售总额完成9898.9万元，比1994年增长6%；实现利税608.3万元，比1994年增长18.8%。

1999年，全区社会消费品零售总额完成18.9亿元。商贸流通企业完成商品销售总额3.04亿元，比1998年下降5.6%，其中：商业企业3.48亿元，下降7.74%；物资企业5763万元，下降19.79%；医药企业9865.8万元，增长9.61%。全区商贸流通企业盈亏相抵后亏损608.7万元，其中：商业企业亏损769万元，比1998年减亏874万元；物资企业亏损215万元，比1998年减亏178万元；医药企业实现利润375.3万元，比1998年增盈168.2万元。

2000年，全区社会消费品零售总额完成20.71亿元，农业生产资料销售总额4.72亿元。全区国有商业系38个独立核算单位中，盈利企业19个，实现利润267万元，比1999年增长385.45%；亏损企业19个，亏损1036万元，比1999年减亏38.99%。医药系统6户企业，实现利润735.3万元，比1999年增长81.22%。12个物资系统企业中，盈利4个，实现利润19万元，亏损8个，亏损额234万元。全区商贸流通企业商品销售总额3.04亿元，比1999年下降5.6%，其中：商业企业1.48亿元，下降7.74%；物资企业5763万元，下降19.79%；医药企业9865.8万元，增长9.16%。全区商贸流通企业盈亏相抵后亏损608.7万元，其中：商业企业亏损769万元，比1999年减亏874万元；物资企业亏损215万元，比1999年减亏178万元；医药企业实现利润375.3万元，比1999年增盈168.2万元。

2001年，全市社会消费品零售总额完成22.78亿元。商贸流通企业完成商品销售总额10.54亿元，其中：商业企业1.19亿元，比2000年减4.57%；物资3418万元，减28.44%；医药9.01亿元，减8.71%。全市商贸流通企业盈亏相抵后亏损272.6万元，其中：商业企业亏损537万元，比2000年减亏232万元；物资企业60万元，减亏15万元，医药企业盈利324.4万元，减50.9万元。2003年，全市社会消费品零售总额完成28.36亿元，农业生产资料销售总额5.09亿元。2004年，全市社会消费品零售总额完成3.2亿元。

2005年，全市社会消费品零售总额完成36.04亿元（国有及国有控股完成6.33亿元，集体及股份合作完成0.66亿元，私有经济及其他完成29.05亿元），比2000年增加15.3亿元，年均增长11.7%，是1978年的24.52倍，其中：城镇市场完成23.88亿元，比2004年增长13.3%；农村市场完成12.16亿元，增长11.5%。分行业看：批发零售贸易业完成28.92亿元，比上年增长12.6%；餐饮业完成5.17亿元，比上年增长11.6%；其他行业完成1.95亿元，比上年增长17.2%。

第三节　卷　烟

一、卷烟销售

1978—1984年，卷烟由国营商业贸易公司统一经销。1985—1987年，保山糖业烟酒公司代理卷烟批发业务。1978—1987年保山主销卷烟品牌有："云烟""大重九""红山茶""嘴春城""精春城""金沙江""红梅""茶花""嘴三七""红塔山""阿诗玛""田七""红双喜""天平"等。精乙级烟为主销产品。1988年，云南省烟草公司保山分公司成立，卷烟销售由业务科负责。当年购进卷烟37130箱，销售36454箱。全区共有国营、集体、个体销售网点1.24万个。

1990年，云南省烟草保山分公司制定《卷烟套供、批供暂行管理办法》，分公司不再从事批发业务，主要抓卷烟购进、调拨，加强对县（市）烟草公司的业务指导和宏观管理。当年调销卷烟4.38万箱，其中：甲级烟占3.7%，嘴乙级占12.7%，精乙级烟占76.3%，丙丁级烟占7.3%。"精春城""金沙江"为主销品牌。

1979—1990年卷烟销售情况表

表24-6　　单位：箱

年度	全区合计	保山	施甸	腾冲	龙陵	昌宁	地直
1979	8103	3425	999	1153	545	1685	296
1980	11214	4139	1363	1923	697	2361	731

续上表 单位：箱

年度	全区合计	保山	施甸	腾冲	龙陵	昌宁	地直
1981	14904	5638	1949	2314	971	3102	930
1982	15023	5833	1967	2253	972	3234	764
1983	18172	6303	2728	2314	1370	4182	1275
1984	22854	7731	3435	3271	1667	4942	1808
1985	28651	9816	4026	3931	2260	5601	3017
1986	29293	12468	3965	4555	2387	5918	5542
1987	37720	10744	5031	5493	2853	8058	5541
1988	36454	10609	4424	6866	3077	7128	4350
1989	34441	10840	5105	7194	3894	6984	424
1990	49992	16162	7359	8490	5002	8049	4930

1995年，根据云南省烟草公司减少卷烟中间批发环节的要求，保山地区取消二级批发，改为由县（市）公司直接购进，保山地区烟草公司和县（市）烟草公司同等经营三级批发业务。下半年，按照云南省烟草公司加强自身卷烟批发网点建设、开展送货服务的工作要求，保山地区烟草公司选定昌宁、施甸两县作为全区下延农村批发网点工作试点，自设批发网点7个，取代原基层供销社转批业务，逐步将农村卷烟批发市场转由烟草公司统一管理。当年农村市场卷烟销量数量占总销量的53%。

1996年，保山地区烟草公司成立卷烟销售部，与卷烟经理部合署办公，主要负责销售保山边贸烟车间生产的卷烟，包括对区外烟草批发企业调拨卷烟。销售品牌有“钟山”“太子”“试制品”“特制品”以及“精春城”。当年销售地产烟42602箱。

1998年，保山地区烟草公司出台《关于进一步完善我区卷烟批发网点管理办法的几项规定》，要求卷烟批发网点必须落实统一的网点台账，进一步健全财务管理和会计核算工作。网点建在烤烟收购站的，同时挂“收购站”“卷烟批发点”和“专卖管理所”三块牌子。

2001年，云南省烟草保山市公司按照《2001年云南省城市卷烟销售网络建设的工作要求》开展城市网络建设，推行“全面访销、全面配送、访送分离、专销结合、三网并举”的卷烟网络销售模式，取消三级批发业务，各县（区）烟草公司成立卷烟配送中心。全市入网销售率达到95%，持证入网销售率100%，城市访销配送率96%。

2003年，根据国家烟草专卖局相关规定，云南省烟草保山市公司停止一切对外卷烟经营业务。当年购进卷烟64266箱，销售59142箱，库存10818箱。

2005年，全市五县（区）先后入网订烟，实现了传统商业向现代流通的转变。全年销售卷烟72056箱，占计划72000箱的100.08%；实现销售额66751万元，毛利率20.9%；单箱销售额0.95万元。销售一、二类烟20595箱，占总销量的28.5%，卷烟入网销售率

100%，电话订货率100%，电子结算率100%。

1992—2005年保山市烟草公司卷烟购、销、存统计表

表24-7　　　　　　　　　　　　　　　　　　　　　　　　　单位：箱

年度	前期库存	本期购进	本期销售	期末库存
1992	2533.0	38563.0	39499.0	1597.0
1993	1597.0	76177.0	75877.0	1897.0
1994	1897.0	62887.0	43905.0	20879.0
1995	20879.0	43979.0	62916.0	1942.0
1996	1942.0	44595.0	43272.0	3265.0
1997	3265.0	36505.0	37944.0	1826.0
1998	1826.0	35543.0	32913.0	4456.0
1999	4456.0	57562.0	59598.0	2420.0
2000	2420.0	59838.0	58299.0	3959.0
2001	3959.0	75007.0	65354.0	13612.0
2002	13612.0	44957.0	52875.4	5693.6
2003	5693.6	64266.8	59142.4	10818.0
2004	10818.0	68038.4	71268.4	7588.0
2005	7588.0	70697.0	72056.8	6228.2

二、卷烟管理

1978—1987年，卷烟由地区商业局和各县（市）商业局专营管理。

1988—2005年，卷烟由地（市）烟草专卖局统一管理。

（一）许可证管理

1988年7月，保山地区工商局、地区税务局、地区商业局联合下发《关于发放烟草专卖许可证工作意见》，对保山地区卷烟批发、零售业实行专卖许可制度。凡属烟草系统的批发单位及未成立烟草公司的县委托糖业烟酒公司经营批发业务的单位，按照规定填写申请书，报请省烟草专卖局审核批准，发给批发许可证或委托代批许可证；基层供销社、国营商业可经营批发业务，经县烟草专卖局同意后，这些单位既零售又批发，应同时领取零售和委托代批许可证。原已核发营业执照经营卷烟、雪茄烟零售的企业和个体户（包括旅游、华侨商店、宾馆、军人服务社、企业单位小卖部）原则上均可申请领取烟草专卖许可证，由企业和个体户填写申请书，报请县烟草专卖局审核，发给零售许可证。1989年，保山地区烟草专卖局加强烟草专卖管理，五县（区）相继成立烟草专卖局和烟草公司，配齐了专卖管理干部和人员，有计划、有步骤地发放各种烟草专卖许可证。

2001年，根据云南省烟草专卖局的要求，开始对烟草专卖许可证和网点布局进行调整，按照每千人3户以内的比例进行审核布点。全市共建立51个专卖管理所、5个卷烟配送中心、56个城市农村营销网点。对烟草专卖许可证实行“户籍化”微机管理。截至2004年年底，全市共发烟草各类经营许可证14005个。

2005年年底，保山市有烟草生产许可证2个（香料烟公司1个，打叶复烤公司1个）；有收购许可证118个（隆阳区30个，施甸县33个，腾冲县20个，龙陵县8个，昌宁县27个）；有批发许可证6个，其中：云南省烟草保山市公司1个，五县（区）公司各1个；有零售许可证7251个（国营25个，集体68个，个体7158个）。

（二）市场管理

1988年，保山行署根据云南省工商局、物价局、烟草公司、烟草专卖局的统一部署，由地区工商行政管理局、烟草专卖局、烟草分公司、物价局联合组成检查组，对全区卷烟价格、商标以及无证经营、违法经营进行定期和不定期地检查。

1990年10月，保山地区烟草专卖局制发了《关于查处制造贩卖假冒卷烟的奖励规定》，并转发了云南省烟草专卖局《关于没收走私进口外国卷烟集中交地区烟草专卖局再统一交省的通知》。当年全区共查处各类卷烟违章案件218起，征收、没收各类走私外烟2万多条、出口回流烟13000多条、假冒商标卷烟260余条。

1991年，保山地区五县（市）先后组建人民检察院烟草检察室，公安局烟草警务站、烟草稽查支队和大队，充实完善烟草专卖管理机构。

1992年1月，保山地区行署和地区烟草专卖局联合制发了《关于做好打击香烟走私、整顿卷烟市场的通知》。

1998年，保山地区烟草专卖局在全区48个乡（镇）成立烟草专卖管理所。

1991—2000年，全区出动打假、打私120392人次，查处“两烟”案件4568起，其中：无证运输1989起、无证经营2100起、走私烟880起、假冒商标烟2580起，罚没款合计2101万元。

2000—2005年，全市共出动执法人员78281人次，查处烟草案件5307起，查获卷烟12006件，烤烟619.56吨，罚没款1353.9万元。

第四节　住宿和餐饮服务业

1978年起，为适应改革开放中日益增多的流动人口食宿需要，保山各县城区机关、企事业单位、部队和个人纷纷新办旅社和招待所，个体饮食业开始在各县城乡恢复。1980年，各县城的政府招待所和国营旅社共有床位4600多个。此后，在经济体制改革中，全区县城国营饮食服务行业进行了以下改革：（一）将44个国营饮食服务门市划为小型企业，实行独立核算，其中：实行“国家所有，集体经营，照章纳税，自负盈亏”的10个，租赁给经营者的34个；（二）小型企业在经济核算上同主管公司脱钩，县公司由管理经营型逐步过渡为服务经营型；（三）企业内部普遍实行经营承包责任制，农村基层供销社兼营的饮食服务业，因规模不大，也大多实行经营承包。与此同时，城乡个体饮食服务业有了很大发展。1984年，全区旅馆业营业额达240.46万元。1985年，保山除行署、市政府和保山军分区办的3家较大的招待所和1家宾馆外，还有3家国营旅社，几十家企事业单位招待所和集体、个体旅社。腾冲县除政府招待所和3家国营旅社外，还有一批企业招待所和集体旅社，全区县城国营旅社床位已达2823个。全区共有旅馆（店）163家，从业人员466人，年营业额240万元，每天可接待旅客2万多人，其中：保山市旅店50多家，床位7000多个。同年，全区共有饮食服务业3031户，从业人员7264人，其中：国营113户、881人，供销230户462人，其他集体154户、675人，个体2534户、5245人。

1990年，全区共有商业系统饮食网点32个，从业342人；个体饮食业网点1740个，从业3249人；集体及其他饮食业机构网点162个，从业455人。饮食业营业额达3814万元，比1985年增长87.97%，比上年下降6.75%，其中：个体饮食业营业额2923万元，占全部营业额的76.64%。全区旅馆业营业额共710万元，其中：保山市213万元，施甸县69万元，腾冲县200万元，龙陵县14万元，昌宁县19万元，地直190万元。按经济成分划分：国营530万元，占总额的74.56%；供销50万元，占7.1%；集体66万元，占9.30%。

1986—1990年，全区饮食服务行业国营、集体、个体一起发展，在多成分、多形式的竞争中，按照以中档为主、高中低档配套服务的方针，投入资金改造、新建了一批饮食服务设施，中高档客户比例不断增加，还引进了一批先进设备，提高了多功能服务能力。一些较有实力的商业企业，开始向饮食服务领域延伸，如保山百货批发站瞅准“面向南亚”经济战略实施必然带动云南旅游业发展的机遇，1989年投资600多万元，在瑞丽县城中心建盖4600多平方米的7层中高档豪华型宾馆——永昌大酒店。酒店1990年4月开业，当年实现利税总额13.6万元，其中利润7.2万元。

保山地区商业系统1986—1990年饮食服务网点人员情况表

表24-8　　金额：万元

年度	网点总数	其中：独立核算	从业人员	饮食业	人员	服务业	人员	旅馆	人员	理发	人员	浴池	人员	摄影	人员	洗染	人员	其他网点	人员
1986	92	40	729	46	395	46	334	17	152	6	40	2	17	8	72	—	—	13	53
1987	93	40	671	47	365	46	306	19	136	6	35	2	14	8	68	—	—	11	53
1988	74	32	579	35	285	39	294	14	162	8	40	2	14	8	44	1	6	9	45
1989	71	30	540	35	268	36	272	15	153	4	26	2	14	7	45	1	7	8	32
1990	65	27	646	32	342	33	304	14	214	5	32	1	2	5	24	1	8	7	24

20世纪90年代，全区国有商业系统饮食服务行业转换经营机制，积极推行“国有民营”，全区饮食服务行业从业人员有较大发展。1995年，全区餐饮服务业有24个独立核算单位，附营单位35个，营业网点2982个，从业人员4939人。1999年，餐饮业实现销售额19176.9万元。2000年，餐饮业实现销售额23883.9万元。2001年，实现销售额28536.5万元。2002年，实现销售额33523.3万元。2003年，实现销售额40275万元。2004年，实现销售额46305万元。2005年，全市住宿和餐饮服务行业共有从业人员13343人（农村从业人员7582人），实现销售额51686万元，年内全行业实现生产总值25086万元。

第四章 对外经济贸易

第一节 进出口总值

1978年，保山地区对外贸易购进总值827万元，调供出口总值1340万元。随着改革、开放、搞活方针的贯彻执行，全区外贸进出口总值连年上升。到1985年，全区外贸购进总值2369万元，调供出口总值2060万元；边境贸易进出口总值243.93万元。1990年，全区外贸购进总值4039万元，调供出口总值5349万元；边境贸易进出口总值12421万元（进口6797万元，出口5624万元）。

1995年，全区外贸购进总值16089万元，调供出口总值9979万元；边境贸易进出口总值53588万元（进口27974万元，出口25614万元）。1997年，全区外贸购进总值12396万元，外贸销售总值15802万元（调供出口8092万元）；边境贸易进出口总值38417万元（进口29340万元，出口9077万元）。2000年，全区外贸进出口总额3990万美元（出口2503万美元，进口1487万美元），其中：一般贸易进出口总额1228万美元，边境贸易进出口总额2539万美元，进料加工贸易总额74万美元。

2001—2005年，全市外贸进出口总额依次为：2001年3240万美元（出口1678万美元，进口1562万美元），2002年4562万美元（出口1734万美元，进口2836万美元），2003年6181万美元（出口3928万美元，进口2253万美元），2004年7208万美元（出口4473万美元，进口2735万美元），2005年9824万美元（出口6001万美元，进口3823万美元），其中：一般贸易进出口总额分别为1033万美元、2536万美元、2418万美元、2679万美元、3168万美元；边境贸易进出口总额分别为2105万美元、1918万美元、3734万美元、4512万美元、6655万美元；进料加工贸易总额2001年61万美元、2002年3万美元。

第二节　一般对外贸易

保山的一般对外贸易，1978—1993年，为单一调供出口贸易阶段；1994—2005年，为一般贸易自营阶段。

1978年，保山地区外贸部门收购、调供的出口商品有茶叶、矿产、土产、畜产、纺织品、粮油食品、轻工产品、珠宝玉器等8个品类。1985年，除边销茶属指令性计划外，出口商品大部分属指导性计划。1990年，全区外贸商品收购总额和调供出口商品总额，分别比1985年增长70.49%和1.6倍，其中：保山市597万元，占11.32%；施甸县108万元，占2.05%；腾冲县2447万元，占46.40%；龙陵县877万元，占16.64%；昌宁县1113万元，占21.12%；地直129万元，占2.45%。

1993年，全区对外经贸系统商品购进总额9326.27万元，与上年基本持平，销售额突破亿元大关，比上年增长13.2%，其中：调供出口3129.44万元，比上年下降37.8%，国内销售8195.12万元，比上年增长62.73%。六个企业盈利共计100.70万元。年末企业固定资产903.22万元，比上年增值332.13万元，增长58.16%；企业补充自有资金9.63万元，增补16.65%。

1994年1月起，对外贸易经济合作部正式赋予保山地区对外经济贸易公司大贸进出口经营权，是全区第一家直接对外的专业外贸企业，至此，全区单一调供出口贸易的历史结束，开始进入一般贸易自营阶段。年末，公司通过直接出口家电、自行车、针织品、药品、石蜡、百货、纸张、肥皂等商品，实现创汇414万美元，收汇394万美元，收汇率为94.57%，在全省地州专业外贸公司中名列前茅。同时，腾冲县对外贸易公司以提高经济效益为目标，实行外贸、内贸、边贸并驾齐驱的经营体制，实现税利396.5万元。当年，全区调供出口总额0.98亿元，比上年增18.07%。

1995年，全区全年对外贸易商品购进总额1.6亿元，比上年增33.33%；商品销售总额2.03亿元，比上年增25.31%；大贸直接出口创汇835.33万美元，比上年增1.02倍；上缴税金416万美元（不含所得税），比上年增35.33%；固定资产169.3万元，比上年增58.37%；实现利润221.4万元，比上年增57.80%。8户外经贸企业中，有3户盈利5户亏损，其中：市茶叶咖啡公司多年来首次实现当年盈余。

1996年年初，外经贸部正式赋予保山地区的保山市、腾冲县、龙陵县对外贸易公司和保山钢铁厂外经贸进出口经营权。全年商品购进总值1.28亿元，与上年相比减20.74%，其中：龙陵县对外贸易公司、地区对外贸易公司分别增长25.04%、67.19%，其他公司均比上年下降。商品销售总值1.77亿元，与上年相比减12.82%，其中：地外贸公司、龙陵县外贸公司、地区进出口分公司分别增131.57%、33.14%、12.6%，其他公司均比去年下降。上缴税金361.16万元，与上年相比减13.18%。实现利润270.45万元，与上年相比增长22.38%，其中：保山市茶叶咖啡公司、市外贸总公司、地区进出口分公司、地区外经贸公司、腾冲县外经贸公司分别盈利0.44万元、3万元、2.38万元、5.57万元、301.81万元，施甸县外贸公司、龙陵县外经贸公司、地区外贸公司分别亏损26.7万元、13.03万元、3.03万元。已建成投入使用的固定资产原值1978.23万元，与上年相比增258万元，增长15%。

1997年，全区外贸企业完成商品购进总值12936.31万元，比上年增1.43%，实现商品销售总值15801.88万元，比上年下降10.76%。一般贸易出口创汇942万美元，比上年增52.6%，在17个地州中居第六位。1998年，全区对外经济贸易形势依然严峻，全区外经贸完成进出口额1715.07万美元，比上年减少23.5个百分点，其中外贸企业完成731.47万美元。

2000年，全区一般贸易完成进出口1228万美元，为年计划的111.64%，比上年减少56%。在传统出口茶叶、咖啡、火柴、水泥等商品的基础上，新增加了金属硅、锌锭的出口。丙麻硅厂自营出口金属硅1150吨，销往加拿大、韩国、日本等国家，直接创汇86万美元。全区海外出口市场已由缅甸扩展到日本、韩国、荷兰、新加坡、加拿大、澳大利亚等十多个国家与中国香港、台湾地区。

2001年，重点抓大宗出口商品，一般贸易以有色金属、松茸、金属硅、实木门为主。年内，有17个生产、流通企业获得外贸进出口经营权，保山市具有外贸进出口经营权的企业达26个。全年一般贸易完成进出口总额1027万美元，为年计划的79%，减16.4%。其中：进口17万美元，为净增长；出口1010万美元，减17.8%。

2002年，通过组织企业参加各种贸易展洽活动，支持、帮助企业赴日本、韩国、印度、欧洲等国考察，以加大对除缅甸市场外的开拓力度，使本市一般贸易出口市场扩展到中非、欧洲及北美市场的17个国家和地区。着重抓好金属硅、轻工业品、木制品、化肥、农副产品的出口，努力提高本市出口商品的质量、总量和市场竞争力。年内，一般贸易出口上百万美元的商品有化肥、金属硅、棉布、实木门、锡、松茸6个，新增实木门和金属硅2个地方产品。实施经营主体多元化战略，年内有7个企业获一般贸易进出口经营权。年底，全市有一般贸易进出口经营权企业35个（自营进出口生产企业22个）；全年一般贸易进出口2190万美元，为年计划的2.19倍，比上年增113.2%，其中出口2189万美元，增116.7%。

2004年，全市一般贸易完成进出口总值2103万美元，完成年计划的107.8%，其中：出口2058万美元，进口45万美元。

2005年，对7户一般贸易企业进行外贸经营权备案登记。重点抓好保龙进出口公司的一般贸易进口业务，抓好保山农资公司、腾冲县国康贸易公司、腾冲县对外经济贸易公司、腾冲古林木业有限公司、腾冲林瑞木业有限公司、腾冲群益商行、龙陵县硅开发有限公司、科源硅电有限公司的出口业务以扩大出口。采取专人负责跟踪联系的方式，重点抓好木材及制品、金属硅、松茸等骨干产品的出口， 3个骨干产品以一般贸易方式出口2479万美元，占全市一般贸易方式出口总额的85%。当年全市完成一般贸易进出口总额2746万美元，完成年计划的112.1%，比上年增30.6%，其中：进口254万美元、出口2492万美元，分别比上年增长4.6倍和21.1%。

第三节 出口产品扶持生产

保山各级外贸机构成立之初，坚持用一半以上的人力抓发展生产，其余人员三分之一到茶叶主产区蹲点指导，三分之一到各基层单位抓生产和收购，三分之一研究开拓新产品。各县外贸部门还长期雇用一批茶叶、蚕桑、核桃、咖啡生产能手为辅导员，配备到主产区抓出口商品的生产、加工，每年雇用辅导员约30～70人。同时，地、县外贸部门还从资金、技术、设备等方面扶持出口商品生产的发展。

1978年后，保山地、县外贸局帮助潞江坝恢复发展小粒咖啡生产，先后派出5名职工，雇用4名辅导员，长期蹲点辅导，无偿为社队提供咖啡种500多千克；举办技术培训班3期、150多人次。1980年，潞江咖啡在北京展销，被中外专家评为优质产品。1981年，地区外贸局出资4000元，提供图纸，由地区农机厂试制成功咖啡脱皮机；之后，外贸部门又出资8000元，购买咖啡脱皮机20台，无偿赠送给咖啡生产区的农场和社队。到1985年，保山市咖啡豆总产达到5688担，占全区咖啡豆总产的89%。

从地、县外贸机构建立到1985年的29年间，全区外贸系统用于扶持发展外贸商品生产的资金总计452.44万元，年均15.6万元，其中：生产周转资金57.7万元，贴息贷款177.38万元，补助款217.36万元；用于茶叶生产350.92万元，蚕桑生产31.68万元，工矿业生产45.38万元，土产、食品、畜产24.46万元。无偿扶持茶叶生产用化肥100多吨。通过扶持帮助，先后发展以水银、铅、锡、绿柱石等矿产品，茶叶、核桃、香料油、咖啡、干姜、梅胚、杂粮豆等农林特产品，板鸭、皮毛等畜产品，宣纸、丝绸、皮手套、玉器等轻手工业品为骨干的外贸商品。到1990年，全区出口商品基地，有国家部级定列的昌宁、龙陵、腾冲3个茶叶出口基地县，省级定列的昌宁核桃出口基地县及地区定列的腾冲梅子生产基地县和保山咖啡生产基地市。

1991年，全区外贸企业在普遍扶持发展出口商品生产的基础上，先后在山区和坝区创办一批干姜、白芸豆、茶叶、桉叶油生产基地、收到良好的成效，既为当地群众脱贫致富提供门路，又为外贸出口提供日益丰富的货源。

1992年，全区外贸企业在多方参与市场竞争，收购适销对路商品调供出口的同时，坚持运用多种形式办好出口商品基地和项目扶持。施甸县外贸公司在酒房乡旧寨村创办500亩连片高产茶园，建起青、红毛茶加工初制所。保山市外贸公司运用自己的资金、技术、物资与农村联合创办蓝桉、芸豆、蚕桑基地1500多亩，并提供贴息贷款6万元。保山市茶叶咖啡公司向老营乡承包460亩茶园，并协办其他茶叶发展项目，还与芒宽乡联手经营管理4000亩茶园。腾冲县外贸公司为宣纸厂提供资金4万元，帮助这个厂改进生产工艺，提高产品质量，在此基础上，公司与泰国华侨合资经营腾兴有限公司，双方投资400万元，设立玉石、宝石、工艺品、木材、农副产品加工厂，把外贸企业的发展壮大建立在坚实的经济实体上。

1993年，保山地区外贸茶叶土产公司自筹资金，创办外贸茶叶加工厂，当年施工并投产见效益。腾冲县外贸公司与泰国客商联系建立云南腾六珠宝工艺有限公司，投产一个月后，出口创汇收取港币63.8万元。1994年后，因国家实施对外经贸企业经营体制改革，企业对出口商品生产扶持基本取消。

第四节　边境贸易

一、边民互市

历史上，腾冲县的古永、滇滩等边境地区，就是当地居民与缅甸边民互通有无的重要互市点，其中：古永因古“西南丝路”和史迪威公路穿境而过，边民往来频繁，官方和边民互市历史较为悠久，最兴盛时期，每天有2万匹经商骡马来往，年成交额达600多万两白银。1978年后，实行“对外开放、对内搞活”的方针，边民互市日益频繁。据腾冲县1976—1980年统计，仅商业部门即先后零售原粮48.04万公斤，年均销9.61万公斤；零星收购边民交售商品总额459.9万元，年增92万元。

1981年，经云南省人民政府批准，进一步明确了腾冲县边境的猴桥、黑泥塘、胆扎、自治、滇滩为边民互市点。龙陵县的安定（木城），沿袭传统恢复开展边民互市。1990年7月，国务院批准腾冲县为对外开放县后，边民互市贸易额迅速增长，当年达2271万元，比1989年增长1.23倍。

1993年边民互市额达5000多万元，到境外务工人员达2万多人，收入5000多万元，保山与邻国地方政府间工程技术合作金额916万元。

2000年，到境外林区伐木、修路、挖矿、运输的民工达3万多元，劳务收入1亿多元。通过边民互市出口的地方产品有生猪、蔬菜、水果、食品等十几个品种，货值达1亿多元。边民互市全年进出口额12959万元，其中进口2408万元，出口10551万元。

2002年，边民互市全年进出口额10250万元，比上年下降17.2%，其中：进口6980万元，比上年下降30.4%；出口3270万元，比上年增长38.9%。2004年，边民互市实现进出口总额10450万元，增长0.19%，其中：进口6670万元，与上年持平；出口3780万元，比上年增长0.53%。

2005年，边民互市实现进出口总额6640万元，比上年下降36.5%，其中：进口4190万元，比上年下降36.6%；出口2450万元，比上年下降36.2%。

二、小额贸易

1981年，保山地区的边境贸易逐步得到恢复和发展。6月，腾冲县供销社在古永的猴桥成立全地区第一个边贸企业——“群益商号”，半年就完成边贸进出口总值24.33万元，其中：进口15.67万元、出口8.66万元。1984年4月，又批准设立大兴商号，通过猴桥口岸，经营边境小额贸易。1985年，腾冲县两个进出口商号进出口货值243.93万元，比1981年增长4.63倍，其中：进口额141.78万元，出口额102.15万元，贸易逆差39.63万元。

1988—1989年，全区供销社系统相继组建腾冲如意商行、吉昌商行、永新商行、文星商行、盛华商行、龙陵勐龙商行、保山市在畹町和瑞丽建立永畹商号和永丽商号。

1990年7月，国务院批准腾冲为对外开放县后，全区边境贸易从单纯的边民互市、小额贸易向中缅两国近邻地方政府间的贸易发展，形成包括边民互市、小额贸易、地方贸易、转口贸易、补偿贸易等多种形式的经济贸易方式。出口的地方商品由1988年的37种增加到近百种，不仅向缅甸内地市场输送，而且有近20%经其转口输出到印度、泰国等第三国；而保山地区进口的商品也不再限于区内或国内其他地区销售，部分商品经国内转口输出第三国，中缅边境贸易已突破区域范围，成为带有多边性质的国际贸易。当年，全区边境小额贸易进出口总额达12424万元，其中：进口额6795万元，出口额5629万元，贸易逆差1166万元；实现转口贸易额14714万元；上缴中央各税155万元，上缴地方各税659万元。

自1990年10月开始，保山地区先后在腾冲、保山两县（市）成立由省机械进出口公司与保山百货站联合创办的南亚贸易有限公司和云南省进出口公司腾冲分公司。两公司都有国家对外贸易进出口权，为保山地区与东南亚国家地方政府进行贸易创造了有利条件，开始走出一条一般贸易与边境贸易相结合的路子。

1991年，保山地区边境贸易进出口总额17692.32万元，居全省第二位，其中：进口9615.05万元，出口8077.27万元；出口创汇286万美元。上缴中央各税213.29万元，上缴地方各税928.15万元，边贸企业实现利润100多万元。1993年，全区有商号(公司)251个(有26个在区外)，员工3100多人。全区完成进出口总额45955.8万元，比上年增56.97%，其中：出口总额25534.45万元，比上年增67.61%；进口总额20421.35万元，比上年增45.43%。

1995年，边境贸易进出口总额5.36亿元，与上年持平（进口2.80亿元，比上年减2.14%；出口2.56亿元，比上年增2.40%），其中：供销社系统边贸进出口总值4613万元(进口3850.5万元，出口672.5万元）。

1997年，由于东南亚金融危机的影响，特别是缅币持续贬值，导致全省边境贸易大幅下滑，保山地区的边贸业务也受到严重冲击。全区完成进出口总额38416.86万元，比上年增0.77%，其中：进口总额29340.22万元，比上年减1.38%，出口总额9076.64万元，比上年增8.41%。

1998年，边贸企业进出口总值688.6万美元，同比增长15%，其中：出口191万美元，同比增长76.9%；进口498万美元，同比增1.4%。全区边境贸易行业盈亏相抵实现利润190.68万元，上缴各种管理费149.05万元，减54%；上缴海关税78.85万元，同比减31%；上缴地方各税1173.8万元，同比减32.7%。边贸企业创汇80.92万美元，办理出口退税3户，退税60.84万元。同年，群益商行被评为省政府表彰的先进边贸企业。

1999年，为有效抑制木材市场低迷，玉石市场清淡，边境贸易下滑之势，地县边贸管理部门组织工作组深入企业、口岸，调查边贸业务下滑原因，帮助企业出点子、想办法，与企业共同分析存在的问题，制定应对措施，对某些进出口商品的进出报关报验等实行变通处理。充分利用好出口商品退税、四种商品先征后返、部分进出口商品分配额的申报等边境贸易优惠政策。全区边境贸易呈现出恢复性的增长趋势。全区有边贸企业141户，开展业务的79户。全区边贸进出口总值1443万美元，比上年增长109.4%，其中：出口总值占29.18%，比上年增长120.4%；进口总值占70.82%，比上年增长105.2%。边贸企业实现利润193.02万元，比上年增长1.23%；上缴各种管理费122.76万元，比上年下降17.64%；上缴海关税100.34万元，比上年增长27.75%；上缴地方各税1341.26万元，比上年增长27.75%；出口退税196.28万元。

2000年，针对传统贸易方式和商品成交困难的客观现实，边贸企业开始调整经营结构，着手探寻新的发展天地，培植新的支点。全区完成边贸进出口总值2539万美元，为年计划的101.56%，其中：进口435万美元，出口1104万美元。边境贸易占全区外经贸总值的63.62%。年内，吉昌商行成为省政府表彰的先进边贸企业。

2001年3月，云南省保山明和农资有限责任公司获得外贸进出口经营权，成为全市农资系统第一家获得进出口经营权的农资企业。全年全市边境贸易进出口额2105万美元，为年计划的75%，其中：进口1516万美元，出口589万美元。

2002年，保山市抓好重点企业和重点进出口商品，抓好金鑫、文昌、国康等以经营进口木材为主的重点边贸企业，抑制进口下滑。抓好群益、市外经贸公司等企业，全力做好成品油、药品、轻工业品等边贸出口产品。把矿产品和竹子作为新的进口骨干品种来培植。年内有9个企业获边贸进出口经营权，年底全市共有边贸企业81个。全年边境贸易进出口1918万美元，为年计划的82%，其中：进口1629万美元，出口289万美元。上缴税费4252.82万元，利润163.41万元。

2004年，采取各种方式对外来企业，特别是在外地州开展经营业务的保山农资公司予以扶持，确保其进出口业务做大做强。首次出现边贸出口超千万美元的企业：保山农资公司边贸出口达1042万美元，占全市出口总额的23.29%，占边贸出口总额的76.24%。保龙食品进出口公司完成进出口141万美元，为净增长。全市当年边境贸易完成进出口总值4512万美元，完成年计划的104.9%，其中：进口2673万美元，出口1839万美元。

2005年，对11个边贸企业进行边贸经营权备案登记，及时宣传和推广边贸出口以人民币结算退税政策，全年以人民币结算出口退税2467.84万元，有效地促进边贸出口。重点抓好腾冲金鑫、森鑫、福腾、兴华、益华、文昌、承信、国康等以经营木材进口和恒益、天宝以经营矿产品为主的重点企业以扩大边贸进口，以上10户企业全年进口总额2865万美元，占全市边贸进口总额的80.3%。全年边境贸易完成进出口总额6655万美元，完成年计划的129.2%，比上年增长47.5%，其中：进口3658万美元、出口3087万美元，分别比上年增长33.5%、67.9%。

第五节 “三资”企业进出口贸易

一、外资审批权

1991年云南省第一家外商独资经营企业云南云保竹制品有限公司在保山地区落户后，1992年4月省外经贸厅报经省政府同意将项目总投资300万美元，属于国家鼓励类、允许类，且可以自求外汇平衡的项目的审批权下放到各州市。1995年4月将审批权扩大到1000万美元，并委托各州市代省政府发放批准证书。1997年4月将审批权扩大到3000万美元。同年，保山地区扩大开放工作会议明确规定了属地区审批的外商独资项目、合资、合作企业中不含国有资本的项目，不再审批可行性研究报告。至此，保山地区在外商投资企业的审批及程序得到进一步简化。2005年4月将1亿美元鼓励类、允许类项目的审批权下放到州市。

二、进出口情况

1993—1995年，是外商投资企业进入保山地区的高峰时期。1995年以后，外商投资企业主要是以进口设备为主。1997—1999年，外商投资企业出口产品主要有门框料、胶合板单片等木制品。1997年金融危机后，国家调整降低木材初级制成品的出口退税率，木制品出口逐年萎缩。

“九五”期间，全地区外商投资企业共完成进出口2138万美元，其中：进口1095万美元，出口1043万美元。在“九五”期间，进口主要是企业自用的木材加工设备及少量原木；出口商品主要是胶合板单片及边框料件。

“十五”期间，保山市外商投资企业共完成进出口2134万美元，其中：进口184万美元，出口1950万美元。进口下降的原因主要是在“十五”期间，企业自用生产设备进口数量下降。在出口方面，商品结构发生变化，木制品出口数量减少，咖啡、金属硅的出口成为整个“十五”期间全市外商投资企业的出口支柱商品。2000—2005年外商投资企业出口产品以咖啡、金属硅为主。

1995—2005年外商投资企业进出口情况

表24-9　　　　单位：万美元

年度	进出口总额	增减百分比	进口	增减百分比	出口	增减百分比
1995	1044	—	906	—	138	—
1996	736	−29.5	531	−41.4	205	48.6
1997	700	−4.9	397	−25.2	303	47.8
1998	295	−57.9	86	−78.3	209	−31
1999	183	−38	30	−65.1	153	−26.8

续上表　　　　　　　　　　　　　　　　　　　　　　　　　　　　　　　单位：万美元

年度	进出口总额	增减百分比	进口	增减百分比	出口	增减百分比
2000	224	22.4	51	70	173	13.1
2001	108	-51.8	29	43.1	79	-54.3
2002	452	318.5	104	258.6	348	340.5
2003	547	21	34	-67.3	513	47.4
2004	593	8.4	17	-50	576	12.3
2005	422	-28.8	—	—	422	-26.7
合　计	5304	—	2185	—	3119	—

第五章　商贸管理

第一节　重点行业管理

一、成品油管理

保山对成品油的管理，20世纪90年代以前，按国家计划布点、市场按计划供应。之后仍按国家计划（规划）布点（加油站、油库），市场由中石油、中石化两大集团按需供给，消费者按需购买，取消凭票供应的计划经济体制，地市级主管部门（地区商业局、地区财办、地区经贸委、市商务局）按省的规划负责加油站的建设初审以及现有机油站的年检工作，工商、公安、安监、消防等有关部门按上级规定各司其职，负责相关证照的审核办理工作。

1995年3月，行署决定，成立保山地区成品油市场整顿领导小组及办公室，各县（市）也建立相应的组织机构，按照国务院和省政府的部署，在全区范围内开展成品油市场清理整顿工作。由于成品油放开经营后，缺乏宏观管理措施，加油网点建设不规范，重复投资；经营秩序混乱，国家税收流失，消防安全隐患多；计量不准，以次充好等损害消费者利益的现象不同程度地存在。全区整顿前共有各类加油站（点、库）303个。经对照国家关于小型石油库及汽车加油站的设计规范、安全消防规定、计量管理标准等，逐一进行检查，取缔无证经营和立桶加油站160个；审核确认或经限期整改达到标准后确认具有经营资格条件的成品油经营单位133户，其中：批发企业6户，零售加油站116户，边贸进出口企业11户。

2001年，保山市经贸委制发《关于继续推进我市整顿和规范成品油流通秩序和开展专项整治加油站工作的通知》，在全市清理整顿成品油市场，取缔无证经营加油站（点）17个，查处违规建设加油站3个，成品油流通秩序明显好转。

2004年11月，国家颁布《成品油市场管理暂行办法》后，为纠正多头审批、各自为政、管理混乱的局面，将成品油市场管理，加油站的新建、改扩建归口商务主管部门审批、管理。按照“以市场为导向，控制总量，合理布局，改造提高，优胜劣汰，有序发展”的原则，编制《保山市2003—2010年加油站行业发展规划》，使加油站严格按规划布点，既不重复建设，又满足经济发展和生产生活需要。同时，根据规划，切实做好全市新建、搬迁、改造、扩建加油站的各项工作。

2005年，全市有省商务厅颁发成品油零售经营批准证书的加油站194座，比“九五”末增加22座，其中：隆阳区68座，施甸21座，腾冲55座，龙陵24座，昌宁26座。按经营主体分：中石油18座，中石化52座，社会加油站（私营）124座。当年，销售成品油14万吨，比“九五”末增长40%，其中：隆阳区5.9万吨，施甸0.97万吨，腾冲4.5万吨，龙陵1.35万吨，昌宁1.28万吨。

二、拍卖行业管理

1998年，经云南省贸易厅、公安厅、物价局批准，保山地区有3个企业获得拍卖经营资格，分别是保山地区鑫丰拍卖有限责任公司、保山地区机动车拍卖中心、保山金田拍卖事务有限公司，填补了全区拍卖业的空白。为了加强对全区拍卖业管理，体现公开、公平、公正、诚实信用的原则，使其规范运作和健康发展，地区行署发文批复行署经贸委为拍卖行业的归口主管部门，实行行业管理。行署公安局、工商局、物价局、国资局、文化局等有关监管部门，按照各自的职责，依法对本地区拍卖行业进行指导、规划和监督管理。拍卖公司成立后，严格遵循《中华人民共和国拍卖法》《云南省拍卖业管理暂行办法》等法律法规的规定，在拍卖行业有关管理部门指导下开展业务活动。

1999年，全区企业拍卖19宗委托业务，拍卖成交额2073.38万元，上缴各税104.9万元，实现利润30万元。至2005年，全市拍卖企业达6户，拍卖成交额17910万元。

三、二手车交易市场管理

20世纪90年代后期，保山地区私车发展到一定规模，为适应原车至更新车辆需要，二手车交易市场应运而生。

1998年以前，保山地区旧机动车（二手车）交易处于各自为政、自由交易时期。随着市场经济发展的不断深入，国家对建立规范的二手车交易市场提出了新的要求，实现交易市场和评估机构的分离，进一步促进市场的长期稳定发展和规范运作。2004年，根据省商务厅《关于规范二手车鉴定评估管理工作的通知》要求，“旧机动车鉴定评估机构应与旧机动车交易市场分离”，保山市二手车鉴定评估机构经批准设立。2005年，交易市场共实现旧机动车交易3873辆（台），比上年增长43.39%；成交总额4691万元，比上年增长31.76%。

四、生猪定点屠宰管理

1985年，生猪退出派购以后，猪、牛、羊屠宰行业转入个私屠宰。1996年为贯彻国家《生猪屠宰管理条例》，保山地区成立生猪定点屠宰工作领导小组，专门召开全区生猪定点屠宰工作会议，对全区推行生猪定点屠宰工作进行具体部署。五县（市）政府也相继成立生猪定点屠宰工作领导小组和专门工作机构，通过制定措施办法、广泛宣传发动、清理整顿市场、投资改善设施等大量基础工作，保山、龙陵、腾冲、施甸四县（市）在4—9月，先后在城区实施生猪定点屠宰工作。此后，腾冲县和保山市又分别于8月和11月，在8个农村乡(镇)设立9个定点屠宰场(点)，将生猪定点屠宰工作向农村主要集镇延伸。当年，全区21个生猪定点屠宰场（点）共屠宰上市肥猪69208头，检疫率达100%，检出各种病害猪126头，全部作无害化处理。

1998年，为进一步贯彻《生猪屠宰管理条例》和《生猪屠宰管理条例实施办法》，生猪定点屠宰工作从城市稳步向农村推进。全区已有6个城区和农村38个乡（镇）实行生猪定点屠宰，共有定点屠宰场(点)45个，全年生猪定点屠宰率25.64万头，比上年增加4.22万头，增长19.7%；收取各种税费1466.4万元，比上年增加466万元，增长19.7%。全区吃上“放心肉”的人口达135.3万人。

2000年起，行业管理部门按照《生猪定屠宰管理条例》和对生猪实行“定点屠宰、集中检疫、统一纳税、分散经营”的方针，切实推进生猪定点屠宰和集中检疫工作。五县(市)城市市场已实施生猪定点屠宰，绝大多数乡（镇）实施生猪定点屠宰。至2005年，保山市共有生猪定点屠宰场69个，其中：城区7个，乡（镇）62个；隆阳区19个（城区3个、乡镇16个），施甸14个（城区1个、乡镇13个），腾冲13个（城区1个、乡镇12个），龙陵8个（城区1个、乡镇7个），昌宁15个（城区1个、乡镇14个）。当年定点屠宰肥猪26.88万头（隆阳10.15万头、施甸2.44万头、腾冲6.89万头、龙陵3.2万头、昌宁4.21万头），收缴定点屠宰税费1388.82万元（隆阳550.88万元、施甸129.09万元、腾冲354.28万元、龙陵154.57万元、昌宁200万元）。实施生猪定点屠宰覆盖的人口占全市总人口的73%。

五、民用爆破器材流通管理

保山市对民用爆破器材流通的监督管理，严格执行《中华人民共和国爆炸物品管理条例》。对全市民用爆破器材经营企业经营资质重新认定，并颁发经营企业执照，按照“谁主管，谁经营，谁负责”的原则，严格执行准购、准运制度，做到依法、安全、规范经营。全市从事民用爆炸物品经营的企业共6家，其中：市化轻建材公司有外购民用爆炸物品经营权，并专门对县（区）开展批发业务，其余五县（区）各有一户，专门从事辖区零售业务。2005年，全市共批发销售各类炸药4013吨，雷管349万枚，导火索374万米，共计销售额2592万元，其中：隆阳区180万元，施甸18万元，腾冲1081万元，龙陵550万元，昌宁25万元，市公司直销738万元。

六、蚕丝流通管理

自清末起，保山、施甸两县即有栽桑养蚕、土法缫丝的历史。20世纪80年代初期，各级政府大力扶持发展社队企业，鼓励多种经营，将蚕桑作为重点产业来扶持，兴办保山丝绸厂，其产品远销省内外。20世纪90年代中期，该产业逐渐萎缩。

为建立适应社会主义市场经济发展要求的茧丝流通体制，深化改革，规范管理，保山市根据《茧丝流通管理办法》要求，切实加强对蚕丝流通管理。

2001年，组织实施“东桑西移工程”，加快保山市产业结构调整步伐，引进浙江海宁茧丝绸集团，组建保山茧丝绸有限公司。以浙江海宁公司为龙头，先后与隆阳区、施甸县签订7万亩的蚕桑发展合同协议。该公司注册资本500万元，2005年总资产4276.6万元。有桑园面积6.2万亩，其中：投产桑园3.5万亩，饲养桑蚕28244张，比2004年增长40.4%。

第二节　市场经济秩序规范

2001年，保山市成立整顿和规范市场经济秩序领导小组。市、县(区)相应成立以市、县(区)长、局长为组长，相关单位为成员的整顿和规范市场经济秩序领导小组，办公室均设在经贸委。出台《关于整顿和规范市场经济秩序的实施意见》，明确提出“十五”期间全市整顿和规范市场经济秩序的基本原则、主要任务和工作目标，明确工作重点和职责分工。2001年，全市出动2.94万人次、5113车次，查出各类问题商品货值7250万元，罚款310万元，立案查处2144件，结案2088件，案值2277万元，移送司法机关15起16人，取缔非法窝点场所278个。

2002年，继续打击制售假冒伪劣商品违法犯罪行为，特别是狠狠打击以食品、药品、医疗器械、农资等严重危害人民群众利益的制假售假行为。全市出动5.34万人次、9211车次，检出各类有问题商品货值5347.2万元，罚款182.2万元，立案查处2359件，结1949件，案值1836.4万元，移送司法机关2件2人，取缔各类违法窝点场所143个。其中:“消费、治乱、减负”整顿取消收费项目73项，降低收费标准22项，规范收费项目17项，减轻负担787.5万元(减轻企业负担106万元，减轻农民负担621.5元，减轻学生负担60万元)。

2003年，开展以集贸市场、旅游市场、文化市场、农资市场、食盐市场、烟草市场、建筑市场、土地市场为重点，强化加油站、药品医疗器械、安全生产、治乱减负、税收征管、旧机动车交易、报废汽车回收(拆解)、“毒鼠强”、生猪定点屠宰和实施食品放心工程等专项整治为主要内容的治理整顿工作。严厉治理制售假冒伪劣商品和扰乱市场经济秩序的违法犯罪行为，特别是狠抓打击以食品、药品、医疗器械、农资等严重危害人民群众切身利益的制假、售假行为。为确保防治“非典”工作的顺利开展，对囤积居奇，哄抬物价，扰乱社会秩序的违法犯罪行为进行严厉打击，确保市场秩序的稳定。全市出动9.43万人次，1.65万车次，查出各类有问题商品货值6759.49万元，罚款352.62万元，立案查处3100件，结案2845件，案值3585.01万元；移送司法机关14件11人，取缔各类窝点场所181个。

2004年，开展以整顿和规范食品安全、非法采供血液和单采血浆、农资市场、建材市场、汽车交易市场、酒类市场以及毒鼠强、保护知识产权、车辆超限超载、社会诚信宣传教育活动、打破地区封锁，促进全国统一市场的形成等专项整治为主要内容的治理整顿工作；严厉打击制售假冒伪劣商品和扰乱市场经济秩序的违法犯罪行为。全市出动7.13万人次、1.39万车次，查出各类有问题商品货值7094.44万元，罚款291.91万元；立案查处1695件，结案1647件，案值6903.53万元，取缔各类非法窝点32个。

2005年，成立以市政府分管副市长为组长，市政府联系商务工作副秘书长、市商务局局长为副组长，商务、食品药品、工商、质检、税务、卫生、公安、发改委等部门组成的整顿和规范市场经济秩序工作领导小组，下设办公室在市商务局。各县（区）也成立相应的整顿工作领导小组。积极开展食品药品、知识产权保护、商业欺诈、非法采供血浆和单采血浆、农资市场、建筑建材市场、土地市场、汽车交易市场、文化市场、车辆超限超载、税收征管、土地市场、安全生产、社会诚信宣传教育活动等为主要内容的专项治理整顿工作。全年共出动专项检查人员81888人次，车辆6314车次，查处各类有问题商品价值6453.2万元，罚款1012.66万元，立案查处影响市场经济秩序各类案件2068件，结案2014件，案值4800.92万元，取缔各类非法窝点306个。并根据国家、省整规办的要求，结合保山实际，编制了《保山市整顿和规范市场经济秩序三年总体规划（2005—2007）》，将整顿与规范市场经济秩序作为一项重要的长期工作来抓，逐步实现市场经济秩序规范化、法制化。

第二十五编　供销合作

农机具展

综　述

1978年以后，在“改革、开放、搞活”方针指引下，全区供销社迈开了体制和经营机制改革的步伐。

1979年10月，开始进行扩大企业自主权，建立经济责任制，调动企业和职工积极性的改革。实行定购销任务、定经营品种、定资金周转、定费用开支、定工资定额，超额完成任务按百分比实行奖励的“五定一奖”经济责任制。到1983年年底，全区供销社系统100个核算单位中，先后实行扩大企业自主权单位64个，建立了“五定一奖”的经济责任制；其余未搞扩权试点的单位，学习扩权单位经验，实行“五定一奖”百分计奖惩经济责任制。

1983年，全区进行“两改”和“恢复三性”：改官办为民办，改全民所有制为集体所有制；恢复供销社组织上的群众性、管理上的民主性、经营上的灵活性。恢复供销社是合作经济组织的性质，转变体制，转变管理制度，增加民办因素，实行民主管理。

1985年起，全区供销社系统实行“五个突破”和搞好“六个发展”。突破社员股金限制，突破旧的劳动人事制度，突破分配制度，突破经营范围、服务领域和突破价格管理权限。在实现“五个突破”的基础上搞好“六个发展”，在全区供销社系统逐步建立和完善了为农服务的农业社会化服务体系：包括以供销社商业、饮食服务业网点为网络的农民生活服务体系，以“庄稼医院”、农资经营网点为依托的农资服务体系，以商品生产基地为基础、社办工业企业为龙头的农副产品生产、加工、销售服务体系，以供销社干部学校和保山电大供销社工作站为基地的教育培训服务体系。

1992年起，实行“四放开”和推行“社有自营”经营承包责任制：经营放开、价格放开、用工放开、分配放开；在社有资产所有权不变、企业性质不变、隶属关系不变、职工身份不变的前提下，门店个人承包，由职工自筹资金、自主经营、自负盈亏、照章纳税、包交费用。供销社的传统经营业务，除农业生产资料和大宗农副产品收购、加工、推销业务由企业统一组织经营外，放开放活日用工业品和饮食服务业经营，由职工自主经营。到1993年年末全区供销社已有60个基社、1140个门店实行“社有自营”。

保山供销合作社的一系列改革措施，调动了职工经营和管理的积极性，提高了职工参与市场竞争的主动性。全区供销社系统在农资商品销售、农资科技服务、农副产品收购、生活资料商品销售等方面发挥了重要作用。农业生产资料销售总额由1978年的1939万元增加到2005年的31947.8万元，增长15.5倍，年均递增10.9%；1978年，完成农副产品采购总额2254万元，1985年，国家取消农产品统派购政策实行放开经营后，全区供销社实行农产品“分购联销”，当年完成农副产品采购总额3547万元，1988年创历史最高水平，达7245万元；1978年，全区供销社消费品零售总额为6570万元，占全区社会消费品零售总额的44.7%，1997年为11915万元，比1978年增长81.4%，但占全区社会消费品零售总额的比例下降到7.56%。

1992年以前，保山地区供销社均保持盈利水平。

1993年起，保山地区供销社系统开始整体亏损，到1998年，亏损面达81.03%，亏损额高达3087.7万元。面对亏损困境，1998—2005年，供销社从“减人、减债、减包袱”入手，全面推进“职工转身份，企业转机制，联社转职能”的体制改革。围绕建立现代企业制度，改革产权制度，盘活存量资产和减员增效，调整结构，开拓发展，实现扭亏增盈的改革方向，开始对供销企业人事用工制度、产权制度、经营机制、管理体制四个方面进行改革。

2001—2005年，全市对县以上供销直属企业加大人员分流和产权制度改革力度，推进企业战略性改组和调整，集中力量办好农资、农副产品加工龙头企业。针对企业经营状况，分别采取重组、联合、兼并、分离、租赁、承包经营和股份合作制、股份制、整体出售，关停、歇业，分立重组，资产出售、全员分流、终止经营等形式的改革。县（区）级供销社联合社围绕“精简、高效”的原则，实行转变职能、社企分开的改革。至2005年年底，全市供销社系统完成县以上直属企业关、停、并、转11个，完成股份制改制企业5个，民营化改造企业9个，改革面达90%以上；完成基层社关、停、并、转36个，完成股份合作制改造6个，民营化改造1个，保留以资产经营为主的基层社38个，建立各种新型农村合作经济组织107个，改革面达80%以上；县（区）联社全部实现社企分开，成为“行使行政职能的事业单位”，全市供销社的独立核算企业由1997年改制前的116个，减少到73个。共分流人员4492人，职工总数从1997年的7229人减到2737人。

1998年全区供销社进行企业产权制度改革以后，大部分基层社的日用工业品经营门市部和购销店作价用于安置分流职工，让分流职工自主从事经营活动；大部分农产品经营企业和收购门店撤销，改由分流职工自行经营，不再计入供销社采购额；关闭一批规模小、亏损大的社办工业企业，社办工业企业数量不断减少，社办工业总产值逐年下降。同时，全系统在改革中不断发展了新的经营业务，拓宽服务领域，取得了良好的经济效益：

1998—2005年，在产权制度改革中，地区供销社提倡领办、创办农副产品专业合作社和农产品行业协会，农副产品专业合作社稳步发展。2005年年末，保山市已建立22个农副产品专业合作社和4个农产品行业协会，部分专业合作社已取得了较好效果。

1998年以后，在供销社企业产权制度改革中，关闭规模小、亏损大的社办工业企业，发挥优势，组建昌宁尼诺茶叶有限责任公司、腾冲清凉山茶叶有限公司等一批公司。以农产品加工为主，产供销一条龙的新型企业，获得较好的经济效益。

1998—2005年，供销社系统进行产权制度改革期间，各级供销社采用改造、引资、联办、出租等形式，充分盘活、开发、利用闲置资产，建设综合商场、集贸市场、便民超市等吸引各类商户进场交易，活跃城乡市场，拓展新的经营业务，方便群众购物和交易，为城乡居民提供各种综合服务，各级供销社取得较好的资产经营收益。

2004年，全市供销社系统实现扭亏为盈65万元。至2005年年末，全市73个企业中，有9个企业亏损，有64个企业盈利，全系统盈利总额108万元。

第一章　机构沿革

1975年10月，将合并于专县商业局的供销机构析出，分别成立保山地区供销社及各县供销社。1978年年底，全区供销社系统共有地区社1个、县社5个，独立核算企业94个(县以上专业公司、货栈、车队15个，基层供销社79个)，在职职工总数5959人。

1983年9月，保山县撤县设市，保山县供销社更名为保山市供销合作社。同年10月，在地级机构改革中，地区供销社第三次并入地区商业局；地区供销社所属各专业公司维持原状，改属地区商业局。县和基层供销社归属不变，分两批进行“恢复三性”的体制改革。年底，全区77个基层社的清股扩股工作全部完成。入股社员总户数300787户，占农户总数的90.5%。77个基层社均分别召开社员代表大会，选举产生基层社的理事会和监事会，并选举产生出席县联社社员代表大会的代表。随后5个县(市)又相继召开全县(市)供销合作社社员代表大会，恢复各县(市)供销合作社联合社，并由代表大会选举产生县(市)联社理事会和监事会。

1984年10月，地区供销社重新恢复建制。至1985年年底，全区供销系统共有各级供销机构823个，职工5889人。

1990年，全区供销系统共有机构1937个，职工5632人，其中：地区供销社下属土产、农资两个公司，有职工136人(含地区供销社)；五县(市)供销合作社有直属机构38个，职工1318人；基层供销社79个，职工2913人；购销店652个，职工1265人。

1997年，全区供销社有6个地县联社，116个独立核算企业(直属企业37个，基层社79个)，有职工7229人，其中：在职5289人，离退休1940人。

2001年，保山地区供销社改为保山市供销社，为市政府直属机构。原保山市(县级)供销合作社联合社改为隆阳区供销合作社联合社，并将其正式纳入财政拨款单位，不再列入企业类单位管理。2002年，县(区)联社机关按照精干高效的原则，精简内设机构和人员。内设科室由原来4～5个，精简至3～4个；县(区)各联社机关工作人员原来的20多人，精简至10～16人；全市供销社机关工作人员由原来的138人，精简至84人。2003年，县(区)联社全部实现社企分开，并将其定性为“行使行政职能的事业单位”，职能向指导、协调、监督、服务等职能转变。人员纳入公务员序列管理，所需经费纳入本级财政预算。

2004年，云南省供销社提出发展“两社一会”(农民专业合作社、农村综合服务社和农产品流通协会)的工作要求，7月，保山市在全省率先成立保山市人民政府农村合作经济组织管理办公室，挂牌保山市供销社，实行“两块牌子，一套班子”，行使全市组织发展和管理农村合作经济组织的职能。12月，腾冲县成立县人民政府农村合作经济组织管理办公室，挂牌县供销社。2005年8月、12月，昌宁、施甸县人民政府分别成立农村合作经济组织管理办公室，挂牌县供销社。同年12月，隆阳区人民政府成立农村合作经济领导小组，下设办公室在区供销社。

至2005年年末，全市供销社机关6个，工作人员84人。独立核算企业73个，其中：直属企业30个，基层社43个。共分流人员4492人，职工总数减少到2737人，其中：在职职工436人，离退休职工2301人。全系统在改革中拓展新的经营业务和服务领域：建立农村生猪定点屠宰点6个，食盐代批发点9个，废旧物资回收点4个，药品经营点9个，石油加油站3个(其中到缅甸设立2个)、宾馆、酒店9个，烟花爆竹有限责任公司5个，综合商场、集贸市场12个，农资经营连锁店679个，农村便民超市1个。当年，全市挂牌成立107个新型农村合作经济组织，其中：专业合作社55个，农资服务社和综合服务社43个，农产品行业协会9个。

第二章　生产资料经营及服务

第一节　农资流通政策的调整

1978年以后，国家对农资流通体制和政策逐步进行改革和调整。1985年起，保山地区和全省一样，除化肥、农膜、农药仍实行由供销社专营外，其他品种逐步放开经营。省政府对化肥、农药、农膜均实行省定价格。1988年“三小”化肥（硝铵、碳铵、普钙）改为省核定给各县农村运杂费补贴，由地区定价，一县一价，县内统一销售。1990年起，农药、农膜价格放开；尿素计划内指标（包括基数肥、粮油挂钩肥、各种农业技术推广专用肥、扶贫肥、救灾肥），仍实行省定价格，计划外实行议购议销市场价格；“三小”化肥仍由地区定价，一县一价销售；其他化肥价格放开。1996年，供销专营改为“一主两辅”的流通渠道经营，即：供销社农资公司为主渠道，县级与县以下农业“三站”（植保站、土肥站、农技推广站）和化肥生产企业为辅助渠道。1998年化肥流通由直接计划管理为主改为间接管理为主，取消国产化肥指令性计划和统配收购计划，进一步拓宽化肥流通渠道，化肥生产企业，各级供销社农资公司、农业三站均可直接销售给农民，并允许农垦、林业、烟草、军队在其系统内销售化肥。并逐步在农资商品价格管理上进行调整。1998年起，取消“三小”化肥农村运杂费补贴，放开价格销售。1999年起，取消省控尿素计划价格，所有化肥的出厂价实行指导价格，即由省定化肥企业中准出厂价和上下浮动幅度，供需双方在浮动幅度内确定具体供应价格，批发和零售采取顺加价办法销售。

第二节　农资网点及销售

一、农资网点

1978年，保山地区供销社系统经营农资商品的单位及网点有：地、县两级6个农资公司（地区农资公司和各县农资公司），主要从事批发业务，另在县城设有少量零售门市部；零售网点主要是79个基层供销社的农资门市部和下设的购销店（580个）。1997年年末，全区农资经营网点有700个。1998年起，进行分流人员和企业产权制度改革，36个基层社关闭歇业，600余个购销店作价用于支付分流职工的工龄补偿费，基层农资经营网点大幅度减少。在企业改革中，地区农资公司改制为云南保山市浩泰农资有限责任公司，昌宁县农资公司改制为昌宁县农资有限责任公司，保山市农资公司改制为云南省保山明和农资有限责任公司，龙陵县农资公司改制为龙陵县凯利达农资有限责任公司，腾冲、施甸县农资公司维持原状。随后，地（市）、县（市、区）供销社和6个农资公司及时跟所保留的基层供销社、供销社改制分流职工和农村农业技术人员合作，新建和重建基层社农资经营部、农资购销专业合作社、村级农资综合服务社和农资经营连锁店，基层农资经营网点又逐步回升。到2005年年末，全市建有53个农资购销农资服务（专业合作）社、5个农资农产品流通协会和18个综合服务社，建成583个农资(联合、连锁)经营店、46个农资代销店、679个农资经营连锁网点。

二、农资销售

1978年，保山地区供销系统农业生产资料销售总额1939万元，1980年3579万元。1985年起，除化肥、农膜、农药仍实行由供销社专营外，其他品种逐步放开经营，当年销售总额5606万元。1990年农药、农膜价格放开，当年销售总额16465万元。1996年首次突破2亿元，达到26003万元。1998年起，进行分流人员和企业产权制度改革，经营网点大幅度减少，当年农资销售总额25280.2万元，比上年下降12%。1999年起，取消省控尿素计划价格，当年农资销售总额19897万元，比上年下降21.3%；2001年下降到17400万元，比上年下降16.2%。2002年，农业生产资料销售额开始回升，达到18300万元，比上年增长5.1%；2004年达26916.7万元，比上年增长20.2%；2005年首次突破3亿元，达31947.8万元，比上年增长18.7%，比1978年增长15.5倍，年均递增10.9%。

保山区内农业生产资料的供应品种共有9大类、上百个品种。有各种铁、竹、木农具，各种农药、农膜，各种农业机械和尿素、磷肥、钾肥、复合肥等各种肥料。

化肥销售量：1978年为5.78万吨，1980年9.65万吨，1983年突破10万吨，1985年13.52万吨，1990年突破15万吨，1995年达16.6万吨。“九五”期间，全区供销系统化肥销量达93.33万吨，其中：1996年销量为19.01万吨，1997年为19.51万吨，1998年为20.54万吨，1999年为17.41万吨，2000年为16.86万吨。“十五”期间，全市供销系统化肥销量达100.6万吨，其中：2001年销量为16.67万吨，2002年为16.42万吨，2003年为19.84万吨，

2004年为22.74万吨，2005年达24.93万吨（尿素12.09万吨，碳铵1.68万吨，普钙5.95万吨，钾肥0.13万吨，复合肥5.08万吨），是1978年的4.3倍。

农药销售量：1978年为952吨，1980年838吨，1985年389吨，1990年648.4吨，1995年达983.6吨。“九五”期间，全区供销系统农药销量达5602吨，其中：1996年销量为1130.2吨，1997年为1312.4吨，1998年为1174吨，1999年为952吨，2000年为1033.4吨。“十五”期间，全市供销系统农药销量达7645.8吨，其中：2001年销量为1418.8吨，2002年为1614.7吨，2003年为1446.8吨，2004年为1538.5吨，2005年达1627吨，是1978年的1.71倍。

农膜销售量：全系统每年销售农膜约200吨。最多为1997年，共678吨；最少为2002年，仅84吨。“九五”期间，全区供销系统农膜销量达1833.7吨，其中：1996年销量为308.6吨，1998年为314.5吨，1999年为312吨，2000年为220.6吨。“十五”期间，全市供销系统农膜销量为597吨，其中：2001年销量为148吨，2003年为117吨，2004年为115吨，2005年为133吨。

2005年，全市供销系统的农资销售量占全市使用量的比例：化肥占80%以上，农药占50%左右，农膜占20%左右。在全市农资流通中，供销系统的经营品种、经营数量、商品质量、商品价格仍起着主导作用。

第三节　农资科技服务

1978—2005年，为帮助农民科学使用化肥、农药和不断引进推广使用农资新产品，降低农业成本，提高农资使用效率，保山供销社系统建立起一支农资科技服务队伍。地（市）县社、农资公司都设立科技科（股），配置3～5人，基层社固定1～3人为农资科技员，全系统共180多人的农资科技服务队伍，深入社队、村组，下到田间地头，帮助社队和农民科学合理使用农资产品，达到增产增收的目的。

一、“两土”推广使用

20世纪70年代和80年代初期，因农药、化肥计划供应不足，满足不了农业生产需要，各级供销社农资科技服务队伍就帮助社队制造使用土化肥（5406菌肥、腐殖酸肥、土氨水等）、土农药（1—71白僵菌、八合剂、三色粉、松针碱液、水牛尿液、石硫合剂、盐六合剂）。1978年全区生产使用菌肥36200吨，腐肥82200吨，土农药416吨。1979年生产使用菌肥60892吨、腐肥118660吨、土农药68吨。1980年以后化肥农药供应量逐步转好，“两土”使用量才逐步减少。全区“两土”的推广使用，在化肥紧缺时期对农业增产、农民增收起到了较大作用。

二、新肥料推广使用

1980年起，各级供销社农资科技人员根据科学技术的发展，不断引进、试验、示范、推广、使用农资新产品、新技术，引导辅导农民科学种田。在化肥的使用上，帮助农民从氮肥、磷肥逐步扩大到学会使用钾肥、复合肥、微量元素肥、生物肥、有机复合肥等。

如：1983年，保山市供销社帮助农民开展氮肥深施，从小麦、苞谷追肥深施到水稻施用水皮肥，提高化肥使用效率；1984年，地区农资公司科技科在蚕豆田试验施用微量元素肥钼肥获得增产，然后大面积推广使用。1986年“万亩蚕豆施钼肥效果显著”项目获保山行署科技二等奖。保山地区农资公司科技科开展科技试验示范推广的项目，获省政府、地区行署科技进步奖的有：“山地苞谷、小麦两季过吨粮”项目，1991年获省供销社科技三等奖、获地区行署1989—1999年度科技鼓励奖；“进口复合肥与四川输气厂生产复混肥对比试验”项目，1992年获地区行署科技进步三等奖;“甘蔗田、茶园化学除草科技成果”项目，1993年获地区行署1991—1992年度科技进步二等奖；“化学除草剂草甘膦在茶园和蔗田的推广应用”项目1993年获省政府三等奖。地区农资公司，被商业部授予“农资科技先进单位”称号。复合肥在全区推广使用后，进口复合肥货源紧缺。1993年保山、腾冲、施甸三县农资公司投资建成三个复合肥厂，并根据农作物需要，配制生产出各种专用复合肥。如：烤烟、小麦、苞谷、油菜、甘蔗、茶叶等专用复合肥，推广使用后，达到合理施肥、节约成本、稳产高产的目的。2005年腾冲复合肥厂生产各种复合肥1935吨，产值289万元。

三、庄稼医院及科技咨询服务

1989年，在地区供销社、农资公司的帮助和指导下，全省第一所“庄稼医院”在保山市河图供销社诞生。庄稼医院实行技物结合，既提供农资商品，又提供农资使用技术。庄稼医院的医生由供销社农资科技人员和聘请的农业部门技术员担任，采取坐堂就诊和巡回出诊两者结合的方式，为农民提供庄稼病虫害的防治办法。对出现的大面积病害，还组织机防服务队联防联治，合理收取费用。“庄稼医院”这一新生事物一出现，就受到农民的欢迎，得到当地政府和上级社的赞扬，全区各农资公司和基层社相继建立起“庄稼医院”或农资科技咨询服务站。

为了提高服务质量，1991年地区供销社在供销社干部学校开办一期庄稼医生培训班，请农业部门的农技专家授课，培训供销社78名庄稼医生，提高他们的服务技能。全年办理农户技术咨询35.22万人次，开出农药处方7.33万份。1992年，在保证78所“庄稼医院”稳步发展的前提下，又建立村级购销店农药化肥咨询专柜22个，对当地农药化肥使用作技术指导。全年接待服务咨询33万人次，开出农药处方4.3万份。1996年，地区供销社制定统一的《庄稼医院服务公约》，以确保庄稼医院的服务质量。并组织巡回检查组，对全区87所庄稼医院和咨询服务站的店容店貌、服务设施、服务技能、服务态度、商品质量进行全面的检查，规范庄稼医院的设置和服务，提高技术素质和服务质量。省供销社科技处、省农资公司曾组织各地州市到保山参观学习，带动全省供销社普遍建立庄稼医院。1997年，各“庄稼医院”和咨询服务站重点推广多元素专用复合肥，满足农民群众的生产需要。年内，为更好地开展农资技术服务，地区供销社组织抽调检查组分别对全区87个“庄稼医院”和咨询服务站进行抽查验收。1999年，实施“强庄稼医院工程”，全区“庄稼医院”和咨询服务站在服务质量和服务态度等方面有较大改善。

2004年，为适应农村新形势和农民生产生活需要，全市开始对原村级综合服务站、“双代店”“庄稼医院”和农资科技咨询服务站、农资配送站及其他经营服务网点进行改造，在乡村兴办起一批向农民提供综合化、系列化、社会化服务的新型农村合作经济组织——农资购销专业合作（服务）社、农资农产品流通协会和综合服务社。新型合作组织集农村消费购物、农业生产资料供应、农产品购销、科技服务、信息交流、宣传教育与培训等功能于一体，通过向农民提供综合化、社区式服务，满足农民的物质文化生活需求，提高农民的生产、生活水平。“庄稼医院”和农资科技咨询服务站的相关功能和业务，得到有效整合。

至2005年年末，全市已成立53个农资购销专业合作社和农资购销服务社，4个农资流通协会和18个综合服务社，其中：市浩泰农资公司有农资购销服务社25个，综合服务社11个；隆阳区农资流通协会3个，综合服务社1个；施甸县农资购销专业合作3个；腾冲县农资购销专业合作社21个，农资流通协会1个，综合服务社1个；龙陵县农资购销专业合作社2个；昌宁县农资购销专业合作社2个，综合服务社5个。

第四节　农资市场治理整顿

随着改革开放的不断深入，保山地区农资市场情况变化较大。1994年，出现“政策变动大、货源缺口大、价格涨幅大、经营渠道乱”的“三大一乱”状况。多渠道农资经营，在一定程度上影响着供销社的农资销售，一些假冒伪劣产品趁机流入市场，出现坑农害农的现象。面对严峻的形势，全区供销系统严把农资进货质量关，加大农资进货力度，保障物资供应，稳定农资市场。在坚持做好农资供应和技术服务的同时，积极协助配合工商、公安、物价等部门，对农资市场进行专项清理整顿，净化农资市场，扭转农资市场混乱、货源失控的局面。

1997年，全区各级供销社积极配合工商部门进行农资市场的清理整顿工作，打击非法经销，保护合法经营，保证农民利益不受侵害。在“销售农资商品千县万社无假货”活动中，保山市供销社农资公司被中华全国供销合作社表彰为先进单位，施甸县供销社农资公司被省供销社表彰为先进单位。

2000—2005年，保山市各级供销社积极配合工商、公安、农业、技术监督等部门，加大市场监管执法力度，开展市场秩序整顿工作。以查处制假售假、违法生产经营、无照经营为重点，采取专项整治和全面清理整顿相结合的方法，对全市农资市场秩序进行综合治理：2000年，在春耕生产期间和“红盾打假护农”执法活动中，对种子和化肥市场进行专项检查，对农资市场进行集中清理整顿，全区共查获劣质化肥93600千克，罚款6715元；2001—2002年，全市取缔不合规定的农资经营点85个，查获无照经营农资案32件（案值10.7万元），查处假冒伪劣农资案件9起（案值3.6万元）；2003年查处违法经营化肥419374.8千克，农药2700千克；2005年立案查处123起，查获大批假冒伪劣农资，总案值57.52万元。通过整顿，全市农资市场得到净化，市场秩序良好，合法经营者和农民利益得到了有效保护。

第三章　农副产品生产服务

第一节　农副产品收购政策的调整

计划经济时期，保山地区严格执行国家对农副产品收购的基本原则：国家、集体、个人三者利益兼顾，同时贯彻“及时收购、同时安排”的方针及实行农副产品购留比例和奖励奖售政策。从20世纪50年代开始至1983年，按照关系国计民生的程度，把农副产品分为三类：一类农副产品统购，二类农副产品派购和统一收购，三类农副产品自由交售。三类农副产品的划分一直执行到1984年年底，其间只对一、二类农副产品的具体品种和购留比例、奖励奖售政策做过少量调整。

保山地区和全国全省一样，对粮食、棉花、食用油料等一类农副产品实行统购。凡属一类商品，除按政策规定留用部分外，必须按国家规定的品种、数量、价格、交售给国家指定的商业部门，其他单位和个人，一律不得插手经营。对一部分关系国计民生比较重要的二类农副产品，在国家计划指导下，实行派购。1978—1980年，根据省级规定，属于供销社主管的派购品种有烤烟、大麻、苎麻、泡核桃、花椒、八角、草果等。统一收购的产品有桐油、栧油、漆蜡、生漆等，同时，对部分物资实行奖售，其中：供销社主管的对应品种有核桃、棉花烤烟、晒烟、黄麻、大麻、剑麻、生漆、紫胶（4个等级）、蓖麻子、香果油、桐油、乌桕油、漆蜡、香叶油、薄荷油、茶叶（共25个等级）、蚕茧、薏仁米、板鸭、板栗、杏仁、香菇、黑木耳、八角、草果、笋干、笋丝、绿肥子（有2种）等。奖售物资有粮食、化肥、布票，其标准有高有低。1981年，供销社主管的二类农副产品中的大麻、苎麻、花椒、家禽、鲜蛋、野生油、蓖麻子等退出派购，新增胡椒为派购。1981年省供销社对部分农副产品进行调留比例调整，保山：桐油调7留3，核桃、木耳、胡椒调6留4。不足销的二类农副产品，根据各时期的产销情况，确定不同时期的购留比例或收购基数，向生产者分派交售任务。1978年以前实行派购的有56种，1981年调整为38种，1983年调整为18种（肥猪、烤烟、甘蔗及食糖、茶叶、八角、蚕丝蚕茧、羊毛、牛皮、野生杂皮、桐油、紫胶、松脂、橡胶、活鸡、鲜蛋、优质水果、城市工矿区专业队的蔬菜），先后退出派购的主要品种有：菜牛、菜羊、泡核桃、铁核桃、木耳、咖啡、草果、花椒、胡椒、栧油、漆蜡、生漆、大麻、苎麻、马皮、骡皮、驴皮、鹿茸、熊胆、麝香、黄连、天麻、当归、贝母、三七、川芎、红花、砂仁、山药、金银花等。

购留比例和奖励奖售标准：根据国家规定，保山地区从1961年起对重要经济作物实行粮食、棉布等物资奖励奖售办法。1978年为95种，1979年取消部分中药材的奖售品种和缩小奖售标准。1983年6月，保山地区根据省政府规定，取消化肥和棉布奖售；对栧油、绿肥籽种等9个品种，不再给予粮食奖售；规定新的粮食奖售标准，每担级内茶奖售25千克；每担紫梗奖售20千克；每担桐油奖售50千克；每张牛皮奖售10千克；每张羊皮奖售2.5千克；每张麂皮奖售1.5千克；每担当归奖售50千克；每担黄连奖售12.5千克；每担核桃油奖售105千克，1984年年底停止执行奖售粮食政策。

三类农副产品，国家不规定交售任务，由地方制定收购价格，供销社根据当地市场需要和外地有销路，与生产者协商签订合同收购。

1983年6月，保山地区根据省政府规定，对于完成统购、派购任务以后的农副产品和非统购的农副产品，除棉花、木材、烤烟和二类药材外，允许国营商业、供销社、有证商贩及农民进行多渠道经营。

1985年1月起，保山地区根据中共中央、国务院规定，除个别品种外，取消统、派购政策，允许多渠道经营。

第二节　农副产品经营业务

1975年保山地区恢复地县供销社后，同时恢复建立了地县农副土特产品公司（简称土产公司），专门从事农产品批发业务。在农村则由基层社设立采购组，农产品仓库、农产品收购门市部，在购销店设立收购点，专门负责农副产品收购，然后集中调县级以上专业公司。

1978年，全区有6个农产品专业公司从事农产品批发业务，79个基层社的采购门市部和下设的580个购销店从事农产品收购，全年完成农副产品采购总额2254万元。

1985年，国家取消农产品统派购政策实行放开经营后，全区供销社改革农副产品经营办法，改变按计划收购、逐级上调的做法，实行农产品“分购联销”：以专业公司为龙头、基层社为基础，分购农副产品，然后集中由县、地公司销售到省内外商家或厂家，专业公司获得的利润，按比例向基层社返利。当年完成农副产品采购总额3547万元，比农产品放开经营前的1984年增长13.65%。1987年农产品采购额首次突破4000万元，完成4355万元。1988年创历史最高水平，达7245万元。虽然有价格上涨的因素，但紫胶、攀枝花、核桃、茶叶、烟叶的收购量创历史最高纪录。1997年供销社进行企业产权制度改革前，完成农副产品采购额4526万元，比1978年增加1倍，比1984年增长41%。

1998年起，全区供销进行企业产权制度改革，供销社大部分农产品经营企业和收购门店撤销，改由分流职工自行经营，不再计入供销社采购额。保留下来的农产品经营企业和收购门店也大量减少经营品种，只经营几种大宗农副产品：茶叶、草果、咖啡、棕片、核桃等。2003年农副产品采购额跌到563.5万元。2005年完成农副产品采购额354万元。

第三节　扶持发展多种经营

1975年恢复地、县供销社以后，保山地区各级供销社建立多种经营干部管理队伍。地、县、基层三级社都固定一名副主任专抓多种经营；地、县社和专业公司设立生产科技（副业生产）科、股；基层社设立多种经营辅导小组，全区共有近500人的多种经营专管人员，常年深入社队，帮助规划发展商品生产，从资金、技术、物资上给予大力支持。主要抓好籽种、种苗的供应，抓住节令，落实面积，组织实施，加强管理，抓好技术培训和技术辅导，抓好产品的采摘、加工与收购。为发展多种经营，省、县专业公司和基层社每年从税后留利中提取10%生产扶持基金，用于扶持发展商品生产和购置生产机械设备。1976—1985年，全系统共发放多种经营生产扶持资金209.8万元，用于公社、大队、生产队和"两户一体"（1983年起扶持商品生产专业户、重点户和联合体），发展农副产品种植、养殖、加工业项目。农村经济体制改革后，供销社扶持资金无法收回，所扶持发展的产品也放开经营，流入市场交易，供销社很难掌握收购。供销社为适应农村经济体制的变化和发展农村商品生产的需要，从1986年起，不再实行扶持社队发展多种经营的办法，转而推行自办、联办、扶持办商品生产基地的办法。

一、供销社帮助和扶持发展的经营品种

种植业：甘蔗、茶叶、棉花、大麻、棕树、桐剑麻、构皮、攀枝花、晒烟、烤烟、紫胶、蓖麻、枧子、乌桕、香果、漆树、油茶、核桃、板栗、腰果、葵花、咖啡、胡椒、砂仁、草果、八角、花椒、辣子、生姜、大蒜、柑橘、黄果、苹果、梨、梅子、竹子、食用菌、中药材（几十个品种）等。

养殖业：猪、牛、羊、骡子、耕牛、蜜蜂、兔子、鸡、鸭、鱼、蚕、梅花鹿等。

加工业：土纸、棉白纸（宣纸）、红糖、茶叶、土陶、铁竹木农具、斗笠、油纸伞、榨油、酿酒、芳香油、板鸭、粉丝、干姜片、干兰片等。

二、供销社引进的品种

通过省公司引进意大利蜂、泰国木棉、腰果、日本黄梨等，直接到省外引进新疆核桃、海南胡椒、咖啡、广西紫胶、桐剑麻、浙江的温州蜜柑、脐橙、湖北板栗、东北梅花鹿、吉林人参、浙江食用菌、江西甜叶菊等。到省内其他地州引进临沧、西双版纳茶籽、文山三七、草果、八角、红河草果、蚕种等。

三、扶持发展烤烟

1986年，保山地委、行署交给供销社扶持发展烤烟的任务，适合种植烤烟的乡（镇），都由供销社组织生产收购。供销社从玉溪、祥云等地请来种烟师傅，调进烟种，赊销烟用化肥、农药、发放建烤房补助资金，使全区烤烟产业从无到有逐步发展起来。1987年收购烤烟720吨，1988年收购3211吨。1988年10月，成立保山地区烟草公司，1989年、1990年各县相继成立烟草公司，烤烟划归烟草部门经营，同时规定为补偿供销社起步发展烤烟

的投入，烟草部门应将烤烟收调差率中的1%拨给供销社。但烟草部门成立后，未按规定划拨，致使全区供销社投放于烤烟发展所支付的外请技术人员工资、培训费、参观学习费、建烤房设施补助费、赊销化肥农药收不回来的损失费及利息支出，共计446万元资金得不到补偿。

第四节　商品生产基地建设

保山地区实行家庭联产承包责任制后，供销社为适应农村经济体制的变化和发展农村商品生产的需要，从1986年起，改变过去扶持社队发展多种经营的办法，提倡和推行自办、联办、扶持办商品生产基地的办法。自办商品生产基地，即供销社承包村社土地，雇用当地农民从事开挖种植、中耕管理、采摘加工等工作，供销社组织生产、管理和加工、销售，盈亏自负。联办商品生产基地，即村社出土地、供销社出资金、技术和管理，基地产品加工销售后的收益，供销社与村社分成。扶持办商品生产基地，即供销社提供信息、种苗、贷款担保、技术辅导、赊销化肥农药，由农户连片种植、管理、采摘，产品由供销社按市场价格合同收购。昌宁县温泉供销社率先在尼诺村承包村社土地，自办1000亩科学规范种植的高产茶园。全区各县社及基层社学习温泉经验，开始大规模发展商品生产基地，到1991年年末已投入资金1000多万元，自办、联办、扶持办商品生产基地18222亩，其中：茶叶99093亩、草果43819亩、紫胶5500亩、香果5700亩、花椒5203亩、核桃12000亩、水果1701亩、梅子750亩、晒烟8500亩。这些商品生产基地既是直接生产商品的生产基地，又是引导辅导农民发展商品生产科技示范和技术培训的基地，带动周边农民发展商品生产，增加收入。

1993年，供销社已投资899万元自办联办33个茶叶基地，种茶16391亩，产干茶447309千克，产值432150元；投资534万元建起35个茶叶初制所，既加工基地的茶叶，又收购加工周边农户16902亩茶园的茶叶，共加工干茶517133千克，收购周边农户鲜叶2536571千克，总产值4389828元；同时，投资338万元，建起6个茶叶精制厂，生产精制包装茶426424千克，总产值4270978元。

至1995年年末，全区供销社投入资金2860万元建有自办、联办、扶持办的商品生产基地面积122133亩，其中：自办、联办基地14056亩（茶叶12836亩、水果320亩、梅子100亩、蓝桉600亩、核桃200亩）；扶持办商品生产基地108077亩（茶叶64000亩，草果43577亩、梅子500亩）。为农民担保贷款754万元，其中：供销社贴息贷款151.5万元。这些商品生产基地已开始投产、产量逐年增加。自办、联办的基地，供销社获得经营收入，农民获得劳务收入，村社获得土地承包收入和联营分成收入；扶持办基地让农民实现增收，如：腾冲县供销社1972年从文山、红河引进草果试种，成功后逐步推广发展，1993年年末已扶持农户连片种植草果3.5万亩，普及到13个乡51个村192个社3200多农户，投产1.5万亩，总产鲜果75万千克，供销社收购52.3万千克，其中：打苴乡花园村是有名的贫困村，供销社挂钩扶贫前人均收入仅为75元，挂钩扶贫后供销社扶持254户、1300多人种植草果，1993年人均草果收入就达92元；古永乡猴桥村214户农户，供销社扶持210户种草果，1994年收获5万千克；黑泥塘村5个社种草果，2000年产15万千克，收入达210万元。

1998—2005年，在基层社改造中，供销社领办、创办一批农产品专业合作社和农产品行业协会，合作社和协会加大对农副产品生产基地的建设力度，在发展农副产品生产基地的基础上，努力实现农产品的加工增值，逐步走出农工贸一体化、产供销一条龙的路子。

第五节　农副产品专业合作社及协会

在保山地区供销社产权制度改革中，为探索为农服务、助农增收的新途径，地区供销社提出在改造基层供销社中，提倡领办、创办农副产品专业合作社和农产品行业协会。1999年，地社组织保山、腾冲、龙陵和昌宁4个县（市）社的主任、业务科长到昆明市宜良县和昭通地区盐津县考察和学习专业合作社经验后，结合保山实际，组建了8个专业合作社（龙江油菜籽、尼诺茶叶、清凉山茶叶、青龙山茶叶、打苴草果、坝湾草果、潞江咖啡、芒宽优质稻）。2000年又新建起6个专业合作社（蒲缥花生、古永草果、界头构皮、五合香果、达丙萝卜丝、木城咖啡）。此后几年，农副产品专业合作社在不断巩固完善、新建发展、规范淘汰中稳步发展。

2005年年末，保山市已建立22个农副产品专业合作社和4个农产品行业协会，部分专业合作社已取得了较好效果，如：龙陵县龙江油菜籽专业合作社，1999年挂牌建立后，稳步发展，入社农户逐年增加、种植面积不断扩大。2004年种植油菜8725亩，涉及农户4300多户，占全乡农户的81%，其中种植双低油菜3248亩、良种率达36.2%。供销社对农户赊销化肥800吨，农药1500千克；无偿提供农药2575千克，双低油菜种1600千克，价值2.4万元；年产量达790吨，产值172.7万元。实现农民增收，企业增效的目的。该社2003年12月被全国总社评为“全国示范专业合作社”。再如：2005年6月成立的隆阳区登高蔬菜专业合作社，种植反季蔬菜，与重庆、南昌等城市商户签订供货合同，专业社对入社社员生产的产品实行保护价收购，让社员获得稳定收入。已建立的4个农产品协会也在当地不同程度地发挥着作用。

第六节　农产品加工及地方名优产品

保山在发展农副产品商品生产基地的基础上，为实现农产品的加工增值，逐步走上农工贸一体化、产供销一条龙的路子。各级供销社在改革开放中，积极兴办以农产品加工为主的社办工业企业，先后创造了20多个地方名优和省部优名牌产品。如：昌宁尼诺茶获中国西部“陆羽怀”奖，云南省供销社“金钟”奖。在保山地区首届名优茶、包装评选会上，供销社系统生产的“万兴碧毫”“黑山银峰”“尼诺毫峰”被评为保山地区名茶；“摆龙银尖”“一级尼诺绿茶”“台山银毫”“清凉山磨锅茶”被评为保山地区优质茶;“清凉山茶礼品提装盒”“清凉山茶组合包装”“尼诺绿茶铝铂袋装”“尼诺绿茶手提纸盒套装”被评为保山地区优秀茶叶包装。全区供销社系统生产的尼诺茶、清凉山茶、万兴茶、青龙山茶、松山绿茶、黑山银峰茶、云抗10号茶、鸡飞绿茶、肴酒、龙梅酒、诃子果脯、神飞咖啡、魔芋精粉、核桃仁等商品畅销区内外、省内外,还有部分销往香港、缅甸、日本。

保山地区各级供销社以科技推动农副产品生产和加工。1982年腾冲县供销社获省供销社“草果引进种植成功”奖。1992年“尼诺茶研制与开发”项目、“柑橘乔砧密植早果生产技术研究推广与运用”项目获省供销社科技进步一等奖,“诃子果脯的研制和开发”项目获保山行署科技进步一等奖,同年获省政府科技成果奖。

1998—2005年,在保山市供销社企业产权制度改革中,关闭规模小、亏损大的社办工业企业,发挥优势,组建昌宁尼诺茶叶有限责任公司、腾冲清凉山茶叶有限公司、施甸万兴茶叶总厂、保山神飞咖啡有限责任公司、昌宁肴酒有限责任公司、昌宁立达绿色食品有限责任公司等,以农产品加工为主,产供销一条龙的新型企业,获得较好的规模经济效益,如:2000年腾冲清凉山茶叶有限责任公司生产茶叶1200吨,销售928吨,产值2640万元,上缴税金113万元,实现利润70万元,成为全区茶叶生产的龙头企业。

第四章　其他经营和服务

第一节　日用杂品经营

计划经济时期,保山地区生活资料中的日用工业品和食品工业品经营上的批发和零售,是由国营商业和供销合作社承担。国营商业负责针织、纺织、百货、文化用品、五金、交电、化工、石油、建材、糖、烟、酒、食盐等几大类商品批发,供销社负责日用杂品、烟花爆竹两大类商品批发;国营商业负责城市及重点工矿区商品零售,供销社负责农村商品零售。1978年,全区供销社有6个县以上专业公司从事日用工业品批发业务,农村日用工业品零售网点有902个,其中:79个基层社有308个专门门市部,508个购销店有综合经营门市部,归供销社管理的14个合作商店的综合门市部。消费品零售总额为6570万元,占全区社会消费品零售总额的44.7%。

改革开放后,流通渠道逐步放开,生活资料商品中除烟、酒、食盐实行专卖外,其他品种全部放开经营。在农村市场上,供销社、国营商业(含粮食系统)、乡(镇)集体商业、私营商业、个体商户、流动商贩全部平等进入市场竞争。1997年全区供销社进行企业产权制度改革前,全系统有13个县以上公司从事日用工业品批发业务和城市零售业务,城市和农村有日用工业品零售网点1414个,其中:农村79个基层社有560个专门门市部和608

个购销店综合门市部。消费品零售总额为11915万元，虽然比1978年时增长81.4%，年均递增3.2%；但是占全区社会消费品零售总额的比例却大幅下降到7.56%。

1998年全区供销社进行企业产权制度改革以后，大幅度分流人员，大部分基层社的日用工业品经营门市部和购销店作价用于安置分流职工，让分流职工自主从事经营活动，分流职工所销售的消费品经营额，不再计入供销社系统范围。2005年年末，供销社系统仅保留了较大综合商场消费品经营，消费品零售总额1896万元，仅占全部社会消费品零售总额的0.53%。

在计划经济时期，供销社认真按计划和商品供应政策，组织日用工业品下乡供应农民。改革开放以后，流通渠道放开，全区供销社为减少工业品流通环节，各县社联相继成立贸易中心或工业品供应公司，与各基层社联合，实行工业品联购分销，即：由县公司直接向省内外工厂或一、二级批发站进货，调供给各基层供销社，分销到农民手中。工业品联购分销的实行，广开货源渠道，增加经营品种，减少经营环节，降低流通费用，让农民买到丰富、实惠、便宜的商品，活跃农村商品市场，县基两级供销社也扩大购销业务，增加企业经济效益。

第二节　供销业务拓展及资产经营

1998—2005年，保山市各级供销社实行企业产权制度改革，撤并一批危困企业，分流大量人员，出现大量资产闲置的状况。各级供销社采用改造、引资、联办、出租等形式，充分盘活、开发、利用闲置资产（仓库、大院、场地、老门店等），建设综合商场、集贸市场、便民超市等吸引各类商户进场交易，活跃城乡市场，拓展新的经营业务，方便群众购物和交易，为城乡居民提供各种综合服务，各级供销社取得较好的资产经营收益。2005年年底，全市供销系统共建立农村生猪定点屠宰点6个，食盐代批发点9个，废旧物资回收点4个，药品经营点9个，石油加油站3个（在缅甸设立2个）、宾馆、酒店9个，烟花爆竹有限责任公司5个，综合商场、集贸市场12个，农村便民超市1个。

一、市直

1998—2005年，保山市土产公司拆除环城北路老仓库，新建铺面25间，建筑面积2232平方米，年租金收入26万元。将烟花爆竹经营业务从土产公司剥离，新成立烟花爆竹有限责任公司。市农资公司在汉庄沙河改造新建沿街铺面1幢3层17间，建筑面积1389平方米，并成立保山市农资公司农资配送中心。2005年，保山市土产公司改制为市欣宇农副产品有限责任公司后，利用原仓库改建新的家具商场，如“柚木园皇朝家私广场”等，总建筑面积3658平方米，年租金收入40余万元。

二、隆阳区

1998—2005年，隆阳区将烟花爆竹经营业务从隆阳区贸易中心剥离，新成立烟花爆竹有限责任公司。板桥供销社与省供销社今邦公司联合，建成“供销社今帮农村连锁超市”，同时建成保山道街“批发市场”商场等，其中板桥“供销社今帮农村连锁超市”于2005年2月建成，当年营业额700万元。为其他供销社如何开拓发展农村消费品市场提供了借鉴。另外，隆阳区供销社与省供销社今邦公司联合，还有5个农村便民超市正在建设之中。

三、施甸县

2003年，施甸县将烟花爆竹经营业务从县土产公司剥离，新成立烟花爆竹有限责任公司。

四、腾冲县

1998—2005年，腾冲县以市废旧金属回收公司为依托，开展废旧物资收购业务，在明光、瑞滇、固东、猴桥4个边境口岸基层社设立收购网点，解决人员就业120人，每年实现利润20余万元。益群商行拓展石油经营业务，与中石油集团联合建立和顺加油站，并延伸到缅甸的板瓦和甘拜地各建一个加油站。同时，腾冲县还利用土产、日杂、货栈、车队及仓库、场地，开发建设“供销一条街”，建成供销社“腾北商场”、固东供销社“服装商场”、中和供销社“商贸街”、滇滩“集贸市场”等，其中腾北商场是腾冲县社利用6个县级公司和基层社采购组的仓库改造建成的大型综合商场。商场于1998年开始改建，2003年全面竣工，占地2.8万平方米，铺面321间，摊位1000多个，营业面积2万平方米，仅2003年企业就取得120万元的摊位、铺面收入，上缴国家税费70万元（个体商户交工商税30万元，工商管理费20万元，企业交租赁税20万元）。2005年，该商场进场交易额达2亿多元，租赁收入130万元，解决就业人员1500人。

五、龙陵县

1998—2005年，龙陵县建成勐糯“供销一条街”，“东卡农贸市场”，有8个基社利用原有门市部改建了9个药品经营门市部，年销售额50多万元，每年实现利润5万余元。同时，龙陵县供销社与盐业部门协调开展农村食盐代批业务，全县12个乡（镇）中有9个乡（镇）设立了食盐代批点，仅2004年就代批食盐1450吨，超计划110吨。

六、昌宁县

1998—2005年，昌宁县城关基社与工商联合，建成200多个铺面的综合商场——城关供销社“兴鸿商场”。卡斯基社建成供销社“集贸市场”。卡斯、柯街、湾甸、鸡飞等基社利用闲置场地，建立农村生猪定点屠宰点6个，拓展了生猪定点屠宰经营服务。对县工业品公司实行改造，新成立烟花爆竹有限责任公司，开展烟花爆竹经营业务。对湾甸、温泉基社的办公楼、仓库和场地进行改造，建成三和宾馆、温泉宾馆。

第三节　社办工业和服务业

一、社办工业

1978年，保山地区供销社系统共有社办工业网点12个（酒厂、糕点厂、榨油厂等），产值100万元。1981年社办工业总产值为187.7万元。1991年，全区社办工业企业有所发展，已拥有固定资产374万元，总产值达1450万元，比上年增长18.5%，并有5个产品荣获地区级优质产品称号。1992年，全区各级供销社抓住有利时机，树立项目思想，积极引进项目，发展社办工业，搞好农副产品加工，年内保山市供销社速溶咖啡厂、施甸县由旺供销社综合加工厂的新工艺酱油加工、龙陵县供销社果品饮料厂的龙梅酒等星火项目及保山市供销社复合肥厂建成投产。当年，仅保山市供销社复合肥厂就生产各种作物专用肥1980吨。年末97个社办工业企业拥有固定资产447万元，总产值1516万元(1990年不变价)，实现利税118万元，比上年增长1.1倍。1993年，全区社办工业产值2089万元，实现利税40多万元。

1996年，全区供销社系统有社办工业网点51个，总产值4120万元，比上年增长22%，扭转了社办企业长期亏损的局面，实现利润28万元，其中：保山市供销社复合肥厂生产规模由年产1万吨扩大到年产2万吨；腾冲县供销社清凉山茶厂当年生产精制茶460吨，产值740万元，创利税100多万元。1997年，全区社办工业，除巩固加强原有的茶叶、咖啡、糖果、糕点、肉制品、酒类、酱油、油料、鞭炮、棉絮、复合肥等加工规模外，新增配合饲料、农用薄膜的生产设备，并投入加工生产。主要品种的产量大幅增长，生产精制茶801吨，比上年增长40.3%；复合肥17288吨，比上年增长1倍多。当年全区社办工业总产值完成5432万元，实现销售收入6033.4万元，分别比上年增长31.8%和45.1%。

1998—2005年，保山市供销社系统进行产权制度改革期间，大幅度分流人员，关闭一批规模小、亏损大的社办工业企业，社办工业企业数量不断减少，社办工业总产值逐年下降。1998年，全系统社办工业总产值完成4700万元，比上年减少13.5%。1999年，完成社办工业总产值1200万元，实现销售收入1800万元。2000年，腾冲县以“清凉山”茶叶品牌为基础，依托茶叶专业合作社，对清凉山茶厂进行改造，成立清凉山茶叶股份有限公司，带动全县茶叶生产发展，当年实现利润70万元，上缴税费193万元。同年，昌宁县成立组建昌宁县尼诺茶叶股份有限公司，促进茶叶集团规模经营。2003年，完成对清凉山茶叶股份有限公司民营改制。2004—2005年，昌宁尼诺茶叶有限责任公司、施甸万兴茶叶总厂、保山神飞咖啡有限责任公司、昌宁嵡酒有限责任公司、昌宁立达绿色食品有限责任公司等企业完成深化产权制度改革，建立现代企业制度。2005年，全市供销社系统社办工业总产值完成1543万元，比改制前的1997年减少3889万元，减少71.6%。

二、服务业

1978年，保山地区供销社系统在农村设有饮食业等服务业网点163个(饭店87个，旅社62个，照相馆9个，理发店3个，浴池1个，修理店1个)，营业额302万元。1985年，共有饮食服务企业230个，从业人员462人，其中饮食业121个，从业人员346个，营业额301万元。1996年，全系统有饮食服务业网点125个，营业额405.4万元，比上年增长9%，实现利润95.1万元，是上年的6倍。1997年，为充分利用当地的旅游、热区资源和满足农民群众文化生活需要，有条件的基层社开展沐浴、宾馆、放像厅、卡拉OK、文字打印、有线电视等服务经营项目。当年，全系统饮食服务业营业额390万元，比上年减少3.7%。

至2005年年末，保山市供销社系统饮食服务业营业额863万元，比1997年增加473万元，增长1.22倍。

第四节　供销边贸经营

1981年7月，经省、地有关部门批准，腾冲县供销社在古永的猴桥成立保山地区第一个边贸企业——“群益商行”。年内完成边贸进出口总值24.33万元，其中：进口15.67万元、出口8.66万元。1982年完成边贸进出口总值66.51万元，其中：进口35.93万元，出口30.58万元。1983年完成边贸进口总值185.73万元，其中：进口97.31万元，上万元的品种有：枣仁、玉石、木耳、芝麻、砂仁、虾米、中药材等；出口88.42万元，上十万元的品种有自行车及零配件、针棉织品、柴油机、小百货，上万元的品种有烟酒食品、中成药、机电产品、五金。

随着边贸政策的放宽，1988—1989年全区供销社系统又组建腾冲如意商行、吉昌商行、永新商行、文星商行、盛华商行、龙陵勐龙商行，保山市社在畹町和瑞丽建立永畹商号和永丽商号。1995年全区供销社系统边贸进出口总值达4613万元，其中：进口3850.5万元，出口672.5万元。

1998年群益商行被评为省政府表彰的先进边贸企业。2000年吉昌商行被评为省政府表彰的先进边贸企业。2000年保山地区行署表彰全区11个先进边贸企业，供销社系统的吉昌商行、如意商行、群益商行在榜。云南省保山明和农资有限责任公司，于2001年3月获得外资进出口经营权，是全市在农资系统第一家获得进出口经营权的农资企业。

2005年群益商行在巩固玉石等传统业务的同时，拓展石油经营业务，与中石油集团联合建立起规模大、管理规范的和顺加油站，并延伸到缅甸的板瓦和甘拜地各建一个加油站。2005年该商行完成边贸进出口总额728.2万元，其中进口249.5万元，出口478.7万元。

第五章　供销系统改革

第一节　机制体制改革

1978年以后，保山地区供销合作社先后进行扩大企业自主权，恢复“三性”，实行“五个突破”，搞好“六个发展”，推行企业产权制度改革、推行“四放开”“社有自营”经营承包责任制，完善农业社会化服务体系的改革和为适应社会主义市场经济发展需要，推行企业产权制度改革，实现“三个转变”，逐步向真正“办成农民的合作经济组织”目标迈进等一系列改革。

一、恢复“三性”和“两改”

根据中央1982、1983年两个1号文件关于供销社改革的相关目标要求，1983年起，全区供销社进行多种形式的体制机制改革，促进供销合作社的发展。

1983年，全区进行“两改”和恢复“三性”：改官办为民办，改全民所有制为集体所有制；恢复供销社组织上的群众性、管理上的民主性、经营上的灵活性的体制改革。2月，地区供销社从全系统抽调22名干部，组成恢复“三性”工作组，到昌宁县莽水、达丙、城关三个基层社进行体制改革的试点工作。主要是清理社员股金、兑现欠发20年的股金分红、自愿入股扩股，召开社员代表大会，选举产生基层供销社理事会、监事会等。在试点取得成功经验的基础上，5个县级社和所有基层社，分两批进行恢复“三性”的体制改革。年底，完成对全区77个基层社的清股扩股工作。清理换发新社员股金证的股金，占应清理数的88.9%；兑现股金分红，应占兑现分红的91.3%；新增社员股金1081700元，新老股金总额1680630元，是改革前的2.8倍；入股社员总户数300787户，占农户总数的90.5%。各基层社都分别召开社员代表大会，选举产生基层社的理事会和监事会和出席县联社社员代表大会的代表。在所有基层社完成恢复“三性”体制改革的基础上，五县相继召开全县供销合作社社员代表大会，恢复各县供销合作社联合社，并由代表大会选举产生县联社理事会和监事会。恢复供销社是合作经济组织的性质，转变体制，转变管理制度，增加民办因素，实行民主管理。

二、“五个突破”和“六个发展”

1985年起，实行“五个突破”和搞好“六个发展”。突破社员股金限制后，全系统社员股金迅速上升，由1983年的168万元，增加到1998年的2504万元。突破旧的劳动人事制度后，不再招收固定工，改为招收合同制职工，重点是招收农民合同工，到1990年全系统6126名在职职工中有合同工1551人，其中农民合同工1245人，不少农民合同工成了业务骨干，有的还被选为基层社的领导。突破分配制度后，逐步实行工资与效益挂钩以及承包经营责任制，随着购销业务的发展，职工人均工资出现了连续14年的较大幅度增长，由1983年的605元，上升到1997年的4137元，年均递增14.72%。突破经营范围、服务领域和突破价格管理权限后，企业有了充分的经营自主权，根据市场的供求和农民生产生活的需要，开展商品经营业务和服务业务，供销社的商品购销总额由1983年的43311万元，上升到1996年的156427万元，年均递增10.38%。在实现“五个突破”的基础上搞好“六个发展”，在全区供销社系统逐步建立和完善了为农服务的农业社会化服务体系：包括以供销社商业、饮食服务业网点为网络的农民生活服务体系，以“庄稼医院”、农资经营网点为依托的农资服务体系，以商品生产基地为基础、社办工业企业为龙头的农副产品生产、加工、销售服务体系，以供销社干部学校和保山电大供销社工作站为基地的教育培训服务体系。

三、企业产权制度改革

针对进入市场经济体制后，供销社面临的困境，1998—2005年，保山市供销社从“减人、减债、减包袱”入手，全面推进“职工转身份，企业转机制，联社转职能”的体制改革。

在深化改革中，分为三块来实施：县以上直属企业按《中华人民共和国公司法》实施产权制度改革，以有限责任公司、民营化改革为主，实施公司制改造；农村基层社实行分类改造，以建立各种形式的购销专业合作社、村级服务社和行业协会为主，目标是建成各种类型的新型农村合作经济组织；县（区）级供销社联合社实行职能转变，以社企分开，开放办社为主，彻底转变服务职能。

1998年，行署专门成立保山地区深化供销企业改革领导小组，召开全区深化供销企业改革工作会议。依照保山地委、行署《关于深化供销社改革的指导意见》的要求，围绕建立现代企业制度，改革产权制度，盘活存量资产和减员增效，调整结构，开拓发展，实现扭亏增盈的改革方向，按照“有所为，有所不为”的原则和“人员分流、放开放活一块；盘活资产、甩掉包袱一块；开拓经营、巩固发展一块”的要求，开始对供销企业“人事用工制度、产权制度、经营机制、管理体制”四个方面进行改革。

1999年，重点对4个直属企业中的贸易中心和日杂公司，按照股份合作制组建章程和程序进行改制。通过改制，全区供销社有县以上公司32个，基层社78个，购销店548个。与1997年相比：县以上公司减少2个，基层社减少1个，购销店减少60个。同时，在企业改革中突出抓扭亏增盈工作，亏损额连续5年大幅下降。2000年，对17个公司、基层社进行改革改制，分流人员863人。年末有地直企业2个，县属企业30个，基层社74个，购销店和双代店431个，股份制企业6个。

2001—2005年，全市对县以上供销直属企业加大人员分流和产权制度改革力度，推进企业战略性改组和调整，集中力量办好农资、农副产品加工龙头企业。对一般性企业，采取重组、联合、兼并、分离、租赁、承包经营和股份合作制、整体出售等形式进行改革；对长期亏损，扭亏无望企业关停，歇业。对经营正常、管理扎实、有一定发展潜力的基层社实行股份合作制或股份制改革；对整体经营困难，但有一定发展潜力的基层社实行分立重组改革；对经济包袱沉重、严重资不抵债、扭亏无望的基层社实行资产出售、全员分流、终止经营、停业歇业等改革。县（区）级供销社联合社均围绕“精简、高效”的原则，实行转变职能、社企分开的改革。按照“指导农村各类合作经济组织发展，协调农村合作组织与政府和其他组织的关系，行使本级社有资产出资人代表职能，代表本地区农民合作组织加强与国际、国内合作组织的联合与交流”等四项职能来彻底转变各级联社的职能。

至2005年年底，全市供销系统完成县以上直属企业关、停、并、转11个，完成股份制改制企业5个（供销社控股），民营化改造企业9个（供销社对其实行行业管理），改革面达90%以上（实行产权制度改革改制的企业达65%）；完成基层社关、停、并、转36个，完成股份合作制改造6个，民营化改造1个，保留以资产经营为主的基层社38个，建立各种新型农村合作经济组织107个，改革面达80%以上（完成产权制度改革的占53%）；县（区）联社全部实现社企分开，成为“行使行政职能的事业单位”，职能转变，人员纳入公务员序列管理，所需经费纳入本级财政预算。全市供销社的独立核算企业由1997年改制前的116个，减少到73个（直属企业由37个减少到30个，基层社由79个减少到43个）。共分流人员4492人，职工总数从1997年的7229人减到2737人（在职职工从5289人减到436人，离退休职工从1940人增加到2301人）。全系统在改革中还开拓发展了一些新的经营业务和服务领域。

第二节 经济责任制推行

一、“五定一奖”经济责任制的实行

1979年10月，保山地区供销社开始进行扩大企业自主权，建立经济责任制，调动企业和职工积极性的改革。先在五县各选一个企业进行试点，上级社对企业放权，使企业在计划管理、业务经营管理、财务管理、物价管理、人事管理等方面，拥有了一定的自主权；企业对所属的门市、店组和职工个人，实行定购销任务、定经营品种、定资金周转、定费用开支、定工资定额，超额完成任务按百分比实行奖励的“五定一奖”经济责任制。试点单位的这一改革，初步调动了职工的积极性，打破几十年的大锅饭（拿固定工资无奖惩）的局面，服务态度明显改善，营业额不断扩大，职工收入增加，企业盈利增多，进而加大改善条件的投入，使企业和店容店貌，出现新气象。到1983年年底，全区供销社系统100个核算单位中，先后实行扩大企业自主权单位64个，扩权单位都建立“五定一奖”的经济责任制，其余未搞扩权试点的单位，上级社也对其放权，也学习扩权单位经验，实行“五定一奖”百分计奖惩经济责任制。通过改革，1983年同1978年相比，商品购进总额由10546万元增到19886万元，年均递增13.53%；商品销售总额由14531万元增到23425万元，年均递增10.02%；固定资产原值由1136万元增到2825万元，年均递增19.98%；所有者权益由2412万元增到3872万元，年均递增9.93%；实现利润由307万元增到472万元，年均递增8.98%；职工人均工资由460元增到605元。

二、“四放开”和“社有自营”经营承包责任制

1992年起实行“四放开”和推行“社有自营”经营承包责任制：“四放开”即经营放开、价格放开、用工放开、分配放开。“社有自营”即：在社有资产所有权不变、企业性质不变、隶属关系不变、职工身份不变的前提下，门店个人承包，由职工自筹资金、自主经营、自负盈亏、照章纳税、包交费用的承包经营责任制。供销社的传统经营业务，除农业生产资料和大宗农副产品收购、加工、推销业务由企业统一组织经营外，放开放活日用工业品和饮食服务业经营，由职工自主经营，调动职工的经营和管理的积极性，提高职工参与市场竞争的主动性。到1993年年末全区供销社已有60个基社、1140个门店实行“社有自营”。

1995年中共中央、国务院发出《关于深化供销合作社改革的决定》，要求各级政府对供销社给予保护和扶持。但由于财政体制的制约，保山地区对供销社的保护和扶持政策，要么无法出台，要么出台政策不能兑现，深化供销社改革步履艰难。

1996年，根据中共中央、国务院《关于深化供销合作社改革的决定》和上级社关于“供销社不搞社有个营或社有民营”的要求，全区收回已实行“社有自营”的门店，依然实行

统一核算、统一进货、内部承包经营责任制。此次在经营机制上的反复，收回大批滞销商品，造成250万元铺底资金和承包费用的拖欠，加重了企业的负担。年末，全区供销社系统有独立核算企业117个，比1978年增加23个，其中：县以上专业公司、商行、贸易中心、车队、加工厂38个，基层供销社79个。在职职工5383人。这一时期全区供销社进行的体制和经营机制的若干改革，促进供销社的发展，是全区供销社建社后，经营业务发展最快，经济实力增加最强，为农村经济发展支持最大，对国家贡献最多，职工收入增加最快的时期。1996年同1983年相比，商品购进总额由19886万元增到73738万元，年均递增10.61%；商品销售总额由23425万元增到82689万元，年均递增10.19%；固定资产原值由2825万元增到14216万元，年均递增13.24%；所有者权益由3872万元增到12116万元，年均递增9.17%。同时，长期实行计划经济体制沉积遗留下来的矛盾逐渐凸现：冗员过多，职工工资支出和离退休人员费用支出逐步增加，企业负担沉重；长期肩负不以营利为目的的为农服务和历史政策及政府指定性工作造成供销社经济包袱沉重，企业负债率高；长期扶持发展的骨干支柱业务，划出或放开经营，使供销社失去了效益支柱，市场占有率下降，企业亏损增大。

1999年年末，全区供销社亏损及财务挂账达3.33亿元，其中：政策性造成1.83亿元，占54.95%；经营性造成1.5亿元，占40.05%。上报省社后，经省8个部门审核，确认为亏损及财务挂账19752.3万元，其中：中央政策性造成411.3万元，地方政策性造成7746万元，经营性造成11595万元。再加上自身存在的体制不顺、机制不活、管理粗放、不适应市场经济发展需要等问题，已危及供销社的生存和发展。

第三节　兴办新型农村合作经济组织

1999年，保山地区供销社在抓企业改革的同时，提出围绕全区农业产业结构调整的总体部署，积极参与农业产业化发展，探索农村专业合作社发展的路子。依托基层供销社和有发展潜力的社办工业企业，帮助扶持当地农民或专业大户组建专业合作社，发展产业助农增收。地区供销社组织各县供销社主任到昆明市宜良县、昭通地区盐津县参观考察后，当年组建8个专业合作社。

2000年地区供销社制定《关于积极兴办专业合作社的实施意见》，指导各县社和基层社加快企业改革和创办专业合作社的步伐，当年新创办6个专业合作社。此后几年，农村专业合作社在创办新建、规范完善中稳步发展。

2004年7月，保山市在全省率先成立“保山市人民政府农村合作经济组织管理办公室”，挂牌于保山市供销社，实行“两块牌子，一套班子”，行使全市组织发展和管理农村合作经济组织的职能。保山市政府办公室先后出台《关于加强农村合作经济组织管理工作的通知》《关于印发保山市农村合作经济组织发展规划的通知》《关于认真贯彻〈云南省人民政府办公厅转发省供销社关于发展“两社一会”推进农村流通服务体系建设意见的通知〉的通知》

三个文件，为全市农村合作经济组织的发展提供有力保证，也为供销社实现为“三农”服务的宗旨指明工作目标。之后，腾冲县、昌宁县、施甸县也相继成立县政府农村合作经济组织管理办公室，挂牌于县供销社。全市各级供销社按照省市县政府的要求，将发展“两社一会”（即专业合作社、综合服务社和农产品流通协会）作为供销社为农服务和重构农村商品流通服务体系的主要工作来抓，建立工作领导小组，制定工作目标和工作措施，实行目标考核责任制，及时研究和解决发展中出现的困难和问题，推进“两社一会”快速发展。

2005年，全市已挂牌成立107个新型农村合作经济组织（专业合作社55个、农资服务社和综合服务社43个、农产品行业协会9个），其中：市浩泰农资公司挂牌成立25个农资服务社和11个综合服务社，共36个新型农村合作经济组织；隆阳区挂牌成立6个专业合作社、1个综合服务社、3个农产品行业协会，共10个新型农村合作经济组织；施甸县挂牌成立7个专业合作社和1个农产品行业协会，共8个新型农村合作经济组织；腾冲县挂牌成立32个专业合作社、1个综合服务社、4个农产品行业协会，共37个新型农村合作经济组织；龙陵县挂牌成立5个专业合作社和1个农产品行业协会，共6个新型农村合作经济组织；昌宁县挂牌成立5个专业合作社和5个综合服务社，共10个新型农村合作经济组织。范围涉及农资购销、畜牧业养殖、经济作物种植、玉石、木材加工、综合服务等生产经营服务领域，入社农户1616户，服务周边农户313785户。

第四节　社员股金清理整顿

1952年，保山地区供销社初始入社股金为每股2元人民币，所有农户自愿认购，最低认一股，多认不限。1958—1982年，由于“左”的思想路线的影响，供销合作社与国营商业两合两分，使供销合作社由集体经济变为全民经济，由民办组织变为官办组织，脱离农民，超越农村发展阶段，致使供销合作社发展出现曲折。1964年全区供销社社员数为318153人，社员股金692432元。1982年，全区供销社有社员股金598930元。1983年，开展“两改”和“恢复三性”的体制改革。进行清理社员股金、兑现欠发20年的股金分红、社员自愿入股扩股等工作。年底，全区77个基层社的清股扩股工作全部完成。全系统账面原有社员股金598930元，已清理换发新社员股金证股金531161元，兑现股金分红425910元，新增社员股金1081700元，新老股金总额1680630元，是改革前的2.8倍；入股社员总户数300787户，占农户总数的90.5%。1985年起实行“五个突破”和搞好“六个发展”的改革。突破社员股金限制后，全系统社员股金迅速上升，由1983年的168万元增加到1996年的560万元。1997年，保山地区各级供销社按照中央5号文件要求和全国总社、省社、地社的社员股金管理办法，大力宣传、大规模动员，再次掀起发动农民入股的高潮，使全区社员股金猛增到2093万元。社员股金占供销社自有资金的比重由4.6%提高到14.8%。供销社对入股农民的股金实行“入股自愿、退股自由、保息分红”。入股满一年，根据基层社的经济效益，兑现息红。1997年息红率最低为8.6%，最高为15%，分别比银行一年定期存款利率高1.13和7.55个百分点。1998年，全区社员股金达到2504万元。

1998—1999年，根据《国务院办公厅转发中国人民银行整顿乱集资批设金融机构和乱办金融业务实施方案的通知》和中华全国供销合作总社《关于印发关于清理整顿社员股金，防范和化解风险的实施意见的通知》的要求，全区供销系统对社员股金进行清理整顿，化解股金风险。从1998年起，供销合作社对新吸收的社员股金，不再实行“保息分红”。对过去以保息分红方式吸收的老股金，按照合作制原则进行规范管理，实行利益共享、风险共担；区别不同情况平衡过渡，采取多种方式，力争多转少退，保证企业正常运营；对供销合作社职工的股金，经过做耐心细致的思想工作，可转为风险抵押金或者转为股份合作制企业的股本金，作为社办企业的内部投资，在集中整顿和规范社员股金期间，要求职工社员不先于其他社员退股；对经过做工作，仍不愿向企业投入的社员股金，根据具体情况按照规定的程序，有组织，有计划地办理退股手续。1999年，全区共清理转退社员股金2051万元，年底全系统共有社员股本金453万元。在清理转退工作中全区未发生挤兑事件，社员股金清理整顿工作圆满结束。

第五节　扭亏增盈

保山地区供销社1992年以前均保持盈利水平，盈利最高年是1988年，盈利842万元。1993年起，沉积40多年的矛盾和问题日趋显现。当年供销系统开始整体亏损，111个企业中有37个亏损，亏损额达219万元。1995年，全区116个企业，亏损58个，比上年减少14个；亏损额684.9万元，比上年减亏382.6万元，减亏幅度为38.8%。1996年起，长期实行计划经济体制沉积遗留下来的矛盾凸显：冗员过多，企业负担沉重；长期为农服务和政策性造成经济包袱沉重，企业负债率高；长期扶持发展的骨干支柱业务，划出或放开经营，市场占有率下降，企业亏损增大等。当年，全系统117个企业，亏损61个，比上年增加3个；亏损额1104.6万元，比上年增亏419.7万元，亏损增幅61.39%。1997年116个企业中，亏损85个，比上年增加24个，亏损面达73.3%；亏损额1925万元，比上年增亏820.4万元，增亏幅度74.2%。1998年，全系统116个企业中有94个亏损，比上年增9个，亏损面达81.03%；亏损额高达3087.7万元（含处理以往年度库存商品损失、挂账损失和拖欠承包费三项合计1014万元，当年实际亏损2073.7万元），比上年增亏1164.3万元，亏损增幅为60.53%，其中：保山市亏损267万元，施甸县亏损1142万元，腾冲县亏损457万元，龙陵县亏损321万元，昌宁县亏损843万元，地区农资公司盈利0.3万元，地区土产公司亏损58万元。

为遏制持续亏损局面，1998年起，全系统实行减亏目标责任制，层层签订“责任状”，进行任务量化打分，缴纳风险抵押金，完成目标任务奖励的奖惩考核。地区供销社代表全系统向保山行署签订了《一九九八年度工作实绩考核责任书》，各县（市）供销社和地直公司也向地区供销社签订了《减亏扭亏目标考核责任书》。

1999年，全区供销社深入贯彻国务院的相关要求，在企业改革中突出抓扭亏增盈工作。将“以改革促扭亏目标实现”作为扭亏工作的重大举措，形成“供销社不消灭亏损，亏损将消灭供销社”的基本共识。实行人员分流、裁减冗员，撤并长期不能扭亏的企业，盘活利用闲置资产和存量资产。年内召开3次由全区供销社主任、书记、财务科长参加的扭亏增盈专题会议，地区供销社出台《关于扭亏增盈的实施意见》，实行亏损挂账分列的考核办法，重点考核“亏损总额、未分配利润、应弥补亏损、待摊费用、待处理流动资产净损失和待处理固定资产净损失”等几项指标。并制定具体的责任人考核办法，明确各县(区)联社主任、公司法人代表为扭亏增盈工作第一责任人，财务(会)科长为第二责任人。各县(区)供销社以此类推，将考核目标逐级下达，实行目标管理，层层考核。年末，全系统亏损及财务挂账达3.33亿元(政策性造成1.83亿元，占54.95%；经营性造成1.5亿元，占40.05%)。当年亏损总额1875万元，比上年减亏1213万元，减幅达39.3%。之后，扭亏增盈工作的各种考核办法和政策措施逐年执行，全系统亏损额连年大幅度下降。

2000年，全区112个企业中，有81个亏损，总亏损额1002万元，比上年减亏873万元(保山市减亏220万元，施甸县减亏280万元，腾冲县减亏148万元，龙陵县减亏95万元，昌宁县减亏96万元，地区农资公司增亏79万元，地区土产公司减亏113万元)，减幅达46.56%。2001年，全市98个企业中，有65个亏损，比上年减少11个；亏损总额499万元，比上年减亏503万元，减幅达50.2%。保山扭亏增盈工作在全省16个州市中排名第七，被省供销社表彰为“三年扭亏增盈工作先进单位”。2002年，全市90个企业中，有36个亏损，比上年减少28个，亏损面降至40%；总亏损额98万元，比上年减亏401万元，减幅达80%。盈利企业54个，比上年增22个，盈利企业盈利74万元，比上年减14万元。2003年，亏损额降到15万元，比上年减亏83万元，减幅达84.7%。

2004年，全系统78个企业中，有15个企业亏损，比上年减少10个；有63个盈利，比上年增11个。全系统实现扭亏为盈65万元(隆阳区盈利29万元，腾冲县盈利16万元，昌宁县盈利2万元，龙陵县盈利14万元，施甸县盈利4万元，市直公司盈亏持平)，比上年减亏80万元，减幅达5.33倍。至2005年年末，全市73个企业中，有9个企业亏损，有64个企业盈利，全系统盈利总额108万元，比上年增盈43万元，增长66.15%。全市扭亏增盈工作连续6年被省供销社评为一等奖。

第六节　职工分流及安置

1998年，保山地区供销系统开始实行以建立现代企业制度，全面推行“职工转身份，企业转机制，联社转职能”的改制改革。通过改革，实行定编、定岗、定员，竞争上岗，压缩管理人员，采取退休、调出、依法解除劳动合同、辞职、退职、停薪留职等形式，进行人员分流、裁减冗员。当年，全区共分流人员657人，占年计划的66%。1999年，全系统进一步完善下岗人员分流办法，根据各种相关政策，采取职工身份置换、工龄补偿、以资抵职等相应措施，做到妥善处理和安置，尽量不留后遗症。至年底，全系统累计分流职工1341人，占1997年年末在职职工人数的25.5%。

2000年，供销系统深化人事制度改革，加大人员分流力度，通过做大量耐心细致的工作，全年共分流人员863人。

2001年，全市供销社中隆阳区供销企业人员变动最大，该区对16个长期亏损、资不抵债、扭亏无望的危困企业，实行人员全员分流，向社会公开拍卖资产偿还债务及安置职工，企业依法解散，终止营业。至年底，全市供销系统通过采取依法终止劳动合同，进行职工身份置换，实行工龄补偿、以资抵职等形式，累计分流职工3164人，占1997年年末在职职工人数的60%。

2002年，全市供销社机关精简机构，精减人员，全市供销社机关工作人员由原来的138人减至84人，减少54人。全系统年内办理提前退休人员56人，退职人员2人。县级供销社机关211名离退休人员经费全额纳入财政预算拨款。变动最大的腾冲县对原有的12个直属企业实行全员分流，职工身份置换，重组发展改革。并以市废旧金属回收公司为依托，开展废旧物资收购业务，在明光、瑞滇、固东、猴桥4个边境口岸基层社设立收购网点，全年实现利润28.2万元，安置下岗分流人员120余人。同时，腾冲县还对所属22个基层社全部实行置换职工身份，出售无效资产，重组优势业务的改革。全员以资抵职、全员分流，共分流人员506人。全年全市共分流减少职工878人。

随着改革的不断深化，2003年年末，全系统共分流人员4476人，占1997年年末在职职工人数的85%。全部分流人员得到妥善安置。至2005年，全系统共分流人员4492人，职工总数从1997年的7229人减到2737人，其中：在职职工从5289人减到436人，离退休职工从1972人（离休33人）增加到2301人（离休22人）。在分流人员工作中，一方面通过以现金、商品、设备、房屋资产等形式，对分流人员给予补偿，共支付补偿金9770万元。所有改革成本都由供销社自行解决消化，各级财政没有给予补助，减轻了国家财政负担。但也从根本上削弱了供销社的经济实力，使供销社的进一步面临发展困难。另一方面，妥善安置分流人员，维护社会稳定。第一，积极为分流人员提供再就业机会。在企业改革中，职工解除劳动合同后，虽然不是供销社职工，但只要本人愿意承包供销社门店经营的，按照就地安置、系统内分流职工优先的原则，继续承包给这部分分流人员经营。2005年年末仍有1330多名分流人员继续依靠供销社门店开展经营业务。这部分人员占全部分流人员的30%。第二，为分流人员办理再就业优惠证，先后办理1989人，占分流人员的44%，让他们享受政府优惠政策从事生产经营活动。第三，向民政部门申请特困下岗职工最低生活保障金，帮助特困下岗职工的生活。每年为670多户1280多人申报享受最低生活保障金，每年领取最低生活保障金大约80万元。同时，做好供销社企业军队转业干部相关政策的落实工作，做好丧失劳动能力的职工办理提前退休的工作，做好职工的来信来访等工作，保证职工的思想稳定和社会稳定。

第二十六编　粮　油

最后一次交公粮

综　述

保山市自然条件优越，适合多种粮食作物生长，是云南粮食主产区之一。改革开放后，农业生产条件不断提高，粮食和油料生产产量大幅度增产，全市严格按照国家规定实时调整农业税和粮油收购政策，以兼顾国家、集体和农民个人三者利益，使全市粮油购销工作始终沿着健康的方向发展，确保农民增收、粮食安全、社会稳定。1978—2005年，全市粮油工作大致经历了三个阶段。

第一阶段，1978—1984年，全区在继续执行统购统销的前提下，逐步分开粮食市场。粮食收购实行"一定五年不变"，超产超购，加价奖售的收购政策。非农业人口粮食供应，执行省粮食局《关于试行云南省市镇粮食工种定量标准的报告》的标准，实行粮油定量供应。随着粮食生产形势好转，粮食流通市场逐步开放、搞活。

第二阶段，1985—1997年，实行粮食合同定购与市场并行双轨制。根据党中央、国务院有关规定，全区停止执行粮食（余粮）统购政策，改为合同定购，合同以外的粮食可以自由上市。停止执行粮食统购统销政策，粮食供应全部实行议价供应。由于粮价分开后粮食市场混乱、粮价上涨，党中央、国务院及时采取稳定粮食价格和市场措施，并出台粮食价格改革方案，制定统一的粮食定购价和销售价。1994年秋粮入库开始，恢复粮食合同定购。1995年，非农业人口及大中专学生口粮供应恢复定量供应。

第三阶段，1998—2005年，实现粮食购销市场化。全市实行政企分开、中央与地方职责分开、储备与经营分开、新老挂账分开等改革，逐步将粮食供应改为议价销售。取消粮食定购，放开粮食收购和粮食市场、粮食价格。粮食购销企业逐步向"自主经营、自负盈亏、自我约束、自我发展"的方向迈进。实行粮食收购资格许可证审批制度。各县（区）除保留1户国有或国有控股的粮油购销企业。国有粮油购销企业按照现代企业制度的要求，建立企业法人治理结构，充分发挥国有粮食企业在市场经济条件下的粮食流通和宏观调控中的主渠道作用。建立健全市场监管机制，完善粮食市场准入制度，加强全社会粮食流通监督管理工作，确保粮食安全，并健全和完善粮食应急机制和储备调节机制，全市新型的粮食流通管理体制基本建立。

1978—2005年，全市严格执行各个时期的粮油购销政策，在取消粮食统购统销、放开粮食收购、放开粮食价格、放开粮食市场以后，全市粮食购销企业按照"购得进，销得出"的原则，积极组织购销，确保各级储备、军粮供应、救灾救济等政策性用粮，确保全市粮食安全。2005年，全市共收购原粮4297万千克，销售原粮3250万千克。逐步改变粮油加工业"小、散、差"的局面，改变基础脆弱，结构单一等状况。2005年，全市具有一定生产能力的粮油加工企业共21户，从业人员379人，大米、面粉和食用植物油年加工生产能力分别为25.2万吨、8.6万吨和2.8万吨；全年完成工业总产值6798.6万元，产品销售收入6392.2万元。严格执行安全保管和科学储粮，在“四无”仓库创建中，1987年保山被省粮食局认定为全省三个“四无”粮食地州之一，此后，连续19年保持这一荣誉。保山累计调出粮食32.2万吨，调入24.25万吨，为全省、全市粮食供应平衡和边疆稳定做出了贡献。保山粮油质量监督检验站不断加强对粮油质量与市场的监督，积极承担德宏州、怒江州和保山市粮食部门的储备粮、军供粮和退耕还林粮食的检测。2004年国务院颁布《粮食流通管理条例》后，全市粮食市场监督管理步入法制化轨道。2005年，共检验粮食样品29件，对军供粮质量进行了全面检验，全市粮油质量与市场的监管得到加强，粮食安全得到有力保障。

第一章　粮油机构及体制改革

第一节　机构沿革

1978年，保山的粮油管理机构为专区粮食局革命委员会。1979年3月，保山专区粮食局革命委员会恢复为保山地区行署粮食局，有职工54人。1980年，全区粮油购销机构增至256个，其中：粮管所62个，粮店（点）194个。1981年，地区粮食局职工增加到58人，下设农村、市镇、储运、加工、饲料、基建、计划统计、财会、政工、秘书等10个科和1个粮油中心化验室。

1983年10月，在地、县（市）机构改革中，地、县（市）粮食局分别合并地、县（市）商业局，成立商业局下属的地、县（市）粮食公司。

1984年冬，恢复地、县（市）粮食局。1985年年末，全区粮食系统共有6个粮食行政管理机构：地区粮食局，保山市、施甸、腾冲、龙陵和昌宁县粮食局。辖69个区级粮管所，194个粮店（点），5个粮油加工厂，共有职工2225人。

1990年，地区粮食局设有政工、秘书、加工、农村、城镇、统计、财会、基建、储运9个科，有干部职工37人。全区粮油系统共有315个单位，职工2944人，其中：粮食行政管理机构6个，268人；企业管理机构75个，320人；企业经营机构221个，1775人；粮油运输机构4个，84人；其他粮油机构9个，497人。

1993年，五县（市）实行县（市）粮食局、总公司和下属粮管所、粮油贸易公司的两块牌子一套班子的领导机构，将原来的八科一室，精简为三科一室，行政编制人员从原来的183人减为114人。总公司和下属各公司，实行两级法人、两级核算制。五县（市）共有103个核算单位，其中：粮食管理机关（粮贸总公司）5个，粮食管理所（粮食公司）74个、县（市）直属粮贸公司8个、直属库3个、车队4个。共有干部职工2203人，离退休人员702人。

1995年，行署粮食局实行机构改革，按照《关于保山地区行署粮食局职能配置，内设机构和人员编制方案》，行署粮食局为二级局，归口行署经济贸易委员会，为负责全区五县（市）城乡粮食储备、流通与行政管理工作的职能部门。内设办公室、计划统计、购销管理、储备调运、财会审计、企业管理、粮油质量中心化验室等7个职能科、室（乡科级），人员编制31人。五县（市）粮食局也作了相应的改革。

1996年5月，保山地区行署粮食局由副县（处）局调为正县（处）级局，由行署直接领导和管理，县（市）粮食局也恢复为一级局，并入政府序列。

1999年8月，龙陵县确定粮食局实行两块牌子两套班子："龙陵县粮食局""县粮食购销总公司"。2000年，昌宁、保山、腾冲和施甸相继成立粮食购销总公司，实现县（市）粮食局与粮食购销总公司分离，县（市）粮食局属行政管理，县（市）粮食购销总公司属经营性企业。年末，全区粮食系统有干部职工2027人（在岗1582人，转岗分流330人，内退115人），有离退休人员946人（离休27人）。

2001年7月，保山地区行署粮食局改为保山市粮食局，是市政府主管全市粮食流通宏观调控和储备粮管理的工作部门。设置6个职能科（室），共有22名编制。2002年，市粮食局机关已审批提前退休10人，实有人数22人。各县（区）粮食局挂靠计委，保留粮食局的牌子。

2004年，五县（区）粮食局恢复为一级局建制，不再挂靠计委（发展计划局），市粮食局和五县（区）粮食局共有公务员92人，离退休人员794人。

2005年，全市国有粮食购销企业9户，其中：国家粮食储备库1户，军粮供应站3户，国有独资3户，国有控股2户。粮食购销企业职工268人。

第二节　监督机构

保山的粮油监督机构"保山市粮油质量检验科"（原云南省保山地区粮油产品质量检验站）成立于1982年，由云南省编委定编定员，1982年12月由保山地区技术监督局委托为"保山地区粮油产品监督检验站"。主要负责国家粮油标准、法规的宣传、贯彻；负责粮油质量标准的管理工作；承担本地及省粮食局指定的区域内的粮油质量监督、检测工作；并对所检测的粮油质量做出技术鉴定；负责本地检测技术培训；负责粮油收购、调拨、加工、销售等环节所发生的质量纠纷的仲裁工作；负责对劣变粮油的处理提出技术意见；承担储粮害虫资料档案的建立和保管工作；协同地区技术监督局、工商局等搞好粮油质量监督工作的综合行政执法的工作。

1993年6月通过计量认证，1998年6月到期复审合格；2000年5月通过质量认证。

2002年被云南省粮食管理局指定为德宏州、怒江州和保山市粮食部门的储备粮、军供粮和退耕还林粮的检测单位。承担着本辖区内的粮油质量管理和粮油监督检验工作。

2005年4月检测资格审查合格。截至2005年有工作人员3人。

第三节 粮食流通体制改革

保山在农村实行家庭联产承包责任制后，粮食管理部门按新的农村土地制度落实粮食购销政策，公粮（农业税）实物征收和“余粮”统购数随土地落实到户，调动农民种粮的积极性，解放生产力，增加农业投入，促进粮农增收。随着粮食生产形势好转，粮食流通市场逐步放开、搞活。

1978—1984年，全区在继续执行粮食统购统销的前提下，逐步放开粮食市场。1978年12月，保山地革委决定，以县为单位完成国家粮食征购任务后，开放粮食市场，允许社员少量的粮食上市进行品种、余缺调剂，并逐步恢复和扩大议购议销粮食业务。1981年起，根据国务院有关文件精神，地委、行署结合保山实际，规定完成国家征购任务后，农民自产粮食有余，允许自由上市；国家粮食部门发挥主渠道作用，开展议购议销，主动到市场上进行粮油吞吐，搞活市场。1984年全区收购贸易粮22.5万吨，销售贸易粮18.9万吨。

1985—1997年，实行粮食购销合同定购与市场并行双轨制。1985年1月起，根据党中央、国务院《关于进一步活跃农村经济的十项政策》，废止已实行32年的粮食（余粮）统购政策，改为合同定购，合同以外的粮食可以自由上市，形成粮食流通“双轨制”。1990年开始，对上市粮食实行保护价收购，产生的政策性亏损，由财政对国家粮食部门进行补贴。1992年，行署出台《关于保山地区粮食流通体制改革的意见》。1993年4月1日起，全区先后放开粮食购销价格和粮食经营市场，取消粮食定购，取消粮票使用和“购粮簿”，不再实行粮食统销，粮食供应全部实行议价供应。1994年年初，由于粮价放开后，粮食市场混乱、粮价大幅波动。党中央、国务院及时采取措施稳定粮食价格和市场，并于1994年6月出台粮食价格改革方案，制定统一的粮食定购价和销售价。保山也于1994年秋粮入库开始，恢复粮食合同定购，按原定基数进行粮食定购。粮食议价收购本着“购得进、销得出、有效益”的原则，价格按“左右兼顾、随行就市、一次确定、一步到位”的原则由各县（市）自主确定。同时，为确保粮食储备规模、粮食市场秩序和粮食安全，按国家、省有关文件精神，建立了粮食风险基金制度，组建中国农业发展银行，对国家粮食经营主渠道单位的粮食收购资金实行封闭式管理。1995年，根据省政府的安排部署，地委、行署制定确保全区粮食购销总量平衡及“米袋子”行政首长负责制的政策措施，明确目标任务和具体职责，建立和完善粮食风险基金制度和地方粮食储备制度。当年确定保山地区的粮食风险基金规模为1062万元（省、地配套637万元，县、市自筹425万元），储备粮规模1350万千克（地级300万千克，县、市级1050万千克）。全区非农业人口及大中专学生口粮供应恢复定量供应。1996年起，全区实行“四分开一并轨”政策（政企分开、经营与储备分开、中央与地方职责分开、新账与老账分开、定购粮价和市场粮价并轨）。行署制定《保山地区粮食系统流通体制改革的两线运行实施细则》，落实粮食工作行政首长分级负责制，全区实行政策性业务和商业性经营两条线运行机制。政策性业务主要从事收购、批发、仓储保证储备，加强粮食的宏观调控；经营性业务主要管好市场开放后的粮食流通、议价购销等多种经营，以促进商品经济的发展。

1998—2005年，实行粮食购销市场化改革。1998年5月，根据国务院《关于进一步深化粮食流通体制改革的决定》，行署下发《关于进一步深化粮食流通体制改革实施意见的通知》，在全区实施粮食流通体制改革：政企分开，地县（市）粮食局与所属粮食企业在职能、业务、机构、人员、财务等方面全面脱钩；粮贸企业改制，实施下岗分流；订购粮食委托代理制，按照县（市）政府订购计划委托粮食收储企业（粮食管理所）组织实施，隶属县（市）粮食局管理；全区粮食生产和粮食流通实行专员、县（市）长负责制；实行储备与经营分开；消化粮食财务挂账，强化资金管理。2002年，市政府出台《保山市人民政府关于进一步深化粮食流通体制改革的实施意见》，从4月1日起，全市取消合同订购，放开粮食收购、粮食市场和粮食价格。粮食购销转入市场化，粮食购销企业逐步实行自主经营，自负盈亏。2003年，按照“总体放开，分级负责，加强调控，确保安全”的基本思路，积极推进粮食购销主体多元化改革。2004年，国务院《粮食流通管理条例》颁布后，全市粮食购销工作由计划管理转为市场调节，实行粮食收购资格许可证审批制度。

2005年，全市继续深化粮食流通体制改革：完善政策措施，落实粮食行政首长负责制，健全市场监管机制，完善粮食市场准入制度，加强全社会粮食流通监督管理，确保粮食安全；继续加大国有粮食企业产权制度改革力度；完善对种粮农民的直接补贴机制，健全完善应急机制和储备调节机制，努力提高粮食的综合生产能力；积极培育粮食产业化龙头企业，支持其做强、做大、做优，提高企业市场竞争能力。在市场经济条件下，充分发挥国有或国有控股粮食企业在粮食流通和宏观调控中的主渠道作用。至年末，全市在完善粮食市场准入制度中，已为各类市场和企业审核办理粮食收购许可证46户。

第四节　国有粮食企业改革

1980年，保山地区共有粮油购销机构256个，其中：粮管所62个，粮店（点）194个。共有职工1721人。

1990年，全区粮油系统共有315个单位，职工2944人，其中：粮食企业管理机构75个，320人；企业经营机构221个，1775人；粮油运输机构4个，84人；其他粮油机构9个，497人。

1993年4月起，全区放开粮食购销价格和粮食经营。按照中央和省政府指示“机构不能散，阵地要永占，机制要转变，人员要精简”的精神，实行县（市）粮食局、总公司和下属粮管所、粮油贸易公司的两块牌子、一套班子的领导机构。总公司和下属各公司，实行两级法人、两级核算、经营承包的工效挂钩、自主经营、独立核算、风险抵押、自负盈亏，本着“放而有度，活而有序、经营要活、管理要严、外松内紧、统放结合”的原则。五县（市）共有103个核算单位，其中：粮食管理机关（粮贸总公司）5个，粮食管理所（粮食公司）74个、县（市）直属粮贸公司8个、直属库3个、车队4个。共有职工2203人，离退休人员702人。

1998年，行署下发《关于进一步深化粮食流通体制改革实施意见的通知》，在全区实施粮食流通体制改革，实行政企分开，开展国有粮食企业改革和粮贸企业改制。各县（市）成立总公司和分公司，总公司以原有粮管所为基础，对各购销分公司的设置进行合并。根据放开搞活国有企业的精神，结合企业实际，对公司、加工厂、商行、车队进行兼并、改制：地区粮食局下属纸袋厂合并粮油运输公司；保山市粮食局下属面条公司合并永吉面粉厂；腾冲县粮食局下属粮油食品公司、粮油物资器材公司兼并腾粮酒厂，成立有限责任公司；昌宁县粮油加工厂，腾冲县饵丝厂、饲料公司、粮油加工厂，保山市粮油加工厂、饲料公司，龙陵县饲料加工厂，地区粮食局汽车运输公司8个单位实行股份合作制。对国有粮食企业职工进行分流下岗，按照减员40%的目标要求，在成立总公司和分公司后，对各公司进行“清岗”和“三定”制度。

1999年8月，龙陵县粮食局实行“龙陵县粮食局”“县粮食购销总公司”两块牌子两套班子。2000年，昌宁、保山、腾冲、施甸县（市）相继成立粮食购销总公司，实现县粮食局与粮食购销总公司分离，县粮食局属行政管理，县粮食购销总公司属经营性企业。县（市）粮食购销总公司成立后，实行一级法人，统一核算。各乡（镇）粮食管理所挂牌为分公司，人、财、物划归县（市）粮食购销总公司管理，定岗、定员、定销、定酬，采取竞争上岗劳动机制，做好富余人员的转岗分流工作，提高粮食购销企业的市场竞争力，发挥国有粮食企业主渠道作用。至2000年，全区粮食系统有干部职工2027人（在岗干部职工1582人，占干部职工总数的78%；转岗分流人员330人，占16%；内部退养人员115人，占6%），有离退休人员946人（离休27人）。

2002年4月起，保山市取消粮食定购，粮食购销工作全面面向市场，粮食购销企业逐步实行“自主经营，自负盈亏，自我约束，自我发展”。全市进一步推进国有粮食企业改革：撤销县级粮油总公司，按经济区域设立2～5个粮油公司的粮油购销企业改革；恢复不低于500万千克贸易粮的市县（区）储备规模，增强粮食宏观调控能力；妥善安置拟于分流的50%的人员，对边远不便管理的粮点实行变卖，以收缩网点，变卖收入主要用于安置人员；盘活资本，开展多种经营，提高效益。年末，全市国有粮食购销企业减至26个，粮点减至154个。按照50%的分流比例，科学考核，竞争上岗，合理分流职工，做到安置、分流符合政策，手续完备，并完善养老保险和就业保险有关政策，年内分流职工536人。

2003年，继续推进国有粮食企业改革，确定在每个县（区）只保留一户国有独资或国有控股的粮食企业（军粮供应站除外），其余企业鼓励其实行股份制民营化改制。改制后，基层粮食购销业务采取聘用制、委托制、代理制，在基层乡（镇）设立购销点，确保购销企业和政策性粮食供应渠道畅通。年末，全市有19个粮食购销企业，比上年减少7个，分流职工376人。至2004年，各县（区）保留1户国有或国有控股的粮油购销企业，其余企业实行股份制民营化改制。全市国有粮食购销企业及其从业人员由改制前的45户1386人，减少到9户268人，其中：国家粮食储备库1户，军粮供应站3户，国有独资3户，国有控股2户（粮食购销公司）。实现16人提前退休，1102人一次性终止解除劳动合同关系，保留人员全部实行身份转换，竞聘上岗。

2005年，按照建立社会主义市场经济体制和现代企业制度的要求，加大国有粮食企业产权制度改革力度，推进国有粮食企业战略性重组。至年末，已为各类市场和企业审核办理“粮食收购许可证”46户。全市国有粮食购销企业9户，职工268人。

第二章 粮油购销

第一节 粮食收购

一、粮食统购

1978年，保山地区粮食征购继续执行“一定五年不变”、超产超购、加价、奖售的收购政策。基数按1977年实际产量计算和参照近几年平均产量确定，将征购任务逐级落实到社、队。粮食产量超过定产基数的部分，国家收购四成，生产队留六成，用于社员口粮、饲料及储备，也可自愿当作超产超购粮卖给国家。当年全区统购粮食（余粮）4531万千克。

1979年，根据国务院批转财政部《关于执行农业税起征点若干具体问题的规定》和省革委《关于实行粮食起征起购点和调整公余粮“一定五年”基数（试行草案）的通知》，全区调整部分经济条件较差地区的农业税负担。腾冲、龙陵两县沿边一线地区的少数民族生产队，原则上不再交纳农业税；对重新核定的粮食征购基数及地区1%、县4%的机动粮一并落实到生产队。全区原征购基数为7617万千克，一次性调减1465万千克，落实到生产队的征购基数为6152万千克，并实行“一定五年”不变。粮食统购平均价由每50千克10.19元调整为12.39元。当年全区统购粮食3757万千克。1980—1982年，全区统购余粮21800万千克。

1983年，全区农村普遍实行家庭联产承包责任制，根据土地面积、粮食产量和“一定十年不变”的政策，将公余粮一次确定到每户农户，由合作社与农户订立责任制，以户计征和结缴。当年全区统购余粮16619万千克。1984年，统购余粮22696万千克。1985年1月起，保山地区取消粮食统购，改为合同定购。

二、粮食定购

1985年1月，保山地区改粮食统购为合同定购，以“一定五年不变”的征购、超购数为基础，与农户签订粮食定购合同。当年全区完成合同定购粮7037万千克。1986年自然灾害频繁，行署适当调减粮食合同定购任务，全区完成合同定购粮5850万千克。

1987年，粮食收购实行合同定购与市场收购并行的“双轨制”。平价粮食收不敷出的部分通过“议转平”解决，差价由财政弥补。当年，因遭受严重旱、涝灾害，全区农村缺粮达7.5万户，38.91万人，占农业人口的20.7%，共缺粮800万千克。省政府调减保山地区合同定购任务1000万千克，实际完成3027万千克。

1988—1990年，省政府对保山地区定购粮实行“购销包干‘一定三年不变’，基数包死，节余归己”的粮食购销包干政策。三年共完成定购粮任务10754万千克。1991年，在第一个粮食购销包干期结束后，全区包干结余指标625万千克，经省粮食局批准，专项用于解决挂账。当年全区完成定购粮3509.88万千克。

1993年，根据国务院、省政府《关于加快粮食流通体制改革的通知》精神，全区从4月1日起，全面放开粮食购销价格和粮食经营市场，取消合同定购，粮食收购实行“保量放价”。

1994年年初，因放开粮价引发粮价大幅波动，党中央、国务院在采取措施、稳定粮食价格和市场的同时，出台了粮食价格改革方案。保山地区于1994年秋粮入库开始，重新恢复合同定购。粮食定购价格实行国家定价、省价外补贴和地区价外加价政策。从小春入库开始，不种烤烟的农户公粮和定购粮一律恢复征收、征购实物，并按省定品种、任务落实到交粮农户。当年全区完成定购粮3668万千克，烤烟顶抵定购任务786万千克（每交售1千克中上等烟叶顶抵定购粮任务0.5千克）。

1995年，恢复粮肥挂钩政策，提高省定价外补贴标准，地区加价政策不变。全年完成定购粮3791万千克，烤烟顶抵定购任务992万千克。

1996年4月起，国家提高粮食定购品种的收购价格，省定价外补贴继续执行，并调整粮肥挂钩的兑现比例，取消地区价外补贴政策。当年实际完成定购粮3990万千克，烤烟顶抵定购任务347.5万千克。1998年，行署下发《保山地区行政公署关于1998年秋粮收购价格及有关问题的通知》，取消省定价外补贴，秋粮收购价格按省定下浮幅度定价。当年全区完成定购粮3615万千克，烤烟顶抵定购任务135万千克。

从1999年秋粮入库开始，全区粮食定购价和保护价实行并轨。4月1日起，小麦、早籼稻退出定购及保护价收购范围，实行“保量放价”收购，不再执行烤烟顶抵定购粮政策。当年征收定购粮5666.13万千克。2000年4月起，玉米退出定购及保护价收购范围，当年完成定购粮4973.11万千克。

2002年4月1日起，全市取消粮食定购。当年1—3月，实际收购上年尾欠定购粮19.51万千克。

1978—2002年分县（区）粮食（原粮）收购（统定购）情况择年统计表

表26-1　　单位：万千克

年份	粮食总产	收购合计	占总产%	分县（区）情况					
				隆阳	施甸	腾冲	龙陵	昌宁	地级
1978	59130	8465.5	14.32	2572	1186	2639	773.5	1296	—
1980	65510	8352.5	12.75	3096	964.5	2494.5	595	1203	—
1985	65360	9118	13.95	3274	1153	2625	815	1251	—
1990	71580	7074	9.88	2184	1129	2226	480	1005	50
1995	78000	5950.5	7.63	1983	773	1960	380	855	—
2000	91650	4973	5.43	1736	660	1719	332	526	—
2001	90060	5534.5	6.15	1974	656.5	1680	364	860	—
2002	88120	19.51	0.02	0.02	0.31	0.02	18.09	1.07	—

三、粮食议购

（一）议价收购

根据省粮食局《关于开展粮油议购议销的通知》，保山地区粮食部门于1980年起恢复粮食议购议销业务。议购品种有大米、稻谷、大豆、小麦、玉米、蚕豆、豌豆。收购价格在省规定幅度内，大米、稻谷、大豆、蚕豆、豌豆不超过统购价的100%；小麦、玉米不超过统购价的80%；其他品种不超过统购价的60%。当年全区议购原粮902.5万千克。

1983年，地委、行署贯彻国务院办公厅转发商业部《关于完善粮油统购任务后实行多渠道经营若干问题的试行规定》，要求各地在完成当年征购包干基数后，以粮食部门为主渠道，实行多渠道经营，大力开展粮油议购、议销业务。多渠道经营的粮油价格，属于粮食部门议购的，由双方自议，国家不作统一规定。当年全区粮食部门议价收购原粮1669万千克。1984—1990年，全区议购原粮16227万千克，其中：1985年391万千克，1987年3892万千克，1990年4862万千克。

（二）指导价议购

1992年6月，地区粮食局下发《关于粮食流通体制改革与做好今年大春粮食收购工作的意见》，下达全区议价粮食收购计划1960万千克，实际收购5597.8万千克。1993年，根据国务院、省政府关于加快粮食流通体制改革的通知精神，全区从4月1日起，全面放开粮食购销价格，粮食收购实行“保量放价”。由于农民对放开粮食价格认识不足，加之当年粮食因灾减产，当年收购原粮1439.32万千克，仅为上年的25.7%。

1994年年初，粮食价格出现大幅波动，全区从秋粮入库开始恢复粮食合同定购，粮食议价收购价格按“左右兼顾、随行就市、一次确定、一步到位”的原则，由各县（市）自主确定。当年收购原粮2310.18万千克。1995年议价收购原粮3894.5万千克。

（三）保护价议购

1991年，为避免“谷贱伤农”现象发生，地委、行署对大、小春粮食主要品种规定最低保护价，当市场粮价高于保护价时，国有粮食企业按市场价格收购，当市场粮价低于保护价时，国有粮食企业按保护价收购。当年全区粮食部门议价收购原粮4889.25万千克。

1996年4月起，粮食定购品种的收购价格由原定购粮食品种平均价每50千克50.80元提高到72.40元。同年10月省物价局、粮食局、财政局联合发文制定议价粮食收购最低保护价格：每千克粳稻1.68元，籼稻1.56元，玉米1.53元。当年，全区粮食部门收购原粮6586.31万千克，是保山历史上粮食价格最高的年份。

1998年6月，国务院出台《粮食收购条例》。全区粮食收购保护价为：每千克小麦1.30元，早籼稻1.10元，粳稻1.25元，中晚籼稻1.14元，玉米1.16元。当年全区粮食部门收购原粮4486.69万千克（按保护价收购3870.67万千克）。

1999年4月起，全区小麦、早籼稻退出定购及保护价收购范围，实行“保量放价”进行收购。当年，全区粮食部门议价收购原粮3152.15万千克。

2000年4月起，退出保护价收购的小麦、早籼稻、玉米实行市场收购，地区不再下达任务和价格，玉米是否保留或退出保护价收购由各县（市）自定。当年，全区粮食部门收购原粮3392.72万千克，其中按保护价收购2347.98万千克。

2002年4月，保山市逐步实行“一取消，三放开”政策。为确保政策性粮食供应，制定了当年粮食收购最低指导价：每千克粳稻1.20元，中晚籼稻1.10元，玉米、小麦1.00元。由于各县（区）政府执行政策不到位，五县（区）公粮全部实行折征，农民惜售，昌宁县从4月1日起进入改革，粮食购销业务停滞，粮食收购效果不佳。全市粮食部门仅收购原粮2731.69万千克（按保护价收购8.06万千克）。

2004年，为调动种粮农民的积极性，确保种粮农民获得合理的收益，国家发改委、财政部、粮食局等联合下发《关于公布中晚籼稻和粳稻最低收购价格的通知》，规定每千克中晚籼稻和粳稻最低收购价格分别为1.44元、1.50元。当市场价格高于最低收购价时，由取得收购资格的粮食经营企业按市场价格收购；当市场价格低于最低收购价时，由国家委托国有粮食经营企业按最低收购价格收购。当年市政府下达全市国有粮食购销企业收购计划3000万千克，实际收购原粮3491.07万千克（含公粮740.07万千克）。

2005年，全市执行《粮食流通管理条例》及国家发改委、财政部、农业部、国家粮食局等部门联合下发的《关于印发2005年中晚籼稻和粳稻最低收购价执行预案的通知》，每千克中晚籼稻和粳稻最低收购价格分别为1.44元和1.50元。全年全市粮食经营企业及转化用粮企业共收购原粮7902.9万千克，其中：国有独资或国有控股粮食购销企业收购4906.5万千克，非国有经营企业收购2798万千克，转化用粮企业收购173.5万千克，粮食批发市场当年进场24.9万千克。全市粮食购销市场化和市场主体多元化的格局初步形成。

1980—2005年分县(区)议价/保护价粮食(原粮)收购情况择年统计表

表26-2　　单位：万千克

年份	收购总计	其中：按保护价收购	分县(区)收购情况					
			隆阳	施甸	腾冲	龙陵	昌宁	市直
1980	902.5	—	410.5	88	259	51.5	93.5	—
1985	391	—	92	41	4	70	184	—
1990	4862	—	2396	542	856	422	646	—
1995	3894.5	—	1468.3	745.2	594.4	536.1	544	6.5
2000	3392.7	2348	693.9	1164.8	377	263.6	875	18.4
2001	2682.2	1380	955	294.3	263.9	116	1009.1	43.9
2002	2731.6	8.06	983.1	861.1	191.5	257.6	387.9	50.4
2003	3405.5	—	1438.9	430.7	591.3	728.1	181.3	35.2
2004	3491.1	—	1026.1	531.3	1135.7	221.1	576.9	—
2005	7902.9	—	2590.9	2396.7	1468.9	397.6	1048.8	—
其中国有企业	4906.5	—	1543.6	700.8	1468.9	249.1	944.1	—

第二节　粮食奖补政策

一、超购奖励政策

为鼓励农民多生产粮食和多卖商品粮给国家，根据国家政策规定，保山地区实行“超产、超购、超奖”的粮食收购政策，即在完成国家核定的征购任务以外，对丰收超产的粮食再收购一部分。国家对生产队超产超购的粮食实行加价奖售化肥政策。

1978年，超购粮价格执行国家统购价加价30%，每超购50千克原粮奖售氮肥12.5千克，粮食奖售化肥实行专项安排，生产队出售超购粮食时，粮食部门出示超购凭证，供销部门及时供应兑现，当年实际超购原粮737万千克。1979年，超购粮价提高到统购价的50%，奖售政策调整为每超购50千克原粮奖售氮肥7.5千克，奖售磷肥5千克，当年实际超购原粮701.5万千克。

1980年，对完成国家核定的征购任务以外的超购粮称之为“超超购粮”：稻谷、大豆执行国家统购价加价100%，小麦加价50%，玉米加价60%～70%，豌豆、蚕豆加价70%。继续执行每超购50千克原粮奖售化肥12.5千克的政策，当年实际超购原粮520.5万千克。

为解决征收“过头粮”的问题，1981—1982年，各县不再执行粮食超购政策。

从1983年起，国家对保山地区33个商品粮基地社优惠供应化肥、农药。各县(市)粮食部门与社队订立收购合同，对各社在完成国家征购任务基数和不吃国家返销粮的前提下的增产多余粮食，按超超购粮的价格加价收购，其中：稻谷、大米加价至统购价的120%，其他品种加价不变。同年，按省政府规定，商品粮基地社以1982年实际完成的征、超、议购粮为基数，超基数超卖部分，每超卖1千克奖励人民币0.02元计算到户。1984年起，该项奖励政策不再执行。

二、定购奖补政策

1986年起，保山地区实行定购粮收购与化肥挂钩的奖购政策，农户每交售50千克定购粮奖售平价化肥5千克。1987年起，全区实行定购粮收购“三挂钩”政策，即农户每交售50千克定购粮奖售平价化肥7千克，柴油1.2千克，并按合同定购粮数量的价款发放30%的无息预购定金。为鼓励良种繁育，农业籽种部门与繁育优良籽种的农户签订合同，根据实交良种数量，按比例价付款，可顶抵合同定购任务，并奖售同等数量的平价尿素和平价柴油，发放同额无息预购定金。

1988年，全区实行定购粮价外补贴政策，人均负担合同定购粮（含公粮）在75千克以内（含75千克）部分，扣除公粮后不分品种、等级，按每千克原粮0.10元（地区补贴0.04元，省补贴0.06元）补贴农民；人均负担合同定购粮超过75千克以上部分，不分品种、等级，按每千克原粮0.36元进行补贴农民，此项补贴不进成本，由省、地财政拨补。

1992年4月1日起，全区统一提高粮食购销价格，全面实行购销同价的同时，调整1988年出台的价外补贴政策，取消人均负担定购粮75千克以内地区每千克补贴0.04元的政策，省定补贴继续执行。人均负担超过75千克以上部分，在扣除此次提价部分后，仍以价外补贴形式付给农户。

1993年4月1日起，粮食购销价格全面放开，粮食收购实行“保量放价”，改变定购粮“三挂钩”政策兑现办法，把粮肥、粮油（柴油）兑现实物改为补贴现金。同时取消发放预购定金办法及人均负担75千克内外的价外补贴政策和育种优惠政策。同年，为扶持烤烟生产，地区出台每交售1千克中上等烟叶顶抵定购粮任务0.5千克的政策。当年全区烤烟顶抵定购任务1201万千克。

1994年秋粮入库开始全区重新恢复合同定购。当年定购价格实行国家定价、省价外补贴和地区价外加价政策。省定价外补贴标准：每50千克籼稻3元、小麦2元，粳稻、玉米4元；地区加价每50千克原粮加价5元。1995年，恢复粮肥挂钩政策，每交售50千克定购粮奖售平价化肥7千克，由粮食部门直接兑付给农户。省定价外补贴标准，在1994年补贴标准基础上提高一倍，地区加价政策不变。

1996年4月1日起，国家提高粮食定购品种的收购价格，省政府将农户每交售定购粮50千克奖售化肥提高至10千克，省定价外补贴政策仍按1995年执行，地区加价政策取消。1998年6月起取消省定价外补贴政策。1999年，取消“烟抵粮”政策。

2001年，保山市逐步推行“订单农业”，促进粮食品种结构调整，加快优质粮食的推广步伐，探索“公司＋基地＋农户”，农、工、贸一体化的产业化经营模式，加大保山硬粒小麦和优质稻推广。当年保山硬粒小麦推广面积达12693亩，发放预购定金91万元，推广“502-7”优质稻17645亩，发放预购定金39万元。

2002年4月1日，全市全面贯彻实施国家“一取消、三放开”政策，粮食购销工作全面市场化，各项粮食收购奖励、补贴政策不再执行。

三、粮食（良种）直补政策

2004年，国家实行粮食直补政策。把过去通过粮食购销流通环节的间接补贴改为对种粮农民的直接补贴，原则上按粮食种植面积和优良品种，通过国家财政把粮食补贴直接发放到种粮农民手中。根据省政府统一部署，保山市隆阳区、腾冲县被列入全省20个粮食直补试点县，当年财政部门兑付粮食直补资金1091万元，41个乡（镇）126万名农民受益。昌宁县、施甸县被列入全省20个籽种直补试点县，当年兑付良种补贴资金195万元，19个乡（镇）9万多户农民受益。

2005年，全市兑现粮食直补资金1279万元，受益人口128万人；兑现良种补贴180万元，受益人口31.5万人。当年，龙陵县尚未实施粮食（良种）直补政策。

第三节　油脂（料）收购

1978年，保山地区共收购花生果、油菜籽、油茶子等油料166.25万千克，折合油脂58.55万千克。1979年，根据省革委转发的省物价局、粮食局《关于调整粮食和油脂油料收购价格的报告》的通知，全区食用油料平均收购价由每50千克29.18元调整为37.30元；食用油脂平均收购价由每50千克86.11元调整为107.63元。省粮食局下达保山油脂收购计划31.5万千克，地区下达各县油菜籽收购指标100万千克。当年全区收购油料107.65万千克，折合油脂35.75万千克。

1980—1983年，按照“一定四年不变”的统购政策，确定全区每年油料定购任务基数为100万千克。1983年，根据省政府《关于改进油料收购办法的通知》要求，从小春油料收购开始，全区实行按比例价收购办法。收购油菜籽及其他油料，不论集体和个人，一律以40%按统购价、60%按超购价结算付款。4年共收购油料2253.23万千克，折合油脂724.85万千克。

1984年起，除花生果、油菜籽继续保留合同定购外，其他品种均退出统购定购范围，实行随行就市收购。全年共收购定购花生果8万千克、油菜籽464万千克，折合油脂146万千克。收购议价花生果32万千克，折合油脂8万千克。1985—1988年，共收购定购油料1934万千克，折合油脂477万千克。收购议价油料1176万千克，折合油脂327万千克。

1990年，根据省政府和省财政厅、粮食局的有关文件要求，全区从4月起，对收购油菜籽实行粮食奖售政策，奖售标准为1∶0.5，价格执行合同定购价，粮源通过“议转平”解决，由此造成的差价由省财政和用油进油地区各负担50%。1993年，由于粮油市场的“三放开”，油料收购按市场价格随行就市收购。当年油料总产为1.2万吨，下达收购计划660万千克，实际收购油料311.95万千克，折合油脂95.92万千克。

1994年，由于粮食价格放开后，粮油价格在相当一段时间内多次暴涨，为了稳定粮油价格、稳定市场，国家恢复实行粮食合同定购，全区油菜籽定购任务也逐步恢复。当年油料总产为1.12万吨，下达收购计划780万千克，实际收购定购油菜籽68万千克，折合油脂21万千克。议价收购油菜籽362.42万千克、花生果4.23万千克、油茶籽0.23万千克，折合油脂90.85万千克。

1998年，油料合同定购取消，全面实行市场收购。全区执行的油菜籽收购价格为每千克2.40元，上下浮动15%，具体价格由各县（市）自行确定。当年油料总产为1.64万吨，下达收购计划800万千克，实际收购油料404.8万千克，折合油脂125.45万千克。

1999年，根据省政府有关通知精神，行署决定，退出定购品种的油菜籽继续列入收购品种，价格执行省定指导价每千克2.40元，下浮比例不超过10%，具体价格由各县（市）自行确定。当年腾冲油菜籽收购价每千克2.60元，其他县（市）每千克2.80元。当年油料总产为1.59万吨，下达收购计划800万千克，实际收购油菜籽522.38万千克，折合油脂166.47万千克。

2002年不再全面下达收购任务，当年保山市粮食部门收购油菜籽56.71万千克。2003—2004年，是油料收购的最低迷时期，两年共收购油料34.22万千克。2005年，油料总产为3.34万吨，实际收购油菜籽620.97万千克（国有粮食购销企业收购406.77万千克，占总收购量的65.5%），折合油脂190.5万千克。

1978—2005年分县（区）油脂（料）收购情况择年统计表

表26-3　　　　单位：万千克

年份	平价油脂收购						议价油脂收购						
	合计	隆阳	施甸	腾冲	龙陵	昌宁	合计	隆阳	施甸	腾冲	龙陵	昌宁	市直
1978	58.55	15.7	2.9	17.5	3	19.45	—	—	—	—	—	—	—
1980	96.85	18.6	5.65	46.05	3.4	23.15	—	—	—	—	—	—	—
1985	116	2	9	91	7	7	44	7	7	22	3	5	—
1990	393	2	43	310	15	23	12	1	10	—	1	—	—
1995	77.11	—	—	77.11	—	—	150.95	10.84	33.22	81.5	3.21	22.18	—
2000	—	—	—	—	—	—	132	2.66	20.49	75.56	1.58	4.68	27.03
2001	—	—	—	—	—	—	52.69	2.62	0.14	27.04	0.46	2.2	20.23
2002	—	—	—	—	—	—	17.6	0.06	0.04	—	0.02	0.54	16.94
2003	—	—	—	—	—	—	5.89	4.1	—	—	0.02	—	1.77
2004	—	—	—	—	—	—	4.72	4.67	—	—	0.05	—	—
2005	—	—	—	—	—	—	192.5	51.9	56.3	79.5	4.8	—	—

第四节　粮食供应

一、平价粮供应

(一) 非农供应

1978年，保山地区平价粮供应按照《市镇粮食定量供应暂行办法》执行。非农业人口居民口粮分等定量、工商行业用粮按户定量、牲畜饲料分类定量供应。按规定核定的供应数量，分别发给市镇居民粮食供应证、工商行业用粮供应证、市镇饲料供应证、市镇居民粮食供应转移证以及全国通用粮票、云南省地方粮票和地方料票等7种票证。当年全区非农粮食供应总量为(贸易粮)2998万千克。

1979年，根据云南省革命委员会批转省粮食局《关于试行云南省市镇粮食口粮定量标准的报告》，全区对工种口粮定量做调整，实行三等(特重体力、重体力、轻体力)四级制(25千克、21千克、17.5千克、15千克)。同时，从12月起，城镇居民凭证购买粮食，搭配杂粮(面粉、面条)15%。凭粮票购买的粮食(包括各种补助用粮)，机关单位搭配杂粮15%；其他集体和个人一律搭配杂粮30%。全年全区非农供应粮食2876万千克。

1981年10月和1982年1月，保山、腾冲两县为控制粮食外流，减少财政补贴，先后制发了"购粮券"和"购油券"两种地方粮油券，在两县城居民中使用，凭券购买大米、面粉、面条、饵丝等粮食制品。1983年起，城镇凭证、凭券购买粮食杂粮搭配比例统一调整为20%。

1985年，城镇居民口粮定量标准调整为：在职重体力劳动者每月17.5千克，轻体力劳动者每月15～16千克；职员脑力劳动者每月13.5千克，补助1.5千克共15千克；初、高中在校学生每月16千克；大、中专在校学生每月16.5千克；居民中9岁以上儿童每月12.5千克；6岁以上不满9岁儿童每月9.5～11.5千克；3岁以上不满6岁儿童每月6.5～8.5千克；3岁以下儿童每月3.5～5.5千克；退休职工每月16.5千克；离休干部每月15千克。部队用粮凭团以上后勤部门核准的购粮数，定期按月供应，购粮证每年3月核定换发一次。战士凭供给粮票(有价证券)和购粮证每月供应22.5千克；干部凭购粮票和购粮证，每月供应19千克。当年全区非农供应总量2905万千克。

1988—1990年，省政府对各地州(市)粮食实行购销包干"一定三年"政策，省政府核定给保山粮食购销包干基数为收购4465万千克、销售5851.5万千克、"议转平"指标1900万千克、净调出250万千克。1988—1990年，全区非农供应总量10416万千克，年均3472万千克。

1991年，省政府提出对粮食购销包干政策继续顺延两年的通知，保山地区购销包干基数为收购4511万千克、销售5859万千克、"议转平"指标1300万千克、净调出250万千克。前三年包干期结束，全区结余包干指标625万千克，经云南省粮食厅批准，专项用于解决财务挂账。5月起，三种粮食统销价平均提高每千克0.21元，食油实行购销同价，统销价由每千克1.438元提高到4.16元。粮食统销价格提高后，对供应对象实行补助：职工（含离退休）及城镇居民、民政优抚救济对象、武装警察每人每月补助6元，民办教师、大中专学生每人每月补助4元，补助资金由同级财政负担。当年，全区非农供应总量4558.54万千克。

1993年，根据省级政府通知精神，全区放开粮食购销价格和粮食经营，城镇居民用粮走入市场化，不再使用粮票和“购粮簿”。全区1—3月份非农供应总量217.95万千克，其中，定量人口口粮217.38万千克，其他供应0.57万千克。

1994年6月，党中央、国务院出台粮食价格改革方案，保山于1994年秋粮入库开始恢复粮食定购及统一全区粮食销售指导价格。当年全区非农粮食供应总量3491.88万千克。1995年，全区非农业人口及大中专学生口粮供应恢复定量供应，每人每月10千克，凭证购买，当月有效。全年非农供应粮食3564.02万千克，其中：定量人口供应2649.92万千克，食品业28.18万千克，副食酿造业5.68万千克，饲料763.02万千克，其他供应117.22万千克。

1998年，全区非农粮食供应总量336.61万千克，其中定量人口供应238.65万千克。1999年起，取消了粮食定量供应政策，粮食供应全部改为议价销售统计。

（二）农村供应

1978年，保山地区的农村粮食供应，仍按国务院1955年发布的《农村粮食统购统销暂行办法》执行。全区销售农村平价粮食（贸易粮）3058万千克。1980年，全区粮食部门恢复粮油议购、议销业务。执行省财政局、粮食局《关于认真贯彻粮油超购加价规定的通知》，全年共销售农村平价粮食2112.5万千克。

1981年起，各种奖售粮供应量增加。当年，全区共销售农村平价粮食4746万千克，其中各种奖售粮4099万千克（肥猪奖售1741万千克）。1984年，各种奖售粮供应创历史新高。全区共销售农村平价粮食14910万千克，其中各种奖售粮13782万千克（肥猪奖售1286万千克）。

1985年起，甘蔗等项目的奖售粮改为专项用粮销售，不列入奖售粮销售项目统计，奖售粮范围逐步缩小，农村平价粮的销售总量有所回落，但农业人口口粮供应有所回升。当年全区销售农村平价粮食2511万千克。1990年，全区共销售农村平价粮食2830万千克，其中：农业人口供应2164万千克，农村饲料供应31万千克，民工补助43万千克，籽种37万千克，肥猪奖售粮422万千克。

1991年，全区粮食部门配合有关部门积极安排好农村缺粮农户生活。全年安排一般缺粮农户14.5万户，50.1万人，粮食699万千克。配合民政部门解决双缺农户3.64万户，安排粮食226.3万千克。当年，全区共销售农村平价粮食1865.14万千克。1993年，全区粮油供应全面实行议价供应。1—3月份，全区农村平价粮食供应总量48.35万千克，其中：农业人口供应43.64万千克，民工补助3.21万千克，奖售粮1.45万千克均为肥猪奖售。

1994年秋粮入库开始，恢复粮食定购及统一全区粮食销售指导价格。全区农村平价粮食供应总量为3013.43万千克，其中：农业人口供应2534.71万千克，其他供应478.72万千克。1995年，实行粮食总量平衡行政首长分级负责制的目标任务和具体职责，全区农村粮食供应总量5329.59万千克。

从1996年起，除部分因灾缺粮供应外，其余部分粮食供应实行议价供应，此后农村供应逐年减少。1998年全区农村平价粮食供应总量1442.44万千克。1999年起，粮食供应全部改为议价销售统计。

1978—1998年平价粮食（贸易粮）销售情况择年统计表

表26-4　　单位：万千克

年份	销售总计	非农业销售							农业销售					
		小计	定量人口	事业用粮	商业用粮	工业用粮	专用饲料	其他用粮	小计	农业人口供应	民工集运补助	籽种粮	奖售粮	其他用粮
1978	6056	2998	1713	74	861	29	143	178	3058	1917	104	149	622	266
1980	4934.5	2822	1646	71.5	836	25	114	130	2112.5	637	158.5	37.5	1187	92.5
1985	5416	2905	2207	109	436	—	89	64	2511	1273	801	3	320	114
1990	6535	3705	2948	122	431	—	116	88	2830	2164	43	37	422	164
1995	8893.6	3564	2649.9	117.22	33.9	—	763	—	5329.6	4612.1	—	—	—	717.52
1996	2445.8	986.68	854.18	132.5	—	—	—	—	1459.2	1441.3	—	—	—	17.89
1997	1681	628.44	514.63	113.81	—	—	—	—	1052.5	950.48	—	—	—	102.05
1998	1779.1	336.61	238.65	97.96	—	—	—	—	1442.4	1300.2	—	—	—	142.21

二、议价粮供应

1980年，根据省粮食局有关通知精神，保山地区粮食部门恢复了粮食议购业务，同时，酿酒业用粮改为议价供应。当年全区粮食部门销售（贸易粮）216万千克。此后，议价粮销售逐年增加。1981年议价供应317万千克，1983年供应1430万千克，1985年供应2940万千克。1986—1990年共销售议价粮15922万千克，年平均销售3184.4万千克。

从1992年1月起，全区压缩部分平价粮销售：饮食、糕点、副食酿造等行业用粮，除保留少量早点和少量大众化食品平价用粮外，一律改为议价供应；取消市镇非农业人口的各项补助用粮（含县以上行政事业单位干部每人每月1.5千克的工种粮），全部改为议价供应；市镇定量供应的各种饲料，全部改为议价供应；市镇粮食定量供应标准超过15千克的（含15千克）每人每月减少1.5千克；平价食油除保留城镇及部队定量供应外，其他的一律改为议价供应。当年共销售议价粮4256万千克。

1993年，粮油供应全部实行议价供应。当年全区共销售议价粮6659万千克。1994—1995年，粮油购销恢复定购及统一指导价销售，议价粮本着购得进、销得出、保本微利的原则，按照略低于市场价价格的原则定价销售，各县（市）根据实际，报请政府与物价部门自行定价。在此期间议价粮油销售不作单独统计。

1996年，全区粮食系统落实省政府《关于1996年实行物价涨幅控制目标责任制的通知》要求，控制粮价上涨，全年粮食价格上涨指数为12.4%，完成省粮食局下达20%的控制目标。粮食销售分政策性粮油和市场粮油两部分统计。当年共销售市场粮（贸易粮）4366.7万千克。

1998年，全区粮食购销企业认真执行粮食顺价销售政策。按定购价、保护价及省外区外调入和加工成品所需支付的费用加权平均计算，加上合理利润为原则确定粮食销售价格。地区粮食局、物价局经过测算，制定出全区粮食顺价销售平均价格作为销售指导价：粳米2.30元/千克、中晚籼米2.10元/千克、玉米1.40元/千克。当年共销售议价粮3662.2万千克。

1999年，按照省物价局关于粮食顺价销售价格的测算办法规定，行署根据五县（市）的实际，决定粮食购销企业顺价销售价格由各县（市）粮食、物价部门测算，报当地人民政府自行确定。当年共销售议价粮8897.7万千克，其中：国有粮食购销企业销售6491.72万千克，附营企业销售2406.02万千克。2000年，全区共销售议价粮6686.9万千克，其中：粮食购销企业销售6080.53万千克，附营企业销售606.35万千克。

2002年4月1日起，全市根据"一取消，三放开"政策，全面放开粮食市场及粮食价格。粮油企业按市场需求运作，购销价格全由企业自主确定，粮食购销市场化和市场主体多元化的格局逐步形成，结束了粮食部门独家经营的历史。当年共销售议价粮2842.2万千克，其中：国有粮食购销企业销售2802.73万千克（退耕还林补助粮430.24万千克），附营企业销售2406.02万千克。2003年共销售议价粮5453万千克，其中：国有粮食购销企业销售5414.77万千克（退耕还林补助粮1944.77万千克），附营企业销售38.22万千克。

2004年，国家赋予各级粮食行政管理部门全社会粮食流通统计的新职能，五县（区）粮食局根据《粮食流通管理条例》和《云南省粮食流通统计制度》的有关规定，结合粮食市场的清理整顿和收购资格的认定，逐步理顺和确定统计范围和统计对象，并于2005年1月1日起全面实施社会粮食流通统计工作。2005年共销售议价粮8476.8万千克，其中，国有粮食购销企业销售4169万千克，非国有企业销售4307.8万千克（转化用粮企业销售186.5万千克，粮食批发市场销售22.2万千克）。

1980—2005年议价粮食（贸易粮）销售择年统计表

表26-5　　　　单位：万千克

年份	销售总计	分对象销售统计						分行业销售统计				
		口粮	以供代赈	商业用粮	饲料	籽种	其他	国有购销	其中：退耕粮	国有附营	非国有经营企业	非国有化企业
1980	216	216	—	—	—	—	—	—	—	—	—	—
1985	2940	2388	—	231	41	100	180	—	—	—	—	—
1990	1759	965	56	—	392	38	308	—	—	—	—	—

续上表 单位：万千克

年份	销售总计	分对象销售统计						分行业销售统计				
		口粮	以供代赈	商业用粮	饲料	籽种	其他	国有购销	其中：退耕粮	国有附营	非国有经营企业	非国有化企业
1995	—	—	—	—	—	—	—	—	—	—	—	—
2000	6686.88	—	—	—	—	—	—	6080.53	—	606.35	—	—
2001	8932.27	—	—	—	—	—	—	8863.25	9.69	69.02	—	—
2002	2841.15	—	—	—	—	—	—	2802.73	430.24	38.42	—	—
2003	5453.01	—	—	—	—	—	—	5414.77	1944.77	38.24	—	—
2004	3220.42	—	—	—	—	—	—	3207.58	493.68	12.84	—	—
2005	8476.8	—	—	—	—	—	—	4169	—	—	4099	186.5

第五节　油脂销售

1978—1980年，保山地区定量人口食油供应是按每人每月0.2千克的标准执行，其他商业用油和补助用油按计划供应，驻军部队的食用油根据油源情况，每人每月定量供应0.6～0.75千克。三年累计供应平价油脂190万千克，其中：非农业销售177.55万千克（定量人口供应76.9万千克），农业销售12.45万千克（农业人口返销油5.15万千克）。

1981年8月起，食油定量改为每人每月0.25千克，节日增供0.1千克。各县粮食部门还开展了食油议价销售业务，调节食油供应不足的问题。当年全区粮食部门共供应平价油脂79万千克，其中：非农业销售74万千克（定量人口供应35万千克），农业销售5万千克（农业人口返销油1万千克）。议价油脂供应18万千克。以后年度的油脂销售起伏较大。1982—1990年，共供应平价油脂804万千克，年平均供应量为89.3万千克，其中：供应最多的是1984年，为179万千克（非农供应103万千克，农业供应76万千克）；供应量最少的是1989年，为59万千克（非农供应49万千克，农业供应10万千克）。议价油脂供应702万千克，年平均供应量为78万千克，其中，供应最多的是1987年，为198万千克；供应量最少的是1984年，为15万千克。

1991—1998年，国家对粮油销售价格多次进行调整提价，平价油脂供应量逐年减少，8年间共供应平价油脂191.26万千克，年均23.91万千克，其中：供应量最多的1991年为76.87万千克（非农供应66.99万千克，农业供应9.88万千克）；供应量最少的1998年为13.99万千克（非农供应7.79万千克，农业供应6.2万千克）。1999年起，油脂供应（包括部队供应）全部改为议价销售。

1991—2002年，议价油脂供应1604.61万千克，年平均供应量为145.87万千克，其中，供应量最多的1997年为246.61万千克；供应量最少的1996年为50.33万千克。

2003—2004年，全市粮食购销企业全面进行企业改制和职工身份转换。粮油购销工作处于低谷，两年时间共销售议价油脂79.41万千克。2004年年底，全市国有粮食购销企业的改革改制工作全面结束，粮食购销市场化和市场主体多元化的格局基本形成。2005年全市共销售油脂89.7万千克，其中，国有粮食购销企业销售44.6万千克，非国有企业销售45.1万千克。

1978—2005年油脂销售择年统计表

表26-6　　　　单位：万千克

年份	销售总计	平价油脂销售												议价销售
		平价销售合计	非农业销售						农业销售					
			小计	定量人口	事业用油	食品业用油	工业用油	其他用油	小计	农业人口	油料籽种	其他用油		
1978	59.55	59.55	56.45	23.85	7	19.35	1.05	5.2	3.1	0.85	0.6	1.65	—
1980	66.4	66.4	61.5	26.3	8.4	18.85	1.2	6.75	4.9	1.1	2.55	1.25	—
1985	159	82	81	35	8	12	—	26	1	1	—	—	77
1990	150	84	53	45	5	1	—	2	31	29	—	2	66
1995	75.56	—	—	—	—	—	—	—	—	—	—	—	75.56
1996	110.1	59.75	49	43.63	—	—	—	5.37	10.75	10.44	—	0.31	50.33
1997	265.1	18.45	10.81	9.01	—	—	—	1.8	7.64	5.97	—	1.67	246.6
1998	209.2	13.99	7.79	6.02	—	—	—	1.77	6.2	6.2	—	—	195.2
1999	83.6	—	—	—	—	—	—	—	—	—	—	—	83.6
2000	59.18	—	—	—	—	—	—	—	—	—	—	—	59.18
2001	76.54	—	—	—	—	—	—	—	—	—	—	—	76.54
2002	236.9	—	—	—	—	—	—	—	—	—	—	—	236.9
2003	47.52	—	—	—	—	—	—	—	—	—	—	—	47.52
2004	31.89	—	—	—	—	—	—	—	—	—	—	—	31.89
2005	89.7	—	—	—	—	—	—	—	—	—	—	—	89.7
其中国有企业	44.6	—	—	—	—	—	—	—	—	—	—	—	44.6

第三章　粮油加工

第一节　加工企业

改革开放前，保山地区粮油加工业呈现“小、散、差”局面，基础脆弱，结构单一，生产规模小、点多面广、工艺设备落后、技术含量低，单位产品成本高，无产品特色。1978年，全区有独立核算粮油加工企业6个，职工292人。全年粮油加工工业总产值728.2万元，年末固定资产原值210.06万元，实现利润15.25万元。

1980年，全区独立核算的粮油加工企业共有职工251人。加工设备有碾米机械13套，面粉机械7套，杂粮面粉机械1套，面包机械2套，面条机械3套，修理设备2套，其他设备3套，固定资产原值194.58万元，全年加工工业总产值720.75万元，实现利润11.10万元。

1985—1987年，保山地区扩改保山市2000袋等级面粉厂一个，新建腾冲、施甸、龙陵、昌宁500袋等级面粉厂各1个；新建保山市50型组合碾米厂2个，五县（市）各建成30型组合碾米厂1个，昌宁县15型组合流动碾米厂1个；建成腾冲、龙陵、昌宁3个面条加工厂，保山市食品综合生产经营厂、腾冲县30吨油脂浸出厂和施甸县3000吨饲料厂等。全区粮油加工产品品种由4个增加到35个，并在开发系列新产品上迈出新的一步，产品质量有较大提高。

1990年，全区粮油加工企业发展到9个，其中：五县（市）各有粮油加工厂1个，腾冲县有饵丝加工厂1个，保山、腾冲、龙陵三县（市）各有饲料加工厂1个，生产车间44个，有职工446人。固定资产原值增至942.55万元，工业总产值增至1457.84万元，利润增至305万元。饲料加工业从无到有，年产量达1.02万吨。1992年，有12个产品获得省级优秀、优质产品光荣称号。施甸县粮油加工厂被省政府授予“精神文明先进单位”称号。

1994年，保山永吉食品有限公司引进瑞士具有国际先进水平的全套制粉设备和生产工艺，年处理小麦4万余吨，为当时滇西最先进的面粉生产基地。全区粮油、饲料加工业固定资产原值1542.81万元，实现工业总产值1807万元，比上年减少1599万元；实现利润106.8万元，比上年减少120.9万元。

1995年，全区有独立核算粮油加工企业10个，职工489人。固定资产原值6528.8万元，完成总产值1812万元，比上年增5.3万元；年计划实现利润87万元，实际亏损100万元。

1998年，全区有粮油加工企业10个，职工429人。固定资产原值8877万元，工业完成总产值2053万元，亏损1167万元。2000年，保山永吉企业通过“ISO 9001:2000质量体系认证”。全区完成工业总产值2263万元，全年亏损430万元。

2002年，保山永吉食品有限公司“聚友”牌系列面粉、面条被推荐为云南省首批“放心食品”；“聚友”产品被中国粮食行业协会授予“放心面”称号。11月，龙陵县粮贸公司投资300万元，建成全省规模最大、生产工艺最先进的精米加工厂，年生产能力1.8万吨。

2003年，保山永吉食品公司精制大米生产线投产，项目总投资120万元，日产精制大米50吨。全市具有一定生产能力的粮油加工企业共12个，从业人员314人，其中国有企业6个。全年实现工业总产值(现价)6352万元，产品销售收入3752万元，出口交货值3万元，利润总额 -267万元；资产总计14787万元，负债合计14834万元。全市大米、面粉、食用植物油年加工生产能力分别为96500吨、59500吨、25670吨。

2004年，保山震华面粉有限责任公司生产的飞鹤牌小麦粉被授予云南省粮食行业协会“放心粮油”称号。保山永吉食品有限公司“聚友”商标被评为云南省著名商标，“聚友”牌面粉被省名牌战略推进委员会评为云南省名牌产品。

2005年，保山永吉食品有限公司、龙陵县购销有限责任公司被省、市农业产业化领导小组认定为省、市级农业产业化经营重点龙头企业。全市具有一定生产能力的粮油加工企业共有21个(大米加工业12个，面粉加工业6个，食用植物油加工业3个)，从业人员379人，其中国有企业4户。完成工业总产值6798.6万元，产品销售收入6392.2万元；资产总计22205.3万元，负债总计14278万元。大米、面粉、食用植物油加工年生产能力分别为251750吨、85500吨、28000吨。

第二节　粮食加工

一、大米、面粉加工

1978年，保山地区大米加工发展到632铁滚筒米机组合流动碾米；面粉加工引进省产200型面粉机自制组合磨粉，但只能生产标准粉，质量和效率仍较低。全年全区粮油加工企业加工大米31744.89吨，出米率74.95%；面粉3264.3吨，出粉率80.90%。

1980年，全区粮油加工企业共加工粮食1.82万吨，其中：大米1.35万吨，出米率74.58%；面粉4620吨，出粉率75.12%；杂粮59.64吨。

1985—1987年间，对粮油加工设备进行大规模改造。到1988年，不仅加工数量增加，质量也有较大提高。全年共加工大米1.82万吨，出米率降至74.06%，谷粒、稗粒显著下降，精度上升；面粉1.02万吨，出粉率降至69.65%，且含砂量及磁性金属含量均控制在国家允许的范围内。

1990年，全区加工企业的大米年生产能力达8.69万吨，面粉年生产能力2.42万吨。全年加工大米1.13万吨，出米率72.73%；加工面粉1.26万吨，出粉率82.02%；加工杂粮5.84吨。粮食加工产值1087.21万元(当年价)。同年4月，在全区范围内进行的同行业粮油食品质量检查评比中，大米类：昌宁县粮油加工厂的标一籼米，施甸县粮油加工厂的标一粳米并列第一名，保山市粮油加工厂光尊寺30型车间的标一粳米获第二名；面粉类：保山市粮油加工厂的特二级粉获第一名，昌宁县粮油加工厂的特二级粉获第二名，施甸县粮油加工厂的特二级粉获第三名，随后，将获得名次的产品送省参评，保山特二粉、施甸特二粉分别获省“优秀产品”称号。

1995年，全区粮油工业加工大米9422吨，完成计划的149.3%；加工面粉11507吨，完成计划的108.1%；粮油食品完成768吨。全区最大的粮食加工企业保山市永吉食品有限公司，加工面粉5206吨，完成工业总产值325万元，实现利润3.7万元。

2000年，全区粮油工业加工大米4321吨，面粉20453吨。2003年龙陵县“龙稷米”荣获“2003中国（昆明）粮交会”优秀产品奖称号。

至2005年，保山市粮油加工企业的粮食深加工、精加工能力有很大提升，年加工大米能力251750吨，加工面粉能力85500吨。全年加工大米10933吨，面粉14824吨。产品质量稳步提高，多个产品获省优秀、优质产品光荣称号。

二、饵丝加工

保山地区的饵丝加工有着悠久的历史，1978年前饵丝制作以手工为主。随着人民物质生活水平的不断改善，腾冲饵丝已远远不能满足区内外人民群众的需要。因此，在变手工制作为半机械制作的同时，其余四县也开展饵丝的加工生产。

1984年，腾冲县政府将改革饵丝生产工艺列入技术攻关项目，由县计委牵头，组织县机械厂、县粮食局的业务技术人员，专程到瑞丽县购置擀压饵片的机械设备，并组成擀压饵片工艺攻关小组。经4个多月摸索、实践，终于攻克了压片工艺中的滚筒冷却、润滑等技术难关，建成一条半机械化饵丝加工生产线，既保持了腾冲饵丝的传统特色，又使工效提高3倍多，成本下降14%。同年10月，腾冲县粮食局与昆明市盘龙区饮食服务公司在昆明穿心古楼联合开设饵丝加工门市，在光华街开设腾冲饵丝销售店。饵丝店开业以后，常常顾客盈门，节假日每天接待顾客3000多人次。

1985年，腾冲饵丝店被昆明市盘龙区授予“文明商店”光荣称号。当年，全县饵丝加工业（包括国营、集体、个体）共拥有饵丝加工机械69台，平均每天产鲜饵丝1.7万千克。仅县粮食局所属粮（点）就加工鲜饵丝207.55万千克，干饵丝26.95万千克。

1987年，腾冲县饵丝厂建立后，严把原料、质量关，在大米的糊化、软化和饵丝的自然断条率、弯曲断条率及传统风味上都作了改进，使腾冲鲜饵丝质量大为提高，日产鲜饵丝达4吨，而在胡家湾、倪家铺、董坡等农民饵丝加工专业户的带动下，全县集体和个体饵丝加工厂（坊）如雨后春笋，成为腾冲县城乡人民致富的一项重要产业。当年，保山地区粮食和饮食部门也开始制作干饵丝，年产约4000吨，除满足区内的需要外，还调往昆明等地。保山市振兴糖果厂生产的太保牌澄浆饵丝，不仅耐煮性好，口感滑爽，且外观优美，深得区内外消费者的青睐。

到1990年，区内已生产有梨花牌、太保牌、双喜牌等品牌的干饵丝。为适应快节奏的现代生活需要，腾冲县还开发了快餐饵丝等新产品供应市场。年末，全区粮油加工企业的鲜饵丝年生产能力约7000吨，当年生产干饵丝1454吨。1991年，保山市粮油供应公司生产的“双喜”牌饵丝，由原来的普通干饵丝和鲜饵丝增强到7个花色品种，不但有大众化和中档饵丝，而且还生产高级精制干饵丝，如鸡蛋、魔芋、苦荞、娃娃乐等品种，以满足不同层次客户的需要，取得了较好的经济效益和社会效益，当年全区生产饵丝5105吨。1992年，腾冲县饵丝厂引进先进设备和工艺技术，开发新产品，投放市场，满足人民生活需要，企业活力增强，年产量达1000吨，年创产值50多万元，产品畅销昆明、德宏等地。

1995年，全区生产干饵丝5917吨，完成工业总产值1545万元，年生产能力1.1万吨。2000年，生产干饵丝8294吨，完成工业总产值2107万元。2001年，保山市生产干饵丝8352吨，完成工业总产值2169万元，年生产能力达1.3万吨。2003年生产干饵丝7701吨，完成工业总产值2250万元。2005年生产干饵丝10178吨，完成工业总产值3109万元。

三、面条加工

保山地区的面条加工始于清嘉庆年间。当时，保山县板桥街的万文秀家手工制作的麒麟牌盐水面最负盛名。

20世纪70年代末，全区粮油加工企业引进国家定型的350型、400型组合面条生产设备投入生产，使面条产量、质量、劳动效率大为提高。1978年，在“改革、开放、搞活”的方针指引下，板桥镇万文秀家重操祖业，先后恢复生产麒麟牌、双喜牌面条。该产品选料纯正，工艺精细，其色如金，其细如丝，柔润耐煮，质优味美。日产200～250千克，仍供不应求。1982年后，各社、队副业面条生产逐步转由个体承包经营。

1984年12月，保山市的50多户面条专业户在板桥镇成立保山市金龙面条联营公司，生产金龙牌金丝面条，统一配方和工艺，分户生产，统一供销。金龙牌金丝面条由于质优味美，在保山地、市食品展销会上被评为最佳食品，荣获一等奖。并先后被云南省乡镇企业局和省食品工业协会授予“优秀食品”称号。

1985年，联营公司生产金龙面条400多吨，创产值57万元。产品畅销省城昆明及邻近各地、州，远销北京、天津、湖南、湖北、广东等省（市）。此外，全市仅委托加工的面条就达722.4吨。保山面条加工已形成国营、集体、联营和个体竞争的局面。全年生产面条1470吨。1986年后，保山面条加工业继续在激烈的竞争中发展。市金龙面条公司生产的金龙面条系列产品以其质地柔韧、色泽金黄、味美可口居各品牌面条之首，并具备一定生产规模，年产量达3000多吨，是1985年的7.5倍。1986年起，金龙面条系列产品多次被评为地方名特优秀食品，1987年先后荣获省优秀食品奖和云南省“优秀产品”称号，1988年荣获省星火奖。

“八五”期间，全区粮食加工企业进行技术改造，新建成腾冲、龙陵、昌宁3个面条厂。同时，着力在花色品种、精深加工、扩大产量上下功夫，生产的产品有碱水面、鸡蛋面、精便装金丝鸡蛋面、儿童营养面、苦荞面、绿豆营养面、绿豆孩儿面等20多个品种。在1990年4月的全区粮油食品质量检查评比中，施甸县粮油加工厂生产的特二级碱水面条荣获全区第一名；保山市金龙盒装鸡蛋面条及便装鸡蛋面条获第二名。施甸县特二级碱水面还荣获省“优秀产品”奖。1990年，保山市粮食局金龙面条第二公司更名为保山市粮食制品工业公司。为适应金龙面条生产、业务发展的趋势，开拓经营业务，在昆明市设经营部，开展附营业务。当年销售面条1238吨，实现利润1.76万元。年末，全区粮油加工企业共有5个面条生产车间，年生产能力2710吨，当年生产面条1247吨。

1991年，保山市粮油供应公司生产的“双喜”“金龙”牌系列面条产品，由原来的5个品种增加到13个花色品种，并已转入批量生产，打入省内部分地州县（市）市场，深受广大消费者的好评。当年全区生产面条3939吨，年生产能力30300吨。1995年，全区生产面条5788吨，完成工业总产值1543万元。2000年全区生产面条16441吨，完成工业总产值4445万元，年生产能力50500吨。2003年保山市生产面条17258吨，完成工业总产值4842万元。同年，保山永吉食品有限公司“聚友”牌面条荣获“2003年中国”（昆明）粮油食品交易会三项“优秀产品奖”称号。2005年，全市生产面条20993吨，完成现价工业总产值5922万元，年生产能力70600吨。

第三节　油料加工

1978年，保山地区开始大规模引进国家定型的先进成套榨油设备95型、200型榨油机。年加工油料数量成倍增长，出油率及产品质量有所提高。当年共榨油669.92吨，出油率34.74%。1980年，全区共有榨油机117台，共榨油646.49吨，其中：菜籽油588.24吨，花生油3.61吨，核桃油24.22吨，米糠油1.48吨，出油率分别为35.08%、34.64%、34.23%和3.64%。

到1985年，全区有各种榨油机104台，油料加工已基本实现机械化，并普遍推广先进技术平底锅炒法。社、队及农户的榨油机，除为社员加工自留油外，还为粮食部门加工商品油脂。当年，省粮食厅和地区粮食局决定重点扶持油菜籽主产区腾冲县（当年全县油菜籽总产424.5万千克），为县粮油加工厂引进日处理枯饼30吨，出油率高、劳动强度小，成本低，经济效益好的油脂浸出（含炼油）成套制油设备（该项目于1988年建成并投入使用）。在有5个菜油生产单位参加的全区粮油工业产品质量抽样检测评比中，腾冲县粮油加工厂榨油车间和保山市粮油加工厂榨油车间分别荣获第一、二名。当年全区的油脂年产值增至324.79万元。

1990年，全区共有榨油车间7个，其中浸出、精炼车间各1个，年生产能力1.75万吨。当年加工油菜籽5384.54吨，产油1863.45吨，出油率34.61%；加工其他植物油262.78吨。年创产值352.18万元（1980年价）。同年4月，在全区范围内进行的同行业粮油食品质量检查评比中，腾冲、龙陵两县粮油加工厂生产的二级菜籽油荣获一等奖。腾冲、保山两县（市）粮油加工厂生产的菜籽油，全部指标项目优于国家标准。腾冲县粮油加工厂生产的二级菜籽油，在1988年和1990年连续两届全省粮油产品质量评比中，保持了省“优秀产品”称号。

1991年，全区粮油工业完成菜油加工2987.62吨，年生产能力19917吨。1995年完成菜油加工生产1375吨。1997年，腾冲浸出厂抓技改增效益，投资进行技术改造，生产高级烹调油，年生产“热海”牌高级烹调油1948吨，比此前落后的工艺多生产1237吨，产品畅销德宏、大理、保山等。当年，全区共加工生产食用植物油2001吨，比上年增1242吨。

2000年，全区粮油工业加工生产食用植物油1660吨，年生产能力达21920吨。2004年，保山市加工生产食用植物油260吨，年生产处理油料能力32250吨，精炼能力9790吨。2005年加工生产食用植物油353吨，完成工业总产值210万元，产品销售收入160万元，年生产能力达32250吨，产品质量稳步提高。

第四节　饲料加工

1982年以前，保山地区无专门的饲料加工企业，仅利用粮食加工的副产品作饲料。1982年7月，地区粮食局筹建饲料公司，并协助保山县在城关镇建立饲料加工厂，开始规模生产饲料。腾冲县也在城郊粮管所建立饲料加工厂试生产饲料。当年，保山县饲料加工厂有职工10人，有单班年产3000吨的小型饲料加工设备一套；腾冲县粮食局饲料加工厂有职工12人，有年产3000吨的饲料加工设备一套。

1983年，省粮食厅拨给保山地区粮食局饲料厂日产12吨的饲料加工机械设备1套，另购买日产8吨的饲料加工机械设备1套，开始机械化生产配合饲料。当年，全区配合饲料总产量1635吨，创产值65.4万元。1984年全区粮食部门共有饲料加工机械5套，其中：保山市有日产12吨和8吨各1套，昌宁、腾冲两县有日产8吨各一套，龙陵县有日产2.8吨一套，年生产能力共10270吨。当年生产配合饲料2650吨，创产值106万元。

1985年，全区粮油加工企业共生产配合饲料5028吨，创产值201.12万元，实现利润首次突破10万元，为11.48万元。所生产的饲料逐步从普通混合向浓缩型发展，饲料品种从单一品种向多品种方向发展，不仅生产大、中、小鸡和蛋鸡饲料，还生产肥猪、仔猪饲料，奶牛饲料及鱼饲料，初步形成品种多样的饲料加工体系。

1986—1987年，经省经委批准在保山市小梨园投资146.5万元，新建单班年产7000吨生产能力的饲料加工厂1个。1987年8月，对全区饲料质量进行的抽样检查结果表明：粗蛋白达到和接近国家标准，灰粉大部分在国标限制范围内，粗脂肪合乎国标要求，粗纤维有的品种超过国标限制1%～3%。1988年，全区饲料加工企业经过技术改造，产量和产值达到历史最好水平。全年配合饲料产量达15731吨，创产值613.21万元，实现利润61.42万元。产量、产值和利润分别比1983年增长8.62倍、8.38倍和16.06倍。

1990年，保山、腾冲、龙陵3个饲料公司和施甸、昌宁两县粮油加工厂内各设的1个饲料加工车间，固定资产原值达942.55万元。生产的饲料品种有：猪、鸡、鸭、鱼、奶牛等饲料共9个品种，30多个配方，饲料生产能力为7000吨／年。施甸县饲料车间引进的ST-Z型全自制电脑控制生产配合饲料机组，单班年产2000吨，经济效益可观。当年全区生产饲料10188吨，其中：配合饲料8857吨，混合饲料1322吨，浓缩饲料9吨。创产值394.66万元，实现利润62.74万元。

1995年，全区生产饲料10330吨，比上年增264吨；实现总产值1022万元，比上年增加28万元；实现利润93万元，比上年增加9.8万元。1997年，饲料加工业市场疲软，原料上涨，加工原料不足，生产经营困难。全区生产饲料2456吨，比上年减少4425吨。完成总产值370万元，比上年减少393万元，全年亏损79万元。

2000年，全区生产饲料1557吨，完成产值150.9万元，亏损19.2万元，固定资产原值371.8万元，职工人数54人。2003年，保山市饲料年生产能力35000吨，全年生产饲料5373吨，完成工业总产值1183万元，产品销售收入1127万元，利润总额–133万元，资产总计1446万元，负债合计2661万元，从业人数55人。

2005年，全市饲料工业通过引科技、抓管理，增加饲料品种，不断提高产品质量。年末，全市纳入统计范围的饲料工业企业5户，从业人员87人，年生产能力3.5万吨。全年生产饲料1788吨，完成工业总产值385.7万元，产品销售收入441.9万元，利润总额–140.6万元；资产总计1344.2万元，负债总计2287.6万元。

第四章　粮油仓储

第一节　粮仓建设

1979年9—11月，根据粮食部和省粮食局的统一部署，保山地区各县共抽调37人，对五县62个粮管所的209个粮点的粮油仓库进行新中国成立后第一次全面普查，对全区所有的仓库、油池、油罐全部建立“云南省国家粮食仓库登记卡”，建立仓库档案。全区共有仓房830幢，其中：新中国成立前建的仓容占总仓容的10.92%，20世纪50年代建的仓容占43.34%，60年代建的占15.84%，70年代建的占29.9%；苏式仓38幢，基建房式仓20幢，简易仓510幢，民房寺庙仓240幢，地下仓5个，石园仓1个，土园仓16个；完好仓容占77.52%，需大修理的占18.47%，待报废的占4.01%；已加屋面隔热顶棚的187幢，占22.53%。当年，省粮食局下拨大修理费85万元和简易建筑费58.88万元，对需大修理的粮食仓库进行修理、改造。

1985年，全区粮食仓容中简易仓、民房和寺庙仓占67.2%；需大修仓容4015万千克，待报废仓容501万千克。1987年，省粮厅拨给施甸县永福粮点粮食仓库修理费专款50万元，翻修旧仓库2255平方米，仓容500万千克。

1988年11月，澜沧、耿马强烈地震波及保山全区，昌宁、施甸、龙陵三县共有249幢粮仓遭受损坏，总面积达7.70万平方米，仓容9715万千克。次年，商业部一次性拨给钢材30吨，水泥20吨，玻璃30箱，油毛毡380卷，塑料薄膜4吨，救灾款5万元，作为修复粮仓及其他粮油设施之用。省政府同时安排资金100万元，用于受损粮仓的恢复重建，全区共恢复重建粮仓6幢，3600平方米，仓容500万千克，其中：施甸县拨款70万元，恢复重建粮仓5幢，2520平方米，仓容量350万千克；昌宁县拨建仓款30万元，恢复重建粮仓一幢，1080平方米，仓容量150万千克。

1990年，省、地、县共安排新建、改造粮仓款260多万元，其中：大修理仓容971万千克，投资79.1万元；改造仓容100万千克，投资20万元；新建仓容475万千克，投资84万元；修建简易仓棚750万千克，投资50万元。年末，基本完好仓容占69.73%，需改造仓容占21.84%，待报废仓容占8.51%。

1991—1994年，省、地、县继续筹集新建、维修改造粮食仓库建设资金用于粮仓建设。扩建仓容1500万千克，总投资454万元（省机动财力投入建仓资金280万元，地县自筹资金174万元）；改造仓库5182万千克，新建钢板油罐440万千克，总投资2477.01万元（中央、省直接投资484.53万元，简易建筑费456万元，地震重建资金130万元，五〇六仓库专项拨款50万元，中央专项建仓贷款110万元；地粮局自筹95万元，县自筹1151.48万元）。

1995年，省粮食局下拨保山地区简易建筑费45万元，其中：用于地局直属库资金20万元，腾冲县小西粮管所资金20万元，龙陵县木城粮管所资金5万元。

1997年，全区由粮食部门和财政部门组成联合调查组对各县粮管所粮点的仓库情况进行调查，制定出保山地区“九五”后四年粮食仓库修缮改造计划上报省财政厅、省计委和省粮食局，三部门核定全区仓库修缮计划7581万千克，仓库修缮、改造资金由企业负担50%，省财政负担30%，地区财政补助4%，县（市）财政配套16%。保山行署与省财政厅签订分年度的粮食仓库修缮、改造责任状，限期完成。1997—1998年，共建粮食仓容1165万千克、大棚仓500万千克，投资470万元；改造仓容920万千克，投资340万元；修缮仓容5500万千克，投资825万元。共投入建仓资金1634.58万元，其中：省财政补助342.86万元，地财政补助49.9万元，县（市）财政补助175.8万元，粮食企业自筹和贷款1066万元。同时争取到中央和省安排全区维修改造粮食贴息贷款400万元，建设项目四个，建设仓容1150万千克，由中央财政和省财政贴息二年，各贴息50%，其中：保山国家粮食储备库贷款200万元，新建简易仓500万千克；腾冲县粮食局贷款100万元，改造县直属库仓容350万千克；昌宁县粮食局贷款50万元，改造县直属库仓容150万千克；施甸县粮食局贷款50万元，改造直属库仓容150万千克。

1999年，省安排全区地县新建、扩建储备粮库建设规模2000万千克，总投资800万元（省计委补助50%，地县财政筹措25%，企业自筹25%）。

2001年，为进一步改善国有粮食企业的仓储设施，省财政厅、农发行给予保山市由各级财政贴息的简易建仓贷款900万元，贷款期限三年，其中：隆阳区250万元，用于扩建粮食仓库；施甸、腾冲、龙陵、昌宁县分别为200万元、170万元、90万元、90万元，全部用于新建粮仓。通过20余年的新粮仓建设和对旧粮仓的修理、改造，到2005年年末，全市完好仓容占总仓容的87.06%，简易仓容占2.01%，需大修仓容占7.39%，待报废仓容占3.54%。

第二节 油罐、油池建设

20世纪70年代起，保山地、县油脂公司和各粮管所逐步向外购进能容油脂15立方米、25立方米、300立方米和500立方米的卧式钢板油罐及少数立式钢板油罐储油。

1980年，粮食部拨出专款建造一批储油罐，省粮食局分配给保山地区5个，同时拨给安装费0.4万元。1981年，全区油菜籽丰收，国家油脂库存增多，为保证油脂安全，省粮局分配保山地区储油罐14个，钢板油罐5个；共拨油罐建设款19万元，油罐安装费8.45万元。1982年，省粮局拨入油罐安装费0.9万元，在施甸新建储油罐1个。1983年，省粮食厅筹资订制25立方米卧式钢板油罐，分配腾冲县2个，龙陵县1个。1985年年末，全区有各类油罐39个，其中：卧式油罐28个，立式油罐11；保山市4个，施甸县3个，腾冲县25个，龙陵县2个，昌宁县5个。

1990年，据国家粮油仓库固定资产情况调查资料统计，全区共有钢板立式油罐7个，其中：保山市2个，腾冲县3个，昌宁、施甸县各1个；有卧式(0.8万～4.9万千克)油罐31个，其中：保山市1个，施甸县2个，腾冲县15个，龙陵县4个，昌宁县9个。此外，腾冲县有油池5个。

1991年，省粮食局下达腾冲县新建油罐容量90万千克，总投资额20万元，其中：省拨款16万元，县局自筹4万元。到2005年年末，全市纳入统计范围的规模以上粮油企业，共有各类油罐29个。

第三节 仓储管理

一、科学保粮

1978年后，保山地区恢复和完善定额管理制度，全区普遍推行定人员、定仓容、定器材、定损耗、定费用的“五定”岗位责任制，同时推广省内外先进的保粮方法。

1979年，全区落实省粮食局提出大力开展“四无”（“无害虫、无变质、无鼠雀、无事故粮仓”和“无变质、无混杂、无渗漏、无事故油罐”，统称“四无”）活动的要求，认真贯彻“以防为主、防治并举”的保粮方针，狠抓粮食保管的基础工作，在“防”字上下功夫，把“四无”活动经常化、制度化。在压盖储藏法、低温储藏法、化学药剂熏蒸法、低剂量化学药剂保藏法、高温密闭储藏法的基础上，各地粮食库点普遍推广“双低”（低氧低药量）保粮法，不仅减轻劳动强度，而且减少粮食污染，同时降低粮食保管成本。

1983年，推广云南省农业科学研究所研制的“磷化锌加入有机酸杀虫法”。1984年，又推广防虫磷（高效低毒、低残留农药）防护法。1986年，龙陵县试验推广用敌鼠钠盐配制的药饵杀鼠，当年全县各粮库共杀毒老鼠3万余只，比采用磷化锌、电子猫及人工捕捉提高效率数倍。1986年后，各县（市）粮食部门进一步完善粮食保管经济责任制，增强保管人员的工作责任心，使全区各级“四无”粮仓数量不断增加，未出现因保管不善而造成粮食损坏的重大失误。

1988年，省粮食厅印发商业部制定的《国家粮油仓库管理办法》《粮油储藏技术规范》和云南省的两个补充规定，粮油仓储工作步入规范化轨道。但随着国家储备粮食的增加，仓储矛盾日益突出，又使粮食保管出现新的不安全因素。当年，全区科学储粮6219.5万千克。

1990年，全区各粮点、粮店仓库利用率达87.8%，比规定利用率超出17.8个百分点。由于仓库不足，各地区不得不采取新粮压老粮的办法，超负荷储粮，致使7个粮点发生仓库崩裂事故。为保仓护粮，广大仓库保管员发扬“宁流千滴汗，不坏一粒粮”的精神，因陋就简地开展保粮工作，对仓温较高的粮点仓库，配置抽风机配合包装堆通风试验和采取存气箱通风，地下仓通风等措施，做到定点、定项目，责任到人。保山市在白马庙粮库安装了WSWC型巡测仪测温测湿。昌宁县在右文粮点建盖地槽通风仓。全区结合实际逐步推广机械通风技术，加强对仓库储粮的监测和保护。当年，库存粮中安全粮占99.56%，半安全粮占0.42%，危险粮占0.02%。科学保粮8955.9万千克。

1991—1992年，全区推广科学保粮单位63个粮管所，147个粮点，264个仓库，科学保粮8989.2万千克，其中：“双低”规范化储粮7371.1万千克，通风降温储粮1618.1万千克，通风处理发热粮934万千克，通风降水粮376.5万千克，通风调质粮52万千克，（地槽通风仓）；参加推广人数643人（技术骨干149人），组织到省内外参观学习7期142人次；用于科学保粮经费117.9万元（购设备费70.6万元）；取得经济效益4.7万元，节约费用5.9万元，减少粮食损耗62.4万千克。

1995年，全区安全粮13611万千克，科学保粮数12481万千克。

1996年，全区粮油库存突破历史最高水平，在粮质参差不齐，租借外单位空闲房屋装粮，仓容紧缺的情况下，积极做好中央进口转专储小麦和调入烟换粮食的接收、入库和保管工作。当年，粮食丰收，农户存粮较多，为防止虫吃鼠咬粮食，全区粮食系统在农村大力推广防鼠小粮仓和民间储粮新技术，由示范户扩大到示范村，再扩大到面上，调动农民的民间储粮积极性，做好支农保粮工作。据不完全统计，全区有防鼠粮仓农户394957户，共有木板箱框204240个，铁皮箱桶9380个，砖砌仓2367个，竹圆箩91954个，总计仓容28176万千克。

1997年，由于敞开收购农户余粮，粮食顺价销售困难，粮食库存创历史最高纪录。仓内新粮压老粮，粮堆超高，用报废仓装粮，租借仓装粮，露天堆存粮，带虫入库，安全保粮形势十分严峻。全区各级粮食部门加强检查、督促，通过建立健全安全保管工作领导责任制和岗位责任制，不断提高安全保粮意识，确保不发生霉粮和坏粮的事故，做到储粮安全和“一符四无”。

2000年，全区安全粮占总库存的99.6%，半安全粮占0.4%；科学保粮16328万千克，其中：“双低”9907万千克，防虫磷防护6421万千克。

2002年，全市安全粮占总库存的99.4%；半安全粮占0.6%；科学保粮数12869万千克，其中："双低"9231万千克，防虫磷防护3313万千克，通风116万千克，其他209万千克。2004年，全市库存粮食水分、粮温都在安全范围以内。科学保粮6752万千克，其中："双低"5745万千克，防虫磷防护1007万千克。未发生储粮事故。

2005年9月，根据《云南粮食流通管理条例实施办法》的要求，省粮油产品质量监督检验测试中心举办培训班，培训保山片区粮食企业粮油保管员和粮油质量检化验员。保山市国有和非国有企业参加培训的粮油仓储保管员33人，粮油检化验员29人。通过培训，使之具备了相应的知识、能力和资质，做到持证经营。当年库存粮食中"四无仓容""四无粮食""四无粮点"均达到100%。全市科学保粮8259万千克，其中："双低"6830.4万千克，防虫磷防护1428.3万千克。粮食水分在安全水分内，温度正常，未发生储粮事故。

二、粮油库存清查

1991年3月1—15日，全区共抽出113人，分成31个春季粮油普查组，对全区的粮油仓库和库存粮油进行普查，共普查75个粮管所，194个粮点，其中："四无粮点"187个，占96.4%；安全粮油占99.3%，半安全粮油占0.3%，危险粮仅占0.3%；采用"双低"储粮6848万千克，防虫磷防护粮食5057万千克。省检查组于4月13—30日，对保山地区的储粮安全进行全面检查，共检查48个粮管所的95个粮点，35个门市部，8个加工厂，共查粮油13470万千克，均符合安全粮油标准。

1995年，云南粮食局下发《云南省"一符四无粮仓"和"一符四无油罐"评定奖励办法》，国家粮食储备局和省粮食局相继颁发《国家储备粮油、地方储备粮油"一符""三专""四落实"的规定》，进一步规范国家和地方储备粮油的管理工作。根据中央、省关于清查粮油库存的统一部署，全区抽调58人，组成20个检查组，对全区74个粮管所，194个粮点，22个加工厂、公司、经营部，47个门市部进行检查，全区有898人次参加（含地局4人、保山军分区后勤部2人），对96个重点粮点的存粮进行抽查，通过对9978万千克存粮的抽查，全区的国家粮食做到账实相符，没有出现随意动用国家储备粮的现象，达到"一符四无"标准，储备粮做到"三专四落实"和"一符四无"。

2001年，根据党中央、国务院在全国开展粮食库存大清查的决定，按照省政府的部署，从3月开始对县（区）进行培训，各县（区）完成清仓查库自查工作，做好迎接清仓查库检查组检查的各项准备。市、县（区）共培训393人，投工3475个，平整粮面47387平方米，包装粮食394.1万千克，制作大容器20个，购置1000型容重器15台。从市直9个部门抽出的20人，其中：6人与县（区）抽调的人员组成31人的省检查组赴大理州检查；14人配合省检查组派出的楚雄州检查组（20人）深入保山五县（区）开展清仓查库工作。全市各级相关部门共抽出1405人配合全市的粮食清仓查库工作。4月1—18日，全市共清查粮食库点204个，粮食仓库452幢，1718个货位，做到了有仓必到，有粮必查，查必彻底。清查结果，粮食库存数比统计账面数少50.1万千克，差率为0.33%，差率在允许范围之内，全市粮食账实相符，超期储存粮食占库存粮食51.07%。经过省粮食清仓查库巡查组的复查，按规定抽查比例随机抽查6个库点，现场进行实地测量，所查货位测量数误差最大的未超过3%，最小的在0.1%，均在允许误差范围之内。通过清仓查库，摸清了家底，没有出现违规违纪的现象。上报省粮食清仓查库办公室的报表一次审核通过。

三、陈化粮及库存损失处理

1999年，根据国务院有关部署和省政府《关于陈化粮销售处理有关问题的通知》要求，保山地区抓紧组织销售已鉴定的陈化粮，共处理9300万千克。

2000年，全区粮食系统会同五县（市）质量技术部门深入基层库点，逐仓抽样送检，经国家认定的有资格的检验机构检验，共鉴定陈化粮样品53个，代表数量10822.2万千克。分品种：稻谷7680.2万千克、大米527万千克、玉米2175万千克、小麦470万千克。同年8月，国家计委、财政部、粮食局、农发行联合下发《关于停止陈化粮销售处理工作的紧急通知》，全区从接文之日起，立即停止销售陈化粮。

2001年4月10日和12日，施甸县太平分别发生5.2级5.9级破坏性地震，造成施甸县、隆阳区、龙陵县的粮食仓库损坏，保山市共损仓容8475万千克，其中：施甸县太平等五所受损仓容4500万千克，损坏3.72万平方米；隆阳区受损仓容3975万千克，损坏1.76万平方米。地震造成仓库墙体倒塌、污染粮食，瓦片脱落，雨水淋湿粮食，全市粮食受损147.7万千克，损失价差36万元，其中：施甸县太平等3所的稻谷受损131万千克，价差损失22万元；隆阳区粮食受损16.7万千克，差价损失14万元。省财政同意施甸县、隆阳区用县（区）节余的粮食风险基金解决此次地震造成的粮食价差损失。

2003年10月，根据中央和省粮食厅陈化粮处理的相关规定，保山市成立陈化粮销售领导小组，邀请有陈化粮购买资格的饲料企业投标，实行招标竞价销售，价高的四个饲料企业中标。其间，粮食部门和工商部门密切配合，严格按照相关文件的要求，从陈化粮的出库、入库、加工、销售各个环节对陈化粮销售处理全过程从严监管，确保不让一粒陈化粮流入口粮市场，圆满完成全市1161万千克在库陈化粮的销售处理工作。

四、“四无”粮仓创建

1978年后，创建“四无”粮仓工作（即“无害虫、无变质、无鼠雀、无事故”粮仓和“无变质、无混杂、无渗漏、无事故”油罐，统称“四无”）先后在各县粮食部门恢复，一些行之有效的粮食保管制度逐步建立健全。

1983年，省粮食厅组织有关部门首次对全省各粮点进行仓储检查，腾冲县被评为全省“四无”粮仓县。到1985年，全区已实现“四无”粮点157个，占粮点总数的79.3%，实现“四无”的储粮数占储粮总数的94.8%。1987年，经省粮食厅组织抽查验收，首次认定保山地区达到“四无”粮仓地州标准。保山、施甸达到“四无”粮仓县（市）标准。1985—1989年，全区共减少储粮损失210万千克；储粮保管费由1982年省核定的28元，降至25.39元。

1990年，全区实现“四无”仓容占总仓容的99.7%，“四无”粮食占库存总数的99.73%；“四无”粮点占粮点总数的96.48%。经全省粮油安全检查组交叉检查验收，再次核准保山地区为“四无”粮仓地区，保山、施甸、昌宁三县为“四无”粮仓县（市）。1995年，全区对75个粮管所，191个粮点及加工厂、经营门市部33个的库存粮油进行认真的检查。检查库粮油13651万千克，实现一符（账实相符）"四无"粮油13577万千克，占99.5%；"四无"粮点184个，占96.3%。省粮食局核准保山地区为"一符四无"粮仓地区。

2000年，全区对72个粮管所，198个储粮点的全部粮油进行认真检查，"四无"仓容占99.6%，"四无"粮点占总粮点的99.5%，连续第14年被省粮食管理局评为"一符四无"粮仓地区。

2002年2月和8月，保山市分春、秋两季粮油检查，共检查182个粮点，检查粮食15395万千克。实现"一符四无"粮油15361万千克，"一符四无"粮点占总粮点的98%。在国有粮食企业面临"三放开"、人员大幅度分流的情况下，做到账账相符、账实相符，巩固全市的"一符四无"，经省粮食局考核评定，全市连续第16年保持"一符四无粮仓"市荣誉。

2004年，全市粮食部门落实各项保粮措施，严格执行粮食保管责任制，认真组织春、秋两季粮油普查。共抽调39人，组成10个普查小组，对143个粮点进行检查。全市"四无"仓容、"四无"粮食、"四无"粮点均达到100%。连续第18年实现"一符四无"粮仓市。

2005年，全市于2月和9月组织春、秋两季粮油普查。各县（区）共抽调49人组成10个粮油普查小组，对134个粮点库存粮油进行普查。全市库存粮食水分在安全水分内，温度正常，"四无"仓容、"四无"粮食、"四无"粮点均达到100%。市粮食局抽查结果与各县（区）上报普查结果一致，连续第19年实现"一符四无"粮仓市。

五、仓储管理成果

1978—2005年，全区上下深入持久地开展"四无粮仓"活动。1987—2005年，连续19年荣获省粮食局授予"一符四无粮仓"地区（市）荣誉称号，涌现出一批全国先进单位和全国先进个人，仓储管理成效和科技成果显著。

1986年9月，商业部、解放军总后勤部授予施甸县永福直属库"国家储备粮管理先进单位"。1987年，经省粮食厅组织抽查验收，认定保山已达"四无粮仓"地州标准，保山、施甸达到"四无粮仓"县(市)标准。1988年12月，国家粮食储备局授予腾冲县粮食局为"全国粮食仓储一符四无先进单位"。1991年12月，国家粮食储备局商业部授予保山市杨柳粮管所毕开顺为"全国粮食仓储先进个人"。1993年，完成了省粮厅下达的《保山地区粮油储藏区划研究》《储粮新技术推广》科研课题，并通过了省粮食厅组织有关专家组的鉴定验收，同时代表云南省参加全国粮油保管防治技术交流会，《保山地区粮油储藏区划研究》获保山地区科技进步三等奖，国家粮食储备局、商业部、中国财贸工会联合授予昌宁县粮食局"国家粮油保管先进单位"。1995年6月，保山地区粮食局编写的《保山地区粮油储藏区划研究》和地局组织开展的《储粮新技术推广应用》科研课题获得保山行署科技二等奖。

1996年3月，在西双版纳召开的云南省第六次鼠害联防工作会议上，保山地区的《全民动手、灭鼠保粮》《田埂地脚挖鼠穴、综合灭鼠见成效》《人工灭鼠、效果显著》三个典型材料作会议交流；保山地区获1995年度全省鼠害联防工作二等奖。同年，国内贸易部、国家粮食储备局授予施甸县粮食局"全国一符四无先进单位"。1999年5月，国家粮食局授予保山地区粮食局储运科科长赵富民“全国粮食仓储工作先进工作者”。2001年2月，中国储备粮管理总公司成都分公司授予保山国家粮食储备库、施甸县永福直属库“2000年度中央储备粮油经营管理工作先进单位”，授予保山地区粮食局储运科科长赵富民“2000年度中央储备管理先进个人”。

第四节　粮油储备

根据省粮食局的通知，保山地区从1955年起从国家周转库存中划出一部分作为国家专项储备粮储备。

1990年，国务院、省政府发出通知，要求当年开始建立中央、省、地、县储备粮食制度。并下达中央储备粮和省、地、县储备粮收储计划，储备粮粮源用当年收购粮食中超过合同定购粮任务外的粮食转入。

1991年，全区完成省粮食厅下达的中央储备小麦收储任务，并根据省粮食厅通知，将1990年收储的代省储备稻谷全额转入中央储备粮。1992年，根据省粮食厅的通知，全区将1991年和1992年收储的代中央储备小麦的60.32%转作“省厅议转平”，并决定将保山地区储备的稻谷划出80.92%到昆明市储备，完成了省财政厅、省粮食厅下达的代省储备食油收储任务。1993年，国内贸易部发出《关于平价粮食周转库存转作地方储备粮的通知》，省政府发出《关于建立健全我省三级粮食储备的通知》，省粮食厅为帮助地方尽快建立粮食储备，逐步完善国家粮食储备体系，以增强地方政府对粮食市场的宏观调控能力。根据全区1992年年末粮食库存数量情况，核定中央周转库存粮食，品种有小麦和大米。

1994年，国家粮食储备局充实部分地区的中央储备粮食库存。5月，省粮食管理局发出《关于下达1994年国家专项储备粮调入计划的通知》，下达全区中央储备粮调入计划，此次调入的粮食全部作为中央专项储备粮储存。6月10日，省粮食管理局追加下达保山地区中央储备粮食调入计划，追加调入的粮食仍作为中央专项储备粮储存，储存于国家粮食储备库。6月20日，省粮食管理局再次追加保山地区中央储备玉米调入计划。当年，为稳定市场粮价，确保粮食购销价格改革方案出台，国家粮食储备局决定动用部分中央储备粮进行抛售，主要用于保证中心城市和农村灾区、贫困缺粮地区的销售。全年销售从省外调入中央储备转作市场调节救灾粮500万千克，其中：小麦200万千克，大米300万千克。同年第四季度，省内部分县（市）菜油库存薄弱，市场上菜油价格快速上涨，为平抑市场菜油价格，省财政厅、省粮食管理局决定，动用省储备菜油供应市场，下达保山地区代省储备菜油调出计划，调怒江州、德宏州、迪庆州，同时安排保山地区用于市场销售的一定数量的菜油。

1996年，省下达保山地区中央进口小麦转作中央储备粮计划，全区再次调入中储小麦充实中央储备粮食库存。省粮食厅、财政厅下达全区县（市）周转储备粮食和周转储备菜油计划。五县（市）都周转储备了一定数量的稻谷和菜油。经同级人民政府批准，粮食企业可周转使用县（市）周转储备粮和周转储备油。全年平均县（市）周转储备粮油数量不能低于储备规模的50%，年度结束前必须全额补足储备规模，由同级财政和粮食部门于每年的4月按低于市场粮价10%原则，确定粮食的贴息价格，按同期贷款利率计算贴息，拨给储存县（市）周转储备粮油的粮食企业50%利息补贴。当年，将1994年以后从省外转移入的中央专储大米进行轮换销售，结合收购入库，撤并储存粮小于50万千克的储备库点27个。

1997年，根据中央关于建立中央储备粮垂直管理体系的要求，省粮食局下达保山地区中央储备玉米（新体制储备）收储计划，年内相继下达保山地区收储省储备小麦、稻谷计划。根据国务院发出的《关于按保护价敞开收购议价粮的通知》，省粮食管理局、计委、财政厅下达保山地区合理周转库存贸易粮指标和指导性正常销售指标，对超过合理周转库存的粮食，由财政部门拨给粮食企业超储费用和利息补贴。

1998年，省政府办公厅发出《关于对原中央40%周转库存粮及各地周转储备粮食油脂有关问题的通知》，对除省级储备粮外的粮食处理作出规定，原中央留保山地区分布在县、市的平价周转库存粮食，从1998年7月1日起下放县、市政府管理使用，县（市）销售平价周转粮食的差价收入用于县、市解决挂账或增加县（市）的粮食风险基金，在未销售前纳入库存总量算账，超过合理库存的部分，实行超储费用、利息补贴。同时，原下达的县（市）周转储备粮油计划终止，县（市）周转储备粮油纳入县（市）的自营粮油，取消财政给予50%的利息补贴政策。

2000年，省财政厅、计委、粮食局联合发出《关于处理保山地区代省储备粮的通知》，对保山地区的代省储备粮包干给保山地区粮食局组织销售，年内一次性将代省储备粮转作商品周转粮，全区集中销售退库的代省储备粮。根据国家粮食局和中国储备粮管理总公司通知，从当年11月1日起，保山地区代中央储备的粮食移交中国储备粮管理总公司管理。

2002年，根据国家粮食局和省粮食局的安排部署，保山市对国家专项储备粮进行销售出库，全面完成国家专项储备粮食销售计划。4月1日起，全市实行“一取消、三放开”的粮食购销政策。为进一步加强粮食供求平衡和宏观调控工作，确保市内的粮食安全和社会稳定，市、县（区）根据省人民政府核定的市、县（区）储备粮规模，从2002年度开始收储充实市、县（区）级地方储备粮库存，建立和完善市、县（区）粮食储备体系和应急机制，增强市、县（区）政府应对和处置突发事件的粮食宏观调控能力。2005年，全市完成了省、市级储备粮的轮换任务。

第五章　粮油调运及监管

第一节　粮食调运

一、平价粮调运

根据中央关于全国粮食实行“统一征购、统一销售、统一调拨、统一管理国家库存”的管理规定，保山地区从1957年起开始调出以大米和小麦为主的粮食，支援兄弟省区、省内部分地州（市）和国家建设。

1978年，全区调出粮食达1318万千克，从区外调入粮食91.5万千克，调出调入比为14.4∶1。1979年，南疆保卫战期间，调出区外的粮食达925.5万千克，其中：保山、腾冲两县就调出支前大米625万千克，约占外调总数的67.53%。

1980—1998年，调出粮食波动较大，最多的是1983年，调出4471万千克（保山市调出1758万千克、施甸县876万千克、腾冲县1524万千克、昌宁县69万千克、龙陵县244万千克）。1993年和1997年，没有平价粮食调出区外。1978—1996年，累计从地区外调入平价粮食5165.5万千克，年平均调入平价粮食271.8万千克。1997年起，没有从区外调入平价粮食。1978—1998年，累计调出到地区外平价粮食27609万千克，年平均调出粮食1314.7万千克。1999年起，没有平价粮食的调出调入。

二、议价粮调运

1981年，保山地区开始有议价粮食调入调出，当年调入议价粮食4万千克。调入最多的是1988年，共从地区外调入议价粮食3445万千克（保山市2111万千克、施甸县385万千克、腾冲县400万千克、昌宁县276万千克、龙陵县250万千克、地粮局23万千克）。

1993—1994年，自然灾害严重，全区粮食连续两年减产，造成国家粮食收购减少，销售增加，粮食库存量下降，靠挖库存保证城乡居民的粮食供应，全区把切实抓紧粮油的总量平衡作为储运的中心任务。1994年，先后派出6批次40多人参加组织粮食调运，到省外协商落实粮源油源，同银行协调落实储备粮贷款资金，从湖南、河北、甸尾共调回各种粮食1120万千克。销售从省外调入中央储备转作市场调节救灾粮500万千克，其中：小麦200万千克，大米300万千克。保证了城镇居民和农村灾区农村人口的粮油供应，平抑市场粮价，稳定了粮油价格。

1995年，从湖南衡阳、常德和甸尾调回移库粮618万千克，圆满完成专储粮移库计划，保证了两线运行中政策性经营国家储备的物质基础。同时，为保证全区粮油总量平衡，省安排中央进口粮调入计划，纳入全区粮食总量平衡，全年共调回加拿大小麦和美国玉米500万千克，在区内进行销售，平抑了因通货膨胀造成的市场粮价上涨，稳定了粮食市场价格，保障了粮食供应。

1996年，国务院决定用进口粮充实国家储备，全区克服粮食库存数量大，资金、仓容、运力紧张，费用较高，年度内调入粮食集中的巨大困难，全年累计完成调入粮食2720万千克，其中：接收进口小麦2170万千克，省烟换粮补偿贸易购进的省外大米400万千克，玉米100万千克，大豆50万千克，专用于区内受灾地区和贫困地区的销售，平抑市场粮食价格。

1981—2005年，全市累计调入议价粮19081万千克（2000年没有调入议价粮），年均调入763.2万千克；累计调出议价粮4625万千克（2001、2005年没有调出市外议价粮），年均调出185万千克(调出市外最多的是2002年，达562万千克)；议价粮食调出调入比为1∶4.1。

第二节　油脂调运

一、平价油脂调运

根据国家统一调拨的规定，保山地区粮食部门从1957年起就按中央和省下达的计划调拨油脂。1978年，全区从地区外调入平价油脂0.05万千克，调出地区外平价油脂10.2万千克，调出调入比为204∶1。1978—1980年，共从地区外调入平价油脂19.05万千克，年均调入6.35万千克。1981年起，全区不再从地区外调入平价油脂。

1978—1991年，累计调出地区外平价油脂856.7万千克，年均调出61.2万千克。调出数量最多的是1990年，共调出205万千克，其中，腾冲185万千克，昌宁10万千克，施甸和龙陵各5万千克。调出最少的是1979年，仅调出2万千克。1992年起，不再向地区外调出平价油脂。

二、议价油脂调运

1985年，保山地区开始有议价油脂的调入、调出，当年从地区外调入油脂35万千克，调出地区外6万千克，调入调出比近6∶1。1985—1998年，共从地区外调入议价油脂522万千克，年均调入37.3万千克（调入量最大的是1995年，达85万千克；调入最少的是1991年，仅调入8万千克）；调出议价油脂423万千克，年均调出30.2万千克；议价油脂调入调出比为1.23∶1。1999—2000年，全区没有议价油脂的调出调入。2001调入议价油脂14万千克。2002—2005年，全市没有调出调入议价油脂。

1978—2005年全市平、议价粮油调拨（区外）统计表

表26-7　　　　单位：万千克

年份	平价粮食		平价油脂		议价粮食		议价油脂	
	调入	调出	调入	调出	调入	调出	调入	调出
1978	91.5	1318	0.05	10.2	—	—	—	—
1979	234.5	925.5	16	2	—	—	—	—

续上表 单位：万千克

年份	平价粮食		平价油脂		议价粮食		议价油脂	
	调入	调出	调入	调出	调入	调出	调入	调出
1980	122.5	1495.5	3	11.5	—	—	—	—
1981	507	2060	—	47	4	80	—	—
1982	677	2251	—	139	10	215	—	—
1983	931	4471	—	36	5	31	—	—
1984	516	4067	—	28	42	9	—	—
1985	347	409	—	35	1833	10	35	6
1986	48	1389	—	76	1374	190	16	9
1987	431	1510	—	42	3361	364	50	9
1988	225	276	—	52	3445	372	48	6
1989	191	524	—	50	2702	133	48	10
1990	16	2452	—	205	48	137	12	12
1991	17	2301	—	123	70	138	8	4
1992	250	1329	—	—	875	450	14	37
1993	5	—	—	—	289	227	26	105
1994	276	250	—	—	649	326	73	50
1995	117	70	—	—	581	491	85	1
1996	163	490	—	—	1507	54	39	54
1997	—	—	—	—	667	61	45	78
1998	—	21	—	—	37	205	23	42
1999	—	—	—	—	34	23	—	—
2000	—	—	—	—	—	81	—	—
2001	—	—	—	—	125	—	14	—
2002	—	—	—	—	375	562	—	—
2003	—	—	—	—	855	373	—	—
2004	—	—	—	—	176	93	—	—
2005	—	—	—	—	17	—	—	—

第三节　粮油质量监督

1978—1989年，保山地区粮食主要检验检测的项目有京国九二、汕优桂33、D优63、桂朝2号、小白谷等，详见下表。

1978—1989年检测的主要粮食品种一览表

表26-8　　单位：亩、千克、万千克

品种	栽培面积	亩产量	总产量	购销量
京国九二	220000	500～600	11000	3400
汕优桂33	4311	620	267	10
D优63	9000	600	540	15
桂朝2号	22000	650	1430	10
小白谷	1200	330	50	10

根据商业部发布的《粮油质量管理办法》和1996年国家储备局《关于下发粮油质量管理办法（试行）的通知》要求，保山形成检测制度，加强法制教育，配备必要的检测人员，健全工作制度。1996年检测126个样品代表数量65222吨。存在部分玉米水分超标，有的大米已陈化，脂肪酸高达100毫克KOH（氢氧化钾）/100克以上，小麦粉合格率仅为22%，主要是面筋值不合格（品种问题）。

1997年起，执行国家储备粮食局、国家质量技术监督局《关于执行粮油质量标准有关问题的规定》。1999年《粮油储存品质判定规则》正式执行，昆明中心化验室负责全省储备粮的检验检测。保山地区共送检9个样品。云南省公布第一批优质稻谷，保山地区的有滇瑞408和滇陇201（部优）、合系30号、4号、5号、保山试验13号、滇保102（省优）。

2000年起，执行国家粮食局、国家质量技术监督局正式出台的《粮油储存品质判定规则》。2002年9月，保山市主动参加云南省质量技术监督粮油食品检测能力比对实验。2003年3月，重新修订《云南省保山市粮油产品质量监督检验站质量手册》，对工作隶属关系、人员分工、技术支持及管理控制等方面进一步详细说明。同年，出具《2003年保山国家粮食储备库品质质量分析报告》，对该库所储粮食的水分、脂肪酸值、回归评分值、发芽率、等级、黏度等方面进行分析，为确保粮食安全提供技术保障。

2004年，为配合国粮发〔2004〕43号文件的执行，新增开展了粮食的蒸煮品尝评分工作。从气味、滋味、色泽和外观结构进行综合评判，结合脂肪酸值对粮食新陈、合理时适储存提供又一层次的理论依据。

2005年5月，结合《粮食流通管理条例》和《粮食质量督管实施办法（试行）》编写了《保山市粮食流通行业教育培训讲义第七章粮食质量检验》。10月，根据实际工作情况，制定《作业指导书》，为规范操作、出具科学公正的质检报告奠定基础。年内共检验代表1746万千克粮食样品29件，对军粮供应质量进行了全面检验。

第四节　粮油市场监管

1978年后，保山地革委决定，以县为单位完成粮油统购任务后，放开粮油市场，允许社员少量的粮油上市进行品种、余缺调剂，逐步恢复和扩大议购议销油脂油料的业务。但仍规定，到生产队议购油脂（料）由粮食部门经营，其他任何部门一律不准插手；以粮油为原料生产粮油制品出售的单位，可以在集市上进行议购，但不得直接经营粮油业务。

1981年，根据国务院有关文件精神，地委、行署结合保山地区实际，出台加强粮食市场管理的具体措施，有效加强粮食市场的监管。规定：在完成国家征购任务后，农民自产粮食有余，允许自由上市；国家粮食部门要主动到市场上进行粮食吞吐，补充国家粮食库存，增加储备，开展议购议销，调节市场粮价、把市场搞活；机关、团体、部队、学校、企事业单位和个人从事粮油经营，必须经国家粮食部门审核同意，由工商行政管理部门登记、批准、办理执照后，方能进入市场收购或出售。坚决禁止哄抬粮价，争购抢购。

1988年，根据国务院关于“从今年秋季开始，粮油由粮食部门统一收购，其他任何单位和个人不得经营”的指示精神，保山地委、行署对粮油市场管理出台具体措施和规定：在新粮上市后，农户没有完成合同定购任务前，粮食不能自由上市；在大小春入库期间，任何国营、集体单位和个体商贩不准到农村收购粮油；各级政府要组织工商、物价、粮食等部门，切实加强市场管理，整顿粮食市场，以保证国家合同定购粮和国家委托代购“议转平”粮食任务的完成；以县（市）为单位完成“定购”或“委托代购”任务后，粮食市场允许放开，国家予以保护。

1995年，根据国务院、云南省人民政府文件精神，保山地区行署办发出加强粮食交易市场监督管理的通知。从1995年年初至7月底，各县（市）工商、税务、物价、粮食等部门密切配合，完成对粮油市场清理整顿工作。抓好粮油收购、调运、加工、经营各个环节的监督管理，确保社会商品粮的70%～80%粮源掌握在国家手里；坚决制止滥收、滥购，囤积居奇，无证经营等违法、违章行为，认真组织清理整顿社会商品粮的加工和经营市场，理顺经营渠道，规范经营行为，粮油调运实行准运证制度；张贴通告，广泛宣传政策，凡违反有关规定从事粮油收购、调运、经营的，工商、税务机关给予经济处罚。

1998年，根据国务院颁布的《粮食收购条例》，保山行署办公室下发《转发行署粮食局、工商局关于加强我区粮食市场监督管理的实施意见》，由地县（市）政府牵头，工商、粮食等相关部门组成粮食市场监督管理机构，组织协调督查和规范粮食市场秩序；从1998年10月至12月底，全面清理整顿全区粮食市场；除国有粮食收储企业外，任何单位和个人，一律不准到农村或集贸市场收购粮食，各粮油加工企业或用粮加工户所需粮油原料，只能向国有粮食收储企业批购，粮油调运必须持有调拨单或准运证；在县（市）以上粮油批发市场采购粮油，调运要持有准运证；实行粮食批发准入制度，凡申请从事粮食批发业务的企业和个人，必须具备相应条件，经所在地县（市）以上粮食行政管理部门审批后，由同级工商行政管理机关核发粮食批发营业执照；放开粮食零售市场，依法登记照章纳税，保护合法经营，打击粮食交易短斤少两，掺杂使假，欺行霸市，画地为牢的不正当交易行为；加快建设和培育粮食交易市场体系，建立专业化粮油批发交易市场。

2003年，全市有1161万千克陈化粮销售给四个饲料企业，粮食监管部门和工商部门密切配合，严格对陈化粮销售处理全过程从严监管，认真抓好陈化粮的出库、入库、加工、销售环节的监管工作，不让一粒陈化粮流入口粮市场。

2004年，根据国务院、省政府关于粮食流通管理的条例和实施办法，市粮食局、工商局联合制定《保山市清理和整顿粮食市场秩序工作实施方案》。9—10月，在全市范围内开展清理和整顿粮食市场秩序的工作：对粮食收购企业（年收购粮食在50吨以上）进行清理，检查其营业执照、粮食收购资质，规范粮食收购许可证的申请、审批、发证等工作程序；调查各县（区）粮食企业基本情况，摸清粮食收购、加工、饲料企业分类数量及建立经营台账的情况。查处无证无照违规收购和超范围经营粮食的行为。印发宣传材料，向粮食收购者和经营者进行《粮食流通管理条例》《云南省〈粮食流通管理条例〉实施办法》的宣传教育。经清查，全市共有粮油经营企业401户，其中：购销企业345户、加工企业21户、饲料企业35户。检查集市270个，出动执法人员623人次，查处案件17件，查扣粮食43.7吨，取缔无证经营18户。

2005年，根据上级的有关规定，严格实行粮食收购资格许可证审批制度，年内为各类市场和企业审核办理粮食收购许可证46户。确保了全市粮食市场稳定。

第二十七编　交通运输

史迪威公路十一道拐

综 述

1978—2005年，保山市交通运输事业的发展大致可分为两个阶段：

1978—1997年为较快发展阶段。1978年全区公路通车里程为2758千米。此后，各级党委和政府把公路建设作为搞活流通、对外开放、振兴保山经济的战略来抓，认真贯彻落实“民工建勤，民办公助”的方针和采取“地方自筹，省给补助，各方集资，群众投劳，以工代赈”等办法，把公路建设任务落实到县、乡、村。1983年全区83个乡（镇）全部通公路。1997年全区公路通车里程达6555千米，比1978年增加3797千米，年均修建公路190千米。

1998—2005年为快速发展阶段。1998年6月省政府保山现场办公会议后，保山交通基础建设进入快速发展阶段。公路建设在不断增加里程的同时，注重对主要干线的提级改造，着力提高等级和质量，取得了建设规模、建设速度、建设质量、建设资金筹措等“历史性突破”。1999年，全区通车里程为8515千米，全区915个行政村（办事处）有911个通公路，昌宁、龙陵、腾冲、施甸四县实现村村通公路的目标。至2005年年底，全市公路通车里程达9936千米，公路密度50.6千米／百平方千米。基本形成国、省道为骨架，干支相连，内联相邻地州市，外通缅甸，辐射全市所有乡（镇）、村、厂矿、旅游景点、经济开发区的公路运输服务网络；全市共有主要公路桥梁476座（含大保高速公路、国道、省道、县乡道），总长26035.24米；全市主要干线公路修筑涵洞5576道、总长61212米，主要县乡公路和乡村公路修筑涵洞总长10236米。

至2005年年底，共有客运站19个（客运等级站8个），客运业户16户、客运车辆5385辆，货运业户4698户；营运载货汽车5200辆；共有2个A级综合检测站、维修业户949户、驾驶员培训站（校）15所；共有经批准设置的渡口37个、水上游乐点5个，经营性船（筏）73艘，持证船员85人。

保山飞机场经过1980年、1994年两次改扩建，占地总面积1931亩，飞机跑道长2400米，宽度45米，厚度27厘米，飞行带宽300米，可起降波音737中型民用客机。

航空运输，1981年10月改用苏制安-24型48座中型客机飞行，航班每周5班，月运旅客1480人次，月运货物30多吨。1994年保山机场经过改扩建后，改用波音-737中型140座飞机飞行，飞行等级为4C，可同时停放两架B737-300型及以下机型的飞机。并具备了盲降系统和先进的通信、导航、气象、机务、安检、运输、消防设备。1999年改为每周6班，2005年4月增加航班，改为每天两班，运送旅客8.92万人次，货运量486.5吨。在保证客、货运输的同时，保山民航站还先后参加和协助完成了中缅国际航班的导航、紧急备降，军航、特种飞行、包机、专机、灭虫、造林、护林、航测、勘界等各种临时性飞行运输任务。

第一章　机构沿革

第一节　行政管理机构

1978年12月，成立保山行署工业交通局，主管交通。1981年8月，撤销工业交通局，设地区经济委员会兼管交通。1983年9月，复设行署工业交通局。1986年，撤销工业交通局，恢复地区经济委员会兼管交通。1989年5月，成立保山地区行署交通局，内设办公室，公路管理科、运输管理科，行政编制18人。1993年，增设公路科、运输安全科技科。1995年，内设机构调整为：办公室、公路科、运输安全科技科、计划财务科、路政管理科。人员编制17人，其中：行政编制13人，事业编制4人。1998年，局机关办公室分设为行政、党委两个办公室。

2001年，保山地区行署交通局更名为保山市交通局。内设办公室、公路科、计划财务科、人事政工科、监察审计室、路政管理科、运输安全科。人员编制17人。

2005年，局机关内设办公室、公路科、计划财务科、人事政工科、监察审计室、路政管理科、运输安全科。人员编制27人，实有24人，其中：行政编制17人，事业编制4人，工勤人员3人。下属二级单位有：市交通运政管理处、市地方海事局、市重点公路投资建设管理处、市地方公路管理处、云南省公路规划勘测设计院保山分院、质监站、交通培训处等。

第二节　公路管理机构

一、保山市地方公路管理处

1992年7月，保山地区编委批准成立保山地区地方公路管理处，属乡科级事业单位，实行企业化管理，经费自收自支，人员编制25人。内设办公室、财务科、设计室、生产技术科。2001年，保山地区地方公路管理处更名为保山市地方公路管理处。2005年，人员编制25人，实有25人。

二、云南省公路勘察设计院保山分院

1993年4月，保山地区编委批准成立保山地区公路桥梁勘察设计所，属自收自支事业单位。1998年2月，云南省交通厅批准成立云南省公路规划勘察设计院保山分院，属省院分支机构，与保山地区公路桥梁勘察设计所合署办公，加挂“云南省勘察设计保山分院”的牌子，实行一套班子、两块牌子。2005年人员编制18人。

三、保山市公路质量监督站

1998年10月，经云南省交通厅批准，成立保山地区行署交通局公路工程质量监督站。设站长1人，副站长2人，人员共10人。2002年8月，保山市编委批准成立保山市公路工程质量监督站。2005年人员编制12人，实有4人。

第三节　运政规费征收管理机构

一、保山交通规费征收稽查处

1971年7月设立保山地区车辆监管分站，1978年10月改称保山交通监理所。1987年8月，成立保山公路养路费征收稽查所，隶属省交通厅公路养路费征稽处。下辖保山、腾冲、龙陵、施甸、昌宁5个稽查站。1996年7月，更名为保山交通规费征稽处。设行政办公室、征稽科、财务审计科、保山车辆购置附加费征收办公室。县(市)稽查站更名为交通规费征稽所。2005年年末，内设行政办公室、征稽科、财务审计科、保山车辆购置附加费征收办公室。人员编制43人，实有43人。

二、保山市交通运政管理处

1989年11月，保山地区行署批准，将保山地区交通运输管理总站改为保山地区交通运政管理处，内设行政办公室、稽查支队、综合科、航务港监科、客货营运管理科、车辆技术管理科、驾驶员培训管理科。

2001年，保山地区交通运政管理处更名为保山市交通运政管理处。

2004年2月，保山市运政管理系统实行市级垂直管理，各县(区)运政所人事、财务、资产全部上划，由保山市交通运政管理处统一管理。市运政处升格为副处级，内设行政办公室、稽查支队、综合科、客货营运管理科、车辆技术管理科、驾驶员培训管理科6个科(室)。2005年年底，人员编制145人(含县区运政所)，机构编制未变。

三、保山市驾驶员培训行业管理处

1997年11月，经省、地有关部门批准设立保山地区驾驶员培训行业管理处，与地区运政管理处合署办公，核定编制8人。2001年，保山地区驾驶员培训行业管理处更名为保山市驾驶员培训行业管理处，仍与市运政管理处合署办公。2005年年底，人员编制8人。

第四节　保山市地方海事局

1989年8月，经保山地区编委、保山行署交通局批准，成立保山地区航运管理所，负责全区水上交通安全管理，与保山地区交通运政管理处合署办公。1996年6月，保山地区航运管理所改为保山地区航务管理处，同时加挂保山地区港航监督处牌子。2001年11月，保山地区航务管理处更名为保山市航务管理处，加挂的保山地区港航监督处更名为保山市地方海事局。

2003年，经保山市编委批准，成立保山市地方海事局，负责全市水上交通安全监督管理，属保山市交通局下属科级单位，核定事业编制人员3人，设领导职数1名。五县（区）设地方海事处。2004年10月，保山市地方海事局从保山市交通运政处分离出来（仍为市交通局下属科级单位）。至2005年，基本无变化。

第二章　公　路

1978年，保山地区公路通车里程为2758千米。之后，公路里程逐年增加，公路等级质量不断提高。至2005年年底，全市公路通车里程达9936千米，公路密度50.6千米/百平方千米。市至省通高速公路，每个县（区）有1条二级以上公路，73个乡（镇）通等级公路，其中：高速公路58.5千米，一级公路17.2千米，二级公路268.3千米，三级公路314.2千米，四级公路6002.9千米，等外公路3274.9千米。路面硬化率为22.67%。

第一节　国　道

一、320线（昆畹公路）保山段

320线保山段起于澜沧江永保桥，至龙陵县双坡垭口止，全长198千米。是原昆畹公路重要一段。1978—2005年，共进行过5次大的改造。

第一次改造：1979年10月至1981年9月，对永保桥至响溪坡段（K531+860—K538+542）进行改建，由保山公路管理总段负责施工，按山岭重丘三级公路测设标准，路基宽7.5米，路面宽6米，全长6.68千米，较老线缩短里程150米，总投资91.87万元。

第二次改线：1983年12月至1984年7月，由保山市公路队负责施工，对北庙口至板桥公路（K577+900—K583+760）进行改建，路面宽7米，改线里程5.77千米，较老路缩短里程830米，总投资95.71万元。

第三次改线：1988年12月至1992年4月，对保山板桥至永昌镇大岔路段进行改建，按平原微丘二级公路技术标准设计。由保山公路管理总段中标承建，路基宽度分别为12米、15米、17米，全长10.62千米，较老路缩短里程0.52千米，总投资1057.92万元。是保山境内20世纪90年代初公路技术等级最高的一段公路。

第四次改线：1989年12月至1994年3月，对保山大官市至龙陵龙山卡垭口（320线K3390+771—K3512+180），进行改造和改线，简称大龙段，按三级公路沥青路面标准建设，新线全长94.52千米，较老路缩短里程30千米，总投资20100万元。

第五次改造：1997年2月至1998年12月，从龙陵县龙山卡至双坡垭口，全长21.93千米，按二级公路标准进行改造，完成投资16035万元。

二、大（理）保（山）高速公路保山段

“大保”高速公路起于大理州平坡，止于保山市隆阳区大官市，全长166千米。概算总投资70.4亿元，全部为国家投资，其中保山段，起点澜沧江，终点保山市隆阳区大官市，编号国道GZ65线，总里程58.5千米。一期工程于1998年12月18日开工，二期工程于1999年5月开工，2002年9月竣工。公路技术等级为山岭区及重丘区高速公路。路面宽度22.5～26米，山岭区双向四车道。设计流量30858辆/24小时，设计荷载汽车－超20级、挂车－120，路面材料为沥青混凝土。全段共有桥梁166座（单幅计），其中：特大桥6座、大桥33座、中桥65座、小桥62座；涵洞、通道352道；隧道2座，单洞长1497米；互通式立交5处、半互通式立交1处、分离式立交14处。

三、保（山）龙（陵）高速公路

“保龙”高速公路起于隆阳区大官市，止于龙陵县龙山卡，于2004年12月开工建设，全长78千米。按设计方案，山岭区双向四车道，路基宽22.5米，全线共建特大桥17座，大、中、小桥115座，隧道15座，正线桥隧总长占全线施工总里程的49.3%，有马家寨隧道（长2830米）、镇保隧道（长2875米）和怒江特大桥（长2208米）等重点控制性工程。全部工程预算总投资55.44亿，建成后将比原三级公路缩短里程18千米，建成后，从隆阳区城区至龙陵县城的车程将缩短一小时。2005年，已完成投资13.8亿多元。此为云南省第三个利用亚行贷款建设的高速公路项目，是法国开发署来华投资的第一个基础设施项目。

第二节　省　道

2005年年底，保山市内省道过境公路主要有保施、保腾、六东、腾梁、云保、蚂黑、黄镇、瓦六等8条公路，保山境内总长为759.31千米。

一、保施公路

保施公路属省道S229线，自隆阳区大官市320国道K3390+950千米处起，至施甸县城，全长44千米，分为保山大官市至施甸七〇七，七〇七至县城两段。大官市至施甸七〇七段属滇缅公路路段，长17千米，于1978—1979年铺筑成柏油路。全线有永久性桥梁9座112.9米，涵洞185道1878.90米，昼夜交通流量达1748辆。2004年在原路基础上改建为三级油路。

二、保腾公路

保腾公路是中国通往缅甸密支那、东南亚、南亚国家的重要陆路通道。老线路修建于1952年从保山大官市起，到腾冲城，全长150千米。1992年，经省地县各级领导和工程技术人员考察踏勘，反复论证，决定利用1991年开工改建的保山大官市至龙陵县龙山卡公路（1994年通车）的有利条件，从“大龙”公路新线上的蚂蟥菁选择出口，改建保腾公路。新改建的保腾公路按山岭重丘区三级公路标准实施，从蚂蟥菁至腾冲，全长80千米（含入城联络线），总投资2.8亿元（不含入城联络线）。1992年12月开工，1996年12月完工，

1997年4月通过验收。1998年10月至2000年3月，在原三级公路基础上再次按二级公路标准进行扩建，总投资2.1亿元。改扩建后，路面等级提高，通行条件得到改善。

三、六东公路

六东公路属省道S230线，又名上江公路。从怒江州府六库至保山市隆阳区怒江曼海大桥，全长136千米，是省道230线和国道320线的重要联络线，保山境内段全长97千米。1978年11月建成四级路77千米，1985年建成弹石路3千米，1998年10月至1999年5月全线建成四级弹石路。2002年被云南省计委列入县际油路工程计划，止点延伸到320国道怒江曼海大桥，全长97千米，改建工程于2003年6月动工，2004年1月底完工，2月底交付试营运。

四、腾梁公路

腾梁公路属省道S233线腾瑞公路的一段，自腾冲县城至梁河县九保乡，全长33千米。1985—1987年铺筑30千米弹石路面。县城至和顺乡岔路口段，1999—2000年纳入新保腾公路改建工程，铺筑油路3千米。2002年被云南省交通厅列为通县油路工程实施改建，改建路线起于腾冲县和顺镇大庄村，止于梁河县热水塘，全长28千米。2002年4月动工，12月底完工，2003年1月交付使用。

五、云保公路

云保公路属省道S312线，起于临沧市云县草皮街，止于保山市隆阳区左官屯，全长210.6千米，保山境内段全长134千米。1978—1980年，由云南省公路工程三队改造习谦至右甸段29千米；1983—1984年改造右文至昌宁县城段，铺筑柏油路面3千米。昌宁县大水平至隆阳区左官屯段，2000年10月至2002年6月，按二级公路标准实施改建，全长57.55千米，2001年12月通过云南省交通厅组织的交工验收，2003年4月2日通过云南省交通厅竣工验收。凤庆县习谦至昌宁县九甲段，按通县油路工程实施改建，全长21.95千米，2002年11月建成通车。昌宁县城至大水平段，按新建二级公路标准实施改建，全长30.44千米，2002年7月开工，2003年11月竣工通车。

六、蚂黑公路（保密公路国内段）

蚂黑公路属省道S317线，从320国道龙陵县蚂蝗箐起，至腾冲县黑泥塘中缅南四号界桩，长163千米，是保（山）密（支那）公路国内段。分为蚂蝗箐至腾冲县城（称新保腾公路）、腾冲县中和毛家营至猴桥黑泥塘两段。1980年修通猴桥至黑泥塘段。1993年，毛家营至南四号界桩段被交通部列入口岸公路建设计划，按四级公路铺筑弹石路面标准实施改建。

蚂黑公路龙陵县蚂蝗箐至腾冲县城段（新保腾公路），全长76.48千米。1992年12月开工，按山岭重丘区三级公路标准建设，1997年4月完成一期工程。1998年年底，开始实施三级改二级并铺筑沥青路面，止点为腾冲县和顺乡凉亭岔路口，全长82.88千米，2000年5月建设完成。

腾冲县中和毛家营至中缅边境南四号界桩段公路（腾密公路国内段）被交通部、云南省交通厅和发改委分别列为重点经济干线改造项目和县际公路建设项目实施计划，于2004年1月批准立项，2005年1月开工建设，路线全长73.8千米。概算总投资4.3亿元。

2005年2月，云南省政府决定对腾密公路（国外段）进行升级改造，将原定的四级弹石路改造方案改为建设二级柏油路。同年3月，经缅甸联邦国防部陆军总参谋部批准，克钦邦和平发展委员会正式批复同意中方更改设计方案，将腾密路修筑为二级柏油路。公路全长95千米，概算总投资5.8亿元人民币(路基工程投资3.5亿元)。2005年，已完成投资1.2亿元人民币。

七、黄镇公路

黄镇公路属省道231线，是龙陵县至临沧市镇康县的经济干线和边防公路。起于320国道龙陵县黄草坝，止于镇康县龙镇桥，全长132千米。1984年对龙陵县勐糯至龙镇桥段实施改建，改建公路18千米，修建龙镇桥一座、162米，1988年5月建成通车。2002年被云南省交通厅列为县际油路建设项目，2003年8月开工，2004年5月竣工，全长135.4千米。

八、瓦六公路

瓦六公路属省道088线，起于隆阳区瓦窑河口，止于怒江州六库，保山境内段全长21千米。1996年前为弹石路，1997年铺筑为沥青路面。

第三节　县乡道

一、县级公路

1978年改革开放后，保山地区县道建设取得较大的成就，新建公路67条，总长1497.57千米，提级改建公路1510.92千米。

1978—1988年，全区新建公路40条，长990.89千米，其中：保山市14条，长286.44千米（小岭公路13千米，沙瓦公路112.3千米，旧江公路53千米，板宝公路4千米，西邑公路3.14千米，老营公路1千米，马核公路27千米，板瓦公路3千米，辛街公路2千米，刘上公路28千米，敢顶公路1千米，双七公路7千米，龙罗公路28千米，梨花坞公路4千米）；施甸县9条，长142.2千米(姚打公路20.5千米，施羊公路37.2千米，摆湾公路6.1千米，仁牛公路7千米，由红公路10千米，双七公路3千米，金麻公路15.2千米，施卡公路22.2千米，施平公路21千米）；龙陵县6条，长201.55千米（腊碧公路34千米，天宁公路35.15千米，月邦公路12.3千米，老木场公路12.3千米，红勐公路66.8千米，龙河公路41千米）；腾冲县4条，长73千米（县打公路25千米，龙安公路6千米，桥大公路23千米，老蔓公路19千米）；昌宁县8条，长287.7千米(永昌公路31千米，卡湾公路77千米，昌柯公路57千米，翁堵公路30千米，珠街公路41千米，卡鸡公路16千米，羊街公路22.7千米，邑飞公路13千米）。

1989—1999年，全区新建公路21条，长429.78千米，其中：保山市4条，长39.9千米

（板宝公路19.5千米，宝山寺公路1.5千米，刘上公路13.9千米，栖贤公路5千米）；施甸县5条，长113.02千米（施平公路16.8千米，由红公路28.62千米，施卡公路14.6千米，打黑公路27千米，摆湾公路26千米）；龙陵县3条，长115.6千米（邦纳掌公路6千米，段畹公路104.6千米，象三公路5千米）；腾冲县新建公路7条，长112.26千米（黑四公路6千米，山小公路55千米，马空公路1千米，云峰山公路7.16千米，龙坪公路15.74千米，香杏公路3千米，城曲公路24.36千米）；昌宁县新建公路2条，长49千米（小街子公路31千米，水蒿公路18千米）。

2000—2005年，全市新建公路6条，长76.9千米，其中：隆阳区1条，长11千米（白花岭公路）；腾冲县3条，长26.43千米（马柱公路13.6千米，朗卜公路11.4千米，坝派公路1.43千米）；龙陵县2条，长39.47千米（龙等公路37.8千米，打黑渡大桥至红勐公路联络线1.67千米）。

在建设发展新建公路的同时，着力加强对公路改建和改造，不断提高路面等级和质量。全市共改造改建公路1510.92千米，铺筑弹石路984.59千米，铺筑柏油路面75.23千米，铺筑水泥路面2千米。2005年年底，全市共有县道90条，总长2492.43千米。82个乡（镇）通油路的乡（镇）有29个，占35%，通弹石路的乡（镇）有42个，占51%，路面未硬化的乡（镇）有11个，占14%。

二、乡村公路

保山地区从1980年开始进行大规模的乡村公路建设，且多数为群众集资投劳和国家补助资金修建。截至2005年年底，全市五县（区）72个乡（镇、办事处），915个村（居）委会，基本实现村村通公路。公路总计717条，长5376.92千米，其中：10千米以上的乡村公路有186条，长3082.23千米，四级路1735.32千米，等外路1346.91千米。通弹石路的行政村130个，占全市行政村总数的14%；通砂石路的行政村115个，占行政村总数的13%；路面未硬化但通达情况良好的行政村149个，占16%，晴通雨阻的行政村399个，占44%，汽车基本不能通行的行政村122个，占13%。

三、旅游公路

截至2005年年底，保山市新修和改建旅游公路23条，全长221千米，其中：柏油路34千米，弹石路76千米，砂石路111千米。主要旅游公路为：梨花坞公路、太保山公路、卧佛寺公路、北庙湖公路、栖贤寺公路、卧牛寺公路、宝鼎寺公路、哀牢寺公路、千佛洞公路、蒲缥温泉公路、高黎贡山白花林风景区公路、清平洞公路、石瓢温泉公路、邦腊掌公路、勐糯仙人洞公路、云龙寺公路、热海公路、云峰山公路、马站火山群公路、来凤山公园公路、元龙阁公路、龙潭寺公路、鸡飞澡塘公路。

第三章　桥涵、渡口

第一节　主要桥梁

1978—2005年，保山市主要公路建成桥梁共有489座(含高速公路大保线，国道、省道、县乡道)，总长20854.72米，其中：特大桥4座，总长1372.6米；大桥32座，总长6754.27米；中桥127座，总长6784.82米；小桥326座，总长5943.03米。另外，至2005年年底，有在建特大桥1座（怒江特大桥：2004年12月开工），在建大桥3座（户冲河大桥，2005年1月开工；芭蕉林河大桥，2005年3月开工；澜枣河大桥，2005年11月开工）。

一、特大桥

澜沧江特大桥（一）　位于保山市隆阳区瓦窑乡澜沧江上，工型钢构桥，全长436.6米，桥宽22.5米，1999年至2002年修建。

澜沧江特大桥（二）　位于昌宁县漭水乡澜沧江上，路线编号X228，T型梁桥，全长542米，宽12.5米。1979年3月开工，1980年11月竣工。

北庙水库特大桥　位于保山市隆阳区北庙水库之间，钢筋混凝土箱型拱桥，全长232米，宽22.5米，2000年8月开工，2002年5月竣工。

龙镇特大桥　位于龙陵县勐糯乡麻黑渡口与镇康县勐棒乡交界的怒江麻黑渡口，柔性钢索吊桥，全长162米，净宽4.5米，1986年12月开工，1988年5月竣工。

二、大桥

怒江大桥　位于隆阳区潞江乡三达地（320线K3439+600米处）怒江上。主孔跨径145+145米，独塔双索面斜拉桥，引孔4.30米，预应力混凝土简支梁桥，桥面净宽7+2×1米人行道。承台顶面至塔顶设计高为90.8米，全桥总长416.44米。1992年1月开工，1994年12月建成通车。2004年5—8月复修。

龙川江大桥　位于保山至腾冲新建蚂蝗箐到黑泥塘公路K42+311米处，是新保腾线唯一的一座大桥。主孔为3孔30米预应力钢筋混凝土简支T型梁，引孔为保山、腾冲岸每边1孔16米预应力空心板梁，桥面净宽：7+2×0.75米人行道。桥梁总长133.04米。1995年12月动工，1996年12月竣工。

打黑大桥　位于姚关公路K55+500处怒江上。为5—16米装配式预应力钢筋混凝土简支梁桥+1—135米中承式钢筋混凝土箱型肋拱桥+1—16米装配式预应力钢筋混凝土简支梁桥，桥梁全长254.25米，桥面宽为净—7+2×1.0米，桥高25米。2001年3月开工，2003年6月建成通车。

老鹰岩一号大桥　位于保山市隆阳区老营乡，桥梁结构为组合梁桥，全长488米，宽

22.5米，2000年2月开工，2001年12月竣工。

老鹰岩二号大桥　位于保山市隆阳区老营乡，桥梁结构为组合梁桥，全长638米，宽22.5米，1997年7月开工，2001年12月竣工。

鳅鱼河大桥　位于保山市隆阳区瓦窑镇，桥梁结构为钢筋混凝土板桥，全长113米，宽8.2米。

瓦窑河大桥　位于保山市隆阳区瓦窑镇，桥梁结构为预应力钢筋混凝土空心板，全长246米，宽7.5米。

沙田一号大桥　位于保山市隆阳区，路线编号X237，桥梁结构为T形梁桥，全长133米，宽9米。

沙田二号大桥　位于保山市隆阳区，路线编号X237，桥梁结构为T形梁桥，全长130米，宽9米。

新寨大桥　位于保山市隆阳区，路线编号X237，桥梁结构为T形梁桥，全长163米，宽9米。

从岗村三号大桥　位于保山市隆阳区，路线编号X237，桥梁结构为T形梁桥，全长112米，宽9米。

坞水河大桥　位于保山市隆阳区，路线编号X237，桥梁结构为T形梁桥，全长250米，宽9米。

摆老塘河大桥　位于保山市隆阳区，路线编号X237，桥梁结构为T形梁桥，全长128米，宽9米。

老桥村大桥　位于保山市隆阳区，路线编号X237，桥梁结构为T形梁桥，全长106米，宽9米。

东风桥　位于保山市隆阳区，路线编号X192530502，桥梁结构为斜拉桥，全长281.90米，宽9.2米。

孟波罗桥　位于施甸县，路线编号施孟线，桥梁结构为双曲拱桥，全长56米，宽9.5米。

吊水岩悬桥　位于施甸县，路线编号施孟线，桥梁结构为T形梁桥，全长100米，宽8.9米。

龙坎河大桥　位于施甸县，路线编号施孟线，桥梁结构为T形梁桥，全长128米，宽8.5米。

清水河大桥　位于施甸县，路线编号施孟线，桥梁结构为T形梁桥，全长108米，宽8.5米。

裹烟新桥　位于腾冲县，路线编号X234，桥梁结构为预应力钢筋混凝土空心板梁桥，全长150米，宽12米。

固东桥　位于腾冲县，路线编号X235，桥梁结构为预应力钢筋混凝土空心板梁桥，全长166米，宽12米。

永安大桥　位于腾冲县，路线编号X238，桥梁结构为预应力钢筋混凝土空心板梁桥，全长165.65米，宽12.4米。

猴桥大桥 位于腾冲县，路线编号X310，桥梁结构为石、上承、简支、板拱梁桥，全长64米，宽9米。

栗树坡二号桥 位于腾冲县，路线编号X310，桥梁结构为预应力钢筋混凝土T形梁桥，全长168米，宽9米。

龙文桥 位于腾冲县，路线编号X192530522，桥长108米，宽6.9米。

银杏大桥 位于腾冲县，路线编号XMC4530522，桥梁结构箱形梁桥，全长160米，宽11米。

红旗桥 位于龙陵县，路线编号X235，桥梁结构为箱形拱桥，全长206.7米，宽8.5米。

香柏河桥 位于龙陵县，路线编号X235，桥梁结构T形梁桥，全长518.8米，宽12米。

龙腾大桥 位于龙陵县，路线编号X235，桥梁结构组合式梁桥，全长621.49米，宽12米。

弥泥河大桥 位于昌宁县，路线编号X311，桥梁结构T形梁桥，全长180米，宽8.5米。

扁瓦河桥 位于昌宁县，路线编号X311，桥梁结构T形梁桥，全长130米，宽11米。

卷桥河水库大桥 位于昌宁县，路线编号X311，桥梁结构T形梁桥，全长131米，宽11米。

三、中桥

至2005年，保山市共有公路中桥127座，总长6784.82米。

保山市2005年中桥分布统计表

表27-1　　　　单位：米

序号	桥梁名称	所属路线情况			桥长	桥宽	结构形式	跨越河流名称
		路线编号	道路等级	所在县（区）				
1	老街河中桥	S237	二级	隆阳	26.58	9.00	预应力钢筋混凝土空心板	老街子河
2	芒龙河中桥	S237	二级	隆阳	53.58	9.00	预应力钢筋混凝土空心板	芒龙河
3	芒宽河中桥	S237	二级	隆阳	53.58	9.00	预应力钢筋混凝土空心板	芒宽河
4	吾来河中桥	S237	二级	隆阳	35.50	9.00	预应力钢筋混凝土空心板	吾来河
5	敢顶河中桥	S237	二级	隆阳	56.00	9.00	T形梁桥	敢顶河
6	芒果大河中桥	S237	二级	隆阳	71.04	9.00	T形梁桥	芒果大河
7	大砂坝中桥	S237	二级	隆阳	56.00	9.00	T形梁桥	—
8	洗澡河中桥	S237	二级	隆阳	91.04	9.00	T形梁桥	洗澡河
9	岗党一号桥	S237	二级	隆阳	68.04	10.50	T形梁桥	岗党河
10	岗党河中桥	S237	二级	隆阳	96.00	9.00	T形梁桥	岗党河

续上表　　　　　　　　　　　　　　　　　　　　　　　　　　　　　单位：米

序号	桥梁名称	所属路线情况			桥长	桥宽	结构形式	跨越河流名称
		路线编号	道路等级	所在县(区)				
11	岗党四号桥	S237	二级	隆阳	36.00	9.00	T形梁桥	岗党河
12	芒合河中桥	S237	二级	隆阳	80.00	9.00	T形梁桥	芒合河
13	沙田三号桥	S237	二级	隆阳	73.00	9.00	T形梁桥	—
14	从岗河中桥	S237	二级	隆阳	91.00	9.00	T形梁桥	从岗河
15	从岗村一中桥	S237	二级	隆阳	93.00	9.00	T形梁桥	从岗河
16	从岗村四桥	S237	二级	隆阳	88.00	9.00	T形梁桥	从岗河
17	赛格一号桥	S237	二级	隆阳	70.00	9.00	T形梁桥	怒江
18	芒勒河中桥	S237	二级	隆阳	86.00	9.00	T形梁桥	芒勒河
19	瓦窑河桥	G320	三级	隆阳	93.00	6.50	预应力钢筋混凝土空心板	瓦窑河
20	瓦窑河中桥	G320	三级	隆阳	40.00	8.50	石拱、梁桥	瓦窑河
21	烂枣河桥	G320	三级	隆阳	58.40	7.50	石拱	烂枣河
22	登高桥	G320	三级	隆阳	84.00	7.50	预应力钢筋混凝土空心板	—
23	石头寨河桥	G320	三级	隆阳	40.85	8.50	T形梁桥	石头寨河
24	上游望桥	G320	三级	隆阳	81.90	8.50	预应力钢筋混凝土空心板	—
25	小河桥1	X195530502	四级	隆阳	30	6	肋拱	小河
26	小河桥2	X195530502	四级	隆阳	32	6	肋拱	小河
27	小河桥3	X195530502	四级	隆阳	30	7	肋拱	小河
28	小河桥4	X195530502	四级	隆阳	30	6	肋拱	小河
29	小河桥5	X195530502	四级	隆阳	30	6	肋拱	小河
30	东河桥1	XM01530502	四级	隆阳	35	9.5	其他桥	东河
31	红花桥	XM09530502	四级	隆阳	38	8.6	其他桥	东河
32	百忍屯东河桥	XM09530502	四级	隆阳	31.2	8.6	T梁	金竹林河
33	东河桥2	XM11530502	四级	隆阳	35	8.6	空心板梁	东河
34	石头河桥	XM17530502	四级	隆阳	35	9	其他桥	石头河
35	晓平桥	XM17530502	四级	隆阳	35	9.5	其他桥	晓平河
36	小河口桥	XM17530502	四级	隆阳	41	8.6	T梁	小河口
37	东河桥3	XM85530502	四级	隆阳	35	8.6	空心板梁	东河
38	东河桥4	XMA7530502	四级	隆阳	40	8.6	其他桥	东河

续上表　　　　单位：米

序号	桥梁名称	所属路线情况			桥长	桥宽	结构形式	跨越河流名称
		路线编号	道路等级	所在县（区）				
39	河坡桥	XMB1530502	四级	隆阳	35	9	其他桥	河坡河
40	施甸河中桥	施孟线	二级	施甸	26.58	30	空心板梁	施甸河
41	河尾中桥一	施孟线	二级	施甸	30.08	12	空心板梁	姚关河
42	河尾中桥二	施孟线	二级	施甸	30.08	12	空心板梁	姚关河
43	吊水岩一号桥	施孟线	二级	施甸	50	8.8	其他桥	吊水岩
44	吊水岩二号桥	施孟线	二级	施甸	69	8.5	其他桥	吊水岩
45	大汪塘中桥	施孟线	二级	施甸	31.99	11	空心板梁	大汪塘
46	旧城中桥	施孟线	二级	施甸	28.01	10	空心板梁	龙坎河
47	温泉一号中桥	施孟线	二级	施甸	48	8.5	其他桥	温泉一号沟
48	链子中桥	施孟线	二级	施甸	48	8.5	其他桥	链子桥陡坡
49	红田桥	XM28530521	四级	施甸	35	9.1	其他桥	施甸河
50	大庄右桥	S234	二级	腾冲	48.60	6.50	钢筋混凝土，上承，简支，空心板梁	大庄河
51	下村新桥	S234	二级	腾冲	48.00	12.00	预应力钢筋砼，上承，简支，空心板梁	下村河
52	太平村新桥	S234	二级	腾冲	88.00	12.00	预应力钢筋砼，上承，简支，空心板梁	太平村河
53	湘柏河新桥	S234	二级	腾冲	48.00	12.00	预应力钢筋砼，上承，简支，空心板梁	湘柏河
54	哨坡桥	S235	二级	腾冲	71.35	12.00	预应力钢筋砼，上承，简支，I形梁	西沙河
55	严家河中桥	S238	二级	腾冲	46.07	12.40	预应力钢筋砼，上承，简支，空心板梁	严家河
56	外边河中桥	S238	二级	腾冲	47.54	12.40	预应力钢筋砼，上承，简支，空心板梁	外边河
57	九渡河中桥	S238	二级	腾冲	62.04	8.00	预应力钢筋砼，上承，简支，空心板梁	九渡河
58	孝田河中桥	S238	二级	腾冲	41.04	12.40	预应力钢筋砼，上承，简支，空心板梁	孝田河
59	单龙河中桥	S238	二级	腾冲	40.05	13.20	预应力钢筋砼，上承，简支，空心板梁	单龙河
60	硝塘河中桥	S238	二级	腾冲	56.58	11.60	预应力钢筋砼，上承，简支，空心板梁	硝塘河
61	李家寨中桥	S238	二级	腾冲	34.54	8.90	预应力钢筋砼，上承，简支，空心板梁	李家寨河
62	沙坝村中桥	S238	二级	腾冲	32.55	8.90	预应力钢筋砼，上承，简支，空心板梁	沙坝河

续上表　　单位：米

序号	桥梁名称	所属路线情况			桥长	桥宽	结构形式	跨越河流名称
		路线编号	道路等级	所在县（区）				
63	高脚岩中桥	S238	二级	腾冲	36.04	11.56	预应力钢筋砼，上承，简支，空心板梁	高脚岩河
64	腾越中桥	S238	二级	腾冲	25.65	23.40	预应力钢筋砼，上承，简支，空心板梁	小西河
65	清水河中桥	S238	二级	腾冲	86.84	12.40	预应力钢筋砼，上承，简支，空心板梁	清水河
66	曲石电站中桥	S238	二级	腾冲	25.64	13.40	预应力钢筋砼，上承，简支，空心板梁	曲石电站沟
67	石墙村中桥	S238	二级	腾冲	41.54	13.20	预应力钢筋砼，上承，简支，空心板梁	永安河
68	磨石河中桥	S238	二级	腾冲	74.55	12.40	预应力钢筋砼，上承，简支，空心板梁	磨石河
69	撞钟石河中桥	S238	二级	腾冲	36.04	13.00	预应力钢筋砼，上承，简支，空心板梁	撞钟石河
70	毛草山河桥	S310	二级	腾冲	37.30	10.75	石，上承，简支，板拱	毛草山河
71	豹子洞桥	S310	二级	腾冲	34.86	8.80	石，上承，简支，板拱	沟壑
72	花寨泥坎河桥	S310	二级	腾冲	39.15	10.30	石，上承，简支，板拱	花寨泥坎河
73	高田桥	S310	二级	腾冲	40.00	12.50	钢筋混凝土，上承，简支，T形梁	高田河
74	板桥	S310	二级	腾冲	56.00	11.00	钢筋混凝土，上承，简支，箱形梁	板桥河
75	栗树坡一号桥	S310	二级	腾冲	88.40	8.50	预应力钢筋砼，上承，简支，T形梁	沟壑
76	左所营桥	XMC3530522	二级	腾冲	40	7.5	其他桥	罗所冲河
77	白沙河桥	X194530522	四级	腾冲	40.5	7	双曲拱	白沙河
78	红塘桥	X194530522	四级	腾冲	97	6.9	T梁	明光河
79	新蒲桥	XM38530522	四级	腾冲	23	5.5	其他桥	大蒲窝河
80	东门桥	XM75530522	四级	腾冲	62	8.6	其他桥	滇滩河
81	龙安桥	XMB2530522	四级	腾冲	88	8	其他桥	陇川江
82	曩烈河桥	XMB2530522	四级	腾冲	38	8	其他桥	曩烈河
83	邦户河桥	XMB3530522	四级	腾冲	47	6	其他桥	邦户河
84	花河中桥	G320	二级	龙陵	32.54	13.5	空心板梁	花桥河
85	岭岗桥	S310	二级	龙陵	46.4	8.2	其他拱桥	岭岗河
86	坡头桥	S310	二级	龙陵	36.6	7.6	其他拱桥	坡头河
87	高寨桥	S310	二级	龙陵	39.8	7.6	其他拱桥	高寨河

续上表　　单位：米

序号	桥梁名称	所属路线情况			桥长	桥宽	结构形式	跨越河流名称
		路线编号	道路等级	所在县（区）				
88	沙田桥	S310	二级	龙陵	43.1	8.1	其他拱桥	沙田河
89	赧坑桥	S310	二级	龙陵	49	7.5	其他拱桥	赧坑河
90	大马河塘桥	S310	二级	龙陵	51	8.9	其他拱桥	大马河
91	黄草岭河桥	S310	二级	龙陵	63.1	10.3	其他拱桥	黄草岭河
92	麻黑洼桥	S236	四级	龙陵	33	8	石拱桥	麻黑洼
93	中涨河桥	S237	四级	龙陵	42	10.3	其他桥	中涨河
94	邦焕桥	XM44530523	四级	龙陵	39.2	8.1	其他桥	邦焕河
95	苏帕河桥	XMC5530523	四级	龙陵	42	9.7	其他桥	苏帕河
96	柯街大桥	S311	二级	昌宁	76.1	10.5	空心板桥	东河
97	扁瓦12号桥	S311	二级	昌宁	65	10.4	Ⅰ型梁桥	沟壑
98	扁瓦11号桥	S311	二级	昌宁	86	8.5	Ⅰ型梁桥	沟壑
99	扁瓦10号桥	S311	二级	昌宁	102	9.7	Ⅰ型梁桥	沟壑
100	扁瓦9号桥	S311	二级	昌宁	30	8.5	空心板桥	沟壑
101	扁瓦8号桥	S311	二级	昌宁	58	11	Ⅰ型梁桥	沟壑
102	扁瓦7号桥	S311	二级	昌宁	79	8.5	空心板桥	沟壑
103	扁瓦6号桥	S311	二级	昌宁	61	10	Ⅰ型梁桥	沟壑
104	扁瓦5号桥	S311	二级	昌宁	92	8.5	Ⅰ型梁桥	沟壑
105	扁瓦4号桥	S311	二级	昌宁	104	8.5	Ⅰ型梁桥	沟壑
106	扁瓦3号桥	S311	二级	昌宁	73	8.1	Ⅰ型梁桥	沟壑
107	扁瓦2号桥	S311	二级	昌宁	62	8.5	空心板桥	沟壑
108	卷桥河水库3号桥	S311	二级	昌宁	75.5	8.9	Ⅰ型梁桥	水渠
109	卷桥河水库2号桥	S311	二级	昌宁	99	8.5	Ⅰ型梁桥	水渠
110	回头山桥	S311	二级	昌宁	57.4	8.5	Ⅰ型梁桥	沟壑
111	西山桥	S311	二级	昌宁	53	8.5	空心板桥	沟壑
112	右甸河二号桥	S228	二级	昌宁	66.08	13.5	空心板桥	右甸河
113	新寨中桥	S228	二级	昌宁	26.04	13.5	空心板桥	河流
114	右甸河一号桥	S228	二级	昌宁	66	12.5	空心板桥	右甸河
115	达丙河中桥	S228	二级	昌宁	26.64	28	双曲拱桥	右甸河

续上表　　　　　　　　　　　　　　　　　　　　　　　　　　单位：米

序号	桥梁名称	所属路线情况			桥长	桥宽	结构形式	跨越河流名称
		路线编号	道路等级	所在县(区)				
116	漭水桥	S228	二级	昌宁	32	13	T型梁桥	漭水河
117	薄刀山桥	S228	二级	昌宁	92	10	T型梁桥	薄刀山河
118	打板箐桥	S228	二级	昌宁	60	10	T型梁桥	打板箐河
119	弯弓桥	S228	二级	昌宁	44	9.5	T型梁桥	弯弓河
120	卡斯桥	XM61530524	三级	昌宁	66	9.5	双曲拱	枯柯河
121	姚关河桥	XM61530524	三级	昌宁	60	9	T梁	姚关河
122	鸡飞桥	XM63530524	四级	昌宁	29	12	实心板梁	鸡飞河
123	橄榄河桥	XMA1530524	四级	昌宁	70	9.5	I形梁	橄榄河
124	湾甸花桥	XMA2530524	四级	昌宁	30	6.5	其他桥	枯柯河
125	永甸桥	XMA2530524	四级	昌宁	100.4	8.5	I形梁	镇康河
126	勐统河桥	XMB6530524	四级	昌宁	42	13	空心板梁	勐统河
127	沙子河桥	XMA1530524	四级	昌宁	30	7.5	I形梁	沙子河

第二节　涵　洞

保山市境内公路大部分依山而行，因山多、箐多、沟多，所修筑的公路涵洞也多。据2005年统计，全市主要干线公路修筑涵洞5576道，总长61212米；主要县乡公路和乡村公路修筑涵洞总长10236米。

一、国道涵洞

保山市境内国道320线过境段，共修筑大小涵洞934道，总长达11266米。大保高速公路过境段，共修筑涵洞、通道352道，总长9920米。由保山公路总段所辖隆阳、东风、龙陵三个公路段管养。

二、省道、县道涵洞

境内省道和县道公路，共修筑涵洞4290道，总长40025米，其中：省道涵洞2168道，长21283米；县道涵洞2122道，长18742米。由保山公路总段所辖隆阳、东风、龙陵、腾冲、昌宁5个公路段管养。

三、地方公路涵洞

2005年年底，境内地方公路共修筑涵洞总长10236米，其中：隆阳区2523米，施甸县1077米，腾冲县1628米，龙陵县2592米，昌宁县2416米。

境内公路涵洞呈两种现状：一是国道、省道和县乡道有机构人员专门管养，涵洞结构、设置、布局较为合理，涵洞能起到排水护路的作用；二是地方管养的乡村道，多数由县乡村组织群众分阶段进行维修管养，其涵洞、侧沟的结构和设置布局不够合理，侧沟和涵洞在雨季经常发生淤塞，洪水冲刷路面、路基的情况。

第三节　渡　口

保山市境内主要有怒江、澜沧江、龙川江、槟榔江、黑惠江和勐波罗河5江1河。

1978年，经登记批准摆渡的渡口有40个，1991年根据国务院《关于加强内河乡镇运输船舶安全管理的通知》精神，对渡口进行了一次清理整顿。2005年年底，保山市经县级人民政府批准设置的渡口共有37道，其中：隆阳区15道，龙陵县9道，施甸县5道，昌宁县4道，腾冲县4道。保山市由于水运不发达，境内至2005年年底无码头设施。

改善渡运条件的渡口有：

勐古渡　位于隆阳区芒宽乡与瓦马乡交界处，是南方丝路上的古渡之一。1991年经批准保留后，将原有载客10人，载货20吨的勐古1号，改为核定载货2.5吨，载客25人的客渡船“峡谷号”1艘；载货20吨，载客10人的汽车渡船“勐古号”1艘。

勐赖渡　位于隆阳区芒宽乡，江面宽85米，水流缓。1991年经批准保留后，拥有载货2.5吨，载客25人的客渡船“勐兴号”1艘；载货20吨，载客10人的“勐赖号”汽车渡船1艘。

康浪渡　位于隆阳区芒宽乡，是南方丝路上古渡口之一。1991年经批准保留后，购置载货4吨，载客25人的客渡船“康广号”1艘；载货20吨，载客10人的“康浪号”汽车渡船1艘。

蛮阴洼渡　位于隆阳区汶上乡，1991年经批准保留后至2005年年底，拥有载货2吨，载客25人的小客渡船“宏光号”1艘；载货20吨，载客10人的“鑫源号”汽车渡船1艘。

白岩渡　位于隆阳区道街乡，2003年7月经隆阳区人民政府批准为客货运输渡，拥有载货8吨，载客10人的“白岩号”客渡船1艘。

麻栗坪渡　位于隆阳区芒宽乡，1991年经批准为生产性渡口，有机动钢质船1艘，年运输甘蔗3000吨。

第四章　水、陆运输

第一节　运输工具

一、非机动车

1978年改革开放后，随着城乡道路的改善和城乡人民生活水平迅速提高，自行车成为人们便捷的运输工具，各个时期先后有永久、凤凰、飞鸽、百灵、春燕、山川、野马、春花等10余种品牌自行车在保山境内销售和使用。1988年全区自行车达54344辆。1990年后有安琪尔、路达利、威士达、捷佳等变速自行车，至1999年全区城镇每百户居民平均自行车拥有量达180辆，农户达72辆，2005年每百户家庭平均自行车拥有量约95辆。

20世纪80年代末，出现脚踏三轮车用于载客，后逐渐为电动车或机动车取代。至2003年，不再允许脚踏三轮车在城内载客。

二、机动车

摩托车　1979年，保山地区始有2辆日产雅马哈摩托车，以后逐年成倍增长。1987年后，出现三轮摩托车。1990年，全区相继兴起摩托车载客运输，从县城发展至各乡（镇），1994年兴起正三轮摩托车载客，成为部分无业人员的谋生手段，2000年后，腾冲、隆阳整顿城市客运市场，取缔摩托车载客运输。1999年以后，私人用二轮摩托车不断增多，成为广大民众便捷的交通工具。至2005年年底，全市共有摩托车113006辆（普通110955辆，轻便2051辆），登记在册的72101辆。

载重货车（含农用汽车）　1978年以后，载重汽车逐渐成为主要运输工具，遍及城乡，并多为私人所有。1978年全区载重汽车共有3588辆，1999年为9716辆，2005年全市有18678辆（重、中型10492辆，轻、微型8186辆）。

拖拉机　1980年全区共有大中型拖拉机1031台、手扶拖拉机3659台，在用于生产的同时，也用于货运，在农村也用于载人。1999年有大中型拖拉机558台，手扶拖拉机17248台。2005年全市有大中型拖拉机9153台，小型拖拉机6454台。

载客汽车　1978年改革开放后，客车不断增多，1982年，随着客运市场的变化，先后出现“中巴”客车、卧铺客车、豪华高快车。1978年，全区共有客车166辆，1999年为7933辆。2005年，全市共有载客汽车16864辆（个人12165辆），其中，大、中型1823辆，小、微型15041辆（轿车5570辆）。

三、渡船

1978年，保山地区经登记批准摆渡的渡口有40个。1991年对渡口及渡船进行清理整顿和规范，改善渡运条件后经登记批准摆渡的渡口为37个。之后，逐步淘汰渡运条件差、安全隐患大的船只。

2004年7月，隆阳区芒宽乡勐古渡口承包经营人桑贵忠个人出资由大理茶花国际旅行社船舶检测站建造“车渡船”一艘，该船总长19.60米，船宽5.00米，型深1.20米，总吨位48吨，净吨位33吨。2005年6月，隆阳区芒宽乡康浪渡口、勐来渡口同时建造“车渡船”各一艘。

至2005年年底，保山市共有各类运输船（筏）38艘（张），总功率为559.74千瓦，总吨位为354吨。运输船舶中有机动船19艘，总吨位为282吨，非机动船19艘，总吨位为71吨，全市有持证船员85人（含非机动船员27人）。

第二节　客、货运输

1978年，保山地区主要客运、货运站点有：保山客运站、保山货运站，腾冲客运站、腾冲货运站，龙陵汽车站，昌宁客运站，昌宁柯街汽车站，保山市芒宽汽车站、道街汽车站，腾冲固东汽车站。1979年全区汽车运输货运量仅27.02万吨，客运量62.3万人次。2000年以后，保山的道路客货运输快速发展，实现集团化经营并不断发展壮大。至2005年，保山累计投入10960万元，新(扩)建腾冲旅游客运站、腾冲固东客运站、龙陵客运站、昌宁客运站(在建)、昌宁柯街客运站、昌宁湾甸客运站、施甸客运站、施甸姚关客运站(在建)、施甸水长客运站、保山客货中心、隆阳区板桥客运站等11个客运站点。当年，全市汽车运输货运量达1206万吨，货物周转量185171万吨千米；客运量875万人次，客运周转量90050万人千米。渡运乘客10万人次，渡运货物10万吨。

一、汽车客运

1978年以前，公路旅客运输，仅有保山总站客运站一家，运输能力发展比较缓慢，人民群众出行“乘车难”问题十分突出。

1980年后，保山地区汽车客运迅速发展，国家、集体、个体一起上，各部门、各行业一起办，客运市场不断发展壮大，客运户由保山总站一家发展到七家，即：保山总站客运站，保山客运中心(私营企业、保山第十八次客车)，保山市运输公司，保山地区运输公司，保山总站昌宁站、腾冲站，施甸客联公司。1985年保山总站客运站首先使用高靠背夜班直达昆明快车，行程时间仅为16小时。随后，保山客运中心、保山市运输公司亦开夜班车。除开夜班车外，照常开白班车。1994年，保山地区运输公司开通至昆明豪华型卧铺客车。1995年，保山总站、腾冲站、昌宁站、施甸客联公司相继开通至昆明卧铺客车。

2002年9月，保山交通集团成立高快客运公司，开通保山至昆明，保山至下关，腾冲至昆明的高快客车。

保山地区通往毗邻地州的客运。1981年腾冲县运输公司开通腾冲至下关，腾冲至盈江，腾冲至盏西的客运班线。1982年昌宁县运输公司经营至临沧凤庆县客车。1984年保山市运输公司开通德宏州瑞丽、盈江两县夜班车。1985年龙陵县车队开通芒市短途客车，一日两班；保山总站施甸汽车站开始经营至瑞丽客运，与瑞丽车站对开。1994年保山地区运输公司开通保山至瑞丽、盈江豪华型卧铺夜班车；施甸县客联公司开通至芒市、畹町、瑞丽、陇川的客运班车；施甸县交通客运服务中心开通临沧地区的永德县、镇康县、耿马县的孟定客运班车；保山市客运中心开通至六库的班车。

境内客运的发展。县域内客运，1978年保山县汽车队开通丙麻、西邑、蒲缥、潞江、芒宽县内班车；施甸开通县城至七〇七、旧城的客运；龙陵县开通县城至勐糯客运。1982年腾冲开通县城至瑞滇、古永的客运；昌宁县将2辆昆明牌货车改装成客运车辆，开办短途客运。1983年后，保山地区各县汽车队客运车辆不断增多，县城至乡(镇)客运范围逐步扩大。1990年全区83个乡（镇）全部开通客车。县际客运，1980年腾冲县运输公司开办至保山客运；1987年，昌宁县运输公司开办至保山客运；1992年施甸县客联公司（个体联营客运）开办至保山中巴车客运；1999年龙陵县勐兴、龙江2个乡个体户开办至保山客运。

2005年年底，保山市拥有班车营运客车2720辆，客运班线239条，客运班线年平均日发班车1274班次，乡（镇）通班车率达100%，行政村通班车率达92.91%。全市拥有从事短途客运的小型载客车（微型车）1027辆，占营运载客数的36%。

二、汽车货运

1978年以前，保山地区汽车运输，按指令性计划组织实施。

1982年后，国家允许机关、企业的汽车、私人汽车参与货物运输，打破了专业运输单位独家经营的局面。载货汽车主要承担化肥、钢材、水泥、石油、日用百货、食盐等生产生活物资的调进；粮食、生猪、烤烟、食糖、酒精、蔬菜、水果等农副产品、工业产品调出。在完成关系国计民生物资运输任务外，还完成了战时支前，抗震救灾物资的运输。

至2005年年底，全市拥有营运载货汽车5200辆（含部分农用车），其中：大型载货汽车1943辆，货运量1206万吨，货物周转量185171万吨千米。1978—2005年主要物资运输量：粮食194670吨，食糖2257086吨，烤烟269418吨，钢材260236吨，水泥345064吨，食盐95505吨，食油116871吨，铁矿石1904591吨，酒精109004吨，茶叶44650吨，木材125510万立方米。其间，1984年出动汽车120台次，运送驻保部队人员、物资至文山战区；1988年澜沧、耿马发生地震，抽调车辆将钢材3106吨，昆明水泥2950吨，玻璃1048箱，油毡1150卷等救灾物资运往灾区。

三、水上运输

全市37道渡口主要担负着沿江两岸群众生产、生活以及发展热区经济作物的交通运输，2005年渡运乘客10万人次；渡运货物10万余吨。

第五章　航空运输

第一节　保山机场建设

见《大事记（二）》。

第二节　安全保障

1978—2005年，保山机场一直十分重视安全保障工作，未发生过安全事故。二十余年间，保山机场坚持“安全生产责任重于泰山”“安全第一、预防为主”的原则，以空防安全为中心，统筹兼顾，将安全保障的各项措施落到实处：加强隔离区、候机楼管理，严格安全检查、证件查验，加强控制区、飞行区管理，杜绝违禁品过站和可疑人员登机；严格落实各项安全责任制，实行机场总经理负责制，逐级签订目标责任书，实施目标责任管理，严格执行依法问责、抓安全；坚持值班领导在每个航班期间均在一线指挥的制度；严格指挥程序，针对不同飞行情况制定不同的应急方案，先后修订完善了《应急预案》《突发事件处置预案》和《公共卫生应急预案》，并按期举行机场应急救援综合演练；加强对设备的检查、维护，使通信时时保持良好状态；加强天气的监控，严把气象关；抓好地面机务保障，抓好机务维护，加强对起落架、操纵系统关键部位的检查，切实做好短停过站故障检查，将飞行隐患消灭在萌芽状态，保持气源车、电源车良好状态；严把放飞关，确保机务放飞正常率100%。

2005年，机场在飞行区粘捕各种鸟类976只，巡视净空52次，巡视检查飞行区732次。机场安检共检查旅客39246人次，检查行李115687件、开箱（包）35355件（托运行李16331件、开箱4316件）；邮件检查151件，货物检查13721件；监护飞机544班，1088架次。移交公安治安案件14起，查获使用伪造居民身份证案件5起，查获管制刀具8把、毒品350克。

第三节　航运概况

1958年4月起，保山机场开通昆明—保山—昆明航线。1979年，全区航空运输旅客吞吐量8913人次，邮、货吞吐量115.4吨。1981年10月起，改用苏制安24型–48座中型客机飞行，航班每周5个班次，月运送旅客增加到1480人次，月运送货物30多吨。1985年每周航班6个班次，全年客运达24300人次，年货运量723吨，邮运量170.61万袋。1994年6月恢复通航后，据统计1994—1996年，客运9782人次，安全飞行656架次。1999年全年客运57151人次，货、邮量达430.8吨，安全飞行640架次。2004年，保山机场客运航班起降696架次，航空护林122架次，客运量52828人次，完成货、邮量16.8吨。

2005年4月，保山机场开通保山—昆明—广州航线，生产经营状况快速提升，全年完成运输起降1208架次，客运量89200人次，货、邮量486.5吨；客座率68.6%，载运率51.5%。全年保障通用航空护林飞行160架次，航空摄影飞行28架次，检验飞行10架次，航班放行正常率99%。

第六章　公路管养

第一节　公路养护

一、省管公路养护

1981年，推广“投资包干，节约提成”的管养形式。云南省公路局对总段，总段对养护段，段对道班，逐级实行投资总额包干。在体制上实行局、总段、养护段、道班四级经济核算，在经费上实行“投资总额包干，节约留用，超支不补”的原则。1984年，在“投资包干，节约提成”经济责任制的基础上，进一步深化承包形式，养护形式，工资分配形式的改革。

1998年，根据云南省公路局“关于公路养护实行公司化管理办法”的通知精神，保山总段、管理段实行一套班子两块牌子，内部按公司化管理。公路管养公司化管理，实行总公司与各公司议标，管理所招标承包养路。除总公司领导由上级安排外，总段机关、各公司机关、收费站360个岗位实行竞争上岗，87个管理所由职工自由组合成90个投标小组，对78个公路养护标段进行竞争投标。经过公平竞争，各段队86名职工下岗，92名临时工被辞退，5名道班工人进入公司机关，机关人员由245人减少至163人。

实行公司化管理后，人均工资收入增加30元，比档案工资增长4.6%，各公司也增加了单位的收入，购置了机械和工程车等设备，逐步实现机械化养路的目标，省管公路养护形式至2005年未变。

2005年年底，保山公路管理总段负责养护保施、保腾、六东、腾梁、云保、蚂黑、黄镇、瓦六8条省级公路，养护公路里程共1144千米（含1998年6月7日接养的S317蚂黑线新保腾公路76千米），其中：国道1条198千米，省道5条430千米，县道10条514千米，专用道1条2千米。从技术等级上分：二级路35千米，三级路218千米，四级路365.7千米，级外路447.3千米。从路面面层结构上分：沥青路面301千米，弹石路273千米，碎石路面568千米。养护路段平均好路率达70%，其中：干线好路率达78.64%，优路率7.5%，路况质量明显提高。

二、地方公路养护

1978年，地方公路养护工作由保山地区工交局、经济委员会统管。1989年5月，地、县交通局成立后，由地、县（市）交通局管理，内设公路管理科，管理地、县（市）道路的修建规划和公路养护。各县（市）下设公路管理养护段（队）和道班，具体管养地方公路。在地方县乡公路的养护形式上，主要实行经济承包责任制，县交通管理部门与地区交通局签订养护承包合同，并将任务分解，层层落实到养护队、道班及工人。普遍采用定里程、定人员、定经费、定好路率、定养护任务，资金任务包干，资金、工资与任务挂钩的“五定一包干一挂钩”办法。最后通过组织查评，年底一次结算兑现。

地方管养公路小修保养经费，一直实行“民办公助”办法，每年由省、地拨给一定经费进行养护。1989年，县管公路每千米600元，乡村公路每千米70元，边防公路每千米800元。1996年，根据云南省交通厅文件精神，保山地区县管县乡公路养护费标准提高为：重点县道每千米1200元，一般县道1000元，水泥路800元，油路1200元，弹石路800元，乡村公路300元。至2005年，公路养路费标准未变。

2005年年底，全市有地方公路管理养护段5个，道班100个，职工548人，其中：管理人员108人，工程技术人员42人，工勤人员42人，固定养护工人25人，合同制养护工人33人，临时工168人，其他工人130人。管养公路887条，总长8662.07千米。正式列为道班管养的公路为3285.15千米（县乡公路90条，长2372.07千米；专用公路80条，长913.08千米）；乡村公路717条，长5376.92千米。

2005年，全市共完成公路养护里程2268.8千米，其中：省道132千米，重点养护县道421千米，一般县道1256千米，边防公路30千米，其他道路429.8千米。优良路达1189.96千米，好路率达51.99%（重点公路好路率达68.74%，统计内里程好路率达54.6%，统计外里程好路率达45.89%）。

第二节　路政管理

1998年《中华人民共和国公路法》颁布实施后，保山地区路政管理步入依法治理的法制轨道，并有明确的责任区分：辖区内国道、省道由保山公路管理总段路政管理支队管护，大保高速公路过境段由大保公路路政管理大队管护；辖区内县、乡公路由保山市交通局路政科、保山市重点公路管理处路政支队，五县（区）路政大队负责管护。

1998年10月至1999年8月，全区开展路产路权界定工作，参加界定工作人员1032人，共界定公路603条、长7096千米，其中：省管公路31条、长1084千米；地方管公路572条、长6012千米。界定公路用地94250亩，其中：省管公路16328亩；地方管公路77922亩。界定公路保护用地400828亩，其中：省管公路13143亩；地方管公路387685亩。界定沙石料场262处、1454亩，其中：省管公路62处、293亩；地方管公路200处、1161亩。埋设界桩194条线路、44988棵，其中：省管公路27条线路、7933棵；地方管公路167条线路、37055棵。界定道班246个、1076亩，其中：省属109个、698亩；地方137个、378亩。另外，还签订协议11888份，申办土地使用证846本。经此次公路界定，明确了全区公路的路产、路权，为路政管理依法行政奠定了基础。

依据《中华人民共和国公路法》，1998年起，保山地区对重点线路开展了全面综合整治。据不完全统计，至2005年年底，路政巡查出动车辆800多台次，专职路政人员上路检查602人次，发放宣传资料5000多份，悬挂横幅标语100多幅。全市共发生路政案件754

起，立案744起，查处744起，其中：违法搭接道口40起，损坏堵塞桥涵57起、边沟195起，损坏交通标志牌、护栏、界桩15起，盗伐、损坏行道树26起，损坏路基、路面、路肩200起，损坏挡土墙边坡51起，侵占公路用地147起，公路两侧违章建筑23起。经济索赔12.93万元，索赔率达96%，挽回了路产损失，维护了路权。

2004年6月起，开展公路货运车辆超限超载联合治理工作。至2005年年底，共检测车辆275619辆，检测出超限车辆21951辆，超限车辆占总检测车辆的8%，劝返回货源地卸货19462辆、卸货75844.1吨，收取罚款4063980元（罚款全部上缴市财政专户）。开展治超后，超限车辆得到明显控制，维护了公路路产路权不受侵占和破坏，保证了公路的使用年限和公路的完好，安全、畅通。

2005年，全市开展公路平交道口和红线管理控制区专项整治工作，封闭和取缔不符合规定平交道口和红线管理控制区的非法建筑物、设施。通过整治，沿线群众爱路护路意识有所提高，公路秩序有所改善，保证了公路的畅通。

第七章　监督管理

第一节　公路质量监督

1998年10月，保山地区行署交通局公路工程质量监督站成立后，即开展对在建公路工程质量的监督工作。至2005年，保山市公路工程质量监督部门先后承担了保腾线三改二工程，施七线二级路工程，云保线大水平至左官屯段三改二工程，大水平至昌宁二级公路工程，卡斯至湾甸弹石路面工程，腾冲城关至北海三级油路工程；通县油路习谦至昌宁县城工程，大官市至七〇七工程，腾冲县城至梁河工程；县际油路六东线、沙丙线等公路建设项目的工程质量监督任务。通过省级验收，以上公路建设工程的质量均被评定为优良，其中：县际油路六东线被评为全省第一；全市重点公路建设工程质量合格率达100%；二级公路、通县油路、县际油路等重点工程项目均被评为优良工程。

第二节　规费征收管理

保山市境内征收的交通规费（税）各类主要为：公路养路费、客（货）运附加费（公路交通建设基金）、车辆购置附加费（税）、交通运输管理费。

一、公路养路费征收

1985年10月前，保山境内客、货车按每吨每月89元计征。同年10月起，开征摩托车公路养路费，二轮每月每辆5元，侧三轮每月每辆7元。同时客、货车执行新的征费标准：

参与营运的社会车辆，货车调为每月每吨105元，客车每月每吨130元；省属、地（州）、县（市）专营运输企业按总收入15%月费率征收；党政机关、学校、人民团体自用车，按105元的50%征收；客车按130元的50%征收；行政编制汽车由财政预算、行政经费列支在5座以下（含5座）的自用客车免征。

1991年、1992年云南省政府对公路养路费征收标准进行过两次调整。1993—2005年，保山市执行调整后的规费征收政策：载客汽车每吨每月220元征收；载货汽车按每吨每月170元征收；其他机动车辆按客货汽车平均提高幅度34.1%进行调整征收；出租小型载客汽车按280元征收；二轮摩托按每月每辆10元征收；侧三轮按每月每辆14元征收；正三轮摩托按每月每辆55元征收。

保山市公路养路费统一由保山交通规费征收稽查处，各县（区）交通规费征收稽查所负责征收，按月足额上缴云南省财政厅专户。1994年5月，保山交通规费征收稽查处与地区中级人民法院，各县（市）征稽所与县（市）人民法院执行庭，成立交通征稽执行室。1996年起，全区交通规费征稽部门按照《云南省公路养路费征收管理条例》，依法行政、依法征费、规费征收步入法制化轨道。至2005年年底，保山市累计征收公路养路费81686.86万元。

二、客货运附加费（公路交通建设基金）

1987年4月，保山地区开征公路交通建设基金，仅限于征收客运车辆。1996年10月起扩大征收范围，对全区所有机动车（除免征车辆）征收公路交通建设基金。征收标准：营业性车辆，客车（大小客车）、旅行车、出租车、每月每吨200元；非营业车辆，包括客、货车、小汽车每月每吨50元；摩托车每月每辆10元。1998年9月起，将“公路交通建设基金”改为“公路客货运附加费”。营业性客车征收标准调整为每月每吨300元。至2005年年末，全市累计征收客货运附加费21240.51万元，全部上缴云南省交通厅。

三、车辆购置附加费（税）

1985年5月起，保山地区开征车辆购置附加费。征收原则及范围，每辆车征收一次，以车辆的购买者和使用者（包括国家机关和军队）为义务缴费人。征收标准：1993年前，国产车按车价10%征收，进口车按口岸价15%征收。1994年1月起，国内生产组装车辆和国外进口车辆统一按10%征收，同时取消代征。1996年11月，云南省开征地方新购车辆附加费，按车辆购置价的5%征收。1997年11月，经云南省政府批准，省产汽车地方新购车辆附加费按2%征收。1998年10月暂免征。

2001年1月起，车辆购置附加费改为车辆购置税，由国家税务机关负责征收。征收标准，按车辆实际价格扣除增值税后，计税10%征收。费改税后，暂由交通部门征稽机构负责代征。至2005年年底，保山市车辆购置附加费（税）累计征收23461.28万元。

第三节　运政管理

一、客运管理

1978年以后，保山地区营业性客运逐渐从国营独家经营拓展到国家、集体、个体多家经营。对客运管理较为困难。

1986年根据省政府颁发的《云南省汽车客运管理办法》，开始按照市场规律管理客运市场，对全区国营、集体、个体从事营运性客车391辆（大型客车233辆、中型客车58辆，小型客车100辆）办理了省、地、县三级审批手续。审查批准营运线路99条，营运班次403班，核发了线路标志牌，实行挂牌经营和“四定”（定线、定班、定点、定时）的管理。

1999年年底，全区共取缔11个客运站外售票点和19户兼并整合个体经营户，没收自制线路牌80块，扣证20本，罚款2960元。同时在县（市）成立公用型公路客运服务中心（站）7个，共接纳14个单位和311户个体经营户，参营车辆363辆，日发班车352次，平均每天接送旅客8790人次。年末，全区国营、集体、联营、个体客车达7933辆，其中：营业性客车2009辆，营运线路297条（跨区线路112条，跨县线路101条，县内线路84条），营运班次2239班。

2000年起，客运车辆实行“一车一牌一卡制”，取缔客货两用车运输旅客，打击“黑车、黑户”私拉、乱运的违法行为，对客车划行归市，挂牌经营，监督客运单位做到车进站、站管车、人归点、服务好。2005年年底，全市共有营运载客汽车2720辆，其中：从事班车客运的客车1053辆，出租车742辆，其他客车925辆。营运线路328条，其中：跨地区94条，跨县65条，县内169条。有营运班车3051班：跨区265班，跨县260班，县内2526班。

1996年6月起，开始办理营运驾驶员上岗证，至2005年年底，已办理营运驾驶员上岗证21220份。

二、货运管理

1978年后，机动车辆运输逐渐增加。对货运仍实行计划管理，由运输管理部门和单位统一货源、统一调配运力、统一运价、统一收费、统一结算等。1983年，中共中央颁发《当前农村经济政策的若干问题》后，允许城乡个人或联户购置机动车从事运输，出现了国家、集体、个人多家经营货物运输的状况。货运实行以计划为主，市场调节为辅。交通运输管理部门对货运的管理，除宣传贯彻党和政府有关交通运输的方针、政策、法规外，主要是督促检查有关规章制度的执行，组织运输计划平衡会议，落实指令性计划物资运输任务，安排跨区运输任务，协调各种运输工具的衔接，组织合理运输，为货、运双方提供运输市场信息，办理运输业务等。同时加强货运业的开业、歇业、停业和新增运力的审批管理，经营资格管理和专用票证、运价管理，以及运管费征收等。经营资格管理主要是对符合营运条件者颁发营运证和经营许可证，并加强其监督检查，查处非法经营者。

20世纪90年代，公路货运市场逐步放开，货运从计划调节为主逐渐为市场调节为主。

除抢险救灾、国防战备、国家重点建设工程物资运输实行计划管理外，其余物资运输全部进入运输市场择优托运、择优承运。运输单位（户）之间的竞争变为运价、运输服务质量的竞争。对货运的管理，主要是规范货运者的经营行为和市场规则，重点加强货运业的开业、停业审批以及经营资格审验，加强路检路查，依法对道路运输业者进行监督检查，对违法违规行为进行处罚，保护合法经营，取缔非法经营，建立和维护良好的运输秩序。

1992年以后，管理重点为对货运车辆进行年度审验，规范经营行为。截至1999年，全区有载货汽车9716辆，营业货车4241辆，拖拉机（含轮式）31339台。当年应审货车4241辆，实审4144辆，占97%；拖拉机应审12278台，实审11725台，占95%。全区99%的营运汽车和85%的拖拉机做到持证经营。

2000年，开始规范危险货物运输经营行为，全市审定批准从事危险货物运输二级资质企业1家。对从事危险货物运输核发“危险货物运输从业资格证”。截至2005年年底，全市共有营运载货汽车5460辆，其中危险货物运输车54辆。

2005年，全市应审货运车辆5460辆，实审5218辆，实审率99.1%；拖拉机应审5573台，实审5368台，审验率99%。

三、维修管理

1990年，按照交通部、省政府、省交通厅关于开展对维修企业的治理整顿的精神，对全区机动车维修业开展治理整顿。核发经营厂（点）261户，其中：国营企业61户，集体企业27户，个体173户。1992年，全区共有各种维修经营户293户，经清理整顿取缔不具备经营维修条件的28户，降低维修级别发临时经营证7户，具备维修条件258户（专项修理143户），从业人员4465人。1999年全区种类维修业户达754户，其中：一类维修业户15户，二类维修业户42户，三类维修业户613户；从业人员3135人。

2000年后，针对维修市场出现的无证照经营、占道经营、设施设备简陋、经营条件不达标、维修作业不规范等实际问题，运政部门对一、二类维修企业进行重新审定、清理，规范了三类及摩托车维修业户的违法违规行为，全市维修企业持证挂牌率达到100%。2005年年底，全市共有道路运输维修业户949户，其中：一类5户，二类37户，三类679户，摩托车维修业户228户。

四、驾驶员培训站（校）管理

根据省政府1996年《关于我省营业性道路运输驾驶员上岗培训的通知》和省运管局1997年《关于加强道路运输驾驶员及驾驶员培训行业管理工作的通知》精神，保山地区运政处接收了由交通局办理的驾驶员培训行业管理业务。该处按照行业管理职责，对全区从事驾驶员培训业务的站点开展资质审查，对符合开办驾驶培训业务资质条件的站（校）核发证照。

截至2005年12月，全市经过审核批准的驾驶员培训站（校）共有15户。

五、搬运装卸管理

1990年11月，开始对全市搬运装卸业实施管理，对从业人员核发经营证照。截至

2005年年底，全市共有搬运装卸业户23户。

第四节　水上交通安全管理

根据国务院《关于加强内河乡镇运输船舶安全管理的通知》《云南省乡镇船舶安全管理办法》等规定。保山地区从1990年起，全面推行县（市）、乡、村三级安全责任承包，对时有的40个渡口全部按规定签订安全责任承包合同。同年起，加强对渡口船（筏）和船员、渡工的管理，坚持把好“两证”（船舶检验合格证、船员适任证）、“一牌”（船名牌）、“一线”（载重吃水线）、“一簿”（安全检查记录簿）关，每年开展一次“船检人验”工作。截至2005年年底，全市共举办5期五等机动船员培训班，培训人员80余名；1期四等驾驶、轮机员培训班，培训人员16名。通过培训考试，所有培训人员全部合格，获得了所有申报职务的适任证书。

2005年，全市共检查渡口30道，主要水库6个，水上旅游景点1个；检验各种船舶58艘，其中：机动船35艘，非机动船23艘。审验持证船员85人，其中：机动船员58人，非机动船员27人。检查船舶109艘次，纠正违章12起，取缔“三无”船（筏）16艘（只）。

第八章　运输企业选介

第一节　保山交通运输集团有限责任公司

保山交通运输集团有限责任公司，1979年以前称保山总站，隶属云南省交通厅。1979年，根据中央关于经济体制改革的决定和国家关于国有企业改革政策，保山总站推行经济承包责任制，以运输为主，开办多种经营。

1982年1月，保山、芒市两总站合并，成立滇西运输公司，领导机构设在保山，芒市设管理处，共有11个货车队、3个客运站、30个汽车站、3个农场，共有职工3333人、客货车801辆，被云南省人民政府确定为全省100家重点企业之一。

1986年，云南省交通厅将生产经营、计划管理、产品销售、物资设备采购、资金使用、机构设置、劳动人事、工资奖励等权力下放保山总站。1987年推行总站长暨下属厂长、经理任期目标责任制，对二级单位层层分解，落实到车队、车间、班组和个人，进一步明确责、权、利。

1988年与云南省交通厅签订承包合同，一包三年，“包死基数，确保上缴，歉收自补，超收全留”。1990年签订第二轮承包合同。

1993年3月，保山总站改名为保山汽车运输经贸总公司，驻各县车站改为分公司。

1995年，与云南省交通厅签订第三轮五年期承包协议。

1997年进行内部股份制试点。8月新建保山赛尔维小车修理厂和保山汽车综合性能检测站，改造交通宾馆，并将460套（22914平方米）住房进行商品房改革，卖给职工。

1998年，实行所属各车站对外开放，接纳挂靠客车191辆，其中：保山50辆、腾冲62辆、昌宁79辆；保山、昌宁接纳挂靠货车1000余辆；新增长短途客运班次107个，其中，腾冲17个、保山40个、昌宁50个；将大修厂与制件厂合并，组建轮胎有限责任公司，筹建保山交通建筑工程公司。

从1999年起，公司积极按照建立现代企业制度及有关规定要求，全面启动改制工作。2000年3月，组建挂牌云南保山交通运输（集团）有限责任公司，实行股东（代表）大会制度，按照《中华人民共和国公司法》和现代企业制度的要求开展经营。

2001年8月，按照云南省交通厅组建区域性交通运输集团的思路和布置，兼并腾冲、隆阳、施甸运输公司，接受龙陵县运输服务公司挂靠，组建云南保山交通运输集团公司，属国有股份制企业。2002年8月，按照属地管理原则，云南省交通厅将云南保山交通运输集团公司移交保山市管理。

2004年10月，成立保山交通运输集团公司改制筹备组，开始实施国有企业改制。2005年10月改制结束，原云南保山交通运输集团公司更名为保山交通运输集团有限责任公司，隆阳区、施甸县、腾冲县、龙陵县、昌宁县分别成立分公司。11月正式注册，属民营股份制企业。

2002年拥有客车1072辆（出租车293辆）；货车808辆；全年实现总收入12651万元。2005年拥有客车1173辆（出租车和公共车332辆）；货车887辆，实现总收入22854万元。

第二节　保山市康浩公交运输有限责任公司

保山市康浩公交运输有限责任公司，前身为保山地区运输公司。

1982年9月，保山地区汽车运输公司从武汉石堰市接回20辆EQ140东风车，组建为两个车队营运。1983年，将15辆解放牌货车改成带挂车油罐车，成为保山第一个地方专业运油车队。

1986年1月，保山地区汽车运输公司下放保山市，定为中型企业，市直一级单位，对外全称不变，隶属保山市交通局。国家实行“利改税”时，申请降为小型企业。同年，经保山地区运政处批准，开办云南省机动车驾驶员培训中心保山第一培训站，有6辆教练车。1988年，公司与保山市政府签订承包协议，一包三年（1988—1990年）。

1991年，撤销两个车队，成立保山地区汽车运输公司货运站，率先在保山城区组织私车“挂靠”，成立“货运配载中心”，开创新的经营模式。1992年改造两个约7000平方米的停（修）车场，实行停车、修车两分开。开展货运配载、停车、修车、住宿“一条龙”服务。1993年，用分期付款的办法，把76辆货车（带挂车）卖给职工。1994年1月，建客运站。

购买16辆豪华卧铺车，开通保山至昆明，昆明至瑞丽、盈江等客运。

1996年，将14辆长途客车卖给职工。4月成立保山市公共汽车公司，开办保山城区和坝区公共车，尔后又开办“保运”出租车公司。1997年，将45辆公共车卖给职工，在城(坝)区13条线路上营运，其中：城区4条，农村9条。1998年改为股份制企业。2004年11月，第二次深化改制为保山康浩公交运输有限责任公司，属民营企业。

第三节　县(市)运输公司

一、保山市汽车运输公司

1978年，保山地委决定，将保山地区汽车运输公司3辆跑短途的客车偕驾乘人员一并调拨给保山县车队开办客运。同年，保山县车队购买7辆客车，开通城区至丙麻、西邑、蒲缥、潞江、芒宽县内班车；有货车18辆。1982年，客车增至30辆，仅留5辆货车作为培养客车驾驶员的“教练车”。是年，保山总站杨柳、芒宽等地客运点继由保山县车队经营。1985年，建盖建筑面积为2800平方米的综合楼，成为保山城南新客运站。1986年，改名保山市汽车运输公司，1987年共有19个乡(镇)通客车，全由市汽车运输公司经营；同时，开办长途客运业务，先后开通保山至昆明、瑞丽、盈江客车。1998年将37辆客车出售给职工，转向经营。2001年8月并入保山交通运输集团公司。

二、施甸县汽车运输服务公司

1978年，购2辆客车，开通县城至七〇七、旧城的客运，当年货车增至15辆。1983年，客车增至5辆，开通太平、酒房、万兴农民“赶街车”。先后设立由旺、姚关、旧城三个客运分站，并在县城至七〇七、县城至旧城的干道上，设立24个候车点。1984年改名为施甸县汽车运输公司。1985年，货车减为12辆，客车增至10辆。1986年将运输公司与商业局饮食服务公司合并，成立施甸县运输服务公司，开展吃、住、行“一条龙”服务，同年增加5辆新型客车，客运线路增至8条。1994年，施甸运输服务被保山地区体制改革办公室选定为国有企业产权转让试点，公开拍卖“国营食堂”和14辆客车，将120万元转让收入建盖交通宾馆。1998年，全区交通系统进行企业改制，施甸县运输服务公司暂不改为股份制企业，继续承包经营。2001年8月并入保山交通运输集团公司。

三、腾冲县汽车运输公司

1978年10月，腾冲县企业公司交通运输股改为腾冲县汽车队，承担县内货运任务。1982年，有客车4辆，开通县城至瑞滇、古永短途客运班车；有货车27辆，货运业务扩至县外。1985年1月，改为腾冲县汽车运输公司，投资9.6万元，建修车用房19间。1990年，投资22万元，建瑞滇客运站。1996年夏，开办公共汽车，有19辆19座中巴车，在城区主要街道线路营运。1997年兼并腾冲县汽车修理厂，开创了全区国有交通企业兼并集体企业的先例；是年，开办出租汽车，有40辆天津产“夏利”牌轿车。1998年7月改为股份制企业。2001年8月并入保山交通运输集团公司。

四、龙陵县汽车运输服务公司

1977年，龙陵县政府拨款购买客车3辆，成立县车队，开办县城至象达、平达客运。1978年，推行单车成本核算和浮动工资制度。1984年，车队内设运输队，开通县城至勐糯客运班车，1985年建勐糯车站。1986年有货车16辆、客车10辆（380个座位），当年完成货运量5.7万吨，货物周转量64.31万吨千米。同年，开通县内外客运班车线路8条。1989年，实行招标承包制。1996年12月，投资86万元，建成建筑面积为1363平方米的通达运输服务中心综合楼。1997年6月改称龙陵县汽车运输服务公司。1998年5月，改为股份合作制企业。2001年8月挂靠保山交通运输集团公司。

五、昌宁县汽车运输公司

1982年8月，购2辆解放牌客车，并将2辆昆明牌货车改装成客运车辆，开办县内短途客运。1984年7月改称昌宁县汽车运输公司，隶属县经委，有货车18辆，客车9辆（含2辆改装客车）。1985年8月，县运输公司兼并县拖拉机修理厂，设机械修理车间。1986年，县内客运发展至勐统、更戛、卡斯、湾甸、耈街、翁堵、鸡飞；同时开办至保山、临沧地区凤庆县客运。1988年4月，昌宁县汽车运输公司将8辆30～40座位的客车租赁给保山总站昌宁汽车站，租期3年。同年，在县城十字街征地1.94亩，建盖客运站。1991年3月底，保山总站昌宁汽车站用6辆EQ140东风牌货车与昌宁县汽运公司租赁的8辆客车兑换，12名职工正式调入保山总站昌宁汽车站。至此，昌宁县运输公司不再经营客运，专营货运。1992　1993年，在县城宝丰路征地5.241亩，建盖加油站，建筑面积500平方米。此后运输公司经营不善，负债沉重。1997年12月，昌宁县政府成立"运输公司放开搞活领导小组"，着手对该公司办理依法解体工作。1998年4月，昌宁县政府批准昌宁县汽车运输公司破产。

第二十八编　信息产业

保山电信大楼

综　述

1978—1990年，保山地区按照“人民邮电为人民”的宗旨和“迅速、准确、安全、方便”的服务方针，建设和发展邮电通信事业，全区邮电通信事业发生巨大变化。1990年8月，全区邮电业务总量是1952年的28倍。以1990年1月地区邮电局与加拿大北方电信公司签订保山、腾冲引进DMS程控电话交换设备合同和同年保山城区开通无线寻呼业务为标志，全区一个具有现代化通信手段的通信网络初步形成。

1991—2005年，保山市的邮政、信息全局工作重心转移到以通信建设为中心的轨道上来，引进先进通信技术设备，加快邮电通信建设，使保山邮电事业走过了从小到大、从弱到强的发展历程。其间，1993年保山地区邮电局被省委、省政府命名为省级文明单位，龙陵县邮电局被地委、行署命名为地区级文明单位，至此，全区各县(市)邮电局全部建成地区级以上文明单位。1995年，全区邮电系统实行全员劳动合同制。1998年邮政、电信分营，地区邮政局以“二次创业”精神，积极建立以邮递类业务为主体，金融类、集邮类业务为支撑，信息类业务为补充的多元化、全方位邮政业务体系，使邮政业务总量和业务收入稳步增长。1999年，在竞争日趋激烈的邮政业务市场，全区实现邮政业务收入1472.38万元。2000年，全区邮政加速企业内部改革，围绕邮政扭亏目标，严格增收节支，配合国家邮政局进行邮资票品清库销毁，对报刊资金进行全面审计，发展零担货运业务，使成本下降8%，全年实现邮政业务收入1750万元。2001年，全市实现邮政业务收入2009万元。2002年，全市实现邮政业务收入2311万元，减亏386.49万元，百元收入成本率134.83元；年底，随着《云南省邮政条例》的贯彻落实，邮政行业实行普遍服务的政策支持力度加大，全市邮政与全省邮政同步享受邮政基础设施建设用地划拨、邮车过路费和养路费、客货运附加费按应缴数的70%减免包缴，减免邮亭、信箱(筒)和信报箱(群)的占地费等相关费用。2003年，全市实现邮政业务收入2480万元，减亏279.59万元；全年获减免邮运车辆过路费及养路费、报刊亭占地费、路牌费等共计87万元。2004年，邮政业务总量达到2502万元，业务收入达到2420万元。电信方面，随着通信能力的逐步增强，一批新业务、新技术从无到有，不断充实电信通信的内涵和外延。至2005年年底，全市移动电话(含“小灵通”)用户数达到455268户。

第一章　机构沿革

第一节　管理机构

一、保山地区邮电局

1978年，保山地区邮电局下设政治处、办公室、计财、人保、邮政、电信、乡村邮电7个科室和机要、线务、邮车3个站。年内，全区邮电职工1144人。

1980年1月，线务站、邮车站改由省邮电局管理。同年3月，撤销人保科、机要站，增设劳资、保卫、县业、农话4个科，机要站并入邮政科，县业科管理地区邮电局电信、邮政各班组。年末，全区邮电职工1125人。1981年9月，增设教育科。1982年9月，撤销县业科，邮政各班组划归邮政科领导，电信各班组划归电信科领导，机要业务从邮政科分出，设机要站。

1984年3月，在机构改革中，地区邮电局对下属科室进行全面调整，设政治处、办公室、行政科、人教科、计财科、市话科等16个单位。五县（市）邮电机构也做了相应调整。

至1990年，全区邮电系统共有设在乡（镇）的邮电局所82个，邮电代办所（交换点）14个，共计服务点96个，每个服务点平均服务2.2万人。职工总人数达1298人，其中：高级工程师1人，工程（经济）师18人，助理工程（经济）师90人。

1997年8月，取消政治处，改设党办；人教科分设为人事科、宣教科，新增设多种经营科、通信政务科（含法规）。

1998年9月，撤销各县邮电局，成立各县邮政局和电信局。11月，撤销保山地区邮电局，成立保山地区邮政局和保山地区电信局。

二、保山市邮政局

1998年，根据国家体制改革的要求和信息产业部的部署，邮电实施分营。11月，撤销保山地区邮电局，成立保山地区邮政局和保山地区电信局。邮政局和电信局分设两大专业独立运行。保山地区邮政局隶属云南省邮政管理局垂直管理。

1999年6月，省局正式任命保山地区邮政局新一届行政领导班子。10月，成立中共保山地区邮政局党委，同时组建各党支部、党小组。年末，全区邮政在岗人数497人（含内退职工5人），离退休人员286人。

2000年，全区年末在岗职工451人（含年末办理内退职工122人），离退休职工288人。同年，保山开源邮政信息广告有限公司成立。

2001年，保山地区邮政局更名为保山市邮政局。成立市邮政速递公司、物流公司，城市投递服务质量得到提高。全区年末在岗职工498人（含年末办理内退职工118人），离退休职工288人。

2002年，按照“小机关、大管理”的改革思路，实行专业化管理，原有机构由15个精简为6个。2003年市邮政局下辖施甸、腾冲、龙陵、昌宁4个县邮政局，内设综合办公室、人力资源部、财务部、市场部、邮区中心局、客户服务中心、物业公司7个部室及公司。2004年全市有邮政所（支局）及代办点86个，有在岗职工368人、劳务用工70人。

2005年，将隆阳区(包括所辖乡镇)邮政业务划出，单设保山市邮政局隆阳分局。年末，保山市邮政局辖5个县（区）邮政局（分局），全市共有92个邮政营业局（所），其中：农村支局（所）76个；电子化局所34个；代办所13个；新增5个邮政所。

三、保山市电信局

1998年11月，邮、电分营，撤销保山地区邮电局，成立保山地区邮政局和保山地区电信局。保山地区电信局隶属云南省电信公司垂直管理。保山电信行业先后经历邮电分营、寻呼剥离后，又实施移动分离。从固定、移动两个专业共同发展的角度出发，公平、公正、合理地完成分离工作。1999年7月，组建云南移动通信公司保山分公司。2000年6月，组建中国联合通信有限公司保山分公司，业务从无线寻呼发展成移动电话。8月，撤销保山地区电信局，组建中国电信集团云南省电信公司保山地区分公司，于8月9日正式挂牌；同时，保山地区电信分公司下属的4个县电信公司相继挂牌成立。

第二节　企业单位

一、中国电信集团云南省电信有限公司保山市分公司

2000年8月，撤销保山地区电信局，中国电信集团云南省电信公司保山地区分公司正式挂牌成立。同月，保山地区电信分公司下属的腾冲县、昌宁县、施甸县、龙陵县四县电信局相继挂牌成立。根据中国电信集团和云南省电信公司关于组建多元化公司的相关精神，于12月18日正式挂牌成立云南省电信实业集团保山网信科技有限公司，其所属四县分公司同时统一挂牌。公司设董事会、监事会及理事会。新成立的网信科技有限公司主要从事主业公司委托的“三代”工作及多种产业的经营。同年10月，保山电信办公地址从原下巷街21号搬迁到永昌路电信大楼。

2001年7月，保山撤地设市，中国电信集团云南省电信公司保山地区分公司更名中国电信集团云南省电信公司保山市分公司。

2002年，保山电信组建成立大客户服务中心。12月，公司重新确定机构设置及各岗位的工作职责，组织了新一轮的中层干部竞争上岗。

2003年1月，昌宁县电信局被国家文明委授予“全国通信行业先进文明单位”称号。

2004年1月，保山市电信分公司、昌宁县电信分公司、龙陵县电信分公司、施甸县电信分公司、腾冲县电信分公司被省委、省政府授予“省级文明单位”称号。4月，云南省电信有限公司在保山成立全资子公司——云南省电信有限公司保山分公司；7月，云南省电

信有限公司收购云南省电信公司保山分公司，并成立云南省电信有限公司保山分公司，成为云南省电信有限公司在保山范围内经营电信及相关业务的子公司。2004年7月12日，云南电信成功实现海外上市，保山电信市、县分公司在省公司的统一领导下实现上市目标，进入国际资本市场，朝着建设世界级现代电信企业的目标迈出关键的一步。

至2005年6月，全市电信共有自办营业网点、租用营业网点、电信业务委代办点、电信业务缴费点300多个。年内，公司加强绩效管理，优化调整组织架构。修订完善部门及员工绩效考核办法，开展局部竞争上岗。

二、云南省移动通信有限责任公司保山分公司

云南移动通信公司保山地区分公司是根据国家关于电信体制改革的部署和要求，在原电信移动通信资产总体剥离的基础上组建的国有企业，于1999年8月正式注册成立，是云南省移动通信公司下属的16个地州分公司之一，内设综合办公室、人力资源部、财务部、市场经营部、运行维护部5个部室，下辖保山市、施甸县、腾冲县、龙陵县、昌宁县5个营业部。当年移动客户达到2.5万。

2000年，公司建成了一个以15万线移动交换系统为核心的移动通信本地网。

2004年，通信系统扩容至25万线，基站数量达到300个。公司在保山开通“135、136、137、138、139”5个网号的移动电话，主要经营移动语音、数据、IP电话和多媒体业务，具有计算机互联网、国际联网单位经营权和国际出入口局业务经营权，拥有“全球通”“动感地带”“神州行”等著名服务品牌。当年，企业改制为云南移动通信有限责任公司保山市分公司，内置综合部、网络部、市场部、人力资源部、财务部五大职能部门。

保山移动分公司实施精细化的管理方式，不断推进企业管理信息系统的建设，通过办公自动化系统、MIS系统、经营分析系统的应用和完善，大幅度提升企业整体管理能力，加快从传统的人工、手工的管理向网络化、信息化等现代企业管理方式转变的步伐。2004年实施三项制度改革和人力资源提升项目，实行全员岗位竞聘，服务质量不断提高。通过资金预算管理、审计管理等严格的财务管理程序，企业财务管理水平不断提高。截至2005年8月，保山移动分公司员工人数达到207人，公司客户数量达到25万户。

三、中国联合通信有限公司保山分公司

2000年6月，中国联合通信有限公司保山分公司在云南国信寻呼有限公司保山分公司的基础上开始筹建。10月，正式成立中国联合通信有限公司保山分公司（含怒江业务区），下辖全区4个县级分公司。公司下设综合部、财务部、市场营销部、移动通信业务部、数据与固定通信业务部、无线寻呼事业部，有在岗员工90人。所经营业务从单一的无线寻呼发展成经营移动电话（包括GSM和CDMA），业务范围涉及固定电话、130移动电话、165国际互联网、193国际国内长途、IP电话（17910/17911）、无线寻呼等业务及其他电信增值业务。

2001年3月，成立运行维护部，将数据与固定通信业务部、无线寻呼事业部并入运行维护部统一管理。到11月底，完成主营业务收入2241万元（含怒江）。12月，怒江经营部

及所属业务区从保山分公司剥离划出，成立中国联合通信有限公司怒江分公司。

2003年公司内设综合部、财务部、市场营销部、运行维护部、工程建设部、数据与固定通信业务部、信息服务部7部室，下辖腾冲分公司、昌宁分公司、龙陵经营部、施甸经营部4县分支机构，共有员工148人。

2004年1月，成立信息服务部。12月，原市场营销部下设的集团客户中心和数据与固定通信业务部整合成立集团客户部。

公司自2001年起，经营的电信业务由成立之初的移动电话（GSM）和无线寻呼发展到移动电话（包括GSM和CDMA）、长途电话、本地电话、数据通信（包括因特网业务和IP电话）、电信增值业务，以及与主营业务有关的其他业务，是保山唯一一家经营综合电信业务的电信运营商。

2005年1月，成立隆阳分公司。2月，工程建设部与运行维护部合并，成立建设维护部；数据与固定互联网业务部与集团客户部合并，成立数据固定与集团客户部；将信息服务部更名为客户服务部；将市场营销部更名为综合市场部；将财务部更名为计划财务部。年末，有在岗员工164人（合同制员工43人，劳务员工121人），全年完成主营业务收入6364万元。

第二章　邮政业务

第一节　设施建设

1985年年底，全区有邮政汽车19辆、摩托车32辆、自行车216辆、畜3匹。同年，为管好用好邮电物资，全区按省邮电局部署开展标准库建设工作。1991年年末，全区邮电部门固定资产原值4221.83万元，其中当年新增2068.11万元，是全区邮电发展史上增长最快的一年。1993年8月，保山三级邮件分拣中心改造工程完成，改造后的邮政生产场地使用面积达1167平方米，比改造前增加一倍，同时配置部分机械，提高邮件分拣处理能力，改善职工劳动条件。

1997年，昌宁邮政大楼建成投入使用。11月，昌宁邮电培训中心——宁馨宾馆开业。11月，保山萧祠街邮电办公大楼动工，建筑面积4880平方米，总投资676.9万元。

1998年，邮政独立运营后，基础设施建设方面，完成保山市邮政营业厅改造；实施保山邮政三级分拣中心及邮运生产房、腾冲县邮政局邮政生产房、永安邮政所生产综合用房等基础建设项目；昌宁南小区邮政支局投入建设；保山城区新增设南小区、小北门两个邮政营业网点，改变保山城区多年只有一个邮政用邮网点的现状，方便保山城区群众用邮。该年度是新中国成立后保山地区邮政通信建设投资额最大、项目最多、步伐最快的一年，全区共投入资金1000多万元，建成电子化营业室25个，建成市县局会计微机处理系统，全区16个乡（镇）邮储网点中有10个实现微机处理，并建成全区生产安全监控系统，腾冲、龙陵县局分别安装电子监控报警系统，配置10台邮政业务多媒体查询机，全区邮政营业网点配备资费牌，邮储网点配置资费利率牌。腾冲、龙陵、昌宁、施甸局更新运钞车，全区配置10辆特快专递车、11台邮运车，使用先进的内部处理设备，使邮运能力大大提高。

1999年，完成全区财务微机联网、全区汇兑资金清算调拨系统和汇兑会计管理系统联网，全区有保山板桥、河图、沙坝、辛街、汉庄、蒲缥、道街、小平田、坝湾、芒宽，施甸由旺、姚关，腾冲固东、界头、瑞滇，龙陵镇安、平达，昌宁柯街、达丙等19个邮政储蓄所与全国邮政“绿卡”系统联网。由于资金缺乏，保山邮政三级分拣中心、邮运站生产房、腾冲局邮政生产房等在建工程项目停工。当年，龙陵、施甸县局生产房开工建设。

2000年，建成省邮政局投资基本建设项目施甸县、龙陵县生产房4292.5平方米和保山下村、龙陵龙新、昌宁卡斯、施甸由旺等农村邮政所生产房1660平方米。同年，邮政营业网点延伸到部队，在驻保某部队营区范围内设立邮政便民服务点；保山邮政建成综合网、广域网；全区24个储蓄网点与全省联网，其中：11个网点与全国联网，3台自动柜员机上网运行；还争取到省邮政局配置商业信函制作设备一套。

2001年，邮、电分营后一直停工的保山邮政三级分拣中心、邮运站生产房和腾冲局邮政生产房全面复工；施甸县邮政综合生产房（总投资308.78万元）竣工投入使用；龙陵县邮政综合生产房主体工程竣工验收；隆阳沙坝、施甸由旺、腾冲固东、昌宁湾甸和卡斯、龙陵龙新6个邮政所生产房全面竣工投入使用；施甸、龙陵县邮政局地震受灾恢复加固资金25万元落实到位。全市7台自动柜员机投入运营，15个农村邮储网点作业联网电路由拨号改造为专线方式，隆阳区羊邑、西邑所实现电子化操作；4月30日，全市邮储业务与全省邮储业务同步实现全国异地通存通取；8月，建成保山市电子汇兑中心；10月，建成四县电子汇兑中心，同时开通全市五县（区）邮政局营业室现金24小时到达的电子汇兑业务。

2002年，建设时间历时4年的保山邮政三级分拣中心（总投资2155.4万元）、邮运站生产房和腾冲邮政生产房、龙陵县邮政综合生产房竣工投入使用；市邮政局改造建成电视电话会议室；利用省邮政局下拨的专项资金，完成隆阳河图、辛街、蒲缥、道街、坝湾邮政所，施甸旧城、姚关邮政所，龙陵平达、龙新邮政所，腾冲县邮政局、固东邮政所等营业网点安全达标改造和施甸县邮政局、昌宁县邮政局邮储电视监控报警系统建设；完成市、县中心邮政汇兑新旧体制的顺利转换工作。1月18日，正式开通市、县城内营业厅电子汇兑业务，全市先后开通24个营业网点的电子汇兑业务及“一台清”软件改造，对全市7台ATM（自动柜员机）升级改造，建成“银联卡”系统。

2004年，完成邮区中心局生产房扩建工程；明晰施甸房屋土地使用权界定，解决部分邮电分营遗留问题。同年，完成邮政储蓄绿卡系统与全国统一版本，45个储蓄网点顺利切换到全国统一系统；实现绿卡网和电子汇兑网“两网合一”，每年节约网络运行成本11.28万元；新增15个全国联网邮政储蓄网点、13个电子汇兑全国联网网点；新增储蓄台席4个，

POS机1台；完成邮区中心局生产作业系统、邮运生产指挥调度系统工程，实现与全国各中心局总包信息全网互联互通，提高邮政实物网科技实力；适应实物网改造和投递网建设需要，实施普邮网调整优化，提升全市实物网竞争能力；加快实施邮政网点标准化，构建服务平台，完成“11185”客服号升位；提高邮政特快专递EMS邮件的投递信息上网率、上网及时率、信函状邮件上机率分别达到100%、99.8%、60.6%。

2005年，全市邮储网点布局调整，将隆阳新城、丙麻、羊邑，腾冲荷花，龙陵腊勐，昌宁温泉6个邮储网点搬迁到城区，缓解全市城区邮储网点设置不足、居民用邮紧张的局面。年末，全市共有92个邮政营业局（所），其中：农村支局（所）76个；电子化局所34个；代办所13个；有ATM机7台，POS机5台，生产运输车辆47辆，信报箱筒212个，信报箱格口4008个。全市服务面积19637平方千米，服务总人口239.25万人。

第二节　邮　路

一、干线邮路

县间及县以上的邮路为干线邮路。1978年后，随着改革开放、经济社会的发展，全区邮运量突增。1985年，保山至陇川自办汽车邮路369千米，逐日班，年运量11.96万袋(套)；保山至盈江自办汽车邮路273千米，逐日班，年运量6.76万袋（套）；施甸至七〇七自办汽车邮路31千米，逐日班，年运量3.83万袋（套）；保山至昌宁委办汽车邮路114千米，逐日班，年运量2.38万袋（套）。

至1990年，全区干线邮路单程长度达2960千米，担负着保山地区和德宏州11个县(市)及沿途支局（所）的邮件转运任务。昆明至保山邮车经一天半路程于每天中午抵达保山局，保山局当天即转运至施甸、龙陵和德宏州潞西县，次日转运到畹町、瑞丽、陇川、盈江、梁河、腾冲，其中：保山至陇川自办汽车邮路，单程354千米，为往返4日班；保山至盈江自办汽车邮路，单程273千米，为往返3日班；保山至昌宁自办汽车邮路，单程114千米，为隔日班。当年汽车邮运总量达6409万袋千米。

1993年，保山至陇川邮运班期由4天调整为3天，调整后加快邮件传递速度1天，节约押运员2人、邮车1辆。

1994年保山地区的邮路有48条，邮路长度2681千米。1995年保山地区的邮路长度2737千米。1999年全区的邮路有50条，2000年有48条，2001年，保山市邮路调整为47条。

2001年，保山至盈江调整为保山至潞西（经盈江）邮路，全长410千米，逐日班；保山至陇川调整为保山至章凤、潞西邮路，全长449千米，逐日班。调整后保山邮车每天增加邮程320千米。

2002年10月，大保高速公路通车，省邮政局对保山干线邮路进行调整，原下关至保山邮车调整为昆明直达保山，市邮政局及时调整合并汉庄、河图、下村邮运路线，自办一条两日班新邮路。

至2005年，保山市邮路总长度3550千米，邮政部门不断完善邮运干线网，提升了全市实物网竞争能力。部分县开通EMS次晨达限时承诺服务。开通物流业务集散网，发展一体化物流配送和仓储，加强投递网建设，实行分层运作、层网合一。

二、市内（城区）邮路

全区市内邮路包括各县（市）城区内划定的为驻城单位、厂矿企业、学校以及城市居民服务的城市投递路线。由于各个历史阶段业务量大小不同，在相当长的一段时间里县（市）内邮路均包括部分城郊农村用户。随着各城区投递工作量的增长，市内邮路才逐渐划定。1976年，全区市内邮路计14千米，设投递员12人，其中：保山县市内邮路按居民区4个街道分为4段，设投递员6人，其他4县6人。

1985年，保山地区市内邮路增至16千米，其中：摩托车邮路3千米，自行车邮路13千米；设投递员21人，其中：保山市9人，市内按居民区4个街道分4段加增城郊环城北路、东路、南路3段，当年城市投递平信57.34万件、挂号邮件18.89万件、报刊38.54万份；腾冲6人，分4段；施甸、龙陵、昌宁各2人。以后，随着城区的扩大，全区城市投递路线和投递人员不断增加。

1990年，全区市内邮路共18条约54千米，大多为自行车邮路，有邮递员18人。

2001年后，保山市推行城市投递体制改革，成立市邮政速递公司、物流公司，各县局开始实行投递员收入与揽收和投递量、服务质量挂钩考核，使城市投递服务质量进一步提高。2005年，提升网运服务支撑力，上线运行生产作业监控系统、速递邮件查验平台系统。加快实物网改造、加大对速递邮件和畅销报刊的支持力度。

三、农村邮路

1978年以后，以提高质量、改善服务为重点，认真整顿农村邮路，贯彻省邮电局要求，全区农村邮路实行“五定”（定人员、定路线、定班期、定投递点、定出归班时间）、“四点”（接转点、捎转点、考核点、住宿点）、“一箱”（印模考核箱）制度。至1984年，全区农村邮路设邮件接转点592个、捎转点3187个、乡邮员住宿点124个、考核点（即挂印模箱处）797个，通信服务水平和通信质量明显提高。

1985年，全区共有农村邮路（含投递路线）13124千米，其中：保山地区76个镇，有67个设有邮电局、所，投递频次为逐日班的20个，间日班的42个，3日班的13个，4日班的1个；德宏州乡（镇）设邮电局、所的17个，投递频次为逐日班的61个，间日班的280个，3日班的403个，4日班的140个，捎转15个，通邮面达98%；保山、德宏9350个行政村，投递频次为逐日班的418个，2日班1998个，3日班3099个，4日班878个，捎转3007个，通邮面为68%。

1990年，全区共有局至所或所至所邮路39条1843千米，其中：委办汽车邮路17条1265千米，摩托车邮路4条112千米，自行车邮路11条208千米，畜力邮路4条125千米，步班邮路3条133千米；有各局、所至用户的农村投递路线374条10300千米，其中：摩托车路线2条74千米，自行车路线186条3897千米，步班路线186条6329千米；农村私人承包邮路6条217千米，私人承包投递路线37条1354千米。保山78个农村乡（镇），邮路班期为逐日班的19个，间日班37个，3日班17个，4日及以上班期5个；904个行政村，邮路班期为逐日班的59个，间日班175个，3日班396个，4日及以上班期267个，捎转7个，通邮面达99.22%；11246个村民小组，邮路班期为1—4日班。

1993年，全区农村投递邮路单程长度为10346千米，从邮电所到各投递点的班期为1～3天。

1994年，保山地区农村投递路线长度9346千米。

1999年，为扭转农村邮政所大幅度亏损的局面，全区邮政对边、远、穷长期亏损农村邮政所和农村邮路进行全面改革，试行承包和委办试点，其中：有6个邮政所县乡邮路与客运站签订邮件代运输合同，3个邮政所试行承包、委办等扭亏工作，初见成效。

2000年，根据全国邮政对农村邮政所改制的要求，保山地区开展农村邮政支局所减员增效工作，全面实行“三包一挂”（包业务成本支出、包服务质量和服务水平、包安全生产和资金安全，承包经营者的劳动报酬与业务收入挂钩）承包经营。按照《保山邮政支局所改制方案》完成52个邮政所改制，其中：保山市23个，施甸县2个、腾冲县17个，龙陵县5个，昌宁县5个。

2001年，全市邮政局下设73个农村邮政所，其中：自办64个，委托代办9个；农村邮路总长12807千米。至2005年年末，全市邮政局下设76个农村邮政所（支局），农村邮路总长1291千米。

四、航空邮路

1978—1984年，保山至昆明的航空邮件运输，为每周一、二、三各开航1班，保山地区各县（市）可直寄昆明及省外航空邮件。1985年航班每周增加两班，至1990保山机场停航前，每周一、二、四、五、六各航邮1班，当年航空邮运量为170.61万袋千米。1990年5月，因机型淘汰，保山机场关闭。1994年6月机场改建后复航，开通了保山—昆明航线。从复航起至2005年，每天航邮1班，加快了航邮周转。

1999—2005年，保山机场航班起降及完成货、邮吞吐量如下：1999年，共有614架次航班起降，完成货运200吨、邮件27吨，行李203吨；2000年，共有720架次航班起降，完成货、邮吞吐量462.8吨，其中：货物吞吐量224.9吨，邮件45.4吨，行李253.8吨；2001年，共有720架次航班起降，完成货、邮吞吐量524.1吨，其中：货物吞吐量224.9吨，邮件45.4吨，行李253.8吨；2002年1—11月，共有830架次航班起降，完成货、邮吞吐量354.1吨；2003年1—10月，共有654架次航班起降，完成货、邮吞吐量221.4吨；2004年，共有696架次航班起降，完成货、邮吞吐量316.8吨。2005年4月开通保山—昆明—广州航线后，生产经营状况有很大提升，当年1月至11月22日，共有1078架次航班起降，货、邮吞吐量422.4吨。

第三节　邮　务

一、邮件收寄

1978年起，国家实行“对外开放、对内搞活”的方针，邮政业务量大幅度增长。当年全区共出口函件206.43万件，包件56855件，汇票7.26万张。1980年，恢复代收货价业务。1982年高额汇款由300元提高到5000元。1985年，全区共出口函件258.82万件，包件5.96万件，汇票13.75万张。1986年，全区开办邮政快件业务。至1990年，全区邮政经办业务有普通信函、明信片、印刷品、挂号邮件、普通包裹、普通汇兑、邮政快件等。1990年6月以前，每件平信邮资为8分。1990年7月31日，根据邮电部通知，全区各邮电机构对邮政资费进行大幅度调整，调整幅度为原平邮资费的250%。

1990年，全区共出口函件266.79万件，其中：国际及港澳函件8044件；包件5.68万件（商包2.62万件，国际及港澳包件37件）；出口汇票15.70万张。当年，还出口邮政快件23.98万件。

1993年，全区每百人投寄信函126件。

1996年6月，保山城区15个公用电话亭同时开办邮政平信、平航、出售邮票及信封业务。

1997年，全区出口函件344.4万件、包裹3.8万件、汇票19.5万件。

2000年，县以上城市包裹直投到户。同年，举办首届全区中小学生书信有奖征文活动。

2004年起，积极开发旅游类、庆典类、会议类、社会公益类等函件产品，在全省邮政函件业务负增长的趋势下，保山全年累计完成函件业务量225.23万件，实现正增长。当年，还进一步加强邮政行业管理，对“法轮功”邪教组织等不法分子通过邮政渠道寄递违禁物品严加防范，加强邮件收寄窗口验视制度，严格执行禁限寄规定，确保营业窗口合法合规收寄，并配合有关部门开展查处非邮快递公司违法收寄工作。

2005年，全市邮政部门以函件为经营之要，“大力发展账单业务，积极发展商业信函，健康发展邮送广告，求新求变发展各类明信片”，邮政直递广告在函件业务中占比达到30%。邮政部门制作以腾越翡翠、苏帕河水电站等为题材的邮资封、片、册，与旅游部门合作开发景区明信片门票等。

二、邮件投递

1985年，全区城乡邮路投递函件365.93万件，其中：给据函件68万件，包件7.04万件，汇票13.16万张，报刊累计1624.83万份。

1990年9月，保山至腾冲邮件采取由保山至陇川邮车经陇川过盈江、梁河至腾冲，回程由腾冲、梁河、盈江经陇川、芒市至保山循环的方法，邮运时间实行6天往返。年内，全区城乡邮路投递函件395.93万件，其中：包件6.26万件，汇票15.19万张，报刊累计

122.56万份。

1993年，全区城乡邮路共投递函件395.93万件，包件6.26万件，汇票15.19万张，报刊累计1226.56万份，分别比1985年增8.2%，减12.5%、增15.4%和减32.5%。年末，全区有邮运汽车26辆，邮运邮路单程长度2681千米，各城区看到《人民日报》《云南日报》约需2～3天。

1999年，为扭转农村邮政所大幅亏损局面，全区邮政对边、远、穷长期亏损农村邮政所和农村邮路进行全面改革，试行承包和委托代办试点。6个邮政所的县乡邮路与客运站签订邮件代运输合同，3个邮政所试行承包、委办，腾冲县2个邮政所由自办改委办，6条县乡邮路试行委办；昌宁县撤并邮政所1个，委办承包1个，裁减临时用工12人；龙陵县3个邮政所试行承包；施甸县辞退临时用工9人，保山邮运站汽车修理任务由职工承包。除边疆邮路外，邮路试行驾驶员与押运员合一，保山至施甸、昌宁两条县级邮路实行单车核算至每车，盈亏自负，使得该年全区邮运总成本较1998年下降23%，同时确保了安全生产，提高邮件运输质量。

2000年，根据全国邮政对农村邮政支局（所）改制的要求，全区开展农村邮政支局（所）减员增效工作，全面实行“三包一挂”承包经营：包业务成本支出（由相关部门核定）、包服务质量和服务水平、包安全生产和资金安全，承包经营者的劳动报酬与业务收入挂钩。全区共完成52个邮政所改制，其中：保山局23个，施甸局2个，腾冲局17个，龙陵局5个，昌宁局5个。年内，启动城内信报箱群建设工程，实现邮件全面提速，县以上城市包裹直投到户。当年全区投递函件250.96万件。

2001年，全市推行城市投递体制改革，成立市邮政速递公司、物流公司，各县局开始实行投递员收入与揽收和投递量、服务质量挂钩考核，城市投递服务质量得到提高。同时保山邮区为配合全国邮政网邮件传递大提速部署，进行了邮路和邮件分拣封发关系、报刊封发关系调整。12月10日，保山邮区新邮运网路调整运行。12月16日，保山邮区普邮分拣封发关系和报刊封发关系调整运行，昆明邮区中心局、省邮政报刊发行局对保山邮区内的昌宁、施甸、龙陵、潞西、瑞丽、陇川、腾冲、梁河、盈江9个局的普通邮件和报刊全部直封保山局，由保山局与保山、德宏所属10个市县局（含隆阳区）的131个收投点建立直封关系，各县出口邮件也相应调整为直封保山局集中处理，再由保山局对达到直封标准的点建立直封关系。保山邮区邮路和普邮分拣封发关系调整，使保山、德宏两州市邮件减少经转层次，加快传递时限，得到24～48个小时不同程度提速。当年全市投递函件247.57万件。

2002年10月，大保高速公路通车后，原下关至保山邮车调整为昆明直达保山，使沿线瓦窑、老营、沙坝、板桥等邮政所邮件无法交接，为此，市邮政局及时组织调整合并原汉庄、河图、下村邮运线路，自办1条两日班新邮路，确保7个邮政所邮件的正常交接。对全市四县邮政局26条县以下邮路重新核定发运时限，与干线邮路紧密衔接，使邮件运转全程加快，平均提速36个小时，《保山日报》在部分村社能当天见报，全市12个有条件的邮政所与保山邮区中心局建立报刊直封关系。邮区中心局邮件内部作业由日班改夜班，实行一条龙服务，确保邮件全程传递时限。当年全市投递函件340.54万件。

2005年，全市加强投递网建设，实行分层运作、层网合一，加大了对速递、物流和畅销报刊等业务的支持力度。当年全市投递函件190.5万件。

三、报刊发行

1981年，取消报刊发行限额，全区报刊发行量有很大增加。

1985年，全区报纸期发份数8.11万份，杂志12.73万份。此后报刊种类不断增加，但因各种报刊大幅度提价，自费订阅减少，发行量明显下降。

1990年，全区报纸期发份数7.25万份，杂志7.68万份，分别比1985年下降10.60%和39.67%，其中：农村报刊期发份数8.16万份，农村私人报刊期发份数3.35万份，分别为报刊期发总数的54.66%和22.44%。

1993年，全区每百人收报纸6.7张，收杂志0.6本。

1995年，在各类报刊大幅度涨价的困难条件下，经广泛宣传动员，并发动一些效益好的企业和个体户开展扶贫订阅，报刊收订流转额同比增长34%。1996年，报刊发行收入完成190万元，同比增长44.8%，净增53万元。

1997年1月起，《保山报》在全区各县城和保山城区实现当天投送。

1999年，全区报刊收订流转额突破千万元大关，实现1093万元，同比增长16.77%。报刊发行收入267.94万元，同比增长1.6%。

2000年，全区邮政投资建成15个报刊便民亭，报刊零售点达到44个，消除了县局零售空白点，满足城乡居民阅读需求。

2003年，五县（区）邮政都与宣传部门联合召开党报党刊发行会议，党报党刊征订工作纳入市委督导项目，除昌宁、施甸、龙陵县局外，隆阳区也实现党报党刊款一次性财政划拨，党报党刊流转额持续增长；4月，接办发行《云南广播电视报（保山版）》；7月，首次开展教材配送工作，配送秋季教材39.17万码洋、春季教辅1.87万码洋及经济实用教材到各学校。2004年，报刊发行从汇总要数模式过渡到订销局独立要数核算模式，发行方式更为灵活。

2005年，全市邮政部门完成春秋初二、三年级教材配送，配送教材78种计341万码洋。在报刊续订及2006年度报刊大收订中，重点向社会推介省邮政局确定的70种畅销报刊，为城乡居民私费订阅报刊提供人性化服务，实现报刊征订额1315万元，同比增长3%。当年，还进一步加快报刊亭工程建设，在居民有迫切需求的地段新增邮政报刊亭2个，方便居民用邮。

1978—2005年保山市邮政业务量择年统计表

表28-1

年度	邮电局所（处）		邮路总长度（千米）	函件（万件）	报纸期发份数（万份）	杂志期发份数（万份）	平均每人每年发函件数（件/人）	平均每百人每年订报刊数（份/百人）
	合计	其中设在农村的						
1978	93	83	16692	206	5.31	4.75	0.11	0.55
1980	94	87	16793	243.71	5.47	7.18	—	—
1985	90	84	43424	258.82	8.11	12.73	1.32	1.06
1986	88	83	13364	249.59	8.61	11.38	—	—
1987	87	82	13175	290.07	10.16	13.58	—	—
1988	87	82	12871	312.20	10.50	12.09	—	—
1989	87	81	2156	302.33	6.60	7.40	—	—
1990	87	81	2642	265.99	7.25	7.68	1.26	7.07
1991	87	81	2642	245.30	7.39	7.55	—	—
1992	87	81	2655	252.28	8.49	9.72	—	—
1993	88	82	2681	277.93	9.20	9.93	—	—
1994	88	82	2681	266.00	7.90	8.96	—	—
1995	88	83	2737	279.00	7.72	9.90	1.20	6.00
1996	89	83	2749	271.00	7.65	8.83	1.21	7.33
1997	89	83	2756	344.00	7.53	8.98	1.51	7.27
1998	93	82	2926	271.24	6.83	8.96	1.18	6.83
1999	88	81	3021	253.66	7.89	8.80	1.19	7.11
2000	89	81	3036	250.96	7.82	8.98	1.07	7.17
2001	86	78	3177	247.57	12.34	8.46	1.05	7.42
2002	86	77	3512	340.54	11.4	9.04	1.43	8.67
2003	86	78	3550	306.99	10.63	10.55	1.30	8.57
2004	88	76	3550	249.72	8.14	7.51	1.04	6.49
2005	92	76	3550	190.5	8.76	7.33	0.79	6.78

第四节　邮政金融

根据《邮政储蓄章程》规定，1986年10月，腾冲县邮电局在县局营业室设立储蓄专柜，开办邮政储蓄。11月，保山市邮电局设立储蓄专柜。1988年6月，施甸县开办邮政储蓄业务。1990年5月，龙陵、昌宁两县相继开办邮政储蓄业务。主要为客户提供邮政储蓄、邮政汇兑、邮政金融中间业务、邮政金融代理保险业务等。1990年，全区共有邮政储蓄网点5个，存款余额达364.36万元。

1993年，保山板桥、辛街、蒲缥、道街，施甸由旺、姚关，腾冲芒棒、固东，龙陵镇安、平达，昌宁柯街、卡斯开办邮政储蓄业务。全区年末邮储余额达5678万元，同比增长88%；邮储收入达125万元，同比增长85.5%。

1995年，保山小平田、芒宽、汉庄、河图、沙坝，施甸仁和、保场、水长，腾冲曲石、芒棒、古永，龙陵平达、勐兴，昌宁温泉、达丙开办邮政储蓄业务。

1996年，全区邮政储蓄业务飞速发展，邮政储蓄营业和事后监督微机化。1998年11月，保山邮电实行分营改革，邮政储汇业务由经营服务部管理。1999年3月，成立保山市邮政局，内设储蓄汇兑科。全年全区有邮政储蓄点45处，邮政储蓄联网网点24处，邮政储蓄平均余额11159.22万元，邮政储蓄期末余额11618.92万元，邮储收入405.89万元，同比增长20%。2002年保山市邮政局储汇分局成立，隶属市邮政局市场部。

2005年，邮政金融电子稽查系统在保山市成功上线，利用信息技术对业务操作风险进行监控。6个储蓄网点代理基金系统上线推广，邮政金融准入进一步合法化。4月，保山市邮政局储汇分局脱离市场部，独立办公，除办理存款业务外，还开办代理保险、代发工资、代收烟草货款、代收话费等中间业务。邮政金融服务领域和功能进一步增强。年末，辖区内共有分支机构45个，其中：专储机构5个，储汇机构40个，共有在职的正式职工67人。各项存款余额47065万元，当年利息收入11505万元，中间业务收入13.13万元。

第五节　速递物流

1995年9月，全区开办国际、国内特快专递业务。1996年，特快专递业务量达到4000余件。1999年，特快专递收入36.17万元，同比增长32.9%。2001年，特快专递收入为55.88万元。2003年，法律文书特快寄递业务从隆阳拓展到全市范围内，节日、生日、鲜花等礼仪服务发展迅速。同年，物流配送业务落户保山邮政，全年签物流配送协议34份，完成物流配送业务量32330件。

2004年，邮区中心局物流配送中心巩固家电业占比在70%以上的龙头配送地位，启动伊利牛奶同城配送业务。新开办物流业务、特快专递、邮递广告、企业金卡、邮政礼仪及代理保险、包裹直递等多项轻新型业务。充分发挥邮政专营资源优势，利用邮票、邮资封、明信片、邮送广告等载体，加强邮政业务与地方经济接轨，积极服务地方经济社会发展。充分利用邮政网络资源优势，大力发展现代物流，形成以医药、家电类为主，化妆品、食品类等多行业多品种齐驱，实现跨地州一体化配送的格局。

2005年，隆阳区、昌宁县、施甸县邮政局相继开通EMS次晨达限时承诺服务。开通邮政物流业务集散网，做好全国、全省邮政重点物流项目TCL、雅芳、安利等产品在保山、德宏区域的运输配送。积极开展邮政服务“三农”工作，全面启动邮政农资连锁配送业务，建设以乡邮员为骨干的农资配送队伍，建成邮政“三农”服务点107个，农资示范及分销取得初步经验。

第六节　其他业务

一、机要通信

1980年4月1日，保山县开办市内互寄机要文件业务，至8月13日，共收寄市内互寄机要文件250件。1985年市内互寄机要文件437件。

1985年，全区共有保山至陇川、保山至盈江、保山至昌宁、七〇七至施甸4条机要邮路。县以上机要文件的传递由专职机要人员负责，县以下采取机普合一传递。全年共出口机要文件2.33万件、进口3.32万件、转口0.20万件。

1990年，全区机要文件出口1.24万件、进口2.24万件、转口0.22万件，分别比1985年减88%、48%和增10%。

1996年，在全省邮政机要通信“双红”竞赛中，保山邮电局实现“双红”，在邮袋管理竞赛中获全省第二名，得到省局表彰奖励。

1999年，机要通信收入7.48万元，同比增长21%。2001年机要通信收入为7.95万元。

2005年，加强机要通信工作，确保机要通信安全畅通、万无一失。同时，为义务兵通信和盲人读物提供免费寄递服务。

二、集邮

1982年前，保山地区曾经出售过纪念邮票及特种邮票，供集邮爱好者购买。

1982年9月，地区邮电局设立集邮台，腾冲、龙陵、施甸三县邮电局也先后开办集邮业务。经营项目有：出售各种纪念及特种邮票、明信片、小本票、小型张；各种邮品——纪念章、纪念封、首日封、邮戳卡；集邮工具——集邮册、插票册、放大镜、量齿尺、护邮袋等。当年集邮额达2399元。

从1983年起，为保证集邮爱好者买到所需邮票，保山邮电局开展邮票预订业务，当年预订户67人，收入9757元；1984年预订户82人，收入19323元；1985年预订户95人，收入30043元。集邮业务迅速发展。

为促进全区集邮事业进一步发展，地区邮电局与地区群众艺术馆、文化局，地、市工会，地、市团委分别于1983年1月1—7日、1984年5月1—7日、1985年6月22—26日，在保山举办集邮展览，并于1985年6月23日成立保山市集邮协会。3次参展人数82人，共展出邮框222个、邮票5458枚、小本票20本、邮戳95枚、纪念章77张、明信片308张。

1990年，全区集邮发行量达21.78万枚，集邮总收入达14.97万元。

1992年，成立保山地区集邮协会和昌宁县集邮协会。

1995年9月20—25日，地区邮电局及地区集邮协会举办保山地区集邮展览，纪念抗日战争暨世界反法西斯战争胜利50周年。

1999年9月，地区集邮协会第二届代表大会重新选举产生新一届邮协理事会。该年集邮业务收入263.85万元，同比减少7.41%。

2000年5月，发行“中国云南腾冲火山热海旅游节”纪念封5000套（每套2枚），印制腾冲旅游风光邮资明信片10000套（每套8枚）；12月，举办保山地区第九届集邮展览。

2001年，邮政宣传地方资源优势，开发“保山兰花精品系列”“保山风光”“腾冲风光”邮资明信片，制作“太保公园”和腾冲县内6个旅游景点邮资明信片门票，开发企业卡、校园卡、拜年卡等，为第二届火山热海旅游节制作全套票证。同年，昌宁县为两个乡（镇）制作宣传乡（镇）文化的集邮册。

2002年12月7日，国家邮政局发行《长臂猿》邮票，保山作为首发式分会场之一，与昆明主会场同步举行首发仪式，市邮政局、集邮协会共同筹办此次活动。《长臂猿》邮票的发行，使高黎贡山自然保护区中的白眉长臂猿这一国家一级保护动物跃上“国家名片”介绍给全世界。当年，保山邮政部门还充分利用邮资封、片、册对外宣传保山。与共青团保山市委共同策划发行40万枚“滇西抗战希望工程劝募”明信片，为在保山召开的“西南经济区市长联席会14次会议”特别制作3000册宣传保山人文景观的纪念册，为保艺兰苑制作兰花明信片1.1万本。同期，全市各县（区）邮政局均深入企事业单位、厂矿、学校、乡（镇）、个私公司多层次开发制作宣传邮品，为宣传保山做出积极贡献。

2003年，集邮业务实现正增长，使多年一直徘徊于低谷的邮市重新焕发生机。市局制作《第三届云南省华侨同乡联谊会》纪念册，腾冲局制作《极边第一城》邮册，昌宁局制作《县庆70周年》邮册，举办邮展1期，开办集邮基础知识讲座30多次，还配合国家邮政局重点做《南方丝绸之路——永昌古道》《腾冲火山热海》《画眉鸟》等邮票选题的申报和论证工作，为保山本土题材登上“国家名片”作铺垫。5月19日，市邮政局干部职工同市卫生局、市人民医院、市疾控中心的医护人员共同举行《万众一心抗击“非典”》邮票、邮品捐赠仪式。

2004年，配合国家邮政局、省邮政局完成《腾冲风光》邮票的申报选题工作，为宣传保山、加快边疆旅游文化推介做出积极努力；制作高黎贡山、侨乡和顺、《云南·施甸》等个性化宣传册，使之成为外宣的形象载体；召开保山市邮协一届三次代表大会，聘请市委书记黄毅、市长熊清华为名誉会长；成立邮展评审委员会、集邮学术研讨委员会、市烟草行业分会，选举产生新一届邮协理事会；集邮文化活动出成果，市邮协选送参加全国首届集邮文化节的两部作品获入围奖。

2005年，按照国家邮政局要求，加强邮资票品库集中统一管理，根治邮票市场秩序混乱症结，为集邮业务长期健康发展奠定基础；抓住中国人民抗日战争暨世界反法西斯战争胜利60周年契机，参与举办纪念邮票首发仪式，为仪式开发滇西抗战系列纪念邮品；协查假邮资凭证及非标准信封，加大对集邮市场的监管力度，保证社会合法用邮。

第三章　电信业务

第一节　地区邮电局及电信保山分公司

一、设施建设

1978年，长途电话和农村电话均使用载波通信设备，保山地区电话交换点达到98个，实现96个公社全部开通电话，878个生产大队中有872个开通电话，其中3个县实现全部大队通电话。当时通信技术改观不大，除载波通信、会议电话、电传打字机等少量新技术外，基本上还是沿用解放初期的通信技术，电话还是磁石制手摇把，通过200多名邮电职工“三班制”来接续。

1982年，保山城区安装1000门纵横制自动电话交换设备，结束手摇电话的历史。至1986年，1000门市话容量已经全部用完，长途依然需要通过113转接。

1990年1月，保山地区邮电局与加拿大北方电信公司签订保山、腾冲引进DMS程控电话交换设施合同，其中保山市为市话6000门，长途300线；腾冲县为市话3000门，长途60线。保山市引进设备所需142.12万美元和国内配套所需391.4万人民币，由地市财政承担70%；腾冲县财政承担国外设备46万美元的全部和国内设备250万元人民币的80%。行署和腾冲县政府分别成立通信建设领导小组，协调解决工程中的具体问题。1991年12月8日，保山、腾冲程控电话一次割接成功，正式投入运行，不仅通信能力紧张的状况得到缓解，而且两地长途电话可直拨全国和世界各地，标志着保山地区邮电通信技术进入现代化阶段。同年，龙陵县引进日本800门集装箱自动电话。1990年，保山城区开通无线寻呼业务，“127”数汉兼容自动寻呼系统建成。

1992年11月开工的下关至瑞丽长途通信明线改建设光缆工程，于次年全部完工。其中保山地区邮电局负责架设的光缆起自永保桥，终至芒市邮电局，全面长183杆千米，占整个线路的46%。保山地区长途电话电路年底达到349路，比光缆开通前的102路增加247路，程控电话直拨国内外的功能得到了更大的发挥。

1993年，按照“八五”通信建设计划，全区程控、光纤、微波、移动等现代化通信项目的各个工程全面启动，继前四县（市）之后，昌宁新建DMS100型程控交换机，开通自动电话；保山、腾冲组织实施程控扩容工程。同时，利用加拿大电讯公司贷款引进程控交换设备的第三期合同正式生效，龙陵、施甸两县通信能力得以提升，新建DMS程控电话。年内，全区五县（市）全部开办无线寻呼业务，期末用户达1205户。

1994年4月，保山市（县级）建成800兆移动通信基站一处，800兆移动电话在保山、腾冲先后开通；同月，昌宁县新建DMS型程控交换机，开通自助电话；5月，公共分组数据交换系统建成；6月，继人工寻呼之后，“127”数汉兼容自动寻呼系统建成，年末，无线寻呼用户达到1866户。10月“168”信息查询投入使用。1995年，开通分组交换、数据交换和电视电话会议，年末，无线寻呼用户增至4164户。1996年，开通6000门长途传输自动交换局。在保山拨打国际国内长途电话已经畅通无阻，与昆明之间的长话电路达到来去各150路，并可随时根据需要而增加。当年还开通国际互联网业务（163）和云南信息港业务（169）。各大银行内部的计算机通过DDN电路实现联网。

保山从1996年开始，累计投入建设资金2亿多元，采用国际上使用最为广泛和技术最为成熟的数字移动通信技术和光纤SDH技术，建成通信质量高、业务种类全的移动通信网络。1996年，全区建成开通GSM900M“全球通”数字移动电话系统。

1997年，全区无线寻呼放号15821户，累计达到25837户。

1998年，完成龙陵至腾冲60KM省二干长途光缆工程；新建无线寻呼基站7个，开始建设280兆、156兆全国联网高速无线寻呼。年末，保山分公司有寻呼系统3套：126/127低速寻呼系统2套（含怒江1套）、WMG高速寻呼系统1套，寻呼基站55个（保山43个、怒江12个），网络基本覆盖所有村寨。至年底，全区建成GSM900M数字移动电话基站、直放站48个；建成7万门数字移动电话交换局1个，承担德宏、临沧、怒江、保山四地州的移动电话交换业务，全面完成保山地区移动电话由模拟向数据的技术升级。

1999年，长途二干SDH工程和扩大本地网SDH工程顺利投入运行。保山至省内外、区内各县，以及市内大部分乡（镇）都建成纵横交错的光纤传输网络。全区电话网容量达13.24万门，比大发展前的1990年增加15.2倍，其中：市话容量9.45万门，比1990年增加33倍；市话用户5.44万户，比1990年增加23倍，普及率达28.18%；农话总容量3.79万门，比1990年增加5.5倍；农话用户2.44万户，比1990年增加8.7倍。全区建成通信光缆2047皮长千米和一批微波站。83个乡（镇）中有80个架通中继光缆，并开通程控电话，市、县长途传输基本实现光纤、微波两套手段并存。在保山建成6000门长途自动交换局一个，长话业务电路达到1265路，比1990年增加12.5倍。随着通信能力的增强和先进技术的采用，保山电信业务种类不断增多。全区均开办信息咨询、分组交换、数据交换、电视电话会议、国际互联网络、公众多媒体和用户计算机联网等高科技通信业务，基本满足社会各界对现代通信的需求。全区电信技术从“手摇把”起步，真正形成“高技术、大容量、多功能”的数字网络。同年，实施上星工程（将基站传输链路由地面改成卫星）和三星系统改造工程后，寻呼传输障碍频次减少，系统运行较为稳定。

2000年9月20日，保山电信率先在全省开通无线市话“小灵通”系统，工程建设覆盖90%以上的乡（镇）。

2001年，保山电信多方筹资数百万，开通瓦渡、汶上、瓦马三个乡的程控电话。程控电话开通的当日，三个乡共有100多户安装电话。11月，开通宽带数据业务。

2002年，保山电信完成隆阳区和腾冲县的农话传输网改造、无线市话三期扩容、ADSL新建及二期和三期扩容工程，实施97系统改造工程、本地网计费系统改造工程以及无线市话实时计费系统工程。全年发展电信通用户1.9万个，发展固定电话用户8672个，完成通信业务收入1.29亿元，同比增长11.26%。

2004年，完成数据宽带一、二期扩容工程，小灵通五期工程及业务支撑系统的新建、扩容优化等项目。完成DCN网络的改造工程及VPDN的划分，提高DCN网络的安全可靠性。市话实时联机采集工作取得实质性进展。完成3G网络规划选点工作。通过努力，隆阳城区三条主大街的改造中，弱电项目和管道工程全部由保山市电信公司投资实施。

至2005年，全市固定电话交换机容量由1991年的6000门增加到23.7万门，增长39.5倍。固定电话用户由1995年的2万余户增加到16.8万户，增长了8.4倍；"小灵通"用户5万余户。截至2005年6月，全市电信共有自办营业网点、租用营业网点、电信业务委代办点、电信业务缴费点300多个。

二、电报　传真

有线电报　1978年，全区电报业务总数为12.03万份。至1985年，全区经办电报业务的83个邮电局、所，拥有电传打字机23部，自动发报机12部，人工机8部；载波电报机13部，其中1～4路10部，6～8路1部，12路以上2部；电报电路21路，其中明载电路10部，电传电路11路。另外，在农村电话网络中，有报话合用电路148路。电报业务总量达20多万份，业务收入31万元。1990年，全区有电传打字机26部，机械式电传机22部，插报机9部，载报机2部；全电子电传机4部，真迹传真机1部；电报电路37路，其中：明载电路28路，无线电路9路。电报业务总量22.66万份；国际及港澳电报211份，其中：保山79份，腾冲102份，龙陵6份，昌宁7份，施甸17份。至1993年，全区电报业务总量为24.85万份，为历史最高峰。随着电信实业的发展，电报业务总量逐年下滑，至2005年，仅为850份。

无线电报　1978年，无线电报有短波发讯机6部。1985年年末，全区共有短波发讯机17部。此后，全区无线电通信又有发展，至1990年年末，共有短波收发讯机18部，其中：保山5部，腾冲4部，龙陵、昌宁、施甸各3部。

区内无线电通信，一般不常使用，主要在有线通信中断15分钟以上无法调通时才开放工作，如：1976年5月19日，龙陵县境内发生强烈地震，有线通信中断，在关键时刻，当地邮电部门通过无线电及时向党中央、国务院、云南省委、省革命委员会、保山地委、地革命委员会及地震部门报告灾情。

三、电话

长途电话　1978年，全区长途电话的3路、12路载波设备共14部，长话业务电路达到60路，其中：保山至昆明的去话电路6路，保山至各县的去话电路16路。1979—1982年，全区对所属长途电话线路进行更新改造，将木杆全部换成水泥杆。同时，加强杆路机械强度，提高杆线质量，杆线合格率达到和超过上级下达的90%的要求。更新长途交换机12部，增装3路载波机10端，12路载波机3端。安装了保山至昆明DD14双向半自动拨号，通信能力明显增强。1985年拥有杆路336杆千米，明线线条1168对千米，长途交换机

17部，3路载波机18部，12路载波机5部，电路92路，基本适应业务需要。当年长话业务量达41.6万张，为历史最高水平，收入达62.3万元。1990年全区长途杆路达到384杆千米，明线线条1673对千米，电缆6.9皮长千米；长途3路载波机19部，12路载波机18部，使用电路129路。全年进口长话42.22万张，长途会议电话274张；出口长话47.64万张，其中：国际长途327张，港澳长途1073张，出口长途会议电话88张，总收入36.22万元，业务量及收入分别比1985年增长14.52%和下降41.86%。在长途光缆电路方面，1993年，云南省实施滇西光缆二期工程，保山于6月首次开通长途光缆电路，缓解了保山长途通信电路紧张状况；同时，地区邮电局开工建设七〇七至施甸长途光缆通信工程，以解决施甸、龙陵两县长途通信电路紧张问题。在中继传输方面，地区邮电局引进加拿大哈里斯公司和新桥公司34MB/S数字微波通信设备建设保山—腾冲、保山—昌宁长途微波通信，共建设保山、腾冲、昌宁3个终端和施甸大水河头、昌宁小落腊、腾冲干塘、大蛇腰4个高山中继站。1995年12月17日零时，保山地区电话组网升位正式开始，零时30分各县（市）组网升位一次成功，全区电话号码由5位升至7位，统一使用长途区号“0875”。保山本地网的组网成功，使全区通信水平跃上新的台阶，在此基础上，1996年完成无线寻呼全省联网的设备安装和分组交换、数据交换地到县工程，为广大数据用户享受网络资源创造良好的条件。1996年地区邮电局开通6000门长途传输自动交换局，在保山拨打国际国内长途电话已经畅通无阻，与昆明之间的长话电路来去各150路。1998年完成龙陵—腾冲60千米省二干长途光缆工程。全区普遍安装使用IC卡电话，为广大市民提供便利。1999年完成长途二干SDH工程和扩大本地网SDH工程并顺利投入运行。市、县长途传输基本实现光纤、微波两套手段并存。2004年，完成隆阳区10GSDH光传输城域网设备安装工程，隆阳、施甸、腾冲、龙陵交换、接入网设备扩容工程，腾冲、昌宁接入传输改造及腾冲第二次传输续建工程。

市内电话　1978年年底，全区基本实现市内电话电杆水泥化；全区市话交换容量1350门，市话用户947户。1978年以后，随着全区国民经济日益发展，城市建设不断扩大，对市内电话的需求迅速增长。施甸、腾冲、龙陵、昌宁四县，市话通信设施基本能保证通信需求，但保山市区话通信能力严重不足，供需矛盾十分突出，很多用户要求装机无法满足。1978年省邮电管理局批准保山市内安装纵横制1000门自动电话。地区拨款20万元，保山县拨款10万元，经过3年筹备，以区内技术力量为主，于1981年10月31日动工安装自动电话。1982年2月21日工程竣工，一次割接成功，开通使用，实现保山市内电话自动化，改变了市内电话紧张、用户装机困难的被动局面。工程总投资69.8万元。到1985年，保山市自动电话设备运转正常，质量稳定。1985年年末，全区有市内电话1562部，交换机总容量达2000门，市内电话杆路101杆千米，明线线条242.3对千米，电缆49.7皮长千米。1990年1月，保山地区邮电局与加拿大北方电信公司签订保山、腾冲引进DMS程控电话交换设备合同。年末，全区有市内电话2714部，交换机总容量2900门；市内电话杆路122杆千米，其中水泥杆103杆千米；电缆89.1皮长千米。市话期末户数达2148户，其中计费2000户；私人及个体工商户14户；住宅电话15户，其中：保山4户，腾冲11户。1991年8月保山地区确定全区“市话交换程控化、长途传输数字化”的“八五”通信建设计划。1991年12月保山、腾冲县程控电话一次割接成功，正式投入运行。1992年龙陵、施甸开通DMS程控电话。1993年昌宁新建DMS程控交换机，开通自动电话。年内，全区市话期末户数达到8102户，比上年净增3343户，其中：保山净增1781户，腾冲净增846户，龙陵净增240户，施甸净增427户，昌宁净增49户。在全部市话用户中，住宅电话有3106户，占38.34%。此后，由于经济发展、城区扩大和人民群众通信需求快速增长，程控电话交换设备分别于1994年扩容4000门、1996年扩容2万门，程控电话总容量达到3万门。至1998年年底，全区市话交换机总容量达到8.56万门，比1978年增长62倍；市话用户达到4.45万户，较1978年增长46倍。至1999年10月，保山城区市区电话用户达到2.6万余户，80%为居民住宅电话，移动电话用户达到万余户。2001年保山本地网电话用户数突破10万户，达到11.98万户，百人电话普及率达到5.2%。到2005年年底，全市固定电话用户总数（含无线市话“小灵通”）突破20万户，其中：城市固定电话用户总数（不含无线市话“小灵通”）达到6.5万户（包括城市住宅电话用户5.3万户、城市政企电话用户1.2万户）。

农村电话　1978年，全区拥有农话交换容量3900门，农话用户2784户。1978年以后，农村经济迅速发展，城乡商品经济和信息交流频繁，对农村电话通信的要求越来越大。为此，保山地县两级邮电部门对农村通信的发展作出全面规划，开始有计划、分期分批地对农村通信设备进行更新改造。至1985年年底，全区农村电话已拥有杆路3767杆千米，其中水泥杆路1386杆千米；明线线条8304对千米，其中4.0毫米铁线1954对千米；电缆25.6皮长千米；载波机76部；用户话机2410部；交换机总容量4780门。电缆、载波机从无到有。1990年全区农村电话杆路仍为3767杆千米，其中：水泥杆路2068杆千米，明线线条8809对千米，电缆58.11皮长千米；载波机46部；交换机总容量5315门，用户话机2952部。当年，全区78个乡（镇）和904个行政村，有78个乡（镇）和890个行政村通电话，行政村通电话普及率达到98%，其中：4个行政村可直拨市话；76个乡（镇）和12个行政村装有交换机；22个乡（镇）和2个行政村装有载波机；67个乡（镇）和35个行政村与县局有直通电路；农话中继线路192路。农话交换点总数达93个，农话期末用户数达2600户，其中计费2559户。农村专业户和私人户14户，其中：保山10户、腾冲1户、龙陵1户、昌宁2户，全区平均近3万户才有1部私人电话。1994年5月，施甸县由旺镇在全区首家建成农村程控电话局，邻近保场、水长两乡农话通信同时进入该局，仁和乡农话通信进入县城市话网，至此，施甸坝区全部实现电话自动化，直拨国内外长途。紧接着，施甸旧城、保山板桥（沙坝、金鸡）、腾冲固东、荷花等一批农村自动电话相继建成，农村程控电话开始迅速发展。至1998年年底，全区农话交换总容量达到3.1万门，比1978年增长7倍；全区83个乡（镇）中78个架通光缆，75个开通程控电话，农话用户总数达到1.8万户。2000年9月20日，省电信公司保山分公司率先在全省开通“小灵通”无线市话系统，工程建设覆盖全区90%以上乡（镇）。2001年省电信公司保山分公司多方筹资，开通瓦渡、汶上、瓦马3

个乡的程控电话。开通当日，3个乡就有100多户人家安装了电话。至此，全市83个乡(镇)全部开通程控电话。2002年，省电信公司保山分公司完成隆阳、腾冲两县(区)农话传输网改造，进一步提升农话传输能力。2004年10月，为切实尽快解决偏远贫困乡村的通信问题，省电信公司保山分公司启动隆阳区电话“村村通”工程。按照通电话行政村的最低标准应为每个行政村至少通2部电话，其中至少1部作为有人值守的公用电话的原则进行统计。截至2004年10月，隆阳区不通任何电话的行政村有39个，通1部电话的行政村有89个，计有128个行政村不通电话。从2004年11月开始，经过1年左右建设，保山分公司投入资金1000多万元，共计开通119个行政村的电话，其中：不通任何电话的39个行政村已100%开通，通1部电话的89个行政村开通80个，开通率为90%；自然村通电话率达97%。至2005年年底，全市农村电话用户总数(不含PHS)达到6.28万户，其中：农村住宅电话用户总数达到5.84万户，农村政企电话用户总数达到0.44万户。

1978—2005年保山市(地区)电信业务量统计表

表28-2

年度	电话机拥有量(户)			长话电路(路)	电报电路(路)	电报(万份)	平均每百人拥有电话机部数(部/百人)	交换机总容量(门)
	合计	其中：市内	其中：农村					
1978	3731	947	2784	60	25	12.03	0.005	—
1979	3960	997	2963	—	—	14.63	—	—
1980	4144	1027	3117	65	23	14.63	—	—
1981	4221	1064	3157	—	—	16.39	—	—
1982	4433	1182	3251	—	—	18.07	—	—
1983	4621	1270	3351	—	—	16.76	—	—
1984	4759	1359	3400	—	—	16.76	—	—
1985	5251	1604	3647	92	30	20.01	0.02	—
1986	5361	1667	3694	96	30	15.94	—	—
1987	4224	1776	2448	100	30	19.17	—	—
1988	4381	1894	2487	93	32	24.54	—	—
1989	4589	2056	2533	129	37	23.70	—	—
1990	4784	2184	2600	129	37	22.64	0.27	—
1991	5583	2908	2675	139	37	23.81	—	—
1992	7587	4759	2828	157	37	24.52	—	—
1993	11023	8102	2921	426	37	24.85	—	—
1994	14463	10459	4004	1000	37	21.00	—	—

续上表

年度	电话机拥有量（户）			长话电路（路）	电报电路（路）	电报（万份）	平均每百人拥有电话机部数（部/百人）	交换机总容量（门）
	合计	其中：市内	其中：农村					
1995	25593	20307	5286	1108	28	16.00	1.10	—
1996	34673	27141	7532	961	30	14.00	1.54	68491
1997	46409	35231	11178	1099	30	10.00	2.04	—
1998	62455	44522	17933	2461	30	8.61	2.72	—
1999	77763	51462	26301	1051	15	7.17	3.65	120899
2000	96612	61532	35080	2011	2	7.27	4.22	120721
2001	121662	83989	37673	2521	1	7.20	5.16	123198
2002	149291	103843	45448	72	1	2.14	18.65	216589
2003	168343	121918	46425	127	1	0.70	17.12	236670
2004	183403	132307	51096	140	1	0.23	20.30	383503
2005	199498	134062	65436	170	1	0.09	25.00	486567

2000—2005年保山市分县（区）电信业务量表

表28-3

年度	县（区）	本地固定电话用户数（户）	其中：农村电话用户数（户）	年度	县（区）	本地固定电话用户数（户）	其中：农村电话用户数（户）
2000	全市合计	96612	35080	2001	全市合计	109409	38905
	隆阳区	41687	10650		隆阳区	47589	13742
	施甸县	9589	4638		施甸县	10505	5354
	腾冲县	22714	8066		腾冲县	24032	8564
	龙陵县	10601	5492		龙陵县	12532	5985
	昌宁县	12021	6234		昌宁县	14751	5260
2002	全市合计	140118	50572	2003	全市合计	157644	73498
	隆阳区	71608	21800		隆阳区	80459	46425
	施甸县	11197	6451		施甸县	12045	6760
	腾冲县	24560	9729		腾冲县	28857	9128
	龙陵县	14763	6762		龙陵县	16000	4992
	昌宁县	17990	5830		昌宁县	20283	6193

续上表

年度	县（区）	本地固定电话用户数（户）	其中：农村电话用户数（户）	年度	县（区）	本地固定电话用户数（户）	其中：农村电话用户数（户）
2004	全市合计	193403	51096	2005	全市合计	156885	65436
	隆阳区	—	—		隆阳区	65459	—
	施甸县	—	—		施甸县	13019	—
	腾冲县	—	—		腾冲县	34408	—
	龙陵县	—	—		龙陵县	14801	—
	昌宁县	—	—		昌宁县	29168	—

注：由于资料来源不同，每年全市合计数与上表的合计数稍有差别

第二节　移动保山市分公司业务

1999年8月，云南移动通信公司保山地区分公司正式注册成立，此后，电信移动通信业务工作由移动通信公司保山地区分公司承担。

中国移动保山分公司拥有完善的客户服务系统和先进的信息技术系统，有规模庞大的客服中心和专业的客户经理队伍，有139、138、137、136、135、134、159、158、150等服务网号。

1999年上半年，云南移动通信有限责任公司保山分公司相继推出“全球通”IP电话、“全球通”WAP、“全球通”信息点播、USSD信息点播、全球呼等种类繁多的信息业务，网络规模不断扩大，网络质量不断提升。年底，全区GSM交换机容量达7万线，基站总数达41个，载频142个，实现对50%以上乡（镇）的信号覆盖，拥有网内用户40415户，语音接通率为73%，长途来话接通率保持在62%以上。

2000年3月，保山移动开始推出“兰花卡”，时称“本地通”卡，以与“全球通”产品进行区别，限制漫游功能，降低客户使用门槛。同年，开通短信业务。

2001年，保山移动开始销售“神州行”卡，“神州行”使用充值卡进行交费，无月租费，可以进行全国漫游。同年“5·17”世界电信日期间，保山移动正式推出手机上网业务。

2002年，全年发展用户60606户，完成年收入9571万元，GSM基站新建31个，长途来话接通率达64.0%，语音掉话率控制在1.9%以下。同年，开通彩信业务。

2004年，公司完成企业改制上市的各项工作，成立云南移动通信有限责任公司保山市分公司，企业经营管理水平达到一个新的台阶。年内，全市交换机容量达到24.5万门，基站236个，实现行政村100%覆盖，市县公路80%覆盖，全市拥有营业厅7个、合作营业厅10个、乡（镇）专营网点85个。网络覆盖全市所有的乡（镇）、旅游景点及主要交通干线，并与世界上184个国家和地区的254家移动通信运营商开通国际漫游业务。

保山移动一直秉承“沟通从心开始”的服务理念和“追求客户满意服务”的企业宗旨，以客户为中心，实施“服务与业务领先”战略，从抓内部制度建设、标准化流程入手，使服务从单纯的窗口服务向全方位、多角度的服务转变，先后开办“全球通VIP机场服务”“1860漫游服务及异地业务受理”“网上营业厅”等多种个性化和差异化服务，2004年在保山首家推出“话费误差，双倍返还”诚信活动，同时，还建立服务质量监督检查体系，形成严格的服务考核制度，制定客户投诉处理流程。在业务种类上，公司发挥在移动通信上的专业优势，不断对网络进行升级，陆续推出移动梦网、随e行、彩信等19项新业务，开发出移动桌机、基站通、乡音卡等适合农村消费群体的产品，提供十多种资费套餐供客户选用。

2005年，公司交换机容量达到34.5万线，基站285个，载频1787个。全年发展客户7.33万户，在网客户达到26.55万户（“全球通”在网客户约4000户，“动感地带”在网客户约1000户）。彩铃用户达到10.94万户，彩信普及率达到5.7%，普通短信普及率达到40.4%。手机上网（WAP）客户达到2.7万户。保山移动客户总数位居全市各移动运营商之首。

第三节　联通保山市分公司业务

2000年10月，中国联通保山分公司成立，自2001年1月开始运营。

保山联通移动通信工程建设于2000年8月5日立项，首期建设40个130移动基站。2001年年底，完成GSM四期、五期工程建设任务，建设SDH微波3跳、PDH微波34跳、光缆800多千米、130基站77个（保山60个、怒江17个）、容量为10.5万门交换局一个，担负着保山、德宏、怒江三个地州的移动交换任务。完成CDMA一期工程建设10个基站，网络覆盖隆阳区和腾冲、昌宁、龙陵、施甸四县主要乡（镇）以上区域。保山联通130移动电话网于2001年1月22日正式开通进入试运营。截至2001年11月底，GSM网上累计用户达到28514户（保山22325户、怒江6189户）；寻呼网上用户到达数为34192户（保山30678户、怒江3514户）；发展193长途注册用户648户。

2002年，对寻呼网络进行优化调整，保山128/129、198/199全部合至昆明，保山126人工座席于2002年11月30日撤销，割接到昆明寻呼中心，128/129、198/199WMG系统关闭。同时完成寻呼基站搬迁，其中：部分寻呼基站实现与130移动基站共站。年内，完成GSM7个宏站、边际网18个小基站建设，新建华为BSC一个；完成CDMA8个宏站、边际网18个小基站土建装修及设备安装和调测开通；新建光缆约70千米，微波9跳；完成保山二干城区通信管道初验；完成保腾光缆建设并通过初验。当年，保山分公司完成主营业务收入3340万元，发展GSM移动用户38500户、CDMA用户4233户、193长途用户2465户；发展IP超市11个点，发展IP注册用户2210户。165注册用户106户、寻呼网上用户到达数11602户。

2003年，完成CDMA二期、CDMA三期、GSM七期、GSM八期工程建设，新开通

GSM 基站17个、CDMA 基站107个；GSM 基站累计达99个、CDMA 基站累计达140个；新建光缆杆路550千米、微波8跳；完成17个寻呼基站的拆迁工作；顺利进行 MSC 割接，同时升级 CDMA1X，并分别对中兴 BSC 和华为 BSC 进行升级，使系统更加稳定。当年，GSM 业务趋于稳定发展状态；CDMA 用户达12591户，收入持续增长；数据、长途业务增长速度较快，IP 超市、无线商话等业务成为公司增收亮点；寻呼业务在传统业务基础上推出联通秘书、联通声讯等增值业务。

2004年，公司完成 CDMA3.2.1期27个基站、4个搬迁站建设；进行 CDMA3.2.2期11个基站、5个搬迁站建设；完成 CDMA3个搬迁直放站建设；完成 GSM 八期12个基站、2个搬迁站建设；完成保龙高速公路 GSM12个搬迁站、10个直放站建设及 CDMA3.1期工程初验；新建光缆杆路127千米，安装 SDH 光端机25端，拆迁 PDH 光端机13套。新安装微波3跳，搬迁微波6跳。完成保山—施甸—昌宁（622M）、保山—腾冲—龙陵（622M）、龙陵南路（155M）环网设备安装调测。新建城区管道26千米。当年，发展 GSM 用户57621户、CDMA 用户16714户，累计安装无人值守型公话数达94部；发展 IP 超市累计达109家，数码公话累计达400部；E-mail 邮箱累计用户数4158户；17911注册累计用户数3139户；193累计用户数4114户。传统寻呼缴费用户583户，联通秘书网上用户数为17255户。

截至2004年年底，联通保山分公司固定资产达3.3亿元，已建成 G/C 两网移动通信网络交换容量18.6万户，基站总数共达291个；CDMA 网交换容量达6.6万户，全区城镇已全部覆盖，重点乡（镇）、主要旅游景点及高速公路已全部开通 CDMA1X 网络，乡（镇）覆盖率达94%。累计建成1500公里光缆线路，腾冲、龙陵、昌宁、施甸的光缆建设规模均为2.5Gb/s SDH 传输平台。累计发展移动专业 GSM 用户7.8万户，CDMA 用户2.2万户；安装无人值守型公话94部，发展 IP 超市109家，数码公用电话400部，电子邮箱用户4158户，17911注册用户3139户，193注册用户4114户，联通秘书用户9670户。

联通保山分公司不断创新管理理念，优化管理流程，重组管理资源，变革管理手段，以管理促发展，管理增效益，全面实施“精细化管理”。公司将“先进、可靠、优质的网络，创新、高效、满意的服务——我们永恒的追求”作为企业的质量方针，全面推行 ISO 9001。在抓好基础设施建设的同时，公司以客户为中心，通过强化服务理念、优化服务流程、丰富服务内容和重视客户感知，提升企业整体服务形象和服务品牌；继率先推出低柜台、即买即通等服务后，又不断推出银行代缴话费、通过邮寄、传真、电子邮件等方式向用户免费寄送话单等服务举措。随着网络通信能力的不断增强，电信技术的不断创新，不断推出移动电话预付费、移动电话拨打 IP、网上银行、互动视界、神奇宝典、彩 e、定位之星、联通在信、掌中宽带、短信业务等各种基于电信新技术的新业务。公司窗口服务从语言、语气、行动、表情、店面布置等方面都体现国际标准与亲情；开辟“绿色通道”，客户代表实行上门服务，为客户开展新业务上门演示，并根据用户需求提供综合接入整体解决方案等服务新举措，展现了保山联通全新的服务理念和一流的服务技巧。公司开展“精准计费，诚信联通”活动，推出“话费误差，双倍返还”等多项承诺，树立联通计费精确透明、诚信经营的良好形象；成立保山联通阳光客户服务中心，推行“联通保姆服务”，客户服务取得不凡的成绩。

2005年，在网络建设维护上，保山分公司根据市场发展需求，按时完成各项工程建设任务，并在既有网络资源的基础上，对GSM、CDMA两网进行全面的以提升全网质量为主的阶段网络优化，使保山联通移动网络再上一个新的台阶，为市场发展工作提供有力保障。2005年，发展移动用户72971户，在网移动用户数达123261户。开通区内电路4条，区间电路1条；开通互联网专线11条；保龙路互联网专线项目成功接入。

2000—2005年保山市分县（区）移动电话业务量

表28-4

年度	县（区）	移动电话用户数（户）	互联网拨号上网用户数（户）	年度	县（区）	移动电话用户数（户）	互联网拨号上网用户数（户）	年度	县（区）	移动电话用户数（户）	互联网拨号上网用户数（户）
2000	全市	49921	1133	2001	全市	122916	2076	2002	全市	164558	10553
	隆阳区	27745	763		隆阳区	66369	820		隆阳区	83142	8769
	施甸县	3514	113		施甸县	6261	285		施甸县	10551	298
	腾冲县	11010	257		腾冲县	30164	330		腾冲县	47165	691
	龙陵县	3448	—		龙陵县	9200	327		龙陵县	11100	474
	昌宁县	4204	—		昌宁县	10922	314		昌宁县	12600	321
2003	全市	202973	12336	2004	全市	—	—	2005	全市	437724	—
	隆阳区	94447	10035		隆阳区	—	—		隆阳区	224400	—
	施甸县	10226	236		施甸县	—	—		施甸县	22068	—
	腾冲县	58478	695		腾冲县	—	—		腾冲县	116056	—
	龙陵县	14000	661		龙陵县	—	—		龙陵县	30400	—
	昌宁县	25822	709		昌宁县	—	—		昌宁县	44800	—

注：由于资料来源不同，每年全市合计数保山年鉴统计资料与统计部门的数据稍有差别

第四节　数据通信

1996年，地区邮电局正式开通国际互联网业务（163）和云南信息港业务（169）；各大银行内部计算机通过DDN电路实现联网。至1998年，保山至省内外、区内各县以及市内大部分乡（镇）都建成纵横交错的光纤传输网络。

2001年11月，保山电信开通宽带数据业务，全年共发展ADSL用户110户、LAN用户101户、多媒体用户近2万户。此后，随着光缆传输的日益普及和先进技术的采用，保山

电信的数据通信能力和数据业务种类不断增多。

2002年，发展基础数据用户58个、ADSL用户822个、LAN用户186个。

至2005年年底，全市窄带用户达到2.4万户，窄带用户上网时长达到2976万分钟；宽带用户达到1.46万户，宽带用户上网时长突破9.38亿分钟。

第五节　信息化建设

1998年，全区共投入资金1000多万元，建成电子化营业室25个，建成市县局会计微机处理系统。

2003年年初，为全面实现云南省电子政务建设的总体目标，加快保山市信息化建设步伐，保山市成立以市长为组长的保山市信息化建设领导小组，并组建保山市信息化工作办公室，专门负责全市信息化建设及电子政务建设日常工作。2004年4月正式成立保山市人民政府信息化工作办公室并挂保山市网络管理中心的牌子；五县（区）除施甸外相继成立电子政务网管理中心；市和县（区）党委、人大、政府、政协四大办公室电子政务网络已与当地网管中心实现互联互通。

保山市的信息化建设自2003年始，于2003年年底建成保山市电子政务中心机房，并实现和省市电子政务网的互联互通，开通保山市纪委网、保山市新闻网、保山市科技网、保山市农业信息网、保山市环境保护网、保山市水利网、保山市计生委网、保山统计网、保山市旅游局网、保山市安全生产监管网、保山市地震局网、保山市招商局网、保山生物资源开发创新网、保山市供销社网、保山市政协网、保山共青团网和各县（区）政府网站等，进一步畅通与外界交流的信息渠道。在和省电子政务网成功连接的基础上，2003年年初，完成市政府大楼内政府办和人事局所属各个办公室的综合布线及与电子政务网的互联；在二期工程建设中，根据省网络管理中心的部署，保山市积极配合省网信及华成信息产业有限公司的工程技术人员，按期完成党委、人大、政府、政协及市网管中心的各工程子项，使得“四办”与电子政务网成功互联，为各部门、各单位信息共享奠定基础；完成全市80多家单位信息化建设基础情况调查，为下一步综合布线及开展电子政务工作奠定基础。在对全市信息化建设调研的基础上，制定《保山市电子政务建设（2005—2007年）实施意见》及经费预算报告，作为近期统领全市电子政务建设的纲领，指导保山市电子政务建设；制定《保山市信息化建设项目管理暂行规定》，以市政府名义下发，对市直各单位的信息化建设项目的规划、投资、建设、监理等方面做出统一规定，规范全市信息化建设项目的有关事项。

第四章　通信质量管理

第一节　邮政质量管理

20世纪70年代，为提高通信质量，预防通信差错和事故的发生，地区局和各县局根据省邮电管理局1973年对邮政差错、事故率作出的统一规定，进行邮政质量检查。

1979年起，地区局和各县(市)局在进行邮政质量检查的同时，根据省局下达的考核指标，实行邮政质量考核制度。考核内容包括总包邮件延误差错率等11项。1979年总包邮件延误差错率为1.138/万，总包邮件损失率为0.036/万，给据邮件延误差错率为1.556/万，给据邮件损失率为0.046/万，平常邮件延误差错率为1.256/万，平常邮件损失率为0.0045/万，报刊发行延误差错率为1.571/万，订销报刊延误差错率为1.571/万，报刊发行损失率为0.0027/万，机要文件积压延误率为0.766/万，机要文件失密丢损率为零。之后，全区邮政质量稳步提高。

为从组织上落实质量检查工作，1985年年底，全区已配备邮政视察员(副科级)1人、邮政检查员10人，其中：保山、腾冲各3人，龙陵2人，昌宁、施甸各1人。地区局邮政视察员平均每月到各县局检查8天，各局邮政管理员每月三分之二的时间到基层局所检查工作。除专职检查外，各生产岗位人员每班都进行自查。

1990年，全区共有邮政视察员1人、邮政管理员11人，其中：保山、腾冲各3人，龙陵、昌宁各2人，施甸1人。全区邮电系统邮政质量考核指标有总包邮件损失率、平常邮件损失率、分发报刊延误差错率、报刊发行损失率、报刊短缺率、机要文件积压延误率、机要文件失密丢损率、邮政通信事故率、邮运车辆准点率、邮运车班准班率、邮件通信事故率、邮件全程逾限率、邮件处理规格不合格率等共17项。当年经考核，全部考核项目均达到和超过计划指标。全区通过经常性的邮政质量检查，减少邮政差错和事故的发生，使邮政通信质量稳步提高。

1999年，全区全面完成各项通信质量指标，未发生重大安全事故和违纪违法案件。2001年，全市邮政服务社会评价综合满意度评分为86分。

2002年，完成各项邮政通信质量考核指标，邮政服务社会评价综合满意度89分。在全市四县(区)营业窗口实施“邮政服务形象工程”，开展规范化服务活动，全年走访用户572户，发意见征询函956件；加大社会对邮政服务工作的监督力度，全市聘请社会监督员5人；认真执行邮件收寄、验视处理、传递时限规定，通过邮件抽查考核，合格率98%；全市机要通信质量全红。

2003年，全市认真落实邮政服务质量承诺，共检查邮政班组所1068次、乡邮投递邮路14条，走访客户197户，发意见征询函796件。检查结果，邮件处理规格合格率为99.8%，邮件全程时限未突破逾限指标，投递质量合格率93%以上，邮政业务档案进出口回复率94%以上，用户综合满意度为93分；全年机要通信质量全红；邮件丢损3件，赔偿金额2349.60元。该年8月，在杜绝黄、毒物品通过邮政渠道流通工作中，市局营业员在办理业务时，查到1件夹寄海洛因2块计重720克的包裹后，及时报告公安部门。

2005年，全市邮政部门加强基础管理综合整治，开展“提高服务质量让用户满意”专项活动，市邮政局营业组荣获全省“质量信得过”班组称号；落实安全生产责任制，重建安全员制度，严格查赌禁毒，严把邮件收寄关，加强监督封装，防堵违限禁制寄物品，保证邮件安全。

第二节 电信质量管理

1979年起，地区局和五县（市）局根据省局下达的考核指标，分别实行电信质量指标考核制度。考核内容包括电报发报逾限率等8项。

1981年起，先后增加农村电话退号率、电报设备平均每部障碍次数、长途电话有效接通率、长途电话电路局内平均每路障碍历时、市内电话装移机及时率、农村电话有效接通率等考核指标，电信通信质量明显提高。

1990年，全区电信质量考核指标达22项。当年经考核，全部考核项目均达到和超过计划指标，其中电信通信事故为零。

2005年，保山电信分公司以市场为导向，以客户为中心的网络资源集中管理更为科学合理。网络资源集中管理取得新的进展，本地网络区主干以上管线资源100%清查入库，基本实现资源动态管理。网络集中维护工作取得阶段性成绩，本地网综合化集中维护达到集团公司AA级标准。联通保山分公司开展“精准计费，诚信联通”活动，成立保山联通阳光客户服务中心，推行“联通保姆服务”。移动保山分公司推出“话费误差，双倍返还”等多项承诺。

第二十九编　金　融

2005年全国股份制商业银行行长联席会议

综　述

1978年7月，撤销保山地区财政金融局。财政、金融机构分设，中国人民银行(简称“人行”)保山地区中心支行、县支行及营业所恢复成立。当年全区金融从业人员约200人，各项存款余额1.14亿元，各项贷款余额1.35亿元。

1984年12月，人行保山地区中心支行改为人行保山地区分行，将其所属的工商金融及储蓄等业务全部划归工商银行办理，人民银行专司中央银行职能，对专业银行实行信贷资金管理。1985年11月，建设银行与财政分离，纳入人民银行综合信贷计划管理。1988年11月，外汇管理局保山地区分局成立，与人行合署办公。1989年6月，成立中行保山支行，为国家外汇外贸的专业银行。同年8月，成立全区第一家城市群众性的集体合作金融组织 -- 保山市正阳城市信用社。至此，保山地区基本形成以人行为领导，专业银行为主体，多种非银行金融机构并存的较为完整的金融体系。在储蓄存款方面，增加储蓄种类，增设服务网点；在金融行政管理方面，实现常态化的业务稽核、纪律检查。各行开始运用电子计算机处理数据，并加强自身建设，增加人员，扩大网点，提高干部职工的政治和业务素质。至1990年，全区金融从业人员达到2768人，具有专业技术职务1955人。

1996年7月，中国人民保险公司保山中心支公司分设为中保财产保险有限公司保山分公司和中保人寿保险有限公司保山分公司。11月，农业银行与农业发展银行分设，农业发展银行保山市分行正式成立，负责办理粮、棉、油等主要农副产品的国家专项储备贷款及购销等政策性金融业务。12月，云南证券保山营业部正式营业，是当时保山市唯一一家证券经营场所。1999年，基本完成4家国有商业银行地区分行与驻地支行合并这一商业银行管理体制的重大改革工作。当年，保山地区经人民银行批准设立的金融机构有340多个，金融系统从业人员3400多人；全区各项存款达61.10亿元，其中：城乡存款占存款总额的比重也逐年上升，增加到39.40亿元，占存款总额的比重的65%，成为全区重要的信贷资金来源；各项贷款为66.49亿元，支持建起作为全区骨干产业的糖厂、茶厂及交通、能源、通信等一大批基础设施建设项目。全区烟草、制糖业每年要占用银行信贷资金15亿元，农业贷款每年新增10%以上，贷款额已达11亿元，投入重点建设项目3亿元，发放农副产品收购贷款约9亿元，为保山各项经济建设提供强有力的资金保障。1981—1999年，保山地区保险公司累计支付赔款1.30亿元，帮助受损客户及时恢复生产生活；各金融机构努力规范经营管理、改善服务环境、提高服务水平，加大服务硬件设施的投入，推广先进的金融产品，采取多种便民利民措施，做好金融服务当地经济建设的工作。工行、建行相继实现全省计算机联网，其他各行基本实现同城储蓄通存通兑，全区各国有银行步入了电算化行列。各行还推出了牡丹卡、金穗卡、龙卡、长城卡等信用卡和储蓄卡，在城市主要路段设置自动取款机、自动柜员机等等。

2000年以后，保山地区各银行业金融机构在多元化格局初步形成的基础上，进行改革创新，撤并了一些经营管理不善、长期亏损的基层网点机构，分支机构设置更加合理。金融业务得到前所未有的发展，金融商品品种多样，封闭贷款、置换贷款、小额贷款、个私贷款、农户联保等新的信贷方式逐步得到发展。

2003年12月，人行保山市中心支行与保山市银监分局正式分设，保山市银监分局成立。2004年8月，中国银行、中国建设银行相继改组为股份有限公司，建立现代公司治理结构框架，中行保山市分行和建行保山市分行也相应进行改革。工行保山市分行和农行保山市分行也在完善经营机制，加大内部改革，完善风险控制和提高盈利水平，为进行股份制改革奠定基础。次年6月，农村信用社进行改革，云南省农村信用社联社保山办事处挂牌成立。通过改革，全市农村信用社历史包袱得到初步化解，经营状况开始好转，新的监督管理体制框架基本形成，产权制度改革已经起步。年内，各保险公司相继在保山设立公司，全市已设有8家保险公司。商业银行通过内部整合、引进投资者等多种形式，实现经营机制转换，公司治理结构更加完善。地方性金融机构在政府扶持下，成为支持农业、农村、农民“三农”和助推中小企业发展的重要力量。

2005年，全市初步形成银行、证券、保险“三位一体”及人民银行、银监局为主导，政策性金融与商业性金融相分离，集金融服务投资于一体的金融大格局。银行服务从传统的存款、贷款、汇款服务为主发展到集存款、贷款、支付结算及投资、理财、信息、消费信贷咨询为一体的综合性服务。保险业从单纯的办理财产、人身保险发展到办理财产、人身及分红保险等综合经营。证券投资从无到有，在为企业发展募集资金的同时，也为广大投资者增加投资渠道。年末，全市金融机构各项存款余额121.26亿元，是1978年的106.81倍；全市金融机构各项贷款余额达103.72亿元，是1978年76.64倍。异地贷款不断增长，全市共有国家开发银行昆明分行、中国银行云南省分行等七家金融机构对保山市企业贷款，贷款余额为10.04亿元；全市金融机构外汇存款余额396万美元，外汇贷款余额为0，结汇收入2737万美元，售汇支出247万美元；全市现金收入达351.95亿元，为1978年的282.40倍；全市现金支出349.08亿元，为1978年的289.50倍。全市8家保险公司，资产总额22800万元，全年实现保费收入18800万元，各种赔款、给付支出5600万元，当年实现利润1100万元。全市从事证券投资的客户6000多户，全年交易量13.8亿元，客户保证金2200万元，股本金余额1100万元，客户总资产1.1亿元。全市金融业当年结益7200万元。全市银行业金融机构首次扭亏为盈，实现账面利润6198元；不良贷款余额减少1.5亿元，不良贷款率下降3个百分点，不良贷款实现“双下降”。

第一章　金融机构

第一节　监管机构

一、中国人民银行保山市中心支行

中国人民银行保山市中心支行（简称人行保山中心支行）的前身为1950年3月成立的中国人民银行保山办事处。1978年7月，财政、金融机构分设，人行保山地区中心支行恢复成立，它既是办理信贷储蓄业务的经济组织，又是执行金融行政管理职能的国家行政机关。1979年11月，保山地区人行、农行两中心支行正式分设，年底，县及县以下机构、人员、业务相应划转。划转后，人行保山中心支行内设6个科室，辖5个县支行，全区人行有干部职工236人。1984年12月改称人行保山地区分行。1985年1月，按照国家统一规定，人行保山市中心支行正式行使中央银行金融监督管理、调查统计分析、横向调剂、经理国库、发行基金调拨、外汇管理和联行清算等职能。人行保山地区分行通过贯彻和实施货币政策、监督管理金融业来维护全辖金融业稳健经营。全区人行县（市）支行机构、人员、财产、业务移交新设立的工行保山中心支行管理，业务亦委托工行代理。同年4月，人行保山市业务处成立。1986年7月，人行保山市业务处改为支行，人行腾冲、昌宁、龙陵、施甸支行机构恢复。1988年9月，人行保山地区分行、保山市支行首次代理省证券公司国库券买卖业务。同年11月，人行保山地区分行设立金融系统监察室。

1990年，分行内设15个科室；有5个县（市）支行。全区人行系统有干部职工181人，具有专业技术职务104人，其中：高级经济师6人，中级经济师15人，中级会计师10人，助理级44人，员级34人。

1995年4月，在全区人行系统中全面进行聘任聘用人事制度改革，对机构设置和人员编制严格按文件要求进行控制。地区分行人员编制85人，内设13个科室。同时对人行各县（市）支行的机构设置、人员编制作了规定。

1996年，保山作为全省人行系统“一地两行”合并的试点，率先进行地、市两级人行的合并改革。7月，人行两级机构正式合并运行，合并后机构名称仍为人行保山地区分行（含国家外汇管理局保山分局），人员编制130人。内部机构设置15个，其中：职能科室13个、直属机构2个。1997年8月，人行云南省分行核定保山地区人行系统总编制265人，其中：分行机关125人，施甸支行35人，昌宁支行35人，龙陵支行35人，腾冲支行35人；人行保山地区分行内设机构15个，其中：职能科室14个（增加农村合作金融管理科），直属单位1个。

1999年1月，人行保山地区分行更名为人行保山地区中心支行，隶属人行成都分行，原有职责、内设机构、人员编制及机构级别不变。2001年8月更名为人行保山市中心支行。

2003年12月，保山市银监分局从人行保山市中心支行分设成立，共划转保山监管分局50人，其中，从保山市中心支行机关划转35人，四县支行划转15人。2004年，国家外汇管理局保山中心支局成立，局长由人行保山中支行行长兼任。当年，人行保山市中心支行内设12个科室、4个党群工作机构；2个直属单位。领导职数为：行长1人（兼国家外汇管理局保山中心支局局长）、副行长2人（1人兼国家外汇管理局保山中心支局副局长）、纪委书记1人、工会主任1人。

2005年，市中心支行下辖腾冲、昌宁、龙陵、施甸4个县支行，全市有职工201人。

二、中国银行业监督管理委员会保山监管分局

2003年12月，中国银行业监督管理委员会保山监管分局（简称市银监局）挂牌成立，属中国银行业监督管理委员会的派出机构。原人行保山中心支行履行的部分金融监管工作职能、职责划归保山银监分局，人员随业务划转。市银监局内设8个科室，并在施甸、腾冲、龙陵、昌宁四县设立监管办事处。2005年，保山监管分局及各县办事处实有50人，大专以上学历的职工占82%。

第二节　银　行

一、中国建设银行股份有限公司保山市分行

1955年12月，建设银行在保山成立办事处。此后，经历曲折的发展过程，并长期隶属财政部门。1979年11月，建设银行（简称建行）机构与保山地区财政局分设，建立建行保山地区中心支行，属国有商业专业银行。内设3个科。除办理基本建设拨款、财务管理和结算业务外，增办基本建设投资贷款业务。并在腾冲、昌宁、施甸3个县成立县支行。1980年3月，建行龙陵县支行成立。1981年12月，中心支行增设保山业务科，专管保山县基建拨款业务。

1985年，按照国务院规定保山地区中心支行的信贷计划被纳入人民银行的信贷体系，成为国家金融体系的组成部分。同年7月，建行保山市支行成立。

1990年，建行在全区共有机构、网点31个，其中：中心支行1个，县（市）支行5个，营业室（部）5个，分理处5个，住房信贷部3个，住宅储蓄所2个，储蓄所10个。全区建行系统有干部职工239人，具有专业技术职务95人，其中：高级经济师1人，中级经济师11人，中级会计师10人，助理级39人，员级32人。

1993年1月建行保山地区中心支行内部机构调整为9个科室。1994年建行保山市分行改革为商业化银行。1996年更名为建行保山地区分行。同年6月，保山地区分行和保山市分行合并，对外继续保留保山市支行的牌子，其经营核算管理权收归中支统一行使。1998年，按照集约化经营管理的要求，保山地区分行首先对施甸、龙陵、昌宁三县支行实行内部机构调整改革，逐步撤并规模小、效益差的营业网点。

2001年更名为建行保山市中心支行，下设4个室、5个部、5个处、1个中心。2003年更名为建行保山市分行。2005年更名为中国建设银行股份有限公司保山市分行，所辖机构作统一更名，年末有分支机构15个，有在职的正式职工209人。

二、中国农业银行保山市分行

1978年，农业银行与人民银行合署办公。1979年2月，农行从人行分出，以原人民银行农贷、信用合作科（股）为基础重组。11月，农行保山地区中心支行（简称地区农行）和下辖五县支行正式恢复建立。1980年1月，正式接办农业拨款业务，内设8个科室，属于统一管理支农资金、集中办理农村信贷、调节农村货币流通、领导农村信用合作社的综合性的农村专业银行。1988年1月，地区农行开始办理世界银行项目贷款。1990年，全区共有农行机构104个，其中：中心支行1个，县（市）支行5个，营业所80个，分理处8个，储蓄所10个。全系统有职工817人，具有专业技术职务的621人（高级经济师1人，中级经济师59人，中级会计师20人，助理级236人，员级305人）。

1996年，农业发展银行与农行分设，并设立相应的县级分支机构。11月，完成农业银行与农村信用社的账务划转工作，农村信用社与农行脱离行政隶属关系，形成农村合作金融组织体系。"一分一脱"的农村金融体制改革，剥离了农行担负的政策性贷款和领导、管理农村信用合作社的任务，开始向商业银行转轨。年末全区农行共有机构93个，员工817人。

1997年，保山地区农行由国有专业银行改制为国有商业银行，将所属13个科室改为8个。五县（市）支行将原7～9个科（股）精简为4～5个；地县农行机关管理人员由211人精简为145人，比例由29%下降到20%。

1998年11月，保山地区中心支行更名为保山地区分行。2000年因施甸县工行撤销，由施甸县农行接收施甸县工行各项存款7671万元，各项贷款378万元，同时接收施甸县工行正式职工2人。

2001年更名为中国农业银行保山市分行。2002年市农行减员50人（不含系统内调动3人），年末有员工999人，其中：长期合同工637人，储蓄合同工26人，短期合同工56人，离退休人员261人，内退19人。2003年设立农业信贷部，并拓展中间业务，代理国库、人寿保险、财产保险、交通违章罚款等，代收税款，代售基金，代发工资、国债等。

2005年年末，全系统有分支机构39个，其中：二级分行1个，县支行4个，营业部1个储，蓄所1个，分理处17个和营业所15个；有在职的正式职工581人。

三、中国工商银行股份有限公司保山分行

1985年1月，工行保山地区中心支行正式从人行保山地区中心支行划出，隶属工行云南省分行，属国有商业专业银行，是自主经营、独立核算的金融企业，县处级单位，内设6科室，下辖5个县（市）支行、10个办事处、11个储蓄所，年末共有职工337人。1990年全系统共有分支机构46个，其中：中心支行1个、县(市)支行5个、办事处8个、分理处8个、储蓄所22个、信贷部3个。中心支行内设11个科室。有职工548人，具有专业技术职务的

430人（高级经济师3人，中级经济师39人，中级会计师19人，中级工程师3人，助理级170人，员级196人）。

1992年，内设机构增至12个科室，下属单位增为17个分理处、26个储蓄所（柜）。1994年起由国有专业银行转为国有商业银行。1993年7月，工行保山中心支等经人行云南分行批准，成为工行云南分行信托股份公司保山地区代办处。

1998年11月，工行保山地区中心支行更名为保山地区分行，撤销与分行在同一城市的保山市（县级市）支行，组建保山地区分行营业部，实行地、市行一体化，统一管理、分级经营、集中核算的经营管理体制。

2000年8月，撤销施甸县支行，将各项存款7671万元、各项贷款378万元移交给施甸县农业银行。11月底完成人员分流工作。

2002年1月保山地区分行更名为保山市分行，所辖机构由4行1部精简为3行1部，撤并分理处5个、储蓄所10个，年末共有营业机构25个。2004年8月，撤销市分行营业部内设所有机构，强化市分行本级经营管理职能，由市分行直接管理隆阳区各营业部网点和各县支行。

2005年6月工商银行昌宁县支行撤销，业务、人员和财产整体划转昌宁县农村信用合作社联合社，更名为昌宁县农村信用社联合社营业部。12月，工行保山市分行改制更名为中国工商银行股份有限公司保山分行，所辖机构作统一更名。年末共有分支机构22个，其中：二级分行1个，县支行2个，二级支行1个，营业部1个，分理处17个；有在职正式职工338人。

四、中国银行股份有限公司保山市分行

1989年6月中国银行（简称中行）保山支行成立，属国有商业专业银行，为县处级单位，是国家的外汇、外贸专业银行。内设3个科室。7月下属腾冲支行（科级）成立。年末全系统有职工23人，其中保山支行12人。

1990年，全系统有分支机构4个，其中储蓄所2个；保山支行内设4个科室。有职工50人，具有专业技术职务的36人（中级经济师3人，中级会计师5人，助理级20人，员级8人）。

1999年3月更名为中行保山地区分行。更名后的隶属关系、业务范围不变，对外的债权债务关系不变，并接受当地人民银行的监督管理。

2000年进行内部机构改革。至年末，内部机构为7个职能部门，共有在职职工121人，有地区分行和县支行营业部各1个、分理处2个、储蓄所6个、储蓄服务点1个。

2001年8月更名为中行保山市分行。2003年12月，撤销腾冲边贸分理处。2004年市分行海关储蓄所与腾冲支行东路服务点合并，升格为分理处，更名为中行腾冲县支行环东分理处。年末，全市共有营业网点9个，其中：二级分行1个，县级支行1个，7个分理处；在编在岗员工78人，比上年减少32人。

2005年4月，更名为中国银行股份有限公司保山市分行。6月，中国银行腾冲支行更

名为中国银行股份有限公司腾冲支行(简称中国银行腾冲支行)。10月，市分行内设8个部室。年末，全系统有分支机构8个，其中：二级分行1个，县支行1个，分理处6个；有在职的正式职工92人。

五、农业发展银行保山市分行

1996年11月，中国农业银行与农业发展银行分设，挂牌成立农业发展银行保山地区分行(简称农发行)，原由4家专业银行及人民银行所承担的政策性业务划归农发行管理，主要办理粮棉油等农副产品收购、扶贫和农业综合开发贷款以及业务范围内的存款和财政支农资金的拨付，政府粮食风险基金的代理拨款等业务。内部设5个科室；辖分行营业部和腾冲、施甸、昌宁3个县支行及龙陵信贷组等营业机构。全区有职工100人，其中：保山35人、腾冲、昌宁、施甸县支行各20人、龙陵信贷组5人。专科以上学历有19人。

1997年1月农发行正式对外营业。1998年4月，其业务范围调整为办理国有粮食收储企业收购、调销、储备粮食、油料贷款业务。2000年，全行共有在职职工101人。

2001年更名为农发行保山市分行，内设9个处室。2005年，业务范围逐步扩大到农业产业化龙头企业、其他粮食加工企业、烟草储备、食糖储备等贷款业务；同时，开办中间业务，代理财产保险、人寿保险、国家开发银行结算业务。年末，共有分支机构5个，即市分行、腾冲、施甸、昌宁县支行和1个营业部；10个处室。共有在职正式职工99人。

六、保山市邮政局储汇分局

1986年10月，腾冲县邮电局率先在营业室内设立储蓄专柜，开办邮政储蓄。11月，保山市邮电局设立储蓄专柜。主要为客户提供邮政储蓄、邮政汇兑、邮政金融中间业务、邮政金融代理保险等业务。1988年6月，施甸县开办邮政储蓄业务。1990年5月，龙陵、昌宁两县相继开办邮政储蓄业务。

1990年1月起，改为自营业务，与人民银行为存款关系。1998年11月，保山邮电实行分营改革，成立保山地区邮政局，邮政储汇业务由经营服务部管理。2001年4月，内设的4个副科级单位晋升为正科级单位。8月保山撤地设市，保山地区邮政局及所辖机构相应更名。2002年，保山市邮政局储汇分局成立，隶属市邮政局市场部。

2005年12月，保山市邮政局储汇分局脱离市场部。除办理存款业务外，还开办代理保险、代发工资、代收烟草货款、代收话费等中间业务。并对全市邮政储汇业务统一行使管理、监督、检查等职能。年末，储汇分局共设有分支机构45个，其中：专储机构5个，储汇机构40个，有在职正式职工67人。

第三节　信用社

一、保山市城市信用社

1988年5月，由保山市城关镇、人民银行保山市中心支行牵头，开始筹建保山市正阳城市信用合作社(简称保山市正阳城市信用社)。1989年7月，成立保山市正阳城市信用社并召开第一届社员（股东）大会。8月，社员大会通过《保山市正阳城市信用合作社章程》；正式挂牌营业。保山市正阳城市信用社为群众性的集体合作金融组织，是实行独立核算、自主经营、自负盈亏、自求平衡的企业法人。行政上隶属保山市城关镇领导，业务上接受人民银行保山市支行监督管理。1990年年底，召开股东大会，选举产生理、监事会。有社干5人，理事7人，监事3人。全社有干部职工5人，具有专业技术职务3人，其中：助理级2人，员级1人。

2003年，转由中国银行业监督管理委员会保山监管分局监管。

2005年3月，进行股份制改造，并更名为保山市城市信用社股份有限公司（简称保山市城市信用社）。年末，辖内共有分支机构5个，其中：营业室1个，分社4个（北路分社、新华商场分社、永昌分社、保岫东路分社）；共有在职的正式职工48人。

二、保山市农村信用社

保山农村信用社成立于1952年。1983年体制改革中，根据农行总行的要求，先乡（镇）、后县（市）召开信用社社员代表大会，选举理、监事委员，恢复理、监事会，成立县（市）联社。同年6月，昌宁县在全市率先成立县联社。

1990年年末，全区共有信用社机构456个，其中：县（市）联社5个，乡（镇）级农村信用社88个，非独立核算信用分社363个，入社农户323002户，占总农户的98.6%。全区信用社共有干部职工871人，具有专业技术职务的613人（中级经济师14人，中级会计师9人，助理级221人，员级369人）。

1996年11月，完成农业银行与农村信用社的账务划转工作，农村信用社解除与农行的行政隶属关系，形成农村合作金融组织体系。

1997年，全区88个基层农村信用社规范工作顺利完成，新增入股股东32.9万户，新扩股金1070万元，新人股户数占全区总入股户的83.8%。

2005年年末，全市五县（区）农村信用社共有机构网点149个，其中：法人机构73个，非法人机构76个；共有在职的正式职工945人。

三、云南省农村信用社联合社保山办事处

2005年6月，云南省农村信用社联合社保山办事处（简称省联社保山办事处）挂牌成立，代表省联社对保山市辖区农村信用社进行管理、指导、协调和服务。同时，中国工商银行昌宁县支行整体移交昌宁县农村信用合作社联合社，更名为昌宁县农村信用社联合社营业部。全市农村信用社以服务“三农”（农业、农村、农民）为宗旨，主要开展储蓄存款、单位存款、信贷、汇兑等业务。

第四节　保险、证券机构

一、中国人民财产保险股份有限公司保山市分公司

中国人民财产保险股份有限公司保山市分公司前身为1951年5月成立的中国人民保险

公司保山支公司。1958年并入财政部门，同年全国停办国内保险业务，机构撤销。1981年11月，保险公司保山地区中心支公司（简称中支公司）恢复对外挂牌营业，受省分公司和人行保山地区中心支行双重领导。

1982年8月，腾冲分公司成立，同年经地区中心支行同意，在昌宁、施甸、龙陵三县支行委托设立保险业务代理处。1984年10月保险公司地、市分公司升格，与人行同级，受人行协调、指导、监督和检查。1985年10月保险公司昌宁县支公司成立。1986年5月保险公司保山市支公司成立。1989年11月保险公司施甸支公司成立；12月保险公司龙陵支公司成立。同年，从人民银行分出，由保险云南省公司垂直领导。之后近15年的时间里，保山的保险业务处于人保公司独家经营状态。

1990年年末，中支公司管辖5个县（市）支公司。内设6个科室。保山地区地、县两级全公司有干部职工57人，具有专业技术职务的53人（中级经济师5人，中级会计师15人，助理级10人，员级37人）。

1993年1月，保山市支公司恢复名称，并与中支机关分开办公。3月成立保山地区保险公司劳动服务公司。1994年1月劳动服务公司撤销。9月保山地区保险公司营业部成立。1995年2月中支机关科室由 9 个合并7个。年末，中支机关（含营业部）共有职工24人。

1996年4月，中国人民保险公司保山地区中心支公司分设为中保财产保险有限公司保山分公司和中保人寿保险有限公司保山分公司。中保财产保险有限公司保山分公司内设6个科室，5个县支机构及中心支公司营业部等。在职职工31人。1999年2月，中保财产保险有限公司保山分公司更名恢复为中国人民保险公司保山分公司。

2003年7月，中国财产保险公司股改上市，中国人民保险公司保山分公司更名为中国人民财产保险股份有限公司保山市分公司（简称人保财险保山市分公司）。

至2005年年末，公司体制无变化。

二、中国人寿保险股份有限公司保山分公司

1996年4月，决定分设中保人寿保险有限公司保山分公司。12月31日，分公司正式挂牌成立。分公司内设4个科室，下辖保山市营业部、腾冲县营业部、昌宁县营业部3个县支机构，在职职工31人。

1997年5月，根据省公司的决定，怒江州人寿保险代理业务由中保人寿保山分公司管理。1998年3月，施甸、龙陵两县人寿保险办事处设立。1999年3月，中保人寿保险有限公司保山分公司更名为中国人寿保险公司保山分公司。2001年8月，因保山撤地设市，原县级保山市支公司更名为隆阳区支公司。2002年7月，经省保监局批准，设立龙陵县、施甸县、怒江州3个营销服务部。

2003年12月，中国人寿保险公司股改上市，中国人寿保险公司保山分公司更名为中国人寿保险股份有限公司保山分公司。内设职能部门增至7个，下辖隆阳区、腾冲县、昌宁县3个支公司和施甸县、龙陵县、怒江州三个营销服务部。

2005年11月，怒江州营销服务部从保山划出。同年末，中国人寿保山分公司辖5个县级营业机构，有正式员工(含内退人员)41人，营销代理人员455人。

三、太平洋财产保险股份有限公司保山中心支公司

1996年4月，引进太平洋保险公司业务，建设银行保山地区中心支行代理中国太平洋保险公司昆明分公司保山地区保险业务。2003年11月，中国太平洋财产保险股份有限公司保山中心支公司正式挂牌成立。公司内部设有4个职能部门，在隆阳区设有1个代办点，与银行保险兼业代理建立了合作关系。2005年12月，腾冲营销部开业。

四、太平洋人寿保险股份有限公司保山中心支公司

2003年11月，中国太平洋人寿保险股份有限公司保山中心支公司正式成立。2004年，保山中心支公司腾冲、昌宁2家营销服务部开业。

五、永安财险保山中心支公司

2005年4月，永安财险保山中心支公司成立。全市辖区下设2个营销服务部，即昌宁营销服务部和腾冲营销服务部。内设5个职能部门。主要经营各种财产保险、信用保险、农业保险、保证保险、短期健康保险、和意外伤害保险等。

六、泰康人寿保险股份有限公司保山中心支公司

2004年3月，泰康人寿保山中心支公司成立，属股份制人寿保险公司，公司内设7个职能部门。时有在编内勤员工30人，保险代理人150人。2005年1月，泰康人寿保山中心支公司施甸、腾冲营销服务部开业。

七、天安财险保山中心支公司

2005年，天安保险股份有限公司保山中心支公司开业。

八、新华人寿保山中心支公司

2004年11月，新华人寿保险股份有限公司保山中心支公司成立，此前属代理营销服务部，仅设一营业网点。主要经营人寿保险、健康保险和意外伤害保险等保险业务。

九、太平洋证券有限责任公司保山营业部

1996年12月，云南证券有限责任公司保山营业部开业，是云南证券有限责任公司下属的非独立核算的分支机构，由云南省证券有限责任公司拨付营业部营运资金，统一管理、统一核算。

2004年4月，云南证券有限责任公司所属营业部包括保山营业部正式被太平洋证券托管，成为唯一一家经中国证监会批准在保山成立的证券经营机构，为保山的投资者提供了参加全国性股票、债券、基金等交易的合法场所。7月，太平洋证券保山服务部正式上线。

第二章　银行、信用业务

第一节　存款业务

1978年起，保山地区企业放开经营，利润留成增加，间歇资金增多。存款客户除原来的机关单位、国营、集体企业和城乡人民储蓄外，还有外资、合资企业存款。城乡人民储蓄存款的稳定持续增长，使银行存款发生了结构性的变化，储蓄存款已成为银行存款的主要来源之一。年末，全区金融机构本外币存款余额11353万元。

1980年银行信贷管理体制实行“存贷挂钩，差额控制”后，各银行积极组织吸收存款，开办业务种类，广泛开辟资金来源渠道。年末，全区各项存款13333万元。

1986年，实行“多存多贷”的信贷资金管理办法后，银行各项存款较快增长。当年全区各项存款41893万元。1988年随着经济改革的发展，各专业银行实行业务交叉，引入竞争机制，储蓄存款增加额成为存款增加的重要部分。1990年年末，全区各项存款额达92500万元，比1978年增加81153万元。此后，随着改革步伐的加快，保山经济呈现快速增长，且各行均采取改进服务质量，提高服务水平，增加宣传力度等措施来增强自身的竞争力，扩大存款来源。认真贯彻落实国家宏观调控政策，其间虽经国家几次调低利率，但各项存款余额都保持了较平稳的增长势头。

1999年年末，全区金融机构本外币存款余额611349万元，其中：城乡储蓄存款余额39.4亿元，占存款总额的65%，成为全区最重要的信贷资金来源。

2000年，全区金融机构各项存款余额655307万元，其中：储蓄存款余额447668万元，企业存款148922万元。

2005年年末，全市金融机构本外币存款余额1212586万元，其中人民币各项存款余额1212600万元。企业存款余额255524万元，是1980年的91倍；城乡居民储蓄存款余额781438万元。

1978—2005年保山市金融机构历年年末各项存款余额表

表29-1　　单位：万元

年度	各项存款余额	年度	各项存款余额	年度	各项存款余额	年度	各项存款余额
1978	11353	1985	27605	1992	123757	1999	611349
1979	11111	1986	41893	1993	145481	2000	655307
1980	13333	1987	51755	1994	236746	2001	740293
1981	15621	1988	58272	1995	309648	2002	814348
1982	19967	1989	71251	1996	363894	2003	911394
1983	20289	1990	92506	1997	443933	2004	1042710
1984	25564	1991	93591	1998	548477	2005	1212586

注：1.1978—1990年资料来源于《保山地区金融志（1998年）》；2.1991—2005年资料来源于保山地区（市）统计处（局）《保山地区国民经济统计资料》及《保山统计年鉴》

1978—1990年保山地区银行机构历年年末各项存款余额表

表29-2　　单位：万元

年度	合计	企业存款	财政存款	机关部队团体存款	城乡储蓄	农村存款	基本建设存款	信托存款	其他存款
1978	9321	2413	1467	1972	997	1975	497	—	—
1979	9201	2675	1588	1693	1166	1761	318	—	—
1980	10525	4277	2251	814	1598	2629	766	—	—
1981	12069	2896	2233	941	2140	2985	863	—	11
1982	15345	4256	2673	1769	2847	3225	520	—	55
1983	15081	3827	2659	1579	3728	3067	170	—	51
1984	19731	7226	1816	2283	5100	1838	1341	—	127
1985	21511	7366	1751	1560	7155	3256	—	26	397
1986	33946	12974	1718	1941	10059	3789	—	1714	1751
1987	41256	14315	1829	2048	14414	4206	—	1983	2461
1988	46488	15081	2428	1895	17501	4612	—	1648	3323
1989	56703	15786	3226	2794	23612	5963	—	2000	3322
1990	73623	20609	1686	3485	32814	8297	—	2260	4472

注：1978—1990年资料来源于《保山地区金融志（1998年）》，为全区银行机构各项存款余额表，不含信用社数据

1991—2005年保山市（地区）金融机构历年年末各项存款余额表

表29-3　　单位：万元

年度	合计	其中		
		企业存款	财政存款	储蓄存款
1991	93951	25319	2478	43092
1992	123756	34947	1830	56499
1993	145481	35681	2323	74122
1994	236746	47521	3577	153458
1995	309648	68636	3813	212918
1996	363894	85977	4979	263014
1997	443933	102362	5305	321479
1998	548477	111872	4250	358278
1999	611349	129672	6318	393712
2000	655307	148922	8675	447668
2001	740293	159732	10921	500164
2002	814348	147984	8175	557443
2003	911394	167201	13325	618235
2004	1042710	231750	20416	682841
2005	1212586	255524	10079	781438

注：1991—2005年资料来源于中国人民银行保山市中心支行《保山市金融志（1990—2010）》

第二节　贷款业务

1978年7月，人行全区各县支行为配合农业机械化推广，开始发放农机专项无息贷款。11月，龙陵、保山支行对地震灾区农业贷款开展清理豁免工作。年末，保山地区各项贷款余额为13532万元。

1981年实行“区别对待、择优扶持”的贷款政策，银行可根据企业经营情况自主决定放贷与否。

1983年1月，农行各县支行开始发放农业开发贷款。

1985年，人民银行行使中央银行职能后，对银行信贷资金开始实行“实贷实存”的管理办法。1986年1月，农行龙陵、施甸两县支行开始办理扶贫贴息贷款。

到1990年年末，保山地区各项贷款余额98516万元，比1978年增加84984万元。1993年以后，随着社会主义市场经济体制的逐步建立，信贷资金已成为经济发展资金的重要组成部分。

1995年，强化贷款规模和负债资产比例管理。省下达保山地区国家银行贷款规模为51103万元，实际完成51077万元，控制在规模以内。主要投向水利、电力、通讯、交通等基础设施项目。

1996年，国家取消信贷资金计划管理模式，按照市场的要求进行资金运作，给予银行极大的经营自主权。全区金融机构积极吸收存款，努力扩大信贷资金来源，各项贷款逐年稳定增加。1997年，全区金融运行中存在一些问题：信贷资产质量不高，年末不良贷款额达10亿元，占各项贷款的19.7%；资金供求矛盾大，年末全区资金借差为18亿元；此前保山地区金融市场未收回资金7066万元。

至1999年年末，保山地区金融机构各项贷款余额664858万元，支持建设了一大批糖厂、茶厂及交通、能源、通讯等基础设施项目。2000年起，加大对农业的信贷投入，重点支持电力、烟草、制糖、交通、城市基础设施建设、旅游等行业和支柱企业、骨干产业。全区烟草、制糖业每年要占用银行信贷资金15亿元，农业贷款每年新增10%以上，贷款额达到11亿元，投入重点建设项目3亿元、发放农副产品收购贷款约9亿元，为保山各项经济建设提供强有力的资金保障。当年，全区金融机构各项贷款余额达66.6亿元。累计核销国有企业呆坏账1.1亿元，剥离不良资产5.3亿元，置换到期贷款30亿元。

随着经济的发展，保山市的异地贷款不断增长。至2005年，全市共有国家开发银行昆明分行、中国银行云南省分行、交通银行云南省分行、华夏银行昆明分行、广东发展银行昆明分行、招商银行昆明分行、昆明市城市商业银行七家金融机构对保山市企业贷款，贷款余额为10.04亿元。全市信贷业务投放更加灵活：农发行开办商业性贷款业务，农行为支持微型企业的发展提供免信用评级融资服务，城市信用社为中小企业量身定做信用贷款业务。2005年年末，全市金融机构各项贷款余额103.72亿元。

1978—2005年保山市金融机构各年末各项贷款余额表

表29-4　　　　单位：万元

年度	各项贷款余额	年度	各项贷款余额	年度	各项贷款余额	年度	各项贷款余额
1978	13532	1985	39436	1992	131327	1999	664858
1979	13459	1986	48504	1993	162541	2000	666193
1980	15271	1987	58135	1994	233821	2001	720012
1981	18472	1988	65622	1995	306130	2002	781567
1982	20068	1989	80392	1996	393881	2003	892794
1983	22343	1990	98516	1997	537502	2004	968159
1984	32958	1991	105041	1998	623676	2005	1037151

注：1.1978—1990年资料来源于《保山地区金融志（1998年）》；2.1991—2005年资料来源于保山地区（市）统计处（局）《保山地区国民经济统计资料》及《保山统计年鉴》

1978—1990年保山地区银行机构历年各项贷款年末余额表

表29-5　　　　　　　　　　　　　　　　　　　　　　　　　　　　　　单位：万元

年度	合计	工业贷款	商业贷款	固定资产投资贷款	农业贷款	个体贷款	信托贷款	其他贷款
1978	12978	1771	9636	—	1571	—	—	—
1979	12817	1575	9430	—	1812	—	—	—
1980	14404	1441	9914	—	3049	—	—	—
1981	17117	1378	12328	—	3411	—	—	—
1982	17635	1619	12619	—	3385	3	—	9
1983	18481	2100	12027	649	3705	—	—	—
1984	26546	3505	15463	1302	5915	132	—	229
1985	33127	4408	19358	2732	6459	137	—	33
1986	41147	7025	21851	3726	8121	106	179	139
1987	48868	7655	26384	4544	9797	117	211	160
1988	55646	9443	28750	5587	11034	173	193	466
1989	69498	13173	37297	7172	10897	16	238	705
1990	85216	16543	44433	11092	12119	113	218	698

注：1978—1990年资料来源于《保山地区金融志（1998年）》，不含信用社数据

1991—2005年保山市金融机构各年末各项贷款余额表

表29-6　　　　　　　　　　　　　　　　　　　　　　　　　　　　　　单位：万元

年度	合计	其中										
		小计	工业贷款	商业贷款	固定资产投资贷款	农业贷款	个体贷款	三资企业贷款	其他短期贷款	中长期贷款	信托贷款	其他贷款
1991	105041	76430	17739	51638	—	9142	—	—	—	18807	—	—
1992	131327	87027	26277	54173	—	1145	—	—	—	25661	90	7092
1993	162541	107091	20197	67158	—	14078	—	—	—	32617	300	8455
1994	233821	165669	38651	73432	2338	21311	290	100	21266	64112	50	3990
1995	306130	215974	63457	88865	2249	37150	470	250	10854	74250	2427	13479
1996	393881	304611	98337	120086	2762	47557	1474	593	16628	74588	3072	11610
1997	537502	422831	152325	150928	5425	63816	2314	705	20179	107249	1223	6199
1998	623676	500220	160217	167539	8075	92373	4339	562	45530	100863	1407	22593

续上表　　　　单位：万元

年度	合计	其中										
		小计	工业贷款	商业贷款	固定资产投资贷款	农业贷款	个体贷款	三资企业贷款	其他短期贷款	中长期贷款	信托贷款	其他贷款
1999	664858	526430	159781	167550	10300	103986	7677	492	55228	117465	—	20963
2000	666193	499810	121454	159247	7711	109853	9339	495	69711	122822	—	42561
2001	720012	509858	136317	148637	6297	125065	10112	445	61657	174412	—	35742
2002	781567	464212	68703	137148	9470	144037	13961	395	71987	191476	—	125575
2003	892794	510163	77674	108368	15599	168901	15513	1420	104380	241619	—	140817
2004	968159	—	80641	94597	2754	183613	16321	1420	109574	306651	—	—
2005	1037151	542693	95892	106495	5576	198343	15228	—	102633	487615	—	—

注：1.1991—2005年资料来源于保山地区（市）统计处（局）《保山地区国民经济统计资料》及《保山统计年鉴》，含银行机构及信用社数据；2. 固定资产投资贷款2004～2005为建筑业贷款

第三节　中间业务

1985年工行保山分行成立，在保山地区率先开展为客户办理收付和其他委托事项从中收取手续费的中间业务。但在国家专业银行时期，中间业务以结算业务为主，呈现出品种单一、收入不高甚至不收取费用的特点。随着各政策性银行和商业银行改革转型后效益目标中心地位日益突出，中间业务作为新的利润增长点的重要性日益显现。之后，各政策性银行和商业银行根据自身业务情况，相继开展了中间业务。1989年，中行保山分行率先开展银行卡（长城卡）业务。1991年，工行保山分行开展外汇业务、房地产贷款业务。1992年中行开展代理证券交易。1993年，农行保山分行率先开展国际结算业务；工行保山分行开展租赁信托、代理业务。2003年，工行保山分行开展电子银行、投资银行业务。

至2005年，保山市除中国人民银行及保山市城市信用社（仅1991年开展过中间业务）外，各银行均开展中间业务，所涉及的业务有：保险代理、外汇、房地产信贷、银行卡、租赁信托、代收、代理、电子银行、理财、投资银行、信用担保、信用卡、信息咨询、资信评估、决算、市场营销、理财、财务顾问等等。年末，全市拥有各类银行卡59.11万张，发生71万笔业务，312.21万亿元；开通网上银行1.79万户，网上交易24.6万笔，交易104.57亿元；电子结算渠道贯穿城乡金融机构各个网点，实现了国内外信用卡结算业务。

第四节　各银行、信用机构业务

一、中国人民银行保山市分行业务

存款业务　1978—1990年，全行各项存款余额择年分别为：1978年9321万元，1980年6112万元，1985年3311万元，1990年1906万元。

贷款业务　1985年1月按照国家统一规定，将原人民银行办理的工商金融及储蓄等业务全部划归工商银行办理，人民银行正式专门行使中央银行职能。人行保山地区分行通过贯彻和实施货币政策、监督管理金融业来维护全辖金融业稳健经营。1978—1990年，全行各项贷款余额择年分别为：1978年12978万元，1980年11355万元，1985年2077万元，1990年603万元。2003年，按照中国人民银行职能调整要求，人行保山市中心支行在辖内有效行使着中央银行货币政策、金融宏观调控、维护金融稳定和金融服务职能。1991—2005年，中国人民银行保山市分行向保山市金融机构再贷款年末各项贷款余额为：1991年32955万元，1995年7560万元，2000年5500万元，2001年1.9亿元，2002年2.96亿元，2003年3.04亿元，2004年2.9亿元，2005年5500万元。

二、中国农业发展银行保山市分行业务

存款业务　1996年11月农发行保山地区分行成立。1996—2005年存款余额择年分别为1996年3194万元，1998年2066万元，2000年1678万元，2002年2711万元，2004年3672万元，2005年5584万元。

贷款业务　至2005年，农发行的业务范围从过去单一的国有粮油收购、储存、调销贷款业务逐步扩大到粮油产业化龙头企业、加工企业、其他粮食企业和烟叶、食糖储备等贷款业务。全年累计发放粮食储备、收购、调销贷款12547万元，支持粮食购销企业储备、收购、调入粮食7564万千克；累计发放油脂收购贷款1383万元，支持收购油脂270万千克。1996—2005年贷款余额择年分别为1996年50685万元，1998年40077万元，2000年38113万元，2002年33740万元，2004年32202万元，2005年41196万元。

中间业务　2005年起，农发行保山分行获准开办与农业有关的中间业务，主要为代理保险业务。代理险种有财产保险、工程保险、货物运输保险、责任保险、财产损失保险、信用保险等财产保险和人寿保险、健康保险、意外伤害保险等人身保险。年末，全行实现保险代理手续费收入2.62万元。

三、中国工商银行股份有限公司保山分行业务

存款业务　1984年12月工行保山地区中心支行成立。1985年全行存款余额10129万元。1990—1993年，工行保山地区中心支行作为国有专业银行，处于发展的初创期，各项存款余额增长较快。1990年年末，各项存款余额达30284万元。1995年各项存款余额84697万元。2000年各项存款余额157803万元。至2005年，不断强化业务市场营销能力，剔除昌宁支行移交农村信用社因素，年末全行对公存款和储蓄存款分别比年初净增15399万元、6667

万元，各项存款余额210713万元。

贷款业务 1984年全行各项贷款余额达15275万元，1985年为14633万元，1990年为32975万元。1995年，全行信贷工作根据抑制通货膨胀这一首要任务，在用好用足规模的前提下，努力调整结构，优化投向，支持重点。年末各项贷款余额达75176万元，贷款规模使用率为100%。2000年，新增贷款重点投向电力、交通、城市基础设施、电信、汽车消费等风险小、效益好的行业和企业。年末，各项贷款余额125217万元，比年初减少7119万元。2005年加大对电力、交通、通信等基础设施行业的贷款投放，积极支持小企业发展，加大个人贷款投放力度。年末各项贷款余额120053万元，剔除昌宁支行移交农村信用和不良贷款剥离因素，贷款较年初净增9060万元。

中间业务 1985年成立就开展中间业务。股份制改造完成后，树立以效益为中心的经营理念，突出中间业务对实现利润目标的重要支撑作用，业务品种、业务规模和收入总量持续快速增长。主要有外汇业务、房地产信贷业务、银行卡业务、租赁信托业务、代理业务、电子银行业务、理财业务和投资银行业务。2001—2005年中间业务收入分别为2001年74万元，2002年125万元，2003年255万元，2004年376万元，2005年595万元。

四、中国农业银行保山分行业务

存款业务 1980年1月开始接办农业拨款业务，当年全行各项存款余额4413万元。1985年各项存款余额8071万元，1990年为30065万元。1991年农行板桥储蓄所突破1000万元大关，受到省农行的表彰和奖励，年末全行各项存款余额36794万元。1995年起采取各项措施盘活资金，增强资金实力，年末各项存款余额74612万元。2000年各项存款余额152372万元。2005年各项存款余额276071万元。

贷款业务 1980年全行各项贷款余额3049万元，1985年全行各项贷款余额16417万元，1990年全行各项贷款余额38935万元。1991年，全区农行信贷累计发放各项贷款5.6亿元。1995年，全区农行重点支持全区农田水利建设、基础设施建设和科学技术的推广应用；及时发放农业生产资料贷款2396万元；优先支持粮油生产和“菜篮子”工程；狠抓农业专项贷款的落实。由于农采资金得到保证，到1995年，全区已连续六年未出现农副产品收购打“白条”。当年全行各项贷款余额69859万元。2000年全行各项贷款余额219569万元。2005年，主要围绕烟、糖、茶等地方主要骨干产业，充分发挥产、供、销龙头企业的带动作用，重点扶持在“三农”中具有辐射作用的龙头企业及优势产业。年末，农业产业化贷款31182万元，发放扶贫贷款10959万元，个人住房贷款余额6706万元，个人消费贷款1443万元，办理助学贷款499笔，金额171万元。年末全行各项贷款余额321151万元。

中间业务 主要开展的中间业务有结算业务、信用卡业务、代理业务等。1999—2005年，中间业务收入分别为1999年15万元，2000年33万元，2001年48万元，2002年78万元，2003年79万元，2004年428万元，2005年806万元。

五、中国银行股份有限公司保山市分行业务

存款业务 1989年6月中国银行保山支行成立，当年各项存款余额762万元。1990年

年末，全行各项存款余额达到2342万元，其中：储蓄存款余额为1530万元，企业及其他存款余额为808万元。同时，发行金融债券125万元。各项外汇存款余额20万美元。1991年年末，各项人民币存款余额达3453万元，其中：储蓄存款余额2589万元，企业及其他存款余额864万元。各项外币存款余额折合美元为52万美元，净增32万美元。1992年，全辖人民币存款余额5017万元，其中：企业及其他存款989万元，储蓄存款4028万元。各项个人外币存款折合美元56万美元。1995年年末，全行人民币各项存款余额14392万元。1997年，各项人民币存款余额20802万元，其中：储蓄存款16481万元，企业存款4321万元。2000年年末，全行人民币各项存款余额34351万元，各项外汇存款余额折合373万美元。2005年年末，全行人民币各项存款余额69242万元，各项外币存款余额折合266万美元。

贷款业务 1989年，全行人民币各项贷款余额1950万元。1990年，累计发放各项人民币贷款8555万元，支持地方外向型经济。1995年年末，各项人民币贷款余额12808万元。全年结汇491万美元，其中出口收汇411万美元。2000年，全行人民币各项贷款余额19222万元，外汇贷款224万美元。至2005年年底，全行人民币各项贷款余额56703万元。按五级分类不良贷款余额4309万元，不良占比为7.6%。

中间业务 1989—1994年，中行保山支行中间业务品种单一，主要开办咨询、银行卡业务，收费较低甚至免费服务。1995年，中行由国家专业银行向国有商业银行转型，全年结汇491万美元。2000年，全行共办理结售汇金额747.09万美元，年末，长城信用卡有效卡733张，卡存款余额166万元。1990—2005年，全行中间业务收入分别为1990年0.78万元，1995年27.46万元，2000年22.63万元，2002年42.63万元，2004年36.97万元，2005年44.95万元（占总收入的1.58%）。

六、中国建设银行保山分行业务

存款业务 1985年7月，建行保山市支行成立，随即开展业务工作。1986年全行各项存款余额4267万元。1990年，保山建行存款首次突破亿元大关，年末一般存款实际达到12006万元，其中：企业存款5895万元，储蓄存款3027万元，其他存款3084万元。1990年年末全行各项存款余额9026万元。1995年年末，全行一般性存款达50776万元。2000年年末，全行一般性存款达到133758万元，其中：企业性存款余额达62593万元，储蓄存款余额71164万元。企业性存款新增占比和绝对额居四大商业银行首位，储蓄存款因施甸工行撤销后划并农行，新增占比和绝对额居四大商业银行第二位。至2005年年底，全行各项存款余额2.73亿元，其中：企业性存款余额1.44亿元，个人存款余额12.9万元。

贷款业务 1986年全行各项贷款余额1926万元。1990年，全年共发放贷款8689万元，贷款项目465个，新增各项贷款4292万元。年末全行各项贷款余额8817万元。1995年，全行累计收回各项贷款48373万元。年末，全行发放贷款69297万元，各项贷款余额72862万元。2000年加大电力、电信、教育、个体、私营、住房等行业贷款投放力度，年末，贷款余额达133962万元，较年初新增14634万元。不良贷款率为7.57%，余额1.01亿元，利息实收率达124.65%。2005年年末，各项贷款余额198849万元，比年初增加20566.03万元，其中：公司类贷款增加15939万元，个人住房贷款增加3135万元，个人消费贷款增加1443万元。

中间业务 建行保山分行中间业务由最初的代理财政和委托贷款等业务演变而来。主要开展的中间业务有：编制审查工程预决算、帮助企业清理债权债务、咨询业务、企业资信等级评审业务和证券经营业务、代收自来水费和移动通信话费等业务、保险代办业务、银行卡业务、国税代理业务、代收天然气费业务等。1991—2005年，中间业务收入分别为：1991年169.00万元、1995年58.42万元、2000年103.22万元、2001年135.8万元、2002年154.42万元、2003年179.11万元、2004年405.83万元、2005年467.46万元。

七、保山市城市信用社业务

存款业务 1989年7月保山市正阳城市信用社成立。1990年年末全社各项存款余额109万元，其中储蓄存款51万元。1995年年末各项存款余额达1136万元。2000年年末各项存款余额为8032.84万元，比上年末净增1813.89万元。2001年各项存款余额为10998万元，2002年为13042万元，2003年为13102万元，2004年为15785万元。2005年，与昆明市商业银行开展全面合作共建，建立起高效快捷的网络结算平台，为客户提供极大便利。年末，各项存款余额为22017万元，其中储蓄存款7999万元。

贷款业务 1990年年末各项贷款余额92万元，其中，集体、小型国营承包企业贷款74万元，个体户贷款18万元。1995年各项贷款余额471万元。2000年各项贷款余额5154万元，比1999年净增1203.99万元。2001年各项贷款余额为6158万元，2002年为8688万元，2003年为9788万元，2004年为10588万元。2005年累计投放贷款24945万元，累计收回22786万元。年末各项贷款余额为13109万元，存贷比例59.54%。

中间业务 1991年，兑付国库券面额314391元，合人民币450005元。此后至2005年，未开展中间业务。

八、云南省农村信用联社保山办事处业务

存款业务 1978年，全区农村信用社各项存款余额2032万元。1990年年末各项存款余额18836万元，其中：集体存款余额1980万元，社员储蓄达18715万元，其他存款余额102万元。定期储蓄13135万元。1995年年末，全社各项存款73041万元。2000年全社各项存款余额为146457万元。2005年年末，全社各项存款余额300627万元，比上年末增加57779万元，占全市金融机构各项存款的24.72%，存款总额继续保持全市金融机构第一位。

贷款业务 1978年全区农村信用社各项贷款余额554万元。1990年发放各项贷款11143.6万元，收贷实际收回8828.2万元。年末各项贷款余额13212万元，其中社员贷款达12008万元。1995年年末各项贷款余额73041万元。2000年各项贷款余额为146457万元。2005年全市共有36.6万农民获得农村信用社贷款支持，农户贷款面达71.99%。年末，全社各项贷款余额达286091万元，比上年末增加49652万元，占全市金融机构各项贷款的27.58%，贷款总额在全市金融机构居第二位。其中农业贷款228435万元，农业贷款余额

占总贷款的79.84%；农业贷款占全市金融机构农业贷款的91.25%。

九、保山市邮政局储汇分局

存款业务　1986年起，保山地区恢复开办邮政金融业务，其中：腾冲县1986年10月开业，年末存款余额为6.83万元；保山局1986年11月开业，年末存款余额为18.08万元；昌宁县1988年5月开业，年末存款余额为24.6万元；施甸县1988年6月开业，年末存款余额为9.14万元；龙陵县1990年5月开业，年末存款余额为30.48万元。1992年7月起开办全省范围内通存通兑的邮政定额定期储蓄业务。1994年6月，全区有45个邮电支局、所开办高额汇款业务。1998年年末全区邮储余额10580万元。1999年1月开办国内邮政入账汇款业务。2000年3月，保山与德宏州之间开通电子快汇业务。5月起，10个网点开办活期储蓄全国异地存取业务。同时，在保山市四县一区范围内开办电子快汇业务。2001年5月，保山局开通卡窗口业务。10月，建成昌宁、龙陵、施甸、腾冲四县局电子汇兑中心，开通四县局营业室现金—现金24小时到达的电子汇兑业务。年末全市邮储余额达到21186万元，首次突破2亿元大关，当年净增7783万元，创历史最高纪录。实现邮储收入458.25万元，汇兑收入145.31万元。2005年年末全市存款余额47066万元，其中：隆阳区18165、施甸县9181万元、腾冲县8990万元、龙陵县7451万元、昌宁县3279万元。

中间业务　1999年7月，保山邮储与人寿、财产保险公司签订代理保险业务合同。代理保险、国债、代发工资、养老金、农补金，代收移动话费等业务；各县局相继签订代理保险业务，到年底保山、腾冲局已发生业务20户，办理保险23.32万元，实现收入0.88万元。2002年，保山市移动通信分公司、保山市邮政局共同协商正式签订“业务合作协议”，由联网的邮政储蓄网点代收移动话费。2003年11月，市局、各县局及市局其他乡村网点陆续开办代收联通话费业务。2004年8月起，在全市各邮政网点开办代理太平洋财产保险业务。9月在全市代理发放云南省农业人口独生子女家庭养老生活补助（奖励扶助金）。12月在四县（区）所有邮政营业网点开办代收烟草货款业务。2005年5月增加邮政兼业代理保险经营范围，主要是对邮政兼业代理险种进行增加，拟增加的险种为机动车辆保险、货运险、责任险、企财险、健康险、短期意外伤害险等。

1978—2005年保山市各金融机构历年年末各项存款余额表

表29-7　　　　　　　　　　　　　　　　　　　　　　单位：万元

年度	人民银行	工商银行	农业银行	建设银行	中国银行	农业发展银行	农村信用社	城市信用社
1978	9321	—	—	—	—	—	2032	—
1979	9201	—	—	—	—	—	1910	—
1980	6112	—	4413	—	—	—	2808	—
1981	7054	—	5015	—	—	—	3552	—
1982	9495	—	5850	—	—	—	4622	—

续上表　　　　　　　　　　　　　　　　　　　　　　　　　　　单位：万元

年度	人民银行	工商银行	农业银行	建设银行	中国银行	农业发展银行	农村信用社	城市信用社
1983	8685	—	6396	—	—	—	5208	—
1984	14064	—	5667	—	—	—	5833	—
1985	3311	10129	8071	—	—	—	6094	—
1986	3683	13675	12321	4267	—	—	7947	—
1987	2606	18571	16902	3177	—	—	10499	—
1988	2681	21186	18958	3663	—	—	11784	—
1989	3241	24718	22122	5860	762	—	14544	4
1990	1906	30284	30065	9026	2342	—	18834	49
1991	3453	33189	36794	18268	3453	—	25650	146
1992	5017	44013	46569	22704	5017	—	34036	448
1993	7385	52526	51150	28127	7385	—	43930	499
1994	10836	66773	59449	36330	10836	—	56304	638
1995	14392	84696	74612	50776	14392	—	73041	1136
1996	17216	105131	75004	66969	17216	3194	91272	1962
1997	20802	121951	98555	80146	20802	2604	112068	3444
1998	24822	141929	108225	92510	24822	2066	125277	5051
1999	29154	156294	127285	114510	29186	2075	134137	6219
2000	34351	157803	152372	133758	34351	1678	146457	8033
2001	37978	162439	167202	165674	37978	2736	162301	10998
2002	44141	166288	194610	191300	44141	2711	178108	13042
2003	54247	186674	199565	211000	54247	2711	207992	13102
2004	61453	204660	224318	235417	64444	3672	241114	15785
2005	69242	210812	276071	273000	69242	5584	300627	22017

注：1.1978—1990年资料来源于《保山地区金融志（1998年）》；2.1991—2005年资料来源于银行提供资料及《保山年鉴》

1978—2005年保山市各金融机构历年年末各项贷款余额表

表29-8　　　　　　　　　　　　　　　　　　　　　　　　　　　单位：万元

年度	人民银行	工商银行	农业银行	建设银行	中国银行	农业发展银行	农村信用社	城市信用社
1978	12978	—	—	—	—	—	554	—
1979	12817	—	—	—	—	—	642	—

续上表 单位：万元

年度	人民银行	工商银行	农业银行	建设银行	中国银行	农业发展银行	农村信用社	城市信用社
1980	11355	—	3049	—	—	—	867	—
1981	13706	—	3411	—	—	—	1355	—
1982	14250	—	3385	—	—	—	2433	—
1983	14776	—	3705	—	—	—	3862	—
1984	811	15275	10460	—	—	—	6412	—
1985	2077	14633	16417	—	—	—	6219	—
1986	2067	18025	19129	1926	—	—	7357	—
1987	—	21420	23078	4370	—	—	9267	—
1988	—	23469	26924	5233	—	—	9996	—
1989	374	28220	33158	5796	1950	—	10894	—
1990	603	32975	38935	8817	3886	—	13208	92
1991	32955	36206	45509	21532	5583	—	16686	116
1992	37539	44705	54377	15129	7983	—	21579	366
1993	37084	56257	65454	47260	9908	—	27506	446
1994	6060	64423	63937	51938	11308	—	35909	368
1995	7560	75177	69859	72862	12808	—	45845	471
1996	4500	93826	88398	97820	15308	50685	61960	1171
1997	5650	114016	107177	128353	18308	97625	86128	2184
1998	2400	125825	120512	119308	19208	40077	99044	2534
1999	4240	132336	217905	132344	19825	38721	111860	3950
2000	5500	125217	219569	133962	19222	38113	123953	5154
2001	19000	131106	234945	142278	24200	37215	144100	6158
2002	29600	142254	243338	151100	22096	33740	172711	8688
2003	30400	162715	246220	188097	43347	32509	210444	9788
2004	29000	163024	288635	178283	58628	32202	236439	10949
2005	5500	120053	321151	198849	56703	41196	286091	13109

注：1.1978—1990年资料来源于《保山地区金融志(1998年)》；2.1991—2005年资料来源于银行提供资料及《保山年鉴》；3.1991—2005年人民银行各项贷款余额为中国人民银行保山市分行向保山市金融机构再贷款年末余额

1990—2005年保山市各政策性银行和商业银行中间业务收入表

表29-9　　　　单位：万元

年　度	工商银行	农业银行	建设银行	中国银行	农发银行
1990	—	—	人	0.78	—
1991	—	—	169.00	0.8	—
1992	—	—	33.66	1.08	—
1993	—	—	11.60	3.72	—
1994	—	—	51.00	13.84	—
1995	—	—	58.42	27.46	—
1996	—	—	63.2	36.56	—
1997	—	—	83	49.4	—
1998	—	—	—	50.89	—
1999	—	15	213	43.8	—
2000	—	33	103.22	22.63	—
2001	74	48	135.8	—	—
2002	125	78	154.42	42.63	—
2003	255	79	179.11	—	—
2004	376	428	405.83	36.97	—
2005	595	806	467.46	44.95	2.62

注：1991—2005年资料来源于银行提供资料及《保山年鉴》

第三章　保险、证券业务

第一节　保险业务

1981年11月保山地区保险公司恢复后，首先开办企业财产保险。1981—1990年，全区国内保险业务从城市向农村，从集中向分散稳步发展。10年间共开办财产、养殖、人身三类保险43个险种。2000年以后，太平洋财产保险、太平洋人寿保险等全国性保险公司陆续在保山设立分支机构。保险业务发展为财产保险、人寿保险、养老保险、医疗保险等多个险种，保险范围渗透到工农业生产、商业流通、交通运输、经贸以及人民生活等各个领域。2005年年末，保山市共有保险公司8户：中国人民财产保险股份有限公司保山市分公司、中国人寿保险股份有限公司保山分公司、太平洋财产保险股份有限公司保山中心支公司、太平洋人寿保险股份有限公司保山中心支公司、永安财险保山中心支公司、泰康人寿保险股份有限公司保山中心支公司、天安财险保山中心支公司、新华人寿保山中心支公司。8户保险公司资产总额2.28亿元，全年实现保费收入1.88亿元，各种赔款、给付支出5600万元，实现当年利润1100万元，保险密度78.09元，保险深度1.71%。

一、承保业务

1981年，保山地区仅有财产险一种，保费共计1.1万元。1990年，全区保险系统共计承保78592户，承保额120451.6万元，保费共664.2万元，其中：财产险555.1万元，寿险109.1万元。

1995年，全区保险系统保费共计3621.6万元，其中：财产险2423.7万元，寿险1190.2万元。

2000年，全区保险系统保费共计10186万元，其中：财产险4196万元，寿险5990万元。

2005年，全市保险系统保费共计20437.9万元，其中：财产险6687.6万元，寿险13749万元。当年全市保险系统保费收入是1981年的18580倍，是1990年的31倍，是2000年的2倍。

1981—2005年保山市承保情况统计表

表29-10　　　　单位：万元

年度	承保户数	承保额	保费			
			合计	其中		
				财产险	寿险	农业险
1981	2	768.9	1.1	1.1	—	—
1982	564	14366.9	26.6	26.6	—	—
1983	2011	19469.0	35.2	35.2	—	—
1984	4824	24698.5	56.5	54.4	2.1	—
1985	11155	28754.0	106.8	92.7	14.0	0.1
1986	17639	45910.1	164.2	138.9	25.2	0.1
1987	31234	56386.9	233.2	193.2	39.7	0.3
1988	36127	66929.7	316.0	234.4	81.5	0.1
1989	57659	86160.7	487.9	392.9	95.0	—
1990	78592	120451.6	664.2	555.1	109.1	—
1991	—	—	844.1	688.0	156.1	—
1992	—	—	1270.5	942.3	328.2	—

续上表　　　　单位：万元

年度	承保户数	承保额	保费			
			合计	其中		
				财产险	寿险	农业险
1993	—	—	1237.9	1533.6	534.3	70.0
1994	—	—	2469.9	1614.5	803.6	51.8
1995	—	—	3621.6	2423.7	1190.2	7.7
1996	—	1371679	4714	3001	1713	—
1997	—	1541446	7026	3331	3695	—
1998	—	1629036	8773	4009	4764	—
1999	—	1891743	9329	4013	5316	—
2000	—	—	10186	4196	5990	—
2001	—	—	8900	4284	4616	—
2002	—	—	11003	4612	6391	—
2003	—	2413843	14190	4824	8860	—
2004	—	3209100	18865	6306	12559	—
2005	—	—	20437.9	6687.6		—

注：1.1978—1990年资料来源于《保山地区金融志（1998年）》；2.1991—2005年资料来源于保山地区（市）统计处（局）《保山地区国民经济统计资料》及《保山统计年鉴》

二、理赔业务

1982年，保山地区仅有财产险一种，已决案件数7件，赔款（给付）2万元。

1990年，已决案件数2231件，共赔款（给付）285.0万元，其中：财产险232.1万元；寿险52.9万元。

1995年，已决案件5584件，共赔款（给付）1436.1万元，其中：财产险1278.9万元；寿险154.5万元。

2000年，已决案件共赔款（给付）4018万元，其中：财产险2368万元；寿险1650万元。

2005年，已决案件共赔款（给付）5585.9万元，其中：财产险3898.6万元；寿险1687.2万元。2005年全市保险系统赔款（给付）是1982年的2793倍，是1990年的20倍，是2000年的1.4倍。

1982—2005年保山市赔款及给付情况统计表

表29-11　　单位：万元

年度	已决案件数	赔款及给付合计	其中			年度	已决案件数	赔款及给付合计	其中		
			财产险	寿险	农业险				财产险	寿险	农业险
1982	7	2	2	—	—	1994	6801	1092.9	950.9	111.6	30.4
1983	36	3.6	3.6	—	—	1995	5584	1436.1	1278.9	154.5	2.7
1984	103	16.2	16.2	—	—	1996	6150	1893	1635	258	—
1985	264	64.7	60.9	3.6	0.2	1997	8491	2721	2344	377	—
1986	575	77.3	71.4	5.7	0.2	1998	20554	3229	2303	926	—
1987	800	130.4	120.3	9.9	0.2	1999	26067	3910	2439	1424	—
1988	1232	291.5	279.0	12.5	—	2000	—	4018	2368	1650	—
1989	1204	172.7	153.4	19.3	—	2001	—	4654	2859	1795	—
1990	2231	285.0	232.1	52.9	—	2002	—	3784	2780	1004	—
1991	—	342.6	293.6	49.0	—	2003	—	4461	2698	1763	—
1992	—	583.8	539.4	44.4	—	2004	—	4211	3893	318	—
1993	5459	1162.6	960.2	109.5	92.9	2005	—	5585.9	3898.6	1687.2	—

注：1.1978—1990年资料来源于《保山地区金融志（1998年）》；2.1991—2005年资料来源于保山地区（市）统计处（局）《保山地区国民经济统计资料》及《保山统计年鉴》

第二节　证券业务

1996年12月，云南证券有限责任公司保山营业部正式营业，时有5000多户证券投资者。至2001年，每年开户几十户，年交易量1亿～2亿元左右，年年亏损。2004年4月，云南证券有限责任公司所属保山营业部正式被太平洋证券托管，在保山设立太平洋证券保山服务部，是自云南证券保山营业部关闭以后唯一一家经中国证监会批准在保山成立的证券经营机构，为保山的投资者提供参加全国性股票、债券、基金等交易的合法场所。经营范围包括：代理发行各种有价证券；自营和代理证券买卖；代理证券还本付息和红利的支付；证券代保管和代理证券的登记过户；证券投资咨询；提供沪、深证券账户实时开户等证券登记业务；提供深圳和上海A股、基金、国债、企业债券、可转换债券等投资品种。

2004年7月，太平洋证券保山服务部正式上线，设有130多台自助委托系统和行情分析机，电话委托系统特设60条数字中断线，让客户的委托畅通无阻。托管后，有效地防范和化解了云南证券有限责任公司的经营风险，保证了云证所属营业网点客户的正常经营。

2005年年末，保山只有太平洋证券保山服务部证券机构在开展业务。从事证券投资的客户5962多户，股本金余额0.11亿元。全年交易量13.8亿元，客户保证金2200万元，股本金余额1100万元，客户总资产1.1亿元。全市累计证券交易额12.69亿元。

第三节　各保险、证券机构业务

一、中国人民财产保险股份有限公司保山市分公司业务

承保业务　1981年11月，保险公司保山地区中心支公司正式恢复对外挂牌营业，首先开办了企业财产保险，首家投保单位为地区供电所。全年承保企业2户，保额768万元，保费收入10884元。1982年年末企业财产保险达148户，汽车及第三者责任保险承保131辆，家庭财产保险承保274户，船舶保险承保11艘，总保额1436万元，保费收入26.6万元。1985年全区承保财产总值达28136万元，企业承保面已达67.9%，其中汽车及第三者责任保险已承保2426辆，成为全区第一大险种。全年保费收入106.8万元，成为保险业务恢复之后发展较快的一年。至1990年11月底，全区完成业务收入588.9万元，其中财产险业务收入91.7万元。保山市承保各种机动车辆6067辆（台），比上年同期增加890辆（台），共收入保险费153万元，其中拖拉机保险达4142台，比上年增加823辆，创造了该市拖拉机承保面达99%的好成绩。1995年开办各类险种45个，保费收入达3621.6万元，其中：财产险完成2431.4万元，人身险完成1190.2万元。期末有效储金731.7万元。2000年在国家扶持垄断产业，支持国企重组的大背景下，全年实现保费收入4195.9万元，其中：机动车辆险2914万元，货运险23.5万元，企财险861.4万元，家财险232.9万元，工程、责任、其他险99.6万元，农业保险64.5万元。2005年全系统保费收入5342.8万元，占财产保险市场份额的75%，其中：企业财产险631.9万元；家庭财产保险40.7万元；工程险45.8万元；责任险141.2万元；信用险14.1万元；机动车辆险3908.1万元；货运险31.7万元；农业险119.5万元；人身意外险、健康险391.4万元。

理赔业务　1981年11月保险恢复后，各项业务发展迅速，赔案逐年增多。1982年处理各种赔（给）付案7件，支付赔款（保险金）2万元。1985年处理各种赔（给）付案264件，支付赔款（保险金）64.7万元。1990年共处理各种赔（给）付案2231件，支付赔款（保险金）285万元。1991年处理各种赔（给）付案2689件，支付保险赔款342.6万元（其中人险给付49万元），综合赔付率为40.6%，实现利润183.79万元。1993年8—9月，保山地区洪涝灾害，灾后，施甸、昌宁两县数千户烟农及时得到保险赔偿95.2万元。1995年处理各种赔（给）付5584件（人），赔款1436.1万元，实现利润181.4万元。2000年全区赔款支出2367.5万元，赔付率为56.42%，实现利润360.7万元，其中：机动车辆赔款1595.8万元，赔付率54.76%；企财险赔款620万元，赔付率71.98%；家财险赔款50.6万元，赔付率21.73%；工程、责任、其他险赔款41.9万元，赔付率42.06%；公货险赔款6.7万元，赔付率28.66%；农业险赔款支出52.5万元，赔付率81.42%。2002年施甸县太平乡、由旺镇

为震中的地震后，施甸县有1.67万户灾民得到3515余万元的保险赔款。全市家庭财产险赔款631万元，其中地震灾害赔款554万元。2004年7月，各县（区）普降暴雨，隆阳区怒江流域潞江段遇受50年以来最大的洪峰流量，尤其是7月18日，怒江水暴涨，洪涝、滑坡、泥石流灾害给当地人民生命财产造成重大损失。此次灾害全市共发生赔案101件，赔偿金额3423163.38元，其中：企财险29件2041324.58元，农险（烤烟）4件563700元，个体工商户6件60550元，家财险42件136644.88元，机动车18件166604元，工程险2件454340元。2005年，累计已决赔款3397.5万元，简单赔付率63.81%。未决赔款688件，未决赔款金额740.73万元，其中：车险470件，未决赔款金额507万元；非车险218件，未决赔款金额232.95万元。全年实现表结利润609万元。

二、中国人寿保险股份有限公司保山分公司业务

承保业务　1996年4月以前，保山地区人寿保险业务的增长速度居全省地（州）倒数第一位，业务总量仅为1190.2万元，占全区总保费的32.86%。当年4月，财产保险和人寿保险机构分设后，中保人寿保险有限公司保山分公司全年共收入保费1712.7万元，比上年增长43.9%，完成年计划的118.9%，比全省平均增长速度高9.4个百分点，增速名列全省人寿保险系统第四名。1999年保山地区学生投保305577人，承保率上升到75.4%，人均缴纳保险费32.36元。按照“主动、迅速、准确、合理”的理赔原则，全区有1.2万余名学生获得700余万元的保险补偿。年底，经云南省教委和省寿险分公司的综合评比考核，保山地区的学生安全保险业绩居全省16个地（州、市）之首，荣获一等奖。2000年全区投保各类人寿保险的人数为60.3万人，保险金额121.29亿元；寿险保费收入5725万元，其中：养老年金险保费2230.2万元，占总保费的38.96%；普通寿保险保费1735.6万元，占总保费的30.23%；短期意外险保费1236.8万元，占总保费的21.60%；健康险保费522.4万元，占总保费的9.12%。年内相继推出了“金色夕阳养老年金保险”“国寿养老年金保险”“国寿99鸿福两全保险”及“一路平安”“无忧卡”“全家福”“中国人寿安康卡”5个卡折式定额保单等一批意外险新业务，意外险业务在总保费中的比例比上年增长16.10%。通过加大调整险种结构力度，使业务重心逐步由城市向农村转移，扩大个人寿险和意外险业务在农村的覆盖范围。全区承保在校学生29.2万人，承保面达74%，学生保费收入1049万元。2004年实现总保费收入9088万元。2005年实现总保费收入8067万元，实现短期利润262万元。

理赔业务　1995年赔案件2296人，赔款154.5万元，其中：养老年金险2.2万元，短期人身险141.3万元，其他返还性人身险11万元。1996年4月以前，保山地区人寿保险赔付率居全省第一位。当年财产保险和人寿保险机构分设后，全年共支付赔（给）付保险金258.4万元，支付满期给付金426万元。1997年全区共支付各项赔款和期满给付金1778.3万元，其中：伤亡给付529万元；期满给付911.1万元；人身意外险赔款22万元；健康险赔款支出116.9万元，赔付率103.35%。全年退保246.4万元，退保率9.19%。2000年处理各种赔（给）付案2.33万件，支付赔（给）付款2036.3万元，其中：死亡、伤残和医疗费

给付1491万元，满期给付545.3万元，全年退保146.8万元。个人寿险业务与总保费的比例名列全省系统第一。当年全区承保在校学生29.2万人，承保面达74%，支付学生赔款896.5万元，取得了较好地社会效益。2004年支付赔款1029万元。2005年支付赔款1195万元。其中4月在保山分公司下辖的怒江州营销服务部兑现一笔30万元的大额死亡保险金赔款，这是自1996年分业经营以来，兑付的一次保险事故中死亡人数最多的一笔保险赔款。

三、太平洋财产保险股份有限公司保山中心支公司业务

承保业务 1996年4月，建设银行保山地区中心支行代理中国太平洋保险公司昆明分公司保山地区保险业务。从此太平洋保险公司业务正式进入保山财产险市场。公司与各县（市）商业银行、邮电、车商等具有资质的兼业代理人开展了广泛的业务合作，在全区建立56个代理网点，代理业务规模逐年增长，与兼业代理单位的合作不断深化，业务范围遍布全区各大乡（镇）。2003年11月，中国太平洋财产保险股份有限公司保山中心支公司正式挂牌成立。2004年，全年累计承保金额167556万元，承保件数12907件，实现保费收入889万元。公司先后承保保山市政府、隆阳区政府、腾冲县政府、龙陵县政府、保山市国税局、保山市地税局、保山市质监局、工商银行、农业银行保山市分行公务用车定点保险以及保龙高速路、槟榔江电站、腾密公路、康丰恒盛糖业、保山市烟草公司、博闻科技、烟叶复烤厂、苏帕河、电信等相关项目保险及机动车辆保险业务。2005年，累计承保金额258571万元，承保件数27509件，实现保费收入1165万元。

理赔业务 公司不断提升客户体验，着力解决理赔难问题。在防灾防损及出险理赔方面反应灵敏、查勘及时、定损准确、赔付快速，通过优质的服务赢得了客户的广泛赞誉。2004年，支付各类赔案870件，支付赔款288万元。2005年，支付各类赔案1262件，支付赔款484万元。

四、太平洋人寿保险股份有限公司保山中心支公司业务

承保业务 2003年10月，太平洋寿险保山中心支公司正式开业。至年末，实现保费收入506.16万元。2004年，累计完成保费1839.9万元，承保保险金额近8亿元。2005年，全年实行标准保费收入2400多万元，承保险金额近9亿元。

理赔业务 2003年10月公司正式开业至年末，赔付支出0.08万元。2004年，赔付26.45万元。2005年，给付及赔款支出110多万元。

五、天安财险保山中心支公司业务

2005年，天安保险股份有限公司保山中心支公司开业。先后承保保山市隆阳区行政事业单位公务用机动车保险，腾冲县制药厂6000万元企业财产保险及2000万元机器损坏险，保山市市级政府事业单位公务用机动车保险等险种。

六、永安财险保山中心支公司业务

2005年4月，永安财险保山中心支公司成立。当年度保费收入482.9万元，其中：机车险461.02万元，财产险7.50万元，人身意外伤害险14.45万元。赔款支出49.45万元，其中：机车险39.07万元，财产险9.98万元，人身意外伤害险0.40万元。

七、泰康人寿保险股份有限公司保山中心支公司业务

2003年12月开始筹建，2004年3月开业。2004年，完成总保费1611万元，其中个险604万，团体保险42万元，银行保险937万元，续期保费28万元。当年理赔86件，给付理赔金16.86万元。2005年，完成总保费2337万元，其中个险680万元，团体保险335万元，银行保险928万元，续期保费394万元。当年给付理赔金325万元。

八、新华人寿保山中心支公司业务

新华人寿保险股份有限公司保山中心支公司于2004年11月进入保山市场，前期属代理营销服务部，仅设一营业网点。主要经营人寿保险、健康保险和意外伤害保险等保险业务。

九、太平洋证券有限责任公司保山营业部业务

1996年12月，云南证券有限责任公司保山营业部开业，2001年，云南省证券公司保山营业部和腾冲县证券服务部扩大服务范围，拓展基础投资人群及业务空间，到年末，总开户数5454户，完成交易量5.88亿元，实现税后利润15万元。2002年年末，拥有客户5800多户。2003年年末，保山证券营业部开户数5736户，客户保证金1500万元，年累计交易量4.2亿元。

2004年4月，云南证券有限责任公司所属营业部包括保山营业部正式被太平洋证券托管，成为唯一一家经中国证监会批准在保山成立的证券经营机构。7月，太平洋证券保山服务部正式上线。年末，保山市从事证券投资的客户有5900多户，保证金余额为1300多万元，自保山服务部上线以来累计成交金额为1.7亿元。

第四章　金融管理

第一节　金融体制改革

一、监管体系改革

1978年7月，恢复人民银行保山中心支行（以下简称人行），它既是办理信贷储蓄业务的经济组织，又是执行金融行政管理职能的国家行政机关。从1979年开始有计划、有步骤地实行金融体制改革。1984年12月，改革后的人行保山地区分行，对专业银行实行“统一计划，划分资金，实贷实存，相互融通”的信贷资金管理办法。1985年1月，按照国家统一规定，正式行使中央银行职能，全区人行县（市）支行机构、人员、财产、业务移交新设立的工行保山中心支行管理。人行保山地区分行对保山地区金融业实施全面的混业监管，即由人行承担中央银行职能和对银行、证券、保险业的统一监管职能，负责对全区所有金融机构的市场准入、金融监管。人行保山地区分行通过贯彻和实施货币政策、监督管

理金融业来维护全辖金融业稳健经营。同年4月，人行保山市业务处成立。1986年7月，人行保山市业务处改为支行，人行腾冲、昌宁、龙陵、施甸支行机构恢复。1988年11月，人行保山地区分行设立金融系统监察室。

2003年12月，中国银行业监督管理委员会保山监管分局（简称保山银监分局）成立，属中国银行业监督管理委员会的派出机构，专门对保山辖内银行业金融机构进行监管管理，负责日常金融监管工作。原人行保山中心支行履行的部分金融监管工作职能、职责划归保山银监分局，人员随业务划转。

二、政策性银行改革

根据国务院关于建立国家政策性银行体系，承接国家专业银行原有的政策性金融业务，政策性金融业务与商业性金融业务分离，国家专业银行向国有商业银行转变的金融体制改革决定，1996年11月，完成保山辖内农业发展银行与农业银行的分设，实现全区农业政策性银行的服务功能，中国农业发展银行（以下简称农发行）保山地区分行成立，为经营和管理保山地区农业政策性金融业务的国家银行。

2001年三季度，农发行保山市分行机关（含营业部）全面开展定职能、定机构设置、定人员编制的“三定”工作，实施中层干部竞争上岗，职工双向选择的方案。

2005年，农发行保山市分行按照云南省分行的要求，调整市分行机关内设机构。成立贷款审查委员会和财务审查委员会2个常设委员会。各县支行、市分行营业部实行等级行管理。

三、商业银行改革

1996年，保山地区成立政策性银行——农业发展银行保山市分行。同时，在建立商业银行经营体制、强化内部经营管理和风险控制、改进金融服务等方面，进行了一系列改革。各银行的业务交叉进一步扩大，传统分工逐渐淡化。除农行外，工行、中行、建行3家国有独资商业银行业务逐步向大中城市集中，主要服务于大中型企业及大型建设项目。各行在深化改革的同时，积极拓展新业务，国际业务得到进一步发展。1998年，基本完成4家国有商业银行地区分行与市支行合并的重大改革工作。2000年，全区各商业银行在改革创新方面主要是撤并一些经营管理不善、长期亏损的基层机构网点，使机构设置更加合理；发展新金融业务，信用卡、柜员机、业务电子化等相继进入金融部门，封闭贷款、置换贷款、小额信贷、个私贷款、消费贷款、农户联保等新的信贷方式逐步得到发展；改革劳动用工制度，引入竞争激励机制，试行上岗考试制度、末位淘汰制度、中层干部公开选拔制度、领导干部任期制度、干部交流下派制度等。

工行保山地区中心支行改革　1987年6月，工行保山市支行在南路、西路两个储蓄所试行储蓄承包改革。1992年8月，在各县（市）支行长会议上部署在全区范围内全面推行“两聘三岗”责任制，在已经对科、股长二级班子实行聘任制的基础上，对一般干部实行聘用制的人事制度改革。1993年3月，决定先在龙陵支行进行内部机构改革试点，取得经验后在全区工行逐步推广。1993年7月起，在支行领导和二级班子实行聘任制的基础上，全区工行对一般干部职工实行聘用制，增加职工的动力和压力，提高全行干部职工的事业心和责任感。1998年4月，地区分行成立核算中心正式并运行。同年7月实现地、市行合并，并完成全行员工的劳动合同签订工作。11月，“中心支行”更名为“地区分行”，筹建地区分行营业部的改革工作完成。2005年，按照现代企业制度要求建立公司治理结构，转换经营机制，积极采用清收、盘活、剥离等优化资产的方式，使其不良贷款比例从21.27%下降到7.16%。6月完成昌宁支行撤销后的业务、人员和财产的整体划转工作。12月中国工商银行保山市分行更名为中国工商银行股份有限公司保山分行，并完成股份制改造。

农行改革　1991年，全区五县（市）支行领导班子任期届满，为适应工作需要，各支行领导班子由选举任命制改为直接考核任命制，并理顺党政关系，恢复支行党组。中心支行等对各支行经营目标责任制的考核更加完善。1992年，筹建中心支行营业部，申报成立国际业务部、信托投资公司，世界银行贷款运用进一步取得成效。全区各支行营业室全部实现营业电子化。1993年，组建成立中心支行营业部和国际业务代办处，均取得良好效果，实现由过去单一的管理型向经营管理型转变。1995年下半年，按照“自主经营、自担风险、自负盈亏、自我约束”的运行机制，中心支行对中心支行营业部实行相对独立核算经营责任制考核并获得成功。同年，中心支行和各支行坚持以业务经营为中心、效益为目标，按照管理与经营分离，精简、效能、合理、以事设岗的原则，确定和实施机构编制“三定”方案。同时，中心支行对保山、腾冲、施甸3个支行班子进行考核，按照德才兼备原则和干部“四化”要求进行调整充实。1996年11月，完成农业银行与农村信用社的账务划转工作，农村信用社与农业银行脱离行政隶属关系。1997年，通过深化内部改革，机关管理人员由原211人精简为145人，机关工作人员比例由原来的29%下降到20%。充分体现了以业务经营为中心，加快发展的改革发展思路。1998年，全区农行下达正式职工下岗19人，清退储蓄代办员26人，其他从业人员也进行了清退，基本完成上级下达的下岗和清退人员计划。2000年，全部推行全员劳动合同制，应签647人，实签643人，签订有固定期限劳动合同289人，其中：签订一年期6人，三年期24人，五年期146人，八年期63人，无固定期限354人。2001年，对市分行营业部、腾冲、施甸、龙陵县支行班子进行调整、充实和交流，首次推行公平竞聘制。2002年，农行保山市分行进行工资制度改革。坚持效益优先、兼顾公平的原则，以业务发展、经营效益为依据，同时兼顾不同的经营环境，完善工资总额分配办法，充分调动各类行提高经营效益的积极性。年内，进行干部人事制度改革，坚持“公开、公平、公正、公信”的原则，对中层管理干部在全市范围内公开选拔竞聘。同时，市农行根据员工结构情况以及年龄、工龄、身体状况、工作能力等方面的情况，通过开展思想工作，全年减员50人（不含系统内调动3人），其中退休6人，办理内退13人，清退短期合同工25人，调出外系统2人，解除劳动合同2人（除名1人，开除1人），辞职1人。

建行改革　1991—1992年，建行全面实行经营承包管理体制，收到较好的效果。同时，试行满负荷工作考核奖励办法。1993年，全区建行在内部全面推行人事管理体制改革，将竞争激励机制引入干部人事管理中，使各类人才在合理的竞争中各施其能，各展所长，调动各方面的积极性。1995年，全行适应商业银行机制转换的需要，加强内部管理，深化内部改革：推行经营目标责任制管理，加强对存款、贷款、利润、中介业务等指标的考核，将责任目标津贴及奖金与经营情况全面挂钩，全面体现竞争要求和效益原则，调动全行职工的工作积极性；深化人事制度改革，建立竞争和激励机制，加强领导班子建设和职工政治素质及业务技能的培训。2002年，撤并调整部分职能科室，进一步理顺关系，减少中间环节，提高工作效率；进一步优化网点布局，增强网点服务功能。2003年，建立激励约束机制，实施分配制度改革。对支行领导班子及成员、后备干部进行考察考核；对全行股以上干部进行述职考核，全面推行基层负责人竞聘上岗和干部员工考核末位淘汰。对专业技术人员进行公开考核、择优聘任。部分领导岗位和主要业务岗实行岗位竞聘。2005年，保山建行系统内设机构进行改革。经过改革，达到建立“面向市场、业绩驱动、职责清晰、前中后台分离制衡、强化风险与控制、精简高效”的组织机构，逐步实现总行提出的“促进十个方面能力的提升”的目标。

中行改革 1995年，中行保山支行采取多项措施，改革用人制度，强化内部管理：在全辖实行聘任聘用制，收入分配与岗位、工作质量、数量挂钩，职工劳动纪律，事业心、责任感明显提高；继续抓好内部管理及各项规章制度的完善和落实，并与40%责任目标津贴挂钩，实行奖惩兑现，同时狠抓职工政治、业务培训，努力提高职工素质。1998年，打破旧的用人用工和分配制度。对股所级负责人实行考试、竞岗、演讲、夺标、竞聘上岗制，对科级干部实行自荐报岗、党组考核聘用制，对一般职工采取自报岗位、双向选择、逐级聘用的办法。通过精简机构，压缩管理人员，充实一线队伍，提高工作效率。1999年3月，支行更名为分行，成立地区分行党委和办事机构。将原有8科1室改为6部1组1室。主任、副主任职务采取竞聘上岗和自荐报岗、党委考核聘任相结合的办法进行，对股、所级负责人继续实行夺标竞聘上岗制，一般职工实行自报岗位、双向选择，逐级聘用。至2004年年底，全辖营业网点共9个，比上年减少1个储蓄所，其中：二级分行1个，县级支行1个，7个分理处。全辖在编在岗员工78人，比上年减少32人，人员减少主要是根据省分行的有关规定执行内退政策及解除劳动合同。

四、信用社改革

1991年，全区各农村信用社由理监事会改为管理委员会，全面完成基层社主任的换届选举。1996年11月，完成农业银行与农村信用社的账务划转工作，农村信用社与农业银行脱离行政隶属关系。

2004年，经省政府批准，根据云南银监局的部署，保山市成立深化农村信用社改革试点工作领导小组和农村信用社联合社筹备组，研究制订《保山市农村信用社深化改革试点实施方案》，对各地信用社分类分步实施。

2005年3月，保山市正阳城市信用社进行股份制改造，并更名为保山市城市信用社。

同年6月，经云南省银监局批准，农村信用社也进行改革，云南省农村信用社联社保山办事处挂牌成立。同月，工商银行昌宁县支行整体移交昌宁县农村信用合作社联合社，原工商银行昌宁县支行更名为昌宁县农村信用社联合社营业部。11月，经云南省银监局批准，同意筹建腾冲县农村信用合作联社，即由两级法人改为单位的统一法人，标志着保山市农村信用社产权制度改革迈出实质性的一步。通过改革，全市农村信用社历史包袱得到初步化解，经营状况开始好转，新的监督管理体制框架基本形成，产权制度改革已经起步。

五、保险证券改革

保险改革　1981年11月保山地区恢复保险公司。之后，各县先后成立支公司。1996年7月，保山中心支公司分设为中保财险和中保寿险有限公司。2003年7月因总公司股份制改革，保山相应更名为中国人民财产保险股份有限公司保山市分公司。1996年，引进太平洋保险业务。之后，各保险公司相继在保山设立公司。到2005年年末，全市已设有中国财产保险保山公司、中国人寿保险保山分公司、太平洋财产保险保山分公司、太平洋人寿保险保山分公司、泰康人寿保险保山分公司、天安保险保山分公司、永安保险保山分公司、新华保险保山分公司8家保险公司。

证券改革　1996年12月，云南证券有限责任公司保山营业部开业，是云南证券有限责任公司下属的非独立核算的分支机构。同时成立省资金融通中心保山办事处。拓宽了融资渠道。2004年4月，云南证券有限责任公司所属营业部包括保山营业部正式被太平洋证券托管，成为唯一一家经中国证监会批准在保山成立的证券经营机构，为保山的投资者提供了参加全国性股票、债券、基金等交易的合法场所。

第二节　货币金银管理

一、人民币管理

残损人民币的回收与销毁　1978年，中国人民银行保山地区中心支行按照上级要求，除因明令不准销毁残损人民币，暂留以应对不测之外，其余均要组成相关人员参加的销毁领导小组，组织专门人员对残损人民币的复点销毁工作。1985年后，损伤销毁工作统一由省人民银行负责监销。1978—1986年，保山市场上主要流通1962年起发行的第三套人民币。1987年全区开始陆续发行第四套人民币。1988年中国人民银行保山地区分行利用发行新人民币的有利时机，实行第二、三套人民币只收不付，人民币在市场上的整洁度有了较大改观。1995年1—11月，共收回损伤币15231.6万元，销毁12126.3万元。1996年，根据人行总、分行的要求，分行加强流通中人民币的管理，全年收兑残损人民币43679元，改善了辖区内流通中人民币的整洁度。1997年2月，成立保山地区损伤人民币销毁工作领导小组，负责领导和监督全区损伤人民币销毁工作，以确保销毁数额真实准确，杜绝一切销毁事故的发生。各县支行也相应成立损伤人民币回收、复点领导小组。当年完成损伤券销毁任务12次。1998年，保山地区分行安装使用钞票粉碎机销毁损伤人民币。3月，成立粉碎机销毁损伤票币监销领导小组，负责组织实施销毁损伤人民币的各项具体工作。分8批投入销毁人员328人次，于12月完成省分行下达销毁任务，实际销毁损伤券4235.8万张57484.3万元，分别完成计划的100.35%和100.01%。2000年，销毁损伤人民币3.1亿元。2001年，复点、销毁人民币5批28次共4.2亿元。2002年，销毁残损人民币10批14.88亿元。2003年，贯彻执行国家新颁布《残缺污损人民币兑换办法》，提高了流通中人民币票面质量。2004年，分7批安全清点销毁残损人民币共9.85亿元。2005年，全市市场上流通中人民币整洁度得到较大提升。

禁止代币票券的发行和流通 1978年后，保山地区曾出现类似代币票券的“购货券”代替人民币在市场上流通，以逃避金融机构对资金的管理监督。2000年，中国人民银行保山市中心支行严格按照《人民币管理条例》加大监管力度，遏制代币券在市场上的流通。

人民币出入境管理 保山市人民币出入境管理同全国一样，经历了由禁止到逐步开放的过程。2005年国家规定中国公民出入境、外国人出入境每人每次可携带人民币限额2万元。此外，保山市有国家级口岸一个、省级口岸三个，双边贸易均使用人民币结算。

人民币反假防假 1979年，龙陵县龙山、镇安等地发生6起从境外带入的蓝黑版“天安门”图案1元券假币253张，“水电站”图案5角券假币24张。同年11月，保山县大官市公社冷水箐大队一农民伪造5元券假人民币7张，到当地供销社购物时被发现，后查获案犯作案工具及图章等，经法院依法审理，判处罪犯李某某有期徒刑4年。1981年8月，农行腾冲支行五合营业所发现蓝黑版1元券假票4张、5角券假票3张，11月又发现蓝黑版1元券假票4张。1988年发现一百元券假票3张，1989年发现一百元券假票4张，五十元券假票10张。1990年，全区共发现机制、复印、拓印假票4795元。1994年，共破获贩运、贩卖假币案9起，缴获假币3.88万元，各行在营业柜台前沿收缴假币13.84万元，打击犯罪分子，维护人民币的信誉。1995年，共收缴假人民币24.46万元。举办两期反假币培训班，培训银行及企事业单位财务人员100余名，提高反假知识，增强反假力量。2000年，建立保山市反假货币工作联席会议制度，全市金融机构和公、检、法、工商、教育、广播电视为成员单位，负责全市反假货币工作的组织领导。当年收缴假人民币30万元。2001年，深入学习和宣传《人民币管理条例》，全市金融机构共出动宣传人员4000多人次，设立宣传点125个，现场接受宣传和咨询人员60多万人次，举办反假专职人员培训4期180人，培训乡村会计、出纳人员9期1000余人，加大打击和收缴力度，全年收缴假人民币22万元。2002年，针对农村假币危害严重，反假意识淡薄、反假技能低的特点，全年共组织全辖各金融机构开展反假人民币宣传3次。全年各金融机构共计出去宣传人员2800多人次，设立宣传点125个，组织流动宣传车6台，制作各类宣传磁带76盘、布标440幅，张贴宣传标语500多条，印制、散发各类宣传资料50余万份，现场接受宣传、咨询的人员达46万余人次，宣传范围覆盖70%的乡（镇）。2005年，认真开展“反假货币工作年”宣传活动，反假收缴工作成效显著。全年共收缴假人民币117.68万元，为公安机关兑付反假奖励13.7万元，维护了正常的人民币流通秩序。

二、现金流通

1978年，全区现金净回笼405万元，货币流通量达1800万元，人均持币9.13元。1980年净回笼296万元。

1990年，现金收入129564万元、支出128952万元，回笼612万元。年末，全区市场货币流通量达20561万元；城乡居民持有现金19706万元，人均92.34元。其中：城镇居民持有现金1858万元，人均130.84元；农民（农村居民）持有现金17848万元，人均90.14元。1991年，回笼资金402万元，全区现金收支相抵，累计净投放货币3867万元，比上年多投放币4479万元，为保山人行成立42年来投放货币最多的一年。1992年，全区现金收支相抵表现为累计净投放13619万元，为1991年投放额的3.5倍，再创保山地区货币投放新纪录，占省分行下达调整控制额的97.3%。

1994年，保山地区各行采取在地方电视台播出加强现金管理通告、召开所有银行开户单位座谈会、开展现金管理大检查及严格现金支取审批制度、严格控制大额提现等措施，以控制保山地区近几年现金投放量逐年成倍上升的势头。通过努力，年末全区现金投放量达38359万元，控制在二级分行上报投放4亿元的计划之内。

1996年，为贯彻落实好上级人行关于严格控制货币投放的文件精神，控制现金投放逐年大幅度增加的强劲势头，分行党组召开各银行行长联席会议研究对策。地委、行署在听取人行的汇报后，下发文件，要求各县（市）党委政府领导支持人民银行抓好此项工作。年底，辖区内人行各分支行由行长带队，深入各行、社营业网点和工商企业，检查现金管理和使用情况。12月份全区现金投放仅5689万元，大投放势头得到有效控制。全区全年净投放现金59837万元，控制在投放6亿元的目标内。

1998年，受国际国内大环境的影响，股市不断降温，回流一部分储蓄存款；居民投资风险意识增强，增加了储蓄存款；受经济效益下滑的影响，工资和个人支出明显放慢等原因，现金投放速度明显减缓。全年累计净投放现金4.4亿元。2000年，全区共投放现金18亿元，回笼现金16.5亿元，累计净投放现金2亿元。

2003年，全市金融机构现金收入2689037万元，现金支出2669073万元，净回笼现金19964万元，同比多回笼现金14148万元。

2005年，保山市各金融机构根据市场流通情况，认真做好预测分析，及时组织发行基金调拨，合理调整券别结构，满足市场流通需求。全年现金收入累计35.19亿元，比上年同期增长15%；现金累计支出34.91亿元，比上年同期增长16%，为1978年现金支出数的289倍。年末现金净回笼2.88亿元。另外，保山市有价证券收入从无到有，2005年收入达1604万元。

1978—2005年保山市国家银行现金收支情况

表29-12　　　　单位：万元

年度	现金收入	现金支出	年度	现金收入	现金支出	年度	现金收入	现金支出
1978	12463	12058	1988	104718	101723	1998	1040358	1074852
1979	13860	13671	1989	118547	112347	1999	117676	1191940
1980	17576	17872	1990	129564	128952	2000	1341779	1357401
1981	21654	21433	1991	160030	163897	2001	1874070	1882138
1982	25520	25097	1992	220276	233895	2002	2182792	2176976
1983	34067	34688	1993	350088	368058	2003	2689037	2669073
1984	41409	42754	1994	47001	48267	2004	3048429	3022077
1985	54077	53033	1995	597471	620689	2005	3519540	3490786
1986	57687	55813	1996	778188	838025	—	—	—
1987	74738	71252	1997	1010118	1082252	—	—	—

注：1.1978—1990年资料来源于《保山地区金融志（1998年）》；2.1991—2005年资料来源于保山地区（市）统计处（局）《保山地区国民经济统计资料》及《保山统计年鉴》

三、人民币发行

1987年，全国开始发行第四套人民币，保山地区亦于4月27日开始发行，并首发伍拾元券125万元。1988年5月10日开始发行壹佰元券，全区首发500万元。1996年全区各行各业的资金投入加大，农副产品收购也大幅度增加。为保证巨额现金供应，分行全年先后5次赴省调运发行基金69825万元，出入库23.2亿元，保证了全区全年无白条。

1997年，完成发行基金调运任务20余次，调运发行基金2亿元。

2000年，按照要求做好新版人民币100元和20元券的宣传和发行工作。全年调拨发行基金26次，累计金额10.2亿元，确保全区的现金供应。

2001年，加强对货币金银工作的领导、监督，严格执行操作规程，建立健全各种登记制度14项，全年调拨发行基金44次。

2004年，按照“适当集中、合理布局、灵活调度”的原则，全年安全组织调拨发行基金35次，金额22.56亿元，其中：到昆明中心支库调运发行基金9次，金额为62375.2万元；辖内调运发行基金17次，金额为163254.4万元（完整券111406.8万元，损伤券51847.6万元）。认真做好第五套人民币壹元券纸币的发行准备工作，及时培训和宣传壹元券纸币知识，为保山市顺利发行奠定了基础。

四、金银管理

1978年起，人行保山中心支行一直是保山市辖区金银管理的主管机关，金银的收购统一由人行保山中心支行及所辖各县支行办理，每年收购的金银均如数上缴人民银行云南省分行。凡是需要金银的各工商企业，都必须按照规定程序提出申请，经人民银行审批后，按照计划供应。

1980年3月起，国家大幅度提高黄金、白银、半开收兑价格，黄金每克由3.04元提高到13元，1984年7月再提高到16.2元，1985年2月又提高到22.4元；白银、银圆、半开价格均提高1倍以上，使兑换金银增多。至1985年年末的不完全统计（缺腾冲县5年数字），全区共收兑黄金40.08万克，白银2285.31万克，银圆、半开、双毫167.11万元。1986—1990年，全区根据总行部署，3次提高金银收兑价格，但因民间金银收藏量日益减少，前来兑换者已不多。5年间，全区仅收兑黄金1193克，白银2.5克，银圆、半开、双毫3627元。

1985年，经人民银行云南省分行批准，原人民银行保山市支行成立首家专门销售金银饰品的金店，之后，金银市场逐渐放开。

1956—1990年，经人民银行省分行安排和批准，全区先后配售黄金64213.35克，用于医疗、医药及外贸出口金饰品；白银1759223.07克，用于商业部门加工银饰品，供应区内各县民族特需首饰及上调供应区外各兄弟民族需要。

至2005年，金银销售企业增至36户，金银不再实行统购、统销。

第三节　金融调控

一、货币政策

1995年起，人行保山中心支行依照《中华人民共和国人民银行法》规定，做好保持货币币值稳定工作，实行适度从紧的货币政策，治理通货膨胀；实施稳健的货币政策，防止通货紧缩。以此促进保山经济的增长，使保山全市国内生产总值年均增长13.39%，零售物价年均增长12.22%。

二、利率政策

1978年，人行保山支行按照国家规定加强对利率手段的运用，通过调整利率水平与结构改革利率管理体制，使利率成为经济调节的重要杠杆。严格按照总行规定要求及时贯彻落实制定、调整法定利率。至2005年，中国人民银行调整金融机构存、贷款利率和再贴现利率（也称基准利率）18次；调整金融机构存、贷款利率20次。同时，实行优惠贷款利率，1988年开始发放贫困县办工业贷款，1985年开始发放扶贫贴息贷款，体现企业差别的民族用品定点生产贷款等；1980年4月开始恢复罚息制度，执行逾期贷款或挤占挪用贷款，从逾期或挤占挪用之日起，按照罚息利率计收罚息，直到清偿本息为止；实行同业存款利率。开展活期储蓄、定期储蓄存款、保值储蓄存款、通知存款、协定存款、个人住房公积金存款、住房公积金存款、大额可转让定期存单等业务。

三、存款准备金

1984年开始，人行保山中心支行按照中国人民银行总行通知要求，建立存款准备金制度。到2005年经历了8次调整：

1984年按存款种类核定存款准备金比率。企业存款20%，农村存款25%，储蓄存款4025%。1985年，针对上一年存款准备金率偏高的情况，改变了按存款种类核定存款准备金率的做法，一律调整为10%。1987年，上调至12%。

1988年9月，根据当时经济过热，物价上涨过快，货币供应量过多的实际，上调为13%。这个存款准备金率一定就执行了10年之久。

1989年，对金融机构备付率要求保持在5%～7%。1995年根据各家银行经营的特点重新确定备付率，工行、中行不低于6%，建行、交行不低于5%，农行不低于7%。

1998年3月，中国人民银行对金融机构的存款准备金制度进行重大改革：将原各金融机构在人民银行的法定准备金存款和备付金存款两个账户合并为“准备金存款”账户；法定存款准备金率由13% 调到8%；对各金融机构的法定存款准备金按法人按旬考核。人行保山中心支行不再对国有商业银行分支机构考核存款准备金事项。

1999年11月21日，按照人民银行总行要求，将城市、农村信用社存款准备金率由8%下调到6%。2003年9月21日，继续执行中央银行稳健的货币政策，合理调控信贷货币总量，将商业银行存款准备金率调高到7%，而城市信用社农村信用社仍执行现行6% 的存款准备金率。2004年4月25日，再次由7% 上调至7.5% 以抑制信贷扩张的能力。

四、中央银行贷款

1987年1月，人民银行根据资金来源，按期限分为年度性贷款、季节性贷款、日拆性贷款。2000年，按贷款期限划分，中央银行贷款有20天、3个月、6个月和1年四个档次。2005年1月1日起，对国有独资商业银行、农发行再贷款利率按5.32% 年利率执行。农村信用社再贷款执行基准利率。

1990—2005年，人行保山中心支行行作为中央银行向保山市金融机构再贷款年末余额分别为：1990年25115万元，1995年7560万元，2000年5500万元，2005年5500万元。

五、公开市场业务

人行保山中心支行作为中央银行公开市场业务的债券二级市场，交易期限品种有7天、14天、28天、91天、182天、365天六个期限品种。

1994—2005年的12年间，保山市金融机构买入有价证券年末余额分别为4472万元、6408万元、7320万元、5958万元、7012万元、6307万元、23906万元、2022万元、2120万元、2350万元、2142万元、2864万元；卖出金融债券末余额为1994年142万元，2000年1万元，2001年1万元，2003年249万元，2004年249万元，2005年1万元，属政策性金融债券；1994年，发行中央银行债券550万元。

六、再贴现

1994年，中国人民银行专门安排再贴现资金，对商业票据开办贴现、再贴现业务。同年，保山地区商业银行为解决制糖行业的资金暂时困难，对企业开展贴现业务。人行保山中心支行对商业银行办理了2745万元的再贴现业务。1995年进一步扩大商业汇票的使用范围。1998年，中国人民银行将再贴现的最长时限由4个月延长到6个月。商业汇票逐步成为重要的结算方式和融资渠道。1999年，人行保山中心支行按照上级行要求，扩大再贴现业务的对象和范围，简化和改进再贴现业务的操作方式，进一步完善再贴现业务的操作体系，加快以中心城市为依托的区域性票据市场建设，1996—2000年，人行保山中心支行办理再贴现的年末余额分别为7036、10799、8381、5100、4500万元。至2005年贴现业务年末余额为6648万元。

七、信贷政策

人行保山中心支行在信贷政策上致力于优化贷款投向，不断调整贷款结构、适度增加信贷投入，以保证全市重点资金的需要。农业信贷方面积极引导商业银行，农村信用社加大对农业基础设施，支柱产业，优势龙头企业的信贷投入，优先支持农业生产，指导商业银行、农村信用社，每年要在上年资金的基础上，扩大用于支持农业的比重，2005年全市发放农业贷款131723万元，占全部贷款的比重为19.1%，比《中华人民共和国人民银行法》颁布前的1994年提高10个百分点。

2005年保山市农业银行、保山市农业发展银行支持农业贷款资金有困难的改由上级行给予调剂支持，人行保山中心支行贷给农村信用社的支农再贷款年末余额达13100万元，是1994年的65.5倍。同时，还允许农村信用社对再贷款可以实行展期，再贷期使用期限最长可以3年。1998年开办个人住房、汽车消费等贷款业务。1999年，在消费信贷业务中增加了大额耐用消费品贷款，旅游贷款和医疗贷款等。2005年累计发放消费贷款60671万元，年末全市消费贷款余额达111266万元，占当年贷款总额的10.7%。基础设施建设方面，不断加大对全市电力、交通、城市基础设施配套项目，支柱产业，优势企业的信贷投入。2005年年末，全市工业贷款余额为95892万元，商业贷款余额为106495万元，建筑业贷款余额为5576万元，乡镇企业贷款余额为18526万元，私营企业及个体贷款余额为102633万元。

第四节 经理国库

一、管理机构

中华人民共和国成立后，按照国家财政体制设立保山地区中心支库，各县（市）设立支库，由地、县（市）人民银行经理，各专业银行和基层处所均为国库经收处。1989年以前，国库业务由银行会计部门设立专柜专人办理。1989年，人行保山地区分行会计、国库分设，单独成立国库科。1990年年底，全区设有中心支库1个、县支库5个，专职国库人员12人。1996年，在深入调查研究的基础上，筹建保山地区第一家乡（镇）金库——永昌镇金库，进一步拓展金库管理及服务领域。2004年，国家外汇管理局保山中心支局成立，局长由人行保山中支行行长兼任。

二、国库会计核算业务

国家金库保山中心支库自成立起，严格按照《中华人民共和国会计法》《国家金库条例》和《国库会计核算业务操作规程》要求，加强会计核算工作，严密核算手续，健全账簿报表，保证各级预算收支数字完整、准确，及时完成会计核算任务。经内外账账、账实、账表核对，均做到数据准确无误，除少量一般性业务差错，如漏盖印章等外，没有发生重大业务差错。

1991年，全区共完成各级预算收入17712万元，其中：中央级400万元；省级（含两金及金融营业税）1391万元；地方预算收入完成15921万元。地方预算支出32897万元，支大于收16976万元。

1995年，通过试点操作，保山地区实现地县两级国库业务微机联网，摆脱了国库核算业务双轨并行的困境，使计算机技术在国库业务运用中走在全省前列。

1996年，共办理各级各类财政预算资金入库、划分报解503408笔，金额达150863万元。上解中央预算收入16648元，省级预算收入1897万元，地方预算收入入库35165万元；办理地方财政拨款23589笔，金额131743万元；办理预算收入退库1095万元，办理上划中央两税预抵税收返还8388万元；组织各商业银行办理国债兑付1005万元，拨付上划兑付国家债券本息款项1571万元。

2000年，全区全年共办理国库业务31万笔，经办各级预算收入6.5亿元，办理国库支拨1万笔，金额9亿元，办理预算收入退库1478笔，金额3729万元。纠正不合格凭证245张，金额2030万元；堵住不合理拨款14笔，金额984万元。充分发挥了国库的监督与服务职能。

2005年，全市完成各级财政预算收入（含基金、税收返还）131488.19万元的收纳和报解；完成地方预算支出236922.31万元。

三、代理国债业务

1981年，根据国务院公布的《中华人民共和国国库券条例》，保山地区各专业银行开始代理发行国库券。1981—1990年的10年间，全区共发行国库券3775万元。1990年当年，全区共发行国债700.34万元，其中国库券完成560万元；兑付国债本金574.48万元。

1991年，全区国债推销工作共完成国债入库564.15万元，其中：国库券500万元；特种国债64.15万元。

1992年，国债发行全部采用集团包销方式发行，全区共发行国债2000万元，为1991年的3倍多。兑付国债本金6204434元，兑付国债利息2619789.56元，未发现1张假券，也未出现差错，全面完成了国债兑付任务。

1993年，全年共完成国债发行任务1704万元，其中国库系统组织发行4万元。完成兑付国债本息309万元，其中：本金219万元，利息90万元。

1994年，全区在规定的发行期内完成国债发行任务，共计发行2年期、3年期国库券3983万元，共计兑付国债本息421万元。1995年，全年完成国债发行任务5860万元。

1996年，组织各商业银行办理国债兑付1005万元。

1997年，全区实际完成发行凭证式国库券7099万元。

1998年，全区共发行凭证式国债4300万元。同年，共清理兑付历年到期单位购买国库券48947元，凡银行留有存根的，已全部兑付完。但因一个行存根保管不善，找不到存根，使96360元到期单位购买国库券无法清兑（无法落实购买单位）。

1999年11月末，全区发行凭证式国债1944万元，其中：保山地区工行发行1440万元；保山地区建行发行480万元；保山地区农行发行24万元。

2000年，全区发行凭证式国债5600万元，其中：一期国债1100万元，二期国债2000万元，三期国债2500万元。全年全区金融机构兑付国债451万元，其中商业银行兑付的实物券443万元；做好国债兑付期结束后的各项工作。

2001年，全市共发行凭证式国债5650万元，其中：第一期2600万元，第二期1650万元，第三期1400万元。全市金融机构兑付实物券129484元，销毁2000年已兑付国家债券实物4432297元。

2003年，全市共发行凭证式国债3450万元，其中：第一期1200万元，第二期350万元，第三期1100万元，第四期800万元。销毁2002年已兑付国家债券实物64065元，并将已兑付的实物券42082元收缴入库。

2004年，全市共发行凭证式国债6期，金额5015.16万元。协助人行货币金银科销毁2003年已兑付国家债券实物42820元，收缴2004年已兑付国家债券实物14844元。

第五节　外汇侨汇管理

一、管理机构

1978年，保山地区的外汇业务按照“集中管理、统一经营”的方针，实行统收统支，汇率实行计划单一汇率。1979年起，外汇体制逐步进行一系列改革，在外汇额度用汇管理的基础上实行用汇控制指标管理。

1987年，保山地区范围内外汇业务日渐扩大。人行保山分行正式设立外汇管理科。

1988年11月，成立保山国家外汇管理局，与人民银行合署办公，同时下设外汇管理科，腾冲县成立国家外汇管理支局，在代理省外汇调剂中心办理外汇调剂业务的同时，负责对外汇的检查管理，重点是对留成外汇额度分配和入账的管理。

1989年，中国银行保山地区支行和腾冲县支行成立后，侨汇解付业务由中国银行统一办理。此后，侨汇未单独反映。

二、外汇管理

1979—1988年，在外汇额度用汇管理的基础上，实行用汇控制指标管理。1988年随着国家实行新的外贸体制改革，取消用汇控制指标，设立外汇调剂市场，允许地方和企业的外汇额度进入市场买卖，价格随市场供求情况上下浮动。

1994年，国家实行新的外汇管理体制，实行汇率并轨，推行以市场供求为基础、单一和有管理的浮动汇率制度；实行银行结汇、售汇制度；建立统一规范的银行间外汇交易市场，取消外汇收支指令性计划和用汇计划审批。

外汇存款业务　1989年12月，根据省外汇管理局的文件要求，保山对经营外汇的中国银行及保山外汇调剂交易所进行检查，在外汇存款业务中，个体存款占100%。截至当年11月末，全区共吸收外币存款200多笔，余额达31万美元；全区中行按照外汇买卖有关规定共买入外汇100笔，折合12411美元；卖出外汇22笔，折合2165美元。1990年年末，中国银行吸收外币存款7种，折合人民币69万多元，分别为美元12228元，港元4095元，日元20000元，加拿大元498元，澳元10元，法国法郎378法郎，瑞士法郎51法郎。全年收兑外汇兑换券6226元。买入外汇1169922元（折合人民币），卖出外汇1168411元（折合人民币）。2005年年末，全市金融机构外汇存款余额396万美元，外汇贷款余额为0，结汇收入2737万美元，售汇支出247万美元。

1989—2005年全市金融机构外汇存贷款表

表29-13　　单位：万美元

年度	存款余额	贷款余额	年度	存款余额	贷款余额	年度	存款余额	贷款余额
1989	43	10	1995	177	0	2001	588	224
1990	20	20	1996	163	0	2002	607	143
1991	52	20	1997	171	98	2003	615	42
1992	56	25	1998	206	178	2004	470	0
1993	125	26	1999	259	224	2005	396	0
1994	217	0	2000	489	224	—	—	—

注：存款余额中，个人储蓄存款占主导地位

国际收支　1988年，保山国际收支业务逐渐增多，收支申报需要规范化管理，外汇管理工作得到发展。1995年9月，人民银行总行发布《国际收支统计申报办法》，同年，国家外汇管理局发布《国际收支统计申报办法实施细则》。1996年1月，保山地区正式开始施行对中国居民和非中国居民之间发生的一切经济交易国际收支的申报制度。保山市外汇管理局按照要求，从直接管理转变为间接管理，重点围绕调查研究、监督检查和统计分析开展工作。1997年，保山外汇管理局就欠发达地区国际收支业务开展调查研究，提出把发展边境贸易作为全区国际收支业务新的增长点。1998年，保山地区建立和完善国际收支申报统计制度，加强了对居民与非居民通过金融机构的间接申报统计。年末，全区国际收支申报率提高：收入申报率为98.77%，支出申报率为78.33%。至1999年年末，结售汇总额达2451万美元，比上年同期的1052万美元增加1399万美元。随着保山经济的发展，国际收支申报率明显增长，保山外汇管理局对在国际收支间接申报中的交易编码、交易国别等重要栏目填制作出详细说明，保证国际收支申报数据的准确、完整。2000年全区涉外收入申报额954万美元，收入申报率为100.1%。2001年涉外收入申报284笔，金额1044万美元，增长5.14%；国际收支顺差为1035万美元，同比增加51万美元。全市外汇收支总额为1084万美元。2002年涉外收入申报473笔，金额1947万美元；涉外支出4笔，金额为

11万美元，国际收支顺差为1936万美元。2003年涉外收入申报526笔，金额1849万美元，国际收支顺差为1837万美元，保持了顺差态势。至2004年11月末，全市涉外收入申报750笔，金额达2305万美元。全市外汇收支总额为2508万美元，比上年同期增加493万美元。同年保山外汇管理局建立电子数据与纸质申报单核查登记簿，电子数据读取上报登记簿；开展对国际收支系统、出口收汇核销系统等重要业务软件的数据库实行旬备份制和月备份制，坚持按日报送国际收支申报数据，加强外汇数据的安全保障。到2005年，全市累计办理国际收支统计间接申报1170笔，金额3546万美元，达到核对无误差，传输无错误。当年外汇收支总额达2763万美元，比上年同期增加255万美元，增幅为10.17%。结售汇顺差为2349万美元，同比增加157万美元。同年，开展对外汇指定银行上报数据的非现场核查，共核查1170笔，金额3546万美元，严肃处理逾期未申报及漏报行为。

经常项目外汇管理　1987年6月，根据国务院、省人民政府关于开展外汇检查的指示精神，经保山行署批准，成立保山地区外汇检查领导小组，下设办公室在人行保山分行，在全区开展外汇检查。截至1987年6月底，全区有创汇单位36户，其中：保山市17户（含地直单位），腾冲县6户，昌宁县6户，龙陵县4户，施甸县3户。创汇的产品大类，主要是农副产品，土、畜产品、轻工产品和矿产品。大宗产品主要有茶叶、蚕丝、锡砂、宣纸、粮油、皮革、手套等。到1986年年末，上述创汇单位已按规定存入留成额度账户的总收入为1690118美元，其中：属于1985年度的留成外汇为983300美元，1986年度留成外汇为706818美元。申请调剂支出3笔，外汇额4316美元，结余额度1685802美元。通过检查，未发现套汇、逃汇或其他违反外汇管理的问题。1988年11月，保山外汇管理分局成立后，代理省外汇调剂中心办理区内外汇调剂业务。当年，省分配保山地区留成133.71万美元，实际入账外汇留成额度29.14万美元。1990年，保山外汇管理分局在核拨分配留成外汇中，改变过去只凭省局收支通知书做登记的做法，直接参与审核分配方案。留成外汇额度的计拨，以行署计委、外管分局、外贸局3家名义联合下达，二级分局根据计拨留成文件，登记分户账并通知各有汇部门和单位，以便准确掌握全区外汇收支情况。当年，共调入各类留成外汇额度37.23万美元，年末实际分配入分户账委额度36.96万美元，待分配额度2700美元。全年共批准使用外汇额度119.75万美元，其中：调剂外汇支出额度117.23万美元，直接批汇2.52万美元（进口仪器、材料用汇款1.23万美元，引进设备利息及手续费支出1.23万美元，出国人员用汇600美元）。年末，全区结余留成外汇40.21万美元。1990年7月，国务院正式批准保山地区保山市和腾冲、龙陵两县对外国人开放，保山外汇管理分局根据上级有关文件精神和保山行署安排，通过调查区内涉外接待部门的情况，对批准涉外接待收取兑换券的7个单位颁发收取外汇兑换券许可证，并批准在中国银行开立外汇账户；审定10户企业为边境小额贸易出口收汇单位，年末已有1户办理报批手续。截至年末，全区共引进外资项目2个，计152万美元，其中：保山市和腾冲县引进加拿大程控电话系统142万美元（政府贷款），引进台（湾）商独资10万美元。此外，施甸县农业综合服务公司使用“黑字还流”转贷款3125万日元（约24万美元），昌宁县造纸厂使用中国银行外汇贷款150万美元。直至1994年5月，保山对外经济贸易公司获准进出口权，部分外商投资企业也建成投产，保山外汇核销业务长期处于空白状态的局面得以填补。1994年5月之后的仅6个月时间，发出“出口收汇核销单”214份，收回94份，出口报关金额近400万美元，实际核销金额达379万美元。1998年，保山外汇管理分局正式启用外债管理系统新软件，共办理出口收汇核销490笔，出口收汇额1188万美元，确保保山地区出口的及时收汇。在完善外债监测、统计体系上，当年，全区办理外汇贷款登记8笔，80万美元，外汇贷款付息5笔，15.7万美元，办理外汇转贷款登记2笔，222万美元。2000年，保山外汇管理分局加大对出口收汇、进口付汇真实性业务的审核监督，全年共发出核销单608份，收回568份。2001年，开展对银行现场、非现场的检查工作，清理检查1998—1999年发出的收汇核销单1164份，收回1137份，交单率为96%，对发现的问题进行及时纠正。2002年，全面升级出口核销系统，实现数据的批量交换；推广使用外汇账户管理系统，11月末，全市共开立外汇账户19户，新办理开户手续5户。同年，全市累计出口额为3530万美元；出口收汇核销额3164万美元。2003年，组织开展进出口逾期未核销的清理工作，共对34家进出口核销企业进行清理。同年11月，成功推广实施新的《出口收汇核销管理办法》及《出口收汇核报系统》。2004年，全市共发放出口收汇核销单2040份，收回核销单1902份，同比分别增长17.78%、14.30%；同年，开展企业电子口岸外汇管理项下的备案工作，全年共为7家出口企业办理出口备案手续。2005年，保山外汇管理分局根据新出台的《边境贸易管理办法》，进一步规范边境人民币出口收汇核销制度；做好企业电子口岸外管项目下的备案工作。当年，有14名境外商人在边境地区银行开立“个人银行结算账户”；9家企业办理出口备案手续。全年共发放出口收汇核销单2475份，收回核销单2317份，出口额为4830万美元，同比增加1141.33万美元。

资本项目外汇管理 1989年11月，保山地区实行外债统计监测管理和外汇转贷款登记管理制度。至1991年，全区第一户外商投资企业开办。1994年，全区借用外资、外债企业6家，外汇转贷款签约金额6697519.11美元，均实行外汇转贷款登记制度，严格按期还本付息。1996年7月又推行外商投资企业登记管理制度。1997年，结合保山地区外商投资企业陆续进入投产赢利期，利润、股金汇出增加，新的投资资本金打入不规范，相当部分外资企业以设备或国内转换人民币作为投资，将来以外汇返还汇出的现实，保山外汇管理分局实行资本项下外汇管理规定，未经外汇管理局批准，外商投资企业现有资产变现后的外汇不得汇出，资本金结汇也要经过备案审批后方可结汇。同年，全区实际利用外资3635.59万美元，同比增长29.7%。1998年，国家外汇管理局下发《关于加强资本项目外汇管理若干问题的通知》，就对外担保审批、登记备案、资本项目外汇收支及汇兑管理作出明确规定。1999年按照外债登记和统计监测使用微机程序操作的规定，保山外汇管理分局先后对1988年以后办理的外汇转贷款及金融机构自营外汇贷款业务27笔，金额1676.5万美元进行逐笔清理核实，纳入微机管理。2000年，对中行保山支行资本项目下未经外管局批准结汇问题做了处罚。2001年共审批资本金结汇16笔，结汇金额73万美元，同年，对全市外商投资企业开展外汇年检换证工作。至2002年11月末，保山全市共有外商投资企业47家，投资总额为11480.58万美元，注册资本总额为6843.46万美元。全市外债余额1340万美元。同年5月，全省范围内建立外资流入登记制度，开展对外资出资情况的询证函出具回函工作，共对1笔外资询证函作出回函。2003年1月起，正式启用《资本项目外汇业务申请表及内部审批表》。当年开展外商投资企业年检工作，共有18家外商投资企业参加外汇年检。2004年，共办理外商投资企业外债签约登记2笔，签约金额为73.23万美元，外债结汇6笔，金额39万美元；资本项下人民币购汇对外付汇5笔，金额123万美元。同年5月，全市参加外汇年检企业8家，占全市外商投资企业总数的12.31%。至2005年，全市共办理资本项目结汇金额141万美元，资本项目售汇支出为37万美元，全市外债余额为870万美元，同比增加73万美元。同年，共为6家外商投资企业办理外汇登记手续；组织参加对外商企业的联合年检工作，共有21户外商投资企业参加网上联合年检，占全市外商投资企业总数的31.82%。

三、侨汇管理

保山市腾冲、施甸和龙陵县是云南省的主要侨乡之一，腾冲县和顺乡还是全省著名侨乡。侨汇是保山侨工作和外汇收入的重要组成部分。1978年2月，国务院批转《关于积极争取侨汇的意见》，重申进一步保护侨务、侨汇的政策。1980年以后，全区侨汇才逐渐恢复正常。据腾冲县支行统计，1951—1985年，共解付侨汇2.5万多笔，金额人民币360万元。截至1985年年末，侨眷在银行储蓄为312万元，余额37.8万元；1987年为67.4万元，1988年为225万元。1989年，中行保山支行和腾冲县支行相继成立后，侨汇解付业务由中国银行统一办理。随着改革开放进一步深入，国际金融业务和外汇业务日益增大，侨汇列入外汇业务办理，此后，侨汇未单独反映。

第六节　支付清算

一、结算管理

1978年，保山全区开始推行新的《中国人民银行结算办法》。1980年，全区加强结算管理，严格控制托收承付结算，防止出现新的拖欠，建立结算拖欠报告制度，进行结算纪律大检查。同年，保山执行省人民银行颁发《同城结算办法》，其结算方式有支票结算、付款委托书、托收无承付、同城托收承付结算等，严格规定了结算金额和结算期限。1983年，全区开展汇票结算，增加异地委托收款结算方式。1984年3月，保山地区根据上级行决定，属省外的汇票业务，一律使用全国统一汇票。1989年4月，全区开始推行中国人民银行总行颁布实施的《银行结算办法》和《银行结算会计核算手续》新的结算制度，废止了托收承付、信用证、委托付款、托收无承付、保付支票、限额结算等6种结算方式，提倡推行银行汇票、商业汇票、银行本票、支票、汇兑等6种信用支付和结算方式，并扩大委托收款结算适用范围，达到同城和异地均可使用。1990年4月，全区恢复办理异地托收承付结算。

1994—1996年，中国人民银行总行颁发《违反银行结算制度处罚规定》、全国人大颁布《中华人民共和国票据法》，从1998年起，全区广泛开展了《中华人民共和国票据法》《支付结算办法》“三公开、一监督”“结算纪律三不准”“大额资金款项的汇划”“重要空白凭证管理”等为重点的结算纪律检查，查处存在问题并提出整改措施和合理化建议65条，净化了全区结算环境。2000年1月1日全区启用新版银行本票和支票，全省实行客户凭IC卡办理汇款，签发银行汇票，持支票到付款银行进账和购买空白票据凭证。2001年4月，人行保山市中心支行组织开展了对各金融机构结算纪律大检查，对随意压票、退票、无理拒付、违规开立银行账户、违反大额转汇规定等违规违纪问题提出整改意见，并进行了查处。2002年10月1日，全市正式启用会计核算“四集中”新系统，实现了账户管理集中、会计档案管理集中、会计核算管理的集中，操作权限设置严密，增加会计信息认证环节，系统自动对会计凭证进行唯一性流水编号，核算信息传递安全可靠，系统业务处理更加快捷的特点。2004年，全市组织召开了各行社联席会议，协商通过了支付系统接口采取委托人民银行办理的方式进行，保证了支付结算渠道的畅通。2005年年末，保山市金融机构结算举报网络建立，实施支付结算社会化监督，当年，受理结算举报5起。

二、账户管理

1978年，人行保山中心支行对各县的4465个账户进行清查，根据《中国人民银行账户管理办法》对该撤销和取缔的账户，均做了纠正和处理。

1989年，人行保山中心支行根据人民银行总行《关于开展账户清理和结算纪律检查的通知》，对企业在银行开立的账户开展清理，至1990年，全区共清理账户5837户，经审查批准合格5606户，撤销多头开户224户。同时，对开户单位实行现金结算许可制度，未经批准和无现金结算许可证，不得提取现金，杜绝多头开户，逃避现金管理的漏洞。1991年，又结合纪律大检查和账户清理整顿工作，对全区企业在专业银行开户合法性进行严格审查，经全面清理，收回多头贷款68万元，验收合格账户4425户。1995年，全区开展账户清理，坚决禁止压单、压票、随意退票和受理无礼拒付行为。1997年，全区开展各企事业单位在商业银行开立的基本账户清理换证工作，统一采用查验企业代码进行清理核实和审批。1999年，全区利用微机建立起账户管理档案，形成完备的数据库，当年共审批录入账户7462户。同年，保山地区行署出台《保山地区地级行政事业单位银行账户管理办法》。2002年，开展账户管理情况大检查，对各商业银行、信用社已开立的账户2275户中，未经人行审批的819户给予通报批评，限期改正。2005年，组织完成人民币银行账户管理系统推广应用，制定《保山市人民币银行结算账户管理系统推广工作实施方案》和《保山市人民币银行结算账户清理核实工作实施方案》。同年6月，顺利完成全市人民币银行结算账户管理系统运行工作。

三、同城清算

1979年，各商业银行相继恢复和建立。1984年，全区资金划拨采用手工同城划拨方式进行。1987年，人行保山中心支行组织各专业银行到外地参观学习，结合保山实际拟订出保山银行系统票据交换办法。同年6月1日，保山地区金融系统票据交换所成立。至此，各县人民银行正式主办票据交换业务，通过银行之间相互代收代付提出的票据，规定每天上午和下午定时集中交换两次，票据交换采取“直接交换，辖内汇总，差额清算，日结日清”的办法，系统内自行平衡，跨系统的由人民银行平衡，应减头寸通过各专业银行在人民银行的头寸户办理清算。当年6—12月共提出票据计66421张，金额54141万元。1992年，在全区广泛推广运用人行保山中心支行所开发的设计合理，使用方便，功能较全的“同城票据清算系统”。

1999年、2003年，按照上级行要求两次在全市组织“同城票据交换清算系统”的升级改版和实施应用工作，推行全省统一的“云南省同城票据交换清算系统”。保山市拟订出台《保山中支同城票据清算实施细则和有关交换业务规定》，人行保山市中心支行进一步加强同城资金清算管理，仅2001—2005年，全市的票据交换所共交换票据589391笔，金额3898661万元。

四、联行来往

1979年起，各专业银行分设，除科目代号有所变更外，基本核算没有大的变动。从1987年起，保山地区各行根据中国人民银行下发《关于改革全国联行制度的实施办法》和《关于全国联行分开、专业银行各自建立联行系统和过渡办法》规定，对跨系统的汇划款项采用以填制清单，通过“同业往来”科目转汇和清算资金的办法。全国联行作为异地资金划拨的唯一渠道，由于手工操作的原始和邮寄过程的缓慢，导致汇路不畅，相互占压资金。

1991年，中国人民银行专用卫星通信网建立，人行保山市中心支行被定为全国电子联行系统第七批建站单位，金融电子化建设步伐加快，1993年建设卫星小站，1994年获得并网成功，实现保山地区与全国电子联行小站联网通汇。1995年，即安全、准确处理来往账3820笔，金额达68816万元。同年，全区加强联行资金管理，认真执行大额转汇规定，严禁超额占用联行汇差资金，保证了及时安全准确的资金收付。1996年，受人民银行总行清算中心委托，由云南省清算中心组织，保山人行承担的具有较强检错功能、适应性强、方便用户的“电子联行行名行号信息管理系统”于4月末录入程序编码信息8000余条。1997年，全区又顺利完成电子联行到县工作，开通全区电子联行业务，新增通汇行4000个，完成3万多笔往来汇划业务。

1999年，中国人民银行制定电子联行“天地对接”业务到县，2001年，全市人民银行系统实现电子联行“天地对接”。同年，全市两次对电子联行行号行名数据进行更新，确保了电子联行数据的完整。2003年，全市实现集中核算系统环境下电子联行的“天地对接”，确保了资金汇路畅通。2005年1月1日，人行保山市中心支行在电子联行环境下成功运行“中央银行会计集中核算系统”，成为全国人行系统地、市中心支行的第一批、云南省第一家运行使用该系统的单位。2005年6月27日，正式上线运行“大额支付系统”，电子联行同时停止运行。

第七节　反洗钱

2003年前，反洗钱工作由公安部门管理。2003年1月，中国人民银行发布《金融机构反洗钱规定》《人民币大额和可疑交易报告管理办法》和《金融机构大额和可疑外汇资金交易报告管理办法》，人行保山市中心支行根据上级要求，成立保山市金融机构反洗钱领导小组，制订并实施《保山市反洗钱工作制度》。

2005年前，人行保山中支反洗钱工作重点主要放在协助公安部门侦破贩毒案件、查处毒资上。2005年起，逐步建立和完善反洗钱工作机制，加强反洗钱工作实效。通过组织召开金融机构反洗钱联席会议、座谈会等形式，加强同金融机构反洗钱部门的沟通，了解金融机构在开展反洗钱工作中遇到的难点和新问题，及时指导金融机构解决相关问题，共同探讨加强辖区反洗钱工作的方法和措施，进一步提高辖区反洗钱工作的实效。在反洗钱工作中，全面收集金融机构反洗钱工作动态信息；认真做好金融机构报送数据效验和审核工作，提高数据准确性；提高反洗钱非现场监管工作质量，组织开展反洗钱现场检查。

2005年，人行保山市中心支行与保山市公安局联合下发关于反洗钱工作部际联席会议制度的相关通知，坚持每月召开1次信息分析会议，半年召开1次核查工作联络协调会议。同时，加强反洗钱信息收集分析工作，使数据信息及时、真实、完整。每周二上报可疑支付交易报告，每周收取大额现金交易报告表。全年人行保山市中心支行共收集到金融机构报送的人民币大额现金60820笔，金额431356万元，收集可疑支付交易报告153笔，向昆明中支上报可疑交易报告表47份，经核查后将其中涉嫌洗钱的可疑支付交易信息32份案件移送公安机关侦察处理，配合公安机关开展可疑交易调查5起。

第八节　调查统计分析

2004年7月，人行保山市中心支行将调查统计工作从原货币信贷统计科分离出来，新增设调查统计科，专门承担中国人民银行新的职能调整后的任务。

人行保山市中心支行承担着全市《金融统计月报》《金融机构房地产统计月报》《信贷统计旬报、月报》《信贷登记咨询月报》《物价指数调查月报》《工业景气调查月报》《银行家问卷调查季报》《工业问卷调查季报》等八种报表及分析报告。仅2004—2005年就报送金融统计报表191份，经济金融运行分析报告100份，调查研究报告14篇，调查与分析15篇，金融信息12篇，其中:《农村信用社经营活动中“六大操作风险”》《保山市中缅边境人民币流通状况调查与分析》等文章被人民银行成都分行采用;《应妥善解决“取消农业税”后对农村信用社信贷资产管理的负面影响》被人民银行昆明中心支行采用;《近年来保山市现金投放，回笼结构变化的特点及成因》被保山市政府采用。

2005年，对全市银行业及相关金融业进行经济普查工作，在2004年完成辖内金融机构电子版单位500多个报送人行昆明中心支行和保山市政府的基础上，填制汇总保山市人民银行系统《产业活动单位基本情况表》《产业单位活动基本情况附表》《行政事业单位财务状况》《银行及相关金融业资产负债表》《银行及相关金融业损益表》。

第九节　信贷征信

1998年，人民银行信贷登记咨询系统正式启动。保山地区被中国人民银行总行列为全国推广银行信贷登记咨询系统的335个大中城市之一。

1999年年末，按照国家质量技术监督局的统一代码和统一标准的贷款卡编码，全区完成发放贷款卡和配卡980张，登录信贷数据21235万元。至2005年年底，该系统已将全市国有商业银行发生信贷关系的2103户企业、事业单位借款人的基本信息和信贷信息，入库的贷款余额达到71.23亿元，占全部金融机构贷款的95.03%，仅2005年系统查询231次，居云南省第六名。

第十节　金融稳定

1991年，在全区范围内开展清理“三角债”工作，共清理出7个基本建设项目，拖欠款2992万元，注入清欠规模2895万元，人行注入清欠规模2860万元。解开了部分企业的债务链。

1992年12月，由人行保山中心支行牵头组建的保山金融市场，其直接领导人将人行短期贷款4560万元及金融市场会员行（社）基金950万元违规拆借给广东、海南省私人房地产商，经过13年的摧收工作成效甚微，1995年以后经人民银行根据上级有关精神多方协调，对工行保山分行、中行保山分行，建行保山分行拆借的资金共780万元（工行150万元，中行100万元，建行530万元），由光大资产托管有限责任公司代为清偿。对建行保山分行，农行保山分行的600万元会员基金由总行进行处理。年内，继续帮助企业开展清理“三角债”，对4个在建和技术改造项目按时注入清欠资金3600万元，共支付拖欠26笔，金额3837万元，解开了部分企业之间的债务链。

1998年，按照金融机构撤并程序，支持、关注保山辖区四家国有独资商业银行改革。

2000年8月，向地方政府贷了金融稳定再贷款6500万元兑付给原农金会的存款户，维护了人民群众的利益。2004年，人行保山市中心支行出面与有关部门协商，完成云南证券公司保山营业部由太平洋证券公司接管的工作。

至2005年，金融市场尚遗留债务4660万元，债权6086万元。

2005年，人民银行累计发放支农再贷款1.27亿元，历年贷款余额已达1.3亿元。年内，为确保农村信用社的改革顺利实施，向辖区农村信用社发行6541.95万元中央银行专项票据，置换不良贷款1833.63万元、呆账贷款2462.47万元、呆滞贷款2245.85万元，解决了历年亏损挂账2245.85万元的老大难问题。至年末，全市金融机构各项存款余额121.26亿元，是1978年的106.81倍；全市金融机构各项贷款余额达103.72亿元，是1978年的76.64倍。这一时期，金融机构资产质量较差，不良贷款比例高，仅国有商业银行到2001年，不良贷款达119592万元，不良贷款率达22.38%，城市信用社不良贷款达640万元，不良贷款率达10.40%。企业欠息不断增加，信用风险较大，部分农村信用社历史遗留问题较多。为维护全市金融稳定，人行保山市中心支行采取了以下措施：在保山市商业银行进行股份制改革中，密切关注其不良资产处置过程中的有关工作，向上申报核销呆坏账1.6亿元和申报剥离不良资产5.98亿元以及置换到期资产7.24亿元。仅2005年保山市工商银行就剥离了不良资产26242万元。

第十一节 金融市场

1988年前，保山地区各专业银行、信用社之间的资金同业拆借业务是以无形市场的形式进行。因各行社资金使用的时间差，地区差，行际差的缘故，有的行、社资金不足，向资金多余行社拆入资金，有的行、社则资金有余，向资金不足行社拆出资金，借款时间利率确定由双方商量确定，很不规范。1992年11月保山地区金融市场成立，会员单位有保山地区农行、保山市农行、龙陵县农行、保山市建行、施甸县建行、保山市工行、龙陵县工行、保山市中行、施甸县农村信用社，腾冲县农村信用社等10家单位，共有会员基金1250万元，保山金融市场从成立至1993年7月30日停止整顿，拆入资金1330万元，拆出资金18370万元，其中：有8746万元违规贷给外省私营房地产公司；其余9624万元，拆借给各行（社）解决头寸不足和临时性资金短缺。

1996年1月，中国人民银行建立全国统一的银行间同业拆借市场，同年6月放开对同业拆借利率的管制，拆借利率由拆借双方根据市场资金供求状况自行决定。同年8月，保山地区成立云南省融资中心保山办事处，1997年2月根据上级行通知，暂停新的拆借业务，只清收，不拆出。1998年10月云南省融资中心保山办事处撤销，之前拆入资金4.18亿元，拆出3.85亿元，到撤销之日办事处债权债务全部结清。

1998年起保山地区各商业银行的商业银行法人上收，基层商业银行取消资金拆借业务，分支机构资金余缺由各商业银行总行给予解决。

2002年腾冲县农村信用联社，保山正阳城市信用社达到全国银行间同业拆借市场的准入条件，经批准成为全国银行间同业拆借市场成员。

2002年全辖金融机构共拆入资金1100万元，拆出资金2100万元，解决了金融机构内部暂时资金余缺调剂的问题。

2005年，保山金融市场撤销，保山中心支行成立清算组，对原金融市场的债权债务进行清理。对各机构的会员基金及拆借资金进行处理：对工行150万元、中国银行100万元、建设银行拆借资金530万元，共计780万元由光大资产托管有限责任公司代为清偿；对建设银行的350万元、农业银行250万元的会员基金由总行进行处理，资金市场结清债务；对禄丰资金市场拆入的500万元，按总行的清理精神和要求，利息不计算，本金双方核销。年末，资金市场还有债务4660万元，债权6086万元。

第十二节　金融监管

一、机构监管

1985年1月，人行保山地区分行根据人总行颁布的《关于金融机构设置或撤并管理的暂行规定》，设置金融行政管理科，对全区金融机构实施管理和监督。

1986年1月，国务院发布《中华人民共和国银行管理暂行条例》，保山全区各级银行及时组织学习宣传，并认真贯彻执行。上半年，各县（市）人民银行机构恢复后，地、县先后配备专、兼职金融监管人员6人，全区金融机构清理、登记并按规定核发经营金融业务许可证243户。

1987年，根据人民银行省分行、省工商行政管理局《关于换发“经营金融业务许可证”有关问题的通知》，对全区1986年年底的金融机构进行全面清理登记。据统计查实，应收回旧证241份，实收240份，遗失1份。实发新证239户，其中：工行系统39户，农行系统87户，建行系统7户，保险系统6户，农村信用系统100户。

20世纪80年代末90年代初，全区认真清理、严肃整顿非法金融机构和不合规的金融性公司。1990年，共清出非法、违规金融机构24个。共撤销非法、违规金融机构17个；由于历史原因和机构设置符合条件的7个，逐级申报批准给予保留。按照金融业和工商业分业经营的要求，对保山市工商银行房地产开发信贷部和昌宁县建行房地产开发信贷部，与当地的房地产开发公司共同投资，联合经营房地产业务进行清理，改为分业经营，明确信贷关系。全区金融机构的清理整顿工作历时两年，于1990年年末全面完成。对全区金融机构重新核验换发经营金融业务许可证，并按省级6家分行（司）的通知精神，在《金融时报》刊登公告，使机构更加合法化。同年，成立人行保山地区分行行政复议委员会，并要求各县（市）人民银行成立相应的组织。12月中旬，受人行省分行委托，在保山地区举办人行系统滇西片行政复议培训班。

1991年，严格控制机构的审批，凡申请增设金融机构且非特殊情况者一律不予上报审批，遏制擅自设立机构的现象。同时，加强对现有金融机构的管理，处理好清理整顿后的遗留问题。同年，地、县（市）人民银行对辖区内金融机构、信用社进行全面复查和核证。

1994年，对全区318个金融机构进行清理检查，对未经人民银行批准而设立、搬迁、更名和扩大经营范围等18个金融机构进行认真清理纠正直至撤销；对非法办理金融业务和典当业务的7个非金融机构进行清理纠正；清理撤销省级信托公司在保山地区工行、中行、建行设立的代办处；清理各金融机构自办实体，到年末全区已实现与原单位人财物的全面脱钩。

1995年，对全区所有金融机构进行审查验收，共查处违规问题30多起，撤销9个营业所的机构设置计划，清理检查全区的房地产信贷业务，规范信用卡业务。同时，对县乡企业开发公司等非金融办理金融业务进行清理整顿，严肃金融管理规定。年内，人行保山分行对全区农村合作基金会进行全面检查，对其业务活动进行监督和管理。

1996年起，对全区金融机构及其网点进行年检。年内检查机构网点497个，其中，合格机构486个，不合格机构11个。对不合格机构的违章违规问题分别给予通报批评、限期纠正和罚款处理，罚款金额7.5万元；建立金融机构监管报表资料专收制度和季度报告制度，促进各金融机构依法经营、规范管理、公平竞争；加强彩票市场的管理，促使其规范发展。调整辖区内金融机构布局，上报撤销各商业银行共21个业务量小、效益差的网点，还撤销45个安全保卫设施不合要求的信用社分社。1997年，人行保山分行全年对辖区内480个机构进行了年检，批准改建金融机构5个，新设立机构5个，清理撤销各县的房地产信贷部和4个长期亏损的基层网点，对30人次管理人员任职资格进行审查，并于12月对辖内保险代理人资格进行了考试，加强对保险代理业务的管理。同年，人民银行开始直接监管农村信用社，保山地区分行根据省分行的统一安排，重点对其管理体制进行了规范改革工作，对基层网点进行必要的撤并、降格，优化机构设置，并在地、县人行设立相应的农村信用合作科(股)，加强日常监管。改革规范后，社员入股面超过80%，职工入股面达到100%，股金结构合理；到年末农业贷款占各项贷款的66%，超过了不低于50%的考核目标；新吸纳股金1078万元，比扩股前增加了3.5倍，各项存款达到11亿元，占全区金融机构总存款的25%。

1998年，对保险业务交叉经营及昌宁电影公司变相发行彩票等问题及时进行了纠正和罚款处罚。同年，强化对农村信用社的监管。

1999年，共审批办理撤销经营环境较差、不利于安全的保卫机构6个。办理机构搬迁及变更事项21个。审查各类金融机构县以上高级管理人员10人次，县以下分支机构负责人任职资格51人次。

2000年，完成工商银行施甸支行及其分支机构的撤并工作。同年，加强对农村信用社监管，防止出现金融风险。2001年，按上级行要求对辖内所有应检机构全部实施了年检，按程序审批、办理金融机构退出15个，搬迁20个，更名88个(撤地设市)，升格8个，降格3个。对33人进行资格审查，规范对机构和高级管理人员的管理。

2003年，经国务院批准，人行所履行的日常金融监管职能划归中国银行业监督管理委员会。次年，保山银监分局审核办理金融机构搬迁9个、升格6个、降格1个、撤销9个，离行式自助银行开业2个。

2005年，保山银监分局共审核通过13个高级管理人员的任职资格，否决了2人；批准更名、搬迁金融机构37个，撤销18个；筹建、增设机构网点4个。

二、业务监管

金融稽核　20世纪80年代中期，在金融体制改革进一步深入之际，开始建立起中央银行的稽核体系。1986年，人行保山地区分行设立稽核科，配备专职稽核人员3人，各县（市）人行也先后配备专、兼职稽核5人，开始对专业银行进行稽核工作。地区各专业银行中心支行也先后设立稽核或审计机构，逐步形成以中央银行为主，专业银行配合的金融稽核体系。1989年，地区人行组织有县（市）人行稽查员参加的两个专项稽查组，经过两个多月的时间，对全区15个专业银行县（市）支行和两个农村信用社财政性缴存款执行情况全面进行稽核。对查出的转移财政性存款者共处以罚款50.73万元。1990年，全区重点强化利率管理，开展存贷款利率稽核检查。在各专业银行自查的基础上，地区人行先后两次组织专项稽核检查组，对全区专业银行存、贷款利率执行情况进行稽核检查。两次稽核共查出多收企业利息57.81万元，由人民银行通知专业银行将多收利息退还企业。1992年，严肃查处各种违规违章行为7件。1995年，全区稽核部门累计投入1388个工作日，完成稽核工作11项，全年共罚息19324.80元；责令限期纠正1050万元；通报批评2家次，向被稽核单位提出改进工作意见134条，促进金融机构合规经营，保证金融体系的安全运行。1996年，全年完成15项稽核任务，稽核县级以上金融机构67家次。共对4个金融机构处以罚款28万多元，收回多付利息2.1万元，向被稽核单位提出整改意见92条。1997年，对辖内8个金融机构进行常规和专项稽核41次，查出各种违规金额10039万元，向被查单位提出整改意见92条，并区别违规情节给予罚息、罚款、冻结存款、通报批评等处罚。1998年以后，稽核工作转为内部审计工作。

内部审计　1999年3月，地区中心支行稽核科更名为内审科，在行长领导下，依法、依规对人行保山中支机关职能部门、直属单位、县（市）支行、重要业务部门领导干部及工作人员依法履行职责的情况进行审计监督。2004年，人行保山市中心支行内审科完成9项审计任务，查出问题77个，提出整改意见建议49条。2005年，共完成审计任务10项，查出问题116条，提出整改建议58项；共核查出会计、国库、货币金银核算差错118笔，发出事后监督整改通知书14份；对4个县支行和中支4个科室共开展4个项目的执法监察工作，提出监察建议39条，协助被执法监察单位和部门建章立制4项。

三、市场监管

1992年10月，由人行牵头成立保山地区金融市场，仅两个月的时间，融资8200万元，代理昌宁造纸厂、卡斯糖厂发行企业债券500万元。

1993年，加强清理同业拆借，催收拆出资金工作。从7月中旬开始至年底，保山分行先后派出4批、5个清理小组，分别到广东、辽宁追收拆出资金。同时，对金融市场的财、物、账进行全面清理。截至年末，全区累计清理收回违规拆出资金10235万元，占应收数的57.27%。未收回违规拆出资金余额7636万元，其中金融市场拆出余额6046万元。拆向省外的有6446万元，其中：广东4900万元，辽宁1446万元，四川100万元。未收回拆出资金已全部逾期。截至年末，全区累计清理归还拆入资金12670万元，拆入未归还余额2440万元。未归还拆入资金主要是金融市场拆出资金未能收回所致。

1994年，协同地、市公、检、法部门，加大催收工作力度，全年共派出9批、29人次前往广东、海南等地催收原金融市场贺某、魏某违章拆出资金，全年共收回拆出资金1780万元。

1997年，对辖内县乡企业开发公司、农村合作基金会、彩票市场、保险市场和典当行等进行清理检查，还制止1起企业内部集资活动。2004年，全市7家银行业金融机构账面亏损2444万元，银行业金融机构不良贷款占比为23.3%，余额比年初增加1.4亿元，其中工行、建行、中行、农信社均实现“双降”。

2005年，随着保山经济环境的改善，全市银行业金融机构首次实现扭亏为盈，实现账面利润6198元，同比多盈8581万元。年末，全市银行机构不良贷款减少1.5亿元，不良贷款率20.3%，达到不良贷款余额和不良贷款率“双降”的目标。同年，保山金融市场撤销，保山中支成立清算组，对原金融市场的债权债务进行清理。对各机构的会员基金及拆借资金进行了相应处理。

2003—2005年保山市银行业存款、贷款、不良贷款、不良率、利润逐年变化表

表29-14　　单位：万元

年度	项目	存款	贷款	不良贷款	不良率	利润
2003	余额	916486	893142	213000	23.85	–2444
2004	余额	1046603	968159	225667	23.31	–2384
	比上年 + –	130117	75017	12667	–0.54	60
	同比 %	14.2	8.4	5.95	–2.26	–2.45
2005	余额	1215782	1037151	210670	20.31	6198
	比上年 + –	169179	68992	–14997	–3	8582
	同比 %	16.16	7.13	–6.65	–12.86	–359.98

四、案件查处

1985年前，未设专门机构。全区金融系统纪检监察工作由当地党政纪律检查委员会和监察机关直接领导。

1986年6月，中共保山地区纪委对金融系统派驻纪检组，配备专职干部4人，任命副处级组长1人。次年，地直4个银行成立纪检组。各县（市）支行及时组建纪检组。年末，全区共有纪检组9个，纪检干部27人，其中专职19人。此后，金融系统纪检监察机构和人员不断发展壮大，并严格查处违法违纪案件，追回赃款，依法依规处罚相关责任人。至2001年，保山撤地设市时，全市金融系统有纪委、监察室20个，专兼职干部54人。

1986—2002年，全市金融系统共查处各类经济案件175件，涉案146人，涉案金额1965.24万元，已结案79件，追回赃款379.88万元，处理105人。此外，还查处非经济案件和“三防一保”19件18人；2001年年末，还抓获1998年之后保山市金融系统发生的4

起携款潜逃案中的嫌疑人3人，尚有1人在潜逃中。涉案金额308.4万元。

到2002年年底，全市人行系统连续九年无案件及重大责任事故发生。

第十三节　银行机具

20世纪70年代初，省人民银行配发给人行保山地区中心支行“杠杆式”点钞机，在保山、腾冲支行使用。随后由上级银行提供感光式点钞机，在县支行和业务量较大的办事处全面推行。

1986年，省工商行给保山地区工商行第一台CT-280传真机，用于与省分行及各中心支行电传联网通讯。还配发了PC-TELEX电传和微机，用于省辖联行的电报往来。工行保山支行实现了储蓄事后监督业务微机化。此后，全区各行陆续配备传真机、打印机和各种型号的计算机。1988年12月，保山市工行营业部推出对公业务微机处理系统，实现直接应用电脑于银行业。1989年3月，工行保山市支行率先运用电子计算机办理对公款、贷款业务。12月，工行保山市正阳南路储蓄所首先运用电子计算机办理储蓄存款、取款业务。人行、农行、建行先后配备微机系统，开始用于计划统计、会计报表的汇总。随着软件的开发，计算机广泛应用于各项银行业务。

1990年，保山辖内各金融机构修建计算机房，并开展网络布线工程，全区会计柜台业务全部实现电算化。是年底，全区银行系统有各类型号的计算机52台，其中：人民银行11台，工商银行和建设银行各14台，农业银行13台，点钞机249台，捆钞机154台，打孔机2台。

1995年1月，保山地区作为全国第七批电子联行正式入网运行，与全国所有电子联行小站联网通汇，卫星小站网络到县。年内，通过试点操作，全区实现地、县两级国库业务微机联网，摆脱了国库核算业务双轨并行的困境，使计算机技术在国库业务运用中走在全省前列。中国银行保山支行所辖网点实现通存通兑，并在储蓄、会计、信用卡、信贷、计划、统计、人事等部门实现办公电脑化，柜台业务办公也全面实行电脑化。农行保山支行到1995年年末，共投入资金290万元用于电子化建设。

至2000年，全区金融部门仅计算机设施就投入资金3亿多元，培养计算机管理人员2000多人。工行、建行相继实现全省计算机联网，其他各行基本实现同城储蓄通存通兑，各国有银行步入电算化行列。

2005年，“中央银行会计集中核算系统和大额支付系统、人民币账户管理系统、货币金银信息管理系统、会计集中事后监督系统”五大基础业务系统顺利上线运行，其中“中央银行会计集中核算系统”为全国首批、全省首家试点成功。保山市按省统一安排开展试点工作。当年，人行保山市中心支行依托电子化手段提升内部管理水平，经过1个月的试运行，于8月在全市人行系统正式推广应用了“人民银行综合管理系统”。

此外，全市各银行的其他设备设施也不断升级和完善。1979年，全区仅有运钞专用卡车3辆，吉普车2辆。1988年，配备141型封闭式运钞专用车辆。1990年配备小型“三星大发”运钞车，并在执行任务时配备护卫车。1990年年末，全区金融系统拥有运钞车54辆。至2005年，各行更新充实配备了武器、报警器、对讲机、电棒、强光手电、守库狼犬、消防器材等安全设备，做到人防、犬防、技防三结合。

第三十编　口岸　海关
出入境检验检疫

腾冲猴桥国家级口岸

综　述

保山与缅甸贸易历史悠久，清光绪二十五年（1899）英国在腾冲设立领事馆，光绪二十八年（1902）清政府在腾冲设立腾越海关，同时设立税务司，开征关税。解放后，腾冲县人民政府接管腾冲海关，实行军管。1950年12月，政务院通令正式设立腾冲海关。随着商业的发展，国货逐步占领城乡市场，出入国境货物逐年减少，1956年外贸体制改革中，腾冲海关撤销。改革开放后，腾冲边境贸易逐步扩大，进出口货值逐年增加，1979年腾冲海关随之恢复，并加强对进出口货物的监督管理。同时，按照各个不同时期国家的税则、税法和政策规定，征收进口税、出口税、内地转口税、进出口附加税和救灾税等；加强对进出口货物的走私查禁。1980—2005年，腾冲海关共监管进口货物3705491.17吨，出口货物455032.3吨；征收关税1710.19万元，进口环节税10471.2919万元，两税合计12181.4819万元；查获走私、违规、毒品等案件800多起，案值人民币700多万元。

20世纪80年代，腾冲与缅甸的边境贸易得到全面恢复，90年代对缅边境贸易进入较快的发展阶段。1992年5月，云南进出口商品检验局腾冲工作组成立后，即对边境贸易进出口商品开展检验监督管理工作。1993年1月，成立腾冲进出口商品检验局筹建处。1997年5月，筹建处撤销，成立腾冲商检局，下辖保山办事处，负责保山地区腾冲口岸和怒江州片马口岸的进出口商品检验监管工作。1999年11月，原腾冲进出口商品检验局和腾冲进出境动植物检疫局合并组建腾冲出入境检验检疫局，下辖保山办事处和猴桥、滇滩两个口岸办事处，全面履行出入境人员、货物、交通工具和动植物及其产品的检验检疫职能。至2005年，腾冲对缅边境贸易进出口总额年均达4亿多元。贸易方式有：易货贸易、现货贸易、补偿贸易、来料加工、边境小额贸易、边民互市贸易等。边贸进出口商品从改革开放初期比较单一的生活必需品发展到涉及化工、矿产品、机械、交通工具、建筑材料、机电、纺织品、农副产品、木藤类等众多种类商品。

第一章　机构沿革

第一节　口岸管理机构

1992年7月，成立腾冲县口岸办。1994年8月，成立保山地区行署口岸办公室，负责全区口岸协调管理工作。口岸办挂靠外事办公室，由外办副主任兼口岸办主任。2000年4

月，国务院正式批准腾冲猴桥口岸为国家级一类口岸，全称为“中国腾冲猴桥口岸”。9月，地委、行署决定按照国家级口岸的标准开始口岸建设工作。2003年1月，由国家海关总署、公安部、总参谋部、国家质检局组成的国家验收组正式通过猴桥口岸验收，确认为国家级一类口岸。2005年6月，根据市政府机构改革方案，保山市口岸办公室归建保山市商务局，由一位副局长兼任口岸办公室主任。市商务局加挂市政府口岸办公室牌子，内设口岸管理科，负责处理口岸管理日常事务。

第二节　腾冲海关

1979年12月，中华人民共和国昆明海关腾冲监管站（股级机构）在腾冲县百货大楼正式对外挂牌开关办公。1980年2月，中华人民共和国海关总署成立后，腾冲监管站更名为中华人民共和国昆明海关腾冲监管站。1985年3月27日，腾冲海关（科级机构）成立，对外称中华人民共和国腾冲海关，直接由昆明海关领导，并受腾冲县人民政府监督指导。1986年9月，内部机构设置业务股、查私股；10月，增设秘书股。1987年3月，查私股改名为调查股。1987年12月，昆明海关决定，自1988年1月1日起，以畹町海关为中心关，管理腾冲、芒海关（芒市海关前称）。1990年后自动取消，其管辖权收回昆明海关。

1994年6月，中华人民共和国腾冲海关升格为正处级海关机构，隶属昆明海关，内设办公室、业务科、调查科。1996年5月，原畹町海关驻保山监管组转属腾冲海关，并更名为腾冲海关驻保山监管组，原有工作人员和海关业务划归腾冲海关管理。1997年5月，腾冲海关原业务科撤销，设立业务一科、业务二科，其中：业务一科主要负责一般贸易、征税统计、边贸进出口业务工作；业务二科主要负责保税、稽查等工作。

2001年，腾冲海关内设机构有办公室、通关科、监管科、调查科、驻保山办事处。2002年4月，腾冲海关正式派工作人员进驻猴桥（下街）、滇滩口岸一线设立监管点办理业务。2003年5月，驻保山办事处按副处级配置分管领导主管怒江州业务，并设立六库监管点，正式开展怒江的监管业务。

2005年，调查科更名为稽查科，腾冲海关缉私分局成立，定级为副处级机构，下设综合科和缉私科，共有人员编制6人。年末，腾冲海关内设办公室、通关业务科、监管科、稽查科、驻保山办事处及腾冲海关缉私分局。

第三节　出入境检验检疫机构

1989年6月，畹町动植物检疫所腾冲办事处成立，开始开展腾冲口岸边境贸易进出境动植物检疫工作。1991年6月，成立腾冲动植物检疫所。1992年5月，更名为腾冲进出境动植物检疫局，下设猴桥口岸黑泥塘办事处，负责保山地区腾冲口岸和怒江州片马口岸的进出境动植物及其产品和其他检疫物的检疫监管工作。

1992年5月，云南进出口商品检验局腾冲工作组成立后，即开展腾冲口岸边境贸易进出口商品检验管理工作。1993年1月，成立腾冲进出口商品检验局筹建处，1997年5月，筹建处撤销成立腾冲商检局，下辖保山办事处，负责保山地区腾冲口岸和怒江州片马口岸的进出口商品检验监管工作。

1999年11月，根据国务院机构改革的总体部署和要求，原腾冲进出口商品检验局和腾冲进出境动植物检疫局合并组建腾冲出入境检验检疫局，下辖保山办事处和猴桥、滇滩两个口岸办事处，全面履行出入境人员、货物、交通工具和动植物及其产品的检验检疫职能。

2000年2月，云南出入境检验检疫局下发《关于腾冲检验检疫局科室设置的批复》，批准腾冲检验检疫局内设科室为：办公室、财务科、综合业务科、商品检验监管科、动植物检疫监管科、卫生检疫监管科，级别均为正科级。

至2005年，腾冲出入境检验检疫局下设10个内设机构：办公室、财务科、综合业务科、商品检验监管科、动植物检疫科、卫生检疫科、综合技术服务中心、保山办事处、黑泥塘办事处、滇滩办事处。主要是贯彻执行出入境卫生检疫、动植物检疫和进出口商品检验的法律、法规和政策规定及工作规程；负责腾冲口岸和保山地区的进出口商品检验鉴定和监督管理工作，实施国境卫生检疫、传染病监测和卫生监督以及进出境动植物检疫和监督管理；开展外商投资财产鉴定和委托检验，负责出口商品普惠制原产地证和一般原产地证的签证工作；负责出入境检验检疫业务统计工作，收集、分析、整理、境内外传染病和动植物疫情疫病等。

第二章　口　岸

第一节　口岸管理

1995年5月，保山地区首次口岸工作会议在腾冲召开，重点讨论和规划腾冲口岸建设的发展方向。11月，国家口岸办、国家计委、省口岸办有关领导对腾冲口岸进行考察，认为腾冲已基本具备了国家级口岸的条件。随后腾冲县委、县政府积极开始做申报国家级口岸的工作。

1996年腾冲口岸出入境人员车辆创历史新高。出入境人员399344人次，其中，中方人员出入境319457人次，缅方人员出入境79869人次；出入车辆100233辆次；出入境货物194432吨，总额达22840.22万元。

1997年，腾冲县委、县政府投资489万元，新建绮罗至热海10.5千米的柏油路面，改造腾冲至滇滩、滇滩至北四号界桩的公路。基本完成腾冲毛家营至南四号界桩73千米的路面改造工程。同时，对加强改善口岸建设管理采取了五项措施：第一，简化出入境手续；第二，改进口岸管理方式；第三，减少车辆收费；第四，加强对联检机构的管理；第五，严格规章制度管住吃、卡、拿、要、刁。

1999年，按照保山地委、行署统一部署，腾冲县委县政府加大了口岸升级的申报工作，两次派工作组赴北京向国家海关总署、公安部边境管理局、外交部等国家有关部委汇报口岸工作的建设情况。

2003年1月，国家海关总署、总参谋部、国家计划委员会、公安部边防局等有关部委组成的国家验收组对腾冲猴桥口岸验收合格后，同意正式对外开放。6月，经中方通过外交途径敦促缅方，实现双方口岸对等管理，缅政府在甘拜地口岸正式设立办事机构，包括海关、检疫局和移民局。

2004年2月16—19日，全省口岸工作研讨会暨“十一五”口岸规划培训班在腾冲举办，省口岸办、省公安边防总队、省出入境检验检疫局等相关领导，全省边境市(州)县口岸办负责人共132人参加研讨会和培训班。2005年6月，根据市政府机构改革方案，原外办承担的口岸管理职能划属市商务局。市商务局内设口岸管理科，加挂市政府口岸办公室牌子，负责处理口岸管理日常事务。并由一位副局长兼任口岸办公室主任，以加强对口岸管理工作的领导。

第二节　口岸建设

中国腾冲猴桥口岸位于中缅边境的腾冲县猴桥镇猴桥村，口岸联检机关坐落于槟榔江畔，距腾冲县城61千米，离国境线19千米。从猴桥出境113千米便到达缅北重镇克钦邦首府密支那，由此通达印度雷多至加尔各答，是西南的一条最为便捷的国际大通道。

2000年4月7日，国务院国函〔2000〕30号文件正式批准腾冲猴桥口岸为国家级口岸。地委、行署决定按照国家级口岸的标准开始口岸建设工作，先后新建了综合联检楼、口岸标志建筑、武警边防检查站、联检机关生活区、口岸外环境等。6月，猴桥口岸基础设施建设正式启动，总投资规模1018万元，其中：国家补助220万元，省配套80万元，市支持50万元，县配套668万元。总占地面积4953.3平方米，建筑面积1155平方米，其中：联检大楼建筑面积755平方米，生活区建筑面积400平方米。为保证联检工作运行，架设了100对光缆通信线路和电力线路，并在口岸新建移动通信基站。与此同时，口岸集镇建设取得进展，修建水泥街道400米，安装了路灯，设立了绿化带，建立了塔式口岸标志碑一座，口岸面貌焕然一新。

2002年3月，云南省口岸办、省军区、省公安边防总队、省财政厅、省计委、昆明海关、省出入境检验检疫局组成的省口岸验收小组，对腾冲猴桥口岸建设进行检查验收。2003年1月，腾冲猴桥口岸通过验收后被国务院正式确认为国家一类口岸。

第三节　通道简介

保山市辖区与缅甸接壤的国境线长达167.7851千米，因此，除猴桥一类口岸外，尚有十余处通道通向境外，其中：有云南省人民政府批复的通道4条，便道13条。省政府批复的通道分别是：

滇滩通道　滇滩距腾冲县城62千米，距缅甸克钦邦第一特区总部板瓦9.8千米。随着对外经济贸易的发展，滇滩已逐步成为腾冲北部重要的边境小镇和边境贸易通道。这里与缅甸的边境贸易十分繁荣，商人云集，人车穿梭，逐步向国家正式口岸发展。

自治通道　位于明光乡自治村，距腾冲县城90千米，境外与缅甸派赖河、茨竹地接壤。这里是傈僳族聚居区，一直保留着与缅方的边境小额贸易。除自治传统的通道外，还有四处便道可通缅境。

胆扎通道　位于猴桥镇胆扎村王家山坡，距腾冲县城78千米。附近另有三处便道通往缅境。

木城通道　木城距龙陵县城120千米，是龙陵县19.71千米长的国境线上设有边防检查站的唯一通道。此处中缅边境以怒江为界，没有桥梁，双方边民通过渡轮、竹筏交往，制约边境贸易的发展。此边境线还有“等养渡口”和“花椒渡口”两条便道。

第三章　海　关

第一节　进出口货物监管

1979年12月，昆明海关在腾冲设立监管站和1985年3月恢复腾冲海关后，根据云南省人民政府颁布的《关于中缅边境小额贸易管理的规定》，恢复对边境进出口货物的监管。

1981年4月，省政府批准腾冲恢复边境小额贸易，腾冲海关对进出口免证、免税货物只作一般性管理，由商行定期向海关申报进出口数字；对应证、应税的进出口货物则重点监管；对减税品种进行抽验或重点验；对省政府规定的162种以外的商品，按进出口税则依率计征关税；对禁出、禁入物品实行退回或没收。这一时期经海关检验出境的货物主要有中成药、西药、针棉织品、五金、日用百货、烟酒、食品、机电产品、自行车及零配件、汽车零配件等；入境货物主要有动植物药材、芝麻、木耳、虾米、藤条、狗皮等。

1985—1989年，腾冲边境小额贸易区改为边境贸易区，实行对外开放政策。海关本着“放宽政策，加强管理，严密制度，简化手续”的原则进行监管，对免税或非限制货物只作一般监管，商行可集中报关，海关只作重点抽验，转运时不加封志；对限制和应税货物海关重点监管，坚持报关、查验，转运时加封志。这一时期腾冲口岸出境的货物新增了棉纱、石蜡、柴油机、农用拖拉机、小型发电机、地面卫星接收器等；入境的货物以木材为主，新增矿砂等。

1990年后，腾冲口岸进口货物以玉石、木材为主，还有矿产品、藤类、竹类产品等。出口货物有石蜡、农用机械、小型发电机、地面卫星接收器、工业用炸药等。随着腾冲边境贸易的不断发展，腾冲边贸逐渐形成进口以木头（木材）、石头（玉石）为主的边境贸易的格局。腾冲也在这近20年的发展中逐步形成一批木材、玉石加工的边境贸易企业。随着加工企业向边境一线的前移，海关在县城货场进行监管的管理模式已严重滞后于腾冲口岸贸易条件的变化，监管工作从原来对货物所具有的实际管理变成仅仅是一种单证上的管理，在外出监管工作中也难以实际管理到位。要改变腾冲海关监管环节中见单不见货的情况，确保国家税收不流失，须建立新的监管模式。1980—1993年，腾冲海关辖区为腾冲县境，1994年后拓展至保山市全境及怒江州全境。

2002年4月，腾冲海关正式派员进驻猴桥和滇滩实施海关驻点监管，实现对猴桥口岸、滇滩和县城业务现场三点以及对猴桥—县城、滇滩—县城两线的海关管理，建立了“三点两线”的监管模式，并对自治通道实施巡回监管，把腾冲口岸进出口的货物纳入了海关的实际监管范畴。

2002—2005年，腾冲口岸进口货物主要有木材（原木、锯材）、玉石毛料、矿产品（包括铁矿、锌矿、铅矿、锡矿砂、钼矿砂）藤条、木炭和竹类产品等。出口货物主要有车辆、小型发电机、水泥、钢材等建筑材料及工程机械、汽油、柴油、啤酒、工业炸药等。

第二节　进出口税收征管

1980年，腾冲海关征收关税2.55万元，进口环节税31.7万元，合计34.25万元。

1985年6月，昆明海关《边境贸易和边民互市减免税进口物品表》规定：免税进口物品有粮食及其制品、干鲜蔬菜、油料及其动物油、中西药材、竹木及其制品、禽畜及其制品、水产品、农具、手工工具、棉麻及其制品、民族用品、废旧金属及矿石矿渣等共12类162个品种；按税则减税30%进口的物品有尼龙品、塑料制品、收音机、打火机、动物药材、听装奶粉、炼乳等；表外物品按照进出口税则依率计征。征税商品的计价办法，昆明海关在不同时期均标有批发价。边民互市禁止进口的物品有9类，禁止出口的物品有10类。边境小额贸易和边境贸易，在执行国家海关税同时，适当放宽政策，扩大优惠，以利边境地区经济繁荣，与毗邻国家共同富裕，共同发展。

1986年，腾冲海关征收关税30.81万元，进口环节税2.63万元，合计33.44万元。2000年，征收关税48.63万元，进口环节税882.57万元，合计931.20万元。

2005年，腾冲海关税收征管能力进一步提高，税收稳中有升。共监管进出口货物73.13万吨，进出口总值为5476.78万美元，征收关税36.5万元，征收进口环节税2033万元，两税合计2069.5万元。

1980—2005年腾冲海关税收统计表

表30-1　　　　单位：元（人民币）

年份	征收税款	进口关税	进口增值税	进口消费税	出口关税
1981	19798	19696	102	—	—
1982	34083	33661	—	—	452
1983	106355	106355	—	—	—
1984	283792	197035	86757	—	—
1985	285741	257412	28329	—	—
1986	334355	308076	26279	—	—
1987	1746483	1136841	609642	—	—
1988	4110398	2489714	1620686	—	—
1989	2893599	1180030	1713569	—	—
1990	1420966	775757	645209	—	—
1991	2000549	1090276	910573	—	—
1992	2573998	1424249	1149749	—	—
1993	2011584	1012391	999193	—	—
1994	2401636	813643	1587993	—	—
1995	1802637	601698	1200939	—	—
1996	3542124	781669	2527987	232468	—
1997	4253446	807798	3381692	63956	—
1998	3663391	570124	3093267	—	—
1999	5967312	362627	5604685	—	—
2000	9311933	486263	8825670	—	—
2001	9208096	269344	8938752	—	—
2002	10210572	332611	9877961	—	—
2003	13166126	399505	12766621	—	—
2004	16121589	629350	15492239	—	—
2005	20695000	365000	20330000	—	—

第三节　海关缉毒缉私

1980年，随着腾冲海关机构的恢复，调查队伍重新组建，肩负着保山地区、怒江州的查私缉毒和稽查工作。随着对外交流的不断扩大，进出境人员日益增多，少数不法分子利用某些物品国内外差价大的因素，大肆进行走私贩私活动，将鸦片、收录音机、手表、尼龙布料及其制品等走私入境，将黄金、白银、珍贵文物、药材等走私出境。腾冲海关采取孔道堵截与巡回查私相结合，一般检查与专案追查相结合，发动群众检举与培养密告相结合等多种灵活机动的方法缉私。1980年，查获走私案件225起，案值145644元人民币，罚没收入318873.32元人民币。至1985年，共查获走私案件528起，案值54.53万元，上缴罚没收入48.96万元，查获鸦片22.71万克，收录机14台，手表1543只，尼龙制品2799件，玉石价值7.53万元，耕牛27头，动植物药材价值10.64万元，银圆4277枚，金银制品价值1802元，其他物品价值19.92万元。查获的案件中，边民走私案占29.5%，案值占34.62%；国家机关公职人员走私占13.6%，案值占5.6%；其他人员走私占50.6%，案值占43.04%；国营、集体企业走私占总案件的6.3%，案值占16.74%。

1986年，查获走私案件12起，案值116210元人民币。接受移交案件4起，案值14350元人民币。

1986—1990年，腾冲海关查获的走私物品主要有玉石毛料、玉石成品（手镯、戒指、花件）、宝石、银圆、半开、手表、外烟、虎骨豹骨等动物制品、中药材、砂仁、罂粟壳、旧衣物、尼龙布料、尼龙蚊帐等。海关在查缉中，不断总结以往查私的经验，充分依靠武警、公安、工商、税务等部门，实施综合治理。查获的案件中，个人走私案件占90%以上，且以珠宝玉石为主，其余为国营、集体企业的走私违规案件。

1991年，随着腾冲口岸条件的改善，腾密公路（史称史迪威公路）的全线通车，大批货物由腾冲口岸进出。海关积极贯彻“促进为主”的工作方针，保证了边境贸易的健康发展。随着贸易的不断发展，走私贩毒活动也日益猖獗，呈现出案值大的特点，走私的方式、路线更加隐蔽，手段更加狡猾。海关查私缉毒工作的重点也随之转变到加强情报调研工作上来，以情报调研为先导，重点打击大要案。

1993年，按照昆明海关的布置，打击边境地区汽车走私活动，腾冲海关调查股结合实际，开展打击汽车走私专项斗争，共清理、处理外籍车辆18辆，遏制了腾冲边境汽车走私的势头。

1998年，随着全国打击走私工作会议的召开，对海关的打私工作提出了更高的要求。2000年，腾冲海关查获走私毒品海洛因案件1起，19440克；走私鸦片案件4起，共9587克；走私冰毒案件1起，996克；假人民币案件3起，共23.34万元。1998—2002年，查获走私野生动物及其制品案件8起，缴获虎皮5张，虎骨50.10千克，象牙7.50千克，鹿茸6.50千克，蟒蛇皮57张，石斛8500千克，移送犯罪嫌疑人10人。2001—2002年，对23家企业开展稽查补税35.18万元。

2005年7月，腾冲海关缉私分局成立，负责保山市及怒江州共9个县(区)内的走私违规案件查处工作。辖区国境线长达590多千米，辖区面积3.4万平方千米，边境一线口岸、通道较多，除国家一级口岸猴桥、省级口岸片马、指定通道滇滩外，另有十余条非指定通道，基本形成了以腾冲县城、怒江六库镇为中心，向猴桥、胆扎、滇滩、自治、片马等边境通道辐射的管辖格局。

2005年，腾冲海关查获鸦片2620克，香柏油467.8千克，黄樟油260千克，象牙3500克，象鼻214克，象尾97克，大象皮56千克，抓获嫌疑人3名；查获海洛因814克，抓获嫌疑人2名；对126辆红牌车做出行政处罚决定，12辆作退运出境处理。

1980—2005年腾冲海关缉私情况统计表

表30-2

年度	缉私情况
1980	查获走私案件225起，案值145644元人民币，罚没收入318873.32元人民币
1981	查获走私案件47起，案值48045元人民币，罚没收入43129.73元人民币
1982	查获走私案件122起，案值45067元人民币，罚没收入12359.21元人民币
1983	查获走私案件50起，案值106522元人民币，罚没收入32022.74元人民币
1984	查获走私案件42起，案值19799元人民币，罚没收入8663.56元人民币
1985	查获走私案件42起，案值184221元人民币，罚没收入74578.33元人民币
1986	查获走私案件12起，案值116210元人民币；接受移交案件4起，案值14350元人民币
1987	查获走私案件19起，案值111678元人民币；毒品2起，7550克
1988	查获走私案件17起，案值107210元人民币
1989	查获走私案件11起，案值113392元人民币；毒品1起，12750克
1990	查获走私案件11起，案值242187元人民币；违规案件2起，案值9537元人民币
1991	查获违规案件1起，案值8647元人民币；毒品1起，12500克
1992	查获走私毒品案件1起，3130克
1993	查获走私毒品案件1起，30克，人犯2人
1994	查获走私毒品海洛因案件1起，12瓶，11克，人犯2人；查获走私玉石案件1起，25千克；虎骨2具，15千克
1995	查获违规案件7起，案值223000元人民币
1996	查获违规案件1起，案值300000元人民币；鸦片走私案件1起，6860克，移交人犯1人；查获假人民币案件1起，缴获假人民币19900元
1997	查获违规案件2起，案值69800元人民币；查获走私毒品海洛因案件1起，8250克，移送人犯1人
1998	查获走私违规案件6起，案值7000元人民币；查获走私毒品海洛因案件2起1090克，移送人犯3人；查获走私玉石毛料案件1起，4件；虎骨、虎皮案件1起，30千克；假金砂3680克

续上表

年度	缉私情况
1999	查获走私违规案件10起，案值300多万元人民币
2000	查获走私违规案件15起，案值869550元人民币；查获走私毒品海洛因案件1起，19440克；走私鸦片案件4起，共9587克；走私冰毒案件1起，996克；假人民币案件3起，缴获假币233400元
2001	查获走私违规案件27起，案值1580000元；查获走私毒品海洛因案件2起，共61150克；走私鸦片案件1起，3000克；走私假美元案件1起，缴获假币9600美元；走私假人民币案件1起，缴获假币537150元；走私虎骨虎皮案件2起，查获虎皮2张，虎骨30.1千克
2002	查获走私违规案件4起；假人民币案1起，缴获假币200元；走私海洛因案1起，1076克；走私鸦片案1起，11500克；走私蟒蛇皮案1起，缴获蟒蛇皮57张
2003	查获退运出境违规案件1起，货值6万元，罚没收入1万元
2004	缉私业务划归瑞丽缉私分局统一管理，数据无法单独统计
2005	共办理行政案件127起；查获无合法进口证明车辆126辆，罚款5000元；办理刑事案件1起，抓获犯罪嫌疑人2名，缴获海洛因814克

第四节　海关统计

1980年，随着腾冲海关机构的恢复，海关队伍重新组建，海关统计工作随即展开。当年，腾冲口岸进出口货运量15.24吨，其中，进口7.94吨，出口7.3吨；进出口货运值145771元（人民币），其中，进口116971元，出口28800元。1985年，腾冲口岸进出口货运量3912吨，货运值2835590元。1990年，腾冲口岸进出口货运量63944吨，货运值53447870元。

1991年，省内各海关货、征、统人员和报关员接受昆明海关就统计商品目录的全面培训。同年负责业务统计的部门按规定开始将关区业务统计报表送交昆明海关征统处进行审核，涉及到腾冲海关的主要业务统计指标有：进出口货物总量（包括进、出口）、进出口货物总值（包括进、出口；边境小额贸易进、出口）、征收税款、进出境旅客、侦查立案案件、侦查立案案值等。当年，腾冲口岸进出口货运量119411吨，其中：进口11.53万吨，出口4138吨；进出口货运值10182.70万美元，其中：进口7120.35万美元，出口3052.35万美元。

1992年，腾冲海关正式执行昆明海关以《商品名称及编码协调制度》为基础编制的《中华人民共和国海关统计商品目录》。该商品目录在原来的六位编码的基础上增加了第七位和第八位，共有7000余个商品编码，更便于进出口贸易管理及统计、咨询服务等。同年以昆明海关编制的昆明口岸、边境贸易常见进出口商品归类表作为统计和审单参考。涉及的主要进口商品有木材、玉石毛料、金属矿砂、干豆、生皮等。主要出口商品有香烟、布料、棉纱、药品等。当年，腾冲口岸进出口货运量16.99万吨，其中，进口16.11万吨，出口8749吨；进出口货运值16725.32万美元，其中，进口10898.64万美元，出口5826.68万美元。

1993年，腾冲海关严格按照总署《海关业务统计制度》和昆明海关规定，按月报送报表，涉及腾冲海关的报表主要有进出口货运统计表；出入境人员统计表；海关后续管理统计表等。

1995年，腾冲海关统计工作严格按照《昆明海关关于进一步加强按期报送各类报告、报表工作的通知》要求进行，全年统计进出口货运量19.17万吨，货运值33916.74万美元。

1996年10月正式使用隶属海关微机H883/PC的贸易统计子系统进行统计，隶属海关上报昆明海关的数据是统计中间库文件，昆明海关上报海关总署的是100字符文件。该两个系统实现了海关贸易统计数据采集的自动化，特别是统计初审环节、中间库检控等方面运用技术手段加强了对数据的审核，对控制差错的发生起到了很好的作用。当年，腾冲口岸进出口货运量21.03万吨，货运值26461.26万美元。

1997年，腾冲海关积极配合总署、昆明海关开展的统计执法大检查，检查的重点主要有隶属海关自身贯彻实施《中华人民共和国统计法》情况；报关单位遵守统计法的情况；有无虚报、瞒报、伪报等造成的统计违法行为等。并按照昆明海关提出的措施认真改进。加强对统计法的学习和理解；加强对报关员的培训和考核；强化对报关员及报关单位的宣传力度；加强自身业务统计数据基础工作等。当年，腾冲口岸进出口货运量10.32万吨，货运值19030.15万美元。

1998—2001年，关区按照总署、昆明海关要求，正式运行海关业务统计管理系统，在保持1993年业务统计系统运行以来统计准确、及时、逐级上报基本原则的基础上，改变最小统计单位，实现部分数据自动采集，建立"二级审核管理"模式，有效提高工作效率，规范了统计数据。

2002年，腾冲海关认真落实《昆明海关党组关于加强统计工作的决定》提出的五项措施，提升关区贸易统计数据和业务统计数据方面的工作质量。当年，腾冲口岸进出口货运量12935.05吨；货运值1923万美元。主要进口商品木材、玉石毛料、刮皮藤条等；出口商品有配制炸药、成品油、引爆器、烟草制品、钢材结构体等。以边境小额贸易为主，货运量12257.96吨，货运值1856万美元。从2002年起，腾冲海关统计分析文章数量逐步增加。

2004年，针对木材是云南省进口的大宗税源商品，腾冲海关严格参照昆明海关监管处通过对木材进行执法评估后下发的《昆明海关关于进一步规范关区进出口木材查验方法的通知》，规范木材申报、降低错误归类、低报价格的风险。当年，腾冲口岸进出口货运量27836.23吨，货运值3248万美元。边境小额贸易货运量26582.95吨，货运值3087万美元。

2005年，报关单数据质量监控分析系统（CSD）运用后，减轻了海关统计人员的工作量，通过该系统检索审核贸易统计，审核手段进一步智能化，差错率不断下降。当年，腾冲口岸进出口货运量37.57万吨，货运值4617万美元。边境小额贸易货运量37.47万吨，货运值4482万美元。主要进口商品有木材、铁矿石、锌矿砂、玉石毛料等；出口商品有大型工程机械、货运机动车辆、建材、成品油、配制炸药等。

腾冲海关1980—2000年进出口贸易统计表

表30-3　　　　单位：吨、元

年度	进出口货运量	其中		进出口总值	其中	
		进口	出口		进口	出口
1980	15.24	7.94	7.3	145771	116971	28800
1981	23.23	15.23	8	62100	10148	51952
1982	40	15	25	575206.17	290133	285072
1983	156	50	106	1857289	973137	884152
1984	342	228	114	2176218	1088109	916615
1985	3912	3720	192	2835590	1417795	147795
1986	5019	4832	187	2973810	1846197	1127613
1987	9672	9237	435	10227515	6570445	3657069
1988	15524	14929	595	27951592	23009017	4942575
1989	48751	48078	673	41573000	36041513	5531486
1990	63944	62538	1406	53447870	39642332	13805538
1991	119411	115273	4138	101826996	71203466	30623530
1992	169891	161143	8749	167253171	108986369	58266802
1993	229298	223105	5193	125908463	125908463	150202624
1994	278695	274047	4750	468100838	268848900	199251938
1995	191719	186084	5635	339167413	251572031	87595382
1996	210331	204551	5780	264612598	234642121	29970477
1997	103175	95027	8148	190301459	154623803	35677656
1998	89859	82523	7336	136039372	98511167	37528205
1999	145876	140796	5080	145750081	110527715	35222366
2000	224772	219506	5266	171086595	134689088	36397507

腾冲海关2001—2005年进出口贸易统计表

表30-4　　　　单位：吨、万美元

年份	进出口货运量	其中		进出口货运值	其中	
		进口	出口		进口	出口
2001	201451	199408	2043	14814.29	13189.76	1624.53
2002	12935.05	7750.69	5184.36	1923	1644	279
2003	17575.95	10867.05	6708.90	2518	2211	307

续上表　　　　单位：吨、万美元

年份	进出口货运量	其中		进出口货运值	其中	
		进口	出口		进口	出口
2004	27836.23	22978.12	4858.11	3248	2685	563
2005	375670.75	366054.22	9616.53	4618	3493	1126

第四章　出入境检验检疫

第一节　检验检疫体制改革

1999年11月，根据国务院机构改革的总体部署和要求，原腾冲进出口商品检验局和腾冲进出境动植物检疫局合并组建腾冲出入境检验检疫局，由省出入境检验检疫局垂直管理，下辖保山办事处和猴桥、滇滩两个口岸办事处。全面履行出入境人员、货物、交通工具和动植物及其产品的检验检疫职能。成为主管出入境人员、货物、交通工具国境卫生检疫、进出境动植物及其产品检疫和进出口商品检验的行政执法机构。“三检”职能合一后，实现“方便进出、监管有效”和“检验检疫一口对外”的目标。

腾冲检验检疫局在顺利完成机构合并组建的基础上，加强检验检疫执法把关力度，严格依法行政，强化执法监督，热情服务，改革业务管理方式，积极推进新的“六个一”检验检疫制度：“一次报检、一次抽（采）样、一次检验检疫、一次卫生除害处理、一次收费、一次签证放行”，实现出入境检验检疫“一口对外”的新的检验检疫管理方式。2000年1月1日起，根据国家出入境检验检疫局和海关总署的联合公告，腾冲局实行“先报检，后报关”的检验检疫货物通关模式，确保检验检疫工作质量和工作效率提高。

第二节　进出口商品检验

腾冲商检局对边境贸易进出口商品的检验，主要依据《中华人民共和国进出口商品检验法》及其实施条例，1992年外经贸部、国家商检局联合下发的《关于加强边贸商品质量检验管理的通知》，1993年国家商检局发布的《边境贸易进出口商品检验管理办法》、国务院《关于整顿边地贸易经营秩序制止假冒伪劣商品出境的通知》，1995年云南省人大常委会通过的《云南省进出口商品检验管理条例》，以及边境贸易合同进行检验。

1993年以前，对列入《商检机构进出口商品检验种类表》范围内的边境贸易出口商品实施法定检验，表外商品实施查验监管。1993年6月按照国务院文件规定，对边境贸易各种方式出口的商品均纳入必须检验的范围。本着支持、方便、发展边境贸易的原则，为规范边境贸易检验管理，腾冲商检局提出了《关于加强边境贸易进出口商品检验管理的实施意见》，要求边贸生产企业贯彻以质取胜的外贸方针，加强检验管理，将检验把关延伸到外贸和生产企业，把不合格商品杜绝于收购和生产过程之外，对检验不合格的边贸出口商品即使外商确认，也不放行出口。同时把假冒伪劣商品以及涉及安全、卫生的重点商品、敏感商品纳入检验把关的重点，制定检验管理规范，建立科学的检验方法、检验程序，力求缩短检验签证流程，加快验放速度，履行检验把关职责。

腾冲口岸进口商品主要来自缅甸，其中：木材、矿产品是腾冲边境贸易大宗进口商品，出口商品一部分经边境贸易输往缅甸，另一部分主要是进口木材经过加工的木制品、金属硅等矿产品通过一般贸易形式输往中国香港、台湾地区及日本、美国、加拿大、欧盟、韩国、马来西亚等国家。此外还有部分纺织品、小家电产品、食品饮料、车辆、钢材、水泥及少量汽、柴油等商品通过边境贸易出口。

腾冲口岸进口的木材树种主要有铁杉、冷杉、楠木、梨木、柳桉、香柏木、水曲柳等，有少量花梨木、紫檀木、檀香木、柚木等。木材到达口岸时，经口岸办事处消毒除害处理，出具“进口货物监管单”，边贸企业凭“监管单”到腾冲局报检，按照GB144-95《原木检验，尺寸检量》，以及GB4814-84《原木材积表》规定对其质量、规格、数量进行检验合格后，签发通关单和放行通知单后企业方可调运。生产加工的木制品出口时，到腾冲局报检，经检验合格后，签发通关单和放行通知单放行出口。

腾冲口岸矿产品进口的种类以铁矿为主，另有少量的铅锌矿、锡矿和钼矿，矿产品出口主要有金属硅。1999年11月，腾冲检验检疫局购置相关检验设备，建立矿产品实验室；2001年11月，通过国家出入境检验检疫局注册实验室西南大区考核小组的现场考核，取得检验检疫注册实验室的资格；2002年10月，腾冲局保山办事处建立金属硅实验室，同年11月，即对保山辖区金属硅生产出口企业开展检验管理工作；2003年8月，实验室通过国家认证认可监督管理委员会的计量认证考核，并取得计量认证合格证书。为保证检验工作需要，2003年6月，腾冲局检验检疫制定《出口金属硅检验操作规程》，2004年4月，制定《腾冲口岸进境矿产品检验管理办法》等工作规范，以加强对进出口矿产品的检验管理。进口矿产品的检验管理方法采取与进口木材基本相同的方式进行检验监管；出口金属硅的检验方式按照国家标准和有关行业标准逐批进行检验。

腾冲口岸除木材、矿产品进出口外，还涉及部分车辆、钢材、水泥及少量汽、柴油等商品通过边境贸易出口。2003年12月，腾冲检验检疫局制定《腾冲口岸进出口重点商品检验监管办法》，对涉及安全、卫生、环保等重点出口商品检验管理作出了详细的规定，遵循产地检验和口岸查验相结合的制度，采取分批检验和产品出口前预先检验的监管方式，对难以完成的检测项目，委托具有检验资质的部门进行检测。2004年腾冲局配置辛烷值检测仪，使成品油的检验仅从计量检验发展到实验室检测，达到有效地检验监管。1992—2005年，腾冲局共检验进出口商品43893批次，货值44343.74万美元，查堵假冒伪劣商品和检出不合格商品172批次，货值192.06万美元。

1994—1999年，腾冲商检局共受理出口商品委托检验业务23批次，货值52.091万美元。1995—1998年腾冲商检局共受理外商投资财产价值鉴定13批次，企业申报价值1584.5141万美元，价值鉴定结果为1093.869万美元，鉴定价值与申报价值相比下降30.97%。

1992—2005年腾冲边贸进出口商品检验情况统计

表30-5　　单位：批、万美元

年份	进出口商品检验		检验商品种类	
	批次	货值	出口	进口
1992	1651	556.87	棉纱、布匹、火柴、啤酒	木材
1993	3211	2098.37	棉纱、布匹、卷烟、水泥、啤酒、大米、书写纸、火柴、电池、石蜡	木材、矿产品、车辆
1994	2409	2654.04	棉纱、布匹、卷烟、火柴、大米、电池、石蜡、汽油	木材、矿产品、车辆
1995	2935	3880.02	棉纱、布匹、水泥、火柴、啤酒、大米、石蜡、拖拉机、建筑木制品	木材、矿产品、棉花、芝麻
1996	5262	2682.69	水泥、啤酒、布匹、汽油、挖沙船、日用百货、木门地板条、家具料	木材、矿砂、农副产品、羊皮、制木机械设备
1997	5027	2231.66	水泥、啤酒、挖沙船及零配件、电视机、洗衣粉、鞋类等日用百货、木材制品	木材、矿砂、棉花、酸角、制木机械设备
1998	7497	2556.36	挖沙船、布匹、石蜡、啤酒、水泥、推土机零件、玩具、木制家具料、课桌椅组合件	木材、矿砂、棉花、碎橡胶
1999	5493	3138.59	挖沙船、汽油、柴油、石蜡、棉纱、木制门框料、家具料、课桌椅组合件	木材、藤条、树瘤
2000	3513	3405.57	木制品、棉布、水泥、挖沙（泥）船、汽油、柴油	木材、藤条、竹子
2001	2123	5083.29	柴油发电机、电动机、灯具等机电设备、挖沙船、电线、电缆、实木门、木地板、木家具、烤烟、啤酒、钢材、锌板、水泥、建筑陶瓷、布匹、杀虫剂	木材、藤条、竹子、锌矿砂
2002	2466	2923.78	木制品、木薄板、烤烟、烟丝、水泥、硅、化肥、汽油、柴油、化肥、陶瓷、纸张、塑料制品、电动机、电线电缆、灯具、医疗器械、啤酒	木材、藤条、竹子、铅矿砂、铜硫、中药材、干竹笋、香樟油、食品加工设备
2003	2209	3519.18	硅、水泥、木制品、胶合板、木质包装、化纤及棉混纺织物、汽油、柴油、塑料制品、纸张、车辆、自行车零件、灯具、医疗器械、钢材、啤酒、烟丝、大米	木材、藤条、竹子、树瘤、树根、铅锌矿砂、铜矿砂、樟脑油、黄樟油、木工机械、食品加工机械
2004	1280	4019.54	硅、水泥、木制品、木制家具、木质包装、汽车、拖拉机、发电机、电线、电缆、灯具、医疗器械、酒精、汽油、柴油、自行车及零件、钢材、铅板、棉混纺布	木材、藤条、竹子、树瘤、树根、中药材、石材、铁矿、铅锌矿砂、食品加工机械
2005	1564	5593.78	硅、水泥、铁杉实木门、门框、木制家具料、木质包装、苗木、烟丝、拖拉机、汽车、医疗器械、钢材、线材、铅板、酒精、汽油、柴油、啤酒	木材、藤条、竹子、树瘤、树根、中药材、大理石、铁矿、锌矿、黄樟油、工程机械

针对腾冲口岸入境货物主要以木材、矿产品为主，且入境通道多，经营、加工企业情况复杂的特点，1995年2月，腾冲商检局制定《腾冲口岸进口木材报验规定》；2000年8月，腾冲检验检疫局结合口岸实际印发《关于开展腾冲口岸进出境木材及其产品生产、加工、存放单位注册登记的通知》；2001年12月，制定《进境木材县内流通管理规定》；2002年4月，制定《腾冲口岸进出境木材加工厂、贮木厂检验检疫监督管理办法》和《腾冲口岸进出境木材生产、加工、存放单位注册登记实施办法》；2003年10月，制定《腾冲口岸进口木材检验检疫管理办法》等一系列管理规定和要求，不断完善和规范入境货物检验检疫监管措施，逐步形成检验检疫除害处理与木材加工企业注册监管相结合、生产厂地检验检疫与调离查验相结合、报检通关与林业检查相结合的监督管理模式。

第三节　边贸进出境动植物检疫

一、检疫

中缅两国边民之间历来有着相互通商的传统习惯，双方边境小额贸易、边民互市往来久远。改革开放后直至20世纪80年代，腾冲与邻国缅甸的边境贸易得到全面恢复和发展。木材类、竹藤类是腾冲边境贸易中进境的大宗植物产品，每年进口木材40多万立方米，占腾冲口岸进出口总额的90%以上。1993年以后有少量的酸枝木、红豆杉、秃杉、香柏、柚木等贵重木材进境，腾冲口岸进出境的动物及其产品数量较少，仅有零星进境贸易，有少部分动物及其产品以边民互市的形式出境，主要是出境务工人员生活自备的猪肉和禽类产品，以及缅甸边民到腾冲边境地区购买的仔猪和一些禽类及其产品等。此外部分进口木材经过加工的木制品出口至韩国、日本、新加坡、美国、加拿大、欧盟、印度尼西亚等国家和中国台湾地区。从1989年起，腾冲动植物检疫局，对腾冲口岸边境贸易进出境动植物及其产品和其他检疫物开展了检疫监督管理工作。

1989年，畹町动植物检疫所腾冲办事处成立后，即开展对缅边境贸易进出境动植物检疫工作，检疫的进出境植物和植物产品主要有木材类、竹藤类、粮豆类、中药材类、棉麻类、茶叶类、蔬菜类、植物性油料、调料类等产品、植物性包装及填充材料，以及开展境外替代种植的植物种子、苗木类等；检疫的进出境动物和动物产品有家畜、野生动物、爬行动物、水生动物、禽鸟类以及猪肉、牛皮等产品。

1992年5月畹町动植物检疫所腾冲办事处更名为腾冲进出境动植物检疫局后，于1993年在猴桥口岸黑泥塘边境一线设立办事处，开展入境交通工具、植物及其产品的检疫除害处理。自1998年12月起，对出口货物木质包装开展检疫监管工作。

1989—2005年腾冲口岸边境贸易进出境动植物及其产品种类统计表

表30-6

进出境动物及其产品种类		进出境植物及其产品种类	
进　境	出　境	进　境	出　境
牛、羊、甲鱼、蛇、猴子、鹦鹉、犬、牛皮、山羊皮、牛骨、牛角、鹿皮、蓝湿牛皮及其他动物皮张等	仔猪、鸡、猪肉等	铁杉、冷杉、红松、云南松、华山松、楠木、桤木、栎木、桦木、椿木、克隆木、马蹄壳、木莲、酸枝木、红豆杉、秃杉、香柏、柚木、藤条、石竹、树瘤、树根、大米、芸豆、棉花、西瓜、酸角、油菜籽、芝麻、中药材、草果、八角、红茶、香菇等	大米、红茶、豆类、新鲜蔬菜、干腌菜、中药材、热带水果树苗和水稻种子、玉米种子、甘蔗种苗、马铃薯种子、植物性包装材料、植物性填充材料等；实木门、门框、锯材、线条、指接拼板、房屋构架、家具料，胶合板薄板、单板、其他实木门、线条、地板条、家具、香柏寿材、根雕、树瘤、集装箱板等

1989—2005年年腾冲边贸进出境动植物及其产品检疫情况统计表

表30-7　　　　单位：批、万美元、万立方米、吨、株、件、头、张

年份	批次	货值	检疫的进出境动植物及其产品					
			木材类	农副产品	苗木	植物性外包装	动物及其产品类	
							动物类	皮张
1989	170	107.41	2.2234	—	—	—	—	—
1990	705	537.967	10.6296	—	—	—	—	—
1991	1044	752.182	13.8412	—	—	—	—	—
1992	2107	933.54	17.1772	11.5	—	—	—	276
1993	2997	1829.626	20.9644	—	—	—	—	—
1994	2564	1844.789	25.4887	93	—	—	—	—
1995	2354	1842.561	34.849	3216	—	—	146	12467
1996	2439	1952.17	34.5898	5538.016	4000	221742	12428	3168
1997	2402	2386.101	33.7637	5291.389	15000	98385	10194	1871
1998	1538	2697.253	34.0145	3774.325	—	24309	9762	—
1999	3633	2792.558	55.8708	1973.39	—	3140	—	—
2000	3522	2999.252	66.7412	1465.573	—	—	—	—
2001	1950	2039.755	49.5727	7649.408	—	—	—	—
2002	2048	2053.823	45.0341	4202.144	—	—	—	—
2003	1788	2388.523	52.014	11269.401	—	—	—	—
2004	952	341.123	60.5465	11285.139	—	—	—	—

续上表 单位：批、万美元、万立方米、吨、株、件、头、张

年份	批次	货值	检疫的进出境动植物及其产品					
			木材类	农副产品	苗木	植物性外包装	动物及其产品类	
							动物类	皮张
2005	744	294.724	51.6289	5640.444	—	—	—	—
合计	32957	27793.357	608.9497	61382.729	19000	347576	32530	17782

1993—2005年腾冲口岸对缅进境交通工具、植物产品检疫处理及出境货物木质包装监管情况统计表

表30-8 单位：辆、批、万立方米、万美元、件

年份	交通工具	进境植物产品			出境货物木质包装监管			
		批次	数量	货值	批次	包装种类	数量	货值
1993	217	2966	27.438	192.43	—	—	—	—
1994	347	2174	39.41	283.59	—	—	—	—
1995	2887	2565	32.616	214.57	—	—	—	—
1996	1881	2047	33.01	1684.51	—	—	—	—
1997	1095	2055	33.09	2153.35	—	—	—	—
1998	3659	1169	32.727	2352.23	52	木托盘、木箱	2430	26.267
1999	6839	3596	56.334	2685.22	102	木托盘、木箱	2186	16.116
2000	20190	3522	66.742	3002.88	93	木托盘	1894	16.585
2001	38947	1632	49.573	2042.22	90	木托盘、木箱	1823	24.617
2002	41429	1801	45.034	2056.31	187	木托盘、木箱	3230	55.659
2003	39177	1585	52.014	2391.41	142	木托盘、木箱	3979	41.661
2004	38354	1888	60.547	1563.55	107	木托盘、木箱	2028	16.228
2005	41301	1669	51.629	1533.58	349	木托盘、木箱	6063	67.791
合计	236323	28669	580.164	22155.85	1122	—	23632	264.924

二、监测管理

根据国家动植物检疫局关于进境物、粮豆类、水果、烟草和动物、动物产品等严格实行检疫审批制度的规定，腾冲口岸输入的动物、动物产品、水果等在边境地区内加工、使用的，由腾冲动植物检疫局审批；需运往省内其他地方的，由昆明局审批；运往省外的，由国家局审批。腾冲检验检疫局组建成立后，检疫审批均由国家质检总局办理，腾冲局主要是做好检疫审批前的资料初审上报准备工作。

动物传染病监控 为防止境外动物疫病的传入，腾冲动植物检疫局在严格执行国家

有关动物检疫的法规政策和检疫审批制度的同时，结合口岸实际，制定《进境动物检疫操作程序》《进境动物产品检疫操作程序》《进境甲鱼检疫操作程序》《进境蛇检疫操作程序》《进境动物产品消毒处理程序》《防治禽流感应急预案》等动物检疫管理工作规程。1995年，重点对边民互市入境的伴侣动物人畜共患病进行检疫，并采取免疫注射预防接种等措施。腾冲口岸入境的动物产品，主要是皮张、牛肉、牛骨等畜产品类。在严格执行检疫审批制度的基础上，根据动物产品的品种、用途、疫病传带因素等综合情况，实施现场检疫后对其进行消毒处理。对禁止进境的偶蹄动物及其产品和传带病虫害疫情较严重、无使用价值的植物及其产品以及外包装进行销毁处理。1996年后，根据农业部、质检总局关于禁止偶蹄动物及其动物产品和禽类及其产品进境的一系列规定，腾冲口岸没有动物及其产品入境，入境动物检疫工作重点向对境内外危险性动物疫病疫情监控方面转变。1997—1999年，缅甸发生动物口蹄疫传染病，腾冲动植物检疫局切实做好监控工作，防止缅甸口蹄疫疫情的传入。2004—2005年腾冲检验检疫局加强禽流感疫情的防治，有效地防止境外高致病性禽流感疫情传入。加强出口动物及动物产品的产地检疫证、免疫证查验，进行临床检疫，检疫合格后方可放行。

植物危害性病虫害监控 根据腾冲口岸进境植物及植物产品病虫害情况，对植物危害性病虫害进行分类检疫除害处理，主要措施及方法有：1. 药物熏蒸杀虫灭菌（使用的药物有磷化铝、溴甲烷、高锰酸钾、福尔马林、过氧乙酸等）；2. 药剂喷雾（对带皮原木、入境车辆、场地、仓库等采用药剂喷雾的方法，进行杀虫灭菌处理）；3. 更换包装（针对进境植物产品外包装多次重复使用，感染害虫概率较大的特点，要求货主进行外包装更换，并将更换的外包装退回境外或就地销毁）；4. 种子、苗木检疫处理。腾冲口岸进出境的种子、苗木批次、数量较少，腾冲局对进境苗木严格按照检疫审批进行检疫，对发现带有疫情或一般性害虫的种子苗木进行除害处理，对带有土壤和一般性害虫不超标的苗木做清洗消毒处理，1989—2005年，共检疫出口苗木20000多株。腾冲口岸进口的诸如藤条、石竹、树瘤、树根、棉花、芝麻、酸角等其他植物产品，入境时口岸办事处进行现场检疫除害处理。货主在当地加工、贮存过程中派员到工厂检疫监督对其进行全过程监控，调出口岸时进行查验，发现害虫的进行重新除害处理，合格后办理检疫手续。对芝麻、酸角等植物产品，采取抽样、倒袋过筛等办法进行检疫，对棉花采取熏蒸处理合格后放行。

植物疫情监测 腾冲口岸植物疫情监测对象主要是地中海实蝇、瓜实蝇、橘小实蝇等检疫性实蝇。1994—2005年腾冲局不间断地对地中海检疫性实蝇进行监测，尚未诱集到地中海实蝇；2000年起增加瓜实蝇、橘小实蝇和蛋白胨等诱剂；2003年首次在保山办事处设置4个监测点开展监测工作。监测工作开展后共诱集到检疫性实蝇17种。

腾冲口岸1994—2005年检疫性实蝇监测情况统计

表30-9

年份	监测时间	诱集实蝇种类	诱剂种类
1994—1999	5—10月	未诱集到地中海实蝇，未诱集到其他实蝇	地中海实蝇诱剂
2000	10月	未诱集到地中海实蝇，未诱捕到其他实蝇	地中海实蝇诱剂、瓜实蝇诱剂、桔小实蝇诱剂、蛋白胨诱剂
2001	5—10月	桔小实蝇、瓜实蝇、南瓜实蝇、辣椒实蝇、普通果实蝇、绕实蝇属、番石榴实蝇、黄瓜实蝇8种1376头	地中海实蝇诱剂、瓜实蝇诱剂、桔小实蝇诱剂、蛋白胨诱剂
2002	5—10月	桔小实蝇、瓜实蝇、南瓜实蝇、辣椒实蝇、普通果实蝇、南亚果实蝇、番石榴实蝇、黄瓜实蝇8种	地中海实蝇诱剂、瓜实蝇诱剂、桔小实蝇诱剂、蛋白胨诱剂
2003	5—10月	桔小实蝇、瓜实蝇、南瓜实蝇、寡鬃实蝇属、异颜果实蝇、南亚果实蝇、番石榴实蝇7种806头	地中海实蝇诱剂、瓜实蝇诱剂、桔小实蝇诱剂、蛋白胨诱剂
2004	5—10月	桔小实蝇、瓜实蝇、南瓜实蝇、黄瓜实蝇、番石榴实蝇、异颜果实蝇、绕实蝇、桔大实蝇、按实蝇属、果实蝇属、普通果实蝇11种809头	地中海实蝇诱剂、瓜实蝇诱剂、桔小实蝇诱剂、蛋白胨诱剂
2005	5—10月	桔小实蝇、瓜实蝇、南瓜实蝇、黑漆实蝇、异颜果实蝇、番石榴实蝇、具条实蝇、桔大实蝇、四鬃华实蝇9种2281头	地中海实蝇诱剂、瓜实蝇诱剂、桔小实蝇诱剂、蛋白胨诱剂

缅甸是谷斑皮蠹一类危险性害虫疫区，1994年，腾冲动植物检疫局制定《进口农副产品及其包装的检疫管理办法》，完善进口粮豆、油料等农副产品的检疫操作程序，1996年联合粮食部门对全县的粮食仓库害虫进行普查，1998年联合药监部门对中医院、药品公司等中药仓库进行调查，对粮豆类及其包装上谷斑皮蠹等仓库害虫定点进行监测，直至2005年腾冲口岸未发现一类危险性害虫谷斑皮蠹。

2004年，腾冲局开展以松材线虫为主的木材害虫监测工作，连续两年联合林业森防部门开展口岸林木害虫的调查，增派人员加强口岸一线检疫监测工作，截至2005年年底，腾冲口岸未发现松材线虫危害，也未发现松材线虫从口岸传入境内的情况。

动植物疫病疫情查处　境外缅甸分布有许多中国尚未发生的危险性动植物疫病，如：口蹄疫、高致病性禽流感、谷斑皮蠹、双钩异翅长蠹、烟草霜霉病等危险性动植物疫病。1996年在进境的22头黄牛中检出口蹄疫“O”和“ZB”型阳性抗体，对其采取扑杀处理措施。在对入境的龟、甲鱼、蛇、鼋等野生动物的检疫中，检出7种寄生虫。1998年2月，截获禁止进境的牛皮5张，羊皮3张，牛脚3只，牛皮作退回处理，其余的进行集中销毁。1998年4月9日，对黑泥塘办事处截获的禁止进境的牛皮、羊皮、牛角等动物产品共2批1600多张进行集中销毁。9月，对缅甸进口的2头水牛进行捕杀处理。1999—2005年，劝说和遣返非法进境的缅甸牛共93头。2004—2005年，在口岸高致病性禽流感防治工作中，截获非法入境鸡5只、鹦鹉1只、出境携带物中鸡2只，捕杀后均作无害化处理。1989—2005年，在植物检疫中所截获的有害生物，有些是国内检疫对象，有些是国内分布较少的种类，其中：木材害虫2目8科71种，仓库害虫2目7科15种；属二类危险性害虫1种（蜜

橘大实蝇），三类危险性害虫4种（罗望子象、花生豆象、松树皮象、四纹豆象）；国内新分布的危险性害虫三种（台湾壮材小蠹、浅穴材小蠹、罗望子象甲），省内新分布的危险性害虫三种（淡臀锉小蠹、大吉岭锉小蠹、光亮木小蠹）。

腾冲口岸1989—2005年动植物疫病疫情查获情况统计表

表30-10

年份	检疫物名称	截获批次	主要有害生物名称
1989～1999	铁杉、杂原木、香柏、家具料、寿材、藤、粗藤、酸角、稻谷、竹包装、原棉、芝麻等	木材害虫1775批72种；仓库害虫15种	木材害虫：四刺离足长小蠹、五棘长小蠹、双齿长小蠹、四齿长小蠹、离足长小蠹、锥长小蠹、镰长小蠹、坡瘤长小蠹、长小蠹属、针叶异颈长小蠹、异颈长小蠹、露尾长小蠹、毛小蠹属、坡面材小蠹、小粒材小蠹、端面材小蠹、暗翅材小蠹、尖尾材小蠹、瘤胸材小蠹、浅穴材小蠹、陷截小蠹属、材小蠹属、台湾壮材小蠹、壮材小蠹、十二齿小蠹、毛刺锉小蠹、淡臀锉小蠹、锉小蠹、大吉岭锉小蠹、喙小蠹、干小蠹、纵坑切梢小蠹、云南四眼小蠹、思茅四眼小蠹、介印木小蠹、光亮木小蠹、松树皮象、云南松木蠹象、长角角颈象、朽木象、黄纹卷象、象虫科、刺楔天牛、蜓尾瘦花天牛、天牛科、天牛属、露尾甲、褐粉蠹、胸角蕈甲、赤拟谷盗、竹蠹、树蜂等 仓库害虫：咖啡豆象、花生豆象、绿豆象、四纹豆象、玉米象、罗望子象、谷蠹、竹蠹、大竹蠹、皮蠹、白腹皮蠹、拟谷盗、螟蛾、仓储蛛甲、扁甲
2000	铁杉原木、杂原木、藤条、竹子	64批 40种	四刺离足长小蠹、材小蠹、小蠹虫、长小蠹、小粒材小蠹、台湾壮材小蠹、介印木小蠹、端齿材小蠹、暗翅材小蠹、阔面材小蠹、象虫科、天牛科、镰长小蠹、大吉岭锉小蠹、小蠹属等
2001	铁杉原木、杂原木、藤条、竹子	193批 39种	四刺离足长小蠹、材小蠹、小蠹虫、长小蠹、小粒材小蠹、台湾壮材小蠹、介印木小蠹、端齿材小蠹、暗翅材小蠹、阔面材小蠹、象虫科、天牛科、镰长小蠹、大吉岭锉小蠹、小蠹属等
2002	铁杉原木、杂原木、藤条、竹子	31批 19种	四刺离足长小蠹、材小蠹、小蠹虫、长小蠹、小粒材小蠹、台湾壮材小蠹、介印木小蠹、端齿材小蠹、暗翅材小蠹、阔面材小蠹、象虫科、天牛科、镰长小蠹、大吉岭锉小蠹、小蠹属等
2003	铁杉原木、杂原木、藤条、竹子	72批 22种	四刺离足长小蠹、浅穴材小蠹、坡瘤长小蠹、离足长小蠹、锉小蠹、小粒材小蠹、小蠹科一种、双刺长蠹、壮材小蠹、端齿材小蠹、暗翅材小蠹、镰长小蠹、四齿长小蠹、坡面材小蠹、阔面材小蠹、天牛属、竹蠹、纵坑切梢小蠹、光亮木小蠹等
2004	铁杉原木、杂原木、杂木毛杆、藤条、刮皮藤、竹子、空心竹、树瘤	114批 22种	四刺离足长小蠹、浅穴材小蠹、坡瘤长小蠹、离足长小蠹、锉小蠹、小粒材小蠹、壮材小蠹、宽陷材长蠹、介印木小蠹、端齿材小蠹、暗翅材小蠹、镰长小蠹、四齿长小蠹、尖尾材小蠹、阔面材小蠹、天牛属一种、镰长小蠹、大吉岭锉小蠹、天牛属、竹蠹、纵坑切梢小蠹、光亮材小蠹、黄带紫天牛、梢小蠹属、双棘长蠹等
2005	杂木原木、杂木树瘤、刮皮藤等。	100批 25种	小粒材小蠹、四刺离足长小蠹、四齿长小蠹、四眼小蠹、长小蠹属、锉小蠹、台湾壮材小蠹、壮材小蠹、十二齿长蠹、介印木小蠹、端齿材小蠹、暗翅材小蠹、镰长小蠹、锥长小蠹、尖尾材小蠹、光亮材小蠹、坡面材小蠹、天牛属一种、镰长小蠹、大吉岭锉小蠹、竹蠹、竹长蠹、纵坑切梢小蠹、松树皮象等
合计	截获有害生物2349批次，86种，其中：木材害虫71种，仓库害虫15种		

突发动植物疫情事件应急处置　针对缅甸属动植物疫情高发地区的特点，腾冲局检验检疫成立入境动物口蹄疫、禽流感防治工作领导小组，制定和完善《腾冲口岸口蹄疫防制应急预案》《腾冲口岸高致病性禽流感防治应急预案》《加强口岸动物疫病防制工作的措施和办法》等一系列防治边境口岸七种动物疫病工作规范。腾冲检验检疫局加强与地方政府和畜牧部门的协作配合，定期向成员单位通报防治口蹄疫和禽流感的情况，提出防治工作的建议和意见，协调相关事宜。严格执行疫情报告员专人管理疫情的制度，建立疫情双向（云南局、地方重大动物疫病指挥部）的“零报告”和“日报告”的疫情报告机制。同时参与保山市、腾冲县防治高致病性禽流感实战演练，制定防治方案，轮派人员充实口岸一线加强防治工作。2004年在边境一线聘请15名兼职疫情信息员，逐步形成一套动物疫情监测、风险预警、快速反应的动物检疫监管机制。截至2005年年底，全局共轮派72批480多人次坚守口岸一线开展口蹄疫和禽流感防治工作。

第四节　边境口岸卫生检疫

一、卫生检疫管理

腾冲出入境检验检疫局组建成立后，及时履行口岸卫生检疫工作职能。2000年4月，腾冲检验检疫局向有关部门、出入境人员派出单位下发《关于在腾冲口岸开展国境卫生检疫工作的通知》，对腾冲口岸出入境人员、货物、交通工具正式开展国境卫生检疫工作。2001年2月，腾冲局在已建成常规体检室的基础上，按照国家局关于《全国检验检疫系统艾滋病检测工作规范》《全国检验检疫系统艾滋病初筛实验室检测质量考核办法》和卫生部《艾滋病检测质量工作指南》等文件规定和要求，在云南局的帮助支持下开始筹建HIV抗体初筛实验室。4月，顺利通过国家出入境检验检疫局的考核达标并颁发合格证。实验室人员都经过省级和国家级的专业技术培训，取得上岗合格证。实验室软硬件设施建设得到加强。

口岸卫生处理　根据《中华人民共和国国境卫生检疫法》及其实施细则规定，腾冲检验检疫局结合辖区口岸卫生处理对象、范围和境外传染病疫情、病媒生物实际，制定了口岸出入境交通工具、货物卫生处理工作规程。对来自传染病疫区有染疫或有染疫嫌疑、发现有与人类健康有关的啮齿动物或者病媒昆虫，超过国家卫生标准的出入境交通工具和货物实施消毒、除鼠、除虫或者其他卫生处理。针对腾冲口岸汽车是主要交通工具，入境货物以木材、矿产品为主且占地面积大密闭性差的特点，对交通工具和货物消毒处理主要采取随时消毒或终末消毒的措施，消毒药品主要使用高效、快速、操作方便，对人体低毒含氯溶液或消毒灵溶液喷雾消毒；除虫处理主要根据病媒昆虫种类、生态习性和交通工具、货物的虫患情况，选择高效、速杀、广谱多用、长效低残毒以及病媒昆虫不易产生抗药性的菊酯类药物溶液或功夫溶液喷洒除虫；除鼠处理主要选择敌鼠钠盐、大隆或溴敌隆等缓效灭鼠剂配制毒饵除鼠。2001年10月，保山市人民政府办公室下发《关于印发腾冲出入境检验检疫局关于加强出入境人员传染病监测和口岸卫生监督工作实施意见的通知》。2004年8月腾冲县人民政府办公室下发《关于加强腾冲口岸出入境人员传染病监测健康检查和预防服药工作的通知》，腾冲检验检疫局进一步加强出入境人员传染病监测健康检查工作。2003—2005年，境内外相继发生非典型性肺炎和人感染高致病性禽流感疫情后，根据总局和云南局的规定要求，腾冲检验检疫局结合口岸实际，加强口岸卫生检疫“八项制度”（健康申报、体温检测、医学巡查、病人控制、通风消毒、疫情报告、自身防护、宣传教育）、“五个到位”（领导深入一线到位、检疫查验人员到位、各项工作制度到位、技术物资保障到位、工作措施落实到位）及“五个不漏”（填写检疫申明卡一个不漏、体温检测一个不漏、体温异常移送医疗单位一个不漏、上报疫情一个不漏、收验保管健康申报卡一个不漏）等制度措施的贯彻落实。要求出入境人员填报出入境检疫健康申明卡，实施体温检测、医学观察。2004年6月后，按照总局和云南局的通知要求，除入境人员外，对出境人员不再要求进行健康申报和体温检测。

2000—2005年腾冲口岸入出境交通工具、货物卫生处理情况统计表

表30-11　　单位：辆、批次

年份	交通工具卫生处理		货物卫生处理	
	入出境数量	卫生处理	入出境数量	卫生处理
2000	20190	19281	21866	21795
2001	38947	38947	50729	50587
2002	41429	41397	43850	41282
2003	39177	39177	41195	40810
2004	38354	38354	39417	39117
2005	41301	41301	47323	46639
合计	219398	218457	244380	240230

2000—2005年腾冲口岸出入境人员、货物、交通工具检疫查验情况统计表

表30-12　　单位：人次、批、万美元、辆

年份	出入境人员	健康咨询服务	出入境货物		出入境交通工具
			批次	货值	
2000	1590	2800	21866	1596	20190
2001	2306	4200	50729	4157	38947
2002	1039	3500	43850	4624	41429

续上表　　单位：人次、批、万美元、辆

年份	出入境人员	健康咨询服务	出入境货物		出入境交通工具
			批次	货值	
2003	42223	28563	41195	3996	39177
2004	23371	29636	39417	5170	38354
2005	6562	15480	47323	6991	41301
合计	77091	84179	244380	26534	219398

2003—2005年腾冲口岸非典型肺炎、禽流感防治工作情况统计表

表30-13　　单位：次、人次、例

疫情日报告、零报告次数	健康申报、体温检测、医学观察			医学健康咨询	发现发热病人
	合计	入　境	出　境		
393	65594	33988（缅籍12819）	31606	48199	46（缅籍19）

进出口食品检验管理　2001年以后，腾冲口岸基本没有进口食品贸易，出口贸易只有少量的啤酒输往缅甸北部地区或边境一线，但批量少、货值小。啤酒出口的品牌主要为“大理啤酒”和“澜沧江啤酒”两类，这些啤酒厂家均按照国家质检总局发布的《出口食品生产企业卫生注册登记管理规定》的要求，向云南局申办了出口食品卫生注册证书，其产品质量较为稳定，未发现质量问题。企业组织出口时，大都已经产地局检验，出境时接受口岸查验。

2000—2005年腾冲口岸进出口食品检验（查验）情况统计表

表30-14　　单位：批、万美元

年度	进口食品检验（查验）			出口食品检验（查验）			小　计	
	品名	批次	货值	品名	批次	货值	批　次	货值
2001	—	—	—	啤酒	10	5.89	10	5.89
2002	—	—	—	啤酒	23	6.77	23	6.77
2003	—	—	—	啤酒	16	7.65	16	7.65
2004	—	—	—	啤酒	5	2.96	5	2.96
2005	黄樟油	4	1.17	啤酒	7	3.34	11	4.51
合计	黄樟油	4	1.17	啤酒	61	26.61	65	27.78

二、传染疫病疫情监测管理

健康检查和预防服药　根据《中华人民共和国国境卫生检疫法》及其实施细则、《中华人民共和国外国人入境出境管理法》及其实施细则规定和卫生部、公安部、外交部有关文件规定，腾冲检验检疫局要求，下列人员在出入境口岸时需提供检验检疫部门出具的健康证明：国境口岸有关食品、饮用水从业人员；出入境交通工具上的员工；经批准出国的劳务、留学、定居或其他出境1年以上的中国籍公民；在境外居住3个月以上的中国籍回国人员；来华工作或居留1年以上的外国人和港、澳、台同胞；持F、L字签证等临时来华的外国人，在中国停留期间要求改变身份，在华定居、就业、留学，并经主管部门批准，需向公安机关申办居留证的；经批准在中国永久居留的外国人；其他按照规定须进行健康检查或复查验证的外国人。根据境外传染病疫情，对出境人员实施相应的预防服药处理。

2000—2005年腾冲口岸出入境人员健康检查和预防服药情况统计表

表30-15　　单位：人、例

年度	监测体检人数		发现病例						预防服药
	小计	其中HIV监测	小计	其中					
				HIV	梅毒	淋病	乙肝	疟疾	
2000	1590	176	63	3	—	5	55	—	612
2001	2303	192	24	10	2	—	12	—	39
2002	1039	330	66	13	1	6	46	—	616
2003	2851	235	42	9	—	3	30	—	2532
2004	1972	512	51	13	4	1	32	1	7719
2005	1969	1917	58	33	2	—	15	8	5253
合计	11724	3362	304	81	9	15	190	9	16771

艾滋病预防与控制　按照国务院《我国预防与控制艾滋病中长期规划(1998—2010年)》《中国遏制与防治艾滋病行动计划(2001—2005年)》的目标要求和总局、云南局以及地方各级党委、政府关于艾滋病防控工作的部署，腾冲检验检疫局结合口岸实际，利用每年的“世界艾滋病日”，与市、县地方政府艾滋病防治成员单位一道，集中组织开展艾滋病防治宣传教育和咨询解答活动，发放宣传资料，收到了较好的社会效果。2000年7月10日，腾冲局首次在缅籍入境人员中检出一例艾滋病病毒感染者，该例感染者从事饭店服务和洗浴按摩服务工作，感染途径不详。当年共检出艾滋病病毒感染者3例。此后几年内，腾冲局艾滋病病毒感染者检出人数呈逐年上升趋势。腾冲局所检出的艾滋病病毒感染者对象以入境缅甸籍从业人员和国内出境务工人员为主，分别占71.6%和28.4%；性接触感染是其主要途径，占61.73%，其他依次是注射吸毒、血液血浆制品感染，分别占29.63%和8.64%，其中：性接触和吸毒史感染并存占一定比例，达34.56%；年龄最小的为18岁，最大的为

55岁，以20～50岁的青壮年人群为主，共占感染者总数的92.59%。2000—2005年腾冲口岸外籍人员因检出感染艾滋病病毒被依法监护离境共58人。

2000—2005年腾冲口岸艾滋病预防与控制工作情况统计表

表30-16　　单位：人、例、人次、份

年　度	HIV监测人数			检出阳性数			外籍人员监护离境	宣传咨询	发放宣传资料
	小计	外籍人员	国内人员	小计	外籍人员	国内人员			
2000	176	139	37	3	2	1	2	4200	4000
2001	192	188	4	10	10	—	10	6300	5500
2002	330	154	176	13	2	11	2	8000	6500
2003	235	205	30	9	9	—	9	18500	16000
2004	512	164	348	13	3	10	3	16800	14000
2005	1917	1731	186	33	32	1	32	13600	12000
合　计	3362	2581	781	81	58	23	58	67400	58000

国际旅行卫生保健　腾冲检验检疫局卫生保健分中心服务内容主要是传染病监测与健康检查、预防接种（服药）、卫生保健咨询、医疗保健门诊、医疗救助、卫生检疫技术服务和指导等。2000年3月，腾冲局先后选调了4名医疗卫生专业人员。设有内科、外科、皮肤科、五官科、妇科、心电图室、常规实验室、生化实验室、艾滋病筛查检测实验室、医学微生物实验室、采血室、预防接种室、治疗室、消毒室、咨询室、签证室等科室，拥有心电图机、B超、生化分析仪、血细胞分析仪、酶标分析仪、尿常规分析仪、洗板机、离心机、恒温箱等基本设备，能够保证腾冲口岸卫生检疫工作的需要。保健分中心制定健康证明书填写技术规范、保健分中心工作制度、操作规程、医护人员岗位守则、医疗器械使用管理制度等规章制度和工作规范。制定了HIV筛查检测实验室质量手册、标准检测程序、仪器设备操作程序和各类记录、报告、档案等规范，完善了实验室安全守则、安全操作、废弃物消毒处理等安全管理制度，建立实验室工作人员健康档案，严格操作规程，确保工作质量。HIV筛查检测实验室在接受质检总局每年组织进行的年度质量考评和实地考核检查工作中，考核结果均为良好以上。2000—2005年，保健分中心在筛查检出并经确认的81例HIV抗体阳性中，从未出现任何差错、误检的情况，初筛检测准确率达到100%，多次受到总局和云南局的表彰。

传染病疫情管理　根据总局关于《出入境人员传染病疫情报告管理规定》和云南局关于疫情报告制度的要求，腾冲局制定《腾冲口岸传染病疫情报告管理工作规程》，设立疫情报告员专人负责疫情报告和管理。严格执行检验检疫保密工作管理办法中有关传染病疫情的保密规定，加强口岸卫生检疫信息资料的报告管理，不得瞒报、谎报和漏报。2000—

2005年，共报告疫情69次（不含SARS、禽流感日报），上报各类传染病疫情304例。从2005年1月起，口岸卫生检疫信息报告内容通过计算机内网在“出入境卫生检疫信息管理系统”网址中登录上报。2005年10月，总局下发《出入境卫生检疫信息报告管理办法》，腾冲局加强和规范传染病疫情和卫生检疫信息的报告管理，在疫情信息收集、整理、分析和应用方面更加科学化、制度化、规范化。

病媒生物监控 根据国家质检总局《关于继续做好全国口岸媒介生物本底调查的通知》和云南检验检疫局《关于下发云南省边境口岸媒介生物本底调查方案的通知》的要求，腾冲检验检疫局制定了调查实施方案，于2001年3月至2002年2月，在猴桥、滇滩口岸区域系统地开展为期一年的鼠、蚤、蚊、蝇等媒介生物本底调查。2002年3月，上报腾冲口岸媒介生物本底调查报告；4月，制定腾冲口岸医学媒介生物监测工作规程，对口岸出入境交通工具和货物病媒生物与卫生状况实施动态监测。配合口岸管理部门改善口岸卫生环境，开展消毒清洁和病媒昆虫的消杀灭工作。

2001年3月至2002年2月腾冲口岸鼠、蚤、蚊、蝇密度情况统计表

表30-17

口　岸	鼠密度（%）	鼠体蚤指数（%）	蚊密度（只/人工小时）	蝇密度（只/笼·日）
猴桥口岸	2.93	2.67	56.97	41.58
滇滩口岸	2.42	0.82	42.37	14.08
合　计	2.68	1.84	49.67	15.15

三、口岸突发公共卫生事件应急处置

腾冲检验检疫局成立口岸突发公共卫生事件应急处置工作领导小组和相应的防治组、后勤保障组、综合协调组、宣传报道组和督导检查组等工作小组。制定了涉及应对口岸突发公共卫生事件及核与辐射恐怖事件、涉外突发事件应急处置、卫生检疫风险预警及快速反应、口岸非典型肺炎、高致病性禽流感、鼠疫、霍乱、炭疽病、艾滋病、性病、疟疾、登革热防治等应急处置预案。

2003—2005年，境内外暴发非典型肺炎和高致病性禽流感疫情，腾冲检验检疫局主动向腾冲县人民政府提出《加强腾冲口岸预防和控制“非典”传播流行的协防意见》《关于口岸人感染高致病性禽流感防治工作的应急处理措施》，与卫生部门建立应对口岸公共卫生事件合作机制。

2003年5月23日，腾冲检验检疫局协调相关部门组成保山市代表团，与缅甸克钦邦第一特区政府就中缅边境“非典”防治工作加强合作举行会谈，双方就领导协调机构、信息互通、不定期会晤磋商、出入境人员健康申报、中缅双方患者或疑似患者的处理原则和检疫查验措施等九个方面达成共识并建立协作机制。

选派人员参加云南局和地方组织举办的“非典”和禽流感防治知识业务培训学习，掌握“非典”和人感染高致病性禽流感的诊断标准、方法、防护知识以及预防控制措施。及时将总局的公告、通知和相关宣传资料在检验检疫现场、口岸集镇街道以及保健门诊张贴，制作缅语宣传录音磁带和宣传单，开展宣传咨询活动。

建立疫情双向（云南局、地方卫生行政部门）、三线（云南局、县防非领导小组和县疾病预防控制中心）“零报告”和“日报告”的疫情报告长效机制，严格执行疫情报告员专人负责疫情上报管理制度，发现疫情及时报告，妥善处置，反馈情况。对发热患者，属缅籍人员禁止入境，对中方人员采取临时隔离、流行病学调查、移送地方卫生医疗机构诊断排查措施，完善疫情的收集、整理、上报等工作。

结合腾冲口岸实际，制定《卫生处理安全事故应急处理预案》和《消毒器械、药品采购、使用和管理制度》，明确安全事故处理原则、预防和应急处理、施药方法，药效评价，技术规范等措施。建立局、科两级领导带班制度，组织实战演练，同时参与市、县两级突发公共卫生事件应急处置实战演练，组建预备队轮番充实口岸一线防控力量，截至2004年年底，腾冲检验检疫局共轮派48批360人次坚守口岸一线开展非典、人感染高致病性禽流感防治工作。

认真贯彻执行总局关于口岸卫生检疫“八项制度”“五个到位”“五个不漏”的要求，加强预防控制措施，主动将卫生检疫查验点分别从各办事处前移至猴桥、板瓦和自治口岸一线，定岗到位，责任到人，设立临时留验观察室，实行24小时现场值班和巡视检查，加大检疫查验力度。

第五节　进出口企业注册登记与报检员管理

云南商检局腾冲工作组成立后，即对报验员进行年度培训管理。1989年6月，腾冲动植物检疫局始对报检员实行培训管理。1993年1月，腾冲商检局筹建处下发《腾冲口岸商检报验单位及报验员管理办法》，1994年8月下发《腾冲口岸进出境动植物检疫报检单位注册登记和报检员管理试行办法》，对腾冲口岸各报检单位和报检员实行注册登记及年审管理制度，经审核合格发放“进出境动植物检疫报检单位注册登记证明书”，注册登记的报检单位，可申请1～2名报检员，经培训考核合格发给进出境动植物检疫报检员证。至1999年11月，腾冲商检局共举办报验员培训班13期，下发《报验单位及报验员管理办法》和《商检报验员工作程序》等文件材料780多份，培训内容以商检法律法规和进出口商品检验业务知识为主，以提高报验单位的商检意识和报验员的业务素质。腾冲动植物检疫局共组织报检单位和报检员培训8期。同年，腾冲“三检”临时协调小组举办各边贸企业报检员业务培训班，帮助报检员熟悉新的报检业务，掌握检验检疫法律法规和相关管理规定要求。2000年4月，腾冲局对辖区内56个边贸企业的负责人及其报检员组织学习培训，重点培训商品检验、动植物检疫、卫生检疫法律法规及其管理规定，以及出入境人员、货物、交通工具报检业务知识。

2002年10月，腾冲局组织年度报检员培训，对46家外贸企业的58名报检员培训了修改后的新《中华人民共和国进出口商品检验法》《出入境检验检疫知识问答》和《报检员培训手册》等内容。从2003年1月起，全国实行报检员资格统一考试制度，腾冲局在进行报检员培训时，不再进行考核和发证。

2004年3月，腾冲局首次使用“报检员资格全国统一考试考务管理系统”受理报检员考试报名、审核等考务管理工作。从2004年11月起正式启用报检单位管理系统的规定要求，腾冲局对原来注册登记的134家报检单位进行审查清理，属地备案企业共76家，异地备案企业12家，不规范企业44家。12月，国家质检总局发布《报检单位和报检员管理工作规范》，对代理报检单位、自理报检单位、报检员管理工作做出明确规定。2005年1月起，腾冲局对自理报检单位和报检员实行网上注册管理，向备案登记企业颁发总局统一制作的“自理报检单位备案登记证明书”，对取得报检员资格证书的报检员进行注册登记，颁发总局统一制作的报检员证。2004年3月至2005年11月，腾冲局4次组织保山市辖区（四县一区）260名从事出入境检验检疫报检业务的人员参加全国报检员资格考试培训，有31人取得报检员资格证。

1989—2005年腾冲口岸进出口企业注册登记和报检员培训考核情况统计表

表30-18　　单位：份、人次

年份	进出口企业注册登记备案	培训考核人数	取得报检员资格	培训机构及培训期数
1989	24	27	27	动植物检疫，1期
1992	78	87	87	商检，2期
1993	148	184	184	商检，2期
	132	143	143	动植物检疫，2期
1994	120	141	141	商检，2期
	119	145	145	动植物检疫，2期
1995	98	135	135	商检，2期
	149	177	177	动植物检疫，2期
1996	118	144	144	动植物检疫，1期
1997	92	115	115	商检，2期
	87	108	108	动植物检疫，1期
1998	88	98	98	商检，1期
	68	83	83	动植物检疫，1期
1999	65	77	77	动植物检疫，1期

续上表　　　　　　　　　　　　　　　　　　　　　　　　　　单位：份、人次

年份	进出口企业注册登记备案	培训考核人数	取得报检员资格	培训机构及培训期数
2000	56	68	68	检验检疫，1期
2002	46	58	58	检验检疫，1期
2004.5	—	83	4	检验检疫，考试由总局统一组织，下同
2004.11	76	59	10	—
2005.3	—	61	5	—
2005.11	76	57	12	—
合计	—	2050	1821	24期

第三十一编　旅　游

保山商贸旅游节

综 述

保山旅游具有得天独厚的条件，气候温润，四季如春；山雄水奇，自然风光宜人，地方物产丰饶；历史悠久，文化源远流长，名胜古迹众多，人文底蕴深厚。

现代意义上的保山旅游开始于20世纪80年代末期，到2005年，大体经历了四个发展阶段：

1988—1990年，是保山旅游的起步阶段。1988年3月，保山正式成立旅游局，开始积极推动旅游业的发展。但这一阶段，全区仅有少数几家政府招待所性质的宾馆，保山旅游基本上以单纯的事业型的接待服务为主，尚处于起步发展初期，旅游部门还属于“非生产性”的事业部门。

1991—1995年，保山旅游行政管理职能扩大，旅游产业初具雏形。1993年4月，保山地区首次评定3家星级饭店。1995年年末，全区有星级饭店6家，旅行社9家，旅游产业人员1100多人。全年接待海内外游客45.4万人，涉外宾馆、饭店营业总额7.59亿元，旅行社营业总额391.7万元，旅游外汇收入578.4万元。

1996—2000年，保山的旅游业得到长足的发展。旅游产业规模逐步扩大，成为保山地区新的经济增长点之一，具有保山特色的旅游资源开发格局初步形成，全区出现内资、外资一起上，国家、集体、个人共同开发的局面，主要景区景点建设初见成效。至2000年年末，全区星级宾馆增至24家，旅行社推出了国际国内旅游专线。旅游系统不断加强行业管理，强化岗位培训。当年接待国内外游客192.11万人次，实现旅游总收入4.41亿元，创汇949.48万美元。

2001年起，保山市旅游产业体系逐步建立，旅游经济快速增长。市委、市政府把旅游产业作为后续经济支柱产业进行培育，制定和采取了一系列有效措施，提出打造以“亲近自然、体验文化、享受生活、关爱生命”为理念的保山健康旅游品牌，加大开发建设力度，充分发挥优势，突出重点和特色，夯实旅游基础，改善环境条件，加大宣传促销。成功转让火山热海、和顺侨乡的经营权，基本形成政府主导、国有、集体、民营和外资一起办旅游的格局，基本形成满足旅客吃、住、行、游、购、娱等要素的旅游产业体系，基本确立旅游业作为全市新的支柱产业的地位，旅游业实现“事业接待型”向“经济产业型”升级转变，带动其他产业发展的作用十分明显，呈现出较快发展势头。2005年年末，全市共有AAAA级景区1个，AAA级景区1个，AA级景区8个；有各类住宿接待单位481家，（星级饭店33家），旅行社12家，其中国际旅行社1家，旅游从业人员3716人，间接从业人员17939人。当年接待海内外游客382.97万人次，实现旅游总收入12.73亿元，创汇1154.86万美元。保山在海内外的知名度和影响力不断提高，成为云南旅游新的热点和亮点地区之一。

第一章　机构沿革

第一节　旅游管理机构

1988年3月，保山地区旅游局成立，与保山地区接待处合署办公，为保山地区行政公署职能部门，归口行署办公室管理，实行两块牌子、一套人员的管理办法。内设办公室、旅游接待科两个科室。旅游局、接待处下辖保山宾馆、保山地区旅游车队、保山地区旅游服务公司等企业。保山地区旅游局行政管理职能仅限于管理下属企业和完成政府接待任务。

1990年9月，保山地区旅游局成立永昌旅行社，开始开展旅游接待业务。1991年6月，旅游局、接待处分设，旅游局更名为保山地区行政公署旅游局。

1995年9月，保山地区行政公署旅游局转体为行使行政职能的事业单位，编制11人，设办公室、企管科、综合科三个科室。保山旅游行政管理职能从原来只管理下属企业扩大到对全市星级饭店、旅行社、重点景区实行行业管理，并开展旅游规划、旅游宣传促销、旅游教育培训等工作。

2002年5月，保山行政公署旅游局转体为行政单位，7月，更名为保山市旅游局，是主管全市旅游工作的行政管理部门。市旅游局机关设办公室、行业管理科、综合科和旅游质量监督管理所4个科室。

1989—2005年，五县（区）相继成立了旅游行政管理部门，业务归市旅游局指导。

第二节　接待服务机构

一、旅行社

1990年8月，保山地区编委对保山地区旅游局《关于建立中国国际旅行社保山支社的请示》进行了批复，同年9月，获得云南省旅游局的批复，保山首家旅行社成立。1990年后，保山又先后成立了保山中银旅行社、虹桥旅行社和交通旅游服务公司等旅行社，至1993年发展为10家，其中国旅保山支社为二类社，环球旅行社、交通旅行社、中银旅行社、九龙旅行社、神州旅行社、保山师范旅行社、金丽旅行社、腾冲热海旅行社和五洲旅行社为三类社。1995年，全区共有旅行社9家，旅游从业人员1100多人。1998年全区有旅行社7家。

2001年，保山市新增旅行社3家，撤销旅行社1家，年末全市共有旅行社9家（保山永昌旅行社、交通旅行社、兰都旅行社、鸿雁旅行社、银通旅行社、腾冲热海旅行社、五洲旅行社、火山旅行社、腾冲旅行社）。2002年，新增旅行社1家，年末全市共有旅行社10家。旅游从业人员3000多人，间接从业人员11900人。2003年有旅行社10家，旅游从业人员3550人，间接从业人员17750人。2004年，成立腾冲蓝翔旅行社。全市10家旅行社完成了改革改制，国有资本退出旅游企业，实现了旅行社民营化经营管理。年末共有11家旅行社。旅游从业人员3650人，间接从业人员17850人。

2005年，对11家旅行社进行了年检和业务人员培训，腾冲五洲旅行社由国内旅行社升级为国际旅行社。年末，全市共有12家旅行社，其中，国际旅行社1家，国内旅行社11家。全市旅游从业人员3716人，间接从业人员17939人。

二、宾馆饭店

1991年，保山地区共有定点涉外宾馆7家（保山宾馆、永昌宾馆、兰花宾馆、腾冲县宾馆、腾冲四旅社、龙陵县宾馆、龙茶宾馆）。

1992年7月—8月，省旅游局涉外定点饭店星级评定小组到保山进行首次星级评定工作，保山宾馆、永昌宾馆、兰花宾馆、九龙宾馆、腾冲宾馆被评为一星级饭店，保山银都酒店定为预备二星级报省旅游局备案。

1995年，全区改造和新建了10家涉外饭店。有星级宾馆6家，其中：二星级5家（保山银都大酒店、永昌宾馆、腾冲翡翠宾馆、泰安宾馆、腾冲宾馆），一星级1家（保山九龙宾馆），兰都饭店按三星级标准建设。有床位2000个。

2000年，全区星级饭店增至24家，宾馆酒店200多家。2002年保山市有宾馆酒店200多家，其中星级饭店30家（三星2家、二星26家、一星2家）。还有许多遍布城乡的旅社、招待所可供旅游者住宿。2003年全市有350多家宾馆酒店，床位18000多个，其中星级饭店30家（四星1家、三星1家、二星26家、一星2家），床位3554个。2004年有星级饭店34家（四星1家、三星1家、二星30家、一星2家），床位3594个。

2005年，保山全面实施国家旅游局出台的《旅游饭店星级划分与评定》新标准，对雷华酒店等8家宾馆饭店进行了星级评定；对35家星级饭店进行复核，责成限期整改7家，有5家宾馆由于企业改革改制、停业整顿、经营管理不善等因素被摘除星级标牌；实施星级饭店网上申报系统，实现了对全市星级饭店的网络化管理。年末，全市拥有宾馆酒店481家，近2万个床位，其中星级饭店33家（预备五星1家、四星1家、三星2家、二星27家、一星2家），床位3800多个。

第二章　旅游资源

保山市旅游资源极其丰富，数量众多，类型齐全，层次多样，功能齐备，优势独具。火山地热、高黎贡山、湿地、侨乡、古道文化、抗战文化等旅游资源品位较高，在省内、国内甚至国际上都有竞争优势；旅游资源特色鲜明，规模宏大又相对集中；自然旅游资源与人文旅游资源有机结合，旅游资源保护较好。

第一节　旅游资源类型

一、自然旅游资源

保山自然旅游资源以水域风光、地理景观为主。保山是著名的世界自然遗产“三江并流”的南延地区，自然景观神奇罕见。高黎贡山国家级自然保护区以“世界动植物南北交汇走廊”“物种基因库”“自然博物馆”的美誉名扬世界，2000年被联合国教科文组织批准为“世界生物圈保护区”，被《中国国家地理》杂志评为“云南最美的地方”；壮美的怒江大峡谷，2005年被《中国国家地理》杂志评为“中国最美的十大峡谷”之一；地热资源丰富，全市有170余处温泉，腾冲火山热海是世界少见的火山地热伴生地，“神汤奇水”邦腊掌是理想的康体疗养、休闲度假之所。

保山市自然旅游资源分类情况表

表31-1

景类	景　型	内　容
地理景观类	火山	腾冲火山、火山国家地质公园、柱状节理等
	景观山丘	高黎贡山、来凤山、云峰山、天台山、狼牙山、太保山、哀牢山、道人山、宝盖山、瓦渡石林、小黑山、鸡飞土林、姚关火星山、大亮山等
	峡谷	澜沧江峡谷、怒江峡谷
	洞穴	云峰“尖山古洞”、云崖洞、扯雀塘、千佛洞等
水域风光类	温泉	热海、黄瓜箐、醉鸟井、胆扎温泉、樱花谷，高黎贡山阴阳谷温泉、金厂河温泉、孟官温泉、摆乐塘变色温泉、蒲缥温泉、金鸡温泉，邦腊掌、黄草坝温泉，鸡飞温泉、小桥温泉、橄榄河温泉，石瓢温泉、娲女温泉等（共170多处）
	冷泉	坝派巨泉、黑鱼河、龙王塘、赧浒白龙潭
	湖泊	北海、青海、侍郎坝水库，青华海、小海坝，八〇八水库、茄子山水库，漭水镇沿江千亩湿地——大秧草塘，渔洞水库等
	瀑布	叠水河城市火山堰塞瀑布，拉仑河瀑布、三叠水、百花岭阴阳谷瀑布，卡斯镇兰山瀑布
	江河	槟榔江、龙川江漂流段、怒江、澜沧江、金厂河、右甸河、湾甸大河等
气象气候类	天气景观	来凤晴岚、碧峰霁雪、龙荻朝云、玉泉夜月、球眸晚照、狼牙云雾、云峰云雾、天台云雾、宝鼎日出、龙池夜月、西山晚翠、月明太保、澜沧江云雾、右甸晨雾、卡斯大水平美女山美女裙雾等
生物景观类	古树名木	蕨树林、红花油茶林、秃杉林、大树杜鹃王、银杏、红豆杉、滇楸、红椿、楠木、云南铁杉、鹅毛树、桫椤、圆柏、蒲壳松、翠柏、榕树、木樨、香果树、香樟、高黎贡山4300多种种子植物

续上表

景类	景　型	内　容
生物景观类	奇花异草	兰花、田花新楼、地檀香、萎叶、竹叶椒、野八角、苦竹、白草、珍珠莲、四脉金茅、雁来红、金凤凰、九里香、扶桑、彩玉、杜鹃、山茶、木兰、百合、龙胆等云南八大名花及其他名花异卉
	野生动物	羚牛、野牛、苏门羚、猕猴等7目21科兽类，鹭、雁、雉、鹤、杜鹃、翠鸟等14目21科鸟类，上树鱼、墨头鱼、含蚊鱼、麦穗鱼等鱼类，蝉、蜻等11目81科昆虫类

二、人文旅游资源

保山市人文旅游资源以历史遗存、民族风情为主。主要有国家级重点文物保护单位保山汉庄古城遗址，省级历史文化名城保山和腾冲；“南方丝绸古道”之“永昌道”，古道上中国最早的铁索桥霁虹桥；名人故居李根源故居和艾思奇故居；“中国十大魅力名镇”之首的和顺侨乡，被誉为“在中国乡村文化界堪称第一”的和顺图书馆；国民党抗日将士公墓“国殇墓园”，随“二战”永垂史册的滇缅公路、中印公路（史迪威公路）和“驼峰航线”；绚丽多彩的民族民间文化（世居民族13个，少数民族人口24万）和十分丰富的非物质文化遗产等。

保山市人文旅游资源分类情况表

表31-2

景类	景型	内　容
古迹与建筑类	宗教建筑	保山卧佛寺、光尊寺、宝鼎寺、哀牢寺、梨花坞、玉皇阁、玉佛寺、卧牛寺、金鸡寺、河图大官庙、赧浒白龙潭、武侯祠、文庙大成殿等，施甸由旺土主庙、摩苍寺等，腾冲元龙阁、云峰山道观、宝峰寺、水映寺、文庙、毗卢寺、华严寺、护珠寺、文星楼、药王宫等，龙陵云龙寺等，昌宁右甸清灵寺、龙潭寺、勐廷清真寺等
	人类活动遗址	蒲缥人遗址、羊邑猿人化石、龙王塘旧石器遗址、塘子沟旧石器遗址、大花石新石器遗址
	军事设施与古战场	松山抗战遗址、南北斋公房抗战遗址、得胜碉、三岔河碉堡、马王屯立煌营、英国领事馆
	交通贸易遗址	永昌古道、腾冲县城至密支那古道、向阳桥古道、野猪箐桥、霁虹桥、双虹桥、惠人桥、北津桥、惠通桥遗址
	古城遗址	西山坝南诏古城遗址、罗古城、罗密城、北门遗址、汉庄城址、永昌城址、仁寿门至龙泉门垣等
	传统聚落	保山历史文化名城、腾冲历史文化名城、和顺侨乡、下绮罗侨乡、板桥省级历史文化名镇、金鸡历史文化名镇、金鸡四方街、季平街、板桥青龙街等
	名人故居	李根源故居、艾思奇故居、李珍国故居、状元楼、杜文秀祖居遗址、梁金山故居、金鸡吕凯故里等
	文化设施	和顺图书馆、绮罗图书馆、腾越文化广场、保山“三馆”等

续上表

景类	景型	内容
古迹与建筑类	墓（群）	张文光墓、李珍国墓地、窦妃墓、观音庆墓、杨振鸿墓、彭蕡墓、梁金山墓，回族墓葬、白族墓葬、傣族墓葬等
	纪念陵园	国殇墓园、烈士墓园、远征军第八军抗战公墓
	塔、碑	一九八师纪念塔、抗战纪念塔、来凤山文笔塔、和顺文笔塔、太保山文笔塔、滇西抗战纪念碑、太保山碑林等
	人物	马可·波罗、徐霞客、柳貌、杨升庵、王骥、邓子龙、李定国、永历帝、吕凯、张志淳父子、袁文揆兄弟、王宏祚、马注、杜文秀、梁金山、李珍国、杨振鸿、张文光、李曰垓、李鑫、艾思奇、李根源、张问德、鲁道源、朱家璧等历代名人
	口岸	滇滩口岸、自治口岸、猴桥口岸、木城口岸等
风情类	民族风情	傣族、傈僳族、阿昌族、德昂族、回族、彝族、苗族、白族、佤族、布朗族等民族风俗礼仪
	节庆	傈僳族刀杆节、阔时节，傣族泼水节，苗族的花山节、芦笙节，彝族的火把节，回族的古尔邦节、开斋节，腾冲火山热海旅游节、中国南方丝绸古道商贸旅游节暨保山端阳花市、腾冲火山热海旅游节、澜沧江啤酒狂欢节等
	民间艺术	傣族嘎光、麒麟舞，傈僳族跳嘎、三弦舞，阿昌族蹬窝罗，腾越古韵、皮影戏、仙灯，傣族的孔雀舞、大鼓舞，德昂的水鼓舞，苗族的芦笙舞，太平箫、洞经音乐、花灯、香通戏、永昌钹舞等

第二节　跨区分布的主要景区（景点）

一、高黎贡山

高黎贡山位于保山市和怒江州境内，总面积405549万公顷，连绵600千米。东面是世界闻名的怒江大峡谷，西面是龙川江。高黎贡山主峰海拔5128米，最低海拔523米，形成了独特的“一山分四季，十里不同天”的立体气候。冬春季节山巅银装素裹，山腰云雾缭绕，山脚木棉如焰，菜花金黄，瓜果飘香。高黎贡山以其生物多样性，被学术界誉为“世界物种基因库”，是世界生物圈保护区、国家级自然保护区。保护区涉及怒江州的贡山、福贡、泸水三县和保山市的隆阳区、腾冲县两县（区），其中：隆阳区境内有潞江、芒宽两个乡，腾冲县境内有明光、界头、曲石、上营4个乡。

高黎贡山日照充足，降水充沛，南北动物交汇，生物资源十分丰富。有种子植物4303种，列为国家重点保护的珍稀植物80余种，已知药用植物1200多种，野生食用植物140多种，珍奇花卉如雪兰、蝴蝶兰40多种。有世界上最大的大树杜鹃群落，还有国家一级保护珍稀树种秃杉林，有国家一级保护植物树蕨、云南的樱花原始种、山茶花原生种等。

高黎贡山是野生动物理想的栖息家园。山中有野生动物2389种，其中属国家级保护的野生动物有82种。无愧为“哺乳动物祖先分化的发源地”。有各种鸟类419种，高黎贡山是“世界雉鹛的乐园”，是得天独厚的“自然博物馆”。

高黎贡山是历代兵家争夺的战略要地，有南明军队和清军的“磨盘石之战”古战场，有古堡、哨卡和烽火台。太平铺烽火台，是古代监视、防范外来侵略的军事设施。第二次世界大战中，高黎贡山是滇西反攻的主战场之一，如今仍可见数十处地堡、密密麻麻的弹坑和纵横交错的战壕。保护区内还有山巅雪景、高山瀑布、高山温泉、听命湖、天台山永镇寺等多处景观。

二、怒江大峡谷

怒江峡谷位于高黎贡山东侧。怒江发源于青海省唐古拉山南麓，经西藏进入云南，自北向南纵贯怒江州、保山市，经德宏州进入缅甸称萨尔温江，注入印度洋。怒江水流湍急，一泻千里，像条银色的绸带，缠绕在高黎贡山脚下，与高黎贡山交相辉映，构成一幅壮丽的画卷。江两岸土地肥沃，物产丰富，是一个完整的亚热带生态系统。出自该地的小粒咖啡、胡椒、桂圆、杧果、绵白糖品质优良、风味独特。

漫游怒江大峡谷，能饱览亚热带特有的风光，收入眼底的都是丰硕的充满生机的景象；还能领略历代古战场遗址、西南丝绸古道上的桥梁和渡口，诸如汉代蜀军征讨孟获火烧藤甲兵、王骥用大象参战攻上江和数十万滇西军民反击日寇的战场，见证了无数历史变迁、古老沧桑的双虹桥。

三、永昌古道

古代从四川成都经云南通往缅甸、印度的道路，西汉史学家司马迁在《史记》中命名为“蜀身毒道”，现代一些学者称之为“南方丝绸之路”。

蜀身毒道之永昌道起于澜沧江上的兰津古渡，以霁虹桥与博南古道相接，从保山往西通往腾冲。从保山西行渡过怒江后，翻越高黎贡山到腾冲的古道主要有三条：一条从隆阳区芒宽乡的西亚或泸水县的蛮因，登高黎贡山，经灰坡梁子、马面关抵腾冲界头，为北斋公房古道；一条从隆阳区芒宽乡白花岭村的大塘子上高黎贡山，经旧街、林家铺子抵腾冲曲石江苴街，为南斋公房古道，是徒步翻越高黎贡山的主要游线；一条从隆阳区坝湾登高黎贡山，经蒲满哨、太平铺抵腾冲城，为大蒿坪古道。

从腾冲至缅甸的古道主要有四条：从腾冲城经猴桥到缅甸密支那；从腾冲经盈江到缅甸密支那；从腾冲经盈江县蛮允到缅甸八莫；从腾冲经陇川过瑞丽到缅甸南坎，然后经缅甸克钦邦而达印度。

从保山穿越高黎贡山到腾冲的三条古道，道路路面宽度多为2米左右，陡坡急转处宽达3米左右，路面用石铺筑，且有防滑、排水设施。沿古道散布着的古城遗址、古关隘、古桥梁、驿站、古代军事通信设施、战场遗迹、村落遗迹，为高黎贡山古道考查、旅游注入了博大深邃的文化内涵。

古道上有保存完好的霁虹桥、双虹桥、龙川江铁索桥、镇夷关石桥。古驿道上还有许多不同时代的军事设施。如烽火台、罗古城、罗密城等军事城堡和军事设施，有重要的考古价值。

四、霁虹桥（遗址）

霁虹桥横跨在距保山市区80千米的水寨乡平坡和永平县杉阳岩洞之间的澜沧江上。该桥始建于蜀汉诸葛亮南征时期。从霁虹桥得名的元贞元年（1295）起至滇缅公路通车时的民国28年（1939）止，644年间，重建和大修19次，其中兵毁9次。霁虹桥既是我国陆上南方丝绸之路的必经之地，又是滇西战争史上历代兵家必争之地，桥端有不少名人骚客的摩崖题刻，如“天南锁钥”“西南第一桥”“沧江飞虹”等，并有明代状元杨升庵、著名画家担当和尚等多人诗文。

霁虹桥，由18根铁链组成，其中底链16根呈“24442”排列，桥总长115米，净跨56.2米，桥面用枋料铺设，宽3.8米，两端桥墩用条石砌成半圆形，桥墩上有关楼、过亭、武侯祠、皇阁、观音阁、古堡、御书楼等文物古迹。世界著名学者英国科技史专家李约瑟主编的《中国科技史》写道：“霁虹桥为世界现存的唯一最古老的铁索桥。”1983年1月被公布为省级重点文物保护单位。

1986年10月12日，在其上150米处燕子岩因暴雨滑坡，截断江流达15分钟，堰塞体溃垮后，洪流高出桥面达7米，将霁虹桥15根铁链冲断，桥亭冲毁。1998年7月至1999年6月，保山市洞经协会募集资金12万元，在原桥上游20米处重新架设成长120米、宽2米的钢索木面板桥，取名“尚德桥”。为妥善保护小湾电站水库淹没文物古迹，2004年春，云南省考古研究所调查小组前往霁虹桥和摩崖石刻进行了半个月的考察和测绘。2005年4月起，华能集团和文物保护部门对霁虹桥遗址需要保存的建筑、碑刻，设法进行移植或拓片保存，相关抢救保护工作有序推进。

第三节　隆阳区主要景区（景点）

一、太保山森林公园

是省级森林公园，位于保山城西，面积102公顷，森林覆盖率达90%，以松、柏、栗、桦为主，林木繁茂，清爽宜人。

公园大门有一副对联：“临早登高岫，随曲径通幽，听野鸟争喧，千顷松涛响天外；倚晚迎皓月，傍花枝弄影，看星光垂地，万家灯火舞人间。”概括了太保山的景致。右侧山腰金碧辉煌的古建筑群是玉皇阁和玉佛寺。玉皇阁为明代洪武年间建筑，是云南省重点文物保护单位。大殿右侧有“会真楼”，明代大旅行家徐霞客到保山时曾客居于此。在“会真楼”的北面为“玉佛寺”，内有旅缅华人捐赠的多尊玉佛像。公园内有云南辛亥革命首倡“永昌起义”领导人杨振鸿烈士之墓，为省级重点文物保护单位。

太保山顶古松错落，周围分别建有叠翠石坊、望城楼、安定门、武侯祠碑林、戏台、松苑亭、动物园等大小亭台楼阁，从这里鸟瞰保山坝，城市和乡村、田野尽收眼底。

二、瓦渡石林

保山城东南36千米的瓦渡乡红泥地，有一片俊秀、神奇的石林——瓦渡石林。

瓦渡石林占地近4平方千米，为云南第二大喀斯特地貌景观，是继路南石林之后发现的又一大石林奇观，是一座名副其实的由岩石组成的“森林”。穿行其间，只见怪石林立，突兀峥嵘，姿态各异。石林壁峰之间，翠蔓挂石，金竹挺秀，山花香溢，灵禽和鸣，一派生机盎然的景象。瓦渡石林分为东西两片，东片为公石林，西片为母石林。母石林就位于有着“红泥地之家”美称的红泥地村村后。走进红泥地村，只见村民的房前屋后都是石头，因此这里也被称为石头人家。相对于公石林来说，母石林中连为一体的石头看上去并不险峻，但却不乏很多奇异的石头景观，其中最有名的就是红泥地村“阿诗玛”。公石林里石块跌宕起伏、错落有致、层次分明，内中石块有状如小山的，也有形如各种各样物体的，可谓是雄奇险峻、惟妙惟肖。这里满山孤峰突起，怪石嶙峋，有椅子石，有可容纳30余人的石洞，有孪生双石洞，有俊秀石峰“莲花峰”，有“象鼻石”，有“神仙抽烟”“仙人笔架”“鲁迅横眉”“象群归山”“单峰骆驼”“双象贺莲”“慈母乳儿”“天狗避月”“鹰头”“鸵鸟”等奇观异景。

三、潞江坝

潞江坝是怒江大峡谷中的一段，有人称潞江坝是“太阳与大地拥吻的地方”。一曲《富饶美丽的潞江坝》唱热了这片土地，唱热了几代人的心扉。人们形容潞江坝的富足是“头顶香蕉，脚踩菠萝，跌下去还能抓到一把花生”。这里江面宽阔，江水平静，地势平缓，土壤肥沃，水源充足，气候炎热，是种植热经作物的天然温室，一年四季瓜果飘香。潞江坝的小粒咖啡和香料烟品质上乘，世界知名。香蕉、荔枝、龙眼、胡椒、杧果、酸角、西瓜、木瓜、台湾青枣、人参果、蛋黄果等热带、亚热带水果应有尽有。

主要景点景观有：望江楼现代咖啡园、赧亢植物园、芒旦风情园、赧浒白龙潭、摆乐塘变色温泉、大榕树群、三叠水瀑布、怒江第一滩等。潞江坝有汉、傣、傈僳、德昂、回、彝等世居民族，各兄弟民族和谐共存、团结繁荣，并保持了各自的民族传统文化，形成了民族文化的多元性组合。傣族的象脚鼓舞、傣戏、泼水节、百家饭、傣锦、丢包，彝族的火把节、大钹舞，傈僳族的阔时节、刀杆节、三弦舞、三杯酒（交杯酒、倒杯酒、同心酒），德昂族的水鼓舞等民族歌舞、节日和民俗异彩纷呈。

四、北庙湖

位于保山城西北，距城20余千米，是保山坝“粮仓”的命脉，又是人们观光游览的著名景点。始建于1958年，1962年蓄水灌溉，居当时全国同类工程第二位。大坝坝基高达65米，蓄水4500万立方米，积水面积约2.58平方千米，全长98千米的三条干渠，滋润着保山坝12万亩良田。大坝外侧基部由巨石铺筑而成，其中由四条平行线和若干条相垂直的线条，把五级大坝分成一块块绿色的芳草地。中部有一条砌有500多级台阶的大道通坝顶。拾级而上，置身于坝顶，但观库内浩瀚碧水，波光粼粼，水中小山林木苍翠，各种鸟雀自由地出没、唱和。坝脚休闲区，排排樱花，行行碧柳。游人到此，或戏水，或垂钓，或闲赏，无不自得其乐。

五、龙王塘农民公园

位于保山坝子西山脚，距市区11千米。公园三面环山，山清水秀，幽静宜人。明嘉靖年间，永昌知府严时泰到此游赏，写下《观龙泉二首》，其诗刻镶置于龙王塘出水洞口，诗云："曲随苔径下幽壑，坐观泉出龙湫中。渴鹿穿云引麛饮，山僧隔坞接竹通……"数股清泉自山底石隙间涌出，遂分三沟，向外流淌，是保山坝子重要的水源之一。这里古树苍藤，鸟语花香，龙宫殿、玉泉楼等建筑深藏其中，楼前池水清澈如镜，池中游鱼往来穿梭，与游人相戏。"玉泉借碗""官刀破崖""公主泉"等优美的民间传说，更为龙王塘增添了无穷的情趣。

六、老营水磨群

老营水磨群位于隆阳区老营乡320国道旁，距保山市中心30千米，基本形成了以"落石观泉""莲花山""姐妹碓""同心碓""仙女池""月牙泉""七星拱月""水中楼""听泉阁""静心亭""仙人梨""问天树"等十几个特色景点为主的集观光、体验、休闲、度假、美食于一体的旅游景区。

七、双虹桥

"水无不怒石，山有欲飞峰"是怒江天险的真实写照。怒江上的双虹桥，依山就势而建，两道长虹飞跨天堑，气势蔚为壮观。双虹桥位于隆阳区芒宽彝族乡烫习寨下的怒江之上，距保山城100多千米，为永昌知府陈孝升倡建，于清乾隆五十四年（1789）建成。设计者利用江心礁石为墩，分两段架设，遥望有如天上双虹，故名"双虹桥"。后曾多次毁、修，至2005年此桥仍是保山境内芒宽、杨柳一带两岸之间的重要通道。桥两端原有关楼各一，北关楼已毁，仅存南关楼。全桥总长162.5米，东段由15根铁链组成，宽3.1米，净跨67米；西段有铁链12根，宽2.8米，净跨38米。此桥是保山至腾冲古道上的主要桥梁。

八、卧佛寺

保山城北15千米，有云岩山。山高200余丈，古木参天、浓荫匝地，林间飞檐翘角、粉墙黛瓦隐现，因寺依山崖古洞而建，又称"云岩卧佛"，是保山著名的外八景之一。卧佛寺是滇西最古老的寺庙建筑之一。《永昌府志》载："建自汉室，精心制作，七年乃成。"

卧佛寺大殿，原系一石洞，深数百丈，宽阔数丈，分内外两重。洞口宽敞处为大殿，就一巨石凿成一佛像，侧身睡在一个高4尺的石台上，身长3丈，头南而足北，面东而背西，其左手平伸置于腿上，右手曲枕于耳侧，面容慈祥安静、庄严肃穆，两眼微闭，似睡未酣，似笑未露。

卧佛寺所建殿宇高于石洞，洞内盘结交错的石纹，奇形怪状的钟乳石完全保留下来。徐霞客到此游历考察后，对这种特异的殿宇建筑结构给予很高评价："洞与巩连为一室，巩高而洞低，巩不掩洞，则此中之奇也。"

传说，卧佛寺下原有九条暗江，江水常涌出洞口造成灾害。有一傣族青年货郎常到此卖货，有一天恰逢江水泛滥，货郎于是横卧洞口挡住洪水，使之倒流入洞，从此九条暗江不再为害。后来，当地人民为了纪念货郎为民除患，便将洞内横石雕凿成卧佛，这就是卧佛寺的来历。居住在附近地区的傣族人民每年以金箔贴在卧佛身上，年深日久，将卧佛寺装成一尊金光灿烂的金身佛像。每年农历正月初八，四方僧俗云集卧佛寺，舞龙耍狮，形成卧佛庙会“初八会”。可惜，这一名扬中外的古迹名胜，在“文化大革命”中遭到毁坏。

20世纪80年代，当地人民广为集资，重新规划修缮卧佛寺。1988年，缅甸华裔佛教弟子联合赠送一尊身长6米、重9吨、神态仿原卧佛的汉白玉佛雕像，此乃全国玉佛之最。

九、梨花坞

素有“梨花香雪”“露洒隆阳”美誉，是保山著名的外八景之一。位于保山城西南九隆岗下，俗称“大梨园”。清顺治十八年(1661)郡人王宏祚修建，咸丰十一年(1861)被焚，后经倡议募修，增修藏经楼、读书楼、养云池、雨花亭、瀚鹤溪、韦陀殿等。民国25年(1936)，另建慈云阁为飞阁。

1983年，社会各界捐资重修了观音殿、菩堤楼、韦陀殿、龙花桥、碑亭、莲花池、地藏楼、文殊楼、金刚塔等，均系仿古式建筑，古今名人所题匾额楹联甚多。另外，还流传有当年观音菩萨化身在此纺织，王宏祚会见观音真容和谈话等脍炙人口的民间故事。

梨花坞清幽秀丽，景色宜人，素席斋饭风味独特。该坞创制的素斋，不仅名冠保山，还应邀至瑞士等国进行交流展演，至坞游玩者，无不一品为快。

十、永昌文化园

永昌文化园位于保山城南三环路，占地255亩，是保山城区重要的文化艺术活动和休闲娱乐场所。

永昌文化园建设充分发挥三馆(博物馆、图书馆、文化馆)文化广场的功能，将园区分为四大功能区：风味餐饮园区，主要以餐饮、住宿为主，着重体现地方餐饮文化特色；花卉园区，主要以保山传统兰花和特色花卉为主，形成集花卉观赏、交易、休闲娱乐为一体的特色经济园，是整个园区的亮点；书画茶园区，主要以古玩、字画、古乐器、茶室等为主，体现地方文化特色；温泉洗浴休闲园区，主要利用园区内地热资源，形成旅游度假中心，是城市居民和外来游客休闲游玩的好去处。

十一、其他景点景区

隆阳区除以上所列的景区景点外，比较有名的旅游景点景观还有市区以南7千米处，卧狮山下的石花溶洞(《永昌府志》称“芭蕉仙洞”，又叫“卧狮窝”)；市区东南40千米处，西邑乡境内的补麻千佛洞；市区东北、金鸡乡以东4千米处，凤溪山腰的卧牛寺；市区东北9千米处，板桥镇世科村东的光尊寺；市区西北5千米处，大西山中的栖贤寺；市区西南37千米处，蒲缥境内的梁金山故居等。

第四节　施甸县主要景区（景点）

一、石瓢温泉

石瓢温泉位于施甸县太平镇境内，距县城60千米。因主泉眼有一巨石形如瓢状，故名石瓢。石瓢温泉水温在50℃～80℃之间，泉水涌流量大，有大小温泉眼10余处。一泻如注的冲腰池、温润清澈的月牙池、神奇诱人的仙人洞让你领略别样的风情。石瓢温泉含有对人体有益的多种矿物质和微量元素，可治疗风湿、胃病、皮肤病，无论洗浴、饮用、蒸熏都有神奇疗效。石瓢温泉环境优美、绿树成荫，已成为集疗养、度假、娱乐为一体的旅游景区。

二、娲女温泉

娲女温泉位于施甸县何元乡斯拉底南麓山谷。怒江东岸，距县城40千米，温泉水温在48℃～57℃之间，水质多样，有十余个浴池，温泉对风湿病、皮肤病、胃病、骨质增生以及妇科病等疑难杂症有奇特疗效，深受广大群众的喜爱。每年慕名到此治病、疗养、休闲度假的人数以万计。

三、清平洞

清平洞位于施甸县姚关镇乌龟山南麓，距县城20千米。明万历十年（1582），缅军进犯扰我边境。江西名将邓子龙被任命为永昌参将，携兵三千，日夜兼程驰赴永昌。在姚关、湾甸、三尖山等地抗敌，三战告捷，姚关是首战之地。万历十三年（1585）春，邓子龙驻军姚关，开凿石洞，名为“清平”，寓滇西战乱平息，各族人民安居乐业之意。

清平洞背靠龟山，面临清池，林木荫翳，洞内清凉空阔，可容百人。洞中有一石，击之声如鼓鸣，又有石乳涓滴，下有“石碗”接之，碗中之水永不枯竭。清平洞最有名的为“磨剑亭”，相传邓子龙当年在此磨砺战剑而得名。洞北有一小亭，内置“烹象处”石碑一块，是邓子龙当年大败缅象队，烹象犒劳将士的地方。“烹象处”三个字为李根源所书。1983年，清平洞被列为云南省文物保护单位。

四、其他景点景区

施甸除石瓢温泉、娲女温泉和邓子龙驻边遗址清平洞外，还有许多有名的景点景观和历史文化遗迹。如：龙猛温泉，野鸭湖湿地，等子月亮田，大亮山，乌龙峡谷瀑布群；施甸长官司，双龙寺，保场东山寺，黑龙井寺，由旺土主庙，摩苍寺，银川山耳寺；邓子龙平叛抗缅历史遗迹城墙山、大营盘、将台山、点将台、大关、小关、芭蕉关……抗日战争中“惠通桥阻击战”“营盘山反击战”等滇西抗战遗址；古生物化石点何元乡中国海林檎化石遗址，古人类遗迹“姚关人”化石遗址，石鼓坡遗址，由旺狮子山新石器时代文化遗址等。

第五节　腾冲县主要景区（景点）

一、腾冲火山

腾冲是我国知名的火山地热区。共有火山90余座，分布在1000多平方千米的地面上，相对高差在20～1100米之间。按其形状和成因不同可分为四种类型：穹状之山、截顶圆锥状火山、盾状火山、金字塔火山。这些不同类型的火山中，有20多座的喷火口保存较完好，一般成圆形，直径在60～400米之间。故而腾冲火山群以类型齐全、规模宏大、分布集中、保存较完整而著称于世，被誉为“天然的火山地质博物馆”。

火山群国家地质公园，范围包括保存完好、形象独特、气势雄伟、很有观赏特色和科考价值的八座火山：大空山、小空山、黑空山、城子楼山、长坡山、大团山、小团山、焦山。公园的中心在城北25千米的马站乡境内，主体景观为大空山、小空山和黑空山，旅游观光条件和生活服务设施已日臻完善。

在腾冲的火山地质构造上，原生节理构造景观较为突出。这是一种喷出岩在岩浆冷凝过程中形成，以玄武岩柱状节理为多见的奇特景观，是大自然鬼斧神工的杰作。在曲石、芒棒、叠水河一带均有分布，尤以曲石黑鱼河峡谷的柱状节理最为壮观。

二、腾冲热海

腾冲是中国三大地热区之一。地热温度之高，蒸汽之盛，水热活动之强烈，为国内罕见。境内有沸泉、气泉、喷泉、温泉群87处。每一泉群又有若干热水热气出露，其中位于全县地热区高温中心的热海，其景观、水温、涌水量为全县之冠，有“一泓热海”之美誉，为国家级地热火山风景名胜区中最重要的景区之一。

热海位于腾冲城南10.5千米处，总面积8平方千米。整个景区青山环抱，澡塘河沿山势蜿蜒而过，形成了景点错落分布、立体结构的特色。热海的地热显示特征为喷气孔、冒气地热、沸泉、喷泉、热水泉华、热水喷爆和毒气孔7处景观，其中具较高观赏价值的有大滚锅、热龙抱珠、鼓鸣泉、珍珠泉、眼镜泉、怀胎井、仙人澡塘、热辐地、狮子头、蛤蟆嘴、澡塘河瀑布和醉鸟井等。

大滚锅位于热海西北部的半坡上，为热海景区的主要景点之一。泉成圆形，直径6.12米，深1.5米，水温96.6℃，涌水量0.94升 / 秒。古诗云：“不需柴灶不须烧，昼夜石锅涨巨潮；热气重重云汉起，沸波滚滚日光摇……”沸泉周围有许多气孔，人们就其地势筑成石坑，熏蒸食物。游人可在这里利用天然热力蒸米饭和鸡蛋，其味格外清香可口。

热海浴谷是一个综合性的治病保健浴场。小桥流水，修竹奇石，巧夺天工。浴谷由接待大厅、淋浴间、休息厅、地热蒸房、干湿桑拿和浴池等几部分组成，其中浴池共有19个：7个药池、10个不同水温的泡池、1个香柏池、1个酒池，都由电脑自动调节水温。通过药液洗浴，酒地浸浴、蒸床熏蒸、气浴、淋浴、浸浴等多种形式，使人全身心在最自然的状态中完全展开，酣畅淋漓地感受SPA，有脱胎换骨之感。

热海景区气候温暖，空气清新，矿泉明澈洁净，含有对人体有益的多种微量元素，对风湿、骨质增生、中风后遗症、皮肤病等数十种顽疾有独特疗效。已成为集旅游观光、度假疗养、科学考察于一体的最佳景区。

三、北海温泉

北海温泉在城北的北海乡境内，距城不到10千米。四周青山环抱，泉水长流，环境清幽秀丽。温泉有多个露头泉眼，水温50℃以上，水清质优。科考分析，含有对人体有益的多种矿物质，富含锂元素。从公路边到北海温泉1000多米的路段上，有多家条件较好的沐浴场所。

四、来凤山森林公园

来凤山森林公园紧傍腾冲县城南端的来凤山，是距县城最近的名山胜境，是国家级森林公园。每当冬春清晨或夏秋雨后，山腰常有一条白云环绕，岚气回环如带，犹如“玉带缠腰”；或从山顶升起一缕白雾，极似炊烟袅袅。“晴岚秋夜春朝起，玉带青袍壮大观”的“来凤晴岚”自然景观，是腾冲十二景之一。冬春之际，对面的高黎贡山白雪皑皑，凤岭之晴岚瑞气万千，又成为腾冲“来凤晴岚银照壁”的绚丽画卷。

来凤山是90万年前火山喷发时所形成的盾状火山锥，其山体敦厚，面对北来展翅欲飞的飞凤山，故名“来凤”。海拔1912米，相对高度268米，面积3835亩，山中竹木茂密，松杉葱郁，石树参天，苍翠欲滴。间有红花油茶、杜鹃、春兰点缀其间，环境幽静。主要景点有来凤寺、文笔塔、白玉祖师殿、茶花基地等。

五、北海湿地

北海湿地位于腾冲县城北10余千米的北海乡双海村境内，是云南省目前唯一一个国家级自然保护湿地。北海湿地由青海和北海两个天然湖泊组成。两湖间空距不足千米，但由于海拔高低差异和环境特色不同，两湖的特色各不相同。青海在北海东部的众山之间，海拔1950米，比北海高200余米，是典型的高山湖泊，湖水呈微酸性，是世界仅有的三个酸性湖之一。与青海隔山相望的北海，位于双海坝子东北角的最低处。大部分水面上覆盖着大片的、厚约1米的草排。草排之上，生长着茂盛的各种野草。有低矮的地衣和多种水生草类，有成片分布的北海兰，有高过人身的苇席草、茭菰草和漂草，还有多种不知名的、独特的野花野草。北海还是水鸟们的家园，宽广的草排和茂盛的野草，为水鸟提供了理想的繁殖和栖息场所。

在北海划船，又是游乐中的一件趣事。一脚踏上草排，但觉大地在晃动，在下陷，水立即从周围涌过来，从地下冒上来，不一会儿，站立之处就下落为坑，积水成潭了。移步旁行，草排又缓缓浮起，复原如初。初次到北海游玩的人，行走在草排上，少不了提心吊胆，生怕一不留神，没入深渊。

六、叠水河瀑布

叠水河瀑布位于腾冲县城沿滨河路南行数百米处，属火山堰塞瀑布，落差40米，洪水期水分三道泻下，状如垂帘，故又称为“龙洞垂帘”，古腾冲十二景之一。是全国仅有的城市瀑布。瀑布气势磅礴，雄奇壮观，被誉为“大盈江上第一瀑”。水从崖头飞泻而下，轰轰如雷，喷珠溅玉，周围终年细雨纷纷，人称“久雨不晴”，当年徐霞客临瀑游赏，盛赞其宏大气势，认为作“久旱不晴”更为确切。瀑下比潭，深不能测。潭周围绿树青藤，苍苔悬崖，险绝幽冥，崖壁上镶嵌着火山奇石柱状节理。置身其间，令人心荡神驰，情采激扬。

七、坝派巨泉

在腾冲城西南30余千米的“中国民间艺术之乡”荷花，有一个风光旖旎的傣乡——坝派，穿过大青树和凤尾竹掩映下的秀丽的傣家村寨，沿乡间小路蜿蜒而行，不一会，在水流湍急的大盈江边，一片郁郁葱葱的蕉林呈现在眼前，蕉林中，几眼清泉喷珠吐玉，奔泻而出。

沿着江边的石壁下去，游人就置身于蕉林之中，千百棵硕大的蕉树如一把把华丽的巨伞遮住了如火的骄阳，造就了一方清凉宜人的天地，蕉树的根部，清泉从岩缝里、沙石中钻挤而出，然后欢快奔流起来，形成了水绕蕉流、蕉伴水生的奇特景观。这些从岩缝中流出的泉水是罕见的低温温泉，温度为19.5℃。蕉树下共有56个泉眼，水流量每秒4～5立方米，为泉中之大者，所以称为巨泉。无论冬夏，游人到此，都可以濯足浣衣，或举身赴清流，洗除旅途劳顿，找到归依自然的美妙感觉。

八、樱花谷

樱花谷坐落于高黎贡山西麓、龙川江西岸，从腾冲县城行20余公里弹石路即可到达。这里终年无霜，降雨量丰富，野生樱花遍布其中，樱花谷因此而得名。

樱花谷月平均气温14.8℃，原始森林保持异常完好，多种动植物生长其中，有珍稀植物200多种，有与恐龙同时代的国家一类保护植物桫椤，还有国家保护类动物100余种，活跃的滇金丝猴是其中一宝。樱花谷共有森林温泉4处，已开发出两处，一名“风露池”，一名“碧泉”。碧泉出水口在岩石上，水温42℃，流量为10吨 / 小时，泉水清爽可口，水质极优。樱花谷氧气充足，由此形成天然氧吧。谷底的龙川江水奔腾不息，流经樱花谷谷底。樱花谷现已建成漂流、攀岩、溜索、森林温泉配套设施齐全旅游休闲项目，谷内还设有餐厅和住宿区。

九、国殇墓园

腾冲县城西南叠水河畔小团坡下，建有中国远征军二十集团军腾冲收复战阵亡将士的纪念陵园。辛亥革命元老李根源先生取楚辞“国殇”之篇名，题名国殇墓园。

国殇墓园建于民国34年（1945）7月7日，占地88亩。嵌有蒋中正题、李根源书之“碧血千秋”刻石，建有庄严肃穆的忠烈祠，上檐下悬蒋中正题“河岳英灵”匾额；祠堂正门上悬国民党元老、大书法家于右任手书的“忠烈祠”匾额；祠内外立柱悬挂何应钦及远征军二十集团军军、师将领的题联；走廊两则有蒋中正签署的保护国殇墓园的“国民政府军事委员会布告”、二十集团军总司令霍揆彰的“腾冲会战概要”“忠烈祠碑”等碑记。祠内正面为孙中山像及遗嘱，两侧墙体嵌阵亡将士题名碑石，共9618名。忠烈祠后顶建有二十集团军光复腾冲纪念碑，碑下均葬有阵亡官兵骨灰罐。墓园大门一侧筑有“倭冢”一座，埋日军尸骨于其中。

国殇墓园展厅陈列有珍贵的腾冲抗战照片及实物，是云南仅有、国内少见的大型抗日战争纪念陵园。在海内外广有影响，现为国家级重点文物保护单位、全国爱国主义教育基地。

十、云峰山

位于腾冲城西55千米的瑞滇乡境内，海拔2445米。形似竹笋直刺云霄，为腾冲著名的风景名胜“三折云梯”，在海外尤其是东南亚都有影响，是滇西有名的道教圣地。

云峰山山尖突起，因而又名“尖山”。山峰直插天际，四时浮云缥缈，故有“云峰”之称。云峰道观始建于明代。《腾越厅志》载：“三折云梯，城西百二十里，有云峰山，其峰秀如玉笋，绝似太华之苍龙脊，两旁皆危崖峭壁，高不可攀，石脊中垂，若龙之垂尾以渡。相传，昔人逐一鹿，直达山巅，忽焉不见，只余蹄迹于石间，因诧以为灵，寻建寺院，随山凿石，有若丹梯，远望之，见石蹬于寻，高竖云霄之上，危梯三折，遥连殿阁之雄……”徐霞客于明崇祯十二年（1639）四月二十三日登云峰山旅游考察，住宿二日。

远眺云峰山，似“仙山琼阁”，临观俯望，一览众山小，似在人间天上。清晨，在云峰山上观日出，如在云海之中，忽见红日喷薄，霞光万道，千山万壑，尽收眼底，美不可言；暮瞰村舍灯火，繁星闪烁，俨然人间仙境。

十一、腾越文化广场

腾越文化广场位于腾冲县城西部，占地300亩，背依县城，面对青山，中有叠水河缓缓流过，是腾冲县城风景独好的休闲游览场所。

腾越文化广场分为两个部分，由三座造型别致，建筑风格古朴典雅的火山石拱桥连接。河的西面是绿化广场，场内有“高黎贡山母亲”雕塑和城市森林；河的东面是具有传统风格的博物馆、图书馆、文化馆建筑群，功能完善的体育馆和有400米跑道的田径运动场、足球场。具有中国古典建筑风格的腾冲博物馆、图书馆和文化馆，总建筑面积10320平方米，是“腾越文化广场”的重要组成部分。

十二、和顺古镇

和顺位于腾冲县城西南4千米，为一山明水秀、群山环抱的小盆地。乡中人口不到6000人，而侨居国外的和顺人就达万人之多，分布于13个国家和地区、尤以缅甸居多，是云南著名的侨乡。和顺气候温和，生态环境优美，自然风光旖旎，历史文化积淀深厚。

和顺古名阳温墩，石器时代即有先民在这里生息繁衍。明初，和顺几个大姓的始祖以军职屯守斯地。和顺地处腾冲通往缅甸的交通要道，明末以后，和顺男人便一代代离乡背井到缅境谋生。经过一代代人的艰苦创业，部分旅缅和顺人在异国他乡奠定了事业的基础，涌现出一批批雄商大贾和实业家。在国外致富的和顺人，对养育自己的故土十分眷恋，他们对自己的家园和对村容村貌的建设营造煞费苦心，通过数辈人的辛勤努力，创造了丰富独特的侨乡文化，使和顺成为闻名遐迩的侨乡。2005年11月，和顺侨乡被评为“中国十大魅力名镇”之首。

和顺坝四周山峦葱绿，来凤山、马鞍山、老龟坡三座火山成鼎足之势，大盈江水从坝子中间蜿蜒流过。和顺主村落坐落于坝子南面的黑龙山麓，民居鳞次栉比，环列缓坡之上，绵延一两千米。村前一水环绕，水流平缓清澈，沿河建有数座供人们浣衣洗菜的洗衣亭，非常别致。河里游鸭戏水，意趣盎然，河堤绿柳成荫，竹筏穿行其间，俨然高原水乡。

和顺的每一条古巷，都建有闾门，闾门之上题四字匾额，如“说礼敦诗”“古处同敦”“俗美风淳”“兴仁讲让”“景物和熙”“人物咸熙”……每个闾门前都有月台，供人们集会休闲。

和顺人文景观不少。元龙阁景色如画，为腾冲城郊胜境；石头山毓秀峰的魁星阁，环境清幽；主村落后山上的中天寺，气势宏伟；双虹桥畔的文昌宫、土主庙、三元宫，并列一线，形成一古建筑群；和顺图书馆、艾思奇故居是省级重点文物保护单位；寸、刘、李、尹、贾、张、钏、杨八姓宗祠，建筑风格各有千秋。和顺民居，富有特色，暖屋静院，户户书香。幢幢宅院，依山就势，布局紧凑，构造精良，装饰典雅。

和顺人不但营造了优雅宁静的生活空间，人与自然和谐的生活环境，而且对家乡文化教育的发展极其重视。从明清时期的私塾、义学到民国时期的两等学堂、女子师范、益群中学、和顺图书馆，无不透视出和顺文化的涵养。和顺人不但注重传统文化的传承，而且在饮食文化、民间手工艺、民间文艺等乡土文化方面，均有自己的特色。学术界对和顺的历史文化遗产以及孕育这种文化的自然生态环境的保护极为关注。1999年年底，和顺文化生态村课题组工作站和云南民族建筑与人居环境课题组和顺研究室在和顺挂牌成立。2000年中旬，由课题组创办的“和顺弯楼子民居博物馆”，对和顺典型民居文化内涵进行展示。先后有来自英国、法国、日本及中国台湾地区的学者到和顺来做学术研究。

十三、和顺图书馆

和顺图书馆位于和顺乡风景如画的双虹桥畔。为该乡旅缅华侨为振兴家乡文化于民国17年(1928)集资创办。和顺图书馆占地1392平方米，为一中西合璧壁式的建筑群。大门额悬和顺清代举人张砺书“和顺图书馆”匾额、中门额悬胡适先生题书馆名。馆内藏古今图书及地方文献，含多种善本书籍，尤以清代木刻版本、大型丛书为馆中之宝。藏书达7万余册，被誉为“在中国乡村文化界堪称第一”。

和顺图书馆的前身是创办于民国13年(1924)的“和顺阅书报社”。民国13年(1924)年初，青年会在和顺成立，会员寸嗣微等发起成立“阅书报社”。民国17年(1928)，和顺崇新会将阅书报社扩大成图书馆，将馆址移入“咸新社”故址汉景殿。身居海内外的热心乡人，踊跃捐书，使馆藏图书不断增加。随着图书数量和读者数量与日俱增，在缅甸乡人的支持下，于民国27年(1938)拆去旧馆屋，兴建了中西合璧式的新馆舍。和顺图书馆成为乡人获取知识的源泉。

1980年，和顺图书馆纳入国家公共图书馆建制。1993年由云南省人民政府公布为第四批省级重点文物保护单位。

十四、绮罗侨乡

绮罗是腾冲又一著名的侨乡，位于县城南来凤山东南麓。村落依山麓而建，犹如一条长龙，穿行在绿海竹浪之中。

300多年前，徐霞客游历腾冲时，曾到下绮罗村住宿多日，他在游记中写道："绮罗，志作矣罗，其村颇盛。"又道："竹树扶疏，田塍纤错，亦一幽境云。"绮罗的繁盛，与它的侨乡史密切相关。大约在明初，绮罗人便进入缅甸谋生。大多数人从事商业，经营花纱、土杂、珠宝翡翠等商品，并出现了一批以经营珠宝、翡翠而著名的翡翠大王。如蜚声海内外的"绮罗玉""段家玉"就是绮罗翡翠商人于明代及清末民初从猛拱玉石厂购进腾冲的。

绮罗开发较早，经济繁荣，文化发达，历史上遗留许多文物古迹、文化设施、名人故居，如水映寺、文昌宫、图书馆、李珍国故居等，成为与和顺乡相媲美的旅游胜地。

绮罗文昌宫坐落在下绮罗村前，始建于明万历三十七年（1609），清乾隆年间扩建，咸丰元年（1851）重建。是腾冲规模最大、保存最完整的一座文昌宫古建筑，是采用文庙规制与道教宫观相结合的组建建筑。1988年由云南省人民政府公布为第五批文物保护单位。

绮罗图书馆位于下绮罗村，图书馆的大门为传统照壁式建筑，古朴典雅。大楼内设图书外借室、书报阅览室、儿童阅览室、报刊储藏室等，是一座功能较为齐备的乡村图书室。图书馆的藏书逾万册，每年订报刊二三十种，接待农村读者五六千人次，是农民喜爱的图书馆。绮罗图书馆的历史在腾冲可算最早。民国8年（1919），绮罗乡在外华侨和乡贤，为达到"共同振兴母乡，建设新绮罗"的目标，在腾冲首创了绮罗书报阅览室，将它作为宣传新思想、传播新文化、反帝反封建的重要阵地，并逐渐形成改革家乡与社会的活动中心。随着书籍的增加，规模的扩大，原来设在小街子的书报阅览室迁入绮罗文昌宫，并更名为绮罗图书馆。民国31年（1942）5月，腾冲沦陷，绮罗图书馆被洗劫一空，从此停止活动，直到1981年才重新恢复。经过三易馆址，最后于1993年落成新馆。

十五、李根源故居

李根源故居位于腾冲县城叠水河畔，系国民党元老、著名爱国人士李根源先生在腾冲的故居。民国35年（1946）兴建，民国36年（1947）落成。

李根源先生一生留心地方文献史料，著有《曲石文录》《曲石诗录》《景邃堂题跋》《雪生年录》和编纂有《永昌府文征》等。为纪念李根源先生，腾冲县人民政府将"叠园"公布为文物保护单位。1998年6月6日对公众开放。

十六、艾思奇故居

艾思奇故居位于县城南5千米的和顺乡水碓村，系一幢中西合璧式砖木结构四合院楼房。建筑占地600多平方米，高屋大院，串楼通栏，点缀西式小品阳台。故居前临元龙幽潭，后枕凤山，地势高旷，环境优美。建于民国8年（1919），是艾思奇之父李曰垓任云南民政、司法两司司长及矿务督办时所建的新居。

艾思奇毕生从事哲学研究和教学工作，著有《大众哲学》《辩证唯物主义纲要》《哲学与生活》等哲学著作，发表哲学文章360余篇，是著名的马克思主义哲学家。

1984年腾冲政府将艾思奇故居正式对公众开放，陈列展出大量图片实物，展示艾思奇生平及其光辉业绩。1987年云南省人民政府将该故居公布为第三批省级文物保护单位，

1997年4月公布为云南省爱国主义教育基地。

第六节　龙陵县主要景区（景点）

一、邦腊掌温泉

被誉为“人间福地，边陲奇观”的邦腊掌温泉，位于龙陵县城北14千米的青山中。景区有各式热泉600余孔，分为上中下三大泉群。占地0.2平方千米，规模宏大，热雾蒸腾，景象十分壮观。在可测流域的100多孔泉眼中，水温在60℃～70℃的92孔，80℃～100℃的39孔，水温最高的为104℃。热泉均由地下断裂构造生成，水中含钠、钾、钙、镁、硅、砷、氡、氟、偏硅酸、硫酸根、碳酸根等23种化学物质，矿化度为0.7克/升。

早在明清时期，邦腊掌即被称为“神汤奇水”，以“一沐能致厥疾疗”“能补医家之诸多不足”而远近驰名。经多年的临床观察，通过淋浴、熏蒸、饮泉，并配以适当的针药措施，对风湿关节疼痛，心脑血管系统、神经系统，胃肠消化系统、内分泌系统疾患及内功能失调、妇女宫寒不孕、皮肤疾患、肥胖症等，均有良好的治疗作用。著名作家魏巍题词云：“热海之源，温泉之乡，天赐奇水，惠及八方。”因热泉泉水来自地层深部，通过水温、流量、所含各种化学物质比例的变化，水象的异常，把地下地质活动的信息及早带出观测，其映震能力可达周围800千米，使这里成为国家重要的地震预报点之一。

邦腊掌景区海拔1240余米，气候温和，四周林茂草芳，花香鸟语。香柏河穿过景区，一路雪飞玉溅。奇异的热泉景观令人目不暇接，有“变色泉”“珍珠泉”“间歇泉”“大沸泉”“鼓鸣泉”……2005年年末，邦腊掌度假区有疗养所18个，每日可接待过夜游客千余人。

二、小黑山生态旅游区

小黑山生态旅游区位于龙陵县龙新乡境内，原始森林保存完好，为省级自然保护区。保护区内的主体小黑山和大雪山，最高海拔3001.6米，冬春之季，山顶积雪，爬山赏雪，其乐无穷。

典型的立体气候造就了生物的多样性。保护区内有绿孔雀、蜂猴、菲氏叶猴、金钱豹、金猫等50多种国家级、省级重点保护野生植物。农历二、三月份，景区内满山遍野的大杜鹃花竞相开放，蔚为壮观。

保护区内有远近闻名的大树王。胸径2.61米，需要8人才能将其环抱，树高44米，据考树龄已有两千多年。树王被刀砍斧凿，伤痕累累，虽饱经风霜仍然枝繁叶茂，犹如山巅托起的一把巨伞。该树被列入《云南名木古树志》。

三、松山抗战遗址

松山位于龙陵县城东北39千米处，雄峙于怒江西岸，距惠通桥27千米。全山由大小30多个峰峦构成，顶峰海拔2200米。东北南三面陡坡绝壁，深谷幽壑，唯西面与滚龙坡孤岭反俯相接，其势如巨拳独擎。松山是滇西抗日主战场之一，是滇缅公路上的“咽喉”。

民国31年(1942)5月，日军自缅甸攻陷畹町、芒市、龙陵，准备直取保山、昆明、重庆，情势危急。中国远征军断然炸毁惠通桥，阻敌于怒江西岸，形成对峙之势。日军在攻占区烧杀抢掠，蹂躏百姓，强征民夫，在松山上构筑坚固的防御体系，虎视怒江，以作长期盘踞松山的打算，自诩为“东方马其诺防线”。民国33年(1944)5月，中国远征军强渡怒江，向日寇发起全面攻击。经过8次激烈战斗，付出重大牺牲。之后采取掘坑道爆破的办法攻取松山主阵地。松山战役历时3个月零3天，全歼日军1290余人(另说3000余人)，中国远征军死伤官兵6725人(另说7000余人)。

山上遗存日军水池、千疮百孔的见证树、战壕、被炸毁下陷的日军地堡大坑，立有3座抗战史实碑、18座遗址说明碑，被列为省级文物保护单位、爱国主义教育基地。

四、其他景点景区

龙陵除邦腊掌温泉、小黑山生态旅游区和松山抗战遗址外，还有许多有名的景点景区。如：中共云南地下党创始人李鑫故居，名刹古寺龙山云龙寺、河头威灵寺、镇安崇善寺、木城孟雅寺、龙江古城寺、勐糯大佛塔，溶洞奇观勐糯仙人洞，河尾大叠水瀑布，八〇八湖山公园，茄子山水库生态旅游区，独具特色的怒江大峡谷的三江口风光，以及世界珍稀植物桫椤群风景区等。

第七节　昌宁县主要景区(景点)

一、鸡飞温泉

位于昌宁县城南17千米处，因传说曾有金鸡飞出而得名。古人夸其为仅次于安宁“天下第一汤”。温泉最高水温为86℃，灼热渣和固形物很少，水质透明，具有除风祛湿的理疗功效。温泉景区由多个泉眼、泉华和彩色土林组成。这里奇峰千叠，林木掩映，泉自石罅中出，温润清碧。大小泉华状如石塔、石笋、石桌、石凳、石牛、石狮、石虎，无不惟妙惟肖，栩栩如生。明《顺宁府志》描绘鸡飞：“青峰高耸若擎拳，石来纷披如线织，燠气熏蒸接太虚，净质微莹透石隙。”

公母塔是鸡飞奇景中的瑰宝。公塔由两块巨石相叠而成，高约数丈，母塔玲珑俊秀，顶端平缓，塔身有泉华凝缀如丝，宛若浴后披发少女，千百年来与心仪的男子相厮相守。

双塔身后的山麓，遍布嶙峋怪石，就在这些参差错落的石罅中，喷出汩汩热泉，汇集成溪、成潭、成池。这些潭池形状各异，别具秀色。然而它“绝无砒硫气，可以愈疯疾”。一年四季，前来游览观光、沐浴疗养的人络绎不绝。据科学鉴定，泉水中溶解着大量矿物质，如铁、钙、锰、钛、钼、铜对风湿、皮肤疾病疗效显著。

二、小桥温泉

小桥温泉距昌宁县城16千米，途经龟山白塔、蝙蝠洞、深山峡谷—线天景区，小桥、流水、烟村、溪山。小桥温泉以清澈透明的一泓热泉和丰富的物产吸引着南来北往的客人。古道从小桥穿过，自古以来商贾不绝于途。明崇祯年间(1628—1644)，徐霞客曾到此驻足流连。小桥温泉水质洁净，有除风祛湿的功效。有古诗赞云：“温泉久住彩云多，安宁争传第一汤，不及此泉能疗疾，回春何必问奇方。”

小桥温泉景区还盛产滇绿珍品“尼诺茶”，色味俱佳，清心怡神，游人到此，无不一品为快。

三、橄榄河温泉

橄榄河温泉位于昌宁县柯街镇的橄榄河中游，热泉泉眼共10多处。主泉从岩石中喷发而出，春夏秋冬出水量不变，均为0.025立方米/秒，水温达80℃，泉水无色透明。经专家测定，水质含硫偏碱，俗称硝水，含有钾、钠、镁、氟、氯等化学元素。PH值为7.5，具有祛风除湿、消肿止痛、舒筋活血、增强体质和帮助消化等功能。热泉背靠风景秀丽的立巴兰山，面对席子寨吊根榕树群，山清水秀，风光绮丽。每逢冬末春初，两岸火红的攀枝花竞相开放，似人间仙境，世外桃源，徐霞客有“兀突插之雾中，如大士披络而坐，闪烁出没，亭亭独上”的描述，是度假、疗养的好去处。

四、龙潭寺

龙潭寺距昌宁县城5千米，原称龙王庙，由“龙潭古刹”“龙潭碧池”和“望山听泉亭”等三个景点组成。

龙潭寺建在龙潭山腰上，周围林木蓊郁，山下一股清泉从崖缝里涌出，汇集成龙潭。潭中建有“望山听泉亭”，在碧波粼粼的池水中，亭台青山相映成趣。亭子布局奇巧，建筑精致，与周围环境浑然天成。登亭远眺，山峦灵秀，泉水长流，云影松风，清心静神。龙潭寺始建于明代，后经多次修葺，渐成规模，长年香火旺盛，四时游人不绝。

五、其他景点景区

昌宁除鸡飞温泉、小桥温泉、橄榄河温泉和龙潭寺外，还有许多有名的景点景区。如：南部的明山水库，立木山原始森林，独树成林，湾甸崩龙田凉泉公园，古榕树上鹭鸶会，土司遗址，明代孟波罗古战场遗址，兰山银瀑，帕旭佛寺等；中部的滨河公园，西山森林公园，观音山林场，河西水库，勐廷回族寨，勐廷清真寺，清灵寺，烈士陵园，秧田洼旅游度假区等；北部的天堂山原始森林，阿干山马缨花杜鹃林，古茶树群，岔河码头，茶马古道，望江楼，剑齿类古生物化石群，战国青铜文化遗址等。

第三章　旅游管理

第一节　旅游规划

1989年地委三级干部会议把发展旅游事业列为保山经济发展的七大骨干产业之一。1990年地委三级干部会议又把发展旅游事业列为保山经济发展的四大骨干产业之一。

1991年10月，编制《保山地区旅游事业“八五”计划和十年规划》，目标是经过五至十年的努力，变潜在优势为现实优势，逐渐形成国际旅游小环境，把保山发展为面向东南亚的重要国际旅游地区，参与东南亚旅游区的循环。提出对老饭店进行更新改造，提高饭店的综合接待功能和创汇能力，“八五”期间更新改造、新建客房200间左右，“九五”期间扩建或新建300间标准客房。

1993年11月，省政府办公厅、省旅游局、省建设厅、保山行署、保山地区旅游局、腾冲县政府、腾冲县旅游局在昆明召开腾冲省级旅游度假区规划论证会。腾冲省级旅游度假区总设计规划面积4.94平方千米，分为地热游览度假，珍稀动植物游览，综合娱乐、度假别墅，珠宝玉器、工艺品加工，购物五个功能区。

1997年8月，编制《保山地区旅游业发展“九五”计划和2010年长远规划》。确定“一个中心”（以保山历史文化名城为中心），“两个重点”（腾冲、龙陵两个重点旅游县），“六个旅游区”（北庙湖旅游度假区、怒江旅游区、高黎贡山白花岭度假区、腾冲省级旅游度假区、邦腊掌温泉疗养度假区、昌宁旅游区），“六大旅游产品”（边境旅游产品、疗养度假旅游产品、生态旅游产品、商务旅游产品、历史文化旅游产品、民族风情旅游产品），“七项重点工程”（旅游交通工程、重点旅游景区景点建设工程、旅游城市形象工程、特色旅游产品工程、旅游企业发展工程、旅游商品开发工程、旅游扶贫工程）的发展战略，与此同时，在市旅游局具体指导下，保山、龙陵、腾冲三个重点旅游县（市）都制定出“九五”计划及2010年远景目标。同年，保山地区旅游产业领导小组对《保山市潞江坝旅游度假村规划》《龙陵县邦腊掌旅游度假区配套设施项目》《腾冲热海国家公园控制性规划》《腾冲火山群国家公园控制性规划》等规划进行评审，提出评审意见。

1998年，全省旅游规划工作会议把热海、火山、云峰山、邦腊掌、潞江坝生态旅游度假区5个项目列为“滇西边境旅游区”的重要建设项目。

2000年5月，编制《保山地区旅游产业发展规划纲要（2000—2050年）》，提出全区旅游产业的发展目标分三个步骤实施：第一步是2001—2005年，为基础建设时期；第二步是2006—2015年，为重点建设时期；第三步是2016—2050年，为长远发展时期。对保山的旅游资源情况进行分析，明确要重点发展的项目：火山景区、热海景区、和顺乡生态旅游度假区、来凤山国家森林公园、云峰山、北海湿地、永昌文化园、太保公园、北庙湖旅游度假区、高黎贡山白花岭旅游度假区、潞江坝生态旅游区、松山抗战遗址、小黑山茄子山生态旅游区、澜沧江小湾电站库区旅游风景区等。

2001年，编制《保山市旅游业“十五”计划及2010年远景目标规划》。

2003年6月，中国云南腾冲旅游发展战略暨省级旅游度假区概念规划研讨会在腾冲召开，确定腾冲旅游业的总体发展战略目标和依托地热火山、腾越文化等优势旅游资源，着力开发以休闲度假、观光购物、生态科考等为重点的旅游产品，把腾冲打造成一个特色鲜明、水平较高的休闲度假观光旅游胜地的发展思路。

2005年，市委、市政府把旅游产业确立为保山新的经济增长点，提出“旅游活市”战略，制定了《保山市人民政府加强旅游规划管理工作的办法》；市旅游局按照“亲近自然、体验文化、享受生活、关爱生命”的现代发展理念，提出打造保山“健康旅游”品牌的概念，编制《健康旅游策划书》，以全面建设和提升旅游景区，改善基础设施，把保山旅游打造成最适宜全天候观光、康体、休闲度假、商务会展的旅游胜地和中国著名、世界知名的具有丰富内涵的健康旅游地。

2002—2005年，保山邀请省内外专家指导帮助全市科学制定和完善旅游发展规则，编制完成《保山市旅游发展总体规划》《高黎贡山生态旅游总体规划》《腾冲县省级旅游度假区规划修编》《隆阳区旅游发展规划》《龙陵县旅游发展总体规划》《昌宁县旅游发展规划》《龙陵县松山抗日战争遗址旅游开发项目可行性研究》等。

第二节　旅游培训

1994年6月20—23日，在保山永昌宾馆举办保山地区旅游行业规范化培训，全区星级宾馆、涉外宾馆经理和服务人员163人参加了培训。1995年12月16—26日，在保山永昌宾馆举办全区首次导游人员资格考试培训，有42名学员参训。1996年3月，组织全区旅游系统从事导游工作的35人参加资格考试培训。参加培训的学员通过考试全部合格，结束了全区导游系统无证导游的历史。

1997年3—5月，举办保山首届外语达标培训班，来自涉外宾馆工作一线的44名工作人员参加培训并取得外语达标证书。同年，保山行署旅游局与保山师专联合举办旅游管理大专班，学制两年，面向应届高中毕业生及社会青年招生，经过严格考试、面试，招收35名学员，1997年9月18日正式开学。1998年11月，组织导游人员至昆明参加省旅游局举办的轮训，全区参训的10名导游人员全部通过考试。1999年，全区举办“九九年全国导游考试培训班”2期，参训人员200多人。2000年8—9月，在腾冲举办导游培训9次。

2001年2月13—15日，举办保山地区旅游管理干部培训班，130多人参加培训。2002年5月10—28日，组织完成星级饭店英语达标及职业技能鉴定考试工作。全市23个星级饭店231人参加了培训、考试。2003年，组织参加各类培训班十余次，参训人员达1224人次。2004年，组织参加省旅游局举办的旅行社经理资格证培训班、星级饭店评定标准宣传班，31人参训。全年培训导游374人次，举办饭店业务培训班2期（219人参训）。

2005年，组织全市旅游系统41人参加省旅游局举办的旅游区质量等级评定检查员培训班、旅游执法人员培训班、《云南省旅游条例》宣传贯彻班；开办2期导游考试培训班、4期导游知识和从业人员技能培训班，培训500多人次。当年全市共有212人参加全省导游资格考试，有102人通过考试获得导游资格证。

第三节　旅游市场秩序监管

1996年11月，国家出台《旅行社管理条例》和《导游人员管理条例》等法规，1997年起，保山地区逐步建立旅游行政执法机构和队伍，地区旅游局和县（市）旅游局设立“旅游质量监督管理所”，专门从事执法检查工作。严格执行《旅行社管理条例》，治理旅行社经营市场，严厉打击非法经营旅行社业务的行为，坚决取缔“黑社”，维护正常的旅行社市场秩序；整顿旅行社超范围经营和非法转让、变相转让许可证等行为，规范旅行社的经营活动；防止价格欺诈，坚决制止恶性削价竞争；认真解决旅行社挂靠承包问题，遏制旅行社市场混乱等。严格执行《导游人员管理条例》，抓好对导游的管理工作。重点强化旅行社对所属导游人员的管理，落实档案管理制度；推动导游计分制管理及导游IC卡管理，加快导游网络化管理进程；坚决查处导游私拿回扣、索要小费等不正之风。

2001年8月，全市开通“96927”旅游投诉专线电话，及时受理、处理旅游投诉。2002年开始建立联合执法机制，市县（区）旅游行政管理部门与公安、工商、质监、卫生、物价、财税等部门联合执法，开展旅游市场专项整治工作。坚决打击旅游行业中超范围经营、恶性削价竞争、购物欺诈、“黑社”“黑车”“黑导”等非法行为。在春节、“五一”和“十一”三个黄金周期间，组织开展大规模的旅游市场秩序和旅游安全大检查，净化旅游市场环境，实现“健康、安全、秩序、质量”四统一的目标。

2005年，《云南省旅游条例》出台后，市县（区）旅游行政管理部门认真按照《条例》要求，联合公安、工商等部门开展旅游市场专项整治活动9次，坚决打击旅游行业中的各种非法行为，对6家不规范经营单位进行整改；先后制订了旅游安全生产应急预案、黄金周旅游接待方案、突发公共事件应急救援预案等，组织开展旅游市场秩序和旅游安全大检查，有效维护旅游市场秩序。

第四章　旅游经济

第一节　旅游开发

一、基础设施建设与景区开发

从“八五”到“九五”期间，保山旅游产业规模不断扩大，旅游业成为保山地区新的经济增长点之一。具有保山特色的旅游资源开发格局初步形成，主要景区（点）建设初见成效。全区涌现出保山北庙湖、蒲缥阿里山庄、高黎贡山百花岭度假村、腾冲热海省级旅游度假区、火山公园、来凤山国家森林公园、龙陵邦腊掌度假区等一批景区（点）。至1996

年年末，全区旅游开发建设累计投资7784万元。2000年，腾冲火山公园按规划投资453.6万元，完成部分二期工程；热海景区投资479.7万元，完成部分服务设施建设；云峰山景区投资390.5万元，完成了道路、大门、厕所、停车场等基础设施建设；腾越文化园投资84万元，完成太极桥、龙光台等翻新和改扩建；和顺侨乡投资771.8万元，完成元龙阁、人工湖、道路等工程；来凤山国家森林公园投资210万元，完成小区及步行登山道建设等。

"十五"期间，基本形成政府主导，国有、集体、民营和外资一起发展旅游的格局。通过实施旅游精品战略，全市各级各有关部门精心组织、多方筹资，切实加快全市景区景点、交通、能源、通信、城建等旅游基础设施建设，改善旅游配套服务设施，强化对旅游资源及环境的保护。2001年，全市完成旅游景点景区基础设施建设投资3221.08万元，2002年达9070万元，2004年，全市完成旅游景点景区基础设施建设投资7645.84万元。全市的旅游交通建设，尤其是重点旅游景区景点的道路建设和景区内游路建设有了较大发展，通达条件明显改善，市到县实现三级以上柏油路，县城到各主要景区大部分为油路，有效改善保山旅游产业发展条件。

2005年，全市引进多家大型企业到保山开发旅游，如：香港琅瑞国际投资管理公司投资2亿元，开发潞江坝和高黎贡山百花岭旅游区；上海海湾国际投资公司投资3亿元，开发隆阳区板桥古镇；华庭房地产公司投资10亿元，开发腾冲叠水河景区；深圳华隆集团投资20亿元，建设腾冲国际生态旅游区等。

到2005年年末，全市已开发建成AAAA级景区1个（腾冲热海国家级风景名胜区），AAA级景区1个（腾冲火山国家地质公园），AA级景区8个（腾冲云峰山景区、腾冲腾越旅游文化园、龙陵邦腊掌温泉旅游度假区、保山太保山森林公园、保山北庙湖旅游度假区、龙王塘公园、鸡飞温泉旅游度假区、高黎贡山百花岭度假区），另有腾冲和顺侨乡、北海湿地等35个景区（点）。有12家旅行社（国际旅社1家），481家宾馆、饭店，近2万个床位，其中：星级宾馆33个，床位3800多个。以保山为中心，以腾冲为龙头，各景区景点为支撑，各旅游线路为网络的旅游格局已初步形成。

二、旅游线路开发

"九五"起，保山推出保山—泰国、新加坡、马来西亚、美国、日本；保山—腾冲；保山—瑞丽—南坎；保山—邦腊掌、松山；保山—海南、深圳、北京、杭州等国际国内旅游专线和多条旅游线路。

(一) 保山、腾冲五晚六天游

①保山接团，住保山；②玉皇阁—博物馆—梨花坞—腾冲热海，住热海；③和顺侨乡（和顺图书馆、艾思奇故居、和顺民居、龙潭、元龙阁、文昌宫）—国殇墓园—叠水河瀑布—北海湿地，住腾冲；④云峰山—柱状节理—火山，住腾冲；⑤翡翠城—保山卧佛寺，住保山；⑥送团。

(二) 腾冲一地三晚四天游

①腾冲接团，住腾冲；②火山公园（柱状节理、黑鱼河）—北海湿地—国殇墓园—叠

水河瀑布，住腾冲；③热海景区—和顺侨乡（和顺图书馆、艾思奇故居、和顺民居、龙潭、元龙阁、文昌宫）—翡翠城，住腾冲；④早餐后送团。

（三）高黎贡山·怒江风光一晚二天游

①保山接团—百花岭—潞江坝风光—怒江大桥—沙滩—奘房—大白塔—双虹桥，住百花岭（或露营高黎贡山）；②丝绸之路蜀身毒道"自然博物"—"物种基因库"原始森林—百花岭金汤河—叠水瀑布—澡塘河温泉—傣家乐（民族舞、泼水节）—保山（送团）。

（四）隆阳区内一日游

A线：太保公园—玉皇阁—易罗池—梨花坞—龙王塘—云岩卧佛—北庙湖—民族文化博物馆。

B线：金鸡古镇—卧牛寺—云岩卧佛—梨花坞—太保公园—玉皇阁—民族文化博物馆。

C线：潞江坝—芒宽—怒江风光民族风情游。

（五）腾冲、芒市、瑞丽三晚四天游

①腾冲接团—和顺侨乡—国殇墓园—叠水河瀑布—热海，住腾冲；②火山—北海湿地—梁河土司衙门—瑞丽（夜市），住瑞丽；③缅甸木姐—南坎（边境游），住瑞丽；④莫里热带雨林—莫里瀑布—独树成林—畹町中缅友谊桥—芒市树包塔—勐巴那西大花园，送团。

（六）保山、腾冲、龙陵、瑞丽六晚七天游

①保山接团，住保山；②民族文化博物馆—玉皇阁—梨花坞—腾冲热海，住热海；③火山—和顺侨乡—国殇墓园—叠水河瀑布—翡翠城，住腾冲；④龙陵松山抗战遗址—邦腊掌—瑞丽（夜市），住瑞丽；⑤莫里热带原始森林景区—莫里瀑布—独树成林—姐勒金塔—民族村寨，住瑞丽；⑥缅甸木姐—南坎（边境游），住瑞丽；⑦树包塔—芒市文化宫，芒市机场送团。

（七）保山—东方神秘大峡谷寻奇探险六晚七天游

①保山接团，住保山；②保山—潞江坝—芒宽—六库（参观景点：潞江热作所、果园品尝杧果、荔枝，游江滩，观赏歌舞），住六库；③六库—贡山（参观景点：老虎跳、峡谷风光、石月亮"哑哈巴"、江中松），住贡山；④贡山—丙中洛—贡山（参观景点：怒江第一湾、担当力卡雪山、怒族石板房、藏传佛教普化寺、石门雄关、重丁村天主教堂），住贡山；⑤贡山—福贡（参观景点：溜索、人马吊桥、峡谷壁耕），住福贡；⑥福贡—六库（参观景点：怒江大峡谷风光、澡堂会址），住六库；⑦早餐后送团。

第二节　旅游宣传促销

一、旅游节会

1978—2005年，保山市依托旅游优势资源，举办过保山端阳花市（2004年始定名为"中国·保山南方丝绸古道商贸旅游节暨端阳花市"）、腾冲火山热海旅游节、澜沧江啤酒狂欢节等一系列独具特色的旅游节会活动。节会活动有效地推介保山的文化资源、旅游资源，丰富了保山旅游产品的文化内涵，吸引大量游客来保山旅游观光，拉动了保山经济的发展。

（一）中国·保山南方丝绸古道商贸旅游节暨端阳花市

保山人种植花木的历史悠久，尤以明清为盛。明代旅行家徐霞客在其游记中有记："春时，群花尽放，凭高望之，满城皆花，如锦如云，极为佳丽。"至清咸丰同治年间（1851—1874），保山屡遭兵乱，一片荒凉。战后人们陆续重建家园，修复创伤，养花种树。后来逐步演变，形成每年端午时节"赶花街"的民俗，保山人包粽子、逛花街、走亲访友，热闹非凡。2004年起，一年一度的保山端阳花市被定名为"中国·保山南方丝绸古道商贸旅游节暨端阳花市"，从此突破传统花街的形式，成为集节庆、旅游、文化、商贸为一体的大型盛会，是省内商贸旅游文化较有影响的品牌。

第一届中国南方丝绸古道商贸旅游节暨2004年保山端阳花市　2004年6月21—28日，由省旅游局、保山市政府主办，隆阳区委、区政府承办的"第一届中国南方丝绸古道商贸旅游节暨2004年保山端阳花市"成功举办。共邀请来宾800人，其中：省级机关与部门46家，云南大型企业40多家，国外5家，香港3家，地州市四大机关共80多家，地州（市）旅游部门15家，以及北京市海淀区、天津市和平区、广东珠海市金弯区、辽宁省大连市西岗区等。节会期间，累计客流量近11万人次，比非节日期间增长2.5倍。此次商贸旅游节确定"保山——滇西西部边境中心城市、云南走向南亚的桥头堡、中国最具活力的新兴旅游胜地"的宣传定位，重点选择了昆明、保山、大理、德宏为重点进行大规模宣传，设计印制海报1万份，在《保山日报》、保山电视台、《保山信息港》等多家媒体发布了节庆内容，制作了800多幅"车辆及时贴"在机关部门、公交车、长途班车、的士上张贴。5月14日、28日，组委会分别在保山和昆明召开新闻发布会，中央、香港驻滇新闻单位、省级等50多家媒体和20多家企业、旅游企业共120多人出席会议，新闻发布会取得巨大成功。随后昆明各媒体、《人民日报》、新华网都发布消息。另外，与云南省"记协"合作，组织了包括中央电视台、新华网、中央驻滇单位、四川、贵州、广西和省新闻单位约45家媒体60名记名，组成新闻采访团，对旅游节进行全程报道，各媒体记者发表稿件近300篇，其中中央电视台《西部新闻》栏目6月26日起连续播出，《云南日报》《春城晚报》连续多篇刊出。商贸旅游节期间主要布展科普宣传、日用百货、美味食品、中草药、花卉等8条街道，搭建参展商棚及摊位1959个，展销地方名、特、优、产品、花卉、中草药、食品、服装等共计28大类1560多个品种。八条花市商品主大街，交易商品共28类，11天累计成交额1619万元。据统计，仅6月份全区社会消费品零售额就达1.72亿元，与2003年同月相比增加4600万元，增长36.5%；促进上半年实现第三产业增加值增2.1亿元，增长33.24%。文化活动方面，举办"丝路飞花"大型歌舞晚会暨开幕式、云南省企业艺术展演、"三馆之夜"、滇戏《白蛇传》、"焰火晚会"、昆明滇池国家度假区女骑警表演，举办保山市文化、旅游产品展览、全国名家书画珍品展览和拍卖等丰富多彩的文化活动，营造了节日气氛，丰富了群众文化生活。旅游活动方面，举办“高黎贡山峡谷魂”保山旅游风光摄影展、南方丝绸古道景区景点游览的推介活动，对外推出“中国最早的古渡”“中国第一座铁索桥”“中国最大的玉卧佛”“云南最大的摩崖石刻”“云南万亩咖啡园”“云南兰花第一村”“怒江第一滩”等滇西旅游区的特色景点；推介“保山一日游”、举行《原生态——高黎贡山》画册首发式；组织旅游团队沿南方丝绸古道翻越高黎贡山。商贸活动方面成功举办“面向南亚开放战略学术研讨会”、端阳花市开市仪式、“兰花精品展”“珠宝工艺品展”等活动。节会期间共签约项目13个，引进资金16.1028亿元，其中：友好合作项目1个，保山市隆阳区人民政府与丽江市古城区人民政府建立了“社会经济合作”友好关系；生产性项目6个，投资4.7亿元；经营性项目5个，投资4.6亿元；竞争性项目1个，投资6.8亿元。签约项目中上亿元的项目有9个，涉及城市建设、能源开发、农业技术以及高科技信息网络建设等方面。

第二届中国南方丝绸古道商贸旅游节暨2005年保山端阳花市 2005年6月10—16日，第二届“中国南方丝绸古道商贸旅游节暨2005年保山端阳花市”在保山城区举办，主题是“探访丝绸古道千年文化，展现西部兰城物华天宝”。在文化活动上，开幕式文艺晚会《怒沧飞虹》是以保山本土文化打造出的一台精品音乐舞蹈史诗，突出宣传保山的哀牢文化和永昌文化，反映保山先人开拓进取的足迹和保山绚丽多彩的民族文化。“世界环球旅游小姐年度皇后大赛”云南赛区复赛和总决赛是隆阳区迄今举办的级别最高的一次选美比赛，是在云南省范围内，通过初选之后在保山举行的重要赛事。此届节会共举办各类文化活动11项16场次，吸引了每天不低于13万人次的人流。在商贸展销活动上，九龙路中泰民间物资交易区是此次商展活动的一大亮点，是在“云南走向东南亚，保山先行一步”战略部署下，隆阳区迈出的重要一步，是一次纯民间的物资交流，来自异域的充满异域情调的泰国商品和本地商品相映成趣。首届滇西品牌汽车暨车模展示会，活跃和刺激了保山汽车消费市场，花市、商品展销两旺，省内外客商参展2207户，参展商品32类，1890多个品种，矿源标本200多种，7天累计销售额5038.5万元，其中：“花展”花卉、兰花等销售额为711.5万余元；商贸交易商品销售、汽车展销额达4327万余元。据不完全统计，参加节会的客商逾万人，参与群众约120万人次。在旅游活动上，由区旅游局组织的本地游客“告别霁虹桥·生态农家乐”一日游活动，是一次对霁虹桥的历史凭吊，也是对普陀岩摩崖石刻的一次凭吊，另外，“游高黎贡山——怒江峡谷，品尝亚热带水果”自驾车活动在隆阳区尚属首次。节会期间，隆阳区共签约招商项目13个，其中：生产性项目7个、文化体育项目2个、旅游项目2个、经营性项目2个。签约合同金额累计达15.83亿元，其中引进区外国内资金14.56亿元。

（二）中国昆明国际文化旅游节保山分会场腾冲火山热海旅游节

从2000年起，每年举办一次中国昆明国际文化旅游节保山分会场腾冲火山热海旅游节，至2005年共举办六届，各届旅游节都有其不同的主题和特色。旅游节的举办，使腾冲的知名度大幅度提高，吸引了各地的大批游客聚集腾冲，促进了保山市旅游经济的发展。

第一届中国昆明国际文化旅游节保山分会场腾冲火山热海旅游节 2000年3月17日，在昆明举行的有近2000个新闻机构和旅行社负责人参加的“首届中国云南腾冲火山、热海旅游节”新闻发布推介会拉开了第一届腾冲火山热海旅游节的序幕。4月1—2日，在保山城区开展“首届腾冲火山、热海旅游节”宣传日活动；4月5—7日邀请120多家省内外旅行社负责人和部分新闻单位到腾冲进行旅游线路考察和宣传；4月15—20日，在省美术馆举办“中华奇观—神秘的火山热海、雄奇的高黎贡山”摄影艺术展；向旅缅甸、泰国、新加坡等国的保山地区籍的华侨、华人发出100多份邀请函；同时在保山市、龙陵县各星级宾馆，各交通路口张贴“腾冲火山、热海旅游”宣传画，并在机场设置大型广告牌，在中央电视台、云南电视台、保山电视台、中央人民广播电台、《云南日报》《中国旅游报》《保山日报》等媒体宣传报道整个旅游节活动；在保山有线电视台反复播出《腾冲行》系列专题片；在保山有线电视台、地区电视台、《保山日报》作腾冲火山热海旅游节倒计时。同时，组织保山展销团参加省政府于4月28日至5月2日在昆明国贸中心举行的中国昆明国际旅游节旅游商品展销会，以展销具有保山民族文化内涵的名特优新产品为重点，共组织36个企业、7大类46个产品，277个花色品种、42块展板，400张图片、3万多份宣传资料参展。先后与斯里兰卡、马来西亚、新加坡、泰国、美国、肯尼亚等外国客商等30多户客商洽谈加工贸易，接待国内外客商2万人次。完成贸易总额5585.7万元，洽谈协作项目9项。4月29日，在腾冲火山群国家公园举行旅游节开幕式，演出大型民族节目《火山之魂》，创造首次火山定点跳伞吉尼斯纪录。腾冲火山热海旅游节期间，组织中外宾客参观、游览腾冲的热海、侨乡、国殇墓园、叠水河瀑布、李根源故居、艾思奇故居、和顺图书馆、侨乡民居博物馆、腾越旅游艺术表演中心等景区（点），观看腾冲的皮影戏、舞大龙、小飞龙、地台阁、腾越古韵、傣族的嘎光、嘎秧等民族民间文艺表演，观看来自缅甸的大象表演、参观腾冲的“名人书画展”、老照片展、古钱币展、农民画展、兰花展等活动，内容丰富多彩。期间，组织召开“招商引资新闻发布会”向与会的中外宾客系统介绍腾冲的投资条件、环境、政策以及发展前景。招商引资的项目主要有旅游机场建设，腾冲至固东柏油路、腾冲至梁河柏油路、国家重要风景名胜区热海景区建设、国家级森林公园来凤山景区建设。国家重点保护湿地北海旅游景区开发、国家重点风景名胜区火山湖景区建设，高黎贡山国家级自然保护区“大树杜鹃王”旅游景区建设、坝派巨泉旅游景区开发、热海大酒店、旅游文化表演中心、和顺侨乡景区开发、新建旅游服务公司、宾馆建设、旅游商品深加工等16个。此次旅游节接待中外游客20.53万人次，国内旅游收入2623.24万元，旅游总收入3424.17万元。

第二届中国昆明国际文化旅游节保山分会场腾冲火山热海旅游节 2001年4月中旬，在隆阳区城区组织旅游企业开展第二届昆明国际旅游节保山分会场宣传日活动，在云南电视台、保山市（区）电视台、《云南日报》《保山日报》《春城晚报》等电视报刊上宣传报道了整个分会场活动。5月4日，保山歌舞团和腾冲县花灯团共同组织的大型文艺演出——《相聚在腾越》获得成功。市（区）电视台对分会场大型演出作宣传报道。同时，市电视台在黄金时段开辟“旅游指南”专栏，介绍保山各旅游景区（点），推出旅游线路。10月4日，第二届腾冲火山热海旅游节在腾冲举行旅游节开幕式，演出大型文艺节目《腾越之夜》。节会期间，组织中外宾客参观、游览腾冲旅游景点、参观腾冲的“名人书画展”、老照片展、古钱币展、农民画展、兰花展等活动，内容丰富多彩。组织召开“招商引资新闻发布会”，向与会的中外宾客系统介绍腾冲的投资条件、环境、政策以及发展前景。接待中外游客21.59万人次，旅游总收入比上届增长7.19%。

第三届中国昆明国际文化旅游节保山分会场腾冲火山热海旅游节 2002年5月1—10日，由省旅游局主办保山市政府承办的第三届昆明国际旅游节保山分会场活动在腾冲县举办。其主题为“多姿多彩腾越州”。节日期间，以腾冲丰富多彩的民间艺术、民间文化及民俗民情展示腾冲千百年古老文明及深厚的文化内涵，同时推出火山、热海、侨乡、北海湿地、云峰山、槟榔江风光、板瓦边境游等旅游活动。国庆节期间，为配合大保高速公路通车典礼暨第三届火山热海旅游节举办，市内各主要景区景点结合自己的实际举办丰富多彩的活动。10月1—7日，全市共接待游客17.76万人次，比上年同期增长73.27%；旅游总收入10929.02万元，比上年同期增长60.20%。仅腾冲旅游收入7640.98万元，比上年同期分别增长73.07%和104.31%。

第四届中国昆明国际文化旅游节保山分会场腾冲火山热海旅游节 2003年，第四届火山热海旅游节由云南省旅游局、保山市人民政府主办，腾冲县委、县人民政府承办。主题为“游万年火山热海、走千年古道边关、览百年翡翠商城、探神秘高黎贡山、品深厚腾越文化、赏边地民族风情”。2003年4月7日，省旅游局、市人民政府在昆明市昆明饭店召开保山市旅游产业发展暨“第四届火山热海旅游节”新闻推介会，省、市领导及相关部门，新闻媒体、全省旅游重点企业158家参加会议。会议以精美旅游风光片和大型片展示保山丰富、独特的旅游资源，向与会嘉宾推介保山精品旅游线路，介绍保山旅游业发展相关政策。“十一”黄金周期间，举办第四届火山热海旅游节，邀请800多位各级领导及国内国际知名旅行商到腾冲参加旅游节。腾冲以建县90周年为契机，以“好一个腾越州”为主题，举办千人自驾车腾冲之旅及腾越旅游知识大奖赛，民族民间文艺展演等项活动。各景区举办具有浓郁地方特色的文艺表演活动，举办名特商品展销活动，扩大腾冲知名度，让世人聚集腾冲，关注腾冲。期间，腾冲接游客14.07万人次，旅游业总收入8076.78万元。

第五届中国昆明国际文化旅游节保山分会场腾冲火山热海旅游节 2004年9月28日，第五届腾冲火山热海旅游节暨纪念滇西抗战胜利六十周年活动开幕式在腾越文化广场隆重举行。数百位海内外嘉宾参加。旅游节期间举办《腾冲月正圆》大型文艺晚会，“极边第一城的血色记忆”腾冲抗战知识竞赛、“悼忠魂”凭吊、“中缅印战区滇西战役国际学术研讨会”等系列活动。展示腾冲独具特色的旅游资源和改革开放的巨大成就，促使腾冲成为21世纪云南旅游的新亮点。同时，通过举办纪念滇西抗战胜利六十周年大型活动，弘扬爱国主义精神，打造抗战文化品牌，将腾冲建设成为全省乃至全国的爱国主义教育基地。期间，腾冲共接游客15.28万人次，旅游业总收入8067.98万元。

第六届中国昆明国际文化旅游节保山分会场腾冲火山热海旅游节　2005年第六届腾冲火山热海文化旅游节于“十一”黄金周期间，由保山市人民政府、云南省旅游局主办，腾冲县委、县人民政府承办。主题为“高黎贡山气魄、丝路侨乡神韵、火山热海激情、腾越大地回声”。节会期间，除开幕式大型歌会《激情腾冲》外，还安排祭奠白玉祖师活动、国殇凭吊活动、民族民间文艺定点展演等活动，让来宾充分感受腾冲得天独厚自然资源和深厚的腾越文化。10月1—7日，保山市、腾冲和龙陵县的平均床位出租率超过80%，特别是10月1、2、5日，保山城星级宾馆达100%，部分宾馆临时加床。10月1—4日腾冲城宾馆招待所天天爆满。邦腊掌、石瓢、鸡飞等旅游度假区也异常火爆。市外游客多为省内自驾车出游，尤其是昆明游客居多，其他地州如红河、玉溪、曲靖、文山、昭通等滇东北、滇东南游客增长迅速；邻近省区如四川、贵州自驾车游客增多。省外游客主要客源地为广东、深圳、珠海；北京、上海、浙江、吉林等地游客增多；在传统缅甸游客基础上，本次“十一”黄金周有澳门、德国等团队游客入腾。省外及团队游客均呈增长态势，游客停留天数增加。在传统旅游线路基础上，滇西抗战旅游线路，保山至霁虹桥永昌古道旅游线路均成为“十一”黄金周的热点线路。节日期间，全市共接待游客24.63万人次，比上年增长23.15%；旅游业总收入1.15亿元，比上年增长9.75%。

二、媒体宣传

（一）报纸、书刊

1978—2005年，在《人民日报》《中国日报》《中国旅游报》《云南日报》《中国著名风景名胜旅游大观》《中国旅游年鉴》《云南旅游年鉴》《云南商务指南》《跨世纪的云南》《云南支部生活》等各种报纸书刊上刊登过大量与保山旅游相关的文章、图片，宣传推介了保山旅游资源和形象。

（二）广播电台、电视台

1995年，国家旅游局与台湾平凡影视事业有限公司联合拍摄《中华旅游大全》系列专题片，摄制组亲临保山拍摄。该片摄制完毕，台湾平凡影视公司通过华视、中视、卫视三个卫星台向亚洲、北美等地播放，此外还通过台湾在海外的几家电视台播出。1998年，行署旅游局邀请中央电视台到保山拍摄旅游专题片，并在“夕阳红”栏目和“海上生明月”栏目播出；邀请云南电视台“走遍云南”摄制组到腾冲拍摄；在云南电视台风景区天气预报节目中宣传腾冲火山热海和龙陵邦腊掌温泉疗养度假区等。

2003年，市旅游局与保山电视台联合推出电视专题栏目“发现保山”；在中央电视台三台“导视”栏目播出腾冲旅游形象广告；在中央电视台二台“为您服务·旅游风向标”栏目播出《“五一”黄金周·腾冲地质文化五日游》。2004年，山东电视台“城市名片”栏目组到保山拍摄腾冲风光宣传片两集，每集25分钟；河北电视台“旅游真好”栏目组到腾冲拍摄旅游宣传片两集，每集50分钟；中央电视台四台“走遍中国”栏目组到腾冲拍摄了7个专题。

2005年，组织和顺古镇参加中央电视台2005年度“中国魅力古镇”展评活动，和顺古镇荣膺“中国十大魅力古镇”之首，获“中国魅力名镇展示2005年度大奖”；央视著名主持人王志到腾冲制作了3期“面对面”访谈节目并在中央电视台连续播出；保山电视台“发现保山”栏目播出52期，有4期被中央电视台第九套节目播出，有6期被美国斯科拉卫星电视台播出。

（三）网站

2004年，建立了保山市旅游网和保山旅游信息港，设旅游新闻、走进保山、精彩行程、人文地理、保山旅游、旅游服务、旅游企业等板块，让游客了解保山旅游业发展的基本情况，包括景区介绍、旅游交通、景点门票、政策法规等。

三、专题资料

1993—2005年，全市陆续推出《保山旅游指南》《保山旅游》《保山旅游画册》《保山旅游知识台历》《保山风物志》《保山旅游文化丛书》《发现保山系列丛书》《我们的高黎贡》《百年绝唱》《保山市旅游交通图》《腾冲旅游交通图》《走进高黎贡山、观腾冲火山热海》《地热、火山民族风情》等旅游专题资料和光碟百万余份（册），宣传和展示了保山丰富独特的旅游资源。

第三节　旅游收益

1995年，全区共接待游客453894人次，其中，国内游客380715人次，海外游客73179人次（外国人63957人次）。各涉外宾馆、饭店营业总额75862万元，旅行社营业额391.7万元。1996年共接待游客64.83万人次，其中，国内游客59.88万人次，海外游客4.94万人次，比上年增22.81%，居全省第一位。实现旅游总收入19535.03万元，比上增8.77%。1997年共接待游客165.36万人次，其中，国内游客161.09万人次，海外游客4.27万人次。实现旅游总收入2.59亿，其中，旅游外汇收入499.79万美元，国内旅游收入2.18亿元。1999年共接待游客184.77万人次，比上年增长9.25%，其中：国内游客180.34万人次，比上年增长9.29%；海外游客4.47万人次，比上年增长7.78%。实现旅游总收入35229.64万元，比上年增长16.75%，其中：旅游外汇收入769.54万美元，比上年增长1.43%；国内旅游收入28819.38万元，比上年增长20.81%。

2000年，全区共接待国内游客187.48万人次，比上年增长3.9%；海外游客4.63万人次，比上年增长4.5%。实现旅游总收入4.41亿元，比上年增长25%，其中，创汇949.48万美元，比上年增长23.38%。

2001年，全市共接待国内游客206.16万人次，其中，海外游客4.64万人次。实现旅游总收入55565.69万元，其中，创汇1164.25万美元，国内旅游收入45867.45万元。2003年共接待海内外游客280万人次，比上年增长16.66%，其中：国内游客276.6万人次，比上年增长17.79%；海外游客3.4万人次，比上年减少30.18%。实现旅游总收入9.13亿元，比上年增长16.6%，其中：旅游外汇收入738万美元，比上年减少24.45%；国内旅游收入

8.51亿元，比上年增长21.23%。2004年共接待海内外游客351.30万人次，其中，国内游客347.58万人次，海外游客3.69万人次。实现旅游总收入11.6亿元，其中，旅游外汇收入952万美元，国内旅游收入10.82亿元。

2005年，全市共接待海内外游客383万人次，实现旅游总收入12.7亿元，分别比上年增长9.02%和9.74%，其中，接待海外游客5.02万人次，旅游外汇收入1154.9万美元，分别比上年增长36.04%和21.31%。

第三十二编　城乡建设

保山中心城市

综　述

保山市城乡建设特色既与内地有一致性，又保存和融入了一定的少数民族建筑风格。城镇建设自东汉永平年间设永昌郡、筑永昌郡城至今，已有近两千年的历史。城池规制、市井布局一如内地。解放后，各级人民政权相继建立，保山各级党委、政府有计划地投入一定的财力、物力、进行城乡基本建设，逐步对旧城加以改造，对村镇进行统一规划建设。特别是在1978年党的十一届三中全会之后，保山的城乡建设发展迅速，建筑业不断发展壮大，房地产业迅猛发展，住房公积金制度改革快速推进，城市基础设施建设投入不断增加，城镇化水平不断提高，城乡建设发生了翻天覆地的变化。

1978—2005年，保山地区城市道路总长由27.78千米增至203千米，道路面积由23.81万平方米增至460.96万平方米；城市公共绿地面积由124.96平方米增至3.47平方千米；城市日供水能力达11.85万吨（年供水能力4325.25万吨），供水普及率达96.6%，人均日供水达266升；城市建成区总面积由7.84平方千米增至44.29平方千米，城镇居民人口由7.34万人增至52.83万人，城镇化水平由4.30%提高至21.63%。全市乡村集镇建成面积2005年为45平方千米，各乡（镇）建成面积平均达到0.61平方千米。城市基础设施的承载能力有了极大提高，服务功能得到加强和改善，有效促进城乡经济社会的持续发展。

自2001年后，保山市共投入各种规划经费1800万元，聘请上海同济规划研究院为保山市城乡建设规划编制，至2005年，先后编制了《保山市市域城镇体系规划》《保山市城市总体规划》和腾冲、龙陵、昌宁、施甸四县城市总体规划编制；完成了对15个乡（镇）总体规划的编制（修编）工作，使全市累计完成集镇规划编制（修编）的乡（镇）达到36个。保山市的城镇规划工作步入科学化法制化的轨道。

第一章　机构沿革

第一节　保山市建设局

1978年12月，保山地区行政公署计划委员会设基建科，主管基本建设计划、土地征用、城乡建设及建筑建材等。

1981年8月，正式成立保山地区行署基本建设委员会，编制12人，下设综合、生产、建设3个科，主管原行署计划基建科所管事项。1983年10月，地级机构改革中，行署基本建设委员会同地区环境保护办公室等单位合并，成立行署城乡建设环境保护局，编制17人，下设秘书、城乡规划建设管理、建筑建材管理、环境保护、人防战备5个科。主管全区建筑勘察设计、城乡规划及建设、建筑安装行业、环境保护和人防战备等事项。

1987年6月，行署城乡建设环境保护局改为行署城乡建设委员会，增设抗震办公室，下属二级单位有勘察设计院、质检站、环保监测站和地区建筑公司、地区砖瓦厂两个企业。1994年12月，机构改革，保山地区行政公署城乡建设委员会更名为保山地区行政公署城乡建设环境保护局。

1998年3月，保山地区行政公署环境保护局分设为行署一级单位，保山地区行政公署城乡建设环境保护局更名为保山地区行政公署城乡建设局。

2001年8月，保山地区行政公署城乡建设局改设为保山市建设局。

2002年，机构改革，原属保山市建设局的测绘局工作划归市国土资源局，城市规划区内地下水资源的管理职能和城市防洪职能划归市水利局，人民防空管理职能划归市人防办，成立保山市城建规划监察大队。保山市建设局内设办公室、规划科、建筑业管理科（招投标管理办公室、建设工程安全监督科）、标准定额科、建设科（房地产业科）、抗震防震科（保山市抗震防震指挥部办公室）、城市规划监察大队7个科、室、大队；人员编制37人；设局领导职数4名，科室领导职数14名。

2005年年底，保山市建设局内设机构不变。

第二节　县(区)建设局

1974年和1977年，保山和腾冲两县先后成立城市建设管理局。80年代初，龙陵、昌宁、施甸三县相继成立城市建设管理局。在专门机构建立之前，五县城市建设管理工作除龙陵县由重建家园委员会管理外，其他县均由县计经委等相关部门兼管。1983年及2001年，县级保山先后由县改为市、再由市改为隆阳区，城市建设管理机构随之相应更名。其间，五县（区）城市建设管理机构，均随市级城市建设管理机构的沿革变化而相应变迁。几经分合，至2005年，五县（区）除隆阳区和腾冲县单独设城乡建设局外，其他三县均为城建与环保合设，为城乡建设环境保护局。

第二章　城乡规划

2001年保山撤地设市，2003年9月完成市、区工作职责划分之后，市委、市政府专题研究制定下发《保山市人民政府关于进一步加强保山中心城市管理工作的通知》。自2001年起，保山市共投入各种规划经费1800万元，第一，委托上海同济大学城市规划设计研究院于2004年4月编制《保山市市域城镇体系规划》《保山市城市总体规划》，并相继对腾冲、龙陵、昌宁、施甸四县进行城市总体规划编制。第二，加大详细规划的编制力度，撤地设市后，五县（区）共计完成《保山行政办公区修建性详细规划》等27个控制性详细规划和修建性详细规划的编制。并于2005年7月委托省城乡规划设计院对保山中心城市北片区近5.1平方千米范围进行控制性详细规划编制，2005年10月提交成果。第三，编制完成《腾冲国家级风景名胜区总体规划》等专项规划。

第一节　城镇体系规划

2004年4月，保山市政府委托上海同济大学城市规划设计研究院重新编制《保山市市域城镇体系规划》（2004—2020年），2005年4月完成《保山市市域城镇体系规划》编制工作，并顺利通过省政府各有关部门的联席审查。规划用英克尔斯指标所规定的指标作为保山市的奋斗目标，努力与云南省同步实现全面建设小康社会的奋斗目标。规划的主要范围是保山市行政辖区，并将周边地区的主要城市包括德宏州的潞西、梁河以及怒江州的六库也纳入规划考虑范围，重点控制引导保山市域城镇的合理空间布局，形成完善的城镇规模、等级、职能结构。规划的期限为2004—2020年，其中近期规划期限为2004—2010年，远期规划期限为2010—2020年。市域人口规模近期250万人，远期273万人。市域城镇人口规划近期（2004—2010年）为75万人，城镇化水平达30%；远期（2011—2020年）为137万人，城镇化水平达50%。规划提出的市域城镇体系发展战略，包括中心城市发展战略、城镇化发展思路、市域城镇化策略，强化保山中心城市的功能，优先发展保山中心城市、腾冲城市两个增长极，放射性梯度带动昌宁县城、龙陵县城、施甸县城、潞江城镇的发展，有选择地发展区域重点城镇，整合一般城镇和集镇布局结构，统筹兼顾，城乡协调，发挥城镇职能，提高城镇质量，促进保山市域城镇整体协调发展。把保山中心城市建设成为中国—南亚贸易的重要枢纽城市。

一、市域城镇体系结构与布局规划

市域经济区划：以保山中心城市为核心，划分为保山经济区、腾冲经济区以及潞西—龙陵经济区三个综合经济区，以高黎贡山、怒江及龙川江组成的“人”字形天然屏障为界。

规划布局结构：规划依托交通轴线，结合经济区划分，跨越行政界限，保山市形成“二核三片”的市域城镇体系规划结构。以保山城市、腾冲城市为核心的东西两片城镇群；以德宏州潞西城市为核心、龙陵县城为中心的本市西南片城镇群。以320高速国道和保（山）腾（冲）高速公路形成的“Y”型城镇发展主轴，沟通三片城镇群的联系。以高黎贡山、怒江和龙川江为骨架的“人”型的生态主轴，是市域城镇体系三个片区的主要界线。

等级规模结构：规划市域城镇为市域中心城市、次中心城市、重点城镇和一般城镇4个等级。在保山市域形成“二主四次”的中心城市等级结构。“二主”是指2个市域中心城市，即：保山城市和腾冲城市；“四次”是指3个县域中心城市（昌宁县城、龙陵县城、施甸县城）和1个怒江河谷热区经济中心（潞江城镇）。至2020年城镇规模：保山城市35万人；腾冲城市20万人；昌宁县城7万～10万人；龙陵县城、施甸县城、潞江城镇5万～7万人。

城镇群规模控制：保山市域各城镇群的规划城镇人口规模控制在30万～60万人；保山市域规划城镇人口规模控制在137万人左右，城镇化水平50%左右。

城镇体系规划职能结构：规划将城镇职能划分为综合型、工贸型、工业型、旅游型和交通型五种。

市域主要城镇性质：保山城市“历史文化名城，滇西边境地区中心城市，南亚大通道上的交通枢纽和重要工业基地”；腾冲城市“历史文化名城，滇西边境地区工贸集镇，具有地质特色和侨乡风情的旅游城市，保山市的西部经济中心”；昌宁县城“昌宁县政治经济文化中心，是以加工工业为主导产业的综合型小城市”；施甸县城“施甸县政治经济文化中心，是以加工工业和市场贸易为主导产业的综合型小城市”；龙陵县城“龙陵县政治经济文化中心，以旅游度假和加工工业为主导产业的综合型小城市”；潞江“怒江河谷热区的经济中心，是以加工工业和旅游服务为主导产业的综合型小城市”。

市域主要城市发展特点：

保山城市：一心四片、城乡交融、依山傍水、优美宜居。

腾冲城市：城山一体、多片组合、景史交融、人在画中。

昌宁县城：田园城市、双城组合、城乡一体、泾渭分明。

施甸县城：不拘一格、田园风光、一水穿城、水清城新。

龙陵县城：倚靠保山、面向芒市、气候宜人、烟雨山城。

潞江城市：夹江而建、山水壮丽、热带风貌、民族风情。

二、市域综合交通体系规划

规划目标：构筑通边出境陆路大通道；强化保山城市滇西边界地区交通枢纽地位；构建保山市域两小时交通圈；完善市域县乡公路交通网。

市域交通结构：“Y”字形高速公路骨架连接滇西边境城镇群三个中心城市（保山、腾冲、潞西）；八条对外边境通道构筑保山对外贸易交通枢纽地位；形成“三纵、一横、半环”保山市域干线公路网。

市域铁路规划：规划期内建设泛亚铁路西线——大（理）瑞（丽）铁路，远景建设中（国）印（度）铁路中国保山至缅甸密支那段，与大瑞铁路联网。

市域机场规划：规划期内改造保山机场；新建腾冲机场。保山机场以商务、公务、客运和货运为主；腾冲机场以旅游、外贸、商务、客运为主。

第二节　城市总体规划

一、中心城市规划

(一) 1983年总体规划

1981年6月，保山县城规划领导小组按照中央“积极发展小城市”和“节约用地，少占良田”的指示精神，按照“充分利用旧城，重点改造旧城，通过合理布局，分期改造和建设”的工作思路，结合大量调查研究和分析论证，于1982年9月底提出《保山县城总体规划的初步意见》，内容包括保山县城总体规划范围和总体布局、专业规划、郊区规划及实施规划措施等10个方面。之后，又进行6次较大修改，于1983年3月完成《保山县城总体规划意见》。1984年5月，云南省人民政府批准《保山市城市总体规划》，并要求严格遵照实施。

(二) 1988年总体规划修改方案

1988年，保山市委、市政府根据云南省城乡建设环境保护厅《关于合理完善城市总体规划的意见》要求，结合保山实际，提出“充分利用和合理改造旧城与适当发展新区相结合，实行统一规划、合理布局、综合开发、配套建设，逐步把保山建设成为经济繁荣、整洁文明、环境优美，具有一定规模的、开放型的滇西边境经济区的中心城市之一”的发展思路。认为保山市必须积极发展糖、烟、茶为骨干的食品加工和其他轻工业，同时发展第三产业，将原来的“三片一点”（城区中心片区、西北一般工业片区、沙河运输仓库片区、东南污染工业点）的提法改为“一片三点”，即除城区片外，其他均为点。1988年7月，总体规划调整修改意见依照法定程序，由保山市人民政府报人大审议通过后，上报保山行署，经行署审查后报云南省人民政府。1989年，完成对该规划的进一步修改和市区8000平方米范围的供水排水、抗震防震、西山泥石流综合防治规划的编制论证及市区绿化规划的草拟。1989年5月，云南省人民政府以《关于保山市总体规划调整、修改意见的批复》批准保山城市总体规划修改方案。

(三) 1995年总体规划修编

1994年，保山地区保山市建委经市委、市政府批准，省建委城规处同意，于4月委托云南省城乡规划研究设计院进行总规修编。《保山市城市总规修编》经地委、行署、市五套班子及地、市有关部门讨论研究，修改定稿后于1996年5月市第四届人大常务委员会第22次会议通过并报省审批。1999年7月，建设部下发《关于对〈保山市城市总体规划修编〉中规划的城市人口和建设用地规模的批复》，同意“人口规划（非农业人口、农业人口和暂住1年以上的人口）近期（2000年）控制在10万人左右，远期（2015年）控制在20万人左右”；同意“保山市城市规划建成区建设用地规模近期控制在9.5平方千米以内，远期控制在19平方千米以内”。

(四) 2004年新一轮总体规划编制

2001年保山撤地设市后，保山市委、市政府根据《中华人民共和国城市规划法》和国家有关文件精神，于2002年7月下发文件，明确城市规划、建设、管理“三权”的划分，即“市级控制规划权、参加与建设开发权、指导帮助管理权”。2003年9月，市委、市政府制定下发《保山市人民政府关于进一步加强保山中心城市管理工作的通知》，并成立保山中心城市规划指导委员会，下设专家委员会，聘请国内、省内知名专家担任保山城市顾问，监督并指导保山中心城市城镇体系规划、城市总体规划的编制和实施，组织对保山中心城市近期建设规划、重点地段的城市设计、详细规划和专业规划进行审查，协调处理城市规划中的全局性、长远性及跨市和涉及多个部门的重大问题。

2004年，聘请上海同济大学规划研究院为保山市编制《保山市城市总体规划》。2005年7月，《保山市城市总体规划》经市人大审批通过。这次保山中心城市重要片区规划的主要内容有：

第一，保山中心北片区规划。保山中心城市北片区位于保山中心城市城区北部，规划面积为5.12平方千米，规划范围南至北老埂路、北至北六环路、东至大保高速公路、西至太保路。北片区不仅是保山中心城市近期城市建设的重点和亮点，而且也是保山中心城市新的城市公共中心，用地功能划分主要为居住、公共设施和工业。

第二，行政办公区规划。行政办公区位于北四环路和正阳路交叉口四周。行政办公区由各部门行政办公楼和绿化广场组成，既是一个办公区，同时也是市民休闲娱乐的广场。规划面积461920平方米，建筑容积率0.81，绿地率56%。

第三，保山师专新校区修建性详细规划。师专新校区位于城市西北侧，规划面积667857平方米，满足6000人办学规模，容积率为0.344，绿化率51.4%，建筑密度8.6%。新校区的建设规模超前，投资较大，不仅是保山城市建设的重点，同时也为保山成为滇西边境地区教育中心的规划目标奠定基础。

第四，小区规划。

九隆名居居住区：居住区共分为四期，位于城市西南片区，由保山官房房地产开发有限公司开发建设。“九隆名居”的规划建设首开保山市一类居住用地规划先河，提升保山城市的居住环境及质量，优化城市整体景观环境。

永昌商贸园：位于保岫东路南北两侧，是进入保山中心城市的东大门。规划面积463500平方米，建筑密度38%，建筑容积率1.13，绿化率43.7%。

城康四季花园居住小区：位于永昌路以东，南四环路以北。规划面积54900平方米，建筑密度31.5%，建筑容积率0.96，绿地率43%。

四季风景居住小区：位于永昌路以东，隆阳路以南。规划面积60133平方米，建筑密度27%，容积率0.8，绿地率48%。

永昌文化园：永昌文化园二期位于南五环和永昌路交叉的西北角、永昌文化园一期南侧，分为珠宝玉器城和商住区两大部分。规划面积51867平方米，建筑密度23%，容积率0.74，绿化率38%。

城南盛市：位于正阳南路东西两侧，由中汇房地产开发有限公司进行开发建设。规划面积60927平方米，建筑密度31%，容积率1.16，绿地率26.60%。

二、县城规划

(一) 施甸县

1996年，省规划院帮助完成城市总体规划修编，近期规划到2005年，远期规划到2015年，远景规划到2035年，城市规划区面积7平方千米，并将县城定位为全县政治、经济、文化、商贸、居住中心。总体发展目标是：以县城为中心，形成县城—建制镇—集镇的三级城镇体系。在县城范围内形成以城镇带动建制镇、集镇的经济发展，以城镇的发展来增强中心城市的辐射力，提高城市化水平，推进城市化进程，进而推动经济的发展。力争到2010年，城市建成区面积达4平方千米，城市人口达3.0万人；城市绿化覆盖率23%，城镇化水平达20%，到2020年，城市建成区面积达7平方千米，城市人口达6.5万人，城市绿化覆盖率达35%；城镇化水平达30%。

2004年4月，保山市政府委托上海同济大学城市规划设计研究院编制《保山市城市总体规划》的同时，一并编制施甸县城市总体规划。2005年，完成上报审批工作。

(二) 腾冲县

1987年，腾冲城被云南省人民政府政府批准为云南省历史文化名城。

1989年，编制《腾冲县城总体规划》方案，并先后完成一批专业规划和小区详细规划的编制任务。《腾冲县城总体规划》侧重改造旧城区，逐步发展新区。要求在市政设施建设上，完成市镇道路31条，长1.43万米，面积8.83万平方米的建设，铺设主街人行道300米；安装城市照明钠灯100盏，白炽灯210盏，线路长11千米，辐射面积4.8平方千米。

1998—2000年，由云南省城乡规划设计研究院为腾冲县进行第二次修编城市规划。城镇体系规划：结合腾冲县城镇体系现状由一个县城、一个建制镇和20个乡集镇三个层次组成。县域城镇体系规划为：到规划期末，将以腾冲县城为中心，形成县城—建制镇—乡集镇三级城镇体系，在县域内以县城带动建制镇、集镇的经济发展，以城镇的发展来增强县城的辐射能力，提高城市化水平，推动全县经济的发展。腾冲县城性质定为：国家地热火山风景名胜区主景区，国家一类口岸和省级历史文化名城，全县的政治、经济、文化中心，是以发展旅游、商贸为主的生态花园城市。

2004年4月，保山市政府委托上海同济大学城市规划设计研究院编制《保山市城市总体规划》的同时，一并编制腾冲县城市总体规划。2005年完成上报审批工作。

(三) 龙陵县

1990年龙陵县城规划0.36平方千米。2004年4月，保山市政府委托上海同济大学城市规划设计研究院编制《保山市城市总体规划》的同时，一并编制龙陵县城市总体规划。2005年完成上报审批工作。规划将龙陵县城定位为以轻加工业和旅游服务业为主导产业的生态宜居城市，形成“两心两轴七组团”的用地布局结构，现状城区向外呈“指状”拓展，重点发展城北，适时拓展城西。规划至2010年城市人口达4万人，城市化水平达18%。

（四）昌宁县

1985年3月至1987年5月，编制完成《昌宁县城总体规划》，内容包括近期、远期规划两部分和县城绿化、公共建筑、街道建设、房地产管理、商品房开发、环境保护以及公共卫生等7个方面。远期规划截至2000年，规划范围2平方千米，控制规划范围4.1平方千米。同年6月，经县人大常委会讨论通过后，开始按总体规划进行建设。

1990年9月，昌宁县人民政府发布《昌宁县执行〈中华人民共和国城市规划法〉实施办法》，对城乡规划的制订、新区开发和旧区改造、规划的实施以及城市规划的法律责任等作出明确规定。1990年昌宁县城规划0.16平方千米。1997年委托省城乡建设规划设计研究院在《昌宁县总体规划》的基础上进行修编。规划期限：近期为1997—2000年；远期为2001—2015年；远景为2016—2030年。人口规模为近期2.63万人、远期6.12万人、远景10.90万人。城市用地规模为近期0.26平方千米、远期6.7平方千米、远景12平方千米。

2004年4月，保山市政府委托上海同济大学城市规划设计研究院编制《保山市城市总体规划》的同时，一并编制昌宁县城市总体规划。2005年完成上报审批工作。

第三节　中心城市详细（专项）规划

一、给水规划

1989年3月，由保山地区保山市建委委托成都军区工程科研所负责编制《给水规划》。1989年9月，由省、地、市建委组织有关专家对规划方案进行评审，由科研所进行修改后，于10月交付规划成果。确定市区给水管网规划期限近期为2000年，远期2010年。规划范围主要是市区10平方千米。

二、排水规划

1989年3月，保山市建委委托成都军区工程科研究所负责编制《排水规划》，1989年9月，由省建委、保山地、市建委组织有关专家对规划方案进行评审，以后由工程科研所进行修改，于10月交付规划成果。

根据保山的实际和专家论证会的意见，排水系统采用半分流制，即已建成区（老城区）主要是居住区，排水系统可在现有基础上完善改造管道后仍作为合流制，开发新区则全部按分流制布置排水管道网。

1999年7月，针对老城区、新建区存在的不同程度的问题，结合旧城改造、新区建设情况以及对环保的要求，通过多方面、多层次的论证，对新、老城区的防洪、排水、排污作了合理规划。即老城区采用雨污合流制排水系统，新建区采用分流制排水系统，城市污水均输送到污水处理厂处理。规划城市人口：22万人。规划建设用地面积（新、老区）22平方公里。

三、园林绿化规划

1990年，保山地区保山市建委根据《城市总体规划》的要求和工作需要，由城市规划

管理科与园林管理所共同编制《城市园林绿化规划》:

城市园林绿化用地和绿化覆盖率：至2010年城市园林绿化用地达277.68公顷，绿化覆盖率达到40%以上。

城市道路网络绿化规划：至2000年城市道路主次干道总长45.575公里，道路两侧种植行道树、计划定植30250株，“八五”期间完成28540株（包括先锋树种8930株）“九五”期间完成10640株，共计16个树种。在旧城道路拓宽改造和新区开发建设时，按小区规划对行道树分车带、街头绿地、街心花园等同步实施，使道路绿化覆盖率达60%。

专用绿地和公共绿地规划：至2000年专用绿地面积为581.34公顷。公共绿地在改造旧城和发展新区时，建园林苗圃1个；小游园8个，面积8公顷（包括东门北小区、东门南小区、东门新大街、北关西小区、南关东小区、南关综合小区、龙泉小区等）。至2010年，完成辟建益寿园，开发北坡景区，建设水景工程，增建长廊、凉亭等建筑，增加植物品种和数量，培植四季变幻的植物花卉，将在部队驻地内的市级保护文物古迹皮卢阁、转轮殿调归太保公园扩大易罗池景区，在易罗池景区建兰花园，加强市区、市郊外的景点配套建设和管理，形成旅游资源网络。

苗木培植规划：“八五”期间完成75万株，“九五”期间完成55万株，2000—2010年育苗70万株，至2010年共计200万株。

四、电力电信邮政规划

1991年10月，根据《中华人民共和国城市规划法》《保山城市总体规划》和省建委的要求，保山地区保山市政府成立“保山市城市电力、邮电专业规划领导小组”，规划办公室设在市建委。规划办历经3个多月，完成《保山市电力、电信、邮政规划》编制。

电力规划　规划1995年全区开发5座电站，增容37860千瓦，至2000年再开发苏帕河阿鸠田电站8.5万千瓦，待“引龙入潞”后增建一个28万千瓦的中型电站。以保山城主轴线正阳南北路、保岫东西路及延长线为大十字划为4大负荷区。至2000年市区用地规模要发展到8平方千米。

电信邮政规划　规划1995年年末全市邮电业务总量按1990年的不变价计算，达到919.03万元，年增长率为21.6%。2000年年末邮电业务总量按1990年的不变计算，达到2918.57万元，年增率为26%。

五、历史文化名城保护规划

1993年1月13日，省政府批准保山市为省级历史文化名城，为按国务院有关规定做好历史文化名城的保护和建设工作，保山市建委根据省政府批复的精神，经市委、市政府同意，委托云南省规划设计院于1993年编制《保山市历史名城保护和建设规划》。主要涉及省、市人民政府批准和公布的重点文物保护单位的文物、古迹（共42项，市区内有13项）的保护；古城风貌保护；主要风貌景点以及对景观视觉环境的保护和建设等。

第四节　乡村建设规划

1980年，保山县将汉庄公社的彭家庄和林家庄合并，在大海子南侧建彭林新村，首次对乡村的建设进行规划。1989年，保山市根据相关规定，制订和颁布《保山市村镇房屋建设〈准建证〉收费标准和管理使用的补充规定》，开始推行村镇建房准建证制度。1990年，保山市建委将村镇建设科改为村镇建设管理处，在15个乡（镇）立村镇管理办公室，配备村镇建设助理员21人，制订《保山市村镇规划建设管理实施细则》。同年，昌宁县成立村镇建设规划管理科，腾冲、施甸两县也成立相应机构，配备村镇建设助理员。村镇建设管理工作被纳入各级党委和政府的议事日程，逐步付诸实施。

1990年，全区按照规划法和省政府有关规定，共完成乡村集镇总体规划19个，面积1110.62万平方米（保山市西邑集镇，规划面积2.62万平方米；施甸县保场、太平等12个集镇，规划面积共755万平方米；昌宁县卡斯、湾甸、温泉、达丙4个集镇，规划面积共238万平方米；龙陵县毕寨、勐糯2个集镇，规划面积115万平方米）。完成集镇详细规划4个（施甸县由旺镇集镇9.8万平方米，保场集镇2.3万平方米，旧城集镇64万平方米；昌宁县柯街集镇52万平方米；保山市西邑集镇平方米2.62万平方米）。完成包括保山市金鸡乡公园规划在内的专业规划4个，面积600万平方米。完成地形测量4项，面积1976801平方米，其中保山市西邑乡17.68万平方米。河图乡120万平方米，腾冲热海（1/1000地形图）和西山坝（1/500地形图）共平方米60万平方米。

1998年，保山地区各级党委、政府认真贯彻落实“小城镇、大战略”的要求，重点抓好中心集镇建设，由过去单一的农房建设，逐步过渡到统一规划，配套建设上来。先后规划建设了一批规模适宜，经济繁荣、布局合理、设施配套，功能健全、环境优美，富有地方特色的小集镇。

1996—2000年，保山地区共完成70个集镇的规划修编，占集镇总数的93%，规划面积达45.67平方千米。2001—2005年，保山市有36个乡（镇）完成了总体规划编制（修编）工作，共完成集镇规划和修编72个，规划面积41.67平方千米。

第三章　中心城市建设

第一节　道路交通建设

一、城市道路建设

保山传统街道素有七十二条街、八十二条巷之称。清道光、咸丰、同治年间（1821—

1874年）的兵灾，街巷庐舍多毁，部分辟为田园苗圃。民国31年（1942），日本飞机数次对保山城区狂轰滥炸，城区街道房屋受损十分严重，全城一片废墟。1978—2005年间，县级保山市历届党委、政府根据地方财力，不间断地对保山城区的道路陆续进行改造修建。到2000年年底，老城区仍有原街巷名共37条。城市道路建设由2000年的50.96千米增加到2005年的96.24千米。

（一）旧城道路改造

1978年，投资13.9万元，铺设保岫西路保山电影院门口至太保山脚长约494米，宽7米的柏油路面。1979年，投资12.3万元，铺设永昌路柏油路面。1983—1984年，投资56万元，铺设龙泉路长963米，宽9米的柏油路面。1987年修改该城市建设总体规划时，将保岫东西路、正阳南北路原规划为宽22米修改为25米。1987—1990年，打通清真街南段，驻保部队将1952年围进营房区的圆通街、象塘街退还给地方，由部队与市建委共建精神文明街，街道总长353米，宽25米，铺筑沥青及水泥块路面8375平方米，总投资约60多万元，道路建成后与赵家街合并称清真街，1999年更名为太保路。1990年11月保岫路与正阳十字交叉口东西南三面拆迁居民57户后，按规划退让道路红线，使中心的十字街明显拓宽，改善了交通状况。

1992年，翻修上、下巷街道的沥青路面，全长1180米，车行道宽7米，修建下水道。修建人寿门街350米，铺沥青路面5950平方米。

1993年，改造环城东路长1100米，由原宽19米拓宽为25米；改造上水河街、下水河街，上铺混凝土面板，拆除两侧房屋，由原宽3米的河埂路拓宽为12米，中间设花廊，两边设步行街建成花鸟市场。当年同时修筑了小井巷长175米、宽7米的水泥路面，完成二府街、瑞国寺巷长330米，宽7米的路面基础，总投资为365万元。

1994年，完成环城东路1100米，下水河延长线200米，二府街、瑞国寺巷330米，总长1630米，沥青路面共19560平方米的铺筑任务，总投资350万元。

1995—1996年，完成保岫东路四牌坊以上长220米，宽25米的拓宽改造工程，象山路、公园街、府门街、保岫东路上段的道路开挖回填及沥青路面铺筑，总投资190万元。同时抓紧实施正阳南北路、保岫西路的继续改造。

1997年，完成保岫东西路，正阳南北路，上、下巷街在原拆迁时遗留下的占道破旧房屋的拆迁任务，共拆除房屋214户、339间，建筑面积21600平方米。让出人行道红线面积9118平方米，同时投资98万元，设置人行道护栏5362米。

1998年4月开始，对南关街、铁石坡、清真街、菊花街、保岫西路西段，正阳南路、正阳北路、朱紫街等9条主要街道实施大规模的拓宽改造。仅3个月时间，共拆除房屋224户建筑面积1.3万平方米，占地面积7986平方米。拓宽道路全长3.94千米。路宽分别为35米、25米、21米、13米四种，道路回填土方5.5万立方米，安装预制钢筋混凝土管5.84千米，铺设混凝土垫层3.2万平方米，铺筑沥青路面4.2万平方米，铺筑人行道地板砖3.4万平方米。新增城市道路面积32万平方米，总投资2200万元。

1999年至2000年年底，先后完成北关街、顺城街、王衙街的拓宽改造拆迁任务。3条街共拆迁居民265户，拆除房屋3861平方米，占地面积40470平方米，其中：北关街长1103米，由原宽8米拓宽到25米；顺城街长580米，由原宽10米拓宽到25米；王衙街长211米，由原宽10米拓宽到16米。总投资960.41万元。到2000年年底，保山旧城区先后整修和拓宽改造街道30条，道路总长18.95千米，沥青道路总面积26.87万平方米，比原有道路面积19.32万平方米，增加7.55万平方米，增长39%。

2001—2002年新修改造永昌路（北四环至下河公路）、玉泉路（原正阳北路）等城市道路35条，长17.68千米，面积53.44万平方米，完成投资8982.6万元。

2003年，新修改造北五环路、北四环路、九龙路等城市道路32条，总长29.38千米，累计完成投资1.39亿元。

2004—2005年，新修改造正阳北路（北三环至北五环）、九龙路（北三环至北五环）、永昌路（北三环至下村）、九米路（正阳北路至九龙路）等城市道路15条，总长14千米，完成投资7267万元；新修改造北老埂路（正阳北路至九龙路）、环城东路（新华路至保岫东路）、新华路（永昌路至环城东路）、南四环（永昌路至振兴路）、南五路（永昌路至铜仁路）等城市道路28条，总长32千米，完成投资17578万元。

（二）新区道路建设

1985年，开始新建隆阳路大街，长480米，宽35米。1989年，结合改造东门河和过境线东段，新建升阳大街，长460米，逐步加宽为35米。1992年，新修复烤厂路，长1200米，宽9米，铺沥青路面8400平方米。完成新华小区路（新华街），长400米，宽为13米和14米两段的路基工程及南小区主次干道5200平方米的承重石支砌工程。1993年，地区土地局和市土地局完成南小区新建5条道路的测量和设计工作。1994年，完成民航路（人民路）东段长800米，宽30米；民航路（人民路）西段长1000米、宽30米；南小区次干道长450米，宽13米；永昌路（同仁街）延长线350米，宽17米；建设路（新闻路）长420米，宽25米，总长3029米，铺筑沥青路面48640平方米，总投资680万元。

1995年，完成升阳小区道路铺筑沥青路面2.1万平方米，投资360万元，同时进行了南二环路（人民路）上段道路的设计和路基回填。1996年，完成永昌路（同仁街）延长线和新建路的沥青路面铺筑工程。南三环路（隆阳路）长1339米，宽35米的基础工程全面启动。1997年，共完成新建道路总长8317米，铺筑沥青路面178841平方米，投资3456万元。新建道路主要有北三环路（升阳路）、隆阳路北延（正阳北路）、新建路（现兰城路北段）、北二环路（建设路）、南三环路（隆阳路）、小桥河路（锦溪路）。1998年，继续完成环城东路（九龙路）、原建设路（新闻路、原人民路、象山路）、兰苑路和春晓巷及和平路的延伸拓宽改造工程，5条道路总面积为46630平方米，投资699.45万元。同时还开始对320国道过境线二期公路的延伸拓宽改造。

2000年，新区共建道路11条，道路总长3073.37米，面积67689.68平方米，总投资1489.23万元。新建的道路有兰城路、北二环路（建设路）、南四环（梨花路）、十六米道路、

D01～D07道路等。截至2000年年底，除过境线拓宽改造工程外，共建成新区道路25条，总长26.11千米，沥青路面积55.08万平方米。2003—2005年，新建北区道路6条，建设总投资8057万元。

（三）过境公路建设

320国道保山城过境线，原北起北关街北口、沿东门至拐角楼转顺城街西上南门再出南关街，长约3.6千米。随着城市规模的扩大和交通运输的发展，原过境线人车流量猛增，十分拥挤混乱。1989—1990年，省交通厅直接组织勘察设计和投资1100多万元，市委、市政府抽调工作人员，组成指挥部，动员公路沿线有关乡（镇），征用农田土地320余亩，对城区公路过境线进行改建。北起板桥镇的白屯，南至永昌路的岔路口，长11千米，南北两段宽12米，中段城区过境线长3千米，宽17米，设有快慢车道和绿化分隔带。

为扩大保山城市建设规模，适应对外开放的需要，根据新修编的城市总体规划，征得省交通部门的同意和支持，市委、市政府在1997年大规模的新区建设中，同时对保山城过境线进行延伸拓宽改造。一期工程：北起北三环路（升阳路），南至南三环路（隆阳路），长3.4千米，由原宽17米拓宽为53米，1996年8月开工，1997年12月竣工，投资2800万元。二期工程：北段北起总站加油站、南至北三环路（升阳路），南段北起南三环路（隆阳路）、南至收费站，长2千米，宽由原12米拓为53米，投资2600万元，分别由奔驰路桥公司、市政工程公司和银丰公司承建，自1998年10月开工，至1999年1月竣工。前后两期合计延伸拓宽改造过境线5.4千米，在全宽53米的路面上，设计建成四块板，人车分流，中间有绿化草坪隔离带和新型灯具，两侧有两排路灯。

保山市1980—2000年市区建成道路统计表

表32-1　　单位：米、平方米、万人、万元

序号	道路名称	起点	止点	路面材质	总长	宽度	面积	建成日期	建设单位	投资额
一	南北方向道路									
1	复烤厂道路	复烤厂	易罗池大门	沥青	1200	7	8400	1992	市建委	21.0
	梨花路	复烤厂	梨花坞	沥青	—	—	—	—	—	—
2	仁寿门街	保岫路	玉泉路	—	500	—	—	1992	市建委	15.6
	其中：沥青路	保岫路	印刷厂	沥青	350	17	5950	—	—	—
3	车家街	保岫路	府门街	沙石	180	—	—	—	—	—
4	太保路	隆阳路	黄纸坊	—	2495	—	59805	—	—	—
	其中：新区南段	隆阳路	龙泉路	沥青	915	25	22975	1995	地土地局	138
	旧城南段	龙泉路	保岫路	沥青	510	25	12750	1998	市建委	41
	旧城北段	保岫路	府门街	沥青	180	25	4500	1998	市城工委	90

续上表　　　　单位：米、平方米、万人、万元

序号	道路名称	起点	止点	路面材质	总长	宽度	面积	建成日期	建设单位	投资额
4	旧城北段	府门街	玉泉路	沥青	335	22	7370	1995	市建委	52.55
	新区北段	玉泉路	黄纸坊	沥青	555	22	12210	1995	市建委	74.85
5	窑湾村道	人民路	太保路	沥青	407	5	2035	—	—	10.2
6	菖蒲巷	上水河	上巷街	沙石	180	5	—	—	—	—
7	西沟巷	隆阳路	龙泉路	沙石	974	3	—	—	—	—
8	玉龙井巷	龙泉路	上水河	沙石	180	5	—	—	—	—
9	陆家街	上巷街	保岫路	沥青	175	11	1925	1985	市建设局	3.85
10	黉学街	保岫路	府门街	水泥	203	7	1421	1984	市建设局	2.84
11	香住巷	保岫路	朝阳街	水泥	203	5	1015	1998	兰都饭店	3.0
12	太和街	朝阳街	菊　巷	沙石	170	5	—	—	—	—
13	黄家巷	菊　巷	玉泉路	沙石	160	5	—	—	—	—
14	同仁街	隆阳路	保岫路	沥青	1415	—	—	—	—	—
	其中：新区	隆阳路	龙泉路	沥青	890	17	15130	1994	地土地局	90.78
	旧城区	龙泉路	保岫路	沥青	525	17	8925	1980	市建设局	19.85
15	杏花路	保岫路	升阳路		1615	—	16705	—	—	—
	其中：旧城区	保岫路	玉泉路	沥青	520	17	8840	1980	市建设局	15.90
	新区	玉泉路	升阳路	沥青	1095	7	7665	1993	市建委	13.80
16	正阳南路	隆阳路	保岫路	沥青	1400	—	—	—	—	—
	其中：新区	隆阳路	人民路	沥青	543	9	4887	1974	公路段	—
	新区	人民路	龙泉路	沥青	327	25	5175	1998	市城工委	57.0
	旧城区	龙泉路	正阳路	沥青	530	25	13250	1998	市城工委	92.7
17	正阳北路	保岫路	升阳路	沥青	1630	—	—	—	—	—
	其中：旧城区	保岫路	玉泉路	沥青	530	25	13250	1998	市城工委	92.7
	新区	玉泉路	升阳路	沥青	1100	35	38500	1987	市建委	192.5
18	通商巷	保岫路	民强街	沙石	203	5	—	—	—	—
19	朱紫街	保岫路	民强街	沥青	203	13	2639	1998	市城工委	15.8
20	二府街	民强街	瑞国寺巷	沥青	160	13	2080	1994	市建委	6.65
21	升建巷	建设路	升阳路	沥青	600	5	3000	1997	开发公司	15.0
22	龟神巷	保岫路	公安边防队	水泥	80	5	400	1995	边防队	2.0

续上表　　　　　　　　　　　　　　　　　　单位：米、平方米、万人、万元

序号	道路名称	起点	止点	路面材质	总长	宽度	面积	建成日期	建设单位	投资额
23	小井巷	下所房	下巷街	沥青	275	7	1375	1992	市建委	10.5
24	晏公巷	下巷街	保岫路	水泥	185	5	925	1991	外贸公司	1.85
25	兰城路	隆阳路	升阳路	—	2980	—	—	—	—	—
	其中：旧城区	龙泉路	玉泉路	沥青	1075	17	18275	1983	市建委	36.6
	新区	隆阳路	龙泉路	沥青	830	17	14195	1995	开发公司	85.2
	新区	玉泉路	升阳路	沥青	1075	17	18275	1997	开发公司	109.65
26	拐棍巷	下水河	下巷街	沙石	175	5	—	—	—	—
27	九龙路	隆阳路	升阳路	—	2940	—	—	—	—	—
	其中：旧城区	龙泉路	玉泉路	沥青	1090	25	27250	1993	市建委	95.4
	新区南	隆阳路	龙泉路	沥青	800	25	20000	1996	开发公司	120.0
	新区北	玉泉路	升阳路	沥青	1050	25	26250	1997	开发公司	187.5
28	花园巷	春晓巷	新闻路	沥青	244	5	1220	1994	地土地局	6.10
29	如意巷	春晓巷	和平路	沥青	1157	13	15041	1996	开发公司	75.2
30	永昌路	王官屯	上营村	沥青	5400	53	286200	1994	开发公司	3435.0
二	东西方向道路									
1	隆阳路	梨园村	永昌路	沥青	1239	35	43365	1997	开发公司	260
2	太仁南巷	太保路	同仁街	沥青	254	7	1778	1994	地土地局	8.9
3	太仁北巷	太保路	同仁街	沥青	254	5	1270	1999	开发公司	6.35
4	人民路	窑湾村	永昌路	沥青	1940	25	48500	1994	地土地局	291
5	锦溪路	窑湾村	永昌路	—	2109	—	—	—	—	—
	其中：中段	太保路	正阳路	沥青	620	7	4340	1992	市建委	13.0
	西段	窑湾村	太保路	沙石	600	5	—	—	—	—
	东段	正阳路	永昌路	沙石	559	5	—	—	—	—
6	拐角楼	九龙东路	永昌路	沙石	260	5	—	—	—	—
7	龙泉路	易罗池南门	太保路	沥青	2109	—	—	—	—	—
	其中：西段	易罗池南门	同仁街	沥青	853	17	14501	1986	市建委	29.0
	中段	同仁街	九龙路	沥青	792	25	19800	1997	市城工委	118.8
	东段	九龙路	永昌路	沙石	464	5	—	—	—	—

续上表　　单位：米、平方米、万人、万元

序号	道路名称	起点	止点	路面材质	总长	宽度	面积	建成日期	建设单位	投资额
8	胡家巷	正阳路	下所房	沙石	110	4	—	—	—	—
9	下所房	正阳路	小井巷	沙石	360	5	—	—	—	—
10	新华街	九龙路	永昌路	沥青	430	13	5590	1995	市建委	16.8
11	上水河	太保路	正阳路	—	615	—	—	—	—	—
	其中：上段	太保路	同仁街	沙石	330	3～5	—	—	—	—
	下段	同仁街	正阳路	沥青	280	13	3640	1994	市建委	18.2
12	下水河	正阳路	九龙路	沥青	580	9	5220	1984	市建委	10.5
13	气象巷	九龙路	气象站	水泥	250	5	1250	1994	新华商场	2.5
14	上巷街	太保路	正阳路	沥青	600	15	9000	1992	市建委	27.0
15	下巷街	正阳路	兰城路	沥青	580	15	8700	1992	市建委	26.0
16	保岫西路	太保山脚	正阳路	—	914	—	—	—	—	—
	其中：西段	太保山脚	车家街	沥青	178	17	3266	1980	市建设局	6.03
	东段	车家街	正阳路	沥青	736	25	18400	1997	市城工委	54.0
17	保岫东路	正阳路	太保路	—	1040	—	—	—	—	—
	其中：西段	正阳路	兰城路	沥青	360	25	9000	1997	市城工委	54.0
	中段	兰城路	九龙路	沥青	220	25	5500	1995	市建委	22.0
	东段	九龙路	永昌路	沥青	460	35	16100	1990	市建委	48.3
18	春晓巷	九龙路	永昌路	沥青	458	5	2290	1994	市建委	6.87
19	钱局街	仁寿门街	车家街	沙石	118	5	—	—	—	—
20	府门街	车家街	黉学街	沥青	376	13	4888	1995	市建委	15.13
21	朝阳街	黉学街	正阳路	沥青	348	7	2436	1984	市建设局	4.87
22	民强街	正阳路	兰城路	沥青	362	7	2534	1984	市建设局	5.07
23	兰苑路	九龙路	永昌路	沥青	458	7	3206	1994	地土地局	16.03
24	菊　巷	黄家巷	杏花路	沙石	220	5	—	—	—	—
25	仓　巷	杏花路	正阳路	沙石	248	5	—	—	—	—
26	瑞国寺巷	二府街	兰城路	沥青	170	7	1190	1994	市建委	3.80
27	新闻路	九龙路	太保路	沥青	458	21	10458	1995	地土地局	52.29
28	玉泉路	磨房沟	永昌路	沥青	2150	—	—	—	—	—
	其中：西段	磨房沟	九龙路	沥青	1675	17	28475	1984	市建设局	56.95
	东段	九龙路	永昌路	沥青	475	7	3325	1998	—	10.0

续上表　　　　　　　　　　　　　　　　单位：米、平方米、万人、万元

序号	道路名称	起点	止点	路面材质	总长	宽度	面积	建成日期	建设单位	投资额
29	象山路	太保路	永昌路	—	1720	—	—	—	—	—
	其中：西段	太保路	正阳路	沙石	650	5	—	—	—	—
	东段	正阳路	永昌路	沥青	1070	17	18190	1997	开发公司	109.14
30	建设路	太保路	永昌路	沥青	1880	—	—	—	—	—
	其中：西段	太保路	正阳路	沙石	814	5	—	—	—	—
	东段	正阳路	永昌路	沥青	1066	31	33046	1996	开发公司	198.28
31	农民街	如意巷	永昌路	沥青	188	21	3948	1995	北关办事处	23.69
32	孝感路	孝感泉东	正阳路	沥青	600	7	4200	1997	—	21.0
33	和平路	正阳路	永昌路	沥青	1115	17	18955	1998	开发公司	113.73
34	升阳路	杏花路	永昌路	沥青	1985	35	69475	1998	开发公司	416.85

三	全市区	总长	其中沙石路	沥青路	沥青路面积	投资额
1	旧城区	23839	2608	20231	268690	1106.56
2	新城区	35185	3677	31508	837029	6162.50
3	总　计	59024	7285	51739	1105719	7269.06

注：资料来源于《保山市城乡建设志》（县级市）

二、城市交通建设

（一）民航

新中国成立后，于1958年成立民航保山站，对原机场重新修建，1962年建成后开始使用，1980年再次扩建后，可起降48座安-24小型客机。1990年，因安-24型飞机淘汰，保山机场停止使用。1991年，省计委批准保山机场可起降波音737-300型飞机技术标准改建，1994年6月竣工验收合格。飞行区工程按B737-300型飞机全重设计，飞行区等级指标为4C，跑道长2400米，宽45米；联络滑行道1条，长190米，宽18米；站坪长120米，宽60米，满足同时停放两架B737-300型飞机并自滑进出，升降带全长2520米，宽300米，围场路6491米，围界6529米，排水沟8930米。到2000年每天飞昆明一个航班，有140座，除雷雨天气，一般情况都能正常飞行。

2005年1月至11月20日，保山机场共保障航班起降1075架次，完成旅客吞吐量77022人次；货邮吞吐量422.4吨；客座率68.6%，载运率51.5%。

（二）公路客运

新中国成立以后，原滇缅公路经不断改线、扩路，路况有很大改观，成为320国道，1999年从大理—保山段改修为一级路。另外，还有省道5条：保山—六库、保山—腾冲、

保山—施甸、保山—昌宁、保山—云龙。1999年保山至腾冲公路已修成沥青路面，2000年开始改建保山至昌宁的道路为二级路的标准。保山市区到20个乡（镇）全部通公路，保山交通（集团）公司客运站、保山地、市运输公司、保山市客运中心等运输企业，每天都有客车往返昆明和周边各地、州、县及市内各乡（镇）。

2005年，隆阳区公路通车里程2506千米，其中省管345千米，专用公路49千米，县乡公路553千米，乡村公路1451千米。公路旅客运输775.34万人，公路旅客运输周转量为63570.23万人千米。

（三）公共汽车

1978年以后，随着改革开放不断深入，市区不断扩大，城市人口迅速增加，为方便人民的生产、生活需要，1994年5月1日，保山开通市内公共汽车。保山地区运输公司加强城市公共汽车的管理，增加运力，扩大服务范围，截至2000年年底，参加市区营运的公共汽车有76辆，其中，19座的中巴车66辆，9座面包车10辆。营运线路14条。另外，还有乡（镇）运输企业的面包车、个体户的三轮摩托车，也专门从事市郊区各乡村的客运业务。

2002年，隆阳区有小公共汽车76辆。2003年，全区有小公共汽车113辆。

（三）出租汽车

1986年，保山市建设局购置4辆菲亚特小汽车作为营运出租车，其中，有菲亚特P126型车2辆，因车况较差，用后不久，即卖给外地，留下菲亚特P125车2辆，专跑保山—昆明、保山—瑞丽。因当时保山市经济欠发展，租用汽车人员较少，经营亏损，至1990年，经市政府同意，市建委将留下的2辆汽车售出，停办出租车业务工作。到90年代，保山市经济迅速发展，城市范围不断扩大，城市出租汽车业悄然发展起来，1998年2月先后有6户出租营运企业成立，有出租汽车200多辆，到2000年，全市有出租汽车371辆，营运时间从早上6点30分到晚上12点，有时到凌晨1～2点。2002年，全区有出租车394辆。2003年，全区有出租车450辆。

第二节　供排工程建设

一、供水建设

1978年，保山中心城区主要依靠井水、易罗池的龙泉河水和老鼠山洼河供水。1979年8月，保山县成立自来水公司，当年城区饮用自来水人数达60%，全年售水52.8万吨，水费收入3.7万元。1982年，从老鼠山洼安装1条直径200毫米、150毫米，全长1700米的供水管道，从太保山武侯祠背面，通过新建容积750立方米的蓄水池，提高供水压力，保证了城西北的单位、居民饮水。

1984—1985年，由省建委两次补助22万元、公司自筹8万，元共30万元，在易罗池旁新建提水工程，包括水泵房、500立方米的高位蓄水池2座，水泵3台，在市区安装直径不等的各种管道17.2千米，有效地改善了市区高层楼房的供水状况，至1985年年底，市区自来水管铺设累计达到22.5千米，供水面达到98%。

1989年前，保山市自来水公司一直是市（县）建设局、市建委的二级单位。1989年，经市委、市政府批准，自来水公司改制为企业。保山城市日供水1.2万吨，全年供水387.7万吨，全年水费收入49.23万元，企业实现利润26.88万元。

1990—1992年，省、地、市三级配套和自来水公司向银行贷款结合，共筹资552万元，建设第二水厂一期工程。在龙王塘建水泵房一座，从龙王塘至隆阳路（正阳北路）口，铺设直径500毫米、长8千米的引水管道。在隆阳路（正阳路）口征地19.23亩，建设供水机房、蓄水池及办公、住宅等设施，新增日供水能力1万吨，使城区北部原供水需求紧张的状况得到改善。

1993年，在建成二水厂一期工程，新增水源的基础上，自来水公司架设新区的清真街（太保路）延伸线、南二环路（人民路）、建设路（新闻路）等处的供水管道1009米，同时解决了受城区工业废水污染的城郊自然村居民1600户，共8000多人的饮水问题。

1994年，自来水公司安装架设城区供水主管11.5千米。

1995—1996年，进行第二水厂二期工程的建设，投资528.74万元，又新增日供水能力1万吨，供水销售量分别达678万吨和789万吨。

1997年，进行二水厂二期工程的配套建设，新铺设了南三环路（隆阳路）、新乐小区、澜沧江啤酒厂、清真街（太保路）等处供水管道9893米，同时对保岫东路的原供水管道进行扩建改造。

1998年，自来水公司继续增设新区和旧城自来水管网4.5千米，安装水表的用户有单位1274户，私人3346户，全年供水量1080万吨。

1999年，开始建设第三水厂，取北庙湖蓄水为城市供水水源，建设规模规划日供水能力6万吨，分两期进行。一期工程于2001年完成，日供水3万吨，工程投资5000万元，输水管道由北庙湖至城北白纸坊净水厂，全长14.8千米。2000年，投资121.5万元安装市区DN80毫米以上供水管道8千米。截至2000年，保山市区供水管道DN80毫米以上的有118.3千米，其中：砼管12.5千米，塑料管7.2千米，铸铁管62.5千米，钢管28.7千米，镀锌管8千米。2000年，市区用水户5400户，其中：单位1398户，居民4002户。全年供水量938万吨，水费收入748万元。2001—2005年，铺设城市供排水管网45.79千米，完成投资564万元，城市日供水能力达11.85万吨（年供水能力4325.25万吨），供水普及率达96.6%，人均日供水达266升。

二、排水建设

保山城地势西高东低，旧城和新区均向东排水，黄纸坊河、仁寿河、龙泉河、黄龙山河通过城区汇入东门河后向东排放。保山城区街道的排水，在20世纪70年代已全部改为下水道暗沟排水的基础上，随着旧城改造和新区建设的发展，又逐年进行了一系列的排水、排洪工程建设。

1977—1978年，新建小北门街（杏花路）520米排水暗沟。1979—1980年，新建保岫西路西段（电影院到太保山脚）494米和原永昌路（同仁街）530米排水暗沟。1983年，改造下水河，全长580米，河面满盖水泥预制板，作为农贸市场的道路。1984年，修建环城北路(玉泉路)时，同时修建仁寿河道，河道西起磨房沟、东至东门口，与东门河汇合，全长245米，从大北门口至环城北路（玉泉路）转角处用水泥板满盖，做人行道。1993年重修环城东路（九龙路）时，又用水泥板满盖环城北路（玉泉路）口到保岫东路口的河面，作为人行道使用。1985年，修建龙泉路时，同时修建龙泉河道，河道西起干海坝脚，东至柳坝河，全长3000米。

1986—1988年，修建隆阳路（今正阳北路）时，重修黄纸坊河，该河西起64医院，东至环城北路（玉泉路）与仁寿河汇合，全长1500米，部分河段河面铺水泥盖板。1987年，改造东门河道，河道全长3000米，由市水电局、市建委、永昌镇、东门乡共同负责东门河上段1822米的改造工程，原升阳路段用水泥板满盖，做人行道使用。1990年，由河图乡改造下段1800米。

1991—1993年，分段改造黄龙山河，河道西起地区冷冻厂，东至柳坝河，全长3500米。（该河道20世纪70年代由冷冻厂、地区机械厂修建，从冷冻厂至机械厂宿舍区计1500米）。1991—1993年，由市建委陆续修建下段2000米河道，部分河段的河面用水泥板满盖，做人行道。1994年，建设花鸟市场时，重新修建上水河道269米，河面用水泥板满盖，做人行道使用。

1992年，完成了龙泉路至复烤厂1200米道路排水沟的支砌任务，新华小区13米路、14米路及环城东路（九龙路）1100米部分下水道的埋设工程以及对市区防洪沟、河、下水道的清挖疏通。1993完成了环城东路（九龙路）1110米下水道，三牌坊十字街改造下水道，二府街、瑞国寺巷改造下水道的埋设、砌筑工程。1994年，完成保岫东路东段220米街道改造下水道的埋设和正阳路部分地段改造下水道的埋设工程。1995年完成保岫东路四牌坊以上220米街道改造下水道和原象山路（太保路）、公园街、府门街等处下水道的砌筑、埋设工程。1999—2000年，由市城工委修建龙泉河顺城街段河道长580米，河面满铺水泥板，做人行道使用。

1996—1997年，在新区建设高潮中，共铺设西区排水管道10.92千米，其中：恒厦公司铺2241米，三川公司铺1300米，地区土地局铺2761米，市土地局修4618米。

1998年，对旧城区主要几条大街进行大规模改造时，重新修建排水管道5.8千米，对320国境线二期延伸拓宽改造时，修筑排水管道4千米。1999年，修建王衙街、北关街、南关街排水管道3676米，总投资105.48万元。2000年，修建新区16米道路排水管416米，投资7.74万元；修建D1、D2、15米道路排水管238米，投资4.28万元；修建D03、D04、D05、D06、D07、13米道路排水管622.73米，投资11.21万元；修建兰城路、南四环（梨花路）排水管206.52米，投资25.05万元。截至2000年年底，保山城区实有箱形排水沟16632米，各种直径排水管道88299米，总投资158.32万元。

2001—2003年，实施保山市隆阳区污水处理场项目建设工程，该项目规模远期为4万吨/日，近期为2万吨/日，截污管网14.15千米，占地2.85公顷，总投资5248万元。2002年12月动工，2003年11月全部工程顺利完成，转入试运行阶段。

2002—2004年，实施保山市环城东路污水管网建设工程，工程投资497.28万元。2003年，实施更换城区道路雨漏板、对下水道防洪栅栏进行清理及维修、环城东路排污管道、污水处理厂第一标段等排水工程，共投资310多万元。2003—2005年，实施污水处理厂设备安装工程，日处理污水能力2万吨。2004—2005年，实施保山市北四环道路污水管网工程，工程投资71.87万元。

三、天然气建设

1995年6月，云南省石化工业规划领导小组同意将保山地区石油、天然气纳入石化工作发展计划。8月，继保山市石油勘探“保参1号”发现天然气资源后，“保参2号”经过半年多的钻探又打出天然气。1996年6月，保山天然气开发完成使用前的各项准备工作，保山与滇黔桂石油勘探局达成有关协议。

1997年4月，保山市天然气有限公司进行筹建。1998年年底，市区累计建设输气干管20千米，庭院管网25千米，开发民用和商业用户2872户，全年供气742294立方米。1999年年底，全市新建输气干管为17.45千米，庭院管网6.261千米，民用和商业用户3724户，全年供气1326105立方米。2000年，市区新建输气管干管24千米，庭院管网30千米，全年用气户4756户，供气量1737965立方米。2005年，全年供气量603万立方米。

第三节　街道照明建设

1970年开始，保山县城区开始架设路灯，每年由县财政局拨款2000～2500元给供电所作路灯照明费用，当时的路灯架设，仅是保岫东西路（东门至保山电影院）和正阳南北路（五桂桥至旧县街）两段，长约1600余米。除个别处有电杆外，电线灯泡多架在行道树上。

1974年3月保山县城建局成立后，县城的路灯维修、管理由县城建局负责。1980年，保山县城的路灯增到64盏，1982年增至107盏，1983年在永昌路新架设路灯28盏，1985年在市区内采用新光源改钠灯灯具79盏，汞灯灯具28盏。在保岫路与正阳路交叉口，上、下巷街与正阳路交叉口，保岫东路与环城东路交叉口设置三组组合灯柱，改造线路2500米。

1989年3月保山市路灯所建立。20世纪90年代之后，保山城市建设步伐加快，路灯有了较快的发展。1991年，架设隆阳路（正阳北路中段）、升阳路（保岫东路东段）四杈五大组合型灯42盏，共210盏，投资21万元。1992年架设清真街、上巷街、南二环（人民路）部分路段仿法、仿美高压钠灯102盏，灯杆为铁杆，投资29万元。1993年，架设环城东路（九龙路）双臂路灯86盏，44棵9米玛钢灯杆，地埋在电缆1.3千米，资金由各单位集资20万元。1994年，架设南二环（人民路）新闻路路灯154盏、133棵玛钢8米灯杆，地埋电缆3.28千米，投资50万元。

1995年，架设升阳小区，原人民路（象山路）路灯共93盏，投资26万元。1996年，架设环城西路（太保路），田心小区路灯74盏，投资15万元。1997年，架设了南三环（隆阳路）、北三环（升阳路）、环城东路（九龙路）南延路段、隆阳路（正阳北路）北延段、北三环（建设路）、新乐小区、新兴路（兰城路北延路段）过境线拓宽路段路灯共计1777盏，地埋电缆21.52千米，架空线（单线）4千米，投资366万元。1998年，架设过境线（永昌路）拓宽段、正阳南北路、清真街（太保路）、升阳路（保岫东路）、太保公园、九龙广场路灯1520盏，地埋电缆16.81千米，投资315万元。1999年，架设保岫东西路，朱紫街、铁石坡路灯525盏，地埋电缆5.6千米，投资96万元。2000年，市区新安装路灯378盏，投资68.77万元。截至2000年，保山市中心城区电力公司灯杆405杆，路灯所灯杆2089杆，导线总长136千米，架空线（单线）67千米，电缆（地埋）69千米；共有路灯6420盏，其中：节能白炽灯2897盏，汞灯125瓦123盏，汞灯250瓦103盏，钠灯150瓦2895盏，钠灯250瓦402盏；全部灯总功率697千瓦，设置控制箱85只。

第四节　环境工程建设

一、环卫设施建设

（一）公厕

1953年以后，先后由单位、街道、蔬菜队在公共场所及各街道建有土木结构公厕20多座。直到1982年，保山县环境卫生管理站成立，统一接管街道和蔬菜队在街道建设的公厕，到1985年有公厕22座，其中：在大北门街（兰城路）、小北路街（杏花路）、下水河3处为砖混结构公厕。1987年，由市环卫站改造新市场、正阳北路的公厕两座，由土木结构改造成砖混结构公厕。1988年，市环卫站改造朱紫街公厕，由土木结构改造成砖木结构公厕。

1990年，市环卫站在隆阳路新建砖混结构公厕1座（后因地区工行建设占用拆除），改造正阳南路公厕1座，由土木结构改造成砖混结构两层公厕。1992年，市环卫站在同仁街与锦溪路交叉口处新建砖混结构水冲式公厕1座。1993年，市环卫站在新华小区新建砖混结构水冲式公厕1座。1994年，由市建委和工人文化宫联合在太保路（清真街）新建砖混结构水冲式公厕1座。市建委在新闻路新建砖混结构水冲式公厕1座，由市建委与市糕饼厂联合在花鸟市场新建砖混结构水冲式公厕1座。1996年，市环卫站改造同仁街（马里街）公厕，由砖木结构改造为砖混结构旱厕，1999年年底，由环卫站补助部分资金，个人投资（个人管理期限为18年）改造成两层砖混结构水冲式公厕。1998年，市环卫站改造正阳北路公厕，由砖混旱厕改造为砖混结构水冲式公厕。1999年，由市环卫站补助部分资金，个人投资（协议规定个人管理18年）将下水河、兰城路（大北门街）、朱紫街3座旱厕改造砖混结构两层水冲式公厕。

截至2000年年底，市环卫站实有公厕15座，蹲位共计164个，其中，符合城市公厕标准的水冲式公厕11座，蹲位共计128个。

（二）垃圾储运设备

垃圾桶　1982年，县环卫站成立，城区内各街道的垃圾，由环卫工人用手推车每天分两次（8点、18点），将垃圾集运至城南拐角楼堆集场，又用汽车或马车将堆集的垃圾运到远郊供给农民利用。1984年起，市环卫站购入100只昆产垃圾桶，分别放在各街道储存垃圾，每天清晨用汽车将垃圾运到堆放地点或供农户使用。1985年以后，每隔一两年就要增购100～200只垃圾桶补充到各街道。截至2000年，市区内共有新旧垃圾桶1119只供储存垃圾使用。

果皮箱　1981年以前，保山城区各街道没有果皮箱，1982年开始设置40只果皮箱，1985年增加到240只，1988年更新和增设矩形和动物形果皮箱400只，分布在市区各街道，截至2000年各街道实有果皮箱350只。

垃圾清运工具　20世纪70年代前，保山城区的垃圾主要用马车运到郊区供农民使用。粪便由农民用人力挑到菜地、田间粪塘内经发酵后使用。1982年县环卫站建立后，城内各街道的垃圾，由环卫工人用手推车、马车清运，粪便仍由农民用人力挑去做肥料使用。1984年，先后购买东风140垃圾密封车1辆，解放牌自卸翻斗车1辆，解放牌吸粪车1辆，北京130翻斗车1辆。1985年，购东风140垃圾密封车1辆，1987年购东风140垃圾密封车2辆，1992年购东风140垃圾密封车1辆，1995年购东风140垃圾密封车1辆，购东风140自卸翻斗车1辆，购东风140吸粪车1辆。1995年，报废解放牌自卸翻斗车1辆，北京130自卸翻斗车1辆。1997年，购东风140垃圾密封车1辆，1998年购东风140垃圾收集车3辆，1999年报废解放牌吸粪车1辆，2000年新增东风140垃圾密封车1辆。截至2000年年底，实有清运汽车共11辆，其中：东风140密封垃圾车6辆，东风140垃圾收集车3辆，东风140翻斗车1辆，东风140吸粪车1辆。

（三）洒水机具

1971年，开始使用手推车装1只53加仑汽油桶在街上喷水。1982年，购买1辆南京2.5吨载重车改装成洒水车使用，1987年报废。1984年，购置解放牌5吨洒水车1辆，使用到1998年报废。1999年，地区土地局拨款购买解放牌10吨洒水车1辆。

（四）垃圾和粪便无害化处理场

垃圾场　随着经济的发展，城市人员的增加，城市垃圾的排放量日益增多，保山城区在1980年，日清运垃圾30多吨。1986年，市建设局就由副局长率领2位技术干部、1位管理干部到湖北、江苏、浙江等省内有垃圾无害化自理的市、县考察、学习。1989—1990年，先后由省建设厅补助试验费20万元，市环保委拨款5万元，在保山汉庄乡杨官屯建立无害化垃圾处理试验场，场内建设简易厂房4间、建筑面积216平方米，砖木结构生活用房10间，建筑面积228平方米，发酵池4个，围墙800米，机械设备有1台粉碎机及配电设备。

聘请1位技术干部，配备2名工人进行试验、研究工作。经过两年多的研究、试验生产出垃圾肥料150吨，以每吨价30元出售给用户，后因生产成本高，基建投资缺乏，不能形成规模生产，所以停止继续试验。2000年，日清运垃圾160多吨，以后逐年增多。2004年，保山城南七环路旁建设一座中型垃圾中转站，占地面积2000平方米，共计投资88万元，2004年10月竣工投入使用。2002—2005年，保山市建成保山市城市垃圾场，选址于保山市辛街乡长岭岗，占地197333平方米，设计使用年限20年，有效库容395万立方米，日处理垃圾量为250～300吨。概算投资约3058.17万元，于2002年10月开工，2004年年初步竣工，验收后投入正常使用。

垃圾填埋场 1987—1991年，市环卫站将城区的垃圾运给市林场林果基地，大官市果树场，地委桉树试验基地以及农户的果树、桉树基地做底肥使用，效果较好。1992年，市环卫站在保山市汉庄乡龙塘办事处一社租用山洼1条，用于各种垃圾（包括建筑垃圾）的填埋，租期10年，租金一次支付6.2万元（包括租用推土机3.8万元、修建道路9000元）实际使用4年，因山洼全部填满，无法继续使用。

生态处理场 1996年，学习石屏县的经验，在距城14千米的板桥镇马王屯租用荒山1000亩，投资50多万元新建城市垃圾生态处理场。将垃圾运到远距村庄的空旷地，用人工粗选，将无机物和杂物选出，有机物垃圾分堆堆起，表面用泥土覆盖，不让蚊蝇有滋生场所，待垃圾发酵、腐熟后用做果树、林木的底肥，绿化荒山；选出的无机物和杂质垃圾填埋在低凹坑内。1996—2000年，共处理垃圾25.5万吨。其中每年处理粪便1250吨。

二、城市绿化建设

1978年，在下巷街种植法桐500余株。此后在保岫西路和小北门街（杏花路）、环城北路（玉泉路）、正阳北路，上、下巷街等道路种植行道树。1979年8月，保山县委批准县城建局成立园林科，负责全县城市街道庭院绿化和园林建设工作。至1985年年底，全城共有行道树2081株，有18个树种，分布在13条街道上。行道树存活1927株。

1982—1997年，先后建设工人文化宫、青少年宫、岔河马雕、天外天游乐园、市医院、兰都饭店前、隆阳路（正阳北路中段）及升阳路（保岫东路东段）分车带、永昌路绿化带，共计4.99公顷。

1990年，《城市园林绿化规划》编制完成，从此，保山城市园绿化工作依规划进行。

1991年，收回干海坝国有土地43.15亩，作为城市绿化苗圃基地。1992年，城区有187个单位按规定办理绿化保证金手续，沿街种植行道树340株。1993年，城区绿化面积增至62.1公顷，全城450个单位中，有231个单位进行庭院绿化。1994年，进一步落实绿化责任制度，又有248个单位办理绿化保证金手续。干海坝苗圃基地为城市提供苗木5万多株（盆）。1995年，在民航路（太保路）、南二环路（人民路）、建设路（新闻路）种植行道树378株，补植老城区和分车带行到数738株，有42个单位按规定要求进行了庭院绿化，绿化面积3000平方米。1996年，在南二环路（人民路）、永昌路（同仁街）、保岫东路、人民路（象山路）、环城东路（九龙路）等道路上种植柳树、法桐、大叶女贞、水杉等行道树

1496株。1997年，城区新植新区道路行道树1494棵，补植110棵。320国道境线（永昌路）分车绿带、铺草坪20666平方米，植行道树1700株，总投资150万元。1998年，按照市委、市政府关于“美化工程”的要求，发动城区各单位，集中在24条街，新植行道树9个树种，共4000多株。1999年，共投资141万元，重点加强了对永昌文化广场、九龙休闲广场、易罗池景区、地区体育活动中心等公共场所的绿化工程，绿化面积达2.28公顷。2000年，新增绿地面积1.09公顷，城区在环城南路（龙泉路）、北关街（九龙路）、小桥河（锦溪路）新植行道树739株。截至2000年年底，保山城市绿化总面积达到172.46公顷，城市绿化覆盖率14.87%，公共绿地总面积115.46公顷，人均公共绿地面积为10.59平方米。市区各街道行道树有10个树种7740株。2001年，城市公共绿地面积达115.19万平方米。2002年，城市绿化率提高到20%。2004年，保山城市全面实施绿化、亮化、美化工程，城区绿化面积473.43公顷，城市公共绿地面积达125.23公顷，城市绿化覆盖率达28.3%。

2005年，保山城市绿化面积达6.21平方千米，公共绿地面积达1.26平方千米，绿化覆盖率达35%。

三、美化工程

1998年9月，保山地委、行署召开推进全区城市建设进程动员大会。10月，保山市政府发出《关于保山市城区“绿化、穿衣、光亮”美化工程实施方案的通知》，由城工委、市建委具体组织、动员城区各单位和居民认真贯彻实施。

“绿化”工程由市建委园林所具体负责，抽调人员宣传动员采育树苗，作出规划，分到单位包种、包活，全城120多个单位参加，分两期先后在环城东路（九龙路）、南二环路（人民路）西段、公园街（太保路）、象山路（太保路）、春晓巷、王衙街（兰城路）、仁寿门街、龙泉路、小北门街（杏花路）、保岫西路、菊花街（太保路）、清真街（太保路）、朱紫街、正阳南路、南关街（正阳南路）、铁石坡（龙泉路）等24条街道上种植9个品种的行道树，共4000多株，投资96万元。

“穿衣”工程，确定为保岫东西路、正阳南北路、环城东路（九龙路）等5条大街中的48处临街建筑物需要实施此项工程，涉及52户产权单位，技术人员对48处建筑进行拍照绘图，完成立面装修图纸的设计，在研究确定48处建筑物需“穿衣”装修29处，需拆除重建19处，经做工作，由实施小组与产权单位，共签责任书，保证按时完成了“穿衣”或拆除重建美化工程。

“光亮”工程，共投资392万元，架设9条街道路灯2089盏，投资41万元安装升阳路和（保岫东路）两组灯光、电缆工程及10组灯箱广告牌，经做动员工作，正阳南北路、保岫东西路、升阳路（保岫东路）、永昌路（同仁街）临街的349户居民新安放灯箱，“光亮”美化城市，使保山城市的路灯质量、亮灯率、照明度等综合指标位居全省第二。

四、公园及休闲广场建设

（一）太保公园

太保公园位于保山城市区西部一峰突起的太保山上，距市中心2千米。1981年11月县委、县政府决定兴建太保山—易罗池为一体的龙泉公园，面积为80.33公顷。1982年7月成立公园管理处。1983年改名为“太保公园”，并编制《太保公园总体规划》，对太保公园开展规划与建设。1985年太保公园的总面积为107.73公顷，森林覆盖面积84%。

1984—1987年，先后完成古典式斗拱屋顶结构的太保公园大门、公园二大门、齐心亭、登园石阶、望城楼、松宛亭、童乐亭、三角亭、松山元祠石坊、安定门、儿童乐园、茶花园、兰花园、杜鹃园、盆景园、温室、碑林、武侯祠、观景长廊、环山公路等主要建筑项目，疏清易罗池，重建了文笔塔、湖心亭和滇西抗日纪念碑。共投资250万元。

1995年恢复重建杨振鸿、彭蕒烈士墓，在山顶平台新建梁金山塑像。1998年投资90万元，新建公园北坡长1300米，宽1.5米的游览水泥路，整修加宽铺筑南坡两千米沥青路，架设公园路灯100组，改造武侯祠花园。1999年又投资330万元，对太保公园进行更大规模的改造建设。改建后的太保公园再现“太保西山晚翠，龙泉湖中塔影”的古城盛景。此后，不断加强和完善各种设施，使之成为市民休闲、娱乐、锻炼身体的好去处。

(二) 天外天游乐园

1994—1995年，怒江糖厂在地、市领导的支持下，在南小区南二环路(人民路)南侧建设了“天外天游乐园”，总占地面积39.4亩，建设总投资1870万元，为保山市区新增一处公共园地。

(三) 九龙休闲广场

1992年在旧城改造、拓宽保岫东路东段和升阳大街时，保山市委、市政府决定在环城东路、升阳路、保岫东路交叉十字口建设一个直径30米的街心花园。1997年，市委、市政府决定在街心花园的基础上新建一组九龙城雕，土建部分含街心花园，面积706平方米，投资35.9万元，主雕九龙紫铜制作90万元，浮雕紫铜制作34万元，电气彩灯含彩灯、射灯、给排水27.7万元，总投资187.6万元。1999年8月，市委、市政府又决定，拆除十字路口周围的建筑物，向东南北三面拓宽，占地8.1亩，投资250万元，建成以九龙城雕为中心的休闲广场。

(四) 永昌文化园

永昌文化园的建设，是1999年保山地、市城市文化建设重点工程，它位于城市隆阳路南侧，占地面积40亩，主体工程是博物馆、图书馆、群艺馆(简称“三馆”)，总投资2600万元，由省补助500万元，地区自筹1800万元兴建。于1999年2月开工，至9月竣工。“三馆”总建筑面积8462平方米，其中：博物馆建筑面积3226.48平方米，图书建筑面积2708.33平方米，群艺馆建筑面积2527.12平方米。“三馆”前面有2万多平方米的广场，由市政府投资300万元，同期施工，于1999年国庆50周年前夕竣工投入使用。广场内部功能设置齐全，是展示保山历史文化、民族民间文化、现代文明的窗口和广大人民群众开展文化娱乐活动的中心。2004年11月，保山三馆文化广场在经文化部批准的，由中国群众文化学会、中国文化报社主办的全国特色文化广场评选活动中，被评选为“全国特色文化广场”。

（五）保岫广场

保岫广场位于市中心保岫西路北侧，始建于20世纪50年代初期，场内有电影院，前面有广场，南北有篮球场、羽毛球场、儿童游乐场，中间为通道，布局零乱、拥挤，整体效果较差。1999年地委决定将地区体委管理的球场划归市管理，由市统一规划改造。确定广场集体育、文化、休闲为一体的功能性质，广场总面积约11.75亩，改造投资110万元。

第五节　电信工程建设

1978年，保山市话用户发展到432户，但都是手摇电话。1992年经省邮电局同意，地区行署拨款20万元，保山市政府拨款10万元，地区邮电局投资39.8万元，共69.8万元，安装1000门纵横制自动电话设备，结束了保山手摇电话的历史。

1986年，城乡电话机发展到1863部，市话用户达843户，农话户数达1353户，1000门市话容量已全部用完超载。1989年1月，保山市首期引进程控交换设备6000门，合同金额142万美元，国内配套资金940万元。1991年12月7日，保山城区首次开通程控电话。此后，随着经济发展，市区扩大和人民群众通信需求的快速增长，程控电话交换设备分别于1994年扩容4000门，1996年扩容2万门，1999年总数达到30610门。

与此同时，长途传输也得到快速发展。1993年，云南省实施滇西光缆二期工程，保山于当年6月首次开通长途光纤通信。到1998年保山至省内外、区内各县及市内多数乡（镇）都建成纵横交错的光纤传输网络。同时，自1994年开始建设微波传输网作为通信辅助手段。1996年保山开通6000门长途传输自动交换机，1999年总数达到13.2万门，在保山拨打国际国内长途电话已经畅通无阻。

此外，有多种高新通信技术得到运用。1990年，保山城区开通无线寻呼业务；1994年开通800兆移动电话；1995年开通分组交换、数据交换和电视电话会议；1996年开通900兆数字移动电话；1997年开通国际互联网业务（163）和云南信息港业务（169）。

1999年保山地区邮电局已改制为地区电信局、地区邮政局、移动电话分公司、国际寻呼保山分公司。移动电话分公司在1999年建成7万门移动交换机1台，基站控制2台，在保山地区建基站3个。国信寻呼保山分公司有43个发射台，拥有三级寻呼网，即全国高速联网寻呼198/199台，全省联网寻呼128/129台，本地网、省网126/127台，现已覆盖全区90%以上的乡（镇）和95%以上的人口。至2000年年底，保山市区市内电话已达31037部，其中：居民住宅装有电话21643部。移动电话用户27745部，其中：800兆移动电话758部，无线接入1187部。无线寻呼36335户。

2005年年末，隆阳区全区固定电话用户达9.56万户，其中城市固定电话用户2.62万户，农村电话用户2.63万户，小灵通用户3.01万户；移动电话用户达22.44万户；固定、移动电话用户总数达32万户；电话普及率达到37部/百人。

第六节 街道命名

1999年9月，保山市人民政府发布《关于对保山城区部分街、路、巷及四个街道办事处命(更)名的通知》，命(更)名后的街、路、巷名称如下：

南北走向10条，由西向东依次为：

太保路 位于太保城区西部，原象山路、公园街、菊花街、清真街及该路南北延伸段。同时废弃公园街、菊花街、清真街三条街名，象山路名移作他用。

西沟巷 位于保山城区西南部，原为北庙水库配套工程西大沟，北起龙泉路变压器厂东侧，沿西大沟向南延伸至规划线。

同仁街 位于保山城区西南部，原名永昌路，北交保岫西路与香住巷相接，南至规划线。永昌路名移作他用。

杏花路 位于保山城区西北部，原名小北门街及其向北延伸段，南起保岫西路，北止规划线。废弃小北门街名。

正阳路 位于保山城区中部，含原隆阳路、正阳南、北路、南关街，以保岫路为中心，分正阳南路、正阳北路两段，南北起止规划线。同时废弃南关街名，隆阳路名移作他用。

兰城路 位于保山城区东部，含原来的大北门街及其南北延伸段，南交永昌路(此次命名，即320国道)；北止规划线。同时废弃大北门街、萧祠街、王衙街名。

九龙路 位于保山城区东部，含原环城东路、北关街及其延伸段，南交永昌路(此次命名，即320国道)，北止规划线。同时废弃环城东路、北关街名。

如意巷 位于保山城区东北部，北起和平路(此次命名)，南止春晓巷(此次命名)。

花园巷 位于保山城区东部，北起新闻路，南止春晓巷。

永昌路 位于保山城区东部。属改(扩)建后的320国道，为目前保山市道路建设中最规范的新兴大道。南北起止规划线。

东西方向19条，由北到南依次为：

海棠路 位于保山城区北部，规划中的北五环路，西起山脚村，东止规划线，待建。

霁虹路 位于保山城区北部，规划中的北四环路，在海棠路南侧，与海棠路平行；西起工业学校，东止规划线，待建。

升阳路 位于保山城区北部，规划中的北三环路，在霁虹路南侧，与霁虹路平行；西起太保路，东止规划线。

和平路 位于保山城区北部，在升阳路南侧，与升阳路平行，西起正阳路，东止规划线。

孝感路 位于保山城区西北部，在升阳路南侧，与升阳路平行，西起孝感泉东侧，东止正阳北路。

建设路　位于保山城区北部，规划中的北二环路，在孝感路、和平路的南侧，与和平路、孝感路平行，西起六十四医院北侧，交太保路，东止规划线。

象山路　位于保山城区北部，在建设路南侧，与建设路平行，西起太保路，东止规划线。

玉泉路　位于保山城区北部，含原环城北路及其向东延伸段，西起地区林科所（磨坊沟尽头），东止永昌路（此次命名，即320国道）。同时废弃环城北路。

新闻路　位于保山城区东部，西起九龙路（此次命名），东止规划线。

春晓巷　位于保山城区东部，西起九龙路（此次命名），东止永昌路（此次命名，即320国道）。

兰苑路　位于保山城区东部，春晓巷北侧，与春晓巷平行，西起九龙路（此次命名），东止永昌路（此次命名，即320国道）。

保岫路　位于保山城区中部，含原保岫东、西路，升阳路，西起太保山脚，东止规划线，以正阳路为中心分为东西两段，保岫西路、保岫东路两名称留用，升阳路名移作他用。

气象巷　位于城区东部，保岫路南侧，与保岫路平行，西起九龙路（此次命名），东止永昌路（此次命名，即320国道）。

新华街　位于保山城区东部，气象巷南侧，与气象巷平行，西起九龙路，与下水河相接，东止规划线。

龙泉路　位于保山城区南部，含原龙泉路、环城南路、顺城街，西起易罗池大门，与太保公园园区公路相接，东止规划线。同时废弃环城南路、顺城街名称。

锦溪路　位于保山城区南部，西起腾越会馆，东止大保线。

人民路　位于保山城区南部，规划建设中的南二环路，西交太保路（新桥村东北侧），东止规划线。

隆阳路　位于保山城区南部，为原南三环路，西起永凯饲料厂，东止规划线。

梨花路　位于保山城区南部，规划建设中的南四环路，待建，西起梨子园村南侧，东止大保线。

第四章　县乡集镇建设

第一节　县城建设

一、施甸县

施甸县城甸阳镇，元代起为石甸长官司城。解放后为保山县五区区政府驻地。1962年，施甸街仅有狭小的3街9巷，总占地面积0.21平方千米，街道最宽为4米，最长为280米，路面均为土路面，无消防、照明、环卫和自来水设施，仅有供销社的9个门市部、1个食堂、几家旅社和1个合作商店，1个露天影剧场。1963年从保山县分出建县之初，整个县城占地1266亩，城市人口3996人，其中：非农业人口986人。此后，施甸县城逐步扩建。

1984年，县城进行老街道修整改造，新建混凝土路3条，总长1200米，宽16～20米，面积24229平方米，新建二至五层钢筋混凝土楼房30余幢，3街9巷改造为3151平方米，县城初具规模。

至1985年，全镇总占地面积0.68平方千米，扩建成8街9巷的方形街道网络，街面最宽20米，最长1210米。有广场1个，面积6942平方米。铺设供水主管道7177米，日供水1800吨，基本满足城内机关、厂矿、居民生产、生活用水需要。在甸阳路安装水银路灯59盏，各街道设置混凝土垃圾箱7个，建公厕7个，设消防栓5个，建消防池35个，总蓄水5900立方米。镇内有师范学校、完全中学、县中心小学和县幼儿园各1所。灯光球场1块，占地1032平方米；游泳池2个，占地2000平方米。县图书馆1座；县医院1所，有病床145张。镇内招待所、旅社总建筑面积6742平方米。51个国营、集体商业网点，商业用房建筑面积1.79万平方米。有县车队1个，占地9112平方米，建筑面积3781平方米，停车场可容纳客货车44辆。新建街心花园1个，面积760平方米。

据1985年的全县城镇房地产普查资料统计，至1985年年底，全镇共有公私房屋29.57万平方米。其中：解放前遗留公私房屋建筑面积5.92万平方米，占房产总面积的20.01%；20世纪50年代新建公私房屋8323平方米，占总面积的2.81%；60年代新建3.64万平方米，占12.31%；70年代新建8.32万平方米，占28.14%；1980—1985年新建10.86万平方米，占36.73%。公私房屋中，全民单位自管产6.61万平方米，集体单位自管产9942平方米，私有产3.26万平方米。在70年代末至80年代中的私人建房高潮中，仅1980—1985年的6年，私人建房总面积就比前10年还多1.38倍。在全镇房屋总建筑面积中，土木结构19.96万平方米，砖木结构2.44万平方米，混合结构1955平方米，钢混结构6.59万平方米，钢、钢混结构1841平方米，钢结构2065平方米；平房6.31万平方米，2～3层楼房20.64万平方米，4～6层楼房2811平方米。住宅总建筑面积15.78万平方米，其中私有产8.78万平方米，占住宅面积的55.64%。镇区人均住宅使用面积12.89平方米；居住面积6.82平方米，居全区五县（市）之首。至1985年，城市绿化总面积1002平方米，绿化覆盖率为0.15%。到1990年，城市绿化覆盖率为0.8%。

1988年，县城已建成以大桥头为中心，辐射四方的商业贸易区；以东关坡为中心的党政机关办公区，以电影院广场为中心的文化区，总面积3.43万平方米。到1990年，县城规模2平方千米，为建县初的3倍多。城内有甸阳路、甸阳中路、甸阳西路、甸阳北路4条大街，均为水泥或柏油路面，总长5200米。街道两旁安装高压水银灯数十盏，修筑封闭式下水道10.6千米，设消防栓14个。县城日清扫面积2.79万平方米，配有垃圾车1辆，日清运垃圾4吨。共有房屋建筑面积66.7万平方米，比1985年翻了一番多，其中3～6层钢凝楼房50多幢；人均住宅使用面积增至14.7平方米。镇内已建成虎头岩、小白龙泉、小黑龙泉3条自来水供水管道，建有容量500立方米蓄水池2座，日产水量3456立方米。建有工人文化宫、图书馆和电影院各1座，广播、电视覆盖率分别达80%和86%。

1995年年末，有城市道路6条，总长4.58千米，面积17.73万平方米，有路灯68盏，城市人口1.2万人，城市建成区面积2平方千米。县城已建成以大桥头为中心，辐射四方的商业贸易区，以东关坡为中心的党政机关办公区，以电影院广场为中心的文化区，城市建设有了新的发展。城市绿化面积1.84万平方米，城市绿化覆盖率仅为0.9%。

"九五"期间（1996—2000），在县城规划区城北征地419335平方米，新建1个住宅商业区，新建道路10条，总长5.5千米，面积10.48万平方米，新建占地20亩综合农贸市场1个，新建日取水能力为1万吨的自来水厂1个，并进行老城"两路一广场"改造，新增行道树983棵，新架设路灯152盏，草坪灯104盏。新增城市面积0.4平方千米，新增城市人口0.3万人，共投入城市基础设施建设资金3919万元，2000年年末，城市建成面积2.4平方千米，城市人口1.5万人，城镇化水平达6.12%，城市建设得到了前所未有的发展。2000年，城市绿化面积12.41万平方米，城市绿化覆盖率5.9%。

2001—2004年，施甸县城绿化面积有17.31万平方米，绿地率达6.53%，新老城区的主次干道均用团树、小叶榕、香樟、花叶榕等不同树种以"一街一景"的原则完成了绿化、数量为1080米，同时扩建了简洁实用的文化广场，由于绿化格局的变化，形成了如下的行业特征：绿地功能以休闲游览为主，转向环境功能为主；绿化建设的投资由政府单一渠道，转向投资主体的多元化；绿化生产由计划管理转向市场运作；绿化建设与经济建设发展相辅相成。2003年，县城垃圾处理厂项目国家计委立项，年底开工建设，完成投资600万元。2004年年末，城市建成面积2.65平方千米，城市人口1.875万人，城市绿化覆盖率6.53%，城镇化水平达10.64%。

2005年6月底，共投入城市道路建设资金3089万元，其中：交通管理设施资金1500万元。当年底，有城市道路26条，总长12.61千米，面积32.81万平方米，城市主次干道13条，总长10.22千米，宽16～44米。城市人均占有道路面积17.5平方米，比"八五"末增2.73平方米。城市中心区内部交通已形成方格网棋盘式布局，城市道路系统基本形成环状加方格网的布局形式。年内，县城基础设施建设项目投资3628万元，主要建设项目有城市垃圾处理厂、城东"兰溪院"住宅小区、县城滨河路改造、供水网改造等。县城房屋建设投入1590万元。

二、腾冲县

腾冲建城历史较早，唐代即开埠拓城。明正统十年（1445），兵部侍郎杨宁率部征麓川时驻防腾越，并筑腾越土城。明正统十三年（1448），兵部侍郎侯琎继筑石城。民国31年（1942）5月，腾冲县城被日军占领，城内各种房屋2万余间被毁，具有500多年历史的边陲文明古城化为一片废墟。从民国33年（1944）9月收复腾冲城，到腾冲解放的5年中，城内主要街面和房屋部分得以修复，但仍有大片瓦砾荒地。从1950年起，腾冲城在旧城基础上整修、扩建，先后建立人民电影院、县花灯团剧院等5座影剧院，公共建筑多为木结构或砖木结构瓦屋面2层楼房。

1978年后，陆续建造一批砖混结构和框架结构的3～4层平顶楼房，并新建改建一批市政公共设施。其中，新建的县图书馆，包括1000平方米砖混结构藏书室和阅览大楼，总建筑面积1656.73平方米；新建的3层钢混结构体育大楼，建筑面积1080平方米。体育大楼室外还建有混凝土篮球场2块，其中灯光球场1块，面积2064平方米；游泳池1个，面积1250平方米。城西1千米的国殇墓园旁建有草坪足球场1块，面积2300平方米。因无统一规划，各种房屋相互掺杂，参差不齐，影响了城区市容。残留古城墙已被拆毁，仅在北门至县造纸厂一段留有古城墙基遗迹。

1985年，腾冲县城面积为4.14平方千米，城市人口2.90万人，城区人均占地143平方米；城区有主街16条，总面积9.2万平方米。街道最长2050米，最宽20米；已铺沥青路面1780平方米，泥结碎石路面2.31万平方米，混凝土路面6172平方米；安装供水主管道2.46万米，日供水3300吨，基本满足城区生产、生活用水的需要。16条主街道共安装各型路灯764盏，城区平均每27人有1盏路灯。设有公厕34个，垃圾桶100只，垃圾坑28个；消防栓36个，消防池166个，总容水量8522立方米，并配有轻便消防车等消防器材。城区有中学3所，总占地面积15.06万平方米。校舍总建筑面积2.84万平方米，在校学生人均占有场地47.7平方米、校舍9平方米。有完全小学8所，总占地7.28万平方米，在校学生人均占地21.86平方米；校舍总建筑面积1.17万平方米，人均3.51平方米。有幼儿园4所，总占地面积8388平方米，在校幼儿人均占地11.8平方米；校舍总建筑面积4083平方米，人均5.74平方米。有医院5所，总建筑面积1.4万平方米。城区有国营、集体商业网点42个，营业门市总建筑面积3.27万平方米；个体经商户2849户，经商房屋建筑面积4260万平方米；有国营、集体旅社8个，设1518个床位。有县汽车站、县运输公司各1个，总占地面积4.72万平方米，房屋建筑面积1.84万平方米；大小停车场21个。有邮电局1个，总建筑面积4423平方米。到1985年年末，县人民政府先后拨款，扩建来凤山森林公园3000万平方米4.5万亩，使公园森林总覆盖率达75%；新建云南茶花基地1个，占地73333平方米110亩；植有街道行道树7800余株。城区机关、居民人均有花木盆景3.4盆；人均占有公共绿地2.3平方米，居全区五县（市）之首。当年末，城区107.79万平方米房屋，包括公产1.99万平方米，全民单位自管产43.49万平方米，集体单位自管产12.71万平方米，私有产49.60万平方米；土木结构79.1万平方米，砖木结构14.52万平方米，混合结构3.59万平方米，钢混结构10.2万平方米，钢、钢混结构1944平方米，钢结构1834平方米；平房（单层）40.86万平方米，2～3层楼房63.89万平方米，4～6层楼房3.04万平方米。城区人均占有住宅面积11.9平方米，居住面积4.52平方米，略低于保山市区和龙陵县城人均居住面积水平。

1985—1987年，公用事业费附加征收8.68万元用于城市建设资金。1980—1987年，单位、居民及街道等累计筹资5.30万元用于街道维修。

至1990年，城区共有房屋140.75万平方米，比1985年增长30.58%，其中住宅面积83.62万平方米，人均占有住宅面积达13.8平方米，人均比1985年增加1.9平方米。城区街道经投资152.86万元扩宽、改建后，计有主街29条，长1.23万米，总面积7.82万平方米。其中新铺柏油路面3条，长1106米，面积7697平方米；新铺水泥路面20条，长8365米，面积5.09万平方米；新铺泥结碎石路面5条，长1315米，面积5436平方米；完成下水道排水工程3708米。另投资14.82万元，新安装钠灯100盏，汞灯18盏，白炽灯210盏，输电线路长11千米，辐射面积4.8平方千米。共安装各型自来水供水主管道6.2万米，供水面积约4平方千米，日供水量6000吨；建调节水池1座，容量2000立方米，进一步满足了城区生产生活用水的需要。有专职环境卫生管理人员3人，环卫工人53人，环卫专用车6辆，垃圾桶53只，垃圾场1处；日清扫面积14.7万平方米，清运垃圾约24吨；新改建公厕13个，城市环境卫生状况明显改善。1998年4月，全县干部职工及群众投资200万元，支持城市道路改造。

1991年，城区5.20平方千米。全年，自来水公司供水8240户，供水总量209万吨。1992年，来凤山被林业部批准为“国家森林公园”。1997年，城区7.12平方千米，城市人口4.30万人。1998年，完成公共建筑1.20万平方米（生产性建筑0.32万平方米）；年末累计公共建筑152.25万平方米（生产性建筑23.15万平方米）。1997—1998年，投资3.40亿元完成12条城市道路改扩建29千米。此后，每年都投资加快城市道路改扩建。1998年，成立城市绿化管理所，核编25人；当年，城市绿地9100平方米。1999年，争取省补助资金145万元，用于城镇建设。1998—2000年，累计投入城市建设资金3.60亿元（小城镇建设、省建设厅每年都安排项目资金共补助1284万元），出让土地使用权募捐建设资金4.30亿元。城镇规模扩大至10.98平方千米，人均占189.31平方米。其中：生活居住用地129.94公顷，占52.03%；公共设施91.35公顷，工业80.38公顷，仓库17.50公顷交通运输9.13公顷，道路广场33.98公顷，市政公共设施16.29公顷，绿化28.9公顷，特殊32.50公顷；机关139.47亩。全年，自来水公司供水11700户，供水总量330万吨。年末，全城有路灯5833盏，功率为380千瓦。

2000年，绿化投入202.60万元，年末，累计植行道树6000棵，草坪7.27万平方米，城市绿化率达20%。2001年，城市建设累计收入6365万元（单位个人捐款195万元、招标工程自愿赠费90万元、临街铺面自愿捐赠修路费606万元、土地出售出让金收入5446万元、其他28万元），20个基建项目结算支出1.41亿万，垫交工程税金、绿化借款、土方回填工程等零星工程款905.50万元，总支出1.50亿元，欠款8654万元。年内，城市人口发展到6.90万人，建成城区31.62平方千米，正在建设3.34平方千米。2001年，绿化投入275.08万元，绿化面积6.17万平方米。

2000—2005年，全县城市园林绿化累计投入资金1010.84万元，完成道路绿化、居民、单位绿化的绿化面积为59.73万平方米，绿化覆盖率35%，人均绿地面积8.10平方米；有行道树、绿化苗木、各种花卉86.51万株。2002—2005年，全县城镇每年以3平方千米的速度扩张。2003年，绿化投入364.37万元，绿化面积8.22万平方米。年末，城市公共绿地51.70万平方米，人均占有公共绿地7.14平方米，城市绿化覆盖率33%（市中心区公共绿地51.20平方米，人均占有公共绿地5平方米）。2004年，争取建设项目贷款贴息资金400万元。年末，有公共车26辆，经营5条线路，5条线路单趟总里程103千米。2005年，城市建设资金筹资9299万元（省补助183万元、土地出让8012万元、房地产税312万元，县财政拨城市维护费792万元）；争取建设项目贷款贴息资金610万元；绿化投入50.00万元，绿化面积0.30万平方米。

至2005年年末，城市规模扩大至42.52平方千米，城市人口11.50万人，人均占369.74平方米，城镇化水平23.80%；累计建成城市道路49.70千米（主干道22.47千米、次干道4.77千米、支路5.35千米、茬道17.11千米），占地129.16万平方米；绿化占59.73万平方米，人均绿化8平方米；城区共有桥梁12座，总长476.84米；自来水公司供水15087户，供水总量485.90万吨，产值659.70万元，上缴税收44.10万元，利润为负173.9万元；城区清扫面积123万平方米，有工作人员281人，清运机械26辆，日运垃圾150吨，粪便50吨；有垃圾桶260只，垃圾房36座，果皮箱120只；安装腾梁各型路灯135盏（组），县城路灯1.23万盏（组），控制箱123台，电缆31.10千米，灯具总功率437.23千瓦，全城亮灯率保持在98%。城市建设累计完成投资达15亿多元。

三、龙陵县

龙陵县城龙山镇，其建设始于唐代。民国31年（1942）5月日军入侵，龙陵县城沦陷，所有房屋建筑几乎全被毁坏。龙陵光复后虽有修复，但仍是千疮百孔，难以恢复原貌。

解放后，龙陵县城建设不断恢复和发展。

1976年5月29日，龙陵境内发生7.3级、7.4级两次强烈地震，县城再度遭受严重破坏。1978年，龙陵县有1个县城13个集镇，主要为震后恢复和重建的。房屋多数为土木结构，与震前所建房屋相差不大。除县城是原水泥路面外，各集镇都为土石路面。整个县城仅有一条主街，从龙陵中学门前到龙山卡（即抗日广场旁），职工住房相当拥挤。

至1985年，县城建设占地0.57平方千米，比解放前的0.3平方千米扩大了近1倍，城区人均占地面积110.8平方米。县城有街道11条，街巷3条，街面最宽9.2米，最长1244米；已铺柏油路面2.5万平方米。有广场2个，总面积1464平方米。建自来水厂1座，日供水1000吨，基本满足全镇生产生活的需要。镇内建消防池28个，总容量840立方米；建公厕2座，设垃圾桶、坑89个。主要街道安装有高压钠汞路灯28盏，每夜耗电95千瓦时。有国营、集体旅社、招待所3家，床位496个；县邮电局1个，200门市话交换机1部，话机137部。有砖混结构影剧院1座，座位1250个；完全中学、职业中学和中等专业学校各1所，完全小学2所，幼儿园1所；砖木结构图书馆1座，建筑面积268.75平方米。除机关、学校设有业余球场外，还修建专用露天混凝土球场2块，总面积728平方米。有县级人民医院1所，建筑面积7663平方米。1951年建立的革命烈士陵园，1984年扩建为西山公园，占地7400平方米111亩，植有秃杉、桃、李等果木2万余株。年末，全镇公私房屋建筑总面积达39.18万平方米。其中，全民单位自管产17.38万平方米，集体单位自管产3.72万平方米；私有产18.08万平方米，占公私房屋建筑总面积的46.26%。公私房屋建筑总面积中，土木结构22.91万平方米，砖木结构10.8万平方米，混合结构5.41万平方米，钢混结构620平方米；平房17.35万平方米，2～3层楼房19.47万平方米，4～6层楼房2.36万平方米。全镇住宅建筑总面积10.52万平方米，人均占有建筑面积11.89平方米，居住面积4.69平方米，与保山市区人均居住面积相等，略高于腾冲县城人均居住面积水平。

1986年，龙陵县编制《龙陵县城总体规划》，经县人大常委会讨论决定，并报请保山行署审批后，开始逐步实施。当年，投资18万元，对东卡到县财政局门口一段街面进行修缮，铺成全长1244米、宽9.2米，总面积1.14万平方米的柏油路面。当年规划了西山坡住宅区，由职工个人投资建民宅，县城城区面积有所扩大，职工住房拥挤状况有所缓解。1989—1990年，又投资12万元，对通往幼儿园、龙山小学和县医院的水星巷、城隍庙街、长庚路等路段进行整修。铺成全长1628米，平均宽5米，总面积8390平方米的柏油路面。同时，在东卡三岔路口设置交通岗和停车场，并沿320国道两侧新辟全长350米、宽18米，总面积6300平方米的砂石路面东西大街。县城商贸新区和居民住宅小区建设速度加快。

至1990年，城区占地面积增至2.5平方千米，比1985年扩大3倍多。房屋总建筑面积达60.04万平方米，其中单位办公用房18.13万平方米，4层以上楼房2.74万平方米。县城日供水量已达1700吨，供水方式为枝叶状，供水管道总长1.27万米。主街道和交通要道安装了水银路灯52盏，日耗电70千瓦时。原民主广场一带进一步完善各种文化体育设施，成为全城文化体育活动中心。位于县城西部的西山公园，除种植有各种花卉果木外，增设动物园、喷水池，并对原有烈士陵园进行整修，使公园成为人们游乐、晨练和进行爱国主义教育的场所。县人民政府根据县城建设总体规划，统一征用西山坡、白塔村和钟家寨的3块成片土地，采用组团式布局，安排无房户建盖私人住宅，形成3个居民住宅小区。

1998—2003年，是县城大扩、大改、大建时期，这时期新建扩建城市道路有：龙山北路、龙山中路、龙山南路等十多条，总占地面积292892平方米，总投资为7650万元，通过这次县城新建扩建，县城城区面积增为3.68平方千米，而且单位和个人新建了大量办公大楼及民宅，县城基本形成规模。

2000年，新城区开发48万平方米，完成长1200米、宽37米的热泉路、汇源路路面的沥青铺筑等工程，建成日供水7000吨的自来水厂1座，架设地下排污管3800米，增植草坪1.55万平方米，架设路灯79盏，完成生态垃圾场的建设并投入使用。年末县城面积3.68平方千米，城市常住人口2.45万人。2004年，龙陵县又投资750万元，用于城区基础设施建设，县城区面积增至3.88平方千米。2005年，城市建设完成投资1849.3万元，建设项目有县城生活垃圾处理场、滨河路改造、董家沟道路改造等。

2005年年末，城区面积达3.88平方千米，城市道路13.6千米。城镇人口达4.05万人，城镇化水平达15%。

四、昌宁县

昌宁县城即古右甸城，原为明代右甸土守御千户所驻地。明万历二十六年至万历三十年（1598—1602年）随军戍边将领杜忠奉命督造土城。解放后，县城街道曾多次进行维修和扩建，一部分土路面已改为泥结碎石、混凝土或柏油路面。1978年后，系统的县城规划和建设逐步兴起。

1978年，昌宁县设立水管所，投资42万元建清灵寺水池，蓄水2800立方米，并在县城架设输水管网供水1982年开始，整治南门河、大沟桥河、石桥河，新修下水道，至1985年新修建下水道2千米。1984年，扩修、改善右甸大街和顺城街两条主要街道。

至1985年年底，昌宁县城共有10条街2条巷和13条路，总长9080米。街面最宽20米，最长1100米，总面积73.6万平方米。其中，混凝土路面3.04万平方米，占4.13%；柏油路面1.1万平方米，占1.49%。先后修建的容水2250立方米和2500立方米的两个水池。城内有水银路灯54盏，每夜耗电106千瓦时。还建有消防、饮水两用池9个，消防栓2个；公厕4座，垃圾坑7个，垃圾桶100只，有清洁工10人。有改建后的1509个座位的会堂、灯光看台运动场，新建图书馆1座，总面积扩大到4680平方米。城区有公共绿地7000平方米，绿化覆盖率为3.15%，居民人均占有绿地0.7平方米，不足腾冲县人均占有绿地面积的1/3。城区有完全中学1所，占地4.99万平方米，校舍建筑面积1.22万平方米；在校学生人均占地49.86平方米，人均校舍12.16平方米。初级中学1所，占地面积4100平方米，在校学生人增8.91平方米；校舍建筑面积2000平方米，学生人均4.35平方米。完全小学1所，占地面积1.01万平方米。校舍建筑面积3440平方米；在校学生人均占地7.79平方米，人均校舍2.66平方米。幼儿园1所，占地面积2273平方米，校舍建筑面积1432平方米；在校幼儿人均占地9.71平方米，人均校舍6.12平方米。城内有国营旅社2家，床位212个；集体旅社3家，床位144个。有国营商店12个，集体商店8个。客运站1座，占地面积4946平方米。县级和镇级医院各1所，病床共170张。县邮电局1所，占地面积2763平方米。

据1985年城镇房地产普查统计，昌宁县城房屋总建筑面积为40万平方米，其中，全民单位直管产0.54万平方米，全民单位自管产16.81万平方米，集体单位自管产3.84万平方米，私有产18.81万平方米。1980—1985的5年间，私人建房为前10年私人建房总数的1.66倍。在城区房屋建筑中，土木结构24.79万平方米，占61.98%；砖木结构7.4万平方米，占18.50%；混合结构7.59万平方米，占18.98%；钢混结构1666平方米，占0.43%；钢结构497平方米，占0.13%。平房10.54万平方米，占26.35%；2~3层楼房26.64万平方米，占66.60%；4~6层楼房2.82万平方米，占7.05%。全城有住宅面积24.42万平方米，占房屋建筑面积的63.55%，其中私有产18.79万平方米，占全部住宅面积的73.92%。城区居民人均有住房使用面积18.77平方米，居住面积6.15平方米，在全区五县（市）城镇人均居住面积中，仅次于施甸县城，居第二位。

到1990年，全县全民自管面积增至19.61万平方米，集体自管房面积增至4.41万平方米，私有房面积增至23.32万平方米。先后投资473万元，完成城市配套建设面积0.16平方千米，完成县城十字路口新兴商贸区综合服务大楼、右甸大街中段农贸市场和新城路东侧县电影院的建设，以及宝丰路新建扩建工程。铺设混凝土路面3356平方米，整修下水道1210米，完成1412米城区道路整修工程的测设。增建日产水4000吨的自来水厂1座，供水范围5.5平方千米；架设自来水管道6条，长9891米；完成城区地面卫星收转站及县广播中波台建设，使城区社会服务功能逐步完善。有清洁工14人，清扫面积5.20万平方米，垃圾车2辆。县城绿化面积134100平方米。

至1995年，铺筑环南路等混凝土路面32780平方米，砂石路面27760平方米；砌筑下水道2900米。设置灯杆照明中灯74盏，线路长3200米；砌筑下水道2900米；县城供水管网10平方千米，日供水规模3000吨，供应2万多人。

2000年，县城城市面积4.82平方千米，城市人口2.4万人，城市绿化面积17.8万平方米。城市化水平提高到16.8%。新建改造街道12条，全长6330米，完成投资3354万元。完成公共设施投资2396万元，其中，第二自来水厂建成并投入使用，日供水规模1万吨，投资1680万元；80厘米管道9千米，日供水5000吨，投资49.50万元；建成观音山垃圾填埋场，投资42万元；建成世纪广场等项目，占地面积12000平方米，投资261万元。县城有路灯404盏；有清洁工23人，清扫面积16万平方米，日处理垃圾20吨。同年，县人民政府第一次以政府令发布《昌宁县城市管理规定》。

2005年，投资9120万元，完成南门河一期治理、滨河公园、城镇加油站等工程建设；启动金叶花园、城市生活垃圾处理场等建设项目；在人行道移栽小叶榕、梧桐树等树木3750株。年末，全县城镇建成区面积11.09平方千米，其中县城区面积规模达5.86平方千米，新增城镇人口3800人，达7.3万人，城镇化水平21.2%。县城排水管道总长38.80千米；有清洁工43人，清扫面积37.58万平方米，日处理垃圾30吨；有草坪208186平方米，公共绿化面积23.37公顷，园林绿化面积20.85公顷，人均占有绿化面积7.58平方米，城市绿化覆盖率达24.92%。

第二节　乡村集镇建设

一、建设概况

1978年后，全区农村集镇建设速度加快。1981—1985年，全区修建农村人畜饮水工程601件，在全区81个区（镇）中，91.6%的乡通公路，80.88%的乡通电，坝区农民多数住上了新居，住宅以土木结构瓦屋为主，建筑质量有较大提高。1985年年底，全区农村有大小集镇160个，其中区镇驻地集镇77个。基础设施、公共建设及文教卫生等公益事业建设发展较快的有31个，一般的有55个，较为缓慢的有74个。

到1990年，全区五县（市）共有常住人口千人以上的小集镇30多个，其中保山市的板桥镇、辛街镇，施甸县的由旺镇，腾冲县的固东镇，龙陵县的镇安镇，昌宁县的达丙镇，常住人口均在3000人以上。全区集镇建设面积达26.8平方千米。

1999—2000年，向省争取到小城镇建设项目30个，补助资金1200万元；两年共投入集镇建设资金4亿元；集镇规划面积45.67平方千米。有40余个集镇已建成拥有一条文明卫生路、一个规范的集贸市场。

2001—2002年，保山市集镇建设累计完成投资8500万元，新修和改造集镇道路43条，长49.38千米，铺设供排水管道54.95千米，培育各类集镇市场32个。农村小集镇建成区面积达37.97平方千米。2003年，全市集镇建设累计完成投资6066万元，新修和改造集镇道路33条，长28.9千米，培育、新修各类集贸市场23个，其中：腾冲县马站乡经努力争取，被省建设厅列为全省优先扶持的重点中心小城镇之一。2004年，全市集镇建设完成投资5200万元，重点加强道路、绿化、供排水、市场等设施建设。新修和改造集镇道路23条，长16.2千米，培育、新修各类集贸市场10个，提高公共服务水平。

"九五"以后，全市共有25个乡集镇被列为省试点小集镇重点发展。全市累计完成集镇基础设施建设投入5.6亿元，共完成集镇规划和修编72个，规划面积41.67平方千米，集镇建成区面积43.5平方千米，新修和改造集镇道路360千米，铺设供排水管道350千米。其间，引入昆明柏联集团等有实力的企业对腾冲县和顺镇等旅游集镇进行开发建设，和顺镇被评为"全国十大魅力名镇"之首；板桥、腾越、和顺、马站、姚关、潞江6个乡（镇）被列为全省旅游小镇，得到省政府的重点扶持；涌现出蒲缥、固东、滇滩等一批发展快、带动力强的经济强镇。

2005年，全市集镇建设完成投资8570万元，新修和改造集镇道路9.8千米。截至2005年年底，保山市集镇建成面积45平方千米，较"九五"末增加9平方千米，各乡（镇）建成面积平均达到0.61平方千米。

二、各县（区）集镇建设

（一）隆阳区

1978年，保山县逐渐恢复集市贸易、修建集镇道路。至1980年年底，各主要集镇均通了公路，保山汽车（集团）公司、保山地区运输公司、保山市运输公司均有客车往返。

1991—2000年，保山地区保山市的板桥、金鸡、河图、汉庄、汉营、辛街、老营、蒲缥、芒宽、西邑、道街、丙麻等集镇先后修建集镇街道10319米，共计237152平方米；建设排水（沟）道13590米。板桥、河图、汉营、辛街、老营、丙麻、芒宽、瓦窑、汶上等9个集镇先后建设路灯342盏。板桥、河图、汉营、辛街、老营、西邑、丙麻、芒宽、瓦窑、瓦房等9个集镇植行道树1234株。建设绿地3000平方米。其间，保山地区共有25个乡集镇被列为省试点小集镇重点发展。2000年，全区建成农村集镇道路面积3.2万平方米，架设路灯118盏，新增集镇面积2.5平方千米。

1990—2004年，隆阳区集镇建设基础设施投入约3亿元，新增集镇面积达7平方千米，修筑集镇道路60余条，70多千米，主要在蒲缥、板桥、辛街、罗明、老营等地。其中，板桥镇新建牲畜市场一个，占地22亩，实施梅花大街2.6千米拓宽改建工程；蒲缥新建集镇道路3条，长820米；小平田新建集镇道路2条、长230米；辛街乡新建集镇道路1条，长900米，宽9米；芒宽新修六东路，长1000米，宽30米；汉庄集镇架设路灯62盏，栽行道树156棵；河图新建宣传文化中心，占地5亩，完成投资120万元。

2005年，完成辛街、瓦窑等9个集镇规划编修工作，板桥、小平田等集镇建设取得突破性进展。

(二) 施甸县

1988年年底，施甸县集镇较大的有由旺、姚关、仁和、保场、太平、旧城。小集镇有太和街、酒房街、万兴街、长安街、银川街、七〇七街、永保街、小官市街。各较大集镇面积分别为：由旺31824平方米，姚关12715平方米，仁和14530平方米，保场8785平方米，太平11642平方米，旧城33570平方米。

2000年，集镇建设步伐加快，由旺、姚关、仁和、旧城、酒房、万兴等集镇建设初具规模。2001年，乡（镇）集体建设共投资336万元。2002年，集镇改造和扩建道路10条，面积9.67万平方米；新增道路3万平方米；建市场2个；在建项目12个，总投资484.75万元。2003年，乡（镇）集体建设共投资543万元。2004年，全县投入集镇基础设施建设项目投资650万元。

2005年，全县投入集镇基础设施建设项目投资792万元，其中新建道路有姚关集镇3条，由旺镇5条，旧城集镇2条；集镇房屋建设投入1245万元。

(三) 腾冲县

1985年，全县有自然村落2421个，有集镇54个。其中较大的聚落型集镇有7个，即固东、界头、曲石、芒棒、荷花、中和、勐连。1985年，财政对村镇集镇建设投资347万元。1986年，完成198个村镇规划。1991年，乡（镇）集镇建设投资1373014万元，建筑1057万平方米。

1999年，集镇建设投资4952.50万元（住宅4102.50万元，公共720万元，公用事业130万元）。2001年，投资1309万元，指导各乡（镇）集镇规划修编和地形图测绘。2002年9月，固东被列入全国综合改革示范镇，争取配套资金90万元。2002年年末，全县小集镇累计完成31.62平方千米，集镇道路300千米（镇区道路72.05千米137.74平方米），路灯1.35万盏（组），人工绿化50万平方米，自来水覆盖率100%，供水平管道387千米，年供水1933.04吨，环卫机械43辆（台），公共厕所91个；各乡（镇）投入小集镇建设资金16.50亿万。

2004年，马站集镇被列入云南省重点小城镇建设项目，获得连续5年每年60万元补助资金；争取集镇建设项目贷款贴息资金50万元；集镇投资2000万元；完成固东搬迁等规划；年内，投资2000多万元，完成猴桥、固东、滇滩、马站、界头集镇主次干道10条。

2005年，腾越镇、和顺镇、马站乡被省政府选入旅游小镇，争取项目资金400万元，申报项目28个；年末，集镇完成投资1500万元。年内，昆明柏联集团投资1200余万元对和顺镇基础设施和部分古建筑进行了修缮建设。1995—2005年，累计投资7.38亿元，完成建设25万平方千米；投资970万元完成猴桥、滇滩、固东、马站集镇基础设施建设。

(四) 龙陵县

1980年开设龙新集市，1981年对龙山集市拓宽改造，1983年开设天宁、木城集市，1985年开设大垭口集市，1986年对龙山集市进行复修、铺筑柏油路，并开设黄草坝、大坝两个集市，1987年开设天宁坡头田集市，1989年开设象达龙河及龙江硝塘集市。

到1990年年底，龙陵县较大集镇面积分别为：镇安24964平方米，象达10891平方米，龙山11000平方米，勐柳10030平方米，龙新9196平方米，勐糯7560平方米。

2001年，完成镇安、勐糯两个集镇初设工作。碧寨乡新建道路1条，长600米，宽18米。2002年，完成天宁乡天宁街道、腊勐乡大街、木城街道改造建设。2003年，完成勐糯、镇安、象达3个乡（镇）总体规划，规划面积9平方千米，建成面积3平方千米。完成集镇基础设施建设投资942.7万元。1990—2004年，除县城外，全县11个集镇也取得较大发展，有一定规模的集镇为勐糯、镇安、象达三个集镇。

2005年，勐糯集镇二期工程竣工，完成投资750万元。

（五）昌宁县

1985—1990年，昌宁县对右甸镇以外的13个乡（镇）集镇进行总体规划。

1999年，昌宁县委托省城乡建设规划设计研究院对12个乡（镇）（珠街除外）总规进行修编。各乡（镇）集镇规划面积为：卡斯1.50平方千米、柯街1.50平方千米、勐统1.06平方千米、漭水0.40平方千米、湾甸1平方千米、大田坝0.60平方千米、更戛0.45平方千米、耇街0.28平方千米、翁堵0.30平方千米、鸡飞0.50平方千米、温泉0.60平方千米。2001年，大田坝乡湾岗集镇投资88万元，湾甸乡集镇投资82万元，鸡飞乡集镇投资55万元，勐统乡集镇投资376万元，漭水乡明德村、翠华村集市投资100万元，加强了集镇建设。2002年，各乡（镇）集镇建设规模不断扩大，其中湾施乡集镇建设投资183万元。

2005年年末，除县城外，各乡（镇）集镇建成区面积达5.23平方千米。

第五章　建筑业

第一节　建筑企业

一、企业概况

1979年，保山地区共有建筑企业24个，其中保山县12家、施甸县5家，腾冲、龙陵、昌宁县各2家，地区1家。成立有保山地区建筑公司设计室，开展场地勘测和建筑设计工作。此后，部分城乡专业建筑单位也有设计室或专职设计人员。

1982年，撤销保山地质队，有24人划归保山地区建筑公司，负责工程地质勘察及寻找地下水工作。1986年，地区建筑公司设计室和原地质队保留人员合并，成立保山地区勘察设计院，有职工64人，设有建筑、结构等10余个专业的勘察设计项目。

1985年，形成市属、区、乡、村、联户5个层次的建筑企业，先后建立升阳、北关、龙泉、化美、白塔等建筑队，腾冲县成立二建、三建、四建、洞山、光华、马站石工建筑队、双扶建筑队、越洲建筑队。

至1990年，全区有国营建筑队伍、集体建筑队伍和私营建筑队伍三种不同性质的建筑企业，共有职工35671人。其中：

国营建筑队伍 解放后到1985年年底，全区先后组建国营新城农场建筑公司、潞江农场建筑公司、腾冲县建筑公司和保山地区建筑公司4个国营建筑安装施工企业，有职工2849人，其中固定职工1379人，临时工1470人。有固定资产703.21万元，流动资金214.6万元。1985年，建筑施工面积10.25万平方米，竣工验收面积5.24万平方米，国营建筑企业总产值2101.6万元，全员劳动生产率7376.62元/人，超过集体建筑企业67%。1990年，全区共有全民建筑安装企业8个。其中，保山地区建筑公司为国家二级企业，1264名职工中有固定工448人，合同工106人，管理人员88人，工程技术人员93人；腾冲县建筑公司为国家三级企业，有职工202人；保山地区建筑安装队为国家三级企业，有职工192人；保山地区汽车修理厂安装队为国家三级企业，有职工180人；保山地区水电建筑安装队为国家四级企业，有职工540人；保山潞江建筑公司为国家四级企业，有职工98人；保山新城建筑公司为国家四级企业，有职工321人；保山广告装潢工艺美术服务部为非等级企业，有职工9人。

集体建筑队伍 到1985年年底，经过各个时期的撤并变更，全区共有城乡集体建筑企业42个，职工25855人，其中：固定职工18137人，临时工7718人；固定资产7077.48万元，流动资金1371.31万元；1985年，共完成施竣工面积49.48万平方米；实现总产值11420万元；全员劳动生产率4416.94元/人。至1990年，全区有城乡集体建筑企业617个，其中乡办32个，村办20个，联办565个；从业人员24863人。乡（镇）集体建筑企业进入县以上城镇施工的共28个，从业人员17370人；全年实现建筑工业总产值9018万元，完成建筑竣工面积18.41万平方米。

私营建筑队伍 1978年后，党的改革开放政策，促使农村大批剩余劳力寻找新的就业门路，一批个体工匠活跃在城乡村寨。他们农忙回家种责任田，农闲即带上各种建筑工具，三三五五，以乡村为重点，替农民建盖新房或做些零星建筑活计。家庭收入提高和粮食生产稳定以后，一些个体建筑工匠常年离家从事建筑，其中部分建筑工匠又加入到乡（镇）或村社组织的建筑队伍中。1985年年底，全区共有个体建筑户73户370人，从业人数分别相当于国营、集体从业人数的近13%和1.43%。到1990年，全区个体建筑户达880户，从业人员增至7490人。其中，常年在外从事建筑的个体户约占30%，季节性建筑工匠约占70%。1995年，全区共有建筑施工企业75个，从业人员（相对固定）3.7万人。有的建筑施工企业进入附近八地州承揽施工工程，在建筑市场中有较强的竞争能力，建筑业已经形成保山地区经济发展的支柱产业之一。1996年，成立保山地区勘察设计院设有建筑、结构、工程地质等10余个专业的勘测设计项目。2000年，腾冲腾飞市政工程公司、万佳建筑工程公司相继成立。2000年，保山地区有各类建筑施工企业83个，拥有固定职工5万余人，加常年使用的劳务工，全区建筑施工企业从业人员保持在13万人左右。当年共进行招投标147个项目，工程投资额20.56亿元，招标率达98%，签订廉政合同率100%。累计完成产值44亿元。全区建立招标投标交易中心，按招投标法的规定，凡是投资额50万元以上的建设项目都实行公开招投标。到2005年年底，全市共有建筑业企业76家，其中：工程地质勘察企业1家，设计单位17家，图审公司1家，招标代理机构2家，工程监理企业3家，太阳能企业4家，各类施工企业47家，从业人员达4.2万余人。建筑业施工产值12.5亿元，全年竣工项目452项，房屋建筑施工面积59.24万平方米。全市建筑企业在省外、市外累计完成施工产值5.22亿元，与上年相比增长96.98%。

二、建筑业企业资质

1991年，对全区61个建筑施工企业进行资质年检，其中：二级企业1个，三级企业16个，四级企业26个，非等级企业18个。

2000年，保山地区有各类建筑施工企业83个，其中：一级企业1个，二级企业7个，三级企业29个，四级企业29个，非等级企业17个。

2001年下半年，为贯彻落实《建筑业企业资质等级标准》，按照《关于建筑业企业资质就位的意见》以及《云南省建筑业企业资质就位计划》的总体部署，保山市建设局对保山辖区内建筑企业进行企业资质申报和评定工作。企业资质改革前，全市共有88个建筑业企业，按等级分：一级企业1个，从业人员1900人；二级企业11个，从业人员20300人；三级及以下企业76个，从业人员25200人。企业资质改革后，通过重组、合并，全市共43个企业，按等级分：二级企业18个，占企业总数的41.8%，从业人员2800人；三级企业25个，占企业总数的58.2%，从业人员14600人。按主项资质类别统计，总承包12类中保山市有4个类别：房屋建筑29个企业，占企业总数的67.4%；公路工程1个企业，占企业总数的2.3%（属二级企业）；水利水电2个企业，占企业总数的4.6%（属三级企业）；市政公用2个企业，占企业总数的4.6%（其中：二级企业1个，三级企业1个）。专业承包60类中保山市有4个类别：地基与基础1个企业，占企业总数的2.3%（属三级企业）；装修装饰5个企业，占企业总数的11.6%（其中：二级4个企业，三级1个企业）；混凝土预制构件1个企业，占企业总数的2.3%(属三级企业)；送变电工程2个企业，占企业总数的4.6%(属三级企业）。企业资质改革后，总承包企业有34个，总承包企业转为专业承包企业有2个，占原总承包企业总数的3%，专业承包企业改革后有9个。

“十五”期间，通过开展新一轮企业资质达标工作与企业重组改制相结合，基本完成全市企业改制工作。到2005年年底，全市已完成改制企业61家，占企业总数的80.26%。经过重新整合资源，进一步增强了企业的整体实力，全行业完成产值达到了45亿元左右。

第二节　建筑业管理

1978—2005年，保山建设部门在广泛开展宣传，注重从业人员资格管理的同时，吸收培养国家级、省级建筑类、房产类、造价类、监理类注册专业人员57人，评聘初职以上专业技术人员122人，获得项目经理考核合格人员286人，积极向省建设厅申报二级建造工程师168人，对调整充实后建设工程招投标专家评委库中的113人，分批进行培训。组织全市3000余人参加由云南省建设厅统一举办的建筑业各类岗位考核培训。2003年起，保山市建设部门按照党中央、国务院、省委、省政府提出用三年时间解决拖欠工程款和农民工工资问题的统一部署和要求，推进农民工工资清欠工作，截至2005年8月30日，全市累计接待投诉402起、来访2012人次；清偿拖欠工程款19520.77万元，占全市拖欠工程款总额的95.60%。

2001—2004年，全市共受理建设项目报建893项，办理工程质量安全监督949项，核发施工许可证1245份，建设规模达222.71万平方米，工程投资17.28亿元。全面推行施工图设计审查制、工程监理制和竣工验收备案制。全市竣工项目合格率达100%，其中：71项单体工程被评为省市级优质工程，56个施工现场被评为安全生产文明工地。4年中，全市共有20多家企业在外省、外州(市)承包各类工程项目400余项，建筑面积90余万平方米，实现产值约20亿元，外出施工人数达9万余人。

2005年，全市建筑企业在省外、市外累计完成施工产值5.22亿元，与上年相比增长96.98%。

第三节　建筑企业选介

一、云南保山市建筑工程总公司

保山市建筑工程总公司成立于1964年8月，是国家二级资质房屋建筑施工企业，在云南建筑企业综合实力百强排序中连续多年名居23名前。2004年，有在职职工630人，其中：高级职称人员5人、中级职称人员56人、初级职称人员124人；一级项目经理14人、二级项目经理26人、三级项目经理65人。拥有资产总值4360余万元，大、中型施工，生产设备200多台，企业资信等级AA级。总公司下设6个土建分公司和16个专业化配套生产与施工单位，具有独立承担大型公共设施，房屋建筑、道路土石方、水坝施工以及水电工程施工，各种门窗制作安装、室内外高级装潢、工业设备吊装等建设施工能力，年施工建筑面积10余万平方米，年完成产值1亿元左右。近40年间，施工涉足云南十余个地、州、市及邻国缅甸。已先后建成日榨甘蔗500～3000吨白糖厂17座，年产4万～20万吨水泥厂5座，以及保山苏帕河电站、保山烟叶复烤厂、剑川水泥厂和保山兰都三星级饭店、建行大厦、临沧飞机场航站楼等一大批工业、民用重点建筑工程项目，已成为云南边疆基本建设的骨干力量。

二、云南保山下村建筑工程有限责任公司

成立于1964年8月，是保山乡（镇）集体企业系统中成立较早、实力雄厚的企业之一。2004年，公司注册资金3036万元，年完成产值亿元以上。在册职工1980人，其中：各类专业技术经济管理人员452人，（高级职称16人，中级职称73人、初级职称81人），一级

项目经理4人、二级项目经理69人、三级项目经理5人，各类持证上岗人员287人；有各类建筑机械1215台（件），技术装备率3981元/人，动力装备率3.68千瓦/人。

1991年和1996年两届被云南省人民政府评为“守合同、重信用”先进单位；1995—2001年获云南省“百强企业”荣誉证书；2003年获国家级“守合同、重信用”先进单位荣誉证书；同年4月获国际标准质量体系认证证书。施工工地遍布保山、德宏、临沧、丽江、大理、怒江和西藏拉萨。完成过的代表工程有：保山银联综合楼、保山市公安局科技楼、云龙新桥电站和装机10000千瓦的中河水电站、主跨30米的耿马河底岗大桥、主跨60米的梁河勐养河大桥等大中型建筑工程项目。

三、保山市汉庄建筑工程有限责任公司

创建于1976年，2002年9月3日，正式改制成立保山市汉庄建筑工程有限公司，有股东38人，注册资金3088.9万元，属国家二级房屋建筑资质企业。公司有职工1900人，下设8个分公司，83个施工队，有高级工程师13人，工程师86人，助理工程师106人，项目经理123人，专业技术人员521人。其中：有各种建筑机械976台，HBT60拖式混凝土泵2台，各式搅拌机208台，龙门吊108座，塔吊16台，钢筋脚手架4750吨，交通车76辆，微机50台，保证了公司建筑工程施工的正常动作。

1991年被评为“云南省先进集体企业”，同年进入“云南省建筑施工综合实力100强”，居第54名，1992年居第42名，1993年居第33名，1994年居第29名，1995年被评为“云南省先进集体建筑施工企业”，并授予公司经理“优秀企业家”称号。同年荣获“云南省百强乡镇企业”，列第16名，2004年获“云南省百强乡镇企业综合实力第50强单位”，2002—2004年连续13年被市政府评为“重合同、守信用单位”和“消费者信得过单位”。

四、保山市板桥建筑工程有限责任公司

始建于1978年10月，2002年6月改制为保山市板桥建筑工程有限责任公司。2004年，资质为房屋建筑工程施工总承包二级、水利水电工程施工总承包三级、市政建筑工程施工总承包三级；企业注册资金2381万元；有职工1928人，其中：管理人员142人，具有高级职称5人，中级职称80人，初级职称172人；有二级项目经理20人，三级项目经理66人，持安全上岗证的53人。公司下设7个工程处，40个施工队，分布在保山、德宏、怒江等地州市及缅甸。各类生产设备和施工机械齐全，完全能够满足施工生产需要。拥有各型机械967台，总功率为7359千瓦，固定资产净值1618万元，流动资金1784万元。年生产产值达8000万元以上，年可完成竣工面积10万平方米以上。

企业两次进入“云南省乡镇企业百强”行列（由第一次的84名跃居第二次的59名），2003年6月获得云南省中小企业质量管理办公室核发的“强化施工质量管理，建立健全施工质量保证体系”证书。

五、保山市河图建筑工程有限责任公司

成立于1964年10月，于1999年12月以云南省建设厅认定，由原三级资质上升为二级建筑施工资质，可承担28层及36米跨度以下的建筑物，高度120米以下的房屋建筑工程，

建筑面积12万平方米及以下的住宅小区或建筑群体。拥有6个工程处，38个施工队，53个施工组。常年固定技术工人2005人，管理人员21人，专业技术人员352人。其中：高级工程师5人、工程师74人、高级会计师1人、会计师7人、助理工程师97人、助理会计师6人、技术员142人、会计员20人。项目经理持证上岗72人，其中：持二级项目经理资质证书26人；三级46人。各类人员持证上岗222人，其中：经理7人、施工员114人、质安员50人、预算员36人，持有资格证书6人、会计员15人。公司固定资产原值2603.9万元，净值2538.1万元，技术装备率6503.5元/人，年完成总产值8094万元。施工涉足保山、德宏、怒江、临沧、西双版纳5个州、市。2003—2005年，承建的房屋建筑面积40多万平方米，施工产值达2.5亿元。

六、保山市奔驰路桥工程经贸有限公司

成立于1996年，2002年9月被云南省建设厅核定为公路工程施工总承包二级施工企业。2005年，在保山5个县(区)设立有分公司。公司自成立后，主要承担保山市境内保腾(保山至腾冲)、云保(云县至保山)、施七(施甸县城至七〇七)等二级公路工程的施工任务及保山过境线、腾冲城市道路等工程的修建，经云南省交通厅组织验收，皆被评为优良工程。

七、保山市永兴路桥工程有限公司

成立于1998年8月。2002年9月，经云南省建设厅认定为市政公用工程施工总承包(暂定)二级，可承担单项合同额不超过企业注册资本金5倍的市政公用工程的施工。2004年有员工1076人，其中：工程技术人员151人，工程技术人员中有高级工程师职称10人，工程师职称30人，助理工程师职称及技术员111人，(助理工程师16人，技术人员95人)；经济管理人员30人，其中：会计师3人、会计员10人、经济师2人、经济员7人、统计员8人。二级项目经理18人。三级项目经理2人、施工员150人、质检员20人、预算员2人、安全员18人。资产原值3600万元，固定资产现值13450万元，拥有土地477亩。当年实现净利润771万元，上缴国家税金480万元。

八、云南保山道路桥梁工程公司

成立于1990年7月，是保山公路管理总段直接领导下的独立享有民事权利和承担民事义务的企业。公司拥有公路工程总承包二级资质、公路路面工程二级资质和公路路基工程二级资质。公司注册资金3000万元，净资产达4738.7万元。有员工196人，其中：工程技术人员123人、统计员4人、会计员36人、经济员26人；大专以上文化的173人，持有监理工程师证的16人，质检员证的16人，公路工程预算员证的29人，持有项目经理证的14人。公司拥有配套的路基、路面施工机械设备、质量检测、试验设备共计208台件，价值4854.5万元，净值3178.3万元。公司成立后，先后修建完成的工程共计29项，公路总里程459.23千米，包括大桥头4座，经竣工验收绝大多数为优良工程，工程合格率达100%。公司承建的工程有腾冲至板瓦公路A1标、腾冲至密支那公路(境内段)A1标、腾冲驼峰机场进场公路A2标、昌宁大水平至湾甸链子桥县际油路工程A2标、龙陵腊寨电站进厂公路

A3标、昌宁至永平县际油路工程A1标、保腾公路油路大中修工程共8个项目，总投资为6000多万元。

第六章 房地产业

第一节 房地产业开发经营

20世纪80年代以前，保山地区未开展房地产开发和经营活动，职工住宅只出租不出售。1984年，保山市在保山地区率先成立房地产综合开发经营公司，在龙泉路、隆阳路等地段建盖建筑面积2.43万平方米的商品住宅，出售给29个单位使用。此后，商品房建设逐步在各县推开。

1985年，省下达全区商品房建设计划指标1.5万平方米，分配保山市1万平方米，腾冲县0.25万平方米，龙陵县0.10万平方米，昌宁县0.15万平方米，由各县建设局组织实施。当年，腾冲县成立房地产开发公司，并在满邑花果山建盖砖木、砖混结构商品房11幢，总建筑面积4926平方米。同时，保山市在新扩建的隆阳大街西侧、正阳北路东侧，建盖了14幢面积为1.35万平方米的不同规格式样的商品房出售。到1985年年末，各县商品房建设任务大部分已如期完成。之后，省计委、建委每年均下达一定数量的商品建设指标，逐步缓解了部分无房或少房户的住房困难。1989年8月，昌宁县成立房地产开发公司，次年与建设银行联营，至1990年，经营资金总额达240.69万元，完成商品房开发面积1.72万平方米，其中住宅154套，面积1.39万平方米。

1990年，省有关部门对全区房地产开发公司进行资质审查、复查和评级。经审核，保山市房地产开发公司达部颁三级房地产开发企业标准，腾冲、昌宁两县房地产开发公司达部颁四级房地产开发企业标准。当年，全区商品房建设施工面积为3.07万平方米，其中：保山市1.44万平方米，腾冲县1.17万平方米，昌宁县0.46万平方米；竣工面积2.65万平方米，其中：保山市1.23万平方米，腾冲县0.98万平方米，昌宁县0.44万平方米；完成开发工程量737.4万元，其中：前期工程49.4万元，建筑安装工程474.4万元。开发工程量中，保山市完成360万元，腾冲县完成280万元，昌宁县完成97.4万元。1991年，保山地区新建城镇房屋2.4万平方米，完成续建工程1.44万平方米；销售商品房10.8万平方米。

1995年年底，全区共有城市房地产综合开发经营公司6个，村镇建设综合开发经营公司5个，累计完成商品房面积达20万平方米。

从1998年12月1日起，保山市停止住房实物福利分配，开放住房二级市场，为保山市房地产业的健康发展创造了条件。2000年，全区完成经济适用住房33.32万平方米，投资额2.5亿元。全区取得房地产开发资质并经年检合格的房地产开发企业15个，从业人员

325人。至1999年上半年，有131个市属机关，企、事业单位向职工个人出售公房284幢，共5440套，建筑面积34万平方米；有165个单位，职工1.7万人，实行住房公积金制度，住房公积金累计1562万元，用住房公积金发放政策性住房建设贷款1000多万元。全市新建职工成套住宅建筑面积25万平方米，城镇机关人员居住面积由1990年房改前的人均5.64平方米提高到人均9.2平方米。

2000年年末，保山地区城镇居住面积为206.68万平方米，人均13平方米，比1995年年末的8.2平方米增加4.8平方米。

“十五”（2001～2005）期间，全市房地产开发企业由2001年的7家，增加到2005年的30家。其中，保山中心城市隆阳区的房地产开发企业由2001年的3家增加到15家。官房、中汇、城康、伟业、昆房等省内一批较有实力的房地产开发企业纷纷进入保山投资兴业。

2000—2004年，全市房地产开发累计完成投资14.7亿元，开发占地面积76.3万平方米，竣工房屋面积43.6万平方米。其中，保山中心城市房地产开发累计完成投资9.7亿元，开发占地面积35.9万平方米，竣工房屋面积26.2万平方米。

2005年，全市共完成房地产开发投资7.09亿元，房地产继续成为促进全市经济社会全面发展、拉动固定资产投资的一项重要产业。至2005年年底，全市已相应成立房地产物业管理企业9家，房地产评估机构4家（其中保山洪叶房地产评估公司还分别在龙陵县、施甸县、昌宁县设立了办事机构），房地产经济机构2家，城市房屋拆迁企业2家。许多居民小区引入物业管理制度。同时，房地产拆迁企业和评估企业的成立，为规范房地产拆迁行为，合理定位政府职能起到重要作用。“九隆名居”“北城春天”“四季花园”“四季风景”、永昌文化园二期、永昌商贸园二期、“古城·公园”、永昌文化园二期、官房永昌马里商务中心、腾冲翡翠古镇、腾越古镇、百年鑫城、官房腾冲五星级宾馆、百宝街二期、昌宁阳光怡景花园、施甸兰溪苑等一批新建和续建房地产开发重点项目的顺利实施，为进一步改善全市城镇居民的住宅条件，美化市容市貌，提升城市品位，促进全市经济发展和拉动固定资产投资起到重要作用。

第二节　城镇住房制度改革

一、住房改革的实施

1988年，依照国务院《关于印发在全国城镇分期分批推行住房制度改革实施方案的通知》要求，保山地区以保山市为住房制度改革试点，着重推进住房私有化、商品化。保山市人民政府成立住房制度改革领导小组，在市建设委员会设立房改办公室。抽调干部，收集资料，开展调查研究工作，为房改做前期准备工作。之后，通过召开房改动员大会，宣传房改政策，在提高干部群众的心理承受能力的基础上，先后举办4期房改骨干培训班，使地、市直及驻保各单位房改工作很快开展起来。到1989年4月，有96.37%的单位递交了房产测算表。市房改领导小组在测算汇总的基础上，借鉴外地经验，结合保山市的实际，从改革公房低租金入手，调整公房租金标准，按折旧费、维修费、管理费、投资利息、房产税5项因素的成本计租，并于1989年年底拟出了住房制度改革的初步方案。

1991年，保山市人民政府由市长兼任房改领导小组组长，组成19人的工作队，分成小组，深入调查研究，广泛征求各方面意见，制定出《保山市城镇住房制度改革方案（初稿）》报送市委、市人大常委会、市政府讨论，并报省房改办同意后，由地区行政公署转报省人民政府。1992年9月，《保山市城镇住房制度改革实施方案》获得省人民政府批准。

1992年9月22日，保山地区行署和保山市人民政府联合召开保山城区191个单位660多人参加的住房制度改革动员大会，正式宣布《保山市城镇住房制度改革方案》的实施，并选定驻保山城区的省、地、市属18单位按照《保山市城镇住房制度改革方案》进行试点工作。1992年10月，保山地区开始建立和推行住房公积金制度。

根据试点情况，于1993年1月4日和8日又邀请地、市13个部门和18个试点单位的领导干部座谈讨论，对试运行中提出的有关政策问题进行认真研究。

1993年4月19日，保山地区保山市人民政府颁布实施房改10项配套政策，通知驻保山城区的省、地、市属各单位实行。这10项配套政策分别是：保山市公有住房提租补贴暂行办法、保山市公有住房暂行办法、保山市公有住房实行租赁保证金暂行办法、保山市住房公积金暂行办法、保山市集资建房暂行办法、保山市住房资金的筹集使用和管理暂行办法、保山市房地产信贷部金融业务管理暂行办法、保山市运用住房资金发放贷款暂行办法、保山市公有住房售后服务管理暂行办法、保山市关于处理违反房改政策暂行办法。

为保证《保山市城镇住房制度改革实施方案》和实施房改方案的10项配套政策的贯彻执行，市房改办公室从1993年3—5月，共举办房改骨干培训班7期，有保山城区的省、地、市属机关、企、事业单位共326个，486人参加培训。到当年11月底，参加房改的省、地、市属机关、企、事业单位共326个，就有92个单位出售公有住房5911套，建筑面积41万平方米。

从1998年12月1日起，保山市停止住房实物福利分配，开放住房二级市场，住房制度改革逐步深化。

二、住房公积金管理

1992年10月开始，保山地区住房公积金制度建立和推行。1995年年末，保山地区住房公积金已缴单位达698个，缴纳人数3.47万人。住房公积金累计归集额达1103.8万元。归集余额1054万元。

至1999年上半年，仅保山地区保山市市属机关、企事业有131个单位向职工个人出售公房284幢，共5440套，建筑面积34万平方米。至1999年上半年，仅保山地区保山市市属机关、企事业有165个单位、职工16619人实行住房公积金制度，公积金累计1562万元。

1995—2000年的“九五”期间，保山地区全面推行住房公积金制度。全区住房公积金已缴单位达991个，占应缴单位的94.4%，缴纳人数4.66万人。住房公积金累计归集额达1.25亿元，归集余额9807.12万元。发放住房公积金贷款1.04亿元。

2001年，全市全年发放个人住房公积金贷款1976.16万元；住房公积金贷款余额

491.86万元，其中：个人贷款425.36万元，经济适用住房贷款690.5万元。

2003年3月，成立保山市住房公积金管理委员会和保山市住房公积金管理中心，为直属保山市人民政府的不以营利为目的的独立事业单位，编制21人。中心在保山市设总部，直接负责市本级和隆阳区的公积金业务，在施甸、腾冲、龙陵、昌宁四县分设下属管理部，由中心授权负责各县的公积金业务。年内，中心制定出台《保山市住房公积金收集、提起和使用管理暂行办法》《保山市住房公积金贷款管理暂行办法》，并开始实施。2002年年底，全市缴存住房公积金的职工5万余人，累计归集住房公积金1.97亿元，归集余额1.51亿元。2003年，全市有1043户行政、事业单位和企业建立住房公积金制度，50100名职工参加缴存住房公积金，占应缴职工数（含乡镇职工）的60%；归集住房公积金5384.14万元；归集余额19966.03万元。年末，全市累计归集住房公积金26673.96万元；9081户职工在购建住房时获得19801万元的住房公积金贷款支持。

2004年，全市住房公积金管理机构职工总人数达到24人，其中：市中心11人，施甸县、腾冲县、龙陵县、昌宁县管理部分别有2人、4人、3人、4人。同年11月1日，全市5个业务网点投资80万元，装机完成开通运行。结束了保山市住房公积金10余年委托银行代办业务和代为核算的历史，实现以中心为管理主体，自主操作办理住房公积金业务和自主进行核算的管理目标。2004年，保山市住房公积金缴存单位1039个，缴存职工46523人。归集住房公积金9319.97万元；年末归集余额26567万元；年内批准贷款职工943户，贷出住房公积金8926.60万元，年末贷款余额12922.60万元；全市住房公积金运营实现业务收入633.08万元，实现增值净收益227.73万元。

2005年1月，全市开通了方便职工查询个人住房公积金余额和进行政策业务咨询的电话查询系统。是年，市中心内设机构确定为中心办公室、财务部、业务部、施甸县管理部、腾冲县管理部、龙陵县管理部、昌宁县管理部7个部室。年内，保山市住房公积金管理中心先后与保山城康房地产开发有限公司等11家房地产开发公司建立业务合作关系，同时与建设银行保山分行，腾冲、昌宁、龙陵3个县支行，工商银行保山市分行，腾冲龙陵2个县支行，农业银行腾冲、昌宁2个县支行分别订立开展住房公积金组合按揭贷款协议。当年共向购买上述房地产开发公司和期房的职工发放住房公积金组合按揭贷款3386.10万元。2005年，保山市住房公积金缴存单位1045个，缴存职工46800人，归集住房公积金10448.32万元，年末全市住房公积金的归集总额47167.95万元，归集余额35030.64万元。当年，全市批准贷款职工1196户，贷出住房公积金12437.90万元，年末贷款总额40446.15，余额20556.07万元。当年实现运营收益491.9万元，

第三节　主要房地产开发企业

1978—1990年，保山基本上没有房地产开发企业。1990年后，保山、腾冲、昌宁先后成立房地产开发企业，属国有性质。在国家政策的宏观支持下，2000—2005年，保山房

地产业得到迅猛发展，全市房地产开发企业由2001年的7家增加到2005年的30家。房地产业已成为拉动全市固定资产投资，促进经济发展的一个重要新兴产业。保山市主要房地产开发企业如下：

一、保山官房房地产开发有限公司

2000年12月，由云南官房企业集团到保山注册成立保山官房房地产开发有限公司。公司成立后，开发建设了九隆名居1至4期住宅小区，官房“北城春天”、永昌马里商务中心，腾冲官房五星级酒店及百宝街，参与腾冲驼峰机场、腾冲火山热海景区的开发建设等项目。

二、保山城康房地产开发经营有限公司

保山城康房地产开发经营有限公司成立于2002年4月，是一家专业从事房地产开发经营的有限责任公司。公司注册资金2200万元，开发经营资质三级。三年来共完成开发规模6.4万平方米，实现销售收入近亿元，累计上缴国家各种税费475.18万元。

三、龙陵县意达房地产开发有限责任公司

公司成立于1999年10月，注册资本183.57万元。公司于2001年2月至2002年4月投资建设龙陵首期经济适用住房“意达园”住宅小区，小区占地11.24亩，建筑面积1.1万平方米，该项目被评定为优良工程。公司投资开发的“白塔水乡”商住小区，是龙陵县第一个由企业纯市场化运作的房地产项目。第一期56户于2005年5月1日顺利完工。

四、九隆物业管理有限责任公司

九隆物业管理有限责任公司于2003年3月成立，是保山市从事物业管理较早的房地产物业管理企业，在官房集团成熟的物业管理经验指导下开展工作。注册资本50万元，拥有职工68人。管理九隆名居、雅苑、俪苑、鹏城近18万平方米的高档居住小区。

五、保山市伟业房地产开发有限公司

公司成立于2002年1月，开发资质为三级，注册资金860万元。经过3年多的发展，企业已成为以房地产开发为主导，集市政管道加工、石材石料产销、物业管理为一体的企业联合体，成为保山本土房地产企业中开发规模最大、综合实力较强的民营企业。2004年有二级法人企业3个。有挖掘机、装载机、推土机及各型机械设备16辆（台），价值近1500多万元。

第四节　重点房地产开发项目

一、官房一期工程“九隆名居”

为仿江南苏杭水乡民居风格的住宅小区，位于保山市城区南四环以南，太保南路与同仁街延长线，紧邻“永昌文化园”和保山第八中学。总投资7000万元，2000年12月开工，2001年11月竣工。项目占地6.32万平方米，建有独体式别墅75户，总建筑面积2.55万多平方米。

二、官房二期工程“九隆名居·雅苑”

位于“九隆名居”一期南面。占地面积9133平方米，建筑面积1.02万平方米，总投资1500万元。于2002年7月开工，2002年年底竣工。共建有连排式别墅45户。

三、官房三期工程“九隆名居·俪苑”

占地面积10万平方米，总投资7000万元。2002年12月开工，2003年8月竣工，总建筑面积4.62万平方米，建设连排住宅195套，每户均有不少于50平方米的私家停车位。附属1560平方米的九隆阁餐厅综合用楼和750平方米的游泳池。

四、官房四期工程“九隆名居·鹏城”

是至2005年保山规模最大的居住社区，占地10.97万平方米，建设各类住宅548户(套)，总投资1.1亿元。其中还专门为在职及离退休教师精心打造了园丁组团，并在购房等多个项目上为教师提供一定的优惠。于2004年1月开工，2005年8月交付使用。小区内建有超市、餐饮、美容、洗衣、音像、书店等配套设施，绿地率达43.5%。

五、官房“北城春天”

该项目计划占地41.13万平方米，其中一期工程占地9.13万平方米，总建筑面积7.36万平方米，拟建连排式住宅372套，该项目已于2005年5月开工建设，计划于2006年5月31日竣工交付使用。

六、腾冲文星步行街

占地面积2万平方米，建筑面积2.40万平方米。步行街主要经营翡翠珠宝、古玩玉器、旅游土特产品、是一个旅游休闲、购物娱乐的理想之地。全长500米的街道由三个不同风格的牌坊分为四段，每段都以不同风格的建筑出现，是传统建筑的多样性与传统建筑风格完整统一的文化显现载体。

七、腾冲翡翠古镇

项目占地13.73万平方米、总建筑面积10万平方米，总投资1.8亿元，建设时间为2004年4月至2006年12月。古镇内功能分区为翡翠交易区、加工区、翡翠文化展示区、民居旅馆、工艺品、旅游产品交易区、休闲娱乐区、腾越风情文化表演区、宗教文化区及其他基础设施。

八、保山南关街旧城改造项目

项目于2003年9月开始建设，到2004年年底，完成建筑面积3.88万平方米(102幢)，总投资额达6828万元。

九、永昌商贸园

永昌商贸园是至2005年保山市最大的城镇开发项目，规划总面积46.35公顷，预计总投资7.2亿元。功能定位为集日用百货、烟酒副食、服装鞋帽、摩配、家电、建材等多个专业批发市场为一体的大型批发商贸中心。永昌商贸园一期工程(烟酒副食批发区)已于2004年12月18日正式竣工开盘。一期规划用地7.77万平方米，建有商住楼28栋计171套，总建筑面积7.82万平方米。截至2005年4月底，公司投入建设资金已达16869.92万元。

十、昌宁滨河阳光·怡景住宅小区

小区由昌宁利隆房地产开发有限公司在昌宁县投资开发的花园式住宅小区。小区规划住户500户，主要为商铺、连排别墅及套房，建筑面积9.36万平方米，小区绿化率达40%。

十一、施甸兰溪苑住宅小区

施甸兰溪苑住宅小区由昆明贵研屋业开发有限公司于2004年4月在施甸县投资开发，是施甸县第一个房地产开发项目。

献　给

中华人民共和国成立七十周年

·中华人民共和国地方志丛书·

保山市志

BAOSHAN SHIZHI

（1978—2005）

中共保山市委党史地方志工作委员会　编纂

方志出版社
Publishing House of Local Records

2005—2018年中共保山市委党史地方志工作委员会人员

2018年在职人员

于绍伟　王自军　赵建杰　杨艳萍　汉　彪　陈乔昌
杨佳蕾　陈树龙　耿丽仙　顾建中　杨国梁　李学富
王明慧　张敬邦　董　杰　岳　毅　张珺琪　兰丽军

退休人员

祝　骐　蒋国安　沈　静　杨明军　杨如珍　杨立鑫

调离人员

和金星　李明辉　张　涛　李艳萍　何　政

人文景观

东南亚道教名山——腾冲云峰山

保山易罗池

位于保山城西的城市森林公园——太保公园

滇西著名佛教圣地——隆阳梨花坞

始建于唐代的古建筑群——隆阳光尊寺

南方丝绸古道重要驿站——隆阳板桥古镇

国家级历史文化名村——隆阳金鸡村

享誉东南亚的著名佛教圣地——隆阳卧佛寺

澜沧江兰津古渡摩崖石刻

全国魅力名镇——腾冲和顺古镇

施甸凤溪长官司遗址

施甸李元凯故居

仁和镇保场古戏台

施甸清平洞

滇西抗战时期中国远征军司令长官部遗址——阅兵台（隆阳区板桥马王屯）

腾冲滇西抗战纪念馆

龙陵东卡日军碉堡

董家沟日军慰安所

龙陵李鑫故居

怒江古桥之一——双虹桥

怒江古桥之一——惠人桥旧址

怒江英雄桥——惠通桥

腾冲银杏村

民族文化

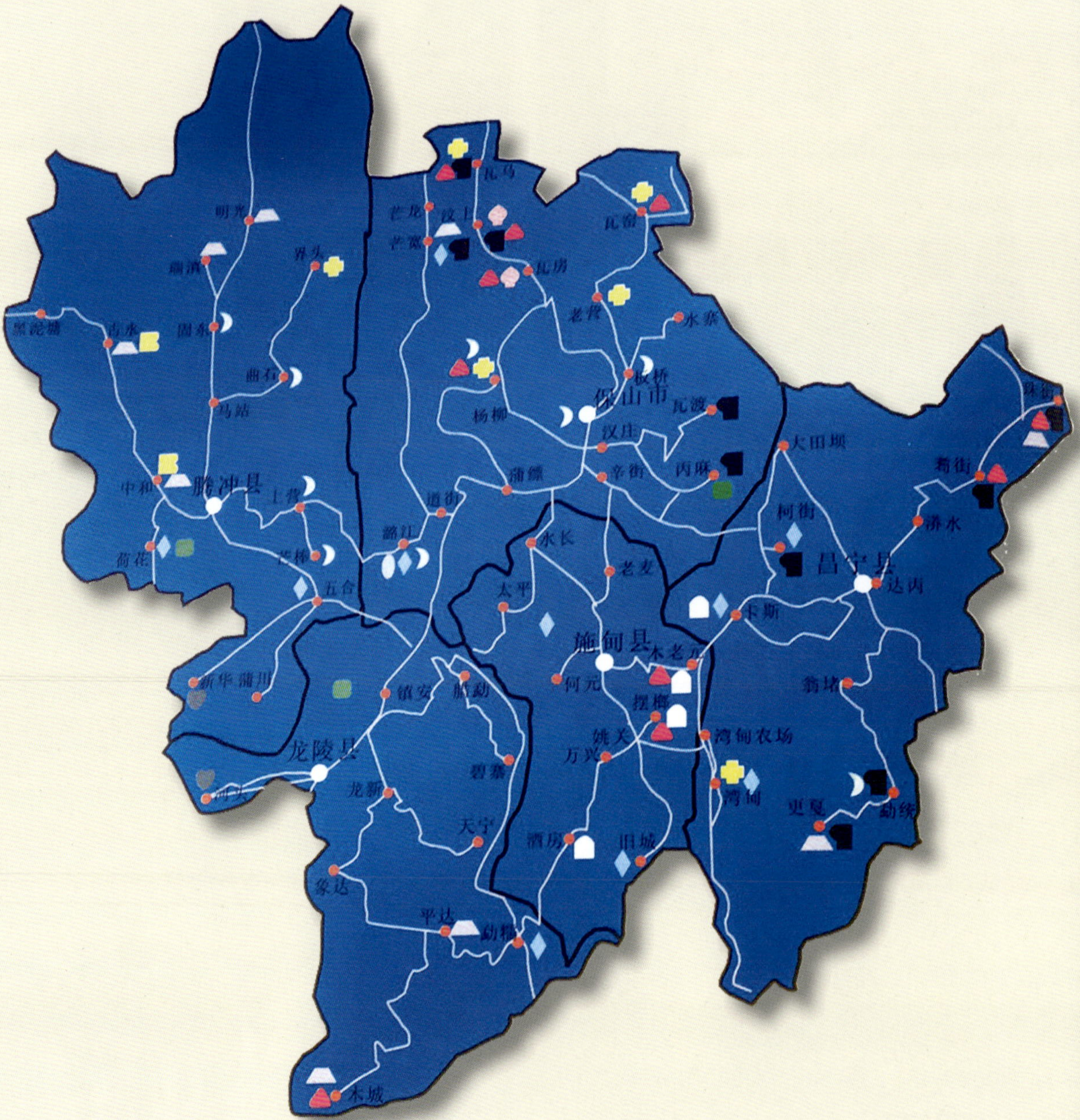

保山市少数民族分布示意图

昌宁苗族服饰

德昂妇女

德昂族传统编织

隆阳洞经音乐表演

保山地区民族文体表演

傣家长桌宴

隆阳芒宽火把节

保山少数民族风采

社会事业

巨龙闹花街（1980年）

1993年保岫西路花市一角

20世纪70年代，保山出土的剑齿象化石，十分珍贵。是保山古生物研究的重要文物

《啊！倮倮》获奖

施甸县由旺镇洋邑坪新农村新貌

新农村建设

陶器之乡
创建平安村寨
建设社会主义新农村

红红火火的生活

隆阳区杏花小区

翡 翠

恢复后的国宝——永子围棋

南红玛瑙

龙陵黄龙玉

2019年在任编辑班子

一排左起：王自军（副主编） 赵建杰（副主编） 于绍伟（主编） 杨艳萍（总纂）
二排左起：陈树龙（编辑） 陈乔昌（编辑） 汉 彪（副主编） 杨佳蕾（编辑）

2019年保山市委党史地方志办公室在职人员

一排左起：李 静 岳 毅 张珺琪 赵建杰 于绍伟 王自军 杨艳萍 杨佳蕾 耿丽仙 兰丽军
二排左起：董 杰 陈树龙 陈乔昌 李学富 顾建中 汉 彪 张敬邦 王明慧 杨国梁

目 录

第三十三编 教 育

第三十四编　科　技

第三十五编 文 化

第三十六编 卫 生

第三十七编　体　育

第三十八编　民　政

第三十九编 扶贫开发

第四十编 人力资源和社会保障

第四十一编 民族宗教

第四十二编　社会风习

第四十三编　人　物

附　录

CONTENTS

Part Thirty-three Education

Part Thirty-four Science and Technology

Part Thirty-five Culture

Part Thirty-six Health

Part Thirty-seven Sports

Part Thirty-eight Civil Administration

Part Thirty-nine
Poverty Alleviation and Development

Part Forty Human Resources and Social Security

Part Forty-one Nationalities and Religions

Part Forty-two Social Customs and Habits

Part Forty-three Public Figures

The Appendixes

第三十三编　教　育

全市教育改革工作会

综　述

1978年，保山地区教育事业开始走上稳步协调、改革发展的道路。1983—1988年，全区继续按照“基本普及初等教育，改革中等教育结构，积极发展职业教育，抓紧扫盲工作和农民文化技术教育”的总体规划，开展农村教育综合改革实验工作。在基本完成普及初等教育任务的同时，开始有计划、有步骤地实施九年义务教育，不断推进教育教学的改革，加强职业技术教育，调整中等教育结构，发展成人教育和继续教育。全区整体人口素质明显提高。全区人均受教育年限从1982年的3.4年提高到1990年的4.6年。这一时期，全区贯彻中央实行分级管理教育的体制，加强县、乡、村各级对教育的管理责任。

1991—1995年，贯彻落实《中华人民共和国义务教育法》，不断强化“科教兴农”“科教兴保”的意识。各县（市）和乡（镇）坚持按规划实施普及六年义务教育和普及九年义务教育，坚持“两基”（基本普及九年义务教育，基本扫除青壮年文盲）和“两全”（全面贯彻党的教育方针，全面提高教育质量）并进，推动各级各类教育事业的持续发展，初步探索出一条符合本区实际的教育发展路子。

1996年，保山各级党委、政府制定分步实施“两基”的规划。即：第一步1997年前基本普及六年义务教育，基本扫除青壮年文盲；第二步2000年基本普及九年义务教育。保山各级政府坚持按照《中华人民共和国义务教育法》和省政府的有关规定，制定经费筹措政策措施，大力增加对教育的投入，确保教育经费的“三个增长”。在积极争取国家和省的经费支持的同时，发动社会捐资和群众集资办学，仅1994—1998年的5年中，全区群众捐集资一亿一千多万元，改善中小学的办学条件。至2000年，保山地区如期完成普及九年义务教育任务，小学适龄儿童入学率达到99.6%以上，初中毛入学率达到97%，全区有两个县成为实验教学普及县，全区国民平均受教育年限达到6.4年。各级各类学校在校生增加7万多人。

2001—2005年，市、县继续坚持政府投入和教育部门、学校多方筹集资金改善中小学办学条件，改造中小学危房；加强现代化教育技术装备的配置、使用和管理，发展现代远程教育。加大对农村义务教育的保障力度，确保“两基”工作的巩固提高，优化教育资源配置，调整中小学布局，设立救助贫困学生的资金，用于帮助贫困学生完成义务教育阶段的学业，使全市城区、坝区和山区的义务教育得到均衡发展，逐步把“两基”工作由数量达标向质量提高转变。这一时期，市教育局将全市9所大中专学校合并重组为3所，整合资源，扩大办学规模，提高办学效益。引导部分公办学校在保证国有资产不流失的前提下，探索公办学校国有民办、合作办学、股份制等多种投资方式的办学路子。同时期，各县（区）以县城和交通便利、人口集中的乡（镇）为重点，形成相对集中、相互联系、优势互补的优质高中群体，提升全市普通高中学校办学的整体水平，挖掘潜力，扩大招生规模，拓展优质高中的发展空间，带动全市基础教育的均衡发展。

改革开放28年，保山市的教育事业取得显著成绩。截至2005年，全市有在校学生45.77万人，比1978年增加10万多人；全市各级各类学校校舍面积308.45万平方米，比1978年增加近200万平方米；全市有教职工23370人，比1978年增加11000多人。各类教育协调发展，职业教育与其他教育相互沟通，公办教育和民办教育相互促进，普通高中和职业高中共同发展的格局基本形成。

第一章　机构沿革

第一节　行政管理机构

1978年，撤销文教局的“革命委员会”，恢复局长负责制的行政职能。

1981年7月，撤销地区文教局，分别成立保山地区教育局和保山地区文化局。教育行政机构由此成为一个独立的部门。

1983年9月，地区体委并入地区教育局，在地区教育局设立体育办公室。

1985年，电大工作站和体育办公室从地区教育局分出另立。

1986年11月，地委、行署决定建立行署教育委员会，原地区教育局、招生工作委员会、职工教育办公室、托幼办公室等机构即行撤销。

1987年，保山地区教研所和电教仪器站改为行署教委直属二级事业单位。

1988年，行署教委增设督导室，行政编制增加3人。

1995年，保山地区党政机关机构改革方案决定，保留保山地区行政公署教育委员会。下设7个行政职能科室，3个行使行政职能的事业单位。即办公室、人事科、计划财务科、普通教育科、职业技术教育和成人教育科、教育督导室、党委办公室、招生考试办公室、师资培训办公室、勤工俭学校建办公室。

下属事业机构有保山高等师范专科学校、保山师范学校、保山电大分校、保一中、第一幼儿园、第二幼儿园、聋哑学校、教研所、电教仪器站。

2001年，撤地设市后，行署教委改为保山市教育局。内设机构和人员编制仍延续1995年现状，内设10个科室，机关行政编制22人，工勤人员编制3人，行使行政职能事业编制13人，局领导数4人，科室领导职数13人（不含教育督导室领导）。

2002年，市教育局人员编制由35个增至38个，局领导职数4人，科室领导职数11人（不含教育督导室领导）。

2005年，保山市教育局内设机构为9个科室，即：办公室、党委办公室、人事科、基础教育科、计划财务科、职业教育与成人教育科、招生考试办公室、师资培训办公室、勤工俭学校建办公室。保山市人民政府教育督导室为保山市人民政府的教育行政监督机构，为副处级机构，与市教育局合署办公。教育局人员编制仍为38人，处级领导职数6人，其中党委书记1人，党委副书记兼纪委书记1人，局长1人，副局长2人，督导室主任1人。科级领导职数13人。

第二节　教研机构

1978年开始，地、县两级教学研究室先后恢复和建立。县以下的区乡以中心小学为主，配备兼职教学研究人员，有条件的中小学校成立教研组，地、县、乡三级教学研究网络逐步形成。

1981年，保山地区行署教育局单独设立后，地区教研室有专职研究人员6～8人，主要进行中小学教材教法研究和师资培训、电化教育等方面的工作。

这一时期，地区教研室在对全区中小学各科教学进行研究和指导的同时，侧重搞好中学各科教学的研究和指导。县（市）教研室重点抓好小学教育阶段学科教学的研究和指导。同时，着力开展全区中小学教师的教材教法过关培训和考试。

1985年，全区有专职教研人员54人。

1987年，地区教研室改为地区教育教学研究所。

1989年，全区地、县（市）两级教研室有人员50人，其中地区教研所有18人，分别负责中学语文、历史、政治、生物、化学、外语、物理、数学、地理和音、体、美以及小学语文、数学、思想品德和自然课等课程的教研工作，包括学会工作、刊物编辑和图书资料管理工作。

20世纪90年代，保山地区教研所围绕普及六年义务教育和普及九年义务教育，开展教育教学研究工作。

2001年，全市教研部门继续把课堂教学作为全面推进素质教育的主渠道，开展研究与探索。进一步深化教学改革，改进智育实施办法，改革考试制度和方法，改革教育教学评价制度和方法。市、县（区）建立健全符合素质教育要求的评价标准和督导评估机制，在中小学校广泛开展办学水平评估、等级学校评估、文明学校评选和绿化美化甲级校园评选活动，推进学校的规范建设。

从2002年起，全市的教研工作主要是贯彻落实教育部《关于基础教育新课程实验推广工作规划》以及《基础教育课程改革纲要》，以基础教育课程改革实验工作为重点，紧紧围绕“两全”抓教研促教改。

第二章　学前教育

第一节　发展状况

1979年，全区有托儿所、幼儿园122个，其中农村63个，机关、厂矿59个。在全区22个幼儿园（班）中，农村仅有8个。3岁以上儿童入园或托儿所的有4472人，仅占应入园（所）儿童的15.3‰。

1983年，民办和企业办的幼儿园有所增加，并在有条件的农村中心小学开办学前班216班，当年在园（班）儿童约1.2万人。小学入学新生约6.31万中，受过学前教育的儿童有7600多人，仅占入学新生的12%。有幼儿教师333人，其中受过幼儿专业训练的仅有13人，占幼儿教师总数的3.8%。为逐步缓解幼儿“入园难”的问题，教育行政部门鼓励和倡导有条件的农村中心小学开办学前班。

1986年，全区幼儿园增加到55所，在园幼儿10134人。教职工401人，其中幼儿教师370人，有女教师339人。

1990年，全区幼儿园贯彻实施国务院《中华人民共和国幼儿园管理条例》和国家教委《幼儿园工作规程（试行）》。行署教委要求各县（市）教育局要动员和依靠社会各方面力量，通过各种渠道、多种形式发展幼儿教育事业。当年，全区有幼儿园42所，在园及在班幼儿16102人，有幼儿教职工579人。在全区小学招收的39817名新生中，受过学前教育的新生为10498人，占小学新生总数的26.4%。

1991年，行署教委针对各县（市）、各幼儿园在办园条件和办园水平上发展不平衡的特点，在实施《幼儿园工作规程（试行）》时，坚持因地制宜、实事求是的原则，不搞一刀切，采取分类指导、分类要求，本着积极、稳步、扎实的精神，分期、分批地组织实施。

1993年，全区有幼儿园36所，设教学班826个，其中，在小学附设的学前班有656班。全区在园（班）幼儿27892人，其中，小学附设学前班幼儿21438人。幼儿园教职工有810人，其中幼儿教师有735人。

1997年，行署教委下发《关于实施〈云南省幼儿园办园水平等级评定方案（试行）的意见〉》，要求全区30%的幼儿园当年内要完成等级评定工作。

1998年，全区第一所私立幼儿园——光丽幼儿园建立并招生180多人。

2001年，全市幼儿园增加到68所，在园（班）幼儿47688人中，有少数民族幼儿2132人。全市有862所小学附设学前班1147班，在班幼儿32076人，占全市在园（班）幼儿总数的67.3%。

2005年，全市有幼儿园107所，其中民办幼儿园为28所。当年招生43755人，毕业

31159人，共有在园（班）幼儿52773人，其中1196个学前班有在班幼儿32992人，民办幼儿园有在园幼儿4206人。全市幼儿入园率为44.23%。全市幼儿园教职工为1052人，其中教育部门和集体开办的幼儿园教职工为560人。幼儿园教职工中获得本科学历的有35人，获得专科学历的有408人，高中阶段毕业的有344人，全市幼儿教师学历合格率为98.5%；全市幼儿园占地面积18.52万平方米，校舍建筑面积9.5万平方米；幼儿园户外活动场地5.35万平方米。

第二节 保教改革

1978年，幼儿园的保教改革，实行保育与教育相结合的原则，对幼儿实施体、智、德、美全面发展的教育，促进其身心和谐发展。

一、保育

1978年，城区幼儿园的办园形式趋于多样化，即寄宿制、整日制、走读制交替混合。

1979年，全区幼儿园贯彻教育部颁发试行的《城市幼儿园工作条例》，部分幼儿园逐渐重视幼儿的体育锻炼，充分利用日光、空气、水等自然因素，有计划地组织幼儿开展各种体育活动和游戏。

1985年，全区幼儿园执行卫生部颁发的《托儿所、幼儿园卫生保健制度》，部分城镇幼儿园联系卫生部门定期为幼儿进行牙科疾病的检查和治疗，定时为幼儿测量身高和体重。幼儿园的医务或保健人员还定期给幼儿服用预防小儿麻痹的糖丸，定期喷喉、测视力，建立幼儿的健康情况登记卡，并配合卫生防疫部门做好计划免疫工作。

1989年以后，多数示范性幼儿园建立卫生消毒制度，并根据国家教委颁发的《幼儿园工作规程（试行）》的精神，制定一套比较完整并符合实际条件的卫生保健制度。各幼儿园分别购置冰箱、蒸箱，膳食方面定期制定食谱，烹饪时注意色香味和营养素的保持。同时，逐步改善保育条件和设施，设置午睡室，坚持晨操锻炼，严格执行一日生活制度，保证幼儿有充足的户外活动时间。

2000年以后，一些城镇幼儿园办园条件大为改善，引进现代化的生活设施和游乐设施，为幼儿园的保育工作创造更为有利的条件。

二、教育

1978年以后，幼儿园的教学内容逐步得到确定，在开设的体育活动、思想品德、语言常识、计算、音乐、美术6门课程中，按照小、中、大班分别提出不同的要求。这一时期，由小学附设的幼儿学前班，多数未能有条件进行正规的幼儿教育，仅从培养幼儿生活习惯、卫生习惯、会话语言、游戏以及简单的识字等方面进行小学预备教育。

1984年，贯彻省教育厅颁发的《云南省农村学前一年幼儿教育纲要（试行草案）》，各县于1985年开始使用省教育厅编写的农村学前班教材。

1989年，全区幼儿园在具体教学实践中，通过课堂讲授、唱歌跳舞、体育活动和做集体游戏等手段来对幼儿园进行卫生习惯、思想品德的培养。课堂教学进一步强调以游戏为主，教学方法强调用直观教具及发挥幼儿多种感官的作用，使幼儿在愉快的游戏、娱乐、观察等活动中学到知识。

1991年年初，全区各幼儿园改变以往重上课、轻游戏的倾向，开展丰富多彩的游戏活动。地区第一幼儿园、保山市幼儿园、腾冲县幼儿园施教于游戏，每学期确定一个主题进行角色游戏、结构游戏、体育游戏、音乐游戏等。

1993年起，全市幼儿园坚持“以艺术教育促进幼儿体、智、德、美、劳全面发展”的指导思想，在保证幼儿常规教育的基础上，拓宽艺术教育的路子。1996年6月，地区二幼体操代表队代表云南省参加在北京举行的全国幼儿基本体操表演大赛，并获得甲组一等奖的优异成绩，受到国家体委及大会组委会的高度评价，为云南、为保山争得荣誉。

2000年以后，现代教育技术在部分幼儿园引进，为幼儿教育的发展提供更为有利的条件。

2003年，部分有条件的幼儿园率先开展幼儿教育科研活动。其中，保山市幼儿园参加北师大的科研课题“尊重平等教育”和“幼儿智力与社会性和谐发展”的研究；同时，与云南师范大学儿童发展研究所合作，开展“心智美育”课题的研讨。通过进行系统化、规范化和科学化的科研活动，市幼儿园教师的教育教学理念和实践能力得到提升。

2004年后，市内一部分幼儿园先后开展汉语与英语相结合的双语教学，让孩子们在愉快的情境中学习英语，为外语学习打下基础。

第三章　小学教育

第一节　发展状况

1978年，各县对小学的发展和布点进行全面的规划与调整。根据全区地形与气候复杂、多民族杂居，经济、文化的发展极不平衡的特点，小学实行五年制与六年制并存学制。同时在开办完小有困难的山区，先开办四年制小学，读完四年制小学的学生并成绩合格者，颁发农村四年制小学毕业证书。有条件升入五年制或六年制小学学习的学生，可以继续升学。

1981年，全区有各类小学校3231所，9343个教学班，在校小学生285424人，其中女生123210人。当年招生62325人，毕业29427人。全区小学有教职工11092人，其中民办教师3132人。同年，全区校内外适龄儿童为235936人，入学214649人，入学率为91%；1982年，全区适龄儿童为232366人，入学212251人，入学率为91.34%。

1983年，全区7～12岁的学龄儿童达到22.5万人，12至15岁的文盲、半文盲约有5万人，5~6岁的学龄前儿童约有10万人，共计37.5万人。教育行政部门在调查研究的基础上按照不同地区、不同经济条件、不同文化基础等情况分为四种类型，进行全区小学普及教育。第一类：城镇、坝区农村和大队以上的完全小学，执行全国的统一教学计划、大纲和教材。第二类：分散的山区小学，实行四二分段制，在村寨举办四年制小学，执行省制定的教学计划和教材，在此基础上，举办一些寄宿制和半寄宿制的高年级小学。第三类：特别分散的山区，采取早、午、晚班、半日制、隔日制等多种形式，学好省编四年制小学语文、数学。第四类：运用民族语言和双语教学的民族村寨，在学好民族语文的基础上能识1500个汉字，掌握初步的计算技能，达到脱盲标准。全区小学教育的普及工作明显地加快进程。

1984年，经省教厅批准，全区半寄宿制高年级小学定点开办120校，其分布为：原保山市25校，施甸县20校，腾冲县23校，龙陵县27校，昌宁县25校。使各县（市）的分散山区、高寒山区、民族地区以及边境地区小学的巩固率、毕业率均有所提高。

1986年，各级党委政府重视普及初等教育工作，地、县、区、乡都不同程度地挤出地方财力为学校办实事，其中地级86.7万元，县级305万元，区乡和群众自筹150.9万元，合计542.6万元，致使普及初等教育工作有新的进展。当年全区小学教育的入学率、巩固率、普及率、毕业率等指标普遍上升。

1989年，全区小学有3055校，分为9296个教学班，在校学生253277人，教职工10538人，平均入学率98.5%，巩固率94.9%，毕业率为95.8%，普及率97.3%。有一师一校的学校1214校，其在校学生2.2万人，分别占全区小学校的39.7%，占全区小学在校学生数的9.7%。

1990年，全区有各类小学校2832所，有在校学生231948人，分为9021个教学班，其中，班额在51人以上的有200个班，班额在41~50人的有621个班，班额在31~40人的有1995个班，班额在21~30人的有3072个班，班额在11~20人的有2616个班，班额在10人及以下的有517个班。当年，全区小学中有57所学校仍附设初中班，有1097所学校为一师一校。在校学生最多的有33人，最少的只有5人。

1992年，全区小学入学率99.2%，巩固率97.1%，毕业率97.1%，普及率为教育部颁发标准的84.5%。各县（市）为巩固和提高初等教育的普及成果，一是坚持乡（镇）一年一次复查，县（市）抽查，对“四率”滑坡的乡（镇）进行通报，限期改正；二是将“四率”与村干部、教师的奖惩挂钩，建立村干部保入学率、巩固率，教师保毕业率的责任制；三是认真抓好民族地区和贫困山区的“四率”巩固；四是认真贯彻《中华人民共和国义务教育法》，每年由县（市）组成检查组，深入一些乡（镇）进行《中华人民共和国义务教育法》宣传、落实情况的检查与督促；五是发动群众多渠道集资，努力改善办学条件。

1998年，全区小学班额在10人以下的教学班有548个，11~20人的教学班有2370个。因为分散，办学效益差，管理难度大。县（市）和乡、镇教育部门结合实际，通过调整学校布点、并班合校、收缩校点、集中办学、开办寄宿制、隔年招生、复式教学等形式，提高分散山区小学的办学效益。

2000年，保山地区的小学教育抓住“贫义”项目工程契机，积极而稳妥地收缩校点、集中办学。各县在“贫义”工程的实施过程中，认真贯彻“以集中办学为方向、宜并则并、需增则增”的精神，合理规划、压缩校点，一方面使办学条件有较大改善，另一方面使办学效益有明显提高。1997—1999年，全区小学教学点减少79个，初级小学收缩35个，完小增加9所，总量收缩105个校点。

2003年，市教育局根据省、市党委和政府的要求，下发《关于切实做好外来投资者子女和进城务工农民子女就学工作的意见》，要求各县（区）教育局和学校切实做好外来投资者和进城务工农村子女就学问题，对进城务工农民子女需要到流入地学校就读的，收费标准与流入地常住居民同等对待。

2004年，根据市有关部门对外来务工及进城务工就业农民子女义务教育情况调查表明，全市共有流动人口适龄子女2841人，已全部入学，其中小学2079人，中学762人，入学率100%。

2005年，全市适龄儿童入学率为94.5%，当年毕业37186人，招生40252人，共有在校小学生242903人。全市有小学1322校，其中完全小学1037校，教学点700个。当年，全市小学毛入学率为104.14%，小学巩固率为99.72%，毕业生升学率为98.07%。全市每万人口中有小学生1007.9人，全市每一小学教师平均负担小学生19.68人，全市小学生均校舍建筑面积为6.43平方米。全市小学总占地面积556.9万平方米，校舍总校舍156.18万平方米，当年有危房53.17万平方米，其中D级危房46.02万平方米。

希望小学概况　1995年开始，省内外发达地区的企业先后在保山地区各县（市）援建了一批希望小学。截至2005年，全市投资20万元以上建盖的希望小学有8所，投资2万~5万元建盖的“一村一校希望小学”有9所，全市在希望小学受资助就读的学生达3912人。全市较有影响的希望小学有：隆阳区上海维纶希望小学、施甸县何元乡福和希望小学、腾冲县北海乡华德希望小学、龙陵县海军希望小学、昌宁县“数理天地”民族希望小学。

第二节　教学改革

一、学制

1980年开始，全区小学实行五年与六年并存的学制，农村小学暂行五年学制。

1983年，全区针对不同的地区，采取不同的办学方式，提出不同的学制要求。在经济、文化基础较好的城镇小学和村以上的完全小学实行六年学制，在经济条件比较差的分散山区小学，实行四二分段学制，初小四年，高小二年。

1989年，全区小学学制均改为六年制。

1995年以后，全区先后实施普及六年义务教育，取消四二分段学制。

二、课程

1978年，恢复音乐、美术、体育3科课程，高年级重开历史、地理、自然3科课程。

1982年，小学的政治课改为思想品德。

1983年，全区六年制完全小学设置语文(包括讲读、作文和写字)、数学、自然、历史、地理、体育、音乐、美术、劳动、思想品德等10门课程，6年总课时达5652课时。此外，每周开展科技文娱活动，周会班队活动和自习课，不包括在课时内。同年，农村四年制小学设置语文（包括讲读、作文和写字）、数学、常识、体育、音乐、美术课等6门课程，4年总课时为3280课时。

1985年，在全区完全小学三年级以上普遍开设法制课。

1989年，在全区小学三年级以上开设劳动课。

1994年，行署教委为加强小学劳动课教学，提高劳动课教学质量，有步骤地实现小学劳动课教学的制度化和规范化。

2003年，小学“自然”改名为“科学”。

三、教材

1978年，全区全日制小学开始使用全国统编教材“全日制小学语文、数学教材（试用本）”，其余自然、历史、地理等科目，仍使用本省或外省编写的教材。非全日制的农村简易小学，使用省编农村简易小学教材。

1981年，全区小学开始使用全国统编的语文、数学、历史、地理、自然课本。音乐、美术、体育仍无统一教材。

1982年，全区思想品德课本使用四川省编写的教材。语文、数学两门课程使用修改后的五年制或六年制的全国通用教材。

1985年，全区开始使用省编小学法制教材（试用本）。1986年，开始使用音乐、美术、体育、思想品德的全国统编教材。

1989年，在部分热区小学试用地区教研所编写的“咖啡”等乡土教材。

2003年，全市实施基础教育课程改革实验，小学教材可以在教育部指定范围内，以县（区）为单位自主选择。

四、教学

1980年，全区小学在加强基础知识和基本技能教学的同时，注意对学生能力和智力的培养。各小学组织教师学习教材教法，根据不同年级的具体要求进行教学。

1985年，各小学在教学方面改变教师教、学生学的单一形式，要求教师既教学生也辅导学生上讲台训练，有意识地培养学生自学、自理、自治的能力。这一时期，部分小学进行的“集中识字、大量阅读、分步习作”的实验取得较好的效果。

1988年，各县（市）在对小学教育进行整体改革的前提下，探索学校教育、家庭教育和社会教育三者有机结合的途径，力求创造一个宽松、和谐的育人环境，以及形成基础扎实、知识广阔、思维活跃、方法新颖的教风和学风。

1989年，各小学实行单元测验积分和期末考试相结合的考核评定方法，增加对学生平时成绩的评定比重，要求教师必须按单元、按计划完成教学任务。

1993年，全区小学上学年末有在校学生226322人，参加期末考试学生为223221人，占在校学生总数的98.6%；考试平均及格人数132138人，占考试人数的59.2%。行署教委针对全区小学教学质量低，在加强教师队伍建设的基础上，重点抓教学改革。首先在施甸县开展目标导向单元形成性教学法的试验，取得成功的经验后迅速在全区推广。

1999年，针对九年义务教育的教材特点，要求教师拓宽知识面，积极开展教学方法的改革，以提高课堂教学效率。

2001年，通过普及实施教学工作的开展，培养学生初步的科技素质和创新意识，培养学生的各种能力。

2005年，开展新课程改革实验，促进教师教学方法和教学手段的改革。

第四章　中学教育

第一节　发展状况

1978年，在恢复教学秩序的同时，保山地区开始逐年调整高中布局。由1977年的68校，调整为1978年的53校，1979年调整为39校，初级中学由33校调整为44校。1986年全区完中再次调整到26校，在校高中学生8475人，比1977年减少6000多人。

1978年以后，对小学附设初中班进行调整压缩，当年开办附设初中班的小学有561校，在校初中学生45640人；1979年压缩为382校，在校初中学生为20767人。至1985年，开办附设初中班的小学还有200所，有初中在校学生9010人。

1980年，保山地区厂矿开办的中学达7校，有33个教学班，在校学生1206人，教职工141人。厂矿中学普遍呈现规模小、办学条件差、教职工多、教育质量不高的状况。

1986年，全区还有附设初中班的小学89所，其中，原保山市有60所，腾冲县有24所，昌宁县有5所，共有初中在校学生10606人。

1990年，地委、行署在全区教育工作会议上出台《关于进一步搞好农村教育综合改革的意见》，要求把“扎扎实实地推进九年制义务教育”作为农村教育综合改革工作的主要任务来抓。同年，行署教委要求全区农村初级中学在平时上好劳动技术课的同时，可根据办学条件和当地群众的要求，举办“三加一”班，即三年加一年的4年学制，让学生学会一至二门实用技术。

1993年，行署教委根据云南省关于《中华人民共和国义务教育法》实施办法的要求，结合全区实际，对1986年制定的普及九年义务教育规划进行修改，在当年召开的全区教育工作会议上印发讨论。全区新的实施九年制义务教育规划分两个阶段：第一阶段实施初等义务教育；第二阶段在实施初等义务教育的基础上实施初级中等义务教育。

1996年，全区小学毕业生37749人，升入初中27879人，初中入学率为73.85%；全区初中毕业生15257人，升入中师450人，升入中专1106人，升入普通高中3160人，升入职业高中1735人，初中后升学率41.74%，全区高中毕业生参加高考3134人，录取1108人，录取率为35.3%。

1999年，全区有初级中学109所，有初中在校生104624人，比上年增11605人，增长12.48%；初中毛入学率为93%，比上年增加9.09个百分点；初中15周岁人口毕业率98.53%，比上年增加2.53个百分点；初中学龄人口入学率85.92%，比上年增加7.84个百分点；初中学生辍学率为0.88%，比上年降低1.25个百分点。全区有普通高中25所，在校生10773人，比上年增加1130人；初中毕业生升学率为32.44%，全区约88%的人口地区基本普及九年义务教育。

2000年，全区小学毕业生有42252人，初中招生40050人，适龄少年入学率94.79%，初中毛入学率为97%，初中在校生112547人。全区初中毕业生为29893，升入普通高中5224人，升入职业高中2657人，升入中师、中专、中技2691人，初中毕业生升学率为31.6%；普通高中在校生为12225人。全区有3950人报名参加普通高校招生考试，有1478人被录取，录取率为37.4%。

尽管全区基础教育取得显著成绩，但全区基本普及九年义务教育还是低水平低层次的，部分县（市）和乡（镇）在“普九”验收后，初中学生的入学率、巩固率反复出现滑坡现象，全区初中学生的入学和巩固依然面临十分严峻的形势。

从2001年起，全市以县（区）为单位的“两基”复查年审采取由县（区）自查，市复核、省抽查三个程序进行。

这一时期，全市普通高中教育基础薄弱，规模小、效益低的问题日益显现出来。“上高中难”已成为“普九”以后广大群众迫切希望解决的难题。截至2001年，全市26所普通高中共有277个教学班，在校高中生15093人，初中毕业生升学率为31.7%，高中阶段毛入学率为20.67%，低于全省平均水平。

2003年，按照省人民政府的要求，市、县（区）教育部门继续将基础教育工作作为考核地方各级领导干部的重要内容和硬指标，抓住入学和巩固这个重点，立足实际，切实采取措施制定救助贫困生的办法和措施，严格控制学生辍学。

同年，实施大中专学校整合重组，保山师范学校并入保山一中后，校舍、设备合并使用。学校共占地185亩。

2004年，根据《中共保山市委、保山市人民政府关于推进教育改革与发展的决定》精神，由市委组织部、市人事局、市教育局联合制定《关于推进市县（区）七所中学改革的意见》，在全市拉开教育改革的帷幕，同时加快市、县（区）一中和保山天津高级中学的改革和发展步伐。

同年，为巩固“普九”成果，使初中学生学有所得、学有所长，回乡后能发挥一技之长，市教育局制定《关于办好综合初中班的实施意见》，要求各县（区）在上年进行综合初中试点的基础上，当年要在30%的初中开办综合初中班。

2005年，全市有初级中学101校，初中招生36468人，毕业38654人，初中在校生为112799人。全市初中阶段入学率为85.47%，毛入学率为101.57%，初中巩固率为98.25%，初中毕业生升学率为39.8%。当年，全市有完全中学30校，高中招生11407人，毕业7576人，高中在校生为28903人。

第二节 教学改革

一、学制

1978年前后，全区改成三、二学制，即初中3年，高中2年，附设初中班继续实行二年制。同年，中学恢复考试入学制度。1978年，保山一中高中试行二年制文、理分科。之后，全区普通高中普遍实行文、理分科。1981年开始，全区中学逐步恢复三、三学制。

1990年，行署教委要求全区农村初级中学在平时上好劳动技术课的同时，可根据办学条件和当地群众的要求，举办“三加一”班，即三年加一年的4年学制，让学生学会一至二门实用技术。

二、课程与教材

1978年，全区中学除生物课仍由农业基础知识课代替外，其余课程基本恢复。1979年，初、高中恢复生物课。部分中学开辟第二课堂，改革教学方法。同年，全区中学统一使用教育部编写的教材。1981年，在全区中学逐步开设劳动技术课，在高中开设人口教育讲座。

1985年，全区中学，高中开设的课程有：政治、语文、数学、外语、地理、历史、化学、物理、生物、体育、劳动技术等11门。初中开设的课程有：政治、语文、数学、外语、物理、化学、历史、地理、生物、生理卫生、体育、音乐、美术、劳动技术课等14门。

1987年，部分中学按国家教委《全日制中学劳动技术教育大纲》的要求，进行普通中学的职业技术教育改革，开办职业选修班或选修课，使学生在学好文化课的同时获得一技之长。在省属重点中学保一中，还开展计算机教学的试验课程。

1988年，地区教研所会同保山市教研室编写热区种植方面的乡土教材，并在部分热区中小学试用。

1990年，为解决一部分普通高中存在文理偏科、学生知识结构不合理、学生课业负担过重、不利于全面提高学生素质等方面的问题，按照国家教委《现行普通高中教学计划的调整意见》精神，对全区现行高中教学计划进行调整。

1992年起，全区使用全国统编“九年义务教育”的大纲和教材。

2000年起，全区使用全国统编的2000年年初高中大纲和教材，同时，全区还使用由地区教委主编的有关“永昌文化”的乡土教材。

同年，全区普通高中按照教育部关于《全日制普通高级中学课程计划（试验修订稿）》和关于使用《全日制普通高级中学语文教学大纲（试验修订版）》的要求，普通高中必修课设有思想政治、语文、数学、外语、物理、化学、生物、历史、地理、信息技术、体育和保健、艺术以及综合实践活动。选修课设有数学、物理、化学、生物、历史、地理、信息技术等7门学科。

三、教学

1978年起，中学教学工作全面恢复。保山地区各中学贯彻重新颁布的全国教学计划。广大教师把主要精力用在努力提高教学质量上，坚持以教学为主的原则，充分发挥教师的主导作用，使学校的教学工作出现蓬勃发展的局面。

1983年，贯彻全面发展的方针，教学工作朝着“面向现代化、面向世界、面向未来”的方向改进。重视加强“双基”教学，以学生为主体，以教师为主导，培养学生的自学能力，发展学生的智力和创造性思维。

1987年，全区中学分科教学研究会进一步建立和健全，使全区教学工作的研究与改进更加制度化和规范化。

进入90年代，各学校贯彻素质教育的精神，加强体育、劳动、音乐、美术等课的教学，克服片面追求升学率的倾向。很多学校进行“目标教学”“创造教学”“创新教学”的实验。

1996年，全区中学的教学改革，主要以反对只重视知识传授，而轻视智力发展的思想，也反对学校教育只重视学生的智力发展，轻视非智力因素对学生的作用和影响。

1998年，全区中学的教学改革，以“应试教育”向素质教育转变为主要内容，要求教师转变“教育观”，更新“人才观”，增强“质量观”，使素质教育真正得到实施。

2002年，结合中学课程改革涉及教育思想、教育目标、教育内容、教育方法等各个方面，要求教师在教学改革中，要全面贯彻党的教育方针，大力推进素质教育。

2004年，中学的教学改革更加注重实施学生的自主学习方式，要求教师根据学生身心发展的特点，关注学生的个体差异和不同的学习要求，爱护学生的好奇心和求知欲，充分激发学生的主动意识和进取精神，倡导自主、合作、探究的学习方式。

第五章　高等教育

第一节　发展状况

1978年4月，保山师范专科学校经国务院批准建立，鉴于保山的客观条件，保山地委决定保山师范专科学校与保山师范学校合校办学。经省教委批准，学校春季开办原昆明师范学院招收的四年制文史、数理、英语3个专业本科普通班137人，毕业后由原昆明师范学院颁发毕业文凭和学士学位证书。同时，招收2年制专科物理1个班。秋季招收英语、化学各1班，共计135人。

1979年，学校正式设置中文科、数学科、化学科、物理科、英语科，招生121人，在校生392人。

1980年年初，保山师范专科学校和保山地区师范学校，采取“一套班子两块牌子”的形式办学。

1984年3月，经保山地委研究决定：保山师范专科学校与保山地区师范学校分开办学，新建师专校舍，新校址定于城西南角的易罗池正西面的山坡上，占地面积132亩。

1989年，学校除政教专业外，学制从两年制改为三年制。学校有教职工172人，其中专任教师75人，具有本科毕业以上学历的62人，具有专科及本科肄业的13人。在职副教授7人，讲师22人，助教45人，教员1人。同年，招生226人，在校生468人，招收一个预科班，学制四年。

1990年，保山地委在《关于保山地区师范专科学校级别问题的请示》批复中规定：保山师专为副地厅级，二级机构为副县处级。同年4月，董家富任校长。

1995年，学校在教学模式上，初步实现从单一的关门办学模式向以师范为主、师范非师范并举、“两个面向，两个服务”转变；从封闭固定的专业设置向拓宽的主辅修和附加专业转变；从单纯的课堂教学向以教学促科研，以科研促教学的良性机制转变。

1999年4月，保山师专管理体制调整交接仪式在保山举行。省教委主任杨崇龙、副主任和福生、行署专员王广兴等省、地相关领导出席交接仪式。至此，保山师专的管理体制由“省地共建共管、以地为主”调整为“省地共建共管、以省为主”。

2001年7月，由于保山暴雨频降，地面渗水严重，加之受4月份施甸县频繁地震的波及，校园南侧发生大面积滑坡险情后，省、地两级组织专家进行论证研究，决定保山师专易地迁建。2002年1月，副省长梁公卿莅临保山，专题调研解决保山师专异地建设问题，市政府就师专滑坡治理及异地搬迁作专题汇报。4月，市政府成立以市长王广兴为组长，副市长杨经建、杨焱平为副组长的保山师专搬迁领导小组，领导小组下设办公室，保山市教育局党委书记董保华兼办公室主任，保山师专异地搬迁前期工作正式启动。

迁建选址为保山城北山脚村范围，具体在化工厂和工业学校原址及附近区域。迁建工程分期实施。根据云南省发展计划委员会《云南省计委关于保山师范高等专科学校新校区一期工程建设项目可行性研究报告的函》安排，一期工程项目建设目标及规模为：到2005年，保山师专在校全日制学生为3000人，其中师范生2000人，非师范生1000人。建设任务及内容：建设用地300亩。主要建设内容包括教学楼、图书馆、实验大楼、校系行政用房、操场、会堂、食堂、学生宿舍、生活福利及辅助用房等。一期工程实际占地27万平方米，2002年开始筹建，由重庆大学建筑设计院负责设计，隆阳区下村建筑工程公司负责施工。2003年，新校区建设正式开工，2005年部分工程先后完工投入使用，秋季新生如期进校。

截至2005年年末，学校有全日制在校生4300多人，成人教育学员1094人。学校主要面向保山、临沧、德宏、怒江等边疆少数民族地区招生，并逐步扩大到云南全省及四川、重庆、河南、湖北、辽宁、广西等12个省、市、自治区招生。学校有中文、数学、英语、物理、生化、艺术、政史、计算机科学、小学教育、体育共10个系32个专业（含3个专业方向），其中师范教育类专业25个，高职专业7个。

学校有教职工340多人，专任教师189人。具有高级职称54人，研究生（含在读研究生）54人。从1993年开始，先后有15位外籍教师来校任教，还聘请16位国内外知名的教授、专家、学者为客座教授。

学校占地536.84亩，总建筑面积123277.61平方米。

学校有生物、化学、物理、教育技术等专业实验室31个，多媒体教室16个，语音实验室4个，有教学用计算机555台，教学仪器设备总值1250万元。图书馆藏书298723册，生均69册，其中印本图书191029册，电子图书107694册。阅览学习座位200座，即将投入使用的北校区图书馆，阅览座位预设2000座，电子阅览室200座。

校园局域网采用100M光纤接入因特网，采用快速以太网技术，星型拓扑结构连接计算机234台。

学校有生物工程实验室、永昌文化研究所、心理教育研究所3个研究机构，其中生物工程实验室为保山市重点实验室。

同年底，根据保山市人民政府与云南大学在2005年昆交会上签订的市校全面合作协议，保山市人民政府与云南大学就充分发挥保山区位优势和高校辐射作用，提升保山办学层次，促进保山高等教育、职业教育和民办教育进一步发展进行多次磋商，双方同意联合创办云南大学职业技术学院保山校区。

第二节　学制与专业

1978年，开办昆明师范学院招收的文史、数理、英语3个本科班，学制4年，学生共137人。同年，开设物理、化学、英语3个专科专业，学制2年，学生共135人。

1979年，增设中文、数学2个专科专业，学制2年。

1986年，新增政治教育专业，学制2年。同年，学校具有语文、英语、政教、物理、数学、化学6个专业。

1988年，招收1个电工职高班，学制2年。

1989年和1992年分别招收2个预科班，学制4年，模式为1年预科，3年专科。当年，语文、英语、物理、数学、化学5个专业学制“2改3”，均由2年变为3年。

1990年，招收1个化学职高班，学制2年。

1992年，新增历史教育专业，学制3年。但因条件限制，当年未招生，直到2000年才开始招生。

1993年，招收会计和文秘2个职高班，学制2年。同年政教专业学制由2年变为3年。

1998年，新增计算机教育、生物教育、音乐教育3个专业，学制均为3年。

2000年，开设教育技术专业和计算机应用技术专业，学制3年。

2001年，新增地理教育和美术教育2个专业。英语、语文和数学专业分别增添3个小学教育专业方向，学制均为3年。音乐专业增添五年制教育专业方向，模式为“2+3”，即前2年为高中阶段课程学习，后3年为专科学习，学制开始具有五年制模式。

2002年，新增初等教育、学前教育2个专业及美术五年制教育专业方向，并首次开设艺术设计、旅游管理和生物技术及应用（未招生）3个高职类专业，学制3年。

2003年，新增体育教育类专业及会计、建筑设计技术、环境艺术设计、商务管理（未招生）4个高职类专业。

2004年，新增添学前教育五年制和体育教育五年制2个专业方向。

2005年，新增商务英语专业，学制3年。学校专业及专业方向总数达32个，从单一的师范性质向以师范为主的综合型院校发展。当年招生总数1737人。

第六章　职业教育

第一节　发展状况

1978年，中专学校的招生已参加国家统一举行的中等或高等考试后录取，学制均为3年。年末，全区中专学校有在校生736人。

1979年，保山地区财贸干部学校改办为中等专业性质的财贸学校。

1980年起，全区大力发展职业教育，先后开办9所职业中学。

1981年，保山地区技工学校建立。由地区劳动人事处领导和管理，招生由劳动人事部命题，实行统一考试录取。

1985年，保山地区工业学校经省教育厅批准开办。同年，全区有农职业高中7校，农职业初中6校，在校学生2036人。农职业高初中共有教职工133人，其中专任教师103人。全区中等专业技术学校在校学生共有1859人。

中等专业学校的管理工作，大都由主管部门负责管理：农业学校由农牧业局管理，卫生学校由卫生局管理；财贸学校和工业学校分别由地区财政局和经委管理。地区教育行政部门管理师范学校和主要负责考试和毕业生分配以及思想政治教育的指导工作。

1987年，全区中等职教在校生2286人，与普通高中在校生8894人之比为0.26∶1，远低于全国的0.43∶1和全省的0.47∶1的水平。

1992年，全区职业中学占地面积363.47亩，有种植基地854亩，有养殖场、店4900多平方米，有实验室1430平方米，实验仪器价值39.1万元；有图书室622平方米，藏书3.1万余册。全区职业中学共有专任教师187人，在校学生50个班3196人。

1995年，全区先后有教育部门办的6所职业高中接受省级合格学校验收，通过验收促进职业学校的建设和发展。

1999年，省政府发文认定保山卫校为“省(部)级重点中专学校”。省教委发文认定腾冲县第一职业技术学校为“省级示范性职业高级中学”；认定保山师范学校为一级二等师范学校。

1996—1999年，地、县(市)财政共投入职业教育经费876.45万元，用于中等职业教育学校的校舍建设和教学设备购置。其中，保山卫校4年新增建筑面积1.4万多平方米，使学校面貌发生根本性的变化。保山师范学校4年中先后获地区财政支持300多万元，完成综合楼和礼堂的建设。同时期，省计委为加大对贫困县职业高中建设的扶持力度，对保山四县的职中建设补助资金400万元，地、县和学校共自筹406.5万元，总投资806.5万元，新增建筑面积8809平方米，改善四县职中的办学条件。

2003年，市委、市政府出台《关于大中专学校改革与发展的意见》，开始全市大中专学校改革整合工作的实施，由保山农业学校、保山财贸学校、保山工校、市农机校、市农业广播学校合并成立保山市中等专业学校。将师专老校址、民干校校址划归新组建的保山中等职业技术学校。农校、财校、工校、农机校、农广校合并后，办学以师专老校址为基本阵地，保留农校和农机校两校址作为教学点，形成师专老校址以财工类为主，原农校校址以农业类为主，农机校以短期和职前培训为主的一校三教学区的格局。学校占地189亩。民干校师生及教学设备并入市委党校，民干校教学区的校舍、土地划归中等职业技术学校。党校、民干校合并在党校内集中办学。工校校舍及土地划归师专。农广校合并后，职能由保山中等职业技术学校承担。同年，隆阳区撤销第一、第二职业中学，组建隆阳区职业技术学校。新职业技术学校位于保山城北，占地100亩。腾冲县第一职业高级中学被省教育厅认定为“云南省重点职业高级中学”。保山卫校申报国家级重点中专学校。当年职业中学招生1664人，比上年减少176人。

2005年9月，隆阳区职校和龙陵县职校通过省级示范性职业中学的评估验收。至此，全市6所职业学校中有4所进入省级示范性职校的行列。11月，保山卫校升格成为保山中医药高等专科学校。2005年年末，全市有中等职业技术学校8所，其中中专学校2所、职业高中6所；有教职工684人，其中中专教职工250人，职业高中教职工434人；校舍总面积14.17万平方米，其中中专学校建筑面积6.99万平方米，6所职业高中建筑面积7.18万平方米。全市中等职业教育招生5205人，比上年增加1717人，初步呈现回升的好势头。全市中等职校在校生为10218，连同市外中专在校生，全市中等职校在校生与普通高中在校生的比例为0.45∶1。各中等职校分别采取“2+1”“1.5+1.5”等方式与省内外职业学校联合办学，在抓好招生工作的同时，努力拓宽毕业生就业渠道，使毕业生就业率达89%以上。

第二节　管理体制

一、中等专业技术学校

1979年，原财贸干部学校改为中专财贸学校后，由原来的地区商业局管理改为地区财政局管理。

1980年，贯彻中央教育部《关于全日制中等专业学校领导管理体制的暂行规定》，对全区中等专业技术学校明确实行分工分级按系统归口管理。

1985年，保山地区工业学校成立，并由行署经委负责管理。

1987年，为加强中等专业学校学生的学籍管理，全区中等专业学校按照国家教委的有关规定，统一使用省教育厅印刷的云南省中等专业学校毕业文凭，文凭由省教育厅审核验印，学校颁发，未经省教育厅验印者无效。

2003年，保山财校、农校等学校合并成立的保山市中专学校，由市教育局管理；保山卫校仍由市卫生局管理。

二、职业中学

1980年以后，农、职业中学逐渐增多，全部由各县教育行政部门管理。

1987年，行署成立“保山地区职业技术教育协调领导小组”，由行署副专员张玉珍任组长。同年，全区对农、职业中学实行统一领导，分级管理。

1990年，行署教委制定《关于验印职业高中毕业证书的有关规定》，要求各县（市）职业中学和市直有关学校开办的职业高中班，所颁发的职业高中毕业证书，都必须送到行署教委按照学籍管理规定进行审查，并办理毕业证书验印。不按规定审查学籍者不予验印，也不承认学历。

1995年，全区中等专业技术学校贯彻国家教委《关于普通中等专业教育（不含中师）改革与发展的意见》的精神，实行分级管理，分工负责，条块结合，地方统筹的管理体制，进一步扩大学校自主权，使学校真正成为具有法人地位的办学实体。

2001年，撤地设市以后，职业高中归市教育局及县（区）教育局管理。

三、市技工学校

1981年，保山地区技工学校成立以后，由行署劳动人事处负责管理。

1987年，省劳动厅对技工学校实行综合管理，省教育厅负责统筹协调。

2003年，保山技工学校与保山市中专学校合并办学，归保山市劳动和社会保障局管理。

第七章　特殊教育

第一节　发展状况

1991年5月，动工兴建保山地区聋哑学校。

1993年，保山地区聋哑学校有在校学生60人，分为3个教学班。有教职工15人，其中小教高级教师3人，小教一级教师4人，小教二级教师2人，职工6人。

1995年，根据残疾儿童少年摸底调查表明，全区共有7～15岁残疾少儿2512人，已入学1634人，残疾少儿入学率为65%。全区残疾少儿中，有视力残疾385人，已入学289人；有听力语言残疾519人，已入学340人；有智力残疾979人，已入学617人；有综合残疾634人，已入学388人。年末在校生达到5个班100多人。

从1997年7月1日起，地区财政将聋哑学校学生的生活费提高为每生每月70元，其中伙食费60元，医疗费10元。

2000年，全市共有适龄残疾儿童少年1523人，其中在校就读1068人，残疾少儿入学率达70.1%。至2001年，全市随班就读的残疾少儿已占残疾少儿在校生总数的80%以上。

2003年，全市在校学生中享受贫困资助的残疾学生有1107人，生均资助金额为295.01元，全年对残疾学生的总资助金额为36.52万元。

2004年，经保山市市长熊清华提议，中共保山市委常委会研究讨论决定，保山市聋哑学校更名为“保山市关爱学校”。

截至2005年，学校占地20.05亩，有教学楼、宿舍楼等建筑6幢，建筑面积7592平方米。当年，全市义务教育阶段在校残疾学生为1238人，其中在特殊教育学校就读的残疾学生为321人，在小学随班就读的有791人，在初中随班就读的有126人。全市残疾儿童入学率为87.3%；全市特殊教育学校有教职工56人，其中市关爱学校47人。

第二节　教育教学

一、学制、课程设置

学校初建立时，实行六年寄宿学制。1998年，因学校发展需要，实行九年寄宿制教育。

学校遵循教育教学规律，一直采用人民教育出版社出版的《全日制聋校实验教材》，根据教学大纲和新课程标准，各年级均开足课程和课时，实施对听力语言障碍学生全面发展的基础教育，补偿生理和心理缺陷，使他们在德、智、体诸方面生动、活泼、主动地发展，具有良好思想道德品质，基本的文化知识，健康的体质加一定的生活能力、社会能力，掌握初步的劳动技能，达到让学生适应社会，成为社会主义的建设者和接班人的培养目标。课程计划包括学科、活动两部分。以文化教育为主，因地制宜加强劳动和劳动技术教育；以分科课为主，适当增加综合课；以必修课为主，同时根据需要开设选修课。学科开设思想品德、语文、数学、自然常识、社会常识、理科、律动、体育、美工和劳技。

二、教学

学校在教育教学改革的实践中，进行积极的探索实践。同时，加强教学常规管理，加大监督检查力度；严格执行课程计划，强化教学常规意识，规范常规教学，做到备课求新，讲课求活，辅导求全，检测求真，加强基础知识掌握，加强基本能力培养，过好单元关、学期关。

2000年，特殊教育学校进一步加强教研组建设和管理，使教研活动经常化、专题化和规范化。

2005年，以新课程下的课堂教学研究与实践为内容，加强教学研究，确立“以人为本”的教育观，做好教学信息的反馈和矫正，增强教学过程的科学性、严密性、趣味性，积极倡导自主、合作、探究的学习方式，提高课堂教学效果。

第三节　职业培训

1993年，地区聋哑学校成立职业教育培训科。在行署教委职教科扶持下开办养猪、养兔、食用菌栽培、理发、自行车修理、缝纫技术、烹饪等职业技能培训。

2003年，保山市残疾人职业培训部正式在保山市聋哑学校挂牌成立。同年成立推拿职业培训中心，为做好残疾学员的安置就业工作和残疾人平等参与社会、充分发挥潜能、自食其力、脱贫致富创造良好的环境。

2003年8月至2005年，与市残联合办保山市残疾人保健按摩、足浴培训班6期，共培训学员达190人次，结业后的学生供不应求。

第八章　民族教育

第一节　发展状况

1978年，对边境一线20千米以内的民族中小学生给予生活补助；对贫困山区的民族学生实行免交学杂费、书籍费、文具费等。至1979年，全区少数民族适龄儿童为16630人，已入学14842人，入学率为89.3%，巩固率为80%，合格率为30%。同年，全区中学少数民族在校生为2130人，占中学在校生总数的3.3%。

1980年，根据全区少数民族居住分散的实际情况，将省教育厅批准定点的两所寄宿制民族小学，分设于五县的8个寄宿制民族小学点，分别为：保山县瓦马小学、敢顶小学；施甸县摆榔小学、木老元小学；腾冲县自治小学、猴桥小学；龙陵县黄连河小学；昌宁县芒尾小学。

1982年，分设于五县的8个寄宿制民族小学点，共有在校小学生4308人，其中少数民族在校生为2487人，占在校学生总数的57.7%，有教职工200人。

1981—1984年，全区少数民族报考高等学校的考生有398人，被录取94人，占少数民族考生的22.9%。

1989年，全区少数民族教育有较大的发展，各类学校少数民族在校生的比例已接近或超过全区总人口中少数民族人口的比例。至年末，全区在校学生总数为326348人，其中少数民族学生27068人，占8.2%；总数中：小学在校少数民族生21337人，占8.94%；普通中学在校少数民族学生4840人，占7.36%；农（职）业中学在校少数民族生326人，占7.86%；中专学校在校少数民族生311人，占13.8%；师范专科学校在校少数民族生43人，占9.2%。全区寄宿制民族小学共有在校生1745人，其中少数民族生1255人，占72%。半寄宿制高小校、点120所，共有在校生12345人，其中少数民族学生3334人，占27%。截至1989年秋，共培养高小毕业少数民族学生29172人。全区少数民族教职工有979人，占全区教职工总数的5.6%；少数民族专任教师有904人，占全区专任教师总数的6.26%。

1992年，全区少数民族人口已近20万人，占全区总人口的9%，各级各类学校的少数民族在校学生比例已接近或超过全区总人口中少数民族的人口比例。

2001年，全市小学在校生中少数民族学生23552人，占小学生总数的9.7%；普通中学在校生中少数民族学生12478人，占中学生总数的10.1%。

2005年，全市小学在校生中少数民族学生23973人，占小学生总数的9.9%；普通中学在校生中少数民族学生13393人，占中学生总数的9.5%。按照云南省教育厅、云南省民委要求，各县（区）把在中小学全面开展民族团结教育活动作为一项重要工作来抓，把民族团结教育活动纳入活动课统一规划，确保每学年安排不少于8个课时的教育时间。全市中小学民族团结教育活动统一选用由教育部和国家民委组织编写、审定的教材和教学参考书。小学二、三年级征订教材5039套；四、五、六年级征订教材7662套；中学征订教材11187套；全市共征订教材23935套，保证中小学民族团结教育活动的开展。

第二节　教育教学

1978年，民族小学学制，采用六年制小学的“四二分段制”，或五年一贯制的“三二分段制”。学生在简易小学或一师一校读到三年级或四年级，再到完全小学去读高年级。

在普通小学开设的民族班，以及部分普通中学开办的民族高、初中班，中等师范学校和师范专科学校开办的民族预科班，均采取学制延长1年的办法，即初入学的一年算为预备班，主要进行汉语训练或基础补课。对于一些文化、经济较为发达的乡（镇），已无须扫除汉语盲的适龄儿童，即可直接上一年级。

民族小学或民族班，提倡多种形式办学，既有全日制，也有早、午、晚班的半日制形式，还有隔日制、巡回小学等形式。对于分散山区，由于少数民族适龄儿童少而造成的班额不足情况，采取隔年招生和复式教学；7岁入学有困难者，可延至8岁。

在教学内容和教学方法上，乡（镇）以上完小，使用全国统编教材并统一实行六年学制；乡（镇）以下小学，实行四、二分段学制。高寒山区的民族小学，只要求达到省编四年制小学教材和计划的要求，主要学好语文、算术。对有条件的民族小学，提倡、推广双语教学。

1981年，行署教育局和地区民委联合于地区民族干部学校，开办傈僳文师资培训班，培训60人，按比例分配各县，担任双语教师。

1985年，保山地区少数民族在校学生与学生总数的比例，与全区少数民族在总人口中的比例基本持平。

1986年，先后在师范学校和师范专科学校开办民族师资班，旨在提高民族师资的质量。

1988年，保山地区民干校用增干指标，招收民族师资班20人，毕业后分配到山区和民族地区学校从事教育工作。

至1989年，全区教育系统有少数民族教职工979人，其中，师范专科学校7人，师范学校15人，中专学校13人，农职业中学9人，普通中学181人，小学736人，幼儿园18人。

1995年，各乡（镇）和学校均能安排有经验，有能力的教师抓民族中小学的管理工作，寄宿制、半寄宿制教学班的班主任，均由本校中教育教学经验丰富、能力强、有责任心的教师担任，保证民族中小学的教育质量。

2000年，在《云南省边境沿线行政村以下小学学生免费教育试行办法》的实施中，保山地区的腾冲、龙陵两县的边境沿线行政村以下小学共有2615名学生享受免费教育。

2005年，全市部分民族乡加强学校的绿化美化建设，加强校园管理，促进民族教育的发展。

第九章　其他教育

第一节　民办教育

1984年，保山地区各地分别开办民办幼儿园7所，但两三年后均先后停办。

1991年，施甸县甸阳镇文武办事处自筹资金4万元，创办农村民办幼儿园，于当年9

月招收幼儿110人。不久也停办。

1998年9月，由保山市教育局提供教学用地，报经保山市政府批准，由武光丽等人筹资200多万元创建的保山地区第一所私立幼儿园建成。

1999年9月，由保山市幼儿园教师入股建成的市幼儿园南苑分园建成开学，这是全区第一所股份制的幼儿园。

1999年10月，行署教委同意阮佼莉筹建保山曙光私立学校。

2000年，由保山市永昌镇龙泉办事处村民徐光荣在辛街乡创办私立“辛街乡光荣幼儿园”。同年，保山市瓦窑乡教育办公室创办股份制“瓦窑乡中心幼儿园”；昌宁县卡斯粮管所开办“卡斯乡中心幼儿园”；保山地区电力工程公司投资新建股份制“保山市永昌小学”；外来人员冯洪生获准在租用的场地创办“保山育才学校”。至年末，全区共有民办学校6校，在校生807人，教职工137人。

2003年，《保山市人民政府关于加快社会力量办学的意见》提出市、县（区）财政每年安排专项扶持资金（市每年50万元）等13条措施鼓励和扶持民办教育的发展。至年末，全市有各类社会力量所办学校23所，其中幼儿园20所，在校学生4060人，分别占全市学校总数的0.93%和在校生总数的0.92%。

2004年，全市共有社会力量办学机构26所，其中幼儿园20所，教职工443人，总占地面积14.97万平方米，校舍建筑面积5.55万平方米。同年，经保山市人民政府同意，由隆阳区人民政府与天津双寅实业开发有限公司合作创办“云南省保山天津高级中学”。学校性质为国有民办、民办公助。

2005年年末，全市有民办学校和社会力量办学37所，在校学生8617人，占非义务教育阶段在校学生总数的10.06%。有教职工1007人，其中专任教师624人。全市民办学校占地面积为425亩，共有建筑面积10.85万平方米，其中自有10.25万平方米，租用0.6万平方米；投资仪器设备896万元，拥有图书11.35万册；拥有固定资产12225万元，其中国有部分为3951万元。

第二节　扫盲教育

1978年，行署文教局制定《关于在我区开展扫盲工作的意见》，把扫盲的重点放在少年、青年、壮年及党团员和生产队长以上的人员上。1979年9月，行署文教局在腾冲县曲石公社召开全区扫盲工作现场会。之后，各县在试点的基础开展扫盲工作。同年，全区青壮年文盲、半文盲达到349805人，占全区青壮年总数的48.6%，其中13～30岁的文盲、半文盲为19.6万人，31～40岁的文盲、半文盲为153805人。全区文盲和半文盲中，基层干部和农业技术人员占14391人。当年，全区1022所业余扫盲夜校办起1082个扫盲班，组织学员25240人，占全区青壮年文盲、半文盲总数的7.2%。

1985年，全区各县（市）全面推行扫盲承包制和建立无文盲乡村，并强调扫盲教育与农业科学技术学习相结合的办学形式。全区有2.5万人进入扫盲班学习。此外，还有5500人进入农民文化技术学校（班）学习。

1988年，全区有农民业余教育专职干部103名。全区12～40岁年龄段的人数达到761239人，其中文盲、半文盲130621人，占此年龄段人数的17.2%。

1990年，全区扫盲教育专职干部增加到316人，其中：地区有5人，县（市）有143人，乡（镇）有168人。全区农村15～40周岁年龄段的人口达869937人，其中脱盲68205人（妇女43368人），文盲、半文盲64475人，全区非文盲率为92.6%。同年，全区开办农村扫盲班1638班，在册人数为41138人；开办农村科技培训班1047班，在册学员为74913人。全区有65个乡（镇）和816个村分别达到青壮年无文盲单位标准。

至1995年，全区累计脱盲16.27万人，青壮年人口中的非文盲率达到94%。

1998年，全区五县(市)的扫除青壮年文盲工作通过省政府的验收，累计脱盲15.7万人，非文盲率达98%以上，基本实现扫除青壮年文盲的目标。

2000年，据第五次全国人口普查情况统计表明：全区总人口为2348315人，其中15周岁以及上人口为1744054人，有文盲244615人，占总人口的10.41%，文盲占同龄人口的14.03%；总人口中15～50周岁人口为1335835人，有文盲58709人，占同龄人口的4.39%；总人口中15～24周岁的人口为360680人，有文盲4112人，占同龄人口的1.14%。

2002年，全市全年扫除青壮年文盲18066人，通过乡、村农民文化技术学校开展实用技术培训28.4万人次。

2005年，全市共计在343所各类学校中开展农村劳动力转移培训33057人次，其中，转移前引导性培训19956人，技能性培训8284人，转移后培训4817人。全市培训后就业15733人。同年，全市开办成人中小学3606个教学班，当年毕业或结业16078人，其中妇女学员9526人，占当年脱盲总数的59%；全市共开展农村实用技术培训18.3万人次，其中在75所乡（镇）成技校培训4.3万人次，在479所村级成技校培训14万人次。

第三节　电大教育

云南广播电视大学1982年秋季开始在保山招生办学。当年招生23人，编为云南广播电视大学中文专业第78班，由地区行署教育局业余教育科和地区职工教育办公室联合管理。

1984年，地区行署教育局报请行署批准，成立云南广播电视大学保山工作站。

1986年，办学规模有所扩大，招收专业有成人高等教育类的统计、财务会计、劳动人事、劳动经济和师范类的英语、政教等专业，还有成人电视中专类的党政、师范专业3个班。除此之外，当年还招收电大视听生194人，至年底，共有在校学生662人。

1987年6月，经云南省广播电视大学和地委、行署批准，保山电大分校成立，为县处级单位。

1996年，经云南广播电视大学和行署教委批准，保山电大分校成立腾冲、施甸、昌宁和龙陵工作站，以开办电视中专为主，并开展各种非学历教育和短期培训。

2003年9月，保山电大迁至保山市隆阳区人民路42号新校址。2004年完成校舍基建扫尾工程，2005年4月以优秀成绩顺利通过省教育厅对“人才培养模式改革和开放教育试点”项目的检查验收。2005年10月，成立奥鹏远程教育学习中心，加盟国家现代远程教育公共服务体系。至2005年7月，开设试点本科专业7个，招收学员1203人，毕业学员403人，先后开设试点专科专业14个，招收学员5004人，毕业学员1719人。

第四节　函授教育

1978年，云南省开始恢复函授教育。以云南大学、昆明师范学院为主，在保山地区招收函授学员。当年，昆明师范学院函授部在保山地区招收语文、数学专业的函授学员242人，学习5年后至1984年，有142人达到全日制大学毕业生的水平，获得大学本科学历。其中，语文100人，数学42人。

1987年，云南大学、云南师范大学共计在全区录取函授学员196人，其中，本科24人，专科172人。

1988年，云南农业大学、西南师范大学、西南政法学院也在全区招收学员，连同云南大学、云南师范大学、云南教育学院、云南中医学院、全国业余法律大学招收的函授学员，全区一共被录取函授学员292人。同年，保山师专也开办电视师专函授班。

1979—1989年，全区共招收函授学员940人，毕业本专科函授学员380多人。

2000年，全区共有1943人进入函授学习。

2005年，全市共有4498人报考全国成人高校。其中报考本科2304人，占报名总数的51.2%；报考专科1993人，占报名总数的44.3%；另外有201人报读免试成人中专。

第五节　自学考试

1983年，全区贯彻《云南高等教育自学考试暂行办法》，由地区、县（市）教育局业余教育科（股）负责自学考试的考务工作，并在各县（市）设立考场，组织考试。同年，全区首次报名参加自学考试者，仅有137科次，开考专业为：中文、哲学、法律、商业经济、英语5门。考试结果，有57科成绩合格，获得单科合格证。

1985年，开考专业增加到9个，全区报考者达到2885科次，领到单科合格证1256张。

1986年，行署教育局和行署财政局联合转发省教育厅、省财政厅《〈关于发放在职人员自学考试奖学金的暂行规定〉的通知》，对通过自学考试取得大学本科、专科和中专毕业证书的在职人员予以奖励。奖励标准为：原未具备大学本科学历者，通过自学考试取得大学本科毕业证书，理科奖金1000元，文科奖金840元；原未具备大学专科学历者，通过自学考试取得大学专科毕业证书，理科奖金500元，文科奖金420元；原未具备中专学历者，通过自学考试取得中专毕业证书，理科奖金440元，文科奖金360元。

1987年，全区报考者达到3000多科次，领到单科合格证979张。

1991年，保山电大分校经行署教委同意，开办会计专业自学考试辅导班。同年，全区又有106人通过自学考试获得大、中专毕业证书。其中大专67人，中专39人。自学考试开办以来，全区累计有189人获大专毕业证，121人获中专毕业证。

1997年，行署教委下发《对开办全日制自考法律大专班的批复》，同意保山地区司法局与保山师专联合开办全日制自考法律大专班。当年，在保山、怒江、德宏、临沧四地州招生80人，开设哲学、政治经济学、大学语文、国际法学、公证与法律制度、民法、刑法、经济法等14门专业课。

2003年，上半年全市有4430人报名参加考试，合格3352科次，合格率为42.7%；下半年全市有3764人报名参加自学考试，合格2653科次，合格率为38.7%。

2005年，全市先后组织四次自学考试，全年共有6475人次报名，共合格6550科，合格率为50.3%；全年为390名考生办理毕业证的审核手续，其中本科98人，专科292人。

第六节　农业广播学校

1981年，由地区科学技术委员会组建成立保山地区农业广播学校。地区财政局拨款2000元作为开办费，分配给昌宁、施甸、腾冲、龙陵四县分校。后转由地区农牧业局主管。定学制为3年，当年招收学员296人，于1984年毕业。1984年又招收学员100人，两届学员均为农学专业。

1988年11月，行署批准成立保山农业广播学校校务委员会，由副专员陈就和兼任校长，校务委员会包括校长、副校长在内的17人组成。截至1989年年底，累计招生2866人，毕业129人，有900多人获得单科和多科结业证书，在校学生1820人。

1990年，教导处改为分校，杨常和任校长，编制8人，实有5人。全区五县（市）也都开办农广校，全区定编33人，有专职办学人员17人，兼职15人，专职辅导教师5人，兼职96人。

1991年，学校在保山永昌镇杏花办事处黄纸房一社购买集体公房一处，解决长期没有固定办学地点的问题，同年投资20万元，建盖一鹌鹑饲养加工厂，以便于教学实习。当年招收农学、牧医、财会、乡镇企业管理、林学5个专业546人。全区共计开设专业10个，在校生达1620人。同年，腾冲、龙陵分校经省教育厅、农牧渔业厅评估认定为合格学校。至1993年，全区四县一市共6所分校，五所为合格学校，在编教职工33人。

1995年，经政府批准，农广校教职工享受中专学校教师待遇。

1996年6月，经云南省农村致富技术函授大学（简称云南省农函大）校长办公会议研究同意，云南省农函大保山地区辅导总站成立。

1998年，“绿色工程”在全区全面铺开。至12月底，共培训发放“绿色工程”2850份。

2000年，“绿证工程”培训人数达11742人，获证4860人，获证率提高到41%；同年招收大中专生337人，招生对象主要是农村村级干部、计划生育助理员和宣传员。

2003年8月，根据保山市大中专学校改革整合领导小组通知，保山市农广校业务合并至保山中等专业学校，人员分流至其他单位，校产经清产核资后划归市畜牧局，其他县（区）农广校则继续开展业务。

第七节　农业机械化学校

1987年9月，由原保山地区农机培训站改建为保山地区农业机械化技术学校，主要开设培养和培训农机驾驶及修理技术人员的专业。

1989年，地区和五县（市）农业机械化技术学校或农机培训站，纳入初等成人学校管理。

1990年，保山地区农机校校址由保山市辛街乡迁至保山城区北关，新校址占地7亩，建筑面积1750平方米，学校的教学实习、实验设施（主要为教练机车、修理设备）价值达13万元，有教职工19人。

1995年，经地委组织部、人事劳动局批准，保山地区农机校划归市农牧局管理，成为市农牧局下属二级单位。

2000年，全体教职工全额集资8.3万元，购买农用车1辆，建盖213平方米教练车库1个。

2001年，学校又投资85万元建盖“千万机手”培训宿舍楼1600平方米（其中20万元为学校自筹），同时经省劳动厅批准，建立云南省第166职业鉴定所，具有汽车维修、摩托车维修等10个工种的初、中、高级鉴定资格。

2003年8月，保山农机校并入保山中等专业学校。

第十章　教育管理

第一节　教育经费投入

保山地区的教育经费来源，主体为政府拨款，其他为社会集资、捐赠、学杂费以及勤工俭学收入等。

一、政府拨款

1978年，教育事业费支出为809.54万元，比上年增长20.39%。

1980年实行“划分收支，分级包干”的“分灶吃饭”新财政体制。全区教育事业费总投资随同全区财政收入指标由省下达给地区，再由地区下达给各县。地区文教局只管理本级的教育事业费。1980年，教育事业费拨款首次突破千万元大关，为1114.25万元。此后，教育事业费拨款每年平均以16.74%的速度增长，至1982年，达到1501.88万元。

1985年，财政体制改革，按照“切块包干”的原则管理教育事业的支出。由地、县（市）、乡（镇）各级财政在包干经费中预算安排。当年全区教育事业费实际支出为2856.87万元，其中：个人部分支出2022.22万元，占总支出的70.78%，包括工资1246.34万元，占总支出的43.63%；补助工资532.5万元，占总支出的18.63%；教职工福利费104.82万元，占总支出的3.67%；离退休人员费用56.16万元，占总支出的1.97%；人助金82.4万元，占总支出的2.88%。公用部分支出834.65万元，占总支出的29.22%。其中公务费177.8万元，占总支出的6.23%；设备购置费145.66万元，占总支出的5.1%；修缮费375.09万元，占总支出的13.13%；业务费61.47万元，占总支出的2.15%；其他费用76.43万元，占总支出的2.61%。

1987年，教育经费支出总额3549.4万元，教育事业费支出3270.6万元，教育基建投资278.8万元，教育支出总额占国民生产总值的4.03%，占国民收入的5.02%，占财政总支出的23.3%。

“八五”期间，教育经费占财政支出的平均比例达到21.75%。1993年，地委、行署召开的教育三级干部会，制定《征收农村教育费附加》和《征收城市教育基金》这两个暂行规定，以拓宽教育经费的来源渠道、筹措普及义务教育所需要的巨额资金。五年中，全区教育经费总支出为6.5亿元。其中财政预算内教育事业费和教育基建支出约5.1亿元。1995年，地区财政增加对地直学校的经费投入，以改善其办学条件。

1998年，全区教育经费投入33034.5万元，其中国家财政性教育经费27139.3万元，财政预算内教育经费23379.8万元，社会捐集资2420.4万元，农村教育费附加2137.5万元。与1994年相比，全区教育经费投入净增15379.8万元，增幅87.1%，其中国家财政性教育经费净增11550.9万元，增幅74.1%；财政预算内教育经费净增9207.4万元，增幅65.0%；社会捐集资净增964.1万元，增幅66.2%；农村教育费附加净增1631.9万元，增幅322.8%。

2000年，全区教育经费投入约3.4亿元，其中：财政预算内教育经费约3.2亿元，约比上年增加5000万元。在预算内教育经费中，由财政支出的教育经费为2.6亿元，其中：个人部分2亿元，占76.9%；公用部分2000万元，占7.7%（生均公用经费160元，其中：中学生均220元，小学生均75元）；教育基建支出3200万元，占12.3%；其他部分为800万元，占3.1%。教育经费的其他来源为：各级政府征收用于教育的税费2816.5万元，社会捐集资2054万元，勤工俭学收入用于教育的经费790万元，其他收入339.5万元。

2005年，全市教育经费总投入78676万元，比上年增加7984万元，其中财政性教育经费拨款63747万元，比上年增加8113万元。在财政性教育经费拨款中，教育事业费拨款52707万元，比上年增加1527万元，增长9.92%。全市生均教育费用1923.5元，比上年增加263元，增长15.78%；全市教师人均工资9093.97元，比上年增加184.07元，增长2.07%；生均公用经费569.44元，剔除校舍建设费用后为372.51元，比上年增加142.48元，增长

61.94%。全市人均教育经费总支出325元，比上年增加42元，其中人均财政性教育经费支出238元，比上年增加10元。

二、社会捐集资

全区社会集资包括各种折价，所筹资金，一方面是负担较大比例的民办教师报酬，另一方面主要的用于修建校舍。

1978年，共计投入人民币175万元。

1979年，进一步贯彻落实“两条腿走路”的方针，当年，全区社会集资额达到185万元。

1980年后，农村广大群众集资办学的热情有所高涨。1987年，全区乡村群众集资436.5万元。1989年，全区社会集资为557万元。1986—1989年全区社会集资共筹集教育经费1470多万元。

1994年，全区农村教育事业费附加已开征82个乡（镇），1762870人交纳农村教育事业费附加，征收金额566.6万元，人均3.21元。

1996年，全区征收农村教育费附加达899.47万元，群众捐集资2383.83万元用于改善办学条件。

1997年，全区征收农村教育附加1097.05万元，收缴教育基金264.34万元。

1999年，全区征收农村教育费附加约2200万元，城市教育费附加约800万元，人民群众捐集资约2600万元，全区学校勤工俭学纯收入640万元。

2003年，全市社会捐集资的办学经费为1840.5万元，其中，港、澳、台同胞和海外侨胞捐资为90万元。

2004年，全市社会捐集资的办学经费为2392.5万元。

2005年，全市社会捐集资的办学经费为2362.7万元。

三、其他收入

教育经费中的其他收入主要是学杂费收入和勤工俭学收入。

1978年，全区勤工俭学收入为38.14万元，1979年为38.93万元。

1980年开始，各县再次调整学校杂费收费标准，提高中学和城镇小学的收费标准，缩小减免比例。1981年，全区学校杂费收入为36.96万元。

1983年，全区勤工俭学创纯收入25.6万元，1984年增为39.01万元，1985年为35.11万元。

1986年，全区勤工俭学纯收入为30.55万元，生均收入仅为0.88元。1987年，在热区学校改为经济作物种植，同时，全区中小学勤工俭学开展面也有拓展。同年，勤工俭学纯收入达到39.28万元，1988年，再次提高到53.86万元，生均收入达到1.66元。

1989年，全区中小学及幼儿园学杂费收入达166.3万元。同年，全区勤工俭学纯收入达到100.08万元。

1990年以后，对义务教育阶段的学生免收学费，再对家庭经济困难的学生减免杂费，直至对农村义务教育阶段的学生全部免收杂费，从而使义务教育阶段的学校的公用经费全部由政府负责，学杂费收入作为教育经费来源的比例越来越低。

1991年，全区勤工俭学收入中，用于补助教育经费的金额105.5万元，1992年增至191万元，1993年增至267万元。此后，全区每年用于补助教育经费的勤工俭学收入金额，都在200万元以上。至2005年，全市勤工俭学总收入达980多万元，其中用于补助教育经费的金额达342.97万元。

第二节 校舍及设施

一、校舍

1978年起，全区教育基建费逐年增加，加上社队群众集资，主要用于解决中小学校舍中的危险房屋。至1980年，全区小学校舍面积为74.9万平方米，生均占有2.68平方米。全区中学校舍建筑面积为17.72万平方米，生均占有3平方米。

1981年，全区用于中小学修建校舍的资金为190.95万元，其中：修缮中学校舍1.95万平方米、小学校舍9.4万平方米。同年，全区危险房屋占校舍总建筑面积的16.24%。

1985年，全区校舍总面积为128.13万平方米，其中危房面积为10.12万平方米，占校舍总面积的7.9%。当年全区用于校舍修缮的各种资金为484万元。1981—1985年，全区经过财政拨款用于中小学校舍修缮的资金为1375.51万元，修缮面积总计43.65万平方米，其中修缮中学校舍9.46万平方米、小学校舍34.19万平方米。

1987年，全区用于修缮校舍的资金为957.04万元，修缮校舍面积11.73万平方米。全区中小学校舍总面积为152.59万平方米，其中完好和基本完好的校舍为131.19万平方米，损坏房面积为13.3万平方米，危险房屋面积8.1万平方米。

1981—1989年，全区投入校舍修缮资金7100万元，其中国家拨款5000万元。9年间共修缮校舍82万多平方米。

1992年5月，行署教委对全区的办学条件进行全面的调查。结果显示，全区办学条件存在着校舍不足，破损房屋多，教学仪器设备和图书严重缺乏的状况。校舍不足，主要是中学和完全小学缺乏实验室、图书室、食堂和师生宿舍。

1996年，行署教委加快全区中学校舍的扩建步伐，全区校舍总面积增至202.67万平方米，危房比例降至1.2%，损坏房比例降至7.8%。

1997年，全区改善办学条件资金投入总额为10884.77万元，其中中央和省投入2929.56万元，地区财政补助427.82万元，县（市）投入731.71万元，乡（镇）投入938.28万元，城镇教育附加投入360.86万元，农村教育费附加投入1331.62万元，村社群众捐集资2659.62万元，勤工俭学收入投入113.12万元，其他方面投入867.36万元，其余为群众献工献料折价。

2000年，全区投入10651.48万元用于改善办学条件，其中用于校舍土建9264.58万元。全区各级各类学校共有校舍面积253.25万平方米，比上年增8.7万平方米。在校舍总面积中，混合结构占37.35%，砖木结构占24.24%，土木结构占38.41%。校舍总面积的完好率达到96.28%，损坏房为3.01%，危房比例降至0.71%。

2001年4月10日、12日，保山市全境遭受不同程度的地震灾害。全市报损学校312所，占全市中小学校点总数的35%，受损面积20.9万平方米。

2002年，全市各级各类学校校舍面积为271.02万平方米，其中：框架结构面积40.6万平方米，砖混结构面积80.8万平方米，砖木结构面积68.3万平方米，土木结构面积81.3万平方米。土木结构面积占校舍总面积的29.99%，比上年下降3.81个百分点。全市中小学校舍建筑面积238.9万平方米中，有危房面积68.9万平方米（其中B级危房有4.9万平方米，C级危房有11.6万平方米，D级危房有52.4万平方米），占中小学校舍建筑面积的28.56%。

2004年，全市各级各类学校基本建设总投资为11252.9万元，其中国家预算内中央专项资金2357.0万元，地方专项资金2516.1万元，中央各部门安排174.4万元，地方自筹1239.0万元，学校自筹3869.9万元，社会捐集资128.6万元，其他渠道筹资967.9万元。当年新增固定资产10773.9万元，全市校舍施工建筑面积17.99万平方米，年内竣工建筑面积14.53万平方米。

同年，部分中小学校舍相继遭受“4·13风灾”“5·17洪灾”“7·18洪涝及泥石流”“10·19地震”等严重的自然灾害，造成数以百计的学校校舍受到不同程度的破坏，数十所学校被迫短期停课，共计造成直接经济损失1.2亿多元。

2005年1月7日晚11时51分，保山市隆阳区发生里氏4.7级的破坏性地震，受灾学校共计24所（其中中学3所），严重损坏的校舍293间，损毁面积10486平方米。其中：校舍墙体严重撕裂，中度损坏及轻度损坏的校舍80间，受损面积3220平方米。

1978—2005年，全市中小学校舍经过连续几年的大力建设，有很大改善，但因为“普九”以后初中在校生大量增加，生均面积严重不足，加之自然灾害频繁发生，土木结构校舍比例大，造成大面积的校舍危房得不到及时排除。截至2005年年末，全市中小学危房面积比上年减少7万平方米，还有60多万平方米，其中D级危房达50万平方米，是全省危房校舍最多的一个市。

二、设施

1978年，保山地区有许多山区小学的设施，仅为一块破黑板，以及用木板和土坯搭成的学生课桌。学校无经费购置图书与教学设备。

1981年，全区教学设备购置费仅有46.02万元。同年，全区28.5万多名小学在校生中，就有16万名小学生缺少合格的课桌凳；全区3231所小学中，有2722所学校没有教具，有2128所小学没有图书资料，有1672所小学没有1个篮球、排球或足球。

1982年，全区下大力解决中小学缺乏课桌凳的问题，全区中小学课桌凳增至26万单人套，使缺少课桌凳的人数降到74981人，其中小学有71344人，中学3637人。

1985年，全区教学设施购置费为148.36万元，为部分农村初级中学增添一批实验设备，为省、地重点中学增添供学生学习的微型计算机，为一部分小学和幼儿园配置脚踏风琴等教学设备。

1989年，全区教学设备购置费为124.1万元，占本年全区教育事业经费公用部分的10.73%；1984—1989年，全区教学仪器总投资为239.34万元。全区中小学拥有交通工具79辆，拥有各类图书58.57万册。至年底，全区建立教育电视台1座、卫星电视教育地面接收站11座（其中乡级4座）、卫星电视教育录放像教学点84个。

1993年，全区有10校的实验室建筑面积达标准，其中中学6校，小学3校，职业中学1校；有36校的理科教学仪器设备达到配备标准，其中中学24校，小学11校，职业中学1校；有11校的教学分组实验达到标准，其中中学4校，小学7校；有56校的体育场（馆）建筑面积达到标准，其中中学有17校，小学39校；有4校的体育器材达到标准，其中中学1校，小学3校。全区筹集教学仪器经费50万元，配备普教仪器29套，其中中学5套，小学24套；筹集图书购置费19万元，配备中小学三套文库645套，约6500册。

1998年，保山师专有图书馆建筑面积2316平方米，藏书13.4万册；中等专业学校藏书15.48万册；教师进修学校有图书馆（室）建筑面积612平方米；普通中学有图书馆（室）建筑面积1.18万平方米，有图书108.88万册；职业中学有图书馆（室）建筑面积470平方米，藏书5.76万册；小学有图书室建筑面积3.36万平方米，有图书192.25万册。生均拥有图书为：保山师专118.6册，中等专业学校45.1册，完全中学14.8册，初级中学8.8册，职业中学17.1册，小学7.6册。

2000年，全区中等专业学校藏书28.98万册；普通中学图书馆（室）建筑面积1.64万平方米，藏书159.89万册；职业中学有图书馆（室）建筑面积572平方米，藏书6.56万册；小学有图书馆（室）建筑面积33923平方米，藏书216.69万册。生均拥有图书为：保山师专111.7册，中等专业学校81.9册，完全中学16.7册，初级中学11.3册，职业中学19.6册，小学8.9册。

2001年，全市用于购置教学仪器设备和图书190万元，其中用于购买图书126万元。全市中小学的图书和音、体、美、劳技设备得到明显改善。全市中学生的生均图书为12.1册，小学生的生均图书为10.86册。全市三分之二以上的中学和乡（镇）中心学校、完全小学的体育场（馆）面积、体育器械、音乐设备、教学教具、自然仪器和理化实验设备均已达到国家规定的配备标准。

2005年，全市各类学校图书馆藏书情况为：保山师专19.76万册，电子图书11.77万片；中专学校19.8万册；电大保山分校及教师进修学校2.51万册；普通中学189.12万册，电子图书1.5万片；职业中学10.33万册；小学230.9万册，电子图书830片。生均拥有图书为：保山师专49.9册，中专学校60.6册，普通中学13.22册，职业中学20.25册，小学9.51册。全市中小学校拥有计算机6496台。

第三节　教学研究及改革

1978年，在恢复教学秩序的同时，注意基础知识教学，尝试教学改革。1979年，各县中学推行课堂教学改革，开发学生智力、培养学生的能力。

1980年，各县中小学把对教材中科学知识的概念系统、学生的认识思维系统、教师的教法步骤系统进行规律性的探索作为自身的工作任务，把调查、研究、编写、指导和实验，作为教育教学研究的基本方法。同时，以“加强基础，培养能力”为中心开展实验，各级教研室均以一个学校为实验基地。在各学校中，各学科又以一个班为实验点，每个教研人员在一个时期内，以一个专题为基础进行实验和研究。

1982年，全区地、县教研室广泛收集本地区和省内外的教学经验和资料信息，及时用来指导各级各类学校的教学研究工作，力求把教育科学的专题研究与广大教师群众性教学研究活动结合起来。

1985年，全区中学教学从以传授知识为主转变为培养学生能力为主；从以教为主转变为以教师为主导、学生为主体的教学形式；从统一要求、平衡发展和考分量化转变为区别对待、多向发展、因材施教、鼓励学生发挥其特长；从单一式教学转变为开放式多样化教学。

1988年，地区教研部门在全区推广施甸县“目标导向，单元形成性评价”的经验，要求教师对每个单元的教学，都要根据教育目标进行分类，设计出科学的教学目标，作为师生进行教学活动的思维导向；对教学效果坚持进行单元形成性评价，及时发现教学中的存在问题，并针对存在问题及时矫正，弥补知识缺漏，不让学生造成问题堆积。

1991年，从优化课堂教学结构，广泛提高教学质量的要求出发，要求教师运用“启发式教学法”，通过教学活动培养学生的自学能力和创造才能，让学生成为学习的主人。

1995年，全区执行每周40小时的新工时制课程计划，加强教育教学研究，改革教学方法，提高课堂教学效益，保证师生的“双休日”得到落实。

1998年，全区的教学改革工作，继续贯彻实施《九年义务教育课程方案》《云南省教委关于加强中小学常规管理的意见》和《关于推进素质教育调整中小学教育教学内容，加强教学过程管理的意见》精神，围绕“两基”“两全”开展一系列教学改革，提高教师素质。

2000年，行署教委继续加强对课堂教学作为素质教育主渠道的研究与探索，切实减轻中小学生过重课业负担，提高教学质量。同时，逐步改革考试制度和方法，改革教育教学评价制度和方法。

2001年，全市开展实践活动课教学的研究、探索，更加注重培养学生的“自主性、实践性、全员性、趣味性”，要求学生“学规律、教方法、重训练、求质量，训练能力，开发智力”。要求教师以活动为主的教学形式，将课堂教学模式由“传授型”转向“创造型”。

2002年，按照教育部的通知精神，全市普通高中对思想政治课的有关教学内容进行删减“繁难偏旧”、减少容量的调整，以应对高考提前、教学时间减少的客观情况。同时，按照教育部重新修订的《全日制普通高级中学课程计划》和语文、数学、物理、化学、生物、历史、地理七个学科的教学大纲的需要，调整课时，结合全市的实际，加强教学管理，鼓励和支持教师创造性地开展教学改革活动，以提高普通高中的教育教学质量。

2003年，全市树立“教育发展以科研为先导”的意识，广泛开展课题研究，继2002年隆阳区作为全市第一批课程改革实验区之后，2003年第二批实验区是腾冲县，2004年昌宁县、施甸县和龙陵县全面推开。

2004年，市教研部门组织全市初中语文、数学、物理、化学、思想政治、历史七个学科的学年水平测试，以及全市小学四年级语文、数学两个学科的统测，对各学科的成绩进行质量分析，查找存在问题，并提出“注重对中下水平学生的辅导，做好后进生的转化工作”等相应的改进意见。

2005年，结合实际，市教育局出台《保山市关于基础教育课程改革实验2005年年初中毕业改革与普通高中招生制度改革的意见》，推进课改工作和普通高中招生工作的改革。同时，进一步加强对教师和教研员的培训，积极参加国家和省组织的各类教研、教材研讨会，通过举办或参加各科课堂教学竞赛，提高广大教师的教育教学水平和教学质量。使保山市在参加全国及全省组织的各科教育教学科研活动中，有数百名教师获各种奖项。

第四节　教师队伍

一、队伍建设

1978年，全区按照省教育厅关于加强中小学教师队伍管理工作的实施办法，努力提高全区中小学教师队伍整体水平。同年，保山师范专科学校的建立，为充实全区中学师资，发挥作用。同年，教育行政部门开始接管教师档案和教师调动审批权。

1980年，腾冲、龙陵两个边疆县的2000多名民办教师，采取自愿报名、择优录取的办法，吸收为公办教师。少数不宜民转公的给予一次性补助费，妥善安置。同年，保山、施甸、昌宁3个内地县分别下达中等师范招生指标，通过考试录取部分民办教师到师范学校学习1—2年，结业后转为公办教师。到1980年年底，全区公办教师从4290人增加为7394人。

1985年，全区有教职工15884人，其中其他部门办的学校有教职工564人，民办教师有2172人，民办教师占教职工总数的13.7%。

1990年，全区仍有近半数的初中教师学历未达标，小学教师学历未达标者也有35.45%，一些年轻教师不安心于山区农村教育。

1991年，全区小学每一教职工负担学生数：城市19.21人，县镇18.78人，农村22.51人；小学每一专任教师负担学生数：城市20.46人，县镇19.85人，农村22.93人。普通初中每一专任教师负担学生数：城市18.35人，县镇17.56人，农村19.17人；普通高中每一专任教师负担学生数：城市15.27人，县镇14.78人，农村14.82人。农（职）业高中每一专任教师负担学生数：城市18.90人，县镇19.07人，农村8.32人。

同年，全区专任教师中的学历合格教师占专任教师总数的比例为：普通初中为56.59%，普通高中为55.28%，农（职）业初中为59.46%，农（职）业高中为24.8%，小学为69.52%，幼儿园为41.94%。30岁以下专任教师占专任教师总数的比例：小学为34%，普通初中为59.44%，普通高中为43.14%，农（职）业初中为65.77%，农（职）业高中为54.40%。31～45岁年龄段的专任教师占专任教师总数的比例：小学为49.39%，普通初中为30.23%，普通高中为33.80%，农（职）业初中为27.93%，农（职）业高中为32.80%。

1993年，全区高中教师570人，本科学历占54.21%;初中教师3229人，本专科学历占65.41%；小学教师10221人，中师及高中以上学历占74.63%；全区中小学班数及班与教师、教师与学生的比例为：高中178班，平均每班45.1人，班与教师比为1∶3.2，教师与学生比为1∶14.08；初中1185班，平均每班47.7人，班与教师比为1∶2.73，教师与学生比为1∶17.52；小学8979班，平均每班25.9人，班与教师比为1∶1.14，教师与学生比为1∶22.72；幼儿园及学前班826班，平均每班33.76人，班与教师比为1∶0.89，教师与学生比为1∶37.95。

1999年，全区教职工队伍共有20343人，其中教育部门办学校19339人，其他部门462人，集体办学505人，民办个体学校37人。全区专任教师有18620人。小学教师学历合格率90.1%，初中教师学历合格率87.5%，高中教师学历合格率64.3%，中专学校教师学历合格率65.6%，均比上年有所提高。

2002年，全市教职工总数为22598人，其中专任教师20488人。专任教师中，普通高中教师学历合格率为64.7%，初中教师为93.2%，职业高中为40.1%，小学为91.9%。中小学和职业高中的教师中，共有高级职称的教师335人，有中级职称的教师4633人，初级职称13387人。

2005年，全市教职工总数中有专任教师21951人，其中：普通高中教师1937人，比上年增加299人，学历合格率为82.03%，比上年上升10.36个百分点；初中教师6082人，比上年增73人，学历合格率96.8%，比上年上升1.16个百分点；小学教师12341人，比上年减少138人，学历合格率95.45%，比上年上升0.47个百分点。全市教师队伍中，有高级职称的教师609人，有中级职称的教师6239人。全市教师队伍中有国家级骨干教师15人，省级骨干教师33名，市级骨干教师202人。

二、教师待遇

政治待遇　1978年起，全区教育系统逐步落实党的知识分子政策，解决历史遗留问题，平反冤假错案。至1979年年底，纠正平反“文化大革命”在全区中小学教师中造成的751件冤案、假案、错案。这一时期，各级党委把发展教师入党作为落实知识分子政策的具体工作之一。一批骨干教师被评为人大代表、政协委员，有的走上领导岗位。1984年，保山地委、行署召开“山区老教师代表大会”，向全区坚持山区教育工作15年以上的教师颁发荣誉纪念章。至1989年年底，全区教师队伍中有中共党员2190人，占全区教职工总数的13.4%。同时期，全区教师队伍中的共青团员有3441人，占全区教职工总数的21.1%。1991年，施甸县职业中学赵定河被评为全国教育系统劳动模范。全区6名小学教师马崇礼、许德鸿、王文星、张明沛、茶文映、李宗钢被评为全国优秀教师和教育工作者。施甸县由旺中学张文锦、腾冲县民族中学李徐芬被评为全国优秀教师。全区有24名中小学教师被评为省级优秀教师和教育工作者。1998年，全区被国家教委表彰的“全国模范教师”“全国优秀教师”和“全国优秀教育工作者”有4人。全区被省教委表彰的优秀教师有10人，优秀教育工作者有10人。保山地区表彰的优秀教师和优秀教育工作者101人。同年，施甸县摆榔乡中心小学校长李光普被云南省教育工会委员会表彰为“为人师表标兵”。2003年6月，中共保山市委、保山市人民政府表彰奖励保山第五次“有突出贡献专业技术人才”，保山市教育系统获一等奖1人，二等奖7人。2005年，经过20多年的尊师重教宣传活动，全市教师和教育工作者的政治地位和政治待遇，得到显著提升。做一名光荣的人民教师，已成为令人羡慕和向往的职业。

工资待遇　1978年，按规定对教职工中2%的“工作成绩优异，贡献较大”的人员升一级工资。1979年11月，按国务院规定，全区40%以上的教职工提升一级工资。1980年，按规定在全区中小学实行班主任津贴。1981年，执行国务院批转教育部《关于调整中小学教职工工资的办法》规定，中小学、幼儿园的教职工，从1981年起，普遍提升一级工资。其中贡献大、教龄长、工资偏低的骨干教师可提升两级。同年，小学民办教师的国家补助费由原来的全年170元增至220元，中学民办教师由原来全年的210元增至260元。农村实行联产承包责任制后，民办教师也分到责任田，并由公社或大队按月或按年发给补助费。同年，保山县及地直学校教职工平均工资为46元，施甸县为41.66元，腾冲县为55元，龙陵县为45元，昌宁县为40.58元。1984年，按云南省规定，保山市中小学教师根据学历和工作年限享受浮动工资或科技津贴。同年，腾冲、龙陵两县的公办教职工享受边疆补贴。1985年，根据国务院规定，全区教职工进行工资套改、清理工资级别，理顺工资关系，实行基础工资、职务工资、奖励工资等组成的结构工资制。套改后，全区教职工平均月增资20多元。同时，还对从事5年以上教学工作人员实行教龄津贴。对年满60岁的男教师和年满55岁的女教师实行退休后，除每月发给退休金外，还按规定增发生活补助费。同年，全区民办教师每人每月增加补助费10元。1987年10月，全区中小学教师的基础、职务工资上浮10%。同时，全区中小学校中行政管理人员和工勤人员也在原工资基础上向上浮动一级。1988年9月，全区首次专业技术职务评定结束，按职务聘任计发工资，被评为高、中级专业技术职务的教师，一般月增资40～50元。1989年，公办教师的工资普调后，中小学公办教师年均收入为2000多元。年初，各县（市）按规定给教师增加班主任津贴。同年，省政府发文给部分民办教师每月增加补助费8元，使全区民办教师人均每年实际收入达到1200多元。1995年，根据有关政策，全区教育系统参加工资套改18769人，其中固定职工14406人，民办教师795人，代课教师1796人，离退休人员增加离退休费人数2218人。

几次工资套改后，固定职工年均月增资100元以上（含补贴），民办教师每人每月增加30元，代课教师增资后，一般人均月工资150元，有些高于150元。1999年，经保山行署教委研究决定，设立民办教师老有所养基金49万元，每年所得利息全部用于离岗后的民办教师生活补助。2004年，全市贯彻国务院办公厅《关于妥善解决国有企业办中小学退休教师待遇问题的通知》精神，在企业办中小学移交地方政府管理时，企业退休教师一并移交，确保市内原企业办中小学退休教师的工资待遇不低于其他同类人员。2005年，全市教育系统有职工24023人，占全市在岗职工人数的24.91%；当年，全市在岗职工年平均工资13015元。

考核培训 1978年，全区根据省教育厅的规定，组织初中政治、语文、数学、英语、物理、化学、生物、历史、地理教师，小学语文、数学教师进行教学教法考核；对全区民办教师进行评比考核，合格者由各县教育部门发给"任用证书"，对不宜继续任教的民办教师妥善清退。同年，各县师范学校先后改办为教师进修学校。1980年后，全区教师培训网络开始形成，除省负责培训高中教师以外，由师范专科学校培训初中教师，中等师范学校及各县教师进修学校培训小学教师。1982年，对教师进行普通话统一考核。1983年，全区开始进行教材教法考核。各县（市）坚持在三年时间内对教师进行轮训。同时期，对学历未达标的中小学教师进行教育专业理论培训，并进行"教育学""心理学"考核。1987年，行署教委依照《云南省中小学教师任职条件考核办法》，采取平时严格考核和定期全面考核相结合的方法，对教师进行政治思想、文化专业知识、教育教学能力、工作成绩、履行职责5个方面考核，并建立考核档案，以此作为评审教师任职条件的主要依据。1992年，在各县（市）教师进修学校举办一师一校教师培训班，培训教师700人。同年，对全区中小学校长的培训，也由地区和县（市）分别进行。1996年，行署教委制定《开展小学教师基本功训练的实施意见》，在全区开展小学教师基本功训练。1997年，贯彻落实《云南省中小学教师继续教育规定的意见》，在全区开展中小学教师继续教育考核培训。2000年，按照教育部和省教育厅的要求，全区对"贫困地区义务教育项目工程"学校的教师，开展不同层次的专项培训。2001年，根据省教育厅制定的《云南省中小学中青年骨干教师培训实施方案》的要求，全面推进骨干教师培训工作。同年，全面开展中小学教师普及计算机应用知识培训工作。2005年，全市开展课程改革教师培训以及中小学教师教育技术应用能力等培训。

第十一章　重点学校选介

第一节　幼儿园

2005年，保山市有幼儿园107所，其中，保山市幼儿园属全市示范性幼儿园，始建于1952年，位于保山城区保岫西路西端，原名保山地区幼儿园，是一所由保山市教育局直接管理的示范性幼儿园。

1985年，保山地区幼儿园被保山地区教育局确定为示范性幼儿园。1990年，办学形式由走读制改为全日制。1999年，经评估被认定为“云南省一级二等幼儿园”。2000年，地区第二幼儿园并入。2001年保山地区撤地设市后，更名为“保山市幼儿园”。截至2005年12月，保山市幼儿园占地0.84万平方米，其中绿化面积0.3万平方米，园内建筑面积0.45万平方米，拥有固定资产359.24万元。有22个教学班，在园幼儿950人，有教职工93人，其中正式教职工58人，获大学专科以上学历45人，教职工中有中级职称的32人，初级职称17人。

保山市幼儿园在办园过程中加强内部管理，1988年，成立园务委员会，加强园内教职工的联系，恢复工会组织。2002年，在园内实行聘任制，搞活内部分配，强化教师的事业心和责任感，体现公开聘任、平等竞争、择优聘用的原则，成为首批完成内部管理体制改革的试点单位。

逐步改善办园条件。1999年，投资10万多元改造厨房设备。2001年8月，新建教学大楼竣工，搬迁临街民房，为各教学班配置大彩电和闭路电视系统，配备钢琴、录音机、实物投影仪、饮水机、电子消毒柜、紫外线消毒灯，更换幼儿桌椅和午睡床。

不断深化教学改革。1996年，开展以集体活动为主的教学观摩活动，结合《幼儿园工作规程》对教育教学进行改革，形成“目标—内容—形式—方法—评价”的课程体系。1999年，将《幼儿园工作规程》的教育思想不断转化为教师的教育行为，把体、智、德、美全面发展的目标转化为“身体发展、认知发展、社会性发展”三大领域十二个项目的幼儿发展目标，促进幼儿教育质量的提高。2001年，安装多媒体双向控制系统，将现代教育技术运用于教学活动之中。通过一系列中青年教师琴法比赛、青年教师英语培训、教师彩面泥制作培训等，提高教师队伍的整体素质。

积极开展科研工作。2000年，参加由北京师范大学发展心理研究所陈会昌教授主持的国家自然科学基金研究项目“儿童早期气质发展与家庭影响因素的追踪研究”科研工作。2003年，参加云南师范大学科研课题“心智美育”的子课题——“幼儿美育专题课程设计”研究。2005年，结合自身课程改革的实际，坚持继承与创新并重的原则，继续坚持走“注重综合手段、改革分科教学、加强生活教育、发展区域活动优势”的路子，不断提高幼儿教育的科研水平。

1978—2005年，保山市幼儿园办园成效显著。1979年被评为保山地区“三八”红旗集体。1998年被地委宣传部命名为“保山地区精神文明示范点”，被行署教委评为地区“文明学校”。1999年被行署教委评为“保山地区绿化美化甲级学校”。2000年被评为“云南省文明学校”和“云南省校园语言示范学校”。2001年被省妇联评为“云南省家庭教育先进单位”，园党支部再次被评为“先进基层党组织”。2002年被评为“保山市文明单位”。

第二节 小 学

一、保山实验小学

保山实验小学创办于民国元年（1912），位于保山城区黉学街。1998年，被认定为“云南省首家一级二等示范小学”，是一所在精神文明、教改实验、普及教育、体育卫生、文艺科技、拥军优属、电化教学等方面进入全省先进行列，在少先队活动和德育工作进入全国先进行列的实验小学。

截至2005年年底，校园占地面积19013平方米，校舍建筑面积17800平方米，有48个教学班，学生近3000人，教职工117人，其中大专以上学历的教师占全校教师总数的63.2%，学校有国家级骨干教师2人，省级骨干教师5人，市、区级骨干教师25人。

学校注重营造良好的校园环境，加强校园绿化美化和校园文化建设。2000年以后，共投资760多万元改善校园环境、营造文明氛围，重修先师殿，建起文化长廊。被中国教育学会教育基建专委、中国建设文协环艺专委授予“校园环境文化艺术建设先进单位”。2001年投资260多万元建设科艺楼，室内体育场增加825平方米，为实施素质教育创造良好的条件。2002年，云南省环保局、省教厅授予学校为“绿色学校”。为满足社会的需求，学校2004年采用股份制投资近300万元，建起寄宿部。

学校建立健全“学校—年级—学科”三级教研网络，教研活动实行三定制：定时间、定内容、定中心发言人。以校本教研为基础，以课题研究为载体开展活动。学校采取请专家讲课、进行教育思想大讨论、教师互相听课、举办课堂教学竞赛、组织校内研讨课和观摩课以及年级学科教研活动示范交流等形式，扎实开展校本教学研究活动。相继承担“自主教育整体改革”“运用现代教育技术，构建自主学习教学模式，提高教育教学质量”“信息技术与课程整合”以及“快乐作文”等国家级、省级教育课题研究。

1978—2005年，学校先后获得多项荣誉称号。1984年，被保山市委、市政府命名为“文明学校”，被省委、省政府表彰为“社会主义精神文明先进单位”。1985年，被省委、省政府表彰为“五讲、四美、三热爱活动先进集体”，并荣获省教育厅“积极开展电化教学成绩显著奖”。1986年，被省政府和成都军区联合授予“军民共建文明单位”，并被省教育厅授予“教学改革实验工作先进单位”。1986年和1987年，先后两次被地委、行署和市委、市政府表彰为“建设社会主义精神文明单位”。1988年，被国家教委授予“全国中小学德育先进单位”，被全国少年工作委员会命名为“全国红旗大队”。1992年，获“云南省教育厅办学水平评估优级学校”。

学校先后获“全国红旗大队、雏鹰大队”“全国德育先进校”“全国优秀（示范）家长学校”等称号，连续17年保持云南省文明单位称号。1995年挂牌云南省实验小学“办学水平优级学校”。1998年获“云南省文明学校”“绿色学校”等荣誉称号。1999年获省教育厅“文明学校”荣誉称号。2003年被教育部报刊中心评为“社会满意学校”。2005年获中教创新研究院“首届百佳特色学校”。2005年10月被中央文明委表彰为“全国精神文明创建工作先进单位”。

二、施甸县摆榔寄宿制民族小学

施甸县摆榔民族小学建于1951年，校址在施甸县摆榔彝族布朗族乡摆榔村，是一所寄宿制的民族小学。

1980年学校有学生132人，教师8人，1981年，学校被保山地区教育局确定为寄宿制民族小学，学制为6年。截至2005年，学校占地面积6363平方米，校舍建筑面积1727平方米，其中砖混结构639平方米，砖木结构395平方米，土木结构693平方米。有8个教学班，在校学生305人，少数民族学生268人，占85%。有专任教师22人，后勤人员1人，教师学历合格率95.3%。

学校进行“双语教学”试验。针对民族学生普遍存在学习汉语有困难的实际情况，让当地的少数民族教师担任低年级的教学工作，这项试验对提高教学质量起到良好的促进作用。中高年级利用强化汉语训练、重复训练等教学方法，教学质量在同级学校中有明显提高。

学校利用区位优势，积极开展勤工俭学，获得经济效益，改善办学条件，培养学生劳动技能。学校五、六年级学生食宿在校，国家每生每月给予生活补助12元，学校开展勤工俭学，减轻贫困学生家庭的经济负担，提高伙食标准，学生每天吃两菜一汤，每周加餐一次，达到让寄宿制学生进得来、留得住、学得好的目标。所辖学区入学率、巩固率均为100%。学校有菜地2亩，茶地4亩，学农基地200亩，以种植板栗为主，套种各种农作物，附带养猪、养鸡。师生自己动手种菜、养猪、找柴，到茶厂帮助采茶。全校勤工俭学收入逐年增长，1993年生均收入10元，2000年生均收入30元，至2005年生均收入53元。

1992年3月，被国家教委和国家民务委联合授予“国家民族教育先进集体”称号。1998年11月，被云南省教育委员会评为“云南省中小学勤工俭学先进集体”。1999年10月被中共保山地委、保山行署评为“文明单位”。2001年12月被中共施甸县委、县人民政府评为“施甸县首届民族团结进步表彰大会先进集体”。2001年被确定为“云南省二级二等示范小学”。原校长杨志荣1986年被授予“云南省劳动模范”称号，原校长杨光普1997年10月和1998年11月先后被授予“全国教育系统劳动模范”“全国模范教师”“云南省师德标兵”称号。

三、保山市隆阳区上海维纶希望小学

隆阳区上海维纶希望小学位于隆阳区汉庄镇岩箐村，学校建于1995年5月，是各级党委政府及上海石化总公司化工事业部（原维纶厂）共同出资新建的一所希望小学。1997年2月，学校被保山地区行署教委评为“德育先进集体”，2005年7月，被评为云南省“模范希望小学”。

学校占地面积5亩，建筑面积1132.7平方米。有教师9人，有6个教学班，在校学生223人，其中小学3个教学班102人，初中3个教学班121人。

1995年5月，上海石化总公司维纶厂全体员工向岩箐小学首批捐款20万元，创办“保山市上海维纶希望小学”。岩箐村委会主动将办公地点迁走，并把附近4亩土地划归给学校。同时，村委会投资5万元、市教育局投资7万元、汉庄镇政府投资5万元，总投资37万元新建砖混结构的教学大楼、教师宿舍楼以及围墙、大门、操场、厕所、教师伙房等附属配套工程。1999年10月，上海化工事业部捐赠75套高低铁床，解决学生睡地铺的问题。同时再次捐款3万元，市教育局投资3万元，镇政府投资5万元，共计投资11万元，建盖面积174.8平方米的办公、食堂为一体的砖混综合用房，于2000年4月底竣工交付使用。

上海石化总公司化工事业部时刻牵挂着学校的发展变化，多次捐款捐物支持学校。1995年10月新学校建成之际，给学校安装1套地面卫星接收器，并赠送2台金星牌彩电，1台放像机，1套扩音器材。在希望小学开学之际，给学校捐赠100余套新服装，350个书包以及数百枚校徽。1997年年底，又给学校捐资6000元人民币，作为学生的奖励基金。2001年6月，给学校赠送一套价值1.5万元的自然仪器。

2004年10月19日，学校所在地岩箐村发生5.0级的强烈地震。学校办公室、食堂综合用房的墙体严重错裂，上海化工事业部于2004年11月15日到学校看望师生，并捐资3万元人民币，之后又向学校捐资10万元人民币用于损坏房修复重建。学校修复重建工作于同年12月底竣工。震后修复重建期间，省市委、市、区各级党委和政府的领导先后到学校察看灾情，看望师生，督促重建工作。2005年1月8日，国务院副总理回良玉亲临学校视察震后重建工作，并与学校的师生亲切交谈。

第三节　中　学

一、保山一中

保山第一中学创建于民国2年（1913），时称云南省第六师范学校。校址在原永昌府学宫，时为辛亥革命后云南省首批建立的7所师范学校之一。中华人民共和国成立后，先后被云南省教育厅确定为全省7所重点中学之一、云南省9所重点中学之一，1980年9月被定为全省24所重点中学之一，1997年被评为云南省一级二等高完中。2003年8月，保山师范校舍并入保山一中。至2005年，学校已被认定为“全国培养体育后备人才试点中学优秀学校”“云南省现代教育技术实验学校”“云南省培养高水平学生运动员试点学校”“云南省体育重点项目田径和排球的业余训练点”。

2005年年末，学校占地面积126675平方米，分为东（初中部）、西（高中部）两个校区；有教职工住房3311平方米（不含园丁小区教工住房），学生宿舍楼共8幢、可容纳1000人住宿，食堂2个（1800平方米）；标准教室124个，阶梯教室6个，多媒体教室4个，电脑教室3个、电脑290台（含各办公室所用），理化生专用实验室共计4981平方米，音乐艺术楼1070平方米，数码钢琴教室1个（40台）；图书楼4个共1594平方米，藏书共34.6万册，礼堂、报告厅各一个（分别容纳1200和800人），篮球场10块，排球场8块，田径场2块，室内球场606平方米，8泳道50米长游泳池一个。有在职教职工266人（专任教师208人，行政人员8人，教辅人员27人；中学高级教师73人，一级教师77人，二级教师55人；专任教师中有研究生7人，本科毕业生185人，专科毕业生16人），其中：特级教师3人，国家级骨干教师5人，省级骨干教师4人，市级骨干教师10人。有55个教学班（高中班37个班、初中18个班），在校学生2888人（高中1811人、初中1077人）。当年高考参考503人，上线440人，上线率为87.48%，上重点线161人，重点录取率为32.01%；中考参考316人，文化分600分以上84人，550分以上203人。1978—2005年，共考取大学4635人，中专257人。

学校确立以“全、勤、严、实”为要求的校训，走出一条教育科研兴校和质量强校的改革创新之路，教学质量连年攀升，高考、中考成绩突出。一大批学生考入全国重点大学和名牌大学，教育教学质量赢得社会各界的高度赞誉和信赖。28年间，学校被相关部门授予“全国学校体育卫生先进集体”“全国为人师表先进集体”“全国群体活动先进集体”“云南省德育工作先进学校”“云南省军训工作先进单位”等多项荣誉称号。

二、腾冲第一中学

腾冲第一中学（简称腾一中）创办于民国4年（1915），位于城南来凤山麓，是腾冲创办最早、规模最大的完全中学。

1986年，学校被省教育厅定为全省43所实验中学之一。1994年，被评定为“云南省二级完全中学”。2001年9月，被云南省教育厅评定为“云南省一级完全中学”。截至2005年，学校有53个教学班，在校学生3300人，教职工229人。

学校牢固树立“以质量求生存，以及改革求发展，以创新上台阶”的科学发展观，坚持全面贯彻党的教育方针，形成“团结、勤奋、求实、向上”的校风，“严谨、热忱、创新、奉献”的教风，“刻苦、好学、拼搏、进取”的学风，创造优良的教学成绩。1978—2005年的28年，学校共培养初高中学生19440人，其中初中146个班、学生8760人；高中178个班，学生10680人。参加全国高考并被录取6349人。2004年，高中应届毕业生579人参加高考，上线483人，上线率达83.4%。2005年，915名学生参加高考，上线人数781人，上线率达到85.4%。

1982年，学校被评为综合治理“先进单位”，受到省政府表彰；同年，获省第一届青少年科学小发明比赛科学小论文三等奖和省自制物理教具先进单位奖。1986年，获省电化教学一等奖。2004年，被命名为保山市“绿色学校”，被云南省教育厅表彰为深化教育改革，提高教育质量“先进单位”。2005年，被省教育厅命名为“文明学校”“绿色学校”，同时被评为“德育工作先进集体”。

三、龙陵县第一中学

龙陵县第一中学（原龙陵中学）创建于民国28年（1939），坐落在素有“滇西雨屏”之美称的龙陵县城南教场坝。

1978年，龙陵中学被确定为龙陵县重点完全中学。学校贯彻德、智、体全面发展的方针，确立以“团结、守纪、奋进、成才”的校训，坚持德育为首，五育并举。

1989年学校实行教师聘任制，1992年实行校长负责制。1993年秋，实行年级组目标管理责任制，同年11月，实行教职工内部结构工资制。“三制”改革的实施，增强学校办学的自主权，增强教师的责任感，增强教师队伍的凝聚力，提高教学质量。1997年，被保山地委、行署授予“文明单位”荣誉称号，被云南省教委授予“学校德育工作先进单位”称号。1998年，被省政府授予“文明学校”称号。1999年，升入重点院校有19人，一般本科院校31人，专科以上116人。2002年，被教育部和环境保护总局联合授予“绿色学校”称号。2004年，学校成功晋升为一级三等完全中学。

2005年，学校共占地126亩，有43个教学班，在校学生2512人，教职工174人，其中专任教师153人，中学高级教师31人，中学一级教师48人。当年，有高中毕业生395人，报考大中专学校的考生中，被全国重点大学（院校）录取25人，一般院校录取103人，各类专科和中专学校录取173人，合计录取301人，占当年报考总数的76.2%。

四、昌宁第一中学

昌宁第一中学创建于民国21年（1932），前身为右甸初级中学。

1978年，高中毕业5个班，考取大专19人，其中重点大学4人。1984年，学校被省教委、省体委命名为“云南省体育传统项目（田径）学校”，1985年，被昌宁县委、县人民政府授予“文明单位”称号，同年获“保山地区学校后勤工作勤工俭学经验交流会先进集体”。1988年，被国家体委、国家教委表彰为“全国先进体育传统项目学校”。1989年，学校田径队代表云南省赴江苏省扬州市参加全国体育传统项目学校“长江杯”比赛。学校被国家教委、国家体委表彰为“一九九〇年度全国先进体育传统项目学校”。1993年，学校被认定为二级一等完中，被命名为“保山地区学校绿化甲级校园”。1997年，被评定为省级“文明学校”和地区“文明学校”。2002年，被认定为云南省一级三等完全中学。

2005年，学校占地98.33亩，校舍建筑面积27095平方米，有45个教学班，在校学生2308人，有教职工161人，其中专任教师149人，有特级教师3人，高级教师28人，中学一级教师40人。1994—2005年，共有9名学生以优异的成绩考入北京大学和清华大学。

五、保山天津高级中学

保山天津高级中学是保山市人民政府和天津市和平区人民政府合作开办的一所具有民办性质、进行体制、机制改革试验的高级中学。

学校成立于2004年6月，由隆阳区原八中的国有资产与天津的智力资产联合举办，实行董事会领导下的校长负责制。学校占地115亩，建筑面积3万多平方米。2005年，有教职工125人，在校学生1520人，设29个教学班。

2004年天津市选派25名教师、干部，改善学校的师资结构，以天津教师为骨干，通过师徒结对互帮互学、学练教学基本功，教研、科研、考研、备课、听课、评课等教学常规的实施，培养本地教师，实现教师队伍整体素质的提高优化，使学校高考成绩大幅提高，名列全市先进行列。2004年高考上线率为84.7%，2005年高考上线率为94.2%，获保山市2005年普通高中教学质量评价第一名，被评为“保山市教育教学先进集体”称号，学校被授予“教育部重点课题实验学校”“中国创新教育示范单位”“全国首届百佳特色学校”等荣誉称号。

第四节　其他学校

一、保山曙光学校

保山曙光学校位于隆阳区郎义村，是由阮佼莉女士独资，于2000年9月经保山行署教委批准创办的一所12年制私立学校。

学校占地面积200余亩，总投资达5000多万元。学校建立之初，有教师160名，其中特级教师2人，中学高级教师32人。2005年，有56个教学班，2000余名在校生。

学校教学设施齐全，分为教学区、运动区、生活区，界限分明，布局合理。校园内茂林修竹、鸟语花香、环境优美。教学仪器设备达云南省一类标准，配有多媒体电教室、语音室、微机室、舞蹈练功房、多功能舞台、图书阅览室、标准足球场等教学设施，为教育教学质量的提高提供良好的条件。

学校以“严”和“爱”为校魂，以“立足基础，培养能力，发展特长”为办学方针，从养成教育入手，多形式培养学生的行为习惯、卫生习惯和学习习惯。学校制度健全，管理规范，师资力量雄厚。教师以湖南籍为主体，引进全国教育发达省份和本地名优教师，生源来自保山四县一区，大理、丽江、昆明、楚雄、西双版纳、怒江等地、州（市）的学生也慕名前来求学。学校规模由小到大，教学质量从低到高，在学生和家长中树立良好地口碑，得到社会的认可。2001年曙光首次参加高考，有62人参考，56人被高校录取，上线率达到90.3%。此后每年高考录取率都保持在90%以上，特别是2005年高考亮点突出，文化总分600分以上有21人，有两名学生分别考入北大、清华。2003年4月被市委、市政府授予“教育教学先进单位”称号。2004年和2005年连续两年获隆阳区中考、高考一等奖；先后两次被省教科院授予“优秀育才奖”和“素质教育优秀成果奖”，被评为“全国素质教育先进单位”。

二、腾冲县第一职业中学

1984年9月，经保山地区行署教育局批准，重建“腾冲县职业高级中学”，后更名为“腾冲县第一职业技术中学”。

学校根据全县的发展规划，确定开办专业，依据不同层次的技术要求，规定学制年限。在办学过程中，不断探索职业教育的办学规律，1989年8月，被省政府验收为“合格学校”。

学校建立“做人、成才、立志、报国”的培养目标和“方向正确、素质全面、德美技精、服务社会”的办学宗旨。1999年，经省教委评估验收，被认定为“云南省示范性职业高级中学”。2003年2月，被省政府认定为“云南省重点职业中学”“职业教育先进单位”。2004年8月，被科技部认定为“国家星火计划农民科技培训星火学校”。

1996年，学校搬迁到来凤山东麓。截至2005年，学校占地面积80亩，建筑面积26905平方米，各类在校学生3000余人，专兼职教师146人，教师合格率达90%。开设有幼师、计算机应用与维护、旅游服务与管理、汽车应用与维护、烹饪等16个专业共47个教学班。设置各专业实作、实验室23个。共为社会输送各类实用型人才7000余人。举办各类短期培训，参训5595人次。并与云南民族大学、云南中医学院、昆明医学院等大专院校联办函授，学员达到1202人。与北京实美职业学校、北京市汽车工程维修学校、上海东辉职中、湖南省湘潭市工业贸易中专学校、重庆市旅游学校、蒙自职中等国家级重点职业学校联合办学。共争取到各级专项资金和捐、集资2260.3万元，新增校舍21205平方米。毕业生就业率达96.8%，参加三校生高考录取率达90.8%。腾冲第一职业技术中学成为保山市办学规模最大、办学效益较好的职业学校。

三、保山卫生学校

保山地区卫生学校建于1965年。1978年11月，校名确定为云南省保山卫生学校。1981年8月，学校定为正处级单位。校址由保山城仁寿门原保山滇西干部疗养所址迁至小梨园。1986年，被云南省委、省人民政府授予"文明单位"称号。同年，被卫生部授予"全国卫生文明先进集体"称号。1991、1992年，两次被卫生部、人事部授予"全国卫生先进集体"称号。1994年，被云南省教委认定为"基本合格"学校。1997年3月，被云南省教委认定为"合格学校"。同年被省委、省政府授予"省级文明单位"称号。1999年9月，被云南省政府认定为"省部级重点中专学校"。

2000年，学校开始通过与省内医学院校合作办学开设临床医学、中医医疗、中西医结合医疗、高级护理等成人大专专业和临床医学、中西医结合医疗专业及卫生管理等成人本科专业。2003年，学校的护理专业被评为全国中等职业教育首批示范专业，中医专业被云南省教育厅评为全省唯一骨干专业。2004年2月，被卫生部、人事部、中医药管理局授予"全国卫生系统先进集体"称号；4月，被教育部认定为"国家级重点中专学校"。2005年11月，通过教育部专家组的评估，升格为保山中医药高等专科学校。

至2005年年底，学校占地面积67193.34平方米，建筑面积5.1万平方米，固定资产4300万元；拥有专兼职教师84人，其中高级讲师17人，讲师36人；拥有完整的教学实验条件和初具规模的现代化教学设施；藏书5.8万册；有满足各专业实习的县以上教学实习基地（医院）34个。学校面向全省招生，开设的专业有中专专业10个（中医护士、助产士、西医护理、社区医学医士、计划生育医士、西医医士、卫生防疫医士、妇幼医士、中医医士、中西医结合），五年制大专专业2个（临床医学、中西医结合医士），成人高等教育专科专业6个（临床医学、高级护理、中西医结合、卫生事业管理、预防医学、药学），专升本专业2个（临床医学、卫生事业管理）。其中，中医专业是云南省同类学校中唯一的骨干专业，护理专业是教育部认定的"全国十五个示范专业教育点"之一，是云南省教育厅公布的国家紧缺人才护理专业定点培训基地。2005年，有在校生3888人，其中中专学生2252人，成人大专、本科学生1565人。

1978—2005年，保山卫生学校共招生10611人，其中国家计划内中专学生11个专业101个班5537人，五年制专科学历班学生2个专业4个班212人；招收自费生（职业高中、中专生）4650人。

第三十四编　科　技

科技下乡

综　述

1978—2005年，全市（区）科学技术发展较快，政府一系列科技奖励政策相继出台，科技机构进一步建立健全，科技队伍不断壮大，科技投入逐渐增加，先进技术引进、消化和吸收能力不断增强，大批科技成果得到推广和运用，大量技术改造和革新项目相继实施，大批新产品和新品牌不断涌现，科技水平日益提高，有力推动了全市（区）经济发展和社会进步。

种植业科技推广方面，水稻、玉米杂交优势利用和烤烟地膜覆盖栽培技术等技术研究取得显著成效。1979年，云南省委授予全区“水稻良种京国系选育成功及推广示范”项目三等奖。1991年2月27日，水稻良种“岫4-10”被省农牧渔业厅和省粮食厅评为云南省首批部颁4个粳稻优质米品种之一。养殖业科技推广方面，畜种改良、疫病防治及水产养殖取得突破性成果。林业科技推广方面，优质水果、优良树种选育成功，并得到广泛推广。工业方面，进行了科技革新和技术改造。气象科技方面，气象服务的领域不断扩大，服务能力和水平不断提高。1978—2005年，完成的气象科研课题涉及农业气象、粮食产量预报、农业气候资源、防灾减灾、天气预报、气象通信、微机开发利用等方面。防震减灾科技方面，地震监测预报、地震灾害预防、地震应急救援等工作正常开展，地震灾害预防能力不断增强。2003年申报的“2001年施甸5.2、5.9级地震准确短临预报”项目获云南省科学技术进步二等奖。2004年4月，在参加全国观测资料评比中，市地震局数字化水氡观测获第一名；6月保山科技信息网站开通，基本满足了科技管理工作网络化、信息化、现代化的要求。2005年，市地震局获年度全省州市防震减灾工作综合评比一等奖，全省州市防震减灾工作社会动员工作单项奖，全国市（地）防震减灾工作综合评比二等奖等奖项。科技事业取得长足进步。

知识产权保护方面，开展专利管理、宣传、咨询及专利申请代理工作。1985—2005年，全市（区）累计申请专利656件。

科技管理方面，坚持“一把手抓第一生产力”的思想，各级党委政府将科技进步考核作为一重要措施来抓，强化科技意识，落实目标责任，努力改善科技支撑条件，推动科技事业健康发展。

第一章　机构沿革

第一节　管理机构

一、科学技术局

1978年12月，保山地区革命委员会科学技术委员会（成立于1976年6月）改称保山地区行政公署科学技术委员会。行署科委内设办公室、计划成果管理科、科技情报科、技术市场科4个科室。

1985年，根据中国专利局《关于在全国设置专利工作机构的通知》要求，保山行署科委设立科技管理科兼管全区专利工作。年末，有职工17人，其中工程师2人，助理工程师3人，技术员4人；行政干部5人，工人3人。同年4月25日，根据中共中央《关于科学技术体制改革的决定》的有关精神，行署批准成立“保山技术市场”。

1986年3月27日，保山技术市场门市部开业，开展技术咨询、转让、引进、培训、承包、示范等项服务。设在行署科委内，编制5人，性质是全民所有制事业单位，实行企业管理、经理负责制，独立核算、自负盈亏。

1993年3月，行署科委与地区科协合并，实行一套班子、两块牌子。行政编制14人，领导职数为委领导2个、科室领导5个。内设办公室、科技管理科、科技计划科、科技社会团体科。两单位合并后所属事业单位调整设置为两个：保山地区科技信息服务所，为全民所有制事业单位，编制10个，领导职数3个；保山地区科技开发服务部，为自收自支的全民所有制事业单位，编制暂定3个。

1999年2月，行署科委与地区科协分设。分设后，核定行署科委人员编制10人，其中行政编制8人（设部门领导2人），工勤人员编制2人。内设办公室、科技计划及管理科、科技成果科，设领导4人。下设科技情报所，为正科级财政全额拨款事业单位，核定事业编制6人（设领导2人）；保留科技服务部，其编制和经费渠道不变。

2001年8月，保山行署科学技术委员会改设为保山市科学技术局，为市政府主管全市科学技术工作的职能组成部门，加挂保山市知识产权局牌子。机关行政编制11人（处级领导职数3人，其中局长1人、副局长2人），工勤人员编制1人；内设办公室、科技计划科、科技管理科（知识产权科），设科室领导4人。

2004年，保山市科技局有职工13人。

2005年，根据《保山市人民政府机构改革实施意见》，保山市科技局为主管全市科学技术工作的市政府组成部门，加挂保山市知识产权局牌子，实行一套班子、两块牌子。核定机关行政编制11人，工勤人员编制1人；设局长1人、副局长2人。

二、县(区)科学技术局

1978年，保山地区所属五县均成立有县级科学技术委员会。1983年10月，保山县改市，县科学技术委员会随之更名为市科学技术委员会。2001年，保山撤地设市，保山市科学技术委员会更名为隆阳区科学技术委员会。2002年起，县(区)科学技术委员会陆续更名为科学技术局。隆阳区于2003年3月更名，并于11月8日加挂隆阳区知识产权局牌子、增设知识产权股。

昌宁县科技局推进乡(镇)科委建立，漭水乡于1989年在全省第一个成立乡级科委，各级行政村建立科技组，合作社设科技副社长，形成了较完善的科技工作网络。此后，乡(镇)科委在全省相继推广建立。

三、市气象局

1976年10月，保山地区气象台隶属保山地区革委会建制和领导，分属省气象局业务领导，负责保山地区所属气象台站的业务管理与指导。

1981年1月，保山地区气象台改称保山地区气象局，下设办公室、业务科、气象台，属县处级单位，实行保山行署和省气象局双重领导、以省气象局领导为主的管理体制，下辖施甸县、腾冲县、龙陵县、昌宁县、保山市潞江坝5个县级气象站，各县气象站实行当地县政府、地区气象局双重领导，以地区气象局领导为主的管理体制。

1984年1月，地区气象局更名为地区气象处，下设办公室、业务科、预报服务科。年末，全区气象预报系统共有专业人员89人(其中地区39人、潞江坝气象预报站3人)。

1990年2月，地区气象局成立避雷检测中心，各县局成立分中心，地区气象局增设人工增雨防雹办公室；7月，地区气象处又改称地区气象局，下设办公室、业务科、政工科、气象台，同时各县气象站改称县气象局。年末，全区气象系统共有职工107人(地区53人)。

1991年5月，成立保山地区人工降雨防雹领导小组，下设办公室挂靠地区气象局，7月行署防汛办将手续移交到地区气象局。

1996年7月，建立以气象局控股、职工参股的“保山奇想计算机网络有限公司”，开展气球空飘庆典广告服务、专业气象服务、电视天气预报广告服务等；8月10日，地区避雷检测中心更名为地区防雷中心，各县改名为防雷分中心；10月24日，撤销潞江坝气象站，与保山地区气象局地面观测组合并，成立保山市气象局(县级)。

1997年，成立由地、县政府分管领导任组长、有关部门为成员的防雷安全工作领导小组，办公室分别设在地、县气象局。

1998年2月，成立保山地区防雷中心，同时是保山地区防雷安全工作领导小组的办公室，明确对全区防雷安全设施设计、技术检测和施工管理职责；5月划为地局的直属事业单位，独立核算。5月，保山奇想计算机网络有限公司划归地区气象台。

2001年8月，保山市气象局(县级)更名为隆阳区气象局；保山地区气象局更名为保山市气象局。

2002年1月，保山奇想计算机网络有限公司变更为保山奇想广告有限公司；7月，变更为“保山市气象科技服务中心”，划为市局直属单位，副科级，企业管理。

2005年4月19日，保山市气象科技服务中心从气象局剥离出来，为正科级单位；12月31日，保山市防雷中心更名为保山市防雷装置安全检测中心。

四、市地震局

1977年1月，成立保山地区革命委员会地震办公室，设专职干部8人。是负责全区地震灾害监测预防、行政执法的事业机构。1979年更名为保山地区行政公署地震办公室。

1984年11月，保山市（县级）地震办公室撤销，并入行署地震办。

1989年9月行署地震办更名为保山地区行政公署地震局，编制增至11人，同年，保山市（县级）地震办公室重新成立，属保山市建委内设股室。

1990年年末，全区地震系统共有专职人员32人，其中地区地震局有专职人员15人。

2001年8月保山撤地设市后，保山地区行政公署地震局更名为保山市地震局，内设1室1科1站1中心，编制19个。

2003年，新的“三定方案”进一步明确：市地震局是管理全市防震减灾工作和负责全市防震减灾行政执法的事业机构，并按照有关法律法规的要求增加了市地震局管理抗震设防要求等方面的主要工作职能。由于工作职能的增加，市地震局内设机构由原来的3个增加到4个，人员编制保持原来的19个不变，局领导职数由原来的2个增加到3个，科级领导职数由原来的6个增加到7个。至2005年不变。

第二节　科研机构

一、保山市农业科学研究所

1964年，保山专区与德宏州分设后，在原保山专区农林科技组基础上，以原保山专区部分农业科技人员为基础建立保山专区农业科学研究所。编制53人，实有46人。1985年，全所职工52人，其中技术人员39人，管理人员6人，工人7人。在已评定技术职称28人中，农艺师6人，助理农艺师13人，技术员9人。同年，所址由地区农业局迁市郊杏花村。1990年年底，有职工47人。2001年8月，保山地区农业科学研究所更名为保山市农业科学研究所。

1988年，由农科所麦类室牵头组建啤饲大麦育种和示范推广科研团队。2004年，在云南省农业厅科教处主持下，农科所成立“云南省优质啤饲大麦新品种选育及示范推广”项目协作组。

1978—2005年，保山地区（市）农科所主要开展的科技项目有种子的品种调查整理、良种选育、土壤的改良、植物保护、栽培技术研究及推广、肥料施用等。至2005年，农科所编制数62人，实有56人，内设水稻、玉米、麦类、油菜豆类、蔬菜、马铃薯魔芋、植保7个研究推广室和1个综合办公室，为市农业局所属的财政全额拨款正科级事业单位。

二、保山市林业技术推广总站

保山地区林业科学研究所于1978年1月组建，1980年基本建成并投入科研工作，由吴学潮任所长。所址在保山县太保公园北侧磨坊沟，占地20亩，房屋建筑面积815平方米。有苗圃8.8亩，树苗园22亩。1985年，全所有职工22人，其中科技人员14人（初级技术职称11人，其他3人）。2000年，林科所与经济林木站合并，统称保山地区林业技术推广总站。2001年8月，更名为保山市林业技术推广总站。

1980—1990年，林科所承担完成中国林科院、省林业厅、省林科院和行署科委、行署林业局下达（委托）科研项目共16项。此外，还完成保山地区板栗资源调查项目。通过成果鉴定科研项目3项。营造板栗良种丰产示范林660亩，直杆桉速生丰产示范林460亩。培育成功从全国各地引种的速生珍贵板栗及柿、核桃、柑橘、苹果、桃、葡萄等优良品种140种。向全区各县（市）及外地州提供引种培育的良种实生苗、嫁接苗、接穗共50余万株（枝）。

至2005年年底，保山市林业技术推广总站拥有苗圃、良种采穗圃和树木园等供科研使用的地块。

三、保山市农业机械化技术推广站

1978年2月，保山地区农业机械研究所成立，隶属地区革委会经委，所长徐文静。有职工15人，其中科技人员4人，管理人员7人，工人4人。1990年年底，有职工28人，其中具有大专以上文化程度12人，中专文化程度10人。1997年，增挂保山地区农业机械化技术推广站牌子，实行两块牌子、一套班子。2001年8月，保山撤地设市，保山地区农业机械研究所和农业机械化推广站随即更名。主要承担农业工程、农机新技术、农机新产品的研制开发与推广工作。至2005年无变化。

四、保山市甘蔗科研所

1979年，保山地区甘蔗科研所成立，隶属行署农业局，所址在保山县潞江区芒旦乡，有土地30亩，办公楼500平方米，抽水设备1套。职工16人，其中科技人员10人，管理人员1人，工人5人。首任所长彭世武，书记丁再强。1990年年底，全所有职工17人，其中专业技术人员13人，工人3人，其他1人。技术员中，高级农艺师及农艺师各1人。2001年8月，保山地区甘蔗科研所更名为保山市甘蔗科研所。

至2005年年末，保山市甘蔗科研所机构无变化。全所在职人员18人。

五、云南省农科院热带亚热带经济作物研究所

云南省农科院热带亚热带经济作物研究所1951年成立后几经迁址、更名、改变隶属关系，1981年后稳定下来，定名为云南省农科院热带亚热带经济作物研究所，所址在潞江坝，隶属省农科院。1985年，全所有职工26人。1990年，有职工178人，其中技术干部31人。有土地1400亩（可耕地888亩）（详见《农业》编第十章第一节）。

六、保山疫苗厂

1978—1980年，保山疫苗厂与广东省农科院畜牧兽医研究所共同试验、推广使用“O

型”鼠化二系250代弱毒疫苗。

1981—1983年，协同中国农科院兰州畜牧兽医研究所，进行“O”P4细胞弱甘油苗气雾免疫试验，并于1984年生产该种疫苗。

1985年，全厂有职工50人，其中畜牧兽医师4人，助理畜牧兽医师9人，技术员3人，技术工人7人。厂房建筑面积8622平方米，其中有两型疫苗制造、强毒复壮、毒型鉴定、动物饲养等车间5413平方米。设备有汽车3辆，冰箱、冷库、温箱、烤箱、消毒柜、显微镜等43台。总投资计401万元。每年能生产两型口蹄疫疫苗300万~600万毫升。至1985年年底，已生产口蹄疫灭能疫苗、弱毒疫苗、细胞疫苗1461万毫升，鉴定口蹄疫病料338份。

2004年6月16日，农业部根据《兽药管理条例》和《兽用新生物制品管理办法》规定，批准保山疫苗厂申报的牛口蹄疫亚洲1型灭活疫苗为兽用新生物制品，并核发新兽药证书。

第二章　科技体制改革

第一节　独立科研所改革

1980年起，云南省开始探索科技体制改革。地直4个科研所，除甘蔗科研所外，都进行了不同程度的改革。1985年，地区农科所开始实行课题承包责任制，对大面积生产和良种繁殖课题实行定面积、定产量、定用工的承包办法，课题完成后，增产部分农科所与课题组四六分成，到组的部分按科技人员贡献大小分配到人；小区试验方面，根据不同作物的费工等情况给予不同的补助，待试验小结写出后，一次拨足小区补助费。同年，低温冷害课题完成后，按承包合同给予1500元奖励。试验课题获奖奖金的70%由所统一分配，课题组内分配30%。

地区林科所为克服历年科研课题繁杂，科研经费和人员不足，示范推广中心难形成，单位吃国家的“大锅饭”等弊病，制定了体制改革试行方案。首先，所内实行所长负责制，副所长、室主任、课题组长由所长聘请。业务工作对内实行承包责任制，对外逐步转为有偿合同制。各职能部门工作人员自愿组合，所长综合平衡，未组合人员，暂做一般性工作，六分之五的时间归所安排，不发奖金。课题组实行课题、经费挂钩，从课题费中提取10%，作为科技基金，课题完成鉴定后，节余经费个人与所二八分成，人为造成损失，扣奖金35%，严重损失的扣月工资的35%，获奖的个人与所三七分成，损失的承包者与所也按三七成赔偿。全所任务超额完成时，所长奖金增加15%，副所长增10%，财务增5%，工作失误时，扣所长、党支部书记奖金45%，副所长的40%，财务的35%，损失严重的按此比例扣月工资。

1985年，地区农机研究所开始实行对内课题承包责任制，对外技术有偿合同制。同年，完成3项科研任务，研制推广2项新产品，引进推广8项新型农机具。对城乡开展了技术咨询服务。全年创收12万元，纯收入1.1万元。

第二节　农业科技体制改革

1981—1982年，根据国家农委、农业部关于“要继续试行合同制，对重点项目逐步做到专项管理、分级负责、同行评议、签订合同”的指示精神，行署科委和腾冲县科委将腾冲县中绮罗作为联产承包责任制试点，聘请5位保山板桥的农科员联产承包小麦426亩，使小麦单产由原来的108.5千克提高到272千克，每亩净增163.5千克。成为全区最早的改革试点。

1983—1984年，保山畜牧科技部门在社会性服务方面改变过去宣传、动员免疫为承包责任制，全区各县（市）试点，每头猪承包一年交5元，承包期内免费防疫注射及疫病治疗，因病死亡的猪，承包者负责赔偿。在地区和各县的种猪场，推行家庭承包责任制，由单位提供种猪、厩舍、饲料，家庭承包管理，按规定向单位上缴管理费。此外，畜牧兽医站实行药物销售配套服务，统一经销，增强了兽医站的活力。建立地区养鸡场，是畜牧部门发展经济实体的一项措施，1985年开始建场，1986年建成，贷款50万元，每年从收入中归还8万元。

2003年7月，为深入推进农业科技体制改革，支持事业单位科技人员从事农业经济开发，保山市委、市政府提出系列实施办法，从对象与形式、经营范围、优惠措施、管理办法和报批办法等方面作出规定。

第三节　科技拨款制度改革

1979年，云南开始改革科技拨款制度，科研项目经费由以拨代支改为按课题进行财务核算的制度。

1983年起，由行署科委经管的科研、推广课题，实行合同制，签订合同后，委托信托银行监督拨款和到期按合同回收课题费，改变过去一切科研经费完全由国家负担、无偿使用的办法。

1986年11月，根据《国务院关于科学技术拨款管理的暂行规定》，省政府发布《云南省关于科研事业费拨款管理的暂行规定》，保山地区贯彻执行文件精神，科技拨款制度改革工作在全区范围内展开。至1987年年底，全区基本完成科技拨款制度改革基础性工作，即科研事业费指标划转和科研机构分类。同年起，全区科学事业费实施归口管理和分类管理。

第四节　科研生产联合

1978年，全国科学大会后，科研所、高等院校开始探索如何发挥自己的科技优势，使科技与经济相结合。

1983年6月11日，劳动人事部、国家经济委员会发出《关于企业职工要求停薪留职问题的通知》，云南省规定国家机关、事业单位的干部、工人要求“停薪留职”的参照企业的办法执行，为鼓励科技人员到生产第一线工作，也允许科技人员“停薪留职”，进行技术承包。据此，1984年4月，经地委、行署林业局党委批准，行署林业局科技人员冼伟庭、马少波“停薪留职”到保山市老营区西河乡、下付家乡，建立合作性质的保山老营西山林场，承包荒山1万亩。经费由行署林业局借贷有偿林业资金13万元，农行贷款37万元，签订合同15—20年还清。西山林场是北庙水库的主要水源林，同年，造林6500亩，保存率80%，苗高30厘米。几年后，生态效益、社会效益和经济效益十分明显。

第三章　自然科学

第一节　科技普及

一、科技情报

1977—1978年，昌宁、施甸先后成立科技情报网，有兼职工作人员3~5人。

1981年3月，保山地区的科技情报工作由行署科委科技情报科负责。

1984年，行署正式批准成立地区科技情报所，隶属科委，编制5人。情报所担负收集辖区内的发明、技术改革、科研成果、新产品和工艺技术资料以及先进经验、学术论文等情报资料，同时收集本地区需要的外地科技情报资料，建立文献检索系统，开展提供文献资料服务的工作。

1982年起，地区科技情报所不定期编印《科技参考》，至1986年6月，共编印85期。截至1986年3月，地区科协共铅印出版综合性科技情报刊物《保山科技》41期，发送城乡各有关单位。1986年年底止，地区科技情报所已收集、编印1979—1986年的科技期刊和内部交流资料6万册、图书4029本。

1985年，全区五县（市）科委也正式成立科技情报所。地直单位中，地区农科所建立了科技情报室和阅览室，并与全国408个单位交换科技情况资料；地区农机研究所早在1978年建所时就建立了农机情报资料室。

二、科普宣传

地县（市）科协和各学会、协会、研究会成立后，面向干部群众，广泛开展多种形式的科普宣传活动。自1980年起，地区科协为搞好科技的普及和宣传，主办《保山科技报》，至1990年，出版62期，共发行15万份。发行科技资料和书刊1万余份。各县、市科协编印科普报刊10种，出版150多期，发行4万余份。

1981年5月，保山县河图公社成立全省第一个农村科普协会——河图公社科普协会，有会员280名，分为农业、果木、建筑、农机、机械、水利、加工、蚕桑8个组，开展科技培训、办科普专栏、编写通俗科普资料、田间会诊、难产攻关、技术联产承包、技术扶贫等活动，受到省科协、农业厅等单位的重视。

1983年10月，地区科协举办“山区多种经营”技术展览，展出茶叶、核桃、蚕桑、紫胶、油菜、松香、天麻、香菇、柑橘等25项生产、加工技术，观众1.1万余人次。从这一年起，地、县（市）的科技协会、学会、研究会积极编印发送《科普简报》《保山科普》《农业科技》及植保、家庭卫生、农村用电、蔬菜、养殖等方面的科普读物50余万份。

1984年7月，地区科协在保山市和腾冲县举办“计划生育、优生优育”展览，在展馆内放映幻灯片，设置计划生育技术咨询服务台，赠送有关药品、资料。同年，地、县（市）两级科协共同举办“普及科学知识，破除封建迷信”巡回展览，办科普宣传橱窗100余期，街天宣传400余次，放科教电影、科技录像500多场次，群众观看达10余万人次。在农村，实行面对面普及科技活动，组织专业科技人员到农村举办科技讲座30次，听众达2万余人次。地、县（市）科协组织农民群众和农村知识青年，参观科技专业户重点户150户次、2.6万人次。

1979—1986年，地、县（市）科协和各学会先后举办科技讲座30多次，听众2万多人次。举办各类科技培训班150余期，参加学习的农民2.6万人次。

1986—1990年，共组织科普街、科技下乡140余次，举办各种科普展览73次，橱窗、墙报151次、309期，接受宣传人数30余万人。放映科普录像151场，观众3.86万人。编印、发放《保山科技报》等各种科普资料、科技信息7种240余期。举办种、养殖业科普讲座578次，听众3万余人。

1993年7月2日，《中华人民共和国科学技术进步法》颁布。行署科委同地区人大工委、地委宣传部、行署广播电视局和行署司法处等部门，在《中华人民共和国科学技术进步法》10月1日正式施行前后一个月内，组织开展全区范围内的“科技进步宣传月”活动。其间，保山城区主要街道悬挂“依靠科技进步振兴保山经济”“科学技术是第一生产力”等标语，行署科委与司法处共同举办题为“学习科技法规，促进科技进步”专题宣传栏，展示保山地区几年来依靠科技进步促进经济发展的几项重要成就。行署科委和行署广电局在电视台播放《科技进步法专题片》、科教片等科技宣传节目。各县（市）以广播电视、宣传栏、黑板报、座谈会、集市宣传车等方式开展宣传活动。

1994年，为实施联合国大会71国政府首脑签署2000年消除碘缺乏病的目标，地区科协组织发动五县（市）科协开展碘缺乏病、生命知识、环保知识宣传活动。5月25日至6月15日，宣传面50万人次，印发资料5000份，放映科普录像76场，广播宣传87次，电视转播15次，电视讲话6次，制作宣传版面29块，出黑板报128期，张贴标语2500条，出动宣传车15车次。

1997年，行署科委联合地县（市）宣传部、科协、文化、卫生、团委、农业、林业等有关单位228人，深入全区10个贫困乡（镇），散发实用技术资料和科普资料13.4万份，书刊1680册，开展农业、林业、畜牧、卫生咨询服务8000人次，义诊看病625人次，展示科技进步、科普卫生常规展板、挂图10余套，播放科普录像10多场次，并开展新型农药、兽药、调节剂等宣传、推广和销售服务，受益群众2.3万多人次。

2000年，地、县（市）科委相继4次组织以推广实用技术、弘扬科学文明，促进农村经济为主题的“科技下乡”活动，共展出科技成果展板和挂图150张（块），接待咨询310人次，发放农村实用技术资料1.72万份。

2001年，保山市科技局联合相关部门，深入隆阳区金鸡乡和施甸县万兴乡，开展以弘扬科学文明、反对封建迷信、推广农村先进适用技术为主题的“科技下乡”活动，送发种植和养殖适用技术资料29种8000余份，赠送实用科技期刊6000多册，展出科技进步展板和反对封建迷信挂图50多张（块）。年初，龙陵县由县科委牵头，开展“科普一条街”宣传活动，发送科普技术资料6000余份，接待科技咨询200余人次，宣传教育群众5万多人次。施甸县在抗震减灾中，组织开展防震减灾、生产自救科普知识宣传活动，发放材料18种5.7万份，宣传教育群众10万多人次。

2002年，市科技局配合市委宣传部等有关部门开展科技下乡活动，展出科技展板、挂图，散发先进适用技术资料3000份。各县（区）科技局结合部门工作特点组织开展科技下乡活动，发放科普技术资料，开展技术咨询服务。

2003年，保山市贯彻落实国家《中华人民共和国科学技术普及法》和《云南省科学技术普及条例》，相继开展“科技下乡”“科技活动周”“科普一条街”科普宣传活动。5月，在“依靠科学，战胜非典”科普宣传活动中，全市以“科技活动周”为重点，科技、宣传、科协等部门协作，推动“非典”防治科普工作的开展和落实。其间，组织动员200个单位800多人次参加，举办宣传活动20场次，开办专栏板报刊1200个，发放资料260多种45万余份，展出展板672块次，开展现场咨询1.6万人次，宣传教育群众60多万人次。围绕全市科技创新、科技成果推广、科技工作动态和典型，编印各类科技信息14期700余份，播出科技电视报道86条次，30余篇科技文章和信息被《云南科技管理》《云南科技报》《保山日报》等刊载。

2004年，市、县（区）科技系统组织开展“科技下乡”活动，做好“禽流感”科技宣传工作。5月15日，根据科技部、中宣部等部门关于举办2004年科技活动周的要求，市（县）科技局组织60多个单位250多人，在全市范围内开展“科技以人为本，全面建设小康社会”为主题的“科技宣传周”活动。全市免费开放3个省级科普教育基地，展出科技成就、先进人物事迹和各类科技成果等近百项，接待参观人员1万多人次；开展“科普一条街”“科普志愿者科技宣传”“青少年创新大赛”等活动，发放宣传资料300多种6万多份，开展科技咨询3万多人次，播放科教片20多部，宣传教育群众25万多人次。

2005年，市科协与中科院昆明植物研究所在隆阳、龙陵、腾冲联合举办以“发挥资源优势、建设美好家园、植物科学与人类健康”为主要内容的科普巡回展览。同年，在端阳花市期间，市科协与隆阳区科协联合举办以“科技在你身边”“崇尚科学、关爱生命、反对邪教”和“禁毒防艾”为主题的科普展览活动；在全市开展“科学发展观——资源节约与可持续利用”知识竞赛活动，5000多人参加；市科协联合市、区地震局和市、区畜牧部门在全市开展“防震救灾、预防禽流感”专项科普知识宣传，市、县（区）科协配合市科技局在全市开展科技周活动，并到全市20个乡（镇）开展科技和实用技术下乡进村入户活动。

三、科技培训

1986—1990年，地、县（市）科协坚持“实际、实用、实效”的原则，举办20学时以上的农村实用技术培训班747期，培训农民5.5万余人，以会代训19万余人。

1991年，地、县（市）科协举办培训班17次，参加培训人数760人。1994年，举办科技培训班43期，受训人数10万余人。

1999年，各县（市）结合当地经济发展和新兴产业的培植，依托省科委重大农业推广项目和科技扶贫项目的实施，开展各种形式的科技培训，累计参训10万多人次。

2000年，地、县（市）科协举办各类实用技术培训班173期，培训人数8.07万人。

2001年，施甸县开办农函大辣椒专业技术培训班，招收学员60人，并在建立辣椒科技示范户200余户基础上，按辣椒生产的各环节，以乡、村为单位，召开辣椒栽培及管理技术现场培训会50余场次，受训人数5000多人次。同年，为配合保山市水稻品种生物多样性混合间栽技术示范、推广项目实施，相继举办项目技术培训会60多场次，培训人员15万多人次。

2002年，市、县（区）科协及相关学会把青少年科技教育与农函大培训、社区非正规教育、科普活动周等活动相结合，在农村开展种植、养殖实用技术培训22次，945人参加。

至2005年年底，市、县（区）科协每年按实际需要举办各类实用技术培训班。

四、青少年科技活动

科技夏（冬）令营　20世纪80年代以前，各县团县委、文教局等结合儿童特点开展各种活动，激励少年儿童爱科学、学科学，为建设祖国打好基础。自1980年起，每年寒暑假期间，地、县（市）科协除选送学生代表参加国家和省有关单位举办的夏令营、冬令营外，还自行举办各种科技营园活动，以丰富少年儿童的科技文化知识。1985年7月19日—8月11日，行署教委、地区科协、地区青少年宫联合举办保山城区中小学生生物、地学、军体、科普美术4个夏令营，营假分别为7天和10天，参加活动中小学生220名。1986年7月21—25日，地区科协、行署教委、行署民委、地质四大队、团地委、地区青少年宫联合举办全区地学夏令营。五县（市）和地直27所中学的60名“三好”学生、优秀团员、优秀少先队员参加活动。在5天营期中，组织营员参观考察北庙水库、地区水泥厂、林科所、气象台、卫星接收转播台、“高黎贡山自然保护区动植物标本展览”等，撰写50余篇小论文。1989年年初，地区科协、团地委和行署经委，举办糖业职工子女首届冬令营，营期5天，营员40人。组织营员到大理游览参观，并安排植物标本制作、摄影、无线电小制作、野营等内容。8月，由地区科协、行署民委、地质四大队、地区青少年宫组织“全国地学夏令营云南营保山少数民族分营”，营员40名，由全区山区、农村的德昂、苗、彝、阿昌、布朗、佤、傣等11种少数民族学生组成。1990年8月3—10日，地区科协、行署教委、地区青少年宫联合举办保山地区青少年科技辅导员夏令营，营员40名，均为各县（市）中小学科技辅导员。其间，组织辅导员实地考察高黎贡山、潞江热作所，学习果树嫁接和栽培、植物标本制作及一些开展青少年科技活动的方法。8月中旬，地区科协、地区青少年宫联合举办生物夏令营，营员40名。1997年3—4月，地区科协、地区青少年科技辅导员协会组织保山城区部分中小学生观测海尔—波普彗星，借此普及天文知识。6月，配合省科协“青少年6·7科技传播日”活动，向青少年普及环保知识。8月，地区科协、地区青少年科技辅导员协会与腾冲县科协等部门联合举办全国青少年地学夏令营云南营腾冲分营活动，为期6天。1998年11月，地区科协、气象处、地区青少年科技辅导员协会等部门联合举办“保山城区中学生一日气象冬令营”活动，营员100人。1999年，地区科协联合有关部门在高黎贡山自然保护区白花岭举办“保山地区青少年生物环境考察冬令营”，营员40人，为期1周。2000年4月，地区科协与团地委、行署教委在腾冲联合举办“全国地学夏令营云南营保山分营”，营员40人，为期4天。2001年3月，地区科协组织地区青少年参加全省第六届青少年生物与环境科学实践活动，保山市、腾冲县8所中小学参加，筛选上报作品33项，经地区评审，评出优秀项目一等奖3项、二等奖6项、三等奖12项、优秀组织奖2项、优秀活动奖1项。选送项目8个参加全省竞赛，获三等奖3项，受到省科协、省教育厅等部门表彰。同时组织参加全省第二届“昆虫世界”和生物摄影展评活动，选出作品47件参加全省展评。2002年，市科协举办科技夏（冬）令营活动，腾冲县科协举办水务冬令营一期，营员125人。2003年，腾冲、龙陵县科协举办一宣传护林防火、保护生态环境等为主题的夏（冬）令营活动，营员515人。2004年，腾冲县科协举办“2004年全县青少年科技艺术冬令营”活动，营员114人。2005年，腾冲县科协组织“2005年青少年科技夏令营”，以“科普考察、科普参观、科普竞赛”为主要内容，营员350人。

科技创造和比赛 1985年5月30日至6月3日，地区科协、团地委、行署教育局、地区青少年宫、地区青少年科技辅导员协会联合举办“保山地区青少年科技作品展览”，共展出青少年自己发明制作的各类作品1001件，其中183件展品被评为优秀作品。1987年“六一”期间，地区科协、行署教委、地区青少年科技辅导员协会在地区青少年宫联合举办全区青少年科技作品展览、比赛。参赛作品301件，评出一等奖1件、二等奖2件、三等奖3件，观众达7000余人次。1988年6月1日至7月10日，地区科协、行署教委、地区青少年宫联合举办保山地区儿童、少年科技作品展览。展出科技作品100余件，收到小论文15篇，展览期间共接待少年儿童万余人次。1989年“六一”期间，地区少工委在地区青少年宫举办以开发儿童智力、推动全区少儿科技活动进一步普及为目的的全区少年儿童科技作品展赛，展出作品80余件，小论文15篇，评出好作品6件、好论文1篇。1999年10月下旬，地区科协牵头在地区青少年宫举办保山地区“大禹杯”科普知识竞赛，120人参加。2000年4月，在省科协、省教育厅等部门联合举办的全省第十届青少年科技创新大赛中，保山地区小学生王姝琦、陈龙的作品获发明创造三等奖。另有31幅科幻绘画获奖，其中一等奖6幅，二等奖7幅，三等奖18幅。2002年，市科协组织人员参加第十七届青少年科技创新大赛，收到作品47件，科幻绘画152幅，评选表彰市级优秀项目31项（一等奖4项、二等奖7项、三等奖9项、优秀奖11项）；优秀组织奖1项，优秀辅导奖6项，科幻绘画奖45项（一等奖5项、二等奖10项、三等奖15项）。评选作品参加全省比赛，获奖19件，其中论文一等奖1项、三等奖4项，优秀科技活动三等奖1项，科幻绘画一等奖3项，二、三等奖各5项；参加全国决赛，获奖作品2件，其中《隆阳区野生食用菌调查》获优秀论文三等奖，《未来的家园》获科幻绘画一等奖。2003年，市科协组织全市青少年参加第十八届云南省青少年科技创新大赛。共收到保山师范学校、保山市实验小学等9所学校筛选申报的科学论文14篇、发明作品9件、科幻绘画150幅，并评出市级获奖论文10篇、发明作品9件、科幻绘画50幅，优秀组织奖1项，优秀辅导教师4人。同时筛选出科学论文7篇、科学发明作品5件、科幻绘画50幅和优秀组织奖1项参加全省竞赛，获奖12件。2004年，市科协组织全市中、小学校学生3400人参加第十九届青少年科技创新大赛。大赛收到青少年发明作品8件、科学论文21篇、科幻绘画274幅，电脑机器人作品1件、科技辅导论文12篇、优秀教师方案设计2件。经市级评审委员会初审、复审和终审，评出市级青少年优秀科技项目29个、优秀科幻绘画95幅、电脑机器人创意设计奖1项、优秀教师4个、科技辅导员论文12篇、优秀组织奖2个。获省级优秀科技活动方案三等奖2项、优秀组织奖1项，科幻绘画一等奖3项、三等奖5项，“爱迪生奖”2项。2005年，市科协组织全市中小学校师生4500人参加第二十届青少年科技创新大赛。共有青少年发明作品、科学论文、科幻绘画、科技作文、教师论文等420件作品参加，评出市级获奖作品240件，并择优推荐100件作品参加全省比赛，有40件作品获省二、三等奖，市科协获优秀组织奖。

少年儿童科普文艺活动 1986年6月1日，地区科协、行署教委、地区青少年宫联合举办“保山城区少儿科普文艺会演”。保山城区11所小学、幼儿园的248人参加演出，演出科普文艺节目18个。8月，由地区科协、地区青少年宫组织青少年宫红领巾艺术团18人组成保山地区代表队到昆明参加云南省少儿科普文艺调演。参加调演的《小精灵出访火山地热国》及《寻访大树杜鹃花王》分别获一、三等奖。1990年年底，由地区科协牵头，行署教委、团地委、行署文化局等部门参加，地区青少年宫承办，组织在校学生参加“1990年云南省少儿科普文艺调演”。参演的3个节目中，《森林巧遇穿山甲》《定向移栽苞谷好》分别获二、三等奖。2002年，市科协组织人员参加云南省青少年“昆虫世界”和生物摄影展评活动，获奖作品33件，其中获生物摄影作品一等奖2件、二等奖4件、三等奖15件，获

昆虫标本二等奖4件、三等奖8件。至2005年年底，市科协适时组织全市青少年参加各级部门开展的少儿科普文艺活动。

第二节　科技推广

一、种植业科技推广

（一）良种推广与选育

水稻京国系良种选育推广　保山专区农科所用“京引120”作母本、“国庆20”作父本杂交育成的“京国系”水稻良种表现出高产、抗病、熟性好、米质好、适应性强等优势，亩产在500千克以上。1978年全区推广种植2万亩，1979年5万亩，1980年8.4万亩，1981年12.5万亩，1982年15.3万亩，1985年达到20余万亩。省内楚雄、玉溪、富民、宜良、建水、弥勒、永平等地也引去种植。“京国系”的育成和推广，代替了种植多年已退化的“台北8号”“科情3号”“南粳44”“西南175”等品种。1979年，云南省委授予全区“水稻良种京国系选育成功及推广示范”项目三等奖。1985年，保山行署授予该项目特等奖。20世纪80年代后期，京国92品种退化抗性下降，不再作为常规粳稻的主推品种。

杂交水稻引进推广　1975—1979年，杂交稻在全区开始示范推广种植。1981—1985年，全区共制出杂交稻种子6.4万千克，年均制种1.28万千克。至1985年，全区的杂交稻种植面积发展到3.37万亩（占全区适宜杂交稻种植耕地面积的30.6%），主要分布在低热河谷区。推广的杂交品种主要有“汕优桂三三”“汕优六号”“威优六号”。种植杂交稻后单产有较大提高，如保山市芒宽区1985年水稻面积比1978年减少7049亩（用于发展甘蔗），而单产平均增加240.65千克，增长84%，总产增加257.5万千克，增长34.3%；保山市道街镇3个社60家农户，1985年在105.5亩稻田上实行杂交玉米、杂交水稻连作亩产吨粮的栽培示范，亩产早玉米604.25千克，连作中水稻亩产562.68千克，两季年亩产1266.44千克，实现了亩产过吨。至1990年，全区种植杂交稻20.33万亩，平均单产450～500千克。杂交水稻的推广，使保山成了真正的商品粮基地，并促进了热区种植业结构的合理调整，有利于全区骨干产业糖业的发展。1991年，全区种植杂交水稻22.65万亩，1992年25.05万亩，1993年26.1万亩，1994年27.75万亩，1996年30.15万亩，1997年34.05万亩，1998年37.2万亩，2001年，全市35.1万亩，2002年86.55万亩，2005年40.05万亩。

水稻良种“岫4-10”的选育推广　1978年，保山地区农科所配制出“岫4-10”水稻良种，经多年多代选育，于1985年年初步选育定型。1986年小面积繁殖鉴定，1987年提供中海拔区预试，1988年提供中海拔区正式试种，一般亩产500千克以上，示范区平均亩产在534.6～821.6千克，该品种表现抗稻瘟病、高产、适应性广，适宜1650～1850米海拔地区种植，株型紧凑，中晚熟，秧龄弹性大，米质好。1989年示范500亩，1990年推广种植1.6万亩。1986—1990年，累计种植2.61万亩。1990年4月27日，经保山地区农作物品种审定小组审定为优良粳稻品种。1991年2月27日，被省农牧渔业厅和省粮食厅评为云南省首批部颁4个粳稻优质米品种之一。同年，全区推广种植6万亩。

水稻良种“合系2号”推广种植 1986年，为解决保山地区水稻良种“京国92”种性退化后的接班品种问题，提高水稻的总产与单产，地区农科所从省农科院引进“合系2号”，经过连续几年的试验、示范，该品种属典型的高产、早熟、抗病、优质、多穗型粳稻良种。1989年，在保山坝多点示范165亩，平均单产659千克。1990年，在保山地区示范推广了1.75万亩，平均单产达到660.2千克。1991年，共推广种植8.6万亩，平均单产688.78千克。同时在保山坝10万亩吨粮田建设项目中共安排种植合系2号7.04万亩。1994年，推广22.05万亩。

双季稻与再生稻推广应用 保山境内低热河谷区占土地总面积的22.89%，其中耕地53.2万亩，占全市耕地总面积的22.77%。为了增加粮食产量，20世纪60年代开始推广种植双季稻，主要分布在海拔1500米以下的怒江、澜沧江、枯柯河、龙川江沿岸低热河谷区，一般单产200～300千克。1975年，保山坝南部和施甸坝试种过双季稻，因气温低而失败。1985年，全区种植双季稻2.23万亩，平均单产275.5千克，总产625万千克。20世纪80年代初开始推广“三系”杂交水稻后，双季稻面积逐年减少。因种植双季稻费工、费时、成本高，并与种植经济作物争劳力、争肥料、争水利，加之稻瘿蚊危害严重，因此停止种植双季稻。为了保持稻谷总产量不减少，开始推广再生稻，即利用杂交水稻良种再生能力强的特点，在一季稻收割后，通过水、肥与病虫草害防治，进行精细管理，就可以再收一季稻谷。再生稻不仅省时、省工、成本低，而且单产高，一般只需80～90天，亩产可达250～300千克，最高亩产可达400千克。1990年，全区推广留养再生稻30000亩，总产600万千克。其中保山市潞江乡留再生稻6150亩，平均单产214千克，总产131.61万千克。

水稻籼改粳示范推广 保山地区腾冲、龙陵两县籼粳交错区的水稻单产长期低而不稳或大起大落，主要原因是品种布局不合理。地区农科所驻固东点的科技人员，根据水稻的必须气象要素及固东的自然条件进行历史分析和研究，得出籼粳交错区“籼稻低而不稳，粳稻稳产高产”的结论。1985年起，固东全力投入籼改粳工作，使粳稻面积由700亩发展到1987年的1.79万亩，粳稻比重由2.5%提高到64.9%。1985—1987年，粳稻共增产稻谷284.81万千克，折合现金150余万元。

玉米良种推广 1979年引进单交种“丹玉6号”，种植2.3万亩，其后陆续引进推广了“京杂6号”“莫A”“丹玉9号”等品种。随着化肥使用的增加，杂交种推广面积迅速扩大，1985年达13.4万亩，占玉米播种面积的17.6%，产量得到迅速提高。1990年，全区杂交玉米种植面积达30.11万亩，占玉米播种面积的39.04%。至2005年，全市杂交玉米推广面积78万亩，占当年玉米面积的84.5%。

小麦良种推广 20世纪70年代中期，保山地区选育和引进了“2114”“凡13”“墨查”等小麦品种；80年代初期，“2114”“凡13”品种抗病力减退，又引进“980”“436-2”“0483”“0103”“0230”等品种。1980年，全区小麦品种有145个，其中万亩以上的品种有9个，千亩以上品种30个。1985年，全区由外地引进的小麦品种有460个。至2005年，全市小麦良种推广面积26.1万亩，占当年小麦面积的70.5%。

甘蓝型油菜“云油11号”推广　“云油11号”系省农科院杂交育成，原编号为“78Ⅳ067”（简称“067”）。保山地区于1979年度“省区试”始引进，因当年区试产量高居第一位，1980年继续参加“省区试”。1982—1983年，保山地区组织五县（市）参加6个试点的区试，同时进行扩大示范推广。亩产120～300千克，大面积150千克左右，最高亩产263千克，表现早熟、抗白锈病，结荚多、籽大、色泽好，受广大农民欢迎。种植面积由1981年的120亩扩大到1983年的2.5万亩，占甘蓝型油菜种植面积的60%。20世纪80年代中期，此品种已成为全区甘蓝型油菜种植区的骨干品种。与其他地区相比，保山地区的推广面积居首位。90年代后，全面引育示范“双低”（低芥酸、低流苷）油菜品种。至2005年，全市27.5万亩油菜基本实现“双低”良种化。

（二）先进技术推广应用

化肥推广　保山20世纪50年代推广氮素化肥，60年代推广磷肥，70年代推广钾肥，80年代推广复合肥和微肥。80年代起化肥施用量和施用技术有很大提高，重点推广氮、磷、钾合理配合施用。据保山市板桥、老营，腾冲县清水，昌宁县四角田，龙陵县勐冒等地试验和大面积生产调查，化肥在施用得当的情况下，每千克氮肥可使稻谷增产3～4千克，苞谷增产3.5～5.5千克，荞3千克，小麦2千克。进入21世纪，按照“补钾补微”的施肥原则，全面实施测土配方施肥技术推广和高效施肥技术推广。

土壤改良　全市（区）土壤改良除兴建水利工程改善灌溉条件外，主要是推广培肥地力的技术措施：掺客土、旱改水、坡改梯、改平筑埂、增肥治瘦、排晒治冷、施石灰治酸、捡石头、套种绿肥等。

塑料大棚推广应用　20世纪80年代初，保山地区种子公司、地区农科所等单位在保山坝区通过试验示范，采用塑料大棚种植冬早蔬菜辣子、茄子、番茄、青笋瓜、黄瓜、苤蓝、四季豆等获得成功。1986年，推广应用6.7亩，1990年发展到2000亩。至2005年年底，塑料大棚广泛应用在种植业中。

科学施肥技术推广　1983年，保山地区土肥站开始从事水稻氮调施肥技术应用研究，通过研究，避免了施肥的盲目性。1987年，保山地区参与云南省五地州协作，实施优化配方施肥的试验、示范、推广项目。1988年，引进微机技术，开展粳稻微机优化施肥的示范推广。1987—1990年，全区科学施肥技术累计推广面积136万亩，其中水稻51万亩（含粳稻微机优化施肥15.5万亩），玉米52万亩，小麦24万亩，油菜9万亩。举办示范样板16万亩，其中水稻8万亩，玉米4万亩，小麦4万亩。设置正规小区试验130组，同田对比试验709组。根据同田对比测产和大面积产量调查，水稻科学施肥平均单产456.3千克，比习惯施肥397.1千克增59.2千克；玉米科学施肥平均单产415.8千克，比习惯施肥364.4千克增51.8千克；小麦科学施肥平均单产303.1千克，比习惯施肥205.7千克增97.4千克；油菜平均增产48.3千克。累计增加粮油作物产量8400余万千克，增加产值6200余万元。1994—1996年，区土肥站在水稻、苞谷、甘蔗、烤烟等作物中，累计示范使用硅肥40670亩。20

世纪90年代末期，全区在提倡“科学施肥”，氮、磷、钾配合施肥和微机测土施肥基础上，推广平衡施肥，以推广农作物专用肥项目为主要措施。1999年，全区累计推广作物专用肥2.94万吨。2002年，市土肥站进行洋芋专用肥示范1200亩，其中高产攻关45亩，平均亩产3864千克，最高亩产4234千克。

农业技术综合试验示范区 1981—1984年，保山地区及五县（市）农科所，分别设置了一块农业技术综合试验示范区。通过农业技术综合配套措施的推广运用示范，使科技成果得到推广普及和扩大应用，促进和带动了全区的粮食生产。4年累计水稻综示面积为28.9万亩，总产比1980年增加1268.85万千克、比1981年增加1140万千克，每亩增收89.15千克。大小春累计面积41.69万亩，共增收粮食2409万千克。按1980年水稻、小麦不变价格计算，并扣除省、地投资11.8万元，纯效益为704万元，即投资1元获益59.66元。此项成果被省人民政府评为科技推广二等奖。

腾冲、龙陵低温冷害地区开发性研究应用 为攻克水稻低温冷害，地区农科所组织地县有关科技人员联合攻关，总投资10万元，于1984年起，用5年的时间对课题进行了研究。该课题从品种入手，筛选鉴定了一批适应不同海拔，较耐寒，适应性强而高产的品种。5年共示范籼改粳良种15.64万亩，增产稻谷1422.26万千克。至1989年，在该课题带动下，腾龙地区的粳稻面积由4.5万亩扩大到26万亩，占该地区稻田总面积的65%。此外，在品种更新后，还对移栽期、安全齐穗期、不同海拔的规范化栽培技术进行了研究和推广，超额完成亩增50千克的任务（比相邻田块亩增120.29千克），并创造了5年增加产值113.7万元的经济效益。

水稻白叶枯病的防治 水稻白叶枯病是保山水稻中的主要病害之一，严重影响着水稻产量的提高。为防止该病的蔓延发展，自1975年起，保山地区农科所即与省农科院植保所合作，联合攻关。采取选育抗病品种和大田诱发的方法共鉴定稻种455个，并筛选出高抗白叶枯病品种27个，其中8个抗病强且丰产性好，1978年在保山坝板桥镇示范1.6万亩，取得明显的社会效益和经济效益。至1981年，共鉴定2132个由全国12个省25个单位及地区农科所提供的品种，既为选种。20世纪90年代起，在水稻孕穗期，采用叶枯宁、农用链霉素等进行防治。至2005年年底，保山市植保站每年及时有效指导全市防治水稻白叶枯病等病虫害。

水稻条纹叶枯病防治 条纹叶枯病是一种病毒病，自1979年开始在全区水稻中不同程度地产生危害并逐年加重。据1984年调查，发病稻株率平均为3.56%，亩损失稻谷41千克。从1984年起，地区农科所开始在小面积内摸索该病发展规律与防治方法。结果表明：秧田内防治4次，则可控制飞虱危害，效果明显。此防治方法1985年即在板桥的94个合作社、40个自然村中推广，秧田喷药1233.6亩，大田喷药1.86万亩，占板桥总稻田面积的47.7%。经防治，病株率压低到1.39%，减少稻谷损失15.56万千克，同时带动1.02亩，共挽回损失31.89万千克。1989年，发病面积下降到4万亩。至2005年，发病面积已下降到0.8万亩。

水稻栽培技术改进　在水稻育秧方式上，保山历史上主要是育“老水秧”，即育秧后秧田长期泡水；火烧秧田，即育秧前用柴草分堆在秧田上进行烧坑，以昌宁县多用；育隔年秧，即老年前播种到翌年移栽，以腾冲县界头多用。大多数秧田只撒一季秧，少数秧田拔秧后种蔬菜。民间流传着“秧田是稻田的娘，育了秧就不再栽秧”的说法。进入20世纪70年代，逐步推广水撒旱管、湿润育秧、薄膜育秧。在种子处理上，推广晒种、精筛选种、泥水选种、变温浸种或药剂浸种，主要是防止干尖线虫病，1985年推广锌硫磷浸种。在栽培上，推行合理密植。民国时期栽插密度除保山坝栽单丝独苗外，多数地区是栽稀大丛，旧有“七丝八丝，栽秧的祖师”之说。腾冲、龙陵地区多栽满天星、大田方棵，每丛6～8苗，均不符合合理密植的要求。70年代推广拉线条栽，80年代逐步形成三带九行、三带六行、四带八行。一般1米内栽3个双行，稍瘦的田块栽3个单行，特别肥的田块80厘米栽3个单行，栽插密度逐步趋向合理。90年代，全区在秧床上使用壮秧剂进行简化育秧，平均亩产519千克，比常规育秧增8.35%。90年代后期，全区推广水稻抛秧技术。1999年，推广4005亩，其中盘育秧3000亩，肥床旱秧抛栽1005亩，平均亩产511.5千克，比常规栽培增产31.9千克。

增产菌示范推广　1988年，地区农科所在保山市杏花进行增产菌的试验示范。同年，在水稻上共示范37亩。示范结果为亩增稻谷117.3千克，增长21.8%。1989年，全区示范推广19.41万亩，其中联产承包面积2.11万亩，示范结果比上年平均亩增21.14千克，增长3.6%。1990年，全区示范推广43.36万亩。示范结果为亩增51.6千克，增长13%。3年累计增加粮食1194.26万千克，折合人民币1010.47万元，每亩增收16.09元。

小麦高产、稳产、低成本应用与研究　1981—1983年，行署农牧局、行署科委、地区农科所及五县（市）农科所共同承担，完成省科委下达的小麦高产、稳产、低成本应用与研究课题，并由行署农牧局粮作科、地区种子公司、地区植保植检站协作。其间，在4.1万～4.5万亩面积上连年获得增产，累计增产461万千克。

保山板桥万亩田麦高产再高产样板模式和措施推广　地区农科所在1989年板桥田麦平均单产306千克基础上，1989—1990年度完成万亩田麦再增产3%的高产模式栽培样板课题，即达到万亩田麦平均亩产315.2千克的产量。该课题在板桥镇坝区的16个办事处进行，具体措施是深翻碎垡，两带六行，拉线条播，推广早、中熟良种，科学施用化肥（氮、磷、钾配合）。经过综合措施的实施，面积达2.1万亩，平均单产达到353.3千克，超额完成任务。

小麦栽培技术的改进　播种方面，20世纪70年代推广“三带九行”的带状播种方式，也称“板桥式”。80年代初期改为“二带六行”，播种量每亩由12.5千克改为7.5千克。施肥方面，70年代后期推广施用化肥，注意氮、磷、钾的配合和合理的分次施肥，一般分种肥、蘖肥和拔节肥施用。管理方面，历史上麦田不灌水，怕影响大春生产。试验证明麦田灌水不仅不影响大春生产，而且还能促进产量的增加，因此，80年代起，推广麦田适量灌水。

甘蔗栽培技术改进　1983年，开始试用地膜覆盖栽培甘蔗。据地区甘科所试验，用地膜覆盖的蔗田，土温增加2.1℃，湿度增加6.2%，每亩增产甘蔗1～2吨，增产25%～60%。1984年，保山地区承担“全国旱地甘蔗亩产5吨综合技术推广示范样板”，为旱地甘蔗面积闯出一条通过实施深槽板土镇压等综合技术而达到高产、高糖的新途径。20世纪80年代中期开始使用微肥、硒土，推广化学除草。

低产茶园改造　1979年，在昌宁县召开的全区“低产茶园改造”现场会上，推广了新华、马田头的“低改”经验：实行深沟施肥（亩施杂肥1500千克、磷肥50千克、氮肥25千克）、平整台地、适时修剪和防治病虫害等措施。全区各县相继开展试点，进行低产茶园改造工作。如龙陵县在龙山镇大坪子进行试点，通过实行以上“低改”措施，1981年试点茶园平均亩产50多千克，比改造前增产2倍。1982年，在全县推广大坪子试点的经验，至1984年，改造低产茶园1.72万亩，亩产比改造前增30%～50%，高的增一倍多。1985年，全区累计改造低产茶园8.1万亩，省地县三级财政共计投资75.36万元，投资收益为1∶9.35，单产由1978年的17.25千克增至1985年的24.6千克，增长41.8%。

水稻旱育稀植技术推广　1995年，保山地区开始试验示范水稻旱育稀植技术。1998年，已初具规模，全区共育旱秧20132.55亩，移栽稻田377389.5亩，平均亩产562.07千克，比水育秧稻田亩增15.6%。1999年，全区推广663000亩，占水稻面积的70%。2001年，全市推广水稻旱育秧苗床47895亩，移栽稻田649500亩。2002年，市农科所在全市推广661230亩，每亩增产28.7千克，增5.6%。

二、养殖业科技推广

扑灭口蹄疫良法的推广　1983年以前，为扑灭口蹄疫，全区先后采取的措施及推广的经验主要是：发动群众，群防群治，对疫区疫点采取封锁、隔离、消毒、处理尸体、关闭牲畜市场；集中病牛、缩小疫点，每天用药喷雾消毒1～2次，以杀弱病畜排泄的病毒，并用同型疫苗实行包围防疫注射；在红旗桥和东风桥设立检疫站，防堵边疆和国外病源流入。1983年，推广拔除疫点承包责任制，实行行政、技术、经济相结合，对疫区疫点和受威胁区，固定行政和技术人员，责任到人，包干负责，对买入病牛或传播疫病者给予经济处罚，对防疫工作有成绩者给予奖励。1985年以后，使用“亚洲Ⅰ型”及“O型”两型联苗对畜禽进行防疫注射。至20世纪80年代末，全区扑灭疫情100余次，保证了历年牲畜和畜产品上调任务的完成。20世纪90年代起，全区加强口蹄疫三道防线建设，采取行政、经济、技术相结合的办法防治。1996年10月中旬，龙陵县河头乡2村8社爆发口蹄疫。由于防疫措施的有效实行，使疫情控制在8个社之内，并按时扑灭疫情，扫除疫点。1998年3—9月，龙陵、腾冲两县发生动物口蹄疫疫情，全区采取“内防外堵”防治措施，疫情未发生蔓延。2002年，龙陵县4个乡（镇）12个村23个社发生牲畜口蹄疫，累计发病113头。经过“五强制、五强化”防治工作，扑杀病畜159头。此外，全市全面开展以口蹄疫为重点的综合性防疫工作。五县（区）累计开展免疫214.77万头，其中注射疫苗136.94万头，气雾免疫77.83万头。

“琼脂扩散沉淀法”推广　1979—1987年，为准确检查马传染性贫血症，全区推广使用“琼脂扩散沉淀法”，先后3次共检查马属动物71155匹次，检出阳性反应300余匹，对病畜进行了检疫净化。1988—1989年，施甸、腾冲、昌宁分别采集马血送省兽医防疫站检疫，检查结果为阴性，表明“琼脂扩散法”的推广，使全区的马传染贫血症的检疫净化工作取得显著成效。2001—2005年，保山市畜牧兽医站检测送检血样656批，龙陵县检测马血样品220批，全部为阴性。

养蚕科技进步　20世纪70年代，从云南省蚕科所引种500张蚕种，开始推广“华合 × 东肥”，茧层率高达21%～23%，产量25～30千克。70年代末，推广“滇13× 滇14”。80年代推广“781×802”，茧层率22%～24%，产量30千克左右。催青方面，20世纪70年代，地区蚕桑技术人员在保山县王官桑蚕专业队试验了纸盒电温催青，后发展小容积催青技术，在保山市推广8个点。催青技术的推广改进，使蚁蚕孵化齐整，一般2～3天即可收完。饲养方面，20世纪70年代推广薄膜育、炕房育。1983年以后，推广江浙高温育小蚕方法，温度均比以前提高华氏1～3度，蚕儿发育整齐、健壮，全龄经过缩短2～3天。普遍推广共催共育法以后，蚕体健壮，省工、省叶、省成本，单产提高约10%。2002年起，保山市经济作物工作站、隆阳区蚕桑工作站，在板桥镇妻贤村、汉庄乡小堡子办事处建造不同规格钢架塑料大棚养蚕。至2005年年底，通过试验结果，表明大棚养蚕，通风透气良好，桑叶现采现喂，桑叶较新，蚕儿食桑质量高；在棚内上蔟，蔟中环境良好，上茧率、产茧率高。

温热水养鱼推广　20世纪80年代初，为开发利用保山地区地热泉自然资源，地区水产站在保山县蒲缥区塘子沟利用地热温水池试养莫桑比克罗非鱼。1984年，腾冲县石墙乡利用水泥圆池进行高密度温流水养殖尼罗罗非鱼和鲤鱼试验，获得成功。试验成功后，养殖面积扩大到20亩，并在全区各县（市）海拔1600米以下各温泉大力推广，五县（市）有17个乡（镇）、28个点开展地热温水养鱼。截至1985年，全区利用地热水池塘养鱼面积推广14处，水面222.9亩，产鱼32.4吨，平均亩产140千克。腾冲县瑞滇供销社在腊幸8亩地热水池养鱼，平均亩产600千克。地热水稻田养鱼集中在腾冲县界头、瑞滇两乡，推广面积4000亩，产鱼21吨。其中瑞滇乡腊幸八社利用48亩有温水流入或自产温水的秧母田开展稻田养鱼，产鱼700千克，平均亩产14.6千克，是全区地热水稻田养鱼平均亩产的2.8倍，是当地一般稻田养鱼亩产的2.4倍。

稻田养鱼推广　1982年，地区水产站在保山县城关镇东门乡4.2亩稻田中进行养鱼试验，亩产鱼29.25千克，养鱼田稻谷亩增19.57%，亩增加收入56.75%。1983年，推广养殖面积8.08亩，每亩平均产鱼15.2千克，最高30.25千克，稻谷平均亩产698.5千克，比不养鱼稻田增产24.87%，亩增加收入63.3%。1984年，保山地市科委、水电局、水产站、城关镇东门乡等8个单位，联合开展百亩连片稻田养鱼攻关试验。实际试验面积111.72亩，平均亩产18.7千克，最高为51.35千克；亩产稻谷447千克，比不养鱼稻田增产6.5%，亩增加收入66.25%。1985年，在省渔业技术推广站指导下，保山市城关镇东门乡推广稻田养鱼1194亩，平均亩产15.25千克，最高为51.3千克，亩产稻谷522千克，比不养鱼稻田增产25.6%，亩增加收入280.84元，平均每个稻田养鱼户增收105.85元。1985年，全区推广稻田养鱼面积3.48万亩。1990年，推广面积4.48万亩，总产364.88吨，占全区养殖鱼总产量的27.35%。20世纪90年代起，全区稻田养鱼推广面积逐年增加。1999年，全区推广面积186675亩，平均亩产稻谷563千克，亩产鲜鱼14.5千克。2000年，推广188850亩。2001—2005年，各年分别推广206220亩、218655亩、222915亩、229695亩、234270亩。

喷灌科技推广 1978年，保山地、县联合，在腾冲县下绮罗公社的来凤山进行喷灌试点。随后，施甸县在姚关、老麦，昌宁县在达丙，保山县在河图、老营、大官市，龙陵县在腊勐等公社推广并兴起农田喷灌。至1981年，全区推广喷灌面积1.98万亩，其中固定式喷灌0.06万亩，半固定式喷灌0.17万亩，移动式喷灌1.75万亩，在一定程度上缓解了水利条件差的地区人畜饮水及农田灌溉的困难。1983年后，大部分喷灌工程陆续停止使用。

三、林业科技推广

1978年后，保山地区先后建起林科所、林学会、林业站，初步形成上下结合的林业科技推广网络。地区林业局、林科所经过培育百日苗和地理种源试验，相继在全区普遍推广华山松百日苗造林技术，共推广种植39万亩，为全国规划华山松良种调拨区提供了依据，造林成活率提高到95%以上，保存率和合格率分别达到85%以上。同时，推广秃杉、杉木、红椿等速生优良用材树种的育苗造林和栽培管理技术。截至1990年，用材树种植苗造林面积已占全区造林总面积的80%以上，其中工程造林100%。此外，用材林方面推广面积较大的是山地人工种植桉树，地区林科所于1980年营造丰产林8.4亩，1983年在保山羊邑营造桉树试验示范林100亩，1988年地区营林站桉树母树林试验成功后，逐步在全区大面积推广种植。

2000年，市林业局完成塔拉引种试验示范、无花果品种选优、优质石榴引种试验示范、优质桃引种试验、葱木人工育苗及种植试验示范、印楝引种试验示范等6个科技课题。2001年，市林业局投资25万元建成林业信息中心、森林防火监测网络和林业发展项目库；投资90万用于抬头山、石母河经济林果示范基地基础设施建设。2002年，市林业局原经济林木站和林科所合并组建为林业技术推广总站。同年，全市开展林业科技科研课题4个。

经济林木方面，自1967年起，地区林业局科技人员试验成功核桃“一刀半腹接”和“舌状芽接”的嫁接新技术，使铁核桃改泡核桃技术在全区普遍推广，泡核桃产量迅速提高。至1981年，此技术在全区各县推广3万亩。2003年，市林业局从云南省林科院引种杂早实核桃枝条5000多枝，分别在五县（区）部分乡（镇）试点，为全市进一步推广做好种源准备；做好核桃嫁接及修剪技术培训准备工作，加大对核桃产业发展地区的技术培训。20世纪80年代起，在大批引进湖北板栗良种的基础上，试验推广板栗早实丰产栽培技术，1980年地区林科所从湖北、山东、广西、北京、南京等地引进羊毛栗、早大栗、红光栗、金丰栗等57个板栗优良品种和类型，经两次筛选，向全区推广3个优良品种。至1990年，“板栗早实丰产栽培技术”已向全区及省内5个地州推广，推广面积2万余亩，仅保山、施甸两县（市）就推广3000余亩。2003年，市林业局采取先进实用技术管理蒲缥、抬头山示范基地板栗等干（水）果基地。1976年，从山东果科所引种日本次郎甜柿，经15年引种试种获得成功。此品种具有果大、味甜脆、营养价值高、易贮存等特点，施甸等县引种成功后，在全区推广种植。

森林病虫害防治方面，20世纪70年代，地区林业局在施甸县试验成功松毛虫的白僵菌菌种三级开放性菌种的培育试验。对菌种的释放，仿制拉线菌粉炮，并自行设计试验成功林药发射枪和空炸炮，先后在施甸、昌宁等县推广应用，对松毛虫的防治取得一定成效。80年代，成功进行了5000亩桉树病虫害综合防治示范研究，经推广后，使全区大面积森林病虫危害得到有效控制。森林病虫害平均防治率由70年代以前的20%左右提高到50%以上。1991—1995年，森林病虫害防治率提高到80.51%。进入21世纪，保山市履行《云南省森林病虫害防治目标管理责任状》，完善监测机制，建立县乡村三级监测体系，依法检疫。2000年，森林病虫害防治率93.8%。2004年，龙陵县、隆阳区森防站相继定为国家标准站建设。2005年，保山市森林病虫害防治检疫工作进入全国先进行列。全市发生森林病虫害111705亩，发生率0.83%；完成防治面积100200亩，防治率90%。

四、工业科技推广

（一）制糖工业科技推广

原料收购及处理 20世纪70年代起，蔗场逐步实现机械化，采用双梁桥式吊车装、称、卸蔗，减少了甘蔗的抛撒、压坏及糖分损失，提高了压榨收回率，同时减轻了劳动强度。90年代，实现了微机控制自动过磅。

机械化压榨提汁 至20世纪70年代末，上江、旧城糖厂采用汽轮机带动压榨机压榨，其他厂多采用整流子电动机带动压榨机压榨。1990年，开始采用直流电动机、复合减速箱带动压榨机压榨。20世纪70年代末至80年代，在保山地区甘蔗含糖量高、纯度高的怒江、勐糯、龙塘3个糖厂还先后推广应用压渗法提汁。应用压渗法后显示出的优点：投资少、用料省、糖分回收率高。在甘蔗糖分相同的情况下，每处理1万吨甘蔗可多产糖28.85吨。怒江糖厂用压渗法后，每个榨季多产白砂糖近200吨，价值20万元。但是由于这项技术要求甘蔗糖分高，而且所需的设备在全国还未形成规模生产，标准化程度低，易损，加之技术要求高，因此未能在全区推广应用。至1990年年底，仅怒江糖厂应用压渗法提汁。

澄清技术 20世纪70年代后期，采用真空吸滤机、连续沉淀器过滤。80年代中期开始普遍使用立式管道中和。工艺上普遍推广龙塘糖厂试用成功的“磷酸亚硫酸絮凝剂”法制糖。少数糖厂开始采用中和PH值控（即微机自控）、板式换热器、自动板框压滤机。

糖汁蒸发 20世纪70年代，从传统的蒸发工艺发展到抽汁汽、等压排水技术，以达到节水汽降低能耗的目的。80年代后期，怒江糖厂在省轻工研究所的帮助下，率先采用微机控制蒸发过程。

煮糖技术 采用真空间歇煮糖，全区水源充足的糖厂，20世纪70年代后期开始使用水喷射冷凝器，每个煮糖罐由一个喷射冷凝器抽真空，以保持真空稳定。个别水源差的糖厂用喷射冷凝器另加真空泵煮糖。80年代有的糖厂曾试用过微机煮糖，因条件不具备而停用。

热力技术　20世纪七八十年代新建糖厂选用25千克/平方厘米的次中压力锅炉，以电动机、汽轮机作为发电机、压榨机的动力，仅怒江糖厂保留着一台低参数锅炉。

包装技术　1979年以前，采用手工称糖、缝包，包装袋为棉布袋。20世纪80年代起，保山开始采用震动式干燥机、筛糖机、自动缝包机。80年代末90年代初，多数糖厂采用微机自动定量包装，包装袋逐步由棉布变为彩印覆膜塑料编织袋。

酒精技术　至20世纪80年代初，所用设备一直为铸铁两塔，只能生产工业用酒精。80年代中期，普遍更新为不锈钢三塔生产食用酒精，质量及产酒率都得以提高。90年代初开始采用固定化酵母，提高了产酒率。

（二）茶叶加工科技推广

20世纪七八十年代各县相继建立茶叶精制厂，推广电动茶叶机制，进行"绿改红"。至1985年，全区已拥有各种茶叶机械3200余件（台），加工能力为10万余担，整个加工系统初具规范。其间，龙陵县农机修造厂改制的CQ-20型茶叶转子揉切机，能提高分筛效率。1983年，保山地区锅炉厂和保山市沙坝茶厂研制的一种新型节能茶叶烘烤立式热风炉，热效率达33%，比普遍使用的手拉百页烘干机热风炉节能40%～60%，而制茶质量明显提高，在云南省第三次红碎茶学术研讨会上，茶叶专家赞扬此热火炉是"制茶工艺的重大革新，有普遍推广意义"。至80年代末，全区生产的茶叶花色品种主要有工夫红茶、红碎茶、滇清茶及少量滇绿、烘青、晒青、炒青、花茶和普洱茶。

（三）汽车行业科技推广

汽车下坡刹车喷水技术推广　20世纪50年代，全区的汽车运输部门和全省一样，推广汽车下坡刹车喷水技术，较好地解决了汽车下坡因制动蹄片过热损坏，导致制动失效的问题。该技术一直被沿用。

"四车三机"改车节油技术推广　20世纪80年代末，保山推广"四车三机"改车节油技术（"四车三机"指1982年前生产的东风EQ-140型、跃进NJ-130型、北京BJ-212型和北京BJ130型4种汽车，及其分别装用的EQ6100型、NJ70型和BQ492型3种发动机）。改装后的汽车节油、节能，产生了良好的经济、环境、资源等综合效应。

（四）农机科技研究推广

东风-12型喷灌机推广　20世纪70年代，由地区农机研究所研制、施甸县农机厂生产的东风-12型喷灌机，共生产500余台在全区推广使用，在农业生产中发挥了一定作用。

"FMZ系列保山仿锅型马蹄灶"推广　20世纪80年代，推广由地区农机研究所研制、保山市农具厂生产的"FMZ系列保山仿锅型马蹄灶"，在全区范围内共推广4万多个。该灶热效率高（≥40%），省柴节时，清洁卫生，适于城乡不同人口的家庭。

五、"780工程"航空遥感技术应用

1978年，以中国科学院牵头、70个单位各类科技人员808人参加协作，在保山地区腾

冲县及附近地区（龙陵县4个公社、施甸县1个公社、保山县上江和潞江坝、梁河县4个公社、盈江县2个公社）进行“780工程”——航空遥感试验。此次试验基本查清腾冲全县及试验所涉及地区的土地、地质、水利、气象、土壤、森林、植被、畜牧等自然资源和农业现状。

保山地区及有关县（市）在试验所获得的资料基础上，分别对林业、渔业、畜牧业、水电、交通、农机、草山草场、水利提出14个专题发展规划，省科委把腾冲县作为山区综合开发技术研究的重点县，每年列出有关课题实施。

1980年3月，省农委和省科委在“780工程”基础上，下达《应用遥感技术进行腾冲县农业自然资源调查和农业区划试点》的科研课题，参加研究单位27个。经过半年的工作，完成腾冲县5692.86平方千米的农业自然资源调查和农业区划工作。1981年10月19—21日，省科委和省农委联合主持召开该项课题成果鉴定会，聘请省内外专家及有关单位代表64人进行鉴定。通过鉴定一致认为，此项课题研究收到较好成效，对应用遥感试验资料提供了工作方法和经验，荣获省科研成果二等奖。1981年，腾冲县应用农业区划成果，调整界头公社小春品种布局，扩大油菜面积，总产由1980年的99.5万千克提高到218.5万千克。

此外，保山地市水利部门利用“780”工程有关资料，对保山市青岗坝水库坝基地质结构及长岭岗地区地下水资源开发，作出及时而科学的结论，减少了施工前的钻探勘测工作，节省了时间、人力、物力和财力。

行署科委、地区区划办公室等单位，利用“780”工程有关资料，对保山市蒲缥区进行农业区划规划。行署水利局应用“780”工程资料，作出山区中、小型水库工程规划。

地质部中南209地质队和腾冲县有关部门，利用“780”工程有关资料，在日本核工业部门帮助下，联合开发腾冲县龙江沿岸的铀矿资源。

保山地区有关部门，利用“780”工程的有关资料，结合其他勘测资料，着手对腾冲县的煤、铁、铅、锡等矿藏资源进行开采。

第三节　科技交流

1976—1986年，全区共邀请外地专家学者共50多人到保山讲学，进行科技交流，并由科协联系派200余人到外地学习考察。地、县（市）两级共举行学术交流会180多次，参加人数达6435人，收到并宣读论文2000多篇。

1981—1982年，地区科委和腾冲县科委，聘请保山县小麦高产区板桥的农科员刘学增等3人，在腾冲中绮罗，从整地开始，手把手传授小麦高产综合技术措施，使当地的小麦亩产由原来的108.5千克提高到272千克。高产地区的栽培技术由此传到低产地区。

1982年4月，应日本农民交流协会和日本农民组织联合会的邀请，团中央、全国青联组织青年研修团赴日本研修茶叶生产技术。昌宁县达丙区新华乡农民李洪昌、保山县板桥区汉庄乡农民方春丽参团赴日研修。时间为4月30日至6月30日，重点研修日本高产茶园的栽培管理技术。回国后，李洪昌、方春丽先后在全区作了30余场“赴日研修茶叶”的专题汇报，传播了日本茶叶概况和技术。

1983年10月，82岁高龄的兽医专家率领的“九三学社智力支边讲学团”莅保山讲学，对口蹄疫的历史、现状及未来作了详尽的阐述。此讲稿被编印成《口蹄疫》一书，云南省畜牧兽医学会将其印发给全省学会会员。

1984年10—11月，行署农牧业局组织地县农科所所长、畜牧兽医站站长11人，先后到北京参观科技成果展览和上海松江考察农牧业生产。

1985年，保山市辛街区大树屯，聘请成都师傅传授怪味豆、麻辣豆加工技术，使大树屯年产35万千克的蚕豆找到了销路；龙陵县利用当地山区野生诃子，学习内地加工技术制成保健果脯。同年，行署民委请专业技术人员到保山市杨柳彝族乡冷水行政村，帮助61户社员建造“节能灶”。腾冲县瓷厂与云南工学院协作，试制成功快流速型和精细过滤剂，澄清助滤效果比其他助滤剂效果好，食用无害，在石油化工、医药制品、食品饮料、制糖、酿酒、自来水净化等方面均有广泛用途，该产品当时日本、美国和中国等少数国家能生产。保山市棉织厂与常州市塑料公司协作，引进一套喷丝设备，用闲置的平织机转产塑料编织袋，填补了保山地区的一项空白，满足了全区各糖厂的包装需要，节约了成本。

1986年，保山市振兴糖果厂与省轻工厅饮料研究所签订合同，引进技术设备，生产单晶冰糖；保山市供销社南坝农副产品加工厂，从辽宁省黑山引进棉絮加工一条龙生产流水线机械17台，建成机械化加工棉絮车间后，结束了手工弹棉花压棉絮的历史；保山市河图建筑公司涂料厂从成都市新兴建材厂引进技术后，每天生产涂料800余千克，产品黏结性能良好，色泽鲜艳、多样，填补了保山地区建材工业的一项空白。

第四节　气象科技

一、气象测报

（一）地面测报

业务变更　腾冲、保山作为国家基本气象观测站，从20世纪50年代起即承担天气和航空报告观测。起初，每天定时观测4次。昌宁、龙陵、施甸和潞江坝为一般气象观测站，每天定时观测3次。观测项目为：云、能见度、天气现象、气压、空气的温湿度、风、降水、日照、蒸发、地面和浅层地温。保山站：1978年11月，增加固定24小时航危报，1986年改为5～18时固定报，1988年停发；2000年增发6～18时固定OBSAV军航；2004年1月，使用语音系统发航危报；1986年增加E601-A型蒸发量观测，1998年换型成E601-B型，2002年1月，停止小型蒸发观测。腾冲站：1987年1月由基本站改为国家基准站，每天8次定时观测改为24小时正点观测记录，同时增加40、80、160、320厘米深层地温观测；1986年1月，航危报改为5～18时固定报，0～24小时预约报；1987年1月，取消2～4小时预约报，固定航报为每天6～16时；1991年1月，固定航报为每天5～20时；

2002年7月停发航危报；1998年增加E601-B型大型蒸发器观测，2002年1月停止小型蒸发观测；2005年9月被国际气象组织（WMO）确定为全球气候基准站（GCOS）。电接风向风速自记记录器观测风向风速始终：施甸站1973—1989年，潞江坝站1975—1983年，龙陵站1974—1983年，昌宁站1974—1982年。保山站、腾冲站1969年启用。2000年，保山、腾冲、施甸、龙陵、昌宁站开始拍发气象旬（月）报（AB报）。

测报数据处理 测报数据处理，开始为手工查算操作。保山站1985年启用微型计算机，1986年PC-1500袖珍计算机和全国地面测报程序投入使用，1988年引进安徽地面机制月报表软件，地局制作三次站机制报表，全区地面信息化数据开始。1990年，全区"地面气象数据库"建成投入业务应用，初步实现县级数据采集—地区机制月报表数据—地面气象数据库—应用服务自动化系列设想。2000年7月，保山站、腾冲站地面测报PC-1500计算机换型，使用地面气象测报数据处理软件《AHDM4.0》进行测报工作，电报通过X.25分组数据交换网向省局传达输（航空报除外），停止手工抄写月简表，结束基本、基准站地面气象月报表由省局制作、气象电报由邮局电话转报历史。2002年1月1日起，施甸、昌宁、龙陵3个一般站使用地面气象测报数据软件《AHDM5.0》进行地面测报工作，取消手工抄录简表，并新增每日20时发报任务，利用因特网向省局传输气象报文，全区地面测报工作全部实现微机化。

探测环境 2001年7月1日，搬迁至隆阳区河图镇沈官办事处吴安屯的保山站新观测场正式投入业务运行；10月1日，昌宁县气象局新观测场正式投入业务运行。2002年4月1日，施甸县气象局正式启用新观测场；12月底，全市五县（区）气象局"两室一场"工程（地面观测值班室、气压观测室和地面观测室）全部完成。2002年年底，隆阳区、腾冲县气象局完成大气监测自动化系统建设：11月29日，保山站建成遥测ZQZ-CⅡ型自动气象站；12月20日，腾冲站建成CAWS-600型自动气象站。2003年1月1日，两站投入业务运行，进入人工站与自动站平行观测第一阶段，实现除云、能见度、天气现象外的气象要素的自动探测；2004年1月，进入平行观测第二阶段。2005年1月1日，投入单轨运行。2003年11月8日、11月10日，分别建成施甸、昌宁遥测ZQZ-CⅡ型自动气象站，2004年1月1日，进入平行观测第一阶段。

（二）高空测报

1976年，保山（腾冲）的高空测报纪录设备为国产"701"雷达。计算设备最初为手工查算；1982年使用大连DS-07型电子计算机；1984年11月，启用PC-1500袖珍计算机和全国探空测报程序。制氢设备起初为制氢筒，1987年年底，使用DJQ-Ⅲ型电解水制氢机。1987年，增加测风程序，停止人工制作高表-1、高表-2。1998年4月，腾冲站使用701-C型雷达。1991年1月，停止探空02雷达测风业务。2000年1月，使用自动收报机点图。

1998年，高空探测质量为0.26‰，测风质量为0.04‰，探空高度27509米，测风高度26217米，球炸率99.7%，业务指标全部达到省气象局考核标准，有31次创"百班无错"，12人次申报"250班无错"，并完成了从11月1日起新增编发特性层报的工作。2002年，高空探测质量为0.3‰，测风质量为0.0‰，探空平均施放高度27127米，测风平均施放高度25499米，球炸率99.5%，业务质量均达省局考核指标。10月8日、10日，分别建成施甸县、昌宁县一般站的大气监测自动站系统。11月，FY-2（风云二号）静止气象卫星资料接收处理系统安装调试成功并投入使用。

（三）日射酸雨测报

全市只有腾冲站开展日射酸雨观测。日射观测，1981年10月至1982年12月，增加太阳直接分光辐射观测。1981年1月执行"世界辐射测量基准值（WRR）"。起初为手工计算统计，1986年1月，启用PC-1500袖珍计算机和云南省日射测报程序进行逐日计算和月报表统计，执行法定计量单位，原"卡/平方厘米"改为"瞬时焦耳（w）/平方米"，日总量为"兆焦耳（mj）/平方米"。1989年1月启用云南省日射测报程序，1992年1月台站类别为三级，仪器换型为TBQ-2总辐射表，配接RYJ-2记录仪和PC-1500计算机进行遥测。2003年1月，建成TBQ-2-B型自动站辐射业务投入平行观测，2004年1月正式单轨运行。

1992年7月开始酸雨观测。1992年7月至1993年7月，参加"八五"国家科技攻关项目组织的酸沉降监测系统质控考核，项目PH值结果合格。2002年9月21日，酸雨设备电导率由DOS-307型换为DOS-11A，PH仪由PHS-3B换为PHS-3C。

（四）农业气象观测

全市的农业气象观测始于20世纪50年代末期。

保山站 1982年被确定为全国农业气象基本观测站。该站1980年、1983年相继恢复冬小麦、水稻生育状况观测；1988年停止蚕豆生育状况观测；1997年1月，进行自然物候（垂杨、楼燕）观测。

腾冲站 1980年为全国农业气象基本观测站，1981年改为云南省农业气象基本观测站。该站1979年进行水稻、冬小麦农作物生育状况观测；1981年进行了1年的木本植物、候鸟物候观测；1986年停止农业气象观测。

潞江坝气象站 20世纪80年代，为适应农村经济体制改革的发展和商品经济的需要，开展了农业气候调查，进行不同地形、海拔高度的小气候观测试验，收集热区气象哨资料，分析农业气候规律、特点，提出实用措施建议，主动当好热区生产的气象参谋。

二、天气预报

（一）市级预报

1987年，保山气象台制作全区各县的长、中、短期天气预报。同年，首次开展长、中、短期森林防火预报警报。

1993年，开展"168"自动声讯气象服务，开设天气预报和气象漫谈两个栏目。1994年开展航空护林气象保障服务。1996年12月，开通电视天气预报节目制作动画系统，增加了各县（市）城区天气预报及旅游景点天气预报、边境开放口岸天气预报栏目及城市生活指数预报、重要农事关键期滚动天气预报等。1999年，与保山电视台联办《人与气象》电视专题栏目。1999年6月，"121"气象信息电话自动答询系统建成开通；2000年6月，升为开通覆盖全区的“96121”气象信息电话自动答询服务系统。1999年5月，开通同城服务终端用户——地区防汛办气象服务终端。2000年3月，开始向公众发布“生活气象指数”预报。2001年4月，与行署林业局联合建成森林防火卫星热点信息服务终端。2001年与地区电视台合作在《乡村季风》栏目上开办《农业气象信息》。2003年7月，向全市移动客户推出天气预报信息开放式定制业务。2005年6月，与市国土资源局联合开展地质灾害预警预报服务；7月，在全省气象部门首家开通“800”免费直报灾情电话。

（二）县级预报

1982—1984年，腾冲、施甸、昌宁先后启用123·CZ-80型天气图传真收片计，及时获得中央台天气图表资料。1987年补充、订正保山气象台制作的长、中、短期天气预报。2003年3月腾冲局开始向全县发布城市消防火险警报服务。2004年6月，腾冲局同县国土资源局开播地质灾害预报。2005年，腾冲局与县植保站合作，以资料交接的方式互通信息，加强农作物病害灾情收集；7月，腾冲局“企业呼”手机气象短信服务。

（三）农业气象预报

1983年，地区局开展一年一次小麦、水稻播种预报，进行年度农业气候评价；1998年开展一年一次水稻、小麦产量预报和专题农业气候分析，开始执行周年农业气象服务方案。1979年，腾冲首先在省内开展县级农业气候资源调查及区划工作；1981—1983年，保山、龙陵、施甸、昌宁也相继开展县级农业气候源调查及区划工作。

三、气象服务

（一）防雷减灾

1990年起，全区开展雷电灾害防护装置的检测、维护和安装工作。

1990年2月，由地区劳动人事、公安、城建、气象、保险五个单位联合发文授权，保山地区避雷检测中心对单位及个人安装的防雷保护装置进行安全检测，全区气象部门开始了避雷检测工作及建筑防雷图纸的审核工作，使用的设备是接地电阻测试仪。1991年，地区劳动人事、公安、建委、气象联发《关于加强防雷安全管理的通知》。1998年，气象部门与公安机关联合开展计算机（场地）防雷业务。2000年，地区局首次召开防雷技术上岗培训班。2000、2001年，气象局和有关单位开展防雷安全专项治理；2002年开始，由市政府牵头，每年组织有关单位开展防雷减灾专项大检查。2002年，市政府办公室印发《〈保山市雷电灾害防御工作暂行规定（试行）〉的通知》，加强防雷工作。2004年，市政府将防雷减灾工作列入九项专项治理工作之一。

（二）人工影响天气

1979年，全区在施甸县首次成功进行了人工增雨作业。20世纪七八十年代，保山、腾冲多次实施人工影响天气的高炮作业，对缓解夏旱和防御夏秋雹灾有成效。

1997年开始，地委、行署主持召开一年一度的全区人工影响天气工作会议。1998年开始举办一年一度的全区人工影响天气上岗培训班，实现戴证上岗。

1992、1994、1996年，针对干旱严重，保山、腾冲、施甸开展人工增雨作业，并开始开展人工防雹作业。1997年，人工增雨、防雹工作在全区推广。2005年，建成标准化固定作业点32个，有“三七”高炮17门，火箭发射架62具（老火箭JFJ架35具、新火箭BL-2架27具），全部持证作业。人工影响天气工作多次为缓解旱情、降低森林火险等级、预防和扑灭森林火灾、人工防雹、重大活动人工消雨等作出贡献。

四、气象现代化建设

（一）市级气象现代化建设

1979年，使用单边带62型接收传真收片机，接收中台预报数据。1983年5月安装使用711型天气雷达监测，1987年启用长城0520-H微机制作长期预报。1989年建立省地单边带气象通信，1990年开展卫星云图接收，1991年建立地县单边带气象信息网，1992年1月启用GMS卫星云图接收处理系统。1995年3月接入邮电局分组交换网，建成分组网络信息系统。1995年5月开通X.25省、地分布式分组数据交换网和自动填绘终端，启用自动填图仪，取代了人工填图，结束单边带、电传收报设备，实现国家、省级、地区的预报产品、资料信息等的网络传输和资源共享。1998年3月气象卫星综合应用业务系统（简称“9210”工程）建成投入业务应用，建立气象信息网络系统，停止自动填图仪。1998年7月保山地县网络建成并正式投入业务使用。2003年11月FY-2静止气象卫星资料接收处理系统建成投入使用。2003年12月保山兴农信息网建成，网址：BS.YNNW.COM.CN。2004年12月，保山市及五县（区）气象局宽带网络建成，实现数据传输、动态视频传输、IP话音传输。

（二）县级气象现代化建设

2000年各县局建成PCVSAT卫星地球小球单收站。县级电视天气预报节目制作动画系统建成投入运行时间：腾冲局1997年3月，昌宁局2001年1月，施甸局2004年10月，龙陵局2005年12月。

五、气象科研

1991年5月，成立保山地区气象学会，承担和完成省气象局和地方科委下达的科研课题，并应用于气象业务和服务中。至2005年，受地厅级以上奖励的气象科研课题有18项，公开发表在地厅级以上刊物的气象科技文章近百篇。1981年开展高黎贡山气候考察，1987年开展冬烟气候适应性研究，1989年开展滇西南农业综合开发区气候诊断，1992年进行“抗旱增肥效剂”用于旱地农业开发应用试验，1993年完成保山地区农业气候资源及区划，1994年降水年际变动对保山烤烟产量影响气候评估与对策，1995年完成“抗旱保肥”型包衣玉米旱地增产试验。主要科研成果有《冬烟种植气候适应性研究》《保山地区气象灾害研究》《保山地区农业气候资源及区划》《降水及湿度气候变化对烤烟产量影响的诊断与对策研究》《降水年际变动对保山烤烟产量影响的气候评估与对策》《保山地区气候资源优势与特色经济发展战略研究》《保山地区商品仓储专业气象服务指标的研究》《滇西南冬季暴雨的前期环流特征及预报》《腾冲县人工增雨在护林防火中的应用》《保山地区大中型水库泄洪气象决策研究》《保山气象卫星综合应用业务系统》《保山市山洪灾害分析及预报方法研究》《保山市大到暴雨短期预报方法研究》等。

第五节　地质勘查

保山地处“三江”（怒江、澜沧江、金沙江）成矿带的中南段，横跨波密—腾冲锡、铅、锌、铜、金及稀有金属成矿带、福贡（保山）—镇康铅锌铜金成矿带及昌宁—澜沧铅锌银锡成矿带，成矿条件极为有利，是寻找锡、铅锌、铜、银、富铁、金、稀有金属矿产及非金属矿产的有利地区。

1978—2005年，共有27家地勘单位在保山从事过地质勘查工作，提交各类地质勘查报告116份。

全市完成1∶20万区域地质调查（泸水幅、腾冲幅、盈江幅、永平幅、保山幅、凤庆幅、潞西幅），1∶20万水系沉积物地球化学测量，1∶20万区域水文地质调查；1∶5万区域地质调查12个图幅（麻栗坝幅、固东街幅、腾冲县幅、古永幅、朗蒲寨幅、东营街幅、鸦乌山幅、地盘关幅、曲石街幅、打苴街幅、大董街幅、酒房幅）。

全市共发现矿床（点）534处，大型矿床10处、中型34处、小型149处、矿点162处、温泉179处。发现56种矿产（非金属矿27种），涵盖了建材、冶金、化工、陶瓷、造纸、工艺美术、装饰、能源等领域所需的原料。其中44种获得资源储量，但地质工作程度低，多数为低级别储量，有12处勘探、24处详查、55处普查，其他为预查及简测，累计探明D级（可供开发利用）以上储量：铁矿石6124.91万吨；钛铁矿砂矿矿物量528.9万吨；铜3.01万吨；铅39.07万吨；锌76.29万吨；锡12.2万吨；锑0.65万吨；硅石570万吨；硅藻土51238.80万吨；优质高岭土167.11万吨；高岭土55.60万吨；硅灰石2693万吨；天然气9.66亿立方米；萤石230万吨，以及白云母、石灰石、黏土、煤、稀有金属等矿产储量。

一、矿产资源的基本特点及优势

保山市最大的潜在资源是非金属矿产，其中硅灰石、硅藻土矿床规模均属大型，硅灰石资源储量11831万吨，硅藻土资源储量47263万吨。

地热是保山市得天独厚的一大优势资源，每年流出的热水约1.6亿立方米（84034亿千焦耳）。

有色金属、贵金属在保山市分布广、储量丰富，埋藏浅、品位高、易开采，前景十分可观。资源储量：铅锌142.40万金属吨、锡15.01万金属吨、氧化铍0.95万吨、五氧化二铌0.18万吨、五氧化二钽0.10万吨、氧化铷1.31万吨。

保山市在对沿边开放和利用周边国家矿产资源具有独特的区位优势。内与大理州、临沧市、德宏州接壤，外与缅甸山水相连，国境线长167.7851千米，有腾冲猴桥、滇滩两个国家级口岸；国家实施西部大开发战略，保山市处于云南国际大通道桥头堡位置；腾冲宝玉石加工历史悠久，是宝玉石加工的集散地；缅甸盛产的宝玉石、铬铁矿、铂族元素、铜、富锰资源是国内紧缺产品；火山热海组成的国家地质公园是宝贵的地质遗迹。

保山市优势矿产为：硅藻土、硅灰石、地热、锡、锌、铁、铅、高岭土、硅石（石英岩)。

二、驻保地勘单位

1978—2005年，先后有下列27家地勘及其科研单位在保山从事过地质勘查工作：云南地质局第十二地质队、云南地质局第一区调队、云南省199煤田地质队(云南省199煤田地勘队)、云南省保山地质队、云南省地矿局第四地质大队、云南省地矿局地热队(云南地矿局地热地质队)、云南省地矿局第三地质大队、云南省地矿局第二水文地质大队(云南省地矿局第二水文工程地质队)、核工业部西南地勘局209大队、省地质科学研究所(云南省地质科学研究所)、核工业云南地质调查队(云南核工业地质调查队)、中国建筑材料工业地质勘查中心云南总队(中国建材勘查中心云南总队)、云南地质工程第二勘察院(云南省地质工程第二勘察院)、西南有色地质楚雄勘查院、西南有色地质勘探公司304队、云南省地质调查院第四地质矿产调查所、西南有色地质勘查局308队、四川德胜集团楚雄钢铁有限公司、云南省地矿资源股份有限公司、云南省地矿资源股份有限公司保山分公司、云南有色地质调查院、云南省地调院物化探所、云南华西矿产资源有限公司、云南地矿局807队、云南省地矿局物化探队(云南地矿局地球物理地球化学勘查队)、云南省地质局区域地质调查队、中国人民解放军00933部队。

第四地质大队 云南省地质矿产勘察开发局第四地质大队始建于1964年，是省属事业单位。在几十年的地质找矿中，仅保山一带就为国家找到腾冲县小龙河大型锡矿、滇滩大型富铁矿、白石岩特大型硅灰石矿、隆阳区核桃坪中型铅锌矿等一系列大中型、特大型矿床，为地方经济建设作出重要贡献。2003年，第四地质大队按照省地矿局“分离、重组、改制”的战略性结构调整，地质勘查主业并入云南地矿资源股份有限公司，并组建保山分公司；工勘、测量整合后并入云南南方地勘工程有限公司，成立了保山分公司。改制后的地质四大队履行事业管理和服务职能，为企业闯市场、创效益营造稳定环境。云南地矿资源股份有限公司保山分公司拥有先进的地质找矿、分析测试及计算机制图设备，基本实现办公自动化。分公司以地质勘查为主业，以勘察促开发，努力培植金、铜、铁、铅、锌、银矿产开发企业及矿业权经营为工作重心。分公司主要经营范围为：矿业权经营(采矿权、探矿权)、矿产资源勘查、开采、选冶、矿产品经营、矿产资源技术咨询服务等。分公司近年来硕果累累，在隆阳区北部和西部新发现铁、铜、铅、锌、金等一批重要矿产地，其中金厂河铜铁矿、黄家地金矿、河坝子金矿的发现和评价，为保山市矿业经济的持续快速发展提供了新的后备资源。云南南方地勘工程有限公司保山分公司主要业务为：岩土工程地质勘查；水文地质勘查及供水井施工；环境地质勘查；地热水资源评价、开采施工；工程测量、地籍测绘、勘界测量、地图编制与印刷；地质灾害防治工程勘察、设计、施工；各类建设用地地质灾害危险性评估、矿山地质灾害危险性评估；地质矿产勘察与开发、矿山地质技术服务；机械岩心钻探与施工；土石方工程、地基基础工程施工；水库病害处理。

腾冲地热队 腾冲地热队即云南地质工程第二勘察院(云南地矿建设工程总公司)地热队，前身为云南省地矿局地热地质队，成立于1979年年末，住腾冲县城范家坡，从事云南省地热勘察，主要完成云南省地热调查（1∶75万）、腾冲热海热田地热普查（1∶5万）、腾冲盆地中低温地热普查（1∶5万）、腾冲瑞滇热田地热普查（1∶5万）。1984年7月，云南省地矿局地热地质队归并云南省地矿局第二水文工程地质大队。1989年10月，云南省地矿局第二水文工程地质大队更名为云南省地质工程勘察总公司第二勘察院，1993年8月改名为云南地质工程第二勘察院，2003年1月成立云南地矿建设工程总公司。2005年年末，地热队为总公司、二勘院的派出单位，从事总公司、二勘院范围内的工作，有职工33人，其中经济技术管理人员7人，工程技术人员21人(注册岩土工程师1人，一级注册建造师2人，具有高级职称的6人、中级职称的5人）。主要从事岩土工程勘察、设计和施工，水文地质和地热地质勘查、评价及供水井施工，地质灾害评估和防治工程勘察、设计、施工，水土保持方案编制，土地利用规划和整理设计，固体矿产勘察，工程物探和桩基检测、测绘等业务。

云南省保山志良工程勘察有限公司　云南省保山志良工程勘察有限公司原名为保山地区地质队、保山地区勘查设计院工程地质勘测队，性质为事业单位企业管理。是滇西州市级唯一持有省建设厅工程地质勘查资质证书的单位，2004年改制为股份制企业。

服务范围为工、民建工程地质勘查、水文勘察、工程测量；土工试验，地震波速、地脉动测定、静载荷试验、供水井施工，各种桩基和浅基施工灾害地质处理；地基处理技术咨询及工程监理。

第六节　防震减灾

一、地震地质

(一) 地震地质构造环境

保山市位于云南西部，地处印度板块与欧亚板块碰撞带缅甸弧形构造的东缘，地质构造复杂，新构造与现代构造运动强烈，是一个地震多发区。其大地构造位置处于滇缅泰亚板块的北部，由南北向的怒江断裂带和北东向瑞丽—龙陵断裂带构成的二级构造单元分界线，西北侧为腾冲块体，东南侧为保山块体。

腾冲块体　区内远古代的高黎贡山群变质岩系广泛出露，原岩为一套巨厚的复理石建造，中夹少量碳酸岩和基性火山岩，组成了该区的褶皱基底。覆盖层古生界主要为碳酸盐建造和含砾泥质建造，总厚度达600米以上。中部石炭系含砾泥质建造中，含冷水生物群化石，具冈瓦泥纳相冰海沉积特点。二叠纪末期的华力西运动使该区地壳上升，只沉积了少量中、上三叠统镁质和泥质碳酸盐建造。晚三叠纪以后，大部分地区长期隆起，结束海相沉积历史，只在沿怒江河谷一带及腾冲地区的断陷盆地中有零星侏罗—白垩系及新生界陆相沉积。区内变质作用十分明显，沿高黎贡山一带形成一条与怒江深断裂多期活动有关系的构造岩浆变质杂岩带。远古代以区域变质为主，至燕山期和喜马拉雅期以动力及热力变质为主。区内岩浆岩活动频繁，除沿怒江断裂带有基性、超基性岩入侵外，沿高黎贡山山脉及盈江—陇川一带有大片华力西——印支期花岗岩分布，在腾冲县城以北有大片燕山期、喜马拉雅期花岗岩出露；中新世至第四纪全新世时期，腾冲—梁河一带还有大规模的基性、中基性岩浆喷溢活动，堆积了巨厚的熔岩和火山碎屑岩，至今地热和火山地震活动仍很强烈，表明该地区地下的岩浆活动仍未停止。区内褶皱、断裂发育，构造线走向近SN向和NE向为主，以怒江断裂和瑞丽—龙陵断裂带为主体，构成一条弧形构造带，弧顶向南东方向凸出。西部褶皱紧密，出现向东倒转的褶皱构造，东部沿高黎贡山地区除挤压褶皱外，沿怒江断裂西侧还发育一系列倾向西的逆走滑断裂，组成贡山—高黎贡山—龙川江叠瓦状构造带，从它们所影响的地层、变质作用和岩浆活动判断，该区构造基本定型于燕山期，在喜马拉雅得到加强与改造，有些构造第四纪以来至今仍在继续活动，导致强震频发，构成腾冲—龙陵地震带。

保山块体 怒江断裂带以东，瑞丽—龙陵断裂带以南为保山块体，区内出露的最老地层主要为震旦系—中寒武统公养河群浅变质岩系，原岩为一套以砂岩和泥板岩为主夹少量硅质岩和灰岩的复理石建造，厚达800米以上，属冒地槽型沉积。上覆上寒武统与公养河群呈连续沉积，亦为冒地槽型的砂泥质夹碳酸盐建造，它们共同组成该区的褶皱基底。覆盖于基底之上的奥陶，老留系为浅海相陆源碎屑建造及不纯碳酸盐建造，与上寒武统呈不明显的间断或假整合接触，具有盖层沉积特征。保山—施甸地区的上古生界以地台型碳酸盐建造为主，夹砂岩、页岩，在上石炭统上部出现海相基性火山岩，并发育冷水动物群化石的含砾石页岩，可与腾冲地区的含砾石板岩相对比。二叠纪末期的华力西运动，使该区的地壳抬升，大部缺失三叠系下新统，中、上三叠统为碳酸盐建造、砂泥质建造。印支运动后，全区隆起，基本结束海相沉积历史，侏罗以白垩系以红色陆相碎屑岩建造为主，夹基性火山岩建造及泥质碳酸盐建造。下第三系为磨拉石建造，上第三系、第四系为山间盆地内陆屑含煤建造。区内的变质作用和岩浆活动发育极不平衡。无古代变质岩系以区域变质为主，以后则以动力及热力变质为主。该区的变质作用主要为加里东早期，使公养河群及上寒武统遭受轻微变质，其次为华力西期，使北部上古生界轻微变质。岩浆活动相对较弱，主要有龙陵一带的早加里东期平河花岗岩体和燕山晚期桃林—狮子坡、蚌渺、大坡花岗岩体及镇康木厂地区的印支期碱性花岗岩体。此外，沿该区的边界断裂带附近还有零星华力西期及燕山期小规模的基性镁铁岩体分布。区内构造形变十分复杂，以断裂为主，将区内地层切割成大小不等，形态多样的断块，使得褶皱形态很不完整。构造线走向以近SN向、NE-NNS向为主，其次为NW—NNW向，大都具多期活动特点。其中，第四纪以来还有明显初的断裂带，即怒江断裂带、北澜沧江断裂带、畹町—湾甸断裂带、柯街—崇岗断裂带及蒲缥—施甸断裂带等，历史上在这些活动断裂带上都曾发生过多次破坏性地震。

新构造活动 保山市地处印度板块与欧亚板块强烈碰撞的影响区，新构造运动时期印度板块与欧亚板块的碰撞，在造成青藏高原隆升的同时，也引起了包括保山在内的云南地区地壳较强烈的间歇性差异隆升运动，并伴生了断裂及褶皱作用，形成了众多可反映新构造运动特征的层状地貌，以及有规律展布的山脉、水系、盆地等地形地貌类型。区内主要的断裂构造为近南北向展布的怒江断裂带—青藏高原东南隅著名的“三江构造系”的重要组成部分，同时还伴生有北北西—北西向和北东向等多组方向的断裂构造。区内主要的山脉、水系、盆地呈北北西—北西向、近南北向、北东向三个方向展布，与该区内发育的断裂褶皱密切伴生，表明断裂及褶皱构造对该区现代地形地貌的发育具有控制作用。

（二）主要断裂（带）及次级断裂（带）

保山市处于云南省受缅甸弧北东方向推挤作用的前沿地带，构造复杂，区内大小断裂分布，主要有：瑞丽—龙陵断裂、腾冲火山断裂（带）、盈江—陇川断裂（带）、南汀河断裂、怒江断裂（带）、北澜沧江断裂。区内大多数断裂都属地震活动断裂，应力积累条件好，历史上中强以上地震活动频繁，且地震类型丰富，具备发生7级以上大震的地震地质条件。

怒江断裂带　该断裂带由一组大致平行或呈“入”字形分支的断裂组成，带宽5千米～20千米，总体沿怒江河谷呈南北向延伸，长430千米以上。贡山以北分支少，沿怒江西岸高黎贡山东麓展布。往南至泸水以后明显分为东、西两个分支。东支主要由2～8条次级断裂组成断裂束，夹道街坝、镇安和勐兴盆地而过，至三江口、勐兴一带逐渐靠拢，在罕拐以南被北东向的碗叮断裂带所截止。西支则斜穿高黎贡山，与北东走向的瑞丽—龙陵断裂带复合。断裂带总体表现为右旋压扭性质。沿西支断裂带有喜山期基性、中酸性岩浆活动；而东支断裂带则控制着道街坝、镇安、勐兴3个第四纪断陷盆地的发育。在镇安、腊勐以北，沿东支断裂带还发育现代倒石堆，大规模洪积扇、断错水系、断层残山和断层三角面等构造地貌现象。在镇安盆地中，下更新统煤系地层还被显著断错，但上覆晚更新统晚期的冲积层未见明显变形。历史上，怒江断裂带上的地震活动也相对较弱，仅在六库、泸水及贡山一带发生过5级左右地震3次。6级以上强震活动均分布在怒江断裂带以西的腾冲—龙陵地区，甚至1976年龙陵7.3级、7.4级大地震序列，也都被限制在该断裂带西则，其发震构造是由一系列规模不大、沿走向断续分布的小断层、挤压破碎带和早期岩脉组成的“构造带”。

北澜沧江断裂带　该断裂带由一组相互平行呈雁行排列或呈羽状排列的断裂组成，带宽4千米～10千米。北段沿崇山东、西两坡展布，往南经永保桥、杉阳、阿腰寨、大寨一带，沿澜沧江河谷延伸，总体走向NW—NNW向，长500千米以上。该断裂控制了云龙旧州、漕涧、永平杉阳、凤庆等第四纪盆地的分布，并发育断层地貌和断错水系，显示右旋压扭性质。在永平杉阳、永和一带，沿断裂带岩石破碎，胶结松散，发育泥石流、石河和干河床，断错下中更新统冲、洪积层，具明显的晚更新世活动迹象。沿此澜沧江断裂带布格重力异常为西低东高的梯级带，航磁异常表现为同形态的跃变带。地震测深结果，永平—保山之间，该断裂深部断面向NE倾斜，莫霍面西升、东降，错距约1千米，错动位置在地表断裂以东15千米～20千米左右，表明北澜沧江断裂带为一条超壳深断裂带。历史上，在云龙旧州，永平和凤庆鲁史一带，曾发生过5～6级地震5次。

瑞丽—龙陵断裂带　大致沿瑞丽江与芒市河展布，总体走向为N500E左右，断裂带宽1千米～10千米。西南起于瑞丽弄岛以西的缅甸境内，往北东经瑞丽、遮放、三台山、芒市新桥、南天门、龙陵黄草坝，至镇安大坝附近隐伏，长160千米以上。卫星影像上还可断续追踪到怒江东岸的水长和施甸由旺一带。该断裂带控制了瑞丽、遮放、芒市、龙陵等第四纪继承性盆地的发育，断错构造地貌显著，断错水系清楚，表现出左旋压扭性质。在龙陵西南橄榄坡—那里一带，断错了中、晚更新统冲洪积沙砾层，表明该断裂带是一条晚更新世活动断裂带。历史上，在龙陵、瑞丽两盆地附近发生过5级左右中强地震。

腾冲火山断裂带 断裂带由数条南北向的断裂组成。固东—腾冲断裂(亦称棋盘石—腾冲断裂)为主干断裂，其北起自缅甸拖角之北，由棋盘石北沿入省内，向南经瑞滇、固东、和顺盆地，至新华东南的龙川江北岸，省内长约80千米。断裂带第四纪以来活动强烈，主要表现在沿断裂带强烈的火山喷发，形成沿断裂呈线性排列的火山口、火山锥与高温沸泉、气泉。沿断裂带地震活动强烈，自明正德七年(1512)有地震记载以来，沿断裂带共发生5级以上地震24次，其中6级以上的有6次，最强地震为1577年腾冲6.7级地震。

蒲缥—施甸断裂带(次级) 由一组大致平行的NNW—SN向的走向断裂和与之伴生的NE—NEE向横断裂所组成，断裂带宽5千米～10千米，总体走向NNW，长约100千米。北端在芒黑附近与怒江断裂带相交，往南经罗明坝、蒲缥、核桃、由旺、太平、施甸一带至姚关以南，交于畹町—湾甸断裂带上。该断裂带控制了第三、第四纪断陷盆地的发育，在蒲漂何家寨煤矿附近断错了上第三系煤系地层，在施甸莽林寨附近，下更新统沙砾石层亦被错断，断层活动性热释光(TL)测年结果，最新活动年代为距今7万年左右[(67.7±7.3～75.5±7.7)×103a]，表明该断裂带是一条晚更新世活动断裂带。自1979年以来，在罗明、由旺、太平、仁和一带发生过多次5级左右地震。

畹町—湾甸断裂带(次级) 该断裂带大致沿中缅边界畹町河谷和施甸、永德交界处的勐波罗河谷延伸，走向NEE—NE，断裂带宽1千米～5千米。西起瑞丽江上的畹町新公路桥头，向东沿畹町河经曼海、中山、安定，然后顺公养河与怒江，进入勐波罗河谷，最后在昌宁的湾甸盆地与柯街—崇岗断裂相汇，全长154千米，整条断裂带呈线形延伸，分支相对较少，主断面向北陡倾，表现出北盘向南逆冲，兼具左旋扭动特征的压扭性质。沿畹町—湾甸断裂带，大规模洪积扇、断层残山、断层三角面和断错水系等构造地貌现象非常发育，表明该断裂带的新活动比较强烈。历史上，沿该断裂带虽然没有发生破坏性地震的记录，但近些年的地震监测结果表明，沿该断裂带附近，小震活动频繁。1976年龙陵大地震时，安定附近曾出现过Ⅶ度烈度异常。2001施甸地震时，安定又出现房墙局部垮塌的高烈度异常现象。

柯街—崇岗断裂带(次级) 该断裂带总体走向近SN，宽1千米～5千米，北端在阿正寨附近与北澜沧江断裂带相交，往南经新街子，柯街西、湾甸、永康，过崇岗后与NE走向的南汀河断裂带相交，全长约110千米。该断裂带控制了柯街、湾甸、永康等一系列新生代断陷盆地的发育，盆地中堆积了数百米厚的上新世—第四纪地层。断层地貌显著，断错水系发育，显示右旋张扭性特征。在柯街盆地该断裂带切错了上新统，在永康盆地断裂附近新第三系形成陡立带，在旧街坝还断错了第四系中、晚更新统，留下明显的古地震遗迹，湾甸以北最新活动时代相对较老，为早更新世活动断层；湾甸以南，最新活动时代很新，为晚更新世—全新世活动断裂。虽然历史上该断裂带上没有发生破坏性地震的记录，但2001年施甸地震时，在柯街却出现了高烈度异常。

二、地震监测

20世纪70年代后期，全区地震监测主要是群测群防，以简单落后的仪器为主。80年代，全区开展资料清理，对土简仪器进行调整。

90年代末，地区地震局加强对全区10个观测站（点）16项57组观测项目管理。各县（市）观测站（点）注意加强对监测设施的维护和观测环境的保护，做好事前宣传、协调工作。全区观测站（点）观测人员按照观测规范要求操作，保证观测资料连续不断、准确可靠，为地震监测预报提供第一手资料。

进入21世纪，保山市地震局每年观测的水质、水氡、水汞、水位、高精度地温、固体 CO_2 等6个项目，在省内及市内所发生几次中强地震前有前兆异常反应。2001年，隆阳区地震局完成地震前兆自动化数据采集设备安装调试工作，建成的数字化地震前兆台站拥有水位、气氡、气汞、地热4个测项，并安装了气温、雨量、气压等3个辅助测项，实现地震前兆地下水动态观测自动化和数字化。

通过多年的发展，保山市地震监测设备由原来的土地电流、地电阻、地磁等简易监测设备，逐步更新，购置了水氡监测仪、水电导率仪，安装了短波单边带无线电台，增加了计算机，实现网络通信，使各地前兆信息能及时交流传递，提高了预测水平。至2005年，为配合省地震局开展信息网络系统建设，全市建起市地震局、施甸县地震局、龙陵县地震局3个信息节点机房，并配备相应的部分仪器设备。

三、地震预报

1978—2005年，保山地区（市）地震局利用水位、高精度地温、气温、气压、降水等前兆数据，收集邻区各种观测资料，结合小地震的活动频率和地理分布，每月定期作出当月地震预报意见，上报地委（市委）、行署（市政府）和上级业务主管部门，为政府决策提供依据，为上级地震预报提供参考；每年年底编写完成下一年的《地震趋势研究报告》，并参加省地震局年度会商。

至2005年年底，保山市地震局成功预报盈江、耿马、孟连、禄劝、龙陵、施甸等中强地震，受到省政府和上级业务主管部门的表彰和嘉奖。其中1988—1990年间，《云南地震趋势研究报告》在全省评比中连续三年获第一名，各项观测资料均获第一名。

四、地震灾害预防

（一）防震减灾科普知识宣传教育

保山是一个地震灾害较为频繁且严重的地区，防震减灾科普知识宣传教育是地震灾害综合防御工作的重要组成部分，它对提高全民防震减灾意识，增强政府防震减灾职能，最大限度地减轻地震灾害，保障社会安定和经济发展都具有重要意义。全市地震部门在做好地震监测预报的前提下，始终把地震科普知识的宣传普及教育工作作为一项重要工作内容来抓，做到持之以恒，常抓不懈。按照“积极、慎重、科学、有效”的原则，充分利用“国际减灾日”“《防震减灾法》颁布实施纪念日”“11·6防震抗震宣传周”“7·28、5·29地震纪念日”“保山端阳花市”等有利时机，进行多形式多内容宣传。据不完全统计，1988—2005年，全市共投入近1000万人次开展防震减灾宣传工作，投入50万余元开展各种防震减灾宣传活动，投入20万元用于购买各种防震减灾宣传器材，投入7万多元举办防震减灾宣传业务培训班，2000多人受到培训，宣传人员培训面达90%以上。全市地震系统干部职工撰写的文章、报道1000余篇分别刊登于《中国减灾报》《云南地震通讯》《地震研究》《保山日报》等报纸、杂志上。全市共组织各种宣传活动100多场次，出各类地震知识宣传专栏16000条板，编制、印刷、散发各类地震知识宣传材料百万余份；宣传范围覆盖全市大小村镇，宣传覆盖面达85%以上，使广大人民群众了解地震发生、防震、抗震、自救、互救等有关知识，收到了较好的社会效果。

（二）地震安全性评价及抗震设防管理

根据全国地震烈度区划，腾冲、龙陵属8度设防区，隆阳区、施甸盆地和昌宁县枯柯河谷属7度设防区，其他区域为6度设防区。

1998年10月，为贯彻落实《中华人民共和国防震减灾法》和《云南省建设工程场地地震安全性评价管理规定》，保山行署办公室下发《保山地区行政公署办公室转发行署地震局关于建设工程场地地震安全性评价管理意见的通知》，加强了建设工程场地地震安全性评价及抗震设防要求管理工作。

2001年2月21日至3月4日，行署地震局组织了由区、县（市）地震局局长及行署地震局震害防御科有关人员组成10人的考察组，对大理、楚雄、昆明、曲靖、玉溪、思茅、西双版纳、临沧等八个州市地震局的工作进行了考察调研、学习。同年，国务院公布《地震安全性评价管理条例》后，保山借撤地建市之机，制定了《保山市重要建设工程抗震设防和工程场地地震安全性评价管理暂行规定》，市发展计划委员会、市建设局下发了《关于切实将工程建设场地地震安全性评价工作纳入基本建设管理程序的通知》，与市建设局联发了《关于转发云南省地震局、云南省建设厅〈关于加强全省建设工程抗震设防及场地地震安全性评价管理工作的通知〉的通知》。至此，全市地震安全性评价及建设工程抗震设防要求管理工作进一步得到加强，实现了各相关部门各负其责、密切配合、互通信息的良好局面，并将部分建设工程纳入到了基本建设管理程序当中。

2002年，市地震局成立了地震科技服务部，并派出4名技术人员参加省地震局举办的地震安全性评价业务技术培训班，所有人员均拿到了安评上岗证。11月，地震科技服务部获得了开展安评工作许可证(丙级资质证)。此后，全市的安评技术服务工作逐步得以发展，迈入正轨，而且实现了管、干分开。

2003年，市政府成立保山市投资、便民服务中心。市地震局派人参加了市政府办公室举办的投资、便民服务中心窗口单位工作及管理人员培训班，并为服务中心购买了相应的办公设备，切实将场地地震安全性评价及抗震设防要求管理工作纳入到了政府的窗口服务当中，依法办理了一批建设工程的场地地震安全性评价及抗震设防要求管理手续，提高了地震部门的社会显示度。2005年，市地震局印发了《保山市建设工程抗震设防要求审查方案》。

据统计，1990—2005年，龙陵县苏帕河流域水电工程(含茄子山水库及5个T级电站)、腾冲县驼峰飞机场、龙陵县腊寨水库及电站、龙陵县每年10万吨硅铁厂、保山师范专科学校新校址等一批重要或重大建设工程，均开展了地震安全性评价及抗震设防要求的相关技术服务工作。

五、地震应急

(一) 应急预案制定

1995年，根据国务院《破坏性地震应急条例》的有关要求，保山行署制订了《保山地区破坏性地震应急预案》。1998年《中华人民共和国防震减灾法》颁布实施后，保山行署修改了《保山地区破坏性地震应急预案》。1999年7月《云南省防震减灾条例》公布实施后，保山根据省政府修订的《云南省破坏性地震应急预案》，于2000年修订了《保山地区破坏性地震应急预案》。各县(市)也按要求完成了《破坏性地震应急预案》的修订工作。

2003年5月，为适应新形势的发展需要，保山市政府修订了《保山市破坏性地震应急预案》，下发各县(区)、市直各委、办、局、各直属机构执行。各县(区)及地震、交通、电信、医疗、卫生等部门也按照要求完成了《破坏性地震应急预案》的修订工作。市地震局重新修改制定了《保山市地震系统地震应急预案》《保山市地震局破坏性地震应急反应预案》。同时，根据《保山市破坏性地震应急预案》要求，保山市各级政府均建立了地震应急指挥系统。保山市抗震救灾指挥部指挥长由市长担任，指挥部下设1个办公室和16个应急救灾小组，办公室设在市政府办；各县(区)指挥长有的由县长担任，有的直接由县委书记担任，各县(区)均下设了若干应急小组。2005年，市地震局又印发了《保山市地震局7级地震应急预案》。

(二) 地震应急处置

2001年施甸地震　2001年4月10日11时13分6.7秒，4月12日18时46分59.6秒，施甸县相继发生5.2级、5.9级地震。震前，保山行署地震局曾作出了较好的中短期预报，根据预报意见，各级地震部门做了大量的前期应急准备工作。2001年2月，保山龙陵县地震局邦腊掌地震观测站的主要观测资料出现加速异常，根据异常情况，行署地震局在2001年度第2期《震情分析》中提出“未来两个月，在施甸、保山、大理、丽江以及滇西南孟连南部缅甸一带有发生5.5级左右地震的危险”。分析预报人员分别于3月22日，3月26日向国家地震局、行署地震局填报了地震短临预报卡。在此期间，行署地震局领导偕同技术人员专门向行署分管地震工作的领导作了汇报。行署要求各级地震部门要进一步加强监视，密切跟踪好震情。3月19日，龙陵县地震局针对异常情况向县政府主要领导作了专题汇报，20日向县委分管领导作了汇报，21日在县委常委会上作了专题分析汇报。2001年4月10

日，施甸5.2级地震发生后1个小时，地委、行署领导即率队赶赴灾区查看灾情，进行慰问。4月12日，5.9级地震发生后，行署立即召开紧急会议，启动《保山地区破坏性地震应急预案》，成立了由专员任指挥长的抗震救灾指挥部，安排部署抗震救灾工作，并要求灾区党政一把手亲临一线指挥抗震救灾。施甸县政府也立即召开抗震救灾指挥部成员单位紧急会议，迅速启动《施甸县破坏性地震应急预案》，并马上决定从县财政拨出200万元的经费用于抗震救灾。县委、县政府主要领导及时率领地震局等有关部门迅速赶赴灾区进行现场办公，指挥抗震救灾工作，并在受灾较重的太平、由旺设立了抗震救灾指挥机构，充分发扬自救互救精神，及时疏散灾民，妥善安排灾区群众的生产生活，安定民心，确保灾区社会稳定。行署地震局由局长率技术人员及时赶赴现场配合地委、行署领导及省局开展现场震情监视、灾情调查等应急工作；同时组织人员按照《地震应急条例》开展灾情速报、震后趋势判断、上传下达等应急工作。驻保人民解放军、武警官兵、民兵预备役部队、公安干警和机关干部迅速赶赴灾区，及时帮助学校、灾民拆除危房，搭建帐篷，转移群众，维护治安；卫生部门派出医疗队到现场组织抢救伤员，开展灾区疫情防预；交通、通信、电力、水利等部门严密组织，连续奋战，采取应急措施，及时排除险情；计划、民政、供销等部门及时组织调拨各种救灾物资运往灾区。各级各部门干部群众按照分工负责、责任明确、措施有力的要求，全力投入抗震救灾，确保人民群众生命财产安全。

2004年隆阳地震　2004年10月19日06时11分41秒，隆阳区蒲缥、汉庄一带发生5.0级地震。震前，保山市及临区小震活动有所增强，部分观测指标出现了较突出的异常。市地震局及时派出调查组深入到龙陵邦腊掌、腾冲等基层观测站进行调查落实，在确定无人为、仪器和环境干扰后，及时地将情况向市委、市政府、省地震局做了汇报，并及时向各县区地震局（办）下发了《关于加强近期震情跟踪监视的要求》。市政府领导非常重视，曾两次召开防震减灾工作会议，检查落实有关部门突发事件应急预案的制定完善情况；部署安排有关应急准备工作。会议要求各级地震部门要坚持“内紧外松”的原则，认真履行职责，加强震情监视，保障社会稳定。会后，市地震局加强了24小时值班制度，加强了地震监测分析工作的力度，直至发生保山隆阳“10·19”5.0级地震。地震1小时后，市政府立即组织召开抗震救灾指挥部成员会议，启动《保山市破坏性地震应急预案》，安排部署抗震救灾工作。3小时后，市政府在家的领导率队深入震区调查了解灾情，慰问受灾群众。7小时后，省政府派出的工作组赶到保山帮助开展有关抗震救灾工作。国家地震局和云南省地震局也派出了震情监视跟踪、地震灾害损失评估、强震观测等的工作组立即赶到保山，与市地震局联合组成现场指挥部，开展应急工作。在整个地震应急工作中，各单位、各部门配合密切，责任明确，人员、措施、工作到位，地震后24小时，所有需要安置的灾民都进行了转移安置。到23日，停课的所有学生都恢复上课，地震应急工作取得实效。

六、地震灾害

见《地理》编第五章第一节。

七、防震减灾监督检查

地震行政执法　1999—2000年，行署地震局周围地段进行旧城改造，为了防患于未然，不使观测环境因周围建房受到影响，特别是为了保护好滇14井的观测质量，行署地震局多次向地区人大、行署及保山市政府领导反映，行署领导责成保山市政府处理好此事，切实保证了地震观测环境不受干扰。2000年3月，行署地震局派专业技术人员到龙陵邦纳掌落实监测异常及检查工作，发现个别观测人员因有思想情绪而不按观测规范要求认真操作观测，个别观测项目（气压）有造假行为。针对这一现象，行署责令龙陵县政府对邦纳掌观测站进行限期整顿。县政府迅速进行专项调查，提出整改意见。县地震局对当事人作了记大过处分，纠正了错误做法。2003年腾冲县城镇建设改造需要，导致叠水河观测站地震前兆观测项目全部停测。市地震局组成执法检查组前往腾冲实地调查，根据有关法律法规提出了依法保护地震监测设施及观测环境的要求。经市、县两级协商，本着既不影响腾冲经济建设的发展，又要保证地震重点监视区地震前兆资料观测正常进行的原则制定了恢复重建方案。于2003年1月恢复观测，3月完成了恢复重建工作。

地震行政执法检查　2000年，保山地区人大工委把"对全区贯彻《中华人民共和国防震减灾法》《云南省防震减灾条例》情况及《破坏性地震应急预案》落实情况进行检查"列入2000年度工作要点。3—4月，人大工委会同行署地震局组成检查组，对各县（市）政府贯彻落实防震减灾法律、法规及《破坏性地震应急预案》的落实情况进行了检查。2003年，市人大下发《关于对贯彻实施〈中华人民共和国防震减灾法〉等法律法规进行执法检查的通知》，在各县（区）进行自检自查的基础上，7月市人大执法检查组到隆阳、昌宁等有关县（区）进行了检查。随后省人大、省地震局于当年12月组成地震行政执法检查组对保山市及腾冲县的地震监测设施和地震观测环境的保护情况进行了检查。2004年，根据省政府《关于2004年云南省行政执法检查计划的通知》和"云南省地震局关于58号令实施情况进行检查的函"的要求，保山市认真组织了实施58号令情况的自检自查工作，并在此基础上报请市政府组成了专门的检查组到全市各县、区对58号令的实施情况进行了全面的检查，为进一步加强建设工程抗震设防要求和建设工程场地地震安全性评价的监督管理决策提供了依据。2005年，腾冲县、龙陵县、隆阳区等县区对地震监测设施和地震观测环境保护情况进行了专门检查，龙陵县对邦腊掌观测站保护措施进行了重点落实，对邦腊掌度假区开发过程中保护观测站提出了措施建议，对邦腊掌附近采石施工影响观测的事项采取措施进行教育和调解，有效地保护了地震观测环境，确保观测仪器和设施正常运行。

第四章　社会科学

2004年以前，保山一直未建立专门的社会科学管理和研究机构，相关工作由市、县

（区）委宣传部统揽，相关活动由科协组织开展。2004年5月，保山市委宣传部根据《中共中央关于进一步繁荣发展哲学社会科学的意见》和《中共云南省委关于繁荣和发展哲学社会科学的意见》精神，在认真调研的基础上，向市委上报《关于成立保山市社会科学界联合会的请示》，随后，市委常委会专题研究市社科联成立的相关事项，批准成立保山市社会科学界联合会，确定市社科联为正处级机构，独立办公，核定处级领导职数2个，总编制6个。主要职能为：对所属各学会、协会、研究会进行业务指导和日常管理；组织社会科学界有计划地开展学术研究和学术交流活动，为党委、政府的决策提供咨询服务；组织和推动社会科学知识的普及工作，积极促进社会科学研究成果的社会化；根据实际，组织全市社会科学优秀成果的评奖工作；编辑出版学术期刊和社科动态信息；促进哲学社会科学学科建设和人才队伍建设，表彰先进学会和优秀社科工作者；积极促进保山社会科学界与自然科学界的横向联系与合作，开展民间学术交流活动；关心和维护社会科学工作者的正当权益，反映社会科学界的意见和要求。

第一节　获省级表彰的成果及资助课题

1978—2005年，市委宣传部积极组织参加由云南省哲学社会科学优秀成果评奖委员会组织的“云南省哲学社会科学优秀成果奖”评奖，在历次评奖中，获奖情况如下：

第二次（1978—1989年度）：保山高等师范专科学校（保山学院前身）李治刚的《高校要加强青年教师的思想政治工作》获三等奖，文章刊载于《保山师专学报》1987年第2期。

第三次（1990—1992年度）：程政宁的《坚持实事求是的思想路线，敢于和善于从当地的实际出发，创造性地开展工作》获荣誉奖，文章于1992年4月17日云南人民广播电台“午间大家谈”栏目播出。

第四次（1993—1995年度）：程政宁的《对“精髓”指导意义的再认识与再思考》获论文三等奖。

第五次（1996—1998年度）：孔垂柱的《再接再厉、扎实工作，构建对外开放新格局》获三等奖，文章刊载于1997年8月7日《云南日报》。

第八次（2003年度）：中共保山市委史志委编纂的《保山地区志》（下卷）获三等奖，2003年1月中华书局出版；耿德铭的历史（考古）学专著《哀牢国与哀牢文化》获三等奖，2003年12月云南人民出版社出版。

第十次（2005年度）：中共保山市委史志委编写的历史学专著《滇西抗日战争史》获三等奖，类别为应用研究成果，2005年7月云南民族出版社出版。

2005年，以黄玉峰为课题组长申报的《农村小康文明村可持续发展研究》课题，获得省哲学社会科学规划立项课题资助，并按期结题，该课题成为保山市首次获得省哲学社会科学规划立项资助的课题。

第二节　重要活动及成果

一、中缅印战区国际学术讨论会

1994年6月10—18日，保山地区与云南大学、民革云南省委联合举办“第二次世界大战中缅战场国际学术讨论会”，邀请国内相关专家学者47人，中央和省内新闻媒体30人，集中讨论了中缅战场在世界反法西斯战争中的地位和作用，收到论文118篇，184名与会代表参观了龙陵松山抗战遗址和腾冲国殇墓园。这次会议对客观回顾历史，肯定中缅印战区尤其是滇西抗战在中国抗日战争和世界反法西斯战争中的重要地位，宣传滇西抗战和滇西人民作出的重大贡献，打造滇西抗战旅游文化品牌起到奠基作用。

2004年9月27—28日，由保山市人民政府和省政协文史委主办的“中缅印战区滇西战役国际学术讨论会”在腾冲举行，来自海内外的专家、学者、中国远征军老兵、美国飞虎队队员及邻近州市领导共170多人出席会议，与会专家、学者对中缅印战区和滇西抗战在中国人民抗日战争及世界反法西斯战争中的地位和作用进行研讨交流，并就保山进一步打造“滇西抗战文化品牌”提出了建议。

二、面向南亚开放战略研讨会

2004年6月22日，由保山市委市政府、省商务厅、省社科院主办，省南亚协会、隆阳区委区政府承办的“面向南亚开放战略研讨会”在保山市举行，会议邀请了省内20多名南亚研究方面的知名专家，省商务厅、省社科院、省南亚学会及保山市相关领导共180人出席会议。会议重点研讨面向南亚开放的办法和思路，保山市委、市政府根据省委、省政府建设国际大通道的战略，提出了“云南走向南亚，保山先行一步”的战略构想。会议共收到论文60多篇，由云南人民出版社出版了45万字的论文集《聚焦南亚——中国保山面向南亚开放战略研究论丛》。

第三节　主要刊物和出版物

一、社科类刊物

至2005年，保山市经省新闻出版局批准的社科类内部刊物主要有：保山市委主办、保山市委宣传部承办的《活水》双月刊；保山市政府主办、保山市政府经济研究中心承办的《保山经济》双月刊；保山市教育局、保山市教育学会主办的《保山教育》季刊；人行保山市中心支行、保山市金融学会主办的《保山金融》报；保山市公安局交通警察支队、保山市交通安全协会主办的《保山公安交通报》；保山市职工思想政治工作研究会主办的《雄风》季刊。

二、专著

20世纪90年代以后，保山社科类专著出版出现繁荣之势，较有影响的有：《中国远征军滇西大战》（1999年，云南美术出版社出版，保山地区博物馆、保山地区新闻中心编）；

校注版《永昌府文征》（2001年，云南美术出版社出版，保山市委宣传部、云南美术出版社校注）；耿德铭著《哀牢文化研究》《哀牢国与哀牢文化》（1992年、1995年分别由云南人民出版社出版）；保山市委史志委编纂的《保山地区志》（上、中、下卷）、《滇西抗日战争史》；各县（区）志、各行业志也相继出版。此外还有《腾越文化研究》系列丛书、《发现保山之旅》丛书等也产生较好影响。

第五章　科技成果管理

1978年8月，保山地区科学大会召开。会上表彰奖励科技成果14项，并评选出先进集体115个、先进个人58个。1984年，保山地区科技成果评审委员会成立，下设办公室于行署科委，负责办理发明申报、科技成果评奖等工作。12月，行署发布《保山地区科学技术进步奖励办法（草案）》。1985年4月，行署科委发布《关于清理评审1979—1984年的科技成果申报的通知》。6月，行署印发《保山地区科学技术进步奖励试行办法》。同年，保山地区科技成果评审委员会办公室受理全区94个单位科技成果298项。1986年3月25日，保山地区第一次科技成果颁奖大会召开。

至2005年，保山市科技局不断完善科技成果的鉴定、申报、评审、奖励、登记上报制度，使科技成果管理走上科学化、规范化、制度化管理的轨道。

第一节　科技成果

一、省部级以上科技成果

1978—2005年，保山市获省部级以上奖励的科技成果共计136项，其中科技成果与科技进步奖111项；科技“星火奖”26项。

1978—1980年，保山地区获省部级以上奖励的科技成果共计26项，其中1978年，保山汽车总站与全省有关单位联合进行的“提高解放牌汽车在云南山区功率及节油的研究”，在获得全国科学大会奖后，与“提高东风汽车功率及节油”课题共获交通部1979年科技成果二等奖、省科技成果一等奖；1980年，地区农科所参加协作的“稻瘟病菌生理小种鉴别及其分布协作技术改进”获农业部一等奖。

1981—1985年，获省部级以上科技奖项30项，其中地区农机研究所唐鉴龄、吴彩光等的“FM2系列仿锅形马蹄灶研制推广”获省科委一等奖2项；全区各有关单位参与的“腾冲区域航空遥感应用技术”成果被评为中国科学院重大科技成果一等奖及国家科委科技进步二等奖；地区种子公司肖晋棣参与的“我国稻瘟病病菌生理小种及抗稻瘟病抗原的筛选研究”获国家科技进步三等奖；保山汽车总站与全省有关单位联合进行的“解放牌 CA-10B

型汽车四大件改造推广”获国家科技进步二等奖。

1986—1990年，获省部级以上科技奖项17项，其中，腾冲助滤剂厂、昆明煤炭科学研究所完成的“腾冲优质硅藻土助滤剂系列产品开发”项目获省科技“星火奖”一等奖（主要完成人员：陈安森、黄发政、卓献昆、金晓玉等）。

1991—1995年，获省部级以上科技奖项32项，其中地区“保山10万亩甘蔗丰收计划”获国家农牧渔业部“丰收计划”一等奖；保山市吨粮田建设指挥部完成的“保山坝10万亩吨粮田建设”获国家农牧渔业部“丰收计划”二等奖；地区地震局完成的“地方地震工作与地震减灾研究”获国家地震局科技进步三等奖；“紫胶生产技术的研究与推广”（协作）获省科技进步一等奖。

1996—2000年，获省部级以上科技奖项23项，其中有6项科技成果获省科技进步三等奖；有17个项目获省科技“星火奖”。

2001—2005年，全市有8项科技成果获省科技进步奖，其中二等奖1项，三等奖7项；2001年3项，2002年1项，2004年2项，2005年2项。

1978—2005年保山市获省（部）级（含）以上成果奖励项目统计表

表34-1

表彰年份	受表彰单位	主要完成人员	项目名称	表彰类别	表彰等级（授予称号）	表彰单位名称
1978	保山地区造纸厂	—	半化学法制浆造纸	科技成果奖	二等奖	省委、省革委
	保山县氮肥厂	—	褐煤造气制合成氨	科技成果奖	二等奖	省委、省革委
	龙陵县化肥厂	—	电解水制合成氨	科技成果奖	三等奖	省委、省革委
	保山地区农科所	—	水稻良种京国系	科技成果奖	三等奖	省委、省革委
	保山地区农科所	—	水稻白叶枯病综合防治	科技成果奖	三等奖	省委、省革委
	施甸县	—	红壤改良利用	科技成果奖	四等奖	省委、省革委
	施甸县	—	白僵菌施放工具的试制和应用	科技成果奖	四等奖	省委、省革委
1979	保山汽车总站	—	“提高解放牌汽车在云南山区功率及节油”的研究	科技成果奖	交通部科技成果二等奖、省科技成果一等奖	交通部、省委、省革委
	施甸县	—	公社广播自动控制机的制作	科技成果奖	三等奖	省委
	保山地区农科所	—	水稻球肥深施	科技成果奖	奖状	省委、省革委
	保山地区农科所	—	小麦农选三号	科技成果奖	奖状	省委、省革委
	保山地区农科所	—	引种推广小麦凡13	科技成果奖	奖状	省委、省革委
	保山地区农科所	—	水稻品种台选三号	科技成果奖	奖状	省委、省革委
	保山地区农科所	—	李山头基点红壤改良	科技成果奖	奖状	省委、省革委

续上表

表彰年份	受表彰单位	主要完成人员	项目名称	表彰类别	表彰等级（授予称号）	表彰单位名称
1979	保山地区农科所	—	方官基点中海拔（1654米）稻田三熟制试验	科技成果奖	奖状	省委、省革委
	保山地区农科所	—	道街基点甘蔗71-716	科技成果奖	奖状	省委、省革委
	—	石春翰	选育水稻良种“昌稻二号”	科技成果奖	奖状	省科委
	—	杨　淳	核桃嫁接技术	科技成果奖	奖状	省科委
1980	施甸县	—	水稻京国系样板	科技成果奖	三等奖	省委
	—	刘兴昌	玉米粟穗螟测报防治	科技成果奖	二等奖	省委
	昌宁县农科所	—	密植茶园速成建设	科技成果奖	二等奖	省委
	昌宁县兽医站	—	治疗猪喘气病	科技成果奖	二等奖	省委
	昌宁县农科所	—	油菜施硼技术推广	科技成果奖	三等奖	省委
	昌宁县兽医站	—	山绵羊改良	科技成果奖	三等奖	省委
	昌宁县兽医站	—	9015治疗牛羊肝片吸虫	科技成果奖	三等奖	省委
	保山地区农科所	—	稻瘟病菌生理小种鉴别及其分布协作技术改进	科技成果奖	一等奖	农业部
1981	昌宁县农机厂、地区科委	—	微型立式水轮发电机组及加工机械推广	科技推广奖	二等奖	省科委
	保山地区林业局	—	铁核桃玫泡技术推广	科技推广奖	二等奖	省科委
	—	毕景亮　李俊成　鲁宜华	小麦良种凡13、2114推广	科技推广奖	二等奖	省科委
	—	寸待斌等人	稻、麦百亩吨粮田	科技推广奖	二等奖	省科委
	保山地区人民医院胸外科	—	心血管常温手术二例成功	科技推广奖	三等奖	省科委
	保山全区畜牧兽医站	—	琼脂扩散反应检查马传染性贫血	科技推广奖	三等奖	省科委
	昌宁县农科所、县茶办	—	昌宁县茶叶速生密植丰产	科技推广奖	二等奖	省科委
	腾冲制药厂	杜常俊	氨哮素栓剂和消炎素	科技推广奖	三等奖	省科委
	昌宁县农业建设指挥部、县农机局	—	水稻机插推广	科技推广奖	三等奖	省科委
	保山地区农科所	肖晋棣	稻瘟病生理小种鉴定及其分布	科技成果奖	省级三等奖	省政府
	—	—	红旗桥设计	—	优秀设计奖	—

续上表

表彰年份	受表彰单位	主要完成人员	项目名称	表彰类别	表彰等级（授予称号）	表彰单位名称
1982	保山地区科委、地农机厂	刘文远等人	3SB—S / 20—A 型水泵	科研	四等奖	省政府
	腾冲建筑机械厂杨挺	—	Q32—T 型构剪机	科研	四等奖	省政府
	保山地区农机厂	—	40型小型打谷机	科研	四等奖	省政府
	保山县政府农业区划办	—	保山县综合区划成果应用	科技推广奖	三等奖	—
	保山地区农机研究所	唐鉴龄　吴彩光	FM2系列仿锅形马蹄灶研制推广	科技推广奖	一等奖	省科委
	昌宁县茶办、农科所	—	低产茶园改造	科技推广奖	三等奖	省科委
	昌宁县科委、农机厂	—	微型电机推广	科技推广奖	三等奖	省科委
	昌宁县兽医站	—	马传染性贫血净化	科技推广奖	三等奖	省科委
	保山县农业科技人员	—	推广农业科技，提高水稻单产	科技成果奖	国家级	国家科委
1983	保山地区农业局	卢继雄	云南野生稻种资源的普查与研究	科技成果奖	二等奖	省政府
1984	保山地区农科所	郭光荣　何玉光	选育甘蓝型油菜“云南Ⅱ号”	科技成果奖	三等奖	省政府
	施甸县	—	林药发射筒	科技发明奖	三等奖	省科委
1985	潞江农场	姜　平	小粒咖啡早定植和无荫蔽适当密植的综合技术	科技推广奖	三等奖	省科委
	保山地区林业站	—	华山松百日苗造林技术推广	科技推广奖	三等奖	省科委
	保山地区农科所	毕景亮　李　成　鲁宣华	育成推广“小麦良种980”	科技推广奖	三等奖	省科委
	保山地区科委朱志恒	—	参加“改造低产茶园提高单产技术”推广	科技推广奖	三等奖	省科委
	保山地区	—	腾冲区域航空遥感应用技术	科技成果奖、科技进步奖	中国科学院重大科技成果一等奖、国家科技进步二等奖	中国科学院、国家科委
	保山地区种子公司	肖晋棣	参与“中国稻瘟病病菌生理小种及抗稻瘟病抗原的筛选研究”项目	科技进步奖	三等奖	国家科委
	保山汽车总站	—	参与“解放牌CA——10B型汽车”四大件改造推广	科技进步奖	二等奖	国家科委

续上表

表彰年份	受表彰单位	主要完成人员	项目名称	表彰类别	表彰等级（授予称号）	表彰单位名称
1986	保山地区怒江糖厂、保山地区设计室	孙 臻 李志成	提高甘蔗渗出技术	科技进步奖	二等奖	省科委
	保山地区农科所	郭光荣	参加“低芥酸油菜81008引种示范推广”项目	科技进步奖	三等奖	省科委
	保山行署农牧局	张太智	参加“旱地蔗高产栽培技术推广”项目	科技进步奖	三等奖	省科委
	保山地区地方病防治领导小组	—	参加“德宏、保山鼠疫疫区敌鼠钠灭黄胸鼠的应用大面积推广”等项目	科技进步奖	三等奖	省科委
	保山汽车总站	李春泉 孙博文 王式样 李兴和 余本儒	参加“酒精代用燃料在汽车上的应用”项目	科技进步奖	三等奖	省科委
	保山地区及五县（市）土肥站	郑永寿 唐万亭 汪立志	云南省红壤改良技术大面积推广	科技进步奖	三等奖	国家科委
1987	保山地区林科所	赵菊琴	小斑链蚧虫生物学特性及防治研究	科技进步奖	三等奖	省科委
1988	保山地区农业局	彭世武	参加“云南省甘蔗新品种推广”项目	科技进步奖	二等奖	省科委
	保山地区林科所	杨义昌	参加“直干桉的丰产试验示范”项目	科技进步奖	三等奖	省科委
	保山地区畜牧兽医站	赵 锭	参加“猪瘟免疫程序研究”项目	科技进步奖	三等奖	省科委
	保山汽车总站	—	车用2号通用锂基脂空毂润滑推广使用	科技进步奖	三等奖	省交通厅
1989	保山地区土肥站	—	参加“配方施肥技术推广应用”项目	科技进步奖	三等奖	省科委
	保山地区甘科所	—	参加“云南蔗田杂草化除技术研究及推广”项目	科技进步奖	三等奖	省科委
	保山农科所	徐俊芹	参加“硬粒小麦中引779在云南的开发利用”项目	科技进步奖	三等奖	省科委
	保山疫苗厂	—	参加“云南五号病疫苗气雾免疫的试验和推广和应用”项目	科技进步奖	三等奖	省科委
1990	腾冲助滤剂厂、昆明煤炭科学研究所	—	腾冲优质硅藻土助滤剂系列产品开发	星火奖	一等奖	省政府
	保山汽车总站	—	汽车燃油、润滑油添加剂在云南省的应用试验	科技进步奖	四等奖	省交通厅

续上表

表彰年份	受表彰单位	主要完成人员	项目名称	表彰类别	表彰等级（授予称号）	表彰单位名称
1991	保山地区	—	保山十万亩甘蔗丰收计划	先进奖	“丰收计划”一等奖	农牧渔业部
	保山地区	—	紫胶生产技术的研究与推广	科技进步奖	一等奖	省科委
	保山地区	—	云南松地理种源选择和种源区划的研究	科技进步奖	三等奖	省科委
	保山地区	—	大面积推广合系2号水稻良种	科技推广奖	一等奖	省农业厅
	保山地区	—	保山市1991年全面建起村级农经站	科技推广奖	三等奖	省农业厅
	保山地区	—	抓科技推广促粮食生产	科技推广奖	三等奖	省农业厅
	保山地区	—	推广十万亩玉米规范化栽培技术	科技推广奖	三等奖	省农业厅
	保山地区	—	依靠科技调整结构蔗粮双丰收	科技推广奖	三等奖	省农业厅
	保山地区	—	大面积推广杂交玉米1991良种	科技推广奖	三等奖	省农业厅
	保山地区	—	推广茶叶丰产栽培技术效益显著	科技推广奖	三等奖	省农业厅
	保山地震局	—	1988年对澜沧、耿马地震预报成果	科技进步奖	二等奖	省地震局
1992	保山地区林业局	康洪良　曹嘉相 史记武　吴学潮 李保国　董若彩 董保团	桉树速生丰产林阶段技术研究	科技进步奖	二等奖	省林业厅
	腾冲县林业局	陈　晓　沈大权 刘明亮　钏润芳 杨家顺　马天菊 何绍贤	从腾冲经花油茶中选育云南茶花新品种	科技进步奖	三等奖	省林业厅
	保山地区地震局	吴志平　李　敏 李宗兴　寸菊艳 李家稳　石绍符 郑汉东	地震预报及社会效能	科技进步奖	三等奖	省地震局
	保山地区行署公安处	刘在春　吴加方 焦德强　王树昌	应用马铃薯汁凝聚素做精斑确正试验	科技进步奖	三等奖	省政府
	保山地区造纸厂	杨立志　祝国位 杨　杰　易龙祥 李天寿	回收和利用纸机排水工艺及设备	科技进步奖	三等奖	省政府
1993	保山市吨粮田建设指挥部保山市农业局、保山地区农科所、市农科所、保山地区植保站	杜恩源　李天林 毕景亮　辉　勇 刘学林	保山坝十万亩吨粮田建设	科技进步奖	三等奖	省政府

续上表

表彰年份	受表彰单位	主要完成人员	项目名称	表彰类别	表彰等级（授予称号）	表彰单位名称
1993	保山地区农资公司	马　霜　夏光华　沈国正　舒昌文　汪康乐	化学除草剂甘膦在茶园和蔗田的推广应用	科技进步奖	三等奖	省政府
	保山地区农科所、保山市农科所、施甸县农科所、龙陵县农科所河图乡农科站	郭光荣　朱志恒　张发信　施国舒　卢顺生	优化作物栽培制度	科技进步奖	三等奖	省政府
	保山行署科委	刘元歧　蒲开阳　李　光　张希载　李守中	保山地区能源战略研究	科技进步奖	三等奖	省政府
	保山市环城食品厂	魏凤云　董自然　杨建元　任筱萍　兰秀珍　周玉焕	粮食制品加工	星火奖	三等奖	省政府
	保山地区科委、施甸县烟草公司	朱志恒　施忠泽　寿能璜　李大恒　李相国	云曲88——组合式节能烤烟炉	星火奖	三等奖	省政府
1994	保山地区气象局	熊宏斌　于秀芳　王自维　唐春友	发展保山地区名优作物的气象条件研究	科技进步奖	三等奖	省政府
	保山师专、保山地区农科所	李福元　李福国	云抗10号大叶茶组织培养快速繁殖研究	科技进步奖	三等奖	省政府
	昌宁县甘蔗技术推广站、昌宁县政府蔗糖办公室	董开声　杨贵祥　刘志桉　马　志　金华良	昌宁县依靠科技攻单产甘蔗总产突破60万吨	星火奖	三等奖	省政府
	保山钢铁厂	艾发云　艾发斌　杨富华　徐成富　周金华	保山钢铁厂冶炼设备1.5吨电弧炉更新改造	星火奖	三等奖	省政府
	保山市农业综合开发办公室	杨　何　杨正学　何加年　鲁卫国　金成富	保山市滇西南第一期农业综合开发	星火奖	三等奖	省政府
1995	保山地区农科所	何玉光　郭光荣　李玉华　肖　和　罗安海	优质油菜“H86116”示范推广成效显著	星火奖	三等奖	省政府
	保山市农业技术推广所	唐玉芳　杨兆才　何学芹　陆顺生　张明惠	保山市小麦持续五年获得高产	星火奖	三等奖	省政府
	腾冲县蒲川供销社清凉山茶厂	徐家龙　朱志恒　蔺汝川　王登龙	绿茶初精合一加工技术成果推广	星火奖	三等奖	省政府
	保山地区农科所、昌宁县农科所	孙文涛　李俊诚　尚克勤　康洪灿　段家友	优质粳稻品种岫4—10选育	科技进步奖	三等奖	省政府
	昌宁县甘蔗推广站、昌宁县蔗糖办公室	赵炳华　刘志桉　马志和　杨华春　杨贵祥	昌宁县甘蔗配方施肥模式研究与应用	科技进步奖	三等奖	省政府

续上表

表彰年份	受表彰单位	主要完成人员	项目名称	表彰类别	表彰等级（授予称号）	表彰单位名称
1996	保山市农业综合开发办、省水利水电科研所保山市水利水电局	杨正学　全水慧 高正明　宋又春 谢洪波	保山市胡家提灌溉站工程技术设计	科技进步奖	三等奖	省政府
1996	保山师专、保山行署林业局	李富元　董若彩 李富国　邢绍娟 杨永顺	组培法工厂化培育桉树苗试验	科技进步奖	三等奖	省政府
1996	保山地区营林工作站、保山市国营林场	曹嘉相　周金孝 李光宗　翟福仙 董保团　史纪武 李保国	桉树造纸原料林速生丰产技术研究	星火奖	二等奖	省政府
1996	保山市农科所、市农业技术推广站、地区农业局、市农业局、板桥镇农业技术推广站	郑家文　唐玉芳 黄正新　刘学林 赵家秀	水稻扣种稀播带蘖壮秧示范推广	星火奖	三等奖	省政府
1996	保山市种子公司、保山市潞江傣族乡政府	张一昌　王正国 赵应平　尹文生 赧朝宽	潞江傣族乡万亩再生稻亩产300千克	星火奖	三等奖	省政府
1996	保山星达塑料纺纱制品实业总厂	钟　英　李水留 范玉凤　杨忠芳 汪立敬	边贸出口水泥包装袋、复合塑料编织袋及集装袋系列产品开发	星火奖	三等奖	省政府
1996	保山市粮食制品工业公司	李维军　张永兴 凤春龙　杨桦春 万朝华	公司、基地、农户结合开发胚芽苦荞面条	星火奖	三等奖	省政府
1996	昌宁县人民政府、昌宁县甘蔗技术推广站、昌宁县农牧局	马志和　赵炳华 杨贵祥　刘志桉 杨华春	昌宁县国家糖料基地建设工程获高产高糖高效	星火奖	三等奖	省政府
1996	腾冲县畜牧技术推广中心	舒尚德　谭家旺 李久强　李端芳 段绍昌	腾冲县芭蕉芋饲料资源开发利用	星火奖	三等奖	省政府
1997	保山地区农科所	匡本明　郭小斌 吴光荣等7人	保山坝保护地栽培冬春早熟反季蔬菜成效显著	星火奖	三等奖	省政府
1997	保山地区水产技术推广站	王生周　邵加军 张定生	保山地区十三万亩稻田养鱼技术示范推广	星火奖	三等奖	省政府
1997	保山市农业技术推广所	唐玉芳　赵礼富 何学芹　段海春 杨兆才	保山市一年推广“云大——120”十三万亩成效显著	星火奖	三等奖	省政府
1997	昌宁县甘蔗站	杨华春　马志和 杨贵祥等7人	甘蔗新品种引进、试验、示范、繁殖推广	星火奖	三等奖	省政府

续上表

表彰年份	受表彰单位	主要完成人员	项目名称	表彰类别	表彰等级（授予称号）	表彰单位名称
1998	云南省腾冲东方红制药厂	徐黎明　牛丙生　吕　强　杨　奇	肠胃宁片	科技进步奖	三等奖	省政府
	保山市水利电力局	马志良　赵文库　许正陈　郑为民　马明跃	农业节水灌溉技术推广应用	星火奖	三等奖	省政府
	保山地区营林工作	曹嘉相　邹恒芳　杨家伟　刘复华　杨耀程	各单项技术因子对桉树生长相关性研究	星火奖	三等奖	省政府
	腾冲县农业技术推广中心，中和乡、荷花乡、浦川乡、打苴乡、农技推广站	罗家海　姜家明　段正培　刀自富　梁其苍	腾冲县三年推广双低优质油菜11.8万亩	星火奖	三等奖	省政府
1999	保山地区农业科学研究所	郑家文　赵家秀　杨国育　钏兴宽　刘猛道	大麦新品种V06（威06）选育示范推广	科技进步奖	三等奖	省政府
	腾冲县林业局沙坝林场	赵子庄　杨永庄　赵映强　李明成　杨清纪	秃杉的造林及推广	星火奖	三等奖	省政府
	保山市果树蔬菜技术推广站	杨朝良　杨荆弼　段成杰　李慧芹　董嘉光	万亩大棚青椒优质高产高效示范推广	星火奖	三等奖	省政府
	保山地区植保植检站、保山市植保植检站	李宏峨　唐成方　陈建民　杨桂枝　赵　艳	斑潜蝇发生特点及综合治理技术研究	星火奖	三等奖	省政府
2000	保山地区农业科学研究所	张述尧　邵思全　刘　峰　师桂玲　李自克　和　忠　杨恩谦	杂交玉米保玉7号选育应用	科技进步奖	三等奖	省政府
	保山地区行署林业局、保山师范高等专科学校	李福元　曹嘉相　李福国　邢莉娟　杨俊福　李保国　丁光俊	蓝桉直杆蓝桉组培苗繁育技术（中试）	科技进步奖	三等奖	省政府
2001	保山市隆阳区农业技术推广中心、保山市隆阳区农业局	唐玉芳　杨发会　杨兆才　杨国田　杨玉珠　兰伟华　陈玉芝	1995年至2002年粳稻高产优质多抗育种与配套技术应用研究	科技进步奖	三等奖	省政府
	保山市上江糖厂	王学贵　尹以刚　麻志明　刘称林　王寿东　范德军　张保华	亚法甘蔗机制绵白糖的开发应用	科技进步奖	三等奖	省政府
	云南省保山地区气象局	吴述德　舒　智	保山地区气候资源优势与特色经济发展战略研究	科技进步奖	三等奖	省政府
2002	保山市地震局	李加稳　李　敏　孙文波　李枝安	2001年施甸5.2、5.9级地震准确短临预报	科技进步奖	二等奖	省政府

续上表

表彰年份	受表彰单位	主要完成人员	项目名称	表彰类别	表彰等级（授予称号）	表彰单位名称
2004	龙陵县畜牧综合服务中心	赵国荣　欧积能　王永必　杨明富　杨根荣　孙定留　杨思富	龙陵县人工种草养羊开发	科技进步奖	三等奖	省政府
2004	腾冲县林业局	番仁杰　朱耀春　段会显　张自翔　杨永庄　杜宏山　赵子庄	利用3S技术进行森林资源管理调查及建立资源林政管理信息系统	科技进步奖	三等奖	省政府
2005	保山香料烟有限责任公司、保山市气象局	吴述德　杜绍明　屈生彬　付绍铭　兰应海　宋玉川　乔连镇	优质香料烟与水文气象的关系研究	科技进步奖	三等奖	省政府
2005	保山市经作站、腾站县茶桑站、昌宁县茶叶站、隆阳区茶叶站、腾冲清凉山公司等	段学良　杨　旭　李发治　段映莲　李　炜　张维成　杨国育	保山市无公害茶叶技术推广应用	科技进步奖	三等奖	省政府

二、地厅级科技成果

1978年，保山地区召开全区科学大会，首次为14项科技成果颁奖，其中工业3项，农业9项，医疗卫生2项。具体项目是：保山县氮肥厂“劣质褐煤制合成氨原料气，完成造气车间设计任务”；地区造纸厂“半化学法制浆造纸”；地区农科所植保组“水稻白叶枯病综合防治”“水稻良种京国系”“道街公社甘蔗亩产万斤技术措施总结”“中海拔（1654米）稻田三熟制改革”“红壤改良”“小麦高产良种凡13推广”；保山县粮油加工厂的“粮油加工机械改进”；昌宁县漭水公社杨三享“用搭口嫁接法破头嫁接法接核桃技术”；地区人民医院的“X射线防护设备革新”及该院中医科和铁诚与传染科杨家富在省传染病医院医疗队的协作下完成的“中西医结合治疗流行性乙型脑炎”；腾冲县观音塘东方二队庞天富的“广西毛竹种子育苗移栽成功”；腾冲县“油莎豆试种成功并推广”。

1985年，保山地区科技成果评审委员会办公室受理全区94个单位298项成果。按评审条件，通过审查，筛选出196项成果参加评奖，推荐授奖成果113项，占参加评奖项目的57.65%。其中特等奖2项，一等奖2项，二等奖9项，三等奖35项，四等奖65项。1986年3月，在全区科技成果颁奖大会上，为1979—1985年间的113项科技成果颁奖，其中科研成果55项，推广成果58项。科研成果中，获特等奖2项，一等奖1项，二等奖4项，三等奖20项，四等奖28项。推广成果中，获一等奖1项，二等奖5项，三等奖15项，四等奖37项。科研成果中，获特等奖的是地县农科所、种子公司的“水稻良种京国系选育推广”和地区化工厂的“从野生植物山乌龟中提取颅痛定”；获一等奖的是保山地、县（市）农科所毕景亮、施发涛的“保山地区小麦高产、稳产、低成本应用研究”；获二等奖的是地、县

（市）农科所协作的“保山地区农业综合试验示范效果显著”，地、县（市）林业局王万良、刘明亮的“保山地区森林病虫害普查总结”，市粮油加工厂杨泽仁、王经典、邓汉昭的“风运面粉技术在小型面粉加工厂的运用”，龙陵县果品饮料厂王升、陈启、张翠芬、饶琼仙等的“诃子保健果脯研制”。科技推广成果中，市卫生防疫站与辛街区卫生院等单位的“保山城区大面积药物灭鼠”获一等奖；保山地、县（市）茶桑站的“全区低产茶园技术改造效果显著”，市农牧局的“推广水稻综合技术，全县（市）粮食持续六年增产”，地区农资公司、行署科委的“万亩蚕豆施铜试验效果显著”，行署科委、腾冲县科委的“中绮罗小麦高产栽培”，保山地、县（市）种子公司的“杂交苞谷引种试验示范推广成效显著”获二等奖。

1989年12月，行署发出《关于奖励全区1985—1988年度科技进步项目的通知》，共奖励110个项目，其中二等奖12项，三等奖36项，鼓励奖62项。获得二等奖的项目是：市农业科技推广所、市农牧局唐玉芳、王朝贤、陆顺生、陶国镇等完成的“0230-4小麦育成和推广效益显著”；保山市坝湾乡农技推广站的赵国斌、赵成、杨德良等研究的“改革耕作制度，推广‘两杂’良种”；施甸县科委、水长乡平场子村公所张庆凤、李章、李正堂、杨国先、张洪良等完成的“烤烟优质高产试验示范”；昌宁县茶叶技术推广站的李延年、禹国宪、段开标完成的“茶树良种繁殖推广”；昌宁县科委蒋建泉、李大恒、穆春德完成的“植物生长调节剂叶面宝、农家乐的应用推广”；地区林科所吴学潮、吴顺宝、董嘉光完成的“板栗早实丰产栽培技术研究”；地区兽医站和保山市、昌宁县、龙陵县兽医站的庞摸文、赵菊芝、陈爱和、赵国荣、孟耀云完成的“保山地区畜禽寄生虫区系调查报告”；地区农机研究所的徐文静、赵旭东、吴彩光、张国兴、欧兴通完成的“MTR-65型闷晒式双筒太阳热水器试制”；保山变压器厂研究的“ST低损耗电力变压器”；地区妇幼保健所段复霖、张国富、伍瑞琴、张爱莲、刘定国完成的“农村0～7岁正常儿童性格发育调查”；市政府地方病防治领导小组、市鼠防站杨明、于肇功、杨快山、高正先、张光远等完成的“保山坝大面积推广敌鼠钠盐灭鼠防制鼠害”；行署水电局胡克仲等人的“引龙入怒，促进滇西经济起飞”。

1992年1月19—22日，地委、行署召开全区科技大会并作出《关于奖励全区一九八九至一九九〇年度科技进步项目的决定》，对87项科技进步项目进行奖励（二等奖8项，三等奖48项，鼓励奖31项）。获得二等奖的项目是：行署烟办、保山烟草分公司钊相俊、陈观廉、郭生云、王志云、杨国光的“保山新烟区山地烟种植技术推广”；保山烟草分公司、行署科委、施甸县甸阳镇、施甸县科委钊相俊、李军、朱志恒、杨金华、张庆凤的“烤烟栽培技术综合试验示范”；地区茶桑站许本荣、尹开庆、罗成宇的“茶饼病发生规律及综合防治研究”；龙陵县农科所黄正茂、番玉福、匡加钦、张家旺、周益兴的“推广水稻籼改粳”；市林业局赵晓东、陈德艾、段自臣、杨国良、苏洪霖的“山地蓝桉建生林营林技术推广”；地区林科所周志美、林德华的“华山松优树选择及保存鉴定技术研究”；腾冲县粮油加工厂吴庆恒、李德宏、揭曙光、许志强、杨有林的“浸出法制油工艺应用”；地区防疫站邓永元、李赵荣、李加全、李春富的“保山地区首次发现斯氏肺吸虫”。

1993年，全区评出1991—1992年度“科技进步奖”项目65项予以奖励，其中一等奖4项，二等奖10项，三等奖51项。

1995年，地区科技进步奖评审委员会评选出1993—1994年度“科技进步奖”项目93项，其中一等奖5项，二等奖18项，三等奖70项。

1997年，根据《保山地区科技进步奖励办法》的规定，经地区科技进步奖评审委员会组织有关专家和评委会评审，行署决定对全区1995—1996年度104个科技进步项目给予奖励，其中一等奖3项，二等奖13项，三等奖88项。获得一等奖的项目是：“杂交玉米‘保玉7号’的选育与示范”（地区农科所，张述尧、邵思全、刘峰、李自克、蔺思洪、师桂玲、杨国育），“基于ORACLE数据库管理系统的软件开发工具”（中国人民银行保山地区分行，周易达），“保山地区地震环境因子预报方案的研究及应用”（行署地震局，召邵符、李宗兴、孙自刚）；获得二等奖的项目是：“35万亩腾冲产腐殖酸复合肥增产效益显著”（腾冲县复合肥厂，李恒连、杨大发、张兆忠、尹以松、尚炳良），“水稻品种‘合系34’选育示范推广”（保山市农推所，唐玉芳、胡荣全、杨兆才、何学芹、陆顺生），“烤烟化学抑芽剂示范推广”（地区烟科所，钏相俊、陈观廉、杨国先、李永智、尹可曙等11人），“西南桦速生丰产林采种育苗造林试验示范”（腾冲县林业局沙坝林场，岳元彦、普庆华、董师孝），“OF250-W-100型球阀液压部分和止水封技术改造”（地区苏帕河电站，刘汉虎、杨庆孟、孟学品），“亚法制糖生产化学管理通用微机处理”（昌宁县卡斯糖厂，周易达、杨仲明、陈春江），“胸腺瘤摘除及前纵隔脂肪清扫治疗重症肌无力”（地区人民医院，杨立纲、沈发扬、罗维、何红、杨文杰等6人），“左前臂完全离断断肢再植1例”（武警保山医院，杨家荣、柯显培、郭勇、向定银），“利用碎石机及测角器行经皮腰椎间盘切吸术应用”（地区中医医院，方和兴、李永芳、唐洪文、段琳燕、赵波等7人），“苯海拉明穴位注射防治痔瘘术后疼痛尿潴留402例”（地区中医医院，杜士梅、于菊惠、马燕、吉善诗、孟丽萍等7人），“用鼠疫被动血凝试验首次从猪血清中检出Fi抗体”（施甸县防疫站，李凤高、杨美荣、刘洪光、彭何碧、张安柱），“龙陵县腊勐鼠疫疫区处理”（龙陵县防疫站，闫永发、刘洪光、刘为民、杨云周、郭万国等10人），“200例脑脊液的细胞学观察”（龙陵县人民医院，杨根应）。

1999年，保山地区科技进步奖评审委员会评出1997—1998年度全区科技进步奖励项目53项，其中一等奖1项，二等奖5项，三等奖47项。

2001年，保山地区科技进步奖评审委员会评出1999—2000年度全区科技进步奖励项目50项，其中一等奖2项，二等奖7项，三等奖41项。

2004年4月8日，市委、市政府在全市人才工作会议上，表彰奖励2001—2002年度保山市科学技术进步奖励项目51项，其中一等奖2项、二等奖8项、三等奖41项。“优质饲料大麦新品种威24的选育和示范推广”和“云南松毛虫群动态规律及综合防治研究”2项成果获一等奖。

2005年7月，市委、市政府表彰奖励2003—2004年度全市科学技术成果47项。获得一等奖的项目2项：饲料大麦新品种V013选育和示范推广（市农业科学研究所，郑家文、赵家秀、李兴秀、钏兴宽、刘猛道、祚斌、董保良、鲁宣华、邵新华），保山打叶复烤生产线技术改造（云南保山烟叶复烤有限责任公司，包毅、李恒、刘正荣、夏立、毕昆义、王跃昆、刘文华、杨平、左斌）。获得二等奖的项目5项：烤烟漂浮育苗综合配套技术推广（市烟草公司烟科所，何伟、寸锦芬、李永智、钏相俊、蒋天曙、张银军、杨升）；优质高产多抗杂交玉米新品种引进示范推广（市种子公司、隆阳区种子公司、昌宁县种子公司、施甸县何元乡农科站、隆阳区农业技术推广所、龙陵县种子公司，黎应福、姚洪德、李文栋、王丕联、张国明、尚静平、陆顺生）；3万亩多花黑麦草农田种植示范推广（市畜牧兽医站、腾冲县畜牧技术推广中心，濮永华、王丕发、肖晋阳、艾有林、祝应良、浇雪鹰、苏仁乔）；保山市烤烟生产农业信息库建设及烟叶品质现状分析（市烟草公司，何伟、钏相俊、尹兴盛、郭大仰、李永智、蒋天曙、陈兴位）；中国—东盟自由贸易区建立对保山的影响及对策研究（市政府经济研究中心，杨国满、杨育德、刘学喜、徐盛兴、赵明荣、杨建民）；获得三等奖的项目40项。

第二节　成果管理

一、成果鉴定

1981年，《云南省科学技术研究成果管理暂行办法》规定：科技成果完成后，研制单位或个人向下达课题的单位或主管部门提出完整的技术资料申请鉴定；经受理，由下达课题的单位或主管部门邀请有中、高级技术职称的同行专家及一部分技术人员或应用单位进行鉴定。1988年5月，省科委制定《云南省科学技术成果鉴定办法》。根据文件精神，由保山行署科委负责审查批准或组织鉴定科技成果。鉴定分为国家级、省部级、地厅级；鉴定形式有通信鉴定、会议鉴定、验收鉴定3种；鉴定意见须填“云南省科学技术研究成果鉴定证书”，经参加鉴定的专家签名，由组织鉴定单位审查盖章后生效。

1994年10月26日，国家科委第19号令发布新的《科学技术成果鉴定办法》；12月发布《科技成果鉴定规程》；1995年6月15日，发布《软科学研究成果评审办法》。据此，省科委制定《云南省科学技术成果评价规定（试行）》，提出：不同类别的科技成果分别采用鉴定、评审、评定、验收4种评价方法，地（州、市）科委归口管理、监督本地区的科技成果鉴定工作。保山行署科委执行相关文件精神。

至2005年年底，保山市科技局按照国家和省科技成果评价新的相关办法、规定，进一步加强对科技成果的鉴定和管理，分类评价成果，要求参评专家具有高级技术职务。由市科技局组织的鉴定会，加强对会前资料的形式审查、所邀专家资格认定、会议规模的控制。对需测试、检验、科技查新的项目，要求在会前完成并作为鉴定的重要依据。会前，把成果的技术资料送给所邀专家，便于其充分准备意见。经成果评价通过的科技成果，要求进行成果登记后颁发分类的科学技术成果评价证书。

二、成果申报与登记

保山市的科技成果管理，从行署制定《保山地区科学技术进步奖励办法（草案）》以后，逐步完善和规范，对成果材料的要求，申报鉴定的程序，授奖成果的范围，奖励等级与其技术等级都有明确的规定和要求。科技成果评选每两年进行一次，评选时，五县（区）的科技成果由县（区）科技局统一向市科技局申报，市直各部门的成果由市直各部门主管科技的管理机构申报，驻保各单位可直接向市科技局申报。重大科研推广课题（包括政府计划课题和单位自选课题）完成后，由承担单位或个人写出总结，提交文字、图片等有关技术资料，报课题主管部门，由课题主管部门统一向市科技局申报，科技局组织有关专业技术人员审查上报的材料，查看现场，然后对成果的新颖性、先进性、实用性等作出客观公正的评价。通过科技成果鉴定的科技成果填写《保山市科学技术进步奖申报书》，向市申报科技进步奖。市科技成果科进行形式审查后，提交专家进行技术审查，根据专家意见提出建议奖励等级，最后通过市评审委员评审决定最终奖励等级的项目。已通过评审委员会决定的奖励项目，报市批准后，须在公布后一个月内无异议或异议不成立方能授奖。科技成果授奖证书，可作为科技人员考核和技术职称晋升的依据之一。

2001年起，保山市的科技成果管理工作，严格按照科技部新的《科技成果登记办法》和省科技厅《云南省科技成果登记实施细则》的相关规定执行。

第六章　知识产权保护

第一节　知识产权管理

1985年4月1日，《中华人民共和国专利法》实施后，保山地区开始进行专利管理。其中文化市场、出版物市场管理归属保山市文化广电（新闻出版）局。至2005年年底，保山市、县（区）文化行政主管部门均设有市场管理科和文化市场稽查队，负责监管辖区内的文化、出版物市场。

2004年6月23日，受省知识产权局的委托，市科技局对销售“折叠式汽车防滑垫”非专利产品冒充专利产品的单位进行查处。同年，制定下发《关于进一步加强县（区）知识产权工作的通知》。

2005年，为保护知识产权，打击盗版行为，根据上级主管部门精神，保山市制定《保山市使用正版软件实施方案》，成立使用正版工作领导小组，领导小组办公室设在市文广局；4月26日，在“世界知识产权日”活动中，保山市围绕“保护知识产权，促进创新发展”主题开展了丰富多彩的宣传、咨询活动，发送《云南科技报·保护知识产权宣传专刊》《中国知识产权报》和违法音像制品鉴别办法等相关资料24种10000余份。

第二节　专利申请与授权

1985年4月1日《中华人民共和国专利法》实施后，调动了单位和职工发明创造的积极性，新的发明创造不断涌现，专利申请量逐年增长。

1985—2000年，保山地区累计提出专利申请64件。1993年，全区提出专利申请3项，其中实用新型专利申请2项。

进入21世纪后，全市专利申请的数量和质量不断提高。2001—2002年，全市申请专利28件。2003年，全市加强建设知识产权工作体系，保山市科技局及腾冲、昌宁县科技局，相继增挂知识产权局牌子。腾冲县知识产权局挂牌成立“昆明正原专利代理有限责任公司腾冲专利代办处”。全市新申请专利12件，其中龙陵县受理专利申请3件，实现多年专利申请为零的突破。

2004年，全市申请专利23件，获准授权专利15件。2005年，全市申请专利39件，其中腾冲县28件，全县中小学生申请专利实现零的突破；同年，组织专利项目参加省优秀发明创造选拔赛，获三等奖5项。

1985—1999年，全区专利授权41件。2000—2005年，授权80件，其中2000年11件，2001年13件，2002年6件，2003年6件，2004年25件，2005年19件。

第三十五编　文　化

保山中心城市文化广场

综　述

1978—2005年是保山文化不断繁荣发展的一个重要时期，此间，保山文化始终坚持“为人民服务，为社会主义服务”的方向，坚持“百花齐放，百家争鸣”的方针，围绕保山改革开放发展的大局和文化惠民目标，紧紧抓住保护、恢复、传承和弘扬优秀传统文化，创新、建设、繁荣和发展先进文化两大主题，大胆创新，开拓奋进，采取了一系列切实有效的措施，大倡文化建设之风，持续推动文化繁荣发展，走出了一条具有保山特色的文化发展之路。

这一时期，保山文化的发展基本可分为两个阶段：1978—1997年，为保山文化基本体系恢复与构建期；1998—2005年，为保山文化开始迎来全面创新与繁荣发展期。

1978—1997年的20年间，保山文化发展主要在三个方面取得突破：一是传统文化不断得到保护、恢复、传承和弘扬，发掘并构建了保山史前文化的基本框架，为保山成为云南省文物大区（市）奠定了重要的基石；二是文化行政管理体系和公益性文化事业单位服务体系基本建成，为今后保山文化的创新发展奠定了基础；三是由政府出面举办大型节庆文化活动，“文化搭台，经济唱戏”逐渐成为推动文化发展的一个重要抓手。其间，社会文化意识的不断恢复，保山传统文化的普查、恢复、维修、研究、整理、保护工作所取得的重大进展和成效，特别是“蒲缥文化”的发掘与命名、“姚关人”和“羊邑古猿”的发现，“大花石遗址”的发掘，构建了保山史前文化的基本框架，意义重大。然而，在1988—1997年的近10年间，存在着先把经济抓上去，再来抓文化的片面思想，财政对文化的投入严重不足，保山文化发展遇到了文化设施老化、文化人才奇缺等困难。

1998—2005年，保山文化进入了一个全面创新与繁荣发展期。全市上下逐步形成了“文化经济化、经济文化化、文化经济一体化”和文化事业与文化产业协调发展，社会效益与经济效益双赢的发展理念。通过保山三馆文化中心为代表的文化设施建设，使全市文化硬件设施得到根本性改变和提升；通过实施“保山十大文化工程”和深化文化体制改革、加快文化产业发展等一系列重大措施，推动了保山文化的全面创新和繁荣发展。大批文化产业项目顺利实施，特别是腾冲、隆阳两个试点县（区）积极引进昆明官房集团、云南机场集团公司、昆明柏联集团、深圳华隆集团等有实力的大企业参与文化旅游项目建设，推动了经济的发展。2005年，全市实现文化产业增加值6.07亿元，占全市国内生产总值比重的5.1%，位居8个试点州（市）第四位。

改革开放的28年间，保山的文化事业取得了全面进步：

不断加大文化投入，加大文化设施建设力度，以保山三馆为代表，各县（区）建设或改造了各自的文化广场，其中三馆广场被评为“全国特色广场”，成为全国最具特色的60

个文化广场之一。

传统文化得到保护和弘扬，民族传统节日不断办出新水平，新效果。优秀节目《永昌钹舞》《啊！傈僳》分别获第三届“中国艺术节”开幕式组织、表演一等奖和第二届中国舞蹈“荷花奖”银奖。

文化遗产得到有效保护，保山共有县（市）级重点文物保护单位100项，省级文物保护单位14项，国家级文物保护单位2项。全市已发现地上地下文物点500多处，馆藏文物已近2万件。一系列的考古发现，把保山和澜沧江以西6州（市）的人类历史，由几千年上溯到了3万多年。保山文物工作者，在国家级、省级学术刊物发表了百余篇简报、论文和学术报道文章，撰写出版了一大批文物考古专著，在各地各类报纸上发表了数百篇介绍文章，为人们了解认识和开发利用文物提供了基础条件。

广播电视方面，建成有线无线相结合，联结千家万户的广播网，基本实现广播电视村村通。至2005年年底，全市累计通广播电视的行政村909个，其中通有线广播电视的行政村有685个，全市广播人口覆盖率达94.6%。

档案管理逐步实现等级标准，1978年档案工作恢复后，不断推进档案管理工作。全市各级档案馆、机关、团体、企业、科技事业单位的档案工作水平全面提高，初步形成档案工作统一领导、分级管理的体制。全市各机关、团体基本实现档案工作目标管理等级标准。

新方志编纂工作实现零的突破。20世纪80年代初，保山开始启动首轮社会主义新方志的纂修。至2003年年底，全市共编纂出版两级综合志书6部、8卷、917.7万字；共编纂、印行各类专业志（部门志）、乡（镇）志计81部，其中以保山市（隆阳区）成果最为突出，所属乡（镇）均全部出版了志书；保山市水利、交通系统市、县（区）两级均编纂出版了专业志书，为保山的文化建设作出了贡献。此外保山市、县两级先后编写了一些地情资料，有关滇西抗战的重要史料产生了广泛而深远的社会影响。

文化对外交流取得初步成效。21世纪初，保山市委、市政府加强了海外联谊和文化交流工作。多次组团出访东南亚、南亚各国，密切了和多国官方及民间组织的关系；加强海外华文教育，培训教师1000多人，在腾冲开办侨生班和缅生班，为缅甸华文学校订送教材和仪器。通过文化交流，促进了保山对外交流与合作，为保山实现“云南走向南亚，保山先行一步”的战略构想发挥了开路作用。

第一章　机构沿革

第一节　行政管理机构

一、市级机构

（一）保山市文化局

1978年4月，撤销保山地区文教局革命委员会，12月，设立保山地区行署文教局。1979年4月，内设的“文化组”升格为“文化科”，编制5人。1981年8月，保山地区文化、教育分别设局，保山地区文化局正式成立。1983年10月，行政机构改革后，内设办公室、艺术科和社会文化科，编制12人。1989年9月，新设新闻出版发行科，局机关行政编制为14人，实有12人。1994年8月，成立社会文化管理委员会，办公室设在地区文化局。1994年12月，文化行政体制改革，地区文化局与地区体委合并，成立保山地区行政公署文化体育局。1995年5月，编制23人，内设办公室等6个科室。1997年4月，保山地区行署文体局成立文化市场稽查队，对文化市场进行执法检查，编制3人，含领导职数1人。全局编制为26人。文体机构合并后两单位实际上并未合在一起办公，除党委工作和一些无法分开的工作外，其他工作包括人财物均各自为政，名合而实不合。

1999年5月，保山再次对文化行政机构进行改革，实行文化、体育分开，恢复成立保山地区行政公署文化局，但保留保山地区行署文体局党委。2001年8月，保山撤地设市，保山市政府设立了完全独立的保山市文化局。2002年，增挂保山市新闻出版（版权）局牌子，核定文化局编制18人，内设办公室等6科室队。2003年6月，成立保山市新闻出版（版权）局。至2005年年末，保山市文化局共设有组织人事、文化艺术、文化市场管理（加挂文化产业科牌子）、文物、新闻出版（版权）（加挂市“扫黄打非”办公室牌子）6个科和办公室、文化稽查支队等内设机构。

（二）保山市广播电视局

1978年至1982年2月，保山地区广电部门称保山地区广播管理站。1982年3月，正式设立保山地区行署广播事业局，核定行政编制5人。1985年5月，行署广播事业局改为保山地区行署广播电视局，成为行署下属的一级行政管理机构，有职工8人。1986年6月，确定保山电视台为行署广播电视局的下属事业单位，同时实行局台合署办公的领导体制，局台共有人员15人。

1990年5月，行署广播电视局内设宣传科、保卫科、办公室、电视台2科1室1台以及保山地区音像发行管理站和广播电视工程技术室2个乡科级事业机构，局台总人数39人。1992年7月，建立保山电视台，核定编制20人。1994年12月，保山地区行署广播电视局转为事业单位，对外同时挂保山电视台的牌子，内设办公室等5个科室，设自收自支事业单位保山地区广播电视技术经济信息中心（原音像发行站并入中心），核定事业编制17人。1996年3月，成立保山地区有线电视台。2000年年底，全局有职工57人，其中局机关10人（参照公务员制度管理），其余为事业编制。局机关内设一室二科，即办公室、计划统计财务科和事业音像管理科。局下属单位5个，即保山电视台、保山地区有线电视台、保山广播电视信息网络有限公司、《云南广播电视报·保山版》编辑部、保山地区广播电视技术经济信息中心。地区有线台为自收自支单位，除局派出7人外，自收自支人员15人，临时用工基本在25～30人左右。网络公司实行企业管理体制。2001年8月，保山撤地设市，保山地区行政公署广播电视局更名为保山市广播电视局。2003年1月，内设综合科、人事科等5个科室，编制15人。2003年10月，设立保山市广播电视局隆阳分局，属正科级单位，为市广播电视局派出机构，组建市级“保山人民广播电台”，为市广播电视局下属财政全额拨款的事业单位，隆阳区原县级“保山市人民广播电台”整体上划，并入市级“保山人民广播电台”，组建市级“保山电视台”，原隆阳区电视台整体上划并入保山电视台；《云南广播电视报·保山版》编辑部职能、编制、人员并入保山电台；撤销保山地区广播电视技术经济信息中心；组建保山市广播电视转播台，为市广播电视局下属全额拨款事业单位，原隆阳区广播电视转播台整体上划并入市广播电视转播台；组建保山市广播电视网络中心，为市广播电视局下属自收自支事业单位，撤销原保山地区有线电视台，其职能、编制划入市广播电视网络中心；隆阳区原有线电视网整体上划市广播电视网络中心。原保山广播电视信息网络公司按有关政策规定协议收购公司中的个人股份并入市广播电视网络中心。

2005年，保山广播电视总台有新闻系列副高职2人，中职12人，初职12人。工程系列副高职8人，初职13人；播音系列中职1人，初职6人；会计系列中职1人，初职2人。

（三）保山市档案局

1978年12月，地委办公室设立档案科。1980年9月，地委决定恢复保山地区档案馆（处级），编入党委序列，专职干部3人。1983年12月，保山地区档案馆与地委办公室档案科合署办公，保山地区档案馆由一级单位降为二级单位，属地委办内部科室。1986年7月，建立保山行署档案处（为二级处），列为政府编制序列，定编4名。11月，地区档案馆为副处级事业单位，归口行署档案处管理，人员编制10人。1987年6月，行署档案处和保山地区档案馆合署办公，两块牌子一套班子，内设三个科。1988年9月，保山地区行署档案处更名为保山地区行署档案局，属政府直属机构，定编7人；档案馆仍为副处级事业单位，定编10人，业务归口行署档案局管理。1995年7月，保山地区行署档案局、地区档案馆内设5个科室，定编20人。1996年12月，保山地区行署档案局、地区档案馆人员编制划分，局机关8人（参照公务员制度管理），档案馆12人（事业编制）。2001年8月，保山地改市，保山地区行署档案局、保山地区档案馆更名为保山市档案局、保山市档案馆。2002年11月，保山市档案局、保山档案馆一个机构两块牌子，内设5个科室，人员编制20人，其中行政编制8人参照公务员制度管理。2005年5月，保山市档案局、保山档案馆一个机构两块牌子，属市政府直属机构，内设4个科室，人员编制22名，其中档案局定编8人（按照公务员制度管理），实有7人；档案馆定编14人（事业编制），实有15人。

(四) 中共保山市委党史地方志工作委员会

见《中共保山地方组织》编第十三章第一节“党史机构沿革”。

二、各县(市、区)级机构

(一) 各县(市、区)广播电视局

1978年，保山地区所属五县均设有县广播站，隶属县委宣传部。1978年12月起，保山、腾冲、龙陵、昌宁、施甸县广播站陆续更名为县广播电视局，为县政府下属一级局。1983年9月，保山县广播电视局更名为保山市广播电视局。1993年9月腾冲县设置有线电视台。1995年后，全区各县（市）广播电视局转体为事业单位，政府授权广播电视工作行政职能，主管辖区的广播电视宣传和事业建设。2001年1月，腾冲中波转波台划出由省广播电视局直属管理，同年，保山市广播电视局更名为隆阳区广播电视局。2004年1月，隆阳区广播电视局、隆阳区广播电视台、有线电视传输网络整体上划保山市广播电视局管理，新设立保山市广播电视局隆阳分局，为保山市广播电视局派出的正科级行政机构。2005年，施甸、腾冲、龙陵、昌宁四县文体局分别与广电局合并成立文化广播电视体育局。

(二) 各县(市、区)档案局(馆)

1979年12月起，建立了施甸县档案馆，龙陵、腾冲、施甸、昌宁先后恢复了县档案馆，为区科级。1983年9月，保山县档案馆更名为保山市档案馆。1988年9月后，各县（市）陆续成立档案局，列为政府序列，为副乡科级；档案馆为副乡科级事业单位，业务归口档案局管理。1995年2月，各县（市）档案局、档案馆合署办公，两块牌子，一套班子，列为政府序列。1996年2月后，县（市）档案局与档案馆，实行一个机构，两块牌子，一套班子，为乡科级，列为政府序列。2001年8月，保山市档案局、档案馆，更名为隆阳区档案局、档案馆。至2005年全市各县（区）档案局、档案馆体制不变。

(三) 各县(市、区)委党史地方志工作委员会

1981年6月，腾冲县成立县志编纂委员会，成为保山地区最早成立修志机构的县。1981年9月，设立昌宁县志编纂委员会。1983年后，龙陵、保山、施甸县相继成立党史和地方志工作机构。成立之初，除龙陵县外，其他各县（市）党史、地方志工作机构均实行两块牌子一套班子。1989年5月，保山市党史和地方志机构分设，均为市直一级单位，党史资料征集研究室隶属市委，地方志办公室隶属市政府。1995年3月，保山市及龙陵县党史、地方志合并。至此全区各县（市）修志机构均称为县（市）史志办公室，实行两块牌子一套班子。2004年全市各县（区）修志机构统一名称为“中共 ×× 县（区）委党史地方志工作委员会”。至2005年不变。

第二节　国办文化企事业单位

一、图书馆

（一）公共图书馆

保山市图书馆　1965年9月，成立保山地区图书馆，隶属保山专员公署文教科，但单位未开展过正常业务。“文化大革命”中撤销。1980年6月，恢复地区图书馆，同时将地区群众艺术馆藏书17100多册拨交地区图书馆。1982年2月，开始报纸杂志的借阅工作。1986年，地区图书馆与保山市合建图书馆，馆址位于隆阳路（正阳北路）中段。1992年12月，地市图书馆建成开馆。结束了长达10余年之久无馆舍、无正常业务工作的历史。1996年，保山地区图书馆设置办公室和采编、外借、参考咨询部等机构。1999年9月，“三馆文化中心”建成。“三馆”中的图书馆，地区图书馆使用二、四层，市图书馆用一、三层。馆内设立采编、期刊、少儿、图书流通、文献信息开发5个部及办公室等部门，并开设了15个服务窗口，当年接待读者突破10万人次。2001年8月，保山地区图书馆更名为保山市图书馆。2005年，市图书馆征订报刊600多种，入藏图书3000多册，征集音像资料200多种。年末，全馆藏书量达8万多册（件），总经费达62.4万元，全馆有13名专业技术人员。年内，被文化部评定为“国家州市级三级图书馆”。

各县（区）图书馆　1978年以前，保山均没有独立建制的公共图书馆。1979年1月，保山县图书馆从文化馆分出独立建馆。1979年3月，腾冲县图书馆正式挂牌。1980年2月，和顺图书馆被正式纳入国家建制，与县图书馆并列为县属公共图书馆。1980年9月，施甸县图书馆成立。1983年9月，龙陵县图书馆成立。1985年1月昌宁县图书馆成立。1984年前，除和顺图书馆有馆舍1392平方米外，保山均没有独立的公共图书馆馆舍。1985年，由省、地、县（市）三级共同投资，龙陵、施甸、腾冲先后建盖起了新馆舍。1990年5月23日，保山市图书馆原址外借室火灾，烧毁图书1.92万册。是年，全区有公共图书馆7个，人员编制44人，藏书44.1万多册。1992年，保山地区图书馆和保山县图书馆舍联合建成。1979—1993年，保山图书馆事业实现了从无到有、从有馆无舍到都有馆舍的跨越。1999年，地区图书馆在“三馆文化中心”落成，地区图书馆二、四层划拨给保山市图书馆使用。2001年7月，保山市图书馆更名为隆阳区图书馆。至2005年年末，全市共有县（区）级图书馆6个，均有独立的馆舍设施，藏书8万册及以上的是隆阳区、腾冲县、和顺图书馆，其中和顺图书馆有珍本图书20000余册，还收藏了包括胡适、熊庆来、李根源等一大批名人学者的题词手稿。其他各县图书馆藏书在4万～6万左右。

（二）专业图书馆（室）

随着社会的发展，保山先后成立了大中专学校、科研单位及其他事业单位，如保山地区第一中学、保山地区师范学校、保山地区卫生学校、保山地区农业科研所、保山地区人民医院等。这些单位相应建立了图书馆（室），主要对内服务，兼顾对外查阅、借阅。到

1990年年底，地区直属学校、科研单位等有图书馆（室）21个，有管理人员52人，藏书395516册，报纸690种，杂志63067种。

此外，各乡（镇）和少数村也设有图书室。

二、文化馆

1978年，保山市市级和五县（区）均设有独立建制的公共文化馆。至2005年年底，全市共有6个市、县（区）文化馆，即：保山市文化馆、隆阳区文化馆、腾冲县文化馆、龙陵县文化馆、施甸县文化馆、昌宁县文化馆。总编制数62人，实有55人。

（一）保山市文化馆

1973年3月，建立保山地区文化馆，馆址在保山市二府街，后改为保山地区群众艺术馆。1981年保山行署文化局成立后隶属行署文化局。1982年9月在府门街新建了1115.36平方米框架结构的办公室，人员增编至12人。1999年10月，保山地区群众艺术馆（文化馆）迁至“三馆”（博物馆、图书馆、文化馆）广场，建筑面积为2542.73平方米。2000年将保山地区创作室合并文化馆，定编17人，内设文艺活动部、美影书工作部、民族民间传统文化工作保护部和办公室。2005年，被确定为国标三级文化馆。

（二）各县（区）文化馆

1978年，全区各县均已成立有独立建制的公共文化馆。1983年9月保山县文化馆改名为保山市文化馆。2001年保山市改区后，改名隆阳区文化馆。

1993年，腾冲县文化馆被文化部命名为标准文化馆。

1998年，腾冲县、隆阳区文化馆分别被评定为“云南省一级文化馆”“云南省二级文化馆”。

2003年，腾冲县文化馆被文化部评定为“一级文化馆”。

2004年6月，隆阳区文化馆被文化部评定为“三级文化馆”。

2005年，隆阳区文化馆被文化部评定为“二级文化馆”，施甸、龙陵、昌宁三县文化馆分别被文化部评定为“三级文化馆”。

三、乡（镇）文化站

1978年以前，保山乡（镇）还没有文化站，1978—1984年保山全力推进乡（镇）文化站建设。1979年3月，龙陵县建成了第一个乡（镇）文化站——镇安公社文化站；10月，腾冲县古永公社文化站（猴桥镇）建成。1980年，芒宽公社、荷花公社、芒棒公社、潞水区等文化站相继建成。1984年10月，龙陵县完成11个乡（镇）文化站普及工作，成为保山地区最早普及乡（镇）文化站的县；同年12月，保山全区81个区（镇）全部建立起了文化站，并开始按照文化部颁布的《文化站工作条例》和达标标准开展工作，初步建成了区（乡）一级的文化服务体系，为保山农村文化发展繁荣奠定了基础。之后文化站有所发展，有所提高，但是推进较为艰难，大都停留在“一站一人一千元”的业态上，条件比较简陋，工作较难开展，发挥作用很小，一些文化站形同虚设。

2001年年初，保山地区文化局开始实施“农村文化站改扩建工程”，许多乡（镇）更新观念，调整思路，拿出了气魄，多渠道筹资建设文化站，取得了很好的成效。随后，隆阳区的河图、芒宽，施甸县的姚关、太平，腾冲县的滇滩、界头、曲石、芒棒、蒲川、清水乡、中和，龙陵县龙山、碧寨，昌宁县达丙、柯街等一批场地宽敞、环境优美、房屋设施先进、当地群众热爱和引以为自豪的乡（镇）综合文化站（文化中心）陆续建成。

至2005年年底，全市共有乡（镇）文化站76个。按照国家乡（镇）文化站达标评估标准：全市乡（镇）文化站达到一、二、三级站的约占总数的38%，其中一级文化站7个，二级文化站8个，三级文化站15个；另有62%的乡（镇）文化站尚未达标。同年，农村文化发展工程市级立项建或改扩建10个文化站，其中同时争取省级立项补助3个文化站，蒲川、清水、姚关、中和、河图等一批文化站已建成多功能的新型文化中心。

四、艺术团体

（一）保山市艺术团

1978年，保山地区文工团编制50人，下设歌队、乐队、舞队。1986年4月，保山地区文工团改名为保山地区歌舞团。2003—2005年，保山市歌舞团根据中共保山市委和保山市人民政府保发〔2003〕38号文件精神在全市率先进行改革，推行了人事制度改革。2005年撤销保山市歌舞团和保山市永昌影剧院，重新组建保山艺术团，同时下设保山市文化演艺有限公司，为国办文化事业单位，实行企业化管理，同时建立了“能进能出、能上能下”的新的人事管理机制。2005年，团内设行政办公室、演出部、市场部等职能机构，其主要专业有音乐、舞蹈、歌舞、小品、曲艺等，总编制57人，实有48人。

（二）各县（区）文工团

1978年，保山地区各县均成立有县文艺宣传队。1979年7月，腾冲县除宣传队外，重建县滇剧团（1981年1月撤销）。此后，名称几经变更：先后改称文工队、花灯团、文工团等。2003年后陆续改制，从全额拨款事业单位改为差额拨款事业单位，实行企业化管理。至2005年，施甸、龙陵县仍称为文工团；隆阳区为文工团与原隆阳区电影公司、电影院合并组建的隆阳区文化艺术中心；腾冲县为腾越文化艺术团，昌宁县为澜沧江艺术团。

（三）民间文艺团体

至2005年年底，保山市五县（区）涌现出较多的民族民间文艺团体，选有代表性的记述如下：

隆阳区：洞经乐队“至善堂”“无极堂”、隆阳区滇剧团、隆阳区花灯团、丙麻乡太和花灯狮子队、瓦房乡徐掌钹队、潞江镇石头寨耍龙队、瓦窑镇上河湾村舞龙表演队、瓦窑镇木瓜村唢呐表演队、潞江镇三达地耍龙狮队、杨柳乡杨柳村彝族表演队等。

施甸县：由旺的“扶风社”、由旺银川花灯队、由旺镇上源珠大龙队、仁和镇保场龙队、仁和镇保场龙狮高跷队、何元乡石头寨舞狮队、姚关镇姚关龙狮队、姚关镇洞经乐队、木老元哈寨打歌队、木老元乡下木老元打歌队、木老元唢呐队等。

腾冲县：滇滩胜利顾家营皮影表演队、滇滩腊幸李家寨皮影表演队、荷花镇甘蔗寨佤族清戏文艺队、和顺桂香会洞经乐队、五合乡联盟村帕连嘎光嘎秧文艺队、五合乡联盟村畹岭傣族文艺表演队、五合乡官田村高家山傈僳族文艺队、蒲川乡曼朵村老牛圈阿昌族文艺队、蒲川乡曼朵村曼堆傣族文艺队等。

龙陵县：乌木寨傈僳族刀杆表演队、蛮旦演出队、镇安村打歌队、象达龙狮队、河尾村乐平寨傈僳族演出队、木城乡土巴拉艺术表演队、花椒民族文艺表演队等。

昌宁县：土皮太苗族打歌队、土皮太彝族打歌队、西桂村苗族打歌队、谷满傈僳族打歌队、金宝村彝族打歌队、阿水彝族打歌队、漭水洞经乐队、河尾村洞经乐队、明德村洞经队、明华村洞经队、上甸村马棒小组嘎光队、兴文光明过山铜号演奏班、米河村傈僳族文艺表演队、萝卜缅寺傣族舞蹈队、泺勺傣族舞蹈队、大田坝乡“乡巴佬”表演队等。

五、文物管理所

（一）保山市文物管理所

位于保山市隆阳区永昌文化园4号，成立于1981年5月。主要承担市域内地上、地下文物的调查、勘探、发掘、保护、管理和研究工作，20余年间，已在全市范围内进行文物考古调查数百次，发掘、清理20余次。组织和指导申报、公布了文物保护单位120多项，其中国家级2项，省级19项，市级文物保护单位19项，抢救、维修了大批重要文物古迹，收集各类文物7000余件，整理研究并发表了近百万字的学术著作。1999年，保山市博物馆建成。市文物管理所代行管理职能。2003年市博物馆机构正式成立，与市文物管理所合署办公。

（二）各县（区）文物管理所

1984年10月，保山市（县级）博物馆成立。1986年，施甸、腾冲县文物管理所成立。1987—1988年，昌宁、龙陵县文物管理所相继成立。至此，保山地区所属各县（市）均成立了由县（市）文化局领导下的纯公益性事业单位的文物管理所，主要承担县境内文物调查征集、保护管理、文物维修、藏品保管、宣传陈列和科学研究等工作。2003年原县级保山市博物馆改设隆阳区文物管理所，为隆阳区文化局领导下的纯公益性事业单位。2005年，五县（区）文物管理所仍为县（区）文化局领导下的纯公益性事业单位，主要履行境域内地上、地下文物的调查、勘探、发掘、保护、管理和研究等工作职能。

六、博物馆

（一）保山市博物馆

1999年建成，暂由保山地区文物管理所代行管理业务职能。2003年5月，市博物馆机构正式成立，与市文物管理所合署办公，实行两块牌子、一套人员。为市文化局领导下的纯公益性事业单位，编制14人，实有职工14人，其中有高级职称4人，中级职称5人，初级职称5人。下设办公室、陈展部、文保考古部和保卫科4个部室。馆址位于保山市隆阳区城区东南隆阳路中段。馆舍建筑为仿出土青铜鼓造型，建筑面积3224平方米，展厅面积1800平方米。内设史前文化、哀牢青铜文化、永昌文化、滇西抗战、历代人物、民族文化、自然资源等7个展览内容。另有城市规划展、老年书画展、农民画展、民间收藏展、兰花展等临时性展览不定期展出，是保山市对外宣传、展示的重要窗口。2003年被省政府命名为省级科普教育基地。自开馆至2005年年底，接待国内外观众40余万人次。

（二）各县（区）博物馆

保山市所辖五县(区)，只有隆阳区和腾冲县建过博物馆。1984年11月，成立保山市(县级)博物馆，地址位于太保山玉皇阁。馆舍由玉皇阁、灶君楼、会真楼3个院落组成，占地面积3780平方米，建筑面积842.9平方米。曾有馆藏文物4000余件，其中一级文物8件，三级文物26件，一般文物2800多件。2003年6月，改为隆阳区文物管理所。按保山市政府文件要求上划保山市博物馆。

2005年7月7日，成立腾冲县滇缅抗战博物馆，为云南柏联集团下属的民办专题博物馆，位于腾冲县和顺镇三元宫和土主庙内(和顺图书馆旁)，有工作人员9人。展览分设于7个展厅，展出5000余件实物，展示20世纪40年代发生的滇缅抗日战争史实。

七、纪念馆

至2005年年末，全市有腾冲县国殇墓园管理所、腾冲县艾思奇故居管理所、腾冲县李根源故居管理所3个纪念馆。

腾冲县国殇墓园管理所　成立于1985年5月，位于腾冲县城关镇观音塘办事处叠水河185号，为腾冲县文化局领导下的纯公益性事业单位，在职职工8人。主要承担全国重点文物保护单位——国殇墓园的维护、管理、研究和宣传展示等工作。国殇墓园占地面积53300平方米，建筑面积9826.8平方米，主体建筑采用中轴对称台阶式演进布局形式，由大门、甬道、陈列馆、忠烈祠、烈士墓、纪念塔等组成。1996年被公布为全国重点文物保护单位。2005年，中共中央宣传部公布为第三批全国爱国主义教育示范基地。

腾冲县艾思奇故居管理所　成立于1983年，位于腾冲县和顺乡水碓村，为腾冲县文化局领导下的纯公益性事业单位，在职职工4人。1984年10月1日对外开放，2004年移交柏联集团管理。故居系艾思奇(原名李生萱)的父亲李曰垓于民国5年(1916)建盖，是一幢中西合璧式四合院，占地面积816.8平方米。1980年，艾思奇夫人王丹一代表全家将故居捐献给地方政府。故居设2个陈列室，展出艾思奇生前照片65幅，遗物137件，著作手稿65篇(册)，同时展出周扬、萧三、丁玲、张天放等对艾思奇的题词。年均接待观众近2万人次。1987年12月，被公布为省级文物保护单位。1997年4月被命名为省爱国主义教育基地。

腾冲县李根源故居管理所　成立于1989年，位于腾冲县城关镇大盈江畔的叠水村82号，为腾冲县文化局领导下的纯公益性事业单位，有职工5人。故居占地3000平方米，建筑面积800余平方米。分两个院区，一是原建筑，坐南向北正房1幢，坐北向南厅房1幢，坐东向西门房1幢。二是1992年新建的一幢两层陈列室。陈列室底层置李根源铜像1尊；二层陈列李根源生平事迹图片实物展。其中有1953年朱德赠李根源的中山装上衣1件、滇西抗战时期致腾冲县长张问德的信函20封及李根源的书法作品5件等。故居于2003年公布为省级文物保护单位。

八、保山日报社

1981年1月，《保山报》复刊正式出版发行。社址设在保山县委大院。报社在编8人，设编辑部，实行采编合一，另设财务室。报纸由保山县红旗印刷厂承印。1985年7月，保山地委决定，《保山报》由中共保山市委机关报改办为中共保山地委机关报。报社实行编委会领导下的总编辑负责制，下设办公室、总编室、采通部、广告部及驻五县（市）记者站。保山地区印刷厂同时更名为保山报社印刷厂，承印《保山报》。1986年元旦，保山地委机关报《保山报》正式出版发行，为四开四版周二刊。

1990年4月，报社实行编委会领导下的总编辑负责制，设总编辑、副总编辑，不再设社长、副社长；报社不再向五县（市）派驻记者，各县（市）记者站由宣传部一名副部长兼任站长，记者站人员编制由各县（市）在编制内解决。报社下设总编室、办公室、采通部、广告经营部、印刷厂。同年8月，报社迁入隆阳路（今正阳北路）。1993年社址迁入保山市新闻路73号。1991年12月，《保山报》采用激光照排、胶版印刷技术取代了铅字活版印刷。1997年1月，《保山报》改为《保山日报》，报社内部机构由原来的4部室1厂增加为8部室1厂。

2000年1月，《保山日报》由四开四版改为对开四版出版，报社内设机构不变。11月，以保山日报社为主成立了“保山市新闻工作者协会”（简称“保山市记协”）。2001年6月，随着保山地区撤地设市，《保山日报》亦由中共保山地委机关报改为中共保山市委机关报。为适应“一报四刊”的发展格局，报社内部机构随之有了重大调整，下设总编室、要闻部、印刷厂等14部室1厂。

2005年，保山日报社采取职工自愿入股的方式筹措资金50万元，引进先进的写真、彩喷设备，建立了“保山市现代喷绘服务中心”，对外经营。

九、广播电视台

保山市（地区）和县（市、区）广播电视台为市（地区）和县（市、区）广播电视局的下属事业单位，实行局台合署办公的领导体制[详情见保山市广播电视局及各县（市、区）广播电局]。

十、国办文化企业单位

1978—2005年，保山地区国办文化企业主要设置有地（市）、县（市、区）两级新华书店及部分乡（镇）级新华书店门市部和地（市）、县（市、区）两级电影发行放映公司、电影院以及部分乡（镇）级电影院等。1988年6月8日，省文化系统音像发行站保山分站成立，保山地区所属各县相应成立了其发行机构、由文化馆发行。此外还有印刷厂、照相馆等国办文化企业单位，但基本没有纳入各级文化行政管理机构的直接管理，而分别由工业、商业等部门管理。

电影发行放映公司 1978年以前，保山电影系统已建有较为完善的电影发行放映经营服务网络；1978年前后，全区先后新建了龙陵县电影院、永昌电影院两座35毫米座机电影院。1980年，保山地区电影公司改称云南省电影发行放映公司保山分公司，各县电影管理站更名为电影公司。这一时期，保山电影采用统一包销影片的方法进行运营，经营业绩和社会效益良好。1993年，全国电影发行体制实行重大改革，国家不再统一包销影片。地、县（市）两级电影发行放映公司经营状况快速下滑，难以为继。2004年，保山市委、市政府决定对保山地区电影公司、永昌影剧院进行拆并改革。2005年正式撤销保山地区电影公司，对电影公司资产评估后将其国有资产清理移交保山一中使用，县（区）电影公司和电影院也进行了类似的改革。经过此轮改革，国办电影企业在县区虽有一些保留，但是自上而下的管理体系已不存在。

新华书店　1980年1月，保山地区新华书店恢复“新华书店保山中心支店”名称。1984年11月，人事权由各级政府下放归还新华书店系统。全区除地区中心支店及腾冲、昌宁、施甸、龙陵五个门市外，还发展了55个农村集镇门市部。至1993年12月，实行了两轮“经营承包责任制”。1994年1月，保山地区新华书店及各县新华书店开始执行目标经营责任制。1995年11月，保山地区新华书店和各县新华书店职工全部实行全员劳动合同制改革。2001年1月，云南省保山地区新华书店改名为云南省保山市新华书店。保山地区新华书店劳动服务公司改名为保山市新华书店劳动服务公司。2004年6月，保山市新华书店对各级管理人员实行公开竞聘。2005年5月，保山市新华书店加入全省新华书店系统连锁经营；12月，施甸县新华书店加入全省新华书店系统连锁经营。

第二章　文化管理

第一节　文化市场管理

一、管理对象

改革开放前，保山市文化市场的主要门类是电影放映、文艺演出团队的演出、书报刊的发行和印刷行业。娱乐场所的服务、音像制品的零售和出租及录像放映、互联网上网服务营业场所的服务都是随着改革开放和科技进步逐步发展起来的文化市场的新门类。2004年年底，全市共有文化经营单位1636个（不含报社、邮政系统和电影放映单位），从业人员4439人，经营收入11613.25万元，上缴税收744.23万元。至2005年年底，保山市共有文化新闻出版产业经营单位2126个（不含报社、邮政系统）从业人员5488人，经营收入16018.48万元，上缴税收744.23万元。

电影放映　1953年，保山县城修建了保山的第一座电影院，此后，各县相继建立了电影院和电影公司，看电影成了当时人们文化娱乐消费的主要形式。1985年是保山电影市场发展的最高峰，全区共有放映单位473个，其中国办16个，工办28个，乡（镇）办114个，村办101个，个体办214个。随着电视的普及，音像制品和录像放映发展，电影放映开始走向低谷。截至2005年年底，除隆阳区的保山电影院通过改善影院环境和采取院线制坚持电影放映外，其他电影院都已停业。农村主要是通过“2131”工程领导小组办公室下设的75个乡（镇）农村流动放映队在实施农村电影放映任务。

文艺团队的演出 2004年，保山市共有文艺演出团队8个，其中国有事业单位6个，分别组建成立于1958—1977年，担负着丰富保山市人民群众文化生活和宣传党的路线方针政策的任务，他们所创作编排的节目多次获得国家、省、市的优秀剧目奖。随着文化体制改革和文化产业发展的不断深入，全市的6个事业编制的文艺表演团队都进行了改革，已成为自我管理、自我发展、自负盈亏的营业性文艺表演团体，改变营业性演出不景气的局面。

书报刊的发行（不含邮政系统） 改革开放前的图书发行基本上是由新华书店系统和农村基层供销社进行。改革开放以后，随着图书、报纸、杂志等出版发行政策的放宽，开始出现个体经营的书店，主要从事图书的零售和出租。截至2004年12月底，全市共有出版物零售出租经营网点133个，从业人员350人，注册资金397.5万元，2004年实现销售收入3014.51万元，上缴税收139.4万元，实现利润250万元。

印刷业 改革开放初期，保山市仅有7家印刷企业，随着经济与科技水平的发展，印刷设备向小型化、多功能化发展，再加上电脑打印、复印机的加入，印刷业在1990年以后出现了快速发展的趋势。2004年年底，全市共有印刷企业276家，其中出版物印刷企业3家，包装装潢印刷企业9家，其他印刷品印刷厂家13家，“三小印”（打印、复印、影印，下同）251家。共有从业人员1091人，注册资金3004.8万元，2004年度经营收入3239.58万元，上缴税收148.09万元，实现利润283.17万元。截至2005年年底，全市共有印刷企业289家，其中出版物印刷企业3家，包装装潢印刷企业11家，其他印刷品印刷厂家17家，“三小印”258家。共有从业人员1181人，注册资金3125.7万元，2005年度经营收入4941.14万元，上缴税收171.85万元，实现利润353.48万元。

娱乐场所 1980年后在保山开始出现电子游戏机和桌球。1984—1987年出现卡拉OK等歌舞娱乐场所，随后出现了音乐茶室。1996年出现保龄球。儿童充气游乐设备、碰碰车、跳跳床等游乐场所都是改革开放以后出现的。2004年年底，保山市共有娱乐场所经营单位512个，从业人员1669人，注册资金4086.24万元，年度经营收入2549.44万元，上缴税收201.54万元，实现利润400多万元。截至2005年年底，保山市共有娱乐场所经营单位607个，从业人员2024人，注册资金5087.84万元，年度经营收入6348.64万元，上缴税收378.43万元。实现利润400多万元。

音像制品的经营 保山市最先从事音像制品经营的，是1983年出现的录像放映。由于录像放映设备的更新换代比较快，价格逐步为广大人民群众所接受，音像制品也由原来的磁带向光盘等数码方面进步，而且价格与电影拷贝相比较低廉，全市出现了许多音像制品出租和零售的商店，对电影市场形成了一定冲击。由于录像放映设备和音像制品的价格能为广大人民群众所接受，原来火爆的录像放映室也逐步从市场退出，2004年年底，全市共有音像制品经营单位507个，其中录像放映室56个，从业人员728人，注册资金884.08万元。2004年度经营收入949.09万元，上缴税收95.32万元，实现利润200余万元。截至2005年年底，保山市共有音像制品经营单位532个（含录像放映室56个），从业人员796人，注册资金884.08万元。2005年度经营收入1684.27万元，上缴税收202.99万元，实现利润200余万元。

上网服务营业场所　随着电脑的深入普及，互联网的快速发展并向各领域延伸，保山地区于1999年出现网吧，为网民提供互联网上网服务。2004年年底，全市共有互联网上网服务营业场所120个，从业人员364人，注册资金1263.9万元。2004年度经营收入808.92万元，上缴税收135.56万元，实现利润200余万元。截至2005年年底，保山市共有互联网上网服务营业场所共121个，从业人员369人，注册资金1275.9万元，年度经营收入892.9万元，上缴税收132.22万元，实现利润400余万元。

其他文化经营单位　主要为各类文化艺术培训、工艺美术、摄影等。2004年，全市其他从事文化经营活动的单位和个人共91个，从业人员315人，注册资金769.1万元，年度经营收入214.64万元，上缴税收12.68万元，实现利润20余万元。

二、管理事务

保山文化市场管理始于20世纪80年代，先是以宣传部门牵头进行以“扫黄打非”为主的管理，宣传部门、文化部门和广播电视部门对文化市场分而治之，多头管理，较为混乱。自1994年始，保山地、县两级分别成立社会文化管理委员会并设办公室于文化主管局内，文化市场管理职责全权交由文化部门依法管理，保山文化市场管理逐步进入常态化规范化管理的阶段。主要管理职权是文化市场准入许可管理、日常监督管理和“扫黄打非”等三方面。

（一）文化市场准入许可管理

1978—2005，《云南省文化市场管理条例》《中华人民共和国著作权法》《中华人民共和国文物保护法》《出版管理条例》《印刷管理条例》《娱乐场所管理条例》《电影管理条例》《音像制品管理条例》《互联网上网服务营业场所管理条例》等法律法规先后颁布，为文化行政主管部门提供文化市场管理的法律依据。1994年，行署文化局与社会文化管理委员会办公室联合制定出台《保山地区“文化经营许可证”发放管理办法》，规范了文化行政许可管理。1997年，保山又制定了《保山地区文化市场目标管理量化评估标准》，加强了监督管理。2002年，将市场准入许可管理与市场监管分开，文化市场准入许可管理由文化市场科（社文办）负责，文化市场监管由文化稽查队负责，明确了权限和职责，进一步理顺管理关系，形成既有分工负责又有相互配合的工作格局，并制定实施了《文化市场准入审批责任制》，加强了行政许可监管。2003年，市、区两级设立便民文化服务窗口，进一步规范市场准入审批，方便了群众。

1991年，保山地区有各类持证经营单位492个，1997年，增至701个，其中歌舞厅150个，音像制品批发、零售、出租单位124个，录像放映单位215个，普通电子游戏室99个，书报刊经营单位59个，工艺美术11个，综合游乐场43个。2000年，增至926个，其中歌舞娱乐场所246个，台球和电子游戏113个，音像制品零售、出租单位256个，录像放映180个，书刊零售单位80个，旱冰场4个，保龄球场3个，综合项目44个。2005

年，在册持证经营的文化经营单位发展到2138个，注册资金11912万元，从业人员超过10000人。

（二）文化市场稽查管理

1988年，保山成立“扫黄”（扫除淫秽色情、封建迷信等危害人们身心健康、污染社会文化环境的文化垃圾）、“打非”（打击违反《中华人民共和国宪法》规定的破坏社会安定、危害国家安全、煽动民族分裂的出版物，侵权盗版出版物以及其他非法出版物）领导小组，开展打击非法出版物、黄色书刊、淫秽音像制品的专项行动，领导小组办公室设在行署文化局，各县（市）都成立了相应的机构，办公室的主要职责是协调公安、工商行政管理等有关职能部门开展“扫黄”“打非”工作。

1991、1992年，保山多次对“精神毒品”“文化垃圾”进行扫除，收缴非法出版物，查封非法录像（音）带。1993年，文化、宣传、广电、公安、工商等部门合作，对文化市场进行了多次专项性的清理整顿，取缔有赌博性质的跑马机、苹果机、扑克机和麻将室，查封黄色录像带，收缴黄色书画和封建迷信书籍。

1994年，为避免政出多门，“扫黄打非”领导小组及其办公室工作职责统一归并到地（县、市）两级社会文化管理委员会及其办公室履行。

1996年，全区出动888人次、车辆147台次，集中检查了273个音像经营单位。收缴非法音像制品638盒，淫秽音像制品25盒，取缔查封营业单位6个，予以罚款8900元。公安、工商、文化、宣传等部门年初统一行动，分头出击，对18家激光放映厅作了查封、改造处理。自此全区标有“激光”字样的激光视盘故事片和放映水牌、店招随之消失，再无回潮现象。同年，保山地区举行首次公开销毁非法出版物大会。地市五套班子和社会文化管理委员会各成员单位领导共30多人出席，文化营业户、学生代表和群众数百人到会。会上，由地委副书记张培光亲自点火，焚毁了淫秽激光影碟一盘，淫秽录像带342本，淫秽色情和格调低下的书刊、画报869本，淫画9张，淫秽扑克26副，侵权盗版激光录像带387盒，赌机电脑板28块，共1700多件，价值20万元。

1997年，行署文化局成立文化市场稽查支队，各县（市）文体局也相继成立了文化市场稽查队，专门负责文化市场稽查管理工作，主要包括日常巡查监管、“扫黄打非”和违法案件查处等。当年，全区共出动检查人员共1743人次，车辆292台次，受检书刊单位48个，音像单位324个，游戏室178个，歌舞娱乐场所240多个。收缴淫秽音像带376盘，侵权盗版音像制品1526盒，淫秽书刊1079册，侵权盗版和封建迷信书刊5249册。至此之后，保山对文化市场稽查管理工作得到进一步加强，每年坚持不懈开展工作，并取得一定成效。在对全市文化市场进行全面稽查管理的同时，地县两级每年还按国家和省里的要求制定年度“扫黄打非”计划，组织文化、公安、工商等部门对文化市场进行集中性的专项治理活动。

1999年，重点查缴邪教“法轮功”非法出版物。经查，全区无一家书报刊音像制品经营出售邪教“法轮功”非法出版物。

2000年，全区重点开展电子游戏市场的清理整治。清理整治后，全区电子游戏经营单位由89户减少至51户，取缔38户。施甸县和腾冲县全部取缔城乡所有电子游戏经营户。保山市城区除易罗池门口6户定点规范经营的游戏室外，城区不允许电子游戏经营。电子游戏清理整治，通过了省治理检查组的验收。全年全市共出动1743人次，车辆292台次，对790家各类经营单位先后作了清查，收缴各类非法音像制品1.37万盒，淫秽书刊765册，非法教辅读物1.84万册，年画1.35万张，并在保山市区组织了公开销毁活动。

2003年，全市开展“非典”警戒期内关闭所有文化场所专项行动。全市网吧、电子游戏室、歌舞厅、卡拉OK厅、夜总会、录像放映场所、电影院等公共娱乐场所关闭率达100%。开展了“网吧”规范经营专项治理，从根本上解决“网吧”接纳未成年人，超时营业，不按规定实施登记制度以及未在营业场所入口显著位置悬挂“未成年人禁止入内”标志等问题。

2005年，全市文化市场稽查队员共有15名。当年，在网吧专项整治期间，全市共受理群众举报88件，出动检查人员3200多人次，检查网吧1466家次，下发整改通知书46份，立案41起，对违规经营的34家网吧进行了处罚，其中18家接纳未成年人，罚款共计20多万元，停业整顿7家，由文化、公安、工商部门联合取缔黑网吧13家，没收电脑8套，电脑主机33台，显示器27台，摄像头、键盘、鼠标、上网卡等物资，取缔淫秽网站2个，现场整改消除安全隐患25处，清除网上传播有害信息15条，专项整治取得了明显成效。同年，根据国家新闻出版总署《报社记者站管理办法》的要求，对《保山日报》在腾冲、龙陵、施甸、昌宁县所设立的记者站重新进行审核并上报省新闻出版局进行审批；制订《保山市使用正版软件实施方案》，启动“政府软件正版化工程”。市政府及各组成部门共有计算机1085台，所使用的正版操作系统358套，正版办公系统295套，正版杀毒软件193套，需更换这三种软件2409套。直至2005年年底，由于日常监管力量不足，监管常态化程度不高，文化市场违法违规经营现象反复较大，集中整治时好一段时间，过后又死灰复燃，屡禁不止，应了全国“反复抓，抓反复”的要求。

“扫黄打非”集中整治文化市场，是这一时期保山文化市场稽查监管的主要方式和特色，取得较好的收效，保山地区“扫黄打非”办公室还两次被评为云南省“扫黄打非”先进集体。1998年，参加省厅牵头的全国文化市场法制年活动进行交叉检查，保山地区受到全省表彰。2001年，整顿文化市场秩序工作经省级验收，被评为省级先进地区。

第二节　文化设施建设

一、“三馆文化中心”兴建

1997年4月25日，保山地委、行署召开保山地本级图书馆、群艺馆（文化馆）、博物馆“三馆”建设专题会议，地委、行署领导和省文化厅厅长毛志雄等参加会议。会议决定，分期建设保山地区“三馆（地区博物馆、地区图书馆和地区群众艺术馆）文化中心”，当年启动群艺馆工程。按2500平方米使用面积规范设计建设，省文化厅补助100万元，其余由地区负责投资。1998年6月6日，云南省人民政府现场办公会在保山召开，省长李嘉廷代表省政府表态补助保山市“三馆文化中心”建设工程500万元，保山“三馆文化中心”建设工程得以提速。

1998年12月30日，保山地区“三馆文化中心”举行奠基仪式。1999年2月1日，正式破土动工。4月，云南省政府分管文化工作的副省长梁公卿到保山视察工作，给予博物馆布展50万元的资金补助。1999年9月29日，保山市“三馆文化中心”按规定时间要求顺利建成，并与国庆节正式开馆服务大众，保山地委、行署在中心广场举行了隆重的三馆开馆仪式和国庆文艺活动。

保山“三馆文化中心”文化中心位于保山市城区南三环路南侧，为“永昌文化园”的主要组成部分。占地面积26667平方米，建筑面积总面积10000平方米，总投资2300万元，是保山最有特色、最具标志性、最具影响的城市建筑和文化设施。保山民众把“三馆文化中心”称之为“三馆广场”。2004年11月，三馆广场被评为“全国特色文化广场”，成了全国首批最具有特色的60个文化广场之一，并被收编入《中国新时期优秀文化设施图典》。

二、其他文化设施建设

为了在全区范围内大兴文化建设之风，加大文化设施建设力度，保山地委、行署于1999年6月23—26日，召开保山全区城镇建设现场会，会议提出“城市建设也是文化建设”的观点。保山开始重视发掘城市文化底蕴，塑造城市良好形象。在保山“三馆文化中心”示范作用的带动下，全区各县(市)、各乡(镇)新建、重建和维修了一大批公共文化设施，文化硬件建设得到了前所未有的改善。其中隆阳区投资3000多万元，用于保岫文化广场、易乐池公园、太保公园等改造工程，九龙街心花园建设工程和永昌文化园区建设工程；龙陵县筹资300多万元，投资重建了县图书馆、文管所、文化馆等一批文化设施，并改造和美化了中心广场；施甸县筹资150多万元，修建了占地12亩的文化广场，加上广场周围的图书馆、文化馆、文工队、电影公司、电影院等文化单位，形成了县城文化活动中心；昌宁县投资210万元，修建了占地19.2亩的“世纪广场”；腾冲投入巨资建起了“腾越文化广场”等一大批文化设施，“腾越文化广场”位于腾冲县城西部光华西路延长线与腾越路交会处，整个广场沿腾越河两岸规划建设，总占地面积306亩(含水域面积约300亩)，总投资1.2亿元，按照一次规划到位、分期逐步实施的原则进行建设。2000年开工建设，2002年基本建成投入使用。建有绿化广场、“高黎贡山母亲”雕塑、腾越三桥、图书馆、文化馆、博物馆、彩色音乐程控喷泉、体育场综合办公楼、可容纳1万观众的足球场、带灯光及看台的篮球场、风雨球场等基础设施。2004年11月“腾越文化广场”被收编入《中国新时期优秀文化设施图典》。

第三节　文化工程实施

一、“1233”边境文化长廊

1992年，文化部在全国建设“万里边疆文化长廊”。1993年，保山地区根据国家和省里的安排制定了全区边疆文化长廊建设规划，保山、腾冲、龙陵3个县城，沿国道320线和边境线22个乡(镇)、3个口岸被列入规划，共建设计项目52个，总投资1944万元，其中：县乡投资572万元，地区投资595万元，申请省补助777万元。

1994年行署文化局对文化长廊建设规划进行了完善提升，并将其称之为保山地区“1233”边境文化长廊建设工程。“1”是指一个市所在地(含地直)；“2”是指两个县(腾冲、龙陵)城所在地；第一个“3”是指三条公路(320国道线、保密线和腾龙线)沿途乡(镇)；第二个“3”是指3个建设重点内容：硬件建设、软件建设、文物保护与开发利用。

“1233”边境文化长廊规划中硬件建设的重点是：地直除完善有关配套设施外，重点建设保山博物馆和永昌文化活动中心。县级保山市除完善有关配套设施外，重点建设沿途文化站，同时完善城区文化设施建设，提高档次。腾冲县城区以完善配套设施为主，并兴建“滇西抗战纪念馆”，乡(镇)以建设猴桥口岸文化中心和尚无站舍的文化站为主。龙陵县新建龙陵县文物管理所(包括库房、展室)，邦腊掌热矿泉文化中心；改建龙陵县文化馆，龙陵县文工队练功房，龙陵县影剧院，腊勐文化中心，龙山文化中心。软件建设的重点是：地直根据地直文化单位的性质和任务搞出地直的特色，形成表演、展览、借阅、培训、放映等综合服务体系。保山市、腾冲县、龙陵县，结合各县(市)优势办出特色，形成县(市)级的综合服务体系。各文化站，在搞好常规工作的同时力争一站办出一项长项，一站办出一个特色。文物保护开发的重点是保山市以蒲缥人遗址、诸葛营遗址、龙王塘、卧牛寺、双虹桥和太保公园内各文物建设为重点。龙陵县以惠通桥、松山遗址为重点。腾冲县以李根源故居、国殇墓园、艾思奇故居、西山坝南诏古城遗址为重点。

保山地区“1233”边境文化长廊工程的实施，给正在发展中的保山地区文化事业注入了生机和活力，全区紧紧抓住这一机遇，认真规划，分步实施，以城促乡，城乡并进，取得较为明显的成效，县城文化中心规模初步形成。对腾冲、龙陵两县推动较大，腾冲县在全省率先被授予“全国边疆文化长廊建设先进县”，1994年，龙陵县又被授予“全国边疆文化长廊建设先进县”。但由于在实施过程中资金没有逐项配套到位，并未按规划完成所有的项目，特别是地本级和县级保山市的规划项目并未得到全面落实。

二、“十大文化工程”

2000—2005年的“十五”期间，保山努力深化文化体制改革，大力发展文化产业，全面实施和推进保山“十大文化工程”，着力打造和建设“文化保山”，全社会文化意识不断增强，促进了全区(市)文化事业持续发展，取得显著成绩。

机制创新工程　市直文化单位大力推进文化体制改革，推行全员聘任制，运用市场机制合理配置人才资源；按照“按岗定酬、按任务定酬、按业绩定酬”，完善分配制度；政府及其部门在文化事业中角色逐步由“办文化”变为“管文化”“服务文化”；撤销永昌影剧院、市歌舞团，进行资源整合重组，按照新形势的要求组建了“保山市艺术团”，新组建的“保山市艺术团”为国办文化事业单位，实行企业化管理，由原来的全额拨款改为差额拨款，并建立了一套新的内部管理机制。各县（区）文艺团队的市场运作取得新突破。

文化创先工程 2005年10月，龙陵县被文化部、人事部联合授予“全国文化先进县”的称号。至此，保山市国家级先进文化县已增至2个，即腾冲县和龙陵县。

民族民间文化保护、研究与开发利用工程 2001年举办“永昌歌会”，中央电视台进行全程录制并播出。2003年，腾冲县刘家寨皮影剧团参加金狮奖第二届全国木偶皮影比赛，获铜奖。其间，开展民族民间传统文化普查工作形成县（区）级名录项目256项，市级名录248项，推荐申报省级名录158项。首批保山市民族民间文化保护名录于2005年9月11日在《保山日报》进行了公示。

历史文化保护、研究与开发利用工程 完成保护文物单位第五批、第六批的公布及第六批的申报工作；对旧城勐糯公路、保山龙陵公路、腾冲板瓦公路、施甸孟定公路、小湾电站等重点工程涉及范围进行文物调查、勘探；组织对古道边关的调查，发现和核实一批重要的交通设施和边防关隘史迹；举办第四届兰花博览会等展览；2005年市文物管理委员会正式成立，保山市人民政府以保政发〔2005〕73号文件公布了第一批市级文物保护单位19个。

群众文化发展工程 成功举办保山南方丝绸古道商贸旅游节、澜沧江啤酒狂欢节、腾冲旅游节和滇西抗战系列纪念活动；普及城区广场群众文化活动，进一步指导和扶持各类群众文艺队伍广泛开展群众文化活动，全市上下群众文化活动出现了前所未有的繁荣局面；认真组织文化下乡活动，送戏下乡近千场，送书近万册；实施“2131工程”，免费放映电影1.23万场，观众人数累计达400多万人次。

文化精品工程 2001年、2003年云南省第三届、第四届民族民间歌、舞、乐展演，保山市共获2金、3银、3铜奖，其中《阿昌汉子》《欢乐的香堂人》获金奖。隆阳区傈僳族农民歌手蒙美元组合参加全国乡村青年歌舞大赛获二等奖。“保山歌曲大家唱”系列歌曲集第一集《激情保山》和《张学文音乐作品选》正式出版。市艺术团先后到澳门、新西兰进行演出，均取得良好效果。2005年全市国办文艺团体新创节目163件，市文化局面向社会组织公开征集作品240件，市艺术团推出了大型西部民族歌舞节目《多彩高黎贡》，隆阳区推出了大型音乐舞蹈史诗《怒沧飞虹》，施甸县创作编排了大型布朗族歌舞《金布朗》。

文化产业发展工程 至2005年年底，保山市由文化系统登记在册持证经营的文化经营单位发展到2126个（不含报社、邮政系统），从业人员5488人，经营收入16018.48万元，上缴税收744.23万元。

文化人才工程 保山市歌舞团、图书馆、文化馆、博物馆领导干部实行竞争上岗。全市通过举办培训班、办讲座、委托院校培养等方式，培训文化系统员工1000多人次。其中选送10名声乐演员和教师到中央音乐学院进修培训。2005年，市文化局配合相关部门先后组织了张晓娇个人音乐演唱会、何叶平专题画展。

农村文化发展工程　2005年完成10个农村文化站改扩建或重建工程，建成隆阳区河图镇文化中心、龙陵县龙山镇文化站、腾冲县滇滩镇恒益广场、昌宁县柯街乡文化站、施甸县太平乡文化站等示范单位。8月，市文化局对全市79个乡（镇）文化站进行了评估定级工作，全市30个文化站达标，达标率37.9%，其中一级文化站7个，二级文化站8个，三级文化站15个。

城市文化设施建设工程　“十五”期间，市、县（区）共投入资金近2亿元，实施城市文化设施建设工程，其中投资8000万元，建成永昌文化园；投资1亿元，建成占地面积200亩的腾冲县腾越文化广场；投资600万元，建成龙陵县抗战文化广场；投资210万元，建成昌宁县世纪广场；投资120万元，建成施甸县姚关镇乾文化广场。

第四节　文化宣传交流

1978—2005年间，保山文化宣传交流活动日益活跃。国内不仅在省城昆明以及各地州之间广泛进行了交流，还与北京、上海、深圳、沈阳和港澳台进行了多次交流。国外与缅甸交流最多，同时还与泰国、日本、俄罗斯等国进行交流，增进了解，展示了风采，扩大保山的知名度。在文化宣传方面，从传统媒体逐步转变为传统媒体与新媒体相结合的宣传方式，宣传保山历史文化、民族民间文化、重大文化活动和重大文化创新措施等，不断提高外界对保山文化的认知度。

一、国内文化交流

1991年4月30日至7月1日，应上海市首届中华民俗风情游艺大会组委会的邀请，由地区歌舞团和龙陵县傈僳族民间艺人共同组成的保山民族艺术团一行21人首次赴上海演出，共演出149场，演出的民族歌舞特别是“上刀杆”节目倍受欢迎，被组委会誉为“游艺会的台柱子”，标志着保山地区民族文化艺术第一次跨出云南，走向全国。

1992年，腾冲县刀杆表演队，在中国第三届艺术节期间到昆明市民族村进行表演，尔后又应邀到海口市、沈阳市两地共表演31场，观众达十多万人次。

1993年，腾冲县文化馆两次送农民画进京参展，其中《挖藕》等7幅作品获优秀奖，其中有5幅还被选送到匈牙利展销。

1996年9月，保山地区歌舞团赴沈阳参加中华民俗风情展演，历时一个月，共演出68场，观众达8万多人次。

1997年5—6月，地区歌舞团组织小分队赴广西北海商演1个月，演出场30场。

1998年，保山地区大型傈僳族舞蹈诗《啊！傈僳》晋京参加99昆明世博会北京宣传周活动，成功演出4场，观众达3000余人次，受到在京有关领导和省委有关领导的关注，中央一、三、四、八台均作了报道。这是保山第一次整台晚会整团晋京演出。

2000年年初，大型舞蹈诗《啊！傈僳》应香港中华文化发展基金会邀请赴香港演出，被誉为2000年香港文艺演出的“第三号台风”。同年，大型舞蹈诗《啊！傈僳》到浙江宁波参加全国第二届中国舞蹈“荷花奖”决赛，荣获银奖，并为组委会公演两场，每张票价150元，场场爆满。

2005年，保山市艺术团随市委、市政府赴澳门参加“泼水节”文化交流。同年，12月8—11日，首届中国西部（昆明）文化产业博览会在昆明隆重举行。保山推出综合展馆“魅力之门”参加展览交流。展出期间，共接待观众20多万人次。近50家媒体对保山综合馆进行了100多次采访报道，《中国文化报》在头版刊发保山综合馆照片和专段介绍文字。保山综合馆被组委会授予最佳设计奖和最佳组织奖，并被云南省委宣传部预邀到法国参展。

二、对缅文化交流

1991年，以纽登上校、貌貌乃少校率领的缅甸联邦南坎县政府代表团一行16人，以丁瑞少校率领的缅甸克钦邦、密支那专区、密支那县的代表3人等缅甸地方政府代表团应邀出席参观保山地区首届民族文艺体育演赛大会。

1993年11月16—28日，保山地区艺术团一行60人应邀到密支那、孟拱县、和平村、抹孟县等地进行友好访问演出，共演出9场，观众达2万多人次。

1994年4月21—29日，以密支那市治安建设委员会秘书长丁棱为团长的缅甸克钦邦艺术团一行103人，应邀首次到保山进行友好回访演出，共演出3场，3000多人观看了演出，受到观众的好评。11月，保山地区艺术团再次应邀随地区政府代表团赴缅甸演出连续演出3场。密支那政府最高官员梭伦将军及缅甸教育部长、体育部长等官员和来自全缅各地的观众观看演出。1995年12月，受缅甸联邦国家治安建设委员会第一秘书长钦纽将军的委托，克钦邦治安建设委员会主席梭伦将军和克耶邦治安建设委员会主席貌基将军的邀请，保山地区艺术团再度赴缅演出，在缅甸的克钦邦和克耶邦共演出4场，获得圆满成功。

腾冲县发挥地缘优势，先行一步，多次组织对缅文化交流。1993年，腾冲至密支那砂石路通车，双方在缅甸克钦邦的首府密支那举行隆重的通车典礼，腾冲组织了较大规模的文艺代表团，在密支那街头举行盛大的过街表演；1997年，腾冲文艺代表团赴缅甸克钦邦首府密支那，为当地政府官员和各族群众及在缅华人华侨举行专场文艺演出；2001年2月，缅甸克钦邦第一特区举行“特区政府成立十周年庆典暨目脑纵歌节”，应特区政府邀请，腾冲文艺代表团赴第一特区政府所在地板瓦举行专场文艺晚会两场；2002年2月，腾冲文艺代表团再赴缅甸克钦邦首府密支那，为当地政府官员和各族群众及在缅华人华侨举行“胞波情深”的专场文艺演出；2003年元月，缅甸克钦邦第二特区政府主席吴班英腊率团访问腾冲，县委、县政府在腾冲剧场举行“胞波情深”迎宾晚会；2004年10月，在腾密公路开工之际，腾冲文艺代表团赴缅甸甘拜地与当地文艺界人士同台演出，缅甸克钦邦政府主席貌貌绥将军等中缅各级官员和各族群众观看了演出；2005年6月5日至16日，应中华人民共和国驻缅甸联邦大使馆文化参赞处的邀请，腾冲代表团带着110余幅腾冲农民画、腾冲风光摄影作品赴缅甸联邦首都仰光，参加庆祝中缅建交55周年暨“中国文化月”活动。

1999—2005年，每年的“腾冲火山热海文化旅游节”，都邀请缅国家或地方官员、各界重要人士及部分侨领参加。

三、其他国际文化交流

1994年，保山香通戏在中国艺术研究院、中国傩戏学研究会、省文化厅等联合主办的“中国云南傩戏傩文化国际学术研讨会”上进行了交流，使来自全国20多个省市及日本、美国、韩国及中国台湾地区等国内外学者150多人对保山香通戏有了基本的了解。

1995年9月28日至30日，俄罗斯远东现代歌舞团一行28人到保山演出2场，2000多人观看了演出。

2002年6月15日，日本黛民族舞蹈文化财团到保山进行为期8天的文艺交流访问。该团在保期间，参加保山花街系列活动，观看大型舞蹈诗《啊！傈僳》及保山民族民间文艺演出，与保山市文艺界进行广泛的交流。

1999年上半年，日本NHK电视台到保山拍摄《古丝绸之路》专题片，7月30日，长达1小时的《古丝绸之路》专题片在日本东京NHK电视台向全球播放。

1999年8月，泰国“泰华文学研究会”代表团洪林、黎光远等一行8人到保山进行友好访问，同保山地区文学艺术界人士进行广泛深入的艺术创作交流。

四、自办媒体宣传

1978年之后，保山自办报刊、广播电视宣传网络逐步建成，文化宣传成了这些保山自办媒体的主要内容，对保山文化的传承普及和推介起到很好的作用。1980年1月，中共保山县委主办的《保山报》复刊，1985年11月由中共保山市委机关报升级为中共保山地委机关报，同时各县（市）也一度办起了机关报。1986年年初保山建立了保山电视转播台，1992年7月保山地区建立保山电视台，1995年《云南广播电视报·保山版》创刊，1998年筹建保山广播电视网络有限责任公司，2000年2月组建保山广播电视信息网络有限公司；此间，五县(区)也先后建起了广播电视台宣传平台。互联网开始兴起，有线电视开始普及，保山自办宣传媒体发展进入了一个多元化的阶段。为了宣传普及保山文化，1979年后，保山还先后创办了一大批专门的文化报刊，对文化宣传普及发挥了很好的作用。行署文体局创办了《永昌文化报》，五县(区)分别创办了《保山文化》(后更名《永昌文学》)，《施甸文艺》《昌宁文艺》(后更名《茶乡文学》)、《龙陵文艺》(更名《龙陵文化》)等等。保山自办媒体对保山文化进行了常态的、不拘一格的宣传。

五、对市外文化宣传

保山对外文化宣传以通过影视节目拍摄进行文化宣传、利用重大节庆活动、组织稿件通过市外媒体进行宣传等方式进行。

1992年7月，六集电视连续剧《古道之恋》在中央电视台二套黄金时间播出；8月在中央电视台一套播出；《人民日报》《文艺报》《中国文化报》《春城晚报》等十多家媒体刊登了消息、评论、剧照，时任省委书记普朝柱作了高度评价。

1999年，保山地区27名舞蹈演员赴河北石家庄，参加中央电视台创作录制春节联欢晚会节目，参加了展示“56个民族风采主题歌舞晚会”反映云南少数民族的10个节目录制，地区歌舞团团名先后6次在中央电视一台、三台、八台播出。

2000年，保山电视台与中央电视台合制的《西部旅游话腾冲》，在中央电视台《旅行家》《天涯共此时》中播出；腾冲电视台摄制的专题片《腾冲火山热海》(上、中、下集)在中央电视台第一、二、四套《科技博览》节目中播出，《全国涌动热海潮》《打通国际大通道》2条新闻在中央电视台《新闻30分》节目中播出；腾冲电视台与旅游频道合制节目17期、与经济频道合制《火山热海旅游节》3个专栏在云南电视台播出，同时为香港凤凰卫视和中央电视台第四套、第五套、第七套节目提供了大量介绍腾冲自然景观、文化景观和风土人情的资料。8月，龙陵县文工团到勐糯为云南电视台今日话题栏目摄制组作专场演出，接受省电视台采访、报道。同年，保山全区在省部级艺术报刊发表文章达到42篇，对保山文化进行了很好的宣传。

自保山端阳花市开始举办大型文化活动之后，保山的每一个重大节庆活动，特别是第四届滇西民族艺术节等跨区域性的文化活动都成了保山文化对外宣传的重要平台和契机。这期间，最为成功的是2001年保山举办了保山市首届民族民间歌会“永昌歌会”，歌会举办之前就把歌会与中央电视台三台中的《走进音乐》《音乐桥》等栏目进行了对接。歌会期间，中央电视台派摄制组到现场进行全程拍摄，之后又邀请赵家华、张学文到中央电视台做嘉宾访谈，共制作3个半小时的节目在央视滚动播出半年，对保山的民族民间文化进行了全面系统的介绍，产生了很大的影响，使保山民族民间音乐走进央视，走向全国。

2001年，全市在中央电视台播出新闻5条，在三套播出节目《走进腾冲》5期、在栏目《焦点访谈》播出节目1期、在栏目《乡村大世界》播出节目1期；在云南电视台播出新闻212条、播出专题节目25期。中央电视台、云南电视台、云南人民广播电台等新闻媒体对“永昌歌会”进行了采访报道，中央电视台还进行了全程录制，在“走进音乐”“音乐桥”“音乐采风”等栏目中播出专题节目9期，播出时间达200余分钟。VCD光盘《奇山异水话保山》由广东音像出版社发行，这是保山市第一张反映风景名胜、民俗风情的VCD光碟。

2005年电视纪录片《记忆的伤痕》，获“中国十大纪录片”后，又获国际纪录片大会“优秀制作纪录片”奖。12月，隆阳区芒宽乡傈僳族四声部无伴奏合唱《赞美》《在美丽的土地上》，被著名主持人崔永元邀请到中央电视台《小崔说事》栏目录制节目，并于大年初一晚上“中央电视台春节大联欢”节目播放。

此外，这一时期保山文化还通过出版书籍、举办展览、参与国家级、省级比赛、开展对外文化交流等多种方式进行了大量卓有成效的宣传。

第五节　文化体制改革

2003年以后，保山市加大对文化体制的改革。按市委、市政府批准的方案，市图书馆、文化馆、博物馆(文管所)等公益性事业单位保留原有建制进行内部机构改革；电影公司、音像发行站等国办文化企业按小型国企改革政策处置资产、安置职工；市永昌影剧院、市歌舞团撤销原有建制合并组建新的保山市艺术团及其演艺有限公司，实行事业单位企业化管理；市新华书店保留原有建制，做大做强企业。市直国办文化单位从8个减为5个，压缩37.5%。改革之后，理顺了关系，解决了许多制约文化发展的久拖不决的问题，公益性文化事业单位得到进一步的繁荣发展，取得可喜的成效。

一、公益性文化事业单位的改革

公益性文化单位的改革涉及干部选聘制度及人事管理制度、内部分配制度和内部岗位管理制度等诸多方面的改革。在推进市直公益性文化单位改革的过程中，保山市紧紧抓住干部选聘制度改革这个突破口，并顺利推进了其他方面的改革。第一，市文化局制定下发实施《保山市文化局市直事业单位领导干部竞争上岗试行办法》，废止过去由组织考察任命的办法，全面推行公开竞争上岗。第二，在指导市直各公益性文化单位优化调整职能职责，重新调整优化内部岗位设置，并实施单位职工竞聘上岗的改革，深化人事管理制度的改革，加强岗位管理。第三，指导市直各公益性文化单位对内部分配制度进行深化改革，在全额事业单位中初步打破“大锅饭”和“平均主义”，建立健全新的分配制度和激励竞争机制。第四，指导各公益性文化单位在全面履行好公益性职责的同时，深化内部管理方式的改革，积极探索文化产业发展的新思路，扩大服务项目，提高服务质量，发展文化产业项目，积极筹措资金，弥补公益性文化资金投入的不足。

二、专业文艺团队的改革

市直文艺团队的改革是市直文化单位改革的重点、难点。2004年12月，市政府批准《保山市市直文艺团体体制改革方案》。2005年1月，保山市永昌影剧院与保山市歌舞团原有建制正式宣布撤销，组建新的“保山市艺术团”，同时下设“保山市文化演艺有限公司”。新组建的保山市艺术团仍为国办文化事业单位，实行企业化管理。

通过改革，创新财政投入管理机制，将全额投入改为差额补助；明确公益性职能和任务，制定新的补助标准和管理原则，建立起公益性演出与商业性演出双向管理的新机制；创新人事管理体制，彻底解决了一直困扰艺术团体的“进得来出不去的人事制度”的问题；对艺术团实行工资总额包干管理的办法，依照多劳多得的原则，合理拉开分配档次，实行按岗位和效益挂钩的分配制度，建立健全一种全新的分配制度；实施团长负责制和任期目标责任制，团内各部室实行负责人任期目标责任制。

第六节　文化产业发展

1995年，保山地区文体局设立“文化产业科”，属于政府机构中首次设立的文化产业行政管理机构，比文化部成立文化产业司早了5年时间。

2000年2月，中共保山地委召开三级干部会议，印发《关于推进文化事业改革，加快文化产业发展的意见》，在全省率先启动了文化体制改革和文化产业发展工作。《意见》指出：保山全区文化产业已经形成14大类，文化产业经营单位已近2000个，从业人员近1万人，年营业额已达2亿多元。其中第一类是新闻出版发行业，包括各级新华书店、书报亭、印刷厂、五小印、报社及其他出版物的发行、零售、出租等；第二类是音像业，包括录音、录像、CD、VCD等各类音像制品的批发、零售、出租、放映等经营；第三类电影发行放映业，包括各级电影公司、电影队、电影院；第四类是娱乐业，包括歌舞厅、卡拉OK厅、夜总会、音乐茶室、音乐酒吧、台球、保龄球、电子游戏、营业性乒乓球室、健美厅及游乐游艺场等；第五类是营业性艺术表演，包括各级专业文艺团队、各类民间表演团队和演员个人进行的商业性演出；第六类是有偿性艺术培训，包括美术、书法、摄影、舞蹈、声乐、器乐等培训；第七类是书画及工艺美术经营，包括书画摄影作品展销、拍卖、雕塑（刻）、写字店、装裱店、匾牌制作店、民族民间工艺品制作与销售等；第八类是影像业，包括照相馆、彩扩部及其他各类营业性的摄影像服务；第九类是文博产业，包括各级博物馆、纪念馆、名人故居、各级单位的开发和经营；第十类是信息服务业，包括168信息服务、光缆信息传输服务、网吧服务等；第十一类是广播电视业，主要指其中的经营性部分；第十二类是有文化品位的广告业；第十三类是商业性运作的各类节日文化体育竞赛活动和庙会、游园活动等；第十四类是计算机软件开发经营业。这些文化产业经营机构除了国办的文化机构外，绝大多数是民间兴办的，其数量已经远超了国办文化机构，事实上已经占据了文化产业的大半江山。

此后，保山地区即按照《意见》的要求，落实好各项发展目标。2003年，云南省正式启动文化体制改革和文化产业发展试点，保山市腾冲县被列为全省文化体制改革和文化产业发展唯一的县级试点。9月22日，召开全市文化体制改革和文化产业发展专题大会，市五大班子的领导、市直单位副科级以上干部、宣传文化部门全体干部职工以及五县（区）主抓宣传文化的负责人近800人出席会议。之后，《中共保山市委、保山市人民政府关于深化文化体制改革、加快文化产业发展的意见》下发全市实施。同月，《腾冲县文化体制改革和文化产业发展试点工作方案》出台。

2005年7月20日，《保山市文化产业发展“十五规划”（2006—2010）》制定通过。8月13—14日，全市文化体制改革和文化产业发展推进会在腾冲召开。

2005年，保山市深入贯彻落实全省文化产业试点州（市）、县（区）工作会议精神，紧紧抓住保山被列为全省8个试点州市之一，腾冲县、隆阳区被列为县级文化建设试点的机遇，进一步深化文化体制改革，加快文化产业培育，促进文化艺术繁荣，文化体制改革和文化产业发展试点工作取得了明显的成效。一大批文化产业项目顺利实施，特别是腾冲、隆阳两个试点县（区）积极引进昆明官房集团、云南机场集团公司、昆明柏联集团、深圳华隆集团等有实力的大企业参与文化旅游项目建设。在侨乡文化项目、翡翠文化项目、旅游文化产品开发项目、民族文化项目、抗战文化项目、生态文化项目建设等方面都取得新的进展。龙陵县以改造提升邦腊掌旅游景区为突破口，建设松山抗战遗址文化旅游景区，着力打造龙陵松山抗战文化品牌、邦腊掌健康旅游品牌。施甸县以布朗族民族文化为突破口，以姚关历史文化生态旅游园区等为重点进行开发。昌宁县提出了以橄榄河开发为龙头，以澜沧江峡谷为依托，以新田园城市建设为载体，推进旅游文化产业与文化事业、城市建设三者的有机结合的发展思路。2005年腾冲县文化产业增加值占全县生产总值比重达到8%。隆阳区达到5.84%。保山全市实现文化产业增加值6.07亿元，占全市国内生产总值比重的5.1%，位居全省8个试点州市第四位。

第三章　文学艺术

第一节　文　学

早在明清时期，保山就产生过像张氏父子（张志淳及其子张含、张合）、袁氏兄弟（袁文典、袁文揆）、马注这样在全国都有较大影响的著名诗人、学者。民国时期，受“五四”新文化运动的影响，不乏优秀作者作品，形成具有特色的抗战文化。20世纪50—60年代，产生过在全国较有影响的作品，如王孝溶的小说散文集《回春树》，白族作家杨苏的小说集《没有织完的筒裙》及黄天明的长篇小说《边疆晓歌》等。

1978年后，保山文学工作者冲破“左”倾思想的禁锢，开始了心灵自由、选材丰富、体裁多样的创作活动。作家王维真率先打破沉寂，于1978年在《边疆文学》发表诗歌《泼水节情思》《写在山水花木间》；1980年在《边疆文学》发表小说《墓地的琴声》《今夜是中秋》《躲藏的皇后》等；1982年在《十月》发表《信，来自伦敦》；1986年在《新月》发表小说《飞鹰行动》和七场话剧《滇案喋血》等引起关注。相继迎来了保山历史上作家队伍最壮大、优秀作品最丰收、文学创作最活跃的时期。保山的周文林、杨忠实、段培东、蔡汉晖、杨增洪、王韵凤、蒋源、杨辅丛、刘正龙、杨枝福、许可都、赵立志、李杉、杨祖甲、杨美红等中年作家也进行了大量的创作，作品从对“文化大革命”进行反思的伤痕题材，逐渐向对保山地域、民族、历史等题材过渡，创作的空间越来越宽广，作品的数量与质量均达到了一个新的高度。特别是段培东的抗战历史纪实文学《剑扫风烟》和《松山大战》，在国内外引起强烈反响。周勇、张德尧、董平、李德昌、邓忠汉、林德忠、吴丽佳、李崧、鲁兴勇、段晓波、段一平、辛开纯、杨明军、李加全、李春周等青年作家开始活跃保山文坛，他们思想活跃、选材多样、立意新颖、表现独特，周勇的《生命的避难所》、唐定国的《保山风物志》、邓忠汉的《艺术还你自由人生》等许多作品都引起了关注和好评。

1986年之后，先后涌现出一批在全省、全国都有一定影响的作家，创作了一批有地方浓郁特色、讴歌保山儿女、影响力较大的文学作品。

一、主要著作

长篇小说：《境外八年》（沉砂、韵凤著，解放军出版社出版）、《滇西大战》（张之一、周文林、蔡汉晖著，云南美术出版社出版）、《永子传奇》（张力著，《春城晚报》连载）、《八关逐日》（黄强著，中国文联出版社出版）、《税务铁局长》（董兴让著，金盾出版社出版）。

中篇小说：《粪房后面的故事》（作者：周勇，刊于《十月》）、《同一时空》（作者：周勇，刊于《边疆文学》）、《褪色的希波克拉底画像》（作者：周勇，刊于《青年文学》）、《痴痴恒河情》（作者：许可都，刊于《边疆文学》）、《寻宝》（作者：杨辅丛，刊于《边疆文学》）、《柯克连长和他的情人》（作者：韩箫，刊于《边疆文学》）、《那山》（作者：王韵凤，刊于《边疆文学》）；中篇小说《平凡女儿身》（作者：吴丽佳，刊于《边疆文学》）。

短篇小说：《艳遇》《故乡的小石桥》等。

长卷文化散文：《时间之痕》（周勇著，云南人民出版社出版）、《生命的避难所》（周勇著，云南美术出版社出版）、《从怒江峡谷到缅北丛林》（周勇著，云南美术出版社出版）、《我们的高黎贡》（周勇著，云南大学出版社出版）、《边地绝唱》（王韵凤、杨增洪著，中国戏剧出版社出版）。

长篇纪实文学：《消失与诞生》（周勇著，云南人民出版社出版）、《剑扫风烟》（段培东著，云南人民出版社出版）、《松山大战》（段培东著，云南人民出版社出版）、《怒水洪波》（段培东著，云南教育出版社出版）、《丁英传》（王韵凤、杨增洪著，广西美术出版社出版）、《金盾纪实》（保山地区文联编，云南人民出版社出版）、《国殇》（张竹邦著，中国文联出版社出版）、《缉毒利剑》（杨佳富、刘金理著，中国三峡出版社出版）。

小说集：《苦草洼》（赵天福著，珠海出版社出版）、《新的太阳》（李德昌著，北京中外文艺出版社出版）、《爱的潜流》（杨辅丛著，德宏民族出版社出版）。

散文集：《一个云南人眼中的美国》（王琨楼著，云南美术出版社出版）、《一片心香伴兰幽》（王琨楼著，云南美术出版社出版）、《热海情》（张尊贤著，德宏民族出版社出版）、《素心》（邓忠汉著，燕山出版社出版）、《一纸美丽》（邓忠汉著，燕山出版社出版）、《油灯夜话》（段培东著，云南人民出版社出版）、《横断山情缘》（刘正龙著，云南大学出版社出版）、《高黎贡山茫茫雾》（杨必传著，云南大学出版社出版）。

诗集：《西陲放歌》（保山地区文联编，云南人民出版社出版）、《剔透的情思》《横断山情思》《山野清风》。

文学评论：《三种美学电影的发行现状及趋势》（作者：罗崇，1990年8月发表于《云南影业报》）。

二、出版文学作品编年名录

1986年：《腾冲的传说》，毕坚编写，德宏民族出版社出版。

1988年：《丁英传》，王韵凤、杨增洪著，广西美术出版社出版。

1991年：《剑扫风烟——腾冲抗战纪实》，段培东著，云南人民出版社出版。

1992年：《新的太阳》，李德昌著，中外文化艺术出版社出版；《艾思奇的故事》，毕坚著，南洋出版社出版。

1993年：《剔透的情思》，许昶芳诗集，德宏民族出版社出版。

1994年：《油灯夜话》，段培东著，云南大学出版社出版；《横断山情缘》，刘正龙著，云南大学出版社出版；《高黎贡山茫茫雾》，杨必传著，云南大学出版社出版；《伍集成传》，殷宗器著，云南教育出版社出版；《艾思奇传》，杨苏著，云南教育出版社出版。

1995年：《南天星云——当代保山地区作家、艺术家风采录》，保山地区文联编，德宏民族出版社出版；《怒水红波》，段培东著，云南教育出版社出版；《艺术还你自由的人生》，邓忠汉文艺评论集，云南人民出版社出版；《生命的微笑》，杨佳富著，山西高校联合出版社出版。

1996年：《中国古代文学指要》，杨槐等编著，云南教育出版社出版。

1997年：《西陲放歌》（诗集），周文林主编，云南人民出版社出版；《李根源传》，陆星著，中国文史出版社出版。

1998年：《新编曲石文录》，李根源著，李希泌编校，云南人民出版社出版；《昌宁县民间文学集》，李明华、张绍仁编，云南美术出版社出版；《健行斋诗词》，李希泌著，北京图书馆出版社出版；《永子传奇》，张力著，远方出版社出版；《一纸美丽》，邓忠汉诗集，香港天马图书有限公司出版；《素心》，邓忠汉散文集，北京燕山出版社出版；《缉毒利剑》，杨佳富、刘金理著，中国三峡出版社出版；《南国之恋》，杨佳富著，中外文化艺术出版社出版；《雾锁高黎贡》，鲁兴勇著，远方出版社出版；《爱的潜流》，杨辅丛小说散文集，德宏民族出版社出版。

1999年：《一个云南人眼中的美国》，高黎著，云南美术出版社出版；《一片心香伴兰幽》，高黎著，云南美术出版社出版；《民国元老李根源》，谢本书、李成森著，云南教育出版社出版。

2000年：《梁金山的故事》，杨忠实著，云南教育出版社出版；《血沃江南》，李德昌主编，远方出版社出版；《寡过斋诗文选》，张贡新著，云南民族出版社出版。

2001年：《腾冲华侨诗文选》，中共腾冲县委员会、腾冲县人民政府编，云南民族出版社出版；《时间之痕》，周勇著，云南人民出版社出版；《边关冷月》，杨佳富主编，中国文学出版社出版；《傈僳人家》，杨苏著，中国文联出版社出版；《20世纪永昌人》，傅宗明主编，内蒙古人民出版社出版。

2002年：《滇西大战》，张之一、周文林、蔡汉晖著，云南美术出版社出版。

2003年：《当代名人笔下的保山》，保山市文联编，云南美术出版社出版；《永昌夜谭——保山民族民间故事选》，杨忠实、郭朝庭主编，民族出版社出版；《边地绝唱》，王韵凤、杨增洪采访手记，中国戏剧出版社出版；《天无绝路》，张月和著，中国古籍出版社出版；《火山风雷——辛亥云南腾越首义》，张月和著，远方出版社出版；《抗日县长张问德》（8集电视连续剧剧本），刘正龙著，云南美术出版社出版；《天鹅坝》，胡春泉著，云南美术出版社出版；《梦的颜色》，李明华散文集，中国文史出版社出版；《幽谷诗钞》，杨连著，云南美术出版社出版；2004年：《永历流亡》，张月和著，远方出版社出版；《麓川演义》，张月和著，远方出版社出版；《盟军劲旅》，张月和著，远方出版社出版；《愤怒的高黎贡山》，左金龙著，北京燕山出版社出版；《凝眸高黎贡山》，吴有春著，云南美术出版社出版；《腾冲边边上的诱惑》，汪榕、罗宁著，云南人民出版社出版。

2005年：《辛亥腾越起义诗文录》，腾冲县文联主编，中国文联出版社出版；《偏安腾北抗战集——秋生草堂诗文录》，张问德著，张志芳主编，云南美术出版社出版；《时光的河流——保山师专诗歌选集》，云南美术出版社出版；《松山大战——滇西抗战纪实》，段培东著，云南人民出版社出版，2005年7月第2版；《八关逐日》，阿黄著，中国文联出版社出版；《皇家勋章》，岳元忠著，中国文联出版社出版；《徐霞客腾越之旅》，赵定才著，中国文联出版社出版；《日落百凤坡》，段品钊著，黑龙江人民出版社出版；《哀牢归汉》，杨忠实著，云南民族出版社；《国殇》，张竹邦著，中国文联出版社出版。

第二节　美　术

1978—1984年，保山没有专门的美术机构，美术工作分别由文化部门和教育部门负责。

1983年7月，云南省美术家协会为保山画家徐天在昆明举办“徐天个人画展”，这是保山美术家首次在省级城市举办个人画展。

1984年12月，保山第一个美术专业群众团体“保山地区书画协会”成立。

1985年恢复美术师范生的招生，每年都有30～40人就读。之后保山师范专科学校、师范学校分设，保山地区师范专科学校在全省范围招美术班。

1986年，“保山地区书画协会”更名为“保山地区美术家协会”。

1992年由省美协、省书协、省影协、保山地区文联主办“保山花市全国诗、书、画、影艺术大赛”。

2001年12月，“保山地区美术家协会”更名为“保山市美术家协会”。

2003年保山师范专科学校升格为保山学院，面向全国招生，保山美术高等教育得到跨越式发展，为社会输送了大批的美术专业人才。与此同时，保山各级文化馆，青少年宫等从1978年开始每年都举办不同形式的美术培训班，部分画家还举办一些特色美术培训和高考辅导班，加大了政府职能部门和社会力量对美术人才的培训。特别在寒、暑假期，有不少幼儿、中小学生到美术培训班学习。

2005年开始筹备成立保山第一个书画院——“高黎贡山书画院”，该书画院是一个直接与艺术市场接轨，跨地域开放的，全新体制的书画创作、交流平台，并与省内外部分城市和地区的艺术家签约，开展艺术研究、创作和交流。当年9月，保山市文联、市美术家协会在市文化馆举办“纪念抗战胜利60周年美术作品展”，展出作品50余件。12月，首届中国西部（昆明）文化产业博览会中，保山画家何叶平在省博物馆举办了《高黎贡山之子——何叶平》个人画展。通过展览活动带动了保山美术创作人才的培养和美术创作的繁荣，并涌现了很多高品质的美术作品。

这一时期，保山美术活动比较活跃，特别是1984年美术家协会成立后，相继开展丰富多样的展览、采风和艺术交流活动。从1978—2005年，全市共有2000余件作品参加中国美术家协会、云南省美术家协会、云南省文化厅以及省以上有关单位举办的美术展览，或在有关报刊上发表，并有300余件作品分别获一、二、三等奖或优秀奖。其中代表人物及作品有：

杨作霖的油画《点苍山下》入选全国第六届美展，《火海》获全国第八届美展优秀作品奖，《丛林英杰》获1990年全国“十佳优秀连环画奖”；张卓的中国画《水》入选第五届全国美展，中国画《路口》入选全军美展，中国画《忘年乐》入选“庆祝新中国成立45周年”云南省美术作品展；申江峡的中国画《佤山情》入选全国六届美展，连环画《沙漠狼驼之战》入选文化部、科协、美协举办的科普画展，获铜奖；赵少非的中国画《病号饭》入选全军美展；郭钦的油画《缤纷的天际》入选第三届中国艺术节云南美术作品展，油画《山歌远去》入选全国第八届“群星奖”获“彩云奖”；夏侯建新的油画《红土》荣获全国第十二届“群星奖”铜奖、云南省“彩云奖”银奖；杨晓清的漆画作品《草坝街》入选第八届全国美展，漆画作品《猎趣》入选中国体育美展，获佳作奖；沈永燕的油画《节日的德昂少女》获云南省“彩云奖”铜奖；杨恩田的漆画《竞渡》入选亚运会亚洲体育美术作品展，《木鼓声声》参加全国水彩画大展；高泽民的舞台美术设计彝族器乐《欢乐的香堂人》获云南省民族民间舞蹈器乐大赛金奖；邵云波的中国画《双雀图》获云南省“彩云奖”美术优秀奖；赵刚的中国画《山里人家》获云南省“彩云奖”美术优秀奖；万云翔的油画入选《全国师范院校美术范作精品集》并获一等奖。此外还有大量农民画入选全国展览和获奖，仅2004年腾冲县农民画就有《闹花灯》《飞龙佛塔》参加“全国农民画展”获奖，并有14幅作品参加第七届中国艺术节全国现代民间绘画画乡建设成果展，2幅被浙江省美术馆永久收藏。

这一时期，保山美术创作人员主要由地县两级文化馆专业美术人员、中小学校美术教师和部队、机关等相关单位的美工人员以及腾冲的农民画家们构成。主要有：赵国亚、徐天、万云翔、何明阳、杨作霖、郭金亮、刘国南、李开明、张卓、李廷元、徐鸿年、沙中林、李崇明、赵少非、黄明万、李文聪、张建林、丁家寿、申江峡、何树森、黄友东、杨世济、郭钦、杨恩田、杨晓清、夏侯建新、赵刚、何叶平、杨建光、高泽民、邵权、罗秋建、沈永燕、李光宙、陈俊宽、余永华、邵云波、万云鹏、周潞、杨悦、尹美赞、刘红、朱绍安、蒋天毕、朱绍西、祝立业、李德平等。农民画作者代表有余海青、杨学勇、万德荣、郗发显、晚太明、余生旺、麻永春、段明礼等。

雕塑方面，20世纪70年代后，何明阳是保山颇有成就的雕塑家。他早年就读于云南艺术学院美术系雕塑专业，师从袁晓岑。1980年，他创作了在南疆保卫战中光荣牺牲的李成文烈士的塑像，之后创作《徐霞客塑像》《鲁迅胸像》《鲁迅浮雕像》，入选云南省美展。1983年以后，他应腾冲、盈江、施甸等地邀请，为各地修复古刹庙宇塑多尊佛像。由他雕塑的梨花坞观音像高5米，两旁童男童女各高2米。1985年，他雕塑了太保山武侯祠诸葛亮、吕凯、王伉等历史人物像。这些作品，匠心独运，注意现代雕塑技巧与传统彩塑手法的结合，受到各界人士好评。

第三节　书　法

保山历史悠久，文化底蕴深厚，有形式多样、内容丰富的古今书法碑刻及书法大家。从汉晋砖文到宋元碑幢，从明清碑记到民国题刻，从兰津桥普陀岩摩崖到张志淳三代事迹碑，从邓子龙清平洞题记到滇西抗战碑匾，从腾冲龙光台石刻到李根源故居石刻。这些碑刻瑰宝不仅具有重要的史学研究价值，而且具有很高的书法文化价值。

1978年，改革开放给保山的文化事业带来勃勃生机，但这一时期保山的书法现状主要受“文化大革命”的影响，书法碑刻破坏严重，老年书家有的长期不动笔，年轻人没有学习的场所，没有文房四宝经营市场。为了加强书法基础教育，提升中小学生书写水平，1984年，谯人亮创办保山第一个青少年书法培训班，由起先的一个班几十人，逐渐发展到5个班几百人的规模。教学方法上，在注重学生书法实践软笔和硬笔指导的同时，兼顾中国传统文化和地方文化的特色教学，将人品和书品贯穿其中，使学生不仅提升了书写能力和审美情趣，而且拓展了学生的知识面，完善人格修养。此后，以个人为主承办的青少年业余培训班或培训机构逐渐增多，如隆阳区青少年宫书法培训班、杨刘剑的书法培训班以及各县开展的不同培训对象的书法培训班等，他们都是保山青少年书法教育的参与者和践行者。

1986年8月，保山地区文联第一次代表大会召开，保山地区文联正式成立。同时，各专业协会陆续成立，其中有美术书法摄影协会。1990年，保山老干部诗书画协会成立。1992年4月《保山地区书法选萃》由保山地区文联编，内部出版。该书是新中国成立以后保山的第一部书法专辑，共收98幅精作。

1996年8月，单独成立保山地区书法家协会。逐渐为书法爱好者搭建了相互学习、交流、提升的平台。

1999年为庆祝新中国成立50周年，在高黎贡山自然保护处的倡导和支持下，地区书法家协会编印了《情系高黎贡山》会员书法作品集。

2000年以后，保山在交通、文化、信息逐渐便利的情况下，书法事业迅速发展，掀起了一个书法创作高潮，涌现出一批优秀书家。

2001年12月，撤地设市后，召开保山市第一次文代会，原保山地区书法家协会改称保山市书法家协会。并在保山市人民印刷厂支持下，编印了《云南省保山市书法家协会会员作品集》。

2001年，保山市老年大学书法班开始招生，第一班招生40余名，授课教师有李促众（老年大学副校长）、周中道、杨荟、李尚义等。年内，出版《保山老年书画集》。次年，出版《2001新世纪云南省保山市书法家协会会员作品集》。随后至2005年，每年均招生1～2班。

保山的书法艺术，以保山市书法家协会为依托，坚持以群众喜闻乐见的多种文化形式深入百姓生活。尤其是2004—2005年，在保山市文联的领导下，长期开展书法进农村、进企业、进军营、进学校、进庙宇、进公园、进厅堂等笔会活动。市协会多年坚持在春节前到农村现场写春联，既支持了市、县（区）有关部门的“文化下乡”工作，也锻炼了协会的队伍。

保山市书法家协会经常组织、参与开展书法、美术、摄影展览等书法赛事活动，通过活动，增进了友谊，促进了学习，营造了良好的文化氛围。同时，也是对弘扬祖国传统文化，促进文化艺术的发展，对激发和提高广大群众特别是青少年热爱书法的热情，起到良好的作用。

从1978—2005年，全市有一大批书法作品参加全国、全省有关单位举办的书法展览，或在有关报刊上发表，并有不少作品分别获奖或获得荣誉。这些作品主要有：李超杰的作品入选云南省书协举办展览12次；刘文芳的作品入选云南省书协举办展览12次；刘硕勋的作品入选云南省书协举办展览8次；马有樊的作品入选云南省书协举办展览5次；谯人亮的作品入选云南省书协举办展览5次；马骕的作品入选中国书协举办的展览5次、省书展10余次；王自军的作品入选中国书协举办的展览1次、省书展1次。

这一时期，保山市出现了一批治学严谨、德高望重的书法家。老一辈的主要有：张天放、魏兰馨、戈致中、朱志鸿、熊鹤亭、吕荣春、王修邦、唐登岷、杨之儒、王德鸿、邓光耀、段德琅、王启鹏、周中道、李促众、朱照冰、李超杰、刘硕勋、寸发瑜等；中青年（1946—1979年）的主要有：马骕、谯人亮、李明山、丁恒源、杨东林、杨林、李尚义、祝骐、李雄、许国胜、马有樊、饶学兴、刘民仆、杨玉林、赵忠伟、张正玺、王自军、史忠泽、王文荣、张志武、寸现辉、杨刘剑、张成华、杨娅萍、刁国兴、于观明、肖正华、赵国海、章文华、王宝灵、李耀张、刘峻峰、许有庄、王式庄、石明成、赵阳、杨茂森、丁云梅、李家杰、李明保、段文光等；书坛新秀(1980年以后)的主要有：朱绍西、王海江、张文辉、孙丽丽、吴春祥等。截至2005年，保山市书法家协会共有会员72名。

第四节　摄　影

至1978年，保山各县城均建有照相馆，生意较为兴隆。1979年11月，保山春艳照相馆开始筹建，1980年竣工，1980年10月1日正式对外营业，为了满足广大群众对彩印彩扩的需求，投资1.2万元，从上海购置了彩扩设备，使保山的摄影业进入彩扩时代，之后保山地区各照相馆的服务开始逐步从黑白发展彩色。与此同时，照相机等照相器材和相片冲洗、放大制作等照相技术进一步普及，保山地区区直及所辖各县许多国家机关、人民团体、企事业单位特别是宣传、文化工会等部门都购置设备、培训摄影技术人才，开展着非营业性的摄影业务。此外，有人开始游走乡村以照相为业，服务大众。摄影队伍不断壮大之后，摄影展览、比赛开始兴起，有的作品在中央、省、地市有关报刊上发表，摄影在社会中的地位和作用日益加强，保山进入影像时代。

1982年8月，保山地区科普美术摄影创作协会成立。

1986年8月，成立保山地区美术书法摄影协会。1986年，云南省保山市、四川省成都市金牛区、辽宁省盖县三省市、区、县举行美术、摄影联展。在保山展出时，正值国庆37周年。这次联展共展出三省市区县专业和业余美术及摄影作品200多件，内容丰富、题材广泛、风格各异、形式多样。

1989年10月1日，保山地区举办国庆40周年成就展览。1990年12月25日，保山地区摄影家协会正式成立。

20世纪90年代，数码相机逐步取代机械相机，大大降低了摄影技术的门槛，摄影技术得到前所未有的普及，保山与全国同步开启崭新的数字化、大众化的现代摄影时代。摄影不仅成为重要的影像史料保存工具，宣传工具，而且成为一门专门的艺术，成为人们工作和生活不可或缺的一部分。

1999年9月29日，保山博物馆正式建成开馆，内设“史前文化”“哀牢青铜文化”“永昌文化”“滇西抗战”“民族文化”“历代名人”“自然资源”和“五十年建设成就”8个展览大厅，不仅用大量的摄影图片真实系统地再现了保山悠久的历史、灿烂的文化和丰富的自然生态资源，而且为之后开展摄影展览提供了很好的场所。2001年12月保山市文学艺术界联合会摄影家分会成立。同年，保山市举办“人民领袖毛泽东大型摄影展”（吕厚民拍摄）。

2003年6月保山市摄影家协会与隆阳区文联成功举办首届保山·隆阳《今日民族》摄影艺术展，展出的近百幅作品充分展示了隆阳大地各民族平等、团结、进步、繁荣的新气象和民族文化事业广阔的发展前景。

2004年7月1日，市影协举办“人与自然”摄影展。

1978—2005年，全区（市）拍下了许多反映地方政治经济文化、有较高历史价值的珍贵资料照片及风光照片。保山市县两级举办的摄影展览达600余个，仅1988年就先后举办保山地区“文化杯”摄影大赛、“改革开放十年成就展”“保山矿藏、珍稀动植物标本展览”“保山市国庆40周年成就展览”“纪念抗日战争胜利展览”等多个展览。王华沙、阳举文、唐人俊等人的摄影作品多次在国家、省、地、市刊物上发表并获各种奖项。王华沙出版了个人原生态纪实摄影《高黎贡山》。

至2005年，全市摄影家协会会员已发展有400多人，协会按章程定期或不定期开展各种活动。此外，唐人俊、蔡汉晖、陈兆炎、寸守汇、杨经伟、郑宁、赵从文、肖正南、段国栋、王华沙、李东伟、靳建平等还加入了云南省摄影家协会。这一时期，保山市知名摄影家主要有：何志轩、李星光、阳举文、蔡汉晖、王华沙、寸守汇、唐人俊、陈兆炎、陈兆炎、尹照明、傅宗明、黄之瑜、李东伟、毛新安、靳建平、朱平等。

第五节　音　乐

1978—2005年，保山大量的民族民间歌曲得到收集、整理和传承普及；海内外经典的歌曲不断传入保山广泛传唱；保山文化主管部门十分重视繁荣本土歌曲创作和演唱，多次组织词曲培训和保山歌曲大赛，并通过编辑专辑、录制唱片、举办活动等多种途径对保山歌曲进行推介，通过市内外词曲作者的努力，共创作了各类不同风格、不同形式、不同内容的脍炙人口的优秀歌曲数千首，其中传唱最广的当数保山著名音乐家张学文创作的《富饶美丽的潞江坝》，为歌唱保山、宣传保山、继承和弘扬保山民族民间传统文化和社会精神文明建设做出积极的贡献。

这一时期，保山市主要词作者有：赵家华、闵承龙、吴丽佳、杨建赋、乐琪、张绍仁等；主要曲作者有：张学文、吴隆振、张晓平、张庆茂、王瑞强、苏国红、李春贵、杨辉、李新云等。

1978—2005年，保山市音乐主要作品有：《山窝里的小木房》（吴丽佳词，王瑞强、吴隆振曲），《春天里的春天》（赵家华词，张晓平曲），《埃乌的故乡》（乐琪词，张庆茂曲），《春雨》（张绍仁词，苏国红曲），《保山四季春常在》（熊清华词，苏越曲），《刀杆之歌》（胡万才词，李新云曲）。

第六节　舞　蹈

保山民族众多，民族民间舞蹈丰富多彩。1978—2005年，保山对民族民间舞蹈进行了大规模的收集整理，并以民族民间舞蹈为素材，创作排演了大量的舞蹈节目，使舞蹈节目成了专业舞台演出、大型文化活动表演、城乡节庆文化活动和广场舞的主要艺术形式，并有一批舞蹈作品在参加国家、省级的展演赛中获奖。其中：广场大型广场舞蹈表演节目代表作有《永昌钹舞》，参加在云南举办的第三届中国艺术节开幕式表演，并获一等奖。大型舞台节目代表作有大型舞蹈诗《啊！傈僳》，参加云南省新剧目展演获综合一等奖和多项单项金奖，参加全国第二届舞蹈大赛获“荷花奖”银奖。小型舞蹈节目代表作有阿昌族舞蹈《山哥哥》，获全国第四届“群星奖”银奖；彝族男子群舞《簸箕宴》获全国第八届民运会表演项目金奖；布朗族集体舞《草球乐》获全国第十届民运会表演项目金奖；阿昌族男子群舞《阿昌汉子》获云南省第三届歌舞乐展演金奖；彝族男子群舞《跳酒场》获云南省第五届歌舞乐展演金奖。这一时期保山舞蹈创作，不仅对全市文化事业的繁荣发展作出较大的贡献，而且对云南舞蹈事业的创新发展也做出积极的贡献。

这一时期的主要编导有：张建光、马丽娜、周元久、杨庆华、赵风华、岳文香、王瑞娜、王玉梅、姜秋蕾、吴国安、龚志芳、朱绍信、缪烁等。

第七节　戏剧曲艺

1978年，保山地县文工团、文工队相继恢复成立，各县(区)培养了一大批专业和业余的创作队伍。

1981年保山地区代表队参加云南省首届农民业余文艺调演，腾冲扬琴(俗称扬琴调)《夸腾冲》和《滇剧座唱》获优秀节目奖；1982年由李光信、王唯真编剧的大型花灯剧《飞鹰行动》参加省戏曲现代戏调演获优秀节目奖；1985年保山地区代表队参加全省农民文艺调演，由赵立志、周文林、蔡汉晖编剧的花灯剧《女经理招亲》获优秀节目奖，佤族清戏《佤乡人家》(郑晓云编剧)获特别奖；1989年，全省首届群众文化干部文艺表演，腾冲县文化馆选送的由杨作志编剧、李春贵谱曲的扬琴说唱《狼蚜山英军脱险记》获二等奖；1991年云南省举办首届“农垦”杯戏剧小品电视大奖赛，保山地区组队参加，小品《老橡胶》(吴丽佳编剧)获二等奖，小品《咫尺天涯皆有情》(李嵩编剧)获三等奖；1990年，由郑晓云编剧的德昂族山歌剧《红红的咖啡果》参加云南省戏剧调演并获奖，李光信创作的大型花灯剧《佤女漂流记》参加全省花灯剧调演获综合节目奖，并获云南省文学艺术创作奖励基金会戏剧类三等奖。

这一时期的主要作品及编剧：花灯小戏《良种》(闵承龙)、《账单飞来》(闵承龙)、《审大憨》(吴丽佳)、《难瓜》(吴丽佳)、《三岔路口》(刘存金)、《陈老汉住院》(刘存金)；话剧小品《盖章》(闵承龙)、《苦酒》(闵承龙)；相声《讲指》(陈兆炎)，《机器人》；小品《如意号码》(陈兆炎)、《假币风波》(陈兆炎)、《栽在树上的黄金》(陈兆炎)、《老橡胶》(吴丽佳)、《通知单》(吴丽佳)、《母亲》(吴丽佳)、《请叫我一声爸爸》(吴丽佳)、《考验》(刘存金)等。

第八节　影视艺术

1978年之后，保山市主要影视作品有：2集电视连续剧《沉沦的青春》(编剧：周文林、张德尧、杨忠实，中央电视台电视剧制作中心1987年拍摄)；2集电视连续剧《群英救劫女》(编剧：周文林，1990年拍摄)；7集电视连续剧《梁金山传奇》(编剧：杨忠实、赵璧，云南电视台1994年拍摄)；22集电视连续剧《西街女》(编剧：吴丽佳，云南电视台2000年拍摄)；影视剧本《猎神之恋》(编剧：蔡汉晖，刊于《云南戏剧》1988年第四期)；10集电视连续剧本《抗日县长张问德》(编剧：刘正龙，云南美术出版社2003年出版)；影视剧本《孔雀泪》(编剧：杨忠实，民族出版社2003年出版)；电视剧《私人旅馆》(编剧：莽何李，云南电视台1985年拍摄)；上、下集电视剧《树叶吹成歌的山坳》(编剧：吴丽佳，刊于《云南戏剧》)。

第四章　图书群文事业

第一节　图书业

一、图书发行

1966—1976年“文化大革命”期间，图书发行基本上是由新华书店系统和农村基层供销社进行。1977年全区图书销售额仅61万元，人均购书费为0.29元。1978年以后，全区书店在加强城镇图书发行的同时，努力发展农村集镇图书发行网点，出现了多渠道、多层次的图书发行网络。1985年，全区有县（市）新华书店5个，农村集镇门市55个，职工79人，图书发行量790万册，销售额仅249.1万元，人均购书费为1.36元。1978年施甸县新华书店被评为“全国先进单位”。1982年昌宁县新华书店建立农村发行点20处，共发行图书100万册，销售额25万元，被评为“全国先进单位”。1988年，由云南省新华书店统一部署实行承包制，保山地区各书店实行第一轮承包制（三年一轮），此举调动了职工的积极性，售书量、销售额、利润率三大指标逐年上升。1990年7月，腾冲县被评为“云南省新华书店系统先进单位”。

1987—1990年保山地区书店系统基本情况统计表

表35-1

年度	书店（个）	职工（人）	农村网点（个）	固定资产（万元）	销售总额		利润（万元）	其中一般书售	
					万册	万元		万册	万元
1987	5	101	158	51	715	363	18.7	209	152
1988	5	106	187	98	779	457	14.8	263	192
1989	5	106	179	107	795	706	54.1	244	260
1990	5	106	196	131	807	683	25.6	206	276

随着改革开放的深入，图书、报纸、杂志等出版发行政策的放宽，开始出现个体经营的书店，主要从事图书的零售和出租。截至2004年12月底，全市共有出版物零售出租经营网点共133个，从业人员350人，注册资金397.5万元，实现销售收入3014.51万元，上缴税收139.4万元，实现利润250万元。

二、公共图书馆

1978年以前，保山均没有独立建制的公共图书馆。1979—1985年，保山县图书馆、腾冲县图书馆、和顺图书馆、施甸县图书馆、龙陵县图书馆、昌宁县图书馆正式挂牌。1985年，龙陵、施甸、腾冲先后建盖起了新馆舍，其中龙陵1330平方米、施甸800平方米、腾冲1657平方米。1990年，全区有公共图书馆7个，藏书44.1万多册，发放借书证4106个，图书流通19.6万多人次册次。1992年，保山地区图书馆和保山县图书馆舍联合建成，各有馆舍面积930平方米。全区图书馆馆舍面积达到7039平方米。1994年前，保山公共图书馆在业务、服务等发展中无规范统一的标准。1994年开始，文化部制定了公共图书馆达标评估标准，每4年评估一次，每次评估的标准都与时俱进。通过达标评估，推动了保山公共图书馆的有序发展。为彻底改变保山地区公共图书馆的落后面貌，1998年保山地区开始建设"三馆文化中心"。1999年9月，新的保山地区图书馆独立馆舍建成开馆，面积为2700平方米。地区图书馆从老馆舍搬迁后，保山市(县级)图书馆同时拥有独立馆舍，面积为1860平方米。昌宁县图书馆于1999年6月建成，面积为1798平方米。至此，全区图书馆馆舍面积达到11537平方米，办馆条件进一步得到改善提升。1994年、1998年和2003年，文化部3次组织专家组对保山的公共图书馆进行考核评估，全市除和顺馆外均达到了等级馆，其中保山市图书馆被评定为国家地市级三级馆，腾冲县图书馆、隆阳区图书馆、施甸县图书馆、龙陵县图书馆、昌宁县图书馆被评定为国家县级三级馆。1994—2003年，保山图书馆事业实现了从不规范到规范的跨越。

2002年以前，保山公共图书馆主要开展纸质文献服务。2003年开始，文化部在全国省、县级开启了第一个图书馆数字化网络服务项目——全国文化信息资源共享工程。"共享工程"为保山5个县级公共图书馆配置了服务器和电脑各20台，设立了文化共享工程县级支中心，通过网络为读者和乡(镇)文化站提供文化信息服务。2005年又为市图书馆配置了文化共享工程设备。从此，全市除和顺图书馆外的所有公共图书馆均开展了数字化服务项目。截至2005年，全市公共图书馆共拥有计算机近120台，能通过网络开展数字化信息服务工作，年服务读者达30万人次，初步实现了图书馆的现代化服务。2003—2005年，保山图书馆事业实现从传统纸质服务向现代化数字网络服务的跨越。

1999年9月，新的保山地区图书馆新馆建成后，立足全市人民的"大书房"的定位，担负起建立图书与信息馆藏体系，保存地方大众文化，开展知识流通与咨询活动，开发与传播信息情报资源，提供民众教育与文化休闲等公益文化服务等重要职责。至2005年，保山市图书馆服务项目已增至图书借阅服务类、计算机及信息服务类、音像电影服务类、会展赛事培训服务类、文化产业服务类、社会化服务类等六大类以及图书外借室、综合期刊阅览室、阅报室、工具书室、地方文献室、资料室、专家阅览室、专家研究室、领导学习参考室、古籍室、少儿室、新书阅览室、自学室、电子阅览室、音像资料室等30多个服务项目；当年共办证7000多个，全年读者量超过12万人次，外借量和阅读量超过14万册次。

1984—1994年间，保山公共图书馆总馆舍面积不超过7000平方米，总阅览座席不超过500个，年总经费不超过50万元，年总专项购书经费不超过10万元，总馆藏不超过20万册，外借册次不超过5万册次，年服务人次不超过8万人次，年活动人次不超过1万人次，分馆建设为零。

至2005年，保山公共图书馆总馆舍面积增加到15984平方米，总阅览座席增加到1500个，年总经费增加到264.08万元，年总专项购书费增加到23.1万元，总馆藏量增加到36万册，外借册次增加到28万册次，年服务人次增加到40万人次，分馆达30多个，从业人员共59人。

特别值得提及的是和顺图书馆。和顺图书馆的前身“阅书报社”成立于1924年。1928年正式命名为和顺图书馆。几经历史的变迁，1980年，和顺图书馆正式纳入国家建制。1998年，于主馆屋后增建钢混结构藏书楼，名为“藏珍楼”。1999年，再次把占地面积扩大为5577. 34平方米。随着腾冲旅游业的不断发展，特别是2005年，和顺被评为中国十大魅力名镇并获年度大奖，和顺图书馆又是和顺的魅力之最，慕名而来的海内外游客越来越多，年接待读者1万人次，接待游客7万人次。不少党和国家领导人前往参观。2005年，和顺图书馆有各类藏书8万余册，其中珍本图书达20000余册。收藏有《九通全书》木刻版、《武英殿聚珍丛书》《四部丛刊》影印版、《二十四史》木刻版、《续藏经》影印版、《道光云南通志》木刻版、《光绪云南通志》木刻版、《杨升庵全集》木刻版等珍贵古籍。还收藏有包括《万有文库》《世界文库》《新民丛报》《新青年》等大量珍贵的民国文献以及李根源《曲石丛书》、寸开泰《八十一株梅花馆诗文集》、李曰垓著《天地一庵诗集》等珍贵地方文献。是一个名副其实的珍贵文献宝库。和顺图书馆的是由华侨带头创建起来的，在珍贵馆藏中，一半以上的图书是华侨捐献的。和顺图书馆发挥自己的优势，不仅收藏了大量珍贵图书，而且还收藏了包括胡适、王云五、熊庆来、李根源、廖承志、钱伟长、周谷城、楚图南等一大批名人学者的题词手稿，和顺图书馆已成为全国珍藏名人手稿最多的侨乡图书馆。

第二节　节庆文化活动

1978年改革开放后，随着保山市经济、文化的不断发展，人民物质文化生活逐步改善，群众文艺活动日趋活跃。为适应城市建设、对外贸易和旅游活动开展的需要，政府及相关企业举办的各类大型文化活动也越来越频繁。这些大型文化活动的开展，对宣传保山，促进全市各项事业的发展，繁荣群众文艺创作，培养文化艺术人才，增强凝聚力，构建和谐社会，起到了不可替代的作用，既推动了保山文化艺术的繁荣发展，又推动了保山经济社会发展，提高了保山的知名度。

全区（市）定期举办的大型文化活动有：中国保山端阳花市、中国腾冲火山热海艺术节、中国保山澜沧江啤酒狂欢节、第二次世界反法西斯战争中缅印战区——中国滇西抗战国际文化旅游观光节、龙陵县民族艺术节、施甸县春节联欢晚会、各县（区）元旦春节联欢晚会、芒宽乡彝族火把节、潞江乡傣族泼水节等。

1978—2005年，全区（市）在不同时期组织开展了许多大型文化活动，主要的有：

1978年10月，保山地区首届专业文艺会演。

1982年12月，保山地区首届少数民族文艺会演。

1984年1月，保山地区第二届少数民族文艺会演；端阳节期间，县级保山市政府举行一年一度的传统端阳花街，提出“花街搭台、经济唱戏”的办节思想。这一年的花街规模比往年更大，内容更加丰富，时间也由原来的一天改为3天。同时，施甸县政府在县城举办第一届端阳花木展销会。这是新形势下保山举办大型节庆文化活动并将文化活动作为推动地区经济发展的新手段的开始。此后，“花街搭台，经济唱戏”被延展为“文化搭台，经济唱戏”，成为这一时期保山大型节庆文化活动的一个显著特点。

1987年，保山地区首届民族民间文艺调演。

1988年7月，保山地区首届残疾人文艺会演。

1989年8月，保山地区第二届专业文艺会演。

1990年1月，保山地区第三届少数民族文艺会演。

1991年，保山地区首届民族文艺体育表演比赛大会。

1992年3月，龙陵县首届民族民间艺术节；5月，保山地区地市直“五四”文化周系列活动。

1993年12月，保山地区纪念毛泽东诞辰100周年系列活动。

1994年保山地区再次掀起举办大型节庆文化活动的高潮：1月，保山地区举办首届“烟草杯”业余文艺会演及体育比赛；4月，举办中国腾冲首届翡翠商贸交易节；5月，举办保山地区首届戏剧小品比赛；6月，保山地区行署首次组织举办保山端阳花市，第一次把保山端阳花市由保山市“市办”升格为“地区办”，盛况空前，开幕式表演达21个方队3000余人，举行“永昌雄风”大型文艺表演。之后保山端阳花市进入了“地区主办，县市承办”的时期；9月，保山城区举办庆新中国成立四十五周年历史革命歌曲演唱会；年内，腾冲县举办了“中国腾冲首届翡翠商贸交易节”。

1995年5月，保山地区纪念抗日战争胜利50周年系列活动。

1996年5月，云南省第四届滇西艺术节开幕式大型文艺表演“丝路花潮”。6月，保山地区举办“云南省第四届滇西民族艺术节”。

1997年4月，腾冲县“三通”庆典暨商贸交易节开幕式大型文艺表演。

1999年9月，保山地区庆祝新中国成立五十周年系列活动，大型文艺表演“祖国颂”；12月，保山地区庆澳门回归，迈向新世纪大型游园暨文艺演出活动。

2000年1月，保山地区民族民间歌会；4月首届中国腾冲火山热海艺术节开幕式大型文艺表演。

2001年，保山举办了保山市首届民族民间歌会“永昌歌会”；8月，保山地区撤地建市大型文艺活动；8月，芒宽乡彝族火把节开幕式。

2002年6月，保山端阳花市暨西南六省市长联席会大型文艺活动。

2003年9月，首届中国保山澜沧江啤酒狂欢节大型文艺表演及系列活动；保山市歌、舞、戏大赛；10月，昌宁县建县70周年大型文艺表演“澜沧江之魂”。

2004年6月，保山市端阳花市开幕式大型文艺表演“丝路飞花”；8月，保山市纪念邓小平诞辰100周年文艺晚会；9月，保山市纪念滇西抗战胜利60周年歌咏比赛；10月，保山市少数民族体育运动会开幕式大型文艺表演。

2005年，施甸县打造出反映布朗族风情文化的大型民族歌舞《金布朗》。

这一时期，保山采取由政府直接主办，文化与企业联姻的办法，办出了特色和效益，使保山节庆文艺活动出现了前所未有的高潮，大量文艺作品不断推出，民族民间文化艺术得到大范围挖掘整理和利用，文化艺术出现了全新的繁荣发展局面，文化在保山经济社会发展中的地位和作用日益显现。

第三节 其他群文活动

保山市“三馆广场”建成后，承载了许多重大节庆和庆典活动。如：庆祝澳门回归、庆祝建党80周年、全国64个城市市长联席会开幕式、云南省兰艺博览会开幕式、澜沧江啤酒狂欢节、保山民间歌舞乐大赛、中国南方丝绸古道商贸旅游节等。自2000年6月起开始启动广场系列文化活动。由于党委、政府高度重视，社会各界热心关注和支持，活动越办越红火，取得了非常好的社会效果。各类文艺活动、文化活动和免费广场电影交替进行，热闹非凡。至今已组织广场演出200余场，免费放映电影88场，观众达40余万人次。广场活动极大地丰富了广大市民的业余文化生活，也为机关、企事业单位宣传自我、树立形象、展示风采，提供了很好的平台。特别是每天早晚健身操活动的开展深受广大群众的喜爱。

社区文化是城市群众文化工作的立足点和文化事业发展的基础工程之一。2002年5月保山市启动社区划分工程，全市有31个社区，其中隆阳区13个，施甸县2个，腾冲县8个，龙陵县4个，昌宁县4个。并按区划成立了31个社区艺术团，主要由中、老年人组成，共计1240人左右。艺术团经常开展各种演出、比赛活动，部分自编自创的节目还参加了全省社区文艺调演并获奖。具有代表性的活动有“社区文艺调演”“永昌镇全民健身活动周体育运动会”“社区风采”等。

全市31个社区，已实施老年星光计划6个，分别是隆阳区东门社区、北关社区、龙泉社区、南关社区、王官社区、明强社区。基础设施按省“星光计划”标准建成医疗保健室、书法绘画阅览室、文体娱乐室、日间照料室、健身室和老年学校，并有一块室外活动场，配有录音机、电视、电话机，各室均有相关设备器材和不少于1000册的图书。

第五章　文　博

20世纪50年代，保山文化部门征集过一些文物。此间，没有开展过系统科学的文物调查和管理工作，在“大跃进”“文化大革命”等运动中，保山文物古迹遭到了严重破坏。1981年冬春，保山作为全省试点地区进行了文物普查，新发现文物点100多处（包括古生物化石点、石器遗址、古城址、墓葬、建筑、驿道、碑刻等），采集、征集和试掘出土各类文物613件。这是保山文物工作的一次全面性突进。

20世纪80年代中期，保山文博工作进入了持续发展阶段。1995年，地、县均建起文物管理所或博物馆，并建立、恢复邓子龙、李根源、艾思奇和国殇墓园等纪念馆，有了一支近40人的专职文博干部队伍，广泛收集社会流散文物，积极开展田野考古调查工作和学术研究活动，有效担负起全区文物古迹的管理工作。已发现地上地下文物点近400处，清理、发掘了古遗址、古墓葬14处，申报、公布了省级文物保护单位9项，县(区)级109项，两座历史文化名城，馆藏文物增加到近1万件。在省以上刊物发表了大量学术文章，出版了全国第一部由地区为主编撰的考古专著《保山史前考古》及云南省地州级文博机构工作人员撰写的第一部民族考古专著《哀牢文化研究》。

“九五”后，保山文博事业进入蓬勃发展阶段，新建了保山市博物馆和腾冲县博物馆，创建了云南第一个民办博物馆——滇缅抗战博物馆。文博工作人员增加到72人。文物分布点增至500多处，馆藏文物达21525件。申报、公布国家级重点文物保护单位2项，省级增至19项，市级19项，县（区）级80项，还有5个市级历史文化名乡（镇）。维修了大批地面文物，形成了50余处文物旅游景点景区，并取得了良好的社会、经济效益。先后进行8次勘探性、抢救性清理和发掘工作。出版了学术专著《哀牢国与哀牢文化》，并由保山地区新闻中心和博物馆合编出版图录《中国远征军滇西大战》，发表了一批学术研究论文。

第一节　保山文物古迹述略

1992年，在隆阳区羊邑煤矿调查收集到距今800万～400万年的古猿化石，是保山文物工作史上的一项重大发现。这一发现填补了由猿向人进化锁链的一大空缺环节，并证明了在云南不但滇中，滇西保山也是人类起源地。

旧石器遗址已发现6处，均分布于怒江东岸怒山尾翼各盆地边缘。首先发现并经正式发掘过的蒲缥坝塘子沟遗址，出土7件人类化石和2300多件石、骨、角、牙器、动物化石标本、植物果核化石以及碳化树根，工具器物群具有鲜明的地方特征。其他5处遗址出土各类标本近千件，文化内涵和特征均同于塘子沟。老虎洞遗址距今18403±1181年，塘子沟遗址距今7000多年。这种既有鲜明特征，又有相当分布范围和存在时期的旧石器晚末期文化被统称为“塘子沟文化”，是云南继元谋人文化之后建立的第二个旧石器时代考古学文化。

新石器分布地点已发现100余处，其中有内涵清晰的遗址25处，发掘过4处，共出土和采集各类标本约4000件。新石器的类型分属五种。第一种近似永平新光类型，分布于保山坝、潞江坝和龙川江上、中游等地，石器以磨光梯形条形斧、锛、长方形石刀、柳叶形石镞为典型器物，陶器有罐、盆、钵、瓮、釜、碗、鼎、豆等，大多平底，少数圈底，个别圜底。第二种同于云南澜沧江中、下游的忙怀类型，分布于隆阳、昌宁澜沧江西岸，施甸、龙陵怒江两岸和腾冲东南部，各遗址都发现大量打制双肩石铲和少量磨光石器，陶器颇多；龙陵大花石遗址出土的2400多件实物标本证明早、中期使用石器，晚期已出现铜器，并发现了房屋遗迹和石堆墓葬，是一种特色显著的地方性考古文化。第三种是仅见于保山蒲缥、施甸太平、姚关等河湖台地的湾子铺松山类型，以大量同于塘子沟的单平面砾石手锤等为典型器物，并有极少数磨制条形石斧和工艺原始的陶器。第四种同于滇东南的小河洞类型，以规整的磨光双肩石斧石锛为代表性器物，五县（区）古代越人（傣族先民）住区都有出土。第五种是分布于龙陵和德宏州南部的木城马鞍山类型，以大量磨光长柄窄弧肩斧和石矛为典型器物，并有相似相同于前三类的石、陶器。以上五类新石器时代距今6000～3000余年。

全市已在50多个地点出土青铜器数百件。器类包括生产工具、兵器、生活用具和礼乐器四大类，其中形态特异的一些器物已引起省内外学术界的浓厚兴趣，如：有人物、动物雕饰的万家坝型铜鼓、人面纹大弯刀、鞍顶束腰大铜盒、弧凹面山字脚架铜案、靴形和倒伞形不对称刃面大铜钺等。以上青铜器所处之时代，早者出自大花石、南林山等铜石并用遗址，晚者时当西汉，前后延续1300多年。

不韦县和永昌郡治所在地保山坝，发现汉晋时代的遗址、遗迹和墓葬颇多。位于保山诸葛营的古城址，周围保存高大的夯土城墙，城址内外发现大量汉晋时代的砖、瓦和夯土台基、搪盖石地面。城北龙王塘发现东汉中平年延至唐代的建筑遗址。东北部金鸡村有蜀汉名臣吕凯守土御敌的一批遗迹。城西南的诸葛堰是云南省较早的人工水利建筑工程之一。城南汪官营村至小汉庄一带的蜀汉墓葬群，除出土大量纹饰砖、纪年砖和陶质用具外，还各有一批陶塑禽畜、摇钱树座、仓楼和陶堰，并出土了古南亚人形象和土著民族越人形象的陶俑。在城北郎义村发现了汉晋石室画像砖墓，砖侧雕饰棱形纹和鹤、马等动物图像。

唐（南诏）宋（大理）元时代的主要文物遗存为：一批古城址（如永昌府城、腾冲西源城），一批佛教建筑或遗址（如隆阳卧佛寺、哀牢寺、腾冲大佛寺、黑塔寺、金轮寺），一批与阿吒力教有关的火葬墓。元明清以后滇西边区战事频繁，有不少重要的相关遗迹。其中一类是抵御外敌的靖边卫国战争遗迹。如：元至元年间缅蒲甘王朝大军入侵被我击败，俘获战象二百多头就地喂养遗下的石刻象槽群；明正统年间麓川叛乱，兵部尚书王骥平叛时双方对峙于怒江两岸所存兵营遗址；万历年间缅洞吾王朝大军入侵被我击败后，明将邓子龙在姚关建造的镇姚所城、恤忠祠及碑记；清光绪初年击败英国入侵队伍的南甸左营都司李珍国墓；光绪中期在反击入侵英军血战中壮烈牺牲的威武将军、腾冲镇守左孝臣墓；抗日战争滇西战役主战场遗址，由数千烈士冢、纪念塔、忠烈祠组成的国殇墓园和为抗日捐献白银万两、飞机1架、汽车80辆，并捐资建造怒江惠通桥的爱国侨领梁金山故居与墓葬等。另一类是历代革命起义遗迹。如：杜文秀故里、回民起义作战遗址、辛亥革命永昌起义、腾越起义诸英烈墓葬等。遍布全区的现存古建筑物以明清时代的建筑为最多，其次为古道桥梁（如架设三江的各地古桥）、衙署（如潞江安抚司署的部分建筑）、教育（如府、县文庙）、文化（如城乡古戏台）、民俗（如宗祠、会馆）等建筑物。明清遗存有重要文物价值的碑碣、石雕、摩崖题刻百余项，代表性的如保山市存重建永昌府上谕碑、金齿军民指挥使司庙学记碑、功勋卓著的金齿司指挥使、左参将胡琛、胡志父子墓碑、观音宝相石刻、兰津渡普陀岩摩崖题刻；腾冲一批记有该县经济、文化、民族、地震等史实的佛寺修建碑、布告碑、圣旨碑、洞经会碑、傈僳族墓碑、汪家寨佤族碑和龙光台碑刻群；施甸县姚关一批记有邓子龙靖边卫国战争史实的石碑和摩崖题刻等。

上述文物古迹，大多与少数民族有关。石器、青铜器以至唐宋元火葬墓、石棺墓纯属当地土著民族文化遗存；蜀汉墓葬中出土有少数民族形象陶俑；现存明清文物中有为数不少的傣族、傈僳族、回族、德昂族、布朗族、佤族项目，如官署、官印、寺院、墓葬、碑刻、壁画等；在一些少数民族聚居的乡村，至今仍保存着许多古老的传统农牧渔猎和手工业生产工具，以及有关衣食住行、生老病死特殊习俗的器物。

第二节　博物馆馆藏文物

保山市博物馆建成开放后，作为一个综合性地方小型博物馆，系统地展现了保山的历史文化，已成为对外宣传的重要窗口，并显著地推进着保山市爱国主义、革命传统、科技等宣传教育以及地方史、民族史的研究。1995年，保山地区馆藏文物增加到近1万件。2000年年底，保山地区馆藏文物增加到近21525件。

2000年保山地区馆藏文物统计表一

表35-2

单位名称	总数	一级	二级	三级	化石	石器	碳化稻米	陶器	铜器	金银玉器	铁器
保山市博物馆、文管所	4965	8	3	30	362	363	—	287	207	61	—
隆阳区文物管理所	52	—	—	—	—	—	—	17	—	—	—
腾冲县文物管理所	3047	1	2	56	—	51	—	84	125	—	37
龙陵县文物管理所	1149		2	10	—	751	—	52	138	—	—

续上表

单位名称	总数	一级	二级	三级	化石	石器	碳化稻米	陶器	铜器	金银玉器	铁器
昌宁县文物管理所	5179	3	7	8	11	44	1	8	99	—	1
施甸县文物管理所	1172	—	1	2	727	334		23	44	—	—
李根源旧居管理所	196	—	—	—	—	—	—	—	—	—	—
国殇墓园管理所	80	—	—	—	—	—	—	—	—	—	—
艾思奇管理所	685	—	—	—	—	—	—	—	—	—	—
滇缅抗战博物馆	5000	—	—	—	—	—	—	—	—	—	—
合　计	21525	12	15	106	1100	1543	1	471	613	61	38

注：1.碑刻含分布在各县（区）野外的文物碑碣总数；2.碳化稻米为7千克

2000年保山馆藏文物统计表二

表35-3

单位名称	铝器	古钱币	瓷器	象牙器	竹木器	书画	纺织品	抗战文物	民族文物	文房四宝	文物碑刻	其他
保山市博物馆文管所	—	2884	110	6	26	118	—	254	259	6	22	—
隆阳区文物管理所	—	—	—	—	—	—	—	—	—	—	35	—
腾冲县文物管理所	—	1681	48	7	16	592	53	—	—	—	20	333
龙陵县文物管理所	—	—	40	7	16	56	13	67	—	—	9	—
昌宁县文物管理所	1	5000	4	—	4	—	—	—	—	—	5	1
施甸县文物管理所	—	—	15	—	—	—	—	—	13	—	14	2
李根源旧居管理所	—	—	—	—	—	—	—	—	—	—	57	139
国殇墓园管理所	—	—	—	—	—	—	—	71	—	—	9	—
艾思奇管理所	—	—	—	—	—	—	—	—	—	—	—	685
滇缅抗战博物馆	—	—	—	—	—	—	—	5000	—	—	—	—
合　计	1	9565	217	20	62	766	66	5392	272	6	171	1160

第三节　文物保护单位

县（区）级：在经过文物部门的认真调查、材料整理和申报、评审的基础上，各县（区）分批核准公布了县（区）级文物保护单位。

1984年，保山市（县级）公布第一批县级文物保护单位18项，腾冲县公布第一批县级文物保护单位8项；1986年，龙陵县公布第一批县级文物保护单位2项；1987年，施甸县公布第一批县级文物保护单位16项，昌宁县公布第一批县级文物保护单位6项；1988年，保山市（县级）公布第二批县级文物保护单位26项，腾冲县公布第二批县级文物保护单位15项，龙陵县公布第二批县级文物保护单位5项；1991年，昌宁县公布第二批县级文物保护单位2项；2003年，腾冲县公布第三批县级文物保护单位5项。

市级：2001年，因保山撤地改市，成立了保山市人民政府，可以核准公布文物保护单位。在经文物部门的认真调查、材料整理和申报、评审基础上，2005年保山市人民政府核准公布第一批市级文物保护单位19项。

省级：在经过文物部门的认真调查、材料整理和申报、评审的基础上，云南省人民政府分别于下列年份核准公布了保山的省级文物保护单位：1983年，保山地区的兰律古渡及霁虹桥、《恤忠祠记》碑及恤忠祠被核准公布为第二批省级文物保护单位。1987年，保山地区的杨振鸿墓、塘子沟遗址、艾思奇故居、张文光墓被核准公布为第三批省级文物保护单位。1993年，保山地区的双虹桥、西山坝南诏城址、惠通桥被核准公布为第四批省级文物保护单位。1998年，保山地区的腾冲文庙被核准公布为第五批省级文物保护单位。2003年，保山市的光尊寺、李根源故居、英国领事馆被核准公布为第六批省级文物保护单位。

国家级：在经过文物部门的认真调查、材料整理和申报、评审的基础上，国务院分别于下列年份核准公布了保山的国家级文物保护单位。1996年，保山地区的腾冲国殇墓园被核准公布为第四批国家级重点文物保护单位。2001年，保山市的汉庄城址被核准公布为第五批国家级重点文物保护单位。

截至2005年年底，保山市共有国家级文物保护单位2项，省级和市级文物保护单位各19项。

此外，各县（区）级文物保护单位名录如下：

隆阳区：28项（第1～2批）：状元楼、官坡石砌古驿道、高黎贡山石砌古驿道、将台寺新石器遗址、彭蕡墓、太保公园碑林、吕凯故里石表、龙王塘石刻、芒棒村驿站告示碑、滇西阵亡将士纪念碑、河图顺龙寺（含碑刻）、栖贤山报恩寺（含碑刻）、金鸡村古戏台、金鸡寺（含碑刻）、永昌府学大成殿、梨花坞慈云阁、宝山寺（含碑、墓）、潞江安抚司憩娱楼、龙王塘旧石器与唐宋建筑遗址、哀牢寺遗址、卧牛寺观音宝像石刻、重修九龙池沟道记碑、水头村张氏宗谱地界碑、潞江老城石刻象槽群、轮放大海子水规记碑、大理会馆（含碑刻）、迤东会馆（含碑刻）、白鹤观。

施甸县：10项（第1批）：火星山遗址群、新华松山遗址、狮子山遗址、沙沟团山窝遗址、遂通桥、戒月庵、土主庙、西竺庵、观音寺、段家播墓。

腾冲县：22项（第1～3批）：观音庆墓、太平铺烽火台、“宝峰仙境”石坊、重修宝峰山佛殿碑记、宝峰山摩崖石刻、和顺元龙阁、左孝臣墓、马家村回民起义作战遗址、响水湾遗址、李珍国墓、石墙抗日战士冢、腾越华严寺、腾越万华馆、桥街龙江桥、来凤山火葬墓群、傈僳族余氏孺人墓、腾越水映寺、来凤寺、罗密城遗址、罗古城遗址、小龙井坡遗址、来凤山抗日作战遗址。

龙陵县：5项（第1～2批）：乐善庵遗址、船口坝遗址、豆地坪遗址、三江口遗址、马鞍山遗址。

昌宁县：4项（第1～2批）：鸡飞温泉、右甸古城墙遗址、姚家坡烈士陵园、文笔塔。

保山市国家级重点文物保护单位一览表

表35-4

编号	所在地	保护单位名称	类　别	时代（年）	是否开放	简　要　说　明
1	腾冲县腾越镇	国殇墓园	近现代史　迹	1945	是	是中国和东南亚规模最大的抗日烈士陵园，也是凭吊、旅游的热点景区
2	隆阳区汉庄镇	汉庄城址	古遗址	汉　晋	是	是云南省现存规模最大、保存最完整的汉晋时期古城遗址。2005年国务院批拨100万元专项保护经费

保山市省级文物保护单位一览表

表35-5

编号	所在地		保护单位名称	类　别	时代（年）	是否开放	简　要　说　明
1	隆阳区	水寨乡	兰津渡及霁虹桥	古遗址、石刻	汉、明	是	是西南丝绸之路澜沧江桥渡，霁虹桥是世界上时代最早规模最大的铁索吊桥
2		永昌镇	杨振鸿墓	近现代史迹	民国	是	杨振鸿是辛亥革命永昌起义的领导人，墓葬是隆阳区旅游景点
3		永昌镇	太保山玉皇阁	古建筑	明	是	是保山规模宏大、保存很好的明代道教建筑，是风景名胜之地
4		蒲缥镇	塘子沟遗址	古遗址	旧石器时　代	是	是保山发现的内涵丰富的有地方特色的旧石器时代晚期遗址
5		芒宽乡	双虹桥	古建筑	清	是	跨于怒江上，是西南丝绸之路上的重要通道
6		永昌镇	光尊寺	古建筑	唐至清	是	是保山现存规模最大的儒、释、道三教合一的古建筑群
7	施甸县	姚关镇	《恤忠祠记》碑及恤忠祠	石刻、古建筑	明	是	碑文记述明将邓子龙抗击缅酋及平叛经过，恤忠祠及各军事遗迹是进行爱国主义教育的重要基地，也是施甸风景名胜

续上表

编号	所在地		保护单位名称	类别	时代(年)	是否开放	简要说明
8	腾冲县	和顺镇	艾思奇故居	近现代史迹	1911年	是	是著名哲学家艾思奇家园，也是腾冲旅游的热点之一
9	腾冲县	腾越镇	张文光墓	近现代史迹	1923年	是	是辛亥革命腾越起义主要领导人张文光之墓
10	腾冲县	和顺镇	和顺图书馆	近现代史迹	1928年	是	被称为“中国乡村第一图书馆”，是腾冲旅游热点之一
11	腾冲县	腾越镇	西山坝南诏城址	古遗址	唐	否	是云南境内保存完好的南诏（唐代）古城址
12	腾冲县	腾越镇	腾冲文庙	古建筑	清至民国	否	是保山保存较完好、规模较大的古建筑群
13	腾冲县	腾越镇	绮罗文昌宫	古建筑	明、清	否	保存较好，建筑设计仿孔庙规制，反映了儒、道并存的特色
14	腾冲县	腾越镇	李根源故居	近现代史迹	1947年	是	是著名革命家、爱国民主人士和文史学家李根源在腾冲的故居
15	腾冲县	腾越镇	英国领事馆	近现代史迹	1921年	否	建筑为较典型的西洋风格，是清末英帝国主义侵犯中国及抗战时日军肆虐腾冲和中国收复国土的见证
16	腾冲县	腾越镇	滇西军都督府及叠园集刻	近现代史迹	近代	是	是辛亥革命腾越起义胜利后军都督所在地，建筑保存较完好，有腾冲县内最大的照壁及名人书法98方石刻
17	龙陵县	腊勐乡	惠通桥	古建筑	1935年	是	跨于怒江上，爱国华侨梁金山捐建，日寇进攻时，我方切断该桥阻敌东进。后为滇西反攻战的起点和战时物资运输枢纽
18	龙陵县	腊勐乡	松山战役遗址	近现代史迹	1942至1944年	是	保存了较完好的军事遗迹（包括地堡、交通壕、战壕等），是滇西抗战重要的地面证据，也是进行爱国主义教育的重要基地，并已成为旅游景区
19	龙陵县	龙山镇	龙陵日军侵华罪证遗迹	近现代史迹	1942年	是	多处遗迹见证了日本侵华的罪行，是爱国主义教育的直观教材

保山市市级文物保护单位一览表

表35-6

编号	所在地		保护单位名称	类　别	时　代	是否开放	简　要　说　明
1	隆阳区	河图镇	打渔村玉皇阁（含碑刻）	古建筑	清	是	是保山保存较完整的道教古建筑，其建筑风格与太保山玉皇阁相类似
2		永昌镇	腾阳会馆（含碑刻）	古建筑	清	否	是保山仅存的几个古代会馆之一，建筑技术精湛，是研究保山古代贸易发展史的重要物证
3		永昌镇	保山县文庙先师殿	古建筑	明	是	保存良好，是研究地方文化教育事业发展的重要物证
4		永昌镇	永昌府城仁寿门（含城墙残垣）	古建筑	明	是	是永昌府城八道城门中唯一保存下来的古城标志性建筑
5		蒲缥镇	梁金山故居（含梁金山墓）	近现代史迹	民国至当代	是	著名爱国侨领梁金山的家院，三院故居呈“品”字形排列，具有地方传统建筑特色，保存较好，可作为爱国主义教育基地和旅游景点
6		汉庄镇	汉营东岳庙	古建筑	清	否	该建筑群规模较大，是保山城南重要的宗教建筑
7		汉庄镇	张志淳墓	古墓葬	明	是	张志淳是保山历史上最有影响的政治家和学者，其墓规模宏大，规格很高
8	腾冲县	猴桥镇	得胜硐	古建筑	清	否	是腾冲境内保存较完整的清代防御工事，对研究清代边境军事设施有重要作用
9		腾越镇	护珠寺	古建筑	元至清	是	是腾冲境内著名的佛教寺院，抗战期间曾作为20集团军司令部，风景秀美，为腾冲胜境
10		腾越镇	太极桥	古建筑	1913年	是	由张文光创建，桥与周围环境互相辉映，是腾冲城郊第一胜境，著名旅游景点
11		清水乡	镇夷关石桥及古驿道	古建筑	清	否	石桥跨大盈江，是腾冲境内现存时代最早的石拱桥，桥及古驿道是由腾至缅甸的重要通道
12		腾越镇	198师攻克腾冲阵亡将士纪念塔	近现代史迹	1944年	是	为纪念滇西反攻战腾冲围歼战而牺牲的54军198师156名阵亡将士而建，是进行爱国主义教育的直观教材
13		腾越镇	药王宫	古建筑	明至清	否	建筑极富特色，平面呈一葫芦形状，是保山唯一祀唐名医孙思邈地
14	施甸县	甸阳镇	施甸长官司	古建筑	元至清	是	长官司在元至清300余年中管理着澜沧江以西、怒江以东大片区域，对研究边疆发展史、民族史有重要的历史价值，环境优美，官衙特征明显，是施甸重要的旅游景区
15		怒江东岸6乡	施甸抗日江防遗迹群	近现代史迹	1942至1944年	否	日军1942年侵占滇西，与我隔江对峙两年多，遗迹群保存完好，是研究滇西抗日防御线的可靠物证，也是爱国主义教育的直观教材

续上表

编号	所在地		保护单位名称	类　别	时　代	是否开放	简　要　说　明
16	龙陵县	河头乡	烧炭田坡遗址	古遗址	新石器时　代	是	是迄今所知龙川江流域规模较大、文化堆积较为丰富的遗址，是龙川江流域远古文化的代表
17	龙陵县	勐糯镇	大花石遗址	古遗址	新石器至青铜时　代	是	是云南省独见的一种新石器文化类型，也是迄今云南最早的青铜文化遗址
18	昌宁县	大田坝乡	白沙坡战国西汉墓地	古遗址	战国至西　汉	是	是云南澜沧江以西发掘过的较大的战国西汉墓群，出土200多件青铜器
19	昌宁县	右甸镇	勐廷清真寺	古建筑	清	是	建筑具典型的汉式风格，是回汉文化交融的象征，寺内保存较多伊斯兰教文物，对研究昌宁伊斯兰文化的起源和发展有重要价值

第四节　文物普查与田野考古

1981年秋，保山县抽调59人正式开展文物普查。先后一个多月，在蒲缥发现新、旧石器遗址各1处，在金鸡发现新石器遗址2处，在诸葛营发现汉代古城址1处。新发现文物点100多处（包括古生物化石地点、石器遗址、古城址、墓葬、建筑、驿道、碑刻等），采集、征集和试掘出土各类文物613件。之后，保山先后开展了以下文物专题调查：南方丝绸之路永昌古道专题调查、滇西抗战专题调查、怒江流域史前文化调查、龙川江流域史前文化调查、配合基本建设的考古调查、发掘。

20多年间，保山坚持国家文物局确定的“保护为主、抢救第一”的文物工作方针，并遵循“考古发掘要配合做好大型基本建设项目的考古勘探、调查、发掘工作”的原则而开展田野考古工作。五县（区）文管所为配合做好公路建设，铁路建设，水电建设项目中的文物保护工作，先后开展了保山汪官营蜀汉墓、腾冲来凤山元明火葬墓群、保山蒲缥塘子沟旧石器遗址、昌宁营盘山新石器遗址勘探、保山清水沟古猿化石出土地、保山白塔元明火葬墓群、保山白塔东汉砖室墓、龙陵大花石新石器遗址、腾冲西山坝古城址、昌宁大田坝坟岭岗青铜墓地、保山诸葛营古城址、陶官火葬墓群、张志淳墓、保山蒲缥蒲阳寺等30多项遗址的调查、发掘与研究等工作。

第六章 非物质文化遗产

第一节 民族民间传统文化

保山民族民间传统文化总体上可分为传统农业文化、居住文化、服饰文化、饮食文化、社会文化几个方面。

农业文化 传统种植、养殖方式与其他地方大致相同。

居住文化 既有半地穴式房、椏叉梁架房、木垛房等古老民族建筑形式，也有“四合院”“三坊一照壁”“走马串角楼”等汉式建筑形式。

服饰文化 既有独特的花纹图案，又有精美流畅的刺绣，往往一种图案有一个故事，一种装饰有一种寓意，如昌宁的苗族服饰，腾冲、龙陵的傈僳族服饰等。

传统饮食文化 保留着大量独具地方民族特色的食品、吃法，至今仍然受到当地群众和国内外游客的喜爱，如昌宁县的肴酒、尼诺茶、油鸡纵以及“烤罐茶”饮茶方式；施甸县的年猪饭、腌腊系列、雕梅；龙陵县的软糯笋、干(腊)腌菜、龙眉茶；隆阳区的绿心豆、河图大烧、下村豆粉、金龙面条、八大碗；腾冲县的饵丝、大救驾(炒饵块)、土锅子、头脑、三滴水宴席、大薄片等。

节庆文化和民俗文化 如傈僳族“刀杆节”、彝族“火把节”、傣族“泼水节”、阿昌族“窝罗节”、苗族“花山节”；布朗族和阿昌族的婚礼习俗；傣族花棍和傈僳族“嘟哒哒”体育习俗；苗族和回族的丧葬习俗等也是绚丽多姿、琳琅满目。

民族民间口传文化 有《月罕卓与冒弄央》《九隆的传说》《独眼将军邓子龙》《鸡冠山的传说》《护珠寺的传说》《沵勺佛寺的传说》《遮帕玛与遮米玛的传说》《梁金山的传说》等一大批生动、美丽的故事和传说；有“早烧日头晚烧雨”等成百上千条民间谚语，“公鸡摆头——摇冠(姚关)”等数千条民间歇后语；傣族的《金孔雀》、汉族的《阳温暾小引》、傈僳族的《过年调》《盖房调》等一大批叙事长诗仍在民间口口相传。千百年来，保山各民族都有传唱山歌、小调的传统。汉族、布朗族、彝族等各民族都有出名的民间“山歌大王”“山歌老虎”，全市共收集整理的各民族山歌小调达数千首之多。此外还有口弦、鼻笛、笛里图、阿恰决列、葫芦四弦琴、小琵琶、小三弦等乐器；苗族芦笙舞、打歌、太平箫吹奏；德昂族水鼓舞、八步舞、敬酒歌；阿昌族“蹬窝罗”舞蹈及竹哨、吹鸡草等简易乐器；布朗族葫芦笙、竹笛、小三弦等特色乐器；佤族濒临灭绝的佤族清戏；白族冬会舞、“打跳”舞；汉、彝、白、阿昌、布朗等各民族的《赶马调》《蜜蜂爱采花芯芯》《十二花名》《送郎调》，彝族香堂人以“酒醉筒”“牛头琴”“拔地鼓”为主奏乐器的土巴垃器乐演奏《欸豆》，以及汉族民间的洞经音乐等，都得以代代相传。

民族民间舞蹈 有汉族民间的耍龙舞狮、踩高跷、板凳龙；彝族的“擦大钹”；傣族的“嘎光”鼓舞；傈僳族的“跳嘎”；苗族的“苍蝇搓脚”“阉鸡摆尾”芦笙舞蹈；布朗族、彝族的“打歌”；德昂族优美的“水鼓舞”“八步舞”和阿昌族简朴庄重的“蹬窝罗”等；彝族有擦大钹、打歌、唢呐吹打、土风乐器、耍柳叶（曲艺说唱）、花棍舞；傣族大鼓舞、象脚鼓舞、麒麟舞、孔雀舞、傣戏；傈僳族有“跳嘎舞”“三弦舞”“无伴奏打�”。

戏剧和曲艺 有汉族民间古老的花灯、仙灯、渔灯、茶灯、大舜耕田、抬阁、扬琴、旱船、皮影戏、滇戏、永昌花鼓等；有佤族清戏、傣戏、香童戏（又称端公戏）等，历史悠久，特色鲜明。

民间美术和民间工艺 内容丰富多彩。隆阳区有张元文的甲马纸版画、杨自新的佛像及人物雕塑、王国民的金属冶铸、殷明珍的织锦刺绣、华云龙的纸扎艺术、姬仁礼的制陶工艺、王志鸿的古建彩绘，以及板桥沙登的甑子和瓦房上寨的手工抄纸；腾冲县的“腾冲农民画”已在全省、全国出了名，大批农民画作品参加了全国性展览和出版画册，并应邀到缅甸仰光进行专题展出；荷花乡被命名为国家级农民画“民间艺术之乡”，此外，还有玉雕工艺、皮影靠子、固东镇的荥阳纸伞等。腾冲的翡翠工艺界人才辈出，涌现出诸如杨儒、杨树明、段亚斌等一批大有作为、技艺高超的玉雕艺人。他们的作品，设计巧妙、雕琢精美、意蕴无穷、浑然天成，给人以美的享受和艺术的感染。

丰富多彩的民族民间文化，是保山无比珍贵的非物质文化遗产。

一、保山市主要民族民间文化节日

彝族 保山彝族的民族节日各支系基本统一，人口较多、较有特色的是隆阳区和昌宁县的彝族节日。主要节日有：火把节（农历六月二十五）、朝山会（农历三月十六日）、月半节（农历七月初二至十四日）、尝新节（农历八月十五日）。除此外，彝族还过春节、米线节、清明节、朝山会、端午节、月半节、尝新节等。

傣族 保山傣族的民族节日主要有：泼水节（泼水节是傣历新年，除昌宁县柯街、湾甸等地的傣族在清明节后10天开始外，其他各处傣族泼水节均在清明后7天开始），“祭社树”（每年夏历的正月、六月共两次），“关门、开门节”（农历六月中旬至九月中旬），堆沙节（农历四月十五至十七日）。此外，傣族由于与其他民族杂居，春节、端午节、火把节和中秋节也随之开始欢庆。

傈僳族 傈僳族是一个有着众多传统节日的民族，诸如阔时节（即过年，一般在公历12月下旬进行），新米节（又叫收获节，每年9—10月），刀杆节（每年农历二月初八，主要流传于腾冲县猴桥、滇滩、中和、明光和龙陵傈僳族聚居地），射弩会（每年正月初二、初三）。

苗族 保山傣族的民族节日主要有：踩花山（又叫花山节，也叫“跳场”，由于苗族人民居住的地区不同，踩花山的日期也不一样，一般都在正月），芦笙节（又名芦笙会，每年农历九月二十七举行，这一节日当下已经失传）。此外，还有中秋节、吃新节等。

布朗族 布朗族的节日活动，喜用打歌欢庆。主要节日有：打歌节（每逢农历二月初六日，先在家中打歌，跳两天两夜，到初八舂粑粑、吃汤圆等），新米节（秋收伊始）。

阿昌族　保山阿昌族的民族节日主要有：窝罗节（每年农历正月初三初四），尝新节（农历八月十八日），此外，还有清明节等。

德昂族　德昂族的民族节日主要节日有：泼水节（在农历三月清明节后7天，傣历六月十五日）、点油灯（农历正月十五，傣历四月）、供黄单（在农历九月、傣历十二月十五日）、烧白柴（农历腊月十四日，即傣历三月十四日）、进洼、出洼、春节（农历正月初一，傣历四月）等。

二、民族民间文化普查

1984—1990年，保山文化工作者在工作设备简陋的情况下跋山涉水、走村串寨，以拼搏的精神，将保山的不同民族舞蹈历史、风格特色、节令习俗、音乐、戏曲、文学等方面内容进行收集、整理出版了《舞蹈集成》《音乐集成》《戏曲集成》等集成志书。通过这一时期的收集、汇总初步摸清了保山民族民间文化资源，为民族民间文化创作、表演教学等提供了较好的资料，同时也对以后理论研究提供了重要的参考作用。

1999—2002年，保山组织大规模全方位的民族民间文化普查，对保山市民族民间文化美术、音乐、舞蹈艺人进行调查并申报35人为省级艺人，代表人物有隆阳区：殷明珍、金积文、陈贵华等；施甸县：李育凯、阿占玉等；腾冲县：刘永周、张岚云等；龙陵县：王立魁、赵润之等；昌宁县：杨银强、杨正发等。

1996年，龙陵县勐糯镇被文化部命名为“中国民间艺术之乡”；1998年5月，由保山地区行政公署命名古永、潞江等10个乡（镇）为市级“民间艺术之乡”。

2000年5月，腾冲县固东镇被文化部命名为“中国艺术之乡”（皮影），荷花乡被命名为“中国艺术之乡”（农民画）。

1999年6月，云南省文化厅命名保山地区皮影艺人刘永周1人为“民族民间高级美术师”；命名刘定三等3人为“民间美术师”；命名金积文等7人为“民间美术艺人”。2002年，省文化厅又命名保山市安绍荣等9人为“民间音乐艺人”；命名钱文明1人为“民间舞蹈师”；命名茶发金等4人为“民间舞蹈艺人”；命名熊自会等3人为“民间美术师”；命名杨自道等7人为“美术艺人”，以上共命名民族民间艺人35名。

1999年、2002年保山市云南省民族民间
高级美术师、美术艺人、音乐艺人、舞蹈师、舞蹈艺人名单一览表

表35-7

类别	姓　名	性别	出生年月	民族	住　址	特　长	省级命名时间
高级美术师	刘永周	男	1944.11	汉	腾冲县	皮影戏造型、制作、表演、泥塑、绘画	1999.06
美术师	张岚云	男	1938	汉	腾冲县曲石乡公平村	制作皮影	1999.06
	刘定三	男	1949	汉	腾冲县固东镇刘家寨	皮影制作、绘画、洞经演奏	1999.06

续上表

类别	姓　名	性别	出生年月	民族	住　址	特　长	省级命名时间
美术师	程贵华	男	1953	汉	隆阳区兰城办事处	铜雕	1999.06
	熊自会	女	1963.3	苗	隆阳区汶上乡	刺绣、缥花、缝花	2002.05
	高丽华	女	1957	汉	腾冲县腾越镇山源社区	玉雕	2002.05
	陈　平	男	1943.10	汉	昌宁县	雕刻、绘画	2002.05
美术艺人	郑家朝	男	1927	汉	腾冲县固东镇荥阳村	花纸伞制作	1999.06
	寸康明	男	1956	汉	腾冲县和顺镇十字路村	藤编	1999.06
	殷明珍	女	1940	傣	隆阳区芒宽乡芒龙村	织锦、刺绣	1999.06
	金积文	男	1929	傣	隆阳区潞江乡石梯村	剪纸	1999.06
	杨银强	男	1965.6	汉	昌宁县	彩扎	1999.06
	王立魁	男	1942	汉	龙陵县象达乡营坡村	制纸伞	1999.06
	赵润芝	女	1925	汉	龙陵县象达乡营坡村	泥塑、面塑	1999.06
	杨自道	男	1943.4	汉	施甸县	木雕	2002.05
	左金丽	女	1974	彝	隆阳区汶上乡拉堡村	刺绣、缥花	2002.05
	张翠秀	女	1958	彝	隆阳区瓦房乡	织锦、刺绣、剪纸	2002.05
	王兴彭	男	1928	汉	隆阳区永昌镇	古建筑绘画	2002.05
	吴树芹	女	1942.5	汉	施甸县	篾编	2002.05
	白光中	男	1942.3	汉	昌宁县	木雕、石雕	2002.05
	华荣贵	男	1920	汉	隆阳区兰城办事处	纸扎、剪纸	2002.05
音乐艺人	安绍荣	男	1954.5	彝	施甸县	唢呐、笛子、芦笙	2002.05
	李育凯	男	1930.8	汉	施甸县	滇剧打击、演奏、制作	2002.05
	钏启翔	男	1952	汉	腾冲县腾越镇洞山村	洞经音乐管弦乐、打击乐演奏	2002.05
	刀德文	男	1949	傣	隆阳区潞江乡芒棒村	傣族山歌、小调、傣戏演唱	2002.05
	尹香芳	女	1966	德昂	隆阳区潞江乡芒颜村	山歌、小调演唱	2002.05
	阿占玉	女	1948.05	布朗	施甸县木老元乡	山歌、小调演唱	2002.05
	蔡付云	男	1948	傈僳	腾冲县猴桥镇胆扎村蔡家寨	民歌演唱	2002.05
	胡定尚	男	1951	汉	腾冲县固东镇和平村	民歌演唱	2002.05
	杨正发	男	1964.2	彝	昌宁县	民歌演唱	2002.05
舞蹈师	钱文明	男	1956	傣	腾冲县荷花乡羡多村	孔雀舞、鱼舞、鹭鸶舞	2002.05
舞蹈艺人	茶发金	男	1972	彝	隆阳区瓦房乡徐掌村	擦大钹舞	

续上表

类别	姓　名	性别	出生年月	民族	住　址	特　长	省级命名时间
舞蹈艺人	密三才	男	1957	傈僳	隆阳区芒宽乡西亚村	傈僳舞蹈、器乐舞	2002
	赧光才	男	1966	傣	隆阳区芒宽乡大新寨	大鼓、象脚鼓舞	2002
	李国书	男	1970.2	傈僳	腾冲县明光乡	傈僳舞蹈	2002

第二节　非物质文化遗产活动

保山市非物质文化遗产主要活动有：农历二月初八“傈僳族刀杆节”；农历四月十二至十四日“傣族泼水节”；农历五月初五“端阳花市”；农历六月二十五日“彝族火把节”；活动类有“民族民间歌会”“民族民间文艺会演”“民族艺术节”“民族民间歌舞乐大赛”等表演比赛活动。

1978年以后，保山各县（市、区）主要开展了以下非物质文化遗产活动：

1979年3月，腾冲古永傈僳族传统的“刀杆节”，在中断二十余年之后，群众自发地在当地举行此项活动。9月上旬，保山地区召开“抢救民间音乐”座谈会，全区五县（市）相继恢复民间洞经谈演活动。11月，腾冲开始恢复“皮影戏”演出活动。

1980年6月，保山地区代表队参加云南省首届少数民族文艺会演。

1981年3月，保山地区代表队参加云南省首届农民业余文艺调演。腾冲扬琴《夸腾冲》《滇剧坐唱》《傣族大鼓舞》《佤族本人打歌赛》获奖。

1981年下半年和1982年下半年，保山地区民族干部学校分别举办了两期傈僳族文字师资骨干培训班。

1981年10月，地区文化局和保山县文教局、文化馆联合召开了收集整理民族民间音乐的座谈会。

1982年3月，腾冲县古永举行傈僳族“刀杆节”活动，中央新闻纪录电影制片厂专门拍摄了纪录片《傈僳欢歌》，发行中外。12月，保山地区举办首届少数民族文艺会演，五县（市）代表队约200余人参加演出。

1980年年末至1981年4月，保山县文化馆组织健在的老洞经会员谈经演奏、录音，记录并整理刊印《保山洞经音乐》一书。

1984年1月，云南省首届民族舞蹈会演，保山地区代表队获奖节目有傣族舞蹈《大鹏鸟》、佤族舞蹈《搓玉米》、德昂族舞蹈《水鼓舞》、傈僳族舞蹈《踩火塘》、阿昌族舞蹈《蹬窝罗》；12月，保山地区举行第二届民族业余文艺会演，腾冲县的佤族清戏《安安送米》，引起各有关部门的关注。

1985年2月，龙陵县恢复木城、平达傈僳族的“三锅腔年会”；3月，龙陵县龙新乡傈傈族恢复民间传统节日“刀杆节”；4月，保山地区农民演出队参加全省农民文艺调演，花灯剧《女经理招亲》获优秀节目奖，省内第一个佤族清戏现代剧《佤乡人家》获特别奖。

1987年，保山地区举办首届民族民间文艺调演。

1988年2月，施甸县保场乡的世界巨龙应邀至保山表演。它比曾写入《吉尼斯世界大全》的新加坡彩龙（130米）还要长出50米。

1989年6月，经保山市（县级）文化局批准，成立“保山市洞经音乐协会”，成为合法的群众性民间业余文化组织。同年，《傣族大鼓舞》参加了在昆明举行的云南省首届民族艺术节。

1990年1月，举办保山地区第三届少数民族文艺会演；保山端阳花街期间的龙舞表演和游行盛况空前，彩扎表演的“沧江白龙”“怒江青龙”，长达225米，创世界最高纪录；8月，保山地区歌舞团参加在楚雄举行的全省少数民族服饰展演赛，参演的傈僳族服饰和埃乌人服饰荣获第一名。

1991年元旦，保山地区举办了首届少数民族文艺体育演赛大会。大会在新辟的地区体育场上举行了隆重的开幕式，参加开幕式表演的有17个方队1900人，开创了保山地区大型文化活动组织大型开幕式的先河。在开幕式上，傣族《大鼓舞》、彝族《擦大钹》《打老房》、傈僳族《夏卓果克》、苗族《芦笙舞》、德昂族《心愿》等民族民间舞蹈参演；6月，保山市（县级）文工团的彝族舞蹈《大钹韵》获“云南省首届少数民族舞蹈比赛”一等奖。同年，龙陵县第十一届人大常委会第十次会议通过决议，确定每年农历二月初四、初五、初六三日为龙陵县民族民间艺术节节日。

1992年2月，保山地区排演的大型舞蹈《永昌钹舞》，在第三届中国艺术节开幕式大型文艺表演《神州彩虹》中获表演一等奖；1992年3月7日至9日，龙陵县举办了首届民族民间艺术节。

1995年，腾冲县傈僳族刀杆队参加第四届全国少数民族运动会表演。

1996年6月，保山地区举办了“云南省第四届滇西民族艺术节”。艺术节迎宾晚会推出了保山创作排演的大型舞蹈诗《啊！傈僳》。艺术节开幕式共有滇西七地州、五县（市）3200多人参加。整个开幕式由入场式、会议、大型文艺表演《丝路花潮》、街头表演四部分组成，表现滇西七地州各族人民团结奋进、建设家乡、迈步21世纪的精神风貌。保山端阳花市大规模经贸活动与第四届滇西民族艺术节同期举行，保山区内有178个企业共有1109种产品参加展销，并向外调运6000多种商品，总价约2.5亿元，参与销售，活动期间累计交易总额52924.66万元；招商引资成交项目16个，项目总金额31583万元。几项累计达84507.66万元，是保山历次大型经贸活动交易额最高的一次。

2001年元旦期间举办“保山地区首届民族民间歌会”（永昌歌会）。全市五县（区）有28个乡（镇）的50余首民歌参赛，有18首民歌获奖。并把歌会与中央电视台三台中的“走进音乐”“音乐桥”等栏目进行对接，让该次地方歌会取得了预想不到的成功，使保山民族民间音乐走进央视，走向全国；6月至2002年元月，按照省文化厅要求，完成“云南民族民间音乐、舞蹈艺人命名调查”工作。

2002年1月，保山市举办首届“永昌歌会”；4月11—15日国家民委在保山召开西部民族文化研讨会。

2003年9月，保山市文化局举办“保山市第二届民族民间歌舞乐大赛”；11月，保山市代表团表演的彝族香堂人土巴拉器乐合奏《欢乐的香堂人》、阿昌族舞蹈《长刀·山泉·阿昌人》《耕》、傈僳族四弦琴独奏《山寨琴声》、布朗族土风器乐合奏《布朗山的早晨——走夷方》参加“云南省第四届民族民间歌舞乐展演”获奖，其中《欢乐的香堂人》获金奖。腾冲县皮影队参加在广州举办的全国第二届木偶皮影“金狮奖”比赛。

2004年10月，木老元乡政府组织“木老元乡第二届山歌会”。

2005年，施甸县依靠自身力量，打造出反映布朗族风情文化的大型民族歌舞《金布朗》。

第三节 非物质文化遗产保护

2004年，根据上级有关部门《关于组织力量对民族民间传统文化进行普查的通知》精神，保山市启动了非物质文化遗产普查。共投入普查资金60万元，市、县、乡组织普查人员近100人，调查了12个民族、587个村寨、走访1964人次；调查民族民间文化项目311项；形成专题调查报告297份（计约120万字）、记录曲谱313首、拍摄照片4600余幅、制作音像资料65份。2005年9月，经市民族民间文化保护工程领导小组和专家委员会认真评审，并通过媒体向社会公示后，保山市人民政府以保政复〔2005〕82号《保山市人民政府关于同意公布保山市民族民间文化保护名录的批复》公布“隆阳区芒彝族傣族乡芒龙村委会拉仑自然村傣族文化保护区”等200个项目为市级保护名录。通过普查，基本摸清了保山市民族民间文化的家底，建立了档案，并推荐申报了一批国家级和省级保护名录。

截至2005年年底，全市已形成县级保护名录263项、市级保护名录200项（非物质文化遗产保护名录项目130项，非物质文化遗产保护名录项目代表性传承人70人），已推荐申报“国家级非物质文化遗产代表作”6项。

2005年9月保山市命名的市级非物质文化遗产保护名录项目表

表35-8

序号	类 别	项目名称	属 地
1	民 俗	苗族服饰	昌宁县
2	传统戏剧	佤族清戏	腾冲县
3	传统戏剧	腾冲皮影戏	腾冲县

续上表

序号	类　别	项目名称	属　地
4	民间文学	和顺镇民间歌谣《吹烟歌（阳温暾小引）》	腾冲县
5	传统舞蹈	龙山镇芒麦村蛮旦寨阿昌族舞蹈“蹬窝罗”	龙陵县
6	传统美术	腾冲玉雕艺术	腾冲县
7	传统文化之乡	木老元乡布朗山歌之乡	施甸县
8	传统舞蹈	瓦房乡彝族舞蹈“擦大钹”	隆阳区
9	传统美术	民间甲马纸版画	隆阳区
10	曲　艺	腾冲扬琴	腾冲县
11	传统技艺	象达汉族民间纸伞工艺	龙陵县
12	民　俗	平达乡黄连河村傈僳族女子服饰习俗	龙陵县
13	民　俗	平达乡傈僳族民间体育“嘟哒哒”	龙陵县
14	民　俗	布朗族服饰习俗	施甸县
15	民族传统文化保护区	滇滩镇水城傈僳族传统文化保护区	腾冲县
16	民族传统文化保护区	龙山镇芒麦村蛮旦寨阿昌族传统文化保护区	龙陵县
17	民间文学	《九隆神话》	隆阳区
18	民间文学	芒宽乡勐赖坝傣族民间故事《月罕姆卓与冒龙央》	隆阳区
19	民间文学	水寨乡民间传说《霁虹桥的传说》	隆阳区
20	民间文学	民间传说《杨升庵的传说》	隆阳区
21	民间文学	民间传说《杜文秀的传说》	隆阳区
22	民间文学	民间传说《邓子龙的传说》	隆阳区
23	民间文学	民间故事《谎张三的故事》	隆阳区
24	民间文学	民间传说《杨务本的传说》	隆阳区
25	民间文学	民间传说《卧佛寺的传说》	隆阳区
26	民间文学	民间歇后语“脚底板开裂——下村（皴）”等千余条	隆阳区
27	民间文学	民间歌谣《兰津谣》等各民族歌谣百余首	隆阳区
28	民间文学	民间谚语“早烧日头晚烧雨”等四百余条	隆阳区
29	民间文学	民间传说《怒江和瑞丽江传说》	隆阳区
30	民间文学	民间故事《王宏祚的故事》	隆阳区
31	民间文学	民间故事《大砧板二砧板的故事》	隆阳区
32	民间文学	民间故事《九子不孝父、一女打金棺的故事》	隆阳区
33	民间文学	《鸡冠山的传说》	施甸县

续上表

序号	类 别	项目名称	属 地
34	民间文学	《腾冲“大救驾”的传说》	腾冲县
35	民间文学	傈僳族叙事长诗《过年调》	腾冲县
36	民间文学	《云峰山舍身崖的传说》	腾冲县
37	民间文学	《护珠寺的传说》	腾冲县
38	民间文学	阿昌族民间歌谣《情歌》	龙陵县
39	民间文学	湾甸乡傣族叙事长诗《金孔雀》	昌宁县
40	民间文学	湾甸乡、卡斯镇傣族民间故事《白象红牙》	昌宁县
41	传统音乐	傈僳族民歌《长刀歌》等二十余首	隆阳区
42	传统音乐	汉族民歌《身背篮子打苤菜》等近百首	隆阳区
43	传统音乐	彝族民歌《青龙上山水好吃》等二十余首	隆阳区
44	传统音乐	苗族民歌《送郎送到麻栗坡》等十一首	隆阳区
45	传统音乐	德昂族民歌《妹妹在山上等阿哥》等二十余首	隆阳区
46	传统音乐	白族民歌《花见蜜蜂笑着开》等十余首	隆阳区
47	传统音乐	洞经音乐《锁南枝》《水龙吟》等经曲二十七首、乐曲十九首	隆阳区
48	传统音乐	傣族民歌《我们俩人的爱情》等四首	隆阳区
49	传统音乐	布朗族民歌《赶马调》等千余首	施甸县
50	传统音乐	木老元乡布朗族祭祀舞乐“蛮筒鼓乐”	施甸县
51	传统音乐	布朗族吹打乐《蜜蜂过江》等数十首	施甸县
52	传统音乐	民间小调《烂地火草》等数十首	施甸县
53	传统音乐	腾冲花灯音乐	腾冲县
54	传统音乐	木城乡傈僳族竹黄双管吹奏乐器“睦呱唔滴”	龙陵县
55	传统音乐	木城乡木城村彝族（香堂人）土巴拉乐器“酒醉筒”	龙陵县
56	传统音乐	龙新乡傈僳族民间习俗歌《祖辈兴下我们兴》	龙陵县
57	传统音乐	平达乡石洞河村、平安寨傈僳族四声部演唱基督教音乐《平安夜歌》	龙陵县
58	传统音乐	珠街乡谷满村委会依码箐傈僳族葫芦笙音乐	昌宁县
59	传统音乐	苗族民歌《抓把芝麻撒过河》等数十首	昌宁县
60	传统舞蹈	潞江乡德昂族舞蹈“八步舞”	隆阳区
61	传统舞蹈	芒宽乡傈僳族舞蹈“无伴奏打跳”	隆阳区
62	传统舞蹈	瓦马乡、芒宽乡苗族舞蹈“芦笙舞”	隆阳区
63	传统舞蹈	瓦马乡、杨柳乡等地彝族舞蹈“嘎开”	隆阳区

续上表

序号	类　别	项目名称	属　地
64	传统舞蹈	芒宽乡、潞江乡傣族舞蹈“嘎光”	隆阳区
65	传统舞蹈	潞江乡、芒宽乡傈僳族舞蹈“三弦舞”	隆阳区
66	传统舞蹈	布朗族民间舞蹈“打歌”	施甸县
67	传统舞蹈	木老元乡布朗族祭祀舞蹈“蛮筒鼓舞”	施甸县
68	传统舞蹈	傈僳族“跳嘎”	腾冲县
69	传统舞蹈	傈僳族“三弦舞”	腾冲县
70	传统舞蹈	五合乡傣族“麒麟舞”	腾冲县
71	传统舞蹈	北海乡汉族民间舞蹈“小背龙”	腾冲县
72	传统舞蹈	龙新乡傈僳族传统舞蹈“刮欠”	龙陵县
73	传统舞蹈	木城乡彝族（香堂人）传统舞蹈“窝者”	龙陵县
74	民间建筑	由旺镇木兰村王家大院	施甸县
75	民间建筑	和顺宗祠	腾冲县
76	民间建筑	和顺洗衣亭	腾冲县
77	传统戏剧	潞江乡“傣剧”	隆阳区
78	传统戏剧	隆阳区“香通戏”	隆阳区
79	传统戏剧	由旺镇滇剧坐唱	施甸县
80	传统戏剧	等子乡思腊花灯	施甸县
81	传统戏剧	曲石乡汉族民间戏剧“鱼灯”	腾冲县
82	传统戏剧	腾冲汉族民间戏剧“仙灯”	腾冲县
83	传统戏剧	中和乡花灯剧《大舜耕田》	腾冲县
84	传统技艺	杨柳乡甘沟村彝族麻纺织传统工艺	隆阳区
85	传统技艺	瓦房乡上寨村手抄构皮纸制作工艺	隆阳区
86	传统技艺	金鸡乡民间乐器制作	隆阳区
87	传统技艺	太平乡扎龙工艺	施甸县
88	传统技艺	傈僳族服饰工艺	腾冲县
89	传统技艺	固东镇荥阳花伞工艺	腾冲县
90	传统技艺	大田坝草鞋传统工艺	昌宁县
91	民俗	老营乡旧寨村民间水磨习俗	隆阳区
92	民俗	潞江乡德昂族传统服饰习俗	隆阳区
93	民俗	潞江乡、芒宽乡傣族传统节庆习俗	隆阳区

续上表

序号	类 别	项目名称	属 地
94	民俗	布朗族婚礼习俗	施甸县
95	民俗	布朗族“接木龙”习俗	施甸县
96	民俗	腾冲马帮文化	腾冲县
97	民俗	和顺“三滴水”饮食习俗	腾冲县
98	民俗	傈僳族“三杯酒”饮食习俗	腾冲县
99	民俗	汉族“打保境”岁时节庆习俗	腾冲县
100	民俗	木城乡彝族（香堂人）竹片摩擦取火	龙陵县
101	民俗	龙江乡傣族民间体育花棍（来环傣）	龙陵县
102	民俗	龙山镇阿昌族婚庆习俗“长筷戏新郎”	龙陵县
103	民俗	腊勐乡汉族民间狮灯	龙陵县
104	传统文化保护区	芒宽乡芒龙村拉仑傣族传统文化保护区	隆阳区
105	传统文化保护区	潞江乡石梯村白寨德昂族传统文化保护区	隆阳区
106	传统文化保护区	潞江乡芒旦村老城傣族传统文化保护区	隆阳区
107	传统文化保护区	摆榔乡菠萝寨布朗族传统文化保护区	施甸县
108	传统文化保护区	木老元乡下木老元村布朗族传统文化保护区	施甸县
109	传统文化保护区	荷花乡羡多傣族传统文化保护区	腾冲县
110	传统文化保护区	勐糯镇大寨村傣族传统文化保护区	龙陵县
111	传统文化保护区	平达乡黄莲河村傈僳族传统文化保护区	龙陵县
112	传统文化保护区	珠街乡谷满村依码箐傈僳族苗族传统文化保护区	昌宁县
113	传统文化保护区	卡斯镇邑林村泺勺寨傣族传统文化保护区	昌宁县
114	传统文化之乡	芒宽乡民族民间歌舞之乡	隆阳区
115	传统文化之乡	潞江乡民族民间歌舞之乡	隆阳区
116	传统文化之乡	板桥镇沙登村甑子工艺之乡	隆阳区
117	传统文化之乡	汉庄镇永铸村铸造工艺之乡	隆阳区
118	传统文化之乡	金鸡乡育德村制陶工艺之乡	隆阳区
119	传统文化之乡	摆榔乡民族民间歌舞之乡	施甸县
120	传统文化之乡	太平乡龙狮文化之乡	施甸县
121	传统文化之乡	新华乡阿昌族歌舞之乡	腾冲县
122	传统文化之乡	腾冲翡翠工艺之乡	腾冲县
123	传统文化之乡	界头乡新庄村抄纸工艺之乡	腾冲县

续上表

序号	类 别	项目名称	属 地
124	传统文化之乡	小西镇竹编工艺之乡	腾冲县
125	传统文化之乡	腾冲傈僳族刀杆艺术之乡	腾冲县
126	传统文化之乡	马站乡碗窑村制陶工艺之乡	腾冲县
127	传统文化之乡	腾冲民族民间音乐之乡	腾冲县
128	传统文化之乡	龙新乡傈僳族刀杆艺术之乡	龙陵县
129	传统文化之乡	镇安镇大坝村向阳寨汉族制陶工艺之乡	龙陵县
130	传统文化之乡	湾甸乡傣族“嘎光”之乡	昌宁县

2005年9月保山市命名的市级非物质文化遗产保护名录项目代表性传承人一览表

表35-9

序号	姓 名	性别	出生年月	民族	住 址	项 目
1	黄 飞	男	1966.5	彝	隆阳区杨柳乡甘沟村	民间音乐
2	张元文	男	1953.5	汉	隆阳区板桥镇卧佛村西庄	甲马版画
3	姬仁礼	男	1934.9	汉	隆阳区金鸡乡育德村	制陶工艺
4	李有富	男	1937.10	德昂	隆阳区潞江乡石梯村白寨	德昂族民间风俗礼仪
5	蒋建康	男	1961.6	汉	隆阳区瓦房乡上寨村	民间手抄构皮纸工艺
6	王国民	男	1956	汉	隆阳区汉庄镇永铸村	汉族民间铸造工艺
7	王志鸿	男	1972.10	汉	隆阳区河图镇红花村	古建筑民间彩绘工艺
8	周云凤	女	1950.10	彝	隆阳区杨柳乡甘沟村	彝族民间麻纺织工艺
9	杨福宽	男	1946.4	汉	隆阳区板桥镇	民间石、木雕工艺
10	杨自新	男	1953.10	汉	隆阳区板桥镇孟官村	民间雕塑
11	华云龙	男	1957.4	汉	隆阳区永昌田园小区	汉族民间纸扎工艺
12	李祖森	男	1954.9	彝	隆阳区瓦窑乡下河湾村	彝族民间风俗礼仪
13	李文周	男	1942	布朗	施甸县摆榔乡	布朗族乐器制作
14	李贵明	女	1933.9	布朗	施甸县木老元乡	布朗音乐
15	王光华	男	1952	汉	施甸县由旺镇	民间音乐
16	杨玉才	男	1943.8	汉	施甸县由旺镇	民间音乐
17	蒋位光	男	1939.12	佤	施甸县太平乡	龙狮制作工艺
18	蒋启相	男	1955.1	佤	施甸县太平乡	龙狮活动

续上表

序号	姓 名	性别	出生年月	民族	住 址	项 目
19	李先荣	男	1963.5	布朗	施甸县木老元乡	布朗族音乐
20	阿锁怀	男	1956.1	布朗	施甸县木老元乡	布朗族风俗礼仪
21	安正林	男	1954	彝	施甸县摆榔乡	彝族歌舞
22	李淑兰	女	1956	彝	施甸县摆榔乡	彝族音乐
23	李祖芹	女	1967.9	布朗	施甸县木老元乡	布朗族音乐
24	杨绍坤	男	1941.2	汉	施甸县由旺镇	民间音乐
25	陈连壁	男	1937.2	汉	施甸县太平乡	龙狮表演
26	蒋秉福	男	1950.7	佤	施甸县太平乡	龙狮表演
27	李富兴	男	1963	布朗	施甸县摆榔乡	布朗族音乐
28	李家显	男	1934.11	佤	腾冲县	佤族清戏
29	马　丽	女	1962.1	回	腾冲县腾越镇观音塘社区	扬琴、花灯演唱
30	杨树明	男	1973.7	汉	腾冲县腾越镇小西下马场	玉雕工艺
31	张世海	男	1938.5	汉	腾冲县曲石乡干乍村	鱼灯制作及表演
32	张世海	男	1938.5	汉	腾冲县曲石乡干乍村	鱼灯制作及表演
33	李春贵	男	1940.12	汉	腾冲县腾越镇天成社区建华小区149号	花灯、扬琴音乐
34	杜茂盛	男	1939.11	汉	腾冲县腾越镇天成社区叠水小区3号	玉雕文化
35	尹必霖	男	1941	汉	腾冲县腾越镇文星社区文财小区305号	玉雕文化
36	杨　儒	男	1964.7	白	腾冲县腾越镇	玉雕工艺
37	刘德礼	男	1940.12	汉	腾冲县北海乡新乐村刘家寨	小背龙扎制
38	余海旺	男	1937.5	傈僳	腾冲县猴桥镇胆扎村蔡家寨	胆扎村蔡家寨刀杆
39	王兴褚	男	1941	傈僳	腾冲县猴桥镇轮马村三岔河	刀杆传承人
40	杨家赛	女	1967	汉	腾冲县小西镇油灯庄	汉族仙灯
41	余全发	男	1958.11	傈僳	腾冲县滇滩镇联族村	傈僳族农民画
42	余海青	男	1954.9	傈僳	腾冲县滇滩镇联族村棋盘石社	傈僳族农民画
43	余生旺	男	1968.12	傈僳	腾冲县明光乡自治村	傈僳族农民画
44	万德荣	男	1948	傣	腾冲县荷花乡羡多村	傣族农民画
45	贾明安	男	1976.4	傣	腾冲县荷花乡坝派村	傣族农民画
46	郗发显	男	1961.2	傣	腾冲县荷花乡汪李村	傣族农民画
47	邵曰学	男	1969.6	傈僳	腾冲县马站乡朝云村	汉族农民画

续上表

序号	姓　名	性别	出生年月	民族	住　址	项　目
48	刘锦锡	男	1915.10	白	腾冲县和顺镇李家巷	木雕工艺
49	赵应权	男	1958	汉	腾冲县曲石乡公平村	汉族仙灯
50	万开福	男	1961	傣	龙陵县勐糯镇大寨村	傣族风俗礼仪
51	曩金德	男	1942	阿昌	龙陵县龙山镇芒麦村蛮旦寨	阿昌族风俗礼仪
52	余永才	男	1933	傈僳	龙陵县龙新乡黄草坝村小米地	傈僳族风俗礼仪
53	肖太强	男	1957	傣	龙陵县龙江乡弄岗村	傣族民间体育花棍(来环傣)
54	钱庆美	女	1939	汉	龙陵县象达乡营坡村南海寨	汉族民间面塑
55	杨会黎	男	1938	汉	龙陵县腊勐乡腊勐村西边寨	汉族狮灯
56	熊体山	男	1951	汉	龙陵县镇安镇大坝村向阳寨	汉族制陶工艺
57	胡学凤	女	1964.7	彝	昌宁县珠街乡黑马村	彝族歌舞
58	张正强	男	1961.6	彝	昌宁县珠街乡子堂村	彝族唢呐演奏
59	王文荣	男	1945	汉	昌宁县漭水镇漭水村	汉族洞经音乐
60	李清贤	男	1924	汉	昌宁县田园镇龙泉村	汉族洞经音乐
61	杨文胜	男	1946.1	汉	昌宁县田园镇龙泉村	汉族窗花剪纸
62	方有龙	男	1944.8	傣	昌宁县湾甸乡上甸村	傣族文献资料保存者
63	王　诏	男	1940	汉	昌宁县大田坝乡华严村	汉族洞经音乐
64	景生荣	男	1969.11	傣	昌宁县湾甸乡大城村	傣族民俗礼仪
65	杨光文	男	1963.10	彝	昌宁县珠街乡金宝村	彝族打歌
66	赵国勋	男	1968.7	彝	昌宁县珠街乡黑马村	彝族歌舞
67	禹盈科	男	1923.12	汉	昌宁县漭水镇河尾村	汉族洞经音乐
68	杨　伟	男	1944.3	汉	昌宁县田园镇达丙村	汉族龙狮扎制表演
69	岳志海	男	1974.12	傣	昌宁县湾甸乡大城村	傣族嘎光
70	陶美源	女	1965.4	苗	昌宁县	苗族服饰

第七章　大众传媒

第一节　广　播

一、广播网

（一）有线广播网

1979年，保山地区腾冲、龙陵、昌宁、施甸等县“大办”广播，建起了小片网点。全区农村广播网建设处于低潮。当时，施甸县广播站技术员容正武研制成功“2K-79-2型”广播放大自动控制机，经在施甸县坝区4个公社广播放大站试用成功。1979年10月，省广播局在施甸召开了广播现场会，对这项技术进行了鉴定并在全省推广，因后期管理跟不上，一年后停用。

（二）有线无线广播网

1979年后，保山地区率先在全省40个试点县之一的龙陵县广播站采用调频手段传输广播信号进行广播覆盖试点。1980年10月，龙陵县广播站用省广播事业局无价调拨的东川市生产的50瓦156MHZ调频发射机，在达摩山电视差转台建立调频广播电台。经反复调试改造，1981年7月将该机发射频率最后调为104MHZ的国际标准，为全区调频广播的发展开创了成功的先例。之后，在腾冲县建成了全地区第二座50瓦调频广播发射台。1983年7月，保山县广播站在新建成的广播大楼内建成了发射功率50瓦，使用频率96MHZ，能覆盖保山坝区乡（镇）及西邑部分村寨的调频广播发射台。1984年年底，全区五县（区）均建起了调频广播站，总发射功率为250瓦，初步满足了专线传输、借用电话线传输、无线传输和直接收听等形式的要求。入户小喇叭收听逐步被集体收听代替。1984年年底，全区广播覆盖率达52.5%。

1985年后，因发展卫星电视收转站，忽视了农村广播网的发展，使各项技术指标严重下降，农村广播覆盖范围在逐渐缩小。1989年年底统计，覆盖率仅为34%。1990年6月，保山地委宣传部和行署广电局在昌宁召开了会议，提出了整改方针，昌宁县率先行动，各市县加强了农村广播网的基础设施建设。1990年年末，全区有77个乡建立了广播站，349个村建立了广播室。1993年年末，施甸县的覆盖率为85.15%，昌宁县达78.93%。1996年，地区和五县（市）广播局坚持“以星为源，五小覆盖”的方针，使全区广播覆盖率达82.6%。保山市宝鼎寺广播转播发射中心经过更新改造，使全市广播“自办节目”覆盖率由11.5%提高到69%。1999年，“村村通”广播纳入扶贫帮困的“四通”工程。2000年11月底，全区基本实现“村村通”广播，全地区广播覆盖率93.2%。2001年7月，保山所有行政村全部开通了广播。

2001年年末，保山市共有市、县两级广播电台5个，广播专线总长930千米，建成广播收转发射台（站）1290座，其中：市级5座，县级5座，乡村广播站1290座，全市广播覆盖率为93.2%。

2005年，隆阳区建成广播电视村村通工程346座，广播覆盖率为90.87%。腾冲开展了“村村通”工程返盲维护，完成了5个乡（镇）的维护工程，实现光纤联网，安装入网户1000余户。协助省广电技术中心完成了明光乡的村村通工程示范乡的光纤联网41座，共安装入网电视用户1500余户。完成腾冲县“村村通”工程任务37座。完成投资73万元的“猴桥边境广播电视站”（属两新工程，覆盖人口2.5万人）。昌宁广播人口覆盖率为82%。龙陵县有广播站10个，广播覆盖率85.5%，完成广播电视“村村通”工程35座。施甸有广播站13个，137个村实现村村通广播，广播覆盖率达100%。

（三）广播站（室）

2000年年末，全区共有乡（镇）广播站82座，村（办事处）广播室561个，专兼职乡（镇）村广播员156人。全区农村广播网共有各型扩音机1866台，各型三用唱机33台，各型三用收录机401台，共安装高音喇叭1170只，小喇叭5234只。

二、中波转播

保山的无线广播转播兴起于20世纪70年代初，以中波转波为主，至2000年年末，全区已有702台、腾冲、昌宁3座中波转播台。

（一）702台

1978年，云南省广播电视局决定在702台增设中央台节目转播设备，由省台给设备。1979年7月28日早上6点30分到晚上12点30分试转中央台第一套节目。1986年1月，搬迁到征用的杏花10队土地新址，正式开通小功率机器开始工作。云南台播出频率为1008千赫，中央台播出频率为1359千赫，各机器功率均为100瓦。

1986年，云南省广电厅根据广电部“加强对敌台实施干扰”的指示，在省内共建4个实验台，保山为其中之一。1988年6月，702台搬迁至保山板桥上美村。1999年1月，正式开始播音。之后更新设备使全区的广播覆盖率从原来的70%提高到90%。

1996年9月，702台又增设了地面卫星接收站一座，用于A导信号的接收，保证了中央台节目的正常转播。

1998年年初，702台又购进了10千瓦新型全固态（PDM）中波广播发射机，利用新技术，使702台成为全省中波台中率先拥有国内较先进广播转播设备的转播台。

2000年11月，共转中央人民广播电台一套节目7800小时，转播云南人民广播电台第一套节目50726小时，转播保山人民广播电台自办节目60417小时，基本保证了转播各级广播电台节目无差错、无停播、漏播。

（二）腾冲中波台

1981年，经国家计委批准，腾冲中波台被列为云南边境5座中波转播台之一开始筹建。1983年7月，选址于县城西郊大宽邑乡杨家坡村。1984年8月动工，次年11月主体机房建成，发射无线铁塔高133.5米。1986年2月，腾冲中波台以990KHZ频率和639KHZ频率，分别转播云南人民广播电台一套节目和中央人民广播电台一套节目。1987年5月起，腾冲中波台实行半日制半压开机播出。

腾冲中播台正常工作后，全县绝大部分地区能被高强场信号覆盖，在缅甸北部的甘拜地、拉派以及县内最北的界头、大塘等地都可以收到信号，有效扼制了境外电台的渗透。

1989年开始正常转播以后，每年转播的云南广播电台节目时间5700小时，最高年达10836小时，中央人民广播电台节目转播时间达4764小时。1991年两台广播节目信号源改为卫星传送后，原收信机停用。

（三）昌宁中波台

1987年5月，昌宁县开始筹建中波广播发射台，台址在县城东。

1990年开工建设，1991年1月，发射机房建成，并配置91型100瓦中波发射机等设备。中波广播覆盖半径12千米，覆盖范围仅限于县城及右甸、达丙两镇的坝区及半山区。1992年中波台发射机动率扩大到1000瓦，覆盖半径扩大到45千米，基本能覆盖全县。

1998年7月，服从昌宁县城建设总体规划，昌宁中波台拆除，搬迁至龙文办事处下三甲社湾子田。

三、调频广播

1980年10月，龙陵县广播站在海拔2389米的达摩山的电视差转台建了保山地区第一座调频广播发射台，发射天线高20米。1981年7月，将发射机发射频率由原来的156MHZ调为104MHZ。

1982年10月，腾冲县利用省广播局调拨的50瓦调频发射机，在海拔2763米的大龍嵸电视差转台内建成保山地区第二座调频广播发射台，发射天线高37米。1983年7月至1984年年底，保山市和施甸、昌宁广播站也利用省广电厅调拨的50瓦调频发射机建立了调频广播发射台发射广播信号。保山市调频台1983年7月至1995年，共下发乡（镇）村调频接收机66套。至此，全区五县（市）广播站都建起了调频广播发射台，总发射功率50×5瓦，覆盖率达52.5%，大部分坝区和半山区基本实现了广播有线、无线混合覆盖。1991年保山市在坝湾乡开展了自筹资金建调频广播台试点。之后，四县也相继在经济条件较好，人口相对集中，覆盖面广的地区建起了调频广播发射台。2000年，全区共建立调频广播发射台16座。其中施甸县有县广播站调频台、县电视差转台调频台调频台、太平乡广播站调频台、水长乡广播站调频台4座；保山市有市调频广播台、潞江乡调频台、狮子山立体声调频台3座；腾冲县有大龍嵸电视差转台调频台、县广播站调频台、团田乡调频台3座；龙陵县有达摩山调频台、龙拱山调频台、西山坡调频台3座；昌宁县有县广播站调频台、右甸镇调频台、达丙镇调频台3座。

四、节目播出

保山地区五县（市）广播电台自办节目栏目除主体栏目《保山新闻》《施甸新闻》《腾冲新闻》《龙陵新闻》和昌宁台的《本县新闻》外，各台还自主创办了一些具有地方特点和时代特色的专题栏目。

2004年以前，保山人民广播电台栏目有:《永昌晨钟》(1994年开播)、《太阳风》(1994年开播)、《龙泉夕照》(1994年开播)、《今日世界》(1999年开播)、《新闻追踪》(1999年开播)、《话说保山》(1999年开播)、《经济视野》(1997年开播)、《市场纵横》(1997年开播)。2004年9月20日，保山人民广播电台节目整体改版后，全天播出时间17小时35分钟，除转播中央人民广播电台、云南人民广播电台重要新闻节目外，自办节目时间16小时15分钟，共设18个栏目。

节目设置分早、中、晚三大综合板块，每个板块既体现板块特色，又各有侧重。主要节目有:《保山新闻》《保山政风行风热线》《时事概览》《社会关注》《平凡人生》《一路平安》《人间晚情》《走遍保山》《时尚生活快车》《田园四季风》《文学小屋》《阳光一代》《缘分星空》《经济生活》《阳光点歌台》《广播剧场》《老歌收藏夹》《休闲听吧》等18个。

施甸县广播台栏目有:《对农村广播》(1988年开播)、《可爱的家乡》(1994年开播)、《学习与思考》(1994年开播)。

腾冲人民广播电台栏目有:《万花筒》《边城报道》《农民之友》(三个栏目均为1995年开播)、《科技与信息》(1997年开播)。

龙陵人民广播电台栏目有:《科技天地》(1992年开播)、《温泉古今》(1992年开播)、《阳光跑道》(1995年开播)。

昌宁人民广播电台栏目有:《学习园地》(1986年4月开播)、《农村百花园》(1998年2月开播)。

2000年，全区共采编和播出广播新闻稿件7141条。

2005年，保山人民广播电台共播出新闻消息2164条，该台记者自采达1109条。新闻专题12期，《社会关注》34期，《平凡人生》28期，共播出专题节目1899期。腾冲县对广播电台栏目进行全面改版，共设置10个栏目。在省广播电台播出新闻8条，在保山人民广播电台播出新闻30多条。昌宁人民广播电台共采编播发“自办板块”节目245组，3049条。

五、广播广告

1978年改革开放后，保山地区各县广播站打破单纯发布天气预报、公益广告的模式，开始制作和发布招揽性、经营性的商业广告，以低微的广告酬金弥补业务经费的不足。

20世纪80年代末，五县(市)广播站先后改为广播台后，各广播台在取得广告经营许可证后，开始大量招揽制作发布广告，在不影响新闻等主要节目的前提下，定期或不定期的播发企业广告。这一时期，广告收费较初期有所提高，一般1分钟以内每条5~10元，每天在自办节目中滚动播出。

20世纪90年代中后期，五县(市)广播台相继成立了广告部，固定专人征集、策划、制作，广播电台的收入也增加。1995年统计，全地区各广播电台的累计收入达29.3万元。其中保山台2.5万元，腾冲台19.4万元，龙陵台7.4万元，施甸和昌宁无。

1998—1999年，腾冲人民广播电台制作的大型赞助广告《清凉山纪实》，赞助费用于购买采访设备和开展“边城春风二十年”征文活动，实现了经济和社会效益双丰收。此后，以宣传各行各业发展历史的广告越来越多，这一时期的广告收费也相应提高，保山人民广播电台黄金时间每分钟收费30元；指定黄金时间每分钟收费40元；特约播出，每天1分钟以内每月收费800元，每周两次每年收费2000元。

第二节　电　视

一、电视台建设

1979年在昌宁县光山梁子修建了保山地区第一座电视差转台。同年7月1日，施甸广播站的马锦文在反复选点测试后，在施甸大水河头山建起了第二座保山地区的电视差转台。该台建成后，覆盖了保山坝、蒲缥坝、湾甸坝、枯柯坝、潞江坝、施甸坝和龙陵、腾冲、永德等部分地区，使这些区域的群众第一次看到了图像清晰的云南电视台的差转节目。

1979年年底，省广电局为打通德宏州收看电视的渠道，拨给施甸县功率为100瓦的黑白彩色兼容的电视差转机1部，于1980年7月开始接收苍山1频道、发射7频道，为邻近的德宏州传送电视差转节目。此后，龙陵、腾冲、保山相继通过测试选点，建立了电视差转台。

1988年后由于卫星电视地面站的推广，特别是全省“村村通”工程的实施，解决了群众收看电视难的问题。原来各地建的小功率电视差转台除少数仍在发挥作用外，其余多数已不用。其间，全市共建成以下9座电视骨干差转台，至2005年年末，有的仍担负着接收并差转电视节目，有的已成为调频广播和微波电视中继、发射的中心台，不再承担电视差转任务，有的改建为卫星电视地面收转站。

保山市差转骨干台　即狮子山电视差转台。位于保山坝东部宝鼎寺山顶，海拔2667.5米，由地、市共同投资建设。1982年10月建成，12月15日开播。开始接收大理苍山台11频道，发4频道，信号稳定，差转机工作正常。1992年停播。1996年，市广电局投资200万元，改建狮子山骨干台。1997年在同一台址建成集多路电视微波和调频广播为一体的高山台，使弱小的电视差转台发展成为广播电视发射中心，基本解决了保山东山片区近15万群众收听广播、收看电视的问题。

象头山电视差转台　因狮子山差转台信号不稳定，造成电视节目的收转工作不正常。1984年5月，市广电局在保山城西北象头山新建大功率电视台。新的电视差转台为地市合办，实体归市，经费地、市各承担一半。1986年2月，仍接收苍山11频道，发4频道，并试播云南电视台节目。不仅能覆盖保山坝区和西邑乡的部分地区，还能为其他电视小差转补点台提供可靠信号。1986年6月，地委、行署和保山市委、市政府决定，将原属保山市象头山4频道1千瓦电视差转机和原地区移交给保山市的4频道1千瓦机一并移交保山地区广电局。保山市电视台至此结束了转播开路电视的历史。

施甸大水河头山电视差转台 建成于1979年7月，位于施甸、昌宁两县交界处山顶，海拔2895.4米，从第一次测点到最后定点试播，历时5年时间。1979年7月1日试播，当年底，省广电播局无偿拨给一台功率为100瓦的黑白彩色差转机，1980年7月开始接收大理苍山11频道、发射7频道的彩色节目。2000年年末，该差转台有工作人员1名，差转机功率100瓦，仍担负着接收并差转云南电视台一套节目的任务。

腾冲大龍㙩电视差转台 1980年，腾冲县第一座电视差转台定在县城以北12千米的大龍㙩山顶，海拔2764米。1981年1月19日晚用汽油发电机供电，用7频道接收，4频道发射，开通了云南电视台节目，腾冲人民第一次看到了电视节目。年底，通过集资加财政拨款购买1频道黑白彩色50瓦电视差转机1台，电视信号源接收芒市6频道或施甸7频道，发射1频道。1982年8月1日正式开播，1985年3月，县委、县政府又通过集资加财政拨款，购进一台12频道100瓦黑白彩色电视差转机，1986年2月调试完备，仍以接收芒市6频道、施甸7频道作为信号源，转发12频道，大大改善了收视效果。2000年年末，该台已成为调频广播和微波电视中继、发射的中心台，不再承担电视差转任务。

腾冲明光大尖峰差转台 1985年年初，省民委为解决边境少数民族地区收看电视难问题，拨专款在腾冲县建两座差转台，该差转台为其中之一。台址在大尖峰山顶，海拔2542米。9月3日接收1频道，发射8频道，向明光区各村寨转播一套电视节目。结束了地处腾冲最北部的明光区因地形原因看不到电视的历史1988年迁至相对高度高、视野开阔，能覆盖全乡80%村寨的白石头。1990年3月，明光乡所属各村公所先后建立了卫星电视收转站后，大尖峰电视差转台又迁址乡政府驻地，改为卫星电视地面收转站。

龙陵达摩山电视差转台 台址位于海拔2409米的龙陵达摩山，1979年10月5日始建，12月22日正式开播。覆盖范围为县城北部、县城附近及德宏州芒市等地。1983年3月，调换安装了发射功率为50瓦的差转机一台，发射频道由原5频道增为8频道。1991年5月，搬迁了发射塔，新建塔高增为47米，改善了收转质量。1992年，在同一地址建成3米卫星电视地面接收站后，达摩山差转台结束了13年的电视差转历史。1998年建成达摩山微波站。

龙陵龙拱山差转台 龙陵县于1984年9月在平达河尾与黄连河村之间海拔2374米的龙拱山再建一座电视差转站。1985年1月10日开播，使县城南部的群众能够收看到电视节目。1991年，县广电局将省广电厅资助的GSCF-100型100瓦电视发射机安在龙拱山差转站，1998年因损坏停止工作。2005年10月，通过“西新工程”改造为龙陵县龙拱山边境广播电视转播站。主要转播调频广播节目。

龙陵老满坡差转站 1984年7月，为使龙陵县最南端的木城区的广大群众看到电视节目，在木城区建电视差转站。1986年8月，安装10瓦差转机1台，11月15日开机转播成功。1989年迁至木城乡政府院内，后改建为卫星电视收转站。

昌宁光山梁子电视差转台 光山梁子电视差转台，为保山地区第一座电视差转台，距县城约90千米，海拔2857.6米。1979年1月，购进50瓦差转台1台，发射机一次性试转大理苍山台信号成功，29日正式差转，收2频道，发差转6频道。使县城附近右甸坝区及县境东北部等乡的群众能够收看到电视节目。1980年，台址迁至县城以北海拔2364米的董瓮山顶，仍安装发射功率为50瓦的差转机1台。1981年4月25日，新建成的电视差转站差转成功。1986年6月，将董瓮山电视差转台搬迁到县城西南约5千米，海拔1902米的鸡蛋山顶，与新建成的全县第一座卫星电视地面接收站同址。同年11月29日开播，使该站成为既能保证卫星电视转发，又能同时差转大理苍山台节目，且发射调频广播覆盖面广的多功能广播电视发射场地。

二、节目制作

（一）节目采编播出

20世纪80年代中期，保山电视台和五县（市）广播电视台相继成立总编室，组建较为稳定的通讯员队伍。把广播电视节目策划列入节目制作的重要环节。有的广电局还成立局编委会，组织、指导总编室进行重要节目的策划，每月第一个星期一召开编委会，每周星期二召开一次编前会，以保证节目质量，避免失误。

20世纪80年代后，各县开始建立了2～3人的专职采编人员队伍和稿酬制度，还注意对业余通讯员的培养，建立了一支专业和业余相结合的采编队伍。这些人按照总编室的统一策划和临时性采访任务，深入机关、厂矿和农村进行实地采访，拍摄新闻。要求每个记者每月完成15条新闻采访任务。15条中要求有城区、坝区、山区各5条。始终要求把采访报道的视野和焦点放在基层，放在农村。对地委、行署和各（县）市党委、政府召开的党代会、人代会、政协会等按宣传部的要求，在策划的基础上，作全方位采访报道。

20世纪90年代后，各电视台更加注重节目策划，把它作为提高节目质量的关键环节。着力宣传“两个文明”建设、各地的历史文化、自然风光、民族风情和名优特产，为保山走出云南，走向全国，走向世界做出努力。腾冲县委和广播电视台策划的腾冲火山热海的宣传，对提高腾冲及保山的知名度、促进旅游的发展起了很大作用。

1995年8月，按行署广电局的要求，先后成立了五县（市）和地直6个记者站，作为保山电视台授权在各县（市）的电视新闻采访代理机构，每站定员3～5人，要求每站每月上送图像新闻不少于4条，文字新闻稿不少于8条，每站每季度上送图像新闻专题2条。1998年5月，行署广电局和地区交警支队商议后，成立了地区交警支队宣传科保山电视台特约记者站，成为保山电视台授权，跨行业实施新闻采访报道的地直第一家代理机构。2000年，全区共采编和播出电视新闻稿件11592条，其中保山电视台3135条，保山市台2321条，施甸台1074条，腾冲台2855条，龙陵台956条，昌宁台1251条。保山电视台还采编和播出各类专题节目1766期。

1996年10月，保山电视台增加《县市荧屏》栏目，为各县电视台的优秀节目提供展示平台。每周三播出一次，重播一次，各县按次序轮流播出。时间安排为：县（市）提供节目时间8～10分钟，播出10～12分钟，由保山电视台栏目组制作片头和场间小片头、片尾字幕。内容以各县（市）所送节目原样播出，不再重新制作配音。

2005年，电视台新闻中心播发新闻稿件4425条，其中自采稿件近3627条，约占总发稿量的80%以上，还有众多的专题和栏目节目。至2005年12月30日，保山电视台完成新闻上星任务182条，并在中央台播出新闻30多条次；外送播出专题片《六十年的牵挂》《寻找猴桥小孩子》《龙川江风光系》《碧寨奇石》等11部（集）。

2005年，腾冲共播出新闻316期，近2000条，一周要闻50期448条；专题栏目《走进腾冲》《边城纵横》《经济12分》各52期。播出公益广告22000余次。在中央电视台播出新闻4条，省电视台播出新闻45条，保山电视台播出新闻120条，专题节目在省电视台播出10余个。制作了《旅游腾冲》《北海大牛场、玛玉窝、温泉简介》《樱花谷》等专题。出版发行了腾冲抗战纪录片《难忘国殇》，制作了二战文物收藏家段生馗的纪实专题片《收藏战争的人》，以美国加州大学的一枚戒指引出的真实故事专题片《戒指情缘》，以美国老兵尤金·兰斯与中国小孩的一段友谊为题材的纪实专题片《美国老兵寻找中国小孩子》，美国老兵丹徒步行走史迪威公路的纪实专题片《行走史迪威公路的二战老兵》等，上送的《做纸撑的老汉》《上刀山、下火海》《腾冲大救驾》《腾冲翡翠》等节目曾在中国中央电视台播出并传到美国斯科拉卫星电视网播出。施甸县电视台播出新闻463条，社教节目64期。昌宁电视台共采编播发新闻245组，1960条，播发新闻2095条。龙陵电视台播发各类新闻1692条。制作《风景这边独好》《春的使者》等专题片14部。

（二）电视专题片制作

20世纪80年代中期，地区和五县（市）即开始利用地、县（市）委宣传部，地、县（市）公安部门和电视部门的录像设备，将发生在当地的重大新闻、重大事件及重大活动摄制成电视专题片播放。

1984年秋，地委宣传部和行署广电局联合摄制电视专题片《永昌风采》，编辑剪辑合成为一集（长90分钟），取得较好社会效果。

1985年，地委宣传部摄制组拍摄了“怒江断流”灾情及考察、抗灾的全过程，剪辑成20分钟的专题片，是全区第一部科教专题片。

1986年1月5—6日，摄制云南省“两山”（老山、者阴山）对越自卫还击作战英模报告团成员蔡朝东作的报告实况，复制了5套录像带到五县（市）巡回播放，这是全区第一部报告会电视专题片。5月，拍摄制作中共中央书记处书记王兆国视察保山、腾冲，长15分钟的全区第一部重要新闻专题片。同时，完成专题科教资料片《保山百年罕见大雪》和专题纪念片《艾思奇》的摄制任务。

1987年，腾冲电视台摄制《腾冲玉雕》《腾冲宣纸》等电视专题片。

1988年2月，腾冲电视台与四川、云南两电视台联合摄制《南方丝绸之路》。

1989年，腾冲县电视台随同腾冲县大型经贸代表团出访缅甸密支那，拍制《沃土风采》《胞波情》《克钦邦见闻》等风光、人文和新闻性专题片。

1991年，保山电视台和五县（市）宣传部广播电视台共同录制《山那边有一片翠绿》《天平使者》《高黎贡山的脊梁》等9部党员教育专题片。保山电视台还和省、地的农科部门联合录制了科教专题片《水稻条纹叶枯病》的防治。同年，龙陵县广播电视台摄制科教专题片《邦腊掌热矿泉》。

1992年，腾冲电视台拍摄了专题片《为了明天的太阳》，真实生动地反映了农村辍学儿童的心灵创伤和对求学的渴望。

1993年12月，施甸县广播电视台摄制社教专题片《面向农村大市场》。

1997年，保山电视台摄制第一部大型人文风光电视专题片《云南保山——美丽的地方》，该片被选送到美国电视台展播。

1998年昌宁和保山市广播电视台摄制电视新闻专题片《春风拂大地》。

2000年，腾冲电视台摄制了摄制《我的故乡——腾冲》和《走进腾冲》两部人文风光专题片。同年，施甸县广播电视台摄制了人文风光专题片《滇西古镇由旺》。昌宁和保山市广播电视台摄制了电视新闻专题片《云雾深处茶飘香》和新闻专题片《“九五”回眸，扶贫攻坚见成效》。保山地区32个社教专题片在云南电视台《走遍云南》栏目中播出，其中保山电视台19个，腾冲电视台13个，还有《西部旅游记·腾冲和顺》等一批与中央电视台合作摄制的专题片在中央电视台专题栏目中播出。龙陵县广播电视台摄制了《喜看五十年》迎国庆50周年系列专题片8集。

（三）电视剧摄制

1988年和1992年，腾冲、保山电视台和行署边贸办等单位分别协助云南电视台或自行筹拍了电视连续剧《妓俘》《梁金山传奇》《古道之恋》。六集电续剧《梁金山传奇》由保山市作家杨忠实创作，经两年多拍摄，于1996年6月摄制完成，累计投入资金63万元，其中省委宣传部拨30万元，企业赞助33万元。

1996年7月，由保山行署边贸办摄制完成的6集电视连续剧《古道之恋》，在中央台第二套节目播出，8月，在一套节目中重播。该剧反映保山地区两代边贸工作人员在时代变革中的曲折命运和悲欢离合的经历。

三、对外宣传

2002年，广播电视系统全年上送中央电视台和云南电视台播出新闻和专题281条，其中中央台播出7条，云南台和其他省台播出274条。

2003年，保山电视台和各县广电局加大对外宣传工作力度，责任到人。全市广播电视“上星”共播出新闻204条，专题81集。

2004年，保山电视台在中央电视台播出新闻42条次，专题18个，在美国播出专题13个，在省级以上电视台播出新闻159条，保山人民广播电台完成“上星”宣传57条，其中中央台1条，云南台56条。

2005年，保山电视台全年“上星”宣传182条，并在中央台播出新闻30多条次，外送播出专题片11部（集）。保山人民广播电台“上星”播出59条，并在中央人民广播电台国际频率播出专题1部。

四、《云南广播电视报·保山版》

1995年年底，《云南省电视报·保山版》编辑部成立，负责保山地区五县（市）的云南广播电视报发行及保山版(周2版)的编辑出版工作，为自收自支的事业单位。2001年，编辑部仅有1人，既要办好云南电视报保山版，又要做好报纸发行及广告创收等编辑部的日常工作。2001年7月，编辑部配备2名自收自支人员。

2001年，《云南广播电视报·保山版》共出版53期，其中28期为2版，25期为4版。全年共刊载各类文章543篇，各种图照片159幅。并开办专版13期，重点报道全市发生的一些重大事件和举办的大型活动，扩大该报的影响，受到读者好评。

云南广播电视报征订发行工作，是保山版编辑部的一项工作，每年征订季节，编辑部都要全力以赴，投入到报纸的征订宣传中。云南广播电视报在保山五县(区)的发行基本保持稳定，2001年全市报纸发行量达3875份，2005年全市报纸发行量为5000余份。

五、保山广电信息网络有限公司

2000年2月18日，保山广播电视信息网络有限公司成立，为地区有线电视台和地区广电局职工持股为主要出资者的混合经济或集体所有的股份制有限责任公司。成立初期，公司有原始股份116.1万元。组建后即在省网干线和施甸本地光纤网建设中同步加芯，基本完成保山至昌宁、施甸、龙陵三县光缆联网，共计建成光纤网1592芯千米，总投资155.42万元。

2000年9月，公司与中国联通达成出售公司所属昌宁、施甸、龙陵三县各2芯光纤协议及合建保山至腾冲光纤干线协议，其中售纤488蕊千米，合建杆中163杆千米，公司收入约500万元。

2001年年初，与中国联通保山分公司合建的保山经腾冲至梁河边界和腾冲至热海、龙陵大坝至镇安的163千米网络杆路开工，至年底全部完工，投资总额约422万元。

2001年2月，保山广电信息网络有限公司与中国移动保山分公司达成了移动分公司租用公司光纤，附挂杆路的合作协议。协议总金额约750万元，从2002年开始执行，分12年履行完毕。成为全省首家地(市)级广电干线网络与移动公司成功合作的样板，是全省不负任何债务并在两年内即收回投资，使原始股份大幅度升值的唯一干线网络公司。

2001年8月5—6日，地区广电信息网络公司通过议标，选中深圳华为公司广电干线网络传输设备中标厂家。设备总投资约180万元，含SDH数字传输、互联网传输和广播电视节目传输设备等。年底，全部设备基本安装调试完毕。

六、电视栏目

保山电视台栏目有:《县市荧屏》(1997年开播)、《保山经济900秒》(1997年改版后开播)、《有线报道》(1999年开播)、《今日视点》(1999年开播)、《社会经纬》(1999年开播)、《走近保山》(1999年开播)、《家乡人家乡事》(1999年开播)、《生活时尚》(1999年开播)。

保山(市)有线电视台栏目有:《大家谈》(1995年开播)、《风景线》(1997年开播)、《法制时空》(1999年开播)、《文明交通》(1997年开播)、《经济广角》(1997年改版开播)。

施甸电视台栏目有:《金土地》(1994年开播)、《走近施甸》(1999年开播)、《施甸之窗》(1999年开播)。

腾冲电视台栏目有:《经济视野》(1999年改版开播)、《走进腾冲》(1999年开播)、《边城纵横》(1999年开播)。

龙陵电视台栏目有:《温泉古今》(1992年开播)、《地税园地》(1999年开播)、《交通与安全》(2000年开播)。

昌宁电视台栏目有:《话说昌宁》(1999年开播)、《生活传真》(1999年开播)。

保山教育电视台栏目有:《永昌大教育》(1995年开播)、《红绿灯》(1995年开播)、《牵牛花》(1995年开播)、《职教天地》(1990年开播)。

2001年1月1日，保山电视台节目全面改版，自办节目除《保山新闻》《晚间报道》外，还有《家乡人家乡事》《社会经纬》《休闲快车》及包装类节目《新闻纵横》《穿越生死线》等。同时，保山地区有线频道改为保山经济旅游频道，自办栏目有《旅游指南》《经济报道》及包装类节目《面对面》。3月12日，保山电视台进行节目调整，开办了两年零3个月的《社会经纬》停办；增设了全区第一个农村题材的电视专题栏目《乡村季风》，并于3月20日与观众见面。5月25日，保山电视台对专题栏目、保山经济旅游频道节目进行调整，原经济旅游频道人员及栏目合并保山电视台综合频道与专题栏目部。

2005年，保山电视台推出民生新闻栏目《天天关注》，说老百姓的事，让老百姓自己说，使广大观众能够实实在在地感受到“三贴近”。该栏目突出社会服务，尤其关注与老百姓生活息息相关的诸多事件、纠纷等，建起了一座党和人民联系的桥梁。年初，电视台投入20多万元，购置了新设备，抽调精兵强将，组建了《天天关注》栏目采编队伍，该栏目开办后即受到观众的好评，观众积极参与，每天观众提供的新闻线索和热线电话不断。节目开办当年即播出各类社会新闻1968条，是保山电视台最受观众欢迎的自办节目。

同年，推出一档日播经济生活资讯类大型杂志栏目《保山视窗》。《保山视窗》以全面提升保山百姓生活品质为宗旨，通过对滇西大地上具有典型趋向的经济动态和消费观念进行报道，突出亮点，亮出点子，找到法子；分析生命健康、公共安全、公众利益，提供权威、深入、细致的服务；发布保山最新旅游资讯；引领时尚都市生活，寻找质朴乡村无限商机。主要从以下几个板块来报道，“综合板”版块主要报道各种经济现象从不同角度反映生活，以提高生活质量；“明天就出发”小板块反映保山旅游产业发展现状，发布最新旅游资讯、动态；“五彩周末”板块用最美的音乐和最动感的画面在周六晚间全面搜索热点消费，引导消费流行新趋势；“走近寻常百姓家”讲述百姓故事，走进一个个普通家庭、普通人物，从中洞悉全社会真实变化的一个个真实故事。

七、电视广告

20世纪80年代中后期，保山电视台和五县(市)广播电视站(台)在开办电视新闻之后，采用口播形式，不定期地插播地委、行署或县(市)委政府的通告、通知等公益性广告。后采用手写字幕播出，是全区电视广告的最早形式。以后带有一定商业性的电视剧片头广告开始出现，但仍以公益性为主要特征。

20世纪80年代末，各电视台在当地工商行政管理部门申办广告经营许可证，正式开始在自办节目中发布广告。此时的电视广告只是作为附带业务开展。大多数电视台无广告征集、策划、制作的专门机构和专业人员，广告业务坐等客户上门找，业务量和广告收入一直徘徊不前。为摆脱困境，保山电视台和五县（市）电视台抽调人员成立广告部，同时成为“保山地区广告协会”团体会员单位。五县（市）电视台广告部从社会上招聘了一批广告从业人员，通过培训取得资格证书后承担广告征集业务。广告员主动上门，与客户签订协议，按照客户要求策划和制作广告。

保山（市）电视台与邻近地州建立广告协作伙伴关系，业务广告也在不断扩大，每年广告费收入稳定在100万元以上。

1994年，保山电视台的广告业务呈上升趋势。该台获得电视广告经营执照后，制定了收费标准。文字广告制作每字3元，黄金时段播出费每分钟150元；一般时段每分钟100元；图像广告制作每秒50元。黄金时段播出费每分钟200元；一般时段每分钟150元。创意广告（二、三维动画）制作费每秒1000元，黄金时段播出费每分钟250元，一般时段每分钟200元。特约栏目字幕打广告，经济栏目每月3000元，文艺栏目每月2500元。特约赞助播映，单本剧每集500元，连续剧每集400元。1997年1月至1999年12月，保山电视台和该台的广告部签订了3年的目标责任制后，广告业务量大幅增长，至2000年，保山电视台每年播发公益服务性和商业性广告达3800条，年上交电视台广播费80万元~110万元（毛利）。

1992年，腾冲电视台播出广告357条；1994年播出公益服务性及商业广告316条，广告创收17.96万元；1999年，播出500余条，30%属地区外的外来企业形象、产品广告，70%属广告部策划制作的商业性和公共服务性广告；2000年，制作播发广告800条，创收60万元。

施甸电视台1997年播发广告16条，收入1.8万元，2000年180条，广告费增加到10万多元。龙陵电视台2000年播发200多条，广告收入从1997年的3.2万元增加到19.6万元。昌宁电视台1997年播发广告56条，收入2万元，2000年播发85条，广告收入5万元。电视广告已成为各电视台事业发展的重要经济基础。2000年，全地区7台电视台共创收广告费301万元。

第三节　电　影

一、网点建设

1978年，保山永昌电影院建成开业，有坐席1222个，为放映、演出、会议三用。有“松花江5502型”35毫米座机两台，“长春TG35-580”座机1台。1980年，施甸县电影院建成。同年腾冲县界头放映场经过翻新，设座席816个，成为全区第一座集镇电影院。1981年，保山金鸡和辛街、腾冲古永、龙陵镇安、施甸姚关5座集镇电影院相继建成营业。到1985年全区有集镇电影院29座，座席22694个，使占农村人口20.4%的35.4万农民能就近入院看电影。全区还建起103个室外放映场，使15万农民能够坐着看电影。到1988年，全区有电影院54座，座席42300个。1990年，全区有电影院68座，政府所在地基本普及电影院或室内放映场。1990年之后，随着电视的普及和录像放映进入市场，电影放映开始走向低谷。至2004年年底，除个别电影院坚持电影放映外，其余电影院都已停业。

二、发行放映

1980年，保山地区电影公司改为云南省电影公司保山分公司，各县电影公司相应成立。全区电影单位发展到198个，人员增至480人。当年完成放映45930场次，观众3496万人次，平均每人看电影19.4场，居历史最高峰。1983年，全区发展电影个体户28个。1984年，保山城关镇建成一座集体办的“青年电影院”。1985年全区有放映单位473个，有放映机85个。有64个电影院固定放映，其余为流动放映。当年全区共放映69460场，观众2656万人次，发行收入93.3万元，放映总收入230.8万元。1987年4月，腾冲县电影公司被中影公司授予“全国电影发行放映管理系统先进单位”称号。1988年，全区放映单位527个，放映人员774人。1990年全区有电影机构16个，有干部职工162人；农村放映队494个，从业人员716人；发行收入118万元，放映81726场次，观众1564.2万人，放映收入269.7万元。

1986—1990年，随着电视的普及和录像放映进入市场，电影发行放映受到较大冲击。之后，电影放映开始走向低谷，至2004年年底，除隆阳区的保山电影院通过改善电影院环境和采取院线制坚持电影放映外，其余电影院都已停业。

为解决农民看电影难的问题，1998年文化部、国家广播电影电视总局提出农村电影放映“2131”工程，即在21世纪初，免费在广大农村实现一村一月放映一场电影的工程（“21”为21世纪，“31”为3个1即一村一月放映一场电影）。国家设立专项资金，资助农村电影队建设。2002年，保山市政府启动实施“2131”工程。由于保山财政困难，一时难于筹措全部配套资金，因此决定分两期实施。第一期先在320个贫困村、50个边境民族村每年免费放映2549场。第二期再实现所有行政村全覆盖。第一期于2002年6月启动。市文化局抽人组建保山市“2131”工程领导小组及办公室，负责影片发行与管理工作。各县（区）共组建电影放映队40个，筹措放映资金20.15万元。

至2005年，农村主要通过“2131”工程领导小组办公室下设的75个乡（镇）农村流动放映队在实施农村电影放映任务。

第四节　报　纸

一、栏目及发行

1981年1月5日，复刊的《保山报》除及时报道重大时事新闻、重大事件、先进典型外，还开设了《太保滴翠》《龙泉》综合副刊，使报纸更加贴近群众，活跃了沉寂十多年的保山文坛，其中优秀小说、故事连载尤其受到广大读者欢迎。当时，《保山报》由保山县红旗印刷厂承印，保山邮政局征订发行，期发量7000多份。

1985年7月，保山地委决定将《保山报》由保山市委机关报改办为地委机关报。同时，编辑部工作人员整体上划。1986年元旦，保山地委机关报《保山报》正式出版，四开四版，周二刊。报纸版面设有《一滴水》《众论》《党团生活》《他山之石》《军事与民兵》《先锋谱》《民主与法制》《文明之花》《政策吹风》《改革前沿》《经济随笔》《读者来信》《中学生习作》等专栏，并辟有《霁虹》综合副刊。当时，《保山报》由保山报社印刷厂承印，保山邮政局征订，面向全国公开发行，期发量为1.5万多份。

1991年1月1日，《保山报》由周二刊改为周三刊出版，仍为四开四版。

1992年1月1日，《保山报》由活字铅印改为激光照排、胶版印刷，从此告别了印刷历史上的“铅与火”时代。

1997年1月1日，《保山报》由周三刊改为日报出版，报头换成《保山日报》，四开四版周六刊，周六为《周末特刊》。邮政局期发量达到2万多份。

2001年1月1日，《保山日报》由四开四版改为对开四版出版，版面新设栏目由21个增至38个。邮政局期发量为2.3万多份。

2003年，《保山日报》开始增刊、扩版并出版彩色报纸。在原《周末》特刊的基础上增办了《经济周刊》《文化周刊》《生活周刊》(后改为《新生活》)。报纸版面主要设有:《众论》《现场短新闻》《新闻简报》《读者来信》《读者与编者》《回音壁》《党团生活》《军事园地》《政策吹风》《民主与法制》《人与自然》《记者调查》《工作研究》《经济杂谈》《理论研讨》《社会纵横》《经济论坛》《文化视点》《永昌文库》《兰城夜话》《警坛来风》《卫生与健康》《科普园地》《有话想说》《时事》等40多个相对稳定的栏目，同时根据宣传报道的需要，适时开辟诸如《税源之窗》《纪念抗战胜利60周年》《云岭先锋赞》等临时性栏目。

《保山日报》增刊、扩版、彩印后，邮政局的年发行量连年保持2.4万多份，且稳中有升。到2005年，《保山日报》的年发行量为2.4万多份，与上年相比，仍有小幅增长。

二、广告经营

1981年1月5日《保山报》复刊后，广告业务开始起步，仅有“启事”“公告”类广告，尚无商业广告，年收入不足万元。

1986年1月1日，《保山报》由县级报改为地级报后，报社成立了广告科专门从事广告经营业务，年收入达到4万多元。

1990年5月，《保山报》根据地委机构编制委员会的批复，撤销广告科，成立广告经营部。

1991年广告经营部对报社实行承包，全年上交承包费5万元。

1992年7月，广告经营部更名为保山报社新闻广告公司，通过竞标与报社签订了1993—1995年的承包合同，三年共计上交承包费44万元。

1996—1998年，保山报社新闻广告公司与报社签订了三年承包合同，共计上交承包费65万元。

1999年开始，报社与广告公司每年签订一次承包合同，广告经营从年收入30万元逐年递增，2003—2005年，年均突破100万元。

三、报社印刷厂

保山日报社印刷厂始建于1954年12月，隶属于保山报社，属自收自支的事业单位，主要经营业务为印刷《保山日报》，兼具有承印中小学教材、辅导读物以及各类图书期刊、包装装潢印刷的资质和能力。

1985年11月，印刷厂为保山报社下属二级单位。次年起，印刷厂业务逐年扩大，年收入达60多万元。

1991年，印刷厂自筹资金60多万元，购置激光照排系统，使用微机编排报纸，年收入突破100万元。

1996年起，印刷厂先后投资280多万元，分别购置三色轮转胶印机，更新了照排设备，购置对开双面八色轮转机，印刷质量逐年上台阶，连续10年收入稳定保持在300万元，每年上缴税金30万元左右。

至2005年，保山日报社印刷厂年收入突破300万元，上缴税金突破30万元。

第五节　刊　物

1990年年底，保山地区有期刊12种，其中综合类4种，文艺类6种，经济类1种，教科类1种。综合类4种：《活水》，1989年年底地委宣传部创办，16开，季刊；《保山师专学报》，1980年保山师专创办，16开，半年刊；《保山民族研究》，1987年地区民族理论学会创办，16开，半年刊；《地质风采》，云南省地矿局4大队1980年创办，16开，月刊。文艺类6种：《燃烧》，1986年8月地区文联创办，16开，季刊；《保山文化》，1980年保山县文联创办，16开，季刊；《腾冲文化》，1972年腾冲县文联创办，16开，季刊；《龙陵文化》，1979年龙陵县文联创办，16开，季刊；《昌宁文化》，1979年10月昌宁县文联创办，16开，季刊；《施甸文化》，1979年10月施甸县文联创办，16开，季刊。经济类1种：《保山经济》，1987年3月地区经济协会创办，16开，季刊。教科类1种：《保山教育》，1982年7月地区教委、地区教育学会创办，16开，季刊。

1992年，《保山林业科技》被批准内部出版，该刊物由行署林业局主办，16开，不定期。1993年，《保山史志》被批准内部出版，该刊物由保山行署史志办主办，16开，不定期。1994年，由保山地区广告协会主办的《保山广告》出版发行，该刊物为16开，季刊。

2002年，保山市有出版刊物25种，其中公开发行刊物4种，内部资料出版刊物21种。该年，保山市唯一市级文艺期刊《九龙池》更名为《保山文化》。

2005年5月，市文联对所办刊物《保山文化》进行改版，并更改刊名为《高黎贡》。《高黎贡》杂志分A、B两版。A版为双月刊，在原《保山文化》的基础上增设反映当代国内文学创作水准的《名家特稿》栏目、关注社会焦点的《非虚构作品》栏目、《直言不讳》栏目和反映保山历史文化的《文化地图》栏目。B版为文化专题版，具体对某一有一定文化价值的地域作专题介绍，强化对保山的宣传。

第六节　互联网站

1998年7月，保山电信分公司开通56K窄带拨号上网业务，标志着保山驶入互联网发展的快车道。1999年，保山电信分公司建立保山第一个门户网站“保山信息港”，第一次通过互联网将保山展现在全国网民眼前，实现“让保山走向世界，让世界了解保山”。2000年，保山电信分公司开通ISDN128K上网业务，保山市公安局成为第一家安装ISDN上网设备的用户。2001年11月，保山电信分公司启动ADSL新业务，上网速率提高到512K～8M，保山电信分公司员工钏助华第一个安装ADSL设备。随后保山电信分公司又相继开通FTTX+LAN业务，向用户提供速率达100M的接入宽带业务。至2004年年底，保山市建立的网站(网页)近200个，其中比较重要的网站有：

中国保山(保山市政府新闻网)，英文域名：www.baoshan.cn。该网站以“云网”为依托，由中共保山市委、保山市人民政府主办，保山市人民政府新闻办公室承办，是中共保山市委、保山市人民政府及职能部门新闻信息和各种资讯的权威发布平台，是保山市在互联网上的主流舆论阵地。

政协保山市委员会，英文域名：www.bszx.gov.cn，由保山市政协主办。

保山市纪检监察网，英文域名：www.bsjw.gov.cn，由保山市纪委、保山市监察局主办。

保山党建网，英文域名：www.bsdj.org.cn，由中共保山市委组织部主办。

保山信息港，英文域名：www.bs169.com.cn，依托云南电信网的技术支持。

其他诸如保山招商网、腾冲电子政务网、龙陵县人民政府网、昌宁县人民政府网等也是宣传介绍保山的重要网站。

第八章　地方史志

保山市社会主义新方志的编修始于20世纪80年代初。时全区地县两级分别成立修志专门机构、配备专业修志队伍。第一轮修志于2003年全面结束，共编纂6部(共8册，917.7万字)综合志书，81部专业志(部门志)，五县(区)均编纂了一批乡(镇)志和村志。在第一轮修志中，保山交通和水利系统分别成为全市两级专业志全部出版的部门；隆阳区成为所属各乡(镇)全部完成乡(镇)志编纂的唯一县(市)。此外，还出版《保山年鉴》14部，出版《滇西抗日战争史》等一批地情资料。

第一节　地方志书编纂

一、综合志书

20世纪80年代初，保山开始启动第一轮社会主义新方志纂修的宏大工程。其中，由地、县（市）史志部门编纂的地方综合志书《保山地区志》《保山市志》《施甸县志》《腾冲县志》《龙陵县志》《昌宁县志》是其主要工程。

1987年10月，由保山行署地方志办公室组织编写的《保山地区志稿·大事记》（一）内部出版。

1989年1月，由保山市（县级）地方志办公室编辑的《保山市志大事记资料汇编》出版。

1990年10月，《昌宁县志》（1933—1985年）由德宏民族出版社出版，计100万字。为第一轮修志中，保山地区最先出版的综合志书。

1993年11月，《保山市志》由云南民族出版社出版，其上限为民国元年（1912），下限一般为1985年（部分记述下延至1990年），计124万字。

1995年3月，《腾冲县志》（1912—1985年）由中华书局出版，计168万字。

1997年10月，《施甸县志》（1912—1988年）由新华出版社出版，计100万字。

1998年3月，保山地区地方志编纂委员会编纂的《保山地区志·中卷》由中华书局出版，计95.7万字。

1999年10月，保山地区地方志编纂委员会编纂的《保山地区志·上卷》由中华书局出版，计100万字。

2000年5月，《龙陵县志》（1912—1990年）由中华书局出版，计100万字。

2003年1月，保山地区地方志编纂委员会编纂的《保山地区志·下卷》由中华书局出版，计130万字。至此，保山地、县（市）两级第一轮综合志书悉数编纂面世。

保山首轮社会主义新方志编纂工作完成，共编纂出版两级综合志书6部、8卷、917.7万字。其中，上、中、下三卷本的《保山地区志》计327.7万字，其记述上限不限，追溯至事物发端，下限初断至1985年，后延至1990年，工程浩繁，是第一次用马克思主义的新史观系统编写的保山地区的通志。

二、专业志（部门志）

保山地、县（市）地方志工作机构成立后，在努力完成地、县（市）综合志书编纂任务的同时，积极指导和帮助相关系统、部门、单位编纂出版专业志（部门志）。经统计，至2005年年底，全市（区）共编纂、印行各类专业志（部门志）计81部。

1982年，《云南省腾冲县地名志》出版发行。

1983年，《云南省保山市地名志》终审定稿。

1984年，《云南省龙陵县地名志》出版发行。

1985年，《腾冲县商业志》出版发行。

1986年，《腾冲县供销社志》出版发行，《龙陵县民政志》形成手工刻印本。

1987年，《保山地区商业志》《腾冲县水利志》《腾冲县卫生志》《龙陵县计划生育志》出版发行。

1988年，《保山地区农牧业志》《保山地区医药志》《保山地区对外经济贸易志》《腾冲县火柴厂志》出版发行。

1989年，《保山地区邮电志》《保山公路志》《腾冲县轻工业志》《腾冲县轻手工业志》《腾冲县粮油志》出版发行。

1990年，《施甸县水利志》出版发行。

1991年，《保山地区畜禽疫病志》《保山市文化志》《腾冲县教育志》《昌宁县水利志》出版发行，《保山地区工商行政管理志》形成打印稿本，《腾冲县外贸志》形成初撰稿。《保山市文化志》由国际文化出版公司出版发行。

1992年，《保山地区物资志》《云南省保山市卫生防疫志》《腾冲风物志》《龙陵县邮电志》出版发行。

1993年，《保山方言志》《保山市水利志》《保山市卫生志》出版发行。

1994年，《保山边防军事志》《保山地区教育志》《保山市工商行政管理志》《保山市教育志》《施甸县检察志》出版发行。

1995年，《保山地区水利志》《龙陵县水利志》《昌宁县教育志》出版发行，《龙陵县财政志》形成打印本。

1996年，《保山地区林业志》出版发行，《保山地区曲艺志》形成稿本。

1997年，《龙陵县金融志》出版发行。

1998年，《腾冲县土地志》出版发行，《保山地区人口志》形成稿本。

1999年，《新编保山风物志》《保山地区政协志》《保山地区财政志》《云南省昌宁县地名志》出版发行。

2000年，《保山地区检察志》《保山地区金融志》《保山郡县志》《保山市土地志》《河图教育志》出版发行。

2001年，《保山地区土地志》《保山市乡镇企业志》《保山地区交通志》《保山市交通志》《施甸县交通志》《施甸县地名志》《腾冲县人口志》《龙陵县交通志》《龙陵县工会志》《昌宁县交通志》出版发行。

2002年，《保山市城乡建设志》《龙陵文化志》《昌宁县法院志》《云南省保山市实验小学志》出版发行。

2003年，《保山地区人大工委志》《保山地区广播电视志》《腾冲县建设志》《施甸县蔗糖志》出版发行。

2004年，《保山地区档案志》《腾冲县政协志》《腾冲县公安志》《昌宁县广播电视志》《云南永昌铅锌股份有限公司志》《保山市人民印刷厂厂志》出版发行。

2005年，《龙陵县科技志》出版发行。

三、乡（镇）村志

在全市第一轮社会主义新方志编修期间，一些乡土气息浓郁的乡（镇）村志陆续编纂出版，以保山市（隆阳区）成果最为突出，其20个乡（镇）均出版了志书：《永昌镇志》《瓦窑白族彝族乡志》《老营乡志》《板桥镇志》《金鸡乡志》《河图镇志》《汉庄镇志》《辛街乡志》《西邑乡志》《丙麻乡志》《瓦渡乡志》《水寨乡志》《瓦马彝族白族乡志》《汶上彝族苗族乡志》《瓦房彝族乡志》《杨柳白族彝族乡志》《蒲缥镇志》《道街乡志》《芒宽彝族傣族乡志》《潞江乡志》。另外，腾冲县出版了《上顺江村志》《甸苴志》（村志），龙陵县出版了《龙陵县邦别村志》。

四、年鉴

2005年前，保山办有综合年鉴1种：《保山年鉴》，专业年鉴1种：《保山统计年鉴》。

1992年12月，地委史志委负责编辑的作为地委、行署年度政情公报和综合性信息资料工具书的《保山地区年鉴》创刊号（1992年刊）由德宏民族出版社出版，是保山地区第一部大型综合性年鉴。

2001年，保山撤地设市，《保山地区年鉴》随之更名为《保山年鉴》，自1992年创刊至2005年年底，计出版14部。

1995年，保山行署统计局编辑的《保山统计年鉴》（1994）出刊，至2005年年底，计出版11部。

第二节　旧志整理

保山地区纂修地方志已有一千九百多年历史。最早编修的地方志，是东汉成都人杨终撰写《哀牢传》。单《永昌府志》于明清两代先后修过五次，从清代到民国期间，保山地区纂修的府、州、厅、县志和乡土志保留下来的有十种，即康熙、乾隆、道光、光绪年间续修的四种《永昌府志》，乾隆五十五年(1790)成书《腾越州志》、光绪十三年(1887)重修的《腾越厅志》，以及《腾越乡土志》《民国腾冲县志稿》《民国保山县志稿》《民国龙陵县志》。此外，民国时期由李根源先生主持编纂的《永昌府文征》，工程浩大，搜罗甚广，既是十分宝贵的有关保山的历代诗文大辑，其内容广涉，也可把它看作是类志书。

在改革开放后的第一轮社会主义新方志编修期间，全市（区）史志部门及宣传文化部门对部分旧志进行了点校整理重版，旧志的整理出版成绩斐然，部分保山历史上或已刊印过但存世稀少，或完成稿本后未能定稿刊印的颇有价值的旧志，在重新整理的基础上，新版面世。

1983年，《腾冲县志稿》由宋文熙校勘成册；1985年腾冲县地方志办公室根据校勘本刻印复制300套，每套13册，计100万字，向社会发行。

2001年，由保山市委史志委提供原版本，《永昌府文征》校注本（分4册）由云南美术出版社出版。

2003年，民国《保山县志稿》点校本由云南民族出版社出版，点校单位：保山市隆阳区委史志委。溯其源流，《保山县志稿》于民国35年（1946）编定为40个分册交由方国瑜总纂，1963年从方国瑜处取回后由保山县文化馆聘王勉生、王介藩校正为36个分册，1982年熊毅廷、赵鲁泉、段云伍、林成楠、朱志鸿等人编纂了《保山县志续编》共5卷，为1946—1949年的资料续补；1989年，保山市（县级）地方志办公室以誊印的方式完整地复制了《保山县志稿》。

同年，《腾越厅志》点校本由云南美术出版社出版（点校人：彭文位、马有樊、刘硕勋）。

2005年，《腾越乡土志》点校本由中国文联出版社出版，计92.2万字（点校人：马有樊、刘硕勋）。

第三节　乡土文献

一、地情资料

1978—2005年，保山地（市）、县（市、区）两级史志部门除做好志、鉴编纂工作外，还先后编写了一些地情资料，以存史和服务于地方的经济社会建设。在这些地情资料中，尤以有关滇西抗战的部分以其特殊而重要的价值产生了广泛而深远的社会影响。另外，其间有关部门和个人也编写了大量的地情资料，择要列后。

1985年，值中国抗日战争暨世界反法西斯战争胜利40周年，中共保山地委党史资料征集领导小组办公室、保山地区行署地方志编纂委员会办公室编印《保山地区抗日战争概况》（小册子）内部发行。

1985年11月，由中共保山地委办公室、保山行署地方志办公室合编的《保山地区概况》内部发行；经修订，1987年6月云南人民出版社以《云南地州市县概况·保山地区分册》的形式公开出版，计10.5万字。

1989年12月，行署史志办编辑的《保山地区史志文辑·抗日战争专辑》第一辑由德宏民族出版社出版，计28万字；1990年4月，其第二辑也由德宏民族出版社出版，计27.7万字；1990年10月，其第三辑以“内部资料”出版，计27.7万字；1990年12月，其第四辑也以“内部资料”出版，计29.4万字。共4辑计112.8万字，收录从南京档案馆查回的有关保山地区抗日战争时期的大量珍贵史料。

1990年，由保山市（县级）史志部门编辑的《保山市大事记述》首册出版，此后，一年一册，专记辖区内上一年度之大事、要事，至2005年年底，计出版16册。其间，2001年后随着保山撤地设市《保山市大事记述》更名为《保山市隆阳区大事记述》。

1991年3月，保山市（县级）志编纂委员会编辑的《保山市城乡概况》由海洋出版社出版，计11万字。

1994年3月，由地委党史征集研究室、行署地方志办公室主办的内部刊物《保山史志》（创刊号）出版发行（1995年第2期出版后遂中断）；7月，由昌宁县地方志编纂委员会办公室编辑的《昌宁县情》(1986—1990)内部出版，计44万字。

1995年4月，行署史志办编辑的《保山地区史志文辑·抗日战争专辑》第一辑第一版第二次印刷。同年，为纪念中国抗日战争暨世界反法西斯战争胜利50周年，由地委史志委、政协保山地区工委、地委宣传部征编的《滇西抗日战争历史资料续辑》内部出版，计17万字；由地委宣传部、地区文联、地委史志委合编的《保山地区知识台历》由云南美术出版社出版。

2001年1月，由隆阳区委史志委编辑的《讴歌家乡巨大变化》一书内部出版；12月，傅宗明主编的大型人物小传专著《20世纪永昌人》由内蒙古人民出版社出版，载入人物1109人，计136万字。

2002年6月，市委史志委完成省志办安排的《云南省地方志大事记·保山部分》的撰写任务，内容包括保山地区地方志机构成立至2000年年底保山方志界的大事、要事；3月，由市委政研室编辑的《保山市情》一书内部出版。

2003年1月，由昌宁县地方志编纂委员会办公室编辑的《昌宁县情》(1991—1995)内部出版，计45万字；同年，沙必璐主编的《血肉丰碑——侵华日军滇西暴行与滇西抗日战争纪实》由上海科学院出版社出版。

2004年6月，市委史志委、市旅游局组编的“保山旅游文化丛书”之《边地风情》(5万字)、《走进故郡的风景》(5万字)、《最后的驿道》(5万字)由民族出版社(北京)出版；9月，市委史志委编辑的《见证历史——滇西抗战见闻实录》(上、下册)由德宏民族出版社出版，每册20万字；10月，由龙陵县委史志委编辑的《神汤奇水邦腊掌》一书出版，计8万字。

2005年7月，为纪念中国抗日战争暨世界反法西斯战争胜利60周年，市委史志委编写的《滇西抗日战争史》由云南民族出版社出版，计17万字，被国家新闻出版署列为“纪念中国抗日战争暨世界反法西斯战争胜利60周年重点图书”之一，该书出版后深受广大读者欢迎，供不应求，并获云南省第十次(2005年度)哲学社会科学优秀成果三等奖；同年，值全省在腾冲举行“李根源学术研讨会”，市委史志委编写的《高黎贡之子李根源》由云南民族出版社出版。

二、其他文献

1978—2005年，保山共出版地方文献1000多种，涉及方志、资源、民族、宗教、语言、风俗、人口、政治、法律、经济、工商、交通、农牧、旅游、历史、家谱、文化、艺术、文学、人物、教育、卫生等各个方面，这些文献从不同的角度刻画了保山的立体风貌。这一时期出版和收集到的文献有以下鲜明特点：第一，20世纪70—80年代出版的文献较少。而到了90年代，特别是2000年以后逐渐增多，如1979年仅收集到一种，而到了2005年则收集到了数十种。第二，随着年代的逐渐推进，地方文献从单一的志书文献向史实、非物质文化遗产等多元文献发展。第三，从单一的职务作品向非职务作品、特别是个人特色文献发展。第四，从志的角度看，已逐渐从县志、专业志向乡(镇)志或村志发展。第五，对外宣传文献、旅游推介文献逐渐增多。第六，有关滇西抗战、翡翠、哀牢文化等极具保山地域与历史特色的文献独树一帜，数量逐年增加。第七，各单位编印的内部资料越来越多，这些资料从不同角度为我们提供了当年不同行业的大量统计数据，具有较好的保存价值。第八，个人出书现象曾在20世纪90年代大量出现，但由于受选材内容、写作理念、写作水平、出版乱象等各种因素的影响，一度出现了数量多而质量低的现象。这一现象在2000年以后逐渐得到扭转，质量较高的作品一批批涌现出来。

三、地方文化文献选介

《保山史前考古》：张兴永主编，1982年1月云南科技出版社出版。该书为科考论文集，也是保山市新旧石器遗存资料集成。

《血线——1937—1945滇西公路纪实》：白山著，1992年1月云南人民出版社出版。该书从不同侧面记叙了滇缅公路这条血线之路对滇西抗战的重要贡献。

《艾思奇传》：杨苏著，1994年4月云南教育出版社出版。该书从十个章节讲述了艾思奇的成长之路。

《新编保山风物志》：唐定国编著，1999年4月云南人民出版社出版。

《民国元老李根源》：谢本书、李成森著，1999年9月云南教育出版社出版。

《腾越文化研究》：李光信主编，2001年9月云南教育出版社出版。该书收集了腾越文化研究的部分成果。

《极边第一城的血色记忆——腾冲抗战见证录》(上、下)：许秋芳主编，2003年4月中国文联出版社出版。这是一部以图文再现第二次世界大战中，腾冲从日军入侵到全境沦陷两年又四个多月时间里轰轰烈烈的抗日救亡活动。

《发现保山》：许秋芳主编，2004年10月云南科技出版社出版。是一本融保山市旅游资源为一炉的导游图书。

《江山作证》：陈祖梁主编，2005年7月云南人民出版社出版。该书收集了大量珍贵的滇西抗战资料，具有很强的文献价值和珍藏价值。

第四节　地方史志研究

1978—2005年，保山史志部门及社会有关方面和人士先后开展了很多史志方面的研究活动，产生了大量有益于存史和指导实践的成果。

1985年，保山地区举办了“纪念滇西抗战胜利40周年大型图片展”，这次展览的很多珍贵历史图片是首次面世，由此拉开了滇西抗战研究的序幕。

1990年5月，保山地区史志学会成立大会暨首次学术交流会在腾冲县城举行，全区40名代表出席大会。大会通过《保山地区史志学会章程》，选举产生保山地区史志学会理事会，推举高镇仁为名誉会长，选举刘建中为会长，陈祖梁为秘书长。大会结合《腾冲县志》(稿本)评审，进行学术交流活动，共交流学术论文15篇。学会成立后，积极开展学术活动，广大会员配合各级史志机构，编纂、评审和修订各类史志稿，撰写论文，参加各种史志专题研讨(仅1991年，会员就撰写论文47篇)。

地、县（市）史志部门成立后，随着地方志编纂工作的进展，史志理论研究也不断深入，至1991年年底，全区有21篇论文发表在省级史志刊物上，其中有4篇荣获云南省地方志学会评选的优秀论文奖。

1995年，值纪念中国抗日战争暨世界反法西斯战争胜利50周年，全区史志工作者在《云南日报》《云南方志》《党史月刊》《活水》《保山史志》等报纸期刊和《云南全民抗战》等专著中发表了大量的有关滇西抗战的史料性和研究性文章，有3人的5篇论文入选在玉溪召开的全省纪念中国抗日战争暨世界反法西斯战争胜利50周年学术研讨会。

1998年9月27—29日，在保山市（县级）召开全区首次“史志工作研讨会”，全区史志部门30余人参加会议。这次会议以研讨地方志续修为主题，收到论文10余篇。此后，一年一次，围绕史志工作和业务主题，又先后在昌宁、龙陵、腾冲、施甸举行了保山地区（市）史志研讨会。1998—2002年5次研讨会共收到论文百余篇，2003年，保山市委史志委将这5次研讨会的成果精选44篇结集为《保山市史志研讨论文集》内部发行。

1999年，地、县（市）委史志委5人参加了“全省读志用志理论研讨会”，3人参加了友邻地州志稿评审会。

2000年，全区史志工作者在国内各级报纸期刊上发表专业论文和地方史料性文章10余篇，其中在《云南史志》上发表了7篇。

2001年，市委史志委编辑在省内外有关报刊上发表专业论文30余篇。

2002年，市委史志委与省志办联办《云南史志·保山专版》，市委史志委共组织文章9篇计2万余字；12月，云南省年鉴学术研讨会在腾冲召开，全省17个地州市共80多人参加会议，《保山年鉴》编辑部3名编辑携论文参加学术交流。

2003年，市委史志委工作人员在《中国方志》《云南日报》《保山日报》等报刊上发表史志研究文章89篇，在第九届全国年鉴学术年会上交流学术论文1篇。

2005年，市委史志委组织撰写的《民主革命家李根源》《李根源对地方志的贡献》等16篇学术论文，入选由云南省文史馆编辑、云南美术出版社出版的“云南历史文化丛书”之《李根源纪念文集》；10月13—14日，由云南省文史馆，中共保山市委、保山市人民政府，中共腾冲县委、腾冲县人民政府主办的“李根源学术研讨会”在腾冲举行，保山市史志研究者就开展李根源学术研究的有关问题同与会的专家学者进行了广泛交流。

第五节　滇西抗战历史文化研究

一、研究发展历程

自民国34年（1945）1月滇西抗日作战结束至2005年的60年间，滇西抗战历史文化的挖掘研究和开发应用大体经历了三个发展阶段。

第一阶段：1945—1980年，36年，可以称为“冷冻阶段”。滇西抗战在全国抗战出版物和各种宣传媒体中音信杳然，滇西抗战烈士墓葬、纪念碑塔、军事设施等地面文物、公私收存的抗战器物、史料，被当作“四旧”“反动派宣传品”大量损毁。但这个阶段亦有重要的研究活动：云南史学家方国瑜先生为撰修《新纂云南通志长编》和《保山县志》中的滇西抗战史，民国35年（1946）8月亲临保山城区和惠通桥、松山、龙陵、芒市、遮放、黑山门、畹町、腾冲诸处战场，调查现场并走访亲历其事者，收集油印战报、报刊和私家记录材料，详加订正，其后写成15万多字的《抗日战争滇西战事篇》和《保山纪事》篇，但两文长期未能面世，美国新闻处《怒江战役纪要》等外国史料亦无从得知。

第二阶段：1981—1994年，14年，是史料收集介绍的初期阶段。保山、德宏两地的文物、史志、政协文史委等部门分别调查、收集推出了一大批史料。1981年，保山、腾冲、龙陵三县文物部门，在冬春文物普查中，发现国殇墓园、纪念塔、碉堡等8项地面文物，记入油印《文物图册》文字稿，有4项公布为县级重点文物保护单位。值得一提的是，1985年，保山行署史志办根据地委、行署的指示筹办“抗日战争胜利四十周年保山地区史实展览”期间，在腾冲县志办公室协助下，找到和顺乡已故张镕先生（抗战时期在当地开照相馆的）的后人，征集到100多幅保山地区抗日战争的珍贵历史照片；民国时期第六行政督察专员李国清之女李定康捐赠了她珍藏四十多年的保山抗日战争胜利大会的签名的绸幅。1985年8月的展览，共展出照片445幅，展线155米，同时，还编印了《抗日战争概况》小册子下发。这是滇西抗日会战史料首次在区内乃至国内系统地公开面世，此次展览拉开了保山境内滇西抗战研究的序幕，为保山市滇西抗战文化建设奠定了坚实的基础。与此同时，保山、腾冲两县政协，德宏州及其下属一些县政协，组织动员抗战当事人、知情者撰写回忆录，刊发于政协文史资料选辑中，其中有一些内容丰富充实的重要文章。《云南文史资料选辑》也刊出了方国瑜《抗日战争滇西战事篇》等多篇文章。保山地区和德宏州地方志部门分别编辑出版了滇西抗战史料专辑，收编了远征军和游击队的命令、指示、电报、战报、敌情等报告和军政人员的战时日记、回忆录等。其中，保山地区行署史志办所编辑出版的4册《保山地区史志文辑·抗日战争专辑》刊登了保山地区抗日战争的珍贵历史照片136张、地图16幅、史料110余万字，按时间顺序展示了滇西抗战的历史面貌，成为研究滇西抗战的原始资料。这些史料有两个显著特点：第一，原真可靠；第二，作为内部资料控制发放，流传不广。

第三阶段：1995—2005年，是研究、宣传的高潮阶段。这一阶段发生了一件对推进研究宣传影响巨大的事件：1994年6月10—16日，由保山行署、云南大学、“民革”省委在保山联合举办的“第二次世界大战中缅战场国际学术讨论会”，中国内地19个省市和中国台湾、香港地区及美国、日本社科研究机构、大专院校专家学者和当年参战人员等208人参会，与会发言上百人次，提交论文120篇，会后出版了论文集，这次会议打开了广泛研究宣传滇西抗战的崭新局面。继而中共德宏州委、政协和云南大学于1995年9月在芒市召开了“纪念抗战胜利50周年学术研讨会”；省政府新闻办、政协外事委、保山市和腾冲县政府于2004年9月在腾冲举办了“中缅印战区滇西战役国际学术研讨会”，两会各到150多人，芒市会出版了论文集。云南省级特别是滇西各州市、县（区）报纸、电视和社科、史志、档案、文艺等许多刊物经常刊出滇西抗战作品。北京、辽宁、南京、江苏、上海、武汉、四川、贵州、中国香港、台湾地区及美国的学者、作家、记者广泛参与研究宣传。抗战胜利50、60周年，州市县（区）纷纷举办座谈会、讲座、公祭等纪念活动，并掀起文章、特刊、专著发表、出版热潮。其间，滇西抗战被列入了中国抗日战争纪念馆。2005年6月，根据中央党史研究室的部署，云南省开展抗日战争时期人口伤亡和财产损失调研。保山市、县（区）史志部门于2005年11月完成了15万字的保山市及五县（区）《抗日战争时期人口伤亡和财产损失研究报告》《侵华日军细菌战所致云南人民受害与死亡情况调研报告》《日军慰安妇制度及其在滇西实施的罪行》8个专题调研报告，基本弄清了保山地区抗日战争时期人口伤亡和财产损失的情况。经过多年的研究、宣传，滇西抗战已在海内外发生重大影响，在保山等战区民众中，滇西抗战文化知识已渐入普及阶段。

二、主要研究成果

通过多年的努力，滇西抗战研究宣传收获巨大，成果主要有六个方面：

第一，文献、档案和口述史料的搜集整理。市图书馆、保山学院图书馆、市档案馆、市委史志委先后多次派人跑遍全国相关图书馆、档案馆等机构，还找到一些私家收藏资料，抄写、复印、拍摄、购买回一件件、一批批档案、文献史料。市图书馆已收文献史料2000多本，学院图书馆300多种、800多本，市档案馆馆藏滇缅抗战档案624卷，5678份，照片1356张，史料图书230册，出版了《血捍滇缅路——〈新华日报〉滇缅抗战报道汇编》等5种文集，公布了大批馆藏滇西抗战档案史料。与此同时，市政协、腾冲、龙陵、施甸的相关机构和一些研究人员下乡上山，长途跋涉，一个个寻找到古稀、耄耋之年的抗战当事人和知情者，采访、记录、拍摄下大量原真史料；有的机构和个人把中国香港、台湾地区及缅甸、日本、美国官方与民间的一些文献、影像史料也纷纷搜罗回来，有关滇西抗战的绝大部分文献、档案史料，已入存于保山的大小“宝库”中。

第二，滇西抗战地面遗址遗迹和武器、军事生活用品等可移动文物的全面深入普查、收集保存、保护维修和陈展宣传。地面遗址遗迹先后进行了二次大范围的调查研究。第一次是1981年冬的文物普查，发现了一部分遗址遗迹。第二次是1995年以后，保山等州市县（区）宣传、文化文物部门分别组织的滇西抗战遗址遗迹专题调查。地面遗存包括敌我双方军事指挥机构、军火库、军队医院、飞机制造厂、沦陷区伪政府、日军慰安所使用的建筑遗存；战争中修建使用的公路、驿道、桥梁、机场等军事交通设施；日军轰炸、屠杀人民，焚烧民居遗址；中国军民镌刻在崖壁上、写绘在墙壁上的抗日标语、图画；碉堡、战壕、掩体、弹坑、爆破坑道等战场遗存；抗日军民墓葬、陵园、纪念碑、塔等。可移动文物包括炸弹、炮弹、枪弹、枪榴弹、手榴弹、掷弹筒、燃烧弹、枪支、刺刀、指挥刀等武器，炮弹包装桶、弹药盒、汽油桶、战马马具、军用铁斧、铁锹、十字镐、氧气瓶等器械和钢盔、军鞋、腰带、护腿、绑腿、军大衣、行军床、折叠凳、风炉、军锅、饭盒、水壶、电筒、日军货币等军事生活器皿，公私收存数万件。各地对已残破甚至损毁了的地面遗存进行了维修或重建，建设了一批博物馆，入展文物上万件，一大批地面遗存和博物馆被公布为国家级和省、地、县级重点文物保护单位或爱国主义教育基地。

第三，滇西抗战“三亲”史料调查采访记录、档案资料、遗址遗迹调研资料、历史理论研究和文学艺术作品的出版、发表取得丰硕成果。20多年间，仅在云南省级和州市、县（区）级报刊发表和出版的文章、资料和图书数千篇、首、本、部，其中《保山日报》纪念抗战胜利的一次征文，即收稿和发表1000多件。数量最多的是抗战当事人、知情者“三亲”（亲历、亲见、亲闻）口述历史和战时军政档案史料，如省、州市、县（区）“文史资料”“史志文辑”《见证历史—滇西抗战见闻实录》《腾冲抗战史料钩沉》《龙陵抗战丛书》《回望硝烟》《龙潞抗日游击队》《马力生日记》《中日腊孟决战揭秘》《腾越玉碎记》《松山—全军覆没战场的证言》等等。遗址遗迹调研著作集中刊发于县（区）文物专著和《松山抗战资源普查资料汇编》《腾冲国殇墓园资料汇编》等书籍。史学理论研究著作有方国瑜《抗日战争滇西战事篇》，傅宗明、林超民和德宏州政协主编的两本《滇西抗战论文集》，保山市史志委编纂的《滇西抗日战争史》、耿德铭著《滇西抗战史证》，何光文著《滇西抗战史论》。更多的论著是刊发在各种报刊的单篇论文。孙代兴、吴宝璋主编的《云南抗日战争史》影响较大，全书六章，第三章写了滇西抗战。主要图册有省委宣传部《滇西抗战》、保山地区新闻中心和博物馆编《中国远征军滇西大战》和周勇、陈祖樑合编《从怒江峡谷到缅北丛林》。纪实文学作品影响最大的是邓贤《大国之魂》和段培东所著“滇西抗战三部曲”。戏剧、摄影、美术、书法、雕塑等艺术门类作品也为数不少。

第四，滇西抗战的基本史事已陆续核实，一些重大理论问题经长期交流讨论已达成共识。有些史事的时间、过程、因果，原来众说纷纭，经调查分析或资料的核对参商，已消除歧义。理论问题如：什么是“滇西抗战文化”，滇西抗战有哪些根本特征，如何认识滇西抗战的历史地位和巨大意义等等，认识已基本一致：

“滇西抗战文化”的概念，即滇西百万军民在八年抗战中共同创造的物质和精神文化。反抗侵略、自强不息的爱国主义精神，是滇西抗战文化遗产的核心。

滇西抗战的三大主要特点是：①滇西抗战不是中原、北方那样的平原作战，这里是世界出名的横断山区，是高山、峡谷、江河、密林之战，是“世界最高海拔之战”；②滇西抗战是国内外参加反法西斯抗战的民族族种、人数最多的战区，横断山多民族抗战带来了特殊的战争形态；③滇西抗战是中美盟军联合作战取得巨大胜利的光辉范例。

关于滇西抗战的历史地位和巨大意义，至少有以下五点已属学界一致认识：①滇西抗战牢固地把守住了祖国的西南后大门，使日军挺进昆明、重庆，东西夹击灭亡中国的企图彻底破灭了。②滇西抗战是全国抗日战争的第一次战略反攻，是中国抗日战争从败退走向重大胜利的转折点。③滇西抗战大大鼓舞和支持了全国抗战和美军在太平洋的反攻作战。④相继打通了中印公路、滇缅公路两条军事外援线，为全国抗战提供了军事物资支援。⑤滇西抗战是云南千百年来抗击外来侵略以保卫祖国的战事中，规模最大、历时最长的巨大胜利。

第五，历练和造就出了大批滇西抗战研究人才。撰写发表、出版了滇西抗战作品者上百人，段生馗、杨自文收集研究展出了三四万件滇西抗战文物，有些文章、专著和段生馗的文物，在省内外、国内外产生了重要影响。昆明、四川、南京、北京的史学、文学、新闻学大家，也编撰出版了滇西抗战专著或发表了一些重要文章。滇西抗战研究宣传队伍日趋壮大。

第六，滇西抗战文化遗产的科研、教育特别是旅游价值，得到了越来越充分的开发和体现。20多年，对民众旅游、参观考察、凭吊瞻仰的一些重点项目，配置了相关设施、资料和解说人员，各州市、县（区）每年旅游、凭吊、公祭、考察者上百万人次，保山博物馆展厅、腾冲国殇墓园和滇缅抗战博物馆、龙陵松山战场、畹町滇缅抗战博物馆和南侨机工抗日纪念碑、纪念馆、泸水飞虎队战机展厅、祥云飞虎队英雄墓葬与纪念标等等项目，在海内外影响深远。文物遗迹客观而真实地反映着各个军事行动的地点、环境、规模、作战条件、相互关系和作战结果，许多学者的精准论著都是在深入实地考察后完成的。各遗址、展馆（厅）等已成为进行爱国主义教育的生动课堂和实物教材，战场、废墟、墓葬、陵园、碑塔和展品，使侵略者的罪行昭然若揭，使滇西军民卫国业绩和爱国精神深入人心。它们直观、形象、生动的教育感染作用，是其他教育手段所无法替代。

三、研究面临主要问题

第一，滇西抗战尚无综合性权威著作。第二，滇西战区长期未能建立研究机构合力攻关。研究人员数十年间各自为战，东一枪，西一枪。没有整体研究目标、计划安排和合作分工。第三，滇西抗战研究人才青黄不接。现有人才老年多，中年少，青年稀缺。已取得较多较好研究成绩的一批人，大多已处花甲、古稀、耄耋之年。第四，各州市县(区)研究、应用工作进展差距很大。特别是难度较大的遗址遗迹调查清理、地面文物保护维修、“三亲”口述史料的采访记录和“大事记”的查证整理等等基础工作，有些地方做得很好，取得了良好的社会效益和经济效益，有的地方资源丰富但做得较差，有些基础工作长期无人做。第五,一些史实的查补、专题的研究，还有待填补空白。以人物撰写为例，大批功绩显赫的远征军将领、游击队领导人、民间抗日英雄、盟军将士的史实，还有待深入挖掘，全面介绍。又如沦陷区面积、远征军人数、敌我伤亡人数等等，北京、昆明、滇西各地发表的数字很不一致，有待查证核实统一。

第九章　档案业务

第一节　馆库建设

1979年4月，地委和卫生局在太保山脚（现隆阳区一中）建盖的档案后库竣工。

1980年以前，地、县6个综合档案馆中的5个是20世纪60年代初期在地、县委机关档案室的基础上建立起来的，施甸县档案馆建立较晚，直到1979年12月才建立。这一时期的档案馆均无专门的库房，只在地、县委办公楼内用几间办公室作为库房，面积小，条件差，设备简陋。

1981年，地、县党委、政府为改善档案馆的工作条件，在地方建设项目资金中安排了一部分用于档案馆的库房建设和设备购置。1982年，保山地区及五县采取以地方自筹为主，争取省补助为辅的办法，按照省档案局《对建盖地（州）县档案馆库房的要求和意见》，规划设计新的档案库房，并陆续开展档案馆库房建设。1983—1985年期间，全区新建盖6个综合档案馆，总投资92.8万元，其中省补助12.5万元，地级投资30.5万元，各县投资49.8万元；总建筑面积4417平方米，其中档案库房面积2489平方米，办公用房面积1928平方米。1985年以后，全区档案馆基础建设进入一个新的发展时期，全区综合档案馆建设步伐不断加快。1997年，地区和保山市、龙陵县、施甸县档案馆又在原有基础上进行加固、改造和扩建了库房。2004年腾冲县新建档案馆1295平方米，其中库房面积600平方米、办公用房面积695平方米。截至2005年年底，全区馆库建设总面积已达6437平方米，其中库房面积3184平方米，办公用房3253平方米。

第二节　档案资源建设

一、馆藏档案

保山是云南开发最早的地方，在漫漫历史长河里，各族人民留下了大量内容丰富、具有地方特色的档案和史料。截至2005年年底，全区6个综合档案馆共保管档案650个全宗，23.5万卷，其中新中国成立前档案8607卷，新中国成立后档案226371卷。案卷排架长度4686米，照片档案42305张，音像档案1515盒。最早的档案形成于清康熙五十四年（1715）。档案按历史时期分为清代档案、民国档案、革命历史档案、新中国成立后档案；按门类分为的文书档案、会计档案、科技档案、专门档案、照片档案、录音录像档案、碑文档案、诗书画影档案等。

清代档案：这一时期的档案形成于康熙五十四年（1715）至光绪二十七年（1901），全区共有101卷。内容有：龙陵余跃龙、余攀龙等人买卖土地地契、杨国土、杨国华兄弟分享祖业凭证；布政史司颁发给杨海等人的契约；大英、大清会办滇缅界线图。是研究清代历史的珍贵档案史料。

民国档案：这一时期的档案形成于1911—1949年，共8478卷，其中云南省第六、十二区行政督察专员公署和腾冲县政府两个全宗5169卷，档案比较齐全、完整，内容包括治安、军事、教育、财政、民政、海关、卫生、邮电、法院、党务和人事、田赋、户政管理等，是保山地区遗留下最齐全、最完整的民国档案，是研究云南省、保山地区民国历史最有价值的档案，腾冲、龙陵两县历史上曾是中日战争的沦陷区，是滇西中日战争主战场，而民国档案则翔实地记录了日本侵略者在腾冲、龙陵的历史罪状，记录了中国军队和保山全区人民抗击日军的丰功伟绩，是教育人民不忘历史、热爱祖国很好的历史资料。有冯玉祥将军和其他国民党高级将领给国民党元老云贵监察使李根源先生的信，也是本馆比较珍贵的一批档案。

革命历史档案：这部分档案形成于1949年2月至1950年3月，主要有中国人民解放军滇桂黔边区纵队七支队剑川起义，解放桥后、刺鸡进、洱源打罗瑛战役，解放维西、鹤庆、宾川、云龙、牛街歼灭共革盟，腾龙等战役的时间，伤亡人员名单、歼灭敌人数，滇西北沙溪战役伤亡名单和邓森、杜文成等20名烈士小传。有边纵36团和滇西人民解放委员会1949年12月15日进驻腾冲县发布的三个布告；龙陵县临时政府1949年11月23日在象达正式办公的布告。

新中国成立后档案：这一时期的档案是档案馆的主体，反映了1949年12月保山解放至2005年年底50多年，党政机关、人民团体、企事业单位的工作情况及保山地区工农业生产，科学文化事业的发展情况。这一时段的档案共有22万多卷。

珍贵的录音录像档案有：怒江断流，百年不遇的保山大雪，曾唱遍祖国大地的《富饶美丽的潞江坝》、洞经等歌曲和民间音乐。

二、馆藏资料

截至2005年年底，保山市、县（区）档案馆馆藏资料共有65598册，其中最珍贵的资料有创刊于1897的4月（清朝同治年间），停刊于1945年5的全套《申报》400册，民国16年（1927）至1949年《国民政府公报》110册，《新纂云南通志》285册，“二十四史”983册，康熙年间的《永昌府志》,《永昌府文徵》《腾越厅志》《保山县志稿》和族谱、家谱等，还有地委（市委）、行署（市政府）下设各职能部门在工作活动中编印的各种内部资料等。这些资料内容丰富、种类繁多，门类齐全，具有地方特色。

第三节　档案业务

一、档案整理

1978年后，全区大多数单位的档案机构恢复，人员得到调整充实。1979年3月，地委档案科清理和撤销了有诬蔑不实之词的错误文件551份。

1980年11月，保山地委办公室举办全区秘书档案干部训练班，历时25天，参加培训的人员有329人，培训内容为文书立卷和归档、档案收集整理、保管工作等9个方面。

1981年，各级党委、政府将档案工作列入议事日程，全区开展了第三次积件清理工作（第一次1956年、第二次1958年），全区共有积件单位283个，完成清理任务267个，占94.3%，组得案卷27000卷。全区283个单位中，建有立卷归档制度的273个，占96%，各机关建立健全了立卷归档制度。全区各馆整理案卷4605卷。6个地县档案馆共接收了32个全宗，8738卷档案。

1985年4月18日，为解决立卷及其质量问题，地委办下发《关于一九八五年档案工作几个问题的通知》，针对案卷质量问题，做出10个方面的要求，统一业务规范。并采取“以会代训”和“短期培训”等方式举办了文书档案培训班一期15天，101人。

1987年，地区、各县(市)档案业务部门，按照国家档案局制定的三个业务规范，即《机关档案工作业务建设规范》《机关档案保管期限的规定》《文书档案保管期限表》和《机关文件材料归档和不归档的范围》对各机关档案的收集、整理、保管、提供利用等进行指导。并设有专门的科室对机关档案室人员进行业务培训和指导工作。

1988年，抓好档案干部队伍建设，注重档案专业人才的培养。9月，全区70名档案干部到大理参加全省档案干部进修班学习，经考试全部合格，成为保山地区档案事业的骨干力量。

1989年，逐步加大档案馆基础业务工作的力度。全区抓好了丰富馆藏档案的工作。其中，昌宁、施甸、保山、腾冲档案馆分别被评为云南省丰富馆藏档案先进单位，昌宁馆获一等奖，施甸馆获二等奖，保山市、腾冲馆获三等奖。

从1990年开始，全区各级机关按照机关档案工作目标管理的要求，普遍制定和修订《各种文件材料的形成、积累、整理立卷归档制度》，规范发文稿纸，会议记录用纸，杜绝不耐久字迹材料的使用。根据机关工作内容，结合国家档案局发布的《机关文件材料归档与不归档的范围》，各机关制定符合本机关实际的《归档与不归档范围》，将涉及本机关职能活动的文件材料列为重点归档对象。各级档案行政管理部门明确了归档时间，要求各机关在次年6月底以前归档完毕。各机关普遍设有专兼职档案人员，负责本单位文件的收集、整理和归档。档案室专兼职档案员不定期地对本单位业务科室立卷工作进行指导和监督。全区各级机关的文书立卷归档工作基本能够按时完成。

1992年6月，全区举办了档案专兼职干部培训班，参加培训的有地直、五县(市)，德宏州各县(市)档案专兼职干部253人。培训内容《档案法概论》《档案管理学》《文书学》《科技档案管理学》《档案保护技术学》《档案文献编纂学》。

2000年12月6日，中华人民共和国档案行业标准《归档文件整理规则》(以下简称《规则》)正式发布实施。根据《规则》要求，2003年1月26日，市委办、市政府办印发了《关于实施归档文件整理规则的通知》。全市自2003年开始，对2002年起形成的文书档案统一按照《规则》进行整理。要求做到整理方法统一规范，档案用品一致，全面促进机关档案业务建设的规范化、标准化。

2003年3月，保山市档案局在市直机关选择市档案局和市农业局两家单位进行试点，在总结试点经验的基础上，对全市所有的机关，企事业单位专兼职档案人员进行业务培训。通过培训，全市统一业务标准，克服各行其是，标准不一的现象，确保《规则》全面顺利的实施。

二、档案利用

1980年以后，地区档案馆和五县(市)档案馆相继得到恢复，档案的利用有了新的发展。为满足机关各项工作对档案利用的需要，各馆都编制可供检索的《案卷目录》《全引目录》

和《卷内目录》，建立《全宗卷》和档案馆指南等检索工具。随着档案馆办公条件的逐步改善，档案的提供利用方式和质量也有新的变化，除调阅档案外，各档案馆还根据工作的需要，积极开发档案信息资源，使档案更好地为各级领导和各项工作提供服务。

1978—2005年年底，全市6个综合档案馆共查阅利用档案108834人次，331876卷次，578件次。

1981—2005年保山市各县（市、区）档案馆提供档案利用情况表

表35-10

利用情况	保山市	隆阳区	腾冲县	龙陵县	施甸县	昌宁县	合　计
人次	15634	28503	25883	9665	3733	25416	108834
卷次	51231	41114	136437	38073	18241	46780	331876
件次	34	74	—	85	27	358	578

三、档案开放

根据《中华人民共和国档案法》的有关规定，档案自形成之日起满30年，或不满30年的经济、科学、技术、文化等档案，经鉴定不属于控制使用内容的，均属向社会开放范围。

1990年12月14日，按照《中华人民共和国档案法》的规定，保山地区档案馆首次向社会开放年满30年的档案1286卷，资料1719册。截至2005年年底，全市分期分批向社会开放档案207个全宗，24225卷。

2003年6月起，全市各县（区）综合档案馆相继建立“现行公开文件查阅中心”。截至2005年年底，各“中心”共收集各级党委、政府以及各有关部门1991年以后出台的政策性、法规性、公益性、服务性非涉密正在执行的涉及人民群众生产生活的文件、资料4762份供社会各界查阅利用。

第四节　档案管理

一、档案保护技术

自1990年4月份起，保山地区（市）档案馆对档案库房温湿度进行测量，最大限度地延长档案寿命。按照国家标准范围（温度14℃～24℃、湿度45%～60%），将温湿度控制在规定的范围内，有效的保护档案。市档案馆16年间通过对库房温湿度的监测，每年除6—9月份湿度稍有偏大外，其他时间的温湿度都在国家标准范围内。为了防止虫害对档案资料的危害，采取在库内喷洒消毒、杀虫药剂，在档案箱柜内放置杀虫药品的方法，定期进行更换，对新进馆档案、资料坚持先消毒、杀虫处理后，再入库上架等措施。同时，做好珍贵档案复制件利用。对珍贵档案和民国时期的档案，进行了修裱和复制，在利用时尽可能用复制件，有效的保护原件，延长档案的使用寿命。

二、档案工作目标管理

（一）综合档案馆档案工作目标管理

1991年9月，全区认真贯彻云南省档案局《关于开展地县档案馆工作达标升级活动的通知》。年底，全省首次批准发证达标的县级档案馆中，有昌宁县、龙陵县、保山市档案馆。1992年5月，保山地区档案馆率先在全省地州（市）档案馆中达到省三级标准。1994年3月19日，经省档案局组织考评组考评后，批准保山地区档案馆为省二级先进馆。1996年10月9日，经省档案局组织考评后，批准保山地区档案馆目标管理达省一级标准。至1997年，保山全区6个综合馆除保山市馆（今隆阳区馆）达二级标准外，其余5个馆均达省一级标准。

1991—1997年保山地、县（市）综合档案馆目标管理情况表

表35-11

单 位	省三级标准	省二级标准	省一级标准
保山地区档案馆	1992.05.06	1994.03.19	1996.10.09
保山市档案馆	1991.09.17	1993.12.27	—
腾冲县档案馆	1992.11.25	1993.12.27	1996.12.09
龙陵县档案馆	1991.11.21	1993.12.27	1997.12.12
施甸县档案馆	1992.04.02	1996.01.23	1997.12.31
昌宁县档案馆	1991.09.13	1994.12.25	1997.12.31

（二）机关、团体、企事业单位目标管理

1989年，保山行署档案局在保山地区水泥厂进行企业档案管理达省级标准的试点工作，随后在全区范围内推行此项工作。到“八五”末，全区有43家企业达到省级标准，1个乡镇企业在全省地州市率先达到省级标准。到2001年，全区159个企业，已达标103个，占65%，其中：达到国家二级的有5家，省部级98家。

1991年8月，在全区范围内全面推行机关档案工作目标管理，截至2002年，全市252个机关、团体，有251个单位实现了档案工作目标管理等级标准，占98.8%，其中隆阳区、腾冲县、龙陵县、昌宁县实现100%。

1992年12月，保山行署档案局在地区水利电力勘测设计院进行档案管理达标升级试点工作，并成为全省地、州、市第一家达省级标准的科研事业单位。“九五”期间，全区全面加强科技事业单位档案管理，积极推进事业单位档案工作目标管理活动。至2000年，全区57家科技事业单位已达等级标准55家，占96.5%，其中达国家二级2家，省部级53家。

1999年，各县（市）档案局把乡（镇）机关档案工作纳入目标管理的范围。至2002年，

全区82个乡（镇），全部实现目标管理。

三、档案信息化建设

2004年，市、县（区）综合档案馆和市、县（区）机关档案室启动计算机管理档案，加快了档案信息化建设步伐，为全市档案现代化管理奠定了坚实的基础。

截至2005年，全市6个综合档案馆累计录入文件级目录119.3万条，其中市档案馆累计录入43.39万条，全市有246个单位启用计算机录入档案文件目录，并按时向同级综合档案馆报送机读归档文件目录，档案馆通过建立机关目录数据库，对机关档案数字化工作实现了有效的监控，规范了机关计算机管理档案的相关标准，促进了机关规范化建档工作。

四、档案法治

制度建设　1990年，根据上级档案行政管理部门的要求，结合保山地区档案局（馆）工作实际制定《库房管理制度》《档案鉴定、销毁制度》《保密制度》《设备仪器管理制度》《值班制度》《岗位责任制》等相应制度。1996年4月，保山地区档案局（馆）对原有的制度进行修改补充完善，形成《收发文传阅制度》《设备仪器管理制度》《档案托裱制度》《库房管理制度》《保密安全制度》《到期档案的鉴定、销毁制度》等共16个制度。

执法队伍建设　1995年7月，地区档案局设立法规监督教育科，定编3人，负责全区档案事业综合性业务的调查研究，提出档案工作建议和建立健全规章制度；负责《中华人民共和国档案法》《中华人民共和国档案法实施办法》及其他法规、规章执行情况的监督、检查，查处违法案件等。截至2005年年底，全区已有25人获得省政府颁发的行政执法证，做到持证上岗，建立起一支具有一定专业知识和业务素质的执法队伍。

案件查处　2000年8月，龙陵县档案局查处一起伪造、撕毁《山林登记清册》和《山林证存根》的违法案件。对当事人进行了处罚。

学法普法　自1989年以后，全区档案部门认真组织干部职工学习、宣传《中华人民共和国档案法》《档案法实施办法》《云南省档案条例》。举办档案干部培训班，到2005年，全区共培训档案专兼职人员2704人次。1996年后，把《中华人民共和国档案法》纳入各县（市）普法学习范围。1999年，全区档案系统有12858人次参加《中华人民共和国档案法》普及教育考试。其中：普及重点对象参加考试的有2607人，占应参考人数（2660人）的98%。

第三十六编　卫　生

远离毒品、预防艾滋、健康生活

综　述

1978—2005年，保山市（地区）积极探索和推进卫生改革，进一步满足城乡居民的卫生需求，不断提高人民健康水平。2005年，全市各级财政对卫生的投入8920.85万元（含中医572.86万元），占全市财政总支出的3.93%。2001—2005年，全市共实施国家卫生专项建设项目13个，各级投入资金540万元，实施国债医疗救治体系建设项目6个，投入资金1751万元。

1978年，全区共有各级各类卫生机构265个，病床2330张，人员2690人，其中卫生技术人员2371人。2003年国债保山市中心血站建设项目建成并投入使用，使全市血液管理实现“三统一”。从2003年起在龙陵县开展新型农村合作医疗试点工作，至2005年，全县参加新型农村合作医疗率为86.08%；减免费用、住院补偿合计减免121148人项，补偿金4917717元。2005年10月，隆阳区和腾冲县被列为全省第二批新型农村合作医疗扩大试点县。2005年，全市共有各级各类卫生机构（不含村卫生室和计划生育服务站）396个，实有病床4646张，人员5850人，其中卫生技术人员5247人。每千人拥有床位1.92张，拥有卫生技术人员数达2.16人。全市已有私立医院8个，私人诊所188个。全市已形成以市和县（区）医疗、疾病预防控制、保健等卫生机构为骨干，辐射全市的医疗预防保健网络，服务能力和水平有所提高，群众看病就医条件有了较大改善。

1978年，全区报告法定传染病81977例，传染病发病率为4510.70/10万；病死87例，死亡率为4.79/10万。2005年，全市报告乙类、丙类传染病20种，其中乙类14种、丙类6种，无甲类传染病报告。报告发病总数为9274例，年发病率降为384.63/10万，传染病死亡42人，死亡率为1.74/10万。截至2005年年底，全市鼠疫已连续11年、霍乱已连续6年无疫情发生。脊髓灰质炎已连续14年、白喉已连续24年无病例报告。

20世纪90年代后，全区以降低孕产妇和婴儿死亡率为目标，重点开展0~7岁儿童及孕产妇系统管理工作，努力提高两个系统管理率。到2005年，全市四消毒新法接生率达97.19%，住院分娩率为66.30%，孕产妇系统管理建卡率为96.67%，孕产妇系统管理率为84.66%。2000—2005年，孕产妇死亡率由83.58/10万降至71.19/10万，婴儿死亡率由32.79‰降至20.64‰，5岁以下儿童死亡率由39.15‰降至24.05‰，人均期望寿命由70岁提高到71岁。

但是，保山市卫生事业还不能完全满足人民群众的健康需求。全市仍然不同程度存在人民群众“看病难、看病贵”的问题。主要表现为：第一，卫生资源总量不足，配置不合理，使用效率低。千人口拥有的卫生资源低于全国、全省的水平。卫生机构中，多数病床和卫生技术人员集中在城市，大型医疗设备集中在二级以上医疗机构，民营医院均在城市开办；农村卫生院基础设施差、设备简陋、人才匮乏的问题在短期内存在。政府购买公共卫生的措施落实不到位，卫生资源的总体利用率不高。第二，重大疾病防治形势严峻，疾病预防控制工作面临巨大挑战，特别是艾滋病疫情态势十分严峻，防治艾滋病工作任务十分繁重。艾滋病检出率逐年上升，艾滋病流行已处于高危人群向普通人群扩散的临界点。第三，卫生机构隶属关系复杂，条块分割问题仍不同程度存在，属地化全行业管理难以落实，制约了监管措施的落实。

第一章　机构沿革

第一节　卫生行政管理机构

一、保山市卫生局

1978年，保山地区主管卫生工作的机构为保山地区卫生局革命委员会，1979年7月，改设为保山地区行政公署卫生局。1985年，行署卫生局设6个科室，人员编制19人。1995年，人员编制增至23人。

2001年8月，保山撤地设市，保山地区行政公署卫生局改称保山市卫生局，为正处级单位。2002年，药政科、药检职能划归市药品监督管理局；管理公费医疗、社会医疗保险职能划归市劳动和社会保障局。2005年，市卫生局有编制22人，实有20人。内设8个科室。

二、县（区）卫生局

1978年，五县均设有县卫生局革命委员会。之后陆续改为县卫生局。1983年9月后，保山县卫生局改称保山市卫生局。2001年，保山市卫生局改为隆阳区卫生局。至2005年年底，全市五县（区）均设有卫生局，共有工作人员87人，其中：隆阳区27人、施甸县15人、腾冲县17人、龙陵县13人、昌宁县15人。

第二节　公共卫生机构

一、卫生监督机构

（一）保山市卫生局卫生监督所

2002年5月，成立保山市卫生局卫生监督所，为隶属市卫生局的正处级单位，是保山市卫生局在全市范围内依照国家卫生法律、法规行使卫生监督职能的执行机构，人员编制28名，参照公务员管理。内设7个科室。2005年，内设科室不变，有人员24人。

（二）县（区）卫生监督所

2003年，龙陵、腾冲两县先后成立县卫生局卫生监督所。2004年，施甸县、昌宁县、隆阳区先后成立县卫生局卫生监督所。至2005年年底，五县（区）卫生监督所共有工作人员64人，其中：隆阳区17人，施甸县14人，腾冲县18人，龙陵县6人，昌宁县9人。

二、药品检验机构

（一）保山市药品检验所

1973年8月，成立保山地区卫生局药品检验所。1983年开始开展药品检验工作。1992年取得计量合格证，成为对社会提供公证数据的质量检验机构。1993年拥有各种仪器84件，价值24.7万元。内设5个科室，有人员20人。2001年11月，保山市药品监督管理局成立后，药品检验所移交其管理。

（二）县（区）药品检验所

1978年，县级药品检验所只有腾冲、龙陵、昌宁3家。1979年、1985年，保山、施甸两县也分别成立了县药品检验所。1980年，昌宁县药品检验所撤销（1985年10月恢复）。1983年10月，保山县药检所更名为保山市药检所，2001年7月，再更名为隆阳区药检所。2001年11月，成立五县（区）药品监督管理局，原药品检验所分别移交其管理。

三、疾病预防控制机构

（一）保山市疾病预防控制机构

保山市卫生防疫站　1964年，成立保山专区卫生防疫站。1985年设6个科，有职工50人，固定资产总值50万元。2001年，保山撤地设市，更名为保山市卫生防疫站，有职工56人。2002年5月撤销，与市皮肤病防治院合并组建保山市疾病预防控制中心。

保山市皮肤病防治院　1952年3月，成立保山专员公署麻风院，隶属于保山专（地）区民政局。1980年12月划归地区卫生局管理，并更名为保山地区皮肤病防治院，有工作人员25人。2001年，更名为保山市皮肤病防治院。2002年5月撤销，与市卫生防疫站合并组建保山市疾病预防控制中心。

保山市疾病预防控制中心　2002年5月，保山市委决定，撤销保山市卫生防疫站和市皮肤病防治院，合并组建保山市疾病预防控制中心，隶属保山市卫生局。内设9个科室，人员编制51名，实有职工49人。2005年4月，定为正县处级单位。2005年年末，共有员工56人，其中卫生技术人员47人（执业医师39人，执业助理医师1人，检验人员1人，其他卫技人员6人），其他技术人员2人。有房屋建筑面积8702平方米，有万元以上设备30台。

（二）县（区）疾病预防控制机构

1978年，五县均成立有卫生防疫站。2003年7月起，五县（区）均先后组建成立疾病预防控制中心。其中，昌宁、腾冲两县是由县防疫站与县皮肤病防治院合并组建；隆阳区是由防疫站与鼠疫防治站合并组建；施甸、龙陵两县是由县防疫站更名而成。至2005年末，全市五县（区）疫病预防控制机构共有工作人员265人（隆阳区85人，施甸县42人，腾冲县65人，龙陵县37人，昌宁县36人），其中卫生技术人员182人（不含昌宁县）。

四、妇幼保健院

（一）保山市妇幼保健院

1975年成立保山地区妇幼保健站，1986年更名为保山市妇幼保健所，1995年更名为保山地区妇幼保健院。1998年评定为“二级乙等保健院”。2001年更名为保山市妇幼保健院。2005年，有床位23张，人员48人，其中卫生技术人员38人。有房屋建筑面积2637平方米，万元以上设备15台。

（二）县（区）妇幼保健院

1978年，五县均成立有县妇幼保健站。之后，陆续改建为保健院。1983年，保山县更名为保山市，2002年再更名为隆阳区，保健站（院）相应更名。至2005年末，五县（区）妇幼保健院共有职工147人，其中卫生技术人员153人。

五、保山市急救中心

1999年9月，保山地区急救中心建成运行，挂靠保山地区人民医院。总投资800万元，总建筑面积6630平方米。配有呼吸机、心电监护仪等先进的医疗急救设备和4辆救护车，开通“120”急救电话，设病床48张，配有人员48人，设置危、急重症监护病房（ICU），为危、急、重症病人能得到及时救治提供了保障。2001年保山地区急救中心更名为保山市急救中心。

六、保山市中心血站

1988年，在保山地区人民医院内设立血库。1999年9月在地区人民医院建立保山地区中心血站，由该院管理。2001年，保山市成立独立建制的保山市中心血站，为市卫生局所属卫生事业单位。2003年4月投入运行。2005年，内设7个科室。有职工13人，其中卫生技术人员9人。有万元以上设备24台，拥有大型采血车1辆，中型采血车2辆，急救送血车4辆，专用储血冰箱9台，血小板保存箱1台，酶标仪等先进的血液检测设备。年采血量达2.1吨。

七、乡（镇）卫生院

1978年，保山地区共有公社卫生所94个，有床位1065张，人员1118人。1980年，全区将公社卫生所改名为公社卫生院。1984年，公社卫生院改为区卫生院。1985年，全区有农村卫生院112所，其中全民所有制93所（中心卫生院22所，区卫生院71所），集体所有制19所。有病床1734张，人员1345人（技术人员1214人）。

1987年撤区建乡（镇），之后乡（镇）卫生院撤并重组。至1990年，全区共有乡（镇）卫生院104个，其中全民所有制88个，集体所有制16个；中心卫生院23个，一般卫生院65个。有床位1765张，人员1286人（技术人员1155人）。2000年，全区卫生部门有乡（镇）卫生院99个，其中中心卫生院23个，床位1723张，人员1794人（技术人员1573人）。

2005年，全市卫生部门共有乡（镇）卫生院86个（中心卫生院28个，一般卫生院58个），有病床1742张，人员1661人（技术人员1480人）。共有房屋建筑面积18.6万平方米，万元以上设备393台，总资产21178万元。全年门诊141.4万人次，健康检查5.2万人次，住院3.2万人次。

第三节　医疗机构

一、市属医院

保山市第一人民医院　前身为民国时期的保山县卫生院。1980年10月，撤销保山地区人民医院革命委员会，设保山地区人民医院，有病床325张。1985年有病床326张，职工359人。1990年，有床位416张，有员工407人，其中卫生技术人员320人。1995年，被评定为“三级乙等医院”。2001年更名为保山市人民医院，为市卫生局所属的正处级事业单位。2005年，主要设置院部办公室、医务科、总务科等科室。有房屋建筑面积46003平方米，万元以上设备379台，总资产12519万元。有病床572张，有职工520人，其中有卫生技术人员411人(执业医师149人，执业助理医师2人，注册护士196人，药剂人员26人，检验人员19人)；高职63人(正高14人，副高49人)，中职193人，初职142人(师级130人，士级12人)。

保山市中医医院　1980年5月，成立地区中医医院，院址在保山县仁寿门4号。1985年有病床100张，职工69人。1991年被省卫生厅评为文明单位。同年，购进价值60多万元的“体外震波结石碎石机”一台。1996年被省政府授予“中医药先进集体”称号。1998年评定为“三级乙等中医医院”。2001年更名为保山市中医医院，为市卫生局所属的正处级事业单位。2004年9月，整体迁至城东新院址，占地面积1.5万平方米，房屋建筑面积7720平方米。2005年，设有5个科室。有万元以上设备48台，总资产2195万元。有病床120张，职工129人，其中卫生技术人员106人(执业医师45人，注册护士45人，药剂人员8人，检验人员4人)；有主任医师1人，副主任医师14人，主治医师53人，初职36人。

保山市精神病医院　1980年4月，成立保山地区精神病医院，院址在保山城西南小梨园，有病床100张，有职工3人。1985年有职工66人，其中卫生技术人员48人(医师5人，中医士2人，西医士12人，护士20人，助产士1人，西药剂士2人，检验士1人，护理员5人)。主要收治保山、德宏、怒江、临沧、大理等地(州)的精神病患者，是滇西片以治疗为主的精神卫生中心，兼负精神病学的教学、科研及司法精神病学的鉴定工作。1989年更名为保山地区小梨园医院。2001年改名为保山市精神病医院，为保山市卫生局所属的科级事业单位。2005年，已发展成为集精神疾病防治、司法精神医学鉴定、心理咨询、心理治疗为一体的具有精神专科特色医院。全院占地面积13866.67平方米，建筑面积4998平方米，有万元以上设备13台，有病床100张，职工92人，其中卫生技术人员66人(执业医师13人，注册护士48人，检验人员3人)；有正高职1人，副高职7人，中职35人，初职28人。

二、县(区)直属医院

(一)隆阳区直属医院

保山市第二人民医院　1964年成立保山县中西门诊部，1977年改为保山县人民医院。1979年有病床150张，员工10人。1983年9月，更名为保山市(县级)人民医院。1998年评定为“二级甲等医院”。2001年，保山撤地设市，县级保山市人民医院更名为保山市第二人民医院，隶属于隆阳区卫生局。2005年，占地15120平方米，建筑面积35621.52平方米，房产总值2125.54万元，主要医疗设备有700毫安X线机、C形臂X光机，全自动多功能生化分析仪、心电监护仪、胃镜、切片机、彩超、CT扫描机等。设病床247张，有人员365人，其中主任医师1人，副主任医师14人，中职120人。

（二）施甸县直属医院

施甸县人民医院 1963年成立，1995年评定为“二级乙等医院”。2005年占地面积20293平方米，有业务用房5297平方米，房屋总价值551.51万元，主要设备有螺旋CT、彩超、1000毫安X线机，全自动生化分析仪等，设备总值1142.2万元。有病床105张，有职工175人，其中卫生技术人员147人。

施甸县中医医院 1986年成立时有职工20人，病床35张。1991年被省卫生厅评为文明单位。1999年评定为“二级乙等中医医院”。2003年4月，院址由甸阳镇甸阳西路56号迁至县城城北开发区猛底路。2005年，占地面积10000平方米，业务用房面积2300平方米。主要设备30台（件），总值320万元。设病床60张，设12个临床科室，有人员58人，其中卫生技术人员50人。

（三）腾冲县直属医院

腾冲县第一人民医院 前身为民国时期的腾冲县卫生院。1986年有床位217张，人员244人。1991年被省卫生厅评为文明单位。1996年评定为“二级甲等医院”。2005年4月，腾冲县第二人民医院并入该院。年末，医院占地33539.8平方米，建筑面积42944.49平方米，房产总值1726万元。主要设备1318台件，总值2145万元。设病床520张，有职工519人（卫生技术人员412人）。

腾冲县第二人民医院 1954年中国人民解放军陆军第七十一医院进驻腾冲，在县城北郊观音塘设立医院。1986年部队整编撤销，经成都军区后勤部批准无偿交地方管理使用，经腾冲县人民政府批准在原址建立腾冲县第二人民医院，核定病床70张，人员编制84人。1997年评定为“二级乙等医院”。同年由保山地区命名为“精神文明示范单位”。2004年有人员104人，病床100张。2005年4月被撤销，并入腾冲县人民医院。

腾冲县中医医院 成立于1983年2月，院址在城关镇四街下西街264号。1991年被省卫生厅评为文明单位。1993年迁至腾越镇满邑社区华园三小区1号。1996年评定为“二级乙等中医医院”。1999年获省卫生厅“文明医院称号”。2005年，占地面积8019.33平方米，建筑面积6755.53平方米，房屋总价值503.69万元。主要设备51台件，总值210.23万元。设病床100张，14个临床科室。有人员116人（卫生技术人员105人）。

（四）龙陵县直属医院

龙陵县人民医院 前身为民国时期的龙陵县卫生院。1963年改为龙陵县人民医院。1997年评定为“二级乙等医院”。2003年12月迁至县城热泉路新址。2005年，占地面积23333平方米，建筑面积10150平方米，房产总值1544万元，设备总值703万元。有病床

120张，人员153人（卫生技术人员124人）。

龙陵县中医医院　1993年，龙山卫生院改建为龙陵县中医医院，设病床8张，有职工11人。1994年2月，医院整体搬迁至县城兴农路中段32号。1998年与缅甸掸邦第一特区政府联合创办“缅甸掸邦第一特区人民医院”，设病床33张。2000年评定为“二级乙等医院”。2002年10月，又在缅甸果敢东城区开办特区人民医院东城分院。2005年，医院占地面积2333平方米，建筑面积3287平方米，房产总值292万元，设备价值250万元。有职工72人（卫生技术人员65人）。

（五）昌宁县直属医院

昌宁县人民医院　前身为民国时期的昌宁县卫生院。1983年改名为昌宁县第一人民医院。1997年评定为“二级乙等医院”。2002年12月，由原姚家坡迁至田园镇五华路南侧。2005年，全院占地面积19775平方米，建筑面积24801平方米，房产总值2524万元，设备总值397万元。有床位200张，职工172人（卫生技术人员145人）。

昌宁县中医医院　1980年，达丙卫生所扩建为达丙区卫生院。1983年扩建为昌宁县第二人民医院。1987年改建为昌宁县中医医院，编制78人，设病床60张。1998年评定为“二级乙等中医医院”。2005年1月，右甸镇卫生院并入该院，形成一院两址。年末，全院占地面积14420平方米，建筑面积5643平方米，房产总值235万元，设备总价值117万元。有病床70张，职工64人（卫生技术人员59人）。

三、企事业单位所属医院

保山市民政精神病医院　成立于1963年。1984年3月改称精神病管理治疗所。1985年有床位50张，人员20人，其中卫生技术人员10人（医师3人、医士2人）。1988年更名保山地区第二精神病医院。1990年有床位50张，职工23人。之后更名为保山市民政精神病医院，属保山市民政局下属的正科级事业单位。2002年有床位60张，职工25人，其中医护人员17人。2005年，有床位60张，职工27人，其中卫生技术人员19人。

腾冲县安定医院　成立于1960年，负责腾冲县精神病患者的收容康复工作，由腾冲县民政局主办并主管。1985年有职工11人，其中卫生技术人员8人（医师1人，医士2人）。1990年有病床60张，职工23人。2005年，有职工30人，其中卫生技术人员23人。

新城农场职工医院　1970年新城农场医务室扩建为卫生所，1976年扩建为职工医院。1985年有病床60张，人员30人，其中卫生技术人员27人，在各生产队设医务室6个。2004年年底，已完成与企业分离，移交隆阳区人民政府管理，由区卫生局主管。

潞江农场职工医院　1960年建立潞江农场卫生所，1966年扩建为职工医院。1985年设床位50张，有职工51人，其中卫生技术人员38人，在各生产队设医务室8个。2005年年底，已完成与企业分离，移交隆阳区人民政府管理，并入坝湾中心卫生院由区卫生局主管。

保山交通医院　1958年保山汽车运输公司医务室改建为保健所，1985年扩建为职工医院，有床位40张，医务人员11人。2005年年底，已完成与企业分离，移交隆阳区人民政府管理，由区卫生局主管，改建为城市社区卫生服务中心。

保山监狱医院 1981年，湾甸劳改农场医务室扩建为医院。1985年有床位100张，人员36人，其中卫生技术人员32人。1996年改称昌宁监狱医院。2003年12月迁至隆阳区永昌街道办事处红庙村委会山脚村。2004年改称云南省保山监狱医院。2005年有职工26人，其中卫生技术人员24人。

柯街华侨农场医院 1979年，柯街华桥农场医务室扩建为医院。1985年有床位45张，职工34人，其中卫生技术人员30人。1998年4月，已完成与企业分离，移交昌宁县人民政府管理，由县卫生局主管，改建成为卫生院。

四、军队所属医疗机构

陆军第64医院 前身为中原军区后方总医院十院二所，1954年进驻保山县，整编为驻军医院，称“中国人民解放军第64医院”。1978年有床位300张。1970—1985年，该院门诊为地方群众诊治病人39.08万人次；收治地方住院病人13046人。1986年，全院床位减少至100张，人员187人。同年12月，医院奉命撤销，由保山军分区成建制移交给成都军区后勤部驻昆明办事处领导管理。

陆军第71医院 成立于1953年，收治抗美援朝中国人民志愿军伤病员。1956年奉命由贵州进驻云南省腾冲县，由保山军分区领导。1986年，医院奉命撤销，全院108人，于同年12月，由保山军分区成建制移交给成都军区后勤部驻昆明办事处领导管理。

武警云南省总队保山医院 前身为1952年成立的云南省公安总队后勤处医院，于1983年交武警云南总队，改称云南武警总队第二医院。1989年由临沧地区耿马县迁驻保山，改称云南省武警总队保山医院。院址在保山城北，占地面积22678平方米，有病床150张，医务人员180余人，负责滇西武警官兵的健康体检及疾病防治工作，同时为当地群众诊治服务。2005年，有病床170张，专业技术人员130多人，设创伤外科、显微外科、烧伤科、神经外科、眼科、心血管内科、门诊部、放射、检验等科室。所开展的断肢断指再植及眼科手术在保山市具有专科特色。

五、民营医院

（一）二级民营医院

保山安利医院 为保山市卫生局2003年批准成立的一所民营二级综合医院。设病床69张，暂时租用原64医院房屋，新院在隆阳区太保路，占地24333平方米，正在建盖7830平方米的住院部和门诊部。有电子胃镜，500毫安X光机、麻醉机、呼吸机、超声诊断仪等。2005年，内设8个临床科室，有员工90人，其中卫生技术人员75人。

腾冲黎康医院 为保山市卫生局2004年批准成立的一所民营二级综合医院。设病床50张。院址在腾冲县腾越天成社区银河小区2～3号，租用房屋3400平方米。有500毫安X兴机、麻醉机、呼吸机、彩色B超、全自动生化分析仪等。2005年，内设6个临床科室，有病床70张，员工85人，其中卫生技术人员72人。

保山阳光医院 为保山市卫生局2004年批准成立的一所民营二级综合医院。租用隆阳区升阳路中段房屋。审批病床105张，实际有病床30张。有心电图、心电监护仪、自动洗胃机等设备。2005年，设4个医技科室，有员工35人，其中有卫生技术人员32人。

保山市仁济医院　为保山市卫生局2005年批准成立的一所民营二级医院。批准设置病床106张，院址在隆阳区永昌社区九龙路7号，建筑面积6400多平方米。内设4个临床科室，有病床50张，员工78人，其中卫生技术人员65人。

（二）一级民营医院

协和医院　为隆阳区卫生局2003年批准成立的一所民营一级综合医院。院址在隆阳区九龙路30号，建筑面积1700平方米。有彩超、300毫安X光机等设备，价值50余万元。2005年，内设8个临床医技科室，有病床30张，员工28人，其中卫生技术人员25人。

保山华西医院　为隆阳区卫生局2005年批准成立的一所民营一级综合医院。院址在隆阳区正阳北路42号，建筑面积1238平方米。有黑白B超、300毫安X光机等设备，价值100多万元。内设9个临床医技科室，有病床30张，员工34人，其中卫生技术人员28人。

保山济康综合医院　为隆阳区卫生局2003年批准成立的一所民营一级综合医院。院址在隆阳区隆阳路永昌文化园9号，建筑面积1340平方米。有腹腔镜、麻醉机、B超、X光机等设备。2005年，内设6个临床医技科室，有病床30张，员工29人，其中卫生技术人员26人。

恩德医院　为隆阳区卫生局2003年批准成立的一所民营一级综合医院。院址在隆阳区永昌镇正阳北路北端，建筑面积3812平方米。有彩超、全自动生化分析仪、体外震波碎石机、400毫安X光机等设备。2005年，内设8个临床医技科室，有病床70张，员工76人，其中卫生技术人员68人。

富康医院　为隆阳区卫生局2005年批准成立的一所民营一级综合医院。院址在隆阳区九龙路，建筑面积2600平方米。有B超、X光机、麻醉机、呼吸机等设备。内设9个临床医技科室，有病床30张，员工18人，其中卫生技术人员14人。

腾冲东方医院　原属集体所有性质的医院，2005年6月改制，为腾冲县卫生局审批的一所综合民营一级医院。地址在腾冲县腾越镇秀峰社区吉昌小区96号，建筑面积3744.27平方米。设备有德国西门子螺旋CT、日本东芝、彩超、C臂X光机、麻醉机、全自动生化仪等，设备总值1000余万元。内设10个临床医技科室，有员工68人，其中卫生技术人员60人。

腾冲德仁医院　为腾冲县卫生局2003年批准成立的一所民营一级医院。院址在腾冲县腾越镇观音塘社区东营小区310号，建筑面积1080平方米。有200毫安X光机、心电图机等设备，总值64万元。2005年，内设11个临床医技科室，编制病床22张，有员工29人，其中卫生技术人员23人。

腾冲中西医结合医院　为腾冲县卫生局2004年批准成立的一所民营一级医院。院址在腾冲县腾越镇山源社区明和小区19号，租用房屋有2500平方米。有B超、心电监护仪等设备。2005年，设6个科室，有病床30张，员工35人，其中卫生技术人员28人。

昌宁天和医院　为昌宁县卫生局2003年批准成立的一所民营一级医院。院址在县城文昌街1号，占地2160平方米，建筑面积2750平方米。设备有CT、电子阴道镜、无痛胃镜等。2005年，内设19个科室，有床位100张，员工90人，其中卫生技术人员78人。

第四节　其他医疗卫生机构

一、保山地区医疗器械修理所

1978年8月成立，隶属于保山地区卫生局。主要负责全区医疗器械的维修、保养、安装、调试和技术指导工作，有人员2人。1980—1985年共修理X光机26台、冰箱63台、心电超声仪8台、高压消毒锅9台、蒸馏器6台、显微镜21台。1991年撤销，并入地区人民医院。

二、保山地区医学情报资料所

1985年11月成立，编制3人。由于当时未及时配备工作人员，于1987年在清理整顿事业机构工作中被撤销。1988年9月，保山地区编制委员会又同意恢复该单位编制2人。随即配备工作人员并开展工作，为全区医学情报资料的收集整理，提供咨询、医学科研，医学学会管理等做了大量工作。2002年11月，保山市机构编制委员会办公室发文撤销市医学情报资料所，市卫生局将所有书籍无偿划拨给保山卫生学校图书馆。

三、保山卫生学校

前身为1965年成立的云南省保山半农半读中级卫生学校。1978年11月，更名为云南省保山卫生学校。1981年8月，学校定为正处级单位。

2000年，学校开始通过与省内医学院校合作办学开设临床医学、中医医疗、中西医结合医疗、高级护理等成人大专专业和临床医学、中西医结合医疗专业及卫生管理等成人本科专业。2004年4月，学校被定为“国家级重点中专学校”。

2005年11月，全国高等学校设置评议委员会专家组一行对保山卫生学校申报升格为保山中医药高等专科学校进行实地考察评议。

1978—2005年，保山卫生学校共招生10611人，其中国家计划内中专学生11个专业101个班5537人，五年制专科学历班学生2个专业4个班212人；招收自费生（职业高中、中专生）4650人。并与昆明医学院、大理医学院、云南中医学院联合办学开办专科班学员212人。同时，学校除完成国家计划招生外，还完成保山市卫生局安排的各类短期培训（训练）任务。

至2005年年底，学校占地面积67193.34平方米，建筑面积5.1万平方米，固定资产4300万元；拥有专兼职教师84人，其中高级讲师17人，讲师36人；拥有完整的教学实验条件和初具规模的现代化教学设施。藏书5.8万册；有满足各专业实习的县以上教学实习基地（医院）34个。学校面向全省招生，中专可开设社区医学、西医医士、妇幼医士、助产士、计划生育医士、卫生防疫医士、中医医士、中西医结合医士、西医护理、中医护理等专业。年内有在校生3888人，其中中专学生2252人，成人大专、本科学生1565人。

第二章　农村卫生

第一节　农村卫生服务体系建设

1978年保山地区有公社卫生所94个，床位1065张，人员1118人。

1991—1997年，保山地区共安排卫生院、防疫站、妇幼保健院房屋排危、改扩建项目78个，占应改扩建单位数的66%，共投资2154.65万元（省级投资614万元，地区投资114万元，县级投资385.8万元，乡级投资468.3万元，其他投入572.55万元）；安排设备装备项目14个，省补助经费89万元，县级配套89万元，其间：1991年全区验收合格的集体办村卫生室共有152个，全年共投入224.4万元用于乡（镇）卫生院的基建。1992年共投资227.5万元，用于7个乡卫生院和2个县妇幼保健所（站）的排危建设。1993年省地投资105万元，用于农村卫生房屋改扩建，省安排龙陵县4个卫生院设备购置补助经费12万元，行署决定从当年起，每改扩建一所卫生院由地区财政补助2万元，属民族乡的补助3万元。1996年，在五县（市）和地区防疫站实施世界银行卫生贷款项目，预算总额494.02万元；腾冲县、龙陵县和地区防疫站三家被列为实施云南省“6268工程”项目单位，省安排腾冲县卫生防疫站房屋建设项目，该站1200平方米的综合楼已于年底建成并投入使用，并安排龙陵县卫生防疫站30万元设备装备款；地直及五县（市）均被列入艾滋病防治项目活动单位，建立预防与控制艾滋病监测体系，省安排保山和腾冲两县（市）卫生防疫站艾滋病科业务用房建设项目200平方米和110平方米已建成使用。

至2002年，全市5个县级人民医院、4个县级中医医院、5个县级防疫站、5个县级妇幼保健院、85个乡（镇）卫生院都建盖了一幢或二幢业务用房，增加了设备。

2003年，全国局部地区发生非典型性肺炎流行，国家和省、市各级政府更加重视公共卫生体系建设。当年争取实施了平达、丙麻、杨柳、木城、打苴、卡斯等乡（镇）中心卫生院和重点扶持县乡（镇）卫生院房屋建设项目。实施17个乡（镇）中心卫生院和一般乡（镇）卫生院的设备装备项目，共配备设备100余台（套、件），总投入达167万元。争取实施24个边疆民族贫困村卫生室的业务用房建设项目，每个村卫生室房屋建设标准为至少80平方米，省级补助项目资金72万元，每个村卫生室3万元。

2004年起，保山市开始实施公共卫生体系建设项目。共批准实施建设的项目有国债市疾控中心、隆阳区疾控中心、腾冲县疾控中心和省安排龙陵县疾控中心、施甸县疾控中心共5个疾病预防控制体系建设项目，国债市紧急救援中心、市人民医院传染病区和昌宁县人民医院传染科、腾冲县人民医院传染科、龙陵县人民医院传染科、施甸县人民医院传染科改扩建6个医疗救治体系建设项目。全市还争取了龙陵县镇安镇中心卫生院、木城乡卫生院等9个乡（镇）卫生院国债建设项目，计划投资317万元，其中国债255万元，自筹62万元，建设规模5000平方米。争取到隆阳区汉庄、瓦房、杨柳3个“10·19”地震恢复重建项目。实施了22个乡（镇）卫生院的设备装备项目，共装备设备54台（套、件）。实施边疆民族贫困村卫生室建设项目28个，省级补助项目资金72万元，每个村卫生室补助3万元。实施隆阳区疾病预防控制中心搬迁项目，在永昌镇同仁街南端征地7466.67平方米，建设办公、实验大楼3417平方米，已投入使用。

2005年，国家计委安排保山市腾冲、施甸的30个农村卫生基础设施建设项目，总投资达1664万元，其中国债资金投入达1355万元，自筹309万元，建筑规模29650平方米。同时，实施了28个边疆民族贫困地区村卫生室建设项目。当年，保山市第二人民医院自筹资金240万元，建成急诊大楼，面积1758.2平方米；昌宁县人民医院传染科改扩建项目完成，建筑面积1211平方米，总投资160.6万元。年末，全市有县级综合医院5个、中医医院4个、疾控中心（防疫站）5个、妇幼保健院5个，乡（镇）卫生院85个；病床合计3122张、人员3657人（卫生技术人员3112人）；村卫生室891个，乡村医生2654人、卫生员225人，保障有力的新型农村卫生服务体系基本建成。

第二节　农村初级卫生保健

1991年4月，保山地区行署成立“保山地区初级卫生保健委员会”，设办公室于行署卫生局内。自此，保山地区开始实施农村初级卫生保健。

1992年，行署下发《保山地区初级卫生保健实施规划（试行）》，并在各县（市）组织实施。保山市作为全省初级卫生保健试点县之一，年底，经省级实地审评，达到“基本达标县”标准。1994年保山市仍保持基本完成任务标准，施甸县和昌宁县达到基本完成任务标准，受到省初级卫生保健委员会的表彰和奖励。

1996年，地区初级卫生保健审评组对保山市、腾冲县进行审评，经省初级卫生保健委员会抽查复核后，确认保山市达到完成任务标准，腾冲县达到基本完成任务标准。全区五县（市）均达到基本完成任务或完成任务标准，成为全省17个地（州、市）中初级卫生保健任务完成和基本完成任务县（市）数比例最高的地区之一。

2000年4月，地区初级卫生保健委员会抽调人员，分赴五县（市）进行终期审评。6月，省政府派出工作组进行抽查复核。全区农村初级卫生保健顺利通过终期审评。

至2005年年末，按照新的建设评价标准，龙陵县、隆阳区已达到“合格县”标准，腾冲、昌宁县已达到“基本合格县”标准。

第三节　农村合作医疗

1978年，保山地区由于合作医疗室缺乏资金，缺乏药品，供不应求，合作医疗制度面临困境，难以支撑。有些社队从实际出发，自动改革合作医疗制度，实行免费和部分收费相结合的医疗制度。1979年，全区共有生产大队972个，有545个大队合作医疗站收取部分费用。

1981年，全区进行农村体制改革，大队合作医疗站改为乡卫生所，有乡村医生2109人。随着经济体制改革在农村推行，合作医疗制度失去资金支持，原有集体所有的合作医疗室几乎都被出卖或收回。乡村医生多数在自己家里或租借房屋行医，演变成了个体行医者。此后，农民群众没有了任何形式的医疗保健制度，“因病致贫，因病返贫”的现象十分突出，城乡居民健康差距扩大。

1983年，保山县在全县范围内提倡由乡村医生承包办合作医疗站。此后，各县亦实行由乡村医生承包办合作医疗站。

1996年，根据省政府《关于开展合作医疗试点工作的通知》和《云南省农村医疗卫生条例》规定，保山地区在各县（市）开展合作医疗试点工作。年内，施甸县在摆榔乡、由旺镇，龙陵县在龙江乡、勐糯乡和腊勐乡开展试点工作。7月，“中国农村贫困地区卫生保健筹资与组织”课题研究组，对施甸县合作医疗试点工作进行考察。10月，卫生部计财司相关领导、专家及北京、上海、同济、华西、中山等九所医科大学的专家教授一行24人在施甸县举办全国贫困地区合作医疗试点的筹资与组织研究的预调查和师资培训班，历时7天的时间，专家们做了广泛地调查研究，提出在全国8个省开展10个贫困地区农村合作医疗试点县的统一试点实施方案。同时决定将施甸县和龙陵县列入全国贫困地区农村合作医疗10个试点县名单内。并明确施甸县由上海医科大学帮助指导，龙陵县由同济医科大学帮助指导等。10—11月，上海医科大学胡善联、陈晓明教授等在施甸县开展基线调查。同济医科大学韩雷亚、陈迎春副教授等在龙陵县开展基线调查。

1998年，施甸县在3个乡、10个行政村，龙陵县在勐糯和龙江两个试点乡正式启动合作医疗制度。省政府第一个年度拨付龙陵县合作医疗试点引导资金4万元，试点乡按人口平均每人补助1.07元；龙陵县政府1997年拨出2万元的引导资金；两个乡的民政部门分别为救济对象54人（龙江）和10人（勐糯）缴纳合作医疗资金1080元和200元。全年施甸和龙陵两县参加合作医疗人数为24761人，占试点村应参加人数29055人的85%。

1999年6月，应卫生部的邀请，联合国儿童基金会官员巴西尔（牙买加籍）等一行2人由省初级卫生保健办公室工作人员陪同，对龙陵、施甸两县的合作医疗试点工作进行考察。年内，施甸县实行完成合作医疗指标与卫生系统干部职工的风险抵押金挂钩，与兑现县级启动资金（每启动一个村给2000元补助）挂钩的办法，推动全县合作医疗的进程。全县15个乡（镇）均启动合作医疗，新增开展合作医疗的行政村达30个。全县共有35个行政开展农村合作医疗，覆盖率25.55%；参加合作医疗19319人，占农业人口的8%；合作医疗集资77076元，人均约4元。龙陵县年内新增合作医疗行政村2个，累计21个，覆盖率17.36%。全区推行合作医疗的行政村有56个，覆盖率6.19%。

2000年，施甸县继续实行“农村合作医疗风险抵押金制度”，同时，投入3万多元对县乡村合作医疗管理干部和技术人员进行培训，开展合格医疗的试点村由35个增加到42个，覆盖率30.66%。龙陵县巩固了21个试点村。昌宁县农村合作医疗方案经县政府审批出台，绝大多数乡（镇）制定了合作医疗实施意见。全区累计开展合格医疗的行政村在63个，覆盖率6.96%；参加合格医疗3.41万人，占全区农业人口的1.50%。

2002年，国家贫困地区农村合作医疗试点工作由于政府未投入引导资金，仅靠农民个人每年筹资3～5元很少的钱来互助互利，实行医药费的减免，试点工作开展了7年，施甸和龙陵县的试点工作难以运行。施甸县有15个乡（镇）35个村勉强维持运行。施甸、龙陵两县进行了艰难而又积极主动地探索，为中央以后在全国贫困地区建立新型农村合作医疗制度，积累了一定的经验。

第四节　新型农村合作医疗

2002年，中共中央、国务院作出《关于进一步加强农村卫生工作的决定》，在全国农村建立新型农村合作医疗制度（以下简称新农合），将原有的村级范围统筹变为县级范围统筹；将原来保障“小伤小病”改为以大病统筹为主，重点解决“因病致贫、因病返贫”问题。2003年，保山市龙陵县被确定为全国首批试点县之一。保山市政府和龙陵县政府分别成立新农合领导协调小组。龙陵县制定了实施方案，并上报市、省批准。根据方案规定，人均筹资水平30元，其中中央财政补助10元，地方财政补助10元（省补助6元，市补助2元，县补助2元），农民个人缴纳10元。至12月20日，全县参加新农合的农户47372户，参加人数达186880人，以农户为单位的参合率达到85.17%，以农业人口为单位参合率达到83.15%，其中五保户参合率达100%，贫困人口参合率为73.77%。共筹集资金607.3万元（中央下达209.2万元，省下达112.1万元，市配套50万元，县财政配套49.1万元，群众筹资186.9万元），较好地完成省政府下达的年度指标。从2003年8月25日正式启动至2004年9月20日，共运行14个月，全县发生门诊和住院费补偿225654人次，支付补偿基金503.98万元，占总基金89.89%，群众受益率达120.74%。

2005年10月，隆阳区、腾冲县被确定为全省第二批新农合扩大试点县（区）。至年末，全市3个试点县（区）应参合农民1516835人，实际参合1384257人，参合率91.25%。新增试点的情况为：隆阳区应参合734243人，实参合691781人，参合率94.2%（应参合五保户人数628人，实参合628人，参合率100%），农民个人缴费6917810元；腾冲县应参合558561人，实参合499639人，参合率89.45%（应参合五保户人数594人，实参合594人，参合率100%），农民个人缴费4904920元。龙陵县应参合农户56706户，实参合50092户，参合率88.34%；应参合农民224031人，实参合192837人，参合率86.08%；全县共筹集资金5824240元（中央级补助1928370元，省级补助1299000元，市级补助400000元，县级补助268500元，个人缴费1928370元），提取风险基金289255.50元，全年可运作资金5495854.50元；全年门诊和住院减免121148人次，补偿资金4917717.71元（门诊减免

112524人次，减免费用891002.62元；住院减免8624人次，减免费用4026715.09元）；已支付资金占可用资金总额的89.48%。新农合使很多患重病的农民家庭得以及时救治并恢复正常生活，很多农民平生第一次做了体检，建立了自己的健康档案。

第三章　疾病预防控制

第一节　疫情报告

1978年，保山地区区级卫生院（所）设1人负责防疫工作，全区的疫情报告工作，执行卫生部颁布的《中华人民共和国急性传染病管理条例》，将传染病分甲、乙两类，共25种（甲类3种，乙类22种），做到发现甲类传染病及其疑似病例时，用最快的办法逐级向卫生防疫站报告，城镇最迟不超过6小时，农村不超过12小时；发现乙类传染病及其疑似病例时，城镇于12小时内，农村于24小时内报告疫情，发现暴发流行时尽快报告。

1983年，全区组建94个防疫保健组，每组有2～3人负责防疫保健工作，并定期用开会、电话、书面等方式向乡村医生收集疫情，统计上报。

1985年，开展疫情漏报调查，全区疫情漏报率为16.1%。1986年4月起，全区开始执行《中华人民共和国传染病管理法（草案）》，按规定管理的传染病分甲、乙两类，共29种。

1989年9月起，全区执行《中华人民共和国传染病防治法》，法定报告传染病病种为3类35种（甲类2种，乙类22种），报告方式以卡片报告为主。根据云南省丙类传染病不向上报告的规定，保山不属于丙类传染病监测点，不再向上报告丙类传染病。

1991年年底，全区开展传染病漏报调查。共调查108所医院，共查出传染病5388例，已报告5055例，报告率为93.82%；漏报342例，总漏报率为6.35%，各级漏报率分别为地级1.02%，县级4.19%，乡级7.66%。自此，保山地区卫生防疫站开始使用计算机进行疫情管理。2003年，按全省疫情信息网络建设的统一部署，保山市完成全市82个乡（镇）的99个卫生院疫情数据采集终端器配置安装和县以上医疗机构疫情直报网络建设任务。

2004年12月起，全市执行新修订的《中华人民共和国传染病防治法》，法定报告传染病为3类37种。根据卫生部《中华人民共和国传染病防治法实施办法》的规定，全市执行职务的医疗保健人员、卫生防疫人员为责任疫情报告人，负责按规定的时限、方式和程序向卫生行政部门指定的卫生防疫机构报告疫情，并做疫情登记。

2005年11月，保山市对乡级卫生院防保医生的网络直报进行培训。在各县（区）开展医院传染病报告漏报调查的基础上，市卫生局组织调查组对隆阳区及昌宁县共12家医疗卫生机构的传染病报告管理工作情况进行调查，结果传染病漏报率为23.24%，迟报率28.23%，传染病报告卡填写完整率97.05%，门诊日志填写完整率86.55%，医务人员传染病报告知识问答知晓率为91.24%。

第二节　疫情统计分析

1978年保山地区报告法定传染病81977例，发病率为4510.70/10万；病死87例，病死率为4.79/10万。1989年起开展艾滋病病毒感染监测。1990年首次在吸毒人员中发现艾滋病病毒感染者，此后，每年均在高危人群中检出。

1978—2005年，保山市累计共报告法定甲、乙类传染病746693例，年平均发病率为1246/10万；累计共死亡1070例，年平均死亡率为1.79/10万，病死率为0.14%。年平均发病率由1978年的4510.70/10万下降到2005年的33.66/10万；年平均死亡率由1978年的4.79/10万下降到2005年的1.74/10万；病死率由1978年的0.11%上升到2005年的0.52%，其间：甲类传染病天花于1953年被消灭；霍乱于1952年被控制（于1989年，龙陵县到外地务工者发生霍乱病人22例；于1991年在保山市，1995年、1999年、2001年在龙陵县各出现1例输入性霍乱病例，经救治无死亡）；人间鼠疫于1954年被控制，此后，于1993年在龙陵县腊勐乡发生腺鼠疫病例7例（未查见鼠疫菌），经就地隔离治疗均痊愈。由于广泛开展预防接种，使脊髓灰质炎、麻疹、白喉、百日咳等疾病的发病率显著降低，疟疾基本得到控制，麻风显著减少。

1978—2005年保山市法定甲、乙类传染病疫情统计表

表36-1

年度	病例（例）	发病率（1/10万）	死亡（人）	死亡率（1/10万）	病死率（1%）	发病率居全省位次
1978	81977	4510.70	87	4.79	0.11	10
1979	111971	6100.06	241	13.13	0.22	7
1980	88808	4801.28	76	4.11	0.09	7
1981	65211	3494.05	45	2.41	0.07	8
1982	85115	4501.11	36	1.90	0.04	3
1983	50880	2653.25	30	1.56	0.06	11
1984	46635	2401.31	18	0.93	0.04	10
1985	46335	2356.29	19	0.97	0.04	7
1986	32521	1633.44	20	1.00	0.06	8
1987	27501	1362.70	65	3.22	0.24	6
1988	9063	442.21	43	2.10	0.47	13
1989	5941	283.16	49	2.34	0.82	12

续上表

年度	病例(例)	发病率(1/10万)	死亡(人)	死亡率(1/10万)	病死率(1%)	发病率居全省位次
1990	4799	226.11	23	1.08	0.48	12
1991	9661	449.69	30	1.40	0.31	4
1992	8781	405.34	22	1.02	0.25	4
1993	3581	163.42	20	0.91	0.56	11
1994	6952	314.09	32	1.45	0.47	5
1995	5008	223.90	15	0.67	0.29	6
1996	3497	154.80	16	0.71	0.46	14
1997	4576	202.46	19	0.84	0.42	12
1998	5361	237.20	21	0.88	0.39	10
1999	6156	257.15	17	0.71	0.28	6
2000	4784	199.84	3	0.13	0.06	5
2001	4873	207.88	17	0.73	0.35	—
2002	5852	248.27	13	0.42	0.22	—
2003	6404	269.58	21	0.88	0.33	—
2004	6429	268.71	30	1.25	0.47	—
2005	8021	332.66	42	1.74	0.52	—
总计	746693	1246	1070	1.79	0.14	—

注：1. 云南省卫生防疫站《云南省疫情资料》；2. 云南省卫生防疫站《云南省传染病疫情资料汇编》；3. 保山市疾控中心《疫情统计资料》

第三节　预防接种与计划免疫

1978年卫生部发出《关于加强计划免疫工作的通知》，要求在3年内全国普遍实行以接种“四苗”（麻疹减毒活疫苗、卡介苗、脊髓灰质炎三价混合疫苗、百白破混合制剂）为主的计划免疫工作，以预防“六病”（麻疹、结核病、脊髓灰质炎、百日咳、白喉、破伤风）。1979年保山地区卫生防疫站开始在保山县板桥公社孟官大队试点，然后在各县推广试点经验。1980年全区趁普种卡介苗之机，完成计划免疫建卡任务，建卡率占大队总数的92.98%，做到一队一账，一户一卡，一人一行的要求，开始实行计划免疫登记上卡工作。

1981年，省卫生厅将世界卫生组织儿童基金委员会援助中国的冷链物资装备逐步配发保山地区，并按要求运转使用。同年3月，保山县敢顶公社勐林大队误将卡介苗肌注174

人，导致儿童异常反应。

1982年，保山地区各级卫生防疫站在全区推行儿童计划免疫保偿制度：由计免服务的提供者与消费者(7岁以下的儿童)之间签订一项疫苗接种合同，保险费通常按年度或7年的总和为单位收取，收取的保险费用于支付计免工作人员的劳务费、冷链维持费用、计划免疫健康教育支出、因免疫失败而发病的补偿，以及管理费用，成为保山地区计划免疫规划的一个重要筹资机制。当年起，保山地区停止接种牛痘。

1983年，联合国儿童基金会合作项目装备第二条冷链线，覆盖云南省保山、楚雄、大理、临沧、德宏5个地州(市)，保山地区开始“冷链”试运转工作。1985年，地、县卫生防疫站设立计划免疫科(组)，建立地、县、区、乡四级负责制，按期完成冷链装备，包括活动式冷库一个、普通冰箱104台，低温冰箱4台，速冻器29台，复印机2台，收录机6台，幻灯机6台，冷藏箱98个，冷藏包2432个，冰排5980个。同时培训计划免疫工作骨干1317人(县、区级93人，乡级1224人)。全区7岁以下儿童重建了计划免疫个人卡，并按计划免疫程序进行接种，年终按容量比例概率方法进行考核。在组织、管理、培训、冷链装备和运转等方面均按规定执行，建卡率在62.07%～100%之间；“四苗”接种覆盖率达9.18%～48.1%之间。

1986年4月，保山市马街、双桥两地误种卡介苗，发生接种事故53人。

1988年7月，保山地区成立计划免疫工作协调小组。1989年8月，行署办公室转发卫生局《关于加强计划免疫工作意见》的通知，要求各县(市)人民政府，行署各有关单位切实把计划免疫工作抓紧抓好。1991年全区计划免疫建卡率达99.83%，“四苗”接种率分别为卡介苗99.5%，麻疹疫苗94.09%，百白破三联苗93.34%，小儿麻痹糖丸94.09%，“四苗”覆盖率12月龄为90.58%，保持在较高水平。3月，由云南省卫生厅组织的审评组代表联合国儿童基金会、世界卫生组织、卫生部对保山地区保山市计划免疫工作情况及第二个85%目标完成情况进行审评。按照联合国推荐的容量概率法随机抽取2个乡、4个村、30个点共210名1989年1—12月出生的儿童进行审评。审评结果，保山市按国家“七五”规划要求，圆满地完成第二个85%的儿童计划免疫接种率指标任务。当年省政府授予保山地区保山市卫生防疫站“计划免疫以县为单位达标”奖。

1993年，按照全国、全省第一次开展消灭脊髓灰质炎强化免疫活动方案，保山地区开展了两轮强化免疫活动。两轮全市共计服苗319665人次。

1996年，云南省被列为世界银行贷款卫Ⅶ项目省，保山地区被列为项目地(州、市)。6月，项目正式启动。1997年，地区卫生防疫站恢复并加强了计划免疫科。在上级部门的支持下，重新配置了一辆疫苗运输冷藏车。

1997—2002年，保山市儿童计划免疫“四苗”接种情况为：卡介苗每年应种30200～35377人，实种29000～33842人，接种率为92.78%～97.92%；麻疹疫苗每年应种25800～100600人，实种24400～95000人，接种率为92.52%～95.84%；脊髓灰质炎疫苗每年应种28200～101800人，实种26700～96000人，接种率为93.29%～98.47%；百日咳三联制剂每年应种27700～65193人，实种26400～62793人，接种率为92.65%～96.32%。

2003年，全市组织完成乙肝疫苗纳入计划免疫管理工作，认真开展对适龄儿童乙肝疫苗的计划免疫接种。2004年，省组织开展对龙陵县计划免疫综合审评工作，审评结果，龙陵县在全省排前3名。

2005年，全市认真贯彻《疫苗流通和预防接种管理条例》，免疫规划管理工作不断规范，继续保持高接种率，全年下发卡介苗10.676万人份，脊灰疫苗46万人份（常规苗7万，强化苗39万），百白破菌苗25.2万人份，麻疹疫苗30.2万人份（常规疫苗10.2万，强化苗20万），乙肝疫苗2.948万人份。"五苗"报告接种率为：卡介苗94.69%、脊灰疫苗94.35%、百白破菌苗93.04%、麻疹疫苗93.39%，乙肝疫苗第一针接种率91.65%、第二针90.73%、第三针89.28%。卡介苗、脊灰疫苗、百白破菌苗、麻疹疫苗全程接种为90.16%。住院分娩新生儿乙肝疫苗及时接种率为96.88%（10932/11283），新生儿乙肝疫苗全程接种率为83.46%。

第四节　传染病防治

一、甲类传染病防治

鼠疫　1953年保山县汉庄区和县城朱紫街发生鼠疫，县政府及时封锁防治，迅速扑灭疫情。此后至1982年，保山没有发生鼠疫疫情。1983年8月，在保山县的辛街和板桥两地检出鼠疫菌36株，判定为鼠间鼠疫流行初期，属老疫区复燃。疫情发生后，立即引起中央、省、地、县领导和有关部门的高度重视。保山县卫生局组织128人的鼠疫防治突击工作队分赴辛街、板桥和城关、汉庄、老营、城郊等6个公社进行除害灭病宣传发动，落实各项预防措施，使疫情及时得到控制。1984年8月，保山市建立鼠疫防治站，各县防疫站设鼠疫防治科、配备了专业技术人员27人。全区普遍开展灭鼠活动。1985—1988年，在腾冲县荷花乡、施甸县杨赵村、龙陵县邦别、户帕等地从动物中检出鼠疫阳性血清。根据云南省《鼠害联防实施方案》，保山地区的保山市、腾冲县、龙陵县和施甸县参加了1991年全省"三方四地州二十五县"（卫生、农业、粮食部门三方，保山、德宏、大理、临沧四地州，保山、大理等25个县市）鼠害联防，未列入联防的昌宁县也积极开展灭鼠工作。全年共有71个乡（镇）开展大面积灭鼠，占乡（镇）总数的80%。共投毒饵108万千克，获鼠尸642.7万只。1992年全区83个乡（镇）都开展了大面积灭鼠，共投毒饵87万千克，获鼠尸507万多只，使鼠密度下降。全年完成检鼠12123只，检蚤1917组，血清试验4550份。当年云南省鼠害联防工作会议在保山召开，对上年度鼠害联防先进单位进行表彰奖励，腾冲县获二类区第一名，保山市获一类区第二名，龙陵县获二类区第三名，保山地区获组织奖。1993年8月15日，从龙陵县腊勐乡老寨子社活黄胸鼠中查出鼠疫血凝阳性1份，经省、地复制滴度为1∶160。之后，相继在该乡西边寨的一只黄胸鼠中查出鼠疫F1抗体，滴度为1∶80，从自毙鼠中查出鼠疫反向血凝试验阳性1份，抗原滴度为1∶5120，从而证实了龙陵县腊勐乡发生了鼠间鼠疫。之后疫情波及人间，发生腺鼠疫病例7例（未查见鼠疫菌），经就地隔离、治疗均痊愈。1994年9月在腾冲县城区畜牧兽医中心浓缩饲料加工厂收到29只自死黄胸鼠，经检验，共分离鼠疫菌74株（鼠24株，蚤17株）。经省流研所工作组复判，从鼠体和蚤体中分离出的鼠疫菌判定无误，证实为鼠间鼠疫暴发流行。同年10月，在施甸县水长乡境内的保山地区养猪场发生自死鼠，经及时检验，共分离到鼠疫杆菌11株，证实发生了鼠间鼠疫，无人间鼠疫发生。疫情发生后，省、地、县、乡各级党委和政府高度重视，按《疫区处理实施方案》，发动群众大搞爱国卫生运动，反复灭鼠、灭蚤，焚燃糠麸，组织专业队伍到疫区进行彻底处理，迅速控制疫情，疫点没有扩散。处理疫点腾冲县用了34天，施甸县用了22天。1995年全区共筹集灭鼠用粮99.2万千克，共集资107.73万元，灭鼠用工近29万个，农田灭鼠面积达228万亩，获鼠尸583万只，扩大鼠疫监测，确保了全年无鼠疫疫情的发生，被省鼠害联防领导小组评为鼠害联防工作二等奖。1997年卫生部鼠疫专家委员会主任刘云鹏到保山考察，对保山市连续14年无鼠疫流行给予高度评价。至2005年，全市每年均开展鼠疫疫情监测，从未间断。10年间共检鼠63244只，年均检鼠6324只，最多为1997年11056只，最少为2005年3108只；检蚤14627组，年均检蚤1463组，最多为1997年2178组，最少为2005年856组；血清试验19340份，年均血清试验1934份，最多为1997年3785份，最少为2005年855份，均未发现阳性。至2005年年末，全市没有发生过鼠间鼠疫和人间鼠疫疫情。

霍乱 1952—1988年保山全区无霍乱疫情发生。1989—2001年保山地区发生5起霍乱疫情，患病5人，多属输入性疫情。2002—2005年无霍乱疫情发生。1995—2005年，全市加强疫情监测，从未间断。共检测腹泻病人粪便、外环境等标本16423份，年均检测1490份。最多为2004年1850份，最少为1995年975份，其中检测腹泻病人排泄物标本14954份；饮用水492份；回归人员174份。除1份（即2001年龙陵县镇安镇所发生的1例霍乱病人标本）为阳性外，均为阴性。

二、乙类传染病防治

艾滋病 1989年保山地区开始实施艾滋病监测。1990年7月，成立地区艾滋病防治领导小组，并下发《关于加强艾滋病宣传和预防工作的通知》，当年首次在1653名高危人群中检出艾滋病病毒感染者（HIV）8例，有静脉吸毒或性乱史。1991年在地区卫生防疫站建立艾滋病初筛试验室。全年共监测检验血清2677人份。同年，全国首先在云南省德宏州和保山地区征兵体检中开展艾滋病血清检验。此后，每年在征兵体检中均开展HIV检验。1995年8月保山确诊首例艾滋病病人。1990—2005年全市总共检测108783人，仅占人口总数的4.49%，已检测出HIV阳性1263例。仅2005年，从医疗单位送检的临床疑似病例中（如手术病人术前、生小孩前的筛查检验，疑似病例检验）就检出HIV阳性74例，这些人中，绝大多数事先自己并不知道是HIV阳性者。保山市艾滋病疫情已处在高危人群向普通人群扩散的临界点，流行速度加快，已进入到传播渠道易实现、多因素混杂、防控难度大的快速增长期，流行态势十分严峻，艾滋病流行对经济和社会发展的影响已经显现，艾滋病防治工作已进入关键时期。2005年，保山市在原有禁毒和防艾两个工作委员会的基础上成立了由市长任组长的保山市禁毒和防治艾滋病工作领导小组，并下设办公室在市政法委，由市委常委、政法委书记任办公室主任。保山市委、市政府召开全市禁毒与防艾工作会议，市人民政府与各县（区）人民政府、市防艾委与市防治艾滋病五项工程牵头部门签订《责任目标书》，市防艾委成员部门实行分片挂县、包乡（镇）；市、县（区）均设立防治艾滋病专项经费，并纳入财政预算，其中市级财政预算安排50万元，县（区）级财政预算安排84万元。省级下达专项经费218万元，均按用途分别划拨五县（区）及市级相关部门。在艾滋病防治工作中，制定《保山市防治艾滋病宣传教育方案（2005—2007年）》；培训防治艾滋病宣传教育骨干800人；市、县（区）均利用各种媒体、载体积极开展宣传。全年完成各类重点人群艾滋病监测和检测31032人，占省级下达指标的148.73%。检出HIV感染者和AIDS病例492例。各级人口和计划生育部门联合工商、文化、旅游部门，落实宾馆、酒店、歌舞厅等业主负责制。共与业主签订《责任书》927份。推广使用安全套56.7万只。共培训业主310人，高危人群520人；逐步将艾滋病、性病、吸毒检查纳入从业人员健康体检项目，全年共纳入体检从业人员2471人；隆阳区和腾冲县开展美沙酮社区维持治疗试点工作，配置医护人员15人。有12名海洛因成瘾者接受美沙硐替代治疗。同时，在全球基金支持下，隆阳、腾冲2个清洁针具交换地点已开业服务，发放针具579具，回收250具。市、县、（区）均成立艾滋病治疗专家指导委员会，组建抗病毒治疗组、妇儿组等9个小组。并派出17名医生、6名护理人员参加卫生部举办的艾滋病诊断治疗培训班及省传染病医院举办的培训班；确定市人民医院等艾滋病抗病毒治疗定点医院5所；全市共有56名感染者及病人进行规范抗病毒治疗；为14名孕产妇感染者提供母婴阻断服务。全市共救济艾滋病遗孤67人，遗老24人，困难家庭77户，33名遗孤学费问题得到妥善解决。在小学开设禁毒一堂课；加强吸毒者同伴教育培训工作，辖区内强制戒毒所同伴教育者培训率达100%；加大打击贩毒工作力度；深入开展“无毒社区”创建工作；依法加强对旅馆业、娱乐场所、出租房的治安管理，严厉打击卖淫嫖娼及毒品违法犯罪活动；组织开展“扫黄”专项行动，共查处各类治安案件830起，群众举报卖淫嫖娼督办案件查处率达100%。加强国际合作，隆阳区、腾冲县两个中（国）英（国）性病/艾滋病合作项目工作进展顺利，共培训吸毒同伴教育者69期415人次，同伴教育者培训同伴1861人次，娱乐场所性服务工作者同伴教育培训4期149人次；保龙高速公路预防艾滋病项目已于3月启动，组织实施了全球基金艾滋病防治项目。

疟疾 1978年保山地区报告疟疾817例。1980年保山县达到“基本消灭疟疾县”标准，荣获省抗疟工作一等奖。1981—1985年，疟疾防治工作得到进一步加强，疟疾发病率有较大幅度下降，杜绝了以生产队为单位的暴发流行，局部回升地区得到控制，出现部分无疟区。全区发疟共3041例，五年平均发病率32.13/10万，年发病率在9.56/10万～58.08/10万之间。年平均下降率为19.47%。1986—1990年，全区在执行“七五”灭疟规划工作中取得显著成绩，全区疟疾发病率控制到30/10万以下水平。省卫生厅对保山、昌宁、龙陵、施甸四县（市）进行表彰和奖励。1991—1995年，经云南省有关专家考核验收，保山市、昌宁县、龙陵县、施甸县分别达到卫生部“基本消灭”疟疾标准，腾冲县达到“控制疟疾”标准。1996年，龙陵县河头乡由于疫情报告不及时，防治措施不落实，致使疟疾在局部地区暴发流行，该乡共发生疟疾病人84例，死亡4例。2000年，全区疟疾发病数1320例，发病率55.14/10万，其中外源性病例1079例，占87.58%。2003年，全市发病2797例，发病率为117.74/10万。发病数较高的是腾冲县为1671例；其次是龙陵县为557例。当年，在腾冲县和龙陵县启动全球基金疟疾防治项目。2005年，腾冲县和龙陵县继续实施全球基金疟疾防治项目。当年，全市报告疟疾发病3887例，发病率160.30/10万，其中恶性疟1058例，占27.22%。死亡10例，病死率0.25%。1997—2005年，全市开展现症病人治疗17107例，年平均1901例；开展休止期根治27069人，年平均3007人；开展发热病人群血检疟原虫418869人，年平均4651人；开展高危人群疟原虫调查17086人，年均1898人；开展预防性服药267541人次，年平均29727人次；开展药物喷洒灭蚊2973.5平方米，年均330.4万平方米。

脊髓灰质炎　1978年，保山地区发生脊髓灰质炎（即AFP，又称小儿麻痹症）7例，无死亡。1978—1988年发生病例215例，死亡1人。自从开展儿童计划免疫工作服用脊髓灰质炎糖丸后，病例逐年大幅减少，1989年无病例发生。1990年发生1例病例，无死亡。1991年发生病例1人，无死亡。为达到亚太地区消灭脊髓灰质炎的目标要求，按全国统一部署的方案，保山地区开展了第一次强化免疫活动。1993年12月，第一轮接种4岁以下儿童138517人，接种“0剂次免疫”儿童16150人；接种4岁以上儿童4590人。1994年1月，第二轮接种4岁以下儿童138338人，接种“0剂次免疫”儿童17065人，接种4岁以上儿童5005人。全区两轮共服苗319665人次。从1993年起，全区开展了消灭脊髓灰质炎证实工作，即AFP病例（急性弛缓性瘫痪病例）监测报告工作。针对特殊疫情，全区还开展“扫荡免疫”。1999年8月，从联合国卫生组织处获悉缅甸仍有脊髓质炎野病毒病例发生（距保山地区不远的腊戍发生1例），对保山构成威胁。2000年，保山开展了两轮“扫荡免疫”，第一轮于3月开展，应种19.23万人，实种18.55万人，接种率96.46%；第二轮于4月开展，应种19.44万人，实种18.83万人，接种率为96.86%。2000年12月4日，保山市人民医院收住了一位因“发热、双下肢无力，不能站立”而就诊的AFP患儿。经市防疫站采集患儿粪便标本专人送云南省卫生防疫站脊灰实验室进行检测，分离到脊髓灰质炎Ⅲ型病毒，后经国家脊灰实验室检验，进一步证实为脊灰疫苗株Ⅲ型，排除脊灰野毒株型。该病例是保山地区自1992年后发现的首例脊髓灰质炎疫苗株Ⅲ型病人。直到2005年，全市每年均开展一次强化免疫工作。每次接种开展二轮，分别是安排在当年的12月初和次年的1月初。接种对象为全市4～5岁以下儿童，每次每轮接种率一般都在90.95%～98.6%之间，服苗儿童在10万～16万人之间。

病毒性肝炎　1978年保山地区共报告病毒性肝炎病例210例，发病率32.73/10万；死亡2例，死亡率0.31/10万。1979年和1980年分别报告病例313例和331例，发病率分别为48.52/10万和51.11/10万；分别死亡2例和1例，死亡率分别为0.31/10万和0.15/10

万。1981—1985年分别报告病例245例、163例、127例、119例和773例，共死亡2人。1986—1990年，每年发病在639～1156例之间，共死亡12人。1991年病毒性肝炎在保山市发病最多，发病主要集中在保山坝区，以小学生、散童及农民为多。仅11月保山市就发生病毒性肝炎2036例。同年5月，龙陵县在1个乡发生甲型肝炎104例。1998年出现了一个高峰年，全区报告病毒性肝炎病例1925例，发病率为83.47/10万，比1997年上升113.86%。2000年，全区报告病毒性肝炎1317例，报告发病率为55.01/10万。发病数和发病率仍居16种传染病之首，占总报告病数的27.74%。2005年全市报告病毒性肝炎1394例，发病率为57.81/10万。1991—2005年，全市共报告病肝21999例，年平均发病率为63.89/10万；死亡17人，年平均死亡率为0.04/10万，病死率为0.08%。病例数占法定报告甲、乙类传染病的第二位，其中甲肝10476例，占47.62%；乙肝9518例，占43.27%；丙肝110例，占0.50%；戊肝15例，占0.07%；未分型1880例，占8.55%。全市病毒性肝炎发病以甲肝和乙肝最多，其次为丙肝和戊肝。

麻疹　1978年保山地区报告麻疹病例3102例，发病率为170.68/10万，死亡3例。1979年报告29400例，发病率高达1601.68/10万，死亡111人，是疫情最为严重的一年，其中保山县发病5328例，死亡25人；施甸县发病1947例，死亡12人；腾冲县发病8210例，死亡9人；龙陵县发病3848例，死亡10人；昌宁县发病10067例，死亡55人。1980年全区报告2683例，无死亡。保山地区自从20世纪80年代初开展儿童计划免疫，接种麻疹疫苗后，有效地预防了麻疹的发生。1986—1989年，病例骤减，每年发病在94～974例之间。1990年全区共报告27例，发病率为1.27/10万，无死亡。之后，全区采取措施，加强计划免疫工作，并在大年龄组儿童中强化麻疹疫苗接种，麻疹发病逐年减少。1991—2005年，全市共报告麻疹病例4579例，年均发病率为13.30/10万；死亡8人，年均死亡率为0.02/10万，病死率为0.17%，其中1994年报告病例数最多，共2572例，年发病率为116.20/10万；死亡6人，死亡率为0.27/10万；1999年对全区范围内所有8个月至7岁儿童进行一次麻疹强化免疫，全区应接种253763人，实接种234288人，接种率为92.33%；2004年全市报告病例仅3例，为有史以来发病最少的一年；2005年报告16例，无死亡。

流行性出血热　1983年11月，云南省卫生防疫站在腾冲县捕鼠及采集健康人血清调查，结果，在黄胸鼠中发现流行性出血热阳性鼠，其滴度在1∶5120以上。从而首次实验室证实腾冲县鼠类中有流行性出血热的存在。但直到2003年以前，保山市无人感染流行性出血热疫情报告。2003年3月20—27日，昌宁县耈街乡岔河完小先后发生2例以发热、头痛、全身瘀斑、出血点、关节痛和血尿为主要症状的病例，经采双份血清样本送省地病所作实验室诊断，确诊为流行性出血热，这是保山市新发现并首次报告的流行性出血热病例。2例病人经昌宁县人民医院全力救治治愈出院。经省地病所张海林教授率领5名专家现场指导和对疫区采取综合性处理措施，未发生二代病例。2004—2005年，保山市无人感染流行性出血热疫情报告。

流行性乙型脑炎　1978年后，保山地区每年均有流行性乙型脑炎（简称乙脑）报告，从未间断，是严重危害儿童身体健康的重点传染病之一。1978年全区报告乙脑249例，发病率13.70/10万；死亡31人，死亡率1.71/10万，其中隆阳区发病128例，死亡13人；施甸县发病54人，死亡9人。1980年报告159例，死亡17人。1985年报告51例，死亡9人。1990年报告72例，死亡8人。1991—2005年，全市报告乙脑1775例，年平均发病率为5.16/10万；死亡89人，年平均死亡率为0.26/10万，病死率为5.01%。死亡率和病死率紧列艾滋病之后，居法定报告传染病的第二位。2005年，全市报告乙脑41例，死亡1例。为预防好乙脑，保山市把学生作为重点对象，由市卫生局与市教育局联合发出通知，在全市各级各类学校学生中按照《接种方案》开展经常性的乙脑疫苗接种工作。

炭疽 保山市很少有炭疽病发生和报告。1985年7月，昌宁县柯街乡报告18例。1986年、1987年昌宁县分别报告7例、6例。1989年、1990年施甸县分别报告1例、5例。1991—2002年，全市均无病例报告。2003年2月17—22日，昌宁县卡斯镇大水平村鱼塘社先后出现4例炭疽病病人。4例病人均于2月14日参加剥剖病死牛，并分别于第三天、第五天、第八天手背、面部、颈部皮肤出现斑疹或出血疹，继之变为疱疹、肿胀、坏死溃疡，其血性渗出结成黑痂。2月26日，经采取综合性防治措施，迅速控制了疫情。4位患者就地隔离治疗后均痊愈。2004—2005年，全市均无病例报告。

细菌性和阿米巴性痢疾 1978年，保山地区报告痢疾病例38627例，发病率为2125.41/10万；死亡9例，死亡率0.50/10万。1980年报告31805例，发病率为1719.49/10万；死亡20例，死亡率1.08/10万。1981—1985年，年发病在18642~34507例之间，年死亡在0~9人之间。随着农村改水改厕，大力普及自来水和沼气池，推广人畜分开居住工作的深入开展，痢疾的发病逐年减少。1986—1990年发病例数大幅下降，年发病在2220~15772例之间，年死亡在1~5人之间。1990年，痢疾发病2220例，其中细菌性痢疾发病2191例，占98.69%；阿米巴痢疾发病29例，占1.31%。同年5月，保山地区保山市1个自然村发生痢疾暴发流行，发病176例。2000年，全区痢疾发病610例，发病率为25.48/10万；死亡1例，死亡率为0.0418/10万，其中细菌性痢疾593例，占97.21%；阿米巴痢疾17例，占2.79%。2005年，痢疾发病539例，其中细菌性痢疾520例，占96.47%；阿米巴痢疾19例，占3.53%，无死亡。同年5月，昌宁县大田坝乡湾岗九年制学校发生细菌性痢疾暴发，发病49人。1991—2005年，全市共报告痢疾病例17077例，年平均发病率为49.10/10万；死亡24人，年平均死亡率为0.01/10万，病死率为0.14%。报告病例数占法定报告甲、乙类传染病例的第三位。病例中，以细菌性痢疾为最多，阿米巴痢疾病例较少。

肺结核 1978年，保山县在省结核病防治所的帮助下，对重点地区，重点人群在芒宽公社上芒岗队进行结核病的流行病学调查。该队有44户249人，进行胸透192人，胸透率为77.1%，结果阳性37例，阳性率为19.27%。同年又对杨柳公社的阿东寨、毛耳山、小寨子三个村胸透867人，阳性140例，阳性率为16.15%。1981年8月，省流行病研究所赴芒宽公社的上芒岗、龙洞两个队再进行调查，对18岁以上的人群先进行胸透，若发现肺部有可疑阴影者则行胸后前位摄片检查，并作痰涂片查抗酸杆菌；对15岁以下儿童先进行结核菌素试验，对试验者再进行胸透。结果：应检538人，实检527人，受检率为97.96%；查出活动性肺结核患者14例，患病率为2.66%；查出痰涂片阳性患者5人，涂阳患病率为0.95%。同时，对该公社的杞木寨、大寨子、回拉堡、新寨四个村，1350人中，进行胸透1168人，结果阳性234例，阳性率高达20.03%。1990年7—9月，调查了施甸县甸阳镇文武办事处和龙陵县县直机关。两地共实检772户2771人，占应检人数的99.14%。共检出现患肺结核病人12例，患病率为430/10万。根据本次结核病患病率调查结果推算，保山地区共有人口2099474人，肺结核患者应有9091例。表明保山地区结核病疫情十分严峻，结核发病呈逐年上升之势。结核病防治工作更具有长期性和艰巨性。1992年，保山地区再次开展结核病发病率调查，仍然在1990年所调查的施甸县甸阳镇文武办事处和龙陵县直机关两县两地调查，共查772户2115人，查出活动性肺结核6人，患病率为280/10万，年发病率为1.42‰，高于全省0.6‰的水平。1997年，国家开始将肺结核纳入传染病疫情报告。当年全区报告734例，发病率32.48/10万。1999年全区内按全国统一化疗方案管治活动性肺结核病人155例。保山、施甸两县（市）成立结核病防治项目领导小组，召开项目实施会议，举办培训班，落实结核病项目配套经费。纳入项目管理的结核病人40例。全区肺结核发病611例，发病率26.27/10万。2000年，全区结核病发病数600例，发病率为25.66/10万。新增管治结核病人160例，其中新发143例，复发17例；健康检查发现104例；查痰151例，涂阳71例，涂阳率为47%。全年治愈新患病例15例。1991—2002年，全市累计治管2053例，治愈1797例。从2002年起，在保山市启动实施结核病控制项目（卫X项目）。该项目分别于2002年12月在腾冲县、2003年6月在昌宁县实施。项目所需的设备和车辆、抗结核药品和显微镜由日本无偿援助。所需工作经费由地、县两县财政解决。2003年，在腾冲县、昌宁县、施甸县分别于7月和9月启动全球基金结核病控制项目。2004年，新增加龙陵县和隆阳区两个全球基金结核病防治项目县，并分别于10月和11月启动实施结核病防治项目。全球基金结核病防治项目已覆盖全市5个县（区）。国家免费治疗肺结核，免去痰检、拍片等主要检查费及传染性肺结核病人的抗结核药物费用。至2004年年底，全市已累计管治结核病人850例。2005年，全市完成两次结核病日常管理督查及4次结核病控制项目督导。全年完成新发涂阳病人548例，总管治肺结核病人839人。在初复治涂阳的678人中，完成治疗392人，治愈293人，治愈率74.74%。重症涂阴治疗66人，完成疗程51人，完成疗程率77.27%。

伤寒与副伤寒 1978年，保山地区共报告伤寒和副伤寒病例516例，发病率为28.39/10万，无死亡。1979年，共报告534例，发病率为29.09/10万；死亡11人，死亡率为0.60/10万。1980年，共报告772例，发病率为41.74/10万；死亡5例，死亡率为0.27/10万。1981—1985年，年发病在166～811例之间。1986—1990年，年发病在269～1168例之间。1996年5—8月，施甸县何元乡发生伤寒暴发流行，共波及16个自然村，发病237例。随着农村改水改厕工作的深入开展，自来水普及率逐步升高，人们对食品卫生的逐步重视，伤寒与副伤寒的发病逐年减少，未再出现以自然村为单位的暴发流行。2000年，全区发病

406例，发病率为16.96/10万，无死亡。2005年，全市发病386例，无死亡。1991—2005年，全市共报告伤寒与副伤寒病例5717例，年均报告381例，年平均发病率为16.6/10万；死亡8人，年平均死亡率为0.02/10万，病死率为0.10%。发病最多为2002年544例，发病最少为1993年193例。病例数占全市法定报告甲、乙类传染病的第五位。

流行性脑脊髓膜炎 1978年，保山地区发生流行性脑脊髓膜炎（简称流脑）544例，年发病率为29.93/10万。1979年发生743例，发病率高达40.48/10万。1980年，发生168例，病例以隆阳区为最多。此后全区发病病例逐年减少，到1990年发病42例，发病率为42/10万。2000年，仅发病1例，发病率为0.04/10万。1991—2005年，全市累计报告病例258例，年平均发病率为0.75/10万；死亡11人，年平均死亡率为0.03/10万，病死率为4.26%。

百日咳 1978年，保山地区报告百日咳病例6141例，发病率高达337.90/10万。1979年、1980年、1981年、1982年和1983年分别报告4646例、5713例、6196例、2358例和3258例，年发病例数均在数千例之多。1978—1983年，死亡18人。当并发百日咳脑病时，病死率极高。自从开展儿童计划免疫工作接种百日咳菌苗以后，病例逐年大幅减少。1984—1989年之间，病例聚减，年发病例数在61～1210例之间，累计仅死亡1人。1990年发病67例，发病率为3.16/10万。2000年，仅发病7例，发病率为0.29/10万。2001—2005年，各年分别报告2例、4例、32例、18例和4例。

白喉 该传染病属计划免疫针对性疾病，通过认真实施计划免疫，可有效预防该病的发生。1978年，保山地区发生白喉10例。1979年发生7例。1981年发生1例，发生在腾冲县，这是保山地区发生的最后一例白喉病人。1978—1981年，共发生病例18例，其中保山市2例，腾冲县15例，昌宁县1例。死亡4例，均在腾冲县。

新生儿破伤风 1995年10月和11月，为减少新生儿破伤风的发生，按全国统一方案，保山地区在育龄妇女中开展了两次接种“破伤风类毒素”工作，共接种181646人次。接种率第一次为85.85%，第二次为76.7%。此后不断开展接种工作，由于在育龄妇女中普遍实施接种“破伤风类毒素”苗，加之新法接生的不断普及，新生儿破伤风得到有效预防，发病极少。1996年开始报告新生儿破伤风病例，当年报告2例，死亡1例。1996—2005年全市共报告17例，死亡5例。每年报告数在1～2例之间，最多为2005年，报告4例。

猩红热 1978年保山地区共报告猩红热病例287例，发病率为15.78/10万，死亡2人。此后，每年均有病例报告。1980年报告18例，发病率0.97/10万。1990年报告28例。2000年报告157例，发病率6.56/10万，无死亡。1991—2005年，全市累计报告2061例，年均报告137例，年平均发病率为5.99/10万，死亡2人。

淋病 进入20世纪80年代，随着对外开放，边境贸易及旅游事业的发展，国外人员大批涌入，当地人员到境外做生意、打工等原因，已在保山绝迹20多年的性病又重新出现，且疫情逐年上升。一些不法分子乘机开设地下妓院，利用色情场所威胁、引诱、容留妇女卖淫，卖淫、嫖娼使艾滋病、淋病、梅毒等性病流行和蔓延。1990年，保山市报告淋病病例121例，发病率5.70/10万。1994年，保山地区卫生防疫站性病、皮肤病门诊共接诊治疗性病病人228例，其中淋病45例，占19.74%。1991—2005年，全市共报告淋病病例1672例，年均发病率为4.86/10万，无死亡。淋病报告数最低年份是1993年59例，发病率为2.69/10万。报告数最高年份是1997年162例，发病率为7.17/10万。2005年报告淋病131例，无死亡。

梅毒　1991—1999年，除1994年无病例报告，1995年报告5例外，每年均报告1～2例。2000年，报告梅毒病例4例，发病率0.17/10万。2001—2004年，各年分别报告6例、15例、6例和26例，报告数最高年份是2005年108例。1991—2005年，全市共报告梅毒病例181例，年平均发病率为0.53/10万，无死亡。

钩端螺旋体病　1978年龙陵县报告47例，腾冲县19例。1979年龙陵县7例，腾冲县5例。1980年腾冲县16例。1981年腾冲县2例。1982年龙陵县2例，腾冲县1例。1983年腾冲县3例，昌宁县1例。1984年龙陵县40例，腾冲县1例。1985年龙陵县13例。1987年龙陵县2例。1988年腾冲县1例。1991年、1994年、1998年全区分别报告3例、2例、1例。2001年报告1例。此后无病例报告。1991—2005年，全市共报告钩端螺旋体病例7例，无死亡。

传染性非典型肺炎　2003年1月起，广东省等地区的传染性非典型肺炎（SARS，简称“非典”）疫情发生后，保山市按照中央关于“沉着应对、措施果断、依靠科学、有效防治、加强合作、完善机制”的总体要求，采取强有力的措施开展防范工作。至6月30日，全市共进行医学隔离观察3人，留验观察4026人。通过全市人民的努力工作，抵御住了“非典”疫情的侵袭，保山市最终无“非典”疫情发生。

人感染高致病性禽流感　2005年，面对全球及全国、全省高致病性禽流感疫情的严峻态势，保山市各级卫生部门组织了大规模的人禽流感防控演练，加强相应消毒药品储备，进行禽流感防治知识的培训，并与农业（畜牧）部门加强信息联系，力争做到有备无患。全市无疫情发生。

三、丙类传染病

水痘　水痘是儿童常见的多发病，每年均有病例发生，所致并发症少见。2003年4月14—28日，施甸县保场乡发生水痘流行，共发病192例，无死亡病例。

风疹　风疹是儿童常见多发病，每年均有病例发生，时有在学校暴发流行的报告。2003年4月12—28日，施甸县万兴乡写寨小学及周围人群共59人发生风疹流行，其中小学学生50例，有一名小女孩因家贫无钱治疗在家中拖延而死亡。2005年，全市报告风疹病例46例，无死亡。

布鲁氏菌病　1985年，在省兽医站的支持下，保山地区兽医站在全区进行布鲁氏杆菌病动物血清学调查，证实保山地区在动物牛、羊中存在有布鲁氏杆菌病。1991年，云南省下达保山地区布鲁氏菌病血清调查任务1000人份，实际完成1157人份，共查出阳性血清8人份，阳性率为0.69%。从而证实保山地区有布鲁氏菌病病原体的存在，但无人布鲁氏菌病疫情报告。1991至1995年9月，保山地区卫生防疫站在全区重点职业人群中开展布鲁氏菌病调查研究，共查2817人，其中阳性26人，感染率0.92%。检查男性1880，女性937

人，阳性分别为12人、14人。感染者中女性多于男性，这可能与女性多担负挤奶和乳制品加工等工作与病畜接触机会更多有关。山区与坝区之间无显著性差异。在26例阳性中，有现症患者5例，患病率0.18%。阳性者均经省流行病防治研究所复检认定。调查结果表明保山地区存在人群布鲁氏菌病感染，且有现症病例，其流行病学特点是：凡从事畜牧、饲养、屠宰、挤奶、肉制品加工及兽医等与传染源病畜接触机会较多的各种职业人群均可感染。

流行性感冒 1978年保山地区报告流行性感冒（简称流感）病例3056例，发病率高达1682.96/10万，无死亡。1979年发病35272例，发病率1921.58/10万。1980年发病45466例，发病率2458.06/10万。1981—1989年，年发病在833～45665例之间，均无死亡。此后，每年均有病例报告。1998年6月，保山市瓦窑选矿厂发生流感暴发流行，发病92例。2003年3月，昌宁县耇街乡岔河中学、珠街乡初级中学、漭水镇初级中学和中心完小等共6所中学和11所小学相继有1986名师生发生流行性感冒，经县卫生、教育部门采取隔离治疗病人、对教室和学生宿舍进行消毒、开展集体预防性服大锅药和抗病毒中成药等措施，疫情得到有效控制，无死亡。2005年，全市报告流感93例。

斑疹伤寒 1979年6月，腾冲县瑞滇公社胜利大队周家坡生产队发生自死鼠50多只，之后发生高热病人13例，死亡1例。经腾冲县卫生防疫站及时调查处理，控制了流行。通过病原体分离，确诊为鼠型斑疹伤寒（地方性斑疹伤寒）。这是在该县首次发现的一种地方病。1985年昌宁县报告斑疹伤寒病例1例。1986年保山市报告1例。1989年全区5例，发病率0.24/10万，无死亡。1991年全区2例。1995—2000年，全区共发生540例，无死亡。发病例数较多的是1998、1999、2000年，分别报告病例152例，124例、126例。2001年报告85例，2002年82例，2003年104例，2004年75例，2005年78例。1991—2005年，全市共报告病例888例，死亡1人。

恙虫病 保山市历年来报告恙虫病病例较少，病例主要集中在龙陵县。1978年以后，各县（市）各年报告病例数为：龙陵县1978年报告4例，1979年3例，1980年18例，1981年6例，1982年12例，1983年11例，1984年23例，1985年22例，1986年29例，1987年88例，1988年137例；保山市1982、1987、1988年各1例；昌宁县1978年8例，1979、1981、1985年各1例，1988年2例；施甸县1980年1例，1983年1例，1985年2例；腾冲县无报告。1978—1988年，全市共报告病例373例，其中龙陵县353例，占病例总数的94.64%。

麻风病 1980年5月保山县开展麻风病线索调查工作，共查出麻风病人261例。年底，全区有麻风病患者433例，分布于63个乡（镇）308个行政村329个自然村中。1981年11月，为加强麻风病防治工作，加速专业人员培养，地区卫生局决定在保山卫校举办皮肤病防治训练班。该班招收学员25人，培训7个月，于1982年7月结业，学员被分配到皮防院工作。1985年全区有麻风现症病人263例。1986年，保山地区共有麻风病防治专业人员54人。1987年，保山地区保山市对85户481名麻风病人家属实行预防保偿制。至1988年年底，已入保64户245人，入保率达95.25%。保偿期为5年，每人每年坝区缴3元，山区缴2元，特困户免缴，应收保偿金4360元，实收1308元。入保者若患麻风病，每人赔偿350元。1989年麻风现症病人下降为178例，疫村减少至154个。1979—1989年，全区累计发现麻风患者867例，治愈472例，死亡和其他原因减少217例，尚有现症病人178例，患病率为0.085%。1990年12月，经省组织考核验收，龙陵县达“基本消灭麻风病”标准，成为保山地区第一个无现症麻风病人的县。年内，全区麻风病防治专业人员减少到33人，有麻风现症病人177例。到1991年，按《全国麻风防治管理条例》划分标准划分，保山地区属基本控制麻风病地区。但五县（市）情况不尽相同，保山市属中流行区，昌宁达到基本控制，施甸达到控制，腾冲和龙陵达到基本消灭指标。1991—2005年，全市每年开展对麻风病的监测监视工作，对自然村线索走访新发现麻风病例143例。发现最多的是1995年19例，最少的是1997年2例。对新发病人积极采用规范联合化疗，疗效十分可靠、确切。同时对病人家属进行体检，预防性服药。至2005年年末，全市累计发现麻风病人1027例，分布于五县（区）的40个乡（镇）650个自然村。

第五节　地方病和寄生虫病防治

一、地方病防治

疟疾　在乙类传染病中已记述。

麻风　在丙类传染病中已记述。

克山病　1971年调查证实保山地区腾冲县洞山公社存在克山病。1980年10月，省克山病调查组又到洞山公社的洞山、胡家湾两个大队对234人进行调查，其中7岁以下儿童190人，8岁以下儿童28人，成人12人，线索病人4例。结果：无1例出现患克山病病例。1989年，云南省地方病防治领导小组办公室在全省设立了11个克山病疫情监测点，腾冲县是其中之一。1991年云南省卫生厅授予保山地区腾冲县达“基本控制克山病标准”，并予物质奖励。

地方性甲状腺肿大　保山市是一个碘缺乏危害严重的地区，由于碘缺乏所致单纯性甲状腺肿（俗称大脖子病，简称地甲病，下同）亦不少见。自20世纪50年代开展食盐加碘防治后，地甲病的发生越来越少见。1987年保山地区开展调查，共发现地方性甲状腺肿患者5464人，因缺碘而引起的痴呆、傻及智力发育低下的克汀病、亚克汀病的病人更多。之后，加强对碘盐的监测和监督工作。1982年，在全区范围内进行地方性甲状腺肿的调查，共抽样调查37个公社，129个大队，189736人（保山13052人，腾冲124221人，龙陵2054人，施甸14417人，昌宁35992人）查出患者1205人（保山139人，腾冲517人，龙陵61人，施甸155人，昌宁333人）抽样患病率为63.51/万，其中以龙陵县最高，为296.98/万；最低是腾冲县，为41.62/万。同时，对克汀病也进行抽样调查，腾冲县发现克汀患儿19例，患病率为1.53/万，昌宁县发现72例，患病率为20.0/万。保山地区经投碘油胶囊等治疗和预防服药，取得较好的效果。1992年，经省组织考核认可，保山地区保山、施甸、昌宁三县（市）第一批已达到卫生部《碘缺乏病防治工作标准》“基本控制指标”，受到中共云南省委地方病防治领导小组的表彰奖励。之后，龙陵县也达到“基本控制标准”。1997年5—10月，按全国第二次碘缺乏病抽样调查工作方案要求，保山地区按统一的容量概率法抽样，抽到施甸县万兴中心小学及龙陵县郝场小学，在606名学生中抽查8~10岁学生80名，发现甲状腺生理性肿大者10名，未检出1度以上肿大的地甲病病人。学生尿碘测定平均值达到100ug/L以上。2000年，按全省方案开展尿碘含量测定，全省查630个乡3.3万人份，保山市汶上乡为78.7ug/L，其余均大于国标100ug/L。

二、寄生虫病防治

肠道寄生虫病 1979年5月，龙陵县普查钩虫病，进行粪便检查28150人，查出患者15293人，感染率高达54.33%。1998—2001年，保山地区卫生防疫站历时4年，投入大量人力、物力、财力，采用全国统一技术方案，改良加藤法、碘液直接涂片法、透明胶带肛周粘贴法对保山地区学生进行肠道寄生虫检查，并观察、探索防治对策及措施。在全区抽取五县（区）29个乡（镇）79所中小学、幼儿园、大中专学校的学生共40534人，检出寄生虫感染者25722人，总感染率为63.46%；查出寄生虫12种(线虫6种、原虫4种、蠕虫2种)。同时感染两种或两种以上寄生虫者5572人，占总检出人数的21.66%。12种寄生虫感染人数和感染率分别为：蛔虫22683人，55.96%；鞭虫5151人，12.71%；钩虫3016人，7.44%；毛圆线虫97人，0.24%；粪类圆线虫48人，0.12%；蛲虫42人，0.01%；结肠阿米巴57人，0.14%；哈氏内阿米巴28人，0.07%；微小内蜒阿米巴28人，0.07%；布氏碘阿米巴12人，0.03%；猪带绦虫12人，0.03%；缩膜壳绦虫2人，0.05%。感染率男女无差异；初高中生感染率最高为65.03%；大中专最低，感染率为20.3%；城区感染率比非城区低。对25722人寄生虫感染者，选用新药复方阿苯达唑和复方甲苯达唑等驱虫治疗，疗效甚佳。2002年3月，针对保山市学生肠道寄生虫总感染率高达63.46%，仅蛔虫感染率高达55.96%的实际情况，为保护广大学生身体健康，保山市卫生局与保山市教育局联合发出通知，并制订《实施方案》，在全市各级各类学校学生中开展肠道驱虫工作，取得较好成效。

旋毛虫病 保山市部分地方有吃生猪肉的陋习，特别是隆阳区、施甸县和昌宁县较为突出。当人们食用了含有旋毛线虫包囊寄生的猪肉时，便发生旋毛线虫急性传染病。1966年保山县首次报告有旋毛虫病后，几乎每年均有病例报告。1979年1月，保山县沙坝公社苏家大队施家庄生产队杀猪3头，全队40户224人，平均每人分得猪肉0.75千克，有151人吃了凉拌生肉，至2月26日，先后发生旋毛虫病144人，死亡10人。至1985年，全区先后发生规模大小不等的人体旋毛虫病26起，发病为1281例，死亡14例，其中以保山市最为严重，发病19起，病例1107例，占全区总病例数的86.4%，死亡14例，占全区死亡人数的100%。鉴于保山旋毛虫病的疫情，全区各级政府及有关部门对旋毛线虫病的防治极为重视。保山市、施甸县曾多次发出“关于禁止吃生猪肉”的通告，开展健康教育，并禁止在市场上出售“火烧猪”，但是部分群众喜爱吃生猪肉的陋习一时无法杜绝，收效甚微，旋毛线虫病屡有发生，虽每次暴发流行时，都得到及时的抢救治疗，但仍然严重地影响人民群众的身体健康和生命安全。1987年，保山地区卫生局在全区范围内开展了健康教育现状调查，农村居民吃生猪肉的习惯在施甸县、保山市和昌宁县普遍存在。在被调查的740人中，有吃生猪肉习惯的就有503人，占68%。有些地方高达百分之八九十。同年2月，昌宁县湾甸小街子澡塘生产队施家办婚事，284人因吃凉拌生猪肉而感染旋毛虫病。1990年2月，保山市潞江乡芒牛行政村芒牛社88人吃凉拌火烧猪肉，致71人发生旋毛虫病，经治无死亡。1993年，保山市发生三起旋毛虫病暴发疫情，发病288例，经救治未发生死亡。1994年，保山市发生两起旋毛虫病，发病24例，死亡1人。1995年，保山市河图镇河村街342人吃凉拌火烧猪肉，277人发生旋毛虫病，无死亡。此后的年份中，仍然时有旋毛虫病的发生。

第六节　慢性非传染性疾病防治

改革开放后，随着经济社会的发展，人民生活条件逐步改善，卫生事业不断发展，医疗保健水平不断提高，传染病、地方病得到了有效控制，孕产妇死亡率和婴儿死亡率大幅下降，人民群众的平均期望寿命明显增长。保山市的疾病谱也在不断变化。心血管疾病如高血压，代谢性疾病如糖尿病逐渐成为常见病。并且发病年龄呈现出向低年龄发展的趋势。心肌梗死、脑梗死、脑出血、恶性肿瘤已成为全市主要疾病的死因。

1979年，保山地区各县成立高血压病调查工作小组，在29个单位17563名应检人数中，开展抽样调查工作，实检14986人，调查率为85.33%。按全国诊断标准查出临界高血压530人，患病率为3.54%。确诊高血压681人，患病率为4.54%。临界和确诊高血压计1211人，总患病率为8.08%。

据2005年卫生部门、市、县医院出院病人疾病转归情况统计，总计出院人数42875人，其中高血压（含高血压性心脏病、肾脏病等）883人、占2.059%，死亡8人、死亡率0.906%；缺血性心脏病（含心绞痛、急性心肌梗死等）429人、占1.001%，死亡20人、死亡率4.662%；脑血管病（含颅内出血，脑梗死等）1210人、占2.822%，死亡51人、死亡率4.215%；恶性肿瘤（含各种恶性肿瘤，白血病等）643人、占1.500%，死亡21人、死亡率3.266%；糖尿病465人、占1.085%，死亡4人、死亡率0.860%。在42875人出院人数中，以单病种统计，死亡人数在前10位的疾病是颅内损伤58人，颅内出血40人，肺炎12人，骨折11人，非药用物质的毒性效应40人，高血压8人，急性心肌梗死8人，其他缺血性心脏病8人，脑梗死6人，慢性阻塞性肺病6人。死亡率在前10位的疾病分别是：急性心肌梗死11.594%，颅内损伤9.619%，循环系统先天畸形8.824%，肺癌7.576%，颅内出血7.299%，非药用物质的毒性效应3.636%，慢性风心病3.540%，心绞痛3.571%，其他缺血性心脏病3.226%，出生窒息2.439%。

第四章　公共卫生

第一节　爱国卫生运动

1978年4月，保山地区按照中共中央关于重建爱国卫生委员会（简称爱卫会）的指示，对爱卫会进行了充实调整。1980年春节前夕，地区爱卫会由22人组成爱国卫生检查团，分两组抽查全区230个单位。1982年起，每年3月都开展治脏、治乱、治差为内容的“全民礼貌月活动”。1984年各县城实行“门前三包”（包绿化、包卫生、包秩序）责任制。1985年，五县（市）城镇，有卫生清洁员87人，监督员114人。同年，保山地区参加全省十城市卫生流动红旗竞赛活动，被评为全省20个先进单位之一。昌宁县狠抓改善村容村貌，绿化庭院及修桥铺路等工作，成绩显著，被评为全省精神文明先进县。全省精神文明建设经验交流现场会在昌宁县召开，昌宁县还出席了全国在广州召开的经验交流会。1985年，全区以创建文明城镇、文明单位为目标，开展爱国卫生竞赛，昌宁县积分最高。

1987年，保山市被云南省爱卫会评为“除四害”先进县（市）。1989年9月，保山市被省爱卫会推荐为中国农村第二期利用世行贷款农村供水与环境卫生项目备选县（市）。之后被确定为项目县（1990年3月，市政府成立保山市农村供水项目办公室，负责世行贷款保山市农村供水与环境卫生项目的实施工作，在农村建设12座农村自来水厂，项目总投资1600多万元，解决12万农民饮水安全问题。至1998年建成新光河水厂、户南河水厂两座农村中型水厂；小龙洞水厂、板桥老虎洞水厂两座大型水厂。共受益6个乡镇，118个自然村，8.49万人。当年世界银行贷款“中国农村供水与环境卫生项目”经理乔治·普特兰先生和韦丹女士一行6人在国家项目办、省卫生厅等领导陪同下，对项目进行最终验收评估）。

1992年，保山市在19个乡（镇）开展爱国卫生运动达标流动红旗竞赛活动。被省爱卫会授予“爱国卫生运动达标市”称号。1994年龙陵和昌宁县被省爱卫会授予“灭鼠先进县城”称号，受到表彰和奖励。保山市和龙陵县荣获“乙级卫生城称号”。

1998年，保山市获得省爱卫会命名的“灭蟑螂先进城区”称号并继续保持了乙级卫生城标准；昌宁县被省爱卫会评定为云南省乙级卫生县城。

1999年，昌宁和龙陵两县继续保持“灭鼠先进城”称号。同年，全区完成改水受益人口6.41万人，其中自来水受益人口5.47万人。全区继续实施云南/香港救世军农村环境卫生、健康教育合作项目和SPPA项目（贫困地区社会发展项目）。5月在龙陵县邦腊掌举办WES项目（个人健康教育、卫生厕所建造技术、传播技巧项目）培训班，五县（市）爱卫办和卫生防疫站负责人等共40多人参加培训。年内，完成改厕1420座。

2000年，保山市、昌宁县继续保持“乙级卫生城”称号；腾冲县达到“乙级卫生城”标准；施甸县获得“灭鼠先进城”称号。全区完成农村改水受益人口5.62万人，其中自来水受益人口4.77万人；完成改厕27009座。

2001年共投入改水资金256.1万元，新增改水受益人口3.43万人。共完成农户改厕1.1万座。年内，各县（区）结合集镇建设，积极开展卫生乡（镇）创建活动试点工作。全市共有5个乡（镇）开展创建活动，其中隆阳区蒲缥镇通过省爱卫办评审验收。2002年，实施了19个改水工程。并按照“有顶、有墙、有盖、不渗、不漏、无蝇、无蛆”的标准要求，建盖卫生公厕和卫生户厕。保山市巩固了“乙级卫生城”称号。

2003年，在非典型性肺炎（简称“非典”）防治期间，全市把预防非典同第十五个爱国卫生月活动相结合，同卫生县城和卫生乡（镇）创建活动相结合，以“消灭四害，消除垃圾，环境卫生消毒”为重点开展爱国卫生运动。城镇、乡村、机关、部队、学校等广泛动员群众积极参与爱国卫生突击活动，掀起了保山市有史以来规模最大的爱国卫生运动高潮。仅在“非典”防治警戒期，全市城乡共组织开展卫生大扫除13601次，参加单位5861个，参加人员1234.3万人次，出动车辆6936辆次，清除垃圾8.18多万吨。清理污水沟436公里，清除卫生死角8000余处，发放宣传材料43万份，制作宣传板2554块，出黑板报1990期。同时，各医院、宾馆、饭店、招待所、大型商场（超市）、文化娱乐场所、车站、机场等人口密集的场所一直坚持每天定时消毒制度，累计消毒面积达4.5亿多平方米。年内，全市实施改水工程10个。

2004年，全市有45.82万人参加全国的第十六个爱国卫生月活动。年内保山城在全省第六次城市卫生检查中，第一次获得全省“甲级卫生城市”称号。同年，昌宁县巩固“乙级卫生县城”称号，腾冲县获得“乙级卫生县城”称号。

2005年，第十七个爱国卫生月活动的主题是“讲究卫生、预防疾病、革除陋习”，全市共有328个单位，8.5万人参加卫生月活动。年内，五县（区）保持了“灭鼠先进县城”荣誉称号。全市五县（区）保持了“灭鼠先进县城”荣誉称号，保山市区和龙陵县荣获灭蟑螂荣誉称号。同年，全市农村改水总人口220.10万人，累计受益193.64万人，累计受益率为87.50%，其中自来水累计受益148.69万人，受益率68.90%，当年受益1.02万人。全市农村改厕总户数51.31万户，累计卫生厕所户26.96万户，卫生厕所普及率为52.54%；当年新增厕所1.05万户。

第二节 健康教育

1979年起，保山地、县卫生防疫站先后设立了宣传科，配备卫生宣传专职人员，各医疗卫生机构也配有兼职宣教人员，开展经常性卫生知识和防疫知识宣传。

1989年起，在保山地区各级爱卫会、教委、卫生局等部门的密切配合下，全区逐步在中小学校中开设健康教育课。至1992年年底，腾冲、龙陵、昌宁三县已在全部中小学中开课。保山市已在部分中小学中开课，全市小学开课5071个班，166353名小学生受教育；中学开课667个班，34461名中学生受教育。腾冲县从1991年秋季开始到1993年秋季共5个学期，由县新华书店征订发行云南省《健康教育课本》256628册，发行量占全省每季总印刷书量的九分之一，名列全省县级之首。

1993年，云南省滇西片健康教育协会第十三次会议暨保山地区健康教育协会成立会议在腾冲县召开后，各县(市)中小学校均开设健康教育课。随着初级卫生保健工作的深入开展和防治艾滋病、疟疾、结核病及非典型性肺炎等传染病、地方病工作的需要，卫生部门和广播、电视、报社等宣传媒体密切配合，加大健康教育工作力度，使全市人民群众健康保健、防病、治病的知晓率不断得到提高。

至2005年年底，保山市尚未成立健康教育所。由于健康教育不到位，人们健康保健意识低，没能形成科学健康的生活方式，使得糖尿病，高血压、恶性肿瘤、心脑血管疾病等慢性病增多，且呈低年龄化趋势，疾病谱也在逐步发生变化，心脑血管疾病引起的死亡已经成为市民健康的头号杀手。

第三节　职业卫生

1979年云南省召开五种职业病普查工作会议后，保山地区于1980年8月成立职业病普查领导小组，下设办公室及职业病诊断小组，对全区10个厂矿进行职业病普查(铅作业厂矿9个，汞作业厂矿1个)。对589名铅作业职工的体检中，查出铅吸收139人，铅中毒73人；对铅烟、铅尘19个点测定中，空气浓度符合国家标准的有10个。经调查，龙陵县勐兴铅矿30余年中铅中毒5人；自来水监测亦超过标准。对“六一四”厂113名职工的体检中，查出汞吸收67人，汞中毒24人；汞蒸气测定4个点，均不合格；空气浓度测定6个点，含量均超标，最低为0.051毫克/立方米，最高达0.43毫克/立方米。

1983年，对全区30个单位6018名职工进行职业病普查，在接触粉尘的1458人中，体检634人，经省检查结果为：患0～Ⅰ期矽肺病的77人，Ⅰ期11人，Ⅱ期8人，Ⅲ期3人，结核病12人。调查后，分别采取防护措施，送诊634人。

1988年7月至1989年1月，保山地区卫生防疫站按《全国尘肺病现状调查实施方案》在全区开展尘肺现状流行病学调查。共调查五县(市)6个工业系统14个粉尘作业厂矿，共接触粉尘人数3252人，受检2802人，受检率为86.35%。共查出尘肺病人20例，其中Ⅰ期13例，Ⅱ期6例，Ⅲ期1例；施甸县7例，龙陵县6例，腾冲县5例，保山市2例。尘肺病人主要集中在施甸县“六一四”厂(发生7例)和龙陵县瓷厂(发生6例)。此次调查，尚有56例疑似尘肺病例存在。

1991年，保山地区卫生局、劳动人事处、经委、工会联合发文，要求各县(市)开展劳动卫生工作。同年，全区有厂矿企业172个，已建档78个，有职工总数16384人，接触毒物的有3654人。全年开展监督的厂矿9个，进行监督95厂次，监督率为5.2%，健康体检2698人。

1993年全区有厂矿120个，已建立劳动卫生档案91个；有职工16924人，已建健康档案3898人；接触毒物9368人，接触粉尘3580人；全年体检5195人，查出尘肺病人12人。

1995年2月，行署办公室转发行署卫生局、人事劳动局、地区工会《关于加强尘毒防治工作的意见》。年内，经地、县（市）卫生防疫站的努力，基本查清全区尘毒危害的情况。全区有粉尘作业厂矿53个，职工6627人，接触粉尘者1954人，厂矿建档45个，建立职工健康档案5171人，开展体检1005人，查出尘肺29例，其中腾冲县16例，龙陵县7例，保山市1例。并开始对22个厂矿进行监测，应监测315个点，实监测105个点。

1997年，全区查出尘肺病人19人，其中腾冲县13人，龙陵县6人。尘肺病人已死亡6人：腾冲、龙陵县各3人。1999年全区查出尘肺现症病人20例，2000年查出20例。

1997—2002年，保山市每年均开展工矿企业建立职工健康档案的工作，年建档率占职工总数的55.85%～76.94%。每年均开展粉尘作业点监测，年合格率在28.13%～70%。

2002年4月，保山市卫生局举办学习贯彻《中华人民共和国职业病防治法》培训班。培训市直及五县（区）相关人员45人。次年，按照省卫生厅的有关文件要求，市疾控中心、腾冲县卫生防疫站、龙陵县卫生防疫站认真开展职业卫生技术服务机构资质申报工作，并获得省级颁发的职业卫生技术服务机构资质。

2004年，全市共有职业病危害因素的生产企业307户，其中以粉尘为主的生产企业有106户，化学危害因素为主的生产企业有59户，物理危害因素为主的生产企业79户，特殊管理企业2户，其他职业危害企业1户。年内共监督186户，已申报职业危害的企业266户。307户生产企业有职工19429人，接触职业病危害因素的职工6634人，应体检6454人，实际体检2505人，体检率38.81%；就业前体检1240人，体检率19.21%；在岗体检1712人，体检率26.53%；离岗时体检33人，体检率5.11%；应接受培训12926人，实际培训1190人，培训率9.21%。年内完成市直及五县（区）16个厂矿企业档案及报告卡的建档工作。

2005年，市疾控中心取得了“职业病诊断机构批准证书”，市疾控中心、昌宁县疾控中心取得了卫生厅批准的“职业健康检查资质证书”，市疾控中心、腾冲、龙陵、昌宁疾控中心已取得了“职业卫生技术服务机构批准证书”。年内，在全市203家厂矿企业中，建档厂矿数83家，占40.89%。对建档厂矿接触职业危害的6168名职工中的1156名建立健康档案，总建档率为18.74%。

第四节　放射卫生

1984年，为摸清保山地区环境电离辐射水平，估算居民受照剂量，根据上级有关指示精神，地区卫生局组织调查组，对全区56个公社81个点进行测量，结果：环境伽马辐射水平（平均性腺年吸收剂量）以腾冲县最高，为154.53mrad/yr，其次是龙陵、昌宁和保山，分别为138.68、118.56、115.04mrad/yr，施甸最低，为108.23mrad/yr，均属天然辐射的正常地区。

1985年年底，全区医疗卫生单位共有X光机64台，功率为30毫安，50毫安，200毫安，400毫安，500毫安不等，从事放射工作的人员有63人。1991年，全区发放X线机使用卫生许可证50个，对从事放射工作人员进行体检，应检90人，实检69人。发放X线个人剂量元件277人次，收测210人次。此后，全区坚持开展放射卫生工作从未间断。1999年，全区进行放射卫生监督检查82户，有许可证68户，持证率82.93%。2000年，全区开展放射卫生监督检查93个单位，持有许可证78个，持证率83.87%；专项卫生监督83个，合格率89.25%；对全区163名放射工作人员进行个人剂量元件监测，完成个人照射剂量元件的发送和收交工作；组织放射工作人员到省卫生防疫站体检；对全区8个使用放射性同位素的单位进行卫生监督监测，对其中6个放射源作监测和辐射安全评价；分两批在保山地区举办云南省2000年第三期放射防护培训班，并颁发"放射工作人员证"；对昌宁县水泥厂放射源丢失事故及时进行专项现场调查，及时追回了放射源。

2003年，全市有放射工作单位124户，监督118户，监督率为95.16%，合格55户，合格率为46.16%，核发卫生许可证106户；对92户进行经常性卫生监督，合格29户，合格率31.52%；对26户进行预防性卫生监督，合格21户，合格率80.77%，并对5户（昌宁县柯街糖厂、卡斯糖厂、湾甸糖厂、施甸县水泥厂、旧城糖厂）安装使用放射源（铯137）进行安全防护监测评价；放射防护检测118户，共检测1214点次，合格861点次，合格率70.92%；组织开展放射工作人员个人剂量监测工作，放射工作人员到省疾控中心进行健康体检工作。

2004年，对全市234名放射工作人员开展相关法规培训，并取得省卫生厅颁发的"放射工作人员证"；完成145户放射工作单位经常性卫生监督工作，共监督198户次；放射工作人员操作现场佩戴个人剂量计23人，佩戴率26.83%。

2005年，现场审查120户医用X射线诊断装置，对279名放射工作人员进行审核培训发证；全年检测评价放射工作场所职业病危害因素1111台次，合格1008台次，合格率90.7%；加大放射卫生行政处罚力度，处罚放射卫生单位14户次，其中警告6户，罚款8户，罚款金额26400元；完成全市放射工作单位卫生许可证、放射工作人员证、放射工作场所新、改、扩建工程审查，完成率100%；对市直、昌宁、龙陵、隆阳、腾冲各医疗机构使用的普通医用诊断X射线机开展防护监测，共监测73户，并及时准确地出具了检测评价报告；对辖区内使用的放射源和带射线装置进行安全检测，对17个放射源进行安全检测评价；继续开展全市放射卫生人员剂量监测，共发放个人剂量监测源件275个，同时收集数据上报上级部门。

第五节　学校卫生

1979年6—7月，保山地区卫生防疫站组织各县卫生防疫站有关人员在全区范围内进行一次调查，共调查59所城镇和农村中、小学31850名学生。测量身高、体重、胸围三项身体发育指标。结果表明，保山地区青少年的身体发育水平低于昆明市，农村学生生长发育水平远不及城镇学生。

20世纪80年代，全区学校卫生显著变化，城市和部分农村中学设有医务室，一般有1～3名校医，建立卫生制度和检查评比制度，城市内新建教室多数采光较足，1982年，对全区44所中小学的15364名学生进行视力抽检，共检眼30725只，视力正常的29528只，占96.10%；视力不良的1197只，占3.9%。

1981年，保山地区卫生防疫站又开展一次对中、小学学生生长发育情况调查。

1985年，保山地区卫生防疫站对全区城乡中、小学学生形态、技能、素质、月经初潮进行调查。共调查8所学校7～18岁全部学生8205人。结果表明，身高、体重、胸围三项形态指标的两次交叉比1979年调查数据提高1—2年，说明全区儿童、少年进入青春期年龄有所提前。城乡学生发育水平和发育速度比1979年及1981年都有明显提高，六年中，身高城乡男生年平均增长0.7厘米和0.84厘米，城乡女生年平均增长0.72厘米和0.78厘米；体重城乡男生平均增长0.33千克和0.45千克，城乡女生年平均增长0.31千克和0.42千克，和全国有关报道一致。

1991年，全区有各类学校2878个，在校学生316636人，有校医52人。

1996年，保山市卫生防疫站组织对市一中、五中2258名学生健康检查，查出视力低下832人，龋齿657人，各占37%和29%。对426人做蛔虫病带虫检查，阳性135人，阳性率32%，做血色素检查2256人，贫血387人，贫血率17%。

1997年11月，地区第一幼儿园进食凉拌卤牛肉，陆续发生恶心呕吐、腹泻、发热等中毒症状，有80多名幼儿发生细菌性食物中毒住进地区人民医院救治，经救治均痊愈。经地区卫生防疫站流行病学调查结果为细菌性食物中毒。

1999年，对17所学校开展学校卫生监督，合格率76.47%，其中预防保健专项体检14所学校13859人，检出视力不良3840人，占27.69%；沙眼195人，占1.41%；龋齿2819人，占20.31%；肠道蛔虫检验294人，阳性85人，阳性率28.96%；血样检验5545人，贫血348人，占6.28%。

2000—2002年，全市每年对学校卫生监督合格率分别为83.33%、88.89%、89.19%。

2004年共监督大、中、小学校及中专学校348所，监督678户次，其中普通高校及中专学校整体卫生质量较好，县级中学次之，小学最差。

2005年，全市加大对学校卫生的经常性监督，共监督大、中、小学及中专学校共359所，监督次数474户次，督促市、县(区)疾控中心完成20310名学生的健康监测工作，并结合“学校及周边食品卫生安全专项整治”“加强学校传染病防治工作”以及“学校传染病突发公共卫生事件预防和控制工作”等专项工作，加强学校传染病防治，学校食品卫生等监督工作。

2000—2005年，全市对133855名学生进行了预防保健专项体检，年平均体检22309名。

体检最多的是2003年，共检查学校72个，体检学生42217名。体检最少的是2000年，共检查学校22个，体检学生13859名。检查结果如下：视力不良占26.16%～34.00%；沙眼占0.17%～5.6%；龋齿占18.92%～32.22%；肠道蛔虫检验阳性占17.30%～52.80%；贫血占1.08%～3.79%。对患病学生给予相应治疗，对查出蛔虫感染的学生给予驱虫治疗。

第六节　饮水卫生

1981—1985年，保山地区各县城先后安装自来水，除腾冲县少数机关、居民仍饮用井水外，其余都饮用自来水。农村只有少数区乡安装了自来水，绝大多数村仍饮用沟、塘、河、井及山泉水。1981年8月至1984年9月，对全区95个公社，4个镇，9950个自然村的20022个水源进行卫生调查，其中饮用地下水的有10395个村，占51.92%；饮用地面水的有9627个村，占48.08%。饮用人数共1876572人，其中饮用沟水，塘水、浅井水的人数为1445826人，占总饮用人数的77.05%。缺水或取水困难的有455738人，占饮用人数的24.29%。龙陵县缺水情况严重，约占该县总饮用人数的三分之一。全区水源污染，地面水比地下水严重，尤以沟塘水污染最为严重，污染源主要是生活性有机废物、农药、化肥、工业废水等，绝大多数水源均无公用采水工具和卫生防护措施。水质分析，以毒理指标最好，细菌学指标最差，超标率达86.45%，全部水源的大肠菌群均超标，有的高达上千倍。感官指标及污染指标次差，感官指标又以浊度超标率为最高。化学指标除铁，锰部分超标外，大部分水源均在标准内。水质以泉水最佳，沟塘水最差，饮用水质龙陵县最佳，保山市最差。

1991年，全区对集中式给水城镇自来水进行监测。应测水源8个，实测7个，应测60月份，实测60月份565项次，符合标准416项次，符合率为73.6%，影响符合标准的主要项目为浑浊度和大肠菌群。此后，全区每年均开展城镇集中式供水监测工作，从未间断。

2000年9月，腾冲县卫生防疫站对县城自来水进行检验，总大肠菌群均超标（国家标准3个/L），其中采东方红制药厂和来凤山蓄水池龙头水检验，总大肠菌群分别为230个/L及5400个/L，分别超过国家标准的76.6倍和1800倍。说明自来水已受到严重污染。经地区多次督导后，腾冲县自来水厂逐步实行对自来水消毒处理。

2003年，全市对学校、宾馆、酒店等重点单位的二次供水进行监督检查，完成生活饮用水常规监测383个样品，合格302个样品，合格率为78.85%。

2004年，全市贯彻《生活饮用水卫生监督管理办法》及《生活饮用水卫生规范》，监督生活饮用水单位1725户，持卫生许可证107户，持证率6.2%，其中市政供水持证率100%，分散式供水持证率82.14%，二次供水持证率3.59%。检查从业人员240人，持“健康证明、卫生知识培训合格证”212人，持证率88.3%。进行监督性饮水卫生监测919份，合格792份，合格率86.18%。给予卫生行政处罚1户，罚款1户金额1200元。对二次供水单位进行建档工作。

2005年，全市应监督生活饮用水单位1988户，监督次数181户次，持卫生许可证107户，持证率59.1%，监督从业人员218人，持“健康证明、卫生知识培训合格证”181人，持证率83%。实施卫生行政处罚1户，罚款1户，罚款金额800元。同时，积极开展城区集中式供水单位二次供水、管网末梢水、出厂水、入厂水的监测及丰、枯期水质全分析。各县（区）疾控中心积极配合各级水务部门完成“十一五”农村饮水安全规划工程水质调查的检测评估工作。至2005年年底，全市县（区）城区供水主要有11座自来水厂（保山3座，施甸2座，腾冲2座，龙陵3座，昌宁1座），日供水能力为23.79万立方米，年供水量为3632.3万立方米，基本能满足城区需要。

1991—2005年，保山市城镇集中式供水水质检测情况为：每年应测水源数8～14个，实测8～14个；每年应测60月份，实测50～60月份；每年实测565～2679项次，最少是1991年565项次，最多是2003年2679项次；每年符合416～2289项次；年项次符标率为51.00%～89.56%，最多为1998年51.00%，最高为2000年89.56%。影响符标率的主要项目为浑浊度、余氯和大肠菌群。每年均开展丰、枯水质全分析，每年应测水源数1～18个，实测4～30个次；年实测17～1060项次，最少为1991年17项次，最多为2002年1060项次；年符标率为92.20%～100%，最低为1996年92.00%，最高位1991年100%。

第七节　食品卫生

1978年，保山地县两级防疫站、医院对施甸和昌宁两县的5个公社21个大队因吃霉变苞谷中毒事件进行调查，有2238人发病，经治疗无死亡。

1985年年底，对各县（市）进行食品卫生检查考核，昌宁县卫生防疫站设有食品卫生科，其他各县（市）由卫生科负责食品卫生工作。全区配备食品卫生监督员16名（保山市4名、施甸3名、腾冲5名、龙陵2名、昌宁2名），食品卫生助监员24名（保山市5名、施甸2名、腾冲9名、龙陵3名、昌宁5名）；在城区的饮食行业基本做到“三证”（营业证、卫生许可证、健康证）齐全。设立卫生公约，健全卫生制度。增添冷藏、食具消毒和“三防”（防鼠、防蝇、防尘）设备。对副食品销售有包装，冷饮生产达到“三隔离”（更衣、配料、生产车间）及紫外线消毒。通过检查，评出食品卫生好，给一等奖的4个单位，二等奖10个单位，三等奖17个单位，对33个差的单位进行处罚，罚款3970元。

1981—1985年，保山地区利用广播、黑板报、宣传车等形式在城乡广泛进行宣传教育，印制散发各种宣传资料数万册。举办骨干学习班55期，受训5888人。召开食品卫生改进会议51次，954人参加。出动食品卫生监督人员2853人次，现场检查1455户次，提出对食品卫生改进意见上千条，停业整顿上百个单位，取缔4个。罚款547起，计3万余元。没收销毁变质食品8683.5千克，酒类6754瓶。发卫生许可证3023份，健康证11550份。对冷饮、糕点、糖果、调味品、酒五类食品质量抽检906件，合格494件，合格率为54.53%。对六项指标的抽检，除食具消毒率不合格外，其余五率（营业率、体检率、三防设施率、直接入口食品工具售货率，餐具消毒率）达到85%以上标准。对8595名从业人员进行健康体检，X线检查4017人，发现肺结核6人。对2014人进行乙肝表面抗原测定，阳性99人，阳性率为4.92%。对1996人进行肠道致病菌培养，带痢疾杆菌11人，伤寒杆菌7人，患皮肤病17人。同时，对全区49个区的粮食、油类8个品种197份样品进行黄曲霉毒素B1测定，结果未检出黄曲霉毒素。

1991—2005年，在食品卫生监督工作中，每年均开展对食品从业人员的体检工作，共体检从业人员201070人，年均13405人；每年检出不宜从事食品生产、加工、经营，患有传染病病人或病原携带者在46～222例，均将其调离岗位。共开展监督400091户次，年均26673户次。对违反《中华人民共和国食品卫生法》的予以行政处罚，其中给予警告并限期改正共计2250起，年均150起；给予罚款共3056起，年均204起，每年罚款金额在1.5万元～14.30万元之间；给予没收销毁食品每年在126～11589千克之间；给予停业整顿每年在1～105起之间。共抽验监测各类食品合计25340件，年均1689件；合格19976件，总合格率为78.83%；年均合格1332件，年均合格率为78.86%。开展食品从业人员培训工作，每年培训1543～16800人。1996—2005年，共开展餐具消毒检测29471件，年均2947件；合格18908件，总合格率为64.15%；年均合格1891件，年均合格64.16%。

第八节　公共场所卫生

1986年以前，保山地区公共场所卫生主要是开展行政性的一般检查和群众性的爱国卫生运动。1987年4月国务院颁布《公共场所管理条例》后，公共场所卫生逐步进入法制管理阶段。

1991年全区共有公共场所906户，已建档682户，发证456户，从业人员总数为2945人，进行健康体检1807人，体检率为61.4%，检出病人10人，发健康证1797人。开展卫生监测101户，监测率为11.0%；卫生监督494户，监督率为54.5%；共监测1674项次，合格1214项次，合格率为72.5%。此后，每年均开展建档、发证、从业人员体检、卫生监测及监督工作。

2005年，全市应监督公共场所1755户，监督户数2328户次，平均监督1.33户次，持卫生许可证1372户，持证率78.2%；监督从业人员6473人，持健康监督证明、卫生知识培训合格证6062人，持证率93.7%。公共场所卫生监测1834份，合格1543份，合格率84.1%。实施卫生行政处罚54户，其中警告37户，罚款17户，罚款金额7000元。

1991—2005年，在公共场所卫生监督工作中，每年对公共场所建立档案，核发公共场所卫生许可证；对从业人员进行健康检查，对合格者发给健康合格证，共体检从业人员54504人，年平均体检3634人，每年检出不宜从事公共场所服务患有传染病病人或病原携带者在10～63例之间，均将其调离岗位；共开展监督22341户次，年均1489户次，对违反《公共场所管理条例》的予以行政处罚；对公共场所进行监测共6136户，年均409户，共监测82508项次，年均5501项次，共合格73277项次，总合格率为88.81%；对从业人员进行培训，共培训46501人，年均3100人。

第九节　化妆品卫生

1989年11月，卫生部《化妆品卫生监督条例》颁布后，保山地区就逐步开展对化妆品的卫生监督。

2004年，监督274户化妆品经营单位，持卫生许可证户的持证率28.01%，其中国产化妆品经营单位持证率22.79%，进口化妆品经营单位持证率50%，同时经营国产和进口化妆品的经营单位的持证率52.46%。监督从业人员167人，持"健康证明、卫生知识培训合格证"167人，持证率100%。

2005年，全市卫生监督机构对179户化妆品经营单位进行经常性监督检查，监督户次数194户次，持卫生许可证营业57户，持证率31.8%；监督从业人员202人，持健康证明、卫生知识培训合格证142人，持证率70.3%。共抽查儿童、婴儿用化妆品、祛斑类化妆品，护肤类、眼部美容、彩妆类化妆品105种，合格94种，合格率89.52%。

第十节　碘盐监测监督

保山地区自20世纪50年代开展食盐加碘防治碘缺乏所致单纯性甲状腺肿（地甲病）后，地甲病有一定程度减轻。之后，加强对碘盐监测和监督工作。

1979年国务院颁发《食盐加碘防治地方性甲状腺肿暂行办法》，1986年云南省人民政府转发《关于加强碘化食盐管理的意见》之后，全区进一步加强对碘盐监测监督工作。

1987年，地区卫生防疫站对地区盐业公司仓库碘盐监测结果，合格率仅为72.1%。

1989年，对龙陵县北塔村64例村民尿碘测定，尿碘值低于50毫克/升的占12.5%，低于控制指标（100毫克/升）的则占56.25%。防治工作离国家基本控制要求尚有相当差距。1992年，地区防疫站开始对碘盐进行规范化检测。1993年6月，由于改革不配套和货运价格上扬，在部分地区出现食盐供应偏紧，有的个体户和部分单位，企业用无碘盐和碘含量偏低的盐，甚至工业用盐充当食用盐冲击市场。有的进行食盐囤积，有的抬高市价倒买倒卖食盐，社会反映强烈。针对这一情况，由保山地区行署财贸办公室、工商行政管理局、卫生局、盐政办公室联合发出《关于加强我区食盐工作和市场管理的通知》，要求卫生部门加强对食盐质量管理的监测工作，杜绝无碘盐和劣质盐冲入市场。1992—1994年，地区防疫站开展碘盐监测397份，含碘量为0～55.44毫克/千克，平均19.75±8.7毫克/千克（国家规定，碘含量20～65毫克/千克为合格）；有碘率99.50%；3年中各年度合格率分别为54.05%、59.84%和84.76%。碘盐合格率不高，含碘不匀是碘盐最主要的质量问题。

1998年，对食盐加碘监测31批次，合格率为93.5%。年内，龙陵县有关部门严肃查处一起倒卖工业用盐作为食盐销售的违法案件，将不法盐贩抓获归案，没收非法所得和罚款共计9万余元，追回未销售完的工业用盐近30吨。施甸县查获无碘盐60袋，每袋50千克，共计3吨，均为工业用盐，给予没收罚款处理。

1999年，对库存、零售单位和居民用户食盐采样144批，经检验合格率达88.89%。9月，保山地、市工商部门在保山城区连续查处几起假白象牌食盐案件，一举捣毁分装销售假盐的窝点3个，缴获假食盐27吨及一批制假工具。假食盐经卫生防疫部门检验后确认为工业用盐、碘含量为零、汞、铅、砷等有害物质含量较高。

2000年和2001年，全市对加工、盐库、批发、零售单位和居民用户食盐碘含量采样检测分别为130批、103批，合格率分别为89.23%和92.23%。2003年，开展居民食用碘盐检测1408份，合格1310份，合格率93.03%；碘盐批发企业定量检测90份，合格90份，合格率100%。

2005年，完成居民碘盐及碘盐经营企业碘含碘的监测工作，全市检测碘盐分装、批发企业盐样108份，合格108份，合格率100%，抽检居民户食用盐1440份，合格1423份，占98.82%；不合格碘盐14份，占0.97%；非碘盐3份，占0.21%。

第十一节　突发公共卫生事件及处理

一、突发公共卫生事件

1978年7月，施甸县三块石水库工地320名民工饮用水中毒，为饮用水源被上游施用的农药所污染。经抢救，病人全部脱险。9月保山县敢顶公社烫习大队一社员出售病死牛肉，引起93人食物中毒。秋季，施甸县酒房、姚关和昌宁县湾甸一带，因上年苞谷收获期间阴雨连绵，苞谷大量霉坏，有21个大队的农民食用后发生中毒2238人，经全力抢救，未发生死亡。经调查，属黄曲霉菌毒素感染。用该苞谷喂猪和牛，猪死亡205头，牛死了亡14头。

1983年1月，驻腾冲部队某连食用牛肉后引起中毒，经县卫生防疫站取材检验系鼠伤寒沙门氏菌污染所致。2月，腾冲县小西门一农户食用买回的黄焖猪肉后，全家12人中有11人中毒，幸无死亡，经县防疫站取材鉴定为沙门氏菌污染所致。3月，腾冲县固东顺利大队57人食用病死牛肉后全部发生中毒，其中1名现症疟疾病人食用该牛肉后发病死亡，事后7天方上报县防疫站。9月，保山县汉庄公社大湾大队第一生产队1农民将自家的病死牛肉分送给亲朋食用，造成81人中毒，经积极组织抢救后80人痊愈，1名年老体弱者死亡，经县防疫站鉴定，属沙门氏菌感染所致。

1984年端阳节，腾冲县瑞滇区山寨乡金家村57人食用病牛肉，中毒44人。县卫生局组织抢救组赴现场救治，幸无死亡，经化验属沙门氏菌属污染所致。7月，昌宁柯街华侨农场基建队工人食用5天前油炸的猪肉，28人中毒，经抢救无死亡。细菌培养属金黄色葡萄球菌污染所致。同月，保山县辛街区大坝水库民工购进卤猪头肉凉拌食用，共有38人食用，30人中毒。

1985年4月，昌宁县卡斯糖厂建筑队工人食用卤猪肉后发生中毒10人，经及时处理后无死亡。细菌培养属金黄色葡萄球菌污染所致。

1986年4月，保山市金鸡二社一社员家办丧事，发生食物中毒30人。11月，昌宁县卡斯大水平村联谊社一社员家办喜事，用自制的米白酒招待客人，发生中毒31人，经救治无死亡。

1991—1992年，保山市发生一起食用含有雷公碱的蜂蜜事件，致5人中毒，2人死亡；发生一起26人误食毒蕈后中毒件事，经抢救无效死亡9人。1994—1995年，腾冲县20人误食白毒伞中毒，经抢救无效死亡10人；94名小学生误食马桑果（俗称老象果或老熊果）中毒，74人住院治疗，经救治无死亡。1996—1998年，全区共发生8起食物中毒事件，168人中毒，8人死亡，其中毒蕈中毒24人，死亡6人；误食鼠药中毒10人，死亡1人。

1999年5月，保山市蒲缥街仔猪屠夫陈某，明知是病猪仍以150元廉价购回宰杀，烧成火烧猪肉出售给双河、马家寨的部分农民，有135人食用，致使72人发生金黄色葡萄球菌中毒，经抢救无死亡，陈某被依法判处徒刑6年。6月，龙陵县河头乡尹兆场村小学为预防“甲肝”病，集体组织煎服“大锅药”，因乡村医生将当地民间外用于治疗跌打损伤有毒的滚筋草误作板蓝根使用，使服药的203名学生和9名教师发生轻度中毒，经救治未发生死亡病例和留下其他后遗症。事后，龙陵县卫生局对村卫生室的责任人进行处分。同月，施甸县摆榔乡摆榔中心小学组织学生种蓖麻，有部分小学生误食蓖麻籽而发生中毒事件。到摆榔卫生院就诊70人，其中有5人临床症状比较严重，转施甸县人民医院治疗，未发生死亡。

2000年，龙陵县发生4起食物中毒事件，共有73人中毒，无死亡；腾冲县发生一起进食被有机磷农药污染的菜花引起的中毒事件，共有20人中毒，无死亡；保山市发生5起食物中毒事件，共有55人中毒，死亡11人，其中3起为学生鼠药（毒药）中毒事件，18人中毒，死亡5人。在多起中毒事件发生后，特别是保山市连续发生3起学生鼠药（毒药）中毒事件后，保山行署下发《保山地区行政公署关于加强学校安全工作的紧急通知》和《保山地区行政公署关于进一步加强学校安全教育的再次紧急通知》。

2001年，隆阳区发生1起食物中毒事件，共有10人中毒，无死亡；龙陵县发生3起食物中毒事件，共有38人中毒，1人死亡；施甸县发生1起食物中毒事件，致90人中毒，全部住院治疗，无死亡；腾冲县发生2起食物中毒事件，共有85人中毒，无死亡。7月17—24日，腾冲县界头乡早三村横山社、白果村上严家社三户发生不明原因猝死病人6例，岁数最大71岁，最小3岁零8个月，发病当日即死亡4例。经调查，两村死亡病例原因与饮水、食物无关，无急性传染病死亡特征，均排除投毒和自服毒物。

2002—2004年，隆阳区发生5起食物中毒事件，共有268人中毒，1人死亡；施甸县发生3起食物中毒事件，共有47人中毒，1人死亡；腾冲县发生15起食物中毒事件，共有240人中毒，5人死亡（同时，发生1起“云南地方性急性心肌炎”事件，发病4人，均死亡）；龙陵县发生10起食物中毒事件，共有120人中毒，3人死亡；昌宁县发生6起食物中毒事件，共有105人中毒，1人死亡。

2005年3月，隆阳区西邑石龙坪43人误食巴豆中毒。7月，在隆阳区汶上乡拉堡村村民误食野生毒蕈中毒，中毒5人，死亡3人。9月，施甸县由旺镇发生一起食用被细菌污染的中毒事件，发病60人，无死亡。12月昌宁县温泉乡下六甲小学饮用水农药污染中毒事件，中毒70人，无死亡。

二、应急预案

1999年10月，保山地区卫生局制定下发《保山地区暴发疫情和突发事件处置预案》，该预案共有鼠疫、霍乱、疟疾暴发流行，自然灾害、急性职业中毒和农药中毒、水污染等13个具体处置预案。

2003年5月国务院发布《突发公共卫生事件应急条例》，6月云南省人民政府公布《云南省突发公共卫生事件应急规定》。8月保山市政府成立“保山市处置突发公共卫生事件领导小组”，领导小组下设办公室在市卫生局。10月，市发展计划委员会和市卫生局制订《保山市突发公共卫生事件医疗救治体系总体建设规划》，进一步加强突发公共卫生事件应急处置工作基础设施建设。

第五章　妇幼保健

第一节　妇女保健

一、婚姻保健

1980年，保山地区开始开展优生优育工作。1987年6月起，保山市在全区率先开展婚前检查工作，每人收费2.5元。此后，其余各县相继开展婚前检查工作。

1992年，全区婚前体检应检21779人，实检21718人，检查率为99.1%。检出患病132人，对87名婚育疾病进行指导。

1994年，保山地区按国务院《婚姻登记管理条例》关于公民结婚必须进行婚前医学检查等强制性规定，把婚前保健正式纳入妇女保健内容：凡是需要办理结婚证者，男女双方都必须到卫生部门指定的当地县级妇幼保健站进行婚前体检，持婚前体检表方可到当地民政部门办理到结婚证，否则不予办理。当年，共婚检18851人，并对婚育进行指导，有128人暂缓结婚，5人限制生育性别，10人不宜生育。1997年，全区乡（镇）卫生院均已开展婚检工作。全年全区婚检15772人，婚检率达98.55%。

1998年8月，地区卫生局举办婚前保健师资培训班。参加培训的人员为五县（市）卫生局分管领导，地、县（市）妇幼保健院院长及有关专业技术人员共30人。培训结束经考核合格，由卫生局统一颁发母婴保健技术合格证。参加培训的人员作为县级师资逐级培训到乡（镇）卫生院。

2002年，全市婚前医学检查率高达99.47%。2003年10月起，施行的新《婚姻登记条例》，取消“强制婚检”，改为“自愿婚检”，婚检不与办理结婚证挂钩。当年全市婚前医学检查率下降到76.41%。此后，由于多种原因，保山市婚检率大幅度下降。2004年仅为1.17%。2005年全市结婚登记13814人，婚检17人，婚检率仅1.30%。

二、新法接生和住院分娩

20世纪70年代末，全区各地逐渐开展围产期保健工作。

1980年，保山地区对5个县的12个公社进行新法接生调查，有4个公社基本普及新法接生，有1个公社新法接生率达80%，3个公社达60%～80%，3个公社达40%～60%，1个公社在20%以下。同年，为鼓励开展新法接生，保山县给普及新法接生的公社发奖金100元，给接生员每接生一次发奖金5角钱。当年，全区新法接生率为62.25%，其中保山县70.03%、施甸县50.38%、腾冲县70.93%、龙陵县37.99%、昌宁县62.34%。

1983年，腾冲县在21个公社试行新法接生承包。全区针对边远山区及少数民族地区不易开展新法接生的实际，采用发放小产包（即消毒断脐包），对普及新法接生产生了很好的作用，经过努力，全区新法接生率从1980年的62.25%上升到1985年的82.65%。1985年，全区共接生27037人，新法接生22348人，新法接生率为82.65%，其中保山市90.62%、施甸县85.41%、腾冲县89.97%、龙陵县60.70%、昌宁县68.82%；新生儿破伤风发病44人，发病率为1.63%；产妇死亡28人，死亡率为103.56/10万。

1986年，全区出生婴儿29804人，新法接生25616人，新法接生率为85.95%。报告新生儿破伤风26例，发病率为0.88%。

1990年，保山地区新法接生率为95.08%，云南省平均为87.26%，其中保山县98.09%、施甸县93.83%、腾冲县96.66%、龙陵县94.41%、昌宁县87.97%；全区住院分娩率为33.23%（全省平均为30.33%），其中保山县40.04%、施甸县38.16%、腾冲县38.66%、龙陵县15.01%、昌宁县18.27%。

1995年，为减少新生儿破伤风的发生，按全国统一方案，保山地区在育龄妇女中开展突击接种“破伤风类毒素”苗。在10—11月两次接种181646人次，接种率第一轮达85.85%，第二轮达76.7%。此后，新生儿破伤风发生率逐年下降。

2000年，保山地区继续实施“妇幼卫生人力发展”项目、中加合作项目、中英合作项目和卫VI项目的同时，增加实施了“降低孕产妇死亡率和消除新生儿破伤风项目”。年内，全区新法接生率为95.02%。

2003年，根据卫生部、公安部《关于加强“出生医学证明”管理有关问题的通知》，保山市按要求进一步加强对“出生医学证明”的管理工作，1月起启用具有新防伪标识的“出生医学证明”，原“出生医学证明”可延期使用到当年的第二季度。

2004—2005年，隆阳区以实施新型农村合作医疗试点工作为契机，在全区范围内推行“住院分娩打包收费”。执行“在乡级定点医疗机构住院分娩，限额收费300元，基金给予全额补偿，产妇自己不出一分钱；在区级定点医疗机构住院分娩，限额收费600元，基金补偿300元，产妇自付300元；到区外转诊定点医疗机构分娩，基金补偿300元，其余由产妇自付”的规定。2005年，保山市新法接生率为97.19%，其中隆阳区、施甸县、腾冲县、龙陵县、昌宁县分别为97.21%、95.40%、98.57%、96.14%、96.74%。全市住院分娩率为66.30%，其中隆阳区、施甸县、腾冲县、龙陵县、昌宁县分别为69.79%、49.56%、69.26%、66.97%、66.21%。由于大幅度提高了新法接生率和住院分娩率，有效控制和降低了婴儿死亡率、孕产妇死亡率。

三、妇女病查治

1978年，根据卫生部防治妇女“两病”（子宫脱垂、尿瘘）指示精神，保山地区各县开始全面地查治妇女“两病”。

1980年腾冲县在14个公社162个大队1696个生产队对4749人进行口访，查出子宫脱垂1612人，治疗8人；查出尿瘘201人，治疗13人。施甸县查出子宫脱垂161人，对Ⅱ度至Ⅲ度的85人中，作阴式子宫切除27人，安放子宫托47人，查出尿瘘19人，治疗8人，5人治愈。同年，收治由各县送到保山的尿瘘病人21例，除1例因有手术禁忌证外，其余20例均经手术治愈。之后，保山县举办“两病”学习班培训基层干部。

1981年，全区实查妇女66154人，查出妇科病人1806人，其中尿瘘病人有81人。全区基本查清“两病”底子，并对576例放子宫托治疗者进行随访。各县妇幼保健站配合妇女联合会向妇女进行五期保护知识讲解，共普查已婚妇女18407人，查出妇女病13种。地区保健站还为1118名地直机关、厂矿已婚妇女作子宫颈癌细胞普查。保山县对全县129515名已婚妇女回访60548人，细查8753人，查出子宫脱垂695人，放子宫托治疗257人，手术治疗102人；查出尿瘘30人，手术治疗17人。

1982年，全区对576例放子宫托治疗的子宫脱垂患者进行随访，治疗效果较好。地区妇幼保健站还为1118名已婚妇女作子宫颈涂片癌细胞检查。施甸县对全县20个公社（镇）的10634名育龄妇女进行妇科病检查。结果如下：慢性宫颈炎7860人，会阴裂伤4356人，阴道壁膨出3480人，宫颈裂伤928人，可疑附件炎500人，外阴白斑333人，阴道炎症307人，子宫脱垂240人，外阴炎症187人，外阴湿疹15人，尿瘘、粪瘘、卵巢囊肿各1人，其中发现双阴道7人，双宫颈1人，双子宫2人。

1983年“三八”期间，保山地区妇联与保山地区妇幼保健院对地直各单位7198名女职工进行妇科病普查普治，发现女职工患病率达90.1%，诊治率90.1%。

1984年，全区应查368779名已婚妇女，对其中19412人进行妇科检查，查出有妇科疾病者2318例，患病率为11.94%。

1985年，全区应查337885名已婚妇女，对其中20441人进行妇科检查，查出有妇科疾病者4288例，患病率为20.98%。至年末，五县（市）累计共查出尿瘘病人107例，治疗了77例；查出子宫脱垂3135例，治疗1953例，其中手术数378例，放托数1543例，其他治疗24例。放托治疗均由国家实行免费治疗。

1985年以后，随着人民生活不断得到提高，妇女重体力劳动减轻，妇女健康保健知识的普及和妇女健康保健工作的加强，医疗技术水平的提高，尿瘘和子宫脱垂病人逐步减少。

1987年，经检查，全区共有子宫脱垂1784例，治疗1167例，治疗率65.41%。全年查治353人，新发81人；共有尿瘘102例，治疗62例，治疗率60.78%。全年治疗29人，当年新发6人。

1990年，全区在16980名妇女中查出子宫脱垂1754例，治疗1550例，治疗率88.37%；查出尿瘘89例，治疗71例，治疗率79.78%。

至2005年，尿瘘病人在保山已十分少见。

保山市级和各县（区）妇女联合会、计划生育委员会密切配合，开展查治妇女病工作，不少单位领导十分重视妇女健康，每年均安排妇女体检，但是，广大农村妇女病查治工作还很薄弱，使得全市妇女病查治普查率还很低。2005年，全市妇女病普查率为70.51%，其中隆阳区、施甸县、腾冲县、龙陵县、昌宁县分别为95.45%、37.36%、75.00%、83.00%、95.41%。全市妇女病患病率为34.14%，其中隆阳区、施甸县、腾冲县、龙陵县、昌宁县分别为33.15%、18.43%、42.30%、53.73%、28.95%。

四、孕产妇系统管理

1988年，根据《云南省妇幼保健保偿责任制管理办法》，保山地区率先在施甸县推行妇幼（母子）保健保偿责任制管理试点工作，之后在全区推广。

20世纪90年代起，保山地区以降低孕产妇和婴儿死亡率为目标，妇幼卫生工作主要以“三监测、六管理”为主要内容，即：5岁以下儿童死亡监测、孕产妇死亡监测、孕产妇系统管理、儿童系统管理、高危孕产妇及高危儿童管理、小儿“两病”管理。1990年，全区孕产妇保健覆盖率为33.57%，孕产妇系统管理率为36.22%。1991年，全区孕产妇保健覆盖率为33.88%，孕产妇系统管理率为34.87%。1995年全区孕产妇死亡数为42人，孕产妇死亡率141.76/10万。至1999年，全区孕产妇保健覆盖率已提升到89.16%，孕产妇系统管理率已提升到59.19%。2000年，全区孕产妇保健覆盖率达92.81%，孕产妇系统管理率69.64%。

2004年，全市产妇总数26585人，活产26668人，建卡数25119人，产前检查25047人，产后访视24480人；危急孕产妇抢救人数237人，抢救成功226人，成功率95.36%；孕产妇死亡24人，孕产妇死亡率90.00/10万。

2005年，全市孕产妇死亡人数19人，孕产妇死亡率下降到71.19/10万，其中孕产妇死亡人数和孕产妇死亡率分别为：隆阳区7人，81.16/10万；施甸县2人，60.08/10万；腾冲县6人，75.40/10万；龙陵县2人，57.64/10万；昌宁县2人，60.44/10万。孕产妇死亡的

19人中，产科出血14人，占73.68%；内科并发症3人，占15.79%；妊娠高血压综合征1人，占5.26%；不明原因1人，占5.26%。2005年，全市建立孕产妇系统管理卡有25705人，建卡率为96.67%；孕产妇系统管理22596人，系统管理率为84.66%。开展围产儿保健情况是：死胎死产81人，7天内新生儿死亡331人，破伤风发病2例，均死亡。全市孕产妇的保健服务水平尚低。

五、母乳喂养

1995年起，保山地区县及县以上医疗保健单位认真开展创建爱婴医院、促进母乳喂养活动。经申请，省卫生厅组织评估组对保山地区人民医院、保山地区妇幼保健院和昌宁县妇幼保健院按全国统一标准进行评估，三家医疗保健单位均达标成为保山地区首批爱婴医院，卫生部授予匾牌。

1996—1999年，经申请，按全国统一标准进行现场评估，有14家医疗保健单位达标成为爱婴医院，卫生部授予匾牌。其中1996年有2家（保山地区保山市妇幼保健院、腾冲县妇幼保健院）；1997年有6家县级综合医院和4家妇幼保健院（保山地区妇幼保健院、保山市妇幼保健院、腾冲县妇幼保健院、昌宁县妇幼保健院）；1998年有3家（龙陵县妇幼保健院、昌宁县柯街中心卫生院、卡斯乡中心卫生院）；1999年有3家（施甸县保健院、昌宁县耈街中心卫生院、更戛乡卫生院）。

1995—1999年，全区累计有17家爱婴医院。通过开展创建爱婴医院，加强了医疗保健机构产科和儿科建设，改善了服务条件，极大地促进了全区母乳喂养工作。

2000年以后，省和市不再组织开展创建爱婴医院评审验收工作。

2003年，隆阳区纯母乳喂养率为74.93%。2005年，保山市各爱婴医院继续巩固创建成果，促进母乳喂养工作。经入户访查4个月母乳喂养情况：共访查22124人，母乳喂养21460人，占97.00%；纯母乳喂养（纯母乳喂养指4个月内纯母乳喂养）17454人，占访查数的78.89%，其中纯母乳喂养率隆阳区87.33%，施甸县13.18%，腾冲县90.84%，龙陵县91.42%，昌宁县69.35%。云南省平均为79.99%。

第二节　儿童保健

一、儿童系统管理

20世纪90年代，保山地区逐步开展7岁以下儿童保健管理及3岁以下儿童系统管理工作，通过全区上下共同努力，这两率都有较大幅度的上升。1990年，全区7岁以下儿童保健管理率为7.25%，3岁以下儿童系统管理率为1.93%。

2000年，全区7岁以下儿童保健管理率为55.01%，3岁以下儿童系统管理率为53.59%。2005年，全市7岁以下儿童保健管理率上升到65.78%（保健管理135933人），3岁以下儿童系统管理率上升到66.03%（系统管理54441人）。

二、儿童体检

1979年，是“国际儿童年”，全国托幼工作会议提出“为百万儿童体检”的号召，保山地区开展了有史以来规模最大的一次儿童体检工作，全区共为65272名儿童进行体检，其中保山县19080名，腾冲县18038名，龙陵县9295名，昌宁县9848名，施甸县9011名。保山县还对8858名中、小学生的生长发育状况进行调查，免费给98000名儿童服药驱虫。腾冲县给81010名儿童服药驱虫，进行粪便检查3380人。昌宁县给45907名儿童服药驱虫。同时，地区卫生防疫站在保山县建立儿童计划免疫试点，各县也相应建立这样的试点，为试点区域的儿童进行体检服务。

1982年，全区为儿童计划免疫试点及托儿所幼儿园的5505名儿童进行体检，并专门为1741名独生子女进行体检。1983年和1984年，全区分别为5777名、6081名儿童进行体检。

进入20世纪90年代，独生子女增多，人们更加重视儿童健康保健，特别是城镇居民，除自觉为儿童预防接种外，还主动为儿童健康体检。市、县（区）妇幼保健院积极主动与各托儿所、幼儿园联系，提供儿童健康体检服务，使儿童健康体检率逐步提高。2005年，全市7岁以下儿童206642人，体检135933名人，体检率65.78%。

三、降低儿童死亡率

降低新生儿死亡率 1992，保山地区新生儿死亡率为36.29‰。2005保山市新生儿死亡423人，新生儿死亡率为15.85‰，其中隆阳区为12.99‰，施甸县12.62‰，腾冲县19.10‰，龙陵县14.12‰，昌宁县20.55‰。这一年云南省平均为13.42‰。

降低婴儿死亡率 1999年，省卫生厅决定在龙陵、通海、宁蒗、绥江、砚山五县建立0～1岁儿童死亡监测点，对各县儿童死亡率作动态监测。1年后发现7岁以下儿童死亡率为15.54‰，婴儿死亡率为60.27‰，新生儿死亡率为35‰。死亡的首位原因通海县为早产，其他4县为肺炎。2000年，保山地区婴儿死亡1020人，婴儿死亡率为32.79‰。五县（市）的情况是：保山市死亡304人，死亡率30.30‰；施甸县死亡150人，死亡率37.13‰；腾冲县死亡276人，死亡率31.01‰；龙陵县死亡141人，死亡率40.83‰；昌宁县死亡149人，死亡率31.82‰。2005年，婴儿死亡551人，婴儿死亡率20.64‰，其中隆阳区死亡率为16.58‰，施甸县20.73‰，腾冲县24.13‰，龙陵县19.60‰，昌宁县23.87‰。当年全省平均为21.50‰。婴儿主要死因是新生儿窒息、早产、肺炎、弃婴及先天异常。

降低5岁以下儿童死亡率 保山5岁以下儿童死亡率1993年为68.85‰，1995年为47.23‰，2000年为39.15‰，2005年为24.05‰。2003—2005年，保山市5岁以下儿童共死亡2251人，年平均死亡750人，死亡数字依然惊人。2003年死亡885人，死亡率30.36‰；2004年死亡724人，死亡率27.15‰；2005年死亡642人，死亡率24.05‰（隆阳区死亡率21.22‰，施甸县25.23‰，腾冲县27.02‰，龙陵县22.19‰，昌宁县25.08‰），当年全省平均为27.50‰。

1992—2005年保山市新生儿、婴儿、5岁以下儿童死亡率情况表

表36-2

年　度	新生儿死亡率（‰）	婴儿死亡率（‰）	5岁以下儿童死亡率（‰）	年　度	新生儿死亡率（‰）	婴儿死亡率（‰）	5岁以下儿童死亡率（‰）
1992	36.29	51.08	59.14	1999	23.52	32.62	40.62
1993	38.19	58.31	68.85	2000	25.07	32.79	39.15
1994	38.09	48.18	60.94	2001	19.66	26.70	31.89
1995	30.87	41.65	47.23	2002	16.93	24.23	30.47
1996	24.90	35.31	41.24	2003	17.66	25.21	30.36
1997	26.32	36.93	44.50	2004	16.84	23.40	27.15
1998	25.10	35.24	42.16	2005	15.85	20.64	24.05

注：1995年以前，妇幼卫生工作统计不完善，漏报率高。1995年开始，先后实施了世界银行贷款综合性妇幼卫生保健等项目，妇幼卫生统计工作日趋完善，漏报率越来越低

第三节　计划生育技术服务

1978年3月，保山地区召开计划生育技术指导会议，成立保山地区计划生育技术指导小组。全区各县由公社、大队、领导或干部带队，妇女主任和医务人员参加，到农村开展宣传、放环、结扎等工作，共组织小分队198个，875人。

1979年，保山地区共有县级节育手术小分队12个，42人；公社小分队65个，214人。全区880个大队合作医疗站的789名女赤脚医生中，会放环的617人，占女赤脚医生总数的78.2%。

1985年，全区从事计划生育的医务人员有516人，占卫生技术人员总数的26.6%。能开展计划生育手术的有140人，“三术”的211人，会放环的138人，其他27人。全区有计划生育手术床位817张，占床位总数的22.56%。

1988年以后，地、县（市）医疗部门不再组派人员下乡巡回，主要由乡卫生院承担计划生育手术任务。当时，各县乡级卫生院基本都能开展计划生育手术，个别条件差的，由上级派医生帮助工作。

20世纪90年代初，计划生育部门逐步在县、乡两级建立计划生育服务站、计划生育服务所，并逐步开展计划生育手术。至1993年，全区已建立3个县级服务站，20个乡级服务所。1994年，保山地区章淑媛等6名医生获得国家计生委和卫生部联合授予的全国计划生育万例手术无事故发生个人称号。同年，为加强县乡计划生育服务站、所的卫生技术力量，经保山行署同意，行署计生委、行署教委、行署卫生局和保山卫生学校共同商定，从1995年起，连续招收计划生育医士班两期，每期招收学员50名，纳入国家正式招生计划，

毕业后实行定向分配。该班学制3年，招收初中毕业生。第一期50名学员于1995年9月开学。第二期50名学员于1996年9月开学。

1997年7月，要求全区计划生育服务站(所)、各医疗服务机构必须提高节育手术质量，确保受术者的安全健康，避免医疗责任事故的发生。计划生育部门所属计划生育服务站和计划生育服务所开展的计划生育手术在逐年增多，所占比例也在逐年升高。

2000年，全区已建立5个县级服务站，55个乡级服务所。2005年，全市共有5个县级服务站，34个乡级服务所，全年共做计划生育手术64300例。

1978—2005年保山市育龄夫妇施行计划生育手术统计表

表36-3　　单位：例

年　度	手术合计	其中三术合计	年　度	手术合计	其中三术合计
1978	45014	38851	1993	65453	39963
1979	38252	29578	1994	55373	38107
1980	28355	18500	1995	45781	24022
1981	20797	11124	1996	51650	39234
1982	19623	15343	1997	54589	41653
1983	52803	34637	1998	55267	43051
1984	46382	32147	1999	57583	44454
1985	43563	24023	2000	59300	45507
1986	46928	23245	2001	58700	43837
1987	60176	30802	2002	59600	50269
1988	63362	32411	2003	66300	47557
1989	62922	34913	2004	65800	46487
1990	74673	43400	2005	64300	45400
1991	72727	42152	合计	1500564	993572
1992	65291	32905			

注：1.“三术”为：男性输精管绝育术(男扎)、女性输卵管绝育术(女扎)、宫内放置节育器(放环)三项手术；2.1978—1990年数据取自《保山地区人口志》

第四节　妇幼卫生国际国内合作项目

20世纪90年代，针对保山市妇幼卫生资源十分贫乏，妇女儿童的保健服务层次低，资金投入少的实际情况，保山地区相关部门积极争取国内和国外妇幼保健合作项目，在国家、省的支持下，争取实施了5个项目。通过这些项目的实施，极大地改善了妇幼卫生的基础设施和工作条件。

一、加强中国基层妇幼卫生、计划生育服务项目

该项目是中国与联合国儿童基金会、联合国人口基金会、世界卫生组织合作，在全国27省、自治区的300个少、边、穷县建立的受援项目。昌宁县是全省20个项目县之一，也是保山实施的第一个妇幼卫生国际合作项目。项目周期为五年（1990—1994年）。项目投资：国外无偿援助5万美元；国内配套按省、地、县三级财政投资原则，省级10万元，地级10万元，县级应投30万元（实际投入36.30万元），共应投资50万元（实际投入56.30万元人民币）。项目通过5年的实施，达到预期目标。1994—1995年作为过渡周期继续执行。1996—2000年，该项目继续延伸实施，延伸期联合国儿童基金会向昌宁县提供约2万美元的无偿援助，国内以1美元配套1.5元美元的比例为昌宁县提供项目费，省、地、县三级财政按5：2：3的比例进行配套。

二、世界银行贷款综合性妇幼卫生保健项目

该项目是中国与世界银行在卫生领域合作的第六个国际项目（简称“世行贷款卫VI项目”），项目在云南省20个县实施，其中保山地区有保山市、腾冲县、龙陵县3个项目县（市）。在项目实施的5年中（1995—1999年），保山地区项目总费用1538万元人民币（保山市507万元，腾冲县536.6万元，龙陵县317.93万元，地级176.06万元），其中世界银行贷款1002.68万元（保山市331.35万元，腾冲县366.69万元，龙陵县205.15万元，地级99.5万元）。

三、“中英”妇幼卫生合作项目

英国无国界组织（简称HU组织）和云南省妇幼保健协会双方于1996年11月签订了项目协议书，同意开展云南初级卫生保健项目——妇幼卫生和常见疾病防治项目，该项目由英国无国界组织无偿援助一定数额的英镑，地、县配套资金，在保山地区行署卫生局、地区妇幼保健院和腾冲县实施。项目周期为1996—2000年，经费38.2万元人民币。

四、“中加”项目

中国—加拿大云南少数民族地区妇幼保健合作项目（简称“中加”项目），是加拿大政府对中国的一项发展援助项目。施甸县是云南省10个项目县之一。该项目由加拿大国际发展署无偿援助242万元人民币，省、地、县配套资金，在施甸县开展项目工作。1997年7月项目启动。

五、“降消”项目

2000年，云南省被国务院妇儿工委、卫生部、财政部列为实施“降低孕妇死亡率和消除新生儿破伤风”项目（简称“降消”项目）的12个省区之一。保山地区腾冲县、施甸县被列为国家级项目县，保山市、龙陵县、昌宁县被列为省地项目县。项目周期为2000—2001年。省、地、县项目投入157.7万元，其中省级56.1万元，地级配套21.6万元，县（市）级财政投入80万元。2个国家级项目县，省、县两级投入25.6万元，其中省级投入20万；3个省级项目县，省地县三级共投入125.3万元，其中省投入32.3万元，地级投入21.6万

元，县级投入74.4万元；省对地本级投入3.8万元，地区财政配套3万元。项目的总体目标：2001年全区孕产妇死亡率降至87/10万以下，新生儿破伤风死亡率以县为单位降至1‰以下，婴儿死亡率以县为单位降至34.21‰以下。主要技术措施：开展妇幼卫生人员培训；以乡（镇）卫生院和村卫生室为重点加强产科设备装备；加强健康教育；建立完整的转诊机制；改善和提高服务质量；实施妇幼扶贫救助；加强技术援助，到2005年仍在延续实施。

第六章　医疗护理

第一节　医护资源

一、卫生机构、床位、人员

1978年，保山地区共有各级各类卫生机构265个，床位2330张，人员2690人，其中卫生技术人员2371人。每千人拥有床位1.12张，拥有卫生技术人员1.14人。1980年，全区有卫生机构数273个，床位数2866张，人员3231人，其中卫生技术人员2696人。1985年，全区有各类卫生机构316个，病床3622张，卫生人员4202人，其中卫生技术人员3558人。

1990年全区有卫生机构数294个，床位数4157张，人员4728人，其中卫生技术人员3986人。卫生技术人员中有正高职2人（含中医中药1人），副高职34人（含中医中药2人），中职379人（含中医中药32人）。2000年，全区有卫生机构197个，病床4645张，人员5446人，其中卫生技术人员4496人。

2005年，全市共有各级各类卫生机构（不含村卫生室和计划生育服务站）396个，病床4646张，人员5850人（卫生技术人员5247人）。每千人拥有床位1.92张，拥有卫生技术人员数达2.16人。卫生部门有卫生机构118个，床位3941张，人员4645人，其中卫生技术人员3909人（执业医师1612人，执业助理医师368人，注册护士1310人，药剂人员182人，检验人员139人，其他298人），其他技术人员188人，管理人员148人，工勤人员400人。

1978—2005年保山市各级各类卫生机构、床位、人员统计表

表36-4　　　　单位：个、张、人

年度	机构数	床位数	人员数				
			总计	卫生技术人员	其他技术人员	管理人员	工勤人员
1978	265	2330	2690	2371	2	183	134
1979	285	2787	2999	2586	10	221	182
1980	273	2866	3231	2696	11	257	2667

续上表　　单位：个、张、人

年度	机构数	床位数	人员数				
			总计	卫生技术人员	其他技术人员	管理人员	工勤人员
1981	325	3053	3529	2982	12	274	261
1982	331	3114	3695	3113	10	285	285
1983	328	3165	3869	3301	15	282	273
1984	314	3378	4057	3413	15	306	323
1985	316	3622	4202	3558	16	290	338
1986	317	3790	4391	3713	12	299	367
1987	317	3963	4575	3848	12	301	414
1988	293	4152	4650	3941	19	337	353
1989	294	4127	4767	4015	24	389	341
1990	294	4157	4728	3986	27	368	347
1991	297	4156	4903	4133	28	377	365
1992	294	4205	4860	4051	32	385	392
1993	281	4361	4936	4134	44	360	398
1994	278	3999	4841	4054	28	355	404
1995	273	3918	4846	3977	80	363	426
1996	187	4252	4918	4017	108	384	409
1997	186	4396	5147	4178	102	342	525
1998	186	4339	5230	4289	72	346	523
1999	183	4338	5375	4431	46	387	511
2000	197	4645	5446	4496	70	353	527
2001	199	4766	5421	4498	—	—	—
2002	364	4459	5404	4433	285	270	416
2003	430	4577	5666	4815	232	202	417
2004	488	4574	5298	4375	264	220	439
2005	396	4646	5850	5247	233	179	462

注：不含村卫生室及乡村医生数，含诊所、医务室、社区卫生服务站

二、房屋

1978年后，保山地区各级政府逐步新建了各级各类医疗卫生机构，建盖了房屋。随着事业的发展，医疗卫生服务量的增加，病人越来越多，病床越增越多，房屋也在不断建盖，

而且房屋抗震级别越来越高，质量越来越好。

2003年，保山市医疗卫生机构共有房屋建筑面积418705平方米（不含诊所、村卫生室），其中业务用房264242平方米。卫生部门有房屋建筑面积383132平方米，其中业务用房238377平方米。2005年，全市卫生机构共有房屋建筑面积1031459平方米，其中购建房屋1010065平方米，租房21394平方米，业务用房面积451769平方米。

三、设备

1991年9月，保山地区中医医院购进价值60多万元的“NS-15Ⅱ型体外震波结石碎石机”一台并投入使用，这是保山地区首次购进价值数十万元高档医疗设备的开端。

1999年，地区卫生局开展全区卫生资源状况调查，全区乡（镇）卫生院有设备812件，总价值643万元，其中光机70台，心电图机49台，常规刀包140件，常规检查设备212件。

2003年，保山市共有万元以上设备1352台，其中50万元以下1275台，50万元～100万元70台，100万元以上7台。主要医疗设备有：800mA及以上医用X线诊断机1台、500mA～750mA医用X线诊断机12台、超高速计算机断层扫描装置（UFCT）1台、彩色脉冲多普勒超声诊断仪3台、B型超声诊断仪111台、X线电子计算机断层扫描装置（CT）3台、超声心动图仪1台、心电监护仪62台、全自动化分析仪8台、血液酸碱气体分析仪6台、电子内窥镜13台、人工肾透析装置2台、救护车16台、气相色谱仪1台、荧光分光光度计1台、原子吸收分光光度计2台、电子天平3台、荧光显微镜3台、二氧化碳培养箱1台、全自动酶标测试仪1台、低温冷库1台、冷藏车1台、防疫车8台、疫苗运输车1台、300mA医用X线诊断机7台、200mA医用X线诊断机37台、100mA医用X线诊断机16台、50mA医用X线诊断机18台、30mA医用X线诊断机8台、心电图机100台。

2005年，保山市共有万元以上设备1861台，其中50万元以下1817台，50万元～100万元28台，100万元以上16台。

第二节　中　医

“文化大革命”期间，保山地区中医事业受到严重摧残，联合诊所被全部撤销，个体开业中医被全部取缔。1978年后，中医机构迅速增加，地、县6所综合医院均设有中医科，绝大多数农村卫生院均配备有中医中药，普遍开展中医门诊和住院治疗。1980年5月，地委批准建立保山地区中医医院。同年，开始允许考核合格的民间中医个体开业。1982年2月成立腾冲县中医医院。龙陵县1980—1983年中医门诊57316人次，占同期总门诊数的28.4%。1979—1985年，全区先后有390名中医药人员获得卫生技术职称。1985年，全区有中医药人员429人，占全区卫生技术人员总数的8.29%，平均每万人中有中医药人员2.16人；中、西医人员比例为1∶7.29；有中医病床202张，占全区总病床数17.93%，平均每万人中有中医病床1.02张；中、西医病床比例为1∶16.93。同年5月，保山地区中医医院正式开业应诊。

1986年10月，成立施甸县中医医院。1987年，昌宁县将县第二人民医院改扩建为昌宁县中医医院。

1990年，全区有中医机构5个，中医药人员510人，中医药师238人，分布在地、县（市）医院、乡（镇）卫生院、卫生学校等单位中。1992年，保山地区共有中医药人员469人，其中中医375人，中药50人，中医护士44人。全区共有中医医院5个，拥有床位332张，有人员282人（卫生技术人员222人）。当年，腾冲县被省确定为云南省第一批中医工作试点县。1993年腾冲县22个乡（镇）卫生院设立了中医门诊部，配有中医中药人员64人，初步形成以县中医医院为中心，乡（镇）两级为基础的中医中药网络。1993年，龙陵县将龙山卫生院改建成为龙陵县中医医院。1994年10月，云南省人大视察组到保山地区腾冲县，施甸县对农村卫生及中医工作进行视察。

1997年，根据云南省卫生厅的安排意见，为加强乡村医生中医药知识培训，保山地区成立了农村中医药培训工作领导小组及培训指导站，实施“中医植根”计划。1999年10月，组织全区乡村医生中医药知识培训考试，参加415人，合格395人，合格率95.18%。至年底，全区实施乡村医生“中医植根”计划，中医药知识培训累计合格1840人，合格率达71.29%。同年，《保山地区中草药选》编印成册，共收载药用植物167种，470属、664种，是一部地区性实用本草。

2002年，按照《云南省重点中医专科（专病）建设管理办法》，市、县中医院积极加强中医专科（专病）建设。

2003年，市中医医院的整体搬迁一期工程已基本完成，施甸县中医医院完成整体搬迁。腾冲县完成全国中医先进县申报工作。

2004年，根据《全国中医药系统应对突发公共卫生事件工作方案》要求，市直和五县（区）均成立中医医院或综合医院中医科卫生技术人员为主要成员的中医药应急救治队伍。同年，市中医医院和4个县中医医院申报云南省第二批重点专科专病建设项目11项，其中龙陵县中医医院骨伤科建设项目得到省卫生厅批准实施并通过验收。

2005年，全市有卫生部门办中医医院5个，即保山市中医医院和施甸、腾冲、龙陵、昌宁县中医医院，编制床位365张，实有床位380张，有人员444人（有卫生技术人员381人，其他技术人员12人，管理人员20人，工勤人员31人）。在卫生技术人员中，有执业医师163人，执业助理医师154人，药剂人员22人，检验人员15人，其他14人。有房屋建筑面积26545平方米，其中业务用房面积24752平方米。有万元以上设备162台，其中50万元以下160台，50万元～100万元1台，100万元以上1台。除此之外，在综合医院、乡（镇）卫生院、村卫生室和门诊部亦有大量中医药人员在执业。

第三节　西　医

1978年保山地区人民医院设8个临床科室，至2005年临床科室已发展到18个，医技科室还设有放射科、检验科、药剂科、病理科、功能科、皮肤科、注射室、纤维内镜室、

CT室等，全院有400多人的卫生技术人员和近5000万元的高科技医疗设备。除市第一人民医院外，其他医疗机构的医疗技术水平均有了发展和提高。

一、内科

保山市第一人民医院　1978年内科按系统分为肾、消化、神经、呼吸及其他几个诊疗组，门诊建立急诊观察室。1979年开展中心静脉压测定输液抢救危重休克病人。1983年建立急救室，随着大型X光机，A型超声波诊断仪、B型超声波诊断仪、心电图机、心脏监护仪、纤维内窥镜、脑电图诊断仪等先进诊断仪器的配备及检验水平的提高，进一步提高了内科疾病诊断的准确率和治疗效果。1986—2005年，内科已逐步发展并细分为急诊科（保山市急救中心）、ICU病房（重症监护病房）、呼吸科及神经内科、心内科及肾内科、消化内科5个专科科室。先后开展心脏停搏复苏成功（获保山地区行署1993—1994年度科技进步二等奖），血液透析疗法及临床应用（获保山地区行政公署1997—1998年度科技进步二等奖），开展永久性心内起搏除颤器的临床应用（获保山地区行政公署1999—2000年度科技进步一等奖）；开展血管活性药物量化方法治疗顽固性心力衰竭（获保山市政府2001—2002年度科技进步二等奖），危重病人营养支持治疗；开展有创、无创血流动力学监测，放植SWANCANZ漂浮导管监测，临时心脏起搏器植入，进行有创、无创呼吸支持治疗，亚低温治疗，静脉穿刺置管术，开展肠内营养支持治疗；开展肺功能测定评估及应用（获保山市政府2001—2002年度科技进步二等奖），适量置换脑脊液治疗蛛网膜下腔出血，无创机械通气在呼吸衰竭患者中的应用，人工呼吸机有创及无创通气治疗，脑脊液置换术、纤维镜检查及纤支镜下治疗难治性肺炎、难治性结核、支扩等相关疾病；开展无痛内镜检查术，自体腹水浓缩回输治疗顽固性腹水，脾动脉栓塞治疗食管静脉曲张大出血，腹腔内灌注化疗药物治疗晚期消化道肿瘤，对危重症消化道大出血、肝性脑病、急性重症胰腺炎、感染性休克、重症炎症性肠病等有丰富的治疗经验。

保山市第二人民医院　1979年开展心电示波器进行监护严重心律失常病人，行心包穿刺，上消化道大出血留置三腔管，电动呼吸机等诊疗技术。1980年行肝脏穿刺。1983年抢救危重病155例。1984年抢救有机磷农药中毒88例，成功85人。1993年利用静脉输液器测颅压，用一次性静脉针行小儿骨髓穿刺术。1995年开展氦氖激光辅助治疗护理脑梗死及脑出血。1997年开展317株呼吸道细菌感染菌型分布及药敏分析。1999年开展恙虫病临床误诊原因分析及防治对策。2001年开展磷酸肌酸激酶同工酶、肌红蛋白、肌钙蛋白快速测定应用。2003年开展持续不卧床腹膜透析的临床应用。

施甸县人民医院　1985年能开展肝昏迷抢救，行肝硬化腹水复输术。

腾冲县人民医院　1980年有同步呼吸机、洗胃机、电动吸痰器、乙状结肠镜、纤维结肠镜各一台。1981年能治疗难治性心衰，抢救有机磷农药中毒。1985年行纤维内窥镜检查，并对心衰、血液病、休克等急危重症治疗。1998年在昆明医学院第一附属医院郭涛教授主持下成功安装心脏起搏器。2003年开展脑卒中偏瘫康复治疗。

解放军第六十四医院　1991年自制柏勒儿茶胶囊治疗肠道易激综合征。

武警保山医院 开展口服氢氧化铝凝胶B超诊断胃、十二指肠溃疡，该项目获保山地区行政公署1993—1994年度科技进步二等奖。1996年开展胆胰疏通汤治疗肝胆胰疾病的临床研究。

二、外科

保山市第一人民医院 1978年开展膝关节半月板损伤摘除术，膝关节结核全关节切除关节融合术。1981年12月成功进行1例先天性动脉导管未闭钳闭术和1例风湿性心脏病二尖瓣狭窄分离术，此为云南省除昆明外各地州市级医院首家开展的心脏外科手术、麻醉和护理的医院，后获云南省科技推广奖。为开展心脏手术，医院派出6名医生护士到昆明市延安医院进修了1年，并购置手术器械一套。1983年为左肺脓肿患者行左中下肺叶切除成功，为1例肝癌患者行左肝叶切除术，麻醉开展了颈段硬膜外麻醉及骶管直入法布比卡因新药应用。1985年行巨型脑膜瘤（760克）切除成功，开展显微外科手术行中指桡动脉吻合及肌腱吻合术，足背动脉吻合术及桡侧动静脉吻合术，还行奇静脉断流术治疗门脉高压。同年，外科有病床62张，占全院总病床的19%。已配有万能手术床、高频电力、显微外科及肺脏、心脏、颅脑等手术器械。1988年以后，外科分为4个专科科室：骨外科、普通外科、胸外科及泌尿外科。先后开展胎儿骨植骨、小儿麻痹后遗症手术矫治，人工膝关节置换，能开展多处多段骨折，外伤所致肌腱断裂、血管断裂、外周神经断裂，采用小切口，开窗式手术治疗腰椎间盘突出症及人工髋膝关节置换等手术治疗；能开展纤维胆道镜在胆道手术中及术后的应用，常规开展微创腹腔镜胆囊切除术，肝叶切除术，复杂肝内胆管取石手术，脾切除、胰十二指肠切除、门脉高压门奇断流术，甲状腺癌根治颈部淋巴结清扫术，胃癌根治术，全胃切除术；纵隔肿瘤手术治疗，开展胸腺瘤摘除及前纵隔脂肪清扫治疗重症肌无力，开展经尿道前列腺电气化治疗前列腺增生症，经尿道电气化术治疗浅表膀胱肿瘤，输尿管镜气压弹道碎石术治疗输尿管中、下段及下尿路结石，胸腔镜在肺大疱套扎、胸膜肿瘤切除及胸腔病变诊断，成功开展全市第一例异体肾移植，微创法清除颅内血肿，微创治疗高血压脑出血，常规开展各种颅脑损伤及颅骨修补手术，大小脑肿瘤、脊髓肿瘤切除以及脑室腹腔分流术，脑血管及椎管造影。

保山市中医医院 开展体外震波碎石对泌尿系“盲区”结石治疗（获保山地区行署1993—1994年度科技进步二等奖）。腹腔镜胆囊取石摘除术、痔疮治疗等在全市均有较高水平及知名度。

保山市第二人民医院 1979年设立。1980年治疗大面积烧伤3例。1981年行肾切除、乳腺癌根治术、巨大肾盂积脓排脓术。1982年行颅硬膜外血肿清除术，自体骨移植术1例，脊髓肿瘤手术1例成功。1983年行胃肠重建术、慢性脓胸行大网膜胸腔填塞术、脾切除、小儿麻痹矫形、脑瘤切除、尿道会师、股骨胫骨加压钢板内固定术。1984年行胆囊摘除术。1985年行肝叶切除，经十二指肠奥狄氏括约肌切形成形术。1997年行肝段切除术临床应用。1999年开展胰十二指肠切除术临床应用。2003年开展中老年腹沟疝、年复发疝无张力修补技术临床应用。2005年开展经尿道等离子体汽化电切术治疗良性前列腺增生的临床应用。

施甸县人民医院　1997年开展胆肠、胃肠、肠肠吻合治疗胰头癌手术。2001年采用CD-Horayen治疗腰椎骨折。2003年开展解剖型钢板内固定治疗股骨粗隆间及转子间粉碎型骨折。

腾冲县人民医院　1981年开展骨外科手术。1985年共行大小手术1705例。1994年开展右半肝叶切除术。1995年开展不完全性断肢再植1例。1996年开展双侧人工全髋关节置换术。1997年开展胰头十二指肠切除术。1998年开展神经外科脑内血肿清除术。

龙陵县人民医院　1979年行脾修补术，并行第一例输精管吻合术。1981年行甲状腺摘除术。1982年行开颅探查硬膜内血肿清除术1例和肾摘除术。1995年Ⅰ期结直肠外伤破裂修补移植腹膜后间隙3例。

昌宁县人民医院　1979年行泌尿系统结石取除术。1980年行骨折骨针固定术、颈椎骨折颅骨牵引术。1985年行胃癌根治术、迷走神经切断术及肾母细胞瘤切除术。配有手术显微镜1台。

解放军第六十四医院　1989年闭合性损伤性肱挠肌瘢痕挛缩，低功能氦氖激光治疗伤口及创面感染。1991年人工股骨头换术治疗股颈骨折。

武警保山医院　开展显微外科，在断指、断掌、断臂再植手术在全市处领先水平。1992年开展断指再植。开展蚕丝线一次性缝针（获保山地区行署1993—1994年度科技进步一等奖）。开展左前臂完全离断断肢再植1例获得成功（获保山地区行署1995—1996年度科技进步二等奖）。1997年开展低电压加自制坐试垫圈碎石法治疗后尿道结石及断肢（指）再植术后应用血塞通治疗。1999年开展利福平粉外敷治疗创面的临床应用、B超定位ESWL治疗泌尿系结石临床观察、应用PGA可吸收线固定碎骨片治疗胫腓骨骨折。2001年开展水蛭生机散的临床应用、婴幼儿股骨不稳定性骨折手术治疗观察。2005年开展直视小缺口胆囊切除手术的临床应用。

三、妇产科

保山市第一人民医院　1985年妇产科有病床28张，占全院的8.6%。当年设立婴儿室。截至2005年年底，常规开展各种妇科治疗，微创检查和手术，无痛人流术、无痛诊刮术等多项无痛检查和手术，开展宫腔镜、腹腔镜检查和治疗，使妇科肿瘤、疑难症、不孕症及子宫内膜病变得以确诊。子宫输卵管碘油造影以及B超检查直观、准确、可靠、减少漏诊，提高诊断的准确率。在治疗妊娠合并重症患者达到较高水平，并开展微创检查和手术，改进的非脱垂子宫阴道切除术。

保山市第二人民医院　1978年聘请昆明医学院医生在该院行阴道式全子宫切除、阴道前后壁修补术。1979年设妇产科。1991年行泛影葡胺行子宫输卵管造影。1993年行1号引产餐用于计划分娩与催产。1995年行腹膜外剖宫产术。1997年行PoME光疗仪治疗慢性宫颈炎、新式剖宫产术、气囊助产术。2001年行无痛人流。2005年行新式非脱垂子宫经阴道切除术。

施甸县人民医院　1983年单独分出妇产科。1995年开展宫外孕汤结合抗生素直肠灌注治疗异位妊娠。

腾冲县人民医院　1985年行经阴道环切子宫颈葡萄状肉瘤和抢救天花粉引产继发弥漫性血管内凝血1例获得成功。

龙陵县人民医院　1997年开展43例过期妊娠临床分析。

昌宁县人民医院　1983年妇产科独立分出。

解放军第六十四医院　1989年开展液氮冷冻治疗宫颈糜烂4120例。

武警保山医院　2001年开展电脑红外线诊断乳腺癌的临床应用。

四、儿科

保山市第一人民医院　该院对小儿肺炎、腹泻、肾炎、蚕豆黄病、风湿热等治疗积累了较丰富的经验。1985年，儿科设病床44张，占总床数的13.15%。1999年开展了新生儿缺血缺氧性脑病脑电图分析。2001年开展儿童脑囊虫病的发病现状分析、血液气体分析监测在新生儿窒息抢救中的临床应用等。截至2005年年底，科内配备有光疗箱、婴儿恒温箱、心电监护仪、红外线抢救台、输液泵、日本ATOM暖箱、荷兰Medeld牌光疗床、菲力蒲M3循环监护仪等先进设备。成功抢救如感染性休克、心源性休克、心衰、心肌病，新生儿败血病，新生儿坏死性肠炎，新生儿缺血缺氧性脑病以及新生儿颅内出血等危重病患儿。

腾冲县人民医院　1979年独立设儿科，有医生4人，护士7人。1982年治疗急性出血性坏死性肠炎56例，死亡6例，病死率为10.7%，达全区先进水平。1981—1985年，收治蚕豆黄病人60例，死亡3例，病死率下降到5%，在全区属领先水平。1985年，全区共有儿科医师14人（含副主任医师1人），县及县以上医院共有儿科病床74张。

五、感染病科（传染科）

保山市第一人民医院　1985年传染科病床有44张，占全院的13%。20世纪80年代，中医科在省传染病医院的协作下，探索乙脑的发病规律及辨证施治，使乙脑的治愈率由87.3%提高到92.6%，病死率由12.3%下降到7.4%。先后开展了肺结核抗体免疫反应监测诊断技术，TBPPD试验，引进电脑肝病治疗仪。对重型流行性乙型脑炎，脑型疟疾、重症肝炎及难治性肺结核的抢救成功率较高。2005年开展艾滋病抗病毒治疗及机会感染治疗。

保山市第二人民医院　1995年，开展了乙型脑炎疗效分析研究。该院不设传染科，遇有传染病患者转入保山市人民医院传染科。

施甸县人民医院　1985年建立传染科。

昌宁县人民医院　1985年建立传染科。

六、五官科

1980年，保山地区成立了中华医学会保山分会口腔专科学组，此后学组开展了多次活动。1985年，全区有眼科医师9人，口腔科医师3人。县及县以上医院有眼科病床32张。

保山市第一人民医院　1983年能行耳膜修补术，青光眼小梁切除术。同年邀请四川医学院两位副教授来讲学，并进行手术示范8天，解决了区内无法解决的颞颌关节强直，唇裂修补术后继发畸形，牙颌畸形的手术矫治，上颌骨部分切除等难度较大的手术。1985年，配有牙科综合治疗台，裂隙灯显微镜，新开展了超声雾化治疗，肌甘鼻甲注射等业务。开展了角膜缘后界切口行白内障囊外摘除术。当年，五官科病床12张(含口腔科3张)。1991开展后房型人工晶体植入临床分析等。2003年之后，五官科分科越来越细，已发展分为眼科、口腔科、耳鼻喉科及口腔颌面外科3个专科科室。先后开展多项具有国内、省内先进水平的高难度眼科手术治疗，如增殖性视网膜玻璃体手术、内外路联合的视网膜脱离复位手术、各种抗青光眼手术、眼眶肿瘤手术、视神经手术、胬肉的角膜缘干细胞移植术等；开展牙即期再植术和固定正畸方丝弓矫正术、自体髂骨移植在下颌骨大型缺损整复和逆向双"Z"瓣腭成形术、带蒂皮瓣在口腔颌面颈部缺损畸形整复、黏结技术在牙周病及牙颌畸形矫治等；开展光固化复合树脂技术、人工植牙、硬管镜联合纤枝镜行气管支气管异物取出术、耳原性颅内并发症显微外科技术，能开展高难度鼻咽喉手术、喉全切术、胆汁瘤手术、颌面外科、外伤及肿瘤手术，并开展等粒子低温消融治疗喉咽鼻疾病，鼻内窥镜下手术等。

保山市第二人民医院 1978年建立口腔科。1982年行牙即期再植术成功。1985年能行活髓切断术，干髓术，颌下腺混合瘤摘除术，颌面骨折复位固定术，三叉神经痛、颌骨骨腔搔刮术和桩冠、固定桥修复。1995年行美容重睑术疗效分析。1999年行表麻后支撑喉镜下声带息肉摘除术。2001年开展白内障超声乳化人晶体植入术(获保山市人民政府2001—2002年度科技进步二等奖)，鼻内窥镜下鼻腔鼻窦手术。2005年行非典型性牙周—牙髓联合病变早期诊治。

腾冲县人民医院 1981年独立设置五官科，设病床9张，配有裂隙灯1台，电测听器1台。1985年收住五官科患者260例，治愈189人，治愈率为72.7%。该院能开展口腔矫形、牙列缺失、牙体缺损、全部活动义齿、部分活动义齿及固定桥等手术。2001年行功能性鼻窦内窥镜手术。

龙陵县人民医院 1995年开展泪道阻塞探通后注入抗生素眼膏107例分析。1997年开展翼状胬肉切除加角膜缘上皮和球结膜移植的疗效观察。

昌宁县人民医院 1978年行鼻腔窦巨大乳突状瘤切除术。1985年行青光眼虹膜周边切开减压术、牙周病牙龄再生术。

武警保山医院 1997年开展超短放射状角膜切开术治疗近视。2003年开展复方樟柳碱颞浅动脉旁注射治疗黄斑部病变的疗效观察、小切口非超声乳化白内障囊外摘出人工晶体植入术。2009年开展准分子激光原位角膜磨镶术治疗近视眼等。该院眼科手术获得全市赞誉。

七、康复、风湿病科

保山市第一人民医院1996年成立康复、风湿病科。截至2005年年底，科内拥有电脑腰椎牵引床、颈椎牵引机、电脑药化汽疗全身熏蒸推拿床、超声叠加脑血管仪、高级电脑中频仪、肾病治疗仪、蜡疗仪、超短波仪、特定电磁波仪、作业训练器材全套、偏瘫步态训练器、平衡站立训练器、康复训练健身器、肋木训练器等。对骨质增生、颈椎病、腰椎间盘突出症、肩周炎、骨关节炎、骨折术后运动功能障碍、面瘫、面神经痉挛、坐骨神经痛、中风后偏瘫、脊髓损伤后截瘫、腰肌劳损、手外伤后运动功能障碍等有较好疗效。

八、皮肤科

保山市人民医院皮肤科能诊治一般常见多发皮肤病。进入21世纪，开展微波、冷冻治疗各种疣，行腋臭小切口大汗腺切除术，开展过敏原定性定量检查、性病检查等。其他医院均在门诊部设有皮肤科。

九、麻醉科（手术室）

保山市人民医院1999年开展硬膜外PCEA用于术后镇痛。2001年开展了喉罩（LM）在全麻中的应用等。截至2005年年底，拥有先进的德国麻醉机、北美最佳麻醉机、美国慧普多功能监护仪、呼吸机、台湾电脑高频电刀、手术显微镜、纤维气管镜、纤维胆道镜、纤维膀胱镜及各种新式手术器械。开展动静脉压双有创检测、常规开展各种重大手术，如心胸外科麻醉、神经外科麻醉、综合性麻醉专业技术，开展先进的全麻技术及术后镇痛技术。

十、放射科

保山市第一人民医院　1979年成立放射科，逐步开展输卵管造影、窦道造影、泌尿道造影、甲状腺造影和各种特殊位置投影摄片、断层摄影等业务。1983年购进KB-500毫安双床三球管带9时电视录像X机。1985年，放射科共透视5250人次，照片7124张，暴片7374张，特检489人次。1994年引进价值340多万元的日本岛津4500型CT（电子计算机断层扫描仪）1台，当年共检查病人3300多人。1997年开展CT扫描诊断颅内肿瘤。2005年开展八层螺旋CT三维重建在骨关节骨折诊断中的应用和外周脏器血管介入诊疗技术。2005年医院新建了影像大楼，配置了0.2T西门子核磁共振（MRI）。同年引进美国GE8排16层螺旋CT，计算机X线成像系统CR。飞利浦数字胃肠机、口腔全景机、韩国高频机、改良钼靶X线机等设备，基本满足了临床科室检查的需要，并开展了介入放射治疗。

保山市第二人民医院　1980年购100毫安X光机一台。1982年行脑室造影。1985年购进RB-500毫安X光机一台，能行膀胱逆行造影、子宫输卵管碘油造影、脑血管造影、椎管造影等。1998年购进CT 1台，并投入使用。

施甸县人民医院　1983年能行脑血管造影，经皮肝穿胆囊造影，肾盂穿插造影。2003年购进CT 1台，并投入使用。

施甸县中医医院　2003年购进CT 1台，并投入使用。

腾冲县人民医院　1979年又购进200毫安I型X光机1台，行口服、静脉胆囊及肾盂造影。1984年，购进内江产KB-500毫安X光机1台，开展了断层摄影。1985年，共行X线检查8349人次，其中胸透4430人次，摄片3721人次，特检198人次。1996年购进CT 1台，并投入使用。

腾冲县东方医院　2004年购进CT 1台，并投入使用。

龙陵县人民医院　1985年购进200毫安X光机1台。2005年购进CT 1台，并投入使用。

昌宁县天和医院　2003年购进CT 1台，并投入使用。

昌宁县人民医院　1983年建立放射科。2004年购进CT 1台，并投入使用。

武警保山医院　2001年开展了体内带毒品X线检查应用分析。

十一、检验科

保山市第一人民医院　1979年成立检验科。1981年新开展血清甲种胎儿蛋白（AFP）检测，高铁血红蛋白还原试验，粒细胞核鼓垂体测定以鉴别胎儿性别和抗链球菌“O”溶血素测定。1983年购进日产荧光显微镜。1985年，新开展抗核体（ANA）测定，皮肤荧光抗体试验，四唑钠还原试验，免疫球蛋白IgG、A、M测定。该院已能开展临床生化、细菌培养、病理检验、免疫检验等项检验。2005年开展艾滋病病毒治疗检验指标的研究及应用（获保山市政府2005年度科技进步一等奖）。截至2005年年底，检验科拥有生化、放射免疫、细菌培养、血清免疫、细胞、基因扩增室及血库、门诊和病房化验室等9个检验室。配有先进的全自动细胞分析仪、凝血分析仪、大型全自动生化分析仪、血流变量检测仪、尿液分析仪等检测设备，检验项目达百余项。门诊化验室主要检测大便、尿液、血液三大常规及胸腹水、脑脊液、精液、白带、血沉、急诊凝血等项目。生化室主要检测肝功、肾功、血糖、血脂、电解质、凝血分析、血流变学、各项酶学检查等项目。放射免疫室主要检测甲状腺系列9项、性腺系列7项、肾上腺系列4项、胰腺系列3项、肿瘤相关抗原及肾小管早期损伤、缺铁性贫血4项等项目。细菌培养室主要检测细菌和支原体的常规培养、鉴定及药敏试验。细胞室主要检测骨髓穿刺涂片、分析化学染色鉴别等项目。血清免疫室主要检测甲肝、乙肝、丙肝、艾滋病，抗“O”、类风湿、脑囊虫抗体、结核抗体、C反应蛋白、抗双链DNA、乙肝两对半、前列腺特异性抗体、抗子宫内膜抗体、抗精子抗体等项目。血库主要承担对全院安全用血的保障任务。病房化验室主要承担全院住院病人的三大常规、胸腹水、脑脊液常规、血沉、异型细胞观察等检测项目。基因扩增室主要检测泌尿性病系列6项、肝炎系列3项、优生优育系列4项及其他鼻咽癌病毒、幽门螺旋杆菌、伤寒杆菌等项目。

保山市第二人民医院　1978年行肝功能、肾功能检验。1985年行细菌培养、蛋白电泳。

施甸县人民医院　1977年设化验室。

腾冲县人民医院　1982年改进了病理切片制片技术。采用快速石蜡切片。1983年行肝功能化验，1984年开展免疫检查，并对5000例ABO型血型的民族进行了调查。1994年用e-反用蚕白鉴别胸腹水性质。

龙陵县人民医院　开展脑脊液细胞观察，1996年在保山地区率先成立了放射免疫室。

昌宁县人民医院　1982年行部分球蛋白定量检查及部分酶定量检查（获保山地区行署1995—1996年度科技进步二等奖）。1983年以后，进一步健全了检验科。

十二、药械科

1985年，全区有西药师10人，西药剂士72人，西药剂员29人。2005年，全区有药剂人员234人。

保山市第一人民医院　1979年独立建立药剂科，并建盖了制剂室生产常用大输液。1985年西药房配门诊处方121648张，住院处方194140张，制剂室生产大输液114977瓶(每瓶500毫升)。截至2005年年底，该科以服务临床、服务患者为中心，通过建设医院规范药房，实行微机管理，收录药品有1000多种，按照“安全、有效、合理、经济”的原则满足患者的需要。

保山市第二人民医院　1986年以后，将药械科改为药剂科。

腾冲县人民医院　1982年建药剂科，1985年可生产大输液4种35790瓶。

昌宁县人民医院　1977年生产大输液。

施甸县人民医院　1977年设西药房。

十三、病理科

保山市第一人民医院　截至2005年年底，主要设备有德国冰冻切片机、德国石蜡切片机、华海图文分析系统1套以及奥林巴斯显微镜、组织摊烤片机及包埋机、液基超薄细胞制片机等。开展项目有常规细胞涂片，液基超薄细胞涂片、冰冻切片、石蜡切片、免疫组化标记、特染等。每年切片量在2800~3000例。

十四、精神病科

保山市第三人民医院(保山市精神病医院)　1980年成立时设病床100张。1984年5月正式开诊。至1994年，医院业务工作项目已由建院初期的单纯药物治疗拓宽到药物、物理、心理、工娱、音乐、生物反馈、行为、药物依赖脱瘾、家庭病床和家庭随访等综合性治疗。之后又采用电休克疗法和胰岛素休克疗法，提高了疗效。1995年开展了应用中国比奈测智商。至2005年，共收治各类精神病患者3761人，开展司法精神医学鉴定1122人次，对住院病人心理咨询、治疗9890人次，对非住院病人心理咨询、心理治疗632人次，心理测验2998人次。医院已发展成为集精神疾病防治、司法精神医学鉴定、心理咨询、心理治疗、普及精神卫生知识为一体的具有精神专科特色的医院。

腾冲县安定医院　1960年成立，该院担负本县精神病患者的收容康复工作。自建院至1984年共收治精神病病人1642人。1985年住院229人次。2005年住院742人次。

保山市民政精神病医院　1964年由民政部门筹建保山地区精神病院，1967年4月建成担负精神病患者的收容康复工作，也接收邻近地、州、县的精神病患者。自建院至1984年共收治病人953人次。1985年住院503人次。2002年住院病人504人次。2005年住院210人次。

十五、其他检查科室

保山市第一人民医院　1975年建立心电图室。1975年购进A型超声波诊断仪，设超声波室开展工作，1983年又购进日本产EuB-25型实时超声显像诊断仪1台(10多万元)并开展工作。1980年建立脑电图检查室。1983年，购进日本产纤维内窥镜1套。1985年开展了B超诊断胆结石病例手术对照。2004年成立功能科，2005年开展彩色多普勒超声在血管疾病诊断中的应用等。

保山市第二人民医院　1976年购入心电图机，1978年在保山地区首家进行二级梯运动试验，后阿托品试验，提高了对冠心病的诊断水平。1981年购进A超1台，建立超声波检查室。1985年购进日本产B超1台（11.7万元）。

腾冲县人民医院　1974年购进上海产XQ–I型心电图机，1983年又购进上海产XB–28型心电示波器，对严重心脏病患者进行连续监护，1985年行心电图检查2218次。1985年购CTS–5型A型超声诊断仪1台和日本产CTZ–21型超声多普勒机1台（10万多元），当年行A超检查712人次。购进日产纤维内窥镜1套。1995年28例急诊腹症彩色多普勒B超诊断分析。

龙陵县人民医院　1985年已配有心电图机，行心电图检查。购进脑电图机1台。有A超2台。1994年小柴胡汤B型超声显像探讨。

昌宁县人民医院　1983年设心电图检查室。

昌宁县中医医院　有A超、B超各1台。

施甸县人民医院　1977年设心电图检查室。有A超、B超（近1万元）各1台。

第四节　中西医结合

1975—1978年，保山地区西医学习中医（简称“西学中”）人员达390人，其中保山地区举办3期西医学习中医培训班，每期均为1年，由各县选送西医参训，共培训147人；参加6个月“西学中”的164人；8个月“西学中”的46人。全区参加云南省“西学中”班一年以上的5人；离职学中医的28人。

1979年，各县卫生局组织“西学中”培训班，每期8个月左右，由各基层卫生院（所）安排人员参训。

20世纪80年代，腾冲县中医医院及以后相继建立的地、县中医医院门诊部和住院部均配置西医医生。保山地区人民医院坚持中西医结合的方针，在住院各科中，经常请中医科会诊，仅1983年中医给西医住院病人诊治就达3000多人次。1985年，保山地区有中医药人员424人，占全区卫生业务技术人员的12.4%。

保山卫生学校1992年开办中西结合医士专业职业高中班（自费生），2002年开办中西结合医士专业中专班（国家计划内招生），2004年开办中西结合医士专业五年制专科班（国家计划内招生）。至2005年，共举办中西结合班42个班，培养中西结合人才3186人，其中中西结合医士专业职业高中班22个班1777人；中西结合医士专业中专班17个班1242人；办中西结合医士专业五年制专科班3个班167人。

第五节　护　理

1978年3月，保山卫生学校开办西医护士专业，招收第一批学员50名。同年，保山地区人民医院将护理分为临床、治疗、服药三个组，各司其职。

1979年保山地区人民医院设立护士部，统管全院护理工作，并一次性招收护理员59人。

20世纪80年代以后，在搞好基础护理的基础上，逐步发展为分科护理，责任制护理、心理护理，专科护理等。随着医学模式的转变，护理从功能制护理发展为责任制护理学，逐渐成为一门完整的临床医学学科。

1982年5月，中华护理学会云南省保山分会成立后，积极开展学术经验交流会、护理技能操作竞赛与操作规范化培训等，促进了保山护理事业的发展与进步。当年，保山市人民医院设护理部。1983年昌宁县人民医院设护理部，该年获得云南省卫生厅“优秀护理”称号。

1984年5月国际护士节期间，全区举行护理知识考试竞赛，有309名护士参赛。12月召开全区首次护理学术经验交流会。

1985年5月，全区举办有140人参会的护士职业道德宣讲竞赛会，经各县评议推荐出17名护士参赛。10月，举办保山地区第二期护士长提高班，来自保山地区各级医院、保健站和德宏、怒江州医院等19个单位的77名学员及其他部分护理人员参加了为期11天的培训。当年全区有护师48人，护士570人，护理员139人，一直从事护理工作30年以上的有17人，其中地区人民医院共有护理师14人，护士83人，护理员42人。

1978年保山卫生学校开办西医护士专业后，至1985年年底，共招收8个班408人，已毕业6个班308人，除18人分配到外地州外，其余290人分配到区内各医疗单位。

1987年8月，保山卫校开创中医护理专业班，首次在全省范围内招收3年制中医护士专业班学员50名，这也是云南省招收的第一批中医护士专业学员。1988年8月，保山卫校招收中医护士专业班学员50人。同年，按卫生部的要求，对从事护理工作30年的老护士给予表彰，发给“荣誉证书”，保山地区共有25人受到表彰。1989年，根据国家和省、地有关政策，从本年起给护士提高10%的工资。

1990年，全区共有护师455人，护士448人，助产士85人，护理员32人。

1991年4月，保山地区护理学会第三次学术经验交流会召开。同时，由云南省卫生厅组织的云南省“心灵美护士”职业道德宣讲报告团一行9人，在保山地区人民医院举行报告会，250多名护理工作者听取报告。

1995年，按卫生部、省卫生厅统一部署，保山地区开始推行护士执业证制度。由地区卫生局组织开展护士执业考试，全区考试对象均参加了全国统一考试。对在岗护理人员进行了登记、审核，对符合条件的，颁发护士执业证。同年5月，袁秀兰等19人被卫生部表彰为“从事护理工作30年”的护理人员，获得卫生部颁发的荣誉证书和证章。

2002年7月，在永昌宾馆举办“整体护理新业务、新知识”培训班，全市共20家医院320名护理人员参加学习。同时，保山市护理学会在市人民医院举办整体护理现场研讨会，12个市、县级医院的护理部主任、护士长共36人参加会议。至2005年年末，全市共有注册护士1310人。

第七章　医　事

第一节　医疗服务

1978年之后，保山地区逐步建立和完善、地（市）、县（区）、乡（镇）、村四级医疗机构，卫生技术人员不断增加，先进医疗设备不断引进，医疗技术水平不断提高。

1985年，全区有各级各类医院121个，实有人员2275人、病床3302张，全年完成医疗服务308.35万人次，其中门诊289.44万人次，急诊0.90万人次（死亡39人）；观察室收容病人0.84万人次；健康检查3.28万人次；入院7.33万人，出院7.41万人（死亡483人）。

1991年，全区卫生部门共诊治门诊病人331.56万人次，其中乡（镇）卫生院242.19万人次，占72%；出院总人数7.13万人次。

1994年，全区118个医疗机构共治疗患者2687573人次，健康体检47007人，入院62122人，出院65823人，其中卫生部门县及县以上15个医院，全年治疗患者795165人次，健康体检14302人，入院29289人，出院30270人。

1997年，全区卫生部门地、县、乡三级医疗单位共诊疗病人2916909人次，入院病人60440人次，出院病人54078人次，住院病人手术10289人次，其中乡（镇）卫生院总诊疗病人1983346人次，占68%；入院29289人次，占48.5%；住院病人手术3458人次，占33.6%。

2000年12月，保山地区城镇职工医疗保险改革正式启动。从2003年起，保山市龙陵县纳入全国新型农村合作医疗试点县，龙陵县的农民看病住院能得到报销，报销比例一年比一年高。

2005年，全市122个医疗机构共治疗患者2918226人次，观察室收容病人55843人，健康体检101003人，入院93798人，出院93163人。

第二节　医疗事故防范及处理

1986年8月，保山地区成立医疗事故鉴定委员会，处理医疗事故均按国家和省政府的相关规定执行。确定为医疗事故的，由医疗单位或个体开业的医务人员付给病员或其家属一次性经济补偿，其补偿标准为：一级医疗事故2500～3000元，二级医疗事故2000～2500元，三级医疗事故500～1500元。对造成医疗责任事故的直接责任人员，给予行政处分。

1999年6月，保山地区行署卫生局举办贯彻《云南省医疗损害事件处理规定》培训班，五县（市）卫生局分管领导及相关人员等100多人参训。根据云南省卫生厅要求，全区361个医疗单位都参加了医疗执业保险，其中卫生部门101个，工矿企事业单位医疗机构20个，个体诊所195个。投保金额130.12万元，投保期为1年，各级根据《云南省医疗损害事件处理规定》和《云南省各级医疗技术鉴定委员会工作规范》按程序及时处理医疗损害事件。年内行署卫生局受理鉴定医疗损害事件4起，结案4起，其中属一级医疗技术事故2起，二级医疗技术事故1起，三级乙等医疗技术事故1起。

2000年，按程序处理医疗损害事件16起，其中一级技术事故4起，二级技术事故5起，三级技术事故3起，不属医疗事故4起。全区有505个医疗机构参加医疗执业保险，投保金额178.12万元。

2001年9月，保山市卫生局举办全市医疗事故防范暨执业医师资格培训、颁证会议。各乡（镇）卫生院院长以及县级以上医疗卫生单位的院（所、站）长和医务科长、交通医院和象山医院院长、五县（区）卫生局分管局长和医政（业务）科长共170人参加培训。同年，全市依法处理医疗损害事件42件，无责任事故发生。

为总结经验教训，更好地防范医疗事故发生，保山市卫生局收录27个案例编印成《1999—2001年度医疗技术鉴定案例》，发至每一个医疗机构。

根据国务院《医疗事故处理条例》和卫生部《医疗事故技术鉴定暂行办法》规定，从2002年9月1日起，全市医疗事故技术鉴定工作由保山市医学会承担。保山市医学会组建了保山市医疗事故技术鉴定专家库，专家库专家均为副主任医（药、护、技）师及以上职称者。包括综合专业组10人，内科专业组15人，外科专业组15人，儿科专业组5人，妇产科专业组5人，五官、口腔专业组5人，麻醉专业组2人，中医专业组6人，药物专业组4人，其他专业组4人，共计71人。年内，市医学会医疗事故技术鉴定委员会受理医疗纠纷2起。为进一步加强医疗执业保险工作，全市共投保198个医疗机构，交纳保险费85.37万元。年内，太平洋保险公司结赔医疗案件12起，其中一级技术事故7起，二级技术事故2起，三级技术事故3起，赔偿金额95.11万元。

2003年，全市发生医疗事故14起，均得到及时处理，医疗机构及保险公司索赔金额达65.8653万元。全市19个医疗机构参加医疗执业保险，缴纳保险金85.37万元。

2004年11月，保山市卫生局举办医疗事故防范与处理培训班，全市乡（镇）卫生院以上医疗单位的主要领导等共161人参加培训。年内，有138个医疗机构参加全省医疗执业保险，入保金额70万元，因发生医疗机构技术事故由保险公司赔偿12起，赔偿金额33.23万元。

2005年全市鉴定15起，其中委托省鉴定4起。属医疗事故8起，其中一级1起，二级1起，三级4起，四级2起。

2002—2005年全市共鉴定61起，其中委托省鉴定6起。属医疗事故40起，其中一级14起，二级6起，三级7起，四级12起。

第三节 血液管理及无偿献血

2000年以前，保山地区无偿献血难以开展，临床用血的来源主要是依靠个体有偿供血者。各医疗单位均实行自采自供血液，存在血液传播疾病的极大风险。

1988年年底筹建保山地区人民医院血库，1989年6月正式供血。至1991年年底为临床各科室输血1470人次，供血42万毫升，平均每月供血2万毫升，无供血事故发生。同年1月，为保障献血员的健康，根据上级有关文件精神，保山地区卫生局与物价局共同发文，将输血营养费从原来的每100毫升全血19元调整为26元。

1998年10月《中华人民共和国献血法》实施。1999年9月，总投资800万元，总建筑面积6630.5平方米的保山地区急救中心和中心血站落成。并争取到瑞士政府贷款项目，用于购置设备。中心血站挂靠在地区人民医院。2000年，地区中心血站建成并投入运行，地区中心血站与保山城区各医疗单位签订《供血协议书》，从8月1日起，这些医疗单位停止自行采供血，只能由中心血站统一供血。截至年底，中心血站采血2366人次计44.54万毫升，供血43.72万毫升。

2001年，为贯彻《中华人民共和国献血法》，防止艾滋病等疾病经临床用血传播，确保用血安全，经国家计委、卫生部列项，利用西部大开发国债资金，在云南省建立15个血站，保山市被列为其中之一。安排给保山市中心血站基建资金304万元，以后还将安排设备资金。按云南省的要求，保山市成立独立建制的中心血站，从保山市人民医院剥离出来，并开始筹建。年内，中心血站共采血72万毫升，供血69.64万毫升，供血范围主要是保山市、隆阳区直属医疗机构和隆阳区坝区的医疗机构。全年共组织无偿献血12人次，采血0.24万毫升。

2002年3月初，为推动保山市献血用血工作，市卫生局组织相关人员到昭通市参观学习血液管理和无偿献血等工作。年内，以《中华人民共和国献血法》颁布实施4周年为契机，全市组织开展无偿献血宣传活动，共发放无偿献血宣传材料2万余份；医疗机构内部开展《医疗机构临床用血管理办法》的学习活动。全年，有47人参加无偿献血，其中市直34人，腾冲12人，无偿献血6520毫升。市卫生局下发《关于保山市各级各类医疗机构实行临床用血统一管理的通知》，规定从8月1日起全市实行统一采供血。中心血站仍继续挂靠市人民医院运转。全年全市用血量为90.685万毫升，其中保山城区医疗机构60万毫升，腾冲县22.435万毫升，施甸县3万毫升，龙陵县3.75万毫升，昌宁县1.5万毫升。

2003年4月，独立建制的保山市中心血站建成并投入使用，举行了开业仪式，原挂靠在市人民医院的市中心血站的设备和采供血业务工作全部移交给新的市中心血站。6月，市卫生局下发《保山市卫生局关于切实加强全市采供血和临床用血管理工作的意见》，统一了全市的采供血工作。对县级以上医疗机构开展监督检查，对自采自供血的医疗机构给予警告处理。年内，为推进无偿献血工作，市人民政府调整充实无偿献血领导小组，成立无偿献血办公室。9月，市无偿献血领导小组向全市各行各业的干部群众发出“无偿献血倡议书”。9月29日，召开由市人大、政府、政协领导及无偿献血领导小组成员单位领导等共100多人参加的无偿献血动员会。会后，市级领导和市卫生局、市红十字会等市直部门领导、部队现役军人55人现场无偿献血。全年，全市完成采血5290人次，血量采血达115.26万毫升，其中参加无偿献血1229人次，无偿献血量达24.60万毫升，占采血总量的21.34%。

2004年3月，市政府出台《保山市献血用血管理办法》，以政府规章逐步规范全市献血和用血管理工作。市献血领导小组办公室下达年度无偿献血指标任务，全市共3435人，其中隆阳区749人，腾冲县783人，龙陵403人，昌宁480人，施甸479，市直496人。年底，全市参加无偿献血3980人，无偿献血量达79.61万毫升，占采血总量205.41万毫升的38.76%。年内，市卫生局举办血液管理培训班和临床输血技术培训班各1期，强化临床受血者输血前艾滋病、乙肝、丙肝、梅毒四项检测工作。

2005年，全市在医疗机构中推广成分输血。中心血站提高成分血制备率，全年出库供血总量15418.7U，其中全血31.95U，机采血小板86U，悬浮红细胞8545.45U，新鲜冰冻血浆6714.5U，冷沉淀40.75U，成分血制备率达到99.8%，保山市成分输血有了重大突破。

1989年10月《中华人民共和国献血法》实施到2005年年底，全市从未发现过临床用血安全事故。

第四节　残疾人康复

20世纪80年代开始，保山地区卫生部门积极配合残联等社团和部门开展残疾人“三项康复”（白内障复明术、小儿麻痹矫治术、聋儿语训）等残疾人康复工作。1988年、1989年，全区开展小儿麻痹手术各年均为35例，开展白内障复明术分别48例、77例。1988—1992年，全区共完成小儿麻痹手术544例，白内障复明术1013例，分别完成省下达任务数的108.8%和112.6%，有关人员受到保山行署的表彰和奖励，其中小儿麻痹矫治术任务完成较好，是全省唯一小儿麻痹矫治术单项任务完成达50%以上的地区，在1990年11月召开的全省第二次“三项康复”工作暨首届表彰会上受到省卫生厅、省残联的表彰。全区在已完成小儿麻痹矫治术392例中，地区医院完成222例，腾冲和龙陵县医院各完成166例和4例；在已完成白内障复明术392例中，地区医院完成153例，保山、腾冲、昌宁、施甸、龙陵县医院分别完成57例、109例、35例、8例、15例。

1993年，全区完成小儿麻痹矫治术145例，白内障复明术395例。年内，腾冲县与昆明医学院附二院共同建设防盲治盲试点县。1994年12月，云南省防盲指导委员会授予腾冲县“云南省防盲先进县”称号。当年，全区完成小儿麻痹矫治术101例，白内障复明术281例。1993—1997年，保山地区完成白内障复明术1662例，肢残矫治320例。

1996—2000年，保山地区两所地级医院、12所县级医院均设有骨伤科，五官科住院部，地区人民医院建有康复科室，地区精神病院建立老年康复中心；全区培训骨科（康复科）医生护士20名，培训眼科医生护士18名，分别送往北京、上海、山东、昆明、广东等地进修，为开展残疾人康复手术、诊断治疗工作打下基础。1998年8月，保山地区有特困户唇裂、腭裂、唇腭裂残疾儿104人，经多方努力，云南省慈善总会资助一定的经费对首批61名残疾儿进行手术康复，至年底，在地区人民医院完成了手术。1998年美国AC财团“微笑列车”驶入中国，保山地区人民医院被确定为滇西片区手术医院。2000年7月，美国AC财团“微笑列车”资助保山地区93名唇腭裂患者进行手术矫治，成功率100%。至2001年已经为293例贫困唇腭裂患者实行整复手术，手术成功率达99.32%。1996—2000年仅保山地区人民医院就完成地区残联下达的儿麻矫正手术304例，矫正器配置26例，假肢装配70例。全市“视觉第一中国行动”做白内障复明手术2859例，开展唇腭裂手术400例。

2001年起，每年由地、县（区）残联、卫生部门组成的白内障术前动员鉴定小组，开展义务诊断、筛选手术对象，之后组织专业人员行白内障复明术。至2005年，保山市县级以上人民医院均可开展儿麻矫正手术、白内障摘出手术、唇腭裂手术等。2001—2005年，全市共做儿麻矫正手术37例，白内障复明术4098例。

第五节　医疗急救

1999年9月，保山地区急救中心落成并投入运行。该中心挂靠在保山地区人民医院，配有医务人员48人，病床48张，其中危、急、重症监护病床（ICU）病床6张，“120”抢救病床2张，配有呼吸机、心电监护仪等医疗急救设备和4辆救护车，开通了“120”急救电话。

2001年，急救中心全天候开展120急救服务工作。全年救护车共出诊570次，急救诊治病人6691人次，抢救成功率达64.75%。120出诊服务区域由市内和五县（区）扩大到相邻的大理、怒江、德宏、临沧等地区。

2002年，保山市急救中心救治急诊病人8125人次，120救护车共出诊684次，急救684人。2005年，市急救中心对急救住院病人实行免费接送共7449人次，其中接3801人次，送3648人次。每天接送出车平均20.4次，比2004年每天增加9.8次。接送病人往返里程最远300余千米。120医疗急救实行全部免费接送。

第六节　巡回医疗及卫生支农

1978年后，保山地区制定有突发事件医疗卫生救护方案，一旦发生地震、泥石流等重大灾害，保山地区和各相关县均及时组织医疗防疫队到灾区实施紧急救护和巡回医疗。

1987年，昆明医学院第二附属医院第一批扶贫医疗队到龙陵县医院工作5个月。

1988年5月，上海市虹口区卫生局组织专家一行5人到保山地区对口支援，历时半月。8月，昆明附二院第二批扶贫医疗队一行4人，到龙陵县医院工作半年。

2003—2004年，保山市选派15名医学院校优秀毕业生到3个扶贫开发工作重点县的14个乡（镇）卫生院工作。为响应卫生部"万名医师支援农村卫生工作"的号召，玉溪市人民医院和保山市直属医院先后选派25名主治医师以上技术骨干或高年资住院医师支援龙陵、昌宁、施甸、腾冲4个贫困县医院和中医医院工作。首都医科大学附属医院派出5名专家支援保山市人民医院工作。

2005年，保山市卫生局、财政局联合下发《关于建立城市卫生支援农村卫生工作制度的通知》，年内，市人民医院、中医医院、精神病医院分别支援昌宁县、龙陵县和施甸县。实施《云南省万名医师支援农村卫生工程项目》，市人民医院派出10名医师支援昌宁县人民医院和龙陵县人民医院，玉溪市第一人民医院派出10名医师支援施甸县和腾冲县人民医院。中国医学科学院附属医院派出6名专家对市人民医院进行业务指导和技术支持。

第七节　公费医疗

1978年1月，保山地区有享受公费医疗的干部、职工19734人，平均每人每年公费医疗经费的预算定额为18元。8月起，公费医疗预算定额提高为每人每年30元。当年全区公费医疗支出79万元。

1980年，全区有享受公费医疗的人员26116人，全年支出经费89.2万元。

1985年1月，保山地区重新成立地区公费医疗管理委员会，下设办公室(在行署卫生局，编制2人，为卫生局下属事业单位）。8月，地区行署发布《关于改革公费医疗管理的意见》，对公费医疗报销的范围、条件及自费药品范围、不属公费医疗报销的范围作了明确规定，公费医疗继续实施"双包干"办法，即60%～70%的公费医疗资金作为门诊费，下拨到各单位包干使用，节余留用，超支不补。对职工个人，按其工龄长短确定不同的标准，每月门诊费基数2.5元，工龄每增加1年加0.1元，核定到个人，超支由本人负担10%，节余奖励50%。以30%～40%的公费医疗经费由卫生局掌握，用于住院治疗，节余由财政收回，超支由地方财力予以解决。年末，全区享受公费医疗的人数增至33616人，全年支出经费245万元。

1988年，全区对离休干部医疗费实行实报实销。

1989年3月起，军队离休干部随军无工作的配偶；经师以上政治机关批准，随军的父母和养父母；未满16周岁及虽已满16周岁尚在普通中学学习，或者已丧失了劳动能力的子女，实行医疗包干补助，标准为：1949年10月1日前参加革命工作转为随军家属的，每人每月2.5元；其他无工作的直系亲属，每人每月2.2元。所有享受公费医疗的人员，每人每月的医疗包干补助费增至5元。9月，行署制发地直机关单位《关于进一步改进公费医疗管理的实施办法》，遵循“不能由国家全包下来，在保证职工治病需要的前提下，地方财政、单位、个人都应适当负担部分医药费”的原则，开展公医费改革的地直单位按这一原则精神再次修改方案、实行住院费、门诊费都按工龄由个人负担不同比例，离休干部、癌症、瘫痪、精神病人实行实报实销的办法。改变过去单位门诊费包干后，门诊病人千方百计住进医院或家庭病房，由国家报销医药费，住院费大幅度上升的状况，住院费支出下降50%以上。

1990年，全区有享受公费医疗人员41331人，全年支出经费564.3万元。

1993年10月，行署办公室印发《保山地区地直单位公费医疗暂行管理办法》，规定离休干部的门诊费、住院费实报实销。患癌症、因公负伤、瘫痪卧床生活不能自理、患精神病、患麻风病的干部职工需住院治疗的，由县以上医疗单位出具住院证明，所在单位领导批准（急症抢救的除外），所需住院费由单位先行支付后，再向地区公费医疗管理办公室据实报销，患者住院期间的住院费不再核拨到单位。但其不再住院期间的门诊费和住院费仍按标准核拨到所在单位，再核定到个人。年内，地直单位享受公费医疗的人员有5417人，其中离休人员160人，退休人员470人，学生657人。地级财政支出公费医疗经费195.25万元（不包括欠各单位应付款近80万元），人均支出360.43元，其中门诊支出61.86万元，住院支出133.31万元。

1994年，全区有享受公费医疗人员48137人，共支出公费医疗经费1221.88万元，人均支出254元。其中施甸县5945人，共支出154.96万元，人均261元；昌宁县6100人，共支出125.36万元，人均206万元；龙陵县6322人，共支出123万元，人均195元；腾冲县5094人，共支出174.90万元，人均195万；保山市18995人，共支出344.28万元，人均181元；地直5527人，共支出299.38万元，人均542元。在地直单位享受公费医疗的人员中，有离退干部166人，退休职工492人，在职职工3913人，大专学生691人。“五种疾病”住院人均支出为：工伤7710元，精神病6626元，瘫痪15259元，癌症20001元；离休干部门诊及住院人均支出3431元。

1997年，全区公费医疗支出2308万元，其中地级663万元。

1998年，全区公费医疗支出2350万元，其中地级496万元。

1999年，全区公费医疗支出2274万元，其中地级546万元。

2000年，全区公费医疗支出2342.84万元。昌宁县全面推行城镇职工基本医疗保险制度，县财政投入医疗保险费250万元。10月，云南省政府批准了保山地区的《城镇职工基本医疗保险制度实施方案》，于2001年1月1日起分步执行。同时，《保山地区城镇职工大病补充医疗保险实施办法（试行）》开始施行。至此，保山地区城镇职工医疗保险改革正式启动，由劳动与社会保障部门管理及运作。公费医疗制度随之取消，设在卫生行政部门的公费医疗办公室亦被撤销。

第八章　药　事

第一节　药品检验

1973年，成立保山地区药品检验所。1978年，龙陵县和腾冲县药品检验所相继成立，全区药检人员达13人。同年，地区药品检验所新建实验室580平方米，购置必要药检仪器设备。1980年保山县药品检验所成立。1981年6月地区药品检验所首次在保山开展药品检验工作。1982年，地区药品检验所举办为期两个月的大输液检验学习班。年末，该所共检验药品32件，合格25件，不合格7件。

1985年5月，行署卫生局作出《关于禁止我区各级医院自配制剂对外销售、流入市场的通知》。当年，保山地区药品检验所检验药品544件，合格391件。同年，施甸县和昌宁县药品检验所成立。年底，全区有地区药品检验所1个，县级药品检验所4个，共有工作人员24人，其中药品检验人员17人（中药剂师2人，西药剂师5人，西药剂士7人，其他人员3人）。1983—1985年，全区检验药品1059件，合格807件，不合格252件。

1990年以后，全区进一步加大药品经验工作地力度，检品逐年增加。1992年，全区6个药检所，能开展药品检验工作的有3所。1993年，全区共完成抽验药品1123件，其中全检药品589件，全检率为52.45%。

1995年，地区及腾冲县药检所开展药品全检率已分别达到97.84%和91.20%。为强化药品质量的社会监督，保山地区行署卫生局首次在《保山报》对全区2个药品生产企业、7个药品经营企业、16个县以上医疗保健单位和7个医疗单位灭菌制剂室的药品抽验情况发布公告。此后，每年均在《保山报》公告，以接受社会和群众监督。

1996年，针对药品质量存在的问题，行署卫生局提出，药品监督检验工作逐步向农村卫生院和个体医辐射，扩大抽验的覆盖面。

1998年，药品合格率较低的是个体诊所。地区药检所对保山市和施甸县共140家个体诊所抽验药品140件，结果合格124件，假药两件，劣药14件，合格率仅为88.6%。

1999年，地区药检所投资20多万元，购置业务用车1辆；投资20万元建盖动物室，并于11月26日通过省动管会验收，在全省药检系统首家达标；投资10万元购置自动电位滴定仪1台、药物脆碎度测定仪1台。地区药检所和腾冲县药检所通过行署卫生局组织计量认证复查，省卫生厅和省技术监督局于11月15日重新换发计量认证合格证书。

2001年11月，保山市、县药品监督管理局相继成立，保山市、县（区）药品检验所随即由市、县（区）卫生局移交市、县药品监督管理局管理。从2002年起，市、县（区）卫生行政部门不再行履药品检验职能。

第二节 药品许可管理

1985年10月、11月，行署卫生局两次派出验收组验收核发“三证”（药品生产企业许可证、药品经营企业许可证、医院制剂许可证）。年底，全区经验收合格，报云南省卫生厅审批颁发“三证”的单位有35个。

1991年，全区核发边境药品贸易药品经营企业许可证7个。截至年底，全区共核发药品生产许可证2个，药品经营许可证133个(批发企业11个，零售企业115个。在零售企业中，国营医药公司直属部门20个，基层供销社兼营71个，个体户兼营24个，边境贸易商号7个)，医院制剂许可证7个，报省卫生厅待批3个。

1994年，经审核合格，全区换发药品生产企业许可证2个，药品经营批发企业许可证15个，药品零售企业许可证22个，药品边贸许可证15个，医疗单位灭菌制剂许可证7个。

1997年，由行署卫生局组织许可证认证组，对全区2家药厂、7家经营单位、7家医疗单位制剂室和地、县（市）医院、公司附设的42个零售点共58个许可证进行认证。

1999年根据《云南省外埠药品质量管理登记注册办法》，行署卫生局实行新药、保健药品质量管理登记注册制度，核发质量管理登记注册号31个。11月8—23日，地、县（市）卫生局对全区2个药品生产企业、177个药品经营企业和7个制剂室进行许可证年度认证。

2001年，通过保山市卫生局监、帮、促，腾冲县制药厂、东方红制药厂加强软、硬件建设，按照国家有关要求，加快生产企业实施GMP认证的步伐。年内通过省药品监督管理局组织的检查验收，取得药品生产企业许可证。保山鑫利制氧有限责任公司通过改造生产线，取得省药品监督管理局颁发的药品生产企业（医用氧气）许可证和医用氧气生产批准文号。自此，保山市有了第一家合法的医用氧气生产厂家。年内，经验收，全市16个药品批发企业取得经营药品的合法资格。在市卫生局监督下，市人民医院等6个医疗机构制剂室共投资290多万元改造制剂配制设施，增添检验仪器，提高制剂配置水平，均取得医疗机构制剂许可证。

第三节 药品监督

一、行政监督

1981年8月，遵照卫生部、云南省卫生厅、省医药管理局对中西药厂进行整顿的有关指示，保山地区对腾冲县制药厂和腾冲东方红制药厂进行整顿。按三级标准（部颁、药典、省地方标准）报经省卫生厅批准，腾冲县制药厂生产73种中成药，东方红制药厂生产99种中成药。同时，对医疗单位和合作医疗站配制制剂进行整顿，对不符合配制条件的限令停产；准许配制的制剂，在保证质量的前提下，自制自用，不得外销。

1982年9月，卫生部公布淘汰127种药品，保山即行登记，停止使用。

1984年3月，对保山中药材的混乱品种作了调查澄清。4月，对全区医药部门中的重点单位进行药政管理和药品质量检查。8月，查处了18种伪品中药材。

1985年，根据《中华人民共和国药品管理法》和云南省《关于坚决查禁假劣药品的决定》，保山地区依法对药品生产企业、药品经营企业和配制制剂的医疗单位开展核查药品生产企业许可证、药品经营企业许可证和医院制剂许可证，对种植、制造、销售假劣药品的单位和个人进行查禁和惩处，并取得较好效果。

1995年，针对部分医疗保健单位不坚持从医药主渠道购药，致使假劣药品时有出现，坑害老百姓，助长行业不正之风的实际情况，行署卫生局在地直医疗保健单位规范购药渠道。

1996年，全区开展自查和抽查，自查单位有124个，占应自查的80.5%。地区组织重点抽查13个单位。结果为：全区1993年12月至1996年6月30日，医疗机构在药品购销活动中收受的让利或折扣金额为266.33万元，其中保山市69.8万元，腾冲县65.69万元，龙陵县6.96万元，昌宁县25.23万元，施甸县23.7万元，地直74.98万元。给予的让利或折扣，绝大多数单位以明示的方式纳入单位总账，参与资金运转，有的用于职工福利、接待费、旅游、超劳务提成、奖励等。

2000年，根据国务院六部委关于狠刹医药购销不正之风电视电话会议精神和保山地委、行署的统一部署，地、县(市)卫生行政部门成立“行业纠风领导小组”，组织开展查纠工作。经清查，1998—1999年，全区地、县(市)、乡医疗单位采购药品总额为1.39亿元，其中向主渠道采购药品1.28亿元，向非主渠道采购药品1801.46万元。折扣让利金额895.63万元，折扣率为6.4%。各医疗卫生单位的折扣56.6%用于单位事业发展，43.4%用于职工福利、招待费及其他。在清查中，共查处违法药品广告10起，取缔无证经营16户，查处假劣药品价值20万元，查处药品购销中的违法违纪案件48起，涉及115人，违法违纪金额198.94万元。同年4月，行署卫生局对全区208名药品零售人员分三批进行上岗培训。年内，行署卫生局核发药品广告审查批准文号45个，提请地区工商局查处违法药品广告1起，核发新药、保健药品质量管理登记注册号32个。

2001年11月，保山市药品监督管理局成立，此后，保山市、县(区)卫生局不再行使药品(含特殊药品：麻醉药品、精神药品、剧毒药品等)监督管理职能。

二、查处假劣药品

1984年，《中华人民共和国药品管理法》颁布后，为增强和提高药品生产、经营和使用单位的法制观念，保山地区开展宣传活动，并依法查处假劣药品。

1985年，保山地区召开查处假药、伪劣药品紧急会议。卫生行政部门检查发现全区有福建省晋江县假药及各种伪劣药品、淘汰药品、霉坏变质、过期失效药品574种，价值241751元，查处销毁362种，价值168075元。同时，全区卫生局、药检所与工商行政部门配合，查处了部分贩卖伪劣药品案件，给予有关人员没收药品、罚款、赔偿、追回受贿款及党内警告等处分。

1991年，全区共查处假劣药品526种，金额达16246元。全区共有机关、厂矿、农场、学校、职工医院或医务室86个，地区药品检验所对其中的50个进行药品质量管理和使用情况大检查，认真清理过期失效、霉坏变质、积压不可再供药用的中西药291批次，价值金额10707.50元，全部作报废销毁处理；地区药政部门还查处了两起假劣药案，罚款966.32元。

1992年，全区立案查处假劣药品24起，结案22起，销毁假劣药品22种，价值45122元，没收违法所得及罚款共12639元，共清理销毁药品239种，价值61229元。

1992—1999年，全区共立案查处假劣药品案件385起，平均每年48起，最多是1999年97起，最少是1993年15起。

2000年，全区共立案66起，结案66起，涉及754种1244个批次，其中查处无证经营活动19起，没收无证经营药品价值9.63万元，警告35起，罚款2.15万元，没收违法所得2.95万元；没收假劣药品价值19.58万元，自然报废药品价值40.1万元。

2001年，全市共立案查处各种违法案件70起，结案70起，涉及药品1197种次1722个批次。其中：查处无证经营案件40起，给予警告6起；没收无证经营药品价值20.31万元，没收假药标价1950元，没收劣药标价2.77万元；没收违法所得1463.30元；罚款4.45万元。查处违法经营医疗器械案件3起，其中警告1起；没收医疗器械价值3000元，罚款100元。年内，还查处了市人民医院、交通医院等医疗机构的麻醉、精神药品的流弊行为，监督销毁市医药公司过期失效的麻醉、精神药品，其中针剂1.25万支，片剂5.69万片，糖浆剂89瓶，原料14克。

第四节　药品集中招标采购

从2000年起，保山地区着力推进药品集中招标采购工作。为认真组织和推进此项工作，保山地区成立由分管副专员任组长，由地区卫生局、计划委员会、药品监督管理局、监察局、财政局等多部门领导任成员的药品集中招标采购工作领导小组，办公室设在地区卫生局。

2000年，腾冲县人民医院在全区首家试行药品集中公开招标采购，招标工作由县政府组织。有省、地、县7家医药公司参加投标，结果有6家中标，中标金额为750万元，比标的少50万元，让利幅度为13%～15%。

2001年，由保山市人民医院牵头组织首次市级药品集中招标采购。参加的单位有市直、隆阳区部分医疗单位及武警保山医院9家，招标品种149种，10家医药公司参与投标，5家中标，中标金额300万元，招标药品价格降幅为30%～40%。年内，腾冲县组织县直5个医疗单位开展药品集中招标采购，招标金额达820万元，降价幅度为15%。龙陵县组织县直3个医疗单位首次开展药品集中招标采购，招标品种149个，金额60万元，中标价格为27万元，平均下降55%。

2002年7月，市卫生局首次统一组织全市县(区)以上21家医疗单位和武警保山医院实施药品集中招标采购工作。有23家医药公司投标，15家中标，中招标药品品种1700种。中标药品从8月开始供应。各医疗单位采购中招标药品7635种次，中招采购金额3323万元。全市招标首次采用电子商务平台，委托招标中介组织——云南卫虹公司进行招标。

此后全市每年均常规开展市县级以上医疗单位集中招标采购药品。

2004—2005年，全市26个医疗卫生单位参加药品集中招标采购。采购金额达6169.53万元，让利给病人达832万元。2005年，全市扩大药品集中招标采购的品种和范围，除国家规定实行特殊管理的药品以外，全市5037种药品630种体外诊断试剂和2049种卫生材料全部都通过集中招标采购。首次把市中心血站、市县(区)疾控中心共7家单位的体外诊断试剂纳入集中招标采购。年内，由市卫生局、食品药品监督局、纠风办、发展改革委员会组成检查组对全市19个医疗卫生机构进行监督检查，进一步规范药品集中招标采购工作。

第九章　卫生监督执法

第一节　卫生许可准入

2001年，根据国务院体改办等八部委《关于城镇医疗机构分类管理的实施意见》，保山市开始对全市医疗机构进行分类登记和换发许可证。2002年，全市共换发医疗机构执业许可证440个。2003年，全市共注册备案卫生机构430个。

2004年，保山市共受理卫生行政许可项目4910户，已审批2862户，正在审批72户，其中食品卫生许可1592户，公共场所卫生许可725户，生活饮用水卫生许可41户，医疗卫生许可431户，放射卫生许可11户，办理医师执业证62个，医师变更注册17人。按规范程序办理卫生许可证1915户，占66.91%。年内，全市申请设置医疗机构共288个，完成初审及现场审查288个，核发医疗机构执业许可证287个。检验医疗机构执业许可证717个，合格717个，合格率100%。

2005年，全市共受理卫生行政许可申请5233户，审批5070户，其中新办证2843户，换证1278户、年审949户。在已审批的卫生行政许可中食品生产加工业卫生许可539户、食品批发零售业1432户、餐饮业1764户、公共场所卫生许可951户、生活饮用水卫生许可59户、放射卫生许可79户、医疗机构执业许可213户、母婴保健机构执业许可33户。共受理医技人员执业资格准入1911人，其中医师执业注册208人，变更注册187人，助理医师执业注册158人，变更注册12人，发放母婴保健技术考核合格证57人，护士首次注册76人，再次注册589人。

第二节　医疗服务市场监督

2003年，保山市共检查医疗单位341个，查处违法违规医护人员334人次，查处违规执业行为88起，取缔非法行医5户，查封暂控社会办医疗机构2家，收缴超科目医疗广告牌3块，限期整改医疗美容服务场所15起，取消不规范的卫生标志牌45块，口头警告行医行为不规范的医疗单位15户，行政处罚1户，罚款600元，没收药品、器械等价值39464.21元。对医疗机构使用非卫生技术人员罚款3000元。

2004年，按照卫生部《关于开展严厉打击非法行医专项整治工作实施方案的通知》要求，5—10月，全市开展严厉打击非法行医专项整治工作，重点对未取得合法医疗机构执业许可证，擅自执业、通过买卖、转让、租借或使用过期、失效、伪造、涂改的医疗机构执业许可证开展执业活动，“坐堂行医”、超范围行医以及非营利性医疗机构“出租科室”、外包科室从事诊疗活动、医疗卫生机构内使用非卫生技术人员从事医疗卫生技术工作等违法违规行为进行全面的清理整顿。共出动监督人员3287人次，出动车辆281辆次；查出无许可证执业118户，买卖、转让、租借许可证11户，许可证过期失效19户，使用非卫生技术人员从事诊疗活动23户，超范围或变更地址行医11户，擅自聘请外单位卫生技术人员6户。给予取缔118户，罚款10.1万元，吊销许可证1户，限期整改46户。同时，对11家对外打着非营利性医疗机构（市级2家、县区级9家）牌子，实为非本医疗机构人员执业的皮肤病、性病、肝病、生殖健康保健中心或专科进行查处，全部终止合同，停止其执业活动。开展医疗美容服务机构和生活美容美发行业卫生监督专项督查，共检查生活美容美发行业214户，其中持卫生许可证164户，持证率76.64%；检查从业人员715人，持健康证明和卫生知识培训合格证440人，持证率61.54%，卫生制度落实145户，消毒措施落实183户，化妆品索证制度落实80户。给予卫生行政处罚18户，其中使用警告17户，停业整顿1户。开展植入人体医疗器械专项督查工作，共检查使用植入人体医疗卫生单位30家，其中使用骨内固定器30家，使用人工晶体7家，使用植入支架和人工心脏瓣膜各1家。

同年6月至11月，对市、县（区）级重点医疗机构是否建立健全组织机构、工作制度，是否规范输血记录，是否做好血液验收、入库、贮存、出库使用环节的管理工作进行检查。共出动监督人员524人次、车辆134次。检查结果：全市有49家医疗机构开展临床用血工作，均由市中心血站统采统供；有16家成立血液管理委员会或输血科，占32.65%；执行用血报批制度的有47家，占95.92%；执行知情同意制度的有46家，占93.88%；执行输血前的必检项目制度和有规范的输血记录的有45家，占91.84%。

2005年，全市各部门出动人员共计412人次，共出动车辆556辆次。重点对无证行医、出租科室、外包科室、非法从事性病诊疗活动、医疗机构聘用非卫生技术人员行医等违法行医行为进行查处，取缔无证行医256户次，共立案查处案件256件，罚款14.916万元，没收器械314件，没收药品335箱，没收违法所得0.1万元。对491个医疗机构和计生机构进行监督检查，其中对使用非卫生技术人员、出租承包科室超范围行医82户进行立案查处，予以警告50户，责令改正98户，罚款13.90万元，没收违法所得0.3万元。年内，全市共出动监督人员225人次，出动监督车64辆次，对所有的采供血机构和临床用血医疗机构进行执法检查，检查合格率90.91%。全市开展临床用血工作的66家医疗机构均全部纳入市中心血站统采统供血液管理，市中心血站严格按要求开展采供血服务，确保全市的采血、供血、用血安全。当年，开展了母婴保健技术服务执业许可证换发工作，换发母婴保健技术考核合格证633人，家庭接生员合格证251人。年内，全市完成“出生医学证明”的购买和发放，共购买“出生医学证明”13700份，发放13300份；申请设置医疗机构的单位共156个，已完成初审和现场审查28个，已核发“医疗机构执业许可证”的有19个，共完成191家医疗机构换发“医疗机构执业许可证”的现场审查工作。

第十章 医学教育与科研

第一节 医学教育

一、中医带徒

1978年，保山地区下达各县招收中医学徒名额，由全区统一考试招生，毕业后分回所在县从事中医工作。腾冲县招收了4名。

1980年以后，为搞好全区名老中医的经验继承和整理工作，全区为18位名老中医配备21名中医学徒，至1985年已出师10名，定为中医士。

二、学校教育

1971年11月，保山卫生学校正式纳入国家计划招生，开办两年制西医士专业，招收第一班学员。学生实行“贫下中农推荐”入学。1978年3月起，国家改革招生制度，学生实行“考试择优录取”入学，学制为3年。经国家计划招生的学生，毕业后一律包分配，安排到国家卫生事业单位或其他事业单位工作。1984年以后，学校招收部分自费生，开办以职业培训为主的职业高中班。

1978—2005年，保山卫生学校共完成以下四类学生招生任务：

第一，完成国家计划内招生，其中一部分是1978—2005年共招收正式班中专学生10个专业101个班(第12班至112班)5537人；另一部分是从2004—2005年招收五年制专科学历班学生2个专业4个班212人。

第二，招收自费生(职业高中、中专生)，其中一部分是自费学生插入正式班内跟班学习，1978—2001年共招收自费学生1048人；另一部分是从1988年3月学校开始招收自费生班(职业中专班、职业高中班)。此后，学校每年均招收职业高中班自费生，直至2001

年9月，国家改革招生制度，施行并轨招生，不再允许学校自行招收自费生为止，学校共招收职业高中班学生3个专业46个班3602人。1978—2001年共招收自费学生4650人。

第三，与昆明医学院、大理医学院、云南中医学院联合办学，开办专科班。2004—2005年开办五年制4个专业4个专科班，共招收学员212人。

第四，开办各种类型的短期训练班。保山卫生学校除完成国家计划招生外，还完成保山市卫生局安排的各种类型的短期培训（训练）任务。

三、在职教育

进修 1978年起，保山地区及各县（市）卫生局和各医疗卫生单位注重选派卫生技术人员到上级医疗卫生单位进修学习。1987年，自保山地区卫生局与上海市虹口区卫生局对口支援合作项目执行起，到1992年，保山有17人到上海进修学习，进修费给予半价优惠。进入20世纪90年代以后，随着现代化先进的诊疗技术或检验设备的陆续引进，各级医疗卫生机构迫切需要外出进修。保山地区除到云南省省级医疗卫生单位进修学习外，还常到华西医科大学附属医院、上海医科大学附属医院、北京医科大学附属医院、广州中山医科大学附属医院等全国知名医院进修学习。1990年，全区各级医疗卫生单位派出进修人员154人次，其中卫生行政管理43人，卫生技术人员高级70人，中级33人。1999年，全区各级医疗卫生单位派出进修人员135人次，其中进修3个月以上的43人次。2004年，全市各级医疗卫生机构共外派卫生技术人员进修学习250人次。

短期培训及继续医学教育 1978年起，保山专区和各县医疗卫生单位经常举办培训班培训在职卫生技术人员。从20世纪90年代起，在卫生技术人员中开展继续医学教育工作。要求卫生技术人员每年必须参加学习培训，取得一定学分，并与职称晋升挂钩。2001年，全市申报省市级继续医学教育项目5项，实施继续医学教育项目234项次，开展继续医学教育学分验证1151人。2002年，全市共申报省、市级继续医学教育项目3项，市级审批17项，市级办理学分证1927人份，学分验证合格347人。2003年，全市共开展继续医学教育项目评审20项。各类中级职称以上人员参加学分验证587人；全市参加远程继续医学教育的卫生技术人员达2919人，占卫生技术人员总人数的69.98%；有74名住院医师参加规范化培训考试。全市共培训各类学科带头人92人，涉及12个专业。2004年，全市申报省级继续医学教育项目4项，市级审批并开展继续医学教育项目20项。参加各类继续医学教育项目学习及好医生网站学习8154人次，完成学分登记管理1912人次，组织学分验证525人。全市共培训各类学科带头人35人。2005年，全市共申报省级继续医学教育项目5项，市审批市级继续医学教育项目15项。参加各类继续医学教育项目学习1万余人次，完成学分登记管理6000余人次，发放学分验证合格证590本。有39人参加临床骨干医师培训班的学习。

四、乡村医生培训

1978年起，保山地区各县采取多种措施，加强对“赤脚医生”培训和提高，特别加强对中草药知识培训。如龙陵县卫生局1978—1981年，举办6期乡村医生培训班，每期6～8

个月不等，共培训165人。

1992年2月，保山地区成立“云南省乡村医生函授学校保山分校”，设校务委员会及办公室于保山卫校，各县（市）成立了函授辅导站。3月，保山地区分校第一期乡村医生函授教育班招收在岗乡村医生304人，学制为三年（有191人结业，获得“乡村医生资格证书”，作为合格乡村医生上岗依据）。同年，全区共招收7个乡村医生职业高中班，学员400人左右，其中保山卫生学校2个班，地区民族干部学校1个民族班，腾冲县1个民族班，昌宁县2个班，龙陵县1个班。

1996年，在保山卫校开办贫困乡乡村医生职业高中班。招收全区35个贫困乡的初、高中毕业青年41人，学制三年，专业为中西医结合医士，每生每年1800元的学费分别由行署卫生局、各县（市）卫生局和乡村各承担三分之一，毕业后回到当地乡村担任乡村医生。1997年8月，为加强乡村医生中医药知识培训，保山地区成立了农村中医药培训工作领导小组及培训指导站。保山行署卫生局举办了有25人参加的中医植根计划师资培训班。之后，各县（市）按计划分批培训乡村医生。全区共举办脱产培训班6期，共培训乡村医生742人。1998年，全区有1730名乡村医生参加全省乡村医生职称评定考试。

2000年，根据乡村医生“中医植根”计划，组织全区乡村医生中医药知识培训，并参加全省统一考试。年内，参加考试466人，合格395人，合格率84.76%。至年底，全区乡村医生中医药知识累计培训合格2345人，培训合格率达92.69%。

2004年，第一批招收的参加卫生保健学和护理学学习的乡村医生分别有441人和51人。2005年，全市招收第二批学制为三年的卫生保健学专业乡村医生273人，第一批中医专业乡村医生22人。11月，举办为期半月的两期“视觉第一中国行动”项目全市乡村医生技术人员眼科技术培训班，每班45人，培训90人。

第二节　医学科研成果

一、获省级科技成果奖

1981年，保山地区人民医院胸外科“心血管常温手术二例成功”，在云南省地州级医院尚属首次，获省科委的科技推广三等奖。

1986年，由保山地区地方病防治领导小组参加的“德宏、保山鼠疫疫区敌鼠钠盐灭黄胸鼠的应用大面积推广”获省科技进步三等奖。

1997年，《龙陵县腊勐鼠疫疫区处理》成果获云南省政府1997年度科技进步三等奖。

二、获市级科技成果奖

1978年，在保山地区科学大会上首次对14项科技成果颁奖，其中地区卫生系统有2项获奖。1986年3月，在保山地区科技成果颁奖大会上，医疗卫生有22项获奖，占获奖总数的19%，由保山市卫生防疫站与辛街区卫生院等单位承担的“保山城区大面积药物灭鼠”获科技推广一等奖。1985—1988年度保山地区科技进步项目中，医疗卫生有12项获二、三等奖，占获二、三等奖总数的25%。1989—1990年度保山地区科技进步项目中，医疗卫生有9项获二、三等奖，占获二、三等奖总数的16%。1991—2005年，全市卫生系统共获得保山地区行署或市人民政府科技进步奖163项(一等奖3项，二等奖22项，三等奖156项)，其中1991—1992年获保山地区科技进步项目10项（二奖2项，三等奖8项）占获奖总数的15%；保山人民医院柳永华等“永久性心内起搏除颤器的临床应用”项目获1999—2000年度保山地区科技进步一等奖。保山人民医院陈艳芝等“艾滋病病毒治疗检验指标的研究及应用”项目获保山市2005年度科技进步一等奖。

第十一章　卫生团体

第一节　保山市红十字会

一、机构

1987年3月，保山地区红十字会建会，挂靠保山地区卫生局，由业务科负责具体日常工作。至1990年，各县（市）相继成立了红十字会，全区有基层红十字组织92个，有会员3471人。1991年10月，经行署民政处登记为社会团体组织。2000年12月，新建的保山地区红十字会备灾救灾中心正式投入使用。2001年保山地区红十字会改称保山市红十字会。2002年，保山市机构编制委员会办公室核定保山市红十字会办公室事业编制2人，参照公务员管理。同年，发放会员证4684本。

2005年，经保山市委同意，将保山市红十字会明确为正处级社团机构，与市卫生局合署办公。会长按章程选举，由市政府分管领导兼任，设专职副会长1名（副处级），市红十字会办公室人员编制由2名增加到3名。

二、活动

备灾救灾及博爱送温暖活动　从2000年起，“红十字博爱送温暖活动”在保山开展，此后，每年春节前夕，地（市）、县级红十字会均组织对五县（市）部分贫困山区的农民送温暖物资活动。1994年2月，保山地区红十字会会长张玉珍率慰问团到保山市瓦窑安乐村慰问遭受火灾村民。2000年，为昌宁县大田坝乡44户贫困户捐赠44床棉被和人民币2640元。2001年，慰问农村贫困户、麻风病患者等，捐送军大衣135件，捐送现金0.55万元。同时还为地震、山体滑坡、火灾等灾区运送价值5.14万元的棉被、棉衣、病床、帐篷等。2002年，向贫困地区送去运动服1800套，棉被800张，大米20吨，价值33万元。7月，市红十字会调拨100张棉被、100件夹克衣服、5顶帐篷和10件消毒灵送往昌宁县更戛乡西桂村和木瓜村重大山体滑坡灾区，并派3名骨干赴灾区，慰问339名无家可归的受灾群众，配合当地政府安置灾民。2003年，市红十字会共扶助五县（区）57个村（社），向9224名困难群众发放棉被、大米、运动服等价值25万元的救灾物资，组织医疗救护队13个104人，救治人数1108人。2004年7月，保山市境内遭受50年不遇的洪涝泥石流灾害，尤其是18日怒江江水暴涨，灾情严重。市红十字会于7月20日在第一时间向灾区发放棉被505床，价值29290元；消毒剂49桶，价值28167.6元；消毒灵15件，价值5976元；老年外套100件，价值4000元；“送温暖物资”37件，价值7400元；并购买价值36000元的救灾大米。2005年1月，市红十字会到隆阳区汉庄镇岩箐村老房子社慰问60户“10·19”地震灾民，每户送去一套衣裤，按照捐款者的意愿，将南京市一位徐先生捐款1000元救助了两户彝族灾民。6月25日，龙陵县普降暴雨，8个乡（镇）不同程度受灾，成灾人口3.8万，死亡2人，失踪5人。6月29日，腾冲县界头乡大塘村发生泥石流，受灾人口365人，死亡2人，受伤8人。两县红十字会给予及时救助，将棉被、衣物送往灾民手中。

募捐 保山是各种自然灾害和突发事件频发的地区，在遭受自然灾害和突发事件中，保山红十字会依法接受国内外组织和个人捐赠，及时向灾区群众受灾者提供急需的人道主义救助。同时，遇有国际或国内发生重大自然灾害时，保山红十字会积极组织捐赠，支援灾区。1998年8月，长江流域地区遭受特大洪涝灾害，保山地区红十字会积极组织地、县（市）红十字会团体会员单位开展为灾区捐款捐物活动，共收到捐款捐物计39.81万元，全部寄往灾区，其中地区红十字会捐款3.12万元；腾冲县红十字会捐款8.3万元，捐藿香正气水200件，价值2.3万元；保山市红十字会捐款9.81万元；龙陵县红十字会捐款1.07万元；昌宁县红十字会捐款0.81万元；施甸县红十字会捐款0.72万元。2000年1月，云南省楚雄州姚安县发生6.5级强烈地震，保山地区红十字会紧急组织捐款赠物活动，共收到捐款25075元汇往姚安灾区。2001年4月10和12日，施甸县连续发生5.2级和5.9级地震，保山地区红十字会共募集人民币现金32.45万元，衣物1600多件送往施甸地震灾区。2003年2月，保山市红十字会向新疆地震灾区捐款26337.50元，交省红十字会统一汇往灾区。同年，在全国人民万众一心、众志成城“抗击‘非典’献爱心活动”中，保山市社会各界积极踊跃捐款支持“非典”防治工作。市红十字会收到捐款77791.50元，移交给市政府抗击“非典”指挥部用于购置消毒药品和隔离服。2004年8月，市红十字会接受保山卫校单位捐款5000元，职工个人捐款2300元；市精神病医院职工个人捐款4000元；市卫生局职工个人捐款1850元；市中医医院团支部团员个人捐款300元；市卫生局卫生监督所职工个人捐款1050元。10月，隆阳区汉庄镇东房村附近发生5.0级地震灾害后，保山市红十字会在全市开展献爱心赈灾募捐活动，市卫生局、市档案局职工个人捐款共计51070元。同时，省红十字会及时将上海红十字会捐赠的价值21万元和省红十字会下拨的3.28万元的救灾物资向灾区发放。2004年12月，印度洋地区部分国家遭受严重地震及海啸灾难。保山市红十字会从2005年1月6—30日，共接收捐款256663元，全部汇往省红十字会支援灾区，保山市红十字会被云南省红十字会授予“印度洋海啸救援最佳组织奖”称号。

卫生救护培训 1993年年初，保山地区红十字会、行署卫生局、公安处、交通局联合发出通知，在全区机动车驾驶员中开展卫生救护培训。1993—1994年共培训6638人。

1995年后，因诸多原因停止培训工作。2000年，全区各级红十字会在9个行业开展卫生救护培训工作，共培训5172人，其中救护员初训729人，复训227人。2004年，市红十字会为美国大陆烟草公司驻保办事处培训卫生救护知识，共培训2天，培训7人。

艾滋病预防与关怀 1999年6月，云南省红十字会确定在保山地区实施“云南/澳大利亚红十字会艾滋病预防青年同伴式教育项目”，项目经费由澳大利亚国际发展署和澳大利亚红十字会无偿援助。红十字会组织王冬梅等一批青年男女志愿者，利用节假日无偿举办防治艾滋病青年同伴教育培训班。2000年11月，保山市红十字会获云南/澳大利亚红十字会艾滋病预防青年同伴教育项目实施“先锋集体奖”。王冬梅被评为保山地区“十大杰出青年”。至2003年共举办培训班234期，培训学员4620人。2003年8月，HIV感染者自我护理及关怀项目在保山开展，共举办培训班9期，培训感染者及亲属56人。在项目的实施过程中，市红十字会选拔培训4批次47名青年志愿者从事艾滋病防治宣传教育工作。同年11月保山市红十字获云南/澳大利亚红十字会“艾滋病预防与关怀项目最佳开拓奖”，有8名青年志愿者被授予1999—2003年“优秀主持人”荣誉称号，1名志愿者被授予感染者自我护理与关怀项目“最佳奉献奖”荣誉称号。

查人转信 1987—1992年，保山市红十字会积极开展为两岸同胞寻找亲人，为台湾红十字会传递寻人表格124件，有28人查到亲人的下落，有的已多次返回大陆探亲，到保山经商办企业。2001年3月，国际红十字会金麦德和中国红十字会外事部张虎等一行到保山随访查人转信工作。2002—2004年，共接转红十字会国际委员会的查人转信68封，市红十字会按照联系地址及时将信件转到收信人手中。

国内国际交流 1998年3月31日，香港红十字会援建保山地区红十字会第十二个地州备灾救灾中心项目在昆明举行签字仪式。香港特别行政区红十字会总监董赵洪聘（董建华夫人）、云南省副省长梁公卿等出席签字仪式。受保山地区行政公署委托，行署卫生局代表行署和保山地区红十字会与香港特别行政区红十字会签署共建保山地区红十字会备灾救灾中心项目协议书。按项目要求，香港红十字会援助18万元，当地配套资金，建盖600平方米的备灾救灾中心。1999年，保山地区红十字会备灾救灾中心与保山地区卫生局共同建盖办公大楼。经多方筹资建设，该中心于2000年12月建成投入使用。2002年5月，“云南/香港红十字会备灾救灾培训教材研讨会”、中国红十字会特约记者会分别在腾冲县召开。同年，腾冲县红十字会实施“云南/香港红十字会备灾救灾培训项目”，完成对18个班720名学生灾害自救互救技能培训工作。2003年，保山市委和市政府决定以市红十字会与缅甸第一、第二特区联合办学，具体由保山卫校承办，免费为缅甸第一、第二特区培训2年制中专水平医务人员64名。该班学员已于2005年秋季学成回国。

第二节 医学学术团体

一、保山市医学会

1979年4月，成立中华医学会云南省保山分会，召开会员代表大会。此后，于1984年12月、1990年12月，分别召开第二届、第三届会员代表大会。1991年7月，保山地区医学会经保山地区行署民政处登记。当年，学会有会员263人，挂靠地区卫生局。1995年1月，召开第四届会员代表大会。2001年，保山地区医学会更名为保山市医学会，挂靠在保山市人民医院。9月召开第一届会员代表大会，学会组建11个学术专业组，每个专业学科组设主任一名、副主任若干名。

从2002年9月起，根据国务院《医疗事故处理条例》和卫生部《医疗事故技术鉴定暂行办法》规定，保山市医疗事故技术鉴定工作由保山市医学会承担。之后，市医学会组建医疗事故技术鉴定委员会及办公室，组建技术鉴定专家库，有10个专业组共71人。至2005年，专家库成员发展至124人，专业组12个。2002—2005年，共做医疗事故技术鉴定61起(委托省鉴定6起)。2005年11月，召开第二届会员代表大会，重新组建专业学科组11个，专家136人。每个专业学科组选举主任1名，副主任若干名。1997—2005年，学会组织学术交流8次。

二、保山市护理学会

1982年5月，成立中华护理学会云南省保山分会，有会员123人。1986年6月、1991年4月，分别召开第二届、第三届会员代表大会。1991年7月，保山地区护理学会经保山地区行署民政处登记。1994年有会员306人。1996年5月，召开第四届会员代表大会。2001年11月，更名为保山市护理学会并召开第一届会员代表大会。1982—2005年，学会组织学术交流7次。

三、保山市中医药学会

1979年12月，成立中华全国中医学会云南省保山地区分会，首批会员52人。1982年10月改选第二届理事会。自1980年12月至1983年年底，先后编辑出版四期《保山中医药》杂志。1990年12月，召开第四届会员代表大会。1991年7月，保山中医学会经保山地区行署民政处登记，有会员159人，挂靠地区卫生局。1997年8月，保山地区中医学会和保山地区中草药研究会合并，组建为保山地区中医药学会，挂靠地区中医医院。11月，保山地区中医药学会召开第一次会员代表大会暨学术经验交流会。学会会员已发展到215人。2001年，更名为保山市中医药学会。12月，召开第一届会员代表大会。1979—2005年，学会组织学术交流11次。

四、保山地区康复医学会

1989年2月27日，成立中国康复医学会云南省保山地区康复医学分会，有会员100多人，挂靠保山地区行署卫生局，日常工作由地区医学情报资料室处理。1989年4月，召开第二届会员代表会。1991年学会有会员94人，挂靠地区卫生局。1993年8月，召开第二届会员代表会暨第二次学术交流会。同时开展学术交流和讲座。2001年9月，保山地区康复医学会合并保山市医学会，成为一个专业小组。

五、保山地区健康教育协会

1993年5月，成立保山地区健康教育协会，并在腾冲县召开第一次会员代表大会。同时，滇西片健康教育协会第13次会议也在腾冲召开，大会交流16篇论文，并现场参观了腾冲县开展中小学健康教育课。2001年9月，保山地区健康教育学会合并入保山市医学会内，成为一个专业小组。

六、保山市药学会

1989年7月，保山地区药学会成立，挂靠在地区药品检验所。1991年学会有会员90人。1993年8月，召开第二届会员代表大会，有会员98人。1995年11月，召开第三届会员代表大会暨第三次学术经验交流会。1998年4月，在腾冲热海召开第三届会员代表大会暨第四次学术经验交流会。1989—1998年，学会组织学术交流4次。2003年，成立保山市药品监督管理局，保山市药学会随即挂靠于该局。

七、保山地区中草药研究会

1986年6月18日成立，年底共有会员58人。1988年在保岫西路64号开办医疗服务部。1991年研究会有会员71人，挂靠在保山地区卫生学校。1989年5月，召开学术论文交流会。1997年8月，保山地区中医学会和保山地区中草药研究会合并组建为保山地区中医药学会。

第三十七编　体　育

成功举办全省城运会

综　述

保山体育运动历史悠久，源远流长。在人类社会发展的历史长河中，繁衍生息在保山市境内的各族人民，根据生产和生活的需要，遵循人体身心的发展规律，逐渐创立了丰富多彩的、有意识的、有组织的体育活动。因地制宜地组织开展与生产生活密切相关的武术、打陀螺、射弩、篾弹弓、荡秋千、舞龙舞狮、打歌、“上刀山、下火海”、嘟哒哒等群众喜闻乐见的传统体育活动，代代相传。

1978年12月，党的十一届三中全会召开，开启了改革开放的历史新征程。伴随着改革开放的不断深入和经济、社会建设的不断推进，保山的体育行政管理体制进一步完善，各级党委、政府逐步把体育事业纳入全区（市）经济、社会建设总体发展规划，不断加大体育事业的投入，强化体育基础设施建设。先后投资新建了保山市体育后备人才训练基地、腾冲县体育活动中心、龙陵县体育馆、昌宁县体育场等综合场馆。

全市竞技体育工作按照长远规划、分类管理、合理布局的要求，坚持以市级业余体校为龙头、县（区）业余体校为依托、网点学校为基础，抓好业余训练，开展科学选材，做好后备人才选拔、培养、输送等工作，形成了全市一盘棋、组织一条龙、训练一贯制的机制。从1989年开始的县（市、区）体育综合评比，训练网点学校的督促、检查等工作，促进了竞技体育技术水平不断提高，后备人才不断脱颖而出，争金夺牌的能力不断增强。2004年建立起四年一届的“保山市体育运动会”制度，进一步促进了全市体育后备人才工作的开展，推动了保山市竞技体育的健康发展。

全市坚持“业余、自愿、小型、多样、因地、因时、因人制宜”的原则，在厂矿、企业和农村、民族、民间积极开展体育活动，推动城乡体育社会化。先后举办少数民族体育运动会、职工运动会、农民运动会、老年人运动会、青少年运动会、中学生运动会、全市体育运动会及篮球、排球、足球、乒乓球、羽毛球、门球、地掷球和武术、游泳、田径、棋牌、钓鱼等比赛。促进全民健身活动蓬勃开展，传统体育运动不断发扬光大，现代体育运动长足发展，群众体育活动方兴未艾。体育运动呈现出形式多样、内容丰富、全民参与的格局。体育事业呈现出创新、协调、持续发展的良好局面。

第一章 机构沿革

第一节 行政机构

1978年12月，保山地区体育运动委员会更名为保山地区行署体育运动委员会。全区体委有专职干部33人，其中地区16人、保山县5人、腾冲县4人、龙陵县3人、昌宁县2人、施甸县3人。

1980年6月，中共保山地委决定，对保山地区行署体育运动委员会领导班子进行充实调整，由地委副书记周天榜兼体育运动委员会主任。

1983年9月，全区实行机构改革，保山地区行署体委与教育局合并，一套班子两块牌子，在教育局设立体育办公室和地区青少年业余体育学校。腾冲、龙陵、施甸县体委随之并入县教育局。

1984年12月，恢复保山地区行署体育运动委员会，原隶属教育局的体育办公室撤销，其原编制5人划归体委，各县（市）体委也相继恢复。1985年年底，全区有专职干部43人（地区21人、保山市6人、腾冲县6人、龙陵县4人、昌宁县4人、施甸县2人）。至1990年，增为58人，其中专职教练21人，行政人员34人，工勤人员3人。

1994年12月，行署体育运动委员会与文化局合并，成立保山地区行政公署文化体育局。

1999年4月，文化、体育行政分设，成立保山地区行政公署体育局，内设机构有办公室、群众体育科、竞赛训练科。下属单位有：保山地区体育活动中心、保山地区青少年业余体育学校。挂靠单位有：保山地区老年体育协会办公室。

2001年8月，保山地区撤地设市，保山地区行政公署体育局更名为保山市体育局，为保山市人民政府的组成部门，主管全市的体育工作。

2005年6月，保山市人民政府办公室《关于印发保山市体育局职能配置内设机构和人员编制方案的通知》（保政办发〔2005〕103号）批准：体育局设办公室、群众体育科、竞赛训练科3个职能科室；局机关行政编制6人，行使行政职能的事业编制2人，工勤编制1人，共9人；处级领导职数2人（其中局长1人、副局长1人），科级领导职数3人；市老年体协办公室挂靠市体育局，事业编制2人，工勤人员编制1人。

第二节　事业单位

一、保山市青少年业余体育学校

是保山市体育局（体委）下属全额拨款的事业单位。

1974年11月，保山地区共青团，文教局、体委联合发出《保山地区青少年业余体育学校的招生通知》，招收各中小学、幼儿园体育项目优秀的在校学生，文化课在附近学校学习，业余时间到少体校参加训练。训练项目设置篮球、排球、足球、体操、游泳、乒乓球6个，分短训班、长训班两种形式。并任命李联春为校长、钱筑光、马骞为副校长。12月1日，启用“保山地区青少年业余体育学校”印鉴。具体工作由体育局直管，体育局领导和部分干部、职工兼教练员。

1992年，少体校训练项目调整设为排球、体操、射击、田径、女篮5个。

2001年7月，保山地区青少年业余体育学校更名为保山市青少年业余体育学校。主要组织青少年训练、竞赛，承担市体育局赋予参加省级运动会和向上级训练单位输送后备人才，进行各运动项目的科学选材、人才培养，训练及相关体育技术咨询和培训。2005年8月，内设机构为办公室、教学训练处、学生管理处、总务处。

二、保山市体育活动中心

1999年8月，保山地区体育活动中心成立，核定事业编制3人，隶属地区体育局，为自收自支事业单位，由体育局局长兼任中心主任。2001年保山撤地设市后，更名为保山市体育活动中心。

保山市体育活动中心通过培训服务和开发体育产业，创造体育事业社会效益；为全市大型集会活动、体育竞训提供服务保障；对开展的体育项目和基础设施实行规范化管理；发挥国民体质监测和科学指导健身的作用；面向老年人提供体育活动公益服务。

第三节　社团组织

1978—2005年，随着经济社会的发展和人们对健康生活的追求，各级各类体育社团组织纷纷成立。这些组织在体育行政部门的指导和支持下，积极想办法、筹资金，组织开展小型多样的体育活动，丰富了广大群众的体育生活，同时使自身在活动中得到发展，成为搞好群众体育工作的重要力量。

1981年，保山汽车运输总站体育协会成立。

1983年4月，保山地区棋牌协会成立。

1984年10月，保山地区老年人体育协会成立。

1984年11月，保山公安系统成立保山地区前卫体育协会。

1991年年末，全区有3个地区行业体育社团：保山汽车运输总站体育协会、地区银鹰体育协会、地区前卫体育协会，5个地区单项体育社团：地区棋牌协会、地区老年人体育协会、地区游泳协会、地区田径协会、地区信鸽协会。

1992年，保山地区解散原地区棋牌协会，新成立地区围棋协会和地区跆拳道协会。

1994年年末，全区有10个地区级体育社团：保山汽车运输总站体育协会、地区银鹰体育协会、地区前卫体育协会、地区老年人体育协会、地区游泳协会、地区田径协会、地区信鸽协会、华亭功保山辅导站、地区围棋协会和地区跆拳道协会。

1995年，行署体委先后批准成立了“保山地区篮球协会”“保山地区桥牌协会”和“保山地区风筝协会”，使地区级各类体育协会总数达13个。

2000年，在打击邪教组织斗争中，对全区各类气功组织和体育社团进行全面清理整顿。取缔“中功”在全区的各级组织，注销“华亭功保山辅导站”，注销达不到社团登记要求的“保山地区围棋协会”“保山地区信鸽协会”“保山地区跆拳道协会”，并理顺“保山地区银鹰体育协会”“保山汽车经贸总公司体育协会”等行业体协的管理关系。

2002年4月，保山市奥翔青少年体育俱乐部成立。

2003年10月，保山市体育总会成立，下设篮球、羽毛球、游泳、武术、围棋、信鸽6个分会。

2004年，全市共有群众体育组织14个，即1个体育总会，总会下设篮球、羽毛球、游泳、武术、围棋、信鸽6个分会，另有辉煌篮球俱乐部、奥翔青少年体育俱乐部、高黎贡山户外运动俱乐部、恒林汽车运动俱乐部、盛和汽车运动俱乐部、黑带精英跆拳道俱乐部、奥力健身俱乐部7个俱乐部。

至2005年年底，全市共有各级各类群众体育组织38个。

第四节　体育产业

1978—2005年，保山体育产业从过去单一的体育用品的经营，逐步发展到产业意义上的具有广度和深度的综合开发。在从自然状态到自觉拓展的发展中，保山体育产业以体育用品的经营为基础，紧紧抓住体育场馆的养护与管理、开发与利用，赛事的经营与引进，体育彩票的销售，休闲体育和体育旅游业的发展，充分挖掘体育的有形和无形资产潜力，不断丰富体育市场经营内容，搞好体育服务，拉动各类人群的体育健康消费。

1996年后，“中国体育彩票”（分电脑体育彩票和即开型体育彩票）的销售，成为保山体育产业的重要方面，为保山体育事业的发展提供了有力的资金补充。1996年“保山端阳花市”期间，行署体委在保山市组织销售了100万张“中国体育彩票”；1997年，全区共销售“中国体育彩票”239万张。之后，“中国体育彩票”在保山的销售总体呈增长之势。2001—2005年，全市共实现体育彩票销售额8090万元。

2003年，全市发展健身中心10多个、体育用品商店10个。

2004年，全市共有民营性质的乒乓球房6间、健身厅13个、棋牌房3间、保龄球馆2个、台球房6间、室外网球场6块、地掷球场17块、门球场26块。

第二章　群众体育及体育设施

第一节　学校体育

1978—2005年，学校体育条件不断改善，学校体育工作持续发展，落实“三操一课”制度，培养学生养成终身锻炼的好习惯，锤炼学生的意志；召开运动会和开展广播操比赛等，以活动促运动；以达标考核为推手，促锻炼出实效。

1972—1987年，为解决体育教师严重不足的突出问题，保山地区体委与地区文教局配合，招收有一定体育专业基础的初中毕业生，先后举办了4期体育师范班，培养中小学教师。第一期（1972—1974年），44人，在保山师范学校；第二期（1979—1981年），31人，在地区体委；第三期（1981—1984年），24人，在地区体委；第四期（1984—1987年），41人，在地区体委。学生毕业后，分配到中小学从事体育教学工作。全区体育教师队伍建设得到不断加强。

1978年，保山地区全区贯彻教育部颁布的《全日制中小学体育教学大纲》，再次确定体育教学的目的是“要有效地增强学生体质”。这一时期，学校体育教学得到了改善，地县教育行政部门有专职人员管理学校的体育工作。围绕“达标”“防近视眼”为中心开展体育活动。城镇小学主要有：小篮球、小足球、羽毛球、排球、乒乓球、跳高、跳远、短跑、中长跑、投掷（铅球、铁饼、沙袋等）、竞走、武术、体操、游泳、登山、跳绳、跳橡筋、单双杠等项目的活动和比赛。农村小学除部分项目因器材缺乏和师资不足未能进行外，多数项目都能按《规定》开展教学。同年，地区体委将由旺中学设为射击项目基层训练点。次年9月，由旺中学对243名学生进行了43天的集训。经测验，成绩及格达到普通射手的150人，达到特等射手标准的12人，地区体委分别为他们颁发了普通射手证书和特等射手证书。

1979年，云南省体委将中长跑、排球、游泳三个项目作为体育训练项目下达给保山地区。地区体委根据全区中小学、幼儿园体育教学实际，又增加了射击、体操、篮球三个项目，在部分学校、幼儿园定点训练。5月，教育部、卫生部、国家体委、团中央在扬州联合召开全国体育、卫生工作会议，保山一中被评为“全国先进体育卫生学校”。7月，在昆明召开的云南省首届体育代表大会，保一中、保山县体委、保山县蒲缥公社、施甸中学、施甸县银川中学、保山二小、腾冲县中心小学、龙陵县龙山小学、昌宁县一中、昌宁县城关小学10个单位被评为“先进集体”。

1980年，地区成立体育中心教研组，由各县中小学、保山一中和师范学校的体育教师组成。各县也成立体育教研组，定期开展体育教研活动。体育教学使用十年制中小学体育教材。坚持开展早操、课间操、课外体育活动。同时，有条件的学校进行业余训练并坚持举办体育运动会。这一时期，贯彻落实教育部、卫生部、国家体委颁发的《关于加强学校体育工作的意见》和教育部颁发的《中小学体育工作的暂行规定》等相关规定，各中小学“以体育教学为中心，努力提高‘两课、两操、两活动’的质量”，积极推行《国家体育锻炼标准》。地区教育行政部门要求各县中、小学把体育锻炼成绩纳入评选“三好”学生和“先进班级”的条件，激励各学校体育教学和体育锻炼广泛开展。同时，全区大、中专学校的体育教学工作逐渐走向正规，有的学校还组建了体育教研室，大部分学校都配备了专职体育教师，增加了体育场地和设施，把体育教学纳入到大、中专学校的教学计划中。

1981年，保山地区文教局转发省教育厅及教育部关于试行《高等学校学生体质健康卡片》和《中、小学生体质健康卡片》的通知，加强学校体育教学、增强学生体质。选派中学体育教师参加省教育厅和省体委在寒暑假举办的体育培训班学习；参加地、县(市)教育部门在寒暑假举办的体育短期培训班等。由于体育教师教学水平得到提高，全区学校体育活动开展得十分活跃，学生体质不断增强。同年，地区教育局配备了管理学校体育工作的专职干部，保山地区施甸中学、保山二小获云南省教育厅、体委、卫生厅、团省委颁发的“1980年全省体育、卫生工作评比奖”；保一中、施甸中学体育教研组被云南省教教育厅、省体委授予“全省先进体育教研组”称号。

1983年，各中、小学认真贯彻《国家体育锻炼标准》的具体规定，学生达标率达到80%以上。同年，全区被命名为“云南省重点项目训练学校”(中学)18所。在上海第五届全国运动会上，保山一中被评为“全国群众体育先进单位”。

1984年，根据教育部通知及省教育厅的指示，由行署教育局牵头，组织对部分学校的学生健康状况进行检查，对学校的体育卫生工作进行评议。行署教育局对各县(市)一中进行执行体育卫生工作暂行规定进行检查验收。检查验收结果均达到暂行规定的及格标准。同年，在“云南省体育传统项目学校”经验交流会暨命名大会上，保一中(排球)、保三中(田径)、昌一中(田径)、施甸中学(排球)、施甸县由旺小学(游泳)、保山地区幼儿园(体操)被命名为第一批“云南省体育传统项目学校”。

1985年，全区有专职教师175人，有传统项目及重点项目业余训练布局校点35所，共有运动员539人，教练员49人。10月，保一中、龙陵镇安中学、施甸姚关中学被云南省教育厅、省体委命名为“云南省传统体育(田径)项目学校”，保山市二小、湾甸农场子弟小学被命名为“云南省传统体育(游泳)项目学校”，腾冲一中被命名为“云南省传统体育(排球)项目学校”，保山地区幼儿园被命名为“云南省传统体育(体操)项目幼儿园”。

1986年，国家教委、体委关于《全国高水平运动员试点学校申报审批暂行办法》下达后，保山一中申报为“培养高水平学生运动员试点学校”。保山市实验小学、保山市二小、保山市五小为试点学校的挂钩学校。同年，保山地区承办并参加了全省滇西片体育传统项目学校初中组夏令营活动。

1987年，保山地区积极贯彻国家教委发布的《中学生体育合格标准的试行办法》，推动了全区学校的体育活动。各学校先后发布相关要求：凡体育测试成绩不合格的学生，不得评为“三好学生”，毕业时经补考仍不合格者只发结业证书，不得报考高一级学校。一个班级的体育成绩合格率应作为评选先进集体的条件之一。之后，全区中小学大都能够坚持“两课”（每周两节体育课）、“两操”（每天早操和课间操）、“两活动”（每周二节课外体育活动）。同年，保山一中又被定为田径、排球传统项目学校。

1989年，云南省第五届中学生田径运动会在保一中举行，保山地区代表队在此次比赛中获得第五名。保山代表队的好成绩促进了全区体育教育的开展。这一时期，全区大、中专学校和部分有条件的完全中学按照省教育厅《关于将学生军训列入新生入学教育的通知》的精神，先后对新生进行军训。同时，在全区中小学推广韵律体操，丰富了体育教学的内容。同年，昌宁一中、由旺中学、保山市第三中学被国家体委、国家教委授予“全国先进体育传统项目学校”称号。腾冲县少体校、昌宁县少体校被云南省体委授予“先进县级体校”称号。

1990年，保山地区实施《中学生体育合格标准》的学校达到104所。同年，在全区部分中小学业余体育训练中试行重点基础项目承包合同制。全区各级各类学校认真贯彻《学校体育工作条例》，积极开展丰富多彩的课外体育活动。昌宁一中被国家体委、国家教委评为“1990年度全国先进体育传统项目学校”。

1991年，全区贯彻《学校体育工作条例》，保证学生每天有1小时体育活动时间的学校有1697所，占全区各类学校总数的65%。全区按《国家体育锻炼标准》达标学生61381人，占应达标适龄人数的31%。同年，全区29所小学5476人参加了云南省一年一度的小学生三项通讯赛，获团体第八名。

1992年，行署教委会同行署体委下发了《关于举办保山地区幼儿广播体操骨干培训班的通知》，对全区幼儿园选送的骨干教师进行两套幼儿广播体操的培训，推动幼儿广播体操在全区幼儿园普及。当年，全区中小学共有专、兼职体育教师1048人，其中：中学专职体育教师141人，兼职59人；小学专职体育教师55人，兼职793人。这一时期，行署教委针对全区体育教师不足，兼职过多的情况，逐步增添专职体育教师，抓好中小学生的体育达标，抓好体育教学和课外活动。多数学校每年举办一次运动会，各县（市）也根据实际情况进行运动会的组织和开展，全区每年组织一次中学生的单项体育运动会，每两年举行一次综合体育运动会。

1993年9月，保山地区青少年业余体育学校在全国第七届运动会上被国家体委授予“全国群众体育先进单位”称号。同年，保一中被国家教委、国家体委评为“1993年度全国先进体育传统项目学校”。1992—1993年，全区年内在校学生达标人数分别为64857人、65351人。

1994年，全区学校开始实施《学校体育工作条例》中“体育是学生毕业、升学考试科目”的规定。

1996年，全区中小学进一步贯彻《学校体育工作条例》，地、县教育行政部门均制订了贯彻实施《学校体育工作条例》的方案，全区中学均执行《中学体育合格标准》，合格率达95%以上。初中毕业生升学考试，体育成绩计入总分。高中毕业生报考上一级学校的学生均须有体育成绩登记卡。全区执行《小学体育合格标准》的小学达90%以上，合格率达95%。全区中小学体育教育成效明显。同年，昌宁二中被国家教委、国家体委评为“推行《国家体育锻炼标准试行办法》先进单位”。

1994—1996年，全区年内在校学生达标人数分别为73681人、111219人、11万人。

1997年，全区贯彻执行《云南省农村学校体育工作评估办法》，促进了部分农村学校体育设施的完善和体育教育的开展。

1998年，全区中学贯彻落实《全民健康计划纲要》和《学校体育工作条例》，推动了学校体育工作的进一步开展，促进了中学体育教师和体育卫生专职干部政治思想素质和业务素质的全面提高，这一时期，小学的体育教学往往根据小学生的身心发展特点，使体育教学的组织灵活多样、富有趣味性，激发了学生学习和练习体育技能的主动性，使学生学得轻松、愉快，收到了良好的教学效果。

2000年，全区初中毕业生有29565人，有19737人参加了毕业生升学的体育考试，缺考人数为9858人，免考人数为330人。获及格及以上成绩人数为15919人，及格率为82%。

2002年，根据云南省教育厅和体育局联发的《关于命名云南省培养体育后备人才传统学校（试点）的通知》中，命名保山一中、隆阳区实验中学为云南省培养体育后备人才传统学校。同年，全市初中毕业生总人数33977人中，有19457人参加了升学体育考试，及格人数为15997人，及格率为82.1%，其中：男生及格率为79.2%，女生及格率为85%。

2004年，全市中小学按照教育部《关于保证中小学体育课课时的通知》的要求，切实保证小学1～2年级每周四节体育课，3～6年级每周三节体育课；初中每周三节体育与健康课。这一时期，按照国家体育课程标准和新课程教材的要求，在中小学体育教学中贯彻“以学生为本”的思想，培养学生学习和活动的兴趣，发挥学生在学习中的主动性和积极性。

2005年11月，保山市教育局转发《教育部关于落实中小学生每天体育活动时间的意见》，要求各中小学校必须按照国家有关中小学体育课设置的规定和要求，开齐并上好体育课，小学1～2年级每周为4课时，小学3～6年级和初中每周为3课时，高中每周为2课时；凡没有体育课的当天，学校要组织学生参加一小时课外体育活动，课外体育活动时间应排进课表，形成制度；寄宿制学校要实行学生出早操制度；在课间操的基础上，延长活动时间，丰富活动内容，形成了25～30分钟大课间体育活动形式，不断丰富大课间体育活动的组织形式和活动内容，科学、合理地安排运动负荷。同时，学校还应结合实际，因地制宜，积极建设快乐体育园地，努力满足青少年学生体育活动的需要。这一时期，体育教育已经从单纯的体质技能训练，逐渐向注重对人的思想和意志品质、智力、能力、态度、情感和人格等培养的全面教育观转化。同时，体育教育在对人的教育和培养过程中所具有的独特的、不可替代的重要作用，也日益显现出来。体育教育已越来越受到广大师生的重视。

第二节　职工体育

1978—2005年，保山各系统、各单位广泛组织和开展了丰富多彩的体育健身和竞技活动，增强了广大职工的体质，丰富了职工的业余生活。

1978年年底，全区建有基层体育领导机构61个，兼职干部61人，建立业余体育代表队120余个，队员1490人。7月16日，保山军民上万人在易罗池隆重集会，庆祝毛主席畅游长江十二周年，有12个系统参加横渡，4个单位参加武装泅渡及战术表演。

1979年4月21日至5月4日，保山地、县体委举办保山城区运动会。设篮球、游泳、中国象棋、桥牌4个比赛项目，参赛运动员565人。同年，保山县体委开办职工业余武术辅导站，由沙宝焕任主教练，聘陈坚和（退休工人）、洪锦涛（教师）担任辅导员。先后传授五禽图气功、太极拳、长拳、剑术、少林拳、南拳，有学员约100人。不久，保山汽车运输总站也成立武术辅导站，向武术爱好者传授拳术及技击散打。

1979年12月25日至1980年1月4日，地、县体委组织保山城区女子篮球联赛，有10个代表队、160人参赛。

1980年4月14—19日，保山地区职工篮球运动会在保山举行，来自保山、施甸、腾冲、龙陵、昌宁、地直6支代表队、150多人参加比赛。5月1—11日，保山地区派出男、女篮球代表队27人，参加在丽江举行的云南省职工篮球分区赛，分别获得男子篮球第四名、女子篮球第五名。9月20日～10月5日，地区体委组织保山城区羽毛球单打比赛，共有46人参加比赛。

1981年3月5—13日，保山地、县体委联合举办了保山城区女子篮球锦标赛。10月6—12日，云南省交通厅滇西片职工羽毛球运动会在保山举行，保山汽车总站派出一队、二队参加比赛，一队获男子团体冠军、女子团体亚军，获单打亚军1人，单打第三名2人。

1982年2月24日至3月1日，保山地区首届商业职工篮球运动会在保山举行。6月，昌宁县医院、保山县商业局、施甸县商业局、保山地区商业局、滇西汽车运输公司5个单位被云南省总工会、省体委授予“云南省职工体育先进集体”称号。

1983年4月16—20日，保山地区中国象棋、围棋、桥牌比赛在保山举行。“五一”节期间，地、县体委、总工会联合举办保山城区首届职工业余武术比赛。驻保部队、县武术辅导站、总站武术辅导站及青少年体育学校武术队均进行了表演赛，观众约5000人次。

1984年起，全区在“元旦”“三八”等各大节日，分别举行式多样的各类职工体育活动。2月20—24日，保山地区中国象棋、桥牌比赛在保山举行，保山、施甸、腾冲、龙陵、昌宁、地直6支代表队、43名运动员参赛。9月5—11日，保山地区第二届工人排球运动会在保山市举行。9月12—19日，保山公路养护总段首届职工运动会在保山举行。

1985年2月3—8日，保山地区职工田径运动会在保山举行，来自保山、腾冲、昌宁、龙陵、地直5支代表队、124名运动员参赛。同时，保山地区中国象棋、围棋、桥牌比赛在保山举行，来自保山、施甸、腾冲、龙陵、地直5支代表队、166人参加比赛。4月18—24日，保山地区公安系统首届体育运动会在保山举行。

1987年9月至10月，保山地区首届“糖业杯”运动会在保山举行。

1988年6月26日至7月1日，保山地区供销系统首届“合作杯”篮球赛在保山举行。

1990年10月21—31日，保山地区金融系统首届“银鹰杯”篮球运动会在保山举行。

1992年1月17—22日，保山地区第三届“防疫杯”运动会在施甸举行，项目有篮球、中国象棋。3月4—8日，保山地区首届“建设杯”妇女篮球锦标赛在保山市举行，来自五县（市）和地直的6支代表队72名运动员参加比赛。3月10—14日，保山地区首届“粮食杯”篮球运动会在保山举行。12月7—11日，保山地区第二届“国策杯”篮球运动会在保山举行。

1993年3月11—13日，保山地区首届“国土杯”运动会在保山举行，参赛项目有篮球、中国象棋。3月25—28日，保山地区税务系统首届篮球运动会在保山举行。

1994年1月25日至2月1日，保山地区“烟草杯”职工篮球、围棋运动会在保山举行。共有男子篮球11个队、女子篮球8个队、围棋7个队参加比赛。6月27—30日，保山地区烟草公司首届职工运动会在保山市复烤厂举行，共有5个代表队、261名运动员参加男子篮球、男女拔河、中国象棋、女子跳绳四个项目比赛。10月，保山地区第二届“糖业杯”运动会在保山举行。有15支代表队、300多人参加比赛。1995年3月，保山地区第二届“建行杯”女子篮球比赛在保山市举行，来自保山、施甸、腾冲、龙陵、昌宁五县（市）和地直6支代表队参加比赛。

1997年10月，昌宁县电力公司被国家体委授标予“群众体育先进集体”。

1999年3月3—8日，保山地区“天潭杯”女子篮球运动会在保山市举行，全区五县（市）和地直金融、教育、卫生、公安、财政、电力、建设等系统12支代表队120多名运动员参加比赛。9月28日，由保山行署体育局、保山市共同举办“登峰杯”“迎国庆、迈向新世纪”万人长跑活动，地、市106个单位9400多人参加活动。

2000年9月8日，保山地区行署体育局、保山地区钓鱼协会和北庙水库管理处共同承办云南省第十四届钓鱼比赛在北庙水库举行，来自全省各地、州、市和省属有关单位以及各钓鱼俱乐部的39支代表队共156人参加比赛。12月29日至2001年1月1日，“千禧龙年保山迈向新世纪”“云南红杯”龙舟大赛在北庙水库举行。来自全区和驻保部队的40支龙舟代表队参加比赛。

2001年7月，由保山地区和保山市两级全民健身指导协调委员会共同举办“人寿杯”系列体育活动在保山城区举行，分别举行了万人登山、网球比赛、桥牌赛、钓鱼比赛、羽毛球比赛等5个项目。7月2日上午，参加登山活动的近万名城区居民在保山地区体育活动中心田径场举行隆重的开幕式，并观看了有保一中、实验小学、地、市老年体协和驻保77273部队表演的体育健身节目。8月30日，腾冲县邮电局、保山市教育局、施甸县由旺镇文化站、龙陵县勐糯乡被国家体育总局授予“1996—2000年度全国群众体育先进单位”

称号。11月13—17日，保山市“官房杯”围棋比赛在隆阳区九隆名居举行，来自五县（区）代表队和市直代表队、省属代表队、九隆代表队的24名运动员参加比赛。

2002年8月，保山交通运输集团公司、腾冲县电信局、施甸县卫生防疫站、龙陵县康丰糖业有限责任公司、中国工商银行昌宁县支行、隆阳区地方税务局等单位被云南省体育局授予“1998—2001年度云南省群众体育先进单位”称号。9月28日至10月1日，保山市体育局在北庙水库举办第二届龙舟大赛暨首届水上自行车比赛，其中龙舟参赛队17支、水上自行车队11支，共300多人参加比赛。

2003年5月31—6月29日，保山城区“中国电信杯”第二届五人制足球赛在市体育中心沙地足球场举行，有21支代表队参赛。11月21日，保山城区举行万人急行走活动，部分机关干部、企事业单位职工和离退休老干部上万人参加。行程17千米，掀起冬季全民健身和防治“非典”的热潮。12月，保山市体育总会游泳分会组织开展“官房杯”保山城区冬泳比赛，共吸引老、中、青游泳爱好者87人参赛，比赛设老年男子组、女子组和中青年男子组、女子组4个组进行比赛。是年，昌宁工商银行被国家体育总局授予“全民健身活动周先进集体”称号。

2004年1月6—12日，由保山市政法委主办，保山市体育局、市体育总会篮球分会协办的保山市首届政法杯篮球运动会在隆阳举行。有6支代表队172人参赛。12月，云南移动通信有限公司昌宁县分公司、龙陵县地方税务局被评为省级全民健身周“先进单位”。

2005年2月4日上午，保山市、隆阳区全民健身指导协调委组织保山城区群众进行登太保山活动，近8000人参加。

第三节 农村体育

1979年，在云南省第一届体育代表会上，保山县蒲缥公社被评为“农村体育先进集体”。

1984年，保山市体委举办“保山市首届农民丰收杯篮球运动会”，有城关、板桥等14个区（办事处）20个代表队、268名男女运动员参加，观众达5万多人次。

1985年，全区农村建立起3个区级体育协会，少数乡村集镇开展了康乐球、台球、举重等活动。

1986年以后，农村体育多为以乡（镇）为单位组织开展活动。龙陵县平达乡政府每年春节都组织乡直机关单位、行政村、学校开展球类、拔河、陀螺、自行车技巧等项目的比赛活动。同年，腾冲县荷花镇被省体委授予“云南省体育先进乡镇”称号。

1987年7月25—27日，保山地区在保山市举行“农民中国象棋比赛”选拔赛，每县（市）3人参赛。优胜者出席8月在东川举行的云南省“农民中国象棋比赛”。

1988年3月18—27日，保山地区派出55人的代表团参加在昆明举行的云南省第二届农民体育运动会，参加田径、武术、射击、篮球4个项目的比赛。同月，龙陵县龙新乡绕廊村农民郭贵新被云南省农民田径队选中参加在北京举行的全国第一届农民体育运动会。

1989年，保山市潞江、丙麻、芒宽、河图、瓦窑等5个乡先后组织“丰收杯”篮球运动会。当年，云南省人民政府授予保山市潞江乡“民族体育先进乡”称号。云南省体委、文化厅、团省委、农牧渔业厅、教育厅授予保山市瓦窑乡“体育先进乡镇”称号。

1990年，保山市杨柳乡被云南省体委授予“云南省体育先进乡镇”称号。

1992年5月1—4日，保山地区农民运动会在保山举行。项目有自行车、中国象棋。6月5—10日，保山地区派出代表队51人，参加在蒙自举行的云南省第三届农民运动会，参加中国象棋、自行车、田径、游泳、民兵军事三项5个项目的比赛。

1993年，保山市辛街乡、施甸县甸阳镇被云南省体委、省农牧局授予“云南省体育先进乡（镇）”称号。

1994年10月14日，腾冲县荷花傣族佤族乡被云南省体委、民委授予“云南省少数民族体育先进集体”称号。

2000年7月8—12日，保山地区派出18人组成的农民体育代表团，参加在玉溪通海县举行的“云南省第五届农民运动会”，参与田径、中国象棋2个项目的比赛。获团体总分第十名，女子田径团体总分第八名和女子象棋团体第八名、男子象棋团体第十名，田径运动员蔡成发获男子1万米第三名、5000米第四名，王晓芳获女子跳远第五名。5月23日，保山市被云南省体委、农业厅授予“云南省体育先进县”称号。

2002年2月1—2日，龙陵县在平达乡举行陀螺比赛，共有平达、勐糯、木城3个乡(镇)的10支男队、3支女队参赛，1支傈僳族“嘟哒哒”表演队进行民族体育表演。

2003年12月，腾冲县腾越镇山源社区、秀峰社区被云南省体育局、省民政厅授予“第一批云南省体育特色先进社区”称号。

2004年7月9—15日，保山市体育局和市农业局组织31人的农民体育代表团参加在思茅举行的云南省第六届农民运动会，参加民兵军事三项、田径、女子中国象棋、自行车、钓鱼5个大项14个小项的比赛，获得两个第六名。12月10—12日，市老年体协在隆阳举办全市首届农村老年人体育运动会。来自五县（区）的130多名农村老人参赛，设门球、地掷球、中国象棋、秧歌、腰鼓表演5个项目。

2005年2月，昌宁县右甸镇、卡斯镇、柯街镇、湾甸乡、温泉乡，腾冲县腾越镇、和顺镇、猴桥镇、固东镇、滇滩镇、界头镇、蒲川乡等12个乡（镇）被云南省体育局、省农业厅、省民族事务委员会、省民政厅、省文化厅、省总工会、团省委、省妇女联合会、省农民体育协会联合发文命名为“云南省首批体育特色乡（镇）”。

第四节　老年体育

1978—2005年，保山的各级老年组织逐渐建立和完善，开展了很多适合老年人特点的健身和竞技活动。

1989年11月13—17日，“云南省第二届老年人体育运动会”在昆明举行，保山地区代表队李森、刘天培获桥牌第一名。

1991年，全区有老年体协组织200多个、会员2.7万人。年内全区举办了有地直和五县（市）代表队参加的老年人桥牌、围棋、太极拳、迪斯科、地掷球、门球比赛，同时还组织了全区老年人太极拳、地掷球培训班。9月，组织参加“云南省老年人迪斯科比赛”，获团体第三名。

1992年9月30日至10月4日，由行署主办，行署劳动人事处、地区老龄委、地区社保局、行署体委承办的“保山地区首届‘养老保险杯’老年人体育运动会”在保山市举行，五县（市）和省属驻保单位，地直财政金融、商业财贸，地委机关、行署机关共10个代表团的300多名运动员、教练员参赛。行署机关代表团、腾冲县代表团、保山市代表团分获团体总分第一、二、三名；行署机关、地直商业财贸、省属驻保单位分获门球比赛第一、二、三名，保山市、地委机关、地直商业财贸分获地掷球比赛第一、二、三名，行署机关、腾冲县、地直商业财贸分获桥牌比赛第一、二、三名，昌宁县、地委机关、保山市分获中国象棋第一、二、三名，腾冲县、保山市、行署机关分获四十二式太极拳比赛第一、二、三名，行署机关、地委机关、腾冲县分获国际标准舞比赛第一、二、三名。

1998年，全区各级老年体协坚持常年开展形式多样、内容丰富的老年人健身活动，掀起全区老年人健身活动热潮。在当年举行的“全省第二届老年人运动会”中，保山地区参加了地掷球、门球、乒乓球、中国象棋、桥牌、太极拳、剑术的比赛，参赛人数达278人。

1999年，全区各级老年体协共组织各类活动100多次，2万余人参加，老年体协会员人数达4.8万余人。4月23日至11月27日，“云南省’99国际老年人年运动会”分别在昆明、玉溪、楚雄、曲靖等地州市分项举行，保山地区老年体协先后派出59人，参加门球、羽毛球、桥牌、泰迪球、乒乓球、气排球、木兰拳剑、地掷球和健身舞共9个项目的比赛，获得健身舞、木兰拳剑一等奖，地掷球、桥牌二等奖。10月12—24日，由地区老年体协、地区人寿保险公司联合举办的“保山地区老年人‘人寿杯’运动会”在保山市举行，五县（市）和行署、党教卫、经贸系统、省属驻保单位共9个代表队的220名运动员参赛。比赛项目有地掷球、中国象棋、桥牌、健身操。保山市队、昌宁县队、龙陵县队分获地掷球比赛第一、二、三名，腾冲县、昌宁县和地直经贸系统分获中国象棋比赛第一、二、三名，龙陵县、保山市、地直经贸系统分获桥牌比赛第一、二、三名，保山市、腾冲县和行署老体协获健身操比赛的一等奖。

2002年10月，“第九届滇西老年人‘坤隆杯’地掷球协作大赛”在保山举行；本次大赛共有参赛代表队88个、运动员560多人，保山市代表队取得第一名1个。同月，保山市老年人体育代表团代表全市参加“云南省第五届老年人体育运动会”，获一等奖2项。

2003年3月，由党、教、卫老年体协主办的“保山市第一届老年人轮办运动会”在保山举行。4月，全市共组织了6支代表队参加在耿马县举行的“滇西第十届地掷球协作大赛”；同月，组队参加了“云南省第四届地掷球邀请赛”。7月，由市老体协组织，举办了“保山市老年人桥牌比赛”。

2004年，老年体育组织得到迅猛发展，全市有20多个乡(镇)建立老体协组织，有300个村委会建立老年协会，294个自然村建立分会，乡(镇)会员达到3.4万人，全市老年体协会员达到7.6万人。同年，《保山地区老年人体育20年》编辑出版。

2005年，市老年体协共发展会员4973名，举办培训班3期，培训运动员、裁判员100多名。当年，举办“保山市第二届老年人运动会”。

第五节　残疾人体育

1978年后，保山的残疾人体育事业逐步发展，在各级各类残运会比赛中先后取得不凡的成绩。择要记列于后。

1991年12月，全省残疾人运动会在玉溪举行，地区残联选拔8名运动员参赛。昌宁县的女运动员赵敏获田径400米和1500米金牌2枚，龙陵县的杨凡昌获气步枪站姿射击银牌1枚，腾冲县的赵加川获游泳100米、张信胜获田径1500米铜牌各1枚。

1995年11月30日至12月5日，省体委、省民政厅、省残联和省残疾人体协在昆明安宁共同举办“云南省第五届残疾人运动会”。保山地区残疾人体育代表团一行12人参加了该运动会田径、射击和游泳3个项目的比赛，取得第二名和第三名各3个。运动会结束后，女子聋哑组运动员范美娇(地区聋哑学校学生)被选入云南省残疾人体育集训队。

1998年6月，范美娇参加在山东举行的全国残疾人田径运动会，荣获1500米和800米两枚银牌；7月，行署体委与地区残联、地区聋哑学校共同组织聋哑学生参加了“全省聋哑人第八套广播体操通讯赛”。

1999年11月20—23日，“云南省第六届残疾人运动会”在昆明举行，保山地区残疾人体育代表团一行18人参加，获得4个第一名、6个第二名、2个第三名的好成绩，是保山地区参加历届“云南省残疾人运动会”取得的最好成绩。

2002年5月12—18日，“云南省第七届残疾人运动会暨首届云南省特殊奥林匹克运动会”在昆明举行，保山市代表团15名运动员参加了田径、游泳、射击、举重4个项目的比赛，共夺得5枚金牌、5枚银牌、2枚铜牌。

2003年，保山市依托市聋哑学校为残疾人体育训练基地，聘兼职教练员5人，有7个运动队108名运动员。保山输送省队的3名选手，在3月份参加南京“第六届全国残运会”均获名次，其中周自存获游泳4枚金牌(1项破世界纪录、3项破全国纪录)，鲁新华获轮椅击剑团体第五名，杨洪波获田径400米项目男子T60组别第六名；12月，周自存参加在香港举办的远南伤残人士运动会游泳比赛获3项第一。

2005年5月9—15日，市残联、市体育局组织的保山市残疾人体育代表团(有46名残疾运动员)，参加在昆明举行的“云南省第八届残疾人运动会暨第二届特殊奥林匹克运动会”田径、游泳、射击、举重、自行车、盲人门球、脑瘫足球、聋人篮球、坐式排球9个大项的角逐，取得金牌14枚、银牌11枚、铜牌9枚，团体总分256分的好成绩，位列全省第七位。5月17日，当代表团载誉归来时，市政府专门召开庆功表彰会，对晋喜荣等3名优秀教练员、杨雨花等16名优秀运动员进行了表彰奖励。

第六节　传统体育项目和少数民族体育

一、传统体育项目

保山的传统体育活动项目有武术、气功、打陀螺、射弩、篾弹弓、荡秋千、踩高跷、赛马、“上刀杆、下火海”“嘟哒哒”、对弈、放风筝、登山、拔河、信鸽驯放、踢毽、跳绳等。

历史上保山民间尚武的传统可能跟屯垦文化有关，生产跟戍边结合，“又战斗来又生产”，也因此保山有很多武术之乡。腾冲县荷花乡羡多村是闻名的武术之乡。这里的傣族群众有全员习武的传统，每年安排时间集训。刀、枪、棍、剑、拳术独树一帜。流传的拳术多为仿生拳种，有孔雀拳、喜鹊拳、黑龙翻身拳、苍蝇搓脚拳、虎拳、猫拳；刀术有朴刀、斩马刀；剑有单剑、双剑；还有链械、钩镰、铁铣、铁锤术等，套路丰富。保山县潞江坝的德昂族男女都喜欢舞刀弄棒，传统拳术有梅花拳、百定拳、左拳等。抗战时，德昂拳师王四蛮儿曾用长刀杀死3个日本鬼子。解放后，王四蛮儿曾多次代表保山参加全国民族运动会，他表演的刀术、剑术，深受观众好评。保山县金鸡村有“嗜武好戏之地”的称誉，先后出现史成柱、张赵受等武术高手。史成柱武德高尚，门徒遍及保山各村寨，而且跌打医术精湛，为团结抗日、救死扶伤做了一些有益的工作，远征军长官司令卫立煌曾赠其“滇南一叟”的美称。1984年8月，“云南省武术表演赛”在开远举行，保山地区运动员苏剑明获自选棍术第一名，何祖萍获传统器械第一名，庄宇获自选拳术和自选剑术两个第一名。

打陀螺是保山各民族喜爱的一种民间传统体育活动。陀螺分平头、尖头两种。平头呈倒圆锥形，头平脚尖；尖头亦称鬼头陀螺，比平头小。按材料制作可分为木质和牛角质两种。陀螺的玩法一般有3种：第一，用鞭索抽旋陀螺。将陀螺抽旋在地上后，不停地用鞭抽打，使陀螺不停地旋转，这种玩法多为儿童游戏。第二，打大陀螺。陀螺直径在10厘米以上，用一根长数米的鞭索紧绕陀螺身抽旋在地上，谁的陀螺旋转的时间最长为胜，这种玩法可二人或多人比赛。第三，陀螺对抗赛。分个人或集体两种，一攻一守，守者先将陀螺抽旋在地上作为靶螺，攻方在一定的距离之外将陀螺抽旋掷击靶螺，以将靶螺击倒而攻方陀螺仍然继续旋转为胜，否则为败，以最后胜多者为赢家。打陀螺一般在年节和农闲时最为盛行，山乡村寨一块平地就是一个比赛场。男性不管老少，都喜爱参加玩乐和比赛。民间至今还流传着“叶子落，打陀螺”“过年过到二月八，陀螺打到青草发”的民谣。

射弩和篾弹弓是保山傈僳族、傣族、德昂族、苗族等的传统体育活动项目。傈僳村寨，每年农历正月初一至初三举行射弩赛会。他们用油煎粑粑或肉片当靶子，射手们依次轮射，谁射中了粑粑或肉片就归谁，获得最多的优胜者，就是当年的射弩英雄。傣族、阿昌族喜欢篾弹弓，妇女也会把篾弹弓带在身上。木弹弓在保山用得更为普及，但未纳入官方体育赛项，一般只是民间顽童间会比试。

荡秋千是保山各民族都喜爱的一种传统体育活动，既是娱乐，又能锻炼身体。人们用两棵木桩或铁杆竖起秋千架，也有就着两棵树做秋千架的，系上结实的绳子就可愉快地荡起秋千。比赛看谁荡得高，荡得快。

赛马活动在保山历史悠久，“汉营走马”为保山传统“外八景”之一，明代毛铉曾诗赞云：“……走马不执缰，手中弄旌旄。红藤束两腕，捷若猿与猱。垂身掠地过，取物名夺标……”此一活动直至民国初年才废止。

“上刀杆、下火海”是腾冲、龙陵一带傈僳族颇具特色的传统体育活动。源于一种祭神仪式，即每年农历二月初七“下火海”，二月初八“上刀杆”。“下火海”表演：用栎柴烧成红火炭后，勇士们相继赤足跳入火塘里，进行舞蹈、翻滚，并捧炭火“洗脸”，动作惊心动魄。有时还把烧红的铁链捏在手上或挂在脖颈上，令人不可思议。“上刀杆”表演：在活动场中央，竖立着两根20多米高的粗大木杆，并在杆上交叉绑着36把（或72把）明晃晃的长刀，锋利的刀刃向上，形成刀梯。随着锣鼓声响起，傈僳族勇士们赤脚爬上刀梯。动作敏捷，神态自如，当攀至20米高的杆顶后，还或作倒立，或作旋转，表演各种惊险动作。

“嘟哒哒”是保山傈僳族民间体育项目，傈僳语意为“大家快来玩”。在龙陵县平达乡黄连河傈僳族地区流传一种抬击类的草编球，这种草编球用当地山上生长的名叫“嘟哒萍”（汉语称“猪鬃草”）的叶片编结而成。竞赛时，人分甲、乙两方，通过一方内部互相传递或用力向对方抬击草球，形成赛阵，并按“草球在谁家手里落地谁家输”的规则进行积分比赛。“嘟哒哒”在市体育局的指导下，通过龙陵县文体局长期搜集整理，为中国的民族体育球类增添了新成员。

保山出产的围棋子“永子”历史上就很有名，相应地保山民间对弈之风颇盛，保山“内八景”就有“荷池观弈”一景。

二、少数民族体育

1978—2005年，保山地区（市）先后自办了若干届次的少数民族传统体育活动，同时多次派队参加全省、全国的少数民族传统体育活动并取得较好的成绩。

1979年3月，在腾冲县古永公社傈僳族传统的“刀杆节”中断20余年后，群众自发地在当地举行此项活动。

1981年9月25日至10月2日，“保山地区第一届少数民族传统体育表演赛”在保山举行。来自五县的彝、傣、傈僳、苗、佤、回、德昂7种少数民族代表队的149名运动员参加。昌宁县苗族运动员陶绍昌获射弩第一名，龙陵县傈僳族运动员余三斤以命中59环的成绩获篾弹弓第一名；施甸县傣族运动员石国荣获铜炮枪射击第一名；龙陵县代表队获打陀螺第一名。腾冲县傈僳族表演的“上刀杆、下火海”，傣族万兴华表演的荡秋千、金明盛表演的拳术，保山彝族茶保林表演的打花棍获得优秀表演奖。

1982年3月，腾冲县古永公社举行傈僳族“刀杆节”活动，中央新闻纪录电影制片厂专门拍摄了《傈僳欢歌》，发行中外。9月，“第二届全国少数民族传统体育运动会”在内蒙古呼和浩特举行，腾冲县荷花公社羡多村的傣族武术运动选手囊占国参加表演项目表演了孔雀拳荣获蒙古马刀一把；潞江坝德昂族拳师姚自兴作为德昂族的唯一代表出席。

1983年，腾冲县荷花公社羡多村傣族武术选手线有根参加在西安举行的“全国民族武术汇报会”，获优秀奖章1枚；参加在南昌举行的“全国武术观摩大会”，又荣获武术器械铁矢一等奖。

1984年，腾冲县荷花乡羡多村傣族老拳师放明阳被评为全国武术优秀辅导员。

1985年，腾冲、龙陵两县举行“刀杆节”庆祝活动，使“上刀杆、下火海”这一民族传统体育活动得以发扬光大。

1987年9月，“保山地区第一届少数民族射弩比赛”在保山市举行，有4个代表队计32名运动员参加，龙陵、昌宁、保山分获第一、二、三名。10月，云南省举办“全省第一届届少数民族射弩比赛”，保山地区代表队获团体总分第五名。

1988年10月13日，“保山地区第二届少数民族射弩锦标赛”在保山市举行。保山市代表队、昌宁县代表队、龙陵县代表队分获团体总分第一、二、三名；保山队的欧有道（傈僳族）获男子全能冠军，龙陵队的余筛秀（傈僳族）获女子全能冠军。

1989年9月30日至10月4日，“云南省第四届少数民族传统体育运动会”在昆明市举行。保山地区代表队获陀螺比赛团体总分第八名、抢花炮第六名、“上刀杆”表演奖。

1991年1月1—5日，“保山地区民族文艺体育表演比赛大会”在保山城举行。这次大会是中华人民共和国成立至此保山行署在全区组织的规模最大的一次民族文艺体育盛会。来自全区五县（市）的民族体育代表队的100多名少数民族运动员进行了射弩、篾弹弓、陀螺、秋千4个项目的比赛。腾冲县队、龙陵县队、保山市队分获射弩团体总分第一、二、三名，腾冲县队、保山市队、龙陵县队分获篾弹弓团体总分第一、二、三名，施甸县队、龙陵县队、昌宁县队分获陀螺团体总分第一、二、三名，施甸县队、腾冲县队、龙陵县队分获秋千团体总分第一、二、三名。来自腾冲县古永、明光、胆扎和龙陵木城等养等乡（镇）的傈僳族分别进行了“上刀杆、下火海”表演，腾冲、保山的傣族、德昂族分别进行了具有民族风格的武术表演。大会以文艺表演、体育比赛、地方名优特产品展销、经贸洽谈等形式，展现了全区各族人民安定团结、奋发向上的精神风貌。同年4月15日至7月1日，龙陵县傈僳族艺人应邀赴沪参加“首届中华民俗风情游艺大会”，以“上刀杆”表演折服了数万观众。

1994年9月13—15日，行署民委、体委在保山市举办“保山地区少数民族传统体育运动会”，来自全区五县（市）代表团的120多名教练员、运动员参加，进行了陀螺、射弩、女子秋千的比赛。施甸队、龙陵队和昌宁队分获陀螺比赛的男子团体第一、二、三名。这次运动会首次开展女子陀螺比赛，龙陵队、施甸队和昌宁队分获团体第一、二、三名。腾冲队、龙陵队、昌宁队分获射弩比赛的男子团体第一、二、三名；龙陵队、腾冲队、保山队分获射弩比赛的女子团体第一、二、三名。施甸队、龙陵队和施甸队分获女子秋千比赛的团体第一、二、三名。运动会各项比赛的个人第一名分别是：射弩男子全能腾冲队褚树才（傈僳族、191环），射弩女子全能龙陵队胡向芹（傈僳族、193环），陀螺男子个人施甸队阮福军（傣族）、陀螺女子个人昌宁队罗桂花（彝族），秋千女子个人施甸队景桂英（傣族、7米）。这次运动会共选出代表保山地区参加“云南省第五届少数民族传统体育运动会”的运动员20人。11月6—12日，“云南省第五届少数民族传统体育运动会”在昆明市举行。保山地区少数民族体育代表团38人参加了此次运动会陀螺、射弩、女子秋千、民族武术4个项目的比赛。保山地区代表团由罗桂花、余芹香（龙陵、傈僳族）、张兴美（龙陵、傈僳族）、孟志艳（保山、傣族）组成的女子陀螺队获女子陀螺比赛团体第二名，由胡保得（龙陵、傈僳族）、岳自兴（龙陵、傣族）、石国华（施甸旧城赧树村傣族）、阮福军组成的男子陀螺队获男子陀螺比赛团体第五名；胡保得获男子陀螺比赛个人第二名，石国华获男子陀螺比赛个人第三名，岳自兴获男子陀螺比赛个人第五名。线有根获武术器械第四名、赧进国（腾冲、傣族）获个人拳术第六名，线有根、赧进国获武术对练第六名。运动会结束后，男子陀螺运动员胡保得、石国华、岳自兴3人入选“第五届全国少数民族传统体育运动会”云南代表团陀螺集训队，进行了为期10个月的集训。

1995年11月5—12日，“第五届全国少数民族传统体育运动会”在昆明市举行。保山地区首次有运动员作为云南省代表团成员参加全国民运会大赛——运动员胡保得、石国华、岳自兴以及教练员字如祥（行署体委退休职工、彝族）参加了陀螺比赛。胡保得、石国华代表云南省男子陀螺一队夺得男子陀螺比赛团体冠军，岳自兴参加云南省男子陀螺二队获得陀螺比赛的团体亚军。胡保得、石国华还分获男子陀螺个人赛的第二、三名，为云南省代表团在“第五届全国少数民族传统体育运动会”上实现金牌、奖牌总数和精神文明三个第一作出贡献，是保山地区运动员在历届“全国少数民族传统体育运动会”上取得的最好成绩。

1998年，“云南省第六届少数民族传统体育运动会”分别在中甸县和文山县举行，保山地区代表团51名少数民族运动员参加了本届运动会射弩、秋千、陀螺、武术4个竞技项目和“上刀杆”1个表演项目的演赛，取得男子陀螺比赛团体第一名、女子陀螺比赛团体第八名的成绩；石国华、胡保得分获男子陀螺比赛个人第二、五名；万德红（腾冲、傣族）获武术比赛男子拳术C组第三名、器械C组第七名、男子对练第六名，肖太强（龙陵、傣族）获男子器械C组第六名，朗孝国（傣族）获男子拳术C组第五名，万永阳（傣族）获男子拳术个人第六名、器械C组第八名。龙陵县傈僳族刀杆表演队参加表演赛，获表演一等奖。

1999年8月，在“第六届全国少数民族传统体育运动会”上，保山地区男子陀螺运动员石国华与队友合作，夺得男子陀螺团体比赛金牌；在男子陀螺个人比赛中，获得第二名。

2000年5月19日，“云南省‘红河杯’少数民族体育精品系列展示”活动保山分会场的展示活动在腾冲县滇滩口岸举行。展示活动以傈僳族“上刀杆、下火海”为主体，吸引了当地2000多名观众观看，中央电视台第五套节目对活动情况进行了10分钟的展播。

2001年，“云南省少数民族传统体育射弩、陀螺锦标赛”在六库举行，市民宗局与市体育局组织保山市代表队参赛，夺得男子陀螺比赛团体第二名，胡保得获男子陀螺比赛个人第一名。

2002年，“云南省第七届少数民族传统体育运动会”分别在蒙自县（主赛场）和大理市（分赛场）举行，保山市组团85人参加了武术、射弩、陀螺、双拐（高脚竞速）4个竞技项目和“上刀杆”“嘟哒哒”两个表演项目的演赛，获竞技铜牌2枚，“上刀杆”和“嘟哒哒”获展演项目二等奖。

2003年9月，“嘟哒哒”在“第七届全国少数民族传统体育运动会”上获表演项目二等奖。

2004年10月23—29日，在“保山市第一届体育运动会”上，设立了3个民族体育竞技项目和10个民族体育表演项目。来自全市五县（区）的200多名少数民族运动员参加了民族体育项目的角逐。在陀螺、射弩、武术3项竞技项目中，隆阳区以12枚金牌、3枚银牌、3枚铜牌位列金牌数和奖牌总数第一。在10个表演项目中，昌宁队表演的彝族赛酒绝技“智度莅”、龙陵队表演的“嘟哒哒”两个项目获一等奖，隆阳队表演的彝族健身节目“大钹嗒儿四”、施甸队表演的布朗族“埃乌跆儿震儿踋儿踋儿”（打草鞋）、腾冲队表演的阿昌族武术“阿昌腊哈列”3个项目获二等奖，龙陵队的傣族花棍“来环傣”、昌宁队的苗族弓弩“哝子”、施甸队的傣族棍舞“嗒啰”、腾冲队的傣族武术“睐目哈卜来庶少”、隆阳队的傣族健身节目“杆贡密”5个项目获三等奖。2004年11月，市民宗局与市体育局积极组队参加在思茅举行的“云南省少数民族传统体育射弩、陀螺锦标赛”，获得铜牌1枚和两个第四名。

第七节 社会团体体育

1978—2005年，在组织开展群众体育活动的过程中，全区地县两级体育协会充分发挥群众组织“广泛性、社会性、民间性、服务性”的功能和作用，多方筹措活动经费，不断壮大队伍，以联办、轮办等多种形式开展活动，坚持长年活动不间断，成为全区开展群众体育的一支重要力量。

2000年9月8—11日，由保山市文体局、保山市钓鱼协会和保山市北庙水库管理处共同承办的“云南省第十四届钓鱼比赛”在北庙水库垂钓基地举行。来自全省各地州、省级各单位以及各钓鱼俱乐部的39支代表队共156名运动员参赛。保山地区有保山市一队、二队，钓鱼协会，师专，地建公司和移动通信公司等6支代表队参赛。云南太平洋垂钓俱乐部、昆明市一队和红河州一队分获中青年组第一、二、三名。保山市钓鱼协会、省航务管理局、成都军区昆明总医院二队分获老年组第一、二、三名。

2002年9月，保山市奥力健身俱乐部代表全市参加“云南省首届健美操比赛”，获二等奖2项。12月，保山市羽毛球协会应邀赴澳大利亚参加第九届“‘华人杯’国际羽毛球邀请赛”，获得铜牌5枚；保山市冬泳协会代表全市参加“云南省第八届冬泳比赛”，获得金牌3

枚、银牌6枚、铜牌1枚。

2003年12月，市体育总会游泳分会组织“官房杯”保山城区冬泳比赛活动，共吸引游泳爱好者87人参赛。

2004年，市体育总会游泳分会组织“九隆阁杯”冬泳比赛活动，参赛人数达150多人。同年，市体育总会篮球分会协助市工商局、隆阳区委政法委举办第二届“红盾杯”“政法杯”篮球运动会。

2005年12月，“全国第二届太极拳健康大会”在海南海口举行，保山市体育总会武术分会派出由沙宝焕任总教练的8人代表队参赛，获得1个一等奖、8个二等奖、8个三等奖。

第八节　全民健身运动

《全民健身计划纲要》颁布前的1993年全区体育人口有49万余人，经常参加体育锻炼的职工4万人。1995年6月20日，国务院颁布《全民健身计划纲要》。全区在组织开展节假日体育活动的过程中，积极宣传《中华人民共和国体育法》和《全民健身计划纲要》，为贯彻《中华人民共和国体育法》和1996年全面启动《全民健身计划纲要》创造了有利条件。全区逐渐掀起全民健身活动热潮，全民健身运动形式多样，内容丰富多彩，人民群众的健身意识不断增强。

1996年，全区以宣传贯彻《中华人民共和国体育法》，实施《全民健身计划纲要》为主题，积极组织开展群众性体育活动，推动全民健身运动的开展。年内，全区各级体委共组织节假日群众活动104次，并组织人力、物力支持各行业、各系统开展体育活动。为解决群众体育资金不足的困难，各级体委、体协充分利用体育的窗口作用搞赞助性比赛，丰富了城乡人民群众体育生活，也为群众体育的不断发展积累了经验。

1997年5月，为在全区普及推广第八套广播体操，行署文体局举办了110人参加的全区领操员培训班，同时组织第八套广播体操比赛，经过各级体育部门的积极努力，圆满完成省下达的在保山地区普及6万人的任务。7月，行署批准成立“保山地区全民健身指导协调委员会”。11月，地区全民健身指导协调委员会在全区组织开展了一系列的体育健身活动，参加活动人次达2万多人次，掀起全民健身活动热潮；活动中命名了保山保岫广场、太保公园、工人文化宫和地区体育活动中心4个“全民健身活动点”。全年全区各级体育部门共组织节假日体育活动115次。

1998年，全区各级体委、体协共组织节假日群众体育活动129次。年内，地区分别派人参加了全省手足操骨干培训班和全省老年人排球、泰迪球、地掷球、门球教练员、裁判员培训班，并在全区办骨干培训班加以普及推广，使全区群众体育增添了新的活动内容。

1999年，全区建立全民健身样板试点7个，参加体育锻炼人数36万多人；全区各级体育部门初步建立社会体育等级指导员制度，共有社会体育指导员108人。同年9月28日，行署体育局、保山市文体局共同举办的“‘登峰杯’迎国庆、迈向新世纪万人长跑”活动在保山城区举行。地、市106个单位及驻保部队共9400多人，在地、市领导的率领下穿城长跑，展现出保山人民迈向新世纪、建设新永昌的精神风貌。

2000年10月，行署体育局与腾冲县体委在腾冲县承办了“云南省第十期一级社会体育指导员培训班”，全区49名群众体育骨干参加了为期6天的培训，并全部通过考试，使全区一级社会体育指导员人数增至50多人。12月29日至2001年1月1日，由地、市两级全民健身指导协调委员会主办，行署体育局、市文体局承办，北庙水库管理处、瑞丽市龙舟娱乐中心协办的“千禧龙年保山迈向新世纪‘云南红杯’龙舟大赛”在北庙水库举行。来自地、市各单位、农村各乡（镇）以及驻保部队的40支龙舟代表队参赛。保山武警支队、保山交通集团、市教育局分获第一、二、三名。开幕式前，行署体育局组织了“保山支持北京申办2008年奥运会万人签名仪式”。这次龙舟赛是保山历史上第一次龙舟大赛，赛队多，观众达2万多人。

2001年7月，由保山地、市两级全民健身指导协调委员会共同举办的保山地区全民健身宣传周“人寿杯”系列体育活动在保山城区举行。活动由万人登山及网球、桥牌、钓鱼、羽毛球比赛5个项目组成，以“新世纪、新保山、新形象、攀登新高峰”万人登山活动为主体。7月2日上午，参加登山活动的近万名城区群众，在地区体育活动中心田径场举行隆重的开幕式，并观看了由市一中、实验小学、地市老年体协和解放军77237部队表演的体育健身节目。

2002年，市体育局筹措资金购买了体质评价和开具运动处方软件，在全省首建“保山市科学健身指导中心国民体质监测站”。监测站每天可检测群众60～80名，为被检测者提供客观正确的身体素质评价，并依据评价开具科学合理的运动处方。

2003年，全市共举办全民健身大型活动47次，直接参与人次50万人次，吸引参与人次61万人次。1月21日，在保山城区举行“万人急行走”活动，有机关干部、企业职工和离退休老干部上万人参加，行程约17千米，掀起保山市冬季全民健身和防治“非典”的热潮。该年全市培训审批二、三级社会体育指导员158名。

2004年，全市共举行全民健身大型活动58次，直接参与6.2万人次，吸引参与10万多人次；乡（镇）500人以上的全民健身活动58次，直接参与2.9万多人次，吸引参与15万多人次；社区举办200人以上的全民健身活动35次，直接参与人次0.7万多人次，吸引参与人次7万多人次；全市晨晚练点长年活动人次达到8万多人次。同年2月4日，保山市全民健身指导协调委员会、隆阳区全民健身指导协调委员会为响应联合国把2005年确定为“国际运动和体育年”和云南省提出的“健康促小康”的号召，组织保山城区“迎新春万人登山”活动，市直、区直15个方队6000多人参加登山运动。该年全市培训社会体育指导员238人。

同年，全市82个乡（镇）中，有55个建立全民健身指导协调机构，32个社区中有18个建立了全民健身组织机构，乡（镇）、社区全民健身机构由2003年的62个增加到73个，普及率达到64%。全市创建和成立乡(镇)全民健身活动点8个。农村体育以乡(镇)为重点，利用节假日广泛开展各种体育活动，同时积极开展以体育场地设施、体育活动、体育健身科普知识为内容的“体育三下乡”活动。城市体育以社区为重点，在社区逐步建立完善体育组织，开展丰富多彩的体育活动。

同年，全市共培训、审批社会体育指导员305名（一级53名、二级80名、三级172名）。至同年底，全市共培训国民体质监测员30多人，监测人员3000多人，开具运动处方和科学健身指导6000多份。

2005年，全市共建有各级全民健身组织419个（含体育总会、分会、老年体协各级组织机构、体育俱乐部、社区体育指导协调组织机构），配置全民健身路径和乐园16条（个）；举行全民健身活动比赛46次，直接参加人数10万人，吸引参与15万多人次。同年6月，在保山市体操馆内对全市社会体育指导员进行了大众广播体操和健身气功培训，参训近150人。

至2005年年末，全区（市）共举行各种综合、单项运动会2766次，参赛运动员51.5万人次，吸引参与1383万人次；共举办全民健身活动上万次，直接参与上百万人次，吸引参与上千万人次。

第九节　体育设施

改革开放后，保山的体育基础设施建设力度加大，体育基础设施滞后的状况逐渐改变。从1979年仅有1幢体育运动训练房、1个室外游泳池和1个简易靶场，发展到2005年有各类体育场馆2032个。

1978年，省体委无偿调拨给保山地区体委小口径步枪12支、子弹9000发，作为开展普及射击训练使用。

1979年，行署体委投资20万元，建成地区少体校体育运动训练房1幢，建筑面积1724平方米。保山一中投资6.5万元，建成毛石水泥结构1250平方米室外游泳池1个；简易靶场1个，占地1080平方米，有10个靶位。

1980年，保山县将保岫广场看台球场改建为有2500个观众席位的灯光看台球场。

1981年，保山一中自制铅球30个、活动单杠4副、铜管双杠10副、排球架2副、钢管平梯2副、田径助跑架1副、钢管跳高架1副、标枪头20多个、哑铃多副、钢管足球门2副、画线器1个。其他中学也相应更新了一些体育设备。

1982年，全区学校体育场地和体育器材条件得到改善，多数学校有了田径场、足球场、篮球场和乒乓球台，完全中学还配备有单杠、双杠、鞍马、吊环、秒表等体育器材，针对少数农村中学无体育器材的现象，地区教育部门拨出专款购置体育器材配发到各县。

1984年8月，昌宁县建成县城体育活动中心。

1985年，保山市将易罗池东侧的游泳池拆除重建。全区有大运动场1块、小运动场15块、足球场6块、游泳池9个、篮球场883块、灯光看台球场6块、排球场39块、射击场1块、旱冰场3块，武术训练房、球类训练房、棋室各1幢。年末，行署体委有小口径步枪近百支、单双杠各2副、跳马1个、小山羊3个、平衡木1副、吊环1副、铅球45个、铁饼6块、标枪6根、杠铃10副、排球架2副、跳高架1副、海绵垫2个、握力器和拉力器若干。

1986—1990年，全区体育场馆向规范化标准化方向发展，建成标准篮球场174块，其中有灯光看台设备的11块，有灯光设备的48块。

1987年12月，由地方与驻保部队协商划出部队旧营房用地62.4亩和地方其他用地合计72.4亩建设地区体育运动中心。

1990年9月，地区体育运动中心游泳池建成投入使用。

1988—1990年，全区五县（市）全部完成普及初等教育，同时改善了体育器材条件，各小学都有篮球、乒乓球等体育器材。

1991年年末，全区有大运动场1块、小运动场27块、足球场2块、室外旱冰场4块、篮球场1048块、排球场46块、射击场2块、室外游泳池14个、室内游泳池1个，棋类房、篮球训练房、体操训练房各1个。

1993年，地区体育运动中心田径场建成并通过验收。该田径场是采用国家专利科技成果修建的400米砖末跑道标准田径场，建成后结束了全区没有一块400米标准田径场的历史。

1994年，地区体育运动中心田径场修建了能容纳几千人的简易观众席和主席台。

1995年，全区共有各类运动场地720块，其中行署体委有400米田径场1块，室内训练房1个，看台灯光球场1块，50米标准游泳池1个。

1999年6月，地委、行署决定把地区体育活动中心约占地1.87万平方米的未建部分，建设成集绿化、美化、业余训练、群众健身、休闲娱乐为一体的活动场所。9月，建设工程基本完工，共建成灯光篮球场2块、灯光沥青球场2块、沙土网球场2块、50米射击场1块、服务房1幢、绿化带约3千米。

2000年10月3日，保山地区第一条用体育彩票公益金购买的“全民健身路径”在地区体育活动中心安装完毕。年内，新建了射击场。年末，全区有体育场地705个。

2001年，全市有体育场地704个。

2002年，市体育局新建50米小口径靶场、25米靶场、10米移动靶场、10米输送靶场，改善训练条件。全市有体育场地1757个。

2003年，市体育局新建了保山市体操训练馆及配套的运动员公寓。全市有体育场地1757个，其中有溜冰场6块、保龄球馆1个、游泳池8个、400米田径场3块。

2004年，全市新建2块田径运动场、2块灯光篮球场、6条（个）全民健身路径和全民健身乐园、1个健身中心。9月，全市完成第五次全国体育场地保山市的普查工作。据普查，全市共有各类标准体育场地1198个，其中体育系统共有体育公共设施39个，即体育场4块、室内游泳池1个、室外游泳池4个、固定看台灯光篮球场9块、篮球房1间、地掷球场5块、篮球场2块、门球场7块、室外网球场2块、室内射击场3块、室外射击场1块。

2005年年底，全市共有各类体育场馆2032个。

第三章　竞技体育

第一节　体育人才培养

一、业余训练

1978—2005年，保山市、县（市、区）、学校三级业余训练体制逐步完善。其业余训练任务，主要由各级体育传统项目学校和青少年业余体校承担。地区（市）青少年业余体校是保山派队参加省级以上比赛的主要训练场所和业余体育训练的重点基地，围绕“为上级输送优秀体育人才、培养社会体育骨干、组织训练队伍参加省内重大比赛”这三个中心任务开展工作，坚持“选好苗子，打好基础，系统训练，积极训练”的训练原则。

（一）传统项目及重点项目校点训练

1978年，地区体委将施甸县由旺中学设为射击项目基层训练点。次年9月，由旺中学对243名学生进行了43天的集训。经测验，成绩及格达到普通射手的150人，达到特等射手的12人，地区体委为他们颁发了“普通射手”证书和“特等射手”证书。

1979年，省体委将中长跑、排球、游泳3个项目作为体育运动训练项目下达给保山地区。行署体委根据全区中小学及幼儿园体育教学与训练实际，又增加了射击、体操、篮球3个项目，在部分校（园）定点训练经过几年的发展，至1983年，全区有省布点的重点项目训练学校18所。田径项目为：昌宁一中，保山一中，保山三中，昌宁县新城小学，龙陵县镇安中学、龙山小学，腾冲三中，施甸姚关中学共8所；排球项目为：保山一中、腾冲一中、腾冲四中、昌宁一中、施甸中学、保山二中共6所；游泳项目为：保山二小、施甸县由旺小学、湾甸农场小学共3所；射击项目为：施甸县由旺中学1所。地区布点14个，即田径：保山一中、保山三中、腾冲三中、龙陵县象达中学、施甸县姚关中学共5所，排球：保山一中、保山二中、腾冲一中、昌宁一中、龙陵中学、施甸中学共6所，游泳：湾甸农场小学、施甸县由旺小学2所，体操：地区幼儿园1所。受场地和器材限制，区内射击项目运动一直未能较广泛地开展。

1980年，在全区初中生中挑选30名条件好的学生进入保山一中插班就读，利用课外时间进行集中训练。

1984年，全省命名第一批109所中小学及幼儿园为“云南省体育传统项目学校（幼儿园）”，保山地区有6所：保山一中（排球）、保山三中（田径）、昌宁一中（田径）、施甸中学（田径）、施甸由旺小学（游泳）、地区幼儿园（体操）。

1985年6月，全区开始试行中小学业余训练承包合同制度。年末，全区有传统项目及重点项目训练布局校点35所，其中省级13所、地级9所、县级13所。按项目分，有田径

12所、游泳3所、体操1所、射击1所、篮球9所、排球9所，共有运动员539人、教练员49人。

1986年，保山一中被批准为培养高水平学生运动员试点学校。同年，传统项目训练校点在全省评比中，保山地区田径为第二名，体操第四名，排球第九名，射击第十二名。

1987年，保山三中（田径）获“全国先进体育传统项目学校”称号。

1989年，昌宁一中（田径）获“全国先进体育传统项目学校”称号。

1990年，施甸县由旺中学（射击）获“全国先进体育传统项目学校”称号。

1991年，全区有地属中长跑竞走项目训练承包学校7所，在训学生42人，聘请教练7人。

1993年，保山一中（田径）被国家体委、国家教委评为“1993年度全国先进体育传统项目学校”。

至1999年年底，全区共有承担初级业余训练的省级体育传统项目学校6所，即保山一中（田径）、昌宁一中（田径）、施甸中学（排球）、施甸县由旺中学（射击）、龙陵中学（射击）和地区第二幼儿园（幼儿体操）；省业余训练网点学校7所：施甸县姚关中学（田径）、施甸县城郊中学（田径）、昌宁一中（田径）、昌宁二中（田径）、保山三中（田径）、龙陵县少体校（射击）、保山一中（田径）。

2002年，保山一中、隆阳区实验中学被命名为“云南省培养体育后备人才传统学校”。

（二）业余体校训练

1978年，全区有4所少体校（地属1所、县属3所），在校生477人（田径30人、游泳54人、篮球112人、排球88人、足球148人、武术45人），专职教练6人、兼职教练11人（游泳3人、篮球6人、排球2人、射击2人、田径2人、乒乓球1人、武术1人）。

1979年，全区有2所少体校（地属1所、县属1所），在校生240人（游泳50人、篮球42人、排球52人、武术50人、射击12人、体操24人、乒乓球10人），专职教练11人。

1980年，全区有5所少体校（地属1所、县属4所），在校生385人（田径50人、游泳85人、篮球53人、排球92人、足球34人、武术20人、射击26人、体操20人、象棋5人），专职教练18人、兼职教练13人。

1981年，全区有5所少体校（地属1所、县属4所），在校生229人（田径9人、游泳45人、篮球50人、排球40人、足球15人、武术20人、射击30人、体操20人），专职教练21人。该年，罗安才被评为“云南省优秀射击教练员”。

1982年，全区有5所少体校（地属1所、县属4所），在校生234人（田径25人、游泳32人、篮球50人、排球66人、足球10人、武术15人、射击16人、体操20人），专职教练21人、兼职教练1人。

1983年，全区有5所少体校（地属1所、县市属4所），在校生254人（田径32人、游泳32人、篮球52人、排球60人、足球36人、武术16人、射击16人、体操10人），专职教练23人、兼职教练1人。该年，保山市体委教练沙宝焕被评为“全国少年儿童业余体校先进工作者”。

1984年，全区有4所少体校（地属1所、县市属3所），在校生287人（田径53人、游泳24人、篮球44人、排球48人、足球37人、武术16人、射击18人、体操10人、技巧10人、乒乓球27人），教练员23人。

1985年，全区有5所少体校（地属1所、县市属4所），在校生236人（田径31人、游泳20人、篮球60人、排球56人、足球32人、武术12人、射击12人、体操13人），专职教练15人、兼职教练9人。学生来源是中小学、幼儿园体育项目优秀在校生，文化课在原校学习，业余时间到少体校参加训练。

1986年，全区有6所少体校（地属1所、县市属5所），在校生428人（田径103人、游泳39人、篮球117人、排球99人、足球32人、射击21人、体操17人），专职教练18人、兼职教练12人。

1987年，全区有6所少体校（地属1所、县市属5所），在校生387人，专职教练18人、兼职教练15人。

1988年，全区有6所少体校（地属1所、县市属5所），在校生474人，专职教练23人、兼职教练16人。

1989年，全区有6所少体校（地属1所、县市属5所），在校生445人（田径106人、游泳43人、篮球106人、排球119人、足球18人、武术12人、射击23人、体操8人、乒乓球10人），专职教练21人、兼职教练5人。同年，地区少体校通过省体委考核验收，被命名为“云南省地区级重点业余体校”；行署体委成立科学选材领导小组，购置科选器材，对少体校参训学生进行科学测试和跟踪研究，并建立测试档案，为发现人才、选拔人才、培养人才提供科学依据。

1990年，全区有6所少体校（地属1所、县市属5所），在校生626人（田径177人、游泳51人、篮球150人、排球167人、足球18人、武术12人、射击33人、体操8人、乒乓球10人），专职教练24人（田径7人、游泳2人、体操2人、射击2人、篮球3人、排球5人、足球1人、乒乓球1人、武术1人）、兼职教练18人。

1991年，地区少体校设有田径、射击、体操、篮球、排球、游泳6个训练项目，全校在训学生122人。地、县（市）少体校有专职教练24人。该年学校被列为全省中长跑、竞走人才训练基地，投掷、排球、射击、体操被列为全省重点布局项目。

1992年，地区少体校设有田径、幼儿体操、女子篮球、男子排球、女子排球、射击6个训练项目，全校在训学生122人，其中田径49人（中长跑、竞走25人，短跳14人，投掷10人），体操10人，女子篮球14人，男、女排球各14人，射击21人（短枪和移动靶11人、长枪10人）。

1993年，地区少体校设项和训练人数分别为：女子篮球14人、男女排球各14人、田径49人（投掷10人，中长跑、竞走25人，短跑14人）、射击21人、男子体操8人。年末地区少体校有教练7人、助理教练2人

1994年，地区少体校设有田径、体操、射击、篮球、排球5个项目、9个队组，在训

运动员144人，较好地完成了“云南省第九届运动会”的组队训练和参赛工作。年末地区少体校有中级教练8人、助理教练3人。

1995年，地区少体校设有田径、体操、射击、女子篮球、排球（男、女）和柔道共6项7队，在训运动员120人。全区体委系统有教练员20人（地区少体校有在岗教练9人）。

至1996年，全区有县级普通业余体校2所（施甸县青少年业余体校、龙陵县青少年业余体校），县级重点业余体校3所（保山市青少年业余体校、腾冲县青少年业余体校、昌宁县青少年业余体校），省级重点业余体校1所（地区青少年业余体校），地、县（市）少体校有教练员22人。

1997年，全区业余训练在训人数360人，地、县（市）少体校有教练员24人。

1998年，地、县（市）少体校有教练员26人。全区的业余训练重点围绕备战“云南省第十届运动会”。

1999年，地、县（市）少体校有教练员27人。

2000年，地区少体校撤销男子排球队，加强了举重队。地、县（市）少体校有教练员27人。

2001年，市、县（区）少体校有教练员26人。在“云南省第十一届运动会”预赛暨年度比赛中，有61名运动员获得参加“云南省第十一届运动会”决赛的资格。

2002年，市、县（区）少体校有教练员27人。

2003年，在全省年度比赛中，市体育局组织代表团130人，参加了9个项目的比赛。年末地区少体校有业余训练队9个，在训队员160人，市、县（区）少体校有教练员30人。在开展竞赛训练的同时，积极拓宽群众参训渠道，先后开办了篮球、排球、足球、武术、游泳等10多个训练班。

2004年，在全省年度比赛中，全市组织150人的参赛队伍参加了田径、体操、射击、举重、排球、皮划艇、沙滩排球、跳水8个项目的比赛。

2005年2月、8月，“云南省第十二届运动会”预赛在昆明市、文山州、红河州等地举行，保山市共组织100多人分别参加了田径、体操、射击、举重、男子6人制排球、男子4人制排球、拳击、击剑、跳水、柔道、男子沙滩排球、网球、皮划艇等13个项目的比赛，有80多名运动员取得参加2006年“云南省第十二届运动会”决赛的资格。

二、运动员

1978年，在“云南省第五次运动会”上，保山地区运动员肖红玲、杨毅坚等人达到二级游泳运动员的水平，由省体委发给二级运动员证书。

1980—1985年，全区先后发展等级运动员803名，其中二级44人、三级388人、少年级371人。等级运动员分项目人数为：田径439人，游泳93人，体操9人，射击15人，篮球93人，排球110人，足球17人，乒乓球3人，象棋4人，桥牌16人，技巧1人，武术3人。等级运动员中，有405人为女性。

1986年4月，国家教委颁布《全国培养高水平学生运动员试点学校申报审批暂行办法》

后，保山一中被审批为培养高水平学生运动员试点学校。保山市实验小学、保山市二小和五小为试点学校的挂钩学校，省教育厅每年拨给训练费1万元。

1986—1990年，新发展等级运动员659人。1990年年末，全区有等级运动员1462名，其中二级运动员115人、三级运动员713人、少年级运动员634人。

1991年，全区发展等级运动员79人。

1992年，全区培养二级运动员14人、三级运动员79人。

1995—2003年，全区运动员人数分别是457人、429人、438人、397人、405人、403人、215人、273人、178人。

三、裁判员

1978年，根据国家体委有关文件精神，保山地区恢复等级裁判员评定工作。批准授予白辉、彭在安、赖永海等8人为二级裁判员，恢复刘继高一级裁判员称号。1979年，又给郑文、王绍云等7人恢复二级裁判员称号。省体委批准授予何蕙诗、赖永海等4人为一级裁判员，段加民、郭自来等11人为二级裁判员。还发展36名各项目三级裁判员。1980年以后，等级裁判员评定工作走入正轨，裁判员队伍稳步发展。

1981年，体委干部字如祥被批授为国家级排球裁判员，曾多次被选派承担全国排球比赛的裁判工作。

1984年，全区有等级裁判员37人。

1985年，全区共有等级裁判员236人。其中国家级1人，一级11人，二级75人，三级149人。按项目分：田径50人，游泳14人，体操1人，武术1人，射击1人，篮球95人，排球41人，足球4人，乒乓球13人，象棋10人，围棋2人，桥牌4人。

1978—1990年，全区先后培训体育裁判员1679人次。

1986—1990年，全区共培养等级裁判员273人（二级52名、三级211名），使等级裁判员总数发展到509人。

1992年，全区共培训各项目裁判员274人次，新发展各项目三级裁判员49人。

2001年，全市培训裁判员及体育骨干110名。

1978—2005年，全市（区）共审批培训等级裁判员1040名。

四、人才输送

20世纪70年代后，随着青少年业余体校活动的开展和体育重点项目、传统项目训练校点的设置，一批批优秀运动员脱颖而出，保山地区为国家输送了不少优秀体育人才。

1978—1990年，全区向上级输送优秀体育人才158人。其中输送省运动队20人，省运动学校29人，重点少体校58人，考入体育学院或大学体育系51人。输送优秀运动员123名，其中田径运动员28人，排球运动员32人，篮球运动员5人，游泳运动员15人，射击运动员7人，自行车运动员6人，乒乓球运动员2人，羽毛球运动员2人，武术运动员4人，体操、技巧运动员9人，击剑运动员2人，跳伞运动员5人，柔道运动员6人。

1991年，全区向省体工队和省运动学校输送运动员10人，考入高等院校体育专业4人。

1992年，全区向上级体委输送优秀运动员4人。

1993年，地区少体校为上级运动队输送优秀运动员7人。

1994年，地区少体校向省体工队和省少体校输送优秀运动员8人。

1996年，各运动队向上级训练部门输送优秀体育后备人才5人，输送优秀运动员“新苗”5人，考入大中专院校8人。

1997年，全区为上级训练部门培养输送了4名运动员。

1998年，全区向省体工队输送运动员1人，向省射击训练点输送运动员1人。

2001年，市少体校向省体工队和省运动学校输送优秀运动员5人，另有19人考入大、中专院校。

2002年，市少体校向省运动学校输送优秀运动员5人，送省运动队集训18人。

2004年，全市向省体工队、省运动学校输送优秀体育苗子10人。残疾运动员周自存入选国家队备战和参加残奥会。

2005年，全市向省级训练部门输送优秀运动员25人，赵和江、孙文芹、金磊、王自良入选国家集训队。

1978—2005年，全市（区）共向省运动学校、少体校、体工大队等上级部门输送优秀体育苗子267人。

第二节　市级竞赛

1978—2005年，保山体育部门、教育部门等先后多次举办全市（区）竞技类体育竞赛活动，推动了体育运动的开展，锻炼和培养了体育后备人才。

1978年2月20—27日，保山地区体育运动会在保山举行，项目有篮球、乒乓球、中国象棋，来自保山、施甸、腾冲、龙陵、地直5支代表队162名运动员参赛。1月28日～2月4日，保山地区少年基层男排、女篮比赛在保山举行。8月15—21日，保山地区中学生篮排球运动会在保山举行。

1980年8月1—5日，保山地区中学生田径运动会在保山举行，来自昌宁、施甸、龙陵、腾冲、保山、保一中6支代表队181名运动员参赛。

1981年1月31日至2月3日，保山地区少年排球调赛在保山举行，来自施甸、腾冲、保山、昌宁、地少体校5支代表队参赛。2月1—3日，保山地区中长跑运动会在保山举行。

1982年1月27—31日，全区中长跑、少年排球运动会在保山举行，来自腾冲、昌宁、施甸、龙陵、保山、保一中、地直、地少体校8支代表队211名运动员参赛。

1983年2月1—6日，保山地区少年排球运动会在施甸举行，来自龙陵、昌宁、保山、腾冲、施甸、保一中6支代表队120名运动员参赛。2月4—8日，保山地区中长跑运动会在保山举行，来自施甸、龙陵、保山、腾冲、昌宁、地直、保一中7支代表队106名运动员参赛。6月17—18日，保山地区少年儿童游泳调赛在保山举行，6支代表队93名运动员参赛。8月20—25日，保山地区中学生篮球运动会在保山举行，来自昌宁、龙陵、腾冲、保山、施甸、保一中6支代表队142名运动员参赛。

1984年1月23—28日，保山地区中学生田径运动会在保山举行，6支代表队173名运动员参赛。6月2—4日，保山地区业余训练网点儿童游泳调赛在施甸举行。7月17—21日，保山地区中学生篮排球运动会在保山举行，6支代表队240名运动员参赛。

1985年7月22—25日，保山地区中学生田径运动会在保山举行，来自保山、昌宁、施甸、龙陵、腾冲、保一中6支代表队201名运动员参赛。8月1—5日，保山地区中学生篮球运动会在保山举行，来自龙陵、保山、腾冲、施甸、昌宁、保一中6支代表队134名运动员参赛。8月24—29日，保山地区中学生排球运动会在保山举行，来自龙陵、保山、腾冲、昌宁、施甸、保一中6支代表队124名运动员参赛。

1986年2月20—24日，保山地区中学生排球运动会在昌宁举行。5月28—31日，保山城区幼儿运动会在保岫广场举行，地幼儿园、市幼儿园、市第二幼儿园、分区幼儿园、总站幼儿园、地商业局幼儿园、行署托儿所7单位参加了比赛。7月23—27日，保山地区中学生篮球运动会在保山举行。12月30日～1987年1月15日，保山地区首届“永昌杯”足球运动会在保山一中举行。有25支代表队270名运动员参赛，比赛59场。

1987年1月，五县(市)和保山一中6个代表队288名运动员参加“保山地区中学生篮球、排球运动会”比赛。施甸县代表队、保山市代表队、保山一中代表队分获男篮第一、二、三名，昌宁县代表队、保山一中代表队、腾冲县代表队分获女篮第一、二、三名；保山一中代表队、腾冲县代表队、施甸县代表队分获男排第一、二、三名，保山一中代表队、腾冲县代表队、施甸县代表队分获女排第一、二、三名。5月，全区首届幼儿体操比赛在保山举行。有8个代表队参赛，每队6人。地区第一幼儿园代表队、腾冲代表队、施甸代表队分获第一、二、三名。6月，举办“保山地区少年儿童游泳调赛”，共参赛4个队，每队16名运动员。昌宁县湾甸小学、保山市第二小学、保山市实验小学分获第一、二、三名。7月，五县(市)和保山一中6个代表队210名运动员参加“保山地区中学生田径运动会”比赛。保山一中代表队、腾冲县代表队、保山市代表队分获团体总分第一、二、三名。9月30日至10月16日，“保山地区第二届‘永昌杯’足球运动会”在保山一中举行，有13个队234名运动员参赛。保山师专队、保山二中队、“飓风”队分获第一、二、三名。

1988年2月，五县(市)和保山一中6个代表队144名运动员参加“保山地区中学生排球运动会”比赛。保山一中代表队、施甸县代表队、保山市代表队分获男排第一、二、三名，保山一中代表队、施甸县代表队、腾冲县代表队分获女排第一、二、三名。6月，举办全区幼儿体操比赛，有4个代表队48名运动员参赛。地区第一幼儿园队、腾冲队、施甸队分获第一、二、三名。7月，五县(市)和保山一中6个代表队210名运动员参加“保山地区中学生田径运动会”比赛。保山一中代表队、腾冲县代表队、施甸县代表队分获团体总分第一、二、三名。9月30日至10月16日，“保山地区第三届‘永昌杯’足球运动会”在保山一中举行，有13个队234名运动员参赛。保山一中学生队、保山一中教工队、保山武警支队队分获第一、二、三名。

1989年7月，五县(市)和保山一中6个代表队288名运动员参加“保山地区中学生篮球、排球运动会”比赛。保山市代表队、施甸县代表队、龙陵县代表队分获男篮第一、二、三名，保山市代表队、腾冲县代表队、保山一中代表队分获女篮第一、二、三名；保山一中代表队、腾冲县代表队、施甸县代表队分获男排第一、二、三名，保山一中代表队、保山市代表队、施甸县代表队分获女排第一、二、三名。9月18日至10月5日，“保山地区第四届‘永昌杯’足球运动会”在保山一中举行，有14个队224名运动员参赛。保山一中学生队、保山武警支队队、保山一中教工队分获第一、二、三名。

1990年2月，五县(市)和保山一中6个代表队210名运动员参加“保山地区中学生田径运动会”比赛。保山一中代表队、保山市代表队、腾冲县代表队分获团体总分第一、二、三名。5月，举办全区幼儿体操比赛，有4个代表队48名运动员参赛。地区第一幼儿园队、保山市幼儿园队、地区第二幼儿园队分获第一、二、三名。9月22日至10月7日，“保山地区第五届‘永昌杯’足球运动会”在保山一中举行，有10个队158名运动员参赛。益青公司队、保山师专队、保山一中一队分获第一、二、三名。

1991年7月16—20日，行署体委、教委在保山市举办“保山地区中学生田径运动会”，五县(市)和保山一中6个代表队参赛。保山一中代表队、腾冲县代表队、昌宁县代表队分别获团体总分前三名，施甸县代表队、昌宁县代表队获“体育道德风尚奖”。

1992年1月26—29日，行署体委、教委在保山市联合举办“保山地区中学生基层篮球冠军赛”，来自五县(市)的基层男、女篮球冠军队和保山一中男、女代表队参赛。保山、施甸和腾冲分获男子组比赛的第一、二、三名，昌宁、保山和腾冲分获女子组比赛的第一、二、三名。施甸男篮代表队、昌宁女篮代表队还分别获得男子组和女子组“体育道德风尚奖”。2月19—22日，行署体委、教委共同主办的“保山地区少年田径运动会”在保山市举行，来自全区五县(市)和保山一中代表队的139名少年田径运动员在31个项目中展开角逐。保山一中代表队、腾冲代表队、昌宁代表队分获团体总分第一、二、三名。保山一中代表队的王亚南以1.71米的成绩打破1.70米的地区跳高纪录，熊永凡以12.98米打破12.73米的地区少年铅球纪录；在参加破纪录测验中，熊永凡还以11.70米的成绩打破10.53米地区铅球纪录。8月16—21日，“保山地区中学生排球运动会”在保山市举行，保山市、腾冲县、昌宁县、施甸县和保山一中男、女排共10支代表队参加了男、女两个组别的角逐。保山一中男、女排分别以全胜的战绩夺得男子组和女子组的冠军，施甸队、昌宁队分获男子组的第二、三名，腾冲队、保山队分获得女子组的第二、三名，施甸县男排和腾冲县女排获本次运动会“体育道德风尚奖”。

1993年7月19—23日，“保山地区中学生田径运动会”在保山市举行，来自腾冲县、昌宁县、施甸县、保山市以及保山一中5支代表队的150多名运动员参赛。保山一中代表队、腾冲县代表队、昌宁县代表队分获总积第一、二、三名；保山一中代表队和腾冲县代表队获“体育道德风尚奖”。

1994年2月21—24日，行署教委举办的“保山地区中学生篮球、排球运动会”在保山市举行，来自保山一中和全区五县(市)的12支男、女篮球代表队，6支男子排球代表队，以及保山一中、施甸县、龙陵县和腾冲县的4支女子排球代表队参赛。保山市代表队、腾冲县代表队、龙陵县代表队分获男子篮球第一、二、三名，保山市代表队、昌宁县代表队、腾冲县代表队分获女子篮球第一、二、三名，保山一中代表队、昌宁县代表队、施甸县代表队分获男子排球第一、二、三名，保山一中代表队、施甸县代表队、腾冲县代表队分获女子排球第一、二、三名；龙陵县男篮代表队、昌宁县女篮代表队、保山一中男排代表队和腾冲县女排代表队获“体育道德风尚奖”。

1995年7月14—17日，由行署教委、行署体委联合主办的“1995年保山地区中学生田径运动会”在保山市举行，来自全区五县(市)和保山一中代表队的160多名运动员、教练员参加了本次运动会所设的男子甲组、男子乙组和女子乙组共4个组别、50多个项目的比赛。保山一中代表队、昌宁县代表队、腾冲县代表队分获团体总积分第一、二、三名；保山一中代表队和昌宁县代表队同时获得“体育道德风尚奖”。

1996年8月25—28日，由行署文体局、行署教委主办的“1996年保山地区中学生篮、排球运动会”在保山市举行，来自全区五县(市)以及保山一中的20支运动队近300人参赛。昌宁县队、保山市队、腾冲县队分获男子篮球第一、二、三名，昌宁县队、保山市队、龙陵县队分获女子篮球第一、二、三名，保山一中队、施甸县队、保山市队分获男子排球第一、二、三名，保山一中队、施甸县队、保山市队分获女子排球第一、二、三名；施甸县男子排球队、保山一中女子排球队、昌宁县男子篮球队和保山市女子篮球队获“体育道德风尚奖”。

1997年7月22—25日，由行署文体局、行署教委共同主办的“1997年保山地区中学生田径运动会”在地区体育运动中心田径场举行，全区五县(市)和保山一中6支代表队的220多名运动员、教练员参赛。腾冲县代表队、保山一中代表队、昌宁县代表队分获团体总分第一、二、三名；昌宁县代表队和孙文芹等12人获“体育道德风尚奖”；保山一中代表队的董宝丽在女子铁饼比赛中以39.90米的成绩打破37.80米的地区少年纪录。

1998年2月16日，“保山地区少儿田径运动会”在保山地区体育运动中心田径场落下帷幕。来自保山市、腾冲县、龙陵县、施甸县4支代表队的48名少年田径运动员参加此次运动会。施甸县代表队、腾冲县代表队、保山市代表队分获团体总分第一、二、三名。

1999年2月9—11日，保山行署文体局举办的“保山地区少儿田径运动会”在保山市举行，来自全区五县(市)的60多名少儿田径运动员参赛。腾冲县代表队、龙陵县代表队、昌宁县代表队分获团体总分第一、二、三名。

2000年2月21—24日，“保山地区少儿田径运动会”在保山市举行，来自全区五县(市)的70名少儿田径运动员参赛。腾冲县代表队、龙陵县代表队、保山市代表队分获团体总分第一、二、三名。

2001年2月21—23日，“保山地区少儿田径运动会”在龙陵县新建的体育中心田径场举行，来自保山市、腾冲县、昌宁县、龙陵县的4支代表队的61名少儿田径运动员参加10个项目的角逐。腾冲县代表队、龙陵县代表队、昌宁县代表队分获团体总分第一、二、三名。7月16—20日，"'中寿杯'中学生篮球、足球运动会"在保山城区举行，来自全区五县（市）和保山一中的272名运动员分别参加了男子篮球、女子篮球以及男子足球3个项目的比赛。腾冲县、昌宁县和保山市分获男子篮球比赛的第一、二、三名，昌宁县、腾冲县、施甸县分获女子篮球比赛的第一、二、三名，保山一中、腾冲县、龙陵县分获足球比赛的第一、二、三名；昌宁县代表队获"体育道德风尚奖"。

2002年2月21—23日，"保山市少儿田径运动会"在保山市体育场举行，五县（区）5支代表队90名少儿田径运动员参加10个项目的比赛。腾冲县代表队、隆阳区代表队、施甸县代表队分获团体总分第一、二、三名。

2004年2月，"保山市少儿田径运动会"在昌宁举行，共有200多人参赛。昌宁县代表队、腾冲县代表队分获第一、二名。10月24—29日，"保山市第一届体育运动会"在保山举行。运动会共设10个项目(7个竞赛项目、3个民族体育项目)，分别是篮球、排球、足球、乒乓球、田径、游泳、射弩、陀螺和武术。市运会共有五县（区）、市直、烟草、电信共8个代表团1495人参加10个大项、106个小项、116块金牌的角逐。隆阳区、昌宁县、施甸县、市直、龙陵县、腾冲县代表团分别获得金牌榜的一、二、三、四、五、六名，代表团总分的一、二、三、四、五、六名分别由隆阳区、昌宁县、龙陵县、腾冲县、施甸县、市直代表团获得。该年寒假期间，举行青少年3人制篮球比赛，共有20多支队伍参赛。

2005年2月，"保山市少儿田径运动会"在保山市体育场举行，腾冲县、隆阳区和昌宁县分获团体第一、二、三名。

第三节　省级竞赛

1978—2005年，全市（区）共组团参加省级各类比赛152次，获奖牌954枚，其中取得超世界纪录成绩1项。

1978年2月，"云南省第五届运动会"在楚雄、临沧、昆明、个旧进行。保山地区运动员肖江玲获得女子100米蛙泳和女子200米蛙泳两个第一名，杨毅坚获得男子100米仰泳和男子200米仰泳两个第一名。

1981年8月，"云南省少年射击运动会"在保山举行。保山地区获女子步枪团体第一名，保山地区运动员张春艳获女子步枪第一名。

1982年2月，"云南省中长跑运动会"在保山举行。保山地区运动员杨绍明获男子成年组1000米和男子成年组5000米两个第一名，吴运东获男子少年组800米第一名。8月，"云南省第六届体育运动会"在昆明举行，保山地区运动员苏绍花获女子800米自由泳第一名，杨绍成获男子1000米第二名。

1984年6月，"云南省幼儿体操比赛"在保山举行。保山地区运动员杨南华获自由体操第一名和个人全能第一名。1984年7月至1985年5月，“云南省第一届青少年体育运动会”在芒市、楚雄、保山、昆明、丽江、临沧、昭通进行。保山地区代表队获男子丙组体操团体第一名，保山地区运动员苏绍花获女子100米自由泳、女子100米仰泳、女子400米混合泳3个第一名，褚荣波获女子气手枪第一名，杨廷花获女子少年组800米第一名，段红花获女子成年组800米和女子成年组1500米两个第一名，赵国艺获女子成年组3000米第一名，李明获男子成年组3000米越野第一名。

1985年，在“云南省中长跑比赛”中，保山队团体总分位居全省第二名，有33个单项获得名次，荣获金牌5枚、银牌2枚、铜牌3枚。

1986年1月23—25日，行署体委承办的“云南省首届中等专业学校田径选拔赛”在保山举行，全省12个代表队参赛。保山代表队20名运动员（男女各10名）参赛，获团体总分第一名。同年2—6月，“云南省第七届体育运动会”分预赛和决赛两个阶段分别在曲靖、东川、景洪、丽江、建水、下关等地进行，竞赛项目青少年组设田径、游泳、体操、射击、国际摔跤（古典式、自由式）、击剑、田径场自行车、篮球、排球、足球、乒乓球、羽毛球、技巧、武术、棋类（围棋、中国象棋）等15项，成年组设篮球、排球、足球、乒乓球、田径（中长跑、竞走）等5项。保山地区代表队运动员、教练员及工作人员200多人次参加预赛、决赛，决赛总积分在全省17个地州市中排列第十位，女子气手枪以40发1073环成绩破省青少年纪录。共获金牌7枚、银牌5枚、铜牌8枚。同年2月，“云南省中长跑、竞走运动会”在玉溪举行，保山地区代表队21名运动员参加成年男女组、少年男女甲乙组比赛，获团体总分第三名。

1987年，“云南省少年田径比赛”在下关举行，保山地区代表队在16个地州市参赛队中获团体总分第三名。同年2月，“云南省少年足球联赛”第一阶段分别在楚雄、玉溪举行，第二阶段决赛于8月份在昆明海埂训练基地举行。保山地区代表队第一阶段预赛获得第七名。2月11—15日，云南省中长跑、竞走比赛在楚雄举行。保山地区代表队在18个参赛队中，获得中长跑团体第三名、竞走团体第七名。6月，“云南省幼儿体操比赛”在曲靖举行，保山地区代表队获团体总分第二名。8月，“云南省体操比赛”在下关举行，保山地区代表队参加男女甲、乙、丙组的比赛，其中男子丙组获团体总分第一名。

1988年1—8月，“云南省第二届青少年运动会”在下关、昆明、宣威、玉溪举行。保山地区代表队参加排球、田径、游泳、射击、体操、击剑、武术等11项比赛，男女团体总分名列第八。2月5—10日，“云南省射击调赛”在龙陵县举行，有各地州市9个代表队参赛。保山地区代表队有6名选手参赛，60发卧射获团体第五名，3×20项目获团体第五名。

1989年1月25—28日，“云南省第五届中学生田径运动会”在保山一中举行，参赛单位有17个地州市和省冶金厅、林业厅等8个厅局（以系统为单位组队参赛）。保山地区代表队男运动员10名，女运动员7名；传统学校——保山一中男女运动员各8名，共计33名运动员参赛。保山地区队获团体总分第五名；保山一中队获传统学校团体总分第二名。2

月，“云南省田径（中长跑、竞走）、游泳、射击运动会暨全国第二届青少年运动会选拔赛”在宣威举行，保山地区代表队35名运动员参赛，中长跑获团体总分第七名，竞走获团体总分第四名。2月18—28日，“云南省少年排球比赛”在德宏芒市举行，保山地区代表队男排获第一名、女排获第三名。8月1—6日，“云南省射击比赛”在思茅举行，保山地区代表队男子气步枪获团体第二名，女子3×20项目获团体第六名。8月2—7日，“云南省少年体操比赛”在云南师范大学举行，保山地区代表队参加了男女甲、乙、丙组的比赛。男子丙组获团体总分第三名，男子甲组乔连品获全能第五名，男子乙组杨南华获全能第三名，男子丙组邵景山获全能第四名。8月16—20日，“云南省少年田径运动会”在昆明市官渡体育场举行，保山地区代表队团体总分排名第七；杨思菊分别获得女子3000米、女子5000米第一名，董诗兆获得男子800米第一名。

1990年2月16—20日，“云南省田径（中长跑、竞走）运动会”在思茅举行，保山地区代表队有20名运动员参赛，中长跑、竞走总积分排列第九位，其中竞走总分排名第四。女子成年组1500米决赛，孙文丽获第一名。男子成人组1500米决赛，杨从岗获第五名。6月10—12日，“云南省幼儿体操比赛”在楚雄举行，保山地区代表队男女运动员各6名参赛，获团体总分第七名。8月1—12日，“云南省第八届体育运动会”在大理举行，保山地区代表队175人参赛（运动员144人，教练员及工作人员31人）。参赛项目有篮球、排球、田径、体操、游泳、射击、柔道、击剑、技巧、棋牌、乒乓球等，获金牌12枚、银牌8枚、铜牌9枚。

1991年，保山地区男排获“云南省少年排球比赛”冠军。保山地区女排参加“云南省少年排球比赛”和“云南省女子排球比赛”两次均获亚军。全区全年派出12个运动队参加全省7个项目的12次少年儿童体育竞赛，获团体第一名1个、第二名2个、第三名3个，获单项金牌11枚、银牌9枚、铜牌3枚。射击运动员苏忠昌（施甸县人）1988年选拔到地区少体校训练，1990年输送到省陆上运动学校射击队集训，1991年8月在“云南省青少年射击比赛”中获金牌2枚，并以586环的成绩破男子气手枪60发云南省纪录、省青少年纪录，超该项目世界青少年579环的纪录。

1992年，“云南省第三届青少年运动会”分2月和8月两赛季在楚雄市举行。保山地区先后派出了155名运动员、教练员，参加了篮球、排球、田径、体操、举重、射击、柔道和乒乓球共8个项目的比赛。获男子排球第二名，女子排球第二名，男子篮球第八名，女子篮球第九名，体操男子团体第五名，射击女子团体第六名，柔道女子团体第五名、男子团体第七名。个人获金牌4枚、银牌7枚、铜牌8枚，第四名13个、第五名7个、第六名5个、第七名8个、第八名4个。

1993年8月1—4日，“云南省‘五羊杯’田径场自行车比赛”在保山地区体育运动中心田径场举行。来自大理州、曲靖地区、玉溪地区、昆明市、昭通地区、丽江地区、官渡区体育中学及玉溪市8支代表队共124名运动员、教练员参赛。这次比赛是保山地区体育运动中心田径场建成后举办的第一个省级比赛，同时也是保山地区承办的第一次全省田径场自行车比赛。8月10—14日，“云南省少年田径运动会”在保山地区体育运动中心田径场举行。来自昆明、曲靖、大理、西双版纳、临沧、玉溪、楚雄、东川、昭通、红河、丽江、文山、迪庆、保山等14个地州市代表队的387名运动员、教练员、裁判员参加运动会。保山地区代表队获团体总分第三名。保山地区田径运动员共获得4个第一名：李光廷获男子甲组3000米第一名；胡广坤获女子甲组5000米第一名；杨尧银获男子乙组1500米第一名；饶丹获男子乙组铅球第一名。

1994年7月24日至8月4日，“云南省第九届运动会”在昆明市举行，参加该运动会的保山地区代表团由排球、篮球、田径、射击、体操、柔道、围棋等7项11个队共108人组成。在这次省运会中，保山地区代表团共获得金牌3枚、银牌10枚、铜牌5枚，第四名6个、第五名4个、第六名6个、第七名4个、第八名3个。所获得3枚金牌分别是：射击队蔡淑芳、董诗芬、杨药仙组成的女子手枪队获女子手枪团体赛冠军，李云艳获女子移动靶个人冠军；田径队杨思菊获女子10000米第一名。金牌总数列全省第10位。本次运动会，保山地区代表团射击队破3项云南省青少年纪录：李云艳以368环破女子移动靶349环省青少年纪录，女子手枪以1662环破运动手枪队赛1655环省青少年纪录，女子手枪以989环破女子移动靶939环省青少年纪录。

1996年8月10—18日，“云南省第四届青少年运动会”在思茅举行，参加这次运动会的保山地区代表团由排球、篮球、田径、射击、体操、击剑共6项8队103人组成，获得金牌5枚、银牌13枚、铜牌10枚，金牌数和奖牌总数均列全省第十位。所获5枚金牌分别是：体操运动员杨晓浩夺得男子体操丙组蹦床金牌；由射击运动员黄蔚、石林艳、董诗芬组成的女子手枪队获得女子组气手枪队赛金牌；射击运动员邢丽梅夺得射击比赛女子组个人3×20金牌，夺得女子组气步枪金牌；田径运动员甘丽娟夺得女子甲组铅球金牌。在这次运动会中，邢丽梅以576环（资格赛）和665环（决赛）破女子3×20云南省纪录，以383环（资格赛）和479环（决赛）破女子气步枪云南省青少年纪录，同时以女子3×20项目576环的成绩达到一级运动员标准。

1998年8月10—16日，“云南省第十届运动会”在玉溪举行，保山地区派出85人的体育代表团，参加了14个项目中的田径、射击、体操、排球4个项目的比赛，获金牌6枚、银牌8枚、铜牌14枚，金牌总数名列全省第九的好成绩，超过了保山地区历届省运会排名。获得的6枚金牌分别是：男子体操队获团体金牌，肖明获男子丙组自由体操和双杠两枚金牌；田径队孙文芹获女子乙组1500米金牌；射击队李云艳以376环的成绩获女子10米移动靶标准速20+20项目金牌（该成绩超世界纪录、世界青少年纪录，破省青少年纪录，李云艳成为本届运动会“含金量”最高的金牌获得者），李云艳并获女子10米移动靶混合速金牌。

2001年2月13—19日，由云南省体育局主办、保山行署体育局承办的“2001年云南省射击重点项目布局调赛”在保山地区体育活动中心射击场举行，来自昆明、昭通、玉溪、楚雄、思茅、临沧、保山的159名运动员参加了21个项目的比赛。保山代表队由22名运动员组成，共获得4个第二名、1个第四名和1个第五名。

2002年，在8月举行的“云南省第十一届运动会”比赛中，保山市代表队100多名运动员获金牌10枚、银牌12枚、铜牌19枚。

2003年2月22—25日，“云南省射击调赛”在保山市体育场举行。来自昆明、昭通、玉溪、思茅、临沧、保山等代表队的1.62万名运动员参加了22个项目的比赛，保山代表队共获金牌2枚、银牌4枚、铜牌1枚。

第四节　国家级竞赛

1979年7月16—21日，康秀云代表云南参加在金城江举行的全国夏季游泳分区赛，获女子200米混合泳第一名。

1980年4月15—24日，李俊代表云南参加了在云南玉溪举行的全国公路自行车多日赛，与队友获多日赛总成绩第二名。10月12—23日，在昆明举行的全国武术表演赛，陈玲获女子传统拳术第二类第三名。

1981年3月，陆永华、李强、范有洪入选云南代表队参加在湖南省娄底举行的全国少年排球分区赛，获男子第二名。10月27日，孔祥昆、陈玲代表云南参加在福州举行的全国武术表演赛，与队友获集体项目第二名。

1984年8月，刘建忠入选云南代表队参加在湖南省娄底举行的全国青少年业余体校排球分区赛，获男子第一名。同年，何祖萍代表云南参加全国职工武术比赛，获金牌1枚、银牌1枚、铜牌1枚。

1985年9月7—15日，在杭州举行的全国第二届工人运动会武术比赛，何祖萍获女子双钩三等奖；陈琳获女子武术表演二等奖；孔祥昆获男子武术表演三等奖。

1987年1月7日，董玲代表云南参加在北京举行的全国技巧集训赛，获少年女子全能第一名、技术第一名、素质第一名。

1988年3月17—20日，在徐州举行的全国春季竞走比赛，刘永丽获女子少年5000米亚军(23′06″7，破省纪录)、3000米季军；陈宝文获男子10000米冠军、20000米季军。9月，高靖宇入选云南代表队参加在广西南宁举行的全国青少年排球比赛，获男子第二名。

1989年1月1—4日，杨伟标代表云南参加了在南宁举行的全国公路越野赛，与省体工二队队友获男子马拉松接力第三名。2月，李丽宾代表云南参加在南宁举行的全国“南化杯”越野比赛，获青年女子7公里第二名、6人接力第一名。7月20日至8月3日，李惠芳代表云南队参加在昆明举行的全国射击锦标赛达标赛，获女子10米弓弩第二名。8月9—11日，昌宁一中初中代表队14人参加在扬州举行的全国第六届体育传统项目学校“长江杯”田径邀请赛，赛和光获男子1500米第一名。

1990年1月1—3日，李丽宾代表云南参在南宁举行的全国田径公路越野锦标赛女子青年7公里项目的比赛，获第二名。

1991年8月，苏忠昌代表云南参加在郑州举行的全国少年射击比赛，获男子气手枪60

发金牌（579环，超原578环世界青少年纪录）。

1992年8月，苏忠昌代表云南参加在云南省射击场举行的全国射击大区赛，获男子气手枪60发冠军（589环，破原583环省纪录），获国家级健将称号。

1994年4月，苏忠昌代表云南参加在北京八一射击场举行的全国射击冠军赛，获男子手枪慢射冠军（567环，破原565环云南省纪录，达健将）、气手枪60发第三名。

1995年5月，章永鹏入选云南代表队参加在湖北武汉举行的全国青年排球联赛，获男子第二名。10月24—26日，杨思菊代表云南参加在南京举行的第三届全国城市运动会田径比赛，获女子10000米亚军、5000米季军（15′10″84，破亚洲纪录）。

1996年1月1—3日，杨思菊代表云南参加在昆明举行的全国田径越野锦标赛，获女子10公里冠军和半程马拉松冠军。5月，杨思根代表云南参加全国少年田径运动会，获男子2000米障碍第三名。6月，保山地区第二幼儿园参加全国幼儿基本体操表演大赛，以编排分第二名、总分第四名的成绩获甲组一等奖。

1997年1月1—3日，杨思菊代表云南参加在昆明呈贡举行的全国田径越野锦标赛，获女子10公里冠军和半程马拉松冠军。5月，杨思根代表云南参加在安山举行的全国少年田径运动会，获男子2000米障碍第一名、3000米第二名。6月1日，杨思菊代表云南参加在成都举行的全国田径锦标赛暨第八届全运会田径预赛，获女子10000米季军。同年，杨思根代表云南参加全国公路越野锦标赛，与队友获420公里接力团体第二名。

1998年3月，董钻文代表云南参加全国青年田径锦标赛，获男子10000米第二名、5000米第六名。4月17日，李云艳代表云南参加在上海举行的全国射击冠军赛，获女子移动靶标准速第一名（380环，超360环世界纪录，破云南省纪录和省少年纪录）和体育道德风尚奖。5月，在江西宜春举行的全国少年田径锦标赛，孙文芹获女子1500米第二名、3000米第二名。6月，全国体育运动技术学校田径比赛，杨思根获男子2000米障碍第一名；孙文芹获女子1500米第二名、3000米第二名；董钻文获男子10000米第二名。9月，苏忠昌代表云南参加在山东举行的全国射击团体锦标赛，获男子手枪慢射60发第二名、气手枪60发第二名。

1999年3月，穆水仙代表云南参加在河南新乡举行的全国少年田径锦标赛，获女子3000米第二名。4月，李云艳代表云南参加在昆明举行的全国射击系列赛（第一站），获女子移动靶标准速第一名（377环，超360环世界纪录）。6月16—26日，李云艳代表云南参加在昆明举行的全国射击系列赛（第二站）暨团体锦标赛（33单位，运动员214人），获女子10米移动靶20＋20团体第二名。11月14日，李云艳代表云南参加在上海举行的全国射击系列赛（总决赛）暨冠军赛，获女子移动靶第三名。

2000年3月，在贵阳举行的全国射击系列赛（第一站），黄蔚获女子小口径运动手枪慢加速60发冠军、运动气手枪40发亚军；李云艳获女子10米移动靶标准速20＋20冠军（379环，超376的世界纪录）；苏忠昌获男子手枪慢60发冠军、气手枪60发第三名；刘冬梅获女子气步枪40发第四名。5月，穆水仙代表云南参加全国少年田径比赛，获女子3000米第二名。6月初，孙文芹代表云南参加全国田径大奖赛（成都站），获女子5000米第三名。同月中旬，孙文芹代表云南参加在四川举行的全国青年田径锦标赛，获女子3000米冠军、5000米冠军。8月16—20日，穆水仙代表云南参加在新疆奎屯市举行的全国运动学校田径锦标赛，获女子3000米获冠军。9月中旬，邵曰凡代表云南参加在山东举行曲阜举行的全国青年田径锦标赛，获男子竞走20公里第二名。9月，邵曰凡代表云南参加全国竞走冠军赛，获男子20公里竞走亚军。

2001年3月27日，李云艳代表云南参加在昆明举行的全国射击系列赛（第一站），获女子10米移动靶20＋20第一名。4月，黄蔚代表云南参加在贵阳举行的全国射击分站赛，获女子运动手枪慢加速60发冠军、气手枪40发亚军。5月，杨永康代表云南参加全国少年田径锦标赛，获男子3000米第一名、2000米障碍第二名。6月，在山东举行的全国田径锦标赛，孙文芹获女子5000米季军。9月，邵曰凡代表云南参加在山东举行的全国青年田径锦标赛，获男子20千米竞走第二名。同年，林娟代表云南参加全国少年举重比赛，获女子44 kg级第三名。

2002年4月32—11日，在成都举行的全国射击系列赛（第一站），李云艳获女子移动靶20＋20第一名，刘冬梅、杨润艳分别获女子50米运动步枪3×20青年组第二名、第三名。8月，孙文芹代表云南参加全国田径大奖赛，获女子5000米第三名。同月，杨安跃代表云南参加全国第八届中学生运动会，获男子800米第三名；胡广坤代表云南参加全国竞走冠军赛，获女子10公里第三名；保山奥力健身俱乐部健身指导员潘焕兰参全国庐山杯云南赛区大众健美操比赛，获标准套路三级第二名。10月22日—11月1日，李云艳代表云南参加在济南举行的全国射击系列赛（总决赛）暨冠军赛，获总分第二名。

2003年3月23—25日，在成都举行的全国射击系列赛（第一站），李云艳获女子移动靶标准速20＋20第二名、移动靶混合速40发第三名；李苏艳获少年女子移动靶标准速20＋20第一名；赵和江获女子气手枪40发第二名。8月29日，李云艳代表云南参加在南京举行的全国射击系列赛（第三站）暨个人锦标赛，获女子移动靶混合速40发冠军。9月，邵曰凡代表云南参加全国竞走冠军赛，获男子团体第一名。

2004年2月6—7日，在贵州清镇体育训练基地举行的“体育彩票杯”全国越野跑锦标赛，孙文芹获成年女子4公里第三名、8公里第三名。3月，李云艳代表云南参加全国射击系列赛第一站的比赛，获女子10米移动靶标准速第一名、混合速第一名。4月17—18日，在广西南宁体育场举行的全国田径大奖赛暨冠军赛（首站），孙文芹获女子5000米铜牌。5月，在石家庄举行的全国田径锦标赛暨奥运会选拔赛，杨安跃获男子1500米亚军，孙文芹获女子1500米冠军。8月，邵曰凡代表云南参加全国竞走锦标赛，获男子团体第一名。9月，陆丽玖代表云南参加全国现代五项冠军赛，获女子团体第二名。11月，陆丽玖代表云南参加全国现代五项锦标赛，获女子团体第一名。同年，孙文芹代表云南参加全国田径冠军赛总决赛，获女子5000米季军；杨安跃、孙文芹代表云南参加全国室内田径锦标赛，杨安跃获男子1500米冠军，孙文芹获女子1500米冠军；蔡成发代表云南参加中国贵州亚高原马拉松赛，获男子半程亚军。

2005年3月6日，杨安跃代表云南参加全国室内田径赛（北京站），获男子1500米冠军。3月12—13日，在贵州省清镇训练基地举行的第三届全球通全国越野跑锦标赛，孙文芹获成年女子4公里季军、8公里季军。5月，杨安跃代表云南参加在重庆举行的全国田径大奖赛，获男子1500米冠军。8月，杨定宏代表云南参加中华人民共和国第九届中学生运动会田径比赛，获男子5000米第三名。10月14—23日，在南京举行的中华人民共和国第十届运动会，杨安跃获男子1500米铜牌（3′44″54，破省纪录）。同月31日，杨安跃参加2005年全国田径冠军赛暨大奖总决赛，获男子1500米亚军。同月，陆丽玖代表云南参加全国现代五项锦标赛，获女子团体第一名。同年，陈自本代表云南参加全国青少年田径锦标赛，获男子3000米获冠军。

第五节　国际体育竞赛

1984年10月14日，杨忠信参加在北京举行的第四届北京国际马拉松比赛，获第十六名，达一级运动员。

1985年10月，杨忠信参加在北京举行的第五届北京国际马拉松比赛，获国际第十九名，国内第六名。

1988年4月16—17日，李丽宾、段红花参加了在北京举行的中日友好长城马拉松接力赛。李丽宾与队友获女子团体第五名；段红花与队友获女子团体第一名。

1989年7月4—5日，董玲参加了在保加利亚斯腾迪尔举行的保加利亚第十五届国际技巧循环赛（中、苏、匈、希、葡、保6国），获女子全能第一名。同年，陈保文参加世界青年竞走锦标赛，获冠军。

1995年4月，杨怀艳参加在韩国举行的世界中学生越野锦标赛，获女子马拉松接力团体冠军。11月24日，杨思菊参加在日本千叶举行的青木半治杯国际马拉松接力赛，与梁英、王明霞等合作，获女子组亚军。11月，沙宝焕参加了在桂林举行的国际太极拳交流观摩大会，获一等奖。

1996年7月19日至8月4日，杨思菊参加在亚特兰大举行的第二十六届奥运会女子田径5000米、10000米两项比赛，获10000米第十九名。

1997年3月，杨思根参加在韩国举行的国际公路越野锦标赛，获男子4×20公里接力团体第二名。3月23日，杨思菊参加在日本横滨举行的国际女子马拉松接力赛，与队友合作获第三名。8月5日，杨思菊参加在雅典举行的第六届世界田径锦标赛，获女子10000米第七名。

1998年10月，保山代表队7人参加在浙江省湖州市德清举行的首届莫干山国际登山旅游节中国木兰拳大赛，获优胜奖。

1999年3月6日，孙文芹参加了第十四届北京国际马拉松公路接力赛，与队友获国际组冠军。

2001年3月，保山代表队6人参加在海南省三亚举行的首届世界太极拳健康大会。集体项目获“三十二式太极剑”优秀奖；个人项目获《二十四式太极拳》一等奖1个、二等奖1个、三等奖1个,《三十二式太极剑》二等奖1个、三等奖2个,《青龙太极剑》二等奖1个,杨氏太极拳二等奖1个,《吴式太极拳》纪念奖2个。6月，在泰国曼谷举行的湄公河国际友好运动会田径比赛，穆水仙获女子800米第一名；杨安跃获男子800米第一名。

2002年3月6日，孙文芹参加北京国际马拉松接力比赛，与队友获女子接力团体第一名。

2003年3月，孙文芹参加北京国际马拉松女子接力赛，获国际组冠军。12月，周自存参加香港远东及南太平洋伤残运动会游泳比赛，获50米蝶泳、400米自由泳、100米自由泳3枚金牌。

2004年8月，熊守存参加韩国国际马拉松接力赛，获女子团体第二名。

2005年3月26日，在福建省厦门举行的建发第三届厦门国际马拉松赛，穆水仙获女子第八名。8月，王自良参加在匈牙利赛可德举行的世界青年皮划艇锦标赛，获男子AB组个人1000米第十一名、5000米第十八名。12月，保山武术代表队8人参加在海南省海口举行的第二届世界太极拳健康大会。集体项目获《三十二式太极剑》二等奖；个人项目：C组（中年队）获二等奖4个、三等奖3个，D组（老年队）获一等奖2个、二等奖5个、三等奖3个。

全市（区）1983—2005年举办运动会及获省级以上奖牌情况

表37-1

年度	举办各种运动会		参加省级及其以上运动会获奖牌（枚）			
	次数	参加人数	合计	其中		
				金	银	铜
1983	37	6366	—	—	—	—
1984	43	8873	—	—	—	—
1985	62	24767	82	19	27	36
1986	122	—	58	22	15	21
1987	186	36700	49	12	15	22
1988	206	30833	101	27	31	43
1989	248	42294	22	6	7	9
1990	13	1282	27	12	8	7
1991	185	52096	28	11	11	6
1992	1375	89606	38	10	14	14

续上表

年度	举办各种运动会		参加省级及其以上运动会获奖牌（枚）			
	次数	参加人数	合计	其中		
				金	银	铜
1993	154	18103	47	12	19	16
1994	183	19807	20	3	13	4
1995	70	8184	49	16	16	17
1996	153	8381	47	12	22	13
1997	188	47370	61	20	25	16
1998	131	2529	28	6	8	14
1999	72	45747	55	17	18	20
2000	140	90666	26	11	7	8
2001	119	113000	64	14	25	25
2002	38	105000	55	15	18	22
2003	47	50000	63	23	19	21
2004	62	65000	44	21	15	8
2005	179	281460	52	16	25	11

第三十八编　民　政

首次选村委会干部

综 述

中共十一届三中全会以后，保山各级民政部门在社会保障、基层政权建设、行政管理中发挥了重要作用，为解决社会问题，调节社会关系，促进社会公平，规范社会行为，维护社会稳定做出积极贡献。

1978—2005年，保山自然灾害频发，各级民政部门快速查灾、准确报灾、适时救灾、把灾害损失降到最低限度。并对救灾工作进行改革，通过建立扶贫制度、建立“救灾扶贫互助储金储粮会”（以下简称“双储会”）、推广灾害保险等措施，提高了灾害救助能力，保障了灾民的基本生活权益。

1978年以后，保山地区根据“依靠群众，依靠集体，生产自救，互助互济，辅之以国家必要的救济和扶持”的救济方针，对社会救济工作做了较大改革，在保证生活的前提下，拿出40%～60%的救济款对困难户进行生产扶持，实行“输血式”的无偿救济与“造血式”的有偿扶贫相结合。农村五保户的供养工作经过不断探索，在2004年农村税费改革后，由亲属和社会供养转变为国家供养。2005年，全市符合五保供养的鳏、寡、孤、独老人3653人，有128人集中在22所农村敬老院供养，其余为分散供养，五保供养资金全部由财政转移支付。除困难户、五保户外，民政部门还对精简退职老职工、宽释人员等特殊对象给予临时或定期定量救济。

中共十一届三中全会以后，保山地区收养性社会福利事业发展较快，2005年，全市收养性单位增加到35个，职工增加到117人，年支出增加到346.7万元。1988—2005年，保山争取多方支持，推进矫治小儿麻痹、白内障复明术、儿童唇腭裂矫治“三项康复”工作，先后有一批患者得到医治和康复。1997—2005年，保山争取云南省慈善总会等机构的支持，先后有一批孤儿得到助养。1978—2002年，保山按国务院《城市流浪乞讨人员收容遣送办法》，落实开展收容遣送工作；2003年8月，保山市将强制收容遣送改为收容救助，把收容遣送站改为收容救助站，逐步建立起新型的社会救助制度；2005年，全市有5个救助站，职工24人，当年支出76.7万元，全年救助544人次。

1998年，保山地区决定按不同层次、不同标准分步实行城市居民最低生活保障；1999年，全区全面启动城市最低生活保障工作；2003年，保山市将城市贫困人口全部纳入“最低生活保障范围”，提高补助水平，每月人均补差为60.80元，并拟定《保山市城市居民最低生活保障实施细则》，规范全市低保工作的运行方式和管理机制。从1999年全面启动城市低保至2005年，保山市共筹措城市低保资金1.17亿元，实际支出1.08亿元，基本建立了以低保为主体的城市社会救助体系，基本保障了城市贫困人口的基本生活。保山市五县（区）于2004年内完成农村特困户的救助证发放工作，对农村“不救不活”的特困户全面实施定期定量救助；2005年，保山市按照每人每月10元的标准，对3.5万农村特困群众实施定期定量救助。

1979年2月对越自卫还击作战开始后，全区各级民政部门以临战的姿态做好优抚安置工作，全面落实优抚政策，千方百计解除现役军人的后顾之忧，极大地鼓舞了前线官兵成边杀敌和献身报国的斗志。1978—2005年，保山地区拥军优属工作从内容到形式都作了重要改革，坚持开展节日拥军活动、军民共建活动、双拥模范城（县）创建活动。全区拥军优属服务组织由小到大，由少到多，各族人民的拥军意识和国防意识不断增强。各级民政部门不断改进优抚安置工作，充分发挥了党委政府联系部队的桥梁纽带作用，成为驻军的“编外后勤部”和优抚对象的“当家人”。

1978—2005年，在推进保山社会保障体系建设的同时，各级民政部门通过加强基层政权建设、基层自治组织建设和基层民主政治建设，保障了人民当家做主的权利；通过撤地设市、首次勘界工作和“核定法定线、法定习惯线，解决争议线”等数次行政区划调整，使区划地名与社会经济发展相适应；通过对婚姻管理、收养管理、殡葬管理和老龄事业等各项民政工作的改革，强化了行政管理和服务职能。2005年，保山市民政支出资金1.14亿元，是1977年的57.3倍；1978—2005年，民政累计支出资金7.16亿元，是1949—1977年的21.49倍。

第一章　机构沿革

第一节　民政工作机构

一、市级民政机构

1978年，保山地区革委会根据第七次全国民政工作会议“进一步健全民政机构，加强民政干部队伍建设”的要求，将地革委民政局的编制从4人增至13人。1979年5月，又将保山地革委民政局改为保山地区行政公署民政局。9月3日，在局下设秘书、优抚、社会、侨务4个科，工作人员15人。1983年9月体制改革，改称保山地区行政公署民政侨务处，除原设4科外，增设民政科、军队离退休干部安置管理所和盲聋哑人协会办公室。1986年12月10日，秘书科改为办公室，优抚科与军队离退休干部安置管理所合并为优抚安置科；侨务科对外改称侨务办公室。

1987年3月24日，民政侨务分开，设立保山地区行政公署民政处，侨务科和华侨建设公司连同人员编制划归行署侨务办公室。行署民政处核定编制23人，实有19人。1987年4月9日，保山地区行署地名办公室由行署地方志办公室划归民政处管理，定编3人。1989年3月6日，增设基层政权科和计划财务科。4月20日，盲聋哑人协会办公室撤销，成立云南省残疾人联合会保山地区办事处。民政处核定行政编制22人，实有22人。同年9月1日，地区残联办事处分出，实行计划单列，由民政处代管。1990年11月15日，建立社会团体管理科。1991年12月2日，撤销优抚安置科和财务科，设立军队离退休干部接收安置办公室和优抚科。计划财务科撤销后，其职责由局办公室承担，会计出纳人员划归办公室。1993年4月24日，保山地区老龄问题委员会办公室由劳动人事处划归民政处管理，维持具有行政职能的乡科级事业单位性质。

1994年，行署民政处、行署侨办合并，组建“保山地区行政公署民政侨务局”。1995年6月15日，经行署批准，由行署办公室印发《保山地区行政公署民政侨务局职能配置、内设机构和人员编制方案》，行署民政侨务局下设办公室、救灾救济科（同时挂保山地区社会福利有奖募捐委员会办公室牌子）、计划财务统计科、侨务科（对外挂保山地区行政公署侨务办公室的牌子）、社会事务科（同时挂社会团体登记管理科的牌子）、基层政权建设科（同时挂行政区划地名管理科的牌子）、优抚安置科、军队离退休干部安置办公室、老龄问题委员会办公室共9个科室，核定编制37人，其中行政编制26人，机关事业编制8人，工勤人员3人。设局长1人，副局长2人，科长、主任9人，副科长、副主任2人。侨联为处级群众团体，挂靠民政侨务局，对外挂保山地区归国华侨联合会的牌子；保山地区残疾人联合会挂靠民政侨务局，为民政侨务局指导和管理下的副县级群众团体，实行理事会负责制；地区民政侨务局所属的事业单位有保山地区军供食宿站、保山地区象山医院、保山地区社会福利院。所属福利企业有保山地区双扶服务公司。1996年9月18日，行署决定成立保山地区勘界工作领导小组，并设领导小组办公室于民政侨务局。

1997年1月16日，经地委批准，地区残疾人联合会的机构级别升为正处级，与保山地区民政侨务局脱离挂靠关系。4月25日，在地区民政侨务局内设立“保山地区农村社会养老保险办公室”，为行署民政侨务局领导下行使行政职能的乡科级事业单位。到2000年年末，定编39人，实有34人。

2001年7月24日，中共保山市委决定，民政单设，称保山市民政局，将原民政侨务局承担的侨务职能划归新组建的保山市外事与侨务办公室，将农村社会养老保险职能划归保山市劳动和社会保障局。2002年，保山市民政局下设9个职能科室。核定编制32人，其中行政编制21人，行使行政职能的事业编制8人，工勤人员编制3人。领导职数为局长1人，副局长2人，科级领导职数10人。12月2日，成立保山市老龄工作委员会，办公室设在市民政局，办公室主任由保山市民政局党组书记、局长兼任。

2005年6月14日，保山市老龄工作委员会办公室与保山市民政局合署办公，保山市民政局设10个职能科室，新设计划财务科、老龄工作综合科，将社会福利和社会事务科、民间组织管理科合并，称社会福利社会事务和民间组织管理科，其他科室保持2002年6月3日的设置不变。人员编制35人，其中行政编制21人，行使行政职能的事业编制11人，工勤人员编制3人。领导职数：局长1人，副局长2人，纪检组长1人，老龄办专职副主任1人，科级领导职数12人。2005年年末，核定编制35人，实有29人。

二、县（区）民政机构

1974年，龙陵、腾冲、施甸三县先后成立民政侨务局。1975、1976年，昌宁、保山两县民政局先后成立。1983年9月9日，保山县撤县设市后，改称市民政侨务局。在县级民政内设机构中，除1996年年底以后所设的勘界办为副科级单位外，其余均为乡科级下的科股。各县民政机构成立之初，除昌宁县外，其他县均为民政侨务合设，后几经分合。2001年8月，保山撤地设市后，民政与侨务分设，各县（区）民政侨务局均改称民政局。

2005年年末，五县（区）民政局定编129人，实有122人。

三、乡（镇）民政机构

1984年撤销人民公社前，在公社设民政助理员。撤销后，复称区、镇民政助理员。1987年撤区建乡后，改称乡、镇民政助理员。2004年，税费改革后，称民政助理员，有的乡（镇）设民政办公室，有的设民政所。

乡（镇）民政助理员的编制，在1978年前，虽然定编定员，但兼职过多，任务繁重。有的身兼8职，被称之为“八大员”。1977年，98个公社（镇）有99人，专职69人。1984年，保山地区根据民政部和云南省民政厅的要求，总人口在3万人以上的14个区（镇），每区（镇）设2人，其余每个区设1人。到1985年年底，81个区（镇），应配95人，实有88人。2000年8月，83个乡（镇）核定编制130人，其中2人的46个乡（镇），1人的37个乡（镇）。实有124人，其中3人的1个乡，2人的37个乡（镇），1人的45个乡（镇）。腾冲、昌宁两县的36个乡（镇）设立民政办（所）。2004年，乡（镇）规模缩减后，实有民政助理员115人。2005年，增至138人。

第二节 市属二级单位

一、保山市军供站

1977年10月27日，保山地革委批准在保山县城郊公社黄纸房村利用火葬场旧址，建立保山地区军供食宿站，核定行政编制4人。是保山地区民政局直属的优抚事业单位，主要任务是保障过往部队和新老兵及支前民兵、民工等在运输途中的食宿接待和军运马匹的草料饮水供应。建成时设床位100张。1981年增至135张。1982年，投资12.09万元，建成三层砖混楼房1271平方米，设床位150张，最大接待量每天500人。1986年，新建职工宿舍414平方米。1994年，经省政府批准，搬迁至建设路（后来的新闻路），投资216.23万元，建成5246.3平方米，房屋建筑面积2546平方米，设床位150个。2002年6月，更名为保山市军供站。

1978—1989年，接待22.06万人次，其中过往部队7.35万人次，床位使用率36.3%，是全省14个军供站中的最低。支出32.07万元。1990—2000年，由于搬迁和承包等原因，接待人数下降，接待1.69万人次，其中过往部队0.39万人次。2001—2005年，接待3.1万人次，其中部队0.2万人次。支出61.7万元。

2005年，有固定职工5人，资产合计404.3万元。设床位88个，床位使用率14.32%。当年接待4600人次，其中，部队423人次，床位使用率14.32%。年收入31.4万元，其中事业收入0.8万元，支出31.4万元。

二、保山市社会福利院

建立于1950年1月。1967年4月，将保山专区生产教养院更名为保山专区残老院。1984年3月，改称保山地区社会福利院。1997年9月，由园光寺搬迁至黄纸房村原保山军供站旧址。2002年6月，更名为保山市社会福利院。2005年，有职工14人，设床位50张，床位使用率42%。

三、保山市象山医院

建于1962年，属保山地区民政局直属的社会福利事业单位。名称先后为保山专区精神病院、保山地区精神病院。1984年3月，改名保山地区精神病管理治疗所。1988年4月，改称保山地区第二精神病医院。1993年10月，将保山地区双扶服务公司水电装饰工程队划归象山医院管理，并更名为保山地区双扶水电装饰工程队。1997年9月，从圆光寺搬迁至黄纸房村原保山军供站旧址。1999年12月，云南省民政厅授予“云南省二级精神病福利医院”。2000年8月，称保山地区象山医院。2001年6月，云南省劳动和社会保障厅确定象山医院为“云南省城镇工医疗保险定点医疗机构”。2002年6月，更名为保山市象山医院。2005年，有正式职工24人，其中医护人员17人。设床位65个，床位使用率70.62%。

四、施甸小石桥疗养院

施甸小石桥疗养院，是保山地区民政局直属的社会福利事业单位。1980年12月，保山地区行政公署决定，将1952年12月建立的施甸小石桥疗养院由民政部门交由卫生部门管理。移交时，有耕地120亩，房屋1939平方米，骡马12匹，水牛9条，黄牛23条，猪114头，羊25只。财产总价值4.44万元，存款和现金2339.58元，暂付款100元。有职工11人，病人152人，其中救济对象141人，年救济2.11万元；自费收养11人。

五、保山地区火化场

1965年，在保山县城关镇黄纸房始建保山地区火化场，属保山地区民政局直属的社会福利事业单位。基本建成后，因选址不当和“文化大革命”的影响而停建。1971年，又在原址后山约1千米的裂山，征荒山20亩重建。1978年建成投入使用。1979年7月，将其人员财产全部移交保山县民政局管理。

六、保山地区双扶服务公司

1988年2月1日，保山地区民政处利用王衙街原有公房建立“云南省保山地区双扶服务公司”，为该处直属集体福利企业，派该处职工杨景尧出任经理，实行承包经营。1995年11月30日，保山地区民政侨务局在保岫东路永昌路东侧70米处，征地3.5亩，投资300万元，建立保山地区社区服务中心。竣工后，即将保山地区双扶服务公司搬入，同时挂保山地区社区服务中心、保山地区救灾中心牌子，均为民政侨务局直属社会福利企业。实行

3块牌子，一套班子，统一经营，统一核算。设经理、会计、出纳各1人。2002年，因隆阳区城市建设需要，被占用，单位撤销。

七、保山地区华侨建设公司

1984年，设立保山地区华侨建设公司，属保山地区民政侨务处的侨属企业。1987年3月，民政侨务分设时，划归保山行署侨务办公室。

第三节　老龄工作机构

一、市级工作机构

1986年，地委行署决定建立保山地区老龄问题委员会，由行署副专员任主任，行署办主任、民政侨务局局长、地区老干局局长、行署劳动人事局副局长任副主任，行署10个相关单位的领导为成员，同时，聘请已退休地委、行署领导任顾问。下设办公室于行署劳动人事处。

1993年4月13日，保山地区老龄问题委员会决定，将老龄问题委员会办公室划归行署民政处管理，属具有行政职能的乡科级事业单位，人员编制3人。

1995年6月15日，行署批准保山地区老龄问题委员会办公室，为民政侨务局的内设科室。

2002年，保山地区老龄问题委员会改为保山市老龄工作委员会。

2005年，保山市老龄工作委员会办公室升格为正处级，与保山市民政局合署办公，并设老龄办专职副主任1名，下设老龄工作综合科，工作人员3人。

二、县（区）工作机构

1995年，保山地区老龄问题委员会办公室划归行署民政处后，区辖保山市、施甸县、腾冲县、龙陵县、昌宁县相继仿照，1996年5月，先后建立健全县（市）老龄委和办公室，配有专、兼职工作人员。当年底，全区老龄办有专兼职干部12人，其中保山市3人，地直和腾冲县、施甸县、龙陵县各2人，昌宁县1人，除龙陵县为兼职外，其余皆为专职。

2000年年末，全区老龄办有专职工作人员14人，其中地区2人，保山市5人（含老体协2人），施甸县3人（老龄办和老体协实行一套班子两块牌子），腾冲县2人，昌宁县、龙陵县各1人。

2003年，施甸县、龙陵县完成老龄机构升格。

2005年，各县（区）老龄委办公室共有工作人员17人，比2004年增加1人。其中隆阳区5人，腾冲县、施甸县、龙陵县、昌宁县各3人。

三、乡（镇）和机关单位工作机构

1996年5月，县（市）建立老龄委和办公室后，83个乡（镇）先后建立老龄委和办公室。驻保中央和省属单位、地县属机关、厂矿企事业单位均建有老龄委，设有办公室，配有专兼职管理人员。

2001年，乡(镇)及大的厂矿企业老龄委有专(兼)职干部97人。

2004年，县(区)直属企事业单位老龄机构35个，有专兼职干部54人。

第四节　优抚事业单位

一、军干所

1983年9月，保山市(县级)设立军队离退休干部休养所。1984年1月，行署民政侨务处正式设立“军队离退休干部安置管理所”，腾冲、昌宁、施甸先后设立干休点。

1989年，龙陵县在邦腊掌温泉建立军队离退休干部疗养所，投资26万元，设床位50个，简易澡池6个，负责接待全区军队离退休干部和部分优抚对象疗养。

1997年年底，全区共建立军队离退休干部休养所(点)6个，配备管理人员33人，其中地区军队离退休干部安置办公室4人，保山市军干所11人，腾冲县军干所6人，龙陵县军队离退休干部疗养所6人，昌宁县军干所和施甸县干休点各3人。

2001年3—5月，开展优抚对象普查，全区有3个休养所、院，3个服务站。

2005年，五县(区)军干所有职工27人，资产合计1822.8万元。

二、烈士陵园

1978年，全区有保山县窑湾烈士陵园和孝感泉64医院烈士陵园，腾冲国殇墓园、烈士陵园，龙陵县西山公墓和大坝烈士陵园，昌宁县姚家坡烈士陵园、老君山烈士墓，施甸县74名烈士分葬在酒房、万兴、等子等16处烈士墓和公墓。

2001年3月，对烈士纪念建筑保护单位进行普查，全区有县(市)级保护单位5个，有固定资产171万元，占地面积8.07万平方米，业务用房建筑面积333平方米，编制3人，共安葬烈士239人。当年接待瞻仰参观1.23万人次。除5个烈士陵园外，还有保山市孝感泉64医院烈士陵园和龙陵大坝、昌宁老君山、施甸酒房、万兴、等子等集中安葬烈士的墓地16处。

2004年，开始全面加强烈士纪念建筑物的建设，提高烈士陵园的管理水平。腾冲县、昌宁县加大财政投入，因地制宜，坚持走园林化道路，改善了园容园貌，形成了以褒扬烈士为主，集宣传、教育、游览等多功能于一体的社会主义精神文明建设阵地，把革命传统教育与知识性、纪念性有机融合在一起。

2005年，有烈士纪念建筑物管理单位5个，烈士纪念建筑物13处，占地面积7.5万平方米，其中烈士纪念建筑物面积165平方米。有职工6人，资产合计45万元。当年接待瞻仰和参观游览3.47万人次。其中腾冲烈士陵园为腾冲县民政局管理的优抚事业单位，占地3.82万平方米，1956年春建成。隆阳区烈士陵园为隆阳区民政局管理的优抚事业单位。

第二章　自然灾害救助

第一节　灾害救助

保山地理位置和自然条件特殊，导致自然灾害十分频繁，有“无灾不成年”之说。

1978—2005年，保山自然灾害频发，对人民群众的生产、生活带来较大影响。特别是“十五”期间，2001年施甸叠加地震，2002年持续干旱之后多灾并发，2003年大旱之后大范围病虫和洪涝，2004年“4·13”风暴、“5·17”洪灾、“7·18”特大洪涝、泥石流、滑坡和隆阳区“10·19”地震，2005年异常干旱之后又遇洪涝和风雹，灾害之重前所未有。各级民政部门全面贯彻“依靠群众，依靠集体，生产自救，互助互济，辅之以国家必要的救济和扶持”的救灾方针。快速查灾、准确报灾、适时救灾、把灾害损失降到最低限度，为党委政府及时抗灾救灾提供条件。因灾害频繁，逢灾必救，故只能择重而述。

一、一般灾害救助

1979年8—10月，先后13次低温寒流，导致45.5万人因灾缺粮，其中，18.1万人得到国家12.14万元的灾害救济。

1987年，地区民政处配合县（市），在10个乡建立灾情联系点，同时改进报灾手段，提高报灾的及时性和准确性。

1989年上半年，全区遭受特大旱灾；7月以后，境内普降大雨、暴雨。民政部门及时查报灾情，先后拨出救灾款95万元，用于抢险和转移灾民，解决了灾民的临时困难。同时对11个夏荒缺粮最严重的乡拨出返销粮152.5万千克，人均24.5千克。施甸县万兴乡还组织专人到农户家中调查，发现无米下锅户，就地开单供应粮食，及时缓解灾民的生活困难。

1991年，地区监察、民政、财政等部门组成工作组，对1990—1991年6月全区所发放的救灾款物进行执法检查。在乡（镇）自查、县（市）抽查基础上，地区工作组重点检查了蒲缥、老营、象达、平达4乡（镇）的9个行政村，走访47户。其间发放救灾款419.5万元，用于救济生活306.8万元，共救济38.89万人；转移安置灾民3593人，共18.5万元；“双储会”垫底资金22.8万元，发展“双储会”162个，入会16.81万人；扶贫38.4万元，共扶特困户、重灾户1.03万人；扶持经济实体8个，33万元。查处违纪案件3起6人，追回违纪资金2380元，查出专款不专用2起，涉及2.16万元。总体表明，全区救灾款物发放使用基本合理，民政干部和基层干部清正廉洁。

1992年，全区根据4月15—17日，云南省在保山召开的鼠害联防工作会议要求，建立病虫害防治网点28个，把病虫测报、指导防治、救灾物资（农药）供应三者融为一体。当年，洪涝、风雹、泥石流、滑坡严重，造成37人死亡，死亡大牲畜232头，民房倒损1.95万间，因灾缺粮31.3万人，占成灾人口的75.4%，缺粮1257.6万千克，其中双缺15.1万人，占重灾民和特重灾民的98.4%。全区投入救灾的党、政、军、民747.66万人次。安排救灾款266.5万元；社会捐款2.79万元，捐衣被8.71万件，捐粮食4.4万千克；粮食部门安排返销粮468万千克。

1993年，全区发生百年不遇的洪涝等自然灾害，共投入防洪抢险31万多人，安排救灾经费730.9万元，化肥275吨，汽油330吨，柴油299吨，钢材6.5吨，木材135立方米。地区工、青、妇联合发出捐赠倡议，全区共接收捐款20.9万元，衣被等物2.05万件。

1994年，保山民政建立并有效实施了“救灾工作分级负责、救灾经费分级负担、救灾资金专户管理”等制度，抗灾救灾的综合协调能力和快速反应能力不断增强。

1997年7月份，由于受“厄尔尼诺”现象影响，全区气候异常。前期干旱严重，雨季推迟，后期洪涝、单点暴雨等自然灾害频繁。受灾人口达125.98万人，成灾57.24万人，因灾死亡14人，被困1.3万人，需转移安置1.89万人，房屋倒损4.63万间。农作物成灾16.23万亩，减产粮食6940万千克，直接经济损失达2.18亿元，有45.2万人因灾缺粮1910万千克。全区争取救灾救济款617.5万元，有16.49万人得到249.9万元的生活救济。接收上海和昆明救灾捐赠物资13车，均全部分发到灾民手中，保障灾民正常生活。

1998年，全区前期干旱和病虫害，后期遭受特大洪涝。农作物受灾148.5万亩，绝收17.4万亩。191万人受灾，因灾死亡35人，房屋倒损4.06万间。地、县、乡三级政府，除积极投入抗洪抢险外，普遍建立了由政府主要领导负责的救灾工作责任制，分片包干，责任到人，对突发性灾害和边远贫困地区，主要领导亲临灾区，组织抢险，核实灾荒，准确掌握灾荒程度和自救能力，适时救灾，稳定了社会，安定了民心。当年投入自然灾害救济款660.9万元，其中抢险转移89.6万元，救济生活563.3万元，扶持生产8万元。

2000年，全区干旱、病虫、洪涝等多灾并发。农作物受灾230.34万亩，成灾人口83万人，因灾死亡35人，伤病501人，倒损民房3.47万间，直接经济损失达3.22亿元。减产粮食1.46亿千克，缺粮33万多人。投入抗灾抢险人数48.4万人，出动车辆1821台次，转移安置灾民3383人。中央、省下拨了救灾专款1075.7万元，均用于解决灾民的生产生活。地区在财力十分困难的情况下，落实自然灾害补助款30万元，救灾粮差价配套补助60万元。各县拨出两项专款119.3万元。接收上海捐赠衣、物19车。地区民政侨务局统购中国福利彩票赈灾粮57.5万千克，救济8.89万重灾民和五保户。做到专粮专用，荒年不荒。

1976—2000年，成灾人口1184.36万人，其中重灾民和特重灾民678.59万人，因灾死亡598人，民房倒塌9.16万间，损坏49.49万间，直接经济损失36.82亿元，有650.85万人得到2778万元的灾害救济。

2001年，因地震、干旱、洪涝、泥石流滑坡、低温冷害、病虫等自然灾害，直接经济损失21.18亿元，其中“4·10”“4·12”地震损失9.8亿元，成灾179.9万人，因灾死亡23人，房屋倒塌7.74万间，损坏138.41万间，粮食减产1.7亿千克，缺粮49万人，需转移安置灾民22.92万人。各级下拨救灾救济款3695.2万元，妥善解决了灾民的吃、穿、住等困难，确保了灾区社会稳定。

2002年，全市43个乡（镇）155.8万人遭受干旱、风雹、洪涝、低温、冷冻和病虫等自然灾害，成灾74.17万人，农作物受灾160.26万亩，倒损民房4.8万间，直接经济损失2.19亿元。减产粮食1.48亿千克，27.22万人因灾缺粮455.8万千克。投入救灾救济资金897万元，共救济30.8万人，转移安置灾民1277户，修复建设民房2.26万间。

2003年5月26日，保山市政府印发了《保山市破坏性地震应急预案》，行署2000年10月26日印发的《保山地区破坏性地震应急预案》同时废止。当年，全市长时间连续干旱，大范围遭病虫害，且灾害叠加。46个乡（镇）受灾，农经作物受灾面积228.31万亩，其中成灾106.3万亩，绝收28.71万亩，受灾人口168.9万人，因灾死亡4人，伤410人，直接经济损失2.7亿元，粮食减产1.34亿千克，缺粮人口44.7万人。有24.8万人、2473台次车辆参加抢险救灾，转移安置灾民2161人；在组织生产自救的同时，先后下拨救灾救济款1432.6万元，解决了灾民吃、穿、住、医等方面的困难。

2004年，先后发生冬春干旱、“4・13”风雹灾、“5・17”洪灾、“7・18”特大洪涝、泥石流滑坡和“10・19”地震等重大灾害，给人民的生命财产造成严重威胁。成灾104.77万人，因灾死亡31人，伤2147人，被困2423人，需要紧急转移安置2.04万人，民房倒塌2.84万间，损坏48.68万间。直接经济损失10.33亿元。灾情发生后，市委、市政府及时组织各级干部和驻保军警官兵、民兵预备役部队等3.38万人抢险救灾；要求民政部门认真做好灾情动态监测，做到早发现、早报告、早安排、早撤离，一旦发现隐患，及时把群众转移到安全地带，最大限度的减少人员伤亡；市民政局紧急调运帐篷1500顶、棉被2000床、衣服1500套及时送达灾区；多渠道筹集救灾资金1981万元，保障了灾民的基本生活；积极倡议捐款捐物，10月30日止，接收捐款507.4万元及一批救灾物资，有效缓解了救灾资金不足；积极抓好灾区民房恢复建设，至当年底，完成恢复建设任务的96.6%。通过各种形式救助，灾民基本生活得到了妥善安排，灾区人心稳定，社会安宁。

2004年4月21日，保山市民政局接省民政厅电传《云南日报内参》第八号，《记者调查“救济粮（款）发给未受灾农户，施甸县部分受灾群众意见大”》（该报记者尤祥能）和附件张仕林信访3件（以下简称《记者调查》）。省市领导作了重要批示，要求“迅速查清，如实反馈。分清责任，严肃对待”。同日，市民政局党组立即研究，组成由党组成员、副局长李光林带队的4人工作组，当天前往施甸对该县2003年救灾救济工作情况进行实地调查。于4月28日向市政府、省民政厅、省政府分别呈送了《调查报告》。通过调查核实，《记者调查》提出的2003年施甸县灾情特别严重的记述情况基本属实，但所述查灾、报灾、救灾的内容严重失实。调查组认为，作为记者，不能仅凭个别人的信访，不作深入调查，就对一个县的救灾救济工作和基层干部作出如此不公正的断言。建议《云南日报内参》编辑部责令记者尤祥能，在第八号内参送发单位相同的范围内，澄清事实，挽回影响。

2005年，全市遭受雪灾、低温冷冻、持续高温干旱，随后，局部洪涝、风雹。农作物受灾283.27万亩，成灾155.8万亩，因灾死亡8人，死亡大牲畜141头，倒损民房4.46万间，直接经济损失5.32亿元。先后发放口粮救济款519.89万元，救济粮150.52万千克，14.71万人得到救济；2.03万人得到衣被救济款31.6万元，衣被2.32万件；1732人得到伤病救济款42.9万元；民房恢复建设款1232.47万元，恢复建设1.47万户，5.96万间。通过各项救济，灾民和特困群众的吃、穿、住、医得到有效保障。

2001—2005年，全市因灾民房倒塌12.1万间，损坏197万间，死亡83人，直接经济损失42.12亿元。虽灾害频发，但救助及时有效。累计投入救灾资金1.20亿元，其中救济生活0.62亿元，紧急抢险转移0.32亿元，扶贫和救灾储备0.26亿元；组织接收社会捐赠381.9万元，被子4000床，衣服9.55万件；累计接收上海市捐赠衣被42火车箱。

二、重大灾害救助

(一) 1994年旱涝灾荒

1994年，保山全区前期干旱，90万亩小春作物受灾。后期大部地区洪涝、冰雹、暴风、飓风等多灾并发，加之受缅甸6.7级地震波及，83个乡(镇)、890个村(办事处)161.18万亩农作物受灾，民房倒损0.68万间，死亡27人，死亡大牲畜278头。直接经济损失2.69亿元。成灾人口69.31万人，其中重灾民和特重灾民28.84万人，因灾缺粮54.77万人，缺粮3059.9万千克。因连年多灾连灾重灾，荒情特别严重，夏荒有68.3万人缺粮，龙陵县天宁乡双缺户占总农户的44.8%，部分灾民断炊和吃代食品。灾情发生后，行署专员程政宁带领民政、粮食、农牧、供销、农办、农行等部门的领导深入龙陵、施甸查看灾荒；地委书记黄绍智率民政等部门到保山市瓦渡等乡重点调查荒情。调查组所到之处，荒情比民政部门汇报的还严重。于是，地委召开紧急会议，重新部署，组织工作组到灾情较重的31个乡(镇)，一边调查灾荒，一边帮助灾民生产自救。全区共投入抢险救灾66.1万人次，其中村(办事处)以上的干部1.68万人次；群众64.52万人次；医务人员450人次；驻军537人次。地、县(市)民政部门积极查灾报灾，发放救灾款物。4月26日，地区工、青、妇组织联合发出倡议，号召全区各机关、企事业单位的干部职工、广大群众捐款捐物，帮助灾民渡过难关。全区共接收捐资53.08万元，捐粮12.02万千克，衣物2051件。昌宁县号召全县共产党员交纳“特殊党费”53667.50元，粮2231.4千克，用于救济灾民。上海捐赠衣物44卡车，及时运送到各县(市)灾民手中。年内共下拨救灾款729.26万元，其中省下拨483.2万元，地区拨出80万元，县(市)112.98万元。

(二) 1998年特大洪涝

1998年，全区先旱后涝，多灾并发。尤其是雨季，突发性单点暴雨增多，连降大雨、暴雨和特大暴雨，洪涝、滑坡、泥石流、低温冷害等次生灾害并发，特别严重。受灾117万人，成灾67万人，因灾死亡15人，受伤180人，民房倒塌3229间，损坏3.74万间，直接经济损失2.86亿元。粮食减产9038万千克，导致34.52万人缺粮。灾情发生后，地委行署和各县党委政府及驻保各部队先后出动5.58万人，派出车辆132台，参与抗洪抢险，转移安置灾民1.2万人。地区在财力十分困难的情况下，落实救灾补助款10万元，救灾粮差价配套80万元。8月20日，各级党委政府在全区广泛开展“扶贫济困，支援灾区”献爱心活动。在两个多月里，民政部门共收到224.97万元的捐款和近60万元的物资，全部上交省民政厅，统一安排到灾区。

(三) 2001年施甸地震灾害

2001年，施甸发生1级以上地震1967次，其中3.0～4.9级74次，5.0～5.9级3次。尤其是4月10日，连续发生4.1级、5.2级和4.8级地震，12日，再次发生5.9级地震，震源深度仅5千米，烈度普遍为7度，破坏多次叠加，十分严重，波及4县（区）的47个乡（镇）110万人，成灾45.9万人，死亡3人，伤414人，死亡大牲畜435头，需要转移安置灾民22.64万人，直接经济损失9.8亿元。

地震后，国务院秘书长王忠禹来电慰问，省委省政府慰问组深入灾区慰问灾民和抢险救灾的武警部队官兵，并连夜在施甸召开保山五县（市）领导抗震救灾现场办公会，要求继续加强震情监测预报，全力抢修“生命线”工程，确保畅通，切实安排好灾民生活，抓好震区恢复建设。保山地委行署及时启动了《保山地区破坏性地震应急预案》。

6月2日，省委书记令狐安在地委书记罗正富等陪同下，深入灾区察看灾情，研究制定抢险和重建方案。

6月8日，施甸再次发生5.3级地震，国务院总理朱镕基3次电话询问灾情。当日，中央电视台播报“老震区施甸再次发生5.3级地震”的报道；省委省政府工作组赶赴灾区指挥抗震救灾。

6月10日，省政府地震灾区恢复建设现场会在施甸召开。副省长李汉柏提出“统一思想，加强领导，狠抓落实”等要求。之后，7月2日、8月9日、10月14日，副省长黄炳生、牛绍尧，代省长徐荣凯等先后深入灾区指挥督战，使抗震救灾和恢复建设顺利进行。当年，先后参加抗震救灾的省地县各级党政干部66.4万人次，车辆1.97万台次，参加抢险救灾的驻保部队和民兵预备役部队1.9万人次，车辆670台次；按照“突出重点，条块结合，统筹兼顾，分级负责”的原则，先后安排专款3695.2万元，其中施甸地震民房恢复建设2600万元，确定修复项目1.53万个，重建项目0.26万个。

2002年，实施民政恢复建设项目1.53万个，124.24万平方米；重建项目0.29万个，36.3万平方米，其中统建点7个，307户。全市共安排资金4850万元，其中省补项目资金2832.5万元。年底，经过乡（镇）、县（区）、市、省四级验收，各项指标达到省委省政府的要求。

(四) 2004年“7·18”特大洪涝灾害

2004年7月，全市范围内连降大雨、暴雨、特大暴雨75次，多灾并发，灾害叠加，特别惨重。尤其是18日，暴雨不断，怒江、龙川江、槟榔江等主要江河干流出现50年不遇的特大洪峰，公路桥涵被毁，田地村庄被淹，通信线路中断，人民生命财产遭受了前所未有的损失。20天内，82万人受灾，死亡23人，伤1800多人，近6万间民房倒塌和损坏，2000多人无家可归，2万多人急需转移安置，直接经济损失4亿多元。

18日17时，市民政局接到重灾区报告，19时，第一份《腾冲县、昌宁县遭受洪涝灾害情况》上报保山市委、市政府和上级民政部门，引起云南省委、省政府和党中央国务院的高度重视。21日，民政部副部长姜力率工作组到达隆阳区和腾冲县。23日，国务院滇西地区特大洪涝泥石流滑坡灾害汇报会在盈江召开。保山市委、市政府作了重点汇报，得到充分肯定。

19日21时，启动防洪应急预案，成立抢险救灾前线和后方两个指挥部；市级五套班子兵分5路直奔灾区，核实灾情、指挥抢险；之后，市委、市政府多次在腾冲、明光、潞江等地召开现场办公会议，适时部署，制定方案，提出了“先救人，后搬物；先避险，后抢险”的抢险思路和“有饭吃、有衣穿、有房住、有干净水喝、有伤病能医治”的救灾要求；后方指挥部迅速组织抢险队伍开赴前线，全市多方筹措救灾资金1500多万元、及时组织和抢运帐篷、衣被、粮食、药品等救灾物资。收到社会各界捐款366.878万元。

保山市民政局按照“五个第一时间”要求，和县乡民政部门一起，认真做好灾情监测，做到早发现、早报告、早安排、早撤离。从18日开始，全局32名职工（含返聘、借用的4人）全体动员，兵分5路：一路奔赴五县（区）的重灾乡（镇）查核灾情，抗洪抢险；一路收集上报灾情；一路汇集调运救灾物资；一路综合协调；一路接收捐赠款物，全部人员进入“战备”状态，分兵把口，各司其职，出色完成任务。

第二节　救灾工作改革

一、建立扶贫制度

20世纪60年代初，保山专区就提出把生活救济与扶持生产结合起来，到1966年，在100个生产队，扶持了933户。1978年，第七次全国民政会议肯定了这一创举。1979年以后，保山地委、行署多次强调，扶贫是新时期农村救灾救济工作的重大改革。并指出，民政部门的具体任务就是扶持贫困户、扶持优抚对象（简称“双扶”）发展生产，脱贫致富。当年8月，保山行署民政局根据中共中央批转《全国民政会议纪要》精神，协同腾冲县民政局到小西公社云山大队试点。随后又在该县53个大队展开，其他各县也在105个大队进行。共扶持1313户，6343人。1981年，对腾冲县14个大队检查，在178户扶贫户中，已脱贫的占10.1%；变化较大的占28.1%；稍有变化的占36.5%；没有变化或变化不大的占25.3%。从收入上看，增加经济收入的占69%，人均收入达到71元，比1979年增加32.04元；增加口粮的占77.5%，人均口粮207.2千克，比1979年增加45.2千克。

1980年6月，行署召开专题会议，成立保山地区扶贫领导小组，专员苏国相任组长，民政等11个部门的领导为成员。县和公社成立相应组织。大队、生产队成立扶贫组和群帮小组。从组织上保证了扶贫工作的顺利进行。

1983年4月，第八次全国民政工作会议召开之后，保山行署民政局对救灾办法和救灾款的使用作了重大改革，采取救济生活与扶持生产相结合，有偿扶持与无偿救济相结合，一般救灾与重点扶持相结合，救灾与社会保险相结合。使有限的救灾款在帮助灾民恢复生产、稳定生活中发挥启动作用。在保证灾民生活的前提下，用40%的救灾款扶持灾民发展农副业生产。

1989年4月，省地民政部门组成工作组，对龙陵县的灾荒进行调查。针对全县连续5年受灾，导致12%的农户缺粮，河头、龙新两乡双缺户高达33%的严重情况，向省委、省政府上报了《关于龙陵县农村群众生活情况的调查报告》，提出了改革救灾工作，增强自我保障能力的3条意见。

1995年9月，保山地区提出，从1995年开始，用6年时间，解决60万贫困人口的温饱问题，使人均纯收入达到600元、生产粮食600市斤以上，称之《六六扶贫攻坚计划》。地委、行署要求，确定扶贫对象，要把握主劳力死亡、主劳力久病、遭受不幸和人多劳力少4个条件，在3—5年内经过自己努力无法摆脱贫困的，通过群众讨论，大队审核，公社批准，列为扶持对象。

1981—1998年，每年新增扶持户2228户，其中优抚对象398户；每年脱贫1814户，其中优抚对象203户；年末在扶3220户，其中优抚对象880户。年均投入扶贫款65.76万元（不含每年直接扶持生产的91.45万元）。在脱贫户中，累计有专业户765户，有经济联合体7个，加入经济联合体的脱贫户1186户。

1999—2005年，投入双扶资金8290.24万元，占救灾支出的30.7%。

二、建立救灾扶贫互助储金储粮会

1988年3月8日，保山行署民政处转发云南省民政厅在禄丰县建立“双储会”试点的经验。6月10日，地区民政处、粮食局、中心支行联合发出《关于建立救灾扶贫互储金储粮会有关问题的通知》，要求一二年内全区所有乡（镇）都要建立“双储会”。7月，民政处协同保山市在扶贫点瓦渡乡荒田村建立了第一个“双储会”。到1989年年底，全区有68个乡（镇）的323个村（办事处）建立“双储会”，入会农户105.41万户，有储金105.41万元，其中会员储金占38.54%，民政垫底资金占49.63%；储粮3380千克。

1990年，行署民政处坚持“丰年多储，小灾年少储，重灾年扶持发展生产”的原则，积极发展，加强管理，活跃储借活动。当年新发展“双储会”153个，入会农户2.95万户，储金48万元，储粮2000余千克。

1992年4月20—24日，全区“双储”工作现场会在昌宁县卡斯乡召开，地、县、乡三级民政干部156人参加。总结推广了卡斯乡“双储”资金“七借七不借”的管理经验。年底，全区建立“双储会”634个，入会农户13.83万户，储金536.41万元。

1998年11月17日，行署民政侨务局发出通知，要求对1988年以后建立的“双储会”进行全面清理整顿。撤销了18个乡级“双储会”，储金会从544个减为531个，储户从13.75万户减为13.21万户，储金从1348.19万元减为1312.8万元。至2000年年底，有村办储金会427个，入会农户4.82万户，储金576.8万元，其中会员储金358.1万元，民政垫底99万元，集体储金30.8万元，社会捐资0.5万元，资金占用费86.5万元，利息和其他收入1.9

万元。当年有2.06万户会员，借用171.3万元。

2001年以后，保山市民政局采取加强管理，规范运作，促进储金会平稳发展。年底，将村级储金会调整为416个，储户4.33万户，储金521.82万元，其中会员储金62.61%，民政垫底17.43%，增值9.19%，集体和社会10.67%。较好地发挥了“集千家之余，解一户之难”的作用，被群众称为“方便会”。

三、建立救灾扶贫基金会

1983年3月31日，保山地区提出在保证灾民生活的前提下，可用40%~60%的救灾救济款扶持灾民生产和扶贫。随着救灾救济款的不断增加，这部分周转金逐步扩大，为保证扶贫资金专款专用，集中专户管理，行署民政局于1985年提出，凡从救灾救济款中提取的扶贫周转金和所筹集的双扶资金在1万元以上的单位都要建立救灾扶贫基金会。至1989年年底，共建立救灾扶贫基金会23个，其中当年新增66.7万元，当年归还省民政厅1.1万元，进出相低累计余额191.7万元，当年借出166.5万元，银行存款余额25.2万元。共扶持1681户，当年脱贫率61.81%。

1999年7月，行署民政侨务局对周转金进行清理整顿。当年3月底，共有周转金749.17万元，其中省级40万元，地级27.5万元，县级441.77万元，乡级201.92万元，利息20.6万元，占用费17.38万元。

2000年11月，行署民政侨务局全面清理了救灾扶贫周转金。15年间，共积累救灾扶贫周转金652.17万元，投放624.99万元（不含重复投放83.62万元），其中单户扶特2.07万户，410.78万元，脱贫率为66.6%；扶持经济实体48个，297.83万元。收回资金266.28万元，收回率为42.61%，沉淀资金63.28万元，占投放总额的10.1%。2000年年末，全区救灾扶贫周转金收支：上年结转600.5万元，其中借出521.3万元；当年收回85.8万元；当年归还民政90.8万元，年末结余595.5万元，其中借出430.5万元，存款余额165万元。

四、建立灾害保险

1989年，为鼓励适龄青年应征入伍，安心服役，龙陵、施甸、昌宁3县积极探索和完善家庭财产“两全”保险制度。为当年入伍的268名新兵实行家庭财产保险，每户保值3000元，保期3年，累计保值80.40万元，由民政部门为其交纳保险费2万元。保期内，投保户家庭一旦发生天灾人祸，即由保险公司负责赔偿，使他们尽快恢复生产。

1992年，施甸县首次将房屋灾害保险从优抚对象推广到所有农户，民政支付保险金9.92万元。当年，有5户灾民得到2700元的赔偿。受到保山行署和省政府的表扬。次年，该县继续推行，每户保值1000元，支付保金9.72万元。当年理赔745户，理赔总金额11.98万元。全区1.49万户优抚对象参保，民政支付保金48.3万元，当年获赔15万元。

1994年5月，保山地区人大工委召开主任办公会议，听取地区民政处对灾荒情况汇报，提出推行施甸县的经验，对农村民房实行灾害保险，年末，仅腾冲县马站乡就有4419户参保，占总农户的95.5%，保值1140.93万元。之后，在全区逐步推开。1996年，全区69个乡（镇）的5.4万农户参保，保值1.94亿元，投入保险金323.1万元，当年有252户得到

14.18万元的赔偿。

1997年，全区83个乡（镇）有893个村（办事处）的8.68万农户参加农村民房自然灾害长效保险，保值2.47亿元，比上年增0.54亿元。当年理赔214户，12.33万元。

1999年，全区有5.15万户参保，保值1.94亿元，支付保险费323.1万元。

2001年以后，保山市民政局遵循民政为民的宗旨，与保险等部门通力协作，扩大了保险覆盖面和理赔范围；提高了赔付标准，加快兑现速度，实现农村民房灾害保险制度化、规范化、程序化、社会化；建立健全了有各级民政部门参与的联席会议、回访、培训等制度。

第三章 福利救助

第一节 社会救济

一、困难户救济

1978年中共十一届三中全会以后，保山地区根据全国第八次民政工作会议重申的“依靠群众，依靠集体，生产自救，互助互济，辅之以国家必要的救济和扶持”的救济方针，对社会救济工作做了较大改革，在保证生活的前提下，实行“输血式”的无偿救济与“造血式”的有偿扶贫相结合，拿出40%～60%的救济款扶持生产和扶贫。

（一）农村困难户救济

1982年7月，保山地区对农村困难户进行普查，结果显示，1981年年底，全区农村人均年收入不到120元，口粮不足200千克的贫困户有1.81万户8.83万人，占农业人口的4.91%。致贫原因有主劳力死亡，占16.9%；主劳力久病，占33.3%；主劳力致残，占8.8%；遭不幸事故，占1.3%；人多劳力少，占21.6%；其他原因，占18.1%。当年，受到国家救济的困难户7.46万人，占贫困户的84.49%；受到生产扶持1313户，占7.18%。当年起，全区五县先后创办双扶福利厂或双扶公司，以扶持优抚对象、贫困户和残疾人发展生产，勤劳致富，取得了一定的经济社会效益。

1983年1月，对农村特别困难户实行定期定量救济，但开始时只限于五保户，当年救济40人，每人每月7.5元。

1989年8月2日至9月8日，地委行署召开专门会议部署，组织两个调查组对农村群众生活困难情况作重点调查。全区夏荒缺粮61.85万人，占农业人口的32%，其中双缺户12.14万人，占缺粮人口的19.6%。面对荒情，各级都建立了群众生活领导小组，发动群众，团结互相，生产自救，大力提倡五个一点：国家补助一点，群众互济一点，自己购买一点，小春解决一点，早熟作物添补一点。对11个重点乡，下达返销粮152.5万千克，救济1.3万户6.2万人。1977—1990年，全区农村每年有常年困难户26.31万人，占农业人口的14.4%，严重困难户16.69万人，占农业人口的9.2%。年平均有24.37万人得到救济，占农业人口的13.4%，占常年困难户的92.6%，年均支出65.57万元；享受定期定量救济的特别困难户152人，人均每月救济6.9元。

1978—2000年，年均临时救济24.12万人，58.25万元；年均定期定量救济756人，平均每人每月19.5元。

2004年7月开始，对"不救不活"的特困户、五保户、残疾人等特殊群体，根据"政府救济、社会互助、子女赡养、稳定土地政策"的原则，全面实施定期定量救助，当年救助1.84万人。

2001—2005年，年均临时救济26.07万人。后3年，年均定期救助2.57万人，年支109.61万元。

（二）城镇困难户救济

1975年，保山地区民政局对城镇救济对象进行调查统计。结果显示，1974年年底，全区城镇有临时救济对象193人，得到救济金额4901元，人均救济25.39元；享受定期定量救济304人，人均每月救济4.07元；有街道生产自救组织17个，生产人员1707人，其中救济对象377人，占生产人员的22.09%。民政扶持资金1.21万元，占全年城镇救济支出的63.35%。1982年在困难户普查中，又一次对城镇困难户进行调查。

1984年，全区城镇困难户救济支出累计17.81万元，对40%退职人员的生活救济支出达124.53万元，缓解了城镇贫困户生产生活中的暂时困难。

1992年12月，全区开展定期定量救济工作检查。当年，城镇困难户定救132人，人均每月27.78元；五保户定救983人，人均每月5.62元；离职大队干部，精简退职职工等定期救济对象3458人，人均每月28.23元。保证了这些特殊人群的基本生活权益。

1978—2000年，城镇困难户临时救济年均1065人，救济金额年均1.46万元；定期定量救济年均139人，年均定救3.49万元，每人月均定救20.92元。

1999年，建立城市最低生活保障制度和统计口径改变以后，城镇救济，不论临时救济还是定期定量救济在统计数字上都大幅度减少。

2001—2005年，平均每年临时救济城镇居民1630人；平均有493人纳入低保。2005年，定期定量救济人数1339人，支出45.62万元，人均每月28.39元。

二、五保户供养

1978年，五保户主要由集体供养，国家只给衣被和特殊困难的临时救济。

1981年年底，保山地区第一次五保户普查结束，全区定为五保供养的3140户，3980人，分别占总户总人的0.92%和0.21%。全部由集体供养的26%；由国家供养衣被，其余由集体供养的占74%。具备条件但尚未列入五保户的886户，965人。

1978—1983年，国家每年平均救济2394人，占年均人数的61%，人均每年救济8.31元。

1983年1月21日，保山行署将《云南省农村五保工作试行办法》印发到生产队。从

1984年开始，全区对少数生活特别困难的五保户实行定期定量救济，当年救济293人，人均月救济款2.05元。1987年10月，保山行署民政处召开五保工作会议，总结经验，提出之后工作意见。1988年5月30日，省民政厅《民政简报》第十二期，刊登腾冲县芒棒乡落实五保责任制的做法。

1984—1989年，对生活困难的五保户实行临时与定期定量相结合的救济办法，年平均救济2438人，4.81万元；年平均定救661人，人均每月5.75元。

1990年1月，行署民政处以第一期简报推广昌宁县卡斯乡五保工作经验；6月，又转发保山市（县级）农村五保工作的意见，推广和提倡以乡（镇）统筹提留的供养办法，要求积极做好五保救济工作。

1995年11月，完成第二次五保户普查。

1996年年底，全区五保户在普查基础上又有所增加，共有2851户，3185人，占农业人口的0.15%。已实行五保的2547户，2856人。供养有三种形式：分散供养，占91%；亲属代耕承包土地供养，占3%；集中供养，占6%。全区共建22个敬老院，设床位295个，配备工作人员38人，有入院老人175人，集体提留供养金17.33万元。保证了五保对象的吃、穿、住、医、葬，基本实现"五个老有"。

1990—2000年，年平均有五保户2568人，年均定救778人，每人每月14.69元；集体供养155.57万元。

2004年，全市集中供养128人，其余五保对象均实行分散供养。农村税费改革后，农村传统的五保户供养方式发生了新的变化，由亲属和社会供养转变为国家供养。

2005年，全市有鳏、寡、孤、独老人4734人，符合五保供养的3653人。有128人集中在22所农村敬老院供养，其余为分散供养。五保供养资金全部由财政转移支付。当年，实行定救的五保户，农村2917人，人均每月18.74元；城镇266人，每人每月75元。为探索跨区域五保人员集中供养方式，市民政局积极向上级争取，多渠道筹集五保供养资金，为施甸县由旺敬老院和昌宁县湾甸敬老院各争取资金5万元，完善供养设施。

三、其他救济

国家救济，除困难户、五保户外，还有一些特殊对象需要由民政部门给予临时或定期定量救济。

（一）精简退职救济

凡是1957年年底以前参加工作，1961年至1965年6月9日期间被精简退职的职工，由民政部门发给本人原标准工资40%的救济，医疗补助费三分之二（简称40%救济）。1978—1982年，全区累计救济79人，1.67万元，人均每月17.79元。

1983年开始，全面落实精简退职老职工的定期救济政策。到1989年年底，实有救济人数994人，其中享受40%救济862人，每人每月28.71元；享受定期定量救济132人，每人每月32.83元。1983—1989年，累计救济4888人，139.63万元。1990—2000年，年均救济1475人，每人每月30.32元。2001—2005年，每年救济1723人，人均每月50.07元。

（二）宽释人员救济

1976年以后，经有关部门转由民政部门救济的特赦释放战犯5名。1979年1月17日，根据中共中央“起义投诚后按当时有关政策规定资遣回家的不再重新安排，年老体弱丧失劳动能力，无人赡养的，给予社会救济”的政策，保山地区接收5人，每人每月给予10～15元的定期救济。之后，按各时期的城市定救标准给予定救。到1989年，仅此一项支出1.2万元。1990年以后，未单独列支，包含在城市定期救济之中。

（三）农村医疗救助

从2003年开始，民政部门根据党委政府要求，把农村医疗救助当作一项新任务。当年全市有1.74万人处于常年特困、不救不活状况，占农业人口的0.81%。其中“三无”人员占24.7%；残疾等身体原因占38.4%；主劳力久病占36.9%。按照“统筹城乡发展”的要求，积极稳妥地推进农村特困群体的医疗救助工作，重点解决特困家庭参加农村合作医疗的困难。

2004年，发放特困户救助证后，入户调查，确定救助对象，然后，以龙陵县为试点，采取政府拨款、个人入保、社会捐助形式启动农村医疗救助。当年底，救助1.18万人，支出救助金132.4万元。

2005年，保山市全面启动农村医疗救助工作，制定了《实施农村医疗救助的意见》和《农村医疗救助资金管理办法》，规定救助对象为五保户、特困户、在乡离职干部、20世纪60年代精简退职职工、“三属”、在乡老复员军、在乡伤残军人、带病回乡享受定补的退伍军人。当年支出166万元，医疗救助1.79万人次。其中，资助参加合作医疗1.5万人次，支付15万元；医疗救助0.29万人次，支付77万元；大病医疗救助81人，支付74万元。

四、火灾救济

火灾，不属自然灾害范畴，但每年造成的损失十分严重，单靠自救互救无法恢复，需要政府投入大量人力物力财力，主要是临时性的给予粮食、衣被和主要生产生活用品救济，帮助灾民渡过难关。

1978年，全区救济949户，5.8万元。1981年，救济850户，5.7万元。

1983年1月，地委大院发生火灾，档案、文件和数万元的财产受到威胁。保山军分区、步兵95团、保山兵站等驻军全力抢救，挽回了损失。

1989年，全区发生火灾68起，受灾386户，烧毁民房1985间，粮食4.6万千克，其他损失折币312.6万元。政府救济8.05万元，社会捐资10万多元，捐粮2500多千克，捐物8万余件。

施甸县1963—1989年，发生火灾428次，受灾1947户，烧坏民房7437间，烧毁粮77.6万千克，死亡39人，其他损失折币309.64万元。国家救济现金6.27万元，粮食1.5万千克。

1991年3月16日，腾冲县马站乡三联村发生特大火灾，7个社148户受灾，损失283万多元。全县组织捐赠现金18.23万元，粮食11万千克，衣物4.8万件，其他物资折币3.6

万元。地、县民政部门赶赴现场，组织抢救，拨出专款，安排生活。

1995年2月21日，保山市（县级）瓦房乡徐掌村发生特大火灾，56户房屋被毁，损失134万元。地、市党委政府和民政部门奔赴火场，组织抢险，安抚灾民。市民政局拨出粮食、物资和专款，瓦房乡负责民房重建，确保灾民渡过难关。

1988—1997年，武警消防部队出警1.12万人次，出车1373台次。

1999年，全区发生火灾96起，受灾176户，烧死12人，伤4人，烧毁房屋2.35万平方米，直接经济损失440.44万元。其中重大火灾5起，损失209.77万元。

第二节　社会福利

一、收养性社会福利

1978年中共十一届三中全会后，保山地区收养性社会福利事业发展较快，尤其是“十五”期间，收养性单位从2001年的28个增到2005年的35个；年末职工从107人增到117人；床位设置从494张增到618张；年末在院收养人员从271人增到316人。在院人数中：优抚对象占6%，“三无”对象71%，自费对象23%。老人64%，青壮年35%，儿童1%。收入从188.2万元增到392.4万元，其中财政拨款66%。年支出从170.2万元增到346.7万元。

保山市社会福利院　1978—2000年，年平均职工14人。年末平均在院收养人员32人，其中老人54.5%，残疾人8.1%，儿童4.5%，精神病人15.2%，其他对象17.7%。年平均支出9.27万元。2001—2005年，年平均职工13人。年平均收养人员16人，收养人员按年龄分：老人70.7%，青壮年23.2%，儿童6.1%。按性别分：女性30.5%，男性69.5%。按供养来源分：“三无”救济对象89%，自费收养人员11%。年平均收入39.34万元，财政拨款92.8%，事业收入7.2%。年平均支出32.64万元。2005年，有职工14人，设床位50张。当年末在院收养人数21人，其中“三无”对象占90%；自费人员10%。老人66.7%；青壮年19%；少年儿童14.3%。资产合计81.6万元，当年收入61.3万元，其中财政补助86%，当年支出45.2万元。

保山市象山医院　1978—1984年，年平均职工23人，年末在院病人48人，收治对象主要是由国家救助的优抚救济对象，年平均支出3.27万元。1990年，全院有房屋建筑面积2005平方米，救护车和三轮摩托车各1辆。1999年5月24日，由国家、省、地3级社会福利有奖募捐委员会共同资助49万元，在门诊大楼北侧新建二层楼的住院部950平方米。同年12月，云南省民政厅授予“云南省二级精神病福利院”称号。1985—2000年，年平均职工24人，年末在院病人41人，其中老人13.6%；青年86.4%。优抚救济对象24.2%；自费对象75.8%。年平均支出16.67万元。2003年，编制30人，实有职工23人，其中，中职、初职专业技术人员各8人。设床位60张，床位使用率80%。年末在院病人52人。财政拨款60.30万元，事业收入45万元，实际支出85.70万元。在人事制度改革中制定了岗位设置、内部分配、履职考核3个方案，建盖病人娱乐场所320平方米，购置心电图仪1台、电脑4

台、小汽车1辆，累计投入38.4万元。2001—2005年，年平均职工25人，其中医务人员17人。年末在院病人56人，其中女性10%，男性90%。老人5%，青壮年95%。优抚对象12.6%，“三无”对象23.7%，自费63.7%。年平均收入117.38万元，其中财政投入51.8%，事业收入48.2%，年平均支出96.36万元。2005年，有职工24人，其中医护人员17人，设床位65张，床位使用率70.6%，年末在院65人，其中女性18.5%；男性81.5%。优抚对象15.4%；“三无”对象26.2%；自费人员58.4%。老人7.7%；青壮年92.3%。康复门诊1377人次。固定资产346万元，当年收入143.7万元，其中财政补助55.9%；事业收入44.1%，支出114.4万元。

二、三项康复

保山的矫治小儿麻痹、白内障复明术、儿童唇腭裂矫治“三项康复”工作始于1988年，当年全区矫治小儿麻痹282例，白内障复明术237例，送16名适龄聋哑儿童到昆明、下关等地学习。1989年7月，成立保山地区“三项康复”工作办公室。当年，省残疾人康复中心专家组到腾冲进行康复试点，共检查门诊病人341人，其中小儿麻痹214人，做康复手术127例。龙陵县医院做白内障切除术8例。

1992年全面完成“三项康复”五年计划，施行儿麻矫正手术544例，占任务的108.8%；做白内障复明手术1013例，占计划的112.6%；完成聋儿语训40例，占计划的100%。

1997年6月，开始对唇裂、腭裂、唇腭裂残疾儿童进行调查。

1998年，查明全区有唇腭裂特困儿童147名，其中孤儿11人。当年2月，由美国菲利甫·海德基金会资助，中华慈善总会立项，地区民政侨务局送11名孤儿到大理州医院，进行康复整形矫治手术。8月4日，行署民政处成立了“保山地区特困户唇腭裂儿童整复项目领导小组”。11月22日，由英国儿童救助会资助，云南省慈善学会立项，由保山地区人民医院实施，为61名特困户患儿整复矫治，手术成功率为100%。

1999年3月15日，成立“保山地区兔唇儿童医疗项目领导小组”。有82名孤儿被列为“香港国际世界宣明会兔唇医疗矫治项目”。

2000年6月28日，保山行署民政侨务局提出《云南省贫困儿童唇腭裂矫治手术项目，保山地区、德宏州实施意见》。由美国AC财团《微笑列车》赞助，云南省慈善总会实施，保山地区民政侨务局、德宏州民政局执行，保山地区人民医院手术。手术从7月9日开始，12月31日完成，共整形矫治169人，其中保山地区110人，德宏州59人。

2002年，为全市396名贫困唇腭裂患者和39名白内障患者实施了手术矫治。

2004年，为全市96名贫困唇腭裂患者实施了矫治手术。

2005年，在慈善机构的资助下，为特困唇腭裂患者进行手术矫治21例；市民政局组织实施“明天计划”项目，对4名孤残儿童进行康复手术治疗。当年，争取到超声显像仪、乳腺治疗仪、软组织伤痛治疗仪、前列腺康平治疗仪等17台医疗器械；上海绿谷集团有限公司向保山市捐赠60多万元的抗癌药品，救助施甸县、龙陵县各25名低保对象和农村特困户癌症患者。

1997—2005年，全市为39名白内障、11名孤儿和515名唇腭裂患者实施了复明和矫治手术。

三、孤儿助养

1997年12月，云南省慈善总会制定了《雨露助孤计划》，分配保山市50个名额，每人每月助养80元。

1998年9月18日，行署民政侨务局向云南省慈善总会申请，将保山市的192名孤儿列为第一批助养项目，占全区孤儿总数的35.36%。

1999年，全区有6～15岁的孤儿714人，保山市实施助养259名，每人每月助养50元。当年9月1日召开保山市第一批孤儿救助工作会议，20个乡（镇）助理员、亲属及其代养人共120多人参加。会议上逐级签订了助养协议。

2002年，争取云南省慈善总会支持，助养孤儿335名。

2004年，美国菲利甫·海德基金会在助养隆阳区50名孤儿的基础上，又为腾冲县助养20名。

四、收容救助

1978年，收容遣送，归属社会行政管理。

1980年，将保山收容所改为“保山自流人口收容遣送站”，除负责在当地收容外，还承担全区转送任务。同年，成立腾冲县收容遣送站。施甸、龙陵、昌宁三县未设站，但配备专人负责收遣工作。

1982年起，保山地区根据国务院《城市流浪乞讨人员收容遣送办法》，对收容对象采取对口遣送接收的办法，统一接收外地送回区内的流浪乞讨人员，统一遣送保山地区收容的外地流浪乞讨人员，同时收容区内家居农村流入城市乞讨人员及其他露宿街头生活无着人员。当年全区收容1784人，遣送1786人。其中有92人为以上访为名，周游乞讨，屡遣屡返者，占收容人数的5.2%。

1983年，保山收容遣送站搬迁至保山市城郊公社湾子大队第五生产队公房内。

1984年12月，全区负责收容遣送工作的人员共15人，其中保山市6人，腾冲县3人，施甸、龙陵、昌宁三县各2人。

1985年7月，全区收容遣送人员开始使用和佩戴由民政部统一制发的工作证和收容遣送证章；9月，开始着省民政厅福利处统一配发的服装。

2000年，保山、腾冲两个收容遣送站有职工19人，支出经费42.4万元。

1978—2000年，累计收容2.33万人，其中直接收容2.03万人；区外转入0.2万人。收容遣送站收容2.1万人；不设站的县收容0.23万人。遣送2.33万人，其中送回原籍2.21万人；转送外地州站0.12万人。累计支出412.6万元。

2001—2002年，在站总人次3.99万人天，其中儿童41%。支出101万元。

2003年8月，保山市贯彻国务院《城市生活无着的流浪乞讨人员救助管理办法》，把强制收容遣送改为收容救助，把收容遣送站改为收容救助站，逐步建立起新型的社会救助制度。当年末，救助机构基本到位，管理制度初步建立，运转机制正在形成。5个月内，两个救助站共收容救助85人。从2004年开始，保山市紧紧抓住国家资助流浪未成年人救助保护机构建设机遇，在不断扩大已有救助站基础设施建设的同时，加快县级救助站建设，当年底全面完成。

2005年，全市5个救助站，有职工24人，床位113张，资产合计199.9万元，当年支出76.7万元，全部为财政拨款。全年救助544人次，其中外地站转入21%；本地收容79%。儿童6%，老年人10%，残疾人7%，救治危重病人和精神病人7.4%，少年和青壮年69.6%。自主返乡6.3%，遣送93.3%，在站治疗0.4%。

五、缅甸遣返人员安置

1984年开始，缅甸政府经中华人民共和国外交部和驻缅使领馆同意，将私自入缅被缅甸政府关押的中国农民，分批送交武警云南省总队昆明外籍越境人员管理所。然后由民政等有关部门接收后送回原籍安置。

1984年9月至1986年8月，保山地、县(市)民政部门先后接收缅甸遣返人员6批、59人。接收后，全部安置回原籍参加生产劳动。其中保山市14人（儿童1人），腾冲县22人（儿童1人），施甸县、龙陵县各11人，昌宁县1人。之后，至1988年10月19日，又零星接收9批。

1991年9月13日，接收缅甸八莫移民局在陇川拉影口岸移交76人，其中保山地区70人，含保山市2人，龙陵县18人，腾冲县50人；1994年5月16日，接收缅甸政府在拉影口岸遣返的中国农民52人，其中有保山地区4人（腾冲县）；当年6月15日，在拉影口岸3次接收缅政府遣返的中国农民205人，其中保山地区99人；1996年，接收缅甸政府遣返的中国农民275人，其中保山地区150人；1997年，分5批接收缅甸政府遣返被关押的中国农民，其中保山地区77人。1991—1997年，共11批次遣返保山地区籍农民400人，由相关县（市）民政部门协助外事、公安等部门将其送回原籍安置。之后按入境人员管理。

第三节　募　捐

一、社会捐赠

1979—1985年，对越自卫还击作战期间，保山各界群众捐赠价值5.33万元的慰问品。

1988年，云南省澜沧耿马“11·6”地震，个人捐款7.52万元，其中行署民政处收到2.17万元。

1984—1989年，社会各界捐赠3.65万元，兴办集体敬老院。

1991年7月，地委召开地直一级单位领导干部会议，部署全区募捐支援灾区。截至8月25日，全区共接收捐赠款91.04万元，其中捐往区外36.38万元，区内54.66万元。均如数上解云南省救灾捐赠接收站。

1996年2月5日，全区党政军机关纷纷向丽江地震灾区捐款捐物奉献爱心。7—9日，保山地区党政军民慰问团赴丽江及鹤庆县慰问。2月16日，全区民政部门接收现金44.64万元和部分衣、物。

1998年10月27日，全区党政军机关、企事业单位和个人为“三江特大洪涝”灾害捐赠273.08万元，其中捐物折款48.11万元，全部上交云南省接收捐赠办，统一转往灾区。

1999年5月23日，地区双拥领导小组和行署民政侨务局出台《关于在全区开展“爱心献功臣行动”的实施意见》，广泛开展捐赠活动，帮助部分优抚对象解决“三难”问题。

2000年，腾冲县、龙陵县因灾接收捐赠32.7万元，衣被11.15万件。

2001年，市民政局因灾接收捐款161.5万元，捐物折币318.6万元，及时帮助灾民解决了生产生活等困难。

2002年，市民政局共接收捐款8.56万元，衣被等物资30余卡车，全部发到灾区困难群众手中。

2003年，市民政部门直接接收社会捐赠款11.9万元，物资1.8万元；间接接收款物6.5万元，接收上海捐赠物资7火车皮；非典型肺炎爆发期间，市民政局接受捐赠1.76万元。7月，楚雄州大姚县地震后，市委、市政府代表全市各族人民向灾区捐赠15万元的救灾物资，其中现金5万元，面条40吨；11月，昭通市鲁甸地震，市委、市政府又向灾区人民捐赠面条、面粉各17.5吨，折币10万元。

2004年，面对严重的自然灾害，市委、市政府倡议社会各界发扬“一方有难，八方支援”的传统美德，向灾区捐款捐物。截至10月底，共接收捐款507.4万元及一批救灾救济物资。

2005年，接收省级下拨捐赠款40万元，上海对口支援捐赠物资8火车皮，省直接调送龙陵县捐赠物资1车，市级接收捐赠3.8万元，衣物3.39万件，并及时发送到灾民手中。

二、社会福利有奖募捐

1988年8月4日，保山行署成立“保山地区社会福利有奖募捐领导小组”，下设办公室于行署民政处。全区参加社会福利有奖募捐领导小组98人，办公室成员23人。

1988年8月至1989年年底，全区先后三批销售“即开型社会福利有奖募捐奖券”130万张（每张面值1元），累计奖金40045元。中奖面为20%，奖金返还率为39.8%。除奖金和承包费外，实际收入66.9万元，其中上交中央募委和云南省募委22.2万元，保山地区社会福利资金44.7万元。

1993年采取大奖组、大奖品、大场面的办法，一年内销售492万元，人均购票2.36元，共筹集福利资金147.6万元。全区扶持6个项目，其中昌宁县社会福利中心综合服务大楼，投资71.5万元，建筑面积1045平方米；柯街乡双扶服务部2.6万元；象山医院58万元，建筑720平方米；施甸县双扶公司80万元，建筑932平方米；龙陵双扶福利公司13万元；镇安敬老院1.5万元。6个项目累计投资226.6万元，其中福利资金101.1万元。

1995年6月12日，行署将“保山地区社会福利有奖募捐领导小组”更名为“保山地区社会福利有奖募捐委员会”。全区销售304万元，占省下达任务的89.4%，其中保山、腾冲在端阳花街期间创下了日销50万元的历史纪录。

1996年，全年销售1032万元，人均购票4.83元，比上年增700万元。筹集福利资金

369万元，占35.76%，其中地、县留成220万元，上交中央和省149万元。

1997年11月24日，行署召开全区社会福利有奖募捐工作会议，总结1988—1997年社会福利有奖募捐工作，表彰15名先进个人。10年共销售3700多万元，筹集社会福利资金1100多万元，占29.73%。地、县（市）使用的福利资金1037.5万元，其中地、县留成832.5万元，云南省募委资助120万元，中募委资助85万元。10年间，共资助社会福利事业单位22个次，365万元；资助福利企业13个次，237万元；扶持贫困户、残疾人168户，13.75万元。

2000年6月，发放福利彩票赈灾粮575吨。救济灾民、特困户和五保户1.78万户，8.89万人。1988—2000年，共销售5425.5万元。累计筹集社会福利资金1722万元，其中上交中央募委和云南省募委352.7万元。累计投放社会福利资金1126.1万元。

2004年，全市销售880万元，筹集福利资金308万元，分别是2003年的2.21倍和2.27倍。

2005年，销售2218.3万元，其中电脑彩票2100万元，创出历史最好水平，筹集公益金735万元。全市有电脑投注机44台，平均单机销量47.73万元，单机最高销售量254.88万元，年销售量上百万元的有4台，上50万元的有10台。2001—2005年，全市销售福利彩票5220.5万元，筹集公益金1772.5万元。

第四章　最低生活保障

1998年4月，保山行署民政侨务局根据《国务院关于在全国建立城市居民最低生活保障制度的通知》向行署呈报请示。7月，行署办发出《保山地区关于城乡最低生活保障制度实施意见的通知》；12月21日，行署召开保山地区城市居民最低生活保障制度建设工作会议，向所属县（市）党委政府作部署。1999年4月6—7日，地委、行署召开专题会议，要求将符合条件的城市居民全部纳入低保，确保一类对象全额发放，其他对象差多少补多少。会上，行署与县（市）政府签订了“民心工程”责任书。

2002年3月17日，市政府召开低保暨救灾工作紧急会议，要求县（区）加大投入，所需资金列入年度预算，确保6月底实现应保尽保。

2003年，市政府批准下发《保山市城市居民最低生活保障实施细则》。

2004年，市政府提出筹集低保资金2300万元，将2.8万人纳入低保。当年10月1日起，将保障标准提高到每人每月166元。

至2005年，市政府已连续4年将城市低保工作纳入政府为民办实事的“民心工程”和“一把手工程”，将近3万城市贫困人口纳入最低生活保障，实现应保尽保。

第一节　城市最低生活保障

1998年7月31日，行署批准实施《保山地区城乡最低生活保障制度实施意见》。要求按不同层次、不同标准分步实行城市居民最低生活保障。提出保山市每人每月120、130、140元；施甸、腾冲、龙陵、昌宁四县每人每月100、110、120元，实行动态管理。12月23日，保山行署财政局、民政侨务局联合发出《关于转发〈云南省城市居民最低生活保障资金管理暂行办法〉的通知》。12月底，保山市、腾冲县基本完成摸底调查。但由于认识不到位、发展不平衡、资金筹措不落实，保障面极低。为此，行署于1999年4月又专门召开会议，要求各县（市）、各部门解决好认识问题，抓好此项工作。行署民政侨务局在全面调查研究的基础上呈送了《保山地区建立城市居民最低生活保障制度工作情况报告》，县（市）政府根据财政承受力和三类人员的生活状况确定了最低保障标准，保山市、昌宁县、施甸县、腾冲县为每人每月120元；龙陵县为每人每月100元。施甸、腾冲、龙陵、昌宁四县通过对56个企业和25896户居民摸底调查，确定低保对象2299人，其中贫困居民887人，"三无对象"（无劳动能力、无生活来源、无法定赡养人或法定赡养人丧失赡养能力的人员）173人，企事业单位职工1239人，为全区启动城市低保打下了基础。民政部和云南省民政厅部署提标后，保山行署民政侨务局召开县(市)民政局长紧急会议，落实提标工作。决定从1999年7月1日起，将城市居民最低生活保障标准在原来领取基础上提高30%，并要求9月15日前按调整后的新标准补发到5018人保障对象手中。其中一类597人，二类1098人，三类3323人，保障标准在120元基础上增30%为36元，共支出369.63万元，其中中央、省补156.30万元，地县承担113.33万元。腾冲县城关镇五街低保对象戈琴莲领到提标后的保障金后，在广播电台点播了歌曲《党啊！亲爱的妈妈》，表示对党和政府的感谢。

2000年1月5日，行署民政侨务局发出通知，要求各县（市）对"三条保障线"（下岗职工基本生活保障、失业保险和城市居民最低生活保障）社保资金进行检查。9月6—14日，在民政部门自查基础上，地区监察、财政、民政、劳动和社会保障部门组成检查组，对全区下岗职工基本生活保障金、失业保险基本养老保险基金和城市居民最低生活保障金的管理使用进行检查。检查结果显示，全区城市低保资金的管理使用情况基本规范。但也存在保障对象收入少报、瞒报；脱贫的不能及时取消，新增的贫困户得不到及时保障；操作和管理不规范、不完善等问题。9月19日，行署民政侨务局按要求向省民政厅写了专项检查报告，得到了省民政厅的充分肯定。

2001年8月，省民政厅、劳动和社会保障厅、监察厅组织工作组对保山市城市低保资金进行检查，认为全市城市低保工作，认真执行政策，资金管理和运作规范。当年，全市实行低保的城市居民3.77万户8.07万人，其中在职工0.90万人，下岗人员1.40万人，失业人员0.95万人，离退休人员0.76万人，"三无"社会救济对象0.18万人，优抚对象0.09万人，其他对象3.79万人。支付低保资金577.50万元，其中国家专项拨款399.60万元，省拨款151.90万元，市、县(区)负担26万元，三级负担比重分别为69.2%、26.3%和4.5%。

2003年，保山市按照贫困标准，将城市贫困人口全部纳入“最低生活保障范围”；提高补助水平，从8月份起，全市每月人均补差为60.80元，提高13.80元；在深入调查的基础上草拟了《保山市城市居民最低生活保障实施细则》，报请市政府下发执行，规范了全市低保工作的运行方式和管理机制。

2004年10月1日起，全市城市低保标准提高10元，人均补差在2003年基础上增加12.3元。当年向国家和云南省争取资金2561.7万元，占筹措资金总额的90.66%。年内不断拓展救助渠道，与有关部门及时研究制定优惠政策，帮助城市低保户解决医疗、住房和子女入学等困难。当年在提标的同时又新增保障人数218人。

2005年，筹措资金2518万元，其中，国家和省补助2478万元，占82.9%，市和县(区)510万元，占17.1%。年末保障17406户，29574人，其中在职职工1012人，下岗人员3909人，失业人员5506人，退休人员459人，“三无”人员302人，其他对象18386人。每月支付低保金222.70万元，人均补差75.3元/月。

从1999年全面启动城市低保至2005年，保山市共筹措城市低保资金1.17亿元，其中国家和省补助1亿元，市和县(区)两级筹措0.17亿元；实际支出1.08亿元，占筹集数的92.3%。基本建立了以低保为主体的城市社会救助体系，基本保障了城市贫困人口的基本生活。

保山市城市居民最低生活保障情况表

表38-1　　　　单位：人、万元

项　目	1999	2000	2001	2002	2003	2004	2005	合　计
年末保障人数	5018	4650	13429	36517	28868	29771	29574	147827
其中三无人员	597	92	777	182	195	320	302	2465
下岗人员	3323	640	3355	3988	3449	4071	3909	22735
失业人员	1098	464	2388	4558	5467	5606	5506	25087
退休人员	—	625	1813	1536	810	477	459	5720
在职人员	—	1281	2162	3800	1470	1217	1012	10942
其他人员	—	1548	2934	22453	17477	18080	18386	80878
当年筹集资金	272.63	330.60	650.80	2046.50	2637.00	2825.70	2988.00	11751.23
其中国家和省	156.30	304.60	511.80	1860.50	2211.00	2561.70	2478.00	10083.90
市和县(区)	116.33	26.00	139.00	186.00	426.00	264.00	510.00	1667.33
当年总支出	299.33	446.80	626.80	1964.40	2317.30	2505.30	2662.60	10822.53

注：1.1999和2000年的支出统计在城市社会救济中；2.1998年筹集的60万元未统计在上表之中；3.1999年的下岗人员包含在职和退休人员

第二节　农村最低生活保障

2003年3月，市民政局根据民政部、云南省民政厅的专题会议部署，把农村最低生活保障列上民政工作议程，要求各县（区）对农村特困家庭进行全面排查、上报。经调查核实，2003年年底，全市有17360人处于常年特困（不含五保户，下同），“不救不活”的状况，占全市农业人口的0.81%，其中“三无”人员4291人，占24.7%；由于自身原因，家庭生活常年处于特困的残疾人6669人，占38.4%；由于主要劳动力长期患病，造成家庭生活常年特困的6400人，占36.9%。五县(区)于2004年内完成农村特困户的救助证发放工作。2004年7月，对农村“不救不活”的特困户，全面实施定期定量救助，全市共发放救助证4754本，18422人，落实救助金75.34万元。其中，龙陵县的798户3433人，从2003年10月开始实施。

2005年，保山市按照每人每月10元的标准，对3.5万农村特困群众实施定期定量救助。

第五章　优抚安置

第一节　拥军优属

1978年以后，保山地区充分发挥1272个拥军优属服务组织和141个军民共建点的作用，抓住征兵退伍、节日活动、国防教育等有利时机，采取座谈会、报告会、登门走访和各种媒体宣传驻军和优抚对象在两个文明建设中的丰功伟绩，进一步增强各族人民的拥军意识和国防意识，国防后备力量明显增强，兵员素质明显提高，施甸县、昌宁县多次受到省市两级军区的表彰。

1978—2005年，各级民政部门始终把驻军当亲人，把占总人口0.4%的优抚对象当主人，千方百计解除他们的后顾之忧，充分发挥了党委政府联系部队的桥梁纽带作用，被称为驻军的“编外后勤部”和优抚对象的“当家人”。

一、拥军支前

1979年2月，南疆自卫还击作战开始后，全区各族人民在“一切为了前线，一切为了胜利”的共同目标下，有13651名青年民兵积极要求参军参战，261名复员、退伍军人要求重返部队上前线。有444人写了请战书、决心书。出现了父母送儿上前线，妻子送郎上战场，兄弟姊妹争当兵的动人场面。全区战时征集新兵800名，其中有二次入伍的复退军人26人。至1979年10月，有36名保山地区籍战士在自卫还击作战中牺牲，其中以保山军分区司令员刘斌为代表的15户烈属又把烈士的弟妹送上前线，入伍顶替牺牲的亲人报效祖国。

1978—1983年，全区有10075名优秀青年奔上前线，临战报国。

全区各级民政部门，以临战的姿态做好优抚安置工作，千方百计解除现役军人的后顾之忧。1979—1989年，优待烈军属和荣、复、退军人劳动日287.29万个，粮食53.6万千克，现金508.31万元；一次性抚恤318人，支出抚恤金11.63万元；年平均定补2256人，支出定补费391.74万元；支出临时补助费107.71万元，有24.28万人得到补助；新接收安置复、退军人1.35万人，就业率达13.73%。

承当支前运输任务的保山总站，先后派出运输车辆453台次，运输支前物资2572吨。二车队被评为“支前运输先进单位”，五车队的王连贵、杨树杰等被评为“支前运输先进生产者”。

1985年春节，保山地委、行署和保山军分区派出副专员朱志恒、政治部主任张一江、民政处副处长李学德等组成慰问团，带着5吨红糖、粉丝等慰问品，前往老山、者阴山慰问作战部队。1987年春节，又派出地委副书记蒋明凤、保山军分区司令员赵泽贤和县（市）委书记一行20人，到前线慰问，赠送了白糖、香烟、茶叶等慰问品，并为保山籍在前线服役的209名官兵每人订送一年的《保山日报》。

优抚政策的全面落实，家乡人民的理解和支持，极大地鼓舞了前线官兵戍边杀敌和献身报国的斗志。据1989年不完全统计，在5545名现役军人中，有120人荣立战功，456人受到嘉奖，425人先后加入了党团组织，成为国防建设的骨干力量。

1979—1993年，保山籍现役军人，涌现出各种功臣1805人，其中有中央军委授予“董存瑞式的战斗英雄”李成文，有昆明军区授予“老山十五勇士”的段春和、张庆龙，战斗英雄张学景，英雄汽车兵李义华等大军区以上授予称号的14人，一等功15人，二等功109人，三等功1667人。光荣献身75人，光荣负伤401人。

2004年清明节，市民政局组织南疆自卫还击作战牺牲的烈士家属49户（50人），前往麻栗坡、马关、屏边、河口等烈士陵园扫墓，慰藉烈士英灵，进一步拓宽了拥军优属和拥军爱民的内容和形式。

二、节日拥军

中共十一届三中全会后，保山地区对拥军优属工作从内容到形式都作了重要改革。每逢元旦、春节和“八一”，地、县党委、政府都认真部署节日慰问活动。把慰问的重点放在边防哨所和条件最艰苦的地方。以检查优抚工作、落实优抚政策、听取部队对地方工作的意见和要求、帮助解决实际问题作为主要内容。慰问团、组的组成，以减轻部队接待压力、节约经费开支为原则。

1979年春节，地、县共派出党政领导和部门领导179人，组成23个走访组，共走访65个驻军单位。有42个单位提出了95条意见，这些意见，涉及五县的86个单位，除当面解决12条外，其余交有关部门给予解决。

1982年7月，建军55周年前夕，地、县和部门领导共110人，以县为单位走访慰问56个驻军单位（含边防哨所20个）和548名解放军伤病员，对驻军向地方提出的62条意见，当面答复和解决59条，其余交有关部门妥善处理。

1989年，全区拥军优属服务组织由小到大，由少到多。年末，有各级领导参加的群众性拥军优属服务组织发展到1208个，参加活动的人数达到16.16万人次，为驻军和优抚对象做好事、办实事1.02万件。

1999年5月23日，保山地、县党委、政府针对春节走访慰问中反映出来的问题，积极响应全国双拥工作领导小组的号召，在全区开展"爱心献功臣活动"，及时制定了实施方案。之后，全区各级组织和各族人民积极响应，仅1个月之内，地、县民政部门就收到捐款60多万元。解决了329户优抚对象住房和5303人治病的问题，使优抚对象的"三难"（生活难、住房难、治病难，下同）问题得到有效缓解。

2000年春节期间，地委书记罗正富、行署专员王广兴等五套班子领导带队深入基层，配合县（市）慰问驻军和优抚对象，组织慰问团组346个，参加3669人，地区还组织慰问烈军属、伤残军人、老复员军人200多名。共支出经费124万多元。

2001年，市委、市政府和县（区）党委政府，根据节日慰问中驻军反映的困难和问题，由各级财政拨款164万元，帮助驻军解决物质文化生活和部队建设的特殊困难。

2004年清明节期间，组织扫墓，慰藉烈士英灵。当年，各级党委、政府共召开不同形式的军民座谈会、优抚对象座谈会2548次，组织慰问团组145个，为驻军和优抚对象发放慰问金和慰问品达94.6万元。为部队解决水电燃料补贴26.9万元，修建房投入85万元，划拨"菜篮子"用地4.5亩。为部队官兵补习文化94人，培训技术人才166人，开发使用军地两用人才253人。安排随军家属9人，调整工种班次9人，解决子女入学入托困难34人，安排随军家属工作23人。全市有各级拥军优属服务组织1074个，7813人，开展服务3.29万人次。

2005年，组织慰问团组，深入驻军和边防连队，走访慰问，召开军民座谈会、优抚对象会，宣传政策、听取意见、解决问题。同时，组织开展"爱心献功臣"活动，到昌宁、龙陵、腾冲等县为270名优抚对象看病治病，免费送药价值2.30万元。投入32万元，为1715人解决实际困难问题，其中住房210人，医疗305人，生活1200人。

三、军民共建

1982年7月，昌宁县在7个单位试点的基础上，制定了军民共建文明村、文明单位的基本标准在试点单位实施，取得显著效果，积累了经验。

1983年7月，中共保山地委、保山军分区党委在昌宁县召开全区军民共建精神文明现场会，总结表彰各县军民共建精神文明的先进单位，军民共建活动迅速在全区推开。

1984年8月15—19日，省委、省政府和省军区在昌宁县召开全省文明村（文明单位）建设经验交流会，中共昌宁县委和昌宁县人民武装部分别被授予全省"建设社会主义精神文明先进单位"称号。

1998年2月26日，云南省军区群众工作经验交流会议在保山召开，保山驻军交流了群众工作经验。年末，有军警民共建点226个，共建对子358对，其中有153个被县以上机关评为先进单位。

1999年，驻保军警和预备役部队，掀起“军爱民，民拥军”的热潮。当年，结成军警民共建精神文明建设对子164对。驻军35105部队与汉庄小学共同创办少年军校，为11所大中小学进行军事训练，受训学生2.62万人。保山交警支队同保山市实验小学共建少年交警队，并组织少年交警上岗执勤。武警保山支队坚持以“鱼水工程”推动“基础工程”，开展向“解放军学习，向公安干警学习，向人民群众学习，尊重地方党委政府”的“三学一尊重”活动，在五县(市)修建阅报栏18个，积极参加地方两个文明建设，有7个中队分别被省、地、县评为“文明单位”；有两名个人分别被省双拥办、省民委评为先进个人，龙陵县中队被省老龄委授予“老龄工作先进单位”。保山地区公安消防支队，以《消防法》宣传为中心，对重点单位法人代表、防火负责人、安全责任人开展宣传。对保山市3万台中文寻呼机，统一发送“庆祝第6个法定‘消防日’，消防连着你我他，重消防安全，保一生平安” 的消防宣传；对119辆出租车进行消防宣传包装；对城区5所中小学各抽220名学生成立“少年消防队”；发表电视讲话等形式，提高市民消防意识和文明意识。全区涌现出一批拥政爱民先进集体和先进个人。当年，地委、行署命名军队和地方“保山地区地级文明单位”117个。1985—1999年，全区涌现出省级文明单位110个，其中驻军单位5个；地级文明单位303个，其中驻军23个。

2001年，市委、市政府和保山驻军坚持经常的国防教育，不断增强民众国防意识和双拥意识。全市接受国防教育13.11万人，对50多所大中小学的1.51万名学生，进行了封闭式军训，开展国防知识竞赛35场次。全市有各级双拥工作领导小组74个，市、县（区）领导到部队开展国防日活动629人次，授课101人次。军警民共建单位34个，开展军民联欢143场次，军民联防指挥部15个，联防队员808人，配合地方缉枪9支，缉毒1.28万克，捕获犯罪嫌疑人157人。通过“爱心献功臣”捐助行动和扶持，帮助2257户优抚对象解决了“三难”。

2004年，驻保军警，参加地方公益事业建设67项，支援重点工程14个，投入资金15.8万元，完成义务劳动指标110%，为民治病1.96万人次，减免医药费9.45万元；参加抢险救灾166次，出动官兵1.64万人次，出动车辆449台次，抢救转移群众1538人次，抢救财产2681万元，向灾区捐款13万元，捐衣被7832套件；投入扶贫经费32万元，定点挂钩扶贫55个村，帮助2651户贫困户摆脱了贫困，走上了致富之路。

四、创建双拥模范城（县）

1992年11月10日，省委办公厅、省政府办公厅、省军区政治部发出表彰决定，龙陵县被表彰为“双拥先进县”，汉庄乡等10个单位被表彰为“双拥先进单位”，陈家修、万仕明、杨桂珍、赵子荣、张维国等5人被表彰为“双拥先进个人”。

1993年11月18日起，双拥模范城（县）实行动态管理，不搞终身制。

1994年7月11日，省委、省政府、省军区命名龙陵县为双拥模范县，行署民政处、35105部队被授予“双拥先进单位”称号；杨延德、罗正海被授予“双拥先进个人”称号。7

月22日，地委、行署、保山军分区通报表彰44个双拥先进单位和61名双拥先进个人。

1996年12月4日，在云南省第四次双拥模范城（县）命名表彰大会上，保山市和龙陵县被命名为“双拥模范城（县）”；昌宁县湾甸乡下甸村村民张文彬被授予“云南省十佳拥军先进个人”称号。

1999年7月，省民政厅、省双拥办、省军区政治部授予昌宁县电信局“拥军优属先进单位”称号，保山市民政侨务局李青年被表彰为“拥军优属先进个人”。8月，省委、省政府、省军区授予保山市和龙陵县“双拥模范城（县）”称号；授予腾冲县“双拥先进县”称号。

2002年10月，在全省第六次双拥模范城县命名表彰会上，保山市隆阳区和龙陵县被命名为“双拥模范城（县）”。龙陵县民政局被表彰为“拥军优属先进单位”；武警云南省总队保山医院被表彰为“拥政爱民模范单位”；中共隆阳区民政侨务局党委书记梁莉、龙陵县副县长陈东才被表彰为“拥军优属先进个人”。

2005年，中共云南省委发出命名云南省第七次双拥模范城县的决定，隆阳区和龙陵县被命名为双拥模范城（县）。省民政厅、省双拥办、省军区政治部联合发出命名云南省第七届双拥模范单位、先进单位和先进个人的决定，腾冲县腾越镇被命名为“拥军优属模范单位”；龙陵县民政局被命名为“拥军优属先进单位”；中共龙陵县委常委、常务副县长郭自来被命名为“拥军优属先进个人”。

第二节　优待抚恤

一、优待

（一）群众优待

中共十一届三中全会后，行署民政局根据第七次全国民政会议精神，先后提出了改变优待形式，统一优待标准，平衡优待负担和扩大优待面等办法，逐渐形成了具有保山特色的基本经验。1981年8月，保山县北关、永铸两个大队和昌宁县先后提出优待、安置相结合的经验。12月14日，保山行署批转行署民政局《关于进一步做好农村优待补助和社会救济工作的报告》，将优待劳动日和实物改为优待现金，同时提高了优待标准。1982年12月，行署民政局将保山县城郊、汉庄公社和昌宁县的经验，完善为征兵、优待、安置相结合（简称“三结合”）向全区推广。1983年，提出了“一、二、三、以三为主”的优待标准，即对农村义务兵战士家属，生活特别困难的，优待一个全劳力的全年收入；生活比较富裕的，优待二分之一个全劳力的全年收入；一般的优待三分之二个全劳力的全年收入。实行定比例，使优待随经济收入同步上升。同年10月14日，保山行署和保山军分区联发的《关于认真做好1984年度复员退伍安置工作的通知》；次年5月，云南省人民政府印发的《保山地区民政处适应新的形势，做好优待工作》的经验材料，对“三结合”等经验作了充分肯定。

1987年，在基本实现以乡（镇）统筹以后，又总结推广了龙陵等地以县统筹兑现的经验。优待标准从过去户均每年100～200元，提高到300～400元，对义务兵战士家属实行普遍优待，并从农村扩大到城市。当年，在总结龙陵县实行新兵“家财两全”保险后，把“三结合”完善为“三定”，即定兵时，定优待、定家财保险，发入伍通知书时，同时发优待通知单、保险单。

1993年起，对义务兵战士家属优待实行以县统一标准，统一提留，统一兑现。当年全区优待3053户，其中军属2975户，烈属78户，优待现金81万元，户均优待265.31元。

2000年年底，优待军属2923户，户均593.23元；烈属266户，户均469.93元。全区共优待现金185.9万元。军属优待达到当年全区农民人均纯收入的46.8%。

2003年，按照《兵役法》，统筹优待金93.6万元，共优待义务兵家属1299人。

1978—2003年，年均优待4121户，其中军属3939户，烈属139户，伤残军人和带病回乡复退军人43户。年均优待总金额95.2万元，其中优待劳动日占55.2%；优待实物占0.29%；优待现金占44.51%（1985年起全部优待现金）。

（二）国家财政转移支付优待

2004年，农村税费改革后，全市将新中国建立以来传统的群众优待改为国家财政转移支付优待。当年优待1807户，其中军属1191户。优待总金额136.4万元，其中军属76.2万元。同时，还多方筹集资金，按《军人抚恤优待条例》规定，落实立功奖励，全年共发放现役军人在部队立功受奖的优待奖励3.5万元；支付现役军人房产保险金5.8万元。

2005年，优待1875户，其中军属1675户，优待金额117.7万元，其中军属107.7万元。

二、抚恤

（一）牺牲病故抚恤和补助

抚恤对象 1979年，优抚对象普查时，对新中国建立初期在剿匪战斗中牺牲的村干部和积极分子，原未称烈士的，由所在县革命委员会批准追认为烈士，共112人。1980年，根据《革命烈士褒扬条例》，将获得烈士称号的人员扩大到在革命斗争和保卫社会主义现代化建设中壮烈牺牲的人民群众，同时取消了积劳病故评为烈士的规定。1984年3月14日，行署民政侨务处《关于从严掌握革命烈士审批手续的通知》中指出：除边纵地下党牺牲人员授予烈士称号的仍由行署审批外，其余授烈士称号的一律报省政府审批。因公牺牲人员、病故人员的称号，军人由原部队团以上政治机关审批，其他人员由县级以上机关审批。审批后通知原籍县（市）人民政府填写因公牺牲证明书或病故证明书，发给其家属。失踪军人由县（市）人民政府认定。2004年10月1日起执行的《军人抚恤优待条例》规定“现役军人在执行对敌作战，边海防执勤或者抢险救灾任务中失踪，经法定程序宣告死亡的，按照烈士对待”，首次用“宣告死亡”的法律条文解决失踪军人的抚恤问题。1961—2005年，保山市一次性抚恤1228人，其中烈士339人，因公牺牲、病故的军人和工作人员889人。1981年，全区有烈士家属388户，因公牺牲军人家属19户，病故军人家属158户，失踪军人家属5户。1985年年末，有烈属379户，因公牺牲军人家属38户，病故军人家属179户。1989年年底，有烈属399户，因公牺牲军人家属37户，病故军人家属94户。1993年，有烈士家属395户，因公牺牲病故军人家属247户。从1994年开始，直接统计享受定期抚恤的人数，当年有烈属1568人，牺牲病故军人家属1003人。2000年，全区有享受抚恤的烈士家属1341人，因公牺牲和病故军人家属734人。2001年，优抚对象普查，有烈士家属262人，因公牺牲军人家属65人，病故军人家属237人。2005年，全市有烈属164人，因公牺牲军人家属42人，病故军人家属127人。

一次性抚恤标准 1979年4月13日到1980年年底，先后3次调整一次性抚恤标准，追加款项。将1950年以后的牺牲、病故抚恤改为烈士、因公牺牲、病故三种抚恤。1980年6月4日，《革命烈士褒扬条例》发布以后批准的革命烈士，增发一次性抚恤300元；1980年9月6日起，对参加对越自卫还击作战荣立二等功以上功绩的烈士，增发应领抚恤费总数的四分之一。1979—1980年，全区共抚恤69人，其中烈士39人，人均449.28元。1984年4月1日起，调整提高烈士抚恤标准，缩小了等级之间的差别，每级相差100元。干部级别改为21级以下、19～20级、15～18级、14级以上4个等级，师职和14级以上抚恤2400元，与班长、战士、民工的抚恤费相差400元。对大军区以上授予"英雄模范"称号的烈士，增发应领抚恤费的三分之一，荣立二等功以上的烈士，增发应领抚恤费的四分之一。当年，全区抚恤38人，其中烈士17人，人均1084.21元。1985年1月1日起，对烈士的一次性抚恤改按烈士生前40个月的标准工资发给，无工资或低于23级正排级的，按23级正排级标准工资计发。使抚恤费随烈士生前的标准工资浮动。当年，抚恤35人，其中烈士2人，每人1150元；因公牺牲和病故33人，每人524.24元。1986年7月1日起，因公牺牲改按生前20个月标准工资计发；病故按生前10个月标准工资计发。但病故者最多不得超过3000元。无工资或低于23级正排级的按23级正排级计发。当年，抚恤39人，其中烈士5人。1988年8月1日起，取消了"病故者最高不得超过3000元"的限制。被国务院、中央军委授予称号的增发应领抚恤费的35%；被军区（方面军）授予称号的增发15%；三等功增发10%。当年，抚恤24人，其中烈士5人，人均抚恤1208.33元。2002年1月8日，保山市对一次性抚恤的发放办法进行改革，从当年1月1日起，国家机关工作人员、人民警察因公牺牲、病故后，一次性抚恤金由死者生前所在单位发放；革命烈士和因公牺牲、病故军人的一次性抚恤金发放办法仍按现行规定执行，由家属户口所在地的民政部门发放。2004年10月1日起，按《军人抚恤优待条例》规定执行，现役军人死亡，根据其死亡的性质和死亡时的月工资标准，由县级民政部门发给其遗属一次性抚恤金，标准是：烈士80个月工资；因公牺牲40个月工资；病故20个月工资。月工资或者津贴低于排职少尉军官工资标准的按照排职少尉军官工资标准发给，一次性抚恤金比1988年规定翻了一倍。获得荣誉称号或立功的烈士、因公牺牲军人、病故军人，在一次性抚恤金的基础上按应领抚恤金的以下列比例增发一次性抚恤金：获得中央军事委员会授予荣誉称号的增发35%；获得军队军区单位授予荣誉称号的，增发30%；立一等功的，增发25%；立二等功的，增发15%；立三等功的增发5%。2005年，一次性抚恤85人，人均抚恤9105.88元。1978—2005年，累计支出一次性抚恤金584.99万元。

定恤定补标准 1979年4月1日起，提高退伍红军老战士的定补标准；同年10月起，改进优抚对象定期定量补助；1980年5月26日，又规定从1979年4月1日起，对对越自卫还击作战中牺牲的烈士家属按1979年规定的最高标准执行。到1980年年底，定补城镇457人，人均17.92元；农村1119人，人均11.45元。定补人数中烈属定补面为78.2%；在乡复员军人定补面为11.71%；在乡退伍军人定补面为1.78%。因带病回乡退伍军人每年都占退伍人数的10%左右，他们既不能评残，也不能安排工作，在生产生活中困难较大，故定补面超过了民政部和省民政厅（0.5%和1%）的规定。1983年1月起，对全区孤老烈属和孤老复员军人的定期补助进行调整，一律在原补基础上增加5元。全区共提高435人，其中孤老烈属250户，304人，孤老复员军人131人。1985年1月1日起，将“三属”（烈属、因公牺牲军人家属、病故军人家属）的定补改为定期抚恤，其标准为：烈属、因公牺牲军人家属，农村为20～25元，城镇为30～35元；病故军人家属、农村为15～20元，城镇为25～30元。“三属”中的孤老对象可适当提高。当年，全区定期抚恤“三属”535人，人均22.82元；定补复员军人1107人，人均10.87元；退伍军人441人，人均8.07元。合计2083人，其中农村1987人，人均13.06元；城镇96人，人均19.36元。1986年4月起，调整提高在乡老复员军人的定期补助金额，按农村不低于15元，城镇不低于20元的标准执行。年底定补1355人，定补面达23.6%，月人均定补11.52元。从1989年7月1日起，全区对“三属”的定期抚恤和1954年10月31日以前入伍的在乡复员军人的定期补助进行了较大幅度的调整。家在农村的烈属和因公牺牲军人家属每人每月补助35元，城镇45元；病故军人家属，农村每人每月30元，城镇35元；孤老对象，在上述标准基础上再增加5元。在乡老复员军人的定期补助，农村15～25元，城镇20～30元；孤老复员军人，在上述标准基础上再增加5元。全区共涉及调整对象6737人，其中“三属”557人，支出经费23.3万元，由省民政厅安排；复员军人6180人，共需120万元，中央、省安排66.3万元，地区财政安排5万元，县财政安排48.7万元。至1990年年底，全区定补“三属”562人，人均定补28.77元；在乡复员军人5622人，人均15.84元；退伍军人564人，人均14.39元。1992—2000年，先后7次提高了部分优抚对象的定期抚恤和定期补助，农村烈属和因公牺牲军人家属从45～50元提高到115～120元，病故军人亲属从40～45元提高到110～115元，城市“三属”分别比农村高10元。在乡复员军人从15～25元提高到65～78元，带病回退伍军人从6～10元提高到26～41元。到2000年年末，全区定恤定补6164人，其中农村6092人，人均每月69.91元；城镇72人，人均133.65元。“三属”394人，人均128.6元；在乡老复员军人4808人，人均72.11元；带病退伍军人962人，人均45.05元。从2004年10月1日起，按照《军人抚恤优待条例》提高部分优抚对象抚恤补助标准：农村“三属”每月定恤分别为250、240、225元，城镇分别定恤380、355、330元。到2005年年末，定期抚恤333人，月平均253.5元，其中烈属164人（农村150人，城市14人），因公牺牲军人亲属42人（农村39人，城市3人），病故军人亲属127人（农村116人，城市11人）；定期定量补助5974人，人月均94.76元，其中红军失散人员1人，在乡复员军人4419人（含抗日时期入伍11人），带病回乡退伍军人1554人。1978—2000年，定恤定补9.3万人，其中农村占96.6%，城镇占3.4%；"三属"占12.2%，在乡复员军人占75.1%，在乡退伍军人占12.7%。2001—2005年，定恤定补3.2万人，其中"三属"定恤占5.3%，定补在乡复员军人占69.9%，在乡退伍军人占24.8%；支出定期定量抚恤金916.78万元，支出定期定量补助费5563.96万元。

除定恤定补外，所有优抚对象如遇天灾人祸和特殊困难，再给予临时性补助，以帮助其渡过难关，1978—2000年，每年平均有1.5万人次得到45.9万元的临时补助。2001—2005年，年均临时补助132.67万元。通过定恤定补和临时性补助，确保优抚对象的生活不低于当地中等水平。

（二）伤残抚恤

抚恤范围　1979年4月，民政对象普查时，全区有伤残人员334人，其中因战致残170人；因公致残164人。在乡210人；在职124人。残疾军人319人；残疾警察2人；残疾工作人员8人；残疾民兵民工5人。保山地区于1981、1989、2005年进行调级、换证和补证。1981年7—9月，更换1972年发出的旧证，这次换证不调、不补、不评，全区共换证421人。1988年8月1日以后退出现役的军人评残，由原部队处理。调级和换证、补证，仍在部队的由部队办理，人民警察由所在地民政部门同公安机关办理，其他换证补证，除统一换证时由地区代省级民政部门办理外，其余一律由民政部门逐级审查，报省民政部门批准换发、补发、调级。1989年的换证工作，到1990年完成。全区共换证738人，其中在职414人，在乡324人。军人698人，警察16人，工作人员17人，民兵民工7人。因战332人，因公377人，因病29人。特等1人，一等9人，二等甲级51人，二等乙级136人，三等甲级237人，三等乙级304人。2004年修订的《军人抚恤优待条例》，对军人伤残级别作了重大改革，废止了1950年起执行的四等六级制，实行从高到低一至十级制。因病致残者评定为一至六级。2005年3—6月，保山市按《军人抚恤优待条例》和省民政厅、省劳动和社会保障厅、省卫生厅《军人残疾等级评定标准（试行）的通知》进行换证，共换发中华人民共和国残疾军人证750人，按有关规定审核登记，换发新证12人，新评地方残疾人员8人。7月1日前将新证发到残疾人员手中。当年，实有残疾人员739人。其中在职325人，在乡414人。因战239人，因公466人，因病34人。残疾军人707人，残疾警察9人，残疾国家机关工作人员17人，残疾民兵民工6人。一级4人，三级13人，五级49人，六级131人，七级264人，八级277人，九级1人。

抚恤标准　1978年1月起，在乡三等残废补助改为长期抚恤。同时，调整在乡残废金标准。当年，在职141人，人均32.62元；在乡200人，人均135元。1982年1月起，调整在职残废金，在职220人，人均43.64元；在乡284人，人均144.72元。1984年7月1日起，提高所有残废人员的残废抚恤金标准，同时，取消民兵民工单列标准的做法，与其他残废人员执行同一标准。年终在职241人，人均54.77元；在乡323人，人均203.72元。1988年1月1日起，对残废抚恤金标准作了较大幅度的调整，同时将各种政策性的补贴统一计入残废金标准之内，年终在职418人，人均110.05元；在乡316人，人均386元。1990—2000年，全面调整抚恤标准有1994、1996、1999、2000年4次，只调整在乡的有1991、1998两次，还有其他局部调整的未记述。2000年1月1日起，在乡年抚恤标准：特等因战6000元，因公5840元；一等因战4600元，因公4470元，因病4340元；二等甲级因战2480元，因公2370元，因病2280元；二等乙级因战1680元，因公1600元，因病1560元；三等甲级因战1050元，因公1030元；三等乙级不论因战、因公均为930元。在职标准：不论因战、因公还是因病每个等级与在乡的相差3～5倍。2005年6月，换发新证，从2004年10月1日起，执行新的残疾抚恤标准。2005年，全市抚恤739人，其中在乡414人，人均在乡伤残抚恤金4145.6元；在职325人，人均在职保健金3012.3元，一至四级残疾军人中有分散安置的7人，享受当地职工平均工资30%～50%的护理费，人均3857.1元。1978—2005年，全市支出伤残抚恤费1233.06万元，占抚恤事业费的11.62%，其中，伤残抚恤金1199.19万元，占伤残抚恤费的97.25%。伤残抚恤金中，在乡伤残抚恤金占68.55%；在职伤残保健金占28.97%；还有2.48%的其他支出，用于伤残人员伤口复发和疾病治疗补助、病故抚恤、护理等特殊照顾。

三、烈士褒扬

1980年6月4日，新的《革命烈士褒扬条例》公布后，保山地区对各个时期为国捐躯的将士，授予革命烈士称号，并给予相应的经济待遇和政治荣誉。

1981年4月，保山地区安排编写《烈士英名录》，1982年3月，完成《云南省革命烈士英名录》保山地区籍470名烈士基本情况的收集整理。

1982年7月，行署民政局针对一些烈士墓年久失修的问题，发出通知，拨出专款1.5万元，要求当年内全面检查就地维修烈士墓。当年，昌宁县政府修建姚家坡革命烈士纪念碑和老军坟山烈士墓。保山县修复营盘山烈士墓，龙陵县复修大坝烈士墓。

1984年，龙陵县人民政府拨款对1958年被毁的松山抗日阵亡将士公墓进行修葺。

1985年9月14日，腾冲县政府复修“国殇墓园”。

1987年10月，云南省民政厅编撰的《云南英烈》收录了保山地区籍或在保山入伍的李鑫、寸性奇、艾思奇、李先华、李成文、刘光(保山军分区司令员刘斌之子，在保山服役)、杨树宝、赵子云、赵加华等9名著名烈士的生平事迹。12月12日，省政府发出通知，将腾冲县国殇墓园、艾思奇故居、张文光墓和保山市杨振鸿墓列为云南省第三批省级重点文物保护单位。

1988年8月8日，由云南省委、省政府，云南省军区，成都军区后勤部驻昆办事处等20多个单位捐款，在河口瑶族自治县修建落成“董存瑞式的战斗英雄李成文”烈士的塑像。云南省军区党史资料征集办公室编印的《忠魂集》收录了腾冲县革命烈士纪念塔和“董存瑞式的战斗英雄李成文”的塑像。昆明军区政治部宣传部编印的反映对越自卫还击作战的《英雄谱》，收入“董存瑞式的战斗英雄李成文”烈士和被云南边防部队授予战斗英雄称号的副连长张学景的事迹。12月，保山市投资9.5万元，修建营盘山“保山市烈士陵园”，安葬、移葬102人，其中烈士42人，因公牺牲、病故军人60人。1989年，全区有革命烈士建筑10处。

1995年7月7日，保山市投资27万元在易罗池新建的“滇西抗日战争纪念碑”揭幕。

2000年年底，保山地区共有革命烈士520人，其中保山市155人，施甸县87人，腾冲县118人，龙陵县97人，昌宁县63人。女性10人，党员115人，团员58人。牺牲的原因，因战牺牲357人，因公牺牲146人，积劳成疾病故11人，其他原因牺牲6人。牺牲的时间，新中国建立前牺牲8人，解放初期剿匪作战牺牲180人，抗美援朝战争中牺牲51人，对越自卫还击作战68人，社会主义建设中牺牲213人。牺牲前身份，部队战士287人，部队排以上干部69人，地方干部57人，民兵、民工和农民107人。籍贯属保山地区籍495人，保山地区外的云南省籍5人，外省籍20人。烈士功绩，英雄模范3人，大功、甲等功和一等功11人，二等功22人，三等功48人。2002年，新增烈士2人（隆阳区和昌宁县各1人）。

1978—2005年，保山市支出烈士纪念单位和烈士墓维修管理费176.33万元，占抚恤业费的1.66%。

第三节　退役安置

根据国家安置政策，保山退伍安置实行“义务兵退出现役后，按照从哪里来、回哪里去的原则，由原征集地县（区）人民政府接受安置”“军官退出现役后，由国家妥善安置”，交地方的离退休干部，由县（区）人民政府管理。

一、义务兵接收安置

（一）以义务兵为主体的安置

1978年开始，对城镇退伍义务兵采取“深入宣传，热情接待；协调关系，排忧解难”等办法。到1985年，仍按“从哪里来，回哪里去”的原则和“热烈欢迎，亲切接待，妥善安置，各得其所”的方针进行安置。

1981年开始，保山地区安置办公室将“按系统分配任务，包干安置”，完善为“按系统分配任务，区别对待，包干安置”。当年，所负责安置的61名退伍军人，有59名按时报到。1986年，在安置的66名中，有高中以上文化19人，被推荐为干部；13名技术兵作对口安置；其余34人按德才表现和志愿安置。地区供销社接收了“两山”战斗中被授予十五勇士之一的张庆龙，安排了住房，分配了工作。

1976—1997年，共接收2.48万名，其中志愿兵和复员干部1.68%，义务兵占98.32%。安置回农村的占83.62%；安置就业的占16.38%。

（二）义务兵和退役士官安置

1998年，对城市退役士兵安置进行全面改革，在全省率先实行“供需见面，双向选择，保底安置”的办法。至1999年的两年间，保山按政策应安排就业368人，占接收总数的34.75%，其中自谋职业188人，占应就业人数的51.1%。

2000年4月8—11日，民政部、总参谋部和成都军区在保山召开“全国部分省市退役士兵‘供需见面、双向选择’云南现场经验交流会议”。会上，保山地区交流了多渠道、多形式做好“供需见面、双向选择”安置城市退役士兵的做法和体会，受到会议充分肯定。

会议认为保山的做法为全国尤其为欠发达地区的安置工作创造了成功经验，值得各地借鉴，具有普遍推广意义。

2001年，发出《关于地直单位城镇退役士兵和转业士官由保山市统一接收安置的通知》。同年6月15日，转发了《保山市退役士兵转移安置金征收及补偿管理暂行办法》，规定了转移安置金标准：当年有安置任务的，每完不成1人交纳2万元；无安置任务的按单位职工总人数 ×4%×2万元计算，于每年6月30日前交纳，每逾期一天，缴纳5‰的滞纳金。当年，全市共接收退役士兵577人，其中，退役义务兵557人，转业士官20人。符合政策需要安排工作的有190人，占32.9%。选择自谋职业59人，支付一次性补偿金86.6万元。安置录用145人，占75%。隆阳区、施甸县、昌宁县全面实行了“供需见面，双向选择”。

2002年3月14日，市人民政府《关于做好2001年冬季退役士兵接收安置工作的通知》规定：从2002年开始，各县（区）要把自谋职业作为安置退役士兵的主渠道，政府不再设安置岗位。补偿标准：义务兵基数不低于1万元，每一年军龄加2000元及其以上；转业士官基数不低于1.5万元，每一年军龄加2000元及其以上。对立功者及在艰苦地区、特殊岗位服役的士兵，除自谋职业一次性补偿金外，给予适当奖励，奖励标准由县（区）确定。县（区）政府制定了《退役士兵安置办法》，隆阳区规定：获得省军区以上授予荣誉称号者奖励8000元，个人荣立一、二、三等功者分别奖励5000、3000、1000元。对伤残军人按致残原因和伤残等级给予1000~6000元的奖励；特、一等由政府负责终身。当年，全市共接收629人。符合安排工作的169人，选择自谋职业87人。共发放一次性自谋职业补偿金178.45万元，支付待分配期间的生活补助费2.91万元。

2003年，接收530人。安排就业10人，选择自谋职业108人，支付一次性自谋职业补偿金295.21万元，继续走在全省前列。

2004年，市人民政府制定了《关于做好2003年冬季退伍士兵接收安置工作的通知》，进一步完善了自谋职业的补偿标准。当年接收581人，在符合就业的128人中，有18人安置工作，110人选择自谋职业。支付一次性自谋职业补偿金306.13万元。对安置回农村的退役士兵，按标准领取了优待金和生活补助金。两用人才已使用244人，开发使用率为73.1%。

2005年，严格执行安置政策，规范安置方式，稳步进行“双考”。接收487人，符合就业的116人，其中就业11人，选择自谋职业105人。支付一次性自谋职业补偿金393.7万元。

1998—2005年，全市共接收4583人，其中士官275人，复员干部4人。符合就业条件的1312人，其中安排就业787人，自谋职业525人，占应就业人数的40%，支付一次性“自谋职业”补偿金1420.99万元，补助待安期间的生活费19.84万元。安置回农村3271人，对回乡的军地两用人才，每年开发使用率都在70%以上，并根据财力尽力帮助带病回乡的退役士兵解决好“三难”问题，保证了他们的生活权益。

（三）特殊对象安置

农村“三无”对象的退伍安置 对服役期间家庭发生变化，退伍后无依无靠无家可归，回乡参加农业生产困难较大的退伍军人，给予特殊安置。1979—1985年，共接收49人，分别安置在企事业单位工作。

农村二、三等伤残军人的退伍安置　保山地区根据上级指示，改变了农村二、三等伤残军人一律回乡生产的做法，从1980年开始，对在对越自卫还击作战中因战负伤致残的二、三等伤残军人，由征集县就地就近安排工作。1980—1984年，共安置113人，占同期接收残废军人总数的89%。全部安排到国营厂矿和企事业单位。1984年10月以后，回乡的农村二、三等残废军人，不论因战、因公、因病致残，都由所在县（市）安排到国家企事业单位工作。

农村顶替入伍的烈士弟妹的退伍安置　1979年，保山地区根据上级指示，分两批征集在对越自卫还击战中牺牲烈士的适龄弟妹15人，到烈士生前所在连队服役。1983年，这15名（6男，9女）战士先后退伍回乡，保山行署决定，将其全部安排到原籍县全民所有制单位工作。

对荣立二等功以上的农村退伍军人安置　从1984年10月起，保山地区对荣立二等功以上的26名农村退伍义务兵，全部安排工作。

二、复员和转业干部接收安置

20世纪70年代，实行“团营职干部由国家统一分配，连职干部由原籍或参军时所在的省、自治区分配工作”。80年代实行“由转业干部的原籍或入伍的省、自治区、直辖市负责分配”。90年代，军官退出现役后，由国家妥善安置。21世纪，实行“计划分配和自主择业相结合”的方式安置。

（一）复员改转业

1976年5—7月，保山地委组织部、行署计委和行署民政局两次发出通知，对1969年至1975年7月31日接收的复员干部重新落实政策，改办为转业。对在此期间接收户籍仍在保山地区的607名复员干部，安排就业575人。其中安置在全民所有制单位当干部501人，当工人73人，安置在集体所有制单位当工人1人；病故10人；退休5人；安排就业后又申请回农村1人；在农村未安置工作16人。根据政策规定，需办理复员改转业584人，不符合改办转业6人，需作退休、退职安排7人，需要进行病故抚恤10人。改办转业后涉及工作问题75人，其中需要调整工作65人，重新安排工作10人。1976年12月，南京军区某部排长、共产党员聂建平自愿要求到保山县潞江坝安家落户，当普通农民。此后到1980年，全区接收安置复员、转业干部1155人。之后，军队转业干部不再由民政部门安置。

（二）军转办接收安置

1981年以后，军队转业干部接收安置由人事部门主管，设立转业干部安置办公室专门承办。

1981—2005年，累计接收军队转业干部1784人，其中团职229人，营职848人，连排职489人，专业技术干部218人。计划安置1717人，其中党政群机关584人，政法系统364人，事业单位336人，企业单位433人；自主择业67人。在“十五”期间接收安置的171人中，军人和武警分别占56%和44%。在此期间，转业士官和自愿要求复员的干部，统一由民政部门接收安置。

三、离退休干部接收安置

（一）1981年以前的接收安置

1975年8月，保山地区根据国务院《关于军队干部退出现役的暂行办法》，接收年满55岁以上，或因公致残、积劳成疾，基本丧失工作能力的军队退休干部。同时调整了部分退休干部的退休金。当年底共接收安置12人，支付退休金1.01万元，人均月70.14元。至1980年年底全区累计接收24人，其中团职1人，营职以下23人，人均退休金72.57元。部队安排建房费2人，共3640元。其住房情况：住公房10人，住私房14人。

（二）分批次接收安置

第一批 1981年4月13日，保山行署发出《关于安排军队退休干部住房建设的通知》，开始实行由国家统一拨款，地方统一分批建房、分批接收安置的办法。当年，云南省分配保山安置51人，安排建房资金47万元和所需“三材”（钢材、木材、水泥）指标，建房2930平方米，其中团职19人，每人70平方米，营以下32人，每人50平方米。当年6月29日，行署民政局、财政局发出《关于当前军队退休干部住房建设中有关问题的通知》。10月13日开始，按国务院、中央军委规定，调整退休费比例：新中国建立后入伍（含参加地方工作的年限）军龄满30年以上的发本人原工资的85%；满20年不满30年的发80%；满15年不满20年的发75%；满10年不满15年的发70%；不满10年的发65%。当年，有军队退休干部23人，支出退休金1.98万元，人均71.14元。10月16日，行署发出通知，愿回农村建房的军队退休干部发上级下拨给本人建房费的50%，最多不超过60%；维修、增建住房的可补助1500～2000元，最多不超过3000元，实际接收安置39人。

第二批 1983年7月9日，党中央、国务院批准军队离休干部交地方由民政部门管理，其待遇照原工资发给。当年全区退休改离休4人，支出离休金4600元。10月2日，省民政厅等4个单位安排保山地区第二批接收军队离退休干部任务21人（其中团职11人、营职以下10人，实际接收26人），拨建房款17.4万元。其建房面积营职以下每人比第一批增加两平方米。1981—1983年，全区建集体安置点住房3726.16平方米；分散安置7人，建房600平方米，共支出建房资金51.37万元。至1985年年底，全区共接收第一、二批和原接收的军队离退休干部29人，其中离休6人，退休23人。支出离退休事业费12.54万元，其中离休费0.8万元，人均每月111.11元；退休费2.74万元，人均每月99.28元；事业单位支出9万元。配备专用车1辆。先后支出第一、二两批建房资金79万元。同时，对军队离退休干部治病、丧葬等有关问题也按照上级规定作了妥善解决。

第三批 1988年6月13日，行署民政处等单位发出通知，调整军队退休干部生活费计发比例。军龄10年以下，按原工资70%计发；10年以上按每增一年军龄增发原工资1%。但总额不得超过原工资的90%。6月28日，行署民政处等5个单位发出通知，安排第三批建房任务共49人，3816平方米，总投资84.67万元。1989年调整为51人，其中师职1人，团职35人，营职以下15人，建房面积3886平方米，至当年底，建成3464平方米，其中团职31套，营以下15套，工作人员8套和学习室、办公室、医务室、车库等。实际接收47人，当年部队移交31人，其中团职23人，营职以下8人。同时，接收配偶子女42人。当年底，实有军队离退休干部48人，人均月离退休金100.69元。1989年1月1日起，发给军队离退休干部调整工资补助费，团职30元，师职35元。同时对离休干部加发功勋费，授予红星勋章的加发30元；独立勋章的加发25元；解放勋章的加发20元。当年底，接收安置军队离休干部40人，人均每月支出离休金135.42元；退休57人，人均每月退休金81.87元。

第四批 1993年8月14日，行署民政处、计委、财政局、物资局、地建行发出文件，根据省5个单位安排的计划，下达第四批建房任务。标准为师职92平方米、团职72平方米、营职以下54平方米，每平方米造价500元，任务为48套，其中师职1套，团职30套，营职以下17套，共3804平方米，资金265万元。安排保山市建房经费49.2万元，腾冲县97.9万元，龙陵县72.7万元，昌宁县22万元，施甸县6.3万元，待调整16.9万元。

第五批 1998年5月7日，行署民政侨务局、财政局、计委发出文件，第五批安置27人，其中师职6人，团职16人，营职以下5人。离退休干部的建房标准按第四批执行，服务管理人员建房标准，处级干部60～70平方米，一般干部50～55平方米，一般工人45～50平方米。每平方米造价538元，共安排建房面积2502平方米，建房经费135万元。6月底动工，当年底有21户竣工，次年全部完工，投入使用。1998年12月22日至1999年5月8日，保山地区根据民政部、财政部、建设部、总政治部、总后勤《关于出售移交政府安置的军队离退休干部住房的通知》和云南省相关部门的要求，出售了第一、二、三批统建的住房64套（团职33套、营职20套，专职工作人员11套），3723平方米，原建房投资81.3万元，共收售房款42.95万元，除提取20%作为军干所建立住房公共维修基金外，其余80%共36.36万元存入“售房收入专户”，待上级通知后使用。1978—2000年，年末平均人数77人，其中离休27人，人均每月离休金356.1元；退休50人，人均每月退休金266.45元。2001年，优抚对象普查，全区有3个休养所、院，3个服务站，接收安置军队离退休干部135（含代发工资的11人），其中离休40人，退休94人，志愿兵1人。师职干部3人，团职干部67人，营职以下65人。2005年，安置任务28名，其中隆阳区25名，腾冲县2名，昌宁县1名，10月底完成26名，隆阳区有两人正在移交。当年末，全市有军队离退休干部138人，其中离休33人，退休105人，另有退休士官2人。2001—2005年，年平均人数158人，其中离休35人，人均每月离休金5197.36元；退休123人，人均每月退休金3525.56元。1978—2005年，累计支出军队离退休安置费8132.24万元，占退役安置支出的88.1%，其中军队离退休安置机构支出1432.82万元；离退休安置支出6699.42万元（含无军籍职工退休金754.78万元）。军队离退休干部退出现役到地方后，为地方“三个文明”建设作出贡献。如昌宁县柯街公社禹存孝，复员改退休后，1979年被省人民政府授予“劳动模范”称号。施甸县姚关乡周义勇，1989年被民政部授予“先进军队退休干部”称号。隆阳区军干所离休干部金万田，2004年被民政部、总政治部、总后勤部授予“全国先进军队离退休干部”称号。

四、无军籍退休职工接收安置

1981年年底，全区接收无军籍退休职工13人，人均月退休金44.87元。至1993年，先后接收44人，年末实有34人，人均月退休退职金181.37元。

1994年开始，成批接收安置，当年接收安置16人，年末有46人，人均月退休退职金275.36元。

1995年，接收安置11人，年末实有48人，人均月退休退职金354.17元。

2000年9月27日，行署民政侨务局根据省民政厅、省军区、武警云南省总队的安排，下达接收安置计划，全区应接收安置61人，其中职员1人，工人60人，全部为保山市安置，当年底实际接收60人。到2001年年底，全市共接收管理108人，人均月退休、退职金765.43元。

1981—2005年，年平均实有人数30人，人均月退休退职金487.79元。2005年年末，实有无军籍退休退职职工99人，人均月退休退职金789.56元。

1978—2005年保山市退役军人接收安置情况

表38-2 单位：人

年份	退役士兵士官					转业干部											离退休干部			无军籍退休职工
	接收数	其中复员	安置			接收数	其中				安置数	计划安置				自主择业安置	年末安置数	离休	退休	
			回农村	安排就业	自主择业		团职	营职	连排职	专业技术		党政机关	事业单位	企业单位	小计					
1978	1447	—	1337	110	—	—	—	—	—	—	—	—	—	—	—	—	21	—	21	—
1979	484	4	466	18	—	—	—	—	—	—	—	—	—	—	—	—	24	—	24	—
1980	1176	—	1053	123	—	—	—	—	—	—	—	—	—	—	—	—	24	—	24	—
1981	1838	—	1621	217	—	26	8	123	1	4	226	142	3	1	226	—	23	—	23	13
1982	1625	—	1376	249	—	32	2	127	0	5	232	141	9	2	232	—	20	—	20	13
1983	1973	2	1698	275	—	54	9	90	4	1	154	54	7	3	154	—	20	4	16	25
1984	1542	1	1348	194	—	25	4	82	5	4	125	72	2	1	125	—	27	4	23	27
1985	1063	4	891	172	—	75	2	96	1	6	175	84	9	2	175	—	29	6	23	29
1986	1512	7	1231	281	—	83	4	57	0	2	183	66	5	2	183	—	35	7	28	31
1987	730	2	608	122	—	19	3	8	3	5	119	46	6	7	19	—	61	4	37	38
1988	912	1	805	107	—	6	2	2	7	5	36	17	4	5	36	—	83	5	48	40
1989	609	4	519	90	—	2	3	6	3	-	22	13	3	6	22	—	97	0	57	37
1990	1387	3	1015	336	—	3	1	5	2	5	23	16	5	2	23	—	115	8	67	37
1991	1361	0	1054	307	—	8	-	7	8	3	18	11	7	-	18	—	119	3	66	35

续上表　　　　　　　　　　　　　　　　　　　　　　　　　　　　　　　单位：人

年份	退役士兵士官					转业干部											离退休干部			无军籍退休职工
	接收数	其中复员	安置			接收数	其中				安置数	计划安置				自主择业安置	年末安置数	离休	退休	
			回农村	安排就业	自主择业		团职	营职	连排职	专业技术		党政机关	事业单位	企业单位	小计					
1992	739	6	591	148	—	1	2	8	4	7	21	13	1	7	21	—	117	2	65	34
1993	824	4	601	223	—	5	2	11	4	8	35	11	4	0	35	—	111	0	61	34
1994	453	5	317	136	—	2	3	18	4	7	32	18	7	7	32	—	110	8	62	46
1995	446	4	290	156	—	0	1	11	3	5	30	16	6	8	30	—	110	8	62	48
1996	434	1	296	138	—	3	4	14	6	9	33	27	6	—	33	—	122	7	75	50
1997	431	7	230	201	—	1	4	12	0	5	31	26	5	—	31	—	128	7	81	64
1998	683	6	475	204	4	5	6	14	9	6	35	28	7	—	35	—	130	6	84	61
1999	376	5	216	143	7	5	8	23	9	5	45	27	8	—	45	—	124	6	88	50
2000	621	4	380	187	4	8	7	18	0	3	38	29	9	—	38	—	124	6	88	50
2001	677	3	487	131	9	5	1	21	2	1	35	17	6	—	23	2	135	0	95	108
2002	629	1	460	91	8	3	3	19	1	—	23	9	5	—	14	9	171	5	136	107
2003	530	5	412	10	08	5	2	15	4	4	35	13	2	—	15	0	181	5	146	114
2004	583	9	453	18	10	3	3	17	7	6	43	26	1	—	27	6	164	4	130	101
2005	487	2	371	11	05	5	7	15	2	1	35	25	—	—	25	0	138	3	105	99

注：1. 本表包含武警部队；2.1978年以前接收安置退伍兵32150人，志愿兵7030人；3. 转业干部1980年以前为民政接收安置，其中1969—1975年824人，1976—1980年1155人，1981年起为转业干部安置办安置；4.1978年以前接收安置军队离退休干部85人

第六章　基层组织建设

第一节　基层政权建设

1984年1月17日，地委、行署将基层政权的日常管理工作交由民政部门办理。地委根据中共中央、国务院相关要求，建立保山地区体制改革领导小组（由选举指导小组担任）。各县（市）相继建立体制改革领导小组和办公室，县（市）、公社、大队召开三级干部会议，农村体制改革和基层选举全面铺开，同年4月20日基本完成，历时96天。

一、撤公社建区乡

区公所设置 1984年，保山地区撤销98个公社，设置县辖区级派出机构81个，其中区公所75个，城关镇4个，市辖城关办事处1个、县辖乡1个，比原公社建制，减少21%。其中多社合一的有6个区；二合一的有11个区；以原公社设区的有64个区。人口在2万人以上44个区；1万～2万人的26个区；不足1万人的11个区。规模最大的是保山市板桥区，共26个乡，15800户，79245人。最小的为施甸县木老元区，共4乡，867户，5380人。

乡级政府设置 1984年，全区将1092个大队改建为914个乡级政府。其中一般乡713个，边境乡23个，民族乡115个，区辖镇31个，农村办事处19个，街道办事处（居委会）13个。以原来大队建乡758个，其中改建为农村办事处19个；两个大队建一个乡的141个；三个大队建一个乡的10个；四个大队建一个乡的1个。人口达5000人以上的乡11个；1000～5000人的乡790个；不足1000人的乡109个。为尊重历史习惯，保持传统的侨乡声誉，将腾冲县和顺乡列为县政府直属的区级单位，下设十字路、大庄、水碓三个村民委员会，享受区级待遇。另将腾冲、龙陵两县国境线上的8个区的23个乡，划为边沿乡，享受《边境建政优待办法》规定的待遇。同时，将全区11139个生产队改建为11013个农业生产合作社。

1984年撤区建乡前后基层组织情况

表38-3　　　　单位：个、户、人

项目			合计	保山市	施甸县	腾冲县	龙陵县	昌宁县
区级	原公社数		98	27	20	21	14	16
	新设区数		81	19	16	21	11	14
	其中	区	76	18	15	20	10	13
		镇	4	—	1	1	1	1
		办事处	1	1	—	—	—	—
乡级	原大队数		1092	404	163	248	120	157
	新设乡数		914	309	137	224	121	123
	其中	一般乡	713	225	116	184	86	102
		民族乡	115	65	12	14	7	17
		边境乡	23	—	—	11	12	—
		区辖镇	31	15	6	7	3	—
		农村办事处	19	—	2	2	12	3
		街道办事处（居委会）	13	4	1	6	1	1
新建居委会数			32	4	—	24	3	1

续上表　　单位：个、户、人

项　目	合　计	保山市	施甸县	腾冲县	龙陵县	昌宁县
新建村委会数	6631	1647	544	1654	1614	1172
合计	6663	1651	544	1678	1617	1173
自然村数	9158	1982	1339	2536	1541	1760
原生产队数	11139	3254	1623	2694	1614	1954
新建合作社数	11013	3189	1560	2694	1616	1954
总户数	344936	127833	46338	84617	38475	47673
总人数	1904033	672403	260699	470311	225175	275445

二、撤区建乡

1987年7月24日，地委、行署按照省委、省政府关于改革区乡体制的指示和省委地委书记会议精神，开始撤区建乡的试点，同年8月全面铺开，次年9月30日结束。

通过“三补三销”进行选民登记，之后张榜公布，防止错登、漏登、重登。全区2729个选区，共有选民116.85万人，参加选举98.44万人，参选率为84.3%。

经过三上三下选举，实际选出乡（镇）代表4537人，占第一榜公布候选人的25.1%，占最后确定候选人的64.7%。乡（镇）长候选人，除组织人事部门考核的外，还有10人以上代表联合提名的。按照参选人数必须超过代表总人数的一半；得票人数必须超过参选人数的一半等规定，通过乡（镇）代表会无记名投票选举，等额选举了乡（镇）长83名；差额选举副乡（镇）长137名。并由主体民族担任民族乡的乡长。在此之前，按党章规定，召开党员代表会，选举乡（镇）党委正、副书记180人。

此次体改将81个区（镇）改设为83个乡（镇），其中乡73个（含民族乡15个），镇10个。与撤前相比，新增3个乡，合并1个乡，实际增加2个乡（镇）。保山市由19个区（办事处），改设为20个乡（镇），将板桥区分设板桥镇和金鸡乡；施甸县由原有16个区（镇），改设15个乡（镇），将城关镇和大楼子区合并为甸阳镇；腾冲县由原来的21个区（镇），改设22个乡（镇），将洞山区分设洞山乡、勐连乡；龙陵县原有11个区（镇），改设12个乡（镇），将腊勐区分设腊勐乡、碧寨乡；昌宁县原有14个区（镇），改设14个乡（镇）。在乡（镇）之下，设788个行政村，127个农村办事处；村（处）以下设11239个农业生产合作社。此次撤区建乡，根据云南省人大常委会第三十次会议的决定，在乡（镇）中增设人大常委会，负责召集本届人代会闭会期间主席团的例会，承办主席团交办的日常工作。全区设乡（镇）人大常委会主席83人、副主席6人，共89人。

体改后，乡均人口为24486.6人，乡均面积为230.4平方千米。其中人口最多的为保山市河图乡，有71488人；腾冲县和顺乡最少，5163人。面积最大的为腾冲县古永傈僳族乡，1070.12平方千米；腾冲县和顺乡最小，仅有16.54平方千米。

1988年9月30日，云南省人民政府批准了保山地区的乡(镇)建制，撤区建乡工作全部结束。

第二节 基层自治组织建设

一、居民委员会

《中华人民共和国居民委员会组织法》(简称《居委会组织法》)颁布之前，城市居民的管理，按照1954年12月31日全国大会常委会第四次会议颁布实施的《城市街道办事处组织条例》进行。1984年前，在保山、腾冲两县城设大队一级的街道办事处6个。1984—1986年增至9个。1987年以后为10个，即保山市4个，腾冲县6个。1979—1981年，保山、腾冲两县设11个居民委员会。1983—1988年减为10个。但这一时期的居民委员会与派出机构街道办事处(大队一级)基本实行两块牌子一套班子。

1990年1月1日起保山地区贯彻执行《居委会组织法》，当年设11个居委会，居委会下设居民大组。

1992年，保山市永昌镇四街居委会和腾冲县城关镇六街赵嘉福作为先进居委会和优秀居委会主任，受到省委、省政府的表彰。在1992年11月6日开始的乡(镇)换届选举中，保山地区选举产生了14个居民委员会的干部，并有11个居委会依法建立了岗位目标责任制、街道财务等制度和居民公约。

2000年，保山地区设13个居民委员会。保山、腾冲原按序数定名的居民委员会改按其驻地更名。

2002年7月16日，市委办公室、市政府办公室发出《关于社区划分有关问题的通知》。10月，全面启动了城市社区建设工作，当年底，完成了第一阶段的工作任务。全市共划分24个社区，建立健全了社区党组织，成立了社区居民委员会。

2003年，按照“三个便于”原则，划分31个社区，其中(隆阳区13个、施甸县2个、腾冲县8个、龙陵县4个、昌宁县4个)以原村居民委员会划分的29个社区，以企事业单位划分的2个单位型社区。社区居委会产生后，及时举办了社区党支部书记和主任培训班。

2004年，全市选聘了160名社区专职干部。腾冲县秀峰社区、山源社区被体育部和民政部授予“体育特色社区”称号。

2005年1—6月，进行社区党组织和社区居委会第二届换届选举。6月1日，隆阳区杏花社区、腾冲县热海社区、山源社区被省环境保护局、民政厅、教育厅等7部门命名为省级首批“绿色社区”。年末，全市共有32个社区。

二、村民委员会

1988年6月1日开始，保山地区全面开展宣传学习《中华人民共和国村民委员会组织法(试行)》(简称《试行法》)。以自然村为单位建立7816个村民委员会。1991年，对《试行法》的宣传处于低潮，村委会建设基本处于停滞状态。从规模上仍保持以自然村或农业生产合作社建会，村委会减至6828个。

1997年10月，保山地区根据省民政厅的要求，结合乡（镇）换届完成了1176个村委会和13个居委会的第二届换届选举，有131万人参选，参选率89.4%，选举村民代表4.9万人、村民小组长9709人、村居委会主任1189人、副主任和委员6310人。此次换届，出现了“三减少一提高”，即村委会个数减少、干部减少、农民负担减少，村居委会干部素质提高，村居委会成员中，党员占56.7%，初中以上文化占54.8%，40岁以下占52.2%，妇女占1.3%。

1998年11月，保山地区开始深入宣传《试行法》，加大改革力度，调整村委会的规模，减少干部数量，提高干部素质，解决村委会干部的报酬问题。当年，村委会发展到1374个，在任村委会成员7830人，离任村委会成员7536人。保山市被省民政厅命名为“云南省首批村民自治模范市”。

2000年，进行村级体制改革，实行村民自治，将原有915个村公所（办事处）改设为902个村民委员会，13个居民委员会。原来以合作社或自然村为单位建立的村委会自然消失。

2002年以后，全市在广大农村广泛开展村民自治活动，初步建立以“民主选举、民主决策、民主管理、民主监督”为主要内容的村民自治制度，广大农村实现了四个转变：村干部由原来的任免制转变为直接选举制；乡（镇）政府由过去的领导关系转变为现在的指导关系；村级事务管理由过去的家长决策制转变为村民会议或村民代表会议民主讨论决策制；村民由过去单纯的被管理者转变为既是管理者又是被管理者。

2003年11月4日，龙陵县被民政部授予“全国村民自治模范县”称号。

2004年2月，对全市889个村委会进行了村级体制改革后的第二届换届选举，其中，隆阳区有7个村委会改制为社区居委会，昌宁县在异地开发扶贫点新设立2个村委会。6月底，884个村党支部（总支）和7个社区党支部（总支）完成了换届任务。新选举产生社区党支部（总支）书记7人，村党支部（总支）书记882人（有2个村未选出），副书记35人，选举党支部委员4796人；新选举产生社区居委会主任7人，村委会主任884人、副主任953人、村委会委员2853人，选举村民小组长10979人、副组长2362人、村民代表26912人。一次选举成功的705个，占80%，没有出现推倒重来的情况。村支书与村主任“一肩挑”的有18人，“两委”交叉任职的有1390人。

2005年，市委、市政府成立村务公开领导小组，并将这项工作列入县（区）领导的目标考核内容，推动了村务公开民主管理的顺利开展。年末，全市共有村民委员会883个。

三、农村基层组织建设

（一）第一轮“村建”

1995年4月18日，中共保山地委发出《关于加强农村基层组织建设若干问题的意见》，从地、县（市）、乡（镇）抽调干部组成工作队，驻乡抓村、驻村帮社，用3年时间，分3期抓“村建”工作。全区“村建”从1994年冬开始，1997年11月结束。3年中共抽派干部4127人，第一期1013人，第二期1083人，第三期2031人，省委先后派出3个工作队共58人，全区实际投入一线“村建”工作的队员4185人。先后有83个乡（镇）（重驻13个）和915个村、办事处（重驻53个）派驻了工作队。到1997年11月底，如期全面完成了第一轮“村建”任务。

三年共调整支部委员470名，支部书记349名，正、副村长（主任）501名。先后调整703个村委会、551个团支部、415个妇代会和3228个合作社的班子，增强其战斗力；培训入党积极分子24182人次，培养入党对象12390人，发展党员6817名。在新发展的党员中：村干部489名，占7.2%，社干部1529名，占22.4%，党员空白社由“村建”前的498个减少为174个。改变了原来村社干部队伍中党员比例偏低，村社两级组织中“党员不执政”的状况。三年中，参加“双学”活动的党员达11667人次。仅乡（镇）党校办班1394期，共培训乡（镇）干部5322人次，村支部书记5286人次，站所负责人7210人次。三年共发展团员10817名，推荐优秀团员入党2252名。举办科技示范样板27.9万亩；组织推广良种达131.7万亩；组织调运良种199.4万千克，化肥12.3万吨。累计完成烤烟种植面积65万亩，林果14.3万亩。农民收入纯增515元，128个行政村的25万人口基本解决了温饱；帮助村（办）建成集体企业80个，没有集体经济收入的“空壳村”还有156个，减少了373个，2万～5万元的村157个，增加46个，5万～10万元的村63个，增加了40个，10万元以上的村40个，增加了22个。

围绕水、电、路、文化教育、卫生设施等群众关心的热点、难点问题，千方百计为基层排忧解难。三年中，从省、地、县帮助乡、村、社争取资金和物资（折款）7419万元，其中无偿资金4951万元；发动群众投工投劳1825万个。兴办人畜饮水工程1013件，解决了34.3万人和25万头牲畜的饮用水困难；改善办学条件3964件，修建校舍17万平方米；新修道路1167千米、维修6613千米，建桥涵1024座；建成广播电视设施工程380件，架设输电线路787.2千米；改造中、低产田地14万亩，修复水毁工程5563件，建成小水窖（池）4223个，新修沟渠490千米、维修4750千米。

保山地区共拨出“村建”工作专项经费1016万元，用于工作队员、差旅费、培训费、表彰费及“村建”办公经费。地委决定，适当提高村干部的工资，即从1997年1月起，支部书记、村长月增资100元，副支书（副村长）、文书月增资80元。全区95%以上的社干部报酬已经落实。第二期“村建”中，地委从保山、施甸、昌宁三县（市）选拔38名优秀村干部到龙陵县部分乡（镇）任职；地委还决定，从1997年起，每年从干部自然减员指标中，拿出50个名额，专门吸收优秀村干部为国家干部，在省、地、县还没有统一政策的情况下，一些工作队和乡（镇）党委积极探索解决村干部退养问题，采取乡财政出一点、干部本人出一点的办法，为在职的村干部办养老保险，解除了村干部的后顾之忧。

（二）第二轮“村建”

1997年11月14日，地委在总结表彰第一轮“村建”工作的同时，针对第一轮“村建”还没有完全达到中央和省委提出的目标问题，决定再用3年时间，继续加强农村基层组织建设。时间从1997年12月开始至2000年12月结束。

1997年12月，地、县培训了第四期工作队员，1998年1月先后进村。1998年年初，地委制定了第二轮《保山地区农村基层组织建设三年（1998～2000）规划》，提出了建设乡（镇）六个好（好班子、好队伍、好路子、好制度、好作风、好格局）和村处五个好（好班子、好队伍、好路子、好体制、好制度）的目标。2000年2月，地委办公室又发出《关于开展创建“六个好”乡（镇）党委和“五个好”村党支部的活动的通知》。2000年8月，地委“村建”领导小组发出通知，要求开展6年村建“回头看”，要求对6年村建工作进行检查和总结，2000年12月27日，地委第六期“村建”工作结束。

第二轮“村建”，派出省、地、县工作队员1401人，共驻83个乡（重驻41个），372个村。其中第四期537人，驻59个乡、187个村；第五期451人，驻60个乡、175村；第六期413人，驻5个乡、10个村。两轮“村建”没有派驻工作队的村有23个。2000年年底，全区83个乡（镇）中有党政机关干部3550人，乡科级干部1200人，进乡（镇）党委班子707人，其中当年新任乡科级干部49人，新任党委班子成员29人。在农村902个村委会中，有党支部（含党总支和党委）书记、副书记915人，支部委员4263人；村委会主任、副主任1902人，村委会委员2928人；共设10758个村民小组，有组长、副组长12945人。乡（镇）和村委会全面推行了村务公开，其中效果比较好的占73.9%，较差的1.8%。开展“十星级文明户”评选活动的880个村委会，占97.5%。有集体经济收入的村732个，其中年经济总收入10万元以上的121个，没有集体经济收入的空壳村还有183个。农民人均纯收入1409元，农民人均占有粮食433千克。

第二轮“村建”中，乡、村两级举办培训班654期，7.86万人次受到培训教育。1998年下半年全面启动党员干部结对扶贫工程，到2000年，共有438个单位的223万名党员干部，先后到40个乡380个村，同3.14万户9.35万人贫困人口结对扶贫，其中特困户1.71万户，贫困户0.99万户，一般困难户0.44万户。共捐赠款物278.63万元，协调无偿资金509.46万元，举办实用技术培训1773期，培训8.6万人次，救助失学儿童1097名，帮助贫困户子女就读2074名。通过抽查验收，绝大部分单位完成帮扶任务，使结对户基本达到“有饭吃、有衣穿、有房住、有水喝、孩子能上学”，走上了自我发展的路子。

通过两轮“村建”开展扶贫攻坚和党员结对扶贫，至2000年年底，35个贫困乡和46.7万贫困人口解决了温饱问题。

第三节　村级体制改革

2000年7月7日，地委根据省委、省政府《关于改革村级体制实行村民自治的意见》要求，成立“中共保山地委村级体制改革领导小组”及其办公室。

8月3日，地委、行署发出《关于改革村级体制、实行村民自治的意见》，地委村改领导小组发出《保山地区村级体制改革工作实施方案》，对保山地区村级体制改革（简称“村改”）和实行村民自治的工作进行全面部署。

8月6—8日，地委、行署召开保山地区村级体制改革工作暨培训会议。会后，分别以老营、温泉、老麦、河头乡和固东镇为试点。共抽调“村改”工作队员4478人，举办培训班432期，培训人数1.98万人。地委、行署将2000年9月份确定为全区村委会组织法宣传月，加大宣传《村委会组织法》，广播宣传2.99万次，播发电视新闻1113条，报刊宣传257篇，出黑板报、墙报3287期，张贴标语12.5万条，印发宣传材料16.2万份。通过宣传让农民群众知道和正确行使自己的民主权利。

10月，县、市及乡、镇成立“村改”领导小组。由党政一把手为第一责任人。并结合当地实际制定村级体制改革的实施方案。

按照地委《关于在改革村级体制中村党支部换届选举有关问题的通知》要求，全区村党支部委员会进行换届，先对候选人进行民主测评，然后，召开党员大会或党员代表大会，选举新一届村党支部委员会。全区共选举支部（含总支、党委，下同）书记903人，副书记12人，委员4263人，其中妇女占12.8%，少数民族占13.8%。之后，及时完善了各种规章制度。

全区有选民145.53万人，参选人数134.8万人，参选率92.63%。设投票站3909个，流动票箱2618个，全部实行差额选举。一次选举成功708个村委会，二次成功193个，选举失败1个。选出主任902人，副主任1000人，委员2928人。在4830名村委会成员中党员占64.35%，妇女占11.33%，少数民族占12.84%。高中以上文化占18.03%，初中文化占58.39%，小学文化仅占23.58%。30岁以下的占17.74%，31～50岁的占71.18%，50岁以上的占11.08%。原村干部当选的占24.55%。

在902个村委会中，设调解委员会、治保委员会、文化教育委员会482个、精神文明建设委员会821个。村民委员会结合实际制定3年任期目标规划，完善、修订各项规章制度，主要有村民自治章程、村规民约、村民代表大会议事规则、村务公开、民主理财、村民委员会报告工作、民主评议村干部、讨论决定村委会成员及村民小组长报酬等制度。12月25—31日，地委村级体制改革领导小组分3个验收组，对“村改”工作进行检查验收。在全面听取汇报之后，抽查了五县（市）6个乡（镇）的12个村委会。龙陵县被评定为一等，保山、昌宁、腾冲为二等，施甸县为三等。各县（市）评出先进乡（镇）17个，先进村委会37个。

此次“村改”，全区投入经费2006.98万元，其中选举经费540.68万元，一次性生活补助费1179万元，其他经费287.30万元。其来源为省拨738.30万元，地区投入194.20万元，县（市）投入715.66万元，乡（镇）投入358.82万元。

2001年3月24—25日，地委行署召开了全区村级体制改革总结表彰会议，表彰奖励了先进单位59个，先进个人40人。至此，全区村级体制改革，实行村民自治工作全面结束。同年6月20日，省委办公厅、省政府办公厅表彰了改革村级体制、实行村民自治先进集体和先进个人，地委村改办、龙陵县两个单位和18名先进个人受到表彰。

村委会选举观察员研讨培训班　2000年10月23日，由民政部、中国社会科学院、云南省民政厅和挪威奥斯陆大学联合举办的云南省村民委员会选举观察员研讨培训班在龙陵县邦腊掌旅游度假村举行。民政部乡村干部培训中心、中国社科院政治所、部分省市、部分高等院校、社会学（所）和挪威奥斯陆大学的领导、专家、学者共40多人参加，云南省民政厅副厅长唐尚林和保山行署副专员杨光出席会议。10月26日，与会者冒雨观察了龙陵县镇安镇镇北办事处1500多农民到会（不含流动票箱参选人数）直接差额选举村委会主任和成员的全过程。挪威奥斯陆大学的4位专家被冒雨选举的激情和场面所感动，西瑞·斯卡瑞女士说："中国农民真了不起。"克瑞丝汀·郝海达尔女士说："镇北村的农民很有远见。"下午5时30分，公布选举结果：发出选票1811张，收回1800张，村主任候选人之一杨炳灿以1072票当选镇北村民委员会主任，其他村委会成员一次选举成功。李莎·斯德恩斯女士伸出拇指称赞："中国农民直选村委会，Ok！农民真正当家做主了。"

第四节　基层干部待遇

一、在职干部待遇

1984年撤销人民公社以前，基层干部的报酬通过国家补助、集体提留、个人回家劳动收入三个方面解决。实行区乡制后，在914个乡（镇）和办事处设乡（镇）干部3618人，实行在职不在编，在职期间按担负的职务定级，正职定为国家行政23级，副职、文书及武装干部定为24级。年末支出工资143.7万元，人均每月33.1元。1984—1989年累计支出1523.4万元，乡均3.92人，月人均59.12元。

1993年，国家机关工资制度改革时，行政村（处）干部参照办事员职级套改，适当增加了报酬。

1997年1月1日起对村干部实行岗位津贴，党支部（总支）书记、村长、主任每人每月100元，副书记、副村长、副主任、文书、专职武装干部每人每月80元。不在职时，从下月起停发岗位津贴。其资金来源，地区财政补助20%，其余由县（市）研究解决。

1999年12月，全区915个村处有支部书记896人。每人月工资403元；村长主任894人，每人月工资395元；副支书、副村长、副主任144人，每人月工资373元；文书880人，每人月工资368元；武装干事20人，每人月工资382元。以上合计2834人，12月份工资总额1110万元，人均388.12元。工资构成比例为基础工资占10.68%，职务工资占7.57%，工龄工资占2.68%，奖励工资占7.90%，工资性补贴占45.33%，岗位津贴、补贴占25.84%。除上述在职不在编的干部外，还有8大员，即卫生员975人，每人每月补贴25元；农科员243人，每人每月补贴101元，以上两项由乡财政补助；计生员812人，每人月补80元，由乡财政和计生专项经费补贴；司法员280人，每人月补12元，由乡财政和村提留解决；妇女委员353人，每人月补16元；团支部书记302人，每人月补9元；农经员262人，每人月补63元，以上3项从村提留中补贴；林管员310人，每人月补80元，用育林基金留成补贴，以上8类共3537人，每月固定补贴1665万元。另外还有民兵连（排）长，按实际误工由专项经费或提留给予一定的误工补助。

2000年8月3日，地委、行署《关于改革村级体制，实行村民自治的意见》下发后，地委办、行署办又发出《关于村干部生活补助和岗位补助的实施办法》，将村干部报酬由原行政管理体制下的结构工资制，改革为村民自治体制下的岗位补贴制，与国家职工工资制度和福利待遇脱钩。补贴的对象：限定于党支部（党总支、党委）书记、村民委员会主任、副主任、文书，以及临近国境线村的武装干事。补贴人数：按原核定的村干部人数执行。补贴标准：党支部（党总支、党委）书记、村委会主任的岗位补贴每月为390元；副书记、副主任、文书、武装干事的岗位补贴每月为370元。对任职届满连选连任的干部，每连任一届，每月增加10元的奖励补贴。临近国境线村的干部边干补贴，按原规定执行。

二、离任干部待遇

（一）1984年年底以前离职的村干部待遇

1989年年底，保山地区根据省委组织部、省民政厅、省财政厅等部门《对农村原大队一级部分离职半脱产干部实行定期生活补助的办法》和省民政厅《云南省贯彻农村离职半脱产干部生活补助办法的实施细则》，对1984年以前在小乡、人民公社管理区、小公社、人民公社生产大队担任正副党支部书记、正副乡长、正副大队长、正副主任和文书职务的；累计任职在11年以上，任职时领取国家补助的半脱产干部，现仍健在的；男年满55周岁，女年满50周岁的。凡同时具备上述3个条件的离任基层干部给予定期生活补助。补助标准为：任职11—15年的，每人每月18元；任职16—20年的，每人每月23元；任职21—30年的，每人每月28元；任职31年以上的，每人每月35元。

1990—1994年，年平均补助人数2552人，年均需补助费68.39万元，已享受其他补助，只需补其差额的年平均人数252人，补差经费2.12万元。两项年均预算70.50万元，由省、地、县按5∶3∶2的比例承担。

1995—1999年，享受生活补助的年平均人数3167人，其中18元的1639人，23元的909人，28元的468人，35元的151人，年均补助82.54万元；年均补差人数222人，金额2.24万元。1995—1999年，实际支出359万元，省安排207.7万元，地区安排100万元，县（市）承担51.3万元。

2000年2月16日，行署民政侨务局按省民政厅要求，以1999年预算补助的3321人和87.13万元为基数，编报预算，2000年新增55人，2001年新增51人，2002年新增44人，2003年新增47人，2004年新增53人，2005年及其以后，每年新增46人。到2004年预算补助3571人，经费92.94万元，补差人数270人，补差金额2万元。按中间年份2002年预算金额92.6万元，省承担50%，地区承担30%，县（市）承担20%。2000年，省地两级实际拨款64万元，年末实际支出68.3万元，平均每人每月21.86元。

（二）1984年以后离职的村干部待遇

1991年，保山地区贯彻省委、省政府和省人事厅、省委组织部、省民政厅的有关文件时，对落选和终止聘用的村干部原则上实行一次性补助。年龄超过50岁，连续工作满15年以上不满20年的，也可按原工资60%的标准按月发给生活补助费。以后退下来的仍要满50岁、连续在行政村工作满20年以上的才能按月发给生活补助，其他人仍按年龄和在行政村工作年限的长短，实行一次性补助的办法。

(三) 2000年村级体制改革中退下来的村干部待遇

2000年8月3日，地委办公室和行署办公室制定了《关于村干部生活补助和岗位补贴的实施办法》，对原村公所（办事处）干部的生活补助作了具体规定。补助范围：领取财政工资和村级体制改革的当月仍在职的党支部(党总支、党委)书记、村长(主任)、副村长(副主任)、文书、临近国境线村的武装干事。补助标准：聘用1—6年的，每年发给本人原1个月的基本工资（基础工资、职务工资、工龄津贴、1993年以后省、地出台增加的工资性补贴之和，下同)；聘用7—19年的，从第七年起，每年发给本人原一个半月的基本工资；连续聘用20年以上，但年龄不满50岁的，聘用1—6年期间，每一年发给本人原1个月的基本工资；从第七年起，每一年发给本人原2个月的基本工资；连续聘用20—24年、25—29年、30年以上，年龄已满50岁的，分别按本人原基本工资的60%、65%、70%，一次性发给240个月的生活补助费。时间计算：原任村干部从领取财政工资之年起，至此次村级体制改革后新的村民委员会选举产生的当年止，不满1年的按1年计算，工作时间间断过的，原已按有关政策了断过的不再重复计算，未了断过的，只能分段计算。所需经费列入地方财政预算，除省补助外，地级补20%，其余由县（市）承担。对不当选的村干部给予一次性兑现，当选的视财力情况分3年兑清。受补人员核定，由县（市）组织、人事、民政、财政、村改办等部门组成审查组，逐人登记、核实、审批，严格按规定执行。以后换届落选的村委会干部，财政不再给予生活补助。在职期间辞职、自动离职，以及被罢免或被追究刑事责任的村干部，不得享受岗位补贴。

2000年村级体制改革，全区共退949人，已按上述规定兑现了离职后的补助。此次村改共投入一次性生活补助1179万元，其中省补430万元，地区补150万元，县（市）补488.45万元，乡（镇）投入110.55万元。

第七章　社会事务管理

第一节　婚姻和收养管理

一、婚姻登记

(一) 登记制度

1980年，新《婚姻法》颁布后，全区各级民政部门及基层民政助理员开始按照新《婚姻法》规定的婚姻登记办法，办理婚姻登记手续。1984年，区内部分县曾将婚姻登记工作下放到区辖乡、镇人民政府文书办理，致少数地方出现不符合《婚姻法》随意办理婚姻登记手续的现象。随后，各地及时作了纠正，统一由各县（市）所属区镇民政助理员办理。同年8月，各县（市）民政部门对民政助理员进行业务培训，并给经考试合格的民政助理员颁发婚姻登记员证书。实行依法登记，持证上岗。

1989年法律常识普及，全区组织990个单位参加《婚姻法》等11个法律的统一命题考试，参加学习考试的职工8.55万人，考试合格7.72万人，合格率为90.3%；参加学习的村、居民17.46万人，考试合格13.79万人，合格率为79%；参加学习的学生19.09万人，合格13万人，合格率68.1%。

1996年5月1—4日，行署民政处针对民政助理员变动较大的情况，在龙陵县邦腊掌疗养所对婚姻登记进行了专业培训。

2003年8月，国务院颁布《婚姻登记条例》后，全市民政部门广泛学习宣传，并对婚姻登记员进行培训。

2004年3月，隆阳区将交通便利、人口相对集中的坝区6个乡（镇）的婚姻登记手续，集中到区民政局婚姻登记处办理，实行了“一站式”服务，方便了群众，提高了登记水平。同年5月19日，该处被民政部授予“全国先进婚姻登记机关”称号。

2005年，按照“便民利民、以人为本、依法办事”的原则，全市将部分乡（镇）的婚姻登记工作集中到县（区）民政部门办理，对县、区人民政府驻地的婚姻登记，归口到县级民政部门办理。当年，确定婚姻登记机关78个，其中市级1个，隆阳区15个，施甸县15个，腾冲县21个，龙陵县12个，昌宁县14个。

（二）结婚登记

1979—1980年，全区累计申请结婚2.25万对，准予登记2.15万对，准予登记率为95.79%。不予登记947对，多数为未到法定婚龄，约占70%，其余为近亲、父母包办等约占30%。在准予登记的结婚人数中，初婚人数4.21万人，占97.91%；再婚978人，其中恢复结婚14对。

1981年1月1日，开始执行新《婚姻法》，至2000年，全区申请结婚41.03万对，依法批准登记结婚40万对，登记率为97.49%。其中初婚人数77.75万人，再婚2.24万人。在再婚人数中，恢复结婚1668对。

2001—2005年，登记结婚77048对，其中内地居民76755对，涉外293对。内地居民初婚人数146226人，再婚7284人。再婚人数中，男性4376人，复婚632对。

2005年，全市内地居民登记结婚14991对，29982人。其中初婚人数27909人，再婚人数2073人。再婚人数中，女性415人，恢复登记35对。结婚人数中，20～24岁16664人，25～29岁8124人，30～34岁2119人，35～39岁1861人，40岁以上1214人。

（三）离婚登记

1979—2000年，全区申请离婚15815对，民政部门依法准予行政登记离婚9092对，登记率57.49%：经调解不离5819对，调解成功率36.79%；调解无效转法院判决904对，转判率5.72%。其中，1979—1995年，登记离婚对数起伏变化较大，最高为1986年，645对，最低为1982年，245对。1998—2005年，呈逐年上升趋势，从452对上升到973对。究其原因，一般是家庭不和，一方受虐，一方犯法或犯罪，一方有外遇，还有包办婚姻，买卖婚姻，或闪电式婚姻等。

2001—2005年，准予登记4179对。其中内地居民4177对，涉外离婚2对。2005年登记973对，均为内地居民。其中隆阳区481对，施甸县107对，腾冲县189对，龙陵县62对，昌宁县134对。

（四）涉外婚姻登记

改革开放后，特别是1983年国务院、民政部和云南省政府对涉外婚姻作了明确规定以后，保山地区的分工为：地区民政部门负责办理中国公民同外国人、外籍人和常住中国的外国侨民，在中国境内自愿结婚的婚姻登记，以及台湾同胞与大陆居民的婚姻登记；县（市）民政部门负责办理华侨同国内公民、港澳同胞与大陆居民在内地自愿结婚的登记。1980—2000年，全区依法登记涉外婚姻316对。国内公民316人，其中男性183人，女性133人；涉外人员316人，其中港、澳、台同胞57人，华侨64人，外籍华人22人，外国人173人。

2001—2005年，登记结婚293对。在293人内地居民中，男性273人，占93.17%。涉外的293人中，香港居民13人，占4.44%；华侨3人，占1.02%；外国人277人，占94.54%。登记离婚2对。

二、执法检查

1988年5月，保山地区民政、司法、计生委、妇联、共青团等五个部门联合发出《关于认真贯彻执行〈婚姻法〉和〈婚姻登记办法〉，做好清查违法婚姻工作的意见》。同年7月，由地、市民政、计生委等单位抽调人员组成工作组，到保山市芒宽彝族傣族乡的芒宽、新光两个行政村进行试点，历时16天。清查了30个自然村、40个村委会。清查结果：1981—1987年，新光村共结婚321对，其中依法登记的232对，占72.27%；未登记的89对，占27.73%。新光、芒宽两个村，未登记的157对，其中早婚136对，占86.6%。违法婚姻造成计划外生育135人。对违法婚姻的处理：达到婚龄补办登记37对，占23.57%；未达婚龄给予缓登108对，缓登率为68.79%；达到婚龄未补登的12对，占7.64%。

当年，各县（市）先后清理1981—1987年的违法婚姻。清理结果，7年中，全区成婚20.40万人，结婚率1.49%，其中，依法登记19.36万人，占94.9%，居全省第三位。未依法登记结婚1.04万人，占5.1%。在违法婚姻中，早婚占74.5%，未婚同居占17.9%，近亲结婚占1.5%，重婚占1.1%，疾病和其他违法占5%。对违法婚姻的处理，依法进行补登2593对，占违法婚姻的50.1%；未达法定婚龄等暂缓补登的2586对，占49.9%。对违法婚姻当事人的处罚，有2人受到行政处分，86人受到其他处分，有4236人按乡（村）规民约等规章制度处以罚款。

1994年，全区开展《婚姻法》《婚姻登记管理条例》的执法检查，以自查为主，在自查基础上，行署民政处组织工作组对昌宁县漭水、翁堵、保山市永昌、河图等乡（镇）进行抽查。

83个乡（镇）自查结果，1993年，在224.25万人中，申请结婚4.55万人，依法准予登记结婚2.17万对，结婚率1.94%，实际成婚2.21万对，结婚登记率98.19%，登记合格率100%。全区有婚姻登记员84人，其中持证上岗53人，无证上岗31人。对婚姻登记档案管理，好的37个乡(镇)，占44.6%；合格的44个乡(镇)，占53%；差的2个乡(镇)，占2.4%。

1999年，再次对《婚姻法》和《婚姻登记管理条例》进行执法检查。1998年登记结婚1.64万对，共抽查1.03万对，抽查率为62.8%。抽查合格率为99.6%；登记离婚452对，共抽查335对，抽查率74.12%，抽查合格率为100%。与1994年的行政执法检查相比，各级婚姻登记管理部门，不论在业务素质上还是在服务质量上都有较大提高，杜绝了婚姻状况证明中的“白条”证明；档案管理和办证服务有了改善。

三、收养登记

1992年4月1日，开始实施新颁布的《中华人民共和国收养法》（简称《收养法》）。全区地、县民政部门依法承担收养登记任务。1996—1998年，依法登记收养弃婴31人。

1999年5月25日，民政部发布《中国公民收养子女登记办法》和《外国人在中华人民共和国收养子女登记办法》，对收养人和被收养人的权利义务、收养登记部门和程序等作了具体规定。1999—2000年，登记收养弃婴46人，收养孤儿24人。以上均为中国公民收养。2001—2005年，收养登记246人，均为中国公民收养。被收养人275人。其中社会福利机构收养弃婴25人、孤儿18人，社会弃婴199人，父母无力扶养的儿童21人，其他12人。协议解除收养关系5人。

第二节　殡葬管理

一、土葬改革

1982年后，随着全区社会经济的发展，农村中部分先富起来的地区又出现丧事大操大办、铺张浪费、修筑坟墓规模不断扩大的趋势。

1986年3月，为推动全区殡葬制度的改革，行署民政侨务处及时编印了《殡葬改革的文件与宣传资料》一书，发至全区基层单位。

1987年2月，地委、行署在三级干部会上提出把喜事新办、丧事俭办作为精神文明建设的一项内容来抓，制定了《保山地、市机关企事业单位干部、职工丧葬若干问题的暂行规定》，要求全区所有单位建立“红白事理事会”群众组织，同时要求党员、干部带头，破除陈规陋习。当年底，全区共建立“红白事理事会”组织3055个，对喜事、丧事的操办进行改革引导，并有步骤、有计划地清理和取缔封建迷信用品市场，推动殡葬改革的顺利进行。依靠群众自己的组织办理红白事，陈规陋习开始有所收敛。1987年12月1日，在云南省婚姻、殡葬管理工作表彰会上，保山行署民政处和施甸县民政局受到表彰。

至1990年年底，全区城乡坚持活动的红白理事会共2708个，在破除当地丧葬陋习、提倡殡葬新风，促进社会主义精神文明等方面作了大量工作。

1996年3月29日，保山市（县级）政府颁布《保山市殡葬管理实施办法》，从7月1日起执行。为保证该办法的顺利实施，市民政侨务局于6月22日成立市殡葬管理委员会办公室，由民政、建委、土地、公安、林业和永昌镇抽人参加，7月2日起集中在市民政侨务局办公。月底，取得初步成效：坝区6个乡（镇）1个月内送168具遗体火化；清理棺木生产摊点16个，棺木148付，半成品282付；收缴抬埋龙杆37套，销毁丧葬用品香、钱119捆(箩)；批评教育神汉巫婆64人；处理违规殡葬行为14起，罚款4600元；清理乱收丧属运费1起，退款684元；清理登记已购生基（活人墓）1459户（8378.2平方米），其中已修427冢，共收款44.16万元。但由于社会反响强烈，开展工作的阻力较大，9月，保山市人大常委会(县级)组织调查组对丧葬热点问题进行调查；11月，保山地区政协工委组织省政协驻保委员和行署办、行署民政侨务局、政协工委办公室、经济建设委员会以及保山市政府、市政协、市民政侨务局、市殡仪馆等单位共24人组成的视察组，对保山市的殡葬改革工作进行视察。保山市人大常委会（县级）组织调查和保山地区政协工委组织视察后，都提出了既积极又稳妥地推进建议。

2003年，保山市政府召开第20次常务会议，专题研究殡葬改革任务。市民政局于2003年10月16日向市政府提交了《关于制定〈保山市殡葬管理实施办法（草案）〉的请示》。

2004年10月，《云南省殡葬管理条例》宣传活动月，全市进一步加大殡葬管理力度，多角度、多层次、全方位地做好宣传工作。隆阳区成立殡葬管理所和殡葬执法大队，加强殡葬执法力度，清理和整顿西山片区乱埋乱葬的不法行为，确保了各项殡葬法规、政策顺利实施。

2005年，继续加强殡仪馆、经营性公墓、骨灰存放室管理，提高服务质量，倡导移风易俗、文明节俭办丧事，规范群众丧葬活动。

二、火葬推行

1965年，筹建保山专区火葬场，因场址变更，直至1978年才正式建成投入使用，1979年7月交保山县管理。1976年，云南省民政厅批准建立腾冲火葬场，并拨给建场资金15万元，于1982年正式投入使用。1971年以后，两个火葬场共支出建场投资和社会救济费139.10万元，职工人数在4～17人间增减。1986年3月，将火葬场改名为殡仪馆，设有吊唁厅、接待室、火化车间、骨灰寄存室、太平柜、殡仪车等。开展接运、整容、冰冻、火化、销售骨灰盒、寄存骨灰、租借花木、花圈、黑纱等多种服务项目。通过宣传教育，从投入使用至1989年年底，两个殡仪馆共火化尸体1446具，火化数直线上升。其中1982年，两个场共火化尸体67具，1985年上升到133具，1989年达到285具，年平均增长40.7%。

1989年年底，两个殡仪馆有职工14人，汽车3辆，其中运尸车2辆。年末固定资产89.9万元。全年业务收入1.3万元，业务支出13.7万元，收支相抵，每火化一具尸体逆差435.09元。每个职工年平均火化尸体数，保山市殡仪馆26.3具，腾冲殡仪馆12.5具。保山市殡仪馆，全年总支出3.8万元，每具尸体平均支出181元；腾冲县殡仪馆支出9.9万元，每具尸体平均支出1413元。

1978—2000年，两个殡仪馆共火化尸体7090具（保山市殡仪馆5415具，腾冲县殡仪馆1675具）。两个殡仪馆共支出经费501.7万元。1982—2000年，年均火化368人。

2001年，隆阳区、腾冲县殡仪馆加强管理，规范服务，全年共火化尸体572具，比上年增加34具。

2002年，全年火化尸体447具，因腾冲殡仪馆改建，故火化数减少。

2003年，两个殡仪馆火化遗体539具，火化率为3.5%，分别低于全国47.1个百分点和云南4.5个百分点。

2004年2月19日起，实行火化区和推行火化区范围内的隆阳区驻地各级党政机关、人民团体、企事业单位工作人员和离退休人员、部队指战员死亡后，一律按照实行火化的规定进行管理。丧属无火化证的，死者生前所在单位和有关部门不得发放丧葬费、抚恤费。当年，隆阳、腾冲两个殡仪馆共火化尸体644具，其中腾冲火化114具。

2005年，全年火化尸体693具。

三、公墓建设

1992年7月24日，民政部印发《全国土葬改革工作“八五”计划和今后十年规划》，要求“八五”期间平均有三分之一的县城，20世纪末平均有二分之一的县城有经营性公墓。为实现这一目标，保山地区加快了土葬改革和公墓管理的步伐。至1994年12月23日，据施甸、龙陵、昌宁3县统计，有公墓5个，面积17.16万平方米，其中公益性公墓4个，面积6.15万平方米，经营性公墓1个，面积11.01万平方米。在5个公墓中，属民政部门管理的有3个，面积4.16平方米，其中公益性3个，4.15万平方米，经营性1个，11.01万平方米。保山、腾冲两县（市），在积极推行火葬，不断扩大火葬区域，扩大火葬覆盖面，提高火化率的同时，加速公墓建设。保山市1995年征地48.6亩，已开发31.8亩，建墓233冢。1997年，加大了孝感泉骨灰公墓的规划和建设，促使公墓向正规化、园林化方向迈进。至2000年8月，支出324万元，已收回120万元。2003年，隆阳区骨灰公墓建设完成768穴，已安葬300穴，使用率39%。

第三节　区划管理

一、行政区划管理

（一）地县级行政区划

1978年12月15日，保山地区革命委员会撤销，设立保山地区行政公署，辖区不变，县革命委员会改称县人民政府。1983年9月9日，经国务院批准，撤销保山县，设立保山市（县级）。保山地区辖保山市和施甸、腾冲、龙陵、昌宁4县。2000年12月30日，国务院批准撤销保山地区建立保山地级市；撤销县级保山市，设隆阳区。保山市辖1区4县。

（二）乡（镇）级行政区划

1978年后，县以下行政区划设置大致分为3个时期：

1970—1982年，为公社和镇体制。

1983—1986年，为区镇体制。

1987年，撤区建乡后设83个乡（镇），其中镇10、乡60、民族乡15，辖788个行政村和127个办事处。1996年4月，改蒲缥、河图、汉庄3乡为镇。2000年，改腾冲县古永傈僳族乡为猴桥镇。同年，全区进行村级体制改革，改915个村处为13个居委会，902个村委会。至2001年1—5月，省政府批准建立瑞滇、洞山、小西、姚关、勐糯等5个乡撤乡建镇。6—10月，省政府批准柯街、潞水、勐统、卡斯、和顺等5个乡撤乡建镇。至此，保山辖镇24个、乡45个、民族乡14个，共83个乡（镇），13个城市居民委员会，902个村民委员会。12月，省政府批准撤销洞山镇，其地并入腾越镇。全区辖82个乡（镇）。

2001年，全市办理10个乡的撤乡设镇上报工作和腾冲县撤并乡（镇）方案，全市建制镇由14个增加到24个。

2004年，农村税费改革后，作了较大撤并，2005年年末，全市共有72个乡（镇）（镇26个，乡34个，民族乡10个，街道办事处2个），比2004年减少12.2%。建制镇水平达到38.9%。

（三）边界纠纷调处

1982年，保山地区昌宁县勐统公社小勐统大队与临沧地区凤庆县营盘公社里拐大队发生山林纠纷。纠纷发生后，由省“林业三定”工作队牵头，召集双方地、县、公社政府和大队、生产队代表及有关人员参加调处。1982年11月10日，昌宁县人民政府和凤庆县人民政府共同达成《关于解决昌宁县与凤庆县山林纠纷协议书》。

1983年，保山县西邑公社鲁图大队与昌宁县卡斯公社芒赖大队发生土地纠纷。保山地委派专人前往处理。同年4月1日，达成协议，维持1962年界线，界北归鲁图，界南归芒赖。至此，纠纷平息，双方和睦。

1984年，保山地区昌宁县珠街区谷满乡与大理州永平县龙街区羊街乡发生林地纠纷。事发后，省政府委托大理州牵头，保山地区协助，省政府“林业三定”办派观察员，双方地州、县、区、乡领导参加，于1984年5月18—24日在永平县羊街乡进行调解。通过调查研究，实地踏看和调解，于5月24日，永平县人民政府和昌宁县人民政府达成《昌宁、永平林地纠纷文书协议书》。

1988年，保山地区腾冲县中和乡与德宏州盈江县盏西乡群众在百花脑一带，因矿藏资源，引发边界纠纷。同年9月17日，腾冲县委书记等1行4人，前往盈江县，同该县县委书记李从军等，就百花脑纠纷交换意见，双方本着“互谅互让，友好协商，分级负责，及时处理”的原则，共同达成了原则性协议。

1988年，保山地区保山市与大理州永平县因土地权属，双方群众发生区域界线争执。同年12月，经保山市人民政府和永平县人民政府充分协商，求得共识，达成协议。

1988年，保山地区保山市与怒江州泸水县因行政区域界线权属发生争执。1989年2月13日，保山市人民政府和泸水县人民政府在实地走界之后，共同协商，达成协议。双方行政区域权属界线：由高黎贡山山脉的北风坡起，由西向东至怒江江心后，沿江心转向北，至栗柴坝口止。

1988年，保山地区保山市与大理州云龙县因土地权属引起区域界线争执。1989年3月，经保山市人民政府和云龙县人民政府协商，达成两个地段的区域界线协议。一号地为东西走向，北为云龙县，南为保山市；二号地分为南北和东西走向两段，南北走向西为保山市，东为云龙县；东西走向段，南为保山市，北为云龙县。

1988年，保山市坝湾傣族乡白花行政村与龙陵县腊勐乡腊勐行政村等7处土地纠纷。同年12月10日，保山市政府和龙陵县政府在双方协商一致的基础上共同达成协议，妥善处理了双方上述地区的行政区域界线和土地权属争执。

1988年，保山市与腾冲县在高黎贡山分水岭一带发生土地权属争执。1989年1月20日，保山市土地局和腾冲县土地局，共同协商，达成协议，以1∶5万军事地形图为基础，以高黎贡山山脉分水线为两属行政区域界线，该分水线为南北走向，长约90千米，东为保山市，西为腾冲县。分水线以各高程点的坐标点定位。

1994—1995年，土地详查中，由保山地区行政公署主持解决的区域界线和权属纠纷保山市与施甸县5起，其中裁决1起，涉及面积9000亩；保山市与泸水县1起，涉及2000亩；昌宁县与施甸县1起，涉及4000亩。同时，由于地州之间还有跨境耕作的飞入地3002.5亩，飞出地5352.8亩，不同程度的影响着地州间行政区域界线的调处。到1995年年底，保山地区与周边的临沧地区、大理州、德宏州、怒江州之间，还有16起区域界线未解决，涉及面积82047.5亩；区内涉及县(市)之间执行区域界线的还有9起未解决，涉及面积16071.3亩。上述争执，通过1996年开始的行政区域界线的勘定，已经作了妥善处理。1996—2001年，在地州间的县界、地区内的县界、县(市)内的乡界勘定中，又对有争议的边界纠纷进行了协调和处理，签订了协议。

二、勘界

1996年11月25—27日，行署在保山召开首次勘界工作会议。会议部署全区勘界工作，进行政策业务培训。

1997年7月12—13日，省政府在保山召开了云南省勘界工作会议。

1998年6月21—22日，地区勘界领导小组举办五县(市)勘界办主任、副主任、技术员培训班，共有20多人参加培训。省、地勘界办主任讲授政策法规、工作程序、工作文书、识图用图和勘界档案建设等业务知识。同时，地区勘界办还为保山、龙陵举办了乡(镇)勘界业务知识培训班。8月14日，地区勘界领导小组下达了1996和1997年一次性勘界专项补助费11.1万元，其中昌宁县3.09万元，施甸县2.11万元，龙陵县4.29万元，腾冲县1.61万元。

1999年4月26—27日，全区勘界办主任会议在保山召开。会议总结经验，表彰奖励了完成任务的县(市)。8月24—25日，全区勘界工作会议在施甸县举行，会议总结了勘界工作，传达了上级有关文件，明确了当前的中心任务。县（市）领导向行署递交了按时完成任务的保证书，力争当年内基本完成县界勘定任务。

全区勘界结束后，实际测定的法定行政区域界线由三个部分组成，第一部分是地州间的县界，共4条，全长895.2千米，加上此次勘界未涉及的167.79千米国境线，全区共有周边行政区域界线1062.99千米。第二部分是区内县（市）界，共7条，全长553.91千米。第三部分是县内乡界，共166条，总长度2433.6千米。

2001年，完成了保腾线95.04千米、保龙线33.4千米、腾龙线67.45千米、施龙线90.19千米、施昌线67.57千米、保施线134.82千米和保昌线65.70千米等7条辖区内县级行政区域界线的争议难点调处裁定、测绘、资料汇总、检查验收和上报审批等各项收尾工作。在乡（镇）界限的勘定中，腾冲县的48条651.5千米和龙陵县的19条360.2千米已经原保山地区行署批准为法定界线；昌宁县的25条524千米已全部勘定完成，并已完成资料汇总、检查验收和上报审批工作；隆阳区的44条601.4千米已全部勘定完成，并已完成资料汇总、检查验收和上报审批工作；施甸县的30条296.5千米，已完成24条291千米。

2002年，全市的地市间界线、市内县界和全市绝大部分乡（镇）界线都已按程序确定为法定界线，全市行政区域界线管理步入了法制化轨道。

2003年，保山市政府批准施甸县乡界，标志着全市行政区域界线全部为法定线。

2004年，保山市认真部署边界线5年联合检查工作，完成了保山临线5条和市内两条县级行政区域界线联合检查，编制完成了《保山市行政区划调整规划》，为在农村税费改革中乡（镇）机构设置的改革提供了依据。

2005年，依法对全市已勘定的165条2602.023千米的乡（镇）行政区域界线予以公告。依法建立了5年一次对地州界和市内县界的联检工作制度，并完成地州界线保临线5条县界、保怒线2条县界和市内的隆腾线、隆龙线、施龙线、施昌线4条县界联检工作任务。

（一）地州界勘定

保山地区与缅甸接壤，以大理、临沧、德宏、怒江为邻，勘前有区际边界线1026.79千米，其中国境线两段，共167.79千米，即龙陵与缅甸19.71千米，腾冲与缅甸148.08千米，按国家和省政府规定，本次勘界均不涉及国境界线；地州间的县界4条，共859千米，从1996年10月25日开始，到1999年5月8日全线贯通，全长895.2千米，比勘定前增加36.2千米。4条法定界线分别为保临线268.30千米，保德线310.23千米，保怒线68.7千米，保大线247.93千米。共有三交点13个，起止点4个，代国务院埋设界桩37棵。涉及双方21个县（市）、77个乡（镇）、208个村委会（均包含重复数）。

保临线　保山、临沧两地区间县级行政区域界线全长290千米，有5个三交点，1个起止点，由昌宁与凤庆、昌宁与永德、施甸与永德、龙陵与永德、龙陵与镇康五条县界组成。界线由东北向西南延伸，陆地分界118千米，以江河为界172千米；沿线最高海拔2817米，最低海拔546米；界线两侧地形复杂、通行困难，气候异常多变。1996年，按照“实事求是、顾全大局、互谅互让”的原则，经过历时8个月的实地踏勘，解决了两段长达60多年的边界争议。7月13日，在全省勘界工作会议上，保山地区行署副专员、勘界工作领导小组组长杨光和临沧地区行署副专员、勘界工作领导小组组长刘树森分别代表保山、临沧两地行政公署在“联合勘定行政区域界线协议书”上签字，保山、临沧勘定工作圆满结束。1998年12月3日，省政府批准认定。至此，云南省有史以来，由国家实施的第一条法定地州行政区域界线诞生了。

保怒线 保山地区和怒江傈僳族自治州之间接壤地涉及保山、腾冲、泸水3县（市），3个乡（镇），3个自然保护所，6个行政村。分布着彝、傣、傈僳、白等少数民族，县级行政区域界线全长64千米，有三交点和起止点各1个，是省勘界办下达应在1998年内完成的地州间的县界之一。全线以陆地为界50千米，以江河为界14千米。界线为南北走向。实测后全长68.74千米，比勘定前增加4.74千米。2000年1月24日，省政府正式批准为法定行政区域界线。

大保线 1998年5月，经与大理白族自治州协商，并经省勘界办批准，勘定工作提前开展。12月22日，两地勘界领导小组、勘界办和相邻乡村的代表到争议地段现场踏看调处，经双方共同努力，终于达成了协议，至此，全长235千米的大保线提前贯通。经测绘，实际长度247.93千米，比勘定前增加12.93千米。埋设界桩8棵。2001年11月2日，经省政府批准，正式成为法定界线。

保德线 保山地区与德宏傣族景颇族自治州间的县界，全长270千米，以习惯线为主，法定线和争议线并存。1997年9月19日开始勘定，1999年5月贯通，1999年12月30日，完成了界桩埋设。2001年8月17日，省政府正式批准为法定界线。全线由龙陵与潞西、龙陵与梁河、腾冲与梁河、腾冲与潞西4段组成，实测总长310.23千米，比勘前增加40.23千米。确定三县交会点3个，起止点2个，埋设界桩8棵。

（二）县界勘定

保山地区 五县（区）共有7条区内的县级行政区域界线，全长439千米，有三交点3个，起止点7个。从1997年开始勘定，2001年8月23日，最终签署正式协议，形成法定界线。勘定后全长553.91千米，比勘前增加114.91千米代国务院埋设界桩21棵，双边共涉及50个乡(镇)、160个村委会。2001年11月2日，云南省政府正式批准，成为法定行政区域界线。

（三）乡（镇）界勘定

全市5个县（区），83个乡（镇）共有行政区域界线166条，总长度约2418千米。勘定工作从1998年起全面展开，2001年12月30日，全面贯通，经检查验收后报请保山市政府批准，确认的法定乡（镇）行政区域界线166条，总长度2433.6千米，比勘前增加15.6千米。确定三乡（镇）交会点78个，起止点58个。各县勘定总长度和比勘前增减为龙陵县360.8千米，增加10.8千米；腾冲县641.2千米，减少4.8千米；隆阳区763.84千米，增加162.34千米；施甸县296.5千米，不增不减；昌宁县538.96千米，增加14.96千米。2001年7月17日，保山行署批准认定龙陵县人民政府的19条乡（镇）界和腾冲县人民政府的48条乡（镇）

界；2002年2月4日，保山市政府批准隆阳区人民政府的44条乡（镇）界；2002年3月5日，保山市政府批准昌宁县人民政府的25条乡（镇）界。

三、撤地设市

2000年5月8日，经地委、行署研究，决定成立保山地区地改市筹备工作领导小组。

5月18日，保山地区行政公署正式向云南省人民政府报送《保山地区行政公署关于撤销保山地区及县级保山市设立地级保山市的请示》。

2000年12月30日，中华人民共和国国务院下发《关于同意云南省撤销保山地区设立地级保山市的批复》。2001年1月22日，云南省政府发出《云南省人民政府关于撤销保山地区设立地级保山市的通知》。根据国务院和云南省人民政府的批复，2001年7月6日至8月3日，保山市正式召开第一届党代会、政协会和人代会，选举出五大机关的组成人员，五大机关开始行使职权。

2001年8月8日，保山市举行撤地设市庆典，云南省人民政府常务副省长牛绍尧等省级有关领导出席，民政部发来贺电，省民政厅厅长高祖兴参加。副省长牛绍尧等领导分别为五大机关揭牌。

第四节　地名管理

一、日常管理

1980年4月7日，省政府第一次地名工作会议之后，保山地区即成立了“保山地区行署地名领导小组”，地委常委、副专员王宁、郝玉峰先后任组长，行署民政处等部门的领导为副组长。同时成立保山地区地名普查办公室，各县（市）和公社成立相应组织机构，全区地县地名办公室由55人组成。

全区性地名普查之前，没有专门的地名机构。1986年1月23日，国务院发布《地名管理条例》后，根据条例规定，保山地区的地名工作由城乡建设环保部门管理。

1989年10月24日，行署决定成立“保山地区行政公署地名委员会”，行署副专员李祖荣任主任、副主任由行署办公室主任、民政局局长等担任，委员10人。地名委员会下设办公室，对外挂“保山地区行政公署地名办公室”牌子，对内为行署民政处二级事业单位。12月，在云南省第五次地名工作会议上，保山地区地名办和杨瀛洲、符建国、张竹邦、白映真等受到表彰。

1990年7月5日，行署发出《批转行署地名委员会〈关于在全区设置地名标志的请示〉的通知》，要求按照国务院《地名管理条例》规定设置地名标志，力求1990年年底基本完成。

1991年1月29—31日，行署召开副县（市）长、政府办主任、民政局长参加的地名工作会议，部署地名补更工作。同年11月26—30日，行署在龙陵县召开全区地名标志设置暨地名补查和资料更新工作现场会。总结交流标志设置经验，对加快地名标志设置提出具体要求。

1992年5月11—22日，行署地名委组织联合验收组对全区设置的717块地名标志进行验收。验收结果，同意发合格证书，并发给五县（市）奖金各5000元。

1996年5月1—4日，行署在龙陵邦腊掌召开全区民政工作会议，传达云南省第六次地名工作会议精神，提出“九五”期间地名工作仍以交通沿线、城镇、边境和少数民族语地名的管理为重点，以标志设置为突破口，加快地名档案建设，强化服务体系，最大限度发挥地名成果的作用。

12月2—5日，保山行署地名办在全省第七次地名工作会议上作了交流，腾冲县地名办作了书面发言，并受到省民政厅和省地名委的表彰。会后，保山地区根据会议精神提出了地名工作的主攻方向和目标：“全区地名管理以地名基础理论研究为先导，以法制化管理为根本，以城市地名管理为目标，以边境地名和少数民族语地名管理为重点，加强成果运用和信息服务，把地名工作全面推向标准化、科学化、现代化、法制化管理的新阶段”。

1998年3月30—31日，行署召开全区地名工作会议，传达贯彻云南省第七次地名工作会议精神，对下一步的工作作具体安排。要求县（市）政府要在人力、物力、财力上给予保证。4月10日，行署办发出《关于转发行署民政侨务局等六部门〈关于全区地名标志设置和管理工作的请示〉的通知》，地名补更后，全区共设地名标志牌985块，仅占“补更”后实有地名的6.6%，大大低于全省的平均水平，且标准不统一，质量粗糙，管理滞后，有些已经损坏，亟待更新和增设。为此，行署民政侨务局、交通局、城乡建设局、公安局、财政局、公路总段提出了《进一步加强地名标志设置和管理的意见》，向地委提交了《保山市城市街路巷命名更名的方案》。

在广泛征求意见的基础上两次召开有关人员会议审定，1999年7月8日，行署对保山市人民政府《关于要求命(更)名我市城区部分街路巷名称的请示》作了正式批复。9月19日，市人民政府向社会进行公告。此次共命名30条、更名4条、废弃18条。5月20日，龙陵县人民政府批准了龙陵县地名委员会办公室对县城等33条地名命名更名的请示。

2000年8月至2001年年初，腾冲县人民政府批准对21条街路命名更名。12月23日，施甸县政府批准命名更名12条、废弃3条街路巷地名。全区先后将902个村公所、办事处更名为村民委员会，将13个街道办事处更名为居民委员会，使之和全国相一致，2001年年末，保山行署驻地城区投资244万元，按新命名、更名的名称和要求，制作了带有灯箱、广告的大型地名标志牌490块。当年底，全面完成县（市）补更档案移交和本级新增地名区划档案的立卷。2001年8月15日，向省民政厅区划名处移交补更档案114卷，工作图5套共101幅，其中请省转交民政部国家地名档案17卷。

2001年2月26日，行署批准腾冲县12个村居民委员会更名的请示，同意将腾越镇一至六街办事处依次更名为东方、光华、凤山、天成、秀峰、山源居民委员会；同意将勐连乡勐连街子村更名为勐连街村，上寨村更名为上勐连村，曲石乡干榨村更名为干乍村，马站乡兴隆村更名为兴龙村，小西镇北门田心村更名为田心村，五合乡老寨子村更名为老寨村。

2005年，全市地名管理逐步规范，逐步启动市县地名数据库建设，逐步开展地名信息化服务示范活动，逐步推进“地名公共服务工程”，逐步将城市地名规划纳入城市建设总体规划。全市共设城市地名标志600余块，县、乡设标工作稳步推进。

二、重要活动

（一）地名普查

1980年5月，保山地区召开全区第一次地名工作会议，开始对全区地名进行全面系统的调查核实。此次普查大体经历地区先在施甸县姚关公社小试点，之后进行全县大试点，3个月后，地区参加各县选1个公社试点，春耕栽插之后，分三批展开。通过411名普查队员的艰苦努力，1982年5月普查工作全面结束，地、县、公社地名普查办公室撤销。通过普查，全区有15841条地名，其中地、县6条，公社（镇）99条，大队1082条，自然村（含农、牧点）10012条，城镇居委会11条，街道、巷、居民区107条，独立存在并有地名意义的企事业单位名称673条，人工建筑物613条，名胜古迹、纪念地、游览地106条，自然地理实地2330条，地片和其他803条。这些地名的命名特征：以山水地貌命名6674条，以矿藏、矿物命名2553条，以姓氏命名2104条，以大小、上下、新旧命名和派生1879条，以奇闻逸事、神话传说命名742条，以古国古迹、历史事件命名695条，以嘉言、吉兆命名445条，以族名、部落、人名命名88条，未查清来历含义661条。有少数民族语地名516条，占3.3%。其中傣语372条，彝语113条，景颇语10条，蒙古语6条，白、苗、傈僳族语各4条，回语3条。填写《地名普查表》15973张、《地名卡片》2619张，编写地名概况165篇，改正、增补五万分之一地形图上的地名标注100幅、一式三份，同时编绘了各县地图。这些成果资料经行署地名领导小组逐县检查验收，施甸、昌宁、腾冲三县的成果已分别上报省地名领导小组。

至1989年年底，全区共查明地名18808条，其中行政区划名称776条，居民点名称8562条，自然地理实体名称5432条，其他地名4038条；当年命名或更名5条。

（二）地名“补更”

1991年8月，在全区范围内进行地名补查和资料更新（简称“补更”）。1991年6月24日至7月22日，行署地名委员会培训了46人的骨干队伍，并在保山市永昌镇进行了试点，培训人员，经过考核验收，合格率为95%，优良率为90%。1992年年初，各县（市）全面开展了外业调查，先后有778人深入到915个村处和大部分自然村、企事业单位调查走访，实地察看，校正错误，弥补遗漏，掌握了“补更”的第一手资料。同时，各级专业人员又到统计、农业、林业、水电、工交、城建、经贸、电信等专业部门收集数据、补充信息、提高地名信息的自身价值。在此基础上，编写《地名补查和资料更新成果表》，再依据《成果表》的最新信息标注地名图，撰写《概况》材料，最后进行标准化处理和复制。

在全面完成上述各阶段工作之后，进行成果统计和总结。按“补更”要求逐级进行验收。1997年5月23—28日，在县（市）全面验收之后，地区地名委员会组织了地级联合验收。各项资料抽查的比例：成果表20.8%，概况材料69.4%，地图100%，总结和统计各100%。

验收总得分：腾冲98.2分，龙陵95.5分，施甸95.3分，昌宁95.2分，保山93.4分，全区平均95.52分，均为优秀。

1997年7月26日至8月3日，云南省地名委和省民政厅组织玉溪、文山、迪庆、德宏4个地州共16人的联合验收组，对保山地区的“补更”进行省级验收，作出了客观地评价。总得分：腾冲县97.7分、施甸、昌宁并列95分，保山市94.9分，龙陵县94.8分，平均95.48分。1998年8月17日，云南省地名委和省民政厅正式对保山地区地名补查和资料更新省级验收作出书面结论。5个县（市）均为优秀，这是全省3个全优地州之一。

1997年9月9日，保山行署地名委和民政侨务局作出总结报告。地、县共补助经费32.89万元。共制作“补更”成果表16024份，标注1∶50000地名地形图96幅，标绘城市平面图5幅，撰写文字概况147份，撰写“补更”总结6份，编制统计报表和成果验收表6套，微机处理软盘208盘。并按规定进行了复制。

成果表中，地名类别：有乡（镇）以上区划89条，居民地11594条，企事业单位和专业名称313条，人工建筑328条，纪念地和游览地128条，自然地理实体2417条，交通地名204条，废弃、注销地名945条，其他地名6条。地名语种：汉语14450条，少数民族语1571条，其中彝语678条，傣语864条，景颇语22条，其他少数民族语7条，待考3条。来历含义：以姓氏人名命名2174条，以山水地貌命名4660条，以方位命名1752条，以嘉言吉兆、奇闻轶事、神话传说命名797条，派生地名1013条，其他含意名称5504条，来历含意不明124条。地域分布：保山市3198条，腾冲县4489条，施甸县2195条，龙陵县2652条，昌宁县3490条。

在普查基础上，对已有地名作了标准化处理：新命名112条，更名150条，调整名称322条，补漏351条，沿用旧名13998条，废弃、注销1091条，有14426条地名进行了资料更新和增补，对所有成果表和概况进行了微机储存。补更结束后，全区实有地名14933条。施甸县结合命名，对城市街道名称使用和租赁进行了探索。昌宁县完成“补更”后，及时进行成果转化和运用。

1997年11月24日，行署地名委和行署民政侨务局发出奖励决定，奖给每县（市）地名办各5000元。12月12日，省地名委和省民政厅发出表彰补更先进单位的决定，行署地名办和腾冲县地名办受到表彰，并在全省第七次地名工作会议上交流发言。

（三）《地名志》编纂

省政府、省地名委员会下达编纂县（市）地名志任务后，各县（市）临时抽调参加过地名普查的专业人员3～5人组成编写组，编纂地名志。按省规定：县(市)地名志版本为16开，直装横排。保山、腾冲、龙陵、施甸、昌宁依次编号为123～127。各县（市）地名志成书后，由县（市）人民政府颁布。

1982年12月，昌宁县在地名普查的基础上编写的《云南省昌宁县地名录》成书，计24万字，收入地名3245条，印数500册，支出1.25万元。

1983年10月，《腾冲县地名志》出版，计40万字，收入地名4248条，印数1500册，支出1.4万元，获腾冲县科技成果奖。

1984年10月，《龙陵县地名志》出版，计50万字，收入地名2495条，印数1500册，支出1.4万元。1991年7月，被省民政厅和省地名委评为三等优秀《地名志》。

1985年10月，《保山市地名志》出版，计55万字，收入地名3428条，印数1500册，支出1.65万元。

1994年3月15日，行署地名委员会提出，地名补更结束后，按省政府要求编纂县（市）地名志。

《昌宁县地名志》，1997年12月，经地区地名委和昌宁县政府联合审定，经省地名委批准，1999年9月，内部出版发行。收入地名2754条，计38万字，印数1500册。

《云南省施甸县地名志》，1999年1月，经地区地名委和施甸县人民政府审定通过，省地名委批准，内部出版发行。收入地名2205条，概况材料22篇，故事、传说、歌谣20篇，计43万字，印数1200册。至此，全区全面完成了地名志的出版任务。

此外，地、县(市)地名办还完成了《中华人民共和国地名词典》《中国古今地名大词典》《中华人民共和国县、乡大词典》《中国乡镇名录》《中华人民共和国标准地名图集（底图资料）》等图书的保山词条编写任务。1997年，行署地名办利用补更资料编写行政村处以上区划资料，为地委行署和有关部门提供了决策依据。1998年年初，完成《中国建制镇名录》《中国乡、民族乡、街道名录》保山词条编写任务。

2005年年末保山市辖县（区）、乡（镇、街道）名录

表38-4

县　区	镇	乡	民族乡	街道
隆阳区	板桥、河图、汉庄、蒲缥、辛街、芒宽、潞江、瓦窑	金鸡、水寨、瓦渡、丙麻、西邑	瓦马、瓦房、杨柳	永昌、兰城
施甸县	甸阳、由旺、姚关、仁和、太平	水长、老麦、何元、酒房、旧城、万兴	摆榔、木老元	—
腾冲县	腾越、固东、瑞滇、和顺、猴桥	界头、曲石、马站、打苴、中和、清水、芒棒、五合、蒲川、新华、团田、明光	荷花	—
龙陵县	龙山、镇安、勐糯	龙江、腊勐、龙新、象达、平达、碧寨	木城	—
昌宁县	田园、勐统、卡斯、柯街、漭水	温泉、鸡飞、大田坝、翁堵、更戛	耈街、珠街、湾甸	—

第五节　民间组织管理

1989年10月25日国务院公布的《社会团体登记管理条例》，并规定了民政部门的10条任务和登记程序、登记条件等。1990年，保山行署民政处提出了清理整顿社团工作的意见。11月，行署发文部署社团清理整顿工作任务，同时成立“保山地区社团清理整顿领导小组”，下设办公室于行署民政处，并批准民政处成立社会团体管理科。

1991—2000年，全区先后批准登记社团404个，其中学术性78个，行业性30个，专业性36个，联合性237个，基金会和其他23个。批准注销297个，撤销15个。

2002年，对社团进行结构性调整。开展了社团清理整顿和民办非企业单位的归口登记管理工作，重点培育发展行业性社团，积极引导社团为两个文明建设服务。

2003年，全市初步建立对民间组织的统一登记、双重负责、分级管理制度。全市共培育行业协会20个，发展社会公益组织5个。

2004年，全市共有各类农村专业经济协会510个，其中技术交流型486个，技术服务型9个，经济实体型15个。这些协会分布于82个乡（镇），分属于种植、养殖、林果、加工等行业，共有会员1.09万人。

2005年，全市审核批准社团20个，其中市级4个；批准社团变更登记7个；年末登记在册社团141个，其中市级52个；登记民办非企业单位29个，其中市级7个。

第六节　民政事业费管理

一、预算编报

（一）科目设置

1971年开始，将自然灾害救济费从社会救济事业费中析出，设优抚、救济、救灾3个科目。1982年将退休事业费从优抚事业费中析出。1983年又将离休事业费从退休事业费中析出。1985年开始，设其他民政事业费。1971—1985年，在总支出中，优抚费占9.92%；离休费占0.39%；退休费占4.54%；社会救济费占27.77%；自然灾害救济费占54.60%；其他民政事业费占2.78%。

1989年，共设6款24项。其中抚恤事业费，下分6项，占总支出的11.14%；离休费，下分4项，占3.01%；退休退职费，下分3项，占3.93%；社会救济福利事业费，下分8项，占13.52%；自然灾害救济事业费，占66.34%；其他民政事业费，下分3项，占2.06%。

2000年，保山地区的民政事业费，在政府预算收支科目中归属第17类“抚恤和社会福利救济费”，下分抚恤、军队离退休安置、社会救济福利事业、救灾、其他民政事业、残疾人事业共6款31项。

“十五”期间，不论科目设置还是预算管理都发生了较大变化。先后增设地方离退休人员经费、城镇最低生活保障、行政事业离退休和其他款用于民政支出等，并将社会救济福利事业一分为四，离退休安置一分为二。2005年，设10款，下分33目，40个细目，17个子目。“十五”期间各科目在总支出的比重：抚恤费12.78%、安置费12.67%、城镇最低生活保障40.46%、农村社会救济4.81%、其他城镇救济0.81%、社会福利费3.12%、其他民政费5.18%、自然灾害救济费29.73%、地方离退休人员经费0.68%、其他款用于民政5.31%。

（二）预算

1979年以前按照内务部、财政部规定，预算指标的分配由财政、民政部门共同协商。各级民政部门根据分配的指标，编造年度预算，送同级财政部门汇编，报送同级人民委员会审批后执行。县将指标分配到公社，款划拨到营业所或信用社，公社、大队不直接存放现金。这一办法沿用到70年代末。

20世纪80年代，民政事业费预算，有较大的变动。1983年，第八次全国民政工作会议后抚恤和社会救济费，每年平均增长7%~8%。1984年，保山地区地、县级民政部门按核定的预算，定期编报用款计划送同级财政部门安排拨款。县级以下使用的民政事业费列入县级财政预算，由县级民政部门按期汇拨。并要求民政事业费的预算，要保证重点。

1985年3月21日，国务院决定实行“划分税种，核定收支，分级包干”的财政管理体制。保山地区的抚恤事业费和社会救济事业费，分别纳入地、县财政预算支出。特大自然灾害救济，由中央财政专案拨款，不列入地方财政支出包干的范围。按规定县对区的民政事业费不实行包干。但在实际执行中，腾冲、昌宁两县仍包干到区。同年5月21日统计，地方财政包干后，全区1985年民政事业费包干指标279.85万元，其中抚恤费61.64万元，救济费119.9万元，离退休费26.88万元，灾害救济费31万元，其他事业费40.43万元。由于初次实行包干，对民政事业费预算掌握较严，年初包干预算比上年减少24.1%。经多次与县（市）政府分管领导协商，年末，县（市）预算增至295.6万元，加中央、省下达数和上年结转，当年预算总数为550.7万元，比上年预算增31.18%，其中，中央和省安排255.1万元。

1984—1989年，由于多灾、连灾、重灾，定补、定恤和军队离退休人员的增加，民政事业费预算相应增加，6年中平均增长25.13%。1988年正常民政事业费的预算首次突破1000万元。40年中平均增长速度为20.94%。

1990—2000年，年均预算2380.29万元，实际支出占预算数的99.2%。其中2000年预3601.9万元，占地方财政收入的5.75%。实际支出3561.9万元，占地方财政支出的3.35%。

2001—2005年，年均预算8331.36万元，实际支出占预算的97.13%。其中2005年预算12026.7万元，占地方财政总收入的9.77%；实际支出11359.6万元，占地方财政支出的4.59%。

二、预算执行

1983年4月第八次全国民政会议后，保山地区实行定期凭据报销，不报销不拨款的办法，促进了民政事业费的管理使用。保山地委、行署和各县（市）委、政府多次发文，加强对民政事业费的管理使用。全区一直坚持“民主理财”和“两条线、三联单”的原则；坚持个人申请，群众评议，大队或乡审查，区或公社批准，张榜公布，民政助理员或信用社支付的办法。形成了从群众中来，到群众中去的领导把关，互相制约，互相监督等制度，使民政事业费真正起到“雪里送炭”的效果。

从预算执行的结果看，由于民政事业费处于逐年上升的趋势，其结余的数据较大，直接影响到预算的执行效果。既有反映各级民政部门“因怕出问题而留有余地，以备急需”的指导思想，同时，也有工作上的因素，主要是报账不及时，形成空头结余，致使来年预算绝对数减少。在预算执行中，1993年以前按地区财政部门的决算统计，但财政部门使用的是银行支出，民政部门使用的是实际支出，二者还有一定的差距，主要原因：第一，年终砍账前几天，仓促将结余的救灾、救济款统一购买口粮和衣被，作为次年春荒救济，可能造成未达账；第二，上级在接近年关安排专款，并要当年使用，造成未达账。1994年开始直接使用民政部门统计数。

1978—2005年，全市实际支出71606.62万元，占预算总数的96.87%。年平均支出2557.4万元。其中“十五”期间支出40462.9万元，占预算的97.13%，年平均支出8092.58万元。

三、社会效果

全区民政事业费的实际支出，分为直接投向和间接投向两大类。1978—2000年，直接用于民政对象的26756.74万元，占支出总额的85.91%。其中按国家规定标准定期发放的“人头费”13176.53万元，占直接投向总数的49.25%；临时补助、临时救济及直接用于民政对象的烈士墓修理、来信来访、县以下慰问等13580.21万元，占直接投向的50.75%。间接用于民政对象的4387.25万元，占支出总额的14.09%。

2001—2005年，直接用于民政对象36358.25万元，占总支出的89.86%。其中“人头费”19282.54万元，占直接投向的53.03%，比2000年前增加3.78个百分点；临时补助、临时救济、灾害救助、新农合救助、大病救助、养老保险、民房灾害保险和直接投向民政对象的烈士墓修理、来信来访、节日慰问等17075.71万元，占直接投向的46.97%。间接用于民政对象的4104.65万元，占总支出的10.14%。其中事业单位支出2680.79万元，占间接费用的53.8%；基本建设、修理和设备购置911.44万元，占间接费的18.3%；民政业务费，包括大宗印刷、事业档案、职工教育培训和其他业务支出等477.85万元，占间接费的9.6%；机关事业人员工资105.7万元，占间接费用的2.1%；民政专业会议支出809.25万元，占间接费用的16.2%。

四、清理

1978年后，为加强民政事业费的管理使用，除不定期的检查清理、建立内查内审等制度外，还主动接受财政、审计等相关部门的监督检查和审计。

1979—1981年民政事业费清理 1982年3月，保山地区行署批转行署民政局《关于认真检查民政事业费管理使用混乱状况的报告》，对全区清查工作进行部署。要求民政牵头，民政、财政、农业银行等有关部门共同负责，派出人员，完成1979—1981年民政事业费的清理，全区共组织5071人参加清理。5月18—22日，保山地区民政局对昌宁县的清理工作进行验收。并于6月18日，制定下发了五条验收标准。6月27日，召开各县民政局长、会计、地区农行、财政等单位参加的经验交流汇报会。昌宁县民政局交流了清理工作经验，其他各县汇报检查情况或安排意见。1983年1月10日开始，依次检查验收了施甸、保山、龙陵和腾冲。至此，全区三年民政事业费清理检查结束，向行署和省民政厅上报了清理检查报告。清理结果，全区1979—1981年，公社向县报销477.3万元，占三年总支出的92.9%。检查清理了107个公社和单位，1085个大队和街道，11027个生产队和居民大组，20.5万户，共补助救济461.28万元。已清查核对20.43万户，占99.7%，清查核对金额382.03万元，占82.8%。对发放的优抚救济款用张榜或其他形式公布的大队805个，生产队6215个。尚待清查的692户，79.25万元。查出的问题有：41人贪污民政事业费3189.63元；有4人私分170元；挪用救济费3233元，救济衣被122件。昌宁县查出贪污、私分民政事业费16人，共751.13元，分别进行了组织处理。有的给予党纪处分，有的进行停职反省，有的进行批评教育，赃款已全部追回。腾冲县曲石公社原民政助理员谢大广，利用年终用款大，报账多的机会和审核不严的漏洞，采取多报账，少发款或不发款的手段，贪污50户次，53笔，共1345元，已开除党籍、开除公职、追回全部赃款，判处有期徒刑一年。

1999年"三条保障线"专项资金检查　2000年1月5日，行署民政侨务局根据国务院、云南省政府的紧急通知精神和上级主管部门的要求，作出清理"三条保障线"专项资金检查的部署。实行自查和重点抽查相结合，并同步交叉进行。1月18日，行署民政侨务局向省民政厅上报城市居民最低生活保障金发放工作的检查报告。全区1999年6月实施城市低保制度，7月共保障3959人，10月起，增至5018人。保障标准：7月前龙陵县为100元，保山、施甸、腾冲、昌宁为120元，7月起全区五县(市)统一提到每人每月156元。全年支出269.63万元，其中中央及省补153.3万元(12月27日下拨的3万元未支出)，地县116.33万元。检查结果表明，全区保障资金列入财政预算，拨付到位，应保对象按时按标准领到低保金，没有出现截留、挤占、改向、挪用和虚报冒领、抵扣欠款等情况，各项政策措施落实较好。

五、审计

1993年民政事业费审计　1994年，行署审计处对行署民政处1993年财务收支情况例行审计，9月22日，作出审计结论。经审计，1993年，民政处圆满完成了各项民政工作任务。但也还存在一些不尽合规之处：部分支出的核销手续不完备，如用于双拥、优抚工作的大宗慰问品的购买和发放仅凭发票报账，无有关负责人审批，缺乏验收及发放情况的详细资料附账；往来款项的清理不及时，"经费暂付"挂账太多，甚至有长达20多年的呆账未予处理。为此，建议建立健全财务内控制度，以加强对经费使用的管理和控制，消除可能产生问题的弊端，强化财务管理工作；各项支出的核销，应做到符合规定，手续完备。

李发荣任职经济责任送达审计　2004年4月5日至5月2日，市审计局根据市人大常委会的要求，对市民政局局长李发荣2002年1月至2003年12月任职期间的经济责任进行了送达审计。并于5月28日作出审计结论。审计结果：两年间，局机关资产总额467.5万元，比2002年年初增加142.14万元；局机关经费收支，两年收入580.06万元，其中2001年结转30.99万元，两年支出470.51万元，结转2004年109.55万元，其中专项经费结余108.49万元；接收各种捐赠10.59万元，2001年结转4.25万元，利息收入0.21万元，上交财政“非典”捐款1.77万元，2003年年末结存13.28万元；社会福利彩票发行收入21.54万元，支出15.14万元，结余转入事业基金6.4万元。存在问题和处理意见：有应交未交的婚姻登记费、工本费等收入24.69万元，其中2001年转入3.68万元，任期内积累21.01万元，违反了《预算法》。鉴于婚姻登记收支的特殊性，收入全部用于工本及业务支出的实际，本次不作处理，责令市民政局及时与财政部门研究制定管理核算办法；有应列未列固定资产3.66万元，违反了《行政单位财务规则》，责令及时入账。审计评价：李发荣任职期间，单位预算及财政收支基本能按财政下达的预算执行，但也存在预算资金未按规定上缴国库、账务不健全等问题，李发荣应负主管责任。审计中，未发现有个人经济问题。

1978—2005年保山市民政事业费分项支出情况表

表38-5　　单位：万元

项　目	1978—1980年	1981—1985年	1986—1990年	1991—1995年	1996—2000年	2001—2005年	1978—2005年合计
实际支出	845.53	1646.83	5096.67	9677.80	14139.20	40372.90	71581.53
一、抚恤优待	68.21	264.27	649.79	1587.70	2868.10	5172.73	10610.80
二、退役安置	7.72	89.61	307.96	1012.20	2687.10	5035.83	9140.42
三、城市低保	—	—	—	—	—	10076.40	10076.40
四、农村救济	165.98	424.68	573.05	1076.60	1399.10	1945.76	5585.17
五、城镇救济	9.25	37.32	65.97	142.50	915.20	327.48	1497.72
六、社会福利	59.46	109.49	131.31	292.80	680.40	1264.40	2537.86
七、民政管理事务	33.48	51.00	105.67	235.00	1283.60	2096.10	3804.85
八、自然灾害救济	271.76	603.83	3173.49	5165.20	4088.50	12030.40	25333.18
九、行政事业离退休	32.27	66.63	89.43	165.80	217.20	275.30	846.63
十、其他款用于民政	—	—	—	—	—	2148.50	2148.50

注：第八项包含1976年1820万元抗震救灾专款，其中1976—1977年使用1559.65万元，1978—1980年使用178.88万元，1981—1983年使用81.47万元；“九五”期间支出城市低保746.13万元，包含在第五项中

1978—2005年保山市民政事业费分县（区）支出情况表

表38-6　　　　单位：万元

时　间	隆阳区	施甸县	腾冲县	龙陵县	昌宁县	市　直	合　计
1978—1980年小计	132.83	78.00	160.84	164.82	72.18	39.46	648.13
1981—1985年小计	446.19	187.39	461.46	243.54	234.57	73.68	1646.83
1986—1990年小计	1024.41	1184.76	959.41	700.78	969.99	257.32	5096.67
1991—1995年小计	2622.30	1434.20	2035.60	1423.70	1541.10	620.90	9677.80
1996—2000年小计	4832.30	1779.10	3089.10	1525.20	1931.70	981.80	14139.20
2001—2005年小计	18349.40	6311.60	6683.00	3705.00	4006.80	1317.10	40372.90
1978—2005年合计	27407.43	10975.05	13389.41	7763.04	8756.34	3290.26	71581.53

第八章　老龄事业

第一节　老龄人口

一、60岁以上老年人

1982年7月1日，第三次全国人口普查，全区总人口188.89万人，60岁以上老年人14.75万人。

1990年7月1日，第四次全国人口普查，全区总人口209.95万人。60岁以上的老年人18.48万人。

2000年11月1日，第五次全国人口普查，全区总人口234.83万人。60岁以上的老年人24.46万人，保山地区提前进入人口老龄化。

从3次人口普查结果看，保山地区的老龄人口变化，有3个特点：60岁以上的老年人在总人口中的比重，依次为1982年7.81%，1990年8.80%，2000年10.42%，呈直线上升趋势，18年增加了9.71万人；女性多于男性，男女成反比例增长趋势，3次普查男女性别比为1982年44∶56，1990年46∶54，2000年47∶53；东部增速快于西部，以第五次普查与第四次普查相比，怒江以东的保山、施甸、昌宁三县（市）从8.97%上升到10.67%，增加1.7个百分点；西部龙陵、腾冲2县从8.52%上升到9.97%，增加1.45个百分点。

至2005年年末，全市60岁以上老年人上升到27.8万人，占总人口的11.46%。

二、高龄老人

全国第三次至第五次人口普查及2005年的统计显示，全区80岁以上的高龄老人增长较快。1982年第三次普查有7546人，占总人口中的0.40%；1990年第四次普查有12815人，占0.61%；2000年第五次普查有22313人，占0.95%。2005年年末，有34318人，占1.42%。

三、百岁老人

1991年，保山地区有两名百岁老人，分布在保山市和龙陵县。1994年，腾冲县增加1人。

1995年开始，行署民政侨务局逐年记载百岁老人的情况。当年末有6人，最大年龄103岁。

1996年，增4人，死亡4人，年末实有6人。最大年龄103岁。

1997年，增5人，死亡2人，年末实有9人。最大年龄104岁。

1998年，增3人，年末有12人。最大年龄105岁。

1999年，增11人，死亡4人，年末有19人。最大年龄106岁。

2000年，增8人，死亡6人，年末有21人。最大年龄107岁。

2001年，增10人，死亡6人，年末有25人。最大年龄108岁。

2002年，增16人，死亡13人，年末有28人。最大年龄109岁。

2003年，增6人，死亡6人，年末有28人。

2004年，年末有32人，其中女性25人。

2005年，增8人，年末有40人，其中女性33人。最大年龄105岁。

四、百村调查

2000年6—9月，保山地县民政、老龄部门选择保山市金鸡、腾冲县水碓、龙陵县白塔、施甸县源珠、昌宁县城关等村开展“云南省老年人情况百村调查”。5个村共有3405户13044人。有60岁以上老年人1582人，占12.13%。老年人中，女性占57.71%，70岁以上占49.05%（含百岁老人3人），少数民族占2.02%，高中以上文化占3.98%（含大专以上9人）。

婚姻状况：有配偶946人（含再婚21人），丧偶609人，离婚19人，未婚8人。

居住方式：与子女同居1351人，其中两代同居117人，三代同居1056人，四代同居152人，隔代同居26人；夫妻同居146人；独居57人；无子女28人，其中独居12人，住敬老院3人，与亲朋居住10人，其他3人。

收入和来源：经济收入，人均每年1345元、口粮333千克，其中老年人918元、210千克。其来源，靠子女供给691人，配偶供91人，离退休金242人，自己劳动收入527人，国家救济24人，其他来源7人。

子女赡养情况：好的占37.9%，一般的占59.3%，差的占2.8%。年内调处涉及老年人纠纷17件，签订赡养协议5份。

穿着情况：好的31%，一般的65%，差的4%。

医疗和健康：生病能及时得到治疗的占59.5%，救治有困难的39.2%，得不到医治的占1.3%。健康状况好的52%，一般的38%，差的10%。生活能自理的68%，部分自理28%，靠人护理4%。

对目前生活的心理感受：满意的55.5%，较满意的43.4%，不满意的1.1%。

组织和设施：除水碓村外，4个村（办事处）有4个老年协会、5个活动室（金鸡村有两个）。

困难和建议：调查中反映经济困难的14%，生活、治病、住房困难的28%，其他困难的58%。建议建立健全老年组织和老年福利设施的40%，提出其他建议60%。

对养老的愿望：愿意家庭养老98.3%，要求办敬老院和老年公寓养老0.8%，愿意独居的0.9%。

第二节　老年人组织

一、管理组织

老年人管理组织，分为城市和农村两部分。城市主要由市、县（区）民政局、老龄委办公室、老干局等部门协助街道社区和离退休人员所在单位，管理离退休人员和城市居民中的老年人；同时，设立专门机构于民政部门，管理军队离退休干部和无军籍退休职工。在农村，由民政部门、老龄委办公室协助乡（镇）、村委会管理农村老年人和居住在农村的离退休人员；同时，由民政部门协助乡（镇）建立农村敬老院专管集中供养的老年人。

由各级各部门协作，健全社会保障制度，逐步改善老年人的生活，为老年人安度晚年、健康长寿和发挥余热、参与社会经济建设创造条件，保护老年人依法享有的权益，从单纯对农村和城市居民中的鳏寡孤独实行五保，逐步发展为对整个社会的老年人实现“老有所养、老有所医、老有所为、老有所学、老有所乐、老有所教”（即“六个老有”）的目标。

二、老年协会

1991年，全区在242个村（办事处）和129个自然村设立了老年协会。

1992年，地、县（市）直单位新设立49个老年协会，保山市以村（办事处）建会163个，腾冲县以自然村新建协会73个，其余3县以村（办事处）建会33个。1993年年底，有452个村（办事处）和418个自然村建立会。

1995年，地区老龄委按照“五个老有”目标，结合协会少、参会率低等实际，学习外地经验，大力发展老年协会组织，积极开展老年人各类活动。1996年5月，新建村（办事处）协会237个，自然村协会992个。当年底，建会的村（办事处）和自然村分别占总数的77.6% 和9.9%。

1997年，农村村级协会达到702个，13个城市居民委员会，已有8个建立协会。地县级机关建会83个。

2000年，全区有农村老年协会731个，入会老人5.1万人。

2005年，全市老年协会达到889个，有会员6万余人，占60岁以上老年人的22.3%。

三、其他组织

为丰富活跃老年生活，增强体质，延年益寿，除城乡老年协会外，老年人还自行成立了老年体育协会、老年科技协会、老年诗书画协会、老年演唱团等各种组织。

1991成立了保山地区老年诗书画协会，有会员52人。2004年，全市共有老年体育协会566个，入会会员7.6万人。

2005年，全市有老年文教体组织8个，老年学术组织2个，老年门诊部1个。老年基金会2个，事业投入7.6万元，资金结余31万元。

第三节　老年人活动

一、文化体育活动

1988年起，《云南省老年人保护条例》和《云南省老年人权益保障条例》将每年农历九月初九确定为老年人的法定节日。同年，保山地委、行署决定将云南省的第一个敬老节定为保山地区的第一个敬老节。从此，保山每年重阳节和春节期间，党委政府都要派人走访慰问老年人，组织开展各项活动，以各种方式欢度佳节。除老年节活动外，一般只是自发性活动。1991年以后，逐步建立老年协会和老年体育协会，开始有组织地开展各种丰富多彩的文体活动。

1994年第七个敬老节前，地委、行署组织慰问组到板桥镇板桥办事处老年协会、永昌镇东门敬老院和地区社会福利院慰问老年人和105岁的冯阿炳。12日，地委、行署召开有58位老年人代表参加的座谈会听取意见建议。保山市给10所敬老院的老人每人发15元过节费。

第八个敬老节期间，地区召开了“95敬老节同乐会”。老干部、老红军、老工人、老农民、老劳模代表与地市领导和有关部门领导共度佳节。

1996年，有733个村（处）开展各种活动，走访慰问老年人5118人，百岁老人6人，敬老院11所。地区召开有80多人参加的座谈会，共庆第9个敬老节。此后，节日走访、慰问、座谈逐步成为制度。

1997年，保山市老龄委给1600多对金婚、钻石婚老年夫妇赠送纪念品；给9所敬老院的70多位五保老人每人发20元过节费，慰问了百岁老人，决定从当年4月1日起，对全市70岁以上的老年人实行优待。腾冲县给5名百岁老人每人发200元慰问费，并赠送“松鹤延年百岁寿星”匾牌。

1998年，施甸县老龄委举行“敬老周”活动。县人大常委会副主任刘文漾发表电视讲话；10月28日，召开县直单位机关干部和老年人参加的第十一个敬老节庆祝大会，对全县95岁以上的42位高龄老人颁发长寿纪念品，并进行慰问演出。

1999年，全区73个乡（镇）、366个村（办事处）和85个机关单位举行小型多样、丰富多彩的庆祝活动。保山市板桥镇板桥办事处老年协会530多名老年人和600多名干部群众欢聚一堂，庆祝第十二个敬老节。地区老年体协召开第四届代表大会，地直和县（市）相继完成老体协换届选举，加强了组织领导力量。保山市城区有10个体育健身团和俱乐部，经常组织各种文体活动，参加活动老年人1000多人，老年人成了全民健身活动的一支生力军。

2000年，地区民政侨务局、老龄委给全区19名百岁老人每人发放150元过节费；专程走访慰问了施甸县由旺镇敬老院和百岁老人。地区老干部局在老年活动中心举办了500多名老年人参加的游园会，开展了形式多样、内容丰富的游园活动。12月26—27日，保山地区召开老体协工作会议。26位健康老人和13篇老年体育科研论文获奖励，荣获省老体协三等奖3篇，评为地区老体协一等奖4篇、二等奖6篇。

2001年，保山市老年诗书画协会建会10周年，会员发展到273人，曾举办过诗书画、篆刻、装裱培训班和诗书画讲座、笔会49期（次），诗书画展35次，展出作品5000多件，为城乡单位和群众书写字联、匾牌2.3万余幅，深受各界人士的欢迎。

2003年，隆阳区老龄委组织4支腰鼓队游行，进行大型文艺表演，板桥镇马家村组织的城乡老年联欢会，被云南电视台3台采播。

二、老有所为活动

除文化体育健身活动外，各县各单位和老年人组织，还联系实际，组织老年人开展力所能及的老有所为的各项社会活动。

兴办各类经济实体。1991年，县（市）乡（镇）老龄委充分发挥老年人的特长，结合市场需求和老年人的爱好，先后帮助88个老年人协会创办了投资少、周期短、见效快的老有所为经济实体和便民服务组织，年盈利达30多万元，不但服务了群众，还解决了协会的活动经费。到2000年，全区共有老有所为经济实体和便民服务组织88个，当年盈利46.35万元。其中保山市52个，盈利27.8万元；腾冲县33个，盈利12.95万元；施甸县2个，盈利5.1万元；昌宁县1个，盈利0.5万元。种养业21个，种养面积791.5亩，年盈利7.6万元；服务加工业67个，年盈利38.75万元。2003年，保山市民政局先后成立局机关退休干部党支部和市直民政系统老年协会。把老干部当成民政工作的财富和智囊，采取返聘工作、组织考察和调研等，充分发挥老年人的作用。重大节日，局领导率领科以上干部逐户登门慰问、听取意见，为老干部排忧解难，在干部队伍中形成尊老、敬老、爱老的道德风尚。

三、维权活动

1996年10月1日，《中华人民共和国老年人权益保障法》实施，1999年4月2日，《云南省老年人权益保障条例》实施，由地县民政和老龄部门配合乡（镇）、村（办事处）充分利用“一法一条例”等法律法规保护老年人的合法权益。到2000年年底，全区有36个行政村（办事处）签订了300多份家庭赡养协议书；协助司法部门调处赡养纠纷72起、老年财产纠纷46起、虐待遗弃老人纠纷18起。保山市，1990—1999年，市、乡（镇）、村三级共调处一般赡养纠纷3963起（次）。有效保障了老年人的合法权益。

2003年7月16—20日，云南省老龄委办公室专职副主任王建新带领执法检查组一行10人，深入隆阳区和腾冲县、龙陵县进行执法检查，保山市老龄办主任李发荣率队到施甸县、昌宁县检查，检查组在听取县（区）政府汇报后，每个县（区）抽2～3个村，对“一法一条例”的贯彻情况进行检查。省检查组对全市老龄工作和将“一法一条例”纳入“三五”普法教育等做法给予了充分肯定，并就存在问题，提出改进的意见和建议。当年统计，自

1999年以来，各级司法部门共受理赡养、扶养等纠纷案件438起，调解411起，调解成功率93.8%，对老年人实施法律援助870起。

2004年以后，全市加大了维权力度，重视法律宣传教育，开通法律咨询服务，编印法律手册，利用媒体和板报、标语等宣传“一法一条例”，营造良好的维权环境和舆论氛围。加大涉老侵权案件的审理力度，有效保护老年人的合法权益。开展执法检查和调研，促进“一法一条例”的贯彻实施。当年5月，保山市政协对全市老龄工作进行视察和调研。6月底，云南省老龄委对保山市创建老龄工作先进县（区）和敬老先进村（社区）的“创建”工作进行检查考核。

四、活动场所

2000年年底，全区建有老年活动中心（室）390个，其中地级2个，县（市）级25个，乡（镇）村（办事处）和机关单位363个。有门球场31块，地掷球场21块，羽毛球场10块，网球场6块，有8万多人参加健身活动。

2001年，有村级老年活动中心304个，占村级协会的42%。2003年，有社区老年活动设施16个，农村敬老院22所。

2005年，全市有老年大学4所，在校人数1652人；老年学校18所，在校人数651人。

五、“星光计划”实施

“星光计划”是专门为老年人服务的德政工程、民心工程。2001年，进入准备阶段。2002年，全市第一批10个“星光计划”项目开始实施。2003年7月29日，市民政局发出通知，安排第三批实施项目4个，要求12月底完成。2005年年末，全市共实施“星光计划”项目16个，其中隆阳区7个、龙陵县3个、施甸县、腾冲县、昌宁县各2个。共投入资金1161万元，其中各级民政部门投入260万元，地方财政投入901万元。这些项目投入使用后，为老年人的生活、学习、娱乐创造了优越的环境条件。

第四节　优待救助

一、优待

1997年4月1日起，保山市老龄委决定对全市70岁以上的老年人颁发优待证，凭证享受4个方面的优待：在地、市人民医院和中医院，地、市妇幼保健站和乡（镇）卫生院就医免收挂号费，优先交费、优先就诊、取药，住院优先安排床位；免费乘坐城区内公共汽车；免费上收费公厕：免费上太保公园游览。

1999年6月，地区老龄委、老干局、建设局、民政侨务局根据“一法一条例”等相关规定精神，对70岁以上的高龄老人从10个方面给予优待。1999年6月至2000年5月，为15000多人办了优待证。腾冲县在风景名胜区、公园、纪念馆等地悬挂“高龄老人免收门票”的牌子，县汽车运输公司在城区17辆公共汽车车门统一喷印“高龄老人凭证购半票”，给予老年人特殊优待。

2000年年底，全区办证老年人达23438人，其中保山市19400人，腾冲县360人，龙陵县2293人，施甸县1235人，昌宁县150人。比1999年增15487人。

2001年，办证老年人达3.2万多，使老年人在就医、交通、娱乐等方面享受到优待。

2003年10月10日，市委办、市政府办印发《保山市进一步贯彻落实老年人优待的规定》，对60周岁以上的老年人给予9项优待。为全市60～69周岁的老年人办理绿色老年人优待证，享有市内规定的优待；对70周岁以上的5万名高龄老人办理红色老年优待证，即云南省高龄老人优待证。

2004年，有55593人办理了老年优待证，其中70周岁以上52593人。

二、老年人救助

(一) 特困老人救助

1997年10月，中国老龄协会和中国老年基金会在全国范围内开展“特困老人助养活动”，保山地区立即响应，分别对板桥镇板桥办事处周阿柱、金鸡乡黄毛村孟朝钦、金鸡二村杨付氏、河图镇魏家办事处付阿凤等4人给予救助。

1998年，保山地区动员社会力量，改善贫困地区特困老人的生活状况，开展助老工程活动。年内，全区有7人受到助养，其中保山市老龄委用节约的业务经费助养1人，云南省老年福利基金会助养6人，保山市、腾冲县、施甸县各2人，给予特困老年人每人发放助养生活费400元。

1999年，全区有80岁以上的老人21000多人，其中特困老人4100多人，多数生活在经济欠发达的少、边、穷地区，由于年高体弱，没有生活来源，有的子女是残疾人，属贫困对象，有的子女死亡，虽有孙辈但无赡养能力，因此生活特别困难。为此，当年助养29人，其中云南省老年福利基金拨款助养14人，救助对象分布为：腾冲县6人，龙陵县、施甸县、昌宁县、保山市各2人，每人每年补助400元；保山市老年福利促进会助养15人，每人年300元。

2000年，全区共助养80岁以上特困老人32人，其中14人属云南省老年福利基金会拨款助养，每人每年救助400元。保山市老年福利促进会助养18人，每人每年救助300元。分布在板桥、蒲缥镇各1人，瓦马、汶上、瓦房、杨柳、瓦渡、水寨、老营、瓦窑乡各2人。

2003年，特困老人调查，全市有80岁以上的高龄老人2.26万人，特困面占20%。2000年开始救助，到2003年年底，共救助144人，受救助面3.2%，累计救助资金4.84万元，人均每月救助28元。其中云南省老年福利基金会救助54人，救助金额2.16万元，人均每月救助33元。此外，隆阳区采取各种形式救助250人，救助资金28万元。隆阳区永昌镇，1994—2003年救助老党员254人，救助资金71.16万元。2003年，腾冲县猴桥镇箐口村，对55周岁以上女性、60岁以上男性老年人每人每月救助60元。

2004年，全市对2884名农村五保老人进行定期定量救助，救助金额59.6万元。对符合低保条件的5622名城市老年人，纳入城市最低生活保障进行救助。

（二）医疗救助

2003年，保山市开始在隆阳区进行医疗救助，共救助40人，救助资金0.8万元，其中云南省老年福利基金会救助20人，按省、区1∶1的配比安排，由隆阳区的乡（镇）救助20人，救助标准为每人每年200元。金鸡乡育德村委会祥瑞砖厂经理姬德勋1人捐资1600元，实施医疗救助4人，生活救助2人。

（三）慰问性救助

2000—2003年，保山市慰问百岁老人200人次，慰问金额3.45万元，其中市老龄委和市民政局慰问98人次，发放慰问金1.21万元，各县（区）慰问102人次，发放慰问金2.24万元。此外，县（区）和一些乡（镇）的老年协会、老年促进会也采取不同形式，对高龄老人进行慰问。

（四）农村社会养老保险

保山地区从1990年开始运作农村社会养老保险。1992年7月，成立保山地区农村社会养老保险基金管理委员会，下设办公室设于民政处。1993年9月，在龙陵县平达乡的平达、河尾、平安3个村进行试点。试点中有256人投保，占总人口的2.2%，共收保费1.71万元。在投保人数中，一次性投保28人，最高为1200元，最低为200元；按月投保228人，最高20元，最低2元。1994年，龙陵县投保人数增加到431人，累计收取保费2.49万元。

1995年4月，在全区推行农村社会养老保险。8月26—27日，行署在龙陵县召开保山地区农村社会养老保险现场会。会上，龙陵县重点交流3个月收取保费突破百万元大关的经验，传达云南省农村社会养老保险工作会议精神，部署具体任务。当年底，全区有43个乡的309个村开展农村社会养老保险，投保人数1.58万人，收取保费370万元。

1997年4月，设立保山地区农村社会养老保险办公室。之后，各县（市）建立相应机构，配备了专职人员。当年末，全区有4.69万人投保，累计收取保费1209.56万元，提取管理费36.29万元。

1998年年末，全区有81个乡（镇）、785个村处和30个企业开展社会养老保险工作，投保人数5.11万人，占农业人口的2.46%，占应投保人数的3.4%，积累基金总数1500万元，其中保金1400万元。累计有71人领取保金，其中当年有61人开始领取。

2000年年末，全区累计投保5.8万人，累计收取保金1424.31万元。有198人领取养老保险金，当年支付1.56万元。全区民政部门，根据省民政厅要求，将农村社会养老保险业务移交社保部门办理。

三、表彰奖励

1997年，全区共评选出“敬老好儿女金榜奖”13人，“老有所为奉献奖”15人，“重视老龄工作功勋奖”6人，共34人，其中18人受到省级表彰和奖励。保山市副市长方文凯获“全国重视老龄工作功勋奖”，施甸县退休干部杨体敏获“全国敬老好儿女金榜奖”，腾冲县退休干部余在济获“全国老有所为奉献奖”。为更好推动和促进老龄工作的开展，保山地区还表彰奖励了老龄工作先进单位5个、先进个人5人。

2000年2月，云南省政府召开全省老龄工作双先表彰会议，保山市老龄办主任李云华、金鸡乡老龄委主任虞嘉文、施甸县甸阳镇街道办事处老协副会长冯光尧、龙陵县常务副县长陈东才、昌宁县社保局局长郭楚云等5人被评为全省老龄工作先进个人。保山市板桥镇清水办事处105岁的老人杨武，被推选为“中华百岁老人健康之星”。永昌镇北关街63岁的李翠竹，1990年1月，带着风湿病与老伴雷从坤承包荒山2000亩，发展林果，到2000年，种植蓝桉1300多亩，梅子7000棵，板栗6000多棵，桃子、甜柿、核桃、梨等5000多棵。每年酿酒收入3万多元，育肥猪100多头，年收入达10万多元。曾7次被国家、省、地、市有关部门授予“发展林业生产先进个人”等荣誉称号，被推选为“中华老年康复之友”。1999年9月，雷从坤被中央组织部授予“全国离休干部先进个人”。

2000年3月，保山地区根据评选云南省健康老人的要求，自下而上评选出80岁以上的健康老人26人，年龄最大的107岁。其中龙陵县98岁的抗战老兵付心德、施甸县84岁的退休女教师王敏、保一中83岁的退休教师黄继坚、昌宁县82岁的退休女教师宋淮、腾冲县81岁的退休干部王位元、保山市80岁的退休干部杨宇屏等6人被推荐为云南省健康老人的代表，在云南省第十三个敬老节纪念大会上受到表彰。其余20人被评为保山地区的健康老人。6月13—14日，保山地区召开老龄工作暨“双先”表彰会议，宣读省民政厅、省老龄委的表彰决定，副专员杨光为获奖单位和个人颁奖。

2003年，老年节期间，保山市老年人体育协会表彰先进单位25个、先进个人39人。市政府机关老年体育协会表彰老年优秀工作者15人、老年先进个人50人。

2005年10月11日，市委组织部、市委老干部局发出表彰决定，表彰了全市老干部“老有所为”先进集体21个和“老有所为”先进个人50名。

第三十九编 扶贫开发

“草改瓦”工程

综　述

保山是集少数民族、边疆、山区、贫困于一体的农业市。贫困面大、贫困程度深。尤其是妇女贫困、儿童贫困、少数民族贫困、残疾人贫困长期存在，由于贫困群体居住区自然环境恶劣，生产方式落后，人口素质低下，经济发展滞后，缺乏自我发展的条件，致使他们长期无法走出贫困的桎梏。按国家第一次确定的贫困线，1978年年末，保山地区农民年均纯收入低于98元的农村贫困人口有140万，占全区农业总人口的81.68%，主要居住在怒江、澜沧江沿线的高寒冷凉山区、喀斯特岩溶地区、少数民族聚居地区、县际结合部边远地区和边境地区。

1986年3月，保山地委、行署下发《保山地区关于切实加强贫困地区工作，尽快解决群众温饱问题的意见》，全区专项扶贫工作由此启动。

1986—2005年，保山市委、市政府先后出台24个有关扶贫开发的文件。切实累计投入市级以上扶贫资金199549.23万元，其中中央、省级资金192250.86万元，市级资金5142.38万元，外资2156万元。按各个时期解决贫困人口的标准，累计解决96.5万贫困人口温饱，扶持建设粮、烟、糖、茶、畜牧、矿产、电力、教育、卫生、集镇等500多个产业开发项目；在全市52个乡（镇）、676个行政村开展小额信贷扶贫，197462户贫困户得到扶持；累计异地开发扶贫转移安置贫困人口392338人；建成基本农田地56.52万亩，解决62.97万人、32.07万头大牲畜饮水困难；修筑和改扩建乡村、村组道路4167.07千米，解决84个行政村的公里交通；架设乡村输配电线路1500千米，解决98个行政村、5.4万户农户用电；建设经济林、果面积42.7万亩。贫困地区社会、经济发生了较大变化。

保山市20多年的扶贫开发可以概括为三个阶段：

第一阶段，1986—1993年，为救济式扶贫时期。其间，保山地委、行署结合保山实际，制定出台对全区贫困地区特殊扶持的14条优抚政策，对农村及贫困地区执行51条税收优惠政策，对全区重点扶持的25个贫困乡实施特殊扶贫的12条优惠政策。地区农行先后拿出500万元贷款，地区财政贴息50万元，专项用于贫困地区开发；对215个贫困乡实行减免合同定购粮；减免贫困地区3个基层供销社、135个购销店和代理经销户营业税，年均减免30万元；地、县（市）每年切块化肥1000～1355吨，由地方财政补贴，平价供应到贫困乡；地、县中等专业学校降低录取分数线20～30分到贫困地区定向招生；龙陵县65个贫困村的小学生和部分中学生免缴学杂费；对分配到贫困地区的大专毕业生在见习期间高定一级工资，同时享受浮动工资；逐步提高民办教师待遇，优先给在贫困地区乡（镇）任教20年以上的教师解决家属“农转非”；从1987年起，不在向贫困乡下达国库券认购指标任务；地县有关部门，帮助贫困面大的12个区建立农科站，每站配备4～5名科技人员，并在资金、物资技术上给以扶持或指导；劳动人事部门先后划出增干指标，从贫困山区农村招收100多名少数民族干部。通过努力，全区贫困人口稳步减少，比照此阶段的标准，全市贫困人口从90万下降到63万人，解决了27万贫困人口温饱。

第二阶段，1994—2000年，为由救济式扶贫向开放式扶贫转变时期。其间，保山地委、行署制定保山地区“六六”扶贫攻坚计划；出台30条优惠政策以解决全区农村63万贫困人口的温饱问题；在贫困地区开展山、水、田、林、路、电、农业产业开发等综合扶贫开发，动员和组织全市各族人民发扬“穷熬不如苦干，等着不如先干”“自己解放自己”的产业精神，切实改善贫困乡村生产生活基本条件，促进粮食和经济稳定增产增收。1996—2000年，对列入全省扶贫攻坚乡的21个乡，地区财政每乡每年配套补助5万元，县(市)财政相应配套补助20万元。未列入全省扶贫攻坚乡的14个贫困乡，地区财政每乡每年补助5万元，县(市)财政每年补助25万元。通过这一阶段的扶贫攻坚，全区贫困人口大幅度减少，比照解决温饱的标准，全区贫困人口由1995年的63万人下降到2000年年末的14.5万人，贫困人口占农村总人口的比例由24.6%下降到8.7%，返贫率控制在10%以内。

第三阶段，2001—2005年，为扶贫开发进村入户的开发式扶贫时期。其间，市委、市政府出台了《关于加快新时期扶贫开发工作的决定》《保山市开展千名农科人员进百村(企)入万户帮扶致富奔小康行动的意见》，把茅草房改造、安居温饱文明村建设、重点村整村推进、扶贫劳务输出、产业信贷扶贫、异地搬迁扶贫、农村沼气开发利用的农村生态能源建设扶贫、外资扶贫等作为扶贫开发工作的重点在贫困乡组织实施以通路、通电、通水，改厕、改厩、改厨(灶)；建家、建池、建园，发展小产业经济为主要内容的贫困地区安居温饱村扶贫建设工程。2001年，按照省政府重新确定的贫困线划定，全市有80万贫困人口，其中未解决温饱的有32万人，极端贫困人口14.5万人，残疾贫困人口4万多人。至2005年，全市解决了21万绝对贫困人口的温饱问题，在贫困地区建成一批安居温饱村。比照此阶段的新标准，全市有贫困人口86.89万人其中绝对贫困人口32.31万人。全市扶贫开发工作仍然任重道远。

第一章　机构沿革

第一节　扶贫开发机构

1986年3月，保山地委、行署下发《关于加强贫困地区工作，尽快解决群众温饱问题的意见》，成立保山地区山区工作领导小组。由行署专员任组长，地委农村工作部、行署民委等15个地直相关部门为成员单位，在地委农村工作部设置山区工作科，各县(市)也相应建立组织机构，地、县(市)山区工作科各配备人员5～7人。

1987年4月，地委农村工作部山区工作科改设为扶贫办公室。1994年12月，扶贫办公室由地委农村工作部划入行署办公室，对外保留扶贫办公室牌子，人员编制6人。

1996年1月，扶贫开发办公室升格为行署一级单列机构（正处级），同时设置扶贫办党组。内设4个职能科室，核定人员编制12人。县（市）扶贫办公室也相应升格为政府一级机构。

2001年7月，行署扶贫开发办公室更名为保山市扶贫开发办公室。从1986—2005年，扶贫工作领导机构历经多次调整名称，从最初的保山地区山区工作领导小组变更为保山市扶贫开发领导小组。至2005年年末，领导小组组长由分管副市长担任，市政府副秘书长及市扶贫办、市农业局、市计委、市财政局、人行保山市中心支行各一位负责人任副组长，26个市直单位领导为成员；市扶贫开发办共设综合、计划统计、项目管理、社会事业、小额信贷和外资扶贫6个科室，人员编制17人，其中处级领导职数3人，科级领导职数6人。

第二节　非常设扶贫机构

一、以工代赈扶贫机构

1984年，保山地区成立以工代赈扶贫工作领导小组，并下设以工代赈办公室，与地区计划经济委员会合署办公。1992年后，以工代赈办公室分设。1984—2005年以工代赈扶贫组织领导机构先后7次调整。历任组长都由政府（行署）分管领导担任，计委副主任任副组长并兼任办公室主任，有7名成员。

二、易地开发扶贫机构

1996年7月，成立保山地区异地开发扶贫协调小组并下设办公室于行署扶贫办，行署分管副专员任组长，行署扶贫办主任任副组长，行署财政局、扶贫办等11个相关部门为成员单位。协调小组负责处理日常事务，扶贫办分管副主任兼任办公室主任。

2003年7月，成立保山市易地开发扶贫办公室，市政府分管副市长任主任，市政府副秘书长、市扶贫办主任、市计委副主任、市财政局副局长任副主任。办公室挂靠在市计委，办公室下设规划计划、项目实施、项目资金三个工作小组。至2005年，无变化。

三、小额信贷扶贫机构

1997年5月，保山地区实施小额信贷扶贫领导小组成立，地委副书记任组长，行署办公室、团地委、行署扶贫办、行署财政局、地区农业发展银行为成员。下设办公室于团地委，团地委书记兼任办公室主任。

1998年3月，保山地区小额信贷扶贫领导小组成立，行署副专员任组长，行署副秘书长、行署扶贫办主任任副组长，行署财政局等11个相关部门为成员单位。下设办公室在行署扶贫办，扶贫办分管副主任兼任办公室主任。2002年9月，市扶贫办增设小额信贷扶贫科。至2005年，无变化。

四、“党员、干部结对扶贫工程”组织机构

1998年9月，成立中共保山地委党员、干部结对扶贫工作领导小组，并下设办公室于地委组织部。地委副书记任组长，行署分管副专员任副组长，地委副秘书长、行署副秘书长及地委组织部、行署计委等13个相关部门为成员单位，地委组织部副部长兼办公室主任。2001年2月起，党员、干部结对扶贫办公室业务工作移交至保山市扶贫开发办公室。至2005年，无变化。

第二章　扶贫对象

第一节　贫困对象认定

1978年年末，按国家第一次公布的贫困线标准，保山地区农业人口年均纯收入低于98元的贫困人口有140万人，占农业人口的81.68%，其中保山县46.02万人、施甸县21.75万人、腾冲县33.06万人、龙陵县18.56万人、昌宁县20.61万人。

1986年年初，龙陵县被列入全省41个省级贫困县之一，施甸县万兴乡被列入全省15个老革命游击区之一。当年，按照云南省委、省政府贫困地区工作领导小组办公室《关于上报1985年贫困乡调查表的通知》的要求，经普查，全区有498个贫困乡，占全区总乡数的54.48%。此外，面上插花的仍有大量贫困人口。但上报后，省里只认定保山地区贫困乡有351个（特困乡177个），贫困人口90万人。地委、行署结合保山地区实际，确定以498个贫困乡为该时期的扶贫对象，全区共有贫困人口105万人，占农业人口的56.24%。事实上，此次云南省划定的贫困线低于国家贫困线，因此，所认定的贫困人口数偏少。

1991年，云南省以1989年年末人均纯收入低于300元为指标，重新认定省级贫困县。保山地区的施甸、腾冲、龙陵、昌宁4个县被列入省定贫困县，并同时列入可以享受“八五”期间国家新增5亿元扶贫专项贷款和以工代赈资金扶持的贫困县。保山地委、行署决定根据1988、1989、1990年三年农民年人均纯收入低于200元确定贫困乡，经普查，全区有25个重点扶持贫困乡。根据省扶贫开发领导小组以1990年年末农民人均纯收入低于250元的贫困线，保山地区农村贫困人口有82万人，占农业人口的41.41%。

1994年，国家制定《“八七”扶贫攻坚计划》时，将过去已列为国家和省贫困县未脱贫的县和1992年农民人均纯收入低于400元的县全部列入贫困县，保山地区施甸、腾冲、龙陵、昌宁4个县被列入全省73个国家扶贫攻坚县之列。

1995年，云南省以乡（镇）为重点扶贫单元，按1994年年末农民人均生产粮食300千克以下，人均纯收入300元以下的贫困线，确定全省有506个贫困乡（镇）为“七七”扶贫攻坚乡。保山地区有21个乡被列入省级扶贫攻坚乡，其中保山市4个、施甸县4个、腾冲

县4个、龙陵县5个、昌宁县4个；有14个乡被列为地级扶贫攻坚乡，其中保山市3个、施甸县3个、腾冲县4个、龙陵县2个、昌宁县2个。同年，按国家和省扶贫攻坚计划的要求，经普查，全区贫困人口有63万人，占农业总人口的29.4%，其中43万贫困人口分布在35个扶贫攻坚乡，占全区贫困人口的68.2%；20万贫困人口分布在面上的插花贫困村、组，占全区贫困人口的31.8%。

2001年，根据云南省发布的新的农村贫困线，保山市确定全市的贫困人口为82万人(绝对贫困人口32万人)，占农业人口的40.4%。当年，施甸、龙陵、昌宁县三县被列入云南省73个国家级扶贫开发工作重点县；腾冲县被列入省级扶贫开发工作重点县。同年，腾冲县的明光乡、猴桥镇，龙陵县的木城乡被列入边境民族乡（镇）扶持；施甸县木老元乡，昌宁县珠街乡被列入7种少、小民族及特困民族乡扶持；隆阳区潞江镇芒颜、石梯2个德昂族行政村，施甸县酒房乡的垭口、姚关镇的陡坡、木老元乡的龙潭、哈寨、摆榔乡的大中5个布朗族行政村，腾冲县新华乡的梅子坪、新山、中心3个阿昌族行政村，龙陵县龙山镇的芒麦行政村，昌宁县卡斯镇的新谷、卡斯2个行政村被列入7种少、小民族行政村进行特殊扶持。同年，保山市县（区）扶贫办按省政府扶贫开发领导小组关于建设扶贫安居温饱村的要求，在全市筛选422个自然村报省认定，2002年省扶贫领导小组认定保山市2001—2010年扶贫开发重点扶持安居温饱村255个。

2002年，省委、省政府决定2001—2010年在全省实施4000个贫困行政村重点扶持（以下简称重点村），进行扶贫综合开发，保山市按相关要求进行调查，全市有重点村320个，报省认定为184个，占全市总村数的20.4%。

2003年，市县（区）两级扶贫部门根据省政府“至2005年用三年时间实施茅草房改造扶贫工程”的决定，深入贫困地区组织乡、村两级进行逐村逐户调查。全市居住茅草房的贫困户有3.68万户。经上报省政府扶贫开发领导小组后，有22529户居住茅草房的贫困户被纳入全省茅草房改造扶贫工程给予重点扶持。

2005年3月，按照省政府的要求，保山市实施以自然村为扶贫单元的整村推进扶贫，省安排保山市实施整村推进扶贫村1750个，其中省补资金实施1140个（隆阳区306个、施甸县220个、腾冲县228个、龙陵县176个、昌宁县210个），市县（区）配套资金实施610个。当年省补完成114个。年末，根据国家重新调整确定的农村贫困线标准，全市农村年人均纯收入低于924元的贫困人口有87万人，占全市农业人口的40.38%。全市扶贫部门按照上级要求对贫困户逐户建档立卡，并将信息录入全国扶贫信息网。

第二节　贫困人口分布及成因

2005年年末，保山市贫困地区所呈现的特点之一，贫困人口众多，贫困程度深，贫困人口分布呈大分散小集中，脱贫难度大，返贫率高。全市贫困人口占全市农业人口的40.38%。全市72个乡（镇）均有贫困人口，主要集中分布在隆阳区的西山片区、澜沧江黑惠江、怒江枯柯河、龙川江沿岸的冷凉高寒山区、民族地区和边境地区、县际结合部的边远地区。这些贫困人口中，有8万特困群众的居住地基本丧失生存条件需要搬迁，有2万多贫困农户仍居住着茅草房、危房和简易房；少数民族尤其是布朗、阿昌、德昂等3个人口较少民族基本处于整体贫困状态。这些贫困人口中，低收入贫困人口的收入和绝对贫困人口的收入仅为全市农民人均纯收入1879元的49%和36%，且差距呈进一步扩大的趋势。特点之二，贫困地区基础设施薄弱。尽管扶贫开发已实施多年，但由于历史和自然等诸多因素，生产生活条件没有发生根本性改变。在全市5000多个贫困自然村、21万户贫困户中，还有近千个村没有通路，70%以上的自然村道路晴通雨阻，一半以上的自然村没有解决安全饮水问题，8300户农户没有通电，农田水利化程度不到20%，高产稳产农田人均不足0.4亩，抗御自然灾害能力十分脆弱。特点之三，贫困地区教科文卫等社会公益事业发展严重滞后。60%以上的自然村未通电话；20%的村收看不到电视节目，百户农户拥有电视机不足5台；接受过科技培训的农户不到20%，部分少数民族聚居的村寨还是科技普及的盲点；中小学危房面积达53万平方米，在部分贫困乡（镇），小学毕业升学率仅为70%，中考的参考率只有40%，初中毕业升学率不到30%，贫困地区现有劳动力中70%为小学以下文化程度；群众看病难、就医难问题普遍存在。特点之四，贫困地区产业发展缓慢。由于受自然条件限制，贫困地区农业经济结构单一，农产品商品率低，农民收入主要来源于传统的种养业，以粮食为主的种植业抵御自然灾害和市场风险能力弱，产量低、效益差，以生猪、牛羊为主的养殖业也因养殖水平低、加工销售滞后及市场波动等原因不能产生应有效益，其他如核桃、蚕桑、山葵等还未形成经济优势，群众普遍缺乏稳定的增收渠道。

贫困成因主要表现5个方面。第一，生存条件恶劣，抗灾能力低。贫困乡村大多地处高寒山区、深山区、石山区，地形起伏大，河谷切割深，山地多、水田少，耕地土壤贫瘠、零散，缺土、缺水、缺肥，综合产出率极低；贫困地区森林植被、水、土等资源破坏严重，生态失衡、水土流失，地震、滑坡、泥石流、洪涝干旱等自然灾害频繁发生，加之各种疾病发病率较高，因灾致贫、因病返贫的情况十分突出。第二，基础设施建设水平低，贫困群众生产生活条件差。贫困地区农田、水利、电力、公路等基础设施条件差，工程建设任务重，施工难度大，投资成本高，维护管理难、使用效率低。很多山村不通公路，运输只能靠人背马驮，有的地方虽通公路，但路况极差，晴通雨阻现象突出。部分贫困村虽然通电、通广播电视，但供电质量差，收视效果差，有的村寨只能接收邻近州市的电话、电视信号，对本地的新闻、政策、科技宣传知晓程度低。由于群众居住分散，交通落后、远离市场、信息闭塞，造成化肥、农药等生产资料及其他生产生活物资的购买难、价格高，农产品卖难、价格低，买难卖难、高买低卖进一步加剧了贫困程度。第三，教育、科技、卫生、文化事业发展落后，劳动者素质不适应脱贫发展的需要。教学设施简陋，师资力量不足，学生失学、辍学现象较为普遍，并且大多数群众没有接受过任何技能培训，生产经营和自我发展能力差，难以适应新形势、接受新事物和新科技，少数民族聚居的村组科学技术普及程度更低。传统的生产方式、陈规陋习根深蒂固，缺乏科技意识、市场意识和开放意识。群众文化素质和劳动技能水平偏低，基本医疗保障服务滞后和文化生活贫乏，导致贫困地区自身发展能力不足，与其他地区的差距不断拉大。第四，生产发展不足，群众经济收入水平低。贫困地区人口素质低，社会发展滞后，资源相对贫乏，农业产业结构单一，产业化经营水平低，贫困地区群众主要依靠传统的种养业来维持生计。由于自然条件恶劣，基础设施条件差，生产投入不足，群众学习和运用先进实用生产技术进行生产的技能水平低，作为收入主要来源的传统种养业产品单一、产出水平低，难以满足群众日常生活需要。此外，受产出水平低和流通交换条件差的限制，所生产的农产品转化率、商品率低，价值增值有限，经济效益低下。近年来在贫困地区新发展的产业，也由于种种原因发展缓慢，规模小，在短期内形不成群众增收的支柱。第五，民族地区和边境地区社会发育水平低，群众脱贫发展能力弱。由于历史和自然的原因，边境和民族地区社会发展水平低，部分少数民族"直过区"从原始社会、奴隶社会一步跨入社会主义社会，生产方式简单落后，生产力水平低下，社会发育缓慢，各民族优秀文化传统传承困难，"等""靠""要"倾向严重，其贫困弱势地位更显突出。

第三章　五大扶贫工程

1995年，保山地委、行署制定《保山地区六六扶贫攻坚计划》，决定从1995年起至2000年，用6年的时间，解决全区63万贫困人口的温饱问题，实现贫困人口年人均纯收入达到600元，人均占有粮食300千克，人均建成1亩基本农田地，户均种植1亩优质高产经济作物或林果，户均向乡镇企业或发达地区转移一个劳动力，每户年均出售1头商品畜，每个劳动力学会1项以上致富技术，大部分贫困乡村要通水、通电、通路，基本解决人畜饮水困难。围绕这一目标，全区集中人、财、物、技术力量，重点在35个扶贫攻坚乡组织实施以建设基本农田地为中心的改土、治水、通电、通路、绿色五大扶贫工程，切实改善贫困乡村基础设施条件，促进粮食和经济稳定增产增收。

第一节　农田水利扶贫工程

1994年起，保山地区开始实施贫困山区农田水利建设（以下简称"农水扶贫"）试点工作，主要围绕山区农田地建设进行小水利配套项目实施，探索贫困山区农田水利建设模式。省级安排每乡每年补助资金30万元，连续实施三年，累计每乡省级补助90万元。当年，安排在保山市杨柳、汶上、瓦房三个贫困乡实施；1995年，安排在龙陵县象达乡、腾冲县打直乡、施甸县何元乡实施。

1996年，保山地区扶贫办、农业局、水利局三个部门制定保山地区扶贫攻坚乡"农水扶贫”项目技术实施细则。地委、行署要求在全区“农水扶贫”建设中推广“瓦渡乡山区五小（小水窖、小塘坝、小水池、小水沟、小水渠）水利工程实施模式”：瓦渡乡山区“五小”水利工程实施以群众自力更生为主，群众投工、投劳、投料，政府给必要的水泥、钢材或者技术工人工资方面的补助，实现了事半功倍、小投入大收益的效果。

1996—2000年，全区在35个省、地扶贫攻坚乡实施“农水扶贫”，围绕扶贫攻坚目标人均建成1亩基地农田地，实施坡改梯、低产田改造、农田灌溉小水利、人畜饮水等项目建设。地委、行署决定加大农水扶贫投入，对省级21个扶贫攻坚乡每乡每年补助资金75万元（省级补助50万元，地区财政补助5万元，县市财政补助20万元）；对地级14个扶贫攻坚乡每乡每年补助资金30万元（地区财政补助5万元，县市财政补助25万元）。

1995—2000年，全区累计投入“农水扶贫”资金12459.22万元，其中省补资金6845.18万元，市、县财政配套补助1924万元，群众自筹3690.04万元。群众投工投劳306万个工日，开挖土石方308万立方，支砌石方35万立方。建成基本农田地35.57万亩，“五小”水利工程2373件（项），人畜饮水工程360件，水浇地工程148件，架设人饮及水浇地管道1900.53千米，解决了25.1万人、14.61万头大牲畜饮水困难。

第二节　电力扶贫工程

1996年，省政府确定“村村通电”扶贫目标：到2000年年底，实现全省全部乡（镇）和90%的行政村通电。1996年年底，保山地区有98个行政村不通电，其中在35个省地扶贫攻坚乡中不通电的行政村有86个。1997年，行署决定成立地区电力扶贫领导小组并下设办公室在水电局，协调全区电力扶贫专项工作。由行署分管副专员任领导小组组长，行署水电局局长、扶贫办主任任副组长，行署计委、财政、民委、农行、电力公司的领导为成员。

1997年，保山地区制定《保山地区电力扶贫“村村通电”工程实施办法》，在地区电力扶贫领导小组的领导下，全区电力扶贫“村村通电”工程全面启动。地区电力股份有限公司负责实施35千伏线路和变电站工程，各个工程均实行项目负责制，保质、保量，按期完成任务，工程总投资除国家补助外，不足部分由地区电力股份公司出资投入；县（市）电力扶贫领导小组负责组织实施10千伏线路和行政村通电工程。同时，各县（市）把“村村通电”扶贫与电气化县建设相结合，统一任务和目标。当年，完成保山市汶上35千伏变电站一期工程建设，建设规模1×1000千伏安，总投资21.3万元。

1998年，腾冲县建成芒棒35千伏变电站，建设规模2×1800千伏安，建成容量2×1800千伏安，总投资137.12万元；建成来凤山35千伏变电站到蒲川35千伏变电站35千伏输电线路，全长40.82千米，总投资323.6万元。龙陵县建成象达35千伏变电站，建设规模2×2000千伏安，投产容量2×2000千伏安，总投资202.6万元；建成松树坡变电站到象达变电站35千伏输电线路，全长22.5千米，总投资203.9万元。昌宁县建成弯弓桥电站，建设规模2×500千瓦，总投资620万元。

1999年，腾冲县建成蒲川35千伏变电站，建设规模2×1000千伏安，投产容量1000千伏安，总投资178.99万元。龙陵县建成河头35千伏变电站，建设规模2×1000千伏安，投产容量1×1000千伏安，总投资125.65万元；建成松树坡到河头变电站35千伏输电线路，全长19.93千米，总投资126.75万元。昌宁县建成湾甸35千伏变电站，建设规模2×2500瓦，投产容量1×2500千伏安，总投资225万元。

2000年，全区建成乡村10千伏输电主干线40条，全长335.34千米，总投资1187.44万元。至年底，全区累计投入电力扶贫“村村通电”工程资金3352.35万元，其中省补拨款2546万元（含调拨物资折款），地方自筹806.33万元。完成投资占省下达计划投资的109.7%。完成了经省、地、县（市）联合审查批准的全部项目建设，架设乡村、村组输配电线路1500千米，解决了98个村5.4万农户的用电。实现了全区“村村通电”的扶贫目标。

第三节　交通扶贫工程

保山地区“九五”经济发展计划和“六六”扶贫攻坚计划提出，到2000年年末，全区所有行政村通公路，切实改善贫困地区交通设施落后的状况。

1995年，保山地区开始有计划、有组织地实施交通扶贫工程，修建乡村公路。当时，全区有84个行政村不通公路，其中在35个省地攻坚乡中不通公路行政村78个，边、穷、少地区有8个行政村不通公路。这35个扶贫攻坚乡不通公路的行政村中，保山市有31个，施甸县15个，腾冲县12个，龙陵县5个，昌宁县15个。在动员群众发扬自力更生、艰苦奋斗的精神，投工、投劳、投料兴修公路的基础上，行署决定每千米公路地县（市）两级财政安排补助资金5000元（地区财政补助2000元，县市财政补助3000元），在贫困乡村每年计划兴修200千米公路。

1997年，省级加大交通扶贫力度，决定对扶贫村新建公路给予每千米8000元的补助。7月，行署副专员与各县（市）政府主管交通工作的副县市长，签订省、地、县三级乡村公路建设责任书，明确保山地区在1999年实现村村通公路目标责任。当年，省、地下达各县（市）修建公路任务486千米。

至2002年年底，全市累计投入地（市）级以上乡村公路建设扶贫资金3069.72万元（全部为无偿补助资金），共修建乡村公路、村组公路和易地扶贫开发区公路3072千米，解决了84个扶贫村的通路问题，实现了交通扶贫全区“村村通路”的目标。

第四节　绿色扶贫工程

1996年11月，保山地区根据省林业厅《关于编制506个扶贫攻坚乡绿色工程可行性研究报告的紧急通知》的要求，以县为单位，完成全区扶贫攻坚乡绿色工程项目可行性报告，上报省绿色扶贫工程办公室并获批准。工程项目建设规模：营造经济林20万亩（核桃13.1万亩，板栗4.9万亩，银杏2万亩）。建设期为4年（1997—2000年）。项目投资为6505.05万元，其中省财政、省林业贴息贷款、以工代赈资金、扶贫贷款、地县（市）财政配套资金2009.35万元，群众自筹（含投工、投劳）4495.7万元。当年项目启动，营造林4万亩。

至2000年，省下达保山地区"九五"扶贫绿色工程项目的建设任务为9.31万亩，实际完成9.68万亩，任务完成率103.97%。全区累计完成投资659.48万元，其中省财政无偿资金383.9万元，地区配套25万元，县（市）配套62.61万元，扶贫贷款90万元，乡村自筹（投劳折抵）97.97万元。共建立经济林、样板林6块8648亩（地委、行署经济林样板800亩，昌宁县核桃样板林3348亩，腾冲县银杏样板林1000亩，保山市核桃样板林2000亩，龙陵县核桃、板栗样板林1000亩，施甸县板栗样板林500亩），为推动全区经济林果的发展起到良好的示范作用。至2000年年底，昌宁县泡核桃基地建成，总面积21.7万亩，产量2300吨，产值1600万元，出现了60多户核桃收入万元户。

第五节　畜牧扶贫工程

1995年，国家国有资产管理局挂钩帮扶保山地区，协调财政周转资金专项扶持贫困地区发展畜牧业。当年，由地区扶贫办牵头，地区财政局、农牧局参加管理，启动实施"保山地区畜牧业扶贫示范工程"，项目在保山市瓦房乡，施甸县木老元乡，腾冲县马站乡、古永乡胆扎行政村，龙陵县龙新乡、象达乡，昌宁县更戛乡、大田坝乡、翁堵乡9个贫困乡实施。示范工程以发展山羊养殖为主导，直接扶持贫困农户，以山羊群养为发展单元，每群不低于20只，使用财政周转资金4000元，使用期4年。1995年，投入扶持资金600万元，扶持农户682户（贫困户480户），购买山羊15287只。1996年，投入扶持资金250万元（安排地区肉牛加工厂50万元），购买山羊8075只，扶持农户960户。到1997年年底，项目区山羊存栏数已发展到40958只，出栏山羊17000多只，为农民创收370万余元，两年中有260户受扶持农户基本解决温饱。通过畜牧业扶贫示范工程实施，龙陵县的黄山羊品种已成为保山地区具有地方特色的山羊良种，并向周边州、县提供黄山羊种羊。

1997年，省"畜牧扶贫工程"在全省506个攻坚乡启动实施。每乡投入扶贫专项资金125万元，其中省补50万元，地区、县（市）配套25万元，畜牧扶贫专项贷款50万元。项目实行统一规划、一次审批、分批实施，每个乡2年实施完成。当年，保山地区第一批畜牧扶贫工程在施甸县太平乡、酒房乡，腾冲县上营、猴桥镇4个省级扶贫攻坚乡（镇）启动实施。1999年，第二批畜牧扶贫工程在保山市瓦马乡、施甸县万兴乡、何元乡，腾冲县蒲川乡、打苴乡，龙陵县镇安镇、河头乡，昌宁县漭水乡、大田坝乡9个乡(镇)实施。2001年，第三批畜牧扶贫工程在隆阳区瓦房乡，施甸县木老元乡、等子乡，腾冲县芒棒乡、新华乡，龙陵县龙新乡，昌宁县更戛乡、翁堵乡8个乡（镇）实施。至2001年年底，保山市畜牧扶贫工程先后在21个攻坚乡实施，累计投入市级以上扶贫资金1825万元［2001年实施的第三批项目乡（镇），省级每乡补助25万元，其后未继续实施]。

1995—2001年，全市累计投入市级以上畜牧专项扶贫资金2775万元，扶持农户8647户，实施改圈和饲养生猪、大牲畜、家禽、山羊等建设内容，在项目区先后发展11.57万头黄牛等大牲畜，42.61万头生猪，10.64万只黄山羊。

第四章 产业信贷扶贫

第一节 专项贴息信贷扶贫

1984年，国家、云南省政府安排专项扶贫贴息贷款，由银行安排信贷资金，财政承担贴息，保山地区龙陵县、施甸县享受专项扶贫贴息贷款扶持，贷款用途重点是贫困乡村发展养猪，种植茶叶及茶叶加工，林果种植，农业科技推广，县办乡镇企业。

1987年，保山地委、行署决定1987—1989年，每年从地方财政拿出10万元用于扶贫贷款贴息，建立地方专项扶贫贴息贷款，贷款资金由地区银行统筹协调安排，主要用于全区贫困山区发展生产。当年，地区银行投放地方贷款208.3万元，地区财政贴息10万元；省安排施甸县老革命游击区专项贴息贷款100万元，安排保山地区专项扶贫贴息贷款230万元。至1990年，国家、省政府专项扶贫贴息贷款投入少，使用范围仅在龙陵、施甸2个县。

1991年，国家增加扶贫信贷资金投入，每年新增5亿元扶贫专项贷款，受扶范围扩大，保山地区龙陵、施甸、腾冲、昌宁4个省定贫困县在被扶持之列，重点扶持贫困地区发展种植业、养殖业和农副产品加工业，扶持农村小水电、小农田水利建设事业。

2001年，保山市结合经济发展计划，专项扶贫贷款用途范围扩展至教育、文化、卫生，乡村集镇等社会公益事业建设。

至2005年年底，全市累计投入扶持产业开发的大额信贷资金70188.05万元，其中1986—1995年投放20732万元（中央、省贴息贷款5076万元，老少边穷贷款11978万元，地区贴息贷款1004万元），1996—2005年投放49456.05万元，累计扶持粮、烟、糖、茶、畜牧、矿产、水利、电力、教育、卫生、集镇建设等开发项目500多个。

在20年的产业扶贫中，隆阳区芒合糖厂使用扶贫信贷资金480万元，带动农户新植甘蔗1500亩，新修蔗区公路50千米；保山神农咖啡产业有限公司参与勐林易地开发扶贫区建设，使用扶贫信贷资金1200万元，发展咖啡产业，新咖啡6500亩，其中公司向农户租地直接种植3500亩，带动易地搬迁户种植3000亩，项目实施采取“公司+基地+农户”的经营模式，解决搬迁特困人口的就业，使农户有稳定的经济收入来源。腾冲县畜牧局使用信贷扶贫资金350万元，在打苴、蒲川、猴桥、上营、芒棒5个贫困乡（镇）组织实施畜牧扶贫工程，发展养牛、养羊、养猪事业，提升科技养殖水平，增加农民收入；县林业局使用信贷扶贫资金550万元，在腾冲北部地区带动农民种植银杏3万亩，改善当地生态环境，形成地方新兴产业，促进农民增收；扶贫开发中，利用扶贫信贷资金先后在蒲川、团田、新华、清水、芒棒等贫困乡（镇）扶持发展茶叶生产，并开发出清凉山茶品牌，形成了县域经济骨干产业，也是这些地区农民增收的主要来源；腾冲县2003年使用扶贫信贷资金950万元，扶持滇滩集镇建设，新建宽19米、长800米主大街1条，宽12米横大街8条，文化中心广场、农贸商场、汽修城、停车场以及相关配套的水电基础设施，项目的实施提升了集镇服务功能。龙陵县使用扶贫信贷资金900万元，将县人民医院整体搬迁至新城区，改善了县人民医院空间狭窄、设备落后的状况。昌宁县使用信贷扶贫资金600万元，建成橄榄河二级水电站1座，装机容量2×1600千瓦、年发电量1760万千瓦时，全县35240户受益；县林业局1996年使用信贷扶贫资金150万元，新建泡核桃苗圃30亩，高标准规范化带动农户新植泡核桃2.5万亩，受扶农户4200户，农民年均增收430万元，户均增收1000多元；县籽种公司使用信贷扶贫资金550万元，建设玉米制种基地5000亩，为全县提供优质玉米良种，推进了农业新技术的应用，年增加粮食735万千克，解决24500人的吃粮困难；县尼诺茶叶公司使用信贷扶贫资金381万元，扶持茶农2350户建优质茶园基地，购置茶叶加工设备改进生产工艺，年生产毛茶280吨，精制茶79吨，茶坯350吨，种茶农户年增收1000万元；田园镇使用信贷扶贫资金500万元，新建农产品集贸批发市场；柯街华侨农场使用信贷扶贫资金500万元，种植甘蔗4200亩，扶持蔗农840户，推动农户科学种蔗，帮助企业解困。

第二节　小额信贷扶贫

1997年，保山地区昌宁县大田坝乡被列入省政府25个小额信贷扶贫试点县乡之一，一次性获得贷款资金50万元，由团省委负责具体组织实施，地、县扶贫办参与，县政府帮助解决所需经费2000元。1997年5月试点工作启动，在大田坝、清沙、湾岗、华严、文沧5个行政村、73个自然村实施。7月底开始发放第一批贷款。到1998年3月，组建39个中心组，174个小组，有870户贫困户参加，其中已获贷款37个中心组，165个小组、821户贫困户。累计滚动发放贷款资金79.1万元，按期收回贷款26.1万元，利息2.848万元，贷款还贷率为100%，资金周转率达158%。贷款主要用于种植业、养殖业、农副产品加工业及其他家庭经济项目，当年投入、当年见效。

1998年，省委、省政府决定在全省推行小额信贷扶贫，省下达保山地区小额信贷扶贫资金1550万元（含1997年昌宁县大田坝财政资金50万元），其中农行资金550万元，财政资金1000万元。下达各县（市）指标为：保山市50万元，施甸县400万元，腾冲县200万元，龙陵县400万元，昌宁县500万元。同年3月30日，行署在昌宁县召开有120多人参加的现场工作会，全面安排部署全区开展小额信贷扶贫工作。同年5月，市扶贫办在施甸县万兴乡召开首批小额信贷资金放贷现场会。截至10月31日，全区共组建培训中心881个，小组4572个，涉及贫困农户22789户，覆盖1206个自然村，其中有578个中心，2798个小组，13978户贫困农户获得小额信用贷款，最高户5000元，最低户2000元，共投放贷款1485.11万元，覆盖1048个自然村。

1999年，小额信贷扶贫扩大到全区21个省级扶贫攻坚乡，省下达新增资金1800万元(农行资金1500万元，财政资金300万元)。当年累计发放贷款3614.86万元(含上年收回再贷资金)。1998—1999年，共组建1779个中心组，11753小组，58765户贫困户，覆盖1545自然村。

2000年，省下达保山地区新增小额信贷资金规模1000万元(农行资金)，其中保山市200万元，施甸县150万元，腾冲县300万元，龙陵县200万元，昌宁县150万元。至年末，全区有43个乡(镇)开展小额信贷工作，累计资金规模4350万元，成立了2105个中心，11344个小组，56720户农户得到扶持。通过资金滚动投放，全区累计发放到农户小额信贷资金7793.9万元

2001年，省下达保山市新增小额信贷扶贫资金2800万元(农行专项贷款)，其中隆阳区700万元，施甸县500万元，腾冲县400万元，龙陵县500万元，昌宁县700万元。新增7个乡(镇)，其中隆阳区的水寨乡、丙麻乡、道街乡、河图镇各100万元；施甸县仁和乡100万元，龙陵县天宁乡50万元，昌宁县达丙镇、勐统乡各100万元。至年底，全区有50个乡(镇)开展小额信贷工作，成立2775个中心，14742个小组，向74481户农户投放资金，全区累计滚动投放到农户小额信贷资金10815.80万元，还贷率96%，拖欠资金278万元。

2002年，省下达保山市新增小额信贷资金1500万元，其中面上资金700万元，重点扶贫开发村资金800万元。至11月底，小额信贷扶贫全区累计覆盖52个乡(镇)，413个行政村，组建3102个中心组，16858个小组，83212户贫困户得到扶持，累计滚动发放贷款12347.3万元，小额信贷贷款周转率达215%，还款率保持在92%以上。至2004年年底，全市累计发放小额信贷资金27217.98万元，覆盖全市52个乡(镇)535个村，有4278个中心，28047小组，17.7万户贫困户得到扶持。

2005年，省下达保山市新增小额信贷资金规模5219万元，在全市52个乡(镇)、8户企业、1个农场开展小额信贷工作。至年底，全市总投放规模22864万元，其中“公司+基地+农户”投放8070万元，乡(镇)小额信贷工作站投放14794万元。直接覆盖676个村，有846个中心、11118个小组，117705户贫困户得到扶持。通过资金滚动投放，全市累计向农户发放小额信贷资金32436.98万元，其中投放种植业18894.4万元，占86.5%；养殖业1695.6万元，占7.5%；加工业491.7万元，占2.2%；其他行业812.5万元，占3.8%。

第五章 易地开发扶贫

1996年3月，省政府提出对生存空间狭窄，基本丧失就地解决温饱条件的特困人口采取特殊扶贫措施，实施易地开发扶贫试点。保山地区行署经过认真研究，决定把勐糯作为保山地区易地开发扶贫试点区，安排10万元作为前期工作经费。同年12月，省政府同意将勐糯易地扶贫开发项目列入全省7个易地开发扶贫试点建设项目之一。当年，保山地区易地开发扶贫项目启动。

1998年，经省政府批准，昌宁县大沙坝、保山市勐林两个易地开发建设项目开工建设。2000年，经省政府批准，施甸县帕丹坝、腾冲县龙川江片易地开发项目开工建设。“九五”期间，保山地区五县（市）列入全省30万人转移规划人数为2.3万人，其中保山市5200人，施甸县3890人，腾冲县1060人，龙陵县6260人，昌宁县6590人。到2000年年末，实际下达转移计划15121人。

2001年，省政府决定“十五”期间在全省转移安置50万贫困人口。3月，保山市完成《保山市“十五”易地开发扶贫规划》（规划“十五”期间保山市易地开发扶贫安置转移34879人贫困人口，其中列入省“九五”期间未完成安置计划继续执行7879人，新增转移安置贫困人口2.7万人）并上报省列入了全省转移50万人的总体规划之中。至2005年年底，保山市以县（区）内安置转移方式，先后实施易地开发扶贫项目52个，安置转移贫困人口39238人，其中省扶贫办下达建设项目转移安置16575人，省发改委下达国债易地扶贫建设项目转移安置22663人。完成建设总投资31526.32万元（使用中央、省财政扶贫资金6189.68万元，国家以工代赈资金3436.9万元，国债资金10570万元，省级以工代赈配套1384.1万元，国家财政贴息扶贫贷款3960万元，市级财政配套资金811万元，县级配套及群众自筹资金5174.64万元），其中隆阳区完成5个项目，建安置点6个，转移安置5500人，完成总投资4335.86万元（群众自筹资金631.86万元）；施甸县完成14个项目，转移安置6790人，完成总投资3724.38万元（群众自筹资金513.36万元）；腾冲县完成15个项目，转移安置3493人，完成总投资1991万元，（群众自筹资金356万元）；龙陵县完成13个项目，转移安置9393人，完成总投资13387.88万元（县级配套及群众自筹资金2621.72万元）；昌宁县完成5个项目，转移安置14062人，总投资8087.2万元（群众自筹资金1051.7万元）。

第一节 勐糯易地开发扶贫区建设

1996年12月，省政府批复同意龙陵县勐糯易地扶贫开发项目列入全省首批易地开发7个试点建设项目之一。批准水利工程投资6232万元，转移安置人口1.2万人。1996年12

月项目开工建设，2002年7月竣工，2004年4月通过受省委托的市级验收。实际完成总投资11782.94万元（省级补助6364.8万元，市县配套2905.14万元，扶贫贷款1860万元，其他资金653万元），实际转移安置8377人（从镇安、龙新、象达、河头、天宁等8个乡镇转移安置722户、3238人，从勐糯镇内转移安置600户、3191人，碧寨乡转移安置487户、1948人），划拨外乡移民土地11233亩，乡（镇）内转移的土地由农户自行调整。主要完成的项目包括：新建勐糯倒虹吸工程，新建人畜饮水工程，新建小河水库工程，新建开发区南、北干渠工程，河尾大沟改扩建工程，二结河水库除险加固扩建工程，移民配套项目等。

项目完成后，解决了1.8万人、9000头大牲畜饮水困难和3万亩农田的灌溉问题。开发区共划拨土地11233亩，达到转移安置人口人均3亩耕地、户均0.5亩生活用地的要求。1997—1999年勐糯糖厂承贷统还、小额投放农户累计使用扶贫贴息贷款1860万元，扶持移民发展甘蔗18714亩，香料烟1100亩，种植经济林果2053亩，蔬菜543亩，养猪5427头。仅2001年，开发区实现总收入1591.63万元，农民纯收入875.4万元；生产粮食2563吨，人均占有粮食306千克，基本实现解决温饱目标。勐糯镇当年实现农村经济总收入4472万元，比1996年增长107.23%；财政收入466.4万元，增长84.06%。

第二节　龙陵县木城安定大沟工程建设

龙陵县安定大沟是木城易地开发扶贫区重点建设的水利工程，2002年省扶贫办批准建设，工程建设分两期实施，一期工程建设干渠工程18.75千米和花椒支渠前段1.4千米的整治，2002年11月工程开工，2003年4月完工；二期工程建设花椒支渠后段13.8千米和木城支渠7.31千米整治，2003年10月工程开工，2004年4月完工。完成建设工程量：开挖输水干渠总长度41.3千米，三面衬砌渠槽35.69千米。完成投资1153.74万元。2004年11月总体工程通过市级竣工验收。

灌区共有田地15643亩，其中水田3131亩，水浇旱地12512亩。工程建成后，使灌区干旱缺水的局面得到根本改变。旱地种植经济作物甘蔗6412亩、咖啡2500亩、烤烟1800亩、木薯800亩、茶叶1000亩，年增产值478万元，受益人口852户，3857人，每人年增加产值1239.3元。灌区3个村共完成安置外乡（镇）移民92户、405人，乡内搬迁96户、403人，新开垦水田256亩。

第三节　勐林易地开发扶贫项目建设

1999年，省易地开发办批准保山市勐林易地开发扶贫项目规划，批准转移4000人，要求三年内完成转移开发任务。同年，省易地办批准保山神农公司、云大120保山公司作为易地产业开发公司进入开发区进行产业开发。当年项目开工建设。

到2005年年末，完成项目投资2705.95万元，其中县级以上补助资金1105.95万元，扶贫贷款1600万元。完成建设项目：安居工程，建设安置点大白路、龙洞坡、老平掌、曼海云大基地，共建设安居房800幢、30350平方米；水利工程，建成渠道7件；建成人畜饮水工程3件；通路工程，建设道路4条，机耕路3条；通电工程，架设10千伏输电线路6.5千米，安装配电变压器4台、390千伏安，进户配电线路3900米；农村能源工程，建设8立方米沼气池360口；教育工程，新建完小3所，改造完小1所，总面积1200平方米。完成转移安置713户、2967人，通过开发，扶贫效果明显：移民户基本解决温饱问题，仅2002年，移民户人均纯收入就达926元，人均占有粮食360千克；项目区间接受益农户生活水平也明显提高，人均纯收入由1999年的665元提高到1650元；农户购买农用车25辆，摩托46辆，拖拉机31台。

第四节　旧城乡易地开发扶贫项目建设

2001年，省计委批准实施施甸县旧城乡易地扶贫项目。项目分4批实施，其中2001年、2002年、2004年项目属乡内搬迁；2003年项目跨乡搬迁，搬迁移民来自全县66个村委会特困农户。安置点为新街村的老坝峨，旧城村的大弯子田、小中山、四争地、和尚田、甘蔗队、楚雄寨，大田坝村的大田坝，里戛的三丘田。完成的主要建设项目：安居工程，建成安居房688套、70493.8平方米；基本农田建设工程，改造中低产田2000亩，建设农灌渠4条、6.26千米，修机耕路6条、30.5千米；水利工程，修建渠道8件；建成人畜饮水工程9件；通路工程，建设道路9条；通电工程，架设10千伏输电线路4条、25.96千米，安装配电变压器50千伏安、80千伏安各1台，60千伏安、250千伏安各2台，进户配电线路14.3千米；农村能源建设，建设8立方米沼气池613口，节能灶71眼；教育工程，新建小学框架结构教学楼5幢、建筑面积2531.85平方米，购课桌111套，完成投资24.5万元；新建老坝峨小学框架结构教学楼1幢，建筑面积466.14平方米，新建砖混综合楼1幢181.51平方米，新建、修缮学生宿舍各1幢912.04平方米，新建学生伙房1幢97平方米。累计转移安置3350人，决算完成投资3617.53万元，其中国债资金1580万元，省财政补助资金165万元，市、县、乡补助及群众自筹1872.53万元。

第五节　龙川江片区易地开发扶贫项目建设

腾冲县龙川江片区易地开发扶贫项目是县内小规模集中转移安置项目，2000年项目开工建设，2002年12月竣工，2004年3月通过市级验收。完成建设项目：安居工程，安居房建设125套，其中小曼别82套，城子门43套；通水工程，架设人饮引水管道4.5千米，建蓄水池3个、62立方米，供水管道5.03千米；修建小外寨灌溉渠道5.9千米，支砌渠道石方280平方米，建拱桥1座；通电工程，改造10千伏输电线路7千米，新架设10千伏输电线路0.32千米、380/220伏配电线路1.26千米，安装50千伏安、120千伏安变压器各一台及进户电表；通路工程，建成5米宽弹石路0.75千米、砂石路2.3千米；教育工程，新建小曼别完小砖木结构教学楼一幢二层，面积310平方米；新建城子门完小砖混结构教学楼一幢及附属设施，面积389平方米；建成基本农田103亩。共转移安置移民125户、585人，完成投资204.89万元（市级以上各级财政补助资金158万元）。

第六节　更戛大沙坝易地开发扶贫项目建设

1999年，省相关部门批准实施昌宁县更戛大沙坝易地开发扶贫项目。该项目是把昌宁县域北部山区漭水、耈街、珠街、大田坝等乡（镇）的特困群众向南部更戛乡安置转移，项目区涉及更戛乡西桂、打瓦、立达三个行政村。新建了大沙坝和小街子两个行政村。当年10月，开发区开工建设。

1999—2002年，省易地开发扶贫办、省计委累计下达大沙坝易地开发扶贫区转移安置10062人，配套建设项目总投资6160.7万元，其中国家及省财政扶贫资金补助722万元，国债资金3510万元，国家以工代赈资金285万元，市级配套92万元，扶贫信贷资金500万元，县级配套及群众自筹1051.7万元。2005年4月开发区建设完工，完成总投资7510.66万元。累计完成转移安置贫困人口2489户、10324人，其中国债易地扶贫安置1814户、7559人。共完成两个开发区建设。

大沙坝片区建设，从西桂、立达、打瓦三个行政村划出土地16732.46亩，其中耕地15118亩，移民人均2亩；自留地907亩，人均0.5亩；宅基地707.46亩，户均260平方米。2004年年末，该片区移民实现经济总收入1660万元，移民纯收入人均达980元，比搬迁前增加330元，生产粮食总量2380吨，人均产粮315千克；移民已脱贫1542户，6425人，占移民人数的85%，已实现致富198户，795人，占11%。

小街子开发区建设，解决21110亩农田灌溉问题和3000人、2000头大牲畜的饮水困难，开发区共划拨土地9755.6亩（耕地6912.5亩），达到人均2.5亩耕地、户均0.5亩生活用地和260平方米宅基地的标准。2005年年末，开发区移民已脱贫614户，2626人；已实现致富122户，489人；移民安装电话机2部，购买手机126部，购置各种车辆91辆，购买电视机547台。

第七节　勐统、卡斯国债易地开发扶贫项目建设

一、勐统镇国债易地开发扶贫建设

昌宁县勐统镇国债易地开发扶贫项目属县内易地开发扶贫，开发区位于勐统镇小勐统村芒卡坝，在开发区建立移民安置点，转移安置从勐统镇刺竹山、长山、新庆村和漭水镇翠华村迁出的贫困户。项目经省、市改革发展计划局批准建设，2004年2月开工，2005年4月完工。完成11项（件）单项工程建设。实际投入资金1430.14万元，其中国债资金950

万元、省级补助50万元、镇自筹12.45万元、群众自筹及投劳折资417.69万元。转迁安置贫困人口475户1999人，划拨土地5996.6亩，其中宅基地156.4亩、耕地1401亩、水田699.7亩、林地3507.8亩、生活及公共用地231.7亩，移民人口人均耕地1.1亩、户均12.65亩。2005年7月项目通过市级验收，并交付使用。

二、卡斯镇国债易地开发扶贫建设

昌宁县卡斯镇国债易地开发扶贫项目属乡内易地开发扶贫，开发区位于卡斯镇内龙潭、龙洞村，建设6个安置点，转移安置从镇西部的广邑、客邑、兰山、毛寨4个村内迁出的贫困人口。项目经省、市发展计划局批准建设，2003年12月开工，2005年4月完工。完成10项（件）单项工程建设。完成总投资1309.34万元，其中国债资金720万元、省补助30万元、镇自筹21.3万元、群众自筹及投劳折资538.04万元。转移安置贫困户362户1530人，划拨土地4242.21亩，其中宅基地130.32亩、耕地（田）3741.41亩、生活及公共用地370.48亩，移民人口人均耕地2.5亩，户均宅基地240平方米，自留地0.8亩。项目于2005年通过省、市两级验收并交付使用。

第六章　以工代赈扶贫

1984年开始，国家先后开展粮、棉、布以工代赈，中低档工业品、粮食等物资和资金投入等方式的以工代赈扶贫。“七五”期间，以工代赈的扶持范围主要是省定贫困县和革命老区，保山地区的龙陵县和施甸县在扶持之列，用粮、棉、布作为代赈补助。“八五”和“九五”扶贫攻坚期间，保山地区的施甸、腾冲、龙陵、昌宁4个国家和省定贫困县全面实施以工代赈扶贫，并对非贫困县的保山市在江河治理、恢复水毁工程、退耕还林及国家西部易地扶贫搬迁等工程项目方面安排以工代赈项目给予扶持。“八五”期间，代赈物资以粮食、中低档工业品为主。1995年以后，国家一次性把代赈物资折为现款和从财政安排资金实施直接的现金补助。以工代赈项目扶持重点在贫困县乡，其建设项目包括：基本农田建设（中低产田改造、坡改梯）、农田水利、人畜饮水、交通、农村通讯、林业、畜牧业、片区综合开发、退耕还林项目及农业综合开发、绿色希望工程等。1998年后，保山地区以工代赈的扶持范围扩大，增加了易地开发扶贫项目及边境民族贫困乡扶贫开发建设项目投资。

第一节　以工代赈扶贫资金投入

从1984年起，至2005年止，保山市累计投入以工代赈扶贫资金46969.16万元，其中国家补助资金26275.06万元。投资涵盖农田、水利、交通、林业、电力、畜牧等13

个方面。总投资中，用于基本农田建设的资金5014.68万元，用于农田水利建设的资金14117.02万元，用于交通建设项目的资金11738.5万元，用于林业建设的资金4014万元，用于畜牧业建设的资金823.06万元，用于农村通讯扶贫工程的资金620万元，用于片区农业综合开发、片区（小流域）治理项目建设的资金3601万元，用于退耕还林试点项目的资金880万元，用于保山市3个边境民族贫困乡扶贫综合开发建设的资金790.3万元，用于易地开发项目建设的资金4126.8万元，用于开发式扶贫的资金593.5万元，用于科教扶贫建设的资金280.3万元，用于基层商业网点建设的资金370万元。“九五”期间实施扶贫攻坚，国家和省加大了以工代赈扶贫工作力度，增加以工代赈资金投入。5年间，省下达保山市以工代赈投资规模为21502.9万元，比前十年增加投资8408.34万元，增加61%；国家和省补助资金14781万元，占总投资的68.7%（“九五”期间，以工代赈项目建设全市群众投劳投资达3534万元，其中腾冲县群众投工投劳达50多万个工日，集资达350多万元）。2001—2005年全市以工代赈投资规模达12371.7万元，其中国家及省补助7331.7万元，市（县）配套及群众自筹和投劳折资5040万元。

第二节　以工代赈扶贫项目建设

一、基本农田建设

1984年实施以工代赈扶贫后，保山地区在腾冲县、施甸县、龙陵县、昌宁县4个国家和省级贫困县开展以工代赈农田基本建设，实行山、水、田、林、路综合治理和连片开发。至2005年年末，全市共投入基本农田建设资金5014.68万元，建设基本农田20.9万亩，其中中低产田改造14.59万亩，坡改梯6.295万亩。提高了贫困地区耕地的综合生产能力。

二、农田水利建设

1984—2005年，保山市将农田水利建设作为以工代赈的投资重点，扶持范围是小型农田水利、人畜饮水、水土保持、河道治理及恢复水毁工程等建设项目。共投入农田水利建设资金14117.02万元。完成水利建设项目355件，建成水库35座，灌溉渠道820.7千米，新增和改善灌溉面积达22.3万亩。投入人畜饮水资金4225.6万元，架设输水管道1860千米，解决了37.87万人、17.45万头大牲畜的饮水困难。各个历史时期投入资金力度不同，“九五”期间，投入资金量最大，5年投入农田水利及人畜饮水建设项目的资金达5911万元，占总投资的29.3%，其中国家代赈资金3369.5万元，省级配套资金423.5万元，省级部门配套资金264.8万元，地县配套资金1733万元，群众投劳折资120.2万元。

三、交通建设

1984—2005年，保山市以工代赈交通扶贫建设项目，重点扶持省确定扶贫攻坚乡（镇），项目主要安排县乡公路的建设，根据全市交通和经济发展需要的实际情况，安排部分乡与外地（州）县的联网公路建设项目，易地扶贫开发及热区开发的乡村公路建设项目。全市累计投入交通建设以工代赈资金11738.5万元。完成公路建设73条，全长1095.19千米（新建公路16条262.9千米，改造公路57条832.29千米）。新建施甸县摆榔至卡（斯）湾（甸），腾冲县打苴至曲石、新华至梁河县等养、龙文桥至隔界河、河头至象滚塘，龙陵县象达至潞西县三道河，昌宁县勐统至小街子、小街子至大沙坝、湾甸至勐波罗河、耈街至桥头等乡村公路；铺筑四级弹石路隆阳区太和至黄家村至杨柳村，施甸县保场至老麦、木老元至卡斯、姚关至万兴、水长至永保、等子至龙洞村，腾冲县五合至城子门、明光乡辛街至东营、上营乡上营村至上街村、北海乡政府至新乐村、马站至和睦村、猴桥镇下街至云峰、小西镇至岗峨村，龙陵县镇安至龙江、腊勐至碧寨，昌宁县达丙至龙潭寺、达丙至漭水段、右甸至新城段、勐统至芒卡等公路；改善了46个乡（镇）306个行政村的交通运输条件，提高了全市县（乡）、乡村的公路等级，贫困地区交通基础设施得到提升。

四、林业建设

1991年起，保山地区开展以工代赈林业扶贫建设，扶持贫困地区营造用材林、经济林以及进行中幼林抚育。“八五”期间采取工程造林为主，中幼林抚育为辅的办法，营造了华山松、果松、桉树、竹林等工程林，促进贫困山区消灭荒山进程，促进贫困山区森林覆盖率的提高和生态良性循环。“九五”“十五”期间以扶持贫困地区发展经济林果为重点，主要投入苗圃基地及示范林建设，在贫困地区种植泡核桃、银杏、板栗、甜柿等经济林果，增加山区群众收入。

1991—2000年，全区累计投入林业建设的以工代赈扶贫资金2366万元，其中国家1346.17万元，省财政配套211.65万元，省级部门166.55万元，市财政127.54万元，县财政452.09万元，群众投劳折资62万元。完成造林面积25.3万亩，其中用材林16.57万亩，经济林8.73万亩；完成中幼林抚育面积10.05万亩；此外配合攻坚乡绿色工程建设2.97万亩（投资155万元）。1999—2002年，保山市安排隆阳区、施甸和腾冲县退耕还林试点项目，共投资880万元，完成退耕面积0.9万亩，防护林0.33万亩。

至2005年年末，全市累计投入林业建设的以工代赈扶贫资金4014万元。完成造林面积30.03万亩（用材林16.57万亩，经济林13.46万亩），中幼林抚育10.05万亩，配合攻坚乡绿色工程建设林地2.97万亩，实施退耕还林2.91万亩，建设核桃、咖啡、银杏、甜柿等苗圃6个460亩、种植示范基地4300亩。

五、畜牧建设

1984—2005年，全市累计投入畜牧业建设的以工代赈资金823.06万元。新建人工草场面积5.55万亩，建小型饲料厂2座；完成草场建设9845亩，建青贮氨化池13750平方米，建设青贮氨化饲料厂1座，年产1.1万吨；建冻精改良站6个，生猪改良点8个，建畜牧交易市场2个；安排了10个乡（镇）的畜牧扶贫工程示范项目，扶持2800户的畜牧扶贫示范户。

六、农村通信建设

1984—2005年，保山市投入农村通讯工程建设的以工代赈扶贫资金620万元，其中国家365.7万元，省财政55.7万元，省级部门49.9万元，市财政27.56万元，县财政110.24万元，群众投劳折资10.9万元。共安排13个项目，完成农村通讯杆路改造513杆千米。架设了施甸县城至姚关镇、万兴乡、摆榔乡、太平乡，昌宁县城至更戛乡，腾冲县城至团田乡通讯线路；改造了龙陵县、腾冲县21个行政村的线路。通信线路质量大幅度提高，运行使用正常，改善了全市17个乡、42个村民委员会的通信条件，解决了通话难、通信质量差和部分村不通电话的问题。

七、综合开发、片区（小流域）治理项目建设

1998—2005年，省级安排保山市昌宁、施甸、腾冲3个县以工代赈片区农业综合开发、片区（小流域）治理项目建设，投入资金3601万元。农业综合开发以农田建设、农田水利为主。完成中低产田改造2.1万亩；改扩建小(一)型水库2座，增加蓄水207万立方米，增加灌溉面积0.756万亩；架设输水管道30.5千米，建水池1467个；新建四级公路6.8千米，修建机耕路49千米；改造通讯杆线50杆千米；建成畜禽冻精改良点4个，养殖示范区和改良站各1个。

八、边境民族贫困乡建设

2002年，保山市龙陵木城彝族傈僳族乡、腾冲县古永傈僳族乡和明光乡被列入全省100个边境民族贫困乡的范围。当年省计委安排3个边境民族贫困乡扶贫综合开发建设，总投资790.3万元，其中国债资金600万元，市、县配套190.3万元。

九、易地开发建设

1998—2005年，以工代赈扶贫资金用于易地开发项目建设总规模4126.8万元，其中专项安排龙陵县勐糯易地开发区建设资金3364.9万元，昌宁县小街子易地开发扶贫建设资金480.9万元，2005年配套施甸县、昌宁县、龙陵县易地开发项目资金281万元（施甸县94万元、昌宁县111万元、龙陵县76万元）。建设项目完成投资：小河水库2500万元，二结河水库660万元，勐糯灌区西支渠161.9万元，碧寨乡人畜饮水工程43万元；昌宁县小街子开发区480.9万元，主要用于小水利、人畜饮水及公路建设。至2005年年末，易地开发建成小（一）型水库1座，改造小（一）型水库1座，增加蓄水能力1015万立方米，主灌溉渠道20.38千米，架设水管30.5千米，建蓄水池9个容量370立方米，增加灌溉面积3.4万亩，新建公路45千米，转移安置1.45万人。

十、科教扶贫建设

1984—2005年，投入保山市科教扶贫建设的以工代赈扶贫资金280.3万元，其中国家175.9万元，省财政26.7万元，市财政13.84万元，县财政54.36万元，群众投劳折资9.5万元。安排了腾冲县马站、清水三营、洞山尚家寨、五合整顶，施甸县万兴、摆榔，龙陵县的河头，昌宁县耈街、湾甸小街子、大田坝茶叶树、鸡飞等11所小学及腾冲县职中、昌宁县温泉2所中学的绿色希望工程建设项目。

十一、开发式扶贫

1984—2005年，投入保山市开发式扶贫建设的以工代赈扶贫资金投资593.5万元，其中国家417.9万元，省财政22.7万元，市财政26.42万元，县财政100.68万元，群众投劳折资25.8万元。安排了施甸县金刚元，腾冲县清水、五合整顶，龙陵县木城，昌宁县漭水、

柯街、湾甸、温泉、大田坝、达丙、卡斯等10多个农业综合开发项目及昌宁核桃奶厂的建设；龙陵县邦腊掌热矿泉开发投资170万元，建筑面积1500平方米。

十二、基层商业网点建设

1992—1995年，保山市安排以工代赈扶贫资金370万元，建设基层商业网点6100平方米。主要项目包括施甸县商业局网点门市重建，龙陵县镇安粮管所和腊勐供销社门市改造，昌宁县五交化综合商场修复、农产品采购公司仓库重建及柯街粮点改造，市食品公司仓库修复。

第七章　贫困村综合开发扶贫

第一节　贫困村安居温饱工程建设

1999年，省政府在全省启动以自然村为单元的扶贫温饱试点村建设。保山地区根据相关要求，在全区范围内实施扶贫安居温饱试点村6个，其中保山市1个，施甸县2个，腾冲县1个，龙陵县1个，昌宁县1个。投入财政补助资金120万元（均为省级补助资金），每村补助20万元。共扶持294户、1328人。2000年，全区实施扶贫安居温饱试点村13个，其中保山市2个，施甸县3个，腾冲县3个，龙陵县3个，昌宁县2个。共投入财政扶贫资金200万元（均为省级补助资金），扶持622户、2805人。

2001年，省政府将扶贫安居温饱村建设作为常规扶贫工作，确定建设村省级财政补助标准为每村15万元。当年，全市实施扶贫安居温饱村建设34个村，其中隆阳区5个，施甸县6个，腾冲县7个，龙陵县8个，昌宁县8个。投入省、市两级财政扶贫资金600万元，扶持农户2141户、9239人。2002年，全市扶持52个村，其中隆阳区12个，施甸县12个，腾冲县10个，龙陵县8个，昌宁县10个。投入省、市两级财政扶贫补助资金676万元，共扶持农户2768户、11990人。2003年，全市扶持54个村，其中隆阳区12个，施甸县12个，腾冲县10个，龙陵县10个，昌宁县10个。投入省、市两级财政补助资金670万元，扶持农户3209户13841人。2004年全市扶持56个村，其中隆阳区12个，施甸县18个，腾冲县11个，龙陵县6个，昌宁县9个。投入省、市两级财政补助资金676万元，扶持农户5358户、22545人。

至2004年年末，全市6年共实施扶贫安居温饱村建设215个自然村（组），其中省专项安排补助建设126个村，市级在项目配套资金中建设89个村。累计投入补助资金2916万元，其中省级补助2380万元，市级配套536万元。实现了“农民有稳定解决温饱的农田地、经济作物和经济林果，人均年纯收入1000元以上，人均占有粮食400千克以上；贫困村通水、通路、通电，改厨、改厩、改厕，建房、建园、建池，发展家庭小产业经济”的安居温饱工程建设目标。此后，省政府不再单独实施安居温饱村建设工程。

第二节　重点扶持村扶贫综合开发

2001年，保山市根据省扶贫办的部署要求，在隆阳区老营乡大浪坝村，施甸县仁和乡杨家山村，昌宁县卡斯镇广邑村实施重点村扶贫综合开发建设试点。建设期为两年（2001—2002年），批准建设项目总投资为358.54万元，其中中央和省级财政补助240万元，群众自筹（含投工投劳折资）118.54万元。建设内容涵盖基础设施、经济发展、科技推广、社会公益四个方面。

2002年2月，省扶贫开发领导小组下发《关于下达云南省4000个扶贫重点扶持村指标的通知》，安排保山市重点村建设指标184个村。第一批安排40个重点村（隆阳区10个，施甸县9个，腾冲县6个，龙陵县7个，昌宁县8个），其中试点村3个村、新启动37个村。确定补助资金为：试点村省级补助财政扶贫资金每村80万元，2002年度完建；新启动的村每村补助60万元，项目实施期2年，至2003年完成建设任务。新建37个重点村建设项目总投资为4673.81万元，其中中央和省级财政补助资金2220万元，群众自筹（含投工投劳折资）2453.81万元。项目受益农户14972户，受益贫困人口66423人。

2004年，省扶贫办、省财政厅批准保山市新启动建设重点村19个村，其中隆阳区4个，施甸县8个，腾冲县2个，龙陵县2个，昌宁县3个。总投资1651.38万元，其中国家和省级补助资金760万元（每村补助40万元），乡村群众自筹（含投劳折资）891.38万元，项目当年实施，当年完成。

2001—2004年，保山市共实施重点村建设59个村，中央及省财政补助资金3220万元。项目村基础设施建设不断加强，生产生活条件逐步改善。此后，省政府不再单独实施重点村扶贫综合开发。

第三节　特困民族乡扶贫综合开发

2001年，施甸县木老元乡被列入全省第一批特困民族乡扶贫综合开发项目乡。项目总投资为708.99万元，其中省级补助400万元，市级补助41万元，群众自筹及投工投劳折资267.99万元。项目分两期实施，第一期于2001年12月动工，2002年7月竣工；第二期于2003年2月动工，2003年5月竣工。2004年7月通过市级验收。共扶持4个村1281户6139人，有效地提高了项目区群众的生产生活水平。

2003年10月，昌宁县珠街乡被列为全省第二批特困民族乡扶贫综合开发项目乡。项目分两期实施，总投资为404.35万元，其中省级补助200万元，市级补助10万元，群众自筹194.35万元。第一期工程，2004年2月开工，2004年5月竣工；第二期工程，2004年11月开工，2005年1月竣工。共扶持7个村、73个村民小组，1630户、6781人，有效地提高项目区群众的生产生活水平。至此，省政府不再单独实施特困民族乡扶贫综合开发。

第四节　农村生态能源建设

2000年起，保山地区扶贫、林业、农业等相关部门密切配合，在海拔1800米以下农村贫困地区，尤其是在森林覆盖率低，自然生态恶劣的保山市西山片瓦房、瓦马、杨柳及施甸县的太平、等子，昌宁县的珠街等部分乡村，组织实施农村沼气开发利用扶贫工程。2001年，在全市范围内推广农村能源沼气池建设。补助农户水泥、灶具、灯具等物资，统一购买浇筑模具，30～50口沼气池集中使用一套模具和一个震导器。补助标准：一般水压式沼气池每口补助800元，上流式浮罩沼气池每口补助1000元，其他的沙子、石料和挖坑等由农户投工投劳解决。至2005年年末，投入扶贫资金1600多万元，累计建成沼气池16300口（上流式浮罩沼气池1500口）；节能改灶6500眼（台），为贫困地区可持续发展奠定了良好的基础。

第五节　农村茅草房改造扶贫

2002年年底，全市有36844户贫困户居住在茅草房、杈杈房等简易房或危房中，夏不遮雨，冬不御寒，一家数口同住一室，生活条件十分简陋。部分贫困村寨的茅草房、杈杈房等简易住房占80%以上，人畜混居，脏、乱、差情况突出，火灾隐患较大。

2003年起，市委、市政府着手开展对特困农户茅草房改造工作，以解决贫困户居住条件。当年，省下达保山市实施扶贫安居工程4000户（专项补助2785户，在安居温饱村、少数民族发展项目和易地扶贫开发项目中配套1215户），实际完成茅草房改造5837户，完成投资7275.81万元，其中使用省级补助1572.42万元，市级配套补助20万元，县（区）配套80万元，群众自筹及投工投料折资5603.39万元。

2003—2005年，省下达保山市实施扶贫安居工程17256户，实际完成茅草房改造19740户，超额完成2484户。全市累计投入茅草房改造资金25784.76万元（保山市属二类区，每户省级安排补助3000元），其中使用省级补助5922.63万元，市级配套补助221.3万元，县（区）配套300万元，群众自筹及投工投料折资19340.83万元。

第六节　整村推进扶贫开发

2005年3月，省政府决定在全省把原定的重点村扶贫综合开发、特困民族乡扶贫综合开发、安居温饱村建设重新整合，统一实施以自然村为扶贫单元的贫困村整村推进建设。据此，保山市及时确定编制了2005年度项目村建设规划上报，获省扶贫办、财政厅批准并获得相应资金补助。当年，全市实施整村推进122个村（整村推进114个村，巩固温饱奔小康示范村8个村），覆盖农户10418户、44762人，其中隆阳区21个村，施甸县32个村，腾冲县21个村，龙陵县26个村，昌宁县22个村。共修建农田灌溉渠道11.5千米，建设小水窖142个，改善2万多亩农田灌溉条件，建卫生圈2633户，扶持养殖牲畜3091头，种植核桃7100亩，蔬菜610亩，药材1115亩，架设通信线路19杆千米，开展科技培训38522人次。扶持安居户194户，院场硬化1950户，建设人畜饮水工程50件，架设输水管道152千米，解决6178人、2649头牲畜的饮水困难，建设沼气池2860口，节能灶1360眼，可节约木柴7500立方米，减少森林砍伐3万多亩。每年可增加项目村农民收入300多万元，为脱贫发展打下较好的基础。各县（区）的整村推进实施项目当年完成，通过县级验收。完成总投资4106.57万，其中中央和省级财政补助资金1790万元（整村推进每村补助15万元，示范村每村补助10万元）。整村推进项目建设在国家补助的引导下，群众积极参与建设家园，投工投料折资及筹资达2042.88万元，为国家补助的1.14倍。

第八章　公益事业及社会各界扶贫

第一节　教科文卫事业扶贫

1995年起，保山地区实施以推进贫困乡村“普六”“普九”教育，职业技术教育为主要内容的教育扶贫工程，截至2005年年末，全市累计投入国家、省、市各级补助资金和社会各界援助、挂钩单位筹资、扶贫信贷资金等各类扶持资金7000多万元，其中无偿资金4000万元，信贷资金3000万元。先后在贫困乡村改扩建中小学校392所，新建和修缮校舍面积17万平方米，改善4万多名学生的就学条件和学习环境，救助3000多名贫困失学儿童完成学业。同时，在贫困地区广泛推广和普及农村实用技术，开展科技扶贫工作。至2005年年末，累计投入科技扶贫补助资金3000多万元，其中中央、省专项科技扶贫资金900多万元，财政部原国有资产管理局投入补助资金900多万元。在各类扶贫项目中，配套安排科技扶贫资金1200多万元，开展农村实用技术培训，实施地膜覆盖科学种植苞谷样板、烤烟样板，开展以龙陵县黄山羊、生猪、肉牛等为主的畜牧扶贫示范工程。

2001年起，保山市充分利用专项扶贫贴息信贷资金，加大对学校、医院、通信等社会公益事业的扶持力度。至2005年年底，全市安排7840万元贷款，扶持18个建设项目。

第二节　外资扶贫

1998年，保山地区开始与香港乐施会合作，至2005年年底，香港乐施会共投入援助资金769.32万元（人民币，下同），加上地方配套及农户投工投劳折资806.47万元，共完成投资1575.79万元，实施援助项目38件。2001年11月，英国国际发展部无偿援助的中英合作云南环境发展与扶贫项目（简称YEDP），在昌宁县漭水镇翠华村实施“山地农业与可持续生计”示范，项目完成投资436.56万元（英国国际发展部援助资金227.36万元，国内配套209.20万元）。2001年，保山市积极开展世界银行和英国政府混合贷款“贫困农村社区发展项目”（简称PRCDP）龙陵、昌宁两县项目区前期工作，争取项目资金。2005年10月，项目正式启动实施，项目投资15938万元（世行贷款11157万元，国内配套资金4781万元），项目贷款转贷期为20年，建设期为5年。总投资中，昌宁县项目投资8791万元（世行贷款6154万元，国内配套资金2637万元）；龙陵县项目投资7147万元（世行贷款5003万元，国内配套资金2144万元）。项目建设内容包括教育、卫生、基础设施、大农业、社区能力、机构能力6个方面。至2005年年末，先后与世界银行、英国国际发展部、香港乐施会三家组织、社团合作，共争取国际资金12153.682万元，有效地促进了全市的扶贫开发。

第三节　农村劳务输出

2003年起，保山市劳务输出采取“政府引导、部门参与、中介运作、有序输出”的形式组织实施。至2005年年末，全市投入专项资金245万元，转移培训贫困地区劳动力28933人次，其中有序组织输出到省外就业7202人次，省内市外就业8317人次，市、县内转移就业9526人次。务工领域已涉及上海、广东、江苏、北京、山东、山西、新疆、福建、浙江、河北、河南等省市（区），40多个工种。

2005年，省扶贫办确定保山市技工学校、昌宁县职教中心为省劳动力转移培训示范基地，省安排补助资金每个基地20万元。至年末，基地举办培训班8批，培训266人，合格率100%，输出到省外就业254人，就业率92.8%。

第四节　部门行业扶贫

保山市发改委、以工代赈办扶贫　“十五”期间，全市以工代赈和国债易地扶贫项目投资34125.66万元，其中国家及省补助资金23109万元，市（县）配套及群众自筹11016.66万元。在项目安排上，以工代赈项目250件，总投资15090.1万元；国债易地扶贫搬迁试点工程项目总投资19035.36万元，搬迁安置涉及五县（区）20个乡（镇）中5277户、22673人，共设28个安置区。建设安居房5277套；建设基本农田地21081.5亩；

中国农业银行保山市分行扶贫　累计投放各类信贷扶贫贷款59300万元，扶持保山粮食、烤烟、香料烟、甘蔗、茶叶、咖啡、山葵等主要骨干产业、特色产业以及农村基础设施、医疗、文化、教育等建设和发展。

保山市财政局扶贫　“十五”期间市级财政共安排扶贫资金2000多万元，拨付上级财政扶贫资金3.5亿多元，有力地支持全市扶贫开发工作。

云南省烟草保山市公司扶贫　在全市规划建设81.06万亩基本烟田地，达到基础灌溉设施齐全、排灌方便、土地耕层深厚、通透性好、肥力中等以上、抵御自然灾害能力增强、生产条件明显提高的标准。完成烟水工程项目总投资5813.07万元（各级烟草补贴资金4109.3万元，政府及烟农投入1703.77万元），受益面积96367亩，总受益农户21786户；修建小水窖15416个，总容量348208立方米，受益面积59460亩，受益农户14796户。云南烟草保山香料烟有限责任公司实施水浇地工程扶贫项目，共计投资1050万元，受益面积达13万亩。

云南保山电力股份有限公司扶贫　在“十五”期间，实施第一、二期农网改造，共完成投资24818.86万元，更换高耗能配电变压器728台，完成一户一表改造256629户，累计新建和改造35千伏、10千伏、低压400伏线路2111.65千米，完成35千伏变电站建设与改造6座。

第五节　残疾人康复扶贫工程

1991年起，保山地区实施残疾人康复扶贫工作，对41952户、46150名贫困残疾人用康复扶贫贷款、小额信贷、残疾人就业保障金和个人资助等进行帮扶。1993—1997年，全区累计使用国家康复扶贫贷款220万元，扶持残疾贫困户3100户，其中脱贫2072户。1998年使用康复扶贫贷款180万元，扶持残疾人贫困户1450户，当年脱贫1202户、5084人，占当年扶持户数的83%。1999年，发放康复扶贫贷款630万元，扶持贫困残疾人12419户、15404人，有10336人解决温饱。至2000年年末，全区累计扶持31816户、48087人，贫困残疾贫困户18651户、24781人基本解决温饱。2001—2005年，全市共滚动使用国家康复扶贫贷款1560万元，扶持残疾人3万余人次，脱贫1.9万人次。

第九章　挂钩、结对扶贫

第一节　市县（区）单位挂钩扶贫

1986年3月，保山地委、行署决定加强贫困地区工作，要求地、县直、省属驻保单位挂钩帮扶贫困乡村，建立单位挂钩扶贫工作机制。1986—1990年，地县（市）两级先后有197个单位参与扶贫，地直及省属驻保单位先后派出扶贫工作组44个，累计抽派干部713人（县处级67名，科技干部150名）驻点扶贫贫困乡村。1991年，实行地县（市）乡三级包干责任制，地县（市）直单位重点帮助25个贫困乡，挂钩扶贫单位一定五年。地县（市）直有259个单位挂钩扶贫，被扶贫困乡村242个。1995年，地县（市）直及省属驻保单位94个，组成16个工作组挂钩扶贫16个贫困乡。1998年，有437个地县（市）直及省属驻保单位，参与挂钩扶贫64个乡（镇），行政村381个，单位直接投入贫困乡村扶持资金105万元，支援物资折款53万元，帮助协调项目资金1935万元；引进技术110项，引进人才157人，办培训班157期，培训人数85980人次。地直单位有2069人次到挂钩扶贫村开展工作。2001年，市、县（区）有472个单位到贫困村定点挂钩扶贫。挂钩单位直接投入挂钩点资金295.02万元，捐赠物资折款148.8万元，举办实用技术培训班1174期，培训农户13.66万人。捐资240.1万元建希望小学39所，捐资26.64万元救助失学儿童837人，帮助协调资金550.68万元，引进资金736.14万元，发展种植业项目209个，养殖业项目147个，加工业项目20个，修筑公路396.9千米，建引水工程131件，新修水窖237个。有6957人次到贫困村帮助工作。

至2005年年底，全市有497个单位、386人参与挂钩扶贫，深入扶贫点进行扶贫工作调研7693人次，直接投入部门资金951.73万元；累计投入单位资金和协调项目资金6000多万元，实施扶贫项目500多个，为贫困地区捐赠生产生活物资折资2000多万元。帮助新建和修缮中小学校255所，建设卫生室84个，救助贫困失学儿童3000多名，举办农村实用技术培训班15000多期，培训农户90多万人次，基本实现了被扶贫乡村农业生产科技种植、品种杂交化，玉米、烤烟等农作物种植地膜覆盖化，生猪养殖良种化，发展种植茶叶10万多亩。

第二节　党员、干部结对扶贫工程

1998年9月，保山地区实施“党员、干部结对扶贫工程”，采取一人帮扶一户的扶贫方式。各县（市）结对帮扶的方式不一致：保山市和龙陵县实行“54321”结扶方式（正处级干部结对帮扶5户，副处级4户，正科级3户，副科级2户，一般干部1户），腾冲县实施“321”结扶方式（处级干部结对帮扶3户，科级2户，一般干部1户）。要求党员、干部每年到帮扶户的次数，地级的不少于4次，县（市）级的不少于6次，乡（镇）级的不少于10次。经过各级各部门广大党员、干部的积极参与，至2000年年底，全区有438个单位、2.23万名党员、干部结对，覆盖全区40个乡（镇）、380个行政村的贫困户，结对帮扶31379户贫困户（特困户17127户），贫困人口93533人；农村中先富起来的部分农村党员有1800多户也参与结对帮扶，结对帮扶贫困户7250户。全区党员、干部下乡帮扶105063天，为贫困户捐款800多万元，捐赠礼品、生产及生活资料折币278.63万元。结对帮扶贫困户中有20150户、90212人已达标脱贫，占结对户的64%。还解决了6.67万人和3.47万头大牲畜饮水困难。

2001年起，市直单位党员、干部结对扶贫与单位挂钩帮扶贫困村联合实施。2005年，市县（区）两级共有523个单位挂钩帮扶460个贫困村，有2.33万名党员干部与3.2万户贫困户结成帮扶对子。据不完全统计，全年共有7693名党员干部到扶贫村帮扶，协调争取资金1496万元，帮扶建设项目179个；引进技术472项，引进人才18人；开展各种培训1579期，培训37095人次；帮助安置转移富余劳动力外出务工16870人，资助贫困学生5115人。

第三节　国家机关、省级单位挂钩保山扶贫

一、国家机关挂钩保山扶贫

1994年7月，受国务院扶贫开发领导小组的委派，财政部国有资产管理局定点挂钩帮扶保山地区腾冲、龙陵、昌宁三个贫困县，冶金部有色金属总公司定点挂钩扶贫施甸县。同年12月，财政部成立以副部长兼国有资产管理局局长张佑才为组长，副局长倪迪为副组长的扶贫领导小组并增设一个正司级的扶贫办公室，由朱平壤任主任，向军任副主任，主要负责扶贫保山地区。1995年3月，财政部国有资产管理局派遣首批5名挂职扶贫干部到保山地区挂职扶贫，胡静林挂职保山地区行署副专员，其他四人分别挂职施甸、腾冲、龙陵、昌宁四县副县长。至2000年年末，财政部党组先后派出专职扶贫干部6批、25人次到保山地区挂职扶贫，累计支援保山地区无偿资金3500多万元，财政有偿周转资金4000多万元，帮助协调争取建设项目信贷资金1.4亿多元，实施扶贫项目200多件。

二、省级机关、企事业单位挂钩保山扶贫

1986年5月，省化工厅定点联系帮扶龙陵县。此后，省扶贫开发领导小组等有关部门要求各省级机关、企事业单位等与贫困县挂钩开展科技等扶贫工作。至2005年年底，先后有20个省级单位挂钩扶贫保山市五县(区)，其中省纪律检查委员会(监察厅)挂钩隆阳区；省电子工业局、审计厅、省储备物资管理局、云南煤化工集团东源炼业集团、电子学会挂钩施甸县；省财产保险公司、热作所、经济管理干部学院、省委办公厅、省侨办挂钩腾冲县；省化工厅、化工工业所、化学化工学会、云南师范大学、云天化集团公司、中保云南分公司、石油化工集团挂钩龙陵县；团省委、省粮食厅挂钩昌宁县。

其间，云南省纪委为瓦窑乡累计协调、捐赠资金110余万元，支持当地的教育事业和集镇建设。团省委为昌宁县大田坝乡累计协调、捐赠投入资金167.5万元，修建希望小学6所；积极向省国土资源部门申报土地整理项目，协调项目资金500万元，建成高稳产农田地164公顷。云南省粮食厅为昌宁县柯街镇累计投入资金85万元，修通了连接四村公路，修建了2所希望小学。上海石化总厂维纶厂为保山市汉庄岩箐小学累计捐赠资金51万元，修建“保山市上海维纶希望小学”。云南省审计厅为施甸县酒房乡累计协调投入资金85万元，修建公路10千米，建设小学教学楼1幢；为施甸县太平乡争取协调资金107万元。云南省储备物资管理局帮助施甸县太平乡申报项目6项，争取资金25万元。云南东源煤业集团有限公司为施甸县水长乡大箐脚村协调资金30万元，新建小学教学楼一幢，建筑面积210平方米。省直机关、企事业单位挂钩保山扶贫工作的开展，有效推进了扶贫挂钩地区的扶贫攻坚进程，切实帮助群众脱贫致富。

第四十编　人力资源和社会保障

保山人才市场

综　述

1978年起，保山地区人事劳动工作进入一个新的发展时期。1980年，根据中共中央全国劳动就业工作会议精神，重点解决上山下乡知青回城后和城镇新增长劳动力的就业安置问题。当年全区通过全民、集体、个体多种渠道，安置待业青年3316人，占应安置人数5471人的60%，其中留城、回城待业青年安置1494人，下乡插队知青安置273人，统一分配的各种人员896人，社会青年656人。到“七五”期间末，全区安置2529人，占待业人员数的85.9%，其中“六五”期间安置14423人，“七五”期间安置10874人。

1977—1985年，先后5次调整职工工资，职工工资水平提高，生活有了较大改善，对全民和县以上集体所有制企业职工实行新的工资标准，将各种工资标准简化为工人新八级工资制和干部十七级工资制，并在部分企业逐步推行工资总额与经济效益挂钩办法和推行岗位技能工资制办法，更好地体现了按劳分配原则。

“十五”期间，基本形成“劳动者自主择业、市场调节就业、政府促就业”的机制。城镇就业总量稳步增长，就业结构进一步优化，就业形势保持稳定。同时，统筹城乡就业，积极推动农村富余劳动力转移，有序组织劳务输出，全市共开发城镇就业岗位4.32万个，与“九五”期间相比增加7600个，增长21%；城镇新增就业人数累计达3.33万人，与“九五”期间相比增加3800人，增长13%；下岗失业人员再就业1.44万人；城镇登记失业率控制在4%以内，完成控制在4.2%以内的目标。累计共转移农村富余劳动力109.8万人次，其中由劳动保障部门牵头有序组织输出到昆明及外省的务工人员达2万人。

社会保险覆盖面不断扩大，保障能力逐步增强。确保国有企业下岗职工基本生活和企业离退休人员基本养老金按时足额发放，完成国有企业下岗职工基本生活保障制度向失业保险制度“并轨”工作。城镇职工基本养老保险实现统一制度、统一政策、统一费率、统一调剂使用基金的目标；基本医疗保险从无到有，覆盖面不断扩大，并逐步向多层次的医疗保障体系发展；失业保险有效发挥保基本生活，促就业的积极作用；工伤保险和生育保险平稳发展。“十五”期末，全市城镇参加基本养老保险、基本医疗保险、失业保险、工伤保险、生育保险的人数分别达到5.99万人、8.03万人、5.9万人、5.5万人、4.3万人。参加农村社会养老保险的人数达到5.25万人，社会保险基金收入合计72958.84万元（不含农村社会养老保险），支出合计71906.15万元（不含农村社会保险）。社会保险费已实现由地税部门“五费统征”。

企业单位普遍实行劳动合同制度和集体协调制度。妥善处理国有企业改制中的劳动关系。建立劳动关系三方协调机制。全市城镇企业签订劳动合同的职工达4.2万人，劳动合同签订率达85%（不包括农民工）；签订当期有效集体合同245户，涉及职工1.56万人；全面推行最低工资保障制度，企业工资指导线，劳动力市场工资指导价位制度；初步建立建设领域农民工工资支付长效机制。

依法行政的能力和水平进一步提高，全市开展对用人单位的劳动保障执法年审，适时清理整顿了劳动力市场秩序，开展禁止使用童工，清理非法职业介绍机构的专项检查，依法维护了劳动者的合法权益。

“十五”期末，经劳动保障部门批准由社会力量创办的职业技能培训机构13个，通过职业技能培训考核鉴定获得职业资格证书的人员达7000人；新培养高级以上高技能人才1946人，其中技师217人。已建立乡(镇)劳动保障所82个，社区配备劳动保障协管员21人，“金保工程”建设全面展开，开通“12333”劳动保障咨询服务电话。

第一章　机构沿革

1977年，保山地区在计委内设有劳动工资科，主管劳动工资。

1979年，地、县委组织部设人事科，主管人事工作。

1980年5月，成立保山地区行署人事局和劳动局，分别主管人事、劳动工作，同时撤销组织部人事科和计委劳动工资科。10月，撤销保山地区行署知识青年上山下乡再教育办公室，并入保山行署劳动局。

1981年2月，恢复成立保山地区编制委员会，办公地点设在地委；5月，划归行署领导，办公地点设在行署。

1983年9月，在地级行政机构改革中，行署劳动、人事两局合并成立行署劳动人事处，下设秘书、工资福利、安全生产、劳动计划、干部、科技干部6个科，下辖保山地区劳动服务公司、保山地区锅炉压力容皿检验所、人才交流服务中心3个事业单位。受行署委托，地区编制委员会和军队转业干部安置办公室，由劳动人事部门代管。

至1990年，行署劳动人事处仍内设6个科，新设职称改革办公室，干部职工编制39人，实有34人。

1994年12月，撤销保山地区行署劳动人事处，更名为保山地区行署人事劳动局。内设科室：办公室，干部管理科，科技干部管理科，工资福利科，劳动力管理科，仲裁信访科，安全监察科，军队转业干部安置办公室，地区机构编制委员会办公室，人才交流站，考试、考核中心。下辖事业单位：保山地区社会保险事业管理局、保山地区劳动就业服务局、保山地区职业培训学校、保山地区军队转业干部培训中心、保山地区锅炉压力容皿检验所。

2001年8月，保山撤地设市，保山地区行署人事劳动局分设为保山市人事局、保山市劳动和社会保障局。市劳动和社会保障局内设机构：办公室、规划财务科、法制监察科、劳动工资信访仲裁科、培训就业科、养老保险科、医疗工伤生育保险科、失业保险科。行政编制16人，行使行政职能的事业编制7人，工勤人员编制2人，共计25人。下属单位：保山市社会保险事业管理中心、保山市劳动就业服务中心、保山市医疗保险基金管理中心、保山市职业培训学校、保山市劳动力市场。

2002年机构改革，保山市人事局、保山市机构编制委员会办公室合署办公，总编制43人，局领导职数4人，科室领导职数15人，内设12个科室。

至2005年未变。

第二章　就业再就业

第一节　城镇就业

1979年，全区实行“劳动部门介绍就业、自愿组织起来就业和自谋职业”方针，在逐步改革用工制度和招工办法的同时，广开门路，搞活经济，切实解决城镇就业问题。对上山下乡知青和部分留城青年的就业，采取劳动部门根据工作的需要，按行业下达招工指标，经用工单位考核，报劳动部门审批录取的办法。仅1977—1979年全区就招收上山下乡知青和准留城镇待业人员5885人。

1980—1982年，全区进一步改革招工用工制度，由地、县劳动部门下达招工计划、分行业、工种向社会分布招工条件及人数，由招收对象自报行业，劳动部门统一组织考试，公布考分，择优录取，全区共招收城镇待业青年和部分农村劳动力4600余人。1983年，地区和各县先后成立劳动服务公司，负责当地劳动就业管理工作和担负就业、输送临时工、组织生产服务，进行职业培训等项任务。据统计，1981—1985年，全区通过劳动服务公司登记待业人员13129人，通过各种渠道安置11068人，其中1981年安置2383人，1982年安置2431人，1983年安置1299人，1984年安置2083人，1985年安置2872人。

1986年，全区贯彻“先培训、后就业、先招生、后招工”原则，共安置城镇待业青年2691人，超额完成年计划数的34.6%。其中保山市1464人，超额55.46%；施甸县57人，完成计划数的71.3%；腾冲县996人，超额24.5%；龙陵县73人，完成计划数的73%；昌宁县98人，超额22.5%。

1987年，保山地区印发《保山地区招收工人实行“先招生、后招工”的试行办法》，招生实行面向社会，自愿报名，德、智、体全面考核，择优录取，学习结业后，不包分配。通过采取各种就业安置措施，全区招收合同制工人1011人，其中全民所有制单位招收930人，集体所有制单位招收81人。招收家居农村工人正常退休子女顶替128人，在招收总数中农村招收286人。

1988年，全区把招工权限下放到企业，由企业自行组织招工，劳动人事部门主要做好计划、服务和监督工作。全年通过采取职业高中、中专培训，结合社会需求定向培训，招工前培训和劳动服务公司与企业联合培训等渠道，全区共举办各类培训班40期，培训学员2156人，占行业人员总数6630人的32.5%。其中职业中专2期，培训114人；职业高中9期，培训450人；劳动服务公司自办1期，培训45人；挂钩定向培训25期，培训1500人，其他3期，培训47人。全年共安置待业人员3253人，占待业人员总数的49.1%。占计划安置数2500人的130%。其中全民所有制单位安置1243人（招干2741人）；集体所有制安置946人；自谋职业253人；临时性安置811人。

1989年，全区拟订《保山地区社会劳动力管理暂行办法》，清理压缩各单位的计划外用工159人（全部为农民工）。同时，行署下发《一九八九年城镇劳动就业工作的意见》，全区共安置城镇待业人员2630人，占待业人员总数的45.3%，占计划安置2530人的103%，就业前培训2961人，占计划培训的98.7%。

1990年，成立行署劳动就业工作领导小组，清理计划外用工63个单位，使用临时工1169人，清退529人。全区共安置3297人，占计划安置3000人的110%，其中全民所有制单位安置1417人，占42.97%；集体所有制安置396人，占12%；个体安置52人，占1.5%；临时性安置1432人，占43.43%，全年全区培训2104人，占计划培训1500人的140.3%。

1991年，年初由行署分管的领导、劳动人事及就业服务部门与各县（市）签订“劳动就业安置、培训合同书”，实行合同化责任管理。对边远山区工作的乡（镇）干部、中小学教师、矿山井下、热带峡谷地域的企事业单位待业子女，采取就地就近招生培训，招生时给予一定比例的照顾；对积极接收安置经劳动人事部门批准招用的各类职业高、初中毕业生、含培训中心开办的职业培训结业生，又实行工效挂钩的企业，实行增人增加工资总额的政策；采取适当的行政手段清退农民临时工回乡生产，腾岗安置城镇待业人员就业。全年全区实际安置待业人员4052人，占省下达安置计划的150.07%，占行署下达安置计划的2500人的115.77%，年末待业率为3.47%。全年共组织就业培训2393人，占省下达培训计划1200人的199.42%，占行署下达培训计划1800人的132.94%，并为应届高、初中毕业生进行待业求职登记4829人，组织招生培训文化考核2150人。

1992年，共安置就业人员4272人，其中全民所有制安置1628人，集体所有制安置485人，自谋职业138人，临时安置2021人，完成行署下达计划的106.8%；就业前和职业培训2650人，完成行署下达计划2100人的126.2%。认定符合条件的35户劳服企业。评估保山地区职业培训学校，腾冲县就业训练中心为省级优秀训练中心；保山市、昌宁县就业训练中心为省级良好训练中心；龙陵县、施甸县为省级合格训练中心。办理993人劳务用工手续。

1993年，经地委、行署同意，成立保山劳务市场和职业介绍所。根据行署下达的待业安置指标4500人，实际安置4678人，其中全民所有制单位安置2140人，集体所有制安置548人，其他各种所有制安置29人，个体安置261人，临时性安置1700人。全年全区共培训待业人员2906人，其中培训结业1696人，结业后全民制有制单位接纳安置903人，集体所有制接纳安置125人，三资企业接纳安置18人，乡镇企业安置30人，个体安置8人，其他去向80人。事业单位接纳安置499人，转业训练33人。同时，本年度办理职业介绍登记人数6706人，交流成功3323人，其中交流成功人数中待业青年1618人，待业职工216人，其他专业人员91人，农村劳动力1226人，其他人员372人。全区有劳动服务企业52所。

1994年，全区实有待业人员7215人，待业率为3.1%。全区共推荐就业7703人（含农村），其中到全民单位就业1846人，到集体单位就业203人，到其他所有制单位就业2775人，临时性就业2879人，就业转失业784人。全区共培训2912人，完成培训计划104.56%，培训结业2615人，结业后就业2191人，就业率为93.3%，转业训练249人。同时，在全区开展劳动资源的普查工作，普查单位共1234个，普查结果：省内农村劳动力进城务工11736人，省外劳动力在本区务工3623人，外国人在本区临时就业80人。全区有劳动服务企业38所。

1995年，由于国有企业在经营中出现的困难，对劳动力的需求逐步减少，失业人员急剧递增。上年全区结转失业人数7215人，1995年新增失业人数3257人，就业形势严峻。全年全区共培训失业人员3247人，其中保山市培训1084人，腾冲县培训1394人，昌宁县培训482人，施甸县培训164人，龙陵县培训123人。同时，对全区原劳动服务公司企业进行有计划的整顿，加强管理，促进新劳务企业的发展。全区劳务企业发展到47户，从业人员860人，总产值2700万元。通过在就业工作采取各种措施，1995年，全区仍安置6871人就业，安置率占失业人员总数的56.6%。

1996年，全区失业登记10355人，其中上年结转3214人，当期新增7141人；安置就业6732人，占当年需要就业人数的65%，失业率为2.83%；建立乡（镇）劳动服务站4个，农村剩余人员省内区外转移86535人，向省外转移3148人。办理外出人员卡1688份，外来人员就业证1013份。办理外国人入境就业手续36人。培训失业人员3429人，结业安置就业1954人，就业率达76.9%。上岗前培训900人，富余职工培训90人，培训后安置率达100%。同时，帮助1996年新增失业职工126人实现再就业，再就业率为65.97%。

1997年，成立保山地区国有企业解困和再就业办公室，由行署副专员任组长，相关部门组成工作领导小组，下发《保山地区劳动就业工作目标管理考核办法》，并于7月召开全区企业职工解困暨再就业工作会议，部署全区再就业工作。全年全区共培训3581人，结业后就业2137人，其中下岗失业职工232人。全区共安排失业人员就业6893人，占当年登记在册人员10375人的66.05%。失业率为2.8%。同时，加强对劳动力的管理，组织有关人员对流动人员和用工单位进行监督检查，办理“外出人员就业卡”1768份，“外来人员就业证”7215份。在乡（镇）建立人事劳动管理站31个，达到全区56个乡（镇）总数的55.4%，促进人才、劳动力资源的有序流动。

1998年，地、县（市）相继成立和充实解困与再就业工作领导小组再就业服务中心和保山地区示范职业介绍所。全区国有企业297户，在职职工26947人，共下岗分流4953人，其中分流2522人，下岗2431人。组织召开首期全区私营企业招聘失业人员、下岗职工供需洽谈会，为失业和下岗职工提供就业岗位153个，成功招聘82人，并举办全区首期“再就业明显”先进事迹报告会。截至年底，全区900名下岗职业实现再就业，下岗职工再就业率达40%，有978人每月足额领到了基本生活费，1289人进入再就业服务中心。在全省举办的“再就业明星”评选活动中，全区有一户企业和1名个人被评为“再就业先进企业”和“再就业明星”。全年全区登记失业人员11704人，其中失业职工1570人，通过职业介绍就业5006人，自谋职业2653人，失业4045人，失业率控制在3.3%以内。同时，在全区建立乡（镇）劳动服务站82个，占全区乡（镇）总数的97%。引导农村剩余劳动力的就地就近转移，积极而稳妥地组织劳务输出16182人。开展就业前训练4348人次，进行转岗、转业训练675人次。

1999年，全区共有国有企业下岗职工1234人，进入再就业服务中心1083人，并按规定签订下岗职工基本生活保障和再就业协议。组织全区14家个体经济组织，私营企业招聘国有企业下岗职工招聘会，提供就业岗位95个，成功招聘52人，强化下岗职工技能培训工作，并举办计算机、烹饪、汽车驾驶、种植业等培训班6期，培训下岗职工125人。通过培训，实现再就业120人。全区共建立职业介绍机构9户，全年共有8237人进入劳动力市场求职，通过职业介绍成功5219人，就业率为59.97%。失业率控制在2.85%以内。

2000年，全区国有企业有下岗职工1234人，进入“再就业服务中心”146人，下岗职工出中心699人，滞留中心的681人，并全部领取基本生活保险费。举办下岗职工转岗培训班7期，培训下岗职工246人，组织举办2次私营企业招聘下岗职工、失业人员、大中专毕业生供需洽谈会。提供就业岗位756个，达成协议430人，成功招聘180人。至年底，全区劳动力在外就业人数有95268人，其中跨省就业1594人，农村劳动力进入城市就业25793人，办理外来登记就业人数1695人。全区共有再就业服务中心（站）114个。

2001年，全市城镇登记失业人员4677人，城镇登记失业率为2.9%。劳动者进入市场求职8595人（含农村剩余劳动力），通过职业介绍实现就业5675人，求职就业率为66%。组织劳动力外出流动就业141628人（含农村劳动力）。

2002年，8月召开首届劳动力供需洽谈会，会上共有66家国有、集体和私营企业以及个体工商户参会，共提供34个工种414个岗位。到会求职的有下岗职工，失业人员，未就业的大中专毕业生等，共计900余人。会上共有593人求职者与用人单位进行了洽谈，有107人找到了工作岗位。10月召开全市再就业工作会议，就保山市就业和再就业工作提出工作目标和要求。全年全市城镇登记失业人员共5010人，城镇登记失业率为3.1%，通过职业介绍实现就业人数4022人，求职就业率为71%。全市共组织劳动力外出流动就业13万人（含农村），组织各种下岗人员培训1045人，培训后实现再就业784人。

2003年，保山市委、市政府下发《关于进一步做好下岗失业人员再就业工作的意见》，市县（区）两级相继成立再就业工作领导小组。全市开发就业岗位6274个，完成省下达任务的102%，实现就业6152人，其中安置下岗职工4522人，完成省下达计划数的101%；开发公益性岗位773个，完成省下达任务的154.6%；安置“4050”（女40岁、男50岁）人员就业425人；城镇登记失业人数6080人，城镇登记失业率为3.7%，失业率控制在4%以内。全市共发放再就业优惠证5458本，培训下岗失业职工1322人，完成年计划的91%，经培训后实现再就业860人。保山市劳动力市场于4月底完成信息系统建设并投入正常运行。截至11月底，市、县两级劳动力市场发布招工信息2000条，提供就业岗位4476个，进场人次数10733人次介绍就业3048人，其中下岗失业职工1505人。完成求职登记8226人。全市82个乡（镇）都建立劳动保障所，配备人员71人。五县（区）城区24个社区都设置劳动保障协管岗位，人员到位12人。

2004年，全市共开发就业岗位1.1万个，完成省下达任务的122%，市政府下达任务的110%。其中由政府出资开发公益性岗位694个，城镇新增就业和再就业9258人。下岗失业人员实现再就业5064人，特殊困难群体及“4050”人员再就业618人。年末城镇登记失业人数为6500人，城镇登记失业率为4%，控制在年初计划的4.2%之内。举办大型劳务交流会6次，进场2.6万人次，完成求职登记18914人（含农村），介绍就业12023人次（含农村）。

2005年，全市共开发就业岗位12762个，完成省下达目标任务的128%，完成市下达目标任务的116%。其中由政府出资开发的公益性岗位734个，完成省、市下达目标任务的122%。城镇新增就业和再就业8191人，完成省、市下达目标任务的102%。下岗失业人员再就业4816人，特殊困难群体及“4050”人员再就业640人。年末城镇登记失业率为4%，控制在年计划的4.2%以内。全市享受优惠扶持政策的下岗失业人员共计19064人次，免费培训下岗失业人员2486人。县级劳动力市场已投入运行，市级劳动力市场已实现“新三化”的要求，市、县（区）劳动力市场共发布招工信息980余条，提供就业岗位累计21638个次，共举办较大规模的劳务交流会8场次，进场人数2.8万人次，完成求职登记22938人次（含农村），职业介绍成功17456人次（含农村）。

第二节　劳务输出

为做好全市的农村富余劳动力转移及劳务输出工作，引导农村富余劳动力有序转移，从2003年下半年起，市级组织多部门组成的劳务输出团，前往上海、广东、深圳等地考察、了解劳务输出工作。年内全市在4个县（区）30多个贫困乡（镇）组织劳务输出，分8个批次成功向昆明、上海等地有序输出农村富余劳动力500余人，完成异地扶贫输出2600人。为全市农民脱贫致富，增加收入和向外输出积累经验。

2004年年初，市委、市政府成立全市劳务输出工作领导小组，下发《中共保山市委保山市人民政府关于进一步做好农村富余劳动力转移工作的意见》。随后，各县（区）、乡（镇）相应成立劳务输出领导小组及办事机构，并将劳务输出工作列入对各县（区）和市直各有关部门的政绩考核内容，下达考核指标。7月，市劳务输出工作领导小组在昌宁县召开全市劳务输出工作会议。至年底，据不完全统计，全市农村富余劳动力转移25.8万人次，其中常年在外务工者8万余人，年纯收入在2.5亿元。由劳动保障部门牵头、扶贫、农业部门配合，有序组织到昆明及外省的劳务输出共35批（次），人员4100人，完成市政府下达有序输出2000人计划的205%，在输出人员中，到昆明233人，到省外3867人。主要从事保安、餐厅服务、幼儿教育、制衣、制鞋、产品包装、电子装配件等工作。

2005年，全市共转移农村富余劳动力32万人次，完成市政府下达目标任务30万人的106%，常年在外务工10.8万人，完成市下达目标任务10万人的108%；有序组织输入到市外1.68万人，完成市下达目标任务1.5万人的11.2%。至年底，由政府主导有序组织输出昆明及外省的农民工达到10968人。完成市政府下达任务7500人的146%。

第三节　劳动力市场

2000年10月，经地委、行署决定，在保山市人民路中段建设保山劳动力市场，大楼占地面积1624平方米，建筑面积1860平方米，总投资273万元。地级劳动力市场于2000年12月开工，于2002年8月落成，并于8月8—9日在保山举办首届劳动力供需洽谈会，共有66个国有、集体和私营企业以及个体工商户参加，共提供34个工种414个岗位。

2003年4月，省安排专项资金134.26万元，用于劳动力市场信息系统建设，成为全国162个“三化”建设试点中完成任务较好的劳动力市场之一。截至2003年11月底，市、县两级劳动力市场发布招工信息共计2000余条，提供就业岗位4476个，进入劳动力市场人次数10733人次，介绍就业3048人。

2004年，除腾冲县劳动力市场仍在建设外，其余县（区）已投入运行。市级劳动力市场，已实现“三化”建设目标。年底，全市劳动力市场共发布招工信息960余条，累计提供就业岗位17230人，共举办大型劳务交流会6次，进场达26000人次；完成求职登记18914人（含农村劳动力），介绍就业12023人次（含农村劳动力），共保管下岗失业人员档案1.5万份。

2005年，按照劳动和社会保障部关于建立劳动力市场“新三化”要求，市、县（区）劳动力市场开展求职介绍、失业保险、就业培训、职业介绍，招用工录用登记备案，劳动和社会保障事务代理等“一站式”服务和“一条龙”管理，及时提供劳动力市场供求现状信息，开展创建优质服务窗口活动。全年，市、县（区）劳动力市场共发布招工信息980余条，提供就业岗位累计21638个次（含市外），共举办较大规模的劳务交流8场次，进场人数28000人次，完成求职管理22938人次（含农村），职业介绍成功17456人次（含农村），保管下岗失业职工档案16500余份。

第四节　下岗职工基本生活保障

1997年7月，保山行署召开筹集解困基金和再就业工作会议，并成立以行署副专员任组长、行署有关部门领导任副组长的保山地区解困工作领导小组，开始开展全区国有企业下岗职工基本生活保障和再就业工作。各县（市）随即成立相应的工作机构。至年底，全区筹集解困基金260.4万元。

1998年，地、县（市）相继调整充实解困与再就业工作领导小组成员。在分别建立地、县（市）再就业服务中心的基础上，指导和帮助企业建立再就业服务中心（站）149个，其中劳动部门6个，企业主管部门27个，企业116个。至年底，全区筹集资金535万元，其中财政拨付182万元，社会集资353万元。全区共有国有企业297户，在职职工26917人，下岗分流4953人，其中分流2522人，下岗2431人。

1999年，全区共有国有企业下岗职工1234人，下岗职工进入再就业服务中心1083人，并按规定签订基本生活保障和再就业协议。全区全年共筹集再就业基金120万元，其中财政预算拨付80万元，失业保险基金划入40万元。全年共发放下岗职工基本生活费及医疗补助费，代缴各种社会保险费90万元，发放生活费10188人次，支付转岗培训费5万元。

2000年，全区新增下岗职工进入再就业服务中心的有146人，下岗职工出中心699人，滞留中心的681人。按照财政、社会、企业（即“三三制”）筹集解困和再就业基金的办法，全区全年共筹集基金226.2万元，其中财政预算拨入181.33万元，失业保险基金拨入45万元。全年发放下岗职工基本生活保障金85万元，代缴养老、失业、工伤、生育保险金、医疗补助费393万元。

2001年，全市共有再就业服务中心（站）50个，其中劳动保障部门6个，企业主管部门16个，企业28个。共有下岗职工760人，其中2000年年底前下岗255人，当年新增505人，已出中心370人，仍滞留中心390人。至年底，全市共筹集下岗职工基本生活保障与再就业资金197.5万元，其中地方财政拨入130万元，解困资金拨入10万元，失业保险基金拨入57.5万元，全年发放下岗职工基本生活保障费以及代缴各种保险费共计146万元，支付下岗职工保障费月人均320元。下岗职工的基本生活费做到100%按时足额发放。

2002年年底，滞留于再就业服务中心的390名下岗职工中有362人出中心，仍滞留在中心的有28人。全年共筹集下岗职工基本生活保障与再就业资金360.5万元，其中地方财政拨入57万元，社会筹集303.5万元。全年共发放下岗职工基本生活保障费以及代缴各种社会保险费80.6万元，支付下岗职工保障金月人均340元。

2003年，全市发放再就业优惠证5458本，培训下岗失业职工1322人，支付培训费66.8万元，支付公益性岗位补贴9.84万元，社会保险补贴13.6万元，为从事个体私营经济的661名下岗失业人员减免各种税费10.5万元。全市地方财政预算安排再就业资金112万元，其中市级财政安排30万元，县（区）财政安排82万元。省厅给予再就业资金补助675万元。

2004年，全市共发放下岗失业人员再就业优惠证4942本。全市享受各种优惠扶持的下岗失业人员17679人次，其中享受免费培训2360人，免费金额110.4万元；公益性岗位补10人，金额3.63万元；社会保险补贴675人，金额69.25万元，重病特困医疗补助2人，金额1万元；免费职业介绍903人，金额10.47万元；免费办理劳动保障事务代理7841人，金额98.03万元。税务部门落实各种优惠政策减免税费2509人次，减免金额79.96万元；工商部门落实5项费用减免3046人，减免金额155.85万元；金融部门落实小额贷款50笔，发放金额99.9万元；卫生部门减免83人次，减免金额0.73万元。全市共筹集再就业资金1059万元，其中省厅补助905万元。

2005年，全市共发放再就业优惠证2908本。享受优惠扶持政策的下岗失业人员19064人次，合计金额564.44万元。其中免费培训下岗失业人员2486人，支付培训费68.5万元；公益性岗位补贴217人，支付金额88万元；社会保险补贴1568人，支付金额167.5万元；免费职业介绍及社会保险代理服务8657人，支付金额43.2万元；减免税费3777人次，金额116.5万元；减免工商证费1843人次，金额75.2万元；减免卫生费用205人次，金额1.41万元；减免教育费用311人次，金额4.13万元。全年筹集再就业资金1133万元，其中争取到省厅补助资金1023万元。

第三章 职业技能培训鉴定

第一节 技术等级培训

1997年，经省人事厅批准，成立保山地区国家机关、事业单位工人技术等级培训考核站，并在考核站下设立7个培训考核分站，根据《机关、事业单位工人技术等级岗位考核暂行办法》的要求，负责技术等级培训考核工作。培训工种为46个，技术等级为初级工、中级工、高级工。当年，对1993年年底以前在本工种工作年限范围内初、中、高级工进行复核认定。全区考核认定2875人，并对首批试点的烹饪、电工、计算机文字录入处理三个工种的机关、事业单位工人进行等级培训考核，参加培训考核121人，发证121人。

1998—2000年，全区开展国家机关、事业单位工人技术等级培训1598人，经考核合格发证1598人。

2001—2004年，全区开展机关、事业单位工人技术等级培训2287人。

2005年，全市开展机关、事业单位技术工人等级培训748人。发放证书748人，其中发放技师证书146人，高级工证书208人，中级工证书329人，初级工证书65人。

第二节 社会化职业技术培训

1979年，全区在工交、基建等部分企业和机关、事业单位中开展文化、技术补课（简称“双补”，补课对象是1969—1980年间参加工作的初中、高中毕业生而实际达不到初中毕业水平，以及未经专业技术培训的三级以下青壮年职工）。补课结束时进行严格的考试考核，合格者发给证书、作为定级和晋级的依据。至1985年，全区各系统基本完成“双补”工作，考试合格率达80%左右。

1987年，保山地区开始部署职工的岗位培训，行署下发《关于发展我区职业技术教育的意见》，明确要求各县（市）必须办好一所职业技术高中，积极开展农村实用技术培训和从业人员的岗位培训，到1990年年底，符合中级工技术标准的职工应达到职工总数的50%。同年，下发《关于开展中级技术工人考核发证有关问题的通知》，要求严格按《工人技术等级标准》进行考核。经考核合格，其现行工资偏低的，可以上浮一级，摊入企业成本，列入本人档案工资。至1988年年底，全区在交通、制糖、商业、供销、水电、农牧等6个行业共组织中级技工培训、考核2686人培训，考核人数占中级技术总数11638人的23.07%。

1988年，保山地区地、县（市）分别成立工人技师考核领导小组和办公室。通过开展技师考核，评聘工作，全区机械行业有21个获得证书并被聘任，交通行业86人指导驾驶员和修理技师全部考核合格。

1989年，全区各县（市）将技工培训和工人技术评聘结合，进行高、中级技工的培训，按照部颁技术等级标准，严格进行考核发证。全年全区共培训高级技工86人，发证86人；中级技工787人，发证280人。在中技工培训的基础上，组织工人技师的资格评审、报审工作。全区评审出机械、轻工、交通行业技师40人，助理技师78人。

1990年，下发《关于抓紧做好我区工人技师评聘工作的通知》，并成立保山地区工人技师考评委员会，负责全区工人技师和助理技师资格审定工作。全区共举办技术培训班22期，培训人数3098人，经考核合格核发了证书。其中高级工237人，中级工2861人。全区共评聘技师41人。评聘助理技师250人。

1991—1995年，每年均举办培训班，开展培训以及技术等级考核认证发证工作。培训人员包括初级工、中级工、高级工、特殊工种、企业经理、厂长、汽车驾驶人员、制糖烹饪技术工人等，约5000多人，考核合格发证评聘工人技师、助理技师约3000多人，评聘工人技师、助理技师约400人。

1996—2000年，成立保山地区职业技能鉴定所32所，负责职业技能培训、考核、鉴定工作。对全区制糖行业开展在职技术工人和中级工等级培训，经培训、考核，有476人达到国家轻工业中级工技术标准，并核发了证书。对首批试点的烹饪、电工、计算机文字录入处理三个工种进行培训、考核，共有121名技术工人参加培训，考核合格发证121人。对教育机构中专以上毕业生进行鉴定考核，经培训、考核合格发证58人。举办特殊工种技术培训4期，参加培训170人，考核合格发证170人。开展全区烹饪专业高级工的职业技术培训、鉴定工作，全区报名22人，实际参加考核19人，考核合格发证19人。开办电工、计算机文字录入处理等技术技能培训2期，参加培训288人，其中高级工156人，中级285人，初级工47人，考核合格发证288人。

2001—2004年，全市狠抓职业技能培训工作力度，举办职业技能培训班，培训企业职工及下岗失业人员约18708人。同时开展社会化职业技能培训鉴定。

2005年，全市全年共培训各类人员8212人，完成省下达目标任务的147%，其中经培训考核合格发放职业资格证书1150人(初级证书502人、中级证书512人、高级证书136人),开展社会化职业资格鉴定考核发证1296人。

第三节 技工学校招生分配

1979年，全区技工学校招生对象主要是初中毕业的上山下乡知识青年。1980年起，为培养少数民族技术工人，促进少数民族地区经济发展，招收一部分少数民族农村青年，毕业后回原招收地区工作。20世纪80年代初期招收办法采用从落选的大中专考生中招收。1984年起，技工学校招生实行统一考试，择优录取，由劳动人事部统一命题，省劳动人事厅印制试卷、表格并具体组织指导，县(市)组织报名考试，地(州、市)组织评卷，录取的办法，与大中专招生考试同时进行。

1985年，筹建“保山地区职业学校”“保山技工学校”“保山工业学校”三块牌子、一套班子的保山技工学校。开办的教学专业主要以制糖、电工为主。

1997年后，全区取消技工学校理论科目考试，扩大招收农村生源，经学校录取后，同时办理“农转非”手续。

据统计：1984—1985年全区技工学校招生176人，1986—1989年全区技工学校招生355人，1990—1994年全区技工学校招生1245人，1995—1999年全区技工学校招生2450人(农村生380人),2000—2005年全区技工学校招生1079人(农村生229人)。

全区技工学校毕业生的分配在80年代前由国家统包统配，20世纪80年代后，逐步由统包统配改为统筹安排，择优分配，不合格者不分配的制度，并实行“三结合”的就业方针，即可以分配到全民所有制单位或集体所有制单位，也可以自谋职业。从1982年起，推行学校与用人单位签订合同的定向培训办法。1983年，开始实行“哪里来哪里去”的办法，签有培训合同的则分配给委托代培的地区和单位。1989年起，全区技工学校按照国家计划招生的新生，毕业后由用人单位择优录用，实行劳动合同制。1990年后，技校毕业生开始实行毕业证和技术等级证书制度，就业主要是以自谋职业为主。

第四章 劳动关系

第一节 劳动合同签订鉴证

1989年，劳动部下发《关于劳动合同鉴证问题的通知》，保山地区劳动行政部门按其要求开始对各类企业，事业、机关、人民团体与职工(包括合同工、季节工、农民轮换工)签订的劳动合同开展鉴证。至当年底，全区已鉴证劳动合同1044人，占全区劳动合同制工人6232人的16.7%。

1990—1995年全区完成劳动合同制工人及季节工、临时工劳动合同鉴证约54433人。

1996—1999年，全区共鉴证各类劳动合同149685人。纠正违法无效合同773人，督促补签合同4421人，督促补交养老保险金和失业保险金2425人。

2000年，全区签订集体合同220户，职工20847人，其中国营企业152户，涉及职工15881人；外商投资企业1户，职工44人；其他经济类型67户，职工4922人。共鉴证劳动合同5047人，督促补交养老保险金和失业保险金355人。

2001年，全市签订劳动合同的职工42139人，其中国有企业职工20666人，股份制企业职工11463人，城镇集体企业职工8321人，国家机关工人793人，事业单位工人896人。全市新签订劳动合同2147人，终止或解除劳动合同713人。鉴证劳动合同5527份，其中纠正违纪无效劳动合同279份，督促补签1125份。签订集体合同226份，涉及职工22671人。

2002年，全市签订劳动合同职工累计达50809人，其中国有单位职工20271人，非国有单位职工30538人。国家机关、事业单位和国有企业职工合同签订率为100%。共鉴证劳动合同4262份，其中纠正违纪无效劳动合同250份，涉及职工22668人。

2003年，全市累计签订劳动合同人数达41545人，其中国有企业11397人，占应签合同人数的100%；非国有企业30148人，占应签合同人数的71%。全市全年共鉴证劳动合同4315份，其中纠正违法无效合同194份，督促补签劳动合同990份，督促补交两项基金129人。全市共审查集体合同296户，涉及职工24618人。

2004年，全市累计签订劳动合同人数41646人，其中国有企业8431人，占应签劳动合同人数的100%；非国有企业33215人，占应签劳动合同人数的70.6%。全市全年共鉴证劳动合同5704份。其中纠正违法无效合同33份，督促补签劳动合同824份，督促补交两项基金225人。全市累计审查集体合同283户，涉及职工23903人。

2005年，全市累计签订劳动合同人数达43712人，其中国有及国有控股企业6578人，非公企业37134人，占应签劳动合同人数的88%。全年全市共鉴证劳动合同8788份，其中督促补签劳动合同1302份，纠正违法无效合同398份，涉及职工15717人。

第二节　劳动争议仲裁

1988年，保山地区成立保山地区劳动争议仲裁委员会，并在同级劳动人事部门设立办公室，增加劳动仲裁人员行政编制3名，实际配备2名，开始负责保山地区劳动争议仲裁工作。

1989年，地、县（市）劳动人事处（局）先后建立劳动争议仲裁委员会及其办公室，并组建信访仲裁科（股），配备专职工作人员，依法对职工之间或职工与企业之间的劳动争议进行调解和仲裁。年末，全区受理劳动争议案件7件8人，按有关规定处理6件。

1990年，在保山举办首期企业劳动争议调解干部培训班，参加培训85人。全年受理劳动争议案件2件、涉及人数2人，调解2件。

1991—1995年，全区劳动争议仲裁委员会办公室共受理劳动争议案件32件，经仲裁、调解，维护了当事人的合法权益，协调了企业与劳动者的劳动关系。其间，全区密切配合，协助工委抓好企业劳动争议调解组织的建立。全区75%以上的国营企业先后建立企业调解委员会。

1996—2002年，全市共受理劳动争议案件68件，案件主要涉及抚恤争议、工资争议、工伤争议、劳动合同争议。对受理的案件均依法进行调解和仲裁，仅有1件案件不服裁决，诉讼到法院。其间，于1997年保山举办滇西八地州第九届劳动仲裁研讨会，参会人员150人。1999年，根据省人民政府第66号令《云南省人事争议仲裁暂行办法》，地区及各县（市）在6月底，先后成立人事劳动争议仲裁委员会。

2003年，全市共受理劳动争议案件21件，涉及当事人298人，其中受理集体争议案件2件273人。案件受理情况：经济补偿3件264人，解除劳动合同14件27人，除名1件4人，工伤3件3人。案件处理情况：仲裁裁决5件266人，仲裁调解9件12人，撤诉3件13人，其他方式处理4件7人。不服裁决向人民法院起诉3件264人，不予受理6件6人。在受理的劳动争议案件中，较大争议属保山市金属矿选厂262名失业矿工，经劳动争议仲裁不服起诉到中级人民法院，最终法院以驳回起诉而结案。

2004年，全市共收到当事人申诉23件69人，经审查不予受理件47人，其中集体申请2件35人。受理劳动争议案件12件，涉及当事人22人。案件受理情况：解除劳动合同，经济补偿10件20人；工伤2件2人。案件处理情况：仲裁调解5件5人，其他方式解决6件16人，未结案1件1人。

2005年，全市共受理劳动争议案件16件，涉及当事人16人。案件受理情况：工伤赔偿4件4人；缴纳养老保险1件1人；经济补偿3件3人；解除劳动合同2件2人；下岗失业6件6人。案件处理情况：仲裁裁决3件3人，仲裁调解4件4人，其他方式处理9件9人。

第三节　劳动保障信访

1978—1988年，劳动部门的信访工作主要由各业务科室处理，其工作主要涉及帮助来访答复、解决工资、调动、离退休、退职、工龄计算、落实政策、工伤争议、精简下放、生活补贴等实际问题。

1989年，成立保山地区劳动人事处信访科，编制2人，实有2人，同劳动仲裁科合署办公。同时，要求各县（区）成立相应的机构，配备专职和兼职人员，下达编制11人，实有8人。全年全区共收到来信来访1659件（次），其中来信636件，来访1023次。立案处理4件。结案3件。

1990年，全区共接待来访820人次，收到来信90件。来信来访分类：就业方面423件（人次），占41.88%；职工招收、调配139件（人次），占13.76%；工资福利方面

407件（人次），占40.29%；其他41件（人次）占4%。办理结果：复信36件，转办54件。

1991—2002年，全区共来信1976件，来访15011人次。对这些来信来访，通过直接复信、立案处理，或根据情况转外单位处理。

2003年，推行《信访工作八项制度》规范信访工作行为。全年全市共收到群众来信来访2497件（人次），其中来信104件，来访2393人次，来信处理结果：答复本人77件，立案处理27件。年度集体上访到市、县（区）劳动保障部门5批471人。

2004年，全市全年共收到群众来信来访1888件（人次），其中来信67件，来访1821人次。按人员分类：工人来信60件，来访1633人次；干部来信5件，来访170人次；其他来信2件，来访18人次。按来信处理分类：复本人52件，立案处理15件。年度到市县（区）劳动保障部门集体上访12批386人。较大影响的是保山市一建公司118名职工上访，最终以信访立案调解终结。

2005年，建立局长接待日工作制度，对直接来信和转办信件全部实行在规定时限内进行书面答复。全年全市共接待来信来访1455件（人次），其中来信46件，答复本人43件，立案处理3件；来访1409人次。接待到劳动保障部门群众上访6批135人。集体来信2件45人。

第五章　劳动保障执法

第一节　劳动保障执法年审

1996年，全区各县（市）成立劳动监察科，全区配备专兼职劳动监察人员57人，持有劳动监察证17人。开始负责开展劳动保障执法工作。

1997年，全区对4560户用人单位在用工情况，职业培训、劳动合同签订与履行、工作时间、工资提取与支付，社会保险缴纳，职工福利、劳动规章制度等8个方面进行了全面的劳动执法年审。

1998年，全区对746户各类企业及用人单位进行劳动执法专项检查，其中国有企业372户，集体企业74户，股份制企业及外商合资企业126户，其他单位174户。在年审中，发现违法（规章）行为立案2件，发出警告和责令改正意见指令24件。

1999—2000年，全区共参加劳动执法年审3593户，其中国有企业623户，城镇集体企业274户，股份制企业170户，乡镇企业156户，私营企业35户，个体经济组织20户，机关、事业单位2305户，职业介绍机构7户，其他组织3户。通过年审，督促补办流动就业卡755人，补签劳动合同5496人，清退抵押金106人，金额3.9万元；追发劳动者工资待遇129人，金额19.41万元；追缴养老保险费355户，金额278万元；追缴失业保险费197户，金额43.65万元；追缴社会保险费27户、金额10.00万元。下达整改指令书251份；审查用人单位违章245件，纠正用人单位规章63件。

2001年，在机构改革中，市、县（区）劳动保障部门重新组建劳动监察科（股），配备专兼职劳动监察人员48人，其中专职劳动监察员16人，兼职劳动监察员32人。全市参加劳动保障年审2154户，其中国有企业349户，集体企业153户，私营企业19户，其他企业167户，个体经营者10户，非企业单位1456户、涉及劳动者8.29万人。通过年审，督促补签劳动合同0.36万人，追发劳动者工资待遇43人、金额0.21万元，督促补缴社会保险313户、涉及劳动者3.35万人、金额225.08万元，督促社会保险登记66户、涉及劳动者0.28万人。

2002—2004年，全市共参加劳动保障年审6313户，其中国有企业664户，集体企业499户，港澳台商企业1户，私营企业305户，其他企业1003户，个体经营者80户，非企业单位3761户、涉及劳动者13.59万人。通过年审，督促补签劳动合同1.6万人，追发劳动者工资待遇9431人、金额25.67万元，督促缴纳社会保险费413户、涉及劳动者16813人、金额1258.76万元，督促社会保险登记150户、涉及劳动者10960人。

2005年，全市有劳动保障监察机构8个，其中市、县（区）劳动保障监察科（股）6个，市级劳动保障监察支队1个，腾冲劳动保障监察大队1个，配备专兼职劳动保障监察员66人。全市参加劳动保障年审2140户，其中国有企业81户，集体企业87户，私营企业192户，其他企业253户，个体经营者120户，非企业单位1407户、涉及劳动者5.97万人。通过年审，督促补签劳动合同3156人，追发劳动者工资待遇257人、涉及金额69.54万元，督促缴纳社会保险费316户、涉及劳动者0.49万人、金额317.07万元，督促社会保险登记8户、涉及劳动者326人。

第二节　劳动保障监察

1994年，保山行署办公室下发《关于做好贯彻实施〈劳动法〉各项准备工作的通知》，并由相关部门组成学习宣传《劳动法》领导小组及办公室。

1995年，全区成立执行《劳动法》大检查组13个，抽调53人，组成执法检查组。采取自查和抽查两种形式，历时2个多月，对全区国有企业、乡镇企业、集体企业、私营企业进行大检查，全区参加自查单位1684户，总人数97677人，其中国有企业517户，共33501人；集体企业729户，共49103人；外资企业37户，共3454人；私营企业106户，共1508人；乡镇企业291户，共9641人，其他类4户，共470人。劳动执法检查组抽查用人单位177户，职工13902人。分类情况是：国有企业91户，共8483人；集体企业38户，共3481人；外资企业10户，共437人；私营企业16户，共567人；乡镇企业22户，共834人。通过检查，发出整改通知68份，整改内容包括：补办用工手续和补签劳动合同人数1546人，查处克扣拖欠职工工资企业1户，共134人，拖欠工资1.6万元，超时加工企业87户，警告企业4户。

1996年，全区各县（市）均成立劳动监察科，并结合“三五”普法，开展《劳动法》的宣传、检查工作。全年共接收投诉14起，受理12起（立案3起、转办1起、结案2起、调查指令处理9起），不予受理2起，常规监察96户，涉及职工7200人；查处外国人就业36人；对区内5户外资企业和2户私营企业进行劳动执法检查；派出6个检查组404人参加检查，抽查62户企业、人数8043人，责令纠正违法行为43户，补签劳动合同1026人，清退和纠正风险金177.46万元，补发加班工资1.81万元，纠正企业规章违法内容10户33条，追缴养老保险金103.41万元。

1997年，全区全年共受理群众举报投诉10件（拖欠职工工资7件、工伤医疗赔偿1件、违纪招工1件、解除劳动合同补偿金1件），当年处理结束9件，追回拖欠工资4.79万元，工伤医疗费0.5万元。对605户用人单位进行劳动监察，纠正违法违规行为，发出整改指令书19份。

1998年，全区全年受理举报投诉13件，涉及人数3238人，追回拖欠、克扣工资11.5万元，清退风险抵押金9.1万元，没收非法所得0.086万元。依法对非法职业介绍、私招乱雇罚款0.15万元，取缔非法职业介绍机构2所，取缔职业培训机构1所。警告、责令改正6件，指令国外人员办理外国人就业许可证5件。专项检查各类企业及用人单位746户，发现违反法律、法规、规章行为立案2件，发出警告和责令整改意见24件。

1999年，全区全年对246户企业进行巡视检查，涉及劳动者16728人。在检查中，督促办理流动就业证卡25份，补签劳动合同1934人。对2户企业进行处罚；取缔非法职业介绍机构1家；全年共接受群众举报16件，按劳动监察程序立案16件，结案16件，对群众举报13户企业进行重点检查，清退风险抵押金16人，共4.8万元；追回拖欠12人工资0.45万元。对外国人、境外边民在辖区内就业情况进行执法检查，检查单位40户，涉及人数90人。并督促补办外国人就业许可证、外国人就业证，对2名非法居留、非法就业外国人限期离境处理。开展社会保险费征缴执法大检查，全区共成立6个检查组、抽调24人，对全区786户各类企业进行检查，涉及劳动者4.3万人，督促办理交费登记单位249户，督促依法申报单位287户，督促缴纳养老保险费139户，金额641.17万元，督促缴纳失业保险费11户，金额25.53万元，并对39户用人单位下达整改指令书。

2000年，全区开展专项劳动执法检查，检查职业介绍机构11所，分支机构8处，取缔非法职业介绍机构3所，查处非法用工11户，非法招用工人数135人；进行劳动合同执法检查57户，涉及职工2.09万人，未依法签订劳动合同单位142户，涉及职工2570人；补签劳动合同2020人；清理劳动合同不合法单位110户。在社会保险费征缴执法检查中，共检查用人单位317户，督促社保登记29户，督促依法申报51户，下发责令限期改正指令书107份。劳动监察询问通知书29份。劳动违法案件立案31件，结案率为100%，其中群众举报14件，专项检查17件；涉及拖欠工资9件，共107人，金额22.46万元；涉及风险抵押3件，清退风险抵押金5.49万元；涉及职业介绍3件，注销营业项目和社会团体登记项目1件、停业整顿1件；涉及擅自招用工2件，劳动纠纷17件。劳动监察日常巡视671户，补签劳动合同1796人；督促社会保险缴费194户，金额176.76万元；责令46个单位办理职业资格技能鉴定；摘除违规招工简章120份。

2001年，全市共出动劳动执法监察人员400人次，深入到1494户用人单位，对劳动和社会保险执法情况进行监察，涉及劳动者5.23万人，拆除各类非法招聘简章启事400份（张）。开展专项检查集中整治活动3次，其中对在保山市就业的外国人进行了专项清理整顿一次，涉及用人单位76户，外国人184人。全年全市共接到群众举报投诉案件43件，其中养老保险费征缴9件；失业保险费征缴9件；医疗保险费征缴13件；职业介绍1件；克扣拖欠工资3件，其他8件。经过认真调查核实，责令限期纠正39件，转办1件，不立案3件。

2002年，全市共组织两次较大规模的劳动执法检查，涉及210户用人单位、3800人。检查结果，依法查处侵害民工合法权益的行为37件，其中当场进行整改13件、限期整改24件。对非法的2个职业介绍机构和5个职业介绍点依法予以取缔。共接到各类劳动监察案件59件，其中转办1件、立案调查58件。通过调查，责令限期改正56件，处以罚款2件，结案率为100%。

2003年，全市共立案调查处理各类案件106起，结案104起，其中养老保险费征缴19起，失业保险费征缴13起，医疗保险费征缴7起，非法职业中介5起，劳动合同的订立和解除11起，收取风险金8起，无故拖欠工资26起，最低工资支付10起，工作时间和休息休假7起。通过调查，责令限期改正87起，给予行政处理决定1起，给予警告处理16起。

2004年，全市开展农民工劳动保障权益保护专项检查活动，共检查涉及农民工的各类用人单位50户，涉及劳动者6595人，查处未依法签订劳动合同案件196件、未支付农民工工资4件、非法职业介绍中介7件。责令改正24件；责令支付农民工工资1616人，涉及金额6.93万元。全年全市劳动保障执法检查单位530户，涉及劳动者2.06万人。查处劳动保障监察案件119件，责令限期改正65件，其中群众举报投诉45件，立案处理43件，结案43件。

2005年，全市立案查处各类劳动保障监察案件92件，责令改正91件，行政处罚1件。全市共日常巡视监察各用人单位650户，涉及劳动者2.49万人，对辖区内使用农民工较多的180多户用人单位进行专项检查，涉及劳动者2.65万人，其中农民工0.87万人。通过检查，发现有拖欠农民工工资行为的单位41个，拖欠农民工工资10.3万元，现场责令支付农民工工资0.89万元。

第六章　社会保险

第一节　养老保险

一、城市职工养老保险

1986年，全区开始建立养老保险统筹制度。年内，保山行署办公室下发《转发行署劳动人事处〈关于城镇合同制职工社会劳动保险实施细则〉的通知》，要求在全区国家机关，群众团体、事业单位、国营企业单位和城镇集体所有制单位所招收的合同制职工，均参加社会劳动保险。并从正式录用之日起，用工单位按合同制职工工资总额的20%提取，个人交纳月标准工资的2%。

1987年，经保山行署批准，于上半年在昌宁县对国营企业职工退休费用实行社会统筹试点工作。试点结束后，行署下发文件到各县（市）及地直单位，要求在年内完成国营企业职工退休费用实行社会统筹的工作。其中保山市、腾冲县于三季度结束，龙陵、施甸四季度结束。至年底，全区全民所有制企业（包括供销社系统）参加统筹企业252户、480个独立核算单位，参统职工25711人，离退休职工4107人。

1988年，下发《保山地区全民所有制企业退休费用以地区为单位统筹的试行办法》。在全区已实行以县（市）为单位统筹的基础上，逐步扩大统筹项目，核定参统单位的工资总额，完善财务管理，提高基金收缴率。全年全区参加统筹单位363个，固定职工25585人，离退休职工4533人，全年收缴统筹基金546.5万元，支付退休金454.1万元，结余92.5万元，支援地震灾区4.63万元。

1989年，完成全民所有制企业固定职工退休费用的全区统筹。至年底，全区参加统筹的全民所有制企业377个，固定职工27518人，离退休职工5519人，收缴统筹金980.3万元，支付离退休职工费用780.67万元。同时，巩固完善合同制工人的养老保险和企业职工待业保险，全区合同制工人养老保险投保单位469个，合同制工人4397人，全年收缴养老保险金62.1万元，收缴职工待业保险基金30.8万元。

1990年，下发《保山地区城镇临时工养老保险试行办法》。开展腾冲县集体企业退休费统筹试点和保山城镇临时工养老保险试点。全年全区参加统筹单位317个，固定职工26615人，离退休职工6011人，全年收缴统筹基金1161万元，支付退休金948万元。城镇集体企业参统40户。

1991年，全区养老保险由过去单靠国家、集体、社会负担，改为国家、集体、个人三方共同负担，离退休职工的离退休费提取比例，由45%调整为55%。同时增加职工个人负担基本工资3%的比例，不论是中央，省地属企业都纳入单位所在地保险机构保险。全年城镇集体企业参加养老保险74户，参保职工2560人，离退休职工1097人；城镇临时工参加保险单位108个，参保人数516人。全区全年收缴保险金1581.55万元，支付离退休金1243.26万元，结余297.55万元。

1992年1月起，在全区固定职工中按标准工资的3%实行个人缴费，并及时给退休职工增加物价补贴和退休生活费，全年共支出物价补贴和生活补助费72.1万元。全区合同制工人参加统筹的机关、企事业单位776个，参统的合同制工人8899人，收缴合同制工人养老保险金222.36万元，支付合同制工人退休金715元，集体企业参统单位68个，参统职工1855人，收缴统筹金82.73万元，支付退休金59.8万元。收缴农民工劳动保障金34.9万元，支付2.35万元。全年全区全民所有制企业参加统筹单位331个，固定职工22644人，离退休职工7028人，全年收缴统筹金1620万元，支付退休金14363万元。

1993年，保山行署下发《保山地区建筑安装施工企业劳动保险基金社会统筹实施办法》，要求地、县（市）建委、社保局建立建筑安装企业统筹办公室，配备专职人员开展工作，到年底，全区参统建筑安装企业38个，职工15000人，收缴区内保险基金156万元。全区合同制工人参加养老保险的机关，企事业单位1105个，参统合同制工人12773人，全年收缴养老保险金281万元，支付出0.2万元；集体企业参统单位71个，参统职工2133人，全年收缴统筹金93.6万元；收缴农民工劳动保障金3.89万元。全区国有企业参加统筹355个，固定职工25605人，退休职工8343人，全年收缴养老保险金2074万元，全年支付退休金1997万元。

1994年，下发《保山地区行政公署关于调整国有企业固定职工养老保险基金筹集比例有关问题的通知》，将征集比例由按工资总额的15%调整为18%，提高3个百分点。全年全区参加统筹的国有企业305个、固定职工32028人，退休职工3573人，占37.2%。全年收缴养老保险金2622万元，支付退休金2810万元。同时，按照省政府调高离退休人员待遇的通知精神，为全区参加统筹的8588名离退休职工兑现工资，人均月增资30.9万元。收缴建筑安装企业劳动基金190万元，完成省下达180万元计划的105.56%。

1995年，全区国有企业参加统筹单位304个，在职固定职工23028人，月人均工资297元，离退休人员9048人，月人均养老保险金289元，比1994年月人均256元增加33元。全年收缴养老保险基金3276万元，支付退休基金3456万元，赤字18万元。集体企业参加统筹在职职工1070人，月人均工资177元，离退休人员参加统筹611人。全年收缴养老保险基金86万元，收缴养老保险基金606万元，支付退休基金34万元；建筑安装企业参加统筹32个，参统职工2818人，退休职工450人，全年收缴基金270万元，支付退休基金94万元。从1995年1日起，在机关、事业单位全面实施养老保险制度，共有参加统筹职工35715人，离退休人员7214人，收缴养老保险基金3966万元，支付离退休养老保险基金3755万元。从5月1日起调整合同工养老金征集比例，由原来单位按人均25元上缴调整为按工资总额的18%缴纳。

1996年，全区国有企业参统单位306个，参统在职职工34525人，离退休人员9264人，全年收缴养老保险基金4175.3万元，支出离退休人员养老保险金3901.7万元，集体企业参统单位69个，参统在职职工1620人，离退休人员630人，全年收缴养老保险基金145.5万元，支出离退休养老保险基金80.69万元；外资企业参统单位3个，参统职工2151人；机关、事业单位参统单位1235个，参统在职职工35845人，离退休人员6249人，全年收缴养老保险基金4936.7万元，支出养老保险基金4683.7万元；建筑安装企业参统单位36个，参统人员4502人，离退休人员525人，全年共收劳保基金280万元，支出退休人员养老保险基金170万元。建立养老保险基金个人账户36846人，个人账户编入微机35077人。

1997年，全区参统国有企业单位322个，参统在职职工36065人，离退休人员9764人，在职职工月人均工资为347元，离退休人员月人均退休金为375.5元。全区全年收缴养老保险基金4680.09万元，支出离退休人员养老保险基金4082.3万元。集体企业参统单位108个，参统在职职工3038人，离退休人员1352人，在职职工月人均工资288人，离退休人员月人均离退休费179.2元；机关、事业单位参统单位132个，参统在职职工76744人，离退休人员7879人，全年收缴养老保险基金6582万元，支出离退休人员养老保险基金6295万元。建筑安装企业参统单位23个，参统在职人员3847人，离退休人员324人，全年收缴劳保基金120万元，支出退休人员养老保险基金90万元。全区对参加统筹的32688人全部建立了个人账户。同时，按规定对离退休人员退休金进行正常调整，人均月增资30元。并对企业离休人员增加生活待遇，实际兑现206人，月人均增资264元。

1998年，全区国有企业参统单位347个，全年收缴养老保险基金5161万元，支出养老保险基金5095万元，在职职工人均工资为377元，离退休人员，离退休金月人均394元。集体企业参统单位85个，全年收缴养老保险基金214万元，支出养老保险基金125万元，在职职工月人均工资356元，离退休人员离退休金月人均159元。非公有制企业和个体户参统879人，全年收缴养老保险基金31.2万元。补充养老保险参统22户，参保职工28人，收缴养老保险基金4.6万元。机关、事业单位参统单位1371个，全年收缴养老保险基金6285万元，支出养老保险基金6100万元。

1999年，全区参加基本养老保险统筹单位612户，其中国有企业368户、集体企业89户，其他所有制企业155户。参统在职职工35023人，其中国有企业32071人，集体企业1967人，其他所有制企业(含个体户)985人。共有离退休参统人员12085人，其中国有企业11199人，集体企业参统人员886人。全年收缴养老保险基金5168万元，全年发放离退休人员基本养老保险基金6020万元；全区参加补充养老保险单位3个，参保职工46人，共缴养老保险基金6.2万元。国有、非国有企业在职职工月人均工资386元，离退休人员月人均离退休金424元。全区机关、事业单位参统1389个，在职职工39880人，离退休人员9095人，全年收缴养老保险基金8469万元，支付养老保险基金8321万元。根据国务院提高离退休人员生活待遇的通知，对全区离退休人员12066人调整生活待遇，月人均增资56.3元。

2000年，全区参加基本养老保险统筹单位1062个，其中国有企业382户，集体企业

86户，其他所有制企业594户，参保职工33563人，离退休人员12264人。全年收缴基本养老保险基金6056.1万元，全年发放离退休养老保险基金6514.2万元，赤字458.1万元，年度参加补充养老保险单位3个，参保职工46人，收缴基金6.2万元。机关事业单位参加养老保险1365个，参保在职职工38652人，离退休人员8577人，全年收缴养老保险基金10010.86万元，发放养老保险基金9709.4万元。全年全区扩面新增参统单位274户，参保职工1011人。

2001年，全市市、县（区）两级社保机构与地税部门，共同组成基金催收小组，深入企业进行催收，并在全市范围内开展大规模清理欠费检查。至年底，全市参加企业职工基本养老保险单位1833户，其中国有企业434户，集体企业85户，其他1314户；参保的人数45518人，其中在职职工32869人，离退休人员12649人。在职职工总数中，国有企业27836人，集体企业1870人，其他3163人，全年收缴基本养老保险基金6518万元，其中补收历年欠费812万元，占应回收数的19.5%。全年共支出离退休人员养老金6507万元，做到了养老金100%的按时足额发放。同年10月1日起，全市参统企业缴纳基本养老保险保险费的比例由工资总额的29%调低到27%，个人缴费比例由工资总数的5%提高到6%。同时，根据省政府文件规定，经市政府同意，停止全市机关事业单位职工养老保险统筹。

2002年7月，下发《保山市人民政府关于进一步做好我市企业职工基本养老保险扩面和基金征缴工作的通知》，成立以副市长为组长的市扩面和基金征收领导小组。至年底，全市参加企业职工基本养老保险的各类企业1507户（不含个体户），参保人数共计55421人，其中在职职工42044人（实际缴费职工32751人），离退休人员13377人。全年收缴基本养老保险金7047万元（其中补收企业历年欠费935万元），基金当期收缴率为90.2%。全年支付离退休人员养老金7883.9万元。同年10月起，对全市企业缴纳基本养老保险费单位缴费比例由原来按工资总额的27%调整为26%，个人缴费由原来按工资总额的6%调整为7%。并按规定对全市167名离休人员增加了离休金，人均月增加185元，对12432名退休人员调整增加养老金，人均月增加32元。

2003年，全市参加统筹的单位595户（不含个体户），参保职工为57021人，其中在职职工42819人（实际缴费职工34846人），参保的离退休人员14201人。参保的在职职工人均工资为608元，离退休人员月人均基本养老金为505元。全年收缴养老保险基金6890.1万元（其中补收企业历年欠费977.8万元），全年发放企业离退休人员养老保险金7454万元，做到了养老金100%按时足额发放和100%社会化发放。

2004年，全市参加企业职工基本养老保险的单位有589户（不含个体户），参保人数为57918人，其中在职职工42204人（实际缴费职工33121人），离退休人员15714人。全市全年收缴基本养老保险基金7149万元，其中补收企业历年欠费1705万元，企业改制一次性缴纳1958万元。全市发放企业离退休人员养老保险基金8552万元，参保的离退休人员月人均基本养老金为535.19元。

2005年，全市参加企业职工基本养老保险单位570户（不含个体户），参保人员60374人，其中在职职工43464人，离退休人员16910人，实际缴费职工35640人。全市收缴基本养老保险基金11642万元，其中补收企业历年欠费1615万元，企业改制一次性缴纳1170万元。全市共发企业离退休人员养老基金11025万元。全市参保离退休人员月均养老保险为533.46元。

二、农村社会养老保险

2002年1月10日起，根据保山市委、保山市人民政府《关于保山市县区乡镇机构改革的实施意见》的精神，将原保山行署民政侨务局承担的农村养老保险职能，划归市劳动和社会保障承担。至2004年1月全市的农村社会养老保险移交工作基本完成。至2004年年底，全市有81个乡（镇）758个行政村开展农村社会养老保险工作，参保农民52453人，领取养老保险金的有556人，支付养老金3.2万元。

2005年，全市参保农民52413人，有620人享受农保待遇，发放农保基金8万元。

第二节　失业保险

1986年7月，保山地区执行国务院颁布的《国营企业职工待业保险规定》，待业保险基金统一由各企业、单位（不分隶属关系）所在县（市）劳动服务公司征收，由银行代为扣缴。基金来源包括：企业按其全部职工（固定工、合同制工人、临时工、计划外用工）标准工资总额的1%缴纳，职工待业保险基金收不敷出时，地方财政补贴不足部分，实行“两级调剂、三级管理、财政补贴”的管理办法，其中70%由县（市、区）统筹使用；20%上缴地级用于地区内调剂。

1993年4月，按国务院颁布的《国有企业职工待业保险规定》，对原有的失业保险制度作了部分调整，扩大失业保险覆盖范围，将基金省级统筹调整为地、县统筹，将缴费基数由企业标准工资总额改为工资总额。

1995年，全区依法开展失业保险的收缴和管理工作，加强失业保险政策法规的宣传，逐渐扩大保险范围，全区收缴失业保险金140.77万元，收缴率为96%；管理费提取16.18万元，支付扶持生产自救费16.88万元，支付转业训练费0.31万元。全区参加失业保险人数39239人，有失业职工160人，发放失业救济金21.64万元，失业调剂金42.18万元。

1996—2000年，全区参加失业保险的单位5468个，投保人数214261人，收缴失业保险基金1595.35万元。全区失业职工15733人，发放失业救济金677.82万元。其间，1998年将失业保险由县级统筹调整为以地区为单位统筹。2000年将地直、腾冲、龙陵事业单位纳入财政预算进行统筹。

2001—2003年，根据《失业保险条例》，全市重点抓好失业保险基金征缴和扩面工作，实现下岗职工基本生活保障向失业保险并轨的平稳过渡。全市参加失业保险的单位约有2850户，参保职工215776人。全市应收失业保险基金4616.1万元，实际收缴基金3682.35万元。全市共支出失业保险金3653.63万元，领取失业保险救济金70127人次。其间，从

2002年7月1日起，对下岗职工和失业人员的待遇进行调整。下岗职工月人均增加20元，失业人员月人均增加38元。实行下岗失业人员基本生活保障与失业保险的全面并轨。

2005年，全市参加失业保险的单位1548户，参保人数5.8万人。其中企业单位389个，参保职工20906人；机关事业单位1142个，参保职工37046人；其他单位8个，参保职工48人。全年全市应收失业保险金2229.87万元，实际收缴1676.9万元（补收欠费270.5万元），基金收缴率为75.2%。全年共支出失业保险金2101.73万元，其中发放失业救济金1536.73万元，救助失业职工6567人，上缴省调剂金265万元，划入再就业资金300万元。

第三节　医疗保险

1999年起，保山地区根据国务院《关于建立城镇职工基本医疗保险制度的决定》及云南省城镇职工医疗保险制度改革工作会议精神，成立以专员任组长，分管卫生工作的副专员任副组长，有关部门参加的医改协调小组。同年，召开全区城镇职工医疗保险制度改革工作会议，部署全区医改工作。会议确定全区城镇职工基本医疗保险实行统一制度、统一政策、分级运作，资金以县（市）和地级分六块筹集、使用和管理，自求平衡，具备条件时逐步调剂的具体思路。会后，全区各县（市）都相应成立医改协调小组，抽调工作人员28人，并于4月份对医改涉及的各项基础数据开展全面调查测算。调查测算结果，全区应参加医疗保险统筹人员107691人，其中在职职工85370人（按年龄报分别为：≤30岁的为27759人、31～45岁的为40011人、≥46岁的为17600人），退休人员22321人。不参加医改的离休人员562人。1996、1997、1998年全区被调查职工和退休人员医疗费支出为19113万元，工资总额为15939万元，医疗费支出占工资总额的12.02%。结合调查情况，草拟《保山地区城镇职工基本医疗保险实施方案》，在全区范围内进行城镇职工基本医疗保险定点医疗机构和定点零售药店的资格申报审查工作、安排部署大病补充医疗保险的各项基本数据的调查测算工作。

2000年，经地区机构编制委员会研究同意，在行署人事劳动局内增设医疗保险管理科，核定行使行政职能的事业编制3人，同时撤销行署卫生局内的地区公费医疗办公室，成立保山地区医疗保险基金管理中心，为行署人事劳动局领导下的正科级事业单位，核定事业编制10人。全年全区初步审查申报定点医疗机构110个，定点零售药店36个，组织全区医改部门28人参加省厅举办的医改培训学习班。同时，保山地区行政公署印发《保山地区城镇职工基本医疗保险实施方案》，规定各县（市）参保范围由县（市）研究确定。地级统筹单位缴纳基本医疗保险费按在职职工工资总额8%，退休人员退休金总额8%缴纳。在职职工个人缴纳基本医疗费按本人工资收入的2%缴纳，退休人员个人不缴纳基本医疗保险费。县（市）统筹单位缴纳基本医疗保险费缴纳率由各县（市）按照、收支平衡的原则自行确定。并从2001年1月1日起《实施方案》执行。

2001年，根据《国务院关于建立城镇职工基本医疗保险制度的决定》和《云南省城镇职工基本医疗保险暂行规定》，全区在认真测算的基础上，结合实际，起草《保山地区城镇职工大病补充医疗保险实施办法（试行）》，经省政府审查同意后，下发贯彻执行。全年全市参加医疗保险的单位共830户，其中机关事业单位733户、企业97户；参加医疗保险人员共计49632人，其中在职职工39677人，退休人员9955人。全年共收缴医疗保险基金2619万元。其中单位缴纳1966万元，个人缴纳653万元。单位缴纳中按政策规定划入职工个人账户的金额共计702万元。基本医疗保险统筹基金为1264万元。全年支付职工住院医疗费用共计898万元，结余366万元。全市参加大病补充医疗保险职工49632人（在职职工39677人、退休人员9955人）。共收缴大病补充医疗保险基金267万元，支付投保费218万元，寿险公司赔付95万元，收益123万元。

2002年，下发《保山市人民政府关于调整城镇职工基本医疗保险实施方案有关政策比例的通知》，对医保缴费比例和住院报销比例进行了适当的调整。同时，保山市人民政府还下发《保山市离休干部医疗保险实施意见（试行）的通知》，从2002年1月1日起启动离休人员医疗保障全市统筹。至年末，全市参加医疗保险的单位共计1223户，其中机关事业单位1105户、企业118户；参保人员共计6万人，其中在职职工46815人，退休人员13185人，完成省下达扩面指标数的100%。全市共收缴医疗保险金4336万元，收缴率为85%，其中单位缴纳3508万元，个人缴纳828万元。全市基本、医疗保险统筹基金共计2744万元，个人账户基金共计1592万元。全市参保职工住院总费用2085万元，住院6274人次，住院率为10.46%，人均住院费用3323元，全年共支付统筹基金1626万元，结余1118万元。全市参加大病补充医疗保险单位1266户，职工6.2万人；共收缴大病补充保险基金361万元，共支付保险费264万元，结余97万元。

2003年年末，全市基本医疗参保单位1272户，参保人数62436人，其中机关事业单位1098户，参保49414人；企业单位参保174户，参保13022人。参保人数比2002年新增加2258人，增加3.7%。基本医疗保险住院人数4146人次，占参保人数总数的6.4%，比上年减少580人，共支出住院费用2468万元，比2002年增加283万元；人均住院费用支出5953元，比2002年增加1330元，平均住院日24天，比上年增加1天，床日住院费248元/天，比2002年增加42元/天，全市大病补充医疗保险参保人数为69207人，比上年增加4390人，其中市级13262人，隆阳区16131人，施甸县3617人，腾冲县15950人，龙陵县8476人，昌宁县11771人。共征缴大病补充医疗基金405万元，比2002年增长7%，保险公司共赔付大病医疗保险保费286.3万元，保险公司收支节余30.5万元。基本实现离休干部医疗保险全市统筹，离休干部医疗保障参保人数598人，占离退休干部总数的98%。全年筹集离休干部医疗保障金535万元，支出医疗费用683万元，人均支出费用11581元，其中市级人均支出9962元，隆阳区人均支出12552元，施甸县人均支出16471元，腾冲县人均支出12364元，昌宁县人均支出12955元，龙陵县人均支出11200元。

2004年，经市政府同意，年初出台困难企业参加医疗保险的办法，为全市困难企业提供参加医疗保险的机会。全市参加基本医疗保险的人数为71450人，比2003年增加7703

人，增幅为12%。其中参保在职职工54469人，退休人员16981人。全市应收医疗保险基金5529万元，实收4323万元，收缴率为78%。其中单位应缴4246万元，实缴3040万元，收缴率为72%；个人应缴1283万元，实缴1283万元，收缴率为100%。全年共支出医疗保险金5271万元，其中个人账户支出2265万元，统筹基金支出3006万元。全市参加大病补充保险的职工有75075人，实际享受大病补充保险待遇的有190人，占2.5%。全市参加医疗保险的离休干部566人，比2003年减少10人。

2005年，全市的基本医疗保险在继续抓好机关、事业单位医疗保险运行的同时，积极稳妥地向各类企业和灵活就业人员逐步开展扩面工作。全市参加基本医疗保险的单位共计1861户，参保职工82021人，比2004年增长10571人，增幅为14.7%。其中在职职工61057人，比2004年增加6588人；退休人员20964人，比2004年增加3983人。全市全年共收缴基本医疗保险基金5772万元，共支付基本医疗保险费5395万元。全市参加大病补充医疗保险的职工有87644人。共收缴大病补充医疗保险费478万元，共支出大病补充医疗保险费450万元。同时，为方便参保患者办事，市医保中心建成“一站式”服务窗口，信息系统也逐步完善。

第四节　工伤生育保险

1996年，根据《云南省企业职工工伤生育保险暂行办法》《云南省企业职工工伤保险暂行办法》的要求，保山地区经过一年多的调查和测算，结合全区实际，拟定《保山地区企业职工生育保险暂行办法》和《保山地区企业职工工伤保险暂行办法》，并于1996年9月22日上报省劳动厅批准，于1997年10月1日起正式实施。至此，保山地区的工伤、生育保险从1997年10月1日起一次性全面实施。截至1998年年底，全市工伤保险参统单位450个，共收工伤保险金136万元，支出11.3万元，欠缴50万元，基金收缴率为95.2%。生育保险参统单位450个，共收生育保险基金94.1万元，支出60.4万元，欠缴基金34.19万元，基金收缴率为95.5%，共发生生育女职工338人，支付医疗费24.6万元，产假工资36.1万元。

1999年，全区工伤保险参统单位435户，参统职工33949人。应收保险金119万元，实收108万元，支付58万元，结余50万元，基金收缴率为90.2%。生育保险参统单位435户，参保职工33949人，应收基金94万元，实收86万元，收缴率为90.8%，支付66万元，结余20万元。

2000年，全区参加工伤保险单位421户，在职职工参统34116人。全年应收工伤保险基金152万元，实收137万元，基金收缴率为90.1%。共发生工伤101起，结案88起，伤残职工89人，其中死亡8人，为伤残职工支付保险金62.77万元，当年收支结余74.2万元。全区参加生育保险单位421户，参保职工31446人，全年应收生育保险基金102万元，实际收缴92.3万元，收缴率为90.5%。全年有369名女职工生育，支付生育保险金70.9万元，收支相抵结余21.4万元。

2001年，全市参加工伤保险的单位有421户，参保职工25876人。参加生育保险的单位有421户，参保职工25876人。全年共收缴工伤保险基金126.4万元，共支出51.4万元。全年共收缴生育保险基金98万元，共支出生育保险基金69.4万元。对职工的生育工伤保险、生育保险待遇都做到按时足额发放。

2002年7月1日，全市将企业老工伤人纳入社会统筹。同时，在全市实行工伤、生育保险定点医疗管理，对参保企业的费率进行调整。全年全市参加工伤保险的单位有368户，参保职工22757人，占企业职工总数的81%。共收缴工伤保险基金150万元，共支付工伤保险费60.6万元。参加生育保险的单位有366户，参保职工22669人，占企业职工总数的80%。全年共收缴生育保险基金123.8万元，共支付生育保险费64.75万元。保证伤残、生育职工待遇的落实。

2003年，全市参加工伤保险的单位739户，参保人数39222人。全年认定工伤61人次，应收工伤保险基金151.5万元，实收129.5万元，收缴率85%；全年支出工伤保险费77.1万元，结余52.4万元。其中企业参统单位343户、参统人数20430人，工伤认定52人次；机关事业单位参统396户，参统人数18792人，工伤认定9人次。全市参加生育保险628户，参保人数31907人，其中企业参统单位341户，参保职工20115人；机关、事业单位参统287户，参保人数11792人。

2004年，全市参加工伤保险人数为56674人，其中机关事业单位34906人，企业单位21768人，应收工伤保险基金180万元，实际收缴170万元，基金收缴率为94%，共支付工伤保险费51万元。全市参加生育保险人数为54189人，其中机关事业单位34906人，企业单位19283人，应收生育保险基金166万元，实收141万元，基金收缴率为85%，支出生育保险费52万元。

2005年，全市参加工伤保险的单位527户，参保职工26588人，比2004年净增5306人，完成年计划的101%，全年应收缴工伤保险基金231万元，实收220万元，基金收缴率为90%。全年享受工伤保险待遇195人，共支付工伤保险基金172万元，并从2005年1月起，全市的工伤保险实现市级统筹。全年全市参加生育保险的单位352户，参保职工20500人，比2004年净增1739人，完成年计划的102%；全年共收缴生育保险费174万元，支付生育保险费60万元，确保220名生育职工待遇的足额给付。

第五节　社会保障基金监管

1986年，全区开始从养老保险统筹入手，逐步推进各项保障制度改革，地、县两级在对社会保险基金监督上，主要以财政，审计、财务检查监督为主，未设立单独的监管机构。

从1991年开始，在基金的监督管理上，坚持日清月结，定期汇总，接受财政审核监督，强化核算管理制度，严格按规定使用统筹资金，按财务要求，建立健全账、卡、册制度，做到账目清楚，账面整洁，凭证齐全，数据准确，收支有据，并接受地、县审计部门的审计。

2000年，全区各项基金均按照“收支两条线”的管理要求进入财政专户，账目清楚，制度健全，在建立个人账户的同时，接受省财政厅、劳动保障厅、民政厅组织的大检查，在检查中，未出现基金的管理使用上有违纪违规现象。

2002年，组建保山市劳动和社会保障局，设立社会保险基金监督科，负责对社会保险基金预决算进行审核，对社会保险基金的征收、管理、支出、结余情况定期进行监督检查。当年全市县(区)对基金先后两次接受省、市相关部门组成的工作组检查，通过检查，各项社会保险基金在运营中没有违规违纪问题，两级社会保险经办机构按要求建立健全各种财务账册、账卡，财务管理符合规定要求。

2003年，全市组织对医疗、失业保险基金和下岗职工生活保障资金进行专项检查，开展社会保障基金反欺诈调查，确保社会保险基金的安全使用。

2004年，全市组织力量对社会保障监督检查调研，同时举办县(区)劳动和社会保障部门及参保单位社会保障监督检查调研培班，全市共下发表册1399份，收回自查自纠表册1390份，并组成21个检查组，对所辖范围参保单位进行重点检查，针对检查过程中发现的问题和薄弱环节发出整改通知。通过收集、整理、汇总，全市抽查的社会保险参保单位和经办机构，社会保险基金的缴纳、管理、使用情况都做到会计、出纳分级，账证、账卡、账表核对相符，钩稽关系清楚，在基金的征缴、管理和使用上未发现大的问题。在检查中，全市共查出由于企业工资增减变动造成年度缴费工资低于职工平均工资数的单位30户，少报养老保险缴费基数5535112元，少报工伤生育保险费51031元。全市共收回少报漏报的社会保险费78.37万元。

2005年，全市对各项社会保险基金、下岗职工基金生活保障资金以及再就业资金的使用情况进行清理检查。全市共下发自查通知书及自查表1400份，收回900份。通过检查，各项基金和资金均能按要求进入财政专户，实行收支两条线管理，确保基金的安全运行。

第七章　工资福利

第一节　劳动工资

1978年，按照国家工资调整的有关规定，全区对机关、企事业单位中生产、工作成绩优异、贡献较大和提职后工作表现好而工资特别低的人员，进行一次考核升级，对个别学习特别优良的学徒工提前转正定级。工资升级和提前转正定级的时间在当年11月底，固定职工升级面在职工总数的2%以内。年底，全区按此规定升级793人。

1979年，根据国务院《关于职工升级的几项具体规定》，全区对全民所有制企业，事业单位和国家机关职工的一部分职工升级，升级面以1978年10月底职工人数中的1978年年底以前参加工作的固定职工和计划内的临时工为基数，按40%计算分配。此次升级的职工，一般升1级、个别表现突出，并有重大贡献的，可以升2级；同时将三类工资区调整为四类工资区。调整工资结果，全区1978年年底以前参加工作的职工47293人，升级人数19229人，升级面占40.66%，人均月增资5.70元；调整保山、施甸、昌宁3县工资区类别，由三类区调为四类区，增加工资的职工26149人，人均月增资1.51元，冲销物价补贴后，人均月增资1.29元。城镇集体所有制参照全民所有制单位的升级原则和条件，实际升级2101人，升级面为39%，人均月增资5.73元。

1983年，根据国务院批转劳动人事部《关于1983年企业调整工资和改革工资制度问题的报告》和省劳动人事厅的通知，全区335个企业单位参加工资调整。升级人数19287人，占参加调整人数20576人的93.8%，其中升1级的大致16128人，升2级的184人，属升1级范围缓升的249人，不升级的1040人。扣除冲销保留工资、附加工资外，企业调资实际月增资金额11.72万元，人均月增资6.08元。同时，对企业发放奖金实行上不封顶，下不包底的规定，到1984年，企业的人均奖金由1983年的69元，增加到197元。

1985年，全区根据劳动人事部和省劳动人事厅《关于国营企业工资制度改革有关问题的规定》的通知，对企业工资贯彻按劳分配的原则，克服平均主义，促进经济责任制的层层落实，使企业职工的劳动报酬与劳动成果密切挂钩，统一执行企业新的工资标准。用于工资改革方面（包括升级，浮动升级等）的奖金，一般掌握在每年增加一个月平均标准工资以内，经济效益好的企业，掌握在人均每年增加一个半月平均标准工资以内。

1988年，全区对企业工资制度进行改革，积极推行企业工资总额与经济效益挂钩的办法，全区共批准22个企业实行工资总额同经济效益挂钩浮动办法。

1989年，全区在认真总结1988年企业实行工资总额和经济效益挂钩工作经验的基础上，制定下发《关于保山地区国营企业实行工资总额同经济效益挂钩有关问题的通知》，改进完善企业挂钩办法。新批准实行工效挂钩的企业68户，占应挂钩户数的37.4%，职工7253人，占应挂钩人数的32.6%。至1989年年底，全区批准实行工效挂钩的企业90户，职工人数10896人，占应挂钩企业户数的49.5%，职工总数的48.9%。

1990年，全区对国营企业职工工资进行普调。普调结果，全区1989年9月底国营企业在册正式职工21173人，符合升级21010人，其中升1小级的有85人，升1大级的9532人，升3大级的10961人，升2大级的432人。升级人员人均月增资15.47元。全年全区实行工资挂钩企业76户，职工28523人。

1991年，全区新批准实行工资总额和经济效益挂钩企业22户。至年底全区实行工效挂钩企业94户，职工11038人。

1992年，经地委，行署批准，对保山地区水泥厂推行岗位技能工资制试点，并制定出具体实施方案，后报经省劳动厅批准后实施兑现，在此基础上，又批准昌宁县勐统糖厂的岗位技能工资实施方案。全年全区实行工资总额同经济效益挂钩的企业118户，职工

13825人，挂钩企业人均转固定工资47元。同时，对未实行工效挂钩的企业，按省劳动厅的通知，试行考试考核升级。全区参加升级75户企业，职工8127人。并对国营企业6485名离退休人员增加离退休费，人均月增加15.48元。

1993年，全区在企业中积极推行企业工资总额增长幅度要低于经济效益增长幅度，职工实际平均工资的增长幅度要低于企业劳动生产率增长幅度（即“两个低于”）办法和“总额包干”办法。使全区“工效挂钩”企业达到192户，职工22308人，“两个低于”企业达到10户、职工2423人，“工资总额包干”企业达到31户，职工6910人。批准昌宁县红星煤矿，湾甸糖厂实行岗位技能工资。至年底，全区实行岗位技能工资的企业新增4户。同时，对企业在职职工和离退休人员每人每月增加燃料补贴10元，水电费由原来的8元，提高到11元，书报费由原来的8元和6元，分别提高到13元和11元。

1994年，完成按“工效挂钩”“两个低于”和“工资总额包干”等办法调控工资总额的企业共166户。至年底，全区批准实行“工效挂钩”的企业有418户，职工17585。“两个低于”企业5户、职工2120人；“工资总额包干”企业28户，职工4173人。用上述三种办法调控工资总额的企业181户，占全部企业户数的76.37%，职工总数达23878人。批准昌宁柯街糖厂，卡斯糖厂和地区电力公司实行岗位技能工资。同时，给全区国有企业27890人职工调整档案工资并增加工资总额，人均月增资49.3元。对8588企业离退休人员按标准增加离退休金，人均月增资31元。

1995年，全区完成实行工效挂钩的企业149户，“两个低于”企业5户，“工资总额包干”企业23户，至年底，全区按照上述三种办法确定工资总额的企业177户，职工23491人，占全部企业224户的79%，占全部职工27609人的85%。新批准实行岗位技能工资制企业2户，职工301人，同时给全区企业离退休人员按每人每月20元的标准发放离退休金和物价补偿。根据省政府颁布的《云南省最低工资保障规定》，从1995年起，在全区城镇集体企业中全面实行。

1996年，对全区36户企业进行最低工资执行情况的检查。做好企业弹性工作计划的宏观调控，按省厅下达全区地方企业弹性工资预分配数为25335万元，全区实际发放工资总额25314万元，扣除职工生活费价格指数上涨因素后，实际平均工资均未突破省的控制数。

1997年，按照《云南省企业总额决定办法的通知》精神，全区实行企业总额的有156户，并在昌宁县湾甸糖厂，施甸县农机厂2个单位进行“企业经营者年薪制”的试点工作。在全区适当调整企业工资总量，凡盈利企业从1997年元月起按每月130元的数额调整工资总量。

1998年，制定下发《关于下达各县市1998年地方企业工资总额预分配计划的通知》，在腾冲县进行“企业工资指导线办法”试点。

1999年，制定《保山地区企业工资指导线试行办法》《保山地区1999年度企业工资指导线意见》，全区254户企业进行工资总额1998年提取决算和1999年核定工作。根据省劳动保障厅《调整国有企业在岗职工工资方案》，为全区20798人企业在岗职工办理调整工资手续。

2000年，制定公布《2000年保山地区企业工资指导线》，明确规定企业职工年平均工资增长基准线为8%，职工平均工资增长上线为11%，下线为零或负增长。所有企业支付给职工工资不得低于当地最低工资标准。并在全区4户企业中开展企业经营者年薪制试点工作。对1999年全区企业工资总额提取结算216户，职工20952人，计提工资总额14105万元；对2000年企业工资基数核定195户，职工15638人。同时，抽查了6户企业工资规范情况。

2001年，对2000年企业工资总额提取结算，并结算企业141户，职工15783人，计提工资11506万元；核实2001年的基数企业123户，职工13974人。

2002年，对企业实行《企业工资总额提取发放管理手册》审签制度。全年共审签企业297户，涉及职工17984人，全市发放工资13524万元。同时，发布2002年企业工资指导线，调整企业职工最低工资标准和企业职工工伤伤残抚恤金和遗属抚恤金标准。

2003年，首次发布12个职位（工种）的劳动力市场工资指导价位。2004年，发布18个职位的劳动力市场工资指导价位和完善了企业欠薪月报制度。

2005年，对全市企业的调整后的最低工资标准进行贯彻落实，发布企业工资指导线。

第二节　工资改革

1978年，依旧执行1956年工资制度改革的相关文件精神和政策法规。

1985年7月起，在全区国家机关、企事业单位进行工资改革。全区国家机关行政人员、专业技术人员，事业单位行政人员和专业技术人员，国家机关、事业单位的工人均改行以职务工资为主要内容的结构工资制。即将实行的标准工资加上副食品价格外贴、行政经费节支奖金，与这次改革增加的工资合并在一起，按照工资的不同职能，分为基础工资、职务工资、工龄津贴、奖励工资四个组成部分。企业通过工资改革，合理调整工资总额结构，建立新的工资制度和理顺关系，建立正常的升级增资制度，改进奖励、津贴制度，为逐步完善工资制度打下基础。

1993年10月1日起，对机关和事业单位工作人员工资制度进行改革。机关工作人员（除工勤人员外）工资制度改革实行职级工资制度。其工资按不同职能，分为职务工资、级别工资、基础工资和工龄工资四部分。其中，职务工资和级别工资是职级工资构成的主体。并建立正常增资制度，工作人员考核优秀和称职的，每两年可在本职务工资标准内晋升一个工资档次，考核不称职的，不得晋升工资档次。工作人员随职务、级别的晋升和工作年限的增长相应增加工资，定期调整工资标准。实行地区津贴制度，根据不同地区的自然环境、物价水平及经济发展等因素，结合对原来地区工资补贴的调整，建立地区津贴制度。在建立和实施新工资制度的同时，对种类繁多的津贴进行整顿。改革奖金制度，在严格考核的基础上，对优秀和称职的工作人员，年终发放一次性奖金。改革机关工人工资制度，根据机关工人的劳动特点，技术工人实行岗位技术等级工资制，普通工人实行岗位工资制。

事业单位工作人员工资制度改革，在科学分类的基础上，依据按劳分配原则，建立体现事业单位不同类型、不同行业特点的工资制度，与机关的工资制度脱钩；引入竞争、激励机制，加大工资中活的部分。通过建立符合事业单位不同类型、不同行业特点的津贴、奖励制度，使工作人员的报酬与其实际贡献紧密结合起来，克服平均主义；建立正常增加工资的机制，使工作人员的工资水平随着国民经济的发展有计划地增长，并与企业相当人员的工资水平大体持平；在国家宏观调控的前提下，对不同类型的事业单位实行分类管理，使工资管理体制逐步适应事业单位发展的需要；发挥工资的导向作用，对到艰苦边远地区及在苦、脏、累、险岗位工作的人员，在工资政策上给予倾斜。同时，通过建立地区津贴制度，理顺地区工资关系。在事业单位管理上，根据单位特点和经费来源的不同，对全额拨款、差额拨款、自收自支三种不同类型的事业单位，实行不同的管理办法。专业技术人员的工资制度，根据事业单位不同的工作特点，分为五种类型：（一）专业技术职务等级工资制；（二）专业技术职务岗位工资制；（三）艺术结构工资制（根据艺术表演人员成才早、舞台青春期短、新陈代谢快的特点，实行艺术结构工资制）；（四）体育津贴、奖金制（根据体育运动员竞争性强、淘汰快、在队时间短、退役后要重新分配工作的特点，实行体育津贴、奖金制）；（五）行员等级工资制。事业单位管理人员的工资制度，根据事业单位管理人员自身特点，在建立职员职务序列的基础上，实行职员职务等级工资制。事业单位工人工资制度，分为技术工人和普通工人两大类。技术工人实行技术等级工资制，普通工人实行等级工资制。事业单位同时建立正常增资机制：第一，正常升级。全额拨款和差额拨款的单位，在严格考核的基础上，实行正常晋升。自收自支单位，参照企业的办法，在国家政策规定的范围内，根据其经济效益增长情况，自主安排升级。第二，晋升职务技术等级增加工资。第三，定期调整工资标准。第四，提高津贴水平。

在职人员进行工资制度改革的同时，相应提高离退休人员待遇。村公所、办事处人员待遇，在这次工资制度改革中也同时提高。

至2005年，再未做过工资改革。

第三节　工资调整

1978年，按照国家规定职工人数的2%的升级面，对机关、企事业单位中生产、工作成绩优异，提职后表现好而工资低的人员补升一级工资，全区升级793人。1979年，重点对各行各业、各方面表现好、贡献大的职工进行工资升级。以贡献大小作为升级的主要依据，升级面为1979年10月职工人数的40%。同时，调整工资区类别，保山、施甸、昌宁3县由三类区调为四类区。

1981年10月起，根据国务院决定，给1978年年底以前参加工作的中小学教职工、医疗卫生单位部分职工、体委系统优秀运动员、专职保教人员及部分从事体育事业的人员“切块调整工资”，在现行工资标准的基础上，先补、后靠、再升级。

1982年，根据国务院规定，给国家机关、科研、文教、卫生等部门的职工调整工资。

1983年，对区内全民所有制企业单位和未列入1981年、1982年调资的事业单位进行工资调整，实行调整工资企业的经济效益和职工个人的劳动成果挂钩、浮动2～3年后再固定的办法。各企业每人平均月均增加工资超过3.50元部分，由企业自筹。因各种原因不升级的1040人。

1987—1988年，给中专、中小学、幼儿园的1300名教师提高10%的工资标准，并兑现升级工资；给国家机关和事业单位的4729名专业技术人员和2039名科级、副处级行政人员提升工资，并制定了企业同类人员升级的具体规定。

1990年，根据国务院和省政府文件精神，对国家机关和事业单位职工工资进行普调。全区1989年9月底在册的正式职工35748人，普调一级的有35578人，占职工总数的99.54%；再升一级的有35412人，占99.06%。升级人员，人均月增资14.20元。同时，对国营企业的职工的工资进行普调，职工人均月增资15.47元。

1997年7月起，调整机关事业单位工作人员工资标准。其中，机关行政人员基础工资标准由原每人每月90元提高到每人每月110元。同年7月，中专学校、中小学教师、职员、工人和护士提高10%的工资标准，津贴部分按工资构成的30%计算。同时，对野外地质勘探队、测绘系统测绘队工作人员的职务工资标准和新参加工作的专业技术人员、管理人员及工人工资待遇进行了调整。

1999年9月，中小学教师、护士执行调整后的职务工资标准。同年7月，机关、事业单位执行调整后的新工资标准。其中，机关行政人员基础工资标准由每人每月110元提高到180元，级别工资标准由十五级至一级每人每月55元至470元提高到85元至720元；事业单位工作人员调整了工资构成中固定部分，固定部分调整后，活的部分按国家规定的事业单位工作人员工资构成比例相应提高；机关、事业单位1999年6月30日前已办理离退休手续和已到达离退休年龄的人员增加离退休费，其中，离休人员按照同职务在职人员的增资额增加离休费，每人每月增加额不足120元的按120元增加，退休人员增加退休费的标准为：行政人员，省市级及以上职务210元、厅局级170元、处级140元、科级110元、科员及办事员90元，五个等级平均144元。专业技术人员，教授及相当职务170元，副教授及相当职务140元，讲师及相当职务110元，助教及以下职务90元，4个等级平均127.5元。工人、高级技师和技师110元、高级工以下（含高级工）及普通工90元；国家规定退职的人员，每人每月增加80元的退职生活费。

2001年1月，全区根据国务院决定调整机关、事业单位工作人员工资标准，增加离退休人员离退休费，实施艰苦边远地区津贴。机关、事业单位以2001年起执行发放年终一次性奖金的规定。机关行政人员基础工资标准由每人每月180元提高到230元，级别工资标准由十五级至一级每人每月85元至720元提高到115元至1166元。同时适当调整机关工人的岗位工资和技术等级（职务）工资标准；调整了事业单位工作人员工资构成中的固定部分，固定部分调整后，活的部分按国家规定的工资构成比例相应提高；机关、事业单位2000年12月31日前已办理离退休手续和已到达离退休年龄的人员，从2001年1月起增加离退休费，其中离休人员按照同职务同条件在职人员的增资额增加离休费，每人每月增加数额不足100元的，按100元增加。退休人员增加退休费的标准为：行政人员，省部级及以上职务270元、厅局级180元、处级130元、科级100元、科员及办事员80元，5级平均增加152元；专业技术人员，教授及相当职务180元、副教授及相当职务130元；讲师及相当职务100元、助教及以下职务80元，4个档次平均增122.5元，工人、高级技师和技师100元，高级工以下（含高级工）及普通工80元；依照国家规定退职人员，按每人每月70元增加退职生活费。建立艰苦边远地区津贴，全区昌宁县、腾冲县和龙陵县被列入艰苦边远地区的机关、事业单位的在职人员和离退休人员享受此项津贴。其中昌宁县列为一类区，腾冲县、龙陵县列为二类区。

2001年10月1日起调整机关、事业单位工作人员工资标准并相应增加离退休人员的离退休费。公务员（含参照、依照公务员制度管理人员）各职务层次职务工资起点标准由最低50元至最高480元提高到100元至850元。同时，适当调整机关工人的岗位（职务）工资标准，机关工人的奖金部分按照其在工资构成中的比例相应提高；事业单位工作人员也调整工资构成中的固定部分，活的部分按国家规定的工资构成比例也相应提高；机关、事业单位2001年10月1日前已办理离退休手续和已到达离退休年龄的人员，增加离退休费，离休人员按照同职务同条件在职人员的增资额增加离休费，每人每月增资额不足80元的，按80元增加。退休人员按相关标准增加退休费：行政管理人员、省部级及以上职务280元、厅局级185元、处级125元、科级80元、科员及办事员55元，5个级别平均增145元；专业技术人员，教授及相当职务180元、副教授及相当职务120元、讲师及相当职务80元、助教及以下职务55元，4个档次平均增108.75元；工人、高级技师和技师80元、高级工以下(含高级工)及普通工55元，依照国家规定退职的人员，按每人每月50元增加退职生活费。

2003年7月1日起，执行国家调整的机关事业单位工作人员工资标准，增加机关事业离退人员离退休费。机关行政人员的职务起点工资标准由原来的100元至850元分别提高到130元至1150元。同时，适当调整机关工人的岗位工资标准；调整事业单位工作人员工资构成中的固定部分，活的部分按国家规定的工资构成比例也相应提高；机关事业单位2003年6月30日前已办理离退休手续和已到达离退休年龄的人员增加离退休费：离休人员按照同职务同条件在职人员的增资额增加离休费，每人每月增加数额不足50元的，按50元增加；退休人员按相关标准增加退休费：行政管理人员，省部级及以上职务165元、厅局级120元、处级80元、科级50元、科员及办事处35元，5级平均增90元；专业技术人员，教授及相当职务115元、副教授及相当职务75元、讲师及相当职务50元、助教及以下职务35元，4个档次平均增68.75元；工人、高级技师和技师50元、高级工以下（含高级工）

及普通工35元。依照国家规定退职的人员，按每人每月30元增加退职生活费。

至2005年，未做调整。

第四节　津贴补贴

一、津贴

1978年，各企事业单位对从事夜班工作的职工实行夜班津贴，每人每班0.3元；1979年11月，改为每人每班0.4元。

1978年以后，实行乡邮员的外勤津贴每人每天0.25元；从事废旧物资回收的供销、物资部门保管员、营业员，在县城每人每天补助0.2元，在农村每人每天补助0.15元。

1979年8月起，根据劳动部、林业局的规定，对全区林业职工实行林区津贴，按照林区具体条件和各类人员不同情况，每人每天津贴0.1~0.3元，平均不超过0.2元。1980年副食品调价后，每人每天提高0.1元。11月起，区内公办教师中试行班主任津贴。津贴标准按学生人数计算，中学每班学生35人以下的每月5元，36~50人的6元，51人以上的7元；小学每班学生35人以下的每月4元，36~50人的5元，51人以上的6元；每班人数在20人以下的，酌情减发，复式班学生人数可合并计算。

1980年1月1日起，全区对医疗卫生工作单位专职从事（或直接接触）有毒、有害、有传染危险的人员，试行医疗卫生津贴。

1980年5月1日起，全区对从事有害健康工种的职工实行保健津贴，各企事业单位，凡是接触粉尘、毒物、放射和高温作业的职工均享受保健津贴待遇。发放标准：甲级10~12元，乙级8~9元，丙级6元，丁级4元；兼作两种以上有害健康工种的，按高的一种享受津贴。

1985年8月，对护士工龄津贴的执行范围、标准及计发护士工龄津贴的工作年限作出规定，护士工龄津贴的标准是：护龄满5年不满10年的，每月3元；满10年不满15年的，每月5元；满15年不满20年的，每月7元；满20年以上的，每月10元。12月，对教师教龄津贴的执行范围、标准和教龄计算办法等作出规定，教龄津贴标准为：教龄满5年不满10年的，每月3元；满10年不满15年的，每月5元；满15年不满20年的，每月7元；满20年以上的，每月10元。

1989年8月起，按接触有害气体的实际天数，给档案库房人员发放保健费，标准为地、县（市）档案馆库房工作人员每人每月9元，国家机关和国营企事业单位档案馆库房工作人员每人每月7元。

1990年1月起，全区实行计划生育干部岗位津贴，各地根据实际情况按每人每月9~15元的标准执行。

1993年，全国工资制度改革，全区机关、事业单位工作人员实行地区津贴制度。地区津贴分为艰苦边远地区津贴和地区附加津贴。全区平均标准为74.98元。

1995年9月，实行人民警察警衔津贴，津贴按各衔级每月发给，最高的津贴是总警监123元，最低的为二级警员64元，共23个衔级，平均警衔津贴为每月91.07元。

1996年7月起，全区各级党委、政法委员会工作人员实行工作津贴。工作人员按所任职务实行相应的工作津贴，最高的为副省级116元，最低的为办事员68元，共9个等次，平均等级津贴为91.66元。

1997年1月起，开始执行国家适当调整的环境保护监测津贴标准。一至三等环境保护监测津贴标准由原来每人每月13元、10元、7元分别调整为每人每天3.5元、3元、2.5元，取消原三等津贴标准；实施国家适当调整的城市下水道工人和环境卫生工人岗位津贴标准。城市下水道工人岗位津贴标准，由原来的一等每人每天0.9元、二等0.7元、三等0.6元调整为一等每人每天7元、二等4元、三等3元；城市环境卫生工人岗位津贴标准，由原来的每人每天0.6元、0.7元、0.8元调整为3元、4元、5元；执行国家适当调整后的农业事业单位有毒有害保健津贴和畜牧兽医医疗卫生津贴标准，有毒有害保健津贴标准由原来的每人每月13~15元、10~12元、7~9元分别调整为每人每天3元、2.5元、2元；畜牧兽医医疗卫生津贴标准，由原来每人每月12~15元、9~11元、4~8元分别调整为每人每天3元、2.5元、2元；执行国家调整后的艰苦广播电视台站津贴标准，一至六类艰苦广播电视台站津贴标准，由原来的每人每天1.7元、1.3元、0.9元、0.6元、0.45元、0.3元分别调整为每人每天5元、4元、3元、2元、1.5元、1元；同时，国家调整广播电视无线工岗位津贴标准，保健津贴标准由每人每天0.6元调整为3元。高空作业津贴标准，按在广播电视天线杆、塔上作业位置的高度，分为4个档次：150~199米，由每人每天1.8元调整为4元。100~149米，由每人每天1.2元调整为3元。50~99米，由每人每天0.8元调整为2元。49米以下，由每人每天0.4元调整为1元。12月，执行国家调整的人民检察院办案人员岗位津贴范围和标准，最高人民检察院办案人员每人每天2元，地方各级人民检察院办案人员每人每天2.2元，其中县级检察院办案人员由原来的0.4元、0.5元、0.6元提高到2.2元。同时，调整人民法院办案人员岗位津贴标准，调整的幅度和调整后的标准与人民检察院办案人员的岗位津贴标准对应一致。

1998年5月起，在防汛期间建立“水利防汛津贴”制度。直接参加防汛抢险和水情测报、现场防汛指挥的为一线人员，津贴标准每人每天8元；其他人员为二线人员，津贴标准每人每天5元。

1999年1月，执行调整后的计划生育岗位津贴标准，津贴由原来的每人每月9~15元改为每人每月15~25元。2月，司法行政机关工作人员实行工作津贴，最高标准是正厅级110元，最低为68元，共8个等次，平均每个等次为88.62元。10月，执行国家调整的警衔津贴，最高津贴为总警监161元，最低为二级警员84元，共13个衔级，平均警衔津贴为每月119.61元。

2000年7月，全区实行乡（镇）机关工作津贴，范围是执行国家公务员职级工资制度的乡（镇）党委、政府、人大机关公务员和工作人员。党委书记、乡（镇）长、人大主席每人每月津贴60元，副书记、副乡（镇）长、人大副主席每人每月50元；其他人员每人每月30元。

2002年3月，对从2001年1月1日至9月30日期间执行的警衔津贴调整为：最高级别总警监189元，最低级别二级警员98元，共13个衔级，平均衔级津贴为139.84元。对2001年10月1日起执行的警衔津贴，最高级别总警监211元，最低二级警员108元，共13个衔级，平均衔级津贴为155.8元。

2003年1月，政法工作机关实行工作津贴，每人每月津贴标准，最高的为副省级200元，最低为115元，共9个等次，平均每个等次津贴157.11元。残联系统专职残疾人工作者经考核获得聋哑人手语或者盲文翻译专业资格的，可享受特殊岗位津贴。执行公务员职级工资制的人员，按职务、基础工资之和的20%计发；事业单位专业技术人员和管理人员，按专业技术（职员）职务等级工资标准的20%计发；机关技术工人，按岗位工资和等级工资之和的20%计发；机关普通工人和事业单位工人，按(岗位)技术等级工资标准的20%计发。3月起，特殊教育学校实行特殊教育津贴，津贴以职工本人的职务（等级）工资（含中小学教师提高10%工资标准部分）和按比例计算的津贴之和乘以0.25，作为特教津贴。过去有关特教津贴计发的规定停止执行。

2003年7月，警衔津贴调整为：最高总警监228元，最低二级警员113元，13个警级平均津贴为166.84元。7月，政法工作津贴标准进行调整，最高副省级216元，最低121元，9个等次平均津贴为168.33万元。

2004年1月起，执行调整的卫生防疫津贴标准。卫生防疫津贴由按月发放改为按工作日发放，一类每人每工作日9元、二类每人每工作日7元、三类每人每工作日5元、四类每人每工作日3元；在麻风病院及专职从事传染病、结核病、血吸虫等寄生虫病防治的卫生工作人员，执行卫生防疫津贴。实行调整后的公安交通警察值勤保健补贴，补贴标准调整为：交警大队、中队交通民警每人每天10元，交警支队以上交通民警每人每天5元。

二、补贴

1979年，在调整工资区类别时，冲销部分粮价补贴。1月1日起，新招职工不再享受粮价补贴。1985年，在企业单位工资改革中，粮价补贴标准统一为六类工资区每人每月2元，五类工资区2.5元。

1979年10月，国家调高猪、牛肉等8种农副产品销售价格，为保证职工实际生活水平不受影响，实行副食品价格补贴。全区国家机关、事业单位和集体所有制职工，每人每月发给副食品价格补贴5元。1985年工资改革后，国家机关、事业单位取消该项补贴。

1979年以前，职工因公出差，途中给予伙食补贴，全区执行出差60千米以上每人每天补助0.2～0.8元；1979—1985年，每人每天补助1.5元；1985年起，每人每天补助2.5元。

1988年7月起，全区落实劳动部、财政部、全国总工会《关于适当提高城镇职工生活困难补助的通知》，给全民所有制单位的9000名离退休职工增发每月5～7元的生活补助费。

1997年1月起，执行国家适当调整后纪检、监察系统工作人员办案补贴范围和标准。

中央、省、地(市)级办案人员补贴标准每人每天2元；县(市)、乡(镇)级办案人员补贴标准，由原来的每人每天0.8元提高到2元。同时，实行国家适当调整后的审计人员工作补贴范围和标准。地(市)以上审计机关审计人员工作补贴标准为每人每天2元，县级审计机关审计工作人员工作补贴标准由原来的每人每天1元提高到2元。

1998年7月，为解决回族职工伙食补助费偏低，执行中标准不统一的问题，回族伙食补助费从原来的每人每月补助2.5元提高为每人每月补助8元。同时取消回族职工仍保留2元的副食品补贴。

2001年1月起，将原“知识分子浮动工资”改为“知识分子补贴”，机关、事业单位知识分子补贴分别为80元、70元、60元、50元、30元，共5档，平均每档为58元，同年7月，纪检监察机关办案补贴每月提高到90元。11月起，对从事离退休干部管理、服务工作的专职人员实行岗位补贴，每人每月补助60元。

第五节　劳动奖励

1977年以后，先后恢复“文化大革命”期间废止的超产奖、质量奖、节约奖、劳动竞赛奖、新产品试制奖、综合奖等劳动奖励制度，新增创造发明奖、国家机关事业单位增收节支奖、计时计件工资奖等。

1978年，根据《国务院关于实行奖励和计件工资制度的通知》，全区在部分企业推行计件工资和奖励制度。根据各个成员在生产中的成绩大小，分别评定等级，分级给奖，不搞平均分配。

1979年，全区国家机关、事业单位实行年终一次性增收节支奖，提奖标准控制在人均13～20元，由单位分等评奖发到个人；国营企业单位，每人提奖不超过20元，完不成经济计划指标的不提奖。

1980年，全区国家机关、事业单位年终增收节支奖增加到每人平均提取50元；企业除实行经常性奖励外，提取职工月标准工资的10%～12%作年终奖。

1981年，根据省政府指示精神，全区国营企业奖金实行“基数限额和上下浮动限额”办法，人均实际发放奖金95元，相当于1.9个月的标准工资。

1982年，全区国家机关、事业单位职工每人每月平均增收节支奖5元，全年人均60元；国营企业在完成主要经济指标的前提下，确定奖金的浮动比例，但最多不得超过3个月的标准工资总额，上缴利润少的，减发或不发。当年，全区国营企业人均实发奖金90.60元；实行计件工资的企业，不再发放奖金。

1983年，全区国家机关、事业单位享受增收节支奖的职工，全年每人平均实发奖金61.35元；国营企业实行生产奖的工人，全年人均实发奖金(包括原材料节约奖、劳动竞赛奖和其他奖)124.72元。

1984年以后，扩大企业自主权，企业奖金不再“封顶”，在全面完成国家计划和税利增加的前提下，奖金可适当增加；未完成国家计划、税利减少的，奖金适当减少或停发。为从宏观上控制消费基金过快增长，取消奖金“封顶”后，实行征收奖金税，其中矿山采掘、搬运、建筑工人的奖金，免征奖金税。国家机关、事业单位的增收节支奖，每月每人平均控制在7元以内，由各部门根据节支情况发放。

1993年，对机关工作人员的奖金制度进行改革。即实行职级工资制后，在严格考核的基础上，待具备条件时，对优秀和称职的工作人员，年终发放一次性奖金。同时，对事业单位工作人员的奖励制度进行改革，即根据事业单位的实际情况，对作出突出贡献和取得成绩的人员，分别给予不同的奖励。对有突出贡献的专家、学者和科技人员，继续实行政府特殊津贴；对作出重大贡献的专业技术人员，给予不同程度的一次性重奖；结合年终考核，待具备条件时，对优秀、合格的工作人员，年终发给一次性奖金。

1995年1月起，执行国家体委、人事部制定的《运动员教练员奖励实施办法》，对优秀运动员、教练员进行奖励。

1997年12月，对劳动模范和先进工作者实行工资奖励，设立荣誉津贴，优先解决医疗保健、住房、家属“农转非”及其他困难。

1998年12月，对劳动模范、先进工作者的荣誉称号界定、工资奖励升级、享受津贴、住房等待遇作出规定。

1999年1月，对机关连续三年考核优秀工作人员实行奖励工资制度。事业单位实行3%优秀工作人员晋升工资制度改为两年评定一次，每次升级职工数按职工总数的6%执行。

2001年12月，全区机关、事业单位从2001年起发放年终一次性奖金。此后遵照执行。

第六节　福利待遇

一、病假期间待遇

1978—1981年3月，全区职工病假期间待遇按1978年前国家制定的有关规定执行。

1981年4月，全区国家机关工作人员在病假期间的生活待遇改为：病假在2个月以内的，发给原工资；超过2个月的，从第三个月起，工作年限不满10年的，发给本人标准工资的90%，10年以上的工资照发；病假超过6个月的，从第七个月起，工作年限不满10年的，发给本人标准工资的70%，10年以上发80%。病假工资低于30元的，发给原工资；同时，继续享受所在单位的生活福利待遇。

1983年起，对1948年以前享受薪金待遇，现仍在机关、事业、企业单位工作的老职工，实行病假期间工资照发制度。

1998年1月起，全区执行《云南省机关、事业单位工作人员假期工资待遇暂行办法》，病假6个月及其以下的，基本工资全额计发；连续（或当年累计）病假6个月以上的从第七个月起，工作年限10年及其以下的，按基本工资的70%计发；工作年限11至20年的，按基本工资的80%计发；工作年限21年及其以上的，按90%计发。患癌症、麻风病、精神病的工作人员，基本工资按全额计发；病假在3个月以上的，停发职务（岗位）津贴。

至2005年未变。

二、职工伤亡待遇

1978年5月起，全区对因公致残，经医院证明完全丧失工作能力，饮食起居需人扶助的，发本人标准工资的90%，并发给38元的护理费；不需人扶助的，发本人标准工资的80%；也可以办理退休，退休费低于35元的，按35元发给。非因公残疾人员，抚恤费标准应低于因公致残人员。

1979年11月，按照国务院规定，区内因病或非因公死亡的职工，除按标准一次性领取死者生前6个月、9个月、12个月标准工资的救济费外，可按死者生前领取的副食品价格补贴标准，一次增发相当于3个月、4个月和6个月的副食品价格补贴的救济费。国家机关、事业单位的职工因工（公）或非因工（公）死亡，发给丧葬费300元，并按供养亲属的人数，每人每月补助17元，按月付给，直至失去供养条件为止，但补助总额不得超过本人原工资。

1980年8月起，开始实行机关、事业单位工作人员死亡后，配偶月工资收入在50元以内的，不负担供养遗属；配偶工资收入在50元以上的，除留50元作为本人生活费外，其余部分供养遗属，不足部分再由单位按规定标准补足的规定。同时，本着“困难大的多补助，困难小的少补助，不困难的不补助”和“一般以能维持当地群众生活水平”为原则，对死者遗属实行少量的生活困难补助。其标准是：六类以上工资区（含六类）每人每月补助20元，五类以下工资区（含五类）每人每月补助17元，农村每人每月补助12元。1983年增加为：城镇22元，农村15元。因公牺牲的，其遗属生活困难补助可适当提高。死者配偶有固定收入的，其基本工资相当于行政23级以下的，死者配偶可以不负担遗属生活费；高于行政23级以上的，扣除相当于行政23级的工资作为本人生活费以后，所余部分作为遗属生活费，不足时，再给予补助。

1986年3月和1989年8月，又先后两次对职工死亡后的丧葬补助费和遗属困难补助费进行调整。其中，1989年8月起，死者丧葬费改为因工死亡500元，疾病或非因工死亡400元；家属困难补助调整为非农业人口每人每月40元，农业人口每人每月30元；属疾病或非因工死亡职工遗属生活困难补助费，配偶有固定收入在每月90元及其以下者，死者配偶可不负担遗属生活费；超过90元的，超过部分不足再给予补助。

1993年1月起，全区国家机关、事业单位工作人员和离退休人员因公致残，完全丧失工作能力，生活不能自理，饮食起居需要人扶助的，可适当发给一定数额的护理费。特等和一等伤残人员可享受护理费，特等为当地社会平均工资的50%，一等为当地社会平均工资的40%或30%。伤残特别严重的，护理费可略高于本等级标准，伤残情况较轻的，护理费可略低于本等级标准。

1994年7月，将1986年的抚恤金标准改为：国家机关在职人员死亡后，按本人职务工资、级别工资、基础工资和工龄工资之和计发一次性抚恤金；技术工人，按本人岗位工资、技术等级（职务）工资及按国家规定比例计算的奖金之和计发；普通工人按本人岗位工资及按国家规定比例计算的奖金之和计发；离退休人员死亡后，属于1993年工资制度改革后的，实行职级工资制的，按本人离休，退休时的，职务工资、级别工资、基础工资、工龄工资之和计发；退休技术工人，按本人退休时的岗位工资、技术等级（职务）工资及按国家规定比例计算的奖金之和计发；退休普通工人，按本人退休时的岗位工资及按国家规定比例计算的奖金之和计发。属于工资制度改革前离退休人员，按民政部、财政部1991年、1992年的文件规定的项目和1993年的文件规定增加的离休、退休费计发。1994年11月，对1993年工资制度改革后，事业单位工作人员一次性抚恤金计发问题作了明确。在职人员死亡后一次性抚恤金计发基数为本人生前最后一个月职务（技术等级）工资与按国家规定比例计算的津贴之和；属于1993年9月30日前离退休人员死亡的，以民政部、财政部1991年、1992年相关文件规定的项目，以及1993年工资改革文件规定增加的离休、退休费为计发基数；离退休人员属于1993年10月1日后离退、退休的，计发基数为本人离休、退休时的职务（技术等级）工资与按国家规定比例计算的津贴之和。往后按国家规定增加的离休、退休费，计入死亡一次性抚恤金；死亡一次性抚恤金发放标准，仍按原规定执行。也就是批准为革命烈士的，为本人生前40个月工资；因公死亡的，为本人生前20个月工资；病故的，为本人生前10个月工资，同时取消1986年对病后一次性抚恤金最高数额不得超过3000元的规定。

1996年7月起，遗属生活困难补助费改为：机关、事业单位工作人员因病或非因公职工遗属与非农业人口的每月补助70～90元，遗属系农业人口的，每人每月补助40～50元；1937年7月6日前参加革命工作的老干部逝世后，凡符合规定享受供养直系亲属生活困难补助条件的，不论是农业人口或非农业人口，每人每月补助150元；对于因公死亡人员的供养直系亲属，每人每月增发20元，遗属系鳏寡孤者，每人每月增发20元，两个条件都符合的，增发费用合并计算；遗属生活困难补助费标准计算办法为：死亡人员的配偶有固定收入的，按固定收入计算，其固定收入在200元及其以下的，可以不负担遗属生活费；固定收入超过200元的，扣除200元作为本人生活费以后，余下部分作为遗属生活费，不足部分，按上述三项规定的标准给予补足。因病或非因公死亡遗属生活困难补助费的总额，不得超过死者生前的基本工资；因公死亡的，可不受死者生前基本工资的限制（1998年1月起，死亡人员配偶有固定收入的，固定部分改为300元）。同年8月起，将1989年规定的机关、事业单位工作人员丧葬费改为：因公死亡补助1500元，病故和非因公死亡的补助1200元。

1998年7月起，全区机关、事业单位因公（工）致残人员护理费调整为：特等伤残人员每人每月300元；一等伤残人员每人每月240元。因公（工）致残的离退人员护理费标准也按此规定执行。由于瘫痪等原因，生活长期完全不能自理的离休干部的护理费标准同时调整为每人每月180元。同年7月，特等、一等革命伤残人员护理费改为：因残因公特等每人每月300元；因残因公一等每人每月240元；因病一等每人每月180元。

2000年7月，护理费标准调整为：因战、因公特等每人每月350元；因战、因公一等每人每月280元；因病一等每人每月210元。

2002年7月，护理费改为：因战、因公特等每人每月450元，因战、因公一等每人每月360元，因病一等每人每月270元。

2003年10月起，特等、一等伤残人员每人每月增发生活补助200元。全市国家机关、事业单位列入享受艰苦边远地区津贴范围的在职人员和离退休人员死亡后，其艰苦边远地区津贴作为计发一次性抚恤金基数。

2004年1月起，提高已故离休干部无固定收入配偶生活补助标准。在原补助标准基础上，1937年7月6日以前参加革命工作的已故离休干部，其配偶男满60周岁，女满55周岁，每人每月生活补助费标准提高到300元；其他时间参加革命工作的已故离休干部的配偶每人每月生活补助费标准提高到250元；以上两种人员属鳏寡孤独者或其配偶属于因公死亡的，在上述标准基础上每人每月增加50元；两个条件都符合的可以合并计算。其他遗属仍按原规定执行。

至2005年再未做过调整。

三、休假待遇

1978—1980年，全区职工休假待遇按1978年前国家制定的有关规定执行。

1981年以后，职工探望配偶的，每年给一方探亲假1次，假期30天。未婚职工探望父母，原则上每年给假1次，假期20天；因工作需要或自愿两年探亲1次的，可以两年给1次，假期45天，已婚职工探望父母，每4年给假一次，假期20天，实行休假制度的（如学校）应该在休假期间探亲；如休假期较短，可补足其探亲假天数。已婚职工探望配偶和未婚职工探望父母的，往返路费由单位负担。已婚职工探望父母的路费，在本人月标准工资30%以内的，由本人自理；超过部分由单位负担。探亲假期间，工资照发。

1982年4月以后，规定女职工生育，给产假75天，其中产前15天，产后60天。经医生证明难产和多胎生育的，增加产后假期15天；晚婚的，增加产假20～30天；晚育的，增加产假14天；怀孕不满7个月流产的，给产假30天。产假期间，工资照发。

1984年10月起，规定凡男满25周岁、女满23周岁结婚的，均为晚婚，可各给晚婚假20～30天；凡女职工年满24周岁生育第一个孩子的，可以给晚育假14天。假期内工资照发，不影响全勤评奖。

1988年6月起，全区国家机关、事业单位和全民所有制企业单位职工的岳父、岳母或公公、婆婆死亡后，给三天的丧假。丧事在外地料理的，还可以根据路程远近，另给路程假。在丧假和路程假期间，职工的工资照发，往返途中的车船费等由职工自理。

1992年1月起，休假天数规定为：参加工作年限不满5年的，不享受休假待遇；参加工作年限满5年不满10年的，每年休假5天；参加工作年限满10年不满15年的，每年休假7天；参加工作年限满15年不满20年的，每年休假9天；参加工作满20年不满25年的，每年休假12天；参加工作年限满25年及其以上的，每年休假15天。按有关规定每年享受一次或几年享受一次探亲假的人员，可同时享受休假待遇。休假方式一般以就地休假为主，需易地休假的，往返路途天数应算作休假天数，并且不得报销路费、住宿费、途中伙食补助和住勤补贴。1997年，休假天数改为：工作年限6至10年的，每年休假5天，工作年限11年至20年的，每年休假10天；工作年限21年以上的，每年休假15天。

1995年1月起，女职工计划生育手术假规定为：放置宫内节育器，休息7天；取出宫内节育器，休息2天；皮下埋植避孕术（或取出），休息3天，一周内不做重体力劳动；输卵管结扎术，休息30天；人工流产术（含药物人工流产、引产）妊娠不满4个月的，休息30天。满4个月及其以上的休息42天；产后结扎输卵管或放置宫内节育器，人工流产后放置宫内节育器、结扎输卵管或施行皮下埋植避孕术的，假期可合并计算。

1998年1月开始，规定女职工生育产假为90天，其中产前休息15天，产后75天。难产者增加产假15天；多胞胎生育的，每产生育一个婴儿，增加产假15天；女职工晚育且生产假期间申请领取《独生子女父母光荣证》的，增加产假15天；妊娠女职工自然流产的，不满4个月流产的给产假30天，4个月以上流产的，给产假42天。产假期间基本工资和各项津贴、补贴全额计发。从事野外及长途流动分散作业的女职工生育后，产假期满，若有困难，且工作许可，经本人申请，领导批准，可请6～9个月的哺乳假。6个月内发基本工资的80%，6个月以上的可发基本工资的60%，并可计算连续工龄。哺乳假期间停发职务（岗位）津贴。符合国务院1981年有关享受探亲假规定的职工，在规定的假期内，基本工资和各种津贴补助全额发放；一般不批准公派出国人员配偶出国探亲，但是，对派出时间满两年以上的人员，每两年可以批准其配偶自费出国探亲一次。假期不超过3个月，基本工资和各种津贴、补助照发，逾期不归的，停发基本工资和各种津贴、补贴。符合享受年休假规定的工作人员，休假期间的基本工资和各项津贴、补助照发。职工本人结婚，给3天婚假，符合晚婚条件的，按照1984年10月起规定的执行给晚婚假20～30天。结婚职工双方不在一地工作的，可以酌情给予路程假；职工直系亲属（父母、配偶和子女、岳父母、公婆）死亡，给予3天丧假，死亡的直系亲属居住在外地的，可以酌情给予路程假。婚、丧假及路程假期间，工资及各种津贴、补贴照发。途中车船费自理。

至2005年未变。

第八章　公务员和专业技术人员管理

第一节　公务员管理

1978年后，保山地区人事管理工作逐步恢复和发展。特别是1980年成立保山地区行署人事局起，干部暨公务员管理工作向制度化、规范化迈进。至1987年，全区干部职工总数60936人，其中国家机关干部13242人，约占干部职工总数的21.43%。

1988年，保山借鉴外地经验，联系区内实际，制定《国家机关、事业单位一般干部实行岗位责任制和聘用制的试行办法》和《保山地区一般干部调配规定》，统一全区干部调配管理，加强干部队伍的建设。与此同时，加强对干部德、能、勤、绩的考核工作，并将考核结果作为干部提拔调配的依据。在此基础上，对全区国家机关事业单位成绩突出的138人给予升级奖励。本着增加透明度和群众公开监督的原则，制定招干计划和招干简章，在参加全省统一招干考试的基础上，面向社会公开招干。全市招收录用干部423人，其中从社会招收录用274人，在1984年和1985年招用的合同制干部中吸收录用134人，从在职工人中吸收录用15人。按文化程度分，具有大专文化21人，中专18人，高中363人，初中21人；按性别分，男性289人，女性134人；按户口所在地分，农村户口187人，城镇户口221人。

1989年，全区首次进行通过考试补充国家机关工作人员工作，25人经参加全省统考合格和用人单位面试，12人被择优录用。与此同时，社会招干工作通过公开招考，择优录用，共招收干部522人，其中少数民族干部92人，不包分配的计划内应届大中专毕业生180人，计划外应届大中专毕业生29人，省农大代培生12人，乡（镇）干部75人，乡（镇）广播站聘用制干部37人。

1990年，全区干部职工总数达81617人，其中国家机关干部15959人，占总数的19.55%。

1991年，全区社会招干工作分两批进行，第一批招收了280名乡（镇）干部；第二批招收了120名具有城镇户口的非统配大中专毕业生分配到基层，为基层企事业单位补充了新的干部力量。制定下发《保山地区国家机关补充非领导职务工作人员考试试行办法》，按照机关单位工作需要，及时组织补员考试工作，年内报考123人，择优录用67人。年底全区机关事业单位干部职工人数为45041人。

1992年，根据省人事厅和有关主管部门联合下达给省属驻保单位的招干指标，共招收了68名干部，其中工商银行从本系统的储蓄代办员中招收了13名，税务系统从助征员及应届大、中专毕业生中招收了55名。对全市83个乡（镇）的农技、农机、畜牧兽医、经营管理、水产、林业等六站的353名集体所有制职工、临时工，通过考试招考收为国家聘用制干部。审批办理保山、施甸、昌宁三县（市）共39名民办教师转为公办教师手续。开展国家机关非领导干部考试补员制度，地直系统全年共有7个单位通过补员考试，录用了8名工作人员。在干部调配工作中，全年地级共调配干部148人，其中从外地调入25人，区内县（市）调入82人，地直内调整41人。当年11月底，地直国家机关实有干部1066名，事业单位2294名，干部的增长幅度与历年相比有所下降。

1993年，用1992年剩余增干指标，审批招收干部41名。为已派遣的电大1992年秋季师范类普通专科班毕业生40人、电大1991年秋季普通专科班毕业生47人、政法系统88名以工代警（干）人员、乡（镇）文化站14人及省属驻保单位39名干部（其中聘用制干部10

人）办理审批录用手续。同时，将省下达全区1993年全民所有制单位增干指标1401人，用于接收安排国家统分的大中专毕业生1411名和军转干部38人。全区审批办理地直行政机关干部确定（明确）、晋升、转换非领导职务443人，其中确定（明确）或晋升主任科员70人，副主任科员280人，科员、办事员71人；转换为主任科员7人，副主任科员15人。审批办理部分干部家属“农转非”11户33人，其中县处级2户4人，边疆县乡科级9户23人；1967年年底以前参加工作的中专毕业生干部1户3人。在干部调配中，为新建项目、重点工程及骨干产业选调了20人。全区共调配干部140人，其中调入99人，调出41人，在调入人员中，外地州调入9人，区内县（市）调入78人，地直内调整12人；全区办理机关分流人员110人，其中，分流到公司38人，集体企业51人，乡镇企业7人，其他分流人员14人。截至11月底，全区国家机关实有干部1万人，事业单位23721人，干部的增长幅度与1992年相比基本持平。

1994年，首次在全区开展各级机关的在职工作人员进行德、能、勤、绩四个方面的考核、量化评分、定格工作。同时拟定《关于认真做好机关、事业单位工作人员辞职、辞退、自动离职和停薪（带薪）留职工作的通知》，全区办理辞职21人，分流到生产第一线25人（事业10人，企业15人）。审批录用法院系统补员32人，检察院系统补员27人。同时还开展乡（镇）“七站”招聘管理人员的工作，共招聘用制干部215人。完成 “农转非”报批工作，共报批42户107人，其中行政干部家属“农转非”2户4人；科技干部家属“农转非”40户103人。办理受中央、省、市表彰的劳模、先进工作者奖励升级80人，审批办理非领导职务21人。其中副主任科员6人，科员、办事员15人。

从1995年起，凡调入机关、事业单位的人员，实行编制与进人计划双控制，并由地区政府领导审批。1995年地直机关调入19人，事业单位调入25人。全年共审批办理干部调动及人才交流120人，其中调入101人（外地州调入7人，区内县市调入78人，地直内调整16人），在调配和流动的干部中，具有中专以上学历或员级以上技术职称的95人，调出19人（调出外地州16人，区内县市3人），具有中专及员级以上技术职称的有19人。组建推行国家公务员制度工作机构，同时确定“推公”试点单位14个，开展模拟“推公”工作，其中地直单位3个，保山市2个，腾冲县3个，龙陵县2个，施甸县2个，昌宁县2个。经过准备、实施、检查验收等步骤，于12月份全部结束。按规定共审批办理地直行政机关干部确定、晋升非领导职务31人，其中科员29人，办事员2人；同时审批办理奖励升级12人。

1996年，基本完成推行国家公务员制度的工作，组织全区拟过渡公务员12699人进行国家公务员统考。在干部调动中，坚持编制与进人计划双控制的原则，全年地直单位共办理干部调动手续152人。根据《国家公务员辞职辞退暂行条例》，办理2名国家公务员辞职手续。组织实施招考国家公务员及从“以工代干”人员中考试录用公务员的工作。全市计划招收公务员216名，报名1351人，实到应试1065人，达到录取分数线180分以上的有48人，最后审批录用44人；“以工代干”人员中应试564人，依据录取分数线和公务员条件审批录用了525人。审批办理行政机关干部确定、晋升非领导职务40人，其中科员34人，办事员6人；审批办理县处级以下人员奖励升级5人，干部家属农转非434人。

1997年，国家公务员制度在保山地区全面入轨运行。面向社会公开招考录用国家机关公务员的工作。全区计划补员243人，报名2343人，实际参加考试1863人。经笔试、面试、考核、政审、体检，最后录用116人，并进行为期10天的上岗前培训。在干部调动中，共办理人才流动和干部调动手续148人。其中流动调入135人（外地州调入22人，区内县市调入92人，地直内流动21人），流动调出外地州13人。完成对全区1996年度国家机关工作人员的考核工作。为3名国家公务员、2名事业单位工作人员办理辞职手续；为59名干部家属共102人办理农转非手续；为8人审批奖励晋升工资手续。

1998年，人事部门着重从加强对公务员考核、培训、任免、调配等方面做好全区的公务员管理工作。完成1997年度全区各级行政机关（含工勤人员）共10796名工作人员的考核工作。按照考核的范围、对象要求，全区应参加考核人数为12732人。其中地厅级18人，县处级270人，乡科级1648人，其他人员10796人，实际参加考核12095人。经过考核，1790人定格为优秀，优秀率占14.8%。在考核定格为优秀的人员中，地厅级14人，县处级161人，乡科级415人，其他人员1200人。称职10250人，占84.7%；不称职12人，占0.1%；未定格43人，占0.4%；未参加考核637人，均为1997年度参加工作的应届大中专毕业生，占5%。共办理93人的人才流动及干部调配手续。其中，流动调入84人（外地州调入9人，区内县市调入66人，地直内流动9人），调出外地州9人。同时，办理1名国家公务员的辞职手续，1名专业技术人员的辞退手续。

1999年，按照考核的范围、对象要求，全区应参加考核人数为11743人，其中地厅级18人，县处级374人，乡科级3642人，其他人员7709人。实际参加考核11718人，经过考核，1329人定为优秀，其中地厅级12人，县处级126人，乡科级735人，其他人员456人；优秀占11.34%，称职占87.3%，不称职占0.14%；未定格占1.2%。共办理65人的人才流动和干部调配手续，其中流动调入53人（外地州4人，区内49人），调出外地州3人，区内县（市）流动和地直内流动9人。为3名事业单位专业技术人员和管理人员办理自动离职手续。

2000年，市各级行政机关工作人员考核工作，采取定性与定量考核相结合、四等次定格和实行年度考核证书管理办法进行考核。按照考核的范围、对象要求，全区应参加考核人数9712人，其中县处级259人，乡科级3599人，其他人员5854人；实际参加考核9583人，占98.7%。经过考核，优秀1215人，占参加考核人数12.6%，其中县处级121人，乡科级670人，其他人员424人；称职8092人，占83.3%，基本称职32人，占0.23%，不称职14人，占0.14%。推动轮岗、竞争上岗工作在市直机关深入开展。据统计，地直机关正副科级职位428个，应轮换69个，其中热点职位32个，应轮换14个；拟轮换职位39个。通过工作，已轮换26个，其余拟轮换的职位，大多数单位结合2001年的机构改革工作进行。经批准，供销社、地震局分别安排7个职位和5个职位开展竞争上岗。年底，地直机关已有107个职位实行竞争上岗。

2001年，全市机关公务员考核9308人，考核为优秀的1152人、称职7844人、基本称职33人、不称职20人；首次实施对考核基本称职以上人员给予第12月份基本工资奖励的办法。

2002年，加强公务员考录工作，按计划开展面向社会公开招考录用国家公务员工作，全市共报名3351人，通过笔试、面试、考核政审、体检共录用231人，其中市直机关56人，县（区）175人。完成2001年度全市机关工作人员年度考核工作，考核人数8591人，其中优秀1128人，称职73889人，不称职23人，未定格51人，未参加考核22人；审批市直政府机关主任科员以下非领导职务晋升134人，其中主任科员68人，副主任科员66人；审批奖励升级3人；审批市直政府机关中层干部竞争上岗11个单位167人；承办市政府任免干部6次34人。办理提前退休审批手续88人；审批辞去公职20人，其中按10号文件规定办理8人。加强人事档案管理，接收人事档案177袋，移交档案材料21册，清理离退休、死亡和开除人员的档案147册，收集归档零散材料1.89万人份；整理科室文书档案立卷归档16件。

2003年，按计划面向社会公开招录国家公务员，全市共报名3977人，通过笔试、面试、考核政审、体检等程序，共录用401人，其中市直机关80人（含工商系统），腾冲83人，昌宁60人，施甸14人，龙陵57人，隆阳区107人。根据有关录用规定，对各县（区）从企事业单位调任科级实职领导干部的184人进行了资格审查，对符合条件的84人办理录用审批手续。认真组织年度考核工作，全市共参加考核10393人，其中处级干部494人，科级4172人，科以下人员4531人，工勤人员1196人，优秀1473人，称职8610人，基本称职12人，不称职12人，考核未定格286人。在市级机关中层领导干部中全面推行竞争上岗，对各部门竞争上岗的程序、方法、原则和竞争上岗人员的条件进行全程严格把关和审查。2003年市直机关有11个部门69人通过竞争上岗走上领导岗位。办理机关事业单位7人辞职，2人自动离职以及其他正常的职务晋升工作，并承办市政府任免工作10次，任免83人。全年接收人事档案156袋，移交档案材料78册，清理历年离退休档案79卷，死亡档案16卷，零散归档材料8634份，接待查阅、借阅等有关人员600余人次。

2004年，全市招考公务员共报名3055人，参加考试2852人，录用364人（含省属驻保单位）。抓好违规进人党政机关工作人员的清退工作。通过清理核对，未取得公务员资格进入机关的人员共592人，其中隆阳区184人，施甸县239人，腾冲县42人，龙陵县84人，昌宁县40人。市直机关共有21个部门实行竞争上岗，有56人通过竞争上岗担任科级领导岗位，有8个事业单位共64人通过竞争上岗担任中层领导干部。在年度考核中，全市共参加考核10264人，处级干部497人，科级4657人，科以下人员3883人，工勤人员1227人。其中确定为优秀1563人，称职8567人，基本称职20人，不称职10人，考核未定格104人。

2005年，保山市政府研究出台《保山市国家行政机关及其公务员首问责任制度》《保山市国家行政机关及其公务员行政不作为问责办法（试行）》，制定《保山市人事局关于鼓励公务员接受高等学历教育的实施意见》。全年全市公务员考试录用共报名3611人，因报名不足3∶1取消职位48个，实际开考职位505个（不含省属驻保单位17个）。举办电子政务培训，累计培训3000多人，完成培训任务的40%。对2004年新录用国家公务员进行初任培训。共举办培训班4期，培训新录用公务员343名。全年共审核25个部门的民主推荐和竞争上岗方案，审查105名科级干部任用资格条件。对2004年机关公务员年度考核工作，严把考核结果审核关，对不按要求考核的，特别是对优秀人数超比例确定的单位一律不予审核。

第二节　专业技术人员管理

保山专业技术人员管理工作，先后经历了1978年职称评定、1986年的专业技术职务聘任制、1992年的专业技术职务经常性评聘工作三个阶段。

1978—2005年，保山市先后下发《中共保山地委、保山地区行署印发〈关于评选表彰保山地区有突出贡献的专业技术人才的暂行规定〉的通知》《关于在我区企事业单位开展专业技术职务经常性评聘工作的通知》《中共保山地委、保山地区行署关于加快我区中高层次人才培养引进的意见》《关于印发保山地区2001—2005年人才资源开发规划的通知》《中共保山市委、保山市人民政府关于鼓励科技人员从事农业经济开发的实施办法》《关于我市事业单位工作人员履职考核的意见》等重要文件。经过28年的发展，保山市专业技术职务评定工作从无到有，专业技术人员队伍从小到大、从弱变强。

1980年全市共有专业技术人员4128人，其中高级5人，中级78人，初级1532人，未评聘人员2513人。

1986年全市共有专业技术人员17346人，其中高级21人，中级225人，初级及未聘人员17100人。

1990年全市共有专业技术人员25781人，其中高级246人，中级3057人，初级20614人，未评聘人员1864人。

1995年全市共有专业技术人员26032人，其中高级337人，中级5268人，初级18604人，未评聘人员1823人。

2000年的统计为：全区共有专业技术人员29062人，其中高级519人，中级7222人，初级19379人，未评聘人员1942人。

2005年全市共有专业技术人员34488人，其中高级1083人，中级10541人，初级21408人，未评聘人员1456人。至2005年年底，保山市先后有23人获得国务院政府特殊津贴，有19人获云南省政府有突出贡献的优秀专业技术人才，有17人获云南省政府特殊津贴，有34人获省政府科技兴乡贡献奖，有4人获农村拔尖乡土人才，有267人获市级有突出贡献专业技术人才，有30人获市级学科带头人，有1804人获高级专业技术职务。

第九章　人事机构改革

第一节　党政机构改革

1978年，云南省革命委员会决定撤销保山地区革命委员会，恢复成立保山地区行政公署，并恢复成立行署下属相应机构。原合署办公的地委、地革委办公室分设，党政职能任务逐步分开。

1981年，重新核定保山地区县、公社（镇）级行政编制总额为4498人，机关使用的企事业编制控制数1125人，合计5623人。

1983—1992年，保山地区开展机构改革和农村行政管理体制改革。1983年，保山地区从6月开始开展自上而下的机构改革工作。保山地区行署在机构改革中撤销和合并一批业务相近或工作量不大，重复设置的机构。保山地区行署在机构改革前有工作机构42个，机构改革后有工作机构19个。1984年，保山地区行署进行第一次农村行政管理体制改革，改革农村政社合一体制，实行政社分设，设区建乡工作。改革前，全区五县（市）农村共计25.8万户，181万人，分属99个公社（镇），1081个生产大队，11241个生产队。改革后全区设81个区(镇)，其中区有76个（含区级乡1个即和顺乡），县辖镇4个，市辖办事处1个。建立914个乡，其中一般乡726个，民族乡115个，区辖镇31个，农村办事处19个，街道办事处（居委会）13个。同时将原11241个生产队改为11016个生产合作社，建立6562个村民委员会。乡干部定编总人数比原大队干部3714人减少51人。1987年8月开始至1988年3月，在全区进行第二次农村行政管理体制改革，全区五县（市），原有81个区（镇、办事处），改设为83个乡（镇），其中新增3个乡，合并1个镇。保山市原有19个区（办事处），改设为20个乡（镇）；腾冲县原有21个区镇，改设为22个乡（镇）；龙陵县原有11个区镇，改设为12个乡（镇）；昌宁县原有14个区镇，改设为14个乡（镇）；施甸县原有16个区镇，改设为15个乡（镇）。全区83个乡（镇）中，设有10个镇和13个民族乡，原有914个乡、镇（居委会、办事处），改革后设915个村公所（办事处）。全区在村公所和街道办事处下设6973个村（居）民委员会和11239个农业生产合作社。1984—1992年间，地区行署对经济工作的管理体制和管理方式进行调整，撤销物资、外贸、粮食等局级专业公司，恢复其局的行政建制，结合地方产业调整，恢复和设立农业办公室、烟草办公室、经济技术协作办公室等机构，设立经济体制改革办公室。截至1992年，保山地区行署陆续恢复1983年机构撤销和合并的部分机构，同时根据地方经济文化事业发展的要求和省政府的部署调整新设置一批工作机构，保山地区行署共设置工作机构42个，即10室、8委、7处、17局。

1995年，根据《中共中央关于印发〈关于党政机构改革的方案〉和〈关于党政机构改革方案的实施意见〉的通知》和《省委、省政府关于保山地区党政机构改革方案的批复》，保山地区党政机构改革经过近两年运作，实施工作基本结束。机构改革后地委设工作部门7个。行署工作部门的机构是按照省政府派出机构的性质进行改革，改革后设工作部门29个。改革后保山地区地级党政机构共设置36个，比改革前的57个减少21个，精简36.8%；另设部委办局管理机构6个。保山地区级党政行政编制765人（不含地税、政法系统编制）比当时实有1059人，精简25.4%。核定具有行政职能的事业编制386名，比改革前的412名减少26名。

自1995年实施方案后，经过定职能、定内设机构、定人员编制的“三定”工作，针对运行中存在问题，根据地委、行署的决定，对部分机构作了调整完善。其中增设工商联，分设行署畜牧局、行署扶贫办公室、老干局、粮食局、外经贸局、物价局恢复为一级机构。纪委监察机构合署设置，内设室处干部按副处级配备；人大工委设一室四处，政协工委设一室三委，均为正县局级机构。机构改革中撤销县局级机构1个：驻德宏办事处。合并17个，转为企业1个，转为事业参照公务员制度的5个，转为集体经济组织的1个，设立事业的副县级机构3个。

机构改革后，地级副县级以上机构59个（不含纪委、人大工委、政协工委、法院、检察院）。比改革前的69个减少10个，其中地委工作部门8个，群团4个，行署工作部门36个，行政性事业局办中心11个。另外设挂靠部门，对外挂牌并行使职能的机构8个。

2002年起，保山市对党委、政府、人大、政协、政法和群团机关的部门设置、职能配置、人员编制、内设机构进行改革。市级党委政府、人大、政协和群团机关设置工作机构48个，设置部门管理机构4个，机构总数比改革前减少3个；县级党委、政府、人大、政协和群团机关的工作机构平均设置37个，部门管理机构平均设置2个，机构总数比改革前减少14个；乡（镇）机关均综合设置2～3个内设机构。市级的机构改革，对市委工作部门做了调整，调整后，市委工作机构设置8个，部门管理机构1个。市政府机构改革后政府工作部门30个，市政府设置议事协调机构的办事机构3个。将市委处理邪教“法轮功”问题领导小组办公室及市政府防范和处理邪教办公室挂靠市政府办公室。设置行使行政职能的事业机构5个。由于保山市机构改革与撤地设市同时进行，撤地设市时比照二类市核定编制，因而总编制数没有减少。市级党委、政府、人大、政协、民主党派和群团机关共核定行政编制801名，行使行政职能的事业编制360名，工勤编制134名，事业机关编制168名，总编制1463名，比改革前增102名，增7.5%。

2004年，根据《中共云南省委、云南省人民政府关于州市县政府机构改革的意见》，保山市进行机构改革。此次改革在保山市财政局加挂市国有资产监督管理委员会牌子，将保山市发展计划委员会改组为市发展和改革委员会，加挂市能源局牌子，为市政府工作部门。组建市经济委员会，加挂市乡镇企业局牌子，为市政府工作部门，撤销市经济贸易委员会。组建市商务局，加挂市政府口岸办公室牌子，为市政府工作部门，撤销市对外贸易经济合作局。组建市安全生产监督管理局，为政府工作部门。将市计划生育委员会更名为市人口与计划生育委员会。经过调整，保山市政府设置工作部门30个。此外，设置议事协调机构的办事机构3个，市政府直属机构6个，设置市政府办公室管理的机构5个。在这次机构改革中，全面理顺党政群机关“三定”方案，结合各部门职能职责的变化逐一审批“三定”方案。党委、群团系统需重新进行“三定”方案的单位有17家，政府系统需重新进行的45家。通过改革，市级机关人员编制和内设机构与2002年相比，总编制减少52名，内设机构减少2个。

第二节　事业单位人事制度改革

保山市推行以聘用制度为核心的事业单位人事制度改革工作，从2002年1月开始。改革在事业单位人员、编制和经费不变的前提下，紧紧围绕“脱钩、分类、放权、搞活”的总体思路，按照“先试点、后铺开”的原则，积极稳妥地开展以聘用制为核心的事业单位人事制度改革工作。整个聘用制改革分为改革试点和全面推开两个阶段。

2002年1—9月为改革试点阶段。全市市、县（区）两级分别在不同行业、不同类型的事业单位中选择有代表性的37个事业单位进行试点。2002年1月14日，中共保山市委、市人民政府召开保山市事业单位人事制度改革动员大会，共1000多人参加会议，会议对全市事业单位人事制度改革工作进行全面部署。会后各市、县（区）相继成立由分管人事工作的政府领导任组长、有关部门领导为成员的事业单位人事制度改革领导小组及办公室，领导小组下设办公室在市、县（区）人事行政部门，各事业单位和行政主管部门也相应成立由主要领导任组长的事业单位人事制度改革领导小组及办公室，具体负责本地区、本部门的事业单位人事制度改革日常工作。2月，保山市委组织部、保山市人事局制定下发《保山市事业单位人事制度改革实施意见》，保山市人事局、保山市财政局下发《关于事业单位工资统发与搞活内部分配有关问题的通知》。3月，保山市委组织部、保山市人事局下发《转发〈关于事业单位人事制度改革若干问题的补充意见〉》，并转发中共云南省委组织部、云南省人事厅就《云南省事业单位聘用制试行办法》和《云南省事业单位人事制度改革实施意见》下发实施中的相关问题的补充意见。5月，中共保山市组织部、保山市人事局、保山市机构编制委员会办公室下发《转发〈关于印发云南省事业单位聘用制改革实施进度意见的通知〉的通知》，要求各县（区）、市直各部门结合本地区、本部门实际情况，拟定具体的事业单位人事制度改革时间进度表，积极稳妥、分期分批完成事业单位人事制度改革工作。

根据《保山市事业单位人事制度改革实施意见》，市、县（区）确定事业单位人事制度改革试点单位和改革工作方案，市、县（区）两级分别在教育、文化、卫生、农业、林业、水电系统共确定改革试点单位37个，其中市直6个，隆阳区5个，施甸县3个，腾冲县6个，龙陵县3个，昌宁县14个。各试点单位结合单位实际，按照规定的程序和方法步骤，研究制定出本单位人事制度改革实施方案及相关配套改革方案经事业单位人事制度改革领导小组办公室审批后组织实施。

在试点单位取得成功经验的基础上，从2002年9月起在全市全面推开事业单位人事制度改革工作。2002年9月，中共保山市委、市人民政府召开保山市事业单位人事制度改革会。10月，中共保山市委组织部、市人事局下发《关于事业单位人事制度改革若干问题的补充意见》，下发《保山市人民政府办公室转发云南省人民政府办公厅关于在事业单位试行人员聘用制度意见文件的通知》。12月，保山市建设局、保山市财政局制定下发《关于事业单位实行搞活内部分配有关住房公积金缴存问题的通知》。

2003年3月，全市事业单位人事制度改革全面铺开，事业单位聘用制逐步推行，为加强聘用合同管理，维护双方当事人的合法权益，保山市人事局研究制定下发《关于印发〈保山市事业单位聘用合同鉴证试行办法〉的通知》，规范聘用合同的管理和鉴证工作，同时启用“保山市人事局聘用合同鉴证专用章”，开始对事业单位聘用合同进行鉴证。6月，市事业单位人事制度改革领导小组办公室组织召开全市事业单位人事制度改革工作座谈会。截至2003年5月，全市事业单位人事制度改革取得阶段性成果，市级事业单位、昌宁县、腾冲县等的事业单位人事制度改革方案审批过半或进入收尾阶段，全市有657个事业单位进行人事制度改革，5837人签订云南省人事厅统一印制的《云南省事业单位聘用合同书》。7月，中共保山市委组织部、保山市人事局下发《关于重申严格执行机关事业单位职工退休政策规定的通知》，分别就退休条件、退职条件、延长退休条件、退休退职及延长退休年龄的审批权限四个方面对国家机关事业单位职工退休退职的基本条件和审批权限进行重申。

2004年2月，经市人民政府第25次常务会议研究同意，下发《保山市人民政府办公室关于印发〈保山市市级机关事业单位新招聘工勤人员考试暂行规定〉和〈保山市事业单位新招聘专业技术人员（职员）考试暂行办法〉的通知》，对财政全额拨款、差额拨款的各类事业单位新招聘大中专毕业生和从自收自支事业单位及企业调入的专业技术人员（职员）的原则、条件、基本程序与方法等作出明确规定，建立起事业单位新补充人员实行公开考试招聘制度。至2004年年底，全市以聘用制为核心的事业单位人事制度改革第一阶段工作基本结束，聘用制度在全市1440个事业单位已初步建立，占全市事业单位总数1446个的99.6%，已签订聘用合同的事业单位职工33665人，占全市事业单位职工总数34293人的98.2%，聘用制度在全市事业单位已初步确立，为建立和完善全新的事业单位人事管理制度奠定了基础。

2005年3月，保山市人民政府决定授予市事业单位人事制度改革领导小组办公室、保山市广播电视局、保山市人民医院、保山市幼儿园等20个单位“事业单位人事制度改革先进单位”称号。

第四十一编　民族宗教

榕树下的欢歌

综 述

保山是一个集民族、山区、边疆、贫困为一体的多民族散杂居地级市，全市有36个少数民族。其中，彝、傣、白、傈僳、回、苗、布朗、佤、阿昌、德昂、景颇、满等12个民族为世居少数民族。傣、傈僳、景颇等民族为主要跨境民族。1982年第三次全国人口普查时，少数民族人口有160039人，占总人口的8.47%，其中人口上万的有彝族、傣族、白族、傈僳族；人口在千人以上的有回族、苗族、佤族、阿昌族；彝族人口最多，为54623人。至2005年，全市少数民族总人口234889人，占全市总人口的9.69%。12个世居少数民族中，已有6个民族人口突破了万人。

在漫长的历史发展过程中，由于保山整个地理环境的相对阻隔和封闭，保山少数民族形成了“小聚居，大分散”的特点，不同的小聚居区，组成了体貌、气质、语言、服饰及生产生活方式各不相同的民族共同体，即使是同一民族，由于分布在不同的区域，也有个性上的差异。由于民族众多，其言语属系也多，除汉族、回族外，保山少数民族的言语属系分属汉藏缅语系、南亚语系。其中汉藏语系的有藏缅语族的彝语支（彝语、傈僳语）、白语支（白语）、景颇语支（景颇语）、阿昌语支（阿昌语），壮侗语族的壮傣语支（傣语），苗瑶语族的苗语支（苗语）。属南亚语系孟高棉语族的有佤语支（佤语、德昂语）、布朗语支（布朗语）。保山回族使用汉语，满族也使用汉语。

保山境内各民族都有自己的宗教信仰，属多宗教地区。既有从远古流传至今的自发性原始宗教，又有从内地传来的汉传佛教、道教和伊斯兰教，还有直接从国外传入的南传上座部佛教、基督教。不仅内容丰富，而且具有浓郁的地方特点和民族特点。由于各种宗教并存，境内许多人既信佛教，也信道教和其他宗教，构成了区域内宗教的多样性特色。

保山市有佛教（含南传上座部）、道教、伊斯兰教、基督教四大宗教。1982年3月，中共中央《关于印发我国社会主义时期宗教的基本观点和基本政策的通知》下发后，全市各县（区）相继恢复和成立了伊斯兰教协会、佛教协会、道教协会、基督教协会等宗教团体和组织。2005年12月建立了市级基督教“三自”爱国运动委员会、市基督教协会。有依法登记的宗教活动场所291处，其中佛教寺院146处；道教宫观64处；伊斯兰教清真寺35处；基督教教堂（含基督教堂点）46处。全市有宗教教职人员839人，其中佛教372人；道教138人（不含正一道）；伊斯兰教105人；基督教224人。尚有未办理登记的宗教活动场所160余处。全市有信教公民约24.4万人，占全市总人口的10%左右。回族、傣族、德昂族全民信教。信教公民主要分布于全市的48个乡（镇）（办事处）。全市经批准登记开放的宗教活动场所管理组织健全，规章制度完善，活动正常有序，遵守法律法规，管理工作趋于制度化、法制化和规范化。

第一章　机构沿革

第一节　民族事务机构

1979年，地委统战部成立边疆民族科，成为地委管理民族工作和民族事务局的专门机构。

1980年8月，保山地区民族事务委员会正式成立，有1名副主任主持工作。地区民族工作队撤销。1985年，地区民委成立办公室，与中共保山地委统战部办公室合署办公。

1987年1月，实行民族事务委员会制度，由地直单位和五县（市）推荐产生委员39人，共同管理全区民族事务。

1988年3月1日，地区民委与地委统战部分设办公，民委正式划归行署，为行署正县（处）级机构，称“保山地区行政公署民族事务委员会”，成为行署的民族工作职能部门。

1989年2月，行署决定宗教工作划归民委，成立宗教科，同时设立经济建设科，至此，保山地区民委内设办公室、经济建设和宗教3个科室。核定行政编制12人。

1990年9月，宗教科从行署民委分出，设立保山地区行政公署宗教事务局，为行署直属副县（处）级单位。行署民委内设办公室、经济科两个科室，编制8人，在职8人。

1994年12月机构改革，经保山地委决定撤销宗教事务局，将其职能并入民委，设立保山地区民族宗教事务局。下设综合、经济、宗教3个科室，核定行政编制9人，工勤编制2人，总编制共11人，领导职数3人，局长1人，副局长2人。

保山撤地设市后，2001年8月，行署民宗局改设为保山市民族宗教事务局，内设办公室、经济建设科（挂文教法制科牌）、宗教科3个科室，编制11人，其中局领导职数3人，局长1人，副局长2人，科室领导职数4人。

至2005年，机构无变化。

第二节　宗教事务机构

1975年7月，恢复地委统战部，代管全区宗教工作。1980年地委统战部设宗教科，主管全区宗教工作。

1989年2月，地委统战部宗教科划归行署民委，为民委内设科室。

1990年9月，行署民委宗教科升格为行署副处级单位，称保山地区行政公署宗教事务局，挂靠行署民委分设办公，定编4人，有专职干部3人。

1994年12月机构改革，行署民族事务委员会与行署宗教事务局合并成立保山地区行政公署民族宗教事务局；核定行政编制9人，工勤人员2人。

2001年8月，保山地区行政公署民族宗教事务局改为保山市民族宗教事务局，至2005年无变化。

第三节　宗教团体

一、佛教协会

1978年中共十一届三中全会后，各县逐渐恢复佛教协会。1982年保山县首先恢复佛教协会，会址在梨花坞，设会长1人，副会长1人。有僧尼83人，主要分布在梨花坞、卧牛寺和卧佛寺3个寺庙。

1982年，施甸县于甸阳镇双龙寺成立佛教小组。1986年1月25日佛教小组迁入山脚村戒月庵。1987年4月10日，施甸县佛教协会成立，设正、副会长、秘书长、出纳等职，有委员14人，其中有4人为居士，常住僧尼10人。

1984年8月31日至9月3日，腾冲县在法藏寺召开腾冲县佛教协会第一届代表大会，成立腾冲县佛教协会，民主选举产生理事会。会长1人，副会长2人，有僧尼116人，分布在县内36个寺庙。此后，腾冲县佛教协会分别于1988年11月、1993年11月、2000年8月、2005年9月，召开第二、三、四、五届代表大会，选举产生理事会、会长、副会长、秘书长。

1989年12月，龙陵县佛教管理小组在龙山寺成立，有僧尼28人，主要分布在龙山、镇安、龙江和象达4个乡（镇）的7个村（办事处）。1990年，经龙陵县政府批准的佛教活动场所有云龙寺和龙山寺2个。至2005年，龙陵县尚未成立佛教协会。

1990年，昌宁县佛教领导小组设于龙潭大慈寺，2000年昌宁县佛教协会成立。

截至2005年年底，保山五县（区）均成立佛教协会或佛教管理小组，各县（区）的佛教内务均由佛教协会或管理小组处理。

二、道教协会

20世纪70年代，各县道教组织时有时无，无正常的活动。1984年，腾冲县首届道教代表大会召开，并成立腾冲县道教协会，会址设于仙乐观王母阁，会长1人，副会长2人。协会成立后，协助政府宣传贯彻党和国家宗教信仰自由的政策，加强对道教寺观、道众及宗教活动的管理，保护和建设道观等名胜古迹。此后分别于1989年8月、1994年4月、2003年8月召开腾冲县第二、三、四届道教代表大会，并选出会长、副会长及秘书。

1987年10月，保山市在湾子村三清殿成立道教管理小组，1999年迁至太保山玉皇阁道观。保山撤地设市后更名为隆阳区道教管理小组。2005年，隆阳区有道观12座，有道徒28人，信教群众约有2.4万余人，不出家散居的正一道约280多人。

截至2005年，保山市道教团体组织仅在腾冲县和隆阳区组织成立，其他3县尚未建立。

三、伊斯兰教协会

1978年，成立保山县伊斯兰教清真寺民管小组。1982年成立中国伊斯兰教协会昌宁小组，同年改称昌宁县伊斯兰教协会。1984年，保山县伊斯兰教协会成立，会长1人，副会长2人。1985年8月，腾冲县伊斯兰教协会成立，召开第一届代表大会，会长1人，副会长2人。有委员9人。1989年12月28—30日，召开腾冲县伊斯兰教第二届代表大会，选举产生第二届理事会，会长1人，副会长5人。此后第三、四、五届腾冲县伊斯兰教代表大会分别于1994年10月、2000年8月、2005年8月召开，并选出会长、副会长及秘书。1986年5月，施甸县伊斯兰教协会成立。至2005年，全市有隆阳区、施甸县、腾冲县、昌宁县建立了伊斯兰教协会。

四、基督教协会

1982年11月，中国基督教“三自”爱国运动委员会与云南分会派人到保山，帮助恢复成立云南省基督教“三自”爱国运动委员会保山分会。是年，保山县有按立牧师圣职1人，长老1人，秘书2人，会员847人，其中汉族158人，傈僳族689人。分会会员分布在全县11个区的40个村寨。

1982年，成立昌宁县勐统长山芦蒿坝基督教管理小组。

1983年，龙陵县政府批准基督教会恢复活动，并建立龙陵县基督教“三自”爱国运动领导小组。1987年10月龙陵县基督教“三自”爱国运动委员会成立。

1986年12月5—8日，在腾冲西门教堂召开腾冲县第一届基督教代表大会。大会制定《腾冲县基督教三自爱国运动委员会章程》，成立腾冲县基督教“三自”爱国运动委员会，民主选举产生理事会，会长1人，副会长2人。1988年5月，腾冲县基督教“三自”爱国运动委员会开办腾冲“三自爱”玉雕厂，逐步实现基督教自养。腾冲县第二、三届基督教代表大会分别于1991年12月、2003年8月召开，会议分别选举产生会长、副会长、秘书。

2000年11月，保山市（县级、后来的隆阳区）成立基督教协会。2005年统计，全市有基督教堂23所（以堂代点活动点14个），有教牧人员170人。其中牧师3人，长老35人，执事93人，传道员10人，礼拜长29人，教徒2700人。

2005年12月成立保山市基督教“三自”爱国运动委员会和保山市基督教协会，12月21日召开保山市基督教两会第一次代表大会，59名代表出席会议，大会通过保山市基督教协会章程，选举产生第一届委员会委员11人，选举产生第一届常务委员会常委5人，选举保山市基督教“三自”爱国运动委员会主席兼保山市基督教协会会长1人，选举副主席、副会长2人，秘书长1人，副秘书长2人，兼总干事1人，兼副总干事1人，名誉主席（会长）1人。

第二章　民族事务

第一节　少数民族干部培养

1978年中共十一届三中全会后，根据新时期民族工作任务，保山地区在认真总结经验教训、拨乱反正的基础上，采取一系列行之有效的措施，使培养少数民族干部的工作得到恢复和发展。地区和五县通过落实干部政策，平反“文化大革命”和历次政治运动的冤假错案；采取多种措施，全面提高少数民族干部素质，拓宽少数民族干部来源，选拔一批少数民族优秀中青年干部担任各级领导职务，稳定和扩大少数民族干部队伍。同时，中国人民解放军和武警部队也给地方输送大批少数民族干部。全区少数民族干部队伍不断扩大。少数民族干部的思想文化素质有了显著提高。所有世居民族都有了自己的大学生和专家、学者。地、县（市）、乡（镇）各级都有少数民族干部担任领导职务，部分还担任主要领导职务。

1985年，行署民委协同组织人事部门，对在全区各级各部门担任副科级以上职务和具有中级以上科技职称的少数民族干部进行一次全面摸底登记，并对500多名少数民族干部进行培训和轮训，有的还被送到省级机关和发达地区见习工作，选派到农村基层锻炼，组织到国内外考察，其中阿昌族和德昂族的妇女代表还被推荐参加在北京召开的第四次世界妇女大会，大大提高各民族干部的思想文化素质和实际工作能力。同年，全区有县级少数民族干部53人，占该层次领导干部总数的13%，其中新提拔6人，占18.2%。

1988年开始，省委组织部、省教委、省民委委托省内7所大专院校（即：云南大学、云南民族大学、云南师范大学、云南农业大学、云南经济管理干部学院、云南教育学院、昆明市委党校）10个专业开办少数民族干部专修班。保山地区按上级下达的指标任务，积极开展少数民族中青年干部在职学习、学历培训工作，使一大批民族干部经过组织推荐，考试入学，得到深造。1991年9月，保山行署民委会同行署水电局，选送6名少数民族干部，即：左学（彝族）、胡栖恺（彝族）、祁玉龙（彝族）、亢润芳（女，傣族）、孟福祚（佤族）、马文锋（回族），到北京中央民族大学同加拿大西蒙弗雷泽大学合办的区域经济开发规划管理专业培训班学习，为期1年，1992年6月底结业归来，均取得结业证书。1997年，《云南省民族乡工作条例》颁布后，全区15个民族乡均由建乡民族的干部任乡长，同时在14个民族乡选配自己民族的人大副主席。2000年，全区县（市）党政一把手有4位少数民族，县（市）党政领导班子中，有少数民族干部11人，乡（镇）党政领导班子中有民族干部95人。2002年，市委办制发《关于进一步做好培养选拔少数民族干部工作的实施意见》，按这一《意见》，市委组织部、市民宗局、市委党校积极筹办首届全市少数民族干培训班，并于次年1月对来自全市15个民族乡和边境乡的党委书记、乡（镇）长以及少数民族干部72人进行培训，使全市民族干部的理论素养、战略思维、党性修养有明显提高。在2002年的乡（镇）换届中，全市共有134名少数民族干部选进乡（镇）领导班子，占乡（镇）干部的7.6%。至2002年年底，全市有少数民族干部3700多人，占干部总数的8.55%。其中厅级9人，县处级59人（正处16人），乡科级实职266人（正科113人），分别占各职级干部的24.3%、12.8%、13.1%；专业技术人才2489人，其中高职78人，中职776人，初职163人，分别占各级别专业技术人员的10.9%、9.3%、7.6%。2003年县（区）换届，21名少数民族干部进入县级领导班子。2004年起，在公务员招考中，在保山市千人以上万人以下的七种世居少数民族（即苗族、布朗族、佤族、阿昌族、景颇族、德昂族、满族）聚居的乡（镇）设置特定岗位，适当放宽条件，由本民族优秀青年定向报考，2004、2005年特招7名少数民族公务员。

2005年年初，省、市相继召开人才工作会议，民族干部工作得到进一步加强，市民宗局在全市人才工作会上作了题为《抓关键　积极推进我市少数民族人才队伍建设》的书面交流。市、县（区）民族宗教部门积极配合组织、人事部门做好民族干部工作。围绕着实施边疆民族地区人才振兴工程，认真开展边疆民族地区人才需求状况调研，在深入调查研究的基础上，针对各民族发展不平衡的现状提出一些切实有效的特殊措施。

至2005年年底，全市有少数民族干部3807人，占干部总数的9.47%。其中厅级8人，县处级50人，乡科级实职283人，分别占各职级干部的27.6%、12.6%、12.0%；专业技术人才2774人，其中高职112人，中职771人，初职1791人，分别占各级别专业技术人员的9.4%、7.8%、11.1%。

第二节　少数民族经济扶持

1978年中共十一届三中全会后，全区各县通过拨乱反正，恢复和完善各项民族政策，使少数民族地区经济建设发生新的飞跃。同时，认真落实中共云南省委召开的全省边疆民族工作会议精神，将龙陵、腾冲两县列为边疆县，在农村推行家庭联产承包责任制等方面给予一些优惠政策，极大地调动了各族农民的生产积极性，促进了民族地区粮食大幅度增产，并提高农副产品收购价格，调小生产规模，放宽自留地和集市贸易政策，减免公余粮征购等，少数民族群众的生活逐渐改善。

1981年8月，根据中央批准的《云南民族工作汇报纪要》精神，保山地区对少数民族聚居的山区开发和经济发展提出3条思路：一是发展茶叶种植、加工；二是发展经济林果；三是发展畜牧业。并制定17项具体优惠措施，使少数民族群众一改“靠天吃饭”的历史，打破“以粮为纲”的单一经营格局，走上了多种经营的脱贫致富道路。同时，对民族地区采取一系列特殊政策措施，在鼓励发展乡镇企业、交通能源、集市贸易等诸方面给予适当照顾。如1977年起，调减腾冲古永、瑞滇、明光3个傈僳族聚居的边境公社征购粮146.72

万千克，傈僳族聚居的4个大队65个生产队全部减免公粮征购，并陆续由政府拨款为傈僳族社队购买拖拉机、插秧机、碾米机、脱粒机等机械。1980—1985年，各级政府先后拨款223.35万元，帮助腾冲县猴桥、黑泥塘、胆扎、自治、桃树河、新华等43个少数民族村寨建微型电站15座，共1114千瓦。1984—1985年，为改善边境小集镇环境，省有关部门拨款20万元，修建古永乡猴桥、胆扎和瑞滇乡联族及明光乡自治等集市街道。少数民族地区乡镇企业异军突起。彝族地区、傣族地区的畜牧业、经济林果种植，傈僳族地区的矿业及山区林木资源逐步发展成为当地的拳头骨干产业，并带动了农副产品加工、运输等产业的发展，各族群众的家庭经济收入明显增加，生活显著改善。

“八五”期间，全区15个民族乡中有11个是省、地级的扶贫攻坚贫困乡，其中瓦窑、瓦马、珠街、耈街等4个乡是省级扶贫攻坚乡。经过几年的努力奋斗，到“九五”中后期的1999年年底，共有木城、摆榔、古永、耈街4乡达到当时解决温饱的衡量标准，并通过了省、地有关部门的验收。

1991年8月5日，国家民委等四部委调整确定包括龙陵县在内的全国421个民族贸易县（旗、市）。龙陵县作为国家确定的民族贸易县，享受有关的优惠政策。民族贸易县的商业、医药公司、供销社和新华书店的流动资金贷款实行优惠政策，“八五”和“九五”期间给予享受减免征收营业税、所得税以及民贸网点建设贴息贷款等照顾。同年7月8日，国家民委等四部委确定全国500个纺织系统民族用品定点生产企业，其中保山地区有8个，即：保山市丝绸厂、保山地区针织厂、保山棉织厂、腾冲民族织染厂、腾冲县民族服装厂、昌宁县民族服装厂、龙陵县民族服装厂、施甸县民族服装厂。同年9月11日，国家民委等4部委再次确定全国1791个轻工系统民族用品定点生产企业，其中保山地区有10个，即：保山市民族手帕厂、保山市五金制品厂、保山市民族木器厂、腾冲县工艺美术厂、腾冲县藤帽厂、腾冲县烟花爆竹厂、腾冲县民族制镜厂、腾冲县民族木器厂、龙陵县民族农具厂、昌宁县果脯罐头厂。这些民族用品定点生产企业在“八五”期间的流动资金贷款实行优惠利率，享受减免产品税、增值税、所得税和企业生产技术改造专项贴息贷款等照顾。“九五”期间，全国民族用品定点生产企业又作了调整确定，并继续享受“八五”期间所实行的各项优惠政策。保山地区“九五”期间被确定的纺织企业有6个，即：保山市纺绸厂、保山地区针织厂、腾冲县民族织染厂、腾冲县民族服装厂、保山民族手帕厂、施甸县银川综合厂；被确定的轻工企业有5个，即：保山市五金制品厂、保山市民族木器厂、保山新华肥皂厂、龙陵县茶叶机械厂、腾冲县工艺美术厂。“十五”期间保山保龙公司、保山新华肥皂厂被列为民族用品定点生产企业，“十一五”期间保山新华肥皂厂被列为民族用品定点生产企业。

1993年2月，地委、行署确定全区48个乡（镇）为烤烟重点乡和基地乡，其中有瓦窑、摆榔、木老元、木城、耈街、珠街6个民族乡。烤烟成为这些民族乡的重要骨干产业，为促其脱贫发展发挥了重大作用。

1997年，由省民委牵头主抓的全省电脑农业专家系统推广工作，在获得试点成功的基础上，第一批推广到全省35个县，其中保山地区有龙陵县。1997年又在全省新增20个县（市），其中保山市、腾冲县作为新增县份。电脑农业专家系统的推广应用，大大推动少数民族地区的经济发展。几年间，保山市的3个推广县（区）在各级民族部门认真牵头负责、农科部门密切支持配合、农村广大干部群众积极努力下，电脑农业专家系统在许多乡（镇）的多种粮经作物类上得到推广运用，产量、产值均有较大增长，经济效益显著。尤其龙陵县推广实施的成功经验，得到省里的充分肯定。

2002年起，国务院、省政府相继制定《扶持人口较少民族发展规划》，采取很多的特殊政策措施，认真实施坚持分类指导、因地制宜、因族举措，在实施“三免费”教育、综合扶贫开发、安居工程建设、基础设施建设、干部教育培养等方面加大扶持力度，促进人口较少民族的发展。保山市2乡14个行政村列入全省人口较少民族重点扶持。2003年，市委、市政府制定《关于对保山市3个人口较少特有民族采取特殊措施加快脱贫发展步伐的实施意见》。2005年省民委下达专项经费510多万元，确定隆阳区潞江乡芒颜德昂族村、施甸县木老元乡哈寨布朗族村、腾冲县新华乡梅子坪阿昌族村、昌宁县卡斯乡卡斯布朗族村、龙陵县河头乡芒麦阿昌族村为首批试点村，认真实施整村推进工作，取得明显成效。

截至2002年，全市15个民族乡118个民族村农民人均纯收入达1087元，是1990年的3倍多；农民人均粮食产量366千克；4个民族乡地处亚热带，经济发展较快。民族乡培育支柱产业成效显著，芒宽乡、潞江乡、湾甸乡充分发挥地处亚热带的优势，经济发展水平位居全市前列，培育了甘蔗、咖啡、蔬菜、水果、茉莉花等特色农业产业。芒宽乡、潞江乡已基本形成以杧果、香蕉、咖啡、龙眼等为支柱的产业体系，并初步形成水果加工基地。珠街乡、木老元乡、摆榔乡已基本形成以烤烟、鱼腥草、林业、畜禽养殖为支柱的产业体系，3个民族乡烤烟种植面积2400亩，产量4.8万吨以上，泡核桃1.8万亩，产量450吨，林木商品量1.7万多立方米，年大牲畜出栏近万头，羊出栏近万只。耈街乡在以烤烟、泡核桃、畜牧业为支柱产业的同时，培育起了以白酒酿造、机制红砖生产和农副产品加工、营销等为重点的二、三产业，烤烟年产量4.4万担，泡核桃年产量1000多吨，居全市的首位和前列。该乡生产的白酒“耈酒”年产1500吨，畅销滇西市场。

从1995—2005年，少数民族和民族地区经济社会得到持续稳定发展，2005年与1995年相比，全市15个民族乡（镇）农业总产值由48672万元增加到92484万元，增长90.01%；工业总产值由4538万元增加到17753万元，增长291.21%；粮食总产量由117352吨增加到149355吨，增长27.27%，人均占有粮食450千克；农民人均纯收入由720元增加到1500元，增长108.33%；财政收入由1536万元增加到8565万元，增长457.62%；财政支出由2803万元增加到7972万元，增长184.41%；固定资产投资达到15288万元。

至2005年，芒宽彝族傣族乡、潞江傣族乡、猴桥镇财政收入突破千万元大关，分别达到1339万元、1329万元、1270万元。隆阳区西山四乡，即瓦房彝族乡、汶上彝族苗族乡、杨柳白族彝族乡、瓦马彝族白族乡人均产粮达到500千克以上，分别是609千克、560千克、534千克、521千克。湾甸傣族乡、芒宽彝族傣族乡、荷花傣族佤族乡、潞江傣族乡农民人均纯收入已达到2000元左右，分别是2239元、2092元、1946元、1914元，其中乡（镇）生产条件较好的傣族和彝族的农民人均纯收入也已突破2000元。少数民族聚居地村民委员会通公路率为74.8%，芒宽、潞江、湾甸、荷花4个民族乡和其他河谷地带的少数民族聚居地基本实现了沟渠灌溉，人畜饮水条件大为改善。

第三节　少数民族文化发展

一、少数民族教育

1978年中共十一届三中全会后，民族教育重新得到重视，各县相继恢复“文化大革命”前行之有效的扶持民族教育的一系列特殊政策措施。包括对边疆20千米以内的民族中小学生给予生活补助，对贫困山区的民族学生实行免交学杂费、书籍费、文具费等，全区民族教育得以快速发展。至1979年，全区少数民族适龄儿童入学率达89.3%，巩固率为80%，合格率为30%。同年，全区中学少数民族在校生为2130人，占中学在校生总数的3.3%。

1980年，为提高少数民族干部的科学文化、政治理论和业务管理水平，为民族地区的经济建设培养各种专业技术人才，促进少数民族经济和文化的发展，经省教育厅批准，保山地区在太保山南侧建立民族干部学校，开始对少数民族干部进行培训、轮训。同年，根据区内少数民族居住分散的实际，省教育厅批准定点设立两所寄宿制民族小学，分别在所属五县的8个小学设寄宿班。其分布为，保山县的瓦马小学、敢顶小学，施甸县的摆榔小学、木老元小学，腾冲县的自治小学、猴桥小学，龙陵县的黄连河小学和昌宁县的芒尾小学。

1984年，按照教育部提出的在山区和边疆民族地区普及小学教育，要贯彻寄宿、集中、公办、全日制为主的方针，全区加强对寄宿制民族小学的建设，并在教师编制、班额、学生入学年龄、学籍管理等方面放宽要求，大大促进全区少数民族教育的发展。当年，龙陵县27校，昌宁县25校。半寄宿制小学少数民族在校生达2466人，根本上减少了少数民族学生的流失，有效地提高少数民族小学生的巩固率和毕业率。

1985年秋，由行署民委和保山市、腾冲县民委筹措学生生活补助、开办费，由保山一中面向全区择优招收50名农村户口的少数民族初中毕业生，开办民族初中班。随后，施甸、龙陵、昌宁3县第一中学相继开办了民族初中班。地区农校、财校、卫校、工校和保山师范学校，也都采取降低分数线，定向录取少数民族学生的措施，多渠道培养少数民族学生。1988年，保山师范专科学校开办民族预科班，降低一定分数线，定向招收山区和民族地区的学生，先补习一年初、高中知识，期满合格后，第二年再转入高等普通专科学习。至1989年10月，全区在校学生总数为326348人，其中少数民族学生27068人，占8.29%。学生总数中，小学在校生为238665人，其中少数民族学生21337人，占8.94%。师范专科学校在校生468人，其中少数民族学生43人，占9.19%。全区寄宿制民族小学共有在校生

1745人，其中少数民族学生1225人，占70.20%。半寄宿制高小校、点120所，共有在校生12345人，其中少数民族学生3334人，占27.01%。同年，全区有13所挂牌民族中学，共开办15个民族初中班，有在校学生5894人，其中少数民族学生1574人，占26.71%。全区有少数民族职工979人，占教职工总数的5.6%。少数民族专任教师904人，占专任教师总数的6.26%。

1979—1989年，全区共有344名少数民族考生被录取到省内外大专院校学习，占同期全区录取大中专学生总数的8.2%。同时，各级各类学校培养的少数民族学生毕业回乡后，运用自己学到文化科学知识和技能，为当地的经济建设和文化建设服务，有的成为依靠科技带领群众脱贫致富的带头人，受到各族群众的广泛赞誉。

1990年，挂牌成立保山市民族中学、腾冲县民族中学，使部分品学兼优的乡村学生得以到民族中学接受中学教育。

1997—1998年，地区民宗局管理使用“边境特困助学基金”，两年中，省安排下达36万元到腾冲、龙陵两县，缓解边境民族乡部分特困民族生的就学困难。至2002年年底，通过市、县（区）两级民族教育扶持，全市95%以上的民族青少年均完成九年义务教育，有的还进入高中、中专、大学深造。

1999—2004年，省民委、省教育厅、省财政厅共下达保山市“三免费”教育（免书费、杂费和文具费）1134.73万元，6个边境乡（镇）、2个人口较少特有民族乡、14个村享受，受益中学生10313人次，小学生65977人次。取得较好的社会效益，缓解边境及人口较少特有民族地区少数民族学生上学难的问题，边境一线小学入学率和巩固率明显提高，对提高边境及人口较少特有民族地区的教学质量、巩固“普六”、推进“普九”，加快民族地区教育事业的发展起到促进作用。

2002年，全市中小学校学生总数为356142人，其中少数民族学生35599人，占总数的10%。学生总数中：初中在校生115744人，少数民族初中生13248人，占11.45%；小学在校生240398人，少数民族小学生22351人，占9.30%。初中生分民族为：彝族4529人，占全市少数民族初中生人数的34.19%；白族2260人，占17.06%；傣族2549人，占19.24%；傈僳族1172人，占8.85%；回族1116人，占8.42%；苗族270人；阿昌族244人；布朗族289人；其他少数民族学生819人。小学生分民族为：彝族7495人，占全市少数民族小学生人数的33.53%；白族3607人，占16.14%；傣族4130人，占18.48%；傈僳族2973人，占13.30%；回族1118人，占5.00%；苗族940人，占4.21%；布朗族757人，占3.39%；阿昌族326人；其他少数民族学生1005人。

二、少数民族体育

2004年10月24—29日，保山市举办第一届体育运动会民族体育项目。此次市运会设立陀螺、射弩、武术三项民族体育竞赛项目和民族体育表演项目。来自五县（区）的200多名彝、傣、白、傈僳、回、阿昌、布朗、苗等少数民族运动员参加民族体育项目的角逐。在民族传统体育竞技项目比赛中，五县（区）及市直代表队获奖情况为：隆阳区获得12枚金牌、3枚银牌、3枚铜牌，奖牌总数位居第一；龙陵县获得3金、1银、5铜；昌宁县2金、9银、5铜；腾冲县2金、5银、4铜；施甸县1金、2银。五县(区)代表队共精心选送10个民族表演项目，昌宁县代表队表演的彝族赛酒绝技“智度莅”、龙陵县代表队表演的傈僳族民间传统体育健身项目“嘟哒哒”获此次比赛一等奖；隆阳区代表队表演的彝族健身项目“大钹嗒儿四”、施甸县代表队表演的布朗族项目“埃乌跆儿震儿踦儿踦儿”(打草鞋)、腾冲县代表队表演的阿昌族武术演练项目“阿昌腊哈列”获二等奖；龙陵县的傣族花棍“来环傣”、昌宁县苗族弓弩“哝子”、施甸县的傣族棍舞“嗒啰”、腾冲县的傣族武术项目“睐目哈卜来庶少”、隆阳区的傣族健身项目“杆贡密”等5个项目获三等奖。(详见“体育”编)

三、少数民族文化

20世纪80年代，民族文化工作迎来新的春天，许多民族歌舞、传说、音乐等重新被重视。同期，各专业文化队伍整理了大量的民族歌舞、戏剧等节目。同时，为了丰富少数民族文化，腾冲县于1980年在少数民族地区建立流动图书馆，1983年后施甸等县也在民族区建立了图书流动点，以扩大少数民族的读者面，提高少数民族的科学文化素质。其间，腾冲佤族清戏的挖掘、整理，为全国戏曲艺术界所瞩目，成为国内少有的民族珍贵剧种。

20世纪80年代中后期，行署文化局和行署民委先后编辑出版《保山地区民族音乐选集》《保山地区民间舞蹈集成各县市资料卷》《保山地区民间歌曲集成》等，同时出版民间传说、故事集《散落的珍珠》。1987年1月，保山成立“云南省民族理论研究学会保山分会”，并创办会刊《保山民族研究》。理事会由23人组成，设常务理事8人，理事15人。会长胡应舒(傈僳族)，副会长朗和(傣族)、王保宁(傣族)、周文林(汉族)。他们4人同时也是《保山民族研究》的主编和副主编。后来由于部分学会成员工作变动，1992年7月3日召开常务理事扩大会议，对学会和会刊人事作了部分调整：名誉会长朗和(傣族)，会长王保宁(傣族)，副会长罗国泰(彝族)、李淳信(白族)，会刊主编罗国泰，副主编李淳信、郭朝庭(彝族)、段一平(汉族)。《保山民族研究》自1987年8月10日编印出版第1期，至1997年年初的近10年里(后因故学会停止活动，会刊停办)，共发行(内部)会刊12期，编纂各类文章累计271篇104万余字。期刊文章涉及保山民族历史文化、民族经济、民族教育、民族艺术、民族医学、民族风情、民族工作等多领域，多角度进行研究探索，并以赠阅交流的方式案送省内外有关民族部门科研单位和大中专院校，得到中央和省级有关研究机构及专家学者的肯定，其中有些颇有独到之处的论文研究成果引起社会关注，并予以较高评价。

1998年5月22日，保山行署命名了全区10个乡(镇)为“民间艺术之乡”，其中有5个为民族乡：古永傈僳族乡(称“傈僳族刀杆艺术之乡”)、荷花傣族佤族乡、珠街彝族乡、潞江傣族乡、瓦房彝族乡。

2000年7月2—10日，国家民委、省人民政府在昆明举办首届中国民族服装服饰博览会。保山地区征集并由专人送往博览会民族服装服饰32件，其中德昂族20件，傈僳族8件，傣族、彝族各2件。同时，还从地区民干校选派了一名白族女教师，作为云南省参展团工作人员（解说员），参加博览会期间的会务工作，受到省里的肯定，地区民委获优秀组织奖。

2002年4月11—15日国家民委在保山召开西部民族文化研讨会。国家民委主任李晋有、全国政协常委、民进中央副主席、著名作曲家王立平、国家民委文宣司、文化部政策法规司的领导及来自西部15个省区市民委的领导、文化工作者与会，会议围绕“坚持中国先进文化的前进方向”的要求，就如何保护、开发、继承、弘扬灿烂的西部民族文化进行深入的交流和研讨。同年由杨忠实等主编出版少数民族民间故事集《永昌夜谭》。

2003年9月，保山市推荐的民族传统体育表演项目“嘟哒哒”（玩棕叶）参加全国第七届民运会，荣获表演项目二等奖。“嘟哒哒”是腾冲、龙陵两县傈僳族群众中广为流传的体育健身娱乐活动，在保山市文体工作者的精心编导下，动作技巧更加丰富和激烈，在保持原有风貌的基础上，具有更加鲜明的民族性、竞技性、对抗性和观赏性。省电视台《民族风》栏目到保山民族乡拍摄反映各民族风土人情的专题片在云南电视台《民族故事》和《民族异彩》栏目滚动播出，展示了保山绚丽多姿的民族文化。

第四节　民族团结稳定

20世纪80年代改革开放时期，地区恢复成立民族事务机构，专门负责少数民族各项事业的发展，在各级党委、政府的政策倾斜下，少数民族经济得到快速发展，各少数民族都有自己的代表人物参政议政，有的成了地方党政的主要领导，各民族进入大团结、大发展的新时期，一些民族聚居乡（镇）、民族管理单位和少数民族个人受到全国全省表彰。其中1988年4月24—29日在北京召开的全国民族团结进步表彰会上，保山地区受表彰的单位有腾冲县古永傈僳族乡轮马村公所，个人有赧朝庭（傣族）、杨朝菊（女，汉族）。1994年，保山地区受全国表彰的单位有昌宁县湾甸傣族乡人民政府，个人有石春海（阿昌族）。1999年，保山地区受全国表彰的单位有县级保山市芒宽彝族傣族乡人民政府，个人有马显能（回族）、姚自生（德昂族）。

1983—1999年，省政府先后召开4次全省民族团结进步表彰大会，每次保山地区均有集体和个人受到表彰。其中，1983年8月，腾冲县民委等受表彰。1989年8月，地区师范学校等6个集体和3个个人受到表彰。1994年11月，有4个集体和4个个人受到表彰。1999年12月，有5个集体和6个个人受到表彰。

2000年9月7—8日，保山召开全区民族工作暨民族团结进步表彰大会，地委、行署表彰12个先进集体和54名先进个人。会后，地委、行署即制发《关于贯彻〈中共云南省委、云南省人民政府关于进一步做好新形势的民族工作决定〉的实施意见》的文件，同时以地委办文件决定成立中共保山地委民族工作领导小组。领导小组成立后，成为全区发展民族经济、维护民族团结的核心力量。

2005年5月，在中央民族工作会议暨第五次全国民族团结进步表彰大会上，昌宁县右甸镇勐廷村、腾冲县民宗局等2个集体被国务院授予“全国民族团结进步模范集体”荣誉称号，保山市民宗局局长郭朝庭（彝族）和腾冲县农业技术推广中心技术员杨丽芳（阿昌族）2人被授予“全国民族团结进步模范个人”荣誉称号。8月，在省委民族工作会议暨第五次民族团结进步表彰大会上，保山市民族宗教事务局、龙陵县民族宗教事务局、隆阳区芒宽彝族傣族乡党委、政府和施甸县木老元乡布朗族彝族乡党委、政府等4个集体被省政府授予“全省民族团结进步模范集体”荣誉称号，副市长李新平、昌宁县民宗局副局长马良媛（回族）、隆阳区民宗局蒙绍斌（彝族）和龙陵县芒麦村农民赵石能（阿昌族）4人被授予“全省民族团结进步模范个人”荣誉称号。全市民族工作会议暨民族团结进步表彰大会对保山民族中学等16个全市民族团结进步模范集体和杨超云等32个模范个人进行表彰。11月29日，保山市委、市政府召开民族工作会议暨第二次民族团结进步表彰大会，出台《中共保山市委、保山市人民政府关于进一步加强民族工作加快少数民族和民族地区经济社会发展的意见》，意见立足市情，总结保山民族工作的基本经验，分析民族工作面临的新形势，提出新世纪新阶段保山民族工作的主要任务和措施，是做好全市当前和今后一段时期民族工作的指导性文件。

第五节　民族区域

保山民族区域自治政策在“文化大革命”中受到严重破坏。1978年后，民族区域自治政策逐步得到落实。1983年根据中共中央、国务院《关于实行政社分开，建立乡政府的通知》规定，保山地委、行署于2月由地委书记杨善洲、地委副书记蒋明凤、地委宣传部长张培光、行署民政侨务处副处长李学德和有关单位抽人组成工作组，协助昌宁县试点。1984年1月17日，建立保山地区体制改革领导小组，全面铺开农村体制改革和基层选举，撤销农村人民公社、大队体制，改公社为区，以大队为基础建立乡人民政府，至4月29日，全区的改革工作基本完成，历时96天。按照“少数民族聚居的地方，一个民族人口占总人口的30%以上或几个民族人口占总人口的50%以上的地区，可根据当地民族关系，参照历史习惯建立民族乡”的原则，全区建立115个民族乡，占全地区新建914个乡(镇、办事处）的12.58%；其中，保山市65个民族乡；施甸县12个；腾冲县14个；龙陵县7个；昌宁县17个。按“地处国境线的地区，应建立边沿乡”的规定建立23个边沿乡，占总乡数的2.52%。其中，腾冲县11个边沿乡；龙陵县12个。

1984年5月，全区撤销人民公社、生产队，建立区乡基层政权。1988年2月，改区乡建制为乡村建制，民族区域自治政策进一步得到落实，全区在非少数民族聚居地区相继成立了15个民族乡。其中保山市7个，分别是瓦窑白族彝族乡、瓦马彝族白族乡、瓦房彝族乡、汶上彝族苗族乡、杨柳白族彝族乡、坝湾傣族乡、芒宽彝族傣族乡；施甸县2个，分别是摆榔彝族布朗族乡、木老元布朗族彝族乡；腾冲县2个，分别是古永傈僳族乡、荷花傣族佤族乡；龙陵县1个，木城彝族傈僳族乡；昌宁县3个，分别是耇街彝族苗族乡、珠街彝族乡、湾甸傣族乡。同时建立118个民族村。全区人口较多的世居少数民族都有了自己的民族乡或民族村。全区各民族乡、民族村均按1984年5月31日第六届全国人大二次会议通过的《民族区域自治法》实施了民族区域自治，使民族区域自治管理走上了法制化的轨道。

1992年5月，云南省人大常委会根据部分地区和部门民族散杂居、聚居区人口少，地域小而不能实行民族区域自治的实际，同时根据云南省民族乡建立后的情况，通过《云南省民族乡工作条例》。根据这一条例，保山地区行署发出《关于深入学习贯彻〈云南省民族乡工作条例〉的通知》，向全区各级政府部门提出贯彻执行的要求，保山地区民委及时将条例印制发至各民族乡（镇）、民族行政村，使各县小聚居区的少数民族行驶当家做主的权利得到法律的保障。

1993年全区有民族乡（镇）15个：其中保山市7个，瓦窑白族彝族乡、瓦马彝族白族乡、汶上彝族苗族乡、瓦房彝族乡、杨柳白族彝族乡、坝湾傣族乡、芒宽彝族傣族乡；施甸县2个，摆榔彝族布朗族乡、木老元布朗族彝族乡；腾冲县2个，古永傈僳族乡、荷花傣族佤族乡；龙陵县1个，木城彝族傈僳族乡；昌宁县3个，耈街彝族苗族乡、珠街彝族乡、湾甸傣族乡。

1995年，保山市坝湾傣族乡更名为潞江傣族乡。2001年，腾冲县古永傈僳族乡更名为猴桥镇。

2004年，全市民族乡（镇）有15个，其中隆阳区7个，瓦窑白族彝族乡、瓦马彝族白族乡、汶上彝族苗族乡、瓦房彝族乡、杨柳白族彝族乡、潞江傣族乡、芒宽彝族傣族乡；施甸县2个，摆榔彝族布朗族乡、木老元布朗族彝族乡；腾冲县2个，荷花傣族佤族乡、猴桥镇；龙陵县1个，木城彝族傈僳族乡；昌宁县3个，湾甸傣族乡、珠街彝族乡、耈街彝族苗族乡。

2005年年底，实施部分乡（镇）行政区划调整，全市民族乡（镇）有11个，其中隆阳区3个，瓦马彝族白族乡、瓦房彝族苗族乡、杨柳白族彝族乡；施甸县2个，摆榔彝族布朗族乡、木老元布朗族彝族乡；腾冲县2个，荷花傣族佤族乡、猴桥镇；龙陵县1个，木城彝族傈僳族乡；昌宁县3个，湾甸傣族乡、珠街彝族乡、耈街彝族苗族乡。

第三章　世居少数民族

第一节　彝　族

彝族是保山境内居住历史悠久的少数民族之一。保山市的隆阳、昌宁、施甸、龙陵4县（区）都有彝族分布，腾冲县没有彝族自然聚居村落，但有部分彝族人口散居。隆阳区有瓦窑白族彝族乡、瓦马彝族白族乡、汶上彝族苗族乡、杨柳白族彝族乡、芒宽彝族傣族乡、瓦房彝族乡；施甸县有摆榔彝族布朗族乡、木老元布朗族彝族乡；昌宁县有耈街彝族苗族乡、珠街彝族乡；龙陵县有木城彝族傈僳族乡。除彝族乡（含与其他民族联合的乡）外，彝族一般都以大分散小聚居的状况与当地其他的各民族交错而居。

保山市的彝族多居住在横断山脉海拔1000～2500米的山区或半山区。这个地带山川秀丽、资源丰富。怒江、澜沧江、黑惠江等大小河流水量充沛，高黎贡山、道人山、哀牢山动植物资源丰富，为当地的经济发展奠定了坚实的基层。保山市彝族地区以农业发展为主，农作物主要是玉米、水稻、小麦、马铃薯、荞麦等；畜牧业在山区也占相当重要的地位，其中黄牛、猪、山羊占的比例最大，成为很多农户的经济支柱。家禽饲养也是部分农户经济的主要来源之一。彝族聚居地区还盛产多种经济作物和野生药材，地下蕴藏着煤、铁、铜等金属、非金属和稀有金属。

彝族支系众多，自称、他称也颇为复杂，与之相对应的文化背景、语言状况也很难理清。保山市彝族分布较广，各支系也有不同的自称，主要有“腊罗拔”“土俚拔”“土族”“香家”等；其他民族对彝族他称有“土族”“倮倮”“香堂”等。

保山彝族所用彝语属汉藏语系藏缅语族彝语支，属云南西部方言区。保山市彝族语各地差别较大，不同支系间的彝语尽管语法结构基本相同、同源词汇较多，但发音声调变化很大，不同支系的人基本不能用彝语相互交流。彝族有自己的文字，但由于历史上文化教育落后，多数彝民只能讲彝话而不能书写，只有少数“先生”（彝族对有学问的人的一种称呼）会认、读老彝文，也只有这些“先生”家里才有少数彝文手抄本，如《指路经》《过山调》《哭娘调》《赶马调》等。随着“先生”们的逝去，保山境内能够认读彝文的人几乎绝迹，加上受汉语文化的影响，口语也逐渐向汉语靠拢。

保山彝族服饰历史悠久，风格独特，各支系服饰的图案、颜色、穿着方式都有所不同。即便支系相同，居住的地方不同，服饰也有差别。一般来说，彝族服饰由绣花图案和银器饰物两部分组成。绣花工艺有挑花、贴花、穿花、锁花、盘花、滚花、补花、刺绣等。图案内容有日月、山川、花鸟等具体事物，也有表示吉祥、爱慕等含蓄意义的；还有是抽象的文化符号，即图案中所反映的是神话传说、宗教信仰、历史迁徙路线等。

彝族是保山市人口最多的少数民族，1978年有彝族人口56178人，至2005年年末，全市有彝族人口76722人，占全市总人口的3.16%，占全市少数民族总人口的32.66%。其中隆阳区38866人、施甸县12340人、腾冲县432人、龙陵县4677人、昌宁县20407人。

保山彝族的民族节日各支系基本统一，人口较多、较有特色的是隆阳区和昌宁县的彝族节日，主要节日与农事节令和宗教信仰相关。市内的彝族节庆主要有春节（年节）、元宵节、二月八（米线节）、清明节、朝山会、端午节、火把节、七月半、吃新节（中秋节）等，最隆重的节日为春节和火把节，其他多数与市内汉族节日相同，但有些节日比汉族过得隆重，且大凡节日，均要打歌。

第二节　傣　族

保山傣族，为古代百越民族之一滇越的后裔。

全市五县（区）均有傣族分布，主要居住在怒江、龙川江和大盈江三江流域。怒江流域有隆阳区潞江傣族乡、芒宽彝族傣族乡，龙陵县勐糯乡，施甸县旧城乡，昌宁县湾甸傣族乡、柯街镇、卡斯镇、勐统镇。龙川江流域有腾冲县上营乡、芒棒乡、五合乡、新华乡、蒲川乡，龙陵县龙江乡。大盈江流域有腾冲县荷花傣族佤族乡。

1978年，全区傣族28803人，至2005年年末统计共有傣族41779人，占全市总人口的1.72%，占全市少数民族总人口的17.79%。其中隆阳区19575人、施甸县766人、腾冲县13348人、龙陵县1755人、昌宁县6335人。全市五县（区）都有傣族聚居村落，全市共有隆阳区潞江傣族乡、芒宽彝族傣族乡，腾冲县荷花傣族佤族乡，昌宁县湾甸傣族乡4个傣族乡（含与其他民族联合）。全市傣族共集中聚居14个乡（镇）、民族乡的148个自然村。全市城镇也有零星居住户。

保山傣族的节日丰富多彩，主要有泼水节、火把节、过年、祭社树、关门节、开门节、堆沙节。境内的傣族为单姓，以线、郗、罕、刀、万、帕、俸、孟、放、晚、幸、崀、银等居多。保山傣族信仰南传上座部佛教，又称南传佛教或小乘佛教。保山市傣语属德宏方言区的傣那语支。主要使用德宏傣文。

第三节　白　族

白族作为保山的世居民族，是一个有着悠久历史和灿烂文化的民族。保山市作为大理白族自治州的邻近市，约在四千年前，是白、彝等民族的先民哀牢夷生息繁衍的地方。

保山市的白族主要分布在保山市隆阳区以及腾冲县的部分地区，其他各县有零星分布。其中隆阳区主要分布在杨柳乡的冷水、茶花、娘咱、鱼塘、阿东、法水、马鞍等11个行政村的40多个村庄；瓦窑白族彝族乡的曼山、新田、安乐、滴水、龙舞、马转弯、瓦窑、木瓜、松坡等近9个行政村的30多个村庄；老营乡的阿石寨、旧寨、阿依寨、育木坡等3个行政村的近10个村庄；瓦马彝族白族乡的黑岩洼、掌上、河东、棉戛等20余个村庄；瓦房彝族白族乡的麦庄、大陷坝等四五个村庄。居住在百人以上的乡（镇）还有永昌镇、芒宽乡、汶上乡、蒲缥镇等。

1978年，全区白族21985人，至2005年年底，全市白族人口39860人，占全市总人口的1.64%，占全市少数民族总人口的16.97%。其中隆阳区35693人、施甸县684人、腾冲县2398人、龙陵县255人、昌宁县830人。

保山白族节日除与汉族相同的以外，有地方特色的节日有：二月八节、二月十八瓦窑观音寺庙会、六月二十四火把节、七月一日至十五日敬鬼节、七月瓦窑道人山歌会等。保山白族信仰的宗教有原始宗教、巫教、道教、佛教、本主崇拜。保山境内白族语言属大理方言，即白族南部方言区，白文在境内未曾使用。

第四节　傈僳族

保山的傈僳族，自称为“傈僳”或“力些”，根据各地服饰颜色各异，境内隆阳区上江坝傈僳族自称黑傈僳，潞江坝、腾冲、龙陵傈僳族自称花傈僳。保山市傈僳族主要分布在隆阳区、腾冲县、龙陵县，有腾冲县猴桥镇（原古永傈僳族乡）、龙陵县木城彝族傈僳族乡2个傈僳族乡（镇）。

保山境内的傈僳族，严格意义上说，是傈僳族第一次大迁徙中部分氏族生息繁衍居住下来的。隆阳区傈僳族由丽江地区迁徙而来。傈僳族在区内大约有400余年的历史，其中大约有300多年从事狩猎、刀耕火种的游牧式生活，没有固定的居住地点及生活习惯，搬家频繁。

1978年，全区傈僳族16604人，至2005年年底，全市傈僳族人口29173人，占全市总人口的1.20%，占全市少数民族总人口的12.42%。其中隆阳区8984人，主要分布在怒江西岸的潞江乡、芒宽乡，有部分散居于瓦马、汶上、杨柳、瓦窑、永昌镇。施甸县188人，分布在旧城乡、仁和乡、等子乡、甸阳镇、姚关乡等地。腾冲县13495人，是全市傈僳族人口最多的县，主要居住于中缅国境沿线。龙陵县6080人，主要分布于木城乡、平达乡，此外散居于勐糯、象达、龙新、碧寨、天宁、腊勐等6个乡。昌宁县426人。主要分布在珠街彝族乡和更戛乡。

保山境内的傈僳族节日习俗大致相同，但有的地方的节日习俗又有差异，甚至彝族化或汉族化。主要节日有阔时节、刀杆节、射弩会。境内的傈僳族大多已采用汉姓，姓氏为单姓。傈僳族信仰基督教的比较多，也有少数信奉天主教，另外，傈僳族群众普遍信奉原始宗教。保山市傈僳族语言属汉藏语系藏缅语族彝语支。

第五节　回　族

据史料记载，保山回族大量迁入保山起自元代。在明初及清初，回族移民又先后两次大量入保山，故从13～18世纪，共经历了3次移居保山的高潮。

保山的回族几乎分布于市境内的每一种生态环境下，其所分布区域的生态与环境呈现出多姿多彩的景象。这是保山回族在分布方面不同于其他民族的一个显著特点。但这种分布仍有规律，同当时元明清回族大批入保山时的路线和开展的活动（戍守、屯田等）有很大联系，多分布在城镇及交通要道上，部分分布在边远山区的回族，多是反清起义失败后逃亡去的。

1978年，全区回族8763人，至2005年，保山市共有回族13090人，占全市总人口的

0.54%，占全市少数民族总人口的5.57%，全市五县(区)都有回族分布，其中隆阳区3675人，主要居住在永昌镇，河图镇易畴村，板桥镇的板桥街、八大营、白屯和上美村，潞江乡的蒲满哨，杨柳乡的明松山等处；施甸县1087人，主要居住在西山村、查邑、四大庄、小官市、乌邑、西墩子等处；腾冲县7327人，主要分布在界头乡的文化村、旧街、大园子，固东镇的鸡茨坪、高松树、海子边、固东街、里红寨，猴桥镇的石头河，荷花乡的肖庄、明郎、甘蔗寨，蒲川乡的下甲，团田乡的明乐，五合乡的浪掀，芒棒乡的马家村、麦子田、清水河、大园子坡、张家坡、大板桥，上营乡的橄榄寨、大水塘、大蒿坪、上营街，洞山乡的寸家寨、中绮罗、下绮罗、龙井，小西镇的大宽邑，腾越镇的观音塘、元吉、干龙等，和顺乡也有一部分；龙陵县33人，与其他民族杂居；昌宁县968人，主要聚居在距县城东北2千米的勐廷寨，定居已有350余年的历史。19世纪70年代后部分移居湾甸、柯街和县城定居。

保山回族的宗教活动、民族节日也多来源于伊斯兰教，有着强烈的宗教色彩。主要节日有开斋节、古尔邦节、圣纪。境内回族的主要姓氏有马、沙、赛、李、袁、明、丁、戴、杨、金等。保山回族信奉伊斯兰教。保山回族以汉语作为本民族的共同语言。

第六节　苗　族

保山市境内苗族自称黑苗、白苗、花苗、汉苗，各支的语言、风俗习惯等基本相同，只是在服饰、丧葬习俗上各有差异。保山境内苗族基本上从明清以后从开化(今文山)等地逐步迁徙而至。

保山市境内的苗族，主要分布在隆阳区和昌宁县，其余三县(腾冲、龙陵、施甸)有零散住户。苗族是隆阳区9个世居少数民族之一，主要分布在芒宽、汶上、瓦马、丙麻、瓦渡等乡。昌宁县境内主要分布在珠街彝族乡、耇街彝族苗族乡、更戛乡等。

1978年，全区苗族6400人，至2005年年底，全市苗族人口9308人，占全市总人口的0.38%，占全市少数民族总人口的3.96%。其中隆阳区4079人、施甸县27人、腾冲县84人、龙陵县25人、昌宁县5093人。

境内苗族的特色节日有踩花节、春节、芦笙节、中秋节、吃新节等。主要信仰原始宗教。保山市苗族大部分讲苗语，有少数懂苗文。

第七节　布朗族

保山境内的布朗族与南亚语系孟高棉语族中的佤族、德昂族、克木人等同源于古代的“百濮”族群。据调查资料表明，布朗族先民在远古时就属保山、德宏主要的土著居民。

保山的布朗族自称“乌”“埃乌”“本人族”“本族”“大汉人”等等，他称则有“腊人”或“喇人”“蒲满”“扑蛮”及“本人”等等。有语言无文字，会汉语。保山布朗语属“乌语”

方言。姓氏主要有李、张，其次有阿、莽。分熟蒲和生蒲，熟蒲是当地濮满，生濮是外地迁来的。

保山市境内的布朗族主要分布在施甸县和昌宁县，施甸县具体在木老元乡的上木老元和下木老元，摆榔乡的哈寨、大中、尖山，姚关乡的陡坡、酒房的哑口等地。昌宁主要分布在卡斯镇新谷村的谷板、中寨，卡斯村的双龙、应百寨、二沟等地，更戛乡的白草林、大出水2村寨。1978年，全区布朗族10人。至2005年年底，全市布朗族人口10393人，占全市总人口的0.43%，占全市少数民族总人口的4.42%。其中隆阳区143人、施甸县8542人、腾冲县16人、昌宁县1692人。

保山布朗族的节日活动，喜用打歌欢庆。主要有打歌节、新米节两个节日。保山布朗族的宗教信仰，是以原始的万物有灵的自然崇拜为主，其原始宗教崇拜的信仰比较虔诚，宗教崇拜活动也十分频繁。

第八节　佤　族

保山境内的佤族自称“佤”，傣族称其为“拉”，汉族称其为“卡佤”。佤族的先民是古代濮人的一支。

佤族是一个跨中国和缅甸两个国家而居住的民族。保山市境内的佤族主要集中分布在腾冲县、施甸县和隆阳区，昌宁、龙陵有零星分布。腾冲县聚居于荷花乡的甘蔗寨、温家寨、中寨、曼垒、勐洪等地。隆阳区分布于蒲缥乡马街村下岭岗和丙麻乡老南窝村梨树洼，杨柳乡毛耳山、阿东有少量分布。佤族居住的地区，多为山区，极少平坝，所以称为“阿佤山”，其平均海拔均在2000～3000米。气候多为亚热带地区，宜种多种植物。

1978年，全区佤族2463人。至2005年年底，全市有佤族人口4218人，占全市总人口的0.17%，占全市少数民族总人口的1.80%。其中隆阳区409人、施甸县1120人、腾冲县2502人、龙陵县2人、昌宁县185人。主要分布在隆阳区、施甸县和腾冲县，有1个佤族乡（腾冲县荷花傣族佤族乡）。

保山境内佤族普遍信仰“万物有灵”的原始宗教，即自然崇拜。佤族的传统节日与原始宗教的祭祀活动有着密切的关系，佤族的传统节日和祭祀活动繁多，通常有接新水节、取新火、播种节、新米节、春节。

第九节　阿昌族

阿昌族是保山世居的跨境民族之一，历史上长期居住在以今漕涧为中心的大理、怒江、保山三地交界的澜沧江流域，后大批迁徙伊洛瓦底江流域的陇川、梁河等地和高黎贡山以西的江心坡（即今缅甸迈立开江与恩梅开江之间）的广阔地区。

保山境内阿昌族主要分布腾冲新华和龙陵县河头，全市没有阿昌族乡（镇）。居住地主要分布在腾冲县新华乡的新山、中心、梅子坪等村寨和龙陵县河头芒麦村的芒旦、下寨、大田坡、打嘿等村寨。其他零星分布在隆阳区、昌宁县等。主要姓氏有左、早、赵、曹、罗、们、钟、俸、石、朗等。

1978年，全区阿昌族1177人。至2005年年底，全市有阿昌族人口3026人，占全市总人口的0.12%，占全市少数民族总人口的1.29%。其中隆阳区205人、施甸县19人、腾冲县1918人、龙陵县863人、昌宁县21人。

阿昌族本身没有民族文字，古老的历史和文化，主要依靠口碑传承。语言上通用阿昌语，属汉藏语系藏缅语族景颇语支，也有的认为是阿昌语支。

保山市阿昌族主要节日有过年、窝罗节、清明节、端午节、火把节和尝新节。保山境内的阿昌族因与傣汉杂居，更多地信仰原始宗教和佛教，仅腾冲北部少数阿昌族信仰道教。

第十节　景颇族

保山境内居住的景颇族按族源分，大多属载瓦支，即由“寻传蛮”衍化而来的景颇族，小部分属景颇支。自称景颇、载瓦、喇期，他称山头、大山、小山等。

保山境内的景颇族，主要分布在腾冲县，全市没有景颇族乡（镇），也没有景颇族聚居村寨。市境内的景颇族，主要散居在腾冲县的明光、古永、瑞滇、新华等乡（镇）。其他四县（区）也有少数人口，主要是个别迁徙或婚姻及参加工作等关系而在当地定居繁衍下来的，散居于各民族中间，基本没有聚居的村寨。

1978，全区景颇族219人。到2005年，全市共有景颇族2318人，占全市总人口的0.10%，占全市少数民族总人口的0.99%。其中隆阳区260人、施甸县145人、腾冲县1654人、龙陵县189人、昌宁县70人。

景颇族最有名的节日有农尚格罗节、新米节、春节、目瑙节。保山景颇族语言大部分属载瓦语，小部分属景颇（支）语。

第十一节　满　族

云南的满族主要是清代迁入的，部分在元、明朝迁入。满族迁入保山主要有以下情况：（1）蒙古灭金之后，在金朝统治下的部分契丹人加入蒙古军队，随忽必烈的南征来到云南。保山市西邑乡石龙村的姓蒋满族即为契丹人的后裔，1950年后，他们自报为满族。（2）明朝洪武二十八年（1395）征兵入滇，军人落籍云南，保山县瓦房乡水沟洼村的黄姓满族即属此类。1982年后，他们自报为满族。（3）1949—1950年随中国人民解放军南下后留下工作的满族人。（4）解放后，由内地支援大西南建设的人员，以及高等学校毕业分配来的人员。

保山市的满族主要分布在隆阳区境内，全市没有满族乡（镇）。呈大分散、小聚居的特点，主要居住在瓦房乡的水沟洼村和西邑乡的石龙坪（古桑科寨）。杨柳、汶上、辛街、潞江、蒲缥等乡（镇）有少量分布。

据1990年第四次人口普查，全区共有满族人口1043人。至2005年年底，全市有满族1431人，占全市总人口的0.06%，占全市少数民族总人口的0.61%。其中隆阳区1307人、施甸县90人、腾冲县6人、龙陵县25人、昌宁县3人。隆阳区境内的多为当地土著，其他县境内的多为解放后军人退伍转业、工作调动或随军落籍等东北满族的后裔。

保山满族服饰与汉族相同。节日有春节、端午节、火把节，没有自己独特的节日，饮食、丧葬、住房等习俗同于当地汉族。姓氏以蒋姓居多。

第十二节　德昂族

德昂族是保山市境内最早的世居民族之一，与南亚语系孟高棉语族中的佤族、布朗族、克木人等同源于古代的“百濮”族群，为辖地“东西三千里，南北四千六百里”的古哀牢国的土著民族永昌濮人的后裔。

德昂族有语言，目前在日常生活中，仍以操本民族语言为主，成年人均会汉语，部分人会傣语，语言属南亚语系孟高棉语族。无文字，文字使用傣文和汉文。德昂族有10个支系，保山市德昂族属“尧净”支系，即“讲究、勤劳、善良”之意。

德昂族迁徙的总趋势是自北而南，但这只是就大的方向而言。由于山水相连，关系密切，中缅两国德昂族历史上的迁徙，呈现出双向流动的态势。中国的德昂族也有一部分是从缅甸迁入，他们形成了红德昂和花德昂支系；而从中国迁徙往缅甸的则大部分形成了缅甸崩龙族中的汝买支系。

保山境内德昂族主要分布在隆阳区潞江乡芒颜、石梯行政村，其特点是“大杂居，小聚居”，村寨多位于山区，少数在坝区，与傣族分寨而居。市内没有德昂族乡（镇）。

保山市德昂族分布于高黎贡山山麓，系亚热带气候，并有印度洋季风的调节，气温适宜，坝区的年平均温度为22℃，山区的年平均温度为19.5℃。年降雨量为1500毫米左右，80%的雨量集中在5—10月，尤以7—8月为多。一年分为干、湿两季，又称为旱季和雨季，夏无酷暑，冬无冰霜。这一地区地下矿藏丰富，森林茂密，有柚木、楸木、杉木、麻栗、红木、果松等优质木材，盛产黄连、玉京、柯子、三奈、红花、史君子等药材，其他动植物资源也相当丰富。

1978年，保山地区德昂族人口637人。至2005年年底，保山市有德昂族人口1025人，是全市人口最少的世居民族，占全市总人口的0.04%，占全市少数民族总人口的0.44%，其中隆阳区950人、施甸县23人、腾冲县16人、龙陵县34人、昌宁县2人。聚居于隆阳区潞江乡芒颜、石梯村的白寨、那线和大沟边等自然村。主要姓氏有尹、王、李、董、曹、姚等。很多家的姓氏是20世纪五六十年代由区乡级民政干部在婚姻登记或发报救济时为其取。

保山德昂族的节日多与宗教信仰联系在一起，较大的节日有泼水节、关门节、开门节、烧白柴、做摆等。保山德昂族信仰南传上座部佛教。

第四章　宗教活动

保山是一个多民族、多宗教并存的边疆地区。境内各民族都有自己的宗教信仰。既有从远古流传至今的自发性原始宗教，又有从内地传来的汉传佛教、道教和伊斯兰教，还有直接从国外传入的南传上座部佛教、基督教。不仅内容丰富，而且具有浓郁的地方特点和民族特点。由于各种宗教并存，境内许多人既信佛教，也信道教和其他宗教，构成了区域内宗教的多样性特色。

1978年中共十一届三中全会后，寺观、教堂开始修复，宗教活动日趋正常。本着便利群众生产和生活的原则，在教徒自愿的基础上量力而行，逐步恢复宗教活动场所、爱国宗教组织和活动；争取、团结、教育信教群众和宗教界人士；平反冤假错案；支持和帮助宗教界开展国内外的友好交流活动；抵制外国宗教敌对势力渗透，弘扬健康向上的民族文化，宗教活动逐步走上了政策、法制轨道。宗教界人士爱国爱教，有的被选入各级人大、政协，参与商讨国家大事。各族信教群众与不信教群众互相尊重，和睦相处，团结合作，为全市经济发展、民族团结、社会和谐作出积极的贡献。

第一节　宗教政策法规宣传贯彻

1982年，中共中央制定《关于社会主义时期宗教问题的基本观点和基本政策》，保山地区各级统战以及宗教理论部门通过认真学习，深刻领会党在社会主义时期宗教问题的基本观点和基本政策，统一思想，提高认识，从而极大地推动各项宗教政策的落实。

1994年，云南省宗教局起草《云南省宗教活动场所登记工作实施意见》，经省政府审批颁发《云南省宗教事务管理办法》，全区认真组织这一系列政策法规措施的贯彻实施，积极引导宗教界人士在政治上热爱祖国，拥护社会主义制度，拥护共产党的领导；同时，改革不适应社会主义的宗教制度和宗教教条，利用宗教教义、宗教教规和宗教道德中的某些积极因素为社会主义服务，使政府对宗教事务的管理逐步走上法制化轨道。1998年，云南省政府颁布实施《云南省宗教事务管理规定》以及一批宗教方面的行政规章和规范性文件。这期间，据国务院宗教事务局制定的《宗教活动场所年度检查办法》，云南省人民政府下发《云南省宗教活动场所登记工作实施意见》。保山各级宗教工作部门坚持把宗教活动纳入宪法和法律的范围加强管理，有效地遏制非正常的宗教活动和宗教领域的非法、违法活动，维护正常有序的宗教活动环境，保障各族信教群众的合法利益。

2005年，国务院《宗教事务条例》颁布实施。保山市民族宗教事务局举办全市党政领导干部深入贯彻《条例》的研讨班，对全市五县（区）党委、政府干部进行培训，加强宗教事务的依法管理，开展制止佛道教乱建庙宇和露天佛像现象，治理零散朝觐等专项工作。规范行政执法，推进依法行政，全市各级宗教工作部门将《条例》应用到实际工作中，坚持将问题和隐患解决在基层、化解在萌芽状态的原则，调处一批重点、难点、热点问题，及时化解和消除引发大规模群体性事件的隐患，进一步维护宗教领域的稳定。

第二节　佛　教

保山境内佛教分为汉传佛教（俗称大乘佛教）和南传上座部佛教（俗称小乘佛教）两种，信徒在全市各县（区）均有分布。信仰汉传佛教的多为汉族、彝族和白族，信仰南传上座部佛教的多系傣族、布朗族、阿昌族和德昂族。

一、汉传佛教

1978年后，宗教政策得到全面贯彻落实，汉传佛教活动逐步恢复和发展，并受到人民政府的尊重和保护。信教徒除在佛教节日——佛、菩萨生辰、成道或圆寂日进行活动外，有的还在农历初一、十五、“斋会”、七期念佛，举办水陆法会、传戒法念诵经、拜忏和放焰口各种活动。常用的经典有《法华经》《金刚经》《药师经》《弥陀经》《观音菩萨普门品》《地藏经》和《普贤行原品》等。

1984年8月31日至9月3日，保山地区县（市）级的佛教代表大会在腾冲县法藏寺召开，腾冲在保山地区率先制定佛教活动章程，使佛教活动法律化和制定化。

1985年，保山市有僧尼186人，其中住寺83人；腾冲县有寺庙58个，有僧尼211人，其中比丘20人，比丘尼191人，住寺188人，住家居士23人。

1988年2月底，原籍保山海棠村的旅缅华人高尼妙明大师向保山市佛教协会捐赠2尊各高1.5米、重1吨，价值数十万元的汉白玉佛像，佛像头顶各嵌着13颗白宝石和一颗硕大的红宝石，玉佛存于太保山东麓的玉佛寺内，之后，妙明大师亦回国定居。此后，旅居东南亚的区内华侨纷纷向区内捐赠玉佛。1988年6月，旅缅华侨傅凤英向保山市卧佛寺捐赠汉白玉卧佛像1尊，佛像长6米、重9吨，是迄今中国玉佛中最大的一尊，比福建省福州西禅寺内所供奉的被誉为全国玉佛之最的玉佛还长2米。至1990年年底，爱国侨胞先后向保山地区捐赠近百尊玉雕佛像，其中仅保山市梨花坞一寺就供奉6尊。这些精美昂贵的玉佛遍布区内名刹古寺中，构成保山地区汉传佛教文化的一大特色，倍受中外香客和旅游观光者青睐。保山市因此被誉为“全国玉佛之乡”。

1987—1989年，施甸县、龙陵县相继成立佛教协会和佛教管理小组。1990年，经龙陵县政府批准的佛教活动场所有云龙寺和龙山寺2个。

截至2005年年底，除龙陵未成立佛教协会外，其他县（区）均成立了佛教协会，全市的佛教内务均由佛教协会处理。

保山僧尼内部没有明显的等级之分，一般以德才、出家年限来衡量个人的威望，僧尼既要遵守国家的政策法律及国家佛协、省佛协的有关规定，还要恪守“三规五戒”等教规，要求行善、念经拜佛。入教者一般须年满18周岁，本人自愿，父母同意，先到寺庙学习1—2年后，经考查合格方由住持给予“剃度”，之后随着本人佛学知识的加深，经本人要求，所在寺院同意，可到更高层次的寺院受“沙弥戒”“比丘戒”和“具足戒”。佛教的活动经费主要靠做佛事、办商业、素食以及信教群众捐助的“功德”。大多数寺庙的僧尼“农禅并重”，各寺庙基本上能自养。保山佛教界人士，历史以来非常重视收藏各种经书、藏要。腾冲县收存有清朝出版的珍贵经、律、论三藏汉传佛经2部，其中毗庐寺是保山收存各种经书佛学书籍最多的寺庙，存书约5000多册。

二、南传上座部佛教

1979年后，宗教政策逐步得到落实，信徒集资、赕料，政府给予一定补助重修部分佛寺。傣族群众恢复正常的宗教活动。1982年，昌宁县南传上座部佛寺有15个。1990年，昌宁县有长老2人，佛爷6人，和尚2人；保山市佛爷1人；龙陵县有佛爷3人。昌宁县的柯街、卡斯和勐统3个乡的傣族村寨，都有佛寺，但没有专职的住寺僧侣，宗教活动由还俗后的看烺（佛爷）、老货（老和尚）及傣族老人临时主持和负责。傣族村寨的佛寺，均成立寺管小组。至2005年，昌宁县南传上座部佛寺发展到18个。位于卡斯河东岸的泺勺佛寺，是保山市规模最大、设备较为齐全的南传上座部佛教活动场所，各地僧侣常汇聚于此，组织较大规模的宗教节日活动。

保山南传上座部佛教供释迦牟尼佛像，诵《贝叶经》。经典为巴利文（梵文）经典，也有由巴利文演化来的伍汉文（古傣文）及通俗的经书（现代傣文）。经书以故事、神话、寓言和诗的形式宣扬佛教教义、因果报应等。巴利文和伍汉文经典大部分藏于佛寺中，供僧侣咏诵。凡信奉南传上座部佛教摆润派的信徒，各家均有几册供在桌上的经书。经书又分为受戒经、驱邪压魔经、祝祷经、戒月经、开光经和袜巴经等。

佛寺，傣族称“袜”，其意为“免”，即入寺则可免灾难、免债、免罪，原意“免寺”，后因佛教由缅甸传入，称为“缅寺”，后改称“奘房”。保山南传上座部佛教的寺塔建筑较多，几乎每个傣族村寨都有一座佛寺。其规模，一般都不宏大，结构比较简单。佛寺一般分为大殿、僧舍和鼓房三个部分。由佛殿、戒堂、舍利堂、钟鼓房、僧舍、门亭、围墙、花园和菩提树等组成一座长方形寺院。佛寺的建筑一般由信徒捐功德、化缘集资和献工献料，请能工巧匠进行建盖而成。与佛寺相对应，保山傣族地区的佛塔随处可见，一般为砖石结构，可分为群塔和独塔两类。

南传上座部佛教的僧侣均系男子。俗子入寺当和尚要举行仪式。入寺的年龄以及生活自理为准，一般是8～15岁之间。在佛寺做和尚的时间由长老和和尚家长来决定，但最少是21天。进佛寺当和尚的青少年，绝大多数还俗回家，升到大长老以上的高僧，便很少还俗。僧侣分为和尚（初级）、佛爷（中级）、长老（高级）、细脒祚、祜唛（特高级）等级别。

初入寺的小和尚戴“茂贺亮”（小红帽），18岁以上的大和尚及二长老以下的僧人系黄色包头。袈裟的颜色，和尚为姜黄，佛爷为深黄，长老为金黄。一般为布米，长老的为金织。袈裟上缝制的格子，越大的级别越高。僧侣的袈裟由信徒捐功德缝好后于傣历12月23日奉献到佛寺，不足的由长老、佛爷添置，或由父母、亲属供给。

南传上座部佛教佛寺的建筑设备、宗教活动、僧侣生活等费用，主要靠世俗群众供给，各傣族村寨群众都有负责负担各村寨佛寺的消费的传统习俗。僧侣的饮食由佛寺所在村寨的信徒轮流奉送，值日人家往往尽其财力备好肉蛋（可以吃荤）等食物，宁可自己不食也要先送往寺院。有的地方则村民集资交来，由寺院自行开伙。除日常的供养外，每逢有佛寺活动，各家各户都给佛寺赕大米、苞谷、糍粑、面条、蔬菜、布帛、烧柴、经书、颜料、钱钞等各种物品。每年佛节，信教群众都向佛寺布施黄布，供僧侣缝制袈裟和为佛像披霞。傣族群众视集资、捐物、出力修建寺塔为尽义务。做赕款项的分配为，属释迦佛钱，用作修佛寺或购置陈设；僧侣诵经功德款归个人处理；众僧共同诵经功德，为佛寺公有。

市内南传上座部佛教的主要佛事活动和佛教节日有浴佛节、关门节和开门节。其中最为热烈隆重的是“浴佛节”（即泼水节）。

第三节　道　教

1979年后，党和国家逐步落实宗教信仰自由的政策，道教活动逐步恢复。1984年，腾冲县率先召开道教代表大会，成立了全区第一个道教协会。1985年，腾冲有道观37座，道徒98人，其中乾道10人，坤道88人，住寺93人，住家5人。

1990年年底，保山市经市人民政府批准开放的道教活动场所有永昌镇湾子三清殿，金鸡乡金鸡寺，太保山玉皇阁；腾冲县有云峰山道观、宝峰寺三清观、仙乐禾观、朝云寺、朝阳寺、盘龙寺、洪恩寺、琅岈寺、云崖寺、丹阳寺；龙陵县已无道观，仅存清光绪和清宣统时重修道观的功德碑3块。保山地区有道教徒138人，其中保山市30人，腾冲县108人。

2005年，全市有道教宫观64处，道教138人（不含正一道），其中隆阳区有道观12座，有道教徒28人，不出家散居正一道约280多人，信教群众约有2.4万余人；其余为腾冲县所有。施甸、龙陵、昌宁3县无道教场所等。

道教的经济收入主要依靠群众捐助。腾冲云峰山道观是保山道观的典型代表之一，珍存有著名的道教经典《正宗道藏》1部，珍存的其他经文有手抄本、木刻本的《道德真经》《南华真经》《太平经》《常清静经》及《黄庭经》等。

第四节　伊斯兰教

1978年中共十一届三中全会后，各县先后成立伊斯兰教协会，亦先后恢复重建或新建清真寺，伊斯兰教活动趋于正常。1980年，保山回民沙荣珠当选为保山县人民政府副县长。

1982年，保山地区阿訇代表数人随云南省地州、市阿訇代表团到昆明参观学习。同年，昌宁县政府拨款帮助穆斯林修葺清真寺。1984年，昌宁勐廷回民派人到巍山请吾梭，常住勐廷清真寺叫拜，使昌宁的伊斯兰教活动日趋活跃。1985年8月，腾冲县伊斯兰教第一次代表大会召开。

1985年年底，保山市有清真寺5个；腾冲县有清真寺20个，穆斯林5961个，阿訇36人。1990年年底，保山市有清真寺7个，穆斯林近2000人；昌宁县有穆斯林872个，教长2人，阿訇16人。

截至2005年年底，全市隆阳、施甸、腾冲、昌宁四县（区）共有伊斯兰教清真寺35处，伊斯兰教职人员105人。

保山地区伊斯兰教属逊尼派，信真主安拉。奉《古兰经》，以穆罕默德的圣训为言行指南，所履行的宗教义务有念清真言、礼拜、斋戒、天课、朝觐等。区内伊斯兰教礼拜，每日分别于晨、晌、晡、昏、宵5个时辰举行。每周星期五午后所做的礼拜称为“主麻拜”或“聚礼”，每年开斋节和宰牲节的礼拜合称“会礼”。做礼拜时，礼拜者的身体、礼服及礼拜场所必须清洁，礼拜者按教规规定，以衣遮体，面向麦回克尔白，先举两手至头顶诵“真主至大”，然后端坐。置右手于左手上，口诵《古兰经》首章。其后以手捉膝，行鞠躬礼。再后直立，并抬起双手，口中诵“赞颂主，主必闻人”。尔后跪下，双掌附地，叩首至鼻尖触地，最后跪地，第二次叩首。如此动作一次称一礼拜。

保山伊斯兰教主要节日有宰牲节和开斋节。宰牲节亦称“古尔邦”节，于希吉拉历（以公元622年7月16日为元年元旦）12月10日举行。当天，穆斯林沐浴、盛装，举行会礼，宰杀牛羊，互相拜会和馈赠，以示纪念。开斋节在希吉拉历9月举行。按照教规规定，穆斯林在该月内斋戒。当月最后一天看新月，见月的次日即行开斋，并举行“会社”和庆祝活动。如未见新月，则继续斋戒，开斋节顺延，但一般不超过3天。节日前，每个穆斯林家庭成员均向“穷人”发放“开斋捐”。

第五节　基督教

1978年后，宗教政策得到落实，乡村教堂先后恢复和建立。1980年，腾冲县有教徒580人，其中边境沿线新吸收的占80%，未满18岁的青少年占新教徒总数的39.3%。

1982年11月6日，中国基督教“三自”爱国运动委员会和云南分会派人到保山县，恢复成立云南基督教“三自”爱国委员会保山分会，有案主牧师圣职1人，长老1人，秘书长1人，副秘书长2人，会员847人，其中傈僳族占81.34%，分布在保山县11个区的40个村寨。

1985年，保山市有北关、沙登、东方村、漾田、干田村、山坡田、芒龙村、小新寨、敢顶、白花林、潘家沟、赛村、顺山田和农庄13个教堂，以及东方村、金鸡村、大栗树、新寨坝、空广5个活动点，教徒和信徒千余人；腾冲县有西门、岭干2个教堂，以及大草坝、大坪子、桃树河、打板箐、阎家冲、董棕林、大竹村、横河、新寨田、平地点、横山、白马、阿头、小坝、横寨子、棋盘石、水城、白沙洞、喂猪坝、东河、石岭子、孔必河、大龙坝、三草坝、熊家寨、背阴寨、扬常河和灯草坝28个活动点，教徒和信徒1690人。

1990年，保山市有基督教教堂13个，活动点6个，教职人员85人（其中牧师3人、长老9人、执事54人、传道员3人、礼拜长16人），教徒1632人；腾冲县有教堂3个，活动点27个，教职人员17人（其中牧师2人、传道员1人、执事14人），教徒1381人（其中发证洗礼的教徒占48.87%，边沿一线的傈僳族占85%以上）；龙陵县有教徒600余人，信教群众500多人，主要分布在平达、象达、木城、勐糯和龙山5个乡（镇）、11个村（办事处）的25个社；昌宁县的基督教在勐统长山苗族地区发展和活动，有58名苗族信仰基督教。

截至2005年年底，全市隆阳、腾冲、龙陵、昌宁四县（区）共有基督教教堂（含基督教堂点）46处，基督教教职人员224人。

市内基督教经常性开展的活动主要是做礼拜，通常县城的每个星期日做礼拜；农村的每月做2～3次礼拜。礼拜时，教徒唱赞歌，做祷告，宣传和朗读《圣经》。教徒以每月的第一个星期日举行1次纪念“主”的圣餐礼拜，每人吃1块麦饼和1杯葡萄汁。分别代表耶稣将他的身体和血液舍给教徒。基督教徒过三大节日，分别是每年4月3日举行复活节仪式，在春分节月圆后第一个星期日举行；9月27日或吃新谷时举行感恩节活动；12月25日举行圣诞节活动，纪念耶稣诞生。

第四十二编　社会风习

隆阳丙麻犁耙会

综　述

春秋战国时期，途经保山的中国南方丝绸之路已经形成，由于东来西往的人流物流，使保山原有土著民族的生产、生活方式与内地及西方的生产、生活方式发生交流和融合。到西汉元封二年（公元前109年），汉王朝便在今保山坝子东北部设置了不韦县，迁汉民吕不韦家族到保山，使保山开始形成多元文化共存发展的格局。东汉永平十二年（公元69年），哀牢国王柳貌遣子率种人内附，东汉王朝以不韦县为治所设置了永昌郡，并委派汉人来执掌永昌地方政权，使保山地域从此正式归入中原王朝的疆域。此时，汉族的文化生活虽然在土著族中的影响逐渐扩大，但当地原始的信仰和生产、生活习俗仍占主导地位。

唐宋时期，南诏、大理国统辖永昌地域，在南诏文化及后来的大理文化的影响下，使永昌地域的生产、生活发生了一定的变化。在元、明、清三个朝代里，由于中央政权对边地永昌的不断征战，加之移民边疆的迅猛，使汉族人口在永昌之地超过了土著民族，汉族的生产、生活方式在此地占据了主导地位。但是，由于永昌汉族远居边地，跟内地汉族处于隔绝状态，加之它与周围强大的土著民族文化之间的相互涵化与融汇，使汉文化在当地形成“永昌孤岛”现象，汉族的社会生活方式既保持着汉人的特点，又融入了当地土著族的不少因子，形成了自己独特的生产、生活方式。到了民国时期，保山汉族的许多特殊的生产、生活习俗依然保持着。中华人民共和国成立之后，地方政府不断移风易俗，一些落后的陈规陋习虽然被革除，但许多习俗仍在保山的广大民间保留和沿袭。

改革开放后，一方面是一些传统文化、传统风习得到重视和恢复，一方面是某些传统风习出现断裂和淡化，一些社会新风形成，一些洋节如圣诞节、情人节、愚人节之类代表外来文化的东西逐步进入保山，首先在年轻人中成为新风习。

第一章　姓氏族源

第一节　氏族源流

保山的汉族居民，第一次迁入是从西汉元封二年（公元前109年）设置不韦县到东汉永平十二年（公元69年）设置永昌郡。在这178年的时间里，除了汉族居民迁入到当地居住外，汉文化也随之输入当地，其代表是吕不韦的后裔，主要居住地为保山坝东北部的金鸡村一带。蜀汉国丞相诸葛亮率大军南征时，又有部分汉族居民迁入到保山市境内，主要居住地为保山坝南部的诸葛营（今汉营）、汉庄一带。

上述两次汉族居民的迁入，人数不算太多，规模也不大，真正大规模地迁入是在明、清两个朝代。对汉族氏族源流的追溯，除少部分的家族之外，多数是从明、清时期开始记述。

一、杨姓

保山的杨姓分布全市的各地，人口最为众多，多数为明洪武年间随军征战云南边疆而落籍的军人后裔，还有一部分是明洪武年间，江南汉族大移民迁入保山。另外，明正统、万历年间，也有征战云南落籍的杨姓军人后代，以及到保山境内经商落籍的商人后代。到了清乾隆年间，由于乾隆六次征缅，又有部分征战军人及家属落籍保山境内。腾冲、龙陵两县境内的部分杨姓人家，其祖先即为这一时期迁入。

全市范围内的杨姓家谱，因明、清两朝保山一带战乱较多，记述也不全面，最早的是清代后期编修，有的是民国年间修成，还有的是20世纪80年代后才修成。由于缺乏确切的记述，有的是以祖辈口口相传为依据而修。

二、李姓

保山的李姓人口众多，分布于全市各县（区）。他们有的是明洪武年间及以后的不同年代征战云南落籍保山的军人后裔，有的是江南汉族大量迁往云南时到达保山境内。有的来自江苏，有的来自江西，有的来自陕西，有的来自四川，有的来自山东，有的落籍云南其他地方，后又迁入到保山市境内居住。总之，保山的李姓人家是一个来自五湖四海的姓氏，他们与其他姓氏或民族都能和睦相处、共同发展，具有很大的包容性，绝大多数都是明朝就落籍保山的人家。李姓家谱，有的是清朝后期所修，有的修于民国年间，有的是20世纪80年修成，部分家谱的记述也不太详细，也有祖辈口传记述修成的情况存在。

三、张姓

张姓为保山的大姓，人口众多，分布在全市的各县（区），族源较杂。他们多数是明洪武年间落籍保山，先祖以不同的方式迁移而来，有的被充军发配而至，有的随军而行定居保山，有的属江南汉族大移民迁移而来。保山的张姓人家来自不同的地方，有的来自江苏南京，有的祖籍为山西凤阳，有的来自湖广，有的从安徽迁移而来，还有的来自江西吉安，也有的是先祖落籍保山坝子，数代之后子孙又迁到其他县去居住，还有部分张姓人家的后代侨居缅甸、泰国等地。

四、赵姓

保山的赵姓是人口比较多的姓氏之一，全市各县（区）都有分布。他们的先祖多数是明洪武年间征战、屯田云南落籍保山，都称祖籍是江苏南京（当时称为应天府），先来到今天的保山坝子，后又迁移到其他各县。

另外，在保山市的隆阳区、昌宁县、施甸县境内，有部分赵姓人家是迁入定居之后改为赵姓的，其先祖姓阿，属北方的“契丹人”后裔。元灭了金和宋之后，部分“契丹人”四处奔走，一部分流亡到云南的保山一带，元明以后演变为世居汉族居民，姓氏也就由原先的阿姓改为赵姓，在保山繁衍生息至今。

五、王姓

保山的王姓较多，各县（区）都有分布，有来自南京的江苏籍，也有陕西籍、江西籍、湖南籍、河南籍，多数为明朝的不同时期落籍保山的。隆阳区的王姓分江苏籍和陕西籍，板桥、瓦窑一带的王姓为明洪武年间由江苏南京迁来，城区、蒲缥、西邑等地的王姓为陕西籍，明成化年间到保山城落籍，后分支到蒲缥、瓦房及西邑大寨子、清水沟等地居住。腾冲县的王姓有江苏、河南、湖南、陕西及保山籍。施甸县的王姓多为南京（今江苏）籍及保山迁入。昌宁县的王姓分为金陵（今江苏）籍和江西南昌籍两部分。

六、段姓

保山的段姓是人口较多的姓氏之一，各县（区）均有分布，分为土著与外来两种情况。隆阳区的大部分和腾冲县的一部分，以及施甸、昌宁和龙陵的段姓人家，其先祖是明朝各个时期，或以军职，或以移民屯田的方式落籍保山，他们多数是江苏南京籍，也有少部分是其他省籍，但是从南京出发到保山，后人一般均称祖籍为南京。除此之外，隆阳区、腾冲县和龙陵县的一部分段姓人家属土著，为大理国段氏的后代散居到保山，繁衍生息至今，这一部分在目前保山的段姓人家中所占的比例不大。

七、蒋姓

保山的蒋姓人家也算是人口众多的姓氏之一，全市各县（区）都有分布，他们也分外籍和土著两种。土著的蒋姓为世居的少数民族，原本不姓蒋，后改为姓蒋，隆阳、腾冲和龙陵的一部分就是这种情况。而外籍的蒋姓成分就比较复杂，就隆阳区而言，城内及汉庄永铸的蒋姓是明清时期江南迁移来的汉族；西邑的部分蒋姓由北方迁来，原籍不可考，自称北方满族，实际早已汉化；板桥、辛街和瓦窑的蒋姓为“契丹”后裔，始祖姓阿，后改莽，再改蒋，习惯称“阿莽蒋”。其他四县而言，施甸县的全部，昌宁县、龙陵县的部分蒋姓人家，均为“阿莽蒋”，属“契丹”后裔。腾冲县的部分蒋姓为湖南籍。

八、徐姓

徐姓在保山也是人口众多的姓氏之一，全市各县（区）均有分布，是来源较杂的一个姓。隆阳区的徐姓人家是明洪武年间就到达永昌的移民，多数原籍是南京，部分来自江西。有的征战而来，有的移民屯田而至。腾冲、龙陵的徐姓为明洪武年间迁入，有的来自南京，有的来自江西。昌宁县的徐姓人家，多数为江西籍，明洪武年间先到永昌坝，后又迁到当地生活至今，有的征战而来，有的移民屯田而来。施甸县的徐姓人家，一部分为江西籍，明洪武年间迁入。另外，还有一部分为明万历年间征战落籍当地，原籍为湖北。

九、刘姓

刘姓属保山人口众多的一个姓氏，各县（区）均有分布，来源较杂，一部分为土著。隆阳区的刘姓是明洪武年间随军和移民迁入，保山坝南北均有，后散居到四周各地，祖籍为江苏南京。昌宁县的刘姓多为南京籍，先迁入永昌坝，后迁到当地居住。腾冲、龙陵的刘姓有来自南京、江西、四川等地，多数为明洪武年间迁入，也有后来迁入的，还有一部分改为刘姓的土著。施甸县的刘姓一部分为明洪武年间落籍的南京人，另一部分为明万历年间随邓子龙征边而至的，原籍为江西人氏。

十、董姓

保山的董姓人口较多，各县（区）均有分布。隆阳区的董姓人家，分布于保山南、北坝子，明洪武年间迁入，为征战或移民屯田而来，原籍多为江苏南京，有的后迁移到其他地方居住。保山坝子下村的董姓人家从云南大理境内的云南驿迁入，后又迁往施甸。腾冲、龙陵的董姓是南京籍，明洪武年间随军到达当地，有的又外迁到其他地方居住。昌宁县的董姓人家，有的是南京籍，先迁到永昌坝，后又迁到当地居住。右甸坝的董姓人家是江西籍，清朝后期到达当地落籍。

十一、陈姓

保山的陈姓是人口众多的姓氏之一，各县（区）均有分布。就隆阳区而言，南边坝子的辛街陈姓人口较多，为明洪武年间江南汉族移民屯田而来，祖籍为江苏南京；北边坝子的板桥有明洪武年间迁入的南京籍人，有清康熙年间迁入的江西籍人。龙陵、腾冲的陈姓人家，为明清时期迁入的，祖籍为南京、湖广、四川等地。施甸县的陈姓为明清清时期随军或移民迁入，原籍江苏扬州、昆山等地。昌宁县的陈姓是安徽籍，明朝后期先到永昌坝，于清顺治年间迁入右甸坝。

十二、苏姓

苏姓人家在保山属人口众多的姓氏之一，各县（区）均有分布，他们分为本地籍和外省籍。隆阳区瓦窑的苏姓为少数民族，属土著，板桥浪坝的苏姓也是土著。保山坝北部的沙坝街、苏家庄的苏姓为外籍，为明、清两朝落籍当地。保山坝南部汉庄街、苏家屯等地的苏姓为南京籍，是明洪武年间江南汉族移民屯田时落籍当地，少部分又迁入其他地方。腾冲、龙陵两县的苏姓多数为外籍，少部分为土著，为明、清两朝迁入。施甸县、昌宁县的苏姓多数为南京籍，有的明朝迁入当地居住，有的先落籍保山坝，后又移居当地。

十三、朱姓

保山的朱姓人家属人口众多的姓氏之一，各县（区）均有分布。隆阳城区内的朱姓于明洪武年间由南京城迁入，辛街朱家与板桥马家庄朱家为明洪武年间征战而至的军人后裔，汉庄朱官屯、朱路庄等地的朱家是明洪武年间移民屯田落籍当地，原籍均为南京一带。而板桥赵官屯与瓦马下拉堡的朱家，是明建文年间发配而至，属皇亲朱家。施甸、龙陵的部分朱家是明洪武年间随军到保山的军人后裔，先到保山坝，后又迁移到当地。腾冲、昌宁的朱家，原籍为南京，先祖到达永昌后，子孙后代又迁到当地居住。

十四、何姓

保山的何姓是人口众多的姓氏之一，各县（区）都有分布。隆阳区的何姓分布较广，主要聚居地有保山城东的廖官屯，蒲缥的何家寨，瓦窑的龙塘、核桃坪等地，为明洪武年间从军或江南汉族移民屯田时落籍保山，多数人家的祖籍为江苏南京，也有部分是改为何姓的土著少数民族。腾冲县的何姓是明朝征战的军人后裔，有南京籍，也有湖南籍。施甸县的何姓为明万历年间随邓子龙征战而落籍当地的，为江西籍。昌宁、龙陵的何姓，一部分是明朝迁移到保山坝，后又迁居当地的，还有一部分是改为何姓的土著。

十五、胡姓

保山的胡姓是人口众多的姓氏之一，各县（区）均有分布。隆阳区的胡姓集中居住在汉庄青岗坝及周边村寨，为明洪武年间永昌指挥使胡渊的后代。隆阳区辛街乡的胡姓，为明洪武年间江南汉族移民屯田时迁入，部分搬到外地，属南京籍。施甸县和隆阳区蒲缥的胡姓均为明万历年间由南京迁入，后有少部分外迁散居到各地。昌宁、龙陵县的胡姓人家，部分由永昌或其他地方迁入，部分为后来落籍当地的外省人。腾冲县胡姓有南京籍与湖广籍，是明朝落籍当地的军人后代。

十六、吴姓

保山的吴姓人数不多，主要聚居隆阳区和施甸县。隆阳区以西邑乡的老吴寨、大庄、吴上寨等地的吴姓为多，瓦窑的中和湾、老麦地也有吴姓聚居，板桥的北汉庄也有不少吴姓。为明洪武年间征战或江南汉族移民屯田时落籍保山，多数为江苏籍，少数为改为吴姓的当地土著。施甸县的吴姓人数不少，为南京或江西籍，为明洪武年间或万历年间征战后落籍当地。昌宁、腾冲、龙陵也有少量的吴姓，是后来由永昌搬迁而居住当地。

十七、祝姓

祝姓在保山的人口不多，主要居住在隆阳区、施甸县和昌宁县，腾冲、龙陵两县也有零星的居住。隆阳区瓦窑的祝家村、小麦地等村寨为聚居地，丙麻、西邑两乡有部分祝姓人家，他们多数为南京籍，明朝时期到保山境内居住。施甸县祝姓为明洪武年间征战到永昌落籍的江西人，明万历年间，有一部分随邓子龙征战到施甸，后落籍当地，后来有一部分迁往龙陵及德宏州居住。昌宁县的祝姓为明洪武年间迁入，祖籍为南京，多数聚居温泉乡，其他乡（镇）只有少量的祝姓。

十八、尹姓

保山的尹姓人口不多，但各县（区）都有分布，主要居住在隆阳、腾冲、昌宁，龙陵也有部分尹姓。隆阳区河图镇的尹家坝是尹姓人口最集中的地方，其他乡（镇）也有少量居住，他们的先祖是江苏南京籍，明洪武年间江南汉族移民屯田时落籍当地，后有部分迁到外地。腾冲县的尹姓人家较多，为明朝洪武年间征战而至的军人后裔，有南京籍与四川籍两大支系。施甸县的尹姓人口也不少，甸阳镇的尹姓为南京籍，明正统年间征战落籍当地，姚关的尹姓为四川籍，明万历年间随邓子龙征战而至。

十九、林姓

林姓在保山不多，各县（区）都有分布，主要居住在隆阳区和昌宁县。隆阳区的林姓主要分布在保山城区及汉庄、板桥两镇，其他乡也有少量分布。城区的林姓为南京籍，为明洪武年间由南京城迁入，汉庄、板桥的林姓为南京籍，明洪武年间江南汉族移民屯田到永昌而落籍，部分后人迁移到其他地方零星居住。昌宁县的林姓属福建籍，明朝时随军征战落籍顺宁（今凤庆），后迁移到昌宁县城的北门居住，清朝时部分外迁其他地方。腾冲、龙陵、施甸的林姓为外地陆续迁入。

二十、杜姓

保山的杜姓人口不多，主要分布在隆阳区和腾冲县，昌宁、施甸和龙陵三县也有少量分布。隆阳区兰城街道办事处的汉营，辛街乡的杜家屯，河图镇的杜家庄，都是杜姓人家居住较多的地方。其他乡（镇）也有杜姓，多数为从这些村寨分支出去的。均为南京籍，为明洪武年间征战或移民屯田而落籍当地。腾冲县的杜姓为南京籍，属明洪武年间征战而来的军人后裔。其他三县的杜姓，有的是从保山坝迁入，有的是后来从外地迁入当地。

二十一、马姓

保山的马姓属人口众多的姓氏之一，各县（区）都有分布，以隆阳区、昌宁县、腾冲县居多。马姓分回族与汉族，来源较广，族系较为复杂。隆阳城区的马姓多为回族，板桥镇、蒲缥镇、水寨乡的马姓为汉族。他们有的是元代定居永昌的回族，有的是明洪武年间由南京迁来的汉族。昌宁县田园镇九甲的马姓为汉族，明初由南京迁永昌，后移居九甲；田园镇勐廷寨新华村的马姓为回族，清初从大理凤仪迁入。腾冲县马姓也分回族和汉族，回族马姓为陕甘籍，汉族马姓为南京籍。施甸县、龙陵县的马姓多为南京籍，只是数量少，迁入时间晚。

二十二、黄姓

保山的黄姓人口不多，但各县（区）都有分布，以隆阳区、施甸县、腾冲县为多。隆阳区的黄姓人家以板桥镇、金鸡乡为多，祖籍为江苏南京，明代征战或汉族移民屯田时落籍永昌，其他乡（镇）也有黄姓，多数为南京籍，迁入时间有先有后。而隆阳区瓦房乡水沟洼的黄姓祖辈至今都自称满族，籍贯无可考。腾冲县的黄姓为南京籍，属明代征战而来的军人后裔。施甸县的黄姓为南京籍，明万历年间随邓子龙征战落籍当地。昌宁、龙陵两县也有部分黄姓人家，有的是由落籍永昌坝的黄姓迁入当地，部分为改为黄姓的土著。

二十三、兰姓

保山的兰姓人口不多，主要分布在隆阳区和昌宁县。隆阳区的兰姓主要居住在河图青阳及周边村寨，西邑乡的铺门前、兰家寨、鲁图等村寨，城区周边也有不少的兰姓人家。多数为江苏南京籍，明洪武年间征战与江南汉族移民屯田时落籍永昌。其中河图青阳村的兰姓是军官后代，祖上不姓兰而姓蓝，因为犯忌之后而由蓝改为兰，一直延续至今。昌宁县的兰姓为明洪武年间落籍永昌，数代后分支迁至昌宁县的田园镇、更戛乡、柯街乡、鸡飞乡等地。施甸县的部分兰姓，也是由落籍永昌者后来迁入。

二十四、孙姓

保山的孙姓人口不多，但各县（区）均有分布，以隆阳区和昌宁县、施甸县为多数。隆阳区各乡（镇）都有孙姓，但最为集中的辛街乡，均为江苏南京籍，是明洪武年间随军征战与江南汉族移民屯田而落籍永昌坝，后有部分人家迁移到其他地方居住。施甸县的孙姓人家是明万历年间随军而至，后落籍在由旺等地。昌宁县的孙姓为北京籍，系明代南征军人的后裔，先落籍顺宁（今凤庆），后迁移到今田园镇的孙家寨居住。腾冲县的孙姓为明代以军职落籍当地。龙陵县的孙姓为外地迁入。

二十五、郑姓

郑姓在保山人口不多，但分布较广，各县（区）都有居住。保山的郑姓有外籍和本地土著，外籍汉族为绝大多数，只有少部分土著少数民族。郑姓在隆阳区最多，金鸡乡郑官村、汉庄乡郑家屯、辛街乡郑家山等村寨都是郑姓的聚居地，大多为南京籍，是洪武年间征战而来或江南汉族移民屯田而至居住当地。腾冲县郑姓有南京籍与江西籍，明朝时迁入。施甸县郑姓为四川籍，清朝初年迁入。龙陵、昌宁两县的郑姓为外籍，于明朝时期到达永昌，后由永昌迁到当地，有南京籍与河南籍。

二十六、寸姓

保山寸姓人口不多，主要分布在隆阳区、腾冲县、施甸县。隆阳区的寸姓主要集中在金鸡、板桥、河图、辛街、瓦房等乡（镇），大多为南京籍，是明洪武年间征战和江南汉族移民屯田而落籍当地。寸姓居住较多的板桥郭里村，其先祖是明朝征战到达永昌先定居蒲缥，后又迁入，瓦房乡的寸姓是明朝先到永昌坝子，后又迁到小寨坡、寸家寨居住。施甸县寸姓是从蒲缥迁入的。腾冲县寸姓分为四川籍与土著两部分，川籍于明朝以军职而来，土籍为曲靖少数民族迁来。

二十七、程姓

保山的程姓人口不多，主要分布在隆阳区、施甸县和龙陵县。隆阳区的程姓，主要居住在瓦窑镇和水寨乡，其他乡（镇）也有部分。为明朝洪武年间江南汉族移民屯田时，从南京迁至永昌坝子居住，后又从永昌坝子迁至当地。施甸县的程姓为四川籍，明万历年间，跟随邓子龙征战到施甸姚关一带，落籍于姚关街的程家巷、大坝、摆马等地。龙陵县的程姓多数为施甸姚关的程姓后代迁居到当地。

二十八、宋姓

保山的宋姓人口不多，但各县（区）都有分布，主要集中在保山坝子。隆阳区的宋姓河图镇最多，以“宋”而命名的有宋家屯、宋家坝等，辛街乡也有宋姓聚居的不少村寨，其他乡（镇）也有为数不少的宋姓。隆阳区的宋姓人家有南京籍与四川籍，有的是明洪武年间江南汉族大移民迁到保山落籍，有的是在后来的征战过程中落籍当地的军人后裔，还有一部分是到保山做生意的。其他各县的宋姓，有的是祖先从外省以不同方式迁移而来，有的是落籍永昌后又陆续迁居当地的。

二十九、罗姓

保山的罗姓人口不多，但分布较为广泛，各县（区）都有居住，族源有南京籍和湖广籍，还有本地土著的少数民族。罗姓人口较多的是隆阳区和昌宁县。隆阳区的罗姓，多数为南京籍，是明洪武年间江南汉族迁入云南屯田落籍永昌，还有一部分是后来做生意落籍永昌的湖广、江西人后代，另一部分是当地土著的少数民族。昌宁县的罗姓情况跟隆阳区大致相同，有一部分由隆阳迁入。其他三县的罗姓大多为在永昌坝落籍后又迁入当地的。

三十、万姓

保山的万姓人口不多，主要分布在隆阳区和施甸县，腾冲、龙陵两县有少部分。隆阳区的万姓人家在各乡(镇)都有，以板桥、辛街乡较为集中，为明洪武年间随军而落籍永昌，为南京籍。施甸县的万姓为南京籍，系明万历年间征战到云南，清乾隆年间又从其他地方迁入施甸的。腾冲、龙陵县的万姓，有的为清朝时期做生意或开矿从外省到当地，有的是从永昌或其他地方迁入的，还有少数为土著。

三十一、陶姓

陶姓在保山的人口不多，但各县(区)都有分布，以隆阳区和施甸县为多。隆阳区的陶姓主要集中于河图镇的陶官屯及附近村寨，辛街乡的陶皇屯、邹里屯等村寨，为南京籍和四川籍，大多是明朝洪武年间江南汉族移民屯田时迁入。施甸县的陶姓大多为落籍永昌之后又迁入当地的。腾冲、龙陵县的陶姓多为四川籍，一部分是明朝时期迁入，另一部分是后来不同时期陆续迁入的。

三十二、方姓

保山的方姓人口不多，但各县(区)都有分布，多数为川籍，一部分为南京籍，少部分是土著改为方姓的。隆阳区的方姓为南京籍，属明朝时期随军到永昌坝子，后来由于社会的变化及其他原因，有一部分迁到蒲缥、杨柳等地居住。施甸、昌宁两县的方姓有南京籍和四川籍，祖上多数是后来由永昌或其他地方迁到当地的。腾冲县的方姓多数为四川籍，为明、清两朝迁入，一部分是随军而来，还有一部分是做生意、开矿等原因从外省到迁入。龙陵县的方姓不多，为外地搬迁入。

三十三、白姓

保山的白姓人口不多，但全市各县(区)均有分布，为南京籍，是明洪武年间迁入到永昌坝，后又陆续迁往其他各县的。白姓人口最多的是隆阳区的板桥、河图镇及永昌街道办事处，保山坝西边山上至今仍有白家铺、白家山的地名。

三十四、许姓

保山许姓人口不多，但各县(区)都有分布，以隆阳区、腾冲县、龙陵县较为集中。隆阳区的许姓主要分布在板桥、汉庄两镇，其他各乡(镇)(街道)也有居住。为江苏南京籍，明朝洪武年间征战和江南汉族移民屯田而落籍，其他乡(镇)的许姓则是后代分支迁居到当地。腾冲、龙陵县的许姓多为明洪武年间以军职到达当地，均为南京籍，少部分为后来陆续到当地的外省籍，有的是经商落籍当地。其他县的许姓是由保山坝子及云南其他地方搬迁到当地居住。

三十五、郭姓

保山的郭姓人口不多，但各县(区)都有分布，以隆阳区、龙陵县为多。郭姓有南京籍、陕西籍及其他省份，还有一部分是土著人。隆阳区郭姓集中在辛街乡的郭家村、西山村、大村等村寨，祖籍为南京，明洪武年间江南汉族移民屯田时迁入；板桥镇沙登村的郭姓，祖籍陕西省，于明洪武年间随军入滇，后落籍当地，该镇百忍屯的郭姓是后来从大理迁入。其他四县的郭姓多是后来从保山坝及周边迁到当地的。

三十六、邹姓

保山邹姓人口不多，但分布较广，五县（区）都有居住，较为集中的为隆阳区和昌宁县。隆阳区的邹姓最为集中的辛街乡的邹里屯、大刺蓬等村寨，为南京籍，于明洪武年间江南汉族移民屯田落籍当地。邹姓人家到达保山后较为发达，到了第八代时就分为32支，开始向外搬迁居住。昌宁县的邹姓集中在大田坝乡，先祖为明朝从南京迁入，后人也有迁出的。其他县的邹姓，除部分为明清两朝到当地做生意、开矿的外省人外，多数为保山坝子所迁入。

三十七、彭姓

保山的彭姓人口不多，但分布较广，各县（区）都有居住，族源较为复杂，有南京籍，有江西籍，也有四川籍和湖南籍，还有一部分为土著的彭姓。有的为明朝时期落籍保山，有的是清朝时期经商、开矿落籍保山。隆阳区的大部分是明朝时就落籍保山，少部分是清朝乾隆及以后才从外省到达保山落籍。腾冲县的彭姓多为江西籍，为明朝洪武年间迁入。其他三县情况大致相同，只是有些是从保山坝迁移到当地的。

三十八、周姓

保山的周姓是人口众多的姓氏之一，五县（区）都有分布，以隆阳区、施甸县和腾冲县为多。有的为明洪武年间征战云南的军人后裔，有的为江南汉族移民屯田而落籍当地。另外，在明万历年间随邓子龙征战的周姓军人一部分落籍施甸，这一部分多为江西籍。清朝时期，到保山来经商、开矿的周姓也有落籍当地的，这一部分多为湖南籍，少部分为四川籍。还有一部分周姓是土著居民。

三十九、钏姓

钏姓在保山人口不多，主要分布在隆阳区和腾冲县，其他县有零星的居住。隆阳区的钏姓主要居住在板桥镇沙坝周边的村寨和瓦窑镇老营以南的部分村寨，均为南京籍，是洪武年间江南汉族移民屯田落籍当地的。腾冲县的钏姓人家多为南京籍，为明洪武年间戍边到腾冲，后在和顺和洞山落籍。另外，腾冲县的部分钏姓人家是土著少数民族，是钏姓汉族跟少数民族通婚后改姓而随族的。

四十、左姓

保山的左姓人口不多，但分布比较广泛，各县（区）都有居住，隆阳区的人口为最多。左姓的族源较为复杂，大为明、清两朝以军职或移民而迁入的外省汉族，另一部分是土著少数民族随左而姓，也有一部分本来是从外省迁入的汉族，由于长期跟少数民族杂居、通婚之后也由汉族变为少数民族的。还有少部分是清朝时期由外省到保山来经商、开矿等。

四十一、高姓

保山的高姓人口不多，但分布比较广，各县（区）都有居住，隆阳区、龙陵县较多，腾冲县、施甸县次之，昌宁县只有零星分布。高姓的族源多数为当地的土著人，外籍的一部分是明洪武年间江南汉族移民屯田时到保山的南京籍人，另一部分是明、清两朝经商或开矿落籍保山的外省人。隆阳区内保山坝子的高姓多为南京籍，其他乡（镇）的高姓便是另两种情况。昌宁县的高姓为其他地方迁入。

四十二、邵姓

保山邵姓人口不多，但分布比较广泛，各县（区）都有居住，以隆阳区、龙陵县、腾冲县较多。多为南京籍和湖南籍，部分为土著。隆阳区的邵姓人家，主要居住在汉庄镇的南哨屯、北哨屯及周边的村寨及辛街乡的辛街、汪宣、邹里等村的一部分，为明洪武年间江南汉族移民屯田落籍当地，后人又迁往其他乡（镇）居住。其他四县的邵姓人家，有的是明朝落籍当地，有的是清朝时期经商来到当地，还有少部分为土著居民。

四十三、穆姓

保山的穆姓人口不多，主要定居在昌宁县和施甸县，其余三县（区）只有零星居住。穆姓原籍为江苏南京，明洪武年间以军职征战云南，后在云南县（祥云）为世袭官职。数代之后，于明崇祯年间放弃云南县的资产家业，举家迁至今昌宁县的漭水一带。数代以后，后辈的支系迁到今昌宁的鸡飞、柯街等地，有的支系还迁移到市内的施甸县及今临沧市耿马县。保山其他县（区）的穆姓人家，都是昌宁的穆姓迁移而至。

四十四、字姓

保山的字姓人口不多，主要居住在昌宁县和隆阳区，施甸县也有一部分，腾冲、龙陵只有零星居住。字姓的族源有两种情况，一种是本地土著，所占的数量较多，另一部分为江苏南京籍，明洪武年间江南汉族移民屯田时落籍云南，后又迁入保山。以字姓居多的昌宁县来说，温泉乡、田园镇的字姓是本地的土著，翁堵乡与鸡飞乡、柯街镇的一部分，原籍南京，明朝时落籍楚雄，后人于清朝乾隆年间迁移到今昌宁县居住至今。其他各县（区）的字姓也是分为土著籍和南京籍，有的是从昌宁迁到当地。

四十五、阿姓

保山的阿姓是人口较少的姓氏，主要居住在施甸县的木老元乡，隆阳区和昌宁县也有一部分居住。为大理的喜州籍，唐朝时期迁入保山城以南一带居住，今汉庄镇的云瑞村还有阿氏屋的别称。宋朝时期，大部分迁到今施甸坝子，一部分散居到今隆阳区。后施甸的阿氏人家为了躲避战乱又迁居到其他地方，明洪武年间正式定居于今木老元、摆郎等地，而散居隆阳区的阿姓人家多数改为其他姓氏，只有少部分保留阿姓。昌宁县的阿姓由施甸县、隆阳区的阿姓所迁入。

四十六、其他姓氏

保山姓氏较多，族源也较为复杂，除了上述的45个氏族源流之外，对其他姓氏源流只做以下简略说明。

牛姓为南京籍；于、普、汪、钱、沈为南京籍和土著；车、朗、勐为南京籍一部分，多数为土著；多、汤、云、贾、谭、廖、詹、骆、耿、石、樊为四川籍；谢、萧、章、宁、唐、邢、甘、康、赖、邱、肖多为江西籍；柴、伍、贺、旦为湖广籍；毕、顾为陕西籍；龚为四川、江西籍；解为山西籍；余、革为湖南籍；官、叶多为广西籍；潘多为浙江籍；刀、俸、好、欠、闷、帕、喂、板、晚、线、讽、囊及岳、管一部分为傣族土著；褚、蔡、豆、麻除极少数为汉族，多数为傈僳族；衍与李姓一部分是土著赐姓。

第二节　家谱族谱

保山的家族，绝大多数都有修家谱的习惯。就全市的总体情况而言，真正的汉族人家家谱的编修数量要多些，而汉化了的少数民族和夷化了的汉族编修的数量要少些。但是，旧谱多已损失，保留下来的多为清末以后新修或重修，内容有详有略，绝大多数是20世纪80年代后新修或重修，有些是进入21世纪才新修或重修。保山广大民间历来就有“三世不修谱，君子谓之不孝”的说法，这充分说明了人们对修家谱族谱的重视程度。

一、隆阳区

《王氏合族家谱》重修于1980年，时在保山县已传22代。该谱记述，保山县王氏原籍为陕西西安府三元县，一世祖王恕、王承裕从明朝成化年间落籍云南永昌府城内下巷街的丹桂坊，后裔一部迁蒲缥坝，另一部迁羊邑坝，还有一部迁瓦房坝。

《保山林玉英家谱续编》由林氏后人林毓桃等人编写而成，于2005年5月印刷出版。保山林氏家谱曾有四部，而流传下来的只有世祖林冈于清咸丰五年（1855）修的《林氏家谱易知录》和第十代孙林毓枝于1984年编写的《保山林玉英氏家谱》两部。此书为续编。该谱记述保山林氏家族原籍福建闽侯。一世祖林再春落籍于湖北宜昌府东湖县，其下一代林玉英于清顺治十六年（1659）随军入滇，后在保山安家落户，成为保山林姓始祖。

二、施甸县

《世世昌》是施甸县姚关大乌邑村的晚清秀才蒋世芳编著的蒋氏家谱，成书于1907年，是施甸较早的家谱之一。该谱记述蒋氏先祖为契丹人耶律阿保机的后裔，从北方落籍滇西并更改姓氏的大致历程。谱载：蒋世芳为明代阿王第十六世孙，为明代将官校尉武略将军蒋承业第九世孙。其父蒋大中曾任清朝钦赐六品蓝翎军功把总，总领姚关三乡团务。而其本人则是光绪年间的秀才，是中华民国时期乡学（私塾）知名的学者、诗人、教育家。

三、腾冲县

《和顺张氏家谱》重修多次，此谱重修于1988—1989年间，主要内容有题字、旧照、宗祠、匾额、楹联，谱序，以和顺清河堂张氏家族联族与重整族谱缘起。该谱分为五部分，第一部分为世系源流概述；第二部分主要是联族的动机与展望；第三部分是统一字派和字派的选择；第四部分是对修谱者表彰功绩；第五部分是结束语。

《腾冲籍尹氏族谱》修于21世纪初期，2002年印刷出版。该谱记述了腾冲籍尹世始祖尹籣公为南京应天府人氏。明朝洪武十五年（1382）随傅友德、蓝玉、沐英征南平滇，后落业腾冲，至2002年已620年。其后人主要居住在腾冲坝子，有一部分迁移到腾冲县的其他乡（镇）居住，还有少部分迁居昆明、隆阳、龙陵、施甸及德宏州的各县（市）。

四、龙陵县

《龙江匡氏族谱》于1997年编修而成并印刷出版。该谱记述了龙江匡氏一世祖匡云程系湖南辰溪人，于清康熙初年（1670年前后）以做生意兼行医为业，从湖南至龙陵龙江勐柳杨新寨，至1997年已330多年，传十四代子孙。

五、昌宁县

《鲁氏家谱节略》系明邑（珠山）人鲁元编修，成书于民国33年（1944），现藏于云南省图书馆，是昌宁县最早的氏族家谱之一。该谱记述了昌宁鲁氏源自南京应天府柳树湾大石板，到昌宁落业已有数百年的历史，全县的鲁姓均为一家人。

《昌宁白氏族谱》修成于1995年，当年10月印刷出版。该谱记述白氏原籍为南京应天府柳树湾，清顺治十八年（1661），始祖白文选随南明桂王朱由榔（永历帝）逃至永昌，第二年4月14日桂王在昆明被处死后，白文选落籍永昌（今隆阳）下村。到清康熙后期（1700年前后），昌宁白氏始祖由下村迁至右甸落户周家坡，现为十三代子孙。

第二章　民间习俗

第一节　节日习俗

明代以后汉族的大量迁入，使保山的民族构成发生了重大改变，形成了以汉族为主体的多民族混居状态，加上各种宗教的传入，使保山形成多元文化并存的格局。由于保山厚重的文化积淀及代代相传，便形成了具有鲜明地域特色和多姿多彩的节日习俗，使春节、端午、中秋等节日成为保山各民族共同欢度的节日。

一、春节

过春节又叫过老年或过大年，是保山最重要的传统节日。旧时保山的春节活动从腊月（农历十二月）二十三开始，被人们称为过小年。

在隆阳、施甸和昌宁及其他汉族居住的山区，进入冬月（农历十一月）和腊月，各家各户就忙着做豆腐、煮水豆、舂豆酱，腌制各种素食腌腊。当地这些全素的腌腊做完之后，各家就准备着宰杀家中喂养的肥猪，简称杀年猪。做腌腊和杀年猪的时间，一般是根据立春（又称打春）的早迟而定。杀年猪的当天，主人家要把亲朋好友和左邻右舍请到家中来吃“年猪饭”。吃“年猪饭”也有别称，隆阳区称为来“搛两箸生肉”，施甸县称为来“吃点儿旺子烩肉”，昌宁称为来“搛两筷头儿菜花腌菜”。杀完年后，就要马上揣香肠，腌制腊肉和火腿。腊月里，各家各户就开始备年货，一般要给老人、小孩添置新衣服与新鞋帽之类。到了腊月下旬，就要把全家人的衣服、被褥洗干净，房前屋后及周边打扫干净，以此迎接新年。

腊月二十三日为祭灶日，多数人家从这天开始在自己厨房内供奉“火德星君之神位”，其两侧贴有“上天奏善事，下地降吉祥”或“上天说好话，下地保平安”的对联，在神位前摆一桌，中间点一炉香，两边燃上一对红蜡烛，供上三牲、干果、水果和用麦芽等自制的饴糖。传说此举是让灶君爷上天汇报人间一年来的生产、生活情况时，嘴巴会甜，能多言善事好事，不要乱讲，让玉帝多给人间降福禄，如果灶君搬弄是非的话，饴糖便会粘住他的嘴巴而不能说出话来。祭灶的同时，在灶门口还要放上一些草料，让灶君的坐骑也能吃个饱好行路。腾冲、龙陵两县的祭灶活动要比另外三县（区）晚三至四天。

从腊月二十三的祭灶日开始，就进入了过年的时间。在随后的数日里，隆阳、施甸、昌宁的人们就开始为新年做充分的准备，多数人家就开始用蒸熟的糯米和麦芽酿制水白酒（甜白酒、酒醪），备好新年之后数日里的素食。此时，在隆阳区的城乡，部分人家还会以麦芽和蒸熟的糯米做一种名为糖渣的甜食。隆阳、施甸的人家还要腌上足够的水腌菜供新年期间食用，而昌宁、腾冲、龙陵三县的人们则喜欢腌制菜花腌菜。

除了准备这些新年的食物之外，各县（区）人家通常必备的就是做汤圆的糯米面粉。此面的原料均为糯米，但做法不同，叫法也各异。有的是将糯米洗净泡上四至五个小时之后，把米捞起晾干水分后在杵臼里舂成面粉，叫做克粉子面，舂好的面粉就叫粉子面；有的地方是将泡好的糯米就着水一起用石磨研成浆，然后把米浆放入布袋中吊干或用重物压干水分，再晾晒干，做成的粉称之为吊浆面或压面。在隆阳、施甸、昌宁的乡村还有送面的习俗，当地居民的说法是谁家盖了新房之后，三年之内的春节是不得克（压）糯米面，否则所盖新房的木料马上就会被虫蛀。因而，过年所吃汤圆的面自己家是千万不能舂或压，只能靠亲朋好友送来。

大年三十（无三十为二十九）这天，隆阳、施甸及昌宁的部分地方，都要赶一天借街（借这一天各街都赶），有的地方也称为了街（了却当年心愿之意），人们都到街上买卖过年食用的鸡鸭鱼肉、蔬菜、水果、红（白）糖、炒米花、米花团等物。这一天，在隆阳、施甸、昌宁、龙陵的乡村里，部分人家会在院中插上一株或一枝树冠较好的松枝，根部用一道红纸打箍，叫做“栽年松”也有的地方称为栽“摇钱树”，烧香时要在树下插上一枝。

年三十早上起床后，男主人就要到村里有名的“文墨先生”家去请他为自己家书写天地牌和春联。天地牌中间写“天地国亲师位”右边写“招财童子”，左边写“利市仙官”。天地牌左侧设“祖宗”，一同供奉；天地牌右侧设“灶君土地诸神位”，两边分别为“担柴童子”“运水郎君”。三个供位都要配上对联。而此时，家庭主妇在家里忙着舂粑粑，以备大年初一至初三的食用。舂糍粑在昌宁、龙陵、腾冲等地较为流行，而隆阳、施甸则主要是舂米粑粑。舂好的粑粑得注意保鲜，用青松毛或芭蕉叶包裹，防止它风干变味。

吃过中午饭后，各家各户都忙着准备下午的年饭。对于年饭，都准备得十分丰盛，但各县（区）又有不同。隆阳、施甸和昌宁，人们除了鸡鸭鱼之类而外，还要把杀年猪时剥好挂得半干的猪头、香肠烀熟，敬献天地和供奉祖宗之后，全家人要在年饭上食用。作为年饭上的时鲜蔬菜也有讲究，韭菜、蒜苗、青菜、白菜必须得有。因为按当地的传统，年饭吃了韭、蒜两种菜，来年就会“九打十算”，特别是年轻人，老人们还会让他们多吃一点；青、白两道菜，吃了之后预示着在新的一年里“青青白白”。在腾冲、龙陵两县，多数人家少不了煮一锅年菜（当地称锅子菜），主料为猪肉皮、青白菜、韭菜、蒜苗、芋头之类，也有好多寓意在其中。另外，对于三十的年饭，各县（区）都有两点相同：其一要有鱼，以示“年年有余”，二要菜饭多做，不能一顿吃完，要从今年吃到来年才行。

年饭做好之后，第一件事就是敬神和祭祖，先将烀好的猪头抬到天井中摆放好，燃上准备好的纸火敬奉天地诸神。敬过诸神之后，再把做好的鸡鸭鱼肉、茶酒、果品等摆放到堂屋的供桌上，点上一对大红蜡烛，燃上香，同时在大门两侧也燃上香火。各县（区）燃的情况也有所不同。经过半个时辰的供奉后，家长便给祖宗烧纸钱，边烧边念念有词地祷告，并浇点茶酒。之后，全家人先男后女，由长到幼逐一在家堂牌前叩头作揖，最后放一挂火炮，全家都围坐在一起吃年饭，当地又叫团圆饭。吃年饭是一年当中最隆重的事，除嫁出的女子及出远门不能赶回者之外其他家庭成员都要到齐，共享辞旧迎新的家庭盛宴。

吃过年饭之后，男主人要抓紧时间贴对联、门神，还要把几天烧的柴火劈砍好；挑水回来把家里的水缸、水盆、水桶之类盛满，女主人收拾家务，打扫室内卫生。因为五县（区）的汉族都有些禁忌，有的只忌初一，有的忌初一至初三这三天的时间。禁忌期间不得动刀、不能扫地、不能挑水和泼水、不能使用吹火的火筒等，更不能吃荤食。如果禁忌期间要挑水，不能叫挑水，而是叫买水，挑水者不论是到龙洞或水井去挑的话，每去一次，要拿一炷香和一张黄纸钱，放在龙洞旁或井边才行。

此时，最高兴和快乐的是孩子们，他们相约一起向家中的长辈们行叩首礼，以示辞旧迎新，通常叫做“辞岁”。长辈们受了孩子们的叩首礼之后，就要把事先准备好的零钱分发给他们（叫做给“压岁钱”），以示辞旧迎新的喜庆，并说一些增岁添喜庆和鼓励进步的吉庆话，孩子们收到长辈们给的“压岁钱”后，也要说感谢的好听话。

天黑以后，全家老小忙完自己的事情之后，各自打盆热水洗洗脸脚。因为忙碌了一年，要把上年的尘埃汗垢洗去，干干净净地迎接新一年的到来。保山市境内有一句俗语，叫做“三十晚上洗洗脸脚，好事喜事样样赶得着”。特别是做小生意的人家更为讲究，他们的说法是“三十晚上洗洗脚，生意买卖赶得着”。洗完脸脚，吃过晚饭（指乡下），全家人换上准备好的新衣服、新鞋帽，围坐在堂屋（或客厅）的火塘（或火炉）边，桌上摆放零食、糖果之类，边吃边有说有笑地谈论，等待着新的一年到来，叫做“守岁”或“熬寿岁”。有的地方亲朋友邻相聚一块，听老人们或识字人讲故事，或者进行猜谜语等活动。20世纪80年代以后，随着电视机在城乡的普及，人们的守岁便成为观看中央电视台一年一度的春节联欢晚会，到了午夜十二点“交岁”时刻，多数人家燃放一封辞旧迎新的鞭炮后，坐不住的陆续入睡，坐得住的继续看节目，少部分的年轻人还会守着电视或电脑通宵不睡。

大年初一早上，第一件事就是开财门。保山市境内相当讲究开财门一事，部分村寨在春节前九天或七天就指定好开财门的童男子，一般是由两名童男进行，一个动手开门，另一个大声喊吉言。当天天刚亮，两名童男就挨家挨户地去，先喊：“开财门了！”主人应道：

“好了”。开门那名去动手开，另一名就高声喊：“财门财门大大开，金银财宝滚进来，滚进不滚出，滚得满堂屋”。紧接着，各家的家长就会走出来把头晚上包好的红包赏给童男。随后，全家老小便起床，男人洗脸漱口，女的马上梳头然后才去洗漱做家务。保山有一种说法，大年初一女人不梳头，当年栽秧根板结，成活率不高。

大年初一是不得睡懒觉的，开了财门后老小都得起床。洗过脸后，小孩们可以闲着，老人们烤火，男女主人忙着和面包汤圆、煮汤圆。大年初一的早餐，保山人大部分吃汤圆，表示在新的一年里全家和睦团圆；腾冲人一般吃米花茶或饵丝（称为“吃长饭”）。吃过早餐之后，隆阳、施甸、昌宁的一些地方还有鞭打果树的习惯，一般是由男主人抬着一碗汤圆，带上平时放牛马用的皮鞭，到自己家的桃梨果木树前，先在树根或枝杈上贴上一个汤圆，然后挥鞭对树木进行鞭打，边打边喊：“打一鞭，结一千；打两鞭，结两千；……。”鞭树要看树木的大小而定，对小而刚挂果的只能打一鞭，对树大而到盛果期的就多打几鞭，但不超过十鞭为限，不然当年果结多了会压断树枝而造成损失。

到了吃午饭时，全家人根据自己的爱好，可以热汤圆、煮饵丝吃，还可吃水白酒、糖渣、米花茶，也可以热吃上一年（头天）余下的大米饭，但不能吃荤，只是吃腌腊及蔬菜凉拌。午饭过后，家人或亲朋好友相约外出游览，到寺庙进香或逛风景名胜区，根据人们的爱好选择去处。在隆阳、施甸的部分村寨，大年初一有舞狮耍龙、演戏、唱花灯（又称装灯）的活动。有的村子还组成花灯班子到各家去贺年演出。一般情况下，年前几天就递帖子告知主人家做好准备，等候演出班子的到来。表演到一定时候，演出班子有口才较好者向主人家大声喝彩道：“龙灯舞狮笑嘻嘻，恭贺主人好福气，自从今日朝贺后，来日金玉满屋脊”或“小狮耍得笑哈哈，今日来府相朝贺，二天定是大富大贵家，后代必是美名扬天下”等，使主人家听后高兴地挂彩和给喜钱。20世纪80年代，各县（区）的春节内容都有所丰富，有的开展不同形式的文化、体育活动，有的进行商贸物资交流，还有的地方进行彩票销售活动。

大年初二，至亲好友相互走访拜年，以糖果、烟酒、糍粑、饵块，甘蔗等食物相互馈赠，小孩来到家里，主人要给点新岁钱表示喜庆。此日早上，嫁出去的姑娘起床后，就由丈夫和子女相伴，回到娘家拜年。保山五县（区）有个禁忌，嫁出去的姑娘是不得回娘家过年。其理由有二：第一回家过了年，娘家的日子会不好过，有一句俗语叫做“嫁出去的姑娘回家过了年，娘家就会没有田”；第二姑娘出去以后就是人家的媳妇，要当家立事，吃饭过自己的日子，年关要在婆家才行，也有一句俗语叫“嫁出去的姑娘泼出去的水，要在外面有所作为，在自己的家里相夫教子，支撑公婆家的门户才行。”在隆阳、施甸一些地方，上了年纪的弟兄姐妹之间，谁家在年前讨了儿媳妇，姑妈、孃孃、姨妈、姨孃等在大年初二早上就会去把新媳妇接到自家闲上一至两天，如果弟兄姐妹多的家庭，新媳妇就会轮流着一家去上一至两天，主要是去认认亲戚。新媳妇到家里之后，上辈至亲要根据自己的经济状况，给上数量不等的新岁喜钱。为此，在这些地方，嫁出去的姑娘第一年是去认亲而不回娘家拜年。

总之，在保山，春节是一年当中最为隆重的节日，历史上习俗也确实不少。如今，随着社会的发展与时代的进步，好多习俗已经逐渐改变或消失，但在一些地方仍在延续着。

二、清明节

清明节又叫踏青节，属于保山的一个重大节日，是广大民众对节令物候的感悟和对先辈故人的感怀。主要活动有到祖墓、公墓、祠堂祭拜先辈故人，到纪念遗址缅怀先烈贤能，到郊外踏青游玩，还有部分人到空旷开阔之地放风筝。

清明节上山祭扫祖墓是保山较为悠久的传统，旧时的保山、施甸、昌宁是较为隆重的活动，一般以家族为单位进行祭扫。在清明节气的十五天之内，由家族管事的几人商定选好一天日子，杀一头猪（做火烧猪），购买一些祭拜用品，全家族能去的男女老幼都到墓地上，大伙一齐动手，生火做饭。饭做好之后，由家族中管事者主持对先辈故人进行供奉，说一些让先辈故人保佑子孙后代的吉利话，并将带到墓地的香钱纸火统一烧给先辈故人。供奉仪式完毕，到墓地上去的子孙后人们按辈分向祖先进行叩首，以示对先辈故人的缅怀，并祈求他们保佑自己平平安安，事业有成，学习进步等。供奉结束后，所有参加祭拜的人员都在墓地里高高兴兴地吃一顿团圆饭，让“阴间”的祖宗看到“阳间”的子孙后代团结和睦、兴旺发达。近年像这种以家族为单位进行祭扫祖墓的情况已难见到。随着陈规旧习的不断革除与移风易俗深入，保山清明节扫墓的情况也发生了大变化。

至2005年，各县（区）不论城镇还是乡下，清明节祭拜先辈故人分为两种情况：

第一种是以小家庭或大家庭为单位，在清明的十五天时间内任选一天，将在外地工作或打工的家庭成员尽量通知回来，于祭拜的头天或当天早上买好所需要的食物和祭品，全家人在家热热闹闹地做饭。饭做好之后，把带到墓地上的饭菜留好，大伙就一起在家进午餐。吃过中午饭后，带上所留的饭菜、祭品、锄头、砍刀、镰刀等物品，全家老小或步行或坐车就一同往墓地而去。临行之前，一定要准备好一把柳树的枝条带着去插到先辈故人的墓上。因为保山各地有“清明不插柳，死后变黄狗”这一古老而传统的说法，插柳枝成了上坟的一个主要标志。到了墓地之后，由年长或主持祭拜者到坟后的“山本后土”之位去敬献山神土地，敬过之后大家一齐动手，把坟墓周边的野草干干净净地割去，再把长在坟上的大小杂树清除，隆阳、施甸、昌宁一带的老人们普遍认为，坟上或坟旁长有杂木，会使子孙后辈人生病或不平安，一定要清除才行。对于坟墓周边有坍塌不平的情况发生了要清除或摊平整，特别是坟堆上有缺失的部分一定要填补整齐，并将墓门及周围用树枝清扫整洁，确实起到了清扫墓地的效果。当把墓及周边清理和打扫干净之后，再把从家里带去的饭菜、酒水、茶水、果品之类摆放在墓门之前（有条件的人家在修墓时就设有石桌、石凳之类），放上四套碗筷，但筷子必须要整齐才行。隆阳、施甸有一种说法，如果祭祖时筷子不齐的话，后辈人可能会出现跛脚跛手的人。这是祭祖时很注意的细节之一。祭供的所有物品摆好后，年长或主持祭供的一人就口中念道：“某处某处的老祖，我家的什么什么人，都到这里来请吧，今天我们来供奉你们，大家要请好喝好，你们在前面要照看和保佑好子孙后代呢！不论是在家的还是在外的都要保他们清吉平安，事业有成。”此时所有的人都不得喧哗，要静静地待着，意思是要让先辈故人们安静地用餐。经过十多二十分钟的供奉后，主持供奉者就走到墓前去交点。首先抬起装有茶水的杯子到墓门前去倒下一点，边倒边说：“点点茶，后代人越过越发。”又抬起盛酒的杯子，到墓门前去倒一点，边倒边说：“点点酒，后代人越过越有。”尔后，将供奉的菜饭各取一点向四周抛去，并将干果、水果之类的供品取一部分放到墓门前。随后，大家一起动手将供奉过的菜饭收拾到一旁，在墓前燃烧带去的香钱纸火、纸制的“金锭”“银锭”“金元宝”之类，主持供奉的人边烧边说：“各位祖宗，来领受去，各人都拿些去用，火上分钱最公平，莫争莫吵，数量多呢！领受去吧！”接着，所有到墓地去的人都按辈分的高低，分别到墓前去行叩首礼，向先辈故人们祈求保佑。祭拜结束后，再将带去的饭菜、果品、茶酒之类在墓前的空地上摆起，大家共同进餐，尽量食完，万一吃不了的要带回家。

在离开墓地之前，把带去的柳枝插或摆到墓上，年轻的小辈们每人还要带一支燃烧的线香回家，到家后将香插在家门口，表明后代的插香人对祖先的思念。有的地方不带燃烧的线香，而是每人手持一柱不曾点燃过的线香回家，表明后继还有插香人。还有的地方在祭拜人离开墓地时，由年长者捡几颗小石子给年幼者带回家，表示祖先们会保佑后辈人随时拥有“银钱”“宝贝”之类。隆阳、施甸、昌宁的好多地方，在到墓地祭拜回家走的时候，年长者或主持祭拜者就必须逐一逐二地将所有到墓地去的人的名字喊一遍，一起叫着而回家。据说，胆子小和八字软的人到了墓地上会把魂魄留在那里，离开的时候不叫的话，人虽然回家了，但魂魄没回来，日后人会得大病甚至死亡。

清明节祭拜先辈故人的第二种情况也是以家庭为单位，方法跟第一种情况大同小异，只是去祭拜的地方为公墓或寄放骨灰的祠堂而已。

清明节除了祭拜先辈故人之外，还是缅怀先烈贤能的时节。旧时在保山坝子南边的辛街一带，当地民众便会自发地到杨公祠去祭奠杨务本（杨元）老先生；在保山城区，广大民众也会自觉地到报国寺去祭奠先烈，到状元楼祭奠杨状元（杨慎），到住氏祠去祭奠住氏（住书香），到林公祠去祭奠林文忠（林则徐）等活动。近年，每到清明节，中小学校会组织广大师生到烈士陵园去扫墓，或到滇西抗日战争纪念遗址进行祭奠活动，以此来缅怀先烈们的丰功伟绩。

清明时节也是人们对节令物候的感悟和崇拜的时节，故又被人们称为踏青节。每到清明时节，各地的人们都有亲友相邀、家人相伴到野外去踏青，享受大自然美丽景色的习惯。另外，一些喜欢户外活动的驴友们、放风筝的爱好者，都会抓紧清明时节的好天气加紧活动，充分享受大自然赋予人类的美丽景色与阳光空气。清明节里，市内五县（区）的多数中小学校组织学生到郊区野外、名胜古迹或环境优美的地方去春游踏青、野炊烧烤之类的集体活动，让青少年们去感悟和享受自然景观，从小养成热爱自然的好习惯。

三、端阳节

端阳节，保山人又称其为端午节，是全市境内广大民众都过的一个节日。主要活动有包粽子、供奉祖宗、吃粽子和大蒜、插艾蒿、吃药膳食物、赶花街、熬汤药洗浴除病等。

端午节的头一天，保山城乡的人们就忙着包粽子。保山人多数用粽叶、秧草、棕把片儿，有的也用大龙竹的鲜叶来包粽子。多数人是用净糯米包白粽，也有在主料里放入各种辅料，包出不同品种的粽子：有的人家为了消食，在泡糯米时就放入土碱，有的人家在糯米里就入豆瓣、花生米、饭豆、绿豆，有的放入豆沙，还有的放入火腿肉丁、鸡肉丁。腾冲人还用鲜茅草晒干后烧成灰拌入糯米中与火腿一起，包出香喷喷的火腿粽，这种粽子既好吃、又容易消食。当天下午粽子包好之后，无论时间迟早都要把它煮熟放起，准备好第二天早上吃。

端午节早晨起床后，主妇们要熬红糖稀、煮带皮的大蒜和鸡蛋或鸭蛋。粽子热好后，要烧香并摆上剥过的粽子和糖稀供奉祖宗。供过祖之后，全家老小一起吃粽子、鸡蛋、大蒜等。大蒜是每个人必须要吃的食物，按传统的说法，盛夏即将来临，大蒜有打（排）毒防肠胃疾病的功效，特别是小孩要多吃。

吃过粽子之后，男人要赶快出门去找一束艾蒿、菖蒲及红色的野花回家来插到自己家的大门上，以起到“镇邪”的作用。随后要清扫房前屋后，并在墙根脚一些潮湿的地方撒上石灰、灶灰或雄黄之类，进行驱瘟杀虫，防止人畜因天气变热而生病。妇女们收拾完家务后，要在小孩脑门、鼻子、耳朵上涂上朱砂雄黄之类，或者给小孩佩上以香草、朱砂、雄黄、艾蒿及菖蒲为原料而制作的小香包，以起“压邪”“驱虫”“防病”等作用。

旧时，地处祖国西南边疆的保山，由于医疗水平不高，人们把即将进入盛夏时间端午节视为防病治病的关键时刻，整个端午节都贯串着防病防瘟疫的活动在其中。境内的广大民间，人们普遍认为，端午节吃药膳食物能保证一年不得病。当天中午，隆阳区城乡的人们，居家都要吃的食物是藿香叶炒小公鸡，并喝上适量的雄黄酒，据说吃了这一食物可驱邪防病，保准一年不会得大病；在施甸县的城乡，人们普遍用菖蒲酒或甜白酒煮鸡蛋并加入适量茴香，并加饮适量的雄黄酒，以避邪防病；在昌宁、腾冲、龙陵的好多地方，人们就用香椿头切碎炒鸡蛋食用，以驱虫防病。端午节这天，在隆阳、施甸、昌宁的城乡，人们自己去找回或到街上买回透骨草、血管草、金竹叶、地主叶、小荨麻等煮熬成汤药，让全家老少擦身洗浴防疾病瘟疫；在龙陵、腾冲一带，有的人家用香草、艾蒿、九里光、桃叶、杏叶等药草熬成汤药洗身防病。到了晚上，部分人家还用艾蒿、柏枝条、青松毛等烧起烟雾熏房屋驱虫除邪预防各种病。

保山历来就有“端午节栽一根杵棒都会发芽”的说法。每到端午节这一天，境内很多地方的人家都会种果树。在全市范围内农历五月是雨水落地的时候，大地上的土壤都是湿润的，各种植物都到了生长的旺期，此时栽种的各种植物都容易生根成活，栽果树就成了最为恰当的时节，故有“端午节里种树忙”的情况在全市范围内出现。

在隆阳区的城乡，人们向来把端午节称作“赶花街”。每到这一天，保山城区内的广大居民都会自发地将自己家里所培植花木盆景，饲养的鸟、虫、鱼等抬到街面上摆放出售。同样，乡下的广大民众也会把自己找到的奇石、花木、草药、虫鸟之类带进保山城摆在花街上出售。旧时，保山城内的花街只赶端午节这一天，并且是民间自发所进行的活动。到了20世纪80年代，保山城的花街就由原先的民间自发变为政府出面统一组织进行，期限也由原来的一天扩展为三天，将保山古城内的上巷街和下巷街定为花卉一条街，正阳南路定为中草药一条街。当时，有一首《赶花街》的诗写道："新衣旧鞋雨伞带，扶老携幼逛城街。上下巷街赏花去，正阳南路买药来。"就是对花街的生动写照。后来，各县（区）人民政府到时都会组织"花街筹委会"，统一规划地点和指定摊位，并组成评委会对花木盆景及摊位进行评奖，对好的发给奖牌及奖金，使全市的县（区）都掀起了端午节赶花街的热潮。

四、中秋节

中秋节，保山人习惯称之为八月十五节，是全市各族民众都共同欢度的重大节日之一。当地人又把此节叫做团圆节，具有月圆、事圆、人团圆的寓意。

保山是农耕历史较为悠久的区域，中秋节期间田地里的农作物已经成熟，到了收获的大忙季节，该节除了团圆之意外，还有庆丰收的寓意在其中。旧时，由于商品经济不发展，每到中秋节这天，保山、施甸的好多地方，人们以村寨或生产队为单位，或杀一头火烧猪打拼伙（凑份子）分配到各家，或者杀一头牛统一分配到各家各户，共同来庆贺这一传统的节日。

在保山的好多地方，中秋节都有送节的习惯。中秋节是家人团圆的时节，而嫁出去的姑娘或给出去（上门）的儿子因为各有家庭，过节时不能回到生身父母身边来团圆，故不能两全其美，于是，在中秋节的前一至两天之内，出嫁的姑娘或给出去的儿子，为了报答对生身父母的养育之恩，都会给父母亲送去一份节日的礼物以表自己的一份孝心。过去送节的礼物是以糖果糕点、桃梨水果为主，附带自己家所产的农副产品之类。在保山城乡的绝大多数地方，中秋节送礼物孝敬父母这一习惯依然还在延续，包括在外工作不能回到父母身边团圆的儿女还得提前将节日礼物寄送回家，礼物是以各式各样的精美月饼为主，外加水果、烟酒之类。另外，在保山的广大城乡，青年男女双方一旦确定了恋爱关系之后，男方为了酬谢或讨得女方家人的欢心，中秋节也有送节日礼物的习惯。

旧时，中秋节当天，保山城乡大多数居住户人家的家庭主妇们，吃过中午饭后就开始为过节而忙乎起来。她们把家里储存的小麦面粉、红糖或蜂蜜拿出来，将平时收藏的发面团儿（有的地方叫肥子）用温开水泡开，当掺有红糖蜂蜜的麦面和好以后，再把泡开的发面团儿放入麦面里进行一起揉搓均匀盛在盆内，让其自动发酵一段时间，叫做发面或发粑粑。吃过晚饭后，将平时用的饭甑子清洗干净，垫上一层鲜活的荷叶或芭蕉叶，把发好的面团放到叶子上，上锅蒸上一至二个小时后，一个又圆又泡的糖糕（又叫蜂糖糕，还有的地方叫发粑粑）就蒸好了。至今，在隆阳、施甸和昌宁的部分地方，遇到有人说话不切合实际时，还有人称其为"八月十五的发粑粑太泡了"。后来，糖糕已为月饼所替代，蒸糖糕的人家已所剩无几。

糖糕蒸好后，再配上自己家所产或亲友们相送与街上买回家的果类糕点。果类有当年成熟的大拽梨儿（又称黄皮梨儿，重达三斤左右）、寿桃、板栗、核桃、葵花籽、花生、菱角、莲子等；糕点以当地所产的月饼、杂花糖、花生糖、饼干及各种饼子为主。

当夜幕降临时，东边天空中的一轮圆月刚升起，在院中摆上一张桌子，将糖糕、果实糕点抬上桌，全家老小团聚一起，共同来庆贺团圆与丰收。此时，先由家中年长者来主持供奉月亮（有的地方称太阴）嬷嬷，感念她照亮黑夜里的山川大地、草木万物、田园庄稼之类，并使人们在黑夜里能够行走或劳作，希望在她的照耀之下，风调雨顺、五谷丰收、世道太平、年年都有好时光。供奉完月亮之后，全家人围坐桌子四周，在明亮月光之下开始各取所需地吃糖糕、吃果实、吃糕点，小孩子们边吃边听老人讲故事，猜谜语。一家老小有说有笑地吃饱吃够，直到夜深人静时才会散场去睡觉休息。

中秋节的晚上，保山人除了举家团聚在家赏月吃节日食物之外，各地还有不同的赏月习惯。保山城西的太保山及山下的易乐池畔，是城内居民和周边群众赏月观景的好去处。人们在家中供奉了月亮之后，有的全家人扶老携幼，有的亲友相邀，带上糖果糕点，在明月照射下，一齐去登太保山。到了山顶的平场子上，人们把带去的食物摆放在草地上，大伙围拢而坐，边吃边聊，举目遥望高空悬挂的一轮皓月，或者俯瞰山下古城内的万家灯火。同样，在明月当空的时刻，人们三五成群漫步在易乐池畔的亭台楼阁间，徜徉于柳林花卉之中，天空中与水面上的明月相映而辉，景色别样而有趣。这个时候，在保山城南的大海子堤岸上，在河图的水月楼周围，在板桥的花桥附近，都是些赏月观景的人们在游动。当晚，除了保山城与保山坝的主要景点外，在腾冲城边的来凤山上、叠水河畔，都是些赏月观景的人们在走动；在龙陵县城的大街小巷，龙江边的阿昌族村寨里，人们以不同的方式庆节赏月；在施甸的甸阳街上，由旺的少保山头，姚关的清平洞一带，同样有着观景赏月的人们；在昌宁城西的花果山上，城东的达丙河及龙潭寺内，依然游走着赏月观景的男女老少。

五、其他节日

古往今来，保山除了新春、清明、端阳、中秋四个重大的传统节日之外，还有其他许多的节日，只不过有些节日只在一定地域内进行，有的只是部分人群欢度，还有的随着时间的推移已不复存在。下面就全市目前尚存的几个节日予以简单地介绍，供今天和后来的人们了解。

（一）元宵节

元宵节又称上元节，时间为每年农历正月十五，保山人习惯称过正月十五，它实际上是春节的延续节日。全市的绝大多数民众都过这一节，只不过内容较为单一而已。

正月十五晚上，明月高照之时，城乡居民将春节期间所栽的年松拔去，有的送到井边或泉旁，有的随地丢弃，把庭院打扫干净。随后，各家各户就开始煮汤圆，当汤圆煮好后盛上一碗，再烧上一些香钱纸火敬奉天地诸神，表示年已过完，当年的春节到此正式结束。敬过天地诸神后，全家人热热闹闹地一起吃汤圆，有的地方也叫吃元宵。在隆阳、施甸城乡，部分人家当晚还有甜白酒或水白酒煮汤圆吃的习惯。吃了元宵后，有的居民会全家人围在火塘边或电炉旁进行闲聊烤火熬夜，到凌晨时便睡觉休息。

进入21世纪，随着电视机在广大城乡家庭中的普及以后，元宵节晚上吃过汤圆之后，人们以家庭为单位，全家老小守在电视机前观看中央电视台的“元宵晚会”节目，直到深夜才休息。

（二）火把节

火把节是保山的传统节日，古代又称星回节，时间为每年农历六月二十四或二十五两天。该节原为彝族和白族的节日，因境内汉族与其他少数民族混杂居住，各民族之间相互融合，使许多汉族村寨也形成了过火把节的传统习惯。

在隆阳、昌宁的部分地方，每到火把节这一天，当地的人们会把嫁出去的姑娘接回娘家来，跟父母亲、兄弟姐妹共享节日的快乐。为此，当地又把火把节称为“姑娘节”。

火把节当天，市内时兴过火把节的村寨都会杀羊或杀牛庆贺，隆阳、施甸的部分地方杀火烧猪庆贺。白天，人们亲友相聚，猜拳行令，吃肉喝酒；入夜，大伙点燃火把，行走在楼房底下、房前屋后、庭院周边、田间地头、果木树下、瓜棚底下等，不时将准备好的松香粉撒向燃烧的火把形成火柱，以此来驱赶老鼠与消灭害虫，以达到保护庄稼、瓜果的目的。

当驱鼠灭害虫的活动结束后，人们手持火把汇聚到村前广场或空闲地上撒火娱乐，有的敲锣打鼓，有的跳舞对歌，进行狂欢活动。平日里很少汇拢的年轻人，借此机会交友或谈情说爱，直到深夜才结束活动，各自回家休息。旧时，每到火把节这天，隆阳、施甸的部分地方还举行斗牛赛马的活动；腾冲、龙陵、昌宁的部分地方会举行荡秋千、射箭、摔跤等活动。以此来增加节日的气氛，增进人们的交流和友谊。

近几年，隆阳、昌宁的部分乡（镇），还由当地党委、政府组织过火把节。节日期间，除了传统的燃烧火把之外，还要表演具有地方民族特色的文艺节目，举行丰富多彩的民间娱乐活动等。

（三）护兽节

护兽节又被称为断屠节，是保山的一个传统节日，时间为每年农历八月二十三这一天。时下，这一节日在市内虽然不再统一过，但在部分地方依然还有“八月二十三不杀生”的习俗。

据隆阳、施甸、昌宁部分地方的口口相传，民国年间，当地的人们还在过护兽节。每到农历八月二十三这天，山区里平时以狩猎为生的猎人们都不得进山打猎，而是在家过节一天，主要活动是焚烧香钱纸火敬献山神和猎神，同时也让山中的野兽休养生息一天。也是这一天，当地部分地方平时以宰杀为业的屠杀生灵而断屠一天。据说，这是古代的人们为纪念屠户出身的张飞而专门设定的节日。为此，农历八月二十三这天，又被人们称为“护兽节”或“断屠节”。随着时代的进步与自然环境的改变，到中华人民共和国成立以后，护兽节便不复保留。

至2005年，在保山虽然已经没有护兽节与断屠节的节日庆典活动，但在部分地方八月二十三不杀生这一习俗仍然在广大民间延续着。

（四）尝新节

尝新节又称敬狗节，是保山古老而传统的一个节日，时间是根据境内各地稻谷成熟的早迟而定，没有固定统一的日期。

隆阳、施甸、昌宁的部分地方，每年农历八月新谷收回家之后，人们在吃新米饭之前，蒸熟一甑后先要盛上一碗去敬天地。敬过天地以后，就是供奉祖宗，祈求祖宗保佑后人五谷丰登、家庭兴旺。敬供仪式完成之后，再盛一碗新米饭去喂狗，即便狗不吃也得哄着喂一些才行，当地有“白米饭掗狗”的说法，指的就是这一活动。等狗吃过白米饭之后，主人家才开始上桌吃新米饭。为此，人们把这一活动叫做“尝新节”或“敬狗节”。

腾冲、龙陵两地的农家是在每年农历九月的三个属兔日中根据情况选取一个，到稻田里抽选一些成熟的稻穗回家，选一部分将其捆为12把（闰月年捆13把）编成绣球状，悬挂在天地牌的高处。随后，又把剩余谷穗上的谷粒捋下，晒（或焙）干后舂出新米，把新米煮蒸成新米饭，先盛一大碗新米饭供祭天地和祖宗。供祭之后，将所供新米饭的一小部分喂狗，大部分喂牛。等狗与牛吃过之后，全家人才坐到饭桌旁开始吃新米饭，叫做过尝新节。

至2005年，在全市的广大农村里，每年的农历八、九月，仍有部分人家还在过尝新节，只不过内容有些简化而已。

（五）放生节

放生节又称放生会，属保山最为古老的节日之一，时间为每年农历十月初八这一天。这一节日今虽已不复存在，但在隆阳区城乡的部分地方还能寻得到它的踪迹。

据隆阳区部分地方的口碑所传，民国初年，在保山城内及周边的部分地方，人们还在过放生节，属佛教教义里不杀生的具体体现，放生的对象为野生的兽、禽、鱼之类的生命。

在四季如春的保山，进入农历十月初的季节，到处是一派秋高气爽的景观，正值各类大小野兽、禽鸟、鱼虾之类活跃觅食的大好之季。十月初八这一天，当地一些佛教信徒和珍爱生命的人士，便将自己捉到买到的兽、禽、鸟、鱼等有生命的小生灵拿到固定的地方，统一由和尚念经做法事之后放归山林水池中，让它们回归大自然，故得名放生节或放生会。

旧时，保山城和保山坝子固定放生的地方较多，城内的荷花池、太保山，城周边的易乐池、孝感泉、梨花坞、红花村、代官屯，城南的大海子、保山寺，城北的板桥花桥、卧牛寺等地。后来，随着时间的推移，放生节便在当地逐渐被淡漠。

至2005年，在隆阳区的城乡，偶尔也还有人进行放生活动，只不过时间不统一而不成节日，所放的生灵是以人们购买或捉到的鸟、鱼为主，放生的地点以城西的山林及白庙水库、大海子、大小海坝水库为主。

（六）烧包节

烧包节又称十月朔，隆阳、施甸两地又将它叫做十月上坟，时间为每年农历十月一个月的期限，属当地的一个传统节日。

按照中国人的传统，每年的清明、七月半和十月朔为三大鬼节，在这三个鬼节期间内都是百鬼出没讨索之时。据隆阳、施甸部分的口碑相传，当地的烧包节是源于清朝末年的永昌境内回汉相争的战乱。

史料记载，清道光二十三年(1843)至清同治十一年(1872)的近30年时间里，滇西的保山市一带处于回汉相争的战乱之中，而隆阳、施甸两地为重灾区。当地的人们除了战死、病死之处，活下来的人为了躲避战乱与瘟疫都纷纷逃难到外地，使这一带形成了十室九空的状况，处于极度萧条与凄惨的境地。

当永昌回汉相争的战乱彻底平息后，逃难在外多年的人们回到故宅旧居地时，恰是农历的九月底，原先繁华的村寨与肥沃的田地已不见踪迹，到处都是野草杂木丛生的荒野，多数人家的祖坟都已坍塌，有的被夷为平地，很难分辩是有主还是无主坟墓。在这样的情况之下，当地官府便贴出告示：十月之内，各家要到自己的祖坟上铲出野草杂木，并在坟前烧包化纸钱，避免政府组织民众开荒垦田恢复生产的过程中毁坏人们的祖坟。于是，活下来的人们于十月之内都到自己的祖坟地上去铲草砍杂木，进行烧包化纸钱，让别人知道自己的祖墓后继有人，请尽量给予保护。

从此以后，每年的农历十月，当地的人们都要到自己的祖坟上去清理野草杂木，进行烧包化纸钱供奉祖宗。天长日久，当地民众就把十月上坟作为一个节日而传承下来，并取名为烧包节。

时至今日，在隆阳、施甸两地的广大城乡，人们在每年的农历十月之内都要过烧包节，多数人家都会像清明节一样到祖宗和先辈故人的坟上去扫墓祭拜。

六、庙会

昔日，在特定节日或规定的日期内，保山城内及周边地带的佛教寺、庙与道教宫、观民间神灵供奉地与风景区内都有数量不少的集祭祀、娱乐、商贸于一体的庙会。至今，仍保留着的有初八会、栖贤寺会、芭蕉仙洞会、大官庙会、丙麻犁耙会5种，已经消亡的有玉皇会、老君会、观音会、磨刀会、龙华会、朝南斗会、火神会、孔子会、朝北斗会9种，不再记述。

初八会 每年农历正月初八，在保山城北十公里处的云岩山下卧佛寺内，举行卧佛会(又称卧佛寺庙会，属佛教庙会)。这一天，除保山各族民众参加之外，还有印度、缅甸、泰国的佛教徒及德宏州、临沧地区的傣族民众都赶来朝拜卧佛。该庙会从汉朝时期开始兴起，是集祭祀、商贸于一体的庙会，“文化大革命”时期曾中断十余年，至今依然十分兴旺。

栖贤寺会 每年农历正月初十，在保山城西北边的大西山栖贤寺内，举等栖贤寺会(又称大西山庙会，属佛教庙会)。赶会这天，保山城乡男女老幼前往参加，络绎不绝，寺外空地上人山人海，吃食玩具、山货土杂摆满一地，显得十分拥挤和热闹。该庙会从唐朝时期就已兴起，“文化大革命”时期前后中断了20年，1986年复会，至今仍在进行。

芭蕉仙洞会 每年农历正月十三，在保山城南云瑞西南山下的石花洞口周边，举行芭蕉仙洞会(又称石花洞会，属风景名胜地的集会)。赶会这天，四乡八邻的人们都云集此地，各种货物都有出售，特别是照明用的松明最为畅销，游者要买上几把，相邀点燃入洞游览洞内的天然奇观。此地历来是保山外八景之一的“蕉洞春光”，明代旅行家徐霞客曾两次入洞，在其游记中做了详细记述。该会在汉朝以前就已兴起，“文化大革命”时期中断，后因石洞周边大规模开山采石，使环境遭破坏一度停会，20世纪90年代复会，至今仍由民间自发赶会。

大官庙会　每年农历正月十五，在保山坝东边哀牢山下的大官庙村附近，举行大官庙会（又称大官庙犁耙会，属民间神灵供奉地和风景结合的庙会）。大官庙一带是哀牢古国的国都所在地，旧时的哀牢山上有终年不干并能预测当年旱涝的金井，山下有状如鼻孔、一温一凉两股清泉并排流出的玉泉，泉水中比目鱼游动，属保山的神灵供奉之地，历来是保山外八景之一的“玉泉金井”。该会从哀牢国时期就已兴起，是以犁、耙、篮、箩、锄、镐、畚箕等家具为主流商品的交易，故称“犁耙会”。“文化大革命”时期曾中断过数年后恢复，至2005年仍在进行，并且盛况空前。

丙麻犁耙会　每年农历二月初八，在隆阳区丙麻乡的丙麻街子，举行丙麻犁耙会（是由佛教的庙会演变为专门进行犁耙、箩、筐、笆、扁担等农具交易的盛会）。该庙会从明朝后期便已兴起，到清朝道光年间形成丙麻街子，会期依然买卖农具，从未中断过，至今仍在进行。

第二节　生活习俗

保山是一个多民族杂居的地方，各民族之间在长期的生产生活交往过程中，衣、食、住、行等生活习俗相互渗透、互为补充，使当地生活习俗与内地汉族大有不同，具有自己浓郁的地方特色。

一、服饰习俗

保山虽然从西汉时期就有汉族居住，但从此时到明朝中期的一千多年时间里，汉族始终是“少数”民族。在服饰方面，只有官僚、地主、士绅阶层的汉族基本保留着内地汉族样式，而广大汉族平民因长期与少数民族相融共处，服饰上就有“汉变夷”的趋势。到了明朝中期之后，汉族与少数民族在数量上发生了巨大变化，汉族人口数量上占绝大多数，在服饰上便出现“夷变汉”的状况。

20世纪60年代后期的“文化大革命”期间，市内青年男女以穿草绿色军装为时尚，弄不到军装者，也要买几尺草绿色布匹做一件上衣或一条裤子，实在不行就买或缝一顶草绿色军帽戴在头上，表示自己“最革命”。此时，城镇居民多穿灰色、蓝色中山装，部分青年男女还穿白色中山装。乡下居民的衣着也随着城镇而有所改善，人们多数喜欢戴布制的蓝、黄色遮阳帽。城镇多穿布鞋、胶鞋，少数人穿皮鞋和雨鞋。乡下人穿塑料鞋、胶鞋、布鞋、塑料凉鞋、皮革草鞋和拖鞋。20世纪70年代后期，涤良、涤卡等人造纤维布料的出现，使服装鞋帽种类增多，衣着面料的质量地和服装款式发生了变化，城乡的服装开始出现多样化趋势。

20世纪80年代初期，由于国家实行“改革开放”，民生工业不断扩大，布票停止使用，布料品种及服装款式层出不穷，人们可按自己的爱好缝制服装或选购成衣。此时，广大城乡居民除了服装多样化外，还以佩戴手表为时尚，部分富裕人家开始佩戴金、银、玉器等传统饰物。20世纪90年代开始，随着改革开放的不断深入，纺织业不断发展。服装布料有丝绸、真皮、毛呢、人造革、混纺衣料、混纺毛呢、化纤等衣料。衣着款式有中山装、西装、唐装、运动装、军干装、青年装、猎装、太空服、夹克、牛仔服、休闲装、职业装等，裤子有筒裤、喇叭裤、西裤、健美裤、牛仔裤等，并流行穿裙子、旗袍的情况。这一时期，服装市场以成衣裤为主，城镇有专门的服装店和衣服超市，服装鞋帽在城乡市场上成了数量和品种最为繁多的商品之一，人们可根据自己的喜好和年龄特点随意选购。

进入21世纪，市内城乡市场上的服装款式繁多之外，在城镇还出现了各种品牌服装的专卖店、连锁店，服装的干洗店、水洗店在城镇逐渐多起来，部分富裕者时兴穿名牌、品牌服装。随着城乡一体化进度的加快，乡下进城务工、经商的人员不断增加，使城乡的衣着没有明显的区别，只不过城镇衣着时尚，而乡下较为普通。

二、饮食习俗

保山汉族的饮食习俗兼有云南酸辣、贵州香辣、四川麻辣的汉族饮食特点，又具有当地各少数民族的饮食特点，是一方独具特色的饮食宝地。

主食 市内地理条件复杂，粮食作物多种多样。解放前，坝区以大米为主粮，兼吃小麦等、薯类等。解放后到20世纪80年代以后，山区、半山区逐步用大米代替玉米和荞麦，90年代开始，市内居民都以大米为主粮。

蔬菜 市内地理条件复杂，气候多样，各种蔬菜都能种植，城乡居民主要食用市内自种的时鲜蔬菜。

油类 动物油有猪油、牛油、鹅油等，植物油有菜籽油、核桃油、花生油、芝麻油等。

风味食品 隆阳区有火烧肉、大烧凉豆粉、豆浆米线、鸡肉饵丝、扒烀羊肉、红烧牛肉、扒烀牛肉、火瓢牛肉、氽小肠、过桥米线、水白酒、腊饵块、豆腐花、卷粉和太平糕；腾冲县有“大救驾”、锅子菜、小锅饵丝、稀豆粉、大薄片、烧腌菜和干饵丝；龙陵县有谷花鱼、酸笋煮鸡；施甸有水豆豉、骨头渣、年猪饭、干蓝片、麦芽糖和荞麦糕；昌宁县有油鸡棕、水鸡棕、菜花腌菜、春芽、树头菜、木瓜炒鸡和酸笋煮鱼等。

调味品 保山汉族由于独具特色的地方饮食习俗，所食用的调味品数量众多，除了通常的油、盐、糖、醋、酱油、味精外，还食用砂仁、草果、胡椒、辣椒、花椒、芫荽、葱、姜、大蒜、八角、茴香籽、山胡椒、陈皮、桂皮、柠檬、面酱、豆瓣酱、小粉、糟辣椒、香缘叶和香菜等。

膳食 市内膳食口味以酸辣香为主，再辅以其他味道。膳食习惯在不同的历史时期与不同的区域也有所不同。20世纪80年代以前，人们习惯一日两餐，乡下农忙季节劳动强度大或请工做活时一日三餐。80年代以后，城镇和广大农村多数为一日三餐，少部分仍实行一日两餐。一日三餐者分为正餐与副餐，一日两餐者均是正餐。

正餐　城镇的正餐为中午饭和晚饭，多数以大米饭为主，少数以面食为主，多为三菜一汤，或四菜一汤，辅以一定数量的腌腊菜；乡下的正餐为上午饭和下午饭，都是以大米饭为主，多为两菜一汤或三菜一汤，辅以数量不少的腌腊菜。

副餐　城镇的副餐为早点。吃饵丝、米线、馒头、包子、糕、面条、油条等；乡下的副餐为晚饭，有的人家吃大米饭，多数人家吃面条、面片之类的杂粮食品。

逢年过节，无论是城镇居民还是乡下人家，一般都要吃猪肉及鸡、鸭、鱼、鹅之类，只不过有的人家丰富、有的人家单一些而已。

家中遇事，多数人家都要宴请亲朋好友，只有极少部分人家不操办、不宴请。城镇居民多数在饭店、宾馆、酒楼包席宴请，少部分在家中自办酒席；乡下人家绝大多数在家中自办酒席宴请，只有极少部分到饭馆、酒楼去包席宴请。

三、居住习俗

保山从汉代起便有汉族居住，当时的住房多仿内地建筑。明代以后，随着汉族人口逐步增多，原先集中于城镇、坝区的汉族人家也开始散居各处，因地理条件复杂，加之受少数民族的影响，使原有的住房形式发生了大的改变。

房向　保山山势复杂多变，地形各处不同，房向一般依山势而走、随地形而变，居住在同一村子的房屋走向一般都是一致的。市内各个坝子内的房屋建盖都是依山势而定，坝子西边的为坐西面东，坝子东边的坐东面西，坝子南边的坐南朝北，坝子北边的坐北朝南，山区的住房也是依山势而建。

房式　保山的汉族村寨遍布坝区和山区，大到上千户，小到三五户或单家独户，均为庭院式结构。房屋的建盖情况，一般是根据自身的具体财力来决定，式样也各有不同。从明、清时期开始，富户人家住五架梁瓦房或三架梁瓦房，有的是一间正房和两间厢房俗称一正两厢。富商大房则四面盖瓦楼房，各楼房相通，中间为天井，俗称四合院。极少数豪门大户建盖几进几院，房屋都要雕龙刻凤。一般人家住瓦房或草房，贫困人家住低矮简陋的瓦房或草房，甚至还有更为简陋的“懒碓穿”“土挞木”（又称“土抬梁”）和“叉叉房”等。这种情况一直延续到解放前。20世纪50年代，随着人口的增加，保山的农村建房较多，坝区多为瓦房，山区多是草房，一般是一正一厢。20世纪六七十年代，政府对建房控制较严，农户因生活困难无力建盖新房，大多数人家只是翻新旧房，或者将草屋面更换为瓦屋面。20世纪80年代以后，城镇部分富裕人家建盖砖墙房，但房式仍为三架或五架梁正房加一厢房，少数建盖起钢混平顶房，农村多数人家住土墙瓦房，贫困山区仍有一定数量的草房。进入21世纪，随着人民生活水平的提高，城镇建盖的都是钢筋混凝土结构的平顶房。由于政府“草改瓦”工程的实施与新农村建设的加快，全市范围内基本消灭了草房，绝大多数农户已建起了砖瓦房，坝区、山区的部分人家也建盖起了钢混平顶房。

四、出行习惯

保山的居民，自古至滇缅公路开通以前外出都采取步行或骑马，并辅以坐轿子或坐滑竿，其他别无选择。滇缅公路通车以后，沿线居民外出可以搭乘汽车，保山坝区还可以乘坐马车。20世纪五六十年代，保山的公路事业发展较快，保山至各县城及部分乡（镇）至县城的公路都先后开通，居民远行以乘坐客运班车为主，部分城镇居民开始骑自行车，山区外出仍以步行或骑马为主。20世纪七八十年代，城镇和坝区居民普遍使用自行车、并有少数摩托车，部分山区居民也使用自行车。20世纪90年代，城镇和坝区居民多数使用摩托车，少部分富裕人家开始拥有私家车，山区居民只有少部分骑摩托，大多数已使用自行车。进入21世纪后，城镇私家车增多，摩托车、电瓶车普遍，农村摩托车增加，自行车普及到千家万户。

隆阳区和施甸、昌宁两县，人们出远门的头天晚上，多数习惯敬山神和路神，祈求出门在外得到二神的保佑，一路平安、如期返回家中。

地处怒山和高黎贡山的保山，人们对出行历来都是十分重视，从古到今形成了各种各样的“出行”习俗。至2005年，在隆阳区及施甸、昌宁两县的好多地方，拥有私家车的人家，在大年初二至初八这几天内，好多人还搞“出行”仪式，其主要活动是敬供山神和祭拜路神，方式各有不同，其目的是祈求平安无事。

在隆阳区和施甸县，人们出行也有诸多的禁忌，主要有初一与十五不出远门上路；在出行前考虑周全，出了门就不回头，即便是重要东西没带上，行者也不折回家取，而是由家人送去；临行前，本人及家人不说不吉利的“破嘴话”，口语中不带“死”“跌”“伤”字眼的话。

五、行为伦理习俗

保山的广大民众在相互交往的过程中，十分注重长幼辈分的关系。在同一宗族和一个村寨内，甚至上村下邻之间，根据最早一辈人的相互称呼来确定后代人的辈分，主要以父系为主。下辈必须尊重上辈，不直呼其名，严格按辈分确定称谓进行称呼。

在隆阳区和施甸县的汉族村寨里，家庭伦理严格，下辈对上辈绝对尊重，下辈人对上辈人说话不得没礼貌。以吃饭为例，上辈人可以对下辈人说“吃饭”，而下辈对上辈必须说“请饭”。在家里同桌吃饭时，长辈必须先坐到上把位，其他人再按辈分与年纪长幼依次而坐，不能乱了规矩，否则就被视为没教养。在火塘边喝茶时，上辈人给下辈人端茶杯只用一只手就行，而下辈人给上辈人端茶杯时必须得双手敬给。有时，遇到下辈人给上辈人理发时，必须先作一个揖，口中说道：“不好意思了，阿公或阿叔，下辈在你头上动刀剪啦！”然后才开始理发。

保山绝大多数汉族村寨里，家庭、族间里，小叔与嫂子可以开玩笑，而伯伯与婶子之间必须相互尊敬，不能随便说话。当地有一句民谚：当媳妇的人，公公面前可掐虱，伯伯面前过不得。

在保山民间，人们历来奉行“左小右大、男左女右”的惯例。家庭住房，以右为大，以左为小，父母子女同住一院，父母居右，子女居左；兄弟同住一院，兄居右，弟居左。这种右为主，左为次的方位习俗，沿用到了宴席、会议、乘车等场合的座次上。如果有人该坐主位而不坐，该注重个人辈分而不注重，不分场合而胡言乱语，就会被人指责为“做大（老）不尊，头顶烂草墩”。

旧时的保山，子女对父母是绝对的孝顺，不然就会被人视为不“不仁不义”之人，当地历来信奉“儿不嫌母丑，狗不嫌家贫”的道理。在家里，有什么好吃的食物先要让父母吃，然后才到子女们吃；父母在家中，儿女要远行或外出劳作，必须向父母“告别”叫做“辞行”，当回到家里之后，首先得向父母“问好”叫做“报平安”。如果是儿女们到外县外地州去，还会给父母购买一定的物品或食品，作为回到家中的“见面礼”。当地自古就有“缴掉皇粮不怕官，敬了父母不怕天”的说法。

在保山的广大城乡里，遇上年迈的老人思维不清而胡言乱语，甚至乱发脾气，孙辈们有些无法忍受，老人的儿女却心平气和地劝说：“老小老小，越老越小，不要计较。”此话一出，孙辈们也就无话可说。在保山人的观念里，对待老人“孝不如顺，顺不如哄”。只要老人高兴、开心，儿孙们就是一种幸福和快乐。

六、生育习俗

保山的汉族人家历来以生儿育女为重，认为天地万物人为本。在老百姓的观念里，传宗接代、延续香火是一个家庭的头等大事。

求子 民国以前，市内很多大一点的汉族村寨都建有娘娘庙，内塑子孙太太，供求子者参拜。那时候，当地谁家婚后无子女全家人急得像热锅上的蚂蚁，到处寻医问药，求神拜佛，祈求上苍赐子。最通用和常见的就是到娘娘庙里去求子。凡求子者先到庙内向子孙太太焚香祈祷，口里念道：“子孙太太许个愿，送给我家好后人，来年宝宝笑眯眯，三尺彩布敬给您。”许愿完毕，乘周围无人之机，便将子孙太太的一只绣花鞋偷回家。等到娃娃生下之后，全家人一起带上彩布，送去一只新的绣花鞋，到娘娘庙去烧香敬拜，算是真心诚意地去还愿。

接生 保山人有一句民谚：“男人修山前山后，女人修胎前胎后”。旧时，当地的医药水平很不发达，妇女们生产死亡的事十分平常，大一点的村寨里几乎都有专职或兼职的“接生婆”。孕妇临产时，家人以聘礼或酬金把“接生婆”请到家里来守护，其目的是确保产妇能母子平安，可多数都是听天由命，看产妇母子的命运如何了。

踩生 婴儿降生之后，能够母子平安，第一个到产妇家去的人就被视为“踩生人”。“踩生人”到了家中，主人家就得告知情况，说上几句吉利的话，来人听了之后还得回敬几句吉利的恭贺语，搞得大家都十分高兴。随后，主人家为了感谢“踩生人”，还得送上一小捆挂面和几个鸡蛋以示酬谢。

报喜 家中的小孩平安降生之后，孩子的父亲就马上带着糕点礼品之类到岳母家去报喜。到了岳母家里，就将礼品恭恭敬敬放置在岳母家堂屋（客厅）的桌子上，生男放左生女放右，不用禀报，岳母一家便心中明白。随后一两天之内，岳母家就会捎上准备好的鸡蛋、挂面、肥母鸡、红糖、小孩衣服等物前往祝贺。

送祝米 又称满月客，孩子出生满一个月，家人要置办酒席，让亲朋好友前来贺喜，来者一般带一只鸡、几把面条和几十个鸡蛋。此日孩子的外公外婆家送一坛糯米酒，蒸一个大蜂糖糕和几套孩子穿的衣服鞋帽等物。亲朋好友们相聚在一起，大家对主人家表示祝贺，恭喜他家又添人丁之类的好话。

过“白牢关” 孩子出生满三个月时，就由母亲背着，高高兴兴地到外婆家去住上两夜，让外婆家的人都知道，嫁出去的姑娘已经有了后代，以后要常来常往、相互照应。当小孩和母亲离开外婆家往回返时，外婆要给外孙送米盐、辣椒和一对小鸡，表示小孩已经闯过百日大关，有了利禄，以后的成长就会顺利。

满岁 小孩满周岁时，家人为其举行隆重的满岁仪式，亲朋好友前来祝贺，让道士或“师娘”来为小孩消灾避祸，用五色丝线为小孩缠脖，念一阵禅语后将五色线割断，并用小刀在孩子的两脚间比画，表示割除“绊脚绳”，边比边重复几遍念：“割绊脚绳子，快长快大”。此时，大人抱着孩子在屋里转几圈，算是闯过水火关、汤祸关，并预祝孩子靠自身精气神冲破一切艰难险阻，获得快乐的童年。

保山的生育习俗中，人们习惯把生产叫做“坐月子”，将未满一个月的产妇称为“月子婆”。对“月子婆”是有诸多禁忌，如：“月子婆”要戴帽子或头套，不能摸冷水，饮食要讲究，不然就会落下终生不能医治的“月子病”；“月子婆”不能从家中的正门出入，不然会家业不振；“月子婆”不得到别人家串门，这样会踏破别人家的“财门”；对“月子婆”的探视，怀孕的妇女都不能去，认为会把“月子婆”的奶“踩”走等。

七、救苦济贫习俗

保山的广大民众历来都有救苦济贫的习俗，当地自古就有“叫花子到门上都要打发”的说法。在乡下，村寨里无儿无女的孤寡老人每年都有人送衣送物，谁家遇到困难全村都前往相帮相助，让其渡过难关。

旧时，南方丝绸古道途经保山的好多地方都有救苦济贫、接济路人的场所存在。最为典型的是隆阳区蒲缥坝子上的“花桥”与“招忠祠”，还有腾冲县境内高黎贡山顶上的“南斋公房”和“北斋公房”。这些地方，就是保山人乐善好施的实物见证。

保山人历来就有“水火无情人有情”的说法。在境内的村寨里，谁家遭受了火灾或水灾，村邻间便主动送饭送食物及衣服被褥。当地有个习俗，遭受火灾或水灾的人家七天之内不能生火煮食物，其间，吃饭都是靠乡邻的接济。这样做的目的有二：稳住遭受水灾或火灾人家的情绪；帮助受灾人家度过最困难的时刻。七天过后，邻里乡亲就带着柴米油盐菜及衣物之类，一起来到受灾人家，大伙一齐动手生火煮饭共同进餐，对受灾的人家表示最诚实的慰问。当受灾人家恢复重建家园时，寨间邻里的人们又会主动来帮忙，参加劳动的人不仅没有报酬，就连伙食都是自备。

在保山的部分村寨里，有一个极具地方特色的风俗，谁人不小心跌入厕所或粪池里，被人们认为是遇上最倒霉的事，还得靠别人帮忙才能洗清污秽、除掉霉运。随后，该人便讨七家人的饭，将其炒成鸡蛋饭，由本人抬着到厕所旁或粪池边用手抓吃完后，才算是讨还清白，经历完霉运灾祸。

八、为儿童消灾免祸习俗

在保山，旧时因缺医少药，遇上谁家的小儿有病痛或夜哭不止，为了给儿童消灾避祸，人们会用原始而迷信的方式予以解除。

接桥　不论哪家的小儿长时间的病痛不止，家人就会主动捐一块光滑平整的石板，在沟坎之间架成石板桥。在架桥时，要烧一定数量的香钱纸火，并用三牲糖果供祭路神和土地神。供完之后，大人携带小孩在石板桥上来回走三趟。过往行人见有桥可走，发出啧啧赞扬声，表示对修桥人的祝福。这样，小孩的病痛就会得以消除。

指路　谁家的小儿有病有痛，长时间不见好转，家中大人就会请石匠师傅制一块高1米、宽0.67米的青石板，打磨平整之后，单面或两面阴刻由竖碑处至东南西北方的地名及里程，为过往行人指明方向。石碑刻成以后，在十字路口或三岔路口竖立起来，其过程与接桥相似，人们认为行善积德，以求好报，甚至认为“不为今世修，而为来世修”。据说这样做的结果，对消除小儿病痛效果不错。

贴天地纸　谁家的小儿经常夜哭不止，家长就会找一张黄纸，请村里的“老文墨”写一张天地纸，贴到人员较为集中的地方，让路过识字的人见了后读上一遍。其内容为：“天黄黄，地绿绿，我家小儿夜里哭，过路君子念一遍，一觉睡到太阳出”。据说这种做法对治愈小儿经常夜哭有奇效。

九、打奶朋友（奶姊妹）与认干爹

旧时，在保山的广大民间，谁家若是生得单女独子，或者婴儿在成长过程中经常哭闹与生病，就会相信巫婆神汉之言，采取原始的交友方式来解决问题。

打奶朋友（男孩）或奶姊妹（女孩）　婴儿出生后经常生病或夜哭不止，父母亲就去求巫婆神汉指引，如果巫婆神汉认为孩子形影孤单，是被邪恶欺压，需要打一个奶朋友或奶姊妹。孩子的父母得到指引后，就发动乡邻友好及各路亲友寻找与孩子同庚的婴儿，并主动从中做介绍。一旦寻到并说定，孩子父亲就带上糖果糕点主动登门拜访，双方商定并选择吉日让娃娃见面相认，双方父母互认结成“亲家”，其他家庭成员也互认为亲戚。见面互认时，若双方小孩正在哺乳期间，双方小孩互吸干妈一次奶水，就成了真正的奶朋友或奶姊妹了。奶朋友或奶姊妹一旦打成，便终身结为亲戚，除经常来往之外，家里有大小事情都要召唤，相处得好的奶朋友或奶姊妹比正亲戚还要亲密，有的连续几代都还往来，在当地传为佳话。

认干爹（或干妈）　小孩在成长的过程中经常生病，孩子的父母就去请教巫婆或神汉，让其为孩子化解病痛。一旦说是要认个干爹干妈壮壮胆来消除病痛的话，孩子的父亲就选个黄道吉日，约上几个平时相处较好的亲友，选择一窄路口或桥头，暗暗地拉上一根线后，并用三牲礼品供奉天地和烧过纸钱后，同去的人就躲起来，见到第一个路过此地的人，几人就跑过去，孩子的父亲便拱手行礼，口称“亲家”，路过之人明白意思之后也拱手相拜。双方商定日子并互认亲家后，干爹或干妈就带着糖果礼品如期登门，正式认干儿子或干女儿。“干亲”关系正式确立之后，双方家人便跟随确认，相互间就成了一门亲戚，日后便来往走动，有事都要找到或请到，相处甚好的干亲，几代还有往来呢！

十、分家与“烧锅底”

分家　保山人历来认为，儿女结婚后才算成人，儿女未结婚的叫做“不成葫芦不成瓢”。如果谁家在儿女未完婚就分家，父母就被视为没有责任心，必将受到邻里的谴责。因此，保山人分家这一活动，多数要在全部儿女长大完婚后才进行。保山人历来对分家这一活动十分重视，分家的当天，除全部家庭成员在场外，还要把宗亲上辈或村社干部请来参加。分家开始时，先由父母当着大家的面述说分家理由，并且当着所有人的面亮出家底财物，家人们遵照“好儿不争分家饭，好女不争嫁时衣”的传统，各人自我约束，互谅互让，协商解决，本着“家丑不外扬”的准则进行。一旦发生争执，由在场上辈或村社干部调处。分家结束时，全家人及请来的见证人在一起高高兴兴地吃上一顿团圆饭，有的地方把此饭叫“分家饭”。第二天，分出的家庭另起炉灶，开始自己小家庭的新生活。

烧锅底　保山人的面子观念很强，历来就有“死要面子活受罪”的说法。各家媳妇的娘家（又称后家）得知自己的人已分家，父母在世的由父母张罗为女儿“烧锅底”，父母过世的由兄嫂张罗为妹子“烧锅底”，因为保山人历来遵从“长兄为父，长嫂为母”的信条。一方面为女儿或妹妹争个脸面，体现父母或兄嫂对自家人的关怀与照顾，让人知道女方的后家有人；另一方面为刚分家的亲人购置一些家具用物，使暂时的困难得到应有的解决。“烧锅底”是一项有准备的活动，首先得选择带六或带八的吉日，购置好家庭生活所用的锅碗瓢盆、筷勺甑子、水桶锅铲、火钳菜刀等什物，然后邀约上一些至亲好友，大伙热热闹闹地一同前往，同喜同贺，让分户独立的亲人感到有长辈至亲的关心与支持，在人面前很是光彩，内心感到欢喜，对自己以后的生活充满希望。

十一、白事不请自帮忙

保山人最爱说的一句俚语就是“谁家门前都不挂无事牌”。为此，当地自古就有白事不请自帮忙的良好习俗。

市境内不论是乡村还是城镇，隔壁邻舍一旦听说谁家痛失亲人之后，人们就会主动登门探视与安慰，从各方各面去帮忙照料。如果是老人去世殡送较为讲究，年轻男女不请自去，听从主事（也称管事）者的安排，做事十分卖力，大家都信奉“帮别人就是帮自己”的理念。年长者主动参与丧事的筹划，尽量为主人出主意想办法，妇女们忙于洗菜煮饭，招待各方来人。人们各司其职，有条有理地做好自己应做的事，直到把丧事办理完毕才各自回家料理自己家的事，真正体现出了“有事把干靠近邻”的古训。

旧时，保山人办白事是不收礼金礼物的，如果主人家实在困难，乡邻隔壁还要主动送菜、送柴送盐，使其渡过难关，表现出“一家有难众人帮”的纯朴习俗。如今，保山人出殡之后就不得收礼，不然会受众人谴责。

十二、生活禁忌

保山人在漫长的生活过程中，有诸多的良好习俗，也产生了许多的禁忌。在城镇或乡村，要到别人家去先得叫答应主人家得到允许才进门，忌不请自进门。在农村忌挑着空桶、空粪箕或肩扛锄头、斧子进大门(须用手提着进家)，忌别人家的牛、羊、猪等破蹄子进自家堂屋(认为这会踏破财门、赶走财神)，忌在家吹号、吹口哨，忌在别人家讲粗话，忌外人夫妻在自己家里同床共枕，忌别人将姘头约到自己家里等。

第三节　生产习俗

保山自古至今，主要产业为农业，坝区以水田农业为主，山区以旱地农业为主。人们在长期的春耕、生产、夏收夏种、秋收秋种、粮食储存等活动中，各地根据不同自然条件的变化形成不同的规矩与特定的方式。另外，人们在农业之外的泥活木工、纺织扎染、运输经商等行业，都有自身长期以来所形成的习俗，有些已经逐步消失，有些得以保留。

一、栽种习俗

保山人历来注重对土地的精耕细作，十分关爱和珍惜每一寸土地。当地自古就有“人若哄地皮，地皮哄肚皮”的说法。每年冬季的农闲时节，除对耕种大春一季的干田进行翻垡垒垡暴晒之外，到第二年春末夏初，豆麦收割之后的干田还要翻田垒垡暴晒，其目的是为了增加土地的热力，使大春物的稻谷稳产高产。同样，对山间的旱地也实行深耕暴晒，提高土地的肥力，达到高产增产的目的。

旧时的保山，人们对栽种的各个环节都十分重视，严格按照二十四节气的规则来进行。每当进入春分节气时，以水田农业为主的几个坝子里的庄户人家就忙着撒秧的活动。当地就有“春分撒了秧，秋天谷满仓”“春分不捂谷，老农抱头哭”等农谚在流传。保山人对撒秧这一农事活十分讲究。参与浸泡和捂谷种的人先要沐浴净身，不吸烟不喝酒，切忌空腹，场地毫无污染，泡谷种的水要清纯干净的龙洞(山泉)水或自来水，达不到这些要求就会酽着谷种，撒到田里不发芽或芽发得不整齐。谷种经过浸泡并捂到即将发芽时，就由农事经验丰富的人沐浴净身并忌烟忌酒挑到弄好的秧田边，并在田埂上插三柱香，烧一叠纸钱后开始撒种，边撒边不停地念:“快发芽，快快长，一个月后就栽秧。”

进入春分节气，坝区忙着撒秧与春耕的同时，山区的旱地里也开始种植生姜、芋头、花生等旱地作物。当地有“春分种下姜，秋天有指望”“春分栽芋，一本万利”“清明不栽芋，有本也无利”“春分种瓜，小满开花”“春分种花生，产量必大增”等说法。

保山人对栽秧也有诸多的讲究。首先，在节气上就特别抓得紧，有“立夏点完苞谷，小满栽完秧”的说法，宜早不宜迟，水利条件好的地方，谷雨节气就开始栽秧，水利条件差的争取栽立夏秧，最迟不要超过小满节气。关于栽秧抓紧节，当地有很多农谚:“谷雨栽秧，多米少糠”“立夏栽秧，稻谷满仓”“小满栽秧，少米多糠”等。山区、半山区一些不具备水利条件的“雷响田”除外。

其次，对栽秧的水田十分重视，在施足底肥的同时，必须实行两犁两耙，使田平、水均匀，泥化好栽秧。当地有一种说法叫做“两犁两耙，田平泥化，秧苗好似栽入豆腐渣”。

另外，栽秧还得讲究规格与速度。在规格上要有一定的株距与行距尺寸，不然影响禾苗的生长及稻谷的产量。当地就有“密株稀行，谷长成墙”的说法。栽秧是一份熟能生巧的技术活，熟练的栽秧能手所发出的响声都是匀速而有节奏，不会栽或不熟练的人发出的响声就是大小不一，显得十分零乱。人们有一个说法叫做“会栽栽出小狗吃米汤，不会栽栽出老牛下汪塘”，如果不熟练的人在中间栽的话，那就很容易进“龙窝”。进“龙窝”的人，有些地方又叫“吓雀人”，也就是按田的大小，几个人各占趟子一齐栽，速度快的在前栽着走，速度慢的就进“龙窝”，当大伙都栽通头起埂离开，整坵田里只有进“龙窝”的那一人还独自在田里，酷似一个“吓雀人”而得名。

还有，保山人栽秧特别讲究“仪式”。旧时，坝区的多数村寨里是由大户人家首先栽，叫做“开秧门”。开秧门的人家要杀猪宰羊表示庆贺，这其中有两层意思：一是在开栽之前要用猪羊供奉神农氏，二是以好的饭菜来招待帮忙栽秧的所有人。有条件的人家，开秧门时还要敲锣打鼓予以庆贺，甚至还有舞龙耍狮的场面出现。村里谁家最后栽完秧的叫“关秧门”。关秧门的人家除办好伙食外，还得备好松子、核桃、炒豆、炒苞谷及糖果之类，让栽秧人结束后边聊天边吃，也叫“吃秧果”。

保山人历来相信“雨生百谷”的说法，谷雨节气里坝区开始栽秧的时候，山区也开始播种苞谷、旱谷、豆类等旱地作物。有些地方在播种之前，多数人家都要杀上一只公鸡，用它来供奉山神和土地神，祈求二神能够保佑自己有个好收成。供奉千篇一律，都是由男主人实施，先是供山神，口里念道：“山神老爷不开口，野兽野禽不敢走。希望山神管好兽与禽，让我家地里有个好收成。”接下来是对土地神的供奉，口里念道：“请求土地公公发慈悲，但愿今年有得好雨水。土地公公行行好，希望我家地上多长庄稼少长草。”供奉仪式结束后，各家各户就马上进行种植，在立夏节气之内就得把该种的旱地作物种完。

二、中耕习俗

保山人对农业生产的重视贯串到各个环节里，对中耕管理十分注重。当地广大民众历来就有“三分种，七分管”“盘田种地，重在管理”等说法。

境内以水田农业为主的各个坝子里，对水稻实行三次薅苗，叫做“头道拔草，二道扒沟撤水晒苗，三道窜谷花拔稗子草”。也就是说，在小秧栽下去成活返青之后，水田里的蚂蟥叶、水草及其他各种杂草也就伴随着秧苗快速地生长，此时就得抓紧时间清除各种杂草，叫做薅头道苗。具体做法是人要深入到苗田里，把各种杂草从一边拔起来结成团，将其用脚深踹到秧苗下的泥巴里。这样做的结果，消除了苗田里的杂草，并给苗田增加了肥力。为此，保山人历来就有“薅了头道苗，既给秧苗除杂草，又给田里施肥料”的说法。

当田里的秧苗长大发蓬，成为一坵坵青青禾苗时，人们又进行第二道薅苗。具体做法是挖开苗田的水口子，把田里的水放出，叫做撤苗田水。苗田里的水撤得差不多时，就开始薅除田里长出的杂草。在薅苗的过程中，要扒出苗田里的水沟，让田里的水全部流出，使禾苗在烈日下曝晒。这样晒的过程中，就是禾苗生长较快的时期，当地自古就有“苗晒不透谷不增产”的说法。等苗田晒到干燥开裂时，禾苗也长得差不多了，就趁热把苗田水放上，使禾苗在热力的作用下继续生长，叫做灌苗田水。这时放足的苗田水要一直保持着，特别是禾苗打包抽穗时，苗田里的水量一定要充足。保山人有一句农谚，叫做“谷打包，水齐腰”，讲的就是苗田水充足了谷子才能增产。

当稻田里的禾苗出穗扬花之时，又要进行薅第三道苗，保山人把这次薅苗叫做“窜谷花”。其目的有二：一让盛开的稻花传花粉，二将生长在稻谷中间的稗子之类的杂草给拔除。

到农历六月二十五的火把节这天，要到苗田里去敬奉田公地母，祈求稻谷丰收；到田埂上去进行耍火把灭害虫、驱赶老鼠的活动。在稻谷得新含浆之后，要到田里去吓雀，防止雀鸟对谷粒的糟蹋。有的是人到田头去吓谷雀，有的是在田埂上扎上数量不少的稻草人吓雀。

生活在山区和半山区的人们，对旱地作物的中耕管理也同样重视。就旱地主粮的苞谷而言，保山人历来实行三道铲地的中耕管理，叫做“一道松根，二道除草，三道垄根防倒饱得好”。当苞谷种点到地里后，如果风调雨顺的话，15天左右的时间就会长成四五寸高的小苗。此时，由于雨水的作用，地块就会板结，使苞谷苗的根系难以发达，一旦天放晴或太阳晒的时候，人们就要抓紧时间对苞谷地进行锄地松土，叫做铲头道苞谷。经过锄地之后，板结的土块松动散开，苞谷苗就会较快地生长。

苞谷苗经过头道的锄地铲过后，在阳光和雨水的作用下就会得到快速地生长。同时，地里的野草也就随之而蔓延生长，几天之后就是一块块小草伴着苞谷苗而长。当苞谷苗长到一尺左右，天晴太阳晒时，又得抓紧时间对苞谷进行锄地铲草，若是遇上太阳曝晒的天气，当天就会把铲过的小草晒死，让地里的苞谷苗得到很好的生长。

当地里的苞谷苗长到一米多高时，要铲第三道。这次是把苞谷苗空隙里的杂草和泥土铲起后，一起堆到苞谷苗的根部形成垄。这样做的目的有二：第一，防止吹大风苞谷苗发生倒伏；第二，苞谷根部的垄堆得越高苞谷的颗粒就会更饱满。

保山人对旱地作物的主粮苞谷除了进行三道锄地铲地管理之外，对苞谷的管护也十分认真，随时防止野兽、野禽之类对苞谷的伤害与糟蹋。

由于保山广大民众对农业生产的精耕细作与中管理的到位，使当地早已获得“滇西粮仓”的美誉。

三、收割习俗

每年的农历七月底八月初，保山主产稻谷的几个坝子便是一派金黄色，各族民众都沉浸在丰收在望的幸福之中，人们都在为开镰收割做准备。

“细长弯镰二尺五，金色田野将你舞。”这是秋收时节保山男人们经常挂在嘴边的一句话，讲的就是男劳力们在稻田里割谷子的情景。开割稻谷之前，各家的男劳力就会把自己家里收藏着的割谷子镰刀找出来，在磨石上耐心细致地磨锋利才行。因为保山市境内的割谷子镰刀是特制而别样的一种，它与平时割草所用的镰刀大有不同，割草镰刀宽一寸五至二寸，长五至七寸，割谷子镰刀宽不过一寸，长二尺至二尺五寸，磨割谷子镰刀就特别讲究，要有一定的经验与技巧才能完成。

保山人历来都有团结互助、相互帮忙的习惯，自古就有“人多好干活，人少好吃饭”的说法。人们的相互帮助在稻谷的收割上就充分地体现出来，大伙把割谷子镰刀磨好之后，左邻右舍、相好小伴、亲友之间就等待着帮忙收割。此时，谁家要先割稻，就选一个黄道吉日，通知一声说哪一天割谷子，被通知或请到的人们就会带上割谷子镰刀按时来到家中，主人家备好饭菜，先要在家中敬奉上天、土地神与自己家的先辈故人，祈求在收割过程中得到各方各面的保佑，能将田里成熟的稻谷平安收回家。随后，参加割谷子的人们就一起共同进餐，饭后稍作休息就往主人家的稻田里而去。

割谷子人到了田边，大伙根据稻田的宽窄各人占一个趟子。开割之前，各人都要把自己手中的镰刀举过头顶。这样做的目的有二：其一，人们对割谷子镰刀这一特殊用具的敬畏；其二，防止刀子被鸡、狗、人之类的跨过，割起来会伤着人。割谷子是劳动熟练程度与割谷子镰刀好坏的综合体现，大家同时开割，如果哪一个人的割谷技巧掌握不好或刀子没有磨锋利，就会被同伴们远远甩在后面。当其他人都割通头了，只有一人在后割，前面是一大股未割的稻谷站立着，叫做“耍大龙”。被同伴们“耍大龙”的人颇有几分不光彩，在休息或吃饭时还会得到同伴们的戏弄或调侃，特别是在收工吃饭时，个别调皮的同伴趁你不注意时，用筷子挟一块肉放到你的碗上，说道：“多吃一点儿，今天你太辛苦啦，又要割谷还要耍龙。”动作利索，语言幽默，逗得在场的人们哄堂大笑。

稻谷割倒在田里的稻桩上晾晒二至三天，等谷杆晒干后才挑回家，当地叫做晒谷铺儿。保山好多地方的稻谷煮出饭来都很好吃，人们习惯叫“米水好”。其实，米水的好坏除与稻谷的品种有关外，还跟稻谷的成熟程度和晒铺儿密不可分。当地的人们历来奉行“九黄十收”与“适度晒铺儿”的稻谷收割原则，不然品种再好的稻谷也难以产出上等好米来。

保山以旱地作物为主的广大山区和半山区地带，庄稼的收割就没有坝区收割水稻那么集中与热闹，基本上是以户为单位各家自己进行收割，特别是那些散居山野的单家独户居民，收割更是零星自便地进行，但当地的人们在收割庄稼之前都有敬天地与供奉祖先的习俗。

解放以后，进入大集体生产时代，保山人的农业生产是以生产队为单位集体进行，原先的好多生产习俗也随之发生了较大的改变。改革开放后，农村的土地承包到户经营后，由于农业科技的广泛运用，农业生产上从栽种、中耕管理与收割，已由传统农业逐渐转变为以农机、良种、化肥、农药、地膜等生产资料为主导的现代农业，从中难以见得到原来传统农业生产习俗的影子。

四、马帮习俗

旧时的保山交通闭塞，滇缅公路开通之前，马帮属于官方或民间的交通运输工具，长此以往，形成了当地独具特色的马帮习俗。

马帮之内的赶马人有严密的组织，生活起居有很多习俗与禁忌。马帮的领头人称“马锅头”，赶马人称“伙计”。“马锅头”掌管马帮内的一切，众伙计必须服从他的指挥与调遣。同时，伙计们还得严格遵守马帮内的许多规矩，若有违反者，必须接受“马锅头”的惩处。

马帮在行进途中，伙计们不得胡言乱语，更不得讲不吉利的“破嘴话”，说话力求简单明白，并以马帮的特定语言进行交流，如休息、吃饭叫“开烧”，锣锅叫“毡帽”，刀子叫“快口”，碗叫“欧子”，筷子叫“签子”，柴火叫“杖杆”，猪肉叫“下数”，出发叫“开亮”。吃菜煮成一锅成杂锅菜，不叫“赶马菜”，而叫“大团圆”。吃肉切成大坨，每人每顿一坨，叫做“一下”，做饭、洗碗的人多得吃一坨。装肉有专门的麻布口袋，油腻黑糊不成样，可装肉保质不变味。

马帮上路之前，“马锅头”安排人杀鸡，当祭过路神之后才能“开亮”。当马帮要途经大山、关卡之前也得杀鸡祭祀，祈求天、山、水诸神的保佑。马帮经过窄路隘口之前，必须鸣锣开道，提醒对面来的马帮做好错开窄路隘口的准备，确保自己安全通过。马帮行进途中“开烧”，先要由打头阵的伙计选择能避风，有水有草，地势较平的地方。歇息之前，打头阵的伙计必须看清楚骡马是否进入安全地带，一旦进入便向头骡发出“打野”口令，然后立即将头骡、二骡的行头卸下。如果打头阵的伙计动作不利索，“打野”口令发出之后，头骡、二骡的行头还发出响声，整个马帮就会乱套，可能会造成严重的后果。

马帮的头骡头上挂红色绣球并有一面小圆镜，脖子系两个大铜铃。二骡脖子上挂18个小铜铃，头骡、二骡前胸都挂有一簇红缨，叫前超，后腿两边挂一族红缨，叫坠腿；头上配有花龙套，套上是火红的牦牛尾巴，整套打扮称为“行头”。头骡和二骡是经过精心挑选确定，它是评价整个马帮好坏、效率高低的关键，必须由身材强壮高大，体型优美，行走稳健敏捷，记忆力好，辨别力很强的骡马来充当。马帮里对骡马顺序的安排也很讲究，头骡在先，紧跟二骡，二骡后面是一匹或几匹空驮，以防出现特殊情况临时替补，“马锅头”走累了也可骑一阵。接下来是身强力壮的马匹，称为前骡；稍欠的马匹在中间，称为中骡；有经验、有贡献，能认途的老马在后，称尾骡。马帮里的顺口溜：“头骡一枝花，二骡顶呱呱，三骡三财子，四骡待备时”。

赶马人特别崇拜大山，保山市境内的几条古道上就有赶马人“敬山”的固定地点，他们为了旅途平安顺利，经常要进行“敬山”祭祀活动。另外赶马人对马特别关爱，每到“开烧”时，再苦再累也要先把骡马安顿好，有时视马为自己的生命。马帮在路上行进时，遇上窄路或过村寨时，铓锣敲得铛铛响，再加上叮叮的马铃声，不仅提醒人们马帮到来，而且还是马匹行进合拍并使速度统一，看上去好似一支开往前线的部队。

赶马人十分相信“马有前兆，人有后悔”的说法，上路之前骡马犯怪脾气，或行进途中踌躇不前，说明会有危险或灾福降临，不能贸然前行，应就地歇息。此时，赶马人就用马驮子围成大圆圈，将大火烧起，并开始做饭，为了防止猛兽之类来袭，还得在火堆上烧些毛竹筒，让其爆炸发出响声，或者在火堆上烧上草果、青蒿、香叶之类，让异味驱赶猛兽。

赶马人有诸多讲究与禁忌，行进途中不到万不得已时，人或马是不能走回头路，更不能出尔反尔，只有是勇往直前向着目的地前进。行走的赶马人是很少回首往后看的，途中“开烧”时的驮子都是按顺序摆放，烧火时的锅洞门也要向着要去的方向，吃饭摆筷也得指向要去的方向，晚上睡觉时，人的头都向着要去的方向，解小便都得朝着要去的方向冲，严禁吃饭时放响屁。路途遇上虎豹时说成“财福到”，遇到狼时说成“老灰到”。另外，马帮中还有很多不成文的规矩，只要“马锅头”要求做到的事，伙计们一定要做到。

五、狩猎习俗

保山境内山谷纵横，山高林密，野生动物种类繁多，特别是隆阳区与腾冲县交界的高黎贡山群峰，是野生动物的“天堂”。旧时，市内山区村寨将狩猎视为一项重要的活动，对大山深处的专业狩猎户来说，狩猎成为一种维持家庭经济生活的职业。位于保山坝西边不远的岩箐、庄房、金竹田等村子的居户人家，民国年间都是些猎户。保山人在长期的狩猎过程中，形成了一些固有的习俗。狩猎分为群体与单个进行，工具有弓弩、火枪、猎枪等。群体狩猎多数是非猎户的人们相约打猎，人们又称其为“撵山”。“撵山”开始之前，组织者就要根据参加人员的多少进行详细分工，各人被安排在什么位置就要各尽职守，叫做“守口子”。一旦参与的人各就各位守候好了，就由熟悉山形路线的人带着猎狗开始追撵猎物，守候的人就小心认真地看好，如果猎物被猎狗追撵到自己的守候范围就得马上开枪或射箭将猎物打倒在地。

群体狩猎活动中，所获取的猎物不论多少，不但参与者每人分到一份，就连见面者也有一份。当地有一种说法，叫做“上山打猎，见者有份儿”。在分配猎物时，除心、胆、皮、头、脚等特殊部分归直接射杀者外，其余部分一律平均分配，叫做“打份子”。所有参与者均分猎物的过程中，再多也不能嫌多，再少也不得嫌少，大伙都有说有笑地显得十分开心，体现出了一种原始的平均主义分配方式。

单个狩猎是指专门的猎户打猎，方式有“偷打”、支扣子、放地弩挖陷阱等。使用的工具有弓弩、火枪、猎枪、扣子之类，不是那么固定。

“偷打”是指熟悉山形地貌的猎户在猎物经常出现的地方，用枪、弩、毒箭之类的工具对猎物进行单个射杀的行为；支扣子、放地弩、挖陷阱是指熟悉猎物习性的专门猎户，在动物觅食、饮水所途经的路途上进行捕获猎物的活动。一般情况下，猎户们为了防止误伤行人、牲畜，在周边设置树枝、藤索之类的物品作标志予以提醒人，有经验的人在山间小道碰上标志物之后就得小心谨慎或绕道而行，以免被误伤。

单个狩猎的专业猎户也会结伴而行，但必须是相处甚好的知己猎友或十分亲近的人。为此，当地自古就有“打虎还得亲弟兄，撵山也要亲父子”的说法。专业猎户捕到猎物必须马上拿回家，到家之后先得割下一块猎物肉，用樟树、柏树或松树的枝杈叉着在火上烧烤熟之后，再将纸火沾一点猎物的血连同香钱一起带到屋后僻静处敬谢山神与猎神。这样做的目的是为了下次再去狩猎时，得到山神与猎神的照顾，能够多捕获一些猎物。

猎户在山上或家里煮食刚捕获的猎物时，幸遇者一定要被邀请参与共同食用，被邀者吃饱歇碗时猎户劝再食，不能说“够了”“饱了”，而要说“谢了，下回又来”，筷子必须放到碗的左边，这样被认为是比较吉利。离开时，猎户还得选一块较好的猎物肉相送。因此，保山人历来就有“心宽不过打猎人，心窄不过放水人”的说法。

保山的狩猎活动，不论是群体进行还是单个活动，首先得选黄道吉日才行，否则就不予出动。日子选好之后，如果是群体活动，组织者要供奉山神之后，参与者和猎狗才能出发，其目的是求得山神老爷的保佑，图个平安；如果是专业猎户单个去捕获猎物，出发之前除了供奉山神之外，还得供奉猎神，大凡所有的专业猎户家里都供有猎神。当地都有“山神老爷不开口，老虎豹子不敢走”的说法。到了20世纪80年代中期，随着国家对野生动物保护力度的加大，保山人的狩猎习俗逐渐消失。

六、砍伐习俗

保山虽然山多林深，但当地民众历来就有爱护树木的传统，不会随便乱砍伐树木。

保山人砍伐竹木最讲究时节，他们根据竹木的生长规律总结出砍伐的最佳时间段。一般情况下，从当年的农历七月十五以后到来年的立春之前，是砍伐竹子的最好时期，只要是在这一时间段内所砍的竹子，很不容易被虫蛀，竹竿或竹篾制作而成的器物与用具都经久耐用。同样，从当年的农历八月十五到来年立春之前是砍伐树木的最好时节，只要是在这一时期内所伐的树木，不论是用来盖房屋还是做家具，很少有虫蛀的情况发生，尤其是农历十月、冬月（十一月）和腊月（十二月）里树木水分最少时砍伐的木料为上等。不仅用材林的砍伐讲究时节，就连砍伐做柴火用的薪炭林也必须在干冬季节进行。因此，当地自古就有“七月十五后砍竹，八月十五后伐木”（“七竹八木”）的说法。

在隆阳区和施甸县的广大农村，人们的柴火是舍不得砍伐树木，而是每到干冬季节就开始对树木进行修枝打杈，砍下的树枝就是居户人家的柴火，就连烧石灰与烧砖瓦都只是用树枝和松毛卷儿做燃料。另外，当地的好多人家烧火做饭时，还习惯用松毛卷儿、碎柴、苞谷秆、葵花秆做燃料。因此，当地便有“灶老爷不嫌柴害（马虎），只要懒觉蛮儿能拿回来”的谚语。

保山人保护树木具有悠久的传统，好多村寨勒石立碑，制订人人遵守的护林公约，民间对盗伐、滥伐树木者，用各种不同的方式予以处罚，有的罚植树造林，有的罚修桥铺路。在隆阳区、施甸县、昌宁县境内，旧时有“吃寨饭”的处罚形式，即谁人盗伐了树木被抓到之后，全村的人员都集中到他家里，由该人家杀一头猪或宰一只羊，置办酒席让全村人吃一顿或一天，以示对盗伐者的处罚，并以此来警示其他人不做类似的事。

保山人在正常砍伐树木之前还有一些特别的讲究。一般情况下，谁家要起房盖屋需用木料，请工上山砍伐的出发之前，必须要先供奉一番路神，确保去来平安顺利。当伐木人员到山上之后，主人家或为首者将准备好的供品摆放好，烧上一定数量的香钱纸火，对山神和树神进行供奉，祈求二神对伐木人员予以保佑，之后，才能动刀斧。另外，因架桥或建造磨坊、碓坊时，需要砍伐树龄上百年，甚至上千年古树的情况，村寨里的长老们会亲自主持供奉山神、树神的活动，有条件的地方还会组织弹唱一场洞经，以此来感谢山神、树神对人们的恩惠。在砍伐古树之前，主持砍伐的人要用淘米水浇树根或用大米将古树的根部围上，据说这样做可以防止树神发怒伤人。只有这些活动完成后，实施砍伐的人员才能对古树动刀斧。

在隆阳区和施甸县的部分村寨里，还有养“寨树”的习惯。“寨树”又称“神树”，是村寨的人家开始定居当地时就选下或栽种的树木，它是全村的标志或保护神。有的在老祖宗确定或栽种时就对树木念过咒语，任何人都不得损毁它，不然就会遭报应，村里的人员将其视为神灵，每到重大节日或村里的人要出远门之前，人们都会去祭拜它，祈求得到它的保佑而平安无事。对于“寨树”，在任何情况下都不能动它，哪怕是落枝或干枯了的枝杈，村里的人都不敢动它，让其腐烂而变成泥土，即所谓的“来自泥土而回归为泥土”。

随着社会的进步与时代的发展，加上城乡一体化的推进，乡村建房形式的改变和生活用电的普及，保山人原先固有的一些砍伐习俗也逐渐趋于消失。

七、放牧习俗

保山五县（区）范围之内，都有宽阔的草场，草资源十分丰富，是发展畜牧业的好场所，广大山区居民历来就有放牧的习惯，部分人家的畜牧收入已成为家庭经济的重要组成部分。当地放牧的牲畜以羊群为主，其次是放牧菜牛群。

由于保山人长期以来的放牧习惯，便形成了当地固有的放牧习俗。对羊群的放牧实行早出晚归，早上把羊群放出，由人赶到草场去放牧，到下晚太阳快落山时赶回家关进圈内。有的地方实行随草放牧，即在草场周边盖起羊圈，早上由领头羊带着到草场里去吃草，到了天将黑时羊群自己回到羊圈内。此种放养的羊群，主人不一定随时跟随羊群而去，但必须在羊圈旁的固定地点放上一定数量的盐巴，到时候羊群在头羊的带领下就会自己返回，主人不必随时操心，属于比较自由的放牧形式。

牛群的放牧也是有两种情况：一种是关在家中的牛圈里，由主人定时不定时地赶到山上去放牧，牛群基本不脱离主人的视线；另一种是自由放牧，主人在自己家的牛群身上打上记号，将其赶到山上去让其自由觅食，主人十天半月或几个月上山去查看一次就行。这种情况，有的地方将其称为“放野牛”，也是旧时保山放牧牛群较为普通的形式，但必须在山广人稀草场好的地方才行。

每年的农历五月十八，保山、施甸、昌宁三县（区）放牧羊群的部分村寨，人们还会集体举行“祭羊嬷嬷会”。据说古哀牢国时期，有一位不知姓氏的老年妇女教会了哀牢国的居民放牧羊群，人们就称这位老妇为“羊嬷嬷”，五月十八是她的祭日。后来，哀牢国的民众为了感怀羊嬷嬷的恩德，就将五月十八定为“祭羊嬷嬷会”。每到这一天，人们以村寨或同牧一山（一草场）的数个村寨为单位，每户参加1人，自带锅碗、盐、米和一定数量的香钱纸火，集体杀猪一头或数头，鸡若干只，公祭羊嬷嬷的同时也公祭山神和土地神，祈求大伙的羊群及其他牲畜兴旺繁殖、无病无灾。公祭过后，所有参加的人员共同商讨来年的牧羊规定，各家各户都得遵守执行，违者按规定予以惩处。

在腾冲、龙陵两县放牧的多数村寨里，每年农历六月初，人们就以村寨或同牧一山的数个村寨为单位，由放牧经验丰富的几位长者选好日期，大伙一起上山去举行“草场会”，有的地方又称之为“还草场愿”。草场会的日期确定后，到时每户派1人去参加，大伙各人自带吃米与一份香钱纸火，根据人数的多少，集体杀猪或羊一头甚至数头，公鸡若干只，一起到放牧的山上去公祭山神土地，祈求二神保佑牲畜繁殖兴旺，无疫无病，让大家都有好收益。公祭分为两次进行，当猪或羊与鸡刚杀翻时，就要烧一部分香钱纸火，连毛带血与生米生蛋一起先祭一次，称为“生祭”或“领生”；祭物收拾干净煮过后再祭一次，称为“熟祭”或“回熟”。公祭时的祈词，一般情况下是由主持人即兴而作，遇上主持人口才差或对公祭不熟悉者，则可由人先书写好，由主持人当众恭颂。公祭过后，所有参加人对现有的放牧规定进行讨论，一旦通过之后，在年内必须遵照执行。随后，大伙一起动手煮饭并共同进餐，算是了确了一年放牧过程中的一桩大事，所有费用由参与的人员平均摊。

随着生产力的发展与人们生活方式的不断改变，保山人的好多放牧习俗都逐渐消失，只有少部分保留下来。

八、建房习俗

“结婚、生育、盖房子”是保山人较为传统的人生三件大事。其中，盖房子（建房）在当地民间被每一个家庭所重视，境内五县（区）的建房习俗都大同小异。

建房分为拆旧建新和新建盖两种情况，其过程大致相同。一旦确定要建房，第一件事就是请阴阳（又称风水）先生来相地，确定房屋的坐向与位置。

建房是石匠、木匠、泥水匠相配合完成的一项系统工程，三者缺一不可。一般情况下，阴阳先生相地时就将建房的砌石脚、动木工、立木（竖柱）、打（砌）墙等几项重要活动的黄道吉日选定下来。

日子确定之后，主人家要分别找好石匠的掌锤人、木匠的掌墨人与泥水匠的掌（泥）刀人，再由他们根据工程的大小和工期的长短去组织自己的匠人帮子，确保按时开工与按期完工。

石匠帮子少则三五人，多达七八人，由掌锤人率领着，根据房屋的坐向及间架结构，确定四址界限，定柱、拉线、开挖房屋的基槽，并按地势地质的实际情况决定所支砌石脚的深浅程度。如果遇上地势地质较差的地段，还得支砌拦墙与海底石，确保房屋的稳固与经久耐用；若地势平坦、地质坚固者就直接砌石脚，做起石活来就不会费事。在开挖房屋的基槽之前，掌锤人要进行敬山神和供奉土地神的祭祀活动，祈求得到二神的保佑，在整个施工活动中平安顺利。

在整个石脚的支砌过程中，石匠师傅会按照主人家所备石料的情况进行用料，如果遇上主人备料不足或不理想的情况，石匠们会临时到山上去破石取料，尽量把石脚砌得好一些。所砌石脚的质量高低是根据主人的经济实力而定，一般人家只要支砌起来，栏檐坎与压边石平稳整齐就行。遇上家庭条件好的人家，整座石脚都要一锤一錾地砌成豆腐块，压边石只要三块长条石就得铺完，正面的栏檐坎石还要雕花刻草或各种兽型图案，看上去十分讲究，砌好之后还要搞竣工仪式，主人家对所有参加的石匠师傅进行盛宴款待。

建房过程中，木匠活最为讲究，所有木料的使用必须首尾一致，顺序不能颠倒，竖料一律根在下、尖向上，横料右为根、左为尖，所有木料根朝右、尖朝左。选择木料时不得用“贱木”，据说它是妖女所变，用了等房子盖好后会发出异样的响声而吓人。

五县（区）的人们在立木（又称竖柱）的头天晚上都要送木神，传说木神是伐木工死后所变，是在伐木时被树打死，对树木有仇，遇上人家建房时乘机捣乱，大凡立木之前主人家就得备“三牲”进行祭祀后，将其送出家门，以防其到时使坏。立木在天亮之前完成，以防邪气干扰，天亮以后进行“飘梁”活动，其目的是祈求上苍保佑，敬天谢地和请亲友们祝贺。建房的主要恭贺人为女主人的娘（后）家，到时要给女儿家送“三牲”、各种供品及炊事用具，并请文墨先生写几幅吉庆的对联，到时贴在柱子上，内容多为“一代建树千秋业，百年树人栋梁材”“立木欣逢紫薇星，上梁正遇黄道日”等，正面横梁上的横幅为“天无忌地无忌姜太公在此大吉大利”。传说原先立木很艰难，后得力于姜太公用道法驱走扰民作乱的五路神，才使居家立木得以平安顺利。

保山人把立木当天的上梁称为“飘梁”，是建房喜庆的高潮，亲朋好友、隔壁邻舍都会带着礼金或大米、面条等礼物前来祝贺主人家的建房之喜。保山市境内的“飘梁”活动虽然各地有所不同，但主人家一般要摆酒宴款待亲朋好友、隔壁邻舍及石匠、木匠、泥水匠，对来祝贺建房与帮忙建房的人表示感谢。

在隆阳区和昌宁县的部分地方，上梁时，木匠中的掌墨人用一只洗过脚的红公鸡破冠点血在未上的中梁与柱子上，边点边讲些好听的吉利话，逗得主人与客人都十分开心。然后，掌墨人与一位木匠登上房顶，迎着日出，用绳子把最后一根绘有阴阳太极图或红绸包着的中梁吊着往上“飘”，梁上挂着点燃的鞭炮在上升。中梁安放好之后，掌墨人把亲朋好友送来的大米粑粑、糖和米花团、硬币及五谷杂粮往下抛撒，另一木工则提一壶水往下撒，躲闪不及的人会淋得周身湿，其目的是感谢四方天地神灵，同时也感谢亲朋近邻的相帮相助，围观的大人和小孩纷纷抢夺抛撒的大米粑粑，气氛热闹异常，当地人将其称为“抢粑粑”。

在隆阳、施甸、腾冲的一些地方，房架竖起后，在待客宴席之前贴对联、放鞭炮、设香堂、燃红蜡烛，主人家邀请掌墨人贺新房。先由主人抱一只洗净双脚的大红公鸡，向掌墨人作个揖，掌墨人双手接过公鸡，开始高声叙说贺词，总共为“开冠点血、鸡血点柱、鸡血点中柱、上梯子、放索子、拴梁、上梁、撒松子、撒花、点酒、浇水、撒粑粑”12个部分。

保山坝子，把“飘梁”称为“三祝”：一祝主人家建新房，掌墨人手拿“蟠桃”高声吟诵：“一个馒头千颗米，起房盖屋不容易，后辈不忘前辈苦，艰苦奋斗莫忘记。”二祝木匠：“小小墨斗线儿长，一比一划算周详。雕龙画凤一双手，木工个个赛鲁班。”领班木匠跪地接物。三祝泥水匠：“太阳出来天地亮，建房不离泥水匠，巧手绘出五彩图，幸福生活万年长。”掌泥刀泥水匠跪地接物。每祝完一人，接物后都会说“谢金口”，最后围观的人群也会高声说“谢金口”。随后，掌墨人开始抛撒大米粑粑等物，围观的人纷纷抢夺，整个场面一派喜气洋洋。

立木之后，木匠的活暂告一个段落，接下来就是泥水匠开始打墙。在隆阳、施甸、昌宁的好多地方，立木“飘梁”的当天，主人家就把泥水匠宴请到家，“飘梁”结束后就开始打墙。当房屋的墙打好之后，木匠又接着钉椽子，随后泥水匠又铺瓦片，一环扣一环，直到把房子建盖好为止。

随着时代的发展，保山人的建房形式也随之发生了改变，房屋由原先的土木结构或砖木结构变为平顶洋房，原先的好多建房习俗也趋于消失。

九、其他习俗

（一）养蜂习俗

保山五县（区）都有地广人稀的山地区域，当地民众历来都有养蜂的习惯。保山人的养蜂有蜜蜂与葫芦蜂两种，蜜蜂以收蜂蜜为主并兼收蜂蛹，葫芦蜂以收蜂蛹为主。蜜蜂为常年养殖，每年主要收割春天的菜花蜜与冬天的冬蜂蜜；葫芦蜂为季节性养殖，每年的夏天到山上将小蜂包接回家进行养殖，到秋天时烧蜂取蜂饼食蜂蛹，当地烧蜂有“七葫芦，八土蜂，九月十月找黄蜂”的谚语。养蜜蜂有所讲究，按民间的说法，养殖蜜蜂是讲“命”的：金、木、土三命养得住，而水命与火命的人养不了，能养多少窝也是命中所带，不得强求，不然也是白搭。养蜂人家不得擦香粉与用香皂之类，不然蜂群会飞走。另外，在接蜂与掏蜜时，满身爬有蜜蜂也不用驱赶或追打，不然它会叮人，旁人不能当面说“叮”“咬”之类的不吉利话，更为重要的是掏蜜时主人或客人不得当着飞蜂的面吃蜜。

（二）养蚕习俗

养蚕业是保山市的古老行业，据说西汉时期养蚕业就在保山出现，当地人就有丰富的养蚕经验，明、清时期江南的养蚕先进技术又传入保山，使当地的养蚕业更为发达。保山的养蚕业分为柞蚕与桑蚕两种，柞蚕较为古老，桑蚕后来推广。保山人在长期的养蚕过程中形成了固有的习俗。蚕房一定要卫生干净、通风较好，进蚕房的人不得擦粉、用香皂等，喂蚕的柞叶或桑叶不能有露水。另外，饮过酒或吸着烟的人不能进蚕房，生人、产妇不得进蚕房，不然蚕就会死亡或成为僵蚕。旧时，保山人还借鉴江南一带的养蚕习俗，每逢桑蚕抽丝时期，养蚕人家都要供奉养蚕老祖宗——嫘祖，牌位上竖写上“图治丝蚕、嫘祖福德之神位、皇恩浩荡”。养蚕最为集中的保山坝子还建有几处“嫘祖殿”，养蚕人家会按时到殿里去祭供嫘祖，祈求保佑蚕业兴旺。

（三）割草习俗

农业历来是保山的主业，割草也就成了当地的一项重要劳动。保山人的割草分为割青草与割老（茅）草两种，青草主要用于喂牲畜和积农家肥，老（茅）草主要用做建盖房屋的材料。割青草是保山市境内最为普遍的劳动，男女老幼都会割，不仅山区、半山区的人进行这一活动，就连坝子或坝周边的居民都还有割马草卖的行业存在。保山人在长期割草活动中，形成了当地固有的割草习俗。割青草讲究镰刀的锋利，有“磨刀不误割草时”的说法。另外，割草还讲究天阴或有露水，割起来十分容易而不费劲，当地有“一乘时间早，二乘肚子饱，三乘镰刀快，四乘露水草”的割草谚语。割老草一般是在农历十月以后，庄稼收种完毕，草已长成老草的情况下进行，人们上山割草之前要得敬供一番山神与土地神，祈求在割老草的过程中平安顺利。

（四）找菌习俗

保山多山林，是野生菌生长的好地方，菌的种类十分繁多，每年的夏秋季节是当地寻找野生菌类的好时节。菌子是“生有季节长有地”的真菌类植物，什么季节出在什么地方是有规律可循，不是随时随地都有，保山人说的“鸡㙡、菌子分塘子”就是这个道理。熟悉山势地形的人，知道菌子的窝儿（又称塘子），每年一到菌子出的季节就直接到窝子里去拔，叫做拾菌子。保山人对野生菌十分钟爱，曾赋予它诸多神奇的色彩，将其视为“水生风长的仙灵之物”，说它是“穷人的衣禄昼夜生”。找菌子的活动特别奇怪，任何人都不可能把它找完取尽，菌子出的季节，只要到山上去找，任何人都会找到，只是多少而已。因此，保山人就有“千人有千份儿，万人有万份儿，叫花子到了也有一份儿”的找菌子谚语。鸡㙡属保山市境内较为名贵的菌类之一，多数地方都有生长。找鸡㙡的活动也很有趣，有生长鸡㙡的地方，只要你先找到一朵指手鸡㙡，就按它指的方向找去，定能找到窝数鸡㙡。有经验的人找到窝数鸡㙡不忙着去拔，而是用棍子先画一个圈将其围住，然后才用竹棍或木棒去撬着拔，还注意不能撬深，不然会损坏鸡㙡窝。这样做的结果，鸡㙡就不会移动塘子，来年的这个时候你再到那里去，同样会找到鸡㙡。

（五）椿树为王习俗

保山山大树多，珍贵树种不少，而在所有树木当中，却把木质坚硬、红润艳丽、纹络清晰的椿树尊为树王。据说，在古哀牢国时期，当地的上百种树木进行树王争霸赛时，椿树就凭着自己的实力夺得了树王的称谓。的确，椿树的材质上乘，树龄上千年都不空心，木材不易变形，能够镇得住百木。千百年来，保山一带的民众对椿树都十分崇拜，居家起房盖屋时，都要在中梁上用上一根椿树木材来镇其他木料，即便一时难以寻找到整根整块的椿树木料，也要选用一小块椿树木料做楔子，以镇百木而显示树王的威严，使房子盖好之后平安宁静。另外，保山人在制作家具时，首选的木料也必须是椿树料，据说家里有椿木制成的家具压阵，可使家庭辟邪除灾，平安顺利。

（六）民间商业习俗

保山广大民间从事经商活动的人们历来都注重供奉财神，好多地方都建有专门的财神庙，商业活动者都会定时去跪拜与供奉，祈求得到财神爷的保佑，自己财源广进。旧时，好多商家的家中还专门供奉赵公元帅、关公的塑像，因为民间将二人视为财神爷，早晚都会给其进香。经商人家在商铺开门之前，主人家要以三牲、果品和香烛前往财神庙去祭祀，以求得财源滚滚，日进斗金。店铺开张时，门上贴对联，挂红灯笼，放鞭炮，邀亲朋好友来热闹助兴，并借机予以宴请。20世纪80年代以后，好多商家开业时还邀请政界要员与商界人士来举行剪彩仪式，并借机宴请与收取礼金、牌匾之类，场面十分热闹。

（七）民间自治习俗

在龙陵县和保山县的部分乡（镇），旧时有“会丛”与“说话处”这样的民间自治形式存在。每年农历九月初二，龙陵县龙新乡各村寨每户出1人，各自带香钱纸火与大米，汇集到供奉丛神的丛杆之前，杀猪、宰羊、杀鸡供祭丛神。之后，由村寨中有威望的长者主持，对违反村规的人进行公议处罚，对村寨之间或村内出现的矛盾纠纷进行公开调解裁决；讨论决定修桥铺路、修沟筑坝等公益事业的实施计划；修改、修订有关保护公共财产及设施的村规民约。祭祀后的猪、羊、鸡供集体会餐，费用在各种罚款中列支。

每年的十一月二十这一天，隆阳区蒲缥镇上罗板寨子的居民，每户1人到村子里大青树下的“说话处”去集合说话。因为全寨居住着车、吕、胡、熊、杨、王六个姓氏的人家，家庭、宗族之间的矛盾时有发生。集合到“说话处”这天，首先由寨里长老将过去一年的大小事情进行归纳总结议定，并将来年的计划进行商量议定。其次是各家各户或各个姓氏有何意见、建议都提出来，谁有委屈、苦楚也可诉说，由大家共同商议解决。还有就是对过去一年犯错误的人进行处理；如果错误严重就得杀一头火烧猪，请全寨每户一人到“说话处”饱餐一顿；如果错误较轻，则出三五个劳动日义务为寨里修桥铺路；如果是小错误，就在说话处当着大家的面口头检查一番即可。

第四节　婚嫁习俗

保山汉族的婚嫁习俗，不仅传承着内地汉族的固有习俗，同时还受到当地少数民族婚嫁习俗的影响，形成了自身独特的婚嫁习俗。旧时，保山人的婚嫁严格遵照封建礼教，男女婚姻遵循“父母之命，媒妁之言”。当地历来就有“天上无雷不下雨，地上无媒难成亲”的说法。媒公媒婆们在男家与女家之间牵线搭桥，传递信息，起着重要的作用。解放后，广大青年男女从包办婚姻中解放出来，城乡青年普遍实行自由恋爱。由于历史的原因，保山的广大城乡至今仍有自己独特的婚嫁习俗在传承，农村里显得更为突出。

一、提亲

提亲又叫议亲，部分地方叫做要生辰八字，属保山人婚嫁的起始阶段。在保山城乡，如果男青年或其父母发现自己满意的姑娘，先请女方亲友向其父母打探、疏通或致意，表明自己愿意与其喜结良缘。若女方家没有异议，男方马上聘请媒人向女方父母提出求婚意见。一般情况下，媒人要经过三番数次地往返跑，其目的是让女方对男方有更多的了解。如果男女两家相距较远，相互之间又不太了解或熟悉，求婚的男青年经过收拾打扮一番后，在媒人的引领下到女方家去“相亲”，女方的父母及亲友对男青年的言行举止都观察得很细微，是决定亲事成败的关键，男方不得掉以轻心。

男方的主动“相亲”没被女方断然拒绝时，就择日请媒人再到女方家去提亲。媒人每次到女方家去都不得空手而去，男方家要备好糖果、烟酒之类的礼物让媒人带着去，以表男方家提亲的真诚与迫切，使女方家深受感动，觉得不答应这门亲事实在对不起人。

媒人是提亲成功与否的主要因素，隆阳区的部分地方把媒人称为“嘴子匠”或“嘴皮匠”，将媒人视为匠艺人系列。在昌宁县的部分地方，人们历来就有“右甸河的水，老媒婆的嘴”之说。媒人受聘第一次到女方家提亲时，首先要口甜言畅地讲明来意，开口一个“二老好”，闭口一个“想享二老的大福”，说得女方父母眉开眼笑，接着就详细介绍男方的家庭情况及男青年的人品、才能之类（当然尽说好的），并以“旁观者”的身份对将来婚姻进行分析、评论或判断，尽力劝说女方父母立刻答应，女方父母提出一些委婉拒绝的道理时，媒人要逐一以理相驳，说得对方无言以对。

提亲是婚姻的第一步，男方有求婚的权力，女方也有权力拒绝，姑娘到了一定的年龄，说媒者有踏破门槛之势，保山人历来有“一家有女儿百家求，九十九家空回头”的谚语。求婚的方式也各种各样，在隆阳区与施甸县的有些地方，男方家请媒人第一次到女方家求婚时，除了携带礼物之外还外加一节布，说是给姑娘做套衣服，以表男方提亲的愿望，如果七天后布没有退回，说明女方已答应这门婚事；在腾冲县与龙陵县的部分地方，媒人第一次去提亲时，男方会让其带几元或几十元钱，说是给姑娘买点针线，五天后没退钱而是送了姑娘缝的什物，表示婚事有希望；在昌宁县，媒人则将一壶酒带到女方供桌上放起，当地叫做“置酒壶”，三天后酒壶没有被退回，证明女方已应允该婚事。

二、定亲

定亲为婚嫁的第二步，是指男方家请媒人到女方家提过亲之后，女方家表示同意的下一道礼数，具体分为要八字、查八字与订婚三个阶段。

要八字　要八字是在男方提亲而女方家无异议之后，男方家置办酒、肉、糖、茶等礼物，并用红纸包封或贴上一圈红纸，由媒人引领男方的数名至亲到女方家去，要求女方父母将女儿的生辰八字拿给男方的一项活动。在保山五县（区）里，要八字仪式在各地的叫法与兴俗还不尽相同。施甸县与隆阳区的部分地方称为“拿八字”，男方的几名至亲在媒人的引领下带着礼物到女方家吃饭做客，将女方的生辰八字拿回到男方家。腾冲、龙陵县叫“要八字”或“递庚帖”，男方的数名至亲在媒人的带领下，带着礼物与男方的生辰八字到女方家杀鸡卜卦，以此来相互交换男女双方的生辰八字。昌宁县叫“杀鸡吃”，由男方选择好黄道吉日，备好相应的彩礼和一只阉鸡，选几名至亲在媒人的带领下到女方家杀鸡煮肉，将女方的至亲请来共同进餐，以此而获取女方的生辰八字。隆阳区的保山坝子叫“吃小酒”，由男方择吉日，备2瓶酒、16斤猪肉、4斤糕点与几十元钱(尾数为6)，用红纸包封，男方家长由媒人带着到女方家去做客，借机提出索要女方的生辰八字，随后由媒人转交或口传，因为当时是不给的。

查八字　查八字又称“合婚”，属定亲的第二阶段，保山五县（区）的做法各有不同。隆阳、施甸、昌宁等地，在男方已取得女方的生辰八字之后，就根据男女双方的生辰八字与属相，去请算命先生给二人合婚；腾冲、龙陵两地在男女双方互换八字后，双方各请算命先生去合婚。经过合婚后，若男女双方属份相生就进入下一个仪式，如果是相克的话，这门婚事就到此为止。在市内的部分地方，即便是男女双方相生，也要观察三天的时间。在这一期限内家里有无破绽，是否出事或有什么异常响动，哪怕是砸烂一个碗、碟、盘之类，都会被认为是八字不合，这门婚事就会被否定。20世纪80年代之后，市内广大青年自由恋爱，“要八字”成了一种传统的仪式，“查八字”很少有人相信，双方　“要八字”以后，婚嫁就进入到下一个阶段——订婚。

订婚　订婚是婚姻的确定与议定，属定亲的最后一个阶段，保山各地的做法又有所不同。在隆阳、施甸和昌宁，男方家拿到女方的生辰八字后，就马上请算命先生按照男女双方的属份和生辰八字进行合婚。如果双方没有大的相撞相克，婚姻就算合得来，男方家就让媒人通知女方家，亲戚能做成，等待着确定“亲家”关系；若婚姻合不来，或者男方对女方有不满意之处，就让媒人转告女方，婚姻合不来，亲戚做不成了，当地把媒人的这一转告叫“回话”。在腾冲、龙陵，男女双方互换生辰八字之后，各家都进行“查八字”，如果男女双方没有大的冲犯，双方则由媒人通知对方，婚姻确定，亲事成立。当地把媒人的这一通知叫递“通帖”；若婚姻合不来，或者双方通过了解后实在不称心，也由媒人予以转告对方，婚嫁到此为止。男女双方经过“回话”与递“通帖”之后，在腾冲、龙陵和昌宁就算婚姻确定，定亲完成。而在隆阳、施甸的好多地方，男方家还要择日给女方家送去数量不少的礼金、糖、茶、酒、肉、盐之类的彩礼，当地把这一礼数称为“启媒”，只有实施了这一礼数才算是确定了婚姻，也就完成了定亲。男女双方的婚姻一确定，就意味着两家的“亲家”已经打成，亲戚就做成了。从此，双方父母就得以“亲家”相称，姑娘就算有了婆家，男女双方都得改口称对方的父母为“父母”。通常情况下，男女双方在第一次改口称呼对方的父母为“父母”时，都会得到一定数量的现金，叫做“改口费”。

三、过礼

过礼是男女双方正式确定婚姻之后，双方开始商定结婚时间，做必要的物资准备，属婚嫁的第三步，各地的叫法与兴俗有所不同。具体有过彩礼与递祝酒两个阶段。

过彩礼　过彩礼简称过礼，又叫选婚期，昌宁县叫“通话”。在隆阳、施甸、腾冲、龙陵的多数地方，过彩礼要在婚期前一月或数月内完成，男方家将结婚的黄道吉日选择定好后，就请媒人到女方家跟家长商定好男方家应给的礼金数额和礼物数量，礼金的尾数要带个“六”字，象征着双方有福有禄。随后，男方家便按女方家确定礼金、礼物备好，选择吉日由媒人带着男方的几名亲友。携礼金和礼物送到女方家，礼金、礼物用红纸包着与封上，图个喜庆。礼金除了给女方父母的辛苦费之外，是用来置办女儿嫁妆、办宴席筹宾客、购买新娘过门后给公婆与亲友的见面礼物等的开销。昌宁县把过礼叫“通话”，是由男方长辈带一只阉鸡及其他彩礼，由媒人领着到女方家去做客，双方长辈在一起共同商定礼金的数额之后，再由媒人如数送到女方家。礼金一般在婚嫁日期的前一个月交给女方，以便女方家有足够的时间准备嫁妆及购买宴请客人之物。通常情况下，女方的嫁妆是由男方的礼金数额而定，但也有部分女方家不计较礼金、礼物的多少，甚至还会“贴钱”置办，多多陪嫁给女儿，本着“养女儿不算饭食钱儿，肥水不流外人田”的原则行事。

递“祝酒”　递“祝酒”是过礼的第二阶段，在结婚的头一天，男方家根据女方家办酒席所需的大米、猪肉、茶、酒及祭祀所用的鸡，由媒人领着几名相帮的男劳力如数送到女方家，请女方家查收，保证第二天的婚礼及当晚祭祀能够使用。在隆阳、施甸的部分地方，女方家会在递“祝酒”时借故“刁难”男方家，以种种借口说男方家的“不是”或“不尊重”女方家，拒收男方家送来的礼物，致使双方为此大费口舌，以此来显示女方家的“强势”，让男方家重视女方。如果女方家听之任之就会让男方“小看”自己，显得太软弱无力，姑娘嫁过去会“受气”。少数人家还会找几个能说会讲的寨邻来家里陪伴男方家的送礼人，说些难听的“现成话”。此时，男方家请去的人就要马上传烟，尽量说些软宽话，把男方家交给自己的任务完成好而万事大吉。

四、哭嫁

哭嫁又称哭诉。旧时，保山的多数地方，女儿在出嫁的头一天晚上都要啼哭，部分山区人家的女儿在出前七八天就开始哭嫁。参与啼哭者除出嫁人者外，还有其母亲、伯母、叔母、姑妈、姨娘、姨妈、姐妹、表姐妹及本人平时的同伴好友等。所哭的内容为彼此的离别之情，倾诉自己对对方的深厚情谊与亏欠。哭词既有通俗易懂的白话，也有婉转华丽的语句，基本上是一问一答，粗略一听是哭诉，详细听起来如同在对歌。出嫁女哭诉对父母及长辈的侍候不够、孝敬不到位，希望得到谅解；母亲及长辈多哭对出嫁女关心、痛爱不够，内心深感亏欠；出嫁女与同伴姐妹们彼此之间哭诉以往深厚情谊，从此以后相互分别，以此倾诉相互间的离别之情。

在隆阳、施甸的部分村寨里，哭嫁的好坏是体现一个家庭的氛围。为此，当地便有为人代哭的“高手”，好多人家哭嫁时就请人代哭。替人哭诉的人口齿伶俐，头脑灵活，即兴而哭，哭起来悲悲切切，能哭出四言八句，或哭出诗赋辞章，让旁人听了大加赞叹。如母亲哭诉女儿的哭词：“女大不由娘，各自奔前方”“豇豆大了吗找架子，姑娘大了吗嫁汉子”“天堂有门理当行，地狱无路切莫走。纵然吃到黄连苦，黄连苦后还会甜”。这些言词既对女儿鼓励有嘉，也对女儿充满希望，遇到艰难困苦一定要坚强。有些地方在女儿临出家时，母亲大声哭喊道：“脚踩金斗四四方，手握银筷十二双，金银落地有人捡，新作媳妇无人疼。”女儿听了之后，啼哭离家，上轿往婆家去。

在龙陵、腾冲的部分村寨，除了女方哭嫁之外，男方家还有“递酒”的习俗。结婚的头天晚上，新郎作揖请族中未婚的弟辈、表弟、姨弟及同伴好友跟自己并肩站在堂屋中，共同向天地、祖宗牌位作揖，再两人一对互揖，然后由新郎向陪同递酒者敬水酒或甜茶一杯，陪同者接酒或茶后说四句祝贺语，才能将酒或茶喝下。四句贺语多为“早生贵子”“夫妻恩爱”“白头偕老”“新婚快乐”等。作揖时，新郎手拿白毛巾，两人对揖时双手“上过眉头下过膝”并且要节奏和力度，不然就会被人认为“蠢笨”而被旁人亲友所耻笑。

五、迎亲

迎亲是举行婚礼的统称。男方家称为“讨媳妇”或“接新姑娘”，女方家称为“嫁女儿”或“打发姑娘”，属婚嫁的第五步。男女双方都很忙碌与热闹，大家都沉浸在喜庆的气氛之中。具体包括下菜、接亲、拜堂、入洞房四个阶段。

下菜 举行婚礼的当天早上，在隆阳、施甸的好多地方，男方家就安排人员到女方家“下菜”。当地“下菜”的形式有所讲究，由两人抬着专门的竹编托盘，并用红绸绑扎，四角扎有四个红绣球，呈现出五彩缤纷的喜气氛围。送给女方家的礼物全部放在托盘上，盘上的物品越多越显得富有与隆重。在所有礼品中，最有寓意的是一块专门用红绸缠着的上等猪肉，被称为“割娘肉”，它表示对女方母亲最崇高的敬意，也表示女儿离开母亲等于剜去娘的一块心头肉，父母见了泪水直流。通过“下菜”可以看得出男方家的家境，贫寒之家简单，富裕之家丰盛。

接亲　接亲是婚嫁中的高潮，场面十分热闹。旧时，保山各县(区)接亲都时兴雇花轿与请鼓乐唢呐来吹奏。男方家的接亲队由鼓吹手、马夫、轿夫、伴郎、媒人及新郎组成，浩浩荡荡的一伙人马直往女方家去，形成一支阵容不小的接亲队伍。唢呐曲调有迎客调、送客调、出行(新娘出娘家门)调和隔娘调等。其中，迎、送客调欢乐优美，充满喜庆；隔娘调凄切委婉，如泣如诉，令人忧伤；出门调虽然悠扬动听，但让新娘十分伤心难过。接亲队伍到达女方家大门口时，鞭炮炸响，鼓吹手猛吹大唢呐，进门时小唢呐吹个不停。进入女方家后，所去人马被女方家安顿休息，媒人却马上跟女方家交接相关事项。此时，女方家请来管事的人带着媒人进厨房请厨师抓紧烹制祭品及菜饭。这期间，媒人将事先准备好的小红包给每位厨师送上一个，接着约上相帮的人去祭祀女方家的天地祖宗。等女方家的客人吃过午饭后，接亲队伍就接上新娘启程回家。此时，要等媒人催上几次之后，家长才让女儿动身，显得男方求女方的迫切与急促。随后，新娘在2～4名少女姐妹的陪伴下，由闺房到堂屋中，先拜别天地祖宗，再拜谢父母的养育之恩。最后，女方家长嘱咐媒人：今天，我家的人就交给你了，她是我们的心头肉，以前从不让她吃过苦受过气，希望她公婆待得住，多教育，千万不能欺负与打骂，不然我们就饶不了你这个媒人。新娘上轿后，由女方的伯母、叔母等一起送着出村寨，接亲队伍搬着嫁妆，接着新娘往回返。接亲中最辛苦的是吹鼓手，凡过村庄都要吹奏，从入村吹至出村不能停顿。保山坝子西北边的郎义村长数里，吹鼓手特别怕经过此村，当地历来就有“吹鼓手怕过郎义村”的谚语。由于吹鼓手辛苦，吃酒席就得单独摆给一桌，让其边吃边吹，故有“吹鼓手吃独席”的说法。

拜堂　拜堂又称“拜天地”。新娘接回家后，按事先准备好的程序，新郎新娘先去拜天地祖宗，又来拜高堂(男方父母)，最后才是夫妻对拜。在保山的部分地方，新娘接到家时还得先“退车马”(又称“退喜”)。具体做法是花轿一进门就燃放鞭炮、吹大唢呐，落轿后新娘由伴娘牵出轿，站在一张临时铺的蒲草席上，有人撑一把黑伞相遮，等待“先生”(道士)吟诵“退车马”仪式的言辞。诵完后就边说吉利话，边把事先准备好有荞、麦、豆、谷与碎稻草混合的草料，分别撒向东西南北中五个方向，以答谢“车马之神”的劳顿。随后，新郎新娘一齐下跪向家中的正房叩头，再由专人将数张草席交替铺在前面，给新郎新娘踏着走进堂屋。在进堂屋门时，两人一齐进，脚不能踩着和踢着门槛。进入堂屋后，两人共行跪拜之礼才能进入新房(又称洞房)之内。

入洞房　新郎新娘行过跪拜礼后，两人手牵手一齐或者新娘由新郎背着进入到布置一新的卧室之内，叫做入洞房或进新房。随后，新娘在房内坐着休息，新郎又忙着去招待女方家送亲的来人与其他宾客。在隆阳、施甸和腾冲，好多地方都有抢房的习俗，即新郎新娘抢先进入洞房，按当地的说法谁先进入洞房，以后谁就人气旺、运气好，能当家理财成为掌家人。不少人家，因为抢房而导致亲家关系疏远、婆媳间产生隔阂等。

六、闹新房

闹新房是指新娘接回家的当天晚上，新郎族中的弟辈、表弟、姨弟辈等，为了增加喜庆气氛，跟新郎新娘一起所进行的一些嬉戏娱乐活动。

旧时，在保山的好多地方，迎新当天天黑之后，新郎新娘要在堂屋里同吃一个糯米饭团，叫做“鸭子饭团”。随后，还共同撕吃煮熟的一公一母两只完整的小鸡或鸽子、鹌鹑，象征二人互不分离，成双成对，在天井中摆一张桌子，上面放有烟、茶，新郎的族中弟辈、表弟、姨弟辈等围桌而坐，由新郎在前发烟，并给新娘介绍姓名、称谓等情况，新娘在后点火，并按新郎的介绍进行称呼。在新娘点火的过程，被点的人故意不吸或鼻孔吹出气来，让新娘的火点不着，变着法子来“刁难”新娘，当地把这一过程叫“敬烟”。随后，又倒上糖茶，由新郎抬茶盘，新娘双手抬起茶杯，面带笑容向在座的人每人敬上一杯糖茶，每敬一人就得按刚才敬烟时新郎的介绍喊一声，但新郎不得提醒，全凭新娘的记忆，如果喊错了就不能接茶杯，新娘只得双手抬杯站住不动，以示对不长记性新娘的“惩罚”。喝了糖茶的人，在还新娘茶杯时，要说一句或几句吉言、顺口溜的话，表示对新娘的感谢和对新婚的祝贺，什么“糖茶一杯甜又甜，新婚快乐如神仙”“小小茶杯圆又圆，生得儿子中状元”等，说得新郎新娘都十分高兴。喜烟抽完，糖茶喝过之后，大伙便跟随新郎新娘一起进到新房，由闹房者“出节目”给新郎新娘进行表演。节目有难有易、五花八门，既有高雅文静的，也有低俗粗鲁的，好多是故意在“为难”新郎新娘。通常情况下，新郎族中的兄辈、表兄姨兄辈是不参与闹新房的，好多地方把兄辈进新房作为一种禁忌。闹新房是根据新郎的人缘情况与平时的为人表现而定，有些闹一阵就早早结束，有的会闹到深夜或第二天凌晨方才结束。

在保山的少数地方，由于受当地少数民族婚嫁习俗的影响，有闹老房（“打老房”）的习俗。该习俗有两种情况，一种是闹女方父母的“老房”，另一种是闹男方父母的“老房”。女儿出嫁的当天晚上，女方父母的同辈寨邻及亲友，为了给女儿离别而感孤单难过的老夫妻一些安慰，便到老夫妻俩的房间内来闲坐嬉闹到深夜。另外，在新婚后的第三天晚上，男方家相帮的青年男女和寨邻间的同辈，为了讨得男方父母的一点赏赐，纷纷到男方父母的卧室去恭贺与吵闹，以增加婚事的喜庆气氛，一般是得到糖果、瓜子之类的吃食而已。

七、认亲

认亲是新娘接回家的第二天上午，在新郎的引领下，对男方的家人及亲友进行确认的一种仪式。

姑娘出嫁的第二天早上，女方家专门事先请好新娘的嫂嫂、姐姐或表嫂、表姐到男方家给新娘梳妆打扮。随后，新娘便由新郎带领着先去拜祖宗牌位，之后对男方的父母行跪拜礼，拜认公公、婆婆，并正式叫公婆为“爹妈”，公婆也将新娘视为家庭成员。一般情况下，新娘在拜认时要给公婆每人一双鞋袜或衣物的见面礼，公婆也借机给新娘讲一些家中规矩，说明男方家的称呼伦理，生怕新娘弄错辈分喊错人，惹得亲戚朋友们不高兴或耻笑。紧接着，新郎就给新娘逐一介绍宗亲长辈，每介绍一位就得送一份认亲礼，男的为一双布鞋，女的为一块布料，并同时行称呼礼。收到礼物的长者，一般都要给新娘几元钱表示回礼，钱数的多少视家庭经济情况而定。在少数地方，认完亲之后，新郎还要带上一些礼物到女方家去，向自己的岳父、岳母叩头致谢，表示新娘是贞节处女，当地称“谢红”。

另外，在保山的部分地方，认亲之前，新娘到厨房将垃圾扫成数堆，每堆上放几角零花钱，请小姑、小叔帮忙撮除。小姑、小叔撮垃圾时就将钱收下，也就对新嫂嫂认可并有好感。认过亲后，新娘还要对男方家的狗进行唤与喂，表明自己已经是这个家庭里的正式成员，今后得要和平相处。紧接着，新娘就由年青的亲戚、客人簇拥着到村里的井边或泉边去担水，返回时所挑的一头为装有水的桶，一头则是一捆柴火，背上还要背着一个用枕头之类冒充的假娃娃，象征新娘既勤快又能传宗接代，是该家的好媳妇。到厨房将柴水放好后，又要马上回堂屋跪着将假娃娃递交给婆婆去带，自己再去料理其他的家务活，显得新媳妇是一个勤奋会事的女子，这个家庭是一个兴旺发达之家。

八、回门

新婚后的第三天（有的地方是第二天），新郎新娘在相关人员的陪同下，一齐到女方家去认岳父岳母的仪式，称为“回门”。陪同“回门”的人首先要有一位跟新郎同龄的未婚男子为“伴郎”，其次是新郎的弟兄、姐妹、表姨弟兄、表姨姐妹及相处较好的朋友小伴，一般不少于8人，显得热闹而人气旺。通常情况下，新娘和新郎要骑马，其他人走路，前呼后拥一起往女方家而去，表明是有派头而去。

“回门”的人马到达女方家时，新娘的弟妹辈客人会相约一起戏弄新郎，称为“玩新姑爷”。“回门”人马快进家门时，参与戏弄的人员会在门口设置各种“障碍”来“为难”新姑爷，如要让新姑爷从芭蕉树皮搭成的“桥”上走过，或者让新姑爷猜谜语，有的更甚至会“丑化”新姑爷。此时，伴郎就得说尽好话为新姑爷解除各种围困，必要时还要给“作梗”的人每人一个小红包，里面包有数角或数元的纸币来疏通关系。新姑爷经过重重困难进门后，首先要行跪拜之礼确认岳父岳母大人，受拜的岳父岳母就得给新姑爷一个红包，内包钱数视财力而定，但尾数要有个“六”字为好，象征有福有禄。随后，新姑爷由伴郎相陪，一起去拜祭女方家的天地祖宗，希望祖宗们对自己多多给予保佑。吃饭时，新娘跟后家未婚的姐妹女客共桌进餐，新姑爷和伴郎则在院中由新娘的弟辈、表姨弟辈相陪，大伙在饭桌上再次“戏弄”新姑爷，有的盛饭，有的扒菜，稍不注意就会满碗是菜或满碗是饭，搞得新姑爷十分为难，特别是饭饱之后的筷子一定要整齐放在碗的左边，不然饭菜就会连续不断地添来，让新姑爷“吃不消”。晚饭之后，新娘新郎及同去的人一齐返回，要在太阳落山之前返回到男方家，叫做“赶太阳脚”。在保山的部分地方，男方家在婚后第十天还得备3～5桌酒席，把至亲好友请到家中来宴请一顿，整个婚嫁才算是完成。这一顿饭，媒人和伴郎必须得参加，不然就是婚嫁不“圆满”。

第五节　丧葬习俗

保山的汉族民众，由于长期受道教灵魂不灭观与佛教生死轮回观的共同影响，丧葬习俗颇具迷信色彩，一个家庭在丧葬上花费的钱财实在不少，当地历来就有"死人不吃饭，家当分一半"的说法。解放后，人民政府提倡移风易俗、丧事从简，在20世纪50—70年代的计划经济时期，广大城乡民众受集体生产劳动的影响，传统的丧葬习俗有了历史性的改变。进入20世纪80年代，随着改革开放的不断深入，广大城乡先富裕起来的少数"有钱人"，又将许多消失多年的丧葬陋习进行恢复，让封建迷信与现代迷信相结合，使丧葬显得更为复杂与多样，具体内容各地大同小异。

一、接气

保山各县（区）汉族人家，老人病重或病危时不能让其出门，力求在自己的家中咽气，认为这对家庭和后辈人都是一件好事。家人看着老人不行之前，就要马上为他（她）穿上早已准备好的寿衣，临咽气时要将其扶（抱）到堂屋正中的椅子上去靠坐起，在地上撒上谷、麦、荞、豆、高粱之类的五谷杂粮，表明其今生与来世都能五谷丰登。此时，老人由至亲兄弟或姐妹扶（搂）着，子女们在其前面一齐下跪，让其看着自己的孝男孝女们离开人世。在市内的部分地方，老人咽气时，儿女们要用手抓"气"往自己的衣兜里放，叫"抢气"。据说凡是抓到"气"放入自己衣兜里的后辈人，日后会得到老人的保佑，日子能过得红红火火，是一种有福气的象征。

老人咽气后，儿女亲人马上将准备好的银器和米粒放入死者口中，叫做含"口福"。喂过"口福"之后，亲人们就一边呼唤着老人一边往其口中吹气，表示已与老人诀别，故称之为"接气"。随后，家里就要马上燃放一封鞭炮，以示自己家的老人已经去世，村邻亲戚们听到鞭炮声后，就会自觉地前往致哀帮忙。

二、净身

人死之后，死者家属马上请专门的司爷或司娘乘尸体还未僵硬之前，用青蒿水将死者的尸首清洗干净，对头发和指甲进行修剪，并把修剪下的头发和指甲包好藏到僻静处，随后把死者的寿衣穿戴好。紧接着，又将死者放置在木板上，有的地方将堂屋门拆下一扇放置尸首，将死者头朝外脚朝内停放在正房堂屋的中央位置，找出黑布或白布来盖在死者的脸上，称为盖脸布。停放尸首要端正顺直，两手伸直贴于大腿两侧，并在死者的鞋尖处绕上白色与黑色两种线，所绕线的数量以死者年龄而定，一岁绕一圈，绕好后将其固定下来。

停好尸首后，又将死者生前垫的铺草、旧衣物及其他杂物带到村外去焚烧，并将死者所垫的一床草帘子或草席一张卷成筒，中间插上其生前所使用的拐杖及相关杂物靠在自己家大门外，让人一看便知该家老人已经去世。

三、奔丧

奔丧又称报丧，有的地方也叫做赶死。老人去世之后，死者的长子亲自或派可靠之人到死者后家去磕头报丧。报丧人到了后家门口就得腰系麻线进大门，表明家中老人已去世，亲戚们闻讯后当即就得往死者家中致哀。若路程远的人家在第二天赶到死者家中致哀。同时，家人马上请一个寨子中有威信的人到家中来当“管事”。由“管事”安排相关人员分头同时对死者的儿女、弟兄姐妹等直系亲属的家里去赶死，把死者去世的时间、出殡的时间及丧事的筹办规模等一一告知，让各家都有准备地到死者家中致哀吊丧或出殡前上祭。保山有一种说法，叫做“红事请到，白事赶到”，就是老人去世后的赶死这一活动。

在隆阳、施甸及昌宁，老人去世后，死者的长子或次子亲自到本村本寨中的各家各户去磕头报丧，村寨中的男女劳动力就会自觉地放下手中的活路，前往死者家中去集中，听候“管事”安排给自己帮忙的内容；在龙陵、腾冲一带，老人死后，死者家属燃放一挂鞭炮，村邻寨间的亲朋好友听到鞭炮声，就会马上自觉地到死者家中去致哀和帮忙，不必一家一家地去赶。

四、入殓

入殓，在保山又叫装棺。装棺时，死者的儿女亲人能够在场的都必须在。装棺之前，要用夹有青蒿和松明子的火把薰烘并清扫棺内，然后依次放入蒲草席、褥子、枕头之类，再将尸体装入棺内，尽量端正顺直，往死者口内放入少许金银玉器或布包好的硬币，叫做“口福”，有的地方也将金银玉之类放在死者的手中。随后，揭开盖脸布，剪断绊脚绳，盖上被子。死者入棺后，棺内空余的地方用死者生前穿的旧衣服，不够就用纸包或布包的草灰或柏树叶填塞严实，以免棺材抬动后尸体在棺内晃动。有的地方，在死者的蒲草席装入后，要将四角剪下，挂在堂屋的四个角落。棺内只放金、银、玉质饰物，忌放其他金属物品和毛线织品，衣服上的铁饰品及纽扣要统统剪除，不得放入。

临盖棺时，子女亲人们都要再看看死者口中“五谷”及金银玉饰物摆放是否得当，大伙进行呼喊诀别，由香通与木匠一起盖棺，并用木钉钉起，忌用铁钉。如果装棺时死者的后家人或子女在远方赶不到家，盖棺后不能将盖子封死，以备后家人或子女来看死者最后一眼。

盖棺后，在堂屋的正中放上两条长木凳，将棺材置于其上。然后在棺材的里面那头点一盏油灯，称为“倒头灯”，此灯长明不熄；棺材的前（外）面那头摆一碗现煮的大米饭，饭碗上竖一枚煮熟的鸡蛋，统称“倒头饭”和“倒头蛋”。在当地，有一种说法：胆子小的人吃了“倒头饭”和“倒头蛋”胆子就会大起来。有少数地方，胆子小的人还专捡装“倒头饭”的“倒头碗”拿回家做吃饭碗。

五、择日

择日为选择安葬吉日的简称。即：人死的当天，死者的家属就马上把阴阳先生请到家里来，根据死者的生死日期及儿女、家人的属相进行推算，看有无冲撞或风险，以此来决定安葬的黄道吉日。如果短期内没有吉日，死者就得在家里停放，有的为七八天，多的达十多天，若遇上大暑节气，会停放到15天以上。遇上这种情况，死者家属既累人又伤钱粮，保山人说的“死人不吃饭，家当分一半”就是指这种情况。

旧时，保山、腾冲普遍都有“丘死人”的做法。即：择日后死者不宜入土，差不多就将棺材抬出家门，在山崖下或坟地上用石头或木头支起不落地，上面盖上树枝之类蔽掩着，叫做“丘”起来，到了能入土时再去安葬。当地有骂人的刻薄话叫做“发丘子的”，指的就是这种情况，说明死了也难以入土为安。

保山的多数地方也有“三、五不忌”的做法，即人死之后的第三天或第五天不必忌讳，这两天都是安葬的吉日。也就是说，人死后不必请阴阳先生择日子，自己决定是三天葬还是五天葬都行。

六、相地

人死之后，死者家属当天就请风水先生前往山中寻求“风水宝地”作为安埋者的墓地。风水先生一般选择后面靠山，前边视野开阔的台地为墓地。如果前面有大的水库、池塘或河流正对为好。坟向一般依据山的走势确定，西山的坟面向东，东山的坟面向西，具体坟向要用指南针（罗盘）来确定。正前方忌有剪子口的山形，这种坟向被认为会给后人带来灾祸与不幸。

旧时，保山的部分地方都有“砌生基”的习俗。即部分富裕或较迷信的人家，人还健在时就择选好墓地，并砌好墓穴与垒好坟，在墓前留好入口，用石板盖住，当人死之后，又将墓门挖开把棺材从入口处放入墓穴里，然后填上土盖埋好。进入21世纪后，由于人们生活的富裕，加上封建迷信与现代迷信的抬头，“砌生基”旧俗又有所抬头，并有愈演愈烈的势头。

七、吊丧

吊丧又称吊包。人死后，死者生前的亲朋好友、村邻寨舍闻讯后，主动到死者灵堂前或棺材旁去致哀，叫做吊丧。因为前去致哀的人员要手持两柱线香和几份包钱纸火，故又叫做吊包。

死者装棺之后，棺材在堂屋停放好开始，死者的儿女们就要随时守护在棺材旁，一旦有人前来吊丧就得下跪致谢。吊丧时，若是死者的亲人，还得到棺材旁坐下痛哭一场，边哭边诉说死者的好处及其对家庭的贡献等；如果来丧吊者是死者的一般朋友，到灵堂前磕头或鞠躬表示哀悼即可。通常情况下，家属对前来吊丧的人，不论男女老幼，都要以礼相待，烟茶或菜饭招待。

八、做法事

做法事是具有浓厚迷信色彩的宗教活动，主要内容是念经超度。保山的法事活动有佛教与道教两派，但总体都是以道教为主，甚至是佛道混杂，让人难以分辨。念经过程中，通常都有诗、词、文、曲、经相交叉，时念时唱，并配以鼓、小镲、木鱼、惊堂木、法铃等乐器。所念经文的多少，“道士先生”视价而定，多给钱多念，少给钱少念。保山市境内的道士所念经文多数是照本而念，有的也会根据死者家庭成员及其他情况临时改变。

保山“法事”的项目大致是开咽喉、悬帛、开方、破狱等。内容有三项：第一是诉说死者生前因为生儿育女，血腥污水污秽了天地，呵风笃雨得罪了神灵，犯下“无边罪”被打入地狱里；第二是以死者儿女的口气诉说母亲“十月怀胎”的辛苦，养育儿女的艰难，为报母恩而救母出地狱是天经地义之事；第三是法师凭借“三宝”的无边法力，发扬目莲救母的精神，将十八层地狱打破，将亡灵救了出来。

保山的“做法事”活动内容较为繁杂，做起来有多有少，关键看死者家的经济实力，实为可繁可简，有的人家不做也没有什么。总之，这一活动是“信则有，不信则无”的事，纯属是一种“出钱找事应”的事。

九、叫魂

起棺之前，“管事”就要安排好叫魂事项。在死者断气后到装棺之前这段时间内，只要接触或见到过死者面容的人，都得要进行叫魂。据说死者断气之后，会把在场或见到其尸首人的魂灵儿带到阴曹地府去，只有通过叫魂这一活动，活人的魂灵儿才会回到自己的身上。如果不把活人的魂灵儿叫回，轻者会得大病，重者性命难保。

叫魂之前，厨房就现煮一碗新鲜饭，煮上一些鸡蛋(根据被叫魂人的多少而定)。当准备工作就绪之后，就由道士或者熟悉礼数的长者点上一把线香，找好一把筷子拿到棺材旁边，把香插好，手持筷子敲一下棺材叫一个被叫魂人的姓名或小名，依此类推，直到把所有被叫魂人全部叫完为止。具体叫法是大声喊：“XXX，魂灵儿回来”。

当把所有人叫完之后，在场的人要去饭碗里抓几粒饭喂进嘴里吃，并拿一个煮熟的鸡蛋剥了吃掉。如果叫魂时人不在场的，则要由在场的人代其领一个熟鸡蛋事后转交给本人吃下才能算数。死者是年轻人的话，叫魂时要持一把菜刀用来替代筷子敲棺材进行喊叫。据说年轻人死后为“短命鬼儿”，最容易把人的魂灵儿带走或冤枉活着的人，叫魂时必须用利器才叫得回来。

十、起棺送葬

出殡这天，在把棺材抬出堂屋门时，先由道士作法，然后由后家至亲将装有清水的一个碗砸在地上，有的地方用刀或剑把碗砍碎，这一行为又被人称为“关钉”。随后，将事先准备好的一只公鸡放在棺材上面，该鸡被称为“领魂鸡”。紧接着，众孝眷立刻由院中一个接一个地低头下跪到大门口，抬棺人抬着棺材从每个下跪人的头上经过。出殡时，由未婚青年或小孩抬着“引路幡、孝幡”及纸人纸马在前引路，孝眷们手持哭丧棒跟上，棺材前面由一名道士敲铓带路，过桥、过村时要敲响小铓，走一段路就要插一柱带纸钱的线香，叫做“插买路钱”。通常情况下，抬棺材行走是不得超小路走近路，必须走规定的生死路才行，不然就会给死者家属和村子里带来不幸。当把棺材送出村外时，引幡人员和孝眷等一起全部返回死者家，其中抬遗像者不得回头看，直接返回把遗像放到堂屋内的家堂上反扑起。返回途中，孝眷们把系于腰间的麻线解下丢弃，各人捡几个小石子带回家中，据说这会给家中带来福禄，日子会更好过。有的地方，妯娌几人一起返回家时会各人争先，认为谁先进入家门今后谁的日子就更好过，为此而发生争吵的事也时有发生。为了避免这一情况的发生，有此等习俗的地方，妯娌们一般是手牵手并肩跨进家门。

十一、烧火退脏

又叫退脏烧火，是指棺材抬出门后，“管事”马上安排人将堂屋火塘烧旺或现烧一盆火，将堂屋打扫干净，把垃圾扫做一堆，取下装棺时剪下的蒲席四角及装棺时从死者身上剪下的指甲、毛发和绊脚索等，敲一盘碎瓦渣儿向堂屋四周及门外撒去，用来驱逐鬼魅及丧气、晦气，最后将垃圾和大门外靠着的草帘子、拄棍等物拿到村外的路边或沟旁去焚烧。紧接着，道士便念经将死者灵魂引上祖宗牌位，将其他用纸扎的金山银山也由人送到村外的路边或沟旁一并焚烧。送殡的孝男孝女回到家，脱下孝服，穿上新衣，直接走进堂屋，到火塘边去烤一阵火后再去忙其他事务。这样，今后的日子会过得红红火火。

在保山的有些地方，棺柩抬出门后，“管事”安排人在天井烧一盆火，用桃叶、金竹叶、地主叶等煮好一盆水摆放在门口，泡好一壶红糖茶。当送殡的众孝眷回家后，要跨过火盆，驱除身上的晦气，再用桃叶、金竹叶、地主叶水洗一洗眼睛和手，往后便会心明眼亮。之后，喝上一杯红糖茶水，往后的日子甜蜜好过。最后，进到堂屋休息一阵，有条件的在堂屋内边与熟人亲友聊天边烤一会儿火，大家一起热热闹闹，象征往后家家日子红火。

十二、下葬

棺柩抬到村外固定的地点后，孝男孝女们在此跪下，棺柩由抬棺（又叫抬重）的人捆绑好，由道士或一名熟悉礼数的长者在前背着“买路钱”及山上用的香钱纸火，手持小铓在前引路，边走边敲小铓，走一段路便插一份“买路钱”，死者的长子或长女婿跟在后面，并由两名相处甚好的伙伴相陪而行。紧跟在抬棺人后面，一路不停地直往墓地而去。

到达墓地之后，等候在山上砌墓的石匠及相帮的小工们一起动手，把棺柩抬到墓旁，如果是早已砌好的生基坟，墓门也早已挖开。随后，人们小心地将棺柩放到墓内，按照地师确定的坟向把棺柩摆放好，等候事先确定的时刻举行下葬仪式。时辰一到，由死者的长子或长女婿到墓旁双手撮起一抔细土，走到棺柩面前撒在上面，边撒边说：“阿爹（或阿妈），我抔把黄土埋埋您，望您在阴曹地府好安息。”说完之后，立刻放一封火炮，道士进行下葬仪式的礼数，相帮的石匠、小工立马进行盖材（又叫盖坑）封墓等活儿。

坟墓堆埋好之后，再放一封火炮，墓地上所有的人往家返，道士或为首者分别喊着返回人的姓名走。到家时，家里人用青松毛或柏树枝烧一盆火，煮一盆桃树叶之类的热水，泡一壶红糖茶水。山上回来的人要跨过火盆，用桃叶、金竹叶煮的热水洗眼和脸，喝上一杯红糖茶水后才能进入家中。

十三、服山

服山即为敬服山神，酬谢土地之意，是指安埋了死者的第二天中午饭后，由死者长子率领孝男及至亲，并请上道士先生一起到墓地让道士做法。

人们到达墓地后，孝男与至亲们多数人忙着对头天垒砌的坟堆进行继续堆砌，直到满意为止，特别是对新坟前面的场台进行垒砌摊平；另一部分人则忙于烧火煮饭之类的活动，积极准备着大伙在坟地上吃的下午饭。服山是不能有女性参加，据说山神老爷是一位不穿裤子的男性，女性去了他会害羞而发怒。

当人们把坟堆及场地打理好之后，道士就开始作法。首先是上服山神老爷，祈求对死者的保佑和照顾，并到坟后的后山本土（即后土）上焚烧事先准备好的香钱纸火。随后，道士向土地公公致谢，并明确死者所占地的四址界限，希望土地公公对新近安葬的死者给予照顾，让其在自己的领地内安静生活，不要受到孤魂野鬼的打搅。

各项法事完成以后，所有到墓地去的人就在新坟旁席地共同进餐。尔后，同去的人们收拾带去的工具和餐具，准备离开返家。临走之前，还要燃放一封鞭炮。当大伙起脚走时，道士或一位年长者要喊着所去人的姓名而离开坟地，据说墓地的阴气较重，去的人容易将魂灵儿留在那里，走时叫着走才行。

保山的丧葬习俗是白族“本主崇拜”与中原汉族习俗相结合演变而成的习俗，迷信色彩较浓。解放后，政府大力倡导移风易俗，迷信色彩浓重的习俗被废除。20世纪80年代以后，随着城乡居民生活水平的不断提高，好多被废除的丧葬习俗又有所抬头，并有愈演愈烈的势头。

第六节　水土崇拜习俗

保山的汉族，绝大多数是明、清两个朝代从外地迁徙而来。对水、土的崇拜多奉行“五行”学说，但在漫长的民族融合过程中，逐渐融入了当地土著居民原始崇拜的不少因子，经过长期在当地的生产、生活，演绎了富有传奇色彩与带有宗教祭祀特点的特有习俗。

一、对水的崇拜

保山人对水的崇拜源于水会给大自然带来无穷的生命力，认为水是万物生存之源，没有水就无生命可言。

保山人朴素地认为水与龙有关，涌泉的泉眼不论大小都一概称“龙洞”，主水者为龙王。保山各地，涌水较大的眼泉差不多都有龙王老爷的传说，有的地方还建有龙王庙，用于祭龙与求雨。据说，上天的玉帝让龙王一年四季昼夜不停地为人间各地司水行雨，滋润世间万物，只有春节这一天准许龙王休息，于是有了大年初一不挑水与放水的禁忌，特殊情况需要挑水或放水者，还得烧钱化纸祈购，统称为“买水”。

保山人崇拜水最隆重的习俗是“求雨请水”的祭祀活动，时间多为“春夏”交替的干旱时节。此时，大春作物栽种时刻已到，而雨水又迟迟不来。旧时，在隆阳、施甸两个坝子的部分村寨就会在寺庙或村内公共活动场地搭台，请道士念上七天七夜的经。参加的道士着清一色的蓝素服，套长袍马褂，吹拉弹唱，举旗扬幡，敲锣打鼓一齐前往出水龙洞口，摆起供奉祭品，焚香烧纸，众人跪拜祷告，随后鼓乐齐响，火炮炸响。跪拜完毕后，道士高声诵经，让祈雨请水的众人大声念：“一谢龙王涵养万物，劳苦功高；二求来年渠水长流，风调雨顺，世间平安康泽，万民喜乐。”然后汲水回家供奉，供后每人都喝一口请来的龙洞水。据说，喝过请来水的人们，一年内会平安无事，幸福吉祥。

保山人对水的崇拜除了“求雨请水”外，还有诸多的民间活动。

每年农历二月十六，位于隆阳区蒲缥坝西边的白石岩村，全村人都要供龙王。具体做法是每户拼一份钱，买一头猪加工成火烧猪抬到村子的水井边摆放起，村里的男女老幼焚香祷告，祈求当年风调雨顺，人人平安。供完之后，将火烧猪按户打成份子，各家拿回去美餐一顿。

旧时，每年农历五月十三，保山城关帝庙的“磨刀会”与汉庄街接龙寺的“接龙会”，也属当地人对水的崇拜活动。

每年农历六月十三，位于保山城南的水碓村过“淘井节”。此日，以村或家族为单位杀猪宰羊，将干果水果摆到水井旁供奉，全村男女老少围在井边进行焚香烧纸，虔诚祭祀。随后，大伙一起动手淘井，清理井中淤泥杂物并打扫水井周边的卫生。结束之后，所有人集中到家庙里打拼伙（共同进餐）。每年农历六月二十五的火把节，隆阳、施甸部分村寨的不少居民都要杀只公鸡，拿到自己家的田边去进行祭水。具体做法是带上公鸡和香钱纸火、水酒之类，到田头供奉一番后，边点酒边大声说：“上水口，下水口，田公地母来请酒，瘦田谷子颗颗饱，壮田谷子不要倒”。从此祈求风调雨顺，五谷丰登。

二、对土的崇拜

保山人自古就把土地奉为神明。朴素地认为天地万物中土是最可贵的一种，不仅能长五谷杂粮养育人类及各种生物的生长，而且人类与其他生物一刻也不能离开土。境内多数村寨都建有土地庙，长年累月供奉着土地之神（俗称土地公公），祈求能得到土地神灵的保佑。居户人家起房盖屋，选定动工的黄道吉日这天，先得把土地之神敬过才能动土。

保山人对土地的崇拜集中表现为“谢土敬土”的活动。每年二十四节气当中的大暑节气为土地的禁忌日期，当地称为“土里头”。在该节气的15天之内，让土地休养生息，千万不得动土，否则就会遭到应有的惩罚，轻者手脚溃烂、周身肿胀难受，重者会给家人或村邻带来严重灾祸。多数人家，特别是起房盖屋动过土不满一年的人家，在这15天内的任何一天必须得举行谢土祭祀活动，宰杀一只公鸡进行敬土。谢土这一天，主人早上起床后就得把家中所用的锄头、镰刀、铲子之类的农具收藏到屋内，并且全部翻斗和倒置，然后将代表土地的道士或“香通”请到家里，摆放好事先杀好的公鸡和准备的水果糕点之类的供品，进行焚香祈祷。经过祈祷供奉后，道士或“香通”与主人家进行一问一答的“神”与“人”对话。问：“东方的土地谢了没有？”答：“谢了。”又问：“西方的土地谢了没有？”答：“谢了。”东西南北中五方五地都问答齐之后，又问：“栽花种草的土谢了没有？”答：“谢了。”最后燃起香钱纸火，把土地神灵送出大门外，主人家才觉得了却了一桩心愿，如释重负。“谢土”是较为特别的一种活动，充分表达了人们视土地为生命，将对土地的关爱用原始的宗教予以表现。

保山人历来都有“入土为安”的理念，认为天地万物最终都归土为终。当地人在安葬死者时，最后的仪式是孝男或孝女用衣角兜上一抔黄土，跪到墓前，口里喊道：“爹（或妈），我抓把黄土盖盖您，望您在九泉之下好安歇。”最后虔诚郑重地将黄土撒入墓穴内。同样，送葬的孝男孝女在返回家的途中，也要带上几粒匀称的小石子回家放到天地牌下或花坛（花盆）里，企盼土地能带来家人平安、福禄满堂。

第三章　保山熟语

第一节　谚　语

一、气象谚语

白天日晕江涨水，晚上月晕草木枯。

傍晚西边明，明天一定晴。

厕所怪臭，下雨兆头。

厕所翻底，天要下雨。

春天打雷面堆堆，冬天打雷坟堆堆。

大雾下坝，有雨难下。

二八月的天，小娃娃的脸。

飞蚂蚁灯下飞，雨水已经下透。

飞蚁扑灯，快要下雨。

飞蚁高飞，连天雨水。

狗打喷嚏要下雨。

旱久必涝，涝久必旱。

麂子叫，雨快到。

惊蛰升（打）雷，泥巴晒起灰。

久雨雀鸟噪天晴，久晴雀鸟噪下雨。

久晴飞蚁出，大雨快要下。

久雨飞蚁飞，天要马上晴。

九月阴雨天，庄稼看来年。

九月九，下斗雨。

九月还有压草雨。

老尖山头戴帽，大雨下了叫。

雷声大、雨点小，半天下不了。

立夏晒破砖，小满河淌水。

露水大，天晴雨不下。

露水小，雨要到。

蚂蚁搬家，大雨要下。

蚂蚁爬高，雨水快到。

牛毛雨先下无大雨，牛毛雨后下天难晴。

七阴八下九转晴，初十还有一阵雨。

七月秋风起，八月逐渐寒。

青蛙喧噪，大雨快到。

秋雨不过沟，过沟就害羞。

热不过八月，冷不过腊月。

日落云连天，无雨也阴天。

日出东南红，无雨也有风。

山戴帽，雨快到。

太阳出来笑，大雨下了叫。

太阳雨，下不起，栽黄秧，吃白米。

天晴天又阴，下雨满天星。

乌云挂山腰，有雨在明朝。

雾露拉下坝，石头瓦片晒得炸。

下雨老鹰叫，天要马上晴。

燕子低飞要下雨，燕子高飞天要晴。

有钱难买五月旱。

雨落二十五，月底无干土。

月牙斜挂，有雨不下。

云跑东，有雨变成风；云跑西，出门披蓑衣；云跑北，有雨下不得；云跑南，有雨下得蛮。

早烧（指彩霞）日头晚烧雨。

早烧晚下雨，晚烧晴半月。

早晴一晌午，晚晴一百天。

中秋夜无云，来年雨水匀。

二、农谚

边收又边种，不生草与虫。

不要看人家吃，要看人家做活。

常用百草枯，田地生病毒。

打（立）春之前栽洋芋，等着六月换白米。

打鱼摸虾，失误庄稼。

冬月犁得金板田，腊月犁得银板田，春天犁得烂板田。

冬犁闲板田，等于吃菜放油盐。
冬不翻田晒垡，来年庄稼不发。
冬腊月不晒腊干田，来年庄稼少收成。
冬天不积肥，说你庄稼汉也不随（像）。
冬月犁田腌肉香，腊月犁田豆腐香，正月犁田喝清汤。
多施肥不如选好种。
二月清明月底撒秧，三月清明月初撒秧。
凡水淹到腰，不如仙水（雨水）从头浇。
谷雨种玉米，立夏要栽秧。
好种出好苗，好葫芦做好瓢。
护苗如护宝，留种如留金。
化肥见效快，常用土壤坏。
今天不吃明天的饭，今天不使明天的力。
惊蛰布谷叫，撒秧节令到。
苦读诗书，勤耕田地。
立夏栽秧，稻谷满仓。
麦要风，谷要雨。
麦子扬花正要风，谷子扬花正要雨。
芒种不下雨，犁耙高挂起。
你哄地皮，地皮就哄你的肚皮。
农家肥料土地泡，化肥多用田地板。
农药化肥双刃剑，使用必须慎又慎。
农药化肥使用过度，子孙后代没有益处。
七十二行，农业为王。
七月砍竹，八月伐木。
清明不栽芋，有本也无利。
清明不栽姜，等于把地荒。
秋分不出穗，养牛养马割了喂。
人勤地生宝，人懒地生草。
若要农业生产好，遵守节气最重要。
若要庄稼有收成，必须管好老水田。
若要田地土壤好，农家肥料少不了。
三分种、七分管，十分到位才保险。
湿地多掺沙，才能长庄稼。
水是庄稼命，肥是庄稼宝，缺一长不好。

四山红，自然穷；四山树，一定富。
天不黑就进门，不像盘田种地人。
天不黑就吃饭，不像庄稼汉。
天晴种黄豆，下雨种旱谷。
田地压（施）粪草，易耕庄稼好。
头道松根除草，二道施肥垄根，苞谷从根饱到尖。
五月大，结上不结下；五月小，茄子麦（南）瓜吃不了。
五月端午，栽棵杵棒长成树。
小暑栽秧，不如把田荒。
小暑点豆，等于作秀。
小暑大暑，田里水深淹死老鼠。
秧肥苗壮，备好粮仓。
秧少如珍宝，秧多如杂草。
养马种菜园，随时手不闲。
要留田地子孙耕，使用化肥要谨慎。
栽树排苗，定根水少不了。
只有瘦牛瘦马，不有瘦田瘦地。
只有病死的，不有苦（累）死的。
种庄稼无窍门，耕得深来种得浅。
种子每年选，确保产量稳。
种一样吃不掉，种三样不够吃。
种好又秧壮，稻谷堆满仓。
种地不保土，三年后无收获。
猪粮安天下。
庄稼不认人，功夫下到自然成。

三、其他谚语

白虱子，又吃人来又羞人。
半夜才见小星正，天亮才见马牙霜。
保山地脉浅，说谁到面前。
背着牛头不认赃。
鼻子大了压着嘴，官大一级压死人。
鼻涕蛮儿包摊（埋怨）画匠。
别人的头好剃，自己的头难剃。
不翻石头不出蚂蚁，翻开石头蚂蚁乱爬。
不看僧面看佛面，不耐一面耐一面。

不是哪家人，不进哪家门。
不说不笑，不打不叫。
苍蝇抬走一粒饭，还抬着刷把去追。
茶半杯，酒满盅；茶满欺人，酒满敬人。
长疼不如短疼，狗宰尾巴一刀疼。
长草有长草的露水，短草有短草的露水。
唱戏的是疯子，看戏的是傻子。
焯焯拌拌，白白胖胖；煎煎炒炒，歪歪倒倒。
成龙的上天，成蛇的钻地。
吃粮不管事，吃饭不干活。
吃菌不中毒，佐料简单必须熟。
吃不着羊肉，反惹一身羊膻臭。
吃菜尝味，说话听音。
吃不完的亏，学不完的乖。
吃死粑粑不当饭，叫死婆婆不是妈。
初一已在前，十五还在后。
出门一里，不比在家里。
除了锅巴没有饭，减去本钱没有利。
穿三套不如系一绕。
此山望着那山高，到了那山没柴烧。
打是心疼骂是爱，不打不骂不成才。
打锣卖糖，各干一行。
打死叫花子赔好汉。
大淌不如小漏。
大路不平旁人踩。
当了一辈子的接生婆，还把脐带割断。
当面数钱，不为小气。
刀口药再好，不如没有刀伤好。
低头不见抬头见，今天不见明天见。
爹有妈有不如自己有，自己有还要带着走。
冬瓜有粉，黄瓜有刺，汉子当官婆娘有势。
东方不亮西方亮，黑了南方有北方。
懂又不懂，还要充老总。
赌钱只为赢钱起，喝酒只为吃喝皮。
多一尊佛多一炉香，多一个鼻孔多一口气。

饿死老娘，不吃种粮。
儿见娘，伤心不伤心哭一场。
饭后一锅烟，赛过活神仙。
封得住坛口，封不住人口。
斧子砍着一点儿不疼，针尖戳着疼到心肝。
富日子要当穷日子过。
该死的鱼儿头朝下。
该死的莽和尚，在劫难逃。
赶马三年如贼，开车三年如盗。
鸽子朝着旺处飞。
隔山不听娃娃哭。
光头野鸡钻刺蓬，只顾头不顾尾巴。
光棍没钱自断赌。
鬼怕恶人，人怕横人。
棍棒底下出孝子。
行行出状元，事事有窍门。
好狗不拦路，害狗把门户。
好借好还，再借不难；借了不还，后路堵完。
好拼好、害拼害，癞蛤蟆拼蛤蚧。
好搭害，精搭膪。
好汉不提当年勇，英雄不论旧时功。
好马不吃回头草，好女不嫁二回夫。
好儿不吃分家饭，好女不穿嫁时衣。
好汉就怕病来磨，有钱难买一身安。
哼哼哼，甑子挖成坑。
猴子手上剥椎栗儿，叫花子身上剥蓑衣。
话明气散，理直气壮。
黄狗腰子充麝香，秃角水牛充老象。
黄牛脖子塌拉皮，水牛脖子高挂起。
会说话的两头瞒，不会说话两头传。
活到老，学到老，还是学不了，学了就死了。
鸡无笼头狗无圈。
鸡吃谷子带挈伴儿。
家丑不外扬，自已的牙齿不露给外人数。
家有黄金，外有戥秤。

家有千万，也要珍惜一粮一粟。
家有萝卜，不上药铺。
家有谷米，遇事不急。
家问长子，国问大臣。
见饭吃一碗，见事不要管。
脚正不怕鞋子歪，身正不怕影子斜。
节俭针挑土，浪费水冲沙。
金窝银窝，不如自己的草窝窝。
酒喝人情肉吃味。
酒醉英雄汉，饭撑日脓包。
救得了急，救不了穷。
砍竹子遇节子。
砍柴割草莫约我，杀鸡喝酒来叫我。
客到三天便为主。
客随主便，人随天愿。
苦死的老牛吃干稻草，闲死的猫儿吃油炒饭。
捆着黓着吊着好，其实一样都不好。
捆绑不成夫妻，强扭的瓜不甜。
癞蛤蟆跳在脚面上，不是害怕而是择耐(厌恶)。
懒汉不怕闲，钻着空子吃三年。
老牛老马难过冬，老人冬季难活通。
老谷老米做不得种，老爹老妈做不得主。
老刀不砍刺，老人不管事。
老天照顾瞎眼雀。
老鸹不要笑猪黑，鹭鸶不要说鹅白。
冷死不向佛前灯，饿死不吃猫儿饭。
犁不着会耙着。
烈火见真金，事后见人心。
良心做买卖，财神自然来。
龙多事靠。
路有千万条，理只有一个。
路不平，众人踩；理不合，旁人评。
萝卜进城，药店关门。
锣锅饭，大伙吃、大伙办。
锣打一面，鼓敲两面。

麻索着水渐渐紧。
马不知脸长，牛不知角弯，人不知自丑。
马瘦毛长，人穷志短。
马尾巴再粗，只遮得了自己的马屁股。
买着便宜柴，烧烂夹底锅。
满碗饭吃得，满口话说不得。
漫天要价，就地还钱。
忙中出差错，慌乱岔隔事。
猫急上树，狗急跳墙。
莫欺软怕硬，莫捧红踏黑。
母死不认娘舅，过河就丢拐棍。
木头砍断了好抬，事情说明了好办。
拿人家的屁股作脸面。
哪一座山都有弯腰树，哪一棵树都有蜂叮梨儿。
哪有不开张的杂货店！
奶奶爷爷疼爱大孙子大孙女儿，父母疼爱老儿子老女儿。
男家有银两，女家有嫁妆。
男人是挑水桶，女人是积水缸。
娘家盖得九座楼，女儿也占不得一个缘子头。
捏着怕死掉，放了怕飞掉。
宁做全不会，不做会不全。
宁要眼淌脓，不让嘴受穷。
宁让马打失，不给声名丑。
宁说千声有，不说一声穷。
宁吃招招手，不吃你也来。
宁置贵物，莫吃贱肉。
宁在青山看牢中，莫在牢中看青山。
宁给烈汉踩马，不要为瘟奴公做主。
宁说差兮乎，不说啊呀呀。
牛大的力气，不如芝麻大的福气。
披着蓑衣占趟子。
七挑八挑，挑得个不神不道。
千匹毛，斗个雀；放个屁，添股风。
千零不如一趸，赊三不如现二。
千人有千份儿，万人有万份儿，叫花子来了也有一份儿。

前怕狼，后怕虎，中间又怕老鼠咬屁股。
强将手下无弱兵，能人面前无脓胞。
茄子麦瓜是吊大的，小娃娃是跌大掼大的。
亲戚巴望亲戚有，寨邻巴望寨邻穷。
晴带雨伞，饱带干粮。
穷人胆子大，输赢两三下。
穷排八子富烧香，背时倒运请师娘。
求来的是祸，自来的是福。
取得经是唐僧的，惹得祸是孙悟空的。
让人三分不为尕（尕：马虎，没本事）。
饶你二两姜，还以为别人不识秤。
人亲不如财清。
人少好吃饭，人多好做活。
人怕老来穷，谷怕秋来寒。
人敬有钱人，狗咬穿破衣。
人样如狗，心思如斗。
人有豆儿大，心有罐儿大。
人背时（或倒霉）盐罐都会生蛆。
人富要读书，人穷要养猪。
人是生成，铁是打成。
人强不抵家什妙。
人比人气死人，马比骡子驮不成。
人要心忠，火要心空。
人不起心账好算。
人串门子是非多，鸡串门子下土锅。
人无理讲横话，牛无力拉横耙。
人又穷，下下（时时）遇着夹夹虫。
人背时山背阴。
人老颠懂，树老心空。
人心不平制戥秤。
人要依人劝，磨要靠人转。
人穷志气，狗饿新鲜。
忍一时自由自在，退一步海阔天空。
任穿朋友衣，不占朋友妻。
任欺老，莫欺小。

肉补三天，汤补一七，筋筋膪膪补三七二十一。
三代不读书，就像一窝猪。
三十晚上洗洗脚，好事喜事赶得着。
三天不练手生，三天不唱口生。
三心二意，永不成器。
三牲不在大小，只要祷告清楚。
杀猪杀屁股，各有各的技术。
山倮倮喝不来盖碗茶，叫花子吃不来过桥米线。
山中出俊鸟，城墙脚下出马屁泡(一种野生菌)。
山麻雀吃蚕豆，各划各的数。
山麻雀支不住弩箭打，杀鸡何需用牛刀。
山麻雀请客，请在谷堆上。
山麻雀落在屋梁上，个子不大，架子却不小。
山梁果儿(山楂)上不得台盘，老母鸡做不了三牲。
伤风要累，眼疼要睡。
上坡不得歇个气儿，下坡不得转个弯儿。
上掉皇粮不怕官，敬起父母不怕天。
烧香莫把佛攮倒。
伸手难打笑脸人。
神仙好当，好人难做。
省嘴待客。
省成富贵饿成痨。
十个挣子，不如一个败子。
十马九不全，好马生怪旋。
市上行情跟米走，天下物价随油涨。
柿子接在丁香树，一代更比一代强。
是祸躲不脱，躲脱不是祸。
是非败坏真君子，冷箭射死大丈夫。
是儿不死，是财不散。
输钱是从赢钱起，吸烟是从尝烟起。
树大分枝。
水淌三尺即为净。
水牛不吃水，不要强按角。
说死莲花一支藕。
说话慢开口，遇事绕着走。

说话轻，过话重。
说人前，落人后。
碎石头填不起枯井，胡子上挂的饭吃不饱。
抬枪不遇鸟，放牛放马不遇草。
抬鸡的猫改不了性，吃屎的狗断不了路。
桃饱杏伤人，李子树下埋死人。
讨了媳妇打失（丢失）了儿子，要了儿子打失了女儿。
提着尾巴点个数。
天亮才见马牙霜，事后才知真本事。
天无绝人之路，地无无源之水。
天旱三年，饿不死手艺人。
天狂有雨，人狂有祸，狗狂豹子做。
田里最怕四叶草，家中就怕小姑儿搅。
挑肩磨担，便宜莫占。
挑七挑八，挑得个脚跛眼瞎。
驼子跌断腰，该是命上遭。
外贼好堵，家贼难防。
外甥多像舅。
豌豆开花姐妹亲，蚕豆开花心合心。
晚来的雨难晴，老来的病难医。
为人不做亏心事，半夜打雷心不惊。
惜衣有衣穿，惜饭得饭吃。
喜鹊叫，喜事到；老鸹叫，丧事到。
洗脸要洗鼻子耳朵，扫地要扫角角落落。
鲜花插在牛屎上，带挈（带累）鲜花也不香。
响鼓不用重锤敲，聪明不需细支吩。
想死不得死，怕死见阎王。
孝不如顺，顺不如哄。
小时候偷针偷线，大起来偷牛盗马。
小羊吃奶双膝跪，老鸹抬食报娘恩。
笑脏笑破不笑补，笑娼笑赌不笑穷。
心急吃不得热豆腐，烧粑粑等不得熟。
眼不见为净，耳不闻不烦。
养儿不孝，不如养只小狗小猫。
要的是虚，给的是实。

衣是容貌财是胆。
依人劝，得一半。
一文文找钱，一把把花钱。
一打鼓，二拜年。
一代亲，二代表，三代了。
一娘养九种，九种不同娘。
一分钱，一分货。
一回生，二回熟，三回一过当师傅。
一人有福，带挈一屋。
一通百通，一主百正。
一人做事一人当，不需别人瞎慌张。
一碗水要端平，手抹桌子一样平。
一家有女百家求，九十九家空回头。
寅吃卯粮，拆了东墙补西墙。
英雄不问来路，好汉不知跌倒处。
有肉埋在饭底下，有话藏在心里头。
有福原样在，无福挣不来。
有酒有肉待远亲，有事巴干找寨邻。
家有千万，莫用鱼辣椒下饭。
有钱钱交结，无钱话交结。
有志不在年高，有理不在声高。
有志之人立志长，无志之人常立志。
有事才到三宝殿，无事不过殿门前。
右眼跳，棍棒到；左眼跳，酒肉到。
越富越奔波，越穷越欢乐。
杂谷杂米煮好饭，鼻涕蛮儿充好汉。
早跳财，晚跳喜，中午跳祸（指眼皮跳）。
早死三年何愁睡，早起三更何必慌。
早茶一盅，一天威风；早酒一杯，一天病痿。
贼偷三年偷不光，火烧房子一扫光。
涨水萝卜冷水瓜，温水青菜烂粑粑。
涨水不响，响水不涨。
这山望着那山高，山山都有苦樱桃。
睁着眼睛买，闭着眼睛卖。
只顾羊腰子好吃，不管羊死活。

只有世代的百姓，没有世代的官。
只知一面锣，不知两面鼓。
只有跟坏的，没有生坏的。
种庄稼随雨水，过日子随潮流。
猪屎花，自己夸；粉团儿花，别人夸。
猪羊赶齐断屠了。
庄稼种不好误一季，媳妇讨不着误一生。
子大不由父，女大不由娘。
最易吃的是亏，最难做的是人。

第二节　歇后语

阿蛮儿家妈的豆豉果儿——不有发（没法）。
哀牢寺的大殿——只有一厦。
办喜事的平坝——喜坪。
半夜吃黄瓜——摸不着头尾。
半夜跑缅甸——黑逃（黑桃、核桃）。
背大竹篮赶街——凑挤。
北城门不开——北关。
草甸子被太阳晒——甸阳。
吃炒面不开钱——白吞（百屯，即“百忍屯”）。
吃灯草——说泡话。
初一在前十五在后——走着瞧。
吹打（唢呐）匠开箱子——找打。
大河不直——河弯（河湾）。
大肚子婆娘骑马——挺儿走险（铤而走险）。
大堡子的梨儿——太拽了。
带麻风下秧田——以烂就烂。
得了绝症——无药医。
电线杆当牙签——大材小用。
东边学艺不精——西练。
东山的猪——耷拉耳朵（指耳根软，无主见）。
冬瓜上粉——老来俏。
赌钱不会输——老赢（老营）。
二大妈搅凉粉——悠悠来。

二流子看报——假正经。
高山的滚石——永不回头。
高山上倒腊屎——臭名远扬。
隔着窗子吹喇叭——名声在外。
跟着龙王老爷——吃活水鱼。
狗吃稀屎——舔得快。
狗吃糍粑——搭响嘴。
箍桶匠的女儿——尽捣底。
姑娘哭老公——有心无肠。
官坡驿站的跳蚤——吃客。
棺材里放屁——死不要脸。
关着门啃骨头——狗都相宜不着。
过了七个弯子才到——八弯（坝湾）。
憨婆娘的拳术——不讲套路。
憨姑爷救火——二回。
河底开裂——河皴（河村）。
猴子穿褂子——露两手。
猴子过河不着水——猴桥。
胡子上挂石头——挣脸面。
花椒树上的小灵雀——又会讲又会说。
化肥撒在草甸子里——施甸。
尖杠挑水——两头塌。
姜家屯的姑娘嫁到霍家坡——姜霍（将合恰）。
脚底板开裂——下皴（下村）。
叫花子跌跤——扑瓢（蒲缥）。
叫花子穿靴子——穷阔气。
叫花子戴毡帽儿——穷讲究。
叫花子的毡帽儿——讲究无边。
叫花子上廊檐坎儿——得寸进尺。
叫花子养八哥——穷欢乐。
叫花子晒太阳——享天福。
口袋里装茄子——叽叽咕咕。
裤裆里的黄泥巴——不是屎也成屎。
癞痢头翻跟头——爱玩不怕疼。
癞蛤蟆不长毛——祖传。

来回不用爬坡——平达。
懒木匠的锯子——不锉（不错）。
懒婆娘养鸡——不捡蛋（不简单）。
懒婆娘起早——不均匀。
老和尚的头——无发（无法）。
老和尚披袈裟——露一手藏一手。
老妈儿妈儿穿花衣裳——引儿人。
老妈儿妈儿吃柿子——专挑软的捏。
老水牛打架——玩角（玩格）。
老母猪打架——全凭嘴。
冷水泡茶——慢慢来。
六指头抓痒——玩角（玩格）。
骡马见了都发愣的山——愣马山。
落山的太阳很亮——落明（罗明）。
麻子的脸——点子多。
麻栗树上的老憨斑——只会叫不会说。
马抓痒——得张嘴。
马不走直路——马转弯。
蚂蚱鹰打瞌睡——默雀儿（默钱儿）。
卖肉不用称——估戛（古戛，方言称肉为戛戛）。
麦秆儿吹火——小气。
猫搬甑子——狗发财。
猫抬尿泡——空喜欢。
木匠做枷锁——自作自受。
奶妈抱孩子——人家的。
铺盖里面眨眼睛——自己哄自己。
铺盖里面放屁——独吞。
蒲缥的鸡蛋——草包。
菩萨放屁——神气。
墙上种菜——白忙乎。
撒尿用棕滤——小气。
三只脚的蛤蟆——难找。
三斤半的土头儿——练嘴劲儿。
三张黄钱画个狗头——好大的脸面。
三牌路的包子——热卖。

三十晚上的砧板——家家剁（都不闲着）。
沙河厂的骡子——送铜（同）。
山神庙里弹洞经——事情弄大了。
山神庙里的猪头——有主了。
师娘婆（巫婆）家老公——神汉。
屎蜗蝆（屎壳郎）戴眼镜——冒充地理先生。
屎鸪鸪跌倒——嘴顶着。
手捏鸡蛋走滑路——小心头上加小心。
瘦田的谷子——难得。
水寨人赶沙坝街——连走带跑。
抬着杵棒进东门——直来直去。
铜炮枪打飞机——够不着。
土基下水——还原。
歪嘴的胡子——偏生。
歪嘴婆娘揭盖头——当面显丑。
外婆家死了独儿子——无舅（无救）。
湾子的娃娃——拍大人。
碗大的菜籽——愣种。
乌龟跌在石板儿上——硬碰硬。
瞎子打酒——不用提。
瞎子打老婆——拉着就不放。
瞎子进磨坊——不见面。
瞎子的二胡——扯到孤处。
下坡骑马——趔着走。
下坡的豌豆——滚得快。
乡巴佬进城——张头拉耳（东张西望）。
小娃娃爬鸡窝——玩蛋（完蛋）。
小堡子的黄牛——又犺又犁又下儿。
小娃娃来尿——湿垫（施甸）。
小腿子开裂——小皴（小村）。
杏花村的老牛跑到王官屯吃草——吃不胖走瘦了。
衙门口打架——就县（就现）。
羊屎果儿不用手搓——圆法在（缘法在）。
洋芋搬家——滚蛋。
芋头叶儿遮屁股——骗人骗己。

灶门口烧粑粑——各拿火色。
灶门口儿耍刀——杀火（霎火，方言，赶快的意思）。
灶门口试担子——不知路长短。
斋公的薄刀——划素（划数）。
棕索做裤带——磨人。
走路卷裤脚——过陷坎。
嘴皮儿开裂——上皴（上村）。
嘴巴搭在盐碗上——尽说咸话（尽说闲话）。
最好的村子——一等村（邑等村）。

第三节　谜　语

矮子矮如钉，致死只吼一声。（炮杖）
矮拐拐，矮拐拐，拉屎旁边摔。（手磨）
白白胖胖，小雀儿长在肩膀上。（茶壶）
白胡子老头儿当堂坐，饮食自己来。（蜘蛛）
大树头上挂个碗，小雨大雨水不盛。（雀窝）
高高山上一家人，一年四季不开门。（坟墓）
高高山上一盘磨，放牛小娃不敢坐。（牛屎）
高高山上一群鬼，披着蓑衣立着腿。（松树林）
高高山上一筒柴，砍柴郎君不敢抬。（棺材）
高高山头一蓬草，千人万人都没把它数清楚掉。（头发）
高高山头一座岩，两条青龙爬出来。（鼻涕）
古怪古怪真古怪，肚皮子在里，肠子在外。（草鞋）
红公鸡、白公鸡，绿尾巴，一头钻到地底下。（萝卜）
红杆儿杆儿、绿杆儿杆儿，母母子子在一块儿。（芋头）
红手绢儿、白手绢儿，里面包着冷饭团儿，越包越红。（石榴）
红尖角、绿尖角，风一吹来尖角打尖角。（辣椒）
进门清清秀秀，出门白发苍苍。（拉磨人）
空心树空心枝儿，空心枝儿上结乌梨儿。（甜荞）
木字两边厦，盖草不盖瓦。（茶）
能立能走，脊梁骨在前，肚皮子在后。（小腿）
七寸脖子八寸腰，坐着还比站着高。（狗）
墙洞眼儿上一包药，掉下来只嗅得到味道却找不着。（放屁）
青石板，石板青，青石板上钉银钉。（天空）

三块瓦、盖个庙，里面躲着白老道。（甜荞）
上石岩、下石岩，唱个山歌跳出来。（水磨）
身穿花褂儿褂儿，脚踏梅花瓣儿。（花狗）
手不残、脚不跛，站在那里只会发呆。（塑像）
头顶绿叶，脚踏地王菩萨，不吃人间饭，何必剥它的衣裳做袈裟。（棕树）
头有黄豆大，一格房子装不下。（油灯）
我家有对小姑娘，出门喜喜欢欢、进门眼泪汪汪。（水桶）
我家有条红口袋，能吃的东西都往里揣。（肚子）
无手无脚身体圆，东家走来西家窜。（铜钱儿）
一个葫芦七个眼儿，单独那个是主眼儿。（头颅）
只听得声，却不见其人。（打电话）

第四节　歌　谣

抽中指，打五十，打了五十又五十，江边飞来些铁斑鸠，样也不吃，只吃点儿掐掐扭扭。

吹打（唢呐）蛮儿，吹到圈门口儿，吃肉要吃大的那一团儿。

大脚波，挖山药，挖到太阳落，绊着棵藤子跌下河。

大月亮、小月亮，公公爬起做木匠，奶奶爬起纳鞋底，媳妇起来蒸糯米，糯米香，打发儿子接姑娘，姑娘的脚又小，拗着腿子扭着腰。

点萝卜，萝卜白，白家山上种荞麦，荞麦一片绿，开花紫檀色。

点点豆豆，黄鳝咳嗽，张飞骑马，撕着大跨。

逗虫虫，逗虫虫，虫虫飞了，飞到阿蛮儿的头上，咬着他的小光头。

赌钱蛮儿，腰上系根小麻绳儿，想着想着勒死去，又怕赢上几小文。

饿猫的鼻子灵，馋猫的鼻子尖，害猫的舌头舔锅边。

跟好人，学好人，跟着师娘跳假神。跟着陈老五，整天劳作家里富；跟着张三蛮儿，去当小蒜苗（小偷）。

公鸡叫、母鸡叫，各人找着各人要。

孩子见了亲娘，有泪无泪哭上三场。

借借房子躲躲雨，不吃你家的谷子不吃你家的米。

借了你家的谷子，还了你家米，落着了你家的糠尖儿。

金七里、银七里，金银就在七七里，不信就去问问对门的大黑老李。

哭哭笑笑，牛屎粑粑哄上轿，去了去了又来要，再来要就打他。

懒大王，敲铛铛，敲不响，匪来抢，一抢抢走他家小山羊。

懒世威，烧开水，烧不涨，眼泪淌。

老猫不在家，老鼠爬篱笆，爬得矮，脚跌跛，爬得高，跌断腰。

老么么，下大雨，栽黄秧，吃白米。

脸皮厚，吃个够；脸皮薄，吃不着。

溜溜滑、滑溜溜，掉下油锅不沾油。

男长四十慢悠悠，女长三十望回头。

女儿哭爹妈，真心实意；儿子哭父母，惊天动地；媳妇哭公公婆婆，扫言刮语；女婿哭岳父岳母，毛驴子放屁。

人是铁，饭是钢，一天不吃就发慌。

山林果儿，开白花，对门来了小亲家。

什么有节没有叶？笔管草有节没有叶；什么有叶没有节？芭蕉有叶没有节。

什么剥皮划划长？棕树剥皮划划长；什么平头渐渐升？草烟平头渐渐升。

抬着人家的碗，要受人家管；吃了人家的腌菜，就得受人家编排。

太阳圆圆，照到河边；懒人过河，跌下东河。

天黄黄、地绿绿，我家有个小儿哭；过路君子念一遍，一觉睡到太阳出。

天上桫椤有几杈？天上桫椤十八杈；几杈朝阳几杈阴？九杈朝阳九杈阴。

王大妈，哪个叫？张家小儿叫。进来吗，怕狗咬，链子拴着呢，把你家的小狗给我一个来，还不睁眼呢，再等一个月又说。

为人莫做赌钱郎，赢钱之时喜洋洋，输钱成了穷光蛋，财产田地一抛光，老婆儿女也遭殃，麻布褂子肩上挎，实竹棍子觉街心，沿街乞讨捡破烂。

细雨蒙蒙淋，有活做不成，有鸡杀一个，有酒倒一壶，胜似过大年。

新米饭，芋头汤，撑死憨婆娘。

要一是一二是二，不要不三不四；要五恭六敬，不要七七八八（七哩八撮）；要九而九之（久而久之），不要三三四四（朝三暮四）；要十而又十（实实在在），不要百百千千（白话连篇）。

有得算计吃算计，不有算计吃力气，不有力气吃个屁。

月亮堂堂，打发梅香；梅香告状，告着和尚；和尚念经，念着观音；观音洒水，洒着小鬼；小鬼劈柴，劈着老怪；老怪切菜，切着蛤蚧；蛤蚧放屁臭死你。

毡帽儿烂，各自散；毡帽儿通，各自奔。

张郎送李郎，李郎送张郎，一夜送到大天亮。

张打铁、李打铁，打把剪子送姐姐；姐姐留我歇，我不歇，我到张家去打铁。打到正月正，看龙灯；打到二月二，点花瓣儿；打到三月三，看牡丹；打到四月四，四个铜钱八个字；打到五月五，糖包粽子送丈母；打到六月六，打开箱子晒霉绿；打到七月七，七棵羊毛拼管笔；打到八月八，八个老头赏桂花；打到九月九，九个鹦哥来采斗；打到十月朝，家家上坟去烧包；打到十一月，家家门前下大雪；打到十二月，杀猪宰羊过大年。

猪蹄子、马蹄子，伸一只来缩一只。

第四章　民间礼仪

第一节　走亲访友

保山的广大民间，人们历来重视亲戚朋友之间的联络与交往，当地就有“亲戚在于走动”“亲戚越走越亲”“亲戚不往来如路人”等说法。为了维持亲情关系，除亲戚之间礼尚往来，平时还要多进行些走亲访友。进行该活动时，常带的物品是鸡蛋、挂面、糖果、糕点及自产农副产品等。

一、走亲戚

走亲戚通常情况下是晚辈对长辈探望与安慰，以表自己的孝心。但也有长辈对晚辈关心与牵挂到家里去看望，或同辈之间的思念而进行的走动。保山人历来就有“儿想娘，扁担长；娘想儿，路来长”的说法。此话教化年轻的晚辈要对年老体弱、行走不便的长辈多探望，多尽孝道。

在亲友家里，长辈要注意自己的身份，说话做事要得体，要服“寿敬”，对晚辈要慈要善，显示出长者的风范。保山人历来就有“做老不尊，等于头顶烂草墩”的说法。同样，年轻人到了长辈家里，见长辈做什么要积极帮忙，不能让长辈服侍自己，一言一行要显得有礼貌、有教养才行。

隆阳、施甸的部分人家，有供奉“五老爷”的情况，进入这样的人家时，先要对堂屋神案磕头上服。在其家中时，尽量不要背对其而坐，要随时对其有敬畏之心。

另外，在亲戚家不得踩踏和骑坐门槛，不说粗话与乱开玩笑，更不能吼叫或啼哭。离别返家时，要向亲戚的全家老小一一告别，并邀请恰当时到自己家里来，还要说些致歉的客气话。

二、探病问疾

得知亲戚朋友当中有人生了较大的疾病后，一般都得买些糖果糕点去家中探望。如果病人住院，就得带上一些营养食品前往探视。若是重危病人，要诚心实意地进行安慰，劝导其安心休养，配合医生治疗，树立坚定信心，战胜疾病，争取早日康复。在隆阳和施甸两地，当住院病人出院或疾病痊愈后，亲朋好友们就会带上鸡、鱼、肉、挂面、米线之类食物，一起到家里去探视祝贺，大家高高兴兴地美餐一顿，共祝病人康复，既增添了病人家里的气氛，又增进了人们的友情，往后就会相应地更加亲密，遇事能够相互照应，亲情更为牢固。

三、候丧劝慰

旧时的保山城乡，因为没有计划生育，加上缺医少药，居户人家的小孩早夭折的情况时有发生。一旦哪家的小孩出现病故或夭折的情况，亲朋好友们就会相互邀约，选定好时间，各人带上鸡、肉、挂面、饵丝、米丝之类的饮食，一起到家中去候丧劝慰，特别是对失去小孩的父母进行安慰，当地叫做“候人”。亲友们怀着十分沉痛与同情的心情，对失去小孩的人家进行开导劝说，让其想开些，人死不能复生，一定要保重好身体，放下各种思想包袱，积极振作起来，树立积极生活的信心。失去孩子的父母或奶奶、爷爷，得到亲友们的劝慰和开导后，就会从不幸的阴影中解脱出来，逐渐回归到正常的生活之中。

四、串门子

在保山的广大城乡，熟人朋友、寨邻相好、隔壁邻舍都有串门子的习俗。相互串门子的人都是平时相处得来，说话投缘，有共同的兴趣与爱好等。串门子的时间多在闲暇之余。串门子也有个度，不能过多过频繁，当地就有“三天到客人到，随时到狗跳灶”的说法。串门的对象也要有所选择，不该去的人家不能去，保山人爱说的一句谚语，叫做“人串门子是非多，鸡串门子下土锅”，讲的就是不分对象与时间串门子，可能会出现的后果及危害。另外，串门子要看时间，更不能坐着不走。

五、打干亲家

保山人在平时的相处过程中，因为共同的利益，共同的经历或磨难之后，为了彼此的友谊与永久的纪念，便有了打干亲家的习俗。打干亲家有两种情况：一种是双方自愿而结成干亲家；另一种是为了长久来往，把自己的子女拜寄给相互投缘的人而成的干亲家。

打了干亲家之后，双方的亲属长幼便成了自己人，往后不论是大务小事，都得像正亲正戚一样往来，相互照应，维护彼此之间的情义，双方的关系可延续几代人。这种不是血亲的关系，有时会胜过血亲。

六、打拼伙

在五县(区)的山区，村寨里一旦有人捕获野猪、麂子之类的大猎物后，就本着“有福同享，有肉共食”的习惯，大伙在一块共同食用或按户均分，叫做“打拼伙”。保山人历来就有“大伙吃大伙香，独自吃了肚生疮”的说法。

有时候，遇上闲时或节假日，相好朋友、寨邻伙伴等，大伙拼钱购买物品或拼凑柴米肉菜之类，到某一家或公共场所，也可到山间野外，大家一起动手，共同做饭做菜，待菜饭熟后，大伙围拢在一起共同进餐，甚至开怀畅饮，以此来增进感情，加深友谊。

七、接待客人

境内的广大城乡，客人来到家里时要主动打招呼或让坐，并客气地喊来人“请坐”，坐着的人马上站起来让座或抬凳子给客人。如果来者是生人，则要说：“请问贵姓，家住何处，为何事而来？”若是亲友，熟人介绍而来的要热情和客气。客人不论长幼，如负重物得马上卸下。等客人坐下后，就马上倒茶递烟予以招待。如果客人到来的时间错过吃饭时间，要问是否吃过饭，若没吃就赶快为其做。在吃饭时有客人来到家中，不分生熟及性别，都要邀请入席而吃。在与客人的交谈过程中要客气而有礼貌，避开客人伤感或尴尬的话题与往事，给足客人面子。客人离开时要挽留，留不住要送到大门外话别，并让其向家中老小问好，若有小孩陪来者要给一定的礼物或零花钱。

第二节　拜师学艺

“一日为师，终身为父”是保山民间对拜师学艺的高度概括和总结。

一、习武

旧时，保山城乡的人们都喜欢习武，年轻人把习武练功作为一种时尚。习武要选师，并举行拜师仪式，具体做法是设起香案，师傅坐在堂中的太师椅上，接受徒弟的叩拜。拜后马上杀一只小公鸡，师徒同喝鸡血酒后，就正式确定了师徒关系。保山人习武，不论选师也好，收徒也好，都很注重人品艺德，均以品德为先。徒弟随时敬重师傅，师傅处处关爱徒弟，徒弟认真学练，师傅用心教授。保山人历来就有“拳不离手，戏不离口”“师傅领进门，修炼在自身”等说法，讲的就是习武之人要勤学苦练，提高自己的悟性。

二、学道

保山城乡，道士这一替人念经作法事进行消灾祈求平安、超度亡魂的专业人士，还是有其广泛的生存空间。为了学会念经作法与取得“法师”身份，得拜师长期跟其学习，受其指点指教并得到保举。得到师傅传授的咒语、秘诀、符画之后，由师傅赐给“法名”后才能称为“法师”，也才具备独立为人念经作法的资格。

道士学成出师时必须重谢师傅，师傅得到谢礼后，将赠给徒弟全套经文及常用的法器、乐器之类。待师傅去世之后，徒弟要连同历代祖师进行终生供俸，直到自己去世为止。

三、唱戏

保山人学唱戏拜师很宽松，一般没有外地那套严格的拜师仪式。通常情况下，只要徒弟有这方面的天赋，并且愿意学习，师傅同意收为徒弟入伙即可以。在保山人的观念中，唱戏的人叫“戏子”，是归属于“下九流”系列，多数人家是不愿做这份职业的。新拜师入伙的徒弟，通常只是“跑龙套”“挑行头”“服侍人”等。然后才是跟步、跟场，到了差不多时才得上场实习。学唱戏的人要勤练习，有悟性，善于钻研学习才会有所提高，甚至会走红。当地历来就有“戏不离口”“师傅领进门，学艺在自身”等说法。

四、其他行业

除木匠、习武、学道、唱戏等行业有较为严格的拜师仪式外，其他行业就没有那么严格，厨师、石匠、篾匠、铁匠、理发匠、泥瓦匠等，只有简单的拜师仪式就行。通常情况下，师徒是经亲朋好友或熟人推荐与介绍，徒弟由家长或亲友陪同，带上烟、酒、糖、茶之类的礼物，到师傅家去拜访后，就确立了师徒关系，并开始学艺。在学艺的过程中，师傅除了给徒弟传授技艺，还得教徒弟为人处世、待人接物之道，使技艺与做人同时有进步，才算好师傅与好徒弟。

不论是哪一行手艺，经过1～3年或更长时间的学习后，经师傅检验，认为手艺已基本过关，才准许出师。出师时，还要有个“谢师”仪式，多数是给师傅送几斤糖、一壶酒、一只老阉鸡，或者请师傅吃顿饭，也可为师傅做一件有纪念意义的事，给师傅留下一个念想即可。

五、授艺谬误

保山人有“拿独行，吃得香”“祖上密传，外人莫问”等说法。有些技艺只在家庭或家庭内传授。有些手艺，即便是在家庭内部也要保密，有些绝技是“传子不传女”，有些手工是“传媳不传姑”。这样做的结果，不仅阻碍了技艺的发展，还使一些宝贵的技艺失传。古代保山境内的“永子制作”“冻青瓷烧制”“桐华布纺织”及高超的医术等都没有流传至今。

第三节　经商买卖

保山人经商做买卖历来恪守“货真价实”与“秤平斗满尺码足”的商业道德。

一、和气生财

保山城乡，不论是卖水果蔬菜，还是开食馆售零食者，只要有人到面前，卖主就很客气地予以问候，显得很热情，让人觉得很过意不去，有些不买一点对不起人家的想法。特别是那些上了年纪的店主，在这方面更能招揽顾客，生意做得红红火火。

生意买卖的和气与客套，在腾冲和施甸两县较为普遍，很多外地人到了这两个地方，都会不约而同地说：“腾冲人太会做生意，施甸人实在客气。”

二、诚信为本

保山人做生意除了“和气”之外，还特别讲“诚信”二字，注重揽“回头客”，尊重“商无信不立”的准则。人们对自己所出售的商品质量特别重视，决不“以次充好”，好多产品都要打上自己特有的标记，一旦有什么问题就要包换包退，切实维护好自己的声誉。如隆阳区好善营（又称火烧营）打制的铁质农具、永铸街铸造的铸件等，都有自己的标记，防止别人冒充自己的产品。

三、童叟无欺

保山人历来信奉“人心不平制戥秤”“人眼不见天眼见”的格言。在生意买卖上，人们讲“良心”，认为有了欺诈行为会“背过失”“遭报应”“折寿岁”，随时本着“不得多少不卖”的原则，一定要保证“质优”“量足”。在保山、腾冲两座古城里，有不少的百年老店存在着，能够生存的根本就是“童叟不欺”。

四、公平买卖

保山人做买卖所秉承的原则是“井水不犯河水”，奉行“你做你的生意，我行我的买卖”，从来不愿“找事应”，更不搞“相互贬低”的蠢事。旧时，在保山县的板桥街上就有“戈家的饼子”“董家的包子”“丁家的馆子”之说，大家都相安无事。更为有趣的是，同为糕饼店的“芝兰轩”与“桂香楼”，两家面对面做生意数代，都各有千秋，从未起过纠纷，这在当地被传为佳话。

当然，保山之地自古民风虽然纯朴，但改革开放以后，随着人、财、物的大流动，保山也不是净土一块，少数不法商人也有以假乱真、以次充好、短斤少两的行为发生。这些情况的出现，有待于职能部门的严格规范和有效管理。

第四节　咨询道歉

日常生活中，人们不免会遇到这样那样的问题，甚至会有说错话或做错事的情况出现。对于生活在保山市境内的人们，不论碰到何种情况都有相应的方法去解决。

一、寻人问路

保山人有一句俗语，叫做“路在鼻子底下”。寻人问路是一门艺术，掌握不好就会达不到应有的效果。首先，态度要诚恳，要注重礼节礼貌，让人觉得你是一个诚实的人。其次，要看对象，注意言语的表达，要简明贴切，不引起人家的反感。再者，要言谢，当被问人告诉你之后，听清了必须说一句“谢谢”或“谢谢您啦”。

二、请教释疑

保山人有一句俗语叫做“谁家也不挂无事牌”，说的是不论哪家何人都会遇到困难或问题。不管城镇还是乡村，现实生活中都会有难处，有时会自己“无主张”，还得请教长辈好友给自己“拿刻子”。如生产上不知适从，家庭内有矛盾，邻里间有纠纷，山林土地、宅基房产有争议等。遇到这些问题后，首先得找信得过的人去探讨，给自己出出“主意”，再决定怎么办？是找人调和化解矛盾，还是打官司，或者有更好的解决办法与途径。

遇到这类问题请教人得注意三点：一是找公道正派并见多识广的长者或有威信的人；二是找自己相处较好与信得过的人；三是不能找奸诈或跟你有过节的人，防止“出歪点儿”给你，不但解决不了问题，还会激化矛盾把事情弄得更糟。

三、上复别人

平日里，遇到家中的小孩做错了事，或者自己家饲养的家畜、家禽或宠物损坏了亲戚邻居的利益，甚至是冒犯、得罪了他人等情况，作为家长或主人，要本着“与人为善”“化大事为小事”的愿望，主动上门去道歉，叫做“上复别人”，以求得别人的谅解与同情。

上复别人可以自己去，也可请一位公道正派，对方认识或熟悉的人作为“中间人”陪着去，可将有错的小孩也带着去当面“赔不是”。处理这样的问题，态度要诚实，尽量多说“软宽话”，多讲自己的不对及今后的改正措施，若有损失要尽力赔偿，以求得对方的谅解，争取往后和谐相处，力争“多一个朋友多一条路”。

四、赔礼道歉

在保山市境内的广大城乡，身份、经济地位大体相当的居民之间出现了言语、行为伤害别人，或族内有人违反族规等，造成不良影响的情况，通常爱用上门赔礼道歉的方式来解决问题。

上门赔礼道歉，必须是有错误言行的本人亲自前往，但必须有一个双方认可的“中间人”陪着，带上一包（或一斤）糖、一壶酒、一只阉鸡等。上门赔礼道歉时态度一定要诚恳，说话必须得客气，有时会显得“低三下四”，其目的就是要得到对方的谅解。

五、谢罪

旧时，保山境内的好多地方，名门望族内的族人违反族规严重者，得向全族人谢罪。具体做法是在固定的时间内，由违规人到族人家庙的祖宗牌位前跪拜，向祖宗及全族人谢罪，乞求得到原谅。在这样的谢罪之前，族中长者得看错误的严重程度，如果错小罪轻者只需口头谢罪便可，若是错大罪重者就得视情况，或为族人修桥铺路，或者是出钱杀一头火烧猪供族人享用，并鸣放一定数量的鞭炮以警示所有族人。

有时，外村别寨的人盗伐了本村的树木或偷了庄稼粮食之类，被抓到之后，也会让实施盗窃的人杀猪或宰羊让全村人食用，以示对其惩罚。

另外，一旦有人冤枉了无辜者，被查清情况后，实施行为者要为被冤的人披红挂彩、耍龙舞狮、敲锣打鼓、放鞭炮澄清冤情，还人家清白与好名声。

第五章　社会风尚

第一节　传统风尚

一、救危济困

在保山，人们有一句俗语叫做“见死不救，不如猪狗”。不论是在公共场所还是荒郊野外，只要遇上有人跌伤、溺水、暴病或遭毒蛇猛兽之类袭击，在生命垂危的情况下，不管是熟人还是生人，见者都会全力相救或约人相救，及时排除危险。如果遇险者是外地人，还得提供食宿，立刻进行治疗，并帮忙跟其家属或亲友取得联系，尽力使遇险者渡过难关，回归到正常的生活道路上。平日里，居家有叫花子上门乞讨，都会针对不同的情况给予施舍。

保山人最爱说的一句话：“水火无情人有情”。谁家遭遇了火灾或水灾，邻居们都会送上食物、衣服、行李及各种用具，让受灾的人家渡过难关。到了年关时节，邻里、熟人还会送上柴、米、油、盐、肉之类的生活必需品。如果要重建家园，还会赠工赠料，积极帮忙，让受灾人家走出困境。

二、一家有事全寨相帮

保山人历来信奉“有肉有菜待远亲，有事把干找寨邻”的传统。遇上起房盖屋之类的事，平时相处较好的邻里就会来抬运木料、石料之类，或做些其他的零碎杂活。到了立木这天，邻里中的成年男劳力都要集中帮忙出力，女劳力来烧火做饭，招待亲戚客人。

谁家有人得了重病或出了什么意外事，邻里就会主动到家里看望，积极出主意想办法尽力帮忙，决不推托。乡下人爱说：“哪家门上也不会挂无事牌”。谁家遇到丧事，邻里们都会闻讯到家中帮忙，民间历来就有“死者为大，丧事无主”的说法，讲的就是邻里间不分主人与客人，让死者入土为安才是要紧事。此时，主人家有何要求，只要与总理丧事的“管事”说一声，就会把事情安排周全。

三、尊敬老人

保山人历来就有“敬老得寿”“家有一老，便是一宝”“不听老人言，吃亏在眼前”等说法。在当地的广大城乡，人们不仅把尊敬和关爱老人作为一种传统美德，而且还是衡量一个人道德品质的主要标准之一。年轻人不论在何种场合遇上老人，都得主动打招呼、主动照顾好老人，把老人安排在上方或较好的位子上就座，为其盛饭斟酒、倒茶端水。

在保山市境内的五县(区)，不管是在人员稠密的城镇，还是在地旷人稀的乡村，尊老爱幼的典范无处不有，随时随地都有尊敬老人的感人事迹在涌现。

四、捐资助学

保山人历来就有“苦读诗书”“寒门学子”之说。旧时，人们对“寒门学子”十分尊重与关心，境内的“赵端资助李根源”早已被传为佳话。解放后，保山跟全国一样，实行免费教育，人民办学、开门办学，使广大城乡的适龄儿童都能上得了学。改革开放以来，一些个私老板、企事业单位、爱心人士，对广大农村，特别是一些边远山区进行大量的资助，建起了不少的希望小学，使困难人家的孩子能读得起书。由于社会的捐资助学得以普及，不少品学兼优的贫困学生圆了自己的大学梦，成了对家庭与社会都有用的人才。

五、公益事业

保山人有一句俗语叫做“人眼不见天眼见，行善做好事积阴功”。在当地的城乡，人们历来对一些公用设施受损、公共场所被污染等小型事故，都是谁人见谁人处理，一人处理不了的便约上几人共同去处理，本着“大伙的事大伙办，吃得亏才在得一堆”的理念。如果是进行大型的庙宇、道路、桥涵、水沟、堤坝之类修筑，则由地方乡绅、贤达出面带头捐资捐物，并且号召受益的居民或相关人员捐资、出劳力，待工程完成之后在其旁边建起“功德碑”，对捐资出力者刻名记述，让后世的人们知道前辈故人的功德，以此来传承良好的社会风尚。

第二节　社会新风

解放后，随着社会主义新文化在保山城乡的推广与普及，使当地既有传统特色又有时代特征的社会新风不断形成。

婚事新办　解放后，保山境内的广大城乡，青年男女基本实行了婚姻自主，不要彩礼，婚事不大操大办，有的地方还实行集体婚礼，少数人旅游结婚。部分地方虽然有彩礼与婚宴的情况存在，但跟过去的情况截然不同，只不过是尊重习俗的一个形式而已。改革开放以后，随着人们生活的逐步富裕，大兴彩礼与大操大办的情况有死灰复燃的势头。针对这些实情，各级工、青、妇组织也采取不同的措施加以控制，但效果不明显，还需各级各部门的共同努力。

丧事简办　20世纪50年代，保山各级人民政府大力宣传破除迷信，并提倡“厚养薄葬，丧事从简”，收到了可喜的效果。六七十年代，城乡均已做到人死后三天之内安葬，节省了大量的人力、物力与时间，绝大多数已破除封建迷信，不舞龙耍狮、不请道士作法事，破除了宗族埋同一地的规矩，实行公共墓地安葬。从80年代开始，市内的城镇居民已出现遗体火化，规划公墓安葬或寄存骨灰。但是，改革开放以后，少部分先富起来者为了炫富，带头建豪华坟墓与丧事大操大办，使一些已逐渐消亡的迷信活动重新抬头，并有愈演愈烈之势，有待各级政府与相关职能部门进行引导和制止。

计划生育　20世纪70年代以后，保山各级政府和职能部门积极贯彻执行计划生育这一“基本国策”，大力提倡“优生优育”“生男生女一个样”的理念，努力普及保护妇女、婴幼儿和未成年人的法律知识，广大年轻人登记结婚时必须懂得计划生育政策和有关的科学知识，生育之前一定要领到准生证。这样做的结果，对全市民众更新生育观念起到了积极推动作用，并逐步形成一种先进、文明的社会新风尚，为提高人口素质打下了坚实有力的基础。

独生子女　20世纪70年代末，中央提出“一对夫妇只生一个孩子”的要求后，得到全国人民的积极响应。80年代初，保山境内机关干部、厂矿职工新结婚的双职工家庭开始实行“一对夫妇生一孩”，在孩子出生后就得采取避孕措施，并领取独生子女证，这就是后来普遍的“独生子女”的开始。对于实行独生的夫妇，国家给予各个方面的优待与奖励。独生子女政策的实施，是对“多子多福”的腐朽观念的有力打击，也是社会新风的一大提升。

第四十三编 人 物

杨善洲

综　述

保山历史悠久，是云南开发设治最早的地区之一，有着深厚的历史文化积淀。在两千多年的历史长河中，保山发生了很多大事要事。时势造英雄，世事更迭变换，人物叱咤风云，保山各族人民为民族生存、人民解放事业、社会主义建设和改革开放事业作出了不可磨灭的贡献，涌现出许许多多出类拔萃的人物，留下了耀眼的光彩。第一轮修志时由保山地区地方志编纂委员会编的《保山地区志》有58人入传。

这一编主要记述为推动改革、扩大开放、科学发展，全面建设小康社会过程中涌现出的先进模范人物。采用传、录、表等不同形式入志。这些人物分布在各行各业、各条战线，在当时当地都起到过举足轻重的作用，在保山、在云南甚至在更广阔的领域构成了影响。入传人物包含《保山地区志》遗漏的部分人物，连同续志断限内人物共计26人；英模事迹简介共简介26人。其中有：腾冲人张德辉，早年东渡日本留学，专习妇产科，创办了保山第一所西医医院——东方医院，是保山现代医学的先驱，也是保山市现代妇产科学第一人；保山人戈致中，手不释卷，是博学多才，对诗文、绘画等很有造诣的文化人；保山金鸡村人李铭勋曾任中国人民解放军滇黔边纵队第七支队35团团长、1950年1月任保山县人民政府第一任县长；民间雕塑艺术家罗存仁，是雕塑卧佛寺五百罗汉的匠人；傣族土司线光天，是抗日爱国人士，滇西抗日战争时期，他成立“滇西边区自卫军潞江支队”，任少将支队司令，为抗战胜利做出贡献；腾冲县猴桥镇人、傈僳族蔡大双，为保卫边疆做出了突出贡献，获云南省民兵英雄称号；龙陵人朱家璧，曾任中国人民解放军滇桂黔边区纵队副司令员，陆军少将，是保山第一个县级人民政权创立者，曾任云南省政协主席；腾冲城关人王少岩，曾任全国工商联常委、中国国际信托投资公司董事、云南省第二、三届政府副省长；施甸人李定，曾任中共中央统战部副部长、全国政协常委兼中央社会主义学院党组书记；隆阳区人张学文，一生致力于民族民间音乐的研究创作，其代表作《富饶美丽的潞江坝》是歌唱家乡流传最广泛的优秀歌曲；腾冲人李秉权，是中国神经外科开拓者之一、云南省神经科奠基人、云南省医学界捐献遗体第一人……

英雄模范名录，记述了1990—2005年28名英雄模范人物，其中有：赵春高，一等功臣，优秀基层干部，全军英模代表；张学景、兰世洪，战斗英雄；陈新民，中国十大杰出民警、全国先进工作者、二级英模；和文丽，荣获一等功，战地模范卫生员，全军英模代表；刘斌，省级优秀共产党员，满门忠烈的保山军分区司令员；印春荣，功勋卓著的缉毒英模，先后被评为“中国十大杰出青年”、第二届全国“十大边防卫士”、全国第二届“我最喜爱的十大人民警察”；明正彬，功勋卓著的缉毒英雄，“刀尖上的舞者”，先后被评为全国优秀人民警察、先进工作者、感动中国的十大杰出人物、全国劳动模范；杨善洲，党员干部的楷模、离退休干部的优秀代表。他为官30多年，不图名、不谋私，舍小家、顾大家，把全部心血和热情都用在为人民群众办实事上。

这一编所记述的人物，从不同侧面反映了风云激荡的时代精神，从各个层面现出特定时段的社会面貌，历史造就了他们的不俗业绩，他们见证了时代浪潮的兴退，并在一定程度上影响了保山的历史。彰显保山人文蔚起、人杰地灵、古今有贤的风貌。历史不会忘记那些为家乡发展，为国家民族繁荣昌盛，为世界和平进步作出过贡献的人们。该书以“客观、公正、纪实”的编纂原则，真实可信地记载了人物的事迹，足可缅怀逝者，告慰生者，激励来者。记载和传颂他们的业绩，可以荡起人们心中的涟漪，培植爱国、爱乡奋发图强的精神；整理他们的事迹，以传带史，可以把保山沧桑的历史生动地凸现出来，具有很重要的现实意义和历史意义，具有很强的资治、借鉴、存史的功能。

第一章　人物传及英模事迹简介

第一节　人物传

2003年1月，由保山市地方志编纂委员会编、中华书局出版的《保山地区志》下卷第二十八编中，入传人物有郑纯、吕凯等58名。此节共收录26人（第一轮收录过的人物不再收录）。

张德辉

张德辉（1895—1971），字焕然，号念翁。保山现代医学的先驱、保山现代妇产科学第一人。出生于腾冲县和顺乡张家坡村。自幼好学，成绩优异。1911年16岁时考入大理模范中学，两年后，以优秀成绩选送云南省立第一中学附设留日预备班学习日语。1913年12月，东渡日本留学，第二年考入长崎医科大学，专习妇产科。1920年毕业获医学学士学位，为校长山田其器重，被聘为该校附属医院外科、产妇人科副手（助教），1922年获日本内务省卫生局医师允许证。他在日本留学期间，经常与腾冲的留日学生张天放、寸树声、李致卿等人相聚，以爱国思想互相激励，决心报效祖国，并结识了曾在长崎产婆学校、长崎看护学校肄业的华侨女生张云和（浙江奉化人）。1923年，先生辞去长崎医科大学职务，与张云和一起回到上海，先后在爱义路5号和霞飞路238号开办东方医院，他为医师，张云和为护士。1924年12月3日，在李根源先生的主持下，二人结为终身伴侣。之后，李根源先生以滇西缺医少药为由邀他回腾冲服务乡梓，他欣然应允，于12月离开上海，经新加坡、缅甸返回腾冲。1929年到腾冲后，得故友董南轩借资赞助，以九千银圆买得英国驻腾冲领事馆房产，创办了保山第一所西医医院——东方医院，李根源为其亲题院名。设病床50张。他精于妇产科，其夫人张云和是得力的助手，他们极力倡导妇幼卫生保健，重视孕期检查，推广新法接生，对胎位异常积极施行手术或药物矫治，救活无数难产的产妇和婴儿的生命，深得群众的赞誉。他除办好医院，救死扶伤外，还十分热心教育事业，曾先后义务兼任五属联合中学、省立腾越中学、腾越简易师范学校的教师，教授生理卫生课程，为普及新医学知识作出贡献。1931年，他被推为腾冲医师公会首届副主席。1946年被举为腾冲和平纪念医院董事，1949年被选为腾冲医师公会董事长。

腾冲解放后，他积极参加组建腾冲医药供应社。1950年当选为腾冲卫生工作者协会副主席。从1954年起，当选为一至六届县人民代表。从1956年起，任第二届至第六届县人民委员会委员，第一届县政协副主席。1956年，积极响应中国共产党的号召，带头参加组建腾冲城关镇联合诊所，担任所长。1959年被任命为腾冲县人民医院副院长兼妇产科主治医师，同年当选为腾冲县政协副主席，县人民代表，并以华侨代表的身份赴北京参加国庆十周年观礼。1966年“文化大革命”开始后，他被强加许多莫须有的罪名遭到残酷的批斗，被打成“日本特务”“汉奸”“现行反革命分子”，被抄家、游街、吊打。1969年被投入监狱，关押33个月，于1971年10月31日含冤病逝于狱中，终年77岁。1979年7月31日，腾冲县委、县政府为其平反昭雪，恢复名誉。他的夫人和子女深为感动，其夫人张云和将其遗留的近万册图书捐赠给腾冲县图书馆，其长子张凌达从美国旧金山专程回腾冲致谢，并进行学术交流。

张德辉在腾冲家乡行医，谦虚谨慎，平易近人，医德高尚，技术精湛，对生徒循循善诱，诲人不倦。他勤奋好学，收藏中外图书近万册，在社会上有较高的威望。他毕生致力于妇幼卫生和新法接生，他常说：“医者民之司命，仁之术也。为医者，乃当自念人身苦楚与我无异，诸招勿迟行，勿问贵贱，勿择贫富，唯以救人为心。”他为贫苦农民看病，尽量使之少花钱，见效快。对患者或施以手术，或投以药物，竭尽全力，保产保婴，医治了无数沉疴怪症，妇孺皆知，有口皆碑。他被载入《新纂云南通志》及1999年云南省卫生厅编《云南卫生通志》。

尹兆国

尹兆国（1906—1972），字庆之，云南腾冲和顺乡人。获缅甸总理所授“温都觉廷爵位”。曾任缅甸云南同乡会总会长，世代侨居缅甸。光绪三十二年（1906）出生于和顺乡中天寺脚。7岁进入和顺二等小学堂念书，天资英敏，勤学好问，新学、古文均能领悟，尤擅长数学，能写一手工整的颜柳字。16岁读完高等小学时，父亲把他接到缅甸辅助经商，并让他学通缅文、英文。经商期间，协助父亲与伯父尹瑞瑜创办皎脉新民华侨学校。他善于交际，广交缅、印、英人，在缅甸社会名气渐大。1924年，他与李秋农、李镜天等倡导组织“和顺崇新会”（今旅缅和顺联谊会前身），宣传新思想新文化。此后，由崇新会创办中国最早乡村图书馆——和顺图书馆，创办云南最早华侨中学——益群中学，并组建滇西最早足球队——崇实队。20世纪30年代，他商务益兴，经营的利民总公司设瓦城，分公司设缅南仰光、缅北皎脉、腊戍等地，获利颇丰。“九一八”事变后，他积极带动缅甸华侨开展爱国抗日运动，抵制日货，捐款捐物支持祖国抗战，组织华侨青年到华侨集中地演出抗日歌曲、戏剧。最为感人的是他借助其父之威望，敦请老人为抗日宣传队顾问，他任队长，带领侄子和华侨青年到各地演出宣传，三代人出动宣传抗日，成为侨界佳话。1936年，时任仰光大学学生联合会主席的吴努和吴巴瑞等领导反英运动，开展声势浩大的示威游行，为英国殖民主义军警追捕，他掩护这些学生领袖逃到缅北皎脉等地避难，提供食宿和经费，秘密继续开展反英活动。1942年3月，日本侵略军占领缅南毛淡棉、仰光，远征军入缅作战，他为远征军提供缅甸地理、华侨情况，并给予热情接待，同时做缅甸民族领袖昂山、吴努工作，动员他们认清日本帝国主义比英国人更残暴的真面目，支持远征军抗击日军侵略滇缅。1948年1月，缅甸独立。吴努总理深知他在反英反日侵略中做出的贡献，于是商请他出任合适自己的部长职位，由他选择；但他抱中国传统观念，急流勇退，功成而归隐，婉言谢绝。吴努又以国家烟酒业总经理委任，他觉得此系商业性质非政治，只好挑起这个担子，缅政府给尹兆国部长级待遇。在国家独立授勋、表彰建国卓著功勋时，授予尹兆国温都觉廷爵位（WINNAKYAWHTIN）。日本投降后，他眼见洞缪云南观音寺、瓦城伊江边“金多堰”滇侨古迹名胜遭日军严重破坏，即组织华侨修缮、重建。20世纪50年代初，他团结滇侨重建二战时被日军炸毁的瓦城云南会馆，其规模之宏伟壮观，为各国会馆之冠。仰光云南同乡会会址由他经营管理，瓦城、洞缪、皎脉等地的云南华侨坟山，也由他带领侨胞维修保护。他热心华文教育，出资赞助华侨缅北中学、瓦城华侨中小学校、仰光侨校，或任校董事长，或任副董事长。侨胞出入缅甸，生活困难，或暂无居留证，或穷困而死，他都帮助解决。中华人民共和国成立后，中缅即建交。他团结侨胞参加爱国活动，热情迎接历任驻缅大使姚仲明、李一氓、缅北总领事李萍、王泽，大使馆、领事馆邀请他出席国庆招待会。1962年3月，奈温宣布缅甸国防军接管政府权力，随即逮捕缅甸前领导人，他也因此被软禁于缅甸古都瓦城皇城内5年。1966年10月获释。此后他年老多病，家居少出。1972年病逝，安葬于云南华侨坟山。

戈致中

戈致中（1897—1979），名大和，字致中，云南保山板桥街人，是对诗文、绘画等很有造诣的文化人。民国12年（1923），考入云南东陆大学，因受孙中山革命思想的影响，投笔从戎，赴广东参加了革命，在驻广东滇军总司令杨希闵部下任编修，加入了国民党组织。民国15年（1926）7月，国民革命军北伐又由同乡朱伟介绍到第三军七师任编修，后转入九师政治部任技术员。当北伐军攻下南昌，正是宁汉分裂前夕，部队情况极其复杂。戈致中应同乡时任江西宜丰县长王镜明邀请，到宜丰县府任科长。

后来返回家乡，被保山县立中学校长朱晓阳聘为学监。民国18年，为了配合当时全国同胞反对日本帝国主义侵略中国东北三省开展的抵制日货运动，曾与赵治修等组织保山抗日促进会，带领全校同学走上街头，宣传日本帝国主义侵略东北的种种罪行；开展抵制售卖和使用日货运动。在县商会和有关部门的通力合作下，对于危害民族利益，继续贩卖日货，不听劝阻的奸商，给予严厉的经济制裁，除没收所贩日货外，还处以罚金。民国29年，县长奚冠南调他任县教育经费管理员。

民国21年（1932），戈致中在省立中学任教时，正当国民革命军第十九路军蔡廷锴和蒋光鼐等在上海发动震惊中外的“一·二八”淞沪抗战之际，消息传来，戈致中深为感动，便与地方爱国人士段克难等发起组织保山抗日救国宣传会，发动全校师生深入各界宣传，募捐资金，支援十九路军抗日。民国25年（1936）后，相继任保山县立中学主任、金鸡村小学校长。民国37年，任保山县教育局局长，常被远征中学校长孟循时邀去上课，第二年，任远征中学校长，由孟循时安排以教书为掩护做共产党的地下工作。

1950年后，由于老母无人照料，戈致中调板桥小学任教。1957年，被错划为“右派”和“历史反革命分子”，判刑5年，交群众劳动管制。1979年病逝，1980年得到平反昭雪。

戈致中一生，手不释卷，博学多才。所遗诗、文、札、记、画等对地方文史考证，颇有借鉴作用。著名爱国民主人士张天放曾对戈致中人品和才华书赠直幅一帧作评：“胆大心细，知圆行方。脑冷情热，胸宽臂强。”

赵　丁

赵丁（1928—1979），原名赵鼎，曾用名赵金甲、赵江青，云南剑川金华人，首任保山县委书记。民国31年（1942），在丽江省立中学高中毕业后，到剑川中学教学。1943年，在中共滇西地下党领导人黄平、欧根、王以中等领导下组织读书会，学习《新华日报》《群众》等报刊，认识到中国共产党才是代表各族人民利益的政党，跟共产党走才能找到光明的前途。民国37年（1948），经徐铮介绍加入了中国共产党，并参加剑川城区区委的工作。1949年10月下旬，滇西北地委组成保山地区工作组，他随“边纵”西进部队到达保山，任中共保山县工委书记，领导党的地下工作者，奔走于蒲缥、施甸、板桥等地，积极宣传解放战争的形势和党的政策，组织农抗会、妇女会，同时发展了一批党员和民青成员，为壮大党的力量，奠定了一定的基础。1949年12月9日晚，云南省主席卢汉宣布全省和平起义，赵丁为稳定保山局势，代表保山地下党与陆人耀等国民政府官员谈判。赵丁与陆人耀谈判后，宣布板桥、蒲缥两区由地下党接管区乡政权。

1950年1月5日，保山县人民政府成立，赵丁先后任中共保山县委书记、县委宣传部部长、县委委员、县委常委、县长、副县长、县革委副主任等职，在领导保山人民进行社会主义建设中做出贡献。“文化大革命”中，身心受到摧残，1979年病故。

王天生

王天生（1916—1983），河南孟津人，红军老战士。1926年在家乡参加打土匪，1928年被国民党抓去当兵，1931年11月宁都起义时参加中国工农红军，1932年6月，第四次反“围剿”时，在江西与福建交界的石头寨战斗中右臂受伤。1932年11月，加入中国共产党，并在红五军三十九团三营七连一排继续参加战斗。班长牺牲后，被提任班长，后连长牺牲，任代理连长。1934年10月，参加中国工农红军长征，途中担任通讯班长，1935年至贵州后担任排长。1936年10月到甘肃，后进延安抗大学习，编入管理连，任一排排长，学习结束后，在抗大工作三年多。1940年1月后，在河北、山西等地参加战斗。1945年抗日战争结束后，到姚平前线十旅任军械干事、到洛阳军分区任连长，接着参加解放战争，获淮海战役纪念章、渡江胜利纪念章、解放西南胜利纪念章、解放华中南纪念章。1950年2月，随中国人民解放军第二野战军四兵团进入昆明。3月，随41师师长查玉升到达保山，奉命到镇康、耿马、双江和沧源防区开展工作。1954年2月，获全国人民慰问人民解放军代表团所赠纪念章。1958年7月，转业到地方工作。历任保山粮食局调运股副股长、镇康县粮食局局长、保山专卖处副主任、芒市宾馆所长、德宏州荣军疗养院院长、保山地区干部疗养所所长。1965年4月离休。1977年9月毛泽东逝世一周年，受邀从昆明乘飞机到北京瞻仰毛泽东遗容。1980年9月被选为保山县第二届政协委员。

李铭勋

李铭勋（1921—1983），云南保山金鸡村人，保山县人民政府第一任县长。自幼学习刻苦，有壮志，20余岁告别家乡，走向社会。曾在滇黔绥靖公署、云南军官分校受训，追求进步，有爱国思想。民国33年（1944），相继任青年远征军205师教官、副营长等职，参加了抗日战争。民国37年（1948），他对国民党当局不满，由台湾回到大陆，在上海、香港、广州等地经商。1948年11月回保山，倾向革命，与国民党决裂，积极靠拢共产党，曾任滇西北人民自卫军三支队副司令员、中国人民解放军滇黔边纵第七支队35团副团长、团长、大理军事委员会主任、保山人民自卫军第四大队参谋。

1950年1月，保山县人民政府成立，受滇西北人民行政公署委派，任保山县县长。上任后，执行党的方针、政策，加强、充实、调整领导班子，建立区政权，抓好征粮、援藏、清匪反霸工作。6月，调保山专署建设科任科长，次年参加云南省委党校学习。1952年被错处，蒙冤入狱5年，出狱后，在保山地区汽车修理厂当工人。在“文化大革命”期间，他又惨遭摧残，致双目失明。

1980年，李铭勋得到平反昭雪。1981年退休，第二年改办为离休，并当选为保山县政协委员。

罗存仁

罗存仁（1911—1985），云南保山城人，民间雕塑艺术家。出身贫寒，幼年丧父，没有入过学。7岁到乡下当童工，14岁回城里学做小买卖，满街叫卖丝绸针线、女用花辫等小商品。因久累背驼，故被称为罗驼子。

罗存仁生性柔弱寡言，为人殷勤诚朴。保山玉皇阁雕塑十二属相时，他在寺里当小工，经人引荐，在四川籍雕塑家杨守安师傅门下学艺，深得民间雕塑三停五眼技法的真传。三停：以首丈量身长，即站七坐五长，又分立胎、造型、彩画3道工序。每道工序之间以泥干透为准。五眼：以佛脸宽约5只眼长相加，脸长1掌横3掌。他曾听师傅口传峨眉山凌云寺大小佛惟妙惟肖的真谛，潜心领悟其中的奥妙，在造型艺术上大有长进。民国34年（1945）抗战胜利后，他谢师从艺，到永平澜沧江边天王庙雕塑四大天王，初露锋芒。后返回保山河上村安养寺关圣殿雕塑关羽、关平和周仓像，赢得四乡村民的赞扬。

民国36年（1947）夏，被聘请到卧佛寺雕塑五百罗汉。塑前，他专程赴杉阳大寺观摩以弥勒佛为首的五百罗汉的生动形象，并寻得图谱，回家后认真琢磨雕塑。由于数量多、工程大，直到1951年春才竣工。这一群五百罗汉，雕塑得栩栩如生，千姿百态，远近驰名。1956年，罗存仁被请到芒市，为傣族群众彩画奘房建筑。1957年，到腾冲法藏寺雕塑阿弥陀佛、观音、弥勒佛、地藏菩萨、韦陀菩萨等，后到叠水河王母阁雕塑斗母嫘祖、太上老君、女娲、王母圣像等，1963年才回保山。后受省艺术学院聘去授课1年。

1966年“文化大革命”开始，罗存仁被作为“破四旧”对象，遍街游斗，身心受到摧残打击。1978年后，又被腾冲请到云峰山寺雕塑关羽、关平和周仓像；后又到观音寺雕塑文昌帝君、观音菩萨、韦陀菩萨等，工程未及一半，病魔缠身，于1985年11月29日病逝。

罗存仁一生教授徒弟很多，到了晚年，仍到各地订立合同，收徒传艺。他的徒弟们不负师傅众望，专心学艺，全得师传。

线光天　线东升

线光天（1911—1986），又名线家齐，字比德，傣族，云南保山潞江坝人，少将游击支队司令，抗日爱国土司。1928年，承袭其父线庆祥任潞江安抚使司第21代司官。1937年年底，龙陵县长王锡光带着云南省政府“分配该县修建滇缅公路的土石方工程，务在限期内修成，到期完不成的，该县长自带手铐来昆明听候处理”的《紧急命令》和装着手铐的木盒，对时任龙陵县第八区区长的潞江土司线光天说：“如果潞江拉了后腿，只好拉着你跳怒江了”。线即召集头人商议，主动捐出1000多箩（约2.5万千克）稻谷，动员乡民捐半开2000多元，按期完成了滇缅公路的修筑任务。1942年5月10日，预备第2师过潞江时，线主动接应，并组建200多人的少数民族游击队，多次伏击日军；组织人、畜抢运弹药物资，主动接待涌入潞江的大批归侨、难民、伤兵，发给粮食，运送过江。7月，成立“滇西边区自卫军潞江支队”时，第11集团军总司令宋希濂委以少将支队司令。为筹集支队官兵经费，主动捐出金镯、首饰等贵重家产，下令各村寨增设集谷仓，增加渡船和竹筏，支援抗日部队和难侨、难民；并与先遣部队第71军密切联系，商讨抗日事宜。为此，李根源赋诗“潞水诸土官，忠贞知报国。上游段镜湖，下游线比德”赞扬线和段浩（字镜湖）两土司；并与宋希濂合制“为国干城”锦匾赠予线光天。1949年1月，在上书国民政府《土司地区之症解释论》中提出“政治不足，守土有余”和“以夷治夷”的治边原则，建议对土司政绩进行奖惩，对效忠为国者，授以实权，给以安慰；对渎职者，应予停职。1949年11月，任龙陵县潞江特别区主任委员。受黄平委托，到潞西县说服方克胜靠拢共产党，迎接中国人民解放军进驻边疆。因受军统特务蛊惑被裹胁，1950年4月，经缅甸出走台湾，任国大代表。1986年病逝于台北。

线东升(1931—2002)，系云南潞江安抚使司第21代司官线光天嫡长子，母亲为芒市安抚使司正印放(方)正德之女。抗日战争胜利后，先后在保山县立中学、腾冲县省立中学和昆明南菁中学等校读书。1948年，随父到腾冲晋见行政专员杨茂实，申报承袭土司职，行政专员以正在读书阶段和尚未完婚为由，缓办袭职，委托龙陵县潞江乡乡长职代之。1950年11月，受任龙陵县潞江特别区(后改为第四区)区长和代理司官职(是当时过渡性的双重政权形式)。1951年8月，他到民族学院政训一班学习，参加了西南少数民族参观团到全国各主要城市去观光。在北京受到毛泽东、周恩来以及朱德、刘少奇等领导人的接见；参观团推举线东升为代表，向毛泽东主席献旗献礼，还参加了天安门“五一”节的游行观礼。云南民族学院毕业后，随云南省政府组织的民族工作队到潞西、陇川农村做群众工作。1953年，被选为保山地区青年代表，出席中华全国第二次青年代表大会，又一次在怀仁堂受到毛泽东主席接见。1952年，保山成立垦植局，线东升为潞江林场场长。1954年，线东升当选为云南省第一届人民代表大会代表，任龙陵县副县长，后又调任德宏州政府办公室副主任和政协副主席。1957年后，在云南省民族事务委员会和少数民族语言指导工作委员会工作，先后在昆明师范学院、云南省政治学校和云南大学等校学习历史、政治和外语，1966年毕业于云南大学外语系。十年“文化大革命”，遭政治迫害，被下放到昌宁县柯街公社的荒田山村劳动。1979年，任保山县政协副主席，云南省政协四、五、六、七、八届委员。1980—1987年，在保山地区一中任英语兼职教师，后任保山市民族中学名誉校长。1986年，加入中国民主同盟任保山市副主委。1990年，组建中国国民党革命委员会保山分会并任主委。1992年，任政协保山地区工作委员会副主任。1993年在云南省社会主义学院进修。1994年，被选为云南省归国华侨联合会副主席。1999年4月29日，线东升作为少数民族上层爱国民主人士，受到党和国家领导人江泽民等接见并合影留念。1999年5月，在保山退休。2002年在保山病逝。

周开勋

周开勋(1896—1987)，字柱诚，云南腾冲观音塘人，爱国将领。早年在振国学堂读书，受到孙中山革命思想的影响。1911年9月6日，参加张文光组织的腾越辛亥革命起义。1917年，考入云南讲武堂第13期炮科。1919年毕业，一度回乡任团保局教练。1922年，得知孙中山准备出师北伐消息，只身到达广州，投奔孙中山，在中央直辖第3军任上尉参谋，并随军在东江淡水县一带参加讨伐陈炯明战斗，调滇军干部学校任少校队长(该校为滇军培养高级干部)。1924年，经廖仲恺介绍加入国民党，并奉调国民革命军第1师第3团3营任营副兼第8连连长。由广东出发，誓师北伐，转战北江、湘南、浙江、上海抵达南京，因功升任上校团长。以后又率部参加蒋、冯、阎中原大战。1932年，“一·二八”淞沪抗战，随军赴沪，与19路军协同作战，升任第9师少将独立旅长兼上海警备司令。1934年，调任第3军第12师中将副师长，其间被选送南京中央军校高级教育班第二期学习。抗日战争爆发后，率部抗日，固守潼关、风陵渡和陕西朝邑、韩城、龙门等一带重要渡口，阻止日军渡过黄河。在国共第二次合作中，一度归朱德总司令指挥，与八路军并肩抗日，协同作战，屡歼日军。1939年，调任第3预备师中将师长兼宝鸡警备司令。在负责陕西公路治安中，对赴延安有志青年，一律给予保护，对设在宝鸡的八路军办事处给予种种支持和方便。1942年，调任57军副军长并任四川达梁师管区司令。1945年，入重庆陆军大学将官班，后任国防部中将部员，并任军风纪视察组组长。曾被任命第6兵团副总司令，因对蒋介石发动内战不满而力辞不赴任。1948年，调任13兵团中将副总司令兼云南滇西师管区司令，继任云南绥靖公署中将高参。云南"九九整肃"运动中，中共云南地下党人杨青田和民主人士张天放等200人被捕，周开勋亲自找到卢汉营救，李宗仁到昆明视察时他又向李进言，出面保释。1949年12月9日，他在中国共产党政策感召下，随卢汉和平起义。1950年，被调入西南军政大学昆明分校高级研究班学习。1952年，任云南军区速成学校军事教员。1955年，转业任云南省政府参事、省政协委员。1955年，叶剑英出访缅甸路经昆明，因周与叶早年在云南讲武堂同学，北伐战争中又同在一个营里，交往很深，故邀周开勋到震庄住地叙旧。1957年春，朱德到昆明，来到青年时期在云南陆军讲武堂学习的故地，并看望昔日老师、同学、朋友。朱德很关心周开勋生活，问他有什么困难和要求，他回答对政府的安排已很满意，没有什么要求。1958年秋，他被错划为右派；1961年摘帽。十年动乱又遭迫害，直至1980年落实政策，被错划右派得到改正，恢复省政府参事、省政协委员，并任民革中央团结委员会委员，民革云南省委员会顾问。他念念不忘祖国统一大业，积极撰写对台信件和稿件，稿件通过中央广播电台和云南省电台向海外宣传。他撰写文史资料《腾越起义的一点回忆》《云南讲武堂的回忆》《护国护法经过》《滇军援川援粤资料》等篇。他爱好广泛，擅长书法，留有墨宝多幅，曾送北京中国历史博物馆和省里多次展出。1987年5月23日逝世。

赵国亚

赵国亚（1918—1987），字湛清，云南保山人。美术教育家。1939年，毕业于保山省立师范，相继任教于保山。1963年，任保山县第一届政协委员。1979年，从保山实验小学退休。赵国亚自幼酷爱绘画艺术，一生专肆美术教育，抗日战争时期，赵国亚有幸与美术绘画大师徐悲鸿成为师生挚友，在思想上、艺术上受到熏陶和启迪。平时勤于教学，闲暇画苑耕耘，爱雏扶幼，誉满校园。1941年12月，徐悲鸿一行在保山举行"劳军画展"，赵国亚因热爱字画，矢志学习，徐悲鸿应其要求，挥毫书联"敝庐何必广，壮图在自强"鼓励之，并留送《立马图》。此画幅，1963年郭沫若曾为之亲笔题词。赵国亚生前珍藏着许多名人名画，如徐悲鸿的《立马图》《天马图》《鹰击长空》《悲鸿手札》，齐白石的《紫藤》、李苦禅的《鹰》以及吴作人的《毛牛》《熊猫》《手书对联》等。

1987年2月17日，病故于保山，享年70岁。

陶竹铭

陶竹铭（1896—1992），云南保山人。知名老中医。8岁读私塾，辛亥革命后，读高等新学堂三年，17岁在家跟父学医。当时其父在保山县城正阳南路开保元堂，曾多次随父到芒市等地种牛痘。1924—1933年，自设中医门诊“万应堂”。1934—1942年，应“民生堂”聘请担任门诊工作。1942—1945年，保山“五四”被炸，“万应堂”迁移至下关。抗战胜利后，1946年“万应堂”从下关迁至保山袁氏街。1956年公私合营后在联合医院工作。1957—1990年，在保山地区人民医院工作。1988年11月被评定为中医主任医师职称。1990年10月退休。1992年11月病逝，享年95岁。

他擅长治疗儿科痧、麻、痘、疹、疳积、惊风疾病，俗称“花科医生”。行医中以儿科为长，同时，通过自学方药脉诀诸书和临床实践，对中医内、妇、外各科均有丰富的诊疗经验。学术上主张“气血为先，勿伤脾胃，调整阴阳”。注重保山当地风土、气候、人情习俗，用药对症，颇有独到之外。治疗麻疹见效极显，其经验总结成篇，撰《麻疹辨证施治浅论》登载在《云南中医杂志》创刊号上。治疗各种杂病，辨证灵活，不死守陈方，多系自拟方，用药精当，一般处方不超过十味。另外，大胆启用临床上不常用之药，如马钱子、黑大补等，摸清功效性味，扩大使用范围，用其治疗一些疑难杂症收到较好的疗效。其宝贵的临床经验已部分整理发表于《保山中医药》杂志。他一生行医，为人正直，不阿谀奉承，不分贫贱富贵，童叟无欺，一视同仁，深受广大民众之尊敬。他技术精湛，济世活人，能克疑难顽症，深受广大民众之喜爱。他在78年的医疗生涯中救治了不少的人，他没有留下钱财，但留下了人们对他永恒的回忆。

朱家璧

朱家璧（1910—1992），云南龙陵象达人，“边纵”名将、陆军少将、保山第一个县级人民政权创立者，中共云南省委党史工作领导小组组长。1933年毕业于黄埔军校，在滇军中任连长。1938年，赴延安参加八路军，同年加入中国共产党。抗日战争期间，任中共中央组织部党训班组织干事，陕北公学教育干事。1941年1月，受陈云、周恩来指派往滇军开展秘密工作，任营长、团长。1946年，受中共云南省委安排，在境外组建中共仰光特别支部，任支部书记。1948年春，受命回国领导滇东南武装斗争，任云南人民讨蒋自救军第1纵队司令员。1949年7月，任中国人民解放军滇桂黔边区纵队副司令员，指挥边纵参加滇南战役。11月11日，率边纵独立第2支队第6团进入龙陵，在革家坡主持召开会议，成立滇西人民解放委员会，研究建立人民政权和人民武装等，22日在象达召开军民联欢会，宣布成立由朱家祥任县长的第一个县级人民政权——龙陵县临时人民政府。12月，率部驰援昆明保卫战。1950年春，配合野战军进行滇南战役。中华人民共和国成立后，任昆明警备司令部副司令员、首任云南省公安厅厅长、陆军第14集团军参谋长、南昌步兵学校副校长和第一届全国人民代表大会代表、第五、第六届全国政协委员等。1957年，任云南省军区副司令员。1964年授衔陆军少将。“文化大革命”中受“江青反革命集团”迫害，被长期关押。1979年任中共云南省委常委、省委统战部长，云南省政协主席。1988年7月，授予中国人民解放军独立功勋荣誉章。1990年，因公差车祸受伤，1992年10月抢救无效，在昆明逝世。

蔡大双

蔡大双（1935—1992），傈僳族，云南腾冲古永（猴桥镇）人，傈僳族民兵英雄。出身于贫苦农民家庭。中华人民共和国成立后，入农民夜校学习，初通汉文化。在参加社会主义革命和建设中，对共产党和人民政府朴素感情逐步加深。1956年10月参加工作，任古永猴桥大队民兵排长。1964年2月，带领民兵在边境值勤时，机智勇敢地抓获4名非法越境者。1965年12月，任县政协第二届委员会常委。1966—1974年间，共组织带领民兵捕获美蒋特务3人、叛逃者14人、走私贩毒分子41人，为保卫边疆做出突出贡献，多次出席省、地、县民兵先进代表表彰会议。他的英雄事迹被腾冲县宣传队编成文艺节目演出。1966年，任中共腾冲县委第二届委员会委员，出席云南省第二届民兵代表大会并获民兵英雄称号。1968—1971年，任古永猴桥大队党支部书记，大队革命领导小组组长。1969年4月，当选为中共第九届全国代表大会代表。9月，应邀赴北京参加二十周年国庆观礼，任中共云南省委第一届委员会委员、保山地委委员。1971年10月至1984年3月，任中共古永公社委员会副书记。1972年11月15日，任县委第三届委员。1973年11月10日至1979年9月，任中共腾冲县委常委。1974年，云南省人民政府、云南省军区给他记一等功。1975年1月，当选为第四届全国人民代表大会代表。1977年12月，被选为云南省第五届人民代表大会代表。1978年10月，选送到云南民族学院干训部第三班学习。1980年9月21日至1984年4月24日，任县第八届人民代表大会常务委员会委员。1984年4月，任县政协第四届委员会委员。10月，任古永乡调研员兼生产助理员。1971—1985年间，曾分别任中共云南省第二次、第三次代表大会代表。1987年3月退休。1992年7月11日病逝。

伍集成　伍体贤

伍集成（1904—1994），名体圣，云南腾冲城关下西街人，著名教育慈善家。早年就读于县立高等小学堂。1920年，入县五属联合中学学习。1924年，经营“忠和兴”商号，因全球经济危机影响，生意萧条，陷入亏本境地，被迫关门停业，欠债万余银圆无力偿还，伍因此含冤坐牢。出狱后，决定只身出走，闯荡江湖，发誓“事业不成功，决不回家”。在下关，伍集成遇到由日本留学归国的大理县县长刘国澍，被委为县政府总务科科长。因工作勤恳，办事认真，被提升为县政府秘书。后因县长刘国澍奉命调省，遂离开大理县回到下关。此后，先后受永义昌商号郑庄诚意相请，留永义昌商号担任经理；受杨伯恭聘请，担任元春号（经营百货）和元春店（经营盐业）经理；受李植斋之聘，任迎祥记经理；受王少岩邀请，到茂恒号工作。1932年，担任茂恒号业务处掌柜主持茂恒经营业务后，对茶叶精心改良，认真配料，讲究包装，销售额上升，茂恒松鹤牌茶叶名声大振，销售囊括西藏、西康等地市场。1942年，王少岩与茂恒各股东商定，准备建立云茂纺织厂，伍受命兼任经理。珍珠港事件后，云南各商号物资来源完全断绝，皆以抛售物资，保存黄金为经营方针。唯独主理茂恒业务的伍集成匠心独具，坚持保存货物，等待时机。抗日战争末期，物价再度高涨，茂恒有大量货物出售，获得丰厚利润，跃升为云南最大商号，伍为茂恒立下奇功。1943年，为进一步发展自己事业，辞去茂恒商号职务。同乡杨楚生、许云卿组建毕南生丝公司，邀伍集成参加，他便把多年积蓄入股与许云卿及几位川帮丝商成立华美商号，由许云卿任经理，伍集成任董事长。1944年，伍组建万通商号，自任董事长。1946年，迁居香港。1949年，蒋介石密令各大城市特务机构，严厉镇压民主运动。西南联大教授潘光旦（民主同盟昆明支部负责人）也处于危险之中，伍集成接待过潘光旦教授。年底，伍集成全家离开昆明转香港，上海分公司也迁往香港。到香港后用50万港元向一位英国人买下轩尼诗道302至308号1.90万平方英尺货仓，组建瑞成国际贸易有限公司，经营棉花棉纱生意。香港纺织厂皆由瑞成公司供应棉花棉纱，客户达300家，每年销售棉花几万包，棉纱几万包。通过不断地打拼，至1983年，他的资产估值逾10亿港元。1985年，他决定捐出1000万港元设立文化教育基金会，为云南选送出国留学生和培养高级人才。1986年10月，"伍集成文化教育基金会"成立，其女伍宗琳为永久董事，伍集成为董事会主席。1988年，他捐款40万元，帮助滇西地震灾区人民重建家园；捐资5万元，帮助腾冲县修建文笔塔；捐资1万元给绮罗图书馆。1990年，捐给腾冲县6所中学汇港币115万元（捐一中30万元，益群25万元，三中、四中、城关、蒲川中学各15万元）。1992年，捐资200万元，令女儿宗琳带返乡观光时赠给腾冲县作教育发展之用；年末，拿出港币100万元，设立"伍集成医学交流互助基金会"，每年由云南省派出医生到威尔斯亲王医院参观学习，参加国际学术交流会。1993年夏，捐赠100万元，设立"云南省智力支边扶贫基金会集成培训中心"，为云南边疆、山区贫困地区培养农业、乡镇企业和文化、教育、卫生管理人员和技术人员，按每年8万~10万元资金安排，每年举办6~8个短训班，培训200~250人次，由伍宗琳担任中心管理委员会会长。是年，省政府聘任伍集成为省政府顾问，并在香港举行仪式，颁发聘书。1994年8月17日，他在养和医院动第二次大手术，手术前十分平静地说："我死之后，不要通知任何人，不要发讣告，不要举行任何仪式，立刻火化，将骨灰送往昆明，请云南省委统战部安排将我的骨灰撒入滇池，表示为不忘故乡，复归本土，……"手术前，还念念不忘10年前他所创立"伍集成文化教育基金会"，他嘱咐女儿宗琳，再拿出储蓄1000万元港币注入基金会。伍在香港寓所溘然辞世，享年91岁。伍老辞世后，云南省委书记普朝柱、省长和志强分别发唁电悼念。

伍体贤（1912—1998），字天宝，乳名老印，伍集成之弟。云南旅港同乡会永久会长。他自幼勤奋好学，五属联合中学毕业后即加入父兄创立的"忠和兴"商号，跟随父兄从事进出口贸易，前往缅甸经商。20世纪30年代中期，回昆就读于富滇银行会计学校，后在昆明任富滇银行会计主任。1949年，其兄伍集成迁居香港后，留下的万通国际贸易公司生意全由他负责，主要经营棉纱、土产、金属材料等物资进出口。他利用云南土特产优势组成大元猪鬃公司，用云南特产出口创汇。20世纪50年代初，伍体贤向中国人民志愿军捐款购战斗机1架，代表云南省工商界赴北京参会，受到毛泽东和周恩来等党和国家领导人的接见。是年，他积极筹建中国民主建国会云南分会，是最早的创会会员之一。1952年，他由香港返回昆明，一心回国发展民族工业，参加新中国建设。他积极投身于恢复国民经济建设热潮中，将自己的企业参加公私合营改造。时任云南省省长的于一川任命他为云南省进出口公司副总经理。自此，他以毕生精力从事云南外贸工作，贡献颇多。1954年，他在昆明成立洗鬃厂，任董事长，经理李正邦，管事杨洪俊，收购猪鬃加工成成品，运销美国。“文化大革命”中，1967—1973年他曾受到冲击，被下放到昆明长坡农场劳动。改革开放后，伍体贤看到了新的希望，重新焕发出驰骋商场的生机与活力。20世纪80年代，在腾冲设立“伍体贤教育奖励基金”，在云南大学设奖励基金，并捐助希望工程。捐资给腾冲下绮罗村图书馆、老年协会、城关老年活动基地计300万元，用于改善农村文化生活及老年活动场所；云南武定发生地震后，派长子伍滨由香港赴昆捐资10万元；丽江发生地震时，他正在昆明参加省政协全会预备会，带头捐资20万元救助灾区人民。1980年，他到香港，在有关部门支持下，于1982年创立云南旅港同乡会。创会后，他不争名利，大力推举年轻人为会长，自己任副会长。由于他德高望重，后被推为永久会长。他非常重视云南生态环境建设，20世纪90年代，捐资300万元设立“伍体贤现代林业基金”。出资13万元给腾冲县林业部门人员到省外参观学习经济林木种植发展经验。历任政协云南省委员会一至四届委员，第五、六、七届常委，民建云南省委名誉副主委，云南省工商联常委，省侨联顾问。1994年，香港云通有限公司与昆明盘龙房产合资成立盘通物业有限公司。是年，获省政协优秀提案先进个人。1997年9月，他以带病之身飞往昆明，最后一次出席云南省政协常委会。是年，他投资10亿元在南屏街开发大型综合房地产项目。1998年6月，在香港逝世。伍体贤长期致力于滇港经贸，全力支持祖国改革开放，积极在国内兴办工厂企业和建立基金会20个，为祖国及家乡腾冲经济繁荣和社会发展作出了重要贡献。

王少岩　王昭明

王少岩（1903—1995），云南腾冲城关人，爱国商人，云南省第二、三届政府副省长。生于工商业家庭，少年时在家乡读私塾，17岁进入父亲合伙开设的茂延记商号学生意。1924年，父亲病逝，肩负起商号业务和全家10口人生活担子。1927年，由于他经营有方，分别在上海、成都、拉萨、中国香港地区及仰光、加尔各答等地设立分支机构30处，发展成为云南经营国际贸易著名商号。总号迁昆明后，他任董事长。1928年，茂延记与春延记合并为茂恒商号，总号设在腾冲，主要经营对缅甸业务，他任昆明分号经理。1938年，业务发展较快，国内外分支机构员工400人，后将总号迁移昆明，建立董事会，他任董事长。1942年，股东们决定把商业资金70%转建云茂纺纱厂，并从爱国爱乡角度出发，将工厂建在昆明。他到昆明后，通过同乡中共地下党员杨青田，向地下党捐献过一定数量款项，作为党的活动经费，并掩护地下党的活动。抗美援朝时期，为支援中国人民志愿军，他与弟弟王昭明主动捐款购买飞机1架，在工商界中起到积极带头作用，掀起捐献飞机大炮的热潮。在国家经济建设初期，积极响应并号召工商界人士购买建设公债，支援社会主义建设；拥护共产党对民族资产阶级和私营工商业社会主义改造政策，使云茂纺纱厂成为全省第一家实行公私合营企业。他一贯重视教育事业，中华人民共和国成立前就对家乡腾冲教育事业有过资助。20世纪60年代初，国家处于困难时期，他与弟弟王昭明一起带头捐资（他捐献大量所得"定息"），并发动工商界朋友在自愿基础上共同创办昆明市东风中学（今昆明第十中学）；为支援家乡腾冲发展教育事业捐资20万元。他先后担任昆明市各族各界人民代表会议筹委会副主任、省第二届人民委员会委员、省工业厅副厅长、省轻工厅副厅长、省财经委员会委员，民建中央一至五届委员、常委、咨议委员会常委，民建云南省委第一、二届常委、主委，民建昆明市委第一、二届副主委、主委，云南省工商联一至七届常委、副主委、主委、名誉主委，全国工商联委员、常委，中国国际信托投资公司董事，云南省第二、三届政府副省长，政协云南省第一、二、四届委员会副主席，全国政协第二至四届委员会委员，全国一至六届人民代表大会代表，省二届、五至八届人民代表大会代表，省五至七届人大常委会副主任职务。1995年3月14日，因病在昆明逝世。

王昭明（1914—1999），云南腾冲人，王少岩之弟，爱国商人。幼年在家乡读私塾，由于耳濡目染，对经营工商业有浓厚的兴趣。17岁，进入长兄王少岩与亲友合伙开设的茂恒商号工作，涉足进出口业务，从学徒做起，后来逐步升为职员、分号经理。1937年赴缅甸，在缅甸期间先后担任过茂恒仰光、曼德勒、密支那等地分号经理。抗日战争时期，国内人民生活必需品异常缺乏，出于爱国热忱，也为商号增加利润，他千方百计争取多运物资回国，每年商号结账后他都有一笔较高奖金，再把奖金转为股本，逐步成为茂恒较大股东之一。1942年，他和大哥王少岩、二哥王振宇从爱国爱乡立场出发，决定把工厂建在昆明。云茂纱厂确定厂址后，他负责建厂工作。1943—1948年，任茂恒昆明分号经理时，常驻昆明，经常接触杨青田，杨青田曾在他家设立中共地下党秘密接头地点，他还通过杨捐助款项作为中共地下党活动经费。1949年，纱厂正式投产时任经理，多次捐款支持中共地下党活动。1950年下半年，他参加滇黔北上参观团，在北京聆听了朱德的讲话，对中国共产党有了进一步认识。1951年下半年，他由中国民主建国会昆明市委员会保送到重庆西南人民革命大学民主党派干部培训班学习。1954年1月，云茂纱厂成为云南省第一家公私合营企业，对全省工商企业在1956年实行全面公私合营改造起了积极推动作用。公私合营后，王担任副厂长，积极协助公方厂长搞好企业生产。1962年，到北京中央社会主义学院学习1年。抗美援朝开始，他同大哥王少岩商量，决定由云茂纱厂、茂恒商号联合捐献飞机1架，此举受到了人民政府的嘉奖，并在昆明工商界起到带头作用。是年，当国家处于困难时期，为支持国家教育事业，他与大哥王少岩一起带头捐资创办昆明东风中学（今昆明第十中学），并任董事长。1954—1996年，先后担任昆明市副市长、市人大副主任，曾先后担任过全国政协第五、六届委员，全国第七、八届人大代表，全国工商联执委、常委，省工商联副主委、主委等职务。1960年起，任云南省归国华侨联合会一至四届主席，他经常接待世界各地到云南访问的华侨、港澳同胞，向他们介绍云南各方面情况，并积极开展引进外资工作。在出访和国际交往中，广泛联系各方面的知名人士，为祖国统一大业尽自己的力量。1999年10月23日，在昆明逝世。

李镜天

李镜天（1904—1995），曾用名李曰潢，云南腾冲和顺乡人，缅甸归侨。1917年，赴缅甸求学。1928年，接替其父在曼德勒经营永茂和商号，任总经理，开拓国际贸易，从事华侨爱国活动。1928—1935年，先后担任中华会馆缅京分会理事，缅甸救灾总会缅京分会理事，缅京云南同乡会常务理事，缅甸新腾冲社常务理事，南洋华侨协会云南分会常务理事。1933年，到上海开拓东南亚贸易，从上海组织货源经越南运往昆明，沿滇西路到缅甸销售。1942年，日寇侵占缅甸、腾冲，永茂和商号撤回昆明，组织川滇贸易，并向丽江—西藏—印度开拓贸易通道。1945年，日本投降，缅甸光复，又恢复滇缅贸易。1949年，在仰光听到北京开国大典广播，毅然于10月15日回到昆明。1950年，参加省政府组织的北上观光团，在怀仁堂受到总司令朱德和秘书长林伯渠亲切接见。1951年，参加组建"昆明归国华侨联谊会"，任筹委会主任，参加中国民主建国会，任云南省委委员。1952年10月，参加中国人民第二届赴朝慰问团，任组长。1953年，出席全国工商联首届代表大会和中央华侨事务委员扩大会议，担任省工商联执委会常委。1956年，任昆明归国华侨联谊会主席。他积极拥护国家对私营工商业改造政策，联合昆明15家私营进出口企业，组成公私合营昆明进出口公司（今省粮油食品进出口公司前身），任第一任经理，为公司建立、发展做出有益贡献。同年，任昆明归国华侨联谊会第一届主席。1957年后，虽受到冲击和错误处理，但坚信党、热爱社会主义初衷不变。中共十一届三中全会后得到平反。历任昆明市第三、四、七届人大代表；省政协一至四届委员，市政协一至四届委员，市政协第六、七届副主席；省、市工商联常委，保卫世界和平云南分会委员，中苏友协昆明分会理事，中国云南国际文化交流中心理事；中国侨联第一届委员，云南省侨联副主席、顾问，昆明市一至四届侨联主席，第五届名誉主席。1991年1月，荣获全国侨联颁发的"三十年热心为归侨、侨眷和海外侨胞服务"荣誉证书。他热心教育事业，先后任昆明求实中学常务董事，昆明五华中学常务董事，昆明侨民小学董事长、侨光小学副董事长、腾冲和顺益群中学名誉董事长。晚年撰写有10万字回忆文章，有《辛亥革命与华侨片段》《滇缅贸易简史》《永茂和商号史略》《侨缅回忆录》《回忆先父李任卿》《赴朝慰问团回忆》《矢志不渝，永跟党走》等。

白平阶

白平阶（1915—1995），回族，云南腾冲人，中国当代知名回族作家。1935年，先后在《云南日报》、香港《大公报》、重庆《大公报》、《世界文艺季刊》《今日论坛》《平明》等报刊发表文学作品。1938年，他创作的反映抢筑抗战国际通道滇缅公路的小说《跨过横断山脉》，在香港大公报“七七”抗战特刊《我们抗战这一年》发表，著名翻译家叶君健将之译为英文，在伦敦《新作品》上发表。1942年，沈从文先生将白平阶以《跨过横断山脉》为首的部分作品结集成册，编为《驿运》一书，巴金将此书收入他主编的《文学丛刊》中。

中华人民共和国成立后，他致力于西南边疆少数民族教育事业。曾任腾冲县第一中学代校长、副校长，德宏州民族中学副校长。当选为德宏州第五届政协副主席，云南省人大代表、省政协委员、德宏州人大代表。1995年2月逝世。

周　瑛

周瑛（1927—1998），字萤斋，内蒙古宁城县人，志愿军老战士。1947年6月参加中国人民解放军。1949年5月，加入中国共产党。在解放战争中，参加过锦州战役、辽沈战役、天津战役、衡宝战役。解放后参加过两广剿匪战斗、抗美援朝。1959年参加过平息西藏叛乱。在解放战争中立过大功一次。1963年，沈阳通信兵学院毕业。在解放军中任过通信员、收发员、通信参谋、通信股长、通信营长、炮兵团副参谋长。“文化大革命”中，所在的部队驻保山，并担任地方“支左”任务。1969年10月，调保山县武装部，先后任部长、县革命委员会主任、县委书记等。1974年，批林批孔时，受到批判，粉碎“江青反革命集团”后，获平反。1979年12月，从军队转业中共腾冲县任县委书记、腾冲县革委主任。1984年1月，任保山市政协主席。1986年12月，离职休养。1988年，被评为“全国老有所为精英”，受到表彰。

李　定

李定（1923—2000），云南施甸人，全国统战、工商界的优秀领导干部。1942—1946年在西南联大学习和任云南日报记者时，曾深入滇西抗日战场战地采访。1947年，以大公报记者身份为掩护，任天津市团市委副部长、部长。1949年12月起，当任中共天津市委统战部副部长、副秘书长、秘书长兼统战部长。1982年调任中共中央统战部副部长、全国政协常委、兼中央社会主义学院党组书记。1988年调任全国工商联党组书记、副主席，1993年后兼中国民营经济研究会会长，1995年后兼中国西部研究与发展促进会副会长。在中央统战部任职期间，提出了新形势下统战工作的新思路、新方法，作出开拓性的重要贡献。在全国工商联等单位任职期间，多次召开全国性研讨会议，发表多篇调查报告和论文，主编了《中国百科大全·中国资本主义工商业社会主义改造》卷和《中国私营经济年鉴》三卷。还担任过中美友好访问团团长、中国共产党出席索马里党代会代表团团长，并在美国加州作了《红色中国和私营经济的现状与未来》演讲。在任时多方建言献策，关心家乡社会经济建设。2000年病逝时，朱镕基、李瑞环、胡锦涛等10位国家领导人以不同方式表示哀悼。

郑　刚

郑刚（1918—2001），原名毛青云，河南鄢陵人，中共保山地委首任书记。1935年“一二·九”学生运动后，被国民党特务逮捕入狱，受尽酷刑。“西安事变”后被释放，到山西太原国民师范学习，并加入中国共产党，改名郑刚。“七七”事变后，参加“山西青年抗日决死队”。历任战士、指导员，教导员。1939年调北方局党校学习，次年被派到国民党第93军，组建太岳游击队，后任政治部主任。1944年成立太岳游击纵队（后为第4纵队），任政治部民运部长。1946年兼任叶县县委书记。淮海战役后，第4纵队编为第4兵团，叶县独立团编为第14军第41师第120团。1949年4月，渡江解放南昌、广州。1950年年初入云南后，任驻保中国人民解放军某师政委，保山地委书记和保山边防区首任政治委员。1955年授衔大校。1956年当选为中共八大代表。次年调云南省委工作。1958年12月又调回保山，任德宏州委书记。1960年3月，任大理州委书记。“文化大革命”时期遭到批斗，中共十一届三中全会后平反。1980年任省侨办主任。他在保山工作期间，结合边疆实际，严格贯彻执行党的民族政策，创造性地开展边疆民族工作，亲赴梁河与梁河、盈江、莲山等地与土司谈判，促使部队顺利进驻边疆，顺利完成剿匪建政、和平协商土地改革等任务，为保山的解放和建设、为部队和民兵建设及边防社会稳定做出突出贡献。1983年离休。2001年9月病逝于昆明。

张学文

张学文（1934—2001），笔名鲁墨，云南隆阳区人，民盟盟员，民族民间音乐研究创作者。1951年参加工作，供职于保山市人民银行。1968—1972年，先后借调在保山市文工队、保山地区文工团搞创作、演奏工作。1973年年初调保山地区文教局，业余进行文艺音乐创作、演出、研究。1977—1979年，参加组建保山地区歌舞团。1979年年底，回保山地区文化局艺术科从事艺术团队管理、演出及民族音乐艺术研究、创作。

他一生致力于民族民间音乐的研究创作，走遍了保山、德宏等州、市的山山水水，采录了200多盘民族民间音乐及数百万字的文艺资料，创作发表歌曲200多首；主编和出版了《云南保山民族民间音乐》一书，并为《中国少数民族乐器志》《中国少数民族艺术词典》《民族音乐概论》等著作的撰稿人之一。其代表作《富饶美丽的潞江坝》是歌唱家乡流传最广泛的优秀歌曲，发表于《人民日报》后被灌制成唱片，在各省市自治区和中央人民广播电台播放多年，并成为中央音乐学院的教材资料、电视片《引龙入怒》的主题歌，还传播到东南亚国家。

曾任保山地区文联副主席、保山地区戏剧音乐舞蹈曲艺家协会主席，是中国音乐家协会会员、中国少数民族音乐学会会员、中国当代文学研究会会员及云南分会会员、云南音乐家协会会员理事、昆明聂耳冼星海学会会员、云南曲艺家协会会员。2001年11月4日，因病去世。

甘登矩

甘登矩（1922—2003），广西桂平人，保山汽车运输总站副站长，中共党员。安全行驶一百万公里的“钢筋铁骨老英雄”。1957年起，在保山地区汽车运输总站任驾驶员。在任驾驶员的21年间，完成了36年的运输量，安全行驶106万公里，仅节油一项，平均每年给国家上缴利润两万元以上。他像爱护眼睛一样爱护自己驾驶的汽车。装卸货他总是亲自动手，行车途中每跑一段就要停下来检查车况。他总是把困难留给自己，把方便让给他人：出车时，总是跑艰苦的路线，行车途中经常帮助别人修车，回队修车，总是把好材料让给别人。他赢得人们钦佩的赞誉：“老甘做好事从不按喇叭，真是个无名英雄啊！”多次被总站评为劳动模范，被中共云南省委、云南省总工会授予“钢筋铁骨老英雄”的称号；多次荣获各级标兵、劳模称号。获得交通部“一百万公里”胸章。他的先进事迹当时被编成文艺节目，在保山地区内演出。1975年当选为第四届全国人民代表大会代表，1977年选为第十一次全国党代会代表。2003年3月，因病去世。

李秉权

李秉权（1922—2005），云南腾冲人，神经科主任医师、教授，中国神经外科开拓者之一、云南省神经科奠基人、云南省医学界捐献遗体第一人。出生于腾冲县一个小手工业家庭，青少年时期，他目睹家乡腾冲被日寇侵略和深重的民族灾难，自幼立志要为振兴中华民族而献身，中学毕业后考入国立云南大学医学院医学系。1947年7月以优良成绩毕业获学士学位。1949年12月初，李秉权与校友胡素秋（今为昆明医学院第二附属医院妇产科教授）结为连理。1950年3月，他应聘于云南大学医学院第一附属医院（今昆明医学院第一附属医院）任外科医师。

1953年3月，卫生部在天津医学院举办全国首届“脑系外科高级进修班”，为期一年，李秉权在选送之列。参加这次进修的23个人，后均成为中国各地神经外科的带头人。此后，他由大外科转向神经外科，成为新中国培养的首批神经外科医师之一。1954年10月，李秉权学成回到昆明，在无专门病床、无固定助手、无开颅专科器械设备、无专科护理的情况下，因陋就简，创立了云南省第一个脑系科门诊，填补了云南省开颅术、神经外科的空白。1960年，从云南大学分出独立建院的昆明医学院成立了云南省第一个神经病学教研室和第一个神经专科病房，由李秉权和一位内科主治医师带领一批年轻的内、外科医师、护士，开始从事专门的神经科工作。其后一直终生奋斗在神经外科，更多的“首创”和“第一”在他们的手中诞生。1966年5月，在云南省首次开展“人体大脑半球切除术”，他成功地为一例患癫痫8年并左侧偏瘫的16岁男孩进行右大脑半球切除，该病例的“随访观察报告”获“云南省1983年科技成果二等奖”。1978年，他与五官科医生合作，施行全国首例“经颅中窝硬膜外进路面神经移植术”成功，同年光荣地出席全国科学技术大会并获奖。

1979年2月，李秉权带领医疗队在“对越自卫反击战争”前线抢救大量伤员。创新运用“颅骨大骨瓣切除并脑室外引流联合减压法”抢救颅脑火器伤员，使得死亡率大大低于第二次世界大战以来世界大小战场上各国的治疗水平。被评为“战地模范工作者”，荣立一等功，获得全国劳动模范称号。同年加入中国共产党。与程华青合作，在国内首先开展了经颅中窝硬脑膜外进路行面神经岩段手术，治疗眩晕效果良好。在国内首次为一双头畸形人成功切除寄生性小头，获云南省1982年科技成果二等奖。享受国务院特殊津贴。1980年他到法国进修神经外科。1987年，他在国内首先引进西德“经颅三维多普勒超声诊断仪”（TCD），并率先成立全国第一个“经颅多普勒超声室”，为北京、上海、佳木斯、长沙、成都、重庆、贵阳及云南省昆明、玉溪、楚雄、临沧等医院培养TCD技术操作高级医师多人。

李秉权教授著有《临床实用神经系统解剖学》《脑脓肿》等专著多部，发表《颅骨大骨瓣并脑室持续引流联合减压术在颅脑火器伤治疗中的应用》等医学论文64篇，在国家、省级医学期刊上发表英语、法语译文71篇。他先后荣获1978年全国科学大会奖，一等军功奖，卫生部乙级奖，省科技成果等奖项和卫生部“边远地区优秀医学科技工作者”“全国劳动模范”“云南省劳动模范”等称号，享受国务院“特殊贡献津贴”，被推荐为中科院生物科学学部委员候选人。

1993年退休后，除了参与会诊、看专家门诊之外，他每天都伏案读书、写作、翻译医学著述。李秉权深知可供教学和科研用的遗体太少：按照教学要求，医学本科的学生应该是2～3人实习解剖一具遗体，但由于数量不够，昆明医学院是32～35个学生用一具遗体。学校教学用遗体的拥有量和教学的需求量之间差距越来越大。随着年事渐高，身体每况愈下，他萌生了死后捐献遗体，还要为医学事业服务的念想。2000年，他不止一次地对夫人和3个子女提到捐献遗体的事，他说：“我做了一辈子的医生，死了以后也要拿这身‘臭皮囊’为医学作一些贡献，学生在我身上练熟后，病人就可以少受些痛苦。我患过脑腔梗、高血压血管硬化，可以做病理解剖；解剖切完用完之后，再做成一副骨架，供教学使用。”对于他的这一决定，夫人胡素秋和3个儿女难以接受，但深知李秉权心愿的他们，最终还是在申请表上签了字。而且，夫人胡素秋也填了捐献遗体申请表。2005年3月8日，李秉权、胡素秋同时领到了昆医基础医学院人体解剖学教研室发给的捐献遗体荣誉证书。

2005年3月29日，李秉权教授因病辞世。从医58年的老教授李秉权的遗体捐献给了母校——昆明医学院。解剖之后做成了一副教学用骨架。

李秉权，生前为医学事业鞠躬尽瘁，死后捐献遗体服务医学，生与死的界线，在他对祖国医学事业的一腔赤诚中被跨越。

第二节　英模事迹简介

刘　斌　1925年生，山西阳城人，省级优秀共产党员，满门忠烈的保山军分区司令员。1945年参加中国人民解放军，在解放太原东山和太原战役中5次负伤，所在连队获“攻如猛虎、守如泰山”“尖刀插入，战果第一”的锦旗。1954年起一直在云南边防一线工作。1979年南疆自卫还击作战中赴前线指挥，荣立二等功。他的大儿子刘光和二女儿同时参加南疆自卫还击作战，妻子参加支前，大儿子和妻子立了功。大儿子牺牲后，又将小儿子刘明送到作战部队参战，刘明牺牲后，又建议将在内地部队医院当外科医生的女婿陈明勇调到前线参战，为作战部队做出表率，为巩固边防做出重大牺牲，是满门忠烈满门彩的前线指挥员。1983年离休。1985年11月云南省委授予“优秀共产党员”。

杨善洲 1927年生，施甸县姚关镇陡坡村委会大柳水自然村人，党员干部的楷模、离退休干部的优秀代表。1951年5月参加工作，1952年11月加入中国共产党；历任中共保山县施甸区工委副书记、书记，中共保山县委副书记、书记，中共保山地委副书记、书记；是中共云南省委第二、第三、第四届省委委员，云南省第五、第六届人大代表，第六届人大常委会委员。在任期间，他始终如一地坚守共产党员的精神家园，始终如一地践行执政为民的根本宗旨，把党和人民的利益放在首位，诚心诚意为群众谋利益，以感人的事迹展示了共产党员的崇高品质。他坚定不移地贯彻执行党的路线方针和政策，带领干部群众大搞农田基本建设、大办农业样板，兴修水利设施，推广科学种田、发展粮食生产、开展多种经营，为改变保山贫穷落后面貌、让老百姓过上好日子不懈奋斗。他为官30多年，舍小家、顾大家，把全部心血和热情都用在为人民群众办实事上，没有为妻子孩子捞上一册“农转非”的户口簿，没有给家里盖上一间像样的房子；自1950年把妻子迎娶进门以后，一心扑在工作上的他就再也没有时间去过妻子的娘家；他的小女儿在8岁时才第一次看到回家探望生病奶奶的父亲；孩子念书等大大小小的开销靠的是妻子和大女儿盘田种地、编粪箕等来维持，而他却经常拿出自己的工资来，给困难群众买粮食或被子，帮助农村生产队购买良种、肥料、牲畜等。他很少待在机关，一年大部分时间都在乡下跑。他总是穿一身洗得发了白的灰色中山装，顶个草帽，夏天草鞋，冬天胶鞋，随身带着锄头、镰刀、嫁接刀，碰到插秧就插秧，碰到收稻就收稻，哪块地里的草长高了就锄两把，谁家需要嫁接苗木就帮着嫁接。保山地区5个县（市）的99个乡，每一个乡都留下了杨善洲的脚印。担任地委书记期间，胡耀邦总书记两次视察保山，称他是“朴实的地委书记”，并有感而发，赠其对联：“心在人民原无论大事小事；利归天下何必争多得少得”。1988年3月退休后，他继续履行“只要生命不结束，服务人民不停止”的诺言，谢绝组织的关心，毅然放弃进省城昆明安享晚年的机会，回家乡施甸县姚关镇大亮山植树造林。没有资金，他四处奔波筹集；没有树种，他到大街上去捡果核；与工人们一道披星戴月，风餐露宿，住的是毛毡窝棚，吃的是山茅野菜，晴天一身汗、雨天一身泥，摔断了左腿，累坏了身体。建成面积5.6万亩、蓄积林木价值3亿多元的林场，修建了18公里的林区公路，架设了4公里多的输电线路，终于把昔日的荒山秃岭变成了生机勃勃的绿色天地，使当地恶劣的自然环境得到明显改善，周边4个贫困村100多户贫困户开始脱贫致富。退休之后，由于贡献突出，他先后获得全国、省、市表彰20余次。仅1990—2004年，就获得优秀共产党员等省级先进个人称号5次，荣膺“全国绿化奖章”“全国十大绿化标兵”“环境保护杰出贡献奖”“全国优秀共产党员”“全国老有所为先进个人”等国家级荣誉称号。“杨善洲，杨善洲，老牛拉车不回头，当官一场手空空，退休又钻山沟沟，二十多年住深山，呕心沥血办林场，创造资产超亿元，分文不取乐悠悠……”这首民谣朴素地表达群众对杨善洲人生的褒扬。

赵春高　1933年生，云南昌宁人，一等功臣，优秀基层干部，全军英模代表。1951年3月入伍后，一直在云南边防工作，曾参加滇西剿匪作战，担任昆明军区通信总站第8营营长期间，先后组织指挥部队架设通信线路6000多公里，6次立功，曾受到毛泽东等党和国家领导人接见。1986年成都军区授予“优秀基层干部”，荣立一等功。1987年7月出席全军英模代表大会。

张学景　1949年生，云南隆阳人，战斗英雄。1968年4月入伍，任陆军第11军第95团第4连连长。1979年南疆自卫还击作战中，带领突击排攻打威龙战斗，本人毙敌13名，圆满地完成战斗任务。1979年5月被昆明军区授予“战斗英雄”。

张国昌　1950年生，云南施甸人，大军区抗震救灾模范。云南省军区边防第8团122榴弹炮营营长。1968年3月入伍，两次参加南疆自卫还击作战，荣立二等功1次、三等功2次，1988年11月，澜沧、耿马抗震救灾中，出色完成任务，被成都军区授予“抗震救灾模范”。

和自兴　1951年生，纳西族，云南丽江人，“英雄连”指导员，全军政治指导员的楷模。云南省军区边防第8团第2营第5连指导员。1979年参加南疆自卫还击作战，光荣牺牲，被中央军委授予“政治指导员的楷模”，所带连队被中央军授予“英雄连”。

李义华　1952年生，云南隆阳人，英雄汽车兵。1971年1月入伍，昆明军区汽车第23团第9连班长，安全行车23万公里，14次受嘉奖。1981年扣林山和1984年拔点作战两次荣立三等功。在收复老山、者阴山作战中，带领全班出色完成作战运输任务，他抢运弹药、物资32吨，运送作战人员501人次。帮助战友抢修车辆22台，保证了紧急出车。1984年9月昆明军区授予“英雄汽车兵”称号。

兰世洪　1954年生，云南马关人，一等功臣，战斗英雄。1976年入伍，步兵第93团第4连排长。1979年南疆自卫还击作战中，带领全排担任主攻任务。一举攻克34号高地，在向纵深发展途中，先后摧毁敌两个炮兵阵地。在迂回接近暗火力点时不幸中弹牺牲。战后追记一等功，昆明军区授予“战斗英雄”称号。

陈新民　1957年生，云南隆阳人，功勋卓著的缉毒英模。1957年参加工作，历任施甸县缉毒队长、公安局副局长、保山地区缉毒大队副队长、队长、省公安厅缉毒处副处长等职，二级警督。在缉毒战线14年间，50多次打入贩毒集团侦察，英勇机智，多次战胜毒犯的金钱诱惑和美色勾引。率领破案330起，抓获毒犯634名，缴获海洛因、鸦片1080千克和武器、毒资等。1989—1990年，成功破获“3·17”“8·15”“11·6”“12·6”等多起特大贩毒和特大武装贩毒案；在施甸、楚雄、下关等地成功破获6起重、特大贩毒案，缴获海洛因、鸦片129.9千克和毒资145万元。3次荣立三等功，云南省委、省政府授予“优秀共产党员”“特级劳模”“首届十大杰出青年”；公安部、中华全国总工会授予“中国十大杰出民警”“二级英模”“全国优秀公安干警”“五一劳动奖章”；国务院授予“全国先进工作者”。1992年出席第十四次全国党代会。1995年参加公安部组织的英模报告团，到各省市区大城市、大专院校巡回报告。

周在才　1957年生，江苏仪征人，战斗英雄。1976年入伍，77273部队排长。1984年4月30日，在收复者阴山战斗中，指挥全排配合第9连连续攻占3个高地，毙敌4名，身负重伤，仍坚持战斗，直至壮烈牺牲。昆明军区授予“战斗英雄”。

和文丽　1959年生，纳西族，云南维西人，一等功臣，战地模范卫生员，全军英模代表。1979年1月入伍。77273部队卫生员、卫生队队长，技术7级（副师职）医师。1984年在者阴山作战中荣立一等功，9月，昆明军区授予“战地模范卫生员”。战后提任团卫生队军医。1987年7月，出席全军英模代表会议。

刘　光　1959年生，山西阳城人。1978年3月入伍，时任保山军分区司令员刘斌的长子。1979年南疆自卫还击作战荣立三等功。1981年年初南京外语学院毕业后，任独立师侦察连副连长，继续参战。在155天里，侦察敌情和作战执勤45次，排除地雷8枚。12月5日，带领侦察小组在指定位置埋雷中，为救战友李立波被压发雷炸伤，英勇牺牲。1982年6月昆明军区追授“立志献身边防的模范干部”。

马　平　1962年生，贵州贵阳人，全军战斗英雄。1979年考入昆明陆军学校大专班，1982年毕业，任77273部队排长。1984年者阴山战斗中，带领全排随连穿插，46分钟占领两个高地，打到敌营部，切断敌退路，为全歼敌人做出重要贡献。他一人毙敌4名，用爆破筒摧毁敌弹药库1座、营房1栋。在搜剿战斗中不幸触雷牺牲。被团党委追认中共正式党员，9月，中央军委授予“战斗英雄”。

李国文　1962年生，云南临沧人，昆明军区授予的“李海欣高地十五勇士”之一，一等功臣，全军防御作战的勇士。1981年1月入伍，原为保山军分区边防第9团战士，后为步兵第40师第119团第3营第8连战士。1984年在南疆自卫还击作战中光荣牺牲，追记一等功。次年10月被国防部命名为“勇士”。

董朝贵　1962年生，云南武定人，昆明军区授予的“李海欣高地十五勇士”之一，全军防御作战的勇士。1982年1月入伍，原为保山军分区边防第9团战士，后为步兵第40师第119团第3营第8连战士。1984年南疆自卫还击作战中身负重伤仍坚持战斗，荣立二等功。次年10月被国防部命名为“勇士”。

蒋志华　1962年生，云南耿马人，昆明军区授予的“李海欣高地十五勇士”之一，全军防御作战的勇士。1981年1月入伍，原为保山军分区边防第9团战士，后为步兵第40师第119团第3营第8连班长。1984年在南疆自卫还击作战中，荣立三等功。次年10月被国防部命名为“勇士”。

陈光满　1962年生，云南宣威人，昆明军区授予的“李海欣高地十五勇士”之一，全军防御作战的勇士。1982年1月入伍，原为保山军分区边防第9团战士，后为步兵第40师第119团第3营第3机枪连战士。1984年南疆自卫还击作战中带伤坚持战斗、战绩突出，荣立三等功。1985年10月被国防部命名为“勇士”。

张庆龙　1964年生，云南隆阳人，昆明军区授予的“李海欣高地十五勇士”之一，全军防御作战的勇士。1984年1月入伍，原为保山军分区边防第9团第4连战士，后为步兵第40师第119团第8连战士，参加老山作战。1984年南疆自卫还击作战荣立三等功。1985年10月被国防部命名为“勇士”。

段春和　1965年生，云南龙陵人，昆明军区授予的“李海欣高地十五勇士”之一，全军防御作战的勇士。1984年1月入伍，步兵第40师第119团3营第3机枪连副射手。1984年南疆自卫还击作战荣立二等功。1985年10月被国防部命名为“勇士”。

康玉明　1963年生，四川渡口人，大军区战斗英雄。1982年1月入伍，77273部队战士。1984年收复者阴山战斗中，毙敌3名，在头部负重伤，即将被敌抓获的危急时刻，毅然拉响手榴弹，与敌同归于尽。1984年9月昆明军区授予“战斗英雄”。

杨兴朝　1964年生，彝族，云南禄劝人，用身体接通线路英勇牺牲的英雄通信兵。1983年1月入伍，77273部队战士。1984年4月，在收复者阴山战斗中，担负团指挥所通往炮兵观察所的电话线路维护任务。多次冒着敌人炮火抢修线路，用身体接通线路，使指挥所的命令及时传输到炮兵阵地而英勇牺牲。同年9月，昆明军区授予“英雄通信兵”。

印春荣　1964年生，云南瑞丽人，功勋卓著的缉毒英模。武警保山地区边防支队副参谋长。1998年从事缉毒工作后，屡建奇功。先后与战友破获贩毒案件824起，其中万克以上特大案34起，抓获犯罪嫌疑人1300多名，缴获毒品2214多千克、毒资1450多万元、运毒车131辆。荣立三等功5次、二等功2次、一等功1次，先后被评为“中国十大杰出青年”、第二届全国“十大边防卫士”、全国第二届“我最喜爱的十大人民警察”、云南省“禁毒标兵”。

明正彬　1966年生，云南龙陵人，功勋卓著的缉毒英模。曾任保山市公安局禁毒支队支队长、保山市公安局副局长。从事缉毒16年，卧底侦查106次，侦破案件1600多起，抓获犯罪嫌疑人1950多名，缴获运毒车辆170多辆、毒资5000多万元、海洛因等毒品3900多千克。面对顶住脑袋的枪口，他沉着应对；面对即将拉响的手榴弹，他奋不顾身；面对参与贩毒的侄子，他铁面无私；面对3岁儿子两次被绑架未遂，3枚汽油燃烧弹投掷住宅，欲置他和家人于死地，他无怨无悔；境外毒枭以500万元悬赏买他的人头，被誉为“刀尖上的舞者”。市公安局禁毒支队荣立集体一等功。他荣立三等功3次、二等功2次，先后被评为“全国优秀人民警察”“先进工作者”“优秀共产党员”“感动中国的十大人物”“新中国成立以来作出突出贡献的100位英雄模范人物”“100位感动中国人物”。2001年共青团中央、公安部授予“百名优秀青年卫士”称号，2005年国务院授予全国劳动模范。

杨　露　1967年生，云南腾冲人，全军青年工作会代表。1984年入伍，1985年2月，调昆明火车站执勤，练出“一看、二听、三问、四摸”　的查堵违禁物品办法。任武警昆明市警卫大队副教导员，中华全国青年联合会委员。1990年9月，作为特邀代表出席全国劳动模范和先进工作者表彰大会，受到党和国家领导人的接见。先后被评为“昆明市十杰青年”“武警部队学雷锋十大标兵”“全国十大杰出青年”，当选为中共十四大代表。

普光洪 1967年，云南昌宁县漭水镇河尾村平场子村民小组人。优秀共产党员。1992年担任平场子农业生产合作社社长，1995年7月加入中国共产党。2001年4月2日，普光洪在带领村民进行农村电网改造过程中不幸殉职，年仅34岁。2001年5月13日、5月17日、6月15日，中共昌宁县委、中共保山市委、中共云南省委分别追授他为“优秀共产党员”，号召全体共产党员向他学习。

鲁全昌 1987年2月生，昌宁县鸡飞乡珠山村人，见义勇为小英雄。鸡飞初级中学珠山分校66班学生，学校团总支委员。2002年9月14日，鲁全昌帮助外婆家放牛途经珠山水库时，突然听到水库中传来呼救声，只见有二人在水中挣扎，鲁全昌跳入水中施救。其中一名落水者被闻讯赶来的水库管理员救起。鲁全昌则因体力不支，与被呛水者双双沉入水底，献出年仅15岁的生命。2002年10月，云南省政府授予他“2002年度见义勇为先进分子”。

黄映东 云南腾冲人，腾冲县滇滩镇司法所所长。2005年6月3日，在抗旱救灾第一线英勇殉职。6月11日，中共腾冲县委追授为优秀共产党员。6月14日，中共保山市委发出通知，号召全市人民向黄映东学习。同年11月18日，司法部、中共云南省委、云南省人民政府在昆明召开表彰大会，追授黄映东为“全国司法系统二级英模”“全国模范司法所长”，追记一等功。

谭青松 湖北省人。全国见义勇为英雄。77273部队一级士官，2005年回家探亲期间，路遇歹徒行凶，不顾个人安危，与歹徒搏斗，抓获公安部A级通缉犯。2005年11月中央宣传部、公安部、国家综合治理委员会等单位授予“全国见义勇为英雄”称号。出席了第9次全国见义勇为先进分子表彰大会，受到中央首长接见。

第二章　人物名录

第一节　保山地区（市）级领导名录

一、中国共产党保山地区（市）委员会

（一）中国共产党保山地区委员会书记等（1978.01—2001.07）

书　　记　杨善洲　1977.03—1986.02

　　　　　黄炳生　1986.03—1989.12

　　　　　黄绍智　彝族，1989.12—1994.09

　　　　　程政宁　1994.09—1995.09

孔垂柱　1995.09—2000.05
罗正富　彝族，2000.06—2001.07
副 书 记　程效昌　1971.06—1979.06
蒲春阳　1973.10—1979.06
肖伯忠　1975.06—1981.02
周天榜　1975.12—1981.02
苏国相　彝族，1977.03—1983.07
蒋鸣凤　1977.03—1983.07
杨振华　1978.10—1979.12
杨茂春　白族，1980.05—1983.07
黄炳生　1983.07—1986.03
王　宁　白族，1983.07—1986.08
黄绍智　彝族，1985.01—1989.12
贺志鹏　1987.02—1991.08
蒋鸣凤　1987.04—1990.02
李祖荣　1990.02—1991.03
张培光　1990.02—1997.11
程政宁　1991.08—1994.09
卢云伍　1981.08—1992.11
段兴祥　1993.02—1994.09
李现武　白族，1994.09—1998.04
赵有生　1994.09—1997.06
董治良　1997.11—1999.10
王广兴　1998.04—2001.07
费建平　1998.04—2001.07
郭志宏　1999.10—2001.07
秘 书 长　陶如松　1984.12—1990.02
熊学忠　1990.02—1991.08
姜发昌　白族，1992.05—1993.05
杨文灿　白族，1994.05—2001.07

（二）中国共产党保山市委员会书记等（2001.07—2005.12）

书　　记　罗正富　彝族，2001.07—2002.01
黄　毅　景颇族，2002.01—2005.06
熊清华　2005.06—2005.12
副 书 记　王广兴　2001.07—2002.11

	费建平	2001.07—2003.12
	杨　连	2001.07—2005.02
	杨明佑	2001.07—2005.12
	熊清华	2002.11—2005.06
	段跃庆	2005.07—2005.12
常　委	罗正富	彝族，2001.07—2002.01
	王广兴	2001.07—2002.12
	费建平	2001.07—2003.12
	杨　连	2001.07—2005.02
	杨明佑	2001.07—2005.12
	杨文虎	2001.07—2003.04
	杨经建	白族，2001.07—2004.02
	陈宁万	2001.07—2002.02
	王桂芳	2001.07—2003.05
	李树云	2001.07—2004.02
	沈培平	2001.07—2003.01
	张　禄	2002.02—2005.12
	黄　毅	景颇族，2002.01—2005.06
	熊清华	2002.11—2005.06
	黄玉峰	壮族，2003.04—2005.12
	李　刚	白族，2003.05—2005.12
	王　鑫	2003.12—2005.12
	李治刚	2004.—2005.12
	刘一丹	白族，2004.02—2005.12
	肖　卓	2004.12—2005.12
	王彩春	2005.06—2005.12
	王　怀	？—2005.12
	段跃庆	2005.07—2005.12
秘书长	刘一丹	白族，2001.07—2002.12
	李治刚	2002.12—2005.12

二、云南省人大常委会保山地区工委、保山市人大常委会

（一）云南省人大常委会保山地区工作委员会主任等（1989.07—2001.07）

主　任	蒋鸣凤	兼，1989.07—1990.08
	黄绍智	兼，彝族，1991.02—1993.04
	陈就和	1993.04—1995.02

	陈昌黎	1995.02—1997.12
	张培光	1997.12—2001.07
副主任	张义兴	1989.07—1992.03
	段时中	1991.03—1994.09
	白金春	1992.05—1995.02
	李永兴	1993.04—1996.05
	陈昌黎	1994.09—1995.02
	寸发瑜	白族，1995.02—2001.07
	傅宗明	1996.05—2001.07
	罗志远	1996.05—2001.07
秘书长	杨浩东	1995.01—1996.04
	雍少华	1996.04—1997.12
	石玉昌	1999.04—2001.07

（二）保山市人大常委会主任等（2001.07—2005.12）

主　任	张培光	2001.07—2005.02
	杨　连	2005.02—2005.12
副主任	杨　光	2001.07—2002.12
	傅宗明	2001.07—2002.12
	施碧娟	女，白族，2001.07—2005.12
	茶万忠	白族，2001.07—2005.12
	孙家灿	兼，2001.07—2005.12
	丁恒源	2001.07—2005.12
	李树云	2004.02—2005.12
	胡家忠	2004.02—2005.12
巡视员	杨　光	2002.9—2005.12
	傅宗明	2002.9—2005.12
	罗志远	2002—2005.12
秘书长	石玉昌	2001.7—2005.12

三、保山地区革命委员会、保山地区行政公署、保山市人民政府

（一）保山地区革命委员会主任等（1978.01—1978.12）

主　任	杨善洲	续任—1978.12
副主任	陈效昌	续任—1978.12
	肖伯忠	续任—1978.12
	周天榜	续任—1978.12
	罗安基	续任—1978.12

蒲春阳　续任—1978.12
苏国相　彝族，续任—1978.12
蒋鸣凤　续任—1978.12
杨振华　续任—1978.12

（二）保山地区行政公署专员等（1978.12—2001.07）

专　　员　苏国相　彝族，1978.12—1983.07
王　宁　白族，1983.07—1986.8
贺志鹏　1987.02—1991.09
程政宁　1991.09—1994.10
李现武　白族，1994.10—1998.02
王广兴　1998.05—2001.07

副 专 员　蒋鸣凤　1978.12—1983.07
周天榜　1978.12—1981.02
王　宁　白族，1978.12—1983.07
杨锦明　1980.05—1983.07
郝玉峰　1980.05—1983.07
贺志鹏　1983.07—1987.02
姜云法　1983.07—1988.09
张玉珍　女，1983.07—1995.03
朱志恒　1985.01—1988.09
李祖荣　1988.09—1990.03
陈就和　1988.09—1993.03
程政宁　1988.09—1991.09
陈昌黎　1990.03—1994.09
朱家忠　1991.09—1997.10
王广兴　1993.03—1998.05
杨　光　1994.09—2001.07
胡静林　1995.03—1996.04
杨荣新　1995.06—1999.09
向　军　1996.04—2001.06
施碧娟　女，白族，1996.06—2001.07
刘子扬　1997.11—1999.05
丁向阳　1997.04—1998.04
徐金煌　1998.04—1999.10
黄立新　1998.10—2001.07

　　　　杨　连　1999.11—2001.07
　　　　杨建洪　1999.11—2001.07
秘 书 长　朱志恒　1984.10—1986.01
　　　　熊学忠　1986.10—1990.03
　　　　寸发瑜　白族，1991.05—1995.05
　　　　张成品　1996.04—2001.02
　　　　茶万忠　白族，2001.02—2001.07

（三）保山市人民政府市长等（2001.07—2005.12）

市　　长　王广兴　2001.07—2002.12
　　　　熊清华　2003.04—2005.07（2002.12—2003.04为代市长）
　　　　段跃庆　2005.07—2005.12为代市长
常务副市长　杨经建　白族，2001.07—2004.02
副 市 长　黄立新　2001.07—2003.09
　　　　杨建洪　2001.07—2005.12
　　　　杨焱平　女，白族，2001.07—2005.10
　　　　李新平　2001.07—2005.12
　　　　杨灿章　白族，2003.12—2005.12
　　　　王　鑫　2003.12—2005.12
　　　　张建明　2004.02—2005.12
巡 视 员　王广兴　2013.01—2014.06
助理巡视员　张玉龙　2001.07—2005.12
秘 书 长　刘　刚　2001.08—2005.12
市长助理　刘一丹　白族，2002.12—2004.02
　　　　戴兴国　2003.10—2004.10
　　　　蔺斯鹰　女，2004.05—2005.12
　　　　赵权利　2005.11—2005

四、政协保山地区工委、政协保山市委

（一）政协保山地区工作委员会主任等（1989.09—2001.07）

主　　任　杨锦明　中共党员，1989.09—1990.06
　　　　张培光　兼，中共党员，1990.09—1997.12
　　　　胡应舒　傈僳族，中共党员，1998.04—2001.07
副 主 任　胡应舒　傈僳族，中共党员，1989.09—1998.04
　　　　姜发昌　白族，中共党员，1993.04—1997.09
　　　　王荣生　中共党员，1993.04—1997.06
　　　　线东升　兼，民革，1991.12—1998.10

刘明铨　中共党员，1996.08—2001.07
许洪森　兼，中共党员，1997.12—2001.07
尹成文　中共党员，1997.12—2001.07
卢继雄　无党派，1998.10—2001.07
秘 书 长　丁晓昌　中共党员，1994.12—1997.12
杨青松　藏族，中共党员，1997.12—2001.07

（二）政协保山市委员会主席等（2001.07—2005.12）

主　　席　胡应舒　傈僳族，中共党员，2001.07—2005.12
副 主 席　杨文灿　白族，中共党员，2001.07—2004.02
许洪森　中共党员，2001.07—2005.12
刘明铨　中共党员，2001.07—2005.12
卢继雄　无党派，2001.07—2005.12
张　静　兼，女，汉族，中共党员，2001.07—2005.12
陈自锋　中共党员，2004.02—2005.12
张国儒　兼，民盟，2001.07—2005.12
李　佳　兼，女，农工民主党，2001.07—2005.12
副巡视员　杨文灿　白族，中共党员，2004.02—2005.09
杨青松　藏族，中共党员，2005.02—2005.12
秘 书 长　杨青松　藏族，中共党员，2001.07—2005.02
李长富　中共党员，2005.05—2005.12

第二节　云南省保山军分区主要领导名录

一、云南省保山军分区党委第一书记等

第一书记　杨善洲　中共保山地委书记兼，1979.11—1986.03
黄炳生　中共保山地委书记兼，1986.03—1989.12
黄绍智　彝族，中共保山地委书记兼，1989.12—1994.09
程政宁　中共保山地委书记兼，1994.09—1995.09
孔垂柱　中共保山地委书记兼，1995.09—2000.06
罗正富　彝族，中共保山地委书记兼，2000.06—2002.01
黄　毅　中共保山市委书记兼，2002.01—2005.06
熊清华　中共保山市委书记兼，2005.06—
书　　记　唐荣华　第二政治委员，1975.09—1978.01
郭宏道　政治委员，1980.10—1981.03

	李才道	政治委员，1985.12—1994.09
	郑相豪	政治委员，1994.09—1999.08
	陈宁万	政治委员，1999.08—2001.12
	张　禄	政治委员，2001.12—2005.11
	王　怀	政治委员，2005.11—
副书记	刘　斌	司令员，1980.1—1983.4
	赵泽贤	司令员，1983.5—1993.3
	王山虎	司令员，1993.3—1998.3
	龙必祥	司令员，1998.3—2003.5
	王　怀	司令员，2003.5—2005.11
	王康平	司令员，2005.11—

二、云南省保山军分区司令员等

司令员	蒲春阳	1974.01—1979.06
	刘　斌	1979.12—1983.04
	赵泽贤	大校，1983.04—1993.03
	王山虎	大校，1993.03—1998.01
	龙必祥	大校，1998.01—20030.5
	王　怀	大校，2003.06—2005.11
	王康平	大校，2005.11—
政　委	杨善洲	兼，第一政治委员，1979.09—1986.03
	樊　奎	1978.04—1979.06
	郭弘道	1979.06—1981.03
	程秀田	1981.08—1983.04
	杨大荣	1983.04—1985.04
	李才道	大校，1985.11—1994.10
	王　怀	大校，2005.11—

第三节　保山知名人士

一、曾在保山工作过的红军名录

王思科　云南保山人，1909年生，1929年入伍，在长征途中牺牲。

吕清扬　四川江油人，1921年生，1931年4月入伍，参加中国工农红军，曾任中共保山地委常委。

范金标　福建汀州人，1916年生，1931年5月入伍，红12军总部独立营排长，大校，曾任保山军分区司令员。

王天生　河南孟津人，1905年生，1931年10月入伍，红5军13师39团班长，曾任某师123团连长。

查玉升　安徽六安人，1914年生，1931年入伍，红31军93师通信队长，少将，曾任某师师长、兼保山边防区司令员。

王守志　河南济源人，1919年生，1932年入伍，红军游击4大队参谋长，上校，曾任保山军分区参谋长。

邹定江　四川万县人，1910年生，1933年1月入伍，红4军10师28团侦察员，少校，曾任保山县人武部部长。

范新友　四川蓬安人，1921年生，1933年7月入伍，红9军政治部宣传队员，大校，曾任保山军分区第二政委、中共保山军分区党委第二书记、保山地区军事管制委员会主任。

马通泽　四川人，1933年8月入伍，红9军第81团战士，负伤后失散，1988年认定。

唐荣华　四川达县人，1919年生，1933年9月入伍，红33军第82师294团战士，大校，曾任保山军分区政委。

王传训　四川达县人，1916年生，1933年入伍，红军战士，大校，曾任保山军分区司令员。

曾三魁　四川旺苍人，1919年生，1933年入伍，红31第93师27团战士，曾任保山军分区政治部主任。

蒲春阳　四川阆县人，1924年生，1934年7月入伍，红31第93师卫生部公务员，上校，曾任保山军分区司令员。

王树堂　甘肃文县人，1924年生，1934年12月入伍，红四方面军留守处副班长，曾任某师副排长。

伍国忠　四川苍溪人，1916年生，1934年入伍，红军战士，少将，曾任保山军分区司令员。

赖胜荣　1935年1月入伍，红军战士，曾任保山边防军分区副司令员。

郑　刚　河南鄢陵人，1918年生，1935年参加“12·9”学生运动被捕，释放后，参加“青年抗敌决死队”，任纵队民运部长，曾任某师政委、中共保山地委书记。

朱　英　山西临县人，1921年生，1935年参加牺牲救国同盟会，任大队长。曾任某师师长兼保山边防区司令员。

赵　青　山西汾县人，1913年生，1937年3月参加中国工农红军，任战士，大校，曾任保山军分区政委、中共保山地委副书记。

二、保山籍和曾在保山工作过的副省（部、军）级以上部分领导干部名录

赵锡光　云南隆阳人，曾任中国人民解放军某兵团副司令员兼某军军长、新疆生产建设兵团副司令员。

李云山　云南隆阳人，少将，曾任某炮兵80302部队政委。

程映萱　云南隆阳人，女，曾任云南省副省长、省人大常委会副主任。

余建勋　云南施甸人，曾任中国人民解放军暂编某军军长、某军副军长。

李　定　云南施甸人，曾任中共中央统战部副部长、全国工商联党组书记、副主席。

段自立　云南施甸人，武警少将，曾任武警云南省总队政委、武警贵州省总队政委。

马子龙　云南腾冲人，回族、中将、中纪委十六届委员，曾任成都军区副政委。

艾思奇　云南腾冲人，原中科院哲学社会科学学部委员，曾任中央党校副校长。

王少岩　云南腾冲人，曾任云南省副省长、省政协副主席、省人大常委会副主任。

张天放　云南腾冲人，曾任云南省副省长、省政协副主席、省人大常委会副主任。

寸树声　云南腾冲人，曾任云南省政协副主席。

徐学惠　云南腾冲人，女，曾任云南省革委会副主任。

李祖沛　云南腾冲人，曾任中国侨联副主席、全国人大华侨委员会副主席。

朱家璧　云南龙陵人，少将，曾任云南省军区副司令员、中共云南省委常委、统战部部长、省政协主席。

王志学　云南龙陵人，少将，曾任重庆警备区政委。

王　益　云南剑川人，生于云南龙陵，白族，曾任中国证监会副主席、国家开发银行副行长。

由云龙　云南姚安人，第一、二届云南省政协副主席，民国元年曾任永昌知府。

赵钟奇　云南大理人，回族，第三届云南省政协副主席，民国时曾任腾越道尹。

罗正富　云南牟定人，彝族，中共十六届中央候补委员，2005年时任云南省委常委、统战部部长，曾任保山市委书记。

孔垂柱　云南宣威人，2005年时任云南省副省长，曾任保山地委书记。

杨一堂　云南石屏人，原中共云南省委统战部部长、省政协副主席、省人大常委会副主任，曾任中共保山地委农场工委主任、新城农场场长。

黄维彬　云南通海人，原任中共云南省委常委、组织部部长、省人大常委会副主任。曾在保山潞江农场、东风糖厂、氮肥厂等企业工作。

顾　昆　云南昆明人，少将，原西安政治学院副院长，曾任保山边防区基干团政治处主任。

黄　平　广东合浦人，原云南省人大常委会副主任、省政协副主席，曾任中共保山地委第二书记兼行署专员。

黄炳生　江苏无锡人，原云南省副省长、省人大常委会副主任，曾任中共保山地委书记。

查玉升　安徽六安人，少将，中国人民志愿军某军副军长、解放军某军军长、昆明军区副司令员，曾任某师师长兼保山边防区首任司令员。

范金标　福建长汀人，原云南生产建设兵团副司令员，云南省军区副司令员、顾问，曾任保山边防军分区司令员。

赖胜荣　福建永定人，副军职离休干部，原中国人民解放军防化学院顾问，曾任保山边防军分区副司令员。

王传训　四川达川人，中国人民解放军某军副军长、云南省军区副司令员、昆明军区炮兵司令员，曾任保山边防区司令员。

伍国仲　四川苍溪人，少将，曾任保山边防军分区司令员。

范新友　四川蓬安人，中国人民解放军某军政委，曾任保山边防军分区第二政委、保山地区军事管制委员会主任。

孙粹屏　四川重庆人，少将，原云南省军区司令员、甘肃省军区司令员，曾任保山军分区参谋长。

朱　英　山西临县人，中国人民解放军某军军长、昆明军区参谋长、广州军区参谋长，曾任某师师长兼保山边防区司令员。

郭广益　山西沁源人，中国人民解放军某军副政委，曾任昆明军区边防民族第二支队副政委、昌宁县军事管制委员会主任。

段华民　山西新降人，原云南省副省长、省人民检察院检察长，曾任中共保山地委书记。

郝永富　山东寿光人，少将，原云南省军区副政委，曾任保山军分区组织科长。

王守志　河南济源人，正军职离休干部，原贵州省军区副司令员，曾任某师兼保山边防区参谋长。

张志铭　河北临城人，中国人民解放军某军政治部主任、云南省军区政委，曾任41师政委、保山地区军事管制委员会副主任。

张　琦　河北冀州人，中国人民解放军某军政委，曾任某师政委。

李金桥　河北冀州人，原云南省军区司令员，曾任保山军分区副司令员。

三、本籍中国人民解放军师级军官名录

赵锡光　云南隆阳人，中将，某兵团副司令兼某军军长。

孟兴儒　云南隆阳人，大校，云南省军区后勤部部长。

黄廷忠　云南隆阳人，大校，云南省武警总队总队长。

李云山　云南隆阳人，少将，某炮兵80502部队政治委员。

杨富顺　云南隆阳人，云南省军区35208部队师长。

杨旭先　云南隆阳人，大校，云南省玉溪军分区司令员。

赵学良　云南隆阳人，大校，云南省楚雄军分区副司令员。

宋银寿　云南隆阳人，云南省德宏军分区副司令员。

张培洲　云南隆阳人，南京军区某军分区副司令员。

蒋　光　云南隆阳人，大校，某军炮兵某部主任。

张一江　云南隆阳人，云南省保山军分区政治部主任。

庄和元　云南隆阳人，北京军第142医院副主任医师。

王兴安　云南隆阳人，武警云南省总队参谋长。
王　瑛　云南隆阳人，云南省武警总队政治部主任。
孔兴李　云南隆阳人，大校，武警云南指挥学校校长（副师）。
余建勋　云南施甸人，中将，陆军某军副军长。
张正标　云南施甸人，武警云南军校教研室主任（正师）。
朱　耀　云南施甸人，成都军区后勤部驻昆办副主任（正师）。
段国昌　云南施甸人，大校，云南省军区政治部副主任（正师）。
杨大荣　云南施甸人，大校，云南省德宏军分区政治委员。
段如金　云南施甸人，大校，云南省军区副参谋长（正师）。
何志海　云南施甸人，大校，云南省临沧军分区政治委员。
段自立　云南施甸人，大校，武警贵州省总队政治委员。
刘炳厚　云南施甸人，总参炮兵部政治部干事（副师）。
耿树周　云南施甸人，云南省大理军分区政治部主任。
李绍堂　云南施甸人，昆明军区文化部副部长（副师）。
张冠明　云南施甸人，大校，武警云南省总队纪委副书记（副师）。
杨子安　云南施甸人，会计师（技术7级，副师）。
罗银昌　云南施甸人，大校，武警怒江边防支队政委（副师）。
蒋必育　女，云南施甸人，军医（技术7级，副师）。
陈建明　云南施甸人，副主任医师（技术7级，副师）。
马子龙　云南腾冲人，中将，成都军区副政委。
毛正运　云南腾冲人，云南省昭通军分区政治委员。
朱有礼　云南腾冲人，陕西省榆林空军大队大队长。
丁德田　云南腾冲人，第14军41师政治部主任。
侯兴国　云南腾冲人，云南省曲靖军分区司令员。
张德安　云南腾冲人，武警云南省总队副队长。
赵加能　云南腾冲人，武警临沧边防支队政治委员。
杜春俊　云南腾冲人，上校，云南省丽江军分区副司令员。
蔺以久　云南腾冲人，上校，昆明军区通信站副师级工程师。
朱家璧　云南龙陵人，少将，云南省军区副司令员。
王志学　云南龙陵人，少将，重庆警备区政治委员。
禹绍忠　云南昌宁人，大校，西藏昌都军分区政治部主任。
杨铭玺　云南昌宁人，大校，东川军分区政治委员。
张体贤　云南龙陵人，云南省德宏军分区副司令员。
赵家兴　云南龙陵人，武警保山边防支队政治委员
普兴旺　云南龙陵人，武警保山边防支队支队长。

王文楼　云南昌宁人，大校，安徽省宣城军分区司令员。
鲁道升　云南昌宁人，大校，云南省西双版纳军分区司令员
施　智　云南昌宁人，大校，武警保山医院技术六级医师。

四、本籍及落籍在保山的滇西抗日老兵名录

陈新林　总后蒋军招待所上尉所长，82岁，住隆阳区永昌镇。
熊世超　第6军39师士兵，80岁，住隆阳区永昌镇。
杨世雄　第54军中尉课员，82岁，住隆阳区永昌镇。
朱　锡　第71军36师运输营士兵，82岁，住隆阳区辛街乡。
李明顺　第2军班长，86岁，住隆阳区辛街乡。
崔继荣　第2军班长，91岁，住隆阳区辛街乡。
吴正春　第53军士兵，78岁，住隆阳区西邑乡。
王殿才　第42师士兵，85岁，住隆阳区西邑乡。
王位贤　滇军士兵，79岁，住隆阳区西邑乡。
刘自仁　41师士兵，75岁，住隆阳区潞江乡。
李文才　第71军87师261团士兵，84岁，住隆阳区潞江乡。
陈明才　第58军148师9团士兵，86岁，住隆阳区潞江乡。
陈金刘　远征军士兵，87岁，住隆阳区潞江乡。
尹国家　第669团3连士兵，72岁，住隆阳区潞江乡。
吴大先　第71军士兵，86岁，住隆阳区板桥镇。
吴永朝　保安营士兵，81岁，住隆阳区板桥镇。
刘志声　第2军中尉，81岁，住隆阳区板桥镇。
施炳安　远征军上等兵，77岁，住隆阳区板桥镇。
施全安　远征军中士班长，84岁，住隆阳区板桥镇。
余兴高　远征军连长，77岁，住隆阳区板桥镇。
苏明忠　第41军123师士兵，79岁，住隆阳区板桥镇。
张人能　第2军代理排长，93岁，住隆阳区金鸡乡。
孟维忠　第2军下士，75岁，住隆阳区金鸡乡。
张丙善　保安营士兵，80岁，住隆阳区金鸡乡。
李金梵　第5军上等兵，81岁，住隆阳区金鸡乡。
孟存美　第71军上等兵，75岁，住隆阳区金鸡乡。
张寿和　预2师上等兵，78岁，住隆阳区金鸡乡。
张子文　第71军独立炮营中校，86岁，住隆阳区金鸡乡。
李　儒　第71军新兵团排长，84岁，住隆阳区金鸡乡。
李元称　第54军少校，83岁，住隆阳区金鸡乡。
李贵先　第16卫生大队士兵，77岁，住隆阳区金鸡乡。

赵　癸　桥梁破坏处中士，77岁，住隆阳区金鸡乡。
李成钦　第71军88师防毒连事务长，90岁，住隆阳区金鸡乡。
杨　徐　第54军36师中士，84岁，住隆阳区金鸡乡。
王美成　保安司令部保山独立团班长，78岁，住隆阳区金鸡乡。
王从伦　第22军工兵营士兵，80岁，住隆阳区汉庄乡。
张金刘　第106师第1连士兵，83岁，住隆阳区汉庄乡。
魏珍贤　第71军班长，89岁，住隆阳区汉庄乡。
郑海彬　第71军士兵，86岁，住隆阳区永昌镇。
肖学武　第71军士兵，83岁，住隆阳区永昌镇。
李国成　第71军88师203团中尉，83岁，住隆阳区蒲缥乡。
张　连　第184师871团少尉，84岁，住隆阳区蒲缥乡。
杨庆昌　教导队上尉，80岁，住隆阳区蒲缥乡。
杨盈光　第36师，81岁，住隆阳区蒲缥乡。
金大刚　第668团中尉，74岁，住隆阳区蒲缥乡。
王立国　第54军36师108团士兵，86岁，住隆阳区丙麻乡。
宋治邦　第177后方医院上尉军医，86岁，住腾冲县荷花乡。
胡自坤　预2师中尉，80岁，住腾冲县马站乡。
赵　诚　预2师第5团，87岁，住腾冲县猴桥镇。
刘锡安　预2师排长，84岁，住腾冲县界头乡。
毛德昌　预2师第5团副连长，78岁，住腾冲县界头乡。
叶进才　第54军第36师108团上士，84岁，住腾冲县界头乡。
张品书　预2师第5团下士，80岁，住腾冲县马站乡。
李大纯　第3军72师36团上尉，82岁，住腾冲县腾越镇。
郭自益　滇康缅特别游击队中尉，80岁，住腾冲县腾越镇。
吴树明　第71军某部，83岁，住腾冲县腾越镇。
卢彩文　第11集团军总部中尉，76岁，住腾冲县腾冲越镇。
许宪云　第11集团军少尉，79岁，住腾冲县腾越镇。
李正礼　第11集团军中尉，80岁，腾冲县人，住梁河县食品公司。
江春楷　预2师中尉，82岁，腾冲县人，住梁河河西乡。
张有统　第11集团军干训团少尉，79岁，住腾冲县小西乡。
许本桢　第11集团干训团中尉，81岁，住腾冲县小西乡。
郭周贤　某部上尉指导员，81岁，住腾冲瑞滇乡。
申拔群　预2师重辎营少尉副官，81岁，住腾冲县小西乡。
杨恩林　第11集团军政治部少尉队员，80岁，住腾冲县小西乡。
杨在景　第11集团军政治部学兵总队少尉排长，84岁，住腾冲县腾越镇。

杨式政　第11集团军干训团少尉排长，80岁，住腾冲小西乡。
黄泳裳　滇康缅泰挺进军中尉副官，77岁，住腾冲县腾越镇。
潘发安　第54军198师594团上尉官，81岁，住腾冲县打苴乡。
谭定有　远征军驻印新1军下士，83岁，住腾冲新华乡。
周成德　预2师机枪连上士班长，84岁，住腾冲曲石乡。
肖云荣　远征军某部尉，81岁，腾冲县人住梁河河西乡。
邓有发　远征军驻印新6军150团下士，80岁，住腾冲县新华乡。
罗泽华　远征军驻印新1军第2团中尉，83岁，住腾冲县清水乡。
杨进忠　54军36师上士，73岁，住腾冲县团田乡。
李　植　预2师少校军医，86岁，住腾冲县腾越镇。
许洪川　第6军新39师少校参谋，87岁，住腾冲县和顺乡。
路珍楼　第20集团军野战医院少校军医，90岁，住腾冲县腾越镇。
周润生　预2师上尉军医，85岁，住腾冲县腾越镇。
王修邦　预2师中校处长，86岁，住腾冲县腾越镇。
余有光　滇康缅特别游击队中队长，83岁，住腾冲县瑞滇。
余春培　第54军36师中尉指导员，89岁，住腾冲县腾越镇。
丁据国　预2师中尉排长，89岁，住腾冲县腾越镇。
董根铨　第54军36师少尉政工队员，83岁，住腾冲县腾越镇。
李洪翱　第54军36师少尉排长，81岁，住腾冲县明光乡。
杨恩忠　第11集团军政工部少尉队员，79岁，住腾冲县小西乡。
张光华　预2师4团士兵，83岁，住腾冲县猴桥镇。
刘凤蒋　第53军警卫营士兵，90岁，住腾冲县腾越镇。
何祖筠　预2师中尉股长，84岁，住腾冲县腾越镇。
张丙芝　（女）第71军28师中尉，80岁，住腾冲县腾越镇。
黄志超　滇康缅特别游击队中尉副官，77岁，住腾冲县腾越镇。
罗国园　第54军36师108团士兵，79岁，住腾冲县打苴乡。
李玉安　第54军198师594团士兵，81岁，住腾冲县打苴乡。
谢本城　第54军36师5上等兵，86岁，住腾冲县腾越镇。
李万芳　第54军36师108团机枪连少尉排长，77岁，住腾冲县界头乡。
毛德昌　预2师第5团1营中士班长，78岁，住腾冲县界头乡。
枝枝灿　预2师中尉，82岁，住腾冲县腾越镇。
谢罗周　第54军36师108团中士副班长，83岁，住腾冲县界头乡。
廖绍康　预2师第5团上士班长，81岁，住腾冲县曲石乡。
周有富　预2师第4团2营上等兵，79岁，住腾冲县曲石乡。
尹志连　预2师第4团2营上等兵，81岁，住腾冲县曲石乡。

段开国 预2师第4团3营上等兵，82岁，住腾冲县固东镇。
赵家有 预2师上士班长，84岁，住腾冲县马站乡。
谢大潘 预2师第5团中尉指导员，住腾冲县马站乡。
董绍海 大理战干团少尉工作队员，82岁，住腾冲县马站乡。
董明道 第54军36师地邮报工作队员，80岁，住腾冲县马站乡。
陈贵文 预2师上士班长，98岁，住腾冲县荷花乡。
周光永 第54军36师106团2营便衣队员，75岁，住腾冲县腾越镇。
张德三 远征军驻印新6军中等兵，81岁，住腾冲县和顺乡。
左喜贤 远征军中尉，82岁，腾冲县人，住盈江县芒允乡。
黄应华 第11集团军中尉，78岁，腾冲县人，住盈江县平原镇。
杨有仁 远征军，87岁，住腾冲县界头乡。
李成兴 预2师上士，76岁，住腾冲县固东镇。
李会应 预2师第4团1营少尉队员，79岁，住腾冲县固东镇。
王海彦 第71军87师261团1营3连士兵，84岁，住龙陵县龙山镇。
付心德 第71军第2野战医院军医，103岁，住龙陵县龙山镇。
董启超 航空委员会运输队士兵，87岁，住龙陵县龙山镇。
伍集元 第2军9师25团1连准尉，84岁，住龙陵县象达乡。
吴忠全 远征军，82岁，住龙陵县象达乡。
黄永文 第2军76师226团3营机枪连排长，91岁，住龙陵县公路段。
杨金宽 第54军36师106团上士，77岁，住施甸县太平乡。
杨国其 第71军28师82团士兵，72岁，住施甸县太平乡。
董华周 第8军103师308团士兵，79岁，住施甸县太平乡。
杨永仁 第71军28师82团士兵，79岁，住施甸县太平乡。
董赵朝 第54军36师106团士兵，90岁，住施甸县太平乡。
杨迈春 第11集团军滇康缅特别游击队准尉，81岁，住施甸县太平乡。
陛成栋 第54军36师107团少尉，住施甸县太平。
余朝芝 第71军88师263团1营3连3排上士，77岁，住施甸县由旺镇。
施正均 第71军，77岁，住施甸县由旺镇。
施正兴 第60军182师，78岁，住施甸县由旺镇。
张兴顺 第11集团军，70岁，住施甸县由旺镇。
陈自发 保山息峰部队排长，80岁，住施甸县旧城乡。
郑德国 航空兵特务团，85岁，住施甸县旧城乡。
李洪顺 保安营班长，81岁，住施甸县摆榔乡。
安化茶 滇军下士，75岁，住施甸县摆榔乡。
王有赵 滇军第7团团长，78岁，住施甸县摆榔乡。

赵其贵　炮兵指挥所下士，81岁，住施甸县摆榔乡。

张小样　兵站分监部下士，77岁，住施甸县摆榔乡。

杨正国　炮兵指挥所下士，80岁，住施甸县摆榔乡。

杨庆立　第8军103师308团3营9连3排士兵，79岁，住施甸县等子乡。

杨亚朝　第20集团军，81岁，住施甸县何元乡。

蒋有兴　第11集团军第2军第9师，82岁，住施甸县何元乡。

董应书　第71军上士，79岁，住施甸县何元乡。

王明兴　第71军28师士兵，76岁，住昌宁县右甸镇。

杨成华　第71军28师士兵，75岁，住昌宁县右甸镇。

杨　林　第71军28师士兵，73岁，住昌宁县右甸镇。

杨保才　第71军88师264团士兵，75岁，住昌宁县勐统乡。

侯锁德　远征军排长，79岁，住昌宁县柯街乡。

钱玉昌　某部工兵营士兵，77岁，住昌宁县鸡飞乡。

杨世荣　某部士兵，76岁，住昌宁县鸡飞乡。

李绍文　某部士兵。78岁，住昌宁县温泉乡。

吴德昌　第11集团军少校分队长，80岁，住昌宁县温泉乡。

王国凡　运输大队3连士兵，76岁，住昌宁县漭水乡。

穆　云　第71军上尉连长，82岁，住昌宁县漭水乡。

纳俊贤　第2军少校参谋，84岁，住昌宁县漭水乡。

马志宝　保安第3团连长，77岁，住昌宁县湾甸乡。

梅正国　独立工兵第2团上等兵，77岁，住昌宁县翁堵乡。

李光才　某部上等兵，75岁，住昌宁县翁堵乡。

李占文　第93军士兵，78岁，住昌宁县翁堵乡。

周朝先　第93军士兵，78岁，住昌宁县翁堵乡。

赵鸿锡　在远征军兵站总监部直属第三分站工作，配属54军116师粮弹供应、补给。住龙陵县龙山马路边。

贡云青　某部军医，住施甸县甸阳镇。

郭天云　某部军医，住施甸县甸阳镇。

金　鑫　某部军医，住施甸县甸阳镇。

张钦章　某部军医，住保山地区人民医院。

卢尚曾　某部军医，住昌宁县。

黄海涛　某部军医，住隆阳区。

顾秋浓　某部军医。

韩　恒　某部军医。

王　明　某部军医。

罗安强　某部军医。

张钦章　（1912—1969）原籍山东省肥城县人，1942年5月，任中国红十字会011中队队长，奉命到保山县王官屯协助抗日国军某野战医院工作，进行战伤救治，并参与当地防治霍乱。1956年，被保山地区人民医院聘任为医师，为保山一代名医。

五、保山十大杰出青年名录

（一）第一届（1999年）

赵晓东　云南高黎贡山国家级自然保护区保山管理处处长

邓忠汉　保山师专中文系讲师

李　佳　女，保山地区人民医院急诊科主任

何　伟　保山地区烟草公司副经理兼中外合资保山兰都饭店有限公司总经理

朱稳娣　女，昌宁县示范小学语文教师

杨永华　保山市天然气有限公司董事长兼总经理

杨国瞿　龙陵县副县长

董文荣　保山地区公安局缉毒大队大队长

王定军　武警保山边防支队红旗桥公安边防检查站战士

杜绍明　云南烟草保山香料烟有限责任公司总经理

（二）第二届（2002年）

王冬悔　女，共青团保山市委青少年宫美术教师

艾怀森　保山高黎贡自然保护区保山管理局科技科科长

李加稳　彝族，保山市地震局高级工程师

杨忠兴　傣族，昌宁县湾甸兴茂农特产品有限责任公司董事长

杨国育　施甸县水长乡农科站站长

武光丽　女，保山市光丽幼儿园园长

钟天然　龙陵县公安交警大队大队长

赵富荣　佤族，武警保山边防支队曼海公安检查站战士

徐天剑　腾冲县徐剑茶厂厂长

聂永康　保山市实验小学党支部副书记

六、保山地区首批学科带头人名录

朱德祥　杨国富　杨立纲　李　佳（女）　高庆生　郑家文　黎应福　赵晓东　谢培毅　赵鹏芳　李德光　李炘琪　朱存忠

第三章　人物表

第一节　革命烈士

本志主要补充记述在1979年1月至1984年8月南疆自卫还击战及两山防御作战中保山地区牺牲的烈士及其他烈士。

1979年1月至1984年8月南疆自卫还击战及两山防御战中保山牺牲的烈士表

表43-1

姓　名	籍　贯	出生年月	入伍时间	牺牲时间	牺牲地点	生前所在单位、职务
朱子朝	云南施甸	1934.11	1953.03	1979.01	陆军43医院	35209部队股长
陈尚孝	云南保山	1955.07	1974.01	1982.01	中越边境	第31师91团排长特等伤残
吴明勇	云南保山	1961.02	1980.01	1982.12	中越边境	35550部队52分队副班长
杜金涛	云南保山	1962.07	1982.01	1984.04	中越边境	第41师120团副班长
刘德爱	云南保山	1962.02	1982.01	1984.04	中越边境	第41师120团战士
霍如祥	云南保山	1962.03	1981.01	1984.04	中越边境	第41师120团班长
陶发财	云南保山	1962.03	1981.01	1984.04	中越边境	第41师120团战士
段　荣	云南保山	1958.01	1977.01	1984.04	中越边境	第41师119团连长
兰学标	云南保山	1962.08	1981.01	1984.04	中越边境	第41师120团班长
熊自财	云南保山	1961.10	1981.01	1984.04	中越边境	第41师119团班长
杨尚富	云南保山	1963.09	1982.01	1984.04	中越边境	第41师120团副班长
段凌高	云南施甸	1964.05	1984.01	1984.04	中越边境	35211部队战士
李洪明	云南施甸	1962.04	1984.01	1984.04	中越边境	35211部队战士
屈永平	云南腾冲	1962.06	1982.01	1984.04	中越边境	第41师119团战士
韩茂朝	云南龙陵	1966.09	1984.01	1984.04	中越边境	第41师119团战士
蔡华春	云南施甸	1964.01	1984.01	1984.04	中越边境	35211部队战士
杨正玉	云南施甸	1965.08	1984.01	1984.05	中越边境	35211部队战士
安金祥	云南施甸	1965.06	1984.01	1984.05	中越边境	35211部队战士
张　军	云南龙陵	1966.05	1984.01	1984.07	中越边境	第41师119团战士

续上表

姓　名	籍　贯	出生年月	入伍时间	牺牲时间	牺牲地点	生前所在单位、职务
张家先	云南龙陵	1964.10	1984.01	1984.07	中越边境	第41师119团战士
胡万来	云南龙陵	1964.06	1984.01	1984.07	中越边境	第41师119团战士
李自新	云南龙陵	1964.06	1982.01	1984.07	中越边境	35060部队班长
于文昌	云南昌宁	1965.02	1984.01	1984.07	中越边境	第41师122团战士
李光成	云南施甸	1963.02	1982.01	1984.07	中越边境	第41师119团战士
董仁良	云南施甸	1964.05	1984.01	1984.08	中越边境	35211部队战士
周荣云	云南龙陵	1961.03	1979.01	1984.11	中越边境	35107部队班长

1978—2005年保山地区（市）其他烈士

表43-2

姓名	籍　贯	出生年月	入伍时间	牺牲时间	牺牲地点	生前所在单位、职务
杨才仓	云南保山	1954	1976.03	1978.08	山西太原	铁道兵第9师8连战士
刘富维	云南龙陵	1958	1976.03	1978.09	山西太原阳家沟	铁道兵第2师6团11连战士
钱玉平	江苏武进	1958	1977.01	1979.01	云南省寻甸县	昆明军区司令部寻甸农场战士
何培周	云南保山	1940.10	1960.03	1979.06	贵州省修文县	第41师炮团后勤处协理员
周树先	云南保山	1954	1975.01	1979.06	云南省寻甸县	昆明军区勐腊兵站保管员
杨茂才	云南昌宁	1940.03	1959.01	1979.06	腾冲县	0292部队工作队队员
蒋国良	云南昌宁	1956	1979.03	1979.10	云南省福贡县	云南省军区边防10团1营战士
常学林	山西晋城	1919.02	1944.07	1980.03	陆军第64医院	陆军第64医院政治委员
刘忠顺	云南保山	1957	1976.03	1980.04	昆明市	铁道兵第9团2营10连班长
郭世凯	山东章丘	1923.09	1942.09	1982.03	昌宁县湾甸农场	湾甸农场党委副书记、副场长
曹晓忠	云南保山	1952.05	1970.12	1985.	陆军43医院	成都军区守备1师独立营军医
李春国	云南施甸	1970.06	1987.2	1988.07	中越边境	35547部队战士
刘大有	安徽巢县	1931.05	1949.5	1989.04	曼湾电站	施甸县供销社主任科员
吕正武	云南昌宁	1971.05	1994.04	1995.03	云南省畹町市	中华人民共和国畹町海关保安

第二节　先进模范人物

《保山地区志》下卷、第二十八编人物中已经记载了1950—1990年保山地区劳动模范、先进生产（工作）者、其他先进英模，续志不再重复记载。

1991—2005年保山地区（市）获省部级以上荣誉称号人物表

表43-3

类　别	姓　名	获奖时所在工作单位	荣誉称号名称	获奖时间	授奖单位
地级单位获省部级以上荣誉称号人物	何文勋	保山百货批发站	“五一劳动奖章”	1991	全国总工会
	彭加义	保山行署监察局干部	全国监察系统先进个人	1991.01	监察部、人事部
	杨善洲	原中共保山地委书记、退休干部（施甸县大亮山国社联营林场）	优秀共产党员	1991.06	云南省委
	杨善洲	施甸县大亮山国社联营林场	造林绿化先进个人	1991	云南省政府
	杨世荣	保山地区卫生防疫站	为实现以县为单位第二个85%免疫目标先进工作者	1991	云南省政府
	蒋国昌	保山卫生学校	1991年云南精神文明建设活动优秀组织者	1992.03	云南省委、省政府
	蒋明安	保山行署建委主任	澜沧、耿马抗震救灾重建家园先进个人	1992.11	云南省委、省政府
	罗世明	保山行署建委建设科长	澜沧、耿马抗震救灾重建家园先进个人	1992.11	云南省委、省政府
	杨开俨	保山行署民政处副处长	澜沧、耿马抗震救灾重建家园先进个人	1992.11	云南省委、省政府
	朱近益	保山地区	澜沧、耿马抗震救灾重建家园先进个人	1992.11	云南省委、省政府
	杨忠兴	保山地区	澜沧、耿马抗震救灾重建家园先进个人	1992.11	云南省委、省政府
	唐永龄	保山地区	澜沧、耿马抗震救灾重建家园先进个人	1992.11	云南省委、省政府
	李　佳	保山地区人民医院	全国卫生工作先进工作者	1993	卫生部、人事部、中医药管理局
	丁育美	保山地区残联理事长	全国残疾人三项康复工作先进个人	1993.10	国务院残疾人工作协调委员会
	陈新民	保山行署公安局缉毒大队大队长	云南省首届十大杰出青年	1994	团省委
	杨俊才	保山地区工会办公室主任	全国优秀工会干部	1995.04	全国总工会
	赵金智	保山行署民政侨务局基层政权（区划地名）科科长	全国民政信息工作先进个人	1995.11	民政部
	陈新民	保山行署公安局缉毒大队大队长	全国先进工作者	1995.04	国务院

续上表

类　别	姓　名	获奖时所在工作单位	荣誉称号名称	获奖时间	授奖单位
地级单位获省部级以上荣誉称号人物	陈新民	保山行署公安局缉毒大队大队长	全国十大杰出青年	1995	团中央、全国青联
	余宗兴	保山地区工商银行行长	云南省劳动模范	1995.04	云南省政府
	鲁　静	保山地区建设银行信贷、拨款员	云南省劳动模范	1995.04	云南省政府
	董建强	保山水泥股份有限公司助工技师	云南省劳动模范	1995.04	云南省政府
	董建强	保山水泥股份有限公司助工技师	“五一劳动奖章”	1996	全国总工会
	李曰吉	保山行署卫生局	云南省优秀党务工作者	1996.06	云南省委
	罗树良	保山地委政法委	全国社会治安综合治理先进工作者	1996	人事部、中央综治委
	高镇仁	保山地委史志委	地方志先进工作者	1996	云南省政府
	张金辉	保山地委史志委	地方志先进工作者	1996	云南省政府
	杨艳萍	保山地委史志委	修志先进工作者荣誉表彰	1996	云南省政府
	杨成发	保山地区地方税务局	全国税务系统纪检监察先进工作者	1996	国家税务总局
	郭光荣	保山地区农科所副所长	有特殊贡献的优秀专业技术人才	1996	云南省政府
	王瑞强	保山地区歌舞团副团长	有特殊贡献的优秀专业技术人才	1996	云南省政府
	王孝元	保山地区邮电局	全国劳动模范	1996.12	国务院
	胡春泉	中共保山地委宣传部	全国“万村书库”工程先进个人	1997.06	中宣部等6个单位
	杨景尧	保山地区双扶服务公司经理	创三优迎民运个人标兵	1997	全国第五届民运会组委会
	李福元		突出贡献优秀专业技术人才	1998	云南省政府
	赵晓东	高黎贡山自然保护区	突出贡献优秀专业技术人才	1998	云南省政府
	杨善洲	原中共保山地委书记、退休干部（施甸县大亮山国社联营林场）	全国十大绿化标兵提名奖	1999.08	全国绿化委员会
	雷从坤	保山地区象山医院离休干部	全国离休干部先进个人	1999.09	中央组织部
	杨玉祥	保山行署卫生局	全国预防与控制艾滋病、性病先进个人	1999	卫生部、公安部、教育部、广播电影电视总局
	谢正中	保山行署经贸委	安全生产先进个人	1999	云南省人民政府
	李　佳	保山地区人民医院	全国卫生系统先进工作者	1999	人事部、卫生部、国家中医药管理局

续上表

类　别	姓　名	获奖时所在工作单位	荣誉称号名称	获奖时间	授奖单位
地级单位获省部级以上荣誉称号人物	王丕辉	保山地区气象局	科技事业单位档案管理国家二级先进个人	1999	国家档案局
	杨　先	保山地区气象局	科技事业单位档案管理国家二级先进个人	1999	国家档案局
	杨天德	保山地区气象局	科技事业单位档案管理国家二级先进个人	1999	国家档案局
	张玲艳	保山地区气象局	科技事业单位档案管理国家二级先进个人	1999	国家档案局
	李光华	保山地区气象局	科技事业单位档案管理国家二级先进个人	1999	国家档案局
	韩晓莉	保山地区气象局	科技事业单位档案管理国家二级先进个人	1999	国家档案局
	肖晋棣	保山地区种子公司	先进工作者	1999	云南省政府
	黄永生	保山地区邮电局	记三等功	1999	云南省军区
	赵珩珏	保山720台	全国广电技术维护先进个人	2000	国家广播电视总局
	王　琳	保山师范学校	云南省有突出贡献的专业技术人员奖	2000	云南省政府
	杨善洲	原中共保山地委书记、退休干部（施甸县大亮山国社联营林场）	环境保护杰出贡献奖	2000.12	国家环境保护局
	杨　光	保山市人大常委会副主任、原保山地区行署副专员、行署勘界领导小组组长	云南省勘界工作先进个人	2001.11	云南省政府
	何体林	原保山行署民政侨务局局长、行署勘界领导小组副组长	云南省勘界工作先进个人	2001.11	云南省政府
	周振洋	保山市勘界办主任	云南省勘界工作先进个人	2001.11	云南省政府
	赵国福	保山市勘界办副主任	云南省勘界工作先进个人	2001.11	云南省政府
	周映文	保山市勘界办技术员	云南省勘界工作先进个人	2001.11	云南省政府
	杨春培	保山市勘界办驾驶员	云南省勘界工作先进个人	2001.11	云南省政府
	杨善洲	原中共保山地委书记、退休干部（施甸县大亮山国社联营林场）	“中华环境”提名奖	2001.12	中华环境组织委员会、中华环境保护基金会
	明正彬	保山市公安局	百名优秀青年卫士	2001	团中央、公安部
	王新民	保山市教委	“两基”先进个人	2001	教育部
	兰朝兴	保山市人事局	全国先进军转工作者	2001	国务院军转安置工作小组
	顾建中	保山市史志委	全省史志系统先进工作者	2001	云南省委
	朱存忠	保山市水利勘测设计院	农业科技先进工作者	2001	云南省政府

续上表

类　别	姓　名	获奖时所在工作单位	荣誉称号名称	获奖时间	授奖单位
地级单位获省部级以上荣誉称号人物	张述尧	保山市农业科学研究所	农业科技先进工作者	2001	云南省政府
	周志美	保山市林业术推广站	农业科技先进工作者	2001	云南省政府
	罗应忠	保山市农行	中国农业银行办公室系统先进个人	2001	中国农业银行总行
	王　琳	保山师范学校	省级有突出贡献的专业技术人员	2002	云南省政府
	杨明佑	中共保山地区纪委	纪委监察工作优异成绩奖	2002.01	中共中央纪委监察部
	李发荣	保山市民政局	全省民政工作先进个人	2002.12	云南省政府
	赵金城	保山市委	全省信访工作先进个人	2002	云南省委、省政府
	段正璧	保山市民政局	全省退役士兵安置工作先进个人	2002	云南省政府
	明正彬	保山市公安局	中国优秀青年卫士	2002	共青团中央
	李天宝	保山市国土资源局	全国土地资源管理先进个人	2002	国土资源部
	万爱丽	保山市建设银行	全国建行百佳客户经理	2002	中国建设银行总行
	罗应忠	保山市农业银行	中国农业银行办公室系统先进个人	2002	中国农业银行总行
	赵晓东	高黎贡山自然保护局	全国自然保护区工作先进个人	2002	国家林业局
	杨焱平	保山市政府（副市长）	云南省防治“非典”先进工作者	2003.08	云南省委、省政府
	杨志勇	保山市卫生局	云南省防治“非典”先进工作者	2003.08	云南省委、省政府
	尚丽英	保山市小梨园医院	征兵工作先进个人	2003.08	成都军区征兵办公室
	高乔顺	保山市国土局	全国土地资源系统信访工作先进工作者	2003	国土资源部
	赵品银	保山市国土局	全国土地登记和土地调查先进工作者	2003	国土资源部
	赵晓东	高黎贡山保护局	全国自然保护区先进个人	2003	国家林业局
	杨昌忠	保山市林业局	全国严打整治先进个人	2003	全国严打整治领导小组
	丁光俊	保山市林业局	全国林木种苗执法先进个人	2003	国家林业局
	张从焕	保山市林业局	全国造林动态优秀信息调度员	2003	国家林业局
	施劲松	保山市农业银行	迎新春优质服务先进个人	2003	中国农业银行总行
	祁　明	保山市总工会	全国优秀工会工作者	2003	全国总工会
	杨善洲	原中共保山地委书记、退休干部（施甸县大亮山国社联营林场）	老干部先进个人	2004.10	中央组织部

续上表

类　别	姓　名	获奖时所在工作单位	荣誉称号名称	获奖时间	授奖单位
地级单位获省部级以上荣誉称号人物	蒋瑞芬	保山市气象局	中国气象局2003年度优秀值班预报员	2004	国家气象局
	段如春	保山市公安局	全省先进工作者	2005	云南省政府
	蒋国昌	保山市人民医院院长	全省先进工作者	2005	云南省政府
	张光生	保山市国土资源局	建设用地审批报批先进个人	2005	国土资源部
	蒋国昌	保山市人民医院	云南省先进工作者	2005.05	云南省政府
	郭朝庭	保山市民宗局	全国民族团结模范个人	2005.05	国务院
隆阳区获省部级以上荣誉称号人物	杨廷相	保山市西邑乡镇峰村	全国自强模范	1991	民政部、人事部、中国残联
	赵体仁	保山市第三中学	全国千名农村优秀教师	1991	国家教委、人事部
	马崇礼	保山市实验小学	全国优秀教师和教育工作者	1991	国家教委、人事部
	茶文映	保山市瓦房乡徐掌小学	全国优秀教师和教育工作者	1991	国家教委、人事部
	刘炳朝	保山市政府	第四次人口普查先进个人	1991	国务院人口普查办
	杨文山	保山市汶上彝族苗族乡	信访先进工作者	1991	民政部、省民政厅
	李有满	保山市档案馆	全国档案系统先进工作者	1991	国家档案局、人事部
	刘以全	保山市林业局	部级劳动模范	1991	林业部、人事部
	何文勋	保山市百货站	省劳动模范	1991	云南省政府
	黄爱群	保山市龙泉镇	优秀党务工作者	1991	云南省委
	姬从光	保山市金鸡乡育德村	优秀共产党员	1991	云南省委
	张仕忠	保山市卫生防疫站	全国卫生防疫先进工作者	1992	卫生部
	王发俊	保山市统计局	全国统计系统先进个人	1992	国家统计局
	沙宝亮	保山市白龙酒厂	省劳模（先进生产工作者）	1992	云南省委、省政府
	李新尧	中共保山市委	党管武装好书记	1992	云南省委、省政府、省军区
	双金副	保山市道街乡	人民武装工作先进个人	1992	云南省委、省政府、省军区
	杨洪西	保山市二职中	全国优秀教师和教育工作者	1993	国家教委、人事部
	胡敬华	保山市永昌五小	全国优秀教师和教育工作者	1993	国家教委、人事部
	刁瑞珍	保山市新华肥皂厂	全国先进女职工	1993	中华全国总工会
	郭仕兴	保山市永昌镇	全国城市基层计划生育先进个人	1993	国家计生委员会
	董凤枝	保山市芒合糖厂	省劳动模范	1993	云南省政府

续上表

类　别	姓　名	获奖时所在工作单位	荣誉称号名称	获奖时间	授奖单位
隆阳区获省部级以上荣誉称号人物	王定春	保山市西邑乡羊邑水泥厂	省农民劳动模范	1994	云南省政府
	黄江红	保山市工商银行	中国工商银行系统“优秀女职工”	1994	中国工商银行
	罗林芝	保山市实验小学	特级教师	1994	云南省政府
	方　虹	保山市板桥教办	特级教师	1994	云南省政府
	王学仁	保山地区化工厂	工人学科学用科学积极分子	1994	云南省政府
	印巧如	保山市芒宽彝族傣族乡	第三届民族团结进步先进个人	1994	云南省政府
	赵之文	保山市畜牧兽医站	全省有突出贡献的优秀专业技术人才	1994	云南省政府
	李凤启	保山市妇幼保健院	万例计生手术无事故先进个人	1994	卫生部、国家计生委
	刘云艳	保山市妇幼保健院	万例计生手术无事故先进个人	1994	卫生部、国家计生委
	章淑媛	保山市妇幼保健院	万例计生手术无事故先进个人	1994	卫生部、国家计生委
	金晓钟	保山市人民医院	万例计生手术无事故先进个人	1994	卫生部、计生委
	王　琦	保山市汉营卫生院	全国卫生系统先进工作者	1995	卫生部、人事部、中医药管理局
	王定春	保山市西邑乡羊邑水泥厂	全国劳动模范	1995	国务院
	杨廷相	保山市西邑乡真峰村	全国劳动模范	1995	国务院
	杨正学	保山市财政局	部级劳模（先进生产工作者）	1995	财政部
	杨国良	保山市林业局	部级劳模（先进生产工作者）	1995	农业部、人事部
	杨成明	保山市建设银行西路储蓄所	全国建设银行储蓄先进工作者	1995	中国建设银行
	张星明	保山市汉庄建筑公司	优秀乡镇企业家	1995	云南省政府
	艾发云	保山钢铁厂	优秀乡镇企业家	1995	云南省政府
	叶金凤	保山花玲皮鞋厂	优秀乡镇企业家	1995	云南省政府
	王定春	保山市西邑乡羊邑村	优秀乡镇企业工作者	1995	云南省政府
	张汉涛	保山市人民医院	全省中医药工作先进个人	1996.11	云南省政府
	刘　苏	保山市公安局蒲缥派出所	全国优秀人民警察	1996	公安部
	顾美珍	保山市妇联	“三八”绿化奖章	1996	全国妇联、林业部
	徐美兰	保山市妇联	信访工作先进工作者	1996	全国妇联
	兰金祥	保山市林业局	先进个人	1996	林业部
	何正伟	保山市民政局	安置工作先进个人	1996	民政部、总政治部

续上表

类 别	姓 名	获奖时所在工作单位	荣誉称号名称	获奖时间	授奖单位
隆阳区获省部级以上荣誉称号人物	李保生	保山市民政局	发挥余热先进个人	1996	民政部、总政治部
	吴锦灿	保山市蒲缥镇	全国村镇建设优秀乡(镇)长	1996	建设部
	杨绍琴	保山市老干局	老干部工作先进个人	1996	云南省委
	沙必璐	保山市史志委	修志先进工作者荣誉表彰	1996	云南省政府
	赵保珍	保山市法院	“严打”统一行动先进个人	1996	云南省委、省政府
	方文凯	保山市人民政府	“八五”期间环境整治及定量考核先进个人	1996	云南省政府
	潘兴坤	保山市瓦马乡政府	扫除文盲工作先进个人	1996	云南省政府
	钟 英	保山市星达塑编厂	星火科技成果先进个人	1996	云南省政府
	周金孝	保山市林业局	先进个人	1996	云南省政府
	李光宗	保山市林业局	先进个人	1996	云南省政府
	张汉涛	保山市人民医院	全省中医药先进个人	1996	云南省政府
	韩兴福	保山市乡镇企业管理局	优秀乡镇企业工作者	1997	云南省政府
	李 福	保山市永昌镇人民政府	优秀乡镇企业工作者	1997	云南省政府
	万兴武	保山市沙坝建筑公司	优秀乡镇企业家	1997	云南省政府
	张星明	保山市汉庄建筑公司	优秀乡镇企业家	1997	云南省政府
	马兴福	保山市金鸡建筑公司	优秀乡镇企业家	1997	云南省政府
	李祖林	保山市下村建筑公司	优秀乡镇企业家	1997	云南省政府
	杨光灿	保山市河图建筑公司	优秀乡镇企业家	1997	云南省政府
	李 彪	武警曼海边防公安检查站	全国优秀基层干部	1998	公安部
	赵少青	保山市实验中学	国家级优秀教师	1998	国家教委
	方文凯	保山市老龄委	重视老龄工作功勋奖	1998	民政部、劳动部等6部门
	李福榆	保山市实验小学	特级教师	1998	云南省政府
	刘加康	保山市老营卫生院	科技兴乡先进工作者	1999.12	云南省政府
	姚自生	保山市民政局	全国民族团结进步个人	1999	国务院
	钟 英	保山市星达塑料纺织总厂	“五一劳动奖章”	1999	全国总工会
	刘 丽	保五中	全国中学优秀卫生专职干部	1999	教育部
	王成义	原保山市永昌镇北关办事处	全国模范人民调解员	1999	司法部
	徐洪祥	保山市农业普查办	全国农业普查先进个人	1999	全国农业普查办

续上表

类　别	姓　名	获奖时所在工作单位	荣誉称号名称	获奖时间	授奖单位
隆阳区获省部级以上荣誉称号人物	高正明	保山市农业普查办	全国农业普查先进个人	1999	全国农业普查办
	王　林	保山市农业普查办	全国农业普查先进个人	1999	全国农业普查办
	李　军	保山市福隆糖业有限公司	省劳模（先进生产工作者）	1999	云南省政府
	李学伦	保山市板桥镇马王办事处	农民劳动模范	1999	云南省政府
	钟　英	保山星达塑料纺织总厂	全国劳动模范	2000	国务院
	周济生	保山市文体局	全国县（市、区）体育先进个人	2000	国家体育总局
	桑海龙	保山市瓦马乡计生办	全国少数民族计划生育先进个人	2000	国家计生委、国家民委
	段金华	保山市河图镇计生办	全国乡（镇）街道优秀计划生育工作者	2000	国家计生委
	吴朝芝	保山市板桥镇孟官办事处	全国村（居）委会优秀计划生育工作者	2000	国家计生委
	何朝友	保山市工商局	优秀工商管理人员	2000	国家工商行政管理局
	付永发	保山市西邑乡	农村基层组织建设先进个人	2000	云南省委
	高正明	保山市统计局	全国统计系统先进个人	2000	国家统计局
	杨发林	隆阳区瓦窑镇司法所	人民满意的司法助理员	2001	司法部
	杨荣权	隆阳区植保站	粮食丰收奖先进个人	2001	农业部
	苏成亮	隆阳区乡镇企业管理局	乡镇企业先进工作者	2001	云南省政府
	吕　陈	保山市吕氏热经开发责任公司	省农民劳动模范	2002	云南省政府
	陈学范	隆阳区人民政府	退役士兵安置工作先进个人	2002	云南省政府
	沈国全	隆阳区民政局	民政工作先进个人	2002	云南省政府
	张德润	保山市水电局	全国劳动模范（军级民兵英雄）	2003	中央军委
	李　宗	隆阳区公安分局禁毒大队	2001—2002年度全国优秀人民警察	2003	公安部
	张绍琪	隆阳区丙麻乡	云南科技兴乡作出突出贡献先进个人	2003	云南省政府
	蔺斯鹰	隆阳区委（副书记）	云南省防治“非典”先进工作者	2003.08	云南省委、省政府
	郭明团	隆阳区卫生局	云南省防治“非典”先进工作者	2004.02	云南省委、省政府
	韦国忠	隆阳区建设局	全国建设系统先进工作者	2004	人事部、建设部
	王秀荣	隆阳区城建档案馆	全国城建档案工作先进工作者	2004	建设部、国家档案局
	施聪明	隆阳区建设局环卫站	省劳动模范	2005	云南省政府
	李应线	隆阳区芒宽乡芒宽村	国粮食生产大户	2005	农业部

续上表

类　别	姓　名	获奖时所在工作单位	荣誉称号名称	获奖时间	授奖单位
隆阳区获省部级以上荣誉称号人物	杨荣权	隆阳植保植检站	全国农业技术推广先进工作者	2005	农业部
	蒙绍斌	隆阳区民族宗教事务局	全省民族团结模范个人	2005	云南省政府
	金晓钟	保山市第二人民医院	云南省有突出贡献的优委科技人才	2005.08	云南省政府
	李久开	隆阳区瓦马卫生院	科技兴乡先进工作者	2005.08	云南省政府
	陈玉芝	隆阳区金鸡乡农业服务中心	科技兴乡先进工作者	2005	云南省政府
	王晓明	隆阳区瓦渡中心学校	科技兴乡先进工作者	2005	云南省政府
施甸县获省部级以上荣誉称号人物	陈新民	施甸县公安局	云南省优秀共产党员	1991	云南省委
	陈新民	施甸县公安局	中国十大杰出民警	1991	公安部
	杨天福	施甸县万兴乡教办主任	优秀教师	1991	云南省政府
	杨　强	施甸县人民医院	云南省1990年有突出贡献的优秀专业人才（三等奖）	1991	云南省政府
	吴　周	施甸县委副书记	澜沧、耿马抗震救灾重建家园先进个人	1992.11	云南省委、省政府
	杨天福	施甸县万兴乡教办主任	边疆山区少数民族教育特别奖	1992	云南省政协
	尹成文	施甸县委副书记、县长	澜沧、耿马抗震救灾重建家园先进个人	1992.11	云南省委、省政府
	赵兴国	施甸县副县长	澜沧、耿马抗震救灾重建家园先进个人	1992.11	云南省委、省政府
	番汝奇	施甸县建设局局长	澜沧、耿马抗震救灾重建家园先进个人	1992.11	云南省委、省政府
	陈新民	施甸县公安局	全国优秀公安干警和“五一劳动奖章”	1992.04	全国总工会
	陈新民	施甸县公安局	云南省特级劳模	1992.06	云南省政府
	陈新民	施甸县公安局	授予二级英模	1992.10	公安部
	陈新民	施甸县公安局	全国劳动模范	1992	国务院
	郭正春	施甸县乌木小学	全国优秀教师	1993	国家教委、人事部
	杨天福	施甸县万兴乡教办主任	“教育特别”二等奖	1994	云南省政协
	赵子荣	施甸县由旺镇民政助理员	全国民政系统先进工作者	1994.05	民政部
	赵育华	施甸县人民医院	万例计生手术无事故先进个人	1994	卫生部、计生委
	李紫昌	施甸县人民医院	先进工作者	1994	国务院
	吴　周	施甸县委副书记、县长	全省优秀县长	1995	云南省委、省政府
	杨天福	施甸县万兴乡教办主任	全国优秀教育工作者	1995	全国教育工会、国家教委、人事部、教师奖励基金会

续上表

类　别	姓　名	获奖时所在工作单位	荣誉称号名称	获奖时间	授奖单位
施甸县获省部级以上荣誉称号人物	朱兴华	施甸县卫生防疫站	1994年度先进工作者	1995	国务院计划免疫领导小组
	段学贵	施甸县旧城乡党委	全省优秀党务工作者	1996.06	云南省委
	师　荣	施甸县教育局	扫盲先进个人	1996	云南省政府
	李康平	施甸县公安局	反走私先进个人、记三等功	1996	云南省政府
	段定嘉	施甸县中医医院	全省中医药工作先进个人	1996.11	云南省政府
	李堂玉	施甸县地方税务局	人民满意公务员	1997	云南省政府
	李金全	施甸县中医医院	全国计划免疫工作先进个人	1998.05	卫生部
	李光普	施甸县中心小学	全国模范教师	1998	国家教委
	李善昌	施甸县第一中学	特级教师	1998	云南省政府
	杨春华	施甸县等子乡农科站	云南省边疆山区民族教育特别奖	1998	云南省政协
	苏茂菊	施甸县总工会	全国总工会签订集体合作工作先进个人	1998	全国总工会
	徐新珠	施甸县	先进个体工商户	1998	云南省政府
	尹晋芳	施甸县民族宗教局	民族团结进步模范个人	1999.12	云南省政府
	罗银珍	施甸县民族宗教局	民族团结进步模范个人	1999.12	云南省政府
	祝朝启	施甸县	第五批工人、农民学科学用科学积极分子	1999	云南省政府
	段忠贤	施甸县	第五批工人、农民学科学用科学积极分子	1999	云南省政府
	黄忠祥	施甸县	第五批工人、农民学科学用科学积极分子	1999	云南省政府
	李富祥	施甸县	第五批工人、农民学科学用科学积极分子	1999	云南省政府
	赵维翠	施甸县	第五批工人、农民学科学用科学积极分子	1999	云南省政府
	赵德武	施甸县由旺镇法禅村	全国优秀乡村护林员	1999	国家林业局
	杨占银	施甸县旧城糖厂	安全生产先进个人	1999	云南省政府
	段书训	施甸县交通局	安全生产先进个人	1999	云南省政府
	王迎红	施甸县公安局	全国优秀人民警察	2000	公安部
	段建强	施甸县社保局	全国先进个人	2000	劳动部、社会保障部
	杨永昌	施甸县公安局	省模范军队转业干部	2001	云南省委、省政府
	张树才	施甸县委史志委	全省史志系统先进工作者	2001	云南省委

续上表

类别	姓名	获奖时所在工作单位	荣誉称号名称	获奖时间	授奖单位
施甸县获省部级以上荣誉称号人物	李章	施甸县太平乡	“两基”先进个人	2001	教育部
	姜云隆	施甸县万上兴乡摆马村	优秀共产党员	2001	云南省委
	杨树才	施甸县银川小学	全国优秀教师	2001	教育部、人事部
	杨庆改	施甸县保场乡五楼村	云南省第十七届农民劳动模范	2002	云南省人民政府
	陈绍坤	施甸县政府副县长	全省退役士兵安置工作先进个人	2002	云南省政府
	杨红梅	施甸县统计局	人口普查先进个人	2002	全国第五次人口普查领导小组
	戈明昌	施甸县等子乡政府	人口普查先进个人	2002	全国第五次人口普查领导小组
	杨翠丽	施甸县政府办	人口普查先进个人	2002	全国第五次人口普查领导小组
	赵桂开	施甸县万兴乡政府	人口普查先进个人	2002	全国第五次人口普查领导小组
	杨红梅	施甸县统计局	人口普查先进个人	2002	全国第五次人口普查领导小组
	杨海平	施甸县保场乡派出所	全省百名优秀国保信息员	2002	云南省政府
	董成龙	施甸县等子乡	全省民政工作先进个人	2002.12	云南省政府
	谷正兴	施甸县政府(县长)	云南省防治“非典”先进工作者	2003.08	云南省委、省政府
	戈明昌	施甸县等子乡	全国第五次人口普查先进工作者	2003	国务院人口普查办公室
	王睿琛	施甸县统计局	全国先进个人	2003	国务院第三次全国基本单位普查领导小组办公室
	杨树榆	施甸中学	全国教育系统模范教师	2004	教育部、人事部
	张志君	施甸县太平镇计生办	计划生育先进个人	2005	国家计生委
	段智军	施甸县工商局	“红盾护农”先进个人	2005	国家工商总局
	杨卫红	施甸县统计局	经济普查先进个人	2005	国务院第一次全国经济普查办公室
腾冲县获省部级以上荣誉称号人物	冯启兰	腾冲县界头乡顺河村卫生所	全国助残先进个人	1991	云南省政府
	自红青	腾冲县邮政局	劳动模范	1991.04	云南省政府
	李徐芬	腾冲县民族中学	优秀教师	1991	国家教委、人事部
	范红春	腾冲县滇滩派出所	先进个人	1991.02	云南省委、省政府
	赵家德	腾冲县固东供销社	先进个人	1991.02	云南省委、省政府
	熊登全	腾冲县小西乡	农民学科学、用科学积极分子	1991.03	云南省政府

续上表

类 别	姓 名	获奖时所在工作单位	荣誉称号名称	获奖时间	授奖单位
腾冲县获省部级以上荣誉称号人物	唐朝国	腾冲县	农民学科学、用科学积极分子	1991.03	云南省政府
	黄声宏	腾冲县	农民学科学、用科学积极分子	1991.03	云南省政府
	赵汝胜	腾冲县固东镇	农民学科学、用科学积极分子	1991.03	云南省政府
	曹民兴	腾冲县新华乡	农民学科学、用科学积极分子	1991.03	云南省政府
	尹仙国	腾冲县和顺乡	农民学科学、用科学积极分子	1991.03	云南省政府
	明景生	腾冲县城关镇	农民学科学、用科学积极分子	1991.03	云南省政府
	李品荣	腾冲县界头乡	农民学科学、用科学积极分子	1991.03	云南省政府
	王治茂	腾冲县城关镇	农民学科学、用科学积极分子	1991.03	云南省政府
	尹可才	腾冲县打苴乡	农民学科学、用科学积极分子	1991.03	云南省政府
	董宝晋	腾冲县中和乡东坪村	优秀党务工作者	1991	云南省委
	朱家忠	腾冲县委	科技进步做出突出成绩的领导	1991	云南省政府
	冯启兰	腾冲县界头乡顺河村	全国助残先进个人	1991.05	中宣部
	秦焦赞	腾冲县公安局内保科	“二级金盾”荣誉称号	1991.07	公安部
	王绪旦	腾冲县公安局	“二级金盾”荣誉称号	1991.07	公安部
	许得鸿	腾冲县第一职校	优秀教育工作者	1991	人事部
	李桂书	腾冲支行	出纳工作先进工作者	1991	中国总行
	黄启贵	腾冲县大洞铅锌矿厂	劳动模范	1992	云南省政府
	赵家福	腾冲县城关镇六街办事处	先进个人	1992	云南省委
	杨恩海	腾冲县组织部	先进个人	1992	云南省委
	何亚春	腾冲县组织部	先进个人	1992	云南省委
	李兆云	腾冲县组织部	先进个人	1992	云南省委
	杨世伟	腾冲县教育局教研室	省教研工作先进个人	1992	云南省政府
	丁祖华	腾冲县农机校	先进工作者	1992	农业部
	黄文轩	腾冲县宣传部	先进工作者	1992	云南省政府
	李树标	腾冲县第三中学	云南省中小学优秀校长	1992	云南省政府
	杨新育	腾冲县职业中学	教育系统劳模	1993	人事部
	刘上和	腾冲县固东中学教师	省劳动模范	1993	云南省委、省政府
	潘永芝	腾冲县土地局	先进个人	1993	国家土地局
	杨明兰	腾冲县第一中学	优秀教师	1993	国家教委

续上表

类别	姓名	获奖时所在工作单位	荣誉称号名称	获奖时间	授奖单位
腾冲县获省部级以上荣誉称号人物	孙家能	腾冲县金属门窗厂	先进个体工作者	1993	云南省委、省政府
	杨永时	腾冲县农业局	先进工作者	1993.10	国家计委
	姜家明	腾冲县农业局农业中心	先进工作者	1993	农业部
	艾有陈	腾冲县界头乡永胜	优秀乡村医生	1993.10	卫生部
	张仁华	腾冲县林业局	绿化奖章	1993.11	国家绿化委
	杨学纲	腾冲县第六中学	云南省优秀体育教师	1993	云南省政府
	潘永芝	腾冲县土地局	先进个人	1993	国家土地局
	李福兰	腾冲县人民医院	万例计生手术无事故先进个人	1994	卫生部、计生委
	杨建丽	腾冲县小西乡	第三次产业普查先进个人	1994	国务院
	郑玉声	腾冲县农业中心	国务院政府特殊津贴	1994.01	国务院
	李　鼎	腾冲县总工会	先进工作者	1994.07	全国总工会
	罗跃钢	腾冲县财政局	先进工作者	1994.05	云南省政府
	刘富盛	腾冲县第一中学	特级教师	1994.08	云南省政府
	刘正刚	腾冲县国税局	打击违法犯罪活动先进工作者	1994.12	国税总局
	赵俊武	腾冲县中和乡	边疆山区民族教育特别奖	1994	国家教委
	麻生凤	腾冲县明光乡自治村	先进个人	1994	云南省委、省政府
	杨文昌	腾冲县古永乡政府	先进个人	1994	云南省委、省政府
	蠹国梅	腾冲县荷花乡民团村	先进个人	1994	云南省委、省政府
	何亚春	腾冲县组织部	为边疆建设作出了贡献	1994.10	云南省委、省政府
	杨恩海	腾冲县组织部	为边疆建设作出了贡献	1994.10	云南省委、省政府
	许友兴	腾冲县新华乡政府	解放边疆建设边疆荣誉称号	1994	云南省委、省政府
	李筱玲	腾冲县制药厂	劳动模范	1995	云南省政府
	尹可湛	腾冲县蒲川乡教办	优秀教师	1995	国家教委、人事部
	李荫生	腾冲县人大	计划生育工作先进个人	1995	云南省委、省政府
	孙启武	腾冲县界头乡计生办	计划生育工作先进个人	1995	云南省委、省政府
	邹德全	腾冲县检察院	先进工作者	1995	高级人民检察院
	柯留昌	腾冲县广播电视局	先进工作者	1995	国家广电部
	郭兆锦	腾冲县教育局	先进工作者	1995	国家教委
	寸少奇	腾冲县城关中心小学	先进工作者	1995	人事部

续上表

类　别	姓　名	获奖时所在工作单位	荣誉称号名称	获奖时间	授奖单位
腾冲县获省部级以上荣誉称号人物	刘瑞雪	腾冲县科协	先进工作者	1995	中国科协
	李　鼎	腾冲县工会	全国职工文化先进工作者	1995	全国总工会
	郭建明	腾冲县动植物检疫局	口岸动植检先进工作者	1995	国家动植物检疫局
	寸守莲	腾冲县第五中学	优秀侨眷教师	1995.09	全国侨联
	孙家能	腾冲县金属门窗厂	优秀乡镇企业家	1995	云南省政府
	胡相坤	腾冲县建筑工程公司	优秀乡镇企业家	1995	云南省政府
	张翠英	腾冲县马站乡新大门完小	云南省新长征突击手	1995	云南省政府
	明景端	腾冲县果品厂	云南省工商联（商会）先进会员	1995	云南省政府
	刘定杰	腾冲县城关镇	云南省工商联（商会）先进会员	1995	云南省政府
	寸守民	腾冲县城关镇	云南省工商联（商会）先进会员	1995	云南省政府
	孙家能	腾冲县金属门窗厂	云南省工商联（商会）先进会员	1995	云南省政府
	尹仁候	腾冲县公安局	优秀人民警察	1995.02	公安部
	杨宗贵	腾冲县界头乡中学	边疆山区民族教育特别奖	1995	国家教委
	彭安生	腾冲县人民医院	云南省优秀共产党员	1996.06	云南省委
	孙家能	腾冲县金属门窗厂	劳动模范	1996	云南省政府
	彭安生	腾冲县人民医院	优秀共产党员	1996.07	云南省委
	赵强华	腾冲县疾控中心	硅藻土研究科技进步三等奖	1996.11	云南省政府
	侯其庆	腾冲县政协	模范军队转业干部	1996	云南省政府
	李湘莲	腾冲县工行	出纳业务机点技术能手	1996.11	工商总行
	王恩英	腾冲县工行	出纳业务机点技术能手	1996.11	工商总行
	李奇辉	腾冲县工行	出纳业务机点技术能手	1996.11	工商总行
	林韵民	腾冲县第一中学	先进女职工	1996	全国总工会
	庞有为	腾冲县自治边防站	全国优秀人民警察	1996	公安部
	明贤忠	腾冲县芒棒乡清水完小	边疆山区民族教育特别奖	1996	国家教委
	胡淑娟	腾冲县建设银行	先进个人	1996	建设总行
	林达民	腾冲县气象局	双文明建设先进工作者	1996	国家气象局
	李爱云	腾冲县国税局	省税收大检查先进工作者	1996	国家税务总局
	董廷安	腾冲县城关镇人造板厂	先进个人	1996	云南省政府
	董宝华	腾冲县县政府	先进个人	1996	云南省政府

续上表

类　别	姓　名	获奖时所在工作单位	荣誉称号名称	获奖时间	授奖单位
腾冲县获省部级以上荣誉称号人物	赵家德	腾冲县人造板厂厂长	社会治安综治先进个人	1996	云南省委、省政府
	郭兆锦	腾冲县教育局	优秀教师	1996	国家教委
	李秀梅	腾冲县城关镇中心小学	优秀教师	1996	国家体委
	胡淑娟	腾冲县建设银行	先进个人	1996	建设总行
	马加德	腾冲县城关镇满邑	农业劳动模范	1997	云南省政府
	黄茂泽	腾冲县公安局	先进个人	1997.01	云南省委、省政府
	王成国	腾冲县法院	先进个人	1997.01	云南省委、省政府
	黄　鉴	腾冲县民宗局	先进个人	1997.08	省委、省政府
	李自刚	腾冲县新华书店	全国报刊发行业双优奖	1997	新闻出版署
	刘苑萍	腾冲县界头乡小学教师	全国希望工程园丁奖	1997	团中央
	余在济	腾冲县退休干部	全国老有所为精英奖	1997	国家老龄委
	谷忠选	腾冲县固东镇农科站	省劳动模范	1998	云南省政府
	刘祖光	腾冲县经济贸易公司	外经贸系统劳模	1998	外经贸部
	张国新	腾冲县国税局	云南省先进税务工作者	1998	国家税务总局
	魏德浩	腾冲县龙江糖厂	全国先进工会工作者	1998	全国总工会
	陈开强	腾冲县公安局情报站	全国优秀人民警察	1998.01	公安部
	许洪彩	腾冲县曲石乡中心小学	国家级优秀教师	1998	国家教委
	朱耀春	腾冲县林业局	全国绿化奖章	1998	全国绿化委
	明耀寰	腾冲县第五中学	特级教师	1998.08	云南省政府
	赵俊武	腾冲县中和乡中心小学	特级教师	1998.08	云南省政府
	李润芳	腾冲县固东中心卫生院	科技兴乡突出贡献	1999.12	云南省委、省政府
	闫生然	腾冲县中和乡闫家冲	农业劳动模范	1999	云南省政府
	周朝安	腾冲县乡镇企业局	安全生产先进个人	1999	云南省政府
	张月强	腾冲县明光乡农科站	农业技术推广先进工作者	1999.12	农业部
	毕生德	腾冲县教育局教研室	优秀教师	1999	中国教育学会
	任永华	腾冲县气象局	重大气象服务先进个人	1999	中国气象局
	梁其珍	腾冲县总工会	全国先进女职工工作者	1999	国务院
	李润芳	腾冲县固东镇卫生院	科技兴乡突出贡献	1999.12	云南省委、省政府
	董诗伟	腾冲县	第五批工人、农民学科学用科学积极分子	1999	云南省政府

续上表

类　别	姓　名	获奖时所在工作单位	荣誉称号名称	获奖时间	授奖单位
腾冲县获省部级以上荣誉称号人物	熊绍德	腾冲县腾越镇	第五批工人、农民学科学用科学积极分子	1999	云南省政府
	邱黎红	腾冲县经济局	第五批工人、农民学科学用科学积极分子	1999	云南省政府
	李楷升	腾冲县城关镇	第五批工人、农民学科学用科学积极分子	1999	云南省政府
	彭安新	腾冲县马站乡	第五批工人、农民学科学用科学积极分子	1999	云南省政府
	王维芳	腾冲县	第五批工人、农民学科学用科学积极分子	1999	云南省政府
	黄映灿	腾冲县	第五批工人、农民学科学用科学积极分子	1999	云南省政府
	刘主道	腾冲县马站乡三联村	烛光奖	1999.09	教育部
	张月强	腾冲县明光乡农科站	全国农业技术推广先进工作者	1999.12	农业部
	陈亚忠	腾冲县新华乡大摆田	双学双比先进能手	1999	全国妇联
	高　云	腾冲县检察院	人民满意检察官	1999	最高检察院
	徐天剑	腾冲县徐剑茶厂	全国十大杰出农民	1999	团中央、财政部、农业部
	李　飞	腾冲县中和乡中学教师	中小学劳动技术先进个人	2000.01	云南省委、省政府
	尹可然	腾冲县荷花乡	全国优秀少先队辅导员	2000	全国少工委
	孙启武	腾冲县界头乡计生办	全国乡镇优秀计划生育工作者	2000	国家计生委
	罗安海	腾冲县农业中心	云南省政府特殊津贴	2000.04	云南省政府
	林韵民	腾冲县第一中学	特级教师	2000.08	云南省政府
	何绍芳	腾冲县打苴乡政府	优秀党务工作者	2001	云南省委
	刘祖光	腾冲县外贸公司	先进军转工作者	2001	云南省政府
	郑光荣	腾冲县水务局	电气化县建设先进工作者	2001.11	水利部
	刘富亿	腾冲县水务局	电气化县建设先进工作者	2001.11	水利部
	周　光	腾冲县水务局	电气化县建设先进工作者	2001.11	水利部
	张正达	腾冲县计生局	婚育新风万家活动先进个人	2001.10	国家计生委
	金榆林	腾冲县和顺镇计生办	婚育新风万家活动先进个人	2001.10	国家计生委
	徐自兴	腾冲县民政局	勘界工作先进个人	2001	云南省政府
	周兴舜	腾冲县环保局	工业污染达标排放先进个人	2001	云南省政府
	张惠仙	腾冲县环保局	工业污染达标排放先进个人	2001	云南省政府
	林　华	腾冲县环保局环境监测站	工业污染达标排放先进个人	2001	云南省政府

续上表

类别	姓名	获奖时所在工作单位	荣誉称号名称	获奖时间	授奖单位
腾冲县获省部级以上荣誉称号人物	杨济庆	腾冲县腾越镇纤维板厂	工业污染达标排放先进个人	2001	云南省政府
	丁昌吉	腾冲县政府	改革村级体制、实行村民自治先进个人	2001.06	云南省政府
	董保洪	腾冲县民政局	改革村级体制、实行村民自治先进个人	2001.06	云南省政府
	李树鸿	腾冲县固东镇	改革村级体制、实行村民自治先进个人	2001.06	云南省政府
	王兴何	腾冲县猴桥镇箐口村	优秀共产党员	2001	云南省委
	徐天剑	腾冲县蒲川徐剑茶厂	优秀共产党员	2001	云南省委
	余在济	腾冲县余公茶业有限公司	优秀共产党员	2001	云南省委
	杨定波	腾冲县交警大队	全国优秀人民警察	2001.02	公安部
	李云珍	腾冲县中和乡民振村	绿色奖章获得者	2001	全国妇联
	王元宁	腾冲县界头乡教办	国家教委先进教师	2001	国家教委
	谢大聪	腾冲县固东镇罗坪村卫生所	降消项目先进个人	2002.09	卫生部
	马兴楼	腾冲县芒棒乡中心卫生院	科技兴乡突出贡献	2002.12	云南省委、省政府
	马兴楼	腾冲县芒棒乡中心卫生院	科技兴乡突出贡献	2002.12	云南省委、省政府
	李胡成	腾冲县瑞滇镇	科技兴乡突出贡献奖	2002.12	云南省政府
	张兰芳	腾冲县法院	人民满意的政法干警	2002.12	云南省委、省政府
	张兰芳	腾冲县法院	先进工作者	2002.04	云南省政府
	刘振东	腾冲县第一中学	先进工作者	2002	云南省政府
	邵曰能	腾冲县文化体育局	全国文物系统先进工作者	2002.12	人事部、国家文物局
	明景文	腾冲县民政局	全省民政工作先进个人	2002.07	云南省政府
	王开国	腾冲县县委办	全省信访系统先进个人	2002.12	云南省委、省政府
	董连升	腾冲县政法委	社会治安综合治理先进个人	2002	云南省委、省政府
	朱先举	腾冲县公安局	“见义勇为”先进个人	2002	云南省委、省政府
	李继旺	腾冲县第一中学	特级教师	2002.09	云南省政府
	罗仁幸	腾冲县第一中学	特级教师	2002.09	云南省政府
	张兰芳	腾冲县法院	人民满意的好法官	2002.06	最高人民法院
	谢大聪	腾冲县固东罗坪卫生所	降消项目先进个人	2002.09	卫生部
	何绍勐	腾冲县教育局教研室	特级教师	2002.09	云南省政府
	李继旺	腾冲县第一中学	特级教师	2002.09	云南省政府

续上表

类　别	姓　名	获奖时所在工作单位	荣誉称号名称	获奖时间	授奖单位
腾冲县获省部级以上荣誉称号人物	罗仁幸	腾冲县第一中学	特级教师	2002.09	云南省政府
	李　艳	腾冲县政府（副县长）	云南省防治“非典”先进工作者	2003.08	云南省委、省政府
	石德莲	腾冲县荷花乡民团村	“三八红旗手”	2003.06	全国妇联
	洪耀芹	腾冲县腾越镇	先进个体工商户	2003	云南省委、省政府
	段连武	腾冲县经济局	发展非公有制经济先进个人	2003	云南省委、省政府
	杨明丽	腾冲县计划生育服务站	计划生育科技工作先进个人	2003.09	国家计生委
	董宝华	腾冲县卫生局	先进工作者	2003.08	中共云南省委、省政府
	叶　芳	腾冲县科协	科普先进工作者	2003.10	云南省政府
	杨明丽	腾冲县计划生育服务站	计划生育科技工作先进个人	2003.09	国家计生委
	李枝安	腾冲县防震减灾局	科技进步奖	2003.05	云南省政府
	王彩春	腾冲县县委	人民满意的公务员	2003.10	云南省政府
	韦成富	腾旭公司	省百佳智能型职工	2003	云南省政府
	石德莲	腾冲县荷花乡民团村	全国妇女系统劳动模范	2003.03	人事部
	张艳芬	腾冲县清水乡	禁毒好家庭	2003	全国妇联
	鲁兴华	腾冲县兴华贸易有限责任公司	巾帼建功标兵	2003	全国工商联、妇联
	康洪庆	腾冲县第一中学	特级教师	2004.09	云南省政府
	李成菊	腾冲县城关镇	特级教师	2004.09	云南省政府
	蔡在武	腾冲县第一中学	特级教师	2004.09	云南省政府
	姚恩宏	腾冲县县委	“反邪教先进个人”	2005.03	云南省委、省政府
	王家泉	腾冲县团田乡	第一次经济普查先进个人	2005.12	云南省政府
	胡维奇	腾冲县固东镇顺江村	云南省绿化先进个人	2005	云南省政府
	尹安钿	腾冲县第一中学	先进工作者	2005	云南省政府
	黄祖彪	腾冲县武警腾冲森警中队	先进工作者	2005	云南省政府
	姜加明	腾冲县农业中心	突出贡献优秀专业技术人才	2005.03	云南省政府
	屈在旭	腾冲县中和乡农科站	省科技兴乡突出贡献奖	2005.12	云南省政府
	黄映东	腾冲县滇滩镇司法所	二等英模	2005.06	司法部
	李云岗	腾冲县防震减灾局	地震监测预报先进个人	2005.09	国家地震局
	杨登部	腾冲县防震减灾局	地震监测预报先进个人	2005.09	国家地震局

续上表

类　别	姓　名	获奖时所在工作单位	荣誉称号名称	获奖时间	授奖单位
腾冲县获省部级以上荣誉称号人物	李建芬	腾冲县五合乡	五好文明家庭	2005	全国妇联
	李本清	腾冲县国康公司	劳动模范	2005.04	云南省政府
	黄金强	腾越镇玉璧村	劳动模范	2005	云南省政府
龙陵县获省部级以上荣誉称号人物	施俊生	龙陵县卫生防疫站	先进工作者	1991.06	云南省政府
	左德新	龙陵县龙江乡	造林绿化先进个人	—	云南省政府
	张明沛	龙陵县龙江乡教办	优秀教育工作者	1991	国家教委、国家人事部、全国中小学幼儿园教师奖励基金会
	杨明佑	龙陵县委副书记、县长	澜沧、耿马抗震救灾重建家园先进个人	1992.11	云南省委、省政府
	董维灿	龙陵县	澜沧、耿马抗震救灾重建家园先进个人	1992.11	云南省委、省政府
	郭先庆	龙陵县城乡建设局局长	澜沧、耿马抗震救灾重建家园先进个人	1992.11	中共云南省委、省政府
	杨明佑	龙陵县人民政府	全国绿化奖章	1992	国家绿化委
	石春海	龙陵县河头乡政府	民族团结进步模范	1994.09	国务院
	周呈云	龙陵县龙糖糖厂	全国劳动模范	1995	国务院
	明正彬	龙陵县公安局副局长	全国优秀人民警察	1995.05	公安部
	何开仲	龙陵县镇安镇竹箐小学校长	全国优秀教师	1995	全国教育工会、教委、人事部、教师奖励基金会
	廖兹昌	龙陵县勐冒砖瓦厂	全省优秀乡镇企业家	1995	云南省政府
	何开仁	龙陵县中医医院	全省中医药工作先进个人	1996.11	云南省政府
	杨怀兰	龙陵县妇幼保健院	先进工作者	1996.06	卫生部
	李　永	龙陵县委统战部	统一战线先进个人	1996	云南省委
	李瑞章	龙陵县政法委	优秀共产党员	1996	云南省委
	夏润德	龙陵县检察院	“严打”先进个人	1996	云南省委、省政府
	杨怀兰	龙陵县卫生局	先进工作者	1996	卫生部
	杨洪枝	龙陵勐糯铅锌矿	先进工作者	1996	卫生部
	尹国权	龙陵县公安局	全国优秀人民警察	1998	公安部
	李富恒	龙陵县	第五批工人、农民学科学用科学积极分子	1999	云南省政府
	朱加仓	龙陵县	第五批工人、农民学科学用科学积极分子	1999	云南省政府

续上表

类　别	姓　名	获奖时所在工作单位	荣誉称号名称	获奖时间	授奖单位
龙陵县获省部级以上荣誉称号人物	张广忠	龙陵县	第五批工人、农民学科学用科学积极分子	1999	云南省政府
	杨定波	龙陵县镇安交警中队	人民满意的政法干警	1999	云南省委、省政府
	郭朝庭	龙陵县委	全省改革村级体制、实行村民自治先进个人	2001.06	云南省委、省政府
	赵国志	龙陵县委组织部	全省改革村级体制、实行村民自治先进个人	2001.06	云南省委、省政府
	赵德兴	龙陵县民政局	优秀共产党员	2001	云南省委
	杨太泽	龙陵县史志委	全省史志系统先进工作者	2001	云南省委
	周万庚	龙陵县镇安镇官岑村	全省优秀党务工作者	2001	云南省委
	李传兴	龙陵县司法局	全省“三五”普法先进个人	2001	云南省委、省政府
	杨定波	龙陵县公安局交警大队镇安中队	全国优秀人民警察	2001	公安部
	杨定东	龙陵县勐糯卫生院	农村合格医疗试点先进个人	2000.12	卫生部农村贫困地区合作医疗试点工作领导小组
	陈金火	龙陵县镇安镇官岑村	全省优秀党务工作者	2001	云南省委
	王启光	龙陵县卫生局	科技进步先进个人	2002.10	国家卫生部等五部委会
	陈东才	龙陵县政府副县长	拥军优属先进个人	2002	云南省委、省政府、省军区
	赵德兴	龙陵县民政局	全省退役士兵安置工作先进个人	2002	云南省政府
	王兆祥	龙陵县第一中学	特级教师	2002	云南省政府
	王琼书	龙陵县龙山镇云山小学	特级教师	2002	云南省政府
	蒋天武	龙陵县电信局	先进生产者	2002	中国电信
	莫增茂	龙陵县人民医院	云南省防治“非典”先进工作者	2003.08	云南省委、省政府
	杨天琪	龙陵县国土局	全国矿产资源补偿费征管工作先进工作者	2003	国土资源部
	莫增龙	龙陵县人民医院	云南省防治非典型肺炎先进工作者	2003	云南省委、省政府
	白　鹤	龙陵县民宗局	云南宗教工作先进个人	2004	云南省委、省政府
	杨宽荣	龙陵县第一中学	全国优秀教师	2004	教育部
	陈景东	龙陵县委史志委	全国地方志先进工作者	2005	中国地方志指导小组
	刘树和	龙陵县龙山镇白塔村卫生室	全国优秀乡村医生	2005	卫生部

续上表

类别	姓名	获奖时所在工作单位	荣誉称号名称	获奖时间	授奖单位
昌宁县获省部级以上荣誉称号人物	熊顺成	昌宁县民政局	全省退役士兵安置工作先进个人	2002	云南省政府
	于　仁	昌宁县委农村工作部	商品基地建设先进工作者	1990.01	国家计委、农业部
	字正恒	昌宁县林业局	造林绿化先进个人	1990.01	云南省政府
	张　卫	昌宁县畜牧兽医站	农牧渔业丰收二等奖	1990.03	农业部
	杨枝祥	昌宁县幼园	小学特级教师	1990.04	云南省政府
	唐翠珍	昌宁县示范小学	小学特级教师	1990.04	云南省政府
	龚世来	昌宁县林业局苗圃	“五一劳动奖章”	1990.04	中华全国总工会
	古正才	昌宁县柯街乡沙坝村	民族团结进步先进个人	1990.10	国家民委
	龚心涵	昌宁县计生委	优秀计划生育工作者	1990.11	国家计生委、人事部
	李汉础	昌宁县政府办	先进个人	1990.12	国务院第四次人口普查领导小组
	李　明	昌宁县统计局	先进工作者	1990.12	国务院第四次人口普查领导小组
	马荣相	昌宁县右甸镇政府	先进个人	1990.12	国务院第四次人口普查领导小组
	杨世和	昌宁县柯街乡教办	先进个人	1990.12	国务院第四次人口普查领导小组
	杨光裕	昌宁县右甸镇教办	先进个人	1990.12	国务院第四次人口普查领导小组
	字　勤	昌宁县温泉乡教办	先进个人	1990.12	国务院第四次人口普查领导小组
	朱林茂	昌宁县鸡飞供销社	先进个人	1990.12	国务院第四次人口普查领导小组
	黄建伟	昌宁县工行昌宁县支行	先进保卫工作者	1990.12	中国工商银行
	胡　彪	昌宁县柯街中学	社会治安综合治理先进个人	1991.01	云南省委、省政府
	杨忠陈	昌宁县温泉供销社	劳动模范	1991.04	云南省政府
	李建华	昌宁县湾甸派出所	社会治安综合治理先进个人	1991.01	云南省委、省政府
	吴永康	昌宁县耈街乡金马村	学科学用科学积极分子	1991.03	云南省政府
	段兴赵	昌宁县卡斯乡卡斯村	学科学用科学积极分子	1991.03	云南省政府
	杨忠陈	昌宁县温泉供销社	优秀共产党员	1991.06	云南省委
	杨树然	昌宁县卡斯乡政府	优秀党务工作者	1991.06	云南省委
	杨树然	昌宁县卡斯乡政府	农牧渔业丰收一等奖	1991.09	农业部
	王文星	昌宁县达丙初级中学	优秀教育工作者	1991.09	国家教委、人事部

续上表

类　别	姓　名	获奖时所在工作单位	荣誉称号名称	获奖时间	授奖单位
昌宁县获省部级以上荣誉称号人物	李宗凯	昌宁县勐统乡长山小学	优秀教师	1991.09	国家教委、人事部
	杨焕存	昌宁县耈街乡教办	先进教育工作者	1991.09	云南省政府
	段仁昌	昌宁县公安局	颁发居民身份证先进工作者	1991.10	公安部
	高崇贵	昌宁县林业局营林站	造林绿化先进个人	1991.11	云南省政府
	杨中书	昌宁县经委	企业承包先进工作者	1991	云南省政府
	鲁　勇	昌宁客运站	红旗车驾驶员	1991	全国总工会
	赵　洪	昌宁县农牧局	振兴农业先进个人	1992.01	农业部
	王文庆	昌宁县林业局	紫胶生产技术推广奖	1992.01	林业部
	马荣新	昌宁县民宗局	先进工作者	1992.03	政协云南省委
	禹占兴	昌宁县委老干局	落实政策先进个人	1992.04	云南省委
	杨俊奕	昌宁县翁堵乡政府	优秀调查员	1992.10	国家计生委
	杨正聪	昌宁县计生委	优秀调查指导员	1992.10	国家计生委
	鲍光武	昌宁县土地局	土地监察先进工作者	1992.11	国家土地管理局
	普嘉兴	昌宁县政协	先进个人	1992.12	政协云南省委
	兰臻彦	昌宁县更戛乡更戛村	先进个人	1992.12	政协云南省委
	杨绍芳	昌宁县达丙建筑公司	先进个人	1992.12	政协云南省委
	杨文渊	昌宁县林业局	森林防火先进个人	1992.12	省政府
	罗继曾	昌宁县耈街乡桥头村	优秀志愿兵	1993.07	成都军区
	朱兴富	昌宁县更戛乡教办	先进教育工作者	1993.09	国家教委、人事部
	李成智	昌宁县林业局	省柴节煤先进工作者	1993.10	国家计委、农牧渔业部
	杨　明	昌宁县林业局	绿化奖章	1993.12	全国绿化委员会
	李重金	昌宁县政府	地震恢复重建先进个人	1993	云南省政府
	石春翰	昌宁县农技站	特殊津贴	1994.01	国务院
	李重金	中共昌宁县委	社会治安综合治理先进个人	1994.01	云南省委、省政府
	赵俊英	昌宁县柯街华侨农场	先进个人	1994.06	全国归国华侨联合会
	瞿从义	昌宁县大田坝乡政府	学科学用科学积极分子	1994.07	云南省政府
	胡　健	昌宁县柯街乡芒赖村	民族团结先进个人	1994.11	云南省政府
	兰碧云	昌宁县政府	先进工作者	1994.12	国务院第三次产业普查领导小组

续上表

类　别	姓　名	获奖时所在工作单位	荣誉称号名称	获奖时间	授奖单位
昌宁县获省部级以上荣誉称号人物	赵学坤	昌宁县柯街乡立斯达完小	优秀教育工作者	1994	云南省政府
	李永泽	昌宁县柯街乡柯街村完小	园丁杯先进个人	1994	国家教委
	赵学洲	昌宁县公安局	劳动模范	1995.04	云南省政府
	马崇武	昌宁县水电局	农业科技推广先进工作者	1995.02	农业部　人事部等
	洪　敏	昌宁县公安局	优秀人民警察	1995.02	公安部
	赵炳华	昌宁县甘蔗技术推广站	科技进步三等奖	1995.11	云南省政府
	施恩远	昌宁县司法局	法制宣传教育先进工作者	1995.12	中宣部、司法部
	杨　明	昌宁县林业局	绿化先进工作者	1996.03	全国绿化委员会、林业部
	陈耀德	昌宁县卡斯糖厂	社会治安综合治理先进工作者	1996.04	云南省委、省政府
	杨光荣	昌宁县柯街乡政府	优秀共产党员	1996.06	云南省委
	陈卫林	昌宁县侨联	先进个人	1999.06	全国归侨联合会
	李曰昌	昌宁县中医医院	全省优秀青年中医	1996.11	云南省政府
	普晋昌	昌宁县史志办	地方志工作先进个人	1996.08	云南省政府
	普菊英	昌宁县史志办	地方志工作先进个人	1996.08	云南省政府
	张建安	昌宁县统计局	先进个人	1996.08	全国人口抽样调查办公室
	赵炳华	昌宁县甘蔗技术推广站	科技成果三等奖	1996.10	云南省政府
	马志和	昌宁县甘蔗技术推广站	科技成果三等奖	1996.10	云南省政府
	杨贵祥	昌宁县甘蔗技术推广站	科技成果三等奖	1996.10	云南省政府
	刘志桉	昌宁县甘蔗技术推广站	科技成果三等奖	1996.10	云南省政府
	罗凤书	昌宁县妇幼保健院	妇幼卫生先进工作者	1996.12	卫生部
	林宏春	昌宁二中	体育先进工作者	1996.12	国家体委、国家教委
	李大恒	昌宁县科委	科普先进工作者	1996.12	云南省政府
	鲁春寿	昌宁县工商局	优秀工商行政管理员	1996.12	国家工商总局
	陈耀德	昌宁县卡斯糖厂	劳动模范	1997.04	云南省政府
	王丕军	昌宁县公安局	“严打”先进个人	1997.01	云南省委、省政府
	李国伟	昌宁县文体局	群众体育先进个人	1997.10	国家体委
	赵炳华	昌宁县甘蔗技术推广站	星火科技三等奖	1997.11	云南省政府
	段学祥	昌宁县公安局	禁毒先进工作者	1997.11	云南省委、省政府

续上表

类　别	姓　名	获奖时所在工作单位	荣誉称号名称	获奖时间	授奖单位
昌宁县获省部级以上荣誉称号人物	兰春兴	昌宁县计划委员会	物价工作先进个人	1997.12	国家发改委
	周喜元	昌宁县湾甸乡派出所	禁毒先进工作者	1997.12	云南省政府
	袁　忠	昌宁县柯街信用社	支农先进个人	1997	中国人民银行
	段恒帮	昌宁县鸡飞乡	先进个体工商户	1998.04	云南省政府
	孙光华	昌宁县林业局	绿化奖章	1998.04	全国绿化委员会
	马崇武	昌宁县水电局	水利事业先进个人	1998.07	水利部
	杨杰生	昌宁一中	中学特级教师	1998.08	云南省政府
	字绍昌	昌宁县柯街镇教办	优秀教育工作者	1998.09	教育部
	刘绍华	昌宁县翁堵乡	中华扫盲奖	1998.09	教育部
	杨天荣	昌宁县农行昌宁县支行	优秀信贷员	1998.11	中国农业银行
	蒋建源	昌宁县计生委	计划生育优秀工作者	1998.11	国家计生委
	林子勋	昌宁县统计局	先进个人	1998.12	全国农业普查办公室
	杨树然	昌宁县人大常委会	先进个人	1998.12	全国农业普查办公室
	马志和	昌宁县甘蔗技术推广站	国务院特殊津贴	1999.04	国务院
	丁玉钧	昌宁县耇街乡	第一届“烛光奖”	1999.09	教育部
	李成远	昌宁县大田坝乡湾岗村	学科学用科学积极分子	1999.09	云南省政府
	杨之文	昌宁县柯街糖厂	学科学用科学积极分子	1999.09	云南省政府
	谢应光	昌宁县柯街乡沙坝村	学科学用科学积极分子	1999.09	云南省政府
	杨光侯	昌宁县民宗局	民族团结进步模范	1999.11	国家民委、云南省政府
	陈　卫	昌宁县水电局	水电先进个人	1999.12	水利部
	张子宁	昌宁县农科所	农业技术推广先进工作者	1999.12	农业部
	杨文光	昌宁县卡斯乡教办	科教兴乡贡献奖	1999.12	云南省政府
	郭文兴	昌宁县更戛卫生院	科教兴乡贡献奖	1999.12	云南省政府
	鲍光昱	昌宁县卫生局	1990—2000年全国初级卫生保健工作先进个人	2000	国家卫生部、农业部、计委、环保总局、全国爱卫会
	杨　明	昌宁县林业局	世行贷款造林项目先进个人	2000.03	国家林业局
	林绍成	昌宁县畜牧兽医站	星火科技三等奖	2000.03	云南省政府

续上表

类　别	姓　名	获奖时所在工作单位	荣誉称号名称	获奖时间	授奖单位
昌宁县获省部级以上荣誉称号人物	杨雁斌	昌宁县畜牧兽医站	星火科技三等奖	2000.03	云南省政府
	王德贵	昌宁县畜牧兽医站	星火科技三等奖	2000.03	云南省政府
	罗占武	昌宁县畜牧兽医站	星火科技三等奖	2000.03	云南省政府
	杨振平	昌宁县畜牧兽医站	星火科技三等奖	2000.03	云南省政府
	杨淑云	昌宁县右甸镇城关办事处	计划生育中心户优秀户 育龄妇女小组优秀组长	2000.04	国家计生委
	李正祥	昌宁县翁堵乡政府	人民满意公务员	2000.11	云南省政府
	杨翠莲	昌宁县更戛乡党委	农村基层组织建设先进个人	2000.12	云南省委
	杨杰生	昌宁一中	青少年体育先进工作者	2000.12	国家体育总局、教育部
	杨　良	昌宁县柯街农科站	星火科技带头人标兵	2001.02	团中央、科技部
	禹文超	昌宁县更戛乡木瓜树村	见义勇为先进个人	2001.02	云南省政府
	普菊英	昌宁县史志办	党史系统先进工作者	2001.05	云南省委
	施恩远	昌宁县司法局	法制宣传教育先进个人	2001.06	云南省委、省政府
	刘文允	昌宁县政府	村级体制改革先进个人	2001.06	云南省委、省政府
	普光洪	昌宁县漭水乡河尾村	优秀共产党员	2001.06	云南省委
	杨杰生	昌宁一中	法制宣传教育先进个人	2001.06	云南省委、省政府
	杨怀春	昌宁县右甸镇政府	优秀党务工作者	2001.07	云南省委
	马崇光	昌宁一中	优秀共产党员	2001.07	云南省委
	鲁　宁	昌宁县计生委	婚育新风进万家先进个人	2001.10	中宣部、国家计生委
	胡志东	昌宁县电力公局	初级电气化县建设先进工作者	2001.11	水利部
	杨梓怀	昌宁县电力公司	初级电气化县建设先进工作者	2001.11	水利部
	张　海	昌宁县水电局	初级电气化县建设先进工作者	2001.11	水利部
	陈　卫	昌宁县水电局	初级电气化县建设先进工作者	2001.11	水利部
	李光旭	昌宁县达丙镇龙泉村	群众体育先进个人	2001.11	国家体育总局
	李　莲	昌宁县保山电力昌宁分公司	劳动模范	2002.04	云南省政府
	沙军良	昌宁县人事劳动局	先进个人	2002.01	国务院第五次人口普查领导小组
	谢　玲	昌宁县统计局	先进个人	2002.01	国务院第五次人口普查领导小组
	张建安	昌宁县统计局	先进个人	2002.01	国务院第五次人口普查领导小组

续上表

类　别	姓　名	获奖时所在工作单位	荣誉称号名称	获奖时间	授奖单位
昌宁县获省部级以上荣誉称号人物	兰解云	昌宁县委政法委	社会治安综合治理先进工作者	2002.03	云南省委、省政府
	段怀秦	昌宁一中	中学特级教师	2002.09	云南省政府
	鲁全昌	昌宁县鸡飞乡珠山村	见义勇为先进分子	2002.10	云南省政府
	鲍光昱	昌宁县卫生局	农村初级卫生保健先进个人	2002.10	卫生部
	赵学问	昌宁县水务局	有突出贡献优秀专业技术人才	2002.11	云南省政府
	林曰娣	昌宁县公安局	人民满意政法干警	2002.12	云南省委、省政府
	林伟鹏	昌宁县农科所	科技兴乡贡献奖	2002.12	云南省政府
	字振峰	昌宁县民政局	民政工作先进个人	2002.12	云南省政府
	王玉军	昌宁县水平初级中学	科技兴乡贡献奖	2002.12	云南省政府
	李先廷	昌宁县水利局	饮水解困工作先进个人	2002	水利部
	普　兴	昌宁县卫生局	云南省防治“非典”先进工作者	2003.08	云南省委、省政府
	仇如莲	昌宁县邮政局	“百优”先进个人	2003.01	国家邮政局
	马　林	昌宁县统计局	先进个人	2003.01	第二次全国基本单位普查领导小组
	吴国蕃	昌宁县柯街糖厂	百佳智能型职工	2003.03	云南省政府
	丁自生	昌宁县公安局	“严打”先进个人	2003.03	云南省委、省政府
	杨忠兴	昌宁县湾甸乡上甸村	创业致富带头人	2003.03	团中央、业部
	李　莲	昌宁县保山电力昌宁分公司	五一劳动奖章	2003.04	中华全国总工会
	张国亮	昌宁县国土资源局	地质灾害防治先进个人	2003.04	国土资源部
	周庶民	昌宁县经济贸易局	发展非公经济先进个人	2003.04	云南省委、省政府
	段晓东	昌宁县公安局	优秀人民警察	2003.06	公安部
	普　兴	昌宁县卫生局	防治非典型肺炎先进个人	2003.08	云南省委、省政府
	禹自君	昌宁县地税局	优秀税务工作者	2003.08	国家税务总局
	洪　泉	昌宁县国税局	优秀税务工作者	2003.08	国家税务总局
	段明兰	昌宁县卡斯镇卡斯村	五好文明家庭	2003.12	全国妇联
	段红卫	昌宁县人民医院	卫生系统先进工作者	2004.02	人事部、卫生部等
	白中燕	昌宁县总工会	三八红旗手	2004.03	全国妇联
	李开春	昌宁县农行	优秀工会干部	2004.04	中国农业银行
	范丽萍	昌宁县国土资源局	依法行政先进个人	2004.06	国土资源部

续上表

类别	姓名	获奖时所在工作单位	荣誉称号名称	获奖时间	授奖单位
昌宁县获省部级以上荣誉称号人物	张翠英	昌宁县幼儿园	特级教师	2004.09	云南省政府
	高怀映	昌宁一中	优秀教师	2004.09	教育部
	高玉华	昌宁县湾甸工商所	优秀工商行政管理人员	2004.12	国家工商总局
	殷子成	昌宁县烟草公司	烟草技术能手	2005.01	国家烟草专卖局
	刘建华	昌宁县人事劳动局	再就业先进工作者	2005.02	云南省政府
	谢　玲	昌宁县统计局	先进个人	2005.07	国务院第一次经济普查领导小组
	马良媛	昌宁县人大常委会	民族团结进步模范个人	2005.08	云南省政府
	龙子华	昌宁县勐统中心卫生院	农村基层优秀中医	2005.11	国家中医药管理局
	毕永泽	昌宁县大田坝乡林业站	科技兴乡贡献奖	2005.12	云南省政府
	罗建明	昌宁县民宗局	四五普法工作先进个人	2005.12	国家宗教事务局

第三节　军事系统英模人物

获中央军委、国务院、国防部及四总部和两级军区荣誉称号人物表

表43-4

姓名	获奖时所在工作单位	授予荣誉称号名称	获奖时间	授奖单位
杨正明	00421部队副营长(昌宁人)	雷锋式干部	1978.08	工程兵部
杨正明	工程兵00421部队副营长(昌宁人)	劳动模范	1979.09	国务院
李成文	原保山军分区边防某团第5连副班长(调入前线部队参战)	董存瑞式的战斗英雄、追记一等功	1979.09	中央军委
张学景	陆军某师某团副连长	战斗英雄、记一等功	1979.05	昆明军区
禹存孝	昌宁县柯街公社军队退休干部	云南省劳动模范	1980	云南省政府
刘　光	昆明军区独立师侦察连副连长	立志献身边防的模范干部	1981	昆明军区
王尹才	保山县潞江乡石梯村民兵	先进个人标兵	1982.10	昆明军区、云南省军区
张庆龙	原保山军分区边防某团第4连战士(调入前线部队参战)	“李海欣高地15勇士”	1984.09	昆明军区
段春和	原保山军分区边防某团第4连战士(调入前线部队参战)	“李海欣高地15勇士”	1984.09	昆明军区
李国文(烈士)	原保山军分区边防某团第4连战士(调入前线部队参战)	“李海欣高地15勇士”	1984.09	昆明军区

续上表

姓　名	获奖时所在工作单位	授予荣誉称号名称	获奖时间	授奖单位
董朝贵	原保山军分区边防某团第4连战士（调入前线部队参战）	“李海欣高地15勇士”	1984.09	昆明军区
蒋志华	原保山军分区边防某团第4连战士（调入前线部队参战）	“李海欣高地15勇士”	1984.09	昆明军区
陈光满	原保山军分区边防某团第4连战士（调入前线部队参战）	“李海欣高地15勇士”	1984.09	昆明军区
李义华	汽车某团第9连班长	英雄汽车兵、记一等功	1984.09	昆明军区
李宗平	某师某团战士	记一等功	1984.12	昆明军区
董树松	红旗桥公安边防检查站干事	“优秀边陲儿女”铜奖	1984	武警总部
张庆龙	原保山军分区边防某团第4连战士（调入前线部队参战）	勇士	1985.10	国防部
段春和	原保山军分区边防某团第4连战士（调入前线部队参战）	勇士	1985.10	国防部
李国文（烈士）	原保山军分区边防某团第4连战士（调入前线部队参战）	勇士	1985.10	国防部
董朝贵	原保山军分区边防某团第4连战士（调入前线部队参战）	勇士	1985.10	国防部
蒋志华	原保山军分区边防某团第4连战士（调入前线部队参战）	勇士	1985.10	国防部
陈光满	原保山军分区边防某团第4连战士（调入前线部队参战）	勇士	1985.10	国防部
杨兴顺	施甸县由旺镇银川办事处民兵连长	全国绿化造林先进工作者	1986.05	空军司令部、国家林业部
赵春高	昌宁县城关镇民兵营长	优秀基层干部、记一等功	1986	成都军区
刘其君	77273部队连长	5个春秋都在哨位上度过的先进个人	1986	总政治部
石文新	77273部队协理员	思想政治工作活跃的先进个人	1986	成都军区
和文丽	77273部队军医	先进个人	1986	成都军区
施加义	陆军64医院	绿化先进工作者	1987.03	云南省政府
刘国卿	保山军分区副司令员	胜利功勋荣誉章	1988	中央军委
郭金海	保山市军干所军队离休干部	独立功勋荣誉章	1988.09	成都军区
庄洪池	保山市军干所军队离休干部	独立功勋荣誉章	1988.09	成都军区
李新志	保山市军干所军队离休干部	独立功勋荣誉章	1988.09	成都军区
张桐生	保山市军干所军队离休干部	独立功勋荣誉章	1988.09	成都军区
金万田	保山市军干所军队离休干部	独立功勋荣誉章	1988.09	成都军区
田养成	保山市军干所军队离休干部	独立功勋荣誉章	1988.09	成都军区
邢世民	保山市军干所军队离休干部	独立功勋荣誉章	1988.09	成都军区

续上表

姓　名	获奖时所在工作单位	授予荣誉称号名称	获奖时间	授奖单位
黄云礼	保山市军干所军队离休干部	独立功勋荣誉章	1988.09	成都军区
刘岭梅	保山市军干所军队离休干部	独立功勋荣誉章	1988.09	成都军区
赵三品	保山市军干所军队离休干部	独立功勋荣誉章	1988.09	成都军区
翟洪庆	保山市军干所军队离休干部	独立功勋荣誉章	1988.09	成都军区
宁华山	保山市军干所军队离休干部	独立功勋荣誉章	1988.09	成都军区
部春祯	保山市军干所军队离休干部	独立功勋荣誉章	1988.09	成都军区
张致富	保山市军干所军队离休干部	独立功勋荣誉章	1988.09	成都军区
慰贵友	保山市军干所军队离休干部	独立功勋荣誉章	1988.09	成都军区
常金贵	保山市军干所军队离休干部	独立功勋荣誉章	1988.09	成都军区
孙本德	施甸县军干所军队离休干部	独立功勋荣誉章	1988.09	成都军区
张玉林	施甸县军干所军队离休干部	独立功勋荣誉章	1988.09	成都军区
张福堂	腾冲县军干所军队离休干部	独立功勋荣誉章	1988.09	成都军区
宋志荣	腾冲县军干所军队离休干部	独立功勋荣誉章	1988.09	成都军区
张海田	腾冲县军干所军队离休干部	独立功勋荣誉章	1988.09	成都军区
牛培成	腾冲县军干所军队离休干部	独立功勋荣誉章	1988.09	成都军区
李仁义	腾冲县军干所军队离休干部	独立功勋荣誉章	1988.09	成都军区
马凤山	腾冲县军干所军队离休干部	独立功勋荣誉章	1988.09	成都军区
王庆臣	腾冲县军干所军队离休干部	独立功勋荣誉章	1988.09	成都军区
王振声	腾冲县军干所军队离休干部	独立功勋荣誉章	1988.09	成都军区
佑麦德	龙陵县军队离休干部	独立功勋荣誉章	1988.09	成都军区
李喜祥	昌宁县军干所军队离休干部	独立功勋荣誉章	1988.09	成都军区
何顺舟	77273部队班长	卫国为民英雄	1988.11	成都军区　团中央
鲁茂旭	昌宁县耈街乡武装部长	民兵预备役部队先进工作者	1989	国防部
何顺舟	77273部队班长	抗震救灾模范	1989.04	成都军区
董树松	腾冲县公安边防大队明光派出所	全国优秀边陲儿女银奖	1989.11	公安部等单位
周义勇	施甸县军队退休干部	全国先进退休干部	1989.12	民政部　总政治部
王治刚	施甸县甸阳镇民兵连长	全国城乡治安保卫、治安联防先进工作者	1989	公安部
杨祖甲	武警保山地区支队副政委	全国优秀纪检干部	1990.11	中央纪律检查委员会
段仕福	施甸县酒房乡武装部长	以劳养武扶贫致富先进个人	1990.12	成都军区

续上表

姓　名	获奖时所在工作单位	授予荣誉称号名称	获奖时间	授奖单位
郑相豪	云南省保山军分区政治部主任	优秀党员领导干部	1990	成都军区
杨　露	武警昆明警卫大队副教导员（腾冲县人）	全国十大杰出青年	1991.09	武警总部　共青团中央
贾光贤	武警保山地区支队保山市中队指导员	优秀共产党员	1993	武警总部
赵忠云	保山市预备役团	“民兵预备役部队优秀‘四会’教练员”	1994	总参谋部
寸金才	保山市预备役团	“民兵预备役部队优秀‘四会’教练员”	1994	成都军区
顾美麒	保山市预备役团	“民兵预备役部队优秀‘四会’教练员”	1994	成都军区
赵加兴	武警保山地区边防支队政委（退休）	云南省劳动模范	1995.04	云南省政府
刘华贵	武警保山地区支队司令部作战训练股股长	接兵部队先进个人	1995	武警总部
顾美麒	保山市人武部	民兵优秀“四会”教练员	1995	成都军区
段宏阳	保山预备役步兵团	民兵优秀“四会”教练员	1995	成都军区
寸金才	保山预备役步兵团	民兵优秀“四会”教练员	1995	成都军区
何正伟	保山市军干所所长	安置工作先进个人	1996.12	民政部　总政治部
李保生	保山市军干所军队退休干部	发挥余热先进个人	1996.12	民政部　总政治部
陈开强	腾冲公安边防大队情报站	全国优秀人民警察	1998.1	公安部
李　彪	武警保山地区公安边防支队曼海检查站	全国优秀基层干部	1998	公安部
李家贵	武警保山地区支队支队长	民族团结进步先进个人	1999	云南省政府
李连雨	昌宁县人武部	第五批工人、农民学科学用科学先进个人	1999	云南省政府
邓　志	武警保山市支队战士	记一等功	1999	公安部
杨昆新	云南省保山军分区司令部参谋	全国国防工程军民共管先进个人	2000.10	总参谋部
高宗林	龙陵县人武部	先进工作者	2000	云南省军区
段价品	龙陵县平达乡政府	全省民兵预备役基层建设工作先进个人	2002	云南省委、省政府
王　浩	77273部队司务长	红旗驾驶员标兵	2003.12	成都军区
李　芳	昌宁县人武部	优秀保管员	2003	云南省军区
李　波	武警腾冲森林中队班长、二级士官	优秀带兵班长、记二等功	2004.09	武警森林指挥部

续上表

姓　名	获奖时所在工作单位	授予荣誉称号名称	获奖时间	授奖单位
印春荣	保山公安边防支队副参谋长	第15届中国十大杰出青年。曾被评为第二届全国“十大边防卫士”、全国第二届“我最喜爱的十大人民警察”	2004.11	团中央
金万田	隆阳区军干所军队离休干部	全国先进军队离休干部	2004	民政部、解放军总政治部
杨昆新	保山军分区后勤部部长	中缅边防工程建设先进个人	2005.11	成都军区
谭青松	77273部队一级士官	全国见义勇为英雄	2005.11	中宣部、公安部、国家综合治理委员会等单位
余龙辉	保山市公安边防支队士官	记一等功	2005	公安部边防局

第四节　特等、一等伤残军人

特等一等伤残军人统计表

表43-5

姓　名	籍　贯	入伍时间	负伤时间	负伤时所在单位及职务	原　因	伤残等级
赵能新	云南龙陵	1949.12	1950.12	第20军180团1营战士	因战	特等
许连发	云南腾冲	1973.01	1976.08.15	35305部队1营战士	因公	特等
陈尚孝	云南隆阳	1974.01	1979.02.20	第33师91团9连排长	因战	特等
郭治安	河北	1942	1948.11	第107团连长	因战	一等
王在谦	山西平遥	1943.01	1949.1	第126团2连连长	因战	一等
段洪珠	云南昌宁	1948.1	1951.01	第50军443团战士	因战	一等
胡德才	云南保山	1968.04	1970.08	北京民航局机械员	因公	一等
李维泉	云南保山	1969.12	1971.08.26	云南省军区独立第团战士	因战	一等
李　光	云南保山	1976.03	1979.01.14	铁2师第9团战士	因公	一等
吴自发	云南昌宁	1979.01	1979.08	00221部队战士	因病	一等
毕庭功	云南昌宁	1983.11	1984.04.03	第41师炮团战士	因战	一等
韩祖洪	云南龙陵	1984.01	1984.04	第40师119团战士	因战	一等
杨凡昌	云南龙陵	1980.01	1984.05	第31师92团战士	因战	一等
郑万学	云南保山	1981.06	1984.07.12	第40师118团战士	因战	一等
李寿能	云南保山	1980.01	1984.08	云南省军区边防第5团战士	因战	一等

续上表

姓　名	籍　贯	入伍时间	负伤时间	负伤时所在单位及职务	原　因	伤残等级
李绍天	云南腾冲	1969.04	1984.12	云南省军区侦察大队	因战	一等
杨雪彪	云南施甸	1989.03	1989.09	35302部队战士	因战	一等

第五节　正高级专业技术职务科技人员

1978—2005年保山地区（市）正高级专业技术人员统计表

表43-6

行业	姓　名	性别	出生年月	工作单位	技术职称	授予时间
教育	董家富	男	1940.03	保山师专	教授	1995
	赵鹏芳	男		保山师专	教授	1998
卫生	李鸿祥	男	1914.03	保山地区人民医院	外科主任医师	1979.11
	陶竹铭	男	1896.01	保山地区人民医院	中医主任医师	1987.12
	刘天荣	男	1925.08	保山地区人民医院	内科主任医师	1987.11
	林肇庆	女	1937.11	保山地区人民医院	妇产科主任医师	1993.03
	熊光增	女	1937.09	保山地区人民医院	妇产科主任医师	1993.03
	杨家德	男	1938.01	保山地区人民医院	眼科主任医师	1993.03
	徐　延	男	1937.08	保山地区人民医院	内科主任医师	1994.08
	何长豹	男	1940.12	保山地区人民医院	内科主任医师	1994.08
	杜连辉	男	1941.03	保山地区人民医院	外科主任医师	1994.08
	张家璋	男	1936.12	保山地区人民医院	外科主任医师	1996.02
	朱德祥	男	1944.11	保山地区人民医院	内科主任医师	1998.08
	和　龙	男	1942.11	保山地区人民医院	外科主任医师	1998.08
	杨国富	男	1954.05	保山地区人民医院	外科主任医师	2000.11
	柳永华	男	1960.11	保山市人民医院	心内科主任医师	2002.08
	杨文杰	男	1961.10	保山市人民医院	呼吸内科主任医师	2002.08
	吴云县	男	1957.06	保山市人民医院	外科主任医师	2003.08
	王从映	女	1954.11	保山市人民医院	主任药师	2003.08
	黄爱新	女	1953.11	保山市人民医院	口腔主任医师	2004.08
	王　素	女	1954.07	保山市人民医院	儿科主任医师	2004.08

续上表

行业	姓　名	性别	出生年月	工作单位	技术职称	授予时间
卫生	毕志刚	男	1959.07	保山市人民医院	内科主任医师	2004.08
	董大训	男	1961.07	保山市人民医院	内科主任医师	2004.08
	李　丽	女	1958.06	保山市人民医院	儿科主任医师	2004.08
	杨美仙	女	1953.10	保山市人民医院	妇产科主任医师	2005.08
	瞿国丽	女	1964.07	保山市人民医院	妇产科主任医师	2005.08
	沈发扬	男	1964.04	保山市人民医院	外科主任医师	2005.08
	樊有集	男	1961.10	保山市人民医院	眼科主任医师	2005.08
	丁丽芳	女	1956.10	保山市中医医院	中医内科主任医师	2003.08
	黄育桂	男	1941.09	保山市第三医院	精神科主任医师	1995.10
	杨春华	男	1950.10	保山市第三医院	精神科主任医师	2004.08
	杨立纲	男	1955.12	保山安利医院	外科主任医师	2003.08
	廉蔼民	男		保山地区药检所	药品检验主任医师	
	卫爱黎	女	1956.08	保山市药检所	主任中药师	2004.
	黄天美	女	1932.06	保山市第二人民医院	内科主任医师	1987.12
	庄　正	男	1932.11	保山市第二人民医院	外科主任医师	1994.08
	章淑媛	女	1939.12	保山地区妇幼保健院	妇产科主任医师	1994.10
	杨文才	男	1936.09	保山市第二人民医院	皮肤科主任医师	1995.
	陶国兴	男	1941.12	保山市第二人民医院	内科主任医师	2000.08
	王源勤	女	1949.02	保山市第二人民医院	内科主任医师	2002.08
	鲁国勇	男	1962.01	隆阳区疾控中心	内科主任医师	2004.08
	李金飞	男	1949.10	隆阳区人民医院	外科主任医师	2005.08
	杨和安	男	1940.09	腾冲县人民医院	儿科主任医师	1998.08
	姜全林	男	1950.04	腾冲县药检所	主任药师	2000.08
	王家翠	女	1953.12	腾冲县人民医院	内科主任医师	2003.08
	陈全美	男	1942.12	龙陵县人民医院	主任医师	1998.08
	岳发元	男	1952.05	龙陵县人民医院	中医主任医师	1997.08
	瞿忠灿	男	1949.01	龙陵县人民医院	中医主任医师	2002.12
	李光伯	男	1944.07	昌宁县人民医院	内科主任医师	1998.08
	段开银	男	1948.06	昌宁县人民医院	外科主任医师	2000.08
	金文泽	男	1950.12	昌宁县人民医院	外科主任医师	2005.08

续上表

行业	姓　名	性别	出生年月	工作单位	技术职称	授予时间
卫　生	杨学聪	男	1954.01	昌宁县人民医院	内科主任医师	2005.08
农林牧渔	郭光荣	男	1939.12	保山市农业综合推广中心	农业技术推广研究员	1997
	郑家文	男	1956.4	保山市农业技术综合推广中心	农业技术推广研究员	1998
	黎应福	—	—	—	农业技术推广研究员	2001
	唐玉芳	女	1942.12	隆阳区农业技术推广所	农业技术推广研究员	2002
文化	郭进忠	男	—	保山市档案馆	研究馆员	1999
其他	赵加龙	男	—	—	一级律师	1995

第六节　享受国务院、云南省政府特殊津贴者

一、享受国务院特殊津贴者

保山市享受国务院特殊津贴者统计表

表43-7

姓　名	工作单位	性别	出生年月	技术职称	获享时间
刘雨春	保山针织厂	男	1936.11	高级工程师	1993
王安良	保山市农科所	男	1935.12	高级农艺师	1993
杜连辉	保山市人民医院	男	1941.03	外科主任医师	1994
唐玉芳	保山市农科所	女	1942.12	农业推广研究员	1995
朱德祥	保山市人民医院	男	1944.11	内科主任医师	1994
毕景亮	保山地区农科所	男	1935.12	高级农艺师	1992
彭世武	保山地区甘科所	男	1938.12	高级农艺师	1992
穆立兴	保山地区水泥厂	男	1949.05	高级工程师	1992
王荣生	保山地区苏帕河工程指挥部	男	1936.04	工程师	1992
胡克仲	保山地区水电勘测设计院	男	1932.05	高级工程师	1994
陈　晓	腾冲县林业局	女	1937.11	高级工程师	1992
郑在声	腾冲县农技推广中心	男	1940.12	高级农艺师	1994
石春瀚	昌宁县农技推广中心	男	1935.06	高级农艺师	1993

续上表

姓　名	工作单位	性别	出生年月	技术职称	获享时间
杨天福	施甸县万兴乡教育办公室	男	1956.01	小学高级教师	
郭光荣	保山地区农科所	男	1939.12	农业技术推广研究员	1997
陈玉霞	保山地区行署林业局	女	1946.09	高级工程师	1997
马志和	昌宁县甘科站	男	1954.3	高级农艺师	1999
陆　松	保山中等专业学校	男	1960.12	高级讲师	1999
黄育桂	保山市精神病医院	男	1941.09	精神科主任医师	2001
何仕光	保山一中	男	1955.10	高级讲师	2002
林韵民	腾冲一中	男	1949.12	中学高级教师	2002

二、享受云南省政府特殊津贴者

保山市享受云南省政府特殊津贴者统计表

表43-8

姓　名	工作单位	性别	出生年月	技术职称	获享时间
杨新育	龙陵县职业学校	男	1954.10	中学高级教师	1998
李润泉	保山地区养鸡场	男	1943.06	高级畜牧师	1998
李俊诚	保山市农业技术综合推广中心	男	1940.11	高级农艺师	1999
董家富	保山师专	男	1940.03	教授	1999
罗安海	腾冲县农业技术推广中心	男	1939.10	高级农艺师	2000
寸东成	保山市第二人民医院	男	1952.10	外科副主任医师	2000
何长豹	保山市人民医院	男	1940.12	内科主任医师	2004
杨国富	保山市人民医院	男	1954.05	外科主任医师	2004
刘伟道	保山卫生学校	男	1960.04	高级讲师	2005
杨文杰	保山市人民医院	男	1961.10	内科主任医师	2005
金晓钟	保山市第二人民医院	女	1954.10	妇产科副主任医师	2005
艾怀森	高黎贡山自然保护区保山管理局	男	1968.05	正高级工程师	2005

第七节　百岁老人

1978—2005年，随着全区（市）社会的安定，人民生活水平的不断提高和生活质量的不断改善，医疗卫生事业的进步，婴儿死亡率的大幅度下降，人民健康水平不断提高，保山人均预期寿命得到显著提升，百岁老人越来越多。

1983年，第三次全国人口普查，保山地区仅有百岁老人1人（施甸县1人）。

1990年，第四次全国人口普查，有百岁老人2人（男1人、女1人）。其中龙陵县龙新乡茄子山村民杨满玉，女，汉族，1886年11月30日生，1990年104岁时去世。

1991年后，据民政部门年度不完全统计，1991年有百岁老人2人，1995年6人，1996年6人，1997年9人，1998年12人，1999年19人。

2001年，全市有百岁老人25人。年内，去世6人，新增10人，最大年龄108岁。25人中有18人居住在贫困山区，生活清贫，但勤劳朴实，儿孙孝顺，家庭和睦。

2002年28人（最大年龄109岁），2005年40人（最大年龄105岁）。2001年所统计的腾冲县五合乡腊勐村余果娣老人，女，汉族，1893年9月生，时已108岁。2005年，已经年满106岁的龙陵县龙山镇付心德老人身体仍然健康。付心德是河南人，1928—1945年从军参加抗日战争18年，经历了淞沪抗战、南京会战、武汉会战、长沙会战，1943年随71军入滇参加滇西抗战，任中国远征军71军第二野战医院少校医务主任。抗战胜利后留在了龙陵，解放后在县建筑公司任厂医。“文化大革命”中两次被抓，三次陪杀，家人受株连，但他心静如水，打仗是抗日，行医是救死扶伤，胸怀坦荡，以超人的毅力，顽强、乐观地享受健康人生。老人家坚持运动，每天早上8点起床，早点后步行3千米，中午3～4点再步行3千米，之后打太极拳，练太极剑。一生不打麻将，不抽烟，不酗酒，不喝饮料，只喝白开水。

1991—2004年保山百岁老人表

表43-9

统计年度	姓名	性别	民族	出生年月	年龄	住址
1991	冯阿丙	女	汉	1889.11	102	保山市板桥镇青莲办事处
	高世贵	男	汉	1889.12	102	龙陵县龙新乡龙新村
1995	杨秀芳	女	汉	1894	101	保山市杨柳乡茶花村
	吴秀珍	女	汉	1895	100	保山市西邑乡乌马村
	蔡老常	女	汉	1892	103	腾冲县洞山乡洞山村
	葛芝莲	女	汉	1891	104	腾冲县城关镇三街全仁街71号
	蔡秀菊	女	汉	1894	101	腾冲县城关镇一街盈江东路60号
	杨汝凤	女	汉	1894.10	101	施甸县仁和乡瓦房村西平二社

续上表

统计年度	姓名	性别	民族	出生年月	年龄	住址
1996	杨秀芳	女	汉	1892	104	保山市杨柳乡茶花村
	杨　武	男	汉	1896.02	100	保山市板桥镇清水办事处烂麦地
	车阿白	女	汉	1895	101	保山市汶山乡喜坪村
	余果弟	女	汉	1893.08	103	腾冲县五合乡腊勐村
	马自德	女	汉	1894.09	102	腾冲县打苴乡盈河村
	杨汝凤	女	汉	1894.10	102	施甸县仁和乡瓦房村西平二社
1997	张赵氏	女	汉	1897.10	100	保山市汉庄镇贾官办事处张家十二社
	杨　武	男	汉	1896.02	101	保山市板桥镇清水办事处烂麦地一社
	李阿秀	女	汉	1897.03	100	保山市板桥镇高海办事处高海二社
	余果弟	女	汉	1893.08	104	腾冲县五合乡腊勐村
	马自德	女	汉	1894.09	103	腾冲县打苴乡盈河村
	郭正秀	女	汉	1897.03	100	腾冲县洞山乡永乐村
	官保弟	女	汉	1896.05	101	腾冲县荷花乡尖山村
	李林珍	女	汉	1894.06	103	腾冲县界头敬老院（孤寡老人）
	杨汝凤	女	汉	1894.10	103	施甸县仁和乡瓦房村西平二社
1998	刘小二	女	汉	1898.08	100	保山市金鸡乡育德行政村育德五社
	付石宝	女	汉	1898.10	100	保山市瓦渡乡荒田行政村荒田社
	杨　兴	男	汉	1897.09	101	保山市西邑乡竹林子行政村冷洼子二社
	张赵氏	女	汉	1897.10	101	保山市汉庄镇贾官办事处张家十二社
	李阿秀	女	汉	1897.09	101	保山市汉庄镇贾官办事处高海二社
	杨　武	男	汉	1896.02	102	保山市板桥镇清水办事处烂麦地一社
	杨汝凤	女	汉	1894.10	104	施甸县仁和乡瓦房村西平二社
	余果弟	女	汉	1893.08	105	腾冲县五合乡腊勐村
	马自德	女	汉	1894.09	104	腾冲县打苴乡盈河村
	郭正秀	女	汉	1897.03	101	腾冲县洞山乡永乐村
	官保弟	女	汉	1896.05	102	腾冲县茨花乡尖山村
	李树珍	女	汉	1896.05	104	腾冲县界头敬老院
1999	余果弟	女	汉	1893.08	106	腾冲县五合乡腊勐村
	李林珍	女	汉	1894.06	105	腾冲县界头敬老院
	何翠玉	女	汉	1895.06	104	龙陵县镇安镇南门一社
	杨　武	男	汉	1896.02	103	保山市板桥清水办事处烂麦地二社
	郭正秀	女	汉	1897.03	102	腾冲县洞山乡永乐村
	李阿秀	女	汉	1897.03	102	保山市板桥镇高海办事处高海二社
	杨　焕	女	汉	1897.05	102	龙陵县龙山镇白塔办事处
	杨　兴	男	汉	1897.07	102	保山市西邑乡竹林子生政村冷洼子村
	张赵氏	女	汉	1897.10	102	保山市汉庄镇贾官办事处张家十二社
	闫老君	女	汉	1898.02	101	腾冲县界头乡白果树村
	刘小二	女	汉	1898.08	101	保山市金鸡乡育德行政村育德五社
	董云香	女	傈僳	1898.11	101	腾冲县界头乡界头村
	赵　祯	男	汉	1899.03	100	施甸县由旺镇源珠办事处一社

续上表

统计年度	姓名	性别	民族	出生年月	年龄	住址
1999	赵子潘	男	汉	1899.05	100	腾冲县洞山乡中绮罗村
	陶哑巴	女	汉	1899.05	100	保山市河图镇魏家小屯村
	杨金保	女	汉	1899.05	100	施甸县由旺镇源珠办事处一社
	韩群招	女	汉	1899.05	100	腾冲县五合乡鹿山村
	彭林果	女	汉	1899.06	100	龙陵县龙新乡雪山村
	杨金凤	女	汉	1899.12	100	施甸县由旺镇杨家办事处沈家村
2000	杨　武	男	汉	1896.02	104	保山市板桥镇清水办事处烂麦地
	刘小二	女	汉	1898.08	102	保山市金鸡乡育德五社
	张　氏	女	彝	1900.04	100	保山市杨柳乡联合村老寨子
	龙美庭	女	汉	1901.06	100	保山市潞江乡坝湾村
	潘美珍	女	汉	1901.07	100	保山市潞江乡新城村四社
	王麻片	女	德昂	1901.02	100	保山市潞江乡石梯村白寨社
	赵王氏	女	汉	1901.02	100	保山市潞江乡大村小村三社
	余果弟	女	汉	1893.08	107	腾冲县五合乡腊勐村
	李林珍	女	汉	1894.06	106	腾冲县界头乡大园子村
	闫老君	女	汉	1898.02	102	腾冲县界头乡白果树
	董云香	女	傈僳	1898.11	102	腾冲县界头乡界头村
	韩群招	女	汉	1899.05	101	腾冲县五合乡鹿山村
	赵子潘	男	汉	1899.05	101	腾冲县洞山乡中绮罗村
	赵　祯	男	汉	1899.03	101	施甸县由旺镇源珠一社
	杨金保	女	汉	1899.05	101	和赵祯是夫妇，现住敬老院
	李金凤	女	汉	1899.12	101	施甸县由旺镇杨家办事处
	张桂英	女	汉	1900.10	100	施甸县姚关乡大乌邑村
	杨富兰	女	汉	1900.08	100	施甸县仁和乡热水塘村
	何翠玉	女	汉	1895.06	105	龙陵县镇安镇南门一社
	杨　焕	女	汉	1897.05	103	龙陵县龙山镇白塔办事处
	赵珍荣	女	汉	1899.09	101	龙陵县镇安镇邦迈办事处
2001	龙美庭	女	汉	1901.05	100	隆阳区潞江乡坝湾村
	潘美珍	女	汉	1901.07	100	隆阳区潞江乡新城村四社
	王麻片	女	德昂	1901.02	100	隆阳区潞江乡石梯村白寨社
	赵王氏	女	汉	1901.02	100	隆阳区辛街乡大村小村三社
	李艾氏	女	汉	1901.12	100	隆阳区汉庄镇沙河武家一社
	杨　伦	男	汉	1902.03	100	隆阳区河图镇南坝村
	黄润秀	女	汉	1902.06	100	隆阳区潞江丛岗村
	槐赵氏	女	汉	1902.10	100	隆阳区金鸡乡郑官村小板桥
	余果弟	女	汉	1893.09	108	腾冲县五合乡腊勐村
	李林珍	女	汉	1894.04	107	腾冲县界头乡大园子村
	董云香	女	傈僳	1899.11	102	腾冲县界头乡界头村
	周正芳	男	汉	1900.10	101	腾冲县界头乡周家坟
	屈顺玉	女	汉	1900.09	101	腾冲县中和乡勐蚌热水塘

续上表

统计年度	姓名	性别	民族	出生年月	年龄	住址
2001	杨金桥	女	汉	1901.05	100	腾冲县明光乡东云村
	陈兰钦	女	汉	1901.06	100	腾冲县清水乡清水村
	马明果	女	回	1901.11	100	腾冲县小西镇大宽邑村
	吴德兰	女	汉	1901.06	100	昌宁县温泉乡温泉村
	赵　祯	男	汉	1899.03	102	施甸县由旺敬老院
	杨金保	女	汉	1899.05	102	施甸县由旺敬老院
	杨金凤	女	汉	1899.12	102	施甸县由旺镇杨家办事处
	张桂英	女	汉	1900.10	101	施甸县姚关镇大乌邑村
	杨富兰	女	汉	1900.08	101	施甸县仁和乡热水塘村山后一社
	何翠玉	女	汉	1895.06	106	龙陵县镇安镇南门一社
	杨　焕	女	汉	1897.05	104	龙陵县龙山镇白塔村
	赵珍荣	女	汉	1899.09	102	龙陵县镇安镇邦迈村
2004	龙美庭	女	汉	1900.01	104	隆阳区潞江乡坝湾街子
	邵　和	男	汉	1901.02	103	隆阳区汉庄镇南哨17组
	杨　伦	男	汉	1901.03	103	隆阳区河图镇北塔村南坝
	邵阿全	女	汉	1902.08	102	隆阳区汉庄镇南哨17组
	霍水珍	女	汉	1903.01	101	隆阳区西邑乡下坝村西坝1组
	杨李氏	女	汉	1903.02	101	隆阳区永昌镇黉学街社区居委会府门街
	苏凤朝	男	汉	1903.03	101	隆阳区汉庄镇贾官村
	赵火转	女	汉	1903.04	101	隆阳区汉庄镇贾官村
	黄保英	女	汉	1903.06	101	隆阳区汉庄镇汉营村11组
	陈会云	女	汉	1903.07	101	隆阳区蒲缥镇茨菇村阿东寨社
	陈杨氏	女	汉	1904.03	100	隆阳区蒲缥镇石亩河村河东社
	段廷芝	女	汉	1904.03	100	隆阳区永昌镇保岫西路196号
	郭凤钗	女	汉	1904.04	100	隆阳区道街乡石头寨村20组
	张发品	男	汉	1904.08	100	隆阳区永昌镇花鸟市场50号
	张仁能	男	汉	1904.08	100	隆阳区金鸡乡金鸡村1组
	赵　祯	男	汉	1899.03	105	施甸县由旺镇敬老院
	李害凤	女	汉	1901.06	103	施甸县酒房乡摆田村委会
	李氏女	女	布朗	1901.08	103	施甸县木老元乡下木老元3组
	李文朝	女	布朗	1902.08	102	施甸县木老元乡下木老元1组
	赵怀秀	女	汉	1903.01	101	施甸县甸阳镇团树村三岔河
	杨祝连	女	汉	1903.04	101	施甸县旧城乡旧城村王家田
	李文秀	女	汉	1903.07	101	施甸县甸阳镇同邑村乌木龙
	陆木义	女	汉	1902.09	102	腾冲县曲石乡双河村
	黄仲玉	女	汉	1902.10	102	腾冲县固东镇甸苴村
	李老闽	女	汉	1903.11	101	腾冲县固东镇甸苴村
	周绍玉	女	汉	1903.11	101	腾冲县上营乡郑山村
	沈彩芹	女	汉	1903.12	101	腾冲县腾越镇满邑赵家巷
	明老转	女	汉	1904.06	100	腾冲县腾越镇满邑赵家巷

续上表

统计年度	姓名	性别	民族	出生年月	年龄	住址
2004	赵珍荣	女	汉	1899.09	105	龙陵县镇安镇邦迈村委会
	付心德	男	汉	1900.12	104	龙陵县龙山镇龙山社区
	革保柱	男	汉	1901.01	103	龙陵县龙山镇龙山社区
	赵玉秀	女	汉	1901.06	103	龙陵县平达乡平安村金竹园
	杨明珍	女	汉	1901.12	103	龙陵县镇安镇镇安村东门3组
	李厚娣	女	汉	1902.12	102	昌宁县温泉乡兴文村茨坝林
	赵福英	女	汉	1903.12	101	昌宁县卡斯镇邑林村青树
	范梦飞	女	汉	1904.02	100	昌宁县右甸镇关庙居委会
	高相贞	女	汉	1904	100	昌宁县右甸镇右文办事处小街子社

附　录

永　子

重要文件

中共保山地委
关于对我区若干历史遗留问题的处理决定

（1979年3月1日）

各县委，农场党委，地属各部、委、办、局党委（总支、支部）：

为了巩固和发展我区安定团结的大好形势，顺利地实现工作着重点的转移，我们必须以三中全会为榜样，妥善处理无产阶级文化大革命当中和以前历史上遗留下来的问题。这样做的目的是为了向前看，增强党的团结，调动一切积极因素，同心同德进行新的长征。

根据中央的指示和省委会议精神，现对我区文化大革命当中和以前历史上遗留的一些重要问题，作如下的处理决定。

一、关于保山的“一月夺权”问题

1967年，在“江青反革命集团”制造的上海“一月风暴”反革命夺权的影响下，我区也刮起了夺权的妖风，从地县直至一些生产队，干部靠边站，许多人被打成“走资派”“三反分子”“黑干将”“黑爪牙”“黑苗子”等，各级党政领导被搞瘫痪，党的组织活动被无端停止，后果十分严重。

地委认为，这股夺权妖风是错误的。“文化大革命”前的十七年，地委和各级党委是贯彻执行了毛主席革命路线的，各方面的工作都取得了很大的成绩，绝大多数干部是好的和比较好的，这个历史决不容颠倒。凡在“一月夺权”的逆流中，领导班子被扣上“黑班底”，领导干部被戴上的各种政治帽子，统统取消，一切诬蔑不实之词，一律推倒；被逼死的，给予平反昭雪；家属子女被株连的，彻底纠正。

二、关于成立保山专区革委会的文件问题

1968年9月，省革委批发了保山驻军四十一师、军分区、边防二支队三个部队党委《关于成立保山专区革命委员会的报告》，由于林彪、“江青反革命集团”的干扰破坏，这个文件有严重错误。在报告和批示中，公开点了“中国赫鲁晓夫等党内最大的一小撮走资派及其在云南的代理人阎红彦、赵健民之流和在保山地区的代理人”，诬蔑保山地区党政领导“代表了地主、资产阶级、山官、土司等所有剥削阶级和国民党残渣余孽的利益，疯狂反党、反社会主义、反毛泽东思想、反对毛主席的无产阶级革命路线，大搞资本主义复辟活动”，说保山地区“是阎红彦、赵健民之流在云南推行修正主义”“复辟资本主义的重要基地”。当时的《云南日报》还发表社论，把保山打成“独立王国的黑样板”。歪曲历史，全盘否定毛主席革命路线在我区的主导地位，全盘否定我区解放以来十七年所取得的巨大成绩，进一步在全区掀起了层层揪“代理人”“走资派”的黑风恶浪，造成了极大的混乱。地委决定报告省委，撤销这个错误文件。

专革委会成立后，在对各级、各单位成立革委会或革命领导小组的批示中，也有类似的错误。地委决定，凡有这类错误的批示，一律予以撤销，当时十四军审批的单位，由县报地委后，再转报省委予以撤销。

三、关于地直单位“党代会”问题

1968年12月10日至29日，保山专区革命委员会召开的“直属单位党员代表会”，实质是当时专革委的负责人推行林彪、“江青反革命集团”“划线站队”反动路线，镇压干部群众的会议，参加会议的300多人，有相当一部分不是共产党员，这是根本违反党的组织原则的。会议期间，大批所谓“二月逆流”，给当时保山军分区政委范新友同志、副政委樊奎同志、副司令员张志敏同志、政治部副主任王鹏同志和保山县人武部部长张政同志等，戴上各种政治帽子，公开提出“打倒范、樊、张”的错误口号，给大批干部群众横加种种莫须有的罪名，硬推向“错误路线”一边。还搞会内会外结合，牵连了一大批军队和地方的干部群众，有的被揪斗、捆绑、毒打、戴高帽、挂黑牌、游街，造成了极为严重的后果。

对于这次会议，地委在1975年贯彻省委〔1975〕26号文件时，已发了〔1975〕41号文件，对有些问题作了撤销和否定，但不彻底，地委重申：这次地直单位的所谓“党代会”，不论从指导思想和组织上、内容上、方法上都是完全错误的，必须否定。会议和贯彻这次会议形成的一系列文件、讲话、发言、简报，一律撤销，强加给军队和地方干部、群众的各种政治帽子和诬蔑不实之词，一律推倒；受打击迫害的同志，一律平反，恢复名誉。

四、关于专区“五·七干校”和“公检法学习班”的问题

1967年年初，保山专革委负责人秉承谭甫仁的旨意，极力推行林彪、“江青反革命集团”“划线站队”和“砸烂公检法”的反动路线，诬蔑原保山地委、专署为“黑地委”“旧专署”，诬蔑原地公检法机关是“彭罗公检法”“顽固堡垒”“蚂蜂窝”，诬蔑党政机关干部是“旧人员”“黑干将”“黑爪牙”等等，在邢家湾原地委中心试验田办了“五七干校”，在原抗大战校办了“公检法学习班”，采取扫地出门的办法，将原地委、专署和公检法机关的绝大多数干部送进“干校”和“学习班”。在所谓的“干校”和“学习班”里，卖力推行林彪、“江青反革命集团”“划线站队”的反动路线，私设监狱，刑讯逼供，实行法西斯专政。给一大批干部戴上“反红乱军分子”“土滇挺”“叛徒”“特务”“阶级异己分子”“里通外国分子”“蜕化变质分子”“死不改悔的走资派”等政治帽子，有些还被列为“专改对象”，关牛棚、挂黑牌、捆绑吊打、磕响头、抄家，无休止的批斗，制造了一大批冤、假、错案，在板桥批斗大会和所谓参观蒲缥展览中，许多干部又遭到捆绑、毒打，致伤致残，后果极为严重。

地委认为，专革委办这种性质的“干校”“学习班”是错误的，要把解决这个问题作为

纠正“划线战队”错误，平反冤、假、错案的一项重要工作，切实抓好。在“干校”和“学习班”强加给干部的各种政治帽子和诬蔑不实之词、一律推倒；所形成的材料，彻底销毁，已散失的一律作废；被非法查抄的财物，要清理归还。在此期间，各县和地直各单位所办的类似“干校”“学习班”，也要照此精神处理。

五、关于所谓“滇挺展览”问题

1969年，专革委负责人为了进一步推行体彪、“江青反革命集团”“划线战队”的反动路线，镇压干部群众，采取颠倒是非，混淆黑白，捏造事实，栽赃陷害的恶劣手段，举办了所谓“二月逆流展览”和“滇挺”展览，并到各县巡回展出。强行组织大批干部群众参观，并乘机毒打一些所谓“站错队”的干部群众，后果十分严重。

地委决定，专革委举办的这两个展览完全是推行林彪、“江青反革命集团”“划线战队”的产物，是极端错误的，要彻底肃清其流毒和影响。所有展出的照片、底片、画图、说明等等，不论单位或私人，一律不得保存，必须彻底清理销毁。

六、关于“革命干部大批判服务处”问题

“文化大革命”初期，保山地县机关的一批领导干部，为了积极参加文化大革命，和群众一起开展学习和批判，组织了“保山地县革命干部大批判服务处”。专革委负责人推行林彪、“江青反革命集团”“划线站队”的反动路线时，参加服务处的干部统统被划为“站错队”，许多人被打成“黑手”“黑后台”“黑干将”等，进行残酷斗争，无情打击，这是错误的，应予平反；一切诬蔑不实之词，一律推倒。

另外，“文化大革命”初期，在林彪、“江青反革命集团”的干扰破坏下，有些干部错误地受到了“罢官”“开除党籍”等处分的，一律无效。群众组织在批判会上、大字报上，以及编印的小报、传单、材料中，无中生有的给干部、党员甚至群众戴的各种政治帽子，一律推倒。

七、关于审查云南地下党和边纵的问题

关于云南地下党的问题，党中央、西南局和省委都有过明确的指示和结论。云南地下党在党中央、南方局的领导下，经过长期的艰苦斗争，从大革命到全国解放，从地下斗争直到发展根据地的武装斗争，是有成绩的。至于组织问题和工作中的缺点、错误，在1951年至1953年的整党中，已得到基本解决。

无产阶级“文化大革命”中，在林彪、“江青反革命集团”极“左”路线的影响下，专县革委根据省革委的布置，在地区五七干校和各县，对云南地下党和边纵的问题又立案审查，有的还办了学习班，给参加云南地下党的同志和边纵的同志强加了一些诬蔑不实之词。

地委认为，“文化大革命”中重新立案审查地下党和边纵是错误的。在审查中强加的一切诬蔑不实之词，予以推倒，立案审查的材料，要根据省委（1977）57号、58号文件的规定处理。

八、关于“二次土改”问题

原省革委负责人谭甫仁，卖力推行林彪、“江青反革命集团”的极“左”路线，1969年，在滇西以及其他的讲话中，多次指责我省内地“民主革命不彻底”，要大搞所谓“民主革命补课”即“二次土改”。当时，保山专、县按他的这一套东西，在一些地方，特别是施甸、腾冲，乱划阶级成分，将许多劳动人民划成了地主、富农，乱批乱斗，非法抄家，没收房屋财产。罚“义务工”；对原有的地富户，搞口粮现金分配“削尖”，倒换房屋；腾冲县还将华侨“提改户”重新戴上帽子，批斗抄家，搅乱了阶级阵线，破坏了党的政策，后果极为严重。

对于上述问题，各县作过一些处理，但不彻底，地委重申，搞所谓“二次土改”是完全错误的，必须彻底纠正，重新划的阶级成分一律无效，被否定了的华侨“提改户”要纠正过来；乱批乱斗的，要给予平反，恢复名誉，打伤打残和逼死了的，要做好善后工作；非法抄家、没收的财物，要如数清理归还，原物在的还原物，原物不在的折价退还；被砍的粮食和现金，要如数退还。

九、关于“政治边防”问题

1970年到1971年，省革委负责人谭甫仁、周兴、鲁瑞林竭力推行林彪“政治边防”的反动方针，诬蔑我们的边疆是“和平边疆”“礼貌边防”“修正主义边防”，在全省边疆大搞“政治边防”，提出了“一切工作纳入政边”“政边领导一切”等错误口号，还在腾冲召开了滇西片的“政治边防”现场会，否定边疆民族地区的特点，否定解放以来在毛主席革命路线指引下边疆建设的巨大成绩，在搞“政治边防”中，乱批乱斗，刑讯逼供，制造了一大批冤、假错案，有的干部、群众被打伤打残，甚至被打死逼死，有的被迫外出，严重混淆了敌我界限，破坏了民族团结，搅乱了边疆，造成了极为严重的后果。这个错误，根子在林彪、“江青反革命集团”，责任在当时省委的几个主要负责人。

地委决定，彻底纠正“政治边防”的错误，地委以及地委和分区党委联发的关于“政治边防”的各种文件、讲话、材料，一律予以撤销；因“政治边防”错批、错斗、错抓的人和所造成的冤假、错案，一律昭雪平反；被迫害致死的还要做好昭雪和善后工作；被迫外出的，要做好工作，争取他们回来，不得歧视。

十、关于清查“五一六”的问题

1971年5月至1973年年底，当时省、专革委会负责人周兴、鲁瑞林等人，借清查“五一六”之名，继续推行林彪、“江青反革命集团”“划线站队”的反动路线，迫害干部、群众。当时专革委全会拼凑了13件所谓“大事”，作为清查“五一六”的“罪行依据”，整了一大批干部、群众，这完全是错误的。

1975年9月，地委在贯彻省委〔1975〕26号文件时，已召开大会，为所谓的“五一六”进行了平反，发了平反证，鉴于这个问题影响面大。流毒很广，在所谓“反击右倾翻案风”中，有的地方又有反复。地委重申：保山根本就不存在什么“五一六”问题，在全区开展清查“五一六”是错误的。凡在清查中强加给干部、群众的一切诬蔑不实之词，统统推倒，形成的材料一律无效，彻底清理销毁。

十一、关于大揪“复辟势力”的问题

1974年批林批孔运动中，周兴追随“江青反革命集团”，伙同朱、黄、刘资产阶级帮派，大搞“三箭齐发”，转移批林大方向。当时保山地区资产阶级帮派骨干XXX、XXX、XXX等人内外勾结。上下串联。掀起了层层揪“复辟势力”的逆风恶浪，从上到下，给一大批干部戴上“复辟势力代表”“不肯改悔的走资派”等帽子，进行围攻，揪斗。当时地委主要负责人以联系实际为名，上挂下连，在各种场合公开点名诬陷王必成司令员和陈康副司令员，在一期《简报》中，点事不点人的批判了原保山县委书记周英同志，把坚持批判“划线站队”错误、落实政策的干部群众作为“否定‘文化大革命’的反动思潮”，把地区化工厂25名学员批判“划线站队”的大字报等四件事，当作运动的“阻力”“干扰”，在一次电话会议上，当时任地委常委、地革委副主任的一个军队干部，公开点名批判龙陵县李文煌、黄淑芹同志批“划线站队”的大字报，是“纠缠历史旧账，干扰批林批孔的大方向”，压制干部群众，造成恶劣影响。

地委认为，在1974年批林批孔运动中，搞上挂下连，揪“复辟势力”是完全错误的。地委在运动中印发的30期《批林批孔简报》和地委主要负责人在7月召开的三干会上的讲话和材料全部予以撤销。强加给各级干部的一切诬蔑不实之词，统统推倒；所整的材料，彻底销毁，私人保管的，一律无效。

十二、关于所谓“反击右倾翻案风”的错误文件问题

实践证明，反击右倾翻案风是错误的。1976年，由于“江青反革命集团”的干扰破坏，保山地区的资产阶级帮派骨干肖伯忠、杨再新、贾贞灿和现行反革命分子胡孝信、孟庆岚、李培庚、陈润林等阴谋篡党夺权，内外勾结，上下串联，冲击党委，围斗干部，威逼各级党委“转弯”。在这段时间里，地委下发了许多错误文件，现决定分别以下情况处理：

（一）地委1976年2月14日、4月8日、4月9日、4月10日所发的四个通知（即关于传达贯彻中发〔1975〕23号、26号和中发〔1976〕1、2号文件的通知，关于收回蒲缥、汶上两个材料的通知，关于传达中央4月8日重要文件的两个通知）；地委保发（1976）10号、11号、12号、13号、16号、19号、23号文件，地委1976年4月县书会上印发的一至二十九期简报，翻印云南省地州市委书记会议的十五期简报（即一、四、十、十二、十六、十八、二十四、二十五、四十一、四十五、四十七、六十、七十、七十二期）；地委、分区党委联发〔1976〕1号文件。以上52个文件、简报都是错误的，全部予以撤销。

（二）地委、地革委下发和转发各县、各部门的文件中，有地委保发（1976）15号、17号、18号、24号、27号、28号、29号、31号，地委、分区党委联发（1976）4号，地革委革发（1976）10号、11号、12号、14号、15号、17号、18号、20号、22号、23号、27号、30号、31号、33号、34号、35号、36号、37号、41号文件，地革委、保山军分区联发（1976）2号文件等三十个文件，均有所谓“批邓”、“反击右倾翻案风”的错误提法和内容。凡有这类错误提法和内容的文件和领导同志的讲话、典型材料、总结、简报等，予以撤销。

（三）各县、各单位对这段时间形成的文件，也应进行清理，错误文件应全部撤销；文

件中有错误提法和内容的，错误部分也要撤销。

十三、关于所谓“黑样板”的问题

“文化大革命”前，地委在邢家湾、创业山、大官市、勐冒等地方办了三大革命一起抓的“样板田”，取得了很大成绩，曾列入了全国农业学大寨典型展览。1966年1月，省委还在保山召开了“一月工作会议”，总结交流了保山地委办样板的经验，提出了各级干部要“带一部毛选，一把锄头”到农村去的方针，这是完全正确的。但是，“文化大革命”中，由于受林彪、“江青反革命集团”极“左”路线的干扰，这些先进典型被打成“黑样板”，省委一月工作会议被诬为“一月黑会”，使一大批干部群众受到批判和打击，造成了严重的恶果。

地委认为，“文化大革命”中批判所谓“黑样板”和“一月黑会”是错误的。地委决定为样板田恢复荣誉，给这些先进单位的干部群众强加的一切诬蔑不实之词，统统推倒。

十四、关于在批判“三家村”的影响下批判杨苏等同志的问题

“文化大革命”初期，在林彪、“江青反革命集团”刮起揪“大大小小的三家村”的妖风影响下，地委对原地委宣传部长杨苏同志进行过多次批判，把他写的几十篇作品说成是“反党反社会主义的毒草”，给杨苏同志强加了一些莫须有的罪名，还株连了一些同志。与此同时，前任团结报党支部书记方致和同志，也因报纸上发表的一些文章和办《孔雀之乡》文化副刊，被打成“三家村德宏支店”的“黑帮头子”，长期受到审查批判，报社的编辑人员和一批通讯员也被株连。地委认为，对杨苏、方致和同志和受株连的同志的批判是错误的，予以纠正；一切诬蔑不实之词予以推倒；所形成的材料，一律清理销毁。

十五、关于错划右派的改正问题

根据目前初步复查的情况，我区1957年的反右派斗争和1958年的“反右补课”，确实存在扩大化的错误。各级党委必须以高度负责的精神，认真贯彻中央（1978）11号、55号文件，坚持原则，实事求是，有错必纠，错多少纠多少，切实抓紧做好错划右派的改正工作。

十六、关于反右倾机会主义问题

1959年年底到1960年，地委根据省委的部署，在我们地区，开展了反右倾机会主义，层层批判了一批所谓右倾的干部。1961年、1962年根据中央，省委的指示，虽作过甄别，但不够彻底，地委重申，这次反右倾机会主义是错误的。强加给干部的一切诬蔑不实之词，统统推倒；受害的同志，应彻底纠正。保山县委委员、汉庄公社南邵大队党支部书记邵家田同志，当时被作为“刘介梅式的典型”，到各县巡回“现身说法”，这是错误的。地委决定给予恢复名誉，善后工作由保山县委具体落实处理。

处理历史遗留问题，是为了向前看，增强党的团结，调动一切积极因素。各级党委必须认真贯彻三中全会精神，坚持真理，纠正错误，按照既分清是非，又团结同志；既解决问题，又稳定大局的方针，在充分发扬民主的基础上，实事求是地积极而又稳妥地把本部门、本单位的历史遗留问题处理好，团结一致，为加速社会主义现代化建设而奋斗。

中共保山地委 保山地区行署
关于本世纪末基本解决贫困人口温饱问题的决定

（1997年11月16日）

到本世纪末基本解决农村贫困人口的温饱问题，是一项具有重要战略意义的政治任务。为如期完成这一任务，地委、行署曾制发了《保山地区六六扶贫攻坚计划》，召开全区性会议进行研究部署。目前，各项工作证迅速展开并已逐步收到成效。为进一步统一思想，提高认识，明确责任，加强领导，确保本世纪末基本解决贫困人口的温饱问题，特作如下决定。

一、统一思想认识，明确形势和任务

我区自1985年开展大规模扶贫工作以来，取得了很大成绩，特别是1995年实施扶贫攻坚计划以来，解决贫困人口温饱的速度加快，贫困人口已由1994年年末的60万人减少到1996年年末的45万人，4个贫困县及35个扶贫攻坚乡农民人均纯收入、人均产粮都有较快增长，贫困地区群众生产生活条件和基础设施建设有了进一步改善，科教、文化、卫生、计划生育等社会事业有了新的发展，有力地促进了全区经济的发展和社会的稳定。

但是，必须认识到，我区仍有45万贫困人口尚未解决温饱，占全区农村人口的20%，要如期实现“六六”扶贫攻坚计划，在今后的3年内平均每年要解决10多万人的温饱问题。目前，这部分人口主要集中在35个乡，由于历史、地理、自然等多方面的原因，解决温饱面临着多方面的困难：一是基础设施薄弱，水利设施和农田建设滞后，抗御自然灾害能力差，水利化程度仅为30%，旱涝成灾，难以做到稳产高产；交通不便，电力严重不足，多数乡村公路路面质量差，多数路段是晴通雨阻，到1996年年末全区还有75个村未通公路，49个村未通电。二是教育科技落后，人口素质较低。三是经济结构单一，乡镇企业起步晚，个体私营经济发展不足，群众收入主要来源于种养业。农业中粮食作物比重大，经济作物比重小，到1996年年末粮经作物比例为78∶22，而且经济作物零星分散，不成规模。四是一些地方干部群众思想封闭，不思进取，等靠思想突出。解决这部分贫困人口温饱问题的难度将越来越大。

打好扶贫攻坚战是党中央、国务院、省委、省政府全面估量了扶贫工作的形势和所面临的艰巨任务后作出的战略决策。加快贫困地区经济发展，不仅是经济问题，而且是关系国家长治久安的政治问题，有着极其重要的政治、经济和社会意义。地委、行署认为，不管扶贫任务多么艰巨，时间多么紧迫，也要下定决心打赢这场攻坚战，到本世纪末基本解决农村贫困人口的温饱问题。要抓住国家、省“九五”期间加大对贫困地区扶持的机遇，乘势而上，如期实现我区“六六”扶贫攻坚计划。

二、指导思想和奋斗目标

扶贫攻坚时间紧、任务重，必须坚持贯彻以下指导思想：以党的十五大和省第六次党代会精神为指导，按照中央和省委、省政府扶贫工作会议的总体部署，动员和组织全社会的力量，发动贫困地区干部群众发扬自力更生、艰苦奋斗精神，加强基础设施建设，积极培植新的经济增长点，大胆调整经济结构，依靠科技进步，开发山区资源，走出国家扶持、社会帮助、依靠自身力量解决温饱的路子，为下世纪奔小康打下良好基础。

扶贫开发工作要坚持六个结合的原则，即坚持解决温饱与建立支柱产业相结合，富民与富县相结合，改善生产生活条件与开展科教扶贫相结合，启动内力与借助外力相结合，区域开发与扶贫到户相结合，启动内动与借助外力相结合，区域开发与扶贫到户相结合，消除精神贫困与改变物质贫困相结合，全面推进贫困地区经济和社会的发展。到2000年实现下列目标：35个贫困乡人均纯收入达到600元（按1990年不变价）以上，人均产粮350公斤以上，所有行政村通公路、通电、通电话；基本解决人畜饮水困难；科技、教育、文化、卫生等各项事业有较快发展。

今后3年的任务是：4个贫困县，腾冲县在1998年实现基本解决温饱，施甸、昌宁两县在1999年实现基本解决温饱，龙陵县在2000年实现基本解决温饱。35个攻坚乡中的瓦渡、摆榔、马站、木城和翁堵5个乡在1997年基本解决温饱：老营、太平、酒房、浦川、古永、新华、镇安、碧寨、耇街和更戛10个乡在1998年基本解决温饱；瓦房、瓦窑、万兴、何元、等子、五合、芒棒、上营、河头、天宁、龙新、大田坝和漭水13个乡在1999年基本解决温饱；杨柳、汶上、瓦马、木老元、打苴、象达和珠街7个乡在2000年基本解决温饱。45万贫困人口的温饱问题，在1997年基本解决10万人，1998年基本解决10万人，1999年基本解决12万人，2000年基本解决10万人。

三、主要措施

（一）增加投入。从今年开始，每年争取中央、省、地、县市各类扶贫资金投入要达到1亿元，同时努力争取各方面的支持，使今后每年扶贫资金都有所增加。要认真做好小额信贷试点工作，作为争取扶贫资金的主要渠道，争取明后年在更大范围内展开；各级财政的无偿补助资金，重点用于贫困乡村基本农田建设、“五小”水利工程和通电工程，改善人畜饮水和教育、卫生事业的基础设施条件；扶贫专项贷款重点支持效益好、能带动千家万户脱贫的种植业、养殖业及农副产品加工项目。各县市要切实加大扶贫资金的投入，县市扶贫配套资金要优先列入财政预算拨付兑现，凡是年度扶贫配套资金不落实的，县市人大不予通过财政预决算；省对地县市的一切奖励实行一票否决。

（二）切实加大农业实用技术推广力度，确保粮食增产增收。贫困地区要把解决贫困户的吃饭问题放在首位，走依靠科技提高单产的路子，千方百计把粮食搞上去。到2000年扶贫攻坚乡的水稻良种种植面积要达到85%以上，杂交苞谷种植面积要达到90%以上，苞谷规范化育苗移栽、地膜苞谷要有较大突破；同时要加大水改旱力度，扩大小春复种面积，围绕良种推广，举办百亩、千亩样板，加强适用技术培训，提高农民的科技素质。

（三）加强基础设施建设，增强脱贫后劲。在贫困乡村全面实施改土、治水、通路、办电和绿色五大基础工程，重点抓好坡改梯，低产田地改造，实施山区“五小”水利工程。到2000年新建基本农田地32万亩，达到人均一亩基本农田地；基本解决14万人、7万头大牲畜饮水困难；新修和改造乡村公路2000公里，基本实现75个村（办事处）通路，全区农户通电率达到85%以上。

（四）加快产业结构调整步伐，加大培植支柱产业力度。贫困地区要紧紧围绕地委、行署提出的发展六大支柱产业的思路，因地制宜，念好“山字经”。在稳定粮食面积、抓好粮食生产的同时，要大力发展经济作物、经济林果和畜牧业，以基地带农户，形成规模效益，成为稳定脱贫的支柱。到2000年，经济作物面积要由29万亩增加到70万亩，使粮经作物比例达到66∶34，新植核桃、板栗、银杏等经济林果20万亩，使总面积达到50万亩；以羊、牛为重点的畜牧业在农业总收入中的比重要由现在的16%提高到20%以上；要下决心兴办一批以本地原料为主的加工企业，带动千家万户脱贫致富。

（五）加快异地扶贫开发项目的实施。龙陵县勐糯异地扶贫开发项目，要切实加强领导，通力合作，确保整个开发工程顺利实施，保证到1999年年底1.2万人的转移安置。

（六）认真抓好科教、文化、卫生扶贫和计划生育工作。贫困地区落后的一个主要原因，就是科技教育滞后，劳动者素质低，要把提高农民素质作为扶贫开发的一个重点，加大科技扶贫力度；要选择一批成熟可靠、容易掌握、增产增收效果显著的适用技术，认真加以推广。要积极抓好基础教育和职业技术教育，巩固“普六”成果，加大“普九”力度；加强贫困乡村中小学校舍建设，在每个贫困乡优先建好一所中心完小，逐步调整小学布局，使各自然村适龄儿童都能就近入学；区内中等专业学校要继续对贫困乡考生实现定向招生，给予加分照顾，毕业后分回该乡工作；从今年起全区从地、县市党政机关、企事业单位和中央省属驻保单位中选派70名支教人员到35个贫困乡初级中学任教。要加强贫困乡村卫生工作，重点帮助搞好卫生基础设施建设，改善饮水条件，防治地方病和传染病，解决好因病致贫、返贫问题。要坚持抓好计划生育工作，控制贫困地区人口过快增长，尽快改变越穷越生，越生越穷的恶性循环的状况。

（七）严格管理扶贫资金，提高使用效益。各类扶贫资金和项目的安排，要服从服务于扶贫攻坚计划的实施。应以解决温饱为目标，贫困村、社、户为对象，有助于直接增加贫困农户收入和改善基础设施条件；所有扶贫资金都要实行专户储存，由县市政府统筹安排，扶贫开发领导小组具体负责，组织有关部门做好规划并监督实施；各项扶贫资金要保障专款专用，不准改变资金用途，不准挪用、拖欠、挤占扶贫资金；监察、审计、财政、扶贫等部门要加强对扶贫资金使用情况的监督审计和检查工作，发现问题要严肃查处，追究责任，触犯法律的移交司法部门依法处理。

（八）动员全社会参与扶贫。扶贫攻坚是一项艰巨的社会系统工程，帮助贫困地区解决温饱，是全社会的共同责任。各级机关、部队、武警、企事业单位要继续发挥各自的职能作用和优势，在资金、物资、技术等方面大力支持贫困地区的开发建设；实行发达地区对口支援贫困乡镇，实行干部异地交流，把党政机关和相对富裕乡镇的干部派到贫困乡镇任职，通过帮扶，达到优势互补；积极争取各民主党派、社会团体和各界人士开展多形式扶贫，大力开展“希望工程”、“智力支边”、“光彩事业”等活动；鼓励各类企业到贫困地区开发原料基地，建设第一车间和加工企业。

（九）发扬自力更生、艰苦奋斗精神，以大干促大变。贫困地区摆脱贫困离不开国家的投入和扶持，但最终还是要靠贫困地区干部群众自身的开拓与奋斗加快脱贫步伐，要坚持“自力更生、生产自救、各方支持、共同富裕”的方针，充分发挥贫困地区广大干部群众的主观能动性，发扬“穷熬不如苦干，等着不如先干”的创业精神，把群众脱贫致富的强烈愿望变成脚踏实地的行动，以大干促大变，尽快改变贫困面貌。

四、加强领导

完成扶贫攻坚任务关键在领导。地、县市各级党委、政府要把到本世纪末基本解决农村贫困人口温饱问题作为关系全局的一件大事，切实加强领导，把扶贫攻坚的各项方针、政策、措施落到实处。

（一）实行党政一把手扶贫工作责任制。要坚持党政一把手亲自抓扶贫，分管领导直接抓扶贫，其他领导协助抓扶贫的工作制度。各县市委书记、县市长以及35个攻坚乡镇党委书记和乡镇长要以高度的责任感和使命感亲自抓扶贫开发，抓解决温饱问题，坚决改变那种只挂名不出征，分而不管的状况，形成齐抓共管态势；要层层签订扶贫攻坚责任状，把目标和任务层层落实到县市、乡村和各有关部门；各贫困乡要根据具体情况，分别制定出切实可行的脱贫规划和年度计划，真正做到“扶贫计划到村到户，建档立卡到村到户，政策措施到村到户，工作任务到村到户，帮扶对象到村到户”。

（二）实行扶贫工程领导责任制。为确保几大扶贫工程的顺利实施，从今年起，改土、治水、绿色工程由分管农业的副专员、副县市长负责；通电工程由分管经贸的副专员、副县市长负责；通路工程由分管交通的副专员、副县市长负责；科教、卫生、计划生育扶贫由分管科教文卫的副专员、副县市长负责。

（三）完善各级领导和各单位挂钩扶贫制度。地区和县市五大机关，领导每人都要选择一个贫困乡或贫困村作为扶贫联系点，列入领导工作责任制进行考核；从今年起，地、县市直单位实行一人挂钩一个贫困村的制度。对工作做得好，成绩突出的给予表彰奖励，对工作不负责任，没有效果的进行通报批评。各挂钩扶贫单位要在人力、物力、技术等方面大力支持贫困山区的开发建设，做到真扶贫，不脱贫不脱钩。

（四）切实加强贫困乡、村干部队伍建设。扶贫攻坚要与加强农村基层组织建设相结合，切实加强以党支部为核心的村级组织建设。各县市要认真考核和配备好35个贫困乡的领导班子，要选派有责任心、事业心、使命感，有改革开放意识，有开拓能力的同志担任乡镇党委书记和乡镇长，班子确定后要保持相对稳定。对政绩突出，率领群众按期或提前实现攻坚目标的，要大胆提拔使用；对不负责任、无所作为，不能如期完成解决群众温饱任务的，不仅不能提拔使用，还要进行组织调整，该降职的降职，该免职的就地免职。

（五）发扬艰苦奋斗精神，切实转变作风。各级各部门领导要本着对人民高度负责的精神，切实转变作风，深入到扶贫第一线实行面对面的领导，到贫困乡、村和农户中蹲点调查，多办实事，帮助解决困难和问题，在扶贫攻坚中建功立业。各县市及35个贫困乡要认真遵守中央“五不准”的要求，即“贫困县在解决群众温饱问题之前，党政机关、国有企事业单位不准买高级小汽车，不准建宾馆和高级招待所，不准盖新办公楼，不准领导干部配手提电话，也不准县改市”，违者要严肃查处。

（六）切实加强扶贫监测工作。为了科学、准确掌握贫困乡村的经济和社会发展情况，及时为各级党委、政府决策提供依据，从今年起，对35个攻坚乡实行重点监测。对扶贫工作进行监测的具体办法由行署统计局和扶贫办制定，报行署批准后实施。

（七）进一步加强和充实扶贫开发机构，改善工作条件。地、县市和攻坚乡要调配较高素质的人员充实加强扶贫办，进一步发挥扶贫工作机构的重要作用，使其编制、工作条件和人员素质与扶贫攻坚任务相适应。各级扶贫机构要按两个职能转变的要求，切实抓好统一规划、政策指导、组织协调、检查监督等各项工作，充分发挥在扶贫攻坚中的职能作用。

五、考核与奖惩

为加快“六六”扶贫攻坚计划的实施，增强各级各部门的责任感、使命感，推动各项工作的落实，确保本世纪末基本解决全区贫困人口的温饱问题。地委、行署将根据所签订的责任状对各县市进行扶贫工作目标综合考核。按期实现工作目标的县市，给予奖金20万元，各项扶持政策在2000年前保持不变；对不能按要求如期实现工作目标的县市将予通报批评，并视情况从组织和经济等方面给予处罚；对虚报浮夸，骗取奖金和荣誉的，一经发现即取消奖励，并对当事人给予必要的纪律处分。

在对县市进行考核奖惩的同时，地委、行署还将对地级领导挂钩扶贫、负责扶贫工程的副专员及相关部门领导、地直挂钩扶贫单位主要领导进行扶贫工作综合考核奖惩。

上述对单位和个人的考核奖惩办法由行署扶贫办会同有关部门研究提出，报经行署批准后实施。

各县市应制定对扶贫攻坚乡的考核办法，建立奖惩激励机制，推动工作的落实，确保工作目标的实现。凡经县市考核为按期实现脱贫目标的攻坚乡镇，在县市奖励基础上，地区将给予5万元一次性奖金奖励。提前实现工作目标的，各项扶持政策保持不变。

中共保山地委　保山地区行署关于加快国有企业改革和发展的意见

（2000年4月8日）

各县（市）党委、人民政府，地委及行署各部委办局，省属驻保单位，各人民团体：

根据党的十五届四中全会和省委六届八次、九次全会精神，对进一步深化我区国有企业改革，加快国有企业发展，提出如下意见：

一、我区国有企业改革和发展的主要目标和基本思路

国有企业是全区国民经济的支柱、财政收入的主要来源和经济发展的重要依托，在全区国民经济中占有举足轻重的地位。搞好国有企业的改革，加快国有企业发展，进一步发挥国有经济在国民经济中的主导作用，对全区经济发展至关重要。

改革开放以来，特别是党的十四大以来，我区围绕国有企业改革和发展采取了一系列有效的措施，使国有企业活力有所增强，整体经济效益有所回升，改革脱困工作取得了一定的进展。但是，部分国有企业生产经营还面临不少困难，机制不活、经济效益下降、技术进步迟缓、产品结构不合理、富余人员多、债务和社会负担重等问题仍相当突出。我们必须认真贯彻党的十五届四中全会《决定》和省委六届八次全会确定的《贯彻意见》，着眼于整体上搞活国有经济，全力打好国有企业改革攻坚战。

（一）国有企业改革和发展的主要目标

到2000年，完成12户中型企业改制、改革工作。亏损企业控制在3户以内；基本完成放小任务。

到2005年，全区国有经济调整和国有企业改组取得明显成效；初步建立起适应市场经济要求的企业经营机制；建立健全社会保障体系。

到2010年，基本完成国有经济战略性调整和国有企业战略性改组；依托骨干优势产业，以资产为纽带，国有参股、控股扶持发展5-7个优强企业（集团），并建立起比较完善的现代企业制度，技术装备、科技开发及综合实力明显增强；大部分中小企业通过各种形式真正实现放开搞活，形成多种经济成分平等竞争、共同发展的格局，企业经济效益和经济增长质量明显提高，科技开发、市场竞争和抗御市场风险能力明显增强。

（二）国有企业改革和发展的基本思路

今后一个时期，我区国有企业改革和发展的基本思路是：以党的十五大、十五届四中全会和省委六届八次全会精神为指针，按照“放开搞活”和“有进有退、有所为有所不为”

的方针，进一步解放思想，大力调整国有经济布局，减少国有企业数量，扶强优势企业，提高国有经济质量；放手发展非公有制经济，降低国有经济的比重，增强国有经济的控制力；以灵活机制为重点，坚持改革同改组改造、加强管理相结合，推进企业技术进步，提高企业的竞争力；协调推进各项配套改革，努力开创国有企业改革和发展的新局面。

二、国有企业改革和发展的主要任务

（一）从战略上调整国有经济结构和推进国有企业改组

1. 调整国有经济结构。按照有进有退、有所为有所不为，加强重点，优化结构的要求，下决心逐步减少国有经济占国民经济中的比重。（1）优化国有经济结构。除极少数中央和省属企业外，我区没有必须实行国有独资的行业和企业，国有资本都可以按照市场经济规律通过资产重组进行调整。除极少数公益性、基础性和特殊性行业要采取国家参股、控股方式外，其余都可以退出来。有关部门要制定产业退出援助政策，建立退出机制。今后，在一般性竞争领域，原则上不再投资兴办国有独资企业。要鼓励非国有资本参与国有中小企业的改制，放手发展非公有制经济，通过增量调整，降低国有经济的比重。（2）积极探索公有制的多种实现形式。国有中型企业特别是优强企业，要通过中外合资、规范上市、互相参股、职工持股等形式改为股份制。绝大多数中小企业可以通过股份合作制以及兼并、联合、租赁、承包、托管、拍卖等方式探索公有制的多种实现形式。（3）调整产业结构。集中力量培育烟草、蔗糖为重点的食品加工和建筑建材三项支柱产业，加快矿业、电力、制药、林产品加工等优势产业的发展，利用高新技术，加大改造力度，促进产业升级。制止重复建设，建立投资风险约束机制，严格执行资本金制度和项目法人制度，做到谁决策谁承担风险责任。

2. 积极推进国有企业战略性改组。坚持把改组与培育大企业、大集团结合起来，与培育主导产业结合起来，鼓励国有资产向主导产业和优势产业、优强企业集中。同时，采取多种形式放开搞活国有中小企业。（1）积极培育优强企业（集团）。结合支柱和骨干产业的巩固和提高，依托原有基础，采取强强联合、扶优扶强、引资嫁接改造、兼并控股等多种形式，在烟草、制糖、建筑、建材、矿业、电力、制茶、制药等行业培育出一批年收入在5亿元以上的跨地区、跨行业、跨所有制的优强企业（集团）。（2）加快放开搞活中小企业的步伐。要以产权制度改革为核心，继续推进改组、联合、兼并、租赁、民营、承包经营和股份合作、托管、出售等形式，进一步放开搞活中小企业。什么形式能搞活就采取什么形式，重点在放活上下功夫。各级经贸委和有关部门，要协助中小企业建立地区、行业自治组织，尽快发展和完善扶持中小企业的技术创新、人才培训、社会化服务和融资扶持四个服务体系，建立扶持发展基金。中小企业要与大企业建立密切协作关系，围绕市场需要，搞好潜在产品开发，培育自己的“名、特、优、新”产品。（3）区别不同情况，推进国有企业改组。对产品有市场、经营状况较好的企业，以改为股份制、股份合作制为主，实行多元持股，其中部分优强企业，要实行规范的公司制改革，对有较强实力的企业，要积极创造条件，争取发展成为上市公司；对有一定基础但经营困难的企业，要加大扭亏脱困力度，帮助企业尽快走出困境；对资不抵债、扭亏无望的企业，必须依法实施关闭、破产。要积极调整糖厂布局，争取列入国家和省级关闭、破产计划，通过2至3年时间，使全区糖厂从17个调整为12个左右。其他类型企业，在妥善处理职工安置、落实安置经费来源的前提下，依法实施破产。对陷入困境，但仍有部分优良资产、可局部搞活的企业，征得多数债权代表同意后，通过资产债务重组等办法，盘活有效资产，实施分离重组。需要出售的国有企业，要抓好资产评估、公开拍卖、职工安置、债务处理等关键环节。

（二）建立现代企业制度，完善法人治理结构

按照“产权清晰、权责明确、政企分开、管理科学”的要求，年内要按计划完成12户中型企业改革改制工作，推进中型企业和优强企业建立现代企业制度。改制企业要继续规范、完善和提高，建立新的制度，形成新的机制。1. 继续推行。完善股权多元化和职工持股制度。除极少数改制企业需国有参股、控股外，绝大多数要采取法人参股、外商参股、员工持股、经营者参股、自然人参股和私营企业参股等多种办法，改组为股份有限公司和有限责任公司，实现产权主体多元化。要注意处理好股权和劳动权的关系，避免股权平均化，防止股权过于分散而影响企业劳动力优化组合。2. 强化国有资产管理。贯彻“国家所有、分级管理、授权经营、分工监督”的原则，实行谁管理、谁受益、谁负责。全面加强国有资产管理。地区和五县市要有计划地建立国有资产经营公司，加大对国有资产的监督力度，配合有关部门做好委派稽查特派员和会计财务总监等工作。3. 建立健全公司法人治理结构。改制企业，特别是进行公司制改制的企业，要依法建立健全公司法人治理结构，处理好“新老三会”关系，形成权责落实、协调高效的运行机制、约束机制和自负盈亏机制。行使国有资产所有者职能的机构或实体，负责向公司委派产权代表，按出资比例对公司行使权力、承担责任。董事会要制定严格的议事制度和表决办法，改变决策权力过于集中、决策失误无人负责的状况，促进决策科学化。监事会要独立地对企业财务活动及董事会成员和经营者进行有效监督。切实解决董事会、监事会中职工董事、监事人员权力不到位的问题。建立党员董事、监事、经理和职工董事、监事行使重大决策表决权前，分别向党组织和工会、职代会报告的制度，确保党组织、工会和职代会的意见能充分反映到公司的决策中。

（三）深化企业内部三项制度改革，加强企业管理

1. 深化三项制度改革，搞活企业内部机制。进一步深化以分配为核心的企业内部三项制度改革，从根本上改变机制不活的问题，建立起企业用人自主、劳动者择业自由、以劳动合同形式确定劳动关系、职工能进能出的劳动管理制度；打破企业干部职工身份界限，建立起公开、平等、择优聘用，能上能下的用人制度；建立起按劳分配和按生产要素分配相结合，增加“活工资”比重，向创造性、创业性工作倾斜，拉开分配差距，收入与效益挂钩，能增能减的分配激励机制。

2. 强化企业基础管理。要重点抓好企业成本、资金、质量和无形资产管理。深入开展“学邯钢、学玉烟”活动，大力推进管理示范工程和“模拟市场成本核算”“倒置成本法”

等先进管理办法。强化财务管理和完善资金运作，提高资金利用率。加强全员全过程的质量管理，全面提高产品、工程和服务质量。采用现代技术、方法和手段，实现管理创新。狠抓薄弱环节，建立和完善各项规章制度，从严治企。

3. 强化企业营销工作。所有企业都要重视营销工作，强化营销意识，把开拓市场放在首位。要强化营销机构，增加营销人员，营销人员占职工总数的比例一般要达10%左右；要提高销售费用占销售收入的比例。改革促销方式，放宽营销政策，鼓励试行营销费用包干责任制，调动营销人员积极性。

4. 整顿领导班子。全面推行厂务公开和民主评议企业领导班子的制度。对极少数问题突出的企业领导班子要区别情况进行整顿。企业连续两年增加新亏损的，不得续任；不能实现任期目标的必须离职；对严重闹不团结、影响工作的要进行改组；对私心杂念严重、干群关系紧张的干部要坚决免职；对不抓改革，不善于经营管理、驾驭不了全局、缺乏领导能力的，要尽快免职；对身体不好、承担不了领导责任的，要从领导岗位上换下来并妥善安置；因决策失误造成损失的，要视损失大小和责任轻重给予经济处罚或纪律处分。

（四）狠抓企业技术进步，推动产品升级

抓住国家实行积极财政政策和扩大内需的有利时机，加大投入力度，加快企业技术进步和产品升级。1. 加快形成企业技术创新机制。实施“厂、学、研”工程，支持和鼓励企业与大专院校、科研单位合作，逐步建立联合技术开发机构。建立企业科技研究开发经费提取制度，优强企业和中型企业可按销售收入的1–3%提取，小型企业根据实际需要适当提取。2. 鼓励和支持企业加快技术改造。采取各种办法，力争“十五”计划期间全区每年技改投资规模1.5亿元以上。重点支持优强企业，支持食品加工、制药、建材、矿业等优势产业和重点项目，推动技术进步和产品升级。从2000年地区财政每年安排不少于50万元用于技改科技开发贴息，各县市也要安排一定财政资金用于重点项目和新产品开发的贷款贴息。3. 加强企业技术队伍建设。建立引进、培养、使用和激励人才的有效机制。有条件的企业可对重要技术骨干实行年薪制或谈判工资制，也可以技术入股参与企业分配。

（五）理顺企业管理体制，建设高素质的企业经营者队伍

要采取有效措施充分调动经营管理者、企业职工和科技人员三支队伍的积极性，重点建设好企业经营者队伍。1. 按产权关系确定企业领导人员管理体制。取消企业行政级别，改为按资产和经营规模分类、依照经济效益高低划级，每两年界定一次，实行动态分管管理。企业领导人员的待遇与原行政级别脱钩；经营者的任职资格与聘任脱钩，由组织、人事部门组织专家评定任职资格、授予证书并公告，是否聘任由产权单位或董事会决定；改变企业按行政隶属关系管理干部的体制，按产权关系确定企业干部管理关系，实现管人与管资产相结合。地方各级党委只管资产经营公司和控股企业的董事长，原则上党的书记和董事长一人兼任，董事长和总经理分设。资产经营公司和控股公司的党委会、董事会由资产经营公司和控股公司依照《党章》和《公司法》组建和管理。按照决策层和经营者分离的要求，逐步实行产权代表委任制和经营者聘任制，即董事长提名总经理，总经理提名副总经理，董事会聘任。以上办法今年先试点，二三年内全面试行。2. 建立适应现代企业制度要求的选人用人机制。把党管干部的原则和企业家市场选择机制有机结合，资格认证、组织考核推荐与引入市场机制、公开向社会招聘相结合。采取招聘、竞聘、选举以及任前“公示”制等方式，把政治素质高、德才兼备，有开拓和奉献精神，驾驭市场经济能力强的优秀人才选拔到企业领导岗位上来。要加快培育企业经营者人才市场，按照公开、平等、竞争、择优原则，促进人才合理流动，优化人才资源配置。3. 建立和完善企业经营者激励制度。建立企业领导班子成员的任期目标责任制和年度目标责任制，严格考核，奖优罚劣。大力表彰政治素质高、业绩突出的企业领导人员。要规范经营者的合法收入，经营者收入要与企业规模、经济效益挂钩，按难易程度、风险高低和业绩大小合理确定。在精简企业领导班子基础上，采取多种分配形式，如年薪制、资产经营责任制、经营者持股、个人增注企业资本金等。对效益显著、业绩突出、贡献较大的，可采取现金、股份、期股、期权或补充养老保险等形式进行奖励。对经营者实行年薪制的，必须同时实行“风险财产抵押制”，并根据业绩状况给予加扣。4. 加强对国有企业的考核、审计和有效监督。建立国有资产转让、对外投资、重大技改、年终分配等重大事项报告制度和经营决策失误重大责任追究制度。建立对国有企业每一年度进行一次全面审计和对经营者离任审计的制度，对董事长、总经理，按产权关系实施逐级监督。要制定对管理人员费用开支监督办法。加强对中介组织的管理，对串通弄虚作假的，要给予停业、吊销营业执照等处罚。

三、为国有企业改革和发展创造良好的外部条件

（一）减轻企业债务负担

抓好破产企业核销银行呆坏账准备金工作。积极争取各金融机构的支持，增加核销呆坏账规模。从2000年起，行署对核销呆坏账工作搞得好的金融机构给予奖励。搞好“债转股”工作，对已列入国家计划的要给予大力支持；地、县市财政性债务，未转为资本金的要继续加快“债转股”；要抓住省财政性债务加大“债转股”力度的有利时机，积极向上申请“债转股”或停收占用费；对企事业法人之间的债务，通过协商可转为股份，并积极探索企业债务财政托管的办法。

（二）增加企业资本金

认真落实国有企业土地使用权有偿转让和资产变现的政策措施。采取国有土地使用权出让、国有土地租赁、国家以土地使用权作价入股和保留划拨用地等多种方式，增加企业资本金。国有企业在对国家划拨土地的使用权进行有偿转让时，土地部门免收土地出让费，其出让金可大部分或全部返还企业用于增资减债和安置职工。在城市市区内的国有企业进行易地改造，其变更土地使用权性质所得的收入可转为国有资本金。可采取整体或拆零出售、以租抵债、以租换股等多种途径，推进资产变现，盘活存量资产。各有关部门要转变观念，简化程序，减少收费，为国有企业盘活存量土地和资产变现创造条件。

（三）以积极的税收政策支持国有企业改革和发展

认真执行省政府支持国有企业改革和发展的各项税收政策。

1. 支持国有企业技术进步和产品升级的税收政策。(1)对国有企业中有市场、有效益、符合国家产业政策的技术改造项目，其国产设备投资的40% 可从企业当年比前一年新增的企业所得税中抵免。(2)提高企业科技研究开发经费占销售收入的比例并允许税前扣除。研究与开发费用比上年实际发生额增长达10% 以上(含10%)，其当年实际发生的费用可据实列支，报经主管税务机关审核批准，还可再按其实际发生额的50%，直接抵扣当年纳税所得额；如其实际发生额的50% 大于企业当年应纳税所得额，可就其不超过应纳税所得额的部分，予以抵扣。超过部分，当年和以后年度不再抵扣。(3)国有企业进行技术转让，以及在技术转让过程中发生与技术转让有关的技术咨询、技术服务、技术培训所得，年净收入在30万元以下的暂免征收企业所得税。

2. 鼓励国有企业下岗职工自谋职业的税收政策。(1)国有企业下岗职工自谋职业新办的私营企业和个体工商户，经县级地方税务机关审核批准，自开业之日起，免征所得税2年。(2)国有企业下岗职工从事社区居民服务取得的营业收入，3年内免征营业税和个人所得税。(3)企业组织下岗职工到农村承包"四荒"从事种养殖业的，从有收入时起，5年内免征农业税和农业特产税。

3. 鼓励个体工商户、私营企业参与国有企业改革的税收政策。(1)个体工商户、私营企业兼并或收购国有中小企业的，经县级地方税务机关批准，可在3年内减征或免征所得税。(2)个体工商户、私营企业以承担债务形式兼并或收购国有企业的，经县级地方税务机关批准，对其所承担债务视同亏损，可在3年内允许先抵补后再缴纳所得税。(3)以技术、专利、资金形式兼并或收购国有企业，报经县级地方税务机关批准，3年内允许按照再投资额50% 的幅度内减征所得税。

(四) 搞好金融服务，支持国企改革

各级政府要支持银行独立行使金融自主权，帮助金融机构解决困难，引导信贷投资投向。金融机构要认真贯彻执行中央有关金融政策，积极组织资金，加大对国有企业的信贷扶持力度，切实解决"贷款难"问题。对企业有市场、有效益的产品要继续实施"封闭贷款"，并逐年增加规模。搞好不良资产的剥离工作，对企业到期贷款实行有条件的"置换"，减轻企业利息负担。适当增加对困难企业和重点脱困企业的贷款规模，对优势骨干产业及重点技改项目给予重点扶持。要逐步建立企业贷款担保机制。企业要讲信用，规范财务行为，提高资金使用效率，努力构建长期、稳定、良好的银企关系。

(五) 切实减轻企业负担

深入推进企业治乱减负工作，坚决制止各种乱收费、乱罚款和乱摊派。进一步规范对企业的各种检查、评比活动，避免重复、交叉检查评比。对企业实行收费卡制度，规范部门收费行为，加大"纠风"力度，从制度上解决"三乱"问题。

(六) 搞好企业减员分流工作

鼓励和支持有条件的企业实行主辅分离、转岗分流，创办独立的经济实体，妥善安置富余人员。办好企业再就业服务中心，搞好下岗职工技能培训，促进再就业。规范下岗程序，完善监测制度，规范下岗职工管理。加快劳动力市场体系和网络建设，充分发挥职业介绍机构的作用。加快城镇建设，放手发展第三产业和非公有制经济，加大产业结构调整力度，为下岗职工再就业创造条件。引导下岗职工转变择业观念，发挥主观能动性，通过多种途径自谋职业、自找出路。落实再就业的优惠政策，鼓励下岗职工自谋职业和到非公有制企业就业。对主辅分离办成独立的经济实体和下岗分流从事个人私营企业的，可比照创办个私经济的政策给予一定期限的减免税照顾。对破产企业的职工要妥善安置，从2000年起，按照分级负责原则，地、县（市）财政要安排一定资金，用于关闭破产企业职工安置的补助。

（七）努力降低改革成本

中介组织要强化服务功能，提高素质，降低收费标准，为企业服务。特别是在企业改制、兼并、破产、担保等重大改革中，要避免多层重复收费，对特困企业实行减半收费，提倡无偿服务。

（八）加快社会保障体系建设

建立健全以养老、失业、医疗为主要内容的社会保障体系。扩大养老保险覆盖面，逐步使离退休人员的养老保险走向社会化管理。依法做好非国有企业养老保险金的征缴工作，提高收缴率。建立社会保障预算资金，弥补养老金的不足和增强抗风险能力。加强社会保障金的监管，严禁挤占挪用。加强社保机构建设和改革，提高管理者素质。建立健全“三条保障线”制度，按照“三三制”原则筹集下岗职工失业生活保证金，把下岗职工和失业人员基本生活保障政策落到实处。积极推进医疗保险制度改革，在2000年内建立职工基本医疗保险制度。

四、加快对国有企业改革和发展工作的领导

加强和改善党的领导是加快国有企业改革和发展的根本保证。坚持党的领导，发挥国有企业党组织的政治核心作用，任何时候都不能动摇。要加强企业党组织建设，把发挥党的政治优势同运用市场机制结合起来。切实尊重职工的主人翁地位，坚持和完善职工民主管理制度，加强企业精神文明建设，充分调动和发挥职工群众的积极性、主动性和创造性。国有企业改革和发展是一项长期而艰巨的系统工程，要全面部署，精心组织，稳步推进，动员社会力量，形成合力，确保国企改革和发展任务的顺利完成。

（一）全面学习和深刻领会党的十五届四中全会和省委六届八次全会精神，认真贯彻落实《决定》和《贯彻意见》

各级党委、政府和有关部门以及企业干部、职工要认真学习领会文件精神，认识国有企业改革和发展的重要性、紧迫性、长期性和艰巨性，把认识统一到全会精神上来。全社会都要支持国有企业改革和发展工作，各级宣传部门要充分利用各种舆论手段，精心组织好宣传，形成声势，为国有企业改革和发展营造良好舆论氛围。

（二）解放思想，更新观念，大胆探索推进国企改革发展的新举措

国有企业改革和发展中的新情况、新问题层出不穷，各级各部门和企业的广大干部职工都要以“三个有利于”为标准，大胆闯、大胆试，大胆改革和探索。要从计划经济观念的束缚中摆脱出来，破除唯书唯上的保守观念，树立敢闯敢试、勇于探索的新观念；破除把产权制度改革与私有化等同的错误观念，树立规范的产权制度改革是社会主义公有制自我完善的新观念；破除一讲改革脱困就是要政府帮扶的“等、靠、要”观念；破除重生产轻营销的旧观念，树立市场决定生产的新观念；破除各种传统择业观念，树立面向市场自主择业、自强创业的新观念。

（三）切实加强组织领导

推进国有企业改革和发展是党政一把手工程，各级党政主要领导是第一责任人，必须按分级管理原则，逐级落实责任制，做到主要领导亲自抓，分管领导专门抓，部门领导具体抓，纳入议程，明确任务，定期检查，层层落实。各级领导要切实转变作风，深入调查研究，总结新经验，研究新情况，解决新问题，有效地指导国有企业的改革和发展。各级党委、政府都要抽调一批得力干部，组成改革脱困领导小组，结合全省开展的“企业苦练内功年”和“政府加强基层服务年”活动，帮助企业苦练内功，加强管理，整顿班子，深化改革，促进发展。

各县市和地直有关部门，要根据本意见，结合实际，制定具体的贯彻意见和措施，狠抓落实。

中共保山地委　保山地区行署
关于改革村级体制实行村民自治的意见

（2000年8月3日）

为了深入贯彻落实党的十五大、十五届三中全会精神和《中华人民共和国村民委员会组织法》，按照省委、省政府的统一部署，积极推进我区村级体制改革和农村民主政治建设，促进全区农村经济发展和社会进步，特提出改革村级体制、实行村民自治的意见如下：

一、充分认识改革村级体制、实行村民自治的重要意义

新中国成立以来，我区农村管理体制经历了多次大的调整变动。1987年撤区建乡，在原人民公社基础上设立乡（镇），在原大队（小乡）的基础上设立行政村，成立村公所（办事处），作为乡（镇）人民政府的派出机构。1990年将村干部纳入乡（镇）干部编制，实行委任、聘任制，待遇参照国家机关实行结构工资制。这种体制对我区农村稳定、经济发展、边防巩固起过积极的推动作用。随着农村改革的不断深化和社会主义市场经济体制的逐步建立，广大农民法制观念和民主意识不断增强，这种体制已经明显不适应形势发展的要求。按照党的十五大、十五届三中全会精神，根据《中华人民共和国村民委员会组织法》，结合我区实际，改革村级体制、实行村民自治已势在必行。要充分认识扩大农村基层民主、实行村民自治，是党领导中国亿万农民在改革实践中继家庭承包经营之后的又一伟大创举，是社会主义的本质要求和社会主义民主最广泛的实践，是实施依法治国方略、保障国家长治久安的重大战略措施。抓好这项工作，对建设有中国特色社会主义民主政治，实施依法治村、促进农村经济发展和社会稳定，意义重大，影响深远。

二、主要任务和指导原则

根据党的十五大、十五届三中全会精神和《中华人民共和国村民委员会组织法》及《云南实施〈中华人民共和国村民委员会组织法〉办法》《中共云南省委、省人民政府关于改革村级体制、实行村民自治的意见》的规定，将村级行政管理体制改革为村民自治体制，将村公所（办事处）改革为村民委员会。在村公所（办事处）辖区设立村民委员会，以合作社设立村民小组，原来以合作社或自然村设立的村民委员会自然消失。改革村干部管理和选任制度，村干部退出乡（镇）干部编制序列，由选聘制改革为选举制，严格依照法定程序，采取村民提名、公开报名、公开答辩、公开选举、公平竞争的新机制公推直选村干部。通过村级体制改革，实现村级体制健全、完备；农村基层各项民主管理制度健全、落实；农

村出现的突出问题得到有效治理和解决；村级集体经济实力逐步发展壮大，服务功能不能增强，农村干部群众思想、道德、文化素质不断提高，社会风气好转。

根据省委、省政府的统一部署，结合我区实际，从今年8月份开始到明年1月上旬，要基本完成改革村级体制的任务。8—9月各县（市）组织试点、培训各乡（镇）工作骨干，10—12月全面铺开，2001年1月10日前结束。具体实施分五个阶段进行。第一阶段，成立领导机构，制定改革方案，培训骨干；第二阶段，广泛宣传发动群众，按党内的有关规定，进行村党支部换届选举，原异地交流到其他村而又没有当选支部书记的村干部回到户籍所在地参加选举，成立村民选举委员会；第三阶段，依法民主选举产生第一届村民委员会；第四阶段，建立健全村民委员会组织体系和规章制度；第五阶段，搞好检查验收和工作总结，做好村公所（办事处）与村民委员会的各项交代工作。

改革村级体制、实行村民自治要坚持以下原则：

——坚持党的领导。加强和改善党对农村工作的领导，全面理解和正确处理党的领导和村民自治的关系、党支部委员会和村民委员会的关系。党的农村基层组织要充分发挥领导核心作用，依法支持和保障村民开展自治活动，直接行使民主权利；村民委员会要自觉维护和尊重党组织的领导，依法履行自治责任。改革村级体制，实行村民自治，要在党组织的领导下有步骤、有秩序地进行。

——严格依法办事。各级党组织和政府有关部门，要正确处理加强领导、严格管理与支持和保障村民依法自治的关系，不包办村民委员会依法自治范围内的事务，不得指定、委派或撤换村民委员会成员，自觉维护法律的严肃性，严格依法办事，做到依法行政、科学管理。

——充分发扬民主。要尊重和保护群众的积极性和创造性，确立村民的主人翁地位；民主选举和村民自治要始终坚持群众路线，充分发动和依靠群众，让村民当家做主，依法管理自己的事情，调动广大村民建设社会主义新农村的积极性。

——维护团结稳定。在村级体制改革中，要始终维护团结稳定的大局，对出现的问题要进行妥善处理，及时解决群众关心的热点难点问题，及时化解矛盾和纠纷，排除各种干扰，保证改革顺利进行，维护农村社会稳定。

——做到“四个结合”。坚持改革村级体制与经济建设相结合，把改革的出发点、落脚点放到促进农村经济发展上；与加强农村基层组织建设相结合，相互促进，共同推进；与党风廉政建设相结合，实行村务公开和民主监督，促使党员、干部廉洁自律，使村民民主权利得到保障；与农村精神文明建设相结合，把村民自治活动和精神文明创建活动的内容相互兼容，共同促进。

三、政策规定

（一）村的规模不变。在原行政村（办事处）的规模、区域设立村民委员会；在原合作社设立村民小组。保持辖区范围已经形成的政治经济和文化联系，照顾群众的传统习惯和归属观念，使现有村镇基础设施得到更加充分利用，引导村镇建设向集镇化、规范化发展。

（二）稳定村级干部队伍。我区村级干部为农村经济和社会事业的发展作出了重要贡献，他们中的绝大多数是受到群众支持和拥护的。在村级体制改革中，要做好村干部的思想政治工作，教育他们识大体、顾大局，正确认识和自觉投身于改革，以实际行动接受组织、群众挑选，坚持德才兼备的干部标准和群众公认的原则，注意把那些思想作风好、能为群众办实事的干部继续选进领导班子。

（三）享受财政补贴的村干部范围。限于村党支部（党总支、党委）书记，村民委员会主任、副主任（兼文书），以及临近国境线村的武装干事。补贴人数按原核定的人数执行。

（四）落实村干部报酬。要把村干部的报酬由原行政管理体制下的结构工资制改革为村民自治体制下的岗位补贴制，与国家职工工资制度和福利待遇脱钩。原领取财政工资的村干部，不论当选的或不当选的，都按地委办公室发〔2000〕39号文件，即《保山地区村干部生活补助和岗位补贴的实施办法》规定发给一次性生活补助费。新当选的村党支部（党总支、党委）书记，村民委员会主任、副主任（文书），以及临近国境线村的武装干事实行在职享受岗位补贴，离职不再享受补贴及生活补助费的政策。村级体制改革前，已按云人发〔1991〕36号文件办理过各类工资、补贴了断手续的，按原政策执行不变。

（五）保证集体资产不流失。在这次村级体制改革中，原行政村（办事处）所属的土地、山林和集体财产、资产、自然资源的所有权不变；原村、社集体企业的所有权、债权、债务不变；一并移交给新成立的村民委员会或村民小组。不得私分集体资产或变更集体资产的权属关系。

（六）严格纪律。任何组织或个人不得指定、委派或者撤换村民委员会成员，只能由村民选举产生。对选举工作中出现的以威胁、贿赂、宗族、宗派势力操纵等不正当手段、干扰和破坏选举工作的，要坚决制止，其选举无效。情节严重的要依法追究法律责任。

四、重点抓好的几项工作

（一）健全完善以党支部为核心的村级组织体系。要按照《中国共产党农村基层组织工作条例》，建立健全以党支部为核心，以村民委员会和村集体经济组织为依托，其他群众组织配套协调、功能健全完备的村级组织体系和管理运行机制。一是要加强村党支部建设。村党支部（党总支、党委）不论是否已经到届，都必须在选举村民委员会之前进行统一换届选举，重点是选配好党支部书记，做到党支部和村委会的届期统一。二是要加强村民委员会建设。重点是实行依法民主选举，健全民主议事和监督制度，实行村民自治。三是要加强村级集体经济组织建设。村级集体经济组织的名称由村民代表大会讨论确定，实行管理委员会制度或董事会制度。四是要加强青年、妇女、民兵、计划生育、科技教育、人民调解和治安保卫等组织建设。重视妇女、青年、少数民族干部的培养和使用。村民委员会成员中，青年、妇女应有适当名额，多民族居住的村应当有人数较少的民族的成员。要坚持“精简、统一、效能”原则，提倡村党支部、村民委员会、村集体经济组织的成员交叉任职，党支部书记、村民委员会主任可以一肩挑，村民委员会副主任、村文书也可以一肩挑。

(二)规范村级民主制度建设。健全规范民主选举制度：村民委员会成员、村民代表的选举要严格依法办事，坚持公平、公正、公开的原则，由村民直接提名、直接选举产生，充分体现选民的意愿。

健全规范民主决策制度：凡涉及村经济社会发展规划和年度计划、村级财务预算、村镇发展规划、村内兴办公益事业、建设重点项目，以及涉及全体村民利益的大事，都必须经村民代表广泛征求群众意见，提交村民会议或村民代表会讨论通过。

健全规范民主管理制度：凡村内土地及各业承包、宅基地审批、计划生育指标分配、粮食定购和提留统筹、农民负担、集体资产、扶贫资金使用、社会救济等方面事务的管理，以及村民自治章程或村规民约的制定，都必须按照国家和地方政府的有关规定，由村民委员会提出意见，经村民会议或者村民代表会议讨论决定后付诸实施。

健全规范民主监督制度：实行村级民主理财及财务审计，巩固完善村务公开制度，坚持民主评议村干部和村民委员会定期向村民会议报告工作，坚持村级民主理财及财务审计制度。

(三)加快发展村级集体经济。要结合实际，研究制定发展村级集体经济的规划、计划，并认真组织实施；要认真总结推广发展集体经济的经验，并积极探索新途径、新办法：要在“有经济实力办事”、“有经济实体办事”上取得突破，奠定村民自治的物质基础；大胆探索实施农业和农村经济战略性调整的新方法和新措施，认真解决群众生产生活中的困难和问题，带领群众脱贫致富。

(四)抓好村干部的政治思想教育和业务培训。各级要加强对村级干部进行党的宗旨、群众路线、法律法规、市场经济和民主管理的教育培训，特别是要深入学习和努力实践江泽民总书记提出的“三个代表”重要思想，不断提高他们的政治业务素质和工作能力。要以县、乡党校为依托，逐步建立和实行村级干部岗位培训制度。组织部、宣传部和民政局要密切配合，分工合作，抓好培训。

(五)抓好试点。这次改革村级体制、实行村民自治是一项新的工作，在农村还是第一次实行由村民直接选举村干部，为总结经验，各县(市)必须先行试点，每个县(市)选1个乡(镇)作为试点。通过试点，了解掌握村级体制改革工作的重点和难点，熟悉选举的法律程序、积累经验和培训工作骨干，积极、稳妥、有序地全面推开这项工作。

(六)认真抓好当前工作，做到改革、发展两不误，两手抓。改革村级体制、实行村民自治，就是要理顺农村基层管理体制和运行机制，更好地服从和服务于农村经济建设这个中心。把改革村级体制与充分调动和发挥广大农民群众聪明才智，大力调整农业和农村经济结构，积极培育农村后续骨干产业，增加农民收入有机结合起来，切实抓好当前农业生产。同时，要在推进村民自治活动中加大树立正气、抵制歪风邪气，崇尚科学、反对封建迷信，移风易俗、反对铺张浪费，创建文明村寨的力度。打击地方邪恶势力，查禁取缔邪教组织，妥善处理、化解热点、难点问题。做到村级体制改革和其他工作两手抓，两不误，确保农村稳定、农村经济发展、农民收入增加。

五、加强领导，明确职责，落实经费

村级体制改革涉及面广，政策性强，工作量大，法律程序严格，事关农村改革、发展、稳定大局。各级党委、政府要把改革村级体制、实行村民自治这项重要工作摆上议事日程，切实加强领导、认真研究、精心组织、积极推动。各级人大要依法做好监督工作。各县（市）、乡（镇）要按地委、行署的统一部署，结合本地实际，制定具体实施计划，并认真组织实施。实行领导责任制，党政一把手是第一责任人，要做到主要领导亲自抓，分管领导具体抓，层层抓落实。县（市）要成立村级体制改革领导小组，由主管农村工作的党委副书记担任组长，人大、政府、政协各一位领导任副组长，有关部门负责同志为成员。乡（镇）也要成立相应的领导和工作机构。领导小组要加强对具体工作的指导，明确各部门的职责，积极协调有关部门通力合作，认真履行各自的职责。领导小组要建立精干的工作班子，负责日常工作的开展。各县（市）、乡（镇）要克服困难，积极筹措资金，落实村级体制改革工作必要的经费，一是要落实领导小组办公室的工作经费，保障日常工作的开展。二是要落实村级民主选举经费，以农业人口人均2元计算，除省补助外，地级财政补助20%，其他不足部分由县、乡财政承担。三是落实村干部一次性生活补助费，各级要列入地方财政预算。所需补助资金，除省补助外，地级财政补助20%。其余补助资金由县（市）、乡（镇）财政承担，并组织兑现。

关于转发《国务院关于同意云南省撤销保山地区设立地级保山市的批复》的通知

地区人大工委党组、行署党组、政协工委党组，地区纪委，保山军分区党校，各县市党委政府：

现将《国务院关于同意云南省撤销保山地区设立地级保山市的批复》（国函〔2000〕137号）转发给你们，请认真做好撤地设市有关工作。

中共保山地委

2001年5月24日

国务院关于同意云南省撤销保山地区设立地级保山市的批复

云南省人民政府：

你省《关于撤销保山地区设立地级保山市的请示》（云政发〔2000〕141号）及有关补充请示收悉。现批复如下：

一、同意撤销保山地区和县级保山市，设立地级保山市。市人民政府驻新设立的隆阳区。

二、保山市设立隆阳区，以原县级保山市的行政区域为隆阳区的行政区域。区人民政府驻上巷街。

三、保山市辖施甸县、腾冲县、龙陵县、昌宁县和新设立的隆阳区。

保山市的各类机构要按照“精简、效能”的原则设置，所需人员编制和经费由你省自行解决。

中华人民共和国国务院

二○○○年十二月三十日

中共保山市委　保山市人民政府关于保山市市县区乡镇机构改革的实施意见

（2002年1月10日）

各县区党委、人民政府，市委及市级国家机关各部委办局，各人民团体：

根据《中共中央、国务院关于地方政府机构改革的意见》（中发〔1999〕2号）和中共云南省委、省人民政府《关于保山市机构改革方案的批复》（云复〔2001〕49号）精神，结合我市实际，特制定保山市市、县区、乡镇机构改革实施意见。

一、指导思想、目标和原则

我市市、县区、乡镇机构改革的指导思想是：高举邓小平理论伟大旗帜，以江泽民同志“三个代表”重要思想为指导，深入贯彻党的十五大精神，适应社会主义市场经济发展的需要，进一步加强和改善党的领导，转变政府职能，理顺各级党委、政府以及部门之间的关系，加强民主与法制建设，加强基层政权建设，精简机构和人员编制。

改革的目标是：通过改革，充分发挥各级党委总揽全局、协调各方的领导核心作用，逐步建立结构合理、办事高效、运转协调、行为规范的管理体系和运行机制，建立高素质的专业化公务员和机关工作者队伍，降低行政成本，减轻财政负担，提高工作效率。

机构改革必须坚持以下原则：

（一）坚持党的领导主要是政治、思想和组织领导的原则，加强和改善党的领导，更好地发挥党委总揽全局、协调各方的领导核心作用。

（二）坚持适应发展社会主义市场经济要求的原则，进一步转变政府职能，实现政企、政事、政社分开。

（三）坚持精简、统一、效能的原则，精兵简政，优化结构，提高效率。

（四）坚持实事求是、一切从实际出发的原则，综合考虑不同管理层级的职能任务和特点，因地制宜地进行改革。

（五）坚持权责一致的原则，合理划分事权。进一步理顺不同行政层级和部门之间的事权关系，明确界定部门之间的职责分工，努力克服多头管理、政出多门和交叉扯皮等弊端。

（六）坚持依法行政的原则，完善政府运行机制，加强行政管理的制度化、规范化、法制化建设。

（七）坚持积极稳妥的原则，正确处理改革、发展、稳定的关系，保持社会稳定，保证工作正常运转，使机构改革与其他各项改革配套推进，相互促进。

二、市、县区委工作机构的改革

市、县区委机关工作机构改革的重点是：理顺职能关系，调整规范工作机构设置，精简部门内设机构与人员编制。

保山地委原有工作部门9个，即纪律检查委员会机关、办公室、组织部、宣传部、统一战线工作部、政策研究室（农村工作部）、政法委员会、中共保山地区直属机关委员会、老干部局。

根据中央及省关于市、县区、乡镇机构改革的总体精神，市委机构作如下调整：

保留纪律检查委员会机关、办公室、组织部、宣传部、统一战线工作部、政法委员会。

纪律检查委员会机关与监察局合署办公。

政法委员会与社会治安综合治理委员会办公室合署办公。

不再保留农村工作部，保留政策研究室。

市委保密委员会办公室与市保密局，两块牌子一套班子（副处级），归市委办公室管理。机要局仍为市委办公室管理的机构（副处级）。信访处更名为信访办公室（副处级），归口市委办公室管理。

老干部局仍为市委组织部管理的机构。

机构改革后市委工作部门设置8个：纪律检查委员会机关（与监察局合署办公）、办公室、组织部、宣传部、统一战线工作部、政法委员会、政策研究室、市直属机关工作委员会。

市委老干部局，归口市委组织部管理。

各县区党委工作机构的设置不超过7个。党委工作机构一般称部、委、办，市委工作机构为处级，其内设科室为科级；县区党委工作机构均为科级。

三、市、县区政府机构的改革

市、县区政府机构改革的重点是：

（一）转变职能

（1）实现政企分开。政府各部门直接管理的企业，要通过理顺产权关系，实现脱钩。其政府经济管理职能并有关综合经济部门，解除政府主管部门与国有企业的行政隶属关系，主管部门不再直接管理企业，把经营自主权和投资决策权真正交给企业。加快保山工业化、城市化、现代化和城乡经济一体化进程。

（2）加大推进政事、政社分开。通过职能分解，将事业单位承担的行政职能纳入政府相关部门，把政府部门管理的服务型和技术性事务交给事业单位；把应由社会自我管理和调节的社会事务，逐步转给社会中介组织。

（3）合理划分各级各部门的职责权限。凡可由下级政府承担的职能，上一级政府应坚决下放，使下一级政府具有依法管理辖区内经济、社会各项事业的自主权。与此同时，要结合本地产业结构调整和产业发展，合理界定部门之间的职能分工，切实解决由于职责不清、分工不明带来的各种矛盾和问题。

（4）改革各级政府行政审批制度，结合政府职能转变，大力减少行政审批事项。对政府现有的各类审批、审定、许可、特许、核准、登记、审核、审查等行政审批事项进行清理，并按照取消、下放、合并、备案、转为服务等方式进行改革。完善政府机关各类规章制度，建立规范的行政运行机制和行之有效的行政监督制度，促进依法行政，进一步改进机关作风，努力降低行政成本，提高工作效率。

（5）整顿规范各类行政执法队伍，规范执法程序，健全完善执法监督机制，加大市场监督力度。

（二）机构设置

按照中发〔1999〕2号文件和云发〔2001〕22号文件精神，我市市、县区政府的机构设置为：市政府30个，隆阳区、腾冲县政府各24个，施甸、龙陵、昌宁县政府各20个。在机构设置限额内，由各县区根据实际需要因地制宜设置。凡党委部门和政府部门合署办公、列为党委序列的机构，不再重复计算为政府部门机构个数。在机构设置上原则上与市直基本对应，以保证工作衔接和政令畅通。

各级政府不再设置工业、商业（贸易）、物资行政管理部门。

保持农业、水利、林业行政管理部门的基本稳定。林业部门的职能要转到保护和发展森林资源，加强林政执法、改善生态环境上来。林业资源较少的县的林业工作，可交由农业部门承担。农机、畜牧工作，统一由农业部门承担。

经济体制改革工作交由经济贸易部门承担。

粮食工作交由发展计划部门承担，保留粮食局的牌子。物价工作由发展计划部门承担。

不单独设置民族宗教机构的县，其民委、宗教局、台办、侨办等统一战线有关职能部门可与统战部合署办公，实行“几块牌子、一套人员”的体制。

市政府经省机构编制委员会批准可设置2～3个部门管理机构和议事协调机构的办事机构，县区政府一般不再设置部门管理的机构。

保山行署原有机构36个，即：办公室、计划委员会、经济贸易委员会、经济体制改革委员会、民族宗教事务局、民政侨务局、财政局、人事劳动局、监察局、教育委员会、科学技术委员会、文化体育局、卫生局、计划生育委员会、城乡建设局、土地管理局、环境保护局、交通局、水利水电局、农业局、畜牧局、林业局、乡镇企业局、对外经济贸易局、审计局、统计局、公安局、司法局、物价局、粮食局、外事办公室、糖业生产办公室、“610”办公室、扶贫办、法制局、旅游局。

按照机构改革的总体精神，市政府机构作如下调整：保留市政府办公室、财政局、经济贸易委员会、公安局、司法局、林业局、交通局、卫生局、计划生育委员会、环境保护局、审计局、统计局、民族宗教事务局、旅游局、粮食局、乡镇企业局。

科学技术委员会更名为科学技术局。

不再保留民政侨务局，组建民政局。

水利水电局更名为水利局。

城乡建设局更名为建设局。

监察局与纪律检查委员会机关合署办公，列入政府部门序列，不计入政府机构个数。

市委处理邪教“法轮功”问题领导小组办公室及市政府防范和处理邪教问题办公室，两块牌子、一套班子，挂靠市政府办公室。

设法制办公室（副处级），归口市政府办公室管理。

计划委员会更名为发展计划委员会。不再保留物价局，其职能并入发展计划委员会。

教育委员会更名为教育局。

不再保留糖业生产办公室，其职能并入经济贸易委员会。

不再保留国有资产管理局，其职能并入财政局。

经济体制改革委员会办公室行政职能交经济贸易委员会。

不再保留土地管理局，组建国土资源局，原土地管理局的职能、原经济贸易委员会承担的矿产资源管理职能和原计划委员会承担的国土整治的有关职能及建设局的测绘职能并入国土资源局。

不再保留人事劳动局，组建人事局、劳动和社会保障局。

不再保留畜牧局，其职能并入农业局，组建农业局。

对外经济贸易局更名为对外贸易经济合作局。

不再保留外事办公室，组建外事与侨务办公室，原外事办公室承担的外事管理职能，原民政侨务局承担的侨务管理职能划入外事与侨务办公室（可分别挂外事办公室、侨务办公室牌子）。

不再保留文化体育局，组建文化局、体育局。

机构编制委员会办公室为机构编制委员会的常设办公室机构（正处级），既是党委的工作机构，又是政府的工作机构，与人事局合署办公。

保留扶贫开发领导小组办公室，为扶贫开发领导小组的常设办事机构。

保留生物资源开发创新办公室，为生物资源开发创新领导小组的常设办事机构。

组建人民防空委员会办公室，为国防动员委员会的常设办事机构，也是市人民政府防空工作的主管部门。原交通局承担的交通战备管理职能，原建设局承担的人民防空管理职能和国防动员职能，划入人民防空办公室。

经过上述调整，市政府工作部门共设置30个，即办公室、发展计划委员会、经济贸易委员会、教育局、科学技术局、公安局、司法局、民政局、财政局、人事局（编办与其合署办公）、劳动和社会保障局、建设局、国土资源局、农业局、水利局、林业局、交通局、文化局、体育局、卫生局、计划生育委员会、环境保护局、对外贸易经济合作局、民族宗教事务局、审计局、统计局、粮食局、乡镇企业局、外事与侨务办公室、旅游局。

市政府设置议事协调机构的办事机构3个，即扶贫开发领导小组办公室、生物资源开发创新办公室、人民防空办公室。

市委处理邪教“法轮功”问题领导小组办公室及市政府防范和处理邪教问题办公室挂靠市政府办公室。

市、县区供销合作社改革，按云发〔2001〕22号文件规定执行。可使用事业编制，实行企业化管理。所需经费纳入本级财政预算。在机构改革中要参照党政机构改革的有关原则，精简机构和人员，其人员分流可参照党政机关人员分流的有关政策执行。

四、人大、政协、法院、检察院和群众团体机关的机构改革

（一）市、县区人大、政协机关的机构改革

要以党的十五大精神为指针，有利于坚持和加强党对人大、政协工作的领导；有利于依法治市，加强社会主义民主政治建设；有利于坚持和完善人民代表大会制度，加强人大监督工作；有利于坚持和完善中国共产党领导的多党合作和政治协商制度，巩固和发展广泛的爱国统一战线。进一步强化机关建设，着力理顺职责关系，调整机构设置，优化干部结构，形成高效的工作机制，为人大及其常委会依法履行国家权力机关职能和政协履行政治协商、民主监督、参政议政职能，提供可靠的组织保障。

要在完善人大、政协机关职能、理顺职责关系的基础上，合理调整机关内设机构的设置，着力合并分工过细，职能相近或交叉重复的机构。

依照《中华人民共和国地方各级人民代表大会和地方各级人民政府组织法》和《中国人民政治协商会议章程》的规定，结合实际，由同级党委审定，设置若干委员会。

但县区机构数设置不得超过市人大、市政协机构设置数。

（二）市、县区法院、检察院的机构改革

市、县区法院、检察院的机构改革按照中办发〔2001〕9号和云办发〔2001〕45号文件进行。

（三）市、县区群众团体机关的机构改革

群众团体机关改革的主要任务是完善体制，理顺关系，改进运行机制，精干机构和人员编制。通过改革，形成区别于党政机关、符合群众团体自身特点的运行机制和工作方式，使群众团体组织适应建立社会主义市场经济体制进程的要求，在改革、发展、社会变化的新形势下，发扬优良传统，紧密联系和团结各界群众，更加充分地发挥在两个文明建设和社会主义民主政治建设中的作用。

我市市级设置的群众团体机关有：市总工会、市妇女联合会、共青团保山市委、市工商联合会、市科学技术协会、市文学艺术联合会、市华侨联合会、市残疾人联合会。按照机构改革的要求，上述群众团体依照有关法律法规，按照各自的章程，合理确定其职责任务，面向基层，服务群众，充分运用自身的影响力、吸引力、号召力开展工作，克服行政化倾向。精干群众团体机关的内部机构设置，原则上8人以下的不设科室。

县区的群众团体机关设置要结合实际，随着事业的发展逐步设置，不要求设全设实。

五、乡镇机构改革

乡镇党政机构改革与乡镇事业单位改革同步进行。结合农村“三个代表”重要思想学习教育活动的开展，切实转变政府职能，把基层政权工作重心逐步转移到行政管理和发展公益事业上来，强化为农业、农村和农民服务的功能，发展和完善农业社会化服务体系，规范乡镇政府和村级组织的工作职能和事权范围，发挥村民委员会的作用。有条件的地方，可从实际出发，适当撤并规模较小的乡镇。大力精简乡镇结构人员，减少村组干部补贴人数，清理各类临时人员的超编人员，减少村组干部补贴人数，清理各类临时人员和超编人员，重点压缩各类由行政收费供养的人员，切实减轻财政和农民负担。进一步密切干群关系，加强和巩固农村基层政权建设，促进农村经济的健康发展。

乡镇党委和政府原则上只设1个综合性办公室。经济特别发达、规模较大的镇，还可设置财经、社会事务等2～3个综合性办公室。其他乡镇根据工作需要一般配备相关助理员。人员配备基本做到岗位设置的统一规范。

乡镇党委人员包括：书记、副书记、纪检书记、组织委员、宣传委员、团委书记、妇女主任等。乡镇武装部机构设置和人员编制按照中发〔1999〕24号和云办发〔2001〕1号文件的有关规定执行。

乡镇人大主席团主席可由党委书记兼任，也可设专职主席或副主席。乡镇不设政协机构。

乡镇政府人员包括：乡镇长、副乡镇长、秘书以及统计、会计、民政、司法、农业生产、国土资源、村镇建设规划、科教文卫、人事劳动、计划生育等助理员。凡设立了相应管理职能站所的，不再设助理员。乡镇党政机关人员提倡交叉任职。

六、精简人员编制

根据云发〔2001〕22号文件规定，在进行市、县区、乡镇机构改革的同时，要精简人员编制，其各级精简比例为：

市级（含隆阳区）行政编制按原1557名精简20%后为1246名，再按二类市增加编制。

县级党政群机关以2000年年底上级下达的行政编制（不含上划部门的编制）2241名，精简14%，为1928名。

乡镇党政群机关行政编制2400名，精简10%，为2376名。

法院、检察院、公安、司法机关政法专项编制总体精简10%，并与政府机关行政编制的精简分开计算。

精简调整党委、政府领导职数，严格领导职数配备。根据中央和省的有关精神，市、县区党委常委职数一般为9–11人，党委书记、副书记职数的高限必须少于常委职数的1/2.政府领导班子职数一般为5–6人，辖人口较少的市县，其党政领导职数按规定职数的下限配备。党政领导交叉任职的，不重复计算。派到市、县区担任科技副市长、副县区长的，不占领导班子职数。

党委、政府工作部门领导职数的配备：市级部门一般为2–3人，县区部门一般为2人，职能任务较重的综合部门可少量增配。各级各部门都不得配备领导助理。

乡镇设党委书记1人、副书记1人，较大的乡镇可增配1名专职副书记，纪检书记可由副书记兼任。政府设乡镇长、副乡镇长3–4人，经济较发达、规模较大的乡镇可增配副乡镇长1人。

七、认真做好人员分流工作

机关人员分流要结合我市经济社会发展相对落后的实际，把精简分流人员同落实科教兴保、扶贫攻坚战略结合起来，同加强经济建设第一线结合起来，与推动个体私营经济发展结合起来。优化公务员队伍，提高工作效率。人员分流要考虑现有机关人员的政治素质、文化水平和业务能力，考虑机关人员的年龄结构和学识结构，采取整体性转移与结构性调整、政策引导与自谋出路相结合的办法进行。

在贯彻执行保发〔2001〕10号文件至2001年年底的基础上，可继续采取下列措施分流人员：

（一）严格执行离退休制度，不再聘任到龄人员顶岗工作。

（二）选派优秀年轻干部到基层锻炼或充实基层。

（三）从党政机关中选调部分适合从事政法工作的人员，充实各级政法部门。

（四）清退机关中的临时人员、返聘人员和借调人员，空出的岗位由机关在职人员补充。

（五）鼓励机关中有专业知识的人员以调动或者选派的方式到各类事业单位工作。

（六）对40岁以下不具备学历教育资质的机关人员，鼓励他们离岗接受本科、研究生学历教育或课程教育。

（七）机关年满55周岁的处级、科技担任实职的人员（特殊工作岗位或者工作需要的除外），改任同级非领导职务，按在职不在岗安排（含已任非领导职务的人员）。

八、机构改革的实施步骤

我市机构改革方案，已经省委、省政府批准，将用三个月的时间完成全市的机构改革方案实施工作。具体步骤是：用一个月的时间，进行市级的机构撤并、市直各部门的“三定”方案制定与审批，人员分流工作；再用二个月的时间，批准、组织、指导各县区完成县区、乡镇的机构改革方案实施工作。

待机构改革工作告一段落后，全市各级将进行检查总结，不断完善改革措施方案，确保机构改革工作全面成功。

九、加强领导，严肃纪律

机构改革是一项艰巨的任务，这次机构改革是改革开放以来机构变动较大、人员精简较多的一次，事关改革、发展和稳定大局，涉及部门权力的调整和职工的切身利益。党委、政府要切实加强领导，把机构改革列入重要议事日程，按照统一领导，分级负责的原则，党政一把手要亲自抓、负总责，并由一名分管领导具体抓。市、县区机构改革领导小组及其办公室要充实力量，落实工作人员和经费。在党委、政府的领导下，集中精力，精心组织，按计划、有步骤地抓好机构改革的各项工作，把机构改革工作落到实处。

一是要加强思想政治工作，搞好政策衔接，做到思想不散、工作不断、秩序不乱，保证工作和改革两不误。要加强调查研究，精心研究制定机构改革方案和各项具体政策办法，注意研究解决突出问题。要注意掌握机关人员的思想动态，对分流人员要做过细的思想政治工作，充分考虑每一个职工的实际，做到人尽其才，才尽其用，安排好每一个职工的工作和生活。

二是要继续贯彻云办发〔1999〕8号文件的有关规定，为机构改革创造良好条件。工作中要坚持党性原则，充分发扬民主，走群众路线，树立全局观念，严守党的纪律，严禁借机构改革之机，搞任人唯亲、突击提干、打击报复等不正之风；严禁违章调度资金、转移资产、私分钱物、公费旅游，防止国有资产流失。纪检、监察、审计、财政、组织、人事、编制等部门要加强监督，对违纪问题要从严处理，以确保机构改革有序顺利进行。

三是要从有利于工作全局出发，以“三讲”教育和“三个代表”重要思想的学习教育来进一步统一思想，提高对机构改革必要性和紧迫性的认识，促进机构改革工作，巩固机构改革成果。要按照省委提出的“领导当楷模，机关作表率，基层树形象”的要求，通过机构改革，切实改进机关作风，加强公务员队伍建设。

四是严肃机构编制管理，严禁部门干预。市级各部门要积极支持县区、乡镇机构改革工作，不得以任何理由或方式干预县区、乡镇的机构设置和人员编制的精简。县区、乡镇机构改革方案一经批复，必须严格执行，严禁实施中擅自变动、调整机构和编制。各部门的职能调整、内设机构、人员编制和领导职数，一经批准，以“三定”形式规定下来，必须不折不扣地执行，不得随意调整改变职责分工，不得擅自超编进人和超配领导职数，保证“三定”规定的严肃性。

五是要严格审批程序。保山市的机构改革方案由市委、市政府报经省机构编制委员会、省机构改革领导小组审核后，报省委、省政府审批。各县区的机构改革方案报经市机构编制委员会、市机构改革领导小组审批后，报市委、市政府审批，并报省编委办公室备案。乡镇机构改革方案由各县区审批，报市编委办公室备案。

全市机构改革工作力争于2002年3月底基本完成。

中共保山市委　保山市人民政府
关于加快教育改革与发展的决定

（2003年7月30日）

教育是科教兴国的奠基工程，对提高全民族素质和促进社会主义现代化建设具有全局性、基础性、先导性作用。改革开放以来，我市教育事业取得了长足发展，实现了基本普及九年义务教育和基本扫除青壮年文盲的目标，素质教育稳步推进，办学规模不断扩大，办学条件明显改善。但由于经济制约和教育基础薄弱，教育发展水平仍然较低，不能适应经济和社会发展需要，教育改革与发展的任务还十分艰巨。根据《中共中央、国务院关于深化教育改革，全面推进素质教育的决定》《国务院关于基础教育改革与发展的决定》和省委、省政府的实施意见以及《云南省基础教育振兴行动计划》精神，为切实加快全市教育改革与发展步伐，特作如下决定。

一、全市教育改革与发展的指导思想、工作重点和主要目标

（一）指导思想：高举邓小平理论伟大旗帜，以党的十六大精神和“三个代表”重要思想为指导，解放思想，实事求是，与时俱进，全面贯彻党的教育方针，全面推进素质教育，加快教育体制改革和机制创新，全面巩固“两基”成果，大力发展高中教育、高中等职业教育及成人教育，努力构建较为完善的现代教育体系，为全市经济发展和社会进步提供智力支持和人才保障。

（二）工作重点：坚持“两基”重中之重地位不动摇，全面巩固“两基”成果，提高“两基”水平；以建设优质高中为重点，大力发展高中阶段教育；深化大中专学校改革，整合优化教育资源；深化办学体制改革，促进民办教育发展；完善基础教育管理体制，促进基础教育健康发展；加强教师队伍建设，提高教师队伍整体素质；多渠道筹措教育经费，改善办学条件；稳步收缩校点，提高办学效益；加快中小学信息技术教育步伐；积极发展职业教育、成人教育和学前教育。

（三）主要目标：2005年，学前三年教育入园（班）率达40%以上；小学适龄儿童入学率、巩固率保持在99%以上，残疾儿童入学率达80%以上；初中阶段毛入学率和巩固率保持在98%以上，边远、贫困及少数民族聚居地区义务教育水平明显提高；青壮年非文盲率保持在95%以上；高中阶段毛入学率达到40%；高等教育毛入学率达9.5%以上；人均受教育年限达到7年以上；小学、初中教师学历合格率达95%以上，高中阶段学校教师学历合格率达80%以上，并有20%0的小学、初中教师分别达到专科、本科学历，高中阶

段学校教师中有一定数量的硕士研究生。

2010年，学前三年教育入园（班）率达50%以上；“普九”整体水平得到显著提高；高中阶段毛入学率达到55%以上；高等教育毛入学率达16%以上；人均受教育年限达到8年以上；小学、初中教师学历合格率达98%以上，高中阶段学校教师学历合格率达90%以上，并有40%的小学、初中教师分别达到专科、本科学历，高中阶段学校教师中有相当数量的硕士研究生。

2020年，实现从学前教育到高中阶段教育的普及；高等教育毛入学率达30%，形成比较完善的现代国民教育体系；人人享有接受良好教育的机会，初步形成全民学习、终身学习的学习型社会，促进人的全面发展。

二、采取切实有力措施，保障“两基”成果的巩固提高

（四）各级党委、政府必须继续把“两基”摆在重中之重的地位。进一步明确县（区）党委、政府对“两基”巩固提高及乡（镇）党委、政府对动员适龄儿童少年入学负有主要责任，切实采取有力措施，保障“两基”成果的巩固提高。各级财政每年应安排“两基”专项经费，并多方筹资改善学校办学条件，“十五”期间要大力抓好排除危房工作，实施排危工程，排除中小学教学、教辅用房和学生宿舍中的D级危房32万平方米；动员社会各方力量，实施捐资助学工程，千方百计筹集助学资金，救助贫困学生；深化农村教育综合改革，加强职业技术教育；加强教育教学管理，提高教育教学质量；加强对“两基”巩固提高工作的督导评估，建立和完善年审复查制度，坚持督政与督学相结合，努力实现“两基”高标准目标。

（五）调整优化中小学布局，加快边境、贫困、少数民族地区教育的发展。坚持以优化教育资源配置和提高办学效益为目标，以集中办学为方向，宜并则并，需增则增的原则，切实抓好中小学布局调整工作。“十五”后三年调整小学校点480个，调整的重点是规模小、效益差的小学、教学点。同时，采取措施，加快边境、少数民族、贫困地区教育的发展。结合中小学布局调整工作，新（扩）建21所寄宿制、半寄宿制中小学，新（扩）建9所边境中学，继续实施好边境地区和德昂族。阿昌族、布朗族等人口较少特有民族义务教育阶段学生“三免费”工作。认真做好结对帮扶贫困地区学校工作，实施帮扶工程，建立市、县（区）相关部门及学校结对帮扶贫困地区学校制度，帮助贫困山区学校改善办学条件，提高教育质量。

三、大力发展普通高中教育，提高基础教育整体水平

（六）市、县（区）政府对发展普通高中教育负有领导责任、管理责任和建设责任，要采取强有力措施，大力发展普通高中教育。在争取中央、省专款补助的同时，市、县（区）财政每年要投入专款用于发展普通高中教育，使高中阶段毛入学率“十五”末达到省定40%的目标，在校高中学生达3.5万人，实现全市普通高中教育的跨越式发展。

（七）积极采取措施，加快普通高中教育发展。要统筹规划普通高中教育，合理增加高中布点；充分挖掘现有高中潜力，改善办学条件，扩大招生规模，重点办好市、县(区)一中，扩大优质高中招生，压缩初中规模；为切实加快高中教育发展，要采取学校贷款、

财政贴息的方式，建立国家、社会、个人合理分担高中教育成本的新机制，加快改善学校办学条件步伐；加大薄弱学校改造和建设力度，加强管理，提高办学水平；制定优惠政策，促进民办高中教育发展；广泛吸纳社会资金，积极探索学校后勤服务社会化的路子；加快高中教师的培养和骨干教师队伍建设步伐，提高高中教师队伍整体素质。

四、深化大中专学校及中等职业教育改革，整合教育资源

（八）坚持教育创新，深化教育改革，优化教育结构，合理配置教育资源。在政府统筹下，通过改革，初步建立起面向21世纪，布局结构合理，规模、质量、结构、效益统一，中等职教与高等职教衔接沟通，适应社会主义市场经济和现代化建设的大中专职业教育体系。

（九）推进大中专学校改革，提高办学质量和效益。加快保山师专异地扩建步伐，扩大办学规模。2005年师专在校生规模达到3000人，到2010年力争建成在校生达一定规模的综合性本科院校。扶持保山电大发展，充分发挥电大远程教育的作用。对中专学校进行整合，合理配置教育资源。推进教师全员合同聘任制和管理人员公开选拔、竞争上岗、任期目标责任制。中专学校整合后，实行在政府统筹下，由市教育局主管，行业部门配合管理的管理机制。2005年全市中专在校生达5000人，2010年达7000人。

（十）积极发展中等职业教育，扩大招生规模，促进中等职教与普通高中教育协调发展。各县（区）要认真贯彻《职业教育法》和《国务院关于大力推进职业教育改革与发展的决定》，加大对职业教育的投入，重点办好现有职业高中，深化教育教学改革，以市场为导向，主动适应经济结构调整、技术进步和劳动力市场变化，及时调整专业结构和师资结构，增强专业适应性，办出特色，争创省级或国家级重点职业学校。2005年全市职高在校生达7000人，2010年达11000人。大力发展农村成人教育，依托职业高中推进县、乡、村职成教网络的形成。

（十一）深化大中专毕业生就业制度改革。严格执行就业准入制度，大力推行劳动预备制度，加强职业教育与劳动就业的联系，加强职业指导和就业服务工作，拓宽毕业生就业渠道。

五、改革办学体制，促进社会力量办学的发展

（十二）大力发展社会力量办学。各级党委、政府要按照“积极鼓励、大力支持、正确引导、依法管理”的方针，积极支持社会力量举办基础教育阶段各类教育，将社会力量办学作为基础教育的有机组成部分纳入国民经济和社会发展规划，通过政策、资金、教师等方面的扶持，促进社会力量办学健康发展。

（十三）推进学前教育改革。学前教育实行以社会办园为主，现有公办幼儿园要逐步与政府脱钩，走向市场。积极鼓励社会力量兴办幼儿园，大力发展以社区和村委会为依托，集体与民办相结合的多种形式的学前教育和儿童早期教育。

（十四）推进和探索大中专学校和中学后勤社会化改革。面向市场，广泛吸纳社会资金，将学生宿舍、食堂等建设、管理、服务逐步推向社会，由学校提供土地，投资者进

行建设、管理。投资者、经营者经批准，可向学生适当收取费用，用于偿还投资。

六、完善教育管理体制，确保基础教育健康发展

（十五）完善农村义务教育由地方政府负责，分级管理，以县为主的管理体制。各县（区）、乡（镇）要认真贯彻落实《国务院办公厅关于完善农村义务教育管理体制的通知》和市政府的《实施意见》精神，明确各级政府承担的责任，切实加强对义务教育的领导和管理，确保全市基础教育健康发展。

（十六）必须确保中小学公用经费、学生入助金列入市、县（区）财政并按标准足额预算，按时下拨，做到逐年增长。学校所收杂费全部用于学校公用支出。

（十七）强化编制管理。各县（区）要按师生比核定中小学教职工编制。教育行政部门要及时制定城乡之间、乡镇之间中小学教师余缺调整方案并组织实施。

七、多渠道筹措教育经费，加大教育投入

（十八）进一步加大财政对教育的投入，努力调整财政支出结构，依法确保“三个增长”。根据教育事业发展的需要，市委、市政府决定从2003年起，在积极争取国家和省对我市教育补助的基础上，市财政每年安排550万元的教育专项资金，用于市直学校建设、发展高中、危房改造、师资培训、社会力量办学贷款贴息等工作。各县（区）财政也必须安排一定数量的教育专款，其中隆阳区每年不少于500万元，腾冲县每年不少于400万元，其他三县每年不少于300万元。

（十九）完善措施，依法征足管好用好教育费附加。城市教育费附加由税务部门按标准征收后全额用于教育。实行农村税费改革后，各级财政应对农村义务教育经费据实测算，予以保障。各县（区）在学校建设和排危工作中，可根据实际需要，经县（区）政府批准，开展农村教育专项集资和投工投料，切实改善农村学校的办学条件。继续鼓励和支持社会各界人士捐资助学。

（二十）认真贯彻落实对教育基本建设的各项减免政策。各县（区）、各有关部门必须严格执行《云南省政府办公厅关于减免基础教育工程建设项目规费的通知》（云政办发〔2003〕18号），降低中小学校舍建设成本，提高投资效益。

（二十一）各级党委、政府和有关部门要大力支持学校校办产业的发展。金融、税务、工商、土地等部门要在信贷、税收、核发证照以及勤工俭学用地划拨等方面给予优惠。中小学要结合自身实际，通过科技试验、示范活动，广泛开展勤工俭学，采取灵活多样的方式创办校办产业。

（二十二）规范收费行为，坚决制止乱收费。各级各类学校（园）必须严格执行收费项目、标准和公示制度。各县（区）、各有关部门必须切实加强对中小学收费的监督和管理，严肃查处教育乱收费行为。严禁针对教育部门的各种形式的乱集资、乱摊派，有效杜绝面向教师的各种摊派。

八、加强两支队伍建设，提高校长和教师队伍整体素质

（二十三）加强教育行政管理干部和校长队伍建设，提高教育行政管理干部及校长

素质和管理水平。制定教育行政管理干部和校长培训规划及任用制度，建立一支优秀的教育行政管理和校长队伍，不断提高教育管理水平。各县（区）教育局长的任免必须征求市教育局意见；市直学校领导班子归由市教育局任免，同时取消学校行政级别，原任命的学校处级干部继续享受处级待遇，新任命的校级领导不再确定行政级别。逐步建立校长公开招聘、竞争上岗制度，推行校长任期目标责任制。

（二十四）深化中小学人事制度改革。全面实施教师全员岗位聘任制，完善“双向选择、竞争上岗、择优聘用、能上能下、能进能出”的用人机制，不断推动城镇超编学校教师的合理分流，促进学校内部管理的良性循环；实行中小学教师教育教学年度综合考评末位淘汰制；建立中青年教师轮岗支教制度和新增教师山区任教服务期制度；促进教师的校际交流和城乡交流，鼓励优秀教师到农村任教，提高农村学校教育教学质量；全面实施教师资格制度，严把教师进口关，优先录用师范类毕业生到义务教育阶段学校任教，同时，注重吸收其他高等院校优秀毕业生从教。凡到2005年年底前，男年满55周岁、女年满50周岁的中小学学历不合格的教师，经本人申请，在2003年年底前可办理提前正常退休手续。

（二十五）加强教师队伍建设，提高教师队伍整体素质。加强骨干教师队伍建设，加大教师培训力度，实施教师培训工程，培养一大批在教育教学工作中起骨干、示范作用的优秀教师和学科带头人；加强师德师风建设，不断提高教师的思想政治素质和实施素质教育的能力与水平；全面落实省政府1996年35号令，确保师训专项经费；加强中小学教师继续教育工作，逐步建立健全中小学教师终身学习体系。实施园丁住宅工程，在保山城区建设1000户园丁康居住宅，切实改善教师居住条件。

九、加强领导，依法治教，保障全市教育健康发展

（二十六）各级党委、政府要将教育工作列入重要议事日程，切实将教育事业的发展纳入国民经济和社会发展规划，并作为一项基础设施建设来抓。要及时研究教育发展的新情况、新问题，制定促进教育发展的措施，每年专题研究教育工作不少于两次。党、政主要领导要经常深入学校调查研究、指导工作，及时帮助学校解决办学中的困难和问题。要继续坚持教育工作目标责任制，把教育工作纳入考核县（区）领导干部政绩的主要内容。建立健全教育督导机构，完善监督检查制度和表彰奖励、责任追究制度。市委、市政府决定每3～5年召开一次全市教育工作会议，研究制定发展教育的政策措施，表彰全市优秀教师和优秀教育工作者。

（二十七）加强教育内外部环境建设。教育部门要进一步整顿教育秩序，严禁学校、教师利用节假日在校内外举办以盈利为目的的各种补习班；加强对学校招生管理，禁止乱招生；严格执行国家和省关于“减负”的有关规定，将“减负”工作列入文明学校、等级学校评估一票否决指标，切实减轻中小学课业负担。公安、工商、文化、新闻出版等部门要加强对文化市场的整顿和管理，不断优化学校周边环境。国家机关、企事业单位、社会团体等要充分发挥各自优势，共同努力，形成全社会关心、支持教育的良好社会氛围，为全市教育的改革与发展创造良好的环境。

中共保山市委　保山市人民政府
关于进一步扩大对外开放的意见

（2003年10月8日）

为深入贯彻党的十六大精神，进一步优化投资环境，提高对外开放水平，借助外力，吸引更多的国内外资金、技术、人才和管理经验开发建设保山，根据党中央、国务院和省委、省政府的有关精神，结合我市实际，制定本意见。

一、指导思想与目标

（一）指导思想

以邓小平理论和“三个代表”重要思想为指导，深入学习贯彻党的十六大精神，解放思想，大胆创新，抓住机遇，开拓市场，以招商引资和扩大进出口贸易为重点，以落实各项优惠政策和不断优化投资环境为保障，实行全方位对外开放，以大开放促进大发展，努力实现我市全面建设小康社会的宏伟目标。

（二）目标

1. 对内开放目标：“十五”期间，累计引进市外到位资金10亿元，比“九五”期间增1.85倍。

2. 对外贸易目标：到2005年，当年外贸进出口总额达8000万美元，比2000年翻1番。

3. 利用外资目:“十五”期间，累计实际利用外资2000万美元，比“九五”期间增1.28倍。

通过努力，建成一批外向型生产和加工基地，培育一批具有一定实力的龙头企业，发展一批具有一定竞争能力的名特优新产品，对外贸易、技术合作和利用外资迈上一个新的台阶，初步建立起适应国际市场要求的经济运行机制，形成全方位对外开放格局。

二、放宽市场准入

（三）坚持外来投资“五不限制”的政策，着力改善市场环境。对外来投资者，除国家另有规定外，在投资领域行业不受限制，在设立企业析条件经营地域和持股比例上不受限制，在投资方式上不受限制，在产品内外比例上不受限制，经营范围原则上不受限制。对不同的投资者实行国民待遇。

（四）对外开放的重点领域是交通能源、基础设施建设、农业和农产品工业、生物资源开发产业、矿产资源开发产业、旅游产业、边境贸易进出口加工生产、国有企业嫁接改造、房地产业、高新技术产业等。

（五）对外开放的形。鼓励外来投资者在我市进行多种形式的投资、开发和建设。除合资、合作、独资经营外，外来投资者可以参股、控股、联营、兼并、收购、租赁、承包等多种形式参与国有企业的改组、改造；允许集体企业对外合资、合作、出售，允许私营企业吸收外资发展经济；鼓励采用“建设——运营——移交”BOT方式投资基础设施建设；鼓励已建项目采用“转让——运营——移交”TOT方式回收投资进行新项目投资；鼓励民间资本、工商资本注入企业、项目；鼓励市内企业以项目融资、股票上市等形式直接在境外资本市场筹措资金；积极争取外国政府和国际金融组织的优惠贷款，合理利用国外商业银行贷款。

（六）放宽市场准入，减少审批环节。除国家法律、行政法规规定外，任何部门和地方对外来投资企业的设立不得实行前置审批。部门规章和行业管理规定的专项审批均不作为设立企业登记的前置条件。对国家规定设立企业须专项审批而没有明确是登记前置的，除涉及人体健康、公共安全、安全生产、环境保护、自然资源开发利用等行业外，均改为后置登记。

（七）降低设立成本。降低公司制企业注册资本金限额，资金不能一次到位，可在3年内分期注入，首期注入资本金放宽到注册资本金的10%。允许人力资本（管理才能、技术专长）智力成果（发明专利、技术成果）等无形资产经有资质的中介部门评估认定后计价入股，用无形资产作价出资的比例可占注册资本的35%。投资者来保山采用兼并、收购等方式组建企业集团的，母公司注册资本达到500万元，并拥有3个子公司，且母公司和子公司注册资本合计达到1000万元，即可登记注册。

（八）放宽进出口经营权。凡达到国家规定标准的外资、市外内资企业，有关部门要及时为其办理自营进出口权，使其享受国家统一的出口信贷和出口退税政策；外来投资企业申请外经贸经营权，生产企业只需50万元人民币注册资本金即可登记，并在对外经贸业务出口退税、配额分配外贸发展促进资金的使用、出国考察和商务活动出口退税账户质押融资等方面，享受与国有企业同等的待遇。

三、扶持优惠政策

（九）落实税收优惠政策

1. 生产性外商投资企业，经营期在10年以上的，从开始获利的年度起，第1年和第2年免征企业所得税，第3年至第5年减半征收企业所得税。从事农业、林业、牧业的外商投资企业和设在边远、贫困地区的外商投资企业可在享受免税、减税待遇期满后，经国务院、税务主管部门批准，在以后的10年内可以继续按应纳税额减征15%至30%的企业所得税。对设在我市国家鼓励类的内率征收企业所得税。所减免的税收，用于扩大再生产和开发本地产业。

2. 外商投资企业举办析产品出口企业，在依照税法规定免征、减征企业所得税期满后，凡当年出口产品产值达到当年产值70%以上的可按税法规定的税率享受减半征收企业所得税的待遇。

3. 外商投资企业的外国投资者，将其从该企业取得的利润直接再投资于该企业增加注册资本或者作为资本开办其他外商投资企业，经营期不少于5年的，经投资者申请，税务机关批准，退还再投资部分已缴纳所得税的40%。

4. 外商投资企业举办的先进技术企业，依照税法规定免征、减征企业所得税期满后，仍为先进技术的，可按照税法规定的税率延长3年减半征收企业所得税。

5. 外商投资企业在投资总额内购买的国产设备，对符合《外商投资产业指导目录》鼓励类外商投资产业目录的投资项目，除《外商投资项目不予免税的进口商品目录》外，其购买的国产设备投资的40% 可从购买设备当年比上年新增的企业所得税中抵扣。

6. 凡符合《外商投资产业指导目录》鼓励类外商投资产业目录的投资项目和符合《中西部地区外商投资优势产业目录》规定的产业项目为主营业务，其主营业务收入占总收入70% 以上的外商投资企业均可享受15% 的企业所得税优惠率；在执行中既符合前述条件，又符合“两免三减半”优惠政策，在“三减半”期间按15% 的税率计算出应纳企业所得税额后再减半执行。

7. 外贸、边贸企业出口货物实行出口环节不计提销项税，按规定的退税率退还货物购进环节的进项税。生产出口企业出口的自产货物实行“免、抵、退”税。企业出口货物获得的增值税退税款不参与企业计税利润缴纳企业所得税。凡边境小额贸易进口的货物如木材原木、玉石毛料、矿产品等均减半征收税和进口环节增值税。

8. 新办企业、确定为农业产业化的重点龙头企业和兼并收购国有、集体企业的外来投资企业，自新企业生产经营之日起，免征企业的得税3年，至2010年期间，减按15% 的税率征收企业所得税。

9. 外来企业以承担债务形式兼并、收购国有、集体企业的，经县（区）级地方税务机关批准，对承担的债务可视同亏损，3年内允许先抵补后再缴纳企业所得税；以技术、专利、资金形式兼并和收购国有、集体企业的，报经县（区）级地方税务机关批准，3年内允许按投资额50% 的幅度内减征企业所得税。凡同时符合企业注册资本金中省外投资比例占51% 以上或投资额在500万元以上条件的新办合资、合作企业，自生产经营之日起，前3年免征企业所得税，后两年减半征收企业所得税。

10. 对新办的服务型企业（国家限制的行业除外），当年新招用下岗失业人员达到职工总数30% 以上，并与其签订3年以上期限劳动合同的，经营动保障部门认定，税务机关审核，3年内免征企业应缴纳的营业税、城建税、教育费附加和企业所得税。当年新招用下岗失业人员不足30% 的，但与其签订3年以上期限劳动合同的，按应缴纳所得税额的减征比例减征企业所得税。

11. 对新办独立核算的咨询、信息技术服务的企业或经营单位，自开业之日起，第1年至第2年免征企业所得税。对新办的独立核算的从事交通运输业、邮电通信业的企业或经营单位，自开业之日起，第1年免征企业所得税，第2年减半征收企业所得税。对新办的独立从事公用事业、商业、物资业、对外贸易业、旅游业、仓储业、居民服务业、饮食业、教育文化事业、卫生事业的企业或经营单位，自开业之日起，报经主管税务机关批准，可减征或者免征企业所得税1年。对在2003年4月18日以后建立的非公有制企业（国家限制发展的行业除外），自企业开业之日起，免征企业所得税3年。

12. 企业研究开发新产品、新技术、新工艺所发生的各项费用，企业通过非营利性社会团体、国家机关用于教育、民政、扶贫、救济、救灾、“希望工程”、“光彩事业”等社会公益救济性捐赠，准予在企业所得税前扣除。

13. 外来投资者投资基础设施和符合国家鼓励类的开发性产业，投资总额在1000万元以上的，自企业经营之日起，5年内上缴增值税中地方分享25%的部分，由同级财政列支扶持企业发展。

14. 在我市民营经济园区和个私经济园区从事生产经营的外来投资企业，纳税确有困难的，报经税务部门批准，可给予一定时期减征或免征土地使用税的优惠。

15. 外来投资者在我市从事经营获得的利润用于再投资的，其再投资部分已缴纳的所得税，由同级财政列支扶持企业。

16. 新办生产性外来投资企业所缴税收地方财政所得部分（不含建筑安装营业税），按一定比例由同级财政列支扶持企业用于再投资扩大生产经营，具体比例是：2004年100%、2005年80%、2006年50%、2007年40%、2008年30%、2008年以后不再享受此优惠。

（十）实行土地优惠政策

1. 外来投资者来保山投资的生产性项目，凡投资规模在500万至1000万元（不含土地价款，下同）的企业，可在正常供地价基础上给予30%的优惠；凡投资规模在1000万元以上的企业，按成本价出让土地；凡投资在5000万元以上的企业，按成本地价的50%出让土地；重大投资项目，按零地价供地。其他外来投资企业对需以出让等有偿方式提供用地的。除经营性用地外，出让金可按评估地价的20%收取，出让金在50天内付清的，可享受减免30%的优惠；分期缴纳的，60天内先缴25%，余款可在5年内付清。

2. 外来投资企业在征地中的土地补偿费、安置补助费、青苗补助费、地上附着物补偿费、新增建设用地使用费、道路基础设施应承担的费用、土地出让金按省委、省政府规定的下限收取；耕地开发复垦费、土地管理费由计划、土地部门按照用地的不同位置、类别、用途按最低限额收取。其他部门不得再征收国家无规定并与征地无关的任何费用。

3. 从事高新技术产业开发，投资交通、能源、水利、环保等重点工程或城市基础设施建设，或承担国家、省计划内重点技术改造项目，兴办教育事业等所需的土，均可以行政划拨方式供地。

4. 兼并或收购我市国有、集体企业，虽不属于划拨供地范围，但确需暂缓有偿使用土地的，按企业隶属关系经当地政府土地行政主管部门批准，可以在一定年限内维持行政划拨土地使用方式。

5. 外来投资企业有偿开发国有、集体未利用土地（指沙地、盐碱地、荒草地、裸岩石砾地、沼泽地），从事林业、种植、养殖业及其辅助设施建设的，从签订出让、承包、租赁合同之日起，返还头5年土地出让金、承包金或租金。

（十一）实施对外开放奖励

1. 为保山市成功引进市外资金、设备、技术等国内外公民、法人和其他合法组织，项目实施后经按实际到位资金评定，根据《保山市招商引资奖励办法》的规定给予奖励。

2. 市政府每年对在进出口和到市外、境外投资办厂，带动我市产业扩展、产品销售、劳务输出工作中做出优异成绩和贡献的部门、企业给予表彰奖励。

（十二）加强金融服务和信贷支持

1. 金融部门对外来投资企业、生产经营出口商品企业，在办理开户、结算、贷款证申请和本、外币业务方面提供优质服务。政府有关部门加强对银企关系的协调工作，促使金融部门对产品有市场、有效益、守信用、财务管理良好的外来投资企业积极给予必要的信贷支持，对投资从事科技创新开发和生产高科技、高附加值、高创汇产品、高税利的项目给予优先贷款支持。鼓励支持外来投资企业上市融资。

2. 金融机构要积极创新适应和促进外来投资企业发展的信贷服务品种，积极试行保全仓库贷款、出口退税财户托管贷款、动产质押担保贷款、应收款质押贷款、非全额担保贷款，扩大票据业务。建立外来投资企业信用资料库，实现外来投资企业信用信息查询、交流和共享的制度化、社会化。

3. 鼓励外来投资企业重组国有集体企业，或通过租赁设备、厂房、典当等多种形式进行规范融资。支持有条件的外来投资企业上市筹集发展资金，对重组上市公司的，在费用减免、债务剥离、优质资产注入和富余职工安置等方面给予支持。有关部门要积极主动协助符合条件的外来投资企业申请国债贴息资金、国家科技计划研发经费、中药现代化产业（云南基地）专项资金、中小企业创新资金、扶贫贷款、企业技改资金、外国政府贷款及国际金融组织贷款等政策扶持和信贷资金。

（十三）鼓励市内企业“走出去”，开拓国内国际市场

1. 要坚持企业为主，政府引导的原则，广泛采用国际经济技术合作、市外境外直接投资、劳务输出等多种方式，鼓励企业以技术、实物投入和出口销售等形式，到市外、境外组建企业，开展加工贸易，开发利用当地资源，带动我市的产品出口、劳务技术输出。

2. 实行出口创汇奖励。为鼓励企业扩大出口，每年由财政按每出口1美元奖励0.02元人民币；对出口地方产品的，按每出口1美元奖励0.04元人民币。奖励资金由市级承担20%，企业所在县（区）承担80%。

（十四）放宽人才政策

1. 实行全方位人才开放政策。对来保工作的各类急需人才，引进形式可多样，自由选择，即本人可在原单位辞职或停薪留职，可采取调动、定居、兼职、聘用等形式；也可通过技术咨询、技术入股、技术转让、高新技术合作研究等形式。

2. 为引进人才营造良好的工作、学习及生活环境。根据需要引进到保山市工作的人才，属博士学位的按正处职位安排，属硕士学位的按副处职位安排，分别享受对应职位待遇，配偶及其子女优先安排就业、就学。

3. 投资企业可以从境外、市外聘请所需的各类人员，不需迁移户口的，可由有关部门颁发外来投资企业特聘工作证，持证者享有与保山常住居民同等的待遇。

4. 投资企业聘用的人员，在高层次人才培养评优评突、外出参观考察学习与交流、继续教育、企业员工培训、子女入托（园）入学、就业、社会保险、职称评聘等各方面，享有与保山居民同等的权利。

5. 投资企业聘用或引进的人员，一律简化手续，可采取单独调入、先借后调或先聘后调办法办理。接纳应届大中专毕业生的，优先安排。

（十五）放宽落户政策

1. 进一步放宽科技人才入户条件，实行来去自由政策。凡具有大学本科或中级专业技术职称以上的外省、市人员，只要在保山有合法固定住所，允许本人及配偶和未成年子女在保山入户。无合法住所的上述人员，可在聘用单位所在地落街道居民户，不愿随迁户口的，可在暂住地的户口登记机关办理《暂住证》。

2. 对国级有突出贡献的中青年专家、享受政府特殊津贴人员、获得省部级以上荣誉称号和科研成果奖的人员，以获得博士、硕士、双学士学位的人员，在夫妻调动中，不受年龄、分居时间限制，随时可办理落户手续，其未成年的子女和父母可以随迁。

3. 对无集体户口单位接收的大学本科学历、中级专业技术职称以上的人员，以及回国留学人员、从市外引进但又无固定单位的专业技术人员，纳入街道居民户口。

4. 外来投资者带资、带劳到我市投资兴办实业，并在我市城镇有固定住所、本人及家属成员可以申请在城镇落户或转为非农业人口。

5. 我市农村居民在外来投资企业中从事生产经营活动且在城镇有固定住所，可以申请办理农转非或落户手续。

6. 加大小城镇户籍制度改革力度。凡在我市乡（镇）有合法固定住所、稳定的非农职业和稳定生活来源者，均可申请在该乡（镇）入城镇户口。

7. 凡在城镇购买商品房的人员及其共同居住的直系亲属，只要在个人合法的固定住所实际居住，可申请在城镇落户。

8. 在保山的个体工商户、私营企业业主属市外城镇或农业户口的，可申请迁入我市城镇户口；属本地农业户口的，可申请转为城镇户口。

9. 购买、兼并国有困难企业或承包、租赁国有困难企业并履约守信，正常经营两年以上的个体工商户和私营企业业主，属市外城镇和农业户口的，可申请迁入我市城镇户口；属本地农业户口的，可申请转为城镇户口。

10. 我市公安机关在办理上述户籍管理证明时，要进一步简化办事程序，减免相关收费，缩短办事时限，改进服务态度。除物价部门核准的证件工本费外，不再收取或代其他部门收取任何费用，除法律法规规定的办事时限外，办理上述户籍手续应在5日内办理完毕。

四、建立健全保障制度

（十六）建立行政公增示制和时限制。对所有涉及投资企业的政府部门和具有垄断性质的企事业单位，无论是进行管理、监督、审批还是提供服务，都要公开管理内容、审批条件、收费标准、办事程序、申报文件内容和要求、办事地点、办事人员，并承诺工作时限。

1. 投资兴建项目符合条件的，有关审批机关自项目申报之日起15个工作日内审批完毕。超越部门权限的，应当自受理之日起5个工作日内向有审批权的上级部门申报或向有关部门报送。

2. 市、县（区）工商行政管理机关，除需省以上审批的企业及事项外，对在保山设立各类公司，材料齐备的，7个工作日内核发营业执照；对申请登记个体工商户，材料齐备，符合要求的，3个工作日内核发营业执照。

3. 外来投资者提交的用地所需材料齐全后，属已统征的国有土地，县（区）人民政府和市国土资源局5日内作出答复，并办理相关手续；需办理农地转用和征用手续的，县(区)应在5个工作日报到市国土资源局，市国土资源局应在5个工作日内报到省国土资源厅。

(十七) 建立主办部门责任制。对投资企业的申报件，作为主办的部门和单位，要在规定时限内办理或提出答复意见。对承担协办任务的部门和单位，要积极支持、配合主办部门和单位，不扯皮和拖延。

(十八) 建立对外来投资管理和服务部门的评议制度。每年由各级政府组织200名以上的企业业主和经营者代表，对涉及企业管理和服务部门及独占性企事业单位进行公开评议，评议结果由政府向社会公布。对一半以上的人认为不满意的部门主要领导，经组织认定，提请就地免职；30%—50% 的人不满意的部门主要领导，第1年“黄牌”警告，第2年仍出现类似情况的，经组织认定，提请就地免职；涉及省属驻保单位的，以党委、政府名义提请其上级主管部门处置。

(十九) 建立和完善外来投资企业的投诉制度。在监察局设立“外来投资企业投诉中心”，受理外来投资企业对政府工作人员服务质量、工作作风、收费等方面的监督和投诉。凡被投诉的公务员和工作人员，一经查实，按照有关法纪对具体责任人和单位领导给予严肃处理。

(二十) 建立外来投资工作协调联系制度。建立市长、县（区）长定期听取外来投资者的意见和建议制度。建立外来投资工作协调会议制度，市、县（区）分管领导、有关单位负责人参加，定期研究和协调解决外来投资工作中的重大问题。建立联系外来投资企业制度，市、县（区）两级领导每人负责联系1—2户外来投资企业，及时发现和解决问题。

(二十一) 建立外来投资企业跟踪问效制度。主管部门要为外来投资企业提供审批、建设、生产经营的全程服务，帮助解决投资前和投资后是到的各种问题，在生产经营中的政策性问题和需要政府解决的问题。

五、提供高效优质服务

(二十二) 简化审批程序。市政府投资便民服务中心对投资项目实行“一个窗口对外、一条龙服务”的“一站式”审批制度，并为其办理用地、规划、设计、开工、供水、供电、供气、通讯、消防等手续。

（二十三）建立招商引资项目库。市、县（区）要加快招商引资项目的研究开发和包装推介，扩大对内外招商引资项目开发的范围和领域，开发研究储备一批规模大、技术含量高、有资源优势和市场前景的招商引资项目，并建立保山市招商网站，利用国际互联网向外发布。

（二十四）强化法律服务。依法对投资者知识产权和合法权益进行保护；市政府投资便民服务中心建立“保山市投资企业法律服务中心”，为投资者提供法律咨询和服务。

（二十五）发挥中介组织的服务作用。大力发展会计、审计、投资、信息、拍卖、律师、公证等中介机构，为投资企业提供项目、技术、管理、财务、会计、审计、法律、人才、劳动力、科研等咨询和服务。

（二十六）努力为外来投资者解决子女入托、入学、升学问题。外来投资者凭有效证件享受本地居民同等待遇。教育部门要采取有效措施，帮助外来投资者子女接受义务教育。

（二十七）营造良好法治环境。公安机关要加强对外来投资企业生产经营场所的社会治安管理，政法部门要严厉打击危害企业生产经营秩序、侵犯企业家合法财产和人身安全的违法犯罪行为，对涉及金额大、影响恶劣的案件实行挂牌督办。要加强执法队伍建设，积极、公正地受理涉及外来投资企业的案件，维护司法公正。

（二十八）强化执法监督。政法机关对外来投资企业法定代表人需采取强制措施或对外来投资企业、企业法定代表人的财产进行扣压或查封，若涉及年纳税额在100万元至500万元、25万元至100万元的外来投资企业和市、县（区）政法委协调同意后执行；其他行政执法部门对企业及其法定代表人的经营权及财产进行扣压或查封，必须分别报市、县（区）监察部门同意后执行。

（二十九）实行挂牌保护。努力为外来投资企业创造宽松的发展环境，对来保投资在500万元以上或年纳税额在50万元以上的企业和列入市、县（区）重点企业，由所在县（区）监察部门实行挂牌保护。行政部门和执法部门对企业的检查必须经同级监察部门同意后进行。

（三十）严禁乱收费。涉及对外来投资企业进行行政、事业性收费的单位，要严格按照国家和省规定标准收费，凡省以下制定的收费项目一律取消；要统一收费科目、收费标准，并向社会公布，不在公布范围内的收费项目，任何部门不得收取；对必需的收费项目，一律按下限收取，并严格执行收费登记卡制度。

（三十一）严禁乱检查。严禁对外来投资企业进行反复检查，同一部门对同一企业的同一项目例行检查，原则上每年不能超过一次。检查必须持有县以上部门领导签署的检查文件或证件。

（三十二）严禁乱罚款。各级政府不得对所属部门、上级单位不得对下级单位下达罚款指标。各行政执法部门依法对外来投资企业进行罚款时，必须开具由国家或省级财政部门统一印制的票据。所有罚款，一律实行“部门开票、银行收款”制度，统一上缴财政，不得对行政执法部门实行提留、分成、返还或奖励。

（三十三）严禁乱摊派。严禁任何职能部门和个人利用职权安排外来投资企业接待或报销不应由经营者开支的费用；严禁强行向企业推销商品；严禁强行要求企业定点购买物品、订购报纸杂志；严禁强制企业开展达标、评比、竞赛活动；严禁强制企业参加学术研讨会和收费性质的业务培训；严禁强行向企业拉赞助、拉广告；严禁搞搭车收费。

（三十四）严禁有令不行。对有令不行，有禁不止，给外来投资企业造成经济损失和不良影响的直接责任人，要调原岗位，情节严重的，给党纪政纪处分，直至追究法律责任；凡出现以上违规行为的部门，其主要领导必须向党委、政府作出检查，给党纪处分，情节严重的，给降职，撤职处分。

六、切实加强领导

（三十五）各级党委、政府要把扩大对外开放作为一项重要的战略任务列入议事日程，纳入对外开放、招商引资作为政府宏观经济调控的主要指标和政绩考核的重要内容。建立各级扩大对外开放、招商引资目标考核责任制，由上一级政府一下一级政府签订责任状，对完成任务成绩显著的单位和个人，给予表彰奖励；对没有完成目标任务的单位领导，第1年出示“黄牌”予以警告，第2年仍完不成任务的出示“红牌”予以调整。

（三十六）各地各有关部门要按照本《意见》精神，结合实际，制定具体的配套政策和实施细则，认真组织实施。

1.本《意见》出台的各项优惠政策，有关部门要认真抓好落实，凡符合优惠政策条件的外来投资企业和经营者，有关部门要在规定时限内，主动为其办理减免手续，提供优质服务。

2.充分发挥人大、政协的监督职能，加大专项执法检查、视察、民主评议的力度，努力促进我市招商引资各项政策的贯彻落实。

3.市政府每年对《意见》落实情况进行一次全面检查，凡不落实的，要督促其尽快落实；对敷衍塞责的要限期改正；对有令不行，有禁不止的，要严肃查处。

4.新闻舆论部门要加大宣传力度，既要大张旗鼓地对全市扩大开放、招商引资的政策措施，以及外来投资企业的经验进行广泛的宣传报道，树立保山开明开放的新形象，又要及时曝光违法违纪的典型案件，营造有利于扩大对外开放、招商引资的舆论环境。

（三十七）本《意见》自发布之日起执行，适用于中外合资、中外合作、外商独资企业，包括境外及港澳台侨企业或个人投资的各类企业；适用于市外国内各类企业或个人投资的企业。我市已有政策与本《意见》不相符的，以本《意见》为准。

（三十八）本《意见》由市经济合作办公室负责解释。

保山市农村税费改革试点实施方案

（摘自2003年12月25日《保山市人民政府关于印发〈保山市农村税费改革试点实施方案〉的通知》 保政发〔2003〕178号）

根据《中共中央、国务院关于进行农村税费改革试点工作的通知》（中发〔2000〕7号）和《国务院关于进一步做好农村税费改革试点工作的通知》（国发〔2001〕5号）、《国务院办公厅关于2001年农村税费改革试点有关问题的通知》（国办发〔2001〕28号）、《国务院关于全面推进农村税费改革试点工作的意见》（国发〔2003〕12号）、《云南省人民政府关于印发〈云南省农村税费改革试点方案〉的通知》（云政发〔2003〕93号）等文件精神，结合保山实际，制定试点实施方案。

一、农村税费改革的指导思想、基本原则和目标任务

（一）指导思想。以“三个代表”重要思想和十六大精神为指导，全面贯彻落实党中央、国务院和省委、省政府关于农村税费改革试点工作的方针、政策，按照发展社会主义市场经济和推进农村民主法制建设的要求，规范农村税费制度，从根本上治理对农民的各种乱收费、乱集资和乱摊派，切实减轻农民负担，保护和调动农民的生产积极性，进一步加强农村基层政权组织建设，保障农村义务教育正常运转，促进农村经济持续健康发展，保持农村社会长期稳定。

（二）基本原则。按照“减轻、规范、稳定”的总体要求，农村税费改革试点工作要遵循以下基本原则：

1. 根据农村经济发展水平和农民的承受能力，从轻确定农民负担水平，确保以县、乡、村为单位，农民总体负担水平有明显减轻，并采取相关政策措施保持农民负担水平长期稳定，切实保护农民的合法权益。

2. 妥善处理改革力度与各方面承受能力的关系。在保证农民总体负担有明显减轻的前提下，注意兼顾其他方面的承受能力。要确保农村义务教育的必要投入，切实保证教师工资、教学运转、校舍安全方面的必要支出。要确保乡镇政权、村级组织的正常运转，做到有人办事，有钱办事。

3. 建立科学规范的分配制度，采取简便易行的征收方式。实行以税收为主的分配制度，把农民负担纳入规范化、法制化管理的轨道。采取既符合农民意愿又便于基层操作和群众监督的税收征管办法。

4. 实施综合配套改革。实施农村税费改革后，县、乡、村收入将相应减少，除实行财

政转移支付外，必须实施乡村行政区划和教育布局调整、完善县乡财政体制和健全农民负担监督机制等配套改革，精简机构，压缩编制，分流人员，调整支出结构，大力节减支出，确保农民负担不反弹，巩固农村税费改革成果。

（三）目标任务。通过对现行农村税费征管体制的调整、完善，建立起与社会主义市场经济相适应的农村分配体制。

二、农村税费改革试点的主要内容

农村税费改革试点的主要内容是“四取消、两调整、一改革、一建立”。

（一）取消乡统筹费。取消现行按农民上年人均纯收入一定比例征收的乡村两级办学、计划生育、优抚、民兵训练、修建乡村道路费。取消乡统筹费后，原由乡统筹费开支的乡村两级九年制义务教育、计划生育和优抚支出，由各级政府列入财政预算安排；修建县乡道路所需资金不再固定向农民收取，由政府负责安排，村级道路建设资金由村民大会民主协商解决；农村卫生医疗事业逐步实行有偿服务，政府适当补助。财政部门要制定原由乡统筹费开支的五项事业支出纳入县乡财政预算的管理办法。

（二）取消专门面向农民征收的行政事业性收费和政府性基金、集资。取消在农村进行的教育集资，取消所有专门面向农民征收的行政事业性收费和政府性基金、集资。中小学危房改造资金由财政预算安排。

（三）取消屠宰税。停止执行现行屠宰税的有关规章和政策规定，取消屠宰税。

（四）从2003年起，三年内逐步取消统一规定的农村劳动积累工、义务工制度。每年每个劳动力承担统一规定的积累工、义务工，2003年不得超过15个，2004年不得超过10个，2005年不得超过5个，并严禁强行以资代劳。2006年停止安排统一规定的劳动积累工和义务工。

（五）调整农业税政策

1. 确定农业税计税土地面积。农业税计税土地面积以农民第二轮承包用于农业生产的土地为基础确定。第二轮承包后新开垦的耕地，按规定免税到期的和实际耕种面积大于承包面积的，相应进行调整，纳入农业税计税土地；因自然灾害、合法征占减少的耕地，要据实核减；对未经合法审批，因长期建设、农村兴办公益事业占地等因素减少的计税土地，应先据实核减，并由占地单位补办审批手续和补交税款；确有困难的，应先登记造册，暂不纳入计税土地，另行处理，不得将这部分土地的农业税负担平摊到农户头上。各县区应按上述原则，结合本地实际，制定具体实施办法，解决好历史遗留问题，将计税土地增减调整纳入规范化轨道。在确定计税土地面积时，要让农民群众参与、监督和认可，要以村或组为单位对分农户的计税土地面积进行公示、民主评议后张榜公布；对少数计税土地面积存在较大争议的农户，经村内多数群众同意可重新丈量核实。具有纳税义务的其他单位和个人从事农业生产的，计税土地面积为用于农业生产的土地面积。农业税征收机关要建立农业税计税土地档案，根据因政策因素和自然灾害造成的计税土地增减变化，及时对农业税作相应调整。

2. 确定农业税计税常年产量。农业税计税常年产量以1994年至1998年连续5年农作物的实际评价亩产量为依据核定。杂粮及经济作物统一折算为稻谷，并根据不同的土地自然条件和经营情况，以县或乡、村为单位采取分类分等的办法进行确定，防止搞一刀切。在核定计税常年产量时，要充分考虑当地经济发展水平、农民负担等实际情况，征求农民的意见，得到广大农民群众的认可。农业税计税常年产量确定后要保持长期稳定。防止高估或低估农业税常年产量，变相增加农民负担或减少税收收入。

3. 确定农业税计税价格。综合考虑当前粮食保护价和市场价，在省规定的范围内，充分考虑我市各县区和相邻县之间的平衡情况，农业税计税价格以标准品稻谷计算确定为：隆阳区、施甸县、昌宁县、腾冲县0.95元 / 千克，龙陵县0.90元 / 千克。今后计税价格如需要调整，报省人民政府批准后执行。

4. 合理确定农业税税率。按省农业税税率实行地区差别比例税率，最高不超过7%，并须充分体现农村税费改革后农民总体负担减轻和照顾贫困地区的原则，经认真测算，综合平衡，各县区农业税税率统一确定为6%。

5. 农业税及附加的征收方式。农业税保持粮食计税本位。农业税及附加实行征收实物和折征代金两种方式并存。具体征收方式由各县区人民政府确定。证实税款结算采取“实物缴纳、货币结算”的方式。在当地生产的稻谷、玉米、小麦等主要粮食品种范围内，缴纳农业税实物不受品种限制。种植其他经济作物无粮可缴的农户，可直接向征收机关缴纳折征代金。各县区要认真落实粮食行政首长负责制，合理确定两种方式在农业税征收中所占的比例，组织粮源，加强储备，确保县区内粮食供求平衡。农村税费改革试点工作全面实施以后，粮食调控由各县区人民政府全面负责。

6. 各县区改革后的农业税计税土地、常年产量、价格、税率和税额及附加要落实到农户，并张榜公布，由群众认可。对承包土地较多或改革前负担较轻，改革后负担显著加重的农户，要通过农业税减免措施给予一定时期的政策照顾。国有农场、部队、学校等单位农业税改革办法另行规定，在新办法未出台前，继续按现行政策执行。

7. 农业税减免政策按农业税征收管理办法执行。

（六）调整农业特产税政策。按国家税法和税收政策的规定，对从事应税农业特产品生产的，继续征收农业特产税及附加，逐步减少农业特产税品目，降低农业特产税税率。对适宜在收购环节征收农业特产税的应税产品，尽量在收购环节征收。按农业税和农业特产税不重复征收的原则，对在农业税计税土地上种植的应在生产环节纳税的农业特产品，只按农业税计征办法征收农业税，不再征收农业特产税。对在非农业税计税土地上生产的和收购环节的农业特产品，继续按中央和省的统一规定征收农业特产税。农业特产税统一由纳税人以现金或转账方式缴纳。

农业特产税减免政策按照农业特产税征收管理办法执行。

（七）改革村提留征收和使用办法。村干部报酬、五保户供养费、村级办公经费，除原由集体经营收入开支的仍继续保留外，由农民上缴村提留开支的部分，改革后通过征收农业税附加和农业特产税附加的方式解决；全市农业附加税统一按正税的20%征收，农业特产税附加统一按正税的10%征收。农业税附加和在生产环节征收的农业特产税附加属村集体资金，由农业税征收机构负责与正税一并征收后，附加划转乡镇财政专户管理，实行乡管村用，专户储存，专款专用。原由乡村集体负担的村提留和乡统筹，改革后可以以适当方式继续实行以工补农。

（八）建立村内筹资投劳“一事一议”制度。“两工”取消和村提留改革后，村内开展农田水利基本建设、修路架桥、植树造林等集体生产和公益事业，所需劳务和资金实行“一事一议”，按照“群众受益、民主决定、量力而行、上限控制、上级监督”的原则，由全体村民或村民代表大会讨论，多数农民同意的事就办，不同意的事就不办。要充分尊重农民的民主权利，决不能把“一事一议”筹资投劳变成农民负担的固定项目。

村内筹资投劳严格实行上限控制。筹集以村为单位每年人均最高不超过15元；投劳每年每个劳动力承担劳务的数量不得超过10个标准工日，不得强行以资代劳。实行“一事一议”的筹资投劳，须经乡镇农经管理机构审核，报乡镇政府和县区农民负担监督管理办公室备案后，由村民委员会组织实施。

农业综合开发中的筹资代劳，要纳入村级“一事一议”范畴，在政策规定的范围内，实行专项管理。

除遇到特大防洪、抢险、抗旱等紧急任务，经县级以上人民政府批准可临时动用农村劳动力外，任何地方和部门不得无偿动用农村劳动力。

批准后的筹资投劳统一监制的农民负担监督卡登记，监督卡由村委会组织发放到农户，并张榜公布，实行“村务公开、民主管理”，接受群众监督。

村内兴办实体性质的集体生产经营企业，必须坚持个人自愿的原则，采取股份合作或股份制等方式筹资、筹劳。

三、农村税费改革的配套政策措施

为确保改革取得成功，改革成果得到长期巩固，各级党委、政府必须纵览全局、统筹部署，从农村生产关系和上层建筑两个方面实施综合配套改革。有关部门必须服从、服务于改革的大局，加强配合，周密组织，齐抓共管，保证改革整体推进。

（一）规范农村收费管理，建立健全农民负担的监督机制。要结合此次农村税费改革。对本行政区域内涉及农民的收费项目进行全面清理。对越权审批、自行出台的收费、集资项目一律取消。今后，除国务院和省政府以及省财政厅、省计委批准收取的行政事业性收费项目及国务院批准的政府性基金外，各县区、各部门不得以任何理由擅自向农民收费、集资和摊派，坚决取消涉及农民负担的各种达标和升级活动。

各级政府要组织计委、财政、农业等相关部门进一步清理整顿农村经营服务型收费，建立规范的管理制度。承担有偿服务的乡镇有关站所、收取经营服务性费用必须坚持自愿服务和委托者付费的原则。严禁将收费与政府职能挂钩，凭借行政权力强制服务和收费，属政府定价和政府指导价管理的经营服务性收费必须按有关规定办理申报审批手续。任何部门和单位不得在农民建房、婚姻登记、计划生育、农民子女入学、农村户籍、外出务工、农机监理等管理工作中搭车收取任何费用或代其他单位、组织、个人收取费用。要结合农村税费改革试点，实施综合治理措施。加大对交通通信工具、吃喝招待等开支的治理整顿力度。严禁报刊摊派征订。规范水费、电费等生产费用的征收。有效杜绝乱收费，从根本上减轻农民负担。

各级党政、政府要建立有效的农民负担监督机制，强化法制意识，保障农民的合法权益。各级农民负担监督管理部门要会同有关部门，切实加强农民负担监管工作，严格执行农村税费改革各项政策和“八不准”规定，严肃查处有关违规违纪行为，防止农民负担反弹。

（二）转变乡镇政府职能，精简乡镇机构，压缩财政供养人员。农村税费改革后，县、乡政府因收入减少而形成的支出缺口，除由上级财政给予一定的转移支付补助外，主要通过发展经济增加收入，转变政府职能，精简机构，压缩财政供养人员，优化支出结构，节约支出等途径解决。我市根据省政府《云南省适度撤并乡镇工作实施意见》（云政发〔2001〕158号）和省农村税费改革试点工作会议的要求，对全市的乡镇行政区划调整进行了认真调研，按照总体稳定、局部调整，因地制宜、注重实效，科学规划、稳妥有序的原则，计划对我市现行的乡镇行政区划进行一定的调整，待农村税费改革试点主体改革完成后，再按计划组织实施。乡镇行政区划调整是一项复杂的系统工程，各县区要按照省、市有关精神，继续深入调查研究，制订科学周密的调整方案，严格履行科学民主决策和报批程序后，精心组织，有序推进实施。要按照政策规定和精简、效能的原则，结合本地实际，采取强有力的措施，大力压缩事业单位和人员编制，归并设置过多、过散的站、所，坚决清退编外和临时招聘人员，切实改变收费养人的状况。有关主管部门要从大局出发，不得要求上下对口设置机构，干预县乡机构改革。

（三）积极稳妥地实施好教育布局调整，合理配置教育资源，保障农村义务教育经费投入。各级政府和教育主管部门，要继续坚持以集中办学为方向，按照实事求是、宜并则并、需增则增的原则，进一步加大力度，积极调整全市农村中小学布局，计划到2005年，将全市农村中小学从2000年的2700所调减为1974所，减少726所，减幅为26.9%，小学校均规模由94.1人增加到135.2人；初中校均规模由1023人增加到1191人。初步达到优化教育资源，实现规模办学，提高教学质量和办学效益的目的。要全面实施教师资格制度，科学、合理、规范地核定中小学教职工编制，进一步精简、优化教师队伍，严格按编制配备教职工，分流、辞退超编和不合格人员，限期辞退代课人员，精简压缩农村中小学非教学人员，确保有限的教育经费真正用于改善乡村办学条件。

农村税费改革后，县乡各级政府要将农村义务教育经费支出纳入地方财政预算管理。继续完善农村中小学教师工资纳入县级财政预算办法，确保定编教师工资按国家标准及时足额发放。在安排地方预算和上级财政转移支付资金时，要将教育经费列为保障的重点，确保改革后农村义务教育投入不低于改革前乡统筹中的农村教育附加、经国家批准的农村教育集资以及正常财政投入的总体水平，并逐步有所增长，同时要将农村中小学危房改造工作纳入重要议事日程，通过安排财政专项支出和其他投资逐步加以解决。

（四）采取有效措施，保障村级必要经费支出，确保基层组织正常运转。一是要在县乡统一规划部署下切实撤并设置过多的村、组，优化基层组织结构。二是要大力精简、压缩村组干部，积极推进村内干部交叉任职，组干部尽量由村干部兼任。享受国家和村集体资金任职补助的干部，每个村民委员会不得超过3–4人，每个村民小组不得超过2–3人，三是要严格控制村干部补助和经费开支标准。村民委员会干部原已享受的国家补助政策不变，但标准一律不得提高；组干部补助和村干部还需由村集体资金增发补助的，应经村民大会讨论确定，但村组干部人均享受的补助总额原则上不应超过本村组农民前三年人均纯收入的1.5倍，目前高于这一标准的要调减，低于这一标准的可维持原有水平不变。要根据当地经济发展水平和财力可能制定科学合理的村组办公室、五保户供养经费定额标准，大力节减压缩村组经费支出。四是确保五保户等社会救济对象的必要支出，如在村一级难以保障的，可根据当地实际，上收到县、乡统一管理。五是建立村集体资金管理制度，对困难村组给予必要的经费补助。农村税费改革后，农业税附加及生产环节的农业特产税附加属村集体资金，必须全部用于村级开支；同时村组要努力发展集体经济，增加村级集体资金收入，对村集体资金不足维持村级三项费用（村组干部补助、办公经费、五保户供养经费）最低定额保障支出水平的，县乡政府应通过规范的办法从上级转移支付和本级预算中安排适当补助。两税附加、集体收入、上级补助等形式的村级资金必须在乡财政设立专户，实行乡管村用，财务公开，确保基层组织正常运转。

（五）改革和完善县乡财政管理体制。要根据分税制财政管理体制的要求，按照事权与财权相统一的原则，明确划分县乡事权和财权，进一步健全和完善县乡财政管理体制。要特别注意处理好县区与乡镇之间的财力分配关系，收入分配要适当向乡镇倾斜，照顾乡镇的利益。改革后，农业税及在生产环节征收的农业特产税收入原则上要全部留归乡镇；支出安排要保证乡镇基层组织正常运转的需要，尤其是要保障农村义务教育、计划生育、优抚、乡村道路建设、农村卫生医疗事业、村组运作、乡镇党政机构运转等方面的资金供给。要制定具体措施，规范县区、乡镇、村之间的利益分配机制，严禁无偿平调、挪用乡镇及村级集体财产，保护农民合法权益不受侵犯。

农村税费改革后，中央及省、市财政将建立转移支付制度，对县级财政在此次改革中因政策因素而减少的财力给予适当补助。各县区要结合自身实际，制定县区对乡镇的转移支付办法，合理分配上级财政转移支付资金。转移支付资金必须保证用于指定用途，严禁挤占挪用。

（六）努力增强农村经济实力，增加农民收入，巩固农业基础地位。各级、各部门必须始终把农业作为国民经济的基础，以农村税费改革为契机，深化农村改革，加大对农业基础设施的投入，积极推动农村经济结构调整，清理工作思路，突出工作重点，以市场为导向，科技为依托，突出优势，提高农业经济效益，增加农民收入。要在稳定粮食生产的基础上，增加优质粮和高附加值经济作物生产，大力发展绿色农业、订单农业和创汇农业，按照气候和资源等条件，优化农业区域布局，推进农业产业化发展，积极扶持和促进乡镇经济和村级经济的发展，发展农产品深加工，大力培育和完善农产品市场体系。逐步增强县乡及村级财力，拓宽农民收入渠道，促进农民增收，提高农村居民生活水平，推进农村全面建设小康社会的进程。

（七）改革完善农村税收征管制度办法，加强农业税收征管工作。农村税费改革后，各级和有关部门要继续支持、配合农业税收征管机关改革和完善税收征管体制，严格贯彻执行有关法律、法规、规章和农村税费改革政策，对农业税、农业特产税及其附加实行依法计征和减免。农业税、农业特产税及附加由各级地方税务机关负责征收，其中，农业税及附加也可委托粮食部门在收购粮食、结算粮款时代扣代缴。要尽可能采取符合农村实际、农民愿意接收的征收方式。农业税及附加可以按夏秋两季征收，也可以一季征收。农业特产税及附加可以按农业特产品的一个生产周期征收，也可以对单位面积的农业特产品实行按年征收。要加强对税法法律、法规、规章及政策的宣传，提高农民的国家意识、公民意识和全局意识，依法履行纳税义务。对有意拖欠、拒缴和抗税的，要依法追缴和处罚。要认真落实农业税收减免政策，对确有困难并符合减免条件的农户，给予必要的减免照顾。

（八）妥善处理历史遗留问题。在农村税费改革试点工作中，各县区对历年形成的农业税、农业特产税、村提留、乡统筹尾欠和乡村债务，要严格按照有关法律、法规、规章及政策规定进行清理。

农业税、农业特产税由农业税征收机关按规定组织清理；村提留、乡统筹尾欠，由乡镇农民负担监督管理办公室清理初审，并报县农民负担监督管理部门核实。具体追索年限由各县区政府根据实际情况确定。清理后，不符合政策的尾欠，要予以核销，符合减免规定的要给予减免。对农民历年形成的农业税及符合政策规定的乡统筹、村提留尾欠，在改革期间严禁突击清欠，可先采取挂账办法，今后再做处理。除农业税、农业特产税，村提留、乡统筹的尾欠外，其他所有尾欠不再清欠范围内，一律不得再追缴。

乡村债务产生的原因较复杂，原则上应与农村税费改革分开处理。各县区要对乡镇及村级负债情况进行全面清理调查，摸准底数、分清责任、区别情况、具体分析，按照“谁借谁还、分类解决”的原则，认真研究制定合理有效办法措施，应剥离的剥离，该清偿的清偿，能核销的核销，逐步化解处理。不能简单地把乡村债务全部由政府背起来，更不能不区分性质和责任地分摊到群众头上，影响农村税费改革的顺利进行。各县区必须采取切实有效的政策措施，严防产生新的不良债务。

四、农村税费改革的组织领导

根据全省统一部署，从2003年7月起，我市全面开展农村税费改革试点。各县区要按照市委、市政府的部署，制定具体实施步骤，在年内将新的农业税、农业特产税及其附加征收任务落实到农户，同时全面推进各项配套改革，确保农村税费改革试点工作的整体推进。

（一）全面深入开展宣传动员部署，确保农村税费改革试点顺利进行。各级党委、政府要根据农村税费改革试点有关政策和《保山市农村税费改革试点工作方案》的部署，认真组织好农村税费改革试点工作，做到“领导、机构、人员、经费”四落实。要结合本地实际，对工作进行全面动员部署，抓好农村税费改革试点工作的宣传动员、干部培训工作；宣传部门要在党委、政府和农村税费改革领导机构统一部署下，按照省税改办、省委宣传部《关于加强农村税费改革试点宣传工作的通知》和《保山市农村税费改革试点工作宣传方案》的要求，采取各种形式对农村税费改革进行广泛宣传，让群众认识、理解改革的意义，了解、掌握改革的政策规定，使改革得到社会各方面的理解和支持。要对各级相关干部进行分级动员和培训，使他们吃透政策，提高政策水平，严格按政策办事，确保农村税费改革试点的顺利进行。

（二）农村税费改革试点实行党政一把手负总责制。农村税费改革事关农村稳定与发展的大局。各级党委、政府要充分认识到改革的深远意义及其重要性、艰巨性、复杂性，加强领导，明确责任，精心组织，认真实施。实行农村税费改革，我市各级党委书记是改革的第一责任人，政府一把手是直接责任人。各级、各部门都要把农村税费改革试点工作作为中心工作，务必抓紧、抓实、抓好。各级农村税费改革领导小组及办公室要按照制定的各项工作制度，认真组织落实，积极研究并及时解决改革中出现的新情况、新问题，将各项政策措施落到实处，出现重大问题要及时报告。各部门要从大局出发，服从改革的需要，积极配合做好相关工作。各级党委、政府和税改办及纪检、监察等部门要加强监督检查，对违反纪律的要给予严肃处理；对触犯法律的，要移交司法部门依法处理。对工作成绩和表现突出的单位和个人要给予表彰和奖励。

（三）农村税费改革试点方案审批实行分级负责制。我市各级要按照中央和省委、省政府的政策规定，认真制定完善本级改革试点实施方案。按照省审批方案分级负责的规定，市负责审批县区方案；各县区负责审批乡镇方案。并采取两上两下的审核办法，对各级试点方案进行修改和完善。各级分别对方案中政策措施的正确性和农民减负、基层政权组织正常运转、农村义务教育正常投入等政策目标和要求负责。

（四）配套改革实行部门负责制。市级有关部门要讲政治、顾大局，密切配合，带头执行农村税费改革的各项政策，自觉服从农村税费改革的总体安排。按照市农村税费改革领导小组的分工，涉及牵头部门要根据省颁布的配套改革政策措施，制定具体政策实施及实施办法。各项配套改革政策措施颁布后，各级、各有关部门要在党委、政府的统一领导下，按部门职责分工，建立部门责任制度，采取切实有效措施认真贯彻落实，确保农村税费改革试点工作的整体推进。

（五）农村税费改革试点督查指导工作实行包干责任制。市级农村税费改革试点实行市级领导挂县区督查指导包干责任制，由一名市级领导任组长，领导小组成员单位人员为成员组成督导组，各负责一个县区，分阶段到县区督促改革试点工作及时开展。各县区要结合本地实际，组成督导组和工作队，入乡、进村、到户，协助当地党委、政府落实农村税费改革试点的各项工作，确保各项政策措施得到完整准确的贯彻落实，及时检查反馈和指导帮助解决改革中遇到的困难和问题，保证改革顺利进行。

五、农村税费改革的时间步骤

根据省农村税费改革试点工作会议精神，我市农村税费改革试点工作分四个阶段进行。

第一阶段：组织、发动（7月）

各级党委、政府要根据云南省委、省政府对农村税费改革的总体部署，建立健全农村税费改革的组织领导机构，加强对农村税费改革试点工作的领导。具体任务是加强领导，健全机构，充实工作人员，组成工作队，加强指导督查。

第二阶段：宣传、培训、方案编审报批（8—10月）

一是做好宣传发动，传达贯彻会议精神到乡（镇）、村、组及农户，将农村税费改革试点工作公告张贴到每一个村、组，将致农民的一封公开信及时发送到农户，使农村税费改革的政策在农村家喻户晓，深得人心；二是采取措施，分类、分层次、分对象搞好农村税费改革培训工作；三是按时完成方案编审报批工作。

第三阶段：组织实施（11—12月）

根据省、市批准的方案，各县（区）将农村税费改革的各项工作落实到农户，特别是要在今年内将新的农业税等政策落实到农户，启动各项配套改革，全面实施农村税费改革试点。

第四阶段：检查验收总结（2004年1—3月）农村税费改革试点各项工作实施后，由市农村税费改革领导小组办公室组织对各县（区）农村税费改革试点阶段性工作情况进行检查、验收和总结，县区对乡镇、乡镇对村进行检查落实。农村税费改革工作中的各种资料都具有很高的历史价值，要完善税改资料管理，对农村税费改革过程中的业务、文书、报表等资料分类整理，装订成册并立卷归档。

本方案未明确事项按中央和省的政策要求执行。

农村税费改革是减轻农民负担的治本之策，是规范国家、集体与农民分配关系的法治之道，是民心工程、富民之策、德政之举，顺民心、合民意。全市各级、各部门要认真实践“三个代表”重要思想，坚决贯彻落实中央、省有关农村税费改革的政策规定，精心组织，周密部署，扎实工作，以高度负责的精神和实事求是的态度，切实处理好改革中遇到的各种困难和问题，在改革中确保农村稳定，促进农村经济发展、社会进步，圆满完成改革任务，全面实现农村税费改革试点的工作目标。

保山市全面建设小康社会规划纲要

（摘自2004年5月8日《保山市人民政府关于印发〈保山市全面建设小康社会规划纲要〉的通知》 保政发〔2004〕70号）

一、规划编制的背景和要求

党的十六大从实现现代化建设三步走战略目标的高度，深刻分析了我们党和国家面临的新形势新任务，科学作出了新世纪头二十年是我国重要战略机遇期的重大判断，提出了全面建设小康社会的奋斗目标。这一目标，是中国特色社会主义经济、政治、文化全面发展的目标，是与加快推进社会主义现代化建设相统一的目标，符合我国国情和现代化建设的实际，符合各族人民的愿望。中共云南省委七届三次全会和省十届人大一次会议提出了云南省要千方百计与全国同步实现全面建设小康社会的奋斗目标。

市委一届四次全会和市一届人大四次会议按照党的十六大提出的全面建设小康社会的目标要求和省委七届三次全会、省十届人大一次会议精神，结合保山目前经济社会发展情况，明确提出了经过20年奋斗，到2020年生产总值—（GDP）比2000年翻两番以上，使保山综合经济实力明显增强，努力与全省同步实现全面建设小康社会的奋斗目标。这一目标符合中央精神和保山实际，体现了跨越式发展的要求，既非常令人鼓舞，又是一项十分艰巨的任务。目前，全市人民生活水平与小康水平相比差距还很大：2∶02年，我市人均GDP仅为3425元，要与全国、全省同步实现全面建设小康社会的目标，必须在2020年GDP总量达到665亿元，比2000年翻3.1番，年均增长11.9%，全市人均GDP才能实现3000美元的目标。我市城镇居民生活总体已达到小康水平，进入全面建设小康社会的新阶段，但农村2000年年末还有人均纯收入865元以下的低收入人口82万，其中625元以下的贫困人口32万，农民的生活水平与全省平均水平还有一定差距，与全国的平均水平差距更大。经济结构性矛盾也十分突出，城镇化水平较低。要与全国、全省同步实现全面建设小康社会的目标，面临着比发达地区更繁重的任务，需要付出更多更大的努力。但我们也要看到面临的一些机遇和条件。无论前进道路上有多大的困难，我们都要信心百倍地加快发展，坚定不移地去实现这个目标。我们有“三个代表”重要思想和党的十六大精神的正确指引，有全市人民加快发展、缩小差距的强烈愿望。只要我们认真贯彻落实党的十六大精神，把保山全面建设小康社会作为压倒一切的紧迫任务，置于全国、全省的大局之中，集中全市人民的智慧和力量，顺势而谋，善抓机遇，求真务实，真正做到聚精会神搞建设，一心一意谋发展，就一定能够与全国、全省同步实现全面建设小康社会的宏伟目标。

根据党的十六大和省委七届三次全会、省十届人大一次会议精神，特制定《保山市全面建设小康社会规划纲要》（以下简称《纲要》）。《纲要》是保山市本世纪头二十年经济社会发展的宏伟蓝图，既统揽全局，又突出重点，是宏观性、战略性的远景规划。

二、全面建设小康社会的标准和规范

党的十六大提出的全面建设小康社会的目标是：在优化结构和提高效益的基础上，国内生产总值到2020年力争比2000年翻两番，综合国力和国际竞争力明显增强；社会主义民主更加完善，社会主义法制更加完备，依法治国基本方略得到全面落实，人民的政治、经济和文化权益得到切实尊重和保障；全民族的思想道德素质、科学文化素质和健康素质明显提高，形成比较完善的现代国民教育体系、科技和文化创新体系、全民健身和医疗卫生体系；可持续发展能力不断增强，生态环境得到改善，资源利用效率显著提高，促进人与自然的和谐，推动整个社会走上生产发展、生活富裕、生态良好的文明发展道路。这一目标是一个综合性的指标，包括了经济、政治、文化和社会发展的各方面。全面建设小康社会的奋斗目标中，蕴含10项具体的指标体系：一是人均国内生总值超过3000美元。二是城镇居民人均可支配收入1.8万元（2000年不变价，下同）。三是农村居民家庭人均纯收入8000元。四是恩格尔系数低于40%。到2010年，全国恩格尔系数将低于40%，2020年将进一步降到35%左右。五是城镇人均住房建筑面积30平方米。六是城镇化率超过50%。七是居民家庭计算机普及率20%。八是大学入学率20%。九是每千人医生数2.8人。十是城镇居民最低生活保障率95%以上。

三、保山全面建设小康社会总体构想

展望新世纪，和平与发展仍是时代的主题。世界多极化和经济全球化趋势的发展，给世界的和平与发展带来了机遇和条件。党的十六大综观全局，明确指出，21世纪头二十年，对于我国来说，是一个必须紧紧抓住并且可以大有作为的重要战略机遇期。对于保山来讲，国家实施西部大开发战略、正在构建中国——东盟自由贸易区，特别是党的十六大胜利召开，为我们全面建设小康社会确定了目标，指明了方向，提供了强大动力，这些是我们面临的重大机遇。同时，保山还有气候、资源等方面的独特优势和经过多年艰苦努力，形成的基础设施条件。我们一定要树立强烈的机遇意识，敏锐地发现、果断地抓住、巧妙地利用好各种机遇和条件，以发展的新思路、改革的新突破、开放的新局面、各项工作的新举措，推进经济的跨越式发展，努力与全省同步实现全面建设小康社会的目标。

保山全面建设小康社会的指导思想是：以邓小平理论和“三个代表”重要思想为指导，全面贯彻党的十六大精神，解放思想，抓住机遇，与时俱进，开拓创新，始终坚持把发展作为第一要务，以新的思路、新的机制、新的举措，实现经济的超常规发展，全面发展各项社会事业，努力提高人民群众生活水平和质量，加强社会主义精神文明和政治文明建设。

保山全面建设小康社会的总体思路是：围绕实现全面建设小康社会目标，打牢农业、交通两个基础，搞好两极（隆阳、腾冲）带动、民营推动、四轮驱动（优势农产品加工、矿电、旅游、外向型产业）、城乡联动、经济社会互动，实施工业化、城镇化、科教兴保、全方位开放、可持续发展五大战略，保持国民经济持续快速健康发展。保山全面建设小康社会的目标和步骤是：到2005年，努力完成“十五”计划的各项任务，全市人民的生活基本达到小康水平；到2010年，生产总值比2000年翻一番以上，人民生活水平明显提高；到2020年，生产总值比2000年翻两番以上，综合经济实力明显增强，努力与全省同步实现全面建设小康社会的目标，使民主更加健全、科教更加进步、文化更加繁荣、社会更加和谐、人民生活更加殷实。

四、保山全面建设小康社会的主要任务

（一）加快经济结构战略性调整，提高经济运行的质量与效益

经济结构战略性调整总的思路是：优化第一产业，壮大第二产业，繁荣第三产业；改造提升传统优势产业，强力打造一批新兴骨干产业；毫不动摇地鼓励、支持和引导非公有制经济健康发展，形成以民营经济为主体的市域经济格局；立足机制创新，加快企业组织结构调整，做大做强一批龙头企业和企业集团；大力推进工业化、城镇化进程。

经济结构战略性调整的目标是：三次产业结构调整目标。2005年三次产业比为35∶25∶4；2010年为25∶35∶40；2020年三次产业比为10∶45∶45。

支柱产业建设目标。在巩固发展蔗糖、烟草支柱产业的基础上，2005年年初步建成旅游、建筑建材、矿电、畜牧四项支柱产业，在支柱产业中形成3～5个知名产品或市场品牌。2010年，农特产品加工、医药工业成为新兴支柱产业，支柱产业增加值占CDP的40%以上。2020年形成优势支柱产业群为主导的特色经济产业结构，一批在国内外有较强影响力的产品和品牌。

所有制结构调整目标。2005年非公有制经济增加值占GDP的30%以上；2010年，占GDP50%以上；2020年形成以民营经济为主体的市域经济格局。

企业组织结构调整目标。2005年，全面完成国有企业改革任务，国有及国有控股企业建立产权明晰的现代企业制度，组建2～3个企业集团。2010年，优势骨干产业企业组织全部建立现代企业制度，支柱产业形成一批产业化经营的龙头企业集团。2020年，绝大部分企业完成从传统企业组织形式到现代企业的过渡，企业集团产值占工业总产值的80%以上。

经济结构战略性调整的主要措施是：

1.调整产业结构，努力实现工业化。积极探索切合保山实际的新型工业化道路，构建主导整个国民经济持续快速发展的工业支撑体系。依托物种资源和农产品优势，大力发展农特产品加工、林产品加工、医药、天然生物制品等工业产业；依托丰富的水能资源，加快水电开发，把保山建成云南省重要的中型水电能源基地；依托丰富的矿产资源，结合水电比较优势，发展矿产业和建材工业；依托面向缅甸及南亚的区位优势，发展转口加工工业。

第三产业要优化内部结构，提质增效，保持快速增长势头。引进国内外资本进入旅

游、金融保险、商品批发零售、生产技术服务等领域，以大开放促进三产的大发展。要把旅游业作为第三产业的龙头和发展重点，突出特色、选择亮点、点线互动，以打造腾冲——中国生态SPA（温泉水疗）康乐园为重点，创建中国最具特色精品旅游区，带动交通运输、餐饮、服务业等发展。

第一产业的结构调整为四个层次进行。一是结合城乡结构调整，发展小城镇，转移农村劳动力从事二、三产业。二是大力推进农业产业化经营，提高农业生产的集约化程度，走“公司+基地+农户”的农业产业化发展道路。三是围绕农民增收调整农业内部种植结构，大力发展高价值作物。四是调整优化作物布局结构，促使优势作物向最适宜区集中，形成规模，增强竞争力，提高效益。

2. 发展特色经济，培育优势骨干产业。在现有产业体系中，选择能够带动全市经济持续增长和结构升级的产业加以培育、巩固和提高，形成群体支柱产业；对资源优势明显、市场潜力巨大、有一定基础但规模难以形成支柱的产业加以引导和扶持，形成骨干产业；对有资源优势，市场前景好但尚未开发或开发程度低的产业，加大开发力度，使之成为经济发展的后续产业。着力培植一个层次分明、独具特色、优势互补、良性互动、能支撑保山如期实现全面小康目标的产业体系。一是改造提升烟草、蔗糖、畜牧、茶叶等传统优势产业。二是强力打造电力、矿产、建筑建材、旅游、农特产品加工、医药等骨干产业。三是积极培植蔬菜花卉、丝麻等产业。

3. 调整所有制结构，构建民营为主的经济格局。进一步解放思想，放宽政策，营造环境，促进个体、私营等非公有制经济快速发展，使之成为全市经济发展的主导力量。放宽市场准入，允许非公有资本进入法律法规未禁止的基础设施、公用事业及其他行业和领域。加大对非公有经济扶持力度，建立中小企业信用担保体系，给予非公有制经济企业在投融资、税收、土地使用和对外贸易等方面与其他企业同等待遇，营造公平竞争的环境，依法保护非公有制企业和经营者的合法权益。加快个私经济园区建设，为非公有制经济发展提供载体。

4. 调整企业组织结构，打造实力雄厚的企业集团。通过调整产业政策，引导优质资本和品牌、人才、技术及先进管理模式向支柱产业、优势产业集中，积极鼓励和推动企业以资产为纽带，以效益最大化为原则，组建企业集团，形成优势互补、规模化经营，适应市场竞争需要的新型企业组织形式。为企业兼并、重组创造良好宽松的环境，改革财税征收体制中不利于生产要素合理流动的规定和做法，坚决清除人为分割市场、分割资源、地方保护主义的思想障碍和政策障碍。加大跨县区资源整合力度，构建市域经济发展新格局。结合深化国有企业改革，调整企业组织结构，尽快在支柱产业、优势产业中形成突破口，组建糖业集团、腾药集团、硅产业集团、茶叶集团等，以规模化经营优化产业布局、投资结构，以应对加入WTO以后所面临的严峻挑战。不仅行业内部应组建企业集团，还应积极探索实施跨行业之间组建企业集团，制糖业与甘蔗种植业、电力和矿业、畜牧业与肉食品加工业、建材与建筑业等都可通过相互投资参股、合资建立新公司等方式进一步延长产业链，建立起市场覆盖面广、风险分散、利益共享的战略联盟，增强各相关产业市场竞争力。力争到2005年糖业、药业、矿业基本实现集团化。2010年在建筑业、农特产品加工、茶叶、旅游、畜牧业等每个行业内部要形成一至二个有一定规模的企业集团。在一些资源较为集中地区形成一批跨行业综合开发的公司和集团。到2020年支柱产业和优势骨干产业基本实现集团化经营格局。

（二）以创新的思路和举措，全面加快保山工业发展

保山全面建设小康社会的关键在工业。大力推进工业化既是全面建设小康社会的必然选择，也是我市现代化进程中艰巨的历史性任务。要牢固树立“工业立市”的思想，把加快工业发展作为全面建设小康社会的重大举措，坚持以市场为导向，以结构调整为主线，以技术创新和机制创新为动力，以特色优势资源为依托，以信息化带动工业化，以工业化促进信息化，走出一条科技含量高、经济效益好、资源消耗低、环境污染少、人力资源得到充分发挥的新型工业化路子。工业发展的目标是：2005年，实现工业增加值16亿元，占GDP的15%；2010年45亿元，占GDP的25%；2020年230亿元，占GDP的35%以上。

在发展的方向上：一是发展优势农畜产品导向型工业。对我市具有比较优势的烟叶、甘蔗、粮油、咖啡、茶叶、果蔬、畜禽肉奶、丝麻等农特产品进行深度加工，逐步延伸产业链。二是发展资源导向型工业。充分利用水能、矿产资源优势，开发电力，实现电矿结合；加快木材、水泥、石材等建材产业的发展。三是发展“两头在外”的转口导向型工业。开发和发展一批资源在周边国家、产品市场在省外、国外的加工工业。

在发展的产业重点上：一是电力工业。以苏帕河、槟榔江流域、龙川江干流梯级和怒江流域水能开发为重点，把保山建成云南中型水电能源基地。到2005年，发电装机容量达37万千瓦，年发电量23亿千瓦时；到2010年，发电装机达80万千瓦，年发电量45亿千瓦时；2020年，发电装机达380万千瓦，年发电量180亿千瓦时，电力工业产值40亿元。二是矿产业。优化资源配置，促进集约化生产，提高精深加工能力，延伸产业链，创新矿电结合机制，把保山建成云南重要的有色金属工业基地和金属硅生产基地，加快金属硅深加工进程。到2005年，力争实现产值10亿元，2010年20亿元，2020年10亿元。三是蔗糖业。通过重组和整合，实现集团化、规模化、集约化生产，搞好蔗糖的深加工和综合利用，巩固发展蔗糖产业。到2010年食糖产量35万吨，产值10亿元；2020年食糖产量35万吨，其中深加工10万吨，产值25亿元。四是医药工业。依托天然药物资源优势和腾药品牌，充分利用先进适用的制剂技术，集天下之力，全力打造以天然药物为主的现代生物制药业，把保山建成云南重要的天然药物生产基地。到2005年，制药业产值2.5亿元；2010年达到10亿元；2020年达到30亿元。五是农特产品加工业。以畜禽肉奶制品加工、粮油、茶叶、啤酒、咖啡、果蔬、绿色保健食品、香料等开发为重点，提高加工能力和技术水平，形成一批名牌绿色产品和无公害产品，努力开拓国内外市场，把保山建成云南重要的农特产品加工基地。到2005年，农特产品加工业产值10亿元；2010年30亿元；2020年100亿元。六是建材工业。改造提升水泥、砖、瓦、优质特色石材等传统建材，发展新型墙体材料、非金属及深加工制品等新型建筑材料，淘汰落后生产能力，提高建材行业的整体水平。2005年，建材业产值4亿元；2010年达10亿元；2020年达20亿元。

工业发展的主要措施是：

1. 以信息化带动工业化，坚持走新型工业化发展路子。大力推进信息化建设，积极采用先进的信息技术改造提升传统产业，带动传统产业升级，推进工业化。组织实施好企业信息化工程建设，努力实现生产自动化、管理信息化和营销网络化，创新企业管理手段，促进管理创新。要突破就农业抓农业、就工业抓工业的传统思维，将农业与工业结合，立足特色农业发展特色工业，走出一条新型工业化的发展路子。

2. 优化整合工业资源，促进工业结构升级。强化市域经济观念和整体意识，加大优势资源跨县区配置力度，推进优势资源的集中化程度和区域分工，使优势资源、优质资本向优势企业集中、向优秀企业家集中，培育壮大我市的骨干和支柱产业。按照以市场为导向、企业为主体、政府引导的原则，加强与国内外知名企业的合作，瞄准先进水平，引进技术、资本、人才、管理等要素和战略投资者，力争用3年左右的时间，完成制糖、矿产、制药、建材、制茶等行业的重组整合，培育一批核心竞争能力强、带动作用大、管理水平高、年销售收入10亿元以上的大企业。鼓励众多产品同类、市场同向、技术相关、工艺相近。在生产要素上有较强互补性的企业，以骨干企业和优势产品为龙头，进行各种方式的联合，组建企业集团，形成集中优势，铸造企业富有竞争力的核心产品，推进结构升级，提升工业化水平。

3. 坚持民有、民营方向，加快国有退出和民有跟进步伐。充分发挥非公有制经济在推进新型工业化中的重要作用，确立市域工业化以发展民营经济为主体的思路，全面放开搞活国有中小企业，加快国有经济从竞争性行业有序退出和民有经济跟进步伐。县区国有集体企业改革改制，要坚持民有、民营方向，全部退出来、退到位。大力引进外资，启动民间资本进入工业领域，重点扶持科技型、外向型、劳动密集型和农特产品加工型的非公有制工业企业上规模、上档次、上水平。积极引导民间力量参与国有集体企业改革改制，加快民有工业经济的发展，使其成为我市工业发展的重要力量。

4. 以工业园区建设为载体，构建工业经济发展平台。各县区要按照科学定位、合理布局、集约发展的原则，依据资源优势和产业基础，集中有限的资源、财力，高起点、高水平规划建设一个以上工业园区或工业小区，引导企业集中到园区和小区发展，发展具有比较优势的特色产业群，充分发挥产业关联效应，形成产业规模优势，成为推进工业化的重要支撑。明确园区的产业定位和发展方向，创新发展机制，坚持政府引导、市场化运作的原则，主要依靠大企业和战略投资者进入，实行以商招商、以商建商的开发建设模式，以引进工业项目为主、吸引内商与外商结合、产品内销和出口结合，形成园区的产业特色和优势，发挥园区集聚产业、示范带动和扩张辐射功能，发展壮大工业经济，加速工业化进程。

5. 加快企业技术进步和创新，提高工业企业核心竞争力。用高新技术和先进适用技术改造提升传统产业，努力增加技改投入，选择一批产业关联度大、带动能力强、产品有市场、竞争能力强的重点项目，集中力量进行大规模、高起点、高标准的技术改造，努力把优势企业做大做强。加强区域创新体系建设，加大科技投入，构建政府为主导、企业为主体、社会中介为支撑的创新体系。加快企业技术中心建设，引导企业广泛开展产学研联合，提高开发能力，以产品创新和营销创新为重点，形成企业的拳头产品、特色产品和市场知名品牌，增强企业核心竞争力。推进管理创新，提高企业整体素质。要通过争取国家和省扶持、国有资源转换、资产重组、国有资本退出或减持、全方位吸引社会资金投入等多种渠道筹集工业发展资金，千方百计加大工业投入。

（三）以产业化经营为重点，优化提升第一产业

保山全面建设小康社会，基础在农业，重点在农村，难点在农民增收。农业发展的思路是：以产业化经营为重点，推进农业现代化，实现一产的优化提升和农民增收。农业发展的目标是：到2005年，农业增加值37亿元，占 GDP 的35%，农民人均纯收入1800元；2010年，农业增加值45亿元，占 GDP 的25%，农民人均纯收入2500元；2020年，农业增加值70亿元，占 CDP 的10% 左右，农民人均纯收入8000元。主要措施是：

1. 面向市场，立足资源，依靠科技，突出特色，建成一批优质农产品生产基地。发挥气候多样性和生物多样性的优势，适应市场对农产品优质化、专用化、多样化的需要，突出特色，优化布局，建设一批规模化的特色优质农产品生产基地。一是优质粮油基地。发展优质稻50万亩，优质专用小麦20万亩，优质啤饲大麦40万亩，优质双低油菜40万亩。二是优质烟叶基地。建设优质烤烟50万亩，香料烟20万亩，白肋烟、生切烟、马里兰烟25万亩，建成具有国际水平的安全型、保健型卷烟原料基地和全国最大的凉晒烟基地。三是优质糖料基地。以吨糖田建设为重点，建成全省重要的优质糖料基地。四是优质茶叶生产基地。以生态茶园建设为重点，建设40万亩优质茶叶生产基地。五是优质畜产品基地。大力发展名特优畜禽产品，壮大畜牧产业。六是发挥地域、季节和市场差异的优势，大力发展药材、反季蔬菜、花卉、咖啡、香料、干水果等特色经济作物，建成一批“专、精、特、新、高”和安全、保健“绿色食品”基地。

2. 积极扶持发展龙头企业，推进农业产业化经营。用新型工业化的理念指导农业产业化的发展，坚持“引外龙、扶强龙、兴小龙、育新龙”的方针，多种途径、多种形式培育发展各类龙头企业。各级要重点培植一批产业关联度大、辐射范围广、市场竞争能力强的龙头企业，支持企业采用新技术，开发新产品，建立原料基地，发展精深加工，开拓国内外市场。鼓励和引导各类工商企业参与农业开发，实行农业产业化经营。通过龙头企业的带动，推动优势农产品的区域化布局、规模化生产、专业化经营、科学化管理、社会化服务，形成优势农产品产业带。

3. 大力发展农产品加工业，提高农业整体效益。发挥特色农业资源优势，抓住主要农产品供给比较充裕的有利时机，更大规模地促进农产品加工转化，为农民增收开辟新的渠道。农产品加工要在深度、广度、系列上做文章，重点发展粮油、果品、蔬菜、茶叶、畜禽产品、丝麻等综合加工业，发展保鲜、储运等配套产业。合理利用和开发食用菌等农业野生资源，发展特色农产品加工。经过5—10年发展，形成与优势农产品产业相适应的加工布局，建成一批农产品加工骨干企业和示范基地，延伸农业产业链，提高农产品转化增值水平，提高农业综合效益，增加农民收入。

4. 高度重视农产品市场营销，不断完善农业社会化服务体系。加快农产品产地批发市场和营销队伍建设，积极开拓国内外市场，逐步建立规范有序、发达完备、快捷畅通的农产品流通体系。加快建立和完善农业科技创新、技术体系创新，以“良种工程”为依托，加快农业科技成果的推广，提高农业机械化水平，建设一批农业现代化综合试验示范区和农业高新技术园区。深化农业科技推广体制和供销社改革，完善乡村科技推广网络，形成社会力量广泛参与的农业社会化服务体系。加强农产品市场信息网络体系建设，建立农产品市场信息发布制度。加大对农业的支持保护，增加对农业和农村的投入。

（四）加强基础设施建设，推进城镇化进程

1. 以公路建设为中心，建成与中国通向南亚陆路大通道相适应的交通网络。抓住全省建设连接国内与南亚、东南亚、印度洋地区国际大通道的机遇，发挥我市面向南亚、印度洋地区的前沿优势，构筑出境陆路大通道及跨国旅游交通枢纽，建设以市内国道、省道、重要经济干线为主线，以经济开发区、重点旅游景区为节点，辐射所有乡村的公路交通网络。具体分三个层次推进：第一层次以市内320线、云保线、六东线、黄镇线、红勐线、腾龙线、毛黑线等国道、省道干线公路为主，构建“三纵一横”主骨架，形成内连相邻地州，外通周边国家的运输主干线。以市内保施线、保腾线、腾梁线、腾板线为主，建设通边三大通道。第二层次以保山城为中心，由沙河—丙麻—大田坝—柯街、大水平—湾甸—旧城—打黑—勐糯、镇安—五合—保腾线、龙陵—腾冲等路段形成环市公路，沟通市内主要厂矿企业、重要旅游景区景点及经济作物开发区。第三层次是改造县乡公路，提高乡村公路路线等级和路面等级，完善公路网络布局。力争早日实施泛亚铁路西线方案，修复开通中缅印公路，改造保山机场，建设腾冲机场，开辟保山通向省外、国外空中航线。到2010年，全市公路通车里程达1.2万公里，其中高速公路130公里，二级以上400公里，市到县、县到主干线的连接公路达到二级公路，县到乡实现4级以上弹石路标准。乡镇通班车率达100%，大通道网络格局基本形成。到2020年，市到县公路等级进一步提高，县到乡的公路实现油路面，乡到村公路大部分为四级弹石路面，通边、达县、达乡、到村的公路网络形成，为全面建设小康社会提供完备的交通保障。

2. 打牢水利基础，从根本上解决靠天吃饭的状况。坚持“全面规划、统筹兼顾、标本兼治、综合治理”和“巩固坝区，加强山区，发展热区，主攻旱地水浇，增强抗旱能力”的方针，抓紧病险水库除险加固和水库新建，整治中小河流，提高防洪能力，增加供水能力，增加有效灌溉面积，提高水的利用率和水利化程度，以水利现代化促进农业现代化；加强灌区建设，推进节水灌溉；大力发展山区小型水利，兴办“五小”水利工程，着力解决农村人畜饮水问题；加快水土流失治理步伐，切实抓好水资源保护，改善生态环境，建设秀美山川。到2010年，昌宁大城、龙陵三岔河、隆阳区红岩、腾冲甘露寺、隆阳区小地方等一批新的水利工程相继建成投产；保山坝、潞江坝、腾北等大型灌区配套改造基本完成，全市有效灌溉面积达40%以上，旱涝保收面积达60%以上，村镇自来水普及率达50%以上，城市供水保证率达95%以上。到2020年，全市建成水利“六大体系”水利现代化初具规模。

3. 加速发展信息产业，大力推进信息化。按照应用主导、面向市场、网络共建、资源共享、技术创新、竞争开放的发展思路，努力实现全市信息产业的跨越式发展，加速推进信息化，推动信息技术在国民经济和社会发展各领域的广泛应用。以覆盖全市各乡镇的程控电话、移动通信、广播电视和城市信息高速公路、多媒体系统工程为重点，推进政务、金融、外贸、广播电视、教育、科技、医疗卫生、社会保障和公用事业等领域的信息化进程。加快电子认证体系、现代支付系统和信用制度建设。加快计算机和网络知识普及，各级各类学校积极推广计算机及网络教育。大力发展高速宽带信息网，适时建设第三代移动通信网。强化网络与信息安全保障体系建设。建设基础市情、公共信息资源、宏观经济数据库及其交换服务中心，完善地理空间信息系统。促进电信、电视、计算机三网融合。

4. 推进城镇化进程，带动城乡经济协调发展。按照“统一规划、合理布局、因地制宜、综合开发、配套建设”的原则，突出以人为本、城乡统筹和可持续发展立足长远，循序渐进，走符合我市市情，中小城市和小城镇协调发展的城镇化道路，逐步形成合理的城镇体系。依托资源优势，突出隆阳、腾冲“两极”带动，把保山建成西部人居环境最佳城市之一，把腾冲建成集商贸、口岸、加工、旅游为一体的森林花园城市，把龙陵、昌宁、施甸三县建成各具特色的县域经济中心城市，构建以县城为中心，以建制镇为重点，中心城市带动周边集镇的不同层次、各具特色、功能各异的城镇发展格局。大力发展城镇经济，构筑城镇产业支撑体系，提高城镇吸纳就业的能力。树立经营城市理念，推进城建市场化进程。加强城镇基础设施建设，健全城镇居住、公共服务和社区服务等功能。以创造良好的人居环境为中心，加强城镇生态建设和污染综合治理，改善城镇环境。加强城镇规划、设计、建设及综合管理，全面提高城镇管理水平。

有重点地发展小城镇。坚持合理布局，科学规划，体现特色，规模适度，注重质量，逐步完善的原则，把发展的重点放在交通沿线、重要口岸、重要经济区和重点风景名胜区上，完善功能，增强实力，发挥农村地域性经济和文化中心的作用。把引导农村各类企业合理聚集、完善农村市场体系、发展农业产业化经营和社会化服务等与小城镇建设结合起来，繁荣小城镇经济。重点发展服务业和劳动密集型加工业。消除城镇化的体制和政策障碍，改革户籍制度，取消对农民进城就业的限制性规定，形成城乡人口平稳有序流动的机制。加快土地资源向土地资本转变，加快建立城镇建设投资主体多元化、融资方式多元化、运作方式市场化的新体制，实现城镇资源的有效配置和效益的最大化，推进城镇化进程。力争城市面积每年以2～3平方公里的速度递增，人口以3万人以上的速度增长，至2010年和2020年，城镇化水平分别达28%和45%，与全省城镇化水平基本同步发展。

（五）坚持“引进来”与“走出去”相结合，提高对外开放水平

坚持“改善环境、拓宽领域、扩大规模、突出重点、讲求实效”的原则，实施全方位开放战略，以大开放促进大开发、以大开发实现大发展。对外开放的发展目标是：到2005年，外贸进出口总额达8000万美元；2010年为1.5亿美元；2020年为5亿美元。实际利用市外资金年均增长15%以上，形成外向型经济的新优势。采取的主要措施是：

1. 着力改善投资环境，努力扩大招商引资。进一步深化政府机构改革，转变政府职能，减少行政审批，规范行政行为，推进电子政务建设，构建“一站式”高效服务平台，提高服务质量和工作效率。牢固树立“你发财、我发展”、“每个部门和每个人都是投资环境”的对外开放理念，推行和完善行政公示制、工作时限制、外商投资跟踪服务责任制、外商投诉制及对外商管理和服务部门的公开评议等制度，严肃查处“四乱”，着力营造“重商、亲商、安商、富商”的良好氛围。进一步加强基础设施建设，搭建物流、资金流、人流和信息流的平台，为外资进入提供便利条件。把招商引资作为对外开放的重点，建立招商激励机制，创新招商引资方式，采取节会招商、网络招商、上门招商、代理招商、产业招商、以商招商等多种形式，努力提高利用外资的规模和水平。

2. 发挥保山在中国——东盟自由贸易区建设中的桥头堡优势，争取先行先试。启动实施“走向南亚战略”保山先行一步。按照省政府“西接缅甸连印巴”的战略构想，力争早日恢复开通中缅印公路（即史迪威公路），构建中国陆路通向南亚的最便捷通道。不断提升与缅甸的经济技术合作水平，构建起发展与东盟及南亚各国合作的平台。大力支持和引导有条件的企业走出去，利用两种资源两个市场，拓展与周边国家在农业、能源、矿业、旅游开发、制造业等方面的合作，并在信贷、保险等方面给予支持。争取国家、省的支持，把腾冲列为参与中国——东盟自由贸易区的示范区进行先行先试。利用隆阳区、昌宁县、施甸县地处澜沧江流域中部的有利区位，着力推进“澜沧江—湄公河”区域合作，加强与澜沧江流域内国家和国际组织的经济技术合作，尤其是推进能源、旅游、农产品加工、商贸、人才资源的合作、使用与开发。

3. 进一步深化外贸体制改革，以贸易为龙头，产业为基础，科技为动力，实施科技兴贸和市场多元化战略。要充分利用世界贸易组织成员提供最惠国待遇、取消对我国歧视性限制等有利条件，努力开拓新市场，优化进出口商品结构，不断提高出口商品的技术含量和附加值。积极加强与缅甸等周边国家的经济贸易关系，坚持科技兴贸，提高工业产品技术含量，增强竞争力，努力扩大保山产品在周边国家的市场占有率。建设好“黑泥塘边民互市区”。采取引进来与走出去并举、政府协作与民间协作并举等方式，不断拓宽合作领域，实施深层次、宽领域、全方位的开放与合作。

4. 推进对内开放，扩大与国内的经济联合与协作。坚持经济与社会合作、政府间与民间合作并重，全面扩大与省内外的经济技术合作与交流。改善投资环境，把优势资源、产业、开发项目推向市场，吸引省内外企业和投资者落户保山；广泛开展与省内外大型企业和科研院所、高等院校的合作交流；抓住东部地区向中西部地区实施产业梯度转移的机遇，以项目为纽带，以企业为主体，通过合作、合资、控股、参股、技术转移等方式，兴办一批外向型加工企业。

(六) 深化改革，推进经济体制与运行机制创新

以适应社会主义市场经济发展的需要，继续深化各项改革，推进经济体制与运行机制创新。

1. 深化国有企业改革。一是加快建立现代企业制度。深化以产权制度改革为核心的国有企业改革，建立归属清晰、权责明确、保护严格、流转顺畅的现代产权制度，加快国有企业股份制改革，使股份制成为公有制的主要实现形式。全市国有及国有控股企业建立现代企业制度，形成规范的公司法人治理结构。继续推进企业转换经营机制，深化劳动用工、人事和收入分配制度改革。建立健全国有资产管理和监督体制。以明晰产权为重点深化集体企业改革，发展各种形式的集体经济。二是进一步增强企业的技术开发和创新能力。通过技术引进和实施技术创新工程，建立有利于技术创新的管理体制和激励机制，加大技术开发的投入，提高技术开发的能力。围绕“质量、品种、效益”，加大技术改造力度。三是加快行业调整与改组步伐。积极推进国有企业战略性改组，通过兼并、联合、重组等形式发展一批大公司和企业集团，形成规模优势，增强企业竞争力，最终达到重组改造培育壮大一批，有序退出转让一批，破产关闭取消一批，努力提高经济运行的质量和效益。四是创造良好环境，提高竞争力。加大分流富余人员、分离办社会职能的力度，妥善安置下岗职工，使企业轻装上阵，平等参与市场竞争。引导企业把竞争转到提高产品质量，改善售后服务上来。加强企业管理工作，提高经济效益。

2. 积极推进行政管理体制改革，实现各级政府从管理型向监督服务型转变。从适应建立社会主义市场经济体制和我国加入世贸组织的需要出发，按照精简、统一、高效的原则，进一步转变政府职能，调整优化政府组织结构和机关人员结构，理顺部门职能分工，减少行政审批，提高政府管理水平，努力形成行为规范、运转协调、公正透明、廉洁高效的行政管理体制。

一是树立新的行政理念。树立有限政府的理念，坚持有所为有所不为，改变过去政府大包大揽，事无巨细，无所不管的状况，切实履行好宏观调控、监督协调、提供服务的职能，着重在公共设施和基础设施建设等方面发挥作用。树立服务的理念，推进政府由管理型向服务型转变。树立开放的理念，以大开放促大发展，把保山的发展融入省内外、国内外大市场之中。树立效率的理念，推进政府决策灵敏高效，提高行政效率。树立法制的理念，政府及其工作部门要依据公开、统一的法律法规行使管理职能。

二是构建新的政府职能框架。强化政府宏观管理职能，主要是强化战略引导职能、平衡协调职能、保护职能。弱化政府微观管理职能，主要是弱化政府对资源的控制职能，弱化政府对微观经济的干预职能。要转化政府社会管理职能，向社会组织分权，把政府承担的技术性、服务性工作交给社会中介组织、社会公共服务组织和社会自治组织。

三是规范市场经济秩序，营造公平竞争的发展环境。按照 WTO 的公平竞争原则、透明度原则、无歧视原则，建立统一的政策支撑平台，做到公平行政，提高行政和执法的透明度。坚持依法行政，大力整顿和规范市场经济秩序，形成公平竞争、有序发展的良好经济环境。大力推进市场对内对外开放，促进商品和各种要素自由流动和充分竞争。大力发展资本和其他要素市场。建立健全社会信用体系，形成以道德为支撑、产权为基础、法律为保障的社会信用制度。

四是改革行政审批制度，切实把政府经济管理职能转到主要为市场主体服务和创造良好发展环境上来。加强审批管理，规范审批权力的行使，强化监督约束机制，提高办事效率。深化投资体制改革，进一步确立企业的投资主体地位，实行谁投资、谁决策、谁收益、谁承担风险。健全政府投资决策和项目法人约束机制。

五是加快“电子政务”建设，提高政府的服务水平和行政效率。建立完善市、县、乡三级政府信息网络，沟通上下之间、部门之间联系，实现资源共享和办公现代化。建立服务企业和社会的政策法规网站，及时公布国家和省市制定的政策法规，便于企业和公众查阅。为产业发展和企业提供市场信息服务。通过建立政府信息站，沟通与国内外市场联系，及时为企业和农民提供市场信息。发展网上招商，使招商项目宣传、推荐不受时间、地点、条件限制。

六是积极培育和发展中介组织，为政府转变职能提供载体。大力培育发展各种行业协会、各种事务所、物业管理等社会中介组织。促进政企、政事、政社分开，政府对企业的管理由直接向间接转变、对经济的管理由微观向宏观转变后，政府退出的经济管理职能要充分发挥社会中介组织的重要作用。

（七）千方百计扩大就业，不断改善人民生活

适应发展社会主义市场经济和全面建设小康社会的需要，坚持人口资源与社会经济的协调发展，控制人口增长，提高人口素质，积极扩大就业，健全社会保障体系，改善人民生活。

1. 完善就业机制，充分扩大就业。发展经济，拓宽渠道，改善结构，提高素质，努力扩大就业，形成市场导向的就业机制和适应社会主义市场经济要求的就业服务体系，实现城乡劳动力的有序流动和合理配置，逐步统一城乡劳动力市场，加强引导和管理，形成城乡劳动者平等就业的制度。到2005年，全市城镇新增就业2.5万人，转移农村劳动力30万人次，城镇登记失业率控制在5%以内，一、二、三产业从业人数的比例为65∶15∶20；到2010年，全市城镇新增就业5万人，转移农村劳动力50万人次，城镇登记失业率控制在6%以内，一、二、三产业从业人数的比例为50∶20∶30；到2020年，全市城镇新增就业10万人，转移农村劳动力80万人次，城镇登记失业率控制在6%以内，一、二、三产业从业人数的比例为35∶25∶40。劳动预备制度和职业资格证书制度全面实行，劳动者整体素质明显提高，从事国家规定职业（工种）的从业人员实行职业资格证书制度。

2. 建立完善的社会保障体系，不断提高保障水平。建立健全独立于企事业单位之外，资金来源多元化，保障制度规范化，管理服务社会化的社会保障体系，使城镇劳动者得到基本的社会保障，不断提高保障水平。到2005年基本养老保险、失业保险、医疗保险、工伤保险、生育保险参保人数达到应参保人数的90%。到2010年达到应保尽保，所有的城镇劳动者均能享受到基本的社会保险。到2020年，各项社会保障制度十分完善。

努力探索农村社会保障的路子，积极推进农村养老和基本医疗保险制度的改革进程。到2005年，基本理顺和规范农村养老保险，逐步扩大参保范围，使符合条件的人员享受到基本养老保险待遇。结合农村合作医疗制度的推行，做好农村基本医疗保险的实施工作。

巩固和完善城市居民最低生活保障制度，实现应保尽保的目标，不断提高保障水平，确保城镇困难群体生活。认真做好优抚安置、救灾救济、社会互助等社会保障工作。推进收入分配制度改革，完善按劳分配为主体、多种分配方式并存的分配制度，坚持效率优先、兼顾公平，各种生产要素按贡献参与分配，形成“市场机制调节、企业自主分配、职工民主参与、政府监督指导”的企业工资分配新体制。职工实际年均工资增长5%左右。

3. 大力推进扶贫开发。2005年，解决20万特困人口的温饱问题。2010年前，基本解决32万特困人口温饱问题，帮助温饱不稳定的约50万贫困人口脱贫致富。2020年，全市农村低收入人口（以2000年价格计算，年人均纯收入低于1500元）控制在农业总人口的5%以内。主要措施：一是在184个扶贫开发重点村实施综合开发工程。二是在20个边境、民族特困乡实施扶贫综合开发工程。三是在500个自然村实施扶贫安居温饱村建设工程。实施以通电、通水、通路、改灶、改厕、改厩、建家、建园、建池和增加农民收入（即“三通、三改、三建、一增收”）为主要建设内容的安居温饱专项工程，改善群众生产生活条件，改变村容村貌，支持增收产业发展，扶持农户发展经济，增加收入，尽快解决温饱。四是实施8万人易地开发扶贫工程。对居住在生存条件恶劣、自然资源贫乏地区、丧失基本生存条件的8万特困人口实行易地开发扶贫。五是农村小额信贷扶贫新增扶持7万户农户。六是加强贫困地区基础设施建设。加大投入力度，继续抓好改土、治水、办电、通路、绿色工程的实施，解决农村人畜饮水困难，提高农户用电率，改善通信条件，加快市场体系建设，搞活流通，大力发展小集镇。七是大力发展教育、科技、文化、卫生、广播电视等各项社会事业，开发人力资源，提高人口素质。八是组织机关、团体、企事业单位定点挂钩扶贫，鼓励各种经济组织参与扶贫开发，扩大与国际组织的交流与合作。

4. 加强生态环境保护与建设，实现可持续发展。认真落实计划生育、环境保护基本国策，树立循环经济发展理念，积极推进经济体制和经济增长方式的转变，在保持国民经济持续、快速、健康发展的同时，控制人口增长速度，合理开发和节约使用各种自然资源，提高资源综合利用率，保护生态环境，使经济社会发展同人口、资源、环境相协调。发展目标是：2005年，全市人口控制在246万以内，2010年，控制在256万以内，2020年控制在274万以内。到2020年，市内的所有工业企业实现达标排放和清洁生产，五县区城市（镇）空气环境质量优于二级标准，城市生活饮用水源水质达标率达到100%，城市生活污水处理率达85%以上，城市垃圾无害化处理率达90%以上，有林地森林覆盖率达60%，自然保护区面积占全市国土面积的10%以上，生态环境得到改善，可持续发展能力明显增强。主要措施：一是坚持计划生育基本国策，促进优生优育，提高人口素质。围绕稳定低生育水平、提高出生人口素质这个主要任务，全力推进国家、省计划生育政策法律的贯彻落实，依法转变工作思路和工作方法，通过制度创新，建立起符合社会主义市场经济体制的计划生育工作管理机制。坚持发展经济与控制人口两手抓，把人口与计划生育工作纳入总体规划，与经济建设共同部署，协调推进。二是抓好生态建设与环境保护。坚持保护环境和保护资源的基本国策，提高全市人民的环保意识，切实利用现代科学技术，依靠全社会的力量，保护好现有自然资源和生物资源、生物多样性；大力开展封山育林、植树造林，搞好退耕还林还草，有效治理水土流失，以澜沧江、伊洛瓦底江流域为重点，完成一批对恢复和提高全市生态环境有重大作用的工程，建立起优良的陆地森林生态体系、水土流失防治体系、农田生态体系、生物多样性保护体系，努力实现生态环境的良性循环。在2020年使全市水土流失地区基本完成整治，宜林荒山荒坡基本为绿色植被覆盖，水土流失基本得到有效控制；坚持在保护中开发和在开发中保护的原则，实行环境与发展综合决策，充分发挥资源优势，走生态建设产业化和产业发展生态化的路子，努力实现经济发展与环境保护“双赢”。三是控制环境污染，维护生态平衡。实行污染物排放总量控制，加大对企业污染治理和城市环境基础设施建设力度，推行全面达标排放和排污许可证制度，搞好城市环境综合整治，治理大气、污水、垃圾、噪声等污染，改善城市环境质量，促进人与自然和谐，推动我市走上生产发展、生活富裕、生态良好的文明发展道路。

（八）大力发展社会主义文化，建设社会主义精神文明

1.坚持用“三个代表”重要思想统领文化建设和精神文明建设。以理想信念教育为核心，坚持不懈地进行党的基本理论、基本路线、基本纲领的教育，巩固和加强马克思主义的指导地位，用马克思列宁主义、毛泽东思想、邓小平理论和“三个代表”重要思想教育人民，弘扬爱国主义、集体主义、社会主义精神，在全市形成建设有中国特色社会主义的共同理想和精神支柱。发扬自力更生、艰苦奋斗的创业精神，提倡勤俭办事业，反对奢侈浪费，形成全市人民奋发向上的强大动力。深入开展“三个代表”重要思想的教育，弘扬讲学习、讲政治、讲正气的风气。全面贯彻《公民道德建设实施纲要》，大力倡导社会公德、家庭美德和职业道德，特别是加强青少年的思想政治、道德品质、心理健康和法制教育，努力建立适应社会主义市场经济发展的思想道德体系，创造青少年健康成长的社会环境。加强科学知识、科学方法、科学思想、科学精神的宣传教育和普及，反对封建迷信。以提高市民素质、城乡文明程度和居民生活质量为目标，大力开展群众性精神文明创建活动，倡导科学文明健康的生活方式。加强对新闻舆论、社会文化、休闲娱乐等各种思想文化阵地尤其是新闻网站的建设和管理。加强爱国主义教育基地的保护和建设。

把握时代精神，坚持正确方向，发展新闻出版、广播电视等各项事业。加强文艺理论研究，繁荣文学艺术，努力提高精神产品的质量，生产出更多的无愧于时代和人民的优秀作品。加强图书馆、博物馆、文化馆、科技馆、档案馆和青少年活动场所等文化设施建设，努力巩固和拓展社会主义文化阵地，形成健康向上的舆论环境、文明和谐的社会氛围和丰富多彩的文化生活。坚持把社会效益放在首位、社会效益和经济效益相统一的原则，深化文化、广播电视、新闻出版体制改革，建立科学合理、灵活高效的管理体制和文化产品生产经营机制。继续实行支持文化事业发展的有关政策，增加对重要新闻媒体和公益文化事业的投入。加强民族文化遗产保护。积极开展对外文化交流，完善文化产业政策，加强文化市场建设和管理，推动文化产业发展。

2. 实施科教兴保战略，不断提高全市各族人民的科学文化素质。把科技、教育摆在优先发展的战略地位，全面推进科教兴保战略的实施。以新的农业科技革命为契机，以市场为导向，大力推广优良品种，发挥科技第一生产力在现代农业发展中的主导作用，积极发展特色、优质、高效、高产、绿色环保农业，增加农民收入。积极引进适用先进技术改造提升传统工业，以信息化带动工业化。加快引进能够带动产业结构升级的新技术，加大对食品加工、电矿业、建材、林产品加工、制药等优势骨干产业的技术改造，推进传统产业技术升级，提高产品技术含量和竞争力。

深化科技体制改革，在全社会建立健全科技创新和成果转化的激励机制，完善科技推广应用和创新体系，实现科技和经济社会发展紧密结合。确立企业技术创新和科技投入的主体地位，多渠道增加科技投入，逐步使政府投入为主的科技投资体制转向社会投入为主的多元化投资体制。积极发展科技型企业，把企业培育成技术创新开发的主体。建立服务功能社会化、网络化的科技中介服务体系。进一步完善和壮大农村科技示范村、示范户，加大适用技术培训力度，提高农村劳动者素质。切实增强各级领导干部的科技意识。重大决策实行科学化和民主化。推动全社会崇尚科学，弘扬科学精神，提高科技普及率。2010年科技进步对国民经济增长的贡献率达到45%以上，2020年达到60%以上。

大力发展教育事业，构建现代教育体系和终身教育体系，建设学习型社会。坚持教育创新，深化教育改革，优化教育结构，合理配置教育资源，提高教育质量和管理水平，全面推进素质教育。加快发展普通高中，优化高中布局。调整中等职业教育的布局和结构，优化资源配置，实现教育资源的优化组合，提高整体规模效益。积极发展民族教育和实施教育扶贫工程。发展民办教育，促使社会力量办学健康发展，形成公办学校和民办学校共同发展的格局。成人教育以岗位培训和继续教育为重点，建立终身教育体系。积极发展高等教育，建成保山大学。努力改善校舍条件和教育技术装备，提高现代教育技术水平。加强教师队伍建设，实施全员聘用和教师资格准入制度，提高教师的师德和业务水平。完善和规范以政府投入为主、多渠道筹措经费的教育投入体制，不断增加教育投入。到2010年，“普九”整体水平明显提高，高中阶段、高等教育毛入学率分别为55%以上、16%以上，人均受教育年限8年以上。到2020年，在全市普及高中阶段教育，高等教育毛入学率达30%，人均受教育年限13年以上。

加快实施人才强市战略，创新人才工作机制，培养、吸引和用好各类人才。建立开放灵活的人才吸引和激励机制，充分发挥现有人才的作用，积极引进现代化建设急需的各类人才，多层次、多渠道、大规模地开展人才培训，重点培养一批高层次和高技能人才。从战略的高度，加强党政人才、企业经营管理人才和专业技术人才的建设。充分发挥市场对人才资源的基础性配置作用，促进人才合理流动，形成优秀人才脱颖而出和人尽其才的良好环境。

3. 积极发展文化事业和文化产业，建设“文化新保山”。抓住云南省建设“民族文化大省”的机遇，发挥保山独特的文化资源优势，把握先进文化前进方向，积极发展文化事业，做大做强文化产业。努力推动文化观念、管理体制和运行机制、文化产品生产和服务方式的创新。以走向市场为突破口，加快文化体制改革，公益性文化事业单位要面向市场、面向群众，更好地服务社会；非公益性和能够进行市场化经营的文化单位要创新体制、转换机制、进入市场、增强活力。放宽民间资本投资文化建设的市场准入领域，疏通民间资本和社会资本进入文化领域的渠道，发展各种所有制形式的文化经营单位，调动整个社会力量办文化，促进文化事业和文化产业发展。以深化文化体制改革为主线，创新机制，增强活力，培育市场，抓紧建设环保山坝文化大走廊，保山永昌文化产业示范园、潞江坝多元民族文化生态旅游观光区、高黎贡山丝绸古道文化生态旅游观光区、腾越文化产业示范园、和顺侨乡历史文化旅游观光区、印缅文化风情园、中国生态SPA康乐园、松山抗战文化旅游观光区，组织好中国腾冲火山热海旅游节、中国保山端阳花市、中国保山澜沧江啤酒狂欢节和中国滇西抗战国际文化旅游观光节等活动。扶持发展一批龙头企业，加快文化产业的发展。全面实施社区文化建设，整合文化资源，完善文化设施，开展科学、健康、文明的文化活动，不断提高居民的思想道德素质和科学文化素质，为群众创造一个文明、健康、祥和的社区居住环境。抓文化精品，促文艺繁荣，进一步增强文化事业的创新和自我发展能力，初步建立起管理科学、法制健全、规范有序、繁荣兴旺的文化市场，以满足人民群众日益增长的文化生活需求。深化体育改革，构建群众体育服务体系，增强全民体质。到2010年，文化产业在全市生产总值中的比重达10%以上，2020年达到15%以上。

4. 大力推进卫生事业的发展。深化卫生改革，建立与社会主义市场经济体制相适应的卫生服务体系和医疗保健体系。加强公共卫生设施建设，充分利用、整合现有资源，建立健全疾病信息网络体系、疾病预防控制体系和医疗救治体系，提高公共卫生服务水平和突发性公共卫生事件应急能力。全面实施区域卫生规划，合理调整卫生资源布局，加强卫生行业管理，全面实施农村初级卫生保健。大力开展社区卫生服务，着力改善农村卫生医疗条件，积极建立新型农村合作医疗制度，提高城乡居民的医疗保健水平。搞好环境卫生建设，树立全民卫生意识。健全卫生监管体系，保证群众的食品、药品和医疗安全。

（九）发展社会主义民主，建设社会主义政治文明

1. 改革和完善党的领导方式和执政方式。按照党委“总揽全局，协调各方”的原则，规范党委同人大、政府、政协以及人民团体的关系，使之各司其职，各负其责，相互配合，化解矛盾，凝聚力量。党委总揽而不包办，协调而不替代，各方的事由各方去办，各方之间的事由党委协调。坚持依法执政，就要求党委对国家政权机关的领导及其相应的程序和手续都要符合法律的规定，就必须进一步改革和完善党委的工作机构和工作机制，调整好同国家政权机关的职能交叉和重叠的工作机构。

2. 推进社会主义民主，保障人民当家做主的权利。加强各级人民代表大会的监督工作，密切人大代表同人民的联系。充分发挥人民政协政治协商、民主监督、参政议政的作用，支持各民主党派工作。各级政府都要自觉接受同级人大的监督，主动听取政协和各社会团体的意见。实行民主选举、民主决策、民主管理和民主监督，保证人民依法享有广泛的权利和自由，尊重和保障人权。加强城乡基层政权机关和群众性自治组织建设，扩大市民有序的政治参与，引导人民群众依法参与经济、文化和社会事务管理。做好信访工作。完善村民自治，加强社区民主建设，坚持和完善以职工代表大会为基本形式的企业民主管理制度，实行政务、厂务、村务公开。发挥工会、共青团、妇联等群众组织的桥梁和纽带作用。发展平等、团结、互助的社会主义新型民族关系，促进各民族共同繁荣和进步。全面贯彻党的宗教政策，保障公民宗教信仰自由，依法管理宗教事务，积极引导宗教与社会主义社会相适应。贯彻党的侨务政策，广泛发展爱国统一战线。

3. 加强法制建设，提高法治水平。坚持有法可依、有法必依、执法必严、违法必究的原则，从司法、行政执法、法律监督、法律服务和普及法律知识等方面全面推进法制建设。围绕依法治国方略，重点突出普法依法治理工作和法律援助工作。提高行政执法水平，增强全民法律素质，尤其要增强公职人员的法制观念和依法办事能力，提高依法治市水平。推进规范国家权力运行、社会保障和社会中介组织等方面的法律法规建设。推进司法改革，完善司法体制，健全侦查、检察、审判、执行等制度，强化司法保障和法律监督，支持依法独立行使审判权和检察权。依法办案，反对地方保护主义，严格执法，公正司法。推进政府工作法制化，依法行政，从严治政。加快推行执法责任制、评议考核制，提高行政执法水平。健全依法行使权力的制约机制，加强对权力运行的民主监督、群众监督和舆论监督。加快廉政建设法制化步伐，深入开展反腐败斗争，严肃查办违法违纪案件。推进各项事业的依法管理，提高社会管理的法制化水平。深入开展法制宣传教育。加大政法基础设施建设力度，建设高素质的政法队伍。认真研究社会稳定面临的新情况新问题，正确处理新时期人民内部矛盾，确保社会稳定。依法打击邪教和利用宗教进行的非法活动。切实把社会治安综合治理措施落实到基层，严厉打击危害社会安全和社会治安的严重刑事犯罪活动和各种恶势力，扫除黄赌毒等社会丑恶现象。加强治安防范工作，提高对突发性事件的快速反应和处理能力。

五、实施规划的保障措施

（一）统一思想，形成共识

党的十六大提出的全面建设小康社会的奋斗目标，是一个集宏观与微观、城市与农村、政治经济文化与生态环境及人的全面发展在内的综合性、系统性目标。实现这个目标，全国大体用20年时间，力争使国内生产总值比2000年翻两番，人均超过3000美元。我市要实现这一目标，经济年均需增长11.9%，增长的速度远远高于全国、全省，因而实现的难度大于全国、全省。由目前全市较低水平的小康向较高水平的全面小康迈进，并非轻而易举。全市各级领导、广大干部职工和各族人民群众，一定要认识实现这一目标的艰巨性、紧迫性和重要性，一定要牢记发展第一要务，按照党的十六大的要求，发展要有新思路，改革要有新突破，开放要有新局面，各项工作要有新举措，将全面建设小康社会的各项目标落到实处，统一思想，与时俱进，不断推进各项事业发展。要加强《规划》宣传，让《规划》中的发展思路、目标任务真正成为全市上下、全社会的共识，形成实施《规划》的合力。

（二）改进作风，狠抓落实

各级各部门要发扬求真务实的工作作风，认真按照中央“八个坚持、八个反对”的要求，坚决克服形式主义、官僚主义，重实际、说实话、办实事、求实效。要进一步转变政府职能，改进管理方式，提高工作效率。各部门要认真履行职能，扎实工作。要从讲政治的高度，确保政令畅通。要建立和完善层层抓落实责任制，强化督促检查，推进各项工作落实。

（三）切实加强领导，精心组织实施

实现全面建设小康社会规划的主要目标，关键在加强领导，精心组织实施。与《纲要》相配套，还要分批颁布和实施生态环境、工业化、城镇化、科技教育等一批重点专业规划。市政府在制定和执行国民经济和社会发展年度计划时，将分年度落实《纲要》提出的目标和任务。各地、各部门要把《纲要》作为制定发展计划的重要依据，从实际出发，制定切实可行的具体措施，认真落实好《纲要》提出的主要目标和任务。政府要对年度计划的执行情况进行定期分析检查，及时发现和掌握规划实施中出现的问题和困难，并采取措施加以应对和解决。人大、政协对规划的分年度执行情况依法进行工作监督、民主监督。

保山市新型工业化重点产业发展规划纲要

（摘自2004年5月8日《保山市人民政府关于印发〈保山市新型工业化重点产业发展规划纲要〉的通知 保政发〔2004〕71号》）

根据省委、省政府《关于走新型工业化道路实施工业强省战略的决定》，为理清发展思路，确立“工业立市”的战略，更好地发挥工业在我市经济发展和全面建设小康目标中的重要作用，推动全市工业的跨越式发展。结合保山实际，特编制2004—2020年《保山市新型工业化重点产业发展规划纲要》（以下简称《规划纲要》）。

一、保山市工业概况和发展环境

（一）基本现状

经过半个多世纪的努力奋斗，特别是改革开放20年来的发展，初步形成了蔗糖、电力、冶金、煤炭、建材、食品加工、医药等产业。工业增加值占生产总值的比重为11.10%，人均生产总值（当年价）3662元。工业增加值占全省工业增加值的1.12%，排列11位。全市财政收入中，工业收入占22.7%。

（二）工业化水平

2003年，人均生产总值442美元，经济水平处于工业化初期；国民经济三次产业的比重为37.2∶20.3∶42.5；三次产业就业结构为77.66∶8.01∶14.33；城镇化水平为19.54%；三项指标均处于工业化准备期。总体上，我市工业化水平还处在工业化准备期。

（三）发展环境

1. 困难与挑战

工业发展严重滞后，经济效益差。2003年，全市完成工业总产值28.88亿元，工业增加值9.7亿元，居全省11位，低于全国增速6个百分点。占全市GDP比重仅为11.1%，比全省工业增加值占GDP的比重35.2%低24.1个百分点，比全国平均水平45%低33.9个百分点，在全省16个地州中，倒数第2位（仅高于西双版纳州）。规模以上工业企业经济效益综合指数为54.36%，比全省平均综合指数157.44%低103.08个百分点。规模以上工业企业中亏损企业33户，占56.9%，亏损额达4705万元。

产业、产品结构、资源配置不合理，集约化程度低。我市工业是以自然资源利用、初级原材料加工为主的传统产业，规模小、管理差、技术水平低。规模以上工业企业拥有资产456251万元，平均每户拥有资产7866万元，仅为全省规模以上工业企业平均拥有资产13412万元的58.61%。很多企业没有达到起始经济规模，技术装备落后，大多属国内落后水平。工业产品技术含量低、附加值低、产品雷同、缺乏具有自主知识产权的产品、精深加工产品和名优产品，优势资源开发程度低、配置不合理等因素都严重制约着工业经济的发展。

投入不足，基础设施薄弱，人才缺乏。近几年更新改造投资维持在2亿元以内，工业投资占全社会固定资产投资比重不到20%。“八五”期间，全市工业固定资产累计投资占全社会固定资产投资总额比重为40.1%，“九五”期间所占比重为16.98%，“九五”与“八五”相比，工业投资比重降低了23.12个百分点，2001—2003年工业投资比重仅为18.88%。由于投入的减少和投入项目质量不高，导致工业徘徊不前。电力、交通等基础设施建设仍不适应工业化进程的需要。全市电力装机容量19.65万kW，多为调节能力差的径流式电站，枯水期最大出力仅为7万~8万kW，电网建设滞后、供电质量差、线损偏大等问题突出。

高素质人才资源稀缺，一是缺高素质、复合型的管理人才；二是缺高层次专业技术人才；三是缺高级技工，全市工业专业技术人员占全部工业企业从业人员的比重为5.56%。

对工业发展的认识不足，缺乏责任心和实干精神。一是不会干，有的干部虽然也知道工业的重要性，但缺乏领导工业经济的知识和本领，提不出好的发展项目，找不到发展的突破口，工业发展成效小、效果差。二是不敢干，认为保山条件太差，发展工业困难重重，怕失败，怕担风险，怕短期内出不了政绩。三是不愿干，思想认识不到位，在一定程度上还存在不愿发展、不敢发展的思想。工作只停留在一般的号召和会议上，拿不出发展工业的具体措施和办法，对工作部署安排得多，检查落实得少，没有扑下身去干工业的精神。四是不好干，工业发展环境差，有的部门和个人不是集中精力为企业解决问题，落实政策，搞好服务，而是从自身利益出发，不给好处不办事。

2. 条件和机遇

一是党的十六大明确提出了走新型工业化道路，十六届三中全会对完善社会主义市场经济体制作了新的全面部署，只要我们按照“五个统筹”、“五个坚持”的要求，深化经济体制改革，进一步解决好阻碍经济发展的体制、机制问题，就能为推进新型工业化提供体制保证。

二是国家实施西部大开发战略，促进了我市基础设施建设和城镇建设，改善了投资“硬”环境，将吸引国内外资本参与水能、矿产和生物等优势资源的开发，带动一批重点项目的建设和产业结构的优化升级。

三是我国加入世贸组织，特别是中国——东盟自由贸易区的建设，通向东南亚、南亚国际大通道战略的实施，将使我市的区位优势更加明显。为我们扩大开放，大力发展加工贸易，加快外向型工业发展，把我市建成面向东南亚、南亚陆路大通道的“桥头堡”，提供了更为有利的条件。

四是沿海发达地区加速产业升级换代，国际资本看好中国市场，为我市承接产业转移创造了机会。

五是我市较为丰富的水能、矿产和生物资源为加快工业发展奠定了坚实的基础。全市水能资源理论蕴藏量为222.2万千瓦（不包括怒江、澜沧江干流），可开发利用量160.6万千瓦，并且开发条件优越，水能资源的有效开发将把电力产业建成我市重要的支柱产业。同时，随着能源“瓶颈”问题的解决，将为其他产业的快速发展提供有力保障。我市目前已探明的主要矿产资源有铁、钛铁、铅、锌、锡、铜、铍、镉、硅、煤、硅藻土、硅灰石、高岭土、大理石等，冶金矿业将成为我市又一重要支柱产业。生物资源富集、气候独特、生态环境良好等优势是培育发展生物资源、开发创新产业和绿色经济的重要基础。

二、发展思路和目标

（一）发展思路

牢固树立“工业立市”的思想，始终坚持科学的发展观，按照“五个统筹”的要求，充分发挥比较优势，抓住机遇，深化改革，实施可持续发展战略，优化工业结构和产业区域布局，增强品牌意识，努力转变经济增长方式，改造提升冶金产业，做深做精农特产品加工业，加快发展新兴产业，发展壮大能源产业，做强做大建材产业，提高工业经济实力，努力推进新型工业化进程，加快保山经济发展。

（二）指导性目标

工业经济总量：预计2005年，全市工业产值达40亿元；2010年150亿元；2020年650亿元。5个重点产业（冶金产业、农特产品加工产业、新兴产业、能源产业、建材产业）2005年产值达35亿元；2010年120亿元；2020年515亿元。预计2005年全市工业增加值完成13亿元；2010年45亿元；2020年230亿元。“5个重点产业”增加值2005年完成10亿元；2010年40亿元；2020年185亿元。

产业结构优化升级：全市工业增加值占全市生产总值的比重2005年15%；2010年25%；2020年35%以上，其中：“5个重点产业”增加值比重2005年达10%；2010年20%；2020年30%。全市综合经济效益指数2010年达110%；2020年达130%。工业劳动生产率2010年达到人均5万元以上，2020年达10万元。新产品产值占工业总产值比重2010年达到10%，2020年达15%以上。技术进步对工业增长的贡献率2010年达25%，2020年达40%。

到2005年培植年产值上亿元企业5户，省级以上名品牌产品5个。到2010年，采取自我包装和借壳上市等方法，争取电力股份公司等5户大企业（集团）成为上市企业；加大龙头企业扶持力度，培植年产值上亿元企业10户；打造省级以上名牌产品10个；建材、铅锌、食糖、煤炭、硅冶炼、医药等行业，必须在五年内完成行业整合。

国民经济可持续发展：每万元产值能源消耗，2010年控制在1.8吨标准煤/万元以下，2020年控制在1.5吨标准煤/万元以下；工业污染治理、工业废水、废气排放总量控制在国家允许值范围内；工业废弃物综合利用率2010年达20%以上，2020年达50%以上。

城镇化水平：全市城镇化率2005年达到23%，2010年达到28%以上，2020年达45%以上。

人力资源利用：2010年工业从业人员达7万人，其中：工程技术人员0.5万人；2020

年工业从业人员达10万人，其中：工程技术0.8万人。工业从业人员占全社会从业人员比重2010年比2005年提高2个百分点，2020年提高4个百分点。

人才培养：企业营销管理、中高级技工培训，2005年1300人，2010年2300人，2020年4600人。工业投入：2003—2005年力争20亿元，2006—2010年31亿元，2011—2020年148亿元。

三、重点产业发展规划要点

（一）改造提升冶金产业

2003年产铁矿石原矿74.42万吨，钢19430吨，成品钢材17771吨，锡、铅5592吨，锌10153吨，工业硅17424吨，完成工业增加值1.1亿元。

发展目标：预计2005年冶金工业实现产值11.5亿元；2010年40亿元：2020年200亿元。2005年实现增加值2亿元；2010年10亿元；2020年60亿元。

发展方向：优化资源配置，合理布局生产力，提高深加工能力，延伸产业链，提高产品附加值，同时做好后续资源的勘探及生态环境保护工作。立足国内，多方式、多渠道利用国外资源。按照“集约开采，高效利用”的原则，在保护生态环境的基础上，实现矿产资源优势向现实经济优势的转化。

发展重点：加大矿产资源勘探力度，优化资源配置，以促进集约化生产和提高深加工能力为重点，采用先进适用技术改造传统冶金产业。打破地域界限，将有限的资源向优势企业集中，避免低水平重复建设，做好相关利益分配协调工作。加快恒益经贸有限责任公司年产200万吨铁矿采选生产线建设；引进有实力的大企业、大集团建设钢铁生产线；抓好云南永昌铅锌股份有限公司高压浸出技术及装备处理高铁硫化锌精矿产业化推进项目及1万吨/年氧化锌粉生产线建设。坚持走矿电结合道路，以市场为导向，本着矿电“双赢”的原则，建立合理的矿电价格机制。对现有硅冶炼行业进行行业整合、技术改造，提高科技含量，促进产业升级。

（二）做深做精农特产品加工产业

2003年全市农特产品加工产值9亿元，实现增加值1.57亿元。生产食糖278830吨，其中：机制糖278524吨，实现产值6亿元，工业增加值1.1亿元。产精制茶480吨。

发展目标：预计2005年农特产品加工业实现产值13亿元；2010年30亿元；2020年140亿元。实现工业增加值2005年4亿元；2010年11.5亿元；2020年52亿元。

发展方向：稳步发展制糖业，提高茶叶品质与附加值，加快发展绿色、特色、功能性保健食品、饮品。

发展重点：全面实施“绿色标准、绿色基地、绿色企业、绿色市场、绿色品牌”的五绿工程，建设农特产品加工基地。以资源为依托，发展名、特、优食品，使食品工业产值占农业产值的70%以上。

1. 烟草加工业

2003年完成烟草加工产值0.99亿元，工业增加值0.27亿元。复烤烟叶7827吨，香料烟3988吨。

发展方向：在充分考虑烟草双控的趋势下，发展优质、安全型烟草，走品牌化道路。

发展重点：力争把保山建成具有国际水平的安全型、保健型卷烟原料基地和全国最大的晾晒烟基地之一。建设优质烤烟基地50万亩，抓紧香料烟公司年产4000吨香料烟低温干燥生产线建设，提高复烤烟叶和香料烟的品质，同时发展白肋烟、生切烟、马里兰烟，2005年烟草加工产值达2亿元。

2. 蔗糖业

围绕发展规模制糖，提高市场竞争力为目标，稳步发展蔗糖业，到2010年甘蔗种植面积稳定在50万亩，吨糖田20万亩左右。通过糖业行业整合和技术改造，发展多样化、系列化产品。引进和使用先进的制糖技术，提升食糖品质，开发糖、酒精深加工产品，提高对蔗渣等副产品的综合利用水平，产值达10亿元。

3. 畜产品加工业

大力发展优质畜产品，一是抓好畜产品加工第一车间的建设，与有关科研院所联合进行品种改良，保证产品原料量的供应和质的达标。二是加紧云南保龙食品有限公司年产4.5万吨牛羊肉冷冻制品加工项目建设，争取早日投产达产。三是要积极引导施甸食品加工行业做好整合工作，树龙头，创品牌。到2010年畜产品加工产值达7亿元。

4. 粮食制品、食用植物油加工业要树立品牌意识，加强质量管理，引进先进生产工艺和技术，实施规模化生产，提高市场竞争力。到2010年面条产量达26500吨以上，产值1亿元以上；饵丝产量达2万吨以上，产值8600万元以上；面粉产量达53000吨以上，产值1亿元以上；植物油产量达1万吨以上，产值8000万元以上。

5. 饮料业

茶叶生产着重产品提质和创品牌，要扩大生态茶、有机茶产量，发展袋泡茶、香味茶、药茶，提高茶产品的科技含量和档次。到2010年，茶园面积保持40万亩左右，其中无性系良性茶园10万亩，有机茶园2万亩，茶叶加工产值1.2亿元。

酿酒业要坚持优质、低度、多品种、低消耗和“四个转变”（普通酒向优质酒，高度酒向中低度酒，蒸馏勾兑酒向酿造酒，粮食酒向果露酒转变）的方向，重点扶持果露酒、啤酒、名优白酒，突出品牌优势。2010年啤酒产量达10万吨以上，产值3亿元以上。整个酿酒业产值达4亿元以上。

咖啡生产要充分发挥“潞江”品牌的效应，积极引进合作伙伴，开拓国内外市场。鲜乳饮品、矿泉水等要提高产品质量，引进和打造品牌。

依靠龙头企业大力发展山葵、果蔬保鲜、果蔬汁、果脯、林果产品深加工，尤其要大力发展保鲜、休闲、功能性食品。在五年内形成制糖业、制茶业、饮品业（啤酒、白酒、矿泉水）、畜产品、咖啡等几大集团公司。

（三）加快发展新兴产业

发展目标：预计新兴产业2005年实现工业总产值2亿元：2010年达到30亿元；2020

年达到115亿元。实现增加值2005年1亿元；2010年达到10亿元；2020年达到43亿元。

1. 医药业

我市制药工业已有376年历史，“腾药”、“东方”两个注册商标在本省和东南亚华人地区有极高的知名度，“腾药”商标被评为云南省著名商标，目前两厂拥有国药准字产品120多个。2003年我市医药业实现工业总产值4807万元，工业增加值3000万元。预计医药业2005年实现工业总产值1.5亿元；2010年达20亿元；2020年达85亿元。实现增加值2005年1亿元；2010年5亿元；2020年30亿元。

发展方向：依托资源优势，引入战略合作伙伴，引进先进适用技术，实现产品的升级换代，做大做强我市的生物制药业。

发展重点：应用现代生物技术，促进以中药材标准化、规模化种植的原料基地建设。重点建设腾冲万亩银杏基地和龙陵万亩石斛基地；高黎贡山海拔2000米左右地区的万亩植物药材种植基地；腾冲南部亚热带、温带地区的“心脉隆”药源蟑螂为主的动物药材养殖基地。近期抓紧国家二类新药“心脉隆”的规模化生产的投产和石斛枫斗的生产及石斛保健药品的开发研究。同时，加大对传统中药的产品改造升级，培育3～5个销售达亿元的品牌产品。实施引进战略，在天然药物、保健药物的开发、银杏加工及银杏酮等生物药中间体提取方面有一个大的突破。

2. 丝麻加工业

发展方向：抓住国家实施“东蚕西移”战略和消费者绿色、环保衣着流行趋势加快的有利时机，充分利用保山的气候资源优势，大力发展丝麻业。

发展重点：抓紧保山亚麻生物资源开发有限公司年处理亚麻原茎15000吨加工生产线的建设；保山茧丝绸有限公司6000绪缫丝厂建设；保山丝麻有限公司1万锭亚麻精纺生产线建设；龙陵县15000吨大麻纺织纤维加工生产线建设。在2010年以前将保山建成全国的丝麻基地之一，丝麻加工企业年产值超亿元。

3. 旅游产品加工业

发展方向：旅游产品加工业的发展要实施品牌战略、规模化战略、精品工程战略。

发展重点：重点扶持2～5户有一定规模，产品市场潜力大的企业作为龙头企业，促进珠宝玉石为主的旅游产品加工业的发展。

（四）发展壮大能源产业

发展目标：2005年能源工业产值达3.5亿元；2010年达10亿元；2020年达40亿元。2005年实现工业增加值1.5亿元；2010年4.5亿元；2020年20亿元。

1. 电力工业

全市水能资源可开发容量160.6万kW（不包括怒江、澜沧江干流），目前已开发17.97万千瓦，占可开发利用量的11.20%。2003年全市发电总装机容量19.65万千瓦，发电量76398万千瓦时，实现工业增加值8013万元。

发展方向：全面贯彻开发能源和节约能源并举的方针，坚持以国民经济和社会发展为基础，搞好电力综合平衡，大力推进技术进步，用高新技术和先进适用技术改造传统的电力技术。提高质量、降低价格、改善服务、保证国民经济和社会发展对电力的需求。

发展重点：20年内主要以苏帕河梯级、槟榔江梯级和龙川江干流梯级进行有序开发，并积极参与怒江流域的投资开发。全市近期开发的水利资源主要集中在苏帕河流域和槟榔江流域，苏帕河流域梯级电站总装机24.9万千瓦，五级开发，2006年开发完毕。槟榔江流域梯级电站总装机44.8万千瓦，五级开发，2008年前开发完毕。龙川江流域（不含引龙入怒）总装机32.8万千瓦，2020年前开发完毕。

全市电网建设将结合城乡电网改造农村电气化、小水电代燃料生态保护工程进行。2010年以前，新建220千伏朝阳汇流站、保山220千伏中心变电站、朝阳至保山220千伏送电线路，保山至大理220千伏线路，苏家河口至保山220千伏中心变电线路。新建110千伏变电站3座，改造110千伏变电站4座。

2020年以前，形成以500千伏为骨干，220千伏与德宏州电网形成环网，110千伏辐射四周，配网发达，具有较强供电能力的供电网络。新建和在建的变电站、发电厂全部采用微机自动化系统装置，并逐步改造现有变电站、发电厂、调度通讯和配电网络。2005年1/3的变电站和电站实现综合自动化，2010年2/3的变电站和电站实现综合自动化，2020年全部变电站和电站实现综合自动化。

2. 煤炭工业

全市已探明的煤炭储量3.3亿吨。2002年全市产原煤19.65万吨。

发展方向：加强行业整合，提高产业集中度，实现煤炭行业经济增长方式的转变，推进企业技术进步，推动煤炭行业向高效、安全、洁净、优质的方向发展，满足全市经济发展对煤炭的需求。

发展重点：加快技术创新和技术引进，采用褐煤提质、洁净技术，有效提高煤资源的综合开发与利用水平。通过保山煤炭工业公司、昌宁红星煤矿、龙陵大坝煤矿实施行业整合，组建保山50万吨/年煤炭集团，争取国家重点扶持政策，促进煤炭产品深加工。加大煤矿技术改造，提高技术装备水平，改善安全生产条件。继续治理整顿煤炭生产秩序，坚决关闭技术落后、浪费资源、污染环境和不具备安全生产条件的小煤矿。

（五）做强做大建材产业

2003年建材业实现工业增加值1亿元，主要建材产品产量：水泥52.15万吨，大理石板材20550平方米，花岗石板材600平方米，砖、瓦44785万块、片。

发展目标：预计我市建材业2005年实现工业产值5亿元；2010年10亿元；2020年20亿元。2005年实现工业增加值1.5亿元；2010年4亿元；2020年5亿元。

发展方向：积极采用新型干法水泥生产新工艺，淘汰落后生产能力。发展新型墙体材料、非金属矿产品及深加工制品，无机非金属新材料等新型建筑材料，提高建材行业整体水平。

发展重点：采用先进适用技术对传统建材业进行改造，开发新型环保建材，发展新型干法水泥、新型墙体材料和装饰材料，发展非金属矿及深加工产品。

2010年前由富邦科技筹资新建或引资建成日产2000吨新型干法水泥生产线，2020年前建成日产4000吨新型干法水泥生产线，逐步推广水泥产品的热工窑炉自动监测与燃烧系统优化控制技术，建立原料自动配料、产品生产计算机监控调度系统。积极发展散装水泥，在县以上城市建设混凝土搅拌站与推广散装水泥配套发展。

充分利用丰富的大理石、火山石资源加工生产大理石板材和火山石材。2005年生产石材25万平方米；2010年30万平方米；2020年100万平方米。

积极发展非金属矿深加工制品。重点开发硅藻土、硅灰石、泥岩、页岩、砂岩、高岭土等矿种，采用超细、改性、提纯、复合等技术开发多功能粉体材料及深加工制品。充分发挥我市硅灰石储量全国第一的优势，抓紧做好项目前期准备和建设工作。云南超微新材料有限公司年产50万吨造纸用矿物复合纤维项目，要力争在2010年以前建成年产10万吨生产线，2010—2020年规模扩至50万吨；腾冲年产10万吨硅灰石改性粉体厂的建设项目力争在2005年年底完成。争取在泥岩、页岩、砂岩等开发房屋装饰新型材料上有新的突破。

在新型墙体材料推广中要有较大进展。2015年以前建成年产5万立方米以上的混凝土砌块生产线5条；年产高掺量粉煤灰、煤矸石烧结空心砖达1亿块，新型墙体材料使用比重达60%。利用国际国内的木材资源进行产品深加工，提高木材资源综合利用率，提高产品附加值。在抓好五个重点产业发展的同时，要加快机械制造业的发展，引进先进的生产设备和技术，提升锅炉、变压器、农机具、水电零部件及配套等产品档次，建设面向南亚和东南亚市场的机电设备转口加工基地。

积极发展天然气、乙醇汽油等新能源，努力促进造纸业、化工业的发展。

四、工业园区建设

工业园区的产业布局要体现国家的产业发展方向和产业优势，突出园区特色。腾冲工业园产业定位——进出口加工基地、生物制药产业群。保山工业园区定位——农特产品加工产业群，高耗能、高污染、高耗水的企业严禁进入保山工业园区和腾冲工业园区。

在主园区稳步发展的基础上，充分发挥保山工业园区聚集经济和资源的作用。同步筹划施甸七〇七重工业片区、龙陵重工业片区和昌宁的加工业片区。使我市工业向主要交通干道的经济走廊集中，向中心城市和城镇集中。

五、对策和措施

（一）以转变政府职能为突破口，营造良好的工业发展环境

切实把政府经济管理职能转移到主要为市场主体服务和营造良好环境上来，为新型工业化目标的实现提供强有力的保障。一是要深化行政审批制度改革，政府只审批涉及整体布局、影响生态环境及国家要求审批的重大项目，其他项目改为备案制，由投资主体自行决策。除国家明文禁止领域以外，其他领域都允许各类资本进入。二是要严格依法行政，坚决整治“四乱”行为，改善法制环境。在国家和省的有关市场管理政策和法规的基础上，

进行细化和完善。取消一切歧视性政策，给予在保山投资开发的市内外各类企业同等待遇。对行政许可、行政强制、行政裁决、行政处罚等行政行为，必须做到规范、透明，并接受社会监督。按照强化监管、规范收费、减少检查、严管罚款、杜绝摊派、追究过错和加强社会监督的要求，标本兼治，全方位禁止对企业乱收费、乱罚款、乱摊派、乱检查，绝不允许滥用乱施行政权。三是要制定产业布局规划和产业政策，促使资源优化配置。四是要安排好基础设施和公共工程建设，进一步改善工业发展的软、硬环境。五是加大落实西部大开发的有关优惠政策，并抓紧制定保山市工业发展的优惠政策，企业在生产和技改中，在质量、价格同等水平条件下，鼓励优先使用地方工业产品。把地方税收留成的部分拿出来对重点产业进行扶持，保持政策的稳定性和连续性。

（二）以改革为动力，加快工业发展步伐

深化企业产权制度改革，推进现代企业制度建设。2004年年底基本完成国有企业改革，继续引导股份合作制企业深化改革，今后政府不再兴办国有企业。

加大培育大企业（集团）力度。采取引进战略，以市场换技术、换管理的方式引入大企业大集团，使大企业集团成为我市走新型工业化道路的先行者、结构调整的骨干和保山市新型工业化重点产业发展规划纲要经济增长的主力。积极支持跨行业、跨地区、跨所有制全面推进行业整合，依托优势企业或知名品牌，采取兼并、收购、联合、资产划转等方式，加快重点行业资金、技术、资源、人才的整合和发展，促使优势资源向重点产业、骨干企业集中，实现资源的优化配置。

（三）以经济技术协作为先导，加快对外开放步伐

实施“请进来，走出去”战略，继续改善和优化投资环境。进一步扩大对外开放，招商引资，寻找合作伙伴，借舟出海。要树立“三敢于”的观念，即：树立敢于给外来投资者优惠的政策和宽松的投资环境；树立敢于拿出资源好有效益的项目进行招商；树立敢于让别人来发财，我发展的观念。着力营造配套协调的政策环境，公平竞争的市场环境，便捷完善的服务环境，规范有序的法制环境，文明祥和的社会环境和舒适优美的生态环境。同时，利用地缘优势，鼓励企业发展境外加工贸易，开拓周边国家市场，拓展与东盟国家的经济技术合作。

（四）以引进和培训人才为中心，全面实施人才工程

加强对人才战略的研究，加快人才培养，尽快培养一批懂经济、擅管理的工业经济管理人才。全面提高企业经营者、管理者和企业员工综合素质，通过委托高校培训、技能培训、职业教育等形式培养急需的适用人才。特别要从中青年技术工人中培养一批高级技术工人、技师、高级技师。

采取更优惠的政策吸引省内外企业家、技术人员到保山创办、承包、收购、租赁各类企业。按市委、市政府保发〔2003〕33号文《关于进一步扩大对外开放的意见》中的有关规定执行，切实解决外来投资者和务工人员的落户、子女就学、社保、医保等一系列实际问题，为各类适用人才提供宽松的创业环境。

建立与市场经济和新型工业化进程相适应的公开、公平、开放的用人机制和激励机制，灵活的人才流动机制。建立社会化的人才服务体系和专门人才招聘机构，建设人才信息库和人才需求公共信息网络。

（五）以园区建设为契机，促进工业化进程

充分发挥园区的聚集和创新功能，通过园区建设，推动中小企业的集结发展，形成复合产业群、区域特色经济链和经济圈。逐步形成区域特色经济优势，构建以特色产品为龙头、专业化分工为纽带的生产经营体系。园区建设要走以园招商、以商建园、以商管商、市场化建设工业园的路子，因地制宜，因企制宜，一企一策，对大项目、大企业、大集团给予大优惠。

（六）以环保和节能为重点，实施可持续发展战略

建立健全能源和矿产资源的监管机制，强化对能源和矿产资源勘探及开发利用的监管。加快矿产资源的勘探步伐，做好资源接替工作。提高矿产品深加工能力和共伴生矿综合利用率。

搞好资源节约和综合利用，发展循环经济。冶金、建材高耗能行业要采用先进技术和设备，努力降低能源消耗。大力推广资源利用率高、污染小的清洁生产技术、工艺和设备，从源头减少“三废”排放。淘汰工艺落后、污染大的生产设备。

（七）以推进企业信息化为切入点，加快信息化在工业中的融入

要认真贯彻落实《关于推进企业信息化建设的指导意见》，按照“政府引导、企业主体、市场运作、循序渐进”的方针，加强对企业信息化建设的宏观指导，积极推进企业信息化建设。

鼓励和引导企业利用现代信息技术，加强营销管理，积极开展电子商务等营销方式，广泛收集市场信息，在产品销售、售后服务、客户需求、市场变化等方面实现网络化管理，不断开拓国内外市场，提高产品市场占有率。

（八）以扩充投融资渠道为平台，增加工业投入

没有投入就没有产出，规划期要投入198.5亿元，才能保证规划如期实施。一是要充分发挥财政资金的引导功能，市政府每年拿出300万～500万元作为技改贷款贴息资金，拿出50万～100万元作为项目前期费，支持重点项目的前期工作，县（区）政府除安排相应技改贷款贴息资金和项目前期费外，还要建立中小企业信贷担保基金，工业投入资金要占全社会固定资产投资的25%以上。二是要组织多种形式的项目推介会，吸引外来企业投资和争取金融部门的支持。逐步建立和完善企业信用等级评价体系，定期向社会公布，推动诚信经济发展。三是要采取多种多样的融资形式，鼓励和引导民间投资。要在做大做好现有的政策性担保机构的基础上，创造条件设立市、县区两级商业性担保机构，支持社会团体、行业协会、自然人等牵头出资组建多元化、多层次、多类型的担保组织；鼓励企业开展互动性融资担保；扩大企业直接融资渠道，努力实现投资主体多元化。

（九）以全面实现新型工业化为目标，切实加强对推进新型工业化发展的领导

要提高对工业立市的重要性、艰巨性、紧迫性认识，牢固树立工业立市思想，形成各级领导重视工业，各部门领导研究工业，各级干部服务工业，全社会关心工业的局面，举全市之力把工业搞上去。各级党委、政府要切实加强对工业的领导，把加快工业化进程确定为今后一个时期经济发展的战略重点，作为县（区）政府的重要政务来抓。对推进工业化要进行规划和部署，坚持科学的发展观，从宏观战略上确定推进工业化进程的总体思路、目标任务和政策措施。市委、市政府要成立全市推进新型工业化发展领导小组，并派工业发展指导组到各县（区）和相关企业督促、帮助、指导工作，建立健全各级各部门领导挂钩重点项目责任制和推进新型工业化目标责任制，把完成新型工业化目标任务作为考核县（区）和市直有关部门班子及领导干部实绩的重要指标。推进新型工业化进程，是一项繁重而艰巨的任务，既要大胆创新，又要务实求效，必须把成效放在第一位，不搞形式主义，以求真务实的态度，艰苦奋斗的作风和真抓实干的精神，全力推进保山新型工业化的稳步发展。

中共保山市委　保山市人民政府 关于进一步加强民族工作　加快少数民族和民族地区经济社会发展的意见

（2005年12月30日）

为认真贯彻《中共云南省委、云南省人民政府关于进一步加强民族工作，加快少数民族和民族地区经济社会发展的决定》精神，采取有力措施，进一步做好我市新时期新阶段的民族工作，推进保山民族团结进步事业全面发展，结合我市实际，特提出如下意见。

一、统一思想，正确认识我市民族工作面临的形势和任务

保山是一个多民族散杂居边疆市，有36种少数民族，其中世居少数民族12个，少数民族总人口23.23万人，占全市总人口的9.64%。新中国成立以来，特别是改革开放以来，在党中央、国务院和省委、省政府的正确领导下，我市认真贯彻落实党的民族政策，采取切实有效的措施，推动民族地区经济社会快速发展，少数民族群众的生产生活发生了巨大变化，各民族的合法权益得到有力保障，民族地区社会文化事业日益进步，少数民族干部队伍和各类专业人才队伍不断壮大，平等、团结、互助、和谐的社会主义民族关系不断巩固，民族团结进步事业取得了显著成绩。随着改革开放的不断深化和社会利益的不断调整，我市民族工作也还存在着一些困难和问题：由于历史、自然等原因，少数民族和民族地区发展的基础十分薄弱，贫困落后问题仍然十分突出；科技发展滞后，教育投入严重不足，劳动力受教育程度普遍较低，人口素质不高，少数民族干部来源缺乏；各民族间交流日益频繁，但因土地、山林、水源权属等利益关系、风俗习惯、宗教信仰等因素引发的摩擦和纠纷日益增多；境外敌对势力利用民族、宗教问题进行渗透、破坏、颠覆活动，反分裂、反渗透斗争形势更加复杂。这些问题直接影响着我市民族团结进步事业的发展和全面建设小康社会目标的实现。因此，各级党委、政府及各有关部门一定要坚持以邓小平理论和“三个代表”重要思想为指导，牢牢把握各民族“共同团结奋斗、共同繁荣发展”的主题，全面贯彻党和国家的民族政策，认真落实中央、省委民族工作会议和《决定》精神，站在全局和战略的高度，深刻认识做好民族工作的重要性和紧迫性，全面把握和正确处理新形势下的民族问题，进一步加快少数民族和民族地区经济社会发展，不断提高各族群众的生产生活水平，巩固和发展平等、团结、互助、和谐的社会主义民族关系，从而推动我市社会主义物质文明、政治文明、精神文明与和谐社会建设再上新台阶。

二、加大扶持力度，促进少数民族和民族地区快速发展

（一）多渠道筹集资金，努力改善民族地区基础设施。“十一五”期间，市、县区要继续把基础设施建设作为解决少数民族和民族地区发展的首要任务来抓，民族地区基础设施建设投资增幅要高于全市平均水平。要积极争取国家和省级扶持，多渠道增加投入。市级财政安排的基础设施建设项目向民族地区倾斜，重点帮助民族地区建设一批对带动当地经济社会发展起重大作用的交通、水利、能源、信息等公共基础设施项目，优先安排与少数民族群众生产活动密切相关的中小型公益性项目。一是要突出抓好交通建设。到“十一五”末，基本实现县区到民族乡、边境乡公路硬化，民族乡、边境乡乡村公路通达，民族村公路做到晴雨畅通；所有民族乡、边境乡建起客运站，客运班车通达率达到100%。二是加快通信建设，实施广播“乡乡通”、电视“村村通”工程和边境“西新工程”，提高民族乡、村农户的电话普及率，实现村村长期稳定通广播电视的目标。三是加快农村电网建设，完成边境、民族乡村“西部农村电网建设与改造”和无电地区通电工程，实现城乡同网同价。四是加快边境民族地区小城镇建设步伐，因地制宜，将民族乡、边境乡集镇列入工业主导型、边贸交易型、旅游开发型、交通依托型、文化产业型等各具特色的小城镇建设规划优先进行建设，发挥小城镇辐射作用，带动民族地区农村经济社会发展。五是加快水利和农村能源建设。“十一五”期间，要使边境民族乡村人畜饮水困难问题彻底得到解决，符合条件的自然村农户基本用上沼气等清洁能源。

（二）努力发挥民族地区资源优势，大力培育优势产业，发展特色经济。“十一五”期间，市、县区要充分挖掘民族地区的矿产、水能、畜牧、林果、生态环境、民族文化等优势资源，扶持民族乡、村加快发展特色产业项目。不断完善科技推广体系，大力培育龙头企业，提高资源就地加工和增值的能力。支持和鼓励民族地区加快发展壮大非公有制经济。积极扶持民族乡和边境乡培育特色明显、优势突出、支撑作用较强的优势产业，加快把资源优势转化为经济优势，促进当地经济社会发展。

（三）千方百计加大投入，努力改善民族工作条件。各县区、各部门要进一步加大对民族乡、边境乡的投资力度。按照保工资、保运转、保稳定、保基础教育正常经费和推进公共服务均等化的原则，市、县区级财政部门在分配一般性转移支付时，应向民族乡倾向。

从2006年起，市级财政每年安排少数民族机动金50万元，并随财政收入的增长逐步增加。各县区适当增加民族机动金及其他民族工作经费，用于民族地区一些小项目的补助和特殊情况的经费开支。各级、各部门和单位不得挪用、克扣、截留民族专项资金。各级财政、民族工作部门要加强对机动金使用情况的监督管理。

（四）高度重视民族地区生态建设，合理进行资源开发补偿。为促进民族地区生态、经济和社会的可持续发展，建设节约型社会，各级政府要在农村沼气、节能改灶和太阳能利用等生态保护工程上给予资金和项目倾斜。在民族地区开发资源，要坚持开发者付费、受益者补偿、破坏者赔偿的原则，充分考虑地方和群众的利益，带动当地群众脱贫致富，

在配套产业、社会服务、劳动用工等方面应当给予扶持照顾。在安排使用矿产资源和水资源补偿费时，对民族乡、边境乡给予倾斜，重点支持原产地和资源受损地区群众发展生产，改善生活。在民族地区实施重大工程项目建设时，应切实解决好少数民族移民群众的补偿和安置，保证移民群众的生活水平不低于原来的生活水平。

（五）加大扶贫攻坚力度，加快少数民族群众的脱贫步伐。认真落实国家、省、市关于扶持人口较少民族发展规划，将民族乡、3个人口较少特有民族聚居的贫困村和民族“直过区”列入扶贫重点村“整村推进”计划，争取在“十一五”期间彻底解决贫困民族地区的脱贫问题。要切实加大以工代赈、安居温饱、异地开发、劳动力转移和劳务输出等工作力度，加强“山区五小水利工程”和“饮水安全工程”建设，各项扶贫开发措施要到乡、进村、入户。通过努力，到“十一五”末，基本解决少数民族贫困地区人畜饮水难、看病难和上学难的问题，使少数民族贫困群众有安居房、有解决温饱的基本农田地，生产生活条件明显改善。

（六）认真实施“兴边富民工程”，努力改善边境民族地区生产生活条件。抓住国家实施“兴边富民行动”的机遇，全面推进边境民族地区“兴边富民”行动计划，积极争取国家政策、资金和项目支持。采取更优惠的政策和更灵活的措施，扶持边境贸易和边民互市的发展。加大对边境口岸基础设施建设投入，完善和提升口岸功能，促进与东盟国家的经济技术合作。通过实施交通、水利、通信、能源、教育和卫生等基础设施建设工程，切实解决边境沿线少数民族群众的生产生活困难。

（七）切实加强民族教育，大力发展民族地区的科技事业。继续巩固提高民族地区“两基”教育，重点扶持边境贫困乡、民族乡、3个人口较少特有民族聚居乡镇和“直过区”实施西部地区“农村寄宿制学校建设工程”、“农村中小学现代远程教育工程”。加快危房改造步伐，五年内彻底消除民族地区中小学危房。认真做好“三免费”教育与“两免一补”的衔接工作，使原享受“三免费”的边境乡镇及人口较少民族乡村的中小学生均能享受“两免一补”。要努力巩固、完善各县区民族中学、民族乡和边境寄宿制初级中学。加强民族中小学建设，使其达到当地一级中小学标准。加大少数民族高中生的招生录取力度，普通高中招生可因地、因族对少数民族考生降低10～30分录取。大力发展职业技术教育，办好民族地区职业学校。逐步提高对贫困生的资助标准，对报考中专、大学和研究生的少数民族考生，继续执行现行的少数民族加分照顾政策。

从2006年起，腾冲民族中学、保山民族中学、保山一种民族高中部、龙陵一中民族初中部寄宿制学生生活补助费由每月25元提高到30元。积极争取，适当增加民族寄宿制小学生的生活补助。

加大对民族地区科技发展的支持力度。随着财力的增长，要相应增加民族贫困地区科技经费投入，积极推进科技体制和机制创新，继续实施科技示范村建设，积极推广使用电脑农业专家系统等先进适用技术，为民族地区经济社会发展提供科技支撑。

（八）坚持保护与开发相结合的方针，大力繁荣民族文化事业。要高度重视对民族文化资源的挖掘、整理、保护和开发利用。对列入县级以上民族民间文化保护名录的项目实施重点保护。加快“千里边疆文化长廊”二期工程、“2131”工程，重点扶持边境贫困乡镇和民族乡以及3个人口较少特有民族聚居乡镇的民族文化基础设施建设，实现乡有文化站、村有文化活动室。开展丰富多彩的民族传统活动，丰富各族群众的文化生活，弘扬优秀的民族传统文化。大力促进民族文化产业与旅游业等其他产业发展有机结合，重点培育和扶持12个世居少数民族标志性民族文化项目，开发丰厚独特的民族文化资源，繁荣民族文化事业。

（九）加快民族地区卫生、体育事业发展。抓住国家实施农村卫生基础设施建设规划的有利时机，加大对民族乡、边境乡、3个人口较少特有民族聚居区医疗卫生设施建设的投入力度，加强民族地区公共卫生设施建设和医务人员培训工作。到“十一五”末，使民族乡、边境乡卫生院达到国家建设标准，实现房屋、设备、人员、技术“四配套”，充分发挥其在农村三级卫生网中的重要作用。继续实施好村卫生室建设项目，切实解决各族群众“看病贵”、“看病难”问题。实行民族地区农村贫困家庭医疗救助制度，资助贫困农民参加新型农村贫困家庭医疗救助制度，资助贫困农民参加新型农村合作医疗，使新型农村合作医疗制度逐步覆盖少数民族地区。

加强对少数民族传统体育项目的挖掘、整理和开发，积极组织开展民族民间传统体育活动。积极参加全国、全省少数民族传统体育运动会。“十一五”期间，要有计划、有重点地建设好陀螺、射弩、武术等我市民族文化传统体育优势项目基地，并将少数民族传统体育比赛项目和表演项目列为全市体育运动会的必设项目。

三、加强民族地区人才和少数民族干部的培养选拔

各级组织人事部门要制定少数民族干部和人才培养规划，完善培养措施。民族工作部门要发挥自身优势，积极做好少数民族干部培训工作，定期、不定期地向同级组织人事部门推荐优秀少数民族干部。组织部门在配备少数民族干部时，要充分听取民族工作部门的意见。党校、行政学校和民族干部学校要切实承担起培训少数民族干部的任务。力争用五年左右时间，将全市科级以上少数民族领导干部轮训一遍。采取有效措施，拓宽干部来源。在国家公务员招考录用和事业单位人员补充时，每年划出一定数量的公务员岗位和事业单位人员指标，适当放宽报考和录用条件，制定招收少数民族青年；各级党政机关和事业单位在公开选拔、竞争上岗配备领导干部时，可划出相应的名额和岗位，定向选拔少数民族干部，或采取在考试时适当加分等办法予以照顾。

要大力培养选拔少数民族干部。坚持“四化”方针和德才兼备的原则，努力建设一支数量充足、结构合理、能力较强，坚定地同党中央保持高度一致，坚决维护祖国统一和民族团结，深受各族群众拥护的少数民族干部队伍。“十一五”期间，要实现全市少数民族干部比例与少数民族人口基本相适应；在市级机关中，彝、傣、白、傈僳、回、苗、布朗、佤、阿昌、景颇、满和德昂等世居少数民族力争都有一名以上县处级领导干部，担任县处、科级领导的少数民族干部数量有所增加；县级党政领导班子中至少配备1名少数民

族干部；在民族乡领导班子换届工作中，要按照《云南省民族乡工作条例》的有关规定配备相应比例的少数民族干部，并重点选配好当地主体民族担任主要领导。既要努力使各民族在各层次有一定数量的干部，又要不受比例限制地大力培养少数民族干部。要特别注意培养干部成长缓慢的苗、布朗、佤、阿昌、景颇、满和德昂等七种世居少数民族干部，注意培养少数民族妇女干部和党外干部。

四、巩固民族团结的大好局面，发展社会主义民族关系

切实加强民族团结宣传教育工作。坚持不懈地在广大干部群众特别是领导干部中开展党和国家的民族理论、民族政策和民族法律法规以及民族基本知识的宣传教育；在青少年学生中广泛开展民族基本知识和民族团结教育活动；在全社会开展以“民族团结月”、“民族团结周”等为载体的民族团结宣传教育活动。加强对新闻、出版从业人员的教育和培训，发挥新闻媒体的舆论引导作用。防止在出版物、广播影视作品和互联网信息上出现伤害民族感情、有损民族团结的内容。通过各种形式和内容的宣传教育，使广大干部群众牢固树立“汉族离不开少数民族、少数民族离不开汉族、各少数民族之间也相互离不开”的思想，在全社会营造自觉维护民族团结、构建和谐社会的良好氛围。

妥善处理影响民族团结的“热点”、“难点”问题。坚持和不断完善民族团结目标管理责任制，继续巩固和发展民族团结示范点创建活动，按照“团结、教育、疏导、化解”的方针，讲原则、讲法制、讲政策、讲策略，正确处理好民族之间的矛盾和影响民族团结的问题。建立维护民族团结和社会稳定的长效机制。要认真贯彻党的宗教政策，依法管理宗教事务，妥善处理涉及民族风俗习惯和宗教信仰的各种矛盾和纠纷。对境外敌对势力打着“民族”、“宗教”旗号对我进行的破坏、分裂、渗透活动，要依法坚决予以严厉打击。

五、切实加强和改善党对民族工作的领导

（一）高度重视民族工作。各级党委和政府要坚持把民族工作列入重要议事日程，每年至少召开1次专题会议研究和部署民族工作。市委、市政府每5年召开一次民族工作暨民族团结进步表彰大会，各县区党委、政府也要定期召开民族工作暨民族团结进步表彰会议。各级党政主要领导要高度重视民族工作，分管领导要具体抓好民族工作。民族工作要作为考核党政领导干部工作实绩的重要内容，作为干部选拔任用的重要依据。要充分发挥党委民族工作领导小组的作用，加强对民族工作的组织和协调，研究解决民族工作中的重大问题，对贯彻执行党的民族政策情况进行督查检查，对民族工作目标责任制完成情况进行考核。

（二）加强民族工作部门建设。按照完善领导体制和工作机制的要求，对市、县区民族工作机构作必要的充实和加强，配齐配强工作人员。各乡镇要有一名党政领导具体负责具体负责民族工作。民族乡和民族工作任务较重的乡镇，要配备民族工作专（兼）职干部。各级党委民族工作领导小组办公室设在民族工作部门，统战和民族工作部门要认真履行职责，当好党委和政府的参谋助手。

各级党委、政府要切实帮助民族工作部门解决实际困难，提供必要的工作条件和经费保障，增强民族工作的协调和调控能力。要根据新时期民族工作的需要，加强民族工作部门和民族工作干部队伍建设，注重选拔优秀干部特别是优秀青年干部充实民族工作部门，并从民族工作部门中选拔熟悉民族政策的优秀干部到其他部门和基层任职。各级民族工作部门和广大民族工作者要以高度的责任感和使命感，认真履行职责，不断提高调查研究的能力、管理民族事务的能力、维护团结稳定的能力、促进经济社会发展的能力，开拓进取，扎实工作，为我市民族团结进步事业作出更大贡献。

各级党委、政府和市级各有关部门要按照省委、省人民政府《关于进一步加强民族工作，加快少数民族和民族地区经济社会发展的决定》和本《意见》精神，结合实际，制定贯彻落实的具体措施。市委民族工作领导小组办公室和市政府民族工作部门要切实负起责任，加强对贯彻落实情况的督促检查，及时研究处理民族工作中遇到的新情况新问题，并及时向市委、市政府报告。

文录　杂录

回顾保山地区推行“两包”到户责任制

张道一

保山地区（今保山市）推行“两包”到户责任制的过程比较曲折，直到1983年4月，全区11194个生产队，包干到户11131个队，包产到户4个队，合计占99.5%。为此，新兴的社队企业的建立与发展也跟随推迟，对保山农村经济的发展有很大影响。这段时间我曾担任地委农村部主持工作的副部长，经历并参与了全过程。

一、保山地区农村生产责任制的发展情况

1979年贯彻中央关于农业的两个文件以后，人民公社经营管理发生了很大变化。首先是改变了原先“死级活评”（实际是男十女八姑娘六）的固定工分制，恢复到原来高级社“定额管理”评工记分的办法，特别是推广了各种各样的联产责任制，大大激发了农民劳动积极性，促进了农业生产的发展。根据地委农村部的统计，到1980年4月，全区共有生产队10410个，实行联产责任制的5329个队占总数的51.2%，其中“三包”到组（包产、包工、包成本）4911个队，包产到户23个队，部分土地、作物联产到组、户、人的395个队；实行定额管理4119个队，占总队数的39.6%，没有责任制962个队占9.2%。

实践证明，建立了责任制的都获得了增产，特别是联产责任制效果更加明显。保山市（现隆阳区）河图公社尹家坝生产队是一个生产水平高的坝区生产队，103户573人，255个劳动力，耕地311亩，其中种粮食266.8亩，1978年亩产就达1600多斤。1980年全队劳力按专业化编成13个组，粮食3个组159人，科技组5人，药材组40人，耕牛饲养组5人，闲畜牧放组8人，加工榨油组17人，缝纫组2人，磨面加工组2人，建筑组8人，机械运输组5人、畜力运输组4人。生产队对各组分别制定“包产、包工、包成本”合同。1980年粮食亩产达2197斤，总产比1979年增加15%，总收入比1979年增加25.1%。龙陵县龙山公社董华大队董家寨上队35户243人，地处山区，耕地成立体分布，全队208亩田、200亩地中，只有43亩地在居住地附近，其余都在20多里外的龙江边。1980年把208亩田和15亩地包给14个劳力，村边43亩地包到户。其结果村边地增产4000斤，江边地增产10000斤，稻田增产6000斤，全队总产比1979年增30%。昌宁县漭水公社白沙水生产队，12户居住在10个地方，58.7亩耕地分散在31处；人均口粮250斤，每年吃回销粮3500多斤，欠贷款500元；1980年实行包产到户，增产5745斤，增36.6%，人均口粮增加135斤。

二、“两包”到户是不是社会主义性质

从土地改革开始，农村变革的全过程我都是参与者；特别是合作化和公社化后，我的主要精力都用在如何巩固和发展集体经济，对集体经济有了深厚的感情；另一方面，毛主席曾多次批评过“包产”到户的做法，“文化大革命”中又把“三自一包”作为修正主义批判，而我又是直接受冲击者，一听到“包产”到户就会感到恐惧。当看到对“包产”到户的一些报道，开始我都认为是不是农村又出了问题？

1980年冬，省委农村工作部召开全省地、州农村工作部长会议，参加的人员除各地、州农村部长外，还有几个县的农村部长参加，会议由省委农村工作部长梁林同志主持。各地、州汇报交流了情况，元阳县委农村部部长汇报了本县推行包产到户的情况后，提出一个问题要求省上回答：“包产到户是不是人民公社责任制的形式之一？”并且说，《云南日报》、电台都没有这方面的报道，他们只能收听贵州省电台的报道，他们希望得到省上的指导。她的发言引起了热烈的讨论。大家比较一致的看法是：中央文件中并没有明确“包产”到户是人民公社责任制的一种形式，但却允许在那些地广人稀、经济落后，生活贫困的“三靠”地区搞包产到户。我的看法是只能把“包产”到户作为是一种过渡形式，省上的领导也没有确切的说法，就说：“按中央文件办。”谁也不敢说“包产”到户也属社会主义性质。这次会议使我开始关注“两包”到户的问题。

三、实践是检验真理的唯一标准大讨论在保山

全国报刊报道“两包”到户的情况逐渐增多。特别是对安徽省凤阳县的报道，对我们农村部的同志震动很大。同一时期对“什么是社会主义”“两包”到户不是社会主义性质？报刊上发表了很多不同的意见，有肯定的有否定的。1980年4月28日，国家农委副主任杜润生在保山地委机关作了一个报告，谈到了“包产”到户的问题，对我们有很大启发。地委农村部的同志集中时间，认真学习“真理标准”和有关生产关系和生产力方面的论述，联系思想，联系工作实际，大家一致认为：我们对社会主义的认识还没有从“大、公、平”的误区中解放出来。对我们地区农村生产力水平基本上还是群众形容的“1007部队”，即靠一条扁担，两个箩筐，一把锄头的手工劳动水平认识不清，考虑问题、决定政策往往脱离实际。经过充分讨论，决定留下1人守办公室，统统下乡去搞调查。

我们到保山市（今隆阳区）调查了生产水平、管理水平高的板桥公社汉庄大队第五生产队（坝区）；生产水平一般，管理水平也好的大官市公社大官市大队第二生产队（山区），这两个队都是采取“定额管理”评工记分，按各户实得工分进行分配；我们向队干部了解外还深入到每户社员家庭座谈了解，对各户的生产、收入和支出、消费情况作详细的登记，然后进行归纳分析。汉庄五队80户266人，集体耕地166亩，自留地12亩占总耕地6.74%；1979年恢复了定额管理，1979、1980年连续增产。分配给社员的粮食1978年人均715斤，1980年人均894斤，分配收入1980年人均169元，比1978年增加25元。集体总收入和社员家庭副业收入的情况是：1980年集体总收入人均273元，社员家庭副业收入人均115元，其比例为70∶30，集体土地收入亩均261元，自留地亩均收入630元，后者

为前者的2.41倍。大官市二队33户171人，集体耕地178亩，自留地19亩占总耕地9.6%，1980年粮食总产比1979年增35.3%（1979年因灾减产），人均分配粮食573斤；全队1980年人均收入127元，家庭副业收入人均140.1元，两者比例为48：52；集体耕地亩均收入111.6元，自留地亩均收入人均259元，后者为前者的2.3倍。座谈中社员要求自留地按省委规定可以达到15%。

上述调查，值得思考的是：主要生产资料集中在集体，劳动力安排使用主要归集体，家庭副业和自留地的生产经营主要靠早晚空余时间和“男4女6”假日的部分时间，但是自留地亩均收入为集体亩均收入的3倍左右，家庭副业收入与集体总收入人均各占50%左右。说明家庭经营能体现劳动者的直接经济效益，最大限度地调动了劳动者的积极性和责任心。联想到面上联产承包比定额管理小段包工好，而联产到劳、到户又比联产到组好，可能这就是群众越来越强烈要求包产到户的原因所在。

为了深入了解“两包”到户的真实情况，1981年5月，地委农村部和施甸县委农村部组成联合工作组到施甸县摆榔公社摆榔大队，对“两包”到户的情况进行调查。调研前我们收集归纳了社会上对“两包”到户的各种疑虑、误解和责难的问题，带着这些问题去寻找答案。

摆榔大队地处山区，其有12个生产队，其中10个队是布朗族，汉族2个队。全大队258户1565人，有田814亩，旱地1214亩。这个大队长期以来生产发展缓慢，粮食亩产只有300多斤，人均口粮300斤左右，一直处于“三靠”状态，每年国家贷款1万元，救济3万多元，返销粮7万多斤。1979年贯彻中央关于农业的两个文件后，推行了生产责任制，有7个队实行联产包到组，有5个队实行小段包工，定额计酬；粮食分配也采取了基本口粮加工分粮对半开分配，从而激发了群众劳动积极性，全大队粮食总产1979年比1978年增加16.1%，人均口粮达到537斤。1980年年初，传达省委44号文件后，多数群众要求包产到户，经县委批准布朗族10个队实行包产到户，2个汉族队包产到组。1980年粮食总产比1979年增加19%，人均口粮达659斤，改变了吃粮靠返销的局面，很多户还有余粮出售。1981年全大队12个生产队都实行了“包干”到户；两个汉族队，是县委不允许搞包产到户，但群众也自发地搞“包干”到户。

我们工作组深入到农户，举行多种形式的座谈会，了解情况听取意见。最后，工作组和公社党委一起讨论研究，在以下几个问题达成了共识：第一，“两包”到户，特别是“包干”到户，所以获得大增产，主要是这种形式彻底克服了平均主义，体现了多劳多得，大大激发了劳动者的积极性。第二，“两包”到户不同于单干，它是社会主义性质的，不是走资本主义道路。土地所有权属于集体，固定到各户的土地，各户只有使用权；它的分配形式是“交了国家的，留够集体的，剩下才是个人的”，集体的功能仍然存在。第三，对社会上有些人提出的质疑，如“两包”到户后，队干部的补贴，军烈属、五保户的照顾等公益事业的经费来源并没有影响；至于良种科技推广不仅没有阻力而是更为群众关心和欢迎。第四，大多数公社干部来自施甸坝，他们在摆榔大队的实践中看到了希望，要求他们家庭所在队也能这样做。

通过调查，我们认为联产责任制中，从目前农村的条件看，不论山区、坝区，“大包干”是最佳选择。我们根据调查的资料，以地委农村部工作组和施甸县委农村工作部工作组的名义，写了三份简报。一是《关于施甸县摆榔公社实行“两包”到户情况的调查报告》。二是《摆榔大队实行包干提留到户有关政策处理的具体做法的调查报告》。三是《摆榔大队实行包干提留到户后，生产队财务会计工作注意解决的几个问题》。这三个简报除上报地委外，还直接发到公社。

四、改革的阻力来自地、县领导

保山地区的地、县主要领导，多为农民出身，他们对党忠诚，但是，他们在理论学习上与时俱进不够，对社会主义的理解受“一大二公三平”的影响太深。在云南省“真理标准”学习滞后的影响下，各级领导干部的思想解放较慢，致使很多领导把“两包”到户等同于单干，是走“回头路”。因此，在农村伟大的变革中，对“两包”到户，层层设防，一直处于被动地位。龙陵县镇安公社1980年大部分生产队搞了包产到户（对上只报了3个队），被县委发现后，在地委召开三干会时，县委书记组织参会干部对镇安公社党委书记杨文榜同志进行了严厉的批评，并责令他纠正回来。昌宁县委集体讨论通过：在我们这届任期内绝对不准搞“包产到户”；有一位主要领导干部到耈街公社，群众要求搞包产到户并说对面巍山县已经搞了，这位领导干部说：“他们是瞎搞，是搞资本主义，我们不准搞。”1981年年底，地委要求推广包产到劳，地委的工作点板桥公社汉庄大队小汉庄生产队（保山地区试点合作社之一）自己召开了一个户长会，讨论决定搞包产到户。在他们进行丈量土地的时候被地委工作组发现，询问他们搞什么，他们才告诉工作组，要搞包产到户。地委工作组组长赵乃融同志是农村部的秘书科长，我们一同到摆榔公社调查过，他在电话上向我汇报了这一情况，并问我的态度。我回答他说：既然是全体群众要求，就让他们搞吧，在生产水平高的地方也可以试试嘛！这一试闯下了大祸，保山市（现隆阳区）领导慌了，有一位副市长对我说：“你们在小汉庄放了一颗原子弹，震动了整个保山坝。”市委向地委反映了这一情况后，地委主要领导亲自率人到了板桥公社，召开有公社干部和工作组参加的“三老”座谈会（老干部、老党员、老贫农）。回忆解放前“单干”所受的苦，批判现在有人主张“单干”，让我们走老路，我们绝不能同意。工作组同志受到了很大的压力。会后赵乃融同志在电话中给我谈了这个情况。我告诉他：“你们没有错，不要检讨，出问题，我负全部责任。”接着在家的一位地委副书记找我谈话说：地委决定叫工作组向小汉庄群众宣布，只准搞包产到劳，撤回包产到户的做法。我说，小汉庄的试点改为农村部的试点，如果方向错了我负全部责任，决不牵扯地委和别的人。副书记反复地说：市委、公社党委都不同意，一定要改过来。最后小汉庄生产队被强迫撤销了包产到户。

之后，地委秘书长通知我：农村部以后不要再发“两包”到户的文件和材料，下乡不要再宣传“两包”到户。此后很长一段时间农村部的工作主要转入统计生产进度，加入催收催种的行列。

客观事物发展是不以人的意志为转移的,“两包”到户,特别是“大包干”到户对农民的吸引力越来越强大。我们周边地区“大包干”到户发展很迅猛,加上《云南日报》1981年发表过一篇关于新平县“包产”到户的一些具体做法,以及我们农村部的简报也起到了催化作用。很多生产队不经请示自发的搞起来了。到1982年8月地委召开县委书记会议时,全区11068个生产队,其中包产到户已经有928个队,大包干到户3788个队,两者合计占生产队总数的42.6%。在这次会议上县委书记们要求地委表态“两包”到户能不能放开,有的县委书记甚至说:“我们挡不住了。”最后,地委主要领导表态说:“山区、半山区可以搞,大坝子还是不要稿,特别是保山坝、施甸坝不准搞。”

大约两个月后,施甸县委书记到四川参加一个会议回来后,在县上召开的蚕桑辅导员会议上说:“成都平原都搞‘大包干’到户,我们施甸坝算什么生产水平高的地区,群众愿意搞就搞。”很快施甸坝都搞了大包干到户。

保山坝坚持到1982年秋收,稻谷收割以后,农民不种小春,要求“大包干”到户后再种小春。保山市委请示地委怎么办?地委主要领导不同意搞,并派出有地、市两级领导干部带队组成的工作组下去劝说农民,农民不听;又答应农民先种下小春后再讨论,农民也不听;眼看种小春的最好节令即将过去,最后不得不同意,实际上很多生产队已经自发的动手划分田地搞起来了。而昌宁县则是在省委召开三干会上,被省委领导点名后,才让农民搞“大包干”到户。

1983年春,保山地区最终迈出了农村变革步伐——全面推行了联产承包责任。

(作者系保山市机关工委退休干部)

信念:永不褪色
——原中共保山地委书记杨善洲事迹

周勇　苏加祥　王雪飞

16年时光,一位老人成就了一座大山和一片森林,青山绿水,也成就了一名共产党员用信念和执着描绘的美丽风景。

杨善洲,这位曾经担任过保山地委书记的老同志,参加革命40年,担任地委领导近20年,在任职期间,他廉洁奉公、全心为民的事迹已经被广为传颂。更难能可贵的是,杨善洲同志退休后放弃进省城安享晚年的机会,扎根大亮山兴办林场,一干便是16个春秋,带领大家值造出7万多亩山林,把昔日的荒山秃岭变成了生机勃勃的绿色天地,带出了一项大有可为的产业。杨善洲的所作所为,在广大人民群众和全体党员干部面前树起了又一块闪亮的丰碑,展示出值得称道的共产党人风范。

杨善洲的可敬，在于他的执着，在于他始终牢记领导干部的崇高职责，坚持实践全心全意为人民服务的宗旨。即便职务上退休了，但他的思想和行动永不退休，不为名、不图利，一门心思为的是群众的脱贫致富，谋的是子孙后代的幸福。在杨善洲身上，人们看到的是一种正确的权利观、可贵的价值追求和高尚的思想境界。

杨善洲的可佩，在于他的纯洁，在于他始终保持共产党员艰苦奋斗、清正廉洁的本色。他身上全无什么“官气”和“权味”，只要是为群众办事，他总是身先士卒、吃苦在前。他常说：“共产党员就怕脱离群众。党员干部只有坚持深入群众才能锻炼才干，只有坚持联系群众，才能避免腐败堕落。”任何时候，他都自觉把人民群众的甘苦、人民群众的需要摆在首位。正是凭着这种精神和本色，杨善洲赢得了人民群众的支持和信赖，战胜种种困难，终究让荒山开花结果，创出不朽业绩。

一名共产党员，入党为什么？当“官”图什么？身后留什么？杨善洲用他的行动为我们作出了正确的答案。在他身上体现出的坚强的党性、奉献精神和人格魅力给人以深深地感染和教育，为我们正在着力推进的党的作风建设提供了生动的范例。我们要像杨善洲和其他优秀党员那样，始终牢记党的宗旨，大力发扬党的优良传统和作风，身体力行“三个代表”重要思想，坚决反对官僚主义、形式主义、享乐主义和各种腐败现象，艰苦奋斗，求真务实，开拓创新，廉洁奉公，为加快保山发展建功立业。

16年之后，杨善洲站在他最初进入大亮山的地方，他告诉我们，那是他们安放第一顶帐篷的地方。当年跟随杨善洲第一批来到大亮山的现任林场支书自学洪说，这是一块有纪念意义的地方，因为他们的第一次会议就是在这里召开的。当时的大亮山满目荒野，“都是些火烧地，大风吹过时，太阳都黄了。”现在，你已经很难想像自学洪所描述的情形了，7.2万亩的森林，遮蔽了昔日的荒野。2004年2月10日，杨善洲拄着拐棍，领着我们在这片广袤的森林里漫步，这位昔日的地委书记如今像一个“隐者”居住在大亮山的浓荫之中，多年的官场生涯已使他不轻易流露自己的内心，因而你无法窥测到他此刻的想法。你可以肯定的是，78岁对于人生绝对是一种历尽沧桑与看惯风景的年龄。如今已经78岁的杨善洲每次伫立在他用16年的时间播下的绿色，内心里仍然会有些感慨。“16年呀，我就像一个钻进寺庙里的和尚，看着小树苗一点一点地长成林子。”

60岁的生命与绿色王国的梦想

1986年杨善洲退居二线，任云南省人大常委。人们为他开了座谈会，座谈会上人们例行公事般动情地缅怀了他值得骄傲的履历，当然这也意味着他的人生将开始一次巨大的转折。像多数人一样停泊在一个静静的港湾，让生命在对自己辉煌往事的回忆中渐渐蒸发。令人们多少有些意外的是，他在座谈会之后就仿佛宿命般地走向滇西一片海拔2600米的荒凉的山坡，在那里开始他60岁以后的人生。按惯例他这个级别的人可以到昆明定居。对此他不置一词。熟知他的人自然知道这个始终流淌着农民血液的人对大地与故乡永远充满了一种朴素的情感。即便他当了将近十年的地委书记也无法改变。人们只是在事后想起，老书记其实一早就为自己找好了退路了，他尚未退下来的时候就一人去了大亮山两次。对于他的选择并不是所有的人都能理解的，有人劝他，苦一辈子了，退休了大家在一起安度晚年。当然也有不太好听的，在位时好好干，退下来无权无势还干什么，都这一大把年纪了，就是林子长大了，也看不见了。杨善洲没有解释，他似乎从来就不爱解释。人嘛，各有各的活法。让家乡的大亮山那片不长树的荒山野岭长满森林，这是他很早以前的一个梦想，只是那时他还当着地委书记顾不过来。如今退下来了，可以一心一意地实现他从前的梦想了。

很多年之后人们都还记得老书记初上大亮山时的情景。那时老书记就住在用树杈搭起的窝棚里，他脚上常年穿着草鞋俨然是一个放牧的老人。施甸县林业局在那里搭了一个帐篷。这是大亮山林场最初的雏形。他们也是大亮山荒野上最早的居民。杨善洲此时的职务是——大亮山林场的义务承包人。熟悉他的人叫他老书记，不熟悉他的人叫他场长，这是个无须组织任命也不拿一分工资的职务。当然林场的工人是要发给工资的，因为他们要用工资去养家糊口，而杨善洲有退休工资。我这人没有发财的命，也不想发财，只想实实在在干点事，退休了还有一份工资知足吧。这是杨善洲本人的想法。后来林场过意不去了，执意要给他工资他才接受了每月70元的伙食补助。直到1996年林场又给他增加到每月100元。理由是因为物价上涨林场的伙食标准比从前高了。直到2004年，杨善洲在林场所得到的报酬仍然是每月100元。

大亮山位于施甸县城西北边地处旧城、酒房、姚关3个乡的结合部，平均海拔2400多米。大亮山上10多个村寨的山民常年靠种苞谷为生，然而山高水冷“种一山坡，收一箩箩”。在这里你看不到一点森林的影子，只有一望无际的荒凉和空旷。据当地人说从前这里常有成群的豺狗出没。偶尔会有一些山民，来这里开一片荒地，种些苦荞。杨善洲为什么要在这里建立林场实现他的绿色的梦想？他本人的说法过于简洁：为后人留下点东西。一个曾和他在一起工作过的人告诉我，60年代初，杨善洲在施甸县当县委书记时曾徒步在大亮山走了20多天，大亮山的荒凉无疑给他留下了深刻的印象，他说这个地方只有栽树，不然永远也富不起来。退休前他两次到大亮山实地考察，当地农民劝他，你到别处去种吧，这地方连野樱桃树和桤木树都不长。然而他还是来了，他要在这片辽阔而荒凉的高原上用他60岁以后的生命建立一个绿色王国。

大院里少了个地委书记，大亮山多了个赶马老倌

马帮一直是大亮山一带绵延不绝的人文风景。畜力是这里用途最广泛的资源。杨善洲从地委大院里消失后，在大亮山就多了一个赶马人。他吆喝着马，身后跟着9岁的孙子的情景，在大亮山山民的印象里一直保存了很久。大亮山一带的群众有叫他大爹的，有叫他大哥的。他们只知道这老头曾经是个城里的大官，大到什么程度他们便不甚了了。在这片封闭的大山里，他们很难想象比县委书记大的官。林场伙食堂开饭时你肯定能在林工中间发现他的身影。他说他从50年代当区委书记时就和职工一起吃饭。他的这个习惯一直保

持到现在。

要把大亮山方圆几十里的不毛之地变成森林，这需要两个条件：时间和金钱。而这两个条件他都很不宽裕。于是他让林工们除了种树之外，平时带上工具只要看见路边的树苗就挖来移种到大亮山上。他把家里平时种下的几十盆盆景全部移种到大亮山上，这些原来摆放在地委会宿舍的雪松、白梅、银杏从此便在大亮山上自由生长。如今这些庭院花木都已经成为挺拔的大树了。始终在本地广为流传的是他捡果核的嗜好。每次回到城里，他就到马路上捡别人随意扔掉的果核，然后放到地委会宿舍用麻袋装好，积少成多后便用马驮到山上。这自然让一些人有了想法，一个地委书记居然到大街上捡别人扔掉的果核。可是他不在乎，林场资金紧，省一个是一个。他说："你不要想着你是地委书记，你就无所谓了，不出钱又可以发展生产，何乐而不为。"有一次他为捡果核与一个小伙子发生争执，有人告诉小伙子，这是原来的地委书记。杨善洲并不理会此时一脸惊讶与不解的小伙子，依然低头捡他的果核。每年的端阳花市是保山的传统节日，自然也是果核最多的季节。杨善洲便利用这个节日到街上捡果核。女儿不愿意了，他说是不是给你丢脸了，那以后你就不要说你父亲是杨善洲。如今只要到了大亮山你不难看到杨善洲拾来的果核已长成一片美丽的风景。

在了解了他大致的人生历史之后，你会发觉杨善洲的身后总是尾随着长长的绿色。据说，他当地委书记时每到一个地方开会或视察，他总是吩咐秘书到苗圃弄几棵树苗，在空地栽下。至今，你仍然可以在保山的许多机关里看到他当年种下的树。有一个故事是他老伴说的：他从结婚后就没有跨过岳父岳母家的门槛，成天在外面东走西跑。直到他满70岁后，他才和老伴坐着手扶拖拉机来到岳父岳母家。老伴说你几十年没来，这次来了不应该空着手。他于是带了几棵李子树栽在岳父母家的院子里，老伴哭笑不得。他的解释是：买什么呢？要买水果那还不如栽果树，想吃就摘。

在大亮山，他常常独自走到高处无言地凝视着在远处大片美丽的绿色。他的身影与此时的环境融为一体，这时你会觉得他简直就是一棵树。他选择了大亮山为他的人生做最后的修炼。

草鞋书记

这是他当地委书记时人们私下对他的称呼。应该说这并不是一种很高的评价。它可能包含着其他不便言说的意味。诸如保守、农民意识等。杨善洲置若罔闻。他从不讳言自己的出身，我是石匠。年轻时他干过9年石匠，几十年过去了他仍然对自己的石匠手艺自豪不已。有一年雨季，老伴打电话到地委办公室说家里漏雨，请他回去想办法。他回去后拿了几个土罐放在漏雨的地方，雨水淋湿了他的石匠工具，他告诉老伴，你要好好收起，以后我不当官了还要靠它吃饭的。年轻时他最大的愿望是当一个好石匠，命运却让他选择了与他最初的愿望截然相反的道路。1950年村里让他出来参加土改工作队，告诉他分完土地就可以回家继续他的石匠生涯。没想到这一去就回不来了，要革命到底了。于是，他从区委书记、县委副书记、县委书记、地委副书记、地委书记一直到退休才算真正回了家，只是石匠是做不成了。

事隔多年，在很多人的印象里依然保留着地委书记杨善洲穿着草鞋下乡的情景。当时没有人喜欢跟他一起下乡，因为他总是带上被子到农家去住，而且很少报出差费。地委书记不报出差费，工作人员自然也不好意思报。在担任地委书记期间，他约有七八年没报过出差费。除了工作之外，他从不坐地委配给他的车。他的家在距保山100多公里的施甸县姚关乡大流水村，每次回家他都是买客车票回去。女儿在城里读书，无论是放假回家或返校都是买客车票来去。有一次，女儿放假正好遇上他到施甸出差，女儿想顺便搭他的车回家，他不让，司机也为女儿求情，杨善洲说："这是公家的车，我是公家的人，办公事才坐，你是杨善洲的囡，你凭什么坐车。"结果女儿含着眼泪去车站买了车票。在采访中我们不止一次听到这样一个故事：1984年的一个雨天，老伴打电话告诉他，二女儿第二天就要开学，让他接女儿回保山。办公室主任要给他派车，他拒绝了，他说："我不是出差，是去接女儿。"他当即买车票去了姚关。从姚关返回时已经没有当天到县城的客车了。当时的姚关公社书记要用车送他，结果被他用同样的理由拒绝了。父女俩决定步行到县城。当时正下着大雨而且天已经黑了。公社书记急了，就打电话给当时的县委办公室。县委办公室立即安排司机去途中接老书记和他女儿。临行前，熟知老书记脾气的县委办公室主任向司机交代，不能让老书记知道是专门接他的，司机是在车灯的照耀下看到老书记和他的女儿的。他后来多次向别人讲述了他此刻看到的情景：路上只有老书记和他的二女儿。当时的雨很大，老书记戴着一顶当地农民最喜欢戴的竹叶帽，父女俩身上全湿了。老书记在确信是偶然相遇后才上了车。当夜父女俩在施甸县委办公室烘烤淋湿的衣服，第二天才买车票回到了保山。即使是现在他也仍然恪守私事不坐公车的习惯，从不例外。大亮山林场有一辆吉普车，他的老伴先后4次坐车到城里的女儿那里去。他后来向出纳交了370元汽油钱。林场出纳员每一次向别人讲述时声音里都充满了感动。后来，施甸县林业局将吉普车换成了三菱车，规矩却没变。采访中施甸县林业局局长告诉我们，老书记到大亮山林场16年来，从未报销过出差费，他说"共产党员都像老书记，纪检委也没必要设了"。

1979年《中国青年报》的一个记者在报上看到一则关于杨善洲的报道。他无论如何也不相信：一个地委书记的妻子和女儿居然还是农民。在当时"农转非"是几乎所有持有农村户口的人们的理想，而地委书记可以轻而易举地让他的家属实现这个理想。于是这个记者专程从北京来到保山，目的是要核实报道的真实性。到了姚关亲自看到了地委书记的农民家属。他真正地感动了。此后不久，《中国青年报》便在头版刊出了这个记者采写的长篇报道。一次，《人民日报》记者和杨善洲一起来到姚关，在他家门口东张西望，说这实在不像是地委书记的家呀。他说这已经是中等水平了。

1986年在他离任之前，姚关乡的副乡长在他家看到老书记的老伴和女儿们正在吃苞谷饭，当他得知老书记家里的粮食不够吃，只好用苞谷掺在饭里，副乡长感动了，当即让乡民政给老书记家里拉去了两袋救济粮。救济粮后来被杨善洲退回去了。另一次是保山地委机关的一个干部到姚关下乡在老书记家吃了一顿饭，自然也是苞谷饭。这个干部回来后反映了老书记家缺粮的问题，民政局补助了老书记家两袋大米。也被杨善洲拒绝了。他说他不属于救济对象，好多人家连苞谷饭都吃不上。这一类的故事至今仍在当地群众中广为流传。

杨善洲的房子一度成为当地的话题或“风景”，这个当年保山最大的官居然没让家里住上一间好房子。褒者有之，贬者亦有之。提起房子他的老伴便不由得有些伤心。退休后的杨善洲也觉得有些对不住家人，于是他向全家人宣布他要盖房子。后来房子是盖好了，可是他发现自己早已债台高筑，以他眼下的退休工资根本无法偿还盖房子所欠的五万多元钱。于是他又把房卖了。这在当地一度成为笑谈。对于自己从1951年当区委书记开始一直到地委书记，做了一辈子的官却连一万块钱也拿不出这个事实，他本人也有些吃惊：“我连一万块钱也没有?”

然而人们在电视上目睹了1998年长江中下游特大洪涝灾害的场面之后，也从本地电视台上看到了这样一则消息：我区原地委书记杨善洲向灾区人民捐款2000元。

2001年10月，杨善洲在大亮山摔了一跤，股骨骨折，出院后他又到保山市医院复查，并做了头部CT。当时有医生建议他，办一个住院手续600多元的检查费用就不用他掏了，他拒绝了。他说这种揩公家油的事不能干。

此后的日子杨善洲手里多了一根拐杖。当年的“草鞋书记”如今已不穿草鞋了。原因是现在已经没地方买了。杨善洲为此遗憾不已，他说那东西养脚。

永不褪色的信念与扩张的绿色王国

大亮山林场的用树枝搭起的窝棚和帐篷是在油毛毡房建起之后才消失的。云南省林业厅、财政厅给大亮山林场拨了100多万元，林场贷了90万元。杨善洲用这钱在大亮山修了一条18公里的林区公路，建了5公里长的高压线，还盖了一排简易的油毛毡房。此后杨善洲和他的林工在里面一住就是十年。直至1997年他们又用砖瓦平房取代了油毛毡房时，林场已彼四周的绿荫所掩盖。

林场拿出7万元为附近的村寨通了电。当电灯在这片闭塞的山寨亮起时，欣喜若狂的山民牵来了自家养的山羊，用山里人最朴实的方式犒劳他们。这个大官在位时没有为他们办，如今退下当了一个最小的官却为他们办了。山民们如是说。

2004年2月10日，记者来到大亮山雷打树村。这是一个以干旱闻名的村寨，当地村民告诉记者，从前他们每天一早就要到远处的山洼里挑水，一天能挑三担水就不错了。村里有人家办喜事，各家便将水像“礼品”一样送到办喜事的人家。因为办喜事需要大量的水。从前乡里的干部到雷打树下乡，唯一不会忘记的就是带上足够的水。雷打树村85岁的杨凤迎告诉记者，是老场长给他们从山里引来了水。现在家家都安上了自来水管。在雷打树村里，记者看到一个叫李根尧的村民家还盖起了沐浴室，每次收费1元。李根尧的女儿告诉记者，沐浴室的生意并不很好，多数村民还是喜欢在家里洗。从大亮山林区引来的水结束了雷打树村漫长的干旱历史。村民们总是心存感激地叙说着老场长杨善洲的故事。

杨善洲说，森林长起来后，还没有明显的经济效益，但生态效益却非常明显。比如箐子里的水明显比从前多了，每年雨季的滑坡也明显少了。大亮山林场周边的摆田村、酒房乡、陡坡村，这些昔日干旱的村寨，如今的人畜饮水都是靠林子里流出去的水。一个村民说，怪了，以前还是荒坡时，到处都是干生生的，现在树长起来，水也多起来了。记者看到雷打树村里各家门口都堆放着从林区里间伐来的树，小的可以作烧柴，大的可以作椽子。村民告诉记者，这是林场无偿地提供给他们的。事实上，大亮山周边几十个村寨的日常生活和生产都与森林密不可分了。16年来，杨善洲领导的大亮山林场完成人工造林5.6万亩；茶园700亩；果园300亩；修通公路18公里；建守山哨棚9个；瞭望台一个；林场面积发展到7.2万亩，林场职工发展到40多人，并创办了水果基地、红砖厂、茶叶初制所等。

林场场长与地委书记孰难孰易？杨善洲本人的回答是，场长难当。因为林场场长是“总统”，管吃喝拉撒，管结婚生育，无论大事小事都得亲自去办。现在办事比从前困难多了。要吃饭送礼。他说他从不送礼，能办就办，不能办就算了。不过可能是他从前的身份，迄今为止，他似乎还没有办不成的事。杨善洲并不讳言这些人际资源客观上为他的林场提供了某种便利。其实，真正的原因是有很多人都为他的精神感动，施甸林业局一位普通工作人员向记者感慨“他到底图什么?”。事实上，为老书记而感动的还有很多领导干部，比如，1998年当时的保山行署专员亲自陪他到外地区购买树苗；云南省人大常委会副主任黄炳生在他任分管农业的副省长期间，曾多次到林场看望他并为他解决了许多实际问题；云南省老干局局长也多次到大亮山看望他。

从1986年走向大亮山后他似乎就不再是公众视野里频频出现的人物了。他像一个现代“隐者”遁入滇西高原上荒凉的大亮山中。在那里用他60岁以后的生命默默地孕育大亮山的绿色。昔日满目荒凉的大亮山于是出现了大片绵延不绝的美丽风景。在那片风景里他告诉我们，再过两年，到他80岁的时候，他就把林场移交给施甸县林业局。他把这称作是人生的第二次退休。16年前和他一起来到大亮山林场的人，如今只剩下林场支书自学洪了，其余的大都退休回家了。我也确实应该“回家”了。我们突然有了一种很悲壮的想法。这个高尚的生命使我们觉得自己的卑微与渺小。然而我们发现始终盘桓在这个老人内心里的却是一种深刻的负罪感，这个从小生活在山区的老人，对他小时候见过的大树的消失痛心不已，“都是在我们手上破坏的，一山一山都砍光了，我们要还债呀，要还给下一代人一片森林！”

或许是长期蛰居在大山里的缘故，他对世界反而看得更清楚了，“现在胡锦涛总书记提出的‘两个务必’很有现实意义，共产党什么都不怕，就怕脱离群众，脱离群众，这是很可怕的事情，那是要犯大错误的。现在的年轻干部应该多到基层，多接触群众，不接触群众，你怎么知道群众需要什么，群众在想什么，你怎么去代表广大人民群众的利益？”大亮山远离尘嚣的环境使他有更多的时间来沉淀他对人生的思考，“不在其位，不谋其政，我只要按照共产党员的标准管好自己就行了。”他说我是发过誓的。杨善洲所说的誓言是在2001年云南省离退休干部双先代表大会的发言，原话是："不利于团结的话不讲；不利于工作的话不讲；不是流汗的钱不要；不该我插手的事情决不插手。"

7.2万亩森林，那肯定是一笔巨大的财富。杨善洲说，如果我当时入上一股，那我也是一个富人了，我享受不了，可以留给我的后代。说实话，我现在利用林场搞点钱，太简单了，林场是我建的，资金是我去要来的。有人说我是"憨包"，不会为自己打算。我不在乎，我就是准备"憨包"到死了。也有人说我是自讨苦吃，其实你们不知道我的内心有多充实。山里的空气比城里好多了。人生其实只在于你自己怎么想。

老人其实已经离不开大亮山了，如同他移种到大亮山的盆景一样。他觉得那里是他寻找到的最好的生命栖息地。无论到什么时候我们都会记得这个老共产党员用生命创造出来的美丽的绿色。因为他使我们更深刻地理解了生命，理解了一个共产党员永不褪色的信念。

（刊于2004年3月5日《保山日报》）

和顺荣登中国十大魅力名镇榜首

市委书记熊清华领取"中国魅力名镇展示2005年度大奖"

戴有锟　焦强

10月30日下午，中央电视台中国魅力名镇评选活动揭晓，和顺继入选"中国十大魅力名镇"之后，又以最高票荣登"中国十大魅力名镇"榜首，夺得唯一的"中国魅力名镇展示2005年度大奖"。市委书记熊清华代表我市从中国文联副主席、魅力名镇评委冯骥才先生手中欣然接过大奖。熊清华表示，要将和顺保护、建设得更具魅力，使和顺成为中国的和顺，世界的和顺。云南柏联和顺旅游文化发展有限公司总经理王达三领取了十大魅力名镇的证书与奖杯。

中央电视台魅力名镇展示专家评审委员会在颁奖词中高度肯定了和顺的"魅力"："中国魅力名镇展示2005年度大奖，是本次电视活动额外设立的一个大奖。设立这样一个奖项，是因为组委会考虑到考察和认定一个镇的魅力，除去自然环境和文化积淀之外，我们还要关注他的今天和未来。所以年度大奖要颁给这一年中最受关注的小镇。"

经中央电视台魅力名镇展示专家评审委员会认真考察和讨论，认定和顺"魅力"不凡：

云南和顺自然环境优越，历史文化悠久，古老的中原文化与西南少数民族文化和谐共处，与外来的南亚文明碰撞融汇，集中体现了中华文化的博大和宽容。

2005年世界纪念反法西斯战争胜利六十周年，和顺因为在滇西抗战中的重要地位和作用，格外受到注目。

在和顺，古老的民居建筑和淳朴的民风、传统民俗一起历经600多年，奇迹般地保存到现在。在今天的发展中，和顺人能正确处理保护与开发的关系，尊重历史，凸现文化，努力让新的发展与历史风貌协调并存。这种经验在今天中国小镇的发展中是具有借鉴意义的。

颁奖晚会由中央电视台著名主持人崔永元、敬一丹主持。崔永元认为，这次评选活动，在全国19800个乡镇中，有156个乡镇参与了评选，和顺这块藏在深山的翡翠、这个养在深闺的佳人一举成名，成为十大魅力名镇，并且荣获年度大奖，在各级党委、政府的强有力领导和支持之下，和顺开创了一种成功的模式——“和顺模式”。

在和顺的保护与开发中，柏联集团所坚持的“保护风貌，浮现文化，适度配套，和谐发展”的16字方针，受到了专家们的充分肯定。在策划和顺申报魅力名镇的过程中，柏联集团总结了和顺的六大独有魅力，邀请央视著名主持人崔永元、敬一丹和美国金融家韦杰夫代言和顺，对于和顺知名度的迅速提高，对于和顺独有魅力的展示，起了非常重要的作用。

中央电视台台长赵化勇、副台长罗明以及众多专家参加了颁奖活动。颁奖仪式上，节目异彩纷呈，高潮迭起，颁奖活动在欢快的歌舞声中结束。

（刊于2005年11月2日《保山日报》）

保山史纲初拟

耿德铭

一、保山历史脉络

20多年前，保山人谈论家乡历史，说的几乎都是明清以来这三五百年的人和事。改革开放以来各级文化部门做了大量考古工作，又从几千万字的史料中，搜索摘录出了不少新发现的史籍资料，进行了十多年的整理研究，已经初步梳理出约近三万年的保山人类历史。还在隆阳区发现了四五百万年前人类起源演进的重要证据，当时轰动了国内外。

现将约近三万年的保山历史脉络简介如下。

（一）保山的地理位置和自然环境

要讲保山的人类历史，首先必须简略地谈谈保山的地理位置和环境。因为环境是各地区人类历史形成发展的客观条件和物质基础，地理位置和环境深刻地影响着各地区人类历史的发展进程。

保山地理环境，有几个突出特点：

1. 保山位于横断山南部，是云南16个州市中唯一一个有三条大江并流于一个州市的地区。在地质发展史上，距今两三亿年前的古生代后期，世界上统一的大陆整块破裂为6大板块，其中的印度板块向欧亚板块漂移俯冲，两板块接触带向上掀升、断裂构造出雄浑、瑰丽、神奇的横断山系，构造出了保山境内一系列北南纵裂的巨大山系夹持着澜沧江、怒江和伊洛瓦底江上游的龙川江，三江之间有气势磅礴的世界第二大峡谷，有气象万千的高黎贡山，有蒸腾迷蒙的100多处热泉。三江四山纵横网布的支流支脉把保山大地切割成无数大小块片，面积达1～170平方公里的坝子有99个。

2. 保山地处三亚（东亚、南亚、东南亚）交汇区，又处于连接中、印两大世界古代文明的枢纽区域。东来的南方丝绸之路，到此后横穿三江走廊再走向缅、印、欧洲，使保山自古成为“殊方异域”，人口、文化、商品交流的“集散地”“西南一大都会”。

3. 许多史书记载保山“土地沃腴，宜五谷蚕桑”，自古以来以农耕文明著称于世，现在的保山更培植出了大批优质高产的粮食、蚕桑、烟草、蔗糖、茶叶、咖啡、核桃基地。保山地处三江多金属成矿带，史书记载和现今勘察证实，区境矿产资源颇为丰富，品种较全，铜铁铅锌锡、金属硅等等的开发、生产都具有相当规模。

4. “保山气候甲天下”名不虚传。原因是保山地处来自西南海洋孟加拉湾暖湿气流通道，而北有青藏高原为屏障，南下的冷空气不易侵袭境区，加之日照充足，降雨适量，空气湿润，形成四季如春的宜人气候，气候学“舒适度”指标远高于其他地方。

保山人类历史，就是在这样一种地理环境中产生和发展的。

（二）人类历史脉络

1. 旧石器时代（距今约30000—8000年）

（1）当时居民住在三个坝子：保山、蒲缥、姚关，发现6处氏族住地（遗址），发掘了5处。各坝子当时的环境状况是：

地面比现在至少低六七百米；

各坝子都是全封闭的古湖，湖外是广袤千里的原始森林，其间有大量藤蔓植物、竹林、灌丛、草地，古湖边缘有沼泽，山间有小河、溪流；

保山、姚关两个坝子周围有很多适合人类居住的溶洞、崖厦；

气候比现在暖热，气温比现在高10度左右，与现今西双版纳相近，象、犀、大熊猫等低海拔热带动物还生存在这里；

动物十分繁盛，种类、数量都非常多。

（2）6个遗址的分布，也就是居民的分布：

保山坝西北龙王塘：距今约近30000年；

姚关坝南边老虎洞：距今约近20000年；

姚关坝北万仞岗、西南大岩房、大马圈岩房、蒲缥坝北塘子沟：距今八九千年。

（3）居民生活状况：

绝大部分住在洞穴、崖厦下——“穴居野处”；

不会生产，靠向大自然寻取现成生活资料（主要是天然食物）来维持生存，过的是采集、狩猎经济生活；

肉食比例很高；

熟食，但只会烧烧吃，还不会煮了吃——由“茹毛饮血”向熟食过渡；

已能将兽皮加以简单缝缀，遮身御寒；

向大自然攫取生活资料的工具：主要是打制石器、骨角器；已有弓箭；当然还有木棒、藤、竹之类。

这就是通常所说的塘子沟文化。

2. 新石器时代（距今七八千年—3335年商中期）

（1）自然环境有重要变化；

古湖由全封闭湖水，下降为半封闭；

古湖周围都露出了一圈山腰，大量山坡台地土壤肥厚，近水，又近森林、草地；

随着地面上升、湖水减少等因素，气温下降，象、犀等热带动物向南迁走。

当然这些变化是渐变，而不是突变。

（2）居民分布向全市扩张；

太平松山遗址：距今六七千年，在蒲薸与施甸之间；

姚关坝5个遗址：距今五六千年（风吹洞、大岩房上层、仙人楼、马家岩房、山邑岩子脚）；

距今4000多年到3335年的晚期新石器已发现一二百处，主要分布在五县区十五六个坝子（原为古湖）周围山腰地带和江河沿岸地带，少数在其他山区；

最晚的两个遗址是施甸仁和团山窝和龙陵木城马鞍山，距今约二千七八百年，离哀牢国诞生已只有三四百年，就全市而言，进入青铜时代已经四五百年（以大花石上层为标志）。

这是保山人口繁殖的第一个高峰期。

（3）生活状况发生了巨大变化：

a. 绝大部分人居住在人工建筑的房屋中，结束了穴居野处，有些地方已村寨相望，交往密切。房屋有四种：干栏式、半地穴式、长方形地面木结构建筑、桠杈梁架泥皮墙草顶房。

b. 前期、中期仍然是群婚制、母系制社会，晚后期开始向对偶婚、父系制过渡。

c. 从事农业生产，建立了种植业。最重要的是生产粮食，种植稻谷。昌宁营盘山出土的炭化稻米，是云南迄今所见时代最早、数量最多最纯净的古稻。后期已形成三种类型原始农业：长久定居的湖滨台地型、半定居的河谷原野型、山坡轮歇游耕型。

d. 从事畜牧业生产：主要饲养牛猪狗马。

农牧业的产生，是人类历史上划时代的变革，欧洲人称之为“伟大的经济革命”。

e. 从事手工业生产：

最重要的是制陶：有了炊具、盛器、食具，告别了茹毛饮血，大大改善了营养成分。后期很发达，数量多，种类多，做工精细。

第二是石器制造业。磨制出了刃口锋利匀称的石斧、石刀、石凿等几十种工具，提高了生产生活工作效率。

第三是木作业。学会了砍劈凿刨等技术，是房屋建筑的关键技术。

第四是纺织业。有衣裳穿了。

第五是竹编业。发现了炭化囤箩，很多陶器器底有蔑编纹痕。

f. 文化艺术：已成为重要生活内容。

石刻人物、花卉、陶器大量纹饰、保山邻区的大量原始崖画等等表明，人们文化生活至少已有绘画、雕刻、音乐、舞蹈。

陶器器面出现刻画符号。

陶祖既是原始雕塑，又是祭祀对象，还是进入父系制时代产生了男性崇拜的证据。

3. 青铜时代——保山的早期文明时代（距今3335年到公元69年）

这一时代的一些主要情况是：

（1）保山青铜时代从大花石遗址上层开始，距今3335年；到西汉中后期（公元前1世纪）结束，先后延续了1300年左右。这一时代最重大的事情是产生了一个奴隶制国家——哀牢国。当时在滇东有个滇王国，滇西至缅北有个哀牢王国。

（2）哀牢国形成于公元前4世纪的战国中期，结束于公元69年，先后存续约400年。哀牢国后期已进入铁器时代，但为了完整地讲述哀牢国，我们把后期这100多年放到青铜时代讲。

（3）哀牢国时代的历史证据不同于石器时代。首先是有了文字记载，虽然简略，但已经有几十种史书记述。其次是出土了千多件青铜器。再次是有了不少遗址遗迹墓葬和史事传说。

（4）哀牢国的疆域面积：史书记载东起澜沧江两岸，北抵滇藏邻界区，西达印缅毗邻区，南界西双版纳南外地区；东西3000华里，南北4600华里，两数相乘应是345000平方公里，但这一面积并不是整齐的长方形，实际面积应小于34.5万平方公里，估计至少有二十一二万平方公里（其中属于现今滇西地区的面积14万多平方公里），这在两汉西汉民族方国中，无疑是一个大国。

（5）哀牢国的首邑（首都）：在保山坝。史书记载保山坝是哀牢王族发祥地、“总王”所在地。保山坝有很多哀牢遗迹、传说。东边哀牢山、哀牢王御花园、哀牢金井、哀牢公主泉、麦场（原为哀牢麦仓），麦场及其东北水寨出土一批青铜器，还有永丰寺、哀牢寺、石刻哀牢王族群像、大官庙、小官庙、哀牢犁耙会。西边九隆山、九隆池（有些史书说是沙壹生十子处）、“九隆山之阳”的隆阳城、内八景之首“春满隆阳”、诸葛亮破哀牢“王气”的记载、战国墓、哀牢王始建卧佛寺、龙王塘龙王大战哀牢王……

（6）哀牢国经济文化发展水平较高，盛产五谷桑蚕，多金银宝货，有10大名特产品，其中最出名的是兰干细布和桐华布。

（7）哀牢国建立了一整套王制体系，实行王权、神权、军权三权合一的统治制度，数以百计的大中小王都集三权于一身，大中小王和为数不少的耆老、渠帅、邑豪构成贵族奴隶主阶级。哀牢王实行世袭制。

（8）哀牢国战争频繁。“哀牢略徼，自古有之”。史书记下了9场，其中有3场给哀牢国造成了巨大变动和强烈震撼。一场是西汉武帝调动大军征讨洱海区域的昆明族，追过澜沧江，在哀牢东北部设置了不韦、嶲唐、比苏3县。另一场是栋蚕率“昆明诸种反叛”，东汉武帝又调大军征伐，追到不韦“斩栋蚕帅”，俘虏万多人、马牛羊三四万头。再一场是哀牢王柳貌派遣儿子扈栗，先后统帅水陆两军一二万人进攻业已归属汉王朝的鹿茤部落，惨遭大败，与汉王朝关系十分紧张，于是向汉王朝请求将不韦西南的一个片区划归汉朝，双方归于和好。

（9）已出土哀牢国时代的1000多件青铜器，包括礼乐器、兵器、生产工具、生活用具4大类。

（10）公元69年即东汉明帝永平十二年哀牢国“举国归汉”。

4. 永昌时代（属于铁器时代）公元69年到1911年（清宣统三年）

从公元69年建立永昌郡到1911年推翻帝制、建立国民的1842年，这里的行政区域名称长期称为永昌（郡、节度、府、州），我们可以称这一时代为永昌时代。永昌时代的发展经历了三个时期：前期为起自汉代的郡县时期，中期为南诏——大理国民族政权割据时期，后期为复归于全国大一统的元明清行省时期。以下分别介绍这三个时期历史和文化的一些标志性大事。

（1）永昌前期（郡县时期）

a. 哀牢和平统一于中华民族，东汉第二大郡——永昌郡建立。

b. 汉族相继迁入（始自西汉武帝时，包括吕不韦宗族子弟），中原汉文化社会模式进入哀牢区域。

c. 铁器的生产和使用。

d. 儒学和汉语书面文学的植根和传播。

e. 诞生了带有奴隶制色彩的地主庄园，封建制成为哀牢地区经济文化的龙头，其后渐成主体。

f. 南方丝绸之路畅通，商业特别是外贸繁荣活跃，中国与南亚经济文化交流进入第一个高潮（南亚人种陶俑，南亚、西亚商品，史书记载已多有印度侨民）。

g. 辟建了郡城、县城。对当时政治、经济、文化的发展和军事防御具有重要意义。

（2）永昌中期（南诏——大理国时期）

a. 唐宋时代乌蛮（彝族的祖先）、白蛮（白族的祖先）在云南建立了南诏——大理国，统治中心在洱海地区，统治范围扩至川西、缅北、越南北部。保山市向西南扩展的基地。

b. 南诏王族一再说明他们是哀牢后裔，第一代南诏王细奴罗是哀牢王族后代。直至第11代南诏王世隆还追封他前面的十世之祖为“哀牢之祖”，来保山哀牢山下建庙祭祀。

c. 南诏王皮罗阁统一洱海后即着手经略永昌，到阁罗凤时亲统大军“西开寻传，南通骠国”；南诏有常备兵员3万人，常驻永昌1万，朴子蛮、望蛮作战最勇敢，南诏出征，常常以他们为“前驱”。

d. 南诏行政区域有7节度、10赕。保山为永昌节度首府所在地。缅北为丽水节度，又称镇西节度。伊洛瓦底江当时称丽水，又称“寻传大川”。节度后改为府。

e. 南诏在永昌节度地“择胜置城”11座，包括永昌城、藤充城、诸葛亮城等等，对其后的经济、社会发展具有重要意义。

f. 古代天子祭祀名山大川，以五岳四渎为具体指向。南诏王异牟效仿中原帝王封南诏国五岳四渎，四渎中保山有两渎（澜沧江、怒江），五岳中有高黎贡山。

g. 永昌各族居民在南诏国范围内迁出迁进。如南诏开拓东城（今昆明）时，曾迁1000多户朴子蛮去镇守关隘要道；南诏曾西迁20万白蛮到永昌各地。

h. 腾冲、保山、大理出现印度佛教持续的传播热潮，摩伽陀、些岛等著名天竺僧人进入保山传道，保山、腾冲辟建大批佛寺；佛教的盛传给社会文化、人文观念带来很重要的影响。

i. 宋代（大理国）开始，保山盛行阿叱力教的火葬制，遗址延续到明代（隆阳、腾冲、施甸发现大量此期火葬墓）。

（3）永昌后期（元明清行省时期）

a. 汉族、回族、苗族、傈僳族等民族大量迁入保山，到明代中后期，汉族人口在府县政府所在的一些主要坝子和交通干道附近，接近或超过了少数民族，汉民族和汉文化都由客体转而处于主体地位，保山社会文化发生巨大的质态变化。

b. 明代进入永昌的军民大量来自南京等地，永昌府城也“仿南京之制”加以改建，以致“城郭风烟半建康”，保山有了“小南京”之称。

c. 府县各地大兴儒学，兴建孔庙、黉学、书院，永昌文教进入极盛时代，造就了不少扬名省内外的学者、文学家、诗人、教育家。

d. 汉语由官方语言逐渐向各族平民语言方向发展。

e. 由汉族创立并有浓郁汉文化色彩的道教在明代兴盛起来，太保山玉皇阁、腾冲云峰山等名山名寺名闻遐迩，并出现了儒释道“三教合一”的一些宗教建筑。

f. 史书记载下来的元明清战争很频繁，分属不同性质的以下三类：

第一类是元明清统一云南之战，都在这里“终场”。

第二类是平息和抗御内乱外患之战，主要几战是：

一、元代至元到大德年间，云南都元帅纳速剌丁等先后抗击缅军的“象战”，断续进行将近10年；

二、明道正统年间兵部尚书王骥三征麓川，先后10多年兴兵数十万；

三、明代万历年间永昌参将邓子龙一年三战大破洞吾王朝10万象马大军；

四、清代乾隆三十二年和三十五年，云贵总督明瑞和清政府军机大臣傅恒两次远征；

五、清代同治和光绪年间，英军各数百人入侵我境，被我腾越守备武官李珍国、左孝臣率领各族“兵民”予以歼灭或击溃。

第三类是人民革命起义战争，这里说两场：

一场是清代咸丰、同治年间，保山城北上村回民杜文秀领导各族人民战斗18年，先后占领50多个州县，在保山城就彼此攻守11年；

另一场是清代末期辛亥革命武昌起义成功后，滇西爆发了云南最早响应的永腾起义。

g. 明清军事活动形成的大量村寨、街道名称，如屯、营、所、铺、堡、哨等等，保留至今。

h. 现存的200多项文物碑碣石刻也以这一时期为最多，其中有一批历史和艺术杰作，有两块是云南名碑。

5. 民国时代（公元1912–1949年）

民国时代只有38年，时间很短，社会形态没有发生根本改变，但我们有必要把它切割下来专题讲，原因有两个。一是在国内，几千年的封建帝制已经被推翻，中国共产党领导进行了新民主主义革命；二是世界局势进入了帝国主义列强瓜分世界、争夺霸权和社会主义革命兴起的新时代，期间发生了两次世界大战，保山成了第二次世界大战国际战场的重要组成部分。

这一时期只讲一件事，就是滇西抗战。具体情况下一部分再讲，这里先提示两个要点：

第一、在两年多的防守阶段，保山是我国西南前线的主要防御阵地，堵住了由西南方进攻我国的敌人；

第二、保山是由云南和印度东西夹击反攻缅甸的东方基地和主战场，不仅在滇西当地歼灭日军2万多人，并且非常有效地配合了反攻缅北和印度英帕尔之战，滇缅印合力歼敌10多万，为亚洲太平洋战场和世界反法西斯战争作出了重要贡献。

（三）保山历史的初步分期

保山迄今已知的三万年左右人类历史，按文物考古时代分期，分属四个大的时代：

1. 旧石器时代：距今八九千年前；

2. 新石器时代：距今七八千年至3300多年；

3. 青铜时代：距今3300多年至2100年左右；

4. 半封建半殖民地社会（1840年–1949年）；

5. 社会主义社会（初级阶段）。

按民族发展演变分期，可分为三个大的时代：

1. 原始民族时代：新石器时代，保山出现了三个族系。（1）濮人族系，土生土长；（2）越人族系，来自两广等东南沿海；（3）氐羌族系，来自西北甘青等地，经三江走廊而来。

2. 传统民族时代：哀牢国至明清时代。分三个阶段：

（1）哀牢国至汉晋时代，濮人分化出八九个支系，越人分化出5个支系，氐羌人出现了“昆明”族名，汉族陆续成批进入保山。

（2）唐宋时代，濮人分化出望蛮（后来的佤族）和朴子蛮（后来的布朗族、德昂族）；越人出现了金齿、银齿、绣面、黑齿等6个新族名。这一时代居民最大的一个变化是“西爨白蛮”（白族先民）迁入永昌20万户。

（3）元明清时代，濮人出现了蒲蛮、普蛮等族名，越人出现了摆衣、大百夷、小百夷等族称，氐羌人有倮罗、怒子、峨昌、阿昌等族名。回、傈僳、苗等民族先后迁入保山。汉族迁入最多。

3. 现代民族时代：1912年至今的近100年，逐渐继续演变和增加至今天的36个民族。

二、保山的重大历史事件

保山的重大历史事件很多。例如：第一、东汉时哀牢归汉；第二、三国时永昌郡维护蜀汉统一；第三、南诏国以永昌为基地，“西开寻传南通骠国”；第四、邓子龙统军进行的靖边卫国战争；第五、杜文秀领导的反清起义；第六、辛亥革命永腾起义；第七、抗日战争滇西战役；第八、1949年的“共革盟”之乱……

有些事件我们放到历史人物部分与人物事迹合并介绍，这里要特别讲讲哀牢归汉和滇西抗战。如果历史事件可以划分等级，其他6件是省级和国家级事件，这两件具有重要国际影响。

（一）哀牢归汉有以下注意要点

1. 哀牢国疆土辽阔，物产丰富，民族和人口众多。

2. 哀牢归汉设郡，我国西南疆域由此奠定。

3. 哀牢归汉设郡后，南方丝路由官方管制、维修，畅通无阻，保山商业、外贸加倍繁荣。

4. 哀牢国77王一致同意，主动请求举国归汉，是我国边区和平统一的一个历史典范，对当今维护国家统一的伟大事业仍具有一定的现实意义。和平统一避免了战争破坏，统一过程中双方人民保持安定生活，经济文化得以广泛交流，迅速发展，给双方人民带来了巨大福祉。

5. 汉明帝为哀牢归汉置郡，举行了隆重热烈的宫廷庆典。在几千年的中国历史上，中央政府举行盛大庆祝发生在保山的大喜事，这是唯一一次。

6. 近一百多年来，东南亚、日、美、欧都有学者在翻译、研究哀牢史事，他们最感兴趣的是九隆神话、哀牢民族、桐华布、兰干细布等等。

（二）滇西抗战注意要点

1.1941年12月7日日军轰炸美国海空军主要基地珍珠港后，迅速占领东南亚各国。1942年3月8日攻占缅甸仰光，摆出了一副北进云南东西夹攻灭亡中国的架势。中国第一拨远征军10万人仓促入缅打了败仗，死亡和失踪近6万人，剩下4万多人撤往滇西和印度。

5月5日日军挺进到怒江西岸，我军炸毁惠通桥英勇抵抗，以后敌我双方沿江对峙了两年。

2.1944年5月11日开始的滇西反攻战打了8个多月，主要经过了4个大的战役：松山攻坚战、腾冲城围歼战、龙陵拉锯战、芒市一线追歼战。滇西抗战取得了云南抗敌卫国历史上最伟大的胜利。

3. 滇西抗战具有不同于我国其他抗日战区的一些显著特点：

第一、它是大规模歼灭日寇并最早全面收复失地的重大战役（不是把日军都“赶出了国门”）。

第二、它是我国境内中美陆空联合作战并取得巨大胜利的辉煌战例。

第三、滇西敌后战场的战斗，不是我国北方那样的平原游击队、铁道游击队、地道战，而是横断山南部的山岳、峡谷丛林、江河之战。

第四、它是我国少数民族参加抗战的族种、人数最多的战役。

第五、保山人民与美国军民在抗战中结下的生死情谊，已成为推进中美关系发展的一个重要元素，保山是受到两位美国总统关注的唯一一个中国边区小地方；滇西抗战史在今后中美关系的发展中，还可以继续发挥积极影响。

三、有重要影响的历史人物

保山历史人物，在我市、我省有过重要影响的至少有六七十人，其中10多人曾经有或者应该有全国性影响，具有晋升“国家级”历史人物的潜能；有的如梁金山、邱中慧还具有一定的国际影响。当今国内外都在打名人品牌，我们应该充分重视这一资源。名人品牌的建立和“升级”，需要做大量艰苦细致的资料搜集、整理、研究和宣传工作。

对保山影响较大的历史人物，我们可以大致划分为以下8类：

第1类，对西南边区的和平统一、安定发展做出重要贡献的功臣。有陈立、柳貌、扈栗、郑纯、吕凯、杨兴、爱鲁、胡志父子、王宏祚等等。

第2类，为抗击外敌入侵、保卫家乡和祖国做出重大贡献的名官、名将和民间英雄。有邓子龙、李珍国、左孝臣、鲁道源、寸性奇、李根源、梁金山、张问德、余建勋、线光天、梁正中、杨思敬、赵押凤、曹保祥、张辅廷、朱嘉锡、常绍群、李成文等等。

第3类，为历代社会文化发展做出重要贡献的学者、专家、文学家。有杨慎、马注、张志淳祖孙、袁文揆5兄弟、李根源、杨元等等。

第4类，廉政爱民、惩贪除恶的清官。有郑纯、曹鸾、罗文节、胡昶、伊里布、张其嵋、宋湘、秦树声等等。

第5类，反对封建统治、压迫的民主革命先锋和领袖人物。有杜文秀、杨振鸿、张文光、祝鸿基、李曰垓、李根源、段家璠等等。

第6类，助捐公益，扶危济困的慈善家。有张爲、王伯升、王祚兴、李宝仁等等。

第7类，为新中国的建设做出了重要贡献的各界精英。如赵锡光、张天放、寸树声、朱晓东、武集成、邱钟慧、徐学惠等等。

第8类，中国共产党杰出的理论家和地方领导人。如艾思奇、李鑫、杨青田、朱家璧。

这些人物和他们的光辉事迹，永远是我们进行爱国爱乡宣传教育的不竭源泉和良好教材，永远是感召和激励一代代后人奋发进取的巨大力量。

下面简要介绍这8类人物中影响最大和最具代表性的13个人。

和平统一西南边区的大功臣——柳貌；

功绩显著的开边太守——郑纯；

维护统一和安定发展的蜀汉名臣——吕凯；

元代永昌廉政名官——罗文节；

南纪英哲——张志淳；

文坛巨星——杨慎；

“永半朝”——王宏祚；

反清起义领袖——张文光；

近现代“治世能臣”——李根源；

爱国华侨领袖——梁金山；

铁骨铮铮的抗日县长——张问德；

杰出的马克思主义哲学家——艾思奇。

保山絮语（节选）

陈 墨

……

十几年前我第一次来到保山的时候，随处可见的土坯房子和土坯围墙，突出了保山城的土气，有时候甚至很难分辨这到底是一个城市还是乡镇。然而与周勇、段一平、张德尧等几位朋友在一起，有了这样的眼睛和心灵，再普通、再寻常的风景，也会显示出不同寻常的价值和魅力，会产生独特且丰富的感受和体验。不必在太保山公园，不必到梨花坞风景区，更不必去远处的哀牢寺，仅仅是一条普通的巷子中的一幢老房子中，就装满了古老的激动人心的故事；大街转弯处的一个老人悠闲的姿态，就足以洗去都市中人心中堆积的浮尘；一个少数民族汉子灿烂的笑脸，如同一本内容丰富的人文教科书；而一个姑娘澄澈明亮的眼神，就会使任何平凡的场景变成让人难以忘怀的诗国画苑；油烟扑面的小饭店中的一顿烧牛肉加辣糊汤，也能让你饱尝人生世界的真滋味。在保山宁静的夜里，我的心灵变得更加宁静，没有任何梦魇。

就这样，我走进了保山，走进这被人忽略的边城，如同走进了我的遥远的故乡。连我自己也没有想到，自己会在这旅人行者来去匆匆的保山古驿，找到了我亲切的心灵家园。

直到多年以后，我才真正明白保山的价值，真正明白故乡与家园的真正恩惠。从这里开始，我学会了用自己的目光打量自己的世界，用自己的心灵感受自己的旅程——人生毕竟是仅有一次的有限度的旅行。那众目所归、众口所传的时尚风景，往往会把人变成纯粹的客体；而只有在自己的故乡家园，才能获得主体的自我还原。

多年来我一直在回忆保山、品味保山，越来越感到它平凡质朴的外表下的丰富和深邃，然而这美好的回忆却只可品味，不可言说。所以，我没有写，也简直无法写出我的保山游记；也没有回答，甚至无法回答这几个好奇的作家所提出的“为什么对保山情有独钟”这样一个看起来极其简单的小小问题。

如果山也有“品”，那么保山的山，堪称山中极品。这可以从明代大旅行家徐霞客的生平事迹中得到启示。这位“五岳归来不看山，黄山归来不看岳”的中国古代最伟大的旅行家，看罢五岳和黄山之后，并没有因观止而罢看，而是将一生最后的旅游目标，锁定在保山的山水之间。在保山的流连，成了这位大旅行家一生最后和最动人的篇章。说到底，五岳名山只是一种世俗的境界，黄山是另一种自然的境界。只可惜，徐霞客没有进一步证明的是，比黄山更高的境界是什么。我想，应该是连接着世界屋脊的昆仑山：黄山虽然巧夺天工，怎比得上昆仑山这样气势磅礴如史诗的“大块文章”？古人以大而充实为美，就是最好的理论依据。然而昆仑山并非世间山峦的至高境界，真正至高的境界应该是那些无名的山，包括那些足以同名山媲美，只是缺乏机缘，因而尚未被命名的大山；也包括那些与所有的名山都不相同、但却包罗万象，且质朴深厚，无法简单命名的山。例如保山境内的博南山、罗岷山等等无数可观可攀可歌可泣的大山，是所谓大象无形，大道无名。有道是：世界上并不缺少美，缺少的只是发现。

如果观看风景也像读书，有些风景如诗，有些如画，有些是散文或是短篇小说；当然也有些像是漂亮的时尚杂志，有些像是通俗的传奇故事。而保山则是一部大书，它的丰富奇妙与博大精深，如同普鲁斯特笔下的《追忆逝水年华》。当然，这里所说的保山，不只是指保山城内的太保山，也不只是指保山城，甚至也不仅仅是指一个保山坝子，而是指整个的保山地区——如今改为大保山市——所属的广大区域：包括隆阳（原来的保山县/小保山市）、腾冲、龙陵、施甸、昌宁5区县。在哀牢山和高黎贡山之间，在澜沧江和怒江之间，这里曾是哀牢故国，永昌名府，早在2400年前这里就曾是著名的蜀——滇——身毒（印度）古道即“南方丝绸之路”的重镇。马可波罗来过这里，徐霞客来过这里，南行的作家艾芜对保山一往情深。其实保山并非“无名”，我们对保山无闻，只不过是因为我们自己无知；而我们对保山的熟视无睹，则只能是因为自己的无识。

我的作家朋友周勇沿着古代西南丝绸之路的永昌故道走上一段，只是收拾了若干散落民间的历史文化断简残篇，就写了一部洋洋可观的散文长卷《时间之痕——南方丝绸之路旅行笔记》。我相信，这本书是关于保山的最好的一部当代著作，而周勇所走过的路，显然是追忆保山的山川历史和人文风物之“逝水年华”的一个最好的索引。不仅其中如哀牢归汉、吕凯忠蜀、如邓子龙的“剑扫烽烟”、抗战县长张问德的《答田岛书》、民国元勋李根源的“叠水若带，勇历人间险恶，制英、倒袁、抗倭，勋劳比贡山，心存天下为公爱百姓；曲石作砺，文增大地光华，平叛、扶正、殓烈、解悬，恩泽及囚骨，志在世界大同足千秋”……所有这些重要的历史细节无不值得“精读”；而生活在现代化高速公路、国道公路、省道公路、乡村公路、山间小道、永昌古道，以及原始蛮荒且本没有路而因走的人多了便成了路的无名小径、怒江河谷、澜沧江两岸……这些不同道路的两侧，生活在不同的历史时空之中的保山乡镇、村寨、驿站、居民点中的汉族、彝族、傈僳族、苗族、德昂族、白族、傣族……几十个民族人民的活生生的生活场景，就更加令人痴迷，当然也更加耐人寻味。在周勇的书中，在保山的大地上，你有无数条高品位的旅游路线，有无数次阅读和理解保山及其自然奥妙与人类历史的机会。我说保山如同《追忆逝水年华》，那是因为她的确不是一般旅游者的通俗读物。这部大书其实一直是摊开着的，随便翻开哪一页，你都能读到生活、人文与历史的精彩细节。

保山这部大书，不同于我们所熟悉的任何已知的经典：你说不清它究竟是古典传统型，还是“现代派”；它是那样的质朴醇厚，同时却又是那样灵动甚至“魔幻”——它的魔幻的程度，一点也不亚于胡安·鲁尔福、加西亚·马尔克斯等拉美作家的小说。保山的“魔幻”，不仅在于吕不韦后人的流放始终像是昨天的事情，而在于根本没有到过保山的三国名臣诸葛亮却在这里留下了无数让人缅怀的“遗迹”——如诸葛营、诸葛堰、哑泉等等。在保山，几乎所有的汉人的祖籍都是“南京大柳树青石坝”或“南京柳树湾高石坎”——到底是大柳树还是柳树湾，是青石坝还是高石坎却似乎根本无关紧要。在保山，几乎所有的古人都还在人们的口头和心头活着，仿佛随时随地都能与任何现代人对话和照面。

在这里，我就有幸“结识”了450年前的明朝嘉靖年间著名诗人杨慎（字用修，号升庵，1488—1559年）。我与他“相遇”，是因为他至今仍活在保山的历史传说里，活在保山人的心中。有意思的是，杨升庵这位不朽的传奇主人公，这位被人津津乐道的历史文化名人，这位被贬谪的“宰相”即首辅之于、状元和翰林，其实并非真正的保山人。他的祖籍是四川新都，自小生长于都城北京，只不过是因为“议大礼”得罪了年轻气盛且自私固执的皇帝，被谪永昌卫即保山，在这里度过了他36年“余生”，直至生命的尽头。至今，保山人仍然以敬仰、同情、感激的口吻说起他，说起他不幸的遭遇，说起他的诗文词曲，说起他在保山乃至整个云南文化教育史上卓越的贡献和影响。

其实，更应该感激的应该是杨升庵。不幸的命运将他抛到这离京万里的边疆卫所，未必不是塞翁失老马、祸兮福所倚。他应该感谢澜沧江和怒江滔滔不绝的大水，冲刷去他满心的怨愤；感谢腾冲热海和龙陵邦腊掌浪涛不绝的热泉，疗好廷杖留下的疤痕与伤痛；感谢哀牢山和高黎贡山的风，荡涤他一路的尘埃和俗念；感谢整个的保山坝子的流水与厚土，感谢云彩间的山川和山川间的云彩，让他看到别样的天地文章；更要感谢张志淳、张含等保山父老同情和爱戴的目光，抚平他的沉郁孤寂，点燃他的沉睡的才华，照亮他全新的人生风景。

倘若还在北京，富则富、贵则贵矣，那也不过是锦绣笼中的一只呆鸟，无非是皇帝或历史的玩物。就算他有非同凡响的政治抱负，也有其父杨廷和那样的政治才干，但在那位狭隘、刚愎且越来越昏庸的皇帝的统治下，在那种实际上已经腐朽的政治格局中，区区翰林修撰，又能有多大的作为？算他学识渊博且才华横溢，就算他性情爽朗且喜欢舞文弄墨，但在翰林院里、宰相府中，除了给当代皇帝讲授早已文不对题且被注释得毫无生气的儒家经典，除了参与修撰为尊者讳且真假参半的“实录”，除了写作那种唧唧复唧唧的绚丽却苍白的才子诗文，还能创造出多少真正的人文艺术价值？所谓天上的文曲星魁，只不过是最幸运的八股文高手；所谓地上的朝廷柱石，只不过是三跪九叩的奴隶的领班；所谓人间的成就和伟业，只不过是那枯黄的历史册页中几行毫无生气的文字。

是保山的山川风土，让这位状元郎找到了另一种生命与艺术的坐标，从而使得他的《升庵集》和《陶情乐府》具有艺术与生命的光彩。否则，杨升庵就不可能写出“三岔驿，十字路，北去南来几朝暮。朝见洋洋拥盖来，暮看寂寂回归去。今古消沉名利中，短亭流水长亭树。”和“滚滚长江东逝水，浪花淘尽英雄。是非成败转头空，青山依旧在，几度夕阳红。白发渔樵江渚上，惯看秋月春风。一壶浊酒喜相逢，古今多少事，都付笑谈中。”这样旷达深沉的伟大诗篇——这不是一种“消极”，而是对传统价值的一种积极的“消解”。实际上，在保山的山水自然之间，在保山的父老乡亲之中，杨升庵找到了自信，找回了灵性，进而找到了一种更加新鲜又更加恒久的人文价值。如是，升庵能不谢保山？

我很想写一写保山的风和云——不是想写什么历史的象征，而是想写纯粹的大自然的清风和云彩。想写一写这里的清风是如何擦洗我的气管、我的肺叶、我的眼睛和我的心胸，写一写这里的云彩是如何流动变幻、千姿百态，如何将纯粹的天文启迪着人类的灵性，如何中和阳光的炽烈而又恬淡我的俗念。我甚至相信，保山的清风和云彩，一定能够医治人类许许多多的身病和心病。假如没有到过保山坝子，真不知道天有多高、地有多厚、风有多清、云有多妙。遗憾的是，就在我想写一写保山的风和云的时候，我看到了作家汤世杰的《冥想云南》，看到他开篇所写的“云南的云”，那真叫写绝了、让我看傻了、没词可说了。我没有老汤那样的灵性、积累和手笔，这辈子就甭想去写什么云南的云、保山的风啦！

保山，称得上是中国乃至世界上的最明净的地区。我常常想，假如19世纪德国地质学家亚历山大·冯·洪堡先生在去过墨西哥高原上的“墨西哥城坝子”之后，再来到中国云南高原上的保山坝子，他是否还会把“世界上最明净的地区”的光荣封号给予墨西哥城，那显然会是一个极大的疑问。因为无论是气候凉爽宜人，是空气明净清新，还是四季温润如春，保山在哪方面都毫不逊色。更不必说，到了20世纪，墨西哥城早已成为世界上环境污染最严重的地区之一，而保山则明净如故，清爽如故，温润如故。也许要到明天，这种明净的非凡价值，才能充分显现，并被风尘满面的人类充分领悟与珍惜。

十几年间三到保山，我亲眼见到、切身感到了保山城日新月异的变化。似乎在不经意间，保山城早已气象一新。飞机场现代化了，高速公路即将通车。入城大道宽广阔大、气势非凡，城市广场鲜花如织、绿草茵茵。铜鼓型的保山博物馆成了最好的古老而又现代化的城市标志，兰都饭店、金叶大厦、永昌宾馆等一大批星级宾馆林立市间。保山之夜灯火辉煌，昔日土里土气的土寨土城早已不见了踪影。更重要的是当今保山人的观念的变化，他们将保山的建设和高黎贡山的建设联系了起来，将保山、高黎贡山的人文历史和自然地理的优势结合起来——这里不仅是世界自然保护区、全球物种基因库，而且是经济贸易大通道、民族文化博物馆。实际上，2001年的保山之行，我不仅看到了保山的过去和现在，更看到了保山的未来。未来的保山，必将是国内外所有游客的钟情之地。

腾冲思绪

……

上路了。如今保山至腾冲，有了一条新修的高等级公路。经过怒江峡谷时，我们的车似乎在山顶云间穿行。考察过永昌古道、刚刚出版了《时间之痕——南方丝绸之路旅行笔记》一书的保山名作家周勇指点说，从怒江峡谷依次往上，排列着不同时期的道路：峡谷的最底层是最古老的西南丝绸之路故道；它的上方是抗战时期著名的史迪威公路（中—缅—印简易公路）；再上方，是新中国建立后所修建的公路；最上方，才是现在行走的20世纪末修成的高等级公路。也就是说，2400年贸易、战争和交通的历史，就这样“悬挂”在怒江峡谷的山崖上！这一说，引来车内一片惊呼，从此山路不再寂寞。

那一天恰好雨后初晴，我们在一个傣家村寨，在高大的榕树下，看傣家老人祭祀树神，与傣家的姑娘和小伙子们一起跳舞，吃傣家的百家饭，傣家大娘大嫂们的热情，几乎彻底摧毁了同行作家们的减肥习惯。然后特意绕道回到老公路，进而下车步行到怒江峡谷的最低处，探访马帮古道上的名胜——怒江双虹桥。这座桥还活着，虽然不再有多少马帮经过，但当地的农夫和他们的耕牛还会经常在此来回。正如桥上的老公路也并没有废弃，不时还会有农用货车和手扶拖拉机从上面轰然驶过。从新公路到双虹桥这一绕，就绕进了历史的深处。这一切仅仅是游觅腾冲的序幕，一路的所见所闻，就已让没来过此地的人喜出望外，不信腾冲可漫游的疑问，无形间消除了一小半。

傍晚时分，我们终于到了目的地。九年前，我和我的家人一起来过这里。没想到，这次重访，我所熟悉的腾冲城旧貌早已无影无踪，我像是走到了一个陌生的现代化城市。沿着宽阔的大道，老远就能看到巨大的城市雕塑，在第一个大转盘中央矗立立，基座上醒目的“极边第一城”五个大字——是当地人将明代大旅行家徐霞客对腾冲的命名自豪地树立在自己城市的入口处。晚上住宿热海温泉，这地方我也到过，当年的山谷荒野，现在成了一座漂亮的现代化沐浴城。一番花样百出的洗浴熏蒸，所有的疲惫，所有的疑虑，自然都已消失殆尽。

第二天游览热海温泉，大滚锅、珍珠泉、美女泉等等可观的热泉景观，倒是依然如故。然后去大小空山，参观了火山博物馆，看到了各式各样的可以在水面漂浮、能作最坚固的建筑材料，也能成为收藏品的火山石，可惜的是，不能在松涛阵阵绿草茵茵的小空山顶野餐。因为我们要赶时间，去看地质奇观柱状节理。我们看到了地球裸露着的断裂伤残的筋骨。饿着肚子，也会产生奇异的联想，错把地质学上柱状节理，看成是放大了的米线和饵块。在曲石镇吃过午饭，我们又赶往马帮故道上的江苴古镇，这里是当年的马帮从保山经过南斋公房翻越高黎贡山进入腾冲县境的第一站。如今的江苴已经破败，马帮古道充满了泥泞，当年招待马帮的客栈依然存在，只是再也没有往日人喊马嘶的热闹繁华。令人惊奇的是，在江苴老街上，居然见到了周勇在《时间之痕》中写到的人物：那个下雨天戴着老花眼镜大声念线装书的老太太，和那个经历新旧社会大小官场做不成良相而愿做良医的老人。想一想也不奇怪，这里是他们的家园，假如这古道老街注定要成为历史的活化石，那他们也就是这化石般古老风景的灵魂。这一天的最后，我们还去了北海湿地，在几米深的水面草皮上行走，进而撑着一块草皮在水面上如船筏般飘浮，这实实在在的经历说起来恐怕令人难以置信。

第三天瞻仰腾冲国殇墓园，这里有中国远征军第二十集团军光复腾冲纪念塔，塔下埋葬着为了光复腾冲而牺牲的9168名烈士。在腾冲的最后一个节目，是参观著名的侨乡和顺乡，这里有马克思主义哲学家、《大众哲学》的作者艾思奇的故居；有创建于1928年、现有藏书7万余册的全国最早、最大也是最好的乡村公共图书馆；还有一座刚刚开放的民居博物馆，实际上，整个和顺乡，就是一座美轮美奂的乡村民居博物馆。离开腾冲的时候，相信所有人的疑问都已消失，剩下的只是对时光飞逝的惊叹，和对腾冲美景的恋恋深情。

到腾冲，三天的时间确实是不够的，一个星期的时间也是不够的，十天半月实际上也还是不够的。几天的时间，只能匆匆来去，在这里浮光掠影而已。我们甚至连叠水河旁边的毗卢寺、龙光台等名胜都没有时间去观光。

如果没有到过腾冲，也不了解腾冲，那就实在无法想象，在这个小小的县治之内，有那么多的“国”字号的公园或保护区：高黎贡山国家级自然保护区，北海国家级湿地保护区，火山群国家公园，热海国家重点风景名胜区，来凤山国家森林公园，国家级重点保护文物单位国殇墓园，再加上猴桥国家级口岸、顺江火山湖、道教名山云峰山、柱状节理景点、大塘大树杜鹃景点等等，而所有这一切，还差不多都是独一无二的。其他可以游览，可以流连的地方，还有太多太多，腾冲境内，像大空山、小空山那样的火山，就还有九十余座！徐霞客当年，在这里逗留了40天之久，也不过完成了腾冲这部奇书的有关古代部分或古人目光下的提要。而我们短短几天蜻蜓点水式的游览，只不过看到了腾冲的精彩的序言，和其中部分章节的目录。

实际上，在腾冲县境内的任何一个地方，都值得一去，值得一看。沿着现成的公路走向一个个国家公园或保护区，当然是一种走法。而沿着徐霞客当年走过的——经县城叠水河瀑布至宝峰寺、打鹰山火山、固东、云峰山、腊幸温泉、滇滩、明光、云岩寺、界头、瓦甸、曲石，沿龙江岸回到县城；尔后又经绮罗、清水、杨广哨、竹家寨、热海再返回绮罗——这样的旅游路线，或许会有更多的意想不到的收获。随便你走在腾冲的哪个地方，哪怕是不经意的一瞥，都会让人目瞪口呆，而后心旷神怡。在这里，你可以看千姿百态的山，看跌宕多姿的水，看变幻无定的云，看浓淡莫测的雾，看绿树掩映的农庄，看田野中的白色的旱地芦苇花，看山涧故道上偶然走过的稀稀拉拉的马帮，看白鹭悠闲地栖息在耕牛的角上、农夫的肩膀上，或者在田埂上歪着头对着农夫与耕牛投出它不知是温情还是嘲讽的目光。

在腾冲，用不着任何特殊的工具设备，你随时都可以走进时光隧道，“回到”数十年前、数百年前、甚至数千年前。腾冲县城无疑已经现代化了，但只要走出这座现代化县城几公里、十几公里、最多几十公里，就能走进几十年前的房舍中，走进几百年前的生活习俗中，走进沿袭了数百上千年的劳作方式中。半个多世纪以前的枪弹孔，依然保留在江直老街居民的木门板上；两千年前蔡伦发明的造纸术，仍然是界头乡新庄村龙上寨许多村民的一项现实的谋生技艺，在这一带，还有辛家寨的犁，王家寨的篾活，固东镇的皮影，云阳村的“纸撑”（雨伞），荷花村的玉雕，石头寨的帽子，高家寨的海笸，等等。所有的这一切，依然保留着完整的前工业文明时期的手工技艺和家族作坊的形式。还有3000年一贯制的牛耕及其牛耕文化，两千多年的马帮及其马帮文化，加上两千多年的儒家文化影响下的生活观念与习俗。所有这些，都不是教科书上的插图，也不是博物馆里的标本，而是活生生的现实——不是人“回到”了过去，而是过去活到了现在！

怒江峡谷中并存的不同层次、不同形质的路，堪称进入腾冲及其腾冲文化的索引：不同的道路代表着不同的时代，沿不同的路则可以走向不同的文化生活时空，而不同的道路、不同的层次、不同的时空的多样性并存，则正是腾冲“现在 / 现实”的社会 / 文明结构。这正是腾冲的独特处，也正是腾冲文化的独特处，这里就像是一座天然的人文历史博物馆，从狩猎文明、农耕文明、工业文明一直到后工业文明，居然在这里被兼容并包，和谐共存！这无疑是一种历史的奇迹，更是一种珍稀的文化奇观。

抄纸术、皮影戏、线装书等等传统工艺与文化，作为一种技术手段、经济形态或文明形式，自然是落后的。然而作为一种现实的存在，作为一种独特的生产和生活景观，作为奇异的历史沉积，所有这些，如同高黎贡山上的秃杉、桫椤、大树杜鹃、十齿花、白菊木、云南红豆杉等远古、珍稀、濒危植物一样弥足珍贵。

写到现在，我还没有正式说起高黎贡山，我知道这实在说不过去。我知道，说起腾冲，不能不说到高黎贡山。无论是过去还是现在，高黎贡山都是腾冲的屏障，是腾冲的扉页，也是腾冲自然、历史、人文故事的一个重要的章节，甚至是首要的章节。高黎贡山的阻遏，不仅使得西部的腾冲与东部的保山之间的交通数千年来充满了艰险和惊险的故事，也使得二者之间的气象、地理、人文有着明显或微妙的差异。现在，高黎贡山在行政区划上不属于腾冲了，但无论在自然上、文化上或是心理上，高黎贡都是腾冲的一个有机组成部分。正因为有高黎贡山的存在，才会使腾冲能够成为一个巨大的天然公园，且是我所知道的一个最好的天然“氧吧”。

我知道，沉默千万年的高黎贡山，如今成了腾冲、保山乃至整个云南的“大块文章”：它以“自然博物馆”“物种基因库”“野生动物的乐园”而闻名于世。这里不但成立了一个跨地州的国家级自然保护区，且世界野生生物基金会在1992年还将高黎贡山国家级自然保护区列为“具有国际重要意义的A级保护区”，从而使这里成为生物多样性的研究、保护、示范和宣传的重要基地。这使得高黎贡山迎来了全国乃至全世界的热切关注的目光，也使这里成了科学考察、探险、观光、旅游的最新热点。这里不仅是花和鸟的天堂，也是“花迷”和“鸟迷”们的天堂。

遗憾的是，到现在为止，我还只是一个高黎贡山的仰望者，最多也只是与它擦肩而过。对高黎贡山，我缺乏更加亲密的接触和更加深入的了解。因此，对于那些生活在高黎贡山中的人，尤其是对高黎贡山的保护者，我总是由衷的羡慕和崇敬。而对汤世杰、周勇等作家朋友的翻越高黎贡山的经历，我当然更加羡慕，甚至嫉妒。对于他们所讲述的有关高黎贡山的一切，我都会洗耳恭听。

然而我最羡慕和崇敬的人，却是英国生物学家乔治福瑞斯特，此公早在1904年就从遥远的爱丁堡植物园来到了高黎贡山，对高黎贡山一见钟情，且从此一往情深，因而先后7次往返英国与高黎贡山之间，共用了28年的时间，实际上是一直到他的生命的尽头。福瑞斯特用他整个的后半生，在高黎贡山中共采集了动植物标本3万余种，70多万份！其中大树杜鹃等等珍稀植物的标本，轰动了大英博物馆、也轰动了整个西方世界，为高黎贡山、也为整个中国的生物界赢得了世界的关注。

很多年中，福瑞斯特被看成是一个“文化的入侵者”或者是“资源的掠夺者”，我不了解这一判断的根据，因而对此不能质疑，可也不能完全相信。我更愿意将他看成是一个敬业的植物学家，一个为科学献身的人，也是一个真正热爱甚至迷恋高黎贡山的人。福瑞斯特对高黎贡山动植物物种的调查和标本的采集，或许可以说是“资源的掠夺”，但在客观上却是一种功在后世的知识的传播：把先进的动植物学知识及其科学方法传到中国，把高黎贡山高海拔、低纬度的独特地势、“一山分四季，十里不同天”的气候特点及其数千种高等植物、数百种野生动物的自然生物的知识和信息传播给世界。如今高黎贡山名扬天下，其中当有福瑞斯特的一份不可磨灭的勋劳。

福瑞斯特的故事不仅是一段历史，更是一种启示。如果没有许许多多像福瑞斯特这样的动物学家、植物学家、生物学家和生态学家的考察和研究，高黎贡山的价值就不能得到证实，而它的声望也就不能成立。同样，如果没有众多的地理学家、地质学家、地震学家、火山学家、生态学家的研究和呼吁，腾冲的火山、热海、湿地、江河、山林等等丰富的自然资源，就不可能得到重视和保护。由此推而广之，对于腾冲的历史遗存、人文现象、社会结构、生活方式、文化生态等等，也需要更多的人类学家、民族学家、历史学家、文化学家、未来学家以及其他有关专业的专家学者的重视、调查、研究、界说、定性和注释。

我的意思是说，高黎贡山是一座自然博物馆、生物基因库，而腾冲，则是一个尚待研究和确认的人文博物馆，和社会历史的基因库。这里不仅有值得重视和保护的生物多样性，而且还有同样值得重视和保护的人文多样性。自然生态的平衡是一个巨大的系统工程，如果没有与之相适应的人与环境、人与自然等子系统的支持，怎么能够达成并维护大系统的平衡？最广义的生物多样性，其实应该包含人文的多样性。至少，在保护生物多样性的同时，应该注意到人文多样性的存在及其认识和保护人文多样性的必要。

腾冲迟早会成为全国乃至全世界的旅游热点地区，对此我毫不怀疑。这块长期受到历史冷落和战争摧残的地域，实际上一直受到了大自然神灵的特殊眷顾。这里的生物多样性、地质独特性、人文丰富性都是独一无二的，而所有的这些，无疑都是最宝贵的旅游资源。

当然，腾冲毕竟只是人间，而非仙境，更不是上帝的后花园。

在青翠欲滴的高黎贡山中，甚至就在新修的保山至腾冲的公路旁，我们不时可以看到一种当地人叫做“飞机草”或“日本草”的植物，据说这家伙就像当年的日本侵略者那样，极富侵略扩张性，只要有一点空隙，它都能够以惊人的速度大面积繁衍，如果任其发展，最终将会导致植物界的“三光”：树光、花光、草光。毫无疑问，这种霸道植物的存在，对刚刚引起我们重视并且自豪的高黎贡山生物多样性，是一种严重的威胁。目前，我们看到的威胁，或许还只是一种讯号，或许是一种象征和预言。

更大的威胁，当然还是来自人本身，准确地说，是来自人的生存与其他生物的生存之间的残酷竞争。虽然早在1995年12月8日，在高黎贡山深处的保山芒宽乡百花岭村就成立了中国第一个“农民生物多样性保护协会”，且云南省内外多家重要媒体对此都有过重点专题报道，但这其实并不意味着从此以后所有的农民都真正懂得了生物多样性保护的重要意义，也不意味着从此以后就没有人滥伐森林、猎捕动物或其他违法乱纪的勾当，更不意味着人与植物争地和人与动物争食的生存矛盾的真正圆满的解决。实际上，高黎贡山这个国家级自然保护区始终面临着人类自身的有意与无意的摧残与毁败。保护区的工作人员有很多年没有见过老虎了，这种让人畏惧、也让人自豪的动物，是不是只有在标本室里、甚至只有在过去的照片中才能见到呢？

高黎贡山自然保护区所面临的严峻形势，并非孤例。人与环境的矛盾，或者说发展与保护的矛盾，几乎无处不在。小而言之，热海一带雨后春笋般的洗浴中心和疗养院之类的建筑，填满了整个山谷，人们再也无法看到热海的自然奇观；更何况，那些建筑缺乏整体的规划，拥挤不堪，与周围的山峦风景，在色彩上和状貌上都缺乏必要的协调与呼应。大空山火山前的那条宽大笔直的“飞机跑道”，或许能为“腾冲火山热海旅游节”增加节日气氛和广场效应，但如此“平铺直叙”，面对大自然的鬼斧神工，岂不相互矛盾且明显相形见绌？

精心策划的重点景观尚且如此，没有策划，甚至毫无规划的乡镇与村庄问题自然就更大。在很多的乡镇中，我们随处可见那种新建的贴着瓷砖的水泥楼房，在一片古老的房舍中间，就像是一块拙劣的补丁。这种毫无个性更无美感的水泥盒子在中国的乡村中到处都有，但在腾冲的那些古老且著名的乡镇之中，在人们的怀古期待的视野里，却显得格外的刺目和败兴。也许是为了追赶时尚潮流，许多乡镇的道路进行了翻修，有些地方甚至故意将古朴自然的石板路或石子路改换成水泥路。这种急功近利的改换，让许多古老的名镇，变得不伦不类。

最大的危机或困境，当然还是难以调和的保护和发展之间的矛盾。我知道，一个外地的旅游者，走进腾冲的那些“时间仿佛停止了”的古老村镇，看到那些“历史化石般”的人事、风俗和文物，当然会惊喜，会心驰神往，会叹为观止。而当地居民的心思，或许与外地的旅行者大相径庭，对一个乡镇或村庄而言，古老一词的另一面，往往不仅是落后，是破败，而且还有贫穷。外地的旅游者，谁会真正关心这些居住在被道路抛弃、被时间遗忘的古老村镇上的人自己是怎样想的呢？他们的子孙，那些接受过现代教育、向往现代城市文明的年轻人又会怎样想呢？那两千年前的耕作方式、一千年前的手工技艺，五百年前的巨大马槽、六十年前的布满弹孔的木门板，和不知道有几千几百年时间的无字的规则，如果在真正的博物馆中，自然会让人流连再三，发思古之幽情。然而这些在一个活生生的居民点中，对这些生活在21世纪的居民自己而言，那就完全是另外一回事了——他们，尤其是年轻的一代，渴望抛弃这一切，至少是想尽快改变这一切。他们有权力要求改变这一切。

他们也有能力改变这一切。

问题是，他们会怎样改变这一切呢？

国殇墓园

到腾冲，你不可能不去国殇墓园；到国殇墓园，你不可能不感到强烈的冲击和震惊。腾冲县城的西南角，称得上是精华之角：大盈江、叠水河瀑布、毗卢寺、龙光台等风景名胜都集中在这里，国殇墓园正在其中。这座墓园，是为光复腾冲战役中牺牲的烈士而修建的，墓园占地5.33公顷，抗战胜利后几个月内建成。

十年前的夏天，当作家段一平老弟引领着我、我妻子和我们的五岁的女儿走进腾冲国殇墓园的时候，正值黄昏时刻。除了我们几个人之外，墓园内没有其他的游人，幽静的墓园中显得更加肃穆。入大门的大道两厢，是抗战史料及其烈士事迹陈列室，因为时间已晚，来不及细看了。我们直接走向墓园中央的忠烈祠，当我看到枋柱上赫然悬挂的蒋中正、于右任、李根源等人的题额，和何应钦、卫立煌、霍揆彰、周福臣等人的挽联，进而在祠堂内看到孙中山遗像两旁悬挂的中华民国国旗和中国国民党党旗，看到孙科、陈诚、龙云等人挽诗悼词时，感到大为惊奇。那是我平生第一次看到公开悬挂着的蒋中正等国民党领导人题写的匾额、诗联和国民党党旗、民国国旗。在这里，我看到了真实的历史，或者说，看到了真实历史的复活。倘若在“文化大革命”期间，我想我不可能看到这些。

真正让人震惊的，还是忠烈祠后面的一座圆形的小山——它的名字就叫做小团山或小团坡：山顶上是一座纪念塔，塔的正面是原远征军第二十集团总司令霍揆彰将军题写的“远征军第二十集团军克复腾冲阵亡将士纪念塔”，基座上则是当年云贵监察使、滇西抗战督导、保山名人李根源先生题写的“民族英雄”的铭文。塔如宝剑，直指苍穹，在落日黄昏之中，闪烁着奇异的光芒。更让人震惊的还是塔下，整个山坡四周从上到下全都是烈士的墓碑！墓碑之间，芳草萋萋，一片苍凉。段一平老弟告诉我们，这些墓碑的数量，应该是9168块，因为在光复腾冲的战役中牺牲的将士总数就是9168。这是我一生之中从未看到过的景象，也是我一生中从未受到过的冲击和震惊。这些生前成行的将士，死后依然成阵，于残阳如血的黄昏中。仍在守护着小团坡的中心与高峰。

恍惚之间，这些大小一致的墓碑，幻化成千百颗活着的头颅，墓园林间的晚风就像是他们的呐喊，细语，或者呜咽。我们不由得低下了头，致敬，默哀，也想倾听。然后，我和我的妻子先后俯下身去，想查找出烈士的英名，结果发现，并不是每块墓碑上都有名字，大多只有团队的序号和他们的年龄——大多数烈士的年龄都在19岁、20岁上就永远定格了。方阵中的大多数烈士，都成了无名的英雄。我知道，即使墓碑上全都有烈士的名字，也不可能一一被记住。只是不能记住是一回事，压根儿就没有名字则又是一回事。不论怎样，这些无名的英雄，是真正的英雄，就像纪念塔的基座上所写的那样，他们是真正的民族英雄。

沉默，还是沉默。有时候我们也抬起头来，相互看看，像是要说什么，终于什么也没有说出来。我的五岁的女儿，虽然完全不明白我们的沉默，但也被这种无言的气氛所感染，变得安静下来。我的沉默，一半是因为震惊，一半则是因为羞愧：那时候，我对这个国殇墓园，对这个墓园中长眠的来自祖国五湖四海的烈士，对这些烈士所献身的怒江反击战和腾冲光复战，对中国远征军和滇西抗战的历史，几乎毫无知识。对此，我实在应该感到羞愧，与此同时，我也感到忧患和悲哀。我知道，对这片焦土及其这段历史完全无知的，不仅仅是我一个人，而是一个时代。无知的结果固然可怕，而造成无知的原因则更加值得深究。那一天，一只大黄蜂在我女儿的脸上狠狠蜇了一口，那疼痛，却长久地留在我的心中。

我不知我们一行何时和怎样走出国殇墓园，无论怎样回忆也无法记起。或许，我至今仍没有走出那个让我震惊、让我羞愧的国殇墓园。

很久之后我才知道，腾冲抗战史的第一页是不光彩的：1942年5月10日上午10时，日本南方军第15集团军第56师团第148联队的先遣部队共292人，不费一枪一弹，就顺利地占领了中国的“极边第一城”腾冲。

敌军的占领之所以如此轻而易举，如此出人意料的顺利，是因为当时驻腾冲的最高军政长官——腾龙边区行政监督龙绳武、腾冲县县长邱天培在日军到来之前就逃之夭夭，致使腾冲千余名驻军成了无头苍蝇，自动溃散了。

这是腾冲的耻辱，更是那个政府及其当权者的耻辱，同时，也是我们中华民族的耻辱。那个望风而逃的最高长官龙绳武不是腾冲人，而是当时的“云南王”龙云的儿子。在其位而不谋其政，当其权而不负其责，龙绳武、邱天培当然不是第一人，山东省主席韩复榘就要比他们更加位高权重、也更加臭名昭著。肉食者鄙，又岂止是未能远谋而已？

有人望风而逃，也有人挺身而出。腾冲人很快就洗刷了逃跑的长官强加给腾冲和腾冲人的历史耻辱。就在日寇占领腾冲县城的几天之后，腾冲籍的著名乡绅就集会商讨组建临时县务委员会事宜，刘楚湘担任主任委员；不久，又在界头正式成立抗日县政府，时年62岁的张问德受命担任抗日县长。

面对当时的日寇驻腾冲行政班本部长田岛要求面谈的招降引诱，张问德写出了著名的《答田岛书》——这封信后来在抗战大后方各大报纸上发表，成了中国抗日战争中最重要的战斗檄文之一：“余拒绝阁下所要求择地会晤以作长谈，而将从事于人类之尊严、生命更为有益之事。痛苦之腾冲人民，将深切明了彼等应如何动作，以解除其自身所遭受之痛苦。故余关切于阁下及其同僚即将到来之悲惨末日命运，特敢要求阁下作缜密之长思。”

负有守土之责的在职县长擅离职守，而该当颐养天年的退休老人临危受命，——逃跑县长邱天培与抗战县长张问德之间，形成了无比鲜明的对比。这种对比，不仅是一段战争历史的真实传奇，也应该成为中国政治、人性和文化研究的一个重要的课题。同时，这当然还是戏剧、文学、电影、电视创作的极佳素材。

我总觉得，张问德及其著名的《答田岛书》应该进入中国历史的教科书。这样的人，这样的文章，这样的历史故事，不应该被遗忘，更不应该被有意地遮蔽。张问德的行为和文章，丰富了中国的爱国精神、道德精神、人格精神的资源。张问德不仅属于腾冲，也应该属于全中国；不仅属于抗战的历史，也应该属于我们民族的现在和未来。

问题是，张问德的故事为什么没有进入中国的历史教科书呢？

腾冲国殇墓园是在战后几个月之内就建立起来了。

说起来，这似乎没有什么值得大惊小怪的。若是看到墓园陈列馆中的那些照片，看到光复腾冲的战争几乎将整个的腾冲城轰炸成了一片焦土，想到许许多多的腾冲人在家乡光复后实际上无家可归，想到腾冲人是在这样的背景下首先建设起为光复腾冲而献身的来自他乡的英雄烈士纪念塔，就不能不感慨万千了。这些人没有先去建设家园，而是选择了先建设烈士的墓园，也许只有这样，腾冲人才会感到心安；也许，腾冲人需要这样一座墓园，让民族英雄和爱国烈士的精神成为腾冲城重建的一个新的标志。

在光复腾冲的战役中，腾冲人无分男女老幼，无分富贵贫贱，无不在各尽所能地支持着英勇作战的子弟兵，如预备二师第六团团长方成在其战地日记中缩写的那样：“本师开始攻击之际，白发苍颜之老先生，西装革履之少爷公子，男女学生，乡镇保甲长和民众等，均争相驮沙袋，担子弹，送茶饭，并有许多太太小姐成群结队的跟在部队的后面，好像赶会看戏似的。此时官兵精神异常振奋，几不自知是在打仗。”最后，为战争胜利而献身的腾冲人多达6400余人！而这些人，并没有被埋葬在腾冲人修建的国殇墓园中。也许在他们看来，腾冲人为了光复自己的家乡而献出自己的生命，是他们的本分。

那些来不及擦干自己身上的烟尘和血迹，来不及重建自己的家园，甚至来不及埋葬自己的子弟的腾冲人，不仅出钱出力、尽其所能建起了宏伟堂皇的国殇墓园，同时也尽心尽力地帮助、收留并养育了难以数计的伤残军人。这些来自五湖四海的军人，因各种困难和原因不能或不愿去追赶自己的部队，也无法回到自己的家乡；而腾冲人也就用各种方式将这些外地的军人变成了自己的女婿、儿子和亲人。不仅仅是出于对抗战“荣军”的敬慕，更多的是出于一种朴素的人道情怀。若干年之后，当这些“荣军”失去了他们最后的一点荣耀，甚至变成了时代社会所排斥的另类，还是这些腾冲人默默的和他们一起承担了羞辱和艰难。

让我感动的是，国殇墓园不仅仅在小团坡上，更在腾冲人的心中。

我们的民族历史悠久，但谁也不能否认，我们的民族又往往太容易健忘。我对光复腾冲与整个滇西抗战这样真正关乎民族存亡的历史大事件的全然无知，就是这种集体健忘症的突出例证。然而后来我惊喜地发现，并非所有的人都像我这样是强迫遗忘症患者，腾冲农民作家段培东，就是这样一个让我敬佩、更让我汗颜的拒绝遗忘的人。他的长篇纪实小说《剑扫风烟——腾冲抗战纪实》（云南人民出版社1991年12月初版），就为我们提供了一份不可磨灭的历史铭记。

段培东是一个只上过小学五年级的农民，却在艰辛的为衣食而奔波劳作之余坚持他的腾冲抗战史的采访和写作。他的采访，是脚穿草鞋翻山越岭，身背饭团时饱时饥；他的写作，是在自家房子后面的山坡上挖出的一个仅能容身的猫耳洞中进行的。在这样的条件下，要完成一部洋洋37万言的长篇历史纪实小说，其困难的程度不难想象。难以想象的是，段培东的“历史采访”竟然开始于当年的抗战荣军，被判定为“历史的残渣余孽”的疯狂岁月；而他最早开始历史采访和纪实的地点则是在牢房之中。这样的采访和写作，不仅需要炽热的爱家乡、爱祖国的深情，需要一种探寻历史真相、追悼民族忠魂的良知，更需要有一种打破禁锢、“笔扫风烟”的巨大精神勇气。

腾冲抗战是民族历史的一页，《剑扫风烟》中书写的却是人民的记忆。其中有李洪志、蔡斌、彭文统、周沧海等四十多位当年的抗战荣军深藏大半生的记忆，有段培礼、祝兴茂、李毕柱等近百位腾冲老农无法忘怀的证言，还有腾冲和顺乡张孝仲先生默默保留半个多世纪的89张珍贵历史照片，当然，也有当地政府及其有关部门对段培东采访、写作和出版的大力支持。这一部《剑扫风烟》，实际上是所有腾冲人共同的历史忠魂曲和民族正气歌，是所有腾冲人心中的国殇墓园和国耻纪念馆。

2001年的秋天，我有幸见到了《剑扫风烟》的作者段培东，终于向这位农民作家当面表达了我应有的敬意。老段赠送了我一本他的第二部滇西抗战纪实小说《松山大战》，他说他的滇西抗战三部曲的最后一部也即将完成并出版。在那一刻，我觉得我终于走进了腾冲国殇墓园的最深处。遗憾的是，我没能抽出时间，到小西乡油灯庄去看看老段的家，看看他那让人心情复杂的猫耳洞书房。

（摘自保山市文联2003年12月出版的《当代名人笔下的保山》。陈墨，著名作家、学者。）

保山赋

李建江

山衔青藏，山涌红壤，山走断横，山悬高夰。

降碧罗以举哀牢兮，跨云岭而现保山。两山北来，俯仰睇盼；三江南去，四维克张。

拥高黎而和天脈兮，统千山以巍峨；挟沧怒而合地势兮，驱百川以浩荡。东接边土于内地，西守国疆于权防，北揽雪域之高远，南瞰蒲甘之辽广。纵横三百里天宝熠熠，上下两千年人杰煌煌。

夺造化之锺灵兮，山藏宇宙之玄机；得天地之垂青兮，水蕴乾罡之气象。

欹欤保山，风景暄妍，明秀蔚然；

呜呼保山，人文荟萃，天地和畅。

山驰浑莽，山横八荒，山起祯祥，山威雄壮。

落黑水以起峋嶙兮，列群峰而布苍黄。人问保山何处，嵯峨千仞，百里横岗，极目四野，神怡心旷。

挹施甸而携昌宁兮，率群岭如带以回环；抚龙陵而牵腾冲兮，领三水若线而衔掌。倚大夰而安隆阳兮，控夷头蒲尾而并五蛮。寻幽探奇，跋险涉汤。登高临胜，揽辔执缰。

远眺高黎晴雪，吹作千树木棉；近听曲石阴雨，筛得万顷黄浪。笼浓淡煙霏，映云山天光。仰道人山高以垂紫络兮，俯兰津渡头而长虹接岸；怀斋公葺茅以构石屋兮，宿百花岭上而寒木森然。但行羊肠世路，唯见雾老煙荒。

有客熙来，犹觅热海火山，但见云峰来凤，隐约地火奔突；再看黑空打鹰，威仪足令马站。临风笑指杜鹃，踏花醉卧大塘。

永昌首邑，天宝肇城，纵辔骝逸，紫陌兰香。罗太保以仿金陵兮，制八门而傲然；陈池亭以展塔城兮，列四宝比文房。武侯祠前，怅望玉壶山晚，煙岚聚倏散，易罗池边，醺对文笔塔影，山霞卷复展。

登岫凌虚，遥思昔日，城东有海，号曰青华，大泽缥缈，苹远芦岸。可观北津煙柳，更有打渔红花。篱落村墟，鸡犬桑田，桥门槐市，藕花无垠，锦鳞鸥鹭，片羽吉光。

初日甫出，金铺四围之洋洋，碧云青天，翠笼太保之苍苍，残阳入崦，山含半坳之余辉，赤霞低空，影射夕照于三竿。

九隆岗下，一坞梨花掩古刹；四大山腰，百丈翠崖悬摩苍。湾甸漠莽落照间，酒房云气度峭涵；翠羽踊跃瓦邑村，鹤鹭闲眠大树脚；夜月萧条清平洞，春风寂寞毛公山。虹桥残雨象达，青霭丹霞仁和。龙塘幽深，佛卧云岩。天堂春浓浇得万木葱绿，江东秋高染出千树金黄。

龙华山头，云蒸宝鼎；四方街尾，将台寄情。文昌宫傍，绮罗雨丝摇清影；太极桥下，叠水飞瀑挂银练。

水长春夜酬时序，河图渔灯切梦魂，鼋渡潞江之淼宽，鹰愁澜沧之峭峻。瓦渡石林惊危磂倒岫，老营水磨叹横轮群群。观狮卧石花，闻鹿鸣沙坝，双虹接芒宽之左，白龙游赧浒于旁。

更有魅力名镇之飞彩兮，得风雕水琢之韵，侨乡若桃源净土之幽岩，和顺比阆苑瑶宫之仙境。

黑鱼河边，天立神柱，硫磺塘中，地煮神锅，霁虹桥头，镌崖刻山，香柏河畔，圣水神汤。

松山盘绕一丝路，北海遍开鸢尾兰。似太华之苍龙脊兮，凌云峰以悬绝，若扬子穿虎跳峡兮，策龙川以突漭。

瓦窑回首，猴桥问道，小歇海坝杨柳，长饮荷花巨泉。

再登博南之绝顶而西望兮，听秋风之发籥，沐春雨之酣畅。有客云：石瓢浴罢，不称华清池水；高黎归来，何必黄山松云。

美哉保山，天地秀奇，山河清壮；

美哉保山，如诗胜画，绰丽斑斓。

山设玉巹，山若艅艎，山绕长歌，山垂英范。

传大道以继哀牢兮，承文脈而续永昌。绵世浸远，菁华流芳，州壤推风，春秋未央。

溯斯民之灵杰兮，英雄代出；忆前人之俊逸兮，风流辈昌。绸缪贲道，光启显祥。仰昊天之烛代，抚青史之辉梁。

九隆设治，初开四疆，气积浑噩，势负崛巉，纵横千里，幅员辽广。汉置不韦，吕裔徙南，象法天文，质运地章，赫赫伟纛，班列虎杖。

抚汉武肇益州之悠远兮，追元封开丝道于博南。驰誉九牧，驰声八荒。柳貌内属，哀牢归汉，轨路同尘，辍途同方。

永昌大郡，物博地张，人煙稠密，富饶丰旺。前控邪龙、比苏；后掌叶榆、云南；左辖金齿、越赕，右抚博南、嶲唐。

沧怒渔耕，高黎猎樵；埏埴为器，缫丝种桑。壁映竹影，窗街菊兰；风暖庭前，草薰陌上。燕衔春泥，蜂积蜜酿；日月星辰，春雨秋霜。

首颂郑纯之德望兮，竟得举国之景仰。扣心泣血，披肝沥胆，四海宇内，政声垂范。上自三司，下及卿士，表荐无数，莫不许赏。

再嘉吕凯王伉之高义兮，丹心昭日月之灿烂。坚贞自守，十数暑寒，执忠绝域，孤臣怀邦。《荐吕凯表》，季平封侯，“敦直乃尔”，蜀相称叹。

建兴平叛，诸葛南征达斯地；张扬天威，武侯竖旗于乃乡。

晋移治所，唐筑雉堞，宝历造佛，五代惩贪，宋隶大理，元破蒲干，明修《府志》，清开银场。

古郡煙雨，历史绵长；古道春秋，磅礴沧桑。人物际会，风云激荡；龟文电衣，龙采云裳。牒诉倥偬而舒其意，鼓鸣喧嚣而荡其肠。

塘子沟前，蒲缥智人逐苍豹；麻栗坡上，哀牢铜案焚檀香。

商周已矣，两汉晴岚；永昌文化，维兹开章。宣千秋之云英兮，耀三辰之辉煌。

剑扫风煙处，邓子龙横戈小歇，龙池濯缨，石台烹象。

极边揽胜时，徐霞客山水临风，心醉神迷，流连忘返。

夙非兮成诵，曲垂兮照览。

樊莹倡学；波罗游方；刘坊修史；用宾铸关；雨亭惠人；则徐审案。

秋风惆怅永历帝；石城扬威侯侍郎；草木浅吟李定国；山水萦怀杨升庵。布朗斯考古解地质；马嘉理绘图留疑案。洒血边土左守备；威镇东海刘树堂。腾越首义张文光；保国远征卫立煌。功著河山寸性奇；澹远为怀刘楚湘。

洪镈声远法明寺，漫漫云飞；铁马尘近定远楼，萧萧风响。

石洞河傈傈造字，图书馆泽润侨乡。

译《指南》而述经论兮，阐马注之禅机。著《文略》而传博学兮，崇三袁之仁范。

禺山才高纂《文集》；南园德贤写《二芳》。

《十议疏》心系桑梓，“永半朝”故园参禅。张殿甲“公车上书”，《沿革考》飞文染翰。

通长桥以惠万民兮，感救国赤子之丹心，梁金山巨资捐尽、德载八埏。

普哲学以启大众兮，称一代英哲之热情，艾思奇判文析理、激扬思想。

猎裁吐雅，幽弘横广，佩实衔华，旁烛无疆。继天地以赞神明兮，长风寥寥；陈真意以测灵韵兮，油云荒荒。

弥哀浩然，滇西大战，壮士拂剑，铁索血染。九隘驱寇，松山苍苍，八关攘倭，怒水浪浪。

《答田岛》震聋发聩，张问德青史烛照，慷慨激昂。《致父老》义薄云天，李根源伟烈丰功，日月肝胆。

举全境之有以抗日兮，青壮浴血，铸起滇西大屏障，怒江天堑设防。倾万民之力以凿路兮，妇孺挥汗，筑成中华生命线，滇缅公路救亡。

山风烈烈，江河浩荡，悊性圣考，英灵天降。申酌长怀，歔欷顾望，长空有泪，四海扶觞。

乘浩气以驭兰风兮，经纬万方而天道芒芒。蕴高德以播远声兮，周于天地而明哲煌煌。

伟哉保山，冠群道融，高竹秋潭；

壮哉保山，格高五岳，虓伏虎藏。

山呈宝象，山谱华章，山护琅嬛，山生菡萏。

行长风以孕雨霖兮，润万物之靡享；射华光以展蓝图兮，映世景之绚烂。

古道悠悠，名郡皇皇。值其盛期，金濡银染。

马帮蜿蜒梯云路，驮铃响彻斋公房。

商旅云集阳温墩，丝路熙攘；

辐毂辕轮青龙街，驿道繁忙。

奇货西进三夷，宝马北来契丹。

弄巷笙歌，笑语廛闬；腴田穑亩，晖襄厥堂。

料丝灯前，夜读《廉泉诗钞》。

桐华布上，晨绣《春满隆阳》。

立仁德以化天下兮，尚民情于中和。悠悠天钧，山川锺毓，人文蔚起，岁新如瞻。

南亚通道，滇西粮仓。经济丰繁，民生荣安。

扼中印公路桥头，挹西南门户口岸。

际于今时，耳举目张，百业兴旺，民富国强，人民幸福，共赴小康。

废修坠举形于维，万物熙恬质于纲。社会和谐，科学发展。

宗教习俗多元，世居民族十三。

“大救驾”传奇领胜，“年猪饭”余味留香。透心绿豆益气补脾，麦芽糖渣明目清肝。

演傩戏而弄皮影兮，村头髦髫欢逐学唱；

拂榧坪而执永子兮，巷尾耄耋闲逸手谈。

满城尽戴黄龙玉，门匾户户金丝楠。玉石桥边，百村千店琢翡翠；石牌坊下，千门万户养春兰。

一山分四季，四季如春；十里不同天，水清天蓝。奇木異石，水力百矿，资源丰富，处处宝藏。

世界物种基因库，南北动植物走廊。

朱鹮晨舞，白雉暮翔，猿啼村东，羚逐江岸。远观万顷桫椤密林郁郁；近看千年菩提独树苍苍。屋后露凝红豆杉，街口荫浓杜鹃王。

木棉似火，烤菸金黄，芭蕉滴翠，咖啡馥芳，花果遍野，茶叶飘香，宜居福地，人间天堂。

凌天阙之高兮，鸿鹄翼展；逐北辰之远兮，骏马蹄扬。

策五行以涵万物兮，容不尽于雅度；略千秋以惠众生兮，包无穷于宏量。

喜哉保山，慧明渊懿，本真自然；

懋哉保山，怡情安逸，适意舒坦；

昌哉保山，福祉永驻，前程无量；

福哉保山，青史璀璨，万民嘉祥。

富饶美丽的潞江坝

张学文 词曲
集 体 改词

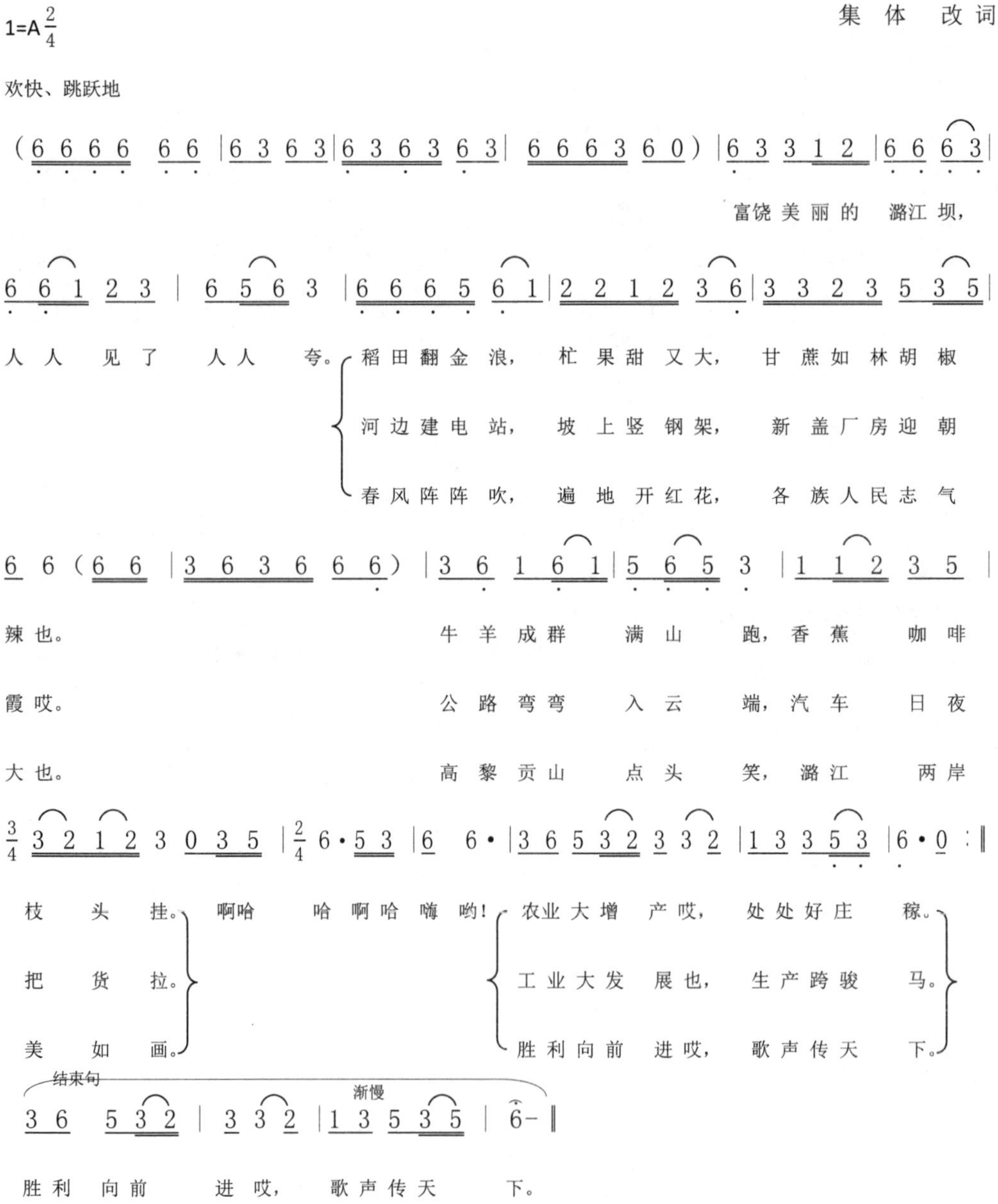

《保山市志（1978—2005）》统稿人员

于绍伟　杨艳萍　赵建杰　杨明军　汉　彪　杨佳蕾　陈树龙　郭朝庭

《保山市志（1978—2005）》编审人员名单

附表1

篇　目	初稿资料提供单位或个人	稿件初编	初稿分纂	二次编纂	总　纂	审　稿
序	—	—	—	—	—	—
凡例	杨艳萍	—	—	—	杨艳萍	于绍伟
地图	保山市民政局、保山市交通局	—	陈树龙（收集）	—	—	—
图片（上、中、下册）	—	陈树龙 王自军（收集）	赵建杰 杨艳萍（收集）	杨艳萍（设计）	杨艳萍	于绍伟
目录	—	—	—	—	—	—
概述	于绍伟　杨艳萍	陈树龙	—	杨艳萍	杨艳萍	于绍伟
大事记（一）（二）	王自军	—	杨佳蕾 李子齐	杨明军	杨艳萍	于绍伟 赵建杰
第一编 建置　自然环境	保山市发展和改革委员会、保山市水利局、保山市国土资源局、保山市创新办、保山市气象局、五县（区、市）委史志委	李艳萍 苏慧芝 张敬邦 李明辉	杨明军	杨明军 汉　彪	杨艳萍	于绍伟
第二编 环境保护	保山市环境保护局	—	杨佳蕾	汉　彪	杨艳萍	于绍伟
第三编 人口	保山市人口与计划生育委员会	—	杨佳蕾	杨明军 汉　彪	杨艳萍	于绍伟
第四编 中国共产党	中共保山市委办公室（含市委保密局、市委信访局）、中共保山市纪律检查委员会（含保山市监察局）、中共保山市委组织部、中共保山市委宣传部、中共保山市委政法委、中共保山市委统一战线工作部（含台办）、中共保山市委政策研究室、中共保山市委老干部局、中共保山市委直属机关工作委员会、中共保山市委党校（含保山市行政学校）	李子齐 杨明军 杨立鑫	李子齐	汉　彪	杨艳萍	于绍伟 赵建杰

续上表

篇　目	初稿资料提供单位或个人	稿件初编	初稿分纂	二次编纂	总　纂	审　稿
第五编 人民代表大会	保山市人民代表大会常务委员会	—	杨佳蕾	陈树龙	杨艳萍	于绍伟 赵建杰
第六编 人民政府	保山市人民政府办公室、保山市法制局、保山市政府经济研究中心、保山市人民政府外事办公室、保山市人民政府侨务办公室、保山市人民政府台湾事务办公室、保山市接待处、保山市无线电管理处	李子齐	李子齐	汉　彪	杨艳萍	于绍伟 赵建杰
第七编 人民政协	政协保山市委员会	—	陈乔昌	陈树龙	杨艳萍	于绍伟 赵建杰
第八编 民主党派工商联	中共保山市委统战部（含中国国民党革命委员会保山市支部、中国民主同盟保山市委、中国民主建国会保山市委、中国农工民主党保山市支部、中国致公党保山市总支、九三学社保山市委）、保山市工商业联合会	陈乔昌	岳　毅	杨明军	杨艳萍	于绍伟 赵建杰
第九编 社会团体	保山市总工会、共青团保山市工作委员会（含保山市青年联合会、保山市关心下一代工作委员会）、保山市妇联、保山市残疾人联合会、保山市文学艺术界联合会、保山市科学技术协会、保山市归国华侨联合会	杨艳萍	杨佳蕾	杨艳萍	杨艳萍	于绍伟 赵建杰
第十编 公安	保山市公安局（含保山市交通警察支队、保山市公安消防支队、保山市森林公安局、武警保山市支队、保山市公安边防支队）	顾建中	郭朝庭	汉　彪	杨艳萍	于绍伟 赵建杰
第十一编 检察	保山市人民检察院	王明慧	郭朝庭	汉　彪	杨艳萍	于绍伟 赵建杰
第十二编 法院	保山市中级人民法院	李学富	郭朝庭	汉　彪	杨艳萍	于绍伟 赵建杰
第十三编 司法行政	保山市司法局（含保山市禁毒劳教所）、保山监狱	顾建中 陈乔昌	杨艳萍	汉　彪 郭朝庭	杨艳萍	于绍伟 赵建杰
第十四编 军事	云南省保山军分区、市人防办	顾建中 赵金智	汉　彪	汉　彪	杨艳萍	于绍伟 赵建杰
第十五编 经济综观	保山市发展和改革委员会	—	汉　彪	汉　彪	杨艳萍	于绍伟
第十六编 经济管理	保山市发展和改革委员会、保山市统计局、保山市审计局、保山市工商行政管理局、保山市国土资源局、保山市质量技术监督局、保山市安全生产监督管理局、保山市食品药品监督管理局、保山市经济合作办公室（含保山市招商局）	杨明军 王明慧 杨艳萍	杨明军	杨艳萍	杨艳萍	于绍伟

续上表

篇　目	初稿资料提供单位或个人	稿件初编	初稿分纂	二次编纂	总　纂	审　稿
第十七编 财税	保山市财政局、保山市国家税务局、保山市地方税务局	王明慧 蒋国安 李学富	陈乔昌	汉　彪	杨艳萍	于绍伟
第十八编 农业	保山市农业局	蒋国安 陈树龙	杨艳萍	汉　彪 陈树龙	杨艳萍	于绍伟
第十九编 畜牧业	保山市畜牧局	—	杨艳萍	汉　彪	杨艳萍	于绍伟
第二十编 渔业	保山市水产工作站	杨艳萍	杨艳萍	汉　彪 陈乔昌	杨艳萍	于绍伟
第二十一编 林业	保山市林业局、云南高黎贡山国家级自然保护区管理局	李明辉 杨艳萍	杨艳萍	汉　彪 陈乔昌	杨艳萍	于绍伟
第二十二编 水利	保山市水利局	—	杨艳萍	汉　彪	杨艳萍	于绍伟
第二十三编 工业	保山市经济贸易委员会（含保山市乡镇企业局）、保山市烟草专卖局（公司）、云南保山电力股份有限公司	杨明军	李子齐	汉　彪	杨艳萍	于绍伟 赵建杰
第二十四编 商贸	保山市商务局、 保山市烟草专卖局（公司）	汉　彪	陈乔昌	杨艳萍	杨艳萍	于绍伟
第二十五编 供销合作	保山市供销社	汉　彪	郭朝庭	杨艳萍	杨艳萍	于绍伟
第二十六编 粮油	保山市粮食局	—	汉　彪	杨艳萍	杨艳萍	于绍伟
第二十七编 交通运输	保山市交通局	杨登昌	杨登昌	汉　彪	杨艳萍	于绍伟
第二十八编 信息产业	保山市邮政局、云南省电信有限公司保山市分公司、云南移动通信有限责任公司保山市分公司、中国联通通信有限公司保山分公司、保山市工业和信息化委员会	杨国梁 杨明军	李子齐	杨明军	杨艳萍	于绍伟
第二十九编 金融	中国人民银行保山市中心支行（含中国银行业监督管理委员会保山监管分局、中国工商银行股份有限公司保山分行、中国建设银行保山市分行、保山市城市信用社、保山市农村信用合作社联合社）、中国银行股份有限公司保山市分行、中国人民财产保险股份有限公司保山市分公司、中国人寿保险股份有限公司保山分公司、太平洋财产保险股份有限公司保山中心支公司	蒋国安 李子齐	李子齐 杨艳萍	汉　彪	杨艳萍	于绍伟
第三十编 口岸　海关　出入境检验检疫	保山市商务局、腾冲海关、腾冲出入境检验检疫局	李学富	汉　彪	陈乔昌	杨艳萍	于绍伟

续上表

篇目	初稿资料提供单位或个人	稿件初编	初稿分纂	二次编纂	总纂	审稿
第三十一编 旅游	保山市旅游局	—	杨明军	汉　彪	杨艳萍	于绍伟
第三十二编 城乡建设	保山市建设局	沙必潞 王自军	李子齐	汉　彪	杨艳萍	于绍伟 赵建杰
第三十三编 教育	保山市教育局	谯人亮	杨艳萍	陈树龙	杨艳萍	于绍伟 赵建杰
第三十四编 科技	保山市科学技术局、保山市气象局、保山市地震局(含第四地质大队)、保山市社会科学联合会	杨明军 王明慧	杨明军	汉　彪	杨艳萍	于绍伟 赵建杰
第三十五编 文化	保山市文化局(含广电)、保山日报社、保山市档案局	赵家华 耿德铭	李子齐 陈乔昌	杨明军 陈树龙	杨艳萍	于绍伟 赵建杰
第三十六编 卫生	保山市卫生局	李子齐	汉　彪 杨艳萍	汉　彪 杨明军	杨艳萍	于绍伟
第三十七编 体育	保山市体育局	—	陈乔昌	杨明军 陈树龙	杨艳萍	于绍伟 赵建杰
第三十八编 民政	保山市民政局	赵金智	陈乔昌	杨明军	杨艳萍	于绍伟 赵建杰
第三十九编 扶贫开发	保山市扶贫开发办公室	—	杨艳萍	汉　彪 杨佳蕾	杨艳萍	于绍伟
第四十编 人力资源和社会保障	保山市人事局 保山市劳动和社会保障局	杨国梁	杨佳蕾	杨明军	杨艳萍	于绍伟 赵建杰
第四十一编 民族宗教	保山市民族宗教事务管理局	—	杨佳蕾	杨明军	杨艳萍	于绍伟 赵建杰
第四十二编 社会风习	蒋怀洲	—	杨明军	杨明军	杨艳萍	于绍伟 赵建杰
第四十三编 人物	赵金智	陈乔昌	李子齐	杨明军	杨艳萍	于绍伟 赵建杰
附录	—	张珺琪 岳　毅 (收录)	—	杨明军 (选录)	杨艳萍	于绍伟
编纂始末	杨明军	—	—	—	杨艳萍	于绍伟

提供照片单位和个人名录

（排名不分先后）

一、提供照片单位

中共保山市委宣传部、中共保山市委政研室、保山市人民检察院、保山市司法局、保山市旅发委、保山市工信委、保山市档案局、五县（市、区）史志委、隆阳区农业局、保山市水产工作站、云南康丰糖业（集团）有限公司、保山机场、隆阳区蚕桑站、腾冲东方红制药有限责任公司、腾冲清凉山茶有限责任公司。

二、提供照片个人（按姓氏笔画排名）

于观明、王自军、王华沙、毛三、尹磊、艾怀森、白晓明、朱昌维、江贤云、孙亮、杜小红、杨世伟、杨永明、杨汶洁、杨学武、杨金海、杨积铭、杨磊、李生虎、李枝彩、李俊玲、李家鸿、李蓉婵、吴再忠、陈以晓、张有林、张敬邦、范南丹、罗文昌、赵琼瑛、黄明万、盛春良、蒋开磊、蒋云、董国平、鲁定伟、鲁韬、靳建平、蔡汉晖、蔺汝涛、穆忠贤。

部分照片选自《保山地区年鉴》《保山年鉴》；部分照片作者无法核实，这部分照片由相关单位和个人向《保山市志（1978—2005）》编纂委员会提供。谨向所有作者致以诚挚谢意！

军事、统战、保密、民族宗教、涉外审查部门名录

保山军分区　中共保山市委统战部　中共保山市委保密局　保山市民族宗教事务局
市政府外事办公室

审稿人名录

赵德光　杨　军　朱宏春　姜　涛　李元标　李宗华　杨敬东　希　涛　杨赵心
余宗友　张　捷　聂江娥　董建团

云南省地方志编纂委员会办公室审查验收人员名录

赵　芳　郑灵琳　方爱琴　张炳贵

索　　引

使用说明：

一、本索引包含编、章、节，按照首字汉语拼音字母顺序排列。“机构沿革”“工作机构”“综述”出现次数过多，未做索引。

二、索引采用宋体字，数字表示内容所在的页码。

非音序

A

B

C

D

E

F

G

H

K

L

M

N

P

Q

R

S

X

Y

Z

编纂始末

《保山市志(1978—2005)》的编纂工作，自2005年12月30日召开“《保山市志(1978—2005)》编纂工作会议”正式启动编纂工作起，至2019年4月出版面世止，历时14年。整个编修过程，大致经历了两个阶段：即编纂启动会之前的酝酿阶段和启动之后的编修阶段。

一、酝酿准备阶段

根据中国地方志指导小组组长李铁映1996年5月在第二次全国地方志工作会议上关于“志书是中华民族世代奋斗、兴衰荣辱的史诗画卷。伴民族，随历史，代代相济、永不断章。一届志书完成之日，就是新一届志书开修之时”的讲话精神，早在1998年，保山第一轮修志工作尚未结束，地委史志委已开始前瞻性地思考第二轮修志工作。该年9月，举行了全区首次“史志工作研讨会”，此次会议即以地方志续修为主题。此后，一年一度，又连续4次举行保山地区(市)史志工作研讨会，对即将开展的第二轮修志从不同角度进行了探讨(2003年，市委史志委将5次研讨会的成果精选44篇结集为《保山市史志研讨论文选》内部出版)。2001年，保山市委史志委拟制《保山市2001～2005地方志工作规划》中将《保山市志(1978—2005)》的编修纳入规划。

2003年年底，《保山地区志·下卷》由中华书局出版(中卷和上卷已分别于1998年3月、1999年10月由中华书局先后出版)，标志着保山市第一轮综合志书编修工作全面完成，也意味紧接着第二轮综合志书编修工作将承前启后地成为市级地方志部门的重点工作。2004年3月13日，云南省人民政府办公厅以云政办发〔2004〕57号文向全省转发了省志办拟订的《云南省第二轮地方志续修工作规划》，保山市、县区综合志书的编修在列全省的规划任务中。2004年4月13日，中共保山市委、保山市人民政府召开“全市史志工作暨第一轮修志工作总结表彰大会”，对第一轮修志工作进行总结表彰和对第二轮修志工作进行安排部署。市委副书记、市长熊清华在讲话中指出：“第二轮修志工作就是要全面总结改革开放以来我市经济发展、政治稳定、文化繁荣、社会进步、民族团结、边疆巩固的历史经验和成就，将我市改革开放和现代化建设的伟大进程载入史册，为全市各族人民建设中国特色社会主义的光辉实践树立丰碑，为新世纪全面建设小康社会作出贡献。”市委副书记杨连在会上要求保山市各级各部门“对新一轮方志续修工作及早规划，尽早动手”。

2004年11月3日，省地方志编纂委员会以云志字〔2004〕1号件出台了《关于加强云南省三级地方志书编纂管理工作的意见》，强调从2004年起，对省、州市、县(市、区)三级地方志书主编、副主编实行培训上岗制。此后几年，保山市、县(区)委史志委参与第二轮修志的编纂人员大部分都先后分期分批地被选派参加了省地方志编纂委员会办公室组织的短期履职培训，学习内容主要是地方志编修的理论与实务，为搞好保山市、县（区）的第二轮修志工作奠定了一定的业务基础。

二、实施编修阶段

组建班子　落实队伍　2005年12月16日，市政府办以保政办发〔2005〕221号文印发《关于成立〈保山市志（1978—2005）〉编纂委员会的通知》，成立编纂委员会，加强对《保山市志（1978—2005）》编纂工作的领导。

2006年2月16日，市委史志工作领导小组以保史组字〔2006〕2号文印发市、县各修志单位，决定由市委史志委主任和金星、副主任杨艳萍任《保山市志（1978—2005）》主编，方志科科长张涛任副主编，具体负责《保山市志（1978—2005）》的编纂组织工作。

2006年8月，保山市委史志委主任和金星调昆明工作，蒋国安接任主任。2012年11月，蒋国安年龄到限，于绍伟接任主任。

2013年，因人事变动，经市委、市政府研究，决定调整充实《保山市志（1978—2005）》编纂委员会。4月3日，市委办、市政府办以保办字〔2013〕15号文印发《关于调整充实〈保山市志（1978—2005）〉编纂委员会成员的通知》，调整后以市长吴松为编纂委员会主任，副主任和成员也大部分变动。2014年7月11日，市委史志委以保史字〔2014〕8号文将《关于调整充实〈保山市志（1978—2005）〉编纂班子的通知》印发各县（区）史志委。调整后，于绍伟任主编，杨艳萍任总纂，执行副主编、副主编和编辑也有若干变动。

数易其稿　拟定篇目　《保山市志》篇目的拟定并不是一蹴而就的。它经历了一个不断学习探索，不断调整修正，逐步成熟、日臻完善的过程。从初拟到定稿，较大的修改有两次，小的调整和修改不计其数。

第一轮修志工作完成后，即由中共保山市委史志委副主任杨艳萍着手第二轮志书的篇目的拟定。这一工作，始终坚持继承与创新相结合、学习先进经验与因地制宜相结合的原则。在继承首轮志书篇目基本体例的基础上，学习借鉴省内若干州市的第二轮修志篇目，博采众家之长，并结合本地本时期的实际，于2004年12月，完成了《保山市志（1978—2005）》篇目（讨论稿）的起草工作。“讨论稿”形成后，分别呈送云南省地方志办公室、保山市史志工作领导小组各位成员征求意见。根据收回的意见，又认真作进一步的修改完善。2005年12月16日，形成第二稿下发至各撰稿单位，作为其提供初稿的参考提纲使用。此篇目为小篇式（即平头列志）篇目，为指导各部门撰写初稿的提纲（第一稿共设40卷，第二稿增设为57卷，此为第一次较大的修改）。此后，陆续对篇目作了多次局部的调整和完善。

2012年年底至次年初，又一次对《保山市志》篇目进行了全面的调整修改。此次调整，充分考虑现有资料状况，充分吸收来自各方的合理意见建议和外地的经验，在遵循地方志拟目基本原则的前提下，从便于编写、便于查询的角度出发，本着大稳定小调整的原则，一方面，采取合并、降格、分解、精简等方式优化了原篇目，“卷”的数量由原来的63卷精简为43卷（精简了20卷）；另一方面，采取“以部类统编章”的结构形式，将全书分为“自然”“经济”“政治”“文化”“社会”五大部类，用大部类把原来平列的、没有逻辑关系的、纷繁复杂的各个卷统辖起来，增强了全书结构的有机联系。具体做法：一是取消了“体制改革”“政法”“纪律检查”“精神文明建设”“文学创作”“社会服务业”“国土资源管理”“地方史志档案报纸”“乡镇企业非公经济”“食品药品管理”等卷，将“政法”“纪检”归入“党委”，“精神文明建设”归入“宣传”，“工商”“国土”“食品药品管理”归入“综合经济管理”，“文学创作”归入“文化艺术”；将“体制改革”“地方史志档案报纸”和“社会服务业”的内容分解后归入相关部位记述。“乡镇企业、非公经济”和“电力”归入“工业”。二是将“宏观经济”中“经济制度、经济结构”的内容删除，改立为“经济综观”（保留“劳动效率、经济成果、人民生活”），以反映保山经济的总体概貌。三是将“建置”“自然环境”“自然资源”三卷合并为“地理”，将“人事”和“劳动社保”合并为“人事劳动”将“制造业”“采矿业”进行优化后合并为“工业”，将“商业”、“外贸”合并为“商务”。四是将“计划生育”从“人口”中划出归入“政务”中，努力使统属更加得体，归类更加得当。五是采取“合志”的形式，将内容相对单薄的“税务”“海关”合设，“金融”“保险”“证券”合设，“扶贫”“移民”合设，精简了部分设置。六是对不贴切的条目标题进行了完善，改“保山市委”为“中共保山地方组织”，改“交通”为“交通运输”。通过修订，使篇目的体例更趋完备，设置更趋简洁、结构更趋紧密，归属更趋得当。

在漫长的编纂过程中，随着修志实践的不断深入和认识的不断深化，修志人员根据各单位所提供资料的实际情况，不断对篇目进行必要的调整优化和完善。这一工作一直延续到定稿之时。至出版前，又将卷的层次取消，但仍以部类将各编集合。

全面部署　压实责任　2005年12月9日，中共保山市委办公室、保山市人民政府办公室以保办发〔2005〕33号文向五县（区）党委、人民政府以及中央、省属驻保、市直各涉编单位转发了市委史志委拟定的《保山市第二轮地方志续修工作规划》，明确《保山市志（1978—2005）》编修工作在市委史志工作领导小组领导下，由市委史志委具体组织实施，所需经费列入市级财政预算。同日，市委办、市政府办还以保办字〔2005〕129号文印发了《关于认真做好〈保山市志〉编纂工作的通知》，明确中央、省属驻保、市直各涉编单位的交稿时间为2007年1—12月。

2005年12月30日，市委办、市政府办召开《保山市志（1978—2005）》编纂工作会议，会议内容是领导作部署动员和职能部门培训与会撰稿人。参会人员为中共保山市委史志工作领导小组成员和《保山市志（1978—2005）》编纂委员会成员；市直各部委办局，中央、省属驻保单位，人民解放军、武警驻保部队，各人民团体，市直各企事业单位的1名领导和各自确定的《保山市志（1978—2005）》初稿撰稿人；五县（区）委史志委主任、副主任。代市长、《保山市志（1978—2005）》编纂委员会主任段跃庆就《保山市志（1978—2005）》编纂工作做统一安排部署，省地方志编纂委员会办公室常务副主任李一是专程莅会并讲话；省地方志办公室编审、《云南史志》期刊编辑部主任、副主编温益群，市委史志委副主任杨艳萍，市委史志委方志科科长张涛先后就“地方志编纂基础知识”“地方志条目的撰写”“续志的行文规范”对初稿撰稿人作专题讲授培训。编纂工作会的召开，标志着市本级的第二轮社会主义新方志的编纂工作正式启动。

2006年2月14日，中共保山市委史志工作领导小组以保史组字〔2006〕1号文将《保山市2006～2010史志工作规划》印发五县（区）委史志委和市委史志工作领导小组成员单位，《保山市志（1978—2005）》的编纂出版工作作为重点纳入规划。2006年2月20日和22日，《保山市志（1978—2005）》编纂委员会发文分别将代市长段跃庆《在〈保山市志（1978—2005）〉编纂工作会议上的讲话》及《关于市委史志委编纂人员分工联系各部门、各单位，积极推进〈保山市志（1978—2005）〉编纂工作的通知》转发市直各部委办局，中央、省属驻保单位，各人民团体，市直各企事业单位，《通知》中附各涉编供稿单位与市委史志委各负责编辑的对应关系表，将《保山市志（1978—2005）》篇目各部分的编纂工作任务分解到市委史志委各编辑人员，并对应各相关单位入志资料的催收，便于咨询和指导，利于明确责任、推进进度。此分工，后来随着情况的变化调整很大。

由于主要领导变动以及史志合一体制人少事多等客观原因所致，原定2007年内《保山市志（1978—2005）》各供稿单位完成交稿，但直至2008年的12月23日，尚有9个单位未交稿（已交83个）。

2011年2月12日，鉴于部分涉编供稿单位一直拖延没有提供初稿，已经提供的初稿有不少稿件质量不合格，二轮修志的进展从市到县（区）都比较滞后的问题，由市委史志委代拟了《关于进一步做好全市第二轮修志工作的通知》，由市委办、市政府办以保办字〔2011〕7号文印发五县（区）党委、人民政府以及中央、省属驻保、市直各涉编单位，要求“尚未向市、县（区）委史志委提供入志初稿的单位，必须于2011年6月前完成提交任务”。

鉴于全市第二轮地方志编修工作总体进展情况不容乐观，为确保2017年年底前全面完成市、县(区）两级综合志书编纂工作任务，2013年4月2日，市委办、市政府办以“保办电〔2013〕68号”发出《关于加快推进第二轮地方志编纂工作的通知》，要求五县（区）党委、人民政府，各园区党委、管委会，以及中央、省属驻保、市直各涉编单位：强化思想认识，确保第二轮修志工作认识到位；严格督促检查，确保按期完成第二轮修志工作任务；加强队伍建设，确保全市第二轮志书的质量到位。《通知》具体要求：在发文日前仍未提交《保山市志（1978—2005）》入志初稿资料的剩余极少单位和虽已交稿、但质量达不到要求需要返改后另行提交的单位，须在2013年6月底前交稿。

着力推动　潜心编修　2006年5月18日，总理温家宝签发国务院第476号令公布了《地方志工作条例》，《条例》为全市地方志工作的开展提供了法制保障，有利于推动全市正在进行的第二轮修志工作。保山市委史志委即时进行了对《条例》的学习、宣传、贯彻的系列活动，其中商请保山日报社在《保山日报》上全文刊载了《条例》，并将《条例》转发至各涉编单位学习贯彻。

在编修过程中，编纂人员认真学习2008年9月16日中国地方志指导小组印发的《地方志书质量规定》、2010年8月4日云南省人民政府公布的《云南省地方志工作规定》、2011年7月29日国家质量监督检验检疫总局和国家标准化管理委员会发布的《出版物上数字用法》以及12月30日国家质量监督检验检疫总局和国家标准化管理委员会发布的《标点符号用法》等规定，以便在修志工作中遵循，在编纂志稿中规范统一。

2012年8月，为指导服务好全市的第二轮修志工作，由保山市委史志委方志科负责汇编《保山史志工作手册》作为内部资料出版。该手册为50开便携式精装本，计11万字，收录了有关党史、地方志、年鉴工作特别是地方志工作方面的条例规定，重要文件，基础知识，数字、计量单位、标点符号的采用规范等，成为全市修志单位和修志工作者在二轮修志中便于随时学习和查阅的极具效力的工具书，客观上起到了助力和推动全市的第二轮修志工作的作用。2013年1月28日，市委史志委方志科拟定《〈保山市志（1978—2005）〉编撰要求》，发编撰人员和各有关单位，内容重点是列出质量控制方面的若干要求。同年，方志科还拟定《保山市志（1978—2005）》的文档规范化要求（涉及字体字号、页面设置等）印发编纂人员，以利文本规范统一并与出版格式对接，提高效率。2014年，《保山市志（1978—2005）》主要编纂人员积极撰写论文参加全省地方志理论研讨活动，有3篇论文入选《云南省地方志理论研讨论文集》，副主任杨艳萍代表保山参加了研讨会议。

《保山市志（1978—2005）》的编纂工作，2012年前，重点在联系各涉编单位收集入志资料、史志系统自身修志人员的业务学习培训和帮助有关单位培训撰稿人、按分工初编已经收到的入志初稿。由于主客观等种种原因，特别是现行史志合一的机制体制无法保障修志工作所需的必要条件，这一时期，从市到县（区），第二轮地方志工作一直步履艰难，难以突破，进展明显落后于全省平均水平。

于绍伟接任主任后，深感修志工作形势严峻，决心加大修志工作的力度。他明确指出：地方志部门不把修志工作做好，就是不务正业。从2013年起，将方志科人员由3人增至5人，并确保他们不受干扰、相对专一地做修志工作；先后外聘了苏惠芝、李子齐、郭朝庭等人长期参与编修工作；特邀赵金智、杨登昌、沙必璐、王生周、赵家华、蒋怀洲等为市志撰写相关的初稿…这一系列强有力的措施，使修志工作取得了显著成效：2013年12月，《保山市志（1978—2005）》稿本第一册、第二册之第一稿形成；2014年12月，《保山市志（1978—2005）》稿本第一册之第二稿形成；2015年12月，《保山市志（1978—2005）》稿本第一册之第三稿、第二册第二稿、第三册之第一稿形成；2016年12月，《保山市志（1978—2005）》稿本第三册第二稿、第四册第一稿形成。

2017年，进入完成《保山市志（1978—2005）》编纂任务的最后冲刺阶段。年初，由方志科拟定《2017年〈保山市志（1978—2005）〉编纂工作打算》，梳理出最后需要完成的编纂工作事项并分工到人。是年12月末，基本完成全志的三次编纂，形成上、中、下三册送审稿，并送市本级有关部门、领导和专家审稿；2018年上半年，进一步对全部志稿进行总纂、统改、校核和认真完善。2018年10月15日，送省地方志编纂委员会办公室审验。12月3日，根据反馈的意见修改后定稿。12月12日，获保山市人民政府同意公开出版的批准文件。12月17日，《保山市志（1978—2005）》（稿）交方志出版社待版。

统筹兼顾　多出成果　在《保山市志（1978—2005）》艰难紧张的编修过程中，保山市委史志委还以修志人员为主地着力开展一些其他工作，推出了一批地方志成果。一是服务于社会修志用志，二是编辑出版相关地情资料书籍，三是整理出版旧志等。

在服务于社会修志用志方面，除对五县（区）综合志书的编修进行适时的指导和编纂质量验收外，为市直单位市文化广电新闻出版局、市畜牧局、市工商行政管理局、市电力公司、市禁毒劳教所等培训修志撰稿人员；直接参与或指导了专志——《保山市军事志》《昌宁县军事志》《保山市扶贫开发志》《保山纪检监察志》《保山烟草志》《保山香料烟志》《保山市茶叶志》《保山市教育志》《保山市工商行政管理志》《保山市卫生志》《保山市粮油志》《云南省保山监狱志》《沙坝村志》《保山市金融志》《保山市体育志》《云南省保山第一中学校志》《保山工业简史》《和顺镇志》《由旺概览》《郎且春秋》(郎义村史)《保山市审计志》等的编纂工作；服务于社会修志用志的查阅咨询工作，接待省内外人士上百人次。

在地情资料的编辑整理方面，2003—2007年，市委史志委策划编写出版了《滇西抗日战争史》《见证历史——滇西抗战见闻实录》（上、下册），“保山旅游文化丛书”之《边地风情》《走进故郡的风景》《最后的驿道》，《高黎贡之子李根源》《保山掌故》等。其中《滇西抗日战争史》被国家新闻出版署列为“纪念中国抗日战争暨世界反法西斯战争胜利60周年重点图书”之一，它是综合、全面、系统、完备、简洁地记述滇西抗日战争的一部权威性的历史书籍，该书出版后深受广大读者欢迎，供不应求，并先后荣获云南省第十次（2005年度）哲学社会科学优秀成果三等奖、保山市首届哲学社会科学优秀成果二等奖。

鉴于保山市委史志委编写的于2005年7月由云南民族出版社出版的《滇西抗日战争史》面世后已经脱销，2011年、2014年及2016年，保山市委史志委先后三次重新修订该书后由云南民族出版社印刷出版。

2014年11月，接省志办关于转发《关于启动〈中国名镇志丛书〉编纂工程的通知》的紧急通知后，市委史志委研究确定和顺镇为推荐名镇并由腾冲县委史志委上报。2017年1月24日，《和顺镇志》《江东村志》编纂工作启动会在腾冲召开，中指组办公室主任冀祥德、省志办主任任玉华莅会并讲话。两本志书被分别纳入中国名镇志文化工程、中国名村志文化工程，而且是云南省纳入两个工程的开篇之作，其意义不言而喻。

2014年，鉴于鼠疫在保山历史上的危害之烈，市委史志委外聘的市志编修人员、原市卫生局局长李子齐长期关注和研究地方鼠疫并已积累一些资料，市委史志委决定成立以李子齐为组长的编纂小组，在继续充分丰富资料的基础上着手编纂《保山市鼠疫志》（1840—2010）。至2016年编定（约30万字），并几经校改，于2017年6月由云南人民出版社出版。

在旧志整理出版方面，2014年，保山市委史志委与保山学院达成协议，合作点校整理重版清代纂修的四部《永昌府志》（先后分别纂修于康熙、乾隆、道光、光绪年间）。2014年5月开始整理，2015年6月，《康熙〈永昌府志〉点校》由云南人民出版社出版，点校本将古籍的竖排转为横排，做了断句和繁改简处理，同时，按照点校书籍的规范要求进行了必要注释。值得一提的是，为满足专家学者做深入的研究需要，编辑者特将原手抄书稿的影印图片附于点校稿之后，进一步提升了该书的查询价值和利用价值。历史学教授、曾任云南大学副校长、历史系主任的林超民先生在为《康熙〈永昌府志〉点校》一书写的《点校序言》中说：“中共保山市委史志委在编纂第二轮共和国地方志之时，……对保山清代四部《永昌》进行点校整理出版，这对于学习历史、传承文明、编修新作是一件必不可少的基础工作”。2016年2月《乾隆〈永昌府志〉点校》由方志出版社出版，云南省社会科学院原院长、研究员、云南省文史研究馆馆员何耀华先生在为该书所作的《点校序言》中写到：“中共保山市委史志委在全力推进《保山市志（1978—2005）》之同时，……于2014年5月始启动了……四部旧志的点校整理出版。成功突破了旧志整理工作，并取得了显著成效。这是功在当代、利在千秋的文化工程”。2017年7月，《道光〈永昌府志〉点校》出版；2017年年底，完成光绪《永昌府志》的点校整理。

编修地方志书工程浩繁，“众手成书”基本是修志的必由路径。整个编修过程，是在历任市委史志委主任的直接领导下，在分管副主任的亲率下，以职能科室方志科为编纂主力，其他科室部分编辑在初期也分别承担了联系供稿单位和进行初编的任务，得到市内有志于修志的人士襄助其成的。

地方综合志书作为“官修”之书，其纂修是地方文化建设中当之无愧的大工程，耗时长，人力物力财力等投入大，我们之所以在此不计繁冗用了那么较大的篇幅叙其始末，一是需要有个总结和交代，其内容之丰又不是在“后记”之类里可以一带而过的；二是编修一轮地方综合志书不容易，把一轮修志的经过详细地记下来，可资后来者有所借鉴，在继承中改进，利于将来的修志实践更有效率，成果更辉煌。

十年磨一志，十数年编成《保山市志（1978—2005）》一书。尽管错漏、遗憾依然在所难免，但瑕不掩瑜，随着时间推移它必将凸显出史鉴价值。

《保山市志（1978—2005）》编纂委员会办公室

2019年4月